OXFORD
LATIN DICTIONARY

OXFORD LATIN DICTIONARY

FASCICLE VI

Pactus – Qualitercumque

EDITED BY P. G. W. GLARE

OXFORD
AT THE CLARENDON PRESS
1977

Oxford University Press, Walton Street, Oxford OX2 6DP

OXFORD LONDON GLASGOW
NEW YORK TORONTO MELBOURNE WELLINGTON
IBADAN NAIROBI DAR ES SALAAM LUSAKA CAPE TOWN
KUALA LUMPUR SINGAPORE JAKARTA HONG KONG TOKYO
DELHI BOMBAY CALCUTTA MADRAS KARACHI

British Library Cataloguing in Publication Data

Oxford Latin dictionary
Fasc. 6 : Pactus – Qualitercumque
1. Latin language – Dictionaries – English
I. Glare, P G W
473'.2'1 PA2365.E5
ISBN 0-19-864219-9

Printed in Great Britain
at the University Press, Oxford
by Vivian Ridler
Printer to the University

OXFORD LATIN DICTIONARY

FASCICLE VI

Pactus – Qualitercumque

EDITED BY P. G. W. GLARE

OXFORD
AT THE CLARENDON PRESS
1977

Oxford University Press, Walton Street, Oxford OX2 6DP

OXFORD LONDON GLASGOW
NEW YORK TORONTO MELBOURNE WELLINGTON
IBADAN NAIROBI DAR ES SALAAM LUSAKA CAPE TOWN
KUALA LUMPUR SINGAPORE JAKARTA HONG KONG TOKYO
DELHI BOMBAY CALCUTTA MADRAS KARACHI

British Library Cataloguing in Publication Data

Oxford Latin dictionary
Fasc. 6 : Pactus – Qualitercumque
1. Latin language – Dictionaries – English
I. Glare, P G W
473'.2'1 PA2365.E5
ISBN 0-19-864219-9

Printed in Great Britain
at the University Press, Oxford
by Vivian Ridler
Printer to the University

2 (in var. advl. phrs.) Means, manner, method, grounds, consideration.
si non fecero ei male aliquo ~o Pl.*Bac.*556; Ter.*Hau.*735; Gel.5.14.17;—alio ~o abire non potes Pl.*Capt.*332; non tacebo umquam alio ~o nisi talento comprimor *Rud.*1402; Ter.*Eu.*716; Lucr.3.110; Stat.*Theb.*6.197;—fero..ei condicionem hoc ~o Pl.*Rud.*957ᵃ; Ter.*Hau.*475; Lucil.637; Cic.*Inv.*1.17; Lucr.1.980; Pers.4.43;—eodem ~o quo huc accessi apscessero Pl.*Trin.*710; Lucil.285; Cic.*Mur.*8;—eo ~o et gnati uitam et consilium meum cognosces Ter.*An.*49; Quad.*hist.*10b;—istocine ~o me adiuuas? Pl.*Ps.*83; Cic.*Catil.*1.17; Hor.*Ep.*1.16.56;—occisus est, nescio quo ~o, dum armis exercetur Cic.*Ver.*4.56; Stat.*Theb.*8.629; Plin.*Ep.*5.17.3;—nullo ~o possum uiuere Pl.*Ps.*94; Cic.*Tusc.*5.80; Lucr.2.773; Liv.45.5.9;—percontat, Aenea quo ~o Troiam urbem liquerit Naev.*poet.*23(24).1; Pl.*Rud.*1027; qui ~o inimicis mortem et huic uitam offeras Pac.*trag.*286; uicini quo ~o niteant, id animum aduertito Cato *Agr.*1.2; Acc.*trag.*635; Cic.*Inv.*2.61; quid quoque ~o agi placeat Caes.*Gal.*7.83.5; Hor.*S.*1.4.56;—quonam ~o uirtus pariatur Cic.*Part.*64; Liv.9.16.4;—quapropter quoquo ~o tacitost opus Ter.*Ad.*342;—neque sanguis ullo potis est ~o profluens consistere Enn.*scen.*163; Cic.*Pis.*65; Phaed.2.6.6.

pactus ~a ~um, *a.* [pple. of pacisco]
1 (of terms, treaties, etc.) Arranged by negotiation, agreed. **b** (of one's faith or word) plighted, pledged.
has (*sc.* minas) tibi nos ~is legibus dare iussit Pl.*As.*735; auxilia ac socios iam ~o foedere habebant Lucr.5.1443; aduentu suo turbauerat et ~as indutias et spem foederum Liv.30.29.5; regna repetens..et ~as uices Sen.*Phoen.*324. **b** ualuit..apud Veientes..~a cum Romulo indutiarum fides Liv.1.30.7; heu! ubi ~a fides? Ov.*Ep.*6.41; *Fast.*3.485; si ~am fuci non recusassent fidem Phaed.3.13.17.

Pācuuiānus ~a ~um, *a.* Of or associated with Pacuvius or his works.
contorto aliquo ex ~o exordio Lucil.875; de ~is (tragoediis) *Rhet.Her.*4.7; ut ille ~us, qui in Chryse physicus inducitur Cic.*Div.*1.131; illo ~o '..curru' *Rep.*3.14; ~um illud Gel.14.1.34.

Pācuuius ~ia ~ium, *a.* Also **Pācuius.** The name of a Roman *gens*, esp. of M. Pacuvius (220–*c.* 130 B.C.) the tragedian and nephew of Ennius.
hic sunt poetae ~i Marci sita ossa *Epigr.Pac.*3(*poet.*p.32); ut ait ~ius Afran.*com.*7; ~ium tragicum Cic.*Opt.Gen.*2; *Tusc.*2.49; Accius..~iusque Mart.11.90.6. β Pacui discipulus dicor Pompil.*poet.*1.

Padaeī ~ōrum, *m. pl.* A supposed cannibal people of India (in quot., collect. sg.).
qua..ultima uicinus Phoebo tenet arua ~us [Tib.]3.7.145.

Padānus ~a ~um, *a.* Of or lying near the Po.
REGION PADAN *CIL* 5.2385.

Padua ~ae, *f.* One of the mouths of the Po.
at Volusi annales ~am morientur ad ipsam Catul.95.7.

Padus¹ ~ī, *m.* The river Po.
~i ripis Verg.*A.*9.680; Mela 2.62; ~us..nullo amnium claritate inferior Plin.*Nat.*3.117.

padus² ~ī, *m.*: (see quot., but cf. perh. Gk. πάδος, πηδός).
Metrodorus..Scepsius dicit, quoniam circa fontem arbor multa sit picea, quales Gallice uocentur ~i, hoc nomen (Padum flumen) accepisse Plin.*Nat.*3.122.

Padūsa ~ae, *f.* One of the mouths of the Po.
piscoso..amne ~ae Verg.*A.*11.457; placidam fossae qua iungunt ora ~am Valg.*poet.*3; Plin.*Nat.*3.119.

Paeān ~nis (~nos), *m.* Also **Paeōn.**
1 A Greek god, identified with Apollo in his capacity as healer.
signum ~nis ex aede Aesculapi..non sustulisti? Cic.*Ver.*4.127; ~na uoca nitidaque incingere lauru Ov.*Met.*14.720; Grat.426; Luc.1.678; ~n..Lycie Stat.*Theb.*10.343.
2 A hymn, usu. of victory, addressed to Apollo or another god.
ante condemnentur ei..quam..~nem aut hymnum recitarimus Cic.*de Orat.*1.251; conspicit..alios..laetum..choro ~na canentis Verg.*A.*6.657; uictor..canebat ~na Amphion rupe Prop.3.15.42; Herculeum ~na canunt Stat.*Theb.*4.157; numen ubique sacri resonant ~nes 8.224; Sidonium ~na canens 10.306; Apollo ~num auctor Fro.*Aur.*2.p.66(146N).
3 A metrical foot consisting of one long and three short syllables in any order, a paeon.
probatur..maxime ~n, qui est duplex: nam aut a longa oritur..aut a breuibus deinceps tribus Cic.*de Orat.*3.183; ita fit aequalis dactylus, duplex iambus, sesquiplex ~n *Orat.*188; quamquam..~ne dochmioque..utatur Quint.*Inst.*9.4.79; ut quoque sint loco longae..~nas appellant 9.4.96. β Quint.*Inst.*9.4.49.

paeānītis ~idos, *f.* [Gk. παιανῖτις] A precious stone credited with magic properties found in Macedonia.
~ides, quas quidam gaeanidas uocant, praegnantes fieri et parere dicuntur mederique parturientibus Plin.*Nat.*37.180.

? **paeda** ~ae, *f.* [app. Gall.] A short coat or jacket.
si..dimidias..nates Gallica ~a (*codd.* peda, praeda, *etc.*) tegit Mart.1.92.8.

paedagōga ~ae, *f.*: fem. of paedagogvs.
STATILIA T L TYRANIS ~A *CIL* 6.6331; 6.9758; 8.1506.

paedagōgīum ~iī, *n.* [Gk. παιδαγωγεῖον] A training establishment for slave-boys, etc.; (transf., also pl.) the boys in such an establishment.
HYLLVS PVER TI CAESARIS DE ~IO HIC SITVS EST *CIL* 6.33104; puer in ~io mixtus pluribus dormiebat Plin.*Ep.*7.27.13; (*cf.*) ingenuorum ~ia Suet.*Nero* 28.1;—quare ~ium pretiosa ueste succingitur? Sen.*Dial.*7.17.2; omnium ~ia oblita facie uehuntur *Ep.*123.7; honestius uiri ~iis id (*sc.* aurum) damus Plin.*Nat.*33.40; cum..~ia in transitu uirilitatis custodiantur argento 33.152; Ulp.*dig.*33.7.12.32.

paedagōgō ~āre, *tr.* [Gk. παιδαγωγέω] To train or educate.
depulsum mamma ~andum accipit repotialis Liber Pac. *trag.*192.

paedagōgus ~ī, *m.* Also **pēd-.** [Gk. παιδαγωγός] A slave who took children to and from school and supervised their behaviour generally. **b** (transf. and fig.).
Pl.*Bac.*138; seruom una mittit, qui olim puero paruolo mihi ~us fuerat *Mer.*91; instituit ~us, docet magister Var. *gram.*104; adolescens..cui..~i lites ad oriculas uersarentur *Rhet.Her.*4.14; magni interest..quem ad modum patres, ~i, matres etiam loquantur Cic.*Brut.*210; *Amic.*74; Sen. *Dial.*4.21.6; ferulae..tristes, sceptra ~orum Mart.10.62.10; de ~is hoc amplius, ut..sint eruditi plane Quint.*Inst.*1.1.8; Suet.*Cl.*2.2; Maecian.*dig.*40.5.35; (*iron.*) quid ~us ille qui citharistriam, quid rei gerit? Ter.*Ph.*144. **b** hic dux, hic illist ~us Pl.*Ps.*447; tamquam quidquam aliud sit sapiens quam generis humani ~us Sen.*Ep.*89.13; istos tristes..alienae uitae censores..publicos ~os assis ne feceris 123.11; ego ~us et custos etiam quo non iusseris sequar Petr.94.2; nec postremo quasi ~i eius (*sc.* agricolationis) meminisse dedignemur Iuli Hygini Col.1.1.13.

paederōs ~ōtos, *m.* [Gk. παιδέρως]
1 **a** A kind of acanthus, prob. *Acanthus mollis.* **b** chervil, *Anthriscus cerefolium.*
a acanthi..duo genera sunt: aculeatum et crispum..alterum leue, quod aliqui ~ota uocant, alii melamphyllum Plin.*Nat.*22.76. **b** caerefolium, quod ~ota Graeci uocant Plin.*Nat.*19.170.
2 A name for **a** opal. **b** a kind of amethyst.
a hanc gemmam (*sc.* opalum)..plerique appellauere ~ota. qui priuatum genus eius faciunt, sangenon ab Indis uocari tradunt Plin.*Nat.*37.84; candidarum (gemmarum) dux est ~os 37.129. **b** tales (amethystos) aliqui malunt ~otas uocare, alii anterotas, multi Veneris genam Plin. *Nat.*37.123.

paedeutēs, *m.* [Gk. παιδευτής] An instructor or teacher.
DIANAE EPHESIAE..ET PAEDONOMIS ET ~AES *CIL* 3.14195.9.

paedīcātor ~ōris, *m.* **pēd-.** [next+-tor] A sodomite.
~or Caesaris Calv.*poet.*17.

paedīcō¹ ~āre ~āuī ~ātum, *tr.* **pēd-.** [perh. fr. paedor; for term. cf. *pudicus, dēpudīcō*; specialized sense by association w. Gk. παιδικός] To commit sodomy with.
ut nullum ciuem ~aui per dolum Pompon.*com.*148; ~abo ego uos et irrumabo Catul.16.1; fac ~ari te, Charideme, putent Mart.6.56.6; Laber.*com.*21; SECVNDVS PEDICAVD PVEROS *CIL* 4.2048; Mart.12.16.3;—(*transf.*) Mart.11.99.2.

paedīcō² ~ōnis, *m.* **pēd-.** [prec.] A sodomite.
nec ~o es nec..fututor Mart.2.28.3; ~onibus os olere dicis 12.85.1.

paedidus ~a ~um, *a.* [paedor+-idvs] Dirty, filthy.
~os sordidos significat atque obsoletos Paul.*Fest.*p.222M.

paedonomus ~ī, *m.* [Gk. παιδονόμος] A director of education.
CIL 3.14195⁹.

paedor ~ōris, *m.* **ped-.** [unkn.] Dirt, filth.
misera obualla saxo sento, ~ore alguque et fame Acc. *trag.*111; membra uideres horrida ~ore et pannis cooperta Lucr.6.1269; inops egens inclusa, ~ore obruta Sen.*Ag.*991; uincula ferri exedere senem longusque in carcere ~or Luc. 2.73; Stat.*Theb.*4.616; Tac.*Ann.*6.44;—(*pl.*) detestabilia genera lugendi: ~es, muliebres lacerationes genarum Cic. *Tusc.*3.62.

paegniārius ~a ~um, *a.* [Gk. παίγνιον+-arivs] Orthog.: *pegn- CIL* 6.10168. That performs for amusement (i.e. not seriously).
(gladiatoribus) ~is patres familiarum..insignis debilitate aliqua corporis subiciebat Suet.*Cal.*26.5; APRILIS PAEGNIAR *CIL* 6.631.

paelex ~icis, *f.* Also **pēl-, pell-.** [cf. Av. *pairikā*, Gk. παλλακίς] A mistress installed as a rival or in addition to a wife. **b** (in var. special applications).
~ex aram Iunonis ne tangito *Lex Reg.*(*Font.iur.*p.8); me ~ices adduxe dicet ante oculos suos Pl.*Rud.*1047; ~ice ut meum priuarem uirum Caecil.*com.*156; nisi..mauis..dominae..tradi barbarae ~ex Hor.*Carm.*3.27.66; hunc iusta matre familiae, illum ~ice ortum esse Liv.39.53.3; quos ego seruaui, ~ex amplectitur artus Ov.*Ep.*12.173; in uxore grauissimum esse genus iniuriae ~icem Sen.*Ep.*95.37; ita ferunt a Medea ~icem crematam Plin.*Nat.*2.235; Quint.*Inst.*3.11.6; castellum, in quod pecuniam et ~ices Arbabanus contulerat Tac.*Ann.*6.43; Neronem, ~ice ancilla et adsuetudine Actes deuinctum 13.46; Juv.6.272;—(*w. relationship to wife expressed*) (nos) suas ~ices esse aiunt Pl.*Cist.*37; ut uideas..tuam Alcumenam ~icem, Iuno mea *Mer.*690; uxor generi, nouerca fili, filiae ~ex Cic.*Clu.*199; ~ex ego facta sororis Ov.*Met.*6.537;—(*w. ref. to Juno's rivals*) cornua nec ualuit curuare in ~ice Iuno Prop.3.22.35; potuit Maio ~ex dare nomina mensi *Fast.*6.35; ~ices caelum tenent Sen.*Her.F.*5; sacrilegas Cadmeae ~icis arces Stat. *Theb.*10.76. β regiae ~ices trecentae et sexaginta Curt. 3.8.24; ~ices..cum armato uiuere adsuetae 5.7.2; Paul. *Fest.*p.222M. γ ~icem nunc uulgo uocari Gran.Fl.*gram.*1; Paul.*dig.*50.16.144. **b** (*applied opprobriously to a second wife*) innupsit tepido ~ex Cornelia busto Luc.3.23; placata..~ice caesa 8.104;—(*to the nightingale in ref. to Philomela*) pinnas..nouo tradere soli gestit..Thracia ~ex Sen.*Her.F.* 149; Ismarium ~ex Attica plorat Ityn Mart.10.51.4;—(*facet.*) ~ice laeua uteris 9.41.1; o quotiens ~ex culcita facta mea est! 14.119.2. β (*applied to a catamite*) tu..omnium cubiculorum in aetate ~ex [Cic.]*Sal.*21.

paelicātus ~ūs, *m.* Also **pēl-.** [prec.+-atvs¹] The fact or condition of being a *paelex.*
filia, quae..nefarium matris ~um ferre non posset Cic. *Clu.*13; Arinis uxorem ~us dolore concitatam *Scaur.*9; Alexandrum..Thebe ~us ira mota interemit V.Max.9.13. ext.3; Apul.*Met.*5.30.

Paelignī ~ōrum, *m.* **Pēl-.** A people of central Italy; (meton.) their territory.
ex Marsis et ~is Caes.*Civ.*1.15.7; Liv.8.6.8; Nasone ~i sonant Mart.1.61.6;—(*sg.*) Marsus hostem occidit prius quam ~us Cato *hist.*53; (*collect.*) coniungitur acer ~us Sil. 8.510;—~is natus aquosis Ov.*Am.*2.1.1; ut in Sicilia, ~is Plin.*Nat.*11.33.

Paelignus ~a ~um, *a.* **Pēl-.** Of the Paeligni, Paelignian; (neut. sg. as sb.) Paelignian wine.
Enn.*Ann.*276; Sal.*Jug.*105.2; quid proderit ditasse ~as anus..? Hor.*Epod.*17.60; ~is..frigoribus *Carm.*3.19.8; ~i ruris Ov.*Am.*3.15.3; ~a..examina Calp.*Ecl.*4.151; ~is.. prelis Mart.1.26.5; ~us, puto, dixerat poeta (*i.e. Ovid*) 2.41.2;—13.121.

paemīnōsus ~a ~um, *a.*: see peminosvs.

paene, *adv.* [unkn.; cf. paenitet] Forms: humorous superl. *paenissime, -ume*: see sense 1 (end).
1 Almost, all but, practically. **b** ~ *dicam*, I might almost say; *quam* ~, how nearly. **c** ~ *supremus*, penultimate; ~ *insula*, a peninsula; (see also paeninsvla).
~ ecfregisti, fatue, foribus cardines Pl.*Am.*1026; ~ inlusi uitam filiae Ter.*An.*822; nimis ~ animo es molli Pac.*trag.* 260; ~ factum est, quin..cederent hosti Quad.*hist.*58; is qui legitime procurator dicitur, omnium rerum..quasi quidam ~ dominus Cic.*Caec.*57; quin dico uenisse ~ neminem *Pis.*55; ille singularis uir ac ~ diuinus *Phil.*2.39; quem non minus amo quam tu, ~ dixi quam te *Att.*5.20.6; qui ~ ex Italia decedere sim iussus 11.7.2; dispersis ac ~ deletis hostibus Caes.*Gal.*6.36.2; necessario ~ iniquo loco..castra fecerant 7.83.2; id iugum quod trans paludem ~ ad hostium castra pertineret Hirt.*Gal.*8.14.4; uallem..quae totum ~ montem cingebat 8.40.2; tua nobis ~ simul tecum solacia rapta Verg.*Ecl.*9.18; pons sublicius iter ~ hostibus dedit Liv.2.10.2; quod ~ grauius erat 9.6.3; accepta..~ prius quam promulgata est (rogatio) 24.25.10; exitio facies cui sua ~ fuit Ov.*Ib.*256; pars desiderii maxima ~ mei *Tr.*3.6.20; ut in formam ~ stipendiariae redigeret prouinciae Vell. 2.97.4; carcinomati..ficum inponi ~ singulare remedium est Plin.*Nat.*23.123; succurrit mirari nihil ~ non igni perfici 36.200; in iuuenibus etiam uberiora paulo et ~ periclitantia feruntur Quint.*Inst.*11.1.32; qui ~ perit Juv.6.563; uixit.. in summa pauperie et ~ inopia Suet.*Gram.*11(p.109Re);—(*superl.*) meus med intus gallus gallinacius..perdidit paenissume Pl.*Aul.*466; 668; mea consilia perturbat paenissume *Mos.*656; paenissime ibidem..ei reddidit animam Apul. *Met.*8.6. **b** priuata iudicia summae existimationis et ~ dicam capitis Cic.*Q.Rosc.*16; nemo erat illorum, ~ dicam, quin..arbitraretur *Clu.*193;—quam ~ tua me perdidit proteruitas! Ter.*Hau.*814; excidit heu nomen quam mihi ~ tuum! Ov.*Tr.*4.5.10; *Pont.*3.6.1. **c** produc ~ supremam Maur.1870;—~ insularum, Sirmio, insularumque ocelle Catul.31.1; molem..quae ~ insulam oppidum efficit Caes. *Civ.*3.40.2; ~ insula est Peloponnesus Liv.32.31.26; sedet in ceruice ~ insulae Cyzicum Mela 1.98; 2.24.
2 (in toning down hyperbole) Practically, one might say; little more than.
DOCTA ERODITA ~ MVSARVM MANV *CIL* 1.1214.11; quid scarum praeterii cerebrum Iouis ~ supremi Enn.*var.*40; non quaesiuit procul alicunde,..sed proximum, ~ alterum filium Cic.*Ver.*2.48; ut eos ~ oculis uidere possimus *Catil.* 3.18; cum me..Italia cuncta ~ suis umeris reportarit *Red. Sen.*39; cum ipsa ~ insula mihi sese obuiam ferre uellet *Planc.*96; consciorum indiciis, sua manu, uoce ~ litterarum coacti *Phil.*2.17; me..non oratio tua solum et societas ~ aegritudinis..consolatur *Fam.*4.6.1; me incunabula ~ mea tibi ostendisse *Leg.*2.4;—C. Caesar adulescens, ~ potius puer *Phil.*3.3; ad quam tu oppugnandam nunc ueni ~ miles *Rep.*6.11; ~ mihi puero cognite ~ puer Ov.*Pont.* 4.12.20.

paeninsula ~ae, *f.* [prec., insvla] A peninsula; (cf. prec. sense 1c).
ab intimo sinu ~a excurrit Liv.26.42.8; in Taurorum ~a Plin.*Nat.*2.211.

paenitendus ~a ~um, *a.* [gdve. of paeniteo] Causing dissatisfaction, regrettable: **a** (of external circumstances, etc.). **b** (of conduct, etc., for which one is responsible).
a sub haud ~o magistro, ipso Anco rege, Romana se iura ..didicisse Liv.1.35.5; NON MAGIS SVNT ~I SENATORES *CIL* 13.1668.2.23; gens Flauia..rei p. nequaquam ~a Suet. *Ves.*1.1;—(*w. abl.*) iuuenem neque corpore neque animo neque fortuna ~um Apul.*Apol.*92. **b** non ~as sortitae estis exequias V.Max.5.1.ext.6; difficile est..~a acie in melioris euentus fiduciam surgere Sen.*Suas.*5.3; per hanc

(*sc.* rationem) potest non ~a agi uita Sen.*Ep*.92.29; hic ager ..colono est ~us Col.2.2.7; sibi satis aetatis neque aliud ~um quam quod inter ludibria..senectam tolerauisset Tac. *Ann*.6.48; neque..extare ullum suum factum ~um Suet. *Tit*.10.1.

paenitentia ~ae, *f*. Also **poen-.** [next + -ia] Regret for one's action, etc. **b** (in a weakened sense) change of mind or attitude.

celerem..~am..sequi, cum..praecipitata raptim consilia neque reuocari..possint Liv.31.32.2; serae dant poenas turpi ~a Phaed.1.13.2; damnauit mixtas ~ae uoluptates Sen.*Ep*.90.34; nec poena semper, sed saepius ~a contentus esse Tac.*Ag*.19.3; ibi..morbo et ~a interiit Flor.*Epit*.2.11 (3.23.7);—(*w. gen. of action, etc.*) ~a crudelitatis suae Liv. 40.54.2; tam fecunda illis (*sc.* Essenis) aliorum uitae ~a est! Plin.*Nat*.5.73; hinc est quasi ~a dicti Quint.*Inst*.9.2.60; ~a flagitii Tac.*Ann*.14.60; (*w.* sui) si (ista) illi ~am sui faciunt Sen.*Ep*.71.29;—(*w.* agere) ego..~am ageresermonis mei coepi Petr.132.12; ut 'non paeniturum' pro non acturo ~am..dixerit (Sallustius) Quint.*Inst*.9.3.12; ne..agat.. ~am ~ae suae Plin.*Ep*.7.10.3. **b** hanc initio blandita peregrinatione auide profectam ~a in uolatu cum labore scilicet subit Plin.*Nat*.10.67; uelox ingenio mobili ~ae Tac.*Ag*.13.4; Suet.*Jul*.75.2; ~a actus superante die cretionis cernendo heres esse potest Gaius *Inst*.2.168; aequissimum est enim huiusmodi uoluntates..~a non reuocari Ulp.*dig*.50.12.3.1; —(*w. gen.*) si qua iteratio recipi potest, in ~am mortis recipienda est Sen.*Con*.7.8.1; filius scriptus non timet ~am testamenti [Quint.]*Decl*.1.16;—(*w.* agere) si..~am egit prius quam adiret Ulp.*dig*.29.2.25.14; Paul.*dig*.19.2.24.4.

paeniteō ~ēre ~uī, *tr*., *intr*. Also **poen-.** [cf. paene] Forms: *~urus* (fut. pple.) Acc. *trag*.313, Sal.in Quint.*Inst*.9.3.12. Const.: impers. const. in senses 1 and 2 when a subject is lacking, usu. w. acc. of person affected.

1 To cause dissatisfaction, give reason for complaint or regret; (usu. w. acc. of person affected) **a** (w. noun or pron. as subj.). **b** (w. cl. or inf. as subj.). **c** (w. gen. expr. cause of emotion). **d** (w. cause of emotion not expr.).

a me quidem haec condicio nunc non ~et Pl.*St*.51; quod me minime ~et Cic.*Att*.13.28.2; si apud te plus auctoritas mea (ualuisset)..nihil sane esset quod nos ~eret *Q.fr*.1.2.7. **b** pol me hau ~et, si licet boni dimidium mihi diuidere cum Ioue Pl.*Am*.1124; me nil ~et ut sim acceptus *Bac*.1182; ecastor hau me ~et, si ut dicis ita futura es *Cist*.47; nihil me ~et iam quanto sumptui fuerim tibi *Mil*.740; eho an ~et te quanto hic fuerit usui? *Ps*.305; eho an te ~et, in mari quod elaui, ni hic in terra iterum eluam? *Rud*.578; quantum hic operis fiat ~et Ter.*Hau*.72; me ipsum ~et quanta sint Cic. *Orat*.130; a senatu quanti fiam minime me ~et *Att*.1.20.3;— ut eum ~eat non deformem esse natum *Cael*.6; me..ualde ~et uiuere *Att*.3.4.1; me haud ~et eorum sententiae esse Liv.1.8.3; ~uit uidisse deam Stat.*Silv*.2.3.23. **c** munus te curaturum scio, ut quoius me non ~eat mittatur mihi Pl. *Truc*.431; si duarum ~ebit..addentur duae *St*.551; Ter. *Ph*.172; cuius..instituti patres..nostros non ~ebat Cic. *Div.Caec*.69; uide quam me uerbi tui ~eat *Planc*.76; nostri nec ~et illas (*sc.* oues) nec te ~eat pecoris Verg.*Ecl*. 10.17; nil me ~eat sanum patris huius Hor.*S*.1.6.89; cum ..uirium haud ~eret Liv.1.8.7; Volumnium prouinciae haud ~uit 9.42.5; et Mysum capitisque sui ripaeque prioris ~uisse ferunt Ov.*Met*.15.278; cum uirtutis haud ~eret Tac.*Hist*. 2.19; si ~et te Italicorum praediorum Plin.*Ep*.6.19.6. **d** utinam mea mihi modo auferam..me hau ~et, tua ne expetam Pl.*Aul*.434; ad cursuram meditabor me ad ludos Olympios. sed spatium hoc occidit: breuest curriculo; quam me ~et! *St*.307; taedet ipsum Pompeium uehementerque ~et Cic.*Att*.2.22.6.

2 To affect (a person) with regret (for an action, etc., for which he is responsible), cause to repent: **a** (w. pron. as subj.). **b** (w. cl., inf., etc., as subj.). **c** (w. gen. expr. cause of emotion). **d** (w. cause of emotion not expr.).

a quo modo..quemquam ~eret quod fecisset per iram? Cic.*Tusc*.4.79; sequitur, ut nihil ~eat, nihil desit, nihil obstet 5.53; quod male emptum est, semper ~et Plin.*Nat*. 18.26. **b** (*w.* quod *cl.*) neque ~ere quod a me ipse non desciuerim Cic.*Att*.2.4.2; itaque se ~ere quod animum tuum offenderit 11.13.2; ipsum..Africanum, quod consul auctor eius rei fuisset, ~uisse ferunt Liv.34.54.8;—(*w. pf. inf.*) ut neminem nostrum ~eat ad hunc te sermonem impulisse Cic.*de Orat*.1.209; me discessisse ab armis numquam ~uit *Att*.11.6.2; officio nec te certasse priorem ~eat Verg.*A*.1. 549; ita discedebat ut ~eret non prioris decreto stetisse Liv. 3.36.8; quos modo petisse pacem..~ebat 30.28.10; mox.. Acrisium..uiolasse deum..~et Ov.*Met*.4.613; quem ~et peccasse paene est innocens Sen.*Ag*.243; (*w. pres. inf.*) gratis ~et esse probum Ov.*Pont*.2.3.14;—(*w. acc. and inf.*) ut eum tali uirtute..se in rem publicam fuisse ~eat Cic.*Sest*. 95. **c** an ~ebat flagiti, te auctore quod fecisset adulescens..? Ter.*Eu*.1013; se nullius rei tam ..~ere..quam quod C. Carbonem..in iudicium uocauisset Cic.*Ver*.3.3; eum..iniuriae suae ~ere *Off*.1.34; consilia ineunt quorum eos in uestigio ~ere necesse est Caes.*Gal*.4.5.3; reputare, num eorum (consiliorum) ~endum sit Sal.*Jug*.85.28; si quicquam..commisi ..cuius me fatear ~uisse magis [Tib.]3.18.4; (pacis) impetratae..~uit Liv.2.49.12; ne..senatum..~eret dediti principis 23.10.10; saepe leuant poenas (caelestes)..cum bene peccati ~uisse uident Ov.*Pont*.1.1.58; si quem ~eat ictus..inlati et statim expuat in mediam manum Plin. *Nat*.28.36; si conuentionis ~eat Tac.*Hist*.3.70; galeatum sero duelli ~eat Juv.1.170. **d** erraui, temere feci, ~et Cic. *Lig*.30; Boccho, quoniam ~et, delicti gratiam facit Sal. *Jug*.104.5; fateri nobis ea, cum tam euidenter ~uerit, tutum censemus Liv.6.26.7; proximam quamque culpam, antequam ~eret, ultum ibat Tac.*Hist*.1.67.

3 To feel regret (for one's actions, etc.), think better (of). **b** (w. emphasis on consequent change of policy, etc.).

Pac.*trag*.31; se..~ere sua sponte Aequos quam pati hostilia malle Liv.3.2.4; Aetolos..si ~ere possint, posse et incolumis esse 36.22.3; et perhorrescat necesse est..et ~eat et gaudeat Gel.5.1.3; cum coeperis sero ~ere Apul.*Met*. 5.6;—(*pres. pple.*) optimus est portus ~enti mutatio consili Cic.*Phil*.12.7; Lepidum ~entem consili Sal.*Hist*.1.68; facti ~ens Sulp.*peri.Ter.Hau*.3; ~ens facti et in alios culpam conferens Suet.*Vit*.15.3; (*w.* de) signa quaedam nec obscura ~entis de matrimonio Agrippinae..dederat *Cl*.43.1;—(*fut. pple.*) ut 'non ~urum' pro non acturo paenitentiam dixerit (Sallustius) Quint.*Inst*.9.3.12; (*w. gen.*) neque te neque quemquam arbitror tuae ~urum laudis Acc.*trag*.313;—(*gd.*) uix a se manus abstinuit; tanta uis fuit ~endi Cic.*Tusc*. 4.79. **b** (*gd.*) quod si liceret..uitam deuiam secutos corrigere errorem ~endo Cic.*Ac*.3.fr.2; prono fauore labi mortales solent, et..ad ~endum rebus manifestis agi Phaed.5.5.3; quod..neque locus ~endi..relictus esset Liv.24.26.15; minus in prouidendo lupus sollertiae habet, sed magnum robur in ~endo Plin.*Nat*.32.13; non senatui libertas ad ~endum erat Tac.*Ann*.3.51; ne possit ~endo quartam retinere Ulp.*dig*.36.1.15.4.

paenitūdō ~inis, *f*. [as prec. + -tvdo] (app.) Regret.

desiderio alumnum, ~ine, squale scabreque Pac.*trag*.313.

paenitus: see penitvs[2].

paenula ~ae, *f*. [Gk. φαινόλης]

1 A close-fitting, hooded cloak, made of weatherproof material.

~a..cantherius seruus segestre utilior mihi quam sapiens Lucil.515; mulioniam ~am arripuit Cic.*Sest*.82; cum..hic de raeda reiecta ~a desiluisset *Mil*.29; incolumi Rhodos.. facit quod ~a solstitio Hor.*Ep*.1.11.18; Phaed.5.2.5; cum signum dedissent adesse iam grandinem, quid expectas? ut homines ad ~as discurrerent aut ad scorteas? Sen.*Nat*. 4b.6.2; Apulae (oues) breues uillo nec nisi ~is celebres Plin.*Nat*.8.190; Mart.1.103.5; ~as istas, quibus adstricti et uelut inclusi cum iudicibus fabulamur Tac.*Dial*.39.1; fremeret..cum..Iuppiter et multo stillaret ~a nimbo Juv.5.79; (*cf.*) ne toga cordylis et ~a desit oliuis perdite Niliacas, Musae..papyros Mart.13.1.1. (*fig.*) libertas ~ast tergo tuo: mihi..nihil est qui tergum tegam Pl.*Mos*.991.

2 (transf.) **a** A cowl forming part of a water-pump. **b** a moulding on the upper part of a portico, perh. a hood-mould.

a supra catinum ~a ut infundibulum inuersum est attemperata Vitr.10.7.2. **b** tectvm porticvs cvm svis colvmnis et paenvl dvabvs et oper tector *CIL* 12.2391.

paenularium ~iī, *n*. [Gk. *φαινολάριον] (Taken by Nonius as a receptacle for a *paenula*, but perh. 'a little *paenula*'.)

sonarium accepit..consequitur ~ium, cilotrum petit Nov. *com*.35.

paenulārius ~(i)ī, *m*. [paenvla + -arivs] A maker of *paenulae*.

c ivlivs la ~ivs *CIL* 6.4000; cn cossvtio atimeto ~io 10.1945.

paenulātus ~a ~um, *a*. [paenvla + -atvs[2]] Wearing a *paenula*.

cum hic insidiator..cum uxore ueheretur in raeda, ~us Cic.*Mil*.28; 54; quo te ~i in militum..cultum subornati.. efferunt? Sen.*Ben*.3.28.5; maluissem uos..cinctos saltem esse et ~os Gel.13.22.1;—(*masc. pl. as sb.*) ipse Cordus alpha ~orum Mart.2.57.4; 5.26.1.

paenultimus ~a ~um, *a*. **(pēn-).** [paene + vltimvs] Penultimate; (fem. as sb., sc. *syllaba*) the penultimate syllable.

(Valerius Probus) 'Hannibalem' et 'Hasdrubalem' et 'Hamilcarem' ita pronuntiabat, ut ~am circumflecteret Gel.4.7.2; Maur.1868; pro longa breuis ut ~a fiat 1921.

paenulum ~ī, *n*.: app. by-form of paenvla.

tvnicas v 〈p〉aenvla lintea ii.. *CIL* 2.462.

paenūria ~ae, *f*.: see penvria.

Paeōn ~ōnis, *m*.: see Paean.

Paeones ~num, *m. pl*. A people inhabiting the country to the north of Macedonia.

~nes..et Agrianes Liv.42.51.5; ad ~nas usque niuosos Ov.*Met*.5.313; triumphatos modo ~nas *Pont*.2.2.75;—(*sg.*) Didas ~n Liv.42.51.6.

Paeonia[1] ~ae, *f*. The country of the Paeones.

circa Stobos ~ae Liv.33.19.3; 42.58.8.

paeōnia[2] ~ae, *f*. [Gk. παιωνία] The peony, distinguished as *~a mas*, perh. *Paeonia corallina*, and *femina*, perh. *P. officinalis*.

uetustissima inuentu ~a est Plin.*Nat*.25.29; glycyside, quam aliqui ~am aut pentorobon uocant 27.84; (~ae) feminae folia murram redolent et densiora sunt 27.84; Larg.166.

paeōnicus ~a ~um, *a*. **(paeon-).** [Gk. παιωνικός] Pros.: 2nd syll. regularly short in Terentianus Maurus. Of or characteristic of the metrical paeon.

ῥυθμὸς est aut par, ut dactylicus..aut sescuplex, ut ~us Quint.*Inst*.9.4.47; et ~i nominis ambo sunt quaterni Maur.1532; 1546; 1549; 1575.

Paeonis ~idis, *f*. A Paeonian woman.

~is Euippe mater fuit Ov.*Met*.5.303.

Paeōnius[1] ~a ~um, *a*.

1 Of or associated with Paean, the god of healing.

retorto ~um in morem..succinctus amictu Verg.*A*. 12.401; (uitam) fortibus herbis atque ope ~a..recepi Ov.*Met*.15.535; quem..~is curat..herbis *Ilias* 351; ~os arcano sulphure fontes Sil.14.27; ritu se cingit uterque ~o Stat.*Silv*.1.4.108.

2 *herba ~a*, The peony.

sanguinis profluuia sistit herbae ~ae semen rubrum Plin.*Nat*.26.131; 26.151.

Paeonius[2] ~a ~um, *a*. Of the Paeones.

~ae gentes Plin.*Nat*.4.35.

Paestānus ~a ~um, *a*. Of or belonging to Paestum; (masc. pl. as sb.) its inhabitants.

~as..rosas Ov.*Pont*.2.4.28; ~us sinus Mela 2.69; tanta ..~i gloria ruris erat Mart.6.80.6; ~o..colono 9.26.3; ~is ..aruis 9.60.1;—Pontiani et ~i et Cosani Liv.27.10.8.

Paestum ~ī, *n*. A town in the north-west of Lucania, celebrated for its roses and other flowers.

tepidi..rosaria ~i Ov.*Met*.15.708; ~um oppidum Mela 2.69; nec bifero cessura rosaria ~o Mart.12.31.3.

paetulus ~a ~um, *a*. [paetvs + -vlvs] Having a (slight) cast in the eyes.

ecquos (deos) si non tam strabones at ~os esse arbitramur? Cic.*N.D*.1.80.

paetus[1] ~a ~um, *a*. [dub.] Having a cast in the eye, squinting slightly.

Pl.fr.116; non haec res de Venere ~a strabam facit Var. *Men*.344; strabonem appellat ~um pater Hor.*S*.1.3.45; si ~ast, Veneri similis, si raua, Mineruae Ov.*Ars* 2.659; *Priap*.36.4.

Paetus[2] ~ī, *m*. A Roman cognomen.

L. Papirius ~us, uir bonus amatorque noster Cic.*Att*. 1.20.7; P. Aelius ~us augur creatus Liv.27.36.5; uni animalium homini deprauantur (oculi) unde cognomina Strabonum et ~orum Plin.*Nat*.11.150; ~o Thraseae Suet. *Nero* 37.1.

pāgānālia ~ium, *n. pl*. [paganvs + -alis] The village festival of the *pagi*.

feriae non populi, sed montanorum modo, ut ~ibus qui sunt alicuius pagi Var.*L*.6.24(*s.v.l.*).

pāgānicum ~ī, *n*. [next] (app.) A shrine or altar to Jupiter Paganicus.

~vm pecvnia sva a solo restitvervnt *CIL* 8.16367; cvltores iovis optimi maximi ~vm..sva pqnia fecervnt 8.23326.

pāgānicus ~a ~um, *a*. [next + -cvs] Of or belonging to the village people. **b** (*pila*) *~a*, a ball stuffed with feathers.

~ae (feriae) eiusdem agriculturae causa susceptae Var.*L*. 6.26; ut..bono plaudat ~a turba magistro Calp.*Ecl*.4.125; aras septe posvervnt paganic *CIL* 5.4148; (*as a title of Jupiter*) iovi ~o sacr 11.5375. **b** non pila, non follis, non te ~a thermis praeparat Mart.7.32.7; pila ~a: haec quae difficili turget ~a pluma 14.45.

pāgānus[1] ~a ~um, *a*. [pagvs + -anvs]

1 Of, belonging to, or associated with a *pagus* or country community.

vtei in porticvm ~am reficiendam peqvniam consvmerent ex lege ~a *CIL* 1.682.3.4; porticvs de peq pagan facivnd coer 10.8093; cum ~a madent fercula Prop.4.4.76; date ~is annua liba focis Ov.*Fast*.1.670; ~a lege in plerisque Italiae praediis cauetur Plin.*Nat*.28.28; bonae deae ~ae *CIL* 5.762; tessera ~a 11.1947.

2 Civilian as opposed to military; (neut. pl. as sb.) civilian affairs.

sunt enim ut in castris, sic etiam in litteris nostris plures cultu ~o, quos cinctos et armatos..inuenies Plin.*Ep*.7.25.6; —ius nostrum non patitur eundem in ~is et testato et intestato decessisse Pompon.*dig*.50.17.7; haec omnia locum habebunt in ~is Ulp.*dig*.39.5.7.6.

pāgānus[2] ~ī, *m*. [prec.]

1 An inhabitant of a *pagus*, peasant, countryman. **b** (pl.) the inhabitants of the low-lying districts of Rome.

iussit ~os..et oppidanos in his locis obuersari *B.Alex*. 36.4; ~i pagi carbvlensis *CIL* 2.2322; ubi aduersus ~os certandum foret, consensu Tac.*Hist*.2.88; cuncti ~i.. statim conclamant canes Apul.*Met*.4.3. **b** montani ~iue sifis aquam diuiduntо *Leg.pub*.(*Font.iur*.p.48)7; nullum est in hac urbe conlegium, nulli ~i aut montani..qui non amplissime..decreuerint Cic.*Dom*.74.

2 A civilian as opposed to a soldier, (pl.) the civilian population, the local people.

inter ~os corruptior miles Tac.*Hist*.1.53; ipsi..~i.. futurae potentiae spe iuuare partis adnitebantur 3.43; apud me et milites et ~i..certatim ei..testimonium pertribuerunt Plin.*Ep.Tra*.10.86b(18).2; falsum producere testem contra ~um Juv.16.33; dimota ~orum turba Suet.*Gal*.19.2; miles si, dum ~us erat, fecerit testamentum Scaev.*dig*.35.2.96; quaedam delicta ~o..leuiorem poenam irrogant, militi uero grauiorem Macer *dig*.48.19.14; (*in contemptuous sense*) mox infensus praetorianis 'uos' inquit, 'nisi uincitis, ~i,..quae castra alia excipient? Tac.*Hist*.3.24.

Pagasa ~ae, *f*. Also **~ae** ~ārum. A town at the head of the *sinus Pagasaeus* in Thessaly, where the Argo was said to have been built.

olim ~ae naualibus Argon egressam Prop.1.20.17; urbem ~an Mela 2.44; Plin.*Nat*.4.29;—(*pl.*) si ~as..cerneret V.Fl.8.451.

Pagasaeus ~a ~um, *a*. Also **Pagasēus.** Of or belonging to Pagasa.

~us Iason Ov.*Ep*.15.347; coniunx ~a (*i.e. Alcestis*) *Ars* 3.19; ~a puppe (*i.e. the Argo*) *Met*.7.1; ad ~um sinum

MELA 2.44; LUC.2.715; ~a iuuentus (*i.e. the Argonauts*) V.FL.7.556. β Pagaseus Iason OV.*Fast*.1.491.

Pagasēius ~a ~um, *a.*: = prec.
~a puppis (*i.e. the Argo*) V.FL.1.422.

Pagasicus ~a ~um, *a.*: as prec.
sinus ~us PLIN.*Nat*.4.29.

pāgātim, *adv.* [PAGVS+-IM] By villages or districts.
templa deum, quae ~ sacrata habebant LIV.31.26.10; quondam ~ habitantes 31.30.6; CIVITAS HELVET QVA ~ QVA PVBLICE STATVAS DECREVIT *CIL* 13.5110.

pāgella ~ae, *f.* [as next+-ELLA] A (small) page.
extrema ~a pupugit me tuo chirographo CIC.*Fam*.2.13.3; non imitor λακωνισμὸν tuum; altera iam ~a procedit 11.25.2.

pāgina ~ae, *f.* [cf. PAGVS, PANGO]

1 A column or page of writing. **b** (w. ref. to the space to be so occupied). **c** (poet.) a piece of writing, 'page', or 'pages'.
quasi in extrema ~a Phaedri CIC.*Orat*.41; meam.. parsimoniam huius ~ae contractio significat *Att*.5.4.4; respondebo primum postremae tuae ~ae 6.2.1; utrum..tibi litteram uideor an totas ~as commouere? *Fin*.4.53; uti schema subscriptum est in ima ~a VITR.9.pr.5; ~as in annalibus magistratuumque fastis percurrere licet consulum dictatorumque LIV.9.18.12; in..libellis creuisset sine te ~a nulla meis OV.*Tr*.5.9.4; quaenam sacra descripta est ~a fago CALP.*Ecl*.1.20; ego non ~as tantum, sed uersus etiam syllabasque numerabo PLIN.*Ep*.4.11.16; non alia nos ~a quam te consulem accipiet *Pan*.92.2; nullo..modo millensima ~a surgit omnibus JUV.7.100; (*in an account-book; fig.*) in tota ratione mortalium sola (Fortuna) utramque ~am facit PLIN. *Nat*.2.22;—(*personified*) tibi..canit non ~a bellum triste Iouis *Culex* 25; nec Phoebo gratior ulla est quam sibi quae Vari praescripsit ~a nomen VERG.*Ecl*.6.12; haec etiam docti confessa est ~a Calui PROP.2.34.89. **b** complere ~am uolui CIC.*Att*.13.34; cum hanc ~am texerem *Q.fr*.1.2.10. **c** ~a iudicium docti subitura mouetur principis OV.*Fast*.1.19; itur ad Argeos—qui sint, sua ~a dicet 3.791; nec te nesciri patitur mea ~a *Pont*.3.1.57; lasciua est nobis ~a, uita proba MART.1.4.8; quae..laboratas claudat mihi ~a Thebas STAT. *Silv*.3.2.143.

2 (transf.) **a** The leaf of a door. **b** a rectangular subdivision of a vineyard.
a firmissima in rectum abies, eadem ualuarum ~is.. aptissima PLIN.*Nat*.16.225. **b** ut quinto quoque palo singulae iugo ~ae includantur PLIN.*Nat*.17.169.

pāginula ~ae, *f.* [prec.+-VLA] A column of writing.
si uero id est..ut non minus longas iam in codicillorum fastis futurorum consulum ~as habeat quam factorum CIC. *Att*.4.8a.2.

pagō ~ere: var. of PACO¹.

pagos: see AREOS PAGOS.

pagūrus ~ī, *m.* [Gk. πάγουρος] A kind of crab.
cancrorum genera carabi, astaci, maeae, ~i PLIN.*Nat*. 9.97.

pāgus ~ī, *m.* [cf. PANGO] ORTHOG.: *paago CIL* 1.591.1.6. A country district or community.
ARBITRATV CN LAETORI CN F MAGISTREI ~EI *CIL* 1.682.6; non ego sum pollucta ~o PL.*Rud*.424; VAR.*L*.6.24; uos de ~is omnibus colligitis bonos illos quidem uiros, sed certe non pereruditos CIC.*Fin*.2.12; habeto rationem urbis totius, collegiorum omnium, ~orum, uicinitatum Q.CIC.*Pet*.30; is ~us appellabatur Tigurinus CAES.*Gal*.1.12.4; ~os centum Sueborum ad ripas Rheni consedisse 1.37.3; ~os et compita circum VERG.*G*.2.382; festus in pratis uacat otioso cum boue ~us HOR.*Carm*.3.18.12; *Ep*.1.1.49; Troia uocatur ~oque inde Troiano nomen est LIV.1.1.3; agrum..cognominem Insubribus ~o Haeduorum 5.34.9; ~us agit festum OV. *Fast*.1.669; Atramitae ~us Sabaeorum PLIN.*Nat*.12.52; centeni ex singulis ~is sunt TAC.*Ger*.6.5; restionem e ~o Thurino SUET.*Aug*.2.3; ~um quendam accedimus APUL. *Met*.8.22.

pāla¹ ~ae, *f.* [dub., cf. perh. PANGO]

1 A long-handled spade with a pointed blade.
~as uendundas sibi ait et mergas datas PL.*Poen*.1018; ~as ligneas XL CATO *Agr*.11.5; VAR.*R*.1.22.3; fossam fodiens ~ae innixus LIV.3.26.9; ferrato..robore ~ae COL.10.45; sulco latitudo ~ae satis est PLIN.*Nat*.17.167; cuspis effigiem ~ae habet 18.172.

2 The bezel of a ring.
cum ~am eius anuli ad palmam conuerterat CIC.*Off*.3.38; ipse eius anuli et orbiculum circulauerat et ~am clauserat APUL.*Fl*.9.

pāla² ~ae, *f.* [app. for Skt. *tāla*] A palm or tree of similar appearance; in quot., applied to the banana.
arbori nomen ~ae, pomo arierae PLIN.*Nat*.12.24.

palacurna ~ae, *f.* [Iberian; cf. BALVX] A nugget of gold.
inueniuntur ita massae (auri), nec non in puteis, et denas excedentes libras; palagas, alii ~as PLIN.*Nat*.33.77.

Palaemō(n) ~onis (~onos), *m.* The sea-god into whom Melicertes, the son of Ino and Athamas, was changed; identified with the Roman Portunus.
o ~o, sancte Neptuni comes PL.*Rud*.160; Leucotheam quae fuit Ino et eius ~onem filium CIC.*N.D*.3.39; Inous ~on VERG.*A*.5.823; OV.*Met*.4.542; quem nos Portunum, sua lingua ~ona dicet *Fast*.6.547; SEN.*Oed*.448; HYG.*Fab*. 2.5.

Palaemonius ~a ~um, *a.* Of or associated with Palaemon; (in quot. w. ref. to Corinth where his cult was centred).
~o secluditur unda Lechaeo STAT.*Theb*.2.381.

Palaepaphia ~ae, *f.* (app.) The goddess of Palaepaphos.
Ciris 88(*s.v.l.*).

Palaepaphos ~ī, *f.* Old Paphos in Cyprus, where Venus rose from the sea.
MELA 2.102.

Palaepharsālus ~ī, *f.* A town of Thessaly.
~i rem feliciter gerebat *B.Alex*.48.1; LIV.32.13.9.

Palaestē ~ēs, *f.* A seaport in Epirus.
CAES.*Civ*.3.6.3.

Palaestīnē ~ēs, *f.* Palestine, the country of the Jews, later a Roman province.
hic ~e est qua tangit Arabas, tum Phoenice MELA 1.63; PLIN.*Nat*.5.66.

Palaestīnus¹ ~a ~um, *a.* Of or belonging to Palestine.
culta ~o septima festa Syro OV.*Ars* 1.416; matre ~a *Met*.5.145; gentis..~ae SIL.3.606; ~i..liquores STAT.*Silv*. 2.1.161; (*referring loosely to Syria as a whole*) in..~ae margine sedit aquae (*i.e. Euphrates*) OV.*Fast*.2.464.

Palaestīnus² ~a ~um, *a.* Of or belonging to Palaeste.
~as..harenas LUC.5.460; (*dub.*) saepe ~as iurat adesse deas (*s.v.l.; app. the Furies*) OV.*Fast*.4.236.

palaestra ~ae, *f.* [Gk. παλαίστρα]

1 A wrestling-place (consisting normally of a wrestling-floor with surrounding changing-rooms, etc.). **b** the activities or exercise of the *palaestra*.
in ~a atque in foro PL.*Am*.1012; *Bac*.424; apud Lacaenas uirgines, quibus..~a Eurota sol puluis labor militia studio est *Inc.trag*.207; in quo porticus haec ipsa..et ~a et.. sessiones gymnasiorum et Graecorum disputationum memoriam quodam modo commouent CIC.*de Orat*.2.20; abero foro, ~a, stadio et gyminasiis? CATUL.63.60; PORTICVS ET PALAESTR(a) REFICIVNDA *CIL* 1.1635; tametsi non sint italicae consuetudinis ~arum aedificationes VITR.5.11.1; nitida dum nuda ~a ludis OV.*Ep*.15.151; Argiua membra ~a SEN.*Her.F*.1124; Olympiacae seruato more ~ae LUC.4.614; nec pudet occulte nudas spectare ~as STAT.*Silv*.3.1.146;—(*in a private house*) nec putant se habere uillam, si non multis uocabulis retineant graecis, quom uocent..loca, procoetona ~am VAR.*R*.2.pr.2; quem Verres in domo et in priuata aliqua ~a posuit CIC.*Ver*.5.185;—(*applied facet. to a brothel*) huius modi in ~am, ubi damnis desudascitur PL.*Bac*. 66; eccum ab sua ~a exit foras TER.*Ph*.484;—(*poet.*) pars in gramineis exercent membra ~is VERG.*A*.6.642; castigatum Libycae ceroma ~ae (*i.e. where Hercules wrestled with Antaeus*) MART.5.65.3. **b** fac periclum in litteris, fac in ~a, in musicis TER.*Eu*.477; non utuntur..artificio..palaestrae, sed indicat ipse motus, dicicerintne ~am an nesciant CIC.*de Orat*.1.73; corpora..agresti nudant praedura ~a VERG.*G*. 2.531; exercent patrias oleo labente ~as nudati socii *A*.3. 281; multa tuae, Sparte, miramur iura ~ae PROP.3.14.1; libellis eum ~aeque operam dare LIV.29.19.12; Campus..in uarias destringit membra ~as MAN.3.630; iuuentus..studio ..ignaua ~ae et uix arma ferens LUC.7.271; felicis..deo monstrante ~as STAT.*Theb*.6.833; ~ae peritus QUINT.*Inst*. 2.8.3; (*in fig. phr.*) eruditissimus ille quidem..sed non tam armis institutus quam ~a CIC.*Brut*.37;—(*transf.*) idem (*sc.* penis) post opus et suas ~as.. cum..iacet MART.10.55.4.

2 (fig.) Adroitness, dexterity.
utemur ea ~a quam a te didicimus omnibusque satis faciemus CIC.*Att*.5.13.1; habuit..uires agrestis ille quidem (*sc.* Antipater) atque horridas sine nitore ac ~a *Leg*.1.6;—(*cf.*) (numerus) serius aliquanto notatus et cognitus quasi quandam ~am et extrema liniamenta orationi attulit *Orat*. 186; 228.

palaestrica ~ae, *f.* [PALAESTRICVS] The art of wrestling.
nec medicina ideo non erit ars, quia unctio et exercitatio cum ~a..ei sit..communis QUINT.*Inst*.2.21.11; si armis uel ~a ludas FRO.*Aur*.1.p.70(44N).

palaestricōs, *adv.* [Gk. παλαιστρικῶς] In the manner of wrestling-schools.
*v.l.*in AFRAN.*com*.154.

palaestricus¹ ~a ~um, *a.* [Gk. παλαιστρικός] Of or associated with the *palaestra*.
pro exercitu gymnastico et ~o hoc habemus PL.*Rud*.296; ~i motus sunt saepe odiosiores CIC.*Off*.1.130; ODI ILLVD ~VM PRODIGIVM *CIL* 13.1668.2.15; ~i doctores QUINT.*Inst*. 12.2.12; quam facies eius decora et suci ~i plena sit APUL. *Apol*.63; (*cf.*) numquam uos praetorem tam ~um uidistis; uerum ita palaestritas defendebat ut ab illis ipse unctior abiret CIC.*Ver*.2.54.

palaestricus² ~ī, *m.* [prec.] A teacher of wrestling or gymnastics.
ne illos quidem reprehendendos puto, qui paulum etiam ~is uacauerunt QUINT.*Inst*.1.11.15; quomodo ~us ille cursorem faciet aut pugilem 2.8.7; *CIL* 6.28543.

palaestrīta ~ae, *m.* [Gk. παλαιστρίτης] A teacher of wrestling, manager of a wrestling-school.
qui (*sc.* oratores) eatenus ualuerunt, sani et sicci dumtaxat habeantur, sed ita ut ~ae CIC.*Opt.Gen*.8; *Ver*.2.36; quinque ~ae licet haec plantaria uellant PERS.4.39; intrauerunt ~ae complures et nos legitimo perfusos oleo refecerunt PETR. 21.4; MART.3.58.25; quos ~as esse nolumus, tamen esse nolumus eos, qui dicuntur ἀπάλαιστροι QUINT.*Inst*.9.4.56; nudum nec a decem ~is despoliari posse APUL.*Met*.1.15.

palaga ~ae, *f.* [Iberian] A nugget of gold.
PLIN.*Nat*.33.77.

palam, *adv.* and *prep.* [<**pelā*-, cf. OSl. *polje*, Russ. *pólyj*; term. as *clam*, etc.]

1 Openly, publicly, without concealment; by open action. **b** professedly, ostensibly, outwardly. **c** unambiguously, explicitly; discernibly.
~ muttire plebeio piaculum est ENN.*scen*.331; plus perdet clam ⟨qua⟩si praehibuerit ~ PL.*Mer*.1023; TER.*Hau*.640; nisi qui ~ corpore pecuniam quaereret CATO *orat*.205; IOVRET ~ APVD SE CORAM ARVORSARIO *CIL* 1.583.23; si ~ audire eos non auderes CIC.*de Orat*.2.153; omnia (signa)..ex locis publicis, ~ spectantibus omnibus, plaustris euecta.. esse *Ver*.1.53; remitte pallium mihi meum..sudariumque.. quae ~ soles habere tamquam auita CATUL.25.8; loquitur in consilio ~ CAES.*Gal*.6.7.6; luce ~ certum est igni circumdare muros VERG.*A*.9.153; nam pudet haec illum dicere uerba ~ [TIB.]3.11.18; et ~ et clam coeptis obuiam ire LIV.23.18.9; nec pudor est emisse (*sc.* crines): ~ uenire uidemus OV.*Ars* 3.167; corrigetur ~ QUINT.*Inst*.2.5.16; TAC. *Hist*.3.72; substitutionem ~ facere GAIUS *Inst*.2.181;—nulla pestis fudit Alciden ~ omnemque pestem uicit Alcides ~ SEN.*Her.O*.1516. **b** quem ~ heredem semper factitarat, ne nominat quidem CIC.*Phil*.2.41; ~ se proficisci ad Caesarem simulauit; clam nuntiis ad Milonem missis..sibi coniunxit CAES.*Civ*.3.21.4; 3.104.1; ~ quae ex uoluntate forent regi nuntiari iubet SAL.*Jug*.46.4; ~ ab suo comitatu..fremebant interfectum, animis autem Zeuxippum auctorem destinabant caedis LIV.33.28.4; ~ compositus pudor, intus summa apiscendi libido TAC.*Ann*.4.1; 16.7. **c** nonne hoc ~ dicis: 'ego..quid dicam nescio..' CIC.*S.Rosc*.58; est quiddam quod, etiamsi ~..non dicet..tamen ita dicet ut uos id suspicari.. possitis *Ver*.3.223; at manifesta ~ res indicat..e terra res omnis crescere LUCR.1.803; haec adeo tibi me..ipsa ~ fari omnipotens Saturnia iussit VERG.*A*.7.428;—non est illi (*sc.* cometae) ~ cursus SEN.*Nat*.7.17.2.

2 a ~ *facere, proferre*, To make generally known, divulge. **b** ~ *esse*, to be generally known, be common knowledge.
a me honestiust quam te ~ hanc rem facere PL.*As*.821; *Mer*.179; rem facias ~ TER.*Hau*.721; ne..(litterae) interceptae ~ facerent conata LIV.34.61.1; ~ facere, non aliunde maiores opes..hominibus contigisse QUINT.*Inst*.12.11.29;—(*in pass.*) faciam res fiat ~ PL.*Am*.876; ~ istaec fiunt te me odisse *Mer*.764; de Pansa..si quid certius (credo enim ~ factum esse) CIC.*Att*.13.21.3; NEP.*Han*.7.7; cum..nondum ~ facto uiui mortuique..promiscue complorarentur LIV. 22.55.3; (*w.* de) huius de morte ut ~ factum est NEP.*Di*.10.2; (*w. acc. and inf.*) si ~ fuit auxiliis adiutum ab sese Poenum LIV.29.5.6; ~ fit..superari magnitudinem terrae PLIN.*Nat*. 2.52; (*w. indir. qu.*) quo ~ fit quantum..hinc uapor abstulerit 2.245;—rem profer ~ TER.*Hau*.994; quae scripta sunt si ~ proferantur CATO *Mil*.1(J). **b** etsi taceas, ~ id quidem est PL.*Aul*.421; sin falsum aut uanum aut finctumst, continuo ~st TER.*Eu*.104; haec commemoro quae sunt ~ CIC. *Pis*.11; hoc certe publicum beneficium ~ erat, illam..seruitutem..dilatam SEN.*Suas*.6.21; magna, ut ~ est, admonitione hominum PLIN.*Nat*.21.2;—(*w. acc. and inf.*) cum ~ esset per errorem ingressos LIV.31.14.8; non esse terram sine spiritu ~ est SEN.*Nat*.6.16.1; audire..eos (*sc.* pisces) ~ est PLIN.*Nat*.10.193; QUINT.*Inst*.4.1.40; mutum neque stipulari neque promittere posse ~ est GAIUS *Inst*.3.105;—(*w. indir. qu.*) ~ est, quam turpiter deserat eam partem rhetorices institutio QUINT.*Inst*.2.1.9;—(*ellipt.*) clamor uulnera sanguis ~, causa in occulto TAC.*Ann*.1.49; nullis ~ neque cognitis mox causis 11.22; 14.32.

3 (as prep., w. abl.) Openly in the presence of.
ubi haec seuerus te ~ laudaueram HOR.*Epod*.11.19; rem creditori ~ populo soluit LIV.6.14.5; ~ omnibus concilis uexari principes Etruscorum 10.13.3; mene ~ nostrae det quisquam signa puellae? OV.*Ars* 2.549; me..~ de me.. male saepe loquuntur *Tr*.5.10.39; ~ nobis illum exintera PETR.49.8.

Palamēdēs ~is, *m.* FORMS: ~*i* (gen.) *Inc.trag*. 58, *Rhet.Her*.2.28. A son of Nauplius, king of Euboea; he was said to have invented letters, figures, etc., and his death was contrived by Odysseus in revenge for his acuteness in detecting the latter's stratagem to avoid going to Troy.
~i perspicax prudentia *Inc.trag*.58; CIC.*Tusc*.1.98; VERG. *A*.2.82; OV.*Met*.13.56; ~is auem (*i.e.* gruem, *w. ref. to V-shaped flight formation*) MART.13.75.2; TAC.*Ann*.11.14; (*as a nickname*) quem ~en Plato appellat, Alcidamas Elaites QUINT.*Inst*.3.1.10.

Palamēdēus ~a ~um, *a.* Of Palamedes.
et ~is certantem uiribus ortum MAN.4.206.

palanga, palangārius: see PHAL-.

pālāris ~is ~e, *a.* [PALVS¹+-ARIS] Consisting of stakes, involving stakes, etc.; involving wooden swords.
nisi..siluae ~is..usus fructus sit legatus ULP.*dig*.7.1.9.7; —et sphaeromachias spectamus et ~is lusio admittit STAT. *Silv*.4.pr.

Palātīnus ~a ~um, *a.* Also **Pāl-.** PROS.: *Pāl-* MART.8.39.1, 9.24.1, etc.

1 a The name of one of the hills of Rome, the Palatine; (masc. pl. as sb.) its inhabitants. **b** the name of one of the four urban tribes of Rome.

a ~is..collibus Ov.*Met.*15.560; ~i..iugi *Fast.*6.794;—nisi..~is ullum gaudium finitimis suis Cacus adtulit Col. 1.3.7. **b** ab hoc quattuor..partis urbis tribus dictae, ab locis Suburana, ~a, Esquilina, Collina Var.*L.*5.56; tribum suam non tulit, ~am denique..perdidit Cic.*Sest.*114; Plin. *Nat.*18.13; A TRIBVLIBVS TRIBVS ~AE *CIL* 6.10215; 6.31240.

2 Of or associated with the Palatine; *Salii ~i*: see Salivs¹.
sceptra ~i sedemque petit Euandri Verg.*A.*9.9; si ~as uidet (Phoebus) aequus aras Hor.*Saec.*65; ire ~as non bene uidit auis Prop.4.6.44; iamque ~ae summam Proca gentis habebat Ov.*Met.*14.622; *Fast.*5.152; ~is ludis Suet.*Cal.* 56.2; cella ~i atriensis 57.2;—(*of gods*) ~us..Apollo Hor. *Ep.*1.3.17; Prop.4.6.11; ~ae..Mineruae Mart.5.5.1; ~i..dei 5.19.4; MATRIS DEVM MAGNAE IDEAE ~AE..ADPARITOR *CIL* 12.405; (*cf.*) prima ~o lux est haec orta Tonanti (*i.e. Domitian*) Mart.9.39.1;—(*w. ref. to Augustus' house on the Palatine*) state ~ae laurus Ov.*Fast.*4.953.

3 Of or associated with the Emperor (whose palace was on the Palatine), imperial.
qui ~ae caperet conuiuia mensae Mart.8.39.1; ~os..uultus 9.24.1; oderat ante..~um Roma supercilium 9.79.2.

pālātiō ~ōnis, *f.* [palo¹+-tio] The placing of stakes or piles.
(alnus) in palustribus locis infra fundamenta aedificiorum ~onibus crebre fixa..permanet inmortalis ad aeternitatem Vitr.2.9.10.

Palātium ~(i)ī, *n.* Also **Pāl-.** Forms: *Bal-* Naev.acc.Var.*L.*5.53. Pros.: *Pāl-* Mart.1.70. 5, 7.28.5, etc.

1 The Palatine hill, one of the seven hills of Rome.
a ~ii radice Cic.*Div.*1.101; in ~io..a Pallanteo, urbe Arcadica, Pallantium, dein ~ium montem appellatum Liv. 1.5.1; nemorosi saxa ~i Ov.*Fest.*4.815; Suet.*Tib.*5;—(*pl., poet.*) celsa..Romanis decerpta ~ia tauris Prop.3.9.49; in alta ~ia Ov.*Tr.*1.1.69; Sil.1.15;—(*transf.*) hic locus est, quem..haud timeam magni dixisse ~ia caeli Ov.*Met.*1.176.

2 a One or other of the imperial residences on the Palatine. **b** a temple on the Palatine.
a Caesarem..opperiri intra ~ium iubet Tac.*Ann.*12.5; cum in ~io spatiaretur Plin.*Ep.*1.13.3; purpureus magni ructarit scurra ~i Juv.4.31; partem ~ii ad forum usque promouit Suet.*Cal.*22.2;—(*pl.*) sic te ~ia laudent Mart. 7.28.5. **b** (*pl.*) aduectae secreta ~ia matris Juv.9.23; ubi Nauali stant sacra ~ia Phoebo Prop.4.1.3.

Palātua ~ae, *f.* (app.) The tutelary goddess of the Palatine hill.
eorum (*sc.* cognominum) origo Volturnus, diua ~a, Furrina Var.*L.*7.45.

Palātuālis ~is ~e, *a.* Of the goddess Palatua.
(flamines) Volturnalem ~em Furinalem..fecit *in* Var.*L.* 7.45; Fest.p.245M; PONTIFIC ~I *CIL* 8.10500.

Palātuar ~āris, *n.* The sacrifice made on the Palatine in the festival of *Septimontium.*
Palatio, cui sacrificium quod fit, ~ar dicitur Fest.p. 348M.

palātum ~ī, *n.* Also **~us** ~ī, *m.* [dub., cf. perh. Etr. *falandum* 'sky'] Gender: masc. Cic.*Fin.*2.24.

1 The roof of the mouth, palate. esp. **b** (w. ref. to the processes of eating and drinking). **c** (as an organ of speech). **d** the dome or vault (of heaven), the sky (app. in imitation of Gk. οὐρανός).
artiuit linguam in ~um Nov.*com.*16; (stomachus) ~o extremo atque intimo terminatur Cic.*N.D.*2.135; illum (*sc.* arietem)..nigra subest udo tantum cui lingua ~o, reice Verg.*G.*3.388; Ov.*Met.*12.253; totum..os et ~um sale defricato Col.6.2.7; haec ulcera..~um totumque os occupant Cels.6.11.3; Plin.*Nat.*11.175. **b** neque malis molui neque ~is pinsui Pompon.*com.*187; oleas albas..nouas..propter amaritudinem respuit ~um Var.*R.*1.66.1; dum (Epicurus) ~o quid sit optimum iudicat Cic.*N.D.*2.49; qui sentimus sucum, lingua atque ~um Lucr.4.615; hoc (*sc.* pauone) potius quam gallina tergere ~um Hor.*S.*2.2.24; sicco torquet sitis ora ~o Prop.4.9.21; (papauer) oblito fertur gustasse ~o Ov.*Fast.*4.533; Sen.*Ep.*109.7; rescisso..nocent suspiria dura ~o Luc.4.328; quorum (*sc.* murium) ~um in gustu sagacissimum Plin.*Nat.*8.132;—(*masc.*) nec..sequitur, ut, cui cor sapiat, ei non sapiat ~us Cic.*Fin.*2.24. **c** has..imagines loqui uolunt, quod fieri nec sine lingua nec sine ~o..potest Cic.*Tusc.*1.37; n non esse (*sc. the 'n' in 'ng'*) lingua indicio est; nam si ea littera esset, lingua ~um tangeret Nigid.in Gel.19.14.7; licet obseres ~um Catul. 55.21; cum balba feris annoso uerba ~o Hor.*S.*2.3.274; nec..ignauo stupuerunt uerba ~o Ov.*Am.*2.6.47. **d** caeli ~um Enn.*inc.*16(Cic.*N.D.*2.49); Var.*gram.*169.

2 Capacity for appreciating food and drink, sense of taste, palate.
neque ostrea illa magna Baiana quiuit ~um suscitare Var.*Men.*549; hoc est non modo cor non habere, sed ne ~um quidem Cic.*Fin.*2.91; Fav.*orat.*1; piscibus..quae natura..foret..ante meum nulli patuit quaesita ~um Hor. *S.*2.4.46; non..exacuet torpens sapor ille ~um Ov.*Pont.* 1.10.13; obsonatores, quibus dominici ~i notitia subtilis est Sen.*Ep.*47.8; erudita ~a fastidire docuit fluuialem lupum Col.8.16.4; Diui Augusti iudiciorum ac ~i peritissimum e libertis Plin.*Nat.*14.72; Mart.14.220.1; Quint.*Inst.*1.2.7; quibus in solo uiuendi causa ~o est Juv.11.11.

palē ~ēs, *f.* [Gk. πάλη] Wrestling.
sed cura labores ante alios erat uncta ~e Stat.*Theb.*6.830; liquidam nodare ~en *Ach.*2.155.

palea ~ae, *f.* [cf. Skt. *palā́vah*, Let. *pęlus*, Russ. *peléva*]

1 (usu. pl. or collect. sg.) The separated husks and top straw of corn, etc., chaff.
dominus praebebit..lapidem, calcem, harenam, aquam, ~as Cato *Agr.*14.3; ~as triticeas et hordeaceas 54.2; pullum asininum..educant..~is, faeno, hordeo Var.*R.*2.8.2; cum..multis..non modo granum nullum, sed ne ~ae quidem..relinquerentur Cic.*Ver.*3.114; ~ae..in his (*sc.* lateribus) non cohaerescunt Vitr.2.3.1; Sen.*Nat.*4b.13.9; trimestris faba..exiguas ~as..facit Col.2.10.9;—(*collect. sg.*) Cic.*Fin.* 4.76; pater ipse domus ~a porrectus in horna Hor.*S.*2.6.88; duo serui..scrutari ~am coeperunt Petr.33.4; Scaev.*dig.* 32.93.4;—(*transf.*) expuitur aeris ~a quaedam Plin.*Nat.* 34.134.

2 A husk.
surgentem ad Zephyrum ~ae iactantur inanes Verg.*G.* 3.134; nulla uestitum ~a granum Col.2.9.15; fragili enim stipula et tenuissima ~a granum (hordei) continetur Plin. *Nat.*18.80;—(*collect.*) pinguis ~a..culmos Verg.*G.*1.192; hordea..exue de ~a tegminibusque suis Ov.*Med.*54.

3 a The wattles of a cock. **b** (perh.) a dewlap.
a gallos salaces..si sunt lacertosi..~a rubra subalbicanti Var.*R.*3.9.5; Col.8.2.9. **b** ut sint (pecudes) bene compositae, ut..a collo ~a demissa Var.*R.*2.5.8(*cj.*).

palear ~āris, *n.* [prec.+-ar] (usu. pl.) The dewlap.
cui..crurum tenus a mento ~aria pendent Verg.*G.*3.53; pendula..~aria Ov.*Met.*7.117; ~aribus et caudis amplissimis Col.6.21; Plin.*Nat.*8.179; V.Fl.4.406; Stat.*Theb.* 3.332; (*conceived of as part of the throat, etc.*) matutinas reuocat ~aribus herbas Calp.*Ecl.*3.17;—(*sg.*) musco tenaci pectus ac ~ar uiret Sen.*Phaed.*1044.

paleārium ~(i)ī, *n.* [palea+-arivm] A place for storing chaff.
pars fructuaria diuiditur in..faenilia ~aque Col.1.6.9.

paleātus ~a ~um, *a.* [palea+-atvs²] Mixed with chaff.
eam..plagam luto ~o contegi, ne sole aut pluuiis infestetur Col.5.6.13; 12.21.2; in floccis capsisque quas luto ~o inlinunt Plin.*Nat.*15.65; 17.112.

Palēs ~is, *f.*, (*m.*). Gender: masc. in Varro, acc. Serv.*G.*3.1. A tutelary deity of flocks and herds; (also pl., app. as a male–female pair).
Var.*L.*5.74; fecunda ~es *Culex* 77; Verg.*Ecl.*5.35; te quoque, magna ~es..canemus *G.*3.1; luce ~is Ov.*Fast.* 4.640; cana ~es Stat.*Theb.*6.111;—(*as a statue*) spargere lacte ~em Tib.1.1.36; facta agresti lignea falce ~es 2.5.28;—~ibvs ii *A.Epig.*22.87.

Palīcānus ~ī, *m.* A Roman cognomen, esp. of M. Lollius ~us, tribune in 71 b.c.
Cic.*Ver.*2.100; *Att.*1.1.1; V.Max.3.8.3.

Palīcus ~ī, *m.* One or other of two sons of Zeus and Thalia, who were worshipped at Palica in Sicily.
placabilis ara ~i Verg.*A.*9.585; olentia sulphure..stagna ~orum Ov.*Met.*5.406; *Pont.*2.10.25.

Palīlia, -icius, -is: see Paril-.

palim, *adv.* [Gk. πάλιν] Again, once more.
ROMANVS OLIM ~ AVRVM PRO FERRVM DEDIC *CIL* 4.4603.

palimbacchīus ~iī, *m.* [Gk. παλιμβάκχειος] A metrical foot of two long syllables and one short, an antibacchius.
duabus longis breuem sequentibus bacchius, eisdem longis breuem praecedentibus ~ius erit Quint.*Inst.*9.4.82.

palimpissa ~ae, *f.* [Gk. παλίμπισσα] Twice-boiled pitch, dry pitch.
(liquidam picem oleumque) quidam iterum decocunt et uocant ~am Plin.*Nat.*24.40.

palimpsestum ~ī, *n.* [Gk. παλίμψηστον] A palimpsest.
quod in ~o, laudo equidem parsimoniam Cic.*Fam.*7.18.2; in ~o relata Catul.22.5.

Palinūrus ~ī, *m*

1 The pilot of Aeneas who was overcome with sleep while at the helm and fell into the sea.
ipse gubernator..~us Verg.*A.*5.12; 5.840; Ov.*Ib.*592;—(*allusively*) fluctibus in mediis nauem, ~e, relinquis? *Tr.* 5.6.7;—(*in a pun*) meiere uis iterum? iam ~us eris Mart. 3.78.2.

2 The southern promontory of the Gulf of Velia (near the site of Palinurus' fall).
hinc media remis ~um peruenio nox Lucil.127; non me..exstinxit..Sicula ~us unda Hor.*Carm.*3.4.28; (*cf.*) in litus, ~e, tuum Luc.9.42.

paliūrus ~ī, *m., f.* **~os.** [Gk. παλίουρος] **a** The shrub Christ's thorn, *Paliurus spina-Christi.* **b** prob. a species of *Zizyphus*, perh. *Z. spina-Christi.*
spinis surgit ~us acutis Verg.*Ecl.*5.39; spinis..ferat ~on (*acc.*) acutis Col.10.22; 11.3.4. **b** Cyrenaica regio loton suae postponit ~o. fruticosior haec fructuque magis rubens Plin.*Nat.*13.111; 24.115.

palla ~ae, *f.* [dub.]

1 A rectangular mantle, worn esp. as an outdoor garment by women. **b** as a male garment, restricted to non-Romans). **c** (worn on the stage, esp. in tragedy = Gk. σύρμα).
iam surrupuisti ~am quam scorto dares? Pl.*As.*929; *Men.*130; spiram ~as redimicula promit Lucil.505; et bene parta patrum..interdum in ~am atque Alidensia Ciaque uertunt Lucr.4.1130; ~am signis auroque rigentem Verg.*A.*1.648; Tisiphone..sedens ~a succincta cruenta 6.555; ad talos stola demissa et circumdata ~a Hor.*S.*1.2.99; Prop.4.9.47; dona tulere..reginae ~am pictam cum amiculo purpureo Liv.27.4.10; longae pars maxima ~ae cauda fit Ov.*Met.*2.672; maerens lacera Concordia ~a Petr.124,l.253; pectora ~a tota latent Stat.*Theb.*12.537; Juv.10.262;—(*as worn by brides*) cum ~a..nouam incendio nuptam abstulit Hor.*Epod.*5.65; nuptae uos medium ~a foedus inite mea Prop.4.4.60. **b** (Phoebus) uerrit humum Tyrio saturata murice ~a Ov.*Met.*11.166; (Arion) induerat Tyrio bis tinctam murice ~am *Fast.*2.107; cultus regis..luxuria notabatur:..~am auro distinctam aurei accipitres..adornabant Curt.3.3.17; Liberum patrem ~a uelatum Plin.*Nat.* 36.29; bis Oebalio saturatam murice ~am Stat.*Theb.*9.690; (*poet.*) coeperat umenti Phoebum subtexere ~a Nox 2.527. **c** uti citharoedus cum prodierit optime uestitus, ~a inaurata inductus, cum clamyde purpurea *Rhet.Her.*4.60; cum ~a et cothurnis Cic.*Phil.*3.16; personae ~aeque repertor honestae Aeschylus Hor.*Ars* 278; Ov.*Am.*2.18.15.

2 (used as a curtain or covering).
aquam..in peluem coicere, et..pedes demittere, superque ~am dare Cels.4.31.4; audierat omnia Antigonus, utpote cum inter dicentes et audientem ~a interesset Sen.*Dial.* 5.22.2.

pallaca ~ae, *f.* [Gk. παλλακή] A concubine.
cum dilectam sibi e ~is suis praecipue..nudam pingi..iussisset Plin.*Nat.*35.86; accubante aliqua ~arum Suet.*Ves.* 21.1.

pallacāna ~ae, *f.* [cf. Gk. παλλάχανον] (perh.) Chives, *Allium schoenoprasum.*
unum (*sc.* genus) condimentariae (cepae), quam illi getion, nostri ~am uocant Plin.*Nat.*19.105.

Pallacīna ~ae, *f.* *uicus ~ae*, A district in Rome, app. near the north-east end of the Circus Flaminius.
in uico ~ae Cic.*S.Rosc.*132.

Pallacīnus ~a ~um, *a.* Of or in the *uicus Pallacinae.*
occiditur ad balneas ~as rediens a cena Sex. Roscius Cic. *S.Rosc.*18.

Palladium ~(i)ī, *n.* An image or statue of Pallas; (spec.) a Trojan statue of Pallas reputedly stolen by Odysseus and said to have been brought subsequently to Rome.
eripuit flamma ~ium illud Cic.*Scaur.*48; librarium..ex mediis armis turbaque nocturna tamquam ~ium sustulisse *Mil.*33; fatale adgressi sacrato auellere templo ~ium Verg.*A.*2.166; Sil.9.531; Fro.*Aur.*2.p.54(140N); PRAEPOSITO ~II PALATINI *CIL* 10.6441;—(*transf.*) caesia ~ium (est) Lucr.4.1161.

Palladius ~a ~um, *a.*

1 Of or associated with Pallas Athene (Minerva).
~i guttas..oliui *Mor.*113; ~ae..pugnae *Ciris* 29; uictor ~ae ligneus artis equus Prop.3.9.42; ~as arces (*i.e. Athens*) Ov.*Met.*7.399; ~o numine *Tr.*1.10.12; ~a compacta manu Sen.*Med.*365; ~a colu *Her.O.*563; ~a..aegide Luc.7.570; ~a..prora (*i.e. of the Argo*) V.Fl.8.463; ~um..forum Mart.1.2.8; ~us..lotos (*i.e. pipe*) 8.50(51).14; ~a..ab arce (*i.e. of Argos*) Stat.*Theb.*4.136.

2 (used w. ref. to the olive-tree or its products as being the gift of Athene).
~os flauae latices libasse Mineruae Ov.*Met.*8.275; ruta..~ae bacae (*i.e. the olive*) iutura saporem Col.10.121; ~a..amurca 10.353; ~os..haustus incubuit Stat.*Theb.*6.575; ~o..ramo Sil.3.405; ~os se fundit in agros Picenum 6.648;—(*of olive-wreaths*) ~ae..coronae Ov.*Ars* 1.727; ~um..decus Mart.9.23.2; ~o tua me manus induit auro Stat.*Silv.* 4.2.67.

Pallantēs ~ium, *m. pl.* (app.) The people of Pallanteum (b).
quartae regionis Palatium, quod ~es cum Euandro uenerunt Var.*L.*5.53.

Pallantēum ~ī, *n.* **a** A city in Arcadia. **b** the city founded by Evander on the future site of Rome.
a ferunt..a ~o, urbe Arcadica, Pallantium, dein Palatium montem appellatum Liv.1.5.1. **b** posuere in montibus urbem Pallantis proaui de nomine ~um Verg.*A.*8.54; nobile ~um 8.341.

Pallantēus ~a ~um, *a.* Of Pallanteum.
moenia ~a Verg.*A.*9.196.

Pallantias ~ados, *f.* A female descendant of Pallas; (in quots.) Aurora (app. from a connection with Pallas² b); (transf.) dawn.
queritur ueteres ~as annos coniugis esse sui Ov.*Met.*9.421; 15.191;—postera cum..~as (*i.e. dawn*)..fulserit *Fast.*4.373.

Pallantis ~idos, *f.* = prec.; (in quots. transf.).
sextae ~idos ortu Ov.*Met.*15.700; ~ide caesus eadem Didius *Fast.*6.567.

Pallantius ~a ~um, *a.* Of or connected with Pallas; (in quot., w. ref. to Pallas² d).
~us heros (*i.e.* Euander) Ov.*Fast.*5.647.

Pallas[1] ~adis or ~ados, *f.* Pros.: *~adĭ* (dat.) Stat.*Ach.*1.285.

1 A title of Athene (Minerva). **b** (meton.) = Palladivm.

ramis uelatos ~adis omnis Verg.*A.*7.154; summas..ad ~adis arces 11.477; ~adis Mineruae Vitr.4.8.4; ~adis exemplo de me sine matre creata carmina sunt Ov.*Tr.* 3.14.13; ~as Caesariana Mart.8.1.4; ~adi litoreae Stat. *Ach.*1.285; (*w. ref. to the Palladium in the temple of Vesta*) ~ados exstinctos si quis mirabitur ignis Prop.4.4.45. **b** Helenum rapta cum ~ade captum Ov.*Met.*13.99; ~ada Roma tenet *Fast.*6.424; hic locus est Vestae, qui ~ada seruat et ignem *Tr.*3.1.29.

2 (transf.) **a** An olive-tree. **b** olive-oil.

a dat quoque baciferam ~ada rarus ager Ov.*Am.*2.16.8. **b** ~ade iam pingui tinguere membra putas? *Ep.*18.44; ut uigil infusa ~ade flamma solet *Tr.*4.5.4.

Pallās[2] ~antis, *m.* Forms: voc. *Pallā* Verg. *A.*11.152.

1 The name of var. myth. persons, esp.: **a** The father of Minerva. **b** a giant. **c** a son of Pandion and brother of Aegeus. **d** the great-grandfather of Evander. **e** the son of Evander.

a Cic.*N.D.*3.59. **b** ~as bicorpor anguium spiras trahit Acc.*trag.*307; ex Terra et Tartaro Gigantes, Enceladus.. Pallas Hyg.*Fab.*pr.4; ex ~ante gigante et Styge, Scylla pr.17(20). **c** Clyton et Buten, ~ante creatos Ov.*Met.*7.500. **d** Verg.*A.*8.54. **e** Verg.*A.*8.104; teque iuuat, ~a 10.411; 11.152.

2 A wealthy freedman under Nero.

Tac.*Ann.*12.53; Plin.*Ep.*7.29.2; Juv.1.109.

Pallēnaeus ~a ~um, *a.* Of or associated with Pallene.

~a (*i.e. for use at Pallene*) Ioui mutauit fulmina Cyclops Luc.7.150; ~os..triumphos Stat.*Silv.*4.2.56.

Pallēnē ~ēs, *f.* The westernmost peninsula of Chalcidice; a town on this peninsula.

ad Canastraeum ~es traiecere Liv.31.45.15; Hyperborea ~e Ov.*Met.*15.356; Mela 2.33;—oppida ~e, Phlegra Plin. *Nat.*4.36.

Pallēnensis ~is ~e, *a.* Of Pallene.

ad agrum ~em Liv.44.10.11; in ~i Isthmo Plin.*Nat.*4.36.

pallens ~ntis, *a.* [pple. of next]

1 (of persons, their complexions, etc.) Pale, wan (from illness, death, emotion, etc.; the colour in Mediterranean peoples is characterized by a yellowish or greenish tinge, cf. Gk. χλωρός). **b** (of the inhabitants of the Underworld; cf. sense 2). **c** (transf., of things which cause paleness).

ne macies ~ntes occupet artus [Tib.]3.10.5; ~ntia membra Ov.*Ep.*11.77; ~ntes..manus sanguineumque caput *Tr.*3.9.30; refugo ~ntis sole Gelonos Stat.*Theb.*2.421; uigiles..deae ~ntis (*i.e. Aurora*) habenas 6.26;—(*of emotions, etc.*) ~ntes procul hinc abite curae Mart.11.6.6; spesque audaxque una metus et fiducia ~ns Stat.*Theb.* 6.393;—(*poet., of an unhealthy season*) hos manet imbrifero ~ns Autumnus hiatu *Silv.*2.1.217. **b** quaedam simulacra modis ~ntia miris Lucr.1.123; ~ntis umbras Erebo Verg. *A.*4.26; hac (*sc.* uirga) animas ille euocat Orco ~ntis 4.243; ~ntes..habitant Morbi 6.275; hic..~ns dira Tisiphone stetit Sen.*Her.O.*1012; Stat.*Theb.*2.48. **c** nec insanum ultra et lubricum forum famamque ~ntem trepidus experiar Tac.*Dial.*13.5;—(*esp. of drugs, etc.*) num te ~ntibus herbis deuouit..anus? Tib.1.8.17; ~ntia philtra Ov.*Ars* 2.105; ~ntis radere mores doctus Pers.5.15; ~ntis grana cumini 5.55.

2 (of other things) Pale-coloured, pallid. esp. **b** (of plants or their parts).

plagae proxima circum fugit rupta cutis ~ntiaque ossa retexit Luc.9.768; ~ntia sulphurata Mart.1.41.4; ~ns tag mortui tribulis 9.57.8; personae ~ntis hiatum Juv.3.175. **b** ~ntes..crocos Macer *poet.*13; hederae..nitor ~nte corymbo *Culex* 405; ~ntis uiolas Verg.*Ecl.*2.47; ~nti.. oliuae 5.16; ilice sub nigra ~ntis ruminat herbas 6.54; ~ntis ..hederas *G.*4.124; ~ntes..lupinos Ov.*Med.*69; cum.. tument ~ntia robora betae Col.10.326; ~ns faba Mart. 5.78.10; Stat.*Theb.*6.210;—(*cf.*) arua rigent auro madidis ~ntia glaebis Ov.*Met.*11.145; ~ntem (*i.e. with box-trees*).. Cytoron V.Fl.5.105.

3 (of places, sources of light, etc.) Devoid of brightness, pale, dim.

tum Sol ~ntis haud umquam discutit umbras Verg.*G.* 3.357; Solem..uidit iungere ~ntes nubilus annus equos Tib.2.5.76; lurida ~ns ora tulit (luna) Luc.5.549;—(*of the Underworld*) Ditis ~ntia regna *Aetna* 78; ~ntes undas [Tib.]3.5.21; ~ntis Auerni Stat.*Silv.*5.1.27.

palleō ~ēre (~uī), *intr.*, (*tr.*). [cf. pvllvs; Skt. *palitáh*, Gk. πελιτνός] N.B. pf. forms are listed under pallesco.

1 To be pale or bloodless (from illness, strong emotion, etc.). **b** (w. acc.) to be or become pale at.

times ecastor..nam ~es male Pl.*Cas.*982; *Mer.*373; necesse est, quoniam ~et, aegrotasse *Rhet.Her.*2.39; apparet esse commotum; sudat, ~et Cic.*Phil.*2.84; ~entem morte futura Verg.*A.*8.709; quodsi ~erem casu, biberent exsangue cuminum Hor.*Ep.*1.19.18; quisquis ambitione mala aut argenti ~et amore *S.*2.3.78; Prop.1.1.22; ~eat omnis amans! Ov.*Ars* 1.729; Pers.4.47; torpescunt scorpiones aconiti tactu stupentque ~entes Plin.*Nat.*27.6; inspecto ..miser ~ebat hiatu Stat.*Theb.*8.137; uigilandum, luctandum, enitendum, ~endum est Quint.*Inst.*7.10.14; habebat studiis honorem, timebat, ~ebat, scribebat Plin.*Ep.*6.2.2; Juv.7.97;—(*of a part of the body*) cum mea rugosa ~ebunt ora senecta [Tib.]3.5.25; ~ent amisso sanguine uenae Ov. *Met.*2.824; manu..~ente Grat.446; ~entia..ira ora Stat. *Theb.*2.545;—(*w. advl. acc.*) quis te cogebat multos ~ere colores? Prop.1.15.39; ecquid ubi e Ponto noua uenit epistula, ~es? Ov.*Tr.*5.2.1;—(*poet.*) aspicis exsangui chartam ~ere colore? 3.1.55; magis..ensis..ceruices terruit, 'imus, imus praecipites' quam si sibi dicat et intus ~eat infelix Pers.3.43; sine perfida ~eat Ide Stat.*Ach.*1.872. **b** (*w. fatigue, etc.*) iratum Eupolidem praegrandi cum sene ~es Pers.1.124.

2 To have a pale (yellowish or greenish) colour. **b** to have a pale discoloration.

tum quae ~et humi..ponatur uiola Col.10.101; (lectuca), quae..puro uertice ~et 10.183; si mihi Picena turdus ~eret oliua Mart.9.54.1; Thespiacis iam ~et in agris trux puer (*i.e. Narcissus*) Stat.*Theb.*7.341;—(*with gold*) superba densis arca ~eat nummis Mart.8.44.10; uellera natiuo ~ent ubi flaua metallo 9.61.3; corytos..electro ~ens Stat. *Theb.*4.270; Sil.1.229. **b** numquam Herculeo numine ~et ebur Prop.4.7.82; fastigia turpi ~ebant musco Ov.*Met.* 1.374; nec uitio caeli ~eat ulla seges *Fast.*1.688; 4.918; tralucere quicquam (myrrhinam) aut ~ere uitium est Plin. *Nat.*37.22.

3 (of sources of light) To be or become dim or faint; (sim. of darkness) to pale.

fusca ~ent incendia mixta ruina *Aetna* 202; quo rubeat Phoebe, quo frater ~eat igni 238; tristis..mundus nubilo ~et die Sen.*Oed.*45; ~ere diem Luc.7.178; exclusae ~et male lucis imago Stat.*Theb.*4.424; iam sidera ~ent uicino turbata die 12.406;—(*fig., of feelings*) magna..post lacrimas etiamnunc gaudia ~ent 1.620;—exhaustas..dolent ~ere tenebras 10.383.

pallescō ~escere ~uī, *intr.*, (*tr.*). [prec.+ -sco]

1 (of persons, etc.) To grow pale, lose one's colour. **b** (w. acc.) to grow pale at.

nil conscire sibi, nulla ~escere culpa Hor.*Ep.*1.1.61; ~escet super his (*sc.* uersibus) *Ars* 429; perditus in quadam tardis ~escere curis incipis Prop.1.13.7; ~uerant..ipso labra soluta mero 4.8.54; Ov.*Met.*2.180; ad suspicionem uulneris tiro ~escit Sen.*Dial.*1.4.7; ~uit attonitus sacris feralibus Luc.1.616; V.Fl.2.526; illa solitaria et uelut umbratica uita ~escere Quint.*Inst.*1.2.18; aperta ~uit agna Juv.6.392; sapientis quoque animum paulisper moueri..et ~escere necessum est Gel.19.1.17. **b** sic et Europe..scatentem beluis pontum..~uit audax Hor. *Carm.*3.27.28; fraternos ~uit ictus Petr.122,l.125; non ille euhantis Massylae ~uit iras Sil.1.101.

2 (of other things) To turn a pale colour, fade.

ut serae lectis de uite racemis ~escunt frondes Ov.*Ars* 3.704; pariter frondes, pariter ~escere glandes coepere *Met.* 8.759; ~escit omnis arbor Sen.*Thy.*110; ocimum sub canis ortu ~escit Plin.*Nat.*19.176; (*w. abl.*) saxum quoque ~uit auro Ov.*Met.*11.110; uiuo..~escit in auro Stat.*Theb.*1.547; (*in fig. phr.*) (haec corrupta) iam illum..exuant mentitum colorem et quadam uix enarrabili foeditate ~escant Quint. *Inst.*12.10.76.

3 To grow faint or dim, fade.

citius Orion ~escit Acc.*trag.*693; ille rubor, quo matutina rubescunt tempora, ~uerat Ov.*Met.*13.582.

palliastrum ~ī, *n.* [pallivm+-*astrum* (-aster)] A poor cloak.

scissili ~o semiamictus Apul.*Met.*1.6; *Fl.*14.

palliātus ~a ~um, *a.* [pallivm+-atvs[2]]

1 Wearing a *pallium* (esp. as a typically Greek form of dress). **b** (masc. as sb.).

isti Graeci ~i, capite operto qui ambulant Pl.*Cur.*288; obicias licet quam uoles saepe ~um fuisse Cic.*Rab.Post.*25; *Phil.*5.14; Gel.9.2.1; ~a mendicabula obambulant Apul. *Fl.*9;—(*of statues*) duo signa..~a Plin.*Nat.*34.54. **b** pythaules..septem habuit ~os qui uoce cantauerunt Hyg. *Fab.*273.7; uno (triclinio) quo sagati ~iue..discumberent Suet.*Jul.*48;—(*of statues*) ut..illi ~i topiariam facere uideantur Cic.*Q.fr.*3.1.5; ~i cogitantes Plin.*Nat.*35.129; (*cf.*) statua eius..ostenditur..habitu sedentis ac ~i Suet. *Gram.*9(p.107Re).

2 (a name given to the type of comedy, such as those of Plautus and Terence, adapted from Greek (New) Comedy).

Graecas fabulas ab habitu..~as Varro ait nominari Var. *gram.*306.

3 (used to contrast Greeks with barbarians).

dicerem stultos, nisi idem bracati sensissent, quod ~us Pythagoras credidit V.Max.2.6.10; quae deceant phaecasiatum ~umque Sen.*Ep.*113.1.

pallidulus ~a ~um, *a.* [next+-vlvs] Pale, wan.

mei..Lethaeo gurgite fratris ~um manans alluit unda pedem Catul.65.6; ~us..Bruttidius meus Juv.10.82.

pallidus ~a ~um, *a. compar.* ~ior. [palleo+ -idvs]

1 (of persons, complexion, etc.) Pale, colourless, pallid (from illness, strong emotion, etc.). **b** (poet., of things associated with or causing pallor).

~a est, ut peperit puerum Pl.*Truc.*576; inaurata ~ior statua Catul.81.4; uncae..manus et ~a semper ora fame Verg.*A.*3.217; ~a morte futura 4.644; ne..~a lecto desiliat mulier Hor.*S.*1.2.129; semper in irata ~us esse uelim Prop.3.8.28; nomine in Hectoreo ~a semper eram Ov.*Ep.*1.14; ora..buxo ~iora gerens exhorruit *Met.*4.135; puella..buxo ~ior nouaque cera *Priap.*32.2; Astyrici scrutator ~us auri Luc.4.298; ~a coniunx Stat.*Theb.*3.394; hoc recto uultu, solum hoc et ~us optas Juv.10.189; (*poet.*) ~a Mors Hor.*Carm.*1.4.13. **b** ~a Dictaeis..nascentia saxis infundas aconita palam Luc.4.322; pro lucri ~a tabes! 4.96; ~am..Pirenen Pers.pr.4; non uenit ad duros ~a cura toros Mart.14.162.2.

2 Having a pale colour, pallid. **b** having a pale discoloration.

ouorum alia sunt candida, ut columbis..alia ~a, ut aquaticis Plin.*Nat.*10.144; hoc (atramentum sutorium) ~ius et quantum colore, tantum bonitate deterius 34.125; —(*of plants, etc.*) ~a flauescant aestu sitientia prata *Dirae* 16; sponte prouenit (cici)..semine uuarum, gracilium ~arumque Plin.*Nat.*15.25; hemerocalles ~um e uiridi.. folium habet 21.158; cortex eius (*sc.* smyrnii) foris niger, intus ~us 27.133; ~a ne Cilicum timeant pomaria brumam Mart.8.14.1; hic qui ~us adfertur misero tibi caulis Juv. 5.87. **b** immundo ~a mitra situ Prop.4.5.72; cum insidiis ~a uina bibi 4.7.36; iacebis inter arua ~us situ *Priap.*83.16; ~um os reperitur Cels.8.4.7; ~a taetris uiscera tincta notis Luc.1.618; colorem corporis..qui.. corrumpitur ~usque conspicitur Larg.125.

3 (of light, etc.) Pale, dim. **b** (of the Underworld) dim, wan.

ubi ~a surget..Aurora Verg.*G.*1.446; sidera..~a *Lydia* 39; ~i..murmurantesque (ignes terreni) tempestatum nuntii sentiuntur Plin.*Nat.*18.357; cum ~a cedit bruma Stat.*Theb.*7.286; ~a..astra 11.589; ~a Rheni frigora *Silv.* 5.1.128. **b** ~a leti..loca Enn.*scen.*109; si qua..ui terra dehiscens..regna recludat ~a Verg.*A.*8.245; ~a Ditis aqua [Tib.]3.1.28; ~i fauces Auerni Sen.*Phaed.*1201; Ditis ..profundi ~a regna petunt Luc.1.456.

palliolātim, *adv.* [next+-im] In or with a *pallium.*

~ amictus sic haec incessi ludibundus Pl.*Ps.*1275; ut histriones, quom ~ saltant, caudam cycni, capillum Veneris..eodem pallio demonstrant Fro.*Aur.*2.p.104(157N).

palliolātus ~a ~um, *a.* [next+-atvs[2]] Wearing a *pallium.*

quae ~a uagatur Mart.9.32.1; gladiatorio munere..~us nouo more praesedit Suet.*Cl.*2.2.

palliolum ~ī, *n.* [next+-olvm] (Colloq. or familiar dim. of next.) **b** (used for comparison in describing other garments).

uide ~um ut rugat! Pl.*Cas.*246; ~um in collum conice *Epid.*194; Ov.*Ars* 1.734; uidebis..quosdam graciles et ~o focalique circumdatos Sen.*Nat.*4b.13.10; epithymum tradunt sine radice nasci, tenue, similitudine ~i Plin.*Nat.* 26.56; sucida ~o uellera quinque petit Mart.11.27.8; ~um sicut fascias..et aurium ligamenta sola excusare potest ualetudo Quint.*Inst.*11.3.144; cum uxorem comoedus agit uel Dorida nullo cultam ~o? Juv.3.95. **b** caltula est ~um praecinctui, quod nudae infra papillas praecinguntur Var.*gram.*194; ricae et riculae uocantur parua ricinia, ut ~a ad usum capitis facta Fest.p.277M.

pallium ~iī, *n.* [cf. palla]

1 A rectangular piece of material worn draped mainly by men as an outer garment (= Gk. ἱμάτιον). **b** (considered as a characteristically Greek form of dress).

excutedum ~ium Pl.*Aul.*646; quis properantem me reprehendit ~io? *Epid.*1; attolle ~ium Ter.*Eu.*769; Juvent.*com.*5; ~ium, quo amictus, soccos, quibus indutus esset Cic.*de Orat.*3.127; amica corpus eius texit suo ~io *Div.*2.143; remitte ~ium mihi meum Catul.25.6; Phaed. 5.5.18; Sen.*Ben.*7.24.1; serica pectore ponunt ~ia Stat. *Silv.*3.4.90; quadam eloquentiae frugalitate contentos ac semper manum intra ~ium continentis Quint.*Inst.*12. 10.21;—(*prov.*) hunc priorem aequomst me habere: tunica propior ~iost Pl.*Trin.*1154. **b** cum iste cum ~io purpureo talarique tunica uersaretur in conuiuiis muliebribus Cic.*Ver.*5.31; consularis homo soccos habuit et ~ium *Rab.Post.*27; cum ~io crepidisque inambulare in gymnasio Liv.29.19.11; redegit..se deposito patrio habitu ad ~ium et crepidas Suet.*Tib.*13.1; (*as the type of things Greek*) nulla non in re ~ium togae subici debere arbitrabantur V.Max.2.2.2.

2 A similar article used as a bed-cover or for other purposes.

~ia opercula dixerunt Var.*L.*5.167; concubitus..permittunt ~iis interiectis Cic.*Rep.*4.4; neque in lecto ~ia nostra sedent Ov.*Am.*1.2.2; tergebatur non linteis sed ~iis ex lana mollissima factis Petr.28.2; Juv.6.236; abrepto ~io retexi corpora Apul.*Met.*3.9.

pallō ~āre ~āuī: (unintelligible word in Petr.46.2).

pallor ~ōris, *m.* [palleo+-or]

1 Paleness of complexion, pallor (in Mediterranean races characterized by a yellowish or greenish tinge). **b** (personified).

(*from illness, fatigue, or other physical causes*) (artifices plumbarii) ~oribus occupatos habent corporis colores Vitr. 8.6.11; corporis habitus ~ore ac macie peremptī Liv.2.23.3; multorum ~or in ore mortis uenturae Luc.7.129; colorem.. bibentium..mutat in ~orem Plin.*Nat.*20.164; sanguis et ~or et gemitus Quint.*Inst.*6.2.31; et ore ac membris in eum ~orem albentibus Tac.*Ann.*15.64; femineus ~or in corpore Plin.*Pan.*48.4; Juv.15.101;—(*from emotional causes*) ~or rubor titubatio Cic.*Top.*52; quo tremore et ~ore dixit *Flac.* 10; sudores..~oremque exsistere toto corpore Lucr.3.154; ~or simul occupat ora Verg.*A.*4.499; tinctus uiola ~or amantium Hor.*Carm.*3.10.14; confessus gelidum ~ore timorem Ov.*Tr.*1.4.11; hinc ~or et irae Stat.*Theb.*3.564; frequenter motus sum, ut me non lacrimae solum deprenderent, sed ~or et ueri similis dolor Quint.*Inst.* 6.2.36; Juv.4.75;—(*cf. sense 3b*) Stygio facies ~ore grauatur Luc.6.517; in uicem humani coloris succedit ~or infernus Apul.*Met.*10.10;—(*w. nature of colour indicated*) uiridis per uiscera ~or *Ciris* 225; buxo..simillimus ora ~or obit Ov. *Met.*11.418; partem..coloris luridus exsangues ~or conuertit in herbas 4.267. **b** Tullus in re trepida..uouit..

fana..~ori ac Pauori LIV.1.27.7; SEN.fr.(Haase p.425); et sine sanguine ~or SIL.13.582.

2 Paleness (of other things). **b** discoloration from mould, mildew.

contage sua ~oribus omnia pingunt LUCR.4.336; (argentum uiuum) sublitum bratteis..~ore detegit simplices aut praetenues bratteas PLIN.*Nat.*33.100; ne paraetonii candor ~orem chrysocollae adferat 33.91;—(*of plants, etc.*) pingunt..aureolos uiridi ~ore corymbos *Culex* 144; pallescere glandes coepere ac longi ~orem ducere rami OV.*Met.* 8.760. **b** lana, opus omne perit: ~or, tiniae omnia caedunt LUCIL.995; uenti umidi..infundentes..umidos spiritus ~ore uolumina corrumpunt VITR.6.4.1; (uas fictile) gypsatum alte suspenditur ne ~orem trahat COL.12.42.3.

3 Dimness, faintness: **a** (of sources of light, etc.). **b** (of the Underworld).

a solis in obscuro pugnam ~ore notauit LUC.7.200; tinguit..adpropinquantes..circulus, frigidior in ~orem PLIN. *Nat.*2.79; solis defectus qualis..Antoniano bello totius paene anni ~ore continuo 2.98; ut..toris primo complexa iacebat Aurorae ~ore uirum STAT.*Theb.*2.334. **b** ~or hiemsque tenent late senta OV.*Met.*4.436; latet obsitus aer infernae ~ore domus LUC.5.628.

pallula ~ae, *f.* [PALLA+-VLA] A (little) *palla.*

conscissa ~a est PL.*Truc.*52; tibi suaso infecisti..~am 271; attuli eccam ~am ex Phrygia tibi 536; (*app. used as a curtain*) cum inde lectica transferretur, suspexisse dicitur dimotis ~is (*s.v.l.*) caelum SUET.*Tit.*10.1.

palma ~ae, *f.* [cf. Gk. παλάμη, OIr. *lām*, AS. *folm*]

1 The front part of the hand from the wrist to the finger-tips. (N.B. the word is used, more widely than Eng. 'palm', in expressions referring to all actions in which this part of the hand is mainly involved). **b** the width of the palm as a measure; (cf. PALMVS). **c** (poet.) *~ae abiegnae*, oars.

passis late ~is ENN.*Ann.*350; compressan ~a an porrecta ferio? PL.*Cas.*405; ~is..misellam depuuit me LUCIL.1245; (Ophiuchus) pressu duplici ~arum continet Anguem CIC. *Arat.*86; cum..manum dilatauerat, ~ae illius similem eloquentiam esse dicebat *Orat.*113; uoces quidem et ~arum intentus et maledictorum clamorem omnes profuderunt *Sest.*117; cum palam eius anuli ad ~am conuerterat *Off.*3.38; posterius tremulas..tenentes ~as LUCR.5.996; passis..~is proiecti ad terram CAES.*Civ.*3.98.2; geminis capiens tellurem Oeaxida ~is VAR.AT.*poet.*3; tunsae pectora ~is VERG.*A.* 1.481; iaculo ~as armauit acuto 11.574; uirginis in ~is ipsa canistra tremunt PROP.4.8.12; nectar erat ~is hausta duabus aqua OV.*Fast.*2.294; tollens ad sidera ~as *Tr.* 1.11.21; nascuntur ea quoque aut in ~is, aut inferioribus pedum partibus CELS.5.28.14C; nunc exire..missas nunc mittere ~as MAN.5.164; uestigium ~ae simile faciunt (pedes simiarum) PLIN.*Nat.*11.246; ~am alterna manu scalpere 28.57; teneris iam cornua ~is non tenet STAT. *Theb.*9.335; plana faciem contundere ~a JUV.13.128; os hominis liberi manus suae ~a uerberare GEL.20.1.13;—(*applied to the underside of a webbed foot*) Messalinus Cotta.. ~as pedum ex iis (*sc.* anseribus) torrere..repperit PLIN. *Nat.*10.52;—(*cf.*) aliorum (*sc.* animalium cornua) fudit (natura) in ~as 11.123. **b** columbaria singula esse oportet ut os habeat..intus ternarum ~arum ex omnibus partibus VAR.*R.*3.7.4. **c** caerula uerrentes abiegnis aequora ~is CATUL.64.7.

2 A palm-tree; (the term covers all kinds of palm, but it should be noted that the only native European palm is the dwarf palm *Chamaerops humilis*, from the appearance of whose foliage the name was derived). **b** (erron. supposed by Pliny, through a misunderstanding of Gk. ἐλάτη, to be a kind of fir). **c** a marine plant resembling a palm; also *~a marina.*

~a et cupressus et olea in crescendo tarda VAR.*R.*1.41.5; nautae coacti fame radices ~arum agrestium..colligebant CIC.*Ver.*5.87; Deli se proceram et teneram ~am uidisse *Leg.* 1.2; Trallibus in templo Victoriae..~a..ex pauimento exstitisse ostendebatur CAES.*Civ.*3.105.6; tuus amor..tam quam ~a firmiter (crescit) LABER.*com.*133; ardua ~a VERG. *G.*2.67; primus Idumaeas referam tibi, Mantua, ~as 3.12; in Apulia ~am uiridem arsisse LIV.24.10.6; in aede Primigeniae Fortunae..~am in area enatam 43.13.5; tremulae.. cacumine ~ae OV.*Met.*15.396; CURT.9.10.11; Iudaea..inclutа est uel magis ~is PLIN.*Nat.*13.26; 16.79; TAC.*Hist.*5.6. **b** est..arbor ad eadem unguenta pertinens, quam alii elaten uocant—quod nos abietem—alii; ~am..pingui lacrima PLIN.*Nat.*12.134; 23.99. **c** fit et ~a fruticum generis PLIN.*Nat.*13.138; ~a marina 28.255.

3 (usu. pl.) The fruit of the date-palm, a date.

~AS CARICAS *CIL* 1.2520.15; hic mixta est rugosis carica ~is OV.*Met.*8.674; cum pipere et ~is PERS.6.39; uinum.. ~is exprimere PLIN.*Nat.*6.161; ~a..quae uocatur adipsos 12.103; ~ae cariotae LARG.148; nuces Thasiae, ~a Aegyptia GEL.6(7).16.5.

4 The leaves or branches of palms. **b** (placed in the hands of the victor in a contest).

sumito testam picatam..suffito serta et schoeno et ~a, quam habent unguentarii CATO *Agr.*113; quae fiunt de cannabi..~a, scirpo, ut funes, restes, tegetes VAR.*R.*1.22.1; ab eius (bouis) summo sicut ~ae ramique late diffunduntur CAES.*Gal.*6.26.1;—(*used for making brooms*) lapides uarios lutulenta radere ~a HOR.*S.*2.4.83; in pretio scopas testatur ~a fuisse MART.14.82.1. **b** uix e carceribus exierit, cum ~am iam primus acceperit CIC.*Brut.*173; insignem ~a.. currum VERG.*A.*7.655; arbiter pugnae posuisse nudo sub pede ~am fertur HOR.*Carm.*3.20.12; uti..stantes cum ~a et corona ferant laudes VITR.9.pr.1; ~ae..tum primum translato e Graeco more uictoribus datae LIV.10.47.3; in certaminibus..meliorem ~a declarat SEN.*Ben.*5.2.2;—(*offered to a god*) ITRVM EX HISPANIA..TRIVMPHAVIT ~AM DEDIT *Tab.Triumph.*(*CIL* 1.p.77); Veneri..merenti fixa notet casus aurea ~a meos TIB.1.9.82.

5 The palm awarded in a particular contest (often virtually = victory).

qui ambissent ~am his histrionibus PL.*Am.*69; *Poen.*37; in medio omnibus ~am esse positam qui artem tractent musicam TER.*Ph.*18; alter plurimarum ~arum uetus ac nobilis gladiator habetur CIC.*S.Rosc.*17; hic me defendente quinquiens absolutus est: sexta ~a urbana etiam in gladiatore difficilis *Phil.*11.11; meritae..exspectent praemia ~ae VERG.*A.*5.70; sunt quos..~a..nobilis..euehit ad deos HOR.*Carm.*1.1.5; ualeat res ludicra si me ~a negata macrum, donata reducit opimum *Ep.*2.1.181; Eleae..~a quadrigae PROP.3.9.17; acer et ad ~ae per se cursurus honores..equus OV.*Pont.*2.11.21; cum septimo spatio ~ae adpropinquant (agitatores) SEN.*Ep.*30.13; quod si ~a contigit, statim in uictoria canunt (galli) PLIN.*Nat.*10.47; huic pretium ~ae..cratera ferebant STAT.*Theb.*6.531; ut.. mercede ~arum aurigarios fraudauerit SUET.*Nero* 5.2; (*cf.*) sanguis erit uobis maxima ~a meus PROP.2.9.40; Palladiae petitur cui ~a coronae OV.*Ars* 1.727; (*w. gen. of gd.*) dum dat uincendi praepes Victoria ~am MAT.*poet.*3;—(*w.* prima, *etc.*) prima..uentosis ~a petetur equis OV.*Fast.*4.392; si prasinus proximis circensibus primam ~am PETR.70.13; tertius extremam tauro solabere ~am SIL.16.462.

6 (transf.) The palm, first place. **b** (accorded to things.

quo nemo adaeque..antehac est habitus parcus..is nunc in aliam partem ~am possidet PL.*Mos.*32; Caecilio ~am Statio do mimico VOLC.*poet.*1.5; in argumentis Caecilius poscit ~am VAR.*Men.*399; sanguinulentam ~am crudelissima uictoria potiti *Rhet.Her.*4.51; illud..admiror, te..non huius rei (*sc.* facetiarum) quoque ~am..Crasso detulisse CIC.*de Orat.*2.227; quam ~am utinam di inmortales Scipio tibi reseruent *Sen.*19; egregiam istam ~am belli Punici patrati petis? LIV.28.41.8; prona tibi uinci cupientem uincere ~ast OV.*Am.*3.14.47; ne infregeritis in manibus meis ~am, qua Herculem..aequabo CURT.9.2.29; cum penes te ~a fuerit..uinceris a dolio SEN.*Ep.*83.24; nunc parta uera est ~a *Thy.*1097; ut non puderet inuiso..tradere ~am emptis quadriplicato uineis illis PLIN.*Nat.*14.51; hinc.. petitur iam mea ~a tibi MART.12.94.10; ~am..ex omni ferre labore SIL.3.327; datur..ei ~a in illo..genere dicendi QUINT.*Inst.*10.1.52; Demosthenes..pronuntiationi ~am dedit, eidemque secundum ac tertium locum 11.3.6; ~a inter dominas, uirtus natalibus aequa JUV.6.323; iam multarum ~arum spectatus proeliis APUL.*Met.*10.25. **b** ~a Romae Amiterninis (napis) datur PLIN.*Nat.*19.77; 28.142; cui iam pridem ~a a plerisque medicis inter omnia salis genera perhibetur 31.80;—(*w. gen.*) cum ~a mensarum diu iam tribuatur illis (*sc.* ostreis) 32.59; (*w.* secunda, tertia) in Italiae regione Aliana..ubi a Saetabi tertia in Europa lino ~a; secundam enim..capessunt Retouina et..Fauentina 19.9.

7 (meton.) One who carries off a palm as winner in a contest.

Eliadum ~as Epirus equarum (mittit) VERG.*G.*1.59; (*w.* tertia) post Helymus subit et nunc tertia ~a Diores *A.*5.339; (*fig.*) et tertia ~a Marcellus Cossusque prior de rege necato MAN.1.787.

8 A fruiting vine-branch.

sub eam (*sc.* uitem), ubi nascitur uua, subiciuntur.. furcillae, ne uindemia facta denique discat pendere in ~a aut funiculo aut uinctu VAR.*R.*1.8.6; 1.31.3; quicquid residui fuit ex uetere ~a COL.3.17.4; nouellis ~is semper uitis renouetur 4.21.3.

palmāris ~is, ~e, *a.* [prec.+-ARIS]

1 Measuring the width of a palm (hand).

ea (*sc.* rosa) conciditur radicitus in uirgulas ~es VAR.*R.* 1.35.1; si..uoluerimus (foramen) ~are facere VITR.10.16.5; per spatia ~ia COL.8.3.9.

2 Of or connected with victory; such as deserves the prize, palmary.

~is deae facies APUL.*Met.*2.4;—illa statua ~is de qua.. non possem sine risu dicere CIC.*Phil.*6.15; illa ~is (*sc.* sententia) *N.D.*1.20.

palmārium ~(i)ī, *n.* [PALMA+-ARIVM]

1 A master-stroke.

tum hoc alterum, id uerost quod ego mi puto ~ium TER. *Eu.*930.

2 An advocate's fee for winning a case.

si..post causam actam cauta est honoraria summa, peti poterit..etsi nomine ~ii cautum sit ULP.*dig.*50.13.1.12.

palmatiās ~ae, *m.* [Gk. παλματίας] A slight earthquake, an earth-tremor.

~ae..appellantur quorum pauitatione illa quae trepidant, sine inclinationis periculo nutabunt APUL.*Mun.*18.

palmātus ~a ~um, *a.* [PALMA+-ATVS[2]] Having a palm-leaf pattern; esp. embroidered with a pattern of palm-leaves.

~i (*sc.* lapides, *perh. andalusite*) circa Mundam in Hispania ..reperiuntur idque quotiens fregeris PLIN.*Nat.*36.134;— tunica ~a LIV.10.7.9; 30.15.11; Metellus Pius..cum ~a ueste conuiuia celebrabat V.MAX.9.1.5; ~ae..togae MART. 7.2.8; M. Crassus Frugi equo phalerato et in ueste ~a SUET. *Cl.*17.3.

Palmensis ~is ~e, *a.* *ager ~is*, A district in Picenum.

ager Praelutianus ~isque PLIN.*Nat.*3.110; (*cf., erron.*) Praetutia..nascentia (uina) et quae a palma una forte enata ~ia appellauere 14.67.

palmes ~itis, *m.* [cf. PALMA]

1 A vine-branch or -shoot. **b** (standing for or implying the whole vine).

lento turgent in ~ite gemmae VERG.*Ecl.*7.48; pars abit in uites et, quae modo fila fuerunt, ~ite mutantur OV.*Met.* 4.397; tumido gemmas cortice ~es agit *Fast.*4.128; imperant uitibus et eas..~itibus onerant COL.3.3.6; uites aquilonem spectare debent ipsae, ~ites autem earum meridiem PLIN.*Nat.*17.206; aequaeuo sociatam ~ite uitem ulmus amat STAT.*Silv.*5.1.48; uberrimos..uitium ~ites decidit GEL.19.12.9. **b** si staret..caelebs sine ~ite truncus OV. *Met.*14.663; COL.10.14; stratus humi ~es uiduas desiderat ulmos JUV.8.78; omnes Massicos aut Gauranos ~ites AUR. *Fro.*1.p.176(67N);—(*collect. sg.*) e Latio ~ite musta feres! OV.*Fast.*4.894; non horti neque ~itis beati..Priape, custos MART.8.40.1; Icario nemorosus ~ite Gaurus STAT.*Silv.*3.1. 147.

2 A twig or branch (of any sort of tree).

falcibus ~ites arborum eminentium ad se trahentes CURT.4.3.10; siquos ~ite crudo arboris..sucos pressere LUC.4.317; pomum est..suis inter ramos ~itibus racemosum PLIN.*Nat.*13.30.

palmētum ~ī, *n.* [PALMA+-ETVM] A palm-grove.

Herodis ~is pinguibus HOR.*Ep.*2.2.184; insulam ~is frequentibus consitam CURT.10.1.14; PLIN.*Nat.*5.13; STAT. *Silv.*5.2.138; ~is proceritas et decor TAC.*Hist.*5.6.

palmeus ~a ~um, *a.* [PALMA+-EVS] Made from the palm-tree; *uinum ~um*, palm-wine.

tegantur..tabulis..~is VITR.10.14.3; ~is tegetibus uineas adumbrabat COL.5.5.15; iuuenem..pedes ~is baxeis iniectum APUL.*Met.*2.28;—arborem stobrum..perfusam uino ~o accendentes PLIN.*Nat.*12.79; 37.185.

palmifer ~era ~erum, *a.* [PALMA+-FER] Producing palms, palm-bearing.

quae ~erae mittunt uenalia Thebae PROP.4.5.25; ~eram.. Pharon OV.*Am.*2.13.8; e ~eris balsama missa iugis *Eleg. Maec.*134; ~eram..Idumen SIL.3.600.

palmiger ~era ~erum, *a.* [PALMA+-GER] Holding a palm-branch.

Nemean sedentem supra leonem, ~eram ipsam PLIN. *Nat.*35.27.

palmipedālis ~is ~e, *a.* Also **palmo-.** [next+-ALIS] Measuring a foot and a palm in length, etc.

in haris ostium esse oportet et limen inferius altum ~e VAR.*R.*2.4.14; in cliuosis..potest ~is deponi (malleolus) COL.3.19.1. **β** erigantur postes..pedum VIIII, crassitudine quoquouersus ~es VITR.10.14.2; latitudine..~i 10.15.5.

palmipēs[1] ~edis, *a.* Also **palmo-.** [PALMVS+PES] (of measurements of length) Consisting of a foot and a palm.

populus alba seritur..~edi interuallo PLIN.*Nat.*17.143. **β** gradus ne minus alti sint ~ede VITR.5.6.3.

palmipēs[2] ~edis, *a.* [PALMA+PES] Web-footed.

~edum in genere sunt, uti anseres et aquaticae fere auis PLIN.*Nat.*10.29; 11.256.

palmō ~āre ~āuī ~ātum, *tr.* [PALMA+-O[3]]

1 To imprint or mark with the palm of the hand.

~atus sanguine paries inuentus..est [QUINT.]*Decl.*1.11; cum manus ex parte qua ~are uestigium potest, plicetur in capulo 1.12.

2 (in quot., absol.) To tie the vine-shoots to a stake, frame, etc.

~are, id est materias adligare COL.11.2.96.

palmopedālis, palmopēs: see PALMI-.

palmōsus ~a ~um, *a.* [PALMA+-OSVS] Noted for palms (in quot., perh. a reference to the palm of victory).

~a Selinus VERG.*A.*3.705.

palmula ~ae, *f.* [PALMA+-VLA]

1 The front of the hand, palm. **b** (applied to sim. parts in other creatures). **c** an oar.

ualete et me ~is producite VAR.*Men.*355; uasculum floridis ~is rotabat APUL.*Met.*2.7; ~is..super genua conexis 3.1. **b** (*in the* nauplius) uectorem demissis ~is ferire (aquam) ut remis PLIN.*Nat.*9.94; (*app. the pinions of a bird's wings*) color psittaco uiridis et intimis plumulis et extimis ~is APUL.*Fl.*12. **c** siue ~is opus foret uolare siue linteo CATUL.4.4; laeua stringat sine ~a cautes VERG.*A.*5.163.

2 A palm-tree. **b** a palm-leaf.

~as careotas Syrias parere in Iudaea VAR.*R.*2.1.27. **b** sportellae dependebant duae ~is textae PETR.40.3.

3 The fruit of the palm-tree, a date.

nucem iuglandem et ~am et ficum Sabinum VAR.*R.* 1.67.1; ficus, nuces, ~ae CELS.2.18.6; in essedo panem et ~as gustauimus SUET.*Aug.*76.1.

palmus ~ī, *m.* [cf. PALMA]

1 The front of the hand, palm.

in hominis corpore e cubito, pede, ~o, digito..symmetros est eurythmiae qualitas VITR.1.2.4; (munerum datio) semper geritur per manus ~um 2.3.3.

2 The width of the palm as a unit of measurement.

orbis medios..crassos pedem et ~um CATO *Agr.*135.6; tympanum..in altitudinem ~um VAR.*R.*3.5.15; cubitum.. animaduerterunt ex sex ~is constare digitisque XXIIII 3.1.7; nux a nuce minime ~o absit COL.5.10.13; caule ~um alto PLIN.*Nat.*26.68.

Palmȳra ~ae, *f.* A city of Syria.

~a, urbs nobilis situ, diuitiis soli et aquis amoenis PLIN. *Nat.*5.88.

Palmȳrēnus ~a ~um, *a.* Of or belonging to Palmyra; (fem. as sb., s.v.l.) the district round Palmyra.
solitudines ~as PLIN.*Nat.*6.125;—a nostro mari usque ad ~ae solitudines 6.143.

pālō[1] ~āre ~āuī ~ātum, *tr.* [PALVS[1]+-O[3]] To support with poles or stakes.
castaneti iugerum totidem ~andis (uitibus) quot arundineti iugandis (sufficere posse) COL.4.30.2; ut uitis ~etur 11.2.95.

pālō[2] ~āre, *tr.* [PALA+-O[3]] To dig or dig over (ground).
VIII iugerum operis ~ari (*s.v.l.*) iustum est PLIN.*Nat.*19.60.

pālō[3]: see next.

pālor ~ārī ~ātus, *intr.* [perh. <**pand-slo-s*, cf. PANDO] FORMS: ~are (pres. inf.) PAUL. *Fest.*p.220M.

1 To wander abroad, stray, be dispersed (esp. for the purposes of plunder, foraging, etc.). **b** (of defeated troops) to stray in a disorganized manner, scatter. **c** (applied to the movement or apparent movement of heavenly bodies).
non uides, ut ~antes solae, liberae grassentur? PL.*Bac.* 1136; ~antis comites cum montis inter opacos quaerimus LUCR.4.575; 5.974; uelut siluis, ubi passim ~antis error certo de tramite pellit HOR.*S.*2.3.49; plerosque ~antes eques circumuenit LIV.2.26.3; obsidionis taedio uicti abscedunt uagique per agros ~antur 5.44.5; ut impetus in frumentatores ~atos..fieret 22.24.2; equitum partem.. per agros passim dimisit ut ~antes exciperent 23.26.7; CURT.5.13.11; in ~antes effunduntur FRON.*Str.*2.5.31; cum pars munitionibus adiacerent plures extra ~arentur TAC. *Ann.*4.48; uagi ~antes nullo itineris destinato fine FRO.*Ver.* 2.p.202(204N); ad istum modum ~antes omnem illam depraedabantur regionem APUL.*Met.*8.29; Palatium.. appellatus est..quod ~are, id est errare, ibi pecudes solerent PAUL.*Fest.*p.220M. **b** Demoleos cursu ~antis Troas agebat VERG.*A.*5.265; ~antis sequitur paucos 12.615; qui aut proelio aduerso aut clade captae urbis ~ati fuerant LIV.5.46.4; agmen..fugientium..per agros trepida fuga ~atum est 7.8.6; easdem..latebras..~ati atque inermes fuga repetebant 9.31.15; ~atos persequente equite 28.30.2; 43.10.8; aspicit has longe..~antum stragis STAT.*Theb.* 7.724; magna pars saucii aut ~antes TAC.*Hist.*1.68; qui modo per agros fuga ~abantur 3.17; plebes omissis armis per agros ~atur 4.70; (*cf.*) illis (*sc.* ducibus) captis facile ceteras (conchas) ~antes retibus includi PLIN.*Nat.*9.111; (*pple. as transf. ep.*) terga dabant ~antia Teucri VERG.*A.* 12.738. **c** ~antia sidera passim, lunamque et solis praeclara luce nitorem LUCR.2.1031; medium uideo discedere caelum ~antisque polo stellas VERG.*A.*9.21.

2 (fig., w. ref. to intellectual activities) To wander aimlessly, stray.
despicere unde queas alios..uiam ~antis quaerere uitae LUCR.2.10; iuuat..~antes..homines passim et rationis egentes despectare procul OV.*Met.*15.150.

? **Paloscaria** ~ae, *f.* [cf. perh. PALVSCVS] An epithet of Juno.
CENSORES HASCE ARAS PROBAVERONT IVNO PALOSCARIA *CIL* 1.2439.

palpātiō ~ōnis, *f.* [PALPO+-TIO] A caress.
aufer hinc ~ones PL.*Men.*607.

palpātor ~ōris, *m.* [PALPO+-TOR] A cajoler.
sycophantae et ~ores plurumei in urbe hac habitant PL. *Men.*260; ecquem tu hic hominem crispum, incanum uideris, malum, peiiurum ~orem *Rud.*126.

palpebra ~ae, *f.* [PALPO+-BRVM] FORMS: *palpetras CIL* 1.2520, VAR.fr.24(GS). An eyelid. **b** (pl.) eyelashes.
hunc timidum tremulis ~is percutere nictu CAECIL.*com.* 193; uix prae uino sustinet ~as TIT.*orat.*2; ~ae..quae sunt tegumenta oculorum CIC.*N.D.*2.142; bracchia ~aeque cadunt LUCR.4.952; CELS.6.6.1.C; si discolores pilos asinus in ~is aut auribus gerit COL.6.37.7; ~is..non coeuntibus PLIN.*Nat.*23.49; lacrimis pressura ~arum coactis APUL. *Met.*5.17;—(*sg.*) CELS.5.26.23.A; cum opus fuerit, inuertitur ~a LARG.37. **b** ~ae in genis homini utrimque PLIN.*Nat.* 11.154; euolsas ~as renasci prohibet 25.156.

palpitātiō ~ōnis, *f.* [PALPITO+-TIO] A pulsating movement, throbbing, beating, quivering, twitching.
~o ipsorum (*sc.* neruorum) sine intermissione uibrantium SEN.*Ep.*95.16; alio intus excipiente (piscem)..ne ~o ulla aut sonus ceteros abigat PLIN.*Nat.*9.181; si quis..linguam ..imponat supra cordis ~onem mulieri dormienti 32.49; oculorum ~one 32.132.

palpitātus ~ūs, *m.* [PALPITO+-ATVS[1]] Vibratory movement, twitching.
insidiantur..polypi apertis (conchis) impositoque lapillo extra corpus ne ~u eiciatur PLIN.*Nat.*9.90.

palpitō ~āre ~āuī, *intr.* [PALPO+-ITO] (of the heart, arteries, etc.) To beat, pulsate; to beat strongly (from disease or emotion), palpitate. **b** (of a dying person or other creature, parts of the body, etc.) to quiver, pulsate. **c** (applied to other pulsating movements of the body). **d** (transf., of fire).
cum cor..euolsum..mobiliter ~aret CIC.*N.D.*2.24; cor sub uulnere ~ans SEN.*Dial.*5.14.3; in ouo..gutta ea salit ~atque PLIN.*Nat.*10.148; uni homini in infantia ~at (cerebrum) 11.134;—~antibus praecordiis uiuitur SEN.*Ep.*74.3; ecce quam miserum metu cor ~at *Her.F.*1299; pauidum.. trepidis ~at uenis iecur *Her.O.*709; tremulis, spasticis..et quibus cor ~et PLIN.*Nat.*28.97; ut grabattulus..succussu meo inquietus super dorsum meum ~ando saltaret APUL. *Met.*1.13; (*transf.*) (uox) haec..uirilis..animum ~antem percussit PETR.100.4; (*cf.*, *w. ref. to the sexual act*) ut semel aut iterum super illam ~et JUV.3.134. **b** saepe uaporato mihi caespite ~at agnus CALP.*Ecl.*2.62; ut gustare non possint (piscem) nisi quem..~antem..uiderunt SEN.*Nat.*3.18.3; tunc omnis ~at artus LUC.6.754; heu celeres Parcae! iam ~at aruis Phaedimus STAT.*Theb.*8.439; conligatis uulneribus ac semianimes ~antesque adhuc in carcerem rapti SUET.*Tib.* 61.4; (*w. abl. of part*) (toxicum) cogit..~are lingua similiter decollatorum capitibus LARG.194;—(*of a severed part*) ipsa (lingua)..~at OV.*Met.*6.560; LUC.2.182. **c** pisces qui ad pabula petenda ~ent exiguis branchiis PLIN.*Nat.*9.177; ~ante..lingua (*sc. of the frog*) ululatus eliditur 11.173. **d** his arduus ignis ~at STAT.*Theb.*12.71.

palpō ~āre ~āuī ~ātum, *tr.*, (*intr.*). [cf. perh. Gk. ψηλαφάω, ψάλλω, etc., OHG. *fuolen*, AS. *fēlan*]

1 To stroke, caress.
ille manu uastos poterit frenare leones et ~are lupos MAN. 5.702; neruus..quamuis tota ~etur nocte, iacebit JUV. 10.206.

2 (fig.) To soothe, soften; (also w. dat., dub.).
nihil asperum territumque ~anti est SEN.*Dial.*5.8.7; quem Massa timet, quem munere ~at JUV.1.35; ~are Veneris iram APUL.*Met.*5.31; uerbis ~antibus stimulum doloris obtundere 8.7;—quando illi apud me mecum ~as et lalas (*v.l.* caput et corpus copulas)? PL.*Poen.*343.

palpor ~ārī ~ātus, *intr.*, *tr.* [prec.]

1 To stroke, caress.
(*w. dat.*, *in fig. phr.*) cui male si ~ere recalcitrat undique tutus HOR.*S.*2.1.20;—(*w. acc.*) cum equum permulsisset quis uel ~atus esset ULP.*dig.*9.1.1.7.

2 (fig.) To act in a soothing or cajoling manner.
(*w. dat.*) quam blande mulieri ~abitur PL.*Am.*507; scribenti ad me eius modi litteras..~arer necesse erat POL. *Fam.*10.33.2;—(*ellipt. or absol.*) uide, ut ~atur. nullust.. blandior PL.*Mer.*169; hic me ubi uidet, subblanditur ⟨fur⟩, ~atur LUCIL.883.

palpus ~ī, *m.* (or ? ~**um**, *n.*). [PALPO] The front or palm of the hand; (in fig. phrs. expr. flattery or sim.).
timidam ~o percutit PL.*Am.*526; *Mer.*153; mihi optrudere non potes ~um *Ps.*945; ius habet ille sui ~o quem tollit hiantem cretata Ambitio? PERS.5.176.

Palūda ~ae, *f.* An epithet of Minerva.
corpore tartarino prognata ~a uirago ENN.*Ann.*521; VAR.*L.*7.37.

palūdāmentum ~ī, *n.* [as next+-MENTVM] A military cloak fastened with a brooch at the shoulder, the typical garment of generals and others of high rank. **b** (see quots., prob. erron.).
togam ~o mutauit SAL.*Hist.*1.87; postquam ex sarcinis ~a extare et delectae cohortes intellegi coepere 3.106; cognito..super umeros fratris ~o sponsi quod ipsa confecerat LIV.1.26.2; a consulibus abire lictores iussi ~aque detracta 9.5.13; purpureo ~o amictum V.MAX.1.8.8; coccum imperatoriis dicatum ~is PLIN.*Nat.*22.3; (infantem filium) ~o opertum sinu retinens Germanicum appellauit TAC.*Hist.*2.59; PLIN.*Pan.*56.4; hoc Diogeni..pera et baculum, quod regibus diadema, quod imperatoribus ~um APUL.*Apol.*22; (*worn by the empress*) nos uidimus Agrippinam Claudi principis..adsidentem et indutam ~o aureo PLIN.*Nat.*33.63. **b** Paluda a ~is. haec insignia atque ornamenta militaria VAR.*L.*7.37; omnia enim militaria ornamenta ~a dici FEST.p.253M.

palūdātus ~a ~um, *a.* [**palud-* (cf. PALLA)+ -ATVS[2]] Wearing a military cloak. esp. **b** (of a general on active service).
pone ~us stabat rorarius uelox LUCIL.393; P. Sulpicius.. ~is lictoribus profectus LIV.31.14.1; 45.39.11; Salias uirgines Cincius ait esse conducticias..cum apicibus ~as FEST.p.329M; (*cf.*) ~i in libris auguralibus significat.. armati, ornati VERAN.*gram.*2. **b** ad bellum cum exit imperator..~us dicitur proficisci VAR.*L.*7.37; exierunt malis ominibus atque exsecrationibus duo uulturii ~i CIC. *Sest.*71; cum te prosequerer ~um *Fam.*13.6.1; ~i..uotis nuncupatis exeunt CAES.*Civ.*1.6.6; ne..~us inde cum lictoribus in prouinciam iret LIV.21.63.9; quae clam commissa capite luerent, tum, quia ~i fecere, laudamus SEN. *Ep.*95.31; miles..insolens..sempiternum incussit imperium ~is [QUINT.]*Decl.*3b.1; ipse Vitellius..~us accinctusque TAC.*Hist.*2.89; cum..~is ducibus..loqui JUV.6. 400; praesedit..~us SUET.*Cl.*21.6.

palūdensis ~is ~e, *a.* [PALVS[2]+-ENSIS] (of water) Lying in pools, fen-.
OPVS AQVAE ~IS CONQVIRENDAE CONCLVDENDAEQ *A.Epig.* 34.40.10.

palūdōsus ~a ~um, *a.* [PALVS[2]+-OSVS] Characterized by pools of water or inundations, fenny.
~os memoret seruire Sycambros PROP.4.6.77; e..~a siccis humus aret harenis OV.*Met.*15.268; ~i fecunda licentia Nili STAT.*Silv.*3.2.108; ~ae..stagna Rauennae SIL. 8.601.

palumbēs ~is, *m.*, *f.* Also ~**us** ~ī, *m.* [*pal-* from PALLEO, cf. Gk. πέλεια; for term. cf. *columbus*] A wood-pigeon. **b** (fig.) a dupe, gull.
macros..~es LUCIL.453; CIC.*Eleg.*fr.1; raucae..~es VERG.*Ecl.*1.57; uidimus..poni..sine clune ~es HOR.*S.* 2.8.91; fronde noua puerum ~es texere *Carm.*3.4.12; coccyx ..parit in alienis nidis, maxime ~ium PLIN.*Nat.*10.26. **β** ~um recentem sic farcito CATO *Agr.*90; sanguis columbae et ~i CELS.5.5.1; ~os columbosque cellares COL.8.8.1; MART.13.67.1; (*cf.*) de lardo uult faciet piscem, de lardo ~um.. PETR.70.2. **b** duae unum expetitis ~em PL.*Bac.*51; nos tibi ~em ad aream usque adduximus *Poen.*3.3.676.

palumbīnus ~a ~um, *a.* [prec.+-INVS] Of or derived from wood-pigeons.
fimum..~um PLIN.*Nat.*30.67; caro ~a 30.110.

palumbulus ~ī, *m.* [next+-VLVS] (Dim. of next, as a term of endearment.)
nobis tuis ~is APUL.*Met.*8.26; te teneo, meum ~um meum passerem 10.22.

palumbus ~ī, *m.*: see PALVMBES.

pālus[1] ~ī, *m.* Also ~**um** ~ī, *n.* [<**pak-slos* (PANGO); cf. Gk. πάσσαλος]

1 A length of unsplit wood, post, stake.
est quasi ~o pectus tundat PL.*Rud.*1290; ~os..siccos dolato CATO *Agr.*37.3; alterum (pedamentum) ~us (est) e pertica VAR.*R.*1.8.4; teneram ~is adiungere uitem TIB. 1.7.33; hic annus nondum uehementem ~um aut ridicam desiderat COL.4.12.1; saepes..pro ~is elephantorum dentibus fieri PLIN.*Nat.*8.31;—(*collect. sg.*) caesae harundinis uel ~i compendium..ad fructuarium pertinet PAUL.*dig.* 7.1.59.2; *CIL* 10.114;—(*used for marking boundaries*) in quibusdam..regionibus ~os pro terminis obseruant SIC. FL.*agrim.*p.102; actuarios ~os suo quemque numero inscriptos..defigemus HYG.GR.*agrim.*p.155;—(*applied to the phallus of a Priapus*) obsceno..ruber porrectus ab inguine ~us HOR.*S.*1.8.5;—(*neut.*) quid? tu non uides in uineis, quod tria ~a habeant, tripales dici? VAR.*Men.*179.

2 (of var. spec. objects): **a** A wooden peg or pin. **b** a wooden pile. **c** a wooden pole serving as a dummy in fighting-practice. **d** the stake to which condemned persons were tied for execution. **e** the wooden sword of the *secutores*; ~*us primus*, the leader of the *secutores*. **f** a dibble.
a non sum dignus prae te ~um ut figam in parietem PL. *Mil.*1140; rusticus emeritum ~o suspendat aratrum OV.*Fast.* 1.665;—(*used in repairing a ship*) quasi supellex pellionis, ~us ~o proxumust PL.*Men.*404. **b** quod ibi omnia opera et publica et priuata sub fundamentis..habeant ~os VITR. 2.9.11; sin..mollis locus erit ~is ustilatis..(fundamenta) configantur 5.12.6. **c** quis non uidit uulnera ~i? JUV. 6.247; dicite..quando ad ~um gemat uxor Asyli 6.267;—(*in fig. phr.*) exerceamur ad ~um SEN.*Ep.*18.8. **d** ~us destitutus est in foro, eoque adductus..nobilissimus homo M. Marius GRACCH.*orat.*45; capitibus obuolutis e carcere ad ~um atque ad necem rapiebantur CIC.*Ver.*5.72; i, lictor, deliga ad ~um LIV.8.7.19; cum..deligatis ad ~um noxiis carnifex deesset SUET.*Cl.*34.1. **e** VRBICO SECVTORI PRIMO ~O NATION FLORENTIN *CIL* 5.5933; 6.10189. **f** ad lineam ~o grana bina aut terna demittito CATO *Agr.*161.1; ~o prius locum ne feceris, quo taleam demittas 45.2; caulis eius tener est..radice una, ceu ~o in terram demissa PLIN. *Nat.*27.14.

palūs[2] ~ūdis, *f.* [Skt. *palvalám*] FORMS: ~*udium* (gen. pl.) PLIN.*Nat.*2.174, *v.l.* in LIV. 21.54.7. PROS.: ~*ŭs* HOR.*Ars* 65.

1 An area covered with pools of standing water, flood-water, etc., a fen, swamp. **b** ~*us Maeotis*, *Maeotica*, etc., the Sea of Azov.
quin tu in ~udem is exsicasque harundinem PL.*Rud.*122; ~us paululum aquae in altitudinem et palam latius diffusae VAR.*L.*5.26; in ~udibus demersus CIC.*Red.Pop.*20; tenent rupes uastaeque ~udes LUCR.5.202; quo propter ~udes exercitui aditus non esset CAES.*Gal.*2.16.4; planities limosa hiemalibus aquis ~udem fecerat SAL.*Jug.*37.4; QVI FLVVI RIVI FONTES LACVS AQVAE STAGNA ~VDES SVNT IN AGRO *CIL* 1.594.2.2.39; qui..~udis..umorem..deducit harena VERG.*G.*1.113; mitis..in morem stagni placidaeque ~udis *A.*8.88; antequam stantis repetat ~udes..diuina auis HOR.*Carm.*3.27.9; urbs prona in ~udes LIV.4.59.4; Iuppiter ut liquidis stagnare ~udibus orbem..uidet OV.*Met.*1.324; ranae, uagantes liberis ~udibus PHAED.1.2.10; Pomptinas uia diuidit uda ~udes LUC.3.85; feri (sues) sapiunt uestigia ~ude confundere PLIN.*Nat.*8.208; cum praealtis ~udibus arma equi haurirentur TAC.*Hist.*5.15; (*cf.*) aequoreo bibitur cum sale mixta ~us OV.*Pont.*2.7.74; (*hyperb.*) Mucianus altero consulatu suo in conquestione exprobrauit patinarum ~udes Vitelli memoriae PLIN.*Nat.*35.164; (*as a type of worthless land*) cum..harenam aliquam aut ~udes emat CIC.*Agr.*2.71. **b** a sole exoriente supra Maeotis ~udes ENN.*var.*21; ~us ipsa Maeotis MELA 1.7; ~udis Maeoticae PLIN.*Nat.*2.168.

2 (applied **a** to the waters of the Underworld. **b** contemptuously, to Nero's projected canal).
a Stygiam..~udem VERG.*A.*6.323; gemuit sub pondere cumba sutilis et multam accepit rimosa ~udem 6.414; me uocet in uastos amnes nigramque ~udem [TIB.]3.3.37; damnatae noctes et uos uada lenta ~udes PROP.4.11.15; promissis testis adesto dis iuranda ~us (*i.e. the Styx*) OV. *Met.*2.46; infernae nympha ~udis erit *Fast.*2.610; Acheron..descendit nigra lentus per stagna ~ude SIL.13.573. **b** nec..montibus..caesis inducit Nero sordidas ~udes STAT.*Silv.*4.3.8.

3 (transf.) Reeds.
siccae redolet ~us lacunae MART.4.4.1; nec tibi (est) de bibula sarta ~ude teges 11.32.2; tomentum concisa ~us Circense uocatur 14.160.1.

paluscus ~a ~um, *a.* [? Ital.] *ficus* ~*a*, A kind of fig.
(ficus) atra ~a CLOAT.*gram.*9.

paluster (or ~**tris**) ~tris ~tre, *a.* [PALVS[2]+ -(ES)TRIS] FORMS: (nom. sg. masc.) ~*ter* LIV. 36.22.10; ~*tris* COL.8.14.2.

1 (of terrain) Marshy, fenny; (neut. pl. as sb.) fenland, marsh.
quod loca ~tria..erant SIS.*hist.*18; loca..demissa ac ~tria CAES.*Civ.*3.49.4; ~tri et uoraginoso solo *B.Hisp.*29.2; ~tris..Minturnas HOR.*Ep.*1.5.4; miles hibernis itineribus ac ~tri uia..adfectus LIV.22.9.4; ~tris quoque sed herbidus ager destinetur COL.8.14.2; nobiles ~tri accessu uillae PLIN.*Nat.*35.117; cum..crebris..imbribus superfusus amnis ~trem humilemque insulam in faciem stagni oppleuit TAC.*Hist.*5.23;—iuxta lacum cuius ~tria aestate siccantur PLIN.*Nat.*12.104; salicem redolent Patauinorum in ~tribus uindemiae 14.110.

2 Of, occurring in, or proceeding from marshes. **b** (of natural species). **c** made, used, situated, etc., in marshland.
(cum sit) sub terra ~tris abundantia VITR.5.9.6; uigiliis..et nocturno umore ~trique caelo grauante caput LIV. 22.2.11; qua loca..~tri limo..claudunt 36.18.4; mucis..~tribus..oblitus OV.*Met.*11.366; ~tribus qua maria dulcescunt aquis SEN.*Med.*213; mira sanguinis..hirudinum in ~tri aqua sitis PLIN.*Nat.*11.116; VIAM..INFLVENTIBVS ~TRIB AQVIS EVERVERATAM..RESTITVIT *CIL* 5.7992; (*cf.*) ~tribus undis qua caua de Stygiis fluxerat unda uadis OV.*Ib.*223; (*fig.*) crassos transisse dies lucemque ~trem PERS.5.60. **b** (*of animals, birds, etc.*) ranae..~tres HOR. *S.*1.5.14; spiritus..bestiarum ~trium uenenatos VITR.1.4.1; celebres mergis fulicisque ~tribus undae OV.*Met.*8.625; exceptis..~tribus aut nantibus (uolucribus) COL.2.14.1; (*neut. pl. as sb.*) nondum ~tria attingimus PLIN.*Nat.*13.68;—(*of plants*) calamo..~tri *Culex* 72; riuus..circa obsitus ~tribus herbis LIV.21.54.1; canna ~tris OV.*Rem.*142; SEN. *Nat.*3.27.4; in ~tribus populetis PLIN.*Nat.*14.61; ~tribus..uirgultis tectus eques FLOR.*Epit.*1.22(2.6.13). **c** nauem..conscendimus ~trem, quam..per uluam ducerent loro VAR.*Men.*276; uillulam..~trem *Priap.*86.1; fossis ~tribus munita PLIN.*Nat.*6.75.

palux: see BALVX.

pammachium ~iī, *n.* [Gk. παμμάχιον] = PANCRATIVM.
ipse (*sc.* Hercules) contendit ~ium, quod nos pancratium uocamus, cum Achareo HYG.*Fab.*273.5.

Pammenēs ~is, *m.* A Greek personal name, esp. that of an Athenian rhetorician of the first century B.C.
~es uir longe eloquentissimus Graeciae CIC.*Brut.*332; *Orat.*105.

Pammenius ~a ~um, *a.* Of a Pammenes.
sed ~a illa (*i.e. business concerning Pammenes*) mihi non placent CIC.*Att.*6.2.10.

Pamphilus ~ī, *m.* A common Greek personal name, esp. a painter, of Amphipolis, the teacher of Apelles and others.
Eupompus (docuit) ~um, Apellis praeceptorem PLIN. *Nat.*25.75; 35.123; QUINT.*Inst.*12.10.6.

Pamphȳlia ~ae, *f.* A country on the southern coast of Asia Minor; (meton.) its people.
LIV.33.41.6; MELA 1.14; PLIN.*Nat.*11.280;—Cilicum..et Pisidarum gens et his finituma ~a..uolatibus auium..declarari res futuras putant CIC.*Div.*1.2.

Pamphȳlius (-phīl-) ~a ~um, *a.* Of or belonging to Pamphylia, Pamphylian; (masc. pl. as sb.) the people of Pamphylia.
~o mari NEP.*Han.*8.4; ~o profundo COL.8.16.9; ~a..tellus LUC.8.249; mare ~um Cilicio iungitur PLIN.*Nat.*5.96; —auspicia uestra..a Cilicibus ~is Pisidis Lyciis tenentur CIC.*Div.*1.25.

pampināceus ~a ~um, *a.* [PAMPINVS+-ACEVS] Of or resembling vine-tendrils.
cripae ~ae libram COL.12.20.5(*dub.*).

pampinārium ~(i)ī, *n.* [next] A normally non-fruiting shoot growing from the hard wood of a vine.
~ia saepissime fructu carent COL.4.11.3; serere e ~iis sterile est PLIN.*Nat.*17.157; 17.181.

pampinārius ~a ~um, *a.* [PAMPINVS+-ARIVS] (of young vine-shoots) Bearing leaves and tendrils (only).
~am uirgam COL.3.10.7; ~us palmes 4.24.5; ~a sarmenta deponi non placet, quia sterilia sunt *Arb.*3.1.

pampinātiō ~ōnis, *f.* [PAMPINO+-TIO] The removal of superfluous growth from vines, vine-trimming.
ut frequenti ~one superuacua detrahamus COL.4.6.1; ~ones..saepe adhibendae 4.17.3; ~o uerna PLIN.*Nat.*17. 190.

pampinātor ~ōris, *m.* [PAMPINO+-TOR] A vine-trimmer.
~or industrius COL.4.27.5; ubi materias uitis exigit, insequitur ~or 5.5.13.

pampinātus ~a ~um, *a.* [PAMPINVS+-ATVS²] Having the characteristic form of a vine-shoot, (in quot.) tendril-shaped.
spectabilis (abies est) ramentorum crinibus, ~o semper orbe se uoluens ad incitatos runcinae raptus PLIN.*Nat.* 16.225.

pampineus ~a ~um, *a.* [PAMPINVS+-EVS]

1 Of, consisting of, or covered with vine-shoots or foliage. **b** (of vine-supports).
illum..Tmolia ~o subter coma uelat amictu *Culex* 75; Liber ~as inuidit collibus umbras VERG.*Ecl.*7.58; tibi ~o grauidus autumno floret ager *G.*2.5; ~is..uelatam frondibus hastam OV.*Met.*3.667; ~is oneratam uitibus ulmum *Tr.*2.143; non hic ~a dulcis latet uua sub umbra 3.10.71; nec tibi ~as autumnus porrigit uuas *Pont.*3.1.13; ~um..iubes nemus inreptare Lycurgo STAT.*Theb.*4.386; ~am coronam TAC.*Ann.*11.4; (*cf.*) botryitis alia nigra est, alia ~a, incipienti uuae similis PLIN.*Nat.*37.150; (*of the adjuncts of Bacchus*) qui ~is uictor iuga flectit habenis Liber VERG.*A.*6.804; ~as..gerunt incinctae pellibus hastas 7.396; ~a..rate PROP.3.17.26; ~a cuspide SEN.*Phaed.*755; ~os..currus STAT.*Theb.*4.656; ~is..thyrsis *Ach.*1.634. **b** ~as..ulmos CALP.*Ecl.*2.59; ~is..iugis MART.10.93.2.

2 (transf.) Of the grape or of wine.
~us nosti quam sit amarus odor! PROP.2.33.30; ~o..suco SIL.7.188.

pampinō ~āre ~āuī ~ātum, *tr.* [PAMPINVS+-O³] To prune superfluous shoots from, trim (vines); (also applied to similar treatment of other plants).
ubi uinea frondere coeperit, ~ato CATO *Agr.*33.4; ~are est e sarmento coles qui nati sunt..(tres) relinquere, reliquos decerpere VAR.*R.*1.31.2; ceteras omnes uineas identidem ~are (oportet) COL.11.2.44; ~at una opera iugerum PLIN.*Nat.*18.254;—nec minus quam uinea ~atur (perticalis salix) COL.4.31.2; ~ari ea (*sc.* arbusta) non est moris PLIN.*Nat.*17.214.

pampinōsus ~a ~um, *a.* [next+-OSVS] (of vines and sim. plants) Full of shoots.
si parum ~a uitis est COL.5.5.14; PLIN.*Nat.*23.21.

pampinus ~ī, *m.*, (*f.*). [cf. perh. Gk. ἄμπελος] GENDER: fem. LUCIL.1270, CORN.SEV.*poet.*8.

1 A vine-shoot; vine foliage. **b** a shoot on similar plants.
uites laetificae ~is pubescere ENN.*scen.*152; inuoluolum, quae in ~i folio intorta implicat se PL.*Cist.*729; ~os teneros alligato leuiter CATO *Agr.*33.4; purpuream..uuam facit albam ~um habere LUCIL.1270; uitis seritur, non ut ~um ferat, sed ut uuam VAR.*R.*1.48.2; de stamine ~us exit OV. *Met.*4.397; (uites) ~is..eluxuriabuntur COL.*Arb.*3.2; folia uitium et ~i capitis dolores..mitigant PLIN.*Nat.*23.3;—pectus glauco ~o..obtegunt ACC.*trag.*257; dulcescit (uua) uestita..~is CIC.*Sen.*53; heu, male tum mitis defendet ~us uuas VERG. *G.*1.448; deum cingentem uiridi tempora ~o HOR.*Carm.*3.25.20; ~i densitatem COL.3.2.12. **b** folio (*sc.* smilacis) hederaceo..a pediculo emittente ~os PLIN. *Nat.*16.153.

2 (transf.) Any other formation resembling a vine-shoot.
polypi..pariunt uere oua tortili uibrata ~o PLIN.*Nat.* 9.162.

Pān ~nos, *m.* An Arcadian pastoral god, imagined as half-man, half-goat. **b** (pl., conceived as a group of deities).
ex quo et Penelopa ~na natum ferunt CIC.*N.D.*3.56; ~n deus Arcadiae VERG.*Ecl.*10.26; ~n, ouium custos *G.*1.17; ~nos..Lycaei *A.*8.344; calami, ~n Tegeaee, tui PROP. 3.3.30; semicaper ~n OV.*Met.*14.515; ~n erat armenti, ~n illic numen equarum *Fast.*2.277; ~n deorum uoluntate..in astrorum numerum relatus, et..Aegocerus est dictus, quem nos Capricornum dicimus HYG.*Fab.*196.2; (*as the inspirer of panic fear*) ancipitem lymphauerat urbem..~n V.FL.3.46; (*as a statue*) lacte madens illic suberat ~n ilicis umbrae TIB.2.5.27. **b** capripedes calamo ~nes hiante canent PROP.3.17.34; sic faueant Satyri montanaque numina ~nes OV.*Ep.*4.171; pinu praecincti cornua ~nes *Met.*14.638; patentes..campi..~num Satyrorumque MELA 3.95; ~nas..biformes COL.10.427; ~nas quae Dryades montiuagos petunt SEN.*Phaed.*784.

panaca (? ~ae, *f.*). [? Celt.] (app.) An earthenware drinking-vessel used in the Alpine region.
~a: si non ignota est docti tibi terra Catulli, potasti testa Raetica uina mea MART.14.100.

panacēa ~ae, *f.* [Gk. πανάκεια]

1 a (app.) = PANACES **a**. **b** a kind of savory. **c** (see quot.).
a spargit..salubris ambrosiae sucos et odoriferam ~am VERG.*A.*12.419; ~a potens LUC.9.918. **b** quidam..in hoc usu ~am uocant (cunilam bubulam) PLIN.*Nat.*20.169. **c** sciendum..Lucilium (*codd.* Lucretium) ~an (*codd.* ~am) ubique salem dicere SERV.*A.*12.419.

2 (personified) A daughter of Aesculapius.
cum Aesculapio filiae Hygia, Aegle, ~a PLIN.*Nat.*35.137.

panacēs ~cis, *m.* ~**x** ~cis, *m.*, (*f.*). ~**ces** ~cis, *n.* [Gk. πανακής] The name given to var. plants with medicinal properties, esp. a species of *Opoponax* or sim. plant. (Uncertain identifications have been included in this section; others have been distinguished as): **b** a species of *Centaurea*. **c** lovage, *Levisticum officinale*. **d** yarrow, *Achillea millefolium*. **e** *Echinophora tenuifolia*. **f** an unknown plant.
quaecumque suo de corpore odorem exspirant acrem, ~ces absinthia taetra LUCR.4.124; aduersus chelydri uero ictum ~ces..uel porri sucus sumendus <est> CELS.5.27.8; ~x utroque tempore leui e subacta terra rarissime disseritur COL.11.3.29; PLIN.*Nat.*12.127; 25.30; tormina discutit quodcumque ~ces 26.74; ad secundas (mensas) etiam uti eodem prodest cum ~ce 32.133; LARG.117 **b** quartum ~ces..centaurion cognominatur PLIN.*Nat.*25.33. **c** suauius satiuum (ligusticum)..~cem aliqui uocant PLIN.*Nat.* 19.165; ligusticum—aliqui ~ces uocant—stomacho utile est 20.168. **d** aliqui et hanc ~cem Heracliam, alii sideriten et apud nos milifoliam uocant PLIN.*Nat.*25.42. **e** comitiales sanantur ~cis, quam Heraclion diximus, radice PLIN.*Nat.*26.113. **f** tertium ~ces Chironium cognominatur PLIN.*Nat.*25.32.

Panaetius ~(i)ī, *m.* A Stoic philosopher of Rhodes, and teacher of P. Scipio Aemilianus.
CIC.*N.D.*2.118; credamus..~io a Platone suo dissentienti? *Tusc.*1.79; *Rep.*1.15; *Off.*1.90; HOR.*Carm.*1.29.13.

Panaetōlicus ~a ~um, *a.* Of or belonging to all Aetolia, Panaetolian.
in ~o..concilio LIV.31.32.3; 35.32.7.

Panaetōlium ~(i)ī, *n.*

1 The general assembly or council of all Aetolia.
concilium Aetolorum..quod ~ium uocant LIV.31.29.1.

2 A mountain in Aetolia.
PLIN.*Nat.*4.6.

pānāriolum ~ī, *n.* [next+-OLVM] (Dim. of next.)
tunc cum prandia misit Imperator: cum ~is tribus redisti MART.5.49.10.

pānārium ~(i)ī, *n.* [PANIS+-ARIVM] A place for storing bread; a bread- (or in general) food-basket. **b** (app. applied to a cinerary casket).
hinc (*sc.* a pane) ~ium, ubi id seruabant VAR.*L.*5.105;—STAT.*Silv.*1.6.31; licebit..ut ~ium et lagunculam..feras PLIN.*Ep.*1.6.3; et ~ia cum obsonio uiritim diuisit SUET. *Cal.*18.2. **b** FVIT ATISTIA VXOR MIHEI..QVOIVS CORPORIS RELIQVIAE..SVNT IN HOC ~IO *CIL* 1.1206.5.

Panathēnaea ~ōrum, *n. pl.* A public festival of the Athenians, the Panathenaea.
VAR.in SERV.*G.*3.113.

Panathēnaicus ~a ~um, *a.* Of or connected with the Panathenaea, Panathenaic; (neut. as sb.) the name of an unguent.
CIC.*Orat.*38; eum librum (Isocratis) qui ~us inscribitur *Sen.*13;—~um suum Athenae perseueranter optinuere PLIN.*Nat.*13.6.

panax: see PANACES.

pancarpineus ~a ~um, *a.* [as next+-NEVS] Consisting of all kinds of fruit.
sed ~o cibo coacto libamenta legens caduca uictus VAR. *Men.*567.

pancarpius ~a ~um, *a.* [cf. Gk. πάγκαρπος] (See quot.)
~ae dicuntur coronae ex uario genere florum factae PAUL. *Fest.*p.220M.

Panchaeus ~a ~um, *a.*: PANCHAIVS.
palmiferos Arabas ~aque rura reliquit OV.*Met.*10.478;—(*w. ref. to Panchaean incense*) ara..~os exhalat..odores LUCR.2.417; ~is adolescunt ignibus arae VERG.*G.*4.379; ciuitatem..spirantem ~is odoribus APUL.*Mun.*35.

Panchāia ~ae, *f.* An imaginary island, set by Euhemerus in the Indian Ocean.
turiferis ~a pinguis harenis VERG.*G.*2.139; quas mittit diues ~a merces [TIB.]3.2.23; V.FL.6.119; PLIN.*Nat.*7.197.

Panchāius ~ia ~ium, *a.* Of or belonging to Panchaia; (masc. pl. as sb.) the inhabitants of Panchaia.
~ia tura *Culex* 87; tura ferat floresque alios ~ia tellus, dum ferat et murram OV.*Met.*10.309;—Rubri maris..partem ~i habitant MELA 3.81.

panchrestos ~os ~on, *a.* [Gk. πάγχρηστος] (of remedies) Good for everything, universal.
fit ex pomo ~os stomatice PLIN.*Nat.*23.136; (medicamenta) quae ~a appellat 36.146; (*cf.*) cum omnis eius comites iste sibi suo illo ~o medicamento (*i.e. bribery*) amicos reddidisset CIC.*Ver.*3.152.

panchrūs, *m.* [Gk. πάγχρους] A precious stone, perh. opal.
~us fere ex omnibus coloribus constat PLIN.*Nat.*37.178.

Panchrȳsos ~os ~on, *a.* [Gk. πάγχρυσος] All golden.
Berenicen alteram, quae ~os cognominata est PLIN.*Nat.* 6.170.

pancratiastēs ~ae, *m.* [Gk. παγκρατιαστής] A combatant in the pancratium.
fecit (Myron)..Delphicos pentathlos, ~as, Herculem PLIN.*Nat.*34.57; si docendum ~en susceperit QUINT.*Inst.* 2.8.13; tris filios..habuit, unum pugilem, alterum ~en, tertium luctatorem GEL.3.15.3.

pancraticē, *adv.* [Gk. *παγκρατικός (cf. next)+-E] In the manner of a combatant in the pancratium.
benene usque ualuit?—~ atque athletice PL.*Bac.*248.

pancratium (~ion) ~iī, *n.* [Gk. παγκράτιον]

1 A form of contest combining the skills of boxing and wrestling.
et patitur duro uulnera ~io PROP.3.14.8; Lacedaemonii uetant suos ~io aut caestu decernere SEN.*Ben.*5.3.1; Leochares (fecit)..Autolycum ~ii uictorem PLIN.*Nat.*34.79; si quis..in ~io..alium occiderit ULP.*dig.*9.2.7.4; (*transf.*) bellus homo magis delectatus Stoicorum ~io quam athletarum VAR.*Men.*519.

2 a Chicory. **b** sea-daffodil, *Pancratium maritimum*.

a (cichorium) propter singularem salubritatem aliqui chreston appellant, alii ~ion PLIN.*Nat*.20.74. **b** ~ium aliqui scillam pusillam appellare malunt PLIN.*Nat*.27.118.

Panda ~ae, *f*. Also perh. **Pandō.** A Roman goddess.

quod Tito Tatio..uiam pandere atque aperire permissum est, dea ~a est appellata uel Pantica VAR.*gram*.371; te Anna ac Peranna, ~o (*codd*. ~a) Cela, te Pales *Men*.506.

Pandānus ~a ~um, *a*. *~a porta*, A gate near the Tarpeian Rock.

Saturnia porta..quam nunc uocant ~am VAR.*L*.5.42; ~a porta dicta est Romae, quod semper pateret PAUL.*Fest*.p.220M.

Pandarus ~ī, *m*. **a** A Trojan archer, the son of Lycaon. **b** the name given by Virgil to one of Aeneas' followers.

a VERG.*A*.5.496. **b** VERG.*A*.9.672; 11.396.

Pandatēria ~ae, *f*. Also **-tāria.** A small island in the Tyrrhenian Sea.

VAR.*R*.1.8.5; PLIN.*Nat*.3.82; TAC.*Ann*.1.53; 14.63; SUET. *Cal*.15.1. β SUET.*Tib*.53.2.

pandātiō ~ōnis, *f*. [PANDO¹+-TIO] The warping or sagging of wood.

contignationibus arescentibus aut ~one sidentibus VITR. 7.1.1; contignationes..~onibus sidentes 7.1.5.

pandectēs ~ae, *m*. [Gk. πανδέκτης] A book of universal knowledge, encyclopedia.

haec quidem Tiro in ~is GEL.13.9.5.

pandiculāris ~is ~e, *a*. [cf. next and -ARIS] (See quot.)

~is dicebatur dies idem et communicarius, in quo omnibus dis communiter sacrificabatur PAUL.*Fest*.p.220M.

pandiculor ~ārī ~ātus, *intr*. [perh. **pandiculus* (PANDVS)+-O³] (perh.) To contort one's face in a grimace.

ut ~ans oscitatur! PL.*Men*.833; ~ari dicuntur, qui toto corpore oscitantes extenduntur, eo quod pandi fiunt PAUL. *Fest*.p.220M.

Pandīōn ~onis (~onos), *m*. (mythol.) A king of Athens, the father of Procne and Philomela.

populo ~onis LUCR.6.1143; ~one nata (*i.e. Procne*) OV. *Met*.6.634; Tartareas ~ona misit ad umbras 6.676; ~one natae (*i.e. Philomela*) *Pont*.1.3.39; ~onis ales parua *Laus Pis*.77; Cecropiae..~onis arces MART.1.25.3; HYG.*Fab*.48.

Pandīonius ~a ~um, *a*. Of or connected with Pandion.

~is uicinae sedibus urbes *Ciris* 101; ~ae..Orithyiae PROP.1.20.31; ~ae..Athenae OV.*Met*.15.430; uolucres ~as (*i.e. nightingales*) [SEN.]*Oct*.8; seu ~o..monte (*i.e. the Athenian Acropolis*) uenis STAT.*Theb*.2.720.

pandō¹ ~āre ~āuī ~ātum, *tr*., *intr*. [PANDVS+-O³]

1 To cause (wood) to bend or sag. **b** (intr.) to become curved, sag.

ut rigorem habeant (*sc*. iuga) nec ~entur onere fructuum COL.4.16.4; robur uere caesum..bruma..neque uitiatur neque ~atur PLIN.*Nat*.16.189; ulmus et fraxinus lentae, sed facile ~antur 16.219; cetera omnia in inferiora ~antur, palma ex contrario fornicatim 16.223. **b** (ulmus et fraxinus) non habent rigorem et celeriter ~ant VITR.2.9.11; limina..et trabes structuris cum sint oneratae, medio spatio ~antes frangunt..structuras 6.8.2.

2 To cause (the body or its parts) to sag or droop.

totae..onustae remeant (apes) sarcina ~atae PLIN.*Nat*. 11.21; manus leuiter ~ata, qualis uouentium est QUINT. *Inst*.11.3.100; pectus ac uenter ne proiciantur, obseruandum: ~ant enim posteriora 11.3.122.

pandō² ~ere passum or pansum, *tr*. [cf. PATEO]

1 To spread out, splay, extend (hands, wings, etc.). **b** (refl., of flowers, foliage, etc.) to open out, spread out.

cum cauda..omnis iam ~itur Hydra CIC.*Arat*.701(449); non tam latera ecfututa ~as CATUL.6.13; ~ere palmas ante deum delubra LUCR.5.1200; picta ~at spectacula cauda (*sc*. pauo) HOR.*S*.2.2.26; manus pansa ab articulo ad extremum medium digitum tantundem (est) VITR.3.1.2; si..ea..mensura relata fuerit ad manus passas 3.1.3; effuge (canem) qui lata ~it uestigia planta GRAT.276; situm..moenium aquilae ~entis alas (esse) PLIN.*Nat*.6.122; 7.77; (*poet*.) si tibi ~eret ipse Bellipotens aquilas STAT.*Silv*. 5.2.178;—(*w*. ad) non tepidum ad solem pennas in litore ~unt..alcyones VERG.*G*.1.398; aliae (*sc*. animae) ~untur inanes suspensae ad uentos *A*.6.740; suppliciter passis ad numina palmis GERM.*Arat*.68;—(*w*. per) mollia per duras ~untur bracchia (*sc. of Andromache*) cautes MAN.5.550. **b** in binos pedes aliquando se ~unt (betae) PLIN.*Nat*.19.134; (omnis rosa) paulatim rubescens dehiscit ac sese ~it 21.14; (*poet*.) cum tempora se ueris florentia ~unt LUCR.6.359.

2 a To spread or stretch out (a cloth or sim.); to spread out (the folds of one's garment) in a gesture of welcome, etc.; (also fig.). **b** to spread out (a multiplicity of things); (esp.) to deploy, extend (troops). **c** (pass. or refl., of an area, region, etc.) to extend, be spread out. **d** to spread, diffuse (light).

a locum..~endis retibus habilem PLIN.*Nat*.9.29;—(*sails*) passo uelo NAEV.*trag*.16; ~ere uela PROP.2.21.14; quo sidere lintea ~ant *Aetna* 245;—(*in fig. phr*.) utrum ~erem uela orationis..an eam..dialecticorum remis propellerem CIC.*Tusc*.4.9; plena..curuato ~ere uela sinu OV.*Ars* 3.500; e confragosis..euecti tota ~ere possumus uela QUINT.*Inst*. 6.1.52;—Nilum ~entem..sinus et tota ueste uocantem..uictos VERG.*A*.8.712; o mors..~e placatos sinus SEN. *Phaed*.1190; ipsa Tellus laeta fecundos sinus ~ebat ultro [SEN.]*Oct*.405; ~eret modo sinum et uenienti Fortunae occurreret TAC.*Hist*.1.52; (*cf*.) si nondum inpleui gremium, si ~itur ultra JUV.14.327. **b** caurus populis decidua folia ~it LABER.*com*.131; exoritur ~ens inlustria lumina Virgo CIC.*Arat*.626(380); dum..animi..illa diuina (bona) longe lateque se ~ant CIC.*Tusc*.5.76; mala, pira, ficos ~ere COL. 2.21.3;—dum se cornua latius ~unt LIV.2.31.2; postquam in patentiorem campum ~i agmen coepit 22.4.4; latius ~ere aciem non poterat 28.33.13; SEN.*Dial*.7.4.1; TAC.*Hist*.2.25; 4.33. **c** qua locus Erigonen inter Chelasque sequentis ~itur VERG.*G*.1.34; ubi primum e faucibus angustis ~itur mare LIV.28.30.3; repente uelut maris uasti sic uniuersa ~itur planities 32.3.4; ~itur immenso deformis sanguine campus STAT.*Theb*.10.5; (*w*. in+*acc*) ubi coepit (mare Caspium) in latitudinem ~i PLIN.*Nat*.6.38; (*cf*.) ab ea (*sc*. Adiabene) latitudinem in laeua ~it (Armenia Maior) 6.25. **d** tempore..certo..Matuta..lumina ~it LUCR.5.657; uidimus caelo iubar ardens cometam ~ere infestam facem [SEN.]*Oct*.232.

3 To open (a door, gate, etc.). **b** to open (the eyes, mouth, etc.); (poet.) *aures ~ere*, to listen.

~ite atque aperite propere ianuam hanc Orci PL.*Bac*.368; ~ite ualuas PAC.*trag*.360; sera, qua remota fores ~untur VAR.*L*.7.108; claustra ~ite ianuae CATUL.61.76; ~untur portae VERG.*A*.2.27; (*cf*.) torridam incendio rupem ferro ~unt LIV.21.37.3. **b** ~ite sulti' genas et corde relinquite somnum ENN.*Ann*.532; tria guttura ~ens (*sc*. Cerberus) VERG.*A*.6.421; Mors atra auidos oris hiatus ~it SEN.*Oed*. 165; (*w*. in+*acc*.) languentem ~it (tigris) hiatum in uanos morsus SIL.10.295; (*w. dat*.) unca..~unt caedibus ora nouis (*sc*. aquilae) STAT.*Theb*.3.534;—aures ~e deo SIL.9.57.

4 a To open up (a way, access, etc.). **b** to open (a building), make (a place) accessible.

a Tito Tatio..uiam ~ere atque aperire permissum est VAR.*gram*.371; qua prima uiam uictoria ~it VERG.*A*.12.626; deos ~ere uiam fugae LIV.10.5.11; ~untur inter ordines uiae 10.41.9; (lancea) ~ens perque arma uiam perque ossa LUC.3.467; obuia limina ~it STAT.*Silv*.1.1.22;—(*in fig. phr*.) qui uolt cubare, ~it saltum sauiis PL.*Cur*.56; uia prima salutis..Graia ~etur ab urbe VERG.*A*.6.97; nullam nobilitatem..cuiquam ad dominationem ~ere uiam LIV.4.15.5; saepe annua ~as limina STAT.*Silv*.4.2.60; postquam ~i uiam et mare prosperum accepit TAC.*Hist*.2.4. **b** ~ere agros pinguis LUCR.5.1248; ~ite nunc Helicona, deae VERG.*A*. 7.641; ~itur extemplo foribus domus atra reuulsis 8.262; ~e..Stygios lacus SEN.*Her.O*.1711; ~unt templa, domos LUC.7.716; litus quod ~is, amo STAT.*Silv*.3.1.104; Appius ..~ebat campum caede SIL.5.269; occidentium numerus nascentibus locum ~it APUL.*Mun*.23;—(*w. dat*.) ~ite defessis hospita fana uiris PROP.4.9.34; per crimina functis..Tisiphone, dux ~e diem STAT.*Theb*.4.486; fessis..hospita ~as flumina 4.843.

5 To render visible, disclose, uncover, reveal.

nam secum medium (*sc*. Nixum) ~et Nepa CIC.*Arat*. 654(406); hederae ~unt uestigia (*sc*. frigoris) nigrae VERG. *G*.2.258; nube discussa diem ~e SEN.*Her.O*.1708; in fontem niueos ne ~eret artus, sicut erat cum ueste ruit STAT.*Silv*. 2.3.32; Leucada ~it Apollo *Theb*.4.809; tu mihi ~e uias, tuaque ipse ad fata deduc 12.266.

6 To make known, reveal.

rerum primordia ~am LUCR.1.55; rerum naturam ~ere dictis 5.54; Arcadii memoranda inuenta magistri ~ere VERG.*G*.4.284; conabor opus uersibus ~ere PETR.89.1; praecepta ~ere PLIN.*Nat*.18.35; ~ere docti carmina Battiadae STAT.*Silv*.5.3.156;—(*of oracles, etc*.) Ausoniae pars illa procul quam ~it Apollo VERG.*A*.3.479; his quae nunc ~untur fatis LIV.5.16.10; populis quae ~ere fata..potes LUC.6.590; Hammon fatidico ~it uenientia saecula luco SIL.3.11;—(*w. indir. qu*.) ~ite..gaudeat adsiduo cur dea Magna sono OV.*Fast*.4.193; at mihi ~e..in Geminos ex quo tempore Phoebus eat 5.693; tu ~e quis Argos aduenias STAT.*Theb*.1.671;—(*ellipt*.) effare aperte quis grauet mentem dolor—haut ~it ulli SEN.*Phaed*.860; forsitan..quae sint ea sacra..exquirant animi..animos aduertite, ~am STAT. *Theb*.1.561.

Pandō³: see PANDA.

Pandōra ~ae, *f*. (mythol.) The first woman, made by Hephaestus at Zeus' command, and presented with gifts by the other gods.

HYG.*Fab*.142.

Pandrosos ~ī, *f*. One of the three daughters of Cecrops.

OV.*Met*.2.738; Aglauro ~o et Herse Cecropis filiabus HYG.*Fab*.166.4.

pandūra ~ae, *f*. [Gk. πανδοῦρα] A long-necked, three-stringed lute, prob. of Assyrian origin.

quaerunt..cur non a cithara et psalterio et ~a dicamus citharicen et sic alia VAR.*L*.8.61.

pandus ~a ~um, *a*. *compar*. ~ior. [PANDO¹+-VS] Spreading round in a wide curve: **a** (of things with upward-turned extremities or a generally concave appearance). **b** (of things with downward-turned extremities) arched, bowed. **c** warped.

a carbasus alta uolat ~am ductura carinam ENN.*Ann*. 573; nasum deductius quam ~ius..uellem LUCIL.943; lancibus..~is fumantia reddimus exta VERG.*G*.2.194; ~as ratibus posuere carinas 2.445; currit in immensum ~a carina salum OV.*Am*.2.11.24; ~oS ilenus asello uix sedet *Ars* 1.543; ~a loquenti naris erat *Met*.3.674; ~is inductae cornibus aurum (iuuencae) 10.271; (trux aper) excussit ~o uenabula rostro 10.713. **b** uocas tardos sub iuga ~a boues OV.*Am*.1.13.16; ~os autumni pondere ramos *Met*. 14.660; tum neque se ~i possunt delphines in auras tollere *Tr*.3.10.43; tumidum..~o transilit dorso mare SEN.*Ag*.450; ~a manus est armata cateia SIL.3.277; P. Blaesius Iulium, hominem nigrum et macrum et ~um, 'fibulam ferream' dixit QUINT.*Inst*.6.3.58. **c** (cupressus et pinus) propter umoris satietatem in operibus solent esse ~ae VITR.2.9.12.

pāne ~is, *n*.: see PANIS.

pāneficium: see PANIFICIVM.

panēgyricus ~ī, *m*. [Gk. πανηγυρικός]

1 An oration of Isocrates in praise of the Athenians composed for the Olympic festival of 380 B.C.

qualem Isocrates fecit ~um CIC.*Orat*.37; QUINT.*Inst*.10. 4.4.

2 Any eulogistic oration.

(actiones) quae..sunt ad popularem aptatae delectationem, quales legimus ~os QUINT.*Inst*.2.10.11; 3.4.14.

panerastos ~ī, *f*. [Gk. πανέραστος] = next.

hanc (*sc*. panerotem) quidam ~on uocant PLIN.*Nat*.37. 178.

panerōs ~ōtis, *f*. [Gk. πανέρως] A precious stone with magical properties.

~os qualis sit..carmen Timaridis reginae..ponit, ex quo intellegitur adiutam fecunditatem PLIN.*Nat*.37.178.

Pangaea ~ōrum, *n. pl*. Also *sg*. A mountain in Macedonia.

flerunt Rhodopeiae arces altaque ~a VERG.*G*.4.462; uideo ~a niuosis cana iugis LUC.1.679; illi ~a resultant STAT.*Silv*. 1.2.223;—~i iugis SEN.*Med*.721.

Pangaeus ~a ~um, *a*. Of Pangaea, Pangaean.

ima ~i montis PLIN.*Nat*.4.40; ~a Boreas speculatus ab arce V.FL.1.575; ~a..iuga 4.631; ~a..nemora alta SIL. 2.73.

pangō ~ere pepigī (pēgī, panxī) pactum, *tr*. [cf. Gk. πήγνυμι, Skt. *pajráḥ*] FORMS: (pf.) *pēgi* PAC.*trag*.218, CIC.*Leg*.1.56; *panxi* ENN. *var*.16, COL.11.2.42.

1 To insert firmly, fix by driving in. **b** to fix, set (boundaries).

tosillam pegi lecto in litore PAC.*trag*.218; lex uetusta est..ut qui praetor maximus sit idibus Septembribus clauum ~at LIV.7.3.5; a ~endo, id est figere PAUL.*Fest*.p.108M; (*poet*.) ceu littera..~itur in cera doctim ucrone magistri COL.10. 252. **b** obtinuisti prouinciam consularem finibus eis quos lex cupiditatis tuae..pepigerat CIC.*Pis*.37; terminos, quos Socrates pegerit *Leg*.1.56.

2 To set in the ground, plant (trees, etc.). **b** to plant (ground).

(cytisum) ita ~itur in serendo VAR.*R*.1.43; ferramentum bifurcum, quo semina ~untur COL.3.18.1; tu.., Mauors, Tartesida ~e 10.192; cum intorti ~untur (sarculi) PLIN. *Nat*.17.156; cum..~i ramulum placuisset SUET.*Gal*.1.1;—(*absol*.) pala a ~endo VAR.*L*.5.134; NEMINI ARANDI SERENDI ~ENDIVE IVS EST INTRA ID SPATIVM AGRI *CIL* 13.1623. **b** ipse seram uitis ~amque ex ordine collis PROP.3.17.15; hortus qui crebro ~itur FRO.*Aur*.2.p.8(225N).

3 To make by arranging, conclude (a pact, agreement, etc.). **b** to arrange, settle (a matter).

conubia..quae pepigere uiri, pepigerunt ante parentes CATUL.62.28; nec tecum meus haec pepigit mihi foedera Lausus VERG.*A*.10.902; cum Philippo..non societatem solum sed..adfinitatem etiam..pepigisti LIV.34.32.17; cui rata ista pax erit, quam..non iussu populi Romani pepigerimus? 37.19.2; Monobazus Adiabenus..testis iis quae pepigissent adhibetur TAC.*Ann*.15.14; si quid ipsi..inter se pepigerunt ULP.*dig*.10.3.3;—(*cf*.) non legatos neque prima per artem temptamenta tui pepigi VERG.*A*.8.144; bis senos pepigere dies (*i.e. a truce of twelve days*) 11.133;—(*w. indir. qu*.) nec quos quaeque darent motus pepigere profecto LUCR.5.421; piscatores..adierunt et pepigerunt, bolum quanti emerent SUET.*Rhet*.25(p.122Re);—(*ellipt*.) dic pactionem fecisse ut absolueretur! non pepigit CIC.*Q.Rosc*. 26; ut..nihil promittant nisi ut iure pacturi SEN.*Con*.2.2.10; saepe domi congressi, postremo in aede Apollinis..pepigere TAC.*Hist*.3.65; AT NON VT VOTIS PEPIGI ME FATA TVLERVNT *CIL* 10.2311. **b** ducentis Philippis rem pepigi PL.*Bac*. 879.

4 To settle or stipulate for.

cedo parem, quem pepigi PL.*Per*.767[a]; **non fuit armillas** tanti pepigisse Sabinas OV.*Am*.1.10.49;—(*w*. ab) sestertium tricies pepigit a C. Pisone SAL.*Hist*.4.81; duplex stipendium.., quam quantum a Turdetanis pepigissent LIV.34.19.4; salutem sibi et milies sestertium a Flauio Sabino..pepigit SUET.*Vit*.15.2;—(*w. noun cl*.) si quis..pepigerit..ne illo medicamento umquam postea uteretur CIC.*Off*.3.92; ut uobis mitterem ad bellum auxilia..pepigistis LIV.34.31.8; pepigere, equestribus proeliis Eunones certaret, obsidia urbium Romani capesserent TAC.*Ann*.12.15; pepigerat Pallas ne cuius facti in praeteritum interrogaretur 13.14; alii occulte pepigisse interpretabantur ut..Tigranes..Armenia abscederet 15.6.

5 To covenant or undertake to give, provide, etc.

nihil est quod..quae pepigere recusent VERG.*A*.12.12; ne quae tum pepigerunt hodie subtracta..praemia perfidiae habeant LIV.30.31.3; te peto, quam pepigit lecto Venus aurea nostro OV.*Ep*.15.35; haec mihi se pepigit 19.157; qui nihil se plus existimat debere, quam pepigit, ingratus est SEN.*Ben.*6.17.1; negata libertate cui pretium pepigerat TAC.*Ann.*14.42; si, cum dotem daret pater..pro muliere, in unum casum pepigit ULP.*dig.*24.3.22;—(*w. inf.*) obsides dare pepigerant LIV.43.21.3; complexi dextras apud altaria deum pepigere fraudem inimicorum ulcisci TAC.*Ann.*11.9; —(*w. acc. and fut. inf.*) pepigerant, quotannis iuraturos in uerba Philippi LIV.32.5.4.

6 To compose (poetry, etc.). **b** to compose a poem about.

ἀνέκδοτα quae tibi uni legamus Theopompio genere.. ~entur CIC.*Att.*2.6.2; an ~is aliquid Sophocleum? *Fam.* 16.18.3; uersibus..quos ego de rerum natura ~ere conor LUCR.1.25; quod obscura de re tam lucida ~o carmina 4.8; poemata ~es HOR.*Ep.*1.18.40; *Ars* 416; quam uicturas poteramus ~ere chartas MART.11.3.7; carminibus ~endis inesse sibi elementa ostendebat (Nero) TAC.*Ann.* 13.3; quibus aliqua ~endi facultas..erat 14.16; (*poet.*) tibia Musarum ~it melos ENN.*Ann.*299. **b** hic uestrum panxit maxima facta patrum ENN.*var.*16.

pangōnus ~ī, *m.* [Gk.] A precious stone ('all angles').

~us (*v.l.* pangonius)..ne crystallus uideatur, numero plurium angulorum facit PLIN.*Nat.*37.178.

Panhormītānus ~a ~um, *a.* **Panorm-.** Of Panhormus; (masc. as sb.) an inhabitant of Panhormus.

legati..~i CIC.*Ver.*2.120; e conuentu ~o 5.140;—Diocles est ~us, Phimes cognomine 3.93; RES PVBL ~ORVM *CIL* 10.7272.

Panhormus (~os) ~i, *f.* **~um** ~i, *n.* **Panorm-.** A town in the north of Sicily, the modern Palermo.

alia (iudicia) ~i restituta sunt CIC.*Ver.*2.63; ~us et Himera MELA 2.118; oppida ~um, Soluus, Himera PLIN. *Nat.*3.90; fecunda ~os SIL.14.261.

pānicium ~iī, *n.*: = PANICVM.

mali..suci sunt..milium, ~ium, hordeum CELS.2.21; astringunt panis ex siligine..pulticula..ex ~io 2.30.1.

pānicula[1] ~ae, *f.* **pānu-.** [PANVS+-CVLA]

1 The spiked or feathery head of certain reeds and grasses, panicle. **b** a single tuft in a panicle.

(harundo) tenuatur in cacumina, crassiore ~ae coma PLIN.*Nat.*16.158; ~ae flos 32.141; incolae id (*sc.* bitumen) harundinum ~is colligunt 35.179. β panus facit deminutiuum ~a PAUL.*Fest.*p.220M. **b** sunt et panico genera mammosa e pano paruis racemata ~is PLIN.*Nat.*18.54.

2 a (in botany, applied to an unopened corolla). **b** (app.) a kind of wart.

a est et alia (rosa) Graecula appellata, conuolutis foliorum ~is nec dehiscens nisi manu coacta PLIN.*Nat.*21.18. **b** malagma ad strumas et omnem duritiem mirificum..et ad ~as et ad tubera LARG.82.

pānicula[2] ~ae, *f.* [PANIS+-CVLA] (app.) A strip of dough.

strues genera liborum sunt, digitorum coniunctorum non dissimilia, qui superiecta ~a in transuersum continentur FEST.p.310M.

pānicum ~ī, *n.* [PANIS+-CVS] Italian millet, *Setaria italica.*

rapa, raphanos, milium, ~um, id maxime seri oportet CATO *Agr.*6.1; 132.2; ~o enim uetere atque hordeo corrupto omnes alebantur CAES.*Civ.*2.22.1; sunt et ~o genera mammosa PLIN.*Nat.*18.54; COL.2.7.1.

Pānicī ~ōrum, *m. pl.* (Humorous coinage to suggest 'bakers' with pun on (perh.) *Punici.*)

multigeneribus opus est tibi militibus: primumdum opus est Pistorensibus..opus ~is (*mss.* Paniceis) est PL.*Capt.*162.

pānificium ~(i)ī, *n.* [PANIS+FACIO+-IVM] ORTHOG.: *pane- CIL* 8.4585.

1 The making of bread.

a pane et faciendo ~ium coeptum dici VAR.*L.*5.105.

2 (pl.) Baked loaves or cakes.

omnia legumina, quaeque ex frumentis ~ia sunt, generis ualentissimi esse CELS.2.18.2; 2.18.10; uerbenas coronasque et ~ia..Basilides libertus obtulisse ei uisus est SUET.*Ves.* 7.1; *CIL* 8.4585.

Paniōnium ~iī, *n.* A temple and meeting-place of the Ionians at Mycale.

ibi est ~ium sacra regio MELA 1.87.

Paniōnius ~a ~um, *a.* Of or belonging to the whole body of Ionians.

Apollini ~o aedem..constituerunt VITR.4.1.5; regio omnibus Ionibus sacra et ideo ~a appellata PLIN.*Nat.*5.113.

pānis ~is, *m.* Also **~e** ~is, *n.* [< PASCOR; cf. OIr. *ain-ches,* Messapian πανός] FORMS: *~ium* (gen. pl.) CAES.*gram.*8; neut. PL.*Cur.* 367.

1 Bread. **b** a loaf of bread.

quom a pistore ~em petimus PL.*As.*200; quo pacto ex iure hesterno ~em atrum uorent TER.*Eu.*939; frusto ~is CATO *orat.*122; deficit alma Ceres, nec plebes ~e potitur LUCIL. 200; in ~e datum uenenum CIC.*Clu.*173; hanc urbem ei rex donarat..quae ei ~em praeberet NEP.*Them.*10.3; liba recuso, ~e egeo HOR.*Ep.*1.10.11; dicitur..~is de Capitolio iactatus esse in hostium stationes LIV.5.48.4; ~is aridus CELS.4.10.2; SEN.*Ep.*90.23; et per se solanum uel cum ~e prodest LARG.244;—(*w. ref. to the corn-dole*) duas tantum res anxius optat (populus), ~em et circenses JUV.10.81;—(*used as a poultice for the complexion*) pressum in faciem digitis extendere ~em 2.107; ridenda..multo ~e tumet facies 6.462;—(*w. spec. adjs.*) ~em depsticium sic facito CATO *Agr.* 74; cibarius..~is CIC.*Tusc.*5.97; triticeo ~e obesant auem COL.8.7; cum ~e azymo LARG.133;—(*neut.*) haec sunt uentris stabilimenta, ~e et assa bubla PL.*Cur.*367. **b** comesse ~em tris pedes latum potes PL.*Bac.*580; compendi feci binos ~is in dies *Per.*471; pastillos et ~es VAR.*gram.* 202; ex hoc effectos ~is..uulgo in eos iaciebant CAES.*Civ.* 3.48.2; asse ~em quem emisses, non potuisses cum altero deuorare PETR.44.11; ex cuius (*sc.* lotometrae) semine.. fiunt ~es in Aegypto PLIN.*Nat.*22.56;—(*prov.*) altera manu fert lapidem, ~em ostentat altera PL.*Aul.*195; sed tace, lingua, dabo ~em (*i.e. to silence you*) PETR.69.3.

2 The means of subsistence, food.

~is erat primis uirides mortalibus herbae OV.*Fast.*4.395; habet haec res ~em (*i.e. provides a living*) PETR.46.7; id ..in declamatoribus..laudari..solebat, 'da patri ~em' QUINT.*Inst.*8.3.22; (*cf., of a baker turned advocate*) et ~em facis et facis farinam MART.8.16.5.

3 A loaf or cake of: **a** other foodstuff. **b** any non-edible substance.

a nullum alium cibum nouere quam piscium, quos.. sole torreant atque ita ~em ex iis faciant PLIN.*Nat.*7.30; in oriente ex iis (*sc.* palmis) uina gentiumque aliquis ~is 13.27. **b** sumito faecem uini boni et ~es facito et in sole arefacito COL.12.30.2; cum ~es aeris aqua refrigerantur PLIN.*Nat.*34.107; ~es uiridantis aphronitri STAT.*Silv.*4.9.37.

Pāniscus ~ī, *m.* A little Pan, a minor rustic deity; a statue of such a deity.

si Nymphae, ~i etiam et Satyri (*sc.* di sunt) CIC.*N.D.* 3.43; APUL.*Met.*6.24; (*in representation*) *Div.*1.23.

panna ~ae, *f.* [dub., cf. perh. PATINA] A kind of earthenware vessel.

~AS S=CL *A.Epig.*04.137.

panniculāria ~ae, *f.* [next; sc. *res*] The essential items of clothing and other articles carried on the person of a prisoner.

~ae causa quemadmodum intellegi debeat, ex ipso nomine apparet HADR.in Ulp.*dig.*48.20.6.

panniculārius ~a ~um, *a.* [next+-ARIVS] Forming or reckoned as part of the clothing or other essential articles carried on the person of prisoners.

uel si quod chirographum magnae pecuniae in sinu habuerit, nullo iure illud in ~a ratione retinebitur HADR.in Ulp.*dig.*48.20.6; ~a sunt ea, quae in custodiam receptus secum attulit: spolia, quibus indutus est, cum quis ad supplicium ducitur ULP.*dig.*48.20.6.

panniculus ~ī, *m.* [PANNVS+-CVLVS] A scrap of cloth, rag.

uinculum..ei loco linteolum aut ~us quadratus est CELS.6.18.8.B; fascia..cui..pila adsuta est ex ~is facta 7.20.1; (*hyperb.*) hae sunt..quarum delicias et ~us bombycinus urit? JUV.6.260;—(*the title of an actor of mime*) MART. 3.86.3; 5.61.12.

Pannonia ~ae, *f.* A Roman province lying to the south and west of the Danube, and north of Dalmatia; either of its two parts (*Superior* and *Inferior*).

nunc tibi ~a est, nunc Illyris ora domanda OV.*Tr.*2.225; VELL.2.114.4; PLIN.*Nat.*3.147;—PR PR VTRIVSQVE ~AE *CIL* 3.10336.

Pannonicus ~a ~um, *a.* Of or concerned with Pannonia.

~as..cattas MART.13.69.1; quibusdam ~is (bellis) SUET. *Aug.*20; PRAEF CLASSIS FLAVIAE ~AE *CIL* 8.7977; (*cf.*) censuerunt..quidam ut ~us..cognominaretur (Tiberius) SUET.*Tib.*17.2.

Pannonis ~idis, *f. adj.* Pannonian.

~is..post ictum saeuior ursa LUC.6.220.

Pannonius ~a ~um, *a.* Of or belonging to Pannonia; (masc. as sb.) a Pannonian.

alaris..~os TAC.*Ann.*15.10; ~IS..ORIS *CIL* 3.3676;—testis quoque fallax ~us [TIB.]3.7.109; ~ORVM GENTES.. IMPERIO POPVLI ROMANI SVBIECI AUG.*Anc.*5.44; ~us..ferox STAT.*Silv.*1.4.78; SUET.*Tib.*17.1.

pannōsus ~a ~um, *a.* [PANNVS+-OSVS]

1 Dressed in rags; consisting of rags, tattered.

pauci ~i CIC.*Att.*4.3.5; qui male uestitum et ~um uidit SEN.*Ben.*5.13.3; ~us uacuis aedilis Vlubris JUV.10.102; ~us alioquin ac sordidus APUL.*Met.*4.9;—paupertinas ~asque resculas miserrimae anus 4.12.

2 Having the appearance of rags.

~am faecem (*app. filmy deposits*) morientis sorbet aceti PERS.4.32; tibi ~ae dependent pectore mammae MART. 3.72.3.

pannūceātus ~a ~um, *a.* [next+-ATVS[2]] Dressed in rags; (masc. pl. as sb., as the title of a comedy by Pomponius).

in NON.p.18M.

pannūceus ~ea ~eum, *a.* **~ius** ~ia ~ium. [PANNVS; perh. false association w. Gk. παννύχιος]

1 Ragged, tattered.

~iam (uestem) ne centonibus quidem bonis dignam PETR. 14.7.

2 Wrinkled, shrivelled.

~ia Baucis PERS.4.21; ~ea mentula MART.11.46.3;—(*a variety of apple*) CLOAT.*gram.*7; celerrime in rugas marcescunt ~ea (mala) PLIN.*Nat.*15.52.

pannulus ~ī, *m.* [next+-VLVS] A scrap of cloth, (pl.) ragged clothes, rags.

diloricatis statim ~is APUL.*Met.*7.8; cuncti..sic tunicati, ut essent per ~os manifesti 9.12.

pannus ~ī, *m.* Also **~um** ~ī, *n.* [Goth. *fana,* OHG. *fano,* AS. *gudfana*] FORMS: *~ibus* (dat. and abl. pl.) ENN.*var.*30, POMPON.*com.*70. GENDER: neut. NOV.*com.*86.

1 A piece of cloth, rag. **b** (used to describe a kind of lichen).

cum facies singula tracta..~o oleo uncto tangito CATO *Agr.*76.2; te Spes et albo rara Fides colit uelata ~o HOR. *Carm.*1.35.22; purpureus, late qui splendeat, unus et alter adsuitur ~us *Ars* 16; cum id in ~um infunditur..argentum (uiuum) per ~i raritates..extra labitur VITR.7.8.4; scindi uestimenta miserorum et in os farciri ~os imperauit SEN. *Dial.*5.19.4; statuarum ritu patiemur ~os et uincla? PETR. 102.12; adligari florem ~o russeo PLIN.*Nat.*21.166; si.. ferri..aliqua robigo aut ~i marcor adfuerit nascenti 22. 94; 32.74; abigat..moto noxias aues ~o MART.10.5.12; qui ~o rubro fugauit armentum GAIUS *Inst.*3.202;—(*used for surgical dressing*) ~is aceto et sale et oleo madentibus inculcatis COL.6.12.2; in ~o inlitum medicamentum inponitur LARG.131; fomentis olidis et ~is sordidis..manus.. adurens APUL.*Met.*5.10;—(*applied iron. to a diadem*) 'o nobilem magis quam felicem ~um!' V.MAX.7.2.ext.5. **b** aegilops fert ~os arentes, muscoso uillo canos PLIN.*Nat.* 16.33.

2 (used, usu. in a depreciatory sense, to suggest a small or scanty article of clothing). **b** the distinguishing coloured shirt of a charioteer.

morietur frigore si non rettuleris ~um HOR.*Ep.*1.17.32; quem duplici ~o patientia uelat 1.17.25; iam ~os meos comedi, et si perseuerat haec annona casulas meas uendam PETR.44.15; quantum erat..~is fraudare duobus MART. 2.46.9; rara in tenui facundia ~o JUV.7.145; scias me, pater, accepis⟨se⟩..tun⟨ica⟩m et ~os braciles *P.Mich.*467.5. **b** harenam circi chrysocolla sterni, cum ipse (*sc.* Nero) concolori ~o aurigaturus esset PLIN.*Nat.*33.90; nunc fauent ~o: ~um amant PLIN.*Ep.*9.6.2; euentum uiridis..colligo ~i JUV.11.198; (Domitianus) duas..factiones aurati purpureique ~i ad quattuor pristinas addidit SUET.*Dom.*7.1; HYLA AGITATOR ~I VENETI *CIL* 6.37835.

3 (pl.) Worn or tattered clothes, rags.

sordido uitam oblectabas pane in ~is PL.*As.*142; (ancillula) ~is obsita TER.*Hau.*294; ~os possidebit fetidos TITIN.*com.*139; membra..horrida paedore et ~is cooperta LUCR.6.1269; uidisses tectum ~is corpus SEN.*Con.*1.6.2; sola pruinosis horret facundia ~is PETR.83.10,l.5.

pannychius ~a ~um, *a.* [Gk. παννύχιος] Lasting all night.

itaque neque fidem in negotio ~o (*dub.*) neque modestiam in existimatione tua laeseris AUR.*Fro.*1.p.68(43N).

Panomphaeus ~ī, *m.* An epithet of Jupiter, as the author of divination.

~o..Tonanti OV.*Met.*11.198.

Panopē[1] ~es, *f.* Also **~a** ~ae. One of the Nereids.

~e centumque sorores OV.*Fast.*6.499; GERM.*Arat.*666; *Epic.Drusi* 435; anhelos ~ae greges (*i.e. fish*) SEPT.*poet.*9.2; HYG.*Fab.*pr.8.

Panopē[2] ~ēs, *f.* A town in Phocis.

~es..arua OV.*Met.*3.19; STAT.*Theb.*7.344.

Panopēa ~ae, *f.*: = PANOPE[1].

Glauco et ~ae VERG.*G.*1.437; ~a..uirgo *A.*5.240.

Panorm-: see PANHORM-.

pansa[1] ~ae, *m. adj.* [cf. PANDO[2]] Splay-footed.

qua forma esse aiebant..? — ..canum, uarum, uentriosum, bucculentum, breuiculum,..~am aliquantulum PL. *Mer.*640.

Pansa[2] ~ae, *m.* A cognomen; esp. of C. Vibius Pansa, cos. 43 B.C.

⟨L TITINI⟩VS L F M N ~A SACCVS *Fast.Cos.Cap.*5(*CIL* 1.p.18); uola homini tantum..et hinc cognomina inuenta Planci, Plauti, ~ae PLIN.*Nat.*11.254; cum ~a eripiat quidquid tibi Natta reliquit JUV.8.98;—C. ~a A. Hirtius consules CIC.*Phil.*5.53; *Fam.*15.17.3.

Pantagiās ~ae, *m.* **~ēs.** A small river in eastern Sicily.

praeteruehor ostia..~ae VERG.*A.*3.689; liquerat Ortygien Megareaque ~enque OV.*Fast.*4.471.

pantelīum ~iī, *n.* [Gk. παντελεῖον] An offering or sacrifice to Mithras.

TAVROBOLIVM..ET ~IVM *CIL* 10.1596.

pantex ~icis, *m.* [cf. PANVS] (usu. pl.) The belly, paunch, guts.

eo (*sc.* uino) uos uostros ~icesque adeo madefactatis PL.*Ps.*184; NOV.*com.*91; exaestuantes..soluis ~ices VERG. *Cat.*13.31; ~ices frus (*i.e.* frons) uentris PAUL.*Fest.*p.248M; (*of an animal*) multo sapit altius illud (*sc.* cor), quod cum ~icibus laxis..lanius per compita portat MART.6.64.19;— (*sg.*) latet iacente ~ice abditus specus *Priap.*83.28.

panthēr ~ēros, *m.* [cf. PANTHERA[2]] (app.) A fowler's net.

a quo etiam et rete quoddam ~er VAR.*L.*5.100.

panthēra[1], ae, *f.* [Gk. πάνθηρ] The leopard, *Felis pardus,* or other large spotted cat.

fortasse an ~ae quoque et leones non Africae bestiae dicerentur VAR.*L.*7.40; unum hoc nouum de Cibyratis ~is

CIC.*Att.*5.21.5; *Fam.*2.11.2; turpe tibi erit ~as Graecas me non habere CAEL.*Fam.*8.6.5; catuli ~arum LUCR.5.1036; demissa ab laeua ~ae terga retorquens VERG.*A.*8.460; seu diuersum confusa genus ~a camelo HOR.*Ep.*2.1.195; uenatio data leonum et ~arum LIV.39.22.2; pictarum.. fera corpora ~arum OV.*Met.*3.669; ~a inprudens olim in foueam decidit PHAED.3.2.2; tigrium ~arumque maculas PLIN.*Nat.*7.7; ~arum (est) caurire SUET.fr.161(p.247Re).

panthēra[2] ~ae, *f.* [cf. Gk. πάνθηρος] The whole of a single catch (made by a fowler).
cum futurum iactum retis a piscatore emimus..uel ~am ab aucupe ULP.*dig.*19.1.11.18.

panthērīnus ~a ~um, *a.* [PANTHERA[1]+-INVS] Of a leopard or sim. animal. **b** having markings like a leopard's.
nobilissimo Satyro cum pelle ~a PLIN.*Nat.*35.138; (*w. ref. to the markings of its skin*) qui uarie ualent, capreaginum hominum non placet mihi neque ~um genus PL.*Epid.*18. **b** hoc (euenit) intorto (discursu uenarum) et ideo tales (*sc.* mensae) ~ae uocantur PLIN.*Nat.*13.96.

Panthēum ~ī, *n.* [Gk. Πάνθειον] A temple consecrated to all the gods; esp. the rotunda temple built by Agrippa in the Campus Martius.
SARCOFAGVM ET PANTEVM CVM TRICORO DISPOSVIT *CIL* 9.5566;—Syracusana sunt in ~o capita columnarum a M. Agrippa posita PLIN.*Nat.*34.13; Agrippae ~um decorauit Diogenes Atheniensis 36.38.

Panthēus ~a ~um, *a.* [Gk. Πάνθειος] PROS.: app. *Panthē-* *CIL* 8.9018. Having the attributes of all the gods, all-divine.
IOVEM ~VM AVG *CIL* 2.2008; DIVO PANTEO 5.5523; SIGNVM AEREVM ~VM 6.100; ~O AVGVSTO SACRVM 8.26222; MARCELLVS N FORTVNAE ~AE D D 10.5800;—(*as sb.*) ~O AEDEM ET ARAM 3.7058; ~O SACRVM 6.30793; ⟨PAN⟩THEA CORNIGERI SACRIS ADIVNCTA TONANTIS 8.9018.

Panthoidēs ~ae, *m.* The son of Panthus, Euphorbus (with whom Pythagoras identified himself in a previous existence).
habent..Tartara ~en iterum Orco demissum HOR.*Carm.* 1.28.10; ipse ego (*sc.* Pythagoras)..Troiani tempore belli ~es Euphorbus eram OV.*Met.*15.161.

Panthūs ~ī, *m.* Also **~ous.** A priest of Apollo at Troy. **b** (used as a pseudonym).
~us Othryades VERG.*A.*2.319; quo res summa loco, ~u? 2.322. β HYG.*Fab.*115. **b** a quantum de me ~i tibi pagina finxit, tantum illi ~o ne sit amica Venus! PROP. 2.21.1,2.

Pantica ~ae, *f.*: another name for PANDA.
VAR.*gram.*371.

Pantolabus ~i, *m.* [cf. Gk. πᾶν, λαμβάνω] A stock name for a parasitic character.
~o scurrae Nomentanoque nepoti HOR.*S.*1.8.11.

pantomīma ~ae, *f.* [fem. of PANTOMIMVS] A female performer in pantomime.
quorum ~ae deciens sestertio nubunt SEN.*Dial.*12.12.6.

pantomīmicus ~a ~um, *a.* [Gk. *παντομιμικός] Of or associated with pantomime.
si intrante te clamor et plausus, ~a ornamenta, obstrepuerint SEN.*Ep.*29.12.

pantomīmus ~ī, *m.* [Gk. παντόμιμος] A performer in pantomime (an entertainment consisting of a dancer who acted in dumb show supported by a chorus and instrumental music).
LVDOS OMNIBVS ACRVAMATIS ~IS Q OMNIBVS (DEDIT) *CIL* 10.1074; si ~us essem Bathyllus essem SEN.*Con.* 3.pr.16; non est necesse..~o de arte saltandi quaerere SEN.*Ep.*95.56; QUINT.*Inst.*6.3.65; ne domos ~orum senator introiret TAC.*Ann.*1.77; PLIN.*Ep.*7.24.4; ~orum factiones.. relegatae SUET.*Nero* 16.2; si libertus artem ~i exerceat IULIAN.*dig.*38.1.27; ~ORVM DECVS IN ORE VVLGI VECTITANS PERENNITER *A.Epig.*56.122.2.

pantopōlium ~iī, *n.* [Gk. παντοπώλιον] A general mart, bazaar.
(*facet.*) quin in corde instruere quondam coepit ~ium PL.*Ps.*742.

pānucula ~ae, *f.*: see PANICVLA.

pānus ~ī, *m.* [Gk. πῆνος]

1 A spool wound with thread.
intus modo stet rectus (*sc.* fusus), foris subteminis ~us LUCIL.298; VAR.*L.*5.114.

2 A kind of superficial abscess.
inguen plemen papulam ~um tympanum AFRAN.*com.* 218; ~um a similitudine figurae nostri uocant (*sc.* phygetron) CELS.5.28.10; (elaterium) ~os sanat PLIN.*Nat.*20.4; 30.75; LARG.263.

3 The peduncle or main stalk of a panicle.
sunt et panico genera mammosa, e ~o paruis racemata paniculis PLIN.*Nat.*18.54.

panuuellium: (word of dub. meaning and derivation).
~ium dictum a pano et uoluendo filo VAR.*L.*5.114.

Panyasis, *m.* A Greek epic poet of the 5th century B.C.
~in, ex utroque (*sc.* Hesiodo et Antimacho) mixtum, putant..neutrius aequare uirtutes QUINT.*Inst.*10.1.54.

papae, *int.* [Gk. παπαῖ] (Exclamation expr.: **a** pain or alarm. **b** astonishment. **c** delight.)
a quid?—babae!—quid?—~! PL.*Cas.*906[a]; in dies minasque argenti singulas nummis.—~! *Epid.*54; ~! uadin tu ut deliramenta loquitur? *Men.*918. **b** immo unice unum plurumi pendit.—~! PL.*Bac.*207; *Rud.*1320; ducit secum una uirginem dono huic. ~ facie honesta! TER. *Eu.*229; pulchre mehercle dictum et sapienter. ~ iugularas hominem 416; ~. Marco spondente recusas credere tu nummos? PERS.5.79; (*iron.*) ecquid beo te?—men? ~ TER.*Eu.*279. **c** ~! ducam hodie amicam PL.*St.*425; *Truc.*507.

? **papārium** ~(i)ī, *n.*: (word of dub. origin, perh. having the sense of 'food' or 'fuel').
arcessitum seruum, ut dominicae libidini ~ium (pararium *cj.*) faceret SEN.*Con.*2.1.35.

pāpās, *m.* [Gk. πάπ(π)ας] (perh. childish term for *paedagogus*).
timidus praegustet pocula ~as IUV.6.633.

papāuer ~ris, *n.*, (*m.*). [unkn.] GENDER: masc. PL.*Poen.*326, *Trin.*410, CATO *hist.*35, VAR.in NON.p.220M.

1 A poppy. (The species *Papaver somniferum,* distinguished as *~r satiuum* with varieties *~r album* and *~r nigrum,* is prob. referred to in most cases. Other kinds are not distinctly identifiable.)
summa ~ra carpens VERG.*Ecl.*2.47; Lethaeo perfusa ~ra somno *G.*1.78; purpureis..~ribus PROP.1.20.38; summa ~rum capita..baculo decussisse LIV.1.54.6; fecunda ~ra florent OV.*Met.*11.605;—(*collect. sg.*) soporiferum..lene ~r *Fast.*4.532; CELS.3.18.12;—(*w. spec. adjs.*) ~r Gallicanus CATO *hist.*35; ~ris satiui tria genera: candidum..alterum genus est ~ris nigrum..tertium genus rhoean uocant Graeci, id nostri erraticum PLIN.*Nat.*19.168; siluestrium (*sc.* ~rum) unum genus ceratitim uocant 20.205; LARG.22; ~ris nigri seminis 143.

2 Poppy-seed.
nil nisi..sesumam ~remque PL.*Poen.*326; non..minus.. cito quam si tu obicias formicis ~rem *Trin.*410; eos melle unguito, ~r infriato CATO *Agr.*79; ~ris haustus LUCR.2.453; spargens umida mella soporiferumque ~r VERG.*A.*4.486; Sardo cum melle ~r HOR.*Ars* 375; OV.*Fast.*4.151; omnia dicta factaque quasi ~re et sesamo sparsa PETR.1.3.

papāuerātus ~a ~um, *a.* [prec.+-ATVS[2]] Treated with poppy, i.e. with an extract that acts as a whitening or bleaching agent.
crebrae ~ae (togae) antiquiorem habent originem PLIN. *Nat.*8.195.

papāuereus ~a ~um, *a.* [PAPAVER+-EVS] Of poppies, poppy-.
illa ~as subsecat ungue comas OV.*Fast.*4.438.

Paphiē ~ēs, *f.*

1 The Paphian goddess, Venus. **b** (poet.) heterosexual love.
COL.10.193; STAT.*Silv.*3.4.82. **b** siue cupis ~en seu Ganymede cales MART.7.74.4.

2 The 'Paphian' variety of lettuce.
tuque tuis, Paphie, ~en iam pange Kalendis COL.10.193.

Paphius ~a ~um, *a.*

1 Of or associated with Paphos, Paphian; (masc. pl. as sb.) the inhabitants of Paphos. **b** (spec., as an epithet of copper or bronze). **c** (w. ref. to the Paphian lettuce).
~us..heros (*i.e. Pygmalion*) OV.*Met.*10.290; ~i..numinis (*i.e. Venus*) STAT.*Silv.*1.2.101; ~a cum matre 3.4.88; templum ~ae Veneris TAC.*Hist.*2.2;—CIC.*Fam.*13.48. **b** more bouis ~o clausus in aere gemas OV.*Ib.*438. **c** ~os..reuellere thyrsos COL.10.370.

2 Associated with or sacred to Venus.
~ae..myrtus VERG.*G.*2.64; OV.*Ars* 3.181; ~ae..columbae MART.8.28.13; Oetaeae ~aeque..lampades (*i.e. the morning and evening stars*) STAT.*Silv.*5.4.8.

Paphlagō ~onis, *m.* An inhabitant of Paphlagonia, a Paphlagonian.
Persas, ~onas,..subegit PL.*Cur.*442; ei..rei praefecit Datamen, propinquum ~onis NEP.*Dat.*2.3; MELA 1.104; L ARLENVS..NAT ~O *CIL* 6.9675.

Paphlagonia ~ae, *f.* A country in Asia Minor between Bithynia and Pontus.
CIC.*Agr.*1.6; LIV.1.1.2; MELA 1.104; PLIN.*Nat.*11.183.

Paphlagonius ~a ~um, *a.* Paphlagonian.
gens ~a PLIN.*Nat.*6.5.

Paphos[1] ~ī, *m.*, (or *f.*). (mythol.) A child of Pygmalion.
illa ~on genuit, de qua (*v.l.* quo) tenet insula nomen OV. *Met.*10.297; Cinyras ~i filius HYG.*Fab.*242.4.

Paphos[2] **(~us)** ~ī, *f.* A city in south-west Cyprus, associated with Venus.
CIC.*Phil.*2.39; VERG.*A.*1.415; celsa..~us 10.51; HOR. *Carm.*1.30.1; ~on aequore cinctam OV.*Met.*10.530; MELA 2.102; PLIN.*Nat.*2.210; ~on ueterem (= Palaepaphon) STAT.*Theb.*5.61.

pāpiliō ~ōnis, *m.* [root dub.; cf. AS *fifoldara,* ON *fifrildi*]

1 A moth; a butterfly.
agrestes tineae..ferali mutant cum ~one figuram OV. *Met.*15.374; si..in fundum eius lumen aliquod demittatur, undique ~ones concurrant COL.9.14.9; PLIN.*Nat.*11.65; fieri..primo ~ones paruos nudosque 11.77; 21.81; 28.162;—rupto..eo cortice uolat ~o 11.112; 18.209; (leones) non sunt ~onibus molesti MART.12.61.6.

2 The soul of a dead person.
VT..VOLITET MEVS EBRIVS ~O *CIL* 2.2146.

papilla ~ae, *f.* [as PAPVLA+-ILLA]

1 The nipple, teat, dug (of mammals). **b** (spec., in human beings).
feminas (canes) uolunt esse mammosas aequalibus ~is VAR.*R.*2.9.5; inhumanae dura ~a lupae PROP.4.4.54; in ipso fine cerarum uelut ~a uberis apparet eminentior COL. 9.11.4; delphini binas in ima aluo ~as (gerunt) PLIN.*Nat.* 11.235; uiuo lacte ~a tumet MART.13.44.2; PAUL.*Fest.*p. 220M. **b** edepol ~am bellulam PL.*Cas.*848; *Ps.*68; stare ~as pectore marmoreo LUCIL.859; in roseis latet ~is CATUL. 55.12; hasta sub exsertam..~am haesit VERG.*A.*11.803; nudatis..~is PROP.2.15.5; habiles..~ae OV.*Am.*1.4.37; altera ~a intacta seruatur CURT.6.5.28; SUET.*Nero* 34.2;—(*in males*) tumor excitet ~as MART.8.64.10; uno se traiecit ictu infra laeuam ~am SUET.*Otho* 11.2.

2 (transf.) A nipple-like protuberance.
noneolae uocantur ~ae, quae ex faucibus caprarum dependunt PAUL.*Fest.*p.175M.

Papīriānus ~a ~um, *a.* Of or named after Papirius.
nec ~am domum deseres CIC.*Fam.*7.20.1; memor ~ae saeuitiae LIV.10.3.8; is liber..appellatur ius ciuile ~um POMPON.*dig.*1.2.2.2.

Papīrius ~a ~um, *a.* FORMS: *Papisius,* see CIC.*Fam.*9.21.2.

1 The name of a Roman *gens;* esp. L. Papirius Cursor, dictator 325, 309 B.C., victor in the Second Samnite War; C. Papirius Carbo, a supporter of Ti. Gracchus, cos. 120 B.C.
LIV.8.30.2;—CIC.*Brut.*103, 221; TAC.*Dial.*34.7; SINN. *gram.*22.

2 Of or named after Papirius. **b** *tribus ~a,* a Roman tribe; (also *~a* alone).
mox lege ~a semunciarii asses facti PLIN.*Nat.*33.46. **b** nec quemquam ferme ex Pollia tribu candidatum ~am ferre solitum LIV.8.37.12; V.MAX.9.10.1; PAUL.*Fest.*p.232M; —prima ~a Tusculidarum LUCIL.1259.

Papius ~a ~um, *a.*

1 The name of a Roman *gens.*
cum..alter..eius filius ~a natus Teani..educaretur CIC. *Clu.*27; qui peregrinos..exterminant ut..~us (*tribune 65 B.C.*) nuper *Off.*3.47; ~us Mutilus (*cos. suffectus A.D. 9*) TAC.*Ann.*2.32.

2 Of Papius; esp. *lex ~a Poppaea,* a marriage law introduced in A.D. 9; (also *lex ~a* alone).
FIRA 3.2.scr.ex.6(*P.Mich.*3.167); relatum dein de moderanda ~a Poppaea (lege) quam..Augustus..incitandis caelibum poenis..sanxerat TAC.*Ann.*3.25; SUET.*Cl.*23; *Nero* 10; GAIUS *Inst.*1.145;—utrum sexagenarius factus est et illi lex ~a fibulam imposuit? SEN.fr.(Haase p.443); CELS. *dig.*23.2.23.

pappa ~ae, *f.* (A child's word for 'food'.)
cum cibum ac potionem buas ac ~as uocent VAR.in NON. p.81M.

pappō ~āre, *tr.* [prec.+-O[3]] To eat (soft or mashed food).
nouo liberto opus est quod ~et.—dabitur, praebebo cibum PL.*Epid.*727; cur non potius teneroque columbo et similis regum pueris ~are minutum poscis? PERS.3.17.

pappus ~ī, *m.* [Gk. πάππος]

1 The white down on certain seeds, pappus.
plumas auium ~osque uolantis LUCR.3.386; proprietatem habet (coccygia) fructum amittendi lanugine (~um uocant) PLIN.*Nat.*13.121; 21.97; ~i carduorum flores PAUL.*Fest.* p.220M.

2 Groundsel, *Senecio vulgaris.*
Callimachus eam (*sc.* senecionem) acanthida appellauit, alii ~um PLIN.*Nat.*25.168.

3 An old man.
~us hicin medicus habitat, senica non sescunciae? POMPON.*com.*111; item significat in Atellanis aliquot ~um senem VAR.*L.*7.29.

papula ~ae, *f.* [cf. Lith. *pāpas*] A pustule, pimple.
inguen ne existat, ~ae, tama, ne boa noxit LUCIL.1195; AFRAN.*com.*218; ardentes ~ae VERG.*G.*3.564; alterum genus (inpetiginis)..simile ~ae fere, sed asperius CELS.5.28.17.B; ~ae..strigile raduntur COL.6.31.2; eruptiones ~arum PLIN. *Nat.*20.66; rubentes ~as 26.120; ad ~as in capite efferuescentes LARG.243;—(*prov.*) ~as obseruatis alienas, opsiti plurimis ulceribus? SEN.*Dial.*7.27.4.

papȳrāceus ~a ~um, *a.* [PAPYRVS+-ACEVS] Made from the papyrus reed.
~is nauibus PLIN.*Nat.*6.82; ellychnio ~o 28.168.

papȳrifer ~era ~erum, *a.* [PAPYRVS+-FER] Papyrus-bearing.
~eri..Nili OV.*Met.*15.753; ~ero..amne *Tr.*3.10.27.

papȳrīnus ~a ~um, *a.* [next+-INVS] Of or for papyrus.
fac ~a haec terga habeant stigmata LAEV.*poet.*13; stilo nostro ~o VAR.*Men.*58.

papȳrus ~ī, *f.* Also **~um** ~ī, *n.* [Gk. πάπυρος]

1 The Egyptian paper-reed, *Cyperus papyrus.*
MELA 3.96; conseritur bibula Memphitis cumba ~o LUC. 4.136; calamum ac ~um..gignit (Nigris fluuius) PLIN.*Nat.* 5.44; pineis optume lignis aes ferrumque funditur, sed et Aegyptio ~o 33.94; MART.8.44.14; leuis arsura struitur Libitina ~o 10.97.1; succinctus patria..~o JUV.4.24. β ~um..nascitur in palustribus Aegypti PLIN.*Nat.*13.71; 24.88; ~um ad chartas paratum ULP.*dig.*32.52.6.

2 A writing-material made from this plant, papyrus.
ne..cordylas madida tegas ~o MART.3.2.4; Niliacas..~os 13.1.3; millensima pagina..crescit multa damnosa ~o JUV. 7.101; ~um Aegyptiam APUL.*Met.*1.1;—(*poet., applied to a letter*) uelim Caecilio, ~e, dicas Veronam ueniat CATUL.35.2. β satis..est..~um intortum..eo inlini CELS.5.28.12.K.

pār[I] paris, *a.* *superl.* parissimus. [dub.: Umb. *parsest* = *par est*] FORMS: abl. sg. *~ri*; gen. pl. *~rium*; *~ris* (nom. sg.) ATTA *com.*14; for compar. *magis ~r* is used, e.g. PL.*Bac.*620, *Cur.* 110b, *Per.*801, etc.; superl. *CIL* 1.7 (*~risuma*), PL.*Cur.*506, GEL.20.1.34.

1 Matching in magnitude, number, intensity, or other measurable quality, equal. **b** (of number or magnitude) equal. **c** (of symmetrical objects, geometrical figures, etc.) having a constant measure throughout, uniform.
Paluda uirago, cui ~r imber et ignis, spiritus et grauis terra ENN.*Ann.*522; parma quod e medio in omnis partis ~r VAR.*L.*5.115; consurrexit senatus cum clamore..~ri clamore..publicani CIC.*Q.fr.*3.2.2; ut..terrena et umida..ad ~ris angulos in terram et in mare ferantur *Tusc.*1.40; quia non uulgo ~ria omnibus omnia constant (*sc.* principia) LUCR.2.724; Germani suas copias..generatim..constituerunt ~ribus interuallis CAES.*Gal.*1.51.2; maculae ~res utrisque CATUL.57.3; pedum..formosum ~ribus nodis atque aere VERG.*Ecl.*5.90; caedes..prope ~r utrimque fuit LIV. 21.29.3; ~r erat inferior uersus OV.*Am.*1.1.3; in..~ri spatio uesper et ortus erant *Ars* 3.724; ~r fuit his aetas *Pont.*3.2.69; ~r est colos (*sc. of bees and drones*) PHAED. 3.13.6; trinis ~ribus facies cum membra trigoni MAN.2.334; cum..~ribus Titan orbem librauerit horis COL.10.42; generant, si tempus nascendi ~r habent PLIN.*Nat.*10.187; aspera..~ribus bella tonare modis (*i.e. in hexameters*) MART.8.3.14; turres..procul intuentibus ~res TAC.*Hist.* 5.11;—(*w.* cum) bracchia non omnibus ~ria secum PLIN. *Nat.*11.245;—(*w. dat.*) qua litora adtingit (mare), ripis contentum..it angustum et ~r freto MELA 3.31; ~r templis opus STAT.*Silv.*5.3.48; anseribus ~r altilis JUV.5.114;—(*w. abl.*) scalas ~res moenium altitudine SAL.*Hist.*4.14. **b** et cum ex utroque genere ~r numerus reliquus esset CIC. *Ver.*2.124; cum quinque legionibus et ~ri numero equitum CAES.*Gal.*5.8.2; uiginti quinque naues datae..~r nauium numerus Q. Fuluio praetori urbano decretus LIV.23.32.18; omnia sint ~ribus numeris dimensa uiarum VERG.*G.*2.284; (*w.* inter se) ut tres antiquae tribus..~ri inter se numero sacerdotes multiplicent LIV.10.6.8;—staphis agria trita et nitrum..tritum ~ri mensura LARG.243. **c** leuem eum (*sc.* mundum) effecit (deus)..et a medio ad summum ~rem CIC.*Tim.*20; nec staret summa per omnis ~r semper partis MAN.2.77; ~r et quadrata undique (Sardinia) MELA 2.123; (*w.* sibi) non multum illi (*sc.* pilae) commissurae..nocent, quo minus ~r sibi ab omni parte dicatur SEN.*Nat.*4b.11.3;—(*fig.*) magnitudinem animi..introrsus solidam et ab imo ~rem firmamque *Dial.*3.20.6; (*of style*) ut ~r sibi sermo sit QUINT.*Inst.*1.11.8.

2 (in the language of accounting) **a** *~ria facere* and sim., To square accounts (with). **b** *~r ~ri respondere, referre,* and sim., to make a like return, square the account.
a ut..quantum ad hanc epistulam, ~ria faciamus SEN. *Ep.*9.6; quantum mihi praestare poterat ut ~ria redderet? QUINT.*Decl.*258(p.52,l.23); PLIN.*Ep.*7.19.10;—(*w.* cum) poteram tecum hac Maecenatis sententia ~rem facere rationem SEN.*Ep.*19.10; qui cum amicorum officiis ~ria mensa faciunt *Dial.*9.7.2; negotiatio curam uilici auocat nec umquam patietur eum cum rationibus domini ~ria facere COL.1.8.13; nascuntur..alio modo terrae..uelut ~ria secum faciente natura PLIN.*Nat.*2.202; cum influentibus negotiis ~ria fecisti PLIN.*Pan.*81.1. **b** (*in literal sense*) prouide, si cui quid debetur, ut sit unde ~r ~ri respondeatur ATT.in Cic.*Att.*16.7.6;—(*in fig. phrs.*) ~r ~ri datum hostimentumst PL.*As.*172; ut ~r ~ri respondeas *Mer.*629; ~r ~ri respondes dicto *Per.*223; eugae! ~r ~ri aliud autem quod cupiebam contigit *Ps.*692; ~r pro ~ri referto quod eam mordeat TER.*Eu.*445; uerbum uerbo, ~r ~ri ut respondeas *Ph.*212; ille quem beneficio adiungas ex animo facit, studet ~r referre *Ad.*73; χρύσεα χαλκείων sed ~ria ~ribus respondimus CIC.*Att.*6.1.22;—(*cf.*) ~ribus eorum beneficiis ~rem se quoque uoluntatem tribuere debere CAES.*Civ.*1.35.5.

3 a Situated on a level, balanced. **b** corresponding in position, opposite.
a cum dea se ~ribus per caelum sustulit alis VERG.*A.* 5.657; 9.14; OV.*Met.*2.708; satis est illi (*sc.* mari), ut supra ~ria ueniat, leuiter exsurgere SEN.*Nat.*3.28.5;—(*w. dat.*) eae..(uenae) adducendae, donec is testiculus ~r alteri fiat CELS.7.22.3. **b** imminet hic sequiturque ~rem OV.*Met.* 7.785; nec ~ribus posita sunt frontibus MAN.1.303; sinapi ..in alterum ~r membrum inpositum CELS.8.10.7.O.

4 (of numbers) Divisible by two, even; *ludere ~r impar,* to play at odd and even.
si quaesitum..sit stellarum numerus ~r an impar sit CIC.*Luc.*110; est etiam, ~r sit numerus qui dicat an impar *Nux* 79; ipse quartus decimus (dies) ~r est CELS.3.4.13; non nisi in ~ri praesentium numero PLIN.*Nat.*28.27;—ludere ~r impar, equitare in harundine longa HOR.*S.*2.3.248; inter cenam uel talis uel ~r impar ludere SUET.*Aug.*71.4.

5 Similar, like, matching (in form, appearance, etc.). **b** (in comparisons). **c** (of words, opinions) similar, to the same effect.
(tessera) est ~r probe PL.*Poen.*1049; diffugere inde loci partes coepere ~resque cum ~ribus iungi res LUCR.5.443; hortatur socios ~ribusque accingitur armis VERG.*A.*6.184; ~r facies templi OV.*Fast.*6.281; ~ri armatu CURT.3.2.5; alterum (promunturium) Criu metopon uocant, Carambico ..~r et aduersum MELA 2.3; musicum qui ~ria didicit mouet SEN.*Ep.*109.2; ~r habitus cunctis STAT.*Theb.*12.108; formonsos, niueos, ~res, gemellos, grandes, non pueros, sed uniones MART.12.49.12;—(*w. dat.*) uideri dum uolunt illi ~res PHAED.2.2.6;—(*w.* cum) pedibus intectis et ~ri cum Graecis amictu TAC.*Ann.*2.59;—(*rhet., of clauses*) quae ~ribus ~ria referuntur CIC.*de Orat.*3.206; *Orat.*65; cum..~r ~ri refertur aut contrarium contrario opponitur 220; cui uultus induta ~res..Eumenis..irrumpit SIL.2.558. **b** effugit imago, ~r leuibus uentis VERG.*A.*6.702; (*in compendiary comparison*) ipsi ~r forma deae est STAT.*Ach.*1.299. **c** ~ribus Messapum in proelia dictis hortatur VERG.*A.* 11.520; dixerat haec Faunus, ~r est sententia Pici OV.*Fast.* 3.319; (*neut. pl. as sb.*) miles..cuncta uirtute expugnabilia clamitare; praefectique..~ria disserentes ardorem exercitus intendebant TAC.*Ann.*12.35.

6 (of partners, fellows, relationships, etc.) Matched in qualities, mutually suited. **b** (of animals used or trained as a team). **c** (poet., of things associated with fellow beings).
postquam ~r ingenium nactus est TER.*Hec.*170; ~r conubium CATUL.62.57; sitis et in tuto semper amore ~res PROP.1.1.32; 1.5.2; Actoridae..~res OV.*Met.*8.308; amicitias..tibi iunge ~res *Tr.*3.4.44; IN COMPLEXV ~RI *CIL* 5.6700; ~res amici MART.10.47.7. **b** iunge ~res GRAT. 263; ut plerumque circa comoedos uel quadrigas uel mulas ~res accidere solet AFRIC.*dig.*21.1.34; ~ribus equis, id est duobus, Romani utebantur in proelio PAUL.*Fest.*p.221M. **c** coeunt..~res sub casside uultus STAT.*Theb.*11.408; ~ribus..famem compescere membris SIL.2.525; parat.. receptos auehere et ~ribus pelago diducere ab armis 14.526.

7 (of abst. things) Equal in worth, importance, nature, etc., comparable. **b** equal in degree. **c** equal in effect (on different persons, in different places, etc.).
~ri fortuna, aetate ut sumus, utimur PL.*Bac.*1108; uetustas, amor, consuetudo, studia ~ria CIC.*Fam.*5.15.2; multa..et magna inter nos officia ~ria et mutua intercedunt 13.65.1; placet Stoicis omnia peccata esse ~ria *Luc.* 133; ~ri fuistis casu CATUL.28.11; linum..accendier ante quam tetigit flammam, taedamque ~ri ratione LUCR.6.902; ut..~ri condicione belli secum decertare cogeret CAES.*Civ.* 3.78.3; ~ri leto affectus est Lysimachus NEP.*Reg.*3.2; te quoque fata prospectant ~ria VERG.*A.*10.741; maior.. Romanorum gratia fuit in re ~ri LIV.22.22.19; exemplo.. ~ri furit omnis turba OV.*Met.*3.122; leue Cornufici ~rque Catonis opus *Tr.*2.436; nec te, Bacche, ~ri donantem munere terras MAN.4.736; temeritati proximus est error, quem ad modum ad laedendum ~r, ita V.MAX.9.9; praestare domino si ~r officium potes PHAED.3.7.8; Latinam eloquentiam ~rem facere Graecae possunt QUINT.*Inst.* 10.1.105; neu ~ri causa disparem fortunam paterentur TAC.*Hist.*4.46; si mortuum fuerit iumentum, ~ri modo redhiberi poterit ULP.*dig.*21.1.38.3; (*neut. pl. as sb.*) maiora ..et minora et ~ria comparabimus CIC.*de Orat.*2.172;—(*w.* inter se) praeclaras duas artis..atque inter se ~ris 1.236;—(*w.* atque) ~ri atque antea ratione CAES.*Civ.*3.101.4; Rubellium Plautum, per maternam originem ~ri ac Nero gradu a diuo Augusto TAC.*Ann.*13.19;—(*in compendiary comparison*) in hoc a natura rerum formatus est, ut ~ria diis uellet SEN.*Ep.*92.30; (*w.* cum) erant ei quaedam ex his ~ria cum Crasso CIC.*Brut.*215. **b** ~r fortitudo, gemina confidentia PAC.*trag.*174; adsunt ~ri studio Pompeiani CIC.*Sul.*61; ~r est auaritia, similis improbitas, eadem impudentia, gemina audacia *S.Rosc.*118; tua uoluntas erga me meaque erga te ~r atque mutua *Att.*16.16a.3; proeli ratio et cedentibus et insequentibus ~r atque idem periculum inferebat CAES.*Gal.*5.16.3; etiam si odio ~ri fuerit in eos TREBON.*Fam.*12.16.3; ~ri..periculo sed fama inpari boni atque ignaui erant SAL.*Jug.*57.6; caloris ac frigoris patientia ~r LIV.21.4.6; ~r amor est illis OV.*Met.*12.416; nec ueris maiora putes: ~r forma decorque, ~r honor (*i.e. in Emperor and statue*) STAT.*Silv.*1.1.17; ~ri metu exterriti Bructeri TAC.*Ann.*13.56; in quorum mente ~res sunt et similes ira atque fames JUV.15.130;—(*w. dat.*) ut..~r priori metus contineret Romanos LIV.22.43.6; ut sit..sibi ~r (aerumna), creuit et aucta mora est OV.*Tr.*4.6.26;—(*w.* atque) si ~r in nobis huius artis atque in illo picturae scientia fuisset CIC.*Inv.*2.5; gratia ~r ac si prope adessemus SAL.*Jug.*102.7; ~rem uim rerum habendam a procuratoribus suis iudicatarum ac si ipse statuisset TAC.*Ann.*12.60. **c** sunt illis sua funera, ~rque per omnis tempestas VERG.*A.* 11.422; nec semper proelia clade ~ri PROP.3.9.38; omissa pugna, quam in omnes partes ~rem intenderant LIV.2.50.9; (Somne) qui ~r regi famuloque uenis SEN.*Her.F.*1074; tribunal..excogitatum principatui est ~r ceteris PLIN.*Pan.* 36.4.

8 (of persons) Of equal standard (in some respect), matching, comparable. **b** equal in age.
eodem hercle uos pono et paro: ~rissumi estis hibus PL.*Cur.*506; si ambo ~res essent..illi, unde petitur, ei potius credundum esse CATO *orat.*198; ut Demosthenes, Hyperides, Lycurgus, Aeschines..inter se ~res non fuerunt CIC.*de Orat.*2.94; cui Pudor et..incorrupta Fides..quando ullum inueniet ~rem? HOR.*Carm.*1.24.8; ~r Camillo defuit auctor LIV.5.45.8; ~res eos (*sc. Livy and Sallust*) magis quam similes (esse) QUINT.*Inst.*10.1.102; (*cf.*) non ubique similis, sed ubique ~r sibi (dicet) 12.10.71;—(*w. abl.*) ad ~res animo, fortuna, corpore CIC.*Inv.*1.101; scelere ~r est illi, industria inferior *Phil.*4.15; (munitionibus) relictis nec loco nec numero ~res esse posse *B.Alex.*8.4; neque ad pugnam uiribus ~res LIV.2.11.10; alter uirgini genere ~r 4.9.4; hi te ad bella ~res annis animisque sequentur OV. *Met.*7.658; heredes neque sanguine Regino ~res neque proximi V.MAX.7.8.4; cum sitis similes ~resque uita MART. 8.35.1; gens..origine lingua uirtute ~r Batauis TAC.*Hist.* 4.15; VNANIMITATE ~RES *CIL* 10.7643; (*cf.*) quid iuuat esse ~res, te nostrae caede sororis meque tui fratris, si pia uita placet? OV.*Fast.*6.589;—(*w.* in+*abl.*) tu modo uideto in tanto otio ut ~r in hoc mihi sis CIC.*Att.*1.6.1; fient..~res in uulnere fratres OV.*Met.*9.405;—(*w. gen.*) ei erat hospes ~r sui, Siculus senex scelestus PL.*Rud.*49; semper et ubique eum ~rem sui inuenies FRO.*Amic.*1.p.290(178N); (*w. gen. of respect*) (fratres) aetatis mentisque ~res SIL.4.368;—(*in compendiary comparison*) uirtuti sis ~r, dispar fortunis patris ACC.*trag.*156; nihil dicam de ingenio, cui ~r nemo fuit CIC.*de Orat.*2.364; ~res dum non sint uestrae fortitudini PHAED.4.16(17).6; ~r uitiis fratris TAC.*Hist.*4.2. **b** uter eratis..maior? — aeque ambo ~res PL.*Men.*1119; '~r' ait 'est Myrrhae' OV.*Met.*10.441; (*w. abl.*) tam ~r aetate iuuentus 7.514; (*in compendiary comparison*) ~rem cornicis uetulae temporibus Lycen HOR.*Carm.*4.13.24.

9 Equal in power, prestige, importance, etc. **b** (of rank, office, etc.) equal in status or authority. **c** *ex ~ri*, on equal terms.
si sunt plures ~res..armis de principatu contendunt CAES.*Gal.*6.13.9; siue erit inferior seu ~r OV.*Ars* 1.583; nec quemquam iam ferre potest Caesarue priorem Pompeiusue ~rem LUC.1.126; cum..respiceres..nusquam ~r stare caput STAT.*Theb.*1.168; ne consulari obtinente Asiam aemulatio inter ~res..oreretur TAC.*Ann.*2.47;—(*w.* inter se) si ~res aeque inter se, quiescendum CIC.*Att.*16.13a(b).2;—(*w. dat.*) ut..facilitate infimis ~r esse uideatur *Man.*41; superiorem quidem numquam, sed ~rem uobis me speraui esse factum *Fam.*3.7.5; iacet omnibus ~r, quem ~rem tellus genuit Tonanti SEN.*Her.O.*1543;—(*w.* cum) quem tu ~rem cum liberis tuis..fecisti SAL.*Jug.*14.9. **b** honorum gradus summis hominibus et infimis sunt ~res, gloriae dispares CIC.*Planc.*60; hunc..~ribus..in regna uocari auspiciis VERG.*A.*7.256; nunquam plebem in parte ~r rei publicae fore LIV.6.37.4; ~r erat omnis honos OV.*Fast.*5.18;—(*w. dat.*) omnia infima summis ~ria fecit CIC.*Leg.*3.19;—(*w.* cum) ut..cetera ~ria Tuberoni cum Varo fuissent *Lig.* 27; ut Q. Fuluio ~r cum consulibus imperium esset LIV. 26.9.10. **c** cum dis ex ~ri uiuit SEN.*Ep.*59.14; sin ex ~ri coeant QUINT.*Inst.*2.19.2; inimici sunt ex ~ri *Decl.*379(p. 423,l.25); quod tantus diligi se ex ~ri praedicat APUL.*Fl.*16.

10 a (of unlike qualities, attributes, etc.) Corresponding in degree, proportionate, commensurate. **b** corresponding in function, acting as counterpart; (neut. as sb.) a corresponding form. **c** equivalent, tantamount (to).
a si ~rem sapientiam habet ac formam PL.*Mil.*1251; pauci sciunt, fama atque fortuna eorum ~res sunt SAL.*Cat.*51.12; responsura tuo numquam est ~r fama labori HOR.*S.*2.8.66; postquam uolgata est atrocitas supplicii suam quoque noxam ~ri poena aestimatam rati LIV.28.31.6; solet a despectis ~r referri gratia PHAED.3.2.1; mores pro sorte ~res ritusque locorum MAN.4.732; iungitur (lactuca) illi (*sc.* erucae) fere in cibis, ut nimio frigori ~r feruor inmixtus temperamentum aequet PLIN.*Nat.*19.155;—(*w. dat.*) QVOIVS FORMA VIRTVTEI ~RISVMA FVIT *CIL* 1.7; ingeni minime uoluntati ~ris CIC.*Balb.*1; huius si uirtuti ~r data esset fortuna NEP.*Eum.*1.1; ~r periculum praemio LIV.30.32.2; ~r animus formae OV.*Met.*14.324;—(*w. abl.*) in qua ~r facies nobilitate sua est *Fast.*6.804. **b** ~ria..tria is tribus sunt fata nostro huic Ilio PL.*Bac.*956; bene merenti bene profuerit (deus), male merenti ~r erit *Capt.*315; saepe quaerimus uerbum Latinum ~r Graeco et quod idem ualeat CIC.*Fin.*2.13; ut omnia omnibus ~ribus ~ria respondeant *N.D.*1.50; uirgines, quibus aduenit ~r dies CATUL.61.38; tibi (*sc.* Iano) ~r nullum Graecia numen habet OV.*Fast.*1.90; reliquae (zonae)..~ria agunt anni tempora MELA 1.4;—esse quaedam uerba..quorum ~r reperiri..non possit VAR.*L.*9.53. **c** non debere omnia uocabula multitudinis habere ~r singulare 9.65; (*w. dat.*) ~r omnibus annis Emathiae funesta dies LUC.7.426; prodigio ~r est in nobilitate senectus JUV.4.97;—(*w.* atque) ductor, cui tarde uincere..~r erat ac uinci SIL.14.128.

11 (w. dat.) Measuring up, equal (to a task, standard, etc.); (also, w. *ad*). **b** equal (to an opponent); (also pl., of opponents). **c** (of actions, objects) adequate (for the present need), matching, fitting.
neque nauium se magnitudine neque numero ~rem esse fortuitae dimicationi *B.Alex.*46.1; ibi animum ~rem tantae potestati esse LIV.4.13.12; ~r deinde per quinque et uiginti annos..titulo tantae gloriae fuit 7.1.10; nec iam frigoribus ~res oliuae MART.7.31.4; se..oneri negat esse ~rem STAT. *Theb.*8.285; solus statim et unus cuicumque causae ~r erat TAC.*Dial.*34.6; Vitellium ne prosperis quidem ~rem *Hist.* 3.64; suberat..uigor animi ingentibus negotiis ~r *Ann.*3.30; exime hunc mihi scrupulum, cui ~r esse non possum PLIN. *Ep.*3.17.2; unde ingenium ~r materiae? JUV.1.151; (*ellipt.*) cui (*sc.* fletui) repugno quoad possum, sed adhuc ~res non sumus CIC.*Att.*12.15;—nec enim erat ad uim apertam ~r LIV.1.5.7; ad iustum bellum..oppugnationemque urbis.. haudquaquam ~res 35.38.12. **b** nullo in loco iam praedonibus ~res esse poteramus CIC.*Man.*55; quod si ~ris copias ad confligendum non habebis *Fam.*12.19.2; qui.. ~res esse nostro exercitui non potuerint CAES.*Gal.*1.40.7; Thraex est Gallina Syro ~r? HOR.*S.*2.6.44; quando..se.. ~res hostibus fore? LIV.3.62.1; ut qui ne alteri quidem exercitui se ad certamen credidissent ~res 9.43.11; Hannibali imperatori ~rem consulem nomino 24.8.2; quem ~rem tellus genuit Tonanti SEN.*Her.O.*1544; (*neut. pl. as sb.*) ~ria eis (*sc. Hannibal and Hasdrubal*) populum Romanum facturum non fuisse AMP.18.12;—(*poet.*) qui se ferro postulet esse ~rem? CATUL.66.42; ~r Phoebus aquis densas..nubes sparserat LUC.4.124;—neque..errarent..si, cum ~res esse non possent, pugnare desisterent CIC.*Fam.*1.8.2; se in aequo loco..~res esse confidebant *B.Alex.*18.3; uniuersos ~res esse posse aiebat, dispersos testabatur perituros NEP.*Them.* 4.2. **c** uirtuti Cn. Pompei quae potest oratio ~r inueniri? CIC.*Man.*29; noxiae poena ~r esto *Leg.*3.46; ut ~r delicto sit mea poena suo OV.*Tr.*2.578; tu letum optasti..~r tibi *Epic.Drusi* 21; ~r operi sedes STAT.*Silv.*1.1.22; frumentum et commeatus quamuis bello ~res TAC.*Hist.* 4.58; dignum solumque ~r pretium tanti laboris PLIN.*Ep.* 3.9.23; uerum est..talionem ~rissimam fieri difficillime GEL.20.1.34;—(*ellipt.*) inueniam pol hodie ~rem ubi referam gratiam TER.*Eu.*719; te ~rem mihi gratiam relaturum CIC.*Fam.*3.9.1; quod (*sc.* conditorum) modo ~r est..aegrius concoquitur CELS.1.2.9; nemo unquam tibi ~rem gratiam refert PETR.77.1.

12 Ranged against, matched (in a battle or other contest).
Arcades ambo, et cantare ~res et respondere parati VERG.*Ecl.*7.5; ope Palladis Tydiden superis ~rem HOR.*Carm.*1.6.16; nec quemquam aspernari ~rem qui se offerret LIV.7.33.2; 9.17.12; ciuis in toga, nisi ubi uereretur ne quem haberet ~rem VELL.2.29.3;—(*of things*) (canimus) infestis..obuia signis signa, ~res aquilas et pila minantia pilis LUC.1.7; (*transf.*) quae (*sc.* poemata) sunt commodissima, desinent uideri, cum ~ria esse coeperunt PLIN.*Ep.* 4.14.6.

13 (of contestants) Well-matched. **b** (of contests) equal, well-matched; (also), equal in outcome.
numquam ego uidi tam ~ris candidatos CIC.*Att.*4.16.6 (17.2); hoc unum esse tempus de pace agendi, dum..~res ambo uiderentur CAES.*Civ.*3.10.7; prima ~res ineunt grauibus certamina remis quattuor..carinae VERG.*A.*5.114; neque tam uires ~res quae superauerit res facile dictu est LIV.7.8.4; ite in bella ~res OV.*Ars* 3.3. **b** mihi tecum ~r certatio non est *Rhet.Her.*4.41; ea re tibi cum eo ~r contentio non erat? CIC.*Quinct.*69; dum ~ri certamine res geri potuit CAES.*Civ.*1.51.5; haudquaquam ~r Poenis dimicatio fuit LIV.22.41.1; primo ~r utrimque proelium fuit 41.26.3; (*w. abl. of respect*) pedestris pugna ~r animis magis quam uiribus erat 21.55.8; 22.47.4;—cum diutius (proelium) ~ri Marte iniretur HIRT.*Gal.*8.19.2; ~ri proelio discesserant NEP.*Them.*3.3; haudquaquam ~ri certamine digressi LIV. 22.18.4.

14 (pred.) Fair, equitable, reasonable.
(*w. acc. and inf.*) quid me patrem ~r facerest? PL.*Capt.* 147; amorin med an rei opsequi potius ~r sit *Trin.*230; hic quos ~r fuerat resciscere sciunt TER.*Hec.*867; ~r est omnis omnia experiri CIC.*Orat.*4; quod equiti Romano praemium dari ~r fuisset *Rab.Perd.*31; relinqui eum ~r non esse NEP. *Dat.*6.4; tibi nos accredere ~r est HOR.*Ep.*1.15.25; LIV.7. 31.2; COL.1.pr.29; mundum..numen esse credi ~r est PLIN. *Nat.*2.1; quid fieri adultero ~r est? QUINT.*Inst.*5.11.9; TAC. *Ann.*1.25; QVOD FACERE FVERAT GNATVM ~R PARENTIBVS *CIL* 10.5798; (*w. ellipsis of inf.*) hunc ludificemus. — nisi si dignust, non opust. et me hau ~r est PL.*Per.*834; Nero, ut ~r erat principem, uicit omnes HS ⊠ capidem unam parando PLIN.*Nat.*37.20;—(*compar.*) canem esse hanc quidem magis ~r fuit PL.*Cur.*110; *Per.*801; tanto..magis me ~r est tibi consulere ACC.*trag.*137;—(*w. inf.*) quid mihi ~r facere sit cum me egomet consulam PL.*Poen.*1396; nunc sese ut ferunt res..nostrae, ~r moriri est *Rud.*675; sic ~r est agere cum ciuibus CIC.*Off.*2.83; tribuisse quod illi plus uideat quam mortali concedere ~r est LUCR.4.1184; ut ~r sit centeno gutture niti PERS.5.6;—(*w.* ut+*subj.*) non ~r uidetur..praesentibus illis paedagogus ut siet PL.*Bac.*139; —(*ellipt.*) me..cogit plus quam est ~r loqui ACC.*trag.*152; ita eum exspectarem ut ~r fuit TER.*Ph.*155; statim, ut ~r fuit..comprehensi sunt CIC.*Ver.*5.10; omnia quando paulatim crescunt, ut ~r est, semine certo LUCR.1.189; nuntiata Memnonis morte haud secus quam ~r erat motus CURT. 3.2.1.

pār² paris, *m.*, *f.* [prec.] FORMS: *~re* (abl. sg.) OV.*Fast.*3.193, 526, PLIN.*Nat.*8.79.

1 A person of the same kind. **b** an equal in rank, prestige, etc.
cum illo suo ~ri, quem tamen omnibus uitiis superare cupiebat CIC.*Pis.*18; *Red.Sen.*17; illum cuius paucos ~ris haec ciuitas tulit *Pis.*8; ut coeat ~r iungaturque ~ri HOR. *Ep.*1.5.25; (*prov.*)~res..cum ~ribus facillime congregantur (*cf. 'birds of a feather flock together'*) CIC.*Sen.*7. **b** si qua uoles apte nubere, nube ~ri OV.*Ep.*9.32; interdum ut supplicem commendabant, interdum ut pro ~ri loquebantur VELL.2.109.2; qui uirtutes alicuius ~ris sui amat SEN.*Ep.* 109.10; quem metuis, ~r huius (*sc.* Pompeii) erat LUC.10.382.

2 A mate, partner. **b** a partner at dinner.
cerua ~rem sequitur OV.*Ars* 2.483; cum ~re quaeque suo coeunt uolucresque feraeque *Fast.*3.193; accumbit cum ~re quisque sua 3.526; (*cf.*) comitatur fama unionis eius ~rem.. dissectum (esse) PLIN.*Nat.*9.121. **b** cedo ~rem, quem pepigi PL.*Per.*767[a]; si..ad cenam ueneris atque ibi opulentus tibi ~r forte obuenerit *Trin.*469.

3 An adversary.
singuli binique uelut cum ~ribus conserere pugnam cogebantur LIV.28.2.8; habebo..~rem quem das Hannibalem 28.44.9; inde haec audax fiducia tantum Oenidae superare ~rem STAT.*Theb.*6.843.

4 A match, peer.
quid si ex Graecia omni illius ~r nemo reperiri potest? ACC.*trag.*465; naturae nihil placuit esse sine ~re PLIN.*Nat.* 8.79.

pār³ paris, *n.* [as prec.] A set of two, pair. **b** a conjugal pair. **c** a pair of persons in other forms of close association. **d** a pair of adversaries or contestants.
scyphorum ~ria complura..data esse Vorri CIC.*Ver.*2.47; quam inuenies tam miseram..ut illi satis sit unum adulterorum ~r SEN.*Ben.*3.16.3; si ex ~ri mularum unam..occiderit GAIUS *Inst.*3.212; ita legauit: pocula oleaginea ~ria duo. respondi unum ~r legatum esse, quia non ita esset: bina ~ria neque ita: poculorum ~ria duo LABEO *dig.*32.30; —(*in appos.*) sabana ~r unum saccos ~r unum *P.Mich.* 468.11; ut mittas..caligas cori subtalares et udones ~r 468.25. **b** D M QVINTIO LIBERALI..ET PROXIMONIAE SANCTAE COIVGI EIIVS..~RI INCOMPARABILI *CIL* 13.6436; —(*of birds*) ~ria singula (pullorum columbinorum) uolgo ueneunt ducenis nummis VAR.*R.*3.7.10; ~r..columbarum OV.*Met.*13.833; unum ~r aquilarum PLIN.*Nat.*10.14. **c** ecce tibi geminum in scelere ~r CIC.*Phil.*11.2; ex omnibus saeculis uix tria aut quattuor nominantur ~ria amicorum *Amic.*15; ~r nobile fratrum, nequitia et nugis prauorum et amore gemellum HOR.*S.*2.3.243; ~r nobile rebus in eo magistratu gestis, discordia tamen..nobilius LIV.8.29.10; uetus ~r consulum, Cn. Pompeius et M. Crassus VELL.2.46.1; cetera ~r concors et sine lite fuit (*i.e. Orestes and Pylades*) OV.*Pont.*3.2.88; ~r uerae amicitiae clarissimum Scipio et Laelius V.MAX.8.8.1; sorores, ~r aliud morum miserique innoxia proles Oedipodae STAT.*Theb.*8.608. **d** uter eorum perisset, tamquam lanista in eius modi ~ri lucrum fieri putabat CIC.*Pis.*27; gladiatorum dare centum..populo ~ria HOR.*S.*2.3.86; gladiatorum ~ria duo et uiginti in foro dederunt LIV.23.30.15; iam ~r acerrimum media mors dirimet SEN.*Dial.*5.42.3; ne Thebanum ~r (*i.e. Polynices and Eteocles*) humilis taberna spectaret PETR.80.3; postquam.. admota..comminus arma ~rque suum (*i.e. Caesar and Pompey*) uidere dei LUC.6.3; nunc ~r infandum miserisque incognita terris pugna subest STAT.*Theb.*11.125; audiui ex diuerso agentes..Fuscum Salinatorem et Ummidium Quadratum, egregium ~r PLIN.*Ep.*6.11.1; SUET.*Jul.*10.2; XX ~RIA GLADIATORVM DATA PRO SALVTE ET VICTORIA CAESARVM *CIL* 2.1305; (*w. defining gen.*) Rupili et Persi ~r pugnat HOR.*S.*1.7.19; (*prov.*) nisi ~ria non pugnant ('*it takes two to make a quarrel*') SEN.*Dial.*4.34.5.—(*transf.*) unum igitur ~r quod depugnet relicum est, uoluptas cum honestate CIC.*Luc.*140; ecce ~r deo dignum, uir fortis cum fortuna mala compositus SEN.*Dial.*1.2.9; ~r..nouum Fortuna uidet concurrere, bellum atque uirum LUC.6.191; ~r quod semper habemus, libertas et Caesar, erit 7.695; ~ria nunc componuntur, et natura atque luxuria depugnant PLIN.*Nat.*21.46.

parābilis ~is ~e, *a.* [PARO+-BILIS] Obtainable, procurable. **b** easily obtainable, lying to hand.
usitatas et non magno ~es (res) fugere dementiae est SEN.*Ep.*5.5; tecta..obuia erant..et opera leui ~ia 90.18. **b** ipsa natura diuitias..et ~is et terminatas habet CIC.*Fin.* 1.45; *Tusc.*5.93; ~em amo uenerem facilemque HOR.*S.* 1.2.119; placet cibus..~is facilisque SEN.*Dial.*9.1.6;— (*applied to one's style of living*) leui et ~i cultu corporis se esse contentum CURT.3.5.2; 6.2.3.

parabola ~ae, *f.* ~ē ~ēs. [Gk. παραβολή] An explanatory illustration, comparison.
illi, qui simpliciter et demonstrandae rei causa eloquebantur, ~is referti sunt SEN.*Ep.*59.6; QUINT.*Inst.*6.3.59; 8.3.77.

paracentēsis ~is, *f.* [Gk. παρακέντησις] (med.) The operation of couching a cataract.
(anagallis) pupillas dilatat, et ideo hae inunguntur ante quibus ~is fit PLIN.*Nat.*25.144.

paradoxa ~ōrum, *n. pl.* [Gk. παράδοξα] Philosophical paradoxes.
hoc ex ~is Stoicae sectae minime mirabile SEN.*Ben.*2.31.1; Stoica ~a *Ep.*87.1.

paraeneticē ~ēs, *f.* [Gk. παραινετική] (phil.) That branch of philosophy which is concerned with the inculcation of moral principles, preceptive or hortatory philosophy.
haec pars philosophiae, quam Graeci ~en uocant, nos praeceptiuam dicimus SEN.*Ep.*95.1.

Paraetonicus ~a ~um, *a.* = PARAETONIVS (in quot., 2 a).
~as..rates OV.*Ars* 3.390.

Paraetonium¹ ~(i)ī, *n.* A seaport in Libya.
VITR.8.3.7; OV.*Am.*2.13.7; *Met.*9.773.

paraetonium² ~(i)ī, *n.* [prec.] A chalk found near Paraetonium, used as a pigment (perh. not distinguished from soapstone).
VITR.7.7.3; ~ium..atramento aspergitur, ne ~ii candor pallorem chrysocollae adferat PLIN.*Nat.*33.91; 35.36.

Paraetonius ~a ~um, *a.*

1 Of or connected with Paraetonium.
portus ~us MELA 1.40.

2 (used poet. for: **a** Egyptian. **b** African, Libyan).
a ~am..urbem (*i.e. Alexandria*) LUC.10.9; ~as..urbes MART.10.26.1; ~o..Nilo STAT.*Theb.*5.12. **b** fulua ~o uaga Cynthia proruit Austro PACON.*poet.*4; ~o..litore SIL. 3.225; ~us serpens 17.449.

paralius ~a ~um, *a.* Also **~os** ~on. [Gk. πάραλιος] The name of **a** a kind of poppy, the horned poppy, *Glaucium flavum.* **b** a kind of spurge, sea-spurge, *Euphorbia paralias.*
a quidam hoc genus (papauerum siluestrium) glaucion uocant, alii ~um PLIN.*Nat.*20.206. **b** tertium genus tithymalli ~um uocatur PLIN.*Nat.*26.68; (*cf.*) tertium genus (papauerum siluestrium) est tithymalon—mecona uocant, alii ~on 20.209.

parallēla ~ae, *f.* [as next] A land-measure in Gallia Narbonensis.
in prouincia..Narbonense uaria sunt uocabula: alii appellant libram, alii ~am HYG.*agrim.*p.85.

parallēlos¹ (~us) ~ī, *m.* [next]

1 Each of five belts or zones into which the earth's surface and the celestial sphere are divided.
plura sunt autem segmenta mundi, quae nostri circulos appellauere, Graeci ~os PLIN.*Nat.*6.211; HYG.*Astr.*1.4; dubium fortasse esset de ~o nostri tetartemorii HYG.GR. *agrim.*p.150.

2 A parallel line.
in alteram partem rigorem mittere, qui, cum ad extremum peruenerit, ~on primi rigoris excipiat FRON.*agrim.* p.17.

parallēlos² ~os ~on, *a.* [Gk. παράλληλος] FORMS: *~oe* (nom. pl. fem.) VITR.9.7.6. (geom.) Continuously equidistant, parallel.
ab ea regione ad extremam circinationem curuaturae ~os linea designatur VITR.5.7.1; lineae ~oe 9.7.6;—(*w. dat.*) ab littera S ducatur linea ~os axoni ad extremum ⟨dextrum⟩ hemicyclium 9.7.6.

paralysis ~is, *f.* [Gk. παράλυσις]

1 Any of various forms of paralysis. **b** nystagmus.
dissoluta membra corporum ~i VITR.8.3.4; resolutio neruorum ~in Graeci nominant CELS.2.1.12; PETR.129.6; contra uertigines..~is incipientes PLIN.*Nat.*27.92; ~im cauentibus 30.86; ad ~in mirifice hoc acopum facit LARG. 156;—(*w. gen.*) (datur laser) in aqua mulsa linguae ~i PLIN.*Nat.*22.105;—(*w.* in+*abl.*) ~i in lingua 31.120. **b** resolutio..oculorum quam ~in Graeci nominant CELS. 6.6.36.

2 Apoplexy.
(L. Vitellius) decessit ~i altero die quam correptus est SUET.*Vit.*3.1.

paralyticus ~ī, *m.* [Gk. παραλυτικός] A person affected by paralysis, a paralytic.
~is et tremulis PLIN.*Nat.*20.85; ~is aut simili modo solutis 31.59; LARG.155; (*facet., w. ref. to virility*) 'quid est' inquit '~e? ecquid hodie totus uenisti?' PETR.131.10.

paramesē ~ēs, *f.* [Gk. παραμέση] (mus.) In the Greater Perfect System the lowest note of the tetrachord diezeugmenôn.
appellantur autem sic (*sc.* sonitus stantes)..mese, nete synhemmenon, ~e, nete diezeugmenon VITR.5.4.5.

paramus ~ī, *m.* [Sp.] A high plateau.
QVOS (*sc.* ceruos) VICIT IN ~I AEQVORE *CIL* 2.2660.

paranētē ~ēs, *f.* [Gk. παρανήτη] (mus.) The note next below the highest in certain tetrachords.
(sonitus mobiles) uocabula..habent haec..⟨~e synhemmenon,⟩..~e diezeugmenon..~e hyperbolaeon VITR.5.4.5; 6.1.7.

parapēchium ~iī, *n.* [Gk. παραπήχιον, cf. (for sense) παράπηχυ] A woman's garment, prob. a himation, with a purple band at either end.
~ia, clamides, sic multa, graeca VAR.*L.*5.133.

parapegma ~atis, *n.* [Gk. παράπηγμα] An astronomical and meteorological calendar.
siderum ad ortus et occasus tempestatum significatus Eudoxus..ceterique ex astrologia ~atorum disciplinis inuenerunt VITR.9.6.3.

paraphoron ~ī, *n.* [Gk. παράφορον] A kind of *alumen* (term perh. embracing halotrichite and ferrous sulphate).
alterum genus (aluminis) est pallidi et scabri et quod inficiatur et galla, ideoque hoc uocant ~on PLIN.*Nat.*35.184.

paraphrasis ~is, *f.* [Gk. παράφρασις] A paraphrase.
uersus..~i audacius uertere QUINT.*Inst.*1.9.2; neque ego ~in esse interpretationem tantum uolo 10.5.5; problemata, ~is allocutiones SUET.*Gram.*4(p.104Re).

Parapotamia ~ae, *f.* The territory on the east of the Tigris.
PLIN.*Nat.*6.131; 12.133.

parapsis ~idos, *f.* [Gk. παραψίς] = PAROPSIS.

parārius¹ ~a ~um, *a.* [PAR¹+-ARIVS] (See quot.)
~um aes appellabatur id, quod equitibus duplex pro binis equis dabatur PAUL.*Fest.*p.221M.

parārius² ~(i)ī, *m.* [prec.] (app.) One of a number of intermediaries between a lender and borrower, whose purpose is to divide the risk.
quidam nolunt nomina secum fieri nec interponi ~ios SEN.*Ben.*2.23.2; 3.15.2.

parasanga ~ae, *m.* [Gk. παρασάγγης, Pers. *farsang*] A Persian unit of distance (about 3½ miles), a parasang.
cum Persae..schoenos et ~as alii alia mensura determinent PLIN.*Nat.*6.124; PAUL.*Fest.*p.222M.

parasēmum ~ī, *n.* [Gk. παράσημον] The ensign or emblem of a ship.
DIONYSIO..GUBERNATORE NAVIS ~O ISOPHARIA T CL THEONIS *CIL* 3.3; *A.Epig.*51.165b.

parasis: see PAROPSIS.

parasīta ~ae, *f.* [PARASITVS] A female parasite.
multae tibi tum officient res, custodes, lectica, ciniflones, ~ae HOR.*S.*1.2.98; (*applied to a bird*) (otus) imitatrix alias auis ac ~a PLIN.*Nat.*10.68.

parasītaster ~trī, *m.* [PARASITVS+-ASTER] (contempt.) A parasite, hanger-on.
est alius quidam, ~ter paullulus TER.*Ad.*779.

parasītātiō ~ōnis, *f.* [PARASITOR+-TIO] The action or behaviour of a parasite.
nequiter paene expediuit prima ~o PL.*Am.*521.

parasīticus ~a ~um, *a.* [Gk. παρασιτικός] Of or characteristic of a parasite.
ilicet ~ae arti maxumam malam crucem PL.*Capt.*469; cauillationes, adsentatiunculas ac peiieratiunculas ~as *St.* 229; ab ista ~a mensa AUG.in Suet.*Poet.*fr.40(p.45Re).

parasītor ~ārī, *intr.* [next+-o³] To live or act as a parasite.
numquam quisquam meorum maiorum fuit quin ~ando pauerint uentris suos PL.*Per.*56; uiden ridiculos nihili fieri atque ipsos ~arier? *St.*637.

parasītus ~ī, *m.* [Gk. παράσιτος]
1 One who partakes of another's hospitality, a guest.
~os Iouis VAR.in August.*C.D.*6.7d; illum..cantharum mulso contempera et offer ~o meo APUL.*Met.*10.16.
2 One who makes a profession of living on the hospitality of others, a parasite.
pol haut ~orum aliorum ⟨hic⟩ similest NAEV.*com.*60; ~us ego sum hominis nequam atque inprobi PL.*Bac.*573; ~um in Cariam misi meum *Cur.*67; egentem ~um *St.*331; TER.*Eu.*26; ~um ne quem habeat (uilicus) CATO *Agr.*5.4; TITIN.*com.*45; LUCIL.717; ~orum in comoediis adsentatio CIC.*Amic.*98; edacibus..~is HOR.*Ep.*2.1.173; uidi..~orum circumfusum patri gregem SEN.*Con.*2.6.9; quid est ~us nisi comes uitiorum? turpissimi cuiusque facti laudator? QUINT.*Decl.*296(p.169,l.17); ad mensam quotiens ~us uenerit infans JUV.5.145; (*facet.*) metuo..ne ulmos ~os faciat quae usque attondeant PL.*Epid.*311.
3 ~*us* (*Apollinis*) A member of a college of mimes dedicated to Apollo.
DIA PANTON ~O ET SACERDOTI APOLLINIS *CIL* 10.3716; C FVNDILIVS DOCTVS APOLLINIS ~VS 14.4273a; L. AVRELIO AVG LIB PYLADI..CORONATO IIII PATRONO ~ORVM *A.Epig.* 88.126; (*cf.*) uos me laurigeri ~um dicite Phoebi MART. 9.28.9.

parastas ~ados, *m* (*f.*) [Gk. παραστάς] A square post, an upright.
(*in a catapult*) latitudo ~ados mediae unius foraminis et eius ΓΚ (*sc.* fiat) VITR.10.10.2.

parastata ~ae, *f.* [Gk. παραστάτης] = prec.
(*in a ballista*) ~arum longitudo foraminis VSF (*sc.* constituatur) VITR.10.11.5; (*as a support for a tree*) malum deligatum, ~ae iunctae CATO *inc.*18(J).

parastatica ~ae, *m.*, (*f.*). [Gk. παραστατική] A pilaster. **b** (as part of a water-clock). **c** (as part of a ballista).
trabes enim supra columnas et ~as et antas ponuntur VITR.4.2.1; 5.1.6; illius..argenteae trabes et columnae atque ~ae narrantur PLIN.*Nat.*33.52; ~AS CVM SVIS ORNAMENTIS ET REGVLIS *CIL* 6.543. **b** in his etiam aut in columna aut ~a horae describuntur VITR.9.8.6. **c** ~ae dextra ac sinistra..altae foraminum IIII VITR.10.10.2.

parastichis ~idis, *f.* [Gk. παραστιχίς] The column forming the initials of an acrostic.
ipse (*sc.* Opilius) id (*sc.* cognomen) per duas (litteras, *i.e.* -ll-) effert in ~ide libelli, qui inscribitur 'pinax' SUET. *Gram.*6(p.105Re).

Parastrȳmonia ~ae, *f.* The territory adjacent to the River Strymon.
LIV.42.51.5.

parātē, *adv.* *compar.* ~ius, *superl.* ~issimē. [PARATVS¹+-E]
1 In a state of readiness, after due preparation. **b** with all precautions taken so as to be ready for any contingency.
sumpto spatio ad cogitandum ~ius atque accuratius dicere CIC.*de Orat.*1.150; ad dicendum ueniebat magis audacter quam ~e *Brut.*241; diligentius ~iusque uenisses *S.Rosc.*72; qui tam ~e facit, non est dubium, quin libenter faciat SEN.*Ben.*2.2.2. **b** iam ego parabo aliquam dolosam fidicinam..quae senes duo docte ludificetur..— ut ~e! PL.*Epid.*374; id si ~e curaui ut cauerem *Rud.*193.
2 Without hesitation, readily, promptly.
debemus..dimicare..~ius de honore et gloria quam de ceteris commodis CIC.*Off.*1.84; malum..ingenium hominis facit ut dubitem, confidenter an constanter, certe ~issime PLIN.*Ep.*3.9.32.

parātiō ~ōnis, *f.* [PARO+-TIO] The act or process of obtaining for one's use.
sed sane fuerit regni ~o plebi sua restituere SAL.*Jug.*31.8; constat..res alienas legari posse, utique si parari possint, etiamsi difficilis earum ~o sit ULP.*dig.*30.39.7;—(*in uncertain sense*) silentio opus est, nulla mi est ~o AFRAN.*com.*268.

paratragoedō ~āre, *intr.* [Gk. παρατραγῳδέω] To use a mock-tragic or burlesque style.
io! io te, te, turanne, te, te ego, qui imperitas Pseudolo, quaero..— ut ~at carnufex! PL.*Ps.*707.

parātus¹ ~a ~um, *a.* *compar.* ~ior, *superl.* ~issimus. [pple. of PARO]
1 Ready to hand, available.
summam tu tibi pro mala uita famam extolles et pro bona ~am gloriam ENN.*scen.*8; id, quia fortuito fit, semper ~um esse non potest CIC.*Brut.*111; eius utebatur consilio cuius auxilium sibi ~um putabat *Quinct.*18; erat in aequitate prudentiaque Pisonis ~issimum perfugium *Ver.*1.119; ~issimi (*sc.* horti) sunt Drusi; cupit enim uendere *Att.*12.22.3; ~issimis uesci uoluptatibus *Fin.*5.57; cum materies est multa ~a, cum locus est praesto LUCR.2.1067; thalamis neu crede ~is VERG.*A.*7.97; quia nuda fui, sum uisa ~ior illi OV.*Met.*5.603; honor dignis ~issimus VELL.2.126.4; magnum ~umque nomen habituros SEN.*Ep.*79.16; negatur uni..in hoc populo mihi mors tam ~a *Oed.*77; quibus ~ior uenia est QUINT.*Inst.*12.pr.5; ingens nouis rebus materia..eudenti ~a TAC.*Hist.*1.6; tam ~a obliuio mortuorum PLIN. *Ep.*6.10.5; ius et aequom omnibus Asianis erit apud te ~issimum AUR.*Fro.*1.p.234(86N).
2 (of things) Prepared or equipped for use, action, etc., ready.
face id (*sc.* argentum) ut ~um iam sit PL.*As.*90; ~um oportet esse iam laqueum tibi *Cas.*392; ~a dos domist *Trin.* 734; quin est ~um argentum TER.*Hau.*737; omnibus curat rebus instructum et ~um ut sit conuiuium CIC.*Ver.* 4.62; ita fuimus ut nauem ~am haberemus *Att.*8.11b.1; ut deterior causa ~ior mihi esse uideatur 8.15.2; ibi ut sint omnia ~a *Fam.*14.20; circiter CCXX naues..~issimae atque omni genere armorum ornatissimae profectae ex portu CAES.*Gal.*3.14.2; ut commeatus ~os..haberent LIV.26.8.11; omnia..instructa et ~a ad oppugnationem arcendam 28.19.5; utraque ~a debent esse medicamenta LARG.107; (*part. gen.*) quo in loco dictumst ~i nil est TER.*Eu.*542.
3 (of persons) Ready (as a result of study, training, equipping, etc.), prepared.
omnibus enim rebus is qui princeps in agendo est ornatissimus et ~issimus esse debet CIC.*Div.Caec.*47; si..~i atque armati seditionis duces (essent) *Dom.*12; subeunit..rei publicae (adulescens) sed..militum ducem quaerentium studio ~ior *Phil.*5.43; uidesne in quem hominem inciderit res publica, quam acutum, quam uigilantem, quam ~um? *Att.*8.13.1; ~iorem..offendi Brutum quam audiebam 16.4.4; docti hominis et copiosi et ~i *Luc.*64; magnam et ~am classem habebat *B.Alex.*28.2; si iam puerile ~um agmen habet secum VERG.*A.*5.548; ut ~us omni loco castris ponendis esset LIV.33.6.1; semper nocuit differre ~is LUC. 1.281; ~issimus puer non minus me acido cantico excepit PETR.31.6; Pomponius Rufus, uir ~us et uehemens PLIN. *Ep.*4.9.3; (*in fig. phr.*) uberibus semper lacrimis semperque ~is in statione sua JUV.6.273;—(*w.* ad) Sex. Aelius, iuris quidem ciuilis omnium peritissumus, sed etiam ad dicendum ~us CIC.*Brut.*78; quo ~ior ad usum forensem promptiorque esse possim *Div.Caec.*41; ~us ad praedam meditatusque uenire cupiebat *Ver.*2.17; ciuem illum egregium..et ad haec quae timentur propulsanda ~issimum *Att.*5.7; ~o tibi ad proficiscendum ULP.*dig.*12.4.5;—(*w.* in+*acc.*) ut omnes in dies horasque ~i essent *B.Afr.*1.2;—(*w.* in+*abl.*) hominem acutissimum Q. Scaeuolam et in iure..~issimum CIC.*Brut.* 145; homines in maritimis rebus exercitatissimos ~issimosque *Man.*55;—(*w.* ab) quam ~issimi et ab exercitu reliquisque rebus PLANC.BRUT.*Fam.*11.13a.5;—(*w. dat.*) hic haesere rates geminae, classique ~ae excepere manus LUC.2.711; pulcher adspectu sit athleta, cuius lacertos exercitatio expressit, item certamini ~ior QUINT.*Inst.*8.3.10; classis..pugnae ~a TAC.*Hist.*2.14;—(*w. inf.*) pars et certare ~i VERG.*A.*5.108;—(*w.* qui+*subj.*) erant ~i qui nauis incenderent *B.Hisp.*40.4.
4 Morally or intellectually prepared (for an action or experience), ready.
hunc..hominem tam acrem, tam audacem, tam ~um, tam callidum CIC.*Catil.*3.17; habet..res publica adulescentis nobilissimos ~os defensores *Phil.*2.113; nec te decipiat, quod sit satis illa ~a PROP.1.9.25; quo sit tibi mollius aequor..totusque ~ior orbis LUC.8.99; uadit desertor amici, respiciens tamen et reuocent si forte ~us STAT.*Theb.*9.170; (*poet.*) in malos asperrimus ~a tollo cornua HOR.*Epod.*6.12; —(*w.* ad) ut ad audendum proiectus, sic ~us ad audiendum CIC.*Ver.*1.2; homo ad omne facinus ~issimus *Mil.*25; quamquam ~issimos milites ad proeliandum uideant *Phil.* 4.11; ille animus in proeliis ~us ad uolnera *Tusc.*2.37; ut domum reditionis spe sublata ~iores ad omnia pericula subeunda essent CAES.*Gal.*1.5.3; uideant uos ~os ad uim LIV.6.18.7;—(*w.* in+*acc.*) in utrumque ~us, seu uersare dolos seu certae occumbere morti VERG.*A.*2.61; omne ~us in facinus STAT.*Theb.*2.387; Montanum praeferocem ingenio ~umque in res nouas TAC.*Hist.*4.32;—(*w. dat.*) animum uel bello uel paci ~um LIV.1.1.8; iam steterant acies ferro mortique ~ae OV.*Fast.*3.215; M. Antonius, omnibus audendis ~issimus VELL.2.56.4; secunda expecto, malis ~us sum SEN.*Ep.*88.17; ciuitas pauida et seruitio ~a TAC.*Hist.*42; nuptiis et adoptando Britannico ~um *Ann.*11.26; (*of abst. sb.*) stare in conspectu clementiam ~am humanis erroribus SEN.*Cl.*1.1.9;—(*w. inf.*) alter nare cupit: alter pugnare ~ust ENN.*Ann.*252; ut ad ea quae rogati erunt mihi ~i sint respondere CIC.*Ver.*4.150; mitto..quod pericula..subire ~issimus fueris *Fam.*15.4.12; uos seruire magis quam imperare ~i estis SAL.*Cat.*20.17; ~us omne Caesaris periculum subire..tuo HOR.*Epod.*1.3; se..obsides dare ~os esse LIV. 10.11.13; haec dare consilium, pugnare ~ior illa (aetas) est OV.*Fast.*6.85; membra aliena fame lacerabant, esse ~i et sua JUV.15.102; (*poet.*) caelo..~ior unda omne pati uirus LUC.6.93;—(*w.* ut+*subj.*) ~us..ueneram..ut ignoratione tua..abuterer CIC.*Lig.*1.

parātus² ~ūs, *m.* [PARO+-TVS³]
1 The action of preparing, preparation. **b** a planned undertaking, enterprise.
te longo necdum fidente ~u molimur STAT.*Ach.*1.18; Vitellii ~us noscebantur TAC.*Hist.*2.98;—(*w. gen.*) magno usui bello Marsico ~u militum et armorum fuit SAL.*Hist.* 1.88; ingentia dudum acta uocant rerumque graues..~us STAT.*Theb.*2.104; nauium militum armorum ~u strepere prouinciae TAC.*Hist.*2.84. **b** magnos cunctamur, nata, ~us STAT.*Theb.*3.719; alios..commenta ~us *Ach.*1.97.
2 (sg. and pl.) Equipment, appointments, trappings, paraphernalia. **b** (poet.) adornment, apparel, attire. **c** the appointments or service of the dinner-table (including food and utensils).
(sapientes) nullum necessarium uitae cultum aut ~um requirentis CIC.*Fin.*5.53; est opus exiguum uestrisque ~ibus inpar OV.*Pont.*3.4.5; nihil magnum, nihil seuerum, ne miserum quidem ex tanto ~u putat SEN.*Dial.*9.15.3; ducem (*sc.* Herculem)..surgentemque toris..immanemque ~u V.FL.2.510; Caledoniam incolentes populi magno ~u ..oppugnare..castellum adorti TAC.*Ag.*25.3; uentris et ganeae ~us *Ann.*3.52; prouiso ante funebri ~u 13.17; Abdagaeses gazam et ~us regios adicit 6.37; ne domum seruitia et ceteros fortunae ~us reposceret 11.30. **b** hanc faciem Argis sine fine ~ibus uti..decet OV.*Ep.*15.193; (Anna) Tyrios induta ~us *Fast.*3.627. **c** pulchro.. instructa ~u..conuiuia OV.*Met.*4.763; lauto cenare ~u JUV.14.13.

parazōnium ~(i)ī, *n.* [Gk. παραζώνιον] A dagger worn at the girdle.
*A.Epig.*48.58; MART.14.32.

Parca ~ae, *f.* [PARIO] FORMS: ~*abus* (dat. and abl. pl.) *CIL* 5.8242, 11.621, 12.5890, etc.
A Roman goddess of birth, identified (app. by false etymology) with the Greek Moirai and then pluralized to correspond with them. **a** (sg.). **b** (pl.).
a nam ~a inmutata una littera a partu nominata VAR. *gram.*132; mihi..spiritum Graiae tenuem Camenae ~a non mendax dedit HOR.*Carm.*2.16.39; stabat uacuo iam tibi ~a colo OV.*Am.*2.6.46; nubite felices ~a meliore sorores *Ep.* 11.105; nubila nascenti seu mihi ~a fuit *Tr.*5.3.14; seu me dura iubet gelido ~a sub axe mori *Pont.*4.15.36; nostra uel aequali suspendit tempora Libra ~a tenax ueri PERS.5.48; STAT.*Silv.*2.1.138. **b** ab hoc tempora quod tum pueris constituant ~ae fando, dictum fatum et res fatales VAR.*L.* 6.52; CIC.*N.D.*3.44; ueridicos ~ae coeperunt edere cantus CATUL.64.306; tempora ~ae debita complerant VERG.*A.* 9.107; 12.147; si ~ae prohibent iniquae HOR.*Carm.*2.6.9; hunc cecinere diem ~ae fatalia nentes stamina TIB.1.7.1; non minus immites habuit Cornelia ~as PROP.4.11.13; nec flectere ~as..datur STAT.*Silv.*3.3.186; infixum est Aeneia regna ~arum in leges quacumque reducere dextra SIL. 10.644; postquam ~ae meliora benigna pensa manu ducunt JUV.12.64; tria inquit nomina ~arum sunt: 'Nona', 'Decuma', 'Morta' CAESEL.in Gel.3.16.11; subito in regia apparuerunt ~ae Clotho Lachesis Atropos HYG.*Fab.*171; DEABVS ~IS *CIL* 13.6223.

parcē, *adv.* *compar.* ~ius, *superl.* ~issimē. [PARCVS+-E]
1 Thriftily, frugally, economically. **b** in a niggardly manner, meanly.
ita ego illam edepol seruem itaque ~e uictitem PL.*Truc.* 347; haec pudice uitam ~e ac duriter agebat TER.*An.*74; intellegemus, quam sit turpe..molliter uiuere, quamque honestum ~e, continenter, seuere, sobrie CIC.*Off.*1.106; dimidium eius quo Pompeius erat usus imperauit; num potuit ~ius? *Flac.*32; frumentum ~e et paulatim metiri instituit CAES.*Gal.*7.71.8; *B.Afr.*21.1; diuitiae grandes homini sunt uiuere ~e LUCR.5.1118; quis..antiquorum non ..minio ~e uidetur usus esse? VITR.7.5.8; pecunias distribuit (*sc.* Otho) ~e nec ut periturus TAC.*Hist.*2.48; quod paucioris habeo, ~ius pasco APUL.*Apol.*21. **b** edepol mortalem ~e parcum praedicas PL.*Aul.*314; non enim ~e promi *Ps.*1266; ait nimium ~e facere sumptum TER.*An.*450; ~ius hic uiuit: frugi dicatur HOR.*S.*1.3.49; credebatur adfectam eius fidem ~e iuuisse TAC.*Hist.*3.65.
2 In a restricted manner, sparingly; grudgingly. **b** to a limited degree, moderately.
modice atque ~e eius seruiat cupidines TURP.*com.*39; neque..erit utendum uerbis eis..nisi quando ornandi causa ~e CIC.*de Orat.*3.39; id feci ~e et molliter *Fam.* 1.9.23; scripsi de te ~e medius fidius et timide CAECIN.*Fam.* 6.7.3; ~ius ista uiris tamen obicienda memento VERG.*Ecl.* 3.7; ~ius Andromachen uexauit Achaia uictrix OV.*Ep.*8.13; ~ius iunctas quatiunt fenestras..iuuenes proterui HOR. *Carm.*1.25.1; rexque paterque audisti coram, nec uerbo ~ius absens *Ep.*1.7.38; nos etiam ueros ~e profitemur amores OV.*Ars* 2.639; in Socrate irae signum erat uocem summittere, loqui ~ius SEN.*Dial.*5.13.3; ~e sumi debet (*sc.* semen dauci) PLIN.*Nat.*25.111; Nursinas poteris ~ius esse pilas MART.13.20.2; haud ~e miratus equum SIL. 10.473; cum tam raro et tam ~e peccetur TAC.*Dial.*41.4; ciuitates Romanas ~issime dedit SUET.*Aug.*40.3; ~ius mihimet adrogarem, nisi uos ultro praedicaretis FRO.*Ver.* 2.p.130(120N); ut de his..~issime ius dicatur MACER *dig.* 1.18.16; (*ellipt.*) panegyricum Isocratis, qui ~issime, decem annis dicunt elaboratum QUINT.*Inst.*10.4.4;—sic effata mouet gressus libandaque fratri ~ius ora tulit STAT.*Theb.* 9.669. **b** respondit obiecturum se illi quod ~ius corpore telum recepisset V.MAX.9.11.2; (amnem) sorberi et ob id ~ius fluere PLIN.*Nat.*5.56; quaerit quid nisi ~ius dolere? MART.8.38.6; (hasta) ~e..perstrinxit corpus SIL.15.756.

parcēprōmus ~ī, *m.* [prec.+PROMO+-VS] (facet.) A niggardly person, economizer.
non..decuit te fabulari, sed istos qui cum geniis suis belligerant ~i PL.*Truc.*183.

parciloquium ~(i)ī, *n.* [PARCVS+LOQVOR+-IVM] Restraint in talking.
fidei atque ~io meo perpendisti documenta APUL.*Met.* 5.13.

parcimonium: see PARSIMONIVM.

parcitās ~ātis, *f.* [PARCVS+-TAS] Sparingness, moderation.
ciuitatis..mores..corrigit ~as animaduersionum SEN.*Cl.* 1.22.2.

parciter, *adv.* [PARCVS+-TER²] Sparingly, economically.
nolo ~ — tamquam frater mihi sis, medium abdomen tecum diuidam POMPON.*com.*179.

parcō ~cere pepercī (parcuī, parsī) *intr.*, *tr.* [cf. COMPESCO] FORMS: *parcuit* NAEV.*com.*69; *parsi*, etc., PL.*Capt.*32, *Trin.*316, etc., TER. *Hec.*282, CATO *orat.*120, NEP.*Thr.*1.5, PETR. 58.5, GEL.5.14.15; *parsis* (subj.) PL.*Bac.*910, *Ps.*79; *parsurus* VAR.in *G.L.*2.511, LIV.26.13. 16, 35.44.6, *Aetna* 624, SUET.*Tib.*62.3.
1 To act sparingly (with respect to resources, etc.), be economical or thrifty with.
(*w. dat.*) cerae..hau ~sit neque stilo PL.*Bac.*996; argento ~ci nolo, opsonato ampliter *Cas.*501; meo labori non ~sui CATO *orat.*120; ~surus pecuniis bene partis VAR.in *G.L.* 2.511; non ~cam operae CIC.*Fam.*13.27.1; te rogo sumptu ne ~cas ulla in re 16.4.2; ut per eos Caesar certior fieret ne labori suo neu periculo ~ceret CAES.*Civ.*1.64.2; neque sumptui neque modestiae suae ~cere SAL.*Cat.*14.6; aut componere opes norant aut ~cere parto VERG.*A.*8.317; est sermone opus..defendente uicem..urbani, ~centis uiribus

HOR.*S.*1.10.13; nec ~ce cadis tibi destinatis *Carm.*2.7.20; effectum..ut nemo pro tam munifica patria..corpori aut sanguini suo ~ceret LIV.4.60.1; neque..uos pretio pepercisse homines credent 22.59.19; frumentum Siculorum ciuitatibus imperat, ex Italia aduecto ~cit 29.1.14; ~ce, puer, stimulis OV.*Met.*2.127; tempori ~ce SEN.*Ep.*94.28; per manus, pro te quibus numquam peperci *Med.*480; quotiens telis facibusque tuis ille pepercit *Her.O.*1913; horti maxime placebant quae non egerent igni ~cerentque ligno PLIN.*Nat.* 19.58; (*poet.*) nimium..secundis ~ce deis STAT.*Theb.*2.689; —(*w. acc.*) nisi eam (*sc.* pecuniam) mature ~sit, mature essurit PL.*Cur.*381; ne ~ce uocem, ut audiat *Mil.*1220; sumptum, operam ⟨parum⟩ ~cunt suam *Mos.*104; oleas tempestiuas..eas condito, ~cito, uti quam diutissime durent CATO *Agr.*58; usque adeo ~cunt (arua) fetus augentque laborem LUCR.2.1163; argenti atque auri memoras quae multa talenta natis ~ce tuis VERG.*A.*10.532;—(*ellipt.*) appella quid uelit, quid uenerit, qui sit, quoiatis, unde sit: ne ~seris (*sc. questions*) PL.*Poen.*993; cur ipse sinit neque ~cit (*i.e. saves thunderbolts*) in hostis? LUCR.6.399;—(*absol.*) festo die si quid prodegeris, profesto egere liceat, nisi peperceris PL.*Aul.*381; conserua quaere ~ce, fac quam plurumum illis relinquas TER.*Ad.*813; dierum se habere XXX frumentum, sed paulo etiam longius tolerare posse ~cendo CAES.*Gal.*7.71.4; ~centis ego dexteras odi: sparge rosas HOR.*Carm.*3.19.21.

2 To refrain from using (an instrument, resources, etc.). **b** to refrain from (an action, attitude, utterance, etc.). **c** (w. inf.) to refrain from (doing); (also, if punctuation is correct, w. *ne*+subj.). **d** (absol. or ellipt.) to refrain, forbear.

(*w. dat.*) tace, ~ce uoci PL.*Per.*682; fateor me, quod uiderim mihi auxilium non deesse, idcirco illi auxilio pepercisse CIC.*Planc.*86; ~ce oculis, hospes PROP.4.9.53; ~cite luminibus! OV.*Met.*5.248; Leochares (fecit) aquilam..~centem..unguibus etiam per uestem puero PLIN.*Nat.* 34.79; cetera ~ce, precor, pelago SIL.17.286; ~co nominibus uiuentium QUINT.*Inst.*3.1.21; non ~cimus his nominibus PAUL.*dig.*38.10.10.5;—(*w. acc.*) ~cito linguam in sacrificiis dicebatur, id est coerceto, contineto, taceto PAUL.*Fest.* p.222M. **b** (*w. dat.*) an litteris pepercisti? CIC.*Ver.*4.27; hibernis ~cebant flatibus Euri VERG.*G.*2.339; ~ce metu, Cytherea *A.*1.257; ~ce uocibus tandem sacris HOR.*Epod.* 17.6; male ominatis ~cite uerbis *Carm.*3.14.12; nullis uerborum contumeliis ~cere LIV.1.46.7; tam libero conquestu coortae uoces sunt, ut neque lamentis neque exsecrationibus ~ceretur 8.7.21; incepto ~ce OV.*Ars* 1.716; ~ce iam lacrimis SEN.*Her.O.*1507; ubi sceleri pepercit? *Thy.*222; sermoni ~ci multis de causis salutare est PLIN.*Nat.*28.62; malis hominum, Stygiae, iam ~cite, diuae STAT.*Theb.* 11.576; uoci tamen et aspectui pepercit TAC.*Ann.*15.61; ~ce..mentiendo APUL.*Met.*1.2;—(*w.* ab) precantes ut a caedibus et ab incendiis ~ceretur LIV.25.25.6;—(*w. acc.*) ~cite, ab urbe uenit, iam ~cite carmina, Daphnis VERG. *Ecl.*8.109. **c** quid ego apud te uera ~cam proloqui? PL. *Epid.*464; uomicast, pressare ~ce *Per.*312; nihil promittere ~cunt CATUL.64.146; dum..religione animum turpi contingere ~cat LUCR.2.660; ~cite, oues, nimium procedere VERG.*Ecl.*3.94; ~cis deripere horreo cessantem Bibuli consulis amphoram HOR.*Carm.*3.28.7; ~cite quam custodit Amor uiolare puellam TIB.1.6.51; oblitos ~ce mouere deos PROP.1.15.26; ~ce..fidem ac iura societatis iactare LIV. 34.32.20; ~ce..iuuenis, temerarius esse OV.*Met.*10.545; tu ~ce morari LUC.10.395; renouare luctus ~ce [SEN.]*Oct.*270; cladi ~ce obuius ire SIL.17.27; ~ce postea, Aemiliane, paupertatem cuipiam obiectare APUL.*Apol.*23; si pepercerit filium dicere ULP.*dig.*28.2.3;—ne..neu..neu tibi aegritudinem, pater, parerem, ~si sedulo PL.*Trin.*316. **d** ~cite iam, Rutuli, et uos tela inhibete, Latini VERG.*A.*12.693; ~cis et in tenuis humilem te colligis umbras PROP.3.9.29; supersunt mihi quae scribam, sed ~co sciens PHAED.3.epil.1; ~ce in feminam diuinam APUL.*Met.*1.8.

3 To refrain from inflicting injury, etc., be merciful, spare. **b** (poet., of inanim. things). **c** to spare (property, etc.; also other inanim. things). **d** (of a jury, etc.) not to condemn.

(*w. dat.*) Apollo, quaeso te..meo..ut ~cas gnato PL.*Mer.* 680; ita sunt praedones: prosum ~cunt nemini fr.37; amicos, quibus non modo ~cant uerum etiam praeda quos augeant CIC.*Ver.*4.21; ciuibus uictis ut ~ceretur aeque ac pro mea salute laboraui MAT.*Fam.*11.28.2; petunt atque orant ut sibi ~cat CAES.*Gal.*6.9.7; neque homini neque ferae quam conspexerunt ~cunt (uri) 6.28.2; ciues, quibus in bello ~serat fortuna NEP.*Thr.*1.5; ~cere subiectis et debellare superbos VERG.*A.*6.853; si ~cent puero fata HOR.*Carm.* 3.9.16; edictum ut arma ponant ~cique iussum inermi LIV. 6.10.5; nec ulli puberum qui obuius fuit ~cebatur 26.46.10; crede mihi, miseris caelestia numina ~cunt OV.*Pont.*3.6.21; VICTOR..OMNIBVS V⟨ENIAM PETENTIB⟩VS CIVIBVS PEPERCI AUG.*Anc.*1.14; mustela ab homine prensa..'~ce, quaeso', inquit 'mihi..' PHAED.1.22.2; si Romano conpleri sanguine mauis, istis ~ce precor LUC.7.540; multis fortuna ~cit in poenam PLIN.*Nat.*16.4; ~cit Tritonia fratri STAT.*Theb.* 8.528; ~cit cognatis maculis similis fera JUV.15.159; qui transfugit et postea multos..transfugas demonstrauit, posse ei ~ci diuus Hadrianus rescripsit MEN.*dig.*49.16.5.8; (*poet.*) periturae ~cere chartae JUV.1.18;—(*w.* uitae, capiti) ego meae cum uitae ~cam, letum inimico deprecer? ENN.*scen.* 134; sed cur proferre haec pigrem aut huius dubitem ~cere capiti? ACC.*trag.*294; capiti..innocentis fortunisque ~cant CIC.*Cael.*67; nisi forte existimas eos idcirco uitae meae pepercisse quod de reditu meo nihil timerent *Planc.*71; nullius pepercit uitae NEP.*Reg.*2.2;—(*absol. or ellipt.*) ~ce precor, precor HOR.*Carm.*4.1.2; ~ce, per immatura tuae precor ossa sororis TIB.2.6.29; fallit me hora, si ~cit, sed ne sic quidem fallit SEN.*Ep.*88.17; (*poet.*) pars spicula dextra nequiquam ~cente trahunt STAT.*Theb.*3.131; haec est quae uictis ~centia foedera Cattis..donat clementia *Silv.*3.3.168; qua nondum..intulerat uim Dardana lampas, ~cebatque uapor SIL.14.430. **b** signo..ille pepercit ignis OV.*Fast.*6.625; paruom set fessa senectus sanguinis effudit iugulo flammisque pepercit LUC.2.129; laeduntque cibi ~cuntque uenena MAN.4.76; paucarum in hoc genere rami ~cunt suboli PLIN. *Nat.*17.65. **c** (*w. dat.*) aedificiis omnibus, publicis priuatis, sacris profanis..pepercit CIC.*Ver.*4.120; quibus pepercit aris? HOR.*Carm.*1.35.38; nedum eos Capuae ~suros credam LIV.26.13.16; quia Epirotarum pepercerat agris 32.15.5; cum..Nertobrigae..pepercisset FLOR.*Epit.*1.33(2.17.10); (*cf.*) ut reliquae segeti ~ceret (*i.e. not cut*) raperetque desecta sub tectum PLIN.*Nat.*18.341;—colligantur ipsi caules ita, ut gemmis ~catur 17.162. **d** (*w. dat.*) huic homini ~cetis igitur, iudices CIC.*Ver.*1.81; flens unum quemque senatorum rogabat ut filio suo ~ceret 2.95; dubitabitis..ostendere uos in sententiis ferendis ciui ~cere quam hosti cedere maluisse? *Font.*35; nec..~ci oportet ei, qui sciens alienam rem aedificio inclusit ULP.*dig.*47.3.1.2; (*ellipt.*) retinete, retinete hominem in ciuitate, iudices, ~cite et conseruate CIC.*Ver.*2.76.

4 To act forbearingly, show consideration (towards persons, feelings, etc.).

(*w. dat.*) quae amanti ~cet, eadem sibi ~cet parum PL. *As.*177; uitae hau ~co, perdidi spem qua me oblectabam *Rud.*222; nam nunc nouas qui scribunt nil ~cunt seni TER. *Hau.*43; me par est tibi consulere et ~cere ACC.*trag.*137; ~cebat..aduersari dignitati CIC.*de Orat.*2.221; ~cendum.. maxime est caritati hominum, ne temere in eos dicas, qui diliguntur 2.237; si minus eius famae ~cere uidebor quam antea consului *Tul.*3; statui enim tibi ne aegroto quidem ~cere *Fam.*9.20.3; sin duram metues hiemem ~cesque futuro VERG.*G.*4.239; nec mortem horremus nec diuum ~cimus ulli *A.*10.880; nec..illa suae reuocatur ~cere famae PROP.1.16.11; si mihi non ~cis, fortunae ~cere debes OV. *Tr.*5.6.33; ~camus auribus; admonitio taedium facit SEN. *Ben.*2.11.6; oculis..nostris ~ce *Thy.*525; ~cimus annis (*sc.* Ptolemaei) LUC.9.1087; non ~cit populis regnum breue STAT.*Theb.*2.446; ~cendum est teneris JUV.14.215; si qua ..in taberna cauponaria..pudori suo non ~cit ULP.*dig.* 23.2.43;—(*w.* sibi) cum sibi ipse non pepercisset CIC.*Ver.*5.3; quanto sibi in proelio minus pepercissent, tanto tutiores fore SAL.*Jug.*107.1; ad mare descendet uates tuus et sibi ~cet HOR.*Ep.*1.7.11.

parcus ~a ~um, *a. compar.* ~ior, *superl.* ~issimus. [prec.+-VS]

1 Thrifty, economical. **b** stingy, parsimonious.

nemo adaeque..antehac est habitus ~us nec magi' continens PL.*Mos.*31; non fratrem uidet rei dare operam, ruri esse ~um ac sobrium? TER.*Ad.*95; cum optimus colonus, ~issimus, modestissimus, frugalissimus esset CIC.*de Orat.* 2.287; domi ~i, in amicos fideles erant SAL.*Cat.*9.2; apibus quanta experientia ~is VERG.*G.*1.4; cui deus obtulit ~a quod satis est manu HOR.*Carm.*3.16.44; habebat rus breue cum duro ~a colona uiro OV.*Fast.*4.692; quidquid ~orum mores seruastis auorum LUC.3.161; qui ~ior est, suo contentus NIGID.*gram.*25; fuisti quondam Athenis ~cus atque abstemius APUL.*poet.*1; (*w. gen.*) magnum donandi ~a iuuentus HOR.*S.*2.5.79;—(*of abst. qualities*) ~a..in operibus sumptus ratione temperatio VITR.1.2.8; cum ~ior apud priscos esset frugalitas COL.10.pr.1; ~a superstitio STAT. *Theb.*12.487;—(*transf.*) qui tulit a ~o frigida castra lare PROP.4.10.18; ingenti..tenet pocula ~a manu MART.4.8. 10; alea..~ae sola fuere nuces 4.66.16; uno ~am colit asse Mineruam JUV.10.116. **b** neque illo quisquam est alter hodie ex paupertate ~ior PL.*Aul.*206; huccine detrusti me ad senem ~issumum? 335; *St.*555; postremo a ~o patre quod sumas quanto dissipes libentius! CAECIL.*com.*204; ego ille agresti' saeuo' tristi' ~u' truculentus tenax duxi uxorem TER.*Ad.*866; filium familias patre ~o ac tenaci CIC.*Cael.*36; ~a sed est Sparte, tu cultu diuite digna OV. *Ep.*15.191; constat potuisse conciliari animos quantulacumque ~i senis liberalitate TAC.*Hist.*1.18;—(*w. gen.*) ueteris non ~us aceti HOR.*S.*2.2.62; pecuniae..suae ~us, publicae auarus (*sc.* Galba) TAC.*Hist.*1.49; ille praepotens tyrannus.. ~us hordei fuit APUL.*Met.*7.16;—(*sb., as the title of a comedy*) Nouius in atellania, quae ~us inscripta est GEL.17.2.8.

2 Restrained, moderate, careful. **b** cautious in utterance, sober; restrained in style. **c** (w. inf.) slow, disinclined (to).

~us deorum cultor et infrequens HOR.*Carm.*1.34.1; (*poet.*) ~ior ad ciuis Polynicis inhorruit ensis STAT.*Theb.* 7.689;—(*of feelings, emotions, etc.*) ~ior in nobis nec tam furiosa libido OV.*Ars* 1.281; paene etiam merito ~ior ira meo est *Pont.*1.2.96; sit tibi ~a sitis MART.13.116.2;—(*w. gen.*) somni ~issimus ipse est LUC.9.590; prima acies non ~a fugae SIL.10.32; cui..sanguinis usus ~ior humani? STAT.*Theb.*7.200; TAC.*Hist.*3.75; uini quoque natura ~issimus erat SUET.*Aug.*77;—(*w. abl. of respect*) opera hau fui ~u' mea PL.*Rud.*919; nihilo leuior nec ~ior ira SIL.12.424; —(*w.* in+*abl.*) in transferendis (*sc.* uerbis) uerecundus et ~us CIC.*Orat.*81; nimium ~us in largienda ciuitate *Balb.*50; in semet augendo ~us atque ciuilis SUET.*Cl.*12.1. **b** (Indus) per [XII] .CL passuum, ~issimis auctoribus, nauigatur PLIN.*Nat.*6.72; o quam te ~um in praeconia famae mens agitat matura tuae..! STAT.*Theb.*2.176;—Crassus erat elegantium ~issimus, Scaeuola ~orum elegantissimus CIC. *Brut.*148. **c** ~us duxisse triumphos MART.9.101.19; ~us ..lacessere Martem SIL.1.680; haud ~i Martem coluisse Tudertes 8.462.

3 (of things) Moderate in amount, degree, intensity, etc.

~o sale contingunt hiemique reponunt VERG.*G.*3.403; nec nostro ~ior imber lumine, de uerna quam niue manat aqua OV.*Tr.*3.2.19; utraque (uua) alternis annis fertilis, sed melior uino, cum ~ior PLIN.*Nat.*14.29; taeda..~ior liquidiorque quam picea 16.44; ~issimi seminis 19.132; nos ~a tellus peruigil et focus..solantur STAT.*Silv.*4.5.13; ni.. harundo..~o summum uiolasset uulnere corpus SIL.16.111; senile corpus et ~o uictu tenuatum lenta effugia sanguini praebebat TAC.*Ann.*15.63; inde tibi ~us et breuis somnus PLIN.*Pan.*49.8; trochaeus..syllaba longus priore, ~ior nouissima MAUR.1385.

pardalianches, *n.* [Gk. παρδαλιαγχές] Leopard's or panther's bane (a name applied to aconite).

occupat ilico fauces earum (*sc.* pantherarum) angor, quare ~es id uenenum (*sc.* aconitum) appellauere quidam PLIN.*Nat.*8.100; 27.7.

pardalis ~is, *f.* [Gk. πάρδαλις] A leopard or panther.

leones..et ~es caueis praeferebantur CURT.5.1.21.

pardalīum ~iī, *n.* [cf. Gk. παρδάλειος] A kind of perfume, leopard- or panther-scent.

fuerat et ~ium in Tarso, cuius etiam compositio et mixtura oblitterata est PLIN.*Nat.*13.6.

pardus ~ī, *m.* [Gk. πάρδος] A large spotted animal of the genus *Felidae*, a leopard or panther.

celerem..~um LUC.6.183; ~os, pantheras, leones et similia PLIN.*Nat.*8.41; nunc uarias et ~os, qua mares sunt, appellant in eo omni genere, creberrimo in Africa Syriaque 8.63; picto quod iuga delicata collo ~us sustinet MART. 1.104.2; ~orum (est) felire SUET.fr.161(p.247Re); (*cf.*) canibus pigris..nomen erit ~us tigris leo JUV.8.36;—(*of a table-support*) latos nisi sustinet orbes..magno sublimis ~us hiatu 11.123.

parembolis ~is, *f.* (? or ~ē ~ēs). [cf. Gk. παρεμβολή] (archit.) An insertion.

SOLI INVICTO L AVR SEVERVS CVM ~I (*ed.* ~is) ET YPOBASI VOTO FECIT *CIL* 6.726.

pārens[1] ~ntis, *a. compar.* ~ntior. [pple. of PAREO]

1 Obedient, submissive.

et ~ntiores habuerunt exercitus et fortiores CIC.*Off.*1.76; ~ntem ad omnia supplicemque Mithridaten VELL.2.23.6; comitatus accinctus et ~ns PLIN.*Pan.*20.3; ibi regnator omnium deus, cetera subiecta atque ~ntia TAC.*Ger.*39.4; (*w. dat.*) FVI ~NS DOMINEIS SENIBVS *CIL* 1.1570.4;—(*as sb., usu. w. neg. or equiv.*) hi..qui non ~ntem coercere possunt VELL.2.50.3; nihil..rex maius minari male ~ntibus posset SEN.*Ep.*90.5; inter male ~ntis et iniuste imperantis TAC. *Ag.*32.4; (*w. dat.*) speciem dicto ~ntium..seruabant LIV. 28.24.11; eius (*sc.* legis ciuitatis) arbitrio ~ntium mentes APUL.*Mun.*35.

2 (masc. pl. as sb.) People who are under the dominion of others, subjects.

ui quidem regere patriam aut ~is SAL.*Jug.*3.2; quia ~i abunde habemus 102.7; Maroboduus..non tumultuarium.. neque mobilem et ex uoluntate ~ium constantem..occupauit principatum VELL.2.108.2; pectora nullo ~um exagitare metu SIL.14.82.

parens[2] ~ntis, *m.*, (*f.*). [app. old aorist pple. of PARIO[2]] FORMS: ~*ntium* (gen. pl.) VAR.*L.* 8.66; CIC.*Ver.*5.23; HOR.*Carm.*3.24.21; LIV. 1.9.15, 7.30.19, 26.22.15; SEN.*Ep.*66.27; QUINT.*Inst.*2.4.16, 6.1.18; APUL.*Mun.*35; ~*ntorum CIL* 6.29195.

1 A parent, a father or mother, (pl.) parents. **b** (of animals). **c** (applied to the parent-stock of trees).

quia mi item ut ~ntes lucis das tuendi copiam PL.*Capt.* 1008; *Mer.*209; Glycerium mea suos ~ntis repperit TER. *An.*969; *Hau.*1035; meos ~ntes careo TURP.*com.*32; QVO⟩.. IPSE ~N⟨S⟩VE SVOS FILIVSVE SVOS HERES SIET *CIL* 1.583.3; neque..est boni neque liberalis ~ntis, quem procrearis et eduxeris, eum non et uestire et ornare CIC.*de Orat.*2.124; praetorem quaestori suo ~ntis loco esse oportere *Div.Caec.* 61; audiui hoc de ~nte meo puer *Balb.*11; LUCR.2.1167; Afrani..filius adulescens de sua ac ~ntis sui salute cum Caesare..agebat CAES.*Civ.*1.74.6; ut..pulchra faciat te prole ~ntem VERG.*A.*1.75; te..~ntum manibus et cineri ..remitto 10.827; dos est magna ~ntium uirtus HOR.*Carm.* 3.24.21; L. Quinctium Cincinnatum, dignum ~nte iuuenem LIV.4.17.9; magna ~ns iuuenum..Ide STAT.*Theb.*3.134; QUINT.*Inst.*2.4.16; ex casta ~nte natus TAC.*Dial.*28.4; masculino genere ~ntem appellabant antiqui etiam matrem PAUL.*Fest.*p.151M; si ~ntum..pulchritudini responderit APUL.*Met.*5.14; HIC SITVS EST M VLPIVS FIRMVS..RAPTVS A NYMPHIS VIX ANN VIIII M VI DECEPTOR ~NTORVM *CIL* 6.29195; (*of a father in opp. to* mater) ossa tibi iuro per matris et ossa ~ntis PROP.2.20.15; (*app. masc. ref. to female parent, acc. Charisius*) te, Sol, inuoco, ut mihi potestatem duis inquirendi mei ~ntis PAC.*trag.*220;—(*as a designation of various deities*) solitis ~ntis (*i.e. Jupiter*) laudibus HOR. *Carm.*1.12.13; Magnae..~ntis (*i.e. Cybele*) OV.*Ib.*455; inferni..~ntis (*i.e. Pluto*) SIL.2.671; (*cf.*) diuumque hominumque ~ntem OV.*Met.*14.807; genius est deorum filius et ~ns hominum AUFUST.*gram.*2;—(*of an adoptive parent*) cum.. concilium caelestium..imperium ~ntis in tuam potestatem transtulisset VITR.1.pr.2; QVI ~NTEM MEVM ⟨TRUCIDAVER⟩VN⟨T, EO⟩S IN EXILIVM EXPVLI AUG.*Anc.*1.10;—(*transf. and fig.*) qui in me pietate filius, consiliis ~ns, amore, ut erat, frater inuentus est CIC.*Red.Sen.*37; facit ~ntes bonitas, non necessitas PHAED.3.15.18; ~ns melior homini an tristior nouerca fuerit (natura) PLIN.*Nat.*7.1; moneo, ut praeceptores suos..ament (discipuli) et ~ntes esse non quidem corporum, sed mentium credant QUINT.*Inst.*2.9.1. **b** (pulli columbini) qui ita educantur celerius pinguiores fiunt quam alii, et candidae fiunt ~ntes eorum VAR.*R.* 3.7.10; unde..fabulae locus factus est, per ~ntes id (*sc.* aciem extrinsecus laesam) herba restitui, quod per se sanescit CELS.6.6.39.B; amissa ~nte in grege armenti reliquae fetae educant orbum PLIN.*Nat.*8.165; uolucrum nutritor equorum..laetatur cernens..hos innare uadis, certare ~ntibus illos STAT.*Theb.*10.231. **c** nouam..sibi propaginem faciant (*i.e. the lowest branches of the fig-tree*) circa ~ntem PLIN.*Nat.*12.22.

2 (usu. pl.) An ancestor, progenitor; (also used to include other than direct ancestors). **b** (of animals). **c** *diui* ~*ntum, di* ~*ntes*, the departed spirits of parents or other near relations.

quodsi tecum patria atque ~ntes possent loqui, scilicet haec tibi dicerent. 'o Caesar, nos te genuimus fortissimi uiri, in optima urbe' SAL.*Rep.*2.13.1; VERG.*A.*6.223; luco..~ntis Pilumni Turnus sacrata ualle sedebat 9.3; prisco..more ~ntum CATUL.101.7; si me non ueterum commendant magna ~ntum nomina OV.*Am.*1.3.7;—(*defined*) quidam parentem usque ad tritauum appellari aiunt, superiores maiores dici..sed Gaius Cassius omnes in infinitum ~ntes dicit ULP.*dig.*2.4.4.2; iuris prudentes auos et proauos..

~ntum nomine appellari dicunt PAUL.*Fest.*p.221M; Tantalus..~ns (*i.e. an image of Tanta us*) STAT.*Theb.*6.280;—uos hic cum ~ntibus meis (*i.e. father and uncle*)—aequentur enim etiam honore nominis—sustinuisse labantem fortunam populi Romani LIV.26.41.17; SIL.13.394. **b** nascuntur apes, quae more ~ntum rura colunt OV.*Met.*15.366. **c** si nurus, sacra diuis ~ntum estod *Lex reg.*(*Font.iur.*p.7); DIIS ~NTIBVS AVGVSTIS PORTICVM DEDIT L IVNIVS M F PAVPER *CIL* 5.3290; (*cf.*) parentabis mihi et inuocabis deum ~ntem CORNELIA in Nep.fr.2.

3 *~ns patriae* (*urbis*, etc., as a honorific title), The parent, father of one's country (city, etc.).

me Q. Catulus..~ntem patriae nominauit CIC.*Pis.*6; me quem non nulli conseruatorem istius urbis, quem ~ntem esse dixerunt *Att.*9.10.3; ut te ~ntem Asiae et dici et haberi uelis *Q.fr.*1.1.31; ecce ~ns uerus patriae LUC.9.601; ut sermone uulgi ~ns legionum haberetur (Piso) TAC.*Ann.* 2.55; Roma ~ntem, Roma patrem patriae Ciceronem libera dixit JUV.8.243; VARIAE..VXORI L CALIDI..~NTIS ET PATRONI MVNICIPI *CIL* 11.5175;—(*also w. ref. to abstract qualities*) C. Marium, quem uere patrem patriae, ~ntem, inquam, uestrae libertatis atque huiusce rei publicae possumus dicere CIC.*Rab.Perd.*27; P. Lentulus, ~ns ac deus nostrae uitae fortunae memoriae nominis *Red.Sen.*8;—(*ellipt.*) in statua quam posuit (*sc.* Antonius) in rostris inscripsit, '~nti optime merito' *Fam.*12.3.1; per patriam, quae te tuta et secura ~nte est OV.*Tr.*2.157; Pisonem ab ipsis (militibus) ~ntem quondam appellatum TAC.*Ann.* 2.80;—(*applied to Roman Emperors*) S P Q R PAREN CONS SVO *BMCR* 2.p.33,No.4434(*c.* 18 B.C.); nec tu inmerito nomen mite ~ntis habes OV.*Pont.*4.9.134; princeps ~nsque noster (*i.e. Tiberius*) V.MAX.5.5.3; ille patriae primus Augustus ~ns [SEN.]*Oct.*477; 490; te, summe mundi rector et ~ns orbis MART.7.7.5; ~ns Latius (*i.e. Domitian*) STAT. *Silv.*1.2.178; dux hominum et ~ns deorum (*i.e. Domitian*) 4.3.139; Romani..~ntis (*i.e. Domitian*) 4.3.108; publico ~nte (*i.e. Claudius*) PLIN.*Ep.*8.6.8.

4 (of countries or cities) A (foster-)parent or mother; a mother country or city (in relation to colonies, etc.).

patriam, maiorem ~ntem VAR.*Men.*235; haec tibi, Tulle, ~ns, haec est pulcherrima sedes PROP.3.22.39;—(*w. gen.*) quia est patria ~ns omnium nostrum CIC.*de Orat.*1.196; ut ..eorum eadem terra ~ns, altrix, patria dicatur *Flac.*62;—(Italia) terra omnium terrarum alumna eadem et ~ns PLIN. *Nat.*3.39; Sidon,..Thebarum..Boeotiarum ~ns 5.77.

5 The universal creative power or agency (identified with nature or the world). **b** the creator (of the universe).

a communi ~nte natura? CIC.*Tusc.*5.37; Terra ~ns VERG.*A.*4.178; peruidimus omnem et capto potimur mundo nostrumque ~ntem pars sua perspicimus MAN.4.884; ego..ullo fruor almae ~ntis munere? SEN.*Phoen.*222; quo nihil maius ~ns Natura genuit..caelum intueri [SEN.]*Oct.* 385; SIL.5.69;—(*w. gen.*) ut..nihil in malis ducamus, quod sit..a natura ~nte omnium constitutum CIC.*Tusc.*1.118; illa ~ns mundi natura MAN.2.209; COL.1.pr.2; unus omnium ~ns mundus est SEN.*Ben.*3.28.2; ~ns illa ac diuina rerum artifex (*i.e.* natura) PLIN.*Nat.*22.117;—(*applied to* spiritus) animam..inde uenire unde rerum omnium auctorem ~ntemque spiritum ducimus [QUINT.]*Decl.*10.17;—(*cf.*) illam ..omnium ~ntem, quam sanctus Numa mentulam uocabat MART.11.15.9. **b** qui..erant ab eo creati, cum ~ntis ordinem cognouissent, hunc sequebantur CIC.*Tim.*47; nec staret summa per omnis par semper partis aequo digesta ~nte MAN.2.77;—(*w. gen.*) quorum operum ego ~ns effectorque sum, haec sunt indissoluta me inuito CIC.*Tim.* 40; ~ns rerum LUC.2.7.

6 The originator, first practitioner (of an art or science); the inventor (of an instrument); the founder (of a city, school, etc.). **b** the author (of a book).

Socrates, qui ~ns philosophiae iure dici potest CIC.*Fin.* 2.1; ab illo ~nte omnis medicinae Hippocrate CELS.7.pr.2; Magonem rusticationis ~ntem COL.1.1.13; Homerus.. primus doctrinarum et antiquitatis ~ns PLIN.*Nat.*25.11; (*cf.*) belli nobiscum inuade ~ntem (*i.e. Carthage*) SIL.16.150; —curuae..lyrae ~ntem (*sc.* Mercurium) HOR.*Carm.*1.10.6; —urbis uirtutisque ~ns PROP.4.10.17; Romulo..~nte et auctore urbis Romae LIV.5.24.11; Romulus, horum moenium conditor et sacratus caelo ~ns SEN.*Con.*7.2.6; urbs, habitata diu Fidei caeloque ~ntem murorum repetens SIL.2.654; C. Cassi..qui Cassianae scholae princeps et ~ns fuit PLIN.*Ep.*7.24.8; (*cf.*) poetarum ~ntem philologiaeque omnis ducem (*i.e. Homer*) VITR.7.pr.8. **b** si qua est tibi cura ~ntis (*in an apostrophe of his book*) OV.*Tr.*1.1.115; *Pont.*4.5.29; MART.10.104.15.

7 a (of countries, cities, etc.) A producer, source (of something). **b** (of abstract qualities, etc.) the origin, source, cause (of something).

a salue, magna ~ns frugum, Saturnia tellus VERG.*G.* 2.173; cum esset..Africa ~ns et nutrix ferarum bestiarum VITR.8.3.24; te..future ~ns, Thybri, potentis aquae OV. *Fast.*4.572; uolucrum..~ns Cythereia Messe STAT.*Theb.* 4.226. **b** earum (*sc.* rerum) ~ns est educatrixque sapientia CIC.*Leg.*1.62; uituperare..uitae ~ntem (*sc.* philosophiam) *Tusc.*5.6; quia (uerecundia) ~ns est omnis honesti consilii V.MAX.4.5; a philosophia ~nte artium SEN.*Nat.*2.53.3; ~ns odii metus STAT.*Theb.*1.127.

parentālia ~ium, *n. pl.* [PARENTALIS] FORMS: *~iorum* (gen. pl.) *CIL* 5.4489, 11.5047. The Roman festival of the family dead (13–21 Feb.).

cum agerent ~ia Norenses CIC.*Scaur.*11; *Phil.*1.13; putate uos ad ~ia mea (*i.e. in commemoration of me*) inuitatos esse PETR.78.4; DIE ~IORVM *CIL* 11.5047; DIEBVS ~IOR ET ROSAL 5.4489.

parentālicius ~a ~um, *a.* [next+-ICIVS[1]] Of or belonging to the Parentalia.

IN CENA ~A *A.Epig.*94.148.

parentālis ~is ~e, *a.* [PARENS[2]+-ALIS] Of or belonging to parents. **b** (w. special ref. to the Parentalia).

Memnonides..~i moriturae uoce rebellant OV.*Met.*13. 619; fama, ~es, si uos mea contigit, umbrae *Tr.*4.10.87. **b** dum longa gerunt..bella, ~es deseruere dies OV.*Fast.* 2.548; ~ia fercula FLOR.*Epit.*2.13(4.2.69).

parentātiō ~ōnis, *f.* [PARENTO+-TIO] The celebration of the family dead at the Parentalia.

CATO *hist.*16; FEST.p.157M.

parenticīda ~ae, *m.* (dub.). [PARENS[2]+ -CIDA] (app. nonce-wd.) A parent-killer.

ego tuom patrem faciam ~am. — quid istuc est uerbi? PL.*Epid.*349.

parentō ~āre ~āuī ~ātum, *intr.* [PARENS[2]+ -O[3]]

1 To perform the rites at the tombs of the dead (esp. at the Parentalia).

quibus ius ibi ~are VAR.*L.*6.13; ut, cuius sepulcrum usquam exstet ubi ~etur ei publice supplicetur CIC.*Phil.* 1.13; quocumque..miseri uenere ~ant LUCR.3.51; mortuis certe interdiu ~atur SEN.*Ep.*122.3; PLIN.*Nat.*18.118; IN HOCE LOVCARID..NE ⟨QV⟩IS..CADAVER PROIECITAD NEVE ~ATID *CIL* 1.401;—(*w. dat.*) Acca Larentia..cui sacerdotes nostri publice ~ant VAR.*L.*6.23; ~emus Cethego CIC.*Flac.* 96; ubi mortua ero, ~abis mihi et inuocabis deum parentem CORNELIA Nep.fr.2; (*cf.*) κατάχρησις, quam recte dicimus abusionem..sic..apud tragicos 'Aegialeo ~at pater' QUINT.*Inst.*8.6.34;—(*w. abl.*) hostia..maxima ~are pietatis esse adiunctum putabat CIC.*Leg.*2.54; PETR.69.2;—(*w. dat. and abl.*) Memnonis umbris annua sollemni caede ~et auis OV.*Am.*1.13.4; SEN.*Ep.*12.8;—(*fig.*) odoribus uariis inficitur locus ipse in quo luxuriae ~atur *Dial.*7.11.4.

2 (transf.) To make an offering of appeasement (to the dead).

(*w. dat. and abl.*) non Dolabella prius imperatori suo quam Antonius etiam conlegae ~asset CIC.*Phil.*13.35; CAES.*Gal.* 7.17.7; uociferatum..~andum regi sanguine coniuratorum esse LIV.24.21.2; uiginti legionum sanguine fratri ~are SEN. *Dial.*11.16.2; excidio illius ~andum esse maioribus CURT. 5.6.1; manibus eorum uastatione Italiae..~atum est FLOR. *Epit.*1.22(2.6.8); sanctis manibus eius istis oculis ~abo APUL.*Met.*8.12;—(*transf.*) internecione hostium iustae irae ~atum est CURT.9.5.20; noxio sanguine ~abo iniuriae meae PETR.81.6.

pāreō ~ēre ~uī ~itum, *intr.* [cf. perh. Gk. πεπαρεῖν] CONST.: w. dat. N.B.: the connection between senses 1–4 and 5–6 is not clear.

1 To submit, be subject (to). **b** to obey (in respect of particular commands or instructions). **c** (absol. or ellipt.). **d** (transf. and fig., of inanim. or abst. things).

Danai qui ~ent Atridis *Inc.trag.*35; patribus conscriptis et bonis omnibus ~ui CIC.*Sul.*21; orbem terrarum ~ere huic imperio coegit *Mur.*22; illi regibus ~ere..didicerant *Phil.* 3.9; nulla..fuit ciuitas praeter Larisaeos..quin Caesari ~erent atque imperata facerent CAES.*Civ.*3.81.2; nos patria amissa dominis ~ere superbis cogemur VERG.*A.*12.236; quod mihi ~eret legio Romana tribuno HOR.*S.*1.6.48; honoratiori ~ere maluit VELL.2.54.3; non ~eo deo, sed adsentior SEN.*Ep.*96.2; etiam tum legato a centurionibus ..~ebatur TAC.*Ann.*1.21;—(*poet.*) prensi..negabunt (*sc. horses*)..duris ~ere lupatis VERG.*G.*3.208; hominum diuumque interpres Asilas..caeli cui sidera ~ent *A.*10.176. **b** quin quod ~ere ⟨mihi⟩ uos maiestas mea procat ANDR. *trag.*13; SAL.*Jug.*25.1; tibi me est aequum ~ere, Menalca VERG.*Ecl.*5.4; quod iis qui iam magistratu abissent..senatus ~uisset LIV.3.38.13; cum referri signa in castra iubenti consuli milites non ~erent 22.42.10; non adeo ~ebimus omnia matri STAT.*Ach.*1.660; ille..principi ~uisse defendebat TAC.*Ann.*13.43; (*poet.*) Romanus regi sic ~uit ensis LUC.8.606. **c** tonsas ante tenentes ~erent, obseruarent ENN.*Ann.*228; simul atque ire in exsilium iussus est, ~uit CIC.*Catil.*2.12; nunc ades ad imperandum uel ad ~endum potius *Fam.*9.25.2; si uim faciat neque ~eat, interfici iubet CAES.*Gal.*5.7.7; modestissume ~endo..in tantam claritudinem breui peruenerat, ut.. SAL.*Jug.*7.4; nunquam ingenium idem ad res diuersissimas, ~endum atque imperandum, habilius fuit LIV.21.4.3; ~uit—et iuuit! OV.*Met.* 13.318; nec enim..in omnia serui ~ere coguntur SEN.*Ben.* 3.20.2; ~uimus, genetrix, quamquam haud toleranda iuberes, ~uimus nimium STAT.*Ach.*2.17; iam domiti (Britanni) ut ~eant, nondum ut seruiant TAC.*Ag.*13.1. **d** quem ad modum..oboedire et ~ere uoluntati architecti aer ignis aqua terra potuerunt CIC.*N.D.*1.19; duas partes (*sc.* animi) ~ere uoluit, iram et cupiditatem *Tusc.*1.20; diuina humanaque pulchris diuitiis ~ent HOR.*S.*2.3.96; quae homines arant nauigant aedificant, uirtuti omnia ~ent SAL.*Cat.*2.7; freta..~entia uentis TIB.1.9.9; si mollita.. cutis ducenti ~uit CELS.6.18.2.A; quidam caelum terrae ~ere cogunt PLIN.*Nat.*17.22; quae si uelut sub uno conatu tam diuersa ~ent simul QUINT.*Inst.*1.12.4; gestu..qui et ipse uoci consentit et animo cum ea simul ~et 11.3.65.

2 To comply (with laws, commands, advice, etc.), obey. **b** to accede (to an offer or sim.). **c** to pay attention (to evidence, etc.), act in accordance (with).

praeceptis ~ebo PL.*Mil.*1036; uiden ut tuis dictis ~eo? *Per.*812; Fabius imperio ~et QUAD.*hist.*57; iudicem legi ~ere, non interpretari legem oportere CIC.*Inv.*2.127; uoluntati uestrum omnium ~ui *de Orat.*3.208; procuratorem decreto praetoris oportuisse ~ere *Quinct.*65; quod hi neque ad concilia ueniebant neque imperio ~ebant CAES.*Gal.*5.2.4; Epaminondas populi scito non ~uit NEP.*Ep.*7.4; ~et Amor dictis carae genetricis VERG.*A.*1.689; consiliis ~e quae nunc pulcherrima Nautes dat senior 5.728; cum..non magister equitum dictatoris ~eat imperio LIV.8.34.8; 22.11.6; cuius ~uit imperiis uxorem occidere iussus JUV. 14.331; causis, ex quibus arbitri ~itum sententiae non est; JAVOL.*dig.*4.8.39; non aliter libertas competet, quam si condicioni ~itum sit ULP.*dig.*29.4.6.10. **b** ~ent promissis OV.*Fast.*5.504. **c** si Flaminius consul iis signis iisque auspiciis..~uisset CIC.*Div.*2.21; qui somniis ~eat 2.125; nec congruebant ad horas eius (*sc.* horologii) lineae, ~uerunt tamen ei annis undecentum PLIN.*Nat.*7.214; medici..~ent nominibus 34.108.

3 To subordinate one's conduct or policy (to circumstances); to give way (to appetites, feelings, etc.).

non dicam..maiores nostros semper in pace consuetudini, in bello utilitati ~uisse CIC.*Man.*60; si..et tempori eius et uoluntati ~ere uoluissem *Vat.*2; necesse est enim in tanta conuersione et perturbatione omnium rerum temporibus potius ~ere quam moribus *Phil.*11.27; cum ⟨in⟩ utraque officio ~eat *Att.*13.22.4; tempori cedere, id est necessitati ~ere *Fam.*4.9.2; neque quisquam omnium lubidini simul et usui ~uit SAL.*Cat.*51.2; ego laboribus..~ebo animo fulciens corpus SEN.*Dial.*7.20.3; (*w. policy as subj.*) quid Norbanum accusas, cuius tribunatus uoluntati ~uit ciuitatis? CIC. *de Orat.*2.167; (*of inanim. things*) hominis utilitati agros omnis et maria ~entia *Tusc.*1.69;—cum ~uerit uoluptatibus *Cael.*42; non ~ebo dolori meo, non iracundiae seruiam *Prov.*2; qui praedia uendit, nil seruile gulae ~ens habet? HOR.*S.*2.7.111; animo tuo damnosa poscenti ~eto! APUL. *Met.*5.6.

4 To act as attendant (on).

Bruttios ignominiae causa..magistratibus in prouincias euntibus ~ere et praeministrare seruorum uicem iusserunt GEL.10.3.19.

5 To be visible, be seen.

dubia ~ent montis Idaei iuga SEN.*Ag.*457; cum fuerint haec leuia, ut ungui nulla ~eat aspritudo LARG.113; cum.. ~uerint totae (*sc.* haemorrhoidae) 227; haec (*sc.* fenestra) uidet Inarimen, illinc Prochyta aspera ~et STAT.*Silv.*2.2.76; cum solus in arbore ~et sanguis *Theb.*5.603; noctuam..quae ..in lucem non prodit sed noctu ~et HYG.*Fab.*204; limites ipsi..non ~entibus lapidibus difficile inueniuntur SIC.FL. *agrim.*p.117; tetrantum ueterum lapides adhuc ~ent HYG. GR.*agrim.*p.142; APUL.*Met.*5.3.

6 (usu. leg.) To be clear or evident.

quid porro quaerendum est? factumne sit? at constat. a quo? at ~et CIC.*Mil.*15; abunde ~ere arbitror non potuisse ibi nasci Gaium SUET.*Cal.*8.5;—(si ~et, *or sim.*) IVBETO ..EVM, SEI ITA ~IAT, CONDVMNARI POPVL(O) *CIL* 1.582; si ~et eam se et sua Veneris esse dixisse *formula* in Cic.*Div. Caec.*56; quantae pecuniae ~et..damnum M. Tullio datum *formula* in Cic.*Tul.*31; s(ei) N(on) P(aret), A(bsoluito) *CIL* 1.592.1.31; si ~et eum dare oportere GAIUS *Inst.*3.91.

? **parergion** ~iī, *n.* (app. dim. of next).

quae pictores ~ia (*s.v.l.*) appellant PLIN.*Nat.*35.101.

parergon ~ī, *n.* [Gk. πάρεργον] An incidental or subordinate detail, item, etc.

mouentur sigilla, uertuntur metae, calculi aut oua proiciuntur, bucinae canunt, reliquaque ~a VITR.9.8.5; ~a eiusdem (*sc.* Herculis) HYG.*Fab.*31; SVMMA TENSAE MINERVAE EX ARGENTI LIBRIS CENTVM ⟨C⟩VM ~IS SVIS *CIL* 10.6102; (*as the title of a book by Accius*) Accius ~orum lib. I Non.p.61M.

pareutactos ~on, *a.* [Gk. παρεύτακτος] FORMS: *~oe* (nom. pl. masc.) LUCIL.321; *~ae* (fem.) VAR.*gram.*89. (as sb.) A member of a particular class of *ephebi*; (as fem., perh. nonce-usage).

unde ~oe, clamides ac barbula prima LUCIL.321; ephebum quendam, quem ~on uocant 752;—~ae adsunt VAR.*gram* 89.

Par(h)alus ~ī, *m.* A legendary Athenian naval hero.

CIC.*Ver.*4.135; PLIN.*Nat.*7.207; 35.101.

parhēlion ~iī, *n.* [Gk. παρήλιος] A mock sun, parhelion.

historici soles uocant..Graeci ~ia appellant SEN.*Nat.* 1.11.2; 1.11.3; solent et bina fieri ~ia eadem ratione 1.13.1.

parhypatē ~ēs, *f.* [Gk. παρυπάτη] (mus.) The note next to the lowest in a tetrachord.

~e hypaton VITR.5.4.5; ~e meson 5.4.5.

pariambus (~os) ~ī, *m.* [Gk. παρίαμβος] A metrical foot consisting of two short syllables.

pyrrichium, quem alii ~um uocant, breuibus ⟨duabus⟩.. nominemus QUINT.*Inst.*9.4.80; MAUR.1461; 1467; 2009.

Pariānus ~a ~um, *a.* **a** Of or belonging to Parium. **b** the name of a kind of grape (prob. derived from a personal name).

CIC.*Fam.*13.53; SEN.*Nat.*1.4.3; PLIN.*Nat.*4.48; (*masc. pl. as sb.*) MELA 1.13. **b** PLIN.*Nat.*14.39.

pariās ~ae, *m.* [Gk. παρείας] A kind of snake.

contentus iter cauda sulcare ~as LUC.9.721.

pariātiō ~ōnis, *f.* [PARIO[1]+-TIO] The balancing or squaring of accounts.

pactum, quod in ~onibus adscribi solet SCAEV.*dig.*12. 6.67.2.

pariātor ~ōris, *m.* [PARIO[1]+-TOR] One who balances or squares accounts.

quaesisti..an Sticho mortuo antequam rationes redderet, uel ~ore uel reliqua habente, libera esset mulier? PAUL.*dig.* 35.1.81.

Paridiānī ~ōrum, *m. pl.* Supporters of an actor, Paris.

C CVSPIVM PANSAM AED OF PVRPVRIO CVM ~IS *CIL* 4.7919.

pariēs ~etis, *m.* [dub.] FORMS: *~eus CIL* 4.1904. PROS.: *păriĕt-* (as though with consonantal *i*) VERG.*G.*4.297, *A.*2.442, 5.589, COL.10.27. A wall (inner or outer) of a house or other building. **b** (applied to parts of other structures). **c** (pl., synec., for 'houses'). **d** *intra ~etes*, in private; (esp. w. poss. pron., etc.) within one's own walls, 'under one's own roof'. **e** (in prov. phr.; cf. perh. Eng. 'to have a foot in both camps' or 'to have two strings to one's bow'). **f** (fig. and transf.).

enumquam tu uidisti tabulam pictam in ~ete..? PL.*Men.* 143; ut uestitu's, es perfossor ~etum (*i.e. burglar*) *Ps.*980; ego hinc araneas de foribus deiciam et de ~ete *St.*355; faber haec faciat oportet. ~etes omnes, uti iussitur, calce et caementis CATO *Agr.*14.1; LEX ~ETI FACIENDO IN AREA QVAE EST ANTE AEDEM SERAPI TRANS VIAM *CIL* 1.698.1.5; iis autem tabulis interiores templi ~etes uestiebantur CIC. *Ver.*4.122; *Leg.*1.14; tigna transuersa iniecerunt non longe ab extremis ~etibus CAES.*Civ.*2.9.1; ut..fertur Labyrinthus ..~etibus textum caecis iter..habuisse VERG.*A.*5.589; ipsi ..~etes fortuito sidentes uitiantur VITR.2.3.2; lumina.. ~etum altitudinibus si non obscurabuntur, faciliter erunt explicata 6.3.11; castra obiectu ~etum pro muro saepta LIV.25.25.8; ~es lento uimine textus erat OV.*Fast.*6.262; SEN.*Dial.*1.6.4; quidam..qui habet post horrea mea insulam, balnearia fecit secundum ~etem communem PROC.*dig.* 8.2.13; quae herba..nascitur..fere in ~etibus humidis LARG.55; si ianua tenebitur incendio, per ~etem exibimus QUINT.*Inst.*2.13.16; TAC.*Dial.*22.3; (*cf.*) alias (*sc.* uias) ~etibus intersaepsit FRON.*Str.*1.5.5. **b** (*of a ship's hull*) traicitur per latera ~etum axis VITR.10.9.5; (*of a well*) (sisymbrium) nascitur in puteorum ~etibus PLIN.*Nat.* 19.172; (*of a couch*) Agrippina et Acerronia eminentibus lecti ~etibus..protectae sunt TAC.*Ann.*14.5. **c** 'non est' inquit 'in ~etibus res publica' CIC.*Att.*7.11.3; ~etes..urbis stant et manent *Off.*2.29. **d** alia, quae facilius intra ~etes in schola quam extra in foro ferre possunt aures VAR.in August.*C.D.*6.5.D; forensi luce caruit intraque ~etes aluit eam gloriam quam nemo..est postea consecutus CIC. *Brut.*32; cum res peragi intra ~etes nequisset, uentum in ius est LIV.4.9.6; (*w.* priuatus) haec in foro, haec intra priuatos ~etes plurimum poterant V.MAX.4.4.9; utiliusne sit domi atque intra priuatas ~etes studentem continere QUINT. *Inst.*1.2.1;—cum intra ~etes tuos hostem certissimum teneas CIC.*Tul.*50; mortis ratio..eius modi est ut aut nihil habeat suspicionis aut, si quid habet, id intra ~etes in domestico scelere uersetur *Clu.*175; non in campo, non in foro, non in curia, non denique intra domesticos ~etes pertimescemus (*sc.* sicam illam) *Catil.*2.1; quod facile fuisset nisi intra ~etes meos de mea pernicie consilia inirentur *Att.*3.10.2; propter eorum scelus nihil mihi intra meos ~etes tutum *Fam.*4.14.3. **e** sine eum..putare me uirum bonum esse nec solere duo ~etes de eadem fidelia dealbare CUR.*Fam.*7.29.2; in geminis..nascuntur..qui utrosque ~etes linunt PETR.39.7. **f** madent iam in corde ~etes PL.*Mos.*165; in ea es urbe, in qua haec uel plura et ornatiora ~etes ipsi loqui posse uideantur CIC.*Fam.*6.3.3; nunc arma defunctumque bello barbiton hic ~es habebit HOR.*Carm.*3.26.4.

parietārius ~a ~um, *a.* [prec.+-ARIVS] Of or concerned with walls.

T STATILIVS NICEPOR FABER STRVCT PARIETAR *CIL* 6.6354; 6.9910.

parietinae ~ārum, *f. pl.* [prec.+-NVS] Ruined or tumbledown walls.

post uillarum macerias ac ~as quinque cohortis in insidiis reliquit SIS.*hist.*24; CIC.*Att.*5.19.3; magis..me mouerant Corinthi subito aspectae ~ae quam ipsos Corinthios *Tusc.*3.53; (perdicium) nascens in tegulis ~isque PLIN.*Nat.*22.43; capnos trunca..nascens in ~is et saepibus 25.155; (*cf.*) quid me ista res consolatur in tantis tenebris et quasi ~is rei publicae? CIC.*Fam.*4.3.2.

Parīlia ~ium, *n. pl.* Also **Palīlia.** [PARILIS[1]] The festival of Pales on 21 April. **b** (applied to the date of Caligula's accession).

~ia dicta a Pale VAR.*L.*6.15; me ~ibus, qui dies hodie est ..descensurum CIC.*Phil.*14.14; coronatus Quintus noster ~ibus! *Att.*14.14.1; annua..accenso celebrante ~ia faeno PROP.4.1.19; pridie ~ia LIV.40.2.1; dena quater..habuisse ~ia Romam OV.*Fast.*6.257; PERS.1.72; COL.7.3.11. **b** decretum..ut dies, quo cepisset imperium, ~ia uocaretur uelut argumentum rursus conditae urbis SUET.*Cal.*16.4.

Parīlicius ~a ~um, *a.* Of the Parilia; *~um sidus*, the Hyades.

hoc est uulgo appellatum sidus ~um, quoniam XI kal. Mai. urbis Romae natalis..claritatem obseruationi dedit PLIN.*Nat.*18.247.

Parīlis[1] ~is ~e, *a.* Also **Palīlis.** [PALES+-ILIS[2], by dissim.] Of or connected with Pales or her festival.

festa ~ia TIB.2.5.87; festis..~ibus urbis moenia conduntur OV.*Met.*14.774; flamma ~is *Fast.*4.798.

parilis[2] ~is ~e, *a.* [PAR+-ILIS[1]] Equal in some respect, similar, like in character.

STVDIO ~I *CIL* 1.1221.12; cui ~em fortuna locum fatumque tulit fors LUCIL.447; cuius modi tritico iacto reddidit segetes (terra) sic ordeo sato proportione reddidit ~is VAR. *L.*9.27; consimili specie..~ique nitore CIC.*Arat.*409(165); concharum..genus ~i ratione uidemus pingere telluris gremium LUCR.2.374; ad ~is agor euentus *Culex* 229; spes est..arte..~i reuirescere posse parentem OV.*Met.*7.305; Baucis anus ~ique aetate Philemon 8.631; melius sequerere ..~i..cupidine captam 14.29; quoad..saxa cautesque ~em sonum resultarent APUL.*Met.*5.7; nexuque et consortio ~i copulatus (amor) *Pl.*2.14; (*w. dat.*) noctes ~is agitare diebus LUCR.1.1067; pedes..binas ~es qui sibi syllabas habebunt MAUR.1569; (*w. abl.*) hic alii resident ~es uirtutis honore heroes *Culex* 358.

parilitās ~ātis, *f.* [prec.+-TAS] Equality.

aequiperatio..et ~as uirtutum inter se consimilium GEL. 14.3.8; in amoris ~atem congermanescenti mecum.. 'pereo', inquam APUL.*Met.*2.10; sine..mensurae ~ate *Soc.* pr.3.

pariō[1] ~āre ~āuī ~ātum, *tr., intr.* [PAR] To square (accounts); (absol.) to settle a debt, settle up.

MONVMENTVM EX PECVNIA SOCIORVM XXXVI FECERVNT RAT(ionibus) PAR(iatis) *CIL* 6.11035;—QVISQVIS MENSIB(VS) CONTIN⟨VIS SE⟩X NON ~AVERIT 14.2112.1.22; si ei nummos prorogauit emptor, cum ei ~auerit, poterit ad libertatem peruenire ULP.*dig.*40.1.4.5; *CIL* 3.13750.

pariō[2] ~ere, peperī, ~tum, *tr.*, (*intr.*). [cf. Skt. *pṛthukaḥ*; OHG. *far*; OSl. *zaprьtъkъ*] FORMS: fut. part. *~iturus ~ire* (pres. inf. act.), ENN. *Ann.*10, PL.*Vid.*fr.18(15); *~ibis* (2nd pers. sg. fut. act.) POMPON.*com.*20.

1 (of female mammals and esp. women) To give birth to, bear. **b** (absol. or ellipt.). **c** (acc. NON.p.464M on anal. of Gk. τίκτω) to beget.

hodie illa ~iet filios geminos duos PL.*Am.*480; ea se peperisse puerum simulat militi *Truc.*18; quod peperisset iussit tolli TER.*An.*464; monstrum fit: sus ~it porcos triginta HEM.*hist.*11; tu matri meae maledicas, quae me peperit? GRACCH.*orat.*64; Polydorum Hecuba partu postremo ~it *Inc.trag.*82; Latonam..confugisse Delum atque ibi Apollinem Dianamque peperisse CIC.*Ver.*1.48; Tullia mea peperit XIIII K. Iun. puerum ἑπταμηνιαῖον *Att.*10.18.1; bos eculeum peperit LIV.23.31.15; pepererunt oues agnos humano capite PHAED.3.3.4; SEN.*Phoen.*449; (*facet.*) tu peperisti Amphitruonem ⟨alium⟩ (*i.e. a double*), ego alium peperi Sosiam PL.*Am.*785; (*w.* ex) ut ea liberos ex sese ~eret SULP.RUF.*Fam.*4.5.3;—(*w. dat.*) ea..~it huic puerum sibi probrum CAECIL.*com.*26; (*cf.*) ingentis caelo ~itura nepotes STAT.*Ach.*1.656;—(*prov.*) mons parturibat.. at ille murem peperit PHAED.4.23(24).3;—(*in fig. phr.*) ut aliquando dolor populi Romani ~iat quod iam diu parturit! CIC.*Phil.*2.118; quod diu parturit animus uester aliquando ~iat LIV.21.18.12;—(*transf. or poet.*) ut sua, quod peperit, uix ferat arbor onus OV.*Rem.*176; cum sit huius unius elementi (*sc.* ignis) ratio fecunda seque ipsa ~iat PLIN.*Nat.* 2.239. **b** ter sub armis malim uitam cernere, quam semel modo ~ere ENN.*scen.*263; PL.*Truc.*502; soletne mulier decimo mense ~ere? CAECIL.*com.*164; dum ~it Philumena TER.*Hec.*414; oues quae non pepererint CATO *Agr.*150.2; necesse est peperisse, quoniam sustinet puerum infantem *Rhet.Her.*2.39; iam ad ~iendum temporibus exactis CIC. *Ver.*1.48; nuntiatum est..Reate mulam peperisse LIV. 26.23.5; ara deae certe tremuit ~iente ministra OV.*Fast.* 3.47; feles..pepererat PHAED.2.4.2; MART.11.55.6; STAT. *Silv.*2.6.25;—(*w. dat.*) crederis peperisse Ioui *Ach.*1.91;— (*cf.*) animalia, quae in se ~unt (*a compressed rendering of* Theophr.*HP.*7.14.3, ᾠοτοκήσαντα ζῳογονεῖ) PLIN.*Nat.*21. 104;—(*transf.*) fastidit..palma ubique nasci aut nata ~ere 16.135; praegnantibus nitrariis, sed nondum ~ientibus 31.112; Theophrastus et Mucianus esse aliquos lapides, qui ~iant, credunt 36.134. **c** CAECIL.*com.*19.

2 (applied to the productive processes of other creatures; esp.) to lay, produce (eggs).

culici et uermiculis ter septeni, corpus ~ientibus quater septeni (sunt numeri) PLIN.*Nat.*11.120; si pullus is detur in cibo, quem primum pepererit (*sc.* hirundo) 30.91; (*cf.*) et tamen haec (*sc.* ligna glebaeque)..uermiculos ~iunt LUCR.2.899;—oua ~ire solet genus..pennis condecoratum ENN.*Ann.*10; CIC.*Luc.*57; (testudines) ~iunt oua auium ouis similia PLIN.*Nat.*9.37; cetera oua ~ientia exiguum spumosumque nec sanguineum (pulmonem habent) 11.188; gallina..uelut ouum ~ere gestiens APUL.*Met.*9.33; (*cf.*) torpedo..intra se ~it, oua praemollia..excludens PLIN. *Nat.*9.165.

3 (of the earth, nature, etc.) To bring forth, produce. **b** (of countries, etc.) to produce, be a source of.

(terra Ops) terris gentis omnis peperit ENN.*var.*48; ad hanc te amentiam natura peperit CIC.*Catil.*1.25; quos..aura ~it flores tepidi fecunda Fauoni CATUL.64.282; omnibus omnia large tellus ipsa ~it naturaque daedala rerum LUCR. 5.234; quot noua terra ~it flores OV.*Ars* 3.185; tristia deformes ~iunt absinthia campi *Pont.*3.8.15; nos..Deucalioneae cautes peperere COL.10.67; (apes faciunt) melliginem e lacrimis arborum quae glutinum ~iunt PLIN.*Nat.*11.14; aquas..luna ~iente 20.1. **b** PLIN.*Nat.*19.26; eadem (*sc.* India) et xuthon ~it 37.128;—(*transf.*) non neguerint et totam Asiae regionem inaniora ~ere ingenia LIV.45.23.16; Athenae..scriptorum frequentiam pepererunt COL.1.1.8.

4 To create (intellectual, artistic, or other productions).

qui dialectici dicuntur spinosiora multa pepererunt CIC. *Orat.*115; Cratippo..iis simillimo, qui ista praeclara pepererunt *Off.*2.8; cum Medi peperere nouum mare CATUL.66.45; organici melicos peperere sonores LUCR.5.334; peperit ipse (*sc.* Plato)..aliud quoddam nouum in confinio tempus GEL.7(6).13.11; dicere eum (*sc.* Vergilium) solitum ferunt ~ere se uersus more..ursino 17.16.2.

5 To bring into being (by one's actions, whether intentionally or accidentally), be the cause of, procure, get. **b** (w. dat. of advantage). **c** (pf. pple. as n. sb., sg. or pl.) what one has acquired or saved, acquisitions, gains, savings.

qui coronam ~it *Lex XII*(*Font.iur.*p.37); uiginti minae bonae, mala opera ~tae PL.*As.*734; cupio aliquos ~ere amicos beneficio meo TER.*Eu.*149; ego libertatem, quae non erat, peperi *Rhet.Her.*4.66; quibus rebus utilitas rei publicae ~eretur augereturque CIC.*de Orat.*1.211; fructum..eum solum quem labore peperisset *S.Rosc.*88; diligentia et gratia petitorum honos ~itur *Planc.*7; ne ante ~tam rei militaris laudem amitterent CAES.*Gal.*6.40.7; ea, quae maiores uirtute peperere SAL.*Hist.*1.55.3; Mithridates..ne quam suspicionem ~eret NEP.*Dat.*11.3; quonam modo isti ex Sidicinis..uictoriam pepererunt? LIV.7.34.13; ut Maximi cognomen, quod tot uictoriis non pepererat hac ordinum temperatione ~eret 9.46.15; ~ta..per gladios regna OV. *Ars* 1.260; ⟨CVM..TERRA MARIQVE ES⟩SET ~TA VIC⟨TORII⟩S PAX AUG.*Anc.*2.43; nomina ~ta triumphis SIL.1.610; pecunia..quam in operis artificum scaenicorum pepererat (Plautus) GEL.3.3.14; (*w. inf. as obj.*) armiferae..gentes.. metui peperere manu SIL.4.47. **b** maxumas opimitates.. suis eris ille..~iet PL.*As.*283; uictoriam uobis peperi spectabilem SCIP.*orat.*3; quae uectigalia..populo Romano ~ta sunt CIC.*Agr.*1.3; qui..peperisset otium ciuitati *Off.*3.3; multo maxumum bonum patriae..pepereris SAL.*Rep.*2.7.3; qui sibi letum insontes peperere manu VERG.*A.*6.435; manus quae..imperium populo Romano pepererunt LIV.1.26.11; mihi ~ta laus est PHAED.4.pr.17; adora uulnera, laudes perpetuas ~itura tibi SIL.9.351; societatem heredi suo sic ~ere, ut..ULP.*dig.*17.2.35; exceptionem primae stipulationi obligatis peperisse uidetur (praeses) 46.5.10;—(*w. refl. pron.*) tute tibi mille passum peperisti morae PL.*Truc.*334; ut solidum ~erem hoc mi beneficium TER.*Eu.*871; quae pudore ornamenta sibi peperit CIC.*Quinct.*94; sibi ipse peperit maximam laudem *Off.*2.47; salutem sibi atque exitum ~iebant CAES.*Civ.*3.69.3; SAL.*Rep.* 2.5.5; sibi gloriam ingentem peperit LIV.6.25.6; dedecus sibi atque illis gloriam peperere TAC.*Ann.*4.35. **c** armis ~ta componere SAL.*Rep.*1.1.7; frigoribus ~to agricolae plerumque fruuntur VERG.*G.*1.300; parcere ~to *A.*8.317; ~to non umquam stare quieti STAT. *Theb.*3.554; neque A. Didius legatus..nisi ~ta retinerat TAC.*Ann.*14.29;—(*w.* bene, male) diutine uti bene licet ~tum bene PL.*Rud.*1241; quia..mei patris bene ~ta indiligenter tutatur TER.*Ph.*788; nec male ~ta diu teneat OV.*Ep.*6.157;—(*prov.*) male ~ta male dilabuntur NAEV. *trag.*51; male ~tum male disperit PL.*Poen.*844.

6 (of things) To give rise to, produce.

ne quid fraudis stuprique ferocia ~iat APP.*poet.*1.2; ueritas odium ~it TER.*An.*68; haec dispositio locorum.. ~ere poterit uictoriam *Rhet.Her.*3.18; ista decem menses non peperere bona PROP.2.3.28; LIV.21.63.4; diuitiae.. superbiam ~iunt SEN.*Ep.*87.31; inflationes ~iunt (mala punica) PLIN.*Nat.*23.106; aut ~iet quemnam haeci gnauia finem? V.FL.3.376; consuetudo et exercitatio facilitates maxime ~it QUINT.*Inst.*10.7.8; magistratuum auaritia Calpurnia scita (*sc.* peperit) TAC.*Ann.*15.20; admirationem ..non uerba ~ere, sed silentium GEL.1.5.5; ~it..conuersatio contemptum APUL.*Soc.*4; iuris gentium conuentiones quaedam actiones ~iunt, quaedam exceptiones ULP.*dig.* 2.14.7; si (pecuniae publicae) ~ient usuras 22.1.33;—(*w. dat.*) tibi denique iste ~iet laetitiam labos PL.*Mer.*72; haec (*sc.* rei militaris uirtus) huic urbi aeternam gloriam peperit CIC.*Mur.*22; saepe mero somnum peperi tibi TIB.1.6.27.

Parion: see PARIVM.

Paris ~idis, *m.* FORMS: voc. *~i*; acc. *~im* (*~in*); *~idem* VERG.*A.*5.370, HYG.*Fab.*92, and exx. in sense 2.

1 Paris, the son of Priam and seducer of Helen. **b** (transf.) a person resembling Paris in character or actions.

quapropter ~im pastores nunc Alexandrum uocant ENN. *scen.*53; sola (*sc.* Cassandra) ~im Phrygiae fatum componere ..dixit PROP.3.13.63; arsurum ~idis uates canit Ilion igni OV.*Ep.*15.49; bella gerant fortes, tu, ~i, semper ama! 16.254; SEN.*Tro.*908; STAT.*Silv.*2.6.27; Apollo iratus Alexandrum ~in se simulans HYG.*Fab.*107.1. **b** hic noster ~is tam Menelaum quam Agamemnonem liberum non putauit CIC.*Att.*1.18.3; et nunc ille ~is cum semiuiro comitatu..rapto potitur VERG.*A.*4.215; 7.321.

2 The name of var. actors.

MART.11.13.7; nunc per..histrionem ~idem quasi scaenae fabulas componit TAC.*Ann.*13.21; ludos ~idemque reliquit (Eppia) JUV.6.87; SUET.*Nero* 54.1; eandem (*sc.* Domitiam) ~idis histrionis amore deperditam repudiauit *Dom.*3.

Parisiacus ~a ~um, *a.* Of or belonging to the Parisii.

NAVTAE PARISIAC⟨I⟩ *CIL* 13.3026.

Paris(i)ī ~iōrum, *m. pl.* A Gallic tribe inhabiting an area round the river Seine.

CAES.*Gal.*7.4.6; 7.34.2; 7.57.1; PLIN.*Nat.*4.107;—(*sg.*) SERDVS CIVIS ~IVS ANNORVM L *CIL* 13.626.

pariter, *adv.* [PAR[1]+-TER[2]]

1 Together, in concert, side by side.

si quo hic gradietur, ~ progredimino; manum si protollet, ~ proferto manum PL.*Ps.*859; fer contra manum et ~ gradere *Truc.*124; angues incumbunt pelago ~que ad litora tendunt VERG.*A.*2.205; ~..insurgite remis 3.560; adnuimus ~ HOR.*Ep.*1.10.5; PROP.3.1.5; edictum..est..omnes, qui ex una familia essent, supplicarent ~ LIV.34.55.4; ~ caeli summa petamus! OV.*Fast.*3.510; quomodo ista tam diuersa ~ eunt? SEN.*Ep.*5.7; sues..cum sint ~ inclusae super alias aliae cubant COL.7.9.9; confer gemitus ~que fleamus STAT. *Silv.*2.1.35; non longe itaque Latina subsequi debent et cito ~ ire QUINT.*Inst.*1.1.14; cum tot ~ ac tam nobiles forum coartarent TAC.*Dial.*39.4; JUV.6.576;—(*w.* cum) quando mecum ~ potant, ~ scortari solent, hanc quidem quam nactus praedam ~ cum illis partiam PL.*As.*270; uobiscum ~ et una cum..consule errari CIC.*Phil.*12.1; ~ fungi cum corpore..animum..cernis LUCR.3.168.

2 In equal quantity, measure or degree, equally, as much. **b** evenly, uniformly.

ut ea quae sentio ~ scias PL.*Capt.*329; amo ~ simul *Cur.* 48; amurcam..aquam ⟨in qua⟩ lupinus def⟨e⟩uerit et faecem de uino bono, inter se omnia conmisceto ~ CATO *Agr.* 96.1; firmiter hoc ~que tuo sit pectore fixum LUCIL.431; propugnat ~ pro salute M. Fontei Narbonensis colonia CIC. *Font.*46; ut nostra in amicos beniuolentia illorum erga nos beniuolentiae ~ aequaliterque respondeat *Amic.*56; omnibus (*sc.* ciuibus) ~ corruptis SAL.*Hist.*1.12; utraque uis apibus ~ metuenda VERG.*G.*4.37; omnia non ~ rerum sunt omnibus apta PROP.3.9.7; cerrus fagus, quod ~ habent mixtionem umoris et ignis et terreni VITR.2.9.9; uir omni in uita ~ patribus ac plebi carus LIV.2.33.10; ~..et abire nocentem et uenisse pudet STAT.Theb.11.386; Piso uiginti per annos ~ probatus TAC.Ann.6.11; ~ ad hereditatem uocantur GAIUS Inst.3.7;—(w. cum) sale cum alio ~ trito uulnera defricantur COL.6.8.1;—(w. ut) ne tu istum edepol extulisti ~ ut dignus fuit TITIN.com.79. **b** trapetum hoc modo accommodare oportet. librator uti statuatur ~ ab labris CATO Agr.22.1; perpendicula..quae..tangendo aeque ac ~ lineas descriptionis indicant libratam conlocationem VITR.8.5.1; 8.5.3; siue plena lucis suae est splendensque ~ adsurgit in cornua (luna) SEN.Suas.3.1.

3 In the same manner, alike. **b** in corresponding terms.
nunc tu germanu's ~ animo et corpore TER.Ad.957; ~ autem esse multas res ad quas similis adiunctio non accedit CIC.Inv.2.172; LUCR.6.499; expugnandi ~ cogendique ad deditionem spe amissa LIV.4.22.4; ~..beneficio ac maleficio abstineri aequum censent 5.3.8; caedunt ~ resistentes fusosque 9.14.10; illud patri ~ et equestri ordini praestas PLIN.Nat.pr.3; potui ~ nescire quis armis casus, ubi atra dies, quae fati exordia cunctis, quae mihi STAT.Theb.3.635; JUV.3.298; (rptd.) Euandrus ~, ~ Troiana iuuentus VERG.A.8.544;—(w. atque) ecastor ~ hoc atque alias res soles PL.Men.752; ~ nunc opera me adiuues ac re dudum opitulata es TER.Ph.786; ~ atque in conspectu hostium quadrato agmine incedere SAL.Jug.100.1; amici forsitan ~ ac nunc..essemus LIV.7.30.2;—(w. ut) date benigne operam mihi ut uos, ut alias, ~ nunc Mars adiuuet PL.As.15; ~ te esse erga illum uideo, ut illum ted erga scio PAC.trag.248;—(w. qualis) ~ suades qualis es PL.Rud.875. **b** nihil de Graeca in nostram linguam ~ uertendum FRO.Aur.2.p.82(154N).

4 At the same time, simultaneously. **b** in the same action, movement, etc., at one and the same time.
fac tu hoc modo. — at tu hoc modo. — babae! — tatae! — papae! — pax! — nunc ~ ambo PL.St.772; cum procedunt..Chelae, existet ~ larga cum luce Bootes CIC.Arat.640(394); ~ sustulit clamorem acies et..eques..in hostem inuehitur LIV.10.5.7; Fabius ~ in suos haud minus quam in hostes intentus, prius ab illis inuictum animum praestat 22.15.1; consules..uelut in duo ~ bella distenderant curas hominum 27.40.1; ~..mundus..et solem et astra uidit SEN.Med.757; supercilia homini et ~ et alterna mobilia PLIN.Nat.11.138; hos tu seu ~ siue hanc illumue priorem uideris MART.3.5.9; raptus in curiam ~que damnatus interfectusque TAC.Ann.6.18; post longum tempus epistulas tuas, sed tres ~ recepi PLIN.Ep.9.28.1; si duo rei, qui decem debebant, uiginti ~ soluerint POMPON.dig.12.6.19.4; (w. ref. to collect. sg. subjs.) siligo numquam maturescit ~ PLIN.Nat.18.91; fructus non ~ maturescit 26.66;—(rptd.) frena manu ~, ~ regit arma STAT.Theb.9.249; ~ aegrum, ~ decessisse cognoui PLIN.Ep.8.23.8;—(w. cum) equites ~ cum occasu solis..educit SAL.Jug.68.2; ~ cum capta Thala legati..ad Metellum uenerant 77.1; conchyliis..contingere ut cum luna ~ crescant, ~que decrescant CIC.Div.2.33. **b** ~..loquentis uocem animamque rapit VERG.A.10.347; timeo ~ cupioque repelli OV.Tr.1.4.23; me ~ serua iudiciumque tuum 5.6.16; ~ sternuntque caduntque uolnere letali LUC.4.558; ~..uox, acies sanguisque perit STAT.Theb.10.471; cuius immortalitati Capito prospexit ~ et suae PLIN.Ep.1.17.4;—(w. cum) finierat moriens ~ cum luce dolorem OV.Met.6.272;—(w. quam) corpus..profundo inmissum ~ quam praeda exquiritur ipsa MAN.5.402;—(w. dat.) periere tabellae, scripta quibus ~ tot periere bona! PROP.3.23.2.

paritō ~āre, tr. [PARO+-ITO] To prepare, get ready, arrange.
dum ero insidias ~em PL.Poen.884; (w. inf.) quo nunc ire ~as Mer.649; (w. ut+subj.) ecquas uiginti minas..~as ut a me auferas? Ps.486.

Parium (~ion) ~iī, n. A town of the Troad near the entrance to the Propontis, now Kemer.
SAL.Hist.4.69.14; MELA 1.97; PLIN.Nat.5.141; 7.13; V.FL.2.621.

Parius ~a ~um, a. FORMS: Pareo CIL 8.21081. Of or connected with the island of Paros; (masc. pl. as sb.) the people of Paros.
~i lapides VERG.G.3.34; A.1.593; ~o marmore purius HOR.Carm.1.19.5; ~is..iugis OV.Am.1.7.52; SEN.Phaed.797; V.FL.2.466; QUINT.Inst.2.19.3;—(of Paros as the birthplace of Archilochus) ~os ego primus iambos ostendi Latio HOR.Ep.1.19.23;—LIV.31.31.4.

parma¹ ~ae, f. [dub., perh. Gall.] A small, usually round, shield carried by light infantry and cavalry.
configunt ~am ENN.Ann.402; ~a, quod e medio in omnis partis par VAR.L.5.115; obiectum ~ai LUCR.4.847; ille..peltam pro ~a fecit NEP.Iph.1.4; VERG.A.2.175; bella ~a PROP.2.25.8; pro antesignanis ~as obiciunt LIV.2.20.10; cuspide ~aque innixum 8.7.11; caua ~a OV.Met.12.89; SEN.Ag.634; Amazonicae..~ae PLIN.Nat.3.43; haec..~a tibi, scutum pumilionis erit MART.14.213.2; STAT.Theb.5.662; crudae..tegmina ~ae SIL.5.525;—(meton.) uincenti ~ae cum sua turba fauet MART.9.68.8.

Parma² ~ae, f. A town in Gallia Cispadana.
CIC.Fam.12.5.2; eodem anno Mutina et ~a coloniae ciuium Romanorum sunt deductae LIV.39.55.6; tondet..innumeros Gallica ~a greges MART.5.13.8; 14.155.1.

parma³ ~ae, f.: var. of PALMA (in sense of 'oar-blade').
extremis progredientibus a centro ~is VITR.10.3.6.

parmātus ~a ~um, a. [PARMA¹+-ATVS²] Armed with a parma.
~a cohors LIV.4.38.3;—(pl. as sb.) ut ~is, nouae cohorti hostium, locus detur 4.39.1.

Parmenidēs ~is, m. A Greek philosopher from Elea of the 5th cent. B.C.
CIC.Luc.118; N.D.1.28.

Parmeniōn ~ōnis, m. One of Alexander the Great's generals.
CURT.3.4.15; ad ~ona perductus 3.13.2; 7.2.23; V.MAX.6.4.ext.3.

Parmensis ~is ~e, a. Connected with or native to Parma; (masc. pl. as sb.) the inhabitants of Parma.
Cassi ~is opuscula HOR.Ep.1.4.3; V.MAX.1.7.7;—CIC.Phil.14.8.

parmula ~ae, f. [PARMA+-VLA] A (small) parma.
relicta non bene ~a HOR.Carm.2.7.10; ut delectos..~is..armaret FRON.Str.4.7.29; ~is pugnare milites soliti sunt; quarum usum sustulit C. Marius FEST.p.238M; (in fig. phr.) ⟨uti⟩ clipeo te Achillis in orationibus oportet, non ~am uentilare FRO.Aur.2.p.108(158N).

parmulārius ~(i)ī, m. [prec.+-ARIVS] One who is armed with a parmula. **b** an adherent or supporter of those armed with parmulae, i.e. Thracian gladiators.
APPARITORI PONTIFICVM ~IO CIL 6.2196. **b** alius percontanti Theodoreus an Apollodoreus esset, 'ego' inquit '~ius sum' QUINT.Inst.2.11.2; SUET.Dom.10.1.

? **parnacis** ~idos, f. (app.) A garment worn by girls.
ut puellae habeant..in uestitu clamidas, encombomata ac ~idas (s.v.l.) quam togas VAR.in Non.p.543M.

Parnāsis ~idis, f. adj. Parnassian (in quot., w. ref. to Apollo).
lauro ~ide uinctus OV.Met.11.165.

Parnāsius ~a ~um, a. Also **~assius.** Of or connected with Mount Parnassus, Parnassian. **b** (of things sacred to Apollo or symbolizing poetic inspiration).
~a rupes VERG.Ecl.6.29; Themis..~a OV.Met.4.643; templa..~a 5.278; ~o Cirrhaea quatiens templa mugitu specus SEN.Her.O.1474; PLIN.Nat.25.49. **b** ~a laurus VERG.G.2.18; ~a serta STAT.Theb.10.207; ~a..uellera Silv.5.3.7.

Parnāsus (~os, -ass-) ~ī, m. A mountain in Phocis, on the lower slopes of which Delphi was situated.
laetum in ~o inter pinos tripudiantem in circulis ludere ACC.trag.249; ~i deserta per ardua VERG.G.3.291; latrones ..in iugum ~i refugerunt LIV.42.16.1; mons ~os MELA 2.40; ~os biceps SEN.Oed.281; muto ~os hiatu conticuit LUC.5.131; PLIN.Nat.31.43.

Parnēs ~ēthis, m. A mountain in Attica.
~es..benignus uitibus STAT.Theb.12.620.

? **Parnēthus** ~ī, f.: = prec.
saxosae..~o (s.v.l.) SEN.Phaed.4.

parō ~āre ~āuī ~ātum, tr. [PARIO]

1 To furnish, supply, provide, make available or ready (for a particular person, purpose, etc.). **b** (w. pred.) to provide, appoint (in a particular capacity).
ut ~entur quibus ~atis opus est PL.Men.955; quid dubitas quin sit ~atum nomen puero Postumus? Aul.164; suae senectuti is acriorem hiemem ~at Trin.398; pabuli causa quae ~ata sunt CATO Agr.2.5; uos saga ~ate CIC.Phil.6.9; classem aptent..arma ~ent VERG.A.4.290; ~at ultima terra triumphos PROP.3.4.3; subpositum cineri panem focus ipse ~abat OV.Fast.6.315; quinque tabernae quadringenta ~ant JUV.1.106; (poet.) se illa moles acuit atque iras ~at SEN.Phaed.1059;—(w. dat.) immo in lancibus, quae tibi sunt ~ata PL.Cur.325; aliquam puero nutricem ~a TER.Hec.726; tu uelim quae Academiae nostrae ~asti quam primum mittas CIC.Att.1.11.3; Harudum milia hominum XXIIII..quibus locus ac sedes ~arentur CAES.Gal.1.31.10; contentus eo quod mi ipse (sc. pater) ~asset HOR.S.1.4.108; pars..uisa est uincla ~are mihi PROP.2.29.6; planctus pone, quos nato ~et genetrix inerti SEN.Her.O.1969; reduci magnum ~at aethera Phoebo STAT.Theb.12.4; caris..~a conubia natis Ach.1.808; unde amico infamiam ~et inde gloriam sibi recipere TAC.Ann.14.56; (poet.) maximus agricolis pelagoque ~abitur imber VERG.G.1.429;—(w. ad) ut ad ludos omnia ~aret CIC.Att.13.45.1; uino, oleo ceterisque rebus quae ad uictum ~ari solent corruptis B.Afr.43; exercitum..~antem omnia ad iter LIV.28.26.8;—(w. in+acc.) dum panis et cetera in nauem ~antur CIC.Att.10.15.4;—(ellipt.) quia tibi minas uiginti pro amica etiam non dedit..at dabit, ~abit PL.Ps.283. **b** ut te arbitretur sibi ~atum moechum, si illam duxerit TER.An.316; huic ipsist opus patrono, quem defensorem ~o Eu.770; quid Arrius narret..et qui consules ~entur CIC.Att.2.5.2; filium Oroden ultorem ~at TAC.Ann.6.33; (cf. perh.) lenones meo animo nouisti..— eodem hercle uos pono et ~o: parissumi estis hibus PL.Cur.506.

2 To produce, bring into being or bring about.
IS PREIMVS IVS FETIALE ~AVIT Elog.41(CIL 1.p.202); liberos ~are VAR.Men.552; cur homines tantos natura ~are non potuit..? LUCR.1.199; tum lex Porcia aliaeque leges ~atae sunt SAL.Cat.51.40; casas postquam ac pellis ignemque ~arunt LUCR.5.1011; quia ferro tela ~atur 5.1351; hoc aliis erat exitio letumque ~abat 6.1229; non oportere eiusmodi consultationem praeiudicium ~are SCAEV.dig.40.4.60.

3 To provide oneself with, obtain, get. **b** (w. abl.).
amicam mihi ~aui PL.Mer.341; rem bene ~atam comitate perdidit Rud.38; ut facillume..amicos ~es TER.An.66; quid argenti in prouincia Sicilia ~aris CIC.Ver.4.35; ut..non possem octo homines ~are rectos CATUL.10.20; tum..tribunos plebis et alia iura sibi ~auit SAL.Hist.1.11; quidquid uita meliore ~asti ponendum aequo animo HOR.S.2.3.15; pacem uobis..~are in perpetuum..potestis LIV.8.13.14; facere et ~are eam (sc. magnam fortunam) difficile atque arduum esse 24.22.9; de uetito quisque ~abat opes OV.Fast.5.282; quidquid est, quo timentur..in processu ~auerunt (amnes) SEN.Ben.3.29.4; ista, per quae admirationem ~are uolumus Ep.5.4; qui patrimonium non ~arunt, sub diem quaerunt QUINT.Inst.8.pr.29; plus notitiae..apud plebem ~abat TAC.Dial.36.4; innocens Bolanus..caritatem ~auerat loco auctoritatis Ag.16.6; straturam..ex tabulis factis..aedium esse ait Labeo, quoniam perpetui usus ~atae essent JAVOL.dig.50.16.242.4;—(w. pred.) hunc senem ~a me clientem PL.Mer.996; quos ego testis uideo ~atos CIC.Planc.56; PLANC.Fam.10.7.1;—(pple. as sb.) ad faces quoque ~ata non erunt lignorum appellatione comprehensa ULP.dig.50.16.167. **b** ἡδονὴν..et ἀταραξίαν uirtute, τῷ iustitia, καλῷ ~ari..probabile est CAS.Fam.15.19.2; non uotis..auxilia deorum ~antur SAL.Cat.52.29; qui concusso magna ~astis lucra fritillo SEN.Apoc.12.3; non minore studio continetur haec facultas quam ~atur QUINT.Inst.10.7.24;—(w. pecunia, pretio, etc.) agrum se uendidisse atque ea pecunia nauim..~asse PL.Mer.76; iumentis, quibus maxime Galli delectantur quaeque impenso ~ant pretio CAES.Gal.4.2.2; serui aere ~ati SAL.Jug.31.11; HOR.S.2.3.129; magnis pretiis ~atos gladiatores LIV.41.20.13; SEN.Cl.1.18.1; nunc coci trium horum (sc. equorum) pretiis ~antur PLIN.Nat.9.67; JUV.5.56; (cf.) potius diligentia quam pretio ~are non mediocris est industriae NEP.Att.13.4.

4 To acquire at one's own expense, buy.
alienum aes cogat an ~arit praedium PL.St.203; qui haberet qui ~aret alium (seruom) TER.Eu.488; praedium quom ~are cogitabis CATO Agr.1.1; cogito..trans Tiberim hortos aliquos ~are CIC.Att.12.19.1; LIV.26.34.10; PLIN.Nat.18.26; ~atur altera uilla tibi JUV.14.140; si post diuortium seruum mulier ~auit aut alia ratione adquisiit ULP.dig.40.9.12.2;—(w. de) arcisellium de suo ~auit PETR.75.4;—(w. ex) is ex peculio..hominem ~auit JULIAN dig.19.1.24.1; quidquid ex ea (sc. pecunia) ~ari potest CELS.dig.50.16.88.

5 To raise, get together (mil. forces, etc.). **b** to put up (witnesses, accusers, etc.).
CIL 1.25; sibi uterque contra legiones ~at PL.Cas.50; praesidium cuius ~andi causa..retentus est CIC.Att.7.13.2; Lacedaemonios classe illa amissa aliam ~are posse Off.1.84; copias ~are coeperunt CAES.Gal.3.23.2; neminem ~andarum causa 4.22.1; cum turma sua, quam ex fortissumis..~auerat SAL.Jug.98.1; NEP.Dat.6.1; TAC.Ann.2.65;—(w. abl.) ut classis Romana sociis naualibus priuata impensa ~atis compleretur LIV.24.11.9; mercede ~atos milites habent 28.44.5. **b** ~antur testes qui hoc dicant CIC.Quinct.75; si, quem ad modum ~atum esse audio, testis prodierit S.Rosc.84; cum sint ~ati qui contionibus et legibus hanc inuidiam senatus inflammare conentur Ver.2; cum..idem accusatorem ~asset 1.74; an ~aret qui senatum decernere non pateretur CAEL.Fam.8.8.9; ~at accusatores ex clientibus suis TAC.Ann.13.19; (cf. sense 3b) tribunum plebis magna mercede ~at, quoius inpudentia..munitus foret SAL.Jug.33.2.

6 To make ready for action, prepare. **b** to prepare mentally, school, prime.
exercitum suum pransum, ~atum, cohortatum eduxit foras CATO hist.101; ~ato atque instructo exercitu CAES.Gal.7.59.5; ~abant se Vatiniani B.Alex.45.4; eum nauium numerum, quem a fratre instructum ~atumque acceperat LIV.22.19.2; emicat hic dextramque ~at dextramque minatur Tyndarides V.FL.4.289; (poet.) nonne uides oculos ..cum tenuia quae sunt cernere coeperunt, contendere se atque ~are LUCR.4.809;—(w. purpose stated) quasi in piscinam rete qui iaculum ~at PL.Truc.35; seruos tuos, a te iam pridem ad bonorum caedem ~atos CIC.Dom.6; pugnae ..~ent se VERG.A.10.259; pugnae membra ~aui OV.Met.9.34; (cf.) morsibus insequitur rictuque in uerba ~ato 13.568;—(in fig. phr.) uerborum copia..quae contra sensus instructa ~atast LUCR.4.512. **b** itane huc ~atus aduenis? TER.An.909; quin ita ~et sese..ut..quam minimo pretio suam uoluptatem expleat Hec.68; ita ~ent se in uita, ut uinci nesciant Inc.trag.112; ita te ~a ut, si inclamaro, aduoles CIC.Att.2.18.4; ita se ~are Ap. Claudium ut comitiorum..sciat sibi rationem reddendam esse LIV.3.40.12; uina ~ant animos OV.Ars 1.237;—(w. dat.) se plus uni si qua ~are potest PROP.2.24.48; uina ~ant animum Veneri OV.Rem.805; quam se ~at ille cruori inpius humano Met.15.463; qui hereditates captant, qui se testamentis ~ant QUINT.Decl.321(p.261,l.7);—(w. ad) ad id se ~at CIC.Flac.11; ut ad hunc euentum te ~ares CAEL.Fam.8.9.2; B.Alex.13.4;—(w. huc) ut..huc te ~es, haec cogites CIC.Fam.1.7.9.

7 To make preparations for (an action). **b** (w. inf.; w. noun cls.). **c** (intr.) to make arrangements.
iam domum itionem reges Atridae ~ant Inc.trag.26; bellum..quod..ante audierunt geri quam ~ari CIC.Lig.3; in me impetus conductorum hominum quasi in tyrannum ~abatur Phil.14.15; ipse iter in Macedoniam ~are incipit CAES.Civ.3.33.2; mediis..~ant conuiuia tectis VERG.A.1.638; aduersus Rutulos bellum summa ui ~abatur LIV.1.56.13; 30.31.9; dum ~at Phoebus diem SEN.Med.728; Parthi imperatores cum pugnam ~arent TAC.Ann.11.9;—(poet.) mihi, hoc rogus iste mihi, hoc ignes araeque ~abant? VERG.A.4.676; aut latus alti montis adest seramque sibi ~at unda ruinam LUC.6.267;—(ellipt.) non ornatis isti apud uos nuptias? — orno et ~o PL.Cas.546; uxor tibi ducendast ..hodie..: ~a TER.An.254; cum audierit contra se diligenter ~ari CIC.Att.7.8.4. **b** o Colonia, quae..salire ~atum habes CATUL.17.2; bellum ~at administrare CAES.Gal.7.71.9; munitiones institutas..~at perficere Civ.1.83.4; ad urbem Sidoniam puer ire ~at VERG.A.1.678; his se..~ant defendere telis 2.447; Italiam ab Hannibale reciperare ~at LIV.22.14.9;—quid agat secum cogitat ~at putat ENN.scen.340; aequom fuit deos ~auisse uno exemplo ne omnes uitam uiuerent PL.Mil.726; ~atum iam esse dicito unde argentum sit futurum Per.302; tu Musis nostris ~a ut operas reddas CIC.Fam.16.10.2. **c** si curiata lex non esset, se ~aturum cum conlega CIC.Fam.1.9.25; quod si ita natura ~atum esset ut ea dormientes agerent quae somniarent Div.2.122; (w. de) ut de regno ~arent inter se HEM.hist.11.

8 To purpose, plan, intend. **b** (w. inf.).
pater mihi exsilium ~at PL.Mer.933; quam hic fugam aut furtum ~at? TER.Ph.191; quid em, ⟨animum⟩ aduortite

Acc.*trag.*485; Q. Seio uenenum..~abatur CIC.*Dom.*129; quae ~abantur a perfugis edoctus SAL.*Jug.*56.2; caedem, incendia aliaque se..facinora in ciuis..~auisse *Cat.*53.36; quid Seres et regnata Cyro Bactra ~ent HOR.*Carm.*3.29.28; cruciatus contumeliasque quas ~at hostis LIV.26.13.14; siue illi tela ~abant siue fugam OV.*Met.*3.46; V.FL.5.580; talia dicta ~antem STAT.*Silv.*5.2.83; si quid occultius ~at TAC.*Ann.*6.8;—(*w.* uim *as obj.*) uim tum..non ~abas CIC. *Dom.*54; SAL.*Cat.*35.5; ultima..uis ~abatur LIV.2.63.2; 21.48.9; OV.*Met.*11.240; TAC.*Hist.*2.85;—(*poet.*) nescio quid magnum..uis festina ~at STAT.*Ach.*1.148; quid..~ant oculi? 1.272. **b** quid ~es respondere scire cupio CIC. *Q.Rosc.*40; dicentem et plura etiam dicere ~antem *Sest.*144; VERG.*A.*4.390; arua ~abat deserere alma Venus OV.*Met.* 10.229; animas tibi..paucas..enumerasse ~o et remeare tenebris SIL.13.852; suasmet ipse spes antire ~at TAC.*Ann.* 3.66; (*cf.*) quod fore ~atum est, id summum exsuperat Iouem CIC.*poet.*35(50).

parochus (~os) ~ī, *m.* [Gk. πάροχος] A person responsible for supplying travelling officials with shelter, fuel, etc., a commissary.
hic enim omnia erat, idem sacerdos praetor ~os VAR. *Men.*475; ~i quae debent ligna salemque (*sc.* praebuerunt) HOR.*S.*1.5.46;—(*facet.*) eum (*sc.* Ariarathem) Sestius noster ~us publicus occupauit CIC.*Att.*13.2a.2(2.2); uertere pallor tum ~i faciem HOR.*S.*2.8.36.

paromoeon ~ī, *n.* [Gk. παρόμοιον] (gram.) Assimilation of sounds.
hoc ~on uerborum efficit similitudinem RUT.LUP.2.12.

parōn ~ōnis, *m.* [Gk. παρών] A kind of passenger ship, app. using a sail and oars for propulsion.
tunc se fluctigero tradit mandatque ~oni CIC.*poet.*8(20); GEL.10.25.5; myoparo genus nauigii ex duobus dissimilibus formatum. nam et mydion et ~on per se sunt PAUL.*Fest.* p.147M.

paronomasia ~ae, *f.* [Gk. παρονομασία] A play upon words, word-echo.
~a..non absurda..sed proba et eleganti: simulator ac dissimulator FRO.*Aur.*2.p.158(107N).

parōnychium ~(i)ī, *n.* [Gk. παρωνυχία] An inflammation about the finger-nail, whitlow.
~ia cum ingenti subtilitate tollentibus PETR.31.3; ~ia et pterygia unguium PLIN.*Nat.*24.182; ~ia digitorum 34.153.

paropsis ~idis (~idos), *f.* Also **-apsis, -asis.** [Gk. παροψίς] A dish for serving vegetables, fruit, etc.
cum forte ~is excidisset PETR.34.2; 50.6; ~ide rubra MART.11.27.5; quam multa magnaque ~ide cenat? JUV. 3.142; (*w. gen.*) ~idem leguminis SUET.*Gal.*12.3. **β** uasa argentea..ueluti ~idas..pelues ULP.*dig.*34.2.19.9. **γ** PARASIDI *A.Epig.*04.136.

Parōreia ~ae, *f.* Also **-īa.** A district in Thrace.
Thraciae ~an LIV.39.27.10; 42.51.5.

Paros (~us) ~ī, *f.* One of the Cyclades.
~um insulam opibus elatam NEP.*Milt.*7.2; niueam..~um VERG.*A.*3.126; a ~o..uti marmor peteretur VITR.10.2.15; LIV.31.15.8; marmoream..~on OV.*Met.*7.465.

parōtis ~idis (~idos), *f.* [Gk. παρωτίς]
1 An inflammation about the ear, swelling of the parotid gland.
sub ipsis..auribus oriri ~ides solent CELS.6.16; (elaterium) ~idas..sanat PLIN.*Nat.*20.4; (irio) inlinitur..~idum et carcinomatum malis 22.158; ad ~idas conuenit noctuae cerebellum butyro mixtum LARG.43; 45.
2 (archit.) A console, bracket.
ancones, siue ~ides uocantur, excalptae dextra ac sinistra praependeant ad imi supercilii libramentum VITR. 4.6.4.

parra ~ae, *f.* [cf. Gk. ψάρ; Goth. *sparwa*; AS. *spearwa*] A bird whose cry was considered ill-omened; (among suggested identifications are an owl and the lapwing). **b** (prov.) *malam ~am pilare*, to have bad luck.
coruos, ~a ab dextera consuadent PL.*As.*260; pici..et ~a et in oscinibus et in alitibus habentur AP.CLAUD.PULCH. *gram.*2; ~ae recinentis omen HOR.*Carm.*3.27.1; auem ~am oriente sirio ipso die non apparere et donec occidat PLIN. *Nat.*18.292; est ~a Vestae, picus Martis HYG.*hist.*17; coruus, cornix, noctua, ~a, picus FEST.p.197M. **b** malam ~am pilauit PETR.43.4.

parret: (an incorrect or antiquated form of the legal expression *paret*, 'it is clear').
iurisconsultus '~et, non ~et' habeto PETR.137.9,l.7; ~et significat apparebit PAUL.*Fest.*p.221M; FEST.p.233M.

Parrhasis ~idis (~idos) *f. adj.*
1 Parrhasian, Arcadian (esp. w. ref. to Callisto and her transformation into the constellation Ursa Major).
~is Vrsa OV.*Ep.*17.152; ~ides stellae *Fast.*4.577; ~is Arctos *Tr.*1.3.48; cerua..~is (*i.e. the Ceryneian stag*) SEN. *Ag.*831.
2 (as sb.) **a** A Parrhasian or Arcadian girl. **b** the constellation Ursa Major.
a ~is (*i.e. Callisto*) erubuit OV.*Met.*2.460. **b** qua ~is ignem nubibus hibernis et nostro pascitur imbri STAT.*Theb.* 7.8.

Parrhasius[1] ~a ~um, *a.*
1 Of or connected with Parrhasia (a region of Arcadia on the Messenian border); (hence, used for) Arcadian. **b** (of things invented or provided by gods associated with Arcadia).
~i..duces STAT.*Theb.*4.293;—Lupercal ~o dictum Panos de more Lycaei VERG.*A.*8.344; ~o Euandro 11.31; ~ae..deae (*i.e. Carmenta*) OV.*Fast.*1.618; ~ae gelido uirginis (*i.e. Callisto*) axe premor *Tr.*2.190; V.FL.4.138; STAT.*Theb.* 4.246; regi ~o (*i.e. Evander*) SIL.12.710. **b** ~ae..pinnae (*i.e. wings provided by Mercury*) LUC.9.660; ~ae..cannae (*i.e. pan-pipes*) CALP.*Ecl.*4.101.
2 a (as a poet. ep. of the constellation Ursa Major or of the neighbouring region of the heavens). **b** (as a poet. ep. of imperial palaces at Rome, the Palatine Hill being associated with the Arcadian Evander).
a ~o..axe SEN.*Her.O.*1281; ~ae..ursae *Phaed.*288; ~o ..iugo MART.6.25.2; ~os..triones 6.58.1; ~is..astris STAT. *Theb.*8.370. **b** ~am mira qui struis arte domum MART. 7.56.2; ~a..aula 7.99.3.

Parrhasius[2] ~(i)ī, *m.* A Greek painter, app. of the early 4th century B.C.
HOR.*Carm.*4.8.6; PROP.3.9.12; ~us Ephesi natus et ipse multa contulit PLIN.*Nat.*35.67; QUINT.*Inst.*12.10.4; ~i tabulis JUV.8.102;—(*in pl., as typifying supreme excellence in painting*) non multos etiam apud nos futuros Polyclitos et ~os fuisse? CIC.*Tusc.*1.4.

Parrhēsiastēs ~ae, *m.* [Gk. παρρησιαστής] (as a sobriquet) 'The outspoken', 'the frank'.
Demochares..~es ob nimiam et procacem linguam appellatus SEN.*Dial.*5.23.2.

parricīda ~ae, *m.*, (*f.*). [For *pāricida*, fr. *PĀSO- (cf. Gk. πηός, Dor. παός)+-CIDA] FORMS: *paricidas* (nom. sg.) in *Lex reg.* (*Font.iur.*p.10).
1 The murderer of a near relation: **a** (esp., owing to mistaken derivation from *pater*) a murderer of one's own father, parricide; also, a murderer of one's own parent or parents. **b** of other near relations. **c** (applied to anyone whose crime is to be classed with parricide).
a PL.*Ps.*362; CIC.*Inv.*2.58; nisi forte magis erit ~a, si qui consularem patrem quam si qui humilem necarit *Mil.*17; confiteor eos..plus etiam quam ~as esse, si quidem est atrocius patriae parentem quam suum occidere *Phil.*2.31; Saguntini, qui parentes suos liberos emori quam seruos uiuere maluerunt, ~ae fuerunt *Parad.*24; Telegoni..~ae HOR.*Carm.*3.29.8; precabatur placatos patris manis, neue se ut ~am auersarentur TAC.*Hist.*3.25; *Ann.*4.29; ait Maecianus etiam conscios eadem poena adficiendos, non solum ~as ULP.*Dig.*48.9.6;—(*of a would-be parricide*) consilia ~ae palam facta PLIN.*Nat.*7.149. **b** '~a' matris quoque aut fratris interfector QUINT.*Inst.*8.6.35; [QUINT. *Decl.*18.1; FLOR.*Epit.*1.36(3.1.6);—(*w. gen.*) neu se ut ~am liberum auersarentur LIV.3.50.5. **c** si qui hominem liberum dolo sciens morti duit, ~as esto *Lex reg.*(*Font.iur.* p.10); sacrum sacroue commendatum qui clepsit rapsitue, ~a esto CIC.*Leg.*2.22.
2 A murderer (of other persons). **b** (esp. of one who assassinates the head of the State).
audimus eum (*sc.* Glycona) uenisse in suspicionem Torquato de morte Pansae custodirique ut ~am BRUT.*ad Brut.* 1.6.2; SAL.*Cat.*14.3; SEN.*Ben.*3.23.4;—(*w. gen.*) hoc ~a ciuium interfecto CIC.*Catil.*1.29. **b** ut non modo sicarii sed iam etiam ~ae iudicemini CIC.*Fam.*12.3.1; conpluribus ..~arum uiolatus mucronibus (C. Caesar) V.MAX.4.5.6; (*cf.*) M. Brutus suarum prius uirtutum quam patriae parentis ~a 6.4.5.
3 (w. *patriae*, etc.) One who ruins or betrays (his country, etc.). **b** (without gen.) one who ruins or betrays his country, a traitor, rebel.
nefarius uulturius, patriae ~a SCAUR.*orat.*8; patriae certissimus ~a CIC.*Vat.*35; *Phil.*4.5; ~as rei publicae SAL. *Cat.*51.25; si ~a uestri sum *Hist.*2.47.3. **b** illi hosti ac ~ae CIC.*Sul.*19; omnium ~arum tela *Planc.*90; cum a populo Romano pestiferi ciues ~aeque desciuerint *Phil.* 11.21; magna subsidia res p. habet expedita, quibus subito impetu ac latrocinio ~arum resistat PLANC.*Fam.*10.24.3; SAL.*Cat.*31.8; CURT.5.10.13; insidiatori ac ~ae SEN.*Cl.* 1.9.11; TAC.*Hist.*1.85; *Ann.*4.34.

parricīdālis ~is ~e, *a.* [prec.+-ALIS] Of or connected with parricide or murder, parricidal.
gladium ~i manu strinxit PETR.80.1; ~em agere cogitationem [QUINT.]*Decl.*4.19;—(*of civil war*) ut..ipse (populus Romanus) intra se ~e bellum domi stringeret FLOR.*Epit.* 2.9(3.21.1).

parricīdātus ~ūs, *m.* [PARRICIDA+-ATVS[1]] app. = PARRICIDIVM.
nec '~um' (ferat quisquam), quod in Caelio uix tolerabile uidetur QUINT.*Inst.*1.6.42.

parricīdiālis ~is ~e, *a.* [next+-ALIS] = PARRICIDALIS.
CIL 3.427.

parricīdium ~(i)ī, *n.* [PARRICIDA+-IVM]
1 The murder of a near relation: **a** (esp., owing to mistaken derivation from *pater*) the murder of one's own father, parricide; also, the murder of one's own parent or parents. **b** of other near relations.
a fraudis, sceleris, ~i, peiiuri plenissumus PL.*Rud.*651; CIC.*Inv.*2.58; facinus est uincire ciuem Romanum, scelus uerberare, prope ~ium necare *Ver.*5.170; alterum putaui ~ium matrem coram patre occidere SEN.*Con.*1.4.5; TAC. *Ann.*14.8; manifesti ~ii reum..ita fertur interrogasse: certe patrem tuum non occidisti? SUET.*Aug.*33.1; GEL. 15.28.3;—(*transf., of acts regarded as tantamount to parricide*) Popilli, hoc ~ium tertium tuum est SEN.*Con.*7.2.4; reus est ~i qui maoult mori quam patrem uidere 7.3.5; (*cf.*) mors eius (*sc.* Zoili) ut ~ii damnati (*i.e. as having castigated Homer*) uarie memoratur VITR.7.pr.9;—(*fig.*) uituperare quisquam uitae parentem (*sc.* philosophiam) et hoc ~io se inquinare audet CIC.*Tusc.*5.6. **b** sibi salutem ut familiari pareret ~io *Inc.trag.*171; fraterno ~io CIC.*Clu.*31; patris et patrui ~io *Phil.*3.18; domestica ~ia et cognatorum amicorumque caedes LIV.31.31.17; SEN.*Suas.*6.7; TAC. *Ann.*13.16; FLOR.*Epit.*1.1(1.3.5);—(*w. subj. gen.*) ~ium fratris LIV.40.24.6;—(*w. obj. gen.*) ~io filii 8.11.7;—(*of attempted murder*) sedeo..miserrimus pater iudex inter duos filios, accusatorem ~ii et reum 40.8.7.
2 Murder, assassination (usu. of a friend, superior officer, or the like). **b** (esp. of the assassination of the head of the State). **c** (as a name given to the Ides of March).
CURT.3.6.11; (non) cogitato modo, nec consummato ~io (*i.e. an attempt on the life of Alexander*) 6.10.14; cum Septumuleius, C. Gracchi familiaris..plumbo..in os addito ~io suo rem p. etiam circumscripserit PLIN.*Nat.*33.48; parrici⟨di⟩ quaestores appellabantur, qui solebant creari causa rerum capitalium quaerendarum PAUL.*Fest.*p.221M; —(*of a general massacre or holocaust*) in illo publico ~io incendioque (*i.e. the mass suicide of the Saguntines*) FLOR. *Epit.*1.22(2.6.8). **b** C. Cassius numquam sine praefatione publici ~ii nominandus V.MAX.1.8.8; libertatem..illo ipso ~io (*i.e. the murder of Julius Caesar*) perdiderunt FLOR. *Epit.*2.17(4.7.1); (*w. sub. gen.*) erupit..eorum ~ium, qui.. V.MAX.1.6.13. **c** placuit Idus..Martias ~ium nominari SUET.*Jul.*88.
3 (w. *patriae*) The destruction, ruin, betrayal (of one's country). **b** (without gen.) treachery, treason, rebellion.
patriae ~io CIC.*Sul.*6; *Phil.*2.17; *Off.*3.83. **b** nefarii sceleris ac ~i CIC.*Rab.Perd.*27; reuocauit (Coriolanum).. a publico ~io priuata pietas LIV.28.29.1; ANTE..QVAM IS SCELERIS ~I SVI POENAS EXSOLVERIT *CIL* 11.5998;—(*w. subj. gen.*) eripiam me ex istorum ~io CIC.*Att.*10.10.5.

pars ~tis, *f.* [cf. Gk. *πόρω, Skt. *pūrtám*] FORMS: old acc. sg. *~tim* codd. in LUCR.6.88 and 661 and as an occasional v.l. elsewhere; for other possible exx. see the adv. PARTIM. Old gen. sg. *~tus CIL* 1.582.12; abl. sg. *~ti* PL.*Men.*479, *Rud.*1126, etc., CATO *Agr.*136, *CIL* 1.583.51, VAR.*R.*1.13.5, etc., APUL.*Apol.* 42; gen. pl. usu. *~tium*, but *~tum* ENN.*Ann.* 593, CAES. and NEP. in Char.p.141K.
1 One of the portions (equal or unequal) into which a thing (material or not) may be divided, a part. **b** *per ~tes*, (so much) at a time, in stages; also *~tibus*. **c** (pl.) pieces, fragments; esp. pieces of food, scraps.
amurcam cum aqua conmisceto aequas ~tes CATO *Agr.*93; si istos hortos..~tibus quattuor factis liceri cogitant CIC. *Att.*12.38a.2(4); sol..in ~tis non aequas diuidit orbem LUCR.5.684; scapus imus in ~tes sex et semissem diuidatur VITR.3.3.12; Alexander..in tres ~tis diuisit exercitum CURT.8.1.1; (Cretonius) fregit opes, nec parua tamen mensura relictae ~tis erat JUV.14.94;—(*poet.*) ego (*sc. the castrated Attis*) mei ~s, ego uir sterilis ero? CATUL.63.69. **b** altero piaculo eodem modo facito..dum opus cotidie per ~tes facito CATO *Agr.*140; modo uniuersum (*sc, hot air*) eruptionem facit.., modo per ~tes et minutatim SEN.*Nat.* 2.54.2; quibusdam per ~tes florentibus PLIN.*Nat.*21.100; (orationem) per ~tes ediscere QUINT.*Inst.*11.2.27; nummularii..pecuniam..erogant per ~tes PAUL.*dig.*2.13.9.2;— nec uniuersum cibum, sed ~tibus et paulatim praebere COL.3.2. **c** ille impetus ignes et montis ~tes..subuectat *Aetna* 361; spolium tulit cruenta nati maenas in ~tes dati (*i.e. dismembered*) SEN.*Phoen.*365; si corpus meum in ~tes conciderint PETR.141.2;—APUL.*Met.*7.11; post opiparas cenas..multas..~tes..solebant reportare..: ille..pulmentorum largissimas reliquias, hic panes, crustula.. 10.13.
2 (w. adjs. expr. magnitude) A large, small, etc.) part (of). **b** *magna* (*exigua*, etc.) *ex ~te*, in a great (small, etc.) degree, to a large (small, etc.) extent; sim. *magna* (etc.) *~te*, *magnam* (etc.) *~tem*. **c** *ex* (*ea*) *~te*, *in eam ~tem* (foll. by relative or other defining cl.), to the extent (that), in so far (as). **d** a part in its relation to the whole, proportion; (esp.) *pro* (*rata*) *~te*, proportionately.
idem mihist quod magnae ~ti uitium mulierum PL.*Cist.* 120; periere Danai, plera ~s pessum datast PAC.*trag.*320; minor ~s populi CIC.*Agr.*2.18; cum..belli ~s tanta restaret *Phil.*2.71; quod eorum iudicum maior ~s iudicarit, id ius.. esto *formula* in Cael.*Fam.*8.8.3; perexigua ~s illius exercitus superest CAES.*Civ.*3.87.2; cum eius maiorem ~tem insulae deuicisset NEP.*Cim.*3.4; saxum, haud ~tem exiguam montis VERG.*A.*10.128; magnae ~ti patrum displicere acta decemuirorum uidebantur LIV.3.49.7; uiuam, ~sque mei multa superstes erit OV.*Am.*1.15.42; maxima ~s uenenorum frigore interemit CELS.5.27.3.E; in quo ~s actionis non minima consistit QUINT.*Inst.*1.10.26; quod..~tem bonam uesperae..amitterem APUL.*Met.*2.15;—(*w. pl. vb.*) magna ~s morem hunc induxerunt PL.*Mos.*114; equorum ~s magna nantes loris a puppibus trahebantur LIV.21.27.9; equites semermes, magna ~s saucii..effugerunt 30.6.7; ut.. maior ~s ordinis eius Catonem prosequerentur VELL.2.35.4. **b** haec (*sc. qualities*)..ille et aliqua ex ~te habebat et maiore ex ~te se habere simulabat CIC.*Clu.*67; laboribus..aut omnino aut magna ex~te..liberatus *Tusc.*1.1; multitudinem ..magna ex ~te inermem LIV.24.1.4; in Hispania res quadam ex ~te eadem fortunam, quadam longe disparem habebant 28.12.10; non laetitiam suam proxime sedentibus ulla ex ~te patefecit V.MAX.4.1.13; quos (*sc.* honores) ex maxima ~te inmaturus inuaserat (Cn. Pompeius) SEN.*Ben.*

5.16.4; cum (dens)..exesus est aliqua ex ~te LARG.53; quae (sc. musice)..effeminata..non ex ~te minima, si quid in nobis uirilis roboris manebat,..excidit QUINT.Inst.1.10.31; maiori ex ~te syllabis breuibus 9.4.136;—res has non omnino quidem sed magnam ~tem relinquere CIC.Fam. 9.15.3; haec uulnera uitae non minimam ~tem mortis formidine aluntur LUCR.3.64; neque..frumento sed maximam ~tem lacte atque pecore uiuunt CAES.Gal.4.1.8; homines patricios omnes, ~tem magnam honoratissimum quemque, tribunos..creauere LIV.5.14.5; amici isti magnam ~tem..cessatores sunt GEL.2.29.11;—(collis) magna ~te editus et praeceps SAL.Jug.98.3; LIV.41.6.6; solet..colliso corpore exigua ~te findi cutis CELS.5.26.23.G. **c** excusationem tuam..accipio ex ea ~te, quatenus..improbitate eorum, qui epistulas accipiant, fieri scribis ne ad nos perferantur CIC.Fam.4.4.1; moueor his rebus..sed in eam ~tem uti salui sint uobiscum omnes Catil.4.3; Platonis argumentum adferam—quid enim nocet alienis uti ex ~te qua nostra sunt? SEN.Dial.3.6.5. **d** sebum hircinum cum helxines ~te aequa PLIN.Nat.28.220; si (praedia) non nummo, sed ~tibus (i.e. proportions of the produce) locem PLIN.Ep. 9.37.3; ~tem..census omnes ordines conferre iussit SUET. Nero 44.2; exilio et bonorum ~te multandus est MEN.dig. 49.16.4.11;—ut idem pro ~te in commune Siciliae conferrent CIC.Ver.2.145; militibus..agros..pollicetur, XL in singulos iugera et pro rata ~te centurionibus CAES.Civ.1.17.4; ita habebitur pro rata ~te intercolumniorum ratio VITR.3.3.10; immensae..conexa carinae cumba minor, cum saeuit hiemps, pro ~te furentis parua receptat aquas STAT.Silv.1.4.121; totam hereditatem aut pro ~te restituere GAIUS Inst.2.259.

3 (without adj.) An unspecified part (of), some (of); (often w. pl. vb., esp. when in appos. to subj.). **b** (rptd., in contrasting different groups of people, sections of a thing etc.) some..some, part..part; (also varying with *alii*, etc.). **c** *ex ~te*, partly, in part; so *~te, a ~te, in ~te, in ~tem, pro ~te*.

ita ~s libertinorum est: nisi patrono qui aduorsatust, nec sati' liber sibi uidetur nec sati' frugi PL.Per.838; ~tem de nucleis succernito CATO Agr.37.2; de saeptis, quae tutandi causa fundi aut ~tis fiant, dicam VAR.R.1.14.1; Galbam cum legione XII. et ~te equitatus..misit CAES.Gal.3.1.1; NEP.Con.4.5; ut ~tem effugias, non omnia retia falles OV. Ep.19.45; illi ~tibus copiarum, summae Orsines praeerat CURT.4.12.8; exclamauit illa..et ~tem ebriorum excitauit PETR.22.4; amnis..~tem murorum ambit TAC.Ann.15.4; ut Liuiae ~s uestis et capilli amburerentur SUET.Tib.6.2; ~tem tanti oneris..detrahere APUL.Met.7.18;—~s spectatorum scitis pol haec uos me hau mentiri PL.Truc.105; ~s equitatus..iniussu ac temere longius progressi..multitudinem hostium pauci sustinere non potuerunt B.Afr.61.3; incedunt..magnifici, sacerdotia et consulatus, ~s triumphos suos ostentantes SAL.Jug.31.10; VERG.A.5.108; legiones.. Poeninis Cottianisque Alpibus, ~s monte Graio traducuntur TAC.Hist.4.68; choriambicum.., quod ~s bacchiacum uocant MAUR.2608. **b** ne exspectetis argumentum fabulae, senes qui primi uenient i ~tem aperient, in agendo ~tem ostendent TER.Ad.23; Caesar..~tem..legionum in castris Pompei remanere iussit, ~tem in sua castra remisit CAES.Civ.3.97.3; ~s eorum studio spectandi ferebatur, ~s etiam cupiditate pugnandi B.Alex.20.2; ~s pedes ire parat campis, ~s arduus altis puluerulentus equis furit VERG.A. 7.624; summam aeris alieni, quae indicatura sit demersam ~tem a ~te ciuitatis LIV.6.27.6; equi ~s in mari..absumpti, ~ti neruos succiderunt in litore Macedones 44.28.14; ~s 'Hymenaee' canunt, ~s clamant Euhion, 'euhoe!' OV. Ars 1.563; hominum ~s siluas frequentant,..~s in urbibus agunt MELA 3.107; ~s maxillarum tonsa est tibi, ~s tibi rasa est, ~s uulsa est MART.8.47.1; TAC.Hist.2.22; omnes alius alio casu periit, ~s naufragio, ~s proelio SUET.Jul.89; capti ab Iugurtha ~s in crucem acti, ~s bestiis obiecti sunt, pauci..clausi in tenebris SAL.Jug.14.15; Numidae alii postremos caedere, ~s a sinistra ac dextra temptare 50.4; nos hinc alii sitientis ibimus Afros, ~s Scythiam VERG.Ecl. 1.65; pueri..quorum alii faculas, alii retinere sagittas, ~s etiam uisa est uincla parare mihi PROP.2.29.6; hi ludunt, hos somnus habet, ~s bracchia nectit OV.Fast.6.329; ~s facta suorum, ~s sua, sortem alii clamant STAT.Theb.10.225; ~s nauium haustae sunt, plures apud insulas..eiectae TAC. Ann.2.24. **c** quae bella..ex ~te nobis Caesaris sermone sunt nota HIRT.Gal.8.pr.8; probo beneficium qui dat ex ~te accipit PUB.Sent.P.44; Acerris ex ~te incensis, Nuceria deleta LIV.27.3.6; ut..Argos regat ex ~te dominus SEN. Thy.299; candidis, ex ~te rubentibus acinis PLIN.Nat.22.29; ut eam hereditatem..totam uel ex ~te restituat GAIUS Inst.2.273;—poma..quae candida ~te, ~te rubent OV. Met.3.483; (colos) geminus, ~te flauus, ~te melleus PLIN. Nat.37.191;—uenenati faui gignuntur, quidamque a ~te 21.77;—patronorum in ~te expeditior, in ~te difficilior interrogatio est QUINT.Inst.5.7.22; 6.3.45; 9.4.72; quamquam ipse heres in ~te legeretur TAC.Ann.2.48;—cui.. nomen alii in totum dederunt, alii in ~tem QUINT.Inst. 3.6.32;—pro ~te testatus, pro ~te intestatus decessisse uidebitur ULP.dig.5.2.24; 28.5.3.

4 (math.) One of the equal portions into which an integer may be divided, an aliquot part; (with ordinals or sim., expr. fractions) *~s dimidia, tertia, quarta*, etc., a half, third, quarter, etc.; *decem* (etc.) *~tes dicere*, to recite one's division table with a divisor of ten (etc.). **b** (spec.) the ideal fraction, i.e. a half (in some cases perh. merely = a large part). **c** a part of a circle (as a unit of measurement), i.e. a degree. **d** (pl., with cardinal numerals, expr. fractions in which the numerator is one less than the denominator, e.g. *tres ~tes* = three-quarters). **e** *duabus, tribus*, etc., *~tibus* (in comparisons), twice, three times, etc. (as great, etc.); so *multis ~tibus*.

pueri..assem discunt in ~tis centum diducere HOR.Ars 326;—dimidiam ~tem nationum usque omnium subegit solus PL.Cur.447; ~tem quartam (sc. stercoris) circum oleas..addito CATO Agr.29; uix ~s aedium mearum decima ad Catuli porticum accessit CIC.Dom.116; quarta iam ~te diei praeterita HOR.S.1.9.35; ruderi..tertia ~s testae tunsae admisceatur VITR.7.1.5; quota ~s Macedonum saeuitiae tuae superest? CURT.8.7.4; CVM EORVM (sc. decurionum) ~TES..DVAE TERTIAE ADERVNT CIL 2.1964.5.56; diuiditur..as in duodecim ~tes duodecimas MAECIAN.iur.7; (of an inheritance) heres ex ~te dimidia et tertia est Capito CIC.Fam.13.29.4; MART.9.48.1; (applied to the proportion given in tax) agros..populo Romano ex ~te decuma.. uectigalis fuisse CIC.Ver.3.103; FRVCTVS ~TES TERTIAS.. CONDVCTORIBVS..EIVS IN ASSEM DARE DEBEBV⟨NT⟩ CIL 8.25902.2.29;—lapidarias litteras scio, ~tes centum dico ad aes, ad pondus, ad nummum PETR.58.7; decem ~tes dicit, librum ab oculo legit 75.4; CIL 5.7274. **b** (umor aquae) cupide..reuomit (tigna, etc.)..plus ut ~te foras emergant LUCR.2.200; barbarus..tecti plus quoque ~te tenet OV.Tr. 5.10.30; hos ego, qui patriae faciant obliuia, suco ~te meae uitae, si modo dentur, emam Pont.4.10.20; GERM.Arat.599; das ~tem? multum est? Candide, das aliquid? MART.2.24.6. **c** cum (sol) arietis signum iniit et ~tem octauam peruagatur VITR.9.3.1; hic (circulus)..brumalem per ~tes quinque relinquit MAN.1.591; cum sint ~tes orbis per signa trecentae et ter uicenae 2.307; 2.696; quando illae (sc. the planets)..a septenis..~tibus emergant PLIN.Nat.2.58; 18.264. **d** tris iam ~tis copiarum Heluetios id flumen traduxisse CAES.Gal. 1.12.2; (populus) multae nouem ~tis detraxit NEP.Timoth. 4.1; agri ~tes duae ademptae LIV.2.41.1; 25.32.7; iam.. duas lucis ~tes Hyperione menso OV.Met.8.565; CELS. 8.10.1.L; XII horas..et octo ~tes unius horae PLIN.Nat. 2.186; duas..faenoris ~tis TAC.Ann.6.17; (cf.) sol..quas e gnomone ~tes habet nouem, eas umbrae facit VIII VITR. 9.7.1;—(w. ref. to the proportion of ingredients) cretae crudae ~tes duas..calcis tertiam conmisceto CATO Agr. 39.2; foliis in II absinthii ~tibus decoctis PLIN.Nat.24.133. **e** duabus ~tibus..te amplius frumenti abstulisse quam populo Romano misisse CIC.Ver.3.49; quem (sc. solem) mathematici amplius duodeuiginti ~tibus confirmant maiorem esse quam terram Luc.82; decem ~tibus tuas litteras legere malim quam..Gauranos palmites AUR.Fro.1. p.176(67N);—in Hortensi sententiam multis ~tibus pluris ituros CIC.Fam.1.2.2; quoniam numero multis ~tibus esset inferior CAES.Civ.3.84.3; (cf.) fama iam praecurrerat..de proelio..quod multis auxerat ~tibus 3.80.2.

5 A component part (of something material or immaterial), an element, division, etc.; *in ~te alicuius rei esse* (etc.), to form part of, or be included in, something. **b** a part as a subdivision of a genus (sts. equated with a species, sts. contrasted). **c** (gram.) *~s orationis*, a part of speech. **d** a department, branch (of activity, study, or sim.). **e** an (essential) ingredient in a situation, etc., a factor; also, an integal part (of a structure).

ab uniuersa prouincia, generatimque a singulis eius ~tibus,..diligitur CIC.Ver.2.168; si beata uita ex sui similibus ~tibus effici debeat Tusc.5.45; alternis ~tibus anni tardius et citius consuerunt confluere ignes LUCR.5.701; in diuisione orbis terrae plerique in ~te tertia Africam posuere SAL.Jug.17.3; terrestria.., quod abundant umidae ~tes, non diu possunt in aqua uitam tueri VITR.1.4.7; ~s una uitae mansit..mihi: sensus malorum SEN.Phaed.842; quod etsi per ~tis non numquam damnosum est, in summa tamen fit conpendiosum COL.1.4.5; sex uel quinque ~tes ex quibus constat uersus QUINT.Inst.9.4.115; sordida ~s plebis supplicium Sabini exposcit TAC.Hist.3.74;—(of a subject-matter) prudentiae ~tibus utemur in dicendo, si commoda cum incommodis conferemus Rhet.Her.3.4; deinde officii ~tem tractauit SEN.Con.2.1.20; (uinum) ad plurimos ualitudinum usus excogitatum, ut docebimus in ~te medicinae PLIN. Nat.14.77;—hostis..is a quo uictore, si cruciatus absit, mors in benefici ~te numeretur CIC.Phil.11.3; nos in turbae ~te fuisse tuae OV.Pont.2.2.102; Antipolis quod nunc Ianiculum in ~te Romae PLIN.Nat.3.68; (cor) non semper.. in ~te extorum habitum est 11.186. **b** genus est, quod plures ~tes amplectitur, ut animal. pars est, quae subest generi, ut equus CIC.Inv.1.32; formas qui putat idem esse quod ~tis, confundit artem Top.31; Part.7; genera ~tesque uirtutum Tusc.5.71; multa sunt genera ingratorum..quorum una culpa est, ceterum in ~tibus uarietas magna SEN. Ben.3.1.3. **c** uidebit..quot et quae (sint) ~tes orationis ..ueteres..uerba modo et nomina et conuinctiones tradiderunt QUINT.Inst.1.4.17; 1.5.2; transmutatus accentus ~tes..orationis immutat, ut aliud est circum, aliud circúm VEL.gram.in G.L.7.53; MAUR.1672. **d** ne qua forte dicendi ~s..in tam accurato sermone praeterita esse uideatur CIC.de Orat.2.233; cum M. Antonius..grauissimam ..rei publicae ~tem fortissime suscepisset Mil.40; cum (Anchialus et Cassander) in ceteris astrologiae ~tibus excellerent Div.2.88; neque..mari uenturum aut ea ~te belli dimicaturum hostem credebant LIV.21.17.8; apparet has ~tes medicinae solas ab is esse temtatas CELS.1.pr.4; in qua non occurrit uitae ~te (linum)? PLIN.Nat.19.3; neque haec esse in ~te pronuntiationis negauerit quisquam QUINT. Inst.1.11.17; Apollodorus..inconprehensibilia ~tis huius praecepta existimauit 9.1.12; haec ~s dialectica..est utilis saepe..finitionibus 12.2.13. **e** ~s mihi pacis erit dextram tetigisse tyranni VERG.A.7.266; Pontica tellus..tu pessima duro ~s es in exilio, tu mala nostra grauas OV.Pont.3.1.10; ~s..sanitatis est uomitum esse subpressum CELS.4.18.2; non est beneficium, cui deest ~s optima, datum esse iudicio SEN.Ben.1.15.6; tot luctibus funesta ciuitate ~s maeroris fuit quod Iulia Drusi filia..denupsit in domum Rubellii Blandi TAC.Ann.6.27;—malum nauis esse ~tem..Labeo ait, quia pleraeque naues sine malo inutiles essent JAVOL. dig.50.16.242.

6 A part of the body, organ, limb, etc. **b** (applied to the mind, faculties, or sim.).

eas ~tis (i.e. the eyes and ears) quae quasi fenestrae sint animi CIC.Tusc.1.46; quo..miles..uirtutem bestiae cognosceret et cui ~ti corporis eius telum facile adigi posset B.Afr. 72.4; quam laesus fuerat ~tem..debuerat praesecuisse manu OV.Rem.111; (ruta) inlinitur..~tibus, quas frigus adusserit PLIN.Nat.20.140; (emplastrum) iungit omnem ~tem diuisam LARG.206;—(in periphrases denoting the genital organs, or spec. the testicles) ~tibus obscenis opposuisse manus OV.Ars 2.584; ~s..sub iniecta ueste pudenda latet 2.618; ea, quae in naturalibus ~tibus circa testiculos oriri solent CELS.7.18.1; κρεμαστῆρας..ex illis genitales ~tes dependent COL.6.26.2; cum uirilem ~tem utramque ferro reseratam detraxeris 7.11.2; necessariae ~tes GAIUS Inst. 3.193. **b** ad altiora..nati sumus, nec id ex animi solum ~tibus, in quibus inest memoria rerum innumerabilium CIC.Fin.2.113; 5.48; quae ~s optuma est in homine, in ea situm esse necesse est illud, quod quaeris, optumum, quid est autem in homine..bona mente melius? Tusc.5.67; pretium ~s haec (sc. animus) corpore maius habet OV.Rem.232; SEN.Ben.3.20.2; qui te, Prisce, reliquit, uiuit qua uoluit uiuere ~te magis (i.e. the memory) MART.6.18.4; si auaritia sola summa omnes hominis ~tes affectionesque occupet GEL.3.1.13.

7 (applied to persons or sim.): **a** A member (of a group), one (of). **b** one who has a part (in an activity or situation).

a ~s ego sum uestrae proxima militiae PROP.1.21.4; ~s ego nympharum, quae sunt in Achaide..una fui OV.Met. 5.577; Fast.2.156; parua..cuius eram ~s ego nuper eques Tr.4.2.16; Orion, magni ~s maxima caeli MAN.5.12; Carm. Bell.Aeg.25; ~s Niliacae plebis,..uerna Canopi Crispinus JUV.1.26. **b** quae..ipse miserrima uidi et quorum ~s magna fui VERG.A.2.6; Lausus, ~s ingens belli 10.427; seu me Scorpios aspicit..~s uiolentior natalis horae HOR. Carm.2.17.18; arma iuues oro pro gnato sumpta piaeque ~s sis militiae OV.Met.7.483; Asinius..Pollio, non minima ~s Romani stili V.MAX.8.13.ext.4; Martem..egregium .., ~s ipse haud parua laborum, nuntio SIL.11.503; (Nymphidius) ~s Romanarum cladium erit TAC.Ann.15.72.

8 That part of a thing which is allotted or belongs to a person, one's share, portion. **b** (transf.) a share, part (in an activity, situation, or sim.). **c** *pro sua* (etc.) *~te*, by way of fulfilling one's own share of a task, for one's own part, etc.; also *in ~tem*. **d** *pro sua ~te, pro uirili ~te*, to the best of one's ability, as far as in one lies.

socia sum nec minor ~s meast quam tua PL.Rud.239; si moreretur, ne expers ~tis esset de nostris bonis TER.Hau. 652; CATO Agr.145.3; quem ad modum socius in societate habet ~tem, sic heres in hereditate habet ~tem CIC.Q.Rosc. 55; cogitabat.., quod fere omnes in magnis imperiis concupiscunt, omnium ~tis corripere NEP.Eum.2.3; tibi (sc. Caesari)..Scorpius..caeli iusta plus ~te reliquit VERG.G. 1.35; in ~tem praedae suae uocatos deos LIV.5.21.5; (arma) diuidite, et ~s sit maior Diomedis in illis! OV.Met.13.102; hi cum cepissent ceruum.., sic est locutus ~tibus factis leo PHAED.1.5.6; si contigit aureus unus, inde cadunt ~tes ex foedere pragmaticorum JUV.7.123; ut ex bonis eius (sc. liberti)..uirilis ~s patrono debeatur GAIUS Inst.3.42;—(applied to a helping of food) proieci ~tem meam, nam uidebatur (ouum) mihi iam in pullum coisse PETR.33.7; qua epulatione equiti R. contra se..auidius..uescenti ~tes suas misit SUET.Cal.18.2;—(applied to one's lot in life) hancine ego ~tem capio ob pietatem praecipuam? PL.Rud.190; ~s haec una mihi, coniunx bene cessit Orestes OV.Ep.8.101. **b** ecqua ~s orationis de die dabitur mihi? PL.As.516; te multas ~tis meae salutis..suscipere CIC.Att.3.20.2; suaue.. belli certamina..tueri..tua sine ~te pericli LUCR.2.6; sentiebat..si quid secundi euenisset, nullam in ea re suam ~tem fore NEP.Alc.8.4; nisi imperio communicato nunquam plebem in ~te pari rei publicae fore LIV.6.37.4; tollitur index cum semel in ~tem criminis ipsa uenit OV.Ars 1.390; uictoriae ~tem..uindicare VELL.2.34.2; excepit Seleucus fabulae ~tem PETR.42.1; Claudius auctor iterati operis.. adsumpto in ~tem rerum Vespasiano TAC.Ag.13.5; quo.. plures ~tem administrandae rei p. caperent SUET.Aug.37. **c** debeo pro ciuili ~te rem p. uelle saluam MAT.Fam. 11.28.4; nisi tempestas indulget tempore fausto imbribus.., solque sua pro ~te fouet.., crescere non possint fruges LUCR.1.807; ne..deesset pro ~te sua concitando bello LIV. 24.29.6; suadet..inquisitioni commilitonum..insisteretur.. se quoque iam dudum pro sua ~te quendam conuenisse hominem..manu strenuum APUL.Met.7.4;—quodsi pudica mulier in ~tem iuuet domum HOR.Epod.2.39. **d** ubi poetae pro sua ~te falsa confictant PAC.trag.337; me pro mea tenui infirmaque ~te..id..defendisse CIC.S.Rosc.136; quod..fieri non moleste tuli atque etiam, ut ita fieret, pro mea ~te adiuui Fam.5.2.9; ut Philippus rex quam maxima classe..bellum pro ~te sua..gereret LIV.23.33.10;—a me ..pro uirili ~te dictum..fuerit SAL.Rep.1.8.10; laudes, Caesar, pro ~te uirili carmina nostra tuas..canunt OV.Tr. 5.11.23; QUINT.Inst.12.1.1.

9 (usu. pl.) A part in a play or dialogue, role. **b** (w. ordinals or sim.).

quoniam hic seruos quoque ~tis habet, faciam sit.. tragicomoedia PL.Am.62; TER.Hau.1; hoc silentium..uocat alium ad ~tes (i.e. gives another his cue) VAR.R.2.10.1; ne forte seniles mandentur iuueni ~tes HOR.Ars 177; ubi ridendas inclusit pagina ~tes uera redit facies PETR.80.9; (in an imaginary dialogue) feci..sermonem inter nos habitum in Cumano..; tibi dedi ~tis Antiochinas CIC.Fam.9.8.1;—(transf. or fig.) fabulam compositam Volsci belli, Hernicos ad ~tes paratos LIV.3.10.10; fac modo, quas ~tis illa iubebit, agas! arguet: arguito OV.Ars 2.198; blandior et ~tes paene rogantis ago Fast.6.70; ecce iterum Crispinus, et est mihi saepe uocandus ad ~tes JUV.4.2;—(sg., transf. or fig.) non fuit diis..satis spectare Catonem semel; retenta.. uirtus est, ut in difficiliore ~te se ostenderet SEN.Dial. 1.2.12; ciuilia bella satelles mouit, et in ~tem Romani uenit Achillas LUC.10.419. **b** primas ~tis qui aget is erit Phormio parasitu' TER.Ph.27; in actoribus Graecis fieri uidemus, saepe illum qui est secundarum aut tertiarum ~tium, cum possit aliquanto clarius dicere quam ipse primarum, multum submittere CIC.Div.Caec.48;—(transf. or fig.) adiuta me..sine illum priores ~tis hosce aliquot dies apud me habere TER.Eu.151; meae ~tes in ea causa..praecipuae fuerunt CIC.Dom.10; cum primae sint animi ~tes, secundae corporis Fin.5.34; non facere se controuersiam quin priores ~tes consulis essent futurae V.MAX.2.8.2; SEN. Ben.4.2.2; Cimber Tillius, qui primas ~tes susceperat (i.e. in a conspiracy) SUET.Jul.82.1.

10 (usu. pl.) The part one has to play in a business or enterprise, a function, role, task. **b** (action defined by gen. or cl.). **c** *tuae* (etc.) *~tes sunt*, the task or decision devolves on you (etc.). **d** *mearum* (etc.) *~tium est,* it is in my (etc.) province (to do something).

qui in hoc iudicio ~tis accusatoris obtinet CIC.*Quinct.*8; *Fam.*3.10.1; iudicabam duriores ~tis mihi impositas esse ab offensione nostra ANT.*Att.*10.8A.1; aliae enim sunt legati ~tes atque imperatoris CAES.*Civ.*3.51.4; quod sit conscripti, quod iudicis officium, quae ~tes in bellum missi ducis HOR. *Ars* 315; discedunt..ad suas quisque officiorum ~tes LIV. 26.9.9; se..omnibus imperatoriis ~tibus functum V.MAX. 2.8.2; ~tes boni uiri exequere SEN.*Ben.*1.2.4; non aedilis aut praetoris aut consulis ~tis sustineo TAC.*Ann.*3.53; oratores..reipublicae mandatas ~tis agebant FEST.p.198M; pacificatoris ~tes recipere GEL.14.2.15; (*of things*) iustitiae ~tes sunt non uiolare homines CIC.*Off.*1.99; peragunt ~tes ira dolorque suas OV.*Ib.*84;—(*sg.*) iudex sedi, praetor quaesiui, defendi plurimos; nulla ~s quae aliquam facultatem discendi adferre posset a me afuit CIC.*Rab.Post.*9; peracta iam ~s matris est: statuit mori SEN.*Her.O.*1025; ~s defensoris tota est posita in refutatione QUINT.*Inst.* 5.13.1; possunt uideri alia quoque huius ~tis atque officii 11.3.174. **b** (*w. gen.*) has ~tis lenitatis et misericordiae.. semper egi libenter CIC.*Mur.*6; a me in hac causa..pietatis potius quam defensionis, querelae quam eloquentiae..~tis esse susceptas *Sest.*3; sumpsit sibi contra dicendi ~tis TAC. *Dial.*24.2; datae L. Vitellio delationis ~tes *Hist.*3.38;—(*w.* ut+*subj.*) uni ex eis..~tes datae sunt ut..per causam aliquam in angustiis sustineret ab tergo agmen LIV.24.7.4; (*sg.*) qui dicit 'ego non occidi', habet reliquam ~tem ut dicat 'tu occidisti' QUINT.*Inst.*7.2.21. **c** uestrae sunt iam ~tes, iudices, in uestra mansuetudine..causam totam repono CIC.*Sul.*92; tuae ~tes sunt; ego plus quam feci facere non possum *Fam.*11.14.3; PHAED.3.epil.24;—(*w. inf.*) tuae sunt nunc ~tes..docere.. CIC.*Ac.*1.43; SEN.*Her.F.* 440;—(*w.* ut) tuas ~tis esse arbitror ut eius animum..iis opinionibus imbuas.. CIC.*Att.*14.13b.4. **d** medici ~tium est eniti ad reperiendam sanitatem CELS.7.3.2; quod mearum fuit ~tium, exercitum..conparaui CURT.4.14.12; QUINT. *Decl.*257(p.52,l.8).

11 A specified part of anything (with respect to position in space, or in a temporal or other sequence).

(*in space*) in interiore ~ti ut maneam solu' cum sola TER. *Eu.*579; superiorem ~tem arborum CATO *Agr.*18.4; (lepores) superiore ~te pulla, uentre albo VAR.*R.*3.12.5; per Cappadociae ~tem eam quae cum Cilicia continens est iter feci CIC.*Fam.*15.2.2; in abditam ~tem aedium secedit SAL.*Cat.* 20.1; imminet aequoribus scopulus; ~s ima cauatur fluctibus OV.*Met.*4.525; in maritima ~te Illyrici VELL.2.125.5; candidi panis interiorem ~tem CELS.6.6.1K; uestis non tota.. corpori obducitur: nam laeua ~s..est nuda CURT.6.5.27; bulbi..detracta exteriore ~te LARG.134; (folia) in extrema ~te (habent) uelut aculeum 163; sedeat qua ~te theatri JUV.10.213; quercum uidit..patulis in ~te media rimis hiantem GEL.15.16.2; (*fig.*) diuitias in prima felicitatis ~te aut paupertatem in ultimo miseriarum statu ponere V.MAX. 4.4.intro.;—(*in a period, sequence*) prima a ~te iuuentae CIC.fr.6.1; ~s est extrema querellae intellecta parum, confusaque uerba fuerunt OV.*Met.*2.665; ea..(orator) in prima ~te actionis dicit, quae sunt in summa profutura QUINT. *Inst.*10.1.21; dies a media nocte incipit et sequentis noctis media ~te finitur PAUL.*dig.*2.12.8.

12 A portion of territory, a part, quarter, region; (also pl.). **b** a part of the area occupied by military operations, front. **c** the space or portion of ground occupied by something.

urbs quae, quod in ea ~te Fortunae fanum..fuit, Tycha nominata est CIC.*Ver.*4.119; qualibet exsules in ~te regnanto beati HOR.*Carm.*3.3.39; disco, qua ~te fluat.. Araxes PROP.4.3.35; clamato saepe per agros nequiquam Pico nullaque in ~te reperto OV.*Met.*14.398; cuius sepulcrum in ~te Syrtium Maiorum est PLIN.*Nat.*7.14; dic ubi conueniam, dic qua te ~te requiram MART.7.73.5; Alexander pleraque ~te orientali subacta..obiit mortis diem GEL. 17.21.34; (*cf.*) si ex superiore ~te (*i.e. from a height*) aliquis decidit CELS.2.10.9; (*in fig. phr.*) uicinitas, quod ego in propinqua ~te amicitiae puto TER.*Hau.*57; P. Sullam..ex hac familiarium dignitate in impiorum ~tem atque in parricidarum sedem et numerum transferetis? CIC. *Sul.*77; (*transf.*) (Homerus) aliqua ~te sic ait GAIUS *Inst.*3.141;—(*pl.*) quosum aut quibus a ~tibus gliscunt (*sc. the enemy*)? ACC. *praet.*12; ad Orientisne ~tis (ibit)? CIC.*Mur.*89; omnis quae in istis ~tibus essent opes..tuas esse *Fam.*12.7.2; iuuenum ..examen Eois timendum ~tibus Oceanoque rubro HOR. *Carm.*1.35.32; optabo..ut ~tis expellar in illas OV.*Ep.* 17.197; (*in fig. phr.*) ad pares, hoc est in isdem ~tibus animi corporis fortunarum positos *Rhet.Her.*2.48. **b** se ad confligendum animo confirmant..dextra ~s attribuitur Massiliensibus, sinistra Nasidio CAES.*Civ.*2.4.5. **c** quaeris ubi hos (*sc.* libellos) possis..componere..? qua steterant Artes, ~s uacat illa tibi OV.*Pont.*1.1.12.

13 a (in phrs. of type *in omnes ~tes,* indicating direction). **b** (in phrs. of type *omnibus ~tibus ex, ab, de,* or *in omnibus ~tibus,* indicating the position from which an action proceeds, an object is viewed, etc.).

a in omnis ~tes prospectum aucupo PAC.*trag.*96; simulacra..in cunctas iaciuntur didita ~tis LUCR.4.240; ut oculis in utram ~tem fluat (Arar) iudicari non possit CAES.*Gal.*1.12.1; aliam in ~tem fugam petebant 2.24.1; in dextram ~tem pedibus transite LIV.7.35.12; locus.. patens ducentos maxime pedes in omnes pariter ~tes 10.38.5; ora uides Hecates in tres uertentia ~tes OV.*Fast.* 1.141; (membra) in diuersas ~tes diducenda sunt CELS. 7.5.4C; cum ceruix reflexa est in posteriorem ~tem LARG. 255; fumus se numquam in unam ~tem conuertit HYG. *Fab.*68.3;—(*transf.*) animum nunc huc celerem nunc diuidit illuc in ~tisque rapit uarias VERG.*A.*4.286; SEN.*Med.*124. **b** hosteis esse ab dextera ~te CATO *orat.*39; sine detrimento ponuntur (*sc. trees*) a septentrionali ~te VAR.*R.*1.24.3; ex omni ~te dentatam..serrulam CIC.*Clu.*180; ~tibus intonuit caeli..sinistris *Mar.*fr.2.12; in altera ~te fluminis Q. Titurium Sabinum..relinquit CAES.*Gal.*2.5.6; Massilia.. fere tribus ex oppidi ~tibus mari alluitur *Civ.*2.1.3; ab isdem acies Pompeiana a sinistra ~te erat circumita 3.94.4; hortus erat posticis aedium ~tibus LIV.23.8.8; ex omnibus ~tibus, ab fronte, ab latere, ab tergo, trucidantur Hispani 27.48.15; Illyriis laeua de ~te relictis OV.*Tr.*1.4.19; (unguis, *i.e. a membrane over the eye*) saepius a narium..~te nascitur CELS.7.7.4A; stateram, cuius in altera ~te scriblita erat, in altera placenta PETR.35.4; alba (populus) folio bicolor, superne candicans, inferiore ~te uiridi PLIN.*Nat.*16.86; a ~te alia propulsa..tertia decima legio TAC.*Hist.*2.43; qui ab utraque ~te fluminis prope ripam praedia possident GAIUS *Inst.*2.72; (*transf.*) rem publicam nulla ex ~te attingimus CIC.*Att.*2.22.3; hinc pudor, ex illa ~te trahebat amor OV.*Am.*3.10.28;—(*cf. sense 14*) ille gladium..strinxit ..idem ex altera ~te feci PETR.80.2.

14 (transf. or fig.) One of two or more contrasted sides or aspects of a situation, problem, etc. (esp. in such phrs. as *in utramque ~tem, ex altera ~te*). **b** standpoint taken in interpreting a thing; esp. *in bonam, malam,* etc., *~tem accipere* (or sim.), to take in good, bad, etc., part. **c** *hac ~te, ex, ab,* or *in hac ~te,* in this particular, on this point, etc. (and sim. phrs.). **d** (*ex*) *omnibus ~tibus,* in every way, in all respects, etc.; so *omni ~te, ex, ab,* or *in omni ~te;* also *in omnes ~tes.* **e** *ex* or *ab ~te mea,* on my side of a partnership or alliance, on my part (or sim.).

fortasse plus speraui quam debui. haec ~s maxime metuenda est SEN.*Dial.*5.30.3;—(*advl. phrs.*) quo nemo..antehac est habitus..magi' continens, is nunc in aliam ~tem palmam possidet PL.*Mos.*32; in istam ~tem potiu' peccato TER.*Ad.*174; uidete nunc quam uersa et mutata in peiorem ~tem sint omnia CIC.*S.Rosc.*103; has scripsi in eam ~tem ne me motum putares *Att.*16.1.6; magnam uim esse in fortuna in utramque ~tem, uel secundas ad res uel aduersas *Off.*2.19; proelium..haud sane memorando in ~tem ullam euentu LIV.29.2.3; neutram in ~tem mutato uultu V.MAX.6.2.7; in istam..~tem satis esse cautum QUINT.*Decl.*331(p.302, l.7); Augustus quid de eo in utramque ~tem opinatus sit SUET.*Cl.*3.2; quamuis in ~tem (*i.e. with regard to*) substitutionis exheredatus non sit SCAEV.*dig.*28.3.19.1;—(*w. ref. to different forces of a word, etc.*) et augendae rei et minuendae ualet ('ue' particula)..'uesani' autem et 'uecordes' ex una tantum ~te dicti, quae priuatiua est GEL.5.12.10; sunt ..uerba haec (*i.e. dep. verbs*) omnia ex altera ~te (*i.e. with passive force*) inusitata 15.13.2. **b** natura eius affectionis..quietissima a ~te explicanda, ut..res ipsa a facto crudeli..ad quoddam mitius..traducatur CIC.*Inv.* 2.25; si beneficia a deteriore ~te spectaueris SEN.*Ben.* 2.28.4;—hoc quispiam uoluit deus.—equidem pol in eam ~tem accipio TER.*Eu.*876; poeta sensit scripturam suam.. aduorsarios rapere in peiorem ~tem *Ad.*3; quod atrociter in senatu dixisti..mitiorem in ~tem interpretarere CIC.*Mur.* 64; Caesar mihi ignoscit per litteras quod non uenerim, seseque in optimam ~tem id accipere dicit *Att.*10.3a.2; ad tristem ~tem strenua est suspicio PUB.*Sent.*A.7; quis febricitantis..maledicta in malam ~tem accipit? SEN.*Dial.* 2.13.1; (Socrates) comoediarum publicatos in se..sales in ~tem bonam accepit 2.18.5; (*pl.*) si libuerit aliquid interponere,..bonas in ~tes, lector, accipias uelim PHAED. 2.pr.11. **c** fiebat ut..minus facile finitimis bellum inferre possent: qua ex ~te homines bellandi cupidi magno dolore adficiebantur CAES.*Gal.*1.2.4; regnum, cetera egregium, ab una ~te haud satis prosperum fuerat LIV.1.32.2; laudamus magnas hac quoque ~te deas OV.*Fast.*6.808; frigidiores.. regiones hac..~te salubritatem habent, quod minus terribiles angues edunt CELS.5.27.10; omnis sui uitiosa iactatio est..reprehensus est in hac ~te non mediocriter Cicero QUINT.*Inst.*11.1.17; nunc me uelim..in hac etiam ~te consilio iuues FRO.*Aur.*1.p.64(42N). **d** exercitus is..omnibus ~tibus commodius regitur CIC.*Inv.*1.58; 2.136; amor tuus ex omnibus ~tibus se ostendit in iis litteris *Fam.*5.15.1; —quod sit omni ex ~te in suo genere perfectum *Amic.*79; decepti iuuenes..quos suus ex omni ~te fefellit amor OV. *Rem.*42; Liuia..est omni ~te secuta uirum *Fast.*5.158; omni..a ~te placebam [Ov.]*Ep.Sapph.*45; auxerunt..ab omni ~te grammaticam SUET.*Gram.*2(p.101Re); in omni ~te error in iure non eodem loco quo facti ignorantia haberi debebit NERAT.*dig.*22.6.2;—alter multos plane in omnis ~tis fefellit CIC.*Sest.*21; Brundisi iacere in omnis ~tis est molestum *Att.*11.6.2; *Fam.*4.10.1; in praeceptis, quibus in omnes ~tes usus uitae conformari possit *Off.*1.7. **e** nulla fides..fuit..quanta in amore tuo ex ~te reperta mea est CATUL.87.4; ab uxoris nurusue ~te prohibitum est donari uiro uel genero ULP.*dig.*24.1.3.6.

15 A standpoint or side taken in a dispute or contest (usu. in advl. phrs.).

(*in an argument, debate*) meas ~tis in iis libris copiosius defensas esse quam suas CIC.*Att.*13.25.3; ut..facilius ab utraque ~te assensio sustineretur *Ac.*1.45; ut in omnibus rebus, quicquid ex utraque ~te dici posset, expromeret *Fin.*5.10; consuetudo de omnibus rebus in contrarias ~tis disserendi *Tusc.*2.9; hac in utramque ~tem disputatione habita CAES.*Gal.*5.30.1; multa..in eam ~tem..est argumentatus LIV.33.28.8; neque..defuit qui diuersam..~tem susciperet, ac..nostrorum temporum eloquentiam antiquorum ingeniis anteferret TAC.*Dial.*1.4;—(*in a military or political contest*) ex utraque ~te sunt qui pugnare cupiant CIC.*Fam.*16.11.2; in altera ~te erat aes alienum, studium belli..at in altera maiores opes, tuta consilia SAL.*Cat.*41.2; caesa sunt Persarum peditum c milia.., at a ~te Alexandri ad quattuor milia quingenti saucii fuere CURT.3.11.27; (*in fig. phr.*) distrahuntur in contrarias ~tis impotentium cupiditates CIC.*Tusc.*5.60;—(*in a court of law or sim.*) color a ~te patris aliquid curae desiderat SEN.*Con.*2.1.30; alteram ~tem solus Gallio declamauit *Suas.*5.8; quo modo (possint) propositis ex ~te aduersa respondere? QUINT.*Inst.*2.4.28.

16 (meton., sg. or pl.) One of two opposing groups or individuals, a party, side: **a** (in war, esp. civil war). **b** (in politics). **c** (applied to private coteries). **d** (in a lawsuit or trial). **e** (in a debate or argument).

a (*sg.*) (Solon) capite sanxit si qui in seditione non alterius utrius ~tis fuisset CIC.*Att.*10.1.2; satis spati est ad considerandas utriusque copias et eligendam ~tem CAEL.*Fam.* 8.14.3; ciuitatem esse perturbatam neque sibi dari facultatem pro dignitate uiuendi, quin alterutram ~tem offenderet NEP.*Att.*2.2; Bruttios..Carthaginiensium ~tis factos cerne bant LIV.24.1.1; neutra ~s detractauit pugnam 25.19.15; ueniam ~ti superatae saepe dedisti OV.*Tr.*2.43; non ~tis studiis agimur nec sumpsimus arma consiliis inimica tuis LUC.4.348; ubi dissensere..accitus in ~tem aduersum omnis ualescit TAC.*Ann.*6.42; apud Ilerdam..assiduo inter utrasque ~tes..commercio SUET.*Jul.*75.2; (*cf.*) cum peteret ~s haec Myrinum, ~s illa Triumphum (*i.e. at a gladiatorial show*) MART.*Sp.*20.1; (*transf.*) traditur armatis uulgus inerme uiris..haec quoque ~s (*i.e. sex*) monitis erudienda tuis OV.*Ars* 3.48;—(*pl. applied to a single faction*) utrum sit ..~tibus utilius Treboni mortem persequi an Caesaris CIC. *Phil.*13.38; dissociatis animis ciuium, cum alii Sullanis, alii Cinnanis fauerent ~tibus NEP.*Att.*2.2; urbem..accepi, cum Philippi ~tium, non in uestra societate esset LIV. 34.31.7; Bruti et Cassii ~tes secutus fuerat V.MAX.4. 7.4; Catonem iam ~tibus..fractis stantem..inter ruinas publicas rectum SEN.*Dial.*1.2.9; parere decebit, si faciet ~tes pro libertate, Catoni LUC.9.97; (Siliani) Vitellio obstricti..transiere in ~tis TAC.*Hist.*1.70; profugus patria sua Cinna confugit ad ~tes FLOR.*Epit.*2.9(3.21.10); SUET. *Nero* 3.1; GEL.3.9.5; (*cf.*) nocturna ea dimicatio fuit et Luna in ~tibus (*i.e. took sides*) FLOR.*Epit.*1.40(3.5.23). **b** sentiunt se nullam ullius ~tis uoluntatem tenere CIC.*Att.* 2.21.5; nuntios..ad principes factionis Barcinae praemittit ut praepararent suorum animos ne quid ~s altera gratificari populo Romano posset LIV.21.9.4;—(*pl. applied to a single party*) ciuem bonarum artium, bonarum ~tium, bonorum uirorum CIC.*Cael.*77; *Att.*1.14.6; quicumque aliarum atque senatus ~tium erant, conturbari rem publicam..malebant SAL.*Cat.*37.10; Milo pro melioribus ~tibus stabat ASC.*Mil.* 26. **c** in iuuenali armorum certamine ~s nostra non inferior fuerat LIV.40.14.2; (*cf.*) sunt quorum..animos nequeo noscere ad amici ~tem an ad inimici peruenant PL.*Trin.*93;—(*pl. in sg. sense*) Maecenas..a te est quod ferar in ~tis ipse fuisse tuas PROP.3.9.60; aliquis Peliae de ~tibus acta uenenis imputat OV.*Ep.*6.101; nemo..suarum ~tium est SEN.*Ben.*5.10.3. **d** nostrae timeo ~ti quid hic respondeat TER.*An.*419; ab ista ~te iudici pecuniam ante iudicium datam CIC.*Clu.*65; lis ad forum deducta est, uespa iudice; quae..legem duabus hanc proposuit ~tibus PHAED.3.13.5; Aeacus..illum altera tantum ~te audita condemnat SEN.*Apoc.*14.2; dicit ~s diuersa: 'non fuisti uxor..' QUINT.*Decl.*247(p.10,l.10); diuersae ~tis aduocato SUET.*Gram.*9(p.107Re); necesse est arbitro..dies statuere, ~tibus scilicet consentientibus POMPON.*dig.*4.8.14;—(*pl. in sg. sense*) tutare amici causam, ~tis suscipe *Inc.pall.*56. **e** sunt quibus in satira uidear nimis acer..; sine neruis altera quidquid composui ~s esse putat HOR.*S.*2.1.3; OV.*Met.*3.255; primum an sit aliquod ex distantibus bonum, etiamnunc quaeritur et ~s utraque sententias habet SEN. *Ep.*102.11; praeualuit..~s quae supplicium decernebat TAC.*Ann.*14.45.

parsimōnia ~ae, *f.* [PARCO+-MONIA]

1 Thrift, frugality, economy. **b** niggardliness, parsimony.

nimi' lepide fecit uerba ad ~am PL.*Aul.*497; aut largitate nimia aut ~a TER.*Hau.*441; in ~a atque in duritia atque industria CATO *orat.*69; rusticana illa atque inculta ~a CIC.*Quinct.*92; non intellegunt homines, quam magnum uectigal sit ~a *Parad.*49; *Off.*1.92; inops regio, quae ~a astringeret milites LIV.39.1.6; ~a est scientia uitandi sumptus superuacuos SEN.*Ben.*2.34.4; subtilitas ~ae compendia inuenit PLIN.*Nat.*17.172; prouinciali ~a TAC.*Ag.*4.3; antiquae ~ae *Ann.*12.53; GEL.2.24.1; SATIS AMPLVM PATRIMONIVM IMPERIO PARATIS EX ~A VESTRA *CIL* 2.6278.9;—(*w.* in+*abl.*) meam in eo ~am huius paginae contractio significat CIC.*Att.*5.4.4; helluato sera patrimonio in fratre ~a VERG.*Cat.*13.12;—(*in pl.*) ueteres ~ae PL.*Trin.*1028; —(*prov.*) sera ~a in fundo est SEN.*Ep.*1.5. **b** misit.. donum matri nulla ~a TAC.*Ann.*13.13;—(*w. gen.*) praemiorum ~am cauillantes PLIN.*Nat.*19.144.

2 (w. gen.) Temperance or moderation (in respect of something), a restrained or economical use (of something). **b** a restrained or unelaborate style of speech, economy of words.

~a uictus atque cultus NEP.*Alc.*11.4; summa ~a etiam uilissimi sanguinis SEN.*Cl.*1.1.3; diu..eius rei (*sc.* uini) magna ~a fuit PLIN.*Nat.*14.90; uoluptatum ~a TAC.*Ann.* 15.48; tanta erat ~a temporis PLIN.*Ep.*3.5.12; linguae ~a GEL.12.4.1. **b** sunt enim pleraque apta huius ipsius oratoris..~ae CIC.*Orat.*84; ut in illa (oratione) neque Cato grauitatem requirat..nec ~am Salustius APUL.*Apol.*95.

3 (concr.) Savings.

lupae ni rapiant domini ~am *Arg.Pl.Truc.*6.

parsimonium (parc-) ~(i)ī, *n.* [PARCO+-MONIVM] (concr.) Savings.

AVR AGRIPPINVS ET AVR VICTORIA CONPAR EIVS DE ~IO SVO DOMVM AETERNAM VIVI SIBI POSVERVNT *CIL* 5.123; HERCVLI C VOSSIVS P F FAB DE SVO ~IO V S 5.4156.

parta ~ae, *f.* [pple. of PARIO] An animal which has brought forth young.

quo..~a (*i.e. the ewe*)..minus laboret in educatione fetus sui COL.7.4.3.

Parthāōn ~onis, *m.* A king of Calydon, the son of Agenor and Epicaste and father of Oeneus.

~one nate! OV.*Met.*9.12; patriis ~onis aruis STAT.*Theb.* 2.726.

Parthāonius ~a ~um, *a.* Of or connected with Parthaon or his descendants. **b** (of things connected with Calydon).

~ae..domus OV.*Met.*8.542; STAT.*Theb.*1.670. **b** ~am ..feram MART.*Sp.*27.2.

Parthēnī ~ōrum, *m. pl.*: see PARTHINI.

Parthenia ~ae, *f.* A name given to the island of Samos.

insulam Samum scribit Varro prius ~am nominatam, quod ibi Iuno adoleuerit VAR.*gram.*399; PLIN.*Nat.*5.135; HYG.*Fab.*14.16.

Parthenianus ~a ~um, *a.* Of or connected with Parthenius.
haec toga iam non est ~a, mea est MART.9.49.10.

parthenicē ~ēs, *f.* [Gk. παρθενική] A flower, perh. camomile.
alba ~e CATUL.61.187.

parthenis ~idis, *f.* [Gk. παρθενίς] Artemisia, wormwood.
mulieres..hanc gloriam adfectauere, in quibus Artemisia..adoptata herba quae antea ~is uocabatur PLIN.*Nat.* 25.73.

parthenium ~iī, *n.* [Gk. παρθένιον] A name applied to several plants: **a** pellitory of the wall, *Parietaria officinalis*; app. also another variety of pellitory. **b** (prob.) feverfew, *Chrysanthemum ~ium.* **c** (prob.) French mercury, *Mercurialis annua.* **d** (app.) an edible plant found in Egypt.
a perdicium siue ~ium siue etiam sideritis alia est; ab nostris herba urceolaris uocatur PLIN.*Nat.*22.43;—helxinen aliqui perdicium uocant..nonnulli ~ium 22.41. **b** ~ium alii leucanthes, alii amaracum uocant, Celsus apud nos perdicium et muralem PLIN.*Nat.*21.176. **c** linozostis siue ~ium Mercuri inuentum est PLIN.*Nat.*25.38. **d** PLIN. *Nat.*21.89.

Parthenius[1] ~iī, *m.*

1 a A mountain in Arcadia. **b** a river on the borders of Paphlagonia and Bithynia. **c** a fountain at Plataea.
a LIV.34.26.9; MELA 2.43; PLIN.*Nat.*4.21. **b** MELA 1.104; V.FL.5.103. **c** HYG.*Fab.*181.1.

2 a A Greek poet and grammarian of the time of Augustus. **b** the chief chamberlain of Domitian. **c** (app.) a silversmith or engraver.
a fecit et Graeca poemata imitatus..~ium SUET.*Tib.* 70.2; GEL.13.27(26).1. **b** MART.8.28.16; ~ius cubiculo praepositus SUET.*Dom.*16.2;—(*in pl., as typifying court officials*) Sigeros..meros ~iosque sonas MART.4.78.8. **c** lances ~io factas JUV.12.44.

Parthenius[2] ~a ~um *a.* Of or connected with Mt. Parthenius.
~os..saltus VERG.*Ecl.*10.57; ~is..antris PROP.1.1.11; ~is..uallibus OV.*Ep.*9.49; STAT.*Theb.*2.207.

Parthenopaeus ~ī, *m.* A son of Meleager and Atalanta, one of the Seven against Thebes.
PAC.*trag.*49; inclutus armis ~us VERG.*A.*6.480; MART. 6.77.2; STAT.*Theb.*4.248; HYG.*Fab.*70.1.

Parthenopē ~ēs, *f.* A name applied to the city of Naples (supposed by the ancients to stand on the site of the tomb of a Siren who was so called).
illo Vergilium me tempore dulcis alebat ~e VERG.*G.*4.564; in otia natam ~en OV.*Met.*15.712; PETR.120,l.68; Neapolis ..~e a tumulo Sirenis appellata PLIN.*Nat.*3.62; STAT.*Silv.* 3.5.79; Graia..~e SIL.8.534.

Parthenopēius ~a ~um, *a.* Of or connected with Parthenope (i.e. Naples).
~a..moenia OV.*Met.*14.101.

Parthī ~ōrum, *m. pl.* The inhabitants of Parthia, Parthians. **b** (sg., collect.; also to indicate a typical Parthian).
cum ~orum..maximas copias fudit CIC.*Phil.*11.35; sagittiferos..~os CATUL.11.6; leues..~i VERG.*G.*4.314; terga..~orum OV.*Ars* 1.209; regna ~orum duodeuiginti sunt omnia PLIN.*Nat.*6.112; ~i trans Euphraten redacti TAC.*Hist.*5.9; cum aduertissent ~os et Armenios sedentis in senatu SUET.*Cl.*25.4. **b** si ~us mouet aliquid CAEL. *Fam.*8.5.1; aduersus Romanos odio et in ~um inuidia TAC. *Ann.*2.56;—sagittas et celerem fugam ~i HOR.*Carm.*2.13. 18; fugax ~us OV.*Rem.*155; gemit inter bella peremptum ~us equum STAT.*Silv.*2.6.19.

Parthia ~ae, *f.* A country of western Asia to the south of the Caspian Sea, Parthia.
LUC.8.350; deserta ~ae PLIN.*Nat.*6.44; MART.10.76.2.

Parthicārius ~a ~um, *a.* Of or connected with the Imperial title *Parthicus.*
P ALFIO..PRAETORI ~O (*i.e. the magistrate responsible for games in honour of Trajan's victory over the Parthians*) *CIL* 2.4110.

Parthicus ~a ~um, *a.* Of or connected with Parthia or its inhabitants, Parthian. **b** (as a title, esp. of various Roman Emperors).
otium ~um CIC.*Att.*5.14.1; ~us casus 7.26.3; ~um bellum HIRT.*Gal.*8.55.1; SIGNIS ~IS RECEPTIS *BMCR* 2. p.547,No.299(*c.*19 B.C.); tela modo spargere ~o SEN.*Phaed.* 816; ~a..damna LUC.1.106; (pane) e Parthis inuecto quem aquaticum uocant..alii ~um PLIN.*Nat.*18.105. **b** Q LABIENVS ~VS IMP *BMCR* 2.p.500,No.131(40–39 B.C.);—IMP CAES NER TRAIANO OPTIMO AVG GER DAC ~O *BMCI* 3.p.221,No.1033(Trajan); DIVI TRAIANI ~I *CIL* 6.31539; *BMCI* 3.p.398,No.1106(Hadrian); IMP CAES M AVRELI ANTONINI AVG ARMENIACI ~I *CIL* 6.360; L SEPTIMIO SEVERO.. PARTICO MAXIMO 10.5825.

Parthīnī (-ēnī) ~ōrum, *m. pl.* The inhabitants of the city of Parthus in Illyria, Parthinians.
CIC.*Pis.*96; expugnato..oppido ~orum CAES.*Civ.*3.41.1; LIV.33.34.11; MELA 2.55.

Parthīnus ~a ~um, *a.* Of or belonging to the Parthini.
Asini Epicadi ex gente ~a ibridae SUET.*Aug.*19.1.

Parthis ~idis, *f. adj.* Parthian.
tellus..~is MAN.4.803.

Parthus ~a ~um, *a.* (for sb. see PARTHI). Of or connected with Parthia or its inhabitants, Parthian.
equitem ~um CIC.*Fam.*9.25.1; ~o..cornu VERG.*Ecl.*10. 59; ~as..sagittas OV.*Rem.*157; ~i imperatores TAC.*Ann.* 11.9; regi..~o JUV.6.407.

partiāriō, *adv.* [next+-o[2]] On a basis of sharing (something with others), 'on shares'.
calcem ~ coquendam qui dant CATO *Agr.*16; cum uxore mea ~ tractabo APUL.*Met.*9.27.

partiārius ~a ~um, *a.* [PARS+-ARIVS] Sharing or participating (with others in something), associate, joint. **b** held jointly or in common, shared (with others).
legatarii ~i GAIUS *Inst.*2.254; ~us colonus *dig.*19.2.25.6. **b** cum mortali puella ~o maiestatis honore tractor APUL. *Met.*4.30; ~us..concubinus 8.26.

particeps[1] ~cipis, *a.* [PARS+-CEPS[1]] CONST.: w. gen. Having a share or participating (in): **a** (of a person, his mind, etc.). **b** (of things).
a ne ueniet quidem in eum ordinem quisquam uitii ~ceps CIC.*Leg.*3.29; quia trium temporum ~ceps animus sit *Fin.* 2.108; animam rationis consilique ~cipem *N.D.*1.87; altera (pars animi) rationis est ~ceps, altera expers *Tusc.*2.47; *Tim.*27; complures..consili huiusce ~cipes nobiles SAL. *Cat.*17.5; SUET.*Otho* 3.1. **b** ea (*sc.* oratio) quae ~ceps utriusque generis quadam mediocritate laudatur CIC.*de Orat.*3.199; causa et honestatis et turpitudinis ~ceps (est) *Inv.*1.20; nec ulla de summo bono ratio aut uoluptatis ..~ceps aut honestatis expers probabitur *Fin.*2.38; cum ita copulatae..sint (uirtutes), ut omnes omnium ~cipes sint 5.67; de eo genere (quadrupedum) primum dicemus, cuius usus nostri laboris est ~ceps COL.6.pr.6; medius (stilus) in confinio est utriusque modi ~ceps GEL.6(7).14.3.

particeps[2] ~cipis, *m.*, (*f.*). [prec.] A participant, sharer, accomplice (in an activity, etc.).
praeda per ~cipes aequiter partita est ANDR.*trag.*3; is speculatum huc misit me, ut quae fierent fieret ~ceps PL. *Aul.*605; nisi ubi ille huc saluos redierit meus ~ceps TER. *Hau.*150; aut expedies nos omni molestia aut eris ~ceps CIC.*Att.*2.25.2; potuimus..honoribus ut ~cipes frui BRUT. *ad Brut.*1.16.4; secunda..fortuna populi Romani ut ~cipes Latini fruantur LIV.1.52.3; Marino ~cipe Seianus Curtium Atticum oppresserat TAC.*Ann.*6.10;—(*w. gen.*) fac ~cipes nos tuae sapientiae PL.*Epid.*266; me..istius sermonis ~cipem factum esse gaudeo CIC.*de Orat.*3.228; est fortasse nunc non nullorum ~ceps commodorum *Balb.*63; huius.. belli ego ~ceps et socius et adiutor esse cogor *Att.*9.10.5; dum nostri sis ~ceps amoris CATUL.55.22; ~cipem leti quoque conuenit esse (animum) LUCR.3.462; ut..praedae ac praemiorum uelint esse ~cipes CAES.*Civ.*3.82.1; ~cipem negoti SAL.*Jug.*29.3; admouebatur altaribus magis ut uictima quam ut sacri ~ceps LIV.10.38.9; te..~cipem studii Caesar habere solet OV.*Pont.*2.5.42; Demetrius, qui proximi sceleris ~ceps esse arguebatur CURT.6.11.35; ~cipem qui te secreti fecit honesti JUV.3.52; ~cipibus ..uictoriae..nihil extra ordinem indulsit SUET.*Ves.*8.2; MINERVAE IOVIS CONSILIORVM ~CIPI *CIL* 3.1076;—(*w. gen. of gdve.*) eos qui hereditatis diripiendae ~cipes fuissent CIC.*Ver.*4.139; pro legato et ~cipe administrandi belli LIV. 35.10.8;—(*w.* in+*abl.*) ~ceps tu factus es in turpissimo foedere CIC.*Inv.*2.92;—(*w.* ad+*acc.*) Natalis ~ceps ad omne secretum Pisoni erat TAC.*Ann.*15.50;—(*of non-personal subjs.*) istius..calamitatis tuae fortuna ~ceps non fuit CIC. *Ver.*5.132; Ciliciam..firmiorem fore, si aequitatis nostrae ~ceps facta esset *Fam.*15.1.3.

participālis ~is ~e, *a.* [as prec.+-ALIS] (gram.) Of the nature of a participle, participial.
quae declinantur cum temporibus ac casibus ac uocantur a multis ideo ~ia VAR.*L.*10.34; sunt..haec quoque uerba ~ia quidem, non tamen qualia 'dicto factoque' QUINT.*Inst.* 1.4.29.

participātiō ~ōnis, *f.* [PARTICIPO+-TIO]

1 Participation, sharing (in).
ex ~one uitiorum APUL.*Pl.*2.11; *Soc.*3.

2 (app.) A participle.
sumo..et demo et emo ⟨dicimus, et⟩ detracta uerbis ⟨littera⟩ superuacua (*sc.* p) quare ~onibus adiciatur ratio non est SCAUR.gram.in *G.L.*7.21.

participiāliter, *adv.* [next+-ALIS+-TER[2]] Participially.
torrens ~ pro exurens ponitur FEST.p.352M.

participium ~iī, *n.* [PARTICEPS+-IVM] (gram.) A verbal form which partakes of the function of a substantive, a participle (incl. gerundive acc. ancient classification).
(uocabula) simul habent casus et tempora, quo uocantur ~ia VAR.*L.*8.58; mixtum uerbo ~ium QUINT.*Inst.*1.4.19; utimur et uerbo pro ~io: 'magnum dat ferre talentum', tamquam 'ferendum', et ~io pro uerbo: 'uolo datum' 9.3.9; SCAUR.gram.in *G.L.*7.25; futurum..non refertur ad rem.. neque pro ~io positum est GEL.1.7.6.

participō ~āre ~āuī ~ātum, *tr.* Also **~or** ~ārī ~ātus. [PARTICEPS+-O[3]] FORMS: dep. *CIL* 1.2540b.1, ULP.*dig.*4.4.9.4.

1 To share or participate with others in. **b** to share (with others) the knowledge of.
pestem ut ~et parem ENN.*scen.*168; inter participes diuidam praedam et ~abo PL.*Per.*757; ad ~andum alium alio communicandumque inter omnes ius CIC.*Leg.*1.33; ~ando laudes LIV.2.52.8; iocum seriumque ~auimus FRO. *Amic.*1.p.286(174N); si eum forte ad ~andas eiusmodi uoluptates..casus induxerit GEL.15.2.7; imago..tam uarias habitudines corporis ~at APUL.*Apol.*14; ~are curiam 24; sacrorum pleraque initia..~aui 55; si pretium ~atus est ULP.*dig.*4.4.9.4; si eum consilium fraudis ~asse constabit PAPIN.*dig.*46.3.96;—(*w.* cum) suas laudes ~are cum Caesone LIV.3.12.5; uxor..mensam nobiscum..~at APUL.*Met.*9.24. **b** nec..cum quoquam ~atis nocturnis imaginibus APUL. *Met.*8.9.

2 To cause to participate (in), make a party (to).
(*w. gen.*) paternum seruom sui ~at consili PL.*Cist.*165;—(*w. abl.*) uti dentes quoque sensu ~entur LUCR.3.692; meum dominum comis hospes opipari prandio ~at APUL.*Met.*9.33;—(*w.* de) non potuit quin sermone suo aliquem familiarium ~auerit de amica eri PL.*Mil.*263;—(*w. noun cl.*) auden ~are me quod commentu's? 232; ecquid agant neque ~ant nos neque redeunt *St.*33.

particula ~ae, *f.* [PARS+-CVLA]

1 A (usu. small) part, piece, section, etc. (of anything, whether abst. or concr.). **b** *ex aliqua ~a*, to some (small) extent, to a certain degree.
~ae caeli CIC.*de Orat.*1.179; cognoscis ex ~a parua scelerum..genus uniuersum *Pis.*85; ~as (summi boni) arripere *Fin.*5.72; cuius..omne animal quasi ~a quaedam est..eius similem mundum esse dicamus *Tim.*11; ~am litterularum tuarum BRUT.*ad Brut.*1.16.1; diuinae ~am aurae HOR.*S.*2.2.79; uagae..harenae..~am *Carm.*1.28.25; parua ~a terreni VITR.8.3.26; diducimus illam in ~as SEN. *Ep.*32.2; agri sui ~as omnis..circumire COL.1.2.1; sincipitis uetustissima ~a PETR.135.4; haec (uerba)..ex ~is trium coeunt QUINT.*Inst.*1.5.67; exiguam..malorum ~am JUV.13.14; qui plurimos libros de genitu animalium..deque ~is..reliquerunt APUL.*Apol.*36. **b** CIC.*Ver.*1.100; 2.47.

2 A particle of matter, an atom.
Anaxagoras (dixit esse) materiam infinitam, sed ex ea ~as similes inter se minutas CIC.*Luc.*118; omnem efflare colorem ~as LUCR.2.833; copia ~arum 4.776; uolumina.. commentariorum non ordinata sed incepta uti ~as errabundas reliquisse VITR.4.pr.1.

3 (in various special senses) A small piece: **a** a small piece of food, morsel, titbit. **b** a small portion or parcel of land. **c** (astron.) a small part of the Ecliptic (i.e. a degree).
a mater..~as a te sibi missas cum clienta communicabit FRO.*Aur.*1.p.146(32N);—(*fig.*) qui omnis tenuissimas ~as..ut nutrices infantibus pueris in os inserant CIC. *de Orat.*2.162. **b** saepe trans uiam aliquas possessores ~as habent SIC.FL.*agrim.*p.109; HYG.*agrim.*p.93. **c** hoc biduo sol unam dicitur tenere ~am COL.11.2.39.

4 a A section or division of a sentence, clause, colon. **b** (of distinctions or classifications) a subdivision, subsection. **c** a small point, detail, item.
a de..eorum ~is et tamquam incisionibus disserendum est CIC.*Orat.*206; 226; hae ~ae prout sunt graues, acres, lentae QUINT.*Inst.*9.4.69. **b** cum fecerunt mille ~as QUINT.*Inst.*4.5.25; non equidem in omnes eam (*sc.* ἐνάργειαν) ~as secabo 8.3.63. **c** ut ne qua ~a in hoc sermone praetermissa sit CIC.*Rep.*1.38; in ~as suasisse totum ordinanti parum est SEN.*Ep.*95.44; tam minutas rerum ~as QUINT. *Inst.*3.11.21; rogo, ut non tantum uniuersitati eius (sermonis) attendas, uerum etiam ~as..persequaris PLIN.*Ep.* 1.8.3.

5 (gram.) A part of a word (e.g. a prefix or suffix); a short, indeclinable word (e.g. a conjunction or particle).
'ue' enim ~a..duplicem significatum..capit GEL.5.12.9; 11.15.8;—licet nulla sit interiecta ~a VAR.*gram.*40; 'atque' ~a a grammaticis quidem coniunctio esse dicitur conexiua GEL.10.29.1; 'saltem' ~a quam haberet principem significationem..quaerebamus 12.14.1.

particulātim *adv.* [prec.+-IM] Bit by bit, piecemeal, one by one, severally.
(ager) ~ oppidis cognominatus, ut a Praeneste Praenestinus VAR.*L.*5.32; *Men.*17; si summatim, non ~ narrabimus *Rhet.Her.*1.14; lumina qui linquunt moribundi ~ LUCR. 3.542; instrumenta excarnificandi ~ hominis SEN.*Ep.*24.14; non desiderat ~ admoneri, doctus in totum 94.3; ~ facilius quam uniuersus (grex) conualescit COL.7.5.4; pelamydes.. ~..consectae PLIN.*Nat.*9.48; (cichorium) nascitur post uergilias, floret ~ 21.88; partim scriptorum animaduertas ~ elegantes (*i.e. each in his particular sphere*) FRO.*Aur.*1.p.4 (62N); licet ~ ita refecta sit (domus), ut nihil ex pristina materia supersit GAIUS *dig.*30.65.2; APUL.*Mun.*19.

particulō ~ōnis, *m.* [PARTICVLA+O[1]] One who has a share (in an inheritance), a coheir.
~ones producam tibi POMPON.*com.*140.

partim, *adv.* [old acc. sg. of PARS]

1 To the extent of a part of the number or amount concerned, in part (often used in place of subj., obj., etc., with quasi-substantival force, = 'some', 'a part'). **b** (repeated, giving more or less the sense of 'one part.. another part', 'some..others'). **c** (second *partim* replaced by *alius, nonnulli,* etc.).
quod ~ faciunt argentarii PL.*Per.*434; ulmos serito et ~ populos CATO *Agr.*6.3; sunt ~, qui duarum rerum alterius utrius causa magistratum petunt *orat.*138; statuae in locis publicis positae, ~ etiam in aedibus sacris CIC.*Ver.*2.158;

intereunt ~ statuarum et nominis ergo Lucr.3.78;—(*w. gen.*) cum..peregrinos omnes..~que seruitiorum urbe expulisset Suet.*Aug*.42.3; '~ hominum uenerunt' plerumque dicitur, quod significat 'pars hominum uenit' Gel. 10.13.1;—(*w.* ex) quorum scelere religiones tum prostratae ..sunt, ~ ex illis distracti..iacent Cic.*Leg*.2.42;—(*equivalent to a sb. in the gen. case*) neglegentia ~ magistratum Quad.*hist*.89;—(*after* cum, *equivalent to sb. in abl. case*) ibi pro scorto fuit..cum ~ illorum iam saepe ad eundem modum erat Cato *orat*.206; (*as though acc. w. foll. pple. in agreement*) cum ~ copiis hominum adulescentium placentem sibi Quad.*hist*.87. **b** ~ fera uite, ~ lauro et arbuto.. abundant Sis.*hist*.60; ~ similia ~ dissimilia Var.*L*.8.34; ciuium Romanorum, quos ~ securi percussit, ~ in uinculis necauit Cic.*Ver*.1.7; meos ~ inimicos, ~ inuidos huic accusationi esse fautores *Planc*.1; peccata..~ esse tolerabilia, ~ nullo modo *Fin*.4.56; pondere enim fretae ~ stant..~..nequeunt impellier usquam Lucr.6.1058; complures hostium..~ in fuga proteruntur, ~ intercipiuntur Hirt.*Gal*.8.48.7; corpora ~..terrae infodiunt, auectaque ~ finitimos tollunt in agros Verg.*A*.11.204; faces ~ emissae excipiuntur, ~ ui eripiuntur Liv.4.33.6; cum ii..partim haurirentur incendio, ~..in mare semet ipsos inmitterent Curt.4.3.4;—(*w. part. gen.*) ~ sum earum exactus, ~ uix steti Ter.*Hec*.15; bonorum..~ necessaria sunt.., ~ non necessaria Cic.*Part*.86; quorum ~..castra sunt secuti, ~..domi remanserunt Nep.*Att*.7.2;—(*w.* ex) sex fuerunt, e quibus ~..tecum sentiebant, ~ medium..cursum tenebant Cic.*Vat*.16; Quint.*Inst*.3.4.8;—(*repeated more than once*) mercatores..qui ~ socios suos, ~ libertos, ~ conlibertos spoliatos..esse dicunt Cic.*Ver*.5.154; (cupiditates) ~ esse naturales et necessarias, ~ naturales et non necessarias, ~ neutrum *Tusc*.5.93; urbes circa..~ spe, ~ metu, ~ ui subigit Liv.30.9.2. **c** (*w.* alii, *etc.*) (bestiae) ~.. peragratione laetantur..aliae coetum..ciuitatis imitantur Cic.*Fin*.2.109; urbis ~ ui alias uoluntate imperio suo adiungit Sal.*Jug*.13.2; principes ~ interfecerant, alios in exsilium eiecerant Nep.*Pel*.1.4; sacra sunt Romana ~ diurna, alia nocturna Gel.3.2.8; (saturae) quas ~ Cynicas, alii Menippeas appellant 13.31(30).1;—(*w.* nonnulli) Numidas adorti ~ uiuos capiunt, non nullos equites fugientis conuulnerauerunt *B.Afr*.39.3;—(*w.* reliquum) collecta (fuligo) ~ componitur ex gummi..reliquum tectores ..in parietibus utuntur Vitr.7.10.2.

2 To a partial degree, partly. **b** (in conjunction with other advs.). **c** ~ *et* ~, partly one and partly the other.

bubulcis opsequito ~, quo libentius boues curent Cato *Agr*.5.6;—(*repeated*) hic animus ~ uxoris misericordia deuinctus, ~ uictus hui(u)s iniuriis Ter.*Hec*.167; ~ me dicere pro me ipso..~ pro Sex. Roscio Cic.*S.Rosc*.129; reconciliandis barbarorum animis ~ donis, ~ remissione obsidum Liv.27.17.1; exercitus seditio..~ seueritate, ~ liberalitate discussa principis Vell.2.81.1; quod ~ praeceptis ~ usurpatum ratione cognoueram Quint.*Inst*.7.1.3; ~ suo proprio, ~ communi omnium hominum iure utuntur Gaius *Inst*.1.1. **b** (*w.* alias) (legi solita erat) historia ~ Graecae linguae, alias Latinae Gel.2.22.1;—(*w.* nonnumquam) (dolor) uarie sedandus est, ~ collutione quorundam, ~ commanducatione, nonnumquam suffitione Larg.53. **c** interdum euenit, ut quid et ui et clam fiat, ~ et ~, in eodem opere Ulp.*dig*.43.24.11.5.

partiō[1] ~ōnis, *f.* [pario+-tio] The act or process of giving birth.

horresco misera, mentio quotiens fit ~onis Pl.*Truc*.195; non dolorum ~onis ueniet in mentem tibi? Afran.*com*.346; eum..esse finem dixit multiiugae hominum ~onis Gel. 10.2.1; noster Maro..non ~onem solam..sed alituram quoque feram et saeuam criminatus est 12.1.20; (*applied to the laying of eggs*) hae (sc. gallinae)..ad ~ones sunt aptiores Var.*R*.3.9.4.

partiō[2] ~īre ~īuī ~ītum, *tr.* **~ior** ~īrī ~ītus. [pars+-io[2]] *α* = form *~io*, *β* = *~ior*, *γ* = common forms.

1 To share, distribute, divide out, apportion. **b** (esp. rhet. and phil.) to divide up by subjects or categories.

cum testamento patria ~isset bona Afran.*com*.50; ~itis diuenditisque reliquiis praedae Liv.21.21.2; riualem ~itaque foedera lecti sentiat Ov.*Ars* 3.593; carcere ~itos Circus habebit equos *Fast*.4.680; Sil.11.61;—(*w.* cum) praedam pariter cum illis ~iam Pl.*As*.271; tu gaudia mecum ~isses Lucil.98;—(*w.* in+*acc.*) eandem me in (= in me) suspicionem sceleris ~iuit pater Enn.*scen*.327;—(*w.* inter) mea bona ..cognatis didam inter eos ~iam Pl.*Mil*.707; consules designati prouincias inter se ~iuerant Sal.*Jug*.43.1; inter se onere ~ito Liv.5.40.8; regnum Vangio ac Sido inter se ~iuere Tac.*Ann*.12.30; (*cf.*) uos inter uos ~ite Pl.*Am*.1035;—(*w.* per) praeda per participes aequiter ~ita est Andr. *trag*.4;—(*w. dat.*) ~ita ducibus..ministeria Liv.4.13.9. **β** ~itur lintris exercitus Hor.*Ep*.1.18.61; consules inde ~iti prouincias Liv.3.22.3; Phorcidas unius ~itas luminis usum Ov.*Met*.4.775; ~iri non potes orbem, solus habere potes Luc.1.290; alternum pueri ~itur amorem Stat.*Silv*. 2.1.207; onera facilius subeas, si ~iaris Quint.*Decl*.337 (p.327,l.27); cetera..sociarent ~irenturue Tac.*Ann*.15.6; numquam ~itur amicum Juv.3.121; ~iri corpus addicti sibi hominis Gel.20.1.48;—(*w.* cum) cum ~iretur tecum causas Cic.*Brut*.190; quibuscum uiui bona nostra ~imur *Ver*.1.113; mecum ~ire laborem Verg.*A*.11.510; quicum.. arcana deorum ~iri..solebat Stat.*Theb*.8.280; cum herede legatarius ~itur hereditatem Gaius *Inst*.2.254;—(*w.* in+*acc.*) corpora..socios ~itur in omnis Verg.*A*.1.194; iudicandi munus..aequaliter in utrumque ordinem ~itus est Vell.2.32.3; curam dilectus in consules ~itur Tac.*Hist*. 3.58;—(*w.* inter) pecuniam atque equos inter se ~iti sunt Caes.*Gal*.7.55.5; officia inter se ~iuntur *Civ*.1.38.2; inter se munera belli ~iti sunt Liv.24.35.7; unius diei lucem inter calamitosum patrem et strenuum consulem..~iri non potuisset V.Max.5.10.3;—(*w. dat.*) populis..recentibus urbem ~ior Ov.*Met*.7.653; aues..quae..fetibus cibos.. ~iuntur Quint.*Inst*.2.6.7; quantulum (*sc.* tempus) enim studiis ~imur? 12.11.18. **γ** neque ego hoc ~iendae inuidiae, sed communicandae laudis causa loquor Cic.*Sul*. 9; facit amicitia..aduersas (res) ~iens communicansque leuiores *Amic*.22; colloqui de ~iendo regno Nep.*Di*.2.4; large ~iendo praedam Liv.21.5.5; dulcem..in ambos caritatem ~iens Phaed.3.8.13; exercituum..quos se..~iturum cum Pompeio arbitratur Caes.*Civ*.1.4.3. **b a** sunt.. omnia (*sc.* animantia) in quaedam genera ~ita Cic.*Tim*.11; Ofilius..libro quinto iuris ~iti ita scripsit Ulp.*dig*.32.55.1. **β** genus uniuersum in species certas..~ietur ac diuidet *Orat*.117; nihil definiunt nihil ~iuntur *Ac*.1.5; nemo tam erit aut iniustus aut stultus, quin eum fateatur optime pro Murena esse ~itum Quint.*Inst*.4.5.12. **γ** si ~ienda est (actio) in gestum atque uocem Cic.*Brut*.141; nihil de diuidendo ac ~iendo docet *Fin*.1.22; tu mihi uidere..ad philosophiam deuertisse, ubi..nullae quaestiones ~iendae Fro. *Aur*.2.p.74(150N).

2 To divide into parts, divide up. **b** to divide arithmetically.

α quia sol..aetheris oras ~it et in partis non aequas diuidit orbem Lucr.5.684; agmine ~ito fulgent Verg.*A*. 5.562; Cacus..per tria ~itos qui dabat ora sonos Prop. 4.9.10; legatos..~itis praefecit hibernis Vell.2.113.3; ~itis uicibus anni Plin.*Nat*.2.52; ~itam perorationem significant Quint.*Inst*.6.1.55; qui (*sc.* agri)..ex hoste capti ~itique ac diuisi sunt per centurias Hyg.*agrim*.p.79; (*w. abl.*) regionibus..~itum imperium Liv.27.7.7. **β** ne signare quidem aut ~iri limite campum fas erat Verg.*G*. 1.126; (deterior aetas) ~ita fines regna constituit [Sen.]*Oct*. 420; Maur.1388. **γ** ~iendum sibi ac latius distribuendum exercitum putauit Caes.*Gal*.3.10.3; Romana acies..facilis ~ienti..facilis iungenti Liv.9.19.8; cum rei natura infinitam ~iendi praestet facultatem Maecian.*iur*.26. **b β** quod super fuerit, sumes partem dimidiam. ~ior a base Nips. *grom*.p.297La; fit lxx. hoc ~ior ad basem, id est ad xiiii, et fit v p.299La.

3 To take a share of, take as a share.

β potest..iuberi aliquis et maximam (*sc.* portionem) ~iri Ulp.*dig*.50.16.164.1. **γ** si quis minor uiginti annis ad ~iendum pretium uenum se dari passus est.

partītē *adv.* [pple. of prec.+-e] (rhet.) With proper division (of a subject into its parts).

nihil ~..dicere Cic.*Orat*.99.

partītiō ~ōnis, *f.* [partio[2]+-tio]

1 The action of sharing out, distribution, division. **b** (concr.) a share.

non erit..iniqua ~o Cic.*de Orat*.2.123; cum ei..pecunia ex ~one deberetur *Caec*.15; (*leg.*) quae species legati ~o uocatur Gaius *Inst*.2.254;—(*w. gen.*) urbis et Italiae ~onis Cic.*Phil*.13.42; aequabilem praedae ~onem *Off*.2.40; ~onem regni Liv.45.20.3; ~onem acceptarum Hyg.Gr.*agrim*.p.155; de sectione ~oneque corporis Gel.20.1.39; specierum ipsarum aequa ~o Apul.*Mun*.21;—(*w.* inter) haec inter nos ~o defensionis Cic.*Sul*.13. **b** omnes filios aeqve fecit heredes, ~one filiae data *CIL* 6.10230.4.

2 a (rhet.) Division of a speech into sections, enumeration of its parts. **b** logical division or distinction, classification. **c** mathematical division.

a recte habita in causa ~o Cic.*Inv*.1.31; si qua in re discrepauit ab Antoni diuisione nostra ~o *de Orat*.3.119; oratoriae ~ones *Part*.139; definitiones aliae sunt ~onum aliae diuisionum *Top*.28; ~o est nostrarum aut aduersarii propositionum..ordine collocata enumeratio Quint.*Inst*. 4.5.1; 5.10.63; sit igitur..~o (rerum) singularum in partes discretio 7.1.1;—(*w. obj. gen.*) ~o consultationum Cic.*Part*. 68; ~onibus orationum Fro.*Amic*.2.p.88(184N). **b** haec ~o legitimae constitutionis *Rhet.Her*.1.22; quae est..aptior ~o quam illa, qua est usus Epicurus? Cic.*Fin*.1.45; rationes ..summae architecturae ~one distribui Vitr.3.pr.4; illa ~o ab Aristotele tradita Quint.*Inst*.5.1.1;—(*w. obj. gen.*) ~onem..quandam artium Cic.*de Orat*.1.22; rerum expetendarum fugiendarumque ~o *Ac*.1.18; Fro.*Aur*.2.p.56(141N). **c** infra has partes ~o facta et nominibus et notis caret Maecian.*iur*.40.

partitūdō ~inis, *f.* [pario+-tvdo] The action of giving birth.

erilis filiae probrum, propinqua ~o quoi appetit Pl.*Aul*. 75; 276.

Partula ~ae, *f.* A goddess presiding over childbirth.

Var.*gram*.146.

partūra ~ae, *f.* [pario+-vra] The action of giving birth.

deme..duas res de mulis, admissuram et ~am Var.*R*. 2.1.26.

parturiō ~īre ~īuī, *intr.*, *tr.* [pario+-vrio] Forms: impf. *~ibam*, etc., Phaed.4.23(24).1, Apul.*Met*.7.4.

1 To be on the point of giving birth, be in labour. **b** (transf., of trees, buds, land, etc.). **c** (fig., of the mind, etc.). **d** (prov.).

Alcumena ~it Pl.*Am*.1039; miseram me, differor doloribus! Iuno Lucina, fer opem..—hem numnam illa quaeso ~it? Ter.*Ad*.488; decumo mense demum turgens uerminatur, ~it Pompon.*com*.56; tu (*sc.* Lucina) uoto ~ientis ades! Ov.*Fast*.3.256; canis ~iens Phaed.1.19.3; Plin.*Nat*.36. 151; mulier, cum ~ire incipiat *Ed.pr.*(*Font.iur*.p.222)21.2. **b** nunc omnis ~it arbos Verg.*Ecl*.3.56; ~it almus ager *G*. 2.330; natura soli, quae gramine laeto ~it Col.10.10; in olea, cuius diutissime oculi ~iunt Plin.*Nat*.17.113; tota aestate aliud floret in eo genere (*sc.* carduorum), aliud concipit, aliud ~it 21.96. **c** securitatem qua frui non possit animus, si tamquam ~iat unus pro pluribus Cic.*Amic*.45; audio et Stoicos et dialecticos..~ire aduersus libellos quos de grammatica edidi Plin.*Nat*.pr.28. **d** ~ient montes, nascetur ridiculus mus Hor.*Ars* 139; Phaed.4.23(24).1.

2 (tr.) To be ready to give birth to, be pregnant with; (in quots., transf. or fig.).

Ioue Liberum ~iente depicto Plin.*Nat*.35.140; iam misellam puellam ~ibam Apul.*Met*.7.4;—(*transf. or fig.*) hoc quod conceptum res publica periculum ~it consilio discutiam Cic.*Mur*.84; ut aliquando dolor populi Romani pariat quod iam diu ~it *Phil*.2.118; ut..neque ~it imbris perpetuo (Notus) Hor.*Carm*.1.7.16; quis..paueat..Germania quos horrida ~it fetus..? 4.5.26; quod diu ~it animus uester aliquando pariat Liv.21.18.12; ingentis ~it ira minas Ov. *Ep*.12.208; sparsuras astra procellas ~it unda freti Sil.9.284.

partus ~ūs, *m.* [pario+-tvs[3]] Forms: gen. sg. *~i* Pac.*trag*.70; *~uis* Var.*Men*.26; dat., abl. pl. *~ubus* Hor.*Epod*.5.5, Apul.*Met*.9.33, *Pl*.2.26, Pompon.*dig*.15.2.3.

1 The action of giving birth. **b** birth with regard to its nature and circumstances, parentage.

uno ~u duos peperit simul Pl.*Am*.1138; Ter.*An*.230; *Ad*. 307; ubi ego me grauidam sentio adgrauescere propinquitate ~i Pac.*trag*.70; Polydorum Hecuba ~u postremo parit Cic. *de Orat*.3.219; me Romae tenuit omnino Tulliae meae ~us *Fam*.6.18.5; conubia ad Veneris ~usque ferarum Lucr. 3.776; ~u Terra nefando Coeumque Iapetumque creat Verg.*G*.1.278; si uocata ~ubus Lucina ueris adfuit Hor. *Epod*.5.5; ante diem ~us Ov.*Ep*.16.238; catulus, ~u quem reddidit ursa *Met*.15.379; ex ~u residua mulieri purgat Larg.126; Stat.*Silv*.3.3.122; Agrippina nouissimo ~u Iuliam edidit Tac.*Ann*.2.54; coniugium petimus ~umque uxoris Juv.10.352; adesse ~ui licitum non erit *Ed.pr.* (*Font.iur*.p.223)21.2; (*cf.*) per hoc spatium, quod ab infantia patet in senectutem, in alium maturescimus ~um Sen.*Ep*. 102.23;—(*applied to the laying of eggs*) Stat.*Ach*.1.212; quae (*sc.* gallina) multo iam tempore cotidianis nos ~ubus saginasti Apul.*Met*.9.33;—(*transf.*) chaos rerum primordia ..discreuit ~u Man.1.126; ut absumpto ~u arborum sequatur protinus conceptus, id est germinatio Plin.*Nat*. 17.13;—(*fig.*) neque uernacula ea quorum in ~u memoria adfuerit nostra Var.*L*.6.40; Graeciae..oratorum ~us atque fontis uides Cic.*Brut*.49. **b** cum etiam feras inter sese ~us atque educatio et natura ipsa conciliet Cic.*S.Rosc*.63; armenta atque aliae pecudes, genus omne ferarum, incerto ~u culta ac deserta tenerent Lucr.1.164; non non humani ~us sunt talia dona Prop.2.3.27; non descripsit castra ex uno ~u contraria Sen.*Dial*.4.9.3.

2 (concr.) Offspring, progeny. **b** (applied to an unborn embryo or foetus). **c** (transf., of the produce of plants, land, etc.).

(dolores) quos ⟨ne⟩ misera pertulisti, ut ~um proiceret pater? Afran.*com*.347; si ferae ~us suos diligunt Cic. *de Orat*.2.168; testudines..et crocodilos dicunt, cum in terra ~um ediderint, obruere oua, deinde discedere *N.D*. 2.129; ~u..ditescere dulci Lucr.4.1253; Verg.*A*.7.321; Terra..maeret..~us..missos ad Orcum Hor.*Carm*.3.4.74; plures enixa ~us..decessit Liv.40.4.4; saeuiet in ~us dira nouerca meos Ov.*Ep*.12.188; ~u complentes aequora Pisces Man.2.237; patres exponere solitos inutiles ~us Sen.*Con*. 10.4.16; monstrosi..hominum ~us Luc.1.362; Plin.*Nat*. 11.232; ~us..recusent..Latiae producere matres Sil.1.111; quae filium in proelium misit; cuius ~us..in proelio stetit Quint.*Decl*.272(p.115,l.10); ancillarum..~us et ~uum ~us..augent..hereditatem Ulp.*dig*.5.3.27;—(*fig.*) neque concipere aut edere ~um mens potest nisi ingenti flumine litterarum inundata Petr.118.3; proinde ingenii quoque sui (*sc.* Vergilii) ~us recentes rudi esse facie Gel.17.10.3. **b** ~us grauido portabat in aluo Calv.*poet*.14; si iam prope maturus ~us intus emortus est Cels.7.29.1; gladium.. condere..plenae..in uiscera ~u coniugis Luc.1.377; Marcia ..icta grauida ~u exanimato ipsa..uixit Plin.*Nat*.2.137; consulti..pontifices an concepto necdum edito ~u rite nuberet Tac.*Ann*.1.10; (*cf.*) cyitis..uidetur intus habere ~um Plin.*Nat*.37.154. **c** tondetur..seges maturos annua ~us [Tib.]3.7.172; terra..falso ~u deludet arantis Prop.2.15.31; posteaquam animaduerterunt profusos esse ~us naturae Vitr.2.1.7; terrae tribuet (Taurus) ~us Man. 4.142; arua continuos..negant ~us 4.825; ne sitis exurat concepto semine ~um Col.10.144; (*cf.*) lacus incluti sunt amnesque eorum ~us Plin.*Nat*.3.131.

paruifacio ~ere, *tr.* [parvvs+facio] To treat as of no importance.

multifacere dicitur sicut magnifacere et ~ere Paul.*Fest*. p.152M.

paruitās ~ātis, *f.* [parvvs+-tas]

1 Smallness, minuteness.

uinclis..talibus, quae cerni non possent propter ~atem Cic.*Tim*.47; Col.10.pr.4; laeua tribus digitis quadrigulam tenuit, tralatam Praeneste ~atis ut miraculum Plin.*Nat*. 34.83; aures enormes repetunt pristinam ~atem Apul.*Met*. 11.13.

2 Insignificance, unimportance.

mea ~as eo iustius ad fauorem tuum decucurrerit V.Max. intro.; has ~ates rerum et magnitudines..alia..momenta ..moderantur et regunt Gel.1.3.28.

parūlis ~idos, *f.* [Gk. παρουλίς] A gumboil.

solent..interdum iuxta dentes in gingiuis tubercula quaedam oriri dolentia; ~idas Graeci appellant Cels.6.13.1.

parum, *n. indecl.* and *adv.* [parvvs]

1 (as sb.) An insufficient amount, too little, not enough: **a** (w. gen.). **b** (alone); (as an exclamation equivalent to modern 'encore!').

a fortassis tu auri dempsisti ~? Pl.*Bac*.671; in hac.. satis erat copiae, in illa autem leporis ~ Cic.*Brut*.240; ~ firmamenti et parum uirium ueritas habet *Clu*.5; salis enim satis est, sannionum ~ *Fam*.9.16.10; satis eloquentiae sapientiae ~ Sal.*Cat*.5.4; ~ fuisse uirium in competitoribus eius Liv.22.35.3; cur frondis ~ est? stramenta desunt Phaed.2.8.22; ne ~ hic liber mellis..habere uideatur Quint.*Inst*.3.1.5; quia ~ praesidii in legibus erat Tac.*Ann*. 1.58. **b** opstetrix expostulauit mecum, ~ missum sibi Pl.*Mil*.697; humanitati nisi bellum (*sc.* poculum est) ~ Var.*L*.8.31; magis offendit nimium quam ~ Cic.*Orat*.73; mediocritatem illam..quae est inter nimium et ~ *Off*.1.89; de Carthagine silere melius puto quam ~ dicere Sal.*Jug*. 19.2; naturae satis est etiam ~ Sen.*Dial*.12.10.11;—(*w.

praeut) perii. — ~ etiam, praeut futurum est, praedicas Pl.*Am*.374;—(*cf.*) adeo nihil aut certe ~ intererat inter imperatorem factum et futurum (*i.e. the difference was too small to matter*) Plin.*Pan*.20.3;—plaudunt, '~' clamitant mi uti reuortar Pl.*Ps*.1276.

2 a ~ *est* (*uidetur*), (It) is or seems insufficient, inadequate. **b** ~ *habere*, to regard (something) as insufficient.

a si id ~ est, ego maius id commemorando facere non possum Cic.*Div.Caec*.36; nobis una puella ~ est Prop.2.22.36; si id ~ est, insuper poenas expetite Liv.3.67.4; quid satis est, si Roma ~ est? Luc.5.174;—(*w.* quod) ~ne est quod..nobis suscenset senex..? Ter.*Ph*.546; ~ est, quod te aetas male habet, ni etiam..adiungas cruciatum reticentia Pac.*trag*.277; timidone ~, quod..pacem solus habes? Stat.*Theb*.5.676;—(*w.* si) ciuiline ~ est bello, si meque meosque obruit? Luc.7.663;—(*w. acc. and inf.*) ~ est me hoc meminisse Cic.*Lig*.35; ~..dis uisum est esse eum maximum poetarum Quint.*Inst*.10.1.91;—(*w. inf.*) ~ne uidetur omnium facinorum sibi cum Dolabella societatem initam confiteri? Cic.*Phil*.13.36; illis..~ est impune male fecisse Sal.*Jug*.31.22; uelle ~ est Ov.*Pont*.3.1.35; pro te gladiis incumbere, Caesar, esse ~ scimus Luc.4.501; ~ esse fluctibus solis uehi Plin.*Nat*.19.5; Stat.*Theb*.11.332; Tac.*Dial*.23.4. **b** (*w. inf.*) talia facinora impune suscepisse ~ habuere Sal.*Jug*.31.9; templum..uiolare ~ habuisse, nisi detexisset foede Liv.42.3.6.

3 (as adv.) Insufficiently, too little, not enough (sometimes almost equiv. to a simple neg.): **a** (w. vbs.). **b** (w. adjs. or pples. used adjectivally). **c** (w. advs.).

a perii, prospicio ~ Pl.*Cur*.317; si ~ intellexti, dicam denuo *Rud*.1103; quod me fecisse aiebas ~ Ter.*Hau*.924; si ~ descendet (talea) Cato *Agr*.45.2; ~ attenditis Cic.*Lig*.13; ~ cogitat quid scribat *Att*.6.3.7; quaerenti ex te ea quae ~ accepi *N.D*.3.4; id..ad..pacem atque otium ~ profici Caes.*Gal*.7.66.4; ~ constabat Sal.*Jug*.30.1; quod ~ odisse malos ciues uideretur Nep.*Att*.9.7; quas..humana ~ cauit natura Hor.*Ars* 353; ut in re subita, ~ explorato itinere Liv.10.26.9; quod..~ nouit, nemo docere potest Ov.*Tr*.2.348; Sen.*Ep*.67.13; Luc.6.434; ne..~ gaudere prosperis uiderentur Tac.*Hist*.1.85; ~ effugerat ne dignus crederetur 3.39;—(*w.* pro) nobis ea res pro magnitudine ~ comperta est Sal.*Cat*.22.3. **b** blanda es ~ Pl.*Cas*.584; hoc adustumst, hoc lautumst ~ Ter.*Ad*.425; ~ altam fornacem Cato *Agr*.38.3; quod ex urbe ~ comitatus exierit Cic.*Catil*.2.4; hominem ~ sanum *ad Brut*.2.2.3; disputator subtilis, orator ~ uehemens *Off*.1.3; qui me ex uersiculis meis putastis..~ pudicum Catul.16.4; loca sunt..ad castrorum munitiones non ~ idonea *B.Hisp*.8.1; ~ tuta per se ipsa probitas est Sal.*Jug*.14.4; frons laeta ~ et deiecto lumina uultu Verg.*A*.6.862; tu ~ castis inimica mittes fulmina lucis Hor.*Carm*.1.12.59; Bomilcar..~ fidens nauibus suis Liv.24.36.7; ne mea sint, timeo, uota modesta ~ Ov.*Tr*.3.8.18; cum..exercitum uelut ~ bello exhaustum laceraret pestilentia Vell.2.21.4; non ~ multi Quint.*Inst*.6.2.3; miles Vitellii..uigiliis ~ intentus erat Tac.*Hist*.3.69;—(*w. sb. used attributively*) ne ~ leno sies Ter.*Ph*.508; dum pudet te ~ optimatem esse Cael.*Att*.10.9a.2; mollis et ~ uiri signa Quint.*Inst*.5.9.14; Gel.1.5.1;—(*w. pred. dat.*) si una haec dedecorist ~? Ter.*Hau*.334;—(*ellipt.*) exercitum ..ut satis firmum pacatae prouinciae praesidem esse, ita ~ bello Liv.23.34.12. **c** ~ bene sibi cibaria curata esse Cato *orat*.66; uxor renuntiat uiro ~ cito sibi balneas traditas Gracch.*orat*.45; si..~ uobis cumulate gratias egero Cic.*Red.Sen*.1; ut tantis rebus gestis ~ fortiter *Att*.2.18.3; hominum..~ considerate loquentium *Off*.2.6; cui rei ~ diligenter ab his erat prouisum Caes.*Gal*.3.18.6; quod C. Curtius..~ recte tabernaculum cepisset Liv.4.7.3; ~ decore Domitianum..alienae gloriae interuenturum Tac.*Hist*.4.85;—(*w. advl. phr.*) hoc ~ hercle more amatorum instititi Pl.*Mer*.16; si quid ~ ad regulam artis grammaticae fuerit explicatum Vitr.1.1.18; ~ in tempore Tac.*Ann*.1.19;—(*ellipt.*) satin ego oculis utilitatem optineo sincere an ~? Pl.*Epid*.634.

4 Not enough to matter or to be worth consideration.

dolebimus, sed ~; concupiscemus, sed temperate Sen.*Ep*.116.7; (m littera) etiam si scribitur, tamen ~ exprimitur Quint.*Inst*.9.4.40.

parumloquium, ~iī, *n.* [prec.+LOQVOR+-IVM] Talking too little, taciturnity.

multiloquium, ~ium Pl.*Mer*.31.

parumper, *adv.* [PARVM+-PER]

1 For a short while, for a moment.

ut me de caelo uisas cognata ~ Enn.*Ann*.53; indutiae ~ fiant, si quid uis loqui Pl.*Am*.389; manedum ~ *Bac*.794; Ter.*Ph*.486; reprime ~ uim citatum quadrupedum Acc.*trag*.381; exsistat ergo ille uir ~ cogitatione uestra Cic.*Balb*.47; discedo ~ a somniis *Div*.1.47; parua fit ardoris uiolenti pausa ~ Lucr.4.1116; Verg.*A*.6.382; ~ moratus Liv.2.25.3; 21.33.3; tenuere ~ ora metu Luc.4.172; euadit..~ gauisos Stat.*Theb*.6.447; adsumamus ~ illum dolorem Quint.*Inst*.6.2.34; Juv.4.62;—(*w.* dum) quoi uoluptas ~ datast, dum uiri mi potestas uidendi fuit Pl.*Am*.638; dum exeo, ~ me opperire hic Ter.*An*.714; cunctatus ~ dum speculatores referrent Quinctium euasisse Liv.4.32.10.

2 In a short time, quickly, hurriedly.

hinc campum celeri passu permensa ~ coniicit in siluam sese Enn.*Ann*.74; sed sola terrarum postquam permensa ~ 455.

parunculus ~ī, *m.*: dim. of PARON.

~is ad litus ludit celeribus *Inc.pall*.21.

paruulum, *adv.* [next] Very little, only slightly.

si ducitur (*sc.* scrotum) aut nihil aut ~ intenditur Cels.7.18.8; quia paruolum referret an idem displiceret quibus on idem placuisset Plin.*Ep*.8.14.14.

paruulus (-olus) ~a ~um, *a.* [next+-VLVS]

1 Small in size, little, tiny. **b** slight in degree, extent, etc.; little in amount or value. **c** slight in importance, petty.

~o nauigio Cic.*Ver*.2.99; uestigia..~a Lucr.3.321; ~a pars 6.651; nauiculam ~am conscendit Caes.*Civ*.3.104.3; ~a..magni formica laboris Hor.*S*.1.1.33; utinam mage te..~a Lucrina cumba moretur aqua Prop.1.11.10; accipiat Manis ~a testa meos 2.13.32; ~a sic totum peruisit pupula caelum Man.4.927; punctum uolucris ~ae uoluisti morte ulcisci Phaed.5.3.3; tam ~is in faucibus Plin.*Nat*.10.82; ~a nos (*sc.* Venus)..spicula..fundimus Sil.11.393; uinum etiam ~is lagunculis in tria genera discripserat Plin.*Ep*.2.6.2; (*in fig. phr.*) ~os nobis dedit (natura) igniculos Cic.*Tusc*.3.2;—(*neut. as sb.*) tuta et ~a laudo cum res deficiunt Hor.*Ep*.1.15.42; omnia..ista..ex ~o incipiunt Cels.7.6.2; quibus (*sc.* acinis) ~um est ligni Plin.*Nat*.15.100. **b** ut ne ~a quidem titubatione..impediremur *Rhet.Her*.2.12; ~a lippitudine adductus sum ut dictarem hanc epistulam Cic.*Q.fr*.2.2.1; ~am procliuitatem degressus *B.Afr*.37.3; nostri si ~a cura [Tib.]3.7.197; sonum..edunt ~i stridoris Plin.*Nat*.17.221; mora ~a Juv.10.340; (*neut. as sb.*) ut nihil de die perdunt, de nocte ~um adquirunt Plin.*Ep*.9.40.3;—illa fuit pecunia immanis, haec ~a Cic.*Q.Rosc*.23; tibi ~a res est Hor.*Ep*.1.18.29. **c** tam ob ~am rem paene e patria! Ter.*Ad*.274; Sulpicium..in causa ~a adulescentulum audiui Cic.*de Orat*.2.88; ciuitas..tam ~a fuit *Man*.54; ~is..proeliis cum nostris contendebant Caes.*Gal*.2.30.1; inprobitas cordis humani ~o aliquo inuitata successu Plin.*Nat*.2.87; (*neut. as sb.*) dum ~um consequamur Cic.*Inv*.2.10.

2 (spec., of children, young animals). **b** (as sb.) a child, little one. **c** *a* ~*o* (~*is*) or sim., from childhood. **d** (transf., of age, etc.).

qui olim puero ~o mihi paedagogus fuerat Pl.*Mer*.90; eae sunt surruptae cum nutrice ~ae *Poen*.1346; eheu, quam illae rei ego etiam nunc sum ~us *Ps*.783; gnatam ~am sororibus commendat Afran.*com*.208; C. Iuni fili, pueri ~i, lacrimis commotus Cic.*Clu*.137; assuescere ad homines et mansuefieri ne ~i quidem excepti possunt (uri) Caes.*Gal*.6.28.4; filiam eius ~am arripuit Nep.*Them*.8.4; Torquatus uolo ~us..dulce rideat ad patrem Catul.61.209; si quis mihi ~us aula luderet Aeneas Verg.*A*.4.328; ferebatur lecticula ~us filius Tac.*Hist*.3.67. **b** ut litterarum nomina..~i discant Quint.*Inst*.1.1.24; 5.7.36; ipsi parentes non probitati neque modestiae ~os adsuefaciunt Tac.*Dial*.29.2; mulier..~um quendam sinu tolerans Apul.*Met*.3.8; circumfuso populo laetissimorum ~orum 10.32. **c** ab ~is labori ac duritiae student Caes.*Gal*.6.21.4; a ~o ut semper tibi apud me iusta et clemens fuerit seruitus Ter.*An*.35; una a pueris ~is sumus educti *Ad*.494; hunc..eduxi a ~o 48. **d** DIGNISSIMO PRINCIPALI INNOCENTISSIMO PVERO..IN ~IS ANNIS EXIBENTI AEQVALITER VOLVPTATVM GENERA *CIL* 8.14; MEMORIAE..FILIORVM PARBVLAE AETATIS DEFVNCTORVM 8.9107; O FATA BREVIA CONTRARIAQ MIHI QVAE ME LEVASTIS ~AE VITAE MEAE 11.117.

paruus ~a ~um, *a.* *superl.* ~issimus. [Gk. παῦρος] Forms: superl. Var.*Men*.375, Lucr.1.615, 621, 3.199; elsewhere the compar. and superl. are expr. by MINOR and MINIMVS respectively.

1 Small in size or extent; (fem. as sb.) a short syllable.

haec (aula) est ~a, capere non quit Pl.*Aul*.391; oppidum tumulo in excelso..~is moenibus Sis.*hist*.53; ~is libellis Cic.*Ver*.2.184; de pueris quid agam? ~one nauigio committam? *Att*.10.11.4; tellus uix animalia ~a creat Lucr.2.1151; quam (*sc.* turrim)..humilem ~amque fecerunt Caes.*Civ*.2.8.1; ne ~a Tyrrhenum per aequor uela darem Hor.*Carm*.4.15.3; ~um..exercitum Romanum esse Liv.23.32.8; ~a insula est propinqua Aetoliae 26.24.15; ~a..quot siccus corpora puluis habet Ov.*Tr*.1.5.48; praecelsus Agylleus..~um ..duplicatur in hostem Stat.*Theb*.6.859; (*poet.*) Parrhasius ~a uindicat arte locum Prop.3.9.12;—dum ~a longam semper alterno gradu urget Maur.2198.

2 (spec., of children, young animals); *a* ~*is*, from childhood. **b** (transf., of age).

eam postquam peperit, iussit ~am proici Pl.*Cist*.618; quom ~a natu recte praecipio patri *Per*.350; istaec..~a uirgo Ter.*An*.924; is mortuus est; reliquit pupillum ~um filium Cic.*Ver*.1.130; ~om ego te..in meum regnum accepi Sal.*Jug*.10.1; ~us Iulus Verg.*A*.2.677; ~os educere natos 8.413; ~is aequus alumnis Hor.*Carm*.3.18.3; ~os..ferens filios Liv.2.40.2; hos..saepe paterna ~a domo uidi Ov.*Met*.11.438;—(*as sb.*) nec..argumentum hoc Epicurus a ~is petiuit Cic.*Fin*.2.32; ~i..augescunt funere manes Stat.*Theb*.6.71; ~i, femina, plebs, eques, senatus *Silv*.1.6.44;—per te deos oro et nostram amicitiam, Chreme, quae incepta a ~is cum aetate adcreuit simul Ter.*An*.539; a ~is..didicimus Cic.*Leg*.2.9. **b** SOPHRON HIC SITVS EST AETATIS ~AE *CIL* 6.26623.

3 Small in amount or quantity. **b** short in duration. **c** (of sound) small in volume. **d** (of abst. things) small in degree, slight.

⟨OMNE DECVS VOLT⟩VS ET EO LAVDATA FIGVRA ⟨VMBRA LEVIS NVN⟩C EST ~OS ET OSSA CINIS *CIL* 1.1222.8; ~a manu ..missa Caes.*Gal*.7.61.5; cum ~o praesidio *B.Afr*.89.1; donum..~i ponderis Liv.3.57.7; sanguine tam ~o quis..spargatur amantis improbus? Prop.3.16.19; ~o ture Ov.*Fast*.4.150; auri pondera ~i Man.4.924; ~os uenit in ora cruor Luc.4.239; (*neut. as sb.*) ~om auri Liv.44.26.6. **b** magna penus ~o spatio consumpta peribit Lucil.1205; haec ~i temporis memoriam..amplectuntur Cic.*Q.Rosc*.7; in ~o liquuntur tempore Lucr.3.553; ~o..intermisso temporis spatio Caes.*Civ*.3.93.1; ~a..mora Liv.7.12.11; ad quietem ~i temporis 22.2.9; data foedere ~o maesta uiris requies Stat.*Theb*.8.160; (*neut. as adv.*) QVISQ LEGIS TITVLVM SENTIS QVAM VIXERIM ~OM *CIL* 2.1235; (*cf.*) ~a..fabella Phaed.1.15.4. **c** uoces ut chordae sunt intentae, quae ad quemque tactum respondeant, acuta grauis..magna ~a Cic.*de Orat*.3.216; ~us in ore sonus! Prop.4.1.58; uoce..~a Ov.*Met*.11.187. **d** ~a iuri iurandost fides Pl.*Capt*.893; hic ~ae consuetudinis causa Ter.*An*.110; at tribuno militum ~a laus pro factis relicta Cato *hist*.83; ~o labore Cic.*de Orat*.2.174; exspectationem nobis non ~am attuleras *Att*.3.18.1; nec ~a sequetur gloria Verg.*A*.11.430; an quia ~a damus mutato signa colore? Prop.1.18.17; usus amicitiae tecum mihi ~us..fuit Ov.*Tr*.3.5.1; non ~as animo dat gloria uires 5.12.37; ~a..patientia Phaed.4.7.3.

4 Little in worth or value; ~*i pretii*, of little worth. **b** (neut. as sb.) little (in the way of fortune, property, etc.). **c** ~*i* (fig., as pred.) of little value, of no account. **d** ~*o*, at a low price.

~a..pecunia Cic.*Ver*.2.61; pretio ~o 4.134; etsi boni nullo emolumento impelluntur in fraudem, improbi saepe ~o *Mil*.32; si praeco ~as..mercedes sequerer Hor.*S*.1.6.86; contracto melius ~a cupidine uectigalia porrigam *Carm*.3.16.39; Liv.7.16.7;—nullust tam ~i preti..quin purget sese Pl.*Aul*.790; meam erus esse operam deputat ~i preti Ter.*Hec*.799. **b** ~o contentus esse possum Cic.*Att*.12.19.1; neque enim est umquam penuria ~i Lucr.5.1119; ~o..adsueta iuuentus Verg.*A*.9.607; iam possim contentus uiuere ~o Tib.1.1.25; laudet ~o diuitem Sen.*Ep*.94.72; (philosophia) ~o potens Apul.*Apol*.18. **c** nequam hominis ego ~i pendo gratiam Pl.*Bac*.558; dum ne ob male facta peream, ~i existumo *Capt*.682; ueri simile non est hominem pauperem pauxillum ~i facere *Aul*.112; qui tuom fecerunt fanum ~i *Rud*.697; quae dico ~i pendunt Ter.*Hec*.513; illud..~i refert Cic.*Man*.18; pericula mortis atque exsili ~i esse ducenda *Arch*.14; ~i enim sunt foris arma *Off*.1.76; ~i id facio Sal.*Jug*.85.31; sua ~i pendere aliena cupere *Cat*.12.2; haec..commoda..noli spernere nec putare ~i Catul.23.25; ~i refert quid ueri sit Liv.8.18.2; adesset an abesset ~i facientes 8.36.2. **d** ~o uendidisti Cic.*Ver*.3.117; ea abs te diligenter ~oque curata sunt *Att*.1.3.2; haud illi stabunt Aeneia ~o hospitia Verg.*A*.10.494; 'sume hoc tisanarium oryzae.' 'quanti emptae?' '~o' Hor.*S*.2.3.156; luxuries numquam ~o contenta paratis Luc.4.374;—(*transf.*) stat mihi non ~o uirtus mea Ov.*Fast*.4.885; si (eloquentia)..~o constat Sen.*Ep*.75.5; 81.28.

5 Of no consequence, insignificant, unimportant. **b** (of persons).

satin ~a res est uoluptatum in uita..praequam quod molestum est? Pl.*Am*.633; magnum nescioquid necessest euenisse..—..~om Ter.*Hec*.306; inclute, ~a prodite patria Acc.*trag*.520; in ~is atque infrequentibus causis Cic.*de Orat*.2.320; Cetarinos, Scherinos, ~arum ciuitatum homines *Ver*.3.103; bellum..non ~um *ad Brut*.1.14.2; manus erat nulla quae ~am modo causam timoris adferret Caes.*Gal*.6.35.3; neque quoiquam mortalium iniuriae suae ~ae uidentur Sal.*Cat*.51.11; censurae initium..rei a ~a origine ortae Liv.4.8.2; in magistratibus ~is magnisque 7.32.16; ~a furta 21.35.10; dum..in rebus temptamus carmina ~is Ov.*Pont*.2.5.25; digitum exere, peccas, et quid tam ~um est? Pers.5.120; Stat.*Theb*.5.656; quaedam..sententiis ~a..uirtus haec sola commendat Quint.*Inst*.9.4.13; ~um..uidebitur quod dicturus sum Tac.*Dial*.39; quaedam ~a quidem sed non toleranda maritis Juv.6.184;—(*neut. as sb.*) magna di curant, ~a neglegunt Cic.*N.D*.2.167; si ~a licet componere magnis Verg.*G*.4.176; Luc.9.783. **b** a parentibus..~us sum procreatus, a uobis natus sum consularis Cic.*Red.Pop*.5; non in M. Aquinum, hominem nouum ~umque senatorem, sed in Scipionem *B.Afr*.57.4; operosa ~us carmina fingo Hor.*Carm*.4.2.31; hoc opus, hoc studium ~i properemus et ampli *Ep*.1.3.28; ~um parua decent 1.7.44.

6 (w. *animus*) Petty, small, mean.

abutimur saepe..uerbo..ut cum..minutum animum pro ~o dicimus Cic.*de Orat*.3.169; consul..ipse ~o animo et prauo *Att*.1.13.2; nihil..est tam angusti animi tamque ~i quam amare diuitias *Off*.1.68; animi quod ~i nolit haberi Hor.*S*.1.2.10.

7 (app., neut. sg. as adv. in sense of PARVM).

si pergis ~om (*cj.*) mihi fidem arbitrarier Pl.*Bac*.570; ~om (*cj.*) esse apud te mihi fidem ipse intellego *Ps*.467.

pascālis ~is ~e, *a.* Also **pastalis.** [PASCO+-ALIS] Pasturing, grazing.

~i pecore ac montano Lucil.1246. **β** ~is ouis Cato *orat*.212.

pasceolus ~ī, *m.* [Gk. φάσκωλος] A small leather **bag**, purse.

centum minaria Philippea in ~o (infuerunt) Pl.*Rud*.1314; ~os furare Cato *orat*.197; Lucil.446.

pascō ~cere pāuī ~tum, *tr.*, *intr.* Also **~cor** ~cī. [cf. *panis*, *pabulum*; Toch. B *pāsk-*, OSl. *pasǫ*, AS. *fōstor*] Forms: dep. Stat.*Theb*.7.9; see also sense 6.

1 To feed, pasture (domestic animals, etc.). **b** to keep, rear (animals, as an occupation, business, or sim.). **c** (of var. creatures feeding the young, etc.; also refl. and sim.). **d** (applied to the feeding of slaves, troops, etc.).

opilio qui ~cit..alienas ouis Pl.*As*.540; in celsis montibus pecua..~cunt Danai Acc.*trag*.178; QVEI IN AGRVM COMPASCVOM PEQVDES MAIORES NON PLVS X ~CET *CIL* 1.585.14; cum..sues puer ~ceret Cic.*Div*.1.31; Caes.*Civ*.3.44.3; ~cite taurum Verg.*Ecl*.3.86; Hor.*Ep*.1.3.36; pauerat hos (*sc.* iuuencos) Phoebo filia Lampetie Prop.3.12.30; Liv.9.2.2; ipsa..claudebat, quos filia pauerat, agnos Ov.*Med*.15; glabrum pecus..potest ~ci Col.7.9.2;—(*w. abl.*) gallium sagatum, pingui ~tum taxea Afran.*com*.284; humana qui dape pauit equas Ov.*Ep*.9.68; gallinaceos..~cendi lacte madidis cibis Plin.*Nat*.10.140;—(*facet.*) quam multi tineas ~cunt blattasque diserti Mart.6.61.7;—(*ellipt.*) non me ~cente, capellae, florentem cytisum..carpetis Verg.*Ecl*.1.77;—(*poet.*) polus dum sidera ~cet *A*.1.608. **b** seu quis ..~cit equos Verg.*G*.3.50; quid enim refert..quantum ~cat..? Sen.*Ep*.2.6; cum robustis canibus..quos pecoris sui gratia ~cebat Ulp.*dig*.41.1.44;—(*absol. or ellipt.*) adimis ..seruis peculium, quibus domini dant ut ~cant Var.*R*.1.2.17; ut arare, ut ~cere, ut negotiari libeat Cic.*Ver*.2.6. **c** sola haec (*sc.* cornix) etiam uolantes pullos aliquamdiu ~cit Plin.*Nat*.10.30; 10.165; 11.74;—quibus omnes corpora ~cunt Lucr.2.996; graue ~cere corpus *Aetna* 225; magni..uulturis et se ~centis Juv.14.80. **d** num tibi nostri milites..malis orbiculatis esse ~ti uidentur? Cael.*Fam*.

8.15.1; uernas..procaces ~co libatis dapibus HOR.*S.*2.6.67; cohortes..decimatas hordeo pauit SUET.*Aug.*24.2; PAVIT LEG X GEM *CIL* 6.2893; (*cf.*) in felicatis lancibus..holusculis nos soles ~cere CIC.*Att.*6.1.13.

2 To be or provide food for.
me ~cunt oliuae HOR.*Carm.*1.31.15; speciosa quaero ~cere tigris 3.27.56; *Ep.*1.16.48; quantum in te, Theseu, uolucres Ariadna marinas pauit OV.*Ars* 3.36; *Met.*7.765; quas..altus caesorum pauit cruor armentorum LUC.1.329; Libycas, en..~cit aues nullo contectus Curio busto 4.810;—(*ellipt.*) uulsis ~cunt radicibus herbae VERG.*A.*3.650; ut (uicia) Decembri mense ~cat (*i.e. may provide pasturage*) PLIN.*Nat.*18.137.

3 To provide sustenance for, maintain, keep. **b** (refl. and pass.) to support oneself; (spec., w. abl.) to grow rich or fat on. **c** (of land) to provide food or pasture for, nurture.
pascite parasitos PL.*Mos.*23; plures calones atque caballi ~cendi HOR.*S.*1.6.104; Homerum..multa milia hominum ~cere VITR.7.pr.9; SEN.*Ep.*17.3; ~cis munera, Sexte, non amicos MART.7.86.10; quot ~cit seruos? JUV.3.141; si ~citur inguine uenter 9.136; HIC COVVIVA FVIT DVLCIS NOSSET QVI ~CERE AMICOS *CIL* 12.722; (*cf.*) Britannia seruitutem suam..cotidie ~cit TAC.*Ag.*31.2;—(*facet.*) grandem..istam lucerna⟨m⟩ Sibyllam ~cimus APUL.*Met.*2.11; —(*of an abst. subj.*) quos P. Clodi furor rapinis et incendiis..pauit CIC.*Mil.*3; (ii) quos pauerat per aliquot annos publicus peculatus LIV.33.47.3; (*poet.*) non erat is populus..quem sua libertas inmotis ~ceret armis LUC.1.172. **b** qui se ipsi ~cunt PETR.39.6; si conuenerat, uti se mulier ~ceret suosque homines ULP.*dig.*24.1.21.1;—quaestu iudiciario ~tus CIC.*Clu.*72; qui maleficio et scelere ~cuntur *Off.*2.40; regiis stipendiis ~tus..miles LIV.24.24.2; sanguine ~tus eques OV.*Am.*3.8.10. **c** (uiri) quos diues Anagnia ~cit VERG.*A.*7.684; qui te ~cit ager tuus est HOR.*Ep.*2.2.160; cui..pecus denso ~cebant agmine colles [TIB.]3.7.186; nulla prouinciarum ~cente Italiam PLIN.*Nat.*18.15.

4 a To nurture (ground, crops, etc.). **b** to promote the growth of (other things). **c** to feed (fires or other natural phenomena). **d** (fig.) to feed, nourish, foster, increase (abst. things).
a is deum exstinguet perduelles uestros qui uestros campos ~cit placide LIV.25.12.10; dura suburbani dum iugera ~cimus agri MART.10.58.9;—(*of inanim. subj.*) pinguis (umbra) alno, sed ~cens sata PLIN.*Nat.*17.90. **b** sacrum tibi ~cere crinem VERG.*A.*7.391; sapientem ~cere barbam HOR.*S.*2.3.35; ficis ~tum iecur anseris albae 2.8.88; hoc primis Triuiae ~cebat ab annis munus STAT.*Theb.*6.608; quibus ubera ~cat 10.825; (*cf.*) oculos fuligine ~cit JUV. 6.021; (*obsc.*) ~tas glande natis MART.12.75.3. **c** unde aether sidera ~cit? LUCR.1.231; solis flammam per caeli caerula ~ci 1.1090; quae res incendia ~cit *Aetna* 220; ignem, quem propior terris diu pauerat (aer spissus) SEN. *Nat.*1.15.2; non ante coniunx induat uestes iube quam ture flammas ~cat *Her.O.*577; sidera..umore terreno ~ci PLIN. *Nat.*2.46; imbribus assiduis ~tus..Spercheos STAT.*Ach.*2. 144; ~citur adiutus Vulcanus turbine uenti SIL.14.307;—(*in fig. phr.*) quid ipsa flammas ~cis et uastum foues ultro dolorem? SEN.*Her.O.*351;—(*dep.*) qua Parrhasis ignem..nostro ~citur imbri STAT.*Theb.*7.9. **d** spes ~cis inanis VERG.*A.* 10.627; nummos alienos ~cet HOR.*Ep.*1.18.35; spes est, quae ~cit amorem OV.*Met.*9.749; haec quoque tristia et misera..ipsa nouissime acerbitate ~cuntur SEN.*Dial.*6.1.7; quicquid dolorem ~cit *Her.O.*448; docilis ~cere rumorem uulgi, pauor SIL.4.9.

5 a To gratify (hunger or other appetite). **b** *~cere oculos*, etc., to feast the eyes (upon). **c** *~cere animum*, etc., to feast the mind.
a qui..tuam ~cat, aselle, famem! PROP.4.3.22; ut maliuolentiam tuam ~cam SEN.*Dial.*7.17.3; (*w. abl.*) sanguine trium fratrum insatiabilem tuam crudelitatem ~ce APUL.*Met.*9.38. **b** restabat aliud nil nisi oculos ~cere TER.*Ph.*85; colores..oculos qui ~cere possunt LUCR. 2.419; OV.*Am.*3.2.6; oculos ante quam gulam pauit SEN. *Nat.*3.17.3; SUET.*Vit.*14.2;—(*w. abl.*) eius cruciatu..~cere oculos CIC.*Ver.*5.65; ~cit amore auidos..uisus LUCR.1.36; corpore ut exanimi crudelia lumina ~cas OV.*Met.*14.728;—(*w.* in+*abl.*) ut..in eius corpore lacerando..oculos pauerit suos CIC.*Phil.*11.8. **c** animi ingratam naturam ~cere LUCR.3.1003; non animum modo uti ~cat prospectus inanem VERG.*G.*2.285; *A.*1.464.

6 (pass. in middle sense, of animals or other creatures) To feed, graze (on). **b** (transf., of fire and other natural forces). **c** (fig.) to feast (on).
si pecus ~cetur, ubi uitem serere uoles CATO *Agr.*47; CIC.*de Orat.*2.284; ante leues ergo ~centur in aethere cerui VERG.*Ecl.*1.59; passim..soluti per campum ~cuntur equi *A.*6.653; iuuat ~tas ouis uidere properantis domum HOR. *Epod.*2.61; quid enim est, si pulli non ~ccntur..? LIV.6. 41.8; OV.*Met.*3.408; quidam (bouem) clausum intra textum continent, ne ~ci possit COL.6.6.2; eadem (*sc.* hirundo) sola auium non nisi in uolatu ~citur PLIN.*Nat.*10.73; ULP.*dig.* 19.5.14.3;—(*w. abl.*) herbis ~ceris amaris CALV.*poet.*9; gramine ~ta Falisco uictima OV.*Pont.*4.8.41; LUC.6.673; quae animalium ~cerentur ueneno diximus PLIN.*Nat.* 11.280; (*cf., of savage men*) his infandis ~tos epulis LIV. 23.5.13; (*poet.*) quis fonte Iuturnae..neget esse ~tum (*sc.* Septimium)? STAT.*Silv.*4.5.36;—(*transf.*) (Calchas) caligine sacra ~citur *Ach.*1.522; poma dari, quorum solo ~caris odore JUV.5.150;—(*fig.*) ego hic ~cor bibliotheca Fausti CIC.*Att.*4.10.1; otia corpus alunt, animus quoque ~citur illis OV.*Pont.*1.4.21; (Cepheo orti) ~cerer curis MAN.5.452; Maeror ~tus fletu SIL.13.582;—(*w. acc.*) coluber mala gramina ~tus VERG.*A.*2.471;—(*sup.*) ire uis, mula, foras ~tum PL.*Mos.*878; missae ~tum..mulae HOR.*S.*1.5.18; pecora Carthaginiensium quae ~tum propulsa essent LIV.25.8.6. **b** lambere flamma comas et circum tempora ~ci VERG.*A.* 2.684; ignis..per..omnes ~citur artus OV.*Met.*9.201; serpit ~cendo crescens Acherusia pestis SIL.14.613; nec ut stella procedit (*sc.* cometes) sed ut ignis ~citur SEN.*Nat.*7.21.2;—(*w. abl.*) flammae rapuere rogales pectoribus ~ci nec timuere tuis OV.*Am.*3.9.42; at si pernicies angusto ~citur ore GRAT. 359;—(*w. acc.*) Vulcanus agros ~tus *Dirae* 52; sacer ignis ~citur artus SEN.*Oed.*188;—(*w.* in+*abl.*) ~citur in uiuis Liuor OV.*Am.*1.15.39. **c** (*w. abl.*) qui..discordiis ciuium ac seditione ~cantur CIC.*Sest.*99; ~cere, crudelis, nostro, Latona, dolore! OV.*Met.*6.280; poenis..meis ~cere, coniunx [SEN.]*Oct.*340.

7 (intr.) To feed (on). **b** (transf., of fire, etc.).
~centis a flumine reice capellas VERG.*Ecl.*3.96; tu mihi uitio dabis..quod..parcius ~co APUL.*Apol.*21;—(*w. abl.*) ubi lanigerum genus piscibus ~cit ENN.*Sat.*66;—(*w. acc.*) ~cebant herbosa Palatia uaccae TIB.2.5.25; greges..quadripedum culta..~centium COL.1.2.5; capras purgari ~to illo (*sc. a plant*) PLIN.*Nat.*25.47. **b** nullis parsura incendia ~cunt *Aetna* 624;—(*w. acc.*) sidera crediderunt ex duro concreta et ignem alienum ~centia SEN.*Nat.*7.1.7; totis ~citur illa (*sc.* manus) sacris MART.8.30.6.

8 To use (land, etc.) as pasturage, graze.
EA PRATA..NIQVIS SICET NIVE ~CAT *CIL* 1.584.40; exercent collis atque horum asperrima ~cunt VERG.*A.* 11.319; frugem..aratro quaesitam furtim noctu pauisse PLIN.*Nat.*18.12;—(*w. abl.*) ut multa innumera iugera ~cat oue TIB.2.3.42.

pascua ~ae, *f.* [PASCVVS] Pasture-land.
HYG.*agrim.*p.76; HYG.GR.*agrim.*p.168; SCRIPSI ME ACCEPISSE AB L CAECILIO IVCVNDO SESTERTIA DVO MILLIA.. OB PASQVAM ANNI MODESTI *CIL* 4.3340.145.10.

pascuum ~ī, *n.* [next] (usu. in pl.) A piece of grazing land, pasture.
in censorum ~is CIC.*Agr.*1.3; aestas..utrumque gregem.. in ~a mittet VERG.*G.*3.323; HOR.*Epod.*1.28; PROP.4.9.20; lucus..laeta in medio ~a habuit LIV.24.3.4; olentia..~a OV.*Ars* 1.96; herbosa..~a *Met.*2.689; in molli palustrique ~o SEN.*Ep.*51.10; ~o fecunda pingui..Scyros *Tro.*224; COL.6.17.1; PLIN.*Nat.*19.39; nota in ~a taurus bellator redit STAT.*Theb.*3.330; JUV.9.55; SUET.*Nero* 31.1; ~i seruitutem PAUL.*dig.*8.3.6.1;—(*of the haunts of wild animals*) per nota ferarum ~a GRAT.222.

pascuus ~a ~um, *a.* [PASCO+-VVS] Used or suitable for pasture.
non aruos hic, sed ~ost ager PL.*Truc.*149; agri arui et arbusti et ~i CIC.*Rep.*5.3; ~a reddere rura LUCR.5.1248; ~is regionibus COL.9.4.5; ~a silua GAIUS *dig.*50.16.30.5.

Pāsiphaē ~ēs, *f.* Also **-aa,** ~ae. A daughter of Helios, the wife of Minos and mother of Phaedra, Ariadne, and the Minotaur.
CIC.*N.D.*3.48; supposta..furto ~e VERG.*A.*6.25; ~e fieri gaudebat adultera tauri OV.*Ars* 1.295; *Ib.*88; HYG.*Fab.* 40.1;—(*in a stage representation*) taurus ~am ligneo iuuencae simulacro abditam iniit SUET.*Nero* 12.2.

Pāsiphaēia ~ae, *f.* The daughter of Pasiphaë, i.e. Phaedra.
OV.*Met.*15.500.

Pāsithea ~ae, *f.* One of the three Graces.
CATUL.63.43; SEN.*Ben.*1.3.7; ~a blandarum prima sororum STAT.*Theb.*2.286.

Pasitigris ~idis, *m.* The river Eulaeus, which flows into the Persian Gulf.
CURT.5.3.1; PLIN.*Nat.*12.78.

passālēs: (see quot.).
~es et oues et gallinae appellantur, quod passim pascuntur PAUL.*Fest.*p.222M.

passeolus ~ī, *m.*: see PASSIOLVS.

passer ~eris, *m.* [unkn.]

1 A small bird, in most instances taken to be a sparrow, but also to include other species, e.g. (in Catullus) a blue thrush. **b** (transf.) Catullus' poem on the death of Lesbia's pet bird.
apud Homerum Calchas qui ex ~erum numero belli Troiani annos auguratus est CIC.*Div.*1.72; ~er, deliciae meae puellae CATUL.2.1; leporem obiurgabat ~er PHAED. 1.9.4; ipsa auis (*sc.* halcyon) paulo amplior ~ere PLIN.*Nat.* 10.89; ~eri minimum uitae, cui salacitas par (columbae) 10.107; saliunt aliae, ut ~eres 10.111; 18.158; arguto ~ere uernat ager MART.9.54.8; ~erum (est) titiare SUET.fr.161 (p.254Re); JUV.6.8;—(*transf., w. ref. to the proverbial salaciousness of the sparrow*) dic, ~er, cui tot montis, tot praedia seruas Apula..? 9.54;—(*as a term of endearment*) meu' pullus ~er, mea columba, mi lepus PL.*Cas.*138;—(*facet.*) dispensatori, qui..dicebat..'non comedi; pane et aqua uiuo': '~er, redde quod debes' (inquit) QUINT.*Inst.*6. 3.93. **b** Stellae..columba..uicit..~erem Catulli MART. 1.7.3; 4.14.14; 11.6.16.

2 *~er marinus*, An ostrich.
istuc marinus ~er per circum solet PL.*Per.*199; ~er marinus, quem uocat uulgus struthocamelum PAUL.*Fest.* p.222M.

3 A flat-fish, perh. the flounder.
~eris atque ingustata mihi porrexerat ilia rhombi HOR.*S.* 2.8.29; fulgentes soleae candore, et concolor illis ~er OV.*Hal.* 125; limosa regio planum educat piscem, uelut..~erem COL.8.16.7; marinorum (piscium) alii sunt plani, ut rhombi, soleae ac ~eres PLIN.*Nat.*9.72.

passercula ~ae, *f.*: fem. of next.
(*as a term of endearment*) quid autem ~am nostram Gratiam minusculam? AUR.*Fro.*1.p.182(70N).

passerculus ~ī, *m.* [PASSER+-CVLVS] A little sparrow.
delumbis pennis ut leuis ~us VAR.*Men.*274; cur..de ~is coniecturam facit? CIC.*Div.*2.65;—(*as a term of endearment*) dic me..tuom ~um, gallinam, coturnicem PL.*As.*666; 694; —(*fig.*) tu ~is et columbulis nostris inter aquilas uestras dabis pennas PLIN.*Ep.*9.25.3.

passerīnus[1] ~a ~um, *a.* [PASSER+-INVS] Of or for sparrows.
uerum illi ualent, qui ⟨ui⟩ luctantur cum leonibus: eis tete obiectes frustatim ~um prandium? POMPON.*com.*177.

Passerīnus[2] ~ī, *m.* A famous race-horse of the Roman Circus.
MART.7.7.10; 12.36.12.

passernicēs ~um, *f. pl.* [unkn.] (See quot.)
repertae sunt (cotes)..nec non et trans Alpis, quas ~es uocant PLIN.*Nat.*36.165.

passim, *adv.* [PASSVS[1]+-IM]

1 In a scattered manner, dispersedly, here and there.
omnes mortales uictores..uino curatos, somnus repente in campo ~ mollissimus perculit acris ENN.*Ann.*369; distraxissent disque tulissent satellites tui me..bonaque omnia item una mecum ~ caeruleos per campos PL.*Trin.*834; circum iacere ~ CAEL.*orat.*15; plurima perque uias sternuntur inertia ~ corpora perque domos VERG.*A.*2.364; ~..in litore..corpora curamus 3.510;—(*of troops in loose order*) triariorum quarum signum accedebat, siue pilatim siue ~ iter facere uolebat ASEL.*hist.*14; cohors una ~ concitata, qua murus erat interruptus, euadit SIS.*hist.*87; ille..iit ~, ego ordinatim D.BRUT.*Fam.*11.13.2.

2 In every part, all over the place. **b** in every direction, hither and thither.
~..praeda pecua uallebant agris ACC.*trag.*271; uolucris uidemus..~ ac libere..uolitare CIC.*de Orat.*2.23; ~ fremitus et fulgura fiunt LUCR.6.270; pascuntur..arbuta ~ (*sc.* apes) VERG.*G.*4.181; inter iumenta et ipsa iacentia ~ morientes LIV.22.2.7; frumentari ~ exercitum iubet 42.54.9; relictis ~ ignibus TAC.*Hist.*2.66;—(*transf.*) uel ~ licet carpentem et conligentem undique repleri iusta iuris ciuilis scientia CIC.*de Orat.*1.191; dum ~ (*sc. in the book*) profutura sectaris SEN.*Ep.*6.5. **b** ad se quisque uago ~ pede discedebant CATUL.64.277; reliqua multitudo..~ fugere coepit CAES.*Gal.*4.14.5; ~ fugae se mandant HIRT.*Gal.*8.29.2; VERG.*A.*4.162; equite ~ dimisso LIV.21.61.2; euntus.. uersus in Africum turbauit ac ~ naues disiecit 30.24.7; ~ dispergi TAC.*Ann.*6.50.

3 Without order, indiscriminately, at random.
C. Licinio praetore remiges scribti ciues Romani sub portisculum, sub flagrum conscribti ueniere ~ CATO *orat.*180; diplomata tota in prouincia ~ data CIC.*Pis.*90; Numidae.. quadam barbara consuetudine nullis ordinibus ~ consederant CAES.*Civ.*2.38.4; ~ multis sibi quisque imperium petentibus SAL.*Jug.*18.3; scribimus indocti doctique poemata ~ HOR.*Ep.*2.1.117; non ~ cunctis gentibus sed paucis uiris VITR.1.1.18; captos ~ trucidauerunt LIV.2.16.9; iacebant.. pedites ~ equitesque 22.51.6; PHAED.5.1.3; quae inspicienda sint in fulgure ~ et uage dicunt, cum possint sic diuidere SEN.*Nat.*2.48.2; Garamantes matrimoniorum exortes ~ cum feminis degunt PLIN.*Nat.*5.45; non..omittebant Lucanus quoque et Senecio et Quintianus ~ conscios edere TAC.*Ann.*15.57; neque societas neque collegium neque huiusmodi corpus ~ omnibus habere conceditur GAIUS *dig.* 3.4.1; VINVM ~ DIVISIT *CIL* 5.7904.

passiō ~ōnis, *f.* [PATIOR+-TIO]

1 (w. *animi* or alone) An affection of the mind, passion, emotion.
animi ~onem VAR.fr.60(GS); debet deus..ab omnibus animi ~onibus liber nec dolere umquam nec aliquando laetari APUL.*Soc.*12;—(daemones) habentes communem cum superis immortalitatem, cum inferis ~onem 13.

2 A natural effect.
aliae sunt ~ones, cum inpulsu frigidioris aeris uenti generantur APUL.*Mun.*10.

passiolus ~ī, *m.* Also **passe-:** var. PHASELVS.
PLIN.*Nat.*18.202; 18.314; 24.65. β PLIN.*Nat.*27.94.

passitō ~āre, *intr.* [prob. onomat.] To make the cry of the starling.
sturnorum (est) ~are SUET.fr.161(p.253Re).

passiuē, *adv.* [next+-E] Freely, indiscriminately.
crines..per diuina colla ~ dispersi APUL.*Met.*11.3; PRAESTARI PLAC(uit) ⟨PAN(em) ET⟩ VIN⟨VM ET⟩ CALDAM ~ IIS, QVI AD TETRASTYLVM EPVLATI FVERINT *CIL* 6.33885.11.

passiuus[1] ~a ~um, *a.* [PASSVS[1]+-IVVS] Random, indiscriminate.
discerne seminum istorum ~am congeriem APUL.*Met.* 6.10; canes..transeuntium uiatorum ~is morsibus alumnatos 9.36; OB..LIBERALITATEM IN EDENDO MVNER GLADIATORVM VENATIONE ~A *A.Epig.*88.126.

passiuus[2] ~a ~um, *a.* [PATIOR+-IVVS]

1 Subject to passion or emotion.
daemones sunt genere animalia, ingenio rationabilia, animo ~a:..quae propterea ~a..nominaui quod sunt iisdem quibus nos turbationibus mentis obnoxii APUL.*Soc.*13.

2 (gram.) Passive.
~um est quod alio faciente nos patimur PLIN.in *G.L.* 5.227.

passum ~ī, *n.* [next] Raisin-wine.
murrinam, ~um, defrutum, mellam, mel quoiuismodi PL.*Ps.*741; antiquae mulieres maiores natu bibebant loram aut sapam aut defretum aut ~um VAR.in Non.p.551M; ~o psithia utilior VERG.*G.*2.93; lac, defrutum, ~um, nuclei pinei CELS.2.22.1; farina hordeacea ex ~o COL.6.12.4; PLIN. *Nat.*23.29; STAT.*Silv.*4.9.38; JUV.14.271; GEL.10.23.2; et ~um..continebitur (uini appellatione) ULP.*dig.*33.6.9.

passus[1] ~a ~um, *a.* [pple. of PANDO]

1 Extended, spread out. **b** (of prose, opp. verse) free, unrestricted.

(*of the hands or arms*) manibus ~is Cic.*Sest.*117; ~is manibus flentes implorabant Caes.*Gal.*1.51.3; pater Anchises ~is..palmis numina magna uocat Verg.*A.*3.263; '~is manibus'..dicimus, quod significat diductis atque distentis Gel.15.15.3;—(*of wings*) prima loco fertur ~is Victoria pinnis Ov.*Am.*3.2.45;—(*of the hair*) aegro corde comis ~is Enn.*Ann.*349; capillus ~us, nudus pes Ter.*Ph.*106; ~is Acca capillis Ov.*Fast.*5.453; crinibus ~is aras uerrentes Liv.26.9.7; ~os cingit uitta capillos Sen.*Med.*803;—(*of sails*) in portum uento secundo, uelo ~o peruenit Pl.*St.* 369; (*in fig. phr.*) portum..paratum nobis (*i.e. when we die*)..putemus. quo utinam uelis ~is prouehi liceat! Cic. *Tusc.*1.119. **b** uersuum nexu repudiato conscribere.. ~is uerbis, soluto locutu, libera oratione Apul.*Fl.*15.

2 (spec., of grapes and other fruit, etc., that have been spread out to dry in the sun). **b** (transf., of old men) wrinkled, dried up.

tu es mecum futurus pro uua ~a (*i.e. raisins*) pensilis Pl.*Poen.*312; Cato *Agr.*143.3; Var.*gram.*52; proderit.. admiscere..psithia ~os de uite racemos Verg.*G.*4.269; uuae ~ae..pinsitae Col.9.13.5; ~is uua racemis Petr. 135.8,l.14; turdi siliginei, uuis ~is nucibusque farsi 69.6; uua ~a, quam astaphida uocant Plin.*Nat.*23.15; uuae ~ae sine granis p ⁎ i Larg.56;—(*of other fruit, etc.*) murtam nigram arfacito in umbra. ubi iam ~a erit, seruato Cato *Agr.*125; ipsa (*sc.* rapa)..durant, et in sua terra seruata et postea ~a, paene ad alium prouentum Plin.*Nat.*18.127; ~i meconi quod satis erit miscebitur Larg.86. **b** rugosi ~ique senes Lucil.557.

passus[2] ~a ~um: pple. of patior.

passus[3] ~ūs, *m.* [pando+-tvs[3]] Forms: *~i* (nom. pl.) *CIL* 4.1714; *~um* (gen. pl.) Pl.*Men.* 177, *Truc.*334, Lucil.114, 506, Var.*R.*3.12.2, Mart.2.5.3.

1 A step, pace, stride. **b** (pl.) footprints, a track, spoor. **c** a stance with the feet apart. **d** (poet., applied to metre).

sequere hac me..—quo gentium?—tris unos ~us Pl.*Bac.*832; ut proferre queamus proceros ~us Lucr.4.827; Cic.*Marc.*5; rapidis..feruntur ~ibus Verg.*A.*7.157; sequitur .patrem non ~ibus aequis 2.724; inde cito ~u petitur Lucretia Ov.*Fast.*2.741; effuso..decurrere ~u Luc.4.271; eunt taciti..magnis ~ibus Stat.*Theb.*10.383; (*applied to a swimmer treading water*) nunc in aquas rectus ueniet ~uque natabit Man.5.426;—(*in fig. phr.*) senectus, quae strepitus ~u non faciente uenit Ov.*Tr.*3.7.36; tacito ~u labentibus annis 4.10.27;—(*transf.*) aduerso..ire motu (sidera) per suos quaeque ~us Plin.*Nat.*2.33. **b** specto si sint in litore ~us Ov.*Ep.*18.27. **c** ~u stare tenaci Ov.*Pont.* 2.6.21; stat..diducto ~u Germ.*Arat.*188. **d** hic plura pones uocibus et modis ~u solutis Stat.*Silv.*4.5.58; senos.. pedes aequare solutis uersibus et numquam ~u breuiore relinqui 5.3.161.

2 (as a measure of distance) A double pace of five *pedes*. **b** *mille ~us* or *~uum* (pl. *milia ~uum*), a Roman mile (1.45 km. or about 95 yds. less than an English mile).

~us pedes habet v Col.5.1.5; stadium cxxv nostros efficit ~us, hoc est pedes dcxxv Plin.*Nat.*2.85; neque longius a mari ~ibus ccc aberant (castra) Caes.*Civ.*3.66.3. **b** mille ~um commoratus es cantharum Pl.*Men.*177; inde est ferme mille ~uum Cato *hist.*26; longe iii milia ~um Lucil. 114; ut circiter mmmm ~um locum inclusum habeat Var. *R.*3.12.2; duodeciens c milia ~uum longe Coel.*hist.*15; cum..ipse ab hostium castris non longius mille et quingentis ~ibus abesset Caes.*Gal.*1.22.1; non amplius milia ~uum x abesse 2.16.1; progressus efficiet spatia pedum milia quinque id est ~us mille Vitr.10.9.4; ciuitas..sita ~us mille..a mari Liv.21.7.2; Tac.*Ann.*15.5; (*abbrev.*) longitudinem..cccclxxv p., latitudinem cclviii Plin.*Nat.* 3.16.

pastālis ~is, ~e, *a.*: see pascalis.

pastas ~adis, *f.* [Gk. παστάς] A recess off the south-facing side of the peristyle in a Greek house.

hic locus apud nonnullos prostas, apud alios ~as nominatur Vitr.6.7.1.

pastillicans ~ntis, *a.* [pastillvs+-ico] (app.) Formed with little knobs or globules.

luteo (*s.v.l.*) et bellio, ~ntibus quinquagenis quinis barbulis Plin.*Nat.*21.49.

pastillum ~ī, *n.* [as next+-illvm] A form of sacrificial cake.

~um est in sacris libi genus rutundi Fest.p.250M.

pastillus ~ī, *m.* [as panis+-illvs] (med.) A pastille (either swallowed or applied as a medicament).

~i..quos trochiscos Graeci uocant Cels.5.17.2.a; ~i fiunt..hique singuli cotidie mane ieiuno dantur 5.20.6; emplastrum imponitur, ~us inlinitur 5.17.2.c; hunc (*sc.* ~um) oportet diluere aceto ac sic, ubi uulnus glutinandum est, inlinere 5.20.1.a; uua inmatura teritur siccataque in sole postea digeritur in ~os Plin.*Nat.*12.131; ~os uino subactos deuorandos..praecipiunt 32.54; ~us iste nocte super cibum dandus est Larg.52; fiunt ~i lupini magnitudinis 152; Gel.10.12.5;—(*used to sweeten the breath*) ~os Rufillus olet, Gargonius hircum Hor.*S.*1.2.27; Mart.1.87.2.

pastināca ~ae, *f.* [pastino+-aca]

1 A carrot (app. applied also to the parsnip). **b** *~a agrestis, erratica,* and *pratensis*, names given to sim. wild plants, incl. prob. *Daucus carota.*

~a uel ⟨quae⟩ specialiter radicula appellatur Cels.2.18.5; 2.26.1; Col.11.3.35; in eadem similitudine ~ae, quam nostri Gallicam uocant Plin.*Nat.*19.89. **b** ~ae..agrestis Col. 6.17.8; alterum genus est staphylinus, quod ~am erraticam uocant Plin.*Nat.*20.30; 21.86.

2 The sting-ray; also *~a marina.*

plani piscis, quam ~am nostri, trygona Graeci uocant, aculeus torretur Cels.6.9.6; ~a latrocinatur ex occulto transeuntes radio..figens Plin.*Nat.*9.144; 32.25;—Cels.5. 27.10; Plin.*Nat.*22.146.

pastinātiō ~ōnis, *f.* [pastino+-tio] The preparation of ground by digging and levelling. **b** ground so prepared.

qui ~onis impensam reformidant Col.3.13.4; Plin.*Nat.* 17.203; arbusti ~onem Paul.*dig.*50.16.79.1. **b** Col. 3.3.15; ~o quoque..uitibus conserenda est 11.2.17; *CIL* 10.114.

pastinātor ~ōris, *m.* [pastino+-tor] One who prepares ground by digging and levelling.

qua ~or sulcum facturus est Col.3.13.12.

pastinātum ~ī, *n.* [pple. of next] Ground prepared by digging and trenching.

facta in ~o scrobe Col.4.4.1; 11.2.19; populus alba seritur bipedaneo ~o Plin.*Nat.*17.143.

pastinō ~āre ~āuī ~ātum, *tr.* [next+-o[3]] To prepare (ground) by digging and levelling; *~ata* (app.) plants treated by such a method of cultivation.

terram bene ~atam et stercoratam Col.*Arb.*3.4; uineae ~entur Plin.*Nat.*18.240; is, cui fundum ~andum locaueras, lapides sustulit et in uicini proiecit praedium Ulp.*dig.* 43.21.15.1;—ubi excrescere..prohibitae (uites) semperque ~atis similes herbarum modo uagantur Plin.*Nat.*14.14.

pastinum ~ī, *n.* [cf. perh. pala]

1 A two-pronged instrument for planting out, dibble.

~um..uocant agricolae ferramentum bifurcum, quo semina panguntur Col.3.18.1.

2 = pastinatio.

si ~a instituit Ulp.*dig.*24.3.7.16.

pastiō ~ōnis, *f.* [pasco+-tio]

1 The feeding or pasturing of animals, or a method of doing this.

de uillaticis ~onibus Var.*R.*1.1.11; ut (prata) defendantur a ~one 1.37.5; porculatoris..et subulci..diuersae ~ones Col.1.pr.26; de uillaticis ~onibus, quae continet uolucrum pisciumque et siluestrium quadripedum curam, sequente uolumine praecipiemus 7.13.3; Pompon.*dig.*7.1.32.

2 Feeding-ground, pasturage.

Asia uero tam opima est..ut..magnitudine ~onis.. omnibus terris antecellat Cic.*Man.*14; saltus est ubi siluae et ~ones sunt Gal.*gram.*6; ~oni..suburbanae Col.7.3.13; —(*for bees*) dum adhuc rura ~onibus abundant 9.15.8.

pastophorus ~ī, *m.* Also **-forus.** [Gk. παστοφόρος] One of a college of priests of Isis, who carried portable shrines.

de ~is unum conspexi Apul.*Met.*11.27; in collegium me ~um suorum..adlegit 11.30; collegivm ~vm indvstriensivm *CIL* 5.7468.

pastor ~ōris, *m.* [pasco+-tor]

1 One who looks after flocks, herds, poultry, etc., esp. a shepherd. **b** *pastor Idaeus,* and sim., Paris; (also without qualifying ep.).

quapropter Parim ~ores nunc Alexandrum uocant Enn. *scen.*53; ~orum uulgus Hem.*hist.*11; primvs fecei vt de agro poplico aratoribvs cederent paastores *CIL* 1.638.14; ~orem earum (*sc.* pauonum) cum uatillo circumire oportet ac stercus tollere Var.*R.*3.6.5; eius uilicos ~oresque Cic.*Ver.*5.15; ~orum stabula *Sest.*12; ~or et armentarius omnis Lucr.6.1252; seruos, ~ores armat Caes.*Civ.*1.24.2; ~orem Polyphemum Verg.*A.*3.657; Hor.*S.*1.5.63; Tib. 1.1.35; Prop.2.32.35; sacrum deae pecus pascebatur sine ullo ~ore Liv.24.3.4; Ov.*Met.*1.513; uolatile pecus facile custodiam ~oris decipit Col.8.4.3; Plin.*Nat.*18.330; Stat. *Theb.*2.378; Tac.*Ann.*12.51; Latiis ~oribus Juv.2.127; ~ores anserum Paul.*dig.*32.66; (*of a pastoral poet*) noster rarus eo ~or Maro Maur.2132;—(*transf.*) ~or harum dormit Pl.*Bac.*1122; ~orem populi Quint.*Inst.*8.6.18. **b** ~or ..Ilius Acc.*trag.*610; ille ~or Idaeus Cic.*Att.*1.18.3; Phrygius..~or Verg.*A.*7.363; ~or Dardanus Stat.*Ach.*1.20; —~or cum traheret per freta nauibus Idaeis Helenen perfidus hospitam Hor.*Carm.*1.15.1; lanae Tyriae: nos Lacedaemoniae ~or donauit amicae Mart.14.156.1.

2 (transf.) A foster-father.

~or abdicatorum Quint.*Decl.*260(p.61,l.8).

pastōrālis ~is ~e, *a.* [prec.+-alis] Of or connected with animal husbandry, pastoral; of a (particular) *pastor.* **b** (of a type of poetry) pastoral, bucolic.

de scientia ~i Var.*R.*2.1.11; ille Romuli auguratus ~is non urbanus fuit Cic.*Div.*1.107; ~e canit signum Verg.*A.* 7.513; ~i habitu Liv.9.36.6; ~is..iuuentus Ov.*Fast.*2.365; ~em cultum induit Vell.1.2.1; ~ibus casis V.Max.7.6.1; de uillatico igitur et ~i (cane) dicendum est Col.7.12.3; ~is Apollo Calp.*Ecl.*7.22; Stat.*Theb.*4.301;—ipse..~is executor sententiae Apul.*Met.*7.22. **b** ~e..componere carmen Maur.2123.

pastōricius ~a ~um, *a.* [pastor+-icivs] Of or connected with herdsmen.

~am uitam Var.*R.*1.2.16; sodalitas..plane ~a atque agrestis Cic.*Cael.*26; ~a fistula *Att.*1.16.11; ~i canis Apul. *Met.*9.34.

pastōrius ~a ~um, *a.* [pastor+-ivs] = prec.

~a pellis Ov.*Met.*2.680; ~a sacra (*i.e. the Parilia*) *Fast.* 4.723; ~a uirtus Calp.*Ecl.*5.105; ~us populus Flor.*Epit.* 1.18(2.2.4).

pastus ~ūs, *m.* [pasco+-tvs[3]]

1 The feeding or pasturing of animals.

non multo aliter tuendum hoc pecus in ~u atque ouillum Var.*R.*2.3.6; nam quom (natura) ceteras animantes abiecisset ad ~um Cic.*Leg.*1.26; upupa..obscena..~u auis Plin. *Nat.*10.86; 15.80; uago ~u lasciuiunt..capellae Apul.*Met.* 5.25; (*of the eagle feeding on Prometheus*) Iouis satelles ~u (me) dilaniat fero Cic.*Tusc.*2.24(transl. Aeschylus);—(*transf.*) hinc profertur, quo sustineantur tot sidera..ut in opere ita in ~u Sen.*Nat.*2.5.2;—(*fig.*) ad praesentem ~um mendicitatis suae Cic.*Phil.*11.4; suauissimus ~us animorum *Tusc.*5.66; pessimum ~um eius partis animae quae ex cupiditatibus constat Apul.*Pl.*2.15.

2 Feeding-ground, pasture; also, means of feeding, pasturage.

greges pecuum ex hibernis ~ibus pulsae Host.*poet.*2(4); e ~u decedens..coruorum..exercitus Verg.*G.*1.381; *A.*11. 494; Stat.*Theb.*2.328; equis..diuersos ~us pererrantibus Tac.*Ann.*4.25;—~um..animantibus large et copiose natura ..comparauit Cic.*N.D.*2.121; (*cf.*) alios hominum ~us pecudumque cibatus Lucr.6.1127;—(*transf.*) quia nullus ignis sine ~u aliquo possit permanere Cic.*N.D.*2.40.

patagiārius ~iī, *m.* [patagivm+-arivs] A dealer in *patagia.*

caupones ~ii Pl.*Aul.*509; Paul.*Fest.*p.221M.

patagiātus ~a ~um, *a.* [next+-atvs[2]] (of a tunic) Ornamented with a border.

Pl.*Epid.*231; Paul.*Fest.*p.221M.

patagium ~iī, *n.* [perh. Gk.] A border on a woman's tunic.

pallis ~iis crocotis malacis mortualibus Naev.*trag.*43; ~ium est, quod ad summam tunicam adsui solet Paul. *Fest.*p.221M;—(*transf.*) crines..sensim..sinuato ~io residentes Apul.*Met.*2.9.

patagus ~ī, *m.* [Gk. πάταγος] (The sense intended here of the Gk. word is uncertain; it refers possibly to beating.)

me⟨di⟩cum habet ~us morbus aes Pl.fr.inc.173.

Patara ~ōrum, *n. pl.*, **~a** ~ae, *f. sg.* A maritime city in Lycia, with an oracle of Apollo.

Liv.33.41.5; Mela 1.82; Plin.*Nat.*6.214.

Patarēus[1], *m.* The Patarean, an epithet of Apollo.

Hor.*Carm.*3.4.64.

Patarēus[2] ~a ~um, *a.* Of or connected with Patara.

~a..regia Ov.*Met.*1.516; ~a..dumeta Stat.*Theb.*1.696.

Pataricus ~a ~um, *a.* = prec.

lycio ~o Larg.142.

Patauīnitās ~ātis, *f.* The dialectal peculiarities of the Paduans, Patavinity (as typifying provincialism).

quem ad modum Pollio reprendit in Liuio ~atem Quint. *Inst.*1.5.56; 8.1.3.

Patauīnus ~a ~um, *a.* Of or connected with Padua; (masc. pl. as sb.) the Paduans.

~ae..trilices Mart.14.143.1; *CIL* 5.6899; (*w. ref. to the Paduans' reputation for chastity*) nequitias nostri lususque libelli uda, puella, leges, sis ~a licet Mart.11.16.8;—Cic. *Phil.*12.10; Liv.10.2.7.

Patauium ~iī, *n.* A town of Cisalpine Gaul, where Livy was born, Padua.

Verg.*A.*1.247; Liv.10.2.14; Sen.*Dial.*12.7.6.

patefaciō ~facere, ~fēcī, ~factum, *tr.* [pateo+facio] Forms: pass. *~fio ~fieri*, etc. Pros.: *patĕ-* Enn.*Ann.*558, Lucr.4.345, 6. 1001, Calp.*Ecl.*1.35.

1 To make visible, reveal, uncover, lay bare. **b** (med.) to open up by dissection, expose (a part of the body). **c** *oculos ~ere,* to open the eyes (of a dead person).

inde ~fecit radiis rota candida caelum Enn.*Ann.*558; pater, quod ~facit semen Var.*L.*5.65; cum de terris uis est ~facta Leonis Cic.*Arat.*616(370); *Div.*2.51; simul ac species ~factast uerna diei Lucr.1.10; ab ea parte qua ~factum oppidum ruinis erat Liv.21.11.5; presso sulcum ~fecit aratro Ov.*Met.*3.104; Stat.*Theb.*7.627; si sui natura tabulae ~factae sunt, apertum uideri testamentum non dubitatur Ulp.*dig.*29.3.10.1. **b** medici qui ista (*sc.* corpora) aperta et ~facta uiderunt Cic.*Tusc.*1.46; ~facto cerebro Cels. 8.3.10. **c** morientibus illos (*sc.* oculos) operire rursusque in rogo ~facere Quiritium magno ritu sacrum est Plin.*Nat.* 11.150.

2 To open (gates, windows, or other barriers). **b** *aures ~facere* (w. dat.) to open the ears, lend a hearing (to). **c** to open (buildings, enclosures, containers, etc.).

~feci fores Pl.*Mos.*1046; sicubi..aliquid aquae obstat, id emittere, ~fieri remouerique oportet Cato *Agr.*155.2; carceribus ~factis Lucr.4.990; portis ~factis Caes.*Gal.* 2.32.4; nec flenti dominae ~fiant nocte fenestrae Prop. 3.20.29; hostibus portas..~facere Liv.2.15.3; 29.7.8; ore alicuius uenae ~facto Cels.4.11.3; ianuae..clauis..immissione ~fiunt Apul.*Met.*1.14;—(*in fig. phr.*) quantam fenestram ad nequitiem ~feceris Ter.*Hau.*481. **b** Cic.*Amic.* 97; cauendum est ne assentatoribus ~faciamus aures *Off.* 1.91. **c** mihi togato senatus..templa ~fecit Cic.*Pis.*6;

quos (*sc.* uteros) ubi tempore maturo ~fecerat aetas infantum Lucr.5.809; illos ~factus ad auras reddit equus Verg. *A*.2.259; Alexandrea..uacuam ~fecit aulam Hor.*Carm*. 4.14.36; ~facta gratulationi omnia in urbe templa Liv. 30.40.4; his domos uillasque ~fecimus Tac.*Ger*.41.2;—(*in fig. phr.*) si in haec, quae ~fecit oratione sua Crassus, intrare uolueritis Cic.*de Orat*.1.204.

3 To make (territory) accessible or available, clear (a space); to open up to sight. **b** *iter* (*uiam*, etc.) *~facere*, to open a road (way, etc.). **c** (fig.) to open (a way, etc.), provide (an opportunity).

~facere nobis prouincias Cic.*Catil*.4.21; ubi tempore anni mare classibus ~factum est Sal.*Hist*.1.56; priusquam tellus in longas est ~facta uias Tib.1.3.36; Liv.7.33.10; Alpium iuga ~facta V.Max.3.7.ext.; ALPIBVS BELLO ~FACTIS *CIL* 5.8002; Stat.*Ach*.1.62; Sil.15.660; (*neut. pl. of past pple. as sb.* = *interstices*) aer..per ~facta uenit Lucr.4.894;—(*in fig. phr.*) is clausum lato ~fecit limite campum Catul.68.67;—ex quo tibi Stabianum perforasti et ~fecisti sinum Cic. *Fam*.7.1.1. **b** non ~factum iter ad urbem? Cic.*Att*.8.3.4; iter per Alpis..~fieri uolebat Caes.*Gal*.3.1.2; Sal.*Hist*. 2.98.4; inter obstantis et armatos ferro uiam ~fecit Tac. *Ann*.1.32;—(*w. dat.*) introitum ipsi sibi ui manuque ~faciunt Cic.*Tul*.21; imperat ut uiam equitibus ~faciant Liv.10.41.8. **c** quoniam uterque uestrum ~fecit earum ipsarum rerum aditum Cic.*de Orat*.1.98; uide quam tibi defensionem ~fecerim *Ver*.3.193; an lingua et ingenio ~fieri aditus ad ciuitatem potuit..? *Balb*.54; princeps materiam praedandi ~fecerat Tac.*Ann*.11.5; ~fieri occasio etiam aduersus me potest *Hist*.1.84;—(*w. dat.*) id prouidete, ne auaritiae.. uiam ~faciatis inlustrem atque latam Cic.*Ver*.3.219; huic ego..aditum ad tuam cognitionem ~facio *Fam*.13.78.2; ~factus ad consulatum..locus nouis hominibus uidebatur Liv.4.54.6; Tac.*Ann*.13.8.

4 (mil.) To open out, deploy (troops). **b** to expose (to attack).

dextra pars..latius ~facta stetit Liv.9.27.8; ~facta acie 28.22.15. **b** terga occasioni ~fecit Tac.*Ag*.14.4.

5 To make known, disclose, reveal. **b** to reveal by one's conduct, manifest. **c** to discover, bring to light.

quin, si hoc celetur, in metu, sin ~fit, in probro sim Ter. *Ph*.825; quid ~fecit dicendo, quod fuisset imperitis occultius? Cic.*de Orat*.1.244; Habonium..rem totam esse ~factum *Ver*.1.149; ueritate ~facta *Clu*.83; ~facta..sententia sua *Fat*.44; quo facilius..Scauri..delicta ~fierent Sal.*Jug*. Berosus..disciplinam Chaldaicam ~fecit Vitr.9.2.1; ~facta immatura proditio est Liv.28.30.4; iuuat arbore sacra laeta ~factis incidere carmina fatis Calp.*Ecl*.1.35; tormentis seruorum ~facta sunt flagitia Tac.*Ann*.3.23;—(*w. indir. qu.*) nec quae sint..gesta contra me, neque quo modo..~faciundum mihi esse arbitror Cic.*Dom*.30; omnes ~faciunt..quid sentiant *Phil*.3.36;—(*w. acc. and inf.*) quo ~factum est rem publicam praedae, non libertati repetitam Sal.*Hist*.1.51; tum ~factum muliebri fraude ciuitatem premi Liv.8.18.6;—(*w. abst. subj.*) omnis ista celeritas..illud ~fecit Cic.*Scaur*. 30; *Luc*.44; seu felicitas in tali ingenio auaritiam..~fecit Tac.*Hist*.3.49. **b** neque hoc tempore nec antea ~fecisset odium suum in me Cic.*Att*.11.13.2; totum me ~feci *Fam*. 6.10.1. **c** ante philosophiam ~factam Cic.*Div*.1.86; orbe eo ~facto Plin.*Nat*.12.21.

patefactiō ~ōnis, *f*. [prec.+-TIO] Revelation, disclosure.

haec ~o quasi rerum opertarum Cic.*Fin*.2.5.

Patelāna ~ae *f*. A goddess who presided over the opening of ears of grain.

Var.*gram*.167.

patella ~ae, *f*. [PATINA+-LA]

1 A small dish or plate. **b** (used for cooking, etc.).

~a esurienti posita prouocat Neapolitanas piscinas Var. *Men*.160; modica cenare..holus omne ~a Hor.*Ep*.1.5.2; Pers.4.17; ponetur..nigra coliculus uirens ~a Mart.5.78.7; cammarus..ponitur exigua feralis cena ~a Juv.5.85;—(*used for offerings of food to the gods*) oportet bonum ciuem.. deos colere, in ~am dare μικρὸν κρέας Var.*Men*.265; asotos ..ita non religiosos, ut edint de ~a Cic.*Fin*.2.22; salinum ~amque deorum Liv.26.36.6; Ov.*Fast*.6.310; V.Max.4.4.3; fragiles..~as Juv.6.344; ~ae uasula parua picata, sacrificiis faciendis apta Paul.*Fest*.p.248M;—(*applied to an excrescence on the olive-tree*) olea..clauum etiam patitur, siue fungum placet dici uel ~am Plin.*Nat*.17.223. **b** multifariam in ~is coquere caepe Var.*gram*.85; pulmentario in ~is decocto Plin.*Nat*.19.171; in ~a aeris Cyprii super carbones posita inferuescit (*sc.* medicamentum) Larg.37; 57.

2 A decoration awarded for bravery, perh. a small shield.

VIRTVTIS CAVSSA TVRMAM SALLVITANAM DONAVIT..CORNVCVLO ET ~A *CIL* 1.709.4.5.

3 The knee-cap, patella.

quae commissura osse paruo, molli, cartilaginoso tegitur: ~am uocant Cels.8.1.25; 8.21.1.

patellārius ~a ~um, *a*. [prec.+-ARIVS] Of or connected with *patellae*.

di..omnes, magni minutique et etiam ~i (*said to be Lares, whose offerings were placed on* patellae) Pl.*Cist*.522.

patena ~ae, *f*.: see PATINA.

patens ~ntis, *a*. *compar*. ~ntior, *superl*. ~ntissimus. [pple. of PATEO]

1 (of gates, etc.) Standing open, (of eyes, mouth, etc.) wide-open; (of holes, etc.) gaping.

portis..~ntibus omnis accipiunt socios Verg.*A*.2.266; ~ntibus ianuis Liv.5.13.7; fenestris ~ntibus Cels.3.19.3;—oculos..~ntis Lucr.3.655; dum uulnere saeuus laxato cadat hamus et ora ~ntia linquat Ov.*Hal*.42; oculis nigris et ~ntissimis Col.6.21.1; gula ~ntiore Plin.*Nat*.11.201; eo facilius uerba hominis articulant ~ntiore plectro et palato (*sc.* psittaci) Apul.*Fl*.12; *CIL* 6.23033; (*cf.*) quem attractis pedibus ~nte porta percurrent raphanique mugilesque Catul.15.18;—~ns in pectore uulnus Verg.*A*.11.40; puteum..~ntem Hor.*Ep*.2.2.135; ~ntes terrae hiatus Liv. 7.6.4; multo..~ntiorem fistulam Cels.7.26.2.1; iugulum.. caede ~ntem Stat.*Theb*.2.123;—(*neut. pl. as sb.*) per.. ~ntia ruinis agmina armatorum in urbem uadebant Liv. 21.11.9.

2 (of spaces, etc.) Not shut in or confined, open; (of routes, etc.) clear, unimpeded; (of the sky) free from storms, cloudless. **b** wide, broad, spacious.

Aegyptii..in camporum ~ntium aequoribus habitantes Cic.*Div*.1.93; in foro ac locis ~ntioribus Caes.*Gal*.7.28.1; pelago..~nti Verg.*G*.2.41; ex ~nti utrimque coactum in angustias mare Liv.28.6.9; in..~ns aequor..fertur (puppis) Ov.*Fast*.3.589; ~ntissimis locis Suet.*Cl*.32; (*w.* ad) ~ntibus circum campis ad pugnam equestrem Tac.*Hist*.3.8; (*neut. sg. as sb.*) Faliscum liberos..in campi ~ns..ducere Avit. *poet*.3;—reliquas tamen esse uias in mente ~ntis Lucr. 4.976; fore..tutum iter et ~ns Hor.*Carm*.3.16.7; uia ~ntiore Liv.7.36.11;—caelum ex omni parte ~ns atque apertum Cic.*Div*.1.2; Verg.*G*.4.77. **b** terras..~ntes Ov.*Fast*.4.713; ~ntissimos lacus Sen.*Nat*.6.7.2; umeros ~ntis *Thy*.762; scrobis clibano similis sit, imus summo ~ntior Col.5.10.4; statuerunt decimanos et cardines maximos ~ntiores ceteris (*sc.* limitibus) esse Hyg.*agrim*.p.83; (*neut. pl. of compar. as sb.*) uasa eo corbesque ac ~ntiora quaedam messibus conuehendis..faciunt Plin.*Nat*.16.35.

3 Clearly visible, obvious, unmistakable; (of sight or light) clear; (fig.) manifest. **b** exposed, bare.

mons saxeus, mediocri castello satis ~ns Sal.*Jug*.92.5; tumulum..plano campo in summo ~ntem Liv.27.18.5; quomodo intret hic spiritus, utrum per tenuia foramina nec oculis comprehensibilia an per maiora ac ~ntiora Sen.*Nat*. 6.24.1;—(*in fig. phr.*) uti (homines) non occultos haberent sensus sed ~ntes ad considerandum Vitr.3.pr.1;—dextrum sinistrumque cornu..in conspectu ~nti aduersariorum constituit *B.Afr*.41.3; aliquid luce ~nte minus Ov.*Ars* 2. 620;—facinus defendere tantum tamque ~ns *Met*.13.311. **b** cui color est, umero saepe ~nte cubet Ov.*Ars* 2.504; exarmata nauis est, utroque ~ns latere Sen.*Con*.7.1.10;—(*w. dat.*) ~ntem uulneri ecum Liv.31.39.12.

4 Easily obtainable, readily accessible.

deos quibus omnia deberent esse ~ntia ac libera Cic.*Leg*. 2.26; cunctis undamque auramque ~ntem Verg.*A*.7.230; pinguis amor nimiumque ~ns in taedia nobis uertitur Ov. *Am*.2.19.25.

patentius, *compar. adv*. [prec.] More openly or clearly.

non..implicite et abscondite, sed ~ et expeditius Cic. *Inv*.2.69.

pateō ~ēre ~uī, *intr*. [cf. Av. *paθana-*, Gk. πετάννυμι, Welsh *edaf*, AS. *fæþm*] N.B.: aoristic exx. of pf. forms have been placed under PATESCO.

1 (of doors, gates, etc.) To be open. **b** (of the eyes, ears, etc.; also, of flowers). **c** (of wounds) to gape.

mihi mira uidentur te hic stare foris, fores quoi ~eant Pl.*Men*.362; fores facite ut ~eant *St*.309; adueniens digito inpellam ianuam: fores ~ebunt Trab.*com*.3; ~ent portae; proficiscere Cic.*Catil*.1.10; cur ualuae Concordiae non ~ent..? *Phil*.2.112; ~et isti ianua leto Verg.*A*.2.661; noctes atque dies ~et atri ianua Ditis 6.127; quid si..reiectae ..~et ianua Lydiae? Hor.*Carm*.3.9.20; me, qui spernentur, amantes consultent: cunctis ianua nostra ~et Tib.1.4.78; legati..~ere moenia adferunt Tac.*Ann*.14.24; hae (*sc.* fenestrae) cum serenus dies..sine iniuria ~ent Plin.*Ep*. 2.17.16; (*poet.*) quantum erat, ut..ad oscula danda ~eres (*sc.* paries)? Ov.*Met*.4.75. **b** foramina illa, quae ~ent ad animum a corpore Cic.*Tusc*.1.47; in grauedine nares magis ~ent Cels.4.5(2.4).4;—(*transf.*) aures ad hanc disputationem ~ent Cic.*Fam*.3.8.3; ~ere auris tuas querelis omnium *Q.fr*.1.1.25;—non..uiolae ~ere possunt Mart. 11.18.16. **c** foediores ~ebant plagae Liv.38.21.9; non tam ~entibus plagis mouentur 38.21.10; plagam ~ere necessarium est Cels.7.26.7; (*cf.*) (clipeus) mille ~et plagis Ov.*Met*.13.119.

2 (of a building, container, etc.) To be open. **b** (of a house, enclosure, etc.) to offer free access, be open (to). **c** (of other things) to be accessible.

fundum Vetto uocat, quem possit mittere funda, ni tamen exciderit qua caua funda ~et Cic.*Epigr*.1; eum propter quem deum delubra ~eant Liv.8.33.20; uer aperit..omnia ..fetaque terra ~et Ov.*Fast*.4.88; non bene selecti iudicis arca ~et *Am*.1.10.38; quare porticus ulla ~et? *Tr*.2.286; ~ebunt templa Luc.3.123; nodi peruia ~ent fistula Plin. *Nat*.17.153; quaerunt..an rapti ~eat specus auguris Stat. *Theb*.12.42. **b** si non est quod des, aedes non ~ent Pl. *As*.242; postulo ut mihi tua domus..~eat Ter.*Eu*.1059; Isocrates, cuius domus cunctae Graeciae quasi ludus quidam ~uit Cic.*Brut*.32; cubiculum..quod nisi mulieri et decumano ~ebat alii nemini *Ver*.3.56; animus tuus mihi magis ~uit quam domus *Att*.14.13b.5; Caes.*Gal*.6.23.9; Romanis utinam ~uissent castra puellis! Prop.4.3.45; negat ullos ~ere portus Liv.28.43.17; satis..est atria si nobis non ~uisse negas Ov.*Pont*.1.7.24; Tac.*Ann*.4.63. **c** omnibus haec (*sc.* signa) ad uisendum ~ebant cotidie Cic.*Ver*.4.5; uelim..scribas ut mihi tui libri ~eant *Att*.4.14.1; solis ara deae maribus ~et Juv.2.89; (*in fig. phr.*) cum tui fontes uel inimicis tuis ~eant Cic.*Mur*.9.

3 (of a road, space, etc.) To offer unimpeded passage, be open.

date uiam qua fugere liceat, facite totae plateae ~eant Pl.*Aul*.407; ⟨QVAE VIAE⟩..FVERINT EAS FACIVNTO ~EANT VACVAEQVE SIEN⟨T⟩ *CIL* 1.585.28; omnem orbem terrarum, qui semper nostris hominibus maxime ~uit Cic.*Ver*.5.168; sed ubi..cuncta maria terraeque ~ebant (Romanis) Sal. *Cat*.10.1; locum insidiis conspeximus..qui ~et in biuio portae Verg.*A*.9.238; ~et uia in Sacrum montem aliosque colles Liv.2.34.10; ne fugae quidem ~ere uiam 10.35.19; qua ~ere uisum maxime iter perrumpunt 21.28.4; iugum montis ..uix ternis ordinibus armatorum in fronte ~uit 44.4.4; postquam ~ere omnia in omnis partes animaduertit 44.7.1; nec tellus nostrae nec ~et unda fugae Ov.*Ars* 2.36; et sceleratis sol oritur, et piratis ~ent maria Sen.*Ben*.4.26.1; (*cf.*) talibus..nuntiis et rumoribus ~ebat ad orientem uia Cic. *Deiot*.11;—(*in fig. phrs.*) noluerunt..hanc ~ere inimicitiis uiam *Font*.24; cum..nostris ciuibus ~eat ad ceteras iter ciuitates *Balb*.29; ~et in laudes area lata tuas Ov.*Tr*.4.3.84.

4 To be exposed (to danger, etc.). **b** to be amenable.

si M. Antonio ~uisset Gallia Cic.*Phil*.5.37; ne uacuus aduenienti Caesari ~eat (*sc.* ager Campanus) Cael.*Fam*. 8.10.4; nec..uidemini intellegere, qua nos ~eamus et qua simus imbecilli 8.17.2; tantus in arma ~et Verg.*A*.11.644; latus dextrum quod ~ebat Liv.22.50.11; animaduerterunt, nulli occasioni fraudis Romanum ~ere 24.37.5; ordines.. ~ebant iaculis sagittisque 42.65.8; morbis..acutis adulescentia magis ~et Cels.2.1.5; tenuis cicatrix..quae necesse est facile noxae postea ~eat 8.25.5; magis..periculis ~emus auersi Sen.*Ep*.104.10; omnis..~et leto Stat.*Theb*.9.528; cur plus, ardua, casibus ~etis? *Silv*.2.7.91; quam nouis inusitatisque ~emus insidiis! [Quint.]*Decl*.7.2. **b** omnis ..dolor minus medicinae ~et, qui sursum procedit Cels. 2.8.40; lata etiam capita uix medicinae ~ent 7.7.15.B.

5 (of abst. things) To be open or available (to).

hoc aditu laudis qui semper optimo cuique maxime ~uit Cic.*Man*.1; ut aditus ad consulatum..uirtuti ~eret *Mur*. 17; ut et plebeiis ~eret summus honos Liv.6.37.5; omnibus quidem, Romani, uestram misericordiam, uestrum auxilium aequum est ~ere 7.30.11; uolt (Flora) sua plebeio sacra ~ere choro Ov.*Fast*.5.352; ibi (*sc.* in longis morbis)..mutationi remediorum tempus ~et Cels.3.1.4; fuga nulla ~et Luc. 4.485; quot bello ~eant argenti aerisque talenta Sil.11.263; dum alii Vespasianum, alii Vitellium foueant, ~ere locum aduersus utrumque Tac.*Hist*.4.17.

6 To be visible, show. **b** to be shown as entered (in accounts). **c** to be evident or obvious.

inlatis ignibus acta ~ent Ov.*Fast*.2.352; ora..de toto corpore sola ~ent *Tr*.3.10.20; (*cf.*) quo fit ut omnis uotiua ~eat ueluti descripta tabella uita senis Hor.*S*.2.1.33; (*pregn.*) nunc terminus Britanniae ~et Tac.*Ag*.30.4. **b** quo habere se hoc nomen in codice accepti et expensi relatum confitetur, sed in aduersariis ~ere contendit Cic. *Q.Rosc*.5; ecquidnam in tabulis ~et lucelli expensum..? Catul.28.6. **c** clades patriae..uocibus Allobrogum patribus populoque ~ebat Cic.*Cons*.fr.2; fingi haec putatis quae ~ent, quae nota sunt omnibus *Mil*.6; qui (*sc.* Amor) non ante ~et, donec manus attigit ossa Prop.1.9.29; id quod ex monumentis orationum ~et Liv.9.18.7; causa latet, mala nostra ~ent Ov.*Ep*.20.53; utilitatem huius edicti ~ere nemo est qui ignoret Ulp.*dig*.14.1.1;—(*w. pred. adj.*) ~et impenetrabilis ille (*sc.* Regulus) luctibus Sil.6.413;—(*w. acc. and inf.*) iuuenem facti paenituisse ~et Ov.*Ep*.16.32; falsum esse argumentis pluribus ~et Sen.*Nat*.4a.2.17; Stat.*Theb*.10.394; etiam imperito ~et plus soli esse quam caeli Quint.*Inst*.1.10.45.

7 To extend in space, stretch or spread out. **b** to extend in time. **c** (app.) to extend in amount. **d** (of abst. things) to extend (over a range); esp. *late* (or sim.) *~ere*, to have a wide application, cover a wide field.

tum caua sub monte late specus intus ~ebat Enn.*Ann*. 440; in tabula pura, quae ~eat P. I, ibi balteum ponito Cato *Agr*.76.3; uestrum imperium, quod latissime ~et Cic.*Agr*.2.35; a terris quantum caeli ~et altus hiatus Lucr.4.415; finis..qui in longitudinem milia passuum CCXL, in latitudinem CLXXX ~ebant Caes.*Gal*.1.2.5; Hercyniae siluae..latitudo nouem dierum iter expedito ~et 6.25.1; quadratas regulas IIII ~entis digitos defigunt *Civ*.2.10.4; Verg.*Ecl*.3.105; ita a pariete eae (*sc.* pilae) distent, ut ne plus ~eant palmum Vitr.7.4.2; numerando lapides aestimandoque..quid in fronte ~erent singuli Liv.25.23.11; in duos et triginta ordines armatorum acies ~ebat 37.40.2; quod..querar notum qua ~et orbis erit Ov.*Tr*.4.9.20; phyma..latius ~ere consueuit Cels.5.28.9; Parabos..est parua et quantum ~et tota oppidum Mela 2.103; poena Tityi qui specu uasto ~ens..pascit..aues Sen.*Thy*.9; gallina erat lignea ~entibus in orbem alis Petr.33.3; nauigatio a Cerceis II de LXXX ~et Plin.*Nat*.3.62; datur ex hoc medicamento quantum nux auellana media ~et Larg.120; Stat.*Theb*.7.239; HIC LOCVS ~ET IN FRONT P XX *CIL* 5.2915;—(*of abst. things*) magnae sunt in te opes, late ~et gratia Cic.*Planc*.55; late..~et hoc uitium *Fam*.3.6.4;—(*in fig. phr.*) gaudium..quo loquor..solidum est et quod plus ~eat introrsus Sen.*Ep*.23.5. **b** in quantum uario ~eant (*sc. day and night*) sub tempore Man.3.249; ut Posidonius ait, 'unus dies hominum eruditorum plus ~et quam imperitis longissima aetas' Sen.*Ep*.78.28; sequens (aetas)..centum quinquaginta annos ~et Flor.*Epit*.1.1(1.pr.6). **c** talentum Aegyptium pondo LXXX ~ere M. Varro tradit Plin.*Nat*.33.52. **d** ille fuit uitae Mario modus..menso..hominis quid fata ~erent Luc.2.133;—id..in sermonis nostri consuetudine perlate ~et Cic.*de Orat*.2.17; similitudo sequitur, quae late ~et *Top*.41; hoc nomen beati longe et late ~et *Tusc*.5.85; benignitas..late ~et Q.Cic.*Pet*.44; nemo..non gaudet beneficium suum latius ~ere Sen.*Ben*.2.24.4; huius uirtutis materia tam late ~et quam uita 4.19.4; uerbum illud 'pertinere' latissime ~et Pompon.*dig*.50.16.181; satisfactionis uerbum..latius ~et Ulp.*dig*.36.4.5.17.

pater ~tris, *m*. [cf. Gk. πατήρ, Skt. *pitár-*, Goth. *fadar*, Osc. *patir*] Forms: *patrus* (gen.) *CIL* 1.2289.4.

1 A father. **b** (in distinguishing between a father and son of the same name) the elder. **c** (pregn., w. ref. to pedigree) a father (of some standing). **d** *~ter adoptiuus*, an adoptive father. **e** (pl.) parents.

si ~ter filium ter uenum duuit, filius a patre liber esto

LexXII(*Font.iur*.p.22); GNAIVOD ~TRE PROGNATVS *CIL* 1.7; deos quaeso ut adimant et ~trem et matrem meos Naev.*com*.95; Moschum tibi ~trem fuisse dixti Pl.*Men*. 1098; patruom uideo cum ~tre astantem Ter.*Ph*.607; ~trem primum, postea patronum proximum nomen habuere Cato *orat*.190; C. Gracchus, clarissimo ~tre Cic. *Catil*.1.4; Plautinus ~ter in Trinummo *ad Brut*.1.2a.2; Atheniensibus licet eodem ~tre natas uxores ducere Nep. *Cim*.1.2; Fauno Picus ~ter Verg.*A*.7.48; ~ter filio legatus ad Suessulam in castra uenit Liv.24.44.9; pertimuit..lupos (*sc*. Callisto), quamuis ~ter esset in illis Ov.*Met*.2.495; obliquum..a ~tre genus Stat.*Theb*.5.222; ~ter ille (*sc*. in comoediis) cuius praecipuae partes sunt..altero erecto, altero composito est supercilio Quint.*Inst*.11.3.74; consulatus, ~tris atque filii collegio insignis Tac.*Ann*.3.31; accipis uxorem de qua citharoedus Echion..fiat ~ter Juv.6.77; Julian.*dig*.50.16.201;—(*w. ref. to paternal feelings*) rex..~trem uicit (*i.e. in Agamemnon*) Ov.*Met*.12.30;—(*of an adoptive father*) Ter.*Ad*.452; Ov.*Ars* 1.191; (*cf*.) ~tris utriusque iudicio Cic.*Rep*.2.1;—(*poet*.) neque terra ~trem nouit nec flamma nec aer Man.1.137; huic semper uitio ~ter fuisti Mart.12.53.10. **b** Quintus ~ter quartum fit consul Enn.*Ann*.295; Q. Catulum ~trem Cic.*Ver*.3.209; P. Lentulum ~trem Rhodi esse aiunt, Alexandreae filium *Att*.11.13.1; Gaius Iulius Masinissae filius..cum ~tre Caesare militauit Vitr.8.3.25; C. Cestium ~trem Tac.*Ann*. 6.7. **c** offenduntur enim quibus est equus et ~ter et res Hor.*Ars* 248; (*cf*.) Ser. Tullium..capitua Corniculana natum, ~tre nullo, matre serua Liv.4.3.12. **d** Ulp.*dig*. 45.1.38.15. **e** M IVSTINIVS SECVNDINVS ET PRIMANIA MARCELLINA ~TRES AMISSIONE EIVS ORBATI *CIL* 13.2188; 13.5840.

2 (applied to animals or birds).

cura ~trum cadere et succedere matrum incipit Verg.*G*. 3.138; ~tre Dictaeo, sed matre Laconide nati Labros et Argiodus Ov.*Met*.3.223; nisi (quod progenerat onager).. siluestris mores strigosumque ~tris praefert habitum Col. 6.37.4; primam adulto (phoenici) curam sepeliendi ~tris Tac.*Ann*.6.28;—(*w. gen*.) uirque ~terque gregis Ov.*Ars* 1.522; ~ter armenti Stat.*Ach*.1.313; Juv.8.109.

3 (pl.) Fathers, forefathers. **b** *quartus ~ter*, a great-great-grandfather.

hic uestrum panxit maxima facta ~trum Enn.*var*.16; mercedem gloriae flagitat (Ennius) ab is quorum ~tres adfecerat gloria Cic.*Tusc*.1.34; ~trum nostrorum memoria Caes.*Gal*.1.40.5; quos Sinuessam colonos ~tres nostri miserunt Liv.22.14.4; ~trum..aetate Vell.2.90.3; ponat iste suos inter sidera ~tres Sen.*Suas*.4.1; cognita per multos docuit rudis incola ~tres Luc.4.592;—(*coupled w*. maiores) cuius consuetudinis..~tres maioresque nostros non paenitebat Cic.*Div.Caec*.69. **b** Pilumnus..illi quartus ~ter Verg.*A*.10.619; Pers.6.58.

4 a *~ter familias* (*-ae*), The head of a family, a householder. **b** (w. gen.) one who supervises or has charge (of); the senior member or president (of a religious or other sodality).

a ~terfamilias ubi ad uillam uenit..fundum..circumeat Cato *Agr*.2.1; ~tres familiae Gracch.*orat*.62; ~tres familiarum Sis.*hist*.140; qui sicut unus ~terfamilias his de rebus loquor Cic.*de Orat*.1.132; sane ceterarum rerum ~ter familias et prudens et attentus *Quinct*.11; concursus ex agris ~trum familias *Pis*.51; pauci milites ~tresque familiae Caes.*Civ*.2.44.1; Nep.*Att*.4.3; ne controuersiae..~tribus familiarum relinquantur Vitr.1.1.10; Liv.1.45.4; agamus bonum ~trem familiae Sen.*Ep*.64.7; Col.5.6.37; Plin.*Nat*. 23.40; ~ter autem familias appellatur, qui in domo dominium habet..quamuis filium non habeat Ulp.*dig*. 50.16.195.2;—(*w. punning ref*.) Quirinalis..futuit ancillas.. ~ter familiae uerus est Quirinalis Mart.1.84.5. **b** cenae ~ter Hor.*S*.2.8.7; Sileni..senes et ~ter ipse chori Prop. 2.32.38; (*facet*.) ~ter esuritionum Catul.21.1;—~TR(i) COLLEG(i) ✱ VI MATRI COLLEGI ✱ VI (diuiderent) *CIL* 6.10234.11; ~TER SINAGOGAE 8.8499; SEX POMPEIO..SACERDOTI SOLIS INVICTI M ~TRI PATRVM 14.402; M IVLIO ZOTICO DECVRIONI ~TRI DECVRIONVM 14.2809; (*ellipt. for* pater sacrorum) DEO INVICTO..ARPOCRAS ~TER POSVIT 3.3479.

5 (applied to those accorded the respect or affection due to a father). **b** (in honorific titles, usu. w. gen.) father, protector. **c** *~ter patriae*, the father, protector, saviour of one's country.

Pl.*Trin*.878; DICTATOR..AB EXERCITV MINVCIANO ~TER APPELLATVS EST *Elog*.13(*CIL* 1.p.193); licet ergo ~trem appellet Octauius Ciceronem Brut.*ad Brut*.1.17.5; ~ter Aeneas Verg.*A*.1.580; rexque ~terque audisti coram Hor. *Ep*.1.7.37; ut ~ter patronusque appellaretur (Fabius) Liv. 22.34.6; V.Fl.4.25. **b** hic ames dici ~ter atque princeps Hor.*Carm*.1.2.50; si quaeret '~ter urbium' subscribi statuis 3.24.27; ~ter inclitus orbis Stat.*Silv*.3.4.48; Ausonius.. ~ter Mart.9.7(8).6; Vipstanus consul rettulit ~trem senatus appellandum esse Claudium Tac.*Ann*.11.25; ~TER SENAT P M TR P XII IMP VIII *BMCI* 4.p.912,unnumbered (Commodus). **c** C. Marium, quem uere ~trem patriae.. possumus dicere Cic.*Rab.Perd*.27; senatus te consentiens cum populo Romano consalutat patriae ~trem Mes.Cor. *orat*.25; Ov.*Fast*.2.127; *Fast.Praen*.(*CIL* 1.p.233); ~trem quidem patriae adpellauimus ut sciret datam sibi potestatem patriam Sen.*Cl*.1.14.2; Petr.60.7; Flor.*Epit*.2.34(4.12.65); Roma ~trem patriae Ciceronem libera dixit Juv.8.244.

6 (as an honorific appellation of various gods). **b** (w. *diuum*, etc., as an appellation of Jupiter). **c** (of nature, the sky, etc., as universal parent).

AEDEM LEIBERI ~TRVS FACIVND COIR LVB MER *CIL* 1.2289.4; ~ter Tiberine Enn.*Ann*.54; Mars ~ter Cato *Agr*. 141.3; Oceani stagna alta ~tris Acc.*trag*.335; cum Libero ~tre Cic.*Ver*.4.128; ~ter Appenninus Verg.*A*.12.703; Nile ~ter Tib.1.7.23; arcitenens..~ter Stat.*Silv*.4.4.95; Tac. *Ann*.3.61; (*cf. sense 5b*) DIVVS AVGVSTVS ~TER *BMCI* 1.p. 130,No.74(Tiberius);—(*w. gen*.) familiai Lar ~ter Pl.*Mer*. 834; Oceanum..~trem rerum Verg.*G*.4.382; ~ter Aegaei Neptune Juv.13.81. **b** diuum ~ter atque hominum rex Enn.*Ann*.175; ~ter optime Olympi 192; caelestum ~ter Acc.*trag*.209; ~ter ille deum Verg.*A*.10.875; Hor.*Carm*. 4.6.22; ~trem deum hominum Liv.8.6.5; ~ter rerum Sen. *Her.O*.1587;—(*also w. various eps*.) Tarpeius..~ter Prop. 4.1.7; ~ter aethereus Stat.*Silv*.3.1.108;—(*alone, or w. demonstrative or poss. adj*.) ~ter noster, Saturni filie Andr. *poet*.2; ~ter ipse colendi haud facilem esse uiam uoluit Verg.*G*.1.121; iam satis terris niuis..misit ~ter Hor.*Carm*. 1.2.2; bis terque coruscum addidit augurio fulmen ~ter Sil.15.144. **c** omnium..idem est ~ter Pac.*trag*.91; omnibus ille idem ~ter est Lucr.2.992.

7 (pl.) Patricians, the patriciate; senators, the Senate. **b** *~tres conscripti* (as a mode of referring to the Roman Senate, perh. originally *~tres et conscripti*, the latter being members brought in from the *plebs*, or from outside communities). **c** *~ter patratus*: see PATRATVS.

PLEBEM DE SACRO MONTE DEDVXIT GRATIAM CVM ~TRIBVS RECONCILIAVIT *Elog*.5(*CIL* 1.p.189); populusque ~tresque Lucil.1229; ad ~tres censeo reuertare; plebeii quam fuerint importuni uides Cic.*Fam*.9.21.3; ea..res.. uerecundia maxime non ~tres modo sed etiam plebem mouit Liv.6.36.2; 7.32.14;—Albani..~tres Verg.*A*.1.7; ~tribus dat iura uocatis 5.758; nuntia publice ~tribus urbem Romanam muniant Liv.22.49.10; sic iusti constituere ~tres Ov.*Fast*.4.950; acturum apud ~tres de postulatis eorum Tac.*Ann*.1.25. **b** si ~tribus conscriptis uideretur Cic.*Ver*.2.95; cepi fructum, ~tres conscripti, reuersionis meae *Phil*.1.38; Liv.22.60.27; Tac.*Hist*.2.52;—(*in sg*.) (Asinius) ~ter conscriptus repente factus est Cic.*Phil*.13.28; —(*of the Carthaginian senate*) Liv.23.12.8.

8 (applied to ancient or especially revered poets, philosophers, etc.).

tu ~ter es, rerum inuentor, tu patria nobis suppeditas praecepta Lucr.3.9; ~ter..Chrysippus Hor.*S*.1.3.126; Ennius ipse ~ter numquam nisi potus ad arma prosiluit dicenda *Ep*.1.19.7; Prop.3.3.6;—(*w. gen*.) ille ~ter eloquentiae..Isocrates Cic.*de Orat*.2.10; apud Herodotum, ~trem historiae *Leg*.1.5; ~ter ueri..Epicurus Petr.132.15, 1.7.

patera ~ae, *f*. [perh. PATEO; cf. PATINA] A broad, shallow bowl or dish, esp. one used in libations.

ero Amphitruoni ~a donata aurea est Pl.*Am*.260; ~a Nestorem mactauit aurea Acc.*poet*.8; Var.*L*.5.122; hunc isti aiunt, cum taurum immolauisset, excepisse sanguinem ~a Cic.*Brut*.43; felicatas Saliorum ~as *Parad*.11; Sal.*Cat*. 22.1; laticis qualem ~is libamus et auro Verg.*G*.2.192; grauem gemmis auroque..~am *A*.1.729; bimi cum ~a meri Hor.*Carm*.1.19.15; Liv.22.32.4; uina..dat ~is Ov. *Met*.15.575; argenteis ~is Curt.4.7.24; ~am et salinum Plin.*Nat*.33.153; Stat.*Theb*.6.211;—(*as typifying wine-drinking*) sic noctem ~a, sic ducam carmine Prop.4.6.85.

Paterclīānus ~a ~um, *a*. *sellae ~ae*, A name applied facet. to a lavatory in Rome.

Mart.12.77.9.

paternus ~a ~um, *a*. [PATER+-NVS]

1 Of or connected with a father, paternal. **b** (of descent or relationship) on the father's side, paternal. **c** felt for or directed against a father. **d** proper to a father, paternal.

apud suom ~um hospitem Pl.*Mil*.135; rem ~am Caecil.*com*.44; matres omnes filiis..auxilio in ~a iniuria solent esse Ter.*Hau*.992; ~o consilio Cic.*de Orat*.1.38; ~o funeri *S.Rosc*.23; fac tibi ~ae legis Aciliae ueniat in mentem *Ver*.1.51; ~us amicus *Mur*.56; ut exercitum inuictum ex ~is militibus conficeret *Phil*.4.3; odium ~um erga Romanos Nep.*Han*.1.3; arte ~a Verg.*A*.8.226; ~a rura Hor.*Epod*. 2.3; funderet ut nato testa ~a merum Tib.1.10.48; superauit ~os honores, auitos aequauit Liv.30.26.8; ~ae uirtutis aemulus Sen.*Ep*.67.9; natorum..iura ~a trium Mart.3.95.6; Laelia C. filia reddidisse in loquendo ~am elegantiam dicitur Quint.*Inst*.1.1.6; Domitianum..miles frequens..in ~os penatis deduxit Tac.*Hist*.3.86; Juv.6.55; —(*w. ref. to an adoptive father*) ut stationi ~ae succederet (*sc*. Tiberius) Vell.2.124.2; bello Philippensi pro ultione ~a suscepto Suet.*Aug*.29.2;—(*w. ref. to animals*) Col.6.37.4; 7.2.5;—(*of inherited property*) pecuniae ~ae Scip.min.*orat*. 11; ~is bonis Cic.*Quinct*.98; ~a..bona Catul.29.17; (*neut. pl. as sb*.) pone ~a, faenoris accedat merces, hinc exime sumptus Pers.6.66; Quint.*Inst*.7.1.43; Cels.*dig*.37.6.6. **b** amitae meae Iuliae..~um (genus) cum diis immortalibus coniunctum est Caes.*orat*.28; Hor.*S*.1.6.3; ~um huic genus e Flauo Tac.*Ann*.11.16; unde ~a Plauto origo 14.22; auos ~us *Arg.Pl.Men*.4; Gaius *dig*.38.10.3.2; Apul.*Apol*. 68. **c** scio meam leuem esse in eo auctoritatem propter ~as inimicitias Liv.21.10.11; odium..in prole ~um exercebat atrox Ov.*Met*.9.274; ~ae reuerentiae Papin.*dig*.36.1.52 (50). **d** notus in fratres animi ~i Hor.*Carm*.2.2.6.

2 Of or connected with one's forefathers, ancestral.

~os in sinu ferens deos Hor.*Carm*.2.18.26; libertas illa ~a Tib.2.4.2; animas placare ~as Ov.*Fast*.2.533; DIS ~IS *CIL* 5.4206; (*app*.) I O M ~O SACRVM 3.6225.

3 Of or connected with one's birthplace, native; of or connected with one's origin.

~i fluminis ripae Hor.*Carm*.1.20.5; Ov.*Ep*.13.100;—accipe Vertumni signa ~a dei Prop.4.2.2.

patescō ~escere ~uī, *intr*. [PATEO+-SCO]

1 (of a door, building, enclosed space, etc.) To open, disclose a gap. **b** (of plants) to open out; (of the eyes) to open.

nec uerbis uicta ~escit ianua Tib.1.5.67; aedis..nullius hominum manu reserata ~uit V.Max.1.8.1; incendium ad fugam ~uit Sen.*Ep*.13.11; fulgores caeli ~escentis 94.56; tellus fontibus ~uit nouis *Her.O*.457; uobis..fera saxa ~escunt (*i.e. the Symplegades*) V.Fl.4.585; remissa legatione ~uit uallum Tac.*Hist*.2.45; facili ~uerunt cardine ualuae Juv.4.63;—(*poet*.) nec nisi post annos ~uit (*i.e. opened to admit*) tunc curia seros Ov.*Fast*.5.63; tunc omnes ~uere dei Stat.*Silv*.4.1.45. **b** cum folliculi ~escunt Var.*gram*.167; si ~escentem primo (boletum) adhalauerit (serpens) Plin. *Nat*.22.95;—lacrimis..oculi ~uere profusis Stat.*Theb*.3. 150; in solam ~uerunt lumina mortem 5.540; cum primum (oculi) e somno ~uissent Suet.*Tib*.68.2.

2 (of a road, region, etc.) To be made open, give access. **b** to be exposed (i.e. vulnerable). **c** (fig.) to become accessible or available.

alta..strata ludenti ~uere cumbae Sen.*Thy*.592; uia longa ~escat manibus egregiis Stat.*Silv*.3.3.27; (*poet*.) moribus et caelum ~uit Prop.4.11.101. **b** terra..~uit.. rapinae Ov.*Met*.5.492; qua corpus loricam inter galeamque ~escit Sil.1.381;—(*w*. ad) ut latera obpugnantium ad ictus ~escerent Tac.*Hist*.5.11. **c** si reditus ei gratiae ~uerit Cic.*Har*.52; perpaucis effugium ~uit Liv.9.31.16; ~uit quibusdam uolentibus fuga 1.54.9; si mea uirginitas Phoebo ~uisset amanti Ov.*Met*.14.133; his..quibus per Latium ciuitas Romana ~uisset..indulsit Plin.*Pan*.39.2.

3 To open out to view, become visible, be disclosed. **b** to be or become clear or known, be revealed.

nuper id (*sc*. magmentarium Telluris) ~uisse dicunt, et ego recordor Cic.*Har*.31; atria longa ~escunt Verg.*A*. 2.483; 3.530; Caci..apparuit..regia et..~uere cauernae 8.242; sed en, ~escunt regiae fastigia Sen.*Phaed*.384; illius exsangues umeri et perfossa ~escunt pectora Stat.*Theb*. 9.522; ~uere recisae cum capulis..manus 12.29. **b** uera incessu ~uit dea Verg.*A*.1.405; nec ratio solis simplex ⟨et⟩ recta ~escit Lucr.5.614; Danaum..~escunt insidiae Verg.*A*.2.309; Hor.*S*.2.4.46; iamque irae ~uere deum Luc.2.1; Aegypto..nunc primum certa notitia ~escente Plin.*Nat*.6.101; Tac.*Ann*.13.38;—(*w. indir. qu*.) Sexto ubi quid uellet parens..~uit Liv.1.54.8; quid facundia posset re ~uit Ov.*Met*.13.383;—(*w. acc. and inf*.) nec Brinnonem ducem eius belli, sed Ciuilem esse ~uit Tac.*Hist*.4.16.

4 (of territory) To spread, extend. **b** (of troops) to deploy. **c** (fig.) to extend in range or scope.

deinde paulo latior ~escit campus Liv.22.4.2; latius ~escente imperio 32.27.6; hinc ~escunt finitima Rubri maris Apul.*Mun*.6;—(*w*. ad) Romani imperii, quod nunc rubrum ad mare ~escit Tac.*Ann*.2.61;—(*w*. in+*acc*.) ceterae ciuitates in quas Germania ~escit *Ger*.30.1. **b** neque..poterat ~escere acies Tac.*Hist*.4.78. **c** liberalitas tua..latius in prouincia ~uit Cic.*Fam*.3.8.8.

patētus ~a ~um, *a*. [Gk. πατητός] *~ae* (sc. *caryotae*) A kind of date.

Plin.*Nat*.13.45.

pathicus ~a ~um, *a*. *superl*. ~issimus [Gk.] Submitting to sexual intercourse: **a** (of catamites). **b** (of prostitutes). **c** (transf., of obscene books).

Aureli ~e et cinaede Furi Catul.16.2; Naso, multus es et ~us 112.2; *CIL* 4.2360; speculum, ~i gestamen Othonis Juv.2.99; ~us..amicus 9.130. **b** sceptrum, quod ~ae petunt puellae *Priap*.25.3; hunc ~ae summi numinis instar habent 40.4. **c** Musaei ~issimos libellos Mart.12.95.1.

patibilis ~is ~e, *a*. [PATIOR+-BILIS]

1 That is able to feel or suffer, passible.

cum..omne animal ~em naturam habeat Cic.*N.D*.3.29.

2 Supportable, endurable.

~es et dolores et labores putandi (sunt) Cic.*Tusc*.4.51.

patibulātus ~a ~um, *a*. [NEXT+-ATVS[2]] Fastened to a yoke or gibbet.

ita te forabunt ~um per uias stimulis Pl.*Mos*.56; exitiabili nexu ~um Apul.*Met*.4.10.

patibulum ~ī, *n*. Also **~us** *m*. [PATEO+-BVLVM] Gender: *~os* (acc. pl.) Clod.*hist*.3.

1 A fork-shaped yoke or gibbet to which criminals were fastened.

~um ferat per urbem, deinde adfigatur cruci Pl.fr.48; tibi Marcelli statua pro ~o in clientis Marcellorum fuit? Cic.*Ver*.4.90; ~o eminens affigebatur Sal.*Hist*.3.9; ~o pendere districtum Sen.*Ep*.101.12; extendendae per ~um manus fr.(Haase p.444); Tac.*Hist*.4.3; *Ann*.14.33; ~o suffigi Apul.*Met*.6.31.

2 A fork-shaped prop for vines.

Cato *Agr*.26; 68; Nouariensis agricola..inpositis..~is palmites circumuoluit Plin.*Nat*.17.212.

3 A bar for fastening a door (acc. Non. p.366M).

si quisquam..posticum nostrum pepulerit, ~o hoc in caput diffringam Titin.*com*.31.

paticābulum ~ī, *n*. [perh. PATEO] (app.) An open place.

CIL 6.10298.3.

patiens ~ntis, *a*. *compar*. ~ntior, *superl*. ~ntissimus. [pple. of PATIOR]

1 (w. gen.) **a** (of persons, etc.) Able or willing to endure or undergo, submissive (to). **b** (of things) capable of bearing, supporting, etc.). **c** liable or susceptible (to some influence).

a animum nostrum..~ntem incommodorum esse..demonstramus Cic.*Inv*.1.109; corpus ~ns inediae Sal.*Cat*.5.3; ~ns operum..iuuentus Verg.*G*.2.472; ~ns pulueris atque solis Hor.*Carm*.1.8.4; ~ntissima iusti imperii ciuitas Liv. 6.16.3; ruricolae ~ns fit taurus aratri Ov.*Tr*.4.6.1; armorum laborumque ~ntissimis Vell.2.34.1; ut apposita manus ~ns eius (*sc*. caloris) non sit Col.12.18.6; numquam ~ns pacis (Caesar) Luc.2.650; iecur maxime uetustatis ~ns Plin.*Nat*.11.196; ille precanti mitis et..~ntior aequi Stat. *Theb*.1.190; latus ~ns laboris Quint.*Inst*.1.pr.27; miles periculi quam morae ~ntior Tac.*Hist.*3.26; equus..aut equa freni ~ns Marcel.*dig.*49.15.2.1;—(*poet.*) illam (terram) experiere colendo..~ntem uomeris unci Verg.*G.*2.223; ardens puluis nec humani uestigii ~ns Sen.*Nat.*4a.2.18; ~ns Latii iam pontis Araxes Stat.*Silv.*1.4.79;—(*ellipt.*) qua ~ns (*sc.* Bacchi) caput est Ov.*Ars* 3.763. **b** (Druentia flumen) non..nauium ~ns est Liv.21.31.10; super pilas lapide quadrato solum stratum est ~ns terrae..et humoris Curt.5.1.33; regio..eorum..quae seruntur maligne admodum ~ns Mela 2.16; ignoti maris naturam non ~ntem nauigationis Sen.*Suas.*1.10; pontis tamen, etiam ubi Taurum expugnat, ~ns (Euphrates) Plin.*Nat.*5.85; solum ..~ns frugum Tac.*Ag.*12.5; Plin.*Ep.*5.6.12. **c** ~ns cum terra deorum esset Ov.*Fast.*1.247; sapiens..nullius mali est ~ns Sen.*Dial.*2.5.3; Cels.7.18.3;—(*w. inf.*) haec ~ns longo munimine cingi uisa duci rupes Luc.3.377.

2 Capable of enduring, or subjected to, hardship, hardy. **b** (of things) capable of standing up to hard use.

Surorum, genus quod ~ntissumumst hominum Pl.*Trin.* 542; se praebebat ~ntem atque impigrum Cic.*Ver.*5.27; quo in genere uersutissimum et ~ntissimum Lacedaemonium Lysandrum accepimus *Off.*1.109; miserrimo ac ~ntissimo exercitui Caes.*Civ.*3.96.2; Nep.*Alc.*1.3; ~ns Lacedaemon Hor.*Carm.*1.7.10; exemplum est animi nimium ~ntis Vlixes Ov.*Pont.*4.10.9; hominem te ~ntem uel potius durum ac paene crudelem Plin.*Ep.*2.10.1;—(*w. acc. of respect*) ~ntior artus Stat.*Theb.*10.356. **b** sit licet et saxo ~ntior illa Sicano Prop.1.16.29; dens ~ntis aratri Ov. *Am.*1.15.31; Sen.*Nat.*4b.13.11.

3 Long-suffering, easy-going, tolerant, patient.

nimium ~ns et lentus existimor Cic.*de Orat.*2.305; non ultra offendam tuas ~ntissimas auris *Lig.*24; meae quoque litterae te ~ntiorem lenioremque fecerunt *Q.fr.*1.1.40; ~ntem se timidumque hostium opinioni praebebat *B.Afr.* 31.8; Verg.*A.*5.390; si modo culturae ~ntem commodet aurem Hor.*Ep.*1.1.40; Quint.*Inst.*4.5.10; Tac.*Ann.*1.74; quam ~nti uel potius seruili..haec perferas animo Apul. *Met.*5.10;—(*poet.*) spondeos stabilis in iura paterna recepit commodus et ~ns (*sc.* iambus) Hor.*Ars* 257;—(*w.* ad) gens minime ad morae taedium ferendum ~ns Liv.33.36.8;—(*w. gen.*) nimium ~ns soceri Pompeius Luc.7.53; amicorum ..sine reprehensione ~ns Tac.*Hist.*1.49.

patienter, *adv. compar.* ~tius, *superl.* ~tissimē. [prec.+-ter²] With patience or toleration, patiently; esp. *~ter ferre* (*tolerare*).

~ter accipere Cic.*Amic.*91; si pranderet holus ~ter Hor. *Ep.*1.17.13; non ~ter amo! Ov.*Ep.*18.4; *Tr.*5.2.75; frumenta..~tius quam pro solita Germanorum inertia laborant Tac.*Ger.*45.4;—quae tulisse illum fortiter et ~ter ferunt Cic.*Phil.*11.7; si quidam homines ~tius eorum potentiam ferre potuerint *Fam.*1.8.4; qui dolorem ~ter ferant Caes.*Gal.*7.77.5; ferre tamen possum ~tius omnia Ov.*Ep.*18.101; ista ~tissime superior Cato tolerauit V.Max. 4.3.11; aliquanto..~tius mortem quam dedecora suorum tulit Suet.*Aug.*65.2.

patientia ~ae, *f.* [patiens+-ia]

1 (w. gen.) Ability or willingness to endure, endurance (of).

~am famis Cic.*Catil.*1.26; ~a dolorum *Tusc.*2.65; caloris ac frigoris ~a par Liv.21.4.6; ~a longa malorum Ov.*Tr.* 5.12.31; ~a periculorum Vell.2.41.1; Eurotas amnis..qui pueritiam indurat ad futurae militiae ~am Sen.*Suas.*2.5; inculcata uiris iusti ~a Martis Luc.9.293; audiendi ~a Quint.*Inst.*11.2.8; nulla uulnerum ~a Tac.*Ann.*2.14.

2 Ability or willingness to endure hardship, pain, etc., endurance, hardiness. **b** conditions of hardship or suffering. **c** patience in the pursuance of a policy, etc., persistence.

Campans genus multo Surorum iam antidit ~a Pl.*Trin.* 546; ~a est honestatis aut utilitatis causa rerum arduarum ac difficilium uoluntaria ac diuturna perpessio Cic.*Inv.*2.163; quae uenientibus malis obstat, fortitudo, quae quod iam adest tolerat..~a nominatur *Part.*77; *Tusc.*2.32; uirtute et ~a nitebantur Caes.*Civ.*1.45.6; Nep.*Alc.*11.4; leuius fit ~a quidquid corrigere est nefas Hor.*Carm.*1.24.19; et animis et corporibus suis uirilem ~am inesse Liv.5.6.5; Ov.*Met.*9.164; uicit ~a saeui spem ducis Luc.5.369; Quint.*Inst.*5.4.1; Tac.*Ag.*33.2; (*w. ref. to Hadrian's travels*) ~a AVGVSTI COS III *BMCI* 3.p.306,No.525(Hadrian);—(*of things*) ipsae (uites).. praestant omnibus..~a; quippe turbines imbresque sustinent Col.3.2.20. **b** in eadem..~a qua Germani permanent Caes.*Gal.*6.24.4; in ~a firmitudinem simulans Tac. *Ann.*6.46. **c** is est qui..fregit Ti. Gracchum ~a..M. Octanius Cic.*Brut.*95.

3 Forbearance, tolerance, patience; complaisance, submissiveness. **b** submission to sexual intercourse (by prostitutes or catamites). **c** apathy, passivity. **d** (leg.) sufferance, tacit consent or permission.

quo usque tandem abutere, Catilina, ~a nostra? Cic. *Catil.*1.1; *Q.fr.*2.3.7; Caes.*Civ.*1.32.4; temptari ~am Liv. 1.32.4; et tamen in caelo, quae iam ~a nostra est, spernimur Ov.*Met.*5.373; Phaed.4.7.3; ut quidam ~am rumperent Suet.*Tib.*24.1;—(*w. gen.*) male audiendi..~a Quint.*Inst.* 12.9.9;—in consuetudinem equos ~a bestiarum (*i.e.* elephantorum) adduxerat *B.Afr.*72.5; Sal.*Jug.*31.1; uictus.. ~a hostium Liv.6.26.1; nec quaesita tamen spatio ~a longo est Ov.*Tr.*4.6.21; melior moderatio ac nonnunquam etiam ~a Quint.*Inst.*6.4.10; quam (*sc.* Britanniam) unius proelii fortuna ueteri ~ae restituit Tac.*Ag.*16.2; usque ad seruilem ~am demissus *Ann.*14.26; ut uellent in oculis omnium figi Pallas insolentiam suam, ~am Caesar Plin.*Ep.*8.6.15; (*of things*) tanta est illi (*sc.* lapidi molari) ~a uicto *Aetna* 411. **b** aliquid, quo infelix ~a lateat obtendunt Sen.*Nat.*1.16.6. muliebris ~ae scortum Petr.9.6; ex foeditate loci ac multiplici ~a Tac.*Ann.*6.1. **c** uerebar ne cui obtrectatorum uiderer..mea ~a etiam alere bellum Planc.*Fam.*10.23.1; ut me et matrem sedentis..uidet, illius ~am, securitatem meam corripit Plin.*Ep.*6.20.5. **d** seruitutibus..per traditionem constitutis uel per ~am Ulp.*dig.*6.2.11.1; 14.4.1.3;—(*w. gen.*) ~am restituendi praestare 43.24.7.1; debet heres eius ~am destruendi operis aduersario praestare Marcel.*dig.*39.1.21.22.

4 Capacity for feeling, passibility.

animum extra omnem ~am positum (dicere) Sen.*Ep.*9.2.

patina ~ae, *f.* [Gk. πατάνη, cf. pateo] A shallow pan or dish for cooking or serving food.

qui mihi condita prata in ~is proferunt Pl.*Ps.*811; Ter. *Eu.*816; exprimito cremorem in ~am nouam Cato *Agr.*87; Nov.*com.*28; ~am piscium Met.Pius in Macr.3.13.12; ~a tyrotarichi Cic.*Att.*4.8.1; ~as cenabat omasi uilis et agninae Hor.*Ep.*1.15.34; fictiles nouas ~as Col.12.44.2; Plin.*Nat.* 10.141; caulis autem et uiridis estur..et in ~is (*i.e. cooked*) 25.151; Cumano ~as in orbe tortas Stat.*Silv.*4.9.43; Suet. *Vit.*13.2.

patinārius¹ ~a ~um, *a.* [prec.+-arivs] Of or connected with a *patina*.

eum (*sc.* piscem) quouis pacto condias uel ~um uel assum Pl.*As.*180; struices..~as *Men.*102.

patinārius² ~ii, *m.* [prec.] (Colloq. term for a glutton.)

aliis incendiarium et ~ium uociferantibus Suet.*Vit.*17.2.

patior ~tī ~ssus, *tr.* [cf. perh. Gk. πῆμα] Forms: *~tias* (act., = *~tiaris*) Naev.*com.*67.

1 To be subjected to (an operation or process), experience, undergo. **b** (of inanim. things). **c** to experience, be subjected to (the instrument or agent of such an operation). **d** (opp. *facere* or sim.). **e** (gram., w. ref. to the passive voice).

~ti necesse est multa mortales mala Naev.*com.*106; Pl. *Cist.*457; haec atque hui(u)smodi sum multa ~ssa Ter.*Eu.* 746; haec ego ~tior cotidie Cic.*Att.*5.1.3; prius..omnia ~ti decreuit, quam bellum sumere Sal.*Jug.*20.5; tam duros ~ssa labores *Ciris* 291; tot funera ~ssis Verg.*A.*1.232; multos postea principes ciuitatis iudicium de se populi ~ssos Liv.25.4.3; ora caputque nouem cornicis saecula ~ssae Ov.*Met.*7.274; ut imperante patre etiam repudium filius debeat ~ti Quint.*Decl.*257(p.50,l.23); famem ferrumque et extrema ~ssuros Tac.*Hist.*4.59; de uiuis curandum erat, ne facile bonorum uenditiones ~terentur Gaius *Inst.* 3.79; quod illicite..exactum est, cum altero tanto ~ssis iniuriam exsoluitur Paul.*dig.*39.4.9.5;—(*w.* ab) quod hostilia ab hoste ~ssi forent Liv.31.30.2; Alcibiaden confitentem de se, quid a Socrate ~ti uoluerit Quint.*Inst.*8.4.23. **b** molliri membra uideres, ossa ~ti flexus Ov.*Met.*5.430; iste tuus, tam raro proelia ~ssus, integer est clipeus 13.117; cum lacte coagula ~sso 14.274; ne toto die solem uel umbram ~tiantur (semina) Col.5.6.22; (uerba) quaedam simile quiddam ~tiuntur uocabulis in aduerbium transeuntibus Quint.*Inst.*1.4.29; triclinium quod turbati maris non nisi fragorem et sonum ~titur Plin.*Ep.*2.17.13; si quis opus quod perfecit adsignauit, deinde id fortuito casu aliquid ~ssum sit Ulp.*dig.*50.12.1.6; (*w. inf.*) ita non ~tietur (materies) in se recipere gelicidii pruinam Vitr.7.1.6. **c** non rastros ~tietur humus, non uinea falcem Verg.*Ecl.*4.40; signa..barbaricas non bene ~ssa manus! Ov.*Ars* 1.180; ex his (*sc.* dis), qui oculos nostros ~tiuntur Sen.*Ben.*4. 23.4; statua et materiam habuit, quae ~teretur artificem *Ep.*65.3; (arbor) quo non sub domino saeuas ~ssura bipennis? Stat.*Silv.*1.3.61; misera ciuitas, eodem anno Othonem Vitellium ~ssa Tac.*Hist.*2.95; INTER VIAS LATTRONES SVM ~SSVS *CIL* 8.2728. **d** cum ipse (*sc.* mundus) per se et a se et ~teretur et faceret omnia Cic.*Tim.*18; pauperies..iubet quiduis et facere et ~ti Hor.*Carm.*3.24.43; nec ~tiendo infanda nec faciendo Liv.24.38.2; nihil, quod facere aut ~ti turpiter posset femina Vell.2.100.3; omne animal aut facit aut ~titur Proc.*dig.*50.16.124;—nec inferendo iniuriam nec ~tiendo Liv.3.53.9; ultima ausi ~ssique 22.60.23; ciuilia bella una acies ~titur, gerit altera Luc.7.502; ~ssuri comminus arma laturique ruunt 10.438; idem in pace, idem in proelio ~ssuram ausuramque Tac. *Ger.*18.4. **e** faciendi et ~tiendi (species) ut uro ungo, uror ungor Var.*L.*10.33; Nigid.*gram.*8; quo modo..'quire' et 'urgere'..in praeterita ~tiendi modo..transibunt? Quint.*Inst.*1.6.26; in natura uerborum est et quae facimus ~tiendi modo saepe dicere, ut 'arbitror', 'suspicor' 9.3.7.

2 a To suffer, undergo (by way of punishment or sim.). **b** to experience (an emotion). **c** (of a female) to submit to or experience sexual intercourse with.

a quid enim tandem ~ssurum fuisse filium suum, si exercitum amisisset? Liv.8.33.19; consulere quid uictis ~tiendum censeret 9.15.4; 21.20.6; ut effugiant periculum, quod solent ~ti qui saepius easdem res obligant Gaius *dig.* 20.1.15.2; (*cf.*) quis terram caeli ~titur deus..? Luc.5.88. **b** nonne quiddam ~ti furori simile uideatur? Quint.*Inst.* 1.2.31; simus ipsi similes eorum, qui uere ~tiuntur, affectibus 6.2.27. **c** inuito est pectore ~ssa Iouem Ov.*Fast.* 2.178; uirgineo nullum corpore ~ssa uirum 5.156; sua sponte marem ~tiuntur (equae) Col.6.24.2; Petr.25.4; non potest uideri nupta, quae uirum ~ti non potest Labeo *dig.*36.2.30; Stat.*Theb.*1.575;—(*cf.*) illa quidem nuptumque prior taedasque marito ~ssa alio *Silv.*5.1.46; nec non Veneris iam foedera ~ssae reginam cingunt Sil.2.83;—(*of a pathic*) cum uirum ipse ~teretur Sen.*Nat.*1.16.2; (*absol.*) ~ti dum poterunt, antequam pugae pilant Nov.*com.*19.

3 (leg.) **a** To be subjected to, undergo (a legal process, etc.). **b** to be liable or subject to. **c** *iudicio ~ti*, (app.) to submit to proceedings in court.

a nec cogendus est pater..de peculio actionem ~ti Maecian.*dig.*49.17.18.5; controuersiam habitationis ~tiebatur Nicostratus Papin.*dig.*39.5.27; (*w.* ab) si quis non ab aliquo hanc controuersiam ~tiatur..sed ab ipso patre Ulp. *dig.*37.10.1.4. **b** aedificia, quae seruitutem ~tiuntur Javol.*dig.*8.2.12; sed si..rogatus..sit legatarius seruum suum manumittere, Falcidiam ~tietur Paul.*dig.*35.2.36; quadrupli condemnationem ~tietur Ulp.*dig.*4.2.14.4; agendo autem compensationem eius quod gessit ~titur (pupillus) 3.5.3.4; (*ellipt.*) pupillus ~ti posse non intellegitur Paul.*dig.*50.17.110.2. **c** neque eum, si tribunos appellarit, idcirco minus iudicio ~ti paratum fuisse Cic.*Quinct.*87; *Ver.*2.60; 3.68.

4 To take, put up with (in a specified manner). esp. **b** *aequo* (*iniquo, etc.*) *animo ~ti*, to bear with patience or equanimity, etc. **c** *facile*, etc., *~ti*, to bear readily, tolerate, be content with; also, to be pleased at. **d** *aegre ~ti*, to take badly, be indignant at.

indigne ~ssus uirginem occidit Cic.*Inv.*2.79; nisi idcirco moleste ~teris quod HS ∞ tu ex arca proferebas *Q.Rosc.*29; pessumus quisque asperrume rectorem ~titur Sal.*Rep.* 1.1.6; illorum ~tiar delicta libenter Hor.*S.*1.3.141. **b** ne istuc tam iniquo ~tiare animo Ter.*Eu.*212; ut..tam et hoc ..~tiantur aequo animo quam imperium ~tiuntur Liv. pr.7; sua quisque exempla debet aequo animo ~ti Phaed. 1.26.12;—(*w. acc. and inf.*) illa quae aequo animo ~tietur sibi esse peius quam fuit Pl.*St.*125; in eis rebus se uinci posse animo aequo ~ti Cic.*de Orat.*2.45; etsi periniquo ~tiebar animo te a me digredi *Fam.*12.18.1; Liv.10.41.13;—(*ellipt.*) quaeso, aequo animo ~titor Pl.*As.*375; Vell.2.31.4. **c** modo tecum una argentum adferto, facile ~tiar cetera Pl.*As.*240; facile iniuriam, si est uacua a contumelia Pac.*trag.*279; (*of inanim. things*) facilius..~tiuntur oculi, si modo exulcerati non fuerint, iniuriam Larg.23;—(*w. acc. and inf.*) ubiuis facilius ~ssus sim quam in hac re me deludier Ter.*An.*203; peruicacem dici me esse..perfacile ~tior Acc. *trag.*9; apud me plus offici residere facillime ~tior Cic.*Fam.* 5.7.2; *Tusc.*5.15;—(*ellipt.*) haec (*sc.* crumina) faciet facile ut ~tiar Pl.*As.*739; Cic.*Att.*2.4.2;—uideris mihi Romae fore.. quod sane facile ~tiar si tuo commodo fieri possit 2.17.3; (*w. acc. and inf.*) Hirtium aliquid ad te συμπαθῶς de me scripsisse facile ~tior 12.44.1; Torquato nostra officia grata esse facile ~tior 13.20.1; 15.2.2. **d** mihi uidere..aegre id ~ti Turp. *com.*183; id aegre ~ssi Hernici Liv.9.42.11; Hannibal id damnum haud aegerrime ~ti 22.41.4; Tac.*Hist.*1.67;—(*w. acc. and inf.*) uidi, uidere quod me ~ssa aegerrume Enn. *scen.*100; uiden ut aegre ~titur gnatum esse corruptum tuom..? Pl.*Bac.*492; praelatum sibi aduenam aegre ~tiens Liv.1.2.1;—(*w. inf.*) Aeneas aegre ~tiebatur in eum deuenisse agrum Fab.Max.*hist.*1;—(*w.* quod) aegre ~ti ciuitatem Samnitium quod Fregellas..restituerit Romanus populus Liv.8.23.6;—(*ellipt.*) uerum ego haud minus aegre ~tior, id qui nescio Ter.*Hau.*958; Caecina aegre ~ssus miscere cuncta..statuit Tac.*Hist.*1.53.

5 To bear with equanimity, put up with, tolerate. **b** (a ruler, government, orders, etc.). **c** (physical conditions). **d** (of things).

ut iam ista non modo homines sed ne pecudes quidem mihi ~ssurae esse uideantur Cic.*Catil.*2.20; aliae nationes seruitutem ~ti possunt *Phil.*6.19; rure meo possum quidquis perferre ~tique Hor.*Ep.*1.15.17; nec uexationem uolneris in uia iactati ultra ~tiens Liv.21.48.7; supplices qui nequeant hominum uim atque iniurias ~ti 27.17.13; infirmi animi est ~ti non posse diuitias Sen.*Ep.*5.6; felix quisquis nouit famulum regemque ~ti (*i.e. bear the lot of*) *Her.O.* 229; cum..suffusi sunt oculi et ob id nullum nisi lenissimum collyrium ~tiuntur Larg.27; ~tiatur necesse est illam per funes ingredientium tarditatem Quint.*Inst.*2.13.16; quo usque tandem, inquit, cantherium ~tiemur istum? Apul. *Met.*3.27; (*cf. sense 2c*) rursus si qua marem non ~titur (*sc.* equa) Col.6.27.10; (*w. abst. subj.*) haec (*sc.* cogitatio) inter medios rerum actus aliquid inuenit uacui nec otium ~titur Quint.*Inst.*10.6.1;—(*w. acc. and inf.*) uri se ~tiuntur Indi Cic.*Tusc.*2.40; neque se..~ti posse C. Caesarem imperatorem..oppido moenibusque prohiberi Caes.*Civ.*1.13.1;—(*w. pred. acc.*) nec pol ego ~tiar seic me nuptam tam male Pl.*Mer.*785; neque te prouinciae neque leges..ciuem ~tiuntur Sal.*Hist.*1.77.16; neque te ulterius fratremque ducemque..~tiemur inulti Stat.*Theb.*11.271;—(*w.* quin, ut non) is ~ti non possit ut non anquirat aliquem, apud quem.. Cic.*Amic.*87; miles hic non potuit ~ti quin se armatus bestiae offerret *B.Afr.*84.1;—(*ellipt.*) nunc eo alii laetificantur meo malo et damno..~ti nequeo Pl.*Aul.*726; *Cas.*409; gemebant Syracusani, sed tamen ~tiebantur Cic.*Ver.*2.47. **b** imperia eius iniusta..barbaros nequiuisse ~ti Sal.*Cat.* 19.4; nec ultra nisi regem et ab ipsis creatum uidebantur ~ssuri Liv.1.17.7; compulerunt regem iussa nefanda ~ti Ov.*Fast.*3.860; Marcomanis..usque ad nostram memoriam reges manserunt ex gente ipsorum..(iam et externos ~tiuntur) Tac.*Ger.*42.2; Clitarum natio..~ti tributa adigebatur *Ann.*6.41; ~tienda meliorum imperia 13.56;—(*cf., of animals*) ille (*sc.* ceruus) manum ~tiens mensaeque adsuetus erili errabat siluis Verg.*A.*7.490; (equum) coegit frenos inuitum ~ti Phaed.4.4.9; mansueuere ferae..atque hominem didicere ~ti Luc.4.239; quid tibi..profuit..humanas..dediscere caedis imperiumque ~ti? Stat.*Silv.*2.5.3. **c** grandior ictus ,quam ~titur natura Lucr.2.945; quod.. neque nautae..uim tempestatis ~ti possent Caes.*Gal.* 5.10.2; hiemem et aestatem iuxta ~ti Sal.*Jug.*85.33; qui uim frigoris..non ~tiebantur Liv.10.45.11; iam Borean imbrisque ~ti Stat.*Theb.*5.15. **d** sumptus uostros otiumque ut nostra res posset ~ti Ter.*Hec.*225; pisces omnes, qui salem non ~tiuntur Cels.2.18.3; non quaelibet insitionem uitis ~titur Sen.*Ep.*112.2; (far) ~titur frigidissimos locos Plin.*Nat.*18.83; pons..hibernas ~ssuras aquas Luc.4.16; insueta..arma non ~ssurae manus Sen. *Suas.*2.1; ne forma quidem et uires beatum te facere possunt: nihil horum ~titur uetustatem Sen.*Ep.*31.10; (*ellipt.*) melior (est exercitatio), si caput ~titur, in sole quam in umbra Cels.1.2.6.

6 (absol.) To make do, get along; *~ti sine*, to endure, manage, make do (without).

certum est in siluis inter spelaea ferarum malle ~ti Verg. *Ecl.*10.53;—potes sine uiro ~ti Sen.*Con.*2.2.4; adeo sine patria ~ti poterat, sine hoste non poterat Sen.*Nat.*3.pr.6; immane regnum est posse sine regno ~ti *Thy.*470; lassare et disce sine armis posse ~ti Luc.5.314.

7 To allow to take place without interference, not to prevent. esp. **b** (w. acc. and inf., etc.) not to prevent, allow, permit (something to take place, etc.). **c** *non ~ti* (of medicaments, etc.) to prevent. **d** (ellipt.) to accept (an assertion, etc.), grant (it).

uincamus odium pacemque ~tiamur CIC.*Phil.*13.7; alter ..nullam dilationem ~tiebatur LIV.21.52.2; ut pessimum facinus auderent pauci..omnes ~terentur TAC.*Hist.*1.28. **b** ~tierin me peiierare? PL.*Cist.*500; egon huius memoriam ~tiar meae uoluptati obstare TER.*An.*943; tam pulchrum opus..~ssus est dirui ASEL.*hist.*13; quia se occidi ~ssus non est CIC.*S.Rosc.*34; D. Brutus sceleratum atque impium regnare ~tietur Antonium? *Phil.*3.9; ut..mortem suam ne inultam esse ~teretur *Div.*1.57; qui..ne calonem quidem quemquam extra munitionem egredi ~ssus esset CAES.*Gal.* 6.36.7; centurionibus aliquot occisis qui signa tolli non ~tiebantur *B.Alex.*57.1; corpus humo ~tiare tegi VERG.*A.* 10.904; pro quo bis ~tiar mori HOR.*Carm.*3.9.15; leges publicae non ~tiuntur maiores crassitudines..constitui VITR.2.8.17; quae nec Iuppiter nec Mars pater ~ssuri sint..accidere LIV.3.61.5; ne Africanus quidem posterior nos de se tacere ~titur V.MAX.4.1.10; quem, qui recto se lumine uidit, ~ssa Medusa mori est? LUC.9.639; ceram cum adipe liquefacere, deinde ~ti coire LARG.221; nec me digredi ~titur APUL.*Met.*3.12;—(*w. ellipsis of acc.*) ut de iis rebus..ad te uenire ~tiaris NEP.*Them.*9.4; nec nemorum ~titur meminisse nec herbae dulcibus illa quidem inlecebris VERG.*G.*3.216; CLEM.*dig.*23.3.61.1;—(*w. ellipsis of inf.*) egone indotatam te uxorem ut ~tiar? PL.*Trin.*378; ne in eadem linea..duas materias pluresue ~tiamur COL. 4.24.9; nec ~ti eum iudex debet, si coeperit temptare probare furem ULP.*dig.*12.2.13.2;—(*w. pass. inf.*) filius Maiae ~tiens uocari Caesaris ultor HOR.*Carm.*1.2.43; *Ep.*1.16.30; (*w. impers. const.*) VEIOS POST VRBEM CAPTAM COMMIGRARI ~SSVS NON EST *Elog.*7(*CIL* 1.p.191); ne ~teretur ferri ut absentis eius ratio haberetur CIC.*Phil.*2.24; neque..cohortes aduersariorum perfici ~tiebantur CAES.*Civ.*1.50.1;—(*w.* ut+*subj.*) ~tierin ut ego me interimam? PL.*Epid.*148; CIC.*Font.*37;—(*w. subj. alone*) ~tere uel pauculos dies delitescam APUL.*Met.*6.2;—(*ellipt. or absol.*) ~tere atque asta, tibi ego hanc operam do PL.*Mil.*1022; de te..Catilina, cum quiescunt, probant, cum ~tiuntur, decernunt, cum tacent, clamant CIC.*Catil.*1.21; te ~tiente meae conflauit imaginis aurum PROP.4.7.47; ego illam (*sc.* syllabam), si ~teris, adiungam SEN.*Ep.*117.5; cum sciret has res inferri, ~ssus est LABEO *dig.*19.2.60.6. **c** non..~titur (*sc.* colice)..intus uulnus conuerti LARG.121; confirmat (*sc.* medicamentum) neruos nec ~titur facile uitiari 160; emplastrum nigrum Thraseae chirurgi..tumorem non ~titur fieri 208. **d** dedisti eam dono mihi; eandem nunc reposcis: ~tiar PL.*Men.*690; hic tu si laesum te a Verre esse dicis, ~tiar et concedam CIC.*Div.Caec.*58; *Agr.*3.11.

8 (of things) To admit of, allow. **b** (of words) to admit of (an interpretation or construction).

cur id potius contenditis quod rerum natura non ~titur, ut.. CIC.*Luc.*54; dolus Numidarum nihil languidi..~tiebatur SAL.*Jug.*53.6; neque enim dilationem ~ti tam uicinum bellum poterat LIV.1.14.6; decerne..quod ~titur fides PHAED.3.epil.26; duri circum loci..equestre proelium haud ~tiebantur TAC.*Ann.*12.55; cum status controuersiam ~teretur ULP.*dig.*38.17.2.12;—(*w. acc. and inf.*) ~titur tua summa humanitas..me quod sentiam libere dicere CIC.*Fam.* 10.5.3; non enim pluris consistere angustiae loci ~tiebantur *B.Alex.*19.3; plura dici tempus non ~tiebatur LIV.40.39.10; VELL.1.16.1; moderationem, quae mentes nostras inpotentiae..incursu transuersas ferri non ~titur V.MAX.4.1;—(*w. ellipsis of acc.*) quasdam errare in dicendo non ~tientis uias CIC.*Brut.*263; neque terga ira dare aut uirtus ~titur VERG. *A.*9.795; rem pondere magnam et tantum Graio signari nomine ~ssam MAN.2.694;—(*w.* ut+*subj.*) neque suam ~ti dignitatem ut tantis copiis tam exiguam manum..adoriri non audeant CAES.*Gal.*6.8.1; bona fides non ~titur, ut.. uenditor tradere compelletur LABEO *dig.*19.1.50;—(*absol. or ellipt.*) cum plus est dictum, quam ~titur ueritas *Rhet. Her.*4.67; facerem, si res ~teretur CIC.*Att.*11.21.3; quantum diei tempus est ~ssum CAES.*Gal.*7.68.2; prout loci natura tempusque ~tiebatur LIV.9.41.16; non altius..quam hominis statura ~titur COL.8.10.2; ille reget currus nondum ~tientibus annis LUC.1.316; QUINT.*Inst.*1.1.4; ULP.*dig.* 40.5.24.17. **b** id..uerba ~tiuntur JULIAN.*dig.*40.4.17.2; neque 'caelum' neque 'triticum' neque 'harenam' multitudinis significationem ~ti GEL.19.8.8.

9 (w. pred. acc., etc.) To leave, let be (in such and such a condition).

neque consilio neque manu priorem alium ~ti SAL.*Jug.* 96.3; quo usque..rem publicam intutam ~tiemini *Hist.* 1.77.17; nec quicquam satis tutum munientibus ~ti LIV. 21.7.8; neu se..neu rem publicam ~tiar inultam 25.38.6; quae neque me inultum neque uos impunitos ~tiantur TAC. *Hist.*4.77;—maiorum gloria posteris quasi lumen est, neque bona neque mala eorum in occulto ~titur SAL.*Jug.*85.23; post Idus Februarias semina disserenda sunt suaque sede ~tienda COL.11.3.42; ~ssus..inopes sine pondere ramos rettulit..poma tyranno LUC.9.366.

pator ~ōris, *m.* [PATEO+-OR] An opening, hiatus; a hollow formation.

spongeae particulam..ad amplitudinem et ~orem narium figuratam inicere LARG.46; 47; iugulo eius uulnus dehiscit in profundum ~orem APUL.*Met.*1.19; tectum..~ore perflabili nudatum 3.17; 11.10;—in quadratum ~orem cuneati (*sc. dancers*) 10.29.

Patrae ~ārum, *f. pl.* An Achaean town near the entrance to the Gulf of Corinth.

CIC.*Fam.*7.28.1; VITR.2.8.9; LIV.27.29.9; OV.*Met.*6.417; MELA 2.52; PLIN.*Nat.*4.11; SIL.15.310.

patraster ~trī, *m.* [PATER+-ASTER] A stepfather.

P MATTIO ONESIMO ~T⟨R⟩O ET TVTORI SVO *CIL* 6.14105; AMMONIVS SABINVS ~TER FILIO BEN MER 10.3013.

patrātiō ~ōnis, *f.* [PATRO+-TIO] The action of carrying through to a finish.

eius (*sc.* belli)..~one..Macedoniae pacem reddidit VELL. 2.98.2.

patrātor ~ōris, *m.* [PATRO+-TOR] One who accomplishes, a perpetrator.

uisus idoneus maternae necis ~or Anicetus TAC.*Ann.* 14.62.

patrātus ~ī, *a.* [PATER+-ATVS²] *pater ~us*, A senator appointed as 'father' of a deputation to a foreign power, for the purpose of making a contract which in civil law only a father could carry out.

cum eum..pater ~us ex s. c. Numantinis dedidisset CIC. *de Orat.*1.181; quem pater ~us dedidit aut suus pater populusue uendidit *Caec.*98; 'iubesne me, rex, cum patre ~o populi Albani foedus ferire?' LIV.1.24.4; pater ~us ad ius iurandum patrandum, id est, sanciendum fit foedus 1.24.6; PATER ~VS POPVLI LAVRENTIS FOEDERIS EX LIBRIS SIBVLLINIS PERCVTIENDI CVM P R *CIL* 10.797; P ACIL PISONIANVS PATER ~VS 5.5795.

Patrensis ~is ~e, *a.* Of or belonging to Patrae.

cum Lysone ~i est mihi..hospitium uetus CIC.*Fam.* 13.19.1; de ~ibus fundis MART.5.35.1; I O M ET DIANAE PATR SACR *CIL* 3.3455;—(*masc. as sb.*) ~ium legibus CIC. *Fam.*13.19.2.

patria ~ae, *f.* [PATRIVS] One's native land, city, etc. **b** (transf.). **c** the place of origin (of things).

indigne exigor ~a innocens NAEV.*trag.*9; o Troia, o ~a PL.*Bac.*933; ea domus et ~a est mihi *Men.*1069; TER.*Ad.* 275; commoda..~ai prima putare LUCIL.1337; nefarius uulturius, ~ae parricida SCAUR.*orat.*8; pro salute ~ae CIC. *de Orat.*3.138; me..multi alii saepe in senatu patrem ~ae nominarant *Sest.*121; qui urbem reliquit, id est ~am *Att.* 8.2.2; nam neque nos agere hoc ~ai tempore iniquo possumus LUCR.1.41; nos ~a amissa dominis parere superbis cogemur VERG.*A.*12.236; dulce et decorum est pro ~a mori HOR.*Carm.*3.2.13; uti..triumphantes quadrigis in moenia et in ~as inuehantur VITR.9.pr.1; per summam uirtutem se ~ae restituerunt LIV.22.60.27; Acarnanes, qui..pro ~a pugnantes mortem occubuerunt 26.25.14; qui bene pro ~a cum ~aque iacent OV.*Ep.*3.106; non mehercules ~a melior dici potest, si homines haberet PETR.45.3; quam tabulam Alexander Magnus transtulerat Pellam in ~am suam PLIN. *Nat.*35.98; quis..Germaniam peteret..nisi si ~a sit? TAC. *Ger.*2.2; ante ipsa ~ae moenia *Hist.*3.80; ut undecim per annos libens ~a careret *Ann.*4.58; cedamus ~a JUV.3.29; ~a est ei Brixia PLIN.*Ep.*1.14.4; oriundus ~a Corintho APUL.*Met.*10.18; relegatus morari non potest Romae.. quia communis ~a est CALL.*dig.*48.22.18(19). **b** mundus hic totus..quam ~am di nobis communem secum dederunt CIC.*Rep.*1.19; alio ~am quaerunt sub sole iacentem VERG. *G.*2.512; omne solum forti ~a est OV.*Fast.*1.493; castra sunt uictori receptaculum..~a altera militaris est haec sedes LIV.44.39.5; nec ulla tam familiaris est infelicibus ~a quam solitudo CURT.5.5.11; SEN.*Ep.*28.4; (*cf.*) hi (*sc.* sculptores) Sicyonem se contulere, quae diu fuit officinarum omnium talium ~a PLIN.*Nat.*36.9. **c** diuisae arboribus ~ae VERG.*G.*2.116; Nilus qui ~am tantae tam bene celat aquae OV.*Am.*3.6.40; unguentis cognomina dedere aliis ~ae, aliis suci, aliis arbores PLIN.*Nat.*13.4; hoc defuit unum Fabricio ~am ut rhombi memoraret et annos JUV.4.129.

patricē, *adv.* [PATRICVS+-E] In a patrician manner.

attat! cesso magnufice ~que amicirier atque ita ero meo ire aduorsum PL.*Cas.*723.

patriciātus ~ūs, *m.* [PATRICIVS+-ATVS¹] Patrician status, the patriciate.

ea gens..rursus..in ~um redit SUET.*Aug.*2.2.

patricīda ~ae, *m.* [PATER+-CIDA] One who murders his father (perh. nonce-wd.).

~a (*v.l.* parri-), fratricida, sororicida! CIC.*Dom.*26.

patricius¹ ~a ~um, *a.* [PATER+-ICIVS¹]

1 Patrician in rank or status.

~is pueris aut monerulae aut anites aut coturnices dantur PL.*Capt.*1002; ~is magistratibus CIC.*Agr.*2.26; Sulla gentis ~ae nobilis fuit SAL.*Jug.*95.3; accusatores de plebe ~um reum intuebuntur LIV.6.19.7; uos, o ~us sanguis PERS.1.61; plebeii magistratus post ~os TAC.*Ann.*11.24.

2 Of, belonging to, or proper to, the patricians.

VESTE TRIVMPHALI CALCEIS ~IS *Elog.*18(*CIL* 1.p.195); in sacello Pudicitiae ~ae LIV.10.23.3; Verginius..~i uir spiritus V.MAX.6.1.2; ~um..nefas CORN.SEV.*poet.*13.6; capit inpia plebes caespite ~o somnos LUC.7.761; ~o..in ostro STAT.*Silv.*1.4.97; ~o consulatu APUL.*Fl.*16.

patricius² ~iī, *m.* Also **~ia** ~iae, *f.* [prec.] A patrician. **b** *uicus ~ius*, a thoroughfare in Rome between the Esquiline and the Viminal, said to have been settled with patricians by Servius Tullius.

non possunt omnes esse ~ii CIC.*Sul.*23; ut e ~iis exeat et tribunus plebis fieri possit *Dom.*37; fuerunt..~ii minorum gentium *Fam.*9.21.2; ille ~ius ex gente clarissuma Corneliorum SAL.*Cat.*55.6; comitia inde habita..quibus aequatus ~iorum plebeiorumque numerus LIV.6.30.1; ~IORVM NVMERVM AVXI CONSVL QVINTVM IVSSV POPVLI ET SENATVS AUG.*Anc.*2.1; ~ius Socrates non fuit SEN.*Ep.*44.3; reuertentem ab legatione legionis diuus Vespasianus inter ~ios adsciuit TAC.*Ag.*9.1; Clausus origine Sabina..in familias ~iorum adscitus est *Ann.*11.24; (*also fem.*) si plebeiam ~ius duxerit, si ~iam plebeius LIV.4.4.11;—(*cf.*) ~ios, Cincius ait in libro de comitiis, eos appellari solitos, qui nunc ingenui uocentur FEST.p.241M. **b** tua ~ius culmina uicus habet MART.7.73.2; 10.68.2; PAUL.*Fest.*p.221M.

Patricolēs ~is, *m.*: = PATROCLVS.

o ~es, ad uos adueniens auxilium et uestras manus peto ENN.*scen.*161; CIC.*Tusc.*2.39.

patricus ~a ~um, *a.* [Gk. πατρικός] (gram.) *casus ~us*, The genitive case.

in ~o casu VAR.*L.*8.66; 8.67; 9.54.

patriē, *adv.* [PATRIVS+-E] Like a father, paternally.

ut eum non inimice corripere sed paene ~ monere uideatur QUINT.*Inst.*11.1.68.

patrimēs: see PATRIMVS.

patrimōnium ~(i)ī, *n.* [PATER+-MONIVM] The property of a *paterfamilias*, private or personal possessions, estate, fortune. **b** the private chest of the Roman Emperors. **c** (transf. and fig.).

quaero..unde iste tam pecuniosus factus sit. amplum ~ium relictum est? *Rhet.Her.*4.33; ~ia sua profuderunt, fortunas suas obligauerunt CIC.*Catil.*2.10; quod ab iis (*sc.* parentibus) nobis uita, ~ium, libertas, ciuitas tradita est *Red.Sen.*2; quid hic potest nisi uncta deuorare ~ia? CATUL. 29.22; de integro ~io meo memordi nummum centum milia LABER.*com.*49; neque quoiquam nostrum licuit..amisso ~io liberum corpus habere SAL.*Cat.*33.1; VERG.*Cat.*13.11; qui redempturis auxissent ~ia LIV.23.48.10; foedissimum ~iorum exitium, culina SEN.*Ben.*1.10.2; ille stips..nescio cui terrae filio ~ium elegauit PETR.43.5; TAC.*Agr.*7.2; centum ~ia causidicorum JUV.7.113; Menecraten citharoedum et Spiculum murmillonem triumphalium uirorum ~iis aedibusque donauit SUET.*Nero* 30.2; Latinus, qui ~ium sestertium cc milium plurisue habebit GAIUS *Inst.*1.33. **b** loca, quae sunt in fisci ~io ULP.*dig.*43.8.2.4; si res..in ~io fisci erit PAPIN.*dig.*18.1.72.1; M VLPIVS AVG LIB THAVMASTVS A COMMENTARIIS OPERVM PVBLICORVM ET RATIONIS ~I *CIL* 11.3860; FISCI RATIONIS ~I PROVINCIAE BAETICAE 15.4111. **c** non minus diligenter ea quae a maioribus accepistis, publica ~ia iuris quam priuatae rei uestrae retinere debetis CIC.*Caec.*75; nonne eum (*sc.* agrum) tamen in ~io uestro remanere malletis? *Agr.*2.80; satis amplum ~ium paterni nominis ac memoriae nostrae relinquemus *Dom.*147; declarauit..lege Sempronia ~ium publicum dissupari *Tusc.* 3.48; huius rei admiratio..me conuertit ad scrutandum, quemadmodum amplius (aquarum) erogaretur, quam in ~io, ut ita dicam, esset FRON.*Aq.*64; uectigalia id est imperii ~ium FLOR.*Epit.*2.1(3.13.6); litora publica non ita sunt, ut ea, quae in ~io sunt populi NERAT.*dig.*41.1.14.

patrimus ~a ~um, *a.* [PATER] FORMS: *~es* (nom. sg.) PAUL.*Fest.*p.93M; *~es* (nom. pl.) p.126M. PROS.: 2nd syll. dub. (absence of *-umus* variant perh. implies *-ī-*) Whose father is living.

puer ille ~us et matrimus si tensam non tenuit CIC.*Har.* 23; decem ingenui, decem uirgines, ~i omnes matrimique, ad id sacrificium adhibiti LIV.37.3.6; *CIL* 6.2059; uirgines Vestales cum pueris puellisque ~is matrimisque TAC.*Hist.* 4.53; GEL.1.12.2; pater ~us dicebatur apud antiquos, qui, cum iam ipse pater esset, habebat etiam tum patrem FEST. p.234M; ~i et matrimi pueri praetextati tres nubentem deducunt p.245M.

patrissō ~āre, *intr.* [Gk. *πατρίζω; cf. μητρίζω] To take after or imitate one's father.

eugae! Philolaches ~at PL.*Mos.*639; idne tu mirare, si ~at filius? *Ps.*442; TER.*Ad.*564; Marsyas cum in artificio ~aret tibicinii APUL.*Fl.*3.

patrītus ~a ~um, *a.* [PATER; cf. *auus, auitus*] Of or belonging to one's father.

TANTIDEM PRO ~O (*sc. land*) REDEMPTVM HABEANT P P SVPSIGNENT *CIL* 1.585.28; auito ac ~o more precabamur VAR.*Men.*258; secundum leges auitas et ~as *in* Non.p.161M; haec..pulchritudo..~am illam et auitam..philosophiam.. excitauit CIC.*Tusc.*1.45; *CIL* 4.3340.138.7; subleua misericordia aetatem familiarem tibi et ~am FRO.*Amic.*2.p.186 (198N).

patrius ~a ~um, *a.* [PATER+-IVS]

1 Of or belonging to a (particular) father. **b** (neut. as sb., sc. *nomen*) a patronymic.

postquam recesset uita ~o corpore PL.*Mer.*73; scio..ut rem ~am et gloriam maiorum foedarim meum *Trin.*656; ~o exemplo et me dicabo atque animam deuoro hostibus ACC. *praet.*15; quoniam est id aetatis ut sensum iam percipere possit ex maerore ~o CIC.*Flac.*106; poteritne se tenere quin ..poenas ~as persequatur? *Phil.*13.46; pacatum..reget ~is uirtutibus orbem VERG.*Ecl.*4.17; instat ui ~a Pyrrhus *A.*2.491; oblitus..imperii ~i consulumque edicti LIV.8.7.8; filius ante diem ~os inquirit in annos OV.*Met.*1.148; MAN. 1.920; PHAED.4.7.16; aspexit ~os comites a litore Magnus LUC.9.121; ~us (*i.e. their father's friend*) laurus promisit Apollo STAT.*Silv.*4.8.19. **b** (soloecismi) in quibus ~um pro possessiuo dicitur uel contra QUINT.*Inst.*1.5.45.

2 Of or natural to a father, paternal; *nomen ~um*, the name of 'father'. **b** (of legal rights, status, etc.).

hoc ~umst..consuefacere filium sua sponte recte facere TER.*Ad.*74; mihi auctoritatem ~am seueritatemque suscipio CIC.*Cael.*37; ut..maeror..~us celeritatem consequendi retardaret *Man.*22; tu ~a nobis suppeditas praecepta LUCR.3.9; neque..~us consistere mentem passus amor VERG.*A.*1.643; eminente animo ~o inter publicae poenae ministerium LIV.2.5.8; ~o pater esse metu probor OV.*Met.* 2.92; ~um deus habet aduersus bonos uiros animum SEN. *Dial.*1.2.6; quanto humanius mitem et ~um animum praestare peccantibus! 3.14.3; nisi..amorem ~um.. ostenderit QUINT.*Inst.*4.2.96; filiorum neque..Drusum neque..Germanicum ~a caritate dilexit SUET.*Tib.*52.1;— nec miserae prodesse..quibat quod ~o..donarat nomine regem LUCR.1.94; per te ~umque nomen..ita me audias precor LIV.40.9.7. **b** qui ~a potestate..tribuniciam potestatem..infirmat CIC.*Inv.*2.52; patri persuasi ut..eum ..~o iure et potestate prohiberet *Phil.*2.46; P. Horatio patre proclamante se..~o iure in filium animaduersurum fuisse LIV.1.26.9; SEN.*Cl.*1.14.2.

3 Inherited from one's fathers, ancestral.

cui nec arae ~ae domi stant, fractae et disiectae iacent ENN.*scen.*89; qui nostra per uim ~a populauit bona ACC. *trag.*164; sedes suas ~as..exagitati reliquerant CIC.*Ver.* 3.46; contra deos ~os arasque et focos *Phil.*2.72; ⟨ne⟩ is quidem in ~is institutis manet *Fin.*5.14; mos ~us *Parad.*27; incusare..Belgas, qui..~am..uirtutem proiecissent CAES. *Gal.*2.15.5; ~o regno me expulit SAL.*Jug.*24.6; finibus expulsum ~is VERG.*A.*1.620; gaudentem ~os findere sarculo agros HOR.*Carm.*1.1.11; nil ~um nisi nomen habet Romanus alumnus PROP.4.1.37; neglegendo ~os ritus LIV.1.20.6; Volesus ~i..nominis auctor OV.*Pont.*3.2.105; V.MAX.3.8.6; signa Romana, quae dis ~is suspenderit TAC. *Ann.*1.59; FLOR.*Epit.*1.12(1.17.7); (*poet.*) praediscere..cura sit..~os cultusque habitusque locorum VERG.*G.*1.52.

4 Belonging to one by reason of birthplace, country, etc., native. **b** natural by reason of one's species or race.
in montis ~os et ad incunabula nostra pergam CIC.*Mar.* fr.4; urbis ~ae usu..esse priuatum *Dom.*146; ~i sermonis egestas LUCR.1.832; haec ~am..referemus ad urbem VERG.*A.*11.127; ~is intermiscere petita uerba foris HOR.*S.* 1.10.29; sectatur ~os per iuga longa canis PROP.3.14.16; solo ~o terraque in qua geniti forent pelli Romanos LIV.21.53.4; mihi..~a tellure carendum est OV.*Tr.*1.5.83; intellectus illis (*sc.* elephantibus) sermonis ~i PLIN.*Nat.*8.1; hos pelago ~us iam detulit amnis STAT.*Theb.*11.277; ~us nandi usus TAC.*Ag.*18.5; insignibus ~is *Ann.*15.29; succinctus ~a..papyro JUV.4.24; (*poet.*) se ~o producens aequore Piscis MAN.5.394. **b** ~us pauor incitat artus (*sc.* ceruorum) LUCR.3.743; olim iuuentas et ~us uigor nido laborum protulit inscium HOR.*Carm.*4.4.5; adde cruentis quod ~um saeuire Dahis V.FL.2.157.

5 *casus ~us*, The genitive case.
M. Varronem et P. Nigidium..comperimus non aliter..scripsisse, quam 'senatuis'..qui est ~us casus GEL.4.16.1; Quadrigarius 'huius facies' ~o casu probe et Latine dixit 9.14.

patrō ~āre ~āuī ~ātum, *tr.* [PATER+-O³] To carry through, bring to completion, accomplish. **b** (absol., app.) to reach a sexual climax; (in quot., transf.).
PL.*As.*114; ubi sementim ~aueris CATO *Agr.*54.1; Τεῦκρις promissa ~auit CIC.*Att.*1.14.7; LUCR.5.385; si..incepta ~auissent SAL.*Cat.*56.4; uno die..coeptum atque ~atum bellum foret *Jug.*21.2; pater patratus ad ius iurandum ~andum, id est, sanciendum fit foedus LIV.1.24; pacis ~andae cum Romanis paciscebatur mercedem 44.25.6; decreta ~auit VELL.2.110.5; ~ati remedii gloriam penes Caesarem..fore TAC.*Hist.*4.81; ni iussa ~arentur 4.83; maluit ~ati quam incepti facinoris reus esse *Ann.*2.66; si ~andae neci uenenum mitteretur 2.88; quo (*sc.* die) ~ata uictoria, quo nuntiata 13.41. **b** ~anti fractus ocello PERS.1.18.

Patrobius ~iī, *m.* A freedman of Nero.
PLIN.*Nat.*35.168; SUET.*Gal.*20.2.

patrōcinālis ~is ~e, *a.* [as next+-ALIS] *tabula ~is*, A tablet on which a community inscribed the name of the person appointed as its patron.
TABVLAS ~ES AHENEAS..OFFERRI CENSVERVNT *CIL* 9.3160; TABVLAM QVOQVE ~EM IN DOMO EIVS ADFIGI 11.2702.

patrōcinium ~(i)ī, *n.* [PATRONVS+-CINIVM (cf. *lenocinium*, etc.)]
1 The exercise of the functions of a *patronus*, patronage. **b** (fig.) defence, protection.
~io..se usos aut clientes appellari mortis instar putant CIC.*Off.*2.69; Sangae, quoius ~io ciuitas..utebatur SAL. *Cat.*41.4; harum (*sc.* factionum) utraque Macedonum ~iis utebatur NEP.*Phoc.*3.1; hoc ~ium..uniuersae gentis perpetuum uos praestare decet LIV.37.54.17; legati..adlegantes ~i foedus PLIN.*Ep.*3.4.4; FEST.p.233M; (*transf.*) iam dictatorem profiteri ~ium feneratorum aduersus plebem LIV.6.15.8; (*cf.*) illud ~ium orbis terrae uerius quam imperium poterat nominari CIC.*Off.*2.27. **b** sicut in aram confugit in huius domum..~ium CIC.*Q.Rosc.*30; otii et pacis..quorum ~io..cultus agrorum..defenditur *Rep.*2.26; Philone..uiuo ~ium Academiae non defuit *Luc.*17.

2 Performance as a *patronus* in a court of law, advocacy. **b** (fig., or in fig. phr.).
hoc dicendi genus ad ~ia mediocriter aptum uidebatur CIC.*Brut.*112; consilio eius, cum uolebant, homines utebantur, ~io, cum licebat 130; in ~io Siciliensi 319; legitimarum et ciuilium controuersiarum ~ia suscipere *Orat.*120; si tuam consuetudinem in ~iis tuendis seruas VAT.*Fam.* 5.9.1; haec sordida uerba ad ~ium aliorum adferebat SEN. *Con.*7.pr.4; repete..tot ~ia, tot clientelas *Suas.*6.7; aliquae (*sc.* controuersiae) in meum quoque ~ium inciderunt QUINT. *Inst.*7.2.5; te non puto defendi hoc genere ~ii posse *Decl.*262 (p.73,l.7); PLIN.*Ep.*6.23.1; uiri..in ~iis et in operis fori celebres GEL.14.2.9; quaesticulo forensi nutrito per ~ia sermonis Romani APUL.*Met.*11.28;—(*transf.*) tu (*i.e. a book*) caue defendas..causa ~io non bona maior erit OV.*Tr.*1.1.26; difficilis causae mite ~ium *Pont.*1.2.68. **b** ea philosophia, quae suscepit ~ium uoluptatis CIC.*de Orat.*3.63; cum ~ium pacis exclusum est aut errore hominum aut timore *Brut.*7; si suscipis domesticae laudis ~ium *Ver.*4.81; uoluptas, quae plurimorum ~iis defenditur *Parad.*15; nec se ~ium mollitiae inertiaeque mandasse tribunis LIV.5.6.5; susceptum ~ium libertatis Graecorum 34.58.11; cotidianum hoc ~ium defendendae..poeticae exerceo TAC.*Dial.*4.1.

3 An argument in defence, excuse, plea.
~ium putat esse causae suae, quod sanguinem misit SEN. *Con.*7.5.10; nullum habet, quo lateat, ~ium SEN.*Ben.*3.2.2; inprudentia par in omnibus ~ium est *Dial.*5.26.1; quaerentes libidinibus suis ~ium aliquod ac uelamentum 7.12.4; ista ~ia quaerimus uitiis PLIN.*Nat.*13.23; scio me ~ium debere..desidiae MART.12.pr.1; difficultatis ~ia praetexi-mus segnitiae QUINT.*Inst.*1.12.16; PLIN.*Ep.*9.7.1; etiam si precibus utuntur, adhibent tamen ~ia QUINT.*Inst.*5.13.5; SUET.*Jul.*52.2.

patrōcinor ~ārī ~ātus, *intr.* [PATRONVS+-CINOR (cf. prec.)]
1 To act as a *patronus* or protector (to).
uos me indotatis modo ~ari..arbitramini TER.*Ph.*939; nimium te ~ari censeo benigniter TITIN.*com.*49.

2 To act as advocate (for).
~ari causae meae QUINT.*Decl.*321(p.263,l.6); ut non homini ~emur, sed crimini *Inst.*2.4.23; ~ari..hoc esse aiunt, non iudicare GEL.14.2.16;—(*transf.*) edito..uolumine..~ari sibi ausus PLIN.*Nat.*14.148; ~ari terrae et adesse cunctorum parenti (me) iuuat 18.2; posteaquam lusibus eius ~ari..senex coeperit QUINT.*Decl.*357(p.389,l.18); (*app.*) aduersarii ~ari loco iniquo non desinunt *B.Hisp.*29.8.

3 To serve as an excuse or defence (for).
~atur (*sc.* homini) uastitas rei PLIN.*Nat.*2.110; 14.51; cum..ne ad illud quidem confugere possis, quod plerisque ~atur TAC.*Dial.*10.5; nonne indignus est, cui haec exceptio ~etur? ULP.*dig.*2.11.2.8; non solum aetatis beneficio, uerum et si aetas non ~etur 4.1.6.

Patroclus (~os) ~ī, *m.* The son of Menoetius and companion of Achilles, who was killed by Hector.
ANDR.*poet.*10(11); uiderat informem multa ~on harena PROP.2.8.33; caede puer facta ~us Opunta reliquit OV.*Pont.* 1.3.73.

patrōna ~ae, *f.* [fem. of PATRONVS]
1 A protectress.
qui sunt qui a ~a preces mea expetessunt? PL.*Rud.*259; 262; te mihi ~am capio, Thai', te obsecro TER.*Eu.*887; o ~a uirgo CATUL.1.9;—(*fig.*) neque prouocationem, ~am illam ciuitatis..populo Romano dari..potuisse CIC.*de Orat.* 2.199; cum lex..de pecuniis repetundis sociorum atque amicorum populi Romani ~a sit *Div.Caec.*65;—(*transf.*) edepol hominem infelicem, qui ~am (*i.e. his tongue*) comprimat PL.*As.*292; ut uocem mihi commodes ~am MART. 7.72.14.

2 The patroness of a freedman or freedwoman.
quod dixisse dicitur libertus suae ~ae PL.fr.70; HAEC QVALIS FVERIT CONTRA PATRONVM ~AM PARENTEM CONIVGEM *CIL* 1.2273.3; CIC.*Scaur.*10; uocatur..Harpocras, ~am habuit Thermuthin Theonis PLIN.*Ep.Tra.*10.5(4).2; libertus..Mnester se ipse ferro transegit, incertum caritate in ~am TAC.*Ann.*14.9; (libertina) a femina manumissa..in ~ae tutela esse non potest GAIUS *Inst.*1.195; ~ae..hoc..ius habebant in bonis libertorum 3.49.

patrōnālis ~is ~e, *a.* [PATRONVS+-ALIS] Of or belonging to a *patronus*.
LIBENTER SVSCIPIAT COLLEGI N PATRONAL HONOREM *CIL* 11.970; ne pars ex legibus uerecundiae ~i debita minuatur MARCEL.*dig.*39.5.20(? interp.).

patrōnātus ~ūs, *m.* [next+-ATVS¹] The status or position of a *patronus*.
liberis quoque patronorum integrum ius ~us seruatur MACER *dig.*48.20.8; id..quod iure ~us adsequitur ULP.*dig.* 24.3.64.5; 38.4.1.5; OB HONOREM PATRONAT COLL FABR *CIL* 3.1212; RECENS ~VS DIGNITAS 10.3725; 2.2210.

patrōnus ~ī, *m.* [PATER; for term. cf. COLONVS]
1 An influential person who has undertaken the protection of another person, a patron. **b** a former master in relation to his freed slave.
~us si clienti fraudem fecerit, sacer esto *Lex XII*(*Font.iur.* p.33); uolo me placere Philolachi, meo ocello, meo ~o PL. *Mos.*167; pluma haud interest ~us an cliens probior siet 407; huic ipsist opu' ~o, quem defensorem paro TER.*Eu.*770; istum ~um mulieris *Ph.*307; patrem primum, postea ~um proximum nomen habuere CATO *orat.*190; cum multos ueteres a maioribus Roscii ~os..haberent CIC.*S.Rosc.*106; quot..clientes circa singulos fuistis ~os LIV.6.18.5; inter tam ueteres ludat lasciua ~os MART.5.34.7; (*facet.*) ego precator et ~us foribus processi foras PL.*Ps.*606; (*in non-Roman society*) clientibus, quibus more Gallorum nefas est etiam in extrema fortuna deserere ~os CAES.*Gal.*7.40.7;—(*of gods*) Neptuno has ago gratias meo ~o PL.*Rud.*906; IOVI OEIMO MAXIMO CELESTI ~O *CIL* 3.1948. **b** liber esto..—salue, mi ~e PL.*Men.*1031; ipse (*sc.* libertus) cum ~um domum sustulisset VAR.*R.*1.69.3; libertus eius, L. Cossinius Anchialus, homo..~o..probatissimus CIC.*Fam.* 13.23.1; 13.69.1; ~o in libertum manus iniectio sit QUINT. *Inst.*7.7.9; efflagitatum..ut aduersus male meritos (*sc.* libertos) reuocandae libertatis ius ~is daretur TAC.*Ann.* 13.26; licebat liberto ~um suum impune testamento praeterire GAIUS *Inst.*3.40; (*cf.*) tu mihi erus nunc es, tu ~us, tu pater PL.*Capt.*444; (*in legal definition*) '~i' appellatione et patrona continetur ULP.*dig.*50.16.52.

2 A person who has undertaken to protect the interests of a community (a country, municipality, *collegium*, etc.). **b** (applied as an indication of policy, honorifically, etc.) protector, defender. **c** a guardian, defender (of things, institutions, etc.).
C QVINCTIVS C F VALG PATRON MVNIC *CIL* 1.1722.1; MAECENAS D F MAL DESIGNATOR ~VS SVNHODI PROBAVIT 1.2519.3; quod eum sibi Achaei ~um adoptarant CIC.*Div. Caec.*64; eum..~um illius insulae..inscriptum uidi Syracusis *Ver.*2.154; illum quinque et triginta tribus ~um adoptarunt *Phil.*6.12; ut ii, qui ciuitates aut nationes deuictas bello in fidem recepissent, earum ~i essent more maiorum *Off.*1.35; ipsius coloniae ~i LIV.9.20.10; ut et coloniae se ueteranorum complures et municipia splendida collegiaque fere omnia ~um adoptarent V.MAX.9.15.1; SUET.*Cl.*6.1; ~VS PAGI ET CIVITATIS *CIL* 8.15520; Q IVLIVS TERTIVS VRBANVS..~VS CEREALIVM 8.15589. **b** optabitis..ut mei similes Romana plebis ~os habeat LIV.2.31.9; ut..exercitus..eum (*sc.* dictatorem) ~um salutauerit 3.29.3; ego me ~um profiteor plebis 6.18.14; 22.29.11; perpetuus ~us Romani imperi (*i.e.* Tiberius) VELL.2.120.1; ut senatus ~us diceretur V.MAX.6.9.13. **c** uestrorum commodorum ~o CIC.*Agr.*3.3; oti et concordiae ~um 3.4; auspiciorum ~us subito exstitisti *Dom.*40; illi..Caesaris actorum ~i *Phil.*10.16; qualis tum ~us iustitiae fuit *Amic.*25.

3 One who pleads for a client in a court of law, a pleader, advocate.
SEI EIS VOLET SIBEI ~VS IN EAM REM DAREI *CIL* 1.583.9; multa dixit et illustria et in numero ~orum fuit CIC.*Brut.* 124; ego huic causae ~us exstiti *S.Rosc.*5; cum..reus..sine ~o atque aduocatis fuisset *Ver.*2.74; fractus reus et una ~i omnes conciderunt *Att.*1.16.5; iudicis est..in causis uerum sequi, ~i non numquam ueri simile..defendere *Off.*2.51; CATUL.49.7; stant ~i, fortiter causam tuentes innocentis feminae PHAED.3.10.37; si ~i culpa reus cecidit SEN.*Ep.* 97.11; QUINT.*Inst.*10.1.122; omnis eiusdem aetatis ~os in plurimis et causis et iudiciis cognoscebant TAC.*Dial.*34.4; causae ~is denuntiat..neque principia dicere neque miserationem commouere APUL.*Met.*10.7; (*in non-Roman setting*) Socrates nec ~um quaesiuit..nec iudicibus supplex fuit CIC.*Tusc.*1.71;—(*transf.*) sex..hae sunt..sententiae, duae sine ~o, quattuor defensae *Fin.*5.21; Democritum et Epicurum ceterosque rerum naturae ~os APUL.*Apol.*27.

patruēlis ~is ~e, *a.* [PATRVVS+-ELIS] FORMS: *~e* (abl. sg.) NEP.in Char.p.141K.
1 Of or belonging to a paternal uncle.
~is origo OV.*Met.*1.352; ~ia regna *Ep.*14.61.

2 *frater* or *soror ~is*, A cousin (the child of a paternal uncle); (also masc. or fem. as sb.). **b** of or belonging to such a cousin.
Carthaginienses fratres ~es duo fuere PL.*Poen.*59; Lucius..Cicero, frater noster cognatione ~is, amore germanus CIC.*Fin.*5.1; Corbis et Orsua, ~es fratres LIV.28.21. 6; VELL.2.8.2; sorores ~es HYG.*Fab.*168.4; fratres ~es..id est qui ex duobus fratribus progenerati sunt GAIUS *Inst.*3.10; PAUL.*dig.*38.10.10.15;—et propter ~em tuam AFRAN.*com.*243; flexere iras in C. Sempronium, ~em Atratini LIV.4.44.6; parare necem miseris ~ibus ausae Belides OV. *Ars* 1.73; PERS.6.53. **b** donis ~ibus OV.*Met.*13.41.

patruus¹ ~ī, *m.* [PATER+-VVS] PROS.: *patrui* (disyll.) STAT.*Theb.*4.429. A father's brother, paternal uncle. **b** (as typically harsh and censorious). **c** *~us magnus, maior, maximus*: (see quots.).
mi ~e, salue PL.*Poen.*1158; quid ais?—hui(u)s patrem uidisse me et ~om tuom TER.*Ph.*199; cum patrem clarissimum, amplissimos ~os..haberet CIC.*S.Rosc.*147; Q. Metellus, ~us matris tuae *Sest.*101; CATUL.74.1; VERG.*A.* 6.402; inter sepulcra patris ~ique LIV.26.18.11; si liberi non sunt, proximus gradus in possessione fratres, ~i, auunculi TAC.*Ger.*20.5; ~us, is autem est patris frater et ipse dupliciter intellegendus est ex patre uel matre PAUL.*dig.*38.10. 10.14;—(*w. comic superl.*) ~e mi ~issume PL.*Poen.*1197. **b** fuit in hac causa pertristis quidam ~us, censor, magister CIC.*Cael.*25; ne sis ~us mihi HOR.*S.*2.3.88; PERS.1.11; tutorisue supercilium ~iue rigorem MAN.5.454. **c** ~us magnus..(id est aui frater..) GAIUS *dig.*38.10.1.6; PAUL. *dig.*38.10.10.15;—~us maior est proaui frater, patris uel matris patruus magnus 38.10.10.16;—~us maximus: is est abaui frater, ataui et atauiae filius, patris uel matris ~us maior 38.10.10.17.

patruus² ~a ~um, *a.* [prec.] Of or belonging to a (paternal) uncle.
~ae uerbera linguae HOR.*Carm.*3.12.3; ense cadit ~o (*v.ll.* patrui, *etc.*) Lausus OV.*Fast.*4.55.

Patulcius ~(i)ī, *m.* [PATEO; cf. *hiulcus*] A cult-title of Janus (whose temple was open in time of war).
OV.*Fast.*1.129.

patulus ~a ~um, *a.* [PATEO+-VLVS]
1 (of apertures, esp. the mouth, nostrils, etc.) Wide-open, gaping. **b** (as an ep. of molluscs). **c** (of places, w. *ad* or dat.) open, accessible (to), available (for).
~is sub naribus LUCR.5.1076; ~is captant naribus auras VERG.*G.*1.376; ~o..ore bouis OV.*Ep.*15.56; ~is..fenestris *Met.*14.752; alludit ~is arbor hiatibus (*sc.* Tantali) SEN. *Thy.*157; LUC.9.813; ~o..rostro (*sc.* anseris) MART.9.31.7; ~o..gutture SIL.2.685; QUINT.*Inst.*9.4.33; quercum..~is..rimis hiantem GEL.15.16.2; stipes..sinu recepere ~o APUL. *Met.*8.28;—(*of the ears*) nec retinent ~ae commissa fideliter aures HOR.*Ep.*1.18.70; 2.2.105;—(*of the internal organs*) ~o interioris partis recessu SEN.*Nat.*6.24.2;—(*applied to kisses*) ~is ac petulantibus sauiis festinanter ingestis APUL.*Met.* 5.23. **b** pina..duabus grandibus ~a conchis CIC.*N.D.* 2.123; *Fin.*3.63; pectinibus ~is HOR.*S.*2.4.34. **c** cauum aedium dictum qui locus tectus intra parietes relinquebatur ~us qui esset ad communem omnium usum VAR.*L.*5.161; ~os ad proelia fluctus SIL.14.368;—iam nimium ~as Poenis grassantibus Alpes 15.662;—(*fig.*) non circa uilem ~umque moraberis orbem HOR.*Ars* 132.

2 Extending over a wide space, wide-spreading, broad: **a** (of topog. features, etc.). **b** (of trees, branches; also of a bow, horned cattle). **c** (of comparatively broad and shallow containers, etc.). **d** (of parts of the body). **e** (of other things).
a ~i super aequora mundi LUCR.6.108; qua Parnasia rupes hinc atque hinc ~a praepandit cornua fronte *Culex* 16; ~os..lacus PROP.3.16.4; ~as..fossas OV.*Met.*7.245; Peloponnesi ~as..oras MAN.4.612; Euphrates..sine alueo ~us MELA 3.77; ~is..aruis LUC.4.743; ~a..harena CALP.*Ecl.* 7.6; colle per excelsum ~o STAT.*Theb.*7.444; ~os..muros SIL.14.277; TAC.*Ann.*15.40; domus tuae ~um ac perflabilem locum APUL.*Met.*4.17. **b** arbores ~as VAR.*R.*2.2.11; ~is..ramis CIC.*de Orat.*1.28; ~ae..sub tegmine fagi VERG. *Ecl.*1.1; ~a Iouis arbore OV.*Met.*1.106; SEN.*Her.O.*653; ~a..ulmo PERS.3.6; ~a ramorum opacitate PLIN.*Nat.*17.5; STAT.*Silv.*3.1.70;—~os sinuauerat arcus OV.*Met.*8.30;—~am bouem PL.*Truc.*277. **c** ~a..testa *Ciris* 369; ~is..plaustris VERG.*G.*3.362; ~is..canistris OV.*Met.*8.675; liquidam in ~o marmore posuisse sorbitionem PHAED.1.26.4 ~um galeae..orbem LUC.9.502; (dolia) uentriosa ac ~a

minus utilia PLIN.*Nat*.14.134; ~is..puppibus SIL.3.473; ~ae..arcae JUV.13.74. **d** ~ae frontis species *Ciris* 497; magnae aures et ad ambiendum corpus omne ~ae MELA 3.56; ~o..lumbo MART.13.5.1; quoniam istas (*sc.* alites) potissimum augures spectarent, quae ingentibus alis ~ae.. praeuolarent GEL.7(6).6.12. **e** folio..~o PLIN.*Nat*.15.122; Cumanum (caulis genus) sessile folio, capite ~um 19.140; ~o..libo JUV.16.39.

pauciens, *adv.* Also **~iēs.** [PAVCVS+-IENS] On few occasions, rarely, seldom.
tuam etiam uxorem uideo ~iens TITIN.*com*.41; 41[1]; consulto non ~ies arcessitum CAEL.*hist*.43; PAUL.*Fest*.p.220M.

pauciloquium ~iī, *n.* [PAVCVS+LOQVOR+-IVM] (app. nonce-wd.) The fact of saying little.
PL.*Mer*.34.

paucitās ~ātis, *f.* [PAVCVS+-TAS]

1 Scantiness of number, fewness. **b** paucity (in respect of numbers contained).
mira ~as est (*sc.* pantherarum) CIC.*Fam*.2.11.2; quarum rerum a nostris propter ~atem fieri nihil poterat CAES.*Gal*. 3.4.4; eo..factum, uti diuitias paupertas, multitudinem ~as superaret SAL.*Cat*.53.4; quo contemptior ~ate ipsa ordo esset LIV.1.49.6; poterimus aestimare uel multitudinem, uel ~atem COL.9.8.2; si deficietur numero (*sc.* testium) pars diuersa, ~atem..oportebit incessere QUINT. *Inst*.5.7.23; Langobardos ~as nobilitat TAC.*Ger*.40.1;—(*w. gen., etc.*) ut..~as generum in partitione seruari possit CIC.*Inv*.1.32; in tanta militum ~ate *Fam*.3.6.5; ~atem.. portuum CAES.*Gal*.3.9.4; *Civ*.3.9.3; ut..non multum obesse multitudo hostium suae ~ati posset NEP.*Dat*.7.3; dum ~as hostium circa castra..esset LIV.22.60.10; hostes, sociorum fuga, uestra ipsorum ~as SEN.*Suas*.2.11; ~ate salutantium trepidum TAC.*Hist*.1.27; qui famulitii ~atem obprobraris APUL.*Apol*.17. **b** ~as in partitione seruatur si genera ipsa rerum ponuntur neque permixtim cum partibus implicantur CIC.*Inv*.1.32; ~atem enim pedum grauitate sua et tarditate compensat (spondeus) *Orat*.216.

2 (concr.) A small number, handful.
uincebat..auxilio loci ~as LIV.2.50.10; semper grauior in ~ate iactura est CURT.4.14.17; SEN.*Nat*.5.2; reliqua ~as fauis conplendis non sufficit COL.9.13.11; erant in hac ~ate non nulli, quorum.. PLIN.*Ep*.6.13.5;—(*w. gen.*) qua ~ate percussa est Lacedaemoniorum potentia NEP.*Pel*.2.3; confecta..~as oppidanorum opere, uigiliis LIV.6.3.3; haec ipsa ~as assium graue pondus aeris fuit GEL.20.1.31.

pauculus ~a ~um, *a.* (Usu. pl.) [next+-VLVS]

1 (pl.) Only a small number of, few.
ego faxo dicat me in diebus ~is crudum uirum esse PL. *Truc*.643; TER.*Hec*.143; ~os homines CATO *orat*.45; ~is.. mensibus..furta praetoris..ex uno oppido solo exportata sunt CIC.*Ver*.2.185; est enim minor ~is annis PLIN.*Ep*. 1.14.3; hos uersus ~os GEL.13.31.3; patere uel ~os dies delitescam APUL.*Met*.6.2;—(*m. pl. as sb.*) dum hos ~os, qui supersunt, ciuitate donaret SEN.*Apoc*.3.3;—(*neut. pl. as sb.*) loquitor ~a TER.*Hau*.828.

2 (pl.) A small number of, a few. **b** (sg.) not very much, a little.
uolo te uerbis ~is PL.*Epid*.460; Q. Volusium..misi in Cyprum ut ibi ~os dies esset CIC.*Att*.5.21.6; seditiosi ~i SEN.*Cl*.1.12.2; PLIN.*Ep*.1.18.1; ~is te adhuc diebus..non uidebo AUR.*Fro*.1.p.170(56N); libros ~os Speusippi philosophi GEL.3.17.3; capellae ~ae tondebant herbulas APUL. *Met*.10.30;—(*neut. pl. as sb.*) ~a etiam sciscitare prius uolo PL.*Mer*.386. **b** post ~um tempus APUL.*Met*.11.29.

paucus ~a ~um, *a.* *compar.* ~ior, *superl.* ~issimus. (Usu. pl.) [cf. *pauper*, Gk. παῦρος, Goth. *fawai* (pl.), AS. *feawe* (pl.)] FORMS: *~um* (gen. pl.) ENN.*Ann*.247; *~abus* (fem. abl. pl.) GEL.*hist*.14.

1 (pl.) Amounting to only a small number, few. **b** (superl.) at the fewest, at the least. **c** few (in comparison with one's needs), too few. **d** (poet., sg.).
tu ~a in uerba confer PL.*Per*.661; pretio ingenti dat primitus ~os (ficos) LUCIL.199; ut quam ~issimis operis egeratur (*sc.* stercus) VAR.*R*.1.38.3; plura bona ut ~ioribus bonis anteponantur CIC.*Top*.69; cum tam ~a sint genera causarum *Orat*.122; illud argentum se ~is illis diebus misisse Lilybaeum *Ver*.4.39; quam in ~is (*sc.* oratoribus) spes quanto in ~ioribus facultas *Off*.2.67; ei..magnum hostium numerum ~i sustinuere CAES.*Civ*.1.51.5; ~iora ab ampliori-bus circumuenta nauigia deprimuntur *B.Afr*.96.2; postquam res publica in ~orum potentium ius atque dicionem concessit SAL.*Cat*.20.7; 'Maecenas quomodo tecum?' hinc repetit: '~orum hominum (*i.e. choice in his friends*) et mentis bene sanae' HOR.*S*.1.9.44; caedes minor, quia ~iores erant LIV.4.19.8; castella primo ~a, postea..creberrima fecerunt 5.5.5; si ~os aliquis tresue diousue uocat OV.*Tr*. 5.4.36; intra ~issimos annos VELL.1.16.3; ramuli sunt ei numquam ~iores II PLIN.*Nat*.27.124; Vergilium quoque ~issimos die composuisse uersus auctor est Varius QUINT. *Inst*.10.3.8; in ~issimos sensus..detrudunt eloquentiam TAC.*Dial*.32.4; exigui ruris ~issima farra secantem JUV. 14.155; quod genus actionis in ~issimis causis dari solet GAIUS *Inst*.4.54; ~ioris seruos habuit quam triumphos APUL.*Apol*.17; ~iores centum dierum non sunt dandi PAUL. *dig*.28.8.2;—(*w. part. gen.*) ~issimi Quiritium PLIN.*Nat*. 29.17; omnes..hi populi ~a campestrium..insederunt TAC.*Ger*.43.2; cui non modo seruorum, uerum etiam liberorum ~i adhibentur APUL.*Apol*.47. **b** (anseres pariunt) plurima oua XVI, ~issima VII PLIN.*Nat*.10.162. **c** quae (*sc.* uerba)..~a fuisse queror OV.*Pont*.3.5.10;—(*w. dat.*) num..Tityo iugera ~a nouem PROP.3.5.44. **d** tenuis simplexque foramine ~o (tibia) HOR.*Ars* 203.

2 *inter ~os* (*~as*, *~a*), also *in ~is* (in conjunction w. an adj. or pple.) Among a small number, i.e. unusually, uncommonly.
inter ~as memorata populi Romani clades LIV.22.7.1; Iulius Florus, in eloquentia Galliarum..princeps, alioqui inter ~os disertus QUINT.*Inst*.10.3.13; inter ~a mirabilis est orchis herba PLIN.*Nat*.26.95;—erat Craterus regi carus in ~is CURT.6.8.2;—(*w. gen.*) in columnis templi eius Caryatides probantur inter ~a operum PLIN.*Nat*.36.38; (Vardanem interfecere) primam intra iuuentam, sed claritudine ~os inter senum regum TAC.*Ann*.11.10.

3 (sg.) Small in quantity, extent, etc., a little.
~o (numero) tritici *B.Afr*.67.2; post ~um tempus HYG. *Fab*.194.4; ~a carne quadam GEL.4.11.11; ~VM PER TEMPVS FILIA *CIL* 12.1939; dico illi, da mi, d‹i›co, a‹e›s ~um..(h)inc ebinde (= abinde) collexi ~um aes *P.Mich*. 471.10,13;—(*quoted as an example of catachresis*) uti ~o sermone *Rhet.Her*.4.45.

4 (pl.) A small number of, a few.
at ea supterfugere potis es ~a, si non omnia PL.*Capt*.970; capite cum aliis ~abus consilium GEL.*hist*.14; demptis ~is (*sc.* corporibus) ~isque tributis LUCR.1.800; ~a uobis illius iudici crimina exponam CIC.*Clu*.20; perscribam ad te ~is diebus omnia *Att*.5.17.2; ~a meo Gallo..carmina sunt dicenda VERG.*Ecl*.10.2; nouo imperatori apud nouos milites ~a uerba facienda sunt LIV.21.40.4; 23.24.5;—(*w.* aliquot) interim aliquot ~a castra feci CATO *orat*.37.

5 (masc. pl. as sb.) Only a small number of people, few. **b** a select few.
multi iniqui atque infideles regno, ~i beniuoli ACC.*trag*. 651; cum professus sis te id posse facere, quod ~i CIC. *de Orat*.2.192; est enim locus quem uel ~i possent defendere *Ver*.5.84; ex ea fuga ~i ad regem refugerunt *B.Alex*.29.5; quod multi uoluerunt ~ique potuerunt NEP.*Thr*.1.2; quoniam ciuitas Ardeatium intestino tumultu redacta ad ~os esset LIV.4.11.3; ut pessimum facinus auderent ~i, plures uellent, omnes paterentur TAC.*Hist*.1.28; (*w.* ex) ~i ex tanto numero se incolumes in castra recipiunt CAES.*Gal*. 7.88.5;—(*compar.*) id, si promittas, et incertum est et in diem et in ~ioribus Q.CIC.*Pet*.48; dum neque illi sciant cum ~ioribus nec hi cum pluribus..rem esse LIV.27.46.11; TAC. *Ag*.37.3; (*w. litotes*) intelleges non ~iores seruorum ira cecidisse quam regum SEN.*Ep*.4.8;—(*superl.*) nec quisquam interemptus est, ~issimi summoti VELL.2.86.2. **b** nolite sinere per uos artem musicam recidere ad ~os TER.*Hec*.47; non ~is malle ac sapientibus esse probatum LUCIL.462; poema enim reconditum ~orum adprobationem, oratio popularis adsensum uulgi debet mouere CIC.*Brut*.191; ~orum arbitrio belli domique agitabatur SAL.*Jug*.41.7; exinde per amplum mittimur Elysium et ~i laeta arua tenemus VERG.*A*.6.744; id autem opus non modo uulgo, sed etiam in ~is a magnificentia nominatur VITR.7.pr.15; LIV. 10.9.4; humanum ~is uiuit genus LUC.5.343;—(*compar.*) nimio..hic pluris ~iorum gratiam faciunt pars hominum quam id quod prosint pluribus PL.*Trin*.34; ut potius cum pluribus societatem defendendae libertatis iniremus quam cum ~ioribus funestam orbi terrarum uictoriam partiremur PLANC.*Fam*.10.8.3.

6 (neut. pl. as sb.) Only a small number of things, few things, hardly anything; *~is*, in only a few respects. **b** only a few words; *~is*, in just a few words, very briefly; sim. *in ~a conferre*.
uetustas ~a non deprauat, multa tollit VAR.*L*.5.5; in uilla ..uideo nihil aut ~a mutata CIC.*Att*.13.29.1(2); in usum poscentis aeui ~a HOR.*Carm*.2.11.5;—philosophari est mihi necesse, ~is: nam omnino haud placet ENN.*scen*.376. **b** ut ad ~a redeam ac mittam illi(u)s ineptias TER.*Ph*.648; a me ~a, et ea summatim CIC.*Fam*.10.28.3; Ariouistus ad postulata Caesaris ~a respondit, de suis uirtutibus multa praedicauit CAES.*Gal*.1.44.1;—loquere..~is, non longos logos PL.*Men*.779; ~is absoluit, ne moraret diutius PAC. *trag*.181; ea quae ~is demonstrari potuerint breuissime esse defensa CIC.*Clu*.160; Iuppiter haec ~is; at non Venus aurea contra ~a refert VERG.*A*.10.16; LIV.33.12.2; APUL.*Apol*. 89; (*compar.*) ~ioribus Drusum..laudauit TAC.*Ann*.1.52; (*superl.*) quam ~issumis dicam SAL.*Jug*.17.7;—hoc quidquid est eloquere, in ~a confer PL.*Cas*.648; conferamus igitur in ~a CIC.*Off*.3.119.

7 (masc. pl. as sb.) A small but indefinite number of people, a few (of a specified body or group).
~is interfectis reliquos incertis ordinibus perturbauerant CAES.*Gal*.4.32.5; milites Iugurthini..~is amissis profugi discedunt SAL.*Jug*.56.6;—(*w.* ex) ~os ex suis deperdiderunt CAES.*Gal*.3.28.4.

8 (neut. pl. as sb.) A small unspecified number of words, a few words; *~is*, shortly, briefly. **b** a few points, examples, etc.
cum ero ~a uolo loqui PL.*Mil*.1353; pater, licetne ~a? TER.*An*.893; de eis ~a dicamus CIC.*Top*.72; ~a apud eos loquitur CAES.*Civ*.1.23.3; tandem ~a refert VERG.*A*.4.333; ~a in senatu uociferatus LIV.4.1.6; OV.*Tr*.2.558; horum (*sc.* Parthorum) de imperio nunc in ~is PLIN.*Nat*.6.111; ~a conscribit obsignatque TAC.*Ann*.3.15;—ne quis miretur qui sim, ~is eloquar PL.*Aul*.1; prius audite ~is TER.*Eu*.1067; faciendum est ut ~is rationem nostri consilii demus *Rhet. Her*.4.1; de re publica uostra..~is accipe SAL.*Jug*.110.6; ~is..adfatur Amatam VERG.*A*.12.71; LIV.41.26.3; TAC. *Hist*.4.5; ne res exemplis egeat, ~is agam PAPIN.*dig*.19.5.1. **b** te..~a de ipsa causa rogabo CIC.*Vat*.40; de qua prius quam respondeo ~a proponam *Fam*.11.27.1; ~a tibi e multis..expediam dictis VERG.*A*.3.377.

pauefaciō ~facere ~fēcī ~factum, *tr.* [PAVEO+FACIO] To terrify, alarm.
~facta sub aequore mergor OV.*Met*.13.878; 15.636; subito ~factus SUET.*Aug*.99.2; hoc pulli ~facti matri nuntiant GEL.2.29.11;—(*w. causal abl.*) ~factus infans igneo uultu patris SEN.*Her.F*.1022; ~facti clade..aspicimus SIL 6.178; SUET.*Cal*.51.1.

Pauentia ~ae, *f.* A goddess concerned with terrors in children.
VAR.*gram*.170.

paueō ~ēre, *intr.*, *tr.* [cf. perh. PAVIO]

1 (intr.) To be frightened or terrified. **b** to express fear.
extollunt ambo (*sc.* angues) capita.—ei mihi!—ne ~e PL.*Am*.1110; intus ~eo et foris formido *Cist*.688; ~es parasitus quia non rediit Caria *Cur*.225; quom mihi ~eo, tum Antipho me excruciat animi TER.*Ph*.187; ~ens ad Sullam adcurrit SAL.*Jug*.106.2; me..Mercurius..~entem sustulit HOR.*Carm*.2.7.14; ~entes ad omnia LIV.5.42.4; terrere una ac ~ere 6.33.9; uidet..clamorem..mixtum pugnantium ac ~entium fremitu esse 10.42.2; finis..territandi et ~endi fuit Romanis 21.25.13; speque metuque ~ent OV.*Fast*. 3.362; in..ipsa ~endo fata ruit LUC.6.298; Sabinus..in alieno discrimine sibi ~ens TAC.*Hist*.2.63; anxia et ~ens ciuitas *Ann*.4.69; (*transf.*) ut quisque ramus intumuit, si uim ferri adhibeas, ~ent uenae *Hist*.5.6. **b** hoc sermone (*i.e.* Graece) ~ent JUV.6.189.

2 (tr.) To be frightened or terrified at.
et illud ~eo et hoc formido, ita tota sum misera in metu PL.*Cist*.535; *Men*.609; ut ~et acris agna lupos HOR.*Epod*. 12.25; *Carm*.4.14.49; PROP.4.5.38; scarus..tandem ~et escam OV.*Hal*.11; cuncta ~et STAT.*Ach*.1.563; non quia.. tristiorem casum ~eam TAC.*Hist*.1.29; dum..incerta ~et *Ann*.5.4; (*gdve.*) nec pedibus tantum ~endas serpentes PLIN. *Nat*.8.85;—(*of things*) (castanea) ~et..nouitatem 17.149; ~et Ossa uias STAT.*Theb*.4.141;—(*w. inf.*) ~et..laedere.. maternas..umbras OV.*Met*.1.386; nec illae (*sc.* coniuges) numerare et exigere plagas ~ent TAC.*Ger*.7.4;—(*w.* ne) nimi' ~ebam ne peccaret PL.*Per*.626; id ~es ne ducas tu illam TER.*An*.349.

3 (See quot.)
~eri frumenta dicebant antiqui, quae de uagina non bene exibant FEST.p.253M.

pauescō ~ere, *intr.*, *tr.* [prec.+-sco]

1 (intr.) To take fright, becomed alarmed.
omni strepitu ~ere SAL.*Jug*.72.2; ~is ad caeli fragorem SEN.*Nat*.2.59.11; neue proelii unius..euentu ~erent TAC. *Ag*.15.5; haerere primo, dein ~ere *Ann*.6.21; ~ere sensim GEL.19.1.21.

2 (tr.) To take fright at, become afraid of.
nec procul est, quin..manes..~at SIL.2.335; ne..tam laeta ~e prodigia 16.127; quaerente Heluidio quid.. iudicium magistratuum ~eret TAC.*Hist*.4.7; inania legionum nomina ne ~erent 4.14.

pauīcula ~ae, *f.* [PAVIO+-*cula* (-CVLVM[2])] A rammer, beetle.
CATO *Agr*.91; conminuito terram et cylindro aut ~a coaequato 129; pauimenta testacia..magna ui ~is inculcantur COL.1.6.13; 2.19.1; 11.3.34.

pauidē, *adv.* [next+-E] With fear or terror.
tam ~ fugerat ciuitas LIV.5.39.8; quo minus ~ dicimus quae secuntur QUINT.*Inst*.11.3.49.

pauidus ~a ~um, *a.* *compar.* ~ior, *superl.* ~issimus. [PAVEO+-IDVS]

1 Terror-struck, frightened. **b** (transf., of emotions, actions, etc.).
me..arripit timidam atque ~am PL.*Cur*.649; ACC.*trag*. 184; mortales, ~is cum pendent mentibus LUCR.6.51; ~i.. ad Sullam profugiunt SAL.*Jug*.103.4; superiecto ~ae natarunt aequore dammae HOR.*Carm*.1.2.11; cum ~a ex somno mulier..mortem imminentem uideret LIV.1.58.3; ~i Veientes ad arma currunt 2.53.2; haud secus ~i quam si uictorem Hannibalem cernerent 22.53.13; stricto ~am deterruit ense OV.*Met*.14.296; ~as aures CURT.9.8.6; irascentium uerbis, quorum strepitus.., minaces sunt, intra mens ~issima SEN.*Dial*.3.20.5; ut ~os..comites..conspicit LUC.6.657; quia ~is consilia in incerto sunt TAC.*Ann*. 3.9; (*poet.*) ~i ferus incola luci STAT.*Theb*.5.567;—(*w. abl.*) equi..monstris ~i..marinis VERG.*A*.7.780; ~o fuga uolneribusque milite LIV.30.34.8;—(*w. obj. gen.*) lucis..~os ante te populos age SEN.*Her.F*.293; ~os Cilicas maris LUC. 8.811; miles Romanus..nandi ~us TAC.*Hist*.5.14;—(*w.* ad) ad inanes sonos ~us SEN.*Ben*.4.27.1;—(*w. inf.*) non ~us fetus mulcere leaenas SIL.1.406. **b** religiones..~ae LUCR. 2.45; ~a..cura 6.645; ~is nuntiis LIV.30.29.1; ~o clamore 41.11.6; ~as dante timore notas OV.*Pont*.2.3.88; ~o subducit cognita furto LUC.2.168; ~um..murmur 5.255; ~us.. discessus TAC.*Hist*.3.59; ~a exclamatio MAUR.1590.

2 Fearful by nature, timorous.
~um..leporem HOR.*Epod*.2.35; ~ae..uestigia ceruae OV.*Tr*.5.9.27; pro..lupo ~ae bella uerentur oues 5.10.26; ~i..thynni *Hal*.98; talin', ~issime, dignum me uita.. putasti? SIL.10.65; hos (*sc.* leones) ~iores esse PLIN.*Nat*. 8.46; nullum animal ~ius existimatur 28.113; TAC.*Ag*.34.2; iumenta ~a et calcitrosa ULP.*dig*.21.1.4.3.

pauīmentārius ~(i)ī, *m.* [PAVIMENTVM+-ARIVS] One who lays pavements, a paviour.
GENIO COLLEGI ~IORVM M ALFIVS ONESIMVS DEDIC *CIL* 6.243; 10.6638; 11.6730(3).

pauīmentātus ~a ~um, *a.* [PAVIMENTVM+-ATVS[2]] Laid with a floor or pavement, paved.
porticum..~am..concupierat CIC.*Dom*.116; *Q.fr*.3.1.1; atria habentia..porticus ~as VITR.6.5.3.

pauīmentō ~are, *tr.* [as prec.] To cover with a pavement.
(*absol.*) ~andum ubi sata sit (aloe) censent PLIN.*Nat*. 27.15.

pauīmentum ~ī, *n.* [next+-MENTVM] ORTHOG.: *paimentum* *CIL* 6.219. A paved surface or floor, pavement. **b** (applied to a comparable form of roof-construction).
de testa arida ~um struito..pauito..uti pauimentum bonum siet CATO *Agr*.18.7; LUCIL.85; (aream) muniunt lapide aut etiam faciunt ~um VAR.*R*.1.51.2; natabant ~a uino CIC.*Phil*.2.105; ~a marmorea..contemno *Leg*.2.2; palma..inter coagmenta lapidum ex ~o existere ostendebatur CAES.*Civ*.3.105.6; HOR.*Carm*.2.14.27; altitudo aedis

a ~o ad lacunaria VITR.4.6.1; SEN.*Ep*.86.5; ~a testacia COL.1.6.13; PETR.20.2; per leue et lubricum ~um fallente uestigio cecidit PLIN.*Ep*.2.1.5; uerre ~um JUV.14.60. **b** aedificia..tecta..sunt rudere aut ~is *B.Alex*.1.3.

pauiō ~īre ~iuī or ~iī ~ītum, *tr*. [dub.] FORMS: *puuio* used in PAUL.*Fest*.p.191M.

1 To thump, pound, strike.

necesse est aliquid ex ore (pullorum) cadere et terram ~ire CIC.*Div*.2.72; undis litoris..bibulam ~it aequor harenam LUCR.2.376; subtemen..quod..percusso ~iunt insecti pectine dentes OV.*Met*.6.58; ~ire..ferire est PAUL. *Fest*.p.244M.

2 (spec.) To ram down (earth, etc.) so as to form a hard or level surface, tamp; also, to press or ram down (in the earth).

ubi structum erit (pauimentum) ~ito CATO *Agr*.18.7; solida terra ~ita VAR.*R*.1.51.1; sato (ocimo) ~itur terra PLIN.*Nat*.19.120; pauimenta..festucis ~ita 36.185;—~itur (semen) uestigiis 17.74.

pauitātiō ~ōnis, *f*. [next+-TIO] The action of trembling or shaking.

palmatiae..appellantur quorum ~one illa quae trepidant sine inclinationis periculo nutabunt APUL.*Mun*.18.

pauitō ~āre, *intr*., *tr*. [PAVEO+-ITO]

1 To be in a state of fear or trepidation.

prosequitur ~ans et ficto pectore fatur VERG.*A*.2.107; uix..agnouit ~antem 6.498; quam (*sc*. Medeam) simul effusis ~antem fletibus..uidit V.FL.7.410; (*poet*.) caudam..subiecit ~antem utero VERG.*A*.11.813; (*of actions*) ~ante gressu SEN.*Oed*.1047; (*w. internal acc*.) uxorem Philumenam ~are nescioquid dixerunt TER.*Hec*.321.

2 (tr.) To be in dread of.

quae pueri in tenebris ~ant LUCR.2.58; ~ans fraternos..ictus PETR.122,l.125.

Paulīnus ~ī, *m*. **~a** ~ae, *f*. A Roman *cognomen*, esp. **a** C. Suetonius Paulinus, governor of Britain A.D. 58–61. **b** Lollia Paulina, who was married to the Emperor Gaius in A.D. 38.

a TAC.*Ag*.5.1; tum ~us Suetonius obtinebat Britannos *Ann*.14.29. **b** SUET.*Cal*.25.2; *Cl*.26.3.

paul(l)ātim, *adv*. [PAVLLVS[1]+-IM] Little by little, by degrees, gradually. **b** a small amount (number, etc.) at a time, bit by bit.

labefacto ~ PL.*Mer*.403; si ~ haec consuetudo serpere..coeperit CIC.*Div.Caec*.68; omnia..~ crescunt LUCR.1.189; experientia..~ docuit pedetemptim progredientis 5.1453; ~..Germanos consuescere Rhenum transire CAES.*Gal*.1.33.3; lente atque ~ proceditur *Civ*.1.80.1; molli ~ flauescet campus arista VERG.*Ecl*.4.28; ~ sese tollit mare *A*.7.529; ~..corpora salubriora esse incipere LIV.3.8.1; conticiscebat..~ tumultus 25.10.6; tecto ~ carpitur igni OV.*Met*.3.490; ~ progressus est TAC.*Hist*.1.24. **b** cautim et ~ dabis TER.*Hau*.870; cyathos sorbilans ~ hunc producam diem *Ad*.591; farinam in mortarium indito, aquae ~ addito CATO *Agr*.74; ~ ex castris discedere..coeperunt CAES.*Gal*.4.30.3; frumentum parce et ~ metiri instituit 7.71.8; pilos..~ uello et demo unum, demo et item unum HOR.*Ep*.2.1.46; ~socium iacturam fleuit Vlixes PROP.3.7.41; urina..~ data in potu PLIN.*Nat*.28.232; ~ galbanum miscetur per minutas partes LARG.81.

Paul(l)iānus ~a ~um, *a*. Of or connected with a Paul(l)us.

inclytae illi ~ae uictoriae V.MAX.8.11.1; actione..~a PAUL.*dig*.22.1.38.4.

paul(l)isper, *adv*. [PAVLLVS[1]+-PER] For a short space of time, for a brief while; only for a short time.

~ mane PL.*As*.880; uelim ~ te opperiri CAECIL.*com*.51; sub testum subde ~, postea eximito CATO *Agr*.84; intellego hanc rei publicae pestem ~ reprimi, non in perpetuum comprimi posse CIC.*Catil*.1.30; commoratus essem ~ *Att*.11.1.2; ~intermitterent proelium CAES.*Gal*.3.5.3; *B.Afr*.3.1; ~ agmen constituit SAL.*Jug*.49.5; VERG.*A*.5.846; ~ recruduit pugna LIV.10.19.20; depositis clipeo ~ et hasta OV.*Fast*.3.1; genis prodest (squama ferri) farinae modo adspersa ~ PLIN.*Nat*.34.154; legati ~ retenti TAC.*Hist*.2.45;—(*followed by* dum, *etc*.) ~ mane, dum edormiscat unum somnum PL.*Am*.696; ~, dum se uxor, ut fit, comparat, commoratus est CIC.*Mil*.28; hic ~ est pugnatum, cum irrumpere nostri conarentur CAES.*Civ*.3.67.5; sedit tacitus ~ donec nuntiatum est..parata omnia esse LIV.28.26.15;—(*ellipt*.) non sinam inquam.— quaeso ~ TER.*Hau*.378; ego ~ hic, deinde in Tusculanum CIC.*Att*.13.52.2;—quasi solstitialis herba ~ fui PL.*Ps*.38; si tantisper dum spirat, ~ sperabit FRO.*Amic*.2.p.184(197N).

paul(l)ō, *adv*. [PAVLLVS[1]]

1 By only a small amount, by little. **a** (w. compar., usu. prec. by a neg.). **b** (w. temporal adv.). **c** (w. other exprs.).

a ille quidem haud ~ maior scriptor Plato CIC.*Orat*.151; Alexander, imperator haud ~ melior quam aut tu aut ego *Att*.5.20.3; LIV.5.34.4; ~ plus quadringenta uehicula missa 25.13.7. **b** petisses, et petisses statim; si non statim, ~ quidem post; si non ~, at aliquanto CIC.*Quinct*.40; ubicumque gratia timor uoluptas ea (*sc*. regna) corrupere, post ~ inminutae opes SAL.*Rep*.2.10.3. **c** aut nihil aut ~ cui tum concedere digna CATUL.68.131; eadem ~ inter se mutata creare ignis et lignum LUCR.1.911.

2 By a small amount, by a little, somewhat. **a** (w. compar.). **b** (w. temporal adv., conj., etc.). **c** (w. other words).

a septingenti sunt ~ plus aut minus anni..postquam inclita condita Roma est ENN.*Ann*.501; siquaest habitior ~ pugilem esse aiunt TER.*Eu*.315; quod si fecissem ~ saepius AFRAN.*com*.254; hoc uideo..dictum a me esse ~ obscurius CIC.*de Orat*.1.187; ~ longius oratio mea prouecta est *Q.Rosc*.31; epistulam ~ grauiorem *Att*.1.13.1; uel ~ pluribus auge (corpora prima) LUCR.2.486; ~..habuit post id factum Caesar quietiorem Galliam CAES.*Gal*.5.58.7; si uersus ~ concinnior unus et alter HOR.*Ep*.2.1.74; EA MILLIA HOMINVM ~ PLVRA QVAM DVCENTA FVERVNT AUG.*Anc*.3.21; est autem (erysimum) fruticosum, foliis erucae, angustioribus ~ PLIN. *Nat*.22.158. **b** ex hisce aedibus ~ prius uidi exeuntem mulierem PL.*Cist*.546; si forte ~ quam tu ueniam setius ACC. *trag*.93; ~ post de isto plura dicam CIC.*Planc*.71; dederam aliam ~ ante a Tribus Tabernis *Att*.2.10.1; id quod iam supera tibi ~ ostendimus ante LUCR.1.429; Cenabenses ~ ante mediam noctem..ex oppido egressi CAES.*Gal*.7.11.7; SAL.*Cat*.52.13; post ~ scribit sibi milia quinque esse domi chlamydum HOR.*Ep*.1.6.43; LIV.24.26.14; PHAED.5.5.12; (insulae) de quibus mox ~ dicemus PLIN.*Nat*.4.102. **c** parentum iniuriae unius modi sunt ferme, ~ qui est homo tolerabilis TER.*Hau*.205; amaturus eiusdem modi habet declinationes, amans ~ aliter VAR.*L*.9.110.

paullulātim, *adv*. [PAVLLVLVS+-IM] In small amounts, little by little, gradually.

relictum (uinum) ~ labellis minuens..sorbillat APUL. *Met*.2.16; 5.20.

paul(l)ulō, *adv*. [PAVLLVLVS] (w. compar.) By a little, somewhat.

natura tristiori ~ AFRAN.*com*.121; s. u. b. e. u., sicut soleo, ~ tamen etiam deterius quam soleo LUCC.*Fam*.5.14.1; (sinus maris) ~ plus passuum ⟨mille et ducentos⟩ in latitudinem patens LIV.26.42.7.

paul(l)ulum[1] ~ī, *n*. Also **poll-**. [PAVLLVLVS]

1 Only a small amount, little.

Venus, de paullo ~um hic tibi dabo hau lubenter PL.*Cur*.123; mulierculam, quae ~o tum erat contenta TER.*Hau*.444; si nequeas ~o (*sc*. te redimere), at quanti queas *Eu*.75; hoc ~um (*i.e. a brief letter*) exaraui ipsa in turba matutinae salutationis CIC.*ad Brut*.2.4.1;—(*w. gen*.) hem ~um opsoni; ipsus tristis; de inprouiso nuptiae TER.*An*.360.

2 A small quantity or amount, a little.

(*w. gen*.) ~um praedae intus feci PL.*Poen*.802; tu igitur ~um da mi operae TER.*Eu*.281; cumini ~um CATO *Agr*.156.5; ut ~ um tu compendi facias CIC.*Q.Rosc*.49; ~um inpendamus huic quoque peculiaris operae QUINT.*Inst*.6.4.3; ~um cunctationis attulit..Cotys TAC.*Ann*.11.9. **β** habui ~um morae, dum promissa militibus persoluo CAS.*Fam*.12.12.2.

paul(l)ulum[2], *adv*. [prec.]

1 Only to a small extent, little.

ut ne ~um quidem subolat esse amicam hanc Cliniae TER.*Hau*.899; pabulum quod dabis amurca spargito; primo ~um, dum consuescant, postea magis CATO *Agr*.103; (uersus) uel ut est ~um immutatus CIC.*de Orat*.2.257; Plato, nihil ab hac secta uel ~um deuius APUL.*Fl*.15.

2 To a small extent, somewhat, slightly. **b** for or by a short distance. **c** for a short while.

si..de tuo iure concessisses ~um TER.*Ad*.217; uoce paulolum attenuata *Rhet.Her*.3.24; fama adulescentis ~um haesit ad metas CIC.*Cael*.75; durissimo casui meo..subsiste ~um APUL.*Met*.4.26. **b** ego declinaui ~um me extra uiam PL.*Aul*.711; concede istuc ~um TER.*Eu*.706; collis..~um ex planitie editus CAES.*Gal*.2.8.2; circumductis ~um alis LIV.8.39.3; APUL.*Met*.1.2. **c** furor eius ~um..repressus est CIC.*Ver*.4.41; PLIN.*Nat*.4.1; ~um in publico uersatus, post domi secretus TAC.*Ann*.15.59; ~um conquiescunt APUL.*Met*.4.22.

paullulus ~a ~um, *a*. Also **poll-**. [PAVLLVS[1]+-VLVS]

1 Little, small. **b** (neut., w. *nescio quid*), a little something, a trifle.

parasitaster ~us TER.*Ad*.779; ~am pilam CATO *Agr*.14.2; equi hominesque ~i et graciles LIV.35.11.7. **β** CATO *Agr*.10.2; 21.2; VAR.*L*.5.167. **b** T. Roscius non ~um nescio quid in rem suam conuertit CIC.*S.Rosc*.115.

2 A small quantity of, a little.

~a pecunia PL.*Bac*.865; spatium..apparandi nuptias..dabitur ~um TER.*Ph*.702.

paul(l)um[1] ~ī, *n*. [PAVLLVS[1]]

1 Only a small amount, little.

Venus, de ~o paullulum hic tibi dabo hau lubenter PL.*Cur*.123; TER.*Ph*.802; HOSPES QVOD DEICO ~VM EST, ASTA AC PELLEGE *CIL* 1.1211.1; ut..semper..~um ad summam felicitatem defuisse uideretur CAES.*Gal*.6.43.5; hic ubi..nil aut ~um abstulerat HOR.*Ep*.1.15.34;—(*w. gen*.) pro peccato magno ~um supplici satis est patri TER.*An*.903; ille haud scit hoc ~um lucri quantum ei damnum adportet *Hau*.747.

2 A small quantity or amount, a little bit.

huic debet Philolaches ~um PL.*Mos*.623; CIC.*de Orat*.2.179; ~um ante dicendum est*Luc*.128;—(*of time*) ita pugnans post ~um concidit CAES.*Gal*.7.50.2; QUINT.*Inst*.2.17.25;—(*w. gen*.) in cella erat ~um nimis loculi lubrici PL.*Mil*.852; quia ~um uobis accessit pecuniae, sublati animi sunt TER.*Hec*.506; palearum ~um addito CATO *Agr*.92; cum ~um oti nacti erimus CIC.*Fam*.11.29.3; quod ibi ~um frumenti reliquerant CAES.*Civ*.1.78.2; HOR.*S*.2.6.3; LIV.5.38.2; ~um inde morae TAC.*Hist*.3.27.

paul(l)um[2], *adv*. [prec.]

1 Only to a small extent, little. **b** for only a short while. **c** by only a small amount; by only a short distance.

~ interesse censes ex animo omnia, ut fert natura, facias an de industria? TER.*An*.794; CIC.*de Orat*.3.196; quasi uero ~ differat ager Campanus a Stellati *Agr*.2.85; eos non ~ oratione sua Marius adrexerat SAL.*Jug*.84.4; isdem ferme aut ~ immutatis uerbis TAC.*Ann*.6.2. **b** ~ si cessassem, Pythias, domi non offendissem TER.*Eu*.672; quibus ~ aegreque uitatis TAC.*Ann*.2.23. **c** ~ si tardius artus cessissent STAT.*Theb*.10.938; haud ~ mortali maior imago SIL.15.21;—tenues aquae, quarum rictus etiam si ultra ~ coit QUINT. *Inst*.11.3.21.

2 To a small extent, somewhat, slightly. **b** for a short distance; also, at a short distance. **c** for a short while.

relaxa modo ~ animum CIC.*Brut*.21; grauitate ualetudinis, qua tamen iam ~ uideor leuari *Fam*.6.2.1; quasi adumbratim ~ simulata uidentur LUCR.4.363; ~ ore remisso STAT.*Ach*.1.718. **b** ego apscessi sciens ~ ab illis PL.*Epid*.238; tu concede ~ istuc TER.*Eu*.1068; ~ in aquam progressi CAES.*Gal*.4.24.3; 7.70.5; (Crispinus) ~ a ceteris processit LIV.25.18.5;—~ supra eum locum..facere pontem instituit CAES.*Gal*.6.9.3; alter e Cascis auersum uulnerat ~ infra iugulum SUET.*Jul*.82.1. **c** cum..~ interquieuissem CIC. *Brut*.91; *Q.Rosc*.28; ~ respiraui *Att*.10.1.1; ~ proferant auctionem 13.12.4; ~ aspectu conterritus haesit VERG.*A*.3.597; HOR.*S*.1.9.38; inde ~ inritata pugna est LIV.10.36.5; ~..oblita doloris STAT.*Theb*.12.369; (*w*. etiam) ~ etiam attendite CIC.*Ver*.2.108; (*w*. dum) Scaeuola..~ requiescet, dum se calor frangat *de Orat*.1.265.

paul(l)umper, *adv*. [prec.+-PER] For a short while.

CIL 8.9642.

paul(l)us[1] ~a ~um, *a*. [cf. PAVCVS; Gk. παῦρος] Little, small (in size or quantity). **b** (neut., w. *aliquid* and sim.) a little something, a small amount, a trifle.

dum in dubiost animus, ~o momento huc uel illuc impellitur TER.*An*.266; ~o sumptu *Ad*.876; pauper a ~o lare VAR.*L*.5.92; umore ~o VITR.2.9.10; ceram ponticam igni liquefactam ~o oleo temperatam 7.9.3. **b** ~um quiddam TER.*Eu*.856; ~um huic aliquid poterit addere CIC. *de Orat*.1.95; ubi ~um nescio quid superest JUV.11.47;—(*w. gen*.) ~um aliquid loci CIC.*Quinct*.53; ~um quid lubet allocutionis CATUL.38.7;—(*adv*l.) ~um aliquid ultra primas litteras progressi QUINT.*Inst*.1.1.8; qui..~um aliquid sederunt in scholis philosophorum 12.3.12.

Paul(l)us[2] ~ī, *m*. The surname of various members of the *gens Aemilia*, esp. **a** L. Aemilius Paulus, one of the consuls at the battle of Cannae. **b** L. Aemilius Paulus Macedonicus, who defeated Perseus at Pydna in 168 B.C. **c** (in pl.).

a CIC.*Sen*.75; HOR.*Carm*.1.12.38; LIV.22.35.3. **b** CIC. *Ver*.1.55; LIV.37.57.5. **c** CIC.*Amic*.21; MART.5.28.6.

pāuō ~ōnis, *m*. Also **~us** ~ī. [prob. oriental, cf. Gk. ταώς] A peacock.

VAR.*L*.5.75; *R*.3.6.1; pluris iam ~ones confeci quam tu pullos columbinos CIC.*Fam*.9.18.3; *Fin*.3.18; cauda..~onis, larga cum luce repleta est LUCR.2.806; num esuriens fastidis omnia praeter ~onem..? HOR.*S*.1.2.116; ~onis caudae flabella superbae PROP.2.24.11; ~onibus..pictis OV.*Met*.2.532; PLIN.*Nat*.29.124; gemmei..~ones MART.3.58.13; ~onum cerebella SUET.*Vit*.13.2; ~onum (est) paupulare fr.161 (p.251Re); si ~onem meum mansuetum..persecutus sis POMPON.*dig*.47.2.37. **β** memini me fier⟨e⟩ ~um ENN. *Ann*.15; GEL.6(7).16.5;—(*w. sex specified*) masculus ~o gallinaceam salacitatem habet COL.8.11.5; feminae ~ones quae non incubant 8.11.10.

pāuōnāceus ~a ~um, *a*. [prec.+-ACEVS] Resembling a peacock's tail.

quae uocant ~a tegendi genera (*i.e. forms of roof-tiling*) PLIN.*Nat*.36.159.

pāuōnīnus ~a ~um, *a*. [PAVO+-INVS] Of peafowl. **b** made from peacock's feathers; also, from material resembling these.

oua..~a VAR.*R*.3.9.10; COL.8.5.10; PETR.33.4. **b** muscarium ~um MART.14.67;—lectus ~us (*i.e. of citron-wood or sim*.) 14.85.

pauor ~ōris, *m*. [PAVEO+-OR] FORMS: *~os* (nom. sg.) PAC.*trag*.82.

1 Sudden fear, terror, fright. **b** fear affecting a number of persons simultaneously, panic. **c** (personified). **d** a cause or source of terror.

igitur demum Vlixi cor frixit prae ~ore ANDR.*poet*.16(17); ~or territat mentem animi PL.*Epid*.530; ~orem metum mentem loco mouentem (definiunt) CIC.*Tusc*.4.19; in quem ..metus (cadit), in eundem formido timiditas ~or ignauia 5.52; patrius ~or incitat artus (*sc*. ceruorum) LUCR.3.743; olli somnum ingens rumpit ~or VERG.*A*.7.458; subito ~ore perculit pectus LIV.1.56.4; conscius mentis ~or SEN.*Phaed*.162; contra nocturnos ~ores PLIN.*Nat*.28.98; ~or animi motus, unde etiam pauida iumenta dicuntur SUET.fr.176 (p.279Re). **b** ~or ingens in urbe, metuque mutuo suspensa erant omnia LIV.2.32.5; cursus clamorque uocantium ad arma haud multum a ~ore captae urbis abesse 3.3.4; multitudo repentino ~ore oppressa 4.61.8; publicus ~or 5.18.11; quos intra uallum egerat ~or 7.36.13; uictorem equitatum uelut lymphaticus ~or dissipat 10.28.10; nec lacus nec montes ~ori obstabant 22.6.5; tantus terror ~orque omnes occupauit 24.40.12; danda..uenia est tantorum..~orum: Pompeio fugiente timent LUC.1.521; geminat ..acceptos fama ~ores STAT.*Theb*.3.344; ob ~orem magistratuum senatorumque TAC.*Hist*.3.86; tribuni et centuriones falsum ~orem esse docuerunt *Ann*.1.66; FLOR.*Epit*.1.45(3.10.14). **c** Tullus..uouit..fana..Pallori ac ~ori LIV.1.27.7; ~or et Terror OV.*Met*.4.485; SEN.fr.(Haase p.425); STAT.*Theb*.7.108. **d** taurus..populis..~or SEN. *Her.O*.27; tenditur ille ingens hominum ~or (*i.e. Amycus*) V.FL.4.320.

2 Fear of future events, anxiety, dread. **b** (med.) *~or potus, aquae*, hydrophobia. **c** fear due to anticipation, thrill, trepidation.

prisco..~ore arbor numen habet SIL.3.690; nullo ~ore diem natalem celebrans TAC.*Ann*.6.18; (*w. obj gen*.) ~ore belli *Hist*.2.37. **b** tuetur a ~ore aquae..cinis inlitus ulneri Plin.*Nat*.29.98; prodest ~or potus periclitantibus 32.54. **c** exsultantia..haurit corda ~or pulsans Verg.*G*. 3.106; ~or est utrobique molestus Hor.*Ep*.1.6.10; laeto.. ~ore promissa euoluit somni Sil.3.215; 16.431; sententias iudicum opperiebatur ficto ~ore Tac.*Ann*.16.4.

pauper ~eris, *a. compar.* ~erior, *superl.* ~errimus. [<*pauo-pars (PAVCVS, PARIO)] Forms: *~era* (nom. sg. fem.) Pl.*Vid*.fr.3(13), fr.167; *~erorum* (gen. pl.) Petr.46.1, *CIL* 12.2150.

1 Not wealthy, poor. **b** (masc. as sb.).

ted esse hominem diuitem..me item esse hominem ~erum pauperrumum Pl.*Aul*.227; quamquam nos uidemur tibi plebeii et ~eres *Poen*.515; is..infortunatust homo, ~er qui educit in egestatem liberos Caecil.*com*.170; Ter.*Eu*. 486; bono uiro ~eri Cic.*Off*.2.71; Verg.*A*.2.87; ~er.. senatus 8.105; meo sum ~er in aere Hor.*Ep*.2.2.12; ~erior ..bonis quisque est, quia plura requirit Man.4.6; pone.. nomina ~eris aeui Fabricios Curiosque graues Luc.10.151; Plin.*Nat*.6.75; locupletior mulier et ~erior maritus Clem. *dig*.24.1.25;—(*w. gen.*) horum semper ego optarim ~errimus esse bonorum Hor.*S*.1.1.79; (*cf.*) ~er Opimius argenti positi intus (*i.e. poor in the midst of his riches*) 2.3.142;—(*fig.*) dum ad discendum semper se ~erem credit, ad docendum fecit locupletissimum V.Max.8.7.ext.8; miser..et, ut sic dicam, ~er orator est, qui nullum uerbum aequo animo perdere potest Quint.*Inst*.8.pr.28. **b** aequa lege ~eri cum diuite non licet Pl.*Cist*.532; qui..propter misericordiam addunt ~eri Ter.*Ph*.277; qui ~erum sanguinem concupisset Cic. *Phil*.5.22; in sepulcris ~erum Hor.*Epod*.17.47; Mors aequo pulsat pede ~erum tabernas *Carm*.1.4.13; Ov.*Met*.13.824; nil praeter domini nomen mutant ~eres Phaed.1.15.2; Luc. 8.243; non es nostrae fasciae, et ideo ~erorum uerba derides Petr.46.1; Quint.*Inst*.2.4.29; contemnere fulmina ~er creditur Juv.3.145; PATER ~ERORVM *CIL* 12.2150;—(*compar.*) si..faciant ceteri opulentiores, ~eriorum filias ut.. ducant..domum Pl.*Aul*.479.

2 Of, belonging to, or characteristic of a poor man. **b** of little worth, cheap.

haec ~eres res sunt Pl.*Rud*.282; ~er..domus Verg.*A*. 12.519; rusticus urbanum murem mus ~ere fertur accepisse cauo Hor.*S*.2.6.80; sub ~ere tecto *Ep*.1.10.32; ~eribus sacris Prop.2.10.24; e ~ere mensa dona Tib.1.1.37; cum ~ere cultu stabat..deus 1.10.19; ultus accessere boni nec iners ~erque uoluntas Ov.*Met*.8.678; siluestribus aris ~er honos Stat.*Theb*.5.513; ~erem focum..omittere decreueram [Quint.]*Decl*.13.4; signum de ~ere loro Juv.5.165. **b** ~eriore mero tingere lina potes Mart.14.103.2.

3 (w. gen.) Poor (in respect of), scantily endowed (with).

~er aquae Daunus Hor.*Carm*.3.30.11; ~er sulci cerealis Abella Sil.8.543; frugum ~eres Ituraeos Apul.*Fl*.6.

4 (of resources, etc.) Meagre, poor, unproductive.

frumenti ~er acervus *Mor*.16; ~er agelle Verg.*Cat*.8.1; custos es ~eris horti *Ecl*.7.34; ~ere terra *A*.6.811; qui.. ~eris aluei Hipparin..colunt Sil.14.229; (*in fig. phr.*) carmen uena ~eriore fluit Ov.*Pont*.4.2.20; (*transf.*) neque adeo ..~erem natura eloquentiam fecit ut una de re bene dici nisi semel non possit Quint.*Inst*.10.5.5.

pauperculus ~a ~um, *a.* [prec.+-CVLVS] (usu. affectively) Poor. **b** (transf., of possessions, etc.).

Pl.*Aul*.171; uirgini ~ae tuaeque matri me leuare paupertatem? *Epid*.555; anus ~a Ter.*Hau*.96; *Ad*.647; ~a mater Hor.*Ep*.1.17.46; Quint.*Inst*.11.3.175; ~us..hortulanus Apul.*Met*.9.31; (*masc. as sb.*) ut plerique ~i cum sua progenie Var.*R*.1.17.2. **b** res nostrae sunt..~ae Pl.*Per*.345; habitab⟨at in tuguriolo pau⟩perculo Caecil. *com*.82.

pauperiēs ~ēī, *f.* [PAVPER+-IES]

1 Poverty. **b** the characteristics of poverty.

meam ~em conqueror. uirginem habeo grandem, dote cassam Pl.*Aul*.190; haec meretrix meum erum..intulit in ~em *Truc*.573; in Asiam..abii propter ~em Ter.*Hau*.111; Verg.*A*.6.437; indocilis ~em pati Hor.*Carm*.1.1.18; importuna..~es 3.16.37; ~es immunda domus procul absit *Ep*.2.2.199; Tac.*Hist*.4.47; uixit..in summa ~e et paene inopia Suet.*Gram*.11(p.109Re); gracili ~e laborans Apul. *Met*.9.5; impaenitendae te ~ei cunctaris committere? 11.28. **b** necdum omnis abacta ~es epulis regum Hor.*S*.2.2.45.

2 (leg.) *~em facere*, (of an animal) To cause impoverishment through damage or personal injury (in circumstances where there is no human fault).

consulebatur, possetne cum domino mulae agi, quod ea ~em fecisset Alf.*dig*.9.1.5; Javol.*dig*.9.2.37.1; Ulp.*dig*. 9.1.1; *Ed.pr.*(*Font.iur*.p.219)15.11; (*cf.*) ~es damnum dicitur, quod quadrupes facit Paul.*Fest*.p.220M.

pauperium ~iī, *n.* [PAVPER+-IVM] Poverty.

ibo ad forum et ~ii tutelam geram Caecil.*com*.184.

pauperō ~āre ~āuī ~ātum, *tr.* [PAVPER+-O³]

1 To make poor, impoverish.

boni me uiri ~ant, inprobi augent Pl.*Ps*.1128; Titin. *com*.66; eos ~em sumptu meo? 134.

2 (w. abl.) To despoil, dispossess (of).

ut..pro mercis uitio dominum pretio ~et Pl.*Mil*.729; quam ego tanta ~aui per dolum pecunia fr.1; eripiet quiuis oculos citius mihi quam te..cassa nuce ~et Hor.*S*.2.5.36.

paupertās ~ātis, *f.* [PAVPER+-TAS]

1 Poverty, poor circumstances. **b** (personified). **c** (app.) scanty means.

multi alii aduentant, ~as quorum obscurat nomina Enn. *scen*.49; ex ~ate parcior Pl.*Aul*.206; idem animust in ~ate qui olim in diuitiis fuit *St*.134; ~atem..pertulimus grauem Ter.*Ad*.496; quem ad modum in ~ate uiuendum Cic.*Part*. 63; cum propter ~atem sues puer pasceret *Div*.1.31; ~as horrida Lucr.6.1282; ~as probro haberi Sal.*Cat*.12.1; saeua ~as Hor.*Carm*.1.12.43; Tib.1.1.5; Liv.pr.11; quo ~atem sustineret facilius Phaed.4.22(23)3; ego non uideo quid aliud sit ~as quam parui possessio Sen.*Ep*.87.40; plebeia ~as Col.10.pr.2; Fennis..foeda ~as Tac.*Ger*.46.3; publicam ~atem questi *Hist*.4.9; uiuimus ambitiosa ~ate Juv.3.183; (*fig.*) grammatice..fines suos norit, praesertim tantum ab hac appellationis suae ~ate..prouecta Quint. *Inst*.2.1.4; (*meton.*) neque..cantare sub antro Pierio..potest ..maesta ~as Juv.7.61;—(*pl.*) horum temporum diuitias et illorum ~ates Var.in Non.p.162M; ex multis ~atibus diuitiae fiunt Sen.*Ep*.87.38. **b** uellit..aurem inuida ~as et dicit: 'ouilia cura!' Calp.*Ecl*.4.156 **c** ex refectu ~atis, qui ad uos peruenerit Scaev.*dig*.36.1.80.12.

2 (transf.) Poverty, deficiency (of language, etc.).

te scribis 'orationis ~ate'..isdem uerbis epistulas saepius mittere Cic.*Fam*.4.4.1; quanta uerborum nobis ~as, immo egestas sit Sen.*Ep*.58.1; ~ate sermonis laboramus Quint. *Inst*.8.3.33; ~as oris humani Apul.*Met*.11.3.

paupertīnus ~a ~um, *a.* [PAVPER+-*tinus* (-INVS)] Characterized by poverty, poverty-stricken.

angustiis ~is Var.in Non.p.55M; ~o homini uel inopi Gel.20.1.30; ~a Milonis cenula Apul.*Met*.3.13;—(*fig.*) nostras ~as litteras Gel.14.6.5.

paupulō ~āre, *intr.*: (see quot.).

pauonum (est) ~are Suet.fr.161(p.251Re).

Pausaniās ~ae, *m.* The name of various characters in Greek history, esp. the Spartan commander at the battle of Plataea.

Cic.*Off*.1.76; Nep.*Paus*.1.1; Vitr.1.1.6.

pausārius ~(i)ī, *m.* [PAVS(S)A+-ARIVS]

1 A ship's officer who regulated the time of the rowers, boatswain.

~ium..uoce acerbissima remigibus modos dantem Sen. *Ep*.56.5.

2 A member of a college of priests of Isis.

CIL 6.348; 12.734.

pausea, pausia: see POSIA.

paus(s)a ~ae, *f.* [cf. Gk. παῦσις] A cessation, intermission, pause, respite. **b** *~am facere* or *dare*, to make a pause (in one's activity), call a halt (to), desist (from).

quae ~a erit? ecquando desinet familia nostra insanire? Cornelia Nep.fr.2; neque ~am stare fragori Lucr.1.747; tu saeuis exanclatis casibus ~am pacemque tribue Apul. *Met*.11.2;—(*w. gen.*) nobis datur bona ~a loquendi Acc. *trag*.290; frigida..uitai ~a Lucr.3.930; 4.1116; mors ipsa.. ~am laborum adfert Fro.*Aur*.2.p.226(233N); IAM DATVS EST FINIS VITAE IAM ~A MALORVM *CIL* 6.20674. **b** ego ~am feci Pl.*Poen*.459; ~am tecum faciam Aur.*Fro*.1.p. 118(30N);—(*w. gen.*) ~am facere ⟨ore⟩ fremendi Enn.*Ann*. 586; cum bibendae niuis ~a fieret nulla Gel.19.5.4;—(*w. dat.*) aliquando osculando meliust, uxor, ~am fieri Pl.*Rud*. 1205; tandem ~am luctui fecit Apul.*Met*.9.31;—iam iam, Paegnium, da ~am Pl.*Per*.818; pugnas edere..nec dare ~am Lucr.2.119;—(*w. gen.*) dedit ~am ore loquendi Lucil. 18;—(*w. dat.*) Neptunus saeuus undis asperis ~am dedit Enn.*var*.10; ~am carnificinae dedere Apul.*Met*.8.28.

pausum ~ī, *n.* [cf. prec.] Cessation (of), respite (from).

~VM LABORIS HIC EST *CIL* 8.4447.

pauxillātim, *adv.* [PAVXILLVS+-IM] By slow degrees, gradually.

~ accedere Pl.*Epid*.248; *Rud*.929.

pauxillisper, *adv.* [PAVXILLVS+-PER] By slow degrees, bit by bit.

plus decem pondo—amoris ~ perdidi Pl.*Truc*.913.

pauxillō, *adv.* [PAVXILLVS] By only a little, by little. **b** by a little, somewhat.

perquam ~..minores Lucr.5.590. **b** ~ prius Afran. *com*.296; medium habet ~ leuius Cels.5.28.18.a.

pauxillulum¹ ~ī, *n.* [PAVXILLVLVS] Only the smallest amount; a tiny amount.

animae ~um in me habet Naev.*com*.49;—quidquid est ~um illuc Pl.*Poen*.538; ~um nummorum Ter.*Ph*.37.

pauxillulum², *adv.* [prec.] To a minute extent, a tiny bit.

forem hanc ~ aperi Pl.*Bac*.833; *Rud*.729.

pauxillulus ~a ~um, *a.* [PAVXILLVS+-VLVS] Very little, tiny.

lembo..~o Pl.*Mer*.193; ego non ~am in utero gesto famem *St*.163; minutae istae admonitiones et ~ae Gel. pr.16; (*m. pl. as sb.*) quo colore est, hoc colore capiuntur ~i Pl.*Rud*.997.

pauxillum¹ ~ī, *n.* [PAVXILLVS] A small quantity, a little.

si ~um potes contentus esse Pl.*Capt*.176; modo ~um de ea potione largiri sibi uellet Apul.*Met*.10.27.

pauxillum², *adv.* [prec.] Only a little, little; a little, somewhat.

ita, ut ~ differt a cauillibus Pl.*Truc*.686;—bonum est ~ amare sane *Cur*.176.

pauxillus ~a ~um, *a.* Also **-sillus.** [PAVCVS] Little, small.

edepol, Cupido, cum ⟨tu⟩ tam pausillu's, nimis multum uales Naev.*com*.55; ita ~a est (*sc.* res) Pl.*Poen*.566; peccatum ~um Turp.*com*.90; nepos ~us Afran.*com*.247; e ~is atque minutis ossibus Lucr.1.835; 3.229.

pax¹ pācis, *f.* [PACISCOR]

1 A pact (to end or avert hostilities), settlement, peace. **b** (applied to relations between individuals).

~CEM FIERI CVM TYRRHO REGE PROHIBVIT *Elog*.10(*CIL* 1.p.192); orator sine ~ce redit Enn.*Ann*.207; Aetolos ~cem uelle Cato *orat*.71; ceteri qui ~cem speponderant Val.Ant. *hist*.57; quem (*sc.* Mithridatem) L. Sulla..cum ~ce dimisit Cic.*Mur*.32; cum eis facta ~x non erit ~x, sed pactio seruitutis *Phil*.12.14; sese cum eis ~cem esse facturum Caes.*Gal*.1.14.6; existumabitis, qualis illa ~x aut deditio sit Sal.*Jug*.31.19; ~cem..inter duas potentissimas ciuitates conciliauit Nep.*Cim*.3.3; inter Thrasybulum et eos, qui urbem tenebant, fecit ~cem *Thr*.3.1; nulla dies ~cem hanc Italis nec foedera rumpet Verg.*A*.12.202; Caudina ~x Liv.9.1.1; cum ~cis cum Hannibale fuisti auctor 23.9; duorum opulentissimorum..duces populorum..suam ~cem amicitiamque petentes uenisse 28.18.1; ~cem dare 30.40.14; nunc petit Armenius ~cem Ov.*Tr*.2.227; ~cem et condiciones abnuebant Tac.*Hist*.3.66; ~cem cum Romulo fixit Amp.39.1; (*poet.*) ~x illis cum morte data est Luc.9.898; (*of a temporary truce*) ~cem..funeri dedit Plin.*Nat*.7.109;—(*w. gen.*) de..Philippi ~ce triennio ante decreuistis Liv. 31.29.16;—(*pl.*) hostibu' uictis..~cibus perfectis Pl.*Per*. 753; Var.in Non.p.149M; Sal.*Jug*.31.20;—(*w. conditions stated in an ut cl.*) Locrensibus..data ~x ut liberi suis legibus uiuerent Liv.24.1.13;—(*w.* sequestra = *a truce*) induciae numero dierum finiuntur, quod et sequestram ~cem appellant Suet.fr.176(p.276Re). **b** opsecro ut per ~cem liceat te adloqui, ut ne uapulem Pl.*Am*.388; ~cem componi uolo meo patri cum matre *Mer*.953; egon dem pignus tecum?—audacter, si lubidost perdere. —bona ~x sit potius *Per*.189; ~x commersque est uobis mecum *St*.519; tam facillume patris ~cem in leges conficiet suas Ter.*Hau*.998; exeo ergo ut ~cem conciliem 1046;—(*between lovers*) in amore haec omnia insunt uitia: iniuriae, suspiciones, inimicitiae, indutiae, bellum, ~x rursum *Eu*.61; Lucil.729; post modo mercata ~ce premendus erit Prop. 4.5.32; Ov.*Ars* 2.460.

2 A 'pact' granted by a god or gods (conferring freedom from divine anger, approval of current activities, etc.), blessing.

Apollo, quaeso te ut des ~cem propitius Pl.*Mer*.678; Neria Martis, te obsecro, ~cem dato Gel.*hist*.15; ~cem.. per aras exquirunt Verg.*A*.4.56; ~cem precibus exposcunt Liv.1.16.3; conueniunt ~cemque rogant Stat.*Theb*.12.509; —(*in conjunction w.* uenia) illae..ab dis immortalibus ~cem ac ueniam petunt Cic.*Font*.30; si ~x ueniaque ab dis impetrata esset Liv.1.31.7;—(*w. gen., poss. pron.*) ut Iouis supremi..~cem expetam Pl.*Am*.1127; non diuum ~cem uotis adit Lucr.5.1229; sine ~ce tua Verg.*A*.10.31; ~cis deum exposcendae causa Liv.7.2.2; 27.23.4;—(*cf., of relations w. the dead*) ~x mihi est cum mortuis Pl.*Mos*.514.

3 *tua* (*uestra*) *~ce*, By your leave or favour, with all due respect to you; (w. sb. in gen.) with all due respect to (somebody); also, *cum ~ce*. **b** *cum bona ~ce*, with full consent or agreement.

nos..ut hanc tua ~ce aram opsidere patiare Pl.*Rud*. 698; ~ce quod fiat tua Ter.*Eu*.466; VISVM ANIMO SVO PERFECIT TVA ~CE *CIL* 1.632.4; ~ce mihi liceat, caelestes, dicere uestra Lutat.*poet*.2.3; ~ce tua, patria, dixerim Cic. *Mil*.103; ~ce tua fari hic liceat, Ramnusia uirgo Catul. 66.71; Calue, tua uenia, ~ce, Catulle, tua Prop.2.25.4; ~ce, nouem, uestra liceat dixisse, sorores Ov.*Tr*.5.12.45; Sen.*Tro*.276; (*in pun w. sense 4*) ~ce tua, si ~x ulla est tua, Pontica tellus Ov.*Pont*.3.1.7;—~ce horum dixerim Cic.*de Orat*.1.76; ~ce familiae dixerim *Leg*.3.35; C. Claudi ~ce et P. Valeri mortui loquar Liv.3.19.7; Ov.*Am*.3.2.60; Plin. *Nat*.35.8; Quint.*Inst*.1.6.8; mihi ~ce inmensae nimiaeque licet si dicere plebis Juv.11.195; (*cf.*) ~ce diligentiae Catonis dixerim Vell.1.7.4;—cum ~ce..cumque uenia istorum Gel.17.6.4. **b** ut..populo cum bona ~ce imperitaret Liv.1.24.3; cum bona ~ce exercitum per fines suos..transmiserunt 21.24.5;—(*w. gen.*) ad Alpes cum bona ~ce incolentium ea loca Gallorum peruenit 21.32.6.

4 (opp. to *bellum*) Peaceful conditions of life, a state of order and security, peace. **b** peaceful relations, amity. **c** peace as a policy. **d** (*in*) *~ce*, in peace(time). **e** (w. *aeterna* or *sepulcri*) the peace of death or the grave.

qui sua uigilantia ~cem in Sicilia dicit fuisse Cic.*Ver*.4.54; ~x est tranquilla libertas *Phil*.2.113; istic enim bellum est exortum, hic ~x consecuta *Fam*.12.18.2; neque bellum gerere neque ~cem habere Sal.*Cat*.31.2; Verg.*A*.7.444; omnibus ~cis modo incuriose agentibus Liv.29.3.8; Italiam bona ~ce florentem 30.21.8; ~x tamen interdum est, ~cis fiducia numquam Ov.*Tr*.5.2.71; nullis animalibus nisi ex fastidio ~x est Sen.*Ep*.89.22; ipse (*sc.* Alcides) post terrae pelagique ~cem..praebuit saeuis sua membra flammis *Med*.637; dum ~ci dat tempus hiemps Luc.2.648; aegra quietem ~x fugat Stat.*Theb*.12.8; ubi solitudinem faciunt, ~cem appellant Tac.*Ag*.30.6; *Ann*.2.46; nunc patimur longae ~cis mala Juv.6.292;—(*w. gen.*) ~x gentium.. incolumitate senatus firmatur Tac.*Hist*.1.84;—(*pl.*) hoc ~ces habuere bonae uentique secundi Hor.*Ep*.2.1.102;—(*in fig. phr.*) unde repente quies et iuncto foedere ~x sit *Aetna* 282; plena..casibus uita est, a quibus nulli longa ~x, uix indutiae sunt Sen.*Dial*.6.16.5;—(*personified*) in sinu ~cis posita (*sc.* Aetolia) Cic.*Pis*.91; ~x arua colat Tib. 1.10.45. **b** ~x cum multitudine Cic.*Att*.2.3.4; cum proximis ciuitatibus ~cem et amicitiam confirmare Caes.*Gal*. 1.3.1; potestne in tam diuorsis mentibus ~x aut amicitia esse? Sal.*Jug*.31.24; ne quid meam uobiscum ~cem distineat Liv.2.15.5; 25.29.3;—(*iron.*) ~x erit haec nobis..cum pecore infirmo quae solet esse lupis Ov.*Ib*.41. **c** erat enim amentis, cum aciem uideres, ~cem cogitare Cic.*Lig*.28; ~cemne huc fertis an arma? Verg.*A*.8.114; ~ce constanti uim Romanam arcuerunt quam armis non poterant Liv. 6.25.6; dedidicit ~cem subito feritate reuersa Mart.2.75.3;

ostensa ~cem praefatus oliua STAT.*Ach*.1.727; (*poet.*) ~cem uultus habet OV.*Met*.2.858. **d** suscipienda..bella sunt.. ut sine iniuria in ~ce uiuatur CIC.*Off*.1.35; uel ~ce uel bello clarum fieri licet SAL.*Cat*.3.1; PROP.3.1.17; res ~ce belloque gestas LIV.2.1.1; tu ~ce mihi, tu nube sub ipsa armorum.. celebrabere STAT.*Theb*.4.840; struxere muros in ~ce tamquam ad bellum TAC.*Hist*.5.12. **e** excepit illum magna et aeterna ~x SEN.*Dial*.6.19.6; ~cem..sepulcri STAT.*Theb*. 3.97.

5 *Romana* (*Augusta*, etc.) *~x*, The state of order and security obtaining within the Roman (Augustan, etc.) Empire, the Roman peace.

Augusta ~ce OV.*Pont*.2.5.18; inmensa Romanae ~cis maiestate PLIN.*Nat*.27.3; MART.7.80.1; Latinae ~cis iter STAT.*Silv*.3.2.138; ne fortuna elati nostram quoque ~cem turbarent TAC.*Ann*.12.29;—(*on coins*) PAXS *BMCR* 1.p.547, No.4162(*c.* 44 B.C.); PAXS AVGVSTI *BMCI* 1.p.360,No.261 (Galba); PAX ORBIS TERRARVM 1.p.364,No.1(Otho); ~CIS EVENTVM 2.p.86,No.422(Vespasian).

6 (personified, or as a goddess).

ut tum primum arae ~ci publice sint factae NEP.*Timoth*. 2.2; placitam ~ci..oliuam VERG.*G*.2.425; iam Fides et ~x ..et neglecta redire Virtus audet HOR.*Saec*.57; OV.*Fast*. 1.709; PLIN.*Nat*.12.94; limina post ~cis Palladiumque forum MART.1.2.8; in ~cis bibliotheca GEL.16.8.2; *CIL* 3.3670.

7 (of seas, winds, etc.) A stillness, calm. **b** the imperturbability attributed by Epicureans to the gods, ataraxy.

~ce breui nobis opus est, dum transferor isto OV.*Ep*. 17.205; *Pont*.2.9.27; quae ~x Carpathio STAT.*Silv*.3.2.88;— (*w. gen.*) uentorum..~ces LUCR.5.1230; ne ~cem pelagi soluat uiolentior auster GERM.*Arat*.404; ubi ~x fluminis redit FLOR.*Epit*.2.13(4.2.28). **b** dis indigna putare alienaque ~cis eorum LUCR.6.69; 6.73.

8 (freq. w. *animi* or sim.) Tranquillity of mind, serenity, equanimity.

semper in animo eius (*sc.* sapientis) esse placidissimam ~cem CIC.*Tusc*.5.48; nos illud quidem cum ~ce agemus 5.83; animi ~cem LUCR.3.24; ~cem mentis habere OV.*Tr*. 5.12.4; STAT.*Theb*.1.443; non tamen haec turbant ~cem Iouis 10.897;—(*poet.*, *of Venus*) o mihi bellorum requies et sacra uoluptas unaque ~x animo! 3.296.

pax[2], *interj.* [Gk. πάξ] (enjoining silence, dismissing a subject, etc.) Enough!; *tux pax*: see TVX.

pax! abi PL.*Mil*.808; *St*.771; quasi dicas, si quid crediderim tibi, 'pax'—periisse ilico *Trin*.891; TER.*Hau*.291; (*perh. orig. a dramatic quotation*) ~x Palamedes PETR.66.7.

paxillus ~ī, *m.* [cf. PALVS[1]] A wooden pin or peg.

ut nouum cribrum nouo ~o pendeat VAR.*Men*.69; ~us tenuis quam leuissimi generis CELS.8.10.7.K; ~o perforato solo COL.4.16.3; ~is adactis tabulae superponantur 8.8.3; ~is solo patefacto PLIN.*Nat*.17.154; ad lineam grana bina aut terna ~o demitti 19.147.

peccātiō ~ōnis, *f.* [PECCO+-TIO] Wrongdoing.

'hic' enim 'peccatus', quasi '~o', recte Latineque dicitur GEL.13.21.19.

peccātum ~ī, *n.* [pple. of PECCO]

1 An error, mistake.

cum duo ~i genera sint in declinatione VAR.*L*.9.10; 10.60; oratoris ~um, si quod est animaduersum, stultitiae ~um uidetur CIC.*de Orat*.1.124; paucis uerbis tria magna ~a *Tusc*.3.47; ut..maius..id ~um ducis apud peritos artium militarium haberetur LIV.23.18.13; rex..fatebatur..~um, quod pridie non instituisset uictis 42.60.5; multa..~o damna tulere sua OV.*Fast*.2.522.

2 A moral offence, misdemeanour, lapse.

orant ignoscamus ~um suom PL.*Am*.257; si pro ~is centum ducat uxores, parumst *Trin*.1186; an ut pro hui(u)s ~is ego supplicium sufferam? TER.*An*.888; si id est ~um, peccatum inprudentiast poetae *Eu*.27; uitia ac ~a fili CIC.*S.Rosc*. 53; mei ~i luo poenas *Att*.3.9.2; placet Stoicis omnia ~a esse paria *Luc*.133; inter recte factum et ~um *Ac*.1.37; maximas tibi grates ago, meum quod non es ulta ~um CATUL.44.17; SAL.*Cat*.52.35; praeteritis..male admissis ~a remordent LUCR.3.827; VERG.*A*.10.32; ~um fateor HOR.*S*. 2.4.4; qui uestra puniat ~a LIV.3.67.5; ~um..oculos est habuisse meum OV.*Tr*.3.5.50; paruis ~is ueniam, magnis seueritatem commodare TAC.*Ag*.19.3.

peccātus ~ūs, *m.* [next+-TVS[3]] = PECCATIO.

itidem in secunda (in Verrem) usus modulamine 'manifesto ~u' inquit (Cicero), non 'peccato' (*N.B. codd. have* peccato *in* Cic.*Ver*.2.191) GEL.13.21.16; 13.21.19.

peccō ~āre ~āuī ~ātum, *intr.* [Umb. *pesetom* (= *~atum*); prob. connected w. PES] FORMS: *~asso*, etc. (= *~auero*) PL.*Cas*.825, *Rud*.1150, 1348.

1 To blunder in action or thought, make a mistake. **b** to make a slip in speaking. **c** (app.) to stumble (perh. the original sense).

~aueram, nam Amphitruonis socium ne me esse uolui dicere PL.*Am*.383; ~auisti largiter qui occasionem hanc amisisti tam bonam *Mos*.438; di, date facultatem obsecro huic pariundi atque illi in aliis potiu' ~andi locum TER.*An*. 233; in scaena si ~aueris NOV.*com*.44; PHAED.3.13.8; (*fig.*) cum..natura uias seruet, quas fecerat ipsa, nec tirocinio ~et MAN.1.189;—(*w. internal acc.*) si hercle tantillum ~assis PL.*Rud*.1150; Empedocles..multa alia ~ans in deorum opinione..labitur CIC.*N.D*.1.29;—(*poet.*) franges crystallina: ~ant securae nimium sollicitaeque manus MART. 14.111.1; cuspis in armigerum Phlegyan ~auit STAT.*Theb*. 8.688. **b** quom librum legeres, si unam ~auisses syllabam PL.*Bac*.433; ~aui: illuc dicere, uilicum, uolebam *Cas*. 674; saepicule ~as. — timor praepedit uerba 703; uerbo ~auimus uno OV.*Am*.2.16.11; (*w. internal acc.*) tu me delenis, propter te haec ~o PL.*Cist*.517; (*pass.*) cum loquor, una mihi ~atur littera *Priap*.7.1. **c** solue senescentem.. equum, ne ~et ad extremum HOR.*Ep*.1.1.9.

2 To commit a (non-moral) fault, act incorrectly, be wrong. **b** (of inanim. things, natural processes, etc.) to go wrong, be at fault.

qui semel in gestu ~auit CIC.*de Orat*.1.125; non minus sententiis ~at quam uerbis *Orat*.226; *Marc*.21; ne studio nostri ~es HOR.*Ep*.1.13.4; neque enim satis est reprehendisse ~antem, si non doceat recti uiam COL.11.1.9; si 'dimidiam fabulam' aut 'dimidium librum' dicimus, ~amus GEL. 3.14.9; 19.12.9; in metro ~ant arte, non inscitia MAUR.2237; (*transf.*) frons pluribus generibus ~at QUINT.*Inst*.11.1.9; —(*w. internal acc.*) nihil ~at, nisi quod nihil ~at PLIN.*Ep*. 9.26.1; (*pass.*) et secum et aliis quid in eo ~atum sit exquirunt CIC.*Off*.1.147. **b** si..aliquando oculi ~ent CIC.*Div*. 2.108; in quibus (*sc.* nostris corporibus) si ~etur distortione et deprauatione quadam *Fin*.5.35; SEN.*Nat*.6.14.2.

3 To commit a moral offence, do wrong. **b** (of offences against the sexual code).

fateor ~auisse ⟨me⟩ et me culpam commeritum scio PL. *Aul*.738; ego me amare hanc fateor; si id ~arest, fateor id quoque TER.*An*.896; uide ne in cognatam ~es *Ph*.803; ruri si recte habitaueris..fundus melius erit, minus ~abitur CATO *Agr*.4; ~are inpune rati sunt posse LUCIL.258; DE EIEIS REBVS AF VOBEIS ~ATVM NON ESSE *CIL* 1.586(14.3584)11; quis ignorat maximam inlecebram esse ~andi impunitatis spem? CIC.*Mil*.43; qua in re ~aui scelerateque feci *Q.fr*. 1.3.2; quod in eo (*sc.* C. Valerio Procillo) ~andi (*i.e. of treachery*) causa non esset CAES.*Gal*.1.47.4; seditione, dolis, scelere atque libidine et ira Iliacos intra muros ~atur et extra HOR.*Ep*.1.2.16; in publica commoda ~em 2.1.3; aliorum exemplo ~ate potius quam alii uestro recte faciant LIV.3.21.6; omne Fortunae fuit ~antis in nos crimen SEN. *Phoen*.453; sibi quisque ~at PETR.45.9; si inueniretur aliqua ciuitas, in qua nemo ~aret TAC.*Dial*.41.3; officiis et administrationibus..non ~aturos praeponere *Ag*.19.3; (*poet.*) unus de toto ~auerat orbe comarum anulus MART. 2.66.1;—(*w. internal acc.*) si quid ego erga te inprudens ~aui aut gnatam tuam PL.*Aul*.792; illaec aduorsum si quid ~asso *Rud*.1348; siquid ~at, Demea, mihi ~at TER.*Ad*.115; nihil ~ant oculi, si animus oculis imperat PUB.*Sent*.N.2; nil ego ~aui OV.*Tr*.4.4.9; fuit aliquando simplicior (philosophia) inter minora ~antes SEN.*Ep*.95.29; nolunt solita ~are, quibus peccadi praemium infamia est 122.18; QUINT. *Inst*.7.2.30; TAC.*Ann*.11.36; GAIUS *dig*.50.13.6; (*poet.*) quid albus ~et Iapyx HOR.*Carm*.3.27.20; (*pass.*) quidquid multis ~atur inultum est LUC.5.260; sic obuiam irent iis quae alibi ~arentur ut flagitiorum urbis meminissent TAC.*Ann*.3.34. **b** lapsa est lubido in muliere ignota..~auit uero nihilo minus, siquidem est ~are tamquam transire lineas CIC. *Parad*.20; estne marito matronae ~antis in ambo iusta potestas? HOR.*S*.2.7.62; ingenuo..semper amore ~as *Carm*. 1.27.17; Rumor ait crebro nostram ~are puellam [TIB.] 3.20.1; qui uidet, is ~at PROP.2.32.1; mentem ~are, non corpus, et unde consilium afuerit culpam abesse LIV.1.58.9; OV.*Am*.2.5.3; ~are noster nouit in siluis amor SEN.*Phaed*. 114; (*cf.*) nunc in adulteria magis quam in alia ~abitur SEN. *Ben*.1.10.2; (*fig.*) ceraso ~ent (*i.e. are adulterated with*) casiae PERS.6.36.

peciolus ~ī, *m.* Often written **petiolus.** [app. <**ped(i)ciolus* (dim. of PEDICVLVS)] ORTHOG.: *pet-* app. a mis-spelling.

1 A little foot.

nudo ~o AFRAN.*com*.155;—(*of animals, as an article of food*) CELS.2.18.8; quaecumque (caro) glutinosa est; quod fere quidem in omni domestica fit, praecipue..in ~is capitulisque haedorum et uitulorum et agnorum 2.22.1.

2 The stalk (of a fruit).

oliuae poseae..cum ~o leguntur COL.12.49.8; cum iam matura mala fuerint,..~os, quibus pendent, intorqueto *Arb*.23.2.

pecorālis ~is ~e, *a.* [PECVS[1]+-ALIS] Of or connected with cattle.

facta est aestimatio ~is multae FEST.p.202M.

pecorōsus ~a ~um, *a.* [PECVS[1]+-OSVS] Marked by large numbers of cattle.

~a Palatia PROP.4.9.3; ~a..Phlius STAT.*Theb*.4.45; ~o uere 10.229.

pecten ~inis, *m.* [cf. PECTO; Gk. κτείς (**pk̂ten-*), Skt. *pákṣman-*]

1 A comb (for the hair). **b** a curry-comb. **c** *Veneris ~en*, a plant, app. with seed-vessels resembling the teeth of a comb.

utrum strictimne attonsurum dicam esse an per ~inem nescio PL.*Capt*.268; saepe Cytoriaco deducit ~ine crines OV.*Met*.4.311; Naides effusis..sine ~inis usu..comis *Fast*. 1.405; PHAED.5.6.1; SEN.*Dial*.10.12.3; PETR.126.2; (*worn as an ornament*) ~ines in feminis..publicati PLIN.*Nat*.29.26; mulieres..~ines eburnos ferentes APUL.*Met*.11.9. **b** neque ulla uota..sibi esse facta, praeter..paterna lora proximumque ~inem VERG.*Cat*.10.23. **c** PLIN.*Nat*.24.175.

2 **a** A reed or comb used in weaving. **b** the plectrum or quill of a lyre; (also meton., for the instrument itself). **c** a rake. **d** a kind of comb used for gathering the heads of corn in reaping.

a non Libyco molles plauduntur ~ine telae *Ciris* 179; VERG.*A*.7.14; subtemen..quod..percusso pauiunt insecti ~ine dentes OV.*Met*.6.58; rarum ~ine denset opus *Fast*.3.820; LUC.10.142; JUV.9.30; (*meton.*) uicta est ~ine Niliaco iam Babylonos acus MART.14.150.2. **b** eadem.. ~ine pulsat eburno VERG.*A*.6.647; crispo numerantur ~ine chordae JUV.6.382; (*poet.*) dum canimus sacras alterno ~ine Nonas OV.*Fast*.2.121;—mitior..~ine Phoebi uox STAT. *Theb*.5.34.1; per aures nunc uoce infundit Teuthras nunc ~ine cantum SIL.11.433. **c** tonsam raro ~ine uerrit humum OV.*Rem*.192. **d** alii ~inibus spicam ipsam legunt COL.2.20.3; panicum et milium singillatim ~ine manuali legunt Galliae PLIN.*Nat*.18.297.

3 (applied to var. things resembling a comb in some respect): **a** The pubic bone; the pubic region. **b** a comb-like formation (in the grain of beech-wood). **c** a comb-like disposition (of var. things). **d** *~en Amazonius*, a kind of dance, app. with interlacing rows of dancers.

a a quibus (*sc.* sinubus retundis) oritur os, quod ~inem uocant CELS.8.1.23;—iam ~ine nigro JUV.6.370. **b** fagis ~ines trauersi in pulpa PLIN.*Nat*.16.185. **c** digitis inter se ~ine iunctis OV.*Met*.9.299; mixtis obliquo ~ine remis LUC.3.609. **d** nunc obuia uersae ~ine Amazonio STAT. *Ach*.1.833.

4 A shell-fish, the scallop.

Mitylenae est ~en ENN.*var*.36; ~inibus patulis iactat se molle Tarentum HOR.*S*.2.4.34; PETR.70.6; ~ines in mari ex eodem genere (quo cocleae) habentur PLIN.*Nat*.9.101; credatur sane item aquatilium ~ines stridere, cum uolant 11.267.

pectinārius (pecten-) ~a ~um, *a.* [PECTEN+-ARIVS] Of or concerned with the making, supply, etc., of combs (also perh., concerned with wool-carding).

L MAESIO TERENTINO FABRO PECTINAR *CIL* 5.98; T VALERIVS..REFECTOR PECTINAR 5.7569;—(*masc. as sb.*) VAL CANDIDVS ~VS 2.5812; ACCEPTO CHIAE SERVO LANARI PECTINAR SODALES POSVERE 5.4501; L OCTAVI SERVANDI PECTINARI 5.2543.

pectinātim, *adv.* [PECTEN+-IM] So as to resemble the teeth of a comb, comb-wise.

fundamenta..transuersa..~ disposita quemadmodum serrae dentes solent esse conlocentur VITR.1.5.7; triplici dentium ordine ~ coeuntium PLIN.*Nat*.8.75; (genera concharum) ~ diuisa 9.103; capitis ossa..serratis ~ structa conpagibus 11.132; foliorum aculeo fruticante circa totas (*sc.* arbores) ~ 13.29; digitis ~ inter se inplexis 28.59.

pectinātor ~ōris, *m.* [PECTINO+-TOR] (app.) A wool-carder.

L ALLENIVS L F ROM VESPA ~OR *CIL* 5.2538.

pectinātus (pecten-) ~a ~um, *a.* [PECTEN+-ATVS[2]] Resembling a comb in formation.

fastigiorum duplex ~a (*cj.*) dispositio VITR.5.1.10; ~um tectum dicitur a similitudine pectinis in duas partis deuexum, ut testudinatum in quattuor FEST.p.213M.

pectinō ~āre ~āuī ~ātum, *tr.* [PECTEN+-O[3]] To comb.

iubam istam tuam probe ~atam..adornabo APUL.*Met*. 6.28; (*transf.*) sunt genera terrae, quorum ubertas ~ari segetem in herba cogat PLIN.*Nat*.18.186.

pectō ~ere pex(u)ī pexum (~itum), *tr.* [Gk. πέκτω, AS. *feohtan*] FORMS: pf. scarcely attested outside grammarians, *~xi* e.g. in Prisc.in*G.L*.2.536 (with quot. from MAEC.), *pexui* e.g. in Char.p.244K. Pple. *~ctitus* in COL.10.94; 12.3.6.

1 To comb (hair). **b** (transf. or poet.). **c** (humorously) to thrash.

nequiquam..~es caesariem HOR.*Carm*.1.15.14; tenues denso ~ere dente comas TIB.1.9.68; matutinos ~ens ancilla capillos OV.*Ars* 1.367; pexisti capillum naturae muneribus gratum MAEC.in *G.L*.2.536; CURT.8.9.22; leo..~i..iubas.. edidicit STAT.*Ach*.1.859; hunc (*sc.* crinem)..tergemina ~ebat Gratia dextra *Silv*.3.4.83; ~ere barbam JUV.14.216; (*cf.*) de..suis atros ~ebant (*sc. the Furies*) crinibus angues OV.*Met*.4.454; (*pass.*, *w. retained acc.*) ipsa comas ~ar *Ep*. 13.39;—(*w. person, part of the body, etc., as obj.*) ~ebat.. ferum (*sc.* ceruum) puroque in fonte lauabat VERG.*A*.7.489; colla comantia ~unt 12.86; a tonsore magistro ~eris JUV. 6.27. **b** ubi iam puro discrimine ~ita tellus deposito squalore nitens sua semina poscet COL.10.94; (terram) ferro ..bicorni ~at 10.149. **c** fusti ~ito PL.*Capt*.896; ~e pugnis *Men*.1017; uide..ne tu oratorem hunc pugnis ~as *Poen*.358; leno pugnis ~itur *Rud*.661.

2 To card, heckle (wool, etc.).

praeparatae sint et ~itae lanae COL.12.3.6; ipsa (*sc.* stuppa)..~itur ferreis aculeis PLIN.*Nat*.19.17.

pectorāle ~is, *n.* [next] A breastplate.

e loris de corio crudo ~ia faciebant VAR.*L*.5.116; PLIN. *Nat*.34.43.

pectorālis ~is, ~e, *a.* [PECTVS+-ALIS] Of or for the breast.

~is reticulus FEN.*hist*.2; in exiguo sinu ~is ossis CELS. 8.1.17; fascia ~is MART.14.134; cinctum ~em..iniecti APUL.*Met*.11.10.

pectorōsus ~a ~um, *a.* [PECTVS+-OSVS] Having a large or full breast or chest.

nemo est feroci ~ior Marte *Priap*.36.9; sint ergo matrices ~ae COL.8.2.8; ~a ceruicis repandae ostentatio PLIN.*Nat*. 14.140.

pectunculus ~ī, *m.* [PECTEN+-CVLVS] A small scallop.

uernacula (uocabula) ad similitudinem, ut..~i VAR.*L*. 5.77; COL.8.16.7; lolligo..uolitat..quod et ~i faciunt PLIN.*Nat*.9.84; 32.70.

pectus ~oris, *n.* [dub.]

1 The front of the thorax or chest, breast,

also, the chest itself. **b** the corresponding part in other creatures. **c** a breast (esp. as the source of milk), mamma.

balteus et reuocat uolucres in ~ore sinus Andr.in Maur. 1936; uestra..~ora pellite tonsis Enn.*Ann*.230; ne quem in cursu capite aut..~ore offendam Pl.*Cur*.282; uincto ~ore ut gracilae sient Ter.*Eu*.314; Hispanico (*sc.* gladio) ~us hausit Quad.*hist*.10b; tunicam..eius a ~ore abscidit Cic.*Ver*.5.3; Lucr.4.1271; ~ore nudo Caes.*Gal*.7.47.5; it ~ore summo..circulus auri Verg.*A*.5.558; ense ~us Norico recludere Hor.*Epod*.17.71; Liv.21.54.9; Luc.4.624; Stat.*Silv*.5.3.120; caespes..~ori usque adcreuerat Tac. *Ann*.1.19; (*in a constellation*) Orion umeris et lato ~ore fulgens Cic.*Arat*.614(368);—(*pl. of a single person*) dedit obuia ferro ~ora Verg.*A*.12.541; Stat.*Theb*.6.572;—(*as affected by the beating of the heart*) continuo meum cor coepit ..in ~us emicare Pl.*Aul*.627; cor..de labore ~us tundit *Cas*.415; animi..truces sua ~ora pulsant ictibus incertis Luc.7.128;—(*as part of the skeletal structure*) ~us, hoc est ossa, praecordiis et uitalibus natura circumdedit Plin.*Nat*. 11.207. **b** oppositum trudentis ~ore montem (*sc.* ceruos) Verg.*G*.3.373; (coluber) lubrica conuoluit sublato ~ore terga *A*.2.474; ~ore adusto..merulas Hor.*S*.2.8.90; ~oribus equorum suspensa..capita Liv.10.26.11; Ov.*Fast*. 6.740; Sen.*Ep*.78.24; ~us (*sc.* cicadae) ipsum fistulosum Plin.*Nat*.11.93; (*in a constellation*) oculos urguet pedibus ~usque Nepai Cic.*Arat*.90; (*pl. of a single creature*) Nemeaei ~ora monstri Mart.4.57.5. **c** e niueo lactis fluxisse liquorem ~ore reginae diuum Man.1.752; ne mollem uterum, ne stantia laedas ~ora Stat.*Silv*.1.2.271; (*in males*) ferens sub ~ore dextro orbem alium *Theb*.6.655.

2 a The breast considered as a receptacle or channel for food. **b** considered as the front of the body which is turned to meet danger, etc.

a depulso..de ~ore..et mitificato cibo Cic.*Div*.2.57; reserato ~ore diras egerere inde dapes Ov.*Met*.6.663; ~us.. inpleuit hiantis lacte suo Man.5.133; uomitu ~us purgare Cels.3.7.1.A; (*cf.*) exhalas tum acidos ex ~ore ructus Lucil. 136. **b** tergaque Parthorum Romanaque ~ora Ov.*Ars* 1.209; Phaed.4.10.3; incertus qua terga daret, qua ~ora bello Luc.4.468;—(*w.* aduersus) ipse regis eminus equo ferit ~us aduorsum Cael.*hist*.44; cum centuriones ~ore aduerso resisterent *B.Afr*.82.4; Verg.*A*.11.370; Liv.26. 15.15; (*in fig. phr.*) fortia..aduersis opponite ~ora rebus Hor.*S*.2.2.136; tela fortunae aduerso ~ore excipere Sen.*Ep*. 104.22.

3 The breast in respect of its imagined faculties, etc.: **a** (considered as the seat of the emotions, moral qualities, etc.). **b** (as the seat of intellectual faculties). **c** (considered as a source or organ of speech, prophecy, etc.).

a magnae metus tumultus ~ora possidit Naev.*poet*. 53(57); illam amabam olim, nunc iam alia cura impendet ~ori Pl.*Epid*.135; onustum ~us porto laetitia *St*.276; quandoque pudor ex ~ore cessit Lucil.1049; omnibus incutiens blandum per ~ora amorem Lucr.1.19; feruet auaritia miseroque cupidine ~us Hor.*Ep*.1.1.33; non tam subito pauore perculit ~us quam anxiis impleuit curis Liv. 1.56.4; esse..laesi poterat tibi ~oris index..color Ov.*Met*. 9.535; ceterae hilaritates non implent ~us Sen.*Ep*.23.3; cerua..nullum cui ~ore molli robur Stat.*Theb*.5.166; non sunt eiusdem ~oris uitia et uirtutes Quint.*Decl*.377(p.419, l.9); fronte laetus, ~ore anxius Tac.*Ag*.39.1. **b** argumenta ..in~us multa institui ego Pl.*Mos*.85; ~ore consistere nil consili quit Ter.*Ad*.613; expergite ~ora tarda sopore, exsurgite! Acc.*trag*.141; onerandum complendumque ~us maximarum rerum et plurimarum suauitate, copia, uarietate Cic.*de Orat*.3.121; si insulam Britanniam coepero cogitare, eius εἴδωλον mihi aduolabit ad ~us *Fam*.15.16.2; ipsa ~ore Attis sua facta recoluit Catul.63.45; hoc in ~us tuom demitte, numquam populum Romanum beneficiis uictum esse Sal.*Jug*.102.11; et ueteris Fauni uoluit sub ~ore sortem Verg.*A*.7.254; quae natura negabat uisibus humanis, oculis ea ~oris hausit Ov.*Met*.15.64; Platonis..eruditissimum ~us V.Max.8.12.ext.1; dulcis auertit ~ore Thebas Stat.*Theb*.4.92; ut iis artibus ~us implerent, in quibus de bonis et malis..disputatur Tac.*Dial*.31.1; adhuc formonsus Tlepolemus in meo uiuit ~ore Apul.*Met*.8.9. **c** Anchises ..Venus quem..fari donauit, diuinum ~us habere Enn. *Ann*.19; sic multi..composita dicta e ~ore euoluunt suo Acc.*trag*.46; multa..per terras uates oracla furenti ~ore fundebant Cic.*Cons*.fr.2.29; uerae uoces..~ore ab imo eliciuntur Lucr.3.57; Verg.*A*.5.409; Prop.4.1.59; nunc mihi ..uellem, Maeonide, ~us inesse tuom Ov.*Fast*.2.120; cur hoc sortitur potissimum ~us quod tanto numine impleat? Sen. *Suas*.3.5; Luc.1.63; (*cf.*) nihil quicquam sinit neglegenter ac de summo ~ore (*i.e. superficially*) hiscere Apul.*Fl*.9;—(*of a bird*) pertriste canit de ~ore carmen..acredula Cic.*Arat*. *Progn*.219.

4 The soul, mind, or personality of a human being (including its emotional, moral, and rational aspects). **b** *toto ~ore*, with one's whole soul, heart and soul.

scio te sponte non tuapte errasse, sed amorem tibi ~us opscurasse Pl.*Trin*.667; quae meum uenenis flexit socium ~ora Pac.*trag*.401; nomine celebri claroque potens ~ore Acc.*trag*.522; magnum nomen est..magna maiestas consulis; non capiunt angustiae ~oris tui Cic.*Pis*.24; quod terra crearat sponte sua, satis id placabat ~ora donum Lucr.5.938; occulta ~oris patefecisse Sal.*Jug*.113.3; quam nostro illius labatur ~ore uultus Verg.*Ecl*.1.63; sunt nobis fortia bello ~ora *A*.8.151; impia mollire Thracum ~ora Hor.*Epod*.5.14; non tu corpus eras sine ~ore *Ep*.1.4.6; oportuisse hominum ~ora fenestrata et aperta esse Vitr. 3.pr.1; clades..quibus nequiuerint tamen dura illa ~ora uinci Liv.10.31.11; releuant multo ~ora sicca mero Ov.*Fast*. 3.304; artibus ingenuis..~ora mollescunt *Pont*.1.6.8; transire tuum ~us mundoque potiri Man.4.392; magni ~oris est inter secunda moderatio Sen.*Suas*.1.3; ira ob alienum peccatum sordida et angusti ~oris est Sen.*Dial*.4.6.1; nullis ..tantus honos formae..nec plus ~oris humani Stat.*Ach*. 1.226; ~us est enim quod disertos facit Quint.*Inst*.10.7.15; audita haec raram occulti ~oris uocem elicuere Tac.*Ann*. 4.52;—(*pl. of a single person*) Aeneas, tristi turbatus ~ora bello Verg.*A*.8.29; uos quoque ~oribus nostris haeretis, amici Ov.*Tr*.3.4b.63;—(*in fig. phr.*) fidum erat et altum rei publicae ~us curia V.Max.2.2.1. **b** ut hanc cogitationem toto ~ore amplectare Cic.*Att*.12.35(2); *Leg*.1.49; toto ex te ~ore, Theseu, toto animo, tota pendebat perdita mente Catul.64.69; Verg.*A*.9.276; Ov.*Pont*.3.1.39; cum placuerit fieri, toto illum ~ore admitte Sen.*Ep*.3.2; iam ~ore toto Pompeianus erat (*sc.* Cato) Luc.9.23; Stat.*Silv*.2.2.70; ut.. nouae cogitationi toto ~ore incumbam Tac.*Dial*.3.3.

5 An especially worthy, courageous, or affectionate person, a stalwart character, loving heart, or the like.

Romulus hoc uidit selectaque ~ora patres dixit Ov.*Fast*. 5.71; sororem tuam, illud fidelissimum tibi ~us Sen.*Dial*. 12.19.1;—(*w. gen., in a periphr. phr.*) cara sororum ~ora maerentum Verg.*A*.11.216; hunc..quem cena parauit amicum esse putas fidae ~us amicitiae? Mart.9.14.2; iuuenum tercentum ~ora Stat.*Theb*.4.152.

6 (applied to the face or surface of mountains, as resembling the human breast in shape, position, etc.).

rupto..e ~ore montis uenit ouans (*sc.* Volcanus) Grat. 444; uerso deinde in Italiam ~ore Alpium Plin.*Nat*.3.133.

pectuscum Palātī: (see quot.).

pectuscum Palati dicta est ea regio Vrbis, quam Romulus obuersam posuit, ea parte, in qua plurimum erat agri Romani ad mare uersus, et qua mollissime adibatur Vrbs Fest.p.213M.

pecū, *n.* [Skt. *páśu*, AS. *feoh*, Lith. *pekus*] Forms: sg. in quots. only in abl.

1 (sg.) A flock, herd.

pastor harum (*sc.* ouium) dormit, quom haec eunt a ~u balitantes Pl.*Bac*.1123; 1138[a]; (*applied to fish*) non uides referre me uuidum retem sine squamoso ~u? *Rud*.942.

2 (pl.) The animals on a farm, farm animals.

homines, ~ua beluasque Naev.*com*.56; non didici..~ua ruri pascere Pl.*Mer*.509; et homini et ~ubus omnibus Caecil.*com*.93; pastores ~uaque salua seruassis Cato *Agr*. 141.3; si quis maiorem ~uum numerum habere uoluerit, tantum damnas esto *orat*.166; saepe greges ~uum ex hibernis pastibus pulsae Host.*poet*.2(4); ~ua relinquuntur, agri cultura deseritur Cic.*Man*.15; ~ua captiua praeter equos Liv.26.34.5; nec aequinoctio uerno, ut cetera ~ua, admittitur (asinus) Plin.*Nat*.8.167; boues et id genus ~ua Apul.*Met*.2.1; in aues et gregalia ~ua 6.22; ~ua trucidando, boues abigendo 9.35.

pecuāria[1] ~ae, *f.* [PECVARIVS[1]] Stock-breeding, cattle-raising; also perh., the meat trade. **b** a stock of cattle, horses, etc.

duo (libros) scripsi, primum..de agri cultura, secundum de ~a Var.*R*.3.1.9; neue ii, qui ~am facerent, minus tertia parte puberum ingenuorum inter pastores haberent Suet. *Jul*.42.1;—NEGOTIATORI CELEBERRIMO SVARIAE ET ~AE *CIL* 6.33887. **b** et ipse ~as habui grandes, in Apulia ouiarias et in Reatino equarias Var.*R*.2.pr.6; 2.1.2.

pecuāria[2] ~ōrum, *n. pl.* [next] Herds of cattle, sheep, etc.

cum canes funguntur officiis luporum quoinam praesidio ~a credemus? *Rhet.Her*.4.46;—(*of cattle*) mitte in Venerem ~a Verg.*G*.3.64;—(*of sheep*) Lacedaemonii ~a culta Galesi Stat.*Silv*.3.3.93;—(*of horses*) tibi deuotae..~a Cyrrhae, Phoebe Grat.533;—(*of asses*) ut Arcadiae ~a rudere credas Pers.3.9; Plin.*Nat*.8.169;—(*of elephants*) his (*sc.* elephantis) arant, his uehuntur, haec maxime nouere ~a 6.66; 8.27.

pecuārius[1] **(pequ-)** ~a ~um, *a.* [PECV+-ARIVS] Connected with cattle or sheep, or with the raising of them. **b** *res ~a*, property in the form of grazing land and cattle. **c** *forum ~um* (*campus ~us*), a cattle-market. **d** *miles ~us*, a legionary soldier, app. entrusted with the charge of cattle to be slaughtered as food.

CONLEGIV MERCATOR ~ORV *CIL* 1.1450; ⟨l⟩axiores agros magisque ~os Sal.*Hist*.3.98.B; ~us canis Col.7.12.8; 8.1.1; adulescens..~um simulabat magisterium Apul.*Met*.10.30; D M IOCTAVNO MEDICO PEQ *CIL* 13.7965. **b** male uortit res ~a mihi apud uos Pl.*Truc*.147; qui res ~as habent Cic. *Clu*.198; prosperrimi augurii nuptialibus negotiis et ~ae rei Plin.*Nat*.10.21. **c** AD FORVM PECVARI⟨VM⟩ VIAM STERNVND⟨AM⟩ COER *CIL* 1.1533; PER FORVM ~VM 9.1143; IN CAMPVM HVNC ~VM 12.2462. **d** *CIL* 13.7077; 13.8287.

pecuārius[2] ~(i)ī, *m.* [prec.] A cattle-breeder, grazier; also = *miles ~ius* (see prec. d).

magnis ~iis Var.*R*.2.4.3; siue aratorum siue ~iorum siue mercatorum Cic.*Ver*.2.17; *Tul*.19; damnatis aliquot ~iis (*app. for offences connected with public land*) Liv.10.47.4; 33.42.10; ~is condemnatis Fest.p.238M;—IVCVNDVS M TERENTI L ~IVS *CIL* 13.7070.

pecuīnus ~a ~um, *a.* [PECV+-INVS] Of sheep or cattle.

flagro illo ~is ossibus catenato Apul.*Met*.8.30; nec tantum ~a et ferina, uerum inanima..diuino..nutu uegetari 11.1; Venerem..non modo humanis animis, uerum etiam ~is..imperitare *Apol*.12.

pecūlātor ~ōris, *m.* [PECVLOR+-TOR] An embezzler of public money.

neque enim de..~oribus hoc loco disserendum est Cic. *Off*.3.73; tamquam ~or Veientanae praedae reus factus V.Max.5.3.2a; compertum publicam pecuniam auertisse ut ~orem flagitari iussit Tac.*Hist*.1.53.

pecūlātōrius ~a ~um, *a.* (dub.) [as prec.+-TORIVS] (See quot.)

a pede pecudem appellarunt, ut ab eodem pedicam..et ~ae (*cj.* peculiariae) oues Var.*L*.5.95.

pecūlātus (peq-) ~ūs, *m.* [PECVLOR+-TVS[3]] Embezzlement of public money or property.

perfidia et ~us ex urbe..si exsulant Pl.*Per*.555; ⟨QVOI⟩ PEQVNIAM EX HACE LEGE, QVOD SINE MALO PEQVLATV FIAT, PR(aetor)..DAREI SOLVI IVSERIT *CIL* 1.583.69; 1.587.1.5; si quis ~us accusatur *Rhet.Her*.1.22; Vettius..testatur.. impudentissimum tuum furtum certissimumque ~um Cic. *Ver*.3.168; ut omittam tuos ~us 3.206; est ~us (crimen), quod publicum populi Romani signum..non dubitauit auferre 4.88; quaestio ~us *Mur*.42; *Rab.Perd*.8; (*in fig. phr.*) perfidiosus est Amor.—ergo in me ~um facit Pl.*Cist*.72;—(*w. gen.*) non ~us aerari factus est Sal. *Jug*.31.25; accusatores..publicae pecuniae ~um detulerunt Tac.*Ann*.13.43; ~us reus Verres Quint.*Inst*.5.13.35;— (*defined*) Labeo..~um definit pecuniae publicae aut sacrae furtum Labeo *gram*.8; Fest.p.213M.

pecūliāris ~is ~e, *a.* [PECVLIVM+-ARIS]

1 (leg.) Of or relating to a person's *peculium*.

si nummos..quos seruus..mihi subripuerat, tu..quasi ~es..consumpseris Afric.*dig*.19.1.30; cum filius seruusue in ~i merce..negotietur Gaius *Inst*.4.72; ~ia debita *dig*. 46.2.34; si seruus pro ~i nomine pignus acceperit Julian. *dig*.13.7.28.1; qui in aliena potestate sunt, rem ~em tenere possunt, habere possidere non possunt Papin.*dig*.41.2.49.1; quod ad ~es nummos attinet Paul.*dig*.12.1.31.1; si.. negotia gessi ~ia Ulp.*dig*.3.5.5.8(6); ~is debitor 15.3.10.6.

2 Belonging to a person, one's own, personal, private. **b** belonging particularly to an individual thing, place, type, etc., special, peculiar. **c** (med.) specific.

opilio qui pascit..alienas ouis, aliquam habet ~em Pl. *As*.541; gallus gallinacius, qui erat anui ~is *Aul*.466; dedit eum..gnato suo ~em *Capt*.20; ~e aliquid in fundo pascere Var.*R*.1.17.7; Cic.*Sest*.125; quam partem..uestram patriam ~emque rem publicam fecistis Liv.3.19.9; ~ia sibi maria excogitauit Max.9.1.1; praebuisse ~ibus fistulis aquam Fron.*Aq*.115; denarios..prolatos..e ~ibus loculis suis Suet.*Gal*.12.3; tanta hilaritudine praeter ~em meam gestire mihi cuncta uidebantur Apul.*Met*.11.7;—(*combined w.* proprius) si (me) non putauit dignum propria et ~i cura Sen. *Ben*.6.16.3; dies publicus relinquatur; proprium nobis ac ~e mane fiat *Ep*.122.9; Plin.*Pan*.2.7; Suet.*Aug*.5. **b** Domitiae familiae ~is quaedam..felicitas Vell.2.10.2; spectatissimum insigne gallinaceis..~e datum Plin.*Nat*. 11.122; haec sunt ~ia Arabiae et pauca praeterea communia 12.78; quae laus ~is..Italico (*sc.* tritico) est 18.65; sub omnibus paene foliis fruticat cauliculis ~ibus 19.140; ~e Narbonensis prouinciae malum 26.5; iungemus illis.. chamaeleonem, ~i uolumine dignum 28.112; Coracini pisces Nilo..~es sunt 32.56; uertex..solus luce nitet ~i Mart. 4.64.8; propria et ~ia huius urbis uitia Tac.*Dial*.29.3; nomina quasi ~ium uentorum Gel.2.22.19; donec..nauis ~i serenoque flatu pelago redderetur Apul.*Met*.11.16. **c** cum farina hordeacia inpositum (bitumen) emplastrum ~e facit suo nomine Plin.*Nat*.35.181; (*w. dat.*) (haematites) ~is explendis ulcerum lacunis 36.145.

3 Singular, exceptional, particular.

exoritur ~e edictum repentinum Cic.*Ver*.3.36; hoc.. mihi ~e fuerit, hic etiam isto frui *Q.fr*.2.8.3; ~i inuidia naturae Plin.*Nat*.6.1; paululum impendamus huic quoque ~is operae Quint.*Inst*.6.4.3; quam ~e gaudium eorum, qui te..salutauerunt imperatorem! Plin.*Pan*.23.4; Neroni acceptior..~i merito Suet.*Vit*.4.1.

pecūliāriter, *adv.* [prec.+-TER[2]]

1 As or by way of *peculium*.

si..~ mutuatus postea in rem domini uertit Ulp.*dig*. 15.3.3.1; merx, qua ~ negotietur Paul.*dig*.14.4.2; quae serui ~ nancti sunt 41.3.8.

2 Specially, particularly. **b** in a particular or singular manner.

de tuberibus haec traduntur ~ Plin.*Nat*.19.37; ~.. contra meliceridas efficax (melilotos) 21.151; datur ~ contra aspidas 25.104; nec..quisquam..eum, in quo studium.. perspexerit, non in suam quoque gloriam ~ fouebit Quint. *Inst*.1.2.16; quod commune est et aliis nomen, intellectu alicui rei ~ tribuitur 8.2.8; (*w.* si) uenena restinguntur, ~ si hyoscyamum potum sit Plin.*Nat*.28.158. **b** caelum ~ temperatum miscet uices, et notam ueris totus annus imitatur Flor.*Verg*.p.186R.

pecūliārius ~a ~um, *a.* [PECVLIVM+-ARIVS] = PECVLIARIS (sense 1).

res..in causa ~a manent Pompon.*dig*.15.1.4.5.

pecūliātus ~a ~um, *a.* [pple. of next] Provided with *peculium*; (transf.) provided with means, etc., set up.

si ita ~us esset (seruus) Ulp.*dig*.19.1.13.4; si quis simpliciter dixerit ~um esse seruum Gaius *dig*.21.1.18.2; acceptissimo liberto suo et satis ~o Apul.*Met*.10.17;— Balbus quaestor..plane bene ~us Pol.*Fam*.10.32.1; accedent duo (statores)..pulcre pensilibus ~i *Priap*.52.7.

pecūliō ~āre ~āuī ~ātum, *tr.* [PECVLIVM+-O[3]] To provide with *peculium*; (in quot., transf.).

scelu' tu pueri es atque ob istanc rem ego aliqui te ~abo Pl.*Per*.192.

pecūliolum ~ī, *n.* [PECVLIVM+-OLVM] A small *peculium*.

Quint.*Inst*.1.5.46; QVAMVIS PLVRIMVM DEBEAM, PRO MEDIOCRITATE TAMEN ~I MEI DARI VOLO HS CC N(ummum) *CIL* 3.6998.3.

pecūliōsus ~a ~um, *a.* [next+-OSVS] Well provided with *peculium*.

~um esse addecet seruom et probum Pl.*Rud*.112.

pecūlium ~(i)ī, *n.* [<**peculis* (PECV); cf. Var.*L*.5.95]

1 Money or property managed more or less as his own by a person incapable of legal ownership: **a** (by a slave). **b** (by a person under *patria potestas*). **c** *~ium castrense*, property held or acquired by a son while on military service; during this period he had the legal right to dispose of it.

a dabo aliquid hodie ~i—tibi, Philematium mea PL.*Mos.* 253; serui..~i sui prodigi 875; *Trin.*434; non solum adimis domino pecus, sed etiam seruis ~ium, quibus domini dant ut pascant VAR.*R.*1.2.17; hic Diognetus..uicarium nullum habet, nihil omnino ~i CIC.*Ver.*3.86; nec spes libertatis erat nec cura ~i VERG.*Ecl.*1.32; haec animos aerugo et cura ~i cum semel imbuerit HOR.*Ars* 330; numquid dubium est, quin seruus cum ~io domini sit? SEN.*Ben.*7.4.4; prolato..~io coepit rogare stuprum PETR.8.3; hoc fuit ~ii mei fermentum 76.7; cultis augere ~ia seruis JUV.3.189; ~ium dictum est quasi pusilla pecunia siue patrimonium pusillum. ~ium autem Tubero quidem sic definit..quod seruus domini permissu separatum a rationibus dominicis habet, deducto inde si quid domino debetur ULP.*dig.*15.1.5.3;—(*facet.*) de tergo ducentas plagas praegnatis dabo.— largitur ~ium, omnem in tergo thensaurum gerit PL.*As.*277; mea quidem haec habeo omnia, meo ~io empta.—nemp' quod femina summa sustinent *Ps.*1188. **b** ita ~ium conficio grande PL.*Mer.*96; ~ium..filii Cereri consecrauisse LIV.2.41.10; simulacrum..factum Cereri..ex ~io Sp. Cassii, quem..pater..interemerit PLIN.*Nat.*34.15; AFRIC.*dig.*3.5.45(46);—(*by a wife*) ~i probam nil habere addecet clam uirum PL.*Cas.* 199; si res dentur in ea, quae Graeci παράφερνα dicunt quaeque Galli ~ium appellant ULP.*dig.*23.3.9.3; (*cf.*) quamquam..iam in ~io Proserpinae et Orci familia numeratus APUL.*Met.*3.9. **c** castrense ~ium est quod a parentibus uel cognatis in militia agenti donatum est uel quod ipse filius familias in militia adquisiit MACER *dig.*49.17.11; si filius familias ex castrensi ~io post missionem faciat testamentum GAIUS *Inst.*2.106.

2 a A reserve fund. **b** (see quot.). **c** *curator ~i*, a local official (in Gallia Narbonensis) of uncertain function.

a (Proculus ait) audisse se rusticos senes ita dicentes pecuniam sine ~io fragilem esse, peculium appellantes, quod praesidii causa seponeretur CELS.*dig.*32.79.1. **b** si '~ium meum' testator dixerit, quia plerique ὑποκοριστικῶς patrimonium suum ~ium dicunt ULP.*dig.*36.1.17(16). **c** CVRATORI ~I R P *CIL* 12.1005.

pecūlor ~ārī ~ātus, *tr.* [<*pecu-lare; cf. prec.] To defraud (the State) by embezzlement.

interceptis uectigalibus ~abantur suo iure rem p. FLOR. *Epit.*2.5(3.17.3).

pecūnia ~ae, *f.* [PECV] ORTHOG.: *peq- CIL* 1.583.2, 1.756.10, 4.495, 10.1302, etc.

1 Property, possessions, wealth. **b** a kind of sacrificial offering (see quot.).

uti legassit super ~a tutelaue suae rei, ita ius esto *Lex XII* (*Font.iur.*p.23); ego semper pluris feci potioremque habui libertatem multo quam ~am NAEV.*com.*10; omnis ~ae pecus fundamentum VAR.*R.*2.1.11; hereditas est ~a. commune adhuc; multa enim genera pecuniae CIC.*Top.*29; genere et nobilitate et ~a..eius uicinitatis facile primus *S.Rosc.*15; familiae aliquot cum mapalibus pecoribusque suis—ea ~a illis est—persecuti sunt regem LIV.29.31.8; homo magnae nobilitatis, magnae gratiae, ingentis ~ae SEN.*Con.*exc.5.8; Vibius Crispus, ~a potentia ingenio inter claros TAC.*Hist.*2.10; an ~am pupillus habeat uel in numerato uel in nominibus..uel in fructibus conditis ULP.*dig.* 27.9.5.9; (*cf.*) (loca) publica, quae non in ~a populi, sed in publico usu habeantur, ut est campus Martius POMPON.*dig.* 18.1.6;—(*spec. of slaves and animals*) qui coronam parit ipse ~aue eius ⟨honoris⟩ uirtutisue ergo arduuitur ei..*Lex XII* (*Font.iur.*p.37);—(*defined*) '~ae' uerbum non solam numeratam ~am complectitur, uerum omnem omnino ~am, hoc est omnia corpora ULP.*dig.*50.16.178; 'rei' appellatio latior est quam '~ae'..cum ~ae significatio ad ea referatur, quae in patrimonio sunt PAUL.*dig.*50.16.5;—(*w. ref. to etym.*) hinc (*i.e. from* pecus) ipsa ~a dicta est OV.*Fast.*5.281; ~a ipsa a pecore appellabatur PLIN.*Nat.*18.11. **b** ~a sacrificium fieri dicebatur, cum fruges fructusque offerebantur, quia ex his rebus constat, quam nunc ~am dicimus PAUL. *Fest.*p.244M; (*prob. here*) daps Ioui assaria ~a urna uini CATO *Agr.*132.2.

2 Money. **b** (accepted or offered as a bribe). **c** (personified, or as a goddess).

et operam et ~am benigne praebuisti PL.*Cur.*523; ueniunt serui..praesenti ~a *Men.*1159; agrum se uendidisse atque ea ~a nauim..parasse *Mer.*74; non capitis ei(u)s res agitur sed ~ae TER.*Ph.*631; eam ~am uiro mutuam dat CATO *orat.*157; socias ad senatum questum flentes uenisse sese ~as maximas exactos esse MET.NUM.*orat.*5; QVAE PEQVNIA RECEPTA ERIT *CIL* 1.756.10; accusari de ~is repetundis CIC.*Clu.*114; nunc praesens ~a, certa, numerata quaeritur *Agr.*1.2; frater..~ae publicae est condemnatus (*i.e. for embezzlement*) *Flac.*43; ne poena capitis cum ~a (*i.e. a fine*) coniungatur *Dom.*45; innumerabilis ~a congesta in illam domum est *Phil.*5.12; diem ~ae (*i.e. for payment*) Idus Nouembr. esse *Att.*10.5.3; a tribunis militum centurionibusque mutuas ~as sumpsit CAES.*Civ.*1.39.3; militibus..~am pro his rebus dissoluit 1.87.1; reperiebat T. Ampium conatum esse ~as tollere Epheso ex fano Dianae 3.105.1; imperat aut seruit collecta ~a cuique HOR.*Ep.*1.10.47; ~a patre relicta LIV.22.26.1; ipsum cum grandi ~a ad conducenda mercede auxilia in Baliares traicere 27.20.7; docebo eos..quemadmodum..~am faciant SEN.*Nat.*4a.pr.7; publicas priuatasque opes et immensam ~am TAC.*Hist.*2.32; qui ~as faenore auctitabant *Ann.*6.16; quod partem rei familiaris in ~a haberent SUET.*Tib.*49.2; traiecticiae ~ae nomine AFRIC. *dig.*44.7.23; VTI EVM FVNDVM..VBI ET QVO DIE VELLET ~A PRAESENTI VENDERET *CIL* 2.5406;—(*w. defining gen.*) si..creditor curasset ei ~am dotis solui AFRIC.*dig.*16.1.17.1; si soluerit debitor ~am pretii emptori ULP.*dig.*13.7.13; ~a messium in computationem..ueniet 24.3.7.3. **b** desinent homines dicere his iudiciis ~am plurimum posse CIC.*Ver.*1.6; ait omnia ~a effici posse 3.155; ut omittam..ob ius dicendum ~as acceptas 3.206; nemo..mirabitur illum diffidentem rebus suis..ad ~am confugisse *Clu.*20; sollicitatus ab Aruernis ~a CAES.*Gal.*7.37.1; qui..~ae iudicati in uinculis essent LIV.23.14.3. **c** VAR.*gram.*150; et genus et formam regina ~a donat HOR.*Ep.*1.6.37.

pecūniāriē, *adv.* [PECVNIARIVS+-E] With regard to money, from a pecuniary point of view.

si de ea ~ agitur ULP.*dig.*16.2.10.2.

pecūniāris ~is ~e, *a.* [PECVNIA+-ARIS] Involving money, pecuniary.

~is damnatio MACER *dig.*48.19.10.2.

pecūniāriter, *adv.* [prec.+-TER²] From a pecuniary point of view.

haec actio ei creditur competere, cuius ~ interest GAIUS *dig.*10.4.13; si..~ agere uelit ULP.*dig.*47.1.3.

pecūniārius ~a ~um, *a.* [PECVNIA+-ARIVS] Of or involving money, pecuniary.

iudicium esse..de re ~a CIC.*Quinct.*33; 85; propter..difficultatem ~am *Att.*10.14.1; in lite ~a QUINT.*Decl.*265 (p.81,l.25); in ~is quaestionibus *Inst.*12.1.26; TAC.*Ann.*6.5; actio..~a datur MACER *dig.*47.12.9; ~a poena GAIUS *Inst.* 4.171; condemnatio ~a ULP.*dig.*2.9.5; fideicommissum ~um 36.1.15.6.

pecūniōsus ~a ~um, *a. compar.* ~ior, *superl.* ~issimus. [PECVNIA+-OSVS] Well provided with money, moneyed.

~us a pecunia magna, pecunia a pecu VAR.*L.*5.92; quaero..unde iste tam ~us factus sit *Rhet.Her.*4.33; in fortuna quaeritur..~us an tenuis CIC.*Inv.*1.35; copiis rei familiaris locupletis et ~os *Q.Rosc.*44; possitne..homo nocentissimus ~issimusque damnari *Ver.*47; ~a mulier..testamento fecit heredem filiam 1.111; homo..~issimus Syracusanorum 2.35; non tam generosus quam ~us NEP.*Cim.*1.3; quamquam..plerique ~am ad senectam peruenirent TAC.*Ann.* 3.55; ualuit..~a orbitate 13.52; feminis..~ioribus SUET. *Aug.*25.2;—(*transf.*) artes discere uult ~as MART.5.56.8.

pecus¹ ~oris, *n.* [Gk. πέκος; cf. PECV]

1 (sg. collect.) Farm animals, livestock (esp. sheep and cattle). **b** (spec. of sheep). **c** (poet., applied to other creatures).

si ~us pascetur, ubi uitem serere uoles CATO *Agr.*47; ~ORIS, QVOD IN EO AGRO PASCITVR *CIL* 1.585.19; primum ut bonum pares ~us unum scire oportet qua aetate quamque pecudem parare habereque expediat VAR.*R.*2.1.13; excisis arboribus..demptis tegulis, instrumento, ~ore abalienato CIC.*Ver.*3.119; oppidum..quo satis magnus hominum ~orisque numerus conuenerit CAES.*Gal.*5.21.2; elephanti triginta, ~us atque equi multi SAL.*Jug.*29.6; fons est..ex quo..nec ~us ullum gustat nec bestiarum genus ullum propius accedit VITR.8.3.15; duo..mala ingentia..foeda homini, foeda ~ori LIV.3.32.2; uoluptas bonum ~oris est SEN.*Ep.*92.6; JUV.6.4; ~oris appellatione continebuntur (iumenta) ULP.*dig.*21.1.38.4;—(*w. spec. adjs.*) de ~ore maiore, in quo sunt..boues asini equi VAR.*R.*2.1.12; in bubulo ~ore 2.1.13; armenticium ~us 2.5.16; ~us..lanare 2.9.1; simulac..ex isto uillatico ~ore mortui erunt anseres aut pauones 3.2.18; ~ori..equino VERG.*G.*3.12; ouilli ~oris COL.7.2.1; caprinum ~us 7.6.1; uolatile ~us 8.4.3; 8.17.7; si..grex alicuius ~oris esset GAIUS *Inst.*4.17;—(*in contemptuous sense*) o imitatores, seruum ~us HOR.*Ep.* 1.19.19; (*of race-horses*) sed uenale ~us Coryphaei posteritas et Hirpini JUV.8.62. **b** quae cura boum, qui cultus habendo sit ~ori VERG.*G.*1.4; ut boues uictum hominum excolunt ita corporum tutela ~ori debetur PLIN.*Nat.*8.187; (puleium) gustatum a ~ore caprisque balatum concitat 20.156. **c** lasciuum Nerei simum ~us (*i.e. dolphins*) ANDR.*trag.*5; clurinum ~us (*i.e. monkeys*) PL.*Truc.*269; ignauum fucos ~us a praesepibus arcent VERG.*G.*4.168; cum Proteus ~us (*i.e. seals*) egit altos uisere montis HOR. *Carm.*1.2.7; semideum..~us (*i.e. Satyrs and sim.*) STAT. *Theb.*6.112; (*astron.*) Olenium..~us (*i.e. the Kids*) *Silv.* 3.2.77.

2 a (pl.) Farm and domestic animals. **b** (sg.) a single animal.

a ~ora atque homines ex agris in siluas compellebat CAES.*Gal.*5.19.1; Vbiis imperat ut ~ora deducant 6.10.2; ~ora..longius remouerant *Civ.*1.48.6; balatu ~orum et crebris mugitibus amnes..sonant VERG.*G.*3.554; auxere uim morbi terrore populationis ~oribus agrestibusque in urbem acceptis LIV.3.6.2; promiscua hominum ~orumque pernicie accepta 4.25.4; ~ora..prae se agrestes agebant 29.28.3; familiae..cum mapalibus ~oribusque suis 29.31.8; ~ora uerbere domantur, nec irascimur illis, cum sessorem recusauerunt SEN.*Dial.*2.12.3; ~ora..mixtura omnium animalium est SUET.fr.176(p.286Re); (*poet.*) Gallae..Dindymenae dominae uaga ~ora CATUL.63.13; (*contemptuously, of lawyers*) uilissima capita, immo forensia ~ora APUL.*Met.* 10.33;—(*in comparisons with human beings*) omnis homines..summa ope niti decet, ne uitam silentio transeant ueluti ~ora SAL.*Cat.*1.1; utrum praebentes corpora ~orum modo inulti trucidentur LIV.25.16.19; ~orum modo trahi occidi capi TAC.*Ann.*4.25. **b** usum est in somnis pastorem ad me adpellere ~us lanigerum eximia pulchritudine ACC.*praet.* 20; nec tamen officium ~oris nauisue requiro OV.*Ep.*17.145; (*in fig. phr.*) stolidum pleno uellere carpe ~us PROP.2.16.8.

pecus² ~dis, *f.* [cf. PECV] FORMS and GENDER: neut. nom. and acc. pl. *~da* ACC. *trag.*409, SIS.*hist.*76, CIC.*Rep.*4.1; gen. pl. APUL.*Met.*8.15 (*inertissimorum ~dum* s.v.l.); ENN.*scen.*296 (dat. sg.) is quoted by Prisc. in *G.L.*2.171 as masc., but prob. wrongly.

1 Any animal, bird, etc., included under the heading of the livestock of a farm. **b** (applied spec. to sheep).

si quis seruum seruamue alienum alienamue quadrupedemue ~dem iniuria occiderit *Leg.pub.*(*Font.iur.*p.45)2; quas herbas ~des non edunt homines edunt PL.*Ps.*825; *Truc.*144; agnum inter ~des aurea clarum coma ACC.*trag.* 211; qua..anates remipedas buxeirostris ~des..sequeris VAR.*Men.*489; quaedam..~des culturae sunt inimicae..ut..caprae *R.*1.2.18; ut sit una (pars) de minoribus ~dibus, cuius genera tria, oues capra sus 2.1.12; mutis ~dibus CIC.*Q.fr.*1.1.24; cum adhibent in ~da pastores *Rep.* 4.1; equi, boues, reliquae ~des *Off.*2.11; lanigerae..~des LUCR.2.318; VERG.*A.*12.174; uinctos somno uelut ~des trucidandos tradidero LIV.5.44.7; hominum ~dumque praeda abacta 6.31.8; omni..~di larga praebenda sunt alimenta COL. 7.3.9; sensere ~des (*i.e. horses*) facinus—et curru leui..ruunt SEN.*Phaed.*1088; PLIN.*Nat.*3.41; puella..cui nec..praeferas..politum ~dis Indicae (*i.e. elephant*) dentem MART.5.37.5; carne ~dum propulsare famem adacti TAC. *Ann.*14.24; an sues ~dum appellatione continentur, quaeritur: et recte Labeoni placet contineri GAIUS *dig.*9.2.2.2;—(*humorously, of fish*) haec ad Neptuni ~des condimenta sunt PL.*Ps.*834; mutae..natantes squamigerum ~des LUCR. 2.343;—(*applied to a man as a term of abuse*) istius impurissimae atque intemperantissimae ~dis CIC.*Pis.*72; quid enim hunc persequar, ~dem ac beluam..? *Har.*5; sed stupore hominis uel dicam ~dis attendite *Phil.*2.30. **b** mactauit..nigram Hiemi ~dem VERG.*A.*3.120; uidemus ipsum inter ~des..Polyphemum 3.656; agnum..retinens..caput ~dis saxo elisit LIV.21.45.8; peruigilem spolium ~dis seruasse draconem OV.*Ep.*6.13; (*cf.*) ~des oues tantum accipimus, pecora autem mixtura omnium animalium est SUET.fr.176(p.286Re); (*as a term of contempt*) segnis et dominationibus aliis fastiditus, adeo ut C. Caesar ~dem auream eum appellare solitus sit TAC.*Ann.*13.1.

2 (app.) An animal (opp. to a human being).

an ~des alias diuinitus insinuet se (anima) LUCR.1.116; at uariae crescunt ~des armenta feraeque 5.228; unde hominum genus et ~des VERG.*A.*1.743; alituum ~dumque genus 8.27.

peda ~ae, *f.* [PES; cf. ON. *fet*, Lith. *pėdà*] A footprint.

~am uestigium humani praecipue pedis appellasse antiquos in commentariis quibusdam inueniri solet FEST.p. 210M.

pēdagōgus ~ī, *m.*: see PAED-.

pedālis ~is ~e, *a.* [PES+-ALIS] Measuring a foot, one foot long (wide, etc.).

taleas oleagineas..~is facito CATO *Agr.*45.1; VAR.*R.*1. 40.4; CIC.*Luc.*82; transtra ~ibus in altitudinem trabibus CAES.*Gal.*3.13.3; ~ibus lignis coniunctis inter se *Civ.*2.2.3; arrectaria ~ia in imo VITR.10.13.5; ~ia in quadratum cubilia, quibus innidificent aues COL.8.15.5; ~e quoquouersus spatium *Arb.*3.5; ~i mensura PLIN.*Nat.*12.95; terra..~i crassitudine iniecta 17.47; (ostrea) ~ia inueniri prodidere 32.63.

pedāmen ~inis, *n.* [PEDO¹+-MEN] A prop, stake (in quots., for vines).

plurimum interest..noua consitione ~en omne uestiri COL.4.15.1; ~en teres 4.26.1; 4.30.1.

pedāmentum ~ī, *n.* [PEDO¹+-MENTVM] = prec.

quibus stat rectis uinea, dicuntur ~a VAR.*R.*1.8.1; colles..~is uestiantur COL.1.2.4; 1.3.7; stat..per se uitis sine ullo ~o PLIN.*Nat.*14.13; ex silua caedua ~a POMPON.*dig.* 7.1.10.

pedāneus ~a ~um, *a.* [PES+-ANEVS] **a** *iudex ~us*, (app.) A person deputed by the magistrate in the case of a *cognitio extraordinaria* without reference to the parties concerned; see also IVDEX. **b** (see quot.).

a si quis ad ~um iudicem uocatum quem eximat ULP. *dig.*2.7.3; 3.1.1.6; PAUL.*dig.*48.19.38.10. **b** hoc uocabulum a plerisque barbare dici animaduertimus (*sc. as a designation of senators*); nam pro 'pedariis' '~os' appellant GEL.3.18.10.

Pedānus ~a ~um, *a.* Of or connected with Pedum; (masc. pl. as sb.) its inhabitants.

in regione ~a HOR.*Ep.*1.4.2; CVR VIAE ~AE *CIL* 8.23068;—LIV.8.14.3.

pedārius ~a ~um, *a.* [PES+-ARIVS]

1 *senator ~us*, or *~us* alone, an obscure term app. indicating a senator of lower standing; see also the discussion in GEL.3.18.

omnes consulares, magna pars eorum qui praetura functi multique etiam ~i senatores TAC.*Ann.*3.65; ~um senatorem..significat Lucilius cum ait..'agipes uocem mittere coepit' FEST.p.210M;—est..illud senatus consultum summa ~orum uoluntate nullius nostrum auctoritate factum CIC.*Att.* 1.19.9; in cam sententiam ~i cucurrerunt 1.20.4; sine lingua caput ~i sententia est LABER.*com.*88; Postumius Sulpicius praetorius et Lucius Cominius ~us FRON.*Aq.*99; (*applied also to* equites) VAR.*Men.*220.

2 Measuring a foot, a foot long (wide, etc.).

OPERCVLA..ABIEGNEA INPONITO; EX TIGNO ~O FACITO *CIL* 1.698.2.3.

pedātim, *adv.* [PES+-IM] (See quot.)

gradiuntur leo..et camelus ~, hoc est, ut sinister pes non transeat dextrum, sed subsequatur PLIN.*Nat.*11.253.

pedātūra¹ ~ae, *f.* [as prec.+-VRA] A measured area or space: **a** occupied by a monument. **b** assigned in a camp to an individual unit.

a IN QVA ~A NEQVE HVMARI NEQ TVMVLVM FIERI VOLO *CIL* 5.3072; MACERIAM MONVMENTI STRVXIT QVAE EST IN TERRA CVM ~A SVA 6.13539; 6.15163; 12.4299; 14.2837. **b** PED CL BRIT *CIL* 7.864; ~A FELICITER FINIT PRIMANORVM D P Ɑ 13.4139; 13.6548.

pedātūra[2] ~ae, *f.* [PEDO[1]+-VRA] The propping (of vines).
VOLO PRAESTAR⟨I⟩..PALVM RIDICA⟨M⟩ OMNIBVS ANNIS SVFFICIENS ~AE VINEAE QVAM AVGVSTALIBVS LEGAVI *CIL* 10.114.

pedātus[1] ~ūs, *m.* **~um** ~ī, *n.* [as PEDATIM, etc.] (perh.) One of three formal stages in presenting an ultimatum or sim.
(*masc.*) alteras oppidum ui captum, alteras primo ~u et secundo CATO *hist.*136; et equidem hercle nisi ~u tertio omnis ecflixero, nisi tu illam remittis ad me PL.*Cist.*526;—(*neut.*) igitur tertio ~o bellum nobis facere CATO *hist.*28; tertio autem ~o item ex fenore discordia excrescebat *orat.* 59.

pedātus[2] ~a ~um, *a.* [PES+-ATVS[2]]
1 Provided with feet (in a specified manner).
fuisse..male ~us scambusque traditur SUET.*Otho* 12.1.
2 Having metrical feet (of a specified kind).
ne me ~us –⏑ uersuum tardor refrenet arte compari rhythmon certum VAR.*Men.*57.

pedes ~itis, *m.* [PES; for term. cf. COMES]
1 One who goes on foot (usu. appos.).
ipse ~es exercitum..instruit SAL.*Cat.*59.1; seu cum ~es iret in hostem seu..equi foderet calcaribus armos VERG.*A.* 6.880; desiluit Turnus biiugis, ~es apparat ire comminus 10.453; Picus..silua ~es errat in alta OV.*Met.*14.364; hic freta uel ~iti peruia reddit hiems *Pont.*4.10.32; ex equo desiluit ut ~es iacentem conficeret LIV.25.18.13; Persarum exercitus..ex Asia in Graeciam ~es..transgressus est MELA 2.26; Danuuii uadum audet qui ~es ingredi SEN.*Thy.* 377; STAT.*Silv.*4.4.67.
2 A foot-soldier, infantryman. **b** *equites ~itesque*, a designation of the whole citizen body at Rome (from the old military classification).
~ites quattuor agminibus, equites duobus antibus ducas CATO *Mil.*9(J); praetor festinatim de castellis ad castra maxima ~itis conducit SIS.*hist.*65; magnas..habet copias ~itum CAES.*Gal.*5.3.1; sagittarios ~ites interposuerant *B.Afr.*13.1; cum equitatu et..~itibus LIV.21.47.4; 23.5.15; (*sg. collect.*) fatalis equus..armatum ~item grauis attulit aluo VERG.*A.*6.516; primo concursu ~es mouit hostem LIV.3.61.8. **b** equitum ~itumque prolem discribunto CIC. *Leg.*3.7; omnes ciues Romani, equites ~itesque LIV.1.44.1; Romani tollent equites ~itesque cachinnum HOR.*Ars* 113; (*transf.*) quoduis genus ibi hominum uideas quasi Accheruntem ueneris, equitem, ~item, libertinum, furem an fugitiuom uelis PL.*Poen.*832.

pedester (~tris) ~tris ~tre, *a.* [PES+-ESTRIS] FORMS: *~tris* (nom. sg. masc.) MART. *Sp.*28.8.
1 Going on foot, pedestrian. **b** (of a statue) pedestrian.
Nereus horruit in liquidis ire ~tris aquis MART.*Sp.*28.8. **b** gratior illi uidetur..aenea statua..~tris quam inaurata equestris CIC.*Phil.*9.13; PLIN.*Nat.*34.28; *CIL* 2.1286; STATVAS SIBI ET PATRI EQVESTRES MATRI ~TREM PONI IVSSIT 2.2130.
2 That goes on land (opp. sea); taking place or performed on land. **b** *auspicia ~tria*: see quot.
paucos dies..exercendis naualibus ~tribusque copiis absumpsit LIV.26.51.3;—ut ~tres naualesque pugnas..recordentur CIC.*Sen.*13; ut neque ~tri itinere neque nauibus commeatu iuuari possint CAES.*Civ.*2.32.12; LIV.37.45.2; (caput) tot naualibus, tot ~tribus proeliis incolume SEN. *Cl.*1.9.4; si ~tre iter impediatur ULP.*dig.*43.12.1.14. **b** ~tria auspicia nominabant, quae dabantur a uulpe, lupo, serpente, equo ceterisque animalibus quadrupedibus PAUL. *Fest.*p.244M.
3 (transf., of writing) Prose. **b** (of verse) prosaic, pedestrian.
tu..~tribus dices historiis proelia Caesaris HOR.*Carm.* 2.12.9; multum..supra prorsam orationem et quam ~trem Graeci uocant (Plato) surgit QUINT.*Inst.*10.1.81; optimus pes (*i.e. the cretic*) et melodis et ~tri gloriae MAUR.1439. **b** quid prius illustrem satiris musaque ~tri? HOR.*S.*2.6.17; tragicus plerumque dolet sermone ~tri Telephus et Peleus *Ars* 95; MAUR.2232.
4 Consisting of foot-soldiers (opp. cavalry), infantry. **b** (of battles) fought on foot; *stipendia ~tria facere*, to serve in the infantry. **c** (of weapons) used by infantry.
Xerxes..non equitatu, non ~tribus copiis..contentus CIC.*Tusc.*5.20; CAES.*Gal.*7.67.5; Bomilcar, quem elephantis et parti copiarum ~trium praefectum ab Iugurtha supra diximus SAL.*Jug.*52.5; ~ter exercitus NEP.*Eum.*4.3; VERG. *A.*10.364; recipit..animum ~tris acies LIV.2.20.11; ~tres ..copiae euaserant e saltu 26.17.12; TAC.*Ann.*2.17. **b** non eadem alacritate ac studio quo in ~tribus uti proeliis consuerant utebantur CAES.*Gal.*4.24.4; te..pugnae ..accinge ~tri VERG.*A.*11.707; ~tre..certamen factum erat LIV.22.47.3; rudem ad ~tria bella Numidarum gentem esse, equis tantum habilem 24.48.5; habere hostem ~tri fidentem Marte 24.48.6; gladiatorum spectaculum editur, inditis pontibus ~trem ad pugnam TAC.*Ann.*12.57; —NISEI QVEI EORVM STIPENDIA EQVO IN LEGIONE III AVT ~TRIA IN LEGIONE VI FECERIT *CIL* 1.593.91; LIV.7.13.1. **c** scuto ~tri et gladio Hispanico cinctus contra Gallum constitit QUAD.*hist.*10b; ille ~tria arma mutauit NEP.*Iph.* 1.3; LIV.6.8.6; *Carm.Bell.Aeg.*64.

pedetem(p)tim, *adv.* [PES+-TEMPTO+-IM] FORMS: compar. *pedetemptius* AUR.*Fro.*1.p.60 (41N) app. nonce-form. Step by step, cautiously (also fig.).
~..tractare soles hasce huiius modi mercis PL.*Mil.*1023; di bene uortant quod agas! ~ tamen TER.*Ph.*552; eam ego uiam ~ temptabam CATO *orat.*47; ~ ac sedato nisu PAC. *trag.*256; exercitu instructo ~ milites ducere coepit QUAD. *hist.*92; ad nostram causam ~ accedemus *Rhet.Her.*1.9; timide..et ~..descendunt CIC.*Quinct.*51; omnia caute ~que dicuntur *Clu.*118; *Fam.*9.14.7; sensim et ~ progrediens extenuatur dolor *Tusc.*3.54; LUCR.5.1453; quaerendis ~ uadis in terram euasere (*sc.* elephanti) LIV.21.28.12; non timide nec ~ ambulandum est SEN.*Dial.*9.11.1; paulatim et, ut dicitur, ~ interrogando QUINT.*Inst.*5.7.20; inter falsa atque uera ~ quasi per tenebras ingredientes eunt GEL. 14.1.33; (*compar.*) non propterea quod rectius esse arbitrabor pedetemptius tibi consulam AUR.*Fro.*1.p.60(41N).

pedica ~ae, *f.* [Gk. πέδη]
1 A fetter (for the ankle), shackle.
PL.*As.*550; cum ~is condedicistis istoc grassari gradu *Poen.*514;—(*in fig. phr.*) iuuenem..amoris profundi ~is aeternis alligat APUL.*Met.*2.5; luxuria puerilis nuptialibus ~is alliganda 6.23.
2 A gin-trap, snare.
gruibus ~as et retia ponere ceruis VERG.*G.*1.307; OV.*Met.* 15.473; qui dentatas iligno robore clausit uenator ~as GRAT.93; currentis..feras ~arum compede nectunt MAN. 5.187; (*cf.*) ut pleraque (*sc.* iumenta) uelut ~a capta haererent in..alta..glacie LIV.21.36.8;—(*fig., or in fig. phr.*) sic laqueis, manicis, ~is mens inretita est LUCIL.990; ad destinatam fraudium ~am sermonem conferentes APUL. *Met.*5.15;—(*transf.*) quanta arte celat (araneus) ~as PLIN. *Nat.*11.81; abrumpere tenacissimorum serpentium squameas ~as APUL.*Fl.*6.

pēdīcātor: see PAEDICATOR.

pedicinus ~ī, *m.* [PES] A part of a press by which it is anchored to the ground.
ibi foramen ~is duobus facito, ibi arbores ~o in lapide statuito CATO *Agr.*18.4.

pēdīcō: see PAEDICO.

pēdīcōsus ~a ~um, *a.* [PEDIS+-OSVS] Full of lice, lousy.
rus detrudetur ~us squalidus TITIN.*com.*176; FEST. p.210M.

pēdiculāris ~is ~e, *a.* [PEDICVLVS[2]+-ARIS] *herba ~is*, (prob.) Stavesacre, *Delphinium staphisagria.*
COL.6.30.8; LARG.227.

pēdiculārius ~a ~um, *a.* [PEDICVLVS[2]+-ARIVS] = prec.
quam herbam ~am, quod pediculos necat, quidam appellant LARG.8.

pediculus[1] ~ī, *m.* [PES+-CVLVS]
1 A little foot.
~i octoni omnibus (*i.e. marine cephalopods of var. kinds*) PLIN.*Nat.*9.83;—(*in artefacts*) Fabricius..patellam suam corneo ~o sustineri uoluit V.MAX.4.4.3; ~is argenteis adiuncta sigilla aenea PAUL.*dig.*34.2.32.
2 (in botany) A footstalk, pedicle.
(ficos) Tellanas atras ~o longo CATO *Agr.*8.1; quidam lectis ficis ~os adimunt COL.12.15.3; foliorum semper inter se contrariis ~is PLIN.*Nat.*13.55; 15.115; (*in fungi*) uelut apice flaminis insignibus ~is 22.96.

pēdiculus[2] ~ī, *m.* Also **-uculus, -uclus.** [PEDIS+-CVLVS] A louse. **b** a sea-louse.
pluma omnis e capite et sub alis detergetur..ne ~um creet COL.8.7.2; ius..~os e toto corpore expellit PLIN.*Nat.* 29.121; LARG.8. **β** genus..uiti est, quom inter pilos palpebrarum ~i nascuntur CELS.6.6.15.A. **γ** (*prov.*) in alio ~um uides, in te ricinum non uides PETR.57.7;—(*transf.*) tauri uocantur scarabaei terrestres ricino similes.. alii ~os terrae uocant PLIN.*Nat.*30.39. **b** PLIN.*Nat.*32.77; rigor ceruicis mollitur et marinis, qui ~i uocantur 32.89.

pēdicus ~a ~um, *a.* [app. Gk. παιδικός] (app.) Of or connected with boys.
~um iam excoquit omne LUCIL.74.

pēdis ~is, *m., f.* [<*pezdis (PEDO[2]), cf. Av. *pazdu-*] A louse. **b** (perh.) a polypus.
pulicesne an cimices an ~es? responde mihi ANDR.*com.*1; PL.*Cur.*500; ubi quamque ~em uiderat *Vid.*fr.19(14); e capite, e collo eorum..eligendi ~es VAR.*R.*3.9.14; FEST. p.210M. **b** est ~is unus ingens in naso NOV.*com.*107.

pedisequa ~ae, *f.* [PEDISEQVVS] A female attendant, waiting-woman.
uolt placere sese amicae..uolt ~ae PL.*As.*183; spatium ei dabo exquirendi meum factum ex gnatae ~a nutrice anu *Aul.*807; TER.*An.*123; SCAEV.*dig.*40.4.59;—(*fig.*) uix satis idoneae tibi uidebuntur diuitiae, quae uirtutis ~ae sint *Rhet.Her.*4.20; (*cf.*) istam iuris scientiam eloquentiae tamquam ancillulam ~amque adiunxisti CIC.*de Orat.*1.236.

pedisequāria ~ae, *f.* [next] Fem. of next.
IVLIA PATTARA VXOR ~A *A.Epig.*94.85.

pedisequārius ~(i)ī, *m.* [as next+-ARIVS] A functionary in the cult of Liber.
CALPVRNIVS FORTVNATVS CISTIFER ~IVS *A.Epig.*94.85.

pedisequus ~ī, *m.* Also **-cus.** [PES+SEQVOR+-VS] FORMS: *-cus CIL* 8.12642, etc.; cf. QUINT.*Inst.*1.5.68. A male attendant, manservant.
mihi..aequomst..dari, ancillas..~os PL.*Aul.*501; ~os tibi sum *Mil.*1009; VAR.*L.*5.95; 'heus' inquit 'Gorgia, ~e puerorum' *Rhet.Her.*4.65; CIC.*Dom.*110; semper eum ~i cum nummis sunt secuti NEP.*Cim.*4.2; AVG IVLIANVS PEDISSEQ M LIVIVS AVGVSTAE LIBERTI LIBERTVS *A.Epig.*53.24.4; COL. 1.pr.12; AVR HILARO AVG LIB PRAEP P PEDISIC *CIL* 5.7751; CINNAMVS TI CAESARIS AVG PEDISSEQVVS NYMPHE CONIVNX FECIT 6.4354;—(*transf.*) quae (*sc.* uicensima) mihi uidetur una contiuncula clamore ~orum nostrorum (*i.e. lackeys*) esse peritura CIC.*Att.*2.16.1; APUL.*Pl.*2.23.

peditastellus ~ī, *m.* [PEDES+-ASTER+-LVS] An infantryman (in derogatory sense).
at ~i quia erant, siui uiuerent PL.*Mil.*54.

peditātus[1] ~ūs, *m.* [PEDES+-ATVS[1]] Infantry.
signis conlatis aequo fronte ~u, equitibus atque alis cum hostium legionibus pugnauimus CATO *hist.*99; CIC.*Att.*9.13.4; magna multitudine ~us equitatusque coacta CAES.*Gal.* 4.34.6; ~u..ad speciem utitur *Civ.*2.41.2; effecit..illud..ut equitatu potius dimicaret..quam ~u NEP.*Eum.*3.6; cum equitibus alariis et ~u cohortium TAC.*Ann.*13.35.

peditātus[2] ~a ~um, *a.* [PEDES+-ATVS[2]] Composed of infantry.
(in cohorte) I ALPIN(orum) PED(itata) *Priv.Mil.Vet.*46 (*CIL* 3.p.888).

pēditum ~ī, *n.* [PEDO[2]] A fart.
subtile et leue ~um Libonis CATUL.54.3.

Pedius ~a ~um, *a.* The name of a Roman *gens*, esp. of Q. Pedius, the son (prob.) of Caesar's elder sister; *lex ~a*, a law providing for the trial of Caesar's murderers.
CIC.*Planc.*17; *Att.*9.14.1; VELL.2.65.2; SUET.*Jul.*83.2;—*Nero* 3.1.

pedō[1] ~āre ~āuī ~ātum, *tr.* [PES+-O[3]] To prop (vines) with stakes.
putationem sequitur iam ~andae uineae cura COL.4.12.1; ~atam uineam..sequitur alligatoris cura 4.20.1; ~atae (uineae) simplici iugo PLIN.*Nat.*17.164.

pēdō[2] ~ere pepēdī ~itum, *intr.* [<*pezdo; cf. Gk. βδέω, Lith. *bezdù*] To fart.
displosa sonat quantum uesica pepedi HOR.*S.*1.8.46; ~ere Bassa solet MART.4.87.4; 10.15(14).10; 12.77.3.

Pedō[3] ~ōnis, *m.* A Roman cognomen, esp. of Albinovanus Pedo, a poet and friend of Ovid.
OV.*Pont.*4.16.6; SEN.*Suas.*1.15; MART.1.pr.

pēduc(u)lus ~ī, *m.*: see PEDIC-.

pedūlis ~is ~e, *a.* [PES+-VLIS] Of or for the feet.
fasciae crurales ~esque et inpilia uestis loco sunt ULP.*dig.* 34.2.25.4.

pedulla (dub.): (see quot.).
~a quae dicimus †nca†..Graecos appellare manifestum est FEST.p.230M.

pedum[1] ~ī, *n.* [PES] A shepherd's crook.
at tu sume ~um..formosum paribus nodis atque aere VERG.*Ecl.*5.88; ~um est..baculum incuruum, quo pastores utuntur ad conprehendendas oues, aut capras, a pedibus FEST.p.249M.

Pedum[2] ~ī, *n.* An old town in Latium, app. between Tibur and Praeneste.
LIV.2.39.5; 8.12.6; 8.13.1.

Pēgasēius ~a ~um, *a.* = next.
coruos poetas et poetridas picas cantare credas ~um (*i.e. from Hippocrene*) nectar PERS.pr.14.

Pēgaseus ~a ~um, *a.* Of or belonging to the horse Pegasus. **b** *stagnum ~um*, a marsh in Ionia in the region of Ephesus.
si ~o ferar uolatu CATUL.58b.2; si ~o uecteris in aere dorso PROP.2.30.3; aetas ~o corripiet gradu SEN.*Tro.*385. **b** PLIN.*Nat.*5.115.

Pēgasis ~idis (~idos), *f. adj.*
1 Of or belonging to Pegasus; (in quots., w. ref. to Hippocrene). **b** (pl. as sb.) the Muses.
hoc ego ~idas deduxi primus ad undas OV.*Tr.*3.7.15; tu fueris Musis ~is unda meis MART.9.58.6. **b** pauca mihi doctae dicite ~ides VERG.*Cat.*9.2; PROP.3.1.19; mihi ~ides blandissima carmina dictant [OV.]*Ep.Sapph.*27; uos ~idum comites Acheloidas oro COL.10.263.
2 (sg. as sb.) A fountain-nymph.
~is Oenone, Phrygiis celeberrima siluis OV.*Ep.*5.3.

Pēgasus[1] (~os) ~ī, *m.* The winged horse of Bellerophon, the kick of whose hoof opened up Hippocrene, the spring of the Muses. **b** (applied to var. fabulous creatures). **c** (used as the name of a ship).
ales ~us terrenum equitem grauatus Bellerophontem HOR.*Carm.*4.11.27; pennis..fugacem ~on OV.*Met.*4.786; est ~us huius origo fontis 5.262; ex Medusa Gorgonis filia et Neptuno nati sunt Chrysaor et equus ~us HYG.*Fab.*151; (*transf.*) o hominem fortunatum qui eius modi nuntios seu potius ~os habeat! CIC.*Quinct.*80; (*as a constellation*) ~us aethere summo uelocis agitat pennas GERM.*Arat.*222; (*as the object of a cult*) MARTI ET ~O AVGG SAC *CIL* 8.17977. **b** sunt mirae aues cornutae tragopanes et equinis auribus ~i MELA 3.88; pinnatos equos et cornibus armatos quos ~os uocant PLIN.*Nat.*8.72; ~os equino capite uolucres..fabulosos reor 10.136. **c** SIL.14.576.

Pēgasus[2] ~ī, *m.* A Roman jurist.
JUV.4.77; Proculo ~us (successit), qui temporibus Vespasiani praefectus urbi fuit POMPON.*dig.*1.2.2.53.

Pēgē ~ēs, *f.* A fountain in Bithynia.
PROP.1.20.33.

pēgma ~atis, *n.* [Gk. πῆγμα]

1 A bookcase or sim. fixture.
nihil uenustius quam illa tua ~ata postquam mi sillybis libros inlustrarunt CIC.*Att.*4.8.2; in emptione domus et specularia et ~ata cedere (puto) ULP.*dig.*33.7.12.25.

2 A movable or temporary platform, scaffold, etc., used in theatrical performances, in building, and for other purposes.
tibicen..dum ~a rapitur, concidit casu graui PHAED. 5.7.7; machinatores qui ~ata per se surgentia excogitant SEN.*Ep.*88.22; Gaius princeps in circo ~a duxit PLIN.*Nat.* 33.53; crescunt media ~ata celsa uia MART.*Sp.*2.2; JUV. 4.122; SUET.*Cl.*34.2.

Pegnides ~um, *f. pl.*: (see quot.).
~es (*cj.* Pegasides) Musae dictae sunt a fonte, quem Pegasus ictu ungulae fingitur aperuisse PAUL.*Fest.*p.212M.

? **pegris** ~idis, *f.* [unkn.] An unknown sea-creature.
peculiares..maris..purpurae, ~ides (*s.v.l.*), pina, pinoteres PLIN.*Nat.*32.150.

pēierātiuncula (pēii-) ~ae, *f.* [next+-TIO+-CVLA] Petty perjury.
uendo..~as parasiticas PL.*St.*229.

pēierō ~āre ~āuī ~ātum, *intr.*, (*tr.*). Also **pēii-, pē(i)ūr-, perier-, periūr-.** [PER-+IVRO] FORMS and ORTHOG.: *peii-* usual in PL.; *peiiur- Ps.*354, 1057; *perier-* LUC.6.749, *CIL* 11.6711(3); *periur-* HOR.*S.*2.3.127, OV. *Am.*3.11.22, PLIN.*Nat.*2.21. N.B. The MS. evidence for these forms is often unreliable. To perjure oneself, swear falsely. **b** (w. acc.) to swear falsely by. **c** *ius ~atum* = PERIVRIVM.
pernegabo atque obdurabo, ~abo denique PL.*As.*322; ubi uerbis conceptis sciens lubenter ~aris 562; ~auisti, sceleste *Ps.*354; qui mentiri solet, ~are consueuit CIC.*Q.Rosc.*46; *Clu.*134; *Rab.Post.*36; non enim falsum iurare ~are est, sed quod 'ex animi tui sententia' iuraris, sicut uerbis concipitur more nostro, id non facere periurium est *Off.*3.108; quid paterer aliud, si fefellissem fidem? si ~assem? SEN.*Phoen.* 589; nec erubescit ~are de turdo MART.7.20.6; QUINT.*Inst.* 5.10.87; hic putat esse deos et ~at JUV.13.91; (*poet.*) dux aduena ~ante (*i.e. involving treachery*) bello Campanos quatit..agros STAT.*Silv.*4.3.5; (*impers. pass.*) cuius maxime interest non ~ari PLIN.*Pan.*65.2;—(*w.* per) per consulatum ~at Vatinius CATUL.52.3; hominem nequam..qui sibi per salutem filii ~asset PLIN.*Ep.*2.20.5;—(*w. acc. and inf.*) nutrix ~at hiberni temporis esse moras PROP.4.3.42. **b** Stygias qui ~at undas LUC.6.749; fulminantem ~ant Iouem PLIN.*Nat.*2.21; (*pass.*) quid referam..~atos in mea damna deos? OV.*Am.*3.11.22. **c** ulla si iuris tibi ~ati poena..nocuisset umquam HOR.*Carm.*2.8.1.

pēii-: see PEI-.

pēior ~or ~us, *a.* [**ped-iōs*, cf. Skt. *pádyatē*, 'falls', also PESSVM] Used as compar. of MALVS[1]. A positive form *~um* is postulated in VAR.*L.*8.76, but is not found in use.

1 Causing more trouble, more harmful, worse. **b** (of persons).
nullum ~us..quamde mare saeuom ANDR.*poet.*20(22).1; numquam quicquam facinus feci ~us..quam hodie quom contionem mediam me immersi PL.*Men.*447; ~ore res loco non potis est esse TER.*Ad.*344; turpis..fuga mortis omni est morte ~or CIC.*Phil.*8.29; Scythico quid frigore ~us? OV. *Pont.*1.3.37; Mario..omnia passo quae ~or fortuna potest LUC.2.132; ueneficium..~us PLIN.*Nat.*28.59; uitium ~us habes: fatua es MART.3.72.8; tunc nubila Plias..solito tunc ~or Orion STAT.*Silv.*3.2.77; maiora atque ~ora flagitia comminans APUL.*Met.*6.16; (*in litotes*) quae rei publicae necessaria..ratus sum..apsolui. non ~us uidetur pauca nunc de facto meo disserere SAL.*Rep.*1.8.8;—(*neut. as sb.*) illa quae aequo animo patietur sibi esse ~us quam fuit PL.*St.*125; si..turpitudo ~us est quam dolor CIC.*Tusc.*2.31; ~us uictoribus..quam..uictis accidisse CAES.*Gal.*1.31.10; fortes ~oraque passi mecum saepe uiri HOR.*Carm.*1.7.30; LUC.6.417. **b** uelut illis Canidia adflasset ~or serpentibus Afris HOR.*S.*2.8.95; orba tigride ~or JUV.6.270; fugiens..ursam ursaque ~orem illum puerum APUL.*Met.*7.24.

2 More offensive to moral standards, wickeder. **b** (of persons).
melius ~us..nil uident nisi quod lubet TER.*Hau.*643; tuum nefarium facinus ~ore facinore operire CATO *orat.*61; aetas parentum ~or auis tulit nos nequiores HOR.*Carm.* 3.6.46; ne pessimum facinus ~ore exemplo admitterent iudices LIV.3.72.2; JUV.8.184;—(*neut. as sb.*) mentem ad ~ora facilem QUINT.*Inst.*1.2.4; unde tibi frontem.. parentis, cum facias ~ora senex? JUV.14.57. **b** nunc nos tempus est malas ~ores fieri PL.*Mil.*1218; neque peiiurior neque ~or alter usquam est gentium *Poen.*825; quanto ~orem ciuem existimarint feneratorem quam furem CATO *Agr.*pr.1; qui ~or an ignauior sit deliberari non potest SAL.*Hist.*1.77.3; facultas dicendi si in malos incidit..~ores.. illos facit QUINT.*Inst.*12.1.32; ~ores qui..de uirtute locuti clunem agitant JUV.2.19.

3 Inferior to others of the same kind, poorer in quality, less effective. **b** (of persons) lower in rank.
uobis quam mihi ~orem honorem habuit MET.NUM. *orat.*4; NEIVE PER..FRAVDEM..PVBLICVM ~VS FACITO *CIL* 1.590.3; quod carnem suam faciant ~orem (*i.e. to eat*) PETR. 141.3; sordidior..toga, paenula ~or MART.1.103.5; ne ~orem faciat suarum partium causam QUINT.*Inst.*3.8.57; quod..praeuisa locorum utilitate ~ora legissent TAC.*Ann.* 12.63; ~or gallina JUV.11.135; ad uiam..uia tota quam nocte confeceramus longe ~orem APUL.*Met.*9.9; cum praedia ..neglegentia possessorum ~ora sint facta JULIAN.*dig.* 5.3.54.2; (*cf. sense 2*) quippe ~or illi res familiaris quam mens erat VELL.2.68.1. **b** quod sit ~oribus ortus HOR. *Ep.*1.6.22; PERS.6.15.

4 *in ~orem partem* or *in ~us*, Into a worse state, in a worse sense, for the worse.
aliam rem ex alia cogitare et ea omnia in ~orem partem TER.*Eu.*632; *Ad.*3; uidete nunc quam uersa..in ~orem partem sint omnia CIC.*S.Rosc.*103; in partem ~orem liquitur aetas LUCR.2.1132;—sic omnia fatis in ~us ruere VERG.*G.* 1.200; ficto in ~us uultu HOR.*Ep.*2.1.265; qua potes in ~us dotes deflecte puellae OV.*Rem.*325; non uertit (sapiens) omnia in ~us SEN.*Ep.*81.25; si quid in ~us notabile est QUINT.*Inst.*1.3.1.

pēiūriōsus (pēii-) ~a ~um, *a.* [next+-OSVS] Addicted to perjury.
procaciores esti' uos, sed illi ~i PL.*Truc.*154.

pēiūrium (pēii-) ~(i)ī, *n.* **periūr-** [PEIERO+-IVM] A breach of oath, false oath, perjury.
α fraudulenti, qui aut faenore aut ~iis habent rem paratam PL.*Men.*584; plenus ~i *Mil.*90; *Ps.*132; litem apisci postulant ~io *Rud.*17; *Truc.*612. β ut iurat! seruat me ille suis ~iis PL.*Bac.*898; sceleratorum hominum ~ia testimoniis..refutare CIC.*Font.*45; *Flac.*26; quod..ita iuratum est, ut mens conciperet fieri oportere, id seruandum est; quod aliter, id si non fecerit, nullum est ~ium *Off.*3.107; quos..lingua ~io..alebat SAL.*Cat.*14.3; VERG.*G.*1.502; ~ia ridet amantum Iuppiter [TIB.]3.6.49; desine iam reuocare tuis ~ia uerbis PROP.1.15.25; LIV.3.2.4; SIL.17.425; TAC.*Ann.*1.73; uendet ~ia summa exigua JUV.14.218.

pēiūrō: see PEIERO.

pēiūrus (pēii-) ~a ~um, *a.* **periūrus.** *compar.* ~ior, *superl.* ~issimus. [PEIERO+-VS] That has deliberately broken an oath, perjured.
α qui ~um conuenire uolt hominem ito in comitium PL. *Cur.*470; ~iorem hoc hominem si quis uiderit *Mil.*21; *Poen.* 825; quid ais, quantum terra tetigit hominum ~issume? *Ps.*351; *Rud.*1375; nihil est profecto stultius..neque confidentiloquius neque ~ius *Trin.*201. β leno sum.. pernicies..adulescentium, ~us pestis TER.*Ad.*189; improbissimum et ~issimum lenonem cum agit CIC.*Q.Rosc.*20; quid interest inter ~um et mendacem? 46; moenia..~i Pelopis uastabit CATUL.64.346; ~i..arte Sinonis credita res VERG.*A.*2.195; HOR.*Carm.*1.35.26; non semper..~os ridet amantis Iuppiter PROP.2.16.47; ut ~as merito periuria fallant OV.*Ars* 1.657; amnis..cuius gurgitem ~i negantur pati PLIN.*Nat.*31.23; hominem..perfidum ac plus etiam quam ~um PLIN.*Ep.*2.20.5; JUV.13.174; nequissimum et ~um caput APUL.*Met.*9.21;—(*transf., of things*) ~ae moenia Troiae VERG.*A.*5.811; ~a patris fides HOR.*Carm.*3.24.59; ~ae..mendacia puppis *Aetna* 21; ~o..ense superbus Hannibal STAT.*Silv.*4.6.77; ~a..crimina *Theb.*10.587.

pēius, *adv.* [neut. of PEIOR]

1 In a manner less to be desired, less well, worse.
pulchrum ornatum turpes mores ~ caeno conlinunt PL. *Mos.*291; inuenies..~ moratam..quam illa fuit *St.*109; non de me is ~ quam de te existimat CIC.*Fam.*3.8.7; eo..~ res administrata est NEP.*Con.*1.2; male gesta res publica est, ~ multo quam cum..consul periit LIV.3.19.11; male parta..~..relinquat OV.*Ep.*6.157; habere se ~ questus est SEN.*Dial.*4.25.2; fruges..~ maturescunt austrinis diebus, sed celerius PLIN.*Nat.*17.11; ne quid in flumine..fiat quo ~ nauigetur *Ed.pr.*(*Font.iur.*p.231)43.4.

2 (adding force to vbs. expr. repugnance or distress) To a more exceeding degree, more desperately.
neque ~ (sese) quemquam odisse quam istum militem PL.*Mil.*128; eum ~ formidant quam fullo ululam VAR.*Men.* 539; oderam multo ~ hunc quam illum ipsum Clodium CIC. *Fam.*7.2.3; Mileti textam cane ~..uitabit chlamydem HOR. *Ep.*1.17.30; SEN.*Ep.*30.18; (*cf.*) sed quoror infidum questaque ~ amo OV.*Ep.*7.30;—~ misera maceror PL.*Cist.*76; qui in amorem praecipitauit ~ perit quasi saxo saliat *Trin.*266; ut pater..non se ~ cruciauerit atque hic HOR.*S.*1.2.22; di me deaeque ~ perdant quam perire me cotidie sentio TAC.*Ann.*6.6.

pelagia ~ae, *f.* [PELAGIVS] A purple-fish.
purpurae nomine alio ~ae uocantur PLIN.*Nat.*9.131.

pelagicus ~a ~um, *a.* [Gk. πελαγικός] Of the sea, sea-.
saxatiles aut ~i (pisces) COL.8.17.14.

pelagium ~iī, *n.* [next] Dye from the purple fish.
~io ad modum alligatur (bucinum) PLIN.*Nat.*9.134; ~ii centenas libras 9.138.

pelagius ~a ~um, *a.* [Gk. πελάγιος] Of or belonging to the sea, marine; taking place on the sea, maritime.
nostra aetas..in eas (*sc.* piscinas) ~os greges piscium reuocauit VAR.*R.*3.3.10; matrona ornata phaleris ~is PUB. *com.*12; arenosi gurgites..~os (*sc.* pisces) melius pascunt COL.8.16.8; ~ae..uolucres PETR.109.7; ~a (ostrea) parua et rara sunt PLIN.*Nat.*32.59; TEMPLVM VENERI ~AE *CIL* 22(23).7.—redire in patriam uoluit cursu ~o PHAED.4. 22(23).7.

Pelagones ~um, *m. pl.* The people of Pelagonia.
LIV.45.30.6; PLIN.*Nat.*4.35.

Pelagonia ~ae, *f.* A district in NW. Macedonia.
LIV.26.25.3; 31.28.5; 45.29.9; PLIN.*Nat.*4.33.

pelagus ~ī, *n.* [Gk. πέλαγος] FORMS: *~um* (acc. sg.) CORN.SEV.*poet.*1, VITR.2.8.14; *~ē* (acc. pl.) LUCR.6.619.

1 The sea. **b** (w. spec. adjs.). **c** the open sea, the deep sea.
feruit aestu ~us PAC.*trag.*416; truculenta..~i CATUL. 63.16; ~e multa et late substrata uidemus LUCR.6.619; imperium ~i VERG.*A.*1.138; o nimium caelo et ~o confise sereno 5.870; qui..commisit ~o ratem primus HOR.*Carm.* 1.3.11; ~i uolucres VAR.AT.*poet.*22.1; multa..~o multaque passus humo OV.*Tr.*5.3.12; membra..naturae diuersa condita forma aeris atque ignis, terrae ~ique iacentis MAN. 1.249; Hispania..~o..incincta MELA 2.85; si quis obseruauerit nudari litora ~o in se recedente SEN.*Dial.*1.1.4; TAC. *Ann.*4.67; (*cf.*) (nubes) mobiles..uice nauium in aeris ~o uentis gubernantur APUL.*Soc.*10;—(*fig.*) excepta uerba ex ~o sermonis..VAR.*L.*9.33; materiae tanto in ~o LUCR.2.550. **b** ⟨qua⟩ Rhodus Carpathium in ~us se inclinat apertum LUCIL.1291; HOR.*Carm.*1.35.8; Mauri..in Atlanticum ~us expositi MELA 1.22; Aegaeum..~us 2.27; Siculum ~us 2.58; ~us Africum PLIN.*Nat.*3.83. **c** ancoris sublatis ~us remis petere coeperunt *B.Hisp.*40.6; ut ~us tenuere rates nec iam amplius ulla occurrit tellus VERG.*A.* 5.8; saxa timens proram ~i detorquet ad undas 5.165; aqua marina quam longissime a litore in ~o sumenda est COL. 12.24.1.

2 (poet.) Sea-water.
it mare proruptum et ~o premit arua sonanti VERG. *A.*1.246; caput eminet undas scindentis ~usque uomit MAN. 5.582; LUC.3.629; (*cf.*) congeritur siccum ~us (*i.e. salt*) MAN.5.688.

pēlamys ~ydis, *f.* ~**is** ~idis. [Gk. πηλαμύς] A young or small tunny.
quicquid intestini ~is..gerit COL.8.17.12; e luto ~ydes incipiunt uocari et, cum annuum excessere tempus, thynni PLIN.*Nat.*9.47; ~ydum salsarum capitum cinis 32.105; uas ~ydum JUV.7.120; ~ys Chalcedonia GEL.6(7).16.5.

Pelasgī ~(ōr)um, *m. pl.* An ancient people who inhabited the North Aegean region. **b** (poet.) the Greeks (opp. Trojans); also, Argives (opp. Thebans). **c** (identified with certain early inhabitants of Italy).
Caria sequitur. habitant incertae originis. alii indigenas, sunt qui ~os..existimant MELA 1.83; Placia et Scylace paruae ~orum coloniae 1.98; 2.32. **b** mihi fama..tulit fessum uasta te caede ~um procubuisse VERG.*A.*6.503; Thestorides 'uincemus,' ait 'gaudete, ~i!..' OV.*Met.*12.19; cladis..Phrygiae memores odere ~os 14.562;—pulsi uallum exitiale ~i destituunt STAT.*Theb.*11.757. **c** Siluano fama est ueteres sacrasse ~os VERG.*A.*8.600; colimus deuecta.. sacra ~is OV.*Fast.*2.281; Vmbros..exegere antiquitus ~i, hos Lydi PLIN.3.50; HYG.*gram.*18.

Pelasgia ~ae, *f.* The country of the Pelasgi; (applied **a** to the Peloponnese. **b** to Lesbos).
a Peloponnesus, Apia antea appellata et ~a PLIN.*Nat.*4.9. **b** Lesbos..~a, Aegira, Aethiope..appellata PLIN.*Nat.*5.139.

Pelasgias ~ados, *f. adj.* Pelasgian.
fama ~adas (? = *Thessalian*)..peruenit in urbes OV.*Ep.* 9.3.

Pelasgicus ~a ~um, *a.* Pelasgian.
quos Cyzicus hostes ~os (*perh. from a Pelasgian colony*) arbitrans esse HYG.*Fab.*16.2.

Pelasgis[1] ~idos, *f. adj.* Pelasgian.
iuuat longe fugisse ~ida (*i.e. Lesbian*) Sapphon [OV.] *Ep.Sapph.*217.

Pelasgis[2] ~idos, *f.* An old name for Thessaly.
sequitur mutatis saepe nominibus Haemonia, eadem ~is ..eadem Thessalia PLIN.*Nat.*4.28.

Pelasgus[1] ~a ~um, *a.* Pelasgian (used poet. for 'Greek', esp. w. ref. to the Trojan War). **b** (= Argive). **c** (neut. as subst.) a name for spurge laurel (DAPHNOIDES).
haec tibi non hominem, sed quercus crede ~as (*i.e. of Dodona*) dicere OV.*Ars* 2.541; per..~as..urbes *Met.*7.49; si quod ~ae, si quod urbes barbarae nouere facinus SEN. *Med.*127,178;—cum ueter occubuit Priamus sub Marte ~o ENN.*Ann.*17; reges..~i VERG.*A.*1.624; ignari..artis..~ae 2.106; decus et tutela ~i nominis, Aeacides OV.*Met.*12.612. **b** an contempta tibi Iunonis templa ~ae? PROP.2.28.11; candidus, Alcathoi qui mittitur urbe ~a, bulbus OV.*Ars* 2.421; matres..~ae decurrunt STAT.*Theb.*12.790. **c** alii ..~um, alii eupetalon..uocant PLIN.*Nat.*15.132.

Pelasgus[2] ~ī, *m.* The eponymous hero of the Pelasgians.
HYG.*Fab.*225.1.

pelecīnus ~ī, *m.* [Gk. πελεκῖνος]

1 A plant, perh. axe-weed, *Securigera coronilla.*
herba securiclata, quam Graeci a similitudine ~um uocant PLIN.*Nat.*18.155.

2 (app.) A kind of sundial.
Patrocles ~um (dicitur inuenisse) VITR.9.8.1.

Pēlēius ~a ~um, *a.* Of or connected with Peleus.
aspectat..Ithacum, corde aequantem ~a facta (*i.e. of Achilles*) SIL.13.803.

Pelethronius[1] ~a ~um, *a.* The name of the district of Thessaly inhabited by the Centaurs and Lapiths.
~i Lapithae VERG.*G.*3.115; ~us Macareus OV.*Met.*12.452;

~is..in antris Luc.6.387; Briareus stetit..contra..~am..pinum Martis Stat.*Theb*.2.598; (*w. ref. to Chiron*) ~am..ad citharam *Priap*.68.15.

Pelethronius² ~(i)ī, *m*. The legendary inventor of the bridle and saddle.
Plin.*Nat*.7.202; Hyg.*Fab*.274.2.

Pēlēus¹ ~eos or ~eī, *m*. Forms and Pros.: *~eus* (nom. sg.) trisyll. Acc.*trag*.668; *~eū* (voc.); *~ea* (acc.); *~ei* (gen.) disyll. Catul. 64.382, trisyll. Pac.*trag*.162 (s.v.l.); *~eo* (dat. and abl.) disyll. Catul.64.336. The son of Aeacus and father of Achilles.
Phoenix, qui se a ~eo patre Achilli iuueni comitem esse datum dicit Cic.*de Orat*.3.57; tum Thetidi pater ipse iugandum ~ea sensit Catul.64.21; tunc tua me infortunia laedent, Telephe uel ~eu Hor.*Ars* 104; coniuge ~eus clarus erat diua Ov.*Met*.11.217; ~eos et Priami transit et Nestoris aetas Mart.2.64.3.

Pēlēus² ~a ~um, *a*. Of or connected with Peleus.
~a..uirgo (*i.e. Briseis*) quaeritur Stat.*Ach*.1.884.

pēlex: see pael-.

Pēliacus ~a ~um, *a*. Of or belonging to Mt. Pelion.
~o quondam prognatae uertice pinus Catul.64.1; ~ae..trabis..iter Prop.3.22.12; ~ae..cuspidis ictu Ov.*Met*. 12.74; ~us..apex *Fast*.1.308; V.Fl.8.417; ~is..iugis Stat. *Ach*.1.321.

Peliades ~um, *f. pl*. The daughters of Pelias.
hic caede patria ~um infecit manus (*sc*. Medea) Phaed. 4.7.16; Hyg.*Fab*.24.4; 24.5.

Pēlias¹ ~adis, *f. adj*. Of or connected with Mt. Pelion.
~as hasta Ov.*Ars* 1.696; Phrixeam petiit ~as arbor ouem *Ep*.12.8; ~as..pinus Stat.*Theb*.5.336.

Peliās² ~ae, *m*. Also **~a.** Forms: *~a* (nom.) Cael.*orat*.30, Sen.*Med*.201, 276; (acc.) *~am* or *~an*. A king of Iolcus who sent Jason to fetch the Golden Fleece; his daughters were induced by Medea to kill him in the expectation of restoring his youth.
ut Medea ~am concoxit senem Pl.*Ps*.869; me..haud sane quis facile..tamquam ~am recoxerit Cic.*Sen*.83; regna ~ae scelere Medeae iacent Phaed.4.7.13; ~ae senis decocta aeno membra Sen.*Med*.133; quod..senem ~an non sinat esse senem Mart.11.60.4.

pēlicātus: see pael-.

Pēlīdēs ~ae, *m*. The son of Peleus, Achilles. **b** (applied to other male descendants of Peleus, in quot., his grandson).
~ae..forti congressum Aenean Verg.*A*.5.808; Hor. *Carm*.1.6.6; Prop.2.22.34; Ov.*Met*.12.605; ~en Thetis horruit cadentem Stat.*Silv*.2.7.97; Juv.3.280. **b** Acamas..Thoasque ~esque Neoptolemus Verg.*A*.2.263.

Pēlion ~(i)ī, *n*. A mountain in Thessalian Magnesia.
haut ut quem Chiro in ~io docuit ocri Andr.*trag*.35; princeps e uertice ~ei aduenit Chiron Catul.64.278; Verg. *G*.1.281; fratres..tendentes opaco ~ion imposuisse Olympo Hor.*Carm*.3.4.52; Prop.2.1.20; Ov.*Met*.12.513; uideat sub Ossa ~ion Chiron suum Sen.*Her.F*.971.

pelios ~a ~on, *a*. [Gk. πελιός 'livid'] The name of a kind of heron.
ardiolarum tria genera leucon, asterias, ~on Plin.*Nat*. 10.164.

Pēlius ~a ~um, *a*. Of or belonging to Pelion.
in nemore ~o Enn.*scen*.246; Phaed.4.7.6; hi ad occasum uergentes, ad ortus ~us (*sc*. mons) Plin.*Nat*.4.30.

Pella ~ae, *f*. Also **~ē** ~ēs. The capital of Macedonia under Philip II and birthplace of Alexander the Great.
Cic.*Att*.3.8.2; Liv.42.51.1; Man.1.770; Luc.10.52; Plin. *Nat*.4.34. **β** Mela 2.34.

pellācia ~ae, *f*. [pellax+-ia] Seductiveness, allurement.
subdola cum ridet placidi ~a ponti Lucr.2.559; 5.1004.

Pellaeus ~a ~um, *a*.

1 Of or belonging to Pella; (in quots., w. ref. to Philip or Alexander the Great).
~us..ductor Luc.3.233; ~i proles..Philippi 10.20; ~us..regnator Stat.*Silv*.4.6.59; ~i mensa tyranni Mart.9.43.7; unus ~o iuueni non sufficit orbis Juv.10.168.

2 (transf.): **a** (= Macedonian). **b** (in references to Alexandria, as founded by Alexander). **c** (in references to Egypt and its rulers, the Ptolemies being of Macedonian origin).
a ~is..in aruis Ov.*Met*.5.302; ~as arcu fregere sarisas Luc.8.298; qui (*sc*. Alexander)..~o ponte Niphaten astrinxit Sil.13.765. **b** non ego ~as arces..mergam? Luc.9.153; insula..~is proxima muris 10.511. **c** ~i gens fortunata Canopi Verg.*G*.4.287; cingere ~o pressos diademate crinis Luc.5.60; omnia monstra ~ae coiere domus 8.475; ~us..puer (*i.e. Ptolemy*) 8.607; in Thessalicis ~o fecimus aruis ius gladio? 9.1073; ~ae prior est gloria nulla gulae Mart.13.85.2; ~a..Ptolomaei sceptra Sil.11.381; rex..~us Luc.9.1016.

pellārius ~a ~um, *a*. [pellis+-arivs] Dealing in skins, hides, etc.
p ivlio macedoni negotiatori sagar et pell *CIL* 5.5928.

pellax ~ācis, *a*. [cf. pellicio] Seductive, winning, glib.
inuidia postquam ~acis Vlixi..superis concessit ab oris Verg.*A*.2.90.

pellecebra ~ae, *f*. **perl-.** [pellicio+-*bra* (see -bvla)] An enticement, decoy.
te perdam ego et filiam, ~ae,..adulescentium exitium Pl. *As*.133.

pellectiō, pellegō: see perl-.

Pellēnē ~ēs, *f*. **a** A town in eastern Achaia. **b** (perh.) = Pallene.
a Liv.33.15.14. **b** labat Cithaeron, alta ~e tremit Sen.*Her.F*.979

Pellēnensis ~us ~e, *a*. Of Pellene (a).
Liv.32.22.5; 33.14.7; 34.29.14.

pellesuīna ~ae, *f*. [pellis+svo+-ina] A shop where skins and hides are sold.
ἀνὰ λόγον si essent uocabula, ubi caro uenit, carnaria, ubi pelles pelliaria..diceretur, non laniena ac ~a Var.*L*.8.55.

pellicātor ~ōris, *m*. [as next+-tor] (See quot.)
~or, qui pellicit ad fraudem Paul.*Fest*.p.204M.

pelliciō ~icere ~exī (~icuī) ~ectum, *tr*. **perl-.** [per-+lacio] Forms: *~icui* (pf.) Laev. *poet*.18, Var.At.*poet*.23.

1 To draw away, attract.
causa patefiet quae ferri ~iciat uim Lucr.6.1001;—(*by magic*) neue alienam segetem ~exeris *Lex XII*(*Font.iur*. p.30); in inuidia erat magna, ceu fruges alienas ~iceret ueneficiis Plin.*Nat*.18.41.

2 To win over by insidious means, seduce, captivate, charm. **b** (w. *ad*, *in*+acc., *ut*+subj.) to induce, inveigle; (w. *ad* also) to win over (to a person).
si ~exerunt (*sc*. meretrices), perditum amittunt domum Pl.*Men*.343; senem per epistulas ~exit modo non montis auri pollicens Ter.*Ph*.68; maiorem partem sententiarum sale tuo et lepore et politissimis facetiis ~existi Cic.*de Orat*. 1.243; animum adulescentis..~exit eis..rebus quibus illa aetas capi ac deleniri potest *Clu*.13; pecuniae ~iciebatur cupidine Vell.2.33.1; militem donis, populum annona, cunctos dulcedine otii ~exit Tac.*Ann*.1.2; (*w. abst. subj.*) regni alieni cupiditas ~exit Pac.*trag*.171. **b** ceteros..Hannibal..~icit donis ad naues undique contrahendas Liv.21.26.7; nec..~ici ad uinum potuit 23.8.7; Artabanum ..ad ueneranda legionum signa ~exit Suet.*Vit*.2.4; ob quod emolumentum..Pudentillam carminibus et uenenis ad matrimonium ~exissem Apul.*Apol*.90;—nec poterat quemquam placidi pellacia ponti..~icere in fraudem Lucr. 5.1005; uictorem finitimorum omnium populum in seruitutem ~ici posse Liv.4.15.6; per ius osculi et blanditiarum occasiones ~ectus in amorem Suet.*Cl*.26.3;—Numidam.. donis ~icit ut..Capuam peruadat Liv.26.7.6; Tac.*Ann*. 12.3;—huius socrum..~exit Decianus ad sese Cic.*Flac*.72.

pellicius ~a ~um, *a*. Also **-eus.** [pellis+-icivs¹] Made of skins.
stragula ~a Paul.*dig*.34.2.24. **β** scrautum ~um, in quo sagittae reconduntur Paul.*Fest*.p.332M.

pellicula ~ae, *f*. [pellis+-cvla]

1 The skin, hide, etc. (as the natural covering of a living creature). **b** the outer covering of fruit, etc.
~a extrema exaptum pendere onus ingens (putares) Lucil.536; diuidi..curatio potest in ea, quae..et pusulas prohibeant, et summam ~am exasperent Cels.5.27.13.a; (*in fig. phr.*) ire domum atque ~am curare (*i.e. look after his own comfort*) iube Hor.*S*.2.5.38;—(*w. ref. to the fable of the ass in the lion's skin*) ~am ueterem retines Pers.5.116; te..memento..in ~a, cerdo, tenere tua Mart.3.16.6. **b** quotiens..bacam aut nucem aut simile aliquid posuero, scire oportebit..ei summam ~am demendam Cels.5.19.12.

2 A skin (stripped from the body of an animal). **b** skin (as a material), a piece of skin. **c** (transf.: see quot.).
strauit ~is haedinis lectulos Punicanos Cic.*Mur*.75; furtiuae..aurum ~ae (*i.e. the Golden Fleece*) Juv.1.11; Aur. *Fro*.1.p.174(67N); qvi calicvlis lana ~is vitam toleravit svam *CIL* 9.3193. **b** linamenta..molli ~a cincta Cels. 8.5.1; limacis..ossiculum..in ~a canina adalligatum Plin. *Nat*.29.113; 30.99; in ~a agnina 32.52; iocur ranae..in ~a gruis adalligatum 32.139. **c** in Atellanis licet animaduertere rusticos dicere se adduxisse pro scorto ~am Var.*L*. 7.84.

pelliculātiō ~ōnis, *f*. (prob. vbl. noun from next, but see quots.).
~o⟨nem Cato a pellicien⟩do, quod est inducen⟨do dixit..⟩ Fest.p.242M; Paul.*Fest*.p.243M.

pelliculō ~āre, *tr*. [pellicvla+-o³] To cover with a skin or hide.
opercula gypsare et ~are Col.12.39.2; 12.48.1; 12.48.5.

pelliō ~ōnis, *m*. [pellis+-io¹] A tanner.
quasi supellex ~onis, palus palo proxumust Pl.*Men*.404; l pamphilo viro ~oni *CIL* 12.4500; corpvs ~on(um) ost(iensium) 14.277.

pelliris: (see quot.).
~em galerum, quia fiebat ex pelle Paul.*Fest*.p.204M.

pellis ~is, *f*. [cf. ON. *fjall*, AS. *fellen*, etc.]

1 The natural covering of animals, the skin, hide, etc. **b** (applied to human skin, usu. implying an unkempt or uncultivated condition; also used w. *ossa* to indicate emaciation).
~em anguinam..tollito Cato *Agr*.73; consimilis capris figura et uarietas ~ium Caes.*Gal*.6.27.1; aret ~is Verg.*G*. 3.502; nouus serpens posita cum ~e senecta Ov.*Met*.9.266; (rana) rugosam inflauit ~em Phaed.1.24.4; ~es eorum (*sc*. uitulorum) etiam detractas corpori sensum aequorum retinere tradunt Plin.*Nat*.9.42;—(*w. ref. to the fable of the ass in the lion's skin*) quoniam in propria non ~e quiessem Hor.*S*.1.6.22; cum est Lucilius ausus..detrahere..~em, nitidus qua quisque per ora cederet 2.1.64; summa nequiquam ~e decorus Pers.4.14. **b** frigida ~is duraque Lucr.6.1194; ossa ~e amicta lurida Hor.*Epod*.17.22; faciem dempta ~e referre nouam Tib.1.8.46; derepta pateant tua uiscera ~e Ov.*Ib*.549; Cambyses..mali cuiusdam iudicis e corpore ~em detractam sellae intendi..iussit V.Max.6.3. ext.3; (Pan) hirtae sibi conscius..~is Stat.*Silv*.2.3.37; deformem pro cute ~em..aspice Juv.10.192;—ossa ac ~is totust, ita cura macet Pl.*Aul*.564; ossa atque ~is sum *Capt*.135.

2 An animal skin stripped from the body and treated as a commodity. **b** *~is aurea*, and sim., the Golden Fleece. **c** (used as bedding or blankets). **d** (used for tents, esp.) *sub ~ibus*, 'under canvas'. **e** (used as a container).
uendat oleum..lanam, ~es Cato *Agr*.2.7; sei qvei ad hoc templvm rem deivinam fecerit iovi libero avt iovis genio, ~eis coria fanei svnto *CIL* 1.756.16; cum omni totius prouinciae pecore compulso ~ium nomine Cic. *Pis*.87; necdum..scibant..uti ~ibus Lucr.5.954; ~es pro uelis Caes.*Gal*.3.13.4; lupi de ~e galeros tegmen habent capiti Verg.*A*.7.688; ut..detractas..scutis ~es..mandere conarentur Liv.23.19.13; ~ibus..arcent..frigora Ov.*Tr*. 3.10.19; cortice ~es tingunt, radice lanas Plin.*Nat*.16.124; ~is lanata Larg.80; gerunt..ferarum ~is Tac.*Ger*.17.2; Hercules..neque una ~i uestitior fuit Apul.*Apol*.22. **b** delecti uiri..petebant ~em inauratam arietis Enn.*scen*. 251; aurea Lanigero concessit sidera ~is Man.2.532; Sen. *Med*.361ᵇ. **c** permixi lectum, inposui pede ~ibus labes Lucil.1248; plagulam de lecto ⟨et⟩ ~is demitte ordine Afran.*com*.413; ut terra tecta esset stramentis neque huc amplius quam ~is esset iniecta Nep.*Ag*.8.2. **d** hic ubi concessum, ~esque ut in ordine tentae Lucil.397; ~ibus tabernaculi adleuatis Curt.7.8.2;—ut non multum imperatori sub ipsis ~ibus otii relinquatur Cic.*Luc*.4; uti..sub ~ibus milites contineri non possent Caes.*Gal*.3.29.2; sub ~ibus hiemare *Civ*.3.13.5; Liv.5.2.7; 23.18.15; Tac.*Ann*. 13.35. **e** dicunt..caprinis ~ibus excipi (ladanum) Plin.*Nat*.12.76; ~es, quibus inuoluuntur uestimenta Paul.*dig*.33.10.5.1.

3 Treated skin, leather. **b** parchment.
nigris medium impediit crus ~ibus (*i.e. straps*) Hor.*S*. 1.6.28; nec..in laxa pes tibi ~e natet Ov.*Ars* 1.516; secta..~e (*i.e. thongs*) Luperci omne solum lustrant *Fast*.2.31; cirrata loris..~is, qua uapulauit Marsyas Mart.10.62.8; hinc instat tibi..sutor..~e basiata 12.59.7; hac poteris madidas condere ~e comas 14.50.2; rupta calceus alter ~e patet Juv.3.150. **b** Ilias et..Vlixes multiplici pariter condita ~e latent Mart.14.184.2; ~ibus exiguis artatur Liuius ingens 14.190.1.

pellītus ~a ~um, *a*. [prec.+-itvs²] Clothed or covered with skins.
(*of sheep, as a protection for the fleece*) in ouibus ~is, quae..pellibus integuntur, ne lana inquinetur Var.*R*.2.2.18; dulce ~is ouibus Galaesi flumen Hor.*Carm*.2.6.10;—(*of primitive men*) prope dicam ~is testibus Cic.*Scaur*.45n; Curia..~os habuit..Patres Prop.4.1.12; ~us..arator 4.1.25; litora ~is nimium subiecta Corallis Ov.*Pont*.4.8.83; ~os inter..Getas 4.10.2; Pompeium Paulinum..paterna..gente ~um Plin. *Nat*.33.143.

pellō ~ere pepulī pulsum, *tr*. [cf. Umb. *ař-peltu* (= *appellito*)] Forms: *polsi* (= *pepuli*) Titin.*com*.182.

1 To exert force against, beat against, push, strike. **b** to strike, beat (a musical instrument). **c** to beat on, knock at (a door). **d** (of sound, also of other sense- or mental stimuli) to strike, impinge on.
poste recumbite uestraque pectora ~ite tonsis Enn.*Ann*. 230; haec (*sc*. Ales) dextram Cephei dextro pede ~ere palmam gestit Cic.*Arat*.286(52); cum (lingua) et dentes et alias partes ~it oris *N.D*.2.149; non..atomus ab atomo pulsa declinat *Fat*.22; ~entes uellera Catul.64.320; moenia mundi,..possunt ui pulsa perire Lucr.5.372; gaudet inuisam pepulisse fossor ter pede terram Hor.*Carm*.3.18.15; facilis lenta ~itur unda manu [Tib.]3.5.30; pulsum..aquilonibus Haemum Ov.*Met*.10.77; Cinga rapax, uetitus fluctus et litora cursu Oceani pepulisse tuo Luc.4.22; Larg. 186; litora, quae cornu pepulit Saturnus equino V.Fl.5.153. **b** ex neruorum sono in fidibus quam scienter ei pulsi sint intellegi solet Cic.*Brut*.199; pulso Thyias uti concita tympano Hor.*Carm*.3.15.10; deum genetrix tinnitibus aera pulsi aeris..conpleuit Ov.*Met*.14.536; ne pudeat pepulisse lyram *Laus Pis*.169; (*cf*.) corpus..totum hominis et eius omnis uultus omnesque uoces, ut nerui in fidibus, ita sonant, ut a motu animi quoque sunt pulsae Cic.*de Orat*.3.216; (*fig., perh*.) longi sermonis initium pepulisti..Attice *Brut*.297. **c** si istas pepulissem fores Pl.*Am*.1034fr.; tune has pepulisti fores? Ter.*Ad*.638; si quisquam..posticum nostrum pepulerit Titin.*com*.30; *Inc.trag*.261. **d** ille canit (pulsae referunt ad sidera ualles) Verg.*Ecl*.6.84; nec uereor ne..undique magno pulsa domus strepitu resonet Hor.*S*. 1.2.129; quod facinus aures pepulit? Sen.*Her.F*.415; aures pepulit hymenaeus meas *Med*.116;—quod cum animos hominum aurisque pepulisset Cic.*Orat*.177; deo, cuius crebra facie ~antur animi *N.D*.1.106.

2 To set in motion, drive, impel.
quaeramus..quid sit..quod tanti molem ponderis ~at SEN.Nat.6.4.1; flatu uersicoloria ~ente uela PLIN.Nat.19.22; (sound) quater horrendum pepulere fragorem arma STAT.Theb.6.218.

3 To stir to action, stimulate, rouse. **b** to force (into a course of action).
candor huius te et proceritas uoltus oculique pepulerunt CIC.Cael.36; quamquam..nulla me ipsum priuatim pepulit insignis iniuria Fam.4.13.2; disputari poterat quem ad modum prima uisa nos ~erent, deinde adpetitio ab his pulsa sequeretur Luc.30; adsensio nostra..extrinsecus pulsa ..suapte ui et natura mouebitur Fat.43; haec ubi dicta agrestem pepulere, domo leuis exsilit HOR.S.2.6.98; non mediocri cura Scipionis animum pepulit LIV.30.14.1; uisa animi..quibus mens hominis prima statim specie accidentis ad animum rei ~itur GEL.19.1.15;—(w. ad) nouitas consueuit ad repentinas uisiones animos hominum ~ere APUL.Met.4.16. **b** neque ego hanc superbiai caussa pepuli ad meretricium quaestum, nisi ut ne esurirem PL.Cist.41.

4 To drive away, eject, expel. **b** to drive into exile, banish. **c** to exclude, reject (abst. things).
hunc telo suo sibi, malitia, a foribus ~ere PL.Am.269; istum aemulum..ab ea ~ito TER.Eu.215; miles ~etur foras 1041; greges pecuum ex hibernis pastibus pulsae HOST.poet.2(4); ut irundines..frigore pulsae recedunt Rhet.Her.4.61; lapidibus optimos uiros foro ~is CIC.Har.39; hunc..~ere possessionibus armis castrisque conatus est Mil.74; futurum esse..uti omnes ex Galliae finibus ~erentur CAES.Gal.1.31.11; M. Lepido..Italia pulso SAL.Hist.1.84; saepe uolutabris pulsos siluestribus apros..turbabis VERG.G.3.411; ceruus equum..communibus herbis ~ebat HOR.Ep.1.10.35; quae (sc. lex)..agro publico patres ~ebat LIV.4.51.5; ~unt loco primos manipulos Gallorum 7.24.7; facta ..de mathematicis magisque Italia ~endis senatus consulta TAC.Ann.2.32; ~it domo Seianus uxorem Apicatam 4.3;—(inanim. things) pepulit..(Sol) noctis umbras uegetis sonipedibus CATUL.63.41; ~e hederam tumulo PROP.4.7.79; cum pulso nox erit orta die OV.Fast.6.472; Phoebo gelidas ~ente tenebras LUC.2.326;—(transf.) eum..uita existimat Plato esse ~endum APUL.Pl.2.18;—(fig.) de..eo nulla ratione neque ~i neque moueri potes CIC.Luc.141. **b** o ingratifici Argiui,..exulare sinitis, sistis ~i, pulsum patimini ACC.trag.365; me..nouo..dominatu pulsum esse dixit CIC.Dom.68; Dionysius tyrannus, cum Syracusis pulsus esset Fam.9.18.1; Telamonem pulsum patria Tusc.3.39; pulsus Aristides nec tamen urbe sua est OV.Tr.2.414; Sosia in exilium ~itur Asinii Galli sententia TAC.Ann.4.20; in insulas Balearis ~itur 13.43; ~itur..Rufrius Crispinus occasione coniurationis 15.71; (transf.) ~atur omnino e ciuitate eloquentia CIC.orat.142;—(poet.) quo tibi nostri pulsus amor? VERG.G.4.325; peccaram semel, et totum sum pulsus in annum PROP.3.16.9. **c** hoc..deliberantium genus ~atur e medio CIC.Off.3.37; usque adeo hoc genus lex heroica ~it MAUR.2760.

5 To repulse in battle, defeat.
regnandi contentio est, in qua pulsus est modestior rex CIC.Att.10.7.1; Caesar, quod memoria tenebat..exercitum ..ab Heluetiis pulsum CAES.Gal.1.7.4; hostes ~untur atque in fugam coiciuntur 7.62.3; Marius..adcurrit auxilio suis, quos ~i iam acceperat SAL.Jug.101.10; conflixerat..cum.. Scipione..eumque pepulerat NEP.Han.4.1; pone animos et pulsus abi VERG.A.11.366; inferunt pedem et primum gradu mouerunt hostem, deinde pepulerunt LIV.7.8.3; pulsi..Romani equites terga uertunt 22.47.3; ~unt hostem, dein ~untur TAC.Hist.3.23; Ann.12.34;—(transf.) ~itur a populo uictus Cato; tristior ille est qui uicit, fascesque pudet rapuisse Catoni PETR.119,l.45;—(fig.) si animus hominem pepulit, actumst..si ipse animum pepulit..uictor uictorum cluet PL.Trin.308; non laudis amor nec gloria cessit pulsa metu VERG.A.5.395; quod ipsum..iuuenem nullius forma pepulerat captiuae LIV.30.14.3; quisquis in primo obstitit pepulitque amorem, tutus ac uictor fuit SEN.Phaed.133; uitia..~unt in uicem fuganturque Ben.1.10.3.

6 To fend off, repel (physical or abstract conditions, etc.).
repperi..quo dolo a me dolorem procul ~erem PL.Mos.716; ~antur..istae ineptiae CIC.Tusc.1.93; ut tectis saepti frigora caloresque ~amus N.D.2.151; lacrimas dilectae ~e Creusae VERG.A.2.784; uino ~ite curas HOR.Carm.1.7.31; ~ere glande famem TIB.2.1.38; ~ebat..sitim..unque aquae OV.Am.2.6.32; uos..Phoebea morbos qui ~itis arte Fast.3.827; ubi pulsa mora est Pont.2.5.53; potest..morbus.. adhibito auxilio ~i CELS.2.14.5; ~e femineos metus SEN.Med.42; feruens (rapum)..frigus ~it e pedibus PLIN.Nat.20.18; radicis..decoctae sucus taenias ~it 20.38; ad ~endos ..morbos 21.93.

Pellōnia ~ae, f. A goddess who was invoked for the routing of an enemy.
VAR.in August.C.D.4.21.

pellūceō, pellūcidus: see PERL-.

pelluō: see PERLVO.

pelluuiae ~ārum, f. pl. [PES+-luuiae (LAVO)] (app.) Water in which the feet are (have been) washed.
perinde, ut quibus pedes (sunt lautae), ~ae FEST.p.161M; PAUL.Fest.p.207M.

pelluuium ~(i)ī, n. [as prec.] (See quot.)
polubrum ~um uas, quod nos peluem uocamus PAUL.Fest.p.247M.

Pelopēa ~ae, f. A daughter of Thyestes, and mother by him of Aegisthus.
OV.Ib.357; (as the title of a play) praefectos ~a facit, Philomela tribunos JUV.7.92.

Pelopēias ~ados, f. adj. Of or belonging to Pelops or his race.
~ades..Mycenae OV.Met.6.414; Fast.3.83.

Pelopēis ~idos, f. adj. = prec.; (as sb.) a female descendant of Pelops.
~idas (i.e. Peloponnesian) undas OV.Fast.4.285;—ad patrias fusae ~ides (i.e. Argive women) aras STAT.Theb.10.50; 12.540.

Pelopēius ~a ~um, a. Of or connected with Pelops.
~a..in arua (i.e. Phrygia, the birthplace of Pelops in one tradition) OV.Met.8.622;—(by descent) ~us Atreus Ep.8.27; uirgo ~a (i.e. Iphigenia) Tr.4.4.67.

Pelopēus ~a ~um, a. = prec.
~a ad moenia (i.e. Mycenae) VERG.A.2.193; ~a domus PROP.3.19.20; effer citatum sede ~a (i.e. Peloponnesian, applied to Corinth) gradum SEN.Med.891; ~a (i.e. Argive) phalanx STAT.Theb.2.471;—(by descent) ~um Agamemnona PROP.4.6.33; ~us Orestes LUC.7.778.

Pelopidae ~ārum (~um), m. pl. The descendants of Pelops (proverbially notorious for their crimes).
inimicitias ~um extinctas..renouare ACC.trag.42; noxitudo..oblitteretur ~arum 163; ubi nec ~arum facta neque famam audiam Inc.trag.118.

Pelopius ~a ~um, a. Of or belonging to Pelops.
~a (codd. -pis)..domo ACC.trag.231; ~a..sceptra SEN.Ag.194.

Peloponnensiacus: see PELOPONNESIACVS.

Peloponnensis ~is ~e, a. Also **-ēsis.** Peloponnesian; (masc. pl. as sb.) the Peloponnesians, i.e. the Lacedaemonians and their allies.
Carya, ciuitas ~is VITR.1.1.5. β Craterus ~ium equites habebat CURT.4.13.29.

Peloponnensus ~ī, f.: see PELOPONNESVS.

Peloponnēsiacus ~a ~um, a. Also **-ensiacus.** Of or connected with the Peloponnese. **b** (masc. pl. as sb.) the Peloponnesians.
~o bello CIC.Off.1.84; ~ae gentes MELA 2.43. β belli ~i GEL.2.1.5; 17.21.16. **b** inter Aetolos et ~os MELA 2.52.

Peloponnēsis: see PELOPONNENSIS.

Peloponnēsius ~a ~um, a. Peloponnesian; (masc. pl. as sb.) the Peloponnesians, i.e. the Lacedaemonians and their allies.
~as ciuitates CIC.Att.6.2.3; bello ~o NEP.Alc.3.1; circa ~a..tempora (i.e. the Peloponnesian War) QUINT.Inst.12.10.4;—~i..Megara..condidere VELL.1.2.2; CURT.3.9.8.

Peloponnēsum ~ī, n. = next.
HYG.Fab.84.5.

Peloponnēsus (~os) ~ī, f. Also **-ensus.** The southern peninsula of Greece connected with the mainland by the Isthmus of Corinth.
VAR.R.2.6.2; tota ~us CIC.Fam.7.28.1; ipsa ~us fere tota in mari est Rep.2.8; (Hellas) quasi paene insula extenditur, uocaturque ~os MELA 2.38; ~us, Apia antea appellata et Pelasgia PLIN.Nat.4.9. β ~i oram MELA 2.49.

Pelops ~pis, m. The son of Tantalus and father of Atreus and Thyestes.
ex Tantalo ortus ~ps Inc.trag.102; umero..~ps insignis eburno, acer equis VERG.G.3.7; MART.12.84.3; STAT.Theb.4.590.

Pelōriadēs, m. = PELORVS.
iam..~en..lustrarat OV.Fast.4.479.

Pelōrias ~ados, f.: as prec.
~as (promunturium uocatur) quod in Italiam uergens Scyllae aduersum est MELA 2.116.

Pelōris[1] ~idos, f.: as prec.
MELA 2.118.

pelōris[2] ~idos, f. [Gk. πελωρίς] A kind of mussel.
ante cenam echinos, ostreas crudas..~idas, spondylos MET.PIUS in Macr.3.13.12; melior Lucrina ~is HOR.S.2.4.32; ~ides emolliunt aluum PLIN.Nat.32.99; fatuam..cenare ~ida MART.10.37.9.

Pelōrus (~os) ~ī, m. **~um** ~ī, n. The promontory forming the north-east corner of Sicily. **b** the eponym of this promontory.
ad Arctos..spectat..~os OV.Met.13.727; duo aduersa promunturia, ex Italia Caenus, e Sicilia ~um PLIN.Nat.3.73; celsus..~us SIL.14.78. **b** MELA 2.116.

pelta ~ae, f. [Gk. πέλτη] A light, often crescent-shaped, shield.
ille e contrario ~am pro parma fecit NEP.Iph.1.4; ~a caetrae haud dissimilis est LIV.28.5.11; ~arum specie semine incluso PLIN.Nat.27.139; saeua..difficilis excludere uulnera ~as STAT.Theb.7.270; (used by the Amazons) Amazonidum lunatis agmina ~is VERG.A.1.490; excisa..~a OV.Pont.3.1.96; SEN.Phaed.403; V.FL.6.375; (Asbyte) Thermodontiaca (i.e. like that of the Amazons) munita..~a SIL.2.80.

peltasta ~ae, m. [Gk. πελταστής] A soldier equipped with the *pelta.*
NEP.Iph.1.4; caetratos, quos ~as uocant LIV.31.36.1.

peltātus ~a ~um, a. [PELTA+-ATVS[2]] Equipped with a *pelta.*
(masc. pl. as sb.) cum mille ~is LIV.28.5.11;—(w. ref. to the Amazons) non ego constiteram sumpta ~a securi OV.Ep.20.117; ~a Amazon SEN.Ag.218; V.FL.5.613.

peltifer ~era ~erum, a. [PELTA+-FER] Carrying a *pelta.*
~eris..puellis (i.e. Amazons) STAT.Theb.12.761.

peluicula ~ae, f. [next+-CVLA] A small basin.
VEL.gram.in G.L.7.77.

peluis ~is, f. [cf. Skt. *pālavī*, Gk. πέλλα] A shallow bowl or basin, usu. of metal.
~im sibi poposcit CAECIL.com.134; urceos aquarios II, nassiternam I, ~im I CATO Agr.11.3; scaphium aereum aut plumbeum aut ~is VITR.8.1.4; ~is aurea LIV.27.37.10; aquam marinam..in ~em coicere CELS.4.31.4; SEN.Nat.1.12.1; attulerunt unguentum in argentea ~e PETR.70.8; peruncta ~i aerea PLIN.Nat.31.46; patulas..~es JUV.3.277; APUL.Met.9.3; (prov.) amore cecidi tamquam blatta in ~im LABER.com.94.

Pēlūsiacus ~a ~um, a. Of or associated with Pelusium.
Cataptystum ~um Nili ostia MELA 1.60; ~o..a gurgite Nili LUC.10.53; ~i scelus Canopi STAT.Silv.2.7.70;—(of commodities) ~ae..lentis VERG.G.1.228; ~i..zythi COL.10.116; ~o..lino SIL.3.375.

Pēlūsiānus ~a ~um, a. Of or deriving from Pelusium.
~a (mala) COL.5.10.19.

Pēlūsiōtēs ~ae, m. An inhabitant of Pelusium.
cur ~ae cepe non edint GEL.20.8.7.

Pēlūsium ~(i)ī, n. A city of Egypt at the easternmost mouth of the Nile.
CAES.Civ.3.103.1; LIV.44.19.9; MELA 1.60.

Pēlūsius ~a ~um, a. Of or associated with Pelusium.
~a moenia Carm.Bell.Aeg.14; linteo ~o PHAED.2.5.12; ad ~um ostium CURT.4.1.29; in uada..~a LUC.8.466.

pēminōsus ~a ~um, a. [cf. Skt. *pāmán-*] Having cracks or chinks.
aestu ~a ⟨si sit⟩ (area) VAR.R.1.51.1.

pemma ~atis, n. [Gk. πέμμα] Pastry.
panis ~a lucuns cibus, qui purissimus multo est LUCIL.(dub.)1368; VAR.Men.508.

penārius ~a ~um, a. [PENVS+-ARIVS] Used for storing food.
cella uinaria, olearia, etiam ~a CIC.Sen.56; (cf.) cellam ~am rei publicae nostrae..Siciliam nominabat Ver.2.5; (fem. as sb.) a celando cellam appellarunt; ~am ubi penus VAR.L.5.162.

Penātēs ~ium, m. pl. [PENVS+-AS] FORMS: *Penas* (sg.) acc. LABEO gram.16.

1 The tutelary gods of the Roman larder, regarded as controlling the destiny of the household. **b** (in their material form as images).
sacra in mensa ~ium ordine ponuntur NAEV.poet.3.2; ~es, siue a penu ducto nomine..siue ab eo quod penitus insident; ex quo etiam penetrales a poetis uocantur CIC.N.D.2.68; ~is..iniquos HOR.Carm.2.4.15; auersos ~is 3.23.19; OV.Tr.1.3.45; misce ~es SEN.Thy.52; familiae nostrae ~is rite composuisse TAC.Ann.15.2; (poet., app. w. ref. to the heating of food) famulae, quibus ordine longam cura penum struere et flammis adolere ~is VERG.A.1.704;—(accompanying a family into exile, etc.) cum sociis natoque ~ibus et magnis dis 3.12; profugos..~es OV.Met.3.539;—(w. di) di ~es meum parentum, familiai Lar pater, uobis mando meum parentum rem PL.Mer.834; deos ~is hinc salutatum domum deuortar TER.Ph.311; deos ~is..patrios CIC.Ver.4.17; ~ium hospitaliumque deorum 4.48. **b** illarum aedium dis ~ibus os impurissimum ostendere CIC.Phil.2.68; in conspectu deorum ~ium necare hospitem Deiot.15; tu, genitor, cape sacra manu patriosque ~is VERG.A.2.717; LIV.1.47.4; ille..natos tenet, ille ~es occultat gremio PETR.123,l.226.

2 The Penates of the State (supposed to be those originally brought from Troy).
(w. di) PER IOVEM DEOSQVE ~E⟨IS⟩ CIL 1.582.24; in Velia apud aedem deum ~ium VAR.L.5.54; di patrii ac ~es, qui huic urbi atque huic rei publicae praesidetis CIC.Sul.86; libertas, arae, foci, di ~es Dom.1; AUG.Anc.4.7; LIV.45.16.5; DIIS DEABVS ~IBVS FAMILIARIBVS CIL 6.30991;—(w. publici) publicos uestros ~es LIV.3.17.3; (cf.) publicis priuatisque ~ibus 22.1.6.

3 (transf.) One's home. **b** (w. ref. to its material circumstances).
non..ferro Libycos populare ~is uenimus VERG.A.1.527; nostris succede ~ibus hospes 8.123; Hispana repetit ~is ..ab ora HOR.Carm.3.14.3; impudens liqui patrios ~is 3.27.49; ancora te teneat, quem non tenuere ~es PROP.3.7.33; tentorium suum cuique militi domus ac ~es sunt LIV.44.39.5; familiaria castra in modum ~ium diligebantur TAC.Hist.2.80. **b** ieiunos ~es V.MAX.4.4.9; ~es..tenues SEN.Phaed.209; angustos opibus subitis inplere ~es LUC.5.537; modicis ~ibus TAC.Ann.2.84.

4 A dwelling.
regis subit ille ~es OV.Met.5.650; intra Caesaris ~es VELL.2.95.1; cum urbanis ~ibus tum etiam rusticis tectis..excepti V.MAX.4.8.ext.2; uenit in priuatos ~es, adsedit SEN.Cl.1.15.3; conductos..~es MART.8.75.1; ~ibus imis STAT.

*Theb.*7.468; Stygios..∼is 11.464; in ∼ibus domorum suarum FLOR.*Epit.*2.9(3.21.14);—(*applied to a temple*) exiguos habitabas ante ∼es MART.10.28.3; (*to a bird's nest*) uernos.. Philomela ∼is circumit STAT.*Silv.*3.5.58; (*to a hive*) certos nouere ∼is VERG.*G.*4.155.

5 A family, line.

ut..sanctissimi ∼es et ueri sanguinis memoria spoliarentur et falsi sordida contagione inquinarentur V.MAX. 9.15.2; priuata..castra ∼es Herculei impleuere SIL.7.43; subolem in ∼is meos adsciscere TAC.*Hist.*1.15; an quia ueram progeniem ∼ibus Caesarum datura sit? *Ann.*14.61.

penātiger ∼era ∼erum, *a.* [prec.+-GER] Carrying the Penates.

∼ero Aeneae OV.*Met.*15.450.

penātor ∼ōris, *m.* [PENVS+-TOR] One who obtains or supplies provisions.

non ex militibus atque nautis piscatores ∼ores feci, sed arma dedi CATO *orat.*84; FEST.p.237M.

pendeō ∼ēre pependī, *intr.* [cf. next]

1 To be suspended, hang.

cum uoluisset..speculum ita ∼ere, ut..linea latens pondus deduceret VITR.9.8.2; uentis glacies adstricta pependit OV.*Met.*1.120; ∼et nefariae proscriptionis tabula SEN.*Suas.*7.1; locus..in quo..sportis inclusae ∼eant aues COL.8.7.1; nouus..fructus in his (arboribus) cum annotino ∼et PLIN.*Nat.*16.107; (*pregn.*) cur ∼et (*i.e. in disuse*) tacita fistula cum lyra? HOR.*Carm.*3.19.20;—(*w. position specified*) ut faciam quasi puero in collo ∼eant crepundia PL.*Mil.*1399; destrictus ensis cui super impia ceruice ∼et HOR.*Carm.* 3.1.18; quorum titulus per barbara colla pependit PROP. 4.5.51; corona spicea, quae templi ∼eat ante fores TIB. 1.1.16; nomen tuum pependit in fronte SEN.*Con.*1.2.7; fascinus..qui..currus triumphantium, sub his ∼ens, defendit PLIN.*Nat.*28.39; aenum, quod supra focum ∼et PAUL.*dig.*33.7.18.3;—(*w. point of suspension, support, etc., specified; by abl.*) hic..∼ebit fistula pinu VERG.*Ecl.*7.24; palmites, quibus proximi anni fructus pependit COL.5.6.26; bracchia linquentes Graia ∼entia puppe LUC.3.667; (*by* ab) sagittae ∼ebant ab umero CIC.*Ver.*4.74; quis innexa pedem malo ∼ebat ab alto VERG.*A.*5.511; (*by* de) trulleus pro stomide huic ingens de naribus ∼et LUCIL.511; (*by* ex) ∼eat ex umeris dulcis chelys POMPON.*trag.*8; somniasse se ouum ∼ere ex fascea lecti sui cubicularis CIC.*Div.*2.134; catenam..ex anellis reddit ∼entibus ex se LUCR.6.911; margaritarum sacculi e collo dominarum auro ∼eant PLIN. *Nat.*33.40; (*by adv.*) unde..∼eat (urceus) non apparet AMP.8.9;—(*in pun w. sense 11*) quae ∼ent indemnatae pernae, is auxilium ut feram PL.*Capt.*908;—(*in fig. phr.*) hac noctu filo ∼ebit Etruria tota ENN.*Ann.*152; quam tenuis anima uinculo ∼et leui SEN.*Tro.*952;—(*transf.*) (superbia) aliubi conceptaculum, sed hic (*i.e. in the eyebrows*) sedem habet; in corde nascitur, huc subit, hic ∼et PLIN.*Nat.* 11.138.

2 (in var. spec. uses): **a** To be strung up, suspended (for the purposes of punishment). **b** (of suicides) to hang. **c** (of fruit) to be hanging, be on the tree. **d** to have one's name hung up (on some official notice), be posted.

a uti miser est homo qui amat! — immo qui ∼et multo est miserior PL.*As.*617; ego te ∼entem fodiam stimulis triginta dies *Men.*951; ego plectar ∼ens TER.*Ph.*220; Achaei, qui miser aurifera teste pependit aqua OV.*Ib.*298; inlustris Satyro ∼ente Celaenas STAT.*Theb.*4.186;—(*w. abl.*) ut..pedibus ∼eas PL.*Cas.*390; omnes ∼eant, gestores linguis, auditores auribus *Ps.*428; te, Catilina, minaci ∼entem scopulo VERG.*A.*8.669;—(*w.* per) quando ∼es per pedes PL.*As.*301;—(*w.* ex arbore, in cruce) uidetis ∼ere alios ex arbore CIC.*Ver.*3.66; aliquis ∼ens in cruce uota facit OV.*Pont.*1.6.38. **b** cur aliquis..a trabe sublimi triste pependit onus? OV.*Rem.*18; Charinus..quaerit altos unde ∼eat ramos MART.8.61.2. **c** uinum prius quam coctumst ∼et putidum PL.*Trin.*526; oleam ∼entem hac lege uenire oportet CATO *Agr.*146.1; cui ∼ere sua patereris in arbore poma VERG.*Ecl.*1.37; depugnante cum his (*sc.* feris) homine circa caducos fructus, circa ∼entes uero et cum alitibus PLIN. *Nat.*17.1; SI QVIS..FRVCTVS STANTEM ∼ENTEM..EXCIDERIT *CIL* 8.25902.3.21; si fur decerpserit..fructus maturos ∼entes ULP.*dig.*7.1.12.5; GAIUS *dig.*6.1.44. **d** qui cum.. inimicos suos reos fecerunt relincunt eos in albo ∼entes *BGU* 2.611.2.14; ad eas rei familiaris angustias decidit, ut.. lege praediatoria uenalis pependerit SUET.*Cl.*9.2; reos, qui ante quinquennium proximum apud aerarium pependissent *Dom.*9.2.

3 To hang or be weighed (in a balance); (fig., w. *momento*) to depend (upon a change in the balance of things). **b** (w. acc. of measurement) to have a weight of, weigh.

astrum (*sc.* Libra)..quod rerum pondera nouit,..tempora quo ∼ent MAN.4.772;—(*fig. or in fig. phr.*) ne examinaui quidem me diu (neque enim paria ∼ebant), utrum satius esset me perire pro fide an fidem pro me SEN.*Nat.*4a.pr.16; tyranni, cum quo..locuturi fatum ∼ebat amici JUV.4.88;—illa magnifica..uectigalia perleui saepe momento fortunae inclinatione temporis ∼ere CIC.*Agr.*2.80; tam leui momento mea apud uos fama ∼et? LIV.2.7.10. **b** cyathus ∼et per se drachmas X PLIN.*Nat.*21.185; tritici modios centum, qui singuli pondo centum ∼eant JAVOL.*dig.*33.6.7.1;—(*fig.*) eadem licet sint (beneficia), aliter data non idem ∼ent SEN. *Ben.*3.8.3; bona uera idem ∼ent, idem patent *Ep.*66.30; ut quemadmodum pretiosa rerum sic uita nostra non multum pateat, sed multum ∼eat 93.4.

4 To hang (upon a person's neck, etc., in an embrace, as a suppliant, or sim.). **b** *∼ere ab ore*, etc. (+gen.) to hang on the lips or words (of), listen with rapt attention (to); *∼ere ex uultu*, and sim., to gaze intently at somebody's face, etc.

(*w. abl.*) ubi complexu Aeneae colloque pependit VERG.*A.* 1.715; ∼entia bracchia collo [TIB.]3.6.45; PROP.3.12.22; SEN.*Thy.*524; tenera matris ceruice pependit STAT.*Silv.* 1.2.103;—(*w.* circum) dulces ∼ent circum oscula nati VERG. *G.*2.523; *A.*8.632;—(*w.* ex) e..tuo ∼et resupini spiritus ore LUCR.1.37; non e manibus ullius supplex pependi SEN.*Nat.* 4a.pr.16; eum..ex cuius osculo ∼es PETR.127.4;—(*w.* in+*abl.*) cum pater in nati trepidus ceruice pependit PROP. 4.1.43. **b** ∼et..iterum narrantis ab ore VERG.*A.*4.79; OV.*Ep.*1.30; fundentem uerba patronum ∼entemque reum lingua MAN.3.113; ∼ent ex ore loquentum SIL.6.565;—hic.. ex uultu dicentis ∼ent omnium uultus SEN.*Con.*9.pr.5; ex uultu..tuo ∼ebo SEN.*Ben.*6.1.1; dominator..(in actione) maxime uultus..hoc ∼ent homines QUINT.*Inst.*11.3.72; (*cf.*) peruigil Arcadio Tiphys ∼ebat ab astro Hagniades V.FL. 1.481.

5 a (of garments, hair) To hang down. **b** (of parts of the body) to hang down loosely, sag; (of plants) to droop, wilt.

a ∼ent peniculamenta unum ad quemque pedum ENN. *Ann.*362; tigridis exuuiae per dorsum a uertice ∼ent VERG. *A.*11.577; horrida ∼ebant molles super ora capilli OV.*Pont.* 3.3.17; chlamys horrida ∼et STAT.*Theb.*4.235; ∼entis circum latera aspera cinctus 9.695. **b** ∼entia colla VERG.*A.* 9.331; fluidos ∼ere lacertos OV.*Met.*15.231; ∼et et hiat (palpebra inferior) CELS.7.7.10; ∼entis..genas JUV.10.193; (*cf.*) obuertit lateri ∼entes (*i.e. idle*) nauita remos OV.*Met.* 11.476;—cum sole malo tristique rosaria ∼ent usta Noto STAT.*Theb.*7.223.

6 (of structures, etc.) To be supported over a vault or sim. space. **b** (of overhanging rocks, etc.; also of other natural formations).

quoniam nonnullos..in ∼enti loco dissaeptio cogit VITR. 2.8.20; hic uasto specu ∼ent tyranni limina SEN.*Her.F.*719; multo..sunt tutiora in isdem illis quae ∼ent (*i.e. buildings erected over vaults*) PLIN.*Nat.*2.197; MART.2.14.9; LVCENTES STVPEAT (populus) PARITER ∼ERE COLVMNAS *CIL* 8.212; (*neut. pl. as sb.*) si in ∼entibus onera fuerint parietum aut columnarum VITR.6.8.1; (*of an upper millstone*) subdere fracturo silici frumenta superque ducere ∼entis orbes MAN. 5.282; (*of a person*) super morientis alumnae frigidulos cubito subnisa pependit ocellos *Ciris* 348;—(*poet.*) membra ..∼entis tendunt ad sidera caeli OV.*Met.*7.580; Nymphae.. praecelsis quarum uaga molibus unda..innumero ∼ens transmittitur arcu STAT.*Silv.*1.5.28. **b** per speluncas saxis structas asperis ∼entibus maxumis *Inc.trag.*74; LUCR. 6.195; in thalami ∼entia pumice tecta VERG.*G.*4.374; scopulus raucis ∼et adesus aquis OV.*Ep.*10.26; ∼ens liquida ripa subitur aqua *Ars* 1.620; speluncarum sub terra ∼entium SEN.*Nat.*6.10.2; nudus hic ∼et silex *Phoen.*69; cana ∼entes rupe Cebennas LUC.1.435;—litus habet solidum, quod..nec opertum ∼eat alga OV.*Met.*11.233; illa uis fluminis..in continentem terram repellitur et illam, qua parte maxime ∼et exagitat SEN.*Nat.*6.20.3.

7 To be perched (in some lofty or precarious position). **b** (of unstable structures, etc.) to be in a suspended state (before falling). **c** (fig.) to be impending.

proni..in uerbera ∼ent (aurigae) VERG.*A.*5.147; inlisa.. prora pependit 5.206;—(*w. abl.*) ∼entis..rupe capellas OV. *Pont.*1.8.51; tenui ramo ∼ens (*i.e. as a bird*) [SEN.]*Oct.*922; truncum (*sc.* Pompei), qui fluctu paene relatus litore ∼ebat LUC.8.754; turre procul summa..∼ebat coniunx STAT.*Ach.* 2.25; ∼ent..fauentes unguibus SIL.16.482; uti praeoptent ∼ere equo quam carpento sedere APUL.*Fl.*21;—(*w.* in+*abl.*) ∼ent in rupe capellae *Ilias* 888; cuius in aerio ∼ent tua uertice castra SIL.1.128;—(*w.* de) non ego uos (*sc.* capellas) posthac..∼ere procul de rupe uidebo VERG.*Ecl.*1.76; ∼entem summa capream de rupe uidebis MART.13.98(99).1; —(*w.* ex) ∼entes e summis moenibus urbis..matres LUC. 7.369; e summo ∼ent cupida agmina uallo STAT.*Theb.* 10.457. **b** semirutis ∼ent quod moenia tectis LUC.1.24; nutantes ∼ere domos 1.495; securos ∼ente iubet dormire ruina JUV.3.196; (*cf.*) tunc querimur, crassus calamo quod ∼eat umor PERS.3.12; (*of wrestlers*) interdum..diu ∼ent per mutua fulti brachia STAT.*Theb.*6.862. **c** horresco ut ∼ente malo SIL.5.191.

8 (w. *aethere*, *in aere*, and sim., or alone) To be supported in the air (whether stationary or in motion). **b** (of heavenly bodies).

aethere ∼ens (*sc. Mercury*) OV.*Met.*2.726; proiecta iacent animalia cuncta in terra uel mersa uadis, uel in aere ∼ent MAN.4.898; EMISSVMQ ARCV DVM ∼ET IN AERE TELVM *CIL* 3.3676; (*cf. sense 6*) aere..uacuo ∼entia Mausolea MART.*Sp.* 1.5;—corpora Cecropidum pennis ∼ere putares OV.*Met.* 6.667; Araxes..aquis ∼entibus semet ipse sine alueo ferens MELA 3.40; caeli ∼entibus undis COL.10.420; ima petit quidquid ∼ebat aquarum LUC.4.127; quisquis..∼entis bibit ungulae (*i.e. that of Pegasus*) liquorem STAT.*Silv.*2.7.4; ∼enti similis Pan semper et imo uix ulla inscribens terrae uestigia cornu SIL.13.327; JUV.11.107; (*w. abst. subj.*) caelo ..adeo tranquillo ut uolatus auium non ∼eant PLIN.*Nat.* 2.192; (*poet.*) rapta..non fracto uestigia puluere ∼ent STAT. *Theb.*6.640. **b** aeris in spatio magnam ∼ere docentes tellurem LUCR.2.602; OV.*Fast.*6.270; astra..per medium.. mundum ∼entia MAN.2.396; eandem (*sc.* terram)..uniuerso cardine stare ∼entem, librantem per quae ∼eat PLIN.*Nat.* 2.11; te (*sc.* Tellurem) uelox machina caeli aere ∼entem uacuo..circuit STAT.*Theb.*8.311; ille (*sc.* Archimedes), haereat anne ∼eat instabilis tellus (nouerat) SIL.14.346; (*cf.*) [TIB.]3.7.23; nox..super campos telis conserta pependit LUC.7.520.

9 To be supported (on top of a wave, etc.), float.

summis..accumbet in undis ∼ebitque super MAN.5.430; ut ∼ere uideatur (sucinum) atque non sidere in uado PLIN. *Nat.*37.42; (*poet.*) naualis..pugnas, ∼entia bella MAN.4.288; —(*w. abl.*) inflicta uadi dorso dum ∼et iniquo (puppis) VERG.*A.*10.303; ∼entibus aequore nidis OV.*Met.*11.746; ut ..terrestre animal homo..fluctibus ∼eat COL.1.pr.8; (*cf. sense 13a*) isdem corpus Leandri, spes mea ∼et aquis OV.*Ep.* 18.150;—(*w.* in+*abl.*) hi summo in fluctu ∼ent VERG.*A.* 1.106; qua terra extrema refuso ∼et in Oceano LUC.8.798; —(*cf. sense 12*) fluctibus inhorruit mare..inter caelum terramque dubii pependimus SEN.*Con.*exc.8.6;—(*in fig. phr.*) in hoc profundum..proiecti mare (*i.e. life*),..∼emus et fluctuamur SEN.*Dial.*11.9.6.

10 (of physical states, actions) To be suspended or in abeyance. **b** (of a sentence, etc.) to be left incomplete or hanging. **c** (of persons) to hang about, suspend action.

∼ent opera interrupta VERG.*A.*4.88; cum mihi somnus ab exsequiis ∼eret amoris PROP.4.7.5; rerum omnes ∼ent actus SIL.1.581; STAT.*Theb.*1.434; ruunt planctu ∼ente et ubique parato 12.32. **b** quamuis..uerba coniuncta sint 'homo festinans in montem', tamen adhuc ∼et oratio VAR. *gram.*265; sunt qui sensus praecidant et hoc gratiam sperent, si sententia pependerit SEN.*Ep.*114.11; quaedam..clausulae sunt claudae atque ∼entes QUINT.*Inst.*9.4.70. **c** dum consulta petis nostroque in limine ∼es VERG.*A.*6.151; sex mensibus barbari..circa montem unum pependerunt FLOR. *Epit.*1.7(1.13.15).

11 (of situations, events, etc.) To be undetermined or uncertain, 'be in the air'. esp. **b** (of legal status, cases, etc.); *in ∼enti esse*.

futura ∼ent et incerta sunt SEN.*Ben.*3.4.2; dum ∼et fortuna ducum LUC.2.41; fata peremptorum ∼ent iam multa uirorum 6.632;—(*w. indir. qu.*) quam quisque famulam traheret incerto diu casu pependit SEN.*Tro.*976. **b** EX VETERIBVS CONTROVERSIS ∼ENTIBVS ALIQVAMDIV ETIAM TEMPORIBVS TI. CAESARIS *CIL* 5.5050.7; si qua de his bonis iudicia ∼erent *SC*(*Font.iur.*p.202)55; QUINT.*Inst.*7.4.27; adhuc litigio ∼ente JULIAN.*dig.*4.8.49; ∼et ius liberorum propter ius postliminii GAIUS *Inst.*1.129; ∼ente obligatione ULP.*dig.*23.3.43.2; si legati condicio ∼eat PAUL.*dig.* 42.4.14.1;—(*w. indir. qu.*) dum ∼et, an prior aditurus sit POMPON.*dig.*28.2.8; si ∼eat, an sit in potestate filius ULP. *dig.*14.6.1.1;—(*w. duration of suspension specified*) quia ∼et donatio in diem nuptiarum 23.3.9.1; ut..haec traditio ∼eat, donec mors sequatur 24.1.11.7;—quia ea promissio in ∼enti esset, donec obligatio in ea causa est JAVOL.*dig.* 23.3.80; quam diu in ∼enti esset, an id futurum esset JULIAN.*dig.*12.1.19; ULP.*dig.*24.1.11.9.

12 (w. *animi* or sim., or alone) To be in a state of mental uncertainty, be in suspense, perplexed, on tenterhooks, etc. **b** (of the mind).

nimis diu animi ∼eo PL.*Mer.*166; Clitipho quom in spe ∼ebit animi TER.*Hau.*727; potius quam animi ∼eam, cum a te absim, et de te et de me CIC.*Att.*16.12; quodsi expectando et desiderando ∼emus animis *Tusc.*1.96; ego quidem uehementer animi ∼eo CAEL.*Fam.*8.5.1; pauidis cum ∼ent mentibus saepe LUCR.6.51; illis..sollicitis ac ∼entibus animi LIV.7.30.22; (*poet.*) grauis Senectus..et ∼ens Metus SEN.*Oed.*594; (*cf. sense 1*) animo..magis quam corpore ∼et (*sc.* Andromeda) MAN.5.607; (*w. indir. qu.*) te ∼ere animi quamnam rationem sim Caesari adlaturus profectionis meae CIC.*Att.*11.12.1;—plebem Romanam obscura spe et caeca exspectatione ∼ere *Agr.*2.66; ne diutius ∼eas, palmam tulit *Att.*4.15.6; femineum sortita iugum cum Roma pependit MAN.1.917; ciuitas sollicita ∼ebat SEN.*Con.*exc.4.2; nihil aeque amarum quam diu ∼ere SEN.*Ben.*2.5.1; LUC.10.542; dubium..in murmure uulgus ∼et STAT.*Theb.*7.123; ∼eo ..et exerceor spe PLIN.*Ep.*6.6.2; (*w. indir. qu.*) quia quam diu futurum hoc sit, non nimis ∼eo SEN.*Ep.*61.2. **b** animus tibi ∼et TER.*Ad.*226; animis spe metuque ∼entibus LIV.7.10.9; animorum incerta sorte ∼entium SEN.*Suas.*2.12; SEN.*Ep.*5.8; *Thy.*423.

13 (w. abl., *ab*, *ex*, etc.). **a** (of abst. things) To depend, hinge, be based (on), result (from). **b** (of persons, etc.) to be dependent, rely (on), hang (upon).

a (*w. abl.*) salutem nostram, quae spe exigua..∼et CIC. *Flac.*4; notis leuibus ∼entia uerba MAN.4.210; una spes anima tantusque penderet ardor SIL.4.301;—(*w.* ab) a quo conexionem dicunt ∼ere fatorum CIC.*Fat.*fr.3; ∼et ab officio spes mihi magna tuo OV.*Fast.*3.680; nascentes morimur, finisque ab origine ∼et MAN.4.16; alia magices factio a Mose..ac Iudaeis ∼ens PLIN.*Nat.*30.11;—(*w.* de) tua deque tuis ∼entia Dardana fatis SIL.13.504;—(*w.* ex) ex genere quaestionis ∼ere causas CIC.*de Orat.*2.139; ex unius tua uita ∼ere omnium *Marc.*22; quoius uitae necisque potestas ex opibus alienis ∼et SAL.*Jug.*14.23; adeo ex paruis saepe magnarum momenta rerum ∼ent LIV.27.9.1; haec..ex aequitatis parte ∼et SEN.*Con.*1.1.14; primum illud falsum est, ex quo ∼ent sequentia SEN.*Ben.*5.9.1; monitio ea, quae ∼et ex ratione siderum caeli COL. 11.1.30; omnia ex eodem nomine apud Graecos ∼entia PLIN.*Nat.*20.116; testamentorum iura ipsa per se firma esse oportere, non ex alieno arbitrio ∼ere GAIUS *dig.*28.5.32;—(*w.* in+*abl.*) in sententiis omnium ciuium famam nostram.. ∼ere CIC.*Pis.*98; in superficie tignisque caritas nobis patriae ∼et? LIV.5.54.2; cum tot in hac anima populorum uita salusque ∼eat LUC.5.686;—(*w. adv.*) non aliunde ∼ere (*sc.* sapientiam) CIC.*Fam.*5.13.1; hinc bene ∼et amor OV.*Med.* 50; uides illam arborem breuem, retorridam, infelicem? ∼et inde libertas SEN.*Dial.*5.15.4. **b** (*w. abl.*) ei..qui ∼et rebus leuissimis CIC.*Sest.*115; promissis iis quae ostendit non ualde ∼eo *Q.fr.*3.5&6.3; qui ea penderant spe LIV. 44.27.7;—(*w.* ab) non olim casu ∼emus ab uno? LUC.5.769; —(*w.* de) te ∼entis, te respicientis amici HOR.*Ep.*1.1.105; de te ∼entem sic dum circumspicis orbem OV.*Tr.*2.217; utrum frugi uitae hi sint, qui alias sufficere sibi possint, an sequioris, qui de alimentis ∼eant ULP.*dig.*2.15.8.11;—(*w.* ex) ut..incolumitati tuae tuorumque, qui ex te ∼ent, consulas CIC.*Fam.*6.22.2; neque ∼et ex futuris, sed expectat illa *Fin.*1.62; toto ex te pectore, Theseu..tota ∼ebat perdita mente CATUL.64.70; ex unica ea spe ∼ere animos eorum LIV.37.49.5; (Amyntas) semper ex ancipiti mutatione temporum ∼ens CURT.4.1.27; hominum ex fortuna ∼entium SEN.*Ben.*3.29.1; ∼emus ex laude QUINT.*Inst.*4.2.127; —(*w. adv.*) hinc omnis ∼et Lucilius HOR.*S.*1.4.6.

pendō ∼dere pependī ∼sum, *tr.* [dub.]

1 To place in the scales, weigh. **b** (transf.) to arrange in a state of equilibrium.

da ∼sam lanam TITIN.*com.*22; ∼sas examinat herbas OV. *Met.*14.270; (*cf. sense 3*) huius domi inter quasilla ∼debatur aurum, numerabatur pecunia CIC.*Phil.*3.10;—(*in fig. phr.*) unum quodque uerbum statera auraria ∼dere VAR.*Men.*419. **b** elementa ad id, quod debetur, ∼sa sunt SEN.*Nat.*3.29.5.

2 To have a weight of (a specified amount), weigh.

QVAE CAEMENTA ARDA ∼DAT P(ondo) XV *CIL* 1.698.2.22;

dupondius fictus, quod duo asses ~debat VAR.*L*.9.83; si tantundemst in lanae glomere quantum corporis in plumbo est, tantundem ~dere par est LUCR.1.361; talentum ne minus pondo octoginta Romanis ponderibus ~dat LIV.38.38.13; coclearia non minus selibras ~dentia PETR.33.6; in transpadana Italia scio uicenas quinas libras farris modios ~dere PLIN.*Nat*.18.66.

3 To pay, pay out (money or contributions in kind). **b** to pay, render (duties, services, etc.).
tributus quom imperatus est, negant ~di potis PL.*Epid*. 227; nummos sescentos quos pro capite illius ~dam *Per*.36; Poeni stipendia ~dunt ENN.*Ann*.265; Achaeos ingentem pecuniam ~dere L. Pisoni quotannis CIC.*Prov*.5; familia magna pro qua..HS centenos ~dat necesse est *Att*.6.1.25; de stipendio..quod sua uoluntate ad id tempus pependerint CAES.*Gal*.1.44.4; Sulcitanos..pro decumis octauas ~dere iubet *B.Afr*.98.2; SAL.*Jug*.31.9; uiduae..quae bina milia aeris in annos singulos ~derent LIV.1.43.9; stipendium exercitu Romano ab hoste in eum annum ~sum 9.41.7; PLIN.*Nat*.12.63; statuit frumento pretium quod emptor ~deret TAC.*Ann*.2.87; Nursinos grandi pecunia et quam ~dere nequirent multatos SUET.*Aug*.12; (*cf.*) omnis.. populo mercedem ~dere iussa est arbor JUV.3.15; (*impers. pass.*) iterum..imperii nostri publicanis ~ditur PLIN.*Nat*. 12.65;—(*contributions in kind*) lamentabile Athenae ~dere desierant..tributum OV.*Met*.8.263; quas..copias frumenti ..quaeque natio ~deret TAC.*Ann*.2.60; ut in usus militaris coria boum ~derent 4.72; (*ellipt.*) quacumque iter est aliubi pro aqua, aliubi pro pabulo..~dunt PLIN.*Nat*.12.65. **b** cultus humum sterilem Cerealia ~dere iussit munera OV.*Med*.3; dignas..~dere gratis STAT.*Theb*.11.223; FAS ERAT VT POTIVS NATVS PIA FVNERA NOBIS ~DERET *CIL* 10.5495.

4 *poenas ~dere*, To pay the penalty. **b** (w. *supplicia*, etc., as obj.) to suffer (punishment, etc.).
gymnasi praefecto hau mediocris poenas ~deres PL.*Bac*. 425; neque indamnatam poenas ~dere oportuit *Rhet.Her*. 1.26; nisi poenas patriae..eas quae grauissimae sunt furore atque insania ~deret CIC.*Pis*.50; ne..innocentes pro nocentibus poenas ~dant CAES.*Gal*.6.9.7; SAL.*Jug*.76.6; tum ~dere poenas Cecropidae iussi..septena quotannis corpora natorum VERG.*A*.6.20; tergo et ceruicibus poenas sociis ~dere LIV.31.31.7; poenas ut sanctae religioni ~deret PHAED.1.27.6; poenas non morte minores ~dat LUC.8.647; V.FL.1.51; PAUL.*Fest*.p.208M; (*cf.*) satis ~sum poenarum tot ueneno absumptis..senatoribus credebant LIV.26.33.2; (*w. abst. subj.*) capitis quae ~dere poenas ex illo iubeat furta recepta loco OV.*Fast*.3.845;—(*w. gen. expr. the crime, etc.*) maximas poenas ~do temeritatis meae CIC. *Att*.11.8.1; inmeritam maternae ~dere linguae Andromedan poenas OV.*Met*.4.670; Regulum fidei poenas etiam hostibus seruatae ~dentem SEN.*Ep*.71.17; JUV.6.478; (*cf.*) ipsi has sacrilego ~detis sanguine poenas VERG.*A*.7.595;—(*w.* ob) Tantalus, qui poenas ob facta nefantia, poenas ~dit LUCIL. 141;—(*w.* pro) pro dictis uostris maledicis poenae ~dentur mi hodie PL.*As*.483; LUCR.5.118;—(*without* poenas; *foll. by* quod) tuis nam ~dit in aruis Delius, ingrato Steropen quod funderat arcu V.FL.1.445. **b** si tum parum ignominiae ~sum est LIV.45.23.17; eadem de causa supplicia annua canes ~dunt PLIN.*Nat*.29.57; ut..ii quoque..inter seruos supplicia ~derent TAC.*Ann*.13.32.

5 To pay the penalty for, expiate.
nec credite culpam saeuitiae scelerumue mihi nunc crimina ~di V.FL.4.478; ante..quam saeuo mea tu conubia ~das funere STAT.*Ach*.1.659.

6 To consider or compare the importance of, weigh, estimate, evaluate. **b** (w. *magni, parui*, etc.) to regard as of (great, little, etc.) importance, place a (high, low, etc.) value upon, think (much, little, etc.) of.
ubi res spectatur, non uerba ~duntur CIC.*Orat*.51; neque leui coniectura res ~ditur *S.Rosc*.62; rem uobis proponam, uos eam suo non nominis pondere ~ditote *Ver*.4.1; ut.. ratum..~sumque nihil haberet, nisi quod..legisset CAP. in Gel.13.12.2; quis conferre duces meminit, quis ~dere causas? LUC.4.707; pari libeat si ~dere bellum foedere et ex aequo geminas conscribere leges SIL.6.486; si pater minus ~so consilio hoc fecit ULP.*dig*.26.7.3.3; (*w. abst. subj.*) sceptrorum uis tota perit, si ~dere iusta incipit LUC.8.489; —(*w.* ex) qui te non ex fortuna, sed ex uirtute tua ~dimus CIC.*Fam*.5.17.5. **b** unice unum plurumi ~dit PL.*Bac*. 207; minoris ~do tergum illorum quam meum *Mos*.883; nos te nihili ~dimus *Poen*.520; quae dico parui ~dunt TER. *Hec*.513; nec iam religio diuum nec numina magni ~debantur LUCR.6.1277; SAL.*Cat*.52.9; SEN.*Dial*.7.10.3; ut promissa eius magni ~derentur TAC.*Ann*.12.18; APUL.*Met*. 9.36; (*w. inf.*) quem tu uidisse beatus non magni ~dis, quia contigit HOR.*S*.2.4.93;—(*w. indir. qu.*) hostisne an ciuis comedis parui ~dere PL.*Trin*.102; tu fors quid me fiat parui ~dis TER.*Hau*.715;—(*w.* pro, *acc. and inf.*) ten cirratorum centum dictata fuisse pro nihilo ~des? PERS.1.30;—(*ellipt.*) inuidere omnes mihi, mordere clanculum: ego non flocci ~dere TER.*Eu*.411.

7 *nihil ~si habere, ducere*, To have no scruples; sim. *nihil* (etc.) *~si esse* (w. dat.). **b** *nihil ~si habere* and sim., (w. pred.) to regard as of no importance, have no scruples about, set no value on; (sim.) *non*, etc., *~si habere, ducere*.
nihil ~si neque sancti habere SAL.*Jug*.41.9; certant in omne facinus et ~si nihil ducunt SEN.*Phoen*.298; QUINT.*Inst*. 11.1.29;—quibus si quicquam umquam ~si fuisset SAL. *Cat*.52.34; id illi, cui nihil ~si sit, facile esse LIV.42.23.2. **b** (*w. inf.*) prorsus neque dicere neque facere quicquam ~si habebat SAL.*Cat*.23.2; quibus nihil neque dicere ~si sit neque facere LIV.43.7.11;—(*w. indir. qu.*) nec mi adeost tantillum ~si iam quos capiam calceos PL.*Truc*.765; neque id quibus modis adsequeretur..quicquam ~si habebat SAL. *Cat*.5.6; quis neque quid dicerent neque quid facerent quicquam unquam ~si fuisset LIV.26.15.4; si tales essetis,.. uobis quid faceretis minus ~si esse non mirarer 34.31.3;— (*w.* quin) nihil ~si habuit quin praedaretur omni modo SUET.*Dom*.12.1;—neque modum oneris quisquam neque genus quaestus ~si habebat TAC.*Hist*.1.46;—nec ~si duxerat isdem imaginibus ascribi V.MAX.2.9.3.

pendulus ~a ~um, *a*. [PENDEO+-VLVS]

1 Hanging down, drooping, sagging, pendulous.
labris..neque resimis superioribus nec ~is subtus VAR.*R*. 2.9.3; ~a proiectis carpuntur..arbuta ramis *Culex* 52; ~a.. palearia OV.*Met*.7.117; genae ~ae PLIN.*Nat*.14.142; bombyx ~us MART.8.33.16; uberibus stagnis obliquo ~a trunco incubat (platanus) STAT.*Silv*.2.3.54; ~ae Veneris fructu me satiauit (Fotis) APUL.*Met*.2.17; undique ~os crines tuos 5.13; ~as..labias 7.3.

2 Hanging, suspended.
potes hac ab orno ~um zona bene te secuta laedere collum HOR.*Carm*.3.27.59; ~a caelestis Libra mouebat aquas OV.*Fast*.4.386; (*poet.*) (tellus) ~a librato pondus et ipsa tuum *Eleg.Maec*.142.

3 Perched in a lofty or precarious position.
nutabat cruce ~a uiator STAT.*Silv*.4.3.28; putator ~us arbustis COL.10.229; usque ad regni nutabilem suggestum et ~um tribunal euectus APUL.*Soc*.4;—(*of places on hillsides, etc.*) aspriora et ~a loca..fimo iuuanda sunt COL.2.17.2; MART.10.13(20).2; ~a Pomptinos quae spectat Setia campos 13.112.1.

4 Supported or floating in the air. **b** (transf.) wavering.
Psyche..per nubilas plagas ~i comitatus extrema consequia APUL.*Met*.5.24; (aquila) cunctabundo uolatu paene eodem loco ~a circumtuetur *Fl*.2. **b** (*in fig. phr.*) neu fluitem dubiae spe ~us horae HOR.*Ep*.1.18.110; cum tremeret patrio ~a turba sacro PROP.4.1.18.

5 (w. abl.) Dependent (on), deriving (from).
hoc..nec a patre hereditarium est nec ⟨a⟩ casu ~um APUL.*Soc*.23.

Pēnēis ~idos, *f. adj.* Of the river Peneus. **b** descended from the river-god Peneus.
~idas undas OV.*Met*.1.544. **b** in nympha ~ide (*i.e. Daphne*) OV.*Met*.1.472; 1.504.

Pēnēius ~a ~um, *a*. Of or connected with the river Peneus; *~us amnis*, the river Peneus. **b** descended from the river-god Peneus.
~a Tempe VERG.*G*.4.317; ~a..arua OV.*Met*.12.209; laurus ~a V.FL.1.386; ~a..stagna STAT.*Theb*.4.143;— ~us amnis LUC.8.33. **b** primus amor Phoebi Daphne ~a OV.*Met*.1.452; (*fem. as sb., of Daphne*) plura locuturum timido ~a cursu fugit 1.525.

Pēnelopē ~ēs and **~a** ~ae, *f*. The daughter of Icarius, wife of Odysseus and mother of Telemachus.
PL.*St*.1ª; illa ars quasi ~ae telam retexens CIC.*Luc*.95; hanc tua ~e lento tibi mittit, Vlixe OV.*Ep*.1.1; *Met*.13.511; *Priap*.68.37; uos..fusum ~e melius..torquetis JUV.2.56; —(*as typifying chastity and devotion*) non te ~en difficilem procis Tyrrhenus genuit parens HOR.*Carm*.3.10.11; hic nulla puella nec fida Euadne nec pia ~e PROP.3.13.24; MART.1.62.6;— sponsi ~ae (*typifying sensual wastrels*) HOR. *Ep*.1.2.28.

Pēnelopēa ~ae, *f*. = prec.
Priap.68.28.

Pēnelopēus ~a ~um, *a*. Of or connected with Penelope; descended from Penelope.
~a fides OV.*Tr*.5.14.36;—Telemacho..~o CATUL.61.223.

pēnelops ~pos. [Gk. πηνέλοψ (*m.* or *f.*)] A kind of wild duck.
e lacu, in quo aues, quas meleagridas et ~pas uocat, uiuere PLIN.*Nat*.37.38.

penes, *prep*. [cf. PENVS, PENATES, PENITVS] CONST.: w. acc.; often placed after its noun.

1 Under the physical control of, in the possession or charge of, at the house, etc., of; also, on the person of, on.
thensaurum tuom me esse ~ PL.*Trin*.1146; istaec iam ~ uos psaltriast? TER.*Ad*.388; cum tantus arrabo ~ Samnites populi Romani esset QUAD.*hist*.20; quod omnis frumenti copia..~ istum esset redacta CIC.*Ver*.3.171; edicunt, ~ quem quisque sit Caesaris miles, ut producat CAES.*Civ*. 1.76.4; cetera..restitueret sociis..quae ~ eum essent *B.Alex*.70.7; te ~ (*sc.* sit) Inachiae dotalis regia dono coniugis STAT.*Theb*.2.430; uobis maximum discrimen, ~ quos aurum et opes, praecipuae bellorum causae TAC.*Hist*. 4.74; ULP.*dig*.50.16.63; (*transf.*) aeterna ~ residere potesse corpora prima quod in summis fluitare uidemus rebus LUCR. 2.1010;—(*w. non-personal noun*) habes ~ mensam patroni mei denarios mille SCAEV.*dig*.14.3.20;—neque tui me quicquam inuenisti ~ PL.*Aul*.654.

2 Under the control of, within the power of, with. **b** ~ *se esse*, to be under one's own control, i.e. be in one's right mind.
Iuppiter..quem ~ spes uitae sunt hominum omnium PL. *Poen*.1188; Venus, quam ~ amantum summa summarum redit *Truc*.25; si..putabit posse omnia ~ unum consistere *Rhet.Her*.4.7; eos agros quorum adhuc ~ Cn. Pompeium omne iudicium..debet esse xuiri CIC.*Agr*.2.52; quod ~ eos ..summam uictoriae constare intellegebant CAES.*Gal*.7.21.3; illud tempus..quo res publica ~ Brutos uideretur esse NEP. *Att*.8.1, decus imperiumque Latini te ~ VERG.*A*.12.59; ~ quos igitur sunt auspicia more maiorum? LIV.6.41.4; Carthalo, ~ quem summa equestris imperii erat 22.15.8; me ~ est unum uasti custodia mundi OV.*Fast*.1.119; aliquis ea animalia comparat nobis, quorum potestas ~ nos est? SEN. *Ben*.2.29.3; ut arbitrium ~ Romanos maneret quid darent quid adimerent TAC.*Ann*.13.56; consilium rei p. ~ senes esset FLOR.*Epit*.1.1(1.1.15);—(*w. non-personal noun*) usus, quem ~ arbitrium est..loquendi HOR.*Ars* 72; LIV.4.8.2. **b** quid, cum Picenis excerpens semina pomis gaudes si cameram percusti forte, ~ te es? HOR.*S*.2.3.273.

3 (indicating a person, etc., to whom praise, rewards, responsibility, and suchlike are entrusted) In the hands, charge, etc., of.
ego..illorum esse hanc culpam credidi, quae test ~ TER.*Hec*.535; locutionem emendatam et Latinam, cuius ~ quos laus adhuc fuit, non fuit rationis CIC.*Brut*. 258; fides eius rei ~ auctores erit SAL.*Jug*.17.7; beneficia uostra ~ optumos, non audacissumos forent 31.16; alia omnis ~ milites noxia erat LIV.3.42.2; causa atque origo omnis furoris ~ auctores est 28.27.11; ~ illum erit culpa, non ~ me SEN.*Ben*.7.18.2; diu..summa carminis ~ Mopsum Thracem memorata est PETR.55.4; nec enim omnis culpa malorum me ~ STAT.*Theb*.11.189; patrati remedii gloriam ~ Caesarem, inriti ludibrium penes miseros fore TAC.*Hist*.4.81; praemia ~ unum fore qui indicio praeuenisset *Ann*.15.54; mentis causa malae tamen est et origo ~ te JUV.14.226; TRA.*Plin.Ep*.10.30(39).2; ULP.*dig*.9.3.1.4; —(*w. non-personal noun*) plures..eius rei causas adferebat, potissimam ~ incuriam uirorum feminarumque TAC.*Ann*. 4.16.

4 On the part of, so far as concerns, amongst.
plus impetus felicibus, maiorem constantiam ~ miseros esse TAC.*Ag*.15.5; nulla ultra ~ Vitellianos mora quin totis uiribus certarent *Hist*.2.31; ne plus quam semel certemus ~ me exemplum erit 2.47; in his rebus..quae..~ cunctos notitiam promiscuam possident APUL.*Soc*.14.

penetrābilis ~is ~e, *a*. [PENETRO+-BILIS]

1 Capable of piercing, penetrating. **b** (of fluids, vapours, etc.; also, of other physical phenomena). **c** (fig.) penetrating, acute; trenchant.
num mage sit nostrum ~e telum VERG.*A*.10.481; qui.. Iouem..sperno et ~e fulmen OV.*Met*.13.857; ~is..harundo SIL.7.649. **b** in longum angusto ~is aequore fluctus peruenit MAN.4.647; ignescunt ~es spiritus APUL.*Mun*.15; —(*of heat, cold*) Boreae ~e frigus VERG.*G*.1.93; tepore..~i SEN.*Ben*.4.23.1; MART.4.19.9;—(*of sound*) sono ~i APUL. *Met*.5.7. **c** quae..~i cogitatione percipitur atque concipitur APUL.*Pl*.1.9;—quod..graui..et ~i querimonia dixerit GEL.10.3.4.

2 Capable of being pierced, penetrable. **b** allowing passage through, pervious, permeable. **c** (fig.) penetrable to the mind or will.
corpus nullo ~e telo OV.*Met*.12.166; SEN.*Dial*.5.5.8; clipei ~e textum STAT.*Theb*.7.652; Phoebus..Oceani ~e litus anhelis promittebat equis *Ach*.1.690; profunda altitudo (Nili), nullis inquirentium spatiis ~is TAC.*Ann*.2.61. **b** terra..~is uentis SEN.*Nat*.6.20.4; ne forte rigor ~e corpus urat CALP.*Ecl*.5.117; nulli ~is astro, lucus STAT. *Theb*.10.85. **c** ratio, cui..ipsum est ~e caelum MAN. 1.543; esse illam (*sc.* beatam uitam)..uolenti ~em SEN. *Ep*.64.5.

penetrāle ~is, *n*. [next] Often pl. in sense. indistinguishable from sg.

1 The inner part, inmost recess (of a building, etc.). **b** the innermost part (of a region). **c** (fig.) the innermost or secret parts, depths, recesses.
in prytaneo—id est ~e urbis LIV.41.20.7; thalami..~e petit V.FL.7.325; ad concilii ~e STAT.*Theb*.10.176;—(*pl.*) uidit..medium in ~ibus hostem VERG.*A*.2.508; laurus erat tecti medio in ~ibus altis 7.59; ~ia sparsisse nocturno cruore hospitis HOR.*Carm*.2.13.6; in ~ibus pontificum LIV. 9.46.5; (mortuos) arte medicatos intra ~ia (*sc. of the pyramids*) conlocant MELA 1.57; arcanis tecti in ~ibus STAT. *Theb*.5.313. **b** uetustum..nemus, ~e regni SEN.*Thy*.652; consulti testor ~ia mundi STAT.*Theb*.3.637; ~ia (mundi).. adire APUL.*Mun*.pr.; ~ia Coryci *pr*.; (*meton.*) cui Cocyti ~ia parent PETR.121,l.103. **c** animi ~ibus imis STAT.*Silv*. 3.556; ipsa huius loci (*i.e. subject*) aperire ~ia QUINT.*Inst*. 6.2.25; ex ipsis sapientiae ~ibus 12.pr.3; haec eloquentiae primordia, haec ~ia TAC.*Dial*.12.2; ad ipsa..Platonis ~ia GEL.17.20.6; pectoris tui ~ibus APUL.*Met*.3.15; in quibusdam dignitatis suae ~ibus degens *Soc*.4.

2 The innermost part of a temple, inner shrine, etc.
conditum in ~i fatale pignus imperii Romani LIV. 26.27.14; ~e Numae OV.*Fast*.2.69; IN ~I, QVOD E⟨S⟩T IN TEMPLO MARTIS VLTORIS AUG.*Anc*.5.42; SEN.*Med*.676; licet ..omne uetustorum soluat ~e magorum LUC.6.450; Capitolini summum ~e Tonantis MART.10.51.13; TAC.*Ger*. 40.3; (*transf.*) augustam sedem et Latii ~e senatus STAT. *Silv*.5.2.19;—(*pl.*) canae ~ia Vestae obtestor VERG.*A*.9.259; tradamus ancilia, ~ia, deos deorumque curam LIV.6.41.9; 45.5.4; ~ia donis..spoliare suis OV.*Met*.12.245; STAT.*Ach*. 2.60;—(*w.* adyti) adyti ~e LUC.5.146; adyti ~ia SIL.3.21.

3 (spec.) The shrine of the Penates; (meton.) the Penates themselves or their ritual objects. **b** a household, home.
(Heracliam) abstractam a ~ibus iugulant LIV.24.26.12; ~ia sunt penatium deorum sacraria PAUL.*Fest*.p.208M;— patrium..transferre parabat in sedes ~e nouas OV.*Met*. 15.35; sacra domumque ferens et aui ~ia Turni SIL.1.668; (*cf.*) castum..~e parentum (*i.e. the Palladium*) 13.62. **b** in nostrum..~e receptus OV.*Tr*.1.1.105; ut Caesar non hic ~e domumque hospitium poenae sed uelit esse meae 3.12.53;—(*pl.*) indoles nutrita faustis sub ~ibus HOR.*Carm*. 4.4.26; tua non alio coluit ~ia ritu..quam colis ipse deos OV.*Pont*.1.9.35; sic igitur uestrae uigeant ~ia gentis 2.2.107; contumeliam ~ium meorum SEN.*Con*.2.7.5.

penetrālis ~is ~e, *a*. *compar.* ~ior. [PENETRO+-ALIS]

1 Penetrating.
permanat calor argentum ~eque frigus LUCR.1.494; ~em ignem 1.535; quare fulmineus multo ~ior ignis quam noster fuat 2.382.

2 Situated at the inside (of a house or temple), innermost; the innermost part of; (also) performed in the innermost part. **b** *di ~es* = PENATES.

abditos ac ~is focos CIC.*Har.*57; CATUL.68.102; adytis effert ~ibus ignem VERG.*A.*2.297; 5.660; Phrygiae signum ~e Mineruae OV.*Met.*13.337;—tectis ~ibus extulit oua.. formica VERG.*G.*1.379;—~e sacrificium dicitur, quod interiore parte sacrari conficitur FEST.p.250M. **b** ~es deos ..Troia aduectos V.MAX.1.8.7; iuro..per..~es deos SEN. *Oed.*265; (*cf.*) Penates..~es a poetis uocantur CIC.*N.D.*2.68; (*transf.*) ~is Germaniae deos TAC.*Ann.*2.10.

penetrātiō ~ōnis, *f.* [next+-TIO] The action of piercing, penetration.

spinarum..simili ~one APUL.*Fl.*18.

penetrō ~āre ~āuī ~ātum, *tr., intr.* [PENVS: for term. cf. *intro*²]

1 To cause to go into the interior of anything or to a place, etc., situated in the interior: **a** (refl., also w. *pedem*). **b** (pass.).

a (*w.* ad) quin priu' me ad pluris ~aui? (*i.e. died*) PL. *Trin.*291;—(*w.* in+*acc.*) perduelles ~ant se in fugam *Am.* 250; specum quandam nanctus remotam..in eam me ~o et recondo GEL.5.14.18;—(*w.* intra) neque huc..intra portam ~aui pedem PL.*Men.*400;—(*w. adv.*) quo..foras se ~auit ex aedibus *Trin.*276;—(*ellipt.*) conferto gradu se ~ant APUL.*Met.*8.29;—(*fig.*) in grammaticam sese..~auerat GEL. 13.10.1;—(*of inanim. things*) ea..intra pectus se ~auit potio PL.*Truc.*44. **b** quae ~ata queunt sensum progignere acerbum LUCR.4.670; aut ~atum aegre admiscetur ..semen 4.1246.

2 To make one's way or penetrate into or as far as. **b** to cross (a river).

(*w. acc.*) ~ant aulas et limina regum VERG.*G.*2.504; bis ~ata Britannia VELL.2.47.1; remotas Medorum ~are domos LUC.8.216; equitibus..Romanis..Atlantem ~asse in gloria fuit PLIN.*Nat.*5.11; longius ~ata Germania TAC.*Ann.*4.44; mediae cryptam ~are Suburae JUV.5.106; (*transf.*) siue ipsa (*sc.* uirtus) capaces elegit ~are uiros STAT.*Theb.*10.635;—(*w.* ad) ad eorum urbis sedisque ~auit CIC.*Prov.*32; extremas Corythi ~auit ad urbes VERG.*A.*9.10; praeter Armeniam ~at ad Tigrin CURT.4.9.14; lux reddidit terram, ~atumque ad amnem TAC.*Ann.*1.70;—(*w.* in+*acc.*) (praedones) in ipsum portum ~are coeperunt CIC.*Ver.*5.96; siue in extremos ~abit Indos CATUL.11.2; ~are in hostium castra LIV. 2.12.3; in eam speluncam ~atum..est 10.1.5; si non.. Stygias ~abit in undas OV.*Met.*3.272; (*transf.*) in prouincias ..grammatica ~auerat VAR.*gram.*320;—(*w.* sub) qua Ditem patrem ferunt..~asse sub terras CIC.*Ver.*4.107;—(*w. adv.*) ~at penitus *Naev.Cyp.Il.*2(*poet.*p.51); eum nescio quo ~asse itineribus CIC.*Att.*8.14.3; cum..eo ~asset NEP. *Cha.*42; altius ~abant TAC.*Ann.*3.28;—(*absol. or ellipt.*) ne quis occultus nuntius..~aret *Hist.*4.28; aptus numerus.. ad ~andum 3.41; (*transf.*) neque exercitus neque moenia obstant, quominus ui sua ~et (auaritia) SAL.*Rep.*2.8.4;—(*w. internal acc.*) (Corbulo) iter L. Lucullo quondam ~atum..pergit TAC.*Ann.*15.27. **b** (*w. acc.*) Croesus Halyn ~ans CIC.*poet.*37(52)(*Div.*2.115); neque uado ~ari poterat (amnis) TAC.*Ann.*2.68; nec semel Rhenus, set iterum quoque et quidem ponte facto ~atus est FLOR.*Epit.*1.45(3.10.15).

3 (of things) To work a way, penetrate into or to. **b** (of abst. things).

(*w. acc.*) nec simili ~ant auris primordia forma LUCR. 4.544; uapor..ignis, qui ferri quoque uim ~are sueuit 6.953; (*pass.*) nec porro penitus ~ata retexi (possunt, *sc. atoms*) 1.529;—(*w.* ad) iaculo, quod..laeuam ~auit ad aurem OV. *Met.*12.336; tristes ~ant ad uiscera morbi 7.601; eo cibo, qui..ad cutem..~at CELS.2.14.3; merum..quod libere ~at ad neruos SEN.*Ep.*122.6; (*cf.*) si uitium corporis usque ad animum ~at ULP.*dig.*21.1.4.1;—(*w.* in+*acc.*) neu simili ~are putes primordia forma in naris hominum LUCR.2.414; nidor..~at qua fucus non it in artus 2.683; gelidus..in artus..~at tremor OV.*Met.*10.424; PLIN.*Nat.*20.236;—(*w.* per) astra..per caelum ~antia CIC.*Tim.*34; corpora.. grandia quae nequeunt..~are per auras LUCR.6.303; (*w. adv.*) ~are alio sonitus alioque saporem cernimus 6.986; an penitus ~auerit (uulnus) CELS.5.26.7;—(*absol. or ellipt.*) ~ante rectis meatibus sono PLIN.*Nat.*16.184; ne ~ans sol exurat fibras 17.69; CALL.*dig.*14.2.4.2. **b** (*w.* ad) quando id primum ad Romanos ~auerit, non facile dixerim PLIN. *Nat.*13.24; quod quia..ad unius tantum auris ~auerat.. ueritatis fide caruit V.MAX.3.8.ext.1;—(*w.* in+*acc.*) quando ..rarissimarum recitationum fama in totam urbem ~at? TAC.*Dial.*10.2;—(*w. adv.*) quo..neque..gloria illa naualis.. ~are potuit CIC.*Ver.*5.97; eodem gloriam famamque ~are *Arch.*23; si cognouerit factum suum isto usque ~asse PLIN. *Ep.*4.12.7.

4 To penetrate with the senses or intellect.

(*w.* ad) curiosiore obseruatione ad ipsam ueritatem ~auit V.MAX.5.7.ext.1; (*w.* in+*acc.*) ut nulla acies humani ingenii tanta sit, quae ~are in caelum..possit CIC.*Luc.*122; quid uero hominum ratio non in caelum usque ~auit? *N.D.*2.153; suffragia et existimationem senatus reperta ut in cuiusque uitam famamque ~arent TAC.*Hist.*4.7.

5 (of ideas, emotions, etc.) To penetrate (a person), gain entrance.

(*w. acc.*) nihil..Tiberium magis ~auit quam studia hominum accensa in Agrippinam TAC.*Ann.*3.4; id Tiberii animum altius ~auit 1.69; (*w. inf. as subj.*) ~abat eos posse haec..decurrere LUCR.5.1262;—(*w.* ad) uter..magis ad sensum iudicis opinionemque ~arit CIC.*Part.*123;—(*w.* in+*acc.*) nulla res magis ~at in animos *Brut.*142; humanitatis dulcedo..in efferata barbarorum ingenia ~at V.MAX. 5.1.ext.6; ~ans pauor in praecordia SIL.16.514; cum pictura ..in intimos ~et adfectus QUINT.*Inst.*11.3.67;—(*w. adv.*) nec temere huc dolor..potest ~are LUCR.3.252; eam sententiam altius ~are TAC.*Ann.*2.36.

6 (of actions, practices, etc.) To go to a certain length, go as far as.

(*w.* ad) quae consuetudo ex hominum conuictu ad diuina ~auit V.MAX.2.1.2; quae inpensa..ad suspensa caldae aquae tantum non aequora ~auit 9.1.1; una uox eius usque ad contumeliam senatus ~auerat TAC.*Ann.*15.20;—(*w. adv.*) quo non ars ~at? discunt lacrimare decenter OV.*Ars* 3.291; quo non ~at..pietas? V.MAX.5.4.7; PLIN.*Nat.*33.3.

Pēnēus ~ēī, *m.* Also **~īos** ~iī. A river flowing through the vale of Tempe in Thessaly; the god of this river.

ad ~eum flumen, qua transitus ab Homolio Dium esset, praemissis LIV.42.38.10; 42.55.6; MELA 2.35;—confestim ~ios adest CATUL.64.285; ~ei genitoris ad undam VERG.*G.* 4.355; te..~ee OV.*Am.*3.6.31.

pēnicillus ~ī, *m.* **~um** ~ī, *n.* Also **~is** ~is, *m.* [PENIS+-CILLVS]

1 A paint-brush, esp. an artist's brush. **b** (meton.) 'the brush', pictorial art.

caudam antiqui 'penem' uocabant, ex quo est propter similitudinem '~us' CIC.*Fam.*9.22.2; e ~is tectoriis PLIN. *Nat.*28.235;—pingentium..plenos..abluentium ~os 33.120; ut caelator caelum et pictor ~a (desiderat) QUINT.*Inst.* 2.21.24; EPAPHRA REDDE ~VM *CIL* 4.1787; (*in fig. phr.*) mihi date Britanniam quam pingam coloribus tuis, ~o meo CIC.*Q.fr.*2.13.2. **b** quoniam summum illum luctum ~o non posset imitari CIC.*Orat.*74; primus..gloriam ~o iure contulit PLIN.*Nat.*35.60; celebres in ~o 35.112.

2 A variety of sponge. **b** a medicament for the eyes, perh. derived from this.

mollissimum genus earum (spongearum) ~i PLIN.*Nat.* 31.125; 31.131. **b** M IVL SATYRI PENICIL LENE EX OVO *CIL* 7.1312; C XANTHI ~E AT IMP 13.10021(25); IVNI TAVRI ~EM AD OMNEM LIPPITVD 13.10021(112).

3 (med.) A swab, pad.

expresso ex aqua frigida ~o CELS.2.10.18; detergenda (lingua)..~o est 3.10.4; puella ~o, quod et ipsum satureo tinxerat, Ascylton opprimebat PETR.21.1; ablui necessarium ~is calidis PLIN.*Nat.*34.113; ~um intinctum et non nimis expressum LARG.142.

pēniculāmentum ~ī, *n.* [next+-MENTVM] (app.) A 'tail' formed by the extremity of a draped garment.

pendent ~a unum ad quemque pedum ENN.*Ann.*362; CAECIL.*com.*132; ~o uero reprehendere noli, ut pueri faciunt, mulierculam honestam LUCIL.565.

pēniculus ~ī, *m.* [next+-CVLVS] FORMS: *~um* (neut.) PL.*Mil.*18 (s.v.l.).

1 A brush.

FEST.p.230M; (*transf.*) iuuentus nomen fecit ~o mihi ideo quia mensam, quando edo, detergeo PL.*Men.*1.

2 A sponge.

itidem quasi ~us nouos exurgeri solet PL.*Rud.*1008; ~on pugnare..cogitas? TER.*Eu.*777; PAUL.*Fest.*p.208M.

pēnis ~is, *m.* [<**pes-nis*; Skt. *pásas-*, Gk. πέος, AS. *fæl*]

1 A tail.

lares ludentis ~i pinxit bubulo NAEV.*com.*102; CIC.*Fam.* 9.22.2; ~em antiqui codam uocabant FEST.p.230M.

2 The male sexual organ, penis.

CATUL.15.9; HOR.*Epod.*12.8; PERS.4.35; MART.6.16.1; JUV.6.337;—(*as a familiar sobriquet*) (Augustus) eum (*sc. Horace*) inter alios iocos purissimum ~em..appellauit SUET.*Poet.*fr.40(p.46Re);—(*meton.*) quicumque inpudicus adulter ganeo manu uentre ~e bona patria lacerauerat SAL. *Cat.*14.2.

penitē, *adv.* [PENITVS²+-E] Deep down inside.

illi non minus ac tibi pectore uritur intimo flamma, sed ~e magis CATUL.61.171.

penitus¹, *adv.* [**pene* (cf. PENES, PENETRO)+ -ITVS¹] FORMS: *paen-* SIS.*Mil.*10.

1 From the inside, from within. **b** (esp. when accompanied by prepositional phr. w. *ab, ex, de*) from far within, from deep down, from a remote source.

ipse egreditur ~ PL.*Ps.*132. **b** cum subito ~que tumescit (mare) CIC.*Arat.Progn.*178; iacere ac largiri multa uidemus, non solum ex alto ~que..uerum de summis ipsum quoque saepe colorem LUCR.4.73; forsitan Aethiopum ~ de montibus altis crescat (*sc.* Nilus) 6.735; (fontes) ab inferioribus locis ~ orti VITR.8.3.2; in ea regione piscem e terra ~ erui MELA 2.83; ~..trahens suspiria sicco fumat ab ore uapor SIL.1.530;—(*fig.*) ea non modo non esse communia ..sed ~ ex ea causa quae agatur, effloruisse CIC.*de Orat.* 2.319.

2 To or at a point far within or deep down, deep(ly), far. **b** (topog.) to or at a remote distance (esp. far into the interior of a country), far away. **c** (w. ref. to the seat of the emotions, etc.).

penetrat ~ thalamoque potitur *Naev.Cyp.Il.*2.(*poet.*p.51); ut eum ~ utero suo recepit SIS.*Mil.*10; ut ~ per aquam perspiciant pisces VAR.*Men.*209; e saxo..multorum operis ~ exciso CIC.*Ver.*5.68; non ante possunt (lateres) ~ siccescere VITR.2.3.2; cum..clamor..eorum ~ in regiam peruenisset LIV.1.40.5; ~..recepta ossibus et toto corpore pestis erat OV.*Fast.*5.403; non ~ nec in profundum radices agunt COL.3.11.3; LUC.9.305; QUINT.*Inst.*10.7.28;—(*w.* alte) hi (*sc.* fontes)..cum in ardentem locum alte ~ inciderunt VITR.8.3.2;—(*as complement of* esse) sin autem loca dura erunt aut nimium uenae ~ fuerint 8.6.14;—(*in fig. phr.*) haec ..esse ~ in media philosophia retrusa atque abdita CIC. *de Orat.*1.87. **b** ego..~ in Lusitania legiones in hibernis conlocaram POLL.*Fam.*10.33.3; Zmyrna cauas Satrachi ~ mittetur ad undas CATUL.95.5; Suebos omnis..~ ad extremos finis sese recepisse CAES.*Gal.*6.10.4; Alcibiades..~ in Threciam se..abdidit NEP.*Alc.*9.1; ~ toto diuisos orbe Britannos VERG.*Ecl.*1.66; Hasdrubal..ad Oceanum ~ Gadesque concesserat LIV.28.1.2; ut..summo dispexit ab aethere terras..infelix Phaethon ~ ~que patentis OV.*Met.*2.179; Thracia..a Pontici lateris fronte usque in Illyrios ~ inmissa MELA 2.16; SIL.14.72; TAC.*Hist.*2.12. **c** ut amorem illum ~ insitum eiceret ex animo CIC.*S.Rosc.*53; quam ~ maestas exedit cura medullas! CATUL.66.23; ~..necesse est multa diu concreta modis inolescere miris VERG.*A.*6.737; ~..medullis (*sc. of Hannibal*) sanguinis humani flagrat sitis SIL.1.59; ~ infixus in Caesares amor TAC.*Ann.*2.76; ~ intremuit..omne imperii corpus FLOR.*Epit.*2.14(4.3.8).

3 (w. vbs., adjs., expr. emotion, etc.) From the bottom of one's heart, in one's inmost depths. **b** (w. vbs., etc., expr. involvement) deeply, without reserve, heartily.

hunc si acerbe et ~ oderat CIC.*Clu.*171; eos..~ contempserat *Mil.*74; ~ modo non genus omne perosos femineum VERG.*A.*9.141; Latonam..supremo dilectam ~ Ioui HOR.*Carm.*1.21.4; cur ~ magnoque interpretor omine quercum? STAT.*Theb.*9.630; multa..memorauit, magis in speciem uerbis adornata quam ut ~ sentire crederetur TAC. *Ann.*1.52;—(*w. adjs.*) uir animi bellique fortissimus ~que Romano nomini infestissimus VELL.2.27.1; (*poet.*) Ianua uel domina ~ crudelior ipsa PROP.1.16.17. **b** quis musicis.. ~ se dedit, quin omnem illarum artium..uim..comprehenderit? CIC.*de Orat.*1.10; quod nondum ~ in re publica uersabar *Sul.*11; demittamne me ~ in causam? *Att.*7.12.3; tibi (*i.e.* philosophiae) nos..~ totosque tradimus *Tusc.*5.5; (*w.* bene) L. Carpinatius, qui..bene ~ in istius familiaritatem sese dedit *Ver.*2.169.

4 (w. vbs., etc., expr. mental perception) Deep down, thoroughly. **b** (w. vbs., etc., expr. knowledge) intimately, profoundly.

haec adeo ~ cura uidere sagaci CIC.*Cons.*fr.2.71; uidi ~que perspexi..et sollicitudines et laetitias tuas *Att.*1.17.6; et perceptas ~ et pertractatas res humanas habere *Tusc.* 3.30; ~..deus, non fronte, notandus MAN.4.309; PLIN.*Ep. Tra.*10.86b(18).2; ULP.*dig.*43.20.1.21. **b** ut eas diligenter ~que cognoscat CIC.*de Orat.*2.99; explicari mihi tuum consilium plane uolo, ut ~ intellegam *Att.*8.12.1; cuius sit ~ nota fides animi CATUL.102.2; HOR.*Ep.*1.18.80; geometriam..ceterasque disciplinas ~ habere notas VITR.1.1.17; uideatur..et fortassis incredibile, ni ~ aestimetur PLIN. *Nat.*18.36; TAC.*Ann.*2.12; ut diu ~que perdisceres, quae mox praecipere deberes PLIN.*Pan.*15.1.

5 Completely, utterly, through and through.

supercilia illa ~ abrasa CIC.*Q.Rosc.*20; rationes a te conlectae uetabant me rei p. ~ diffidere *Fam.*5.13.3; plerique..se ipsos ~ perdiderunt *Fin.*1.49; haud..~ pereunt quaecumque uidentur LUCR.1.262; quin omnem Hesperiam ~ sua sub iuga mittant VERG.*A.*8.148; Castor ac Pollux..hostiles copias ~ fuderunt V.MAX.1.8.1; ~ tolli quam iusseris urbem LUC.1.385; (turris) innumeros ~ quassata per ictus STAT.*Theb.*9.555; huius tu metum ~ sustulisti PLIN.*Pan.* 42.1; Druidarum religionem..~ aboleuit SUET.*Cl.*25.5.

penitus² ~a ~um, *a. compar.* ~ior, *superl.* ~issimus. [prec.] The inward, interior, or inmost (part of), the depths of. **b** (of countries) the interior or remote part of; (of inhabitants) occupying the interior, remote.

age age, usque exscrea.—.—age quaesso hercle usque ~is faucibus PL.*As.*41; de summi fontis ~a scaturrigine APUL.*Met.*6.13; uisus est et adulescens..trahere se in ~iorem partem domus *in G.L.*2.85;—(*w. ref. to the heart or mind*) in latebras apscondas pectore ~issumo PL.*Cist.*63; mihi ~a carpebantur praecordia APUL.*Met.*9.26; in ipsis ~issimis mentibus *Soc.*16. **b** abductam ex Arabia ~issuma PL. *Per.*522;—Scythas illos ~issimos GEL.9.4.6.

pēnītus³ ~a ~um, *a.* [PENIS+-ITVS²] Furnished with a tail.

~am offam Naeuius appellat absegmen carnis cum coda FEST.p.242M.

penna ~ae, *f.* [cf. app. Skt. *pátati*, Gk. πτερόν, OIr. *ēn*, Welsh *edn*, etc.] FORMS: *pesn-* old form acc. FEST.p.205M. N.B.: see also PINNA with which this word is confused in MSS. and edd.

1 A wing (of a bird or other creature). **b** (of gods, heroes, etc.). **c** (app. dist. fr. *ala*, perh.) pinion. **d** (fig., as a symbol of speed; also, from the idea of soaring, of ambition, and sim.).

et densis aquila ~is obnixa uolabat uento ENN.*Ann.*147; quo simul ac primum ~is delata sit ales LUCR.6.821; lenta .. perpetuas fuderunt bracchia ~as *Ciris* 504; quam super haud ullae poterant impune uolantes tendere iter ~is VERG.*A.*6.240; ut fugere (solent) accipitrem ~a trepidante columbae OV.*Met.*5.605; V.FL.1.233; (*cf.*) age sis tu, sine ~is uola PL.*As.*93; (*in a constellation*) uolucris, cuius ~a dextra Cephei manum attingit VITR.9.4.3; (*of a bat*) paruos membrana per artus porrigitur tenuique includunt bracchia ~a OV.*Met.*4.408;—(*w. ref. to augury*) tu..o cara mihi, felicibus edita ~is PROP.3.10.11; haec mihi non..linguaue seruatae ~aue dixit auis OV.*Tr.*1.9.50; SIL.3.344;—(*in fig. phr.*) tu passerculis et columbulis nostris inter aquilas uestras dabis ~as PLIN.*Ep.*9.25.3. **b** uade age, nate (*i.e. Mercury*), uoca Zephyros et labere ~is VERG.*A.*4.223; illum aget ~a metuente solui Fama superstes HOR.*Carm.*2.2.7; eliso percussis aere ~is (*sc. of Cupid*) OV.*Met.*1.466; nec te (*sc.* Somne) totas infundere ~as luminibus compello meis STAT.*Silv.*5.4.16; (*in fig. phr.*) ille tuus ~as tam cito uertit amor? PROP.2.24.22; (*artificial*) expertus uacuum Daedalus aera ~is non homini datis HOR.*Carm.*1.3.35. **c** ut..tenui conscendens aethera ~a caeruleis sua tecta super uolitauerit alis *Ciris* 50; VERG.*A.*5.215. **d** (Apollo) ~is adiutus amoris ocior est OV.*Met.*1.540; SIL.3.308; ~as..addente pudore atque ira simul 12.455;—non usitata nec tenui ferar ~a biformis..uates HOR.*Carm.*2.20.2; me..natum..in tenui re maiores ~as nido extendisse *Ep.*1.20.21; me dimisere Philippi, decisis humilem ~is 2.2.50.

2 A feather.
oua parire solet genus ~is condecoratum ENN.*Ann.*10; —(*used to adorn a helmet*) hunc ubi miscentem longe media agmina uidit, purpureum ~is VERG.*A.*10.722; (*in fig. phr.*) si cum septem ~is eum (*sc.* philosophiae honorem) tenui APUL.*Apol.*103;—(*attached to a spear as a sign of defeat*) nulla..famosa signatur lancea ~a STAT.*Silv.*5.1.93;—(*attached to a rope as a device for starting game*) ceruum.. puniceae saeptum formidine ~ae VERG.*A.*12.750; V.FL. 6.421;—(*used on arrows*) altera per iugulum ~is tenus acta sagitta est OV.*Met.*6.258.

3 A spur of land.
tribus haec (*sc.* Sicania) excurrit in aequora ~is OV.*Met.* 13.724.

pennātus ~a ~um, *a.* [prec.+-ATVS²]
1 Possessing wings, winged.
quin me interrogas..soleamne esse auis squamossas, piscis ~os? PL.*Men.*918; Veneris praenuntius ante ~us graditur LUCR.5.738; pauidam uolitans ~a per urbem nuntia Fama ruit VERG.*A.*9.473; ~is serpentibus OV.*Met.* 7.350; ardet nota fretis Cyane ~aque Siren (*i.e. a ship*) SIL. 14.567.
2 Fitted with feathers, feathered. **b** (see quot.).
Dictaeos agitare..~a saltus assuetus harundine Mopsus SIL.2.95. **b** ~as inpennatasque agnas in Sal⟨i⟩ari carmine spicas significat cum aristis, et alias sine aristis: agnas nouas uoluit intellegi PAUL.*Fest.*p.211M.

penniger ~era ~erum, *a.* [PENNA+-GER] Feather-bearing, feathered.
~eris..sagittis SIL.8.373.

pennipotens ~ntis, *a.* [PENNA+POTENS] That has power over the wing.
(*pl. as sb., poet. for 'birds'*) corpora ~ntum LUCR.2.878; 5.789.

pennula ~ae, *f.* [PENNA+-VLA] A little wing.
quaedam paruula animalia ~is apta uolitare APUL.*Soc.*8.

pensātiō ~ōnis, *f.* [PENSO+-TIO] A counter-balancing payment, compensation, set-off.
quantum ~one constet, numerari potest QUINT.*Decl.*332 (p.308,l.18); iure ~onis GAIUS *dig.*13.6.18.4; paria..delicta mutua ~one dissoluuntur PAPIN.*dig.*24.3.39;—(*w. defining gen., transf.*) si promiseris illi (*sc.* stomacho) pro unius horae fastidio multorum bonorum ~onem PETR.141.6;—(*w. gen. expr. that for which compensation is paid*) ~one ultro citroque condemnationis facta JULIAN.*dig.*10.2.52.2.

pensiculātē, *adv.* [pple. of next+-E] After careful deliberation.
ea, quae a Theophrasto ~ atque enucleate scripta sunt GEL.1.3.12.

pensiculō ~āre ~āuī ~ātum, *tr.* [PENSO] To weigh in the mind, estimate the significance or value of.
~a utrumque modulareque GEL.13.21.11; meum..unum quodque dictum acriter examinatis, sedulo ~atis APUL.*Fl.*9; *Soc.*pr.1.

pensilis ~is ~e, *a.* [PENDEO+-ILIS¹]
1 That is or can be hung up, suspensible, hanging.
ex his generibus uiatoria ~ia (horologia) uti fierent VITR. 9.8.1; placuere..lychnuchi ~es in delubris PLIN.*Nat.*34.14; —(*in a noose*) restim uolo mihi emere. — quamobrem? — qui me faciam ~em PL.*Ps.*89; (*cf.*) suspende te. — siquidem tu es mecum futurus pro uua passa ~is *Poen.*312.
2 That hangs down, drooping, pendent. **b** (neut. pl. as sb.) pendent objects (e.g. fruit); (spec.) the male genital organs.
sub rostro duas ut mammulas ~es habeant (capellae) VAR.*R.*2.3.2; ~is uua HOR.*S.*2.2.121; durant aliae (uuae) per hiemes, ~i concamaratae nodo PLIN.*Nat.*14.16; spinas.. constrictas caudae meae ~em deligauit cruciatum APUL. *Met.*7.18; (*cf.*) libertate..~i concessa iam uisa est (cucurbita) VIII pedum longitudinis PLIN.*Nat.*19.70. **b** ~ia, ut uuae, mala et sorba VAR.*R.*1.68; tantae magnitudinis factas (*sc.* cochlidas), ut equis regum..frontalia ac pro phaleris ~ia facerent PLIN.*Nat.*37.195;—duo (statores)..pulcre ~ibus peculiati *Priap.*52.7.
3 That is raised above the ground or carried aloft; (spec., of buildings or structures supported on arches, etc.) raised above ground, hanging; (of persons on movable seats in the theatre) suspended in mid air.
qui dedit ergo tribus patruis aconita, uehatur ~ibus plumis JUV.1.159; nudo..uestigio ~em gradum paullulatim minuens (*i.e. on tiptoe*) APUL.*Met.*5.20;—~ia balinea (*i.e. built over a hypocaust*) V.MAX.9.1.1; super arcem..~es horti sunt CURT.5.1.32; magis illam positionem ~is horrei..probamus COL.1.6.16; ~em ambulationem PLIN.*Nat.*36.83; AQVAE ~ES *CIL* 6.29830;—per hoc quaeritur tribuniciis contionibus gratia, ut ~es tribus quatiat PLIN.*Nat.*36.120.

pensiō ~ōnis, *f.* [PENDO+-TIO
1 A reckoning of weight; a measured weight.
quibus ⟨ponde⟩ribus Graecorum ~ones ad modulos habeant rationem VITR.10.11.2;—(aequipondium) paulo et inpari pondere amplissimam ~onem parem perficit per scapi librationem 10.3.4.
2 The paying out of money (esp. by instalments), payment, instalment.
ab eodem aere pendendo..et prima ~o et sic secunda aut quae alia VAR.*L.*5.183; cum altera ~o soluenda esset CIC. *Q.Rosc.*51; a Flamma..partem aliquam uelim extorqueas, in primisque ut expedita sit ~o K. Ian. *Fam.*16.24.1; bis milies sestertio his imposito, ut per triennium sex ~onibus populo Romano soluerent *B.Afr.*90.3; in ~ones aequas triennii..solutio aeris alieni dispensata est LIV.7.27.3; 42.5.9; auarius opus exigat quam ~ones COL.1.7.1; SUET. *Ves.*23.3; ~onibus inferre pecuniam debuit FRO.*Amic.*2. p.182(196N); antequam omnium ~onum dies ueniret POMPON.*dig.*13.7.8.3; ULP.*dig.*36.2.5.6; (*in fig. phr.*) si pudorem haberes, ultimam mihi ~onem remisisses SEN.*Ep.*29.10; —(*w. gen.*) ~onem alteram tributi pauperibus Hispaniae donat (ilex) PLIN.*Nat.*16.32; (*transf.*) qui grate beneficium accipit, primam eius ~onem soluit SEN.*Ben.*2.22.
3 Money paid or received as rent, rent-money.
quas (*sc.* sarcinas) non retentas ~one pro bima portabat uxor MART.12.32.3; inquilinos priuatarum aedium..~onem annuam repraesentare fisco SUET.*Nero* 44.2; eum fundum uir matri mulieris certa ~one colendum locauerat JULIAN.*dig.*23. 4.22; si tibi habitationem locauero, mox ~onem remittam ULP.*dig.*19.2.5; PAUL.*dig.*6.1.74; (*w. gen. of property*) fuscae ~o cellae MART.3.30.3;—(*personified*) 'improbus es cum poscis' ait. sed ~o clamat 'posce' JUV.9.63.
4 Compensation, recompense.
(*w. gen.*) iacturae ~onem anserem obtuli PETR.136.12; *CIL* 2.5181.27.

pensitātiō ~ōnis, *f.* [PENSITO+-TIO]
1 A payment.
(*w.* pro) in uenditione super annua ~one pro aquae ductu infra domum Romae constitutum nihil commemoratum est PAPIN.*dig.*19.1.41.
2 Compensation.
(*w.gen.*) ita crassescere et properare (*sc.* cepas Ascalonias) cum praeteriti temporis ~one PLIN.*Nat.*19.103.

pensitātor ~ōris, *m.* [next+-TOR] One who weighs (mentally).
(*w. gen.*) in quo sibimet ipsi..uisi sunt uerborum ~ores subtilissimi GEL.17.1.3.

pensitō ~āre ~āuī ~ātum, *tr.* [PENSO+-ITO]
1 To weigh (in the scales).
DEA SYRIA LANCE VITAM ET IVRA ~ANS *CIL* 7.759; (*in fig. phr.*) is demum uitam aequa lance ~abit qui.. PLIN. *Nat.*7.44.
2 To pay (taxes or sim.). **b** (of money) to bring in an income of; (absol., of property) to pay tax, be subject to tax.
eos qui uectigalia nobis ~ant CIC.*Man.*16; stipendio quod Arachosiis utraque natio ~abat, inposito CURT.9.7.14; (*cf.*) in tributi uicem regibus Persidis e materia eius centenas phalangas..~asse Aethiopas PLIN.*Nat.*12.17. **b** ~aritne tibi (pecunia publica) binas centesimas? CIC.*Ver.*3.165;—immunia (praedia) commodiore condicione sunt quam illa quae ~ant *Agr.*3.9.
3 To weigh in one's mind, ponder, consider; (w. *cum*) to weigh (against), compare (with). **b** (w. indir. qu.).
ne ab se imperatoria consilia..exquirerent, quae ~anda quoque magnis animis atque ingeniis essent LIV.4.41.3; multum ac diu ~atus amor liberalitatis PLIN.*Ep.*1.8.9; 4.14.6; ~atis..suis et inimicorum uiribus SUET.*Jul.*30.5; aut uirtutes ~abat aut uitia rimabatur GEL.1.4.1; 9.9.12; —nouicios Philosophorum sectatores cum ueteribus Pythagoricis ~ans 1.9.11; 1.13.5. **b** sedulo ~are, quid tu, quid ille commodius PLIN.*Ep.*7.9.3;—(*impers. pass.*) Tiberius saepe apud se ~ato an coerceri tam profusae cupidines possent..postremo litteras ad senatum composuit TAC. *Ann.*3.52; 12.17.

pensiuncula ~ae, *f.* [PENSIO+-VNCVLA] A small payment.
faenoris tui..reliquam ~am percipe COL.10.pr.1.

pensō ~āre ~āuī ~ātum, *tr.* [PENDO+-TO]
1 To weigh (against something else). **b** to weigh out. **c** to weigh out (money, etc.) as payment, pay out.
(*w. abl.*) odores ac purpuras et auro ~anda (*i.e. articles worth their weight in gold*) portabat SEN.*Ep.*73.5;—(*w.* contra) si aquae et eius rei, quam contra ~abis, par pondus erit *Nat.*3.25.5;—(*in fig. phr.*) si..Romani ~antur eadem scriptores trutina HOR.*Ep.*2.1.29. **b** sint..iis portionibus ~ata (aromata) quas infra subicimus COL.12.53.2;—(*of the Fates*) INCVSAT DENIQVE PARCAS QVAE VITAM ~ANT *CIL* 3.9418; ~ATOS IBIS IN ANNOS 8.212. **c** centurionem ~antem aurum LIV.38.24.8; ~ati..improbus auri arbiter ensis inest SIL.1.624; ut fructus mercedis nomine ~aretur AFRIC.*dig.*19.2.35.1; ULP.*dig.*22.3.19.3.
2 (w. *cum* or abl.) To treat (money, etc.) as a set-off (against a debt, etc.).
absens ~are lucrum cum damno debet POMPON.*dig.*3.5. 10(11); si debitor..rem aliam priori creditori uendiderat creditumque ~auerit cum pretio rei uenditae 20.4.4; exactam pecuniam tecum ~abis PAUL.*dig.*13.7.18; si operae eius serui cum custodia ~abantur ULP.*dig.*16.3.1.9;—(*fig.*) laudem ut cum sanguine ~et OV.*Met.*13.192; quidni ista bene ~et cum minutis..corpusculi motibus? SEN.*Dial.* 7.4.4; haec (*sc.* ratio) erit unum eius bonum, sed ~andum cum omnibus *Ep.*76.11; industria dominorum cum ignorantiae detrimentis multa ~aret COL.1.pr.11;—(*w. abl.*) si quis ..uirtutibus uitia ~arit, uir magnus ac memorabilis fuit SEN.*Suas.*6.22; decoris pretio discrimina ~at SIL.1.534.
3 (w. abl.) To exchange (for something else). **b** (of either party to the transaction) to exchange (for ransom).
nec tanta..permutat hiemes ales et..tepente Nilo ~at Arctoas niues SEN.*Oed.*606; sit deus et nolit ~are palatia caelo! CALP.*Ecl.*4.141; Oebaliden illo praeceps mutaret Apollo, Alcides ~aret Hylan STAT.*Silv.*2.1.113; (*cf.*) pilam celeri fugientem reddere planta et pedibus ~are manus (*i.e. make feet do the work of hands*) MAN.5.166. **b** nullo iam capti uitam ~abitis auro SIL.2.35; captiuum uulgus ut auro ~arent paruo 10.651; obsessis uitam ~auerat auro 12.428; STAT.*Ach.*1.945;—(*cf. w.* pro) PRO CVIVS VITA VITAM ~ARE PRECANTI INDVLSERE DEI *CIL* 10.7565.
4 (usu. w. abl.) To counterbalance, compensate or make up for (with). **b** (of things) to compensate, make up (for). **c** *uices ~are*, to afford compensation, maintain a balance; *uicem* (+gen.) *~are*, to act as a substitute for, take the place of. **d** *iter ~are*, (app.) to save a journey (i.e. by taking a short cut).
nisi..ista frumentaria lege munia uestra ~antur SAL. *Hist.*3.48.19; aduersa secundis ~ando rem ad id tempus extractam esse LIV.27.40.2; stat nece matura tenerum ~are pudorem OV.*Ep.*2.143; Icarus ereptam ~auit sidere uitam GERM.*Arat.*92; Antonia..amorem mariti egregia fide ~auit V.MAX.4.3.3; ut, quidquid in eloquentia illi deerat, urbanitate ~aret SEN.*Con.*9.4.17; exigua turis inpensa tanta beneficia ~aturi CURT.8.5.10; en, totis uiribus orbis Hesperiam ~ant superi LUC.5.38; cocto ~are legumine panem CALP.*Ecl.*3.83; quantum eminentibus uincimur, fortasse aequalitate ~amus QUINT.*Inst.*10.1.86; nec bene famam eloquentiae Cicero tali exitu ~auit TAC.*Dial.*40.4; damna aestatis hibernis euentibus ~are *Ag.*22.3; aureo hamo piscantibus, cuius abrupti damnum nulla captura ~ari posset SUET.*Aug.*25.4; (*poet.*) sitis est ~anda tuorum, Canthe, gregum uiridante cibo CALP.*Ecl.*5.111; (*w. cl. as obj.*) ipse confiteor nullis suppliciis me..posse ~are, si feci QUINT.*Decl.*321(p.260,l.19);—(*of non-personal subjs.*) spatia longitudinis latitudinum euagatione ~ant PLIN.*Nat.* 2.72; quae crimina una laude ~at (*sc.* echeneis) 9.79;—(*without abl.*) ~et (Iole) aerumnas suas SEN.*Her.O.*1494; uelut ~ante aequorum incursus natura PLIN.*Nat.*4.22; sic Phrygiae ~amus gaudia palmae STAT.*Ach.*1.69. **b** id et raro prouenit et cetera uitia non ~at QUINT.*Inst.*2.12.5; numerum magnitudo ~abat FLOR.*Epit.*2.21(4.11.5). **c** ~atis uicibus PETR.132.6; ~ari naturae uices PLIN.*Nat.*2. 223; (*cf.*) transmarinae quoque res quadam uice ~atae LIV. 26.37.5;—(muria) fotu quoque apud mediterraneos aquae marinae uicem ~at PLIN.*Nat.*31.97. **d** ille quidem ~abat iter propiusque secabat aera LUC.9.685.
5 To weigh in the mind, ponder, consider. **b** (w. acc. and inf.) to deem, consider (that).
ad consilium ~andum temporis opus esse LIV.22.51.3; ciuitates monere, ut ex factis, non ex dictis amicos ~ent 34.49.7; singula animi consulta ~ando CURT.7.8.2; stat ~ata diu belli sententia SIL.7.223; (*cf.*) cum oculis magis quam ratione ~arent uires LIV.30.32.5. **b** cum..iam forti datum leto satis ~auit SEN.*Her.O.*1748.

pensum ~ī, *n.* [PENSVS]
1 A quantity of wool given to be spun or woven. **b** an allotment of spinning or weaving.
dum fusis mollia ~a deuoluunt VERG.*G.*4.348; excussi manibus radii reuolutaque ~a *A.*9.476; nisi erile mauis carpere ~um HOR.*Carm.*3.27.64; lanificam ~is imposuisse manum TIB.2.1.10; nos humiles famulaeque tuae data ~a trahemus OV.*Ep.*3.75; forum ac negotia feminae, uiri ~a ac domus curant MELA 1.57; Lydia nec dominae traxisses ~a superbae MART.9.65.11; STAT.*Theb.*2.440;—(*w. ref. to the spinning of the Fates*) sunt (Parcis) dulcia ~a SEN.*Apoc.* 4.1; in miseros ~um omne Sororum scinditur STAT.*Theb.* 8.381; ruperunt tetricae cum male ~a deae MART.7.96.4. **b** quae (*sc.* ancilla) lignum caedat, ~um faciat, aedis uorrat, uapulet PL.*Mer.*397; dare una opera ~um postules, inter ancillas sedere iubeas, lanam carere *Men.*796; famulas..ad lumina longo exercet ~o VERG.*A.*8.412; feci..Lydo ~a diurna colo PROP.4.9.48; telas..calathosque infectaque ~a reponunt OV.*Met.*4.10; STAT.*Silv.*3.1.162;—(*w. ref. to the spinning of the Fates*) durae peragunt ~a sorores SEN.*Her. F.*181; nil adicit ~o Lachesis MART.4.54.9; iterata..~a Sororum STAT.*Theb.*8.59.
2 An allotted piece of work, task, stint.
meum ~um ego lepide accurabo PL.*Bac.*1152; nostrum ~um absoluimus VAR.*R.*2.2.1; me..ad meum munus ~umque reuocabo CIC.*de Orat.*3.119; LIV.4.52.2; peragere laboris sui ~um COL.3.10.7; ita subnasci sui generis plumas quibus uestitos ad alia ~a dimitti (papiliones) PLIN.*Nat.* 11.78.

pensūra ~ae, *f.* [PENDO+-VRA] The action or process of weighing.
ea (*sc.* aedes Saturni) etiam nunc propter ~am trutinam habet positam VAR.*L.*5.183.

pensus ~a ~um, *a. compar.* ~ior. [pple. of PENDO] In senses of vb., also: Approved, valued.
utra siet condicio ~ior uirginemne an uiduam habere? PL.*St.*118.

pentadactylus ~ī, *m.* [Gk. πενταδάκτυλος] A kind of shell-fish.
cochloe, quorum generis ~i PLIN.*Nat.*32.147.

pentadōros ~os ~on, *a.* [Gk. πεντάδωρος] The designation of a kind of brick measuring five palms (the width of the hand) square.
quod est quoquouersus quinque palmorum ~on..dicitur VITR.2.3.3; PLIN.*Nat.*35.171.

pentaetēricus (pentahe-) ~a ~um, *a.* [Gk. πενταετηρικός] Occurring every fifth year, i.e. once in four years.
AGONOTHETAE CERTAMINIS ~I *CIL* 2.4136.

pentagōnos ~os ~on, *a.* [Gk. πεντάγωνος] Pentagonal.
subsiciua..in quibus trigoni trapizea ~a sunt NIPS.*grom.* p.290La.

pentameris, *a.* [cf. Gk. πενταμερής] Consisting of five halves; *tome ~is*, the caesura after 2½ feet.
quem semipedem est necesse linqui, ut sit ~is tome locata Maur.2578.

pentameter (~trus) ~trī, *m.* [Gk. πεντάμετρος] A metrical line of five feet.
ut in ~tri medio spondio Quint.*Inst.*9.4.98; Maur.1721; ut sit ~er talis qualem modo fingo 1779.

pentametrus ~a ~um, *a.* [as prec.] Of or belonging to a pentameter.
quae data ~is regula prima sonis Maur.1792.

pentapetes, *n.* [Gk. πενταπετές] A Greek name for the plant QVINQVEFOLIVM.
Plin.*Nat.*25.109.

pentaphyllon ~ī, *n.* [Gk. πεντάφυλλον] = prec.
Plin.*Nat.*25.109.

pentaspaston ~ī, *n.* [Gk.] A tackle with two blocks having three and two pulleys respectively.
cum. . in ima troclea duo orbiculi, in superiore tres uersantur, id ~on dicitur Vitr.10.2.3.

pentathlum ~ī, *n.* [Gk. πένταθλον] An athletic contest consisting of five different exercises, a pentathlon.
~um. . ex his quinque artibus constat, iactu disci, cursu, saltu, iaculatione, luctatione Paul.*Fest.*p.211M.

pentathlus (~os) ~ī, *m.* [Gk. πένταθλος] A competitor in the pentathlon.
fecit (Myron). . Delphicos ~os, pancratiastas, Herculem Plin.*Nat.*34.57.

Pentelicus ~a ~um, *a.* Of marble from Pentele, a district in Attica.
Hermae tui ~i. . me admodum delectant Cic.*Att.*1.8.2.

pentēris ~is, *f.* [Gk. πεντήρης] A ship, perh. with five rowers to each 'room'.
~es duas uacuas a defensoribus. . cepit *B.Afr.*62.5; capit ex eo proelio ~em unam *B.Alex.*47.2.

Penthēius ~a ~um, *a.* Of or connected with Pentheus.
~a qualis mater (*i.e. Agave*) ad insani scandebat culmina montis Stat.*Theb.*11.318; Penthei deuexa iugi (*i.e. Cithaeron*) 12.244.

penthēmimeris ~is ~e, *a.* [cf. Gk. πενθημιμερής] Consisting of five halves; *tome ~is*, or *~is* alone, the caesura after 2½ feet.
si ~is talis praemissa tome sit Maur.1940;—1725; syllaba quae sequitur nec ~in uerbi cum fine relinquit 1791.

Penthesilēa ~ae, *f.* A queen of the Amazons who fought against the Greeks at Troy.
pictis bellantur Amazones armis. . cum se Martia curru ~a refert Verg.*A.*11.662; Prop.3.11.14;—(*transf., as typical of the female sex in the warfare of love*) arma dedi Danais in Amazonas: arma supersunt quae tibi dem et turmae, ~a, tuae Ov.*Ars* 3.2; *Rem.*676.

Penthēus[1] ~eos or ~eī, *m.* A king of Thebes and grandson of Cadmus.
Hor.*Carm.*2.19.14; contemptor superum ~eus Ov.*Met.* 3.514; Luc.7.780; ~eus Echionis et Agaues filius Liberum negauit deum esse Hyg.*Fab.*184.1.

Penthēus[2] ~a ~um, *a.* Of or belonging to Pentheus.
~a caede Ov.*Met.*4.429; ~um. . trahens. . Phaedimus. . genus Stat.*Theb.*2.575.

penthiacum ~ī, *n.* [Gk.] (perh.) A hash (as if from the fragments of Pentheus).
~um. . rustici faciunt Petr.47.10.

pentorobos ~ī, *m.* [Gk. πεντόροβος] A peony, *Paeonia corallina.*
Paeonia. . quam quidam ~on appellant, alii glycysiden Plin.*Nat.*25.29; 27.84.

penuārius ~a ~um, *a.* [PENVS+-ARIVS] Used for the storage of food.
nutrimentorum eius ostenditur adhuc locus. . cellae ~ae instar Suet.*Aug.*6; horrei ~i Ulp.*dig.*33.9.3.11.

pēnultimus: see PAEN-.

pēnūria ~ae, *f.* **paen-.** [cf. PAENE]

1 Scarcity, dearth, shortage, want.
(*w. gen.*) ne illius modi iam magna nobis ciuium ~ast Ter.*Ad.*442; orbitas grandaeuitasque Pelei ~am stirpis subauxit Pac.*trag.*162; utrum copiane sit agri, uectigalium, pecuniae an ~a, consideratur Cic.*Inv.*2.115; in tanta ~a uirorum fortium *Ver.*5.25; ~a. . cibi Lucr.5.1007; neque enim est umquam ~a parui 5.1119; ~a aquarum Sal.*Jug.* 17.5; ~a. . edendi Verg.*A.*7.113; ~a uictus Hor.*S.*1.1.98; ~a mulierum Liv.1.9.1; ~am uestis Tac.*Ann.*4.56; Plin. *Ep.*3.19.7; pro. . ouium ~a Gel.11.1.2;—(*of abst. things*) ~a consilii Plin.*Nat.*8.17; ~a criminum Apul.*Apol.*1; consentiebant ~a matrimonii morbum quaesitum 69; (*cf.*) in maxima pariter et pecuniae et defensionis ~a V.Max. 7.3.ext.5;—(*without gen.*) ueneunt (meleagridae) propter ~am magno Var.*R.*3.9.18; tanta ~a est in omni uel honoris uel aetatis gradu, ut tam orba ciuitas talis tutores complecti debeat Cic.*Fam.*3.11.3; nihilo laetiora in castris inuenit, ubi summa ~a erat Liv.40.22.8; Col.7.3.9; quamquam nuper ossa etiam in laminas secari coepere ~a (*sc. of ivory*) Plin. *Nat.*8.7; 17.1.

2 (w. ref. to places, times, etc.) Lack of material things; deficiency in some abstract property.
propter ~am et caluitium loci Col.4.29.11; ita ~am temporum sustinere 9.14.17; nec potest uideri ~a mundi id euenisse Plin.*Nat.*33.51;—sermonis humani ~a Apul.*Met.* 4.28; *Soc.*3.

penus ~ūs, *f.*, (*m.*). Also **~um** ~ī, **~us** ~oris, *n.* [Lith. *penù*, perh. also Skt. *panasáḥ* 'bread-fruit tree'] Gender: masc. Pl.*Ps.*178.

1 Food, provisions (esp. as the stock of a household). **b** (leg., as a distinct category of a person's property).
uiros. . quibus sunt uerba sine ~u et pecunia Pl.*Capt.*472; quando ego tibi ancillas, ~um, lanam, aurum, uestem, purpuram bene praebeo *Men.*120; quom in cellulam ad te patris ~um omnem congerebam clanculum Ter.*Eu.*310; magna ~us paruo spatio consumpta peribit Lucil.1205; est . . omne quo uescuntur homines ~us Cic.*N.D.*2.68; famulae, quibus ordine longam cura ~um struere Verg.*A.*1.704; portet frumenta ~usque Hor.*Ep.*1.16.72; (nauem) inmanibus mercis et ~us ponderibus oneratam Vitr.10.3.5; in locuplete ~ u Pers.3.74; multiplex ~us Suet.*Nero* 11.2; (*masc.*) nisi mihi ~us annuos hodie conuenit, cras poplo prostituam uos Pl.*Ps.*178. β dicam ut sibi ~um aliud ornet Pl. *Capt.*920; condus, promus sum, procurator ~i *Ps.*608; intra tunicam manus laeua, dextra in erile ~um Afran.*com.*329. γ Strab.*orat.*12; ne situ ~oris mucorem contrahant Col. 12.4.4; ~oris cottidiani Paul.*dig.*4.9.4.2; (*cf.*) quasi quoddam litterarum ~us recondebam Gel.pr.2. **b** legauit quidam uxori mundum omne ~umque Lucil.519; cum ex testamentis quid sit ~us. . quaeritur Cic.*Part.*107; Alf.*dig.* 32.60.2; Gel.4.1.16; si ~us esculenta legetur Ulp.*dig.*33. 9.3.2.

2 (app.) A store-room in a temple of Vesta.
in seriam. . quae est intus in aede Vestae in ~u exteriore Veran.*iur.*11; (~us u)ocatur locus intimus in aede Vestae tegetibus saeptus Fest.p.250M.

Peparēthius ~a ~um, *a.* Of or belonging to Peparethus.
(uinum) ~um Plin.*Nat.*14.76.

Peparēthus (~os) ~ī, *f.* An island in the Aegean, one of the Sporades.
Sciathum et ~um, haud ignobiles urbes. . diruit Liv. 31.28.6; nitidae. . ferax ~os oliuae Ov.*Met.*7.470; Sen.*Tro.* 842.

peplis ~idos, *f.* [Gk. πεπλίς] The name prob. of kinds of *Euphorbia*, perh.: **a** *E. peplis.* **b** *E. peplus.*
a est et porcillaca, quam ~in uocant Plin.*Nat.*20.210. **b** ~is quam aliqui sycen, alii meconion, alii mecona aphrode uocant Plin.*Nat.*27.119.

peplus ~ī, *m.* **~um** ~ī, *n.* [Gk. πέπλος] A full-length upper garment worn by Greek women. **b** (spec.) the robe which was put on the statue of Athena at the Panathenaic Festival at Athens; also, the robe with which goddesses elsewhere were similarly honoured.
accipient (*sc.* angues) sinibusque suis ~oque fluenti Man. 5.392. **b** solitum uisere urbem atque extemplo inde, ut spectauisset ~um, rus rusum. . exigi Pl.*Mer.*67; numquam ad ciuitatem uenio nisi quom infertur ~um fr.inc.3(9); magna Giganteis ornantur ~a tropaeis *Ciris* 30; (*cf.*) magno intexens. . ~o, qualis Erectheis olim portatur Athenis 21; —ad templum. . Palladis ibant. . Iliades. . ~umque ferebant Verg.*A.*1.480; ~um etiam dono. . ferunt (*sc. to Juno*) Stat. *Theb.*10.56.

pepōn ~ōnis, *m.* [Gk. πέπων] A water-melon or other gourd.
(cucumeres) cum magnitudine excessere ~ones uocantur Plin.*Nat.*19.65; 20.11.

pepōnārius ~iī, *m.* [prec.+-ARIVS] (app.) A grower or seller of water-melons.
CIL 6.33897.

Peptēides ~um, *f. pl.*: (see quot.).
~es Musae a fonte Macedoniae dictae Paul.*Fest.*p.212M.

pepticus ~a ~um, *a.* [Gk. πεπτικός] Promoting digestion, digestive.
multo. . magis (damnauerim antidotos) quas uocant. . ~as et coeliacas Plin.*Nat.*20.201.

pequ-: see PECV-.

per, *prep.* [cf. Skt. *pári*, Gk. πέρι] Const.: w. acc. Position: occasionally placed after its noun; in oaths and adjurations it is frequently separated from the noun by a pronoun (see sense 10).

1 (w. exprs. of motion) Through, across (a space, mass, surface, etc.). **b** through the middle of (a number of persons or objects). **c** through, across (a barrier or boundary); through (an aperture or vent). **d** (indicating the medium through which things are perceived).
~ hortum transibo Pl.*St.*614; inde corrigere uiam, aliis ~ uineas medias, aliis per roborarium. . aliis per uillam Scip. min.*orat.*12; testis Gallia ~ quam legionibus nostris iter. . patefactum est Cic.*Man.*30; si ~ decliue sese reciperent Caes.*Civ.*3.51.6; fossam ~ medium campum ducere *B.Afr.* 61.6; huc ipsi potum uenient ~ prata iuuenci Verg.*Ecl.*7.11; ~ mare pauperiem fugiens, ~ saxa, ~ ignis Hor.*Ep.*1.1.46; ~ Marsos Paelignosque profecti Liv.8.6.8; ~ media Romana castra nocte egressus 26.4.2; corpus mortale ~ auras dilapsum tenues Ov.*Met.*14.824; egressos. . ~ umida et inpedita circumuenirent Tac.*Ann.*1.68;—(*after the noun*) qua ratione . . haec loca ~ uoces ueniant Lucr.4.597; 5.770;—(*in fig. phrs.*) haec pluribus uerbis dicerem ~ quae nunc paucis percurrit oratio mea Cic.*Clu.*166; duri magno sed amore dolores polluto. . triste ~ augurium Teucrorum pectora ducunt Verg.*A.*5.7;—(*poet.*) ~ uarios casus, ~ tot discrimina rerum tendimus in Latium 1.204; ut ilex. . ~ damna, ~ caedis, ab ipso ducit opes animumque ferro Hor.*Carm* 4.4.59. **b** incedunt arbusta ~ alta Enn.*Ann.*187; ~ tela, ~ hostis porticibus longis fugit Verg.*A.*2.527; quod me ~ tela, ~ ignis eripis 2.664; Gallum ~ medios ereptum Caesaris ensis Prop.1.21.7; ~ medios hostes e castris eruperunt Liv. 22.60.27; mundum ~ signa uolantem Man.3.212. **c** in oppidum. . noctu ~ murum recipitur *B.Hisp.*35.4; ~ uallum, ~ fossas inruperunt Liv.10.19.21; alii ~ murum fugere 25.24.5; percolare ~ linteum duplex Larg.268; ~ limina templi. . praecipitem. . actum Sil.11.81; (*cf.*) omnia. . mea tela sic in te conicientur ut nemo ~ tuum latus. . saucietur Cic.*Vat.*13;—(*after the noun*) it tremebunda abies clipeum ~ et aerea texta loricae Stat.*Theb.*9.552;—haec tu si uoles ~ auris pectus inrigarier Lucil.610; si eluuiem facere ~ uentrem uelis 645; nauigia ~ pontis. . emittere *B.Alex.*19.5; Lyco. . ~ fenestras gladium dedit Nep.*Di.*9.6; Verg.*A.* 9.534; cui fistula collo haereat et uoces alterna ~ oscula ducat Man.5.117. **d** sunt. . quae quasi ~ nebulam nosmet scimus atque audiuimus Pl.*Ps.*463; ut ~ aquas quae nunc rerum simulacra uidemus Lucr.1.1060; omnia, quae longe semota tuemur aera ~ multum 5.580; frigus. . sentimus. . transire ~ aurum atque ~ argentum 6.949; an hoc excelsum cacumen (Aetnam). . conspicuum ~ uasti maris spatia detrahat assidua uis ignium, nescio Sen.*Ep.*79.10; cum. . ~ turbas et raptus facilius ad ciuile bellum impellerentur Tac. *Hist.*1.83; (*cf.*) in opera mea totus. . conuersus parricidam non uidet ~ uirum fortem [Quint.]*Decl.*4.2.

2 Along (a linear object, route, or direction); over (a specified distance). **b** along with (a liquid, etc., esp. bodily fluid, in motion).
demissum lapsi ~ funem Verg.*A.*2.262; multi. . breuibus se credere saltu, ~ remos alii 10.290; at tu ~ praeceps tecto delabere aperto Ov.*Ars* 2.245; cum ~ Tiberim subiret nauibus Vell.2.45.5; ~ descensum medios percurreret ignes Man.5.5; ambulare ~ funem Sen.*Ep.*85.41; ratis. . ~ obliquum crebros latus accipit ictus Luc.3.628; se ebrium ~ scalam cecidisse Hyg.*Fab.*125.11; (*cf.*) ut redit itque frequens longum formica ~ agmen Ov.*Ars* 1.93;—ceteros. . effuse fugientes ~ triginta milia passuum uictores secuti Liv.29.34.16; (boues) docere ~ mille passus composite. . ambulare Col.6.2.5. **b** dum. . uinum. . ~ sudorem corpore exhauserunt Sis.*hist.*116; si sanguis ~ urinam reddatur Plin.*Nat.*20.111; unus pastillus. . inmittitur ~ aquam decoctam Larg.114; qui sanguinem ~ urinam uel aluum reddunt 121; ~ sellas. . eundem (*sc.* cruorem) deiciunt 193; (*cf.*) omnis dolor ~ lacrimas effluit Sen.*Con.*10.1.6.

3 (in a stationary sense) Through the length of, along all or part of; (with measurement) along a distance of.
iacuit. . ~ antrum immensus Verg.*A.*3.631; uela cum sunt ~ altitudinem mediam mali pendentia Vitr.10.3.5; ad instructam ~ litus aciem Liv.22.19.12; Ov.*Ars* 3.727; adserit hanc Cytherea sibi ~ sidera sedem Man.2.922; summas Centaurus retinet iuuenale ~ astrum 4.357; ~ longitudinem ordinis habebit semina XLIX Col.5.3.7; ~ porticus harae faciendae sunt 7.99; interiere ~ oram Irmene, Pellaon, Palsicium Plin.*Nat.*3.131; te pudor et curae retinent ~ rura Stat.*Theb.*3.573; Sil.6.145; quattuor legionum aquilae ~ frontem Tac.*Hist.*2.89;—PORTICVM ~ PEDES XXX *CIL* 3.976.

4 All over (an area, space, etc.), throughout. **b** ~ *omnia*, in all respects, throughout.
(*w. vbs., etc., of motion*) exin ~ terras postquam celerissimus rumor. . Enn.*Ann.*460; initum motus. . inde dari porro ~ totum corpus et artus Lucr.2.271; ~. . undas. . ~que inuia saxa dispulit Verg.*A.*1.537; furit. . Volcanus. . transtra ~ et remos 5.663; ~ arma, ~ uiros late stragem dedere Liv.8.30.6; cladium indicia ~ ora uulgi ferre V.Max. 2.10.3; una omnes eademque subit formido ~ annos Stat. *Theb.*10.565; Tac.*Hist.*4.46;—(*with little or no sense of movement*) nunc ~ urbem solus sermoni omnibust Pl.*Ps.* 418; alia quae ~ mortaleis auide cupiuntur Sal.*Rep.*1.1.1; tot bella ~ orbem Verg.*G.*1.505; dum. . ~ populos dat iura 4.562; talia ~ clipeum Volcani. . miratur *A.*8.729; nascuntur . . leues ~ digitos umerosque plumae Hor.*Carm.*2.20.12; potius, quam. . ulla puella det. . ~ tua colla notas! Prop. 4.3.26; pacis ~ omnem Apuliam praestandae Liv.9.20.7; haec tibi ~ totos inacescant omnia sensus Ov.*Rem.*307; sinapi imponere. . ~ omnia membra Cels.4.19(12).3; totos. . ~ artus saucius Stat.*Theb.*9.44; diurna populi Romani ~ prouincias, ~ exercitus curatius leguntur Tac.*Ann.*16.22; (*cf.*) animum esse ~ naturam rerum omnem intentum et commeantem Cic.*N.D.*1.27. **b** iam ~ omnia ad dimicandum satis paratus Liv.10.39.8; ~ omnia maior ciue habebatur Vell.2.31.1; filia eius Iulia, ~ omnia tanti parentis ac uiri inmemor 2.100.3; nec ~ omnia nos similes esse pilleatae turbae. . nec ~ omnia dissimiles Sen.*Ep.*18.3; Col.6.37.5; lex. . ~ omnia illos amouet Quint.*Decl.*374 (p.413,l.16); non. . ~ omnia inutilia sunt ea testamenta Gaius *Inst.*2.147; non ~ omnia uerum est Ulp.*dig.*4.4.7.10; (*cf.*) fortuna ~ omnia humana. . potens Liv.9.17.3.

5 At or in each of (several points or places), throughout. **b** (distributively) to each or to every part of, throughout.
quem sum defessus quaerere: ~ medicinas, ~ tostrinas Pl.*Epid.*198; numquam ego praefectos ~ sociorum uestrorum oppida imposiui Cato *orat.*171; rapinas. . ~ municipia fecisti *B.Afr.*54.4; frumentum. . ~ municipia et colonias illis dare conueniet Sal.*Rep.*1.8.6; reliqua spatia. . ~ intercolumnia luminibus sunt relicta Vitr.5.1.7; prendere ~ multas partes cutem et adtrahere Cels.3.22.5; ~ principia ~ contubernia. . suas iniurias. . conquerentes Tac.*Hist.*1.54; quam uaria sint pretia rerum ~ singulas ciuitates regiones-

que GAIUS *dig.*13.4.3. **b** praeda ~ participes aequiter partita est ANDR.*trag.*3; praesidiis..dispositis ~ recepta oppida LIV.8.13.9; exercitus ita ~ prouincias diuisi 27.7.9; (liba) ita ~ populum fumantia mane solebat diuidere OV. *Fast.*3.671; cum totius numeri..ter denae quadrum partes ~ sidera reddant MAN.2.322; (oceanus) uarie..~ sinus et accolarum conplura nomina diuiditur PLIN.*Nat.*6.33.

6 In the course of, during (a time). **b** during the period of (conditions, circumstances). **c** ~ *tempus*, at the right time.

~ ferias potuisse fossas ueteres tergeri CATO *Agr.*2.4; ~ idem tempus Polydorum Hecuba..parit *Inc.trag.*82; ut dies XXXXV..tollerentur, ~ quos solos iudicium fieri posset CIC.*Ver.*2.130; dies comitiales, ~ quos senatus haberi non poterat *Q.fr.*2.2.3; ~ eos dies proelium secundum equestre fecit CAES.*Civ.*3.84.5; ~ id tempus C. Sallustius Crispus..Cercinam peruenit *B.Afr.*34.1; cur ~ eos annos militem..non dedissent LIV.6.10.6; pridie ~ meridiem profecti..erant 42.63.8; stellae ~ diem uisae SEN.*Nat.*6.3.3; tum etiam ~ ferias instrumentum rusticum..recognoscat COL. 11.1.20; inseri..praecipit pira..~ uer PLIN.*Nat.*17.111; acopum quod ~ uindemiam conponitur, antequam mustum deferuescit LARG.269; non excessit Italia ~ duodeuiginti annos TAC.*Ann.*2.63. **b** neque ~ uinum umquam ex me exoritur discidium in conuiuio PL.*Mil.*654; ~ mysteria hic inhoneste ⟨honestam⟩ grauidauit probro CAECIL.*com.*223; quae opera ~ imbrem fieri potuerint CATO *Agr.*2.3; quod fieri solere concedimus, siue in quiete siue ~ uinum siue per insaniam CIC.*Luc.*51; reddens mutua ~ iocum atque uinum CATUL.50.6; ~ somnia..loquentes LUCR.5.1158; quom saepe..~ indutias multa nefaria facinora fecissent SAL. *Cat.*51.6; ~ secessionem plebis Sp. Cassius et Postumius..Cominius consulatum inierunt LIV.2.33.3; lacertos ~ somnum corpusque petens OV.*Met.*11.675; CELS.2.1.12; SEN.*Ep.*83.10; TAC.*Ann.*13.25. **c** non potuisti magis ~ tempus mi aduenire quam aduenis PL.*Men.*139; ~ tempus subuenistis *Truc.*187; TER.*An.*783; frondem populneam, ulmeam, querneam caedito ~ tempus CATO *Agr.*5.8; diligenter eximere semina et ~ tempus radices quam plurimas cum terra ferre 61.2.

7 During the whole of, throughout (a period), over a period of.

EX MACEDON ET REGE PERSE ~ TRIDVVM (triumphauit) *Act.Triumph.*27(*CIL* 1.p.48); ~ triduum de ea potione uni cuique boui dato CATO *Agr.*70.2; ~ sexennium uagati Apuliam..spolabantur QUAD.*hist.*11; eorum annorum ~ quos iste in Sicilia fuisset CIC.*Ver.*2.182; ludi ~ decem dies facti sunt *Catil.*3.20; multos..~ annos errabant VERG.*A.* 1.31; ~ annos prope centum nunquam ambigua fide..fuerant LIV.6.2.3; lectisternium ~ triduum habitum 22.10.9; oscula ~ longas iungere pressa moras OV.*Ep.*2.94; interdum..in capite longa inbecillitas..~ hominis aetatem est CELS.4.2.3; nunc Parthia..excedat..uetitam ~ saecula ripam LUC.8.236; oportet..dare pueris..globulum..~ dies triginta LARG.13; quod..Vitellii legiones..~ diem noctemque fudisset TAC.*Hist.*3.53; GAIUS *Inst.*4.166.

8 Through in succession; ~ *manus tradere* (and sim., esp. fig.) to pass from hand to hand: see MANVS[1]. **b** by, through (successive stages or items). **c** by (units). **d** (in multiplication) by.

(*spatially*) edicit ~ ordines ne quis miles ab signis..procederet *B.Afr.*15.1;—(*temporally*) cum..~ numeros omnes hoc tueare caput OV.*Tr.*5.13.10; cognita ~ multos docuit rudis incola patres LUC.4.502; pinna per trauersas inserta nares et ~ omnes dies mota PLIN.*Nat.*10.157; qui ter in die colorem mutaret ~ quaternas horas HYG.*Fab.*136.2;—(*in other sequences*) omnes, ~ quos progressus est, numeros GEL. 3.10.6. **b** haec..duplex dispositio est: una ~ orationes, altera ~ argumentationes *Rhet.Her.*3.17; ne signa quidem, uti ~ uigilias solebant, canere SAL.*Jug.*99.1; quae uix suffecimus ipsi ~ partes spectare suas CALP.*Ecl.*7.36; medium omne tempus ~ uarias curas egere TAC.*Hist.*4.62. **c** cum tricenas ~ partes sidera constent MAN.2.696; ~ tris id diuide partis 3.405; potui..pluuialis aqua decocta (danda), sed quae ~ binos ternosue cyathos bibatur CELS.4.19(12).4; centenae stirpes ~ singulos hortos semitis distinguantur COL.4.18.1; illic ~ fata uirorum, ~ populos hic Roma perit LUC.7.633; paulatim galbanum miscetur ~ minutas partes LARG.81; si longior..fuerit oratio, proderit ~ partes ediscere QUINT.*Inst.*11.2.27; iuuentute eorum ~ cohortis composita TAC.*Hist.*4.66. **d** multiplico VI ~ IIII. fit XXIIII NIPS. *grom.*p.301La.

9 (indicating a person, authority, circumstance, etc., which has, or might be supposed to have, the option of allowing or preventing an action) As far as — is concerned. **b** (w. *licet*).

at tu aegrota aetatem, si lubet, ~ me quidem PL.*Cur.*554; filiam meam esse hanc oportet..— sit ~ me quidem *Rud.* 1165; patriam..neque scibat neque ~ aetatem etiam potis erat TER.*Eu.*113; postea quam in castris esse potuit ~ aetatem CIC.*Deiot.*37; omnis consularis qui ~ ualetudinem exsequi cladem illam fugamque potuissent *Phil.*2.54; ~ auspicia ferri potuit (lex)? 5.7; ~ me isti pedibus trahantur *Att.*4.18.2; consequatur summas uoluptates non modo paruo, sed ~ me nihilo, si potest *Fin.*2.92; CAES.*Gal.*7.71.2; cum primum ~ auspicia posset LIV.41.16.5; ~ me equidem sint omnia protinus alba PERS.1.110; ut..quinquennio maturius quam ~ leges quaesturam peteret TAC.*Ann.*3.29. **b** Asinariam uolt esse, si ~ uos licet PL.*As.*12; ~ hanc tibi cenam incenato..esse hodie licet *St.*611; suum cuique ~ me uti atque frui licet CATO *orat.*173; QVOIVS IN LOCVM ~ LEGES PLEBEIVE SCITA..PRAECONEM LEGEI SVBLEGI NON LICEBIT *CIL* 1.587.2.17; licet impune ~ me parietes..perfoderis CIC.*Vat.*11; quas ego exspectassem Brundisi, si esset licitum ~ nautas *Fam.*14.4.5; digladientur illi ~ me licet *Tusc.*4.47; is..erat annus quo ~ leges ei consulem fieri liceret CAES.*Civ.*3.1.1; liceretne ~ foedus fieri LIV.21.18.8; dicturos ad populum, si in senatu ~ factionem non liceat 3.41.1; uinum, si ~ stomachum licet, dulcius (esse debet) CELS.3.21.13; TAC.*Hist.*3.72.

10 By: **a** (in oaths). **b** (in forms of adjuration or entreaty).

a ~ omnis deos et deas deierauit PL.*Cas.*670; APVD Q(uaestorem) IOVRANTO ~ IOVEM DEOSQVE ⟨PENATEIS⟩ *CIL* 1.582; quidam negant sub tecto ~ hunc (*sc.* Iouem) deierare oportere VAR.*L.*5.66; ~ sidera testor, ~ superos atque hoc caeli spirabile lumen VERG.*A.*3.599; ~ caput hoc iuro 9.300; quid mihi..foedera ~ diuos..dabas? TIB.1.9.2; etsi perque suos fallax iurauit ocellos Iunonemque suam ~que suam Venerem [TIB.]3.6.47; di..~ quos iurauere LIV.2.46.7; ~ mare, ~ terras, ~ tertia numina iuro OV.*Tr.* 2.53; nullos..~ deos deasque iurat Gellia MART.8.81.3; Demosthenes iurando ~ interfectos in Marathone et Salamine.. QUINT.*Inst.*9.2.62; SUET.*Cl.*11.2;—(*separated from noun*) ~ ego ipsa pericula iuro OV.*Ep.*10.73; *Met.*3.658. **b** te opsecro ~ deos atque homines ~que stultitiam meam ~que tua genua PL.*Mil.*541; ~ amicitiam et ~ fidem flens me opsecrauit *Trin.*153; cui loco, ~ deos immortalis, iudices, consulite et prouidete! CIC.*Ver.*1.42; ad quae reciperanda, ~ fortunas! incumbe *Att.*3.20.1; nomina mea, ~ deos, expedi 16.6.3; haec uti fierent, ~ omnis deos ~que foedera..populum Romanum obtestabatur CAES.*Civ.*3. 108.5; sed, ~ deos inmortalis, quam ob rem..non addidisti? SAL.*Cat.*51.21; ~ hanc dexteram, ~ regni fidem moneo obtestorque te *Jug.*10.3; ~ has ego te lacrimas..unum oro VERG.*A.*12.56; ~ liberos te..~ hoc inane purpurae decus precor HOR.*Epod.*5.5; LIV.29.18.9; tu..qui oculos non habes, ~ oculos rogato SEN.*Con.*10.4.10; parce ~ has..umbras, ~ superos noctemque tuam STAT.*Theb.* 2.649; (*ellipt.*) ~ si qua est..fides, oro VERG.*A.*2.142; 10.903;—(*separated from noun*) ~ ego uobis deos atque homines dico ut imperium meum sapienter habeatis curae PL.*Men.*990; ~ te deos oro et nostram amicitiam TER.*An.* 538; ~ te..ea quae tibi dulcissima sunt in uita: miserere nostri *Rhet.Her.*4.65; ~ ego has lacrimas dextramque tuam te..~ conubia nostra, ~ inceptos hymenaeos,..oro VERG. *A.*4.314; STAT.*Theb.*10.694; ~ ego te..maternae caritatis foedera deprecor APUL.*Met.*4.31.

11 (w. refl. pron.) For one's (its) own sake, on one's own account; in one's own person. **b** by itself, separately, alone; also, in its existing form.

earum una quaeque est ars ipsa magna ~ sese CIC.*Brut.*25; ego libertum eius ~ se ipsum diligo *Fam.*13.60.1; amicitia ~ se et propter se expetita *Amic.*80; erant ~ se magna quae gesserant equites CAES.*Civ.*2.39.4; utrumque ~ se indigens alterum alterius auxilio eget SAL.*Cat.*1.7; alia..exemplaria non possunt habere, sed ~ se constituuntur VITR.10.16.5; bellum..Volscum, graue ~ se, oneratum Latinorum..defectione LIV.6.11.9; non id quod acciderat ~ se aestimare 22.8.3; sponte quidem ~ seque mea est laudabilis uxor OV.*Pont.*2.11.13; utrum ~ se partes mea uendidissem an communiter cum eo POMPON.*dig.*17.2.62;—pati..iniuriam uidemus non solum ~ nosmet ipsos, sed etiam ~ liberos nostros GAIUS *Inst.*3.221. **b** aegrotant aliquando et poma ipsa ~ se sine arbore PLIN.*Nat.*17.228; Boeotium (napum) et quod ~ se uiride dixerunt 19.75; est et ~ se Indica herba, quae cypira uocatur 21.117; uerbum 'reddendi'..recipit..et ~ se dandi significationem CELS.*dig.* 50.16.94; morbum uehementiorem uim..habentem legum istarum scriptores alio in loco non ~ se 'morbum', sed morbum sonticum appellant GEL.20.1.27; (*cf.*) ut rudibus pueris monstratur littera primum ~ faciem nomenque suum MAN.2.756;—adiuuantur..lacte poto asinino..recenti ~ se uel decocto LARG.181.

12 In accordance with, as determined by.

ubi..~ senatus decretum consul gladium eduxerit SAL.*Cat.*51.36; ne..ipse ~ condiciones ad supplicium traderetur *Jug.*61.5; sed rem immaturam nisi aut ~ occasionem aut ~ necessitatem aperiri noluerat LIV.1.5.5; res ~ occasionem gesta egregie est 7.7.1; arma quae ~ pactionem tradiderunt 9.11.4; de pace ponendisque ~ condicionem armis TAC.*Hist.*3.65.

13 As a result of, by reason of, through. **b** ~ *me*, etc., *stat*, it is due to me, my fault (that): see STO.

capitali periclo ~ praedones plurumos me seruaui PL.*Trin.*1088; quot dies ~ dominum mora fuerit CATO *Agr.*148.1; in hac contumelia, quae mihi ~ huiusce petulantiam factum itur *orat.*174; eae nationes..~ auaritiam atque stultitiam, res publicas suas amiserunt GRACCH. *orat.*21; haec, cum sunt quasi putrefacta ~ imbris LUCR. 2.898; qui..~ aetatem ad pugnam inutiles uiderentur CAES.*Gal.*2.16.4; quoniam in eas regiones ~ Lepcitanorum negotia uenimus SAL.*Jug.*79.1; medium spatium aut ~ humilitatem obrutum est aut ~ angustiam scissum *Hist.* 4.26; illi carus ego et ~ me carissima Roma dicitur PROP. 1.8.31; quod ~ stuprum..urbe regnoque Tarquinios expulerat LIV.3.44.1; quia ipse ~ ualetudinem id bellum exsequi nequierat 8.12.2; mors honesta est ~ illud, quod honestum est SEN.*Ep.*82.14; ipsorum tela ~ tenebras uana TAC.*Hist.*4.29; nox ~ diuersa inquies *Ann.*1.65; nulla igitur mora ~ Nouium JUV.12.111.

14 Through the use of, by means of. **b** ~ *fidem decipere*, and sim., to deceive through (misplaced) trust, i.e. betray the trust of.

utrum strictimne attonsurum dicam esse an ~ pectinem nescio PL.*Capt.*268; ad matrem eiius deuenias domum..ores blande ~ precem *Cist.*302; qui fulmine claro omnia ~ sonitus arcet ENN.*Ann.*543; quo amici mei ~ symbolos pecunias magnas caperent CATO *orat.*171; qui ~ largitionem magistratus adepti sunt CIC.*Ver.*2.138; Quintus frater purgat se mihi ~ litteras *Att.*1.19.11; me forte leonem cernere ~ simulacra LUCR.4.753; quod eo inuito iter per prouinciam ~ uim temptassent CAES.*Gal.*1.14.3; multi..~ simulationem uulnerum ex castris in oppidum..sese recipiunt *Civ.*2.35.5; ~ manus libertatem retinendam (esse) SAL.*Jug.*31.22; boues..~ dolum amotas HOR.*Carm.*1.10.10; ad dominam faciles aditus ~ carmina quaero TIB.2.4.19; id uoluitur continenter..~ axis cardines extremos VITR. 9.1.2; ~ insidias intercepti duo quaestores Romani LIV. 21.59.10; omissa..spe ~ unam dimicationem rei decernendae 32.31.3; occupat amplexu lacrimasque ~ oscula siccat OV. *Fast.*3.509; dependent (testiculi)..ab inguinibus ~ singulos neruos CELS.7.19.1; uarios ~ tubam ac tibiam cantus SEN. *Ep.*90.26; medicamentum, quod ~ coclearium deuoratur LARG.94; florida ~ uarios ut pingitur Hybla colores MART. 2.46.1; (testimonia) ~ tabellam dare TAC.*Dial.*36.7; nihil eorum cedere (*sc.* penui), quia non haec esse, sed ~ ea solemus ULP.*dig.*33.9.3.2;—(*w. ref. to spelling, grammatical forms*) si huic terrae (scribas), ~ e scribendum est NIGID. *gram.*11; huius cognomen..~ unam L litteram scriptum animaduerto SUET.*Gram.*6(p.105Re); 'ueritum'..sicut 'puditum'..non personaliter ~ infinitum modum dictum esse..uidemus GEL.15.13.9. **b** ~ fidem deceptus sum PL. *Mos.*500; qui saepenumero nos ~ fidem fefellerunt, eorum orationi fidem habere non debemus CIC.*Inv.*1.71; eos ab se ~ fidem in colloquio circumuentos CAES.*Gal.*1.46.3; deum..inuocantes cuius ad sollemne ludosque ~ fas ac fidem decepti uenissent LIV.1.9.13; quos ~ fidem aut periurio uiolasti! SAL.*Hist.*1.77.15.

15 Through the instrumentality or agency of. **b** (w. refl. pron.) by one's own efforts, by oneself.

qui mihi ~ alium ostendit suam sententiam TER.*Hau.*219; falli te sinas techinis ~ seruolum 471; eundem filios sibi procreasse ~ Calipsonem autumant PAC.*trag.*403; age uero, ~ quem uenenum datum? CIC.*Clu.*172; si..non omnia ~ seruos latronesque gessisses *Dom.*53; ut omnino non posset nec ~ senatum nec ~ populum infirmari sua lex *Att.*3.23.2; illud admiror non ipsum ad me scripsisse, non ~ Dolabellam, non ~ Caelium egisse 7.17.3; ut..decursionibus ~ equites..uastet ea loca D.BRUT.*Fam.*11.10.4; ~ exploratores Caesar certior factus est CAES.*Gal.*1.12.2; idem fit ceteris ~ praetores SAL.*Cat.*55.2; ~ magnum est salua puella Iouem PROP.2.28.44; ~ interregem..consules creati LIV.3.55.1; ~ fetiales rebus repetitis 7.9.2; spiritus hic ~ te patrias exisset in auras OV.*Tr.*4.3.41; testamentum in latum ~ uirgines Vestae TAC.*Ann.*1.8; cetera Africae ~ duas legiones parique numero Aegyptus..coercita 4.5; IMP CAES..TRAIANVS HADRIANVS..VIAM A KARTHAGINE THEVESTEM STRAVIT ~ LEG $\overline{III}$ AVG *CIL* 8.10048; an usum fructum ~ emptorem retineam ULP.*dig.*7.4.29; (*w. abl., catachr.*) Valeria Serapias..~ procuratore L(ucio) Val(erio) Lucretiano Matidio..testata est *FJRA* 3.60.2. **b** qui prudentiam rationemque dicendi ~ te ipsum..percipere uoluisti CIC.*de Orat.*2.11; non..possumus omnia ~ nos agere *S.Rosc.*111; nihil audacter ipsos ~ sese sine P. Sulla facere potuisse *Sul.*67; omnia nostros..inuenisse ~ se sapientius quam Graecos *Tusc.*1.1; quae quoniam ~ se nequeunt constare LUCR.1.607; natura uidetur..ipsa sua ~ se sponte omnia dis agere expers 2.1092; nihil iam Caesaris imperium exspectabant, sed ~ se quae uidebantur administrabant CAES.*Gal.*2.20.4; ~ te sapis HOR.*Ars* 367; is..ingenti gloria ~ se sine ullis Carthaginiensium opibus gessit bellum LIV.24.49.6; quod eris ~ te facturus OV.*Ars* 2.287; intacta nec ullis saucia uomeribus ~ se dabat omnia tellus *Met.*1.102; naturam..quae pedes dedit, ut ~ nos ambularemus SEN.*Ep.*55.1; ~ se ipse summas uenit in turres lapis *Phoen.*570; hoc didici ~ me dicere MART.14.73.2; AUR.*Fro.* 1.p.176(67N).

16 (indicating a quality or attendant circumstance of the action under consideration) With, in. **b** ~ *causam, speciem*, on the grounds, pretext, etc., of.

si quid dictum est ~ iocum PL.*Am.*920; a te ut abeat ~ gratiam *Mil.*979; statariam agere ut liceat ~ silentium TER. *Hau.*36; sibi ~ fallacias uerba data esse QUAD.*hist.*16; ~ seditionem ad populum legem agrariam ferebat CIC.*Inv.* 2.52; ei misero..omnia uitae ornamenta ~ summum dedecus..deripi *Quinct.*64; M. Cato..quasi ~ beneficium Cyprum relegatur *Dom.*65; ut ~ uirtutem interfecti esse uiderentur, ferro inter se depugnant *B.Afr.*94.1; ~ ignauiam et superbiam aetatem agere SAL.*Jug.*85.1; res ~ summam contentionem acta LIV.21.63.4; relata postero die ~ minorem trepidationem re 23.20.10; urbs ~ deditionem Aetolis traditur 26.26.3; actast ~ lacrimas nox mihi OV.*Ep.*12.58; inmitis..suae gonger ~ uulnera gentis *Hal.*115; nullus mihi ~ otium dies exit SEN.*Ep.*8.1; octoginta anni..~ inertiam exacti 93.3; nos ~ magnam curam conpositionem accepimus LARG.122; laetos ~ furta..amores SIL.11.291; ~ omnem saeuitiam ac libidinem ius regium seruili ingenio exercuit TAC.*Hist.*5.9; praeda..~ luxum usos *Ann.*12.27; (*cf. sense 1b*) ~ famam et populum nigros efferre maritos JUV.1.72. **b** triremis duas..~ causam exercendorum remigum..prodire iussit CAES.*Civ.*3.24.1; qui ~ causam ualetudinis remanserunt 3.87.3; ~ causam recognoscendi nomina captiuorum LIV.22.61.8; (*ellipt.*) uelut gemmas eius signumque probarem, ~ causam memini me tetigisse manum TIB. 1.6.26; dum..suo temptat salientem pollice uenam, candida ~ causam bracchia saepe tenet OV.*Ep.*19.140;—~ speciem honoris cum Vestalem eam legisset LIV.1.3.11; ~ speciem..militarium usuum..magna pars ablegati 7.39.2; qui ~ speciem amicitiae monerent paratum ei uenenum TAC.*Ann.* 4.54.

per-, *prefix.* [prec.] FORMS: assimilation sts. occurs before l, e.g. *pellego, pelluceo, pelluo*, etc., which are found alongside the *perl*- forms. With vbs. it adds the idea of 'through', e.g. *percurro, peruagor, peruigilo*; of thoroughness or completion, e.g. *perago, perficio, peruenio*; of upset, e.g. *perdo, peruerto*; or an intensive force, e.g. *percupio, perdoleo*. Before adjs. and advs. it has an intensive force, e.g. *perabsurdus, perbene, perbreuis*; in this situation it is used freely and tmesis is common.

-per, *advl. suff.* Cf. Osc. *petiro-per-t* 'four times'; forms advs. denoting number of times or duration (*parumper, paulisper, aliquantisper, semper*).

pēra ~ae, *f.* [Gk. πήρα] A bag worn slung over the shoulder (for carrying the day's provisions, etc.), satchel.

~as imposuit Iuppiter nobis duas PHAED.4.10.1;—(*esp. as affected by Cynic philosophers*) ipsi qui Cynica traducunt tempora ~a PETR.14.2,l.3; quem..uides..cum baculo ~aque senem MART.4.53.3; 14.81.2; cum..~am cum baculo..humi posuisset (Crates) APUL.*Fl.*14; *Apol.*22.

perabsurdus ~a ~um, *a.* [PER-+ABSVRDVS] Very ridiculous, very absurd.

CIC.*Part.*54; *Luc.*59; illud..~um, bonum esse aliquid

quod non expetendum sit *Fin.*3.27; ~um est in eligendo tutore firmum uideri esse iudicium pupilli GAIUS *dig.*40.2.25; —(*tm.*) per etenim absurdum est PAUL.*dig.*22.3.25.

peraccommodātus ~a ~um, *a.* [PER-+ ACCOMMODATVS] Very convenient.
(*tm.*) per fore accommodatum tibi, si ad illam maritimam partem prouinciae nauibus accessissem CIC.*Fam.*3.5.3.

perācer ~cris ~cre, *a.* [PER-+ACER] (of the intellect) Very acute, very penetrating.
ingenio ~cri CIC.*de Orat.*3.230; ipse Caesar habet ~cre iudicium *Fam.*9.16.4.

peracerbus ~a ~um, *a.* [PER-+ACERBVS]
1 Very bitter, very sour.
uua se ostendit, quae..primo est ~a gustatu CIC.*Sen.*53.
2 Very painful, very distressing.
mihi..illud..~um fuit, quod sunt alter alteri, quid pararent, indicati PLIN.*Ep.*6.5.6.

peracescō ~ere, *intr.* [PER-+ACESCO] To become very bitter; (in quot., fig.).
hoc est quod (quo *cj.*) <cor> ~it; hoc est demum quod percrucior PL.*Bac.*1099.

peractiō ~ōnis, *f.* [PERAGO+-TIO] The bringing (of something) to an end, conclusion, completion.
senectus..aetatis est ~o tamquam fabulae CIC.*Sen.*85.

peracuō ~uere ~uī ~ūtum, *tr.* [PER-+ACVO] To sharpen the feelings, etc., of, excite thoroughly.
occepit ibi scalpurrire ungulis circumcirca. quid opust uerbis? ita mi pectus ~uit PL.*Aul.*468.

peracūtē, *adv.* [PER-+ACVTE]
1 Very keenly or intensely.
~ querebare, quod eos tributa exigere uetarem CIC.*Fam.* 3.7.2; Zeno, cum..ualde..subtiliter dissereret et ~ moueretur *Ac.*1.35.
2 Very cleverly, with great shrewdness.
fortasse an ~ repperisse uobis uidebamini ut.. APUL. *Apol.*34.

peracūtus ~a ~um, *a.* [PER-+ACVTVS]
1 (of sound) Very penetrating or shrill.
uoce ~a atque magna CIC.*Brut.*241.
2 Intellectually very sharp, very shrewd.
praecepta posse quaedam dari ~a ad pertractandos animos hominum CIC.*de Orat.*2.32; alterum (genus facetiarum) ~um et breue 2.218; ~um et artis plenum orationis genus *Brut.*114; uir natura ~us et prudens *Orat.*18; sententiolas..quas uidetur ille ~as putare *Phil.*3.21.

peradulescens ~ntis, *a.* [PER-+ADVLESCENS] Very youthful.
homini ~nti cuius aetas a senatorio gradu longe abesset CIC.*Man.*61.

peradulescentulus ~ī, *m.* [PER-+ADVLESCENTVLVS] A mere youngster.
hic (*sc.* Eumenes) ~us ad amicitiam accessit Philippi NEP.*Eum.*1.4.

Peraea ~ae, *f.* [Gk. *Περαία*, sc. *γῆ*, 'the region beyond'] **a** A part of Palestine lying to the east of the Jordan and the Dead Sea. **b** a part of the coast of Caria opposite Rhodes. **c** a Mytilenean colony in Aeolis.
a par eius (*sc.* Iudaeae)..Arabiae..et Aegypto proxima ~a (uocatur) PLIN.*Nat.*5.70. **b** LIV.32.33.6; 33.18.1. **c** LIV.37.21.4.

peraedificō ~āre ~āuī ~ātum, *tr.* [PER-+AEDIFICO] To complete the building of (a house).
quidam..ab inchoato domos exstruunt, nec ~atis cultum adhibent COL.4.3.1.

peraequātiō ~ōnis, *f.* [PERAEQVO+-TIO] The state of being equal.
supra ciuilem hanc ~onem diuitiae te eleuauerunt CALP. *Decl.*6.

peraequē, *adv.* [PER-+AEQVE]
1 To the same extent (throughout), uniformly, equally; ~ *omnes*, etc., all alike. **b** alike in all cases, invariably.
tria sunt omnino genera dicendi, quibus in singulis quidam floruerunt, ~ autem..perpauci in omnibus CIC.*Orat.*20; ~ narrabat incensam esse iuuentutem *Att.*2.8.1; puluinus..~ et hic et ille attritus CATUL.6.9; ~ in singulos menses NEP. *Att.*13.6; VITR.9.5.1; quod nihil ante ~ eodem ζήλῳ scripsisse uideor PLIN.*Ep.*1.2.1; *CIL* 2.6278.25; non oportere id ei restitui..~ relatum est et traditum ULP.*dig.*13.7.22; (*w.* quasi) Iulianus ~ putauit secundum tabulas competere ei quasi scripto bonorum possessionem 37.11.2.1;—hoc ~ in omni agro decumano reperietis CIC.*Ver.*3.121; quod cum ~ omnes, tum acerbissime Bottiaei..Thessalonica sensit *Pis.*86; et quartam legionem et omnis ~ Antoni (*sc.* legiones) caesas POL.*Fam.*10.33.4; id apud omnes populos ~ custoditur GAIUS *Inst.*1.1. **b** illa ~ prae se formosis inuidiosa dea est PROP.2.28.9.
2 So as to make things equal or level.
hos numquam minus, ut ~ ducerent, dena milia sestertia ex melle recipere esse solitos VAR.*R.*3.16.11.

peraequō ~āre ~āuī ~ātum, *tr.* [PER-+AEQVO]
1 a To make uniformly level or smooth. **b** to bring into a state of equilibrium, make balanced.
a eam ceram una cum pariete calfaciundo sudare cogat lietque, ut ~etur VITR.7.9.3. **b** sanare me uel certe in alterum latus translatis (*sc. his load*) ~are APUL.*Met.*7.17.
2 To make equal in every case or throughout. **b** to make equally available in all cases.
in tribus generibus tetrachorda ex duobus tonis et hemitonio sunt ~ata VITR.5.4.3; ~atur eius (*sc.* Mercurii) iter, ut circiter tricenos dies in singulis signis habeat numeri rationem 9.1.8. **b** ~AVIT (*sc.* ariam) CVM SOCIIS SVIS VT OMNIBVS COMMVNIS SET *CIL* 6.10243.
3 To be equal to, form the equivalent of.
ut apud me octingenae stirpes insitae intra biennium septenos culleos ~arent COL.3.3.3; singulos culleos uini singula earum (*sc.* uinearum) iugera ~abunt 3.3.10.

peragitō ~āre ~āuī ~ātum, *tr.* [PER-+AGITO]
1 To stir up thoroughly.
Aetna maiore ui ~ata SEN.*Ben.*3.37.2; subinde faeniculo ~et (*sc.* mustum) COL.12.19.4; diligenter lignea spatha uel etiam manu ~abimus (*sc.* picem) 12.24.1.
2 To harass with repeated attacks.
uehementius..~ati ab equitatu CAES.*Civ.*1.80.2.
3 To arouse or excite thoroughly.
nisi..hic stimulus (*i.e.* ira) ~auit misitque in pericula audaces SEN.*Dial.*3.7.1.

peragō ~agere ~ēgī ~actum, *tr.* [PER-+AGO]
1 To drive hither and thither, harass, chase.
oestron..pecora ~agentem SEN.*Ep.*58.2; ardenti ~agit Clanis Actora quercu V.FL.1.146.
2 To pierce, transfix, run through.
Theseus latus ense ~egit OV.*Ep.*4.119; ceu iam exanimes multoque ~actum ense iacent STAT.*Theb.*10.265.
3 (*reum*) ~*agere*, To carry through legal proceedings against.
LIV.4.42.6; ~agar populi publicus ore reus OV.*Tr.*1.1.24; eorum (*sc.* reorum) alternum lege ~egit, alterum professione V.MAX.6.2.4; reum..me ~age SEN.*Con.*10.1.2; receptus est reus neque ~actus ob mortem opportunam TAC.*Ann.*4.21; marium una ciuitas publice multique priuati reum ~egerunt PLIN.*Ep.*3.9.4; est lege cautum, ut reus ante ~agatur, tunc de praeuaricatore quaeratur 3.9.30; 3.9.35; non alias ad mulierem possit peruenire, nisi reum ~egerit (*sc.* adulterum). ~egisse autem non alias quis uidetur, nisi et condemnauerit ULP.*dig.*48.5.2.
4 To carry out, perform, execute (an action, operation, etc.). **b** (a course, journey, etc.). **c** (orders, etc.).
cum tantam rem ~agier arbitrarer CATO *orat.*186; cum lege quid ~agitur VAR.*L.*6.30; ut reliqua quae uellet ~ageret *B.Afr.*57.2; cum mittere ambages..iuberet et..~agere uerum indicium LIV.6.16.1; impletas modis saturas ..~agebant 7.2.7; ipse uides manibus ~agi fera bella Mineruae OV.*Fast.*3.5; inuita ~agens tristia sacra manu *Pont.*3.2.66; intercedere quo minus pudicitiae quaestio ~ageretur V.MAX.6.1.7; Seres..genus..commercio quod rebus in solitudine relictis absens ~agit notissimum MELA 3.60; subitae ~agemus fercula cenae CALP.*Ecl.*4.167; gyros..quosdam indecoro cursu uel singulae ~agunt (*sc.* grues) PLIN.*Nat.*10.59; talia fatidico ~agunt sollemnia regi STAT.*Theb.*8.208; adsentatio erga quemcumque principem sine adfectu ~agitur TAC.*Hist.*1.15; ante puluinar Iouis.. adoptio ~acta est PLIN.*Pan.*8.1; VT LORICATI IACVLATIONEM ~AGERETIS *CIL* 8.2532; quid genus humanum ~egerit AMP.pr.; quo auctore legis actio ~ageretur GAIUS *Inst.* 1.184. **b** propositum ~agunt iter HOR.*S.*2.6.99; ei..qui supra solis iter circinationes ~agunt VITR.9.1.11; ~agit lentis passibus annus iter OV.*Tr.*5.10.6; tacite ~agens lene Melanthus iter *Pont.*4.10.54; breuius, quam nos, ille ~egit iter 1.4.32. **c** ~agit deinde postulata LIV.1.32.6; Cecropidae Cephalus ~agit mandata OV.*Met.*7.502; ~agant linguae charta manusque uices *Tr.*5.13.30; responsa ~agam SEN.*Tro.*663; [SEN.]*Oct.*366; LUC.2.338.
5 To bring (a task, activity, etc.) to completion, finish (often with the implication of success). **b** to complete the tenure of (an office). **c** to fulfil (hopes, promises, etc.).
cum..caput caderet, carmen tuba sola ~egit ENN.*Ann.* 519; ii mihi uidentur fabulam aetatis ~egisse CIC.*Sen.*64; ~agit concilium Caesar CAES.*Gal.*6.4.6; inceptum ~agens sibi cura laborem *Culex* 394; uixi et quem dederat cursum fortuna ~egi VERG.*A.*4.653; bona iam ~actis iungite fata HOR.*Saec.*27; natalis..tui sic ~agamus iter PROP.3.10.32; Heraeis ~actis LIV.27.30.9; qui postquam senior regnumque aeuumque ~egit OV.*Met.*15.485; cum ~actam proscriptionem suam dixisset esse SEN.*Suas.*6.19; ipsas forsitan ..colus Clotho..proiecit et fata Herculis timet ~agere SEN. *Her.O.*770; ~agere laboris sui pensum COL.3.10.7; qui intra rerum agendarum dies incohata iudicia non ~egerint *BGU* 2.611.2.6(*FJRA* 1.p.286); in tantum uniuersa germinatio erumpit, ut una nocte ~agatur PLIN.*Nat.*16.102; rem ~agit nullam Sertorius, inchoat omnes MART.3.79.1; seminecum letum ~agit grauis ungula pulsu SIL.4.164; neque..ulla praescriptio incohata iudicia ~agi uetat QUINT.*Decl.*250(p.25,l.8); dum ~actum bellum putant TAC. *Hist.*3.78; PLIN.*Ep.*9.1.2; FLOR.*Epit.*1.5(1.11.15); ne tota salutatrix iam turba ~egerit orbem JUV.5.21; quod si appellatori heres extiterit..cogendus non est ~agere appellationem MACER *dig.*49.13.1;—(*impers. pass.*) habet, ~actum est, quas petis poenas dedit SEN.*Her.O.*1457; 1472; (*w.* cum) quis non ~actum esse cum Pompeio crederet? FLOR.*Epit.*2.13 (4.2.53). **b** ita est a me consulatus ~actus ut nihil sine consilio senatus..egerim CIC.*Pis.*7; ~acta quaestura [CIC.] *Sal.*18; consulatum reliquum Romae ~agere BALB.*Att.* 8.15a.2; si ~acto consulatu Caesaris non profectus esset CAES.*Civ.*1.11.2; NEP.*Ca.*2.2; HONORIBVS ~ACTIS *CIL* 8.26517. **c** propositum nihilo setius ~egit NEP.*Att.*22. 3; spes longa ~acta est STAT.*Theb.*11.671; uoti..~actam maiorem credunt..partem SIL.16.336; ut te conatus non paeniteat uotique ~acti JUV.10.6; VOTA SVSCEPTA ~EGI *CIL* 5.6876.
6 To finish, complete (something growing or under construction). **b** bring to fulfilment, achieve, attain (a condition, end, etc.). **c** to end the life of, finish off.
post mundi sera ~acti saecula LUC.10.263; fetus intra XLV diem ~agitur PLIN.*Nat.*11.50; utpote cum tota Asia extruente CXX annis ~actum sit (templum Ephesiae Dianae) 16.213; coclearum, quae nudae inueniuntur nondum ~actae, ablata capita 29.112; pumilorum, quos natura breuis statim ~acta nodosum semel in globum ligauit STAT.*Silv.*1.6.58; destinauerat et..Mileti Didymeum ~agere SUET.*Cal.*21; armenti..ductor..futurus, cui nondum toto ~aguntur cornua gyro STAT.*Ach.*1.314; (*cf.*) nomina..ita litteris ~acta, haec ut numeris pluribus, illa sint minutis MAUR.267. **b** solstitium summo ~agit cum Phoebus Olympo MAN. 3.422; fata aequaliter ius suum ~agunt SEN.*Nat.*2.35.2; solstitium ~agi in octaua parte cancri PLIN.*Nat.*18.264; cum..~egisset (*sc. an icicle*) miseri crudelia fata MART. 4.18.5; NISI QVOD FATALEM DIEM CELERITER ~EGISTI *CIL* 6.25022; quod testamentum dicitur per aes et libram, scilicet quia per mancipationem ~agitur GAIUS *Inst.*2.102; (*poet.*) nondum ille ~actis manibus ultricis animam seruabat in iras STAT.*Theb.*11.562. **c** Erotion..quam pessimorum lex amara fatorum sexta ~egit hieme MART.5.37.16.
7 To use up, get through (resources, etc.). **b** to deal with completely.
quae quot nocte uiros ~egit una *Priap.*34.4; hic bona dente grandia magnanimus ~agit puer PERS.6.22; plenum.. centiens Syriscus..~egit MART.5.70.4. **b** ut (stella, *i.e. starfish*)..omnem cibum statim ~agat (*app. digests*) PLIN. *Nat.*9.183.
8 *partes ~agere*, To play a part or role; (also absol.).
quis feret Andromaches ~agentem Thaida partes? peccat, in Andromache Thaida quisquis agat OV.*Rem.*383; (*transf.*) dum..~agunt partes ira dolorque suas *Ib.*84; ~acta iam pars matris est SEN.*Her.O.*1025;—ideo quod <apud> eos tragici et comici actores in scaena ~agunt VITR.5.7.2.
9 To pass through or over, traverse, cover (an extent of space). **b** to work through or over.
ut..rota..certum modum spatii habeat ~actum pedes XII S VITR.10.9.1; cum sol duodena ~egit signa OV.*Met.* 13.618; agili ~agit freta caerula remo [OV.]*Ep.Sapph.*65; grauidis freta pulsa carinis iam ~agebantur PETR.119,l.4; inde uadosa nauigatio..per euripos tamen quosdam ~agitur PLIN.*Nat.*6.99; breuis est labor ~actae altum uincere tramitem Suburae MART.10.20(19).4; (*of a sensation*) longus uix tota ~egit membra dolor STAT.*Theb.*5.574; (*of an astron. circle*) ad borean qui uergit circulus altos et ~agit tractus uicinis haud procul ursis GERM.*Arat.*460;—(*absol.*) (sol) ~agens peruenit ad caput et pectus leonis VITR.9.3.1; foramen..~agit per leonem et uirginem ad librae partis octauae puncta reuertendo 9.8.14. **b** ille suam ~agebat humum OV.*Fast.*4.693.
10 To live out (a period of time); (absol.) to live out one's life. **b** to come to the end of, complete (a period of time).
senex longae ~agit dum tempora uitae [TIB.]3.7.112a; mollia securae ~agebant otia gentes OV.*Met.*1.100; uita procul patria ~agenda sub axe Boreo *Tr.*4.8.41; *Pont.* 1.2.143; medii temporis cursus..modo aspero, modo tranquillo motu ~agitur V.MAX.9.12.intro.; HIC EGO NVNC IACEO..~AGENS TERTIVM ET VICENSIMVM ANNVM *CIL* 6.38425; (*poet.*) [TIB.]3.7.181;—regustatum digito terebrare salinum contentus ~ages, si uiuere cum Ioue tendis! PERS. 5.139. **b** ~actis septuaginta annis SAL.*Hist.*5.5; iam nox hibernas bis quinque ~egerat horas *Mor.*1; si natura iuberet a certis annis aeuum remeare ~actum HOR.*S.*1.6.94; si flore caret, meliusque ~actum tempus OV.*Ars* 2.665; decem lustris omni sine labe ~actis *Tr.*4.8.33; uere ~acto SEN. *Her.O.*588; saecula centiens ~acta MART.6.49.5; ter dena luce ~acta STAT.*Silv.*5.5.24; iubeo..eum tempore ~acto manumittant SCAEV.*dig.*40.7.40.2.
11 To go through, recount, relate. **b** to give a complete treatment of, deal thoroughly with (a subject).
quae plurima uoce ~egi TIB.1.2.13; notam iudici fabulam petitor..~agit LIV.3.44.9; 22.60.6; ubi sententiam meam uobis ~egero 7.35.2; dum ~ago tecum pauca, sed apta, uaca OV.*Am.*2.2.2; et ~agit solita fallere uoce preces *Fast.* 5.680. **b** totum Sempronium usque eo ~ago ut Vestorium quoque interponam CAEL.*Fam.*8.8.1; utpote res tenuis tenui sermone ~actas HOR.*S.*2.4.9; commensus aedificiorum.. ~agere VITR.1.7.2; liberi iam hinc populi Romani res pace belloque gestas..~agam LIV.2.1.1; aliud argumentum, simile tamen et libidine et crudelitate ~agit 39.43.1; ~acta est interior ora PLIN.*Nat.*6.23; reliqua nunc inde ~agemus 6.143; ut simul ~agantur nobilia pigmenta 9.141;—(*w.* de, *and indir. qu.*) in secundo (uolumine) de materia, quas habeat in operibus utilitates..~egi VITR.3.pr.4.
12 To plead, conduct (a case); (also) to conduct to a conclusion.
et cum dura tibi ~agenda rei sit causa Petilli HOR.*S.* 1.10.26; declamet, concrepet omnes et ~agat causas PETR. 137.9,l.6;—se causam quam susceperat nullo labore ~acturum uidebat CIC.*Sest.*87; certe mea causa ~acta est PETR. 122,l.175.

peragrātiō ~ōnis, *f.* [next+-TIO] The action of traversing a territory, scouring.
quae fuit eius ~o itinerum CIC.*Phil.*2.57; partim cursu et ~one laetantur (*sc.* bestiae) *Fin.*2.109.

peragrō ~āre ~āuī ~ātum, *tr.*, (*intr.*). [PER-+AGER+-O³] N.B. pf. pple. w. dep. force VELL.2.97.4.
1 To travel over every part of (a territory, etc.), scour. **b** (transf., of news, etc.).

Caleti uoce canora fremitu ~ant minitabiliter Acc.*praet.* 11; cum. .omnis se prouincias stipendia merentem ~asse gloriaretur Cic.*de Orat.*2.258; nec uero disiunctissimas terras citius passibus cuiusquam potuisse ~ari *Marc.*5; cum architectis et decempedis uillas multorum hortosque ~abat *Mil.*74; ubi sol suum totum confecit et ~auit orbem *Tim.* 32; at mater uiridis saltus orbata ~ans Lucr.2.355; illa fuga siluas saltusque ~at Verg.*A.*4.72; uenando ~are saltus Liv.1.4.8; populabundi Tarquinienses fines Romanos . .~auere 7.12.6; ~atis omnibus solitudinibus Sen.*Ben.* 7.15.1; Achaiam. .et Asiam ~asse, ut omnem omnium artium uarietatem complecteretur Tac.*Dial.*30.3; omnibus terra marique ~atis respexit Oceanum Flor.*Epit.*1.45 (3.10.16); mare. .Athlanticum; quod commerciis totius generis humani ~atur Amp.7.1; Apul.*Met.*2.21;—(*pf. pple. in act. sense*) ~atus. .uictor omnis partis Germaniae Vell. 2.97.4;—(*in thought*) qui innumerabilis mundos infinitasque regiones. .mente ~auisset Cic.*Fin.*2.102; Mela 1.24. **b** ut semel e Piraeo eloquentia euecta est, omnis ~auit insulas Cic.*Brut.*51; *Balb.*16; ~atus orbis terrarum uictoriis eius gentis Liv.35.12.11; (*cf.*) cum orbem terrarum non pedibus magis quam laudibus ~ares? Plin.*Pan.*14.1;—(*absol.*) qua fines imperi populi Romani sunt, ea non solum fama iam de illo sed etiam laetitia ~auit Cic.*Mil.*98; (*w. ref. to exotic tastes*) hanc. .~antis gulae. .industriam Gel.6(7).16.6.

2 (fig.) To traverse, scour (with the mind, etc.).
possum omnis latebras suspicionum ~are dicendo Cic. *Cael.*53; cetera consimili mentis ratione ~ans Lucr.2.677; rerum naturam ~anti numquam in fastidium ueritas ueniet Sen.*Ep.*78.26;—(*intr.*, *w.* per) ita ~at per animos Cic. *de Orat.*1.222.

peralbus ~a ~um, *a.* [PER-+ALBVS] Very white.
equo. .~o Apul.*Met.*1.2; auis ~a illa gauia 5.28.

peramans ~ntis, *a.* [PER-+AMANS] Very fond (of).
homo ~ns semper nostri fuit Cic.*Att.*4.8a.3.

peramanter, *adv.* [PER-+AMANTER] Most affectionately.
me quidem perofficiose et ~ obseruant Cic.*Fam.*9.20.3.

perambulō ~āre ~āuī ~ātum, *tr.* [PER-+AMBVLO]

1 To walk about in, roam about; to travel about in, tour. **b** (transf., of things).
qualubet ~a aedis oppido tamquam tuas Pl.*Mos.*809; tutus bos etenim rura ~at Hor.*Carm.*4.5.17; ~ante laeta domino uiridia Phaed.2.5.14; Plin.*Ep.*8.20.3; (*cf.*) recte necne crocum floresque ~et Attae fabula si dubitem Hor. *Ep.*2.1.79;—uos, qui multas ~astis terras Var.*R.*1.2.3; ~abis astra Hor.*Epod.*17.41; orbis terrarum non regendi tantum sed etiam ~andi diligentem Fro.*Aur.*2.p.8(226N). **b** frigus. .~at artus Ov.*Ep.*9.135; securos pueri neglecta (*sc.* parma) ~at artus Mart.9.38.7.

2 To visit in turn or make the round of (a succession of places).
~abit omnium cubilia Catul.29.7; cum omnium limina cotidie ~auerint Sen.*Dial.*10.14.3;—(*w. pers. obj.*) inter eos, quos ~at (medicus) *Ben.*6.16.2.

peramīcē, *adv.* [PER+AMICE] Very amicably, in a very friendly way.
nobiscum hic perhonorifice et ~ Octauius Cic.*Att.*14.12.2.

peramō ~āre ~āuī ~ātum, *tr.* [PER-+AMO] To show a great liking for.
hic mea carmina regina bellorum uirago (*i.e.* *Pallas*) Caesareo ~auit (*s.v.l.*) auro (*i.e.* *crown*) Stat.*Silv.*4.5.24.

peramoenus ~a ~um, *a.* [PER-+AMOENVS] Very delightful.
aestas in fauonium obuersa et aperto circum pelago ~a Tac.*Ann.*4.67.

peramplus ~a ~um, *a.* [PER-+AMPLVS] Very large, very great.
sunt ea (*sc.* simulacra) ~a atque praeclara Cic.*Ver.*4.109; —(*of abst. things*) mihi ~am anxietatem. .litteris his tuis misisti Aur.*Fro.*1.p.194(79N).

perangustē, *adv.* [PER-+ANGVSTE] In a very narrow compass.
quae coartauit et ~ refersit in oratione sua Cic.*de Orat.* 1.163.

perangustus ~a ~um, *a.* [PER-+ANGVSTVS] Very narrow.
quod. .unum habeat et ~um aditum Caes.*Gal.*7.15.5; uno ~o aditu relicto Sal.*Jug.*92.5; Liv.22.4.2; (mitella) ~is capitibus collo inicitur Cels.8.10.3.B; semita ~a Curt. 7.11.2; (*in fig. phr.*) ~o fretu diuisa seruitutis ac libertatis iura Cic.*Ver.*5.169.

Peranna: for *Anna Peranna* see ANNA.

perannō: see PERENNO.

perantīquus ~a ~um, *a.* [PER-+ANTIQVVS] Very ancient.
ut apud nos, ~us, ut apud Atheniensis, non ita sane uetus Cic.*Brut.*41; ex aere fuit quoddam. .~um, omnium illorum quae sunt in eo fano multo antiquissimum *Ver.*4.109; *Rep.* 1.58; Fro.*Aur.*1.p.122(23N).

perappositus ~a ~um, *a.* [PER-+APPOSITVS] Very appropriate.
sunt. .illa subabsurda. .mimis ~a Cic.*de Orat.*2.274.

perarduus ~a ~um, *a.* [PER-+ARDVVS] Very difficult.
hoc ~um est demonstrare Cic.*Ver.*3.166.

perārescō ~escere ~uī, *intr.* [PER-+ARESCO] To become thoroughly dry or desiccated.
cum crescere desiit (herba) et aestu arescit, subsecari falcibus debet et, quaad ~escat, furcillis uersari Var.*R.* 1.49.1; cum ~uerint picatis uasis eas condunt Col.12.15.4; Plin.*Nat.*33.104.

pergūtus ~a ~um, *a.* [PER-+ARGVTVS]

1 Having a very bright clear note or tone.
me. .tintinnabulis ~is exornatum Apul.*Met.*10.18; carmine. .hirundines ~o *Fl.*13.

2 Having a very lively wit.
L. Afranius poeta, homo ~us Cic.*Brut.*167.

perāridus ~a ~um, *a.* [PER-+ARIDVS] Very dry, dried up.
frondem. .condito non ~am, pabulum ouibus Cato *Agr.* 5.8; ~a loca Col.4.31.1; *Arb.*6.1; Plin.*Nat.*16.92.

perarmātus ~a ~um, *a.* [PER-+ARMATVS] Fully armed.
ad iam ~os adequitare coepit Curt.4.9.23.

perarō ~āre ~āuī ~ātum, *tr.* [PER-+ARO] (in quots., transf.). To plough through; to furrow. esp. **b** to incise (a wax tablet); to inscribe (a letter or message).
ite nunc, fortes, ~ate pontum Sen.*Med.*650;—rugis ~auit anilibus ora Ov.*Met.*14.96. **b** ad dominam ~atas mane tabellas perfer Ov.*Am.*1.11.7; *Ars* 3.485;—blandis ~etur littera uerbis 1.455; talia nequiquam ~antem plena reliquit cera manum *Met.*9.564.

perasper ~era ~erum, *a.* [PER-+ASPER] Very rough.
corpus quasi uerrucula. .subdurum et in summo ~erum Cels.5.28.14.B.

perastūtulus ~a ~um, *a.* [PER-+ASTVTVS+-VLVS] Very artful.
mulier. .ad huius modi flagitia ~a Apul.*Met.*9.5.

perāticus ~a ~um, *a.* [Gk. περατικός] *bdellium ~um,* A kind of bdellium imported from Media.
aliqui ~um (bdellium) uocant ex Media aduectum Plin. *Nat.*12.35.

perattentē, *adv.* [PER-+ATTENTE] Very attentively.
animaduerti. .audiri a uobis meum familiarem. .~ Cic. *Cael.*25.

perattentus ~a ~um, *a.* [PER-+ATTENTVS] Very attentive.
~os uestros animos habuimus Cic.*Ver.*3.10.

pērātus ~a ~um, *a.* [PERA+-ATVS[2]] (app. nonce-wd.) Done up in a *pera.*
~um ductare Pl.*Epid.*351.

peraudiō ~īre ~īuī or iī ~ītum, *tr.* [PER-+AVDIO] To hear to the end.
auribus ~ienda sunt Pl.*Mil.*34.

perbacchor ~ārī ~ātus, *tr.* [PER-+BACCHOR] To get through, waste (time) in revelry.
quam multos dies in ea uilla turpissime es ~atus! Cic. *Phil.*2.104; suum annum in re publica ~atus est [Cic.] *Sal.*10.

perbāsiō ~āre, *tr.* [PER-+BASIO] To make a thorough business of kissing (i.e., in quot., all kiss in turn).
circumeuntem puerum sane ~amus Petr.41.8.

perbeātus ~a ~um, *a.* [PER-+BEATVS] Very fortunate.
Cic.*de Orat.*1.1.

perbellē, *adv.* [PER-+BELLE] Very charmingly.
~ feceris si ad nos ueneris Cic.*Att.*4.4a.1; *Fam.*16.18.1.

perbene, *adv.* [PER-+BENE]

1 Very well or satisfactorily.
ain tu te ualere? — pol ego hau ~ a pecunia Pl.*Aul.*186; prandi ~ *Men.*1142; ~ detectam in Leontinis esse auaritiam et crudelitatem Romanorum Liv.24.32.1; scias domo ~ omnia recte esse *P.Mich.*468.48; (*exclam.*) eugae eugae, ~! Pl.*Rud.*164.

2 Very proficiently.
~ Latine loqui putabatur Cic.*Brut.*108.

3 Very favourably.
ex eo cum ab ineunte eius aetate bene sperauissem, tum ~ existimare coepi. . Cic.*Fam.*13.16.1.

perbeneuolus ~a ~um, *a.* [PER-+BENEVOLVS] Very well disposed (towards).
Pescennius est ~us nobis Cic.*Fam.*14.4.6.

perbenignē, *adv.* [PER-+BENIGNE] In a very kind manner.
Ter.*Ad.*702;—(*tm.*) per mihi benigne respondit Cic.*Q.fr.* 2.7.2.

perbibō ~ere ~ī, *tr.* [PER-+BIBO]

1 To drink deeply. **b** (fig.) to imbibe with the mind or senses.
guttura. .inbuerunt infantia lacte canino. .~it inde suae rabiem nutricis alumnus Ov.*Ib.*229; (*hyperb.*) at ego perii, quoi medullas lassitudo ~it Pl.*St.*340. **b** ~isti nequitiam Sen.*Dial.*3.16.3; ~ere liberalia studia *Ep.*36.3; ~at formam mei *Her.O.*557; Latinum (*sc.* sermonem). .uel nobis nolentibus ~et Quint.*Inst.*1.1.12.

2 (of things) To absorb, drink in.
codicillos. .amurca cruda perspargito et in sole ponito, ~ant bene Cato *Agr.*130; terra caducas concepit lacrimas ac uenis ~it imis Ov.*Met.*6.397; lana quosdam colores. .non ~it Sen.*Ep.*71.31; Col.7.4.8; (*poet.*) unda. .grauis ubi ~i euros *Aetna* 322.

perbītō ~ere, *tr.* [PER-+BITO] To perish.
ne fame ~at Andr.*trag.*27; quo quis cruciatu ~eret Enn. *scen.*212; cruciatu maxumo ~ere Pl.*Ps.*778; *Rud.*495; Titin.*com.*17; Pac.*trag.*287; Paul.*Fest.*p.215M.

perblandus ~a ~um, *a.* [PER-+BLANDVS] Very suave, very amiable.
Cic.*Rab.Post.*21; successorem habes ~um *Q.fr.*1.2.8; prima eius oratio ~a ac benigna fuit Liv.23.10.1.

perbonus ~a ~um, *a.* [PER-+BONVS]

1 Very good of its kind, of excellent quality. **b** excellent for the purpose intended.
(ouis) ~ast, tondetur nimium scite Pl.*Mer.*526; prandium . .~um *Mos.*692; umbram aestate tibi esse audiuit ~am 764; ~a toreumata Cic.*Ver.*4.38; agros. .natura ~os *Flac.* 71. **b** non in loco emit ~o Pl.*Mos.*673; (domus) habet. . ostiarii cellam ~am Petr.77.4.

2 (of persons) Of excellent character or worth.
~us ille uir Cic.*Dom.*50.

3 Very favourable.
~o loco res erat Cic.*Att.*6.1.3.

perbreuī, *adv.* [abl. of next] Very soon, in next to no time.
id erit ~, nec dubito quin legente te has litteras confecta iam res futura sit Cic.*Fam.*6.12.3; ~ postea est mortuus *Ver.*5.142; *Div.*1.53.

perbreuis ~is ~e, *a.* [PER-+BREVIS] Very short or brief.
(*of distance*) est iter. .sicut impeditum ac difficile, ita spatio ~i Liv.32.15.6; huic hosti ~e Pontus iter *Epic.Drusi* 388;—(*of time*) ~i tempore Cic.*Ver.*3.22; *Man.*16; sperare ~is aeui Carthaginem esse Liv.28.35.11; 41.20.9;—(*of writings, etc.*) ~is. .litteras Cic.*Fam.*3.10.2; 4.15.1; Balb. *Att.*9.13a.1; (*cf.*) (orator) et perornatus et ~is Cic.*Brut.*158; (*tm.*) altera pars. .per mihi breuis et non magnae in dicendo contentionis fore uidetur *Clu.*2.

perbreuiter, *adv.* [PER-+BREVITER] Very briefly.
quid sentiam ~ exponam Cic.*de Orat.*2.235; quae ego nunc ~ attingo *Dom.*40; *Rep.*2.9.

perca ~ae, *f.* [Gk. πέρκη] A perch or sim. fish.
tum corporis umbrae liuentis rapidique lupi ~aeque tragique Ov.*Hal.*112; Plin.*Nat.*9.57; communes. .amni tantum et mari. .~ae 32.145; 32.152.

percalefaciō ~facere ~fēcī ~factum, *tr.* [PER-+CALEFACIO] To heat through and through, to make very hot.
glaebis ab sole ~factis Var.*R.*1.27.2; omnia motu ~facta uides ardescere Lucr.6.178; Vitr.1.4.3; cum ignis. .feruore tangatur, ~fieri cogit aquam 8.3.3; V.Max.9.12.4; (*persons*) aestu et itineris feruore. .~factus 3.8.ext.6.

percalescō ~escere ~uī, *intr.* [PER-+CALESCO] To grow very hot or very warm.
ubi ~uit uenti uis <et> grauis ignis impetus incessit Lucr.6.281; 6.686; postquam uetus umor ab igne ~uit solis Ov.*Met.*1.418; Sen.*Thy.*170.

percallescō ~escere ~uī, *intr.*, *tr.* [PER-+CALLEO+-SCO]

1 (intr.) To become altogether callous or insensitive.
iam obduruerat et ~uerat ciuitatis incredibilis patientia Cic.*Mil.*76.

2 (tr.) To become thoroughly conversant with.
si modo usum rerum ~ueris Cic.*de Orat.*2.147; Gel.1.22.7; Latinarum. .uocum origines rationesque ~uerat 13.10.1; quinque et uiginti gentium. .linguas ~uit 17.17.2; 20.1.20.

percandefaciō ~facere ~fēcī ~factum, *tr.* [PER-+CANDEFACIO] To impart a glowing heat throughout.
ardore ~facit (ignis) terram, quae est supra se Vitr.8.3.1.

percandidus ~a ~um, *a.* [PER-+CANDIDVS] Very white, pure white.
<nec> ~a margarita quaero Maec.*poet.*2(1).3; ~a compositio Cels.5.19.24.

percārus ~a ~um, *a.* [PER-+CARVS]

1 Very dear, greatly beloved.
eis uicissim ~us et iucundus fuit Cic.*Scaur.*39; Sal.*Hist.* 1.94; Plancinae ~am nomine Martinam Tac.*Ann.*2.74; 6.9; 13.19.

2 Very expensive.
triginta (*sc.* minae)? hu ~ast (*sc. a slave-girl*) Ter.*Ph.* 558.

percautus ~a ~um, *a.* [PER-+CAVTVS] Very circumspect.
delectus in familiaritatibus. .~us et diligens Cic.*Q.fr.* 1.1.18.

perceleber ~bris ~bre, *a.* [PER-+CELEBER] Very famous.
templum Iunonis uetustate et religione ~bre MELA 2.41.

percelebrō ~āre ~āuī ~ātum, *tr.* [PER-+CELEBRO] To disseminate thoroughly, make thoroughly known.
de qua muliere..uersus..tota Sicilia ~antur CIC.*Ver.* 5.81; audita et ~ata sermonibus res est *Cael.*69.

perceler ~eris ~ere, *a.* [PER-+CELER] Very rapid.
porrectione ~eri (*cj.*) brachi..uti oportet *Rhet.Her.*3.27; ~eri interitu CIC.*Cael.*58.

perceleriter, *adv.* [PER-+CELERITER] With great speed, very rapidly.
confirmauit..~ se ablaturum diploma CIC.*Fam.*6.12.3; haec..~ confecit (Romulus) *Rep.*2.12.

percellō ~ellere ~ulī ~ulsum, *tr.* [PER-+**cello*; cf. CLADES, Gk. κλάω, OIr. *clār*, Welsh *clawr*]

1 To strike or knock down, knock over, fell. **b** to strike hard, hit; (also transf., of sound).
perii! ~ulit me prope PL.*Per.*810; ~ellunt magnas quercus, exciditur ilex ENN.*Ann.*188; quo trudi'? ~uleris iam tu me TER.*Eu.*379; uentus..armatum hominem, plaustrum oneratum ~ellit CATO *hist.*93; VAR.*Men.*392; assurgentem alio puer improbus ictu ~ulit STAT.*Theb.*6.805;—(*in fig. phr.*) isdem machinis..quibus antea stantem ~ulerunt CIC.*Dom.*27; ⟨quae⟩ duo fulmina domum meam..~ulerint LIV.45.41.1; naufragia multorum quos..improuisus turbo ~ulerat PLIN.*Pan.*66.3; (*prov.*) perii! plaustrum ~uli ('*upset the apple-cart*') PL.*Epid.*592. **b** fetiali Postumius genu femur quanta maxime poterat ui ~ulit LIV.9.10.10;—uox inde repens ut ~ulit urbem V.FL.2.91.

2 (of weapons, or persons using them) To strike down (so as to kill or wound). **b** (of physical states) to strike down, lay low.
haec (*sc.* sagittae) nihil aliud autem fecerunt, nisi Alexandrum ~ulerunt *Rhet.Her.*4.41; terribili ~ulsus fulmine ciuis CIC.*poet.*11(3).23; certa Stymphalia monstra sagitta ~ulit CATUL.68.114; ~ulit et fulua moribundum extendit harena VERG.*A.*5.374; quos omnes dextra Dryantis ~ulit aduersos OV.*Met.*12.312; sese culpat..qui non orantem..legatum..ense ~ulerit STAT.*Theb.*3.21; (*cf.*) ille (*sc.* Diomedes) deam primus ~ulit: alter ego OV.*Am.*1.7.32; (*fig.*) quom extemplo sauiis sagittatis ~ulsust PL.*Trin.*242. **b** somnus repente in campo passim mollissimus ~ulit acris ENN.*Ann.*369; dum adhuc paucas pestis ~ulit COL.7.7.1.

3 (mil.) To overcome more or less instantaneously, overpower. **b** to strike with a sudden assault.
magno nostrorum impetu ~ulsi HIRT.*Gal.*8.48.7; fessum stando et uigiliis Volscum primo impetu ~ulit LIV.2.65.1; Romanos..necopinato aduentu ~ulsurum 8.11.9; primo impetu ~ulsi caesique sunt 23.44.4; 30.35.2; hac..Mutinensia Caesar grandine militia ~ulit arma sua OV.*Fast.*4.628; in suis eos (*sc.* Germanos) sedibus ~ulerunt TAC.*Ger.*37.5; (*ellipt.*) hic insidis in ualle dispositis dolo ~ulit FLOR.*Epit.* 1.45(3.10.8). **b** ut quamcumque partem ~ulere impetu suo, sustineri nequeant LIV.40.40.3.

4 To afflict (a person, country, etc.) with disaster, overthrow. **b** to afflict with misfortune, etc., strike down. **c** to destroy (an abstract idea).
Scipionis illius, qui Ti. Gracchum ~ulit CIC.*de Orat.*2.285; homines ~ulsi Sullani temporis calamitate *Mur.*49; repentina ui ~ulsi ac tempestate populari *Sest.*140; ita ~ulsa et prostrata foedissimo bello iacent omnia *Fam.*4.4.2; imperium, munitum quingentis longis nauibus..adeo facile ~ulit, ut.. NEP.*Di.*5.3; cetera qua rerum iaceant ~ulsa ruina VERG.*A.*11.310; quas..ciuitates atrocibus edictis aut damno finium Galba ~ulerat TAC.*Hist.*1.53; Libonem inlexerat insidiis, deinde indicio ~ulerat *Ann.*4.31; ~ulit is dies Pompeium..Aelianum 14.41; nullum adeo necessitudinis genus est, quod non scelere ~ulerit SUET.*Nero* 35.4. **b** si eorum (*sc.* deorum) plaga ~ulsi adflictos se et stratos esse fateantur CIC.*Tusc.*3.72; ceteros..pari fortuna ~ulsos NEP.*Att.*11.2; tali inconmodo ~ulsi V.MAX.8.7.5. **c** nihil ..ideo quo minus siet ratio ~ellere poterit hoc crimen VAR.*L.*9.77.

5 To strike with fear, consternation, etc., dismay, demoralize. **b** to take aback, discompose, upset. **c** to strike, overcome (with a sudden thought, emotion, etc.).
~ulsi pectora Poeni ENN.*Ann.*311; haec te uox non ~ulit, non perturbauit..? CIC.*Ver.*3.132; ita sum animo ~ulso et abiecto *Att.*3.2.1; ~ulsae barbarorum turmae ac perterritae acies hostium HIRT.*Gal.*8.29.2; ceteri metu ~ulsi SAL.*Cat.* 6.4; ~ulsi tumultu insolito *Jug.*38.5; mentes..~ulsae stupent HOR.*Epod.*7.16; ~ulsa erat plebes consulem habitura iratum LIV.3.19.3; is pauor ~ulit Romanos 21.46.7; nos nuntius acerbi funeris ~ulit SEN.*Ep.*99.18; mens dubiis ~ulsa pauet LUC.6.596; Druidae..nouitate aspectus ~ulere militem TAC.*Ann.*14.30. **b** quibus rebus supra bonum aut honestum ~ulsus SAL.*Jug.*82.2; ~ulit eum praefectorum nauium transitio LIV.23.26.4; ~ulsus inprouisa interrogatione paulum reticuit TAC.*Ann.*1.12. **c** suspicione aliqua ~ulsi CIC.*Clu.*106; aeriae..uolucres..~ulsae corda tua ui LUCR.1.13; maximo et inopinato gaudio ..~ulsi V.MAX.4.8.5; hunc..tanta admiratione ~ulit FLOR.*Epit.*1.4(1.10.2); ut Fortunae iniquitas..magis hominum animos ~ellat SEN.*Con.*10.4.2.

6 To drive, bludgeon (into an action).
ne sic quidem quitus est ut comminus ageret ~elli APUL.*Apol.*2; Venerem..nullis ad turpitudinem stimulis..sectatores suos ~ellentem 12.

percenseō ~ēre ~uī, *tr.* [PER-+CENSEO]

1 To make a complete assessment or survey of.
Italiam ~uisti; perge in Siciliam CIC.*Agr.*2.48; (*w. indir. qu.*) ut iam ~eamus, quot operis in aream perducantur ea COL.2.12.1.

2 To inspect or examine thoroughly; to go over methodically. **b** to make a methodical tour or round of.
~ere notis iamque inde excernere prauos (catulos) GRAT. 289; Tantalis..tumido ~et funera luctu STAT.*Theb.*4.576; quae postquam infesto ~uit omnia uultu SIL.6.698;—iterum eos (*sc.* manipulos) ~ent ac de singulis secant inter spicas et stramentum VAR.*R.*1.50.1. **b** cum ~uisset Thessaliam LIV.34.52.1; Clymene..totum ~uit orbem OV.*Met.*2.335; signa..quae longo frater ~eat anno *Fast.*3.109.

3 To run one's mind over, pass in review.
quo in genere ~ere poterit plerosque inueniendi locos CIC.*Part.*127; mihi ~enti propiores temporibus harum rerum auctores LIV.6.12.2; orationes legatorum hesterno die ⟨ut⟩ pro sententiis dictas ~eamus 32.21.2; SEN.*Ep.* 78.26; STAT.*Theb.*1.268; non dubito alia item uerba ~uisse FRO.*Aur.*2.p.108(159N).

4 To survey in words, go over; to enumerate. **b** to recite from start to finish.
quo quisquam possit uestra in nos uniuersa promerita..~ere numerando CIC.*Red.Sen.*1; uetera..exempla ~ent Persidis regum CURT.4.10.6; SEN.*Dial.*6.21.3; ne nunc eadem repetamus, quae superiore exordio ~uimus COL. 7.5.4; PLIN.*Nat.*34.86; uulgata dicentium gaudia..~eo TAC.*Dial.*6.5; obstat uerecundia, quominus ~eamus, quo utrumque nostrum testimonio ornaris PLIN.*Pan.*91.3; domus alienae ~et infortunium APUL.*Met.*9.23;—(praeco) ~uerat omnis gentis, quae sub dicione Philippi regis fuerant LIV.33.32.6. **b** ubi omnia quae didicit maledicta ~uit APUL.*Fl.*12.

percensiō ~ōnis, *f.* [prec.+-TIO] A survey, review.
quibus uocabulis appellentur sirbeni ~o sit FRO.*Aur.*2.p. 72(149N).

perceptiō ~ōnis, *f.* [PERCIPIO+-TIO]

1 The action of taking (crops, etc.) from the place of growth, gathering; the right of doing so.
cultus agrorum ~oque frugum CIC.*Rep.*2.26; frugum fructuumque reliquorum ~o *Off.*2.12; COL.1.3.2; an ~one fructus suos faciat, quaeritur JULIAN.*dig.*22.1.25.2;—si..non fundum, sed fructus ~onem tibi donem POMPON.*dig.* 39.5.9.1.

2 (leg.) The action of taking possession.
prout usus fructus ~o desiderat ULP.*dig.*7.6.1.3; ut magis eos ~o quam intentio liberet 15.1.32; 48.5.28(27).11.

3 Mental grasp, perception.
memoria est firma animi rerum et uerborum et dispositionis ~o *Rhet.Her.*1.3; uirtutis aut artis alicuius ~onem CIC.*Inv.*1.36; ars..ex multis animi ~onibus constat *Luc.*22; QUINT.*Inst.*2.17.41; APUL.*Pl.*2.1.

perceptum ~ī, *n.* [pple. of PERCIPIO] A general idea, proposition, principle.
si est diuinatio, qualibusnam a perceptis artis proficiscitur? (~a appello quae dicuntur Graece θεωρήματα) CIC.*Fat.* 11; 15.

percīdō ~dere ~dī ~sum, *tr.* [PER-+CAEDO]

1 To hit or punch very hard.
~de os tu illi odio PL.*Cas.*404; mendacia haec leuiora, in quibus os ~di non oculi erui solent SEN.*Nat.*4b.4.1.

2 To commit sodomy on.
fortes uiros arma sumere..interim in urbe securos esse ~sos (*cj.* prae-) SEN.*Dial.*1.5.3; ~di gaudes, ~sus, Papyle, ploras MART.4.48.1; 7.62.1; 11.28.2; (*w. ref. to the practice of* irrumatio) os tibi ~sum quanto non ipse Latinus uilia Panniculi percutit ora sono 2.72.3.

3 To cut down, cut to pieces (troops).
Lentuli exercitum percecidit FLOR.*Epit.*2.8(3.20.10); terga hostium percecidit 2.23)4.12.7).

percieō ~iēre ~iī, ~itum, *tr.* Also **~iō** ~īre. [PER-+CIEO]

1 To set in motion, propel. **b** to stir to action.
multa uidebis enim plagis ibi ~ita caecis commutare uiam LUCR.2.129; ocius ergo animus quam res se ~iet ulla 3.184; 4.28; omnia luminibus lustrans loca ~itus ardor 6.284; *Inc.poet.*p.139(Gel.19.11.4). **b** uerbum saepe unum ~iet auris omnibus in populo LUCR.4.563; eadem ~itus Hopleus Tydea luce uidet STAT.*Theb.*10.376; iam iamque uicinos undique ~ientes APUL.*Met.*8.29; (*colloq.*) crura hercle diffringentur, ni istum inpudicum ~ies PL.*As.*475.

2 (of feelings, circumstances, etc.) To stir up, excite, move.
ne illa existumet amoris caussa ~itum id fecisse te PL.*As.*822; apscede ab ista..ne quid in te mali faxit ira ~ita *Cas.*628; incredibili re atque atroci ~itus TER.*Hec.*377; nec nimis irai fax umquam subdita ~it LUCR.3.303; huius rei timore..~itus LENT.*Fam.*12.15.3; ~itus ira LIV.6.38.8; magno furore ~itus SEN.*Her.F.*108; ~ita dictis ingemuit Venus SIL.4.675; urigine ~ita APUL.*Met.*1.7; tanto malo ~iti 4.34.

percipiō ~ipere ~ēpī ~eptum, *tr.* [PER-+CAPIO] FORMS: *~epset* (= *~episset*) *Inc. trag.*59.

1 To take (natural produce) from the place of growth, source of production, etc., harvest or sim.
ut cum decumo fructus arationis ~eptus sit CIC.*Ver.*3.114; uicinum citius adiuueris in fructibus ~ipiendis quam aut fratrem aut familiarem *Off.*1.59; si..semen uoles ex ea ~ipere COL.2.10.32; lanas diligenter ~ipere 12.3.9; cum in paruo..agello largiores multo fructus ~iperet quam ex amplissimis uicinitas PLIN.*Nat.*18.41; fructus qui ex fundo ~ipiuntur JULIAN.*dig.*22.1.25.1; (*cf.*) siue fructus mercedesue unus ~eperit GAIUS *dig.*17.2.34;—(*in fig. phr.*) si quis minorem gloriae fructum putat ex Graecis uersibus ~ipi quam ex Latinis, uehementer errat CIC.*Arch.*23; ne spem..absciderent..sibi ipsis fructus ex benignitate et fortuna eorum ~ipiendi LIV.45.25.9.

2 To acquire possession of (esp. as the proceeds or reward of one's efforts), earn, reap.
qui uiget, uescatur armis, id ~ipiat praemium PAC.*trag.*22; cum uestri offici praemia ~ipere debeatis CAES.*Civ.*2.32.6; faenoris tui..reliquam pensiunculam ~ipe COL.10.pr.1; magna uectigalia tali ex ingenio suo ~ipiens PLIN.*Nat.*9.168; magnas..de sanguine poenas ~epit Tyrio SIL.6.300; is, qui legatum ex testamento ~epit JAVOL.*dig.*5.3.44; ouandi ius et triumphalia ornamenta ~epit SUET.*Cl.*1.3; utendi commodum ~ipiendo GAIUS *Inst.*3.206; pensiones, quae ex locationibus praediorum..~eptae sunt ULP.*dig.*5.3.27.1; 7.9.1.3; (*cf.*) (ciuicam coronam) ciuis ciui, a quo in proelio seruatus est, testem uitae salutisque ~eptae dat GEL.5.6.11;—(*w.* usu) ea uerba..quoniam usu ~epta sunt, nostra ducamus CIC.*Fin.*3.5; Graecum illud quidem (nomen) sed ~eptum iam tamen usu a nostris *N.D.*2.91.

3 To become possessed of, acquire, derive, reap (abst. things).
~ipietis etiam illam ex cognitione iuris laetitiam et uoluptatem CIC.*de Orat.*1.197; ut sensum iam ~ipere possit ex maerore patrio *Flac.*106; tantos ~ipere luctus! *Fam.*14.1.1; tanta putabatur utilitas ~ipi e bubus *N.D.*2.159; nullo etiam nunc usu rei militaris ~epto CAES.*Gal.*6.40.6; idem immortali memoria ~epta retinebat beneficia NEP.*Att.*11.5; gaudia ~ipiens OV.*Pont.*2.1.60; ut minoribus ~eptis maiora permitteret VELL.2.13.2; tenero..animo Cato totius curiae grauitatem ~epit V.MAX.3.1.2; eum laudo qui quam plurimum ~epit CELS.7.pr.5; ea quoque ~ipi posse quae senes concupissent QUINT.*Inst.*12.11.23; magnam uoluptatem..~epturus PLIN.*Ep.*7.8.2;—(*of inanim. things*) efficit ea..unam soliditatis ~ipere uirtutem VITR.2.6.4; nisi (nouella) omnia iusta ~eperit, ad ultimam redigitur maciem COL. 4.3.5.

4 To intercept in flight, catch hold of. **b** (of a thing) to take from its surroundings, absorb.
cum pilam ~ipere conaretur ALF.*dig.*9.2.52.4; remigio..carens non ullas ~ipit auras (*sc.* Icarus) OV.*Met.*8.228. **b** quercei (axes), simul umorem ~eperunt, se torquentes rimas faciunt VITR.7.1.2; caelestis aer, cum ab sole ~epit calorem 8.2.4; ueteris ~epto semine uenae arua rigent OV.*Met.*11.144; in faece nigri uini..macerantur (scapi), ut colorem ~ipiant PLIN.*Nat.*21.26; (*poet.*) necdum animus toto ~epit pectore flammam VERG.*A.*7.356.

5 (app.) To receive delivery of.
quid est quod mi non rescripsisti si panes ~episti? *BIFAO* 41(p.153).

6 To perceive, apprehend, notice.
magis istuc ~ipimus lingua dici quam factis fore PL.*As.* 162; ne quae hic agimus eru' ~ipiat fieri *Cur.*159; et sua ~iperet retro rellicta iacere LUCIL.1012; magis ea ~ipimus atque sentimus, quae nobis ipsis aut prospera aut aduersa eueniunt, quam illa, quae ceteris CIC.*Off.*1.30; ~epta Treuerorum fuga CAES.*Gal.*6.8.7; Man.1.59;—(*with one or other of the senses indicated*) quaeretur..num quid aliquo sensu ~eptum sit *Rhet.Her.*2.8; quod neque oculis neque auribus neque ullo sensu ~ipi potest CIC.*Orat.*8; eas uoluptates quae sapore ~ipiuntur *Tusc.*3.41; sensus..quorum quisque suam proprie rem ~ipit in se LUCR.6.985; tactu quasi saxum ~ipitur LARG.182.

7 To take in or grasp with the mind.
unde omnia perdisci ac ~ipi queuntur ACC.*poet.*20; perdiscendum ius ciuile, cognoscendae leges, ~ipienda omnis antiquitas CIC.*de Orat.*1.159; nullam artem litteris sine interprete..~ipi posse *Fam.*7.19; Themistocles omnium ciuium ~eperat nomina *Sen.*21; dicta meo dulci quaesita labore ~ipis LUCR.2.731; dum ~ipis omnem naturam rerum 4.24; ~epta oratione eorum, Caesar obsides imperat CAES.*Gal.*5.1.8; philosophorum ita ~epta habuit praecepta, ut iis ad uitam agendam..uteretur NEP.*Att.*17.3; esto breuis, ut cito dicta ~ipiant animi HOR.*Ars* 336; mea..~ipe uerba, pater! OV.*Fast.*5.716; non firme tantum continere uerum etiam cito ~ipere..oportet QUINT.*Inst.*11.2.2; altiora studia ~epit SUET.*Gram.*21(p.115Re); aut cognitu non utilia aut ~eptu difficilia GEL.pr.13;—(*w. acc. and inf.*) uix tandem ~epi super his rebus nostris te loqui PL.*Mos.*727;—(*w. indir. qu.*) modo pol ~epi..quid istuc sit loci *As.*36; ~ipitis animis..iam dudum quid uelim..dicere CIC.*Cael.*69; quae ratio terrai motibus exstet ~ipe LUCR.6.536; ~ipe porro quid dubitem et quae nunc animo sententia surgat VERG.*A.*9.190.

8 a (of natural forces) To take a hold or possession of. **b** (of feelings, states of mind, etc.) to grip, seize, possess.
a magis haec sunt tenuia textu quam quae ~ipiunt oculos LUCR.4.729; est..uti..aera ~ipiat calidis feruoribus ardor 5.605. **b** nam mihi horror membra misero ~ipit PL.*Am.*1118; priu' quam ~ipit insania *Men.*921; quoi..medullas uentris ~epit fames *St.*341; neque agri neque urbis odium me umquam ~ipit TER.*Eu.*972; diuorsi circumspicimus, horror ~ipit PAC.*trag.*224; quaedam diuina uoluptas ~ipit atque horror LUCR.3.29.

percitō ~āre ~āuī ~ātum, *tr.* [PER-+CITO] To excite vehemently.
uagant matronae ~atae insania ACC.*trag.*236.

percitus ~a ~um, *a.* [pple. of PERCIEO] In senses of vb., also: Excitable, turbulent.
corpore et lingua ~um et inquietem SAL.*Hist.*2.25; cum alterius ingenium..~um ac ferox sciret esse LIV.21.53.8.

perciuilis ~is ~e, *a.* [PER-+CIVILIS] Very unassuming.
sermo eius in senatu ~is SUET.*Tib.*28.

perclūdō ~dere ~sī ~sum, *tr.* [PER-+CLAVDO] (leg.) To preclude, estop.
antequam pensionis nomine ~damur (*v.l.* praecl-) PAUL. *dig.*20.2.9.

percnopterus ~ī, ? *m.* [Gk. περκνόπτερος] A semi-fabulous bird of prey, perh. based on the griffon-vulture, *Gyps fulvus*.
quarti generis (*sc. among eagles*) est ~us. . uulturina specie, alis minimis PLIN.*Nat.*10.8.

percnus ~ī, ? *m.* [Gk. περκνός] A name applied by Homer to a kind of eagle, = MORPHNOS.
PLIN.*Nat.*10.7.

percocō: see PERCOQVO.

percognoscō ~oscere ~ōuī ~itum, *tr.* [PER-+COGNOSCO] To get to know thoroughly.
cum bene materies steterit ~ita rerum MAN.3.588; legem . . naturae non ignotam, etiamsi nondum ~itam PLIN.*Nat.* 2.116; Germania multis postea annis nec tota ~ita est 4.98; 37.45.

percōlātiō ~ōnis, *f.* [PERCOLO²+-TIO] The process of draining or straining off, percolation.
si duplicia aut triplicia facta fuerint (*sc.* signina opera), uti ~onibus transmutari possint, multo salubriorem. . aquae usum efficient VITR.8.6.15.

percolō¹ ~ere ~uī percultum, *tr.* [PER-+COLO¹]

1 To cultivate.
quae. . nunc Eleusiniam glebam ~is APUL.*Met.*11.2.

2 To adorn or embellish carefully.
quae lauta est nisi perculta est. . quasi inluta est PL.*Poen.* 232; ne ulla cura os ~at neque ille. . dentis emaculet APUL. *Apol.*8;—(*transf.*) quae priores nondum comperta eloquentia ~uere TAC.*Ag.*10.1; multos praefecturis et procurationibus, plerosque senatorii ordinis honore ~uit *Hist.*2.82.

3 To treat (gods, one's superiors) with respect, cultivate.
patrem tuom si ~es per pietatem PL.*Trin.*280; neque . . omiserat coniugem liberosque eius ~ere TAC.*Ann.*4.68; precibus. . Cupidinem deorum maximum ~e APUL.*Met.*5.25; 6.15; Aegyptii caerimoniis me (*sc.* Isidem) propriis ~entes 11.5.

4 To devote oneself to (studies, pursuits, etc.), pursue thoroughly.
quae maxima ex parte ipse incohaui aut incohata ~ui PLIN.*Ep.*5.6.41; sapientiam ~unt APUL.*Fl.*6; uestras disciplinas studiosius ~o 18; *Soc.*22.

percōlō² ~āre ~āuī ~ātum, *tr.* [PER-+COLO²] To put through a filter, sieve, etc., strain. **b** (of any permeable substance) to allow to filter through itself; (pass.) to trickle, filter (through such a substance).
CATO *Agr.*108.2; ex quibus cum ficus decocta est, is umor ~atur CELS.6.9.2; maxime refert primo quoque tempore serum ~ari COL.7.8.3; in iunceis fiscellis uel sparteis saccis ~ant 12.17.2; marina aqua argilla ~ata dulcescit PLIN.*Nat.* 31.70; (oportebit) ~are per linteum duplex LARG.268; (*transf.*) ut cibos et potiones ~arem (*i.e. eat and drink*) SEN. *Nat.*1.pr.4. **b** crebros enim imbres (terra) ~at atque transmittit PLIN.*Nat.*18.110;—per terras crebrius idem (*sc.* umor) ~atur, ut in foueam fluat ac mansuescat LUCR.2.475; ~atur enim uirus 5.269; liquatae (niues) per terrae uenas ~antur VITR.8.1.7; per aeris exercitationem ~ata (*sc.* imbris aqua). . peruenit ad terram 8.2.1.

percolopō ~āre ~āuī ~ātum, *tr.* [PER-+*colop-* (COLAPHVS)+-O³] To strike with the hand, cuff, clout.
laruas sic istos ~abant PETR.44.5.

percōmis ~is ~e, *a.* [PER-+COMIS] Very courteous.
qui peritissimus iuris idemque ~is est habitus CIC.*Brut.* 212.

percommodē, *adv.* [PER-+COMMODE]

1 Very conveniently.
hoc. . ~ cadit, quod cum incredibili eius audacia singularis stultitia coniuncta est CIC.*Ver.*5; *Caec.*77; ~ situs ad commeatus excipiendos LIV.25.25.2.

2 Very suitably or aptly.
~ facis estque mihi gratum CIC.*de Orat.*2.350; siue casu accidit siue consilio, ~ factum est *Tusc.*4.64; dixit heredum aduocatus, deinde populi, uterque ~ PLIN.*Ep.*4.12.4.

percommodus ~a ~um, *a.* [PER-+COMMODVS] Very convenient.
id cum ipsis castris ~um fuit, tum salutare praecipue futurum erat cum aciem dirigerent LIV.22.43.11.

? **percōnor** ~ārī ~ātus, *tr.* [PER-+CONOR] (Wd. found in corrupt passage PL.*Mer.*17.)

percontātiō (**-cunct-**) ~ōnis, *f.* [PERCONTOR+-TIO] The action of questioning, interrogation. **b** a particular question, line of interrogation.
deinde ~one (utemur) scirentne idonee aduersarii id scriptum fuisse *Rhet.Her.*2.13; rogatio atque huic finitima quasi ~o CIC.*de Orat.*3.203; non ~one quaesitum sed per dolorem expressum *Clu.*184; nihil de eo ~onibus reperiebamus CAES.*Gal.*5.13.4; ex captiuis ~o facta LIV.27.43.5; quae tunc earum (*sc.* formicarum) concursatio, quam diligens cum obuiis quaedam conlocutio atque ~o! PLIN.*Nat.* 11.110; de euentu Mithridatici belli magica ~one consultantibus APUL.*Apol.*42. **b** ad hanc ~onem Gracchus exercitu se egregio fidentem uenisse respondit LIV.40.47.7; prima ~o fuit, qua subactus iniuria. . bellum. . suscepisset 45.8.1; uariis ~onibus. . explorandi sunt (testes) QUINT. *Inst.*5.7.11; cui ~oni tuae respondere. . uix hercule auderem TAC.*Dial.*1.2; *Ann.*15.58.

percontātor ~ōris, *m.* [next+-TOR] One who presses questions, an interrogator.
te Iuppiter dique omnes, ~or, perduint! PL.*Men.*933; ~orem fugito, nam garrulus idem est HOR.*Ep.*1.18.69.

percontor (**-cunct-**, **-cunt-**) ~ārī ~ātus, *tr.* Also ~**ō** ~āre ~āuī ~ātum. [PER-+CONTVS+-O³] FORMS: act. NAEV.*poet.*23(24).1, Nov. *com.*53, APUL.*Met.*11.19; cf. pass. pple. 1.24.

1 To make inquiries about, investigate.
si esses ~atus me ex aliis PL.*As.*502; si unum quicquid singillatim et placide ~abere *Trin.*881; modo isse dicito ad portum ~atum aduentum Pamphili TER.*Hec.*77; quasi tu non multo malis narrare hoc mihi quam ego quae ~or scire 111; ~atus pauca de statu ciuitatis SAL.*Cat.*40.2; Scipio ~atus patriam parentesque LIV.26.50.2; Q. Fabius nihil ultra quam unum quod mandatum erat ~atus 21.18.3; dum consessum caueae, discrimina ordinum. . ~antur TAC.*Ann.* 13.54; Tarquinius pretium ~atus est GEL.1.19.3; sorores ~atae scopulum. . quo fuerat Psyche deserta APUL.*Met.*5.7; sedulo ~aueram difficile religionis obsequium 11.19; ULP. *dig.*40.7.6.7; (*pple. in pass. sense*) ~ato pretio APUL.*Met.* 1.24; (*w.* ab) ut omnia a reo ~ere *Apol.*54; (*w.* ex) istuc uolebam ego ex te ~arier PL.*Bac.*190; solebat ex me. . ~ari nostri augurii disciplinam CIC.*Div.*2.76;—(*w. indir. qu.*) blande et docte ~at, Aenea quo pacto Troiam urbem liquerit NAEV.*poet.*23(24).1; nunc me ire iussit ad eam et ~arier utrum aurum reddat PL.*Bac.*575; *Mer.*5; ut comitium eat ~atum, quid in foro gestum sit TIT.*orat.*2; quae concursatio ~antium quid praetor edixisset. . ! CIC.*Agr.*2.94; *Ac.*1.2; ~or quanti holus ac far HOR.*S.*1.6.112; LIV.1.1.7; 32.11.4; ~anti Tiberio quo modo Agrippa factus esset TAC.*Ann.*2.40; (*w.* ab) ab aduersariis ~abitur accusator, quid. . futurum sit *Rhet.Her.*2.22; (*w.* ex) cum ~aretur ex anicula quadam quanti aliquid uenderet CIC.*Brut.*172;—(*w. dir. qu.*, *also* de) de quadam anu. . ~or: 'estne', inqua⟨m⟩, 'Hypata haec ciuitas?' APUL.*Met.*1.21;—(*w.* de) ~anti de nomine Fufiano respondit CIC.*Flac.*47; ~ando de nominibus Milonis *Att.* 6.7.1; cum. . ex eo de me ~aretur 11.10.1;—(*absol. or ellipt.*) ~atus non inueni PL.*Mer.*938; uel me monere hoc uel ~ari puta TER.*Hau.*78; salsum est. . quaerentibus et quasi ~antibus lente respondere quod nolint CIC.*de Orat.*2.287; ~antibus primoribus patrum eadem quae dictatori. . indicauere LIV.6.13.8; TAC.*Ann.*6.21.

2 To interrogate, question (a person about something).
~ari hanc paucis hic uolt PL.*Per.*599; sed quos ~er uideo TER.*An.*800; qui obuios ~ando. . referant quae fortuna consulum. . sit LIV.22.55.4; quos ~ando quinquaginta ferme uolumina. . condidit PLIN.*Nat.*8.44; diuisis per itinera qui recentissimum quemque ~arentur TAC.*Hist.*2.53; GEL.13.21 (20).3;—(*w. acc. expr. object of inquiry*) quod te ~abor, ne id te pigeat proloqui PL.*Aul.*210; sunt quae te uolumus ~ari *Ps.*462; forte meum si quis te ~abitur aeuum HOR.*Ep.* 1.20.26;—(*w. indir. qu.*) coquom ~abatur possentne seriae feruescere PL.*Capt.*917; ~abere doctos, qua ratione queas traducere leniter aeuum HOR.*Ep.*1.18.96; Philippus rex. . consulem. . ~atus, si se. . urbes recipere uellet LIV.36.33.1; 44.35.10; TAC.*Ann.*11.2;—(*w.* de) de ouium dentibus opiliones ~antur GEL.16.6.11.

percontumax ~ācis, *a.* [PER-+CONTVMAX] Very stubborn, very perverse.
TER.*Hec.*504.

percōpiōsus ~a ~um, *a.* [PER-+COPIOSVS] Very profuse, very copious.
ea quae de me scripsisti, in quibus ~us fuisti PLIN.*Ep.* 9.31.1.

percoquō ~quere ~xī ~ctum, *tr.* [PER-+COQVO]

1 To cook thoroughly; to bake (earthenware) thoroughly. **b** to cook with proper attention to detail, cook carefully. **c** (transf., of the sun, etc.) to scorch, bake, heat.
in digitis hodie ~quam quod ceperit PL.*Rud.*902; uideto ut bene et otiose ~quas (*sc.* placentam) CATO *Agr.*76.4; si legumina in uas cum ea aqua coniecta. . celeriter ~cta fuerint VITR.8.4.2; ne gallum quidem gallinaceum tam cito ~qui potuisse PETR.49.2; (faba nascitur) in Mauretania siluestris passim, sed praedura et quae ~qui (*i.e. softened by boiling*) non possit PLIN.*Nat.*18.121; (lens) aluum sistit in cibo discocta; eadem soluit minus ~cta 22.142; LARG.111; —uruntur. . in fornacibus, donec figlina ~quantur PLIN.*Nat.* 34.133. **b** coquom aliquem arripiamus prandium qui ~quat PL.*Mer.*579; cuncta suaui sapore ~cta pulmenta APUL.*Met.*4.7; 8.31. **c** nullo modo facilius arbitror posse . . terram ab sole ~qui CIC.*Oecon.*fr.12; terram ~xerat igni (flammeus ardor) LUCR.5.1254; 6.858; inter nigra uirum ~cto saecla colore 6.722; Aegyptum sol magis ~quit SEN. *Nat.*4a.2.30.

2 To make completely ripe, ripen thoroughly.
uuas Apicias ~ctas bene legito CATO *Agr.*24; 25; teneras mora ~quit uuas OV.*Rem.*83; insolatur humus, et fructus ~quitur COL.4.17.8, sucus (ficis) maturescentibus lactis, ~ctis mellis PLIN.*Nat.*15.82; has (*sc.* siluas) inter. . colles. . opimam. . messem. . ~quunt PLIN.*Ep.*5.6.8.

Percōsius ~a ~um, *a.* Of or belonging to Percote, a town in the Troad.
coniunx ~a uestes quas dabat et picto Clite uariauerat auro V.FL.3.10.

percrassus ~a ~um, *a.* [PER-+CRASSVS¹] Very thick or dense.
melitera. . mala est multa et ~a CELS.5.26.20.E.

percrēb(r)escō ~(r)escere ~(r)uī, *intr.* [PER-+CREBRESCO] (of ideas, practices, etc.) To become very widespread, be widely diffused; also, to become very common. **b** to become widely reported or believed.
opinio perniciosa rei publicae. . quae. . omnium sermone ~ruit CIC.*Ver.*1; *Fam.*10.10.1; fama ~ruerat pulsum fugere Caesarem CAES.*Civ.*3.79.4; tanti mali sensus in ciuitatem ~uit [QUINT.]*Decl.*12.5; ~uerat ea tempestate prauus mos TAC.*Ann.*15.19; publicitus indignatio ~ruit APUL.*Met.*1.10; epularis sermo ~uit, iam risus adfluens et ioci liberales 2.19;—(coniugia) sobrinarum diu ignorata tempore addito ~uisse TAC.*Ann.*12.6. **b** res ~ruit et in ore atque sermone omnium coepit esse CIC.*Ver.*2.56; si eius hoc tantum scelus ~ruisset *Att.*11.9.2; *Off.*3.58; postquam Germanici ualetudo ~uit TAC.*Ann.*2.82; ~ruerat antiquitus urbem nostram nisi opibus Aegypti ali. . non posse PLIN. *Pan.*31.2.

percrepō ~āre, *intr.*, *tr.* [PER-+CREPO] FORMS: 3rd conj. form ~*is* (for ~*as*) VAR.*Men.* 124.

1 (app., of a speaker, etc.) To sound throughout.
propter ~is uocibu' uolitans aureis uolgi VAR.*Men.*124.

2 (of places) To resound, re-echo.
locum illum litoris ~are totum mulierum uocibus CIC. *Ver.*5.31.

3 (w. acc.) To speak loudly of, publish abroad.
~a pugnam Popili, facta Corneli cane LUCIL.621.

percrībrō ~āre ~āuī ~ātum, *tr.* [PER-+CRIBRO] To pass carefully through a sieve, sift thoroughly.
contunditur crocum, ~atur LARG.87; ~atae grandioribus foraminibus cribri 269.

percruciō ~āre, *tr.* [PER-+CRUCIO] To vex greatly, torment.
hoc est demum quod ~or, me hoc aetatis ludificari PL. *Bac.*1099.

percrūdus ~a ~um, *a.* [PER-+CRVDVS] In an entirely natural state, quite raw; (of fruit) completely unripe.
~is coriis duplicibus consutis VITR.10.14.3;—cum (pira) immatura non tamen ~a legeris COL.12.10.4.

percumbō ~mbere ~buī, *intr.* [PER-+CVMBO] To continue to lie.
dicitur in nitidum ~buisse diem *codd.*in *Eleg.Maec.*88.

percun(c)t-: see PERCONT-.

percupidus ~a ~um, *a.* [PER-+CVPIDVS] Very desirous (of).
cognoui Hortensium ~um tui (*i.e. for an appointment*) CIC.*Fam.*1.7.2; imperii prolatandi ~us habebatur SAL.*Hist.* 4.70.

percupiō ~ere ~iī ~ītum, *tr.* [PER-+CVPIO] To desire strongly.
id ego ~io opsequi gnato meo PL.*As.*76; TER.*Eu.*896; quas (*sc.* bonas artis) qui sinceriter ~iunt. . hi sunt. . humanissimi GEL.13.17.1.

percūriōsus ~a ~um, *a.* [PER-+CVRIOSVS] Very painstaking, conscientious.
seruolus, ~us et minime mendax, multa dicitur domino renuntiare solitus esse CIC.*Clu.*175.

percūrō ~āre ~āuī ~ātum, *tr.* [PER-+CVRO] To treat to a (successful) conclusion, cure.
uixdum satis ~ato uolnere LIV.21.57.9; desperata a medicis uitia ~ant SEN.*Nat.*3.1.2; famicem. . qui si suppurauerit tarde ~abitur COL.6.12.2; faciendum id cotidie, donec ~entur (strumae) PLIN.*Nat.*32.88; ~are mentem aegram et uitiis liberare SEN.*Ep.*94.13; (*fig.*) (conuersatio dissimilium) quicquid inbecillum in animo nec ~atum est exulcerat *Dial.*9.17.3;—(*transf.*) ~atis deinde quasi pedibus (uitis) crura ipsa truncique circumspiciendi sunt COL.4.24.5; donec probe ~atum istud (*sc.* dolium) tibi repraesentem APUL.*Met.*9.7.

percurrō ~currere ~(cu)currī ~cursum, *intr.*, *tr.* [PER-+CVRRO]

1 To run, move quickly over or through. **b** to form a continuous line, run through.
(*intr.*) ad te properans ~curro ad forum TER.*An.* 355; curriculo ~curre *Hau.*733; ubicumque esses, ad te ~cucurrissem CAEL.*Fam.*8.16.4; uti. . per temonem ~currere et in iugo insistere. . consuerint CAES.*Gal.*4.33.3; nunc Heracleum, nunc Philam ~currebat LIV.44.2.12; circa mensam ~currit PETR.52.6; QVISQVIS IN HAS PARTES QVISQVIS ~CVRRIS IN ⟨ILLAS⟩ *CIL* 2.5975;—(*tr.*) pellis bubulas oleo perfusas ~currebant VAR.in Non.p.21M; aspice. . quam non adstricto ~currat pulpita socco HOR.*Ep.*2.1.174; equum rigidos ~currere campos doctum [TIB.]3.7.207; segetis canae stantes ~currere aristas OV.*Met.*10.655; (*in fig. phr.*) sic nostra longum forma ~currens iter SEN.*Her.O.*385. **b** (*intr.*) per tota errantes ~currunt corpora uenae *Aetna* 99.

2 (of natural objects or phenomena) To move rapidly over or through. **b** (of sensations, information, etc.).
(*intr.*) unde. . queat. . per. . mare ac terras rapidus ~currere turbo LUCR.6.668; in quibus signis celerius ~currit (*sc.* stella

Martis) VITR.9.1.10; an..maria sedibus suis excita ~currant SEN.*Nat*.3.27.1; uidistis toto sonitus ~currere caelo PROP. 2.16.49;—(*tr.*) quem..patente porta ~current raphanique mugilesque CATUL.15.19; rapido ~currens turbine campos (*sc.* uenti uis) LUCR.1.273; luna..caeli circumitionem ~currens VITR.9.1.5; ut agilis altas flamma ~currit trabes SEN. *Phaed*.644; cum..magnum ~currunt murmura caelum LUCR.5.1221; ignea rima micans ~currit lumine nimbos VERG.*A*.8.392; ast illis tenuior ~currere uisus ora situs STAT.*Theb*.4.697. **b** (*intr.*) adhuc odor..per nares meas ~currit APUL.*Met*.8.9;—(*tr.*) si ~currit corpus frigus aut calor CELS.3.2.3; omnium pectora occulto metu ~currente CURT.4.12.14; ut signum ab uno datum peditem simul equitemque ~currat SEN.*Ep*.59.7; mensas odore ~currit (menta) in rusticis dapibus PLIN.*Nat*.19.160.

3 To travel quickly through from end to end, make a rapid tour of, pass through; visit in quick succession. **b** to run over (with the eyes), skim over. **c** (transf.) to occupy (offices, etc.) in succession.

(*tr.*) si ~currero prouinciam LENT.*Fam*.12.15.6; omnem agrum Picenum ~currit CAES.*Civ*.1.15.1; aestas obtinendis quae ~cucurrerat insumpta TAC.*Ag*.23.1; aliquam partem praediorum..~curro PLIN.*Ep*.9.15.3;—cum celeriter omnis conuentus ~cucurrisset HIRT.*Gal*.8.46.5; omnes pugnantium globos ~cucurrit V.MAX.7.4.1. **b** (*tr.*) paginas in annalibus magistratuumque fastis ~currere licet LIV. 9.18.12; tu potes alto cortice descriptos citius ~currere uersus CALP.*Ecl*.1.25; campis intendere suadet (Medeae).. ardentesque uiri ~currere pugnas V.FL.6.601; (*w. indir. qu.*) solus multisne coheres, ueloci ~curre oculo HOR.*S*.2.5.55. **c** quaesturam, tribunatum, praeturam honestissime ~cucurrit PLIN.*Ep*.1.14.7; amplissimos honores ~cucurrit SUET. *Nero* 3.2.

4 To touch at different points in quick succession, pass quickly over, stroke.

(*intr.*) et supera calamos unco ~currere labro LUCR. 5.1407;—(*tr.*) unco saepe labro calamos ~currit hiantis 4.588; arguto tenuis ~currens pectine telas VERG.*A*.7.14; haec querulas habili ~currit pollice chordas OV.*Am*.2.4.27; malleo tenuatur (*sc.* charta) et glutino ~curritur PLIN.*Nat*. 13.82; ~currit agili corpus arte tractatrix MART.3.82.13; alios neruos dextra ~currunt (citharoedi), alios laeua trahunt QUINT.*Inst*.1.12.3; (*cf.*) triplici ~currens tempora nodo V.FL.6.63.

5 To run over (in thought, words, etc.), survey, review. **b** to run through in sequence.

(*intr.*) haec pluribus uerbis dicerem per quae nunc paucis ~currit oratio mea CIC.*Clu*.166; ne sic ut qui iocularia ridens ~curram HOR.*S*.1.1.24;—(*tr.*) de quibus (*sc.* discriminibus) duo prima..~curram breuiter VAR.*L*.8.2; eas (*sc.* quaestiones) ~cursas animo et prope dicam decantatas habere CIC.*de Orat*.2.140; utrum..~curri omnem Epicuri disciplinam placet..? *Fin*.1.28; quoniam priorem partem ~cucurrimus, ad alteram transeamus SEN.*Dial*.2.10.1; cum aeuum animo ~cucurrerit *Ep*.71.15; QUINT.*Inst*.7.5.6. **b** (*intr.*) per omnis ciuitates quae decumas debent ~currit oratio mea CIC.*Ver*.3.100;—(*tr.*) a quo haec quae ego nunc ~curro subtilissime sunt omnia perpolita *Balb*.50; omnia poenarum ~currere nomina VERG.*A*.6.627; magna..cum paruis simili ~currere cura MAN.1.117; eos quoque, qui.. dolore suo pro publica lege usi sunt, strictim ~curram V.MAX.6.1.13; tempus est alios quoque ignes ~currere, quorum diuersae figurae sunt SEN.*Nat*.1.14.1; TAC.*Ann*. 4.40;—(*w. indir. qu.*) paucis ~currere, quae cuiusque ductu gens..stipendiaria facta sit VELL.2.38.1; LARG.98.

percursātiō ~ōnis *f.* [PERCVRSO+-TIO] A rapid journey or progress (through).

o praeclaram illam ~onem tuam CIC.*Phil*.2.100; (*w. gen.*) Italiae rursus ~o 2.62.

percursiō ~ōnis, *f.* [PERCVRRO+-TIO] The action of running over in the mind, a rapid review; (rhet.) the rapid treatment (of a subject).

propter animi multarum rerum breui tempore ~onem CIC.*Tusc*.4.31;—huic (*sc.* commorationi una in re) contraria saepe ~o est *de Orat*.3.202.

percursō ~āre ~āuī ~ātum, *tr.*, (*intr.*). [PERCVRRO+-TO] (mil.) To run over or across, overrun; (intr.) to rove (throughout a region), range widely.

longinquis itineribus ~ando quae obtineri nequibant TAC.*Ann*.15.8; nostra agmina ~are ripas (Danubii)..gaudebant PLIN.*Pan*.12.4;—latronum modo ~ant totis finibus nostris LIV.23.42.10.

percussiō ~ōnis, *f.* [PERCVTIO+-TIO]

1 The action of beating, striking, smiting, etc.

pectoris feminum capitis ~ones CIC.*Tusc*.3.62; digitorum ~one (*i.e. snapping of the fingers*) *Off*.3.75; non..percussus.. aer, sed plaga ipsa atque ~o, id uox est GEL.5.15.7.

2 (mus. and rhet.) A beat, ictus.

sunt insignes ~ones eorum numerorum CIC.*de Orat*.3.182; non sunt in ea (*sc.* oratione) tamquam tibicini ~onum modi *Orat*.198; sex..pedes, tres ~ones habet (trimetrum) QUINT.*Inst*.9.4.75; sunt quaedam latentes sermonis ~ones 11.3.108.

percussor ~ōris, *m.* [PERCVTIO+-TOR] A person employed to carry out a killing, assassin.

~or..deprehensus dicebatur esse cum sica CIC.*Phil*.2.74; LIV.33.28.3; SEN.*Con*.7.2.5; sicut tu..~orem in me emere uoluisti CURT.4.1.12; SEN.*Ben*.4.28.5; *Dial*.5.33.1; in scorpione (nascuntur) uenenariiet ~ores PETR.39.11; quod ~orem in fata parentis sui conduxissent QUINT.*Decl*.260(p.66, l.4); plures obtulisse ultro ~oribus iugulum TAC.*Hist*.1.41; manum..~oris exposcit *Ann*.15.63; domesticos ~ores FLOR.*Epit*.1.33(2.17.17); JUV.8.173; ~ores ei subornauit SUET.*Aug*.10.3; cruentum..~orem APUL.*Met*.7.11; etsi ~or certus sit, tamen habenda quaestio est, ut caedis mandator inueniatur PAUL.*dig*.29.5.6;—(*w. obj. gen.*) ~orem domini PLIN.*Nat*.8.142; Verginii seruus..ut ~or Vitellii insimulatur TAC.*Hist*.2.68; FLOR.*Epit*.2.16(4.6.6); SUET.*Cal*. 51.3;—(*as a term of abuse*) est igitur..omne certamen cum ~ore, cum latrone, cum Spartaco CIC.*Phil*.4.15; nocturne ~or PETR.9.9;—(*transf.*) (leo) uulneratus obseruatione mira ~orem nouit PLIN.*Nat*.8.51.

percussus ~ūs, *m.* [next+-TVS³]

1 The action of striking, impact. **b** the beating, throbbing (of the pulse).

ea..nec teruntur ~u aquae VITR.9.8.4; ut..caducis ~u crebro saxa cauantur aquis OV.*Pont*.2.7.40; quid..est uox nisi intentio aeris..linguae formata ~u? SEN.*Nat*.2.6.3; ~u uexatos (dentes) PLIN.*Nat*.28.180; spasmata et ~u uitiata (*i.e. bruises*) 28.237; (*fig.*) proprium est magnitudinis uerae non sentire ~um SEN.*Dial*.5.25.3. **b** uenarum inaequabili aut formicante ~u PLIN.*Nat*.7.171.

2 The reflection, repercussion (of light).

quia ex ~u oblique accepto sole resplendent (parhelia) SEN.*Nat*.1.13.2.

percutiō ~tere ~ssī ~ssum, *tr.* [PER-+QVATIO] FORMS: *percusti* (= *percussisti*) HOR.*S*.2.3.273.

1 To land a blow on, strike forcibly, hit. **b** (without hostile intent). **c** to strike (persons or things) with lightning, blast. **d** (of snakes) to strike with the fangs, bite. **e** (transf.) to affect suddenly or grievously, smite.

pugno malam si tibi ~ssero PL.*As*.371; Manlius..scuto scutum ~ssit QUAD.*hist*.10b; ab nescio quo ~ssum cultello VAR.*R*.1.69.2; M. Marcellum..pugione ~ssum esse et duo uulnera accepisse SULP.RUF.*Fam*.4.12.2; grauiter..gladio caput ~ssit HIRT.*Gal*.8.23.5; LIV.2.19.8; MART.7.95.6; FLOR.*Epit*.2.32(4.12.45); iniuria..committitur..cum quis pugno puta aut fuste ~ssus..erit GAIUS *Inst*.3.220; si equus calcitrosus calce ~sserit ULP.*dig*.9.1.1.4; (*poet.*) iam ~sserat astra aurorae praemissa dies LUC.8.778;—(*with a missile*) canis, quando est ~ssa lapide PAC.*trag*.38; a quibus ille se lapidibus adpetitum, etiam ~ssum esse dixit CIC.*Dom*.13; cum Picenis excerpens semina pomis gaudes si cameram ~sti forte HOR.*S*.2.3.273; hostem comminus ~tere SEN.*Ep*.36.7; si quis uenenato telo ~ssus est LARG.176;—(*absol.*) cum apri ~tiant (*i.e. deliver blows with their tusks*) feminae sues mordent PLIN.*Nat*.11.161;—(*in fig. phr.*) fortunae grauissimo ~ssus uulnere CIC.*Ac*.1.11. **b** (*w. parts of the body*) cum pede terram ~ssisset CIC.*Tusc*.2.60; ~tiens..leuem.. aera pennis OV.*Met*.11.732; haliaetus..pullos suos ~tiens subinde cogit aduersos intueri solis radios PLIN.*Nat*.10.10; si..quis pila ~ssa in tonsoris manus eam deiecerit ULP.*dig*. 9.2.11;—(*w.* palpo, *in fig. phr.*) timidam palpo ~tit PL.*Am*. 526; *Mer*.153;—(*w. part of one's body as obj.*) non frons ~ssa, non femur CIC.*Brut*.278; manu pectus ~ssa decorum VERG.*A*.4.589; 7.503;—(*w. implements*) aurea ~ssum uirga 7.190; harundine leui ictu nec aduersos ~tiunt ramos PLIN. *Nat*.15.12; (lacernas) male ~ssas textoris pectine Galli JUV. 9.30; aere ~tit libram GAIUS *Inst*.2.104; (*poet.*) non.. fraterni..ultor amoris aequora cum tantis ~ssit classibus LUC.3.287. **c** numnam hunc ~ssit Iuppiter? PL.*Am*. 1073; compluris in Capitolio res de caelo esse ~ssas CIC. *Catil*.3.19; quid enim mirabile, si quis a Ioue ~ssus non leue uulnus habet? OV.*Pont*.1.7.50; (*in fig. phr.*) fulmen..quod omnis ~teret pariter populos LUC.10.35. **d** eum, quem aspis ~ssit CELS.5.27.4; (staphylinus) ~ssis inponitur PLIN. *Nat*.20.31; (mel) utilissimum..a serpentibus ~ssis 22.108; coluber eius pedem ~ssit HYG.*Fab*.102.1; A VIPE⟨RA⟩ ~SSVS SEPTVMO DIE PER⟨IT⟩ *CIL* 11.2056. **e** nisi haec meraclo se uspiam ~ssit flore Liberi PL.*Cas*.640; multo ~ssum tempora baccho TIB.1.2.3; ~ssis frigore primo..in foliis OV.*Tr*.3.8.29.

2 To deliver a mortal blow to, strike dead; (spec.) to kill (a sacrificial victim). **b** *securi ~ere*, to execute, behead; *fusti*, etc., *~ere*, to club to death. **c** (fig.) to strike down, smash.

quo modo occidit? ipse ~ssit an aliis occidendum dedit? CIC.*S.Rosc*.74; *Ver*.5.7; scorpione accuratius misso atque eorum decurione ~sso *B.Afr*.29.3; HOR.*S*.2.3.277; PROP. 2.13.53; Prothoenora ~tit Hypseus OV.*Met*.5.98; acinacem strinxit ~ssurus uxorem, nisi prohibitus esset fratrum eius occursu CURT.8.3.4; (*cf.*) me grauis impetus Orci ~tit in latus ENN.*Ann*.552;—(*w. instr. abl.*) Theodosium..sica ~ssum CIC.*Har*.34; (*hyperb.*) inter luctandum hunc timidum tremulis palpebris ~tere nictu CAECIL.*com*.194;—~ssi uiscera tauri OV.*Fast*.1.347; STATVAM IN BASILICA POSVIT ET DEDICAVIT EAM VICTIMA ~SSA *CIL* 3.14219[10]; (*w. dat.*) dis depellentibus agnam ~te PERS.5.168; ~ssae diis immortalibus hostiae [QUINT.]*Decl*.9.11. **b** quos partim securi ~ssit, partim in uinculis necauit CIC.*Ver*.1.7; *Phil*.13.33; *Fin*.1.23; centuriones..uirgis caesos securi ~ssit LIV. 2.59.11; 8.27.7; 30.43.13; FLOR.*Epit*.1.3(1.9.5);—interceptus est a nostris et fustibus ~ssus *B.Hisp*.27.6; primi pili centurionem..fusti ~ssit VELL.2.78.3; (*cf.*) ut puta iugulatum strangulatum..uel saxo uel fuste uel lapide ~ssum ULP.*dig*.29.5.1.17. **c** hunc Hermippum..~ssit CIC.*Flac*.46; cum interim Rufio noster..strategemate hominem ~ssit *Att*.5.2.2; qua paucitate ~ssa est Lacedaemoniorum potentia NEP.*Pel*.2.3.

3 (of missiles, natural forces, etc.) To come upon with forcible impact, beat upon, strike. **b** (of light, sound, etc.) to impinge upon, strike (e.g. the senses).

aut permarceret paries ~ssus trifaci ENN.*Ann*.534; quamuis murum aries ~sserit CIC.*Off*.1.35; ceu fulmen si ~tiat lapis LUCR.6.162; nauis rostro ~ssa coepit sidere NEP.*Cha*. 4.2; nec ~ssa iuuant fluctu tam litora VERG.*Ecl*.5.83; magno tellus ~ssa tridenti *G*.1.12; ~ssa..ex alto uela paulo acriori uento LIV.28.17.15; ~titur rapido puppis adunca noto OV.*Fast*.3.588; quae agellos pessimi cuiusque transierat, optimorum uirorum segetem grando ~ssit SEN. *Ben*.2.28.3; (*w. stationary thing as agent*) cum (uox) in solido tactu ~ssa resiliat VITR.5.8.2;—(*meton., of a person in a ship*) prior ipse..~ssi..alieni iuris harenas LUC.5.489;—(*cf. sense 8*) quid id est, animum quod ~tit ipsum..? LUCR. 2.886. **b** (*of light*) (color) obliqua ~ssus luce LUCR.2.800; CALP.*Ecl*.7.37; lux..quae solem antecedit, nondum aera calefacit sed ~tit tantum SEN.*Nat*.5.9.3; ~ssis sole corusco ..telis LUC.2.482; sole ~ssa nubes [QUINT.]*Decl*.12.17;—(*of sound*) o utinam..mea uocula..~ssas dominae uertat in auriculas! PROP.1.16.28; uox una totas urbes simul ~tit SEN.*Nat*.2.9.1; fit sonus inque uicem contra ~ssa reclamat terra STAT.*Theb*.4.808; fragor aurem ~tit JUV.11.198; fama ..aures infelicis nuptae ~tit APUL.*Met*.8.6;—(*of a smell*) ille odore alioquin spurcissimi humoris ~ssus 1.17.

4 a To knock at or on (a door). **b** to strike, pluck, touch (a musical instrument or its strings); also, to strike up (a song).

a nihil ego commerui neque istas ~ssi fores PL.*Mos*.516; ianua sed plena est ~tienda manu TIB.1.5.68; forte ita incidit ut..lictor Sulpici..forem..uirga ~teret LIV.6. 34.6; forem ~ti de more a lictore uetuit PLIN.*Nat*.7.112; —(*ellipt.*) concrepuit foris.—hicin ~ssit! PL.*Mos*.508. **b** Orphea ~ssis sociantem carmina neruis OV.*Met*.11.5; Actius ipse lyram plectro ~ssit eburno *Eleg.Maec*.51; Odrysius dux..mixto..sonantem ~tit ore lyram V.FL. 5.100;—siue lyrae carmen digitis ~ssit eburnis PROP.2.1.9; —(*transf.*) Pollio regum facta canit pede ter ~sso (*i.e. in iambic trimeters*) HOR.*S*.1.10.43.

5 To impress (with a device, etc.), engrave; to strike, stamp (coinage).

infaustas ~ssum adamanta figuras STAT.*Theb*.2.277;—corium forma publica ~ssum SEN.*Ben*.5.14.4; is, qui nunc uictoriatus appellatur, lege Clodia ~ssus est PLIN.*Nat*.33.46; ut..nummum..argenteum nota sideris Capricorni..~sserit SUET.*Aug*.94.12; qui falsam monetam ~sserint PAUL.*dig*. 48.10.19;—(*in fig. phr.*) ut omnia facta dictaque tua inter se congruant..et una forma ~ssa sint SEN.*Ep*.34.4; (*of coining a word*) oratori cauendum ne quod nouum uerbum ut aes adulterinum ~tiat FRO.*Aur*.2.p.54(140N); ea.. nomina..ita de Graecis prouenire, ut tamen Latina moneta ~ssa sint APUL.*Apol*.38.

6 To sever (a vein); to make an incision in the bark of a tree).

ad extenuandum corpus uena ~titur SEN.*Ep*.70.16; si quis..~sserit uenam in brachio LARG.84;—(balsamum) ter omnibus ~titur aestatibus PLIN.*Nat*.12.117.

7 To cut, dig, drive (a trench, channel, etc.).

ego per eadem loca inuenio fossam a rege ~ssam PLIN. *Ep.Tra*.10.41(50).4; FOSSAM..RECTE ~SSISTIS *CIL* 8.2532.

8 (of ideas, etc.) To make a deep impression on; (of emotions) to affect sharply or profoundly, strike, smite; also, to stir (an emotion) by means of a sharp shock. **b** to stagger, astound, dismay; (w. *pauidum*) to strike fear into.

sororem esse aiunt Chrysidis. ~ssit ilico animum. attat hoc illud est, hinc illae lacrumae TER.*An*.125; imaginibus.. agentibus, acribus, insignitis, quae occurrere celeriterque ~tere animum possint CIC.*de Orat*.2.358; hac sum suspicione ~ssus *Deiot*.17; quodcumque nostros animos probabilitate ~ssit *Tusc*.5.33; me nec tam patiens Lacedaemon nec tam Larisae ~ssit campus opimae HOR.*Carm*.1.7.11;—me.. primus dolor ~ssit, Cotta cum est expulsus CIC.*Brut*.305; acri ~ssit thyrso laudis spes magna meum cor LUCR.1.923; ~ssa noua mentem formidine mater VERG.*G*.4.357; amore ~ssum graui HOR.*Epod*.11.2; quos alicuius honestae rei pulchritudo ~ssit SEN.*Ep*.71.19; tarda meam, pietas, longo post tempore mentem ~tis? STAT.*Theb*.11.606; (*cf.*) deo ~ssa Maenas SEN.*Tro*.674;—~ssa pietate LUC.7.468. **b** ~ssisti..me etiam de oratione prolata CIC.*Att*.3.12.1; repente ~ssus est atrocissimis litteris *Fam*.9.25.3; obstipuit tanto ~ssus nomine Pallas VERG.*A*.8.121; miles hac contumelia ~ssus est [QUINT.]*Decl*.3.9; APUL.*Met*.9.2;—aut tu illum furto fallas..aut per seruolum ~tias pauidum CAECIL. *com*.204.

9 To make, conclude, strike (a treaty, app. originally with a sacrifice, cf. sense 2).

M. Octauium..cum barbaris foedera ~ssisse *B.Alex*.44.1; FOEDERIS EX LIBRIS SIBVLLINIS ~TIENDI CVM P R *CIL* 10.797; hoc tecum ~ssum est sanguine foedus LUC.9.1021; erat foedus cum utrisque ~ssum FLOR.*Epit*.1.11(1.16.2); Phoenice..foederis quod cum Romanis ~ssit tenacissima ULP.*dig*.50.15.1.

perdecōrus ~a ~um, *a.* [PER-+DECORVS] Very becoming, very elegant.

facit hoc Homerus multique illius exemplo: est alioqui ~um PLIN.*Ep*.3.9.28.

perdēlīrus ~a ~um, *a.* [PER-+DELIRVS] Very crazy, quite irrational.

dicere porro ignem res omnis esse..~um esse uidetur LUCR.1.692.

perdensus ~a ~um, *a.* [PER-+DENSVS] Very closely packed.

~am humum caelestis aquas non sorbere COL.3.12.2.

perdepsō ~ere ~uī ~tum, *tr.* [PER-+DEPSO] To knead thoroughly (in quot., obsc.).

patrui ~uit ipsam uxorem CATUL.74.3.

perdēsinō ~sinere ~siuī (~siī) ~situm, *tr.* [PER+DESINO] To cease completely.

(*w. inf.*) QVI ⟨COLVIT COLERE⟩ DESIERIT ~SIERIT *CIL* 8.25902.4.12.

Perdiccās ~ae, *m.*

1 The name of several kings of Macedonia; esp. **a** Perdiccas II (died 413 B.C.). **b** Perdiccas III (died 359 B.C.).

a CIC.*Tusc*.5.34. **b** NEP.*Iph*.3.2; CURT.6.10.24.

2 A general under Alexander the Great.
NEP.*Eum.*2.1; CURT.3.9.7; 4.3.1.

perdīcium ~iī, *n.* [Gk. περδίκιον] A name given to var. plants: **a** an unidentified plant found in Egypt. **b** (perh.) a kind of camomile. **c** pellitory, *Parietaria officinalis.*
a sponte nascentium quaedam numerosiora sunt radice quam folio, ut spalax, ~ium PLIN.*Nat.*19.99; 21.102. **b** parthenium alii leucanthes, alii amaracum uocant, Celsus apud nos ~ium et muralem PLIN.*Nat.*21.176. **c** helxinem aliqui ~ium uocant, quoniam perdices ea praecipue uescantur PLIN.*Nat.*22.41.

perdifficilis ~is ~e, *a.* [PER-+DIFFICILIS] Very difficult.
quae ~ia sunt, perinde habenda saepe sunt ac si effici non possint CIC.*Part.*84; mihi ~e esse contra talis oratores.. uerbum facere conari *Quinct.*77; nauigatio ~is fuit *Att.*3.8.2; *N.D.*1.1; non iniquo nec ~i aditu LIV.32.11.3; amnem.. transitu ~em 44.8.5.

perdifficiliter, *adv.* [PER-+DIFFICILITER] With great difficulty.
quae ~ internoscantur CIC.*Luc.*47.

perdignus ~a ~um, *a.* [PER-+DIGNVS] (w. abl.) Very deserving, very worthy (of).
ipsum hominem..~um esse tua amicitia CIC.*Fam.*13.6.4.

perdīligens ~ntis, *a.* [PER-+DILIGENS] Very diligent, very assiduous.
res operosa est et hominis ~ntis CIC.*Q.fr.*3.5&6.6.

perdīligenter, *adv.* [PER-+DILIGENTER] Very diligently, very assiduously.
quo iste omnem rerum memoriam breuiter et..~ complexus est CIC.*Brut.*1; epistulis..~..scriptis *Att.*1.11.1.

perdiscō ~scere ~dicī, *tr.* [PER-+DISCO] To learn thoroughly, acquire a full knowledge of.
ego qui probe Ionica ~dici PL.*Ps.*1275; quod bonum sit illorum litteras inspicere, non ~scere CATO *Fil.*1(J); hic locus de uita et moribus totus est oratori ~scendus CIC. *de Orat.*1.69; omnia iura belli ~scere *Balb.*47; praesertim cum..meam in illum (*sc.* orationem) pueri omnes..~scant *Q.fr.*3.1.11; ut Pythagorae inuenta ~sceret *Rep.*1.16; rerum..~scere nomina LUCR.5.1051; CAES.*Gal.*6.14.4; TIB. 1.9.65; naturae..~scere mores PROP.3.5.25; legem ~scere fati MAN.2.149; id nunc adgressus es quod ~scere uix senex possis SEN.*Ep.*76.5; PLIN.*Nat.*2.117; syllabis nullum compendium est: ~scendae omnes QUINT.*Inst.*1.1.30; optimatium ingenia qui maxime ~dicerant TAC.*Ann.*4.33; praemonente fortuna, ut diu penitusque ~sceres, quae mox praecipere deberes PLIN.*Pan.*15.1; APUL.*Fl.*18;—(*w. acc. and inf.*) ~dici istaec esse uera damno cum magno meo PL. *As.*187;—(*w. inf.*) qui hominum unam speciem pingere ~dicerit CIC.*de Orat.*2.69.

perdisertē, *adv.* [PER-+DISERTE] Very eloquently.
si Philonem..constat ~ populo rationem operis sui reddidisse CIC.*de Orat.*1.62.

perditē, *adv.* [PERDITVS¹+-E]

1 In a desperate manner, to desperation.
PL.*Cist.*238; hanc ardere coepit ~ TER.*Ph.*82; non potui, nec, si possem, tam ~ amarem CATUL.104.3; conatur..~ QUINT.*Inst.*2.12.5.

2 In a recklessly violent or unrestrained way.
qui hic potest se gerere non ~? CIC.*Att.*9.2a.2; interrogabo quid..~..quid impie fecerit [QUINT.]*Decl.*1.6; fustium.. crebris ictibus ~ dedolabar APUL.*Met.*7.17.

perditim, *adv.* [PERDITVS+-IM] Desperately, to desperation.
quia scit me illam amare ~ AFRAN.*com.*353.

perditor ~ōris, *m.* [PERDO+-TOR] One who ruins or destroys.
~orem et uexatorem rei publicae CIC.*Vat.*7; adflictorem ac ~orem..ordinis ac nominis sui *Pis.*64; cedere e patria seruatorem eius, manere in patria ~ores! *Phil.*10.8.

perditus¹ ~a ~um, *a.* *compar.* ~ior, *superl.* ~issimus. [pple. of PERDO]

1 (w. abl.) Debilitated, broken (by illness, misfortune, etc.). **b** (w. *aere alieno* or absol.) financially ruined, bankrupt.
~a inluuie atque insomnia PAC.*trag.*9; quidam ~us tressia tussi LUCIL.1108; hunc miserum, luctu ~um CIC. *S.Rosc.*23; Q. Scaeuola confectus senectute, ~us morbo *Rab.Perd.*21; lacrimis ac maerore ~us *Mur.*86;—(*of countries, etc.*) prouinciam adflictam et ~am *Ver.*3.212; ut leuarem miseriis ~as ciuitates *Fam.*3.8.5. **b** plane ~um aere alieno egentemque CIC.*Phil.*2.78;—quanto ~ior quisque est tanto acrius urget HOR.*S.*1.2.15.

2 (of persons) Ruined, lost, 'done for', in a state of desperation (often w. implication of wild behaviour); also, reckless. **b** (of persons, etc., in love).
immo ego sum (*sc.* miser), et misere ~us, quoi tanta mala maestitudoque optigit PL.*Aul.*731; hominem ~um miserumque TER.*Eu.*418; nautae..radices palmarum agrestium.. colligebant et iis miseri ~ique alebantur CIC.*Ver.*5.87; gladiatores, aut ~i homines aut barbari, quas plagas perferunt! *Tusc.*2.41; timuit ne homines ~i incenderent (oppidum) *B.Hisp.*36.2; paria conantur animus magnus ac ~us SEN.*Nat.*2.59.5; FLOR.*Epit.*1.31(2.15.15);—saepe redit patrios ascendere ~a muros *Ciris* 172; floribus Austrum ~us et liquidis immisi fontibus apros VERG.*Ecl.*2.59; miserere tui rabido nec ~us ore fumantem nasum uiui temptaueris ursi MART.6.64.27; in medios hostium globos ~us pugnator exilui [QUINT.]*Decl.*4.5; (*of a quality*) audacia ~a JUV.3.73. **b** ut, quaeso, amore ~ast te misera! PL.*Mil.*1253; bucula.. uiridi procumbit in ulua ~a VERG.*Ecl.*8.87; explendast sitis ista tibi, qua ~us ardes OV.*Rem.*533; (*of the mind*) tunc mens mihi ~a fingit, quisue meam teneat, quot teneatue modis TIB.2.6.51; (*w.* in+*abl.*) ~us in quadam tardis pallescere curis incipis PROP.1.13.7.

3 (of states of affairs) Desperate, hopeless.
nihil fieri potest miserius, nihil ~ius, nihil foedius CIC.*Att.* 8.11.4; si quid praeter spem erit, facies ut sciam; sin est.. negotium ~um, scribes tamen 15.13.5; in misero hoc nostro, hoc ~o amore CATUL.91.2; quaenam hostibus in ~a re consilia essent LIV.5.39.3;—(*of a defence*) quamquam haec ~issima defensio est, tamen aliquid dici uideretur CIC.*Ver.* 2.101; 2.151.

4 Morally depraved (often w. implication of wild behaviour), abandoned: **a** (of persons, etc.). **b** (of character, conduct, etc.).
a tu, omnium mortalium profligatissime ac ~issime CIC. *Ver.*3.65; apud ~issimam illam atque infimam faecem populi *Q.fr.*2.4.5; de adulescente, ~o ac dissoluto *Tusc.*4.55; magna..multitudo..~orum hominum latronumque CAES. *Gal.*3.17.4; o lutum, lupanar, aut si ~ius potes quid esse CATUL.42.14; ten ego plus patrio dilexi ~a regno? *Ciris* 428; improbus homo sed non ad extremum ~us LIV.23.2.4; ~a tunc urbi nocuerunt saecula LUC.4.816; TAC.*Hist.*1.83; aduocata ~issimorum iuuenum manu APUL.*Apol.*100;— (*w. abl.*) adulescens luxu ~us TER.*Ad.*760; nulli sunt inuenti tam aut fortuna miseri aut uoluntate ~i CIC.*Catil.*4.17; nemo nomen dedit nisi aut egestate aut scelere ~us *Dom.* 116;—(*masc. as sb.*) omnium ~orum ita similis, ut esset facile deterrimus *Tusc.*1.81; PLANC.*Fam.*10.21.1; habet dilectum egentium ac ~orum CAES.*Gal.*7.4.3. **b** ego.. homo iracundus, animi ~i PL.*Men.*269; ~issima ratio est amorem petere, pudorem fugere *Rhet.Her.*4.28; rem publicam adflictam et oppressam miseris temporibus ac ~is moribus CIC.*Fam.*2.5.2; tam flagitiosa et ~a lubido *Sen.*42; ~issimorum consiliorum auctorem ANT.*orat.*13; filium.. reuocare ad uirtutem a ~a luxuria NEP.*Di.*6.2; luxuriae ac lasciuiae ~ae SUET.*Cal.*25.3; (*w. abl.*) Q. Fabius Maximus quam ~am luxuria uitam egit! V.MAX.3.5.2.

5 No longer in one's possession, lost.
nemo tam ~a auctoritate, tam facinerosa inuentus est uita, qui..non..sententiis prius iudicum conuinceretur quam supplicio addiceretur [CIC.]*Exil.*17;—(*neut. as sb.*) nemo, quod fuit, tamquam in praeterito sed tamquam in ~o ponit SEN.*Ben.*3.3.4.

perditus² ~ūs, *m.* [PERDO+-TVS³] Ruination.
quam ob rem me..remque nostram habes ~ui et praedatui PL.*Cist.*366.

perdiū, *adv.* [PER-+DIV] For a very long while.
faba ⟨et⟩ legumina in oleariis uasis..~ incolumia seruantur VAR.*R.*1.58; cum boni ~ nulli, uix autem singulis aetatibus singuli tolerabiles oratores inuenirentur CIC.*de Orat.*1.8; ego quod..~ nihil eram auditurus *Att.* 3.22.4; ~ stat aut ambulat APUL.*Fl.*9.

perdīues ~itis, *a.* [PER-+DIVES] Very wealthy, very rich.
mulier Segestana ~es et nobilis CIC.*Ver.*4.59; amici regis duo tresue ~ites sunt *Att.*6.1.3.

perdius ~a ~um, *a.* [PER-+DIES+-VS] Continuing throughout the day or all day long.
stare solitus Socrates dicitur pertinaci statu ~us atque pernox GEL.2.1.2; et ~a et pernox nec inter amplexus.. desinis cruciatum APUL.*Met.*5.6.

perdiūturnus ~a ~um, *a.* [PER-+DIVTVRNVS] Lasting a very long time.
quae (coniunctio) aut sempiterna sit necessest..aut certe ~a CIC.*N.D.*2.85.

perdix¹ ~īcis, *m., f.* [Gk. πέρδιξ] FORMS: *~icas* (acc. pl.) VAR.in Non.p.218M. A partridge.
~ices, quae..uoce maris audita concipiunt VAR.*R.*3.11.4; ~icas Boeotios *in* Non.p.218M; garrula..~ix OV.*Met.*8.237; ~ices spina et frutice..muniunt receptaculum PLIN.*Nat.* 10.100; fel ~icum 29.125; picta ~ix MART.3.58.15; qui.. refert iungens iterata uocabula ~ix STAT.*Silv.*2.4.20; FRO. *Aur.*1.p.238(87N); Theophrastus..omnes in Paphlagonia ~ices bina corda habere dicit GEL.16.15.1.

Perdix² ~īcis, *m.* The nephew of Daedalus.
HYG.*Fab.*39; 244.5.

perdō ~ere ~idī ~itum, *tr.* [PER-+DO] FORMS: pres. subj. *~uim* PL.*Aul.*672; *~uis Am.*845, *Capt.*728; *~uit Epid.*66, *Poen.*739; *~uint As.*467, *Aul.*785, etc., TER.*Hau.*811, *Ph.*123, etc., TURP.*com.*102, CIC.*Deiot.*21, *Att.*15.4.3, APUL.*Met.*9.21, *Apol.*75. The passive, except for the pf. pple., is normally expressed by PEREO; *~itur* HOR.*S.*2.6.59.

1 To cause ruin or destruction (whether physical or otherwise) to, ruin, destroy (freq. hyperb. in comedy). **b** (in imprecations). **c** (spec.) to kill, slay.
seruate di med, opsecro!—at me ~itis PL.*Cist.*573; stultitia tua nos paene ~idisti *Mil.*408; equus, qui suo partu ardua ~at Pergama ENN.*scen.*77; TER.*Ad.*61; reliquis egestate et fame ~itis CIC.*Ver.*5.100; rem publicam ~ere *Att.*2.1.5; quid feci ego..cur me tot male ~eres poetis? CATUL.14.5; an qui incolumes resistere non potuerunt ~iti resistant? CAES.*Civ.*2.32.6; ne ignoscundo malis bonos ~itum eatis SAL.*Jug.*31.27; sua intemperantia..ut omnia ~ant NEP.*Eum.*8.2; ille uel hic, classis poterant uel ~ere muros PROP.2.22.33; postquam ~itas res ad Cissim.. accepit LIV.21.61.1; mutando ~e figuram! OV.*Met.*1.547; non letiferas spirando ~idit (*i.e. poisoned*) auras LUC.6.522; septunce multo deinde ~itus stertit MART.3.82.29; famam ~itam TAC.*Ann.*13.44; uides..oculos meos..prope iam ~itos GEL.13.31(30).10;—(*in pun w. sense 3*) (cistella) ~ita ~dit me PL.*Cist.*686; ~dit me.—quis?—ille qui arma ~idit *Epid.*57;—(*w.* capitis) capitis te ~am ego et filiam *As.*132;—(*w. abst. subj.*) miseram et te ~idit, Orpheu, quis tantus furor? VERG.*G.*4.494; nec mala me ambitio ~it HOR.*S.*2.6.18; quos nulla mali uicerat uis, ~idere nimia bona LIV.23.18.11; ~iderat uoltum rabies LUC.6.224; uires amoris impedimenta ~ebant [QUINT.]*Decl.*15.3. **b** ut illum di ~ant, qui primus holitor caepam protulit! NAEV. *com.*19; Iuppiter te ~uit! PL.*Epid.*66; *Trin.*923; ut tequidem omnes di deaeque..malis exemplis ~ant! TER.*Ph.*688; ut, Syre, te cum tua monstratione magnus ~at Iuppiter! *Ad.*714; TURP.*com.*139; di te ~uint, fugitiue! CIC.*Deiot.*21; quem di mortuum ~uint! *Att.*15.4.3; dii illum male ~ant SEN.*Dial.*5.14.3; di me deaeque peius ~ant quam perire me cotidie sentio, si scio TAC.*Ann.*6.6; di me ~ant nisi cohorrescit corpus meum SUET.*Tib.*21.7; at te..cuncta caeli numina..pessimum pessime ~uint APUL.*Met.*9.21. **c** impiae sponsos potuere duro ~ere ferro HOR.*Carm.*3.11.32; silua..~endas praebeat alta feras OV.*Ep.*4.170; propter opes magnas ut ~idit hospes alumnum *Ib.*577; medici illum ~iderunt, immo magis malus fatus PETR.42.5; HYG.*Fab.* 219.4;—(*cf.*) hancin ego uitam parsi ~ere! TER.*Hec.*282; mihi uel ferro pectus uel ~e ueneno PROP.2.34.13.

2 (in weakened sense) To impair the effectiveness, etc., of, spoil, ruin. **b** to impair, hurt (parts of one's body, one's health, etc.).
rausuro tragicus qui carmina ~it Oreste LUCIL.567; cum.. uereretur, ne uno loco manens equos militares ~eret NEP. *Eum.*5.4; ut sententiam adiectione superuacua..~eret SEN.*Suas.*1.16; quo uertis iter medioque diem ~is Olympo? SEN.*Thy.*792; Zoile, quid solium subluto podice ~is? MART. 2.42.1; ~ere nolo famem 13.53.2; reficit..colos et ~ita dura pensa manu STAT.*Ach.*1.582;—(*w. play on senses*) '~am' inquit 'uocem si id fecero': 'melius est' inquit 'quam reum' CIC.*de Orat.*2.282. **b** noli, amabo, uerberare lapidem, ne ~as manum PL.*Cur.*197; seni fidelis dum sum scapulas ~idi TER.*Ph.*76; cum esset summa senectute et ~ita ualetudine CIC.*Phil.*8.31; *Tusc.*5.29.

3 To cease to have possession of, suffer the loss of, be deprived of, lose. **b** to lose (troops, etc., under one's command). **c** to lose (relatives, etc.) by death. **d** to lose the knowledge or remembrance of, forget.
ubi ego formam ~idi? PL.*Am.*456; is mihi anulum surrupuit.—~idistin tu anulum? *Cur.*584; ~idi spem qua me oblectabam *Rud.*222; Vulsculus ~idit Anxur ENN.*Ann.*162; TER.*Hau.*474; cum ignorarent, si illam ciuitatem essent adepti, hanc se ~idisse CIC.*Balb.*30; si haec manent.. prouincias uniuersas, patres conscripti, ~idistis *Phil.*2.92; diceret 'iucundus', nisi id uerbum in omne tempus ~idissem *Fam.*5.15.1; Luculli miles collecta uiatica..ad assem ~iderat HOR.*Ep.*2.2.28; SEN.*Nat.*6.1.13; STAT.*Silv.*3.2.36; cum siluam occursu uenantum ~idit (aper) SIL.1.422;— (*w. inf. as obj.*) hic uereri ~idit PL.*Bac.*158; ~ant uelle mori LUC.4.280;—(*ellipt.*) sic, ne ~iderit, non cessat ~ere lusor (*i.e. at dice*) OV.*Ars* 1.451;—(*of inanim. things*) ne uinum nomen ~at CATO *Agr.*25; extra quoque aegra notas ueri..~iderant OV.*Met.*7.601; uetustate uires ~it (empetros) PLIN.*Nat.*27.75; ~idit unguentum cum coma MART. 14.146.2;—(*of abst. things*) ~idit inde modum caedes LUC. 7.532; utinam falso credita (fama) ~at..fidem [SEN.]*Oct.* 274. **b** quorum alter exercitum ~idit, alter uendidit CIC. *Planc.*86; ille cohortem primam totam ~idit *Att.*5.20.4; ut P. Claudius..eiusque collega L. Iunius classes maxumas ~iderunt cum uitio nauigassent *Div.*1.29; equitem ~idisse (*sc.* Caesarem) CAEL.*Fam.*8.1.4. **c** mulier exclamat se ab eo nullo modo uelle curari quo curante omnis suos ~idisset CIC.*Clu.*40; Caninium ~idi, hominem, quod ad me attinet, non ingratum *Att.*16.14.4; *Fam.*4.6.1; CELS.8.13. **d** perii hercle, nomen ~idi TER.*Ph.*386; animus si cetera ~it praeterquam quibus est in rebus deditus ipse LUCR.4.814; memoriae..quae nihil ~it, nisi ad quod non saepe respexit SEN.*Ben.*3.2.3.

4 To fail to obtain (esp. something that might be considered within one's grasp), lose, miss. **b** to fail to carry (in an election).
nil mihi tam paruist quin me id pigeat ~ere PL.*Per.*690; non ~at nobilissimi facti gloriam Calpurnia VELL.2.26.3; sic se (*i.e. Rome*) dilecti tumulum quoque ~ere Magni LUC. 7.36; illa (*sc.* hasta)..ictum ~iderat spatio, ni..obuia quadrupedis..Catus ora tulisset SIL.4.137; qualem ego illum, patria, ~idi diem [QUINT.]*Decl.*11.10. **b** nec post Romam conditam praeter te tribulem quemquam tribum Sergiam ~idisse CIC.*Vat.*36; tribum suam non tulit, Palatinam..~idit *Sest.*114; Fauonius meam tribum tulit honestius quam suam, Luccei ~idit *Att.*2.1.9.

5 To be unsuccessful or fail in (a lawsuit), lose.
neque intellegebat, si ita esset actum, litem aduersarium ~iturum CIC.*de Orat.*1.167; tu si amplius HS nummo petisti, quam tibi debitum est, causam ~idisti *Q.Rosc.*10; eo res perducta est, ut uel qui minimum errasset, litem ~eret GAIUS *Inst.*4.30; (*absol.*) SEN.*Con.*exc.5.3.

6 To use up extravagantly or to no purpose (material resources, opportunities, etc.), throw away, dissipate, waste. **b** *~ere operam,* to waste one's efforts or time; (w. gen. or poss. adj.) to waste the efforts (of someone else).
is rem paternam me adiutrice ~idit PL.*Trin.*13; non tu hoc argentum ~is sed uitam tuam TER.*Ad.*410; si tu plus tertia parte pecuniae paternae ~idisti atque absumpseris in flagitiis SCIP.min.*orat.*11; amisit (*sc.* Decius) uitam at non ~idit *Rhet.Her.*4.57; tempus non ~ere CIC.*de Orat.*3.146; quem dicis sestertium uiciens ~idisse ~ere *Flac.*83; ~itur haec inter misero lux HOR.*S.*2.6.59; tantum opus ante pedes transire ac ~ere segnem *Aetna* 257; illi male partam uictoriam male ~iderunt LIV.9.9.11; qui..tot errando, quot bello, ~idit annos OV.*Am.*2.1.31; quaedam in uxorem eius..

dixerat, nec ~iderat dicta SEN.Dial.5.23.4; ~ideram scelus, nisi sic doleres Thy.1097; iam dudum nubes et saeuas ~imus undas LUC.5.423; iam scies patrem tuum mercedes ~idisse, quamuis et rhetoricam scis PETR.58.8; audes..in me scribere uersiculos miseras et ~ere chartas MART. 6.64.23; dies..quos alii otiosissimis occupationibus ~unt PLIN.Ep.9.6.4; amici, diem ~idi SUET.Tit.8.1;—(absol. or ellipt.) ~ere iste sciet, donare nesciet TAC.Hist.1.30; manente matrimonio non ~iturae uxori ob has causas dos reddi potest PAUL.dig.23.3.73.1;—(w. cause of loss as subj.) ~iderit quoniam Bucco ducenta tibi MART.11.76.2. **b** ego faxo et operam et uinum ~iderit simul PL.Aul.578; ~idisti omnem operam Epid.132; LUCIL.188; non patiebatur eos, quos iudicabat non posse oratores euadere, operam apud sese ~ere CIC.de Orat.1.126; quod..ius ciuile didicisti, non dicam operam ~idisti Mur.23; HOR.S.1.1.90; PHAED. 1.25.2; SEN.Dial.4.30.2;—iam ~idisti te atque me atque operam meam PL.Bac.132; ~idi me atque operam Chrysali 624; ~it operam fabri Mos.112.

perdoceō ~ēre ~uī ~tum, *tr.* [PER-+DOCEO] CONST.: w. acc. of person informed and/or matter imparted; the latter also expr. by inf., acc. and inf., or noun cl.

1 To inform thoroughly (a person of a fact, etc.). **b** to show, demonstrate.
docte tibi illam ~tam dabo PL.Mil.258; uerum illa nequid titubet.—~tast probe TER.Hau.361; cum me.. rerum uarietate atque usu ipso iam ~tum uiderent CIC. Balb.60; dolor ac morbus leti fabricator uterquest, multorum exitio ~ti quod sumus ante LUCR.3.473; haec ubi ~uit (dea) OV.Fast.6.693. **b** quod ipsa iam nos uersus formula posta ~ebit MAUR.2905; (w. acc. and inf.) sol et luna.. ~uere homines annorum tempora uerti LUCR.5.1438.

2 To teach (thoroughly), instruct.
illa (sc. paupertas) artis omnis ~et PL.St.178; ipsa Venus magico religatum (sc. me) bracchia nodo ~uit TIB.1.8.6; siquid Apollo utile mortales ~et ore meo OV.Rem.490; imperiosi atque interim saeuientes stultitiam suam ~ent QUINT.Inst.1.1.8;—(w. inf.) dignam Maeoniis Phaeacida condere chartis cum te Pieriae ~uere deae OV.Pont.4.12.28; me..saltare sublatis primoribus pedibus ~uit APUL.Met. 10.17;—(w. ut+subj.) ut Collybiscum uilicum hanc ~eamus ut ferat fallaciam PL.Poen.195;—(absol.) rem..praeclaram iuuentuti ad discendum nec mihi difficilem ad ~endum CIC.Sest.96.

perdoctē, *adv.* [pple. of prec.+-E] Very learnedly, very wisely.
ut ~ cuncta callet! PL.Mos.279.

perdoleō ~ēre ~uī ~itum, *intr.* [PER-+DOLEO]

1 To grieve, be annoyed.
ubi..suam uirtutem irrisui fore ~uerunt CAES.Civ.2.15.1.

2 To be a cause of grief or annoyance.
tandem ~uit TER.Eu.154; usque dum cuidam ciuium.. ~uit inceptum Demophontis HYG.Astr.2.40; (impers. pass.) id subito ~itum est cuidam Tito Manlio..tantum flagitium ciuitati accidere QUAD.hist.10b.

perdolescō (or ~iscō) ~escere, *intr.* [prec.+-SCO] (Inceptive form of prec.)
nec ~escit fligi socios ACC.trag.317.

perdolō ~āre ~āuī ~ātum, *tr.* [PER-+DOLO¹] To hew into shape, fashion by hewing.
quae (pars) uero est superior..praecisa alte circiter pedes xx et ~ata propter nodationis duritiem dicitur esse fusterna VITR.2.9.7; cum in materiem ~antur (sc. arbores) 2.10.2.

perdomō ~āre ~uī ~itum, *tr.* [PER-+DOMO]

1 To tame (esp. wild animals) thoroughly, break in.
~andos..feroces animos esse LIV.37.49.5; sola feros Hecatae ~uisse canes (dicitur) TIB.1.2.52; serpentis igitur potui taurosque furentes, unum non potui ~uisse uirum OV.Ep.12.164; Met.1.447; sic ~iti (boues) mox ad aratrum instituantur COL.6.2.8; cum ~anda, cum alenda sint (cetera animalia) [QUINT.]Decl.13.15;—(fig.) nulli..sunt tam feri et sui iuris adfectus, ut non disciplina ~entur SEN.Dial.4.12.3; illud nescio quid, quod persuasioni meae repugnat, uolo ~are QUINT.Decl.349(p.375,l.29); terram manibus subegi et difficultatem labore ~ui [QUINT.]Decl.13.2; malitiam ~uit (Crates) APUL.Fl.22.

2 To conquer thoroughly, subjugate.
omni Gallia cis Rhenum..~ita SAL.Hist.1.11; ob egregie ~itam Etruriam LIV.9.41.1; post ~ita omnia usque ad Oceanum 28.43.15; inopia..omnium rerum eos ~uit 40.41.2; ~itis..Faliscis OV.Fast.3.843; Ciliciam ~uit Isauricus VELL.2.39.2; longe quia uetustior Aegea Minos classe ~uit freta PHAED.4.7.19; quorum alia ductu meo, alia imperio auspicioque ~ui CURT.6.3.2; SEN.Ep.83.14; LUC.2.644; STAT.Ach.1.778; FRON.Str.2.11.3; Caesar Titus, ~andae Iudaeae delectus TAC.Hist.5.1; Ann.3.47; SUET.Tib.16.2.

3 To crush (grain) or knead (flour) thoroughly; to break up (soil) thoroughly.
farinam..adsidua tractatione ~uit SEN.Ep.90.23; cumulare canistris ~itam saxo Cererem STAT.Theb.1.524;—tantis glaebis tenacissimum solum..adsurgit, ut nono demum sulco ~etur PLIN.Ep.5.6.10.

perdormiscō ~ere, *intr.* [PER-+DORMIO+-SCO] To continue sleeping, sleep on.
~in usque ad lucem? PL.Men.928.

perdūcō ~cere ~xī ~ctum, *tr.* [PER-+DVCO]

1 To conduct, bring, take (persons, etc., to a destination). **b** to bring (before a court, judge, or other authority). **c** (of roads) to lead (to). **d** to induce to go (to a place, etc.). **e** (of a pimp, etc.) to bring, conduct (to a person's bed).
qui tum illam amabant forte..filium ~xere illuc..meum TER.An.81; Asuuius..in harenarias quasdam extra portam Esquilinam ~ctus occiditur CIC.Clu.37; ineas..rationem quem ad modum ea mulier Romam ~catur Fam.13.28.2; oppidani..comprehensos eos..ad Caesarem ~xerunt CAES. Gal.7.13.2; ille eos in domum D. Bruti ~cit SAL.Cat.40.5; magna..eum ambitione Syracusas ~xit NEP.Di.2.2; forsitan illum..~cant aliquae stabula ad Gortynia uaccae VERG. Ecl.6.60; legati ad Camillum Veios eum ~xere LIV.5.46.11; ab tribunis..auctores seditionis per idoneos homines ~cti in hospitia 28.26.10; in carcerem Minturnensium..~ctus est VELL.2.19.2; PHAED.3.pr.28; canum..ex quibus ~cti sunt Iubae duo PLIN.Nat.6.205; ~ctum inde in theatrum (sc. Tiridatem)..iuxta se latere dextro conlocauit SUET. Nero 13; de eo, qui in aciem ~xisset (equum commodatum) GAIUS Inst.3.196;—(mil. forces) terram attigit omnisque incolumis nauis ~xit CAES.Gal.5.23.6; tacito agmine ab Scipione consule exercitus Placentiam est ~ctus LIV. 21.56.9; tanta cum quiete exercitum per Calabriam..~xit in Campaniam VELL.2.25.1;—(w. ellipsis of destination) Barzaentes..uinctus trigintaque elephanti simul capti ~cuntur CURT.8.13.3; SUET.Tib.45;—(w. non-personal subj.) dum nos uentus..ad patriam ~cit VAR.Men.224; neu tuba praemonitos ~cat ad aequora nautas LUC.2.690; (cf.) credibilis rerum imago, quae uelut in rem praesentem ~cere audientes uidetur QUINT.Inst.4.2.123. **b** si istum uiuum ad aliud iudicium ~cere poterimus CIC.Ver.1.11; ~ctum.. ad magistratus PLIN.Ep.Tra.10.74(16).1; cuius quondam nocturnas insidias..ne ~ceretur ad Sullam, uix praemio dato euaserat SUET.Jul.74; cum ceteri quoque serui..heredem ad praetorem ~xissent PAUL.dig.19.1.43; (cf.) nec enim quisquam alienam actionem in iudicium inuito coherede ~cere potest CELS.dig.5.1.31. **c** itinera quae ad urbes ~cunt SEN.Ep.89.8; casta mihi domus..ardua saxoso ~cit semita cliuo SIL.15.102; (in fig. phr.) quae uitae uia facillime uiros bonos ad honorem..~cat CIC.Agr.1.27. **d** cibo ~ci poteris quouis PL.Mos.888; hicquidem pol summam in crucem cena aut prandio ~ci potest St.626; quae..cunctantes ad obiecta cibaria pecudes ~cat COL.9.1.6; (ellipt.) is me ..crebro ad cenam inuitat. adhuc non potuit ~cere CIC.Fam. 7.9.3. **e** huc Tertia illa ~cta per dolum CIC.Ver.5.31; putasne, ~ci poterit tam frugi tamque pudica, quam nequiere proci recto depellere cursu? HOR.S.2.5.77; me lenone placet, duce me ~ctus amator OV.Am.3.12.11; SUET.Tib.45; Cal.25.2; Ves.22.

2 To convey (things to a destination).
quot operis in aream ~cantur ea, quae terrae credidimus COL.2.12.1; curandum est, ut aqua in Nicomedensem ciuitatem ~catur TRA.Plin.Ep.10.38(47).1; (news) plebis ad aediles ~cta licentia talis Publicios OV.Fast.5.287;—(w. non-personal subj.) farina in pollinem subacta uim extrahendi umoris habet adeo, ut cruore suffusis in fascias usque sanguinem ~cat PLIN.Nat.22.127;—(fig.) ubi illud (sc. beneficium) ratio ad dignos ~cit SEN.Ben.1.15.3.

3 To bring over by persuasion or sim. means (to a point of view, side, etc.).
(w. ad) iam ~cebam illam ad me suadela mea PL.Cist.566; tribus rebus homines ad nostram sententiam ~cimus, aut docendo aut conciliando aut permouendo CIC.de Orat.2.310; quoscumque adit ex ciuitate ad suam sententiam ~cit CAES.Gal.7.4.3; si posset aliqua ratione ~ci ad sanitatem B.Afr.4.1; Micythum..quinque talentis ad suam ~xit uoluntatem NEP.Ep.4.1; Celtiberum iuuentutem eadem mercede..imperatores Romani ad se ~xerunt LIV.24.49.7; V.MAX.7.3.6; si aliter ad aequitatem ~ci iudex non poterit QUINT.Inst.2.17.27; qui..praeripuisset se ad amicum, quem ad precandum ~ceret ULP.dig.21.1.17.4;—(w. in+acc.) ut ..magnam..partem Graeciae in societatem suam ~ceret VELL.1.9.1; quo celerius..~ci possent in nostram sententiam COL.3.3.14;—(w. contra) neque se conuentum neque M. Marcellum contra Caesaris causam posse ~cere B.Alex. 59.1;—(w. ut+subj.) is..~cit pretio precibus ut tantummodo ipso ludorum ostenderet sese die PHAED.5.7.18;—(refl.) in hoc te ~c, ut illas cum uideris, admonearis filii, non doloris! SEN.Dial.6.16.6;—(ellipt.) cum ~cere eum non posset, interficere conatus est NEP.Eum.2.5; TAC.Hist.1.25.

4 To bring, lead (to a specified condition, status, etc.).
(w. ad) Aiacem..ira ad furorem mortemque ~xit CIC. Tusc.4.52; donec ad extremum crescendi perfica finem omnia ~xit..natura LUCR.2.1117; Viridomarus..quem Caesar..ex humili loco ad summam dignitatem ~xerat CAES.Gal.7.39.1; qui singulas res..ad summam claritatem ~xerunt VITR.1.1.12; cum res prope ad interregnum ~cta esset LIV.4.25.1; ad cicatricem uulnera ~cere CELS.5.19.5; ad desperationem nos uitia nostra ~cunt SEN.Ep.92.28; uites, quae..incorruptum fructum ad maturitatem ~xerunt COL.Arb.2.1; carbunculos ad suppurationem ~cit (nasturtium) PLIN.Nat.20.130; ad libertatem eum interim non ~cit JAVOL.dig.33.5.14; (ellipt.) curatio, quae ~cit ad cicatricem PLIN.Nat.32.83; (cf.) (Pausias) ad numerosissimam florum uarietatem ~xit artem illam 35.125;—(w. in+acc.) mores leges ~xerunt iam in potestatem suam PL.Trin.1037; quod ab huiuscemodi cognominibus raro declinantur cognomina neque in usum etiam ~cta VAR.L.9.71; ex octo filiis, quos in adulescentiam ~xerat V.MAX.7.7.5; in hanc perturbationem adulescens ~ctus erat, ut ignoraret, quid fecisset SEN.Con.7.8.2; quae in odium etiam amanda ~cat SEN.Ben. 2.13.3; ~ctae in summum artes QUINT.Inst.12.11.28; in deteriorem statum ~ci ULP.dig.40.5.30.16; (ellipt.) potestatem..in periculum ~cendi QUINT.Decl.250(p.25,l.16);—(w. advs.) ea quidem parum firma sed habent..nihil quod non quo uelis uno sermone possis ~cere CIC.Att.10.11.1; dum ~cerem eo rem, ut dignum aliquid..efficerem PLANC. Fam.10.7.2; Mancinum uerecundia..~xit huc, ut per fetialis..dederetur hostibus VELL.2.1.5; quo potuit ciuem populus ~cere liber ascendi LUC.2.562; QUINT.Inst.10.1.15; JAVOL.dig.40.7.28.

5 To extend, carry (buildings, excavations, and other works from one point to another). **b** to extend in a vertical direction. **c** (geom.) to draw (a line); to describe (a figure).
fossam..duplicem..a maioribus castris ad minora ~xit CAES.Gal.7.36.7; ex castello in castellum ~cta munitione Civ.3.43.2; porticum unam extra portam Trigeminam.. alteram ab porta Fontinali ad Martis aram..~xerunt LIV. 35.10.12; neque aliter potuerit (uitis) palos, ad quos ~citur, pertingere COL.Arb.7.5; a summis ~xit ad aequora castris longum Caesar opus LUC.3.384; ex quo nauigabilem alueum ~cere in Nilum..Sesostris..cogitauit PLIN.Nat.6.165; Virginem quoque in agro Lucullano collectam Romam ~xit FRON.Aq.10; inter Mosam Rhenumque trium et uiginti milium spatio fossam ~xit TAC.Ann.11.20; AQVAM TRAIANAM PECVNIA SVA IN VRBEM ~XIT CIL 6.31567; QVI EX NVMERO PVTEORVM QVINQVE VNVM AD VENAM ~XERIT Lex Vip.8(Font.iur.p.294); PAUL.dig.8.2.20.6;—(ellipt.) hoc intermisso spatio duas fossas..~xit CAES.Gal.7.72.3. **b** ubi turris altitudo ~cta est ad contabulationem CAES.Civ.2.9.1; ut..quarto demum (anno) ~cant (palmitem) ad iugum PLIN.Nat.17.176. **c** in eo quadrato..linea ab angulo ad angulum diagonios ~catur VITR.9.pr.5; (impers. pass.) per centrum ~cendum, ut aequa duo hemicyclia sint diuisa 9.7.3;—latus..unum in tris ~cti partes per signa trigoni MAN.2.310.

6 To extend temporally (a condition or activity), protract, prolong, continue; to cause (a person or thing) to continue in being. **b** to pass (a period of time) in a protracted or wearisome manner.
integram famem ad ouum adfero, itaque usque ad assum uitulinum opera ~citur CIC.Fam.9.20.1; M...Valerium Coruinum accepimus ad centesimum annum ~xisse (sc. agri colendi studia) Sen.60; ut liceat nobis tota ~cere uita alternum hoc sanctae foedus amicitiae CATUL.109.5; perpetuus sermo nigrai noctis ad umbram aurorae ~ctus ab exoriente nitore LUCR.4.538; ad meridiem res erat ~cta CAES.Civ.3.95.2; LIV.38.50.1; ⟨NAM CONTIGIT⟩ NOBIS, VT AD ANNVM XXXXI SINE OFFENSA ~CERETVR (sc. MATRIMONIVM) CIL 6.1527.1.28; anni eius aestiua usque in mensem Decembrem ~cta VELL.2.105.3;—hanc tu opinionem.. usque ad hanc aetatem ~xisti CIC.N.D.1.66; illos parietes maiorum in nostram usque ~ctos memoriam SEN.Con. 10.4.12; paucos (parentes) usque ad uerum fructum a liberis percipiendum ~xit aetas SEN.Ben.5.5.2; NONDVM SEPTENIS BIS TE ~XERAT AETAS CIL 10.4041. **b** o utinam talis ~cas, improbe, noctes PROP.1.3.39.

7 To extend the application of (a rule).
quod plerique et ad legata et ad heredum institutiones ~xerunt JULIAN.dig.35.1.24; ULP.dig.50.17.161.

8 To bring by increasing or decreasing (to a specified amount). **b** to bring (a literary work) down (to a specified stage or episode); to bring (a person or argument to a specified point).
expositis suis difficultatibus hominem ad HS LXXX ~cit CIC.Ver.2.69; postea quam rem paternam ab idiotarum diuitiis ad philosophorum reculam ~xit Sest.110; rogat ut eos ad ducenta ~cam Att.5.21.12; haec incoquuntur duobus sextariis aceti acerrimi, donec ad dimidias ~cantur LARG.1; QVI HS |XII| REI PVBLICAE IVLIENSIVM QVOD AD HS |XXXX| VSSVRIS ~CERETVR TESTAMENTO RELIQVIT CIL 12.1357. **b** carmen ad iratum dum tu ~cis Achillen OV.Am.2.18.1; quos (sc. libros) ab ipsis dicendi uelut incunabulis..ad summam eius operis ~cere destinabam QUINT.Inst.1.pr.6; —Callicles..qui..ad hanc ~citur clausulam 2.15.28; qui ~ci expositionem uolunt eo, unde quaestio oritur 4.2.132.

9 To overspread, coat, cover over. **b** (app.) to spread or draw over.
liquidum ambrosiae diffundit odorem, quo totum nati corpus ~xit VERG.G.4.416; auro sacras quod ouato ~cis facies PERS.2.56; cum candicat (ulcus) et quasi crustam ~ctam albam habet LARG.236; sanguine patris usque ad cubiculum suum ~xisse (sc. parietem) [QUINT.]Decl.1.5; (impers. pass.) in his..minime gypsum debet admisceri, sed ex creto marmore uno tenore ~ci VITR.7.3.3. **b** probatur (Eretria) mollitia et quod, si aere ~catur, uiolacium reddit colorem PLIN.Nat.35.192.

10 To cross through (so as to erase).
si..aliquid interleuerit ~xerit adiecerit emendauerit JULIAN.dig.29.1.20.1; is..cuius nomen in testamento uoluntate testatoris ~ctum est 37.11.8.3; ULP.dig.28.4.1.

11 To drink off, drain.
aloe..ex aquae cyathis tribus..~cta LARG.135; filius.. uini poculum..continuo ~xit haustu APUL.Met.10.5; 10.16; POSTEA POTIONES CALICIS ~XI LIBENTER CIL 8.1027.

perductiō ~ōnis, *f.* [prec.+-TIO] The action of conducting or conveying (in quot., water-supplies).
nunc de ~onibus ad habitationes moeniaque, ut fier oporteat, explicabo VITR.8.5.1.

perductō ~āre ~āuī ~ātum, *tr.* [PERDVCO+-TO] To conduct, guide (cf. PERDVCTOR, sense 1).
errabo potius quam ~et quispiam PL.Mos.847.

perductor ~ōris, *m.* [PERDVCO+-TOR]

1 One who conducts or guides.
(in play on sense 2) apage istum a me ~orem, nil moror ductarier PL.Mos.845.

2 One who misleads or seduces; (spec.) a pimp, pander.
lenonum, aleatorum, ~orum nulla mentio fiat CIC.Ver. 1.33.

perdūdum, *adv.* [PER-+DVDVM] For a very long time past.
uidi edepol hominem hau ~ PL.St.575.

perduelliō ~ōnis, *f.* [PERDVELLIS+-IO¹] Hostile action against one's own country, the crime of treason.
Licinius..⟨propter⟩ ~onem ei diem dixit VAL.ANT.hist. 60; qui ~onibus uenditat patriam Rhet.Her.4.15; de ~onis iudicio CIC.Rab.Perd.10; actionem ~onis intenderat Mil.36; Leg.3.36; per duumuiros, qui de ~one anquirerent creatos LIV.6.20.12; Sempronius ~onis se iudicare Cn. Fuluio dixit

26.3.9; V.Max.6.5.3; lege ~onis Quint.*Inst*.5.13.20; qui Gaio Rabirio ~onis diem diceret Suet.*Jul*.12; qui ~onis reus est, hostili animo aduersus rempublicam uel principem animatus Ulp.*dig*.48.4.11.

perduellis ~is, *m.* [per+*duellis (see bellum)] Forms: *~um* (gen. pl.) Acc.*praet*.12. An adherent of a nation or country with which one's own is at war, national enemy.
perdite ~is, parite laudem et lauream Pl.*Cist*.201; quin inde inuitis sumpserint ~ibus Enn.*scen*.396; ~es dicuntur hostes Var.*L*.7.49; pirata non est ex ~ium numero definitus, sed communis hostis omnium Cic.*Off*.3.107; Liv.38.50.3; 45.16.7; Armeniae decus aequare domitis ~ibus cupiens Tac.*Ann*.14.29;—(*humorously of a private enemy*) facile ut spoliem meos ~is meis perfidiis Pl.*Ps*.583; 589; (*cf.*) coge in opsidium ~is, nostris praesidium para *Mil*.222.

perduellum ~ī, *n.* [per-+duellum] (See quot.)
perduelles dicuntur hostes; ut perfecit sic ~um (perduellis *cj.*), ⟨a per⟩ et duellum, id postea bellum Var.*L*.7.49.

perdulcis ~is ~e, *a.* [per-+dulcis] Very sweet.
quare..aliis quod triste et amarumst, hoc tamen esse aliis possit ~e uideri Lucr.4.635.

perdūrō ~āre ~āuī ~ātum, *intr.* [per-+duro]
1 To continue in existence, persist, survive, endure, last. **b** to continue right through, carry on.
quo minus habent e principiis umoris in corpore, facilius (*sc.* pisces) in umore ~ant Vitr.1.4.7; longum probitas ~at in aeuum Ov.*Med*.49; quamdiu (*sc.* alimenta) in sua qualitate ~ant Sen.*Ep*.84.6; castanea pedamentis omnibus praefertur..~andi peruicacia Plin.*Nat*.17.147; sic flore iuuentae ~ent uultus Stat.*Silv*.1.2.277; Quint.*Inst*.8.3.34. **b** (*in time*) ut conceptus ad puerperium ~et infans Sen.*Nat*.3.27.2;—(*in space*) Euphrates..Arabas ingressus non ~at in pelagus Mela 3.78.
2 To hold out, endure to the end.
quin tu aliquot dies ~a Pl.*Cur*.241; adiurat non posse apud uos Pamphilo se absente ~are Ter.*Hec*.269; ~auit miser, non aliter quam si fili sanguinem biberet Sen.*Dial*.4.33.4; securus in hac uitae obsidione ~at *Ep*.113.27; cum ~are non posset, destitit ante decursum Suet.*Nero* 24.2.

perdūrus ~a ~um, *a.* [per-+durus] Very harsh.
haec interpretatio ~a, pernimium seuera est Papin.*dig*.48.3.2.1.

Peredia ~ae, *f.* [next] An imaginary land of good eating.
~am et Perbibesiam..subegit solus Pl.*Cur*.444; Fest.p.214M.

peredō ~edere ~ēdī ~ēsum, *tr.* [per-+edo¹]
1 To eat completely, eat up.
fucum in alueo, apibus qui ~edit cibum Pl.fr.90.
2 (of natural forces) To eat away, wear away, consume; (of disease) to waste, consume. **b** (fig., of emotions, etc.).
uesco sale saxa ~esa Lucr.1.326; nec ~edit impositam celer ignis Aetnen Hor.*Carm*.3.4.75; molli saxa ~edit aqua Tib.1.4.18; (*cf.*) lacrimae ~edere umore exanguis genas *Inc.trag*.190;—morbo inluuieque ~esa uellera Verg.*G*.3.561; membris..cutis tegit ossa ~esis Sil.14.605; Apul.*Met*.9.2; (*cf.*) si tantula pars oculi media illa ~esa est Lucr.3.413. **b** multis languoribus ~esus Catul.58b.9; quos durus amor crudeli tabe ~edit Verg.*A*.6.442; Cupido amore nimio ~esus Apul.*Met*.6.22.

peregrē, *adv.* [as peregri+-e] To, in, or from foreign parts, abroad: **a** (denoting destination). **b** (denoting position or whereabouts). **c** (denoting place whence).
a auecta est..~ hinc habitatum Pl.*Cist*.579; is ~ missus *Mer*.2; *Mos*.25; ut..legatus abiit ~ publice Titin.*com*.133; ne solus rusue ~ue exirem Hor.*S*.1.6.102; promisi me ~ exiturum Sen.*Ben*.4.35.2; ⟨ei, qui excusabitur, necesse sibi esse, ire ~ longius p. cxx reip. *CIL* 6.10298.8; Gaius *Inst*.3.196; Ulp.*dig*.17.2.58.1. **b** qui hic ante parta patria ~ prodigunt Naev.*com*.84; Ter.*Ph*.970; Var.*L*.5.87; utpote qui ~ depugnarit Cic.*Phil*.5.30; Hor.*Ep*.1.12.13; in hospitio non uidebantur esse ~ Vitr.6.7.4; ~ habitando Liv.5.52.14; libellos meos, quibus ~ manere gratiam..delector Plin.*Ep*.9.11.2; rure unus, alter urbe, ~ tertius *Arg.Pl.Truc*.2; (*w.* in) dum ego in ~ eram *CIL* 13.1897. **c** ~ allatam epistulam Pl.*As*.761; saluom gaudeo ~ te in patriam rediisse *St*.585; ~ rediens Ter.*Ph*.243; prodigia multa foeda et Romae eo anno uisa et nuntiata ~ Liv.40.19.1; si..de proelio uel ~ redisset Ulp.*dig*.39.6.29; numini..~ promissum libens reddidit uotum *CIL* 8.20743; (*w.* ab) uersurae..quae efficiunt una a foro, altera a ~ aditus in scaenam Vitr.5.6.8.

perēgregius ~a ~um, *a.* [per-+egregius] Outstanding in quality.
protulisse dicitur Coloneum suam, ~am tragoediarum Apul.*Apol*.37.

peregrī, *adv.* [per- and loc. of ager] Away from home, abroad.
domi patres patriam ut colatis potius quam ~ probra Naev.*com*.93; quia nos eramus ~, tutatust domi Pl.*Am*.352; *Per*.29ª;—(*denoting destination*) postquam hinc ~ (*v.l.* -e) eiius pater abiit *Mos*.957.

peregrīna ~ae, *f.* [peregrinus] A foreign woman.
pro uxore habere hanc ~am Ter.*An*.146; 469; Sicaniam ~a colo (*sc.* Arethusa) Ov.*Met*.5.495; est enim peregrinae condicionis, manumissus a ~a Plin.*Ep.Tra*.10.5(4).2.

peregrīnābundus ~a ~um, *a.* [peregrinor+-bundus] Given to travelling abroad.
non ~um neque circa amoenas oras uagantem tantum ducem Romanum Liv.28.18.10.

peregrīnātiō ~ōnis, *f.* [peregrinor+-tio]
1 The action of travelling abroad or away from home, foreign travel.
quam nobilis est tua illa ~o! Cic.*Phil*.2.101; tempora ~onis *Att*.2.1.4; utilis..in omni tussi est ~o Cels.4.10.4; corpus uoluptaria ~one recreare Sen.*Dial*.11.6.4; gaudent et ~one (ostrea) transferrique in ignotas aquas Plin.*Nat*.32.61; quod..e ~one longinqua reuertisset Tac.*Ann*.3.24; Plin.*Ep*.3.19.4; Apul.*Apol*.73; (*cf.*) ~o est uita: cum multum ambulaueris, domum redeundum est Sen.fr.(Haase p.447); (*iron.*) ut post ferocissimas gentis perdomitas..~onis suburbanae inane praemium peteret Tac.*Ann*.3.47; (*applied to bird migration*) haec commeantium (*sc.* auium) per maria terrasque ~o Plin.*Nat*.10.64;—(*pl.*) ~onis duas..suscepit, Alexandrinam et Achaicam Suet.*Nero* 19.1; Gaius *dig*.23.1.17;—(*transf.*) necesse est laudis suae spatio et cursu et ~one laetetur Plin.*Ep*.4.12.7.
2 The action of staying or residing abroad.
omnis ~o..obscura et sordidast iis, quorum industria Romae potest inlustris esse Cic.*Fam*.2.12.2; quantum tandem (exilium) a perpetua ~one differt? *Tusc*.5.107; Nep.*Att*.2.3; Plin.*Ep*.5.19.6.

peregrīnātor ~ōris, *m.* [peregrinor+-tor] One who travels abroad.
non tam sum ~or iam quam solebam Cic.*Fam*.6.18.5.

peregrīnitās ~ātis, *f.* [peregrinus+-tas] Outlandishness, foreignness; (leg.) alien status, alienage.
in urbem nostram est infusa ~as Cic.*Fam*.9.15.2; os..in quo nulla neque rusticitas neque ~as resonet Quint.*Inst*.11.3.30;—quae (*sc.* mater) testimonium in filium ~atis reum (*i.e. accused of being an alien*) dixit 7.1.55; Suet.*Cl*.15.2; si..ad ~atem reductus sit Ulp.*dig*.2.4.10.6.

peregrīnor ~ārī ~ātus, *intr.* [next+-o³]
1 To go or travel abroad or away from home. **b** to travel (in thought or imagination); (of the mind) to range, rove.
si quando tibi ~ari commodum est Cic.*Flac*.70; *Att*.2.10.1; tum (*sc.* in pestilentia)..oportet ~ari Cels.1.10.1; si..~etur longinquo itinere Ulp.*dig*.28.5.4.1; (*cf.*) haec studia..pernoctant nobiscum, ~antur, rusticantur Cic.*Arch*.16;—(*transf., of inanim. things*) non ferunt amomi nardique deliciae..ex India et naue ~ari Plin.*Nat*.16.135; in extremis finibus mundi arma Romana ~abantur Flor.*Epit*.2.12(4.1.1); (*poet.*) ~antes (*i.e. diverted from their natural courses*) domibus suspendere riuos Man.4.265;—(*of non-material things*) eloquentia..ita ~ata tota Asia est Cic.*Brut*.51. **b** ille (*sc.* Democritus) ⟨in⟩ infinitatem omnem ~abatur Cic.*Tusc*.5.114; in uniuersis rerum naturae operibus..cura nostra breuiter ~antes (*i.e. his readers*) Plin.*Nat*.8.44; animo ~ari ausi sunt per caeli plagas Apul.*Mun*.pr.; (*cf.*) quoniam domesticum nullum mauis adiecerim exemplum, ~andum est (*in quest of examples*) V.Max.8.9.3;—animus..late longeque ~atur Cic.*N.D*.1.54.
2 To reside, stay, or sojourn abroad; to be in alien surroundings, feel oneself a foreigner.
ut ~ari in aliena ciuitate, non in tua magistratum gerere uideare Cic.*Rab.Perd*.28; diutius quam uellem tanta uis uirtutis..~ata afuit *Luc*.3; (*cf.*) nos in nostra urbe ~antis errantisque tamquam hospites tui libri quasi domum deduxerunt *Ac*.1.9; (*in comparisons*) quae (*sc.* philosophia)..adhuc ~ari Romae uidebatur *Fin*.3.40; multi mortales..uitam sicuti ~antes transiere Sal.*Cat*.2.8; (*fig.*) ~atus est huius animus in nequitia, non habitauit V.Max.6.9.ext.1; (*cf.*) an..uestrae ~antur aures neque in hoc peruagato ciuitatis sermone uersantur Cic.*Mil*.33.

peregrīnus¹ ~a ~um, *a.* [as peregre+-inus]
1 (of persons, etc.) Foreign, alien. **b** (of other creatures, plants) not native, exotic, foreign.
cum ~i cubui uxore militis Pl.*Bac*.1009; hominem ~um atque aduenam qui irrideas *Poen*.1031; Cic.*Sul*.22; Graeci uero exsultant quod ~is (*i.e. not Roman, native*) iudicibus utuntur *Att*.6.1.15; Ilion..mulier ~a (*i.e. Helen*) uertit in puluerem Hor.*Carm*.3.3.20; Romani ueteres ~um regem aspernabantur Liv.1.17.2; ~os deos transtulimus Romam 5.52.10; esse ~o captus amore potes Ov.*Ep*.1.76;—(*poet.*) quod uenias (*sc.* liber) magnam ~us in urbem *Tr*.1.1.59; ibis io Romam nunc ~e liber Mart.12.2(3).2;—(*of groups of people*) ~am manum facinerosorum concitauit Cic.*Sest*.95; ~is copiis Liv.3.5.8; ~a..iuuentus, Latini Hernicique..ad id bellum uenere 5.19.5; ne honore nullo regium genus ~am stirpem antecelleret Tac.*Hist*.2.3; ~um et externum (militem) increpabant 2.21; (*of a book published abroad*) Ov.*Pont*.1.1.3. **b** ciconia etiam grata ~a hospita Pub.*com*.7; ~a..lagois Hor.*S*.2.2.22; plena..somniferis serpens ~a uenenis Ov.*Met*.9.694; Phaed.1.26.11; omnis bos indigena melior est quam ~us Col.6.2.12; ~ae (*sc.* arbores) tum uidebantur, quoniam non erant suburbanae Plin.*Nat*.16.38; iungemus illis (*sc.* crocodilis) simillima et ~a aeque animalia 28.112.
2 (of things) Belonging to foreigners, foreign. **b** of foreign origin. **c** of foreign character, outlandish.
~a nauis in portum aduenit Pl.*Men*.340; ~a facies uidetur hominis *Ps*.964; uecta ~is Hippodamia rotis Ov.*Ars* 2.8; *Ep*.1.59; foedantem ~o templa cruore Busirin *Met*.9.182; ~os inspice fastos *Fast*.3.87; ~a ad pulpita Juv.8.225; uictoriatus..olim ut ~us nummus..habebatur Maecian.*iur*.45; (*cf.*) neue ~is tantum defendar ab armis (*i.e. by precedents from Greek literature*) Ov.*Tr*.2.421;—(*of abst. things*) ut deos immortalis scientia ~a et externa, mente domestica et ciuili precaretur Cic.*Balb*.55; tantum eminebat ~a uirtus Liv.5.36.6;—(*of language*) aquatilium uocabula animalium partim sunt uernacula, partim ~a Var.*L*.5.77; tam uictoribus, quam uictis ~a lingua discenda est Curt.6.10.23; uerba aut Latina aut ~a sunt Quint.*Inst*.1.5.55; Hyg.*agrim*.p.85; uocem..pro ~a nostratem requirendam Suet.*Tib*.71. **b** ipse ~a ferrugine clarus Verg.*A*.11.772; diuitiae..~ae, quibus oblitus actor cum stetit in scaena Hor.*Ep*.2.1.204; ~um frumentum Liv.2.35.1; ~is medicamentis Cels.2.33.1; quae ~a ex diuersa regione semina transferuntur Col.3.4.1; plenae ~a messe carinae Luc.6.105; curant inuehere..~os lapides Sic.Fl.*agrim*.p.103; (*transf.*) si fuerit cunnus res ~a tibi! Mart.11.78.10;—(*of abst. things*) ~a omnia relinque, Athenas nunc colamus Pl.*St*.669; ~is infecta moribus Curt.6.6.9. **c** ornatam..in ~um modum Pl.*Per*.158; sonare aut olere ~um Cic.*de Orat*.3.44; Cordubae natis poetis pingue quiddam sonantibus atque ~um *Arch*.26; illa est urbanitas, in qua..nihil ~um..possit deprehendi Quint.*Inst*.6.3.107; ~ae superstitionis Tac.*Ger*.43.4.
3 (of places) Situated abroad, foreign. **b** (of events, etc.) occurring abroad.
meretrix cum ueste longa?—~o in loco solent tutandi causa sese sumere Afran.*com*.133; ~um ut uiseret orbem Ov.*Met*.1.94; hic ferus expositum ~is anguis harenis os petit 11.56; in..~a constitit hospes humo *Fast*.5.98; ~a ac sordida sedes Luc.5.9; (*cf.*) placido fruitur Pax ~a iugo Mart.12.9.2. **b** cum..~o labore fessi uenimus larem ad nostrum Catul.31.8; adde ~is causas, mea Musa, Latinas (*i.e. of the origin of the Lupercalia*) Ov.*Fast*.2.359; Maecenati urbe in ipsa uelut ~um otium permisit Tac.*Ann*.14.53; pruna ~ae carie rugosa senectae Mart.13.29.1; (*cf.*) nullam esse feminam..quae non ~a libidine..auerteretur Petr.110.7;—(*transf.*) siue ~is..propriisue potentes coniurant animae causis *Aetna* 359.
4 (of affairs, etc.) Concerned with foreigners, external, foreign.
id malum (*sc.* timor plebis)..tum quiesse ~o terrore sopitum uidebatur Liv.3.16.4; ~a res..traditur eo anno facta 4.37.1; domesticae ~aeque historiae seriem V.Max.1.pr.; abscisa ⟨spe⟩ ~ae societatis Fron.*Str*.2.7.4; si..alius urbica negotia, alius ~a administraret Ven.*dig*.26.7.51.
5 (of legal status) Alien, not Roman; (of jurisdiction, etc.) concerned with aliens. **b** *ager ~us*, (see quot.).
est enim ~ae condicionis, manumissus a peregrina Plin.*Ep.Tra*.10.5(4).2; etiam si ~i iuris feminas matrimonio suo iunxerint *Priv.Mil.Vet*.10(*CIL* 3.p.853); *CIL* 3.12283; 16.134;—praetores sortiti prouincias, C. Hostilius Tubulus urbanam, L. Veturius Philo ~am Liv.27.7.8; C. Hostilio iurisdictio urbana euenit; addita et ~a 27.36.11; praetor Cn. Baebius urbanam, L. Anicius ~am (*sc.* iurisdictionem)..est sortitus 44.17.10; praetor, qui ~us appellatus est Pompon.*dig*.1.2.2.28; Gaius *Inst*.1.6; (*cf.*) praetor, cuius ~a sors erat Liv.24.44.2. **b** ~us ager pacatus qui extra Romam Var.*L*.5.33; Fest.p.245M.

peregrīnus² ~ī, *m.* [prec.].
1 A foreigner, alien.
~us ego sum, Sauream non noui Pl.*As*.464; rogitares..ciuisne esset an ~us.—ciuem esse aibant Atticum *Mer*.635; ut..dicat..se ~um esse ex alio oppido *Poen*.175; Ter.*Eu*.759; ne in nostra patria ~i atque aduenae esse uideamur? Cic.*de Orat*.1.249; *Agr*.2.94; *Off*.3.47; 'quaere ~um' uicinia rauca reclamat Hor.*Ep*.1.17.62; quippe qui..tertius Romae ~us regnum adfectet Liv.1.35.3; 4.3.15; aduenae quoque et ~i..cum primum urbem attigerunt Tac.*Dial*.7.4; (*in fig. phr., of an orator*) callidum quendam hunc..nec ~um atque hospitem in agendo esse debere Cic.*de Orat*.1.218.
2 One of a class of free men under Roman rule, not having Roman citizenship; *~i dediticii*, individuals or communities who were allowed freedom but no political rights on surrender to Rome (others, e.g. freed slaves of ill repute, later also being given this status).
~os apsoluam, cras agam cum ciuibus Pl.*Ps*.1231; ⟨quod..ceivi⟩ romano facere licebit, item latino ~oque *CIL* 1.585.29; neminem, neque liberum neque seruum, neque ciuem neque ~um Cic.*Ver*.4.77; debemus..habere dilectum ciuis et ~i *Off*.1.149; is qvei romae inter peregreinos ivs deicet *CIL* 1.592.1.24; Pomponio inter ciues Romanos et ~os (iuri dicundo sors) euenit Liv.22.35.5; praetoris, cuius tum inter ciuis et ~os iurisdictio erat 41.27.2; 42.18.2;—Gaius *Inst*.1.14.
3 A soldier seconded from a legion in the provinces for special police work at Rome in the 2nd century A.D. and later.
optio ~orum *CIL* 6.3324.

perēlegans ~ntis, *a.* [per-+elegans] (of speakers or writers, their style, etc.) Very neat or felicitous.
Socratem opinor in hac ironia..omnibus praestitisse. genus est ~ns et cum grauitate salsum Cic.*de Orat*.2.270; tua fuit ~ns et persubtilis oratio *Planc*.58; ut mihi Platonis illud..~ns esse uideatur *Rep*.1.29; Hesiodus..uir ~ntis ingeni Vell.1.7.1.

perēleganter, *adv.* [prec.+-ter²] In a very neat or felicitous style.
omnia cum..ornate et ~ diceret Cic.*Brut*.197.

perēloquens ~ntis, *a.* [per-+eloquens] Very eloquent.
Cn..Lentulus Marcellinus nec umquam indisertus et in consulatu ~ns uisus est Cic.*Brut*.247.

peremnis ~is ~e, *a.* [per+amnis+-is] (*auspicium*) *~e*, The auspices taken before crossing a river.

bella..nullis auspiciis administrantur, nulla ~ia seruantur, nulla ex acuminibus Cic.*N.D.*2.9; ~e dicitur auspicari, qui amnem..auspicato transit Fest.p.245M; p.250M.

peremō: see PERIMO.

peremptālis ~is ~e, *a.* [PERIMO+-ALIS] Annulling, cancelling; (in quots., as the name of a kind of lightning).
~ia (fulgura), quibus tolluntur priorum fulminum minae Sen.*Nat.*2.49.2; Fest.p.214M; p.245M.

peremptor ~ōris, *m.* [PERIMO+-TOR] A killer, destroyer.
quis ~or incluti regis fuit? Sen.*Oed.*221; latronem.. pignorum meorum ~orem Apul.*Met.*3.9; 8.13.

peremptōrius ~a ~um, *a.* [PERIMO+-TORIVS]

1 Destructive, deadly.
uenenum ~um Apul.*Met.*10.11.

2 (leg.) That precludes all debate, final, decisive.
dicuntur (exceptiones)..aut ~ae aut dilatoriae. ~ae sunt, quae perpetuo ualent nec euitari possunt Gaius *Inst.* 4.120; ~um edictum..inde hoc nomen sumpsit, quod peremeret disceptationem, hoc est ultra non pateretur aduersarium tergiuersari Ulp.*dig.*5.1.68; 42.1.59.3.

perendiē, *adv.* [DIES; first element obscure] On the day after tomorrow.
cras agito, ~ agito Pl.*Mer.*375; *St.*516; scies..fortasse cras, summum ~ Cic.*Att.*12.44.3; 13.30.1(2); Aur.*Fro.*1. p.152(36N).

perendinus ~a ~um, *a.* [prec.; for suffix cf. perh. *crastinus*] *dies ~us,* The day after tomorrow.
tot homines..statuere non potuisse utrum 'diem tertium' an '~um'..dici oporteret Cic.*Mur.*27; Caes.*Gal.*5.30.3; ~us dies meus dies festus erit Aur.*Fro.*1.p.152(36N); (*w. ellipsis of* dies) numquid caussaest quin uxorem cras domum ducam? — optumumst. tu in ~um paratus sis ut ducas Pl.*Trin.*1189; (*loc.*) sacerdotes..cum condicunt in diem tertium, 'die ~i' dicunt Gel.10.24.9.

Perenna: for *Anna Perenna* see ANNA.

perenne, *adv.* [neut. sg. of next] Continually, all the time.
si..uineta..grandia sunt, ~ fabricandae decemmodiae Col.12.18.2.

perennis ~is ~e, *a.* *compar.* ~ior. [PER+ANNVS+-IS]

1 Continuing throughout the year; (usu. of rivers, springs, or sim. that do not dry up).
hoc neque reges..neque importunos decemuiros iniunxisse seruitutis, ut ~em militiam facerent Liv.5.2.8; montium iuga ~i niue obruta Curt.7.11.8; ~es (aues), ut columbae, semenstres, ut hirundines Plin.*Nat.*10.73;—(*of rivers, etc.*) amnes ~es Enn.*var.*12; Cic.*Rep.*2.10; Lucr.5.463; repente ~is exaruit fons Hirt.*Gal.*8.43.5; puteos..~is iugis aquae Hor.*Ep.*1.15.15; ex opaco specu fons ~i rigabat aqua Liv. 1.21.3; Ov.*Fast.*3.298; rupes..~em habet fontem Curt. 6.6.23; amnis Indus..recipit LX ~es fluuios, torrentes uero amplius centum Plin.*Nat.*5.103; cuncta..~ibus riuis nutriuntur Plin.*Ep.*5.6.11; (*transf.*) has (*sc.* lacrimas).. semper..profundo: ument..fonte ~e genae Ov.*Ep.*8.64.

2 (of an activity, state, etc.) Constant, uninterrupted; (also, of the fixed stars or their courses).
lucrum ut ~e uobis semper suppetat Pl.*Am.*14; contine te in tuis ~ibus studiis Cic.*Brut.*332; cum..ab hac ~i contestataque uirtute maiorum..non degenerauerit L. Flaccus *Flac.*25; ille ~is inimicus amicorum suorum *Fam.*1.9.2; tua processus habeat fortuna ~es Ov.*Tr.*4.5.25; non ingratus ager, focus ~is Mart.10.47.4; ~is fides Plin.*Ep.*9.9.1;— earum (*sc.* stellarum)..~es cursus et perpetui Cic.*N.D.*2.55; aliquos ~ium stellarum situs Plin.*Nat.*2.93.

3 Lasting for many years or for a long time, enduring. **b** (with implication of immortality).
prisca fides facto, sed fama ~is Verg.*A.*9.79; exegi monumentum aere ~ius Hor.*Carm.*3.30.1; thalamum.. ferro saxoque ~em Ov.*Am.*3.4.21; incisa adamante ~i fata *Met.*15.813; pudicitiae eius famam..Nicomedis contubernium laesit, graui..et ~i obprobrio Suet.*Jul.*49.1;—(*w. ref. to the keeping qualities of foodstuffs or sim.*) cognomen trahunt austerioris uini, sed aeque ~is Col.3.2.10; ut expressum mustum ~e sit aut certe usque ad uenditionem durabile 12.19.1. **b** nec..de ullo (sermo) ~is fuit et obruitur hominum interitu Cic.*Rep.*6.25; Ennius..detulit ex Helicone ~i fronde coronam Lucr.1.118; poena potest demi, culpa ~is erit Ov.*Pont.*1.1.64.

perenniseruus ~ī, *m.* [prec.+SERVVS] A perpetual slave (as a term of abuse).
~e..furax, fugax Pl.*Per.*421.

perennitās ~ātis, *f.* [PERENNIS+-TAS]

1 (of springs, etc.) The quality of not drying up in the course of the year. **b** (transf., app.) unfailing supply (of anything).
adde huc fontium gelidas ~ates Cic.*N.D.*2.98; una (*sc.* sit) obseruatio—eadem et ad ~atem pertinet—, ut illa e uado exiliat uena Plin.*Nat.*31.39; Apul.*Mun.*4. **b** quae res bene uortat..uentri meo ~atique adeo huic, perpetuo cibus ut mihi supersit Pl.*Per.*330.

2 Endless existence, everlastingness.
animam..flammei uigoris impetum ~atemque non ex nostro igne sumentem [Quint.]*Decl.*10.17; si..tempus mouetur, ~atis fixa et inmota natura est Apul.*Pl.*1.10.

3 (of foodstuffs or sim.) The quality of keeping for a long time.
quae..~atem conditis frumentis adferunt Col.1.6.10; 4.24.1.

perennō ~āre, *intr.*, (*tr.*?). Also **perannō.** [PERENNIS+-O[3]] To continue for a long time, endure. **b** (tr., dub.) to preserve for a long time.
arte ~at amor Ov.*Ars* 3.42; ut..domus..cum pace ~et *Fast.*1.721; Man.1.193; ita reposita ~ant (haec semina) diutius quam cetera Col.2.9.19; quod neque latere fabricata maceries ~are possit pluuiis..infestata 11.3.2; diutius.. ~at (uitis) quae firmis toris..religata est *Arb.*16.4; 30.2. **b** quaecunque uini nota sine condimento ualet ~ari (*v.l.* ~are) Col.12.19.2.

pereō ~īre ~iī (~īuī) ~itum, *intr.*, (*tr.*). [PER-+EO[1]] FORMS: contracted pf. forms *~isti, ~it, ~isse,* etc., freq.; *~iuit* Apul.*Met.*4.21.

1 To pass from view, vanish, disappear. **b** (of wealth, qualities, etc.) to be lost, disappear (often w. dat. of disadvantage).
ille ubist Milesius? — ~iit abiit nauem escendit Ter.*Ad.* 703; stellae latent, in astra pontus tollitur, caelum ~it Sen. *Ag.*471; (*w. added idea of destruction or wastage*) quae manifesta uidemus ex oculis nostris aliqua ui uicta ~ire Lucr. 1.856; inane lymphae dolium fundo ~euntis imo Hor.*Carm.* 3.11.27;—(*of missing persons or things*) hunc seruaui semper ..anulum; cum hoc olim ~ii Pl.*Cur.*654; palla,..~iit domo. — quis eam surrupuit? *Men.*648; filiae..cum nutrice una ~iere a Magaribus. eas qui surrupuit in Anactorium deuehit *Poen.*86; *Rud.*39; VRNA AENIA ~EIT DE TABERNA. SEIQVIS RETTVLERIT, DABVNTVR HS LXV *CIL* 1.1680; Ter.*Eu.*521; Prop.3.23.1. **b** existumat suam rem ~iisse seque eradicarier Pl.*Aul.*299; tantam pecuniam..tam breui tempore ~ire Cic.*Phil.*5.11; omnia quae ingratae ~ierunt credita menti Catul.76.9; clament ~iisse pudorem cuncti paene patres, ea cum reprehendere coner Hor.*Ep.*2.1.80; multis actiones et res ~ibant Liv.39.18.1; ~ibit omnis uersus elegantia Sen.*Suas.*2.13; utriusque (aquae) iam pridem urbi ~iit uoluptas Plin.*Nat.*31.42; quidquid formae quadrati detraxeris, amplitudini quoque ~ibit Quint.*Inst.*1.10.44; prodiga non sentit ~euntem femina censum Juv.6.362; sic..Thrasyleon nobis periuit, sed a gloria non ~iuit Apul. *Met.*4.21; quod ~iit ex pretio Ulp.*dig.*24.1.7.4.

2 To be spent, used, performed, etc., to no purpose, be squandered, go to waste; *~it opera,* it is a waste of one's trouble. **b** (of time, opportunities) to be lost or wasted. **c** (of a sound) to go unheard, be lost.
sine gratia est ibi recte facere, quando quod facias ~it Pl.*Aul.*338; uiginti minae pro psaltria ~iere Ter.*Ad.*743; ~ire lucubrationem meam nolui Cic.*Fam.*9.2.1; (angulus) non cernitur ac ~it eius plaga nec ad nostras acies perlabitur ictus Lucr.4.356; longi..~it labor inritus anni Ov.*Met.* 1.273; prima (scintilla)..~iit, stipulis excepta secunda est *Fast.*4.797; ingratos eligit, in quos (beneficia) ~itura conferat Sen.*Ben.*4.27.5; quicquid sine isto (*sc. Jason as spectator*) fecimus sceleris ~it *Med.*994; stare adeo miserum est, ~eunt uestigia mille ante fugam Stat.*Theb.*6.400; ~ibit..prima pars expositionis, si iudex narrari nondum sciet Quint.*Inst.*4.1.78; nihil temere dictum ~it 12.6.5; ne ~euntes..aquae otiosae sunt Fron.*Aq.*88; (*as pred. of sb. cls.*) dummodo non ~eat mediae quod noctis ab hora sedisti..dummodo non ~eat totidem olfecisse lucernas, quot stabant pueri Juv.7.222;—operam ~ire meam sic.. perpeti nequeo Pl.*Trin.*660; Afran.*com.*398; (*cf.*) ne et opera et oleum philologiae nostrae ~ierit Cic.*Att.*2.17.1. **b** subsiciua quaedam tempora incurrunt, quae ego ~ire non patior Cic.*Leg.*1.9; deliberando saepe ~it occasio Pub.*Sent.* D.18; tot noctes ~iere: nihil pudet? Prop.2.21.5; credat.. annum ~isse, nisi sua quaque die, quod instat, effecerit Col.11.1.29; nullus..otio ~it dies Plin.*Nat.*11.14; limine summoueor, ~ierunt tempora longi seruitii (*i.e. clientship*) Juv.3.124. **c** sed neque Persephone Cererem, nec filia matrem audit, et alternis nomen utrumque ~it Ov.*Fast.* 4.486; V.Fl.3.725; in tanto tumultu fugientium ~isse uocem non mirum est Quint.*Decl.*388(p.437,l.16).

3 (of persons) To perish, die. **b** (in asseverations) *~eam si* (*nisi*).., may I die if (if not).. **c** (hyperb.) to be dead with pain, discomfort, or sim.
pro malefactis Helena redeat, uirgo ~eat innocens? Enn. *scen.*226; Ter.*Hec.*532; at repentina morte ~iit Cic.*Clu.*174; quam ob rem, si uiuere honeste non possunt, ~ire turpiter uelint *Catil.*2.21; non ille pro caris amicis..timidus ~ire Hor.*Carm.*4.9.52; minus militum ~iit Liv.5.8.3; baro ille.. post paucos dies phreneticus ~iit Petr.63.10; pecunias distribuit parce nec ut ~iturus Tac.*Hist.*2.48; qualis artifex ~eo! Suet.*Nero* 49.1;—(*w. abl. of cause or instrument*) dignus fuit, qui malo cruce ~iret Gracch.*orat.*36; telo uirus habente ~it Ov.*Tr.*4.1.84; Tantalum siti ~iturum Sen. *Apoc.*14.3;—(*w.* ab) socer..~iit a morbo Nep.*Reg.*3.3; cum (M. Marcellus) ~iit ab Hannibale Plin.*Nat.*11.189;—(*opp.* intereo) qui per uirtutem ~iit, at non interit Pl.*Capt.*690; —(*in imprecations*) pone merum et talos. ~eat qui crastina curat *Copa* 37; Prop.1.6.12;—(*transf., of pieces in a game*) fac ~eat uitreo miles ab hoste tuus Ov.*Ars* 2.208; calculus.. gemino discolor hoste ~it Mart.14.17.2. **b** ~eam, si minima causa est properandi Cael.*Fam.*8.15.2; ~eam nisi sollicitus sum Cas.*Fam.*15.19.4; ~eam male si non optimum erat Hor.*S.*2.1.6; ~eam, nisi dicere uix est Ov.*Pont.*4.12.43; Aug.in Suet.*Cl.*4.6; ~eam, si est tam necessarium quam uidetur silentium Sen.*Ep.*56.1; Col.8.16.3. **c** et uapulando et somno ~eo Pl.*Cur.*215; *St.*340; quotiens futuit,.. illam adfligit odore, ipse ~it podagra Catul.71.6.

4 (hyperb.) To pine away, die (from an emotion); (spec.) to be madly in love (w. abl. or acc. of person loved).
quid ego hic in lamentando ~eo..? Pl.*Mer.*218; adulescens ille..ecflictim ~it eius amore 444; *Poen.* 142; Verg. *Ecl.*10.10;—te perdite amo..quantum qui pote plurimum ~ire Catul.45.5; ut uidi, ut ~ii, ut me malus abstulit error! Verg.*Ecl.*8.41; me tuo longas ~eunte noctes, Lydia, dormis? Hor.*Carm.*1.25.7; (*w. abl.*) Paris nuda fertur ~iisse Lacaena Prop.2.15.13; (*w. acc.*) duae puellae..earum hic alteram ecflictim ~it Pl.*Poen.*1095; *Arg.Pl.Truc.*1.

5 (of persons, hyperb.) To be ruined or done for; (exclam.) *~ii!* (*~iimus!*), I am (we are) lost! it is all over with me (us)! (sts. in weakened sense, merely expr. surprise: good Lord! dear me!).
si ad erum haec res prius praeuenit, ~ibis Pl.*Mil.*404; *Rud.*813; ut uideatur reliquis iudiciis ~iturus et maxime de pecuniis repetundis Cic.*Q.fr.*3.4.1; desidiose agere aetatem lustrisque (*i.e. dens of vice*) ~ire Lucr.4.1136; ubi coepit ditem pauper imitari, ~it Pub.*Sent.*V.15; ingenio ~ii.. miser ipse meo Ov.*Tr.*2.2; qui omnium consensu ~iturus erat paene nullum triste suffragium habuit V.Max.8.1.absol.2; Juv.6.476;—Epidicus mihi fuit magister. — ~ii! plaustrum perculi Pl.*Epid.*592; prandi in naui.. — eccere, ~ii misera! quam tu mihi nunc nauem narras? *Men.*402; *Mil.*1081; *Trin.*1081; quis me uolt? ~ii, pater est Ter.*An.* 872; *Eu.*905; (*pl.*) ~iimus; actumst *Ad.*324; callida prosiliat dicatque ancilla '~imus!' Ov.*Ars* 3.607.

6 (of material things) To be destroyed, perish. **b** (of countries, institutions, etc.).
quin (aedes) totae..cum fundamento ~ierint Pl.*Mos.* 148; ferundo arbor ~ibit Cato *Agr.*6.2; ~eunt (artus) conuulsi conque putrescunt Lucr.3.343; pace tua ~eant arcus .., Phoebe Tib.2.5.105; magnae ~eunt cum moenibus urbes Ov.*Met.*2.216; tota teguntur Pergama dumetis: etiam ~iere ruinae Luc.9.969; (crocum) gaudet calcari..~eundoque melius prouenit Plin.*Nat.*21.34; hanc (*sc.* niuem)..quae ~iit in ferculo Plin.*Ep.*1.15.2; (*w. abl. of cause*) ut ~eat positum robigine telum Hor.*S.*2.1.43; (*in fig. phr.*) haecine ubi scibit senex, puppis ~eunda est probe Pl.*Epid.*74; (*cf.*) 'tam ~it quam extrema faba' in prouerbio est, quod ea.. decerpitur a praetereuntibus Fest.p.363M. **b** Siculi causam suam ~isse querentur Cic.*Ver.*5.173; qui patriam a se seruatam ~ire suo nomine noluisset *Dom.*122; ~isse omnia aiebat *Att.*14.1.1; Africam ~ire funditusque euerti ab suis inimicis *B.Afr.*26.3; illum..non (flexerunt) res Romanae ~ituraque regna Verg.*G.*2.498.

7 (of circumstances, etc.) To be done away with, come to an end.
annonast grauis. uiden? benignitates hominum ~iere et prothymiae Pl.*St.*636; ne discrimen omne uirtutis ignauiaeque ~eat Liv.24.16.12; uim maiorem et metum excipio, quibus adhibitis electio ~it Sen.*Ben.*2.18.7; odium..~it, cum iussit Amor *Phaed.*354; ~eunte obsequio etiam imperium intercidit Tac.*Hist.*1.83; nullum crimen abest..ex quo paupertas Romana ~it Juv.6.295; heres permanet et.. creditoribus tenebitur, debita uero ~eunt Gaius *Inst.*2.35; (*cf. sense 3*) omnia tecum una ~ierunt gaudia nostra Catul. 68.23.

perequitō ~āre ~āuī ~ātum, *intr.*, *tr.* [PER-+EQVITO] (intr.) To ride (through or over) on horseback; (tr.) to ride through (a place, etc.) on horseback.
per omnis partis ~ant Caes.*Gal.*4.33.1; inter duas acies ~ans *Civ.*1.46.3; cum ea uia longe ~asset Liv.23.47.7; Fron.*Str.*1.11.9;—cum ~asset aciem promissa repetens Liv.5.28.12; (*cf.*) puerum..maria ~antem (*i.e. on a dolphin*) Plin.*Nat.*9.27.

pererrō ~āre ~āuī ~ātum, *tr.*, (*intr.*). [PER-+ERRO[1]]

1 To wander through or over (an area), roam, traverse. **b** (of things); (also, absol. or intr.) to wander about the place. **c** to traverse with the senses; to go over in the mind, review.
moenia..~ato statues quae denique ponto Verg.*A.*2.295; nunc hos, nunc illos aditus, omnemque ~at arte locum 5.441; uespertinum..~o saepe Forum Hor.*S.*1.6.113; ~aturum se omne Latium Liv.1.53.8; Ov.*Ep.*14.103; diuersum..locis alta ~at iter *Fast.*4.568; ~atam nocturnis comissationibus ciuitatem Sen.*Ben.*6.32.1; quemadmodum Hannibal..reges ~auerit contra Romanos ducem promittens *Nat.*3.pr.6; equis..diuersos pastus ~antibus Tac. *Ann.*4.25; Apul.*Met.*3.2; 8.27. **b** arua ~antur Paeligna liquentibus undis Ov.*Am.*2.16.5; (Nilus) ~at..eam (*sc. Egypt*) Mela 1.52; ut..octonas (partes) ~et (*sc. the planet Mercury*) Plin.*Nat.*2.66; hedera truncum..~at Plin.*Ep.* 5.6.32; Apul.*Met.*5.22; (*of a feeling*) ~at intima corda pauor Sil.10.544;—qua Cinga ~at gurgite Luc.1.432. **c** dicentem..auersa tuetur huc illuc uoluens oculos totumque ~at luminibus Verg.*A.*4.363;—istos ab infimis ad summos ~a: hic aduocat,..ille periclitatur.. Sen.*Dial.*10.2.4.

2 (intr., of an attempt, app.) To go wrong, fail.
conceptio uno initu peragitur, quae si forte ~auit, XX post diem marem femina repetit Plin.*Nat.*8.177.

perēruditus ~a ~um, *a.* [PER-+ERVDITVS] Very learned, erudite.
homo ~us..et nunc quidem deditus Graecis litteris Cic. *Att.*4.15.2; *Fin.*2.12; Flor.*Verg.*p.183R;—(*w. acc. expr. field of learning*) talos Curius ~us Calv.*poet.*1.

perexcelsus ~a ~um, *a.* [PER-+EXCELSVS] Very high up, elevated.
Henna..est loco ~o atque edito Cic.*Ver.*4.107.

perexiguē, *adv.* [next+-E] Very sparingly, meanly.
Xenonem ~ et γλίσχρως praebere Cic.*Att.*16.1.5.

perexiguus ~a ~um, *a.* [PER-+EXIGVVS] Very small in size or amount, tiny, minute;

(of time) very brief; (transf.) of very slight importance, very petty.

illa eorum ~a oratio est, qua medeantur animis CIC.*Tusc.* 4.9; ~o intermisso loci spatio CAES.*Gal.*5.15.4; ~a pars illius exercitus superest *Civ.*3.87.2; ut..ignes..secunda uigilia minuant, tertia ~os reddant NEP.*Eum.*9.4; cum ~a manu semiermium militum LIV.36.19.9; insulam..~o a continenti diuisam freto VELL.1.2.3; ~os..racemos COL.3.17.3; PLIN. *Ep.*2.17.23; ~um pretium ULP.*dig.*5.3.13.5;—cum ego diem inquirendi in Siciliam ~am postulauissem CIC.*Ver.*6; ~o..dato tempore LIV.28.22.13;—tantum..excellet (uirtus)..ut omnia..quae bona corporis..putantur, ~a et minuta uideantur CIC.*Tusc.*2.30.

perexīlis ~is ~e, *a.* [PER-+EXILIS] (of soil) Very thin or poor.

si ~is est terra COL.11.2.60.

perexoptātus ~a ~um, *a.* [PER-+EXOPTATVS] Eagerly awaited (in quot., in tm.).

'per' inquit 'magister optume, exoptatus..uenis' GEL. 18.4.2.

perexpedītus ~a ~um, *a.* [PER-+EXPEDITVS] (dub.) Readily available.

perfacilis et ~a (*v.l.* expedita) defensio CIC.*Fin.*3.36.

perfabricō ~āre ~āuī ~ātum, *tr.* [PER-+FABRICO] To fashion completely; (in quot., humorously = to finish off, outwit).

pessumus hic mi dies hodie inluxit..ita me Toxilu' ~auit itaque meam rem diuexauit PL.*Per.*781.

perfacētē, *adv.* [next+-E] Very amusingly.

~ dicta CIC.*Ver.*1.121.

perfacētus ~a ~um, *a.* [PER-+FACETVS] Very clever or amusing.

oratorem..~um CIC.*Brut.*105; exit..aliquid si non ~um, at tamen fortasse non rusticum *Planc.*35.

perfacile, *adv.* [neut. of next]

1 With very little difficulty, very easily.

~ hunc hominem incautum..de medio tolli posse CIC. *S.Rosc.*20; ~ ut appareat aliud quiddam iis propositum *Fin.*2.109; ~..rationem reddere possis LUCR.2.763; LIV. 25.36.8; V.MAX.3.1.2; APUL.*Met.*9.21.

2 Very willingly.

~ ego ictus perpetior argenteos PL.*Mos.*621; peruicacem dici me esse..~ patior ACC.*trag.*9.

3 With a very smooth flow.

expedita..et ~ currens oratio CIC.*Brut.*227.

perfacilis ~is ~e, *a.* [PER-+FACILIS]

1 (of a task) Very easy.

ea te caussa duco..illum ut sanum facias.—~e id quidemst PL.*Men.*893; ~e iudicium est CIC.*Off.*3.32; APUL. *Fl.*7;—(*w. sup.*) (disciplina) erat cognitu ~is CIC.*Tusc.*4.6; —(~e est *as pred. of inf.*) ~e est isti loco respondere *Cael.*24; LUCR.6.532; CAES.*Gal.*1.2.2; mansuri oppidulo quod uersu dicere non est, signis ~e est HOR.*S.*1.5.88.

2 (of persons) Very accommodating.

me sibi ~em in audiendo, te perpugnacem in disputando esse uisum CIC.*de Orat.*1.93.

perfacul: arch. for PERFACILE.

FEST.p.214M.

perfācundus ~a ~um, *a.* [PER-+FACVNDVS] Very fluent.

Protagora..cum primis rhetoricae repertoribus ~us APUL.*Fl.*18.

perfalsus ~a ~um, *a.* [PER-+FALSVS] Completely false or untrue.

~um et tam te creditum..nimis AFRAN.*com.*320.

perfamiliāris ~is ~e, *a.* [PER-+FAMILIARIS] Very intimate or friendly. **b** (masc. as sb.) a very close friend.

~is Philisto Dionysius CIC.*Q.fr.*2.11.4; T. Quinctio Crispino Badius..erat ~i hospitio iunctus LIV.25.18.4; (*tm.*) Phaedon..Platoni per fuit ~is GEL.2.18.1. **b** M. Gratidius M. Antoni ~is CIC.*Brut.*168; Eupolemo..Lucullorum hospiti ac ~i *Ver.*4.49; *Fam.*.51.31

perfectē, *adv.* *compar.* ~ius, *superl.* ~issimē. [PERFECTVS¹+-E] So that nothing is wanting, fully, perfectly, totally, etc.

scriptum illud esse dilucide, breuiter, commode, ~e *Rhet. Her.*2.13; ~e eum beatum putat, cui corpus bene constitutum sit CIC.*Tusc.*2.17; ut numquam ~e uerilatem casus imitetur *Div.*1.23; ~e..iste delirat SEN.*Ep.*12.3; hoc (*sc.* bonum)..est ~e petendum 118.9; cum iam ~e mustum deferbuit COL.12.21.3; QUINT.*Inst.*12.1.19; quod a Graecis ~issime uerbo uno..dicitur GEL.11.16.9; de hoc..~ius (*sc.* dicam) APUL.*Fl.*16.

perfectiō ~ōnis, *f.* [PERFICIO+-TIO]

1 The action of bringing (a task, building, etc.) to completion; also, completion (of a period). **b** (quasi-concr.) a completed form or state.

tantum abes a ~one maximorum operum ut fundamenta nondum..feceris CIC.*Mur.*25, quas (*sc.* ferias) conpositio anni conferre debet ad ~onem operum rusticorum *Leg.*2.29; ea, quae proficiscuntur a uirtute, susceptione prima, non ~one recta sunt iudicanda *Fin.*3.32; de copiis, quae aptae sunt aedificiorum ~onibus,..ratiocinabor VITR.2.1.9; cum paratam habuisset marmoris copiam in doriacae aedis ~onem 4.3.1;—decrescentia cotidiana ad ~onem lunaris mensis 9.2.2. **b** media coagmenta medii lapides continentes firmiorem facient omnis operis ~onem VITR.4.4.4; artifices, qui organa fabricant,..comparant ad concentus conuenientes eorum ~ones 5.4.4; 5.5.6.

2 The action of bringing to perfection; ideal or perfected state, perfection.

potest dicere perfici beatam uitam ~one uirtutis CIC.*Fin.* 2.88;—habitum..appellamus animi..constantem et absolutam aliqua in re ~onem *Inv.*1.36; hanc..absolutionem ~onemque in oratore desiderans *de Orat.*1.130; *Fin.*4.37; ita dorica columna sui generis striaturae habebit ~onem VITR.4.3.9; in his tam paruis (*i.e. insects*)..quam inextricabilis ~o! PLIN.*Nat.*11.2; deos ab hominibus..differentis.. uitae perpetuitate, naturae ~one APUL.*Soc.*4.

perfector ~ōris, *m.* [PERFICIO+-TOR] One who brings to completion or perfection.

uoluptatum..inuentor inceptor ~or TER.*Eu.*1035; ~orem dicendi..ac magistrum CIC.*de Orat.*1.257; huius..operis.. illum esse ~orem uolo *Rep.*5.8; Q ATTIVS MESSOR EXHEDRA(m)..~OR ET PICTOR DE SVO REF(ecit) *CIL* 2.4085.

perfectrix ~īcis, *f.* [PERFICIO+-TRIX] Fem. of prec.

magistram esse..uitae philosophiam beataeque uitae ~icem NEP.fr.5.

perfectus¹ ~a ~um, *a.* *compar.* ~ior, *superl.* ~issimus. [pple. of PERFICIO]

1 Fully grown, mature; (also, of age).

hi (*sc. showed fortitude in bereavement*) in pueris, Cato in ~o et spectato uiro CIC.*Amic.*9; LARG.pr.p.3,l.2;—feminas, etiamsi ~ae aetatis sint..in tutela esse GAIUS *Inst.*1.144; PAUL.*dig.*4.4.32; 22.3.25.1(interp.?).

2 (of an action, state, etc.) Realized to its full extent, complete, perfect.

phrenesis..~a est, ubi mens illis imaginibus addicta est CELS.3.18.3; haec dicitur ~a defectio (*sc. of the sun*), quae stellas quoque ostendit SEN.*Nat.*1.12.1; (donationem) secundum ea quae proponerentur ~am: uerum creditorem firmam pignoris obligationem habere SCAEV.*dig.*39.3.35.1.

3 Developed or completed so as to have all the desired qualities, perfect, finished, or sim.: **a** (of things). **b** (of persons in respect of a skill, etc.). **c** (neut. as sb.) a state of perfection (in phrs. such as *ad ~um peruenire*). **d** *numerus ~us*, a perfect number (i.e. one which is the sum of its divisors; among the Pythagoreans, applied to the number ten, as being the sum of the first four numerals). **e** without qualification, absolute.

a absolutissima et ~issima est argumentatio ea, quae in quinque partes est distributa *Rhet.Her.*2.28; uis..aliquid eisdem de rebus politius a nobis ~iusque proferri CIC.*de Orat.*1.5; ualuas magnificentiores,..~iores, nullas umquam ..fuisse *Ver.*4.124; in iis..in quibus sapientia ~a non est, ipsum illud..~um honestum nullo modo, similitudines honesti esse possunt *Off.*3.13; tantae disciplinae corpus ad ~am ordinationem perducere VITR.4.pr.1; ~a musica scientia PLIN.*Nat.*10.81; admiror, stupeo: nihil est ~ius illis (*sc. writings*) MART.5.63.3; omisso optimo illo et ~issimo genere eloquentiae TAC.*Dial.*26.1; (puella) nudo..corpore ~am formonsitatem professa APUL.*Met.*10.31. **b** ~issimus orator CIC.*Opt.Gen.*6; summo ac ~o imperatore *Man.* 36; homo..concinnus, ~us, politus ex schola *Pis.*59; uiuitur non cum ~is hominibus planeque sapientibus *Off.*1.46; ~um artificem VITR.1.1.3; ~issimus Graecorum Demosthenes QUINT.*Inst.*10.2.24; JUV.2.5; ~issimus discipulus APUL.*Fl.*18;—(*w. in+abl.*) Liuius Tibullusque et Naso, ~issimi in forma operis sui VELL.2.36.3; SEN.*Nat.*4a.2.13;—(*w.* ad) actor..egregius et ad animos imperitorum excitandos ..~us CIC.*Har.*41;—(*w. abl.*) ponendis in mille modos ~a capillis..Cypassi OV.*Am.*2.8.1; litteratorem..non ~um litteris, sed imbutum SUET.*Gram.*4(p.103Re). **c** fructus ..peruenit ad ~um VAR.*R.*1.37.4; uulgus, quid absit a ~o non fere intellegit CIC.*Off.*3.15; ille (*sc. Lucilius*)..recideret omne quod ultra ~um traheretur HOR.*S.*1.10.70; beatum..sed non ad ~um SEN.*Ep.*71.18. **d** VITR.3.1.5; 3.1.6. **e** omniane officia ~a sint, num quod officium aliud alio maius sit CIC.*Off.*1.7.

4 (gram.): **a** (of tenses) Denoting completed action, perfect. **b** superlative.

a cum sint uerba alia infecta, ut lego et legis, alia ~a, ut legi et legisti VAR.*L.*10.48; 'fero', cuius praeteritum ~um.. non inuenitur QUINT.*Inst.*1.6.26;—(*neut. as sb.*) idem uerbum..per tempora (*sc.* infecti) traduci potest, ut discebam disco discam, et eadem ~i, sic didiceram didici didicero VAR.*L.*9.96. **b** (*neut. as sb.*) propius proxime. in his extra consuetudinem communem frequenter ~is uti solet Plautus, ut..in Curculione: 'salue oculissime homo' VAR.*L.*fr.48 (GS).

perfectus² ~us, *m.* [PERFICIO+-TVS³] A result, effect.

duae res diuersae..pariunt eos ~us VITR.10.3.1.

perfēcundus ~a ~um, *a.* [PER-+FECVNDVS] Very fruitful or prolific.

terra..animalium ~a generatrix MELA 1.49.

perferens ~ntis, *a.* [pple. of next] (w. gen.) Capable of enduring (evils).

mores..religiosos, timidos, ~ntis iniuriarum CIC.*de Orat.* 2.184.

perferō ~rre pertulī perlatum, *tr.* [PER-+FERO]

1 To carry or convey to a person or place (esp. with added idea of successful delivery). **b** to drive home (a weapon, blow, or sim.). **c** (refl. or pass.) to continue on one's way (to a destination). **d** to cause (a sound, etc.) to travel (to a place). **e** to convey through.

iubebo ad istam quinque ~rri minas PL.*Truc.*444; laetatus sum me..librum L. Cossinio ad te ~rendum dedisse CIC.*Att.*2.1.1; raras tuas quidem (fortasse enim non ~runtur) ..accipio litteras *Fam.*2.13.1; CAES.*Gal.*5.40.1; hic onus horret..hic subit et ~rt HOR.*Ep.*1.17.41; qui non bene pertulit Hellen (*i.e. the Ram*) OV.*Tr.*3.12.3; Critiae..propino: uide..ut hoc poculum ad eum continuo ~ras V.MAX. 3.2.ext.6; (Aeneas) tulit illum (*sc.* patrem) per ignes et ..pertulit SEN.*Ben.*3.37.1; PLIN.*Nat.*6.51; (nauis) Ostiam nauigauit et onus integrum pertulit JULIAN.*dig.*14.2.6; (*w. immaterial obj.*) ruit..Thoas, nec pertulit ullam frater opem. uelit ille quidem, sed..ante obstitit Hippodamus STAT. *Theb.*6.476; (*cf.*) ~r manus quocumque (*i.e. to strike*); quid cessas, dea? SEN.*Her.O.*272; (*transf.*) ut (filia) non solum uirginitatem inlibatam, sed etiam oscula ad uirum sincera ~rret V.MAX.6.1.4;—(*of natural forces*) ad litus pertulit nos uentus exanimatas PL.*Rud.*371; (solem) cursum conuertere cogit uis eadem, supra quae terras pertulit orbem LUCR. 5.655; omnia flumina Nilus uno fonte uomens non uno gurgite ~rt LUC.10.254; si flumen partem aliquam ex tuo praedio..ad meum praedium pertulerit GAIUS *Inst.*2.71; (*absol., of a wind*) clarissimus uentorum est circius..Ostiam plerumque secto Ligustico mari ~rens PLIN.*Nat.*2.121. **b** hasta sub exsertam..perlata papillam haesit VERG.*A.* 11.803; STAT.*Theb.*12.749;—(*of the weapon*) (hasta) per linea terga..transiit..sed uiris haud pertulit VERG.*A.* 10.786; lapis..nec spatium euasit totum neque pertulit ictum 12.907; SIL.5.326. **c** perge..atque hinc te reginae ad limina ~r VERG.*A.*1.389; Cretheia proles (*i.e. Jason*) calcat (*sc.* draconem) et aeriam quamuis ~rtur ad ornum V.FL.8.113. **d** inuasere fines Romanos, ut ad urbem quoque terrorem perlatus LIV.3.3.1; inde clamor in totam contionem est perlatus 8.32.12; 9.43.12; inter fremitum..uox ad aures iudicis ~renda SEN.*Con.*9.pr.5. **e** (Tigris) in specum mergitur subterque lapsus a latere altero eius erumpit..eundem esse manifestum quod demersa perferat PLIN.*Nat.*6.128.

2 To deliver (a message), convey (a report). **b** to bring news of (a fact, event); (w. acc. and inf.) to bring word (that). **c** to put across, get over (ideas).

haec ubi legati pertulere PL.*Am.*216; recenti nuntio de illo senatus consulto..perlato CIC.*Sest.*120; rumore..perlato de eius lenitate *B.Afr.*92.4; cum Platonem Tarentum uenisse fama in Siciliam esset perlata NEP.*Di.*2.2; haec Turno mandata nouissima ~r VERG.*A.*11.825; siue ab extremis ad primos ~rundum imperium sit LIV.44.33.7; illi..Artabazum orare, ut causam ipsorum tueretur precesque ~rret CURT.5.10.11; PLIN.*Nat.*18.20; TAC.*Ann.*1.26; —(*ellipt.*) si quicquam miseris succurris,..~r et exora modulato Phyllida cantu CALP.*Ecl.*3.93. **b** quorum iniqui sermones cum ad me per homines honestissimos ~rrentur CIC.*Fam.*1.9.20; mulieres nostrae Formias uenerunt tuaque erga se officia..pertulerunt *Att.*7.18.1; Caesaris in Hispania res secundae in Africam nuntiis ac litteris ~rebantur CAES. *Civ.*2.37.2; tumultus repens postquam est Romam perlatus LIV.10.18.3; eodem tempore, quae..Caranus et Erigyius gesserant, ~runtur CURT.7.4.32; GAIUS *Inst.*3.198; (*cf.*) quod in notitiam tuam ~rendum existimaui PLIN.*Ep.Tra.* 10.75(79).2; (*impers. pass.*) cum Lysander..multa crudeliter ..fecisset deque iis rebus suspicaretur ad ciues suos esse perlatum NEP.*Lys.*4.1;—(*w. acc. and inf.*) equites..Romam pertulere consulem exercitumque obsideri LIV.3.26.4; OV. *Pont.*2.1.49; CURT.9.3.1. **c** omnia, quae mente conceperis, promere atque ad audientes ~rre QUINT.*Inst.*8. pr.15; 12.3.2.

3 To extend, carry on (in space, time, scope, etc.).

ut haec..in omnis ordines quaestio ~ratur CIC.*Clu.*155; Maecenas,..uigiles lucernas ~r in lucem HOR.*Carm.*3.8.15; finem usque in Adiabenen ~rt (Armenia Maior) PLIN.*Nat.* 6.25; diuisionem..ad cogitationem etiam et stilum ~runt QUINT.*Inst.*2.6.3.

4 To carry (offspring) for the full period of gestation; (of a plant) to retain (fruit) till ripe.

decem mensibus uentrem ~runt (uaccae) COL.6.24.2; 6.27.7; quaedam non ~runt partus PLIN.*Nat.*7.58;—una (salix)..proditur (semen) ad maturitatem ~rre 16.110; 17.95.

5 To maintain (an activity, appearance, attitude, etc.) to the end, keep up, sustain. **b** to go through (a lesson, formula); to get done, carry out (a task).

pertulit intrepidos ad fata nouissima uultus OV.*Met.* 13.478; quid habeo aliud..precari, quam ut hunc consensum uestrum ad ultimum finem uitae mihi ~rre liceat? AUG.in Suet.*Aug.*58.2; plerisque extremas syllabas non ~rentibus, dum priorum sono indulgent QUINT.*Inst.*11.3.33; (persona) sapienti uiro ita aptanda est, ut ~ratur PLIN.*Ep.* 1.23.5; si causam..eodem animo, quo susceperat, pertulisset 5.13(14).4; uenti..minore nisu nec iugi perseuerantia spiritus ~rentes APUL.*Mun.*12. **b** aspice quo fremitu monstratos ~rat ictus (*sc. a fencer*) JUV.6.261; stetit ante aram ..dictataque uerba pertulit 6.392; quaecumque sedens modo legerat, haec eadem stans ~ret 7.153;—Nymphae.., ~rte laborem quem damus STAT.*Theb.*4.685; equester ordo bis patronum eum ~rendae pro se legationis elegit SUET.*Cl.* 6.1.

6 To get passed, carry (a law or bill); to win (a case).

de iudiciis nulla lex perlata CIC.*Att.*1.18.3; id caput sane nolim nouos tribunos pl. ferre; sed ~rant modo quidlibet 3.23.4; perlata rogatione a C. Memmio SAL.*Jug.*32.5; legem extemplo promulgauit pertulitque LIV.33.46.6; 45.25.8; SUET.*Aug.*34.1; (*ellipt.*) tribuni..plebis de eadem re ad populum pertulerunt FRON.*Str.*4.1.22;—filiam exheredauit, quae inofficiosi lite perlata partem..hereditatis abstulit PAPIN.*dig.*37.7.6.

7 To suffer or submit to (hardships), endure, undergo (often with implication of prolonged suffering). **b** to endure without harm or damage, withstand, or survive.

feram et ~ram usque abitum eiius animo forti PL.*Am.* 645; breue spatium est ~rundi quae minitas mihi *Capt.*743; contempla hanc sedem, in qua ego nouem hiemes saxo stratus pertuli ACC.*trag.*557; fame et siti et uigiliis ~rendis fortis. .praedicabatur CIC.*Catil.*2.9; dolor corporis. .~retur spe proposita boni *Tusc.*3.61; praestare. .Gallorum quam Romanorum imperia ~rre CAES.*Gal.*1.17.4; 3.8.4; hic x annorum legitimam poenam non pertulit. nam. .populi scito in patriam restitutus est NEP.*Ar.*1.5; noctem illam tecti siluis immania monstra ~rimus VERG.*A.*3.584; urbem orant, taedet pelagi ~rre laborem 5.617; dum sociis reditum parat, aspera multa pertulit HOR.*Ep.*1.2. 22; LIV.8.4.7; leue est miserias ferre, ~rre est graue SEN. *Thy.*307; ille nec aspectum uulgi nec. .coetus procerum ~rre, sed atra sede tegi STAT.*Theb.*3.571; TAC.*Ag.*32.5; ignominiam grauiorem pertulit omni uulnere. .secutor IUV. 8.209;—(*absol.*) obstinata mente ~r, obdura CATUL.8.11; OV.*Ars* 2.178;—(*w. inf.*) ~r. .ponere corpus humo 2.524. **b** apage sis: diram tuam animam in naribus. .uix pertuli AFRAN.*com.*385; non. .sic animai discidium possunt artus ~rre relicti LUCR.3.342; nec res hunc tenerae possent ~rre laborem VERG.*G.*2.343; (saxa) ab salsugine exesa diffluunt neque ~runt aestus VITR.2.7.2; rosa et quinquennium ~rt non recisa PLIN.*Nat.*21.69; nec pertulit illa (*sc. an ash-tree*) trahentem; sed maiore. .pondere uicta soluitur STAT. *Theb.*9.496; paucos. .ex his (*sc.* auctoribus), qui uetustatem pertulerunt QUINT.*Inst.*10.1.40; (*iron.*) regna. .impellente nullo ruunt: quota quaeque felicitatem ciuitas pertulit? SEN.*Ep.*91.7.

8 To tolerate, put up with, endure (a situation). **b** (of a thing) to be capable of receiving, admit of.

hunc (*sc.* Verrem). .pertulissent, si. .usitato more. .peccasset CIC.*Ver.*2.9; serui. .iniusta imperia dominorum non ~runt; uos, Quirites,. .seruitutem toleratis? SAL.*Jug.*31.11; PROP.1.18.25; (Aper) satis manifestus est. .in contrarium accingi nec aequo animo ~rre hanc nostram. .concordiam TAC.*Dial.*16.3;—(*w. pred.*) Catilinam orbem terrae. .uastare cupientem nos consules ~remus? CIC.*Catil.*1.3;—(*w. inf.*) ubi fractus opum (Hannibal) magnae certamine pugnae pertulerit uinci turpemque orare salutem SIL.13.877;—(*w. acc. and inf.*) aliud quiduis impetrari a me facilius ~ram PL.*Mos.*1170; abrepta coniuge Achilles cessare in tectis pertulit arma sua PROP.2.8.30; MELA 1.38; TAC.*Hist.*4.58; —(*w.* ut+*subj.*) poteris ~rre ut, quod Cicero optimum habet, ante se efferat? SEN.*Suas.*7.8. **b** grauissimas nauium non pertulit alueus fluminis; in leuiora nauigia transgressa multitudo. . LIV.10.2.7.

perferuefīō ~fierī ~factus sum, *intr.* [PER-+*feruefio* (FERVEFACIO)] To become very hot (in quot., tm.).

(terra) sole perferue ita fit ut radices satorum comburat VAR.*R.*1.9.2.

perferueō ~ēre, *intr.* [PER-+FERVEO] To be boiling hot.

(fons) prima nocte calidus,. .cum est media ~et MELA 1.39.

perferus ~a ~um, *a.* [PER-+FERVS] Completely wild.

boues ~i VAR.*R.*2.1.5.

perficiō ~icere ~ēcī ~ectum, *tr.* [PER-+FACIO]

1 To bring (an action, process) to its end or conclusion, complete, finish. **b** to come to the end of, complete (a period of time). **c** to finish building, constructing, composing, etc.

inceptum. .itiner ~icere PL.*Mer.*913; haud desinam donec ~ecero hoc TER.*Ph.*420; recte ~ectis sacris ACC. *trag.*690; ~ectum sibi opus esse, si qui satis esset concitatus cohortatione sua ad studium cognoscendae. .uirtutis CIC. *de Orat.*1.204; quia ~ecta res non est, non fuit punienda *Mil.*19; sollemni more sacrorum ~ecto LUCR.1.97; CAES. *Gal.*1.47.1; sacra Ioui Stygio, quae rite incepta paraui, ~icere est animus VERG.*A.*4.639; quod dictatorem prohibuissent comitia ~icere LIV.22.34.3; ut pro consule in Sicilia reliqua belli ~iceret 26.1.6; dilectibus. .intra paucos dies. .~ectis 37.51.7; spicea pendet ante larem. .~ecta messe corona GERM.fr.4.16; SEN.*Med.*986; (*of a thing*) non. . pretii numeratio, sed conuentio ~icit. .emptionem ULP.*dig.* 18.1.2;—(*ellipt.*) coeperas eum mihi placare; ~ice CIC.*Att.* 7.1.8; hunc ego, cum futuit, non puto ~icere MART.3.79.2. **b** est uetus atque probus centum qui ~icit annos HOR.*Ep.* 2.1.39; luna. .ad id signum reuertendo ~icit lunarem mensem VITR.9.1.5; hic sua conpleuit. .tempora, ~ectis, quos terrae debuit, annis OV.*Met.*15.817; nec. .cessauere nouae ~ecto sole tenebrae STAT.*Theb.*5.180. **c** Apelles Veneris caput. .~ecit, reliquam partem corporis incohatam reliquit CIC.*Fam.*1.9.15; tres libri ~ecti sunt de natura deorum *Div.*2.3; cum neque opus hibernorum munitionesque plene essent ~ectae, neque. . CAES.*Gal.*3.3.1; haec, quae Varo necdum ~ecta canebat VERG.*Ecl.*9.26; BASILICAM. . ⟨I⟩NCOHAVI ET. .~ICI AB HEREDIBVS ⟨MEIS IVS⟩SI AUG. *Anc.*4.16; SUET.*Aug.*60; AMP.8.22;—(*cf.*) uertice lucebit (*sc. the constellation Auriga*). .cetera cum geminis ~ecto sidere surgent GERM.*Arat.*716.

2 To deal with finally (material things): **a** to break into pieces; esp. to break down, digest (food). **b** to end the life of, destroy. **c** to use up, exhaust.

a ~icit et coquit et ex fornace calcem eximit calciarius CATO *Agr.*16;—athletas ambulatione malunt cibos ~icere PLIN.*Nat.*11.283; 19.65; (uinum) prodest stomacho dissoluto aut cibos non ~icienti 23.53. **b** SI QVIS. .MEA GAVDET DE MORTE. .HVIC SIT INIQVA CERES ~ICIATQVE FAME *CIL* 6.7898. **c** ~ecto qui est eis liquor. .emoriuntur (ulmus et fraxinus) VITR.2.9.11.

3 To bring to its highest point of development, make perfect; (w. abl.) to make thoroughly accomplished (in an art). **b** to bring (plants) to maturity. **c** to apply the final processes to (a product), treat, prepare, or sim.

Athenas, in quibus summa dicendi uis et inuenta est et ~ecta CIC.*de Orat.*1.13; ~ici beatam uitam perfectione uirtutis *Fin.*2.88; en, ~ecta tibi bello discordia tristi VERG. *A.*7.545; cum sola ratio ~iciat hominem SEN.*Ep.*76.16; neque chirurgia sine diaetetica neque haec sine chirurgia . .~ici possunt LARG.200; uirtus. .~icienda doctrina est QUINT.*Inst.*12.2.1; inscitia. .elaboratae ~ectaeque a se artis SUET.*Nero* 41.1;—(*w. abl.*) Phillyrides puerum cithara ~ecit Achillem OV.*Ars* 1.11. **b** (cytisus) seritur. .tenero frutice, ~icitur triennio PLIN.*Nat.*13.132; 18.60. **c** curent . .uti olea bene ~iciatur beneque siccetur CATO *Agr.*67.1; rubiam, qua tinguntur lanae pellesque ~iciuntur PLIN.*Nat.* 24.94; e cuniculis effossum (sulpur) ~icitur igni 35.174; (carbunculos) in Orthosia Cariae nascentes, sed qui ~iciantur Alabandis 37.92; CORIVM ~ECTV(m) s(eu) PILOS(um) *CIL* 8.4508.

4 To construct, form, or fashion with skill or thoroughness (sts. little more than a synonym of *facio*).

conlocauit Athenis turrem marmoream. .supraque eam turrim metam marmoream ~ecit VITR.1.6.4; ballista ~icitur. .ad propositam magnitudinem ponderis saxi 10.11.1; maximorum artificum ~ectas manibus tabulas VELL.1.13.4;—(*w. abl. expr. material, component parts, etc.*) quae sunt. .distantia longe, dissimili ~ecta figura principiorum LUCR.2.672; cymbia. .argento ~ecta VERG.*A.*5.267; signis ~ectam auroque nitentem. .pateram STAT.*Theb.* 1.540;—(*w.* ex) ex duobus. .uersibus, id est membris, ~ecta comprehensio est CIC.*Orat.*223; candelabrum e gemmis clarissimis opere mirabili ~ectum *Ver.*4.64; portum e lacu. .~ecit VITR.1.4.12.

5 To carry out, execute (a promise, injunction, etc.).

quam non ~ectum reddat quod promiserit PL.*As.*122; ubi tempu' promissa iam ~ici TER.*An.*631; susceptum ~ice munus VERG.*A.*6.629; absentis cura mandata fideli ~icis OV.*Pont.*2.11.24; nostra prior tu ~ice iussa V.FL.7.61; non . .senatus consultum ~ici potuit, abnuentibus consulibus ea de re relatum TAC.*Ann.*15.22; parentes. .nefarium facinus ~icere cunctantur APUL.*Met.*4.34.

6 To bring about, achieve, effect (an action, result). **b** (w. *ut, ne*) to bring it about (that, that not). **c** to bring into being, produce (conditions, etc.); to realize (a sum of money).

hic alios negasse audere, alios respondisse non putare id ~ici posse CIC.*Ver.*23; ea (*sc. eclipses*) praedicunt. .quae naturae necessitas ~ectura sit *Div.*2.17; nil. .Claudiae non ~iciunt manus HOR.*Carm.*4.4.73; sollertes architecti. . ~ecerunt utilissimos effectus VITR.5.5.8; eum. .~ecisse quae a nullo nisi fortissimo ~ici possent VELL.2.24.5; uota, senex, ~ecta tibi; nunc me quoque curis eripe V.FL.4.538; uictoriam consiliis et ratione ~ici TAC.*Hist.*3.60; haec lex non ~ecit quod uoluit GAIUS *Inst.*2.225; (*ellipt.*) fac uelis: ~icies CAECIL.*com.*291. **b** ~icito argentum hodie ut habeat filius PL.*As.*103; TER.*Hec.*20; ~ecit ille ut, si montes resedissent, amnes exaruissent CIC.*Pis.*82; *Fam.*7.7.2; quibus rebus ~ectum est ut. .nullum acciperet incommodum CAES.*Civ.*3.77.2; (Epaminondas) ~ecit. .ut auxilio Lacedaemonii sociorum priuarentur NEP.*Ep.*6.4; V.MAX. 6.2.1; TAC.*Ann.*1.6;—(*w.* ne) gratia ne quid tibi prodesse posset ego mea diligentia ~eci CIC.*Ver.*2.169; *Fam.*1.7.8. **c** (sol) cum arietis signum iniit. .~icit aequinoctium uernum VITR.9.3.1; muta animalia mellis. .saporem uario florum ac sucorum genere ~iciunt QUINT.*Inst.*1.10.7;—si in singulos (*sc. birds*) ternos exigeret pullos, ~ici sexagena (milia sestertia) posse VAR.*R.*3.6.6.

7 (w. pred.) To render, make.

oratio. .~iciens auditorem beniuolum CIC.*Inv.*1.20; cum . .cotidie faciendo tritiores manus ad aedificandum ~ecissent VITR.2.1.6; qui. .sunt proximi ad axem meridianum. . sanguine exiguo solis impetu ~iciuntur 6.1.4; fontes. .per salifodinas percurrentes necessario salsi ~iciuntur 8.3.7; 9.2.4.

8 To establish, settle (a point).

an mihi aliter uideri possit? quom haec iam ~ecta sint, primum quasi muneribus deorum nos esse. .ornatos, secundo autem loco. . CIC.*Leg.*1.35; *Div.*2.106;—(*w. acc. and inf.*) ~ecto. .et concluso neque uirtutibus neque amicitiis usquam locum esse, si ad uoluptatem omnia referantur, nihil praeterea est. .dicendum *Fin.*2.85.

perficus ~a ~um, *a.* [prec.+-VS] That completes or perfects.

donec ad extremum crescendi ~a finem omnia perduxit rerum natura creatrix LUCR.2.1116.

perfidē, *adv.* [PERFIDVS+-E] Treacherously, dishonestly.

malum patrem. .crudeliter exponentem, ~ recipientem SEN.*Con.*9.3.11; qui. .pactum. .~ ruperat GEL.20.1.54; ULP.*dig.*44.4.4.13.

perfidēlis ~is ~e, *a.* [PER-+FIDELIS] Entirely trustworthy.

ad te. .si ~em habebo cui dem, scribam plane omnia CIC.*Att.*2.19.5.

perfidia ~ae, *f.* [PERFIDVS+-IA] Faithlessness, treachery, falsehood; (pl.) examples of this.

ne nos subdola ~a peruincamur PL.*Mil.*943; *Ps.*944; nullum ius tam sanctum. .quod non eius scelus atque ~a uiolarit CIC.*S.Rosc.*109; multorum in nos ~am, insidias, proditionem notabis *Fam.*5.12.4; fuderunt carmine fata, carmine, ~ae quod post nulla arguet aetas CATUL.64.322; CAES.*Gal.*4.13.4; NEP.*Dat.*11.5; multa tuae leuitatis. . timebam, hac tamen excepta, Cynthia, ~a PROP.1.15.2; ~a plus quam Punica LIV.21.4.9; VELL.2.102.1; TAC.*Hist.* 4.27; *Ann.*11.5; JUV.13.24; triginta Lusitanorum milibus ~a trucidatis SUET.*Gal.*3.2;—neque deprecatio ~is meis nec malefactis fuga est PL.*Capt.*522; *Ps.*580; GEL.14.2.6.

perfidiōsē, *adv. compar.* ~ius. [next+-E] Treacherously, perfidiously.

rem iudicasti ~e PL.*Cur.*719; *Vid.*61; multa improbe, multa ~e facta CIC.*S.Rosc.*118; ~ius rebellantis SUET.*Aug.* 21.2.

perfidiōsus ~a ~um, *a. superl.* ~issimus. [PERFIDIA+-OSVS] Faithless, treacherous, false.

(*of persons*) ~us est Amor PL.*Cist.*72; quem in amicitia ~um cognoueris *Rhet.Her.*4.25; utrum te ~um an praeuaricatorem existimari mauis? CIC.*Div.Caec.*58; *Pis.*66; cur omnium ~issimus C. Marius Q. Catulum. .mori potuit iubere? *N.D.*3.80; TAC.*Ann.*16.32; —(*of actions*) ~um. .est fidem frangere CIC.*Q.Rosc.*16.

perfidus ~a ~um, *a.* [PER+FIDES[1]+-VS; cf. *peiurus*] That deliberately breaks faith, treacherous, false, deceitful. **b** (transf., of material things). **c** (of actions, words, etc.) marked by treachery or deceit.

omnes aliud agentes, aliud simulantes ~i, improbi CIC. *Off.*3.60; sicine me (*i.e. Ariadne*). .~e, deserto liquisti in litore, Theseu? CATUL.64.133; ~e multis, ~e Demophoon. . puellis *Culex* 132; ~us. .caupo HOR.*S.*1.1.29; cum (puella) promittit, subito sed ~a fallit TIB.1.8.63; ~os socios LIV.4.32.12; ~e Poene OV.*Fast.*3.148; CURT.5.12.1; scio ~a regis corda quidem; nullos Minyis exsoluet honores V.FL.5.289; hominem nequam, ~um ac plus etiam quam periurum PLIN.*Ep.*2.20.5; APUL.*Met.*3.13; (*w. gen. of respect*) sacri. .~a pacti gens Cadmea SIL.1.5;—(*transf. ep.*) (Hecuba) digitos in ~a lumina (*sc.* Polymestoris) condit OV.*Met.*13.561;—(*masc. as sb.*) dabit in laqueum uestigia noster ~us JUV.13.245;—(*internal acc.*) ~um ridens Venus HOR.*Carm.*3.27.67. **b** ~us ensis frangitur in medioque ardentem deserit ictu VERG.*A.*12.731; lubrica tota uia est et ~a PROP.4.4.49; qui freta primus rate tam fragili ~a rupit SEN.*Med.*302; ~a uappa (*i.e. that simulates good wine*) MART.12.48.14; ~um glacie flumen FLOR.*Epit.*1.39(3.4.5). **c** non ego ~um dixi sacramentum HOR.*Carm.*2.17.9; male creditis hosti!. .~a tela (*i.e. an ambush*) caue OV.*Fast.*2.226; in saxa ducit ~a classem face SEN.*Ag.*570; Nessi ~a dona MART.9.65.8.

perfīgo ~gere ~xī ~xum, *tr.* [PER-+FIGO] To pierce, transfix.

multa. .~git (*s.v.l., sc.* fulmen) LUCR.6.350; pectore ~xo 6.392; (*in fig. phr.*) telis ~xa pauoris 3.305; (*fig.*) desiderio ~xa iuuenci 2.360.

perfinēs: (see quot.).

perfines, perfringas FEST.p.205M.

perflābilis ~is ~e, *a.* [PERFLO+-BILIS] Able to be blown through, permeable to the wind.

deos. .induxit Epicurus perlucidos et ~is CIC.*Div.*2.40; tectum scandulare. .patore ~i nudatum, ad omnes. .aspectus peruium APUL.*Met.*3.17; 4.17.

perflāgitiōsus ~a ~um, *a.* [PER-+FLAGITIOSVS] Very disgraceful.

cum hac aliquid. .habuisse rationis num tibi perturpe aut ~um esse uideatur? CIC.*Cael.*50.

perflātus ~ūs, *m.* [next+-TVS[3]] The passage of air through or over a place, thing, etc., an air-current, draught.

lenis et crassus aer, qui ~us non habet VITR.1.6.3; cum. . (trabes compactiles) inter se tangunt et non. .~um uenti recipiunt. .celeriter putrescunt 4.7.4; fenestris patentibus, sic ut ~us. .accedat CELS.3.19.3; conclaui collocanda est (mulier) modicum calorem sine ullo ~u habente 7.29.10; spiritus ac liber inter aperta ~us SEN.*Ep.*90.43; (uinea) ~u modico. .gaudet, procellis obnoxia est COL.3.1.10; 5.9.7; ulmus in ~u firma PLIN.*Nat.*16.218; in disponendis arboribus. .quincuncialis ordinum ratio. .non ~u modo utilis, uerum et aspectu grata 17.78; 18.154.

perflō ~āre ~āuī ~ātum, *tr., intr.* [PER-+FLO]

1 (of wind) To blow across or over, sweep; to blow throughout (a period). **b** (of air-currents) to blow through.

colles. .qui cum ~antur ipsi, tum adferunt umbram uallibus CIC.*Rep.*2.11; uenti. .ruunt et terras turbine ~ant VERG.*A.*1.83; ~ant altissima uenti OV.*Rem.*369; SEN.*Nat.* 4b.8; ~ata. .Trogilos Austris SIL.14.259; AMP.5.2; (*cf.*) deus quem toto litore pontus audit uentosa ~antem murmure concha LUC.9.349; (*in fig. phr., of a braggart*) spumanti turbine ~as ignorantum aures SIL.11.579;—sin. .autumnus quoque aeque siccus isdem aquilonibus ~atur CELS.2.1.16. **b** VAR.*R.*1.12.3; cum uenti nubila ~ant LUCR.6.132; nec facile ~ari (perdensam humum) COL.3.12.2; hoc uno modo ~atur (iugum) uentis 4.19.2; granaria. .~ari undique malunt PLIN.*Nat.*18.302.

2 To bring or carry by blowing.

hic (*sc.* Aquilo) utinam summi curuet carchesia mali. .et Graia ad moenia ~et LUC.5.419.

3 (intr., of wind) To blow continuously.

optimi (*sc.* dies). .aestate quibus fauonii ~ant CELS.2.1.3; Fauonius. .qui leuis aequalisque aestiuis mensibus ~at COL.2.20.5; iam ~are ad ipsos auram maris CURT.9.4.21; PLIN.*Nat.*2.124.

perfluctuō ~āre ~āuī ~ātum, *tr.* [PER-+FLVCTVO] To flood over.

unde animantum copia tanta exos et exsanguis tumidos ~at artus? LUCR.3.721.

perfluō ~ere ~xī ~xum, *intr.* [PER-+FLVO]

1 To flow or run (through). **b** to flow on or along. **c** (transf., of drapery) to stream, flow.

per colum uina uidemus ~ere Lucr.2.392; Sen.*Nat.* 6.14.2; quamdiu sine iniuria ~it (spiritus) et ex more procedit, nullus est tremor corpori 6.18.7; possessor..per cuius solum amnis publicus ~at Agen.*agrim.*p.42; si aqua per riuum..~xit Cels.*dig.*8.6.12; (*cf.*) si..non omnia pertusum congesta quasi in uas commoda ~xere Lucr.3.937. **b** transgressus fluuiam, quae secundum Herculaneum ad mare ~ebat Sis.*hist.*54; id (*sc.* fretum maris Siculi)..modo in Tuscum modo in Ionium pelagus ~it Mela 2.115; Plin. *Nat.*36.190. **c** quaqua..insignis illius pallae ~ebat ambitus Apul.*Met.*11.4.

2 To stream (with moisture).
sudore frigido miser ~o Apul.*Met.*1.13; (*facet.*) plenus rimarum sum, hac atque illac ~o Ter.*Eu.*105.

perfluus ~a ~um, *a.* [perflvo+-vs] (of movement) Smoothly flowing.
alius..incessu ~o feminam mentiebatur Apul.*Met.*11.8.

perfodiō ~odere ~ōdī ~ossum, *tr.* [per-+fodio]

1 To make a hole through (a wall or sim.).
in eo conclaui ego ~odi parietem Pl.*Mil.*142; licet.. parietes in adulescentia ~oderis Cic.*Vat.*11; si ~odissem uillam Sen.*Con.*9.5.6; (*cf. sense 3*) non parietem tantum, pectus ipsum ~odissem 10.6.2.

2 To dig a channel through. **b** to make (a passage, channel) by digging.
Athone ~osso Cic.*Fin.*2.112; donec ~osso..monte erecta in arcem uia est Liv.4.22.6; ex his (*sc.* partibus campi) quae ad imum ~ossa sunt suffusum mare ostenditur Mela 2.83; (columnas Herculis) ~ossas exclusa antea admisisse maria Plin.*Nat.*3.4; (*w. abl.*) ~odere nauigabili alueo angustias eas temptauere 4.10. **b** itinera ~odientes Vitr.2.1.5; freto, quod ~ossum manu est Liv.33.17.6.

3 To pierce, stab, perforate.
bis sex thoraca petitum ~ossumque locis Verg.*A.*11.10; ~osso pectore corpus uolneribus transmisit aquas Luc.3. 660; ~ossus telo niueam..frontem Stat.*Theb.*9.767; ~ossi in sanguine fratris 11.153; ~ossi clipei Sil.1.620; ~osso iugulo Tac.*Ann.*3.15.

4 To dig into, make a hole in.
tu grauibus rastris cunctantia ~ode terga Col.10.71; ~ossa dehiscit..tellus Petr.120,l.90; fracta..~ossis arbusta..ripis Stat.*Theb.*2.472; (*cf.*) pinna argentea dentes ~odit Petr.33.1.

perforātiō ~ōnis, *f.* [next+-tio] The act of boring or drilling.
~o operis cvnicvli *CIL* 8.2728.

perforō ~āre ~āuī ~ātum, *tr.* [per-+foro] To make a hole in or through, bore, pierce. **b** to make (a passage, etc.) by piercing or penetrating, pierce (a way) through.
palis..latis ~atis Var.*R.*1.14.2; multae (quadriremes).. rostris ~atae merguntur *B.Alex.*46.5; hasta..laeuum ~at inguen Verg.*A.*10.589; operculum..dolii..pluribus locis ~atum Liv.38.7.11; uno duo pectora ~at ictu Ov.*Met.* 12.377; uenter saepe..telo ~atur Cels.7.4.3.a; (fulminis) late sparsa uis rumpit icta, non ~at Sen.*Nat.*2.40.2; antiqua terebra..urit eam partem, quam ~at Col.*Arb.*8.3; pascitur ~ando reliqua conchylia Plin.*Nat.*9.128; serpentibus.. (dentes) tenui fistula ~ati 11.163; Larg.47; domus ardua montem ~at Stat.*Ach.*1.107; (*tm.*) tigna..pertundere per-que forare Lucr.5.1268; (*obsc.*) deprensos ego ~are possum *Priap.*76.3; (*transf.*) radiis ubi culmina totis ~at.. sol Stat.*Silv.*1.5.46;—(*fig.*) cuius acumen..pungit, non ~at Sen.*Ben.*1.4.1; ~ato animo..et transmittente quicquid acceperat *Ep.*99.5. **b** duo lumina ab animo ad oculos ~ata nos habere Cic.*N.D.*3.9; uiae..sunt ad oculos..a sede animi ~atae *Tusc.*1.46.

perfortiter, *adv.* [per-+fortiter] Very bravely.
Ter.*Ad.*567.

perfossor ~ōris, *m.* [perfodio+-tor] One who digs or breaks through, a burglar.
es ~or parietum Pl.*Ps.*980; qui uectem (quaesierit) ~or (erit) et qui gladium sicarius Apul.*Apol.*32.

perfremō ~ere, *intr.* [per-+fremo] To fill a place with roaring, snorting, or sim. sounds.
lasciui atque alacres rostris ~unt delphini Acc.*trag.*403.

perfrequens ~ntis, *a.* [per-+freqvens] Very crowded or busy.
in portu emporium breui ~ns factum Liv.41.1.5.

perfricō ~āre ~uī ~ātum, *tr.* [per-+frico] Forms: *perfrictus* (pple.) Apul.*Met.*2.25. To rub all over; to smooth by rubbing. **b** *~are os, frontem, faciem,* to wipe the blushes from one's face, abandon shame, show effrontery.
eabus latera doliis intrinsecus..~ato (*sc.* scopis) Cato *Agr.*152; (oua) ~ant sale minuto Var.*R.*3.9.12; caput sinistra manu ~ans Cic.*Pis.*61; multo oleo ungui leniterque ~ari Cels.1.3.4; faciem eius fuligine longa ~uit Petr.22.1; (iubet) capitis mulierum defluuia ~ari raphanis Plin.*Nat.* 20.27; pinna longiore nares interius ~antur Larg.8; Apul. *Met.*3.24;—(*w.* ex) totum..corpus..leuiter ~are ex oleo Cels.1.3.5; Larg.95;—testacea..ad regulam ~ata Vitr. 7.1.4. **b** nec fatemur eam nos dicere uoluptatem, quam tu idem, cum os ~uisti, soles dicere Cic.*Tusc.*3.41; ~a frontem et dic te digniorem..quam Catonem Calv.*orat.*23, Petr.132.12; cum ~uit frontem posuitque pudorem Mart. 11.27.7; ~are faciem et quasi improbam facere Quint.*Inst.* 11.3.160; (*in fig. phr.*) quo magis frontem suam ~uit (adulatio), cecidit alienam Sen.*Nat.*4a.pr.9.

perfrictiō ~ōnis, *f.* [as perfrigesco+-tio] A thorough chilling, chill.
splenicis bibitur (*sc.* morum) atque inlinitur et contra ~ones Plin.*Nat.*23.134; in fatigatione..aut ~one suco eo perungui nitro adiecto prodest 23.155; bibitur contra inflationes et ~ones 27.130; 30.85; si quando mouentur dentes ex ~one Larg.57; malagma ⟨ad⟩ pectoris et lateris dolorem et quidquid ex ~one est, bene ⟨enim⟩ calfacit 257.

perfrictiuncula ~ae, *f.* [prec.+-vncvla] A slight chill.
ego aliquantulum prodormiui propter ~am Aur.*Fro.*1.p. 180(69N).

perfrīgefacio ~ere, *tr.* [per-+frigeo+facio] To make very cold, chill.
mihi..ille Surus cor ~it Pl.*Ps.*1215.

perfrīgescō ~gescere ~xī ~ctum, *intr.* [per-+frigesco] To become cold or chilled; to catch cold.
cubilia substernenda fronde..ut ne oblinantur aut ~gescant Var.*R.*2.9.13; difficilius ~gescunt marina calefacta (aqua) Plin.*Nat.*31.66; non patitur ~gescere artus et refrigeratos calfacit Larg.271;—ei, qui ~xit, opus est in balineo..sedere Cels.1.3.10; ~xisse tuas questa est praefatio fauces Mart.3.18.1; si ~xit, cantat bene Juv.7.194.

perfrīgidus ~a ~um, *a.* [per-+frigidvs] Very cold.
erat hiems summa, tempestas..~a Cic.*Ver.*4.86.

perfringō ~ingere ~ēgī ~actum, *tr.* [per-+frango]

1 To break, fracture. **b** (fig.) to bring (a person, etc.) to ruin, break; to demolish, smash (laws, customs, etc.).
(uentus) ~inget celsos defixo robore malos Cic.*Arat.* 443(199); ~acta..quadripedantum pectora pectoribus rumpunt Verg.*A.*11.614; ~acto capite acie excessit Liv. 4.28.8; naues..quae non..~egerant proras litori inlisas 22.20.2; ut ex ictu neque findatur os neque ~ingatur Cels. 8.3.11; suam ipse ceruicem ~egit Tac.*Ann.*6.14; (*cf.*) campi, quos non nisi ingentes boues et fortissima aratra ~ingunt Plin.*Ep.*5.6.10. **b** aliorum domum et omnem familiam ~ingens *Rhet.Her.*4.51; nemo..me..suspicione perstrinxit quem non peruerterim ac ~egerim Cic.*Sul.*46;—sin istius ingentes diuitiae iudiciorum religionem ueritatemque ~egerint *Ver.*3; non solum ad neglegendas leges..uerum etiam ad euertendas ~ingendasque *Catil.*1.18; senatus grauissima decreta ~egerat *Mil.*87.

2 To break or burst through, force a way through. **b** to break into.
qui..omnis altitudines moenium obiectas semper ui ac uirtute ~egit Cic.*Har.*49; ~acto saxo sortes erupisse *Div.* 2.85; uis incita uenti..nubem ~ingens Lucr.6.138; ne.. tela tormentis missa tabulationem ~ingerent Caes.*Civ.* 2.9.4; quis..lento ~egerit obuia pilo [Tib.]3.7.90; iumenta secabant..infimam ingredientia niuem et prolapsa..penitus ~ingebant Liv.21.36.8; misso ~egit Olympum fulmine Ov. *Met.*1.154; ~acto limine Ditis Sen.*Tro.*723; ~ingit lancea costas Stat.*Theb.*2.636; ~ingendis obruendisque hostibus Tac.*Hist.*2.21; quod..auro..soleant adamantinae etiam ~ingi fores Apul.*Met.*9.18; (*of a noise*) tuba..obsaeptas.. foris sonitu ~ingit Stat.*Theb.*10.553; (*w. internal acc.*) non ullas ualuit ~ingere Poenus tota mole uias Sil.12.38;—(*absol.*) quod uotis optastis adest, ~ingere dextra Verg.*A.* 10.279; occurrit ei (*sc.* flumini) Taurus mons..Ommam uocant inrumpentem, mox ubi ~egit, Euphraten Plin. *Nat.*5.84;—(*fig.*) haec (eloquentia) modo ~ingit, modo inrepit in sensus Cic.*Orat.*97; maius est difficilia ~ingere quam laeta moderari Sen.*Ep.*66.49. **b** clausas uoueo ~ingere Thebas Stat.*Theb.*7.434; uelut ~ingere aerarium Tac.*Ann.* 2.38; dormientis anus ~acto tuguriolo Apul.*Met.*4.12; (*fig.*) suauitate ea, qua perfunderet animos, non qua ~ingeret Cic.*Brut.*38.

perfruor ~ī ~ctus, *intr.* [per-+frvor] (w. abl.) To have full enjoyment of, enjoy.
quibus..sapientiae laude ~i licuit Cic.*Brut.*9; regno paterno atque auito..~ebatur *Sest.*57; ut incolumes amore nostro ~amur *Att.*3.17.3; fertilitate atque amoenitate ~i Liv.7.38.7; ~ere usque tua nullo prohibente puella Ov. *Rem.*537; cui si talibus studiis ~i fas non erat V.Max.1.8. ext.2; ut oblectamento aurium ~antur Sen.*Ep.*108.6; sine me suauitate eius, sine leporibus ~i Plin.*Ep.*6.8.7; (*in oxymoron*) ~or infelix liberiore malo Ov.*Ep.*8.106; (*w. abst. subj.*) eam uitam, quae rebus iis ipsis ~atur Cic.*Fin.*5.44; (*refl.*) mutuis amplexibus et..sauiis sese ~untur Apul.*Met.* 5.7; (*gdve.*) expetuntur..diuitiae..ad ~endas uoluptates Cic.*Off.*1.25.

perfuga ~ae, *m.* [perfvgio+-a]

1 One who goes over to the side of the enemy, a deserter.
⟨..qvei ager l⟩ocvs ~is datvs adsignatvsve est *CIL* 1.585.76; cur de ~is nostris copias comparant contra nos? Cic.*Orat.*223; iste qui initio proditor fuit, deinde ~a *S.Rosc.* 117; Caes.*Civ.*2.28.2; sciere (hostes) ~ae indicio Liv.2.11. 6; alios Romam..mittunt ducentes..captiuos ~asque et fugitiuos 30.16.15; ~ae et proditores ferre arma ad suum patriaeque seruitium incusabantur Tac.*Ann.*4.48.

2 A refugee, fugitive.
Monam insulam..receptaculum ~arum Tac.*Ann.*14.29; (*adjl.*) legibus quae seruos alienos ~as..uetant suscipi Apul. *Met.*6.4.

perfugiō ~ugere ~ūgī, *intr.* [per-+fvgio] To take refuge, escape. **b** to go for refuge (to the enemy).
plerique inermi in castra ~ugiunt Sis.*hist.*37; iam Tarquinii ad Lartem Porsennam..~ugerant Liv.2.9.1; in circumfusam Oceano insulam cum paucis ~ugerit nauibus 28.32.8; nisi in tribunal legatorum ~ugisset 42.44.2; illuc.. corruptis custodibus ~ugit Tac.*Hist.*4.56; (*fig.*) qui, cum in culpa..reuincti sunt, ~ugiunt ad fati necessitatem tamquam in aliquod..fani asylum Gel.7(6).2.13; (*transf.*) qui.. a negotiis publicis se remouerint ad otiumque ~ugerint Cic. *Off.*1.69. **b** qui hostes ad nostros imperatores ~ugissent Cic.*Balb.*24; Veientem quendam ad nos..~ugisse *Div.*1.100; magnus eorum cotidie numerus ad Caesarem ~ugiebat Caes.*Civ.*1.78.2; ex aduersariis ~ugere plures *B.Afr.*19.1.

perfugium ~(i)ī, *n.* [prec.+-ivm]

1 A place of refuge, shelter, sanctuary. **b** a way of escape. **c** (fig., of occupations, etc.).
nescio unde auxili, praesidi, ~i mi..comparem Pl.*Cas.* 623; hic (*i.e. at Rome*) tibi ~ium speras futurum? Cic.*Ver.* 1.82; hoc ~ium est ita sanctum..ut inde abripi neminem fas sit *Dom.*109; *Fam.*7.20.2; condere coeperunt urbis arcemque locare praesidium..sibi ~iumque Lucr.5.1109; Caes.*Gal.*4.38.2; castra sunt uictori receptaculum, uicto ~ium Liv.44.39.3; tamquam aperto maris sui secreto ultimum uictis ~ium clauderetur Tac.*Ag.*25.2; uti Dianae Leucophrynae ~ium inuiolabile foret *Ann.*3.62; (*in fig. phr.*) munite communem arcem honorum, obstruite ~ia improborum Cic.*Sul.*79;—(*w. defining gen.*) aue ad ~ia litorum tendente Plin.*Nat.*10.9;—(*w. gen. of circumstances, etc., from which protection is required*) hiemis enim non auaritiae ~ium maiores nostri in sociorum..tectis esse uoluerunt Cic.*Man.* 39; sunt sacella..quae maiores in urbe..periculi ~ia esse uoluerunt *Agr.*2.36; uolo aliquod emere latibulum et ~ium doloris mei *Att.*12.13.2;—(*transf.*) Campanus ager et Leontinus, quae duo maiores nostri annonae ~ia ducebant *Phil.* 8.26. **b** pedibus ~ium peperit Pl.*Cist.*161; nec in ullam partem tutum ~ium est Liv.9.43.16. **c** exsilium..non supplicium est, sed ~ium portusque supplici Cic.*Caec.*100; haec studia..secundas res ornant, aduersis ~ium ac solacium praebent *Arch.*16; utor eodem ~io, quo tibi utendum censeo, litterulis nostris *Fam.*5.21.2; ~ium uidetur omnium laborum ac sollicitudinum esse somnus *Div.*2.150.

2 (transf.) A means of protection or safety. **b** an excuse, defence, etc., in which one takes refuge.
erat in aequitate prudentiaque Pisonis paratissimum ~ium Cic.*Ver.*1.119; neque aliud ullum potest (domus) habere ~ium *Off.*1.58; in altero miseris ~ium erat, in altero malis pernicies Sal.*Cat.*54.3; ~ium in patris misericordia et iustitia habeat Liv.40.10.2; incolumi Augusta erat adhuc ~ium Tac.*Ann.*5.3;—(*w. gen. of person or activity, etc., receiving protection*) o tutum ~ium aratorum! Cic.*Ver.*3.28; egestatis, aeris alieni, nequitiae..~ium esse *Phil.*2.50; ut ~ium scelerum esset quam turpissimis rei publicae sordibus 13.37; omne ~ium bonorum in te et Bruto esse positum *Fam.*12.6.2; cuius uis..aliorum ~io et tutela intellegitur Tac.*Dial.*5.5;—(*w. defining gen.*) in tali miseria multorum ~ium misericordiae tolli Cic.*Lig.*14; ab hominibus..male sollertibus..commenta in Democriti nomen data nobilitatis auctoritatisque eius ~io utentibus Gel.10.12.8; (*cf.*) medicina tunc non erat haec, quae nunc aquarum ~io utitur Plin.*Nat.*31.59. **b** illo desperatissimo ~io uti..se.. existimasse id licere Cic.*Ver.*2.101; ad omnia confugi.. remedia ac ~ia causarum *Clu.*51; ~iis nihil utor aetatis *Cael.*30; ~ium sibi habebant omnia diuis tradere Lucr. 5.1186; sunt quaedam Magis ~ia, ueluti lentiginem habentibus non obsequi numina Plin.*Nat.*30.16; utantur..~iis commutationum in uerbis, quae non intelleguntur Gel. 17.13.9; (*w. defining gen.*) num intercludere ~ia fortunae.. uideor? Cic.*Ver.*5.132.

perfunctiō ~ōnis, *f.* [perfvngor+-tio] The carrying out (of activities or functions); the discharging (of duties).
neque laborum ~o neque perpessio dolorum per se ipsa allicit Cic.*Fin.*1.49; debet deus nullam perpeti uel odii uel amoris temporalem ~onem Apul.*Soc.*12;—annus..primus ab honorum ~one Cic.*de Orat.*3.7.

perfunctōriē, *adv.* [perfvngor+-torivs+-e] In a routine or perfunctory manner.
me coepit non ~ uerberare Petr.11.4.

perfundō ~undere ~ūdī ~ūsum, *tr.* [per-+fvndo]

1 To pour (through).
(*ellipt.*) pertudit crebra foramina et per ea repente ~undendo..omnes necauit Vitr.10.16.10.

2 To overspread (with a liquid), wet, drench, flood, etc. **b** (pass. or refl.) to take a bath, bathe. **c** (of a liquid) to overspread, wet, bathe. **d** to cause (a liquid) to spread (over). **e** (fig.).
aqua..feruenti a Rubrio ipso Philodamus ~unditur Cic. *Ver.*1.67; ~udere manus fraterno sanguine fratres Catul. 64.399; fluuiis pecus omne magistri ~undunt Verg.*G.*3.446; ter liquido ardentem ~undit nectare Vestam 4.384; quali ~undat piscis securus oliuo Hor.*S.*2.4.50; crinis ~undere murra Prop.1.2.3; exercitum..~usum miliens cruore Romano Liv.30.28.5; hic dea..solebat uirgineos artus liquido ~undere rore Ov.*Met.*3.164; lacrimis ~usus Achilles *Fast.*5.407; ~undendum..oleo corpus Cels.1.3.10; cum ab uxore..inmunda aqua ~underetur Sen.*Dial.*2.18.5; (uinum) si quis noluerit accipere, caput illi ~unde Petr. 64.13; iubent..aceto semen ~undi Plin.*Nat.*19.154; ne ~usa luto sit porticus Juv.14.66; (*poet.*) undanti ~undit uulnere somnum Stat.*Theb.*2.124;—(*w. ret. acc.*) ~usus sanie uittas Verg.*A.*2.221; ~usus sanguine membra Luc. 8.375;—(*in fig. phr.*) ~usa..gloria fuco Ov.*Fast.*1.303; ~usi caede gentium Sen.*Ep.*94.61; nos innocenti sanguine Senecio ~udit Tac.*Ag.*45.1. **b** boues..hic bibunt, hic ~unduntur Var.*R.*1.13.3; coepit, postquam ~usus est, defricari *Rhet.Her.*4.14; (equus) adsuetus aquae ~undi flumine noto Verg.*A.*11.495; quin tu ante uiuo ~underis flumine? Liv.1.45.6; est lacus quo ~usa corpora quasi uncta permitent Mela 3.88; (*of the morning star*) Oceani ~usus Lucifer unda Verg.*A.*8.580; (*w. ret. acc.*) cum calidis ~underis imbribus artus Ov.*Am.*2.15.23; (*refl.*) uolucres contra aquam clangores dabunt ~unduntque sese Plin.*Nat.*18.363. **c** artus ~undit toto proruptus corpore sudor Verg.*A.*7.459; ne (uis aquae) deiciatur per intercolumnia neque transeuntes ~undat Vitr.3.5.15. **d** sanguis ~usus est per totum corpus *Rhet.Her.*4.58; ~usa

meis unguenta capillis Prop.2.4.5. **e** nos iudicio ~undere (*dub.*, *cj.* pessundare, *etc.*) Cic.*S.Rosc.*80; omnem nominis sui memoriam inexpiabili detestatione ~udit V.Max.6.4.5; —(*opposed to soaking*) perbibere liberalia studia, non illa, quibus ~undi satis est, sed haec, quibus tingendus est animus Sen.*Ep.*36.3; 110.8.

3 (usu. in pass.; of a river) To flow through; (of the sea, floods, etc.) to flow over, wash. **b** to coat, overlay. **c** to overspread, suffuse (with light, colour, etc.).

Arna Chimaereo Xanthi ~usa liquore *Culex* 14; tellus ~usa Caico Luc.3.203; adluitur Eudone amne, ~unditur Thebaite Plin.*Nat.*5.108; Tigris..Mesenen ~undens 6.129; proprio semper amne ~usa (Aegyptus) Plin.*Pan.*30.1;—oram, proxima quae nostri ~unditur aequoris aestu Verg. *A.*3.397; inundatio, qua planum omne ~usum est Sen.*Nat.* 3.pr.5; aetherias prius ~undet Arctos pontus *Thy.*477; ipsa (*sc.* insula) aestu maris ~unditur Plin.*Nat.*12.38. **b** auro tecta ~udimus Sen.*Ep.*115.9; (arma) opibus ~usa Tagi Sil.2.404; (*cf. sense 2*) pocula..aurifero ~usa Tago 16.450. **c** sol ortus..(solet) conuestire sua ~undens omnia luce Lucr.2.148; ~usa lepore omnia corrident 4.82; caelum ~undent lumine Germ.*Arat.*89; ~usae tenebris Athenae V.Max.8.10.ext.1; ~usus ego rubore Petr.128.2; ipsa stella sole ~unditur Sen.*Nat.*7.20.4.

4 (transf.): **a** To overspread (with loose solids, flowing materials, or other substances); (also w. material, etc., as subj.).

a Neptunus..spissa campos ~undat harena *Dirae* 51; canitiem immundo ~usam puluere turpans Verg.*A.*12. 611; quid..pedes ~undis amictu? Mart.7.33.3; (dea) totis ~undit moenia pennis Stat.*Theb.*2.209; (*cf.*, *of a juggler*) ille potens turba ~undere membra pilarum Man.5.168; (*poet.*) litora bello ~udit rapido Sil.15.301; (*cf. sense 2b*) puluis et cinis..reponendus est, ut sit quo aues se ~undant Col.8.4.4;—(*with vapours or sim.*) ~usa papauera somno Verg.*G.*1.78; soporis nebula cunctis eius membris ~unditur Apul.*Met.*6.21;—imos palla ~undit pedes Sen.*Oed.*553; caesaries nescia colligi ~undens umeros *Phaed.*802; uestem ~undant hederae recentiores Stat.*Silv.*2.7.11.

5 To suffuse, imbue (with an emotion, etc.). **b** to cause to pervade.

suauitate ea, qua ~underet animos, non qua perfringeret Cic.*Brut.*38; ut eos (*sc.* deos) ~undas uoluptatibus *N.D.*1.112; coniunx, quae tibi flexanimo mentem ~undat amore Catul.64.330; apparatus sacri qui ~undere religione animum posset Liv.10.38.8; simul pudore et gaudio ~usus 26.50.9; tanta me laetitia ~usum Fro.*Aur.*1.p.84(5N); ut aures nostrae..eblanditae animum quoque nobis uoluptate inani ~underent Gel.11.13.5; (*w. ret. acc.*) hunc..tota ~usum pectora belli tempestate uidet Stat.*Theb.*3.228; (*cf. sense 2*) quae sunt..ad ~undendum animum tamquam inliquefactae uoluptates Cic.*Tusc.*4.20;—qui me horror ~udit! *Att.*8.6.3. **b** nondum totam mentem uis ~usa possedit [Quint.]*Decl.*15.13.

perfungor ~gī ~ctus, *intr.*, (*tr.*). [per-+fvngor] Const.: w. abl.; also w. acc.

1 To carry through or discharge one's part (in an activity, process, etc.).

honoribus et rei publicae muneribus ~ctum senem Cic. *de Orat.*1.199; pericula quibus nos ~cti sumus *Mur.*4; ~cta res publica est hoc misero fatalique bello *Marc.*31; quanto maiore et animo gloriaque..dignitate..~cturus es Brut. *ad Brut.*1.11.2; breui et inglorio imperio ~ctus est Tac.*Ann.* 12.14; praetura ~ctos et experientia probatos delegit 13.29; ~ctus est tertio consulatu Plin.*Ep.*2.1.2; procuratorem principis ducenaria ~ctum Apul.*Met.*7.6; (*ellipt.*) dum aetati' tempu' tulit, ~cta sati' sum: satias iam tenet studiorum istorum Ter.*Herc.*594;—(*w. acc.*) omnia ~ctus uitai praemia Lucr.3.956; onera quaestoria et aedilicia et praetoria ~ctus est Fro.*Ver.*2.p.154(135N); (*pple. in pass. sense*) recito memoriam ~cti periculi Cic.*Sest.*10.

2 (in pf., often w. *iam*) To have finished one's part (in), be done (with); (ellipt.) to have done one's job.

ab ipso Hercule ~cto iam laboribus Cic.*Dom.*134; quod plebes ~cta..discordiis otium amplexatur *Sest.*104; (saecla) quae tamen omnia te uita ~cta sequentur Lucr.3.968; nondum ~ctos cura Priuernatis belli..fama atrox inuasit Liv.8.20.2; ~ctos iam fato (*i.e. dead*) 9.1.6; ueteribus militibus ~ctis iam militia 27.46.3; epulis ~cta redibit Ov.*Ars* 2.227; (*w.* ab) (sues) ~ctas esse a febri et a foria Var.*R.*2.4.5; —(*w. acc.*) timorem illum satis inanem ~cti Apul.*Met.*8.16; —se ~ctos iam esse arbitrantur cum de reo iudicarunt Cic. *Clu.*116; equidem iam ~ctus sum *Dom.*44; Liv.28.43.5.

perfurō ~ere, *intr.*, (*tr.*). [per-+fvro] (of persons, natural forces) To rage, storm (throughout).

ita ~it acri cum fremitu..uentus Lucr.1.275; incensus et ipse (*sc.* Euryalus) ~it Verg.*A.*9.343; uastis mare fluctibus inter ~it V.Fl.8.383; ~it aruis flammatum pecus Stat. *Theb.*4.733; (*w. acc.*) tumidum Gangen..flagrante triumpho ~is 4.389.

perfūsiō ~ōnis, *f.* [perfvndo+-tio]

1 (med.) The action of pouring water (over a patient), affusion. **b** (in general) wetting, moistening.

~o corporis multa prodest ex aqua Cels.4.15.4; aquae.. frigidae ~o 4.27.1.b. **b** sine ~one (hordeum) tostum.. molit Plin.*Nat.*18.74.

2 A suffusion of moisture.

(suco) expresso utuntur ad..alarum ~ones Plin.*Nat.* 23.164.

perfūsor ~ōris, *m.* [perfvndo+-tor] (prob.) A bath attendant who pours water over bathers.

evhode ~or *CIL* 4.840.

perfūsōriē, *adv.* [next+-e] Without definition, loosely, vaguely.

si quis..statuliberum ~ dixerit, condicionem autem libertatis celauerit Scaev.*dig.*21.2.69.5; neque ~ aut obscure dicere (debebit) Ulp.*dig.*43.24.5.1.

perfūsōrius ~a ~um, *a.* [perfvndo+-torivs]

1 Superficial, specious.

haec, quibus delectatur uulgus, tenuem habent ac ~am uoluptatem Sen.*Ep.*23.5.

2 Vague, ill-defined.

reciperatores ne se ~is assertionibus accommodarent identidem admonuit Suet.*Dom.*8.1.

perfutūtor ~ōris, *m.* [per-+fvtvo+-tor] (Strengthened form of fvtvtor.)

fortvnate animvla dvlcis perfvtvtor scribit qvi novit *CIL* 4.4239.

Pergama ~ōrum, *n. pl.* Also sg. **~um** ~ī. The citadel of Troy.

Andr.*trag.*2; equus, qui suo partu ardua perdat ~a Enn. *scen.*77; serua altera Troiae ~a Verg.*A.*3.87; Prop.2.1.21; Ov.*Ep.*1.32; *Fast.*6.100;—Pac.*trag.*167; *Inc.trag.*51.

Pergamēnus ~a ~um, *a.* Of or belonging to Pergamum in Mysia; (masc. pl. as sb.) its inhabitants.

ciuitas ~a Cic.*Flac.*74; ~us rex, Eumenes, Romanis amicissimus Nep.*Han.*10.2; Plin.*Nat.*5.126; Apollodorus ~us, qui praeceptor..Caesaris Augusti fuit Quint.*Inst.* 3.1.17;—Cic.*Flac.*74.

Pergameus ~a ~um, *a.*

1 Of or belonging to the citadel of Troy, Trojan; (poet.) Roman.

bis ~is erepte ruinis Verg.*A.*3.476; ~ae sero rata carmina uatis Prop.4.1.51;—sanguine ~o Trebia..retro fluat Sil. 1.47.

2 Of Pergamum in Mysia.

~o posuit dona sacrata deo (*i.e. Aesculapius*) Mart. 9.16.2; ~as..domos Stat.*Silv.*3.4.23.

Pergamos: see Pergamvm².

Pergamum¹: see Pergama.

Pergamum² (**~on**) ~ī, *n.* Also **~os** ~ī, *f.* A city in Mysia, famous for its temple of Aesculapius and its library.

cum egregiam bybliothecam ~i..instituissent Vitr.7. pr.4; longe..clarissimum Asiae ~um Plin.*Nat.*5.126; Varro membranas ~i tradit repertas 13.70; Mart.14.51.1; ipse deus patriae celsam..liquit ~on Stat.*Silv.*3.4.68.

pergaudeō ~ēre, *intr.* [per-+gavdeo] To be very glad.

Trebonium meum a te amari..~eo Cic.*Q.fr.*3.1.9.

pergliscō ~ere, *intr.* [per-+glisco] To become very fat.

(auis) prima luna..saginari coepta, uigesima ~it Col. 8.7.4.

pergnārus ~a ~um, *a.* [per-+gnarvs] Having a thorough knowledge (of).

magiam..artem esse dis immortalibus acceptam, colendi eos..~am Apul.*Apol.*26.

pergnoscō ~oscere ~ōuī, *tr.* [per-+nosco] To be well acquainted with.

utrosque ~oui (*cj.*) probe Pl.*Truc.*152.

pergō ~gere ~rexī ~rectum, *intr.*, (*tr.*). [per-+rego]

1 To make one's way, move onward, proceed (towards an eventual destination). **b** (w. *iter*). **c** (w. *ire* or sim.).

illa ad nos ~git Pl.*Mil.*1267; ad plebem ~gitur Caecil. *com.*185; horsum ~gunt Ter.*Hec.*450; ~ge quo coepisti: egredere..ex urbe Cic.*Catil.*1.10; in Macedoniam ad Planciumque ~rexi *Planc.*98; ~rexi..Romamque perueni *ad Brut.*1.10.4; prius quam domum ~gerent Sal.*Cat.*44.3; ~ge modo atque hinc te..perfer Verg.*A.*1.389; in Lucanos ~rectum Liv.9.20.9; ignari quo Poenus ~geret 27.39.8; illa (*sc.* stella) quoque ~ge sinistra Luc.8.183; cum e mari redeunt, tropaei (uenti) uocantur, si ~gunt, apogei Plin. *Nat.*2.114; exercitum itinere terrestri ~gere iubet Tac.*Hist.* 2.59; Suetonius..medios inter hostis Londinium ~rexit *Ann.*14.33; (*w. sup.*) nunc, quod occepi, opsonatum ~gam Pl.*Mil.*749; (*fig.*) ut ad eas cursim ~rectura..beata uita.. uideatur Cic.*Tusc.*5.13. **b** ~gam quo coepi hoc iter Ter. *Hec.*194; cum iam Caesar..iter coeptum ~gere coepisset *B.Afr.*69.4; maturauere iter ~gere Sal.*Jug.*79.5; (*in fig. phr.*) si rectum iter ~geret Tac.*Ann.*3.66. **c** inde ~go porro ire in Turtam Cato *orat.*43; post hunc (*sc.* Sagittarium) ..Capricornus uadere ~git Cic.*Arat.*572(326); *Ac.*1.1; conclaue illud ubi erat mansurus si ire ~rexisset *Div.*1.26; obseruans..quo tendere ~gant (aues) Verg.*A.*6.198; postquam ipsi sententia stetit ~gere ire atque Italiam petere Liv.21.30.1; Apul.*Met.*5.26; (*in fig. phr.*) ut illa ire uia ~gant Juv.14.122.

2 (transf. and fig.): **a** (of a line, path, etc.) To run on (to). **b** (of a speech or speaker) to proceed (to a topic, conclusion, etc.). **c** (of abst. things) to go on, lead (to a state). **d** (of conduct, etc.) to go on (to certain lengths).

a neruum quendam..ab eo uno digito..ad cor hominis ~gere ac peruenire Gel.10.10.2; cuniculum ~gentem in Vrsi Iuli Ulp.*dig.*8.5.8.7; 39.3.1.5. **b** ad deliberationis praecepta ~gamus Cic.*Inv.*2.157; uideo..quo ~gat oratio *Rep.*3.44; ad reliqua ~gamus *Flac.*41. **c** disciplinae.. quae ad bene..uiuendum non ~gerent Gel.14.3.5. **d** sic indulgentia ~gat praesidis Ausonii Stat.*Silv.*1.2.174; (possessio) iusta quidem, sed quae non ~gat ad iudicii uigorem Ulp.*dig.*10.3.7.4.

3 To proceed (in a course of action) with the intention or expectation of completing it, go on (with). **b** (in speaking, writing, etc.).

~gite..Bacchae, Bacchico cum scemate Naev.*trag.*31; ~ge, Nox, ut occepisti Pl.*Am.*277; ~ge, ac facile ecfeceris *Bac.*695; ~gite ut facitis Cic.*de Orat.*1.34; *Att.*11.14.3; sin properantius ~geret Sal.*Jug.*8.2; bellum quaerere regem et si ~gat propediem inuenturum Liv.30.42.7; ~ge et magna meditantem opprime Sen.*Her.F.*75;—(*w. inf.*) ex uxore hanc rem ~gam exquirere Pl.*Am.*1015; ~gam pultare ostium *Mos.*936; ~ge facere ita ut facis Ter.*An.*522; ~gin credere? *Ph.*996; quod si ~gunt (uenti) diutius mare uoluere Var.*Men.*471; ~ge..ordine quattuor mihi istas partis explicare Cic.*Part.*28; ~gitisne uos tamquam ex syngrapha agere cum populo? *Mur.*35; ~ge linquere.. specus Catul.61.27; omnis..~git confundere sensus Lucr. 2.946; arma ferunt alii et ~gunt defendere muros Verg.*A.* 12.586; Hor.*Carm.*2.18.16; si malle obsideri ~gat Liv. 25.30.3; silere ~git Sen.*Phaed.*882; (*w. abst. subj.*) si pro portione ~git luxuria crescere Fav.*orat.*1; nec tamen haec ratio facinus defendere ~git Man.4.108;—(*w. sup.*) socios.. defensum conseruatumque ~git Gel.6(7).3.7;—(*w.* ut) nunc ~gam ut..aras expleam Acc.*trag.*298;—(*w. internal acc.*) sic cetera ~gat, si ualet V.Fl.5.630; hanc ipsam epistulam paululum me ~gere non sinunt instantes curae Aur.*Fro.* 2.p.156(106N). **b** ⟨rem⟩ perdis. quin tu ~gis? Pl.*Cas.* 903; ~ge..et caue ne falsam gratiam studeas inire Ter.*Hau.* 302; ~ge..de Caesare Cic.*Brut.*258; ~gam atque insequar longius *Ver.*3.51; ~gite, Pierides Verg.*Ecl.*6.13; si prima repetens ab origine ~gam *A.*1.372; (*ellipt.*) delectarunt me epistulae tuae..~ge reliqua Cic.*Att.*4.11.1; (*w. writings as subj.*) ~gunt cetera post consimili strophe Maur.2803;—(*w. inf.*) ~ge dicere Pl.*Cist.*517; pergin ~gere? *Poen.*433; quod nunc ordiri ~gam Liv.38.12.1;—(*w. acc.*) ne operose animalium genitum ~gam Apul.*Apol.*38.

pergracilis ~is ~e, *a.* [per-+gracilis] Very slender.

longiore caule, sed ~i Plin.*Nat.*25.159.

pergraecor ~ārī, *intr.* [per-+graecor] To behave like a Greek, carouse, make merry.

bibite, ~amini Pl.*Mos.*64; ubi ames, potes, ~ere *Poen.* 603; nunc ruri ~atur Titin.*com.*175; Paul.*Fest.*p.215M.

pergrandescō ~ere, *intr.* [per-+grandesco] To grow very large.

frugis prohibet ~ere Acc.*trag.*440.

pergrandis ~is ~e, *a.* [per-+grandis]

1 Very large, huge (in size, amount, etc.).

~e lucrum facias Pl.*Per.*494; ea erat..~is pecunia Cic. *Ver.*2.20; ex una gemma ~i 4.62; ~e uectigal *Agr.*1.10.

2 *~is natu*, Of very advanced age.

Liv.29.29.6.

pergraphicus ~a ~um, *a.* [per-+graphicvs] Perfectly drawn.

nugator..occessit obuiam, nimis ~us sycophanta Pl. *Trin.*1139.

pergrātus ~a ~um, *a.* [per-+gratvs] Very acceptable or pleasing. **b** *~um facere*, to do a great pleasure.

~am utilitatem debent habere Cic.*Mur.*23; Terentiae ~a est adsiduitas tua *Att.*2.15.4; 5.2.1; id..militibus fuit ~um Caes.*Civ.*1.86.1; legem..~am populo Liv.4.30.3; Plin.*Ep.* 2.7.6;—(*tm.*) quod ad me de Hermathena scribis, per mihi gratum est Cic.*Att.*1.4.3; 5.10.4;—(*of persons*) iuuentuti.. ~us esse dicebatur Liv.41.1.1; amicis ~us Fro.*Aur.*1.p. 244(88N). **b** cum dicerent ~um Atheniensis..sibi fecisse Cic.*de Orat.*2.155; fecisti mihi ~um quod..librum..misisti *Att.*2.4.1; *Amic.*16; (*tm.*) per mihi, per inquam gratum feceris *Att.*1.20.7.

pergrauis ~is ~e, *a.* [per-+gravis] Very serious, very weighty.

leuia sunt quae tu ~ia esse in animum induxti tuom Ter. *Hec.*292; non dubito quin (testes) sint ~es Cic.*Cael.*63.

pergrauiter, *adv.* [prec.+-ter²] Very seriously; with distress, hard.

Galbam..~ reprehendere solebat Cic.*de Orat.*1.227; ~ illum esse offensum *Att.*1.10.2;—id..~ tulit *Fam.*9.25.3.

pergula ~ae, *f.* [pergo-+-vla; cf. Lith. *pirkčia*] Forms: *precula* instanced as a barbarism in Quint.*Inst.*1.5.12.

1 A more or less open attachment to the front of a building, used for trading and other purposes; (sometimes app. constructed as an upper storey).

~a fictorum Lucil.489; locantvr..tabernae cvm ~is svis et cenacvla *CIL* 4.138.4; argentarius..e ~a sua in forum prospexisse dictus Plin.*Nat.*21.8; perfecta opera proponebat in ~a transeuntibus 35.84; dedit collegio aescvlapi et hygiae locvm aedicvlae cvm ~a *CIL* 6.10234.3; in omnibus..~is..imagines uestrae..propositae Fro.*Aur.*1.p.206(74N); cum pictor in ~a..tabulam expositam habuisset Ulp.*dig.*9.3.5.12;—(*used for teaching and sim. professional purposes*) Theogenis mathematici ~am.. ascenderat Suet.*Aug.*94.12; (L. Crassicius) deinde in ~a docuit *Gram.*18(p.114Re); (*meton.*) structor..cui cedere debeat omnis ~a Juv.11.137;—(*for carrying out the business of a brothel*) te ipsam..cras faciam ut deportere in ~am Pl. *Ps.*214; 229; Prop.4.5.70;—(*prov.*) qui in ~a natus est, aedes non somniatur Petr.74.13.

2 A framework supporting a vine or sim. plant, pergola.
ut in iugo singulae (uites) ternas urnas praeberent, in ~is autem..denas COL.3.9.2; illa (*sc.* uitis)..~ae magis quam uineae figuram obtinet 4.21.2; una uitis..inambulationes umbrosis ~is opacat PLIN.*Nat.*14.11; uelocitas (cucumeris) pernix, leui umbra..~as operiens 19.69.

pergulānus ~a ~um, *a.* [prec.+-ANVS] (of a vine, app.) Suited to or growing on a pergola.
has (uites) nuper mihi cognitas, ~am dico et irtiolam COL.3.2.28.

perhauriō ~rīre ~sī ~stum, *tr.* [PER-+HAVRIO] To absorb completely.
mille ~stis ignibus *Aetna* 422.

perhibeō ~ēre ~uī ~itum, *tr.* [PER-+HABEO]
1 To present, bestow, afford, give. **b** *testimonium ~ere*, to bear witness, testify.
operam rei p. fortem atque strenuam ~uit CATO *hist.*83; qui sine eo quem Caecilius suo nomine ~eret facile causam communem sustinerent CIC.*Att.*1.1.4; magnanimitatis ~uit exemplum PLIN.*Nat.*7.93; uerborum honorem tam paruis ~ere 19.59; palma (aeri) Campano ~etur 34.95; quas tibi gratias ~ebo..! APUL.*Met.*6.28; auxilium meo ~ere domino 9.26. **b** ueni mi aduocatus..ut testimonium ~ere possis VAR.*R.*2.5.1; ex animi sententia testimonium ~ere FRO. *Amic.*2.p.170(179N); testimonio tolerantiae..~ito GEL. 12.5.3;—(*w. dat.*) Phidiae Iuppiter Olympius cotidie testimonium ~et PLIN.*Nat.*7.127; ~ere testimonium merentibus PLIN.*Pan.*71.7; ita testor itaque uos Quirites testimonium mihi ~etote *formula* in Gaius *Inst.*2.104;—(*w.* pro) STATVAM QVAE ET IPSI PRO AC⟨TI⟩B SVIS TESTIMONIVM ~ERET *CIL* 11.15.
2 To represent verbally or in one's thoughts (as of a specified character), regard, repute, hold. **b** to name, call.
apud reges rex ~ebor PL.*Rud.*931; minu' ~emur malae quam sumus ingenio *Truc.*452; ~etur iners LUCIL.452; uatem hunc ~ebo optumum CIC.*Div.*2.12; aurea quae ~ent ..saecula VERG.*A.*8.324; dulcissimi ~entur ex omnibus (brassicis) PLIN.*Nat.*19.141; quidam ipsius deae nomen id ~ent TAC.*Hist.*2.3; (*refl.*) litterarum semet inuentores ~ent *Ann.*11.14; (*w. internal acc.*) ~ent si uera coloni STAT.*Theb.* 2.50;—(*w. advl. pred.*) pedibus plumbeis qui ~etur PL.*Epid.* 628; item nos ~eri quam si salsa muriatica esse autumantur *Poen.*240; nec minus est Spartiates Agesilaus ille ~endus CIC.*Fam.*5.12.7; (*w.* ut) ut ~ent uiri PL.*Cist.*66; ut ~ent qui interfuere..sermonibus TAC.*Ag.*45.3;—(*w. acc. and inf.*) fortunam insanam esse..~ent philosophi PAC.*trag.*366; animo male factum cum ~etur aut animam liquisse LUCR. 3.597; te..~ent uariare figuris numen STAT.*Theb.*10.366; mare..~ent ne uentis quidem..attolli TAC.*Ag.*10.6;—(*w. inf.*) montis, qui esse aurei ~entur PL.*St.*25; ~etur..corporis uiribus..tantum ceteris praestitisse CIC.*Rep.*2.4; uictoriae ..nuntii fuisse ~entur *Tusc.*1.28; STAT.*Theb.*4.54;—(*ellipt.*) si modo, quem ~es, pater est Thymbraeus Apollo VERG.*G.*4.323. **b** est locus Hesperiam quam mortales ~ebant ENN.*Ann.*23; id quod nostri caelum memorant, Grai ~ent aethera PAC.*trag.*89; CIC.*N.D.*2.65(transl. Euripides); id quod nos umbram ~ere suemus LUCR.4.369; MELA 1.17.
3 To ascribe, attribute.
inmortalis in eo..diuinitas ~etur Anaximandro PLIN. *Nat.*2.191; cum..ponderosissimo cuique tritico praecipua salubritas ~ita sit 18.104; auctoritas..etiam surdis.. herbis ~ebitur 22.5.

perhiemō ~āre, *intr.* [PER-+HIEMO] To pass the whole winter.
eos (*sc.* sulcos) uacuos ~are patiemur COL.11.3.4.

perhīlum, *adv.* [PER-+HILVM] Very little, hardly at all.
uacillant..tecta, summa magis mediis, media imis, ima ~ LUCR.6.576.

perhonōrificē, *adv.* [next+-E] Very respectfully.
nobiscum hic ~ et peramice Octauius CIC.*Att.*14.12.2.

perhonōrificus ~a ~um, *a.* [PER-+HONORIFICVS] Conveying great honour or respect, highly complimentary.
mihi..~um..discessum meum funus dici rei publicae CIC.*Prov.*45; in me ~us et partium..defensor bonarum *Att.* 1.13.2; consalutatio forensis ~a 2.18.1; ei..~um uidebatur senatui..tantae curae esse salutem suam *Fam.*15.2.5.

perhorrescō ~escere ~uī, *intr., tr.* [PER-+HORRESCO]
1 (intr.) To tremble or shudder greatly.
non solum commoueor animo, sed etiam toto corpore ~esco CIC.*Div.Caec.*41; *Ver.*4.110; totus..~uit orbis Ov. *Met.*1.203; Boreas..excussit pennas, quarum iactatibus.. latum..~uit aequor 6.704; clamore ~uit Aetne 13.877; (*mentally*) inter ipsam..orationem et ~escat necesse est et pudeat tacitus et paeniteat GEL.5.1.3.
2 (tr.) To recoil in terror from, be greatly frightened of. **b** to stand in awe of, dread.
ut eorum frequentiam et consessum..~escat CIC.*Quinct.* 72; nec tamen illud genus..testium ~esco *Cael.*20; neque illius diei memoriam ~escit quo ausus est..populum..ad seruitutem cohortari? *Phil.*13.31; genus belli crudelissimi.. ~ui *Att.*9.10.2; nauita Bosphorum..~escit HOR.*Carm.* 2.13.15; ne..uelut moram rei ~escant QUINT.*Inst.*12.11.9; ita gaudeas periculo liberatam, ut simul, quod periclitata sit, ~escas PLIN.*Ep.*8.11.1; si..contactum..laticis uitarem ac ~escerem APUL.*Met.*9.3; (*w. inf.*) ~ui late conspicuum tollere uerticem HOR.*Carm.*3.16.18; poenam..quam.. exigere ~uissent V.MAX.6.3.2; (*w.* ne) ne quod accipiat famae uolnus ~escit CIC.*Rab.Perd.*fr.36. **b** tu imagines ipsas non ~escis? CIC.*de Orat.*2.226; hanc tu..religionem.. ne nunc quidem..~escis? *Ver.*4.78; tuam maiestatem ~escunt aues APUL.*Met.*11.25.

perhūmāniter, *adv.* [next+-TER²] Very kindly.
scripsit ad me Caesar ~ CIC.*Fam.*7.8.1.

perhūmānus ~a ~um, *a.* [PER-+HVMANVS] Very kind, very sympathetic.
epistulae, quia ~a erat, tibi misi exemplum CIC.*Att.*16.12; mecum sermonem habuit..~um de discordiis mulierum nostrum *Q.fr.*2.5.2.

periaciō ~ere, *tr.* [PER-+IACIO] To throw the whole distance.
quia ~i telu⟨m pote⟩rat angusto intr⟨oitu⟩ SAL.*Hist.*3.5.

Periander (~dros) ~drī, *m.* Periander, tyrant of Corinth *c.* 625–585 B.C., one of the Seven Sages of Greece.
~dre (*voc.*) *Inc.poet.*p.137(Hyg.*Fab.*221.2); rex Corinthi ~der GEL.16.19.4; ~dro regi GEL.16.19.17.

periboētos ~on, *a.* [Gk. περιβόητος] Celebrated.
Praxiteles..fecit..Satyrum, quem Graeci ~on cognominant PLIN.*Nat.*34.69.

pericarpum ~ī, *n.* [cf. Gk. περικάρπιον 'seed-case'] (Said by Pliny to be a kind of bulb, but cf. etym.)
PLIN.*Nat.*25.131.

Periclēs ~is, *m.* FORMS: acc. *~em*; *~ēn* V.MAX.3.1.ext.1; *~eā* QUINT.*Inst.*3.1.12, 12. 10.24; gen. *~ī* CIC.*Fin.*5.5; voc. *~ē* *Off.*1. 144. The famous Athenian statesman, *c.* 495–429 B.C.
~es ille et auctoritate et eloquentia et consilio princeps ciuitatis suae CIC.*Rep.*1.25.

perīclitābundus ~a ~um, *a.* [PERICLITOR+-BVNDVS] Testing, making trial of.
(*w. acc.*) punctu pollicis extremam aciem (sagittae) ~a APUL.*Met.*5.23; uoluntatem meam uerbis inuersis ~us *Apol.*72; (*w. gen.*) iam sui ~a paulatim terra resultat, mox.. totis alis euolat *Met.*3.21.

perīclitans ~ntis, *m., (f.).* [pple. of PERICLITOR] (leg.) A person standing trial, defendant.
causae ~ntis argumentum adiecit V.MAX.8.10.3; ut innocentiae faueat et..non minorem agi rem ~ntis quam iudicis sciat SEN.*Cl.*1.20.2; QUINT.*Inst.*6.1.21; ne quis.. iuuaret ~ntem maiestatis crimina subdebantur TAC.*Ann.* 3.67; uisa est..res digna consultatione, maxime propter ~ntium numerum PLIN.*Ep.Tra.*10.96(97).9.

perīclitātiō ~ōnis, *f.* [next+-TIO] An experiment, test.
quarum utilitates..~one percepimus CIC.*N.D.*2.161.

perīclitor ~ārī ~ātus, *tr., intr.* [PERICVLVM+-ITO]
1 To put to the proof, try out, test, sound. **b** (w. inf.) to risk the consequences of (doing something).
~atus sum animum tuom quid faceres PL.*Am.*914; claustra foribus inposita ~antur SIS.*hist.*84; quam facile factu sit, ~ari licet CIC.*Inv.*1.76; ~andae uires ingeni *de Orat.*1.157; homines..in proeliis, non in conuiuiis belli fortunam ~ari solent *Ver.*5.132; quid nostri auderent ~abatur CAES.*Gal.*2.8.1; satis ~atus uoluntates hominum LIV.6.15.1; uersari..in rebus comminus noscendis ~andisque GEL.13.8.2; an iam sim mansuetus ~antur APUL.*Met.* 9.3; (*pple. in pass. sense*) ~atis moribus amicorum CIC. *Amic.*63; (*absol.*) ut mihi non sit difficile ~ari *de Orat.*3.146. **b** potius ~ari uolui..Lepidum tueri..quam nimis cautus uideri PLANC.*Fam.*10.18.3.
2 To expose to danger or hazard, endanger, risk.
non est saepius in uno homine summa salus ~anda rei publicae CIC.*Catil.*1.11.
3 (w. inf. or *ne*) To risk, run the danger of (a consequence).
~abatur..tragoediam euertere PETR.140.6; omnia..quae secari ~entur PLIN.*Nat.*26.112; summa (uox) rumpi ~atur QUINT.*Inst.*11.3.42; ~etur exhauriri (lacus) TRA.*Plin.Ep.* 10.62(70);—neque enim eam ~ari, ne eam pecuniam perdat JULIAN.*dig.*16.1.16.
4 (intr.) To be in danger or jeopardy, run a risk. **b** to be in danger, be at risk (in a stated respect). **c** to be in danger (from an actual or possible source of harm).
ut potius in siluis Gallorum uita quam legionarius miles ~etur CAES.*Gal.*6.34.8; si esset in perficiendis pontibus ~andum 7.56.1; in bellis ~atus magnas res..gesserat *B.Alex.*43.1; fortunam publicam et maiestatem imperii, quae tum in tuo capite ~abantur LIV.28.42.21; ~atur.. qui..cibum incontinenter..adsumit CELS.1.3.2; ~atur magnitudo principum PHAED.4.7.12; militis..in acie ~antis CURT.7.1.22; qui perdere alios quam ~ari ipsi maluerunt TAC.*Hist.*4.42; ego ambio, ego ~or PLIN.*Ep.*6.6.9;—(*transf.*) ut res proponatur, uerba non ~entur QUINT.*Inst.*7.3.17; in iuuenibus (*sc.* oratoribus)..uberiora paulo et paene ~antia feruntur 11.1.32. **b** (*w. abl.*) ne praesidio etiam ~aretur haud facili inde receptu LIV.29.7.2; quid aliud quam ingenii fama ~arer? 40.15.12; ~ari partu PLIN.*Nat.* 32.133; probandum est aut causa ~andum QUINT.*Inst.* 7.2.12; omnibus..~or bonis *Decl.*347(p.367,l.15); (*w. gen.*) me..capitis ~atum memini APUL.*Met.*8.31; (*w.* in+*abl.*) minus quam cetera frumenta in stipula ~atur (siligo) PLIN. *Nat.*18.91. **c** (*w. abl.*) feminae..abortu ~antur CELS. 2.1.14; quod nimis adstrictum est, cancro ~abitur 5.26.24.B; in iis ulceribus, quae uermibus ~entur PLIN.*Nat.*30.114; nec infirmissimae arbores gelu ~antur 17.217; (*w.* ex) ~antibus ex canis rabiosi morsu 32.54.
5 (spec.) **a** To stand one's trial. **b** to be at risk (in respect of a specified sum).
a hic aduocat, hic adest, ille ~atur, ille defendit SEN. *Dial.*10.2.4; (*transf., of a miscreant slave*) peccatum..propter quod ~aretur PETR.30.7. **b** (*w. abl.*) actio certae creditae pecuniae propter sponsionem, qua ~atur reus, si temere neget GAIUS *Inst.*4.13; (*w. gen.*) quanti plurimum auctorem ~ari oportet ULP.*dig.*19.1.11.9.

perīclum: see PERICVLVM.

periclymenon ~ī, *n.* [Gk. περικλύμενον] (prob.) Honeysuckle.
PLIN.*Nat.*27.120.

Periclymenus ~ī, *m.* A brother of Nestor and one of the Argonauts.
Ov.*Met.*12.556; HYG.*Fab.*10.2; 14.14.

perīculor ~ārī ~ātus. [PERICVLVM+-O³] app. = PERICLITOR.
~atus sum CATO *orat.*119.

perīculōsē, *adv.* *compar.* ~ius, *superl.* ~issimē. [next+-E]
1 Dangerously, at one's peril; in a manner involving danger to others; in circumstances of danger.
sciunt ~e se nauigare VAR.in Serv.*A.*1.108; si uel ~e experiundum erit, experiar CIC.*Att.*9.10.3; eum per scelus occupata ~ius dimissurum SAL.*Hist.*1.55.7; (hoc schema) ~e ponitur; nam aut mire ineptum aut uehementer iucundum auribus accidere consueuit RUT.LUP.1.17; quod homines et ~issime et libentissime faciunt SEN.*Dial.*5.22.2; fera ~e capta *Ep.*89.22;—id..in febre ~e datur CELS.5.25.5; si quid in his partibus aedium ~e positum esset ULP.*dig.*9.3.5.7;—hominis..~e aegrotantis CIC.*Att.*8.2.3; CELS.7.19.3.
2 At the risk of error.
edictum tuum..quo ~e scripseris uel indigna defecto aliquo libro FRO.*Aur.*2.p.112(161N); Celsus ait ~e esse ex persona rei hoc metiri ULP.*dig.*5.1.61.

perīculōsus ~a ~um, *a.* [next+-OSVS]
1 (of actions, events, situations, etc.) Causing or bringing danger (physical or otherwise), dangerous, hazardous. **b** (of persons, places, objects, etc.) **c** (of periods of time, conditions, etc.) full of danger.
est interdum praestare mercaturis rem quaerere, nisi tam ~um sit CATO *Agr.*pr.1; nihil..erat ~ius nec turpius CIC. *Clu.*85; contra ~as hominum potentias *Cael.*22; hoc sperare licet, iudicare ~um est *Q.fr.*1.1.15; continendi a ~issimis.. dimicationibus *B.Alex.*22.2; ut transeundum superius iter.. esset ~um *B.Hisp.*30.2; ~ae plenum opus aleae HOR.*Carm.* 2.1.6; ~as libertati opes LIV.2.41.2; ~ae libidinis 3.61.4; ~am fecit medicinam lupo PHAED.1.8.9; ~iores sunt inimicitiae iuxta libertatem TAC.*Ger.*21.1; fugientibus ~issima quae hodie prosperrima sunt *Ag.*33.5; ~a est actio certae creditae pecuniae GAIUS *Inst.*4.13; (*abl. absol.*) iuxta ~o ficta seu uera promeret TAC.*Ann.*1.6;—(*of morbid conditions, illnesses*) in morbum grauem ~umque incidit CIC.*Clu.*198; ~is uolneribus *Phil.*14.26; cum illa (*sc.* febris) ~issima est CELS.3.6.1; LARG.118; ~a ualetudine ipse..conflictatus FRO. *Amic.*2.p.242(187N); cicatricem..~am ULP.*dig.*21.1.14.10. **b** insula..satis lato a Sicilia mari ~oque diiuncta CIC. *Ver.*4.103; ~um rei publicae..exercitum *Phil.*10.17; fuissemus..in nosmet ipsos..paene ~i *Att.*13.27.1; saxa inter et alia loca ~a CAES.*Civ.*3.6.3; appetens nox ~a et suspecta omnia..faciebat LIV.10.42.1; ~am..expositum saliuam *Priap.*26.11; natura..ne ~os quidem fecit (deos) SEN.*Ep.*95.49; MART.12.59.8; (*transf.*) ~issimum locum (*sc.* orationis) silentio sum praeteruectus CIC.*Phil.*7.8. **c** totam uitam ~am..reddemus CIC.*Ver.*1.38; illis ipsis rei publicae ~issimis temporibus *Red.Pop.*15; potior..uisa est ~a libertas quieto seruitio SAL.*Hist.*1.55.26; ~issimus annus LIV.27.35.5; saluberrimum uer est..~ior..aestas, autumnus longe ~issimus CELS.2.1.1.
2 (of an argument, etc.) Involving danger of error or misunderstanding, hazardous.
uenit ad soritas, lubricum sane et ~um locum CIC.*Luc.*92; ~a consuetudo *N.D.*3.62; sensum dictu ~um FRO.*Aur.*2. p.70(148N); (quaestio) res est..~a et quae ueritatem fallat ULP.*dig.*48.18.1.23.

perīculum ~ī, *n.* Also **perīclum.** [**perior* (as in *experior*, cf. Gk. πεῖρα, etc.)+-CVLVM²] FORMS: *periclum* regular in the comedians and freq. in later poets, e.g. LUCR.1.580; HOR. *Carm.*3.25.18; PROP.2.27.6; SEN.*Oed.*971; SIL. 1.13.
1 (usu. in phr. *~um facere*) Test, trial, proof.
miser est homo qui amat!..scio qui ~um feci PL.*As.*617; istaec lepida sunt memoratui: eadem in usu atque ubi ~um facias aculeata sunt *Bac.*63; em eunuchum tibi.. numquid habes quod contemnas?..fac ~um in litteris, fac in palaestra TER.*Eu.*476; *Ph.*326; quid potes? quo tempore ..non modo ceteris specimen aliquod dedisti, sed tute tui ~um fecisti? CIC.*Div.Caec.*27; qui ~um fortunae cotidie facit *Phil.*5.14; ut in aequum locum descenderent legionumque ~um facerent *B.Afr.*79.1; optatius habent ex tua calamitate ~um libertatis facere SAL.*Rep.*2.4.3; leuibus proeliis equitum saepius quam peditum..~um factum LIV. 9.27.4; utrisque..cunctantibus ~um summae rerum facere 25.39.18; perit fortitudo, quae ~um facere debet sui SEN. *Ep.*74.13; TAC.*Hist.*4.71; GEL.9.15.5; (*w. indir. qu*) uolo ~um facere, an id quod non didici facinus obsecundet mihi

AUR.*Fro*.1.p.18(252N);—(*without* facere) nec (Psyche).. apud dominam (*i.e. Venus*) saltem secundi laboris ~um secundum testimonium meruit APUL.*Met*.6.13.

2 Liability to harm, danger. **b** (w. gen. of person or thing endangered). **c** (w. gen. of thing feared). **d** (w. *ne* or acc. and inf.).

dic, quo in ~o est meu'..filius? PL.*Bac*.830; (uinum) sine ~o aluum mouebit CATO *Agr*.114.2; maiores nostri..plura peccatis ~a proposita esse uoluerunt CIC.*Clu*.154; nauigationum, laborum, ~orum meorum socius *Fam*.13.71; erat magni ~i res tantulis copiis..dimicare CAES.*Gal*.5.49.6; quod nisi fecerit, se..in ~um esse uenturum *Civ*.1.17.2; propter affinitatem P. Sulpicii, qui tribunus pl. interfectus est, non expers fuit illius ~i NEP.*Att*.2.1; hostis..contumeliis saepius quam ~o animos agitabat LIV.2.48.7; P. Scipionem..~um maius ab nouo hoste urgebat 25.34.1; hostibus in mediis interque ~a uersor OV.*Pont*.1.2.13; (Ti. Gracchus) in..anceps ~um adduxit rem publicam VELL. 2.2.3; (sanguis) nisi..supprimatur, ~um adfert LARG.46; dilata..arma, ut..Corbulo meritae tot per annos gloriae non ultra ~um faceret (*i.e. put it in jeopardy*) TAC.*Ann*.15.6; —(*pred. dat.*) pulchritudo ~o, amplitudo saluti fuit CIC. *Ver*.4.110;—(*w. gen. denoting source of danger*) neque.. effugit magnae fortunae ~a TAC.*Ann*.4.13; ne ultimae quidem sortis hominum conspiratione et ~o caruit SUET.*Aug*. 19.1;—(*applied to the crisis in a fever*) (uinum) non dandum in febri..nisi declinante morbo; in acutis uero ~is nullis nisi qui manifestas remissiones habeant PLIN.*Nat*.23.48;—(*w. ref. to daring use of words*) opus esse..sententiis grandibus, quarum optima quaeque a ~o petatur QUINT.*Inst*. 2.11.3; ex his (*sc. expressions*)..quae audaci et proxime ~um translatione tolluntur 8.6.11;—(*meton.*) Icarus..ignarus sua se tractare ~a..pollice ceram mollibat OV.*Met*.8.196. **b** de ~o salutis ac libertatis loquor CIC.*Agr*.1.21; de sua potentia dimicant homines..~o ciuitatis *Att*.7.3.4; capitis ~um adire NEP.*Timoth*.4.3; Verginiam..cuius pudicitiae.. ~um esset LIV.3.61.4; saepe uitae ~um sequitur CELS. 8.9.1; LARG.100; me..plagis obtundit adusque uitae ipsius ~um APUL.*Met*.4.3;—(*gen. replaced by poss. or other adj.*) capitali ~o per praedones plurumos me seruaui PL.*Trin*. 1088; experti..sunt Romani Macedonem hostem..non modo cum clade ulla sed ne cum ~o quidem suo LIV.9.19.14; parce meo..temerarius esse ~o OV.*Met*.10.545. **c** neque bellum eius modi neque belli ~um fuit in Sicilia CIC.*Ver*. 5.42; quis nauigauit qui non se aut mortis aut seruitutis ~o committeret..? *Man*.31; non dantes..in carcerem conicie-bant; cuius rei ~um uitantes plerique in exsilium abierunt LIV.25.4.11; SEN.*Ep*.79.7; qui (*sc.* senex) post orbitatis ~um ..pater repente factus est APUL.*Met*.10.12. **d** hau ~um est cardines ne foribus ecfringantur PL.*As*.388; *Ps*.289; uenit in ~um ne et ea quae ei relicta, et haec quae ab ipso parta sunt amittat CIC.*Mur*.55; ~um est ne opprimamur *Phil*.13.16; CATUL.61.83; NEP.*Them*.3.3; ~um..ingens manet..ne libera efferatur res publica LIV.24.22.17; ut in ~o essent ne suspensi in murum extraherentur 28.3.7;— nullumst ~um te hinc ire inpransum domum PL.*Rud*.144.

3 (spec. applied to the situation of a defendant or plaintiff).

meus labor in priuatorum ~is caste integreque uersatus CIC.*Man*.2; coloni decurionesque..beneficium P. Sesti testimonio declarant, ~um decreto suo deprecantur *Sest*.9; Phrynen non Hyperidis actione..sed conspectu corporis.. putant ~o liberatam QUINT.*Inst*.2.15.9; non..eandem esse condicionem..litium ac disputationum..praeceptorum et ~orum 10.1.36; imponentium (*sc. advocates*) ~is pretia.. negotiatio 12.7.11; bonos..otio..sepultos non nisi delationibus et ~is in lucem ac diem proferebant PLIN.*Pan*. 45.2;—(*w.* capitis) ~um capitis inferre multis CIC.*Off*.2.50.

4 Responsibility for the damage or loss resulting from an action, liability. **b** *meo ~o*, so as to take the responsibility myself, at my own risk (and sim.). **c** *bono ~o*, with small risk, safely.

uis amare, uis potiri..tuom esse in potiundo ~um non uis TER.*Hau*.323; ubi illa consuetudo in bonis..uendundis.. ut optima condicione sit is cuia res sit, cuium ~um? CIC. *Ver*.1.142; publicum ~um erat a ui tempestatis in iis quae portarentur ad exercitus LIV.25.3.10; si me rogaueris, ut seruum tibi cum lance commodarem et seruus lancem perdiderit, Cartilius ait ~um ad te respicere ULP.*dig*.13.6.5.13; si quis tutor quidem non sit, ~um tamen tutelae ad eum pertineat PAUL.*dig*.23.2.60;—(*pred. dat.*) impingit mihi epistulam Scaptius Bruti rem illam suo ~o esse CIC.*Att*. 6.1.6; Labeo..peculatum definit pecuniae publicae.. furtum non ab eo factum, cuius ~o fuit PAUL.*dig*.48.13.11 (9).2. **b** mea fiducia opu' conduxi et meo ~o rem gero PL.*Bac*.752; suo ~o is emat qui eam mercabitur *Per*.524; *Trin*.858; nauem..sumptu ~oque suo armatam atque ornatam CIC.*Ver*.5.50; quia tuo ~o iubeam libros dari Varroni *Att*.13.25.3; coniciamus nos in balneum, meo ~o, non paenitebit PETR.72.3; peto des ei nummos fide et ~o meo MARCEL.*dig*.46.1.24. **c** possem..bono ~o uel his dictis contentus perorare APUL.*Apol*.28; 57; cui bono ~o totam domus fortunam concrederet 72; (*cf.*) eum nostra lingua..haud sciam an bono, certe quidem meo ~o poteris Genium uocare *Soc*.15.

peridōneus ~a ~um, *a.* [PER-+IDONEVS] Very suitable, very well-fitted.

(*w. dat.*) locus ~us castris CAES.*Civ*.2.24.2; delegerat Iulium Postumum..consiliis suis ~um TAC.*Ann*.4.12; uisus..est ~us praeceptor, maxime ad poeticam tendentibus SUET.*Gram*.11(p.109Re); uidebatur sibi ~um maritum matri repperisse, cui..domus fortunam concrederet APUL. *Apol*.72; (*w.* ad) gentis ad furta belli ~ae SAL.*Hist*.1.112.

perierō: see PEIERO.

perignārus ~a ~um, *a.* [PER-+IGNARVS] Completely ignorant.

hi locorum ~i SAL.*Hist*.3.102.

perihodos ~ī, *f.* [Gk. περίοδος]

1 The circuit of the four great athletic contests.

~on uicisse dicitur, qui Pythia, Isthmia, Nemea, Olympia uicit FEST.p.217M.

2 (rhet.) A group of words organically related in grammar and sense, period.

habet ~os membra minimum duo QUINT.*Inst*.9.4.125; sunt..sine respiratione quaedam morae etiam in ~is 11.3.39; tam longas..~os uno spiritu..contorquent (Graeci) PLIN.*Ep*.5.20.4; ~os dicitur et in carmine lyrico pars quaedam et in soluta oratione uerbis circumscripta sententia FEST.p.217M.

perileucos ~ī, *f.* [Gk. περίλευκος 'white around'] An unidentified precious stone.

PLIN.*Nat*.37.180.

Perillēus ~a ~um, *a.* Of or belonging to Perillus.

aere ~o ueros imitere iuuencos OV.*Ib*.435.

Perillus ~ī, *m.* A sculptor who made for the tyrant Phalaris a brazen bull in which to roast people alive.

gemere in tauro, saeue ~e, tuo PROP.2.25.12; OV.*Ars* 1.653; PLIN.*Nat*.34.89.

perillustris ~is ~e, *a.* **-inl-.** [PER-+ILLVSTRIS] Held in great honour; very noteworthy.

Laodiceam..uenimus. ibi morati biduum ~es fuimus CIC.*Att*.5.20.1;—tantum afuit a cupiditate pecuniae, ut nulla in re usus sit ea nisi in deprecandis amicorum..incommodis. quod..sub ipsa proscriptione ~e fuit NEP.*Att*.12.3.

perimbēcillus ~a ~um, *a.* **-inb-.** [PER-+IMBECILLVS] Very weak, very delicate.

~um..id (*sc.* collum), ut caput molle VAR.*R*.3.10.5; quod ..est natum ~um est CIC.*Att*.10.18.1.

Perimēdaeus ~a ~um, *a.* Of or belonging to Perimede, app. the daughter of Aeolus, king of Thessaly.

~ae gramina cocta manus PROP.2.4.8.

perimetros ~ī, *f.* [Gk. περίμετρος] A circumference, perimeter.

quam magna (theatri) futura est ~os imi VITR.5.6.1; omnis..modulus colligitur aut diametro aut ~o aut areae mensura FRON.*Aq*.26; 46.

perimō ~imere ~ēmī ~emptum, *tr.* Also **peremō.** [PER-+EMO]

1 To reduce to nothing, destroy, annihilate; esp. **b** to deprive of life (esp. by violent means), kill.

diuom simulacra ~emit fulminis ardor CIC.*Cons*.fr.2. 41; magno quaesita labore..~imunt imbres gelidaeque pruinae LUCR.5.216; cum uetustas non opera solum manu facta, sed etiam ipsam naturam paulatim exedendo ~imat CURT.5.1.34; si ea (*sc.* nauis) naufragio ~empta est GAIUS *dig*.6.1.36.1; runcandus est (locus), ne alterius generis herba inualidam Medicam ~imat COL.2.10.27; (*a nation*) quo sacra..~emptae gentis..abire iubes? STAT.*Theb*.7.178; —(*poet.*) claram speciem..luna abdidit et subito stellanti nocte ~empta est CIC.*Cons*.fr.2.19. **b** ubi tam teneros uolucres matremque ~emit CIC.*poet*.22.17(*Div*.2.64); nec uidet in uera nullum fore morte alium se qui possit uiuus sibi se lugere ~emptum LUCR.3.886; plagis..~empto (uitulo) tunsa per integram soluuntur uiscera pellem VERG. *G*.4.301; hanc uictimam manibus ~emptorum foede ciuium dabo LIV.22.6.3; ex illis aliquis, quos inpia laesi, me ~imat! OV.*Met*.8.129; MAN.4.82; multo..igne percalefacto cubiculo se inclusum ~emit V.MAX.9.12.4; animos..proelio.. ~emptorum aeternos putant TAC.*Hist*.5.5; ipsum (Germanicum)..ueneno ~emisse *Ann*.3.13; PLIN.*Ep*.8.14.12; quis hanc hostiam ~imet..? CALP.*Decl*.44; (*masc. of pf. pple. as sb.*) tumulis mandare ~emptos CIC.*poet*.28.3(*Tusc*. 3.65); obsita erat squalore uestis, foedior corporis habitus.. macie ~empti LIV.2.23.3; ~emptorum cadauera APUL.*Met*. 3.8; (*in imagination*) declamare doces: o ferrea pectora Vetti, cum ~imit..classis numerosa tyrannos JUV.7.151; —(*w. cause of death as subj.*) in rabiem..tam paruae ~imentis uersi pestis prosternunt corpora 38.21.11; neque acutum dici potest (*sc.* genus morbi), quia non ~emit CELS.3.1.3; conceptum ex equo secutus asini coitus abortu ~imit PLIN.*Nat*.8.172; illum..nimia uirtus sua ~emit APUL.*Met*.4.8.

2 To put an end to, destroy (a state of affairs, feeling, or other immaterial thing). **b** to destroy the chance of, prevent. **c** to make of no effect, cancel out, annul.

si ludi..non intermissi sed ~empti atque sublati sunt CIC.*Har*.23; nec..potest esse miser quisquam sensu ~empto *Tusc*.1.89; nisi aliqui casus..eius consilium ~emisset *Off*. 3.33; tristis ostenti..est, praeterquam in..metu; tunc enim ~emit curas PLIN.*Nat*.11.190; ut tam dirae factionis funditus formido ~ematur APUL.*Met*.3.8;—(*legal rights, claims, or sim.*) nomen agnationis capitis deminutione ~imitur GAIUS *Inst*.3.21; re in iudicium deducta et per exceptionem ~empta 4.123; si qua militi accusatio competat tempore, quo rei publicae operam dedit, non~emitur ULP.*dig*.4.6.40; nouata..debiti obligatio pignus ~emit 13.7.11.1. **b** neuter triumphauit, quod alteri illum honorem conlega, alteri mors ~emit CIC.*Pis*.62; sin..uis..maior reditum ~emisset *Planc*.101; ~emere Cincius in libro de uerbis priscis ait significare idem, quod prohibere FEST.p.214M. **c** si qua particula in eo saltu..aratur, ea res non ~emit nomen saltus GAL.*gram*.6; sententiae duae collatis uiribus nouissimam ~iment PLIN.*Ep*.8.14.17; quod donationem aut ~emat aut confirmet JAVOL.*dig*.24.1.20; exsistente condicione legatum ~emitur GAIUS *dig*.30.68.2;—(*omens, etc.*) magistratus nihil audent imperare, ne quid consul auspici ~emat CATO *Mil*.4(J); ut..praecinat..an (uentura fulgura) ~emptura sint..prius alia facta PLIN.*Nat*.2.141; FEST.p. 245M.

perimpedītus ~a ~um, *a.* [PER-+IMPEDITVS] Full of obstacles.

haec..eum causa tardauit, quod erat locus..~us *B.Afr*. 58.5.

perinānis ~is ~e, *a.* [PER-+INANIS] Quite valueless.

magnum, sed ~e (*v.l.* semper inane) sophos MART.1.76.10.

perinbēcillus: see PERIMBECILLVS.

perincertus ~a ~um, *a.* [PER-+INCERTVS] Very doubtful.

(*w. indir. qu.*) Cn. Lentulus..~um stolidior an uanior, legem..promulgauit SAL.*Hist*.4.1.

perincommodē, *adv.* [next+-E] Very inopportunely.

accidit ~ quod eum nusquam uidisti CIC.*Att*.1.17.2.

perincommodus ~a ~um, *a.* [PER-+INCOMMODVS] Very unfavourable or disadvantageous.

nebula..perfudit omnia; quae..~a regiis erant LIV. 37.41.3.

perinconsequens ~ntis, *a.* [PER-+IN-²+pple. of CONSEQVOR] Very illogical or inconsistent (in quot., tm.).

per..inconsequens..habitum..aeris..non eundem manere, in hominum autem negotiis stellas istas opinari idem semper ostendere GEL.14.1.10.

perinde, *adv.* [PER-+INDE]

1 (correl. to *ut, prout, atque*, etc., indicating the coincidence of two circumstances, events, etc.) According to the manner or degree (in which), just (as), according (as). **b** (without cl.) in a corresponding manner or degree. **c** (pregn.) *non* (etc.) ~, not in the degree one might have expected, not particularly.

(*w.* ut) ut quoique homini res paratast, ~ amicis utitur PL.*St*.520; haec (bona) ~ sunt ut illius animus qui ea possidet TER.*Hau*.195; ~ ut opinio est de cuiusque moribus, ita quid ab eo factum..sit existimari potest CIC. *Clu*.70; ~ ut causa postulat dicere *Luc*.31; ~ omnes res ..adpetuntur, ut earum rerum usus est SAL.*Rep*.2.8.3; LIV.7.6.8; duritiam lenitatemque multarum ex..aequo, ~ ut adficeretur, moderatus est SUET.*Cl*.14;—(*w.* prout) (principes) meminerint ~ coniecturam de moribus suis homines esse facturos, prout hoc uel illud elegerint PLIN. *Pan*.20.6;—(*w.* utcumque) ~ utcumque temperatus sit aer, ita pueros orientis animari CIC.*Div*.2.89;—(*w.* atque *or* ac) languet iuuentus nec ~ atque debebat in..gloriae cupiditate uersatur *Pis*.82;—(*w.* qualis) quales..experiundo cognorit, ~ operae eorum pretium faceret LIV.27.17.14. **b** artem..et operosam et ~ fructuosam CIC.*Fin*.1.72; Mithridates corpore ingenti, ~ armatus SAL.*Hist*.2.77; ut uiseret agros cultaque ab incultis notaret et ~ dominos laudaret castigaretque LIV.27.8.18; utilissimum munus, sed non ~ populare PLIN.*Ep*.1.8.12; arbitraturus, quantum sit in facultatibus, ut ~ possint alimenta moderari ULP.*dig*. 25.3.5.25. **c** possessione (*sc. of precious metals*)..haud ~ adficiuntur TAC.*Ger*.5.4; Graecorum annalibus ignotus.. Romanis haud ~ celebris *Ann*.2.88; coxendice et femore et crure sinistro non ~ ualebat SUET.*Aug*.80; Drusus..remissioris..uitae erat. itaque (Tiberius) ne mortuo quidem ~ adfectus est *Tib*.52.1; *Gal*.13.1.

2 (correl. to *atque, ut*) In the same way (as). **b** (w. *quasi, ac si* and sim. compar. cls.) just (as if); (sts. used in giving an assumed reason). **c** (without cl.) in the same way, similarly, likewise.

(*w.* ac) uereor ut hoc..~ intellegi possit auditu atque ipse cogitans sentio CIC.*Marc*.12; numero (*sc.* tribunorum).. additos tres, ~ ac duo antea fuerint LIV.2.58.1; tamquam ~ animis imperare posset ac linguis CURT.8.5.5; Claudio.. funeris sollemne ~ ac diuo Augusto celebratur TAC.*Ann*. 12.69; rhetorica..apud nos ~ atque grammatica sero recepta est SUET.*Rhet*.1(p.119Re);—(*w.* ut) (medii dii) in aeris plagis..~ uersantur, ut in quaque parte naturae propria animalia APUL.*Soc*.7. **b** (*w.* quasi) apsentis uiros ~ habetis quasi praesentes sient PL.*St*.100; CIC.*Tusc*.3.62; quem..in lectulo ~ quasi ipsum regem aegrum conlocauit V.MAX.9.14.ext.1; TAC.*Ann*.4.22;—(*w.* ac si, atque si) quae perdifficilia sunt, ~ habenda saepe sunt ac si effici non possint CIC.*Part*.84; ~ ac si (Hannibal) Alpes iam transisset, Boii..defecerunt LIV.21.25.2; CELS.3.18.6; omnia obiecta.. ~ atque si facta sint fatebor APUL.*Apol*.28; (*rptd.*) ~ ac si in hanc formulam omnia iudicia..comprehensa sint, ~ dicemus CIC.*Q.Rosc*.15;—(*w.* quam si) ius iurandum ~ aestimandum quam si Iouem fefellisset TAC.*Ann*.1.73;—(*w.* tamquam) fieri..~ uidemus corpore tum plagas in nostro tamquam aliquae res uerberet LUCR.4.262;—(*w.* atque *or* ac) ~ ac motus dictis eorum cum collega se communicaturum respondit LIV.9.14.2; 34.12.4; quod ipsi libuisset ~ atque pluribus idem uideretur pronuntiabat SUET.*Nero* 15.1;—(*giving an assumed reason, w.* quasi) (Archimedes) ~ quasi neglegens imperii uictoris obtruncatus V.MAX.8.7. ext.7; 9.6.1;—(*w.* ac) L. Scipio..~ ac pecuniam ab eo accepisset, damnatus est 8.1.damn.1; 3.8.ext.6. **c** quantae tum scindunt hominem..curae quantique ~ timores? LUCR.5.46; si ~ cetera processissent LIV.8.17.10; PLIN.*Nat*. 7.55; gens..corporum mole, ~ armis ingentibus..terribilis FLOR.*Epit*.1.7(1.13.4); quae (*sc. a code*) si quis..persequi uelit, quartam..litteram, id est D pro A et ~ reliquas commutet SUET.*Jul*.56.6.

3 (correl. to cls. w. *ac, quam*) To an equal degree (as), as much (as). **b** (without cl.) as much, equally.

(*w.* ac) uestes leporino pilo..tactu non ~ molli ut in cute PLIN.*Nat*.8.219; studia exercitus raro cuiquam bonis artibus quaesita ~ adfuere quam huic per ignauiam TAC.*Hist*.3.86;

credebatur..haud ~ exitium Antistio quam imperatori gloriam quaeri *Ann.*14.48; 15.21; desiderium absentium nihil ~ ac uicinitas acuit PLIN.*Ep.*6.1.1; si ~ sine iudicio adoptentur liberi ac nascuntur *Pan.*7.7;—(*w.* quam) si hoc ~ curae est tibi quam illud mihi *Ep.*6.8.9; nulla..re ~ commotus est quam responso..mathematici SUET.*Dom.*15.3. **b** pluuias nuntiant (*sc. double rainbows*), a pluuiis serenitatem non ~ certam PLIN.*Nat.*18.353; non Philippum Atheniensibus, non Pyrrhum..populo Romano ~ metuendos fuisse TAC.*Ann.*2.63; (adulatio) moribus corruptis ~ anceps, si nulla et ubi nimia est 4.17; ~ in foro, in conuiuio..incusabantur 6.7; debere te..~ meis ac tuis partibus fungi PLIN.*Ep.*5.7.5; *Pan.*19.3; senatus non ~ omnes prouincias probe gerere poterat POMPON.*dig.*1.2.2.11.

perindignē, *adv.* [PER-+INDIGNE] With great indignation.
tulit..~ actum in senatu, ut.. SUET.*Tib.*50.2.

perindulgens ~ntis, *a.* [PER-+INDVLGENS] Very indulgent.
qui ~ns in patrem, idem acerbe seuerus in filium CIC.*Off.* 3.112.

perinfāmis ~is ~e, *a.* [PER-+INFAMIS] Very notorious.
(*w. abl.*) uir..amore libertinae ~is SUET.*Vit.*2.4; (*w. gen.*) maleficae disciplinae ~es sumus APUL.*Met.*3.16.

perinfirmus ~a ~um, *a.* [PER-+INFIRMVS] (of persons) Very weak; (of arguments) very unsound.
si is (*sc. a patient*) ~us est..si robustior CELS.2.14.9;—sunt..leuia et ~a, quae dicebantur a te CIC.*Fin.*2.53.

peringeniōsus ~a ~um, *a.* [PER-+INGENIOSVS] Very clever or gifted.
~is hominibus neque satis doctis CIC.*Brut.*92.

peringrātus ~a ~um, *a.* [PER-+INGRATVS] Very ungrateful.
~us est qui, cum amisit, pro accepto nihil debet SEN.*Ep.* 98.11.

periniquus ~a ~um, *a.* [PER-+INIQVVS]
1 Very unjust.
uideant ne sit ~um et non ferendum..populi..Romani auctoritatem improbari CIC.*Man.*63; MORS..DVPLICES LVCTVS SIC ~A DEDIT *CIL* 11.188.
2 (of the mind) Very restless or disturbed.
~o patiebar animo te a me digredi CIC.*Fam.*12.18.1; id Romani..aequo satis, Poenus ~o animo ferebat LIV. 21.52.4.

periniūrius ~a ~um, *a.* [PER-+INIVRIVS] Grossly unjust.
~um siet..uti eos (*sc.* mores) mutem CATO *orat.*107; ~um est ei fidem in peioribus habere, cui in melioribus non haberes APUL.*Apol.*79.

perinlustris: see PERILLVSTRIS.

perinsignis ~is ~e, *a.* [PER-+INSIGNIS] Very noticeable.
corporis prauitates, si erunt ~es, habebunt aliquid offensionis CIC.*Leg.*1.51.

perintempestiuus ~a ~um, *a.* [PER-+INTEMPESTIVVS] Very ill-timed.
~a nouercae officia in ludibrium uertebat TAC.*Ann.*12.26.

perinualidus ~a ~um, *a.* [PER-+INVALIDVS] Very weak.
ne quies ~o adhuc (*sc. Alexander after a wound*)..impediretur CURT.9.6.2.

perinuīsus ~a ~um, *a.* [PER-+INVISVS] Very hateful.
hominem dis ac nobilitati ~um CIC.*Corn.*1.fr.53.

perinuītus ~a ~um, *a.* [PER-+INVITVS] Very reluctant.
litteras..legi ~us CIC.*Fam.*3.9.1

perinungō ~ere, *tr.* [PER-+INVNG(V)O] To smear all over.
eam (*sc.* pellem) intrinsecus eadem re ~unt VAR.*R.*2. 11.7.

periodicus ~a ~um, *a.* [Gk. περιοδικός] (med.) Intermittent.
(febres) quas Graeci ~as uocant PLIN.*Nat.*20.15.

periodus: see PERIHODOS.

Peripatēticus ~a ~um, *a.* Of or belonging to the Peripatetic (Aristotelian) school of philosophy; (m. as sb.) a philosopher of the Peripatetic school.
~ae sectae conditor Aristoteles COL.9.3.1; ~ae disciplinae sectator GEL.18.1.1;—(*as sb.*) qui erant cum Aristotele ~i dicti sunt CIC.*Ac.*1.17; interesse plurimum inter Stoicos..et ~os *N.D.*1.16; ~i..aiunt minuta beneficia peruentura ad malos SEN.*Ben.*5.13.1; QUINT.*Inst.*12.2.25; Theophrasti ~i seruus GEL.2.18.8.

peripetasmata ~um, *n. pl.* [Gk. περιπέτασμα] Embroidered coverlets hanging down over the sides of couches, etc.
ex suggesto faleris, ubi solent esse ~a, prodeunt anates VAR.*R.*3.5.16; ~is (*abl. pl.*) CIC.*Ver.*4.27; 4.28.

Periphās ~ntis, *m.* A king of Attica, changed into an eagle by Zeus.
OV.*Met.*7.400.

periphorētus ~ī, *m.* [Gk. περιφορητός] 'One who is carried around' (as the nickname of a man who travelled everywhere in a litter).
PLIN.*Nat.*34.56.

periphrasis ~is, *f.* [Gk. περίφρασις] (rhet.) A circumlocution, periphrasis.
quidquid..significari breuius potest et cum ornatu latius ostenditur..ut, cum decorem habet, ~is, ita, cum in uitium incidit, περισσολογία dicitur QUINT.*Inst.*8.6.61; ~is poetarum facere GEL.3.1.6.

peripleumoniacus ~a ~um, *a.* [cf. Gk. περιπλευμονικός = -πνευμονικός] Of or marked by inflammation of the lungs.
ex quo (*sc. the lungs*)..acutus morbus oritur, quem ~um Graeci uocant CELS.4.14.1.

periplūs ~ī, *m.* [Gk. περίπλους] A voyage round the coast (in quot., as the title of a geographical work).
Xenophon in ~o PLIN.*Nat.*7.155.

peripneumonicus ~ī, *m.* [Gk. περιπνευμονικός] One who suffers from inflammation of the lungs.
(tragoriganum) tussientibus..datur et pleuriticis et ~is PLIN.*Nat.*20.176; 23.123; 26.41.

peripteros ~os ~on, *a.* [Gk. περίπτερος] (of buildings) Having a single row of columns all round.
(aedes) ~os..erit, quae habebit in fronte et postico senas columnas, in lateribus..undenas VITR.3.2.5; aedes rotundae, e quibus aliae monopteroe sine cella columnatae constituuntur, aliae ~oe dicuntur 4.8.1;—(*as sb.*) quom uocent particulatim loca (*i.e. in a villa*), procoetona,..ornithona, ~on, oporothecen VAR.*R.*2.pr.2.

perīrātus ~a ~um, *a.* [PER-+IRATVS] Very angry.
(*w. dat. of person*) fuit..Mars meo ~us patri PL.*Truc.*656; CIC.*Fam.*9.6.3.

periscelis ~idis, *f.* [Gk. περισκελίς] A leg-band, anklet.
meretricis..~idem raptam sibi flentis HOR.*Ep.*1.17.56; PETR.67.4.

perisson ~ī, *n.* [Gk. περισσόν] A name for the plant STRYCHNON.
PLIN.*Nat.*21.179.

peristasis ~is, *f.* [Gk. περίστασις] The circumstances of the case treated by a speaker (written as Gk. in QUINT.*Inst.*3.5.18).
dic..~im declamationis tuae PETR.48.4.

peristereos ~ī, *m.* [cf. Gk. περιστέριον] A plant doves are fond of, perh. a verbena.
PLIN.*Nat.*25.126; 26.144.

peristerōn ~ōnis or ~ōnos, *m.* [Gk. περιστερεών] An enclosure for pigeons.
quod alii uocant ~ona, alii peristerotrophion VAR.*R.*3.7.2.

peristerotrophīon ~iī, *n.* [Gk.] = prec.
duo..genera earum (*sc.* columbarum) in ~io esse solent VAR.*R.*3.7.1.

peristrōma ~matis, *n.* Also **peristrōmum** ~mī, *n.* [Gk. περίστρωμα] A covering for a bed, counterpane or sim.
uostra latera loris faciam ut ualide uaria sint, ut ne ~mata quidem aeque picta sint Campanica PL.*Ps.*146; (*heter. abl. pl.*) conchyliatis..~matis..lectos stratos CIC. *Phil.*2.67. β ~ma tonsilia et tappetia aduexit PL.*St.*378; cum in eborato lecto ac purpureo ~mo cubare uideas aegrotum VAR.*Men.*447.

peristȳlium ~iī, *n.* [Gk. περιστύλιον] An inner courtyard lined with rows of columns, peristyle.
non uides in magnis ~iis, qui cryptas domi non habent, sabulum iacere..ubi ambulare possint? VAR.*Men.*536; habet..columnas..remotas a parietibus ad circumitionem ut porticus ~iorum VITR.3.2.8; PLIN.*Ep.Tra.*10.70(75).2.

peristȳlum (~on) ~ī, *n.* [Gk. περίστυλον] = prec.
in ~o habuit exhedra conclusas aues VAR.*R.*3.5.8; amplissimum ~um CIC.*Dom.*116; VITR.5.11.3; deinde est introitus in ~on. id ~um in tribus partibus habet porticus 6.7.1; SUET.*Aug.*82.1.

perītē, *adv. compar.* ~ius, *superl.* ~issimē. [PERITVS+-E] In a practised manner, expertly, skilfully.
~e..frenos immittens feris ACC.*trag.*416; scienter et ~e et ornate dicere CIC.*de Orat.*2.5; istius omnia decreta..~issime et callidissime uenditabat *Ver.*2.135; per aeque inuia, sed adsuetudine ~ius..degressi in campos LIV. 44.5.12; aciem ~issime instruxit CURT.4.16.28; si..dulcedinem uocum ~e audissent TAC.*Ann.*14.20; legis..suauissime et ~issime PLIN.*Ep.*3.15.3; GEL.10.22.24.

Pērithous: see PIRITHOVS.

perītia ~ae, *f.* [PERITVS+-IA] Knowledge acquired by experience, skill, expertise, etc.
in Iugurtha..tanta..~a locorum et militiae erat, ut.. SAL.*Jug.*46.8; ~a castra metandi PLIN.*Nat.*18.32; legionariis ~a et arte praestantibus TAC.*Hist.*4.30; Seianus, ~a morum Tiberii odia in longum iaciens *Ann.*1.69; ~a futurorum SUET.*Tib.*67.2; FRO.*Aur.*2.p.60(142N); arte eius (*sc.* serui) uel ~a utetur (usufructuarius) ULP.*dig.*7.1.27.2.

peritonaeos ~os ~on, *a.* [Gk. περιτόναιος] Stretched around or over; (in quot., as the Gk. name of the peritoneal membrane).
membrana..omento iungitur; ~os..a Graecis nominatur CELS.4.1.13; 7.4.3.B.

peritrētos ~os ~on, *a.* [cf. Gk. περίτρητον] Drilled through, perforated (applied to the cross-beams in a catapult).
tabulae, quae sunt in summo et in imo capituli, ~oe quae uocantur VITR.10.10.2.

perītus ~a ~um, *a. compar.* ~ior, *superl.* ~issimus. [pple. of **perior* (as in *experior*, cf. Gk. πεῖρα, etc.)] Having knowledge of a thing gained from experience, practised, expert: **a** (w. gen., etc., expr. field of knowledge). **b** (w. ellipsis of const., or absol.). **c** *iuris ~us*, expert in the law; (as sb.) a lawyer, jurisconsult (sts. as one word); also *iure ~us*.
a (*w. gen.*) senex..belli..~us ENN.*Ann.*423; uir bonus, dicendi ~us CATO *Fil.*14(J); uir bellorum omnium..~issimus CIC.*Man.*68; Labienus..eorum locorum ~us in insidiis..consedit *B.Afr.*50.2; Tanaquil, ~a..caelestium prodigiorum mulier LIV.1.34.9; animus..~us fugiendorum ac petendorum SEN.*Ep.*66.6; accessere quidam cogitationum principis ~i TAC.*Ag.*42.1; JUV.6.586;—(*w.* in+*abl.*) ~i sumus in uita atque usu callemus magis ACC.*praet.*8;—(*w.* de) qui de agri cultura Romanus ~issimus existimatur VAR. *R.*1.2.10;—(*w. abl.*) pluribus artibus debet esse ~us VITR. 1.1.14; dux bello ~issimus VELL.2.29.3;—(*w. inf.*) soli cantare ~i Arcades VERG.*Ecl.*10.32; PERS.2.34;—(*w. acc. and inf.*) rex ~us fortius aduersus Romanos aurum esse quam ferrum pacem emit FLOR.*Epit.*1.36(3.1.7). **b** nihil iam mihi noui offerre potest quin sim ~us PL.*Per.*271; ~iores uetustas facit CIC.*Dom.*117; docuerunt..me ~i homines *Fam.*5.20.3; doctos homines uel etiam usu ~os *Off.* 1.147; ~issimis atque exercitatissimis ducibus CAES.*Civ.* 3.73.3; me..noscent Geloni, me ~us discet Hiber HOR. *Carm.*2.20.19; LIV.8.36.5; VELL.2.110.4; haec (*sc. natural abilities*)..sine doctore ~o..nihil prosunt QUINT.*Inst.* 1.pr.27;—(*masc. as sb.*) a ~is in Asia praedictum est CIC. *Div.*1.58; HOR.*Ep.*2.2.213; prima fundamenta (*sc.* alui) commosin uocant ~i PLIN.*Nat.*11.16; adnotabant ~i nullam antehac adoptionem inter patricios Claudios reperiri TAC. *Ann.*12.25; (*compar.*) si..rogauero, ut ea (*sc.* uestimenta) apud me relinquas, ut ~ioribus ostenderem ULP.*dig.*19. 5.17.4. **c** scriptor..luculentus, iuris ualde ~us CIC. *Brut.*102; (*as sb.*) ius ciuile..id esse quod in legibus, senatus consultis,..iuris ~orum auctoritate, edictis magistratuum ..consistat *Top.*28; *Q.Rosc.*56; mater..iuris ~os consulit PHAED.4.5.14; de qua lege iuris ~i adhuc habent quaestionem AGEN.*agrim.*p.27; in libris ueterum iurisperitorum GEL.4.2.13; testamentum scripsi sine ullo iuris ~o SCAEV. *dig.*31.88.17;—LUCIL.81; quis P. Octauio Balbo ingenio prudentior, iure ~ior..? CIC.*Clu.*107.

periūcundē, *adv.* [next+-E] Very pleasantly, very agreeably.
qui..in hac suauitate humanitatis qua prope iam delectantur omnes uersari ~ soleret, fuit in hac causa pertristis quidam patruus CIC.*Cael.*25; o hospitem mihi tam grauem ἀμεταμέλητον! fuit enim ~ *Att.*13.52.1.

periūcundus ~a ~um, *a.* [PER-+IVCVNDVS] Very welcome or agreeable.
mihi tua fuit ~a a proposita oratione digressio CIC.*Brut.* 292; ~ae mihi fuerunt litterae tuae *Fam.*1.9.1; *Q.fr.*3.7.2; locus ipse ~us fuit PLIN.*Ep.*6.31.14; est..mihi ~um, quod ..cohaesistis 7.7.1; (*of persons*) ~us mihi Cincius fuit..dixit enim mihi te esse in Italia CIC.*Att.*4.4;—(*tm.*) nobis..ista sunt pergrata perque iucunda *de Orat.*1.205.

periūrium: see PEIVRIVM.

periūrō: see PEIERO.

periūrus: see PEIVRVS.

perixȳomenos (~us) ~ī, *m.* [Gk. περιξυόμενος (pple. of περιξύω)] 'One who scrapes himself' (as the name of statues of bathers).
PLIN.*Nat.*34.86; 34.87.

perlābor ~bī ~psus, *intr., tr.* [PER-+LABOR[1]] **a** (intr.) To move smoothly forward or onwards, glide along. **b** (w. acc.) to glide over or through, skim.
a in aedem Iouis foribus ipsis duo ~psi angues LIV. 28.11.2;—(*of things*) cibus..per..eam (*sc.* uenam) ad cor confectus iam coctusque ~bitur CIC.*N.D.*2.137; is (*sc.* aer) ..per nostras acies ~bitur..et quasi perterget pupillas LUCR.4.248; nulla incepto ~bitur unda liquore, sed durata riget [TIB.]3.7.155;—(*of a rumour, tradition, etc.*) inde (*i.e. from the Greeks*)..~psus ad nos..Hercules CIC.*Tusc.* 1.28; ad nos uix tenuis famae ~bitur aura VERG.*A.*7.646. **b** qui (*sc. horse*) campos collesque gradu ~bitur uno LUCIL. 1278; (Neptunus) rotis summas leuibus ~bitur undas VERG. *A.*1.147; uolucris ~bitur auras [TIB.]3.7.127; Danaas ~bitur urbes Fama STAT.*Theb.*6.1;—(*of things*) menstrua (luna) dum rigidas coni ~bitur umbras LUCR.5.764; extremas clipei ~bitur oras ensis *Ilias* 607; (*poet.*) haec (*sc.* cena) imos animi ~psa recessus inconsumpta manet STAT.*Silv.* 4.6.4.

perlaetus ~a ~um, *a.* [PER-+LAETVS] Very joyful or glad.
supplicatio..~a fuit LIV.10.21.6;—(*w. acc. and inf.*) rex gratiam sibi relatam a Sisimathre ~us CURT.8.4.20.

perlātē, *adv.* [PER-+LATE] Very extensively.
id..in sermonis nostri consuetudine ~ patet CIC.*de Orat.* 2.17.

perlateō ~ēre ~uī, *intr.* [PER-+LATEO] To remain in hiding.
si (Danae) semper clusa fuisset inque sua turri ~uisset anus OV.*Ars* 3.416.

perlātiō ~ōnis, *f.* [PERFERO+-TIO] Transference, translation.
uniuscuiusque signi historiam causamque ad sidera ~onis ostendimus HYG.*Astr.*1.pr.

perlecebra: see PELLECEBRA.

perlectiō ~ōnis, *f.* **pell-.** [next+-TIO] Reading through, perusal.
quotus..quisque est qui epistulam paulo grauiorem ferre possit nisi eam ~one releuarit? CIC.*Att.*1.13.1.

perlegō ~egere ~ēgī ~ectum, *tr.* **pellegō.** [PER-+LEGO²] FORMS: *perlig- CIL* 1.1837.2; 11.1118.

1 To run one's eyes over, scan, survey. **b** to survey in speech or writing, recount.
protinus omnia ~egerent oculis, ni iam praemissus Achates adforet VERG.*A.*6.34; ~ege dispositas generosa per atria ceras OV.*Fast.*1.591; duo sidera ~egit unum GERM.*Arat.*360; ~egere (*sc. augurs*) animis oculisque sequacibus auras STAT.*Theb.*3.500. **b** quis carmine digno exsequias et dona malae feralia pompae ~egat? STAT.*Silv.* 5.1.210.

2 To read over, read through (aloud or to oneself).
ostende quem conscripsti syngraphum..leges ~ege PL.*As.*747; ~egam (tabellas). aduortito animum *Ps.*31; tabulae prolatae: maiorum benefacta ~ecta CATO *orat.*171; HOSPES, QVOD DEICO PAVLLVM EST; ASTA AC ~EGE *CIL* 1.1211.1; tuis ..litteris ~ectis exsilui gaudio Q.CIC.*Fam.*16.16.1; (epistulam) ~ectam in conuentu militum recitat CAES.*Gal.*5.48.9; SAL.*Jug.*71.4; Philippus institutum..seruarat..bis in die foederis icti cum Romanis ~egendi LIV.44.16.5; inuenies aliquem, qui me suspiret ademptum, carmina nec siccis ~egat ista genis OV.*Tr.*1.1.28; PHAED.4.pr.14; PLIN.*Ep.* 4.20.1; cum primum (historiam) frequenti auditorio commisisset, aegre ~egit SUET.*Cl.*41.1.

perlepidē, *adv.* [PER-+LEPIDE] Very charmingly.
~ narrat PL.*Cas.*927.

perleuis ~is ~e, *a.* [PER-+LEVIS¹] Very slight.
populi Romani uectigalia ~i saepe momento fortunae.. pendere CIC.*Agr.*2.80; reges..~i momento uicti sunt LIV. 21.43.11; 24.34.2.

perleuiter, *adv.* [prec.+-TER²] Very slightly, just a little.
~ commotus (*i.e. indisposed*) CIC.*Q.fr.*2.5.2; ut eos..~ pungat animi dolor *Tusc.*3.61.

perlibens ~ntis, *a.* **-lub-.** [PER-+LIBENS] Very willing, very glad.
ausculto ~ns PL.*Trin.*780; 1041; me ~nte Seuius adlisus est CIC.*Q.fr.*2.4.6.

perlibenter, *adv.* [prec.+-TER²] With great pleasure, very willingly.
legi..~ epistulam CIC.*Brut.*11; tecum ~ loquor *Att.*8.14. 2; *Fam.*7.14.2; *Tim.*2.

perlīberālis ~is ~e, *a.* [PER-+LIBERALIS] Very well-bred.
~i' uisast TER.*Ph.*815; *Hec.*864.

perlīberāliter, *adv.* [prec.+-TER²] Very generously or obligingly.
nonne satis fuit eis gratias agi, denique, ut ~ ageretur, honoris aliquid haberi? CIC.*S.Rosc.*108; 'quid mihi' inquit 'optatius?' hoc loco multa ~ *Att.*10.4.10; 15.15.4.

perlibet ~ēre, *intr.* **-lub-.** [PER-+LIBET] (impers.) *~et* (*mihi,* etc.), It is very agreeable to me (to), I very much want (to).
~et hunc hominem conloqui PL.*Capt.*833; istuc periclum ~et quod fuerit uobis scire *Rud.*353.

perlībrātiō ~ōnis, *f.* [next+-TIO] (surv.) The determination of horizontal direction, levelling.
VITR.8.5.1.

perlībrō ~āre ~āuī ~ātum, *tr.* [PER-+LIBRO]

1 (surv.) To find the horizontal direction of, take the level of. **b** (transf.) to measure with the eyes, gauge.
eo chorobate cum ~atum ita fuerit, scietur, quantum habuerit fastigii VITR.8.5.2; stella..imae fossae solum.. ~at, quia siue pronum seu resupinum est, positione machinae deprehenditur COL.3.13.13. **b** intenso uultus ac pectora Vlixes ~at uisu STAT.*Ach.*1.762.

2 To make level.
(aquae) aequo terris fastigio ascendant. si quis excelsa ~et, maria paria sunt SEN.*Nat.*3.28.5; non aequissima.. planitie nec ~ata, sed exigue prona COL.2.2.1.

3 To balance (a weapon) ready for throwing, aim (usu. implying the subsequent throw or blow); (w. two accs.) to drive (a weapon) through.
at contra non dicta Libys, sed feruidus hastam ~at SIL. 5.321; 12.404;—(*w. dat. of target*) bipennem ~ans mediae fronti, spolium inde superbum..tibi.., Dictynna, uouebat 2.190;—Hasdrubal..Arabum..iaculum a tergo ~at ad ossa 15.695.

perliciō: see PELLICIO.

? **perlīmes** ~itis, *m.* [PER-+LIMES] (surv., app.) A boundary (or boundary-mark).
cultellabis..prehensis ~itibus (*s.v.l.*) in extremitatibus formarum NIPS.*grom.*p.290La.

perlīmō ~āre ~āuī ~ātum, *tr.* [PER-+LIMO] To sharpen, file down; (in quot., transf.).
ex uiridibus..aer..influens ~at speciem VITR.5.9.5.

perlinō ~inere (~ēuī) ~itum, *tr.* [PER-+LINO] To smear all over (with).
ulcera lauantur aceto et tunc pice liquida..~inuntur COL.7.5.22; 9.12.2; me..caedis cruore ~itum APUL.*Met.*3.1; 8.22.

perliquidus ~a ~um, *a.* [PER-+LIQVIDVS] Completely fluid.
si quod descendit est ~um CELS.2.4.9.

perlitō ~āre ~āuī ~ātum, *intr., tr.* [PER-+LITO] (intr.) To make auspicious sacrifice, obtain favourable omens from a sacrifice; (tr.) to perform (religious ceremonies) with favourable omens.
(Q. Petilius) id cum ad senatum rettulisset, boue ~are iussus LIV.41.14.7; 41.15.3; nec ~are centum uictimis potuerat FLOR.*Epit.*2.13(4.2.94); (*impers. pass.*) diu non ~atum tenuerat dictatorem, ne..signum dare posset LIV. 7.8.5; ea..sacrificia laeta fuerunt, primisque hostiis ~atum est 36.1.3;—si eae res diuinae factae recteque ~atae essent VAL.ANT.*hist.*59.

perlongē, *adv.* [PERLONGVS+-E] A very long way off.
ubi? domin? — immo apud libertum Discum. — ~st TER.*Eu.*609.

perlonginquus ~a ~um, *a.* [PER-+LONGINQVVS] Of very long duration.
si dum uiuas tibi bene facias tam pol id quidem esse hau ~om PL.*Bac.*1194.

perlongus ~a ~um, *a.* [PER-+LONGVS] Very long (in time or space).
si opperiri uis aduentum Charmidi, ~umst PL.*Trin.*745; ~o interuallo CIC.*Agr.*2.3; ~a et non satis tuta uia *Att.* 5.20.8; ad uirgae rigorem ~um colorata nubecula APUL. *Mun.*16.

perlūceō ~ēre, *intr.* Also **pellūceō.** [PER-+LVCEO]

1 To transmit light, be transparent or pellucid. **b** to admit light through interstices.
ossa ac pellis totust..ita is ~et quasi lanterna Punica PL.*Aul.*566; cum (oua) ad lumen sustuleris, quod ~eat, id esse inane VAR.*R.*3.9.11; sustinuere..se ~entibus alis (*i.e. as bats*) OV.*Met.*4.411; si rubet et ~et (sanguis) CELS.2.10.17; ~entem togam SEN.*Ep.*114.21; in nube est aliquid uitro simile, quod potest ~ere *Nat.*1.6.6; (sardae) Indicae ~ent, crassiores sunt Arabicae PLIN.*Nat.*37.106; ~entem splendenti gurgite Achaten SIL.14.228; (*in fig. phr.*) tenue est mendacium: ~et, si diligenter inspexeris SEN.*Ep.*79.18;—(*transf.*) reconditas..sententias mollis et ~ens uestiebat oratio CIC.*Brut.*274. **b** ~et ea (*sc.* uilla) quam cribrum crebrius PL.*Rud.*102; silua..grandibus arboribus tecta, ut infima ~eat VAR.*R.*3.5.12; ~enti cantum meditabar auena [TIB.]3.4.71; culmen impulsum labet. ~et omnis regia SEN. *Her.F.*1001; (*in fig. phr.*) cenat melius..miserrimus horum et cito casurus iam ~ente ruina JUV.11.13;—(*cf.*) quorum coniuentium ~ebunt oculi PLIN.*Nat.*23.49.

2 To emit light or be visible through a transparent covering, shine through. **b** to shine out against a darker background. **c** (transf.) to be clearly revealed to the understanding or notice, be apparent.
~ens iam aliquid, incerta tamen, ut solet, lux LIV.41.2.4; possis..~entes numerare in pectore fibras OV.*Met.*6.391; caeco..in aequore ~entes..prensare lapillos MAN.5.531; animus si..in ulla materia ~ere posset SEN.*Dial.*4.36.2; cum primum granum (*sc. of a grape*) incipiet ~ere LARG.64; Cretice, ~es (*i.e. because your robe is transparent*) JUV.2.78; (*poet.*) tranquillo ~ent sidera ponto uibraturque fretis caeli stellantis imago STAT.*Theb.*6.578. **b** in aerei ~ens uertice montis riuus CATUL.68.57; in foco..cum carbo uehementer ~et PLIN.*Nat.*18.358. **c** ~et omne regiae uitium domus SEN.*Ag.*148; ut mores dicentis ex oratione ~eant QUINT. *Inst.*6.2.13; (sensus) inter se uincti atque ita cohaerentes ne commissura ~eat 7.10.16; (*cf.*) illud ipsum, quod honestum decorumque dicimus..maxime..quasi ~et ex iis, quas commemoraui, uirtutibus CIC.*Off.*2.32.

perlūciditās ~ātis, *f.* [PERLVCIDVS+-TAS] Transparency, translucence.
uitri ~atem..habere VITR.2.8.10.

perlūcidulus ~a ~um, *a.* [next+-VLVS] Transparent, translucent.
~i deliciis lapidis CATUL.69.4.

perlūcidus ~a ~um, *a.* Also **pell-.** *compar.* ~ior. [PERLVCEO+-IDVS]

1 Having the property of transmitting light, transparent, pellucid. **b** of transparent meaning, clearly intelligible.
ius collyricum nihilist macrum illud epicrocum ~um PL. *Per.*96; puluinus..~us CIC.*Ver.*5.27; quas (*sc.* membranas) ..~as fecit (natura) ut per eas cerni posset *N.D.*2.142; cornua..pura..magis ~a gemma OV.*Met.*2.856; perditae luxuriae..adulescens,..~a ueste amictus V.MAX.6.9.ext.1; fontem..nitidissimum ac ~i ad imum stagni SEN.*Dial.* 6.17.3; *Ep.*90.43; ut sit (mel)..glutinosum, ~um PLIN.*Nat.* 11.39; calicibus ~is FRO.*Aur.*2.p.6(224N); APUL.*Met.*5.1; (*cf.*) Fides..~ior uitro HOR.*Carm.*1.18.16;—(*of a person wearing transparent clothes*) ipse (Gaius) ~us, crepidatus, auratus SEN.*Dial.*2.18.3. **b** si ita sensus et sententiae.. perspicuae et ~ae fuissent VITR.3.pr.3; 5.pr.2; intemeratae ueritatis documenta ~a APUL.*Met.*2.30.

2 Having a clear unclouded light, very bright, radiant.
si obscurior et quasi caliginosa stella extiterit..sin inlustris et ~a stella apparuerit CIC.*Div.*1.130; ignibus..~is solis et lunae APUL.*Mun.*1; mundus..splendore ~us 22; —(*of brightly dressed people*) adnue purpureaque ueni ~a palla [TIB.]3.12.13; crine nitens..~us ostro MART.12.38.3.

perluctuōsus ~a ~um, *a.* [PER-+LVCTVOSVS] Causing much grief, extremely sad.
Serrani Domestici fili funus ~um fuit CIC.*Q.fr.*3.8.5.

perluō ~uere ~uī ~ūtum, *tr.* Also **pelluō.** [PER-+*luo* (cf. ALLVO)] To wash all over, rinse or bathe thoroughly; (refl. or pass.) to bathe.
uiuo ~ue rore manus OV.*Fast.*4.778; si..sicciora sunt intestina, ~uenda aqua sunt CELS.7.16.2; uino ~uitur os COL.6.8.1; (aues) aedem..eam cotidie..madentibus pinnis ~uunt PLIN.*Nat.*10.127; TAC.*Hist.*4.53; pauimentum..in balneis ~uere FRO.*Aur.*1.p.8(64N); lotio ~utus APUL.*Met.* 1.14; *Apol.*8; (*w. liquid as subj.*) sudor..~uit ora PETR. 128.6,l.4;—(*refl. or pass.*) promiscue in fluminibus ~uuntur CAES.*Gal.*6.21.5; gelida cum ~uor unda HOR.*Ep.*1.15.4; OV.*Met.*3.173; Diana cum..se ad fontem..~ueret HYG. *Fab.*181.1.

? **perlūsōrius** ~a ~um, *a.* [PER-+LVSORIVS] (leg.) Based on extremely frivolous grounds.
si ~o (*s.v.l.*) iudicio actum sit aduersus testamentum, an ius faciat iudex, uidendum ULP.*dig.*49.1.14.

perlustrō ~āre ~āuī ~ātum, *tr.* [PER-+LVSTRO]

1 To go over or treat thoroughly (with a cleansing material), purify.
paleas..sulfure et bitumine atque ardente taeda ~ant COL.8.5.11.

2 To travel through or over, range over. **b** (usu. w. *oculis,* etc.) to run one's eyes over, scan, scrutinize. **c** *animo ~are,* to run one's mind over, ponder, study.
exercitus ~auit..hostium agros LIV.8.36.9; 22.14.12; dum bis terna suis ~at (Phoebus) cursibus astra MAN.3.368; ~ata armis tota Germania est VELL.2.106.1; moror inter aras, templa ~o omnia PHAED.4.24(25).6; non aequas ~at flexibus Arctos..Anguis SIL.3.192. **b** ut discurrerent circa uias ~arentque omnia oculis LIV.25.9.2; 34.15.6; CURT.6.5.29; fines oculis ~are, omnis partis agri reuisere COL.1.8.20; uisu ~at Vlixes scrutaturque domum STAT.*Ach.* 1.742; inmissis..lictoribus..angulatim cuncta sedulo ~ari iubent APUL.*Met.*9.41;—(*w. indir. qu.*) ~at qua sit certissima ferro in uulnus uia SIL.13.164;—(*cf.*) infelix (*i.e. a blind man*) totum tactu ~at incendium [QUINT.]*Decl.*2.24. **c** hac..materie ad argumentum subiecta ~andae animo partes erunt omnes CIC.*Part.*38; anxius animo..cuncta utrimque ~at TAC.*Hist.*2.1.

permacer ~cra ~crum, *a.* [PER-+MACER]

1 (of meat) Very lean.
caro..~cra CELS.2.21.

2 (of soil) Extremely poor, very thin.
omnis creta coquet (fructus), nisi ~cra, sabulumque, nisi..pertenue est PLIN.*Nat.*18.34.

permācerō ~āre, *tr.* [PER-+MACERO] To make thoroughly soft by steeping.
calculi, in opere uno tenore cum ~antur, dissoluunt.. tectorii politiones VITR.7.2.1.

permadefaciō ~acere ~ēcī ~actum, *tr.* [PER-+MADEFACIO] To soak thoroughly, saturate.
(*in fig. phr.*) amor..in pectus permanauit, ~ecit cor meum PL.*Mos.*143.

permadescō ~escere ~uī, *intr.* [PER-+MADESCO] To become thoroughly wet or sodden, be soaked through. **b** (fig., w. ref. to character) to become thoroughly soft.
si ~uit (faenum), inutile est udum mouere COL.2.18.1; eo tempore autumni, quo terra imbribus ~uerit 5.6.9; effuso ~uisse (*sc. spectators*) croco MART.5.25.8;—(*in fig. phr.*) festiue credis te..iocari et solum multo ~uisse sale 6.44.2. **b** fugite eneruantem felicitatem, qua animi ~escunt SEN.*Dial.*1.4.9; deliciis ~uimus et omnia..difficilia iudicamus *Ep.*20.13.

permaestus ~a ~um, *a.* [PER-+MAESTVS] Very sorrowful, very much distressed.
Cotta mutata ueste ~us, quod..plebes abalienata fuerat SAL.*Hist.*2.47.

permagnus ~a ~um, *a.* [PER-+MAGNVS]

1 Of very great size or extent, very large.
(lepores) in Gallia..fiunt ~i, in Hispania..mediocres VAR.*R.*3.12.5; uilla ~a turribus III exstructa *B.Afr.*40.1.

2 Very great in number or amount, considerable. **b** ~*o*, for a very high price; ~*i*, at a very high valuation (in quots., transf.). **c** (of feelings, conditions, etc.) very great in degree or intensity.

hereditas..~a Cic.*Ver*.1.27; ~am pecuniam poposcit *Clu*.69; manus..coniuratorum, quam uidetis esse ~am *Catil*.4.20; cum ~o equitatu *Fam*.15.1.2; cum ~a praemia sunt *Off*.3.79;—(*w. words denoting number, amount, part, or sim.*) ~um..pondus argenti *Phil*.2.66; sagittarios..quorum erat ~us numerus in Gallia Caes.*Gal*.7.31.4; ~a eorum pars Liv.32.34.4; (*in fig. phr.*) quae..in ipsis iudiciis ~um saepe habent pondus Cic.*Part*.99. **b** ~o decumas eius agri uendidisti Cic.*Ver*.3.90; 4.13;—illud ~i referre arbitror Ter. *Hau*.467; ~i interest, ube sint positae uillae Var.*R*.1.4.4; quod..~i interest pro necessario saepe habetur Cic.*Part*.84; ~i eius interest rem ad interregnum non uenire *Att*.9.9.3; Lucr.4.1264; (*tm.*) per enim magni aestimo tibi firmitudinem animi nostri..probari Cic.*Att*.10.1.1. **c** ~am initis a nobis gratiam Cic.*Caec*.79; hoc ~um rei publicae malum est *Att*.7.6.2; ~am..expectationem..inponis orationi meae *Rep*.1.37; Persius hic ~a negotia diues habebat Clazomenis Hor.*S*.1.7.4.

3 Of very great concern, very important.

~um esse et magno futurum detrimento, si ea res..neglecta sit Cic.*Inv*.2.100; est etiam reliqua ~a auctoritas quam ego turpiter paene praeterii *Clu*.138; uestrum beneficium..ad animi mei..laetitiam duco esse ~um *Agr*.2.5; haec..est non uerborum parua sed rerum ~a dissensio *N.D*.1.16.

4 (of actions, etc.) Of very great merit or distinction, very remarkable. **b** (of persons) very eminent or exalted.

quod cum faciemus—si modo id ipsum adsequemur; est enim ~um—imitemur..Lysiam Cic.*Opt.Gen*.9; ~um est in eum dicere aliquid qui..totum oppidum compilauerit *Ver*. 4.53; ei ~um et perhonorificum uidebatur senatui p. q. R. tantae curae esse salutem suam *Fam*.15.2.5; ~um existimans tris Olympionicas una e domo prodire *Tusc*.1.111. **b** ~i hominis est..sic se adhibere in tanta potestate ut nulla alia potestas ab iis quibus is praesit desideretur Cic. *Q.fr*.1.1.22.

permānanter, *adv.* [pple. of permano+-ter[2]] Penetratingly, pervasively.

usque adeo ~ uis perualet eius Lucr.6.916.

permānascō ~ere, *intr.* [permano+-sco] To seep through, penetrate (in quot., of a secret).

me opsecrauit suo ne gnato crederem neu quoiquam unde ad eum id posset ~ere Pl.*Trin*.155.

permaneō ~ēre ~sī ~sum, *intr.* [per-+maneo]

1 To go on staying in a place, remain. **b** (mil.) to stand fast, hold one's ground.

Piso in prouincia ~ebit Cic.*Prov*.38; *Att*.4.12; ibi ~serunt atque agros colere coeperunt Caes.*Gal*.5.12.2; quod..inde decedendum esset Afranio nec sine aqua ~ere posset *Civ*. 1.71.4; *B.Afr*.47.5; in proximos..pagos..ductus a Vocula exercitus; pars cum Herennio Gallo ~sit Tac.*Hist*.4.26; cum conuiuae et cenare inciperent, prius quam ille discumberet, et ~erent digresso eo Suet.*Aug*.74; (*cf. sense 2*) si et in urbe et in eadem mente ~ent Cic.*Catil*.2.11;—(*fig.*) nostra..non ullis ~et aura locis Prop.2.12.8; (fortuna) permixta fluit nec ~et usquam Man.3.528;—(*transf.*) ~ere libet in hac..huius rei imagine Sen.*Dial*.7.14.3. **b** ducem suum..cuius spe atque fiducia ~serint, proiectis omnibus fugae consilium capere Caes.*Civ*.1.20.2;—(*in fig. phrs.*) ~ent illi (propugnatores) soli atque omnia rei publicae causa perferunt qui sunt tales qualis pater tuus, M. Scaure, fuit Cic.*Sest*.101; contudi..animum et fortasse uici, si modo ~sero *Att*.12.44.3.

2 a (usu. w. *in*+abl.) To continue or persist in a given condition, frame of mind, activity, etc. **b** (w. pred. adj., sb., or phr.) to continue to be, remain; (also ~*ere esse*).

a (*w.* in+*abl.*) in sententia ~eto Cic.*Mur*.65; si Sextus in armis ~ebit *Att*.14.13.2; qui in amicitia populi Romani ~serat *Sen*.41; cupio (te) deterrere ne ~eas in incepto Lucc.*Fam*.5.14.3; annos..xx in disciplina ~ent Caes.*Gal*. 6.14.3; studiosissime ~serant in labore Hirt.*Gal*.8.4.1; studium meum in eius memoria ~ens Vitr.1.pr.2; si..res..publica in eodem quo ante bellum fuisset statu ~sisset Liv. 22.9.10; inponendum..est cataplasma..neque tamen in hoc..diu ~endum Cels.4.31.5; mihi in illa uetere persuasione ~enti Quint.*Inst*.3.4.4; ~ere in magistratu et ius dicere ausus Suet.*Jul*.16.1; (Pudentilla) decreuit sibi diutius in uiduitate non ~endum Apul.*Apol*.69;—(*cf., w.* cum) quae mecum seros ~sit in annos..coniunx Ov.*Tr*. 4.10.73. **b** qui diutissime impuberes ~serunt Caes.*Gal*. 6.21.4; amicitia Masinissae..honesta nobis ~sit Sal.*Jug*. 5.5; sin..(minium) ~serit nigro colore Vitr.7.9.5; ut nec hostes fierent nec socii ~erent (Rhodii) Liv.45.25.4; innuba ~eo Ov.*Met*.14.142; quam..comitata mater..uoluntaria exili ~sit comes Vell.2.100.5; si..indeprauata uirtus est et sola ~et tenoris sui Sen.*Ep*.76.19; uultu..interrito ~sit Tac.*Ann*.12.21; nec..expers insidiarum usque quaque ~sit Suet.*Cl*.13.1; (*w. poss. gen.*) hae (res)..dominorum ~ent Gaius *dig*.41.1.9.8; (*ellipt.*) (aqua) percalefacta egreditur..diutius non potest ~ere, sed breui spatio fit frigida Vitr. 8.2.9;—(*w. inf.*) non dubito, quin mea pecunia..credita esse ~eat Javol.*dig*.12.1.36.

3 To remain in existence, last, survive. **b** (of conditions, etc.) to remain present, persist, continue. **c** (of the voice) to remain steady.

sententiarum ornamenta quae ~ent, etiam si uerba mutaueris Cic.*Orat*.81; ut mundus quam aptissimus sit ad ~endum *N.D*.2.58; (illa philosophia) quae ducta a Socrate in Peripateticis adhuc ~sit *Tusc*.4.6; saecula ~eat nostri Dictynna Catonis Cinna *poet*.14; solus ad extremos ~et ille (*sc.* animus) rogos Ov.*Ars* 2.120; ~sit Equirria nomen *Fast*. 2.859; accusatio..argumentis defecta, nullis post sententiam tuam reliquiis calumniae ~sura Apul.*Apol*.25; (*in memory*) qui dignitatis notas..habuerunt, aeterna memoria ad posteritatem sunt ~entes Vitr.3.pr.2;—(*cf. w.* quo) Acherusia templa..quo neque ~eant animae neque corpora nostra sed quaedam simulacra Lucr.1.122. **b** ira inter eas intercessit quae tam ~sit diu Ter.*Hec*.305; non in eo cui facta est iniuria sed in eis qui fecerunt..poena ~sit Cic.*Pis*. 95; molestia (est) aegritudo ~ens *Tusc*.4.18; manent ingenia senibus, modo ~eat..industria *Sen*.22; si..facies decora ad senectutem prosperaque ~sit ualetudo Pol.*hist*. 5; hic status in caelo multos ~sit in annos Ov.*Fast*.5.33; cum..anno ~sit inundatio Plin.*Nat*.16.169; Tac.*Ann*.1.68; quasi etiam post mortem tyranni saeuitia ~ente Suet.*Tib*. 75.3; (*w. cl. as subj.*) uerris octo mensum incipit salire, ~et ut id recte facere possit ad trimum Var.*R*.2.4.8. **c** uox ~ens, uerum subrauca natura Cic.*Brut*.141.

permānō ~āre ~āuī ~ātum, *intr.*, (*tr.*). [per-+mano] (of liquids) To flow through, seep, percolate; (transf., of physical agencies; also of feelings). **b** (of an abst. thing) to diffuse itself, extend; (of a rumour, secret) to leak through. **c** (tr.) to flow through (something), permeate; to flow over (in quot., transf.).

obtegito (salicem), si pluat, ne aqua in librum ~et Cato *Agr*.40.4; (uenenum) celerius potuit comestum quam epotum in uenas..~are..? Cic.*Clu*.173; sucus is quo alimur ~at ad iecur *N.D*.2.137; in..speluncis ~at aquarum liquidus umor Lucr.1.348; latices, quorum uenae in mare ~antes undae miscerentur Liv.44.33.2;—(*transf.*) ~at frigus ad ossa Lucr.1.355; extrinsecus insinuatam ~are animam nobis per membra solere 3.699; 6.952; consiluisse uniuersos..obstupidos delenimentis aurium ad origines usque uocis ~antibus Gel.5.1.6;—(*of feelings, etc.*) is (*sc.* amor) usque in pectus ~auit, permadefecit cor meum Pl.*Mos*.143; magnam possidet religionem paternus..sanguis; ex quo si qua macula concepta est, non modo elui non potest uerum..~at ad animum Cic.*S.Rosc*.66; solem..terram mare deos esse, quod quaedam animalis intellegentia per omnia ea ~et et transeat *Luc*.119; *Tusc*.4.24. **b** sin..dei neque possunt nos iuuare nec uolunt..nec est quod ab is ad hominum uitam ~are possit Cic.*N.D*.1.3; Pythagorae..doctrina..~auisse mihi uidetur in hanc ciuitatem *Tusc*.4.2; (beneficia) in alios conferuntur, sed ad nos usque ~ant Sen.*Ben*.5.19.3;—neu ~et palam haec nostra fallacia Pl.*Capt*.221; ne..ad patrem hoc ~et Ter.*Ad*.283; ut aliqui sermones..ad uestras auris ~arent Cic.*Balb*.56; hoc ubi uno auctore ad pluris ~auerat Caes.*Civ*.2.29.2. **c** amoris imber grandibus guttis non uestem modo ~auit, sed in medullam ultro fluit Pl.fr.inc.2(6); ~at calor argentum penetraleque frigus Lucr.1.494;—(capillus) prolixa serie porrectus dorsa ~at Apul.*Met*.2.9.

permansiō ~ōnis, *f*. [permaneo+-tio]

1 Continued residence in a place.

quoduis..supplicium leuius est hac ~one Cic.*Att*.11.18.1.

2 Continuance, persistence (in a state of mind).

perseuerantia est in ratione bene considerata stabilis et perpetua ~o Cic.*Inv*.2.164; numquam..laudata est in una sententia perpetua ~o *Fam*.1.9.21.

permarceō ~ēre, *intr.* [per-+marceo] To be very weak or feeble.

~eret paries percussus trifaci Enn.*Ann*.534;—(*transf.*) etsi pectori tuo iam ~et (*cj.*) nostri memoria Apul.*Met*.8.8.

permarīnus ~a ~um, *a.* [per-+marinvs] (of gods) Presiding over sea-voyages.

aedem Larum ~um Liv.40.52.4; deos..uiales et ~os uotis imploro Aur.*Fro*.1.p.50(47N); *CIL* 14.4547.

permātūrescō ~escere ~uī, *intr.* [per-+matvresco] To become fully ripe.

color in pomo est, ubi ~uit, ater Ov.*Met*.4.165; oleae..quae in arbore bene ~uerunt Cels.2.24.3; Col.2.10.18.

permātūrō ~āre ~āuī, *intr.* [per-+matvro] = prec.

cum ~auit (*sc. a mulberry*), nigrum (est) Hyg.*Fab*.136.3.

permātūrus ~a ~um, *a.* [per-+matvrvs] Thoroughly ripe.

oleae uel albae uel ~ae Cels.2.30.3; 6.13.4; cum iam nigruerint (bacae), nec adhuc tamen ~ae fuerint Col. 12.50.1.

permeātus ~ūs, *m.* [permeo+-tvs[3]] Movement through a place, passage (in quot., of the faeces).

aluo sucus (maluae) decoctae ~us suaues facit Plin.*Nat*. 20.228.

permediocris ~is ~e, *a.* [per-+mediocris] Very moderate in degree.

~is ac potius leuis motus (animorum, *sc.* iudicum) debere esse Cic.*de Orat*.1.220.

permeditātus ~a ~um, *a.* [per-+pple. of meditor] Having a lesson thoroughly by heart, well rehearsed.

eam ~am, meis dolis astutiisque onustam mittam Pl. *Epid*.375.

permēiō (?) ~ēiere ~i(n)xī ~i(n)ctum, *tr.* [per-+meio] To urinate all over.

~ixi (*cj.*) lectum Lucil.1248;—(*obsc., of sodomy*) hunc (*sc. an apprehended adulterer*) ~inxerunt calones Hor.*S*.1.2.44.

permeō ~āre ~āuī ~ātum, *intr.*, *tr.* [per-+meo]

1 a (intr.) To make one's way across an area, pass from side to side. **b** (tr.) to pass through or over, traverse (an area); (of a weapon) to pierce, penetrate.

a offenduntur (anates), si non sunt libera spatia, qua ~ent Col.8.15.5; in itinere conficiendo..maturius peruenit is, qui..sine ullis concessationibus ~abit 11.1.16; lacum..amoenum arbusto agro, ad quem ciconiae non ~ant Plin. *Nat*.10.77; dum refertur nuntius Neroni, dum manus alia ~at Tac.*Ann*.14.58;—(*of things*) hastae longius ~abant quam ut contrario sagittarum iactu adaequarentur 15.9; (*of rivers*) amnium in Nostrum mare ~antium maximus Mela 1.49; 3.77; quoniam Alpheus in eam insulam sub maria ~et Plin.*Nat*.31.55. **b** inmensos tractus ~ant (*sc. locusts*) Plin.*Nat*.11.104; inde (Romanus) saltus obscuros ~at Tac.*Ann*.1.50; 12.13;—(*of things*) dum littera nostra..tot maria ac terras ~at Ov.*Pont*.4.11.16; circulum quem (sol) ~at Apul.*Fl*.18; (*of rivers*) dum (Hister) ~at orbem Luc.2.418; flumen..Rubrensem ~ans lacum Plin.*Nat*.3.32; 5.90;—(*of a weapon*) experiar, sitne in terris, domitare quod ensis non queat Ausonius, Tyrrhenaue ~et hasta Sil.4.609.

2 (intr.) To be pervasive; (tr.) to permeate, pervade.

cum credamus deum per omnia ~are Apul.*Mun*.25;—(aer) media non circumfundit tantum et utrimque cingit sed ~at Sen.*Nat*.2.9.4; hac (*sc.* terra) sinus pandente, illa (*sc.* aqua)..~ante totam Plin.*Nat*.2.166.

permereō ~ēre ~uī, *intr.* [per-+mereo] To serve out one's time in the army.

innumeris exercita castris..~uit iurata manus Stat. *Silv*.1.4.74.

Permessis ~idis or ~idos, *f*. The nymph of the river Permessus; the spring presided over by her.

quid tibi cum Cirrha? quid cum ~ide nuda? Mart.1.76. 11;—cum siccare sacram..~ida posset 8.70.3.

Permessus ~ī, *m*. A river rising on Mount Helicon, sacred to the Muses.

errantem ~i ad flumina Gallum Aonas in montes ut duxerit una sororum Verg.*Ecl*.6.64; Prop.2.10.26.

permētior ~tīrī ~nsus, *tr.* [per-+metior]

1 To measure exactly. **b** ~*tiri oculis*, to eye appraisingly, take stock of (an opponent).

uos..huius (*sc. the sun*) magnitudinem quasi decempeda ~nsi refertis Cic.*Luc*.126; altitudinem muri quantum proxime coniectura poterat ~nsus Liv.25.23.12; Dicaearchus..regum cura ~nsus montes, ex quibus altissimum prodidit Pelium Plin.*Nat*.2.162; (*pple. in pass. sense*) ~nsum et perlibratum opus (*sc. in trenching*) Col.3.13.13. **b** ut (*sc. boxers*) sese ~nsi oculis et uterque priorem sperauere locum Stat.*Theb*.6.760.

2 To pass from end to end of, travel over, traverse. **b** (transf.) to pass right through, complete (a period of time, process).

(lupus) campum celeri passu ~nsa..coniicit in siluam sese Enn.*Ann*.71; Laev.*poet*.11; nos tumidum sub te ~nsi classibus aequor Verg.*A*.3.157; Gaius..Italiae ac Siciliae oras errabundus ~tiens Sen.*Dial*.11.17.5; montis asperum ~nsi iugum Apul.*Met*.8.15; (*pple. in pass. sense*) aliquanto..uiae ~nso spatio 8.18;—(*cf.*) maceria..qua..ad uos damni ~nsust uiam Pl.*Truc*.304; (*in fig. phr.*) durum ~nsus iter coeptique labores Stat.*Silv*.1.2.202;—(*of things*) mortifer aestus (*i.e. an infection*)..aera ~nsus multum..incubuit..populo Pandionis Lucr.6.1142; (*of heavenly bodies*) cum (sidera) ~nsa suo sunt caelum corpore claro 4.394; eum (circulum) sol eisdem mensibus semel ~titur Vitr.9.1.6. **b** agmina..uno aetatem ~nsa die (*i.e. those who sprang from the dragon's teeth*) Sen.*Oed*.740; saecula Nestoreae ~nsa, Philaeni, senectae Mart.9.29.1; cum spatium saeculi tui ~nsus ad inferas demearis 11.6; (*pple. in pass. sense*) ~nso defunctus tempore lucis [Tib.]3.3.9; gradatim ~nsis honoribus Apul.*Met*.10.18.

permīlitō ~āre ~āuī, *intr.* [per-+milito] To complete a term of military service.

si tribunus in cohortibus praetoriis ~auerit Ulp.*dig*.27. 1.9; *CIL* 6.2649.

(permingō): see permeio.

permīrandus ~a ~um, *a.* [per-+mirandvs] = next.

(*tm.*) per hercle rem mirandam Aristoteles..dicit Gel.3. 6.1.

permīrus ~a ~um, *a.* [per-+mirvs] Very remarkable, most amazing.

~um ecastor praedicas Pl.*Mil*.1224; illud..mihi ~um accidit, tantam temeritatem fuisse in eo adulescente Cic. *Fam*.3.10.5; *Div*.2.99; ~a naturae opera Plin.*Nat*.2.233; Plin.*Ep*.8.14.15; (*tm.*) per mihi mirum uisum est..te hoc illi concedere Cic.*de Orat*.1.214.

permisceō ~scēre ~scuī ~xtum, *tr.* [per-+misceo] Consts.: commonly w. *cum*, or w. dat. or abl.

1 To mix or blend thoroughly (one ingredient with another). **b** (immaterial things). **c** to mix or stir well (a homogeneous substance). **d** (pass., w. abl. or *ex*) to be compounded (out of); (also transf.).

omnium unum addito et una ~sceto bene Cato *Agr*.75;—(*w.* cum) terram cum stercore bene ~sceto 151.2; ~xti cum corpore animi Cic.*Div*.1.129; sua cum miserae ~scuit ossa puellae Prop.2.8.23; ~scet (fortuna) saepe ferarum corpora cum membris hominum Man.4.101;—(*w. dat.*) (narcissus) purgat uulnera ~xtus farinae Plin.*Nat*.21.129;—(*w. abl.*) siquis..animam credit ~xtam corpore toto Lucr.3.351; (thynni) necantur, inficiturque suo ~xtus sanguine pontus Man.5.666; glaebae..dulci aqua ~sceantur Col.2.2.20;—

(*w. second substance inferred from context*) ubi toti duo sextarii (*sc. of must*) cum pice coierint, . ut ~sceatur medicamen, rutabulo. .peragitare conueniet 12.24.3;—(*poet.*) coeptanti attollere corpus. .totum ~scuit ensem SIL. 10.259;—(*transf.*) cuius acerbitas morum. .ne uino quidem ~xta temperari solet CIC.*Phil.*12.26. **b** fortuna cum laboribus et miseriis ~xta CIC.*de Orat.*2.210; sit (oratio). . ~xta et temperata numeris *Orat.*196; clamor ~xtus hortatione laetitia gemitu SAL.*Jug.*60.2; lituo tubae ~xtus sonitus HOR.*Carm.*1.1.24; duo iam ~xta proelia erant, cum Carthaginienses simul cum hostibus simul cum suis cogerentur manus conserere LIV.30.34.7; conplorationi ~xta fuit gratulatio V.MAX.1.8.ext.11; credite qui nunc est populus populumque futurum ~xtas adferre preces LUC.7.375; ~xta furori consilia STAT.*Theb.*6.762; ut controuersiae ~xtis salibus fingerentur QUINT.*Inst.*6.3.15; ea (*sc.* damna), quae uiolentia ~xta sunt ULP.*dig.*47.8.2.9. **c** eadem omnia indito, quae in placentam. id ~sceto in alueo CATO *Agr.* 81; omnem animum uniuersae naturae temperans (deus) ~scebat CIC.*Tim.*42; nigrum quod saepe uidemus, materies ubi ~xta est illius LUCR.2.769; CELS.6.6.1.K; frequentibus. . fossuris terra ~scetur COL.4.22.3; aliqui (sucum) murra adiecta. .in uaso sole torrebant, ~scentes spatha ter die PLIN.*Nat.*23.139. **d** saucia proluit ater pectora ~xtus sudore et sanguine torrens STAT.*Theb.*8.712;—(*transf.*) quartum. .genus rei publicae. .quod est ex his quae prima dixi. .~xtum tribus CIC.*Rep.*1.45; ~xtam omnium aetatium ordinumque multitudinem LIV.24.1.4; ~xtos. .dies mediis hiemem inter et aestum articulis MAN.2.429; pauore et gaudio ac dein sudore nimio ~xtus exurgo APUL.*Met.*11.7.

2 To bring (persons) together in close physical association, combine in a group, etc. (often pass. or refl.). **b** to clasp, entwine (parts of the body). **c** to unite by kinship, marriage, etc.

equites. .dispertiuerat, ut cum iis ~xti uelites. .equitatus hostium propulsarent SAL.*Jug.*46.7; loca. .tenet forti ~xtus Etrusco Arcas eques VERG.*A.*10.238; ~xto nouo exercitu ac uetere LIV.22.40.5; QUINT.*Inst.*2.2.14; medio sextam legionem constituit, cui. .tria milia tertianorum ~scuerat TAC.*Ann.*13.38; (*cf.*) ne tuas sordis cum clarissimorum uirorum splendore ~sceas CIC.*Vat.*13;—(*refl. or pass.*) cum suis fugientibus ~xti. .ab equitatu sunt interfecti CAES. *Gal.*7.62.9; aduersus Latinos bellandum erat, lingua, moribus. .congruentes: milites militibus, centurionibus centuriones. .~xti fuerant LIV.8.6.15; Nero. .circense ludicrum edebat, habitu aurigae ~xtus plebi TAC.*Ann.*15.44; in magna legatum quaere popina; inuenies. .~xtum nautis et furibus JUV.8.174; (Thrasyllus) turbae gratulantium. . ~scuit sese APUL.*Met.*8.2. **b** accedunt utrimque pio uexilla tumultu ~scentque manus; medio iam foedera bello STAT.*Theb.*12.783. **c** quo modo inter se ~xti sint (*sc. Africans*) SAL.*Jug.*17.7; (Marcia) alios fecunda penates impletura datur geminas et sanguine matris ~xtura domos LUC.2.333; Aethiopia Trogodytis conubio ~xta PLIN.*Nat.* 12.86; TAC.*Ann.*13.34.

3 To involve (persons, etc., in activities or conditions), embroil.

hos (rapit) ferro fugienda fames mundique ruinae ~scenda fides LUC.2.254; te ~xtum. .rebus. .futuris Aeneadum cecini SIL.13.499; Antistium Veterem. .turbidum et Rhescuporidis consiliis ~xtum TAC.*Ann.*3.38; quosdam. .nullis rei publicae negotiis ~xos 4.40; qui ~xtus causae grauiter . .uexatus est PLIN.*Ep.*2.11.23; (Sertorius) malis suis maria terrasque ~scuit FLOR.*Epit.*2.10(3.22.2).

4 To put together indiscriminately, mix up, confound. **b** to confound in thought or action, treat as identical. **c** to confound so as to destroy the separate identity of, merge.

nondum ordinibus instructis falcatae regiae quadrigae ~xtos milites perturbant *B.Alex.*75.2; caedes inde, non iam pugna erat omnibus intra uallum ~xtis LIV.25.14.10; ~xta chaos rerum primordia. .discreuit MAN.1.125; non usque adeo ~scuit imis longus summa dies LUC.3.138; subit ordine nullo tergaque pectoraque. .~scetque uagos in sanguine manis STAT.*Theb.*10.276; pelago caelum ~scuit Eurus SIL. 15.714; eadem utraque acie arma. .~xta uexilla, ut quisque globus capta ex hostibus huc uel illuc raptabat TAC. *Hist.*3.22;—(*cf.*) uiginti milibus e toto exercitu ~xtis (*i.e. drafted at random*) magis quam electis 2.94. **b** genera ueterum ac nouorum numerumque ~scuit CIC.*Ver.*2.125; omnia fanda nefanda malo ~xta furore. .nobis mentem auertere deorum CATUL.64.405; fana atque domos uastat, diuina cum humanis ~scet SAL.*Rep.*2.8.4; praepostero officia ~scent, qui. .cum amauerunt, iudicant, et non amant, cum iudicauerunt SEN.*Ep.*3.2; ~sceri causas possessionis et usus fructus non oportet, quemadmodum nec possessio et proprietas misceri debent VEN.*dig.*41.2.52. **c** a Dolabella magnam pecuniam auertit, sed eius rationem cum damnatione Dolabellae ~scuit CIC.*Ver.*3.177; capita. . interfectores ad Othonem tulere; neque eos. .Otho praemio adfecit. .in multa conluuie rerum maioribus flagitiis ~xtos TAC.*Hist.*2.16.

5 To disturb thoroughly, throw into confusion (a system, state of affairs). **b** to confuse the mind of, daze, bemuse.

(Pericles) fulgere tonare ~scere Graeciam dictus CIC.*Orat.* 29; omnia. .potius ~scuerunt quam ei legi. .parerent *Planc.* 41; CAES.*Civ.*1.32.5; quo furibunda domum monstro ~sceat omnem VERG.*A.*7.348; qui. .omnia ~xta turba trepidantium primo impetu oppressissent LIV.30.10.8; SEN.*Ben.* 7.27.1; mater (*sc.* elephas). .omnia circa quasi hostilia graui mole ~scuit FLOR.*Epit.*1.13(1.18.12); SUET.*Jul.*30.2. **b** Myrmex. .non quidem coram noxae prehensus, conscientia tamen pessima ~xtus APUL.*Met.*9.21; quidam. . percontatur, quorsum. .duceret asinum? at meus, adhuc maerore ~xtus. ., tacitus praeteribat 9.39.

permissiō ~ōnis, *f.* [PERMITTO+-TIO]

1 Surrender (to the authority of another). **b** (rhet.) a form of argument which affects to defer to another's decision.

ut, si dare uere pacem. .uellent. .~onem extra ciuium corpora fieri iuberent LIV.37.7.2. **b** ~o est cum ostendemus in dicendo nos aliquam rem totam tradere et concedere alicuius uoluntati *Rhet.Her.*4.39; CIC.*de Orat.*3.207; '~onem uocant. .cum aliqua ipsis iudicibus relinquimus aestimanda, aliqua nonnumquam aduersariis quoque QUINT.*Inst.*9.2.25; 9.3.90.

2 Permission, leave.

plus. .ualet sanctio ~one *Rhet.Her.*2.15; quod tibi mea ~o mansionis tuae grata est, id ego. .gaudeo CIC.*Q.fr.*3.1.9.

permissum ~ī, *n.* [neut. of pple. of PERMITTO] = next.

ait Labeo exspectandum uel ~um pontificale seu iussionem principis ULP.*dig.*11.7.8(interp.?); EX ~O. .PATRONI OPTIMI *CIL* 11.3990.

permissus ~ūs, *m.* [PERMITTO+-TVS[3]] Permission, authorization.

ex pecunia publica HS terdeciens scribam tuum ~u tuo. . abstulisse CIC.*Ver.*3.184; seruitium, ~u magistratus liberatum *Har.*25; oppidum uictores ~u consulis diripiunt LIV. 36.24.7; 44.37.5; beneficio et ~u tuo VELL.2.107.2; COL. 1.8.16; uetitis nisi ~u ingredi senatoribus TAC.*Ann.*2.59; quasdam. .personas sine ~u praetoris in ius uocare non licet GAIUS *Inst.*4.183; si non ex ~u hoc fecerit ULP.*dig.* 4.6.38;—(*of a law*) ea quae. .~u legis continentur CIC. *Agr.*2.35; AQVAM. .DVXIT. .PER VIAS LIMITESQVE PVBLICOS EX ~V S(enatus). .C(onsulti) *CIL* 11.3003.30.

permitiālis ~is ~e, *a.* [next+-ALIS] Destructive, deadly.

id quod nusquam sine ~i discidio potis est seiungi LUCR. 1.451; (*dub.*) magis. .longos morbos quam. .~es (*cj.*; permitiabiles, perniciabiles *codd.*) LIV.27.23.6.

permitiēs (~ēī), *f.* [app. an alteration of PERNICIES] FORMS: gen. sg. *permiti* ACC.*trag.* 434. Deadly harm, ruin; (applied to persons) a source of destruction, bane.

neque. .mihi ulla abest perdito ~es PL.*Cist.*224; paratus sum ubiuis petere pestem permiti ACC.*trag.*434; LUCIL.77; sine ~e 865;—te perdam. .et filiam,. .~ies, adulescentium exitium PL.*As.*133; egredere, erilis ~es, ex aedibus *Mos.*3; *Ps.*364.

permītis ~is ~e, *a.* [PER-+MITIS] (of fruit) Excessively sweet and juicy.

sorba non ~ia COL.12.42.1.

permittō ~ittere ~īsī ~issum, *tr.* [PER-+MITTO]

1 To cause or allow to travel over a distance, through a space, etc. **b** (fig.) to allow full scope to, give rein to (activities, etc.). **c** to convey or dispatch (goods) over a distance. **d** (pass., topog.) to extend (a long way).

(*horses. cavalry, etc.*) a carcere fusi (*sc.* equites) currus. . ~ittere certant ENN.*Ann.*485; inde ecum concitatum princeps ad hostium ~ittit aciem SIS.*hist.*32; HIRT.*Gal.*8.48.3; ~issus equitatus turbauerat ordines LIV.3.70.9; tribuno militum imperat equites per patentes in hostium acie uias ~ittere equos iubeant 29.2.8; 30.11.9; spatiis. .~issa Lechaeis. .quadriga GRAT.227;—(*missiles*) quorum (ordinum) alter. .quo tutior altitudine esset, hoc audacius longiusque ~itteret tela HIRT.*Gal.*8.9.4; limen. .tollit, onus plaustri, quod ne ~ittat in hostem ipsa facit grauitas OV.*Met.*12.282; 14.182; (*refl.*) ne cum argento protinam ~ittas domum, moneo, te PL.*Per.*680; multi praemissis armis ex summo se ~itterent SIS.*hist.*85;—(*transf.*) odor. .est alio ut possit ~itti longius alter LUCR.4.688; in profunda terrarum ~ittere aciem SEN.*Dial.*6.25.2; etiam ad calamitosos pro portione. . bonitatem suam ~ittet *Cl.*2.6.3; morientis in artus non potuit nati (*i.e. Antaeus*) Tellus ~ittere uires LUC.4.651; (*in fig. phr.*) uirtus lumen suum in omnium animos ~ittit SEN. *Ben.*4.17.4. **b** eum uexandis. .consulibus ~issurum tribunatum credebant LIV.2.56.2; digressis. .in diuersum ministris (*i.e. in a duel*) ~us Mars erat [QUINT.]*Decl.*9.9. **c** multi nobis sermones fuerunt, quos subinde egeram et ad te ~ittam SEN.*Ep.*66.4; hoc genus casei potest etiam trans maria ~itti COL.7.8.6. **d** Gallia. .a Nostri maris litoribus huc usque ~issa MELA 1.19; aspera et deserta regio ad Aremphaeos usque ~ittitur 1.117; 2.74.

2 To let (reins, etc.) run free, relax, or let go of. **b** to turn (an animal) loose. **c** (app.) to leave untended.

effusas tardo (equo) ~ittere habenas [TIB.]3.7.92; testudo. .arietaria cum ad murum pulsandum accessisset, ~iserunt laqueum VITR.10.16.12; cum ~iseris (*sc. tree-tops*), in locum suum exilient SEN.*Nat.*2.24.2; *Phaed.*1006; medio . .~issa profundo carbasa V.FL.1.574;—(*in fig. phrs.*) ne frena animo ~itte calenti STAT.*Theb.*10.703; si (libri) tanto opere efflagitantur. ., ~ittamus uela uentis QUINT.*Inst.*pr.3. **b** mense Iulio feminae maribus. .~ittendae COL.6.24.1; equinis armentis. .me congregem pastor. .~isit APUL.*Met.* 7.16. **c** ~issus appellatur aries, qui annis conpluribus tonsus non est PAUL.*Fest.*p.215M.

3 To give (to another) to deal with as he wishes, cede, relinquish, surrender. **b** to give (to another) to look after, commit, entrust. **c** (w. gdve.) to leave (to be treated in some way); (w. *in*+acc.) to leave (to enjoy a condition).

quid si. .exoro a uilico caussa mea ut eam illi ~ittat? PL.*Cas.*270; partem alteram tibi ~itto; illam alteram apud me. .apponito *Trin.*1067; bona. .haec tibi ~itto et tuae mando fide TER.*An.*296; cum inimicitias sibi mecum. . susceptas esse dixisset, eas se patribus conscriptis dixit. . ~issurum CIC.*Sest.*72; si qua de plebis commodis ab eo agerentur, ueluti inescandae. .multitudinis causa fieri, ut minoribus perceptis maiora ~itteret VELL.2.13.2; suas (coniuges) aliis ~isere SEN.*Ben.*1.9.3; (*contrasted w.* committo) hominem. .plenum religionis uidetis positum in uestra fide ac potestate, atque ita ut commissus sit fidei, ~issus potestati CIC.*Font.*40; (*transf.*) incerto ~isit bracchia somno PROP.4.4.67; ~issas. .ignibus urbes LUC.7.413;—(*refl.*) se suaque omnia in fidem atque in potestatem populi Romani ~ittere CAES.*Gal.*2.3.2; ut obliti scelerum Cinnae. . uos atque coniuges. .Lepido ~issuri sitis SAL.*Hist.*1.77.19; ipsos se in deditionem consuli caduceum praeferentes ~isisse LIV.8.20.6; Hippocrates et Epicydes. .unum spe undique abscisa consilium esse rati, ut se militibus ~itterent. . obuiam agmini procedunt 24.30.12; quibus cum Philippus nihil pacati nisi omnia ~ittentibus respondisset 31.17.4; 38.9.7; corpora nostra. .uestrae potestati ~ittemus 45.24.12; CURT.3.1.8; oppidani portis sponte patefactis se suaque Romanis ~isere TAC.*Ann.*13.41; (*transf.*) homines, cum se ~isere fortunae, etiam naturam dediscere CURT.3.2.18; illa prostituta, quae se omnium amoribus ~isit QUINT.*Decl.* 330(p.298,l.7). **b** et me et meum amorem et famam ~itto tibi TER.*Hau.*351; regnum tibi ~itti malunt? ACC.*trag.*18; peradulescenti. .exercitum dari, Siciliam ~itti. .? CIC.*Man.* 61; senatus consulto. .consulibus est ~issa res publica *Catil.*1.4; quod proelio adesse nequibat, M. Petreio legato exercitum ~ittit SAL.*Cat.*59.4; alitem, cui rex deorum regnum in auis uagas ~isit (*i.e. the eagle*) HOR.*Carm.*4.4.3; uiros bonos. .quibus. .pecuniae sine dubitatione ~itterentur VITR.6.pr.6; censoriam uim uni ~issam LIV.23.23.2; ut ei Atheniesses regium imperium oratione capti ~itterent V.MAX.8.9.ext.1; dum Caesar cui Syriam ~itteret consulitur TAC.*Ann.*2.81; SUET.*Nero* 37.3;—(*transf.*) flumini ignoto caput suum. .~ittere CURT.9.9.1; dum (Laeuina). .se ~ittit Auerno et dum Baianis saepe fouetur aquis MART.1.62.3; Piso. .non in publicum egressus est neque se studiis uulgi ~isit TAC.*Hist.*4.49. **c** cuius imperio. .rem publicam tuendam ~iserunt LIV.42.49.3; nudare corpus et contrectandum uulgi oculis ~ittere TAC.*Ann.*3.12; Gallias exercitibus diripiendas ~ittere SUET.*Nero* 43.1; *Gal.*14.2;— desine ac me in meam quietem ~itte APUL.*Met.*2.29.

4 To leave (to another) to do or decide, refer (a question, responsibility). **b** (ellipt.) to leave the decision or responsibility (to someone).

eius iudicio ~itto omnia TER.*Ph.*1045; hoc. .tuae curae beneuolentiaeque ~itto CIC.*Att.*11.3.1; multitudinis suffragiis res ~ittitur CAES.*Gal.*7.63.6; sepulcrum ~issum arbitrio sine sordibus exstrue HOR.*S.*2.5.105; cognitio. .eius rei L. Sergio et Q. Seruilio et Mam. Aemilio ~issa LIV.4.30.5; cetera tacitis ~itte fatis V.MAX.1.7.ext.1; thesaurorum Callicrati tutela ~issa CURT.5.2.16; gladio ~ittere mundi discrimen LUC.7.108; senatus electionem Galbae ~iserat TAC.*Hist.*1.19; (*cf., w. pred.*) ignorare. .uidemini. .non, utrum bellum an pacem habeatis, uos consuli—neque enim liberum id uobis Philippus ~ittet LIV.31.7.2; (*transf.*) quamuis minimum fortunae casibusque ~itteret SUET.*Tib.* 19; nec suspicionibus tantam coniecturam ~itti placuit APUL.*Met.*10.7;—(*w.* ut) censeo eis. .~ittendum ut rem publicam defendant CIC.*Phil.*5.34; uobis, quod aequissimum uideatur, ut constituatis ~itto RUT.LUP.2.17;—(*w. simple subj.*) cetera, uti facto opus sit, ita agant ~ittit SAL. *Cat.*45.1;—(*w. inf.*) Augustus senatui ~isit deligere praefectos TAC.*Ann.*13.29; ~ittes ipsis expendere numinibus quid conueniat nobis JUV.10.347;—(*w. indir. qu.*) tibi ~itto, responderene mihi malis. .an. .audire orationem meam CIC.*N.D.*3.4; utramque fortunam expertis ~ittere sese utrum propitios an iratos habere Romanos mallent LIV. 28.34.10; 39.5.10. **b** tibi ~itto; posce, duce PL.*Trin.*384; tibi, pater, ~ittimus: plus scis quid opu' factost TER.*Ad.* 995; CIC.*Tusc.*1.103; se periculo posse liberare eos si ~ittant sibi LIV.23.2.8;—(*w.* de) (legati) ab senatu ad Marcium reiecti, cui senatus consulto ~issum de Hernicis erat 9.43.7; si consul senatui de prouinciis ~ittit 28.45.7; 36.35.5.

5 To grant (a favour), vouchsafe. **b** (esp. permission, rights).

glans. .nisi potest adfatim praeberi, non est gregi ~ittenda COL.7.6.5; non perdam tempora. .a saeuis ~issa deis LUC.3.743; abripitur miserae ~issus Achilles STAT.*Ach.* 1.939; non est ~issa pugna morituris (*i.e. was refused*) FLOR.*Epit.*1.34(2.18.13); filia. .quibusdam etiam procis ad experiundum ~issa APUL.*Apol.*76;—(*w. inf.*) o quantum terrae, quantum cognoscere caeli ~issum est V.FL.1.169; —(*cf.*) ~itto aliquid iracundiae tuae (*i.e. I make some allowance*), do adulescentiae CIC.*Sul.*46. **b** cui ne quaerendi quidem de morte patris potestas ~ittitur CIC.*S.Rosc.* 78; *Div.Caec.*54; magistratibus in coloniis. .togae praetextae habendae ius ~ittemus LIV.34.7.2; mutandae. .iuuat ~issa licentia terrae LUC.6.271; liberum mortis arbitrium ei ~isit TAC.*Ann.*11.3; qui. .licentiam uitiis ~iserint 14.20; SUET.*Jul.*67.1.

6 (w. dat. of person and cls. or inf.) To permit, allow, sanction (to). **b** (w. acc. of action, etc., permitted). **c** (ellipt.). **d** (of circumstances).

(*w.* ut) quis Antonio ~isit. .ut. .partis faceret. .? CIC. *de Orat.*2.366; *Q.fr.*2.14.2; CAES.*Gal.*3.1.3; quibus ille ~isit, ut omnem causam in se transferrent NEP.*Ep.*8.1; LIV.42. 23.6; TAC.*Ann.*1.78; (*pleon.*) si ei rex ~itteret, ut quodcumque uellet liceret impune facere NEP.*Dat.*10.1; (*impers. pass.*) in omnibus his agris. .uendendis ~ittitur xuiris ut uendant 'quibuscumque in locis' CIC.*Agr.*2.55; ~isso. .ut ex collegis optaret quem uellet contra spem omnium L. Furium optauit LIV.6.25.5; (*app. in pers. pass. const.*) QVEI LEGE PL(ebeiue) SC(ito) ~ISSVS EST. .VTEI LEGES. .DARET *CIL* 1.593.159;—(*w.* ne) maceriae, quas curatores aquarum. .ne demolirentur dominis ~iserint *Leg.pub.*(*Font.iur.*p.115)22; —(*w. subj. alone*) matri. .Darei ~ittit, quos uellet, patrio more sepeliret CURT.3.12.13;—(*w. inf.*) inulto dicere quod sentit ~itto HOR.*S.*2.3.190; quis tibi ~isit nostras praecerpere messes? OV.*Ep.*19.143; abdicato. .non ~ittam exire SEN.*Con.*1.8.15; SEN.*Nat.*6.19.1; (ut grammatici). .uersus censoria quadam uirgula notare. .~iserint sibi QUINT. *Inst.*1.4.3; PLIN.*Ep.*8.16.1; SUET.*Cl.*25.4; non. .illis ~ittit lex Iunia. .testamentum facere GAIUS *Inst.*1.23; (*impers. pass.*) si coniectare ~ittitur PLIN.*Nat.*4.99;—(*w. acc. and inf.*) placebo tibi, si me culpam emendare ~iseris PETR. 130.6; concedi corpora sepulturae. .~isit TAC.*Hist.*1.47; APUL.*Met.*3.9. **b** alter plus lege agendo petebat, quam quantum lex in XII tabulis ~iserat CIC.*de Orat.*1.167; quo senatus consulto erat hoc legato ~issum? *Ver.*3.89; quid tibi ~ittatur cognosti *Fam.*6.8.1; ea re ~issa CAES.*Gal.* 1.30.5; quae. .hunc tam barbara morem ~ittit patria? VERG.*A.*1.540; urbem appellabunt ~isso nomine Acestam 5.718; conubium. .inter ipsos. .~issum LIV.9.43.23; uoluptates honestas, ~issas SEN.*Dial*.6.3.3; ~isit aliquid uictor (*sc.* Agamemnon) in captam sibi *Ag*.262; uerba ne Alexandrinis quidem ~ittenda deliciis risu..excipimus QUINT. *Inst*.1.2.7; nil non ~ittit mulier sibi, turpe putat nil JUV. 6.457;—(*w. pred.*) prouidentia deum, quae nihil impunitum nocentibus ~ittit APUL.*Met*.3.3;—(*neut. of pple. as sb.*) utor ~isso HOR.*Ep*.2.1.45; ex ~isso uoluptas CURT.10.5.32. **c** si tu ~ittis, uolo ego illi beluae ostendere.. LIV.7.10.3; te..tegam, qui sis, nisi tu ~iseris ipse OV.*Pont*.3.6.57; Omphis ~ittente Alexandro..regium insigne sumpsit CURT. 8.12.14; SUET.*Tib*.26.1; (*impers. pass.*) neque..licet aliter neque ~issum est nobis ab hoc ordine CIC.*Phil*.12.28. **d** (*w.* ut) rationem..non ~ittere, ut alterius arbor intellegatur GAIUS *dig*.41.1.7.13;—(*w. inf.*) cum..ratio propter amplitudinem rei ~ittat (architecto) non iuxta necessitatem summas..scientias habere disciplinarum VITR.1.1.18; ut.. cernere tantas ~isit clades conpressus sanguine puluis LUC. 4.795;—(*w. acc.*) ne stirpes quidem..operiunt solum, liberque prospectus oculorum..~ittitur CURT.4.9.10; neque.. omne tempus ~ittit eius rei iudicium COL.3.20.5;—(*ellipt.*) conatus est Caesar reficere pontis, sed nec magnitudo fluminis ~ittebat neque.. CAES.*Civ*.1.50.1; ut aetate ~ittente nubere possit PAUL.*dig*.42.5.18.

permixtē, *adv.* [PERMIXTVS+-E] In a manner combining diverse elements, compositely.

cum semel dictum sit directe..inuertatur ordo et idem quasi sursum uersum..dicatur, deinde idem intercise atque ~ CIC.*Part*.24; si..copulate ~que dictum intellegas, ut 'subruptum erit' non duo, sed unum uerbum sit NIGID.*gram*. 8(Gel.17.7.8).

permixtim, *adv.* [PERMIXTVS+-IM] In a confused manner, indiscriminately.

numeros et modos et partes argumentandi confuse et ~ dispersimus CIC.*Inv*.1.49.

permixtiō ~ōnis, *f.* [PERMISCEO+-TIO] A thorough mixture or blending.

omnem animum uniuersae naturae temperans (deus) permiscebat superiorisque ~onis reliquias fundens aequabat CIC.*Tim*.42; moueri ciuitas et dissensio ciuilis quasi ~o terrae oriri coepit SAL.*Jug*.41.10; aequalitas ista sicci, umidi..uires speciemque largitur, sicuti illa..inmoderata ~o..animal..corrumpit APUL.*Pl*.1.17.

permixtus ~a ~um, *a.* [pple. of PERMISCEO]

1 Containing diverse elements, composite, combined.

res ~o semine constant LUCR.2.687; ~o paene senatus populique concilio LIV.30.24.11; te (*i.e. Pallas*) ~o matrona minor maiorque choro colit SEN.*Ag*.372; trina bella ciuilia, plura externa ac plerumque ~a TAC.*Hist*.1.2.

2 Indiscriminately mixed, confused.

~a caede calentes turbabant..nullo discrimine turmas LUCR.5.1313; gladio comminus geri rem in ~a turba LIV. 44.35.12; contionem, quia ~a uidebatur, discedere in manipulos iubet TAC.*Ann*.1.34.

permodestus ~a ~um, *a.* [PER-+MODESTVS] Very modest, very unassuming.

homo..timidus aut etiam ~us uocem consulis ferre non potuit CIC.*Catil*.2.12; *Att*.4.8a.3; uerba edicti fuere pauca et sensu ~o TAC.*Ann*.1.7.

permodicus ~a ~um, *a.* [PER-+MODICVS] Very limited in size or amount.

cibum ~um..sumere CELS.4.2.8; locus..~us et cellae penuariae instar SUET.*Aug*.6; ~a re familiari *Tib*.47; si dos, quia ~a fuit, in funus non sufficit ULP.*dig*.11.7.20.1.

permolestē, *adv.* [next+-E] In a very vexing manner; only in phr. ~ *ferre*, to be greatly displeased at, take very badly.

ille (*sc.* Marcellus) requisisse..dicitur Archimedem.. quem cum audisset interfectum ~ tulisse CIC.*Ver*.4.131; C. Alfium praeteritum ~ tulisse *Vat*.38; quibus (*sc.* iudiciis) uos non satis moueri ~ fero *Phil*.1.36; *Att*.15.17.1.

permolestus ~a ~um, *a.* [PER-+MOLESTVS] Very tiresome or annoying.

hi (*sc. worries*)..non sunt ~i, sed tamen..urgent CIC. *Att*.1.18.2; ~um est nisi fit *Rep*.1.32.

permolō ~ere, *tr.* [PER-+MOLO[1]] To grind thoroughly in a mill; (in quot., obsc.).

alienas ~ere uxores HOR.*S*.1.2.35.

permōtiō ~ōnis, *f.* [next+-TIO] The action of stirring up or arousing (the mind or feelings). **b** a strong emotion stirred up in the mind.

quae aut conciliationis causa leniter aut ~onis uehementer aguntur CIC.*de Orat*.2.216; 2.292; filium et..filiam diuinantes habebat alterum auguriis, alteram mentis incitatione et ~one diuina *Div*.1.89. **b** plura..homines iudicant odio aut amore..aut aliqua ~one mentis quam ueritate CIC.*de Orat*.2.178; in animorum aliqua ~one aut gignenda aut sedanda 3.118; *Part*.38; in omni ~one naturalem uolebant esse..modum *Luc*.135.

permoueō ~ouēre ~ōuī ~ōtum, *tr.* [PER-+MOVEO]

1 To move or stir violently, agitate.

exterrentur et ex somno..uix ad se redeunt ~oti corporis aestu LUCR.4.1023; cum mare ~otum uentis ruit intus harenam 6.726; uirgo refert pluuias et ~ouet aera uentis GERM.fr.3.10; SEN.*Nat*.5.18.13; oportere..plana sartione terram ~oueri COL.2.11.2; ubi bene incaluerit (liquor), iniciuntur..coclearia tria et ~ouetur LARG.122;—(*transf.*) ut sit contra haec quae statum ciuitatis ~ouent..armatus CIC.*Rep*.6.1.

2 To influence (a person or his mind) so as to affect (his) attitude or conduct, to sway, move, rouse, stir, etc.

grandiloqui..fuerunt.., ad ~ouendos et conuertendos animos instructi CIC.*Orat*.20; eum nihilo magis minis quam precibus ~oueri *Ver*.4.66; nihil te..curulis aedilitas.. ~ouit quo minus castissimos ludos..pollueres..? *Har*.27; haec sine iracundia siue dolore siue metu ~otus grauius scripsi *Att*.10.4.6; nuntios tota ciuitate Aeduorum dimittit, eodem mendacio de caede..principum ~ouet CAES.*Gal*. 7.38.10; rex..gratia uiri ~otus flexit animum suom SAL. *Jug*.9.3; clamorem ranae sustulere..conuicio ~otus quaerit Iuppiter causam querellae PHAED.1.6.5; misericordia ~otus PETR.101.8; animus deliberantis non ipsa honesti natura.. ~ouendus, sed laude QUINT.*Inst*.3.8.39; FRO.*Aur*.2.p.76 (150N); indignatione ~otus..maritum meum percussum interemit APUL.*Met*.4.27;—(*w.* ad) ~oto ad miserationem.. exercitu TAC.*Ann*.1.61;—(*w.* in+*acc.*) nec militum animus in gaudium..~otus *Hist*.1.64.

3 To affect with violent emotion, excite. **b** to fill with dismay or concern, agitate, perturb. **c** to fill with annoyance, upset.

animi hominum, cum..mente ~oti per se ipsi liberi incitati mouentur, cernunt ea quae permixti cum corpore animi uidere non possunt CIC.*Div*.1.129; sacerdos..ipse insigni ~otus miraculo APUL.*Met*.11.14. **b** animaduerti.. summos oratores..in dicendi exordio ~oueri CIC.*de Orat*. 1.122; quid cogitent me scire sentiunt neque tamen ~ouentur *Catil*.2.5; *Att*.1.18.2; confirmatis militibus, ne ob hanc causam animo ~ouerentur CAES.*Gal*.7.53.1; adhortatus milites ne necessario tempore itineris labore ~oueantur 7.40.4; hoc tumultu Athenienses tam propinquo tamque magno ~oti auxilium..petiuerunt NEP.*Milt*.4.3; (Antiope) sonitu ~ota..credebat dominae pone uenire pedes PROP. 3.15.27; Eunones claritudine uiri, mutatione rerum..~otus, adleuat supplicem TAC.*Ann*.12.19;—(*ellipt., w. indir. qu.*) plerumque ~oueor num (causam abscessus) ad ipsum referri uerius sit 4.57. **c** admiratur et ~ouetur, quod Hannibal..bellum se facere..uolentem dehortetur GEL. 6(7).2.6; 6(7).17.4; (*w. dat.*) tum ille ~otus mihi et inritatus ..inquit 16.6.11.

4 To excite, provoke (physical conditions); (also feelings).

qui fundit latices (*i.e. Aquarius*) caelo quoque ~ouet imbris GERM.fr.3.18;—~ouendi omnes adfectus erunt, oratio tralationum nitore inluminanda QUINT.*Inst*.12.10.36; nihil reliqui faciunt quo minus inuidiam misericordiam metum et iras ~ouerent TAC.*Ann*.1.21; 3.23; 16.32.

permulceō ~cēre ~sī ~sum (~ctum), *tr.* [PER-+MVLCEO] FORMS: pple. ~*ctus* in SAL. *Hist*.4.58, GEL.1.11.2.

1 To rub or brush gently all over, stroke, caress; to smooth (one's hair).

cede tuum pedem mi,..ut pulueram manibus isdem, quibus Vlixi saepe ~si, abluam PAC.*trag*.245; capite ~so VAR. *Men*.584; tibi..famularer serua..., ~cens..uestigia lymphis CATUL.64.162; M. Papirius..dicitur Gallo barbam suam.. ~centi scipione eburneo in caput incusso iram mouisse LIV. 5.41.9; (Cyllenius) firmat..soporem (*sc. of Argus*) languida ~cens medicata lumina uirga OV.*Met*.1.716; leuiter unctis manibus corpus ~cere CELS.4.32.1; (equus) fiet..formidolosus..nisi eum blandiente tactu ~seris SEN.*Cl*.1.16.4; lupa ~cens puerilia membra (*sc. of Romulus*) SIL.5.144; SUET.*Nero* 1.1; (*poet., of winds, exhalations*) Aram (*i.e. a constellation*)..flatu ~cet spiritus Austri CIC.*Arat*.428(184); ~sa domus iucundo risit odore CATUL.64.284;—~cet.. comas (*sc. Mercury*) chlamydemque, ut pendeat apte, conlocat OV.*Met*.2.733.

2 To soothe the passions of (a person, etc.), calm down, pacify, or sim.; (also with the emotion as obj.).

praeterita..aetas..cum effluxisset, nulla consolatio ~cere posset stultam senectutem CIC.*Sen*.4; eorum..animis ~sis et confirmatis CAES.*Gal*.4.6.5; hus ubi laeta deae ~sit pectora dictis VERG.*A*.5.816; ~cendo tractandoque mansuefecerant plebem LIV.3.14.6; 36.12.6; efferatos melior consuetudo ~cet CURT.6.3.6; SIL.13.344; comitate ~cendum militem TAC.*Ann*.1.29; si ~cti sonis mitioribus non inmodice ferocirent GEL.1.11.2;—omnibus memoria patriae iras ~sit LIV.7.40.1; 39.23.10; indignationem..~cere APUL. *Met*.3.10.

3 To free from pain or discomfort, refresh, relieve; to mitigate, alleviate (uncomfortable conditions).

mentes aegras studia laeta ~cent SEN.*Dial*.5.9.2; auriga laboribus actis Alpheo ~cet equos STAT.*Silv*.4.4.32; (*cf.*) laeditur arteria si, antequam uoce lenei ~sa est, acri clamore completur *Rhet.Her*.3.21;—paupertatem ~cere SEN. *Ep*.87.40.

4 To affect (a person, his senses, etc.) in an agreeable or relaxing way, soothe, charm, beguile.

(oratio) continuo eum, qui audit, ~cere atque allicere debet CIC.*de Orat*.2.315; ille (status)..qui ~cet sensum uoluptate *Fin*.2.32; si quis bella tibi..dicat et his uerbis uacuas ~ceat auris HOR.*Ep*.1.16.26; cuius decora pernicitas ..nouitate grata Romanorum oculos ~sit V.MAX.2.4.4; spectantes audientesque laetissima uoluptate ~centur COL. 12.2.4; eloquio..~cere senatum *Laus Pis*.98; sed dulces Thebae! nimirum hic..meliora meos ~cent sidera uultus STAT.*Theb*.11.700; eum..lectulo refoueo, cibo satio,.. fabulis ~ceo APUL.*Met*.1.7; (*ellipt.*) quibus uiribus (orator) inspiret, qua iucunditate ~ceat QUINT.*Inst*.2.5.8; APUL. *Soc*.17.

permultō: see next.

permultus ~a ~um, *a.* [PER-+MVLTVS]

1 (neut. sg.) A great deal, very much. **b** (abl., w. compar.) by a very long way, by far.

nescio quantum attulerit; uerum hau ~um attulit PL. *Bac*.320; ~um erit ex maerore tuo deminutum CIC.*Fam*. 5.16.5;—(*internal acc.*) ~um..proficiet illud demonstrare *Inv*.2.120; qui ~um..maritimis rebus ualuerunt *Man*.54; *Att*.14.20.4; ~um interest, utrum..an.. *Off*.1.27; ~um refert improbes aliquem an oderis FRO.*Ant*.1.p.256(166N); APUL.*Apol*.52. **b** ~o clariora..esse..quae uigilantibus uideantur CIC.*Div*.2.126; pondera..~o..minora LUCR.5. 544.

2 (with plural sb.) A great many.

in illa (*sc.* terra)..cum sint..dissimili ui..partes ~ae VAR.*R*.1.9.2; alterum, tertium, quartum, ~a erant eiusdem modi nomina CIC.*Ver*.2.187; ~i locupletes homines 3.120; ~is locis aquam profluentem *Q.fr*.3.1.3; amicitiae ~ae ac perutiles Q.CIC.*Pet*.25; LUCR.6.1002; erant..circum castra ..~i editi..colles CAES.*Civ*.3.43.1; qui..~os annos imbelles egissent LIV.9.45.10; PLIN.*Nat*.2.199;—(*w. part. gen. or* ex) ciuitates ex Sicilia ~ae CIC.*Ver*.2.114; uolnerati ~i ciuium LIV.27.14.14;—(*masc. pl. as sb.*) in Asia magnas ~i res amiserunt CIC.*Man*.19; *Fam*.2.17.6;—(*neut. pl. as sb.*) de hoc iure ~a praetereo *Caec*.101; *Att*.15.23; causa..mea ~a rogatus fecit HOR.*S*.1.4.97; (*internal acc.*) Socrates..~a disputat CIC.*Scaur*.4; ~a iocatus HOR.*S*.1.5.62.

permundus ~a ~um, *a.* [PER-+MVNDVS] Very clean.

~ae..sunt hae uolucres VAR.*R*.3.7.5.

permūniō ~īre ~īuī or ~iī ~ītum, *tr.* [PER-+MVNIO] **a** To fortify thoroughly, make very secure. **b** to finish constructing (fortifications).

a castra uallo ~it LIV.23.26.10; 31.39.9; 36.16.2; cuncta inter castellum Alisonem ac Rhenum nouis limitibus aggeribusque ~ita TAC.*Ann*.2.7; 4.24. **b** quae munimenta incohauerat ~it LIV.30.16.1.

permūtātiō ~ōnis, *f.* [next+-TIO]

1 Reciprocal giving and receiving, interchange; (spec. of goods in barter). **b** the giving (of something) in payment or exchange. **c** (in finance) the remittance or drawing (of money) by bill of exchange. **d** (rhet.) the substitution of one kind of expression for another, figurative language or sim. (= Gk. ἀλληγορία).

ut trecentos ex Romanis captiuis Poenus daret Campanis ..cum quibus equitum Campanorum..~o fieret LIV.23.7.2; inter ipsos consules ~o prouinciarum..facta est 26.29.9; PETR.15.2; GEL.6(7).18.2;—merces positas iuxta uenalia tolli ab iis, si placeat ~o PLIN.*Nat*.6.88; TAC.*Ger*.5.4; origo emendi uendendique a ~onibus coepit PAUL.*dig*.18.1.1. **b** mulier..quadrantaria illa ~one familiaris facta erat balneatori CIC.*Cael*.62; similis si ~o detur (*sc. as to Alcestis*), morte uiri cupiant animam seruare catellae JUV.6.653. **c** rationem..~onis eius quam tecum feci edidi CIC.*Att*. 5.13.2; in cistophoro in Asia habeo ad sestertium bis et uiciens. huius pecuniae ~one fidem nostram facile tuebere 11.1.2; pecunia..quae mihi ex publica ~one debetur *Fam*. 3.5.4; *Q.fr*.1.3.7. **d** ~o est oratio..aliud uerbis aliud sententia demonstrans *Rhet.Her*.4.46.

2 The substitution of each (of two things) for the other, transposition, switch; reversal (of an arrangement). **b** (transf.) the turning (of a system) topsy-turvy.

si..oratoris bene structam conlocationem dissoluas ~one uerborum CIC.*Orat*.232; si separatim..clusum uniuscuiusque triticum fuisset, ita ut internosci posset quid cuiusque esset, non potuisse nos ~onem facere ALF.*dig*.19.2.31; quae causa est praecipientibus, ut..retro agant (litteras) rursus et uaria ~one turbent QUINT.*Inst*.1.1.25;—si..~onem ordinis faciemus *Rhet.Her*.3.17; QUINT.*Inst*.8.6.64. **b** magna rerum ~one impendente, declinasse me paulum et..tempestatem..fugisse CIC.*Sest*.73.

3 A (thorough) alteration, change, transformation.

genus argumentorum..quod ex facti uestigiis sumitur, ut telum cruor..titubatio ~o coloris CIC.*Part*.39; quod ad ~onem seminum attinet, quibusdam ex his firmitas maior est, ut coriandro PLIN.*Nat*.19.181; ~ones sexus 28.92; defensionis..~o reprenditur saepe QUINT.*Inst*.5.13.42; capitis minutio est status ~o GAIUS *dig*.4.5.1.

permūtō ~āre ~āuī ~ātum, *tr.* [PER-+MVTO[1]] CONSTS.: in senses 1 and 3, *cum* is used to expr. the second party to the transaction.

1 To give and take reciprocally, exchange, 'swap'.

nomina inter uos ~astis PL.*Capt*.677; ut (consules) de ~andis prouinciis senatum consulerent LIV.26.29.6; pudebit cum animalibus ~asse mores SEN.*Dial*.4.31.6; huic adnectitur lien..aduersus iecori, cum quo locum aliquando ~at PLIN.*Nat*.11.204; Theopompus..~ato cum uxore habitu e custodia ut mulier euasit QUINT.*Inst*.2.17.20; ea, quae (Regulus)..dixit suadens ne captiui cum Carthaginiensibus ~arentur GEL.7(6).4.1;—(*in trade or barter*) regio..diuersas opes maris atque terrarum facili commercio ~at MELA 1.68; quanto feliciore aeuo, cum res ipsae ~abantur inter sese ..! PLIN.*Nat*.33.6; (*ellipt.*) si quis ~auerit, dicendum est utrumque emptoris et uenditoris loco haberi ULP.*dig*.21.1. 19.5.

2 (w. abl., *cum*, or *pro*) To give up (commodities, possessions) while receiving others in return, exchange (for). **b** to market (at a certain price), sell (for). **c** (pass., of coin) to be received as equivalent (for). **d** to replace (with).

(*w. abl.*) reliquias spiritus mei prospero fine, duas filias.. relictura ~o V.MAX.2.6.8; C. Hirrius..sex milia..murenarum mutua appendit; nam ~are..pretio noluit PLIN.*Nat*. 9.171;—(*w.* pro) pro Leonico..omnes hostium captiuos ~auit V.MAX.5.2.ext.2;—(*w.* cum) c boum arma aurea ~asse Glaucum..cum Diomedis armis VIIII boum PLIN. *Nat*.33.7;—(*ellipt.*) dat Niso Mnestheus pellem..galeam fidus ~at Aletes VERG.*A*.9.307; si quis eam ancillam mecum ~asset aut in solutum dedisset PAUL.*dig*.41.3.4.17. **b** (*w. abl.*) tanta..commeatus penuria incessit, uti VI milibus denariis singula uasa olei..~arentur V.MAX.7.6.6; CURT.

4.11.12; renuntiatam (insulam) adeo diuitem, ut equos incolae talentis auri ~arent Plin.*Nat.*6.198; (galbanum) ~atur in libras ✱ v 12.126; 19.20. **c** placuit..denarium xvi assibus ~ari Plin.*Nat.*33.45. **d** (*w. abl.*) Scythici diuersus ad ostia ponti Castor..remo ~at habenas Stat.*Theb.*6.329; quasdam (litteras)..aliis non dissimilibus, sed quasi hebetioribus ~amus Quint.*Inst.*1.11.4;—(*ellipt.*) senatus liberam potestatem consulibus fecit..~andi..ex prouinciis quos e re publica censerent esse traducendos Liv.27.38.9;—(*w. replacement as subj.*) libata Bacchi dona ~at cruor Sen.*Oed.*324.

3 (w. abl., *cum*, or *pro*) To receive commodities, possessions) in exchange (for), acquire at the price (of). **b** to put (one thing) in place (of another), substitute (for).

(*w. abl.*) Hor.*Carm.*2.12.23; cur ualle ~em Sabina diuitias operosiores? 3.1.47; India neque aes neque plumbum habet gemmisque..suis haec ~at Plin.*Nat.*34.163;—(*w.* cum) neque..quicquam repperit dignum quod cum tempore suo ~aret custos eius parcissimus Sen.*Dial.*10.7.5;—(*ellipt.*) ut eas (*sc.* Capreas) cum re p. Neapolitanorum ~auerit Aenaria data Suet.*Aug.*92.2;—(*w. the price as subj.*) singulis milibus nummum ~antibus congios (*sc.* gari) fere binos Plin.*Nat.*31.94. **b** (*w. abl.*) tranquillae..faces oculis..: qualis..Apollo cum redit et saeuis ~at plectra pharetris Stat.*Ach.*1.166;—(*w.* pro) canere..ex Camena ~ato pro m n Var.*L.*6.75; causam..imperium consulare pro regio ~andi populo Romano praebuit V.Max.6.1.1;—(*w.* cum) hic uestis..cum isto squalore ~andus tibi est Curt.4.1.22;—(*ellipt.*) ~at Agylleus arma..Nomii (*i.e. takes instead of his own*) Stat.*Theb.*10.259.

4 (in financial language): **a** to remit (money) by a bill of exchange. **b** to obtain (money) on a bill of exchange.

a pertulit ipse custodiam..nudus atque egens..fugit e regno. at ~ata aliquando pecunia est Cic.*Rab.Post.*40; uelim cures..ut ~etur Athenas quod sit in annuum sumptum ei *Att.*15.15.4; 16.1.5; *Fam.*2.17.7. **b** ut uerear ne illud quod tecum ~aui uersura mihi soluendum sit Cic.*Att.*5.15.2.

5 (w. pl. obj.) To carry out or undergo a substitution in respect of, change (one's home, master, etc.).

quod..~et dominos et cedat in altera iura Hor.*Ep.*2.2.174; si nos maria transimus, ~abimus sedes Sen.*Nat.*3.17.1; Numidae (appellati)..Nomades a ~andis pabulis Plin.*Nat.*5.22; Tac.*Ger.*28.1; ~at..domos et flammea conterit (*sc. a much-married woman*) Juv.6.225.

6 To put each of (two things) in place of the other, transpose, switch round, interchange. **b** (w. abl. or *cum*) to cause (one thing) to change its position (with another). **c** to reverse (an order, scheme, etc.). **d** to turn (a thing) the other way round; (transf.) to turn (a system) topsy-turvy.

uerba ~a sic..uidesne, ut ordine uerborum paululum commutato..ad nihilum omnia recidant? Cic.*Orat.*232; ~andae acus inter manus sunt, ut ea sit in dextra quae fuit in sinistra Cels.7.16.5; ibi gentem Artabrum (prodidere)..manifesto errore. Arrotrebas enim..hoc in loco posuere litteris ~atis Plin.*Nat.*4.114; ~are hiberna legionum et Germanicas transferre in Orientem Suet.*Ves.*6.4; si pallium fullo ~auerit et alii alterius dederit Ulp.*dig.*19.2.13.6. **b** (*w. abl.*) ima ~at leuis hora summis Sen.*Thy.*598;—(*w.* cum) cur laeua cum dexteris ~entur (*sc. in a mirror*) Apul.*Apol.*16;—(*ellipt.*) immisso fenestris nouis aquilone et obstructis pestilentibus ianuaque ~ata (*i.e. during an epidemic*) Var.*R.*1.4.5; si quam in corporibus nostris..partem ~es et transferas,..prodigium sit Quint.*Inst.*7.pr.2. **c** hac lupi, hac canes: lupina scaeua fusti rem gerit;..~abo ego illuc nunc uerbum uetus Pl.*Cas.*972; tantum elementa queunt ~ato ordine solo Lucr.1.827; reliquae (cepae)..nullum semen emittunt, sed caput tantum..sequenti autem anno ~ata ratione semen gignitur, caput..corrumpitur Plin.*Nat.*19.106; (narratio) recta an ordine ~ato, causae docebunt Quint.*Inst.*2.13.5. **d** ulmus..cardinibus..portarum utilissima.., ~anda tantum sic ut cacumen ab inferiore sit cardine, radix superior Plin.*Nat.*16.210; quod a diuerso adfectant..quidam in uite ficoque, ~antes in contrarium 17.84;—(*transf.*) C...Gracchi ruinis..nonne (tribunatus) omnem rei publicae statum ~auit? Cic.*Leg.*3.20.

7 To make (completely) different, change, transform.

(capita, *i.e. sources*) ~antur et..odore malo..profundunt fontes Vitr.8.2.8; pelagi..uenenum..uitali sale ~ant reddunt que salubre Man.5.692; uultum..qui ~at, fraudem parat Petr.107.8; ~ant et duo (uenti) naturam cum situ Plin.*Nat.*2.127; (uellus) pelagio primum satiatur.., mox ~atur in bucino 9.135; requiris, quid ex hoc (*sc.* otio) in Laurentino hieme ~em Plin.*Nat.*9.40.2; ut dos, quae in pecunia numerata esset, ~aretur et transferatur in corpora Julian *dig.*23.4.21.

perna ~ae, *f.* [cf. Skt. *pā́rṣṇiḥ*, Gk. πτέρνη, Goth. *faírzna* 'heel']

1 The leg, esp. its upper part with the thigh. **b** a leg or thigh of a hog used for food, a ham.

is ~as succidit (*i.e. hamstrung*) iniqua superbia Poeni Enn.*Ann.*286; C. Memmius L. Octauium similiter deprehensum (*i.e. in adultery*) ~is contudit V.Max.6.1.13;—(*of pigs*) castrantur feminae (*i.e. sows*)..suspensae ~is prioribus uulua recisa Plin.*Nat.*8.209; ossa ex acetabulis ~arum, circa quae coxendices uertuntur 28.179. **b** Naev.*com.*65; aliquid prius opstrudamus, ~am, sumen, glandium Pl.*Cur.*366; *Per.*105; ~as sallire sic oportet..cum ~as emeris, ungulas earum praecidito.. Cato *Agr.*162.1; Var.*R.*2.4.10; non..edi..quicquam praeter holus fumosae cum pede ~ae Hor.*S.*2.2.117; Petr.66.7; Mart.10.48.17.

2 The thick portion at the base of a shoot or sucker.

(stolones) cum ~a sua auelluntur partemque aliquam e matris..corpore auferunt Plin.*Nat.*17.67.

3 A sea-mussel shaped like a ham.

~ae concharum generis..stant uelut suillum crus e longo in harena defixae Plin.*Nat.*32.154.

pernārius ~(i)ī, *m.* [prec.+-ivs] A dealer in hams.

CIL 6.31120; *A.Epig.*58.271.

pernāuigō ~āre ~āuī ~ātum, *tr.* [per-+navigo] To sail from end to end of, navigate completely.

pars tota uergens in Caspium mare ~ata est Macedonum armis Plin.*Nat.*2.167.

pernecessārius ~a ~um, *a.* [per-+necessarivs]

1 Absolutely essential or requisite.

futura tibi sacrorum traditio ~a est Apul.*Met.*11.29; neque..captus est emendo sibi rem ~am Ulp.*dig.*4.4.11.4; haec clausula et frequens et ~a est 26.10.1.

2 (of an occasion) Highly critical.

te..non esse Romae meo tempore ~o submoleste fero Cic.*Att.*5.21.1.

3 (of persons) Very closely connected by friendship or blood; (masc. as sb.) a very close friend or connexion.

me..ut pro homine intimo ac mihi ~o scribere Cic.*Fam.*13.69.1; *de Orat.*2.202;—a Laelio, paterno amico ac ~o *Flac.*14; sciebam Corfidium ~um Ligariorum *Att.*13.44.3; L. et C. Aurelios..commendo tibi..adulescentis omnibus optimis artibus ornatos, meos ~os *Fam.*13.40.

pernecesse, *indecl. neut. adj.* [per-+necesse] Absolutely necessary.

quam noluerint maiores nostri, nisi cum ~ esset, hominem occidi Cic.*Tul.*49.

pernegō ~āre ~āuī ~ātum, *tr.* [per-+nego]

1 To deny (an assertion) flatly or persistently.

nihil hoc confidentius: quin quae uides ea ~at Pl.*Men.*615;—(*w. acc. and inf.*) ubi creditum quod sit tibi datum esse ~aris *As.*572; Cic.*Cael.*65; sexies tortus ~auit ei se culpae adfinem fuisse V.Max.8.4.2; Quint.*Inst.*7.2.25; (*cf.*) eas fabulas factas prius Latinas scisse sese id..~at (poeta) Ter.*Eu.*34;—(*ellipt. or absol.*) neque edepol ego dixi neque feci. — negas? — ~o immo Pl.*Aul.*765; ut in quaestione ~antibus cunctis..paedagogum suum indicem subieceret Suet.*Nero* 35.2; Calp.*Decl.*7; (*w.* de) illa (*sc.* Delia)..de me ~at usque uiro Tib.1.6.8.

2 To refuse obstinately.

non edepol tibi ~are possum quicquam quod uelis Pl.*Trin.*357; Catoni populus Romanus praeturam negauit, consulatum ~auit Sen.*Ben.*5.17.2; Mart.5.60.3;—(*w. acc. and inf.*) Nereus saeuo diuiduos (*sc.* populos) coniungi ~at aestu Sil.14.19;—(*ellipt. or absol.*) tutores pecuniam..quem ad modum..dare possent, non uidebant..saepe appellati ~auerunt Cic.*Ver.*1.106; Mart.4.81.5; nec qvoiqvam ~avit laesit neminem *CIL* 10.3969; (*impers. pass.*) iste..petere (*sc. a statue*) ab illis..primo istius aduentu ~atur Cic.*Ver.*4.76.

perneō ~ēre ~ēuī ~ētum, *tr.* [per-+neo] To finish spinning, spin to the end.

cum mihi supremos Lachesis ~euerit annos Mart.1.88.9.

perniciābilis ~is ~e, *a.* [pernicies+-bilis] = next.

multos exanimauit rigor insolitus niuis..praecipue ~is fuit fatigatis Curt.7.3.13; accusabant (Cremutium Cordum)..Seiani clientes..id ~e reo Tac.*Ann.*4.34.

perniciālis ~is ~e, *a.* [next+-alis] Destructive, deadly.

proelia ceteris animalibus ~ia Plin.*Nat.*8.13; ~ia et brassicae cum uite odia 24.1; faciem laxis uesicis inligant, ne in respirando ~em puluerem trahant 33.122.

perniciēs ~ēī, *f.* [per-+neco+-ies] Forms: *pernities* read in Col.2.2.13 (and see permities). Old gen. ~*i* Sis.*hist.*128 (Gel.9.14.12), Cic.*S.Rosc.*131; dat. ~*i* Nep.*Thr.*2.2.

1 Physical destruction (of persons or animals), fatal injury; (also rarely of things). **b** (transf.) ruin, undoing.

nullum locum praetermisit in quo non..tota mente mater de ~e fili cogitaret Cic.*Clu.*190; ut eis interfectis eorum ~e dolorem suum ulcisceretur *B.Afr.*87.4; te..sacrilega manu produxit, arbos, in nepotum ~em Hor.*Carm.*2.13.4; Tiberis..agros inundauit cum magna strage tectorum pecorumque et hominum ~e Liv.24.9.6; belua immanis, quales fretum..ad ~em nauigantium circumsedisse fabulae ferunt 29.17.12; (malum) ad ~em procedit oriturque acutus morbus Cels.4.13(6).1; scalpellum adhiberi sine ~e non posse 7.20.2; sunt et ranis uenena..ociore etiam quam aspidum ~e Plin.*Nat.*25.123; periti nandi cum ignaris in mutuam ~em implicabantur Tac.*Hist.*5.15; (*pred. dat.*) dum primus studet portum intrare gubernatoremque iubet eo dirigere nauem, ipse sibi ~ei fuit.., nauis rostro percussa coepit sidere Nep.*Cha.*4.2; (*in fig. phr.*) cito inproborum laeta ad ~em cadunt Pub.*Sent.*C.18;—(*of things*) lacerato oculo..stat cernundi..potestas, dummodo ne..circum caedas aciem solamque relinquas: id..enim sine ~e non fiet eorum Lucr.3.412; fructuarius..non debet..quicquam facere in ~em proprietatis Ulp.*dig.*7.1.13.4. **b** rescisces criminatorem meum quanto in periclo et quanta in ~e siet Pl.*Bac.*827; Ter.*Hau.*450; qui ad ~em innocentis fidem suam..pecunia commutarit Cic.*Clu.*129; ducem..hostium (*i.e. Catiline*)..in senatu uidetis..cotidie ~em rei publicae molientem *Catil.*1.5; adlata est..nobis rogatio de ~e mea *Att.*3.4.1; ego sanus ab illis (*sc.* uitiis), ~em quaecumque ferunt Hor.*S.*1.4.130; iam sibi ex fauore multitudinis crimen et ~em quaeri Liv.6.15.8; fidem socialem usque ad ~em suam coluerunt 21.7.3; successus ad ~em multos deducet Phaed.3.6.1; (aurum) ad ~em uitae repertum Plin.*Nat.*33.6; multis..orantibus ponerent odia in ~em itura Tac.*Ann.*5.11; pleraque pessimi exempli in ~em publicam..durauerant Suet.*Aug.*32.1; Apul.*Apol.*2.

2 (meton.) A source of destruction or ruin, bane.

nec ulla ~es uitae maior inueniri potest quam in malitia simulatio intellegentiae Cic.*Off.*3.72; hinc abite, lymphae, uini ~es Catul.27.6; eripite hanc pestem ~emque mihi (*i.e. an infatuation*) 76.20; pecuniae, quae maxuma omnium ~es est, usum Sal.*Rep.*1.7.3; iunci..~es repastinatio est Col.2.2.13;—(*applied to persons*) leno sum..~es communis adulescentium Ter.*Ad.*188; praedonem iuris urbani, labem atque ~em prouinciae Cic.*Ver.*2; Hor.*Ep.*1.15.31; hic (*sc.* Alexander)..**tam** hostium ~es quam amicorum Sen.*Ben.*1.13.3.

perniciōsē, *adv. compar.* ~ius. [next+-e] In a ruinous or destructive manner, perniciously.

(M. Antonius) ita ~e (scripsit), ut non numquam Caesar desiderandus esse uideatur Cic.*Att.*14.13.6; multa ~e, multa pestifere sciscuntur in populis *Leg.*2.13; ~ius de re publica merentur uitiosi principes 3.32; *Off.*2.73; (uitis) ~e luxuriat Plin.*Nat.*17.178.

perniciōsus ~a ~um, *a. compar.* ~ior, *superl.* ~issimus. [pernicies+-osvs]

1 Destroying or tending to destroy life or health, deadly, destructive, etc.

(*of a person, animal*) immanem ac ~am bestiam Cic.*Clu.*41; natura serpentium..~a Sal.*Jug.*89.5; ~us ichneumon (*i.e. snake-killing*) Mart.7.87.5; id (*i.e. for a boy to gouge out quails' eyes*) signum esse ~issimae mentis Quint.*Inst.*5.9.13; (*cf.*) ~a loquebatur de mansione tua Cic.*Att.*11.6.6;—(*of conditions, activities, etc.*) morbi ~iores..sunt animi quam corporis *Tusc.*3.5; neque oppugnari castra eorum sine dimicatione ~a..posse Hirt.*Gal.*8.11.1; uictoribus uictisque pariter ~a fames Liv.25.31.15; ex labore sudanti frigida potio ~issima est Cels.1.3.6; ~ior est inclinatio (terrae) concussione Sen.*Nat.*6.21.2; ~ae tussi Plin.*Nat.*20.229; ne quid ~ius ipsi in se moliantur (furiosi) Macer *dig.*1.18.14; (*neut. pl. as sb.*) medicinam..~a discernentem a salutaribus Cels.1.pr.35.

2 (w. ref. to non-physical destruction) Ruinous, fatal, pernicious.

(*of persons*) inutilis sibi, ~us patriae ciuis Cic.*Inv.*1.1; *Prov.*24; ~os tribunos *Leg.*3.24; pacem an bellum gerens (Iugurtha) ~ior esset Sal.*Jug.*46.8; Vell.2.47.5;—(*of things*) hominum..~am atque intolerandam potentiam Cic.*S.Rosc.*36; ~a largitio *Mur.*80; ~us..error *Amic.*83; cum..is sit qui, si ~um sciret esse loqui de hac re, uix tamen se contineret Cael.*Fam.*8.6.2; uim..contra rem publicam et ~o exemplo factam Liv.25.4.7; scripta..auctori ~a suo Ov.*Tr.*5.1.68; leges ~as et exitiabiles Vell.2.18.6; nec cunctatione opus, ubi ~ior sit quies quam temeritas Tac.*Hist.*1.21; ~a in rem publicam consilia *Ann.*12.22; Suet.*Rhet.*25(p.122Re); (*neut. pl. as sb.*) superuacua aut prope ~a petuntur (*sc. from the gods*) Juv.10.54.

pernīcitās ~ātis, *f.* [pernix+-tas] Quickness of movement (esp. in running), nimbleness.

(*of men*) cursu celeri facite inflexa sit pedum ~as Pl.*Men.*867; Cic.*Tusc.*5.45; certamina..uirium..et ~atis Liv.33.32.1; decora ~as (*sc. of a dancer*) V.Max.2.4.4; equorum uelocitati par est hominum ~as Curt.7.7.33; uiros ~ate euasisse Plin.*Nat.*6.200; Gel.9.4.9;—(*of animals*) ibices ~atis mirandae Plin.*Nat.*8.214; ~ate equi profugus..sequentis frustratus est Tac.*Ann.*4.45; Fro.*Aur.*1.p.120 (22N);—(*of natural forces*) ignes, ~ate sui claricantes Apul.*Mun.*15;—(*transf.*) ut..inmensitati..eius (*sc.* mundi)..cogitationum nostrarum nos ~as intimaret *Mun.*pr.

pernīciter, *adv. compar.* ~ius. [pernix+-ter^{2}] With quickness of movement, nimbly, speedily.

prehendit eas (*sc.* angues)..~iter (*sc. the infant Hercules*) Pl.*Am.*1116; ~iter exsiluere (iuuenes) Catul.62.8; desilire ~iter Liv.26.4.5; (ibex) recussu ~ius quo libuit exultat Plin.*Nat.*8.214; ad Milonis hospitium ~iter euolo Apul.*Met.*2.6; ~iter currere *Soc.*21.

perniger ~gra ~grum, *a.* [per-+niger] Very black or dark.

(nutrix) ore atque oculis ~gris (est) Pl.*Poen.*1113.

pernimium, *adv.* [per-+nimivm^{2}] Very greatly; far too (much).

inter uos..~ interest Ter.*Ad.*393;—haec interpretatio..~ seuera est Papin.*dig.*48.3.2.1.

perniō ~ōnis, *m.* [perna+-io^{1}] A chilblain on the foot.

sucus ~ones et ambusta (emendat) Plin.*Nat.*22.70; 23.109; ~ones ursinus adips rimasque pedum omnes sarcit 28.221; 32.65; Larg.219.

perniteō ~ēre, *intr.* [per-+niteo] To shine brightly.

corpora quasi uncta ~ent Mela 3.88.

pernitiēs: see pernicies.

perniunculus ~ī, *m.* [pernio+-cvlvs] A chilblain on the foot.

cyclaminos..~os curat omniaque alia frigoris uitia Plin.*Nat.*26.106.

pernix ~īcis, *a. compar.* ~īcior, *superl.* ~īcissimus. [prob. perna+-*ix* (cf. -ax, -ox)]

Travelling quickly, swift, agile. **b** (of events) proceeding rapidly, speedy.

(*of men*) ~ix sum pedibus, manibus mobilis PL.*Mil.*630; puellae ~ici (*i.e. Atalanta*) CATUL.2.12; ~icissimos iuuenes ..qui per..inuias rupes domi pecora agere consueuerant CURT.7.11.7; proditam..classem ~icibus nuntiis accepit TAC.*Hist.*3.40; cursor ~ix APUL.*Apol.*21;—(*of animals*) tigres..saeuum ferarum genus et..~ix MELA 3.43; pecuarius canis neque tam strigosus aut ~ix debet esse quam.. COL.7.12.8; ~icibus equis FLOR.*Epit.*1.1(1.3.8);—(*of parts of the body*) ~icibus..plantis transit equum cursu VERG.*A.* 11.718; ~icibus alis STAT.*Theb.*3.471;—(*of a river*) Araxes.. quanto angustior tanto magis ~ix MELA 3.40;—(*of time*) hanc temporis ~icissimi celeritatem SEN.*Ep.*108.27;—(*of movement itself*) saltu ~ici tollere corpus LUCR.5.559; uolatu ~icíore APUL.*Soc.*10;—(*transf.*) Veneris (potestas) uoluptifica, ~ix Mercuri *Fl.*10;—(*w. inf.*) iuuenis..sublimis cupidusque et amata relinquere ~ix HOR.*Ars* 165;—(*w. advl. force*) corripit ensem..~ixque irrumpit in aulam SIL. 1.167. **b** ~ici orbificor liberorum leto ACC.*trag.*421; Carthaginis..~ix uictoria late terruerat gentes SIL.15.401.

pernōbilis ~is ~e, *a.* [PER-+NOBILIS] Very famous.

epigramma Graecum ~e CIC.*Ver.*4.127; Sestos, Leandri amore ~e MELA 2.26.

pernoctō ~āre ~āuī ~ātum, *intr.*, (*tr.*?). [PERNOX+-O[3]] To spend or occupy the night (in a place, with a person). **b** (app. tr.) to guard (a place) all night.

cum..ea (*sc. a cow*) noctem in stramentis ~are perpetim PL.*Truc.*278; qui meretricem amaret, qui ~aret foris TER. *Hec.*539; cum esset adulescens apud mulierculam quandam atque ubi ~arat ibi diem posterum commoraretur CIC.*Clu.* 37; ~ant uenatores in niue in montibus *Tusc.*2.40; NEP. *Alc.*2.2; arma sumere et in castris ~are SEN.*Dial.*1.5.3; contiones magistratuum paene ~antium in rostris TAC. *Dial.*36.3; cantus ~antis parasiti JUV.14.46; inter excubias militum ~auit SUET.*Cl.*10.3; FRO.*Aur.*2.p.16(229N); (*cf.*) sapientis animum cum his habitantem ~antemque curis CIC.*Tusc.*5.69;—(*of a thing*) quadripedes homine sanauere, ..ubi homo..esset..crematus, siliginem, quae ~asset, suum morbis dando PLIN.*Nat.*28.8. **b** dum..iter horrendum loca ~ata (*s.v.l.*) pauentes carpebant *Ilias* 703.

pernōnidēs ~ae, *m.* [PERNA] (humorous patronymic) 'Son of a ham'.

aliquid scitamentorum de foro opsonarier, glandionidam suillam, laridum ~am PL.*Men.*210.

pernoscō ~oscere ~ōuī ~ōtum, *tr.* [PER-+NOSCO] To become thoroughly acquainted with, get to know well; (pf.) to be thoroughly conversant with.

omnes animorum motus..penitus ~oscendi CIC.*de Orat.* 1.17; physiognomon, qui se profitebatur hominum mores naturasque ex corpore..~scere *Fat.*10; haec sic ~osces parua perducta opella LUCR.1.1114; HOR.*S.*2.4.63; agrorum cultum ~oscere COL.6.pr.3; omnium, quae in caelo ~osci potuerunt, magistra (luna) PLIN.*Nat.*2.44; (*w. indir. qu.*) animum attendite, ut ~oscati' quid sibi Eunuchus uelit TER.*Eu.*45;—ut matronarum hic facta ~ouit probe! PL. *Aul.*503; ingenium auidi haud ~oram hospitis *Bac.*276; *Trin.*665; non sati' me ~osti etiam quali' sim, Simo TER. *An.*503.

pernōtescō ~escere ~uī, *intr.* [PER-+NOTESCO] To become generally known.

noua culpa ~uit [QUINT.]*Decl.*3.1; cuncta mox ~uere TAC.*Ann.*12.67;—(*w. acc. and inf.*) ubi Caesarem esse qui grassaretur ~uit 13.25; 14.8.

pernōtus ~a ~um, *a.* [PER-+NOTVS[1]] Very familiar or well-known.

pugil..ob eximiam uirtutem uirium iam et regi ~us et gratus CURT.9.7.16; Marathon..Persica maxime clade ~us MELA 2.45.

pernox ~octis, *a.* [PER-+NOX] Continuing throughout the night; (often w. advl. force).

(*of the moon*) proelium..ante lucem—sed luna ~ox erat—commissum est LIV.5.28.10; 21.49.9; exceptas luna ~octe pruinas OV.*Met.*7.268; (luna) alias ~ox, alias sera PLIN.*Nat.* 2.42;—(*of an activity*) in castris..somnus ~ox aut in uino uigilia FRO.*Ver.*2.p.148(128N);—carceris..custos, quo stante superbe..~octes..patres cupiant extrema suorum oscula MAN.5.623; Triuiae currus..quos pleno lucida uultu ~ox agitat SEN.*Med.*89; linquit..infecta..~ox sacra Medon V.FL.3.117; STAT.*Theb.*12.46; luditur alea ~ox JUV.8.10; stare solitus Socrates dicitur pertinaci statu perdius atque ~ox GEL.2.1.2; misera ~ox et per diem lanificio neruos meos contorqueo APUL.*Met.*5.

pernoxius ~a ~um, *a.* [PER-+NOXIVS] Very harmful or injurious.

Mossyni..asperi inculti ~i adpulsis MELA 1.106.

? **pernula** ~ae, *f.* [PERNA+-VLA] A small ham.

PL.*Capt.*850(*cj.*).

pernumerō ~āre ~āuī ~ātum, *tr.* [PER-+NVMERO[1]] To ascertain the full total of, reckon up. **b** to enumerate fully. **c** to count out (money) in full, pay over.

basia multa..quae nec ~are curiosi possint nec.. CATUL. 7.11; res hereditarias heredem institutum obsignare non debere, sed tantum ~are et mulieri adsignare ULP.*dig.* 37.9.1.24. **b** duo et XL signa nominatim ~auimus HYG. *Astr.*pr. **c** argentum numera, ne comites morer. — ~atumst PL.*Epid.*632; de capite deducite quod usuris ~atum est LIV.6.15.10; paucos moratus dies dum imperatam pecuniam Ilergetes ~arent 28.34.12; HS QVADRINGENOS CONGIARI VIRITIM ~A⟨V⟩I AUG.*Anc.*3.10; MART.12.62.12; *CIL* 12.4393.

pērō[1] ~ōnis, *m.* [dub.] A thick boot of raw hide.

uestigia nuda sinistri instituere pedis, crudus tegit altera ~o VERG.*A.*7.690; quem non pudet alto per glaciem ~one tegi JUV.14.186; APUL.*Met.*7.18.

Pērō[2] ~ūs, *f.* (mythol.) The daughter of Neleus who demanded the cattle of Iphiclus as her bride-price.

PROP.2.3.53.

perobligō ~āre ~āuī ~ātum, *tr.* [PER-+OBLIGO] To bind or secure completely (in quot., with magic spells).

DOMINI DEI..OBLIGATE ~ATE FALERNARV(m) BALINEV(m) AB HAC DIE NE QVIS HOMO ILLOC ACCEDAT *A.Epig.*33.234.

perobscūrus ~a ~um, *a.* [PER-+OBSCVRVS]

1 Very vague or imprecise.

manauit..haec..sed ~a fama LIV.1.16.4.

2 Extremely hard to grasp with the mind, very obscure or mysterious.

perdifficilis..et ~a quaestio CIC.*N.D.*1.1; cum (natura deorum) mihi uideretur ~a 1.17.

peroccīdō ~dere ~dī ~sum, *tr.* [PER-+OCCIDO] To kill thoroughly.

⟨SI..⟩ RIDEAT DE TE..~IDE FILIVM *CIL* 6.33899.

perōdī ~disse ~sum, *tr.* [PER-+ODI] FORMS: usu. as dep. ~*sus sum*, etc. (pf. with pres. force) To hate greatly, loathe, detest.

(*dep.*) qui sibi letum insontes peperere manu lucemque ~si proiecere animas VERG.*A.*6.435; 9.141; plebs praeterquam quod consulum nomen haud secus quam regum ~sa erat LIV.3.34.8; ille ~sus opes siluas et rura colebat OV.*Met.* 11.146; Tomitae, quos ego, cum loca sim uestra ~sus, amo *Pont.*4.14.24; in se..testimonium dixerunt ~si omnem actum annorum suorum SEN.*Dial.*10.6.3; caelum matremque ~sa Persephone LUC.6.699; ~sus..omnia..in continenti sita Capreas se in insulam abdidit TAC.*Ann.*4.67; PLIN.*Ep.*8.18.4; deos obsecro, ut te nobis conseruent..si non p. R. ~si sunt SUET.*Tib.*21.7;—(*act.*) quisquis ueroue fauet culpamue ~dit MAN.5.414.

perodiōsus ~a ~um, *a.* [PER-+ODIOSVS] Very troublesome or vexatious.

lippitudo non..~a CIC.*Att.*10.17.2; de Bruto nostro ~um 13.22.4.

perofficiōsē, *adv.* [PER-+OFFICIOSE] Very courteously or obligingly.

qui me..~ et peramanter obseruant CIC.*Fam.*9.20.3.

peroleō ~ēre ~uī or ~ēuī, *intr.* [PER-+OLEO] To emit a penetrating smell (first quot. sts. referred to a supposed *perolesco* 'to grow up').

totum..corpus iam ~esse bisulcis LUCIL.1067; spiritus ore foras taetrum uoluebat odorem, rancida quo ~ent proiecta cadauera ritu LUCR.6.1155.

pērōnātus ~a ~um, *a.* [PERO[1]+-ATVS[2]] Wearing heavy raw-hide boots.

~us arator PERS.5.102.

peronei: dub. word in CATO *hist.*111, in context involving footwear, prob. a form or derivative of PERO[1].

peropportūnē, *adv.* **-oport-.** [next+-E]

1 (w. ref. to position) Very favourably or strategically.

tegentibus tumulis, qui ~ circa uiae flexus oppositi erant, occultus processit LIV.29.34.9; promunturium..~ obiectum 31.46.7.

2 At a very favourable moment, most opportunely.

hoc..cecidit mihi ~ quod..uenistis CIC.*de Orat.*2.15; *N.D.*1.15; impetus factus esset, ni ~ tribuni diem dixissent LIV.2.35.2; ~ quieuerunt Lusitani 39.56.2;—(*w.* ad) ~ ad praesentis quietem status bellum cum Veientibus..sumptum 1.42.2; 21.39.1; 36.12.9.

peropportūnus ~a ~um, *a.* **-oport-.** [PER-+OPPORTVNVS]

1 (of places) Very favourably situated.

locum ~um..occupauit LIV.33.18.4.

2 Happening or appearing at a very favourable moment, most timely or opportune.

requiescam in Caesaris sermone quasi in aliquo ~o deuersorio CIC.*de Orat.*2.234; mors Hamilcaris ~a LIV. 21.2.3; 28.2.13;—(*w. dat.*) ~am..cupiditatibus suis illius belli uictoriam fore putabant CIC.*Fam.*6.6.6;—(*w.* ad) quae legatio ~a uisa ad multitudinem..tumultuosam..exonerandam LIV.24.29.1; 40.57.2.

peroptātō, *adv.* [next+-O[2]] Very much in accordance with one's wishes.

quod et raro datur et nunc ~ nobis datum est CIC.*de Orat.* 2.20.

peroptātus ~a ~um, *a.* [PER-+OPTATVS] Greatly desired.

inluxit dies mihi..~us CIC.*Pis.*fr.1.

peropus, *adv.* [PER-+OPVS[1]] ~ *est* (with acc. and inf.) It is absolutely necessary (that).

nunc peropust..aliquid me aduorsum hunc loqui TER. *An.*265.

perōrātiō ~ōnis, *f.* [PERORO+-TIO] The concluding part of a speech, summing-up, peroration.

omnium..causarum unum est naturale principium, una ~o CIC.*Brut.*209; si plures dicebamus, ~onem mihi..omnes relinquebant *Orat.*130; *Top.*98; PLIN.*Nat.*27.4; ~o..quam cumulum quidam, conclusionem alii uocant QUINT.*Inst.* 6.1.1; reseruandi ~oni an per totam actionem diffundendi affectus 7.10.12.

perornātus ~a ~um, *a.* [PER-+ORNATVS[1]] (of a speaker) Having a very ornate or elaborate style.

Crassus..et ~us et perbreuis CIC.*Brut.*158.

perornō ~āre ~āuī ~ātum, *tr.* [PER-+ORNO] To honour greatly or constantly.

detraheret potius senatui quem ~auisset infamiam TAC. *Ann.*16.26.

perōrō ~āre ~āuī ~ātum, *intr.*, (*tr.*). [PER-+ORO]

1 To argue a case to the end, plead, harangue, etc. **b** (so *causam ~are* or w. other internal acc.; also w. acc. and inf.).

caussam coniciunto com ~anto ambo praesentes *Lex XII* (*Font.iur.*p.19); ne ~andi quidem ei data est facultas et dicendi causam NEP.*Phoc.*4.2; cum accusatores ac testes certatim ~arent TAC.*Ann.*3.17; ~aturus stricturum se lucubrationis suae telum minabatur SUET.*Cal.*53.2; (*transf.*) nequiquam..temptasset (Cleopatra) Caesaris aures: uoltus adest precibus faciesque incesta ~at LUC.10.105;—(*w.* in+ *acc.*) cum Attalum audirem in uitia..~antem SEN.*Ep.* 108.13; habiosa..uoce in ebrios fugitiuosque diu ~auit PETR.96.5; QUINT.*Inst.*2.4.22; consul habito senatu in praesentem reum ~auit FLOR.*Epit.*2.12(4.1.7). **b** mihi perdifficile esse contra talis oratores..tantam causam ~are CIC.*Quinct.*77; totam hanc causam uetere instituto solus ~aui *Clu.*199; *Sest.*3; GAIUS *Inst.*4.15;—omnem..orationem eius (*sc.* Platonis) de legibus ~atam esse uno..die CIC.*Leg.*2.69; si adduci possem ut eam (*sc.* defensionem).. ~arem V.MAX.6.4.ext.2; quae cum longissimis temporibus forent ~ata, Lollius Vrbicus causa inspecta nihil aduersus Volumnium statuit FRO.*Amic.*2.p.180(194N);—(*w. acc. and inf.*) breuiter ~atum esse potuit, nihil me,..cur eius (*sc.* amicitiae) nos paeniteret, commisisse LIV.34.31.19.

2 To deliver the final part of a speech, wind up a case, conclude. **b** (sim. *causam ~are* or w. other internal acc.).

uel in principiis uel in re narranda uel in ~ando CIC. *de Orat.*2.184; qui cum partiretur tecum causas..~andi locum, ubi plurimum pollet oratio, semper tibi relinquebat *Brut.*190; strepitu senatus coactus est aliquando ~are *Att.* 4.2.4; *N.D.*2.154; cum Hanno ~asset, nemini..certare oratione cum eo necesse fuit LIV.21.11.1; reum..me perage, ~a SEN.*Con.*10.1.2; quanta uis (sit) in ~ando QUINT.*Inst.* 4.pr.6; APUL.*Apol.*28. **b** causa sero ~ata sententias se rogaturum negauit CIC.*Q.fr.*2.1.1; PROP.4.11.99; ~ata causa una spes uidebatur esse si C. Seruilius Casca..priusquam ad suffragium tribus uocarentur, intercessisset LIV.25.3.15;—res illo die non ~atur, iudicium dimittitur CIC.*Ver.*2.70; de qua (*sc.* epistula) cum dixero, totum hoc crimen decumanum ~aro 3.154.

perosculor ~ārī ~ātus, *tr.* [PER-+OSCVLOR] To kiss thoroughly or immoderately.

hoc (*sc.* uniones) amplectitur, hos ~atur MART.8.81.5.

perōsus: see PERODI.

perpācō ~āre ~āuī ~ātum, *tr.* [PER-+PACO] To pacify or subdue completely.

necdum..omnia in Graecia ~ata erant LIV.36.42.3; omnes illius cardinis populos..~auit FLOR.*Epit.*2.22(4. 12.4); AMP.18.21.

? **perpalaestricōs,** *adv.* [PER-+Gk. παλαιστρικῶς] Altogether in the manner of the wrestling-school.

depellis mihi manum paternam ~ (*cj.; codd.* pape palestricos, *etc.*) AFRAN.*com.*154.

perpallidus ~a ~um, *a.* [PER-+PALLIDVS] Very pale.

color aut niger aut ~us CELS.2.6.2.

perparcē, *adv.* [PER-+PARCE] Very stingily.

tu..~ nimium (*sc.* facis sumptum) TER.*An.*455.

perparuulus ~a ~um, *a.* [PER-+PARVVLVS] Very tiny.

unum ~um signum CIC.*Ver.*4.96.

perparuus ~a ~um, *a.* [PER-+PARVVS] Very small in size or amount, tiny. **b** of very slight value or importance.

~am partem postulat Plautus loci PL.*Truc.*1; ~a ac tenui ciuitate CIC.*Ver.*3.86; nauigio ~o *Sest.*50; cum maximis eum rebus liberares, ~am culpam relinquebas *Deiot.*10; animam..~is esse necessest seminibus LUCR. 3.216; PLIN.*Nat.*5.41; cubiculo..~o et obscuro SUET.*Tit.*1; —(*neut. as sb.*) ~um ex illis magnis lucris ad se peruenire CIC.*Ver.*3.130. **b** pecuniamne igitur an honores an formam an ualetudinem? quae..quom adsunt, ~a sunt CIC. *Leg.*1.52; 2.47.

perpascō ~ascere ~āuī ~astum, *tr.* [PER-+PASCO]

1 To feed or pasture (an animal) well.

cani ~asto macie confectus lupus forte occucurrit PHAED. 3.7.2.

2 (pass. in middle sense, with acc.) To graze all over.

(*transf.*) ~ascitur agros (liquor, *i.e. a stream of lava*) *Aetna* 493.

perpaucī ~ae ~a, *pl. adj. superl.* ~issimī. [PER-+PAVCVS] Extremely few.
regem elegantem narras. — immo sic homost: ~orum hominum TER.*Eu.*409; ~is ante mortem diebus CIC.*Brut.* 324; condemnatur..~is sententiis *Ver.*1.75; *Rab.Post.*13; quarum (*sc.* ferarum) nos ~a exempla uidemus LUCR.2.540; equites ex proelio ~i se recipiunt CAES.*Civ.*2.42.5; ~ae equitum turmae LIV.28.22.12; ~is lustris futurum, ut.. 41.8.7; (*superl.*) cum..adhuc ~issimis agricolis contigerit COL.3.20.6;—(*masc. as sb.*) ~is aduersantibus omnia..per senatum consecuti sunt CIC.*Fam.*1.7.10; CAES.*Gal.*4.15.3; —(*neut. as sb.*) de Aetnensibus ~a dicam CIC.*Ver.*3.105; raro et ~a loquentis HOR.*S.*1.4.18.

perpauculī ~ae ~a, *pl. adj.* [prec.+-VLVS] Dim. of prec.
qui me..deduxit..in Academiam ~is passibus CIC.*Leg.* 1.54; (*neut. as sb.*) accipe nunc ~a..pro insomnia AUR.*Fro.* 1.p.90(9N).

perpauefaciō ~facere ~fēcī ~factum, *tr.* [PER-+PAVEFACIO] To make very frightened, terrify greatly.
perplexabiliter earum hodie ~faciam pectora PL.*St.*85.

perpaulum ~ī, *n.* [PER-+PAVLVM] A very small quantity.
~um loci reliquum est arti CIC.*de Orat.*2.150; simul ac ~um gustaris 2.234;—(*internal acc.*) declinare..atomum ~um *Fin.*1.19.

perpauper ~eris, *a.* [PER-+PAVPER] Very poor, very hard up.
dat rustico nescio cui, uicino suo ~eri AFRAN.*com.*160; CIC.*Att.*6.3.5.

perpauxillum ~ī, *n.* [PER-+PAVXILLVM] An excessively tiny amount.
si pauxillum potes contentus esse — ne ~um modo PL. *Capt.*177.

perpellō ~ellere ~ulī ~ulsum, *tr.* [PER-+PELLO]

1 To prevail on, constrain (to do a thing). **b** to enforce (a state of affairs).
(*w.* ut) senem callidis dolis compuli et ~uli mi omnia ut crederet PL.*Bac.*644; TER.*An.*828; multitudinem ~ulit ut imperium regi abrogaret LIV.1.59.11; 7.36.10; CURT.8.6.8; FRON.*Str.*4.6.2;—(*w.* ne) collegam..pactione prouinciae ~ulerat, ne contra rem publicam sentiret SAL.*Cat.*26.4; LIV.25.18.11; CURT.4.1.32;—(*w.* ad) Falisci ~elli ad instaurandum bellum neque clade Romanorum neque sociorum precibus potuere LIV.4.21.8; blanditiis muliebribus ~ulit eum ad proditionem 27.15.11; quem..donis..ad societatem ~ulerat TAC.*Hist.*3.48;—(*w. inf.*) Pharasmanem ~ulit dolo et ui conatus suos iuuare *Ann.*6.33; 12.50;—(*ellipt.*) numquam destitit..orare usque adeo donec ~ulit TER.*An.*662; postquam ~elli nequibant, consilio..eos adgrediuntur LIV.9.30.7; oculi flagrant labore ~ulsi PLIN. *Nat.*11.173. **b** cautum..ne equites Romani ludo et harena polluerentur. priores id principes pecunia et saepius ui ~ulerant TAC.*Hist.*2.62.

2 (dub.) To drive (by physical means) all the way (to a place).
(Dacos) ultra ulteriorem ~ulit (*v.l.* reppulit) ripam FLOR. *Epit.*2.28(4.12.19);—(*cf., transf.*) qui mi..uirgini primus pudicitiam ~ulit (*v.l.* pepulit) PL.*Epid.*541ª.

perpendiculāris ~is ~e, *a.* [next+-ARIS] (geom.) Situated at right angles to a line or plane, perpendicular.
latus..~is NIPS.*grom.*p.299La;—(*as sb.*) in ambligonio (trigono) datis tribus lineis dicere eiecturam super quam ~is cadet p.297La.

perpendiculum ~ī, *n.* Also **-culus** ~ī, *m.* [next+-CVLVM²] FORMS: *perpendiculus* FRON. *agrim.*p.17.

1 A plumb-line.
ad ~um columnas exigere CIC.*Ver.*1.133; ~o et linea..uti *Q.fr.*3.1.2; transuersaria, quae habent lineas ad ~um recte descriptas pendentiaque ex regula perpendicula VITR.8.5.1; tamquam plane a ~o mensura caeli constet PLIN.*Nat.*2.87; perpenso ferramento ab umbilico soli emittes ~um ita ut in puncto lapidis cadat NIPS.*grom.*p.288La; altitudinem ~o si metiare APUL.*Soc.*8.

2 A vertical line or plane, perpendicular; esp. in phr. **b** *ad* (*contra*) *~um*, in a vertical line or plane, perpendicularly.
proiectura coronarum reiciet extra ~um stillas VITR. 2.8.18; quattuor (partes) a ~o recedant 9.pr.8; 10.6.4. **b** columellam..rectam stare oportet in medio ad ~um CATO *Agr.*20.1; si grauitate feruntur ad ~um corpora CIC. *Fat.*22; haec (*sc.* tigna)..non..derecte ad ~um, sed prone ac fastigate..statuebat CAES.*Gal.*4.17.4; PLIN.*Nat.*35.172;—(*w. gen.*) ad ~um imarum (trabium) educunt ad altitudinem turres VITR.2.1.4; columnae..ad ~um medii centri conlocandae 3.5.4; 6.8.1; contra ~um fontis sidere stante PLIN. *Nat.*5.56;—(*w.* ad) cum ad ~um ea (*sc.* luna) sit ad eius (*sc.* solis) radios VITR.9.2.1.

perpendō ~dere ~dī ~sum, *tr.* [PER-+PENDO]

1 To weigh (in the scales) with care. **b** to poise or balance carefully.
ut..talionem..in librili ~derent GEL.20.1.34;—(*transf.*) regula..quae surgens sidensque diem ~dat et umbras MAN.3.251; ut oratio..dimetiendis pedibus ac ~dendis syllabis consenescat QUINT.*Inst.*9.4.112. **b** posito..et ~so ferramento rigorem secundum proximo lateri dictare FRON.*agrim.*p.17; NIPS.*grom.*p.288La.

2 (fig.) To assess or estimate carefully.
sin (haec) ~dere ad disciplinae praecepta uelis, reperiantur prauissima CIC.*Mur.*77; *Amic.*97; acri iudicio ~de et, si tibi uera uidentur, dede manus LUCR.2.1042; modo suum, modo Parmenionis consilium sera aestimatione ~dere CURT. 4.12.21; singulorum ~damus officia SEN.*Ben.*4.22.1; res.. ~sas exploratasque memoriae tradere COL.1.pr.29; uitiis Tiberii uirtutibusque ~sis SUET.*Tib.*21.3; FRO.*Aur.*2.p.80 (153N);—(*w. indir. qu.*) iudicato et ~dito quantum quisque possit Q.CIC.*Pet.*23; nec quantum sit (beneficium), sed a quali profectum uoluntate ~ditur SEN.*Ep.*81.6; SIL.11.561; TRA.*Plin.Ep.*10.48(57).1.

Perpenna: see PERPERNA.

perpensātiō ~ōnis, *f.* [next+-TIO] Careful assessment, weighing-up.
cum summa..honorum atque officiorum ~one GEL.2.2.8.

perpensō ~āre ~āuī ~ātum, *tr.* [PERPENDO+-TO] To estimate carefully, weigh up.
illius (*sc. a puppy*) et manibus uires sit cura futuras ~are GRAT.299.

perperam, *adv.* [acc. fem. sg. of PERPERVS, sc. *uiam*] Incorrectly (in respect of procedure, the imparting of information, etc.), wrongly, amiss. **b** by mistake.
(aurum) multa multis saepe suasit ~ PL.*Capt.*328; an illi ~ insanire me aiunt, ipsi insaniunt? *Men.*962; qui me ~ perplexo nomine appelles *Mil.*435; ~ olim dixi (nomen) ne uos forte inprudentes foris effuttiretis TER.*Ph.*745; res ~ constitutas..corrigi posse CIC.*Inv.*1.102; cum sciens ~ iudicarit *Caec.*71; flamen Dialis quod exta ~ dederat flamonio abiit LIV.26.23.8; interest..ab initio quis recte curatus sit an ~ CELS.3.2.4; ~ monitiones nostras exaudit SEN.*Ben.*1.15.2; cum lector quaedam ~ pronuntiasset PLIN.*Ep.*3.5.12; SUET.*Jul.*56.4; officium..recte eligere, neque ~ uel postponere uel anteferre FRO.*Aur.*2.p.60 (143N);—(*w. ref. to moral error*) qui illud fecerit tam nequiter eundem hunc tam ~ fecisse non esse mirandum *Rhet.Her.* 2.5; odiosum..amorem..~ delectando nutrire APUL.*Met.* 8.7. **b** ita dico, ne ad alias aedis ~ deueneris PL.*Mos.*968; *B.Hisp.*12.3; quod eum..~ praeco non consulem..sed imperatorem pronuntiasset SUET.*Dom.*10.4.

perperitūdō ~inis, *f.* [PERPERVS+-TVDO] Wrong-headedness, perversity.
plectuntur poetae..ductabilitate nimia uestra aut ~ine ACC.*poet.*24(26).

Perperna ~ae, *m.* **Perpenna.** A Roman cognomen, esp. that of M. Perperna Vento, partisan and later murderer of Sertorius.
CIC.*Ver.*5.153; SAL.*Hist.*3.83; VELL.2.30.1; FLOR.*Epit.*2.10 (3.22.9).

perperus ~a ~um, *a.* [dub.] Perverse, wrong-headed.
describere in theatro ~os popularis ACC.*poet.*23(25).

perpes ~etis, *a.* [PER-+-*pes* (PETO), cf. *praepes*]

1 Unbroken in time, lasting, continuous.
concorditatem hospitio adiunctam ~etem..conseruetis PAC.*trag.*188; fac, ut coepisti, hanc operam mihi des ~etem 208; libros poeta plusculos usus dimetro ~eti MAUR.2450; uox cohibita silentio ~eti APUL.*Fl.*17; *Soc.*1.

2 The whole of (a period of time) from beginning to end, the livelong.
quieui in naui noctem ~etem PL.*Am.*732; cum..ea (*sc. a cow*) noctem in stramentis pernoctare ~etim *Truc.*278; tibi (*sc. a husband*) liberas et ~etes noctes, sibi furtiua commercia..reliquerunt (*sc. lovers*) CALP.*Decl.*48; quin ego Pudentillam iam anno ~eti adsiduo conuictu probe spectassem APUL.*Apol.*73; *Met.*9.11.

perpessīcius ~a ~um, *a.* [PERPETIOR+-ICIVS²] That has suffered or endured much.
Socratem, ~um senem SEN.*Ep.*104.27; (*masc. as sb.*) etiam duro et ~o confessionem excipit (*sc. a severe illness*) 53.6.

perpessiō ~ōnis, *f.* [next+-TIO] The endurance (of suffering) to the end.
inconsiderata dolorum ~one *Rhet.Her.*4.35; fortitudo est ..rerum humilium contemptio et laboris cum utilitatis ratione ~o 3.3; ~o dolorum CIC.*Fin.*1.49; *Tusc.*3.58; obstinata tormentorum ~o SEN.*Ep.*66.12; fortitudo, cuius patientia et ~o et tolerantia rami sunt 67.10.

perpetior ~tī ~ssus, *tr.* [PER-+PATIOR]

1 To undergo or experience (hardships, sufferings) to the full.
imbrem ~tiar, laborem sufferam PL.*Mer.*861; *Rud.*252; noctes, misera quas ~ssa sum PAC.*trag.*10; proferentur.. indigna aetate, genere..quae passi ~ssuriue sint CIC.*Inv.* 1.107; adfirmaui quiduis me potius ~ssurum quam..ex Italia ad bellum ciuile exiturum *Fam.*2.16.3; praestare dicebant..in pugna belli fortunam experiri quam desertos.. grauissimum supplicium ~ti CAES.*Civ.*2.30.2; cum lacrimans dixisset 'o quam indigna ~teris, Phocion!' NEP.*Phoc.* 4.3; audax omnia ~ti gens humana ruit HOR.*Carm.*1.3.25; PROP.2.26.35; uastationes..agrorum, quas (Latini) Anco.. regnante ~ssi sint LIV.1.52.3; uirgines..stupra ~ssae corporum ludibria deflebant CURT.10.1.3; mancipium Caesaris, tot per annos seruitutem ~ssum TAC.*Ann.*2.2; FRO.*Aur.*1. p.36(45N);—(*sup.*) (dolorem) difficilem ~ssu CIC.*Fin.*4.72; *Tusc.*2.29;—(*absol.*) animus aeger..neque pati neque ~ti potest, cupere numquam desinit ENN.*scen.*392;—(*w. inf.*) quamquam renouetur luctus amarus, ~tiar memorare tamen OV.*Met.*14.466;—(*poet.*) (soli natura) quae stagnata palude ~titur..semper conuicia ranae COL.10.12.

2 To put up with or tolerate to the end.
non ego istaec flagitia possum ~ti PL.*Men.*719; TER.*Eu.* 177; non (ea uera clementia erit) si flagitiis opsecutus, delicta ~ssus praesens gaudium..futuro malo concesseris SAL.*Rep.* 1.6.5; sincerum (opium)..~ti (*i.e. bear the smell of*) non est PLIN.*Nat.*20.203; nec ~ssa moras: 'ubinam mea pignora, Chiron? dic' ait (Thetis) STAT.*Ach.*1.127; quos more prisco apud iudicem fabulantis..non populus audit, uix denique litigator ~titur TAC.*Dial.*23.3; talem principem..quattuordecim annos ~ssus terrarum orbis tandem destituit SUET.*Nero* 40.1; (*of a thing*) nec uenae ~tiuntur quod satis est neque quantum opus est natura ministrat LUCR.2.1148; —(*w. acc. and inf.*) aliam tecum esse equidem facile possum ~ti PL.*As.*845; meum corrumpi..~ssu's filium *Trin.*1165; TER.*Eu.*551; LUCR.6.398; exscindine domos..~tiar..? VERG.*A.*12.644;—(*ellipt.*) epulabatur..luxuriosius, quam qui aderant ~ti possent NEP.*Paus.*3.2; (*w. abst. subj.*) me uehementius..intendi, quam gracilitas mea ~ti posset PLIN.*Ep.*2.11.15.

perpetītus ~a ~um, *a.* [app. pple. of **perpeto* (PER-+PETO)] (dub., perh.) Brought through (to a particular state or condition).
in secundam numinum formam animae ~itae (*s.v.l.*) SEN.*Ep.*90.28.

perpetrō ~āre ~āuī ~ātum, *tr.* [PER-+PATRO]

1 To bring (a task, activity, etc.) to a conclusion, complete, carry through.
qur non ego id ~em quod coepi..? PL.*Cas.*701; prima parte ~ata..huic libro faciam finem VAR.*L.*7.110; rebus diuinis rite ~atis LIV.1.8.1; terminato..bello, pace..nondum ~ata 33.21.6; Punici..belli ~ati..gloriam tulit 38.53.11; 44.32.5; CURT.4.13.16; ~ata legatione..rediit FRON.*Str.*3.13.1; cum ad ~anda coepta..prorogari sibi uellet imperium FLOR.*Epit.*2.2(3.14.6);—(*w. epexegetic inf.*) male quod mulier facere incepit, nisi id ecficere ~at..id illi seniost PL.*Truc.*465.

2 To carry out, execute, perform (a planned action, operation, etc.). **b** to put into practice, fulfil (a promise). **c** (w. *ut, ne*) to bring it about (that).
parricidio..~ato in fratrem, cogitato in parentem LIV. 44.1.10; 45.5.5; ad nemus, in quo ~ata caedes erat, coeunt CURT.7.2.29; quodam..subornato ut..fide parta hosti facinus ~aret FRON.*Str.*2.5.30; quae res uoce animoque sine opibus ~antur FRO.*Aur.*1.p.42(213N); quod in conspectum plurium ~auit, audi APUL.*Met.*1.8. **b** ~aret Anicetus promissa TAC.*Ann.*14.7. **c** ~at, ut Ilienses omni publico munere soluerentur TAC.*Ann.*12.58; suo labore ~atum ne inrumperet curiam 14.11.

perpetuābilis ~is ~e, *a.* [PERPETVO²+-BILIS] Lasting, permanent.
STATVAM ~EM..HOC IN LOCO AD PERENNEM TESTIMONIVM CENSVER(e) CONSTITVENDAM *CIL* 10.5426.

perpetuālis ~is ~e, *a.* [PERPETVVS+-ALIS]

1 Lasting for ever or for an indefinite time, permanent, perpetual.
PONT⟨IFEX⟩ ~IS MVN⟨E⟩RIS *CIL* 2.2343; SOMNO PERPETOALI L IVLIVS EVCARPVS VIVVS FECIT SIBI 6.19966.

2 Valid at all times.
praecepta, quae *καθολικὰ* uocitant, id est..uniuersalia uel ~ia QUINT.*Inst.*2.13.14.

perpetuārius ~a ~um, *a.* [PERPETVVS+-ARIVS] (of a person, app.) Permanently employed in a given capacity; (of an office) permanent, perpetual.
plura loca calcasti quam ullus mulio ~us SEN.*Apoc.*6.1;—~VS DECVRIATVS *CIL* 11.3041.

perpetuē, *adv.* [PERPETVVS+-E] Constantly, uninterruptedly.
perpetuen ualuisti? — uarie PL.*Epid.*17; firme et ~ meminerimus *Rhet.Her.*4.69.

perpetuitās ~ātis, *f.* [PERPETVVS+-TAS]

1 Continuity in space; an unbroken stretch or expanse (of ground or other surface).
uestigia parietis ~ate dirigeret (*sc. a blind man*) [QUINT.] *Decl.*1.15;—ulterior (curuatura, *sc. of the Apennines*).. continetur umbrosis et opacis ~atibus VITR.2.10.1; cannarum duplex in parietibus harundinibus transuersis fixa ~as 7.3.11.

2 Continuity in time, uninterrupted duration (of an activity, state, etc.); the whole extent (of a period). **b** connected quality (of speech); the whole thread (of a speech or writing).
nec..magis..eius uoluntatis ~atem quam promissorum exitum exspecto CIC.*Q.fr.*3.5&6.3; ne nostris quidem temporibus Secundus Pomponius Afro Domitio uel dignitate uitae uel ~ate famae cesserit TAC.*Dial.*13.3; rem..utilem et a bonis postea principibus ~ate disciplinae firmatam *Hist.*1.46; securae ~atem possessionis HYG.*agrim.*p.78;— neque..in aliqua parte, sed in ~ate temporis uita beata dici solet CIC.*Fin.*2.87; *Tusc.*1.97; ut constare in ~ate uitae possimus nobismet ipsis *Off.*1.119. **b** neque semper utendum est ~ate..uerborum, sed saepe carpenda membris minutioribus oratio est CIC.*de Orat.*3.190;—quod in ~ate dicendi non saepe..in aliqua autem parte eluceat aliquando *Orat.*7; non..ex singulis uocibus philosophi spectandi sunt, sed ex ~ate atque constantia *Tusc.*5.31.

3 The fact or quality of lasting for an indefinite time, permanence; *ad ~em*, in perpetuity.
qui..diffidet ~ati bonorum suorum CIC.*Fin.*2.86; aliae (bestiae) mares aliae feminae sunt, quod ~atis causa machinata natura est *N.D.*2.128; si quis uoluerit..eligere genus structurae, ~atis poterit rationem habere VITR.2.8.8; hoc ~atis (*sc. of an empire*) auspicio accepto LIV.1.55.5; effigies hominum..inlustri causa ~atem merentium PLIN.

*Nat.*34.16; usus aeris ad ~atem monimentorum iam pridem tralatus est 34.99; te,..Iuppiter, precor, ut..tantis.. muneribus addas ~atem PLIN.*Pan.*94.1; deos ab hominibus differentis loci sublimitate, uitae ~ate APUL.*Soc.*4; (*of an office*) CVI SANCTISSIMVS ORDO LVGVDVNENS ~ATEM SACERDOTI DECREVIT *CIL* 13.1751;—custos..fidelis uel ad ~atem CIC.*Off.*2.23.

? **perpetuītus** ~a ~um, *a.* [PERPETVVS; for term. cf. *gratuitus*] (dub.) Enduring, permanent.
ENN.*Ann.*317(*cj.*).

perpetuō[1], *adv.* [PERPETVVS+-O[2]]

1 Continuously (in space), all the way along or through.
quaeratur, solum si sit ~ solidum VITR.7.1.1; (cupressus) coercita..gracilitate ~ teres PLIN.*Nat.*16.140.

2 Continuously (in time), without intermission or pause.
(pueri) mille annorum ~ uiuont ab saeclo ad saeclum PL.*Mil.*1079; inceptumst: perfice hoc mi ~, Chreme TER.*Hau.*862; ut auditores sese ~ nobis adtentos..praebeant *Rhet.Her.*1.11; non..potuisse honeste ab eo reum condemnari qui non ~ sedisset CIC.*Clu.*104; quod (Hortensius)..~ Lucullo loquente fecerat *Luc.*63; qui ~ in amicitia manserat Romanorum HIRT.*Gal.*8.26.1; fuit..~ pauper NEP.*Phoc.*1.2; ~ uiret (laurus) PLIN.*Nat.*15.134; prisci..~ talia credidere 28.13;—(*in the course of a literary work*) sit tragicomoedia; nam me ~ facere ut sit comoedia..non par arbitror PL.*Am.*60; nemo qui culpat Homerum, ~ culpat..uersum unum culpat LUCIL.346.

3 Without limit of time, permanently, indefinitely. **b** as a general rule, constantly, invariably.
metuo ne techinae meae ~ perierint PL.*Mos.*550; ~ cibus ut mihi supersit *Per.*330; o fortuna, ut numquam ~'s data! TER.*Hec.*406; ut abesse ~ malles quam ea, quae nolles, uidere CIC.*Fam.*4.7.4; quod..gaudes, ~ gaudeas uelim 14.12; ~ uincit qui utitur clementia PUB.*Sent.*P.51; PROP.1.9.2; chalybeia massa latebat: eheu, ~ debuit illa tegi! OV.*Fast.*4.406; ut..~..sumptus ad tuendos eos (*sc.* milites)..suppeteret SUET.*Aug.*49.2; (exceptiones) quae ~ ualent GAIUS *Inst.*4.121. **b** M. Varro auctor est uitem fuisse Zmyrnae..triferam..hoc autem euenit ~ in Venesi..agro PLIN.*Nat.*16.115.

perpetuō[2] ~āre ~āuī ~ātum, *tr.* [PERPETVVS+-O[3]]

1 To continue without intermission.
non est iustus quisquam amator nisi qui ~at data PL.*Ps.*306; ut, si cui sit infinitus spiritus datus, tamen eum ~are uerba nolimus CIC.*de Orat.*3.181.

2 To make permanent or lasting, perpetuate.
iudicum potestatem ~andam..putauit CIC.*Sul.*64; qui (dies) fundamenta moenium ~et APUL.*Met.*2.12; doctorum stilus rudis ~abitur historia 6.29; litis contestatione..(actiones) temporales ~antur PAUL.*dig.*27.7.8.1.

perpetuum, *adv.* [neut. of next] Constantly, all the time; for ever, eternally.
illa uritur (*i.e. with passion*) ~ APUL.*Met.*2.5;—intonsa iuuenis ~ coma SEN.*Phaed.*754; utere ~ populi..munere STAT.*Silv.*1.1.99.

perpetuus ~a ~um, *a.* [PER-+PETO+-VVS] FORMS: compar. (cited by Prisc. in *G.L.*2.87) *perpetuior* CATO *orat.*160; superl. *perpetuissimus* CATO *orat.*81.

1 (of a single thing) Having an unbroken extent or expanse, continuous in space. **b** (of a number of things) placed at regular intervals throughout the length of anything. **c** the whole of (anything) measured from end to end, the entire. **d** (transf.) complete, entire; *in ~um modum,* from top to toe, completely.
PARIETI..MARGINEM ~OM INPONITO *CIL* 1.698.2.16; centonibus integuntur, quos supra ~a ac laxe suspensa cilicia obtenduntur SIS.*hist.*107; ut a Brundisio usque Romam agmen ~um totius Italiae uiderit CIC.*Pis.*51; Menapii..~is paludibus siluisque muniti CAES.*Gal.*6.5.4; ~as munitiones..perductas ex castellis in proxima castella *Civ.*3.44.4; ~is soliti patres considere mensis VERG.*A.*7.176; nec ullus est cliuus sed ~us campus VITR.10.2.12; colles ~o iugo intererant LIV.33.6.9; digiti coeunt et quinos adligat ungues ~o cornu leuis ungula OV.*Met.*2.671; rami alius alio inplicati..~am obiecerant saepem CURT.5.4.24; LUC.6.344; dentium locis osse ~o PLIN.*Nat.*8.72; OLLAE XVI LINIA ~A *CIL* 6.8126;—(*cf.*) columnae altitudinibus ~is cum capitulis pedes L VITR.5.1.6. **b** trabes directae ~ae in longitudinem paribus interuallis distantes inter se CAES.*Gal.*7.23.1; dum..in crassitudine ~ae taleae oleagineae..quam creberrime instruantur VITR.1.5.3; cannae clauis muscariis ~ae figantur 7.3.11. **c** non uideor mihi sarcire posse aedis meas quin totae ~ae ruant PL.*Mos.*147; salua res est, praeda haec ~a est mea *Rud.*1037; sulcos ~os ducito CATO *Agr.*33.2; arboribus ~is planis dextra ac sinistra in terra positis..conlocantur..supra alterae transuersae VITR.2.1.4; transtra..sustinent unum culmen ~ae basilicae 5.1.9; (*transf. ep.*) uescitur..Troiana iuuentus ~i tergo bouis VERG.*A.*8.183. **d** utinam hoc ~om fiat gaudium Phrygiam ut uxorem meam una mecum uideam liberam! TER.*Ad.*972;—perii plane in ~om modum PL.*Mos.*536; deludificatust me hodie in ~om modum 1035.

2 (of a process, state, etc.) Continuing without interruption, continuous, unremitting. **b** constantly recurring or renewed, continued. **c** the whole duration of, the entire (period). **d** *in ~um,* for the whole course of a given period.
Galli contra magno cum molimento ac ~o sonu procedunt SIS.*hist.*72; meae uitae ~a consuetudo CIC.*Rab.Perd.*2; cuius..tribunatus nihil aliud fuit nisi constans ~a fortis..defensio salutis meae *Red.Sen.*30; ~us sermo nigrai noctis ad umbram..perductus LUCR.4.537; quietior (fuit) insequens (annus)..~o silentio tribunorum LIV.3.32.1; Siculi..multa de Hieronis regis fide ~a erga populum Romanum uerba fecerunt 26.30.1; date ~os teneris sementibus auctus OV.*Fast.*1.679; ~orum..custos Vesta ignium VELL.2.131.1; totam..eam noctem..~is uigiliis egit CURT.7.5.16; corruptelas..~is salientibus instructas inuenimus FRON.*Aq.*76; ~o risu pulmonem agitare solebat JUV.10.33; uerba, si ~a atque infinita et obtundentia..neque laudabilia neque utilia sunt GEL.4.9.13; cum iam sententiae..ex more ~o in urnam aeream deberent coici APUL.*Met.*10.8;—(*w. agent-noun*) C. Curionem, ~um hostem improborum omnium CIC.*Vat.*24; Cato, ~us diruendae eius (*sc.* Carthaginis) auctor VELL.1.13.1; (*cf.*) adulatio, ~um malum regum CURT.8.5.6;—(*poet., of a person*) non..speres ~um (*i.e. as a lover*) dulcia barbare laedentem oscula HOR.*Carm.*1.13.14;—(*quasi-advl.*) ni rota, ~um qua circumuertitur axem..fracta ac disiecta fuisset OV.*Met.*15.522; *Fast.*4.179. **b** pecuniae..ratio..collocandae, quae ~os sumptus suppeditet CIC.*Off.*2.42; hi ~as inter se controuersias habebant CAES.*Gal.*5.44.2; mea ~is liquefiunt pectora curis OV.*Pont.*1.2.55; non temere in quemquam..nisi crebris..ictibus animaduerti passus est, ~o praecepto: ita feri ut se mori sentiat SUET.*Cal.*30.1; (muli) costas ~a castigatione ossium tenus renudati APUL.*Met.*9.13. **c** opto annum hunc ~om mihi huius operas PL.*As.*721; nos uentisque fluctibusque iactatae..~am noctem *Rud.*370; ut triduo hoc ~o prorsum e lecto nequeat surgere TER.*Ad.*520; annui temporis criminationem omnis aetas L. Flacci et ~a uita defendet CIC.*Flac.*100; CAES.*Gal.*1.40.12; solane ~a maerens carpere iuuenta..? VERG.*A.*4.32; pauci (architecti) aeuo ~o nobilitatem..sunt consecuti VITR.1.1.14. **d** EISDEM IOVDICES VNIVS REI IN ~OM SIENT *CIL* 1.583.27.

3 (of speech, writing) Continuous, connected. **b** the whole of (a speech, etc.) from beginning to end.
poesis est ~um argumentum e rhythmis VAR.*Men.*398; sum cupidus in illa longiore te ac ~a disputatione audiendi CIC.*de Orat.*2.16; ut in criminibus omnibus nullum esset in quo quisquam uestrum ~am accusationem requireret *Ver.*1.29; qui omnes a ~is suis historiis..bella separauerunt *Fam.*5.12.2; uti oratione ~a malo quam interrogare *Fin.*1.29; NEP.*Ep.*5.1; non tam ~ae orationes quam altercatio exaudiebantur LIV.8.33.10; ab origine mundi ad mea ~um deducite tempora carmen! OV.*Met.*1.4; cum duo sint genera orationis, altera ~a..altera concisa QUINT.*Inst.*2.20.7; in actione ~a 6.4.2; FRO.*Aur.*2.p.40(98N). **b** nec solum ~ae actiones sed etiam partes orationis isdem locis adiuuantur CIC.*Top.*97.

4 Continuing for an indefinite period, lasting, permanent. **b** (of things normally subject to seasonal changes). **c** *in ~um,* for an indefinite period, permanently, in perpetuity; also *in ~o.*
nulli est homini ~om bonum PL.*Cur.*189; saluti ~ae potius quam breui uoluptati consulendum est MET.MAC.*orat.*8; errant, si illam meam pristinam lenitatem ~am sperant futuram CIC.*Catil.*2.6; ius ~ae possessionis habere *Mil.*78; non ut ab iis medicinam ~am, sed ut exiguam obliuionem doloris petam *Fam.*5.15.4; aurea dicta..~a semper dignissima uita LUCR.3.13; praesidio..ibi ~o posito in obsidione Athenas tenuerunt NEP.*Alc.*4.7; Quintilium ~us sopor urget! HOR.*Carm.*1.24.5; (parietes) non poterint habere ~am firmitatem VITR.6.8.1; orbem..~is claudit natura tenebris PEDO *poet.*17; nihil ~um, pauca diuturna sunt SEN.*Dial.*11.1.1; ~is sollemnia iungimus astris STAT.*Theb.*7.99; aeternitatis ~aeque famae cupido SUET.*Nero* 55; inibi larem sedesque ~as..statuere decernunt APUL.*Met.*8.23;—(*of a person*) ~i numquam moritura uolumina Sili MART.7.63.1; (*w. agent-noun*) humani generis sospitatrix ~a APUL.*Met.* 11.25;—(*quasi-advl.*) crede..Thesea..ferre ~am Styga SEN.*Phaed.*149; ~am Stellae dum iungit Ianthida uati laeta Venus MART.6.21.1. **b** flumine ~o torrens solet acrior ire OV.*Rem.*651; iter ~is obsitum niuibus CURT.5.6.12; mundi pars..quam zona niualis ~aeque premunt hiemes LUC.4.107; ~a coma (*sc. of the balsam-tree*) PLIN.*Nat.*12.112; ~us Phaeacum autumnus JUV.5.151; lacus est, quod ~am habet aquam ULP.*dig.*43.14.1.3;—(*poet.*) di maiorum umbris..sine pondere terram spirantisque crocos et in urna ~um uer JUV.7.208. **c** serua tibi in ~om amicum me PL.*Capt.*441; TER.*Hau.*781; familias totas in ~um infamis tuis stupris..fecisti CIC.*Ver.*4.20; re p., quae in ~um iacere non potest *Fam.*6.10.5; in ~um, frater, aue atque uale CATUL.101.10; CAES.*Gal.*4.34.5; ut ii ludi in ~um in statam diem uouerentur LIV.27.23.7; dolorem..in ~um remediat torpedo LARG.11; semel in ~um uictam esse Macedoniam FLOR.*Epit.*1.28(2.12.2); Iliensibus..tributa in ~um remisit SUET.*Cl.*25.3;—EOS..CDL VIROS..PR(aetor) OMNIS IN TADOLEIS PVPLICIS SCRIPTOS IN ~O HABETO *CIL* 1.583.15; non quae in ~o sata sunt..sed quae singulis annis seri solent LABEO *dig.*18.1.80.

5 (in various special applications): **a** (leg., of rights, etc.) having no time limit. **b** *quaestio ~a,* a standing court which dealt, from 149 B.C., with extortion, and later other serious crimes. **c** *edictum ~um,* the statement of legal principles observed by a praetor during his tenure of office and passed to his successor; (spec.) the digest of the edicts of the *praetor urbanus* made by Salvius Julianus under Hadrian. **d** (of interest on a loan, app.) simple (opp. compound).
a iusiurandum a debitore exactum..~am certe exceptionem parit JULIAN.*dig.*12.2.40; hoc iudicium ~um est et ..heredibus datur ULP.*dig.*4.5.2.5; haec actio non est annua sed ~a 11.7.31.2; PAUL.*dig.*21.2.56. **b** quaestiones ~ae hoc adulescente constitutae sunt quae antea nullae fuerunt; L. enim Piso tribunus plebis legem primus de pecuniis repetundis Censorino et Manilio consulibus tulit CIC.*Brut.*106; *Orat.*126. **c** aliam..legem Cornelius..tulit, ut praetores ex edictis suis ~is ius dicerent ASC.*Corn.*52;—uerba praetoris ex edicto ~o de flamine Diali..adscripsi GEL.10.15.31; contra sententiam eius (*sc.* Labeonis) edictum ~um scriptum est CALL.*dig.*49.14.1.1; 50.13.5.2. **d** ut centesimae ~o faenore ducerentur CIC.*Att.*5.21.13; Salaminios..adduxi ut totum nomen Scaptio uellent soluere sed centesimis ductis a proxima quidem syngrapha nec ~is sed renouatis quotannis (*i.e. compound*) 6.2.7.

6 (spec.) Permanent throughout life, lifelong; *in ~um, in ~o,* for the duration of one's life. **b** (esp., of office) held for life; (of a person) holding office for life. **c** (of illness) chronic. **d** (in augury, of a thunderbolt: see quot.).
libenter se uel in ~o exilio uicturos VELL.2.62.3; (dentes) reliquis (*sc. animals*) ~i manent, mutantur homini PLIN.*Nat.*11.166; partem maiorem..decurionum in ~a uincula coiecit SUET.*Tib.*37.3; PAPIN.*dig.*49.14.39;—CAESAR DICT IN ~O *BMCR* 1.p.551,no.4186 (*c.*44 B.C.); M. Lepidum..Cerceios in ~um relegauit SUET.*Aug.*16.4. **b** propter ~ae dictaturae recentem memoriam CIC.*Phil.*1.4; ~am obtinuerat dominationem tyrannusque fuerat appellatus NEP.*Milt.*8.3; cui..publicum id ~umque sacerdotium fuit LIV.1.18.6; continuum consulatum, ~am dictaturam (recepit) SUET.*Jul.*76.1;—iudicum ordo..dominabatur, eo maxime, quod iidem ~i iudices erant LIV.33.46.1; Athenis ~i archontes esse desierunt..coeperuntque in denos annos creari VELL.1.8.3; seruus..~us mercennarius est SEN.*Ben.*3.22.1; Iaia Cyzicena, ~a uirgo PLIN.*Nat.*35.147; (Augustus) ob haec..facta..dictator ~us FLOR.*Epit.*2.34(4.12.65); CVRATOR PERPETVS *CIL* 14.281. **c** ipse ~um morbum iurabo CIC.*Att.*12.13.2; quibus (*sc. remedies*) si finitum malum non fuerit, prope est, ut ~um sit CELS.3.23.8; quibusdam ~a febris est PLIN.*Nat.*7.172; PAUL.*dig.*3.3.54. **d** fulmina..~a, quorum significatio in totam pertinet uitam SEN.*Nat.*2.47.

7 (of rules, truths, or sim.) Always true or valid, invariable.
plerique sunt inuidi maximeque hoc est commune uitium et ~um CIC.*de Orat.*2.210; id ita dici placet, ut traducatur ad ~am quaestionem atque uti de uniuerso genere dicatur *Orat.*126; uix ulla ~a praecepta medicinalis ars recipit CELS.1.pr.63; ubi ~um est, quod fieri debet 7.12.4; quod..in omnibus ossibus fractis ~um est 8.8.1.D; nec arbitror ~um quicquam in hoc praecipi posse PLIN.*Nat.*17.19; nihil..in his ~ae obseruationis iudicabitur 31.43; GAIUS *Inst.*1.200; 'plura', non 'pluria' dici conuenit, ne contra formam ~am in comparatiuo i littera sit ante extremum a GEL.5.21.8; 6(7).7.7;—(*pred., w. acc. and inf.*) ~um in omnibus non est..aestuantem stomachum refrigerari CELS.1.3.7.

perplaceō ~ēre, *intr.* [PER-+PLACEO] (w. dat.) To be thoroughly pleasing or agreeable (to).
dum serui mei ~et mi consilium PL.*Mer.*348; ecquid (aedes) placeant me rogas? immo hercle uero ~ent *Mos.*907; (lex) mihi ~et CIC.*Att.*3.23.4;—(*impers.*) habeo..Archonidi huiu' filiam.—~et TER.*Hau.*1066.

perplexābilis ~is ~e, *a.* [PERPLEXOR+-BILIS] Puzzling, enigmatic.
neque ullum uerbum faciat ~e PL.*As.*792.

perplexābiliter, *adv.* [prec.+-TER[2]] In a confusing manner.
~ earum hodie perpauefaciam pectora PL.*St.*85.

perplexē, *adv.* [PERPLEXVS+-E] In a manner hard to understand, enigmatically, obscurely.
~ loqui TER.*Eu.*817; iam non ~..sed palam reuocant (*sc.* me) LIV.30.20.2; 33.34.3; haud ~ in Callisthenen dirigebatur oratio CURT.8.5.13; PETR.134.11.

perplexim, *adv.* [PERPLEXVS+-IM] = prec.
utrum ego ~ lacessam oratione ad hunc modum PL.*St.*76; prudens ~ scribit HEM.*hist.*10.

perplexor ~ārī, *tr.* [*perplecto (see next)+-TO] To muddle up, twist (facts; in quot., absol.).
scio quo uos soleatis pacto ~arier: pactum non pactum est, non pactum pactum est, quod uobis lubet PL.*Aul.*259.

perplexus ~a ~um, *a. compar.* ~ior, *superl.* ~issimus. [pple. of *perplecto (PER-+PLECTO[1])]

1 Entangled, intertwined, mixed up (in some exx. with participial force). **b** muddled, mistaken.
indupedita suis ~is ipsa figuris LUCR.2.102; 5.450; ~um iter omne reuoluens fallacis siluae VERG.*A.*9.391; labyrinthus..magno et explicabili tamen errore ~us est MELA 1.56; SEN.*Ep.*95.29; pleraque..monstrifica reperiuntur, ~is et in semet..conuolutis seminibus PLIN.*Nat.*9.2;—(*of abst. things*) nec aut haec aut illa (*i.e. good and bad fortune*) uniuersa, sed uarie ~a V.MAX.6.9.ext.4; constat..gentium..nominibus et eorum ~o satis ordine MELA 1.1. **b** quae te intemperiae tenent qui me perperam ~o nomine appelles? PL.*Mil.*435.

2 (fig.) Complicated, intricate, hard to sort out. **b** (of words) baffling, cryptic.
ignorare se dixit, quidnam ~i sua legatio haberet, cum simpliciter ad amicitiam petendam..uenissent LIV.34.57.6; hoc tam ~um et subtile et..uix enarrabile SEN.*Ep.*121.10; ratio, ~ior motu multisque inuoluta miraculis PLIN.*Nat.*2.62; difficultate institutionis tam numerosae atque ~ae deterreri QUINT.*Inst.*8.pr.2; in causa difficili atque ~a 11.1.63; 12.11.12; litem ad interdictum deducere, cuius est executio ~issima AGEN.*agrim.*p.34. **b** carmen..non eo tantum obscurius quia incertiora futura praeteritis sunt sed ~ius etiam scripturae genere LIV.25.12.8; ~um Punico astu responsum 35.14.12; 36.12.8; (Peneus) singulos..temptare sermonibus ~is institit 40.5.3; SIL.9.60; (*transf.*) ambigua uoce uerba ~a iacis SEN.*Phaed.*639.

perplicātus ~a ~um, *a.* [PER-+*plicatus* (PLICO)] Tangled, intertwined.
(*tm.*) (oliuum) maioribus est elementis aut magis hamatis inter se perque plicatis LUCR.2.394.

perpluō ~ere, *intr.*, (*tr.*?). Also **perplouō.** [PER-+PLVO] FORMS: *perplouere* in FEST. p.250M.

1 (of rain) To come through.
in uilla, cum pluet, circumire oportet, sicubi ~at, et signare carbone (*sc. the leaks*) CATO *Agr.*155.2;—(*in pers. const.*) cum..in tecto tegulae fuerint fractae..qua possint ex imbribus aquae ~ere VITR.2.8.18;—(*poet.*) quom mihi Amor et Cupido in pectus ~it meum PL.*Mos.*164.

2 (of buildings, etc.) To let rain through, leak.
uenit imber, lauit parietes, ~ont PL.*Mos.*111; cum cenaculum eius ~eret QUINT.*Inst.*6.3.64;—(*in fig. phr.*) benefacta benefactis aliis pertegito, ne ~ant PL.*Trin.*323;—(*transf.*) 'pateram ~ere' in sacris cum dicitur, significat pertusam esse FEST.p.250M.

3 (w. acc.) To sprinkle with or as with rain.
crocus..pascentis circa capellas odoro ~it imbre APUL. *Met.*10.34.

perpoliō ~īre ~īuī or ~iī ~ītum, *tr.* [PER-+POLIO¹]

1 To give a very smooth finish to, polish up.
quos Tunnica lima ~iuit anellos MAEC.*poet.*2(1).4; loco nuper calce harenaque ~ito VELL.2.22.4; (aurum) cursu ipso attrituque (*sc. of rivers*) ~itum PLIN.*Nat.*33.66; uestimentum rude, non ~itum FEST.p.265M; caudae setas incuria lauacri..horridas..~ibo APUL.*Met.*6.28; 11.16; TRICHILINIV (= triclinium)..EX SVA PECVNIA OPERE TECTORIO ~IT *CIL* 6.10332;—(*transf.*) dis..iunioribus permisit, ut corpora mortalia effingerent, quantumque esset reliquum ex humano animo,..id omne..~irent et absoluerent CIC. *Tim.*46.

2 (transf.) To put the finishing touches to, perfect: **a** (a person, his character, way of life, etc.). **b** (literary works).
a hanc uitam ~itam humanitate et illam immanem CIC.*Sest.*92; Pericles..felicissimis naturae incrementis sub Anaxagora praeceptore summo studio ~itis instructus V.MAX.8.9.ext.2. **b** neque..tractu orationis leni et aequabili ~iuit illud opus CIC.*de Orat.*2.54; librum meum illum ἀνέκδοτον nondum, ut uolui, ~iui *Att.*14.17.6; *Fam.* 5.12.10; qui oratoriam eloquentiam rudem a maioribus acceptam ~iuerit NEP.fr.3; QUINT.*Inst.*2.12.8; adhuc..pars eius (*sc.* actionis) ~itur PLIN.*Ep.*2.5.1;—(*cf.*) hunc a me quasi ~iendi quendam operis extremum laborem CIC.*Balb.* 17.

perpolītē, *adv. superl.* ~issimē. [PERPOLITVS+-E] With a high degree of (literary) polish.
(continuationes) perfecte et ~issime..absolutae *Rhet.Her.* 4.44.

perpolītiō ~ōnis, *f.* [PERPOLIO+-TIO] The imparting of a high degree of (literary) polish.
uerborum exornatio..ipsius sermonis insignita continetur ~one *Rhet.Her.*4.18.

perpolītus ~a ~um, *a.* [pple. of PERPOLIO] Having a high degree of polish or refinement: **a** (of persons in respect of skill, education, etc.; also of literary work). **b** (of a building, etc., in respect of amenities).
a perfectos iam homines in dicendo et ~os CIC.*de Orat.* 1.58; est..hic de quo loquor non philosophia solum sed etiam ceteris studiis..~us *Pis.*70; cum superiores ali fuissent in disputationibus ~i,..ali..in disserendo rudes *Rep.*1.13;—uerborum constructio, quae facit omnes partes orationis aequabiliter ~as *Rhet.Her.*4.18; illa..explicationem magis inlustrem ~amque desiderant CIC.*de Orat.*2.120; *Rep.*2.51. **b** non haec..uilla..frugalior..est quam tua illa ~a in Reatino? VAR.*R.*3.2.3.

perpopulor ~ārī ~ātus, *tr.* [PER-+POPVLOR] To devastate or ravage completely.
Hannibal..~etur Italiam LIV.22.3.10; cum ~atus omnia ..loca esset 34.28.12; 44.27.3; quos..nobis auersos animis cognouerat, caedibus et incendiis ~atus possessionem Armeniae usurpabat TAC.*Ann.*14.26;—(*pple. in pass. sense*) ~ato..agro Cumano mille passus ab urbe castra locat LIV. 23.36.7; 26.9.11.

perpōtātiō ~ōnis, *f.* [PERPOTO+-TIO] A protracted drinking-bout.
intemperantissimas ~ones CIC.*Pis.*22; quod biduo duabusque noctibus ~onem continuasset PLIN.*Nat.*14.145; 29.26.

perpotior ~īrī ~ītus, *intr.* [PER-+POTIOR¹] (w. abl.) To gain complete possession (of).
qui..uictoria ~itus Romanum primus inuasit imperium AMP.18.16.

perpōtō ~āre ~āuī ~ātum, *intr.*, *tr.* [PER-+POTO]

1 (intr.) To drink heavily, tope, carouse.
~asse adsiduo PL.*Mos.*976; CIC.*Ver.*5.100; ibi se occultans ~auit ad uesperum *Phil.*2.77; tempestiua conuiuia et ~andi ..insana dulcedo CURT.6.2.2; MELA 2.13; QUINT.*Inst.*1. 6.44.

2 (tr.) To drink the whole of, drink up.
ut puerorum aetas improuida ludificetur labrorum tenus, interea ~et amarum absinthi laticem LUCR.1.940; 4.15.

perpremō: see PERPRIMO.

perpressa ~ae, *f.* [unkn.] A synonym of BACCAR (an obscure plant with a fragrant root, sts. identified with a cyclamen).
PLIN.*Nat.*21.132; 26.87.

perprimō (~emō) ~imere ~essī ~essum, *tr.* [PER-+PREMO] To press continuously or to a conclusion.
mollis et exspes inominata ~imat cubilia! HOR.*Epod.* 16.38; oculos, quibus adiacentem umorem ~emit et expellit SEN.*Ep.*99.18;—(*in love-making*) ~ime (ministram) temptatam nec nisi uictor abi OV.*Ars* 1.394.

perpropinquus ~a ~um, *a.* [PER-+PROPINQVVS]

1 (of events) Very near in time, very imminent.
commutationem rerum portendit fore ~am ACC.*praet.*36.

2 (masc. as sb.) A very close kinsman.
A. Aurius..M. illius Auri ~us CIC.*Clu.*23.

perprūriscō ~ere, *intr.* [PER-+PRVRIO+-SCO] To itch all over (with lust).
cantionem aliquam occupito cinaedicam, ubi ~amus usque ex unguiculis PL.*St.*761; APUL.*Met.*10.22.

perpudescit ~ere, *tr.* [PER-+PVDEO+-SCO] (in impers. const., w. acc. and abl.) To begin to feel very ashamed (at).
ecquando ~et (*sc.* nos)..perturbanda re publica? CORNELIA in Nep.fr.2.

perpugnax ~ācis, *a.* [PER-+PVGNAX] Very ready to fight, extremely aggressive.
te ~acem in disputando esse uisum CIC.*de Orat.*1.93.

perpulc(h)er ~c(h)ra ~c(h)rum, *a.* [PER-+PVLC(H)ER] Very beautiful or handsome.
~chra credo dona TER.*Eu.*468; EST EQVOS ~CER *CIL* 1.2177; tabulina ~chra APUL.*Fl.*23.

perpurgō ~āre ~āuī ~ātum, *tr.* Also **-pūrigō.** [PER-+PVRGO] FORMS: *perpurigo* in PL.*Mil.*774.

1 To clean or purify thoroughly.
~atis damu' tibi ambo operam auribus (*i.e. prepared for listening*) PL.*Mil.*774; quom ~arunt caput (*sc. of a hen*), nequos habeat pedes (*i.e. lice*) VAR.*R.*3.9.20; ~atis..ulceribus CELS.5.26.36.A; opifices.., per quorum manus sterile terrae genus..~atur SEN.*Ep.*94.58.

2 (med.): **a** To purge (the bowels) well; also, to remove thoroughly by purging. **b** to free thoroughly from noxious humours (by blood-letting).
a (uinum) aluum mouebit et postridie ~abit CATO *Agr.* 115.2; ceruae..ante partum ~ant se quadam herbula CIC. *N.D.*2.127; (*absol.*) quod (*sc. milk*)..maxime ~et, est equinum VAR.*R.*2.11.1;—idem uinum taenias ~at et lumbricos CATO *Agr.*127.1. **b** satius est..in primo leuare aegrum, deinde ~are, quam simul omni ui effusa..praecipitare CELS.2.10.12.

3 To dispose of or deal with (a business, topic, etc.) once and for all.
tertius ille locus.., de ambitus criminibus, ~atus ab eis qui ante me dixerunt, a me..retractandus CIC.*Mur.*54; non ~ata (crimina) sunt, non refutata..? *Scaur.*14; *Div.*2.2;—(*ellipt.*) de dote tanto magis ~a *Att.*12.12.1.

perpusillus ~a ~um, *a.* [PER-+PVSILLVS] Very short, tiny (in quot., in play on words, w. ref. both to stature and duration).
pusillus testis processit. 'licet' inquit 'rogare?' Philippus. tum quaesitor..'modo breuiter.' hic ille 'non accusabis: ~um rogabo' CIC.*de Orat.*2.245.

perputō ~āre ~āuī ~ātum, *tr.* [PER-+PVTO] To give a clear outline of (a subject).
ut ego argumentum hoc uobis plane ~em PL.*Cist.*155.

perputrescō ~escere ~uī, *intr.* [PER-+PVTRESCO] To go completely bad, putrefy.
ex..ea (*sc.* carne) non ~uisse quod non diripuissent aues PLIN.*Nat.*2.147.

perquadrātus ~a ~um, *a.* [PER-+QVADRATVS] Perfectly square.
corpus ex lateribus aequali latitudine planitiarum ~um VITR.5.pr.4.

perquam, *adv.* [PER-+QVAM] POSITION: following the word modified in LUCR.3.180, 187. In a very high degree, exceedingly, extremely.
(*modifying adj. or adv.*) scelestus sacerdotem..propulit ~ indignis modis PL.*Rud.*672; fortiter! — ~, quia miseram mulierem..uicit TER.*Ad.*566; in artificio ~ tenui CIC.*de Orat.*1.129; ~ flebiliter..lamentatur *Tusc.*2.49; (animum) persubtilem atque minutis ~ corporibus factum LUCR. 3.180; ~ paucis suffragio populi relictis locis LIV.9.30.3; cum consul ~ laudabiliter iurasset VELL.2.31.1; longo et ~ laborioso itinere 2.113.3; caedis ~ gratae regi ministerium CURT.10.1.2; equestrium..origo ~ uetus est PLIN.*Nat.* 34.28; auri nodus in metallis repertus ~ raro 37.55; ~ multa recidam QUINT.*Inst.*12.10.52; Iulius Paelignus.. Claudio ~ familiaris TAC.*Ann.*12.49; rhetor ~..honesti atque amoeni ingeni GEL.1.4.1; ~ impudenti mendacio APUL.*Apol.*63; (*tm.*) per pol quam paucos reperias meretricibus fidelis euenire amatores, Syra TER.*Hec.*58;—(*modifying vb.*) ~ laudari VAR.in Non.p.145M; ~ probatur materies PLIN.*Nat.*16.205; ~ uelim scire PLIN.*Ep.*7.27.1.

perquiescō ~ere, *intr.* [PER-+QVIESCO] (w. acc. of duration) To take repose, rest (throughout a period).
ibi..totam ~imus noctem APUL.*Met.*8.22.

perquīrō ~rere ~sīuī or ~siī ~sītum, *tr.* [PER-+QVAERO]

1 To search everywhere for.
scribit ad quosdam Melitensis ut ea uasa ~rant CIC.*Ver.* 4.39; aditus uiasque in Suebos ~rit CAES.*Gal.*6.9.8; pater.. Cadmo ~ere raptam imperat et poenam, si non inuenerit, addit OV.*Met.*3.3; (me) quiscumque uirum ~rere siluis egit amor V.FL.3.684; HYG.*Fab.*88.7; abactum sibi noctu ~rentes asellum APUL.*Met.*8.29;—(*immaterial things*) 'caue facias' inquit (Capito); 'nam ista lex perferetur; uult enim Caesar.'..nosti diligentiam Capitonis in rebus nouis ~rendis CIC.*Att.*13.33a.1(4); indicia occultae diuum ~rere mentis LUCR.6.382.

2 (w. indir. qu.) To inquire widely or persistently.
adeunt, ~runt quid siet caussae PL.*St.*202; possum..ab accusatore ~rere, ubi sit congressus cum seruis Luccei Caelius CIC.*Cael.*53; *B.Hisp.*20.2; SUET.*Tib.*56.

3 To examine or study in detail.
ipsa cognitio rei scientiaque ~ritur, ut uirtus suamne propter dignitatem an propter fructum aliquem expetatur CIC.*de Orat.*3.112; uidemusne ut pueri ne uerberibus quidem a contemplandis rebus ~rendisque deterreantur? *Fin.*5.48; et uetustis et postea inuentis omni cura ~sitis PLIN.*Nat.* 18.24; ut..animalium satorumque naturas omnis ~reret QUINT.*Inst.*12.11.22;—(*ellipt.*) qui diligentius ~sierunt, tradiderunt eos (*sc.* uentos) esse octo VITR.1.6.4.

perquīsītē, *adv. compar.* ~ius. [pple. of prec.+-E] With exhaustive inquiry or research.
~ius et diligentius conscripsisse CIC.*Inv.*1.77.

perquīsītor ~ōris, *m.* [PERQVIRO+-TOR] One who hunts out.
~ores auctionum PL.*St.*385.

perrārō, *adv.* [PER-+RARO] Extremely seldom.
qui ne in oppidum quidem nisi ~ ueniret CIC.*S.Rosc.*52; id quod ~ euenit *Ver.*3.113; *Planc.*4; ~ haec alea fallit HOR.*S.*2.5.50; SUET.*Gram.*24(p.119Re).

perrārus ~a ~um, *a.* [PER-+RARVS] Very rare, exceptional.
augur (creatus) Ti. Sempronius Gracchus admodum adulescens, quod tum ~um in mandandis sacerdotiis erat LIV.29.38.7; ~um est ut leuior sit aliqua (aqua) PLIN.*Nat.* 31.38.

perreconditus ~a ~um, *a.* [PER-+RECONDITVS] Very abstruse.
quandam aut ~am aut ualde difficilem..rationem consuetudinis meae CIC.*de Orat.*1.135.

perrēpō ~pere ~psī, *intr.*, (*tr.*). [PER-+REPO] To creep or make one's way stealthily through (to); (w. acc.) to creep or crawl over (ground). **b** (of a practice, etc.) to develop slowly (to a stage).
cauendum..est, ne ad praesepia..gallina ~pat COL.6.5.1; maceries opere tectorio leuigatur extra intraque, ne feles.. ~pat 8.15.2; (*transf.*) hic rumor..~pserat ULP.*dig.*38.15.2; —non ego (dubitem) tellurem genibus ~pere supplex TIB. 1.2.85. **b** paulatim..ludicra ars ad saturarum modos ~psit V.MAX.2.4.4.

perreptō ~āre ~āuī, *intr.*, (*tr.*). [PER-+REPTO] To creep about the place; (w. acc.) to creep or crawl over or through (ground).
omnibu' latebris ~aui quaerere conseruam PL.*Rud.*223;— omnis plateas ~aui, gymnasia et myropolia *Am.*1011; ~aui usque omne oppidum TER.*Ad.*715.

Perrhaebus ~a ~um, *a.* Of or belonging to Perrhaebia, a mountainous district in north Thessaly; (masc. as sb.) an inhabitant of Perrhaebia.
~i..cacumina Pindi PROP.3.5.33;—~i et Dolopes LIV. 33.34.6; ~um Caenea OV.*Met.*12.172.

perrīdiculē, *adv.* [next+-E] In a highly amusing manner.
si quid ~ possis, uitandum est oratori..ne..scurrilis iocus sit CIC.*de Orat.*2.239; ex nomine istius..~ homines augurabantur *Ver.*2.18.

perrīdiculus ~a ~um, *a.* [PER-+RIDICVLVS] Utterly absurd.
est eorum doctrina..~a CIC.*de Orat.*2.77; fortis huius mors, illorum ~a V.MAX.9.12.8; res ~a est: uis dare nec dare uis MART.7.75.2.

perrōdō ~dere ~sī ~sum, *tr.* [PER-+RODO] (of destructive agencies) To eat through.
num plures sinus (*sc. of a fistula*) intus diuersa corporis genera ~serint CELS.5.28.12.E; materiam, quae non ~detur a ueneno PLIN.*Nat.*30.149.

perrogātiō ~ōnis, *f.* [PERROGO+-TIO] The successive asking (of persons) for their opinions.
FIAT ~O ORDINIS *CIL* 6.29682.

perrogitō ~āre ~āuī ~ātum, *tr.* [PER-+ROGITO] To go on questioning in turn.
defessus est ~ando aduenas omnis de gnatis PAC.*trag.*315.

perrogō ~āre ~āuī ~ātum, *tr.* [PER-+ROGO]
1 To ask for or solicit in turn.
~ari eo die sententiae..non potuere LIV.29.19.10; 32.22.5; (sententia) omnium, si ~etur, una erit SEN.*Ep.*102.13; TAC.*Hist.*4.9; SUET.*Aug.*35.4;—(*ellipt.*) parum est..ut censentes audias, nisi et ~as PLIN.*Pan.*60.1.
2 To question in turn.
(*w. indir. qu.*) adolescentes..conueniunt; magistri ~ant, quod factum..bonum fecerint APUL.*Fl.*6.
3 To propose (a bill) successfully (in an assembly), carry.
tribunus plebis legem aduersus intercessionem collegarum ~auit V.MAX.8.6.4.

perrumpō ~umpere ~ūpī ~uptum, *tr.*, *intr.*
1 (tr.) To burst apart, cleave, sever, etc.; (fig.) to violate (a law).
haec..introitu..suo ~umpere corpus LUCR.2.407; materia..quae perpetuis trabibus pedes quadragenos..reuincta neque ~umpi neque distrahi potest CAES.*Gal.*7.23.5; correpta dura bipenni limina ~umpit VERG.*A.*2.480; (later) cum postea sicciscendo se contrahit, ~umpit ea, quae erant arida VITR.2.3.2; (costa) interdum sic finditur, ut..eam totam is casus ~uperit CELS.8.9.1.A; ~uptae rastris et aratris radices herbarum COL.2.1.6; securibus galeas loricasque ~umpere TAC.*Hist.*2.42;—(*in fig. phrs.*) ualidos Veneris ~umpere nodos LUCR.4.1148; necessitudinum ~uptis uinculis V.MAX.2.7.3;—(*fig.*) negleget leges easque ~umpet, si poterit CIC.*Leg.*1.42.
2 (tr., of persons or things in motion) To break or force a way through; (fig.) to overcome, get clear of (difficulties, obstacles). **b** to force a way into, invade.
celer hasta uolans ~umpit pectora ferro ANDR.*poet.*35 (38); effugi insidias, ~upi Appenninum CIC.*Phil.*12.26; si eam paludem Romani ~umpere conarentur CAES.*Gal.*7.19.2; ~upit Acheronta Herculeus labor HOR.*Carm.*1.3.36; eques..~umpere non poterat hostium agmen LIV.8.30.6; cetera multitudo tandem ~umpit ordines hostium 9.39.9; qui nitebantur ~umpere impetum fluminis 21.28.2; cum domina..ausim ~umpere Syrtes OV.*Am.*2.16.21; Cyaneos ~umpere montes V.FL.8.193; inter lacum Fucinum amnemque Lirim ~upto monte TAC.*Ann.*12.56; (*in fig. phr.*) (natura) usque recurret, et mala ~umpet..fastidia uictrix HOR.*Ep.*1.10.25; (*poet.*) curuas ~umpunt aequora rupis (*i.e. in a cove*) STAT.*Silv.*2.2.14;—(*fig.*) cum opinione..depellendi criminis uel ~umpendi periculi CIC.*Part.*112; poenam ..legum..saepe ~umpunt *Off.*3.36; ~umpet omne seruitium contemptor..deorum SEN.*Ag.*605; ~umpit omnes difficultates PLIN.*Nat.*8.86. **b** caesi uigiles, ~upta castra TAC.*Hist.*2.15; (*poet.*) auso medias ~umpere milite leges (*i.e. Milo's trial*) LUC.1.322; (*cf.*) qui te inuitum (inuite *cod.*) ~umpunt omnibusque de rebus consulunt TAC.*Ann.*4.40;—(*of natural forces*) quoniam angustiae itinerum..non..solis uapore ~umperentur 15.43;—(*in fig. context*) iudicia ~upta ab isdem corruptela hominum non deorum CIC.*Leg.*2.43; Tiberium sine miseratione, sine ira, obstinatum clausumque uidit, ne quo adfectu ~umperetur TAC.*Ann.*3.15.
3 (intr.) To force a passage, break through a place. **b** (of a condition) to overcome resistance, prevail.
exercitum firmum habere oportet quo confidamus ~umpere nos posse POMP.*Att.*8.12C.3; perterritis nostris, per medios audacissime ~uperunt CAES.*Gal.*5.15.4; 6.37.10; in uestibulum ~uperant templi LIV.3.18.8; cum saepe conati nequissent ~umpere ad suos 4.39.4; utrum in castra ~umperet an intercluderetur a suis 26.5.11; 31.46.15; TAC.*Hist.*3.40; SUET.*Otho* 8.2;—(*of things*) uix umquam nigrities, interdum caries per totum os ~umpit CELS.8.3.5; (*of sounds, etc.*) quae te alta..imo condidit amne palus, quo nec..nepotis funera nec nostri ualeant ~umpere planctus? STAT.*Theb.*9.392. **b** antequam inhorrescere possit, operiatur..si nihilo minus horror ~uperit, multo caldo oleo..perfundatur CELS.3.12.5.

Persa[1]: see PERSES[1].

Persa[2] ~ae, *f.* A daughter of Oceanus, wife of the sun and mother of Circe, Perses (father of Hecate), Aeetes, Pasiphae.
HYG.*Fab.*pr.36.

persaepe, *adv.* [PER-+SAEPE] Very often.
Carthaginienses..~ iam nos fefellerunt CIC.*Inv.*1.71; ~ euenit, ut utilitas cum honestate certet *Part.*89; petere consulatum nescire te..~ tibi dixi *Mur.*43; lapidationes ~ uidimus, non ita saepe..gladios *Sest.*77; frons, oculi, uultus ~ mentiuntur *Q.fr.*1.1.15; CATUL.64.340; quamuis te ~ uocet (*sc. a girl*), semel ire memento PROP.2.25.33; LIV.24.47.11; SUET.*Jul.*57; *Aug.*72.2;—(*tm.*) per pol saepe peccas PL.*Cas.*370.

? Persaeus ~a ~um, *a.*; var. or corruption of PERSEVS[3] (sense 2).
~i (*v.l.* Persei) sub rupibus antri..torquentem cornua Mithram STAT.*Theb.*1.719.

persaeuus ~a ~um, *a.* [PER-+SAEVVS] Very fierce, furious (in quot., of natural forces).
parua flumina.., ubi adcreuere ~a MELA 2.84.

persalsē, *adv.* [next+-E] Very wittily.
~ et humaniter..gratias mihi agit CIC.*Q.fr.*2.13.3.

persalsus ~a ~um, *a.* [PER-+SALSVS] Very witty.
~um illud est apud Nouium CIC.*de Orat.*2.279.

persalūtātiō ~ōnis, *f.* [next+-TIO] The greeting (of persons) one after another.
CIC.*Mur.*44.

persalūtō ~āre ~āuī ~ātum, *tr.* [PER-+SALVTO] To greet in turn.
qui ita sit ambitiosus ut omnis uos nosque cotidie ~et CIC.*Flac.*42; PHAED.4.12.4; legatus..omnem..plebem nominibus suis ~auit SEN.*Con.*1.pr.19; a toto exercitu..~atus est (*sc. Alexander on his death-bed*) CURT.10.5.3; SEN.*Dial.*9.12.6.

persanctē, *adv.* [PER-+SANCTE] With a very solemn oath.
Bacchis deierat ~ TER.*Hec.*771; quamuis..~ iurasset SUET.*Nero* 35.5; *Tit.*10.2.

persanctus ~a ~um, *a.* [PER-+SANCTVS] Much revered.
~AE CONIVGIS *CIL* 8.4524.

persānō ~āre ~āuī ~ātum, *tr.* [PER-+SANO] To heal completely.
(ulcera) etiam si ~ata non sunt, serpere desierunt SEN.*Ep.*8.2; cinis..fistulas purgat, mox et ~at PLIN.*Nat.*23.6; 26.140; 30.117; cum multis frustra usus essem medicamentis, ab hoc sum ~atus LARG.40; 221.

persānus ~a ~um, *a.* [PER-+SANVS] Thoroughly free of disease, quite sound.
ut radices polypi ~as facias CATO *Agr.*157.15.

persapiens ~ntis, *a.* [PER-+SAPIENS] Very wise.
si hoc magni..hominis et ~ntis uidetur CIC.*Prov.*44.

persapienter, *adv.* [prec.+-TER[2]] Very wisely.
~..dat ipsa lex potestatem defendendi CIC.*Mil.*11.

perscienter, *adv.* [PER-+SCIENTER] Very skilfully or expertly.
ad infirmitatem laterum ~ contentionem omnem remiserat CIC.*Brut.*202.

perscindō ~indere ~idī ~issum, *tr.* [PER-+SCINDO] To cleave through, rip, split.
(simulacra) ~induntur..nisi recta foramina tranant LUCR.4.601; carbasus..~issa furit petulantibus auris 6.111; fulmen ~indit subito nubem 6.283; omnia ~indente uento et rapiente LIV.21.58.7; SEN.*Nat.*2.20.2.

perscītus ~a ~um, *a.* [PER-+SCITVS[1]] Very clever, very shrewd.
(*tm.*) per ecastor scitu' puer TER.*An.*486; quod apud Catonem est..per mihi scitum uidetur CIC.*de Orat.*2.271.

perscrībō ~bere ~psī ~ptum, *tr.* [PER-+SCRIBO]
1 To write out in full, copy out (a speech, etc.). **b** to trace the letters of (words).
mimorum dicta ~bito CIC.*Att.*14.3.2; quadridui..sermonem superioribus ad te ~ptum libris misimus *Tusc.*5.11; plurimos facit uersus, puto esse ego illi milia..decem..~pta CATUL.22.5; decere existumaui unam ex tam multis orationem eius ~bere SAL.*Jug.*30.4; nec hoc commentario contentus erat, in quo nudae res ponuntur, sed..~bebatur actio SEN.*Con.*3.pr.6. **b** blanditias..~bere uino (licet), ut dominam in mensa se legat illa tuam OV.*Ars* 1.571; (elephantum) litterarum ductus Graecarum didicisse solitumque ~bere eius linguae uerbis: 'ipse ego haec scripsi..' PLIN.*Nat.*8.6; litteris ita ~ptis (*i.e. in a cipher*) GEL.17.9.11.
2 To put (a law, literary work, etc.) into written form. **b** to finish writing (a composition). **c** to write a draft for (a sum of money, instead of making a cash payment).
decem uiros, qui XII tabulas ~pserunt CIC.*de Orat.*1.58; (rationes) sunt ~ptae scite et litterate *Pis.*61; belli..aequitas sanctissime fetiali populi Romani iure ~pta est *Off.*1.36; puris uersum ~bere uerbis HOR.*S.*1.4.54; TAC.*Ann.*3.26; historia..splendide ~benda FRO.*Ver.*2.p.142(126N). **b** si..ad exemplar primi libri bellum Siculum ~psisset QUINT.*Inst.*10.1.89; ego adeo ~psi—tu mitte aliud quod scribam AUR.*Fro.*1.p.212(83N); ULP.*dig.*32.52.5. **c** de Publilio.., quod ~bi oportet, moram non puto esse faciendam CIC.*Att.*16.2.1; si quid usurae nomine numeratum aut ~ptum fuisset SUET.*Jul.*42.2.
3 To write a detailed record of; esp. **b** (official transactions in a minute-book or sim.); *auctoritatem ~bere*, to record a resolution of the Senate which has been vetoed by a tribune, with a view to bringing it forward at a later date. **c** (financial transactions in a ledger).
qui res gestas a Romanis ~bere conati essent ASEL.*hist.*1; furta..istius permulta nominatim ad socios ~pserat CIC.*Ver.*2.171; ~be mihi totum negotium *Att.*15.29.3; leges..et instituta ac mores ciuitatum ~psimus *Fin.*4.61; haec ad eum..inflatius Afranius ~bebat CAES.*Civ.*2.17.4; LIV.pr.1; quae tibi si memori coner ~bere uersu OV.*Pont.*2.7.33; Antoniam non apud auctores rerum..reperio ullo insigni officio functam, cum super Agrippinam et Drusum et Claudium ceteri quoque consanguinei nominatim ~pti sint TAC.*Ann.*3.3; 16.19; huius moris..multa sunt testimonia..in antiquitatibus ~pta GEL.5.13.3;—(*w.* de) tu mihi, ut polliceris, de Tullìola mea..~bes CIC.*Att.*6.9.5; de gnomonicis..rebus..insequenti (uolumine) ~bam VITR.8.6.15;—(*w. acc. and inf.*) ~bit in litteris hostis ab se discessisse CAES.*Gal.*5.49.3;—(*w. indir. qu.*) haec qualia tibi esse uideantur..accuratius mihi ~bas uelim CIC.*Att.*8.12.4; *Fam.*9.25.3; PLIN.*Ep.*3.9.1; Etruscorum libri, in quibus ~btum est, quo ritu condantur urbes FEST.p.285M. **b** ea..in tabula publica ad aerarium ~benda curauit CIC.*Ver.*1.57; nondum est ~ptum senatus consultum *Catil.*3.13; hoc ~ptum in monumentis ueteribus reperietis, ut..esset locus comportandis condendisque fructibus *Agr.*2.88; qui omnia indicum dicta, interrogata, responsa ~berent *Sul.*42; de reliquis rebus senatus consulta ~buntur CAES.*Civ.*1.6.5; consules..~psere..consensum senatus TAC.*Ann.*13.26;—senatus auctoritas..cui quom Cato et Caninius intercessissent, tamen est ~pta CIC.*Fam.*1.2.4; *Att.*5.2.3; si quis huic s. c. intercesserit, senatui placere auctoritatem ~bi et de ea re ad senatum p(rimo) q(uoque) t(empore) referri *S.C.* in Cael.*Fam.*8.8.6; (*cf.*) eius decreta rata sunto; sed potestas par maiorue prohibessit, ~pta seruanto CIC.*Leg.*3.10. **c** pro tabulis..ubi aera ~bantur usuraria PL.*Truc.*72; egone..digitos meos impellere potui ut falsum ~berent nomen? CIC.*Q.Rosc.*1; uiri boni usuras ~bunt *Att.*9.12.3; si quid emptum paratumque pupillis..foret, a quaestore ~bebatur LIV.24.18.14;—(*ellipt.*) cum ~bunt Flacco nominatim, nihil timent CIC.*Flac.*44.
4 To write (words) in full (i.e. not in abbreviated form).
ut neque 'tertium' neque 'tertio' scriberetur, sed ad secundum usque t fierent litterae..uerbo non ~pto TIRO *gram.*7(GEL.10.1.7); notata, non ~pta, erat summa SUET.*Gal.*5.2; est etiam circa ~bendas uel paucioribus notandas uoces studium necessarium PROB.*iur.*1.

perscrīptiō ~ōnis, *f.* [prec.+-TIO]
1 The detailed recording (of financial transactions in a ledger), or an instance of this.
sestertium septiens miliens falsis ~onibus donationibusque auertit CIC.*Phil.*5.11; si de tabulis et ~onibus controuersia est *de Orat.*1.250; suarum ~onum et liturarum aduersaria proferre non amentia est? *Q.Rosc.*5; *Att.*4.17 (18).2.
2 The writing of a draft for a sum of money (opp. payment in cash).
debere (*i.e. to be in debt*) non esse dignitatis meae, ~onem tibi placere CIC.*Att.*12.51.3.

perscrīptitō ~āre, *tr.* [PERSCRIBO+-TO] To write out in full.
λῶτα λάβδα σῖγμα lege metri cogimur syllabis ~are, non figuris singulis MAUR.340.

perscrīptor ~ōris, *m.* [PERSCRIBO+-TOR] One who writes a detailed note (of a financial transaction).
scribam tuum dicit..huius ~orem faenerationis fuisse CIC.*Ver.*3.168.

perscrīptūra ~ae, *f.* [PERSCRIBO+-VRA] The copying out (of a document).
solent, cum testamenti faciunt ~am, adicere uelle hoc etiam uice codicillorum ualere ULP.*dig.*29.1.3.

perscrūtātiō ~ōnis, *f.* [next+-TIO] Careful searching (of a place).
quid opus est tot artibus uentri seruientibus?..quid profundi ~one? SEN.*Dial.*12.10.5.

perscrūtor ~ārī ~ātus, *tr.* [PER-+SCRVTOR] To examine (a place) thoroughly for something hidden, search high and low; (transf.) to study or investigate carefully.
~abor fanum, si inueniam uspiam aurum PL.*Aul.*620; immittebantur..canes, qui inuestigabant et ~abantur omnia CIC.*Ver.*4.47; dum ~antes loca omnia castrorum..tempus terunt, emissus hostis est de manibus LIV.21.48.6; SEN.*Ben.*6.11.1;—(*transf.*) qui sententiam scriptoris..domesticis suspicionibus ~etur CIC.*Inv.*2.128; ~amini penitus naturam rationemque criminum *Flac.*19; quodsi delata ~atus crimina paterfamilias esset PHAED.3.10.47; quid antiqua ~or? SEN.*Dial.*5.18.3; QUINT.*Inst.*12.8.15; (*pple. in pass. sense*) inspectis..~atisque omnibus condicionibus inueniri poterit, quid sequi debeamus HYG.*agrim.*p.96.

persea ~ae, *f.* [Gk. περσέα] An Egyptian tree with edible fruit, prob. *Mimusops schimperi*.
PLIN.*Nat.*13.60; 15.45.

persecō ~āre ~uī ~tum, *tr.* [PER-+SECO] To cut through, cleave.
rerum naturas ~are..possumus, ut uideamus terra penitusne defixa sit CIC.*Luc.*122;—(*in fig. phrs.*) adiecta de Bacchanalibus quaestio est, cuius residua quaedam uelut semina..apparuerant. id ~are nouum praetorem, ne serperet iterum latius, patres iusserunt LIV.40.19.10; (*by surgery*) ~uisti rei publicae uomicas *in* Quint.*Inst.*8.6.15;—(*transf.*) quo altius..scandit oculi species, non facile ~at aeris crebritatem VITR.3.5.9; transuersae Andromedae latera utraque ~at actus GERM.*Arat.*463.

persector ~ārī ~ātus, *tr.* [PER-+SECTOR] To pursue closely, follow up; (fig., w. indir. qu.) to investigate (a question).
~ari primordia singula..ut uideant qua quidque geratur cum ratione LUCR.2.165; fugiunt uolucres..accipitres somno in leni si proelia..edere sunt ~antes uisaeque uolantes 4.1010; equum..fugientem ~ati maximam partem munimentorum circumierunt FRON.*Str.*1.2.1;—~ari hic uolo..nos nostri an alieni simus PL.*Mil.*430.

persecūtiō ~ōnis, *f.* [PERSEQVOR+-TIO]
1 Chase, pursuit.
licet in conspectu sit nostro (*sc. an animal*), difficilis tamen eius ~o sit GAIUS *Inst.*2.67; quidam de latronibus importunae ~onis indignatione permotus..maritum meum percussum interemit APUL.*Met.*4.27.
2 The carrying through or completion (of an enterprise).
incepti negotii ~onem APUL.*Met.*10.27.
3 (leg.) The action or right of suing at law (in earlier use, spec. by *cognitio extraordinaria*, i.e. before the praetor and not a *iudex*).
⟨AB IPSIS HERE⟩DIBVSQVE EORVM PERSEQVTIO E⟨STO⟩

CIL 1.585.101; fideicommissi..nomine semper in simplum ~o est GAIUS *Inst.*2.282; ita sistere, ut actori ~o loco deteriori non sit, quamuis exactio rei possit esse difficilior ULP.*dig.*2.11.11; 'actiones' personales solemus dicere. 'petitionis' autem uerbo in rem actiones significari uidentur. '~onis' uerbo extraordinarias ~ones puto contineri, ut puta fideicommissorum 50.16.178.2;—(*w. gen. of thing claimed*) quaeritur..num aliquis eius rei actionem petitionem aut ~onem habeat *Rhet.Her.*2.18; EIVS..PECVNIAE CVI VOLET PETITIO ~O EXACTIOQ. ESTO *CIL* 1.594.2.2.7; puto dandam pignoris ~onem, quia interest mea ULP.*dig.*20.1.14; legatorum ~o aduersus fiscum locum habet 30.50.2.

persedeō ~edēre ~ēdī, *intr.* [PER-+SEDEO] To sit for a long time, continue sitting.
VAR.*L.*9.49; casta domi ~ederat uxor PROP.3.12.37; per ludos..~edentes delectationibus detinentur VITR.5.3.1; in equo dies noctesque ~edendo LIV.45.39.18; qui multis apud philosophum annis ~ederint SEN.*Ep.*108.5; in eo saxo, cui se uulneratus adclinauerat, ~edit FRON.*Str.*4.5.5; SUET.*Cl.*34.2.

persegnis ~is ~e, *a.* [PER-+SEGNIS] Very slow or sluggish.
pedestre proelium fuit ~e LIV.25.15.12.

Persēis[1] ~idis or ~idos, *f. adj.*
1 Of or belonging to PERSA[2].
quid tibi profuerunt, Circe, ~ides herbae..? OV.*Rem.*263.
2 (as sb.): **a** A daughter of Persa; (spec., Hecate or Circe). **b** = PERSA[2].
a Hecates ~idos aras OV.*Met.*7.74;—SEN.*Med.*814; 'non ita me immemorem magnae ~idos' inquit (Medea) 'cernis ..' V.FL.7.238; tu separe coetu Elysios, ~i, pios uirgaque potenti..Arcas agat STAT.*Theb.*4.482. **b** Circe..et Pasiphae..a ~ide Oceani filia natae patre Sole CIC.*N.D.* 3.48.

Persēis[2] ~idis or ~idos, *f. adj.* Of or belonging to Perseus (in quot., the constellation); (as sb., prob.) an epic about Perseus.
(circulus) uestigia tangit aurigae plantamque terit ~ida laeuam GERM.*Arat.*472;—Trinacrius..suae ~idos auctor OV.*Pont.*4.16.25.

Persēius[1] ~a ~um, *a.* Of or descended from PERSA[2].
proles ~a Solis (*i.e. Aeetes*) V.FL.5.581; Hecate ~a 6.495.

Persēius[2] ~a ~um, *a.* Of or belonging to the hero Perseus; (poet. = Argive, because Perseus was associated with Argos).
Melaneus ~a castra secutus (*i.e. who fought with Perseus*) OV.*Met.*5.128;—~us heros (*i.e. Adrastus*) STAT.*Theb.*3.441.

persenex ~nis, *m. adj.* [PER-+SENEX] Very advanced in years.
iam ~nex pauperem se..fatetur SUET.*Gram.*9(p.107Re).

persentiō ~tīre ~sī ~sum, *tr.* [PER-+SENTIO]
1 To become or be fully conscious of (a fact).
neque fera hominum pectora fragescunt, donec uim imperi ~serint ACC.*trag.*27; percipis omnem naturam rerum ac ~tis utilitatem LUCR.4.25; sid, si quo modo latrones ceteri ~serint? APUL.*Met.*7.11;—(*w. acc. and inf.*) quam (*sc.* Didonem) simul ac tali ~sit peste teneri..Iouis coniunx VERG.*A.*4.90.
2 To feel deeply (an emotion).
magno ~tit pectore curas VERG.*A.*4.448.

persentiscō ~ere, *tr.* [PER-+SENTIO+-SCO] To become fully conscious of (with the senses or mind). **b** (spec., absol.) to begin to have a sensation all over.
ne legio ~at, clam illuc redeundum est mihi PL.*Am.*527; quot res dedere ubi possem ~ere, ni essem lapis! TER. *Hau.*916; ut..taciti clandestinos coitus obeamus nec quisquam ~at familiarium APUL.*Met.*8.10; quae (*sc.* formicae).. dulcem ac mellitum corporis nidorem ~unt 8.22; ferrea clauicula caput (*sc. of a parrot*) tunditur, imperium magistri ut ~at *Fl.*12;—(*w. indir. qu.*) neu ~at aurum ubi est apsconditum PL.*Aul.*63;—(*absol.*) ut intellegendi ac ~endi ueritas adiuuetur APUL.*Pl.*1.13. **b** concutitur sanguis, tum uiscera ~unt LUCR.3.249.

Persephonē ~ēs (~ae), *f.* The daughter of Demeter and Zeus, wife of Pluto (latinized as PROSERPINA).
neque ~e digna est praedone marito OV.*Fast.*4.591; STAT. *Theb.*12.276;—(*as goddess of the Underworld*) mihi ~e nigram denuntiat horam [TIB.]3.5.5; haec tua, Persephone, maneat clementia, nec tu, ~ae coniunx, saeuior esse uelis PROP.2.28.48; OV.*Ep.*20.46; (Orpheus) ~en adiit inamoenaque regna tenentem umbrarum dominum *Met.*10.15.

Persēpolis ~is, *f.* A city of Persia, residence of the Achaemenid kings.
CURT.5.4.33; 5.6.11; PLIN.*Nat.*6.115.

persequax ~ācis, *a.* [PER-+SEQVAX] Very eager in pursuit.
alis ~ax, oculis perspicax (*i.e. a crow*) APUL.*Soc.*pr.4.

persequens ~ntis, *a.* *superl.* ~ntissimus. [pple. of next] (w. gen.): **a** That pursues to its conclusion, goes through with (a course of action, etc., begun). **b** (app.) that follows, practises (a mode of life).
a uirum..inimicitiarum ~ntissimum *Rhet.Her.*2.29. **b** flagiti ~ntem (*dub.*), stabulum nequitiae PL.*Cas.*160.

persequor ~quī ~cūtus, *tr.* [PER-+SEQVOR]
1 To follow persistently or all the way (to a destination). **b** to catch up with. **c** to accompany all the way or throughout a journey.
hac abiit, si uis ~qui uestigiis PL.*Men.*566; ne quis..ex Arabia penitissuma ~quatur *Per.*542; is bellum hinc fugiens meque in Asiam ~quens proficiscitur TER.*An.*935; *Ph.* 551; ille..quod Puteolos ~quitur, humane, quod queritur, iniuste. non enim ego..illum exspectare dum de Cosano rediret debui CIC.*Att.*15.27.1; CATUL.42.6; hanc ~cuta mater orare incipit PHAED.1.28.5; PETR.98.2;—(*transf.*) quarta legio duce L. Egnatuleio..C. Caesaris auctoritatem atque exercitum ~cuta est CIC.*Phil.*3.7;—(*in fig. phrs.*) qui eius modi hominum furta odore aut aliquo leuiter presso uestigio ~quebantur *Ver.*4.53; instat (superstitio)..quocumque uerteris, ~quitur *Div.*2.149;—(*with the eyes*) regina uirum..~quitur lustrans oculisque ardentibus haeret V.FL. 6.658. **b** sed eo discessisti, quo ego te ne ~qui quidem possem triginta diebus CIC.*Fam.*3.6.3; (*in fig. phr.*) mors et fugacem ~quitur uirum HOR.*Carm.*3.2.14. **c** cui (*sc.* candidato) nos occedimus et gratulati in Capitolium ~quimur VAR.*R.*3.17.10; qui eum de Pharsalia fuga Paphum ~cuti sunt CIC.*Phil.*2.39; quae te sola, puer, multis e matribus ausa ~quitur VERG.*A.*9.218; LIV.29.31.8; iube quaeri, quam multos serui ipsorum ~cuti sint CURT.9.3.11; (*cf.*) quid futurum, si ~cuti fugam ipsius alienentur? 5.9.12;—(*w. abst. subj.*) qui natus est infelix,..post obitum quoque ~quitur illum dura fati miseria PHAED.4.1.3; quae (*sc.* uitia) robustum (Alexandrum)..ab illa institutione puerili sunt ~cuta QUINT.*Inst.*1.1.9.
2 To follow with hostile intent, pursue, dog, press hard (esp. of military forces); to hunt, chase (wild animals). **b** (in wider sense) to harass with repeated military attacks, harry. **c** (transf.) to pursue, press hard (with hostile, punitive, or sim., action). **d** (without sense of hostility) to ply with attentions.
auus Lentuli..armatus Gracchum est ~cutus CIC.*Catil.* 4.13; eodem nos fortasse Furiae ~quentur *Att.*10.18.2; nemus Florae, in quod Priapo ~quente confugit MART. 10.92.12; illa (*sc.* Scylla) se in mare praecipitauit, ne ~queretur (Nisus) HYG.*Fab.*198.3;—(*of military forces*) Romanos inpetu suo protelant, protelatos ~cuntur SIS.*hist.* 27; reliquias hostium Brutus ~quitur CIC.*ad Brut.*1.3a(4); fugientis usque ad flumen..~quuntur CAES.*Gal.*7.67.5; ab ~quendo hostis deterrere SAL.*Jug.*50.6; nauibus..~qui hostium classem LIV.22.11.7; 30.24.1; ipse Bessum ~quens copias mouit CURT.7.4.40; FRON.*Str.*2.5.31; (*ellipt.*) queruntur, quod ~cuti non sitis: opprimi potuisse, si celeritas adhibita esset, existimant CIC.*Fam.*11.12.2; (*cf.*) ~quitur Parthi signa retenta manu OV.*Fast.*5.580;—terribiles ~quitur..feras OV.*Ep.*9.34; quidam auidius ~cuti beluas in semet inritauere CURT.8.14.26; putares canem leporem ~qui PETR.63.4; (*w. inf. of purpose*) non ego te tigris ut aspera..frangere ~quor HOR.*Carm.*1.23.10; (*in fig. phr.*) qui ..ratiocinationibus..confisi fuerunt, umbram non rem ~cuti uidentur VITR.1.1.2. **b** illos Xerses uinculis, illos sagittis ~quebatur SEN.*Suas.*5.4; tu, qui te gloriaris ad latrones ~quendos uenire CURT.7.8.19; te, Graecia..~quor atque tuis hunc quasso moenibus ignem V.FL.8.276;—(*w.* bello) cum de iis qui hostes iudicati sunt bello ~quendis sententiae dicerentur CIC.*ad Brut.*1.5.1; Lacedaemonios bello ~qui NEP.*Con.*4.1; LIV.8.22.9; (*cf.*) tribunos uelut iusto ~qui bello 3.11.9;—(*poet.*) curuo Saturni dente.. ~quitur uitem attondens fingitque putando VERG.*G.*2.407; —(*of a condition*) si..lacerum dulcedine corpus ~quitur scabies GRAT.409. **c** armati stilum ~quitur; uicti..quid faciet? CAECIN.*Fam.*6.7.4; quare (Lysander), si suas res gestas manere uellet, illum (*sc.* Alcibiadem) ~queretur NEP. *Alc.*10.1; (C. Marius) nimia cupiditate ~quendi inimicos iram suam nefarie destrinxit V.MAX.9.2.2; Maecenatem.., cuius..cincinnos (*i.e. flowery style*) usque quaque ~quitur et ..irridet SUET.*Aug.*86.2;—(*with legal action*) certum est facere contra, ac ~qui et nomen deferre hominis LUCIL.920; istum Siculi soli ~quuntur: ciues Romani qui negotiantur in Sicilia defendunt CIC.*Ver.*2.15;—(*w. abl.*) quem ego hominem accuso? quem legibus aut iudiciali iure ~quor? 4.104; hunc..tergiuersantem iudicio ille ~quitur *Flac.*47; tribuni..~qui quaerendo quonam modo exercitum educturi consules essent LIV.3.20.2; proditorem dei ultores celeriter debita poena ~cuti sunt CURT.3.13.17; nouerca filios nostros aut insimulatione ~quitur aut ueneno CALP.*Decl.*12; illa mulier miro me ~quebatur odio APUL.*Met.*9.15. **d** ne hostibus quidem malum medicamentum dabit (*sc.* medicus)..~quetur eos..omni modo, quia medicina non fortuna neque personis homines aestimat LARG.pr.p.2,l.21.
3 To seek requital or restitution for (wrongs, injuries, or sim.).
uitam..mihi..ad illorum improbitatem ~quendam defuturam CIC.*Ver.*50; quem ad modum inimicorum iniurias crudelitatemque ~quar *Red.Pop.*22; consilium..est illorum, ut mortem Caesaris ~quantur *Fam.*12.3.2; CAES.*Gal.*7.38.8; ~quitur poenis tristia facta Venus TIB.1.8.28; LIV.42.43.7; ego taceam de adulterio, quod ~quitur etiam populus? SEN.*Con.*7.5.3; PETR.109.2; HYG.*Fab.*116.2; hac lege damnum ~qui GAIUS *Inst.*3.213; (*w. abst. subj.*) (*of a law*) (lex) Aquilia..eas ruptiones, quae damna dant, ~quitur ULP.*dig.*9.2.27.17;—(*absol. or ellipt.*) iubet lex Iulia ~qui ab eis ad quos ea pecunia..peruenerit CIC.*Rab.Post.*8; accepta iniuria ignoscere quam ~qui malebant SAL.*Cat.*9.5.
4 To go looking for until one finds, seek out. **b** (fig.) to search after mentally, strive to ascertain (a cause, etc.). **c** to find by searching, trace.
ego mihi alios deos penatis ~quar..aliam ciuitatem PL. *Mer.*836; certum est mihi ante tenebras tenebras ~qui *Ps.*90; serpentes ortae extra aquam simul ac primum niti possunt aquam ~quuntur CIC.*N.D.*2.124; cocleae mire in Campania caulem eum ~quuntur PLIN.*Nat.*22.68;—(*w.* si) ille..seruolum iubet illum eundem ~qui, si qua queat reperire quae sustulerit (gnatam) PL.*Cist.*183. **b** qui studiose antiqua ~queris CIC.*Fin.*1.36; nec (philosophus), qui pauca perceperit, non idem reliqua eodem studio ~quetur *Tusc.*2.1; ob haec..in obscuro positas causas ~cuntur CELS. 1.pr.17; nec situs originesque ~qui facile est PLIN.*Nat.*3.46; —(*w. abl. of means*) est..ars in iis qui nouas res coniectura ~quuntur CIC.*Div.*1.34; (*w. indir. qu.*) quo modo..cibus.. digeratur, ne sapientiae quidem professores scientia conprehendunt, sed coniectura ~cuntur CELS.1.pr.46. **c** (apes) uelut amissas opes suas pertinaciter uestigant, et ~cutae consumunt COL.9.15.10.
5 To seek to obtain or accomplish, strive after. **b** (leg.) to sue for, press one's claim for. **c** to attain, achieve (a desired result).
clamitent me sycophantam, hereditatem ~qui TER.*An.* 815; spem infinitam ~qui noluit CIC.*Deiot.*13; se poenas ~qui..omnium..eorum in quos Sulla crudelis hoc socio fuisset *Att.*9.14.2; sic eae res quas ingenio ac ratione ~quimur, gratiores sunt quam illae, quas uiribus *Off.*2.46; afflictantem se (*sc.* matronam) ac mortem inedia ~quentem non parentes potuerunt abducere PETR.111.3; utrumque ..decemuiros ablaturos ~cuturosque: et praedam..et pecuniam GEL.13.25(24).27. **b** ego meum ius ~quar TER.*Ad.*163; quid ab hoc petis quod per te ~qui et petere debes? CIC.*Q.Rosc.*55; *Caec.*8; quomodo..res..priuatas inter se ~quantur GAL.*iur.*13; bona ~querer patrimonii QUINT.*Decl.*273(p.119,l.30); fideicommissa..Romae..apud consulem..~quimur GAIUS *Inst.*2.278; poenam tantum ~quimur uelut actione furti et iniuriarum 4.8; ~qui pignora ULP.*dig.*20.1.14; (*absol.*) '~qui' uidetur et qui satis accepit PAUL.*dig.*50.16.57.1. **c** ne..elegantiam quam cupit non ~quatur QUINT.*Inst.*10.2.19.
6 To keep pace with; (esp. transf., of those taking down notes).
saucii quidam..qui agmen non poterant ~qui CURT. 3.8.14; 9.6.13;—(*transf.*) quos sciebam memoria, scientia, celeritate scribendi facillime quae dicerentur ~qui posse CIC.*Sul.*42; *Att.*13.25.3; multa diserte..dixit, quae notarius ~qui non potuit SEN.*Apoc.*9.2; cum (manus) paene ipsam uerborum copiam ~quantur QUINT.*Inst.*11.3.85.
7 To trace the course of (a road or other thing having linear extent) as far as it will go, follow up. **b** to go over, explore (an area); *triumuir locorum publicorum ~quendorum*, the name of an administrative office in Gallia Narbonensis (precise function conjectural). **c** to follow out (a line of reasoning). **d** to examine or follow up (an object of study).
litus hoc ~quamur PL.*Rud.*250; cum ibi uena (*sc. of ochre*) forte inueniretur, nihilominus uti argentum ~quebantur VITR.7.7.1; (*w. epexegetic inf.*) nec quam in partem ingredi ~quamur scimus PL.*Rud.*667; (*in a narrative, cf. sense 8*) nunc reliquam oram Arabiae contrariam ~quemur PLIN.*Nat.*6.163; (*in fig. phrs.*) iudicandi..uias diligenter ~cuti sunt ea scientia quam διαλεκτικὴν appellant CIC.*Top.* 6; architecti naturae uestigia ~cuti VITR.5.3.7;—(*with the hand, an instrument*) usque radices ~quito (uineam) CATO *Agr.*49.2; si flexus reperientur, hi..specillo..~quendi CELS. 7.4.1.A; COL.2.2.28; quid illa miserius lege uelut praeformatas infantibus litteras ~quentium..? QUINT.*Inst.* 5.14.31. **b** quos tu Maeandros, dum omnis solitudines ~queris..quaesisti? CIC.*Pis.*53; minora di neglegunt neque agellos singulorum nec uiticulas ~quuntur *N.D.*3.86; (*fig.*) cum ad causam sum adgressus atque omnia cogitando ..~cutus *de Orat.*2.291;—(*with the hand, eye, etc.*) uenustates..~quitur uisus VITR.3.3.13; canis ingens..in pariete erat pictus..ego collecto spiritu non destiti totum parietem ~qui PETR.29.2; ~cutus putamen manu pinguissimam ficedulam inueni 33.8; (*in fig. phr.*) rogo, ut non tantum uniuersitati eius (*sc.* sermonis) attendas, uerum etiam particulas qua soles lima ~quaris PLIN.*Ep.*1.8.3;— T IVL T FIL CORN VALERIANO..IIIVIR LOCOR P ~QVENDOR *CIL* 12.2608; (*abbrev.*) Q VAL. C. FIL. VOLT MACEDONI..III VIR L P. P. 12.1783; 12.1869. **c** ne expectes, dum ego in scribendo transferam in reliquum, sed ut potius tu ~quare animo VAR.*L.*10.40; ~qui non debemus, si a falsis principiis profecta congruunt ipsa sibi CIC.*Fin.*4.53; *Amic.*45. **d** historia..quam solemus ~qui usque ad extremum CIC. *Fin.*5.51; solis defectiones..praedicuntur..ab iis qui siderum motus numeris ~quuntur *Div.*2.17; Tuscis, quibus summa est fulgurum ~quendorum scientia SEN.*Nat.*2.32.2; acta..totius illius temporis ~cutus sum; in quibus co gnoui..S.C. esse factum.. ASC.*Mil.*39; quae (*sc. a cipher*) si qui inuestigare et ~qui uelit SUET.*Jul.*56.6.
8 To go over, run through in speech or writing (events in a narrative, items in a series, etc.).
longum est ~qui ceteros CIC.*Phil.*2.27; ~cutus est Aristoteles animantium omnium ortus *Fin.*5.10; (Cato) reliqua..bella pari modo ~cutus est usque ad praeturam Ser. Galbae NEP.*Ca.*3.4; si ~quar omnia, flebis OV.*Pont.* 1.8.3; uenandi ~quar artis GRAT.23; expone seriem caedis, et duplex nefas ~quere SEN.*Tro.*1066; urbes..innumerae, si quis omnes ~qui uelit PLIN.*Nat.*6.58; finis non erit, si singulas corruptorum ~quar formas QUINT.*Inst.*8.5.25; PLIN.*Ep.*6.16.22; (*ellipt.*) L. Sisenna optume..omnium, qui eas res dixere, ~cutus SAL.*Jug.*95.2;—(*w. medium expr.*) neque necesse est me id ~qui uoce quod uos mente uideatis CIC.*Planc.*56; ea quae scriptura ~cutus es *Fam.*15.21.3; quae uersibus ~cutus est Ennius *Sen.*16;—(*w. acc. and inf.*) ~quar inferius..posse nocere animis carminis omne genus OV.*Tr.*2.263;—(*w. indir. qu.*) quid a singulis philosophiae disciplinis diceretur, ~cuti sumus CIC.*Fin.*1.12; LIV.33.20. 13; COL.2.11.1.
9 To conform steadfastly to (a pattern, rule, or sim.); to follow the teaching or example of (persons).
qui quoniam erus quod imperauit neglexisti ~qui PL.*Am.* 586; certumne est neutram uostrarum ~qui imperium patris? *St.*141; (P. Decius) maiorum exempla ~quens CIC. *Phil.*11.13; Luccei consilia..~quamur *Att.*9.1.3; tua mandata ~quar diligenter *Q.fr.*2.12.2; generis operis oportet ~qui symmetrias VITR.3.3.11; hanc sententiam consules.. non sunt ~cuti PLIN.*Ep.*4.9.21;—si..Academiam ueterem ~quemur,..quam argute..contra Stoicos (erit) disserendum CIC.*Ac.*1.7; C. Caesarem non desiit (Claudius) mortuum ~qui. occiderat ille socerum: hic et generum SEN. *Apoc.*11.2.
10 To go through with or persist in (a course of action).
eos me decretumst ~qui mores patris PL.*As.*73; hoc est

serui facinus frugi, facere quod ego ~quor, ne morae molestiaeque imperium erile habeat sibi *Aul.*587; Gallia duas res industriosissime ~quitur, rem militarem et argute loqui CATO *hist.*34; genus est eius belli, quod maxime uestros animos excitare..ad ~quendi studium debeat CIC.*Man.*6; institutas caerimonias ~qui *Dom.*141; ut..uitam inopem et uagam ~quamur *Phil.*12.15; tuus..in mala deditus uir adultera, probra turpia ~quens CATUL.61.99; omnes..de ~quendis inimicitiis agebant CAES.*Civ.*3.83.4; utrumne ..~quemur otium,..an hunc laborem..? HOR.*Epod.*1.7; LIV.9.29.3; ~quitur scelus ille suum OV.*Met.*8.774; puto.. esse ei facultatem in agendo etiam aliam causam prouocationis reddere ~qui prouocationem suam quibuscumque modis potuerit ULP.*dig.*49.1.3.3;—(*w. inf.*) ~quitur miserae causas exquirere tabis *Ciris* 254.

persērō ~ere, *tr.* [PER-+SERO²] To pass (a thread or sim.) through.
resticulam per ficos..maturas ~unt VAR.*R.*1.41.5.

Persēs¹ ~ae, *m.* Also **Persa.**

1 A native of Persia, Persian. **b** (pl.) the Persians; (poet., put for the Parthians, who established their capital at Seleucia on the Tigris).
Cyrus ille ~es CIC.*Rep.*1.43; illo ~es nemo manu fuit fortior NEP.*Reg.*1.4; nobilis ~es CURT.6.2.11; QUINT.*Inst.* 3.7.21. β ei! ~a me pessum dedit PL.*Per.*740. **b** ~as, Paphlagonas, Sinopas..subegit solus PL.*Cur.*442; ~arum bellum CIC.*Brut.*41; legatus in ~as est profectus NEP.*Pel.* 4.3; Graecia cum timuit uenientis undique ~as *Culex* 34; PLIN.*Nat.*12.80; GEL.7(6).17.1;—(*poet.*) praesens diuus habebitur Augustus adiectis Britannis imperio grauibusque ~is HOR.*Carm.*3.5.4.

2 A Persian breed of dog.
martem..odere Geloni, sed natura sagax: ~es in utroque paratus GRAT.158.

Persēs² ~ae, *m.* Also **Persa.**

1 The last king of Macedonia, defeated by Aemilius Paullus at Pydna in 168 B.C. (= PERSEVS, sense 2).
Rhodienses..~en publice numquam adiuuere CATO *orat.* 163; Tyndaridae ~em uictum nuntiauerunt CIC.*N.D.*2.6; rege ~e capto *Tusc.*3.53; ~en proauo stimulantem pectus Achille PROP.4.11.39; V.MAX.1.8.1; FLOR.*Epit.*1.28(2.12.2). β bella gesta cum regibus, Philippo, Antiocho, ~a CIC.*Agr.* 2.90; ~am ingenti proelio..fusum VELL.1.9.4; GEL.6(7).3. 2; (*cf.*) CIC.*Div.*1.103.

2 (mythol.): **a** A king of the Tauri, son of Sol and Persa and brother of Aeetes. **b** a son of Perseus and Andromeda, reputed founder of the Persian dynasty (see Herodotus 7.150).
a ~es barbaricas iam mouit opes..Aeetes contra..conciliat reges Scythicos V.FL.3.493; 5.284; 6.605; HYG.*Fab.* 27.1. **b** PLIN.*Nat.*7.201.

perseuērans ~ntis, *a.* *compar.* ~ntior, *superl.* ~ntissimus. [pple. of PERSEVERO] Persisting in a course of action, steadfast, untiring; (of an activity, etc.) continually maintained, persistent.
cychramus ~ntior festinat..peruenire ad expetitas sibi terras PLIN.*Nat.*10.68; (*w.* in+*abl.*) L. Cinna crudelis, C. Marius in iracundia ~ns CIC.*Phil.*11.1;—(*of activities, etc.*) ~ntissimum sui cultum..acerbo exitu damnatum V.MAX.6.6.ext.1; ~ntissimo colendorum agrorum studio COL.1.pr.19; tam ~nti beneuolentiae respondere LARG. pr.p.5,l.19; QUINT.*Inst.*12.10.79; fortuita et non ita ~anti suspicione APUL.*Pl.*1.9.

perseuēranter, *adv.* *compar.* ~ius, *superl.* ~issimē. [prec.+-TER²] With continued action, persistently, steadfastly.
patres bene coeptam rem ~er tueri LIV.4.60.6; exercitus acrius primo impetu quam ~ius pugnauit 41.10.3; iuuenem ..~er tacuisse V.MAX.6.1.7; accusatores seruum in quaestionem ~issime postulabant 6.8.1; (emplastrum) strumas.. discutit, si id quis ~er inponat LARG.214; patrem..~issime diligo PLIN.*Ep.*4.21.3; SUET.*Aug.*62.2; ~er..quaesisti APUL. *Apol.*48.

perseuērantia ~ae, *f.* [PERSEVERANS+-IA]

1 Resolute continuance in a course of action, persistence, steadfastness, or sim. **b** persistence (of an affliction).
~a est in ratione bene considerata stabilis et perpetua permansio CIC.*Inv.*2.164; defensorem..cuius iste fidei diligentiae ~ae nulla ratione eripi possit *Ver.*3.64; CAES.*Civ.* 3.26.3; uicit ~a Fuluius, quod nulla ui abstrahi ab obsidione potuit LIV.40.16.8; cum in summam subtilitatem deducta sint (*sc. metal shavings*) ~a terentium LARG.21; FRON.*Str.* 3.5.1; (uxor) culpam incohati matrimonii in gloriam ~a uerterat PLIN.*Ep.*8.18.10; SUET.*Tib.*16.2;—(*w. gen. of the activity, etc., concerned*) cum ~am sententiae suae..retinuisset CIC.*Planc.*89; ~a constantiaque oppugnandi *B.Alex.*26.2;—(*w.* in+*abl.*) ~a in contemptione optimi cuiusque ferenda mihi non fuit LENT.*Fam.*12.14.3; LIV. 45.10.15. **b** cum..pluribus quis diebus uexatus fuerit epiphora cum ~a tumoris LARG.23.

2 Continued existence.
(mundus) inmortali ~a est semper futurus APUL.*Pl.*1.8; (*cf.*) deum ipsum salutem esse et ~am earum quas effecerit rerum *Mun.*24.

perseuērātiō ~ōnis, *f.* [next+-TIO] Persistence in a course of action.
multi perpetuos limites egerunt et in illa operis ~one peccauerunt HYG.GR.*agrim.*p.155.

perseuērō ~āre ~āuī ~ātum, *intr.* [PER-+SEVERVS+-O³]

1 To persist or continue resolutely in a course of action, attitude, situation, etc.: **a** (w. *in*+abl.; also w. abl. alone). **b** (w. inf.; also with *ut*). **c** (w. internal acc.). **d** (ellipt. or absol.). **e** (w. acc. and inf.) to persist in saying, insist (that).
a (*w.* in+*abl.*) non tanto opere in uitiis ~arent CIC.*Inv.* 2.5; si (Vlixes) in illa simulatione ~asset *Off.*3.98; se ad armatum hostem iturum negat atque in eo ~at CAES.*Gal.* 5.36.3; ~atum in ira est LIV.2.35.6; senatus..in sententia ~auit 38.42.13; Papirius in exigenda poena ~auit V.MAX. 2.7.8; diutius in lectulo ~andum est CELS.8.22.2; SI IN CONTVMACIA ~ASSENT *CIL* 10.7852.12; QUINT.*Inst.*5.4.2;—(*w. abl.*) Duillius cum ad ultimum ~asset negando LIV. 3.64.11; seruum..~antem falsa demonstratione ULP.*dig.* 48.18.1.27. **b** (*w. inf.*) sin..infestissime contendere ~et CIC.*Quinct.*66; ille a uallo non discedere ~auit CAES.*Civ.* 3.37.2; NEP.*Them.*5.1; quod ~arent ad ultimum dissimiles decemuirorum esse LIV.3.64.8; cum..illi in terram demissis capitibus tacere ~arent CURT.9.2.31; deliberat C. Caesar, an ~et in Germaniam ire QUINT.*Inst.*3.8.19; (carnificem) accitum ab urbe uesperam usque opperiri ~auit SUET.*Cl.* 34.1;—(*w.* ut) ~auerunt, uti lex perueniret ad quaestorem SIS.*hist.*117; ut ad urbem non accederem ~aui CIC.*Att.* 9.19.4; *B.Alex.*35.2. **c** neque te ipsum id quod turpissime suscepisses ~are CIC.*Quinct.*76; iumenta..ad insequendum hostem ~andumque cursum tardiora *B.Afr.*18.4; LIV. 22.38.13. **d** quod cum illis qui aderant indignum.. uideretur, non est ab isto..~atum CIC.*Ver.*4.85; nec satis quicquam iusti doloris est quod nos ad ~andum stimulet LIV.5.4.12; qui (*sc. windlasses*), ut in torcularibus conuersi, rumpere quoque, si ~auerit,..musculos possunt CELS.8. 20.6; ~a ut coepisti SEN.Ep.4.1; hi lusus infantium, haec iuuenum aemulatio: ~ant senes TAC.*Ger.*32.3. **e** cum.. Pylades Orestem se esse diceret..Orestes autem..Orestem se esse ~aret CIC.*Amic.*24; cum id facturos se ~arent VELL. 2.92.3; GEL.1.21.2.

2 (of adverse conditions) To keep on, persist.
in quibusdam ~at tenuis pituitae cursus CELS.6.6.18A; si ~at haec annona, casulas meas uendam PETR.44.15; (ualetudinem, *i.e. illness*) ~antem constantia fugit PLIN. *Ep.*1.12.9; tremor terrae ~abat 6.20.19.

3 (with added idea of motion) To continue on one's path, press on.
una ex his (*sc.* nauibus), quae ~auit neque imperio Caleni obtemperauit CAES.*Civ.*3.14.2; aegro animi Alexandro nec, ~aret an abiret, satis certo CURT.4.3.11; cum..eam..insequeretur armatus, ait illa: 'non es meus.' ~auit et occidit CALP.*Decl.*23;—(*w. destination expr.*) postquam ingressis iter nuntiatum est uictum eum..nihilo setius Aquileiam ~auerunt SUET.*Ves.*6.2.

4 (with idea of active effort reduced or absent) To continue in a condition, situation, etc. **b** (of processes, states, etc.) to continue, last.
(*w.* in+*abl.*) ~auerunt omnes in eodem cognomine SUET. *Nero* 1.2; Varus et consul fuit, Ofilius in equestri ordine ~auit POMPON.*dig.*1.2.2.44; quatenus filius eius in eadem ualetudine ~asset PAUL.*dig.*28.6.43;—(*w.* apud) pueri ad hos praeceptores transferuntur et apud eos iuuenes etiam facti ~ant QUINT.*Inst.*2.2.3;—(*w. pred. adj. or sim.*) quae anno continuo nupta ~abat GAIUS *Inst.*1.111;—(*w. inf.*) ut ita precibus tuis di adnuerent, si iudicium nostrum mereri ~asses PLIN.*Pan.*72.3; (*of things*) uites inspicit, an ~ent esse fecundae COL.*Arb.*2.1; HYG.GR.*agrim.*p.159. **b** ne arcus mihi..quidem diu ~at SEN.*Nat.*7.12.8; neque in alia terrarum parte tot saeculis ~at haec fertilitas (*sc. of gold*) PLIN.*Nat.*33.78; gratiora sunt bona, quod ~ant PLIN. *Ep.*6.2.10; ~antem in supremam diem uoluntatem spectare nos oportet ULP.*dig.*24.1.32.18; ~ANTE INTER SE CONCORDIA *CIL* 6.10215.

perseuērus ~a ~um, *a.* [PER-+SEVERVS] Very strict or severe.
qui..summum imperium non restrictum nec ~um uolunt TAC.*Ann.*15.48.

Perseus¹ ~eī (~ī) or ~eos, *m.*

1 (mythol.) The son of Zeus and Danae, who killed the Gorgon and rescued Andromeda. **b** (as the name of a constellation).
auxilium, ~eu, tetulisti mihi ACC.*trag.*116; pinnipes.. ~eus CATUL.58b.2; Andromede..~ei nobilis uxor erat PROP.2.28.22; ~ea, quem pluuio Danae conceperat auro OV.*Met.*4.611; aerii plantaria..~eos V.FL.1.68; HYG.*Fab.* 63.1. **b** hunc (*sc.* Aurigam) sura laeua ~eus umeroque sinistro tangit CIC.*Arat.*501(256); VITR.9.4.2; ales ~eos effigies GERM.*Arat.*249; V.FL.2.63.

2 The last king of Macedonia (= PERSES², sense 1).
(Philippus) ~eum filium cum modica manu circummisit LIV.40.22.13; infestum ~ei senatum 42.25.2; magnitudine regis ~ei VELL.1.9.6; ~eo rege uicto PLIN.*Nat.*33.56; bella ~i et Aristonici TAC.*Ann.*4.55.

Persēus² ~a ~um, *a.* Of or connected with the hero Perseus.
secta..~a Phorcidos (*i.e. the Gorgon*) ora manu PROP. 3.22.8; ~a..Tarso s(*founded by Perseus*) LUC.3.225; ~os ..Argos STAT.*Theb.*1.225; ~i..culmina montis (*i.e. Mt. Apesas, whence Perseus took off in quest of Medusa*) 3.633.

Persēus³ ~a ~um, *a.* See also PERSAEVS.

1 Of or connected with Perses, brother of Aeetes and father of Hecate; (in quot., Hecatean).
(Medea) ~as..sinu depromere uires coeperat V.FL.7.450.

2 Of or connected with Perses, son of Perseus and founder of the Persian dynasty.
Babylon ~a LUC.6.449.

Persia ~ae, *f.* The country of the Persae, Persia.
PL.*Per.*461; 498.

Persiānus ~a ~um, *a.* Of or named after a Persius; *~ae aquae*, the name of certain baths at Carthage.
apud ~as aquas..blando fomento gressum reciperaui (*i.e. after a sprain*) APUL.*Fl.*16.

persībus ~a ~um, *a.* [PER-+SIBVS] Very shrewd or knowing.
NAEV.*com.*49¹(VAR.*L.*7.107); 116; ~us peracutum significare uidetur, ut Plautus 'nihil deconciliare sibus, nisi qui ~us sapis' FEST.p.217M.

Persica ~ae, *f.* A peach-tree.
praeter haec, quae diximus, sunt caedua fraxinus, laurus, ~a, corulus PLIN.*Nat.*17.151.

persiccus ~a ~um, *a.* [PER-+SICCVS] Very dry.
si oculi..~i aut subumidi sunt CELS.3.6.7; tempus..post pluuiam non ~um FEST.p.306M.

Persicē, *adv.* In the Persian language.
Themistocles..quem..optime locutum esse ~ constat QUINT.*Inst.*11.2.50.

Persicum ~ī, *n.* A peach (i.e. the fruit).
sorbi..et Armeniaci atque ~i non minima est gratia COL. 5.10.19; ars mea..cogit insita praecoquibus subrepere ~a prunis CALP.*Ecl.*2.43; lanugo..strutheis..~isque plurima PLIN.*Nat.*15.48; 15.112; MART.13.46.1; APUL.*Mun.*36.

Persicus¹ ~a ~um (~on), *a.*

1 Of, connected with, or typical of Persia or its inhabitants, Persian. **b** *sinus ~us* or *mare ~um*, the Persian Gulf. **c** *portus ~us*, (app.) a harbour on the Euboean Strait. **d** *gradus ~us*, (in Mithraism) the fifth degree of initiation (acc. Jerome the initiate was called *Perses*).
~um aruspicium CATUL.90.2; ~os odi, puer, apparatus HOR.*Carm.*1.38.1; espoliis ~is VITR.5.9.1; ~a braca OV.*Tr.*5. 10.34; ut mores liberae ciuitatis ~a seruitute mutaret SEN. *Ben.*2.12.2; nec Croesi fortuna umquam nec ~a regna sufficient animo JUV.14.328; Cimon..~o bello Xersis copias.. uicit AMP.15.11. **b** ab his quae diximus ad sinum ~um ..deserta sunt MELA 3.75; Persae Rubrum mare semper accoluere, propter quod is sinus ~us uocatur PLIN.*Nat.* 6.115; 6.138;—~o mari se insinuat (Tigris fluuius) CURT. 5.3.2; PLIN.*Nat.*12.37; AMP.7.1. **c** PL.*Am.*404; FEST. p.217M. **d** *CIL* 12.1324.

2 (in the names of plants, fruits, and sim.): **a** *malum ~um*, A peach; *arbor ~a*, a peach-tree (in quot. confused with PERSEA); see also PERSICA, PERSICVM. **b** (applied to a variety of walnut). **c** *napy ~on*, a kind of cress, = THLASPI.
a umor..ex nucleo mali ~i expressus CELS.6.7.1.D;— ~ae arbores in Rhodo florent tantum PLIN.*Nat.*16.111. **b** optimum..genus earum (*sc. walnuts*) ~um atque basilicon PLIN.*Nat.*15.87. **c** PLIN.*Nat.*27.140.

Persicus² ~a ~um, *a.* Of or connected with Perses or Perseus, king of Macedon.
cum in Macedonia bello ~o miles esset CIC.*Off.*1.37; *Fast. Cos.Cap.*18b(*CIL* 1.p.25); PLIN.*Nat.*18.107.

Persicus³ ~ī, *f.* A peach-tree.
arborum..sunt probatissimae..amigdalae ~ique ac piri COL.9.4.3; 11.2.11.

persīdō ~īdere ~ēdī, *intr.* [PER-+SIDO] To sink right in, penetrate.
haec..clades noua pestilitasque aut in aquas cadit aut fruges ~idit in ipsas LUCR.6.1126; ubi frigidus imber altius ad uiuum ~edit VERG.*G.*3.442; pruinae perniciosior natura, quoniam lapsa ~idit gelatque PLIN.*Nat.*17.222.

persignō ~āre ~āuī ~ātum, *tr.* [PER-+SIGNO]

1 To stamp (articles in an inventory).
creati sunt..triumuiri..sacris conquirendis donisque ~andis LIV.25.7.5.

2 To mark all over.
Mossyni..notis corpus omne ~ant MELA 1.106.

persillum (*acc.*). [dub.] (See quot.)
~um uocant sacerdotes rudiculum picatum, quo unguine flamen Portunalis arma Quirini unguet FEST.p.217M.

persimilis ~is ~e, *a.* [PER-+SIMILIS] Very similar, closely resembling.
hoc ~e atque adeo plane idem est in hoc iudicio CIC.*Tul.* 31;—(*w. gen. or dat.*) uideor uidisse hic forma ~em tui PL. *Per.*698; formicae..~est rusticus TITIN.*com.*35; statuam istius ~em..deturbant CIC.*Pis.*93; isti tabulae fore librum ~em HOR.*Ars* 7.

persimplex ~icis, *a.* [PER-+SIMPLEX] Very simple or plain.
~ici uictu et agrestibus pomis..uitam tolerat TAC.*Ann.* 15.45.

Persis¹ ~idis or ~idos, *f.* The district between

Susiane and Carmania (capital Persepolis), and by extension the whole Persian Empire.
Peucestes..obtinebat ~idem Nep.*Eum.*7.1; qua..pharetratae uicinia ~idis urget Verg.*G.*4.290; Eurus ad Auroram Nabataeaque regna recessit ~idaque Ov.*Met.*1.62; Indis proxima est Ariane, deinde Aria et Cedrosis et ~is Mela 1.12; Luc.3.258; regibus ~idis Plin.*Nat.*12.17;—(*meton. for the inhabitants*) placat equo ~is..Hyperiona Ov.*Fast.* 1.385; Man.4.750; (poterat) sequi ~ida telis Sen.*Apoc.*12.3.

Persis² ~idis or ~idos, *f. adj.* Persian.
~idas..Cecropiasque rates Ov.*Ars* 1.172; ~ide gaza Stat. *Silv.*1.3.105.

Persius ~a ~um, *a.* A Roman gentile name, esp.: **a** C. Persius, a learned contemporary of Lucilius. **b** A. Persius Flaccus, the satirist (A.D. 34–62).
a nec doctissimis..scribo..Manilium ~umue haec legere nolo Lucil.596; Cic.*de Orat.*2.25; *Brut.*99; *Fin.*1.7. **b** Mart.4.29.7; Quint.*Inst.*10.1.94.

persolla ~ae, *f.* [persona+-la] A little mask (in quot., as a term of abuse).
ebriola ~a, nugae.—tun meam Venerem uituperas? Pl.*Cur.*192.

persollāta ~ae, *f.* [prec., cf. Gk. προσώπιον] A plant with large leaves, prob. burdock.
Plin.*Nat.*25.113; 26.24; 26.92.

persoluō ~uere ~uī ~ūtum, *tr.* [per+solvo] Pros.: with vocalic *-u-*, *~uenda* Ov.*Ep.*6.74, *Epic.Drusi* 370; *~uere* (pf.) *Fast.* 5.330.

1 To pay in full (money owing), pay off (a debt). **b** *debitum* (*naturae*) *~uere*, to pay one's debt to nature, i.e. to die.
uirtus..est, pretium ~uere uerum quis in uersamur.. potesse Lucil.1326; quinto quoque anno uectigalia.. ~uebantur Var.*L.*6.11; cum iuratus adfirmasset se quae deberentur postero die ~uturum Cic.*Pis.*92; stipendium ..eis usque ad Idus Quintilis ~utum *Att.*5.14.1; pecuniam ..promissam Caesari..~uere *B.Alex.*34.1; donec omne aurum ~utum est, in uinculis habiti Liv.23.19.16; 33.42.3; ut multorum aes alienum..a senatu ~utum sit V.Max. 2.2.8; pretium uenditori ~uere Sen.*Ep.*81.11; Flor.*Epit.* 2.16(4.5.1); legata ex testamento Tiberi quamquam abolito..~uit Suet.*Cal.*16.3; Apul.*Met.*1.17;—(*poet.*) at tibi, dura seges..~uat nulla semina Terra fide Tib.3.62;— (*in fig. phr.*) quod relicuom restat uolo ~uere ut expungatur nomen, ne quid debeam Pl.*Cist.*188; uita..data est sine faenore nobis mutua nec certa ~uenda die *Epic.Drusi* 370. **b** si qua (serpens) extra tumulum exit, debitum naturae ~uit Hyg.*Fab.*26.3; nata id avg debitv ~vit vii id nov *CIL* 6.11693.

2 (transf. or fig.) To pay in full (what is due or deserved). **b** to render (honour, thanks); (also, funeral dues). **c** to discharge (vows); also, to give in fulfilment of a vow. **d** to pay (the penalty), suffer (punishment).
feci ex seruo ut esses libertus..quod habui summum pretium ~ui tibi Ter.*An.*39; gloriae munus optimis.. ciuibus monumenti honore ~uitur Cic.*Phil.*14.34; sacerdotes operi promissa uetusto praemia ~uont Mamuriumque uocant Ov.*Fast.*3.392; quae tibi sollicitus ~uit praemia morum urbis amor! Stat.*Silv.*1.4.38; Apul.*Fl.*18;—(*w. pro*) hanc tibi, Eryx, meliorem animam pro morte Daretis ~uo Verg.*A.*5.484; praemiis poenaque pro cuiusque merito ~utis Liv.8.12.1; quibus omnibus pro necessitudinis iure.. cruenta mors ~uta est Suet.*Cal.*26.1. **b** qui meritam dis immortalibus gratiam iustis honoribus..~uunt Cic.*Planc.* 80; grates ~uere dignas non opis est nostrae, Dido Verg.*A.* 1.600; mihi uictor honorem ~ues 8.62; Apul.*Met.*11.24;— corpori uxoris eius iustis ~utis Curt.4.12.2; huic tumulum et exequias ~ui fas fuit? Quint.*Decl.*29(p.181,l.13); (*poet.*) bene habet, peractum est; iusta ~ui patri. iuuant tenebrae Sen.*Oed.*998. **c** ut..nostri imperatores..huic deae uota facerent, eaque..in illo loco fanoque ~uerent Cic.*Har.*28; Tib.1.5.17; Liv.42.42.1; ipsos missuros ad oraculum..qui uota pro incolumitate regis..~uant Curt.6.11.7; Tac.*Ann.* 3.64; (*cf.*) uelut ~uta fide, quoniam per eum non stetisset quin praestaretur, decedentem domum cum fauore..prosecuti sunt Liv.2.31.11;—adnuimus uoto: consul cum consule ludos..~uere mihi (*sc.* Florae) Ov.*Fast.*5.330; nisi..trans Alpes accitus hostis..diu debitas inferias Gallicis bustis duces Romanos ~uerit Sen.*Ben.*5.16.1. **d** quicumque eam (*sc.* rem publicam) uiolauissent, ab omnibus esse ei poenas ~utas Carbo Arv.*orat.*3; Cic.*Phil.*11.29; ut sceleris poenas ~uat ad *Brut.*1.5.2; poenae quam quondam silici restrictus membra catena ~uit (Prometheus) Catul. 64.297; Caes.*Gal.*1.12.6;—(*w. abl.*) calido mihi sanguine poenas ~ues amborum Verg.*A.*9.423; Bessum..interfecto Dareo poenas capite ~uturum Curt.7.10.10; sua manu sera magis quam immerita supplicia ~uit Tac.*Ann.*6.26.

3 To carry out duly (a task or sim.), fulfil.
mei rationem iam offici confido esse omnibus iniquissimis meis ~utam Cic.*Ver.*5.177; cum et populo Romano satis factum et receptum officium Siculis..erit ~utum 5.183; ~ui quod exegeras (*i.e. the discussion of a philosophical point*) Sen.*Ep.*109.17; quod si..scienti animo hoc officium non ~uissem Fro.*Ver.*1.p.296(117N);—(*ellipt.*) ~ui primae epistulae (*i.e. have dealt fully with it*), uenio ad secundam Cic. *Att.*14.20.2.

4 To unravel, solve (a problem).
quoniam grammaticus es, si hoc mihi ζήτημα ~ueris, magna me molestia liberaris Cic.*Att.*7.3.10.

persōna ~ae, *f.* [perh. Etr.]

1 A mask, esp. as worn by actors. **b** (worn to prevent anything entering the mouth). **c** (app. as a religious symbol). **d** (archit.) a grotesque representation of a face in stone, gargoyle.
quia..repuerascis, fugitas ~as, pater Nov.*com.*2; cretea ~a Lucr.4.297; ~ae pallaeque repertor honestae Aeschylus Hor.*Ars* 278; ~am tragicam Phaed.1.7.1; ira..timetur a pluribus sicut deformis ~a ab infantibus Sen.*Dial.*4.11.2; capitula ~is comicis similia Plin.*Nat.*25.137; Juv.6.70;— (*w. gen. of the character represented*) russi ~a Batavi Mart. 14.176.1; ~am Herculis et cothurnos aptare infantibus Quint.*Inst.*6.1.36; Juv.8.229;—(*meton., applied to a masked person*) cum uxorem comoedus agit,..mulier..ipsa uidetur, non ~a loqui 3.96;—(*humorously applied to make-up or sim.*) non omnes fallis; scit te Proserpina canum: ~am capiti detrahet illa tuo Mart.3.43.4;—(*in fig. phrs.*) in dubiis hominem spectare periclis conuenit..uerae uoces tum demum pectore ab imo eliciuntur et eripitur ~a, manet res Lucr.3.58; heredis fletus sub ~a risus est Pub.*Sent.*H.19; Sen.*Ep.*24.13. **b** subligaria signantur opifici; ~a additur capiti (*i.e. as a precaution against the smuggling out of frankincense*) Plin.*Nat.*12.59. **c** deo m⟨erc⟩..sa⟨cer⟩dote⟨s⟩ qvi et ~am argenteam et candelabra aerea.. de svo fecervnt *CIL* 8.12001. **d** (Butades) primus.. ~as tegularum extremis imbricibus inposuit Plin.*Nat.* 35.152; ~as, ex quorum (*edd.* quarum) rostris aqua salire solet Ulp.*dig.*19.1.17.9.

2 A character in a play, dramatic role; *muta ~a*, an actor who has no speaking part, mute (in fig. phr. in quot.). **b** a character introduced in a speech, dialogue, or other literary work. **c** the subject of a portrait. **d** (transf.) an assumed character, pretence.
histriones..qui..in dissimillimis ~is satis faciebant Cic. *Orat.*109; (Roscius) lenonem cum agit, agit Chaeream; ~a illa..impura, inuisa in huius moribus..est expressa *Q.Rosc.*20; si quid inexpertum scaenae committis et audes ~am formare nouam Hor.*Ars* 126; sententiarum inter ~as distinctas pronuntiatio Vitr.5.pr.1; Apul.*Fl.*16;—(*w. gen. of the character*) Colacem esse Naeui..fabulam; parasiti ~am inde ablatam Ter.*Eu.*26; ut ait..Terentius, sed ille in Gnathonis ~a Cic.*Amic.*93; Plautus..in Truculento coniugem esse Nerienem Martis dicit, atque id sub ~a militis Gel.13.23.11;—(*transf.*) haec fuit altera ~a Thebis, sed tamen secunda ita, ut proxima esset Epaminondae Nep.*Pel.*4.3;—poenam..hanc maternae temeritatis tulit ut mutam in delicto ~am..praeberet Cic.*Dom.*134. **b** tu uero, mulier—iam enim ipse tecum nulla ~a introducta loquor.. Cic.*Cael.*35; quem (*sc.* Postumium) tu mihi addidisti sane ad illum σύλλογον ~am idoneam *Att.*13.32.3; qui sermonibus eius modi nolint ~as tam graues inligari *Luc.*6; fictiones ~arum, quae προσωποποιίαι dicuntur Quint. *Inst.*9.2.29;—(*w. gen. of the character*) idonea mihi Laeli ~a uisa est quae de amicitia..dissereret Cic.*Amic.*4; quae.. sunt..dicta..a Socrate, cuius ~a uidetur Plato significare quid sentiat Quint.*Inst.*2.15.26. **c** (Cephisodotus) fecit et contionantem manu elata—~a in incerto est Plin.*Nat.* 34.87. **d** ad captiuam transfugerunt ~am parricidarum ferentes Sen.*Ben.*3.23.4; nemo..potest ~am diu ferre, ficta cito in naturam suam recidunt *Cl.*1.1.6; postquam signatum est testamentum, mutat ~am (*sc. a legacy-hunter*) Plin.*Ep.*2.20.8; occultato consilio sceleris, amici fidelissimi ~am mentiebatur Apul.*Met.*8.2.

3 (without idea of deception) The part played by a person in life, etc., a position, role, character. **b** personal qualities or characteristics.
quam (*sc.* philosophiam) qui profitetur grauissimam sustinere mihi ~am uidetur Cic.*Pis.*71; *Att.*10.15.3; P. Africanus, qui a Terentio ~am mutuatus, quae domui luserat ipse, nomine illius in scaenam detulit Mem.*orat.*13; magna tibi imposita est nostris ~a libellis Ov.*Pont.*3.1.43; aestimanda est eius ~a, cui damus..quaedam (*sc.* beneficia) accipiente maiora sunt Sen.*Ben.*2.15.3; medicina non fortuna neque ~is homines aestimat Larg.pr.p.2,l.23; interest quid esse tribunatum putes, quam ~am tibi imponas Plin.*Ep.*1.23.5; —(*w. gen. of the character*) ponit..~am amici, cum induit iudicis Cic.*Off.*3.43; scimus..musicen nostris moribus abesse a principis ~a Nep.*Ep.*1.2; infirmam ~am oportet esse ..pauperis feminae Quint.*Decl.*325(p.280,l.1); communis seruus duorum seruorum ~am sustinet Julian.*dig.*45.3.1.4; —(*w. gen. of quality embodied*) illam..grauitatis seueritatisque ~am non appetiui, sed ab re publica mihi impositam sustinui Cic.*Mur.*6; (*cf.*) ubi officio satis factum, nulla ultra potestatis ~a (*i.e. he did not keep up his official pose*) Tac.*Ag.*9.3. **b** facile, quid ueri simile sit eum uoluisse, qui scripsit..ex ~a scriptoris..considerabitur Cic. *Inv.*2.117; Staieni ~a populo iam nota..ab nulla turpi suspicione abhorrebat *Clu.*78; suspecta matris familiae ~a V.Max.8.1.absol.12; omnis, qui..litigabunt,..sustinere non potest unus, aliquid et commendantium ~is dabit Quint. *Inst.*12.7.5; si tam turpis ~a patris sit, ut uerendum sit, ne acceptam dotem consumat Ulp.*dig.*24.3.22.6.

4 The actual being of someone, individual personality, (esp. w. gen. or pron. adj.) one's person. **b** *sua ~a* (abl.), *ex*, *ab*, or *in sua ~a*, (speaking or acting) in one's own person or name, on one's own behalf.
causam perniciosissimi belli in ~a tua constitisse Cic.*Phil.* 2.53; (Caesar) honorificentissime Pompeium appellat. at in eius ~a multa fecit asperius *Fam.*6.6.10; ut mea ~a semper ad improborum ciuium impetus aliquid uideretur habere populare *Att.*8.11d.7; haec nobis antiqui per Ischomachi ~am praecepta..tradiderunt Col.12.3.5; ipso (*sc.* Stolo Licinius) sua lege damnato, cum substituta filii ~a amplius possideret Plin.*Nat.*18.17; duae simul huius modi ~ae Ciceroni..dicenti obstiterunt, M. Catonis Seruique Sulpici Quint.*Inst.*11.1.69; Osiris non in alienam quampiam ~am reformatus, sed coram suo..me dignatus adfamine Apul.*Met.*11.30; hae ~ae procuratorum debebunt defendere, quibus sine mandatu agere licet: ut puta liberi, licet sint in potestate Ulp.*dig.*3.3.35. **b** id Cicero sua ipse ~a frequentissime praecipit Quint.*Inst.*10.5.2;—tum ex tua ~a enumerare possis Cic.*Inv.*1.99; neque est quod miremur ab Homero nominari Corinthum; nam ex ~a poetae..quasdam Ionum colonias iis nominibus appellat, quibus uocabantur aetate eius, multo post Ilium captum conditae Vell. 1.3.3; (orationem) inuenio..quam (Caesar) scripsit Metello, cum ex ~a Caesaris sermo sit Suet.*Jul.*55.3; Pompon.*dig.* 21.2.27;—ipse Cicero a (*s.v.l.*) sua ~a cum..uirtutem appellet Quint.*Inst.*2.20.9;—id praestare debet in sua ~a, quod in aliorum Julian.*dig.*17.1.31.

5 (esp. in legal context) The person involved in a case, a particular individual. **b** the person concerned in respect of his rank or importance; (pregn.) this important person, this personage. **c** *in ~a* (w. gen. or defining adj.), in the case or instance (of); so *in ~am.*
ut accusator ~am arguat facti Cic.*Top.*92; duo crimina.. in quibus una atque eadem ~a uersatur *Cael.*30; neque.. obscuris ~is nec paruis in causis res agetur *Fam.*3.5.2; ita in ea (*sc.* lege) firmum libertati fore praesidium, si nec causis nec ~is uariet Liv.3.45.2; inuidiam rerum non ad causam, sed ad uoluntatem ~asque dirigere Vell.2.30.3; initium narrationis quidam..faciendum a ~a putant, eamque, si nostra sit, ornandam, si aliena, infamandam statim Quint. *Inst.*4.2.129; (causa) uel ~arum claritate uel negotii magnitudine insignis Plin.*Ep.*2.14.1; contractis omnibus ~is ad idem negotium pertinentibus Tra.*Plin.Ep.*10.84(88); foedior omni crimine ~a est Juv.4.15; haec..pascua certis ~is data sunt depascenda tunc, cum agri adsignati sunt Agen.*agrim.*p.39;—(*non-legal*) quod melius ~is quam uerbis repraesentabitur V.Max.4.4.intro.; parcere ~is, dicere de uitiis Mart.10.33.10;—(*cf.*) qui supposita ~a (*i.e. by having a rich man impersonated*) falsum testamentum obsignandum curauerit Cic.*Clu.*125. **b** qui ferunt (Vlixem) saucium, ~ae grauitatem intuentes non dubitant dicere.. Cic.*Tusc.* 2.49; uno quoque speciem amplissimi ciuis in ~is mediocribus (*i.e. Pompey's 'doubles'*) adnotante V.Max.9.14.1; cum ~ae potentes obstant Quint.*Inst.*9.2.68; cum clara ~a, ueluti senatoris uel uxoris eius, in ea causa sit Gaius *dig.*27.10.5; (*iron.*) si tibi quibusdam uerbis εὐθυρρημονέστερος uidebor, turpitudo ~ae eius in quam liberius inuehimur nos uindicabit Trebon.*Fam.*12.16.3;—suo praeteritum loco referatur; neque enim ~a umbram actae rei capit Vell.2.68.1; V.Max.6.2.5; uiderit Asclepiades, quid senserit ..non deterreor ~a Larg.pr.p.3,l.24. **c** in mea..~a non tantum pro te dolet Sen.*Dial.*12.19.2; habet haec (*sc.* clementia) in ~a quoque innocentium locum *Cl.*1.2.1; quid in ~a eorum statuendum sit Tra.*Plin.Ep.*10.57(65).1; Gaius *Inst.*1.123; (*cf.*) hoc, semel aut iterum a Thucydide factum, item in paucissimis ~is usurpatum a Sallustio Sen.*Suas.* 6.21;—(in+*acc.*) illis (*i.e. the other two triumvirs*) in multorum saepe ~am per..preces exorabilibus Suet.*Aug.*27.1; oratio ..Commodi, quae quasdam nuptias in ~am senatorum inhibuit Ulp.*dig.*23.1.16.

6 (more generally) An individual person; *~ae fictio*, the attribution of personality to an abstraction, personification.
heredum causa iustissima est; nulla est enim ~a, quae ad uicem eius, qui e uita emigrarit, propius accedat Cic.*Leg.* 2.48; faciendae sunt aptae omnibus ~is aedificiorum distributiones Vitr.1.2.9; in omnes ~as hic exardescit affectus (*i.e. anger*) Sen.*Ep.*18.15; haec (*i.e. instances of doctors' profiteering*) ~is inputentur. ne faecem quidem aut inscitiam eius..arguamus Plin.*Nat.*29.22; (Domitii) continuantes unum quodque (praenomen) per trinas ~as Suet. *Nero* 1.2; omne..ius, quo utimur, uel ad ~as pertinet uel ad res uel ad actiones Gaius *Inst.*1.8; superest, ut exponamus, quae ~ae in mancipio sint 1.116; in ~am seruilem nulla cadit obligatio Ulp.*dig.*50.17.22;— in ~ae fictione accidere quidam idem putauerunt, ut in uerbis esset haec figura: 'crudelitatis mater est auaritia' Quint.*Inst.*9.3.89.

7 (gram., in conjugation) A person.
cum..~arum natura triplex esset, qui loqueretur, ad quem, de quo Var.*L.*8.20; transitum est in secundam ~am, quod alterum est 'dolas', alterum 'colis' 9.108; ne generibus numeris temporibus ~is casibus perturbetur oratio Cic. *Part.*18; Quint.*Inst.*1.5.41; Vel.gram.in *G.L.*7.69.

persōnālis ~is ~e, *a.* [prec.+-alis] Of or relating to an individual, personal.
~is iniquitas graui est animaduersione ferienda, ne generalis ueniat in exemplum [Quint.]*Decl.*3b.3; uidendum est, an et fideiussori socii id praestari debeat an uero ~e beneficium sit Ulp.*dig.*17.2.63.1; aquae pluuiae arcendae actionem sciendum est non in rem, sed ~em esse 39.3.6.5; maiores septuaginta annis a tutelis et muneribus ~ibus uacant 50.6.4(3).

persōnāliter, *adv.* [prec.+-ter²]

1 In an individual capacity, personally.
ut, dum habetur sermo de legibus, ad ipsum ~ dirigatur (actio) [Quint.]*Decl.*3b.1.

2 (gram.) As a personal verb.
'ueritum'.., sicut 'puditum' et 'pigitum', non ~.. dictum esse Gel.15.13.9.

persōnāta ~ae, *f.* [personatvs] A large-leaved plant, prob. burdock.
~am..cuius folio nullum est latius, grandes lappas ferentem Plin.*Nat.*25.104.

persōnātia ~ae, *f.* [cf. prec.] = prec.
Col.6.17.1.

persōnātum ~ī, *n.* [next] A large-leaved aquatic plant, prob. a water-lily.
(colocasia) foliis latissimis..ad similitudinem eorum, quae ~a in nostris amnibus uocamus Plin.*Nat.*21.87.

persōnātus ~a ~um, *a.* [persona+-atvs²] Wearing a mask, masked; *~a fabula*, a play performed by masked actors. **b** (transf.) masking one's true nature; masked by an outward expression.
~um..Roscium Cic.*de Orat.*3.221; *Att.*15.1.4; quiuis stomachetur eodem quo ~us pacto pater (*i.e. the father in the play*) Hor.*S.*1.4.56; illi quos amant..si ~os uident, expauescunt Sen.*Ep.*24.13; tragoedias..cantauit ~us Suet. *Nero* 21.3; (*in fig. phr.*) istorum ~a felicitas est; contemnes

illos, si despoliaueris SEN.*Ep.*80.8;—~a fabula quaedam Naeui inscribitur, quam putant quidam primum actam a personatis histrionibus FEST.p.217M. **b** ~i fastus et regula morum quidquid et in tenebris non sumus, ite foras MART.11.2.3; illa..astu..miro ~a..inquit APUL.*Met.*8.9; ~a nimia temeritate insimulat priuigni ueneno filium suum interceptum 10.5.

persōnīna ~ae, *f.* [PERSONA] The name of a plant, prob. = PERSONATA.
CELS.5.27.10.

personō ~āre ~uī (~āuī) ~ātum, *intr., tr.* [PER-+SONO] FORMS: pf. *~auit* APUL.*Met.* 5.12.

1 (intr., esp. w. abl. of the sound) To make a loud, continuous, or pervasive noise. **b** (of places) to be filled with noise, resound, ring. **c** (of noises) to sound in every part, resound.
multitudo..uariis uocibus ~abat LIV.43.10.5; ~at insomnis lacrimosae ianitor aulae (*i.e. Cerberus*) SIL.2.552; ii dies ac noctes plausibus ~are TAC.*Ann.*14.15; plebs..~abat certis modis plausuque composito 16.4; gallina ..clangore genuino..~abat APUL.*Met.*9.33. **b** ut..nocturnis..conuiuiis tota uicinitas ~et CIC.*S.Rosc.*134; *Phil.*2.105; domus alta Molossis ~uit canibus HOR.*S.* 2.6.115; his uocibus curia et forum ~at LIV.7.6.12; fletum meritis reddite tantis..totus ~et orbis SEN.*Her.O.*1873; citatarum tellus pede plausa sororum ~at V.FL.3.528; GEL. 1.2.2. **c** ululatibus..nocturnis, qui ~ant tota urbe LIV. 39.15.6; id..ab uno exclamatum totis passim ~abat castris 41.2.7; quantus ab aetherio ~at axe fragor! OV.*Tr.*1.2.46.

2 (tr.) To make (a place, the ears) resound or ring.
(*places*) Cerberus haec ingens latratu regna..~at VERG. *A.*6.418; TAC.*Hist.*3.76; cum..funestis uocibus saxa ~abunt (feminae) APUL.*Met.*5.12;—(*the ears*) ~are auris eius huius modi uocibus non est inutile CIC.*Fam.*6.18.4; est mihi..crebro qui ~et aurem 'solue..equum' HOR.*Ep.*1.1.7; PETR. 121,l.113.

3 (intr., of a musician, w. abl. of the instrument) To make loud or echoing music; (of a musical instrument) to resound. **b** (tr.) to make loud music on (a musical instrument).
cithara crinitus Iopas ~at aurata VERG.*A.*1.741; SIL. 11.288; per..oppida cymbalis et crotalis ~antes APUL.*Met.* 8.24; (*transf.*) Accium et Lucretium ampliore iam mugitu ~antes FRO.*Aur.*2.p.74(149N);—fistulae tibiaeque modulis dulcissimis ~abant APUL.*Met.*11.9. **b** sexus infestus..classicum ~auit APUL.*Met.*5.12.

4 (tr.) To utter in loud or ringing tones, shout out. **b** to sing loudly, chant.
earum ipsarum rerum quas isti in angulis ~ant..perfectio CIC.*Rep.*1.2; pugnantem cecidisse meum est. haec ~at ardens SIL.4.509;—(*introducing dir. sp.*) furibundo ~at ore: 'poscimur, o socii..' 2.43;—(*w. acc. and inf.*) (Baiae) non loquuntur solum uerum etiam ~ant, huc unius mulieris libidinem esse prolapsam, ut.. CIC.*Cael.*47; LIV.3.10.10; —(*w. indir. qu.*) totam inde per urbem (Fama) ~at ut cunctas agitent expellere Lemno V.FL.2.164. **b** hymenaeon..festis cantibus ipsa ~abo STAT.*Silv.*2.7.88; (hendecasyllaborum uolumen) a Graecis..nunc cithara, nunc lyra ~atur PLIN.*Ep.*7.4.9;—(*w. acc. and pred.*) quanto..concentu (populus Romanus) formosum alium, hunc fortissimum ~at *Pan.*2.6.

personus ~a ~um, *a.* [prec.+-VS] Making a loud noise; (of places) filled with noise, resounding.
Io (*i.e. Isis*)..ouanti ~a sistro V.FL.4.418;—uerno ~a cantu..uirgulta PETR.120,l.72; STAT.*Ach.*1.208.

persorbens ~ntis, *a.* [PER-+pple. of SORBEO] Thoroughly absorbent.
alias (*sc.* spongeas)..spissiores.., ~ntes PLIN.*Nat.*31.123.

perspargō: see PERSPERGO.

perspectē, *adv.* [PERSPECTVS+-E] Acutely, discerningly.
ut docte et ~ sapit! PL.*Mil.*757.

perspectō ~āre ~āuī ~ātum, *tr.* [PERSPICIO+-TO]

1 To examine carefully, inspect (in quots., ellipt. or absol.). **b** (app.) to scrutinize with the mind.
sinite me priu' ~are, ne uspiam insidiae sient PL.*Mil.*597; quin tu is intro atque otiose ~a (*sc. a house*) ut lubet *Mos.* 815. **b** non solum in ~andi (*s.v.l.*) cognitione uerum etiam agendi opera sequi eum conuenit, quae diis..sint probata APUL.*Pl.*2.23.

2 To watch steadily or to the end.
(Mucius) manum suam in hostili foculo destillantem ~auit SEN.*Ep.*66.51; nonne iuuat pulsum bellis cessisse nec istud ~asse nefas? LUC.7.699; quamquam etiam tum infirmis intestinis,..tamen..certamen gymnicum ~auit SUET. *Aug.*98.5; *Dom.*4.2;—(*absol.*) clandestino tacitus taxim ~aui per cauum POMPON.*com.*23.

perspectus ~a ~um, *a.* *superl.* ~issimus. [ppl. of PERSPICIO] (of a person, his qualities, etc.) Known by observation or experience, tried, proved; (of a fact) clearly understood.
Staieni persona populo iam nota atque ~a CIC.*Clu.*78; tua erga me mihi ~issima beneuolentia *Att.*11.1.1; quorum uita ~a in rebus honestis..est *Off.*1.149; ~a non es mihi cognita fama PROP.1.11.17; CURT.5.12.5; CVLTOR AGELLI.. ~VS *CIL* 5.2803;—erit..ei ~um nihil ambigi posse, in quo.. CIC.*Orat.*121.

perspeculor ~ārī ~ātus, *tr.* [PER-+SPECVLOR] To explore thoroughly, reconnoitre.
exercitum neque per insidiosa itinera duxit umquam nisi ~atus locorum situs neque.. SUET.*Jul.*58.1.

perspergō ~gere ~sī ~sum, *tr.* Also **perspargō.** [PER-+SPERGO] To cover, sprinkle (with drops or fine particles); to strew (with flowers, etc.).
ligna amurca cruda ~gito CATO *Agr.*130; lepos, quo tamquam sale ~gatur omnis oratio CIC.*de Orat.*1.159; mare, unde hausta aqua..simulacrum deae ~sum est TAC.*Ann.* 15.44; tergus..minuto cinere ~sum APUL.*Met.*4.14; guttae mensam cruore ~gunt 9.34;—me..corollis reuincto ac flore ~so 2.16.

perspicācē, *adv.* [next+-E] Watchfully, observantly.
quam ~, quam benigne..quam materno uisast pectore! AFRAN.*com.*59.

perspicax ~ācis, *a.* *compar.* ~ācior. [PERSPICIO+-AX] Having keen or penetrating sight; also, attentive to what is going on, observant. **b** (transf.) having keen mental vision, perspicacious.
hominem..~aciorem ipso Lynceo..et oculeum totum APUL.*Met.*2.23; ipse (*i.e. a crow*)..oculis ~ax, unguibus pertinax *Soc.*pr.4;—patrem nouisti ad has res quam sit ~ax TER.*Hau.*370. **b** me non tam astutum neque ita ~acem esse id scio..in me quiduis harum rerum conuenit quae sunt dicta in stulto, caudex stipes asinu' TER.*Hau.*874; Palamedi ~ax prudentia *Inc.trag.*58; sequemur..id, quod acutum et ~ax natura est CIC.*Off.*1.100; tam graui et ~aci iudice APUL.*Apol.*53.

perspicibilis ~is ~e, *a.* [PERSPICIO+-BILIS] Clearly visible.
solis..splendor ~is et patens VITR.9.1.11.

perspicientia ~ae, *f.* [pple. of next+-IA] A clear perception or realization.
omne, quod est honestum..in ~a ueri sollertiaque uersatur CIC.*Off.*1.15.

perspiciō ~icere ~exī ~ectum, *tr.* [PER-+SPECIO]

1 To look over or inspect thoroughly, survey, scan, scrutinize, etc. **b** (transf.) to examine mentally, study, investigate; (in pf. tenses, often with added idea of success or completeness).
me tabulas ~exisse sociorum; in his tabulis magnam rationem C. Verruci permultis nominibus esse CIC.*Ver.* 2.188; 'deuertit in uillam Pompei'..uillam ut ~iceret? *Mil.* 54; eas (*sc.* epistulas) ego oportet ~iciam, corrigam *Att.* 16.5.5; Volusenus, ~ectis regionibus omnibus.., quinto die ad Caesarem reuertitur CAES.*Gal.*4.21.9; pater omnipotens ..terras hominumque labores ~icit OV.*Met.*2.405; 7.226; amicos, qui..adultas aetate uirgines denudarent atque ~icerent, tamquam..mangone uendente SUET.*Aug.*69.1; APUL.*Met.*7.1;—(*w. indir. qu.*) ~icito..quid intus agatur PL.*Cas.*756; *B.Afr.*35.4. **b** rem ~icere cum consilio et cura CIC.*Inv.*2.17; quandam prudentiam, quae uersaretur in ~iciendis rationibus constituendarum..rerum publicarum *de Orat.*1.85; ex utraque parte..uoluntates ~icere, facultates et copias *Ver.*2.135; quom se ipse ~exerit totumque temptarit *Leg.*1.59; naturalem animi in omnibus rebus subtiliter ~iciendis uigorem V.MAX.1.7.2; raris forma uiris (saecula ~ice) inpunita fuit SEN.*Phaed.*820; ut ~ecto iure..rem integram rursum ad senatum referrent TAC.*Ann.*3.63; ad ~icienda mundi opera et principia naturae procedebant GEL.1.9.7;—urbis speciem uidi, hominum mores ~exi parum PL.*Per.*550; quoius tu fidem in pecunia ~exeris TER. *Ph.*60; amicitias igni ~ectas CIC.*Red.Sen.*23; parte tertia, ut postea ~ectum est, celata CAES.*Gal.*2.32.4; si popularium animos satis ~ectos haberet LIV.38.1.4; cum affectionem tuam circa eos bene ~ectam habeo SCAEV.*dig.*32.39;—(*w. pred.*) Dionysius, uir optimus, ut mihi..est ~ectus CIC.*Att.* 7.7.1;—(*w. acc. and inf.*) egredior domo, postquam ~exi salua esse intus omnia PL.*Aul.*80; (*nom. and inf.*) qui..~ectus est a me toto animo de te ac de tuis..commodis cogitare CIC.*Fam.*1.7.3;—(*w. indir. qu.*) prius quam tuom ut sese habeat animum ad nuptias ~exerit TER.*An.*378.

2 To look or see through; to see across.
(specus) adsidua nocte suffusus neque unquam ~ici facilis MELA 1.76; colore liquido..quaque ~icitur imitante tralucidum maris PLIN.*Nat.*37.66; (*impers. pass.*) munimenta..quo non modo non intrari sed ne ~ici quidem posset CAES.*Gal.*2.17.4;—patentes magis campi quam ut ~ici possint MELA 3.95.

3 To distinguish with the eyes, discern, perceive. **b** (transf.) to be or become aware of, discern with the mind, etc., recognize.
partim quae ~exi hisce oculis, partim quae accepi auribus TER.*Hec.*363; ea et mihi ante oculos uersantur et uos uidere et ~icere potestis CIC.*Mur.*88; LUCR.4.258; ut prae densitate arborum..~ici caelum uix posset LIV.40.22.3; caligo..agminum..ordinem prohibuit ~ici CURT.4.12.20; minimis id (*sc.* semen) granis constat, uix ut ~ici quaedam possint PLIN.*Nat.*17.72. **b** ad illum modum sublitum os esse mi hodie! neque id ~icere quiui PL.*Capt.*784; parum ~exisse eius uidere audaciam TER.*Eu.*900; deos..qui omnium mentis eorum qui ad rem publicam adeunt maxime ~iciunt CIC.*Man.*70; in Octauiano, ut ~exi, satis ingeni *Att.*15.12.2; perturbatio animi tui, quam primis litteris ~iciebam *Fam.* 7.13.1; CATUL.50.17; aequitate condicionum ~ecta eum neque suam neque populi Romani gratiam repudiaturum CAES.*Gal.*1.40.3; ebrietate discussa magnitudinem facinoris sera aestimatione ~exit CURT.8.2.1; ex uultu..~icitur habitus animorum QUINT.*Inst.*11.3.66; nisi sapiens non potest ~icere sapientem PLIN.*Ep.*1.10.4; saeua ac lenta natura..quam Theodorus Gadareus..~exisse primus sagaciter..usus est SUET.*Tib.*57.1; (*w.* animo) qui conligationem causarum omnium ~iciat animo CIC.*Div.*1.127; —(*w. pred. acc.*) ego, ~iciens malum istum uerberonem blaterantem..certusque aliquod moliri flagitium,..non statim pretium, quod offerebatur, accepi APUL.*Met.*10.9;—(*w. acc. and inf.*) ~exit sine curiata lege xuiros potestatem habere non posse CIC.*Agr.*2.28; APUL.*Met.*8.3;—(*w. indir. qu.*) cum..nostri..quid adulescentulo duce efficere possent ~ici cuperent CAES.*Gal.*3.21.1; quae ratio mouerit Augustum ..non satis ~icio FRON.*Aq.*11.

perspicuē, *adv.* [PERSPICVVS+-E]

1 Transparently, pellucidly.
aer purgatus caligine et ~ sincerus APUL.*Mun.*8.

2 a With clarity of perception, clearly. **b** with clear expression, lucidly.
a non tam ~ nos istorum maleficia uideremus CIC.*S. Rosc.*101; ~ intellegi potest quale sit *Caec.*100. **b** res..plane..et ~ expedire CIC.*Fin.*3.19; Latine ~que dicendo QUINT.*Inst.*8.3.3; rationem Platonis..~ explicatam APUL. *Apol.*51.

3 Unmistakably, patently, self-evidently.
~ palam est PL.*Aul.*188; aperte iam et ~ nulla esse iudicia CIC.*Ver.*20; quae ~ falsa sunt *Cael.*26; quo..modo ~ dixeris album esse aliquid *Luc.*34; *N.D.*1.30.

perspicuitās ~ātis, *f.* [next+-TAS]

1 Transparency (of a substance).
PLIN.*Nat.*37.79; sunt qui..probent uitream ~atem in his (*sc. agates*) 37.141.

2 Clarity of exposition, lucidity.
oratio..cuius summa uirtus est ~as QUINT.*Inst.*1.6.41; 2.3.8; 8.2.1.

3 The quality or fact of being self-evident.
quod nihil esset clarius ἐναργείᾳ—ut Graeci, ~atem aut euidentiam nos si placet nominemus CIC.*Luc.*17; sapientis esse opinionem a ~ate seiungere 45; quae contra sensus contraque ~atem dicantur 99; ~as..argumentatione eleuatur *N.D.*3.9.

perspicuus ~a ~um, *a.* [PERSPICIO+-VVS]

1 That can be seen through; (spec.) transparent, pellucid. **b** visible through some medium.
(specus) aliquamdiu ~us, mox..obscurior MELA 1.74; (*w. abl.*) ~as..luce foris STAT.*Theb.*7.393; (*poet.*) quidquid ..laxat ~o labella risu MART.2.41.18;—aquas..~as ad humum OV.*Met.*5.588; probatur (sal Hammoniacus) quam maxime ~us PLIN.*Nat.*31.79; Falernis (*kinds of amber*)..molli fulgore ~is 37.47; ~a..gemma MART.8.68.5; ~ae..niues (*i.e. crystals*) STAT.*Silv.*3.3.94; PLIN.*Ep.*8.8.4. **b** hoc mallet nasci Cytherea protundo, hic te ~um melius, Narcisse, uideres STAT.*Silv.*1.5.55.

2 Clearly visible, conspicuous.
se in medios hostis ad ~am mortem pro salute exercitus iniecisse CIC.*Dom.*64; coniugem suam in sella prostare uetuit et..uehi ~am undique SEN.*Ben.*1.9.3; ~ae..turris STAT.*Theb.*12.15; ~a pulchritudine APUL.*Met.*4.32; (Minerua) soli (Achilli) ~a est, aliorum nemo tuetur *Soc.*11; —(*w. abl. of respect*) puerorum ~os cultu atque forma greges SEN.*Ep.*110.14;—(*neut. as sb.*) pars ista corporis in aperto et ~o posita APUL.*Met.*2.8.

3 Clear to the understanding, plain, (self-) evident. **b** (of expression) lucid, clear.
feriae..quae dicuntur..cum ~o (uocabulo), ut Nouendialis sunt VAR.*L.*6.26; est quaedam..ita ~a ueritas ut eam infirmare nulla res possit CIC.*Quint.*80; ~a sua consilia..omnibus fecit *Ver.*5; occulte sed ita ut ~um sit inuidet *Att.* 1.13.4; si quid rectissimum sit quaerimus, ~um est *Fam.* 4.2.2; sententiae..~ae et perlucidae VITR.3.pr.3; argumenta..aut probabilia esse debere aut ~a GEL.17.5.5; non necesse est in re tam ~a pluribus disputare APUL.*Apol.*89;—(*w. acc. and inf.*) simulasse te et aliquid quaesisse ~um est CRAS.*orat.*17; CIC.*Ver.*4.40; LUCR.2.275;—(*w. indir. qu.*) facile esse ~um quantum inter hunc et illum..interesset CIC.*Ver.*4.147; ~um est quid iuris a maioribus acceperitis *Agr.*2.26; LIV.3.40.10;—(*phil.*) ~a a percepti s uolunt distinguere CIC.*Luc.*34; ut..necesse est lancem in libram ponderibus inpositis deprimi sic animum ~is cedere 38. **b** ut..~am rationem exordiorum haberemus *Rhet.Her.*1.16; rerum consequentium..~am et dilucidam cum grauitate expositionem 4.51; erit..~a narratio, si uerbis usitatis, si ordine temporum seruato..narrabitur CIC.*de Orat.*2.329; QUINT.*Inst.*8.1.1.

perspīrō ~āre, *intr.* [PER-+SPIRO]

1 To cause the passage of breath.
uenae..ubi sufflatae sunt ex cibo, non possunt ~are in toto corpore CATO *Agr.*157.7.

2 (of the wind) To blow steadily.
interest, flatus sit an uentus. illos statos atque ~antes..palam est..legem habere naturae PLIN.*Nat.*2.116.

perspissō, *adv.* [PER-+SPISSVS+-O²] Very slowly.
si quid bene promittunt, ~ euenit PL.*Poen.*792.

persternō ~ternere ~strāuī ~strātum, *tr.* [PER-+STERNO] To pave (a road) throughout its length; to lay (as a paving) over an area.
uia a Martis (*sc.* templo) silice ad Bouillas ~trata est LIV.10.47.4;—quibus (*sc.* tegulis) iunctis inpletur calx ex oleo subacta..cum..fuerit hoc ita ~tratum, supra nucleus inducatur VITR.7.1.7.

perstimulō ~āre ~āuī ~ātum, *tr.* [PER-+STIMVLO] To continue to incite.
Agrippinae..proximi inliciebantur prauis sermonibus tumidos spiritus ~are TAC.*Ann.*4.12.

perstō ~āre ~itī ~ātum, *intr.* [PER-+STO]

1 To remain standing; (of soldiers) to continue standing under arms; (of things) to remain stationary. **b** to remain (in the same place or company), stay on.

in limine ~at sedulus ac crebro prospicit ac refugit TIB. 1.5.71; OV.*Met.*3.385; eundem ferunt aliquot horis in eodem uestigio ~are solitum V.MAX.8.13.ext.1; SIL.3.380; immobiles tanti mali spectatores ~itisse PLIN.*Ep.Tra.*10.33 (42).2;—utrorumque exercitus..a mane usque ad horam x. diei ~iterunt *B.Afr.*61.1; dies noctesque ~ando ac peruigilando in armis LIV.24.38.2; 44.33.10; crebra confixus cuspide ~at LUC.3.620; FRON.*Str.*4.1.27;—Symplegadas.. quae nunc immotae ~ant uentisque resistunt OV.*Met.* 15.339; aspice sidera..: nullum eorum ~at SEN.*Dial.*12. 6.7. **b** (Musa) sola comes nostrae ~itit illa fugae OV. *Tr.*4.1.20; quod..ille fugerit et forte ~et hic mecum QUINT. *Decl.*335(p.319,l.22).

2 To remain unchanged, last, endure.

nihil est toto, quod ~et, in orbe. cuncta fluunt OV.*Met.* 15.177; laurea..toto quae ~itit anno *Fast.*3.137;—(*of immaterial things*) mens eadem ~at mihi VERG.*A.*5.812; cum tua contigero litora, ~et hiemps OV.*Ep.*17.206; ~iterit laesi si grauis ira dei *Pont.*1.4.44; ~at rabies, nec cuncta locutae quem non emisit, superest deus LUC.5.210.

3 To continue resolutely in an attitude, activity, or sim., persist, stand firm. **b** (w. inf.) to continue obstinately or resolutely (to); also, to persist in one's desire, be determined (to).

(*w.* in+*abl.*) ~at in sententia Saturius CIC.*Q.Rosc.*56; in ista prauitate ~abitis? *Luc.*26; CAES.*Gal.*7.26.4; se.. ~aturum in incepto LIV.8.34.4; optimates in Romana societate ~andum censebant 37.9.4; Cato..in re publica tuenda iuuenili animo ~at V.MAX.8.7.1; si ~atis in ira *Ilias* 716; Baetica..in defuncti accusatione ~abat PLIN.*Ep.* 3.9.6;—(*w. abl.*) ne ~ate animis STAT.*Theb.*11.431;—(*w. epexegetic inf.*) hac longum florens animi morumque iuuenta Iliacos aequare senes..~a *Silv.*2.3.73;—(*ellipt.*) Penelopen ipsam, ~a modo, tempore uinces OV.*Ars* 1.477; ~at Atlantiades sperataque gaudia nymphae denegat *Met.* 4.368; metu ne ad perniciem ultro traherentur, desistunt.. ~itit Narcissus TAC.*Ann.*11.29. **b** orantem ~ant prohibere OV.*Met.*6.361; si tamen his..~as non cedere terris V.FL.7.58; ~itit..aspernari talem sui cultum TAC.*Ann.*4.38; ULP.*dig.*26.10.3.16;—si..~as id possidere, da mihi id quod pueri solent dare HYG.*Fab.*189.7.

perstrepō ~ere, *intr.*, *tr.* [PER-+STREPO]

1 (intr.) To make a loud or continuous noise. **b** to be filled with noise, resound.

abeunt lauatum, ~unt, ita ut fit domini ubi absunt TER. *Eu.*600; (*poet.*) rumor in arcana iamdudum ~it aula STAT. *Ach.*1.750;—(*w. abl. of the noise*) iram figuremus..sibilo mugituque..~entem SEN.*Dial.*4.35.5; (psittacus) conuiciabitur diebus ac noctibus ~ens maledictis APUL.*Fl.*12; (*also w. internal acc.*) multa secum sermonibus mutuis ~ebant *Met.*5.9. **b** publica uicinae ~et aura uiae PROP.3.10.26; ~it..tellus SIL.8.430.

2 (tr.) To make (a place) resound with noise.

qui iubilis suis cubiculum meum ~unt AUR.*Fro.*1.p.180 (68N); frequenti clamore ianuae nostrae ~i APUL.*Met.*3.1; (*cf.*) noctis indutias cantus ~ebat cristatae cohortis *Met.* 2.26.

perstrīdō ~ere, *tr.* [PER-+STRIDO] To whistle over or through.

~unt caerula uenti GERM.fr.3.6.

perstringō ~ngere ~nxī ~ctum, *tr.* [PER-+STRINGO] N.B.: there is much MS. confusion between *perstringo* and *praestringo*; *prae-* occurs as a v.l. in many places.

1 To make tight or contract all over; (also fig., of emotions).

grauem crescens uterum ~nxerat arbor (*i.e. Myrrha changed into a tree*) OV.*Met.*10.495; ~nxit (*sc. a puppy*) frigore uesper GRAT.296; extremitates corporis uelleribus ~ngi (prodest) contra horrores PLIN.*Nat.*28.61; hoc medicamentum primo..nimis ~ngit dentes, postea remissius uidebitur LARG.57;—(*fig.*) horror ingens spectantes ~ngit LIV.1.25.4; praesentis periculi species omnium simul corda ..horrore ~nxerat CURT.5.9.1; uirginis..mentem ~ngere languor incipit V.FL.7.194.

2 To glance along the edge of or over the surface of, brush, graze. **b** (transf.) to injure the reputation or prospects of (by one's words or actions). **c** to wound the feelings of, offend.

quod solum tam..macrum est quod aratro ~ngi non possit..? CIC.*Agr.*2.67; aratrum..cuius..uomere portam Capuae paene ~nxisti *Phil.*2.102; dum sedulus arator uomere ~ngere ordinem, et quam proximam partem uitium excolere studet COL.5.5.12; (columba) rostro..~ngens conum galeae, se reddidit astris SIL.4.119;—(*with weapons*) Numitor iaculo..femur ~nxit Achatae VERG.*A.*10.344; OV.*Met.*12.273; summa dumtaxat cutis in femine ~cta CURT.3.12.2; (hasta) parce..petitum ~nxit corpus nec multo tincta cruore SIL.15.757; SUET.*Cl.*15.4;—(*fig.*) Neapolis..publice nihil amisit leniter ingenti malo ~cta SEN. *Nat.*6.1.2;—(*transf.*) colorem..qualem accipiunt (nubes) sole ~ctae 1.3.1; eius comas, quas istis manibus meis (*sc.* Veneris)..aureo nitore ~nxi APUL.*Met.*5.30. **b** nemo ..me tenuissima suspicione ~nxit quem non..perfregerim CIC.*Sul.*46; crebris..sibilis uexatus, nota etiam denegati honoris ~ctus V.MAX.7.3.ext.6; octies tortus nullum.. uerbum, quo dominus ~ngeretur, emisit 8.4.3; memoria eius licentiore accusatione ~ngitur 9.2.3. **c** quod (Crassus) meis..litteris in Pompeiana laude ~ctus esset CIC.*Att.*1.14.3; consulatus..meus, qui illum primo leuiter ~nxerat, idem nos rerum mearum gestarum, quas ille admirabatur, laude coniunxerat *Brut.*323; Q. Haterius et Mamercus Scaurus suspicacem animum ~nxere TAC.*Ann.*1.13.

3 To travel round the edge of, skirt, hug; (of a river) to flow lightly along or past. **b** to pass cursorily over (a subject), touch on, glance at. **c** to make unfavourable mention of (a person), reflect on.

licebit..auidissimum maris uerticem ~ngere SEN.*Dial.* 6.17.2; (*in the course of a narrative*) his oris quas angulo Baeticae adhuc usque ~nximus, multae..insulae MELA 3.46;—Liris qui..~ngit tacitas gemmanti gurgite ripas SIL. 4.350; 16.477. **b** rei magnitudo me breuiter ~ngere atrocitatem criminis non sinit CIC.*Ver.*4.105; reliquum uitae cursum uidete, quem..celeriter ~ngam *Phil.*2.47; *Amic.*46; haec..quaestio profligata est in prioribus; itaque breuiter ~ngetur SEN.*Ben.*7.14.1; PLIN.*Pan.*25.1. **c** ille M. Antoni uoluntatem asperioribus facetiis saepe ~nxit CIC. *Planc.*33; M. Valerius Messala censoria nota ~ctus V.MAX. 2.9.9; oratio ad ~ngendos mulcendosque militum animos TAC.*Hist.*1.85; cultu habituque eius lenibus uerbis ~cto *Ann.*2.59; illi..modice ~cti; etenim pars magna e propinquis ipsius..erant 4.17; parte eiusdem epistulae increpuit amicitias muliebris, Fufium consulem oblique ~ngens 5.2.

4 (of sounds, etc.) To affect (the senses) disagreeably, grate on.

(*of sounds*) minaci murmure cornuum ~ngis auris HOR. *Carm.*2.1.18; SIL.15.459; (*transf.*) nec uos offendi decebit, si quid forte auris uestras ~ngat TAC.*Dial.*27.2;—(*of other things*) qui ex..graui ualetudine expliciti motiunculis leuibusque..offensis ~nguntur SEN.*Dial.*9.2.1.

perstruō ~uere ~uxī ~uctum, *tr.* [PER-+STRVO] To complete the building of.

cum (paries) in altitudinem ~uctus fuerit, relinquantur spiramenta VITR.7.4.1.

perstudiōsē, *adv.* [next+-E] With eager attention.

cum essem apud Aelium adulescens eumque audire ~ solerem CIC.*Brut.*207.

perstudiōsus ~a ~um, *a.* [PER-+STVDIOSVS] (w. gen.) Very devoted or attached (to).

per litteras ipsumque intellexi esse ~um tui CIC.*Att.* 5.20.10; litteris Graecis quarum constat eum ~um fuisse *Sen.*3; homini..artibus ingenuis erudito, musicorum uero ~o *Tusc.*5.63.

persuādeō ~dēre ~sī ~sum, *tr.* [PER-+SVADEO]

1 (usu. w. dat. of person) To succeed in urging (a course of action, etc.), induce the practice of, recommend, or sim.: **a** (w. acc.). **b** (w. *ut*; also w. subj. alone). **c** (w. inf.; also w. acc. and inf.). **d** (without obj.).

a ~dere aliquid, non omnia ui ac minis cogere CIC.*Leg.* 2.14; cupio non ~dere, quod hortor OV.*Ep.*18.187; neque.. 'lurchinabundum' iam in nobis quisquam ferat, licet Cato sit auctor..nec 'collos' mihi Caluus ~serit QUINT.*Inst.* 1.6.42; cum..nulli nostrum spontale parricidium suadens ~dere posset APUL.*Met.*4.11; qui puero stuprum..~serit PAUL.*dig.*47.11.1.2;—(*w. abst. subj.*) numquam..haec felicitas illi ~sit neglegentiam SEN.*Con.*3.pr.5; omnia nobis mala solitudo ~det SEN.*Ep.*25.5. **b** huic ~dere quo modo potis siem ut illam uendat PL.*Mer.*331; TER.*An.*577; quibus cum Cato ~dere nulla ratione quiret ut secum oppidum defenderent *B.Afr.*87.7; multa pollicendo ~det, uti Iugurtham..sibi traderent SAL.*Jug.*46.4; VELL.1.9.4; PLIN.*Nat.* 37.88; GEL.1.3.6; (*refl.*) si tibi ut id libenter facias ante ~seris CIC.*Fam.*13.1.2;—(*impers. pass.*) quantillo mi opere nunc ~deri potest ut..suffringam talos totis aedibus PL. *Truc.*637; his ~deri ut diutius morarentur..non poterat CAES.*Gal.*2.10.5; LIV.24.49.4;—his ~detur, ilico manerent HEM.*hist.*9; huic Sp. Albinus..~det..regnum Numidiae ab senatu petat SAL.*Jug.*35.2. **c** ego animo cupido..fui, ~sumst facere quoius me nunc facti pudet PL.*Bac.*1016; ut ei ~serit tyrannidis facere finem NEP.*Di.*3.3; VERG.*G.*2.315; quis Romanis primus ~serit nauem conscendere SEN.*Dial.* 10.13.4; MART.3.85.1; APUL.*Met.*10.4;—quotiens id fieri publica utilitas ~det SEN.*Cl.*1.12.1; GEL.4.5.4. **d** dicas uxorem tibi necessum ducere; cognatos ~dere, amicos cogere PL.*Mil.*1119; ~sit homini: factumst TER.*Ph.*135; an C. Trebonio ego ~si? cui ne suadere quidem ausus essem CIC.*Phil.*2.27; facile ~det ut cupido honorum LIV.1.34.7; si duo serui inuicem sibi ~serunt et ambo simul aufugerunt ULP.*dig.*47.2.36.3;—(*of things*) ~sit nox amor uinum adulescentia: humanumst TER.*Ad.*470; ~sit maeror..error dolor ACC.*trag.*349;—(*impers. pass.*) quid, si magnitudine pecuniae ~sum est? CIC.*Ver.*4.11; facile multitudini ~sum LIV.24.29.10;—(*absol., of words*) ~dentia uerba addat OV. *Ars* 1.371.

2 (w. personal obj.) To persuade (someone to do a thing), prevail upon; (esp.) *~sus*, prevailed upon, persuaded.

(*w.* ut) aliqua die te ~deam ut ad uillam uenias? PETR. 46.2; 62.2; (*w. inf.*) (color) quasi ~detur in alium ex albo transire FEST.p.302M;—Caesaris..nomine ~si a rege Iuba desciscunt *B.Afr.*55.1; tandem ~sa est iureiurando gruis PHAED.1.8.7; ~sus ille fecit quod monitus fuit 3.5.8; PLIN. *Nat.*10.66;—(*w. inf.*) nec te signata iuuabunt limina: ~sae fallere rima sat est PROP.4.1.146; Capuam fallacibus.. promissis Italiae regnum..pacisci ~sam V.MAX.3.8.1.

3 (w. dat. of person) To induce acceptance of (a statement), cause to be believed. **b** (personal pass.) to be convinced or persuaded (of a fact). **c** *~dere sibi*, to persuade oneself of (a fact), believe firmly; sim. *~sus*.

(*w. acc.*) si..ab iis..quiddam auditori ~sum uidetur CIC. *Inv.*1.23; ἀρετή non est διδακτόν, quod mihi ~deri non potest *Att.*10.12a.4(7); illa opinio mali, quo uiso atque ~so aegritudo insequitur *Tusc.*3.72; NEP.*Them.*5.1; tantum.. orator saperet, quantum erranti populo ~deri poterat TAC. *Dial.*36.2;—(*w. acc. and inf.*) dirigere puerum et tenero animo eius ~dere non esse tradendas posteris inimicitias ANT.*Att.*14.13a.3; Gnatia..flamma sine tura liquescere limine sacro ~dere cupit. credat Iudaeus Apella HOR.*S.* 1.5.100; VELL.2.118.3; PLIN.*Nat.*29.26; GEL.1.6.6; (*impers. pass.*) ecquis est iudex cui non..~sum sit istum in aratorum bona..impetum fecisse? CIC.*Ver.*3.142;—(*w. indir. qu.*) rescripsit, non aliter se daturum, quam si praesens sibi ~sisset, quam iustas petendi causas haberet SUET.*Aug.*40.3; —(*w.* quod) ~serunt Publio Maeuio, quod hereditas ad eum pertineret SCAEV.*dig.*13.5.31;—(*without obj.*) quem ad modum fidem faciat eis quibus uelit ~dere CIC.*Part.*5; eiusdem..generis esse ait 'obferre'..'obiectus': mihi non satis ~det FEST.p.201M. **b** cum animus auditoris ~sus esse uidetur *Rhet.Her.*1.9; 1.10; accedant lacrimae dolor et de paelice fictus..iamdudum ~sus erit (*sc. a lover*) OV.*Ars* 3.679. **c** (*w. acc.*) tantum sibi ~serant, quantum.. cognouerant CIC.*Tusc.*1.29; hoc sibi illi ueteres ~serant TAC.*Dial.*31.1;—(*w. pred. acc.*) uir plebeius..cum ex similitudine formae Philippi filium se ~sisset AMP.16.5;— (*w. acc. and inf.*) confidebam ac mihi ~seram fore ut omnia placarentur inter uos CIC.*Att.*1.17.2; ~de tibi, mi Brute, me petere praeturam *Fam.*11.16.3; LIV.3.21.7;—(*ellipt.*) erit, ut mihi ~deo, materies digna facultate et copia tua CIC.*Fam.* 5.12.3;—(*impers. pass., w.* de) de tua fide et beneuolentia in nos nisi ~sum esset nobis BRUT.CAS.*Fam.*11.2.1; (*w. acc. and inf.*) Romanos..culmina Alpium occupare conari ..sibi ~sum habebant CAES.*Gal.*3.2.5; quibus forte temere humana negotia uolui agique ~sum est CURT.5.11.10; (*w.* quasi) scio uulgo ~sum quasi egresso..Tiberio uox Augusti per cubicularios excepta sit..SUET.*Tib.*21.2;—si scit et ~sus est CAECIN.*Fam.*6.7.2.

persuāsibilis ~is ~e, *a.* [pple. of prec.+-BILIS] Persuasive, convincing (transl. Gk. πιθανός).

Aristoteles dicit: rhetorice est uis inueniendi omnia in oratione ~ia QUINT.*Inst.*2.15.13.

persuāsibiliter, *adv.* [prec.+-TER²] Persuasively, convincingly.

Cornelius Celsus, qui finem rhetorices ait 'dicere ~ in dubia ciuili materia' QUINT.*Inst.*2.15.22.

persuāsiō ~ōnis, *f.* [PERSVADEO+-TIO]

1 Persuasion (to a course of action), inducement.

confugiet (*sc. a defending counsel*) ad inprudentiam, stultitiam,..uim, ~onem *Rhet.Her.*2.5; CIC.*Inv.*1.41; 2.37.

2 The act of inducing belief in a person, persuasion. **b** capacity to convince, persuasiveness.

officium..eius (*sc.* oratoriae) facultatis uidetur esse dicere adposite ad ~onem CIC.*Inv.*1.6;—(*cf.*) licet uiribus..sufficiat..., non habet ~onem hominis qui possit imponere (*i.e. he does not impress one as being*..) [QUINT.]*Decl.*2.9. **b** scientia..agendi in quaestionibus ciuilibus per orationem popularis ~onis QUINT.*Inst.*2.15.19.

3 A firm belief, conviction, persuasion. **b** a popular belief. **c** a false persuasion, fancy.

ad euertendam prauam animi ~onem SEN.*Ep.*94.21; hoc ..ab eadem ~one ponit municipium fuisse ASC.*Pis.*4; friuolo..ioco, cui tamen aliqua debeat subesse causa in tanta ~one PLIN.*Nat.*28.260; inculcatas pueris ~ones QUINT.*Inst.*3.1.6; qui..nefas ducunt a suscepta semel ~one discedere 12.2.26; se..pollicitus est..praemis daturum: quae ~o Romanis alacritatem attulit FRON.*Str.*1.11.2; PLIN. *Pan.*18.3; non miror te eius nunc esse ~onis, qua et ipse.. laboraui FLOR.*Verg.*p.186R; in deorum numerum relatus est non ore modo decernentium, sed et ~one uolgi SUET.*Jul.*88; —(*w. gen. expr. content of belief*) ut reuellatur..falsorum recepta ~o SEN.*Ep.*95.34; uim morbi augebat ~o ueneni a Pisone accepti TAC.*Ann.*2.69;—(*w.* de) hinc tumor et uana de se ~o QUINT.*Inst.*2.2.12; SUET.*Vit.*7.3;—(*w. acc. and inf.*) durat..tradita ~o in magna parte uulgi, ueneficiis.. id cogi PLIN.*Nat.*25.10; NERVA Plin.*Ep.*10.58(66).7; plenus ~onis cuncta fato agi SUET.*Tib.*69;—(*w.* ne) Brutus..uni comitum suorum confodiendum praebuit latus..hoc..ex ~one sectae fuit, ne uiolarent manus FLOR.*Epit.*2.17 (4.7.15). **b** formas..expressit..adspici ~o adicit TAC. *Ger.*45.1;—(*w. acc. and inf.*) uulnera..conglutinant terreni (uermes) adeo, ut neruos quoque abscisos inlitis solidari intra septimum diem ~o sit PLIN.*Nat.*30.115. **c** hanc tu ..~onem putas et uanum animi mei lugentis errorem? [QUINT.]*Decl.*10.5.

persuastrix ~īcis, *f.* [PERSVADEO+-TRIX] A persuasive woman.

eunt eccas tandem probriperlecebrae et ~ices PL.*Bac.* 1167.

persuāsus¹ ~a ~um, *a.* *superl.* ~issimus. [pple. of PERSVADEO] Accepted as true, regarded as certain; esp. *~um habere* (+acc. and inf.), to be convinced (that), hold it for a fact (that).

illud erat ~um, Pompeium..iter in Germaniam per Illyricum fecisse CIC.*Att.*10.9.1; mihi ~issimum est Lepidum recte facturum numquam D.BRUT.*Fam.*11.9.2;—quia ~um habuerint animas hominum inmortales esse V.MAX.2.6.10; ~issimum habere debebit (uillica)..domi se morari oportere COL.12.1.5; ~um habeo posse fieri PLIN.*Ep.*1.20.9; comperi ~issimum habuisse eum neminem..pudicum..esse SUET. *Nero* 29.1.

persuāsus² ~ūs, *m.* [PERSVADEO+-TVS³] Inducement, persuasion.

illo itinere Varenum usum esse..huius ~u et inductu CIC.*Var.*fr.14; *Arg.Pl.Epid.*2; qui ~u alterius a domino recessit PAUL.*dig.*21.1.43.2.

persubhorrescō ~ere, *intr.* [PER-+SVB-+HORRESCO] (of the sea). To grow rough throughout its extent.
mare ~ere..occepit SIS.*hist.*104.

persubtīlis ~is ~e, *a.* [PER-+SVBTILIS] Very fine in texture; (transf., of a speech) very delicate in reasoning or choice of words.
(animum) principio esse aio ~em atque minutis perquam corporibus factum constare LVCR.3.179;—tua fuit perelegans et ~is oratio CIC.*Planc.*58.

persultō ~āre ~āuī ~ātum, *intr.*, *tr.* [PER-+SALTO]

1 (intr.) To leap or prance about the place; (tr.) to leap or prance over.
duo armati..haud secus quam stabili solo ~abant LIV.44.9.7; (Germani) super durata glacie stagna ~ant SEN.*Dial.*1.4.14; non..Vxama..tam leuibus ~at equis SIL.3.385; cum carminibus et tripudiis ~abant TAC.*Ann.*4.47;—inde ferae pecudes ~ant pabula laeta LVCR.1.14; aspice..taurorum pueris pariter ac feminis ~antibus terga impune calcata SEN.*Dial.*4.31.6; passim maria ~antes Tritonum cateruae APVL.*Met.*4.31.

2 (intr.) To range freely over an area; (tr.) to range over, scour.
memores, quam saepe in agro eorum impune ~assent,..uniuersi in eos erumpunt LIV.34.20.6; Silures..late..~abant, donec adcursu Didii pellerentur TAC.*Ann.*12.40;—(*w. acc.*) ~et iuga uictor equis SIL.6.705; ni..Agricola..siluas equitem ~are iussisset TAC.*Ag.*37.4; Hibero exercitu campos ~ante *Ann.*11.9.

pertābescō ~escere ~uī, *intr.* [PER-+TABESCO] To melt completely away, be quite consumed.
si quis lapidum..~uit igni *Aetna* 476.

pertaedeō ~dēre ~sus (~duī), *tr.*, (*intr.*). [PER-+TAEDET] FORMS: *pertisum* quoted as an archaic or affected form in LVCIL.964, CIC.*orat.*159, PAVL.*Fest.*p.72M (in POMPON.*com.*93 it is a cj.); ~*duissent* GEL.1.2.6.

1 (impers.) To fill with weariness or disgust: **a** w. acc. or rarely dat. of the person affected, and gen. or rarely dat. expr. the object of the emotion). **b** (inf.). **c** (ellipt.).
a ~sum est leuitatis, adsentationis CIC.*Q.fr.*1.2.4; numquam suscepti negotii eum ~sum est NEP.*Att.*15.2; VERG.*A.*5.714; decemuirorum uos ~sum est LIV.3.67.7; Asiaene ~sum est..? CVRT.10.2.25; NEMPE ~SVM EST MENTES REGNI *CIL* 13.1668.1.26; TAC.*Ann.*3.26; duas simul uxores habuerat,..quarum matrimonii ~debat GEL.15.20.6;—(*w. dat. of person affected*) mihi ~sum erat huius professionis FLOR.*Verg.*p.186R;—(*app. w. dat. expr. object of the emotion*) usque adeo ~sum uos mihi esse GRACCH.*orat.*53. **b** quem ~sumst esse pauperem POMPON.*com.*93; exit saepe foras..esse domi quem ~sumst LVCR.3.1061; SIL.2.595. **c** cum bene ~sumst, animoque relanguit ardor OV.*Am.*2.9.27; GEL.10.12.1.

2 (in personal const.): **a** (pf. pple., w. gen. or acc. expr. object of emotion) Thoroughly wearied (with) or disgusted (at). **b** (act., intr.) to feel intense weariness or disgust.
a (*w. gen.*) Epicharis quaedam..lentitudinis eorum ~sa TAC.*Ann.*15.51;—(*w. acc.*) quasi ~sus ignauiam suam SVET.*Jul.*7.1; *Aug.*62.2; semet ipse ~sus *Tib.*67.1. **b** cum..omnes finem cuperent uerbisque eius defetigati ~duissent GEL.1.2.6.

pertaedescō ~ere, ? *tr.* [prec.+-SCO] To begin to fill with disgust or satiety (in quot. prob. impers., cf. PERTAEDEO sense 1).
nolito multum (*sc.* uini) dare, ne ~at, uti possit porro ibenter esse CATO *Agr.*156.6.

pertegō ~gere ~xī ~ctum, *tr.* [PER-+TEGO] To cover completely; (spec.) to roof over.
pedem paenula scortea ~gere VAR.*Men.*267; tabulae, quae ~gant eam inuolutionem VITR.10.6.3;—harundinem qui ~gamus uillam PL.*Rud.*123; odeum, quod..nauium malis et antennis..~xit VITR.5.9.1; Proserpinae cellam..sine exterioribus columnis..~xit 7.pr.16; (*in fig. phr.*) benefacta benefactis aliis ~gito, ne perpluant PL.*Trin.*323.

pertemptō ~āre ~āuī ~ātum, *tr.* Also **pertentō.** [PER-+TEMPTO]

1 To probe or feel (something material) all over. **b** (transf.) to examine or explore thoroughly (a matter, etc.). **c** to test the effect of, try out (a scheme). **d** to try out (a person), test (his character, intentions, etc.).
locis cognitis uadisque ~atis *B.Alex.*17.5; (Laocoon) bipenni latera (*sc. of the Wooden Horse*) ~at PETR.89,l.24; adlatis pugionibus..cum utrumque ~asset, alterum capiti subdidit TAC.*Hist.*2.49; per articulamenta membrorum ~ari solent corpora HYG.*agrim.*p.97. **b** ~ando unam quamque iuris partem CIC.*Inv.*2.68; scripturam..totam omnibus ex partibus ~are, si quid..ad id appositum sit, quod nos interpretamur 2.117; tota causa ~ata atque perspecta *de Orat.*2.318; *Q.fr.*1.4.5; omnia ~o, omnia experior PLIN.*Ep.*1.20.15. **c** primordia rerum..consuerunt..omnimodis..coire atque omnia ~are LVCR.5.190; puella..cunctas..~at uias (*i.e. of suicide*) APVL.*Met.*8.7. **d** ea gratia simulaui uos ut ~arem TER.*An.*588; nobilium adulescentium animos ~ant LIV.2.3.6; 27.10.2; sic uariis ~at pectora dictis STAT.*Theb.*3.381; data pecunia ad ~andos plurium animos TAC.*Hist.*1.25; quali talione Diogenes philosophus usus sit ~atus a dialectico quodam sophismatio inpudenti GEL.18.13.

2 (of sensations, emotions, etc.) To agitate thoroughly.
tremor terras grauiter ~at LVCR.6.287; VERG.*G.*3.250; patris Aeneae..gaudia ~ant mentem *A.*5.828; lues udo sublapsa ueneno ~at sensus 7.355; corda aspera flammis Lemniadum ~at Amor STAT.*Theb.*5.446; insolita uinolentia ac diuturna fatigatione ~atus APVL.*Met.*1.11; indignatio totos audientium ~auit animos 9.36; (*cf.*) tam dulcis sonus ~atum mulcebat aera PETR.127.5.

pertenax: see PERTINAX.

pertendō ~dere ~dī, *intr.* [PER-+TENDO]

1 To continue resolutely in a course of action, attitude, etc.; (w. acc. and inf.) to persist in saying (that).
si incipies neque ~des gnauiter TER.*Eu.*51; demonstratur, in quo non debet ~di et ~dit, pertinaciam esse VAR.*L.*5.2; si ~dens animo uestita cubaris PROP.2.15.17;—(*w. internal acc.*) uideo non licere ut coeperam hoc ~dere TER.*Hau.*1053;—(*w. acc. and inf.*) ut se innocentem esse in tormentis ~dat QVINT.*Inst.*9.2.83.

2 To continue on one's way (to a place), press on. **b** (of motions) to extend, reach (to a point).
protinus uictor ad castra regis ~dit *B.Alex.*30.1; pars maxima atque ipse Sergius Romam ~derunt LIV.5.8.12; magnis itineribus ad angustias ~dit FRON.*Str.*1.4.6; ab Rhodo, quo ~derat, transiit in Asiam SVET.*Jul.*4.2; *Cal.*44.2. **b** apparet..in tantum spatium (*sc.* terrae) motum ~dere SEN.*Nat.*6.25.4; etiamsi (turbo) in summum ~deret, ubi sideribus iter est 7.9.4.

pertentō: see PERTEMPTO.

pertenuis ~is ~e, *a.* [PER-+TENVIS] Having very little thickness, very thin, narrow, or fine. **b** (transf.) very slight or trifling.
duo maria.., cum ~i discrimine separentur CIC.*Agr.*2.87; nisi (sabulum)..~e es PLIN.*Nat.*18.34; febriculae depulsae: macies tamen ~is AVR.*Fro.*1.p.202(72N). **b** respondeo, mihi dicendi aut nullam artem aut ~em uideri CIC.*de Orat.*1.107; quae res primo..~i nobis argumento..patefacta est *Ver.*17; ~is suspicio *Clu.*168; spes..salutis ~is ostenditur *Fam.*14.3.2.

perterebrō ~āre ~āuī ~ātum, *tr.* [PER-+TEREBRO] To bore a hole through, perforate.
Hannibalem.., cum..dubitaret..utrum ea (*sc.* columna) solida esset.., ~asse CIC.*Div.*1.48; haec (*sc.* capita leonina)..~ata sint ad canalem VITR.3.5.15; 8.6.8.

pertergeō ~gēre ~sī ~sum, *tr.* [PER-+TERGEO]

1 To wipe all over, clean thoroughly.
gausape purpureo mensam ~sit HOR.*S.*2.8.11; spongea corpora sua ~geri V.MAX.2.4.5; COL.12.9.2.

2 To brush through, pass over lightly.
(aer) quasi ~get pupillas atque ita transit LVCR.4.249; post extraria lux oculos ~get 4.277.

perterō ~terere ~trīuī ~trītum, *tr.* [PER-+TERO] To grind or crush small.
(uua) pertrita et cum aqua potui data COL.8.5.21; per lineum fiscum, quod ~triuerant, exprimunt 12.38.7.

perterrefaciō ~acere ~ēcī ~actum, *tr.* [next+FACIO] To make extremely frightened.
tuomst officium has bene ut adsimules nuptias, ~acias Dauum TER.*An.*169.

perterreō ~ēre ~uī ~itum, *tr.* [PER-+TERREO] To frighten greatly, terrify (esp. in pf. pple.).
inscitissumus adueniens ~uit me PL.*Mos.*1136; hunc ~ebo sacrilegum TER.*Eu.*922; eos qui aliquid impie..commiserint agitari et ~eri Furiarum taedis ardentibus CIC.*S.Rosc.*67; ~iti uoce et uultu confessi sunt *Att.*2.8.1; quae copiae nostros ~erent et munitione prohiberent CAES.*Gal.*1.49.3; effossis oculis domum remittit, ut..magnitudine poenae ~eant alios 7.4.10; ~itis ac dubitantibus ceteris SAL.*Cat.*28.1; caede uiri tanta ~ita..agmina VERG.*A.*10.426; nec sustinuere aduentum eius Persae defectione quoque ~iti CVRT.4.7.3; SVET.*Cal.*51.3; APVL.*Met.*8.31; (*in fig. phr.*) perspecta est utriusque nostrum exercitatio paulo ante quam ~itum armis hoc studium..nostrum conticuit CIC.*Brut.*324;—(*w.* metu, timore, *or sim.*) neque metu ~itus fugit neque exercitum deseruit *Ver.*5.111; periculo mortis iniecto formidine animum ~itum *Caec.*42; *Phil.*2.108; illae timore ~itae conueniunt, cuius de periculo timebant NEP.*Di.*8.4; nimio pauore ~itus cadauer accurro APVL.*Met.*2.26.

perterricrepus ~a ~um, *a.* [prec.+CREPO+-VS] Making, or characterized by, a terrifying crashing or clattering sound.
*Inc.trag.*142; (nubes) ~o sonitu dat scissa fragorem LVCR.6.129.

pertexō ~ere ~uī ~tum, *tr.* [PER-+TEXO] To weave in full, finish weaving. **b** (transf.) to complete the composition of (a speech, writing, etc.).
uestis..bysso tenui ~ta APVL.*Met.*11.3; quod in tela est nondum ~tum VLP.*dig.*34.2.22;—(*poet.*) serpentis squamae..auro et purpura ~tae ACC.*trag.*518. **b** ~e modo..quod exorsus es CIC.*de Orat.*2.145; hunc locum quem ego uarie meis orationibus..soleo pingere,..ualde grauiter ~uit *Att.*1.14.3; coeptum ~ere dictis LVCR.1.418; APVL.*Met.*1.3.

pertica ~ae, *f.* [cf. Osc. *perekais*]

1 A long straight shoot growing on or cut from a tree, bush, etc., rod, wand. **b** (as a prop or part of a framework for vines). **c** (put to various other uses).
sulcos..~is saligneis uiridibus..consternito CATO *Agr.*43.1; alterum (pedamentum) palus e ~a, meliore dura VAR.*R.*1.8.4; bulbus (radicis arundinis)..anno celerius maturam ~am praebet COL.4.32.2; melius ex uicino..~a declinata propagatur, quam exempta reseritur 4.33.3; salices, quas serunt loco madido..talea sesquipedali uel ~a PLIN.*Nat.*17.141. **b** quae (uinea) iam in ~am ibit CATO *Agr.*33.4; iugorum genera fere quattuor, ~a, harundo, restes, uites: ~a, ut in Falerno VAR.*R.*1.8.2; COL.4.12.1; 4.26.2. **c** uellem habere ~am..qui uerberarem asinos PL.*As.*589; garruli sine dentes iactent, sine nictentur ~is CAECIL.*com.*72; grege iumentorum..agitato ~is VAR.*R.*1.52.2; ~a suspensos portabat longa maniplos OV.*Fast.*3.117; ~am..supra praetorium statuit, ex qua signum eminens..obseruabatur CVRT.5.2.7; ~a transuersis sulcis inseritur (*i.e. as a probe*) COL.2.4.3; ~is decutiunt (*sc.* oliuas) PLIN.*Nat.*15.11; messis..alibi tribulis in area,..alibi ~is flagellatur 18.298; ~a, qua stabuli fores offirmari solebant APVL.*Met.*7.28; ~ae, quibus araneae detergantur VLP.*dig.*33.7.12.22.

2 A surveyor's measuring-rod. **b** a length of ten feet.
~a qua nostros metata est impia agellos *Dirae* 45; PROP.4.1.130; quos (*sc. customers*) non una, ut dicitur, ~a, sed distincte gradatimque tractaui PLIN.*Ep.*8.2.8. **b** CATO *Agr.*15.1; decempeda, quae eadem ~a appellatur, habet pedes x BALB.*grom.*p.95La.

3 An area of land measured out with a *pertica*, the land assigned to a colony.
solum..quodcumque coloniae est adsignatum, id uniuersum ~a appellatur FRON.*agrim.*p.15; ~A BENEVENT(ana), PAGO AEQVANO *CIL* 9.1455.4; praefectura illa dicitur, cuius territorio ager sumptus fuerit, ~a illa tamquam colonia, ubi ciuis deductus fuerit SIC.FL.*agrim.*p.124; ~ae fines, hoc est primae adsignationis HYG.GR.*agrim.*p.136; p.144.

perticālis ~is ~e, *a.* [prec.+-ALIS] (of a bush) Used to provide rods or poles.
~is salix eundem agrum quam uiminalis desiderat..pampinatur, ut in longitudinem ramorum potius quam in latitudinem euocetur COL.4.31.2; PLIN.*Nat.*17.143.

perticārius ~a ~um, *a.* [PERTICA+-ARIVS] Dealing in poles or rods.
NEGOTIANTI ~O *CIL* 6.9672.

perticātus ~a ~um, *a.* [PERTICA+-ATVS²] Equipped with a pole.
quod nutantia fronte ~a gestat pondera Masclion superbus (*i.e. a circus performer*) MART.5.12.1.

pertimefactus ~a ~um, *pple.* [PER-+TIMEO+*factus* (FACIO)] Made thoroughly afraid.
triplici ~us maerore animi incerte errans uagat PAC.*trag.*302; denuntiatione periculi..te ~o D.BRVT.*Fam.*11.20.2.

pertimescō ~escere ~uī, *intr.*, *tr.* [PER-+TIMEO+-SCO] To become very scared (of), take excessive fright (at); **a** (absol.). **b** (w. acc.). **c** (w. *ne*).
a perii, ~ui miser PL.*Bac.*862; ~ui, quis hic loquitur prope? *Rud.*230; TER.*Ph.*601; nuntiat puer argentum repeti: ~uerat enim, qui commodarat *Rhet.Her.*4.64; qui numquam in acie ~uerit CIC.*Font.*48; quem procul Aspis conspiciens ad se ferentem ~escit NEP.*Dat.*4.5; LIV.34.14.5; OV.*Fast.*2.340; TAC.*Ann.*1.29; ubi Perses uictus..est, Rodienses ~uere ob ea, quae..in coetibus populi acta..erant GEL.6(7).3.5;—(*w.* de) de suis periculis fortunisque omnibus ~escunt CIC.*Ver.*5.115; de re p. debui ~escere *Div.*2.59; NEP.*Ep.*7.1;—(*contrasted w.* timeo) qua..timere libet, ~uisse pudet OV.*Ep.*15.352. **b** ~uistis cassam terriculam aduersari AFRAN.*com.*270; non ego istam defensionem uestram ~escam, sed me omnium prouinciarum defensorem esse profitebor CIC.*Ver.*3.217; hominum genus horribile et ~escendum *Sul.*59; nec..ista pretia hortorum ~ueris *Att.*12.23.3; quorum impetum adeo ~uerunt hostes ut in fuga spem salutis collocarent *B.Alex.*29.5; ipsa (*sc.* Scylla) suos quotiens heu ~uit latratus! *Ciris* 82; non ita se inuidiam ~uisse, ut nihil in..misericordia ciuium suorum spei habeat LIV.3.56.11; dictator..increpuit quod..hostem sexiens uictum ~escant 4.32.2; sentiet illa te maiestatem ~uisse suam OV.*Pont.*3.1.156; concubitus..neque nimis concupiscendus, neque nimis ~escendus est CELS.1.1.4; quocumque libebat..currere nec longas ~uisse uias MART.6.43.8; APVL.*Met.*6.6; (*of a thing*) qualis erit tua ista accusatio, quae..maximi criminis non..mentionem ipsam ~escat? CIC.*Div.Caec.*31. **c** ~escam, credo, ne mihi non liceat CIC.*Agr.*1.25; CAECIN.*Fam.*6.7.1; ~uerunt ne caritate patriae ductus..ab ipsis desisceret NEP.*Alc.*5.1.

pertinācia ~ae, *f.* [PERTINAX¹+-IA] Obstinacy, stubbornness, defiance. **b** (without pejorative force) dogged determination, pertinacity. **c** obstinate continuance, persistence (of a condition).
res..pessumas pessum dedi, iram, inimicitiam..~am PL.*Mer.*849; omnes socrus oderunt nurus. uiris esse aduorsas aeque studiumst, simili' ~ast TER.*Hec.*202; ex ~a..intercessoris oritur saepe seditio CIC.*Sest.*77; qui..sua ~a utam amiserunt *Marc.*21; debere utrumque ~ae finem facere et ab armis discedere CAES.*Civ.*3.10.3; modestia facilius quam ~a quod uelint impetraturos LIV.32.3.7; quia..non addidissent ~am culpae 36.22.2; CVRT.7.6.17; de lyncurio proxime dici cogit auctorum ~a, quippe..gemmam esse contendunt PLIN.*Nat.*37.52; PLIN.*Ep.Tra.*10.96(97).3;—(*contrasted w.* perseuerantia) VAR.*L.*5.2;—(*w. gen.*) non erat

dubium quin Falisci deposita belli gerendi ~a tradituri se nostro imperatori essent V.Max.6.5.1; Vinium Laco minaciter inuasit..priuati odii ~a Tac.*Hist.*1.33;—(*w.* aduersus) ~am aduersus praesentem consulem praetoris Liv.10.26.6;—(*personified*) Aether et Dies eorumque fratres et sorores qui.. sic nominantur..Gratia Fraus ~a Cic.*N.D.*3.44. **b** rex Demetrius, qui propter animi ~am Poliorcetes est appellatus Vitr.10.16.4; Liv.27.18.13; saepe..~a iuuantis malum corporis uincit Cels.3.12.5; ne sic quidem ~a (*sc. of a dog*) uicta rursus aliam partem secare institit Curt.9.1.33; ne patientia et ~a hostis animi suorum frangerentur Suet.*Jul.* 68.2;—(*w.* ad) neque in ullis minus praesidii aut ~ae ad manendum quam in transfugis fuit Liv.25.30.11; 26.12.1;—(*w.* in+*abl.*) eius prudentiam et in euitando..malo ~am Sen.*Nat.*4a.pr.12. **c** aqua..caelestis..longioris frigoris ~a spissatur Sen.*Nat.*3.25.12.

pertināciter, *adv. compar.* ~ius, *superl.* ~issimē. [next+-ter[2]]

1 With a firm hold, tenaciously.

(argentum uiuum) sublitum bratteis ~issime retinet Plin.*Nat.*33.100; nec lanarum colores..elui possunt. et haec ipsa magis ~iter haerent quae deteriora sunt Quint.*Inst.* 1.1.5.

2 With an obstinate refusal to desist or give way, stubbornly, determinedly, etc. **b** through thick and thin, persistently.

uerebar ne cui obtrectatorum uiderer et nimium ~iter Lepido offensus et mea patientia etiam alere bellum Planc. *Fam.*10.23.1; ~issime hos..in sententia permansisse neque ad sanitatem reliquorum deditione esse perductos Hirt.*Gal.* 8.22.1; si ~ius tendent, dictatorem extemplo dicam qui eos abire magistratu cogat Liv.5.9.6; dictaturam quam ~iter ei deferebat populus, tam constanter reppulit Vell.2.89.5; cum App. Claudius decemuir..uirginis stuprum potestatis uiribus fretus ~ius expeteret V.Max.6.1.2; ~ius..precantibus..truncum humare permisit Curt.7.2.32; attollere oculos, sed non ~iter Sen.*Ep.*71.34; quod pluribus aequom, quibusdam iniquom et quidem ~iter uisum Plin.*Ep.*6.5.1; principi..~iter liberalibus studiis dedito Suet.*Cl.*40.3; fratris filiam..oblatam in matrimonium sibi cum..~issime recusasset *Dom.*22;—(*in military context*) copiis..~iter propugnantibus *B.Alex.*26.2; ~iter fusos insecuti sunt equites Liv.2.42.4; coloniam..~iter a colonis defensam 6.22.4; ~ius Romani Euripum tuebantur 35.51.8; Fron. *Str.*2.6.10;—(*w. ref. to inanim. things*) uiridia praeter robur et buxum ~ius resistunt Plin.*Nat.*16.227. **b** neque ~iter, quem (bouem) feceris dextrum, in eo manendum Var. *R.*1.20.3; (Graecae figurae) in diuersa quoque loquendi ratione ~issime durant Quint.*Inst.*1.1.13; cinis..exarsit repente prima uespera atque in multam noctem ~iter luxit Suet.*Tib.*74; cum Aemiliana ~ius arderent *Cl.*18.1; rabiem ~iter durare Apul.*Met.*9.3.

pertinax[1] ~ācis, *a. compar.* ~ācior, *superl.* ~ācissimus. [per-+teneo+-ax] Orthog.: *pertenax* (to emphasize connexion with *tenax*) ed. in Pl.*Capt.*289.

1 Having a firm grip, tenacious. **b** (transf. or fig., w. gen.) holding fast (to a principle); (of the memory) retentive. **c** (humorously, with emph. on prefix) extremely tight-fisted or niggardly.

pignus..dereptum..digito male ~aci Hor.*Carm.*1.9.24; ipse (*sc. a bird*)..unguibus ~ax Apul.*Soc.*pr.4; (*in fig. phr.*) necessitas quam ~ax regnum tenet Pub.*Sent.*N.44. **b** uirum aequum et iustitiae ~acem Apul.*Apol.*102;—(*of memory*) illa..quae..dicta grauiter..~ax memoria uiribus aeternis comprehendit V.Max.6.4.intro.; Sen.*Ben.*1.4.5. **c** tenaxne pater est eius? — immo..~ax;..Genio suo ubi ..sacruficat,..Samiis uasis utitur, ne ipse Genius surrupiat Pl.*Capt.*289.

2 (of persons) Obstinate, stubborn, intransigent. **b** (without pejorative force) doggedly determined, pertinacious, persevering.

peruicacem dici me esse et uincere perfacile patior, ~acem nil moror Acc.*trag.*9; hominem modestum et minime ~acem Cic.*Ver.*1.134; ~acissimus fueris, si in eo perstiteris ad corpus ea, quae dixi, referri *Fin.*2.107; Apul.*Met.*9.14; (*masc. as sb.*) non feres a suspicioso timeri, a ~ace uinci Sen.*Dial.*5.8.4; (*of conversation*) sit..sermo..lenis minimeque ~ax, insit in eo lepos Cic.*Off.*1.134;—(*w.* in+*abl.*) in retinendis..publicis agris quos ui teneret ~acem nobilitatem esse Liv.4.51.6; Cantabrorum..~ax in rebellando animus fuit Flor.*Epit.*2.33(4.12.47);—(*w. abl.*) nocendi cupidine hoc (*sc.* odium) ~acius V.Max.9.3.intro.;—(*w.* ad) iudiciis etiam in ~aces ad obtinendam iniuriam redditis Liv. 29.1.17;—(*w.* aduersus) adeo..aduersus experimenta ~aces sumus ut bella uicti..repetamus Sen.*Ben.*1.1.10;—(*w. inf.*) Fortuna..ludum insolentem ludere ~ax Hor.*Carm.*3.29.50. **b** Romani fatebantur nunquam cum ~aciore hoste conflictum Liv.7.33.16; Sen.*Dial.*4.34.4;—(*w.* in+*abl.*) ~acior altera (turma) in repugnando Liv.29.33.7; contractis..xl milibus..~acissimae in retinendis armis iuuentutis Vell. 2.27.1;—(*w.* aduersus) uetus miles, aduersus temerarios impetus ~ax Liv.28.22.14;—(*w.* ad) ad bonas spes ~ax animus est Sen.*Ben.*7.31.5; procera corpora et animos ad proelia ~aces requirebant Col.8.2.4.

3 (of activities, attitudes, etc.) Obstinately or determinedly persisted in, stubborn, unwavering.

peruince ~aci peruicacia Enn.*scen.*379; concertationes.. in disputando ~aces Cic.*Fin.*1.27; ~aci certamine inter pacis bellique auctores Liv.4.30.2; non acrior quam ~acior impetus Romanorum 31.35.4; perstare..in ~aci simulatione inopiae 38.14.13; ~acissimis precibus V.Max.9.3.ext.3; uincit malos ~ax bonitas Sen.*Ben.*7.31.1; nihil est, quod non expugnet ~ax opera *Ep.*50.6; quercus et olea..~aci odio dissident Plin.*Nat.*24.1; pietate ~aci Mart.8.38.1; haec ipsa (*sc. abilities*) sine..studio ~aci..nihil prosunt Quint.*Inst.*1.pr.27; ~aci pro Nerone fide Tac.*Hist.*1.51; ~aci spe Apul.*Soc.*4.

4 (of conditions, etc.) Persistent, prolonged, lasting; (of an illness) intractable. **b** (of a plant) retaining its characters unaltered.

PRIMVM APSENTIA ~ACI PATRVI MEI, DEINDE ETIAM GAI PRINCIPATV *CIL* 5.5050.11; non uehemens modo, sed etiam ~ax uis mali insistebat Curt.8.4.8; nimbi graues magis.. quam ~aces Sen.*Nat.*4b.4.2; mansit candori ~ax gratia Plin.*Nat.*19.24; stare solitus Socrates dicitur ~aci statu perdius atque pernox Gel.2.1.2;—(*of wind or breath*) ~aci uento Var.*R.*1.59.1; alium..uenti segnes ludunt.., alium ~ax flatus celerrime perfert Sen.*Ep.*70.3; spiritus cum spatio ~ax Quint.*Inst.*11.3.40;—perturbat me longa et ~ax ualetudo Titi Aristonis Plin.*Ep.*1.22.1; 7.1.1. **b** (siligo) trans Alpes in Allobrogum tantum..agro ~ax (in ceteris ibi partibus..in triticum transit) Plin.*Nat.*18.85.

Pertinax[2] ~ācis, *m.* The cognomen of P. Helvius, who succeeded Commodus as Emperor in A.D. 193.

CIL 6.477; 8.10238.

pertineō ~ēre ~uī, *intr.* [per-+teneo] Consts.: w. spatial adv., or advl. phr., in lit. or abst. sense.

1 (of physical features, etc.) To extend (to a point expressed or implied), reach, stretch. **b** (w. *per*) to extend over the whole (of an area), be diffused (throughout). **c** (esp. of an influence, condition, etc.) to extend (to) in its operation, progress, or sim.; (also transf. or fig.).

(*w.* ad) uias quae ~ent ad iecur eique adhaerent Cic.*N.D.* 2.137; ex eo oppido pons ad Heluetios ~et Caes.*Gal.*1.6.3; agros..ad mare ~entis euastat Liv.34.28.12; (gentes) ALPINAE OMNES QVAE A MARI SVPERO AD INFERVM ~EBANT *CIL* 5.7817; hoc dorsum..a Caucaso monte ad Rubrum mare ~et Curt.5.4.5; ora..usque ad Phyconta..inportuoso litore ~et Mela 1.37; haec duo genera (*i.e. whales and dolphins*) fistula spirant, quae ad pulmonem ~et Plin.*Nat.* 9.19; (*in fig. phr.*) quod earum (*sc.* rerum) administratio latissime pateat ad plurimosque ~eat Cic.*Off.*1.92; (*transf.*) hic (orbis) ~et a natali ad diem extremum Sen.*Ep.*12.6;—(*w.* in+*acc.*) caput sacrae uiae ab Streniae sacello quae ~et in arcem Var.*L.*5.47; cloacam quae ex aedibus eius in tuas ~et *Ed.pr.*(*Font.iur.*p.234)43.11;—(*w. advs. of place*) (siluam) longe introrsus ~ere Caes.*Gal.*6.10.5; hucusque Italiae latus alterum ~et Mela 2.67;—(*w. acc. of extent*) insula natura triquetra, cuius unum latus..~et circiter milia passuum quingenta Caes.*Gal.*5.13.1. **b** rationem quandam per omnium naturam rerum ~entem Cic.*N.D.*1.36; Neptunum esse dicis animum..per mare ~entem 3.64; in omnis partis, per quas fines Aegypti regnumque ~et, legatos.. miserant *B.Alex.*2.1;—(*transf.*) caritas patriae per omnes ordines uelut tenore uno ~ebat Liv.23.49.3. **c** quae potest..contagio ex infinito paene interuallo ~ere..ad terram? Cic.*Div.*2.92; effectus utriusque (*sc. constellation*) ad omnes frugiferas ~ent terras Plin.*Nat.*18.282; ita.. efficiemus ut modus (*sc. of water*), quem adquiri diximus, possit ad nouos salientes..~ere Fron.*Aq.*103; (*w.* in) in uastae magnitudinis urbe partium sensu non satis ~ente in omnia Liv.25.24.6;—(*transf. or fig.*) multos praestantes uiros..tanta esse conatos quae ad posteritatis memoriam ~erent Cic.*Sen.*82; perpetua (fulmina), quorum significatio in totam ~et uitam Sen.*Nat.*2.47; cur..non ~eat ad litteras aetas, quae ad mores iam ~et? Quint.*Inst.*1.1.17.

2 a (of actions, words, etc.) To be aimed (at), directed (towards some object). **b** to tend (to some result, usu. desired), be conducive (to).

a nec..oratio mea ad infirmandum foedus Gaditanorum, iudices, ~et Cic.*Balb.*34; id ne ferae quidem faciunt, ut ita ruant..ut earum motus..quo ~eant non intellegamus *Fin.* 1.34; quo ~ent obscuritates..somniorum? intellegi enim a nobis di uelle debebant ea quae nostra causa nos monerent *Div.*2.132; haec omnia Caesar eodem illo ~ere arbitrabatur ut tridui mora interposita equites eorum qui abessent reuerterentur Caes.*Gal.*4.11.4; quo illa oratio ~uit? an uti uos infestos coniurationi faceret? Sal.*Cat.*51.10; suspicatus ad aliquam urbanitatem totiens iteratam uocem ~ere Petr. 36.7; Plin.*Pan.*53.1;—(*phil.*) ut bonorum alia sint ad illud ultimum ~entia (sic enim appello, quae τελικά dicuntur..), alia autem efficientia, quae Graeci ποιητικά Cic.*Fin.*3.55. **b** res cum ad pactiones iniquissimas magnam uim habuit.. neque ad ullam utilitatem rei publicae ~uit Cic.*Ver.*3.38; negabat genus hoc orationis quicquam..ad leuandam aegritudinem ~ere *Tusc.*3.60; nihil uidemur debere praetermittere, quod ~eat ad eam (*sc.* imaginem) declarandam Nep.*Ep.*1.3; ciuitates Macedonum, quae..defecerant, reddi mihi aequum censebam..quia multum ad reliquos Macedonas continendos exemplum ~ebat Liv.39.28.2; Graecos (libros), quia..ad soluendam religionem ~ere existimabantur,..cremauit V.Max.1.1.12; cum maiores..ne ea quidem eripuerint priuatis quae ad commodum publicum ~ebant Fron.*Aq.*128; prima..creterra ad sitim ~et, secunda ad hilaritatem, tertia ad uoluptatem, quarta ad insaniam Apul.*Fl.*20;—(*w. inf. or acc. and inf. as subj.*) quorsus ~uit stipare Platona Menandro..? Hor.*S.*2.3.11; num et Pompeium primum in circo elephantorum duodeuiginti pugnam edidisse..ad ullam rem bonam ~et? Sen. *Dial.*10.13.6;—(*w.* quo+*subj.*) id ~ere putant, quo facilius ad greges pastores retineant Var.*R.*2.1.26.

3 (of words or speech) To point (to a conclusion), refer (to an individual, etc.). **b** (of events, omens, etc.).

uereor ne ad pluris oratio mea ~ere uideatur Cic.*S.Rosc.* 94; quorsum..haec oratio ~et? *Dom.*115; 'quo res haec ~et?' illuc: dum uitant stulti uitia, in contraria currunt Hor.*S.*1.2.23; haec atque alia eodem ~entia..cum..dissereret Liv.1.50.7; dicebam quaedam (*sc.* uerba) ad alios ~ere et sic esse formata, ut tota significatio illorum discedat a nobis..nemo est enim suus frater Sen.*Ben.*5.10.2; quo nunc ~eat ista disputatio *Ep.*124.21; ne decet quidem.. de uerbis esse sollicitum. neque hoc eo ~et, ut in his nullus sit ornatus, sed uti pressior Quint.*Inst.*8.3.13; Papin.*dig.* 49.14.37. **b** hoc quam ad rem credam ~ere somnium nequeo inuenire Pl.*Mer.*252; parui saepe indicauerunt aliquid, quo id ~eret ignari Cic.*Top.*75; non esse obscurum ad quem suspicio malefici ~eat *S.Rosc.*18; quod sua uictoria tam insolenter gloriarentur, quodque tam diu se impune iniurias tulisse admirarentur, eodem ~ere Caes.*Gal.*1.14.4; in domo sua facere mysteria dicebatur..idque non ad religionem, sed ad coniurationem ~ere existimabatur Nep. *Alc.*3.6; id..omen ~uisse..uisum ad damnationem ipsius Camilli Liv.5.21.16; cum haruspices ad imperatorem id ~ere prodigium praemonuissent 25.16.4; uidebat..rem ad suos cruciatus ~ere V.Max.6.8.1; Suet.*Ves.*23.4.

4 To relate or pertain (to), have to do (with). **b** *quod* (*quantum*) *ad* — *~et*, as far as — is concerned. **c** *ad* (*in*) *rem ~ere*, to be relevant or to the point; also *~ere* alone.

quid id ad uidulum ~et, seruae sint an liberae? Pl.*Rud.* 1106; quaero, quid ad hoc iudicium recitari istas leges ~uerit Cic.*Tul.*48; pecuniam ceteraque quae ad id bellum gerendum ~eant *Phil.*11.30; in omnibus rebus, quae ad te ~eant, operam..meam *Fam.*5.8.2; uelut ea res nihil ad religionem ~uisset Liv.2.36.1; cum libros ad sacra populi ~entes legeret V.Max.1.1.3; (finitio) superuacua et nihil ad causam ~ens Quint.*Inst.*7.3.20; ea quae..ad ciuilia et bellica eius studia ~eant, non alienum erit..exponere Suet. *Jul.*44.4; pars quaedam geometriae ὀπτική appellatur, quae ad oculos ~et Gel.16.18.1. **b** quod ad indutias ~eret, sic belli rationem esse diuisam ut.. Caes.*Civ.*3.17.3; longus ..morbus..quod ad difficultatem ~et, acuto par est Cels. 3.1.5; Curt.9.2.19; quod ad nationes exteras ~et, Cicero uarie Quint.*Inst.*11.1.89; Apul.*Apol.*57;—quantum ad me quidem ~et..nihil aliud timeo quam ne reuertar Sen.*Suas.* 2.4; Plin.*Ep.*8.6.14; *Pan.*3.2. **c** hoc etiam accipe quod dico: nam ~et ad rem Lucil.1032; quod dicturus sum, puto ..non ualde ad rem ~ere, sed tamen nihil obest dicere Cic. *Fam.*9.13.4; (*w. inf. or acc. and inf. as subj.*) ad rem ~ere uisum est consules primo quoque tempore creari Liv.35.24.1; quam superba fuerit crudelitas eius ad rem ~et scire Sen. *Dial.*5.19.1; Larg.13; (*w. indir. qu.*) non putauit..in rem ~ere, ubi..periret qui perire deberet Sen.*Con.*9.2.20; nec ad rem ~ebit, iam tunc cum testamentum fiebat tabulae interciderint an postea uel mortuo testatore Julian.*dig.* 30.84.7;—ille uersus usquequaque ~et: 'gener socerque, perdidistis omnia' Verg.*Cat.*6.5; haec breuiter attingemus, scrutati maxime ~entia Plin.*Nat.*18.341; eo..perungui ~entes partes 28.262; damni infecti stipulatio ~et etiam, si quid eius operis..uitio damnum mihi contigerit Ulp.*dig.* 39.2.30.

5 To be a concern (to a person, his mind, etc.), be the business (of).

haec discrimina ~ent ad fructus uehementer Var.*R.* 1.9.4; id te scire uolui, si quid forte ea res ad cogitationes tuas ~eret Cic.*Att.*1.6.1; ludorum..administrationem suspicor ex magna parte ad te ~ere 15.18.2; controuersias regum ad populum Romanum..~ere Caes.*Civ.*3.107.2; Antemnates erant ad quos eius iniuriae pars ~ebat Liv. 1.10.2; ea (sacra)..quae nunc ad Dialem flaminem ~ent 1.20.1; (oenanthe) quae in Africa fit, ad medicos tantum ~et Plin.*Nat.*12.133; ita nati estis ut bona malaque uestra ad rem publicam ~eant Tac.*Ann.*4.8; uiuat..quando id ad nos nihil ~et Suet.*Gal.*4.1; meum cubile deseritur, ad te dolor iste quid ~et? Calp.*Decl.*22; Semproniam ~ere ad animum meum cognouisti Scaev.*dig.*17.1.60.1;—(*w. inf. or acc. and inf. as subj.*) id cum ad dignitatem eius fidemque ~ere, non prodi socios Liv.36.26.3; ~et ad faciem rabidos conpescere mores..ora tument ira Ov.*Ars* 3.501;—(*w. indir. qu.*) Numidae haud sane multum ad se ~ere credenti utrum penes Lacumazen an Masinissam regnum Maesuliorum esset Liv.29.31.1; ~et..ad animum meum quali itinere prouinciam peruenias Tra.Plin.*Ep.*10.16(27);—(*w.* ut) ut gratus sit, ad eum magis ~et, qui debet Quint.*Inst.* 12.7.12;—(*cf.*) sumptus honeste ad honores per gradus ~entes factus Ulp.*dig.*3.5.44(45).

6 (of possessions) To belong by right (to), be the property (of); (also transf., of a quality, right, etc.). **b** (of persons) to belong (to a group), be associated (with). **c** (of actions, etc.) to be attributable (to), be the work (of).

non debet ea mulier cui uir bonorum suorum usum fructum legauit.., putare id ad se ~ere Cic.*Top.*17; cupit regnum..obstat frater maior, ad quem iure..regnum ~eret Liv.40.11.7; Curt.10.7.14; funus duxere ei propinquae ad quas ~ebat hereditas Plin.*Nat.*2.248; expugnatae urbis praedam ad militem, deditae ad duces ~ere Tac.*Hist.*3.19; (agri) et ipsi plerique ad populum Romanum ~entes ex hoste capti Hyg.*agrim.*p.79; libertorum bona ad patronos ~eant Calp.*Decl.*14; Gaius *Inst.*2.35; (*w.* apud) HOC PRAEDIOLVM ~ET APVT T TERENTIVM SECVNDVM *CIL* 14.1661;—(*transf.*) magis pol haec malitia ~et ad uiros quam ad mulieres Pl.*Truc.*810; ad quem..magistratuum ius ..uendendae..aquae ~uerit Fron.*Aq.*95. **b** nihil ad ueterem..Sulpiciorum familiam Quirinius ~uit Tac.*Ann.* 3.48. **c** si ad hunc maleficium istud ~et Cic.*S.Rosc.*79; eo..se esse absolutum quod planum fecisset ea quae legati Samiorum dicerent ad Verrem, non ad se ~ere *Ver.*1.52; *Font.*19; nec, ad quos ~eat facinus, uestigia ulla extare Liv.31.12.1.

7 To come within the scope (of a law, category, etc.).

neque lapicidinae neque harenariae ad agri culturam ~ent Var.*R.*1.2.23; an..praeuaricaretur? nam id quoque ad corrumpendum iudicium ~et Cic.*Clu.*87; ut constarent quae essent ad hoc uectigal ~entia loca Fron.*Aq.*118; testamentum eius ad priuilegia militum non ~ebit Julian. *dig.*29.1.20.1; si quis unum seruum..habet, ad hanc legem non ~et Gaius *Inst.*1.43; responsum Domitii Ulpiani, quo continebatur Arescusam ~ere ad rescriptum sacrarum constitutionum Paul.*dig.*19.1.43; ad leges seruiles cognationes non ~ent 38.10.10.5; (*cf.*) si habeat quidem (*sc.* filios), filii autem eius ad libertatem ~ere non possint Ulp.*dig.*40.4. 13.3.

pertingō ~ere, *tr.*, *intr.* [per-+tango]

1 (tr.) To get as far as, reach; (also intr.,

w. *ad*). **b** (intr.) to extend (in a certain direction).
(*tr.*) fossor..bidentibus eas partes subigit quas bubulcus non potuit ~ere COL.5.5.13;—(*intr., transf.*) fac te ..ad sapientiam Cleanthis..~ere FRO.*Aur.*2.p.62(144N). **b** collis.., in inmensum ~ens SAL.*Jug.*48.3; iugum..~it circumitionibus contra fretum VITR.2.10.1; quousque (radix) possit ~ere COL.*Arb.*7.4.

2 (tr.) To concern, affect.
si data fuerit aduersus eum actio, necesse erit et eum ~i qui uetuit ULP.*dig.*3.5.7.3; iniuria, quae fit liberis nostris, nostrum pudorem ~it 47.10.1.5.

pertīsum: see PERTAEDEO.

pertolerō ~āre ~āuī ~ātum, *tr.* [PER-+TOLERO] To endure to the end.
~arem uitam cladesque exanclarem ACC.*trag.*91; quae (*sc. stones*)..~assent omnia tormenta aetatis LUCR.5.316.

? **pertonat** ~āre, *intr.* [PER-+TONO] (impers.) To thunder loudly.
sciat (animus) se uenisse ubi ~at (*cj.*), fulminat SEN.*Ep.* 107.3.

pertorqueō ~ēre, *tr.* [PER-+TORQVEO]

1 (app.) To hurl (a missile) to its destination.
(*transf.*) quam senticosa uerba ~et AFRAN.*com.*1.

2 To twist strongly, contort.
taetra absinthi natura ferique centauri foedo ~ent ora sapore LUCR.2.401.

pertractātē, *adv.* [pple. of PERTRACTO+-E] In a trite or hackneyed manner.
(fabula) non ~ facta est neque item ut ceterae PL.*Capt.*55.

pertractātiō ~ōnis, *f.* [next+-TIO] Detailed study or examination (of a subject).
neque..sine multa ~one omnium rerum publicarum neque sine legum..scientia..in his ipsis rebus satis callide uersari..potest CIC.*de Orat.*1.48; in grammaticis poetarum ~o, historiarum cognitio 1.187; ille (*i.e. a listener*)..necesse est..uarios..uultus..gerat, proinde ut eum conscientiamque eius adfecerit utrarumque animi partium aut sincerarum aut aegrarum philosophi ~o GEL.5.1.4.

pertractō ~āre ~āuī ~ātum, *tr.* Also **pertrectō**. [PER-+TRACTO]

1 To pass the hand over the whole of, stroke or finger all over. **b** to work upon, handle (the mind, feelings).
si papillam ~auit PL.*As.*224; mullos exceptantem de piscina et ~antem CIC.*Parad.*38; milites bestias manibus ~abant *B.Afr.*72.5; primis quasi infantiae diebus ~andi sunt (pulli) COL.8.5.19; quicquid erit sententiis populare.. uelut institor quidam eloquentiae intuendum et paene ~andum dabit QUINT.*Inst.*8.3.12; PLIN.*Ep.*9.33.6; quae (*i.e. Cupid's weapons*) dum insatiabili animo Psyche.. rimatur atque ~at APUL.*Met.*5.23;—(*in medical context*) ungui..leuiterque ~ari corpus etiam in acutis..morbis oportet CELS.2.14.4; leuiter ~anda uesica est, et discutienda, si qua coierunt 7.26.5.D; medicus ~ans ossa..manibus ea diducit 8.10.7.N;—(*poet.*) lustrabat campos.., ~ans uulnera uisu (*i.e. feasting his eyes on them*) SIL.10.451. **b** (orator) ita peragrat per animos, ita sensus hominum animosque ~at, ut.. CIC.*de Orat.*1.222; 2.186; ille haudquaquam rudis ~andi militares animos speciem sibi Herculis in somno oblatam esse pronuntiat CURT.4.2.17.

2 To examine in detail, study carefully (in thought or discussion).
aduersarii narrationem saepe et diligenter ~abit CIC.*Inv.* 2.45; introspice in mentem tuam ipse eamque omni cogitatione ~ans percontare ipse te.. *Fin.*2.118; perceptas peritus et ~atas res humanas habere *Tusc.*3.30; ostenta restant, ut tota haruspicina sit ~ata *Div.*2.49; quicquid nos.. delectauit..frequenti cogitatione ~andum est SEN.*Dial.* 11.10.3; quos eandem hanc quaestionem ~antis iuuenis admodum audiui TAC.*Dial.*1.2; quae scripsi, mecum ipse ~o PLIN.*Ep.*7.17.7;—(*w. indir. qu.*) ~are..quomodo..pro iniustis aliquando dicatur, non est inutile QUINT.*Inst.*12. 1.34.

pertrahō ~here ~xī ~ctum, *tr.* [PER-+TRAHO]

1 To drag along, haul, tow.
cum onera machinis ~huntur VITR.10.1.2; ratis..ab actuariis aliquot nauibus ad alteram ripam ~hitur LIV. 21.28.9; 37.24.9.

2 To drag by force (to punishment or some other unpleasant fate). **b** (hyperb.) to constrain to come.
somno grauem Quinctium oppressum..in castra ~xerunt LIV.7.39.14; restitantes consules in contionem ~xerunt 10.19.5; Syphax..capitur..et uiuus..ad Laelium ~hitur 30.12.2; quem (*sc.* Marium) per ora uulgi ad sepulcrum Lutatiae gentis ~ctum..uita priuauit (Sulla) V.MAX.9.2.1; accusatores..Romam ~xerunt (mulierem) ad centumuiros PHAED.3.10.35; ~ctus ad Vitellium interrogatusque TAC. *Hist.*2.72; (*ellipt.*) praepositi..serui qui conquirerent ~herent *Ann.*6.1; (*in fig. phr.*) ab hac diuina contemplatione abductum animum in sordida et humilia ~ximus, ut auaritiae seruiret SEN.*Ep.*110.9. **b** in contionem..eos iidem precibus ~xerunt LIV.45.10.6; hos in alio non spirare caelo ideoque ad finitimos reges non ~hi PLIN.*Nat.*7.11; (*w. abl. subj.*) si eum..uoluntas uel fatum aliquod in urbem ~xisset TAC.*Dial.*17.5.

3 To draw on, lure (an enemy).
Romanus cedentem hostem effuse sequendo in locum iniquum ~ctus opportunus huic eruptioni fuit LIV.6.24.3; ut ad terga collis ab equite suo insessi hostem incautum ~heret 25.15.12; 29.34.13; 35.29.3.

4 To draw out or extract thoroughly.
oportet..locum morsum a rabioso cane..diu tenere in exulceratione.. ut uirus illa ~hatur LARG.173.

pertrālūcidus ~a ~um, *a.* [PER-+TRALVCIDVS] Completely translucent.
(charta) tramittens litteras..indecoro uisu ~a PLIN.*Nat.* 13.79.

pertranseō ~īre, *intr.* [PER-+TRANSEO] To pass right through.
nubecula (smaragdi) albicantis est uitium, cum uiridis non ~it aspectus PLIN.*Nat.*37.68.

pertrectō: see PERTRACTO.

? **pertribuō** ~uere ~uī ~ūtum, *tr.* [PER-+TRIBVO] (dub.) To pay or render in full.
et milites et pagani..certatim ei..testimonium ~uerunt (*s.v.l.*) PLIN.*Ep.Tra.*10.86b(18.2).

pertrīcōsus ~a ~um, *a.* [PER-+TRICOSVS] (prob.) Completely taken up with trifles.
'bellus homo est, flexos qui digerit ordine crines..; cantica qui Nili..susurrat,..qui scit quam quis amet, qui per conuiuia currit..'..res ~a est, Cotile, bellus homo MART.3.63.14.

pertristis ~is ~e, *a.* [PER-+TRISTIS]

1 Very sad or mournful.
~e..carmen CIC.*Arat.Progn.*219(*Div.*1.14).

2 Very stern or severe.
fuit in hac causa ~is quidam patruus, censor CIC.*Cael.*25.

pertrītus ~a ~um, *a.* [PER-+TRITVS[1]] Very hackneyed or trite.
uulgaris..et ~a quaestio SEN.*Con.*7.3.7; scio ~um iam hoc esse quod adiecturus sum, non..tamen praetermittam SEN.*Ep.*63.12.

pertumultuōsē, *adv.* [PER-+TVMVLTVOSE] In a state of great agitation.
legati..~ neque tamen non uere Parthos in Syriam transisse nuntiauerunt CIC.*Fam.*15.4.3.

Pertunda ~ae, *f.* The goddess presiding over the penetration of the hymen.
VAR.*gram.*182.

pertundō ~undere ~udī ~ūsum, *tr.* [PER-+TVNDO] To bore a hole through, perforate. **b** to drill (holes).
latus ~udit hasta ENN.*Ann.*414; i, puere, prae; ne quisquam (*i.e. any cutpurse*) ~undat cruminam cautiost PL.*Ps.* 170; terebra uitem quam inseres ~undito CATO *Agr.*41.3; tigna..terebrare..ac ~undere perque forare LUCR.5.1268; qua machina accessura erat, ea regione murum ~udit VITR. 10.16.7; oua..~undimus PETR.33.6; ~unde aures, ut imitemur Arabes 102.14; ~undas glaciem triente nigro MART.9.90.5;—(*of natural forces or sim.*) guttas in saxa cadentis..~undere saxa LUCR.4.1287; fulminis uis..folia ~undit SEN.*Nat.*2.52.2; si..lapide ungulam ~uderit (*sc.* bos) COL.6.15.1; clude et positos tinea ~unde libellos JUV. 7.26;—(*hyperb., in obsc. context*) supinus ~undo tunicamque palliumque CATUL.32.11. **b** noctu ~udit crebra foramina VITR.10.16.10.

perturbātē, *adv.* [PERTVRBATVS+-E] In a disorderly manner, confusedly.
ne quid ~, ne quid contorte dicatur CIC.*Inv.*1.29; *Orat.* 122; muta animalia ~ et indisposite mouentur SEN.*Ep.* 124.19.

perturbātiō ~ōnis, *f.* [PERTVRBO+-TIO]

1 Physical disturbance, agitation, upheaval. **b** a disturbance of the bodily functions, upset, disorder. **c** disarrangement, confusion (of order).
de ~onibus caelestibus et maritimis et terrenis CIC.*N.D.* 3.16; cum sit tum serenitas, tum ~o caeli *Div.*2.94; Ὄλυμπον ..quem ab omni fuscitate ac ~one uident liberum APUL. *Mun.*33;—(*in fig. phr.*) quem Euripum..tam uarias habere putatis agitationes..fluctuum, quantas ~ones et quantos aestus habet ratio comitiorum? CIC.*Mur.*35. **b** me istis scito litteris ex diuturna ~one totius ualetudinis tamquam ad aspiciendam lucem esse reuocatum CIC.*Brut.*12; *Fam.* 9.15.2; morbus et aegrotatio ex totius ualetudinis corporis conquassatione et ~one gignuntur *Tusc.*4.29; si quis in balineo sensit maiorem oculorum ~onem quam attulerat CELS.6.6.8.D; oculorum siccam..~onem LARG.32. **c** ne quando ~one ordinis inpediamur *Rhet.Her.*3.30.

2 (transf.) Upsetting (of an institution, the status quo, etc.), confusion, disorder, disruption.
sublata erat de foro fides..~one iudiciorum, infirmatione rerum iudicatarum CIC.*Agr.*2.8; ciuitates..pro horum temporum ~one felicis *Fam.*13.28a.2; sanctitatem et religionem..quibus sublatis ~o uitae sequitur *N.D.*1.3; omnes post interitum Caesaris nouarum ~onum causae *Fat.*2; (C. Canuleium) conluuionem gentium, ~onem auspiciorum ..adferre LIV.4.2.5; VELL.2.88.3; dicitur in illa ~one (*i.e. at the battle of Munda*)..de extremis agitasse secum FLOR.*Epit.* 2.13(4.2.83); rem p. ciuili aliqua ~one in tutelam eius..deuenturam SUET.*Ves.*5.3.

3 Agitation of mind, distress, perturbation, uneasiness.
oculi omnium iudicum..in Oppianicum coniciebantur; timor eius, ~o..haec aperta et manifesta faciebant CIC. *Clu.*54; non multum eius ~oni meus dolor concedebat *Phil.* 9.9; sum in magna animi ~one *Att.*6.1.14; nauibus fractis.. totius exercitus ~o facta est CAES.*Gal.*4.29.3; admiratus cum uerba tum ~onem tantam adulescens parcere exsecrationibus iubet LIV.39.10.3; in hanc ~onem adulescens perductus erat, ut ignoraret, quid fecisset SEN.*Con.*7.8.2; PLIN. *Ep.*3.9.16; FRO.*Ver.*2.p.84(133N).

4 (phil.) Any strong emotion, a passion (= Gk. πάθος).
reliquae..~ones animi, formidines libidines iracundiae CIC.*Tusc.*3.7; est..Zenonis haec definitio, ut ~o sit, quod πάθος ille dicit, auersa a recta ratione contra naturam animi commotio 4.11; libidinosi (*sc.* dicuntur) et timidi et misericordes, quia procliues ad eas ~ones sunt 4.28; *Fin.*3.35; *Off.*1.136; primus animum pinxit et sensus hominis expressit, quae uocant Graeci ἤθη, item ~ones PLIN.*Nat.*35.98; quia uitium esset omnis animi ~o QUINT.*Inst.*5.pr.1.

perturbātrix ~īcis, *f.* [PERTVRBO+-TRIX] One who throws into confusion.
~icem..harum omnium rerum Academiam CIC.*Leg.*1.39.

perturbātus ~a ~um, *a.* *compar.* ~ior, *superl.* ~issimus. [pple. of PERTVRBO]

1 Disorderly, confused, muddled. **b** (of weather) wild, turbulent. **c** (of a state of affairs) troubled, disturbed.
ita confusa est oratio, ita ~a, nihil ut sit primum, nihil ut secundum CIC.*de Orat.*3.50; quid foedius, quid ~ius hoc ab urbe discessu? *Att.*8.3.3; cum (animus)..in tam insolitum tamque ~um domicilium (*i.e. the body*) inmigrauit *Tusc.* 1.58; non est illis (*sc. the planets*) ~us et impotens cursus SEN.*Nat.*7.8.3; (*neut. pl. as sb.*) onusti..uino ~a et confusa cernimus CIC.*Div.*1.60;—(*of sound*) respondisse..~o sono et uoce confusa SEN.*Apoc.*5.2; uox..non explanabilis et ~a et uerborum inefficax *Dial.*3.3.7. **b** aequinoctium nos moratur quod ualde ~um erat CIC.*Att.*10.17.3; turbinem, uiolentissimum et ~issimum tempestatis genus SEN.*Nat.* 7.10.2. **c** flammam quassatae rei publicae ~orumque temporum CIC.*Sest.*73; in his tam obscuris rebus tamque ~is *Fam.*6.6.4; in tanta sollicitudine hominum et tam ~o statu ciuitatis fructuosissimam esse professionem bonae uoluntatis PLANC.*Fam.*10.8.2.

2 Agitated in mind, uneasy, perturbed.
domum reuortor maestus atque animo fere ~o atque incerto TER.*Hau.*123; AFRAN.*com.*65; in his miseriis erecto animo et minime ~o sumus CIC.*Att.*2.24.4; numquam uidi hominem ~iorem metu 10.14.1.

perturbō ~āre ~āuī ~ātum, *tr.* [PER-+TVRBO[1]]

1 To throw (material things) into confusion, disorder, jumble up, or sim. **b** (military formations). **c** to upset (the bodily functions), derange (the mind).
graue..ostendit (Aquila) nautis ~ans aequora signum CIC.*Arat.*331(90); quocumque modo ~es (semina) caerula quae sint, numquam in marmoreum possunt migrare colorem LUCR.2.774; ~atur ibi iam totum corpus et omnes commutantur ibi posituraе principiorum 4.666; nec patiebatur alimenta per somnum..digeri, sed ~ata ac dissipata in caput agebat SEN.*Con.*1.pr.17; echini, spondyli, mulli ~ati concoctique ponantur SEN.*Ep.*95.28; turbo..repentinis flabris prosilit atque uniuersa ~at APUL.*Mun.*12;—(*immaterial things*) quo in genere, ut in his ~em aetatum ordinem, nuper L. Quinctius fuit CIC.*Brut.*223; rationibus populorum non interpositis neque ~atis *Ver.*3.175; *Parad.* 26. **b** Galli..lanceis..medium ~ant agmen SIS.*hist.*71; impetu facto celeriter nostros ~auerunt CAES.*Gal.*4.12.1; ~atis antesignanis *Civ.*1.44.4; ~ato impedimentorum agmine HIRT.*Gal.*8.29.2; SAL.*Jug.*59.3; triarii..clamore sublato principia Latinorum ~ant LIV.8.10.6; in ~atam transcursu beluarum aciem signa inferunt 27.14.11. **c** illum ulciscar..ueneficum, qui peruorse ~auit familiae mentem meae PL.*Am.*1044; si..oculi caligant, aut uenter ~atur CELS.1.3.3; superciliorum saepes praemuniunt oculis, ne desuper proruat, quod teneras uisiones..~et APUL. *Pl.*1.15.

2 (transf.) To upset (a state of affairs, system, etc.), disrupt, confound, disorganize. **b** to stir up (people), make turbulent.
mea consilia ~at PL.*Mos.*656; nil est preci loci relictum: iam ~aui omnia TER.*An.*601; si..descripta a maioribus iura finium..~ari aliqua ratione commutarique possunt CIC. *Caec.*74; ~are rem publicam seditionibus *Dom.*35; uitam omnem ~ari uidemus errore *Fin.*1.46; pactiones..bellicas.. ~are periurio *Off.*3.108; ne sua pertinacia omnium fortunas ~ari uellet CAES.*Civ.*2.36.2; tumultu ciuitatem esse ~atam NEP.*Att.*2.2; V.MAX.8.10.1; cupiditatem, auaritiam,..quarum inpotentissimae cogitationes somnos etiam ipsos..~ent QUINT.*Inst.*12.1.6; quos comitia..caedibus ~antes Marius in Capitolium persecutus obsedit AMP.26.3;—(*cf.*) a Myrrhina haec sunt mea uxore exorta omnia..ea nos ~at, Lache TER.*Hec.*633. **b** Sittius est ab hoc in ulteriorem Hispaniam missus ut eam prouinciam ~aret CIC.*Sul.*56; nostras contiones illarum nationum homines..~ant *Flac.* 17; homines scelerati..gentes sibi in tenebris rei publicae ~andas putauerunt *Leg.*3.21.

3 To trouble in mind, agitate, perturb, discompose (esp. pass.). **b** to arouse, stir up (an emotion).
timide ad dicendum accedunt et in ordienda oratione ~antur CIC.*de Orat.*1.119; haec te uox non perculit, non ~auit..? *Ver.*3.132; cum T. Annius ipse magis de rei publicae salute quam de sua ~etur *Mil.*1; uarie sum adfectus tuis litteris, ualde priore pagina ~atus, paulum altera recreatus *Fam.*16.4.1; ira..quam diu ~at animum *Tusc.*4.77; (populus) ~atus..totus trepidabat LUCR.6.1280; uti (milites) suae pristinae uirtutis memoriam retinerent neu ~arentur animo CAES.*Gal.*2.21.3; Pausanias, ut audiuit Argilium confugisse in aram, ~atus uenit eo NEP.*Paus.*4.5; LIV.30.37.9; me..beniuolentia tua ~at CURT.7.7.26; ~arer hac tua seueritate TAC.*Dial.*4.1; APUL.*Met.*10.26;—(*w. abl. expr. emotion*) terrore ~atam multitudinem subigunt SIS. *hist.*96; ne uehementius desperatione ~er CIC.*Att.*3.15.6;—(*pass., w. indir. qu.*) omnibus rebus..perterriti..~antur, copiasne aduersus hostem ducere, an castra defendere.. praestaret CAES.*Gal.*4.14.2. **b** in quo (*sc.* genere) et

misericordia et iracundia et odium..et ceterae animi adfectiones ~antur Cic.*Top*.99.

perturpis ~is ~e, *a.* [PER-+TVRPIS] Very disgraceful, very shameful.

cum hac aliquid adulescentem hominem habuisse rationis num tibi ~e aut perflagitiosum esse uideatur? Cic.*Cael*.50.

pertūsus ~a ~um, *a.* Also **pertussus.** [pple. of PERTVNDO] FORMS: *pertussus* in Pl.*Poen.* 369. Having in it a hole or holes, perforated.

trulleos nassiternas ~os..matellas sine ansis Cato *orat.* 131; non omnia ~um congesta quasi in uas commoda perfluxere Lucr.3.936; alea ludere ~o fritillo Sen.*Apoc.* 14.4; ~a..compita Pers.4.28; plurima sunt quae non audent homines ~a (*i.e. ragged*) dicere laena Juv.5.131; Hyg.*Fab*.168.5;—(*prov. phr.*) in ~sum ingerimus dicta dolium, operam ludimus Pl.*Ps*.369;—(*humorously*) ~um dolium cum dicitur, uentrem significat Paul.*Fest*.p.243M.

peruādō ~dere ~sī ~sum, *intr., tr.* [PER-+VADO]

1 (of persons, intr.) To make one's way to the other side; (tr.) to cross, traverse (an area). **b** (tr., transf.) to get through (a term of office); to surmount (difficulties).

(*intr., w.* per) per omnis partis prouinciae te tamquam aliquam calamitosam tempestatem..~sisse Cic.*Ver*.1.96; pro se quisque omnes per aequa atque iniqua loca..~dunt Liv.25.14.9; (*absol.*) ita omnia opportuna loca hostes.. interceperunt ut ~dere expeditus nuntius non posset 9.43.4; praedixit..ne destinatum iter peterent, sed diuerso siluestrique ~derent Vell.2.82.2; (Arminius) impetu equi ~sit, oblitus faciem suo cruore ne nosceretur Tac.*Ann.* 2.17; 4.51;—(*tr.*) ~de polum Acc.*trag*.678; legionarii ceteras partes urbis ~dunt Liv.28.3.14; 42.13.8; promerent auctoramentum illud sui sceleris (*sc.* cantharum) quod.. clanculo furati..adhuc luce dubia pomerium ~serint Apul. *Met*.9.9. **b** Quintius dictaturam properat ~dere Sen. *Dial*.10.17.6;—capesse..rem publicam et omnia aspera, uti soles, ~de Sal.*Rep*.1.6.3.

2 (of physical or non-physical conditions, intr.) To spread or be diffused over an area; (tr.) to spread through or among, pervade.

(*intr., w.* per) opinio quae per animos gentium barbararum ~serat Cic.*Man*.23; (*in fig. phr.*) quantum incendium..non solum per agros sed etiam per reliquas fortunas aratorum.. isto praetore ~serit *Ver*.3.66; (*w. abl.*) si perniciosa illa dulcedo (*i.e. itch*)..uenis omnibus furens ~sit Apul.*Apol*.50; (*absol.*) quod uitium ~sit Quint.*Inst*.11.1.56; ~serat rumor inisse eum domesticam scaenam Tac.*Ann*.15.39;—(*tr.*) non iam foro se tumultus tenet, sed passim totam urbem ~dit Liv.2.23.7; murmur..totam contionem ~sit 26.15.9; terror ..omnem maritimam oram ~sit 38.30.9; magnam partem Asiae..tanti mali fama ~serat Curt.10.5.18; quis..ora repente ~sit pallor? Sil.7.427; ~sit..iam multos ista persuasio Quint.*Inst*.8.2.21; (uenenum) cunctos eius artus ~sit Tac.*Ann*.13.16; Apul.*Met*.4.28; (*cf.*) ea clades..prope uno die omnem Siciliam ~sit Liv.24.39.9.

3 (w. emphasis on destination, of persons or things, intr.) To make one's way, penetrate (to a point).

(*w.* in+*acc.*) ne quid in eas (*sc.* nares) quod noceat possit ~dere Cic.*N.D*.2.145; uictoriae Romanae fama cum ~sisset in Asiam Liv.45.10.1; (Tauranus) palantes..dum sequitur, ~serat altam in siluam Sil.5.469; iam ~serat (oratio) in manus plurium quam ut aboleri posset Fro.*Aur*.2.p.220 (111N);—(*w.* ad) cohors Hispanorum..usque ad uallum ~sit Liv.26.5.11; pars magna equitum mediam traiecit aciem et ad terga pugnantium ~sit 42.7.7; Casperius..ad Pharasmanen ~dit Tac.*Ann*.12.46; (*fig.*) quo rectius ad arcana purissimae religionis secreta ~derem Apul.*Met.* 11.21;—(*w.* sub) gelidus..sub ossa ~sit miseris..horror Sil.5.391;—(*w.* quo) locus..iam nullus est..quo non per haec tempora nostrorum hominum libido iniquitasque ~serit Cic.*Ver*.3.207; *Man*.44;—(*w. acc. of destination*) Numidam..donis pellicit ut..clam Capuam ~dat Liv. 26.7.6; grauedine somnulenta iam demersus domum ~dit aegerrime Apul.*Met*.10.26; (*of sound*) utrum terraene motus, sonitusne inferum ~sit auris..? Acc.*trag*.480; (*also w.* ad) ipse praeceps Hiberos ad patrium regnum ~dit Tac.*Ann.* 12.51.

peruagātus ~a ~um, *a. compar.* ~ior. [pple. of next]

1 Of which knowledge is widespread, well-known, familiar.

haec opera cotidiana et ~a exspectare Cic.*de Orat*.3.188; res non modo non abhorrens a consuetudine sed usitata etiam et ualde ~a *Scaur*.33; uestrae peregrinantur aures neque in hoc ~o ciuitatis sermone uersantur *Mil*.33; gloria..inlustris et ~a *Marc*.26; (*as sb.*) si de istis communibus et ~is uix huic aetati audiendum putas *de Orat*.1.165.

2 Of wide application.

pars (*sc.* argumentorum)..est ~ior et..in plerasque causas adcommodata Cic.*Inv*.2.47.

peruagor ~ārī ~ātus, *intr., tr.* Also ~ō ~āre. [PER-+VAGOR] FORMS: act. in *Rhet.Her*.3.37.

1 (intr.) To wander about the place, rove, range; (of things) to move about freely. **b** (tr.) to wander about, range over (a place). **c** (tr.) to pass across in a devious manner.

hic..praedonum nauiculae ~atae sunt Cic.*Ver*.5.98; ut in omnis partis equites quam latissime ~entur Caes.*Gal*.7.9.2; 7.45.1;—(*of things*) uti..cacumen..normae circum rotundationem tangendo ~ari possit Vitr.3.5.14. **b** ut.. nunc in liminibus starent, nunc errabundi domos suas.. ~arentur Liv.1.29.3; legiones..Phocidem ac Locridem ~antis uidemus 32.21.7; natio ~ata bello prope orbem terrarum sedem cepit 38.17.3; Pompeio duce P. R. totam.. Asiam ~atus Flor.*Epit*.1.40(3.5.31);—(*cf., w. abl.*) gens maiorem terrarum partem uictoriis ~ata tantum in Mario stetit [Quint.]*Decl*.3.13. **c** per piscatores.., nunc leuibus cumbis, nunc ubi eae siderent uadis ~atos stagnum, compertum habebat facilem pedibus..transitum dari Liv. 26.45.7;—(*of a meandering river*) amnis Maeander..Apamenam primum ~atur regionem Plin.*Nat*.5.113.

2 (of physical or non-physical conditions, intr.) To extend or spread widely; (tr.) to spread through, pervade. **b** (of information, news).

ipsa..loca..memorantur ~antes in agris habuisse ardores Vitr.2.6.3; ubi torpor atque prurigo ~antur, modo per totum caput, modo in parte Cels.2.8.37; iam ~atus ipse se fregit furor Sen.*Ag*.775;—cupiditates timores similiter omnium mentes ~antur Cic.*Leg*.1.32; ~ata est illa crudelis belli fortuna omnem ordinem Sen.*Con*.10.3.5; dolor..omnia membra ~abatur Plin.*Ep*.1.12.6; neque ciuitates tantum sed uicos etiam..superstitionis istius contagio ~ata est *Ep.Tra*.10.96(97).9. **b** (*intr.*) reliquum..in exteris nationibus usque ad ultimas terras ~atum est Cic.*Ver*.4.64; de (re) illustri et facili et iam in uulgus ~ata loquitur *Fin*.2.15; ea ~ata passim uox Liv. 25.34.12;—(*tr.*) fama eius..prouincias ~ata per Italiam quoque celebratur Tac.*Ann*.12.36; Apul.*Met*.4.29.

3 (tr., w. *animo*) To run over in the mind, review.

ut identidem primos quosque locos..celeriter animo ~emus *Rhet.Her*.3.37.

peruagus ~a ~um, *a.* [PER-+VAGVS] That wanders about or roams widely.

tam uasto ~us orbe puer (*i.e. Cupid*) Ov.*Ars* 2.18.

perualeō ~ēre, *intr.* [PER-+VALEO] To retain potency.

ex alio (anello)..alius lapidis (*i.e. a magnet*) uim..noscit: usque adeo permananter uis ~et eius Lucr.6.916.

peruariē, *adv.* [PER-+VARIE] With much variety.

reliqua ~ iucundeque narrantur Cic.*de Orat*.2.327.

peruastō ~āre ~āuī ~ātum, *tr.* [PER-+VASTO] To lay waste or devastate completely.

~atis passim agris Liv.8.19.9; ~auerat Volsiniensium agrum 10.37.1; ferro flammaque omnia ~ant 35.11.11; Tac.*Ann*.1.51;—(*transf.*) conferendis pecuniis ~ata Italia, prouinciae euersae 15.45.

peruehō ~here ~xī ~ctum, *tr.* [PER-+VEHO]

1 To carry, convey, or transport to one's destination. **b** (pass.) to be conveyed or transported (to a specified destination), ride, drive; also, to convey oneself, travel on foot. **c** (pass.) to travel by ship, sail; (of a ship) to sail.

uirgines..in plaustrum imposuit et Caere..~xit Liv. 5.40.10; uehicula..quae eum Brundisium commode ~herent 43.8.8; prius..quam (Herculem) in caelum fama ~heret Curt.8.5.17; sandaracam et ochram Iuba tradidit in insula ..Topazo nasci, sed inde non ~huntur ad nos Plin.*Nat.* 35.39; corpus..Romam usque ~xit Suet.*Tib*.7.3; si me domum ~xeris incolumem Apul.*Met*.6.28;—(*destination not expr.*) neque receptus Romanis per Tempe in Thessaliam neque commeatibus ~hendis ea patuisset iter Liv.44.6.6; uolo..non modo perniciter uerum etiam molliter ~hat (equus) Apul.*Soc*.23. **b** dictator ubi currum insidit, ~hitur usque ad oppidum Naev.*com*.107; mulo..Romam ~hi Cic.*Fam*.9.18.4; Agrippinam..gestamine sellae Baias ~ctam Tac.*Ann*.14.4;—illa, cito passu ~cta ad litora.. oscula..infixit harenae Sil.8.126; Apul.*Met*.9.19. **c** parua nauicula ~ctus in Africam Cic.*Red.Pop*.20; L. Nasidius..freto Siciliae imprudente..Curione ~hitur Caes.*Civ.* 2.3.2; hac (*sc.* triere) Thurios in Italiam ~ctus..clam se ab custodibus subduxit Nep.*Alc*.4.4; Liv.31.23.4; Liuia.. peruenit ad mare et cum uiro Nerone ~cta in Siciliam est Vell.2.75.3; exempla..tertio die ex Italia ~ctorum Vticam Plin.*Nat*.2.218; Tac.*Hist*.3.12; (*in fig. phr.*) cum prospero flatu eius (*sc.* fortunae) utimur, ad exitus ~himur optatos Cic.*Off*.2.19;—(*of the ship*) tempestate iam commutata nauis in portum ~hitur *Inv*.2.154.

2 (pass., w. acc. of place) To travel or sail through or past.

consul, uolucri ~ctus litora classe Sil.4.51; Oceanum usque ad Amisiam flumen secunda nauigatione ~hitur Tac. *Ann*.2.8; camporum spatia ~cti Apul.*Met*.8.15.

peruellō ~ere ~ī, *tr.* [PER-+VELLO]

1 To give a sudden sharp pull at, pinch, nip, twitch; *aurem alicui ~ere,* to tweak someone's ear (as a warning or reminder).

ei! natis ~it Pl.*Per*.847; rusticus..~it aurem uero (*sc.* porcello), quem celauerat Phaed.5.5.32;—C. Cassii aurem fortuna ~it V.Max.1.5.8; dabo..qua promisi, nec tamquam munus dabo, sed uerba mea redimam et aurem mihi ~am Sen.*Ben*.4.36.1; *Ep*.94.55.

2 (transf. or fig.): **a** To give a sudden stimulus to (the mind or senses). **b** to affect with sudden pain, cause to twinge. **c** to criticize sharply.

a qualia lassum ~unt stomachum, siser, allec, faecula Coa Hor.*S*.2.8.9; quorundam ad referendam gratiam fides.. languet; hanc ~amus Sen.*Ben*.5.23.1. **b** si te forte dolor aliquis ~erit, exclamabis ut mulier..? Cic.*Tusc*.2.46; (*in fig. phr.*) (fortuna) quae ~ere te..potuerit et pungere, non potuit certe uires frangere 3.36. **c** neque..(Antonius) mihi molestus fuit, quod ius nostrum ciuile ~it Cic.*de Orat.* 1.265.

perueniō ~enīre ~ēnī ~entum, *intr.* [PER-+VENIO] FORMS: pres. subj. *~enat* Pl.*Rud.* 626; *~enant Trin*.93. CONSTS.: commonly with *ad* or *in*+acc., or with advs. of place.

1 To come (to a place or person), get (to), arrive (at). **b** (of things considered to have a motion of their own). **c** (of things brought or conveyed). **d** (of growing things) to extend (to a point).

(*w.* ad) duae erant uiae, qua ex Medis..ad aduersariorum hibernacula posset ~eniri Nep.*Eum*.8.4; ubi iam patriae ~entum ad limina sedis Verg.*A*.2.634; incolae..~enerunt ad M. Hostilium ab eoque..impetrauerunt, ut.. Vitr. 1.4.12; Ov.*Met*.8.89; Plin.*Nat*.6.52; (*in fig. phr.*) sua Turnum fata uocant metasque dati ~enit ad aeui Verg.*A.* 10.472; (*of a metrical foot*) ne iambus quidem..pauxillo uolubiliter ~enit ad extremum Cic.*Orat*.217;—(*w.* in+*acc.*) profectus sum, ~eni in Cariam Pl.*Cur*.329; Germani latius uagabantur et in finis Eburonum..~enerant Caes.*Gal*.4.6.4; ubi in secretum..~enerunt Liv.23.8.8;—(*w.* intra) ut.. protinus procedundo posset intra fines Aesculapiorum ~enire Sis.*hist*.51;—(*w. acc. of destination*) remis Palinurum ~enio Lucil.127; Cic.*Att*.8.11d.4; profectus ab Dymis ..Demetriadem in Thessaliam ~enit Liv.27.32.11; quali itinere prouinciam ~enias Tra.*Plin.Ep*.10.16(27); campestres emensi uias ciuitatem quandam populosam..~enimus Apul.*Met*.8.23;—(*w. advs. of place*) quotumo die ex Sicyone huc ~enisti? Pl.*Ps*.1174; si quo ~enire mari posset, potius nauigabat Suet.*Aug*.82.1. **b** stagnum.. e quo riuus ~enit in duas..piscinas Var.*R*.3.5.16; a nobis in idem (*sc.* speculum) quae fertur imago ~enit Lucr.4.285; ~enit per montes ad cataractam (*sc.* Nilus) Vitr.8.2.6; (*w. pred. adj.*) radii solis non directi ~eniunt ad terram 8.1.6; —(*of conditions, feelings*) cadentibus primis iam ad se quisque ~enturam caedem cernebat Liv.6.13.3; non in maritimos modo agros..pauor terrorque ~enerat 29.28.2;—(*of sounds*) ut..uox..clarior et suauior ad spectatorum ~eniret aures Vitr.5.3.7; V.Max.1.6.7; ad regem proeliantium clamor ~enerat Curt.4.6.14. **c** tibi muni uiam qua cibatus..ad te et legiones tuas tuto possit ~enire Pl.*Mil.* 225; ne in illius manus ~eniret (epistula) Cic.*Att*.8.5.1; ne prius hesternae fugae quam hodiernae uictoriae fama Romam ~eniat Liv.27.13.12; ~enit in Colchas aurea lana domos Ov.*Fast*.3.876; Curt.3.7.14; Ponticum (triticum) laudauit, quod in Italiam non ~enit Plin.*Nat*.18.63; lanae appellationem eatenus extendi placet, quoad ad telam ~enisset Ulp.*dig*.32.70.3. **d** (cauda) crescit.., donec ad uestigia ima ~eniat Plin.*Nat*.8.183; ut (lupinum).. coiectum inter folia..ad terram tamen radice ~eniat 18.134.

2 (w. emphasis on success of journey) To get through (to), penetrate (to). **b** (of weapons, blows) to land (on). **c** (of words, facts, etc.) to be impressed (on a person or his mind), come home (to).

cum aliqua ~eniendi ad M. Antonium spe profectus est, nulla reuertendi Cic.*Phil*.9.2; nauis..quae omnes incolumes ad continentem ~enerunt Caes.*Gal*.4.36.3; cum obuius nemo..fieret..~enere ad tertium lapidem Gabina uia Liv. 3.6.7; per medias hostium stationes in Quirinalem collem ~enit V.Max.1.1.11; (*absol.*) non licet me qua contendi semita ~enire Afran.*com*.119; (*in fig. phr., cf. sense 7*) si contigerit fundos Apuliae iungere, satis uiuus ~enero Petr. 77.3;—(*of things*) aquam ex alto marinam sumito..quo aqua dulcis non ~eniet Cato *Agr*.112.1; parti..dedere (*sc. Pyramus and Thisbe*) oscula quisque suae non ~enientia contra Ov.*Met*.4.80; iuncta sint ea (*sc.* gallinaria)..culinae, ut ad auem ~eniat fumus Col.8.3.1; fauilla Tauromenium..usque ~enit feruens Plin.*Nat*.3.88; Ulp.*dig*.9.2.49. 1; (*w. acc.*) uerba refers aures non ~enientia nostras Ov. *Met*.3.462. **b** quasi aliquod telum saepius ~eniat in eandem partem corporis *Rhet.Her*.4.38; tandem in nudum corpus uulnera ~enerunt Liv.35.35.19; Ov.*Met*.13.883; cum ad dentem ~enit pugnus Larg.214; (*w. pred. adj.*) audio crepitum inlisae manus umeris, quae prout plana ~enit aut concaua ita sonum mutat Sen.*Ep*.56.1;—(*in fig. phrs.*) praetorquete iniuriae prius collum quam ad uos ~enat Pl.*Rud*.626; iactam et inmissam a te nefariam in me iniuriam semper duxi, ~enisse ad me numquam putaui Cic.*Parad*.28. **c** nec..is qui audiret incenderetur, nisi ardens ad eum ~eniret oratio Cic.*Orat*.132; quo facilius ad sensus legentium ~enire possint (*sc. unfamiliar topics*) Vitr. 5.pr.5; publicus iam pudor ad primores ciuitatis ~enit, cernentes in omnibus uicis..peregrina atque insolita piacula Liv.4.30.10; aliter..ad animum ~enit, quod uitam continet, aliter, quod exornat Sen.*Ben*.1.11.1; (*w. pred. adj.*) cuius rei admiratio ita demum solida ~eniat, si.. Plin.*Nat*.7.84.

3 To extend spatially, reach (to). **b** (of a process) to extend in time, go on (till). **c** (of conditions, feelings, etc.) to extend in scope (to).

usque ad aquas Sinuessanas populatio ea ~enit Liv. 22.13.10; (hydros) ~enit ad cancrum capite et tria sidera tangit Germ.*Arat*.428; inde sex inferiores (costae) usque ad imum pectus ~eniunt Cels.8.1.14; spatula lignea..quae.. longitudine ab ala usque ad digitos ~enit 8.15.3; ad eam (*sc.* Parapotamiam) ~enit Zagrus mons Plin.*Nat*.6.131; ut tunicae..posterioribus (oris) ad medios poplites usque ~eniant Quint.*Inst*.11.3.138; neruum quendam tenuissimum ab eo uno hominis pergere ac ~enire Gel.10.10.2;—(*cf. sense 11*) ad LXXX (pedes) summum munimenti fastigium ~enit Curt.5.1.31. **b** cum prope ad annum octogesimum prospera ~enisset fortuna Nep. *Phoc*.2.1; ferе..ea curatio ad quadragesimum diem ~eniet Cels.8.9.1.F. **c** ut..hoc malum usque ad bestias ~eniat Cic.*Rep*.1.67; is ardor omnium etiam ad eos qui auspicio intererant ~enit Liv.10.40.4; dolor unius Danaos ~enit ad omnes Ov.*Met*.13.181; coniugis et nati meritum ~enit ad omnis *Epic.Drusi* 425; longius ista quam timui quaestio ~enit [Quint.]*Decl*.13.7; interdum..uitium corporale usque ad animum ~enire Ulp.*dig*.21.1.1.9;—(*of rights*) huius soli ius..in proximas urbes ~enire dicitur Fron. *agrim*.p.7; etiam ad postumos ~enit stipulatio Ulp.*dig.* 38.1.5.

4 *ad aures alicuius ~enire,* (of facts) To come to someone's ears; also, *ad oculos*

alicuius ~enire, to be seen by someone; *ad notitiam alicuius ~enire*, to come to someone's knowledge. **b** to come to the ears or knowledge (of a person).
efferri hoc foras et ad populi Romani auris ~enire Cic. *Phil.*10.6; Miltiades non dubitans tam multis consciis ad regis aures consilia sua ~entura Nep.*Milt.*3.6; si forte tuas ~enit ad auris Belidae nomen Palamedis Verg.*A.*2.81; nec quicquam ad nostras ~enit acerbius aures Ov.*Pont.* 1.9.5; Phaed.2.9.12; Tac.*Dial.*14.3; (*w. acc. and inf.*) nam magistratuum Thebanorum statim ad auris ~enit exules in urbem uenisse Nep.*Pel.*3.1;—cum pulchritudo eius (*sc.* candelabri) recens ad oculos hominum atque integra ~eniret Cic.*Ver.*4.64;—in meam notitiam decem omnino (genera olearum) ~enerunt Col.5.8.3. **b** uellem..praeceptum ad te aliquod ~enire Cic.*Fam.*10.6.2; id..carmen ~enerat ad antistitem fani Dianae Liv.1.45.6; Siculorum querellae domos primum nobilium circumlatae..in senatum etiam ~enerunt 26.29.5; interim ad Mazaeum superati regis fama ~enerat Curt.4.16.4; ~enit ad me opinio esse in insula Creta.. Larg.171;—(*w. indir. qu.*) necdum quae morae causa foret ~enerat ad duces Liv.24.31.2.

5 (of goods or sim.) To pass into the hands (of), become the property (of); also, to come under the control (of). **b** (of advantages or misfortunes, duties, etc.) to fall (on), come (to).
quo modo haec (*sc.* palla) ad te ~enit? — meretrix..me sibi dedisse aiebat Pl.*Men.*1140; o hominem beatum, quo illae ~enibunt diuitiae! Pompon.*com.*159; hereditas est pecunia quae morte alicuius ad quempiam ~enit iure Cic. *Top.*29; inuenitur ea serrula ad Stratonem ~enisse (*i.e. at an auction*) *Clu.*180; Caes.*Gal.*6.19.2; Carthaginienses, quod.. ab Syphace ad se ~enisset, repetebant Liv.40.17.4; quod.. ex liberorum bonis ~enisset ad matrem Plin.*Pan.*37.6; Suet.*Aug.*101.3; fistulae..quasi pars aedium ad emptorem ~eniunt Ulp.*dig.*18.1.49; (*ellipt.*) si non solum pretium, sed etiam poena tardius pretio soluto ~enerit 5.3.23.1; (*cf. sense 3c*) mea congiaria ~enervnt ad hominvm millia nvmqvam minvs qvinqvaginta et dvcenta Aug.*Anc.*3.13; —qvae peqvnia pvblica..eivs mvnicipi ad se in svo magistratv ~enerit *CIL* 1.590.11. **b** propter cupiditatem..aduersariorum omnia incommoda ad rem publicam ~enisse Cic.*Inv.*1.32; ad quem..ne ficta quidem suspicio ~eniret *Clu.*178; uidetur illud esse crudele, quod ad liberos qui nihil meruerunt poena ~enerit *ad Brut.*1.15.11; magna parte militum confecta uulneribus res ad paucitatem defensorum ~enerat Caes.*Gal.*5.45.1; cuius rei magnam partem laudis..ad Libonem ~enturam *Civ.*1.26.4; ubi imperium ad..minus bonos ~enit Sal.*Cat.*51.27; regnum ad fratrem regis Oezalcem..~enit Liv.29.29.6; ista sine mercede, sine ullo ad ipsos ~eniente commodo faciunt (di) Sen.*Ben.*4.25.2; si qua ex nobis ad iuuenes bonos ~enire posset utilitas Quint.*Inst.*6.pr.1; laqueum torsit..quo facto speraiit mortem ~enturam Ulp.*dig.*21.1.23.3.

6 To arrive (at) by mental process.
coniectura ex eo, quod scriptum sit, ad id, quod non sit scriptum, ~enire Cic.*Inv.*2.152; ut gradatim respondens eodem ~eniat (puer), quo si geometrica didicisset *Tusc.*1. 57; sciscitando..eodem ~enit ut haud procul esset quin Remum agnosceret Liv.1.5.6; donec (ratio) ~eniat nascentis tempus ad ipsum Man.3.223; alii ~enerunt usque ad octo (partes) translatione ad septem superiores adiecta Quint. *Inst.*3.6.55; ipsorum, qui eos consulunt, multa credulitate ducente ~eniunt callide ad ea, quae uera sunt Gel.14.1.33; —(*of arguments*) similitudines quae ex pluribus conlationibus ~eniunt quo uolunt Cic.*Top.*42.

7 To arrive (at an objective, status, office, etc.), attain (to). **b** to come to be included (in a group, mixture, or sim.). **c** to come into the possession or enjoyment (of).
Ter.*Ph.*640; ignobili loco natus..usque eo ~enit quoad eum industria..prosecuta est Cic.*Clu.*111; nec in senatum ulla condicione ~enire potuit *Flac.*43; fateor me ad istum gradum sapientiae non ~enisse Mat.*Fam.*11.28.2; illum.. adoptatione in regnum ~enisse Sal.*Jug.*11.6; cum..ad finem iam operis tandem ~entum Liv.5.5.6; melius eodem ratione uictus et idoneis medicamentis ~enitur Cels. 6.6.27A; illa.., per quae ad eloquentiam ~enitur, diligentissime percipi credibile est Quint.*Inst.*2.3.5; filius quoque eius et mariti ad ciuitatem Romanam ~enient Gaius *Inst.*1.68; si..seruus ~eniat ad libertatem Ulp.*dig.* 10.2.49; (*of things*) propter..moram..rerum cum ea, quae consulebantur, ad exitum non ~enirent Cic.*Fam.*10.22.1; —(*w.* usque+*acc.*) Marius..a caliga ~enit usque septimum consulatum Amp.18.15;—(*w. acc.*) ciuis Romanus..factus peregrinus mox ciuitatem Romanam ~enit (*dub.*) Ulp.*dig.* 28.5.6.2;—(*absol.*) qui ~enit, fecitne uiriliter? Hor.*Ep.* 1.17.38. **b** sunt quorum ingenia..nequeo noscere ad amici partem an ad inimici ~enant Pl.*Trin.*93; Hortensius ..in eorum, quos in Sulpici aetate posui, numerum facile ~enerat Cic.*Brut.*230; perbreui tempore..ad primos ~enit comoedos *Q.Rosc.*30; cum tres res..in unam ~enerint mixtionem Vitr.2.6.1; (*cf.*) hoc praestantius mihi fuerit.. ad memoriae dignitatem, si in tua scripta ~enero Cic. *Fam.* 5.12.7. **c** calamitas..colonum ad fructus ~enire non patitur Var.*R.*1.4.3; potuisti ad tuum ius faciliore..iudicio ~enire Cic.*Caec.*8; dis ego immortalibus ducibus..ad haec tanta indicia ~eni *Catil.*3.22; is in quo spes fuit posse sese aliquando ad fortunas suas ~enire *Rab.Post.*27; ut quam commodissima condicione libertus Strabonis..negotium conficiat ad nummosque ~eniat *Fam.*13.14.2; foditur.. glaeba quae dicitur, antequam tractationibus ad minium ~eniant Vitr.7.8.1; solum posteriorem (legatarium) ad legatum ~enire placet Paul.*dig.*30.33.

8 To come or be brought (into a specified state or condition); *~enire in ora alicuius*, to become a subject of conversation (for). **b** (of an issue, law, etc.) to come (before a magistrate, legislative assembly, etc.). **c** to attain (to a specified age or time of life).
si..is (*sc.* uidulus)..in potestatem meam ~enerit Pl. *Rud.*1341; ad summam perniciem rem publicam ~enturum esse.. Sulla *hist.*20; si (lupinum) ad siliquas non.. ~enit Var.*R.*1.23.3; populum Syracusanum in maximam inuidiam sua infamia..~enisse Cic.*Ver.*2.45; urbanus res uirtute Cn. Pompei commodiorem in statum ~enisse Caes. *Gal.*7.6.1; ad summam desperationem nostri ~eniunt *Civ.* 2.42.2; cuius cum in intimam amicitiam ~enisset Nep.*Alc.* 5.3; multa..quae sine medicamentis ad sanitatem ~enire non possunt Cels.5.pr.2; haec quo modo ex corruptis eo ~eniant ut..tamen sana sint Sen.*Suas.*1.12; usque dum ceruix ad iusta incrementa ~eniat Plin.*Nat.*11.260; omnis illa laus..ad nullam certam et solidam ~enit frugem Tac. *Dial.*9.4; Nicanor primus ad famam dignationemque docendo ~enit Suet.*Gram.*5(p.104Re);—(*phr.*) quaenam te mala mens..agit praecipitem in meos iambos?..an ut ~enias in ora uulgi? Catul.40.5. **b** uti lex ~eniret ad quaestorem Sis.*hist.*117; ut non..tam fuerit honestum in iudicium illam rem ~enire Cic.*Inv.*2.84; postrema lex Iulia ad populum ~enit Caesare Augusto imperante Gel.2.24.14; si ante, quam ad iudicem ~eniretur, in mora heres fuit Papin.*dig.*22.1.3; (*w. dat.*) in communi diuidundo iudicio nihil ~enit ultra diuisionem rerum ipsarum quae communes sint Ulp.*dig.*10.3.3. **c** intactus ab sibilo ~enerat Hortensius ad senectutem Cael.*Fam.*8.2.1; Hiero ad nonagesimum annum ~enit V.Max.8.13.ext.1; Tac.*Ann.*3.55; quoad ~eniat frater tuus ad annos quattuordecim Scaev.*dig.* 33.1.21.5; dvm in aetate⟨m⟩ ~enirent *CIL* 10.5056; (*w. dat.*) peti vsq a pvbertate senectae meae ~enire 11.137; —(*cf.*) alterum (credibile)..'eum, qui recte ualeat, in crastinum ~enturum' Quint.*Inst.*5.10.16.

9 To come, get (to a specified stage in proceedings, development, etc.). **b** (to a point in a narrative, discourse, etc.).
cum..iam ad congressum conloquiumque eius ~enisset.. excessit e uita Cic.*Phil.*9.2; erat dicturus, ad quem (*i.e. to whose turn*) propter diei breuitatem ~entum non est,..Cato *Att.*1.17.9; ut (mores)..ire coeperint praecipites, donec ad haec tempora..~entum est Liv.pr.9; ut..quibus nodis ad hanc multitudinem..legum ~entum sit..disseram Tac. *Ann.*3.25; occupare..uidetur..qui prior ad sententiam iudicis ~enit Gaius *dig.*15.1.10; (*of things*) porticus Catuli.. reficiebatur et ad tectum paene ~enerat Cic.*Att.*4.3.2;— (*impers.*) a uita pastorali ad agri culturam descenderunt.. ibi processerunt longe, dum ad nos ~eniret Var.*R.*2.1.5. **b** ad capita rerum ~eni Pl.*Mer.*609; itast; sed sine me ~enire quo uolo Ter.*Eu.*124; ut dudum ad..Hyperidem, sic nunc ad Antonium Crassumque ~enimus! Cic.*Brut.*138; quoniam ad hunc locum ~entum est, non alienum esse uidetur de Galliae Germaniaeque moribus..proponere Caes.*Gal.*6.11.1; Liv.31.1.1; opportune, dum meminimus aquatilium animalium, ad curam ~enimus piscium Col. 8.16.1.

10 (of situations, etc.) To get as far (as), reach the point (of); (of persons) to have recourse, be driven (to).
(seditio) oritur sensim ex clamore..raro ad manus ~enitur Cic.*Sest.*77; ne culpa senatus..res ad tabulas nouas ~eniat *Att.*5.21.13; usque ad infantium caedem ira crudelis ~enit Liv.28.20.6; Curt.9.9.17; eo ~enit luxuria, ut etiam fictilia pluris constent quam murrina Plin.*Nat.*35.163; ~enit res (*i.e. ambiguity*) usque ad aenigma Quint. *Inst.*6.3.51; (*cf.*) allex ~enit ad..echinos, urticas maris Plin.*Nat.*31.95;—commissum nihil esset qua re ad istam rationem ~eniretur Cic.*Quinct.*60; in ipsa..dubitatione facinus inest, etiamsi ad id non ~enerint *Off.*3.37; prope ad seditionem ~enerant Nearcho peruicacius tuente sententiam Curt.10.6.12; eo consilio tanta inmanitas poenae denuntiata est, ne ad eam umquam ~eniretur Gel.20.1.50.

11 (of prices, quantities, etc.) To rise or fall (to); (of persons) to raise one's price, go up (to).
iam..ad ✕L in singulos modios annona ~enerat Caes.*Civ.* 1.52.2; a denaris singulis ad ✕ ccc ~enire libras (*sc.* malobathri) Plin.*Nat.*12.129; Antonianum (metallum)..~enit ad HS $\overline{cccc}$ uectigalis 34.165; usque eo numerus ~enit gregis, ut grex non intellegatur Pompon.*dig.*7.4.31;—(*of persons*) ut uecturae difficultate ad quam uellent aestimationem ~enirent Cic.*Ver.*3.190.

peruēnor ~ārī, *tr.* [per-+venor] To hunt through, search thoroughly.
defessus sum urbem totam ~arier: nihil inuestigo quicquam de illa muliere Pl.*Mer.*805.

peruerrō ~ere, *tr.* [per-+verro] To sweep or brush thoroughly.
~it cauda silices gremiumque molarum *Mor.*23.

peruersāriō (-uors-), *adv.* [perversvs+-arivs+-o²] In a wrong-headed or deluded manner.
me..iubes..loricam adducere, multos hastatos..haec tu ~ mihi fabulatu's Pl.*Cist.*294.

peruersē, *adv.* Also **peruorsē.** [perversvs+-e]

1 The wrong way round, back to front.
suis litteris ~ utuntur (*sc. the Egyptians*) Mela 1.57; (sellam) curulem ~ collocatam Suet.*Gal.*18.3.

2 Wrongly, mistakenly, erroneously. **b** wrong-headedly, perversely, unreasonably.
haec tu etsi ~ dices, facile Achiuos flexeris Enn.*scen.*199; quid tibi ego aetatis uideor?..senex uetus, decrepitus. — ~ uides Pl.*Mer.*291; si recte seu ~ facta sunt, ego me fecisse confiteor *Trin.*183; illa, haud ego, habuit publicum: ~ interpretaris *Truc.*143; Cato *orat.*218; quod multi eorum (*sc.* deorum) beneficio ~ uterentur Cic.*N.D.*3.70; calliditas, ~ imitata prudentiam *Off.*3.113; plerique rerum potentes ~ consulunt Sal.*Rep.*1.1.5. **b** interponit se raro numerosa comprehensio; quam ~ fugiens Hegesias.. saltat incidens particulas Cic.*Orat.*226; plerique ~..habere talem amicum uolunt, quales ipsi esse non possunt *Amic.*82; Sen.*Ben.*6.25.5; dicit se uelle ducere uxorem; hoc quoque.. ~ Plin.*Ep.*4.2.6.

3 (as a colloq. intensive) 'Wildly', 'like mad'.
Thessalum ueneficum, qui ~ perturbauit familiae mentem meae Pl.*Am.*1044; erras ~, pater. nam nisi hinc hodie emigrauit..certo scio hic habitare *Mos.*952.

peruersiō ~ōnis, *f.* [perverto+-tio] Reversal of order (of words in a sentence), inversion.
transgressio..uerborum perturbat ordinem ~one au transiectione *Rhet.Her.*4.44.

peruersitās ~ātis, *f.* [next+-tas] Wrong-headedness, unreasonableness, perversity.
quae est..in hominibus tanta ~as, ut inuentis frugibus glande uescantur? Cic.*Orat.*31; in summa opinionum ~ate uersamur *Tusc.*3.2; si qui in foro cantet aut si qua est alia magna ~as *Off.*1.145; Sen.*Con.*7.5.3; inhaerent..ei (*sc.* analogiae) quidam molestissima diligentiae ~ate, ut 'audaciter' potius dicant quam 'audacter' Quint.*Inst.*1.6. 17; cum hac..diuortium fecit, pertaesus..morum ~atem eius Suet.*Aug.*62.2.

peruersus ~a ~um, *a.* Also **peruorsus.** *compar.* ~ior, *superl.* ~issimus. [pple. of next]

1 Facing the wrong way round or the opposite direction from the usual one, reversed; *in ~um*, in an inverted manner. **b** reversing the natural order of things, topsy-turvy.
altera Postuerta cognominatast, Prorsa altera a recti ~ique partus et potestate et nomine Var.*gram.*145; Cynthia ..mea ~a sauciat ora manu Prop.4.8.64;—(*of the toga worn by a magistrate trying a capital case*) si ~a induenda magistratui uestis..est.., procedam in tribunal non furens..sed uultu legis Sen.*Dial.*3.16.5; (*in fig. phr.*) ita bene moriar.. nisi te toga ubique ~a fuero persecutus Petr.58.12;—huic (*sc.* regioni, *i.e. a place in the* δωδεκάτροπος) in ~um similis deiecta sub orbe..aduersa quae parte nitet Man.2.891. **b** hic dies ~us atque aduorsus mi optigit. quae me clam ratus sum facere, omnia ea fecit palam parasitus Pl. *Men.*899; uirtus ~a tulit praemia recti: castos sequitur mala paupertas Sen.*Phaed.*985;—(*of a person*) ut erat semper praeposterus atque ~us, initium facti a Bulbo Cic.*Clu.*71.

2 Distorted, askew.
erat..~issimis oculis (*i.e. he had a squint*) Cic.*N.D.*1.79; turbida ~as induit illa comas Ov.*Ars* 3.246; est, quae ~o distorqueat ora cachinno 2.287.

3 (of persons, their actions, ideas, etc.) Wrong-headed, perverse, misguided; *in ~um*, perversely. **b** depraved, perverted. **c** cross-grained, ill-tempered.
utrosque pergnoui probe. — em istoc pol tu otiosu's, quom et illic et hic ~us es Pl.*Truc.*153; ~um esse, alii modi postulare Pyrrum in te atque in ceteris fuisse Macer *hist.*20; ista tam aperte..~a et falsa Cic.*Luc.*60; ita separantur, ut disiuncta sint, quo nihil potest esse ~ius *Fin.*4.40; ~i dicite manes, hunc superesse patri quae fuit inuidia? Verg.*Cat.* 11.7; ne..concupieris ~issimam gloriam, infelicissima uideri! Sen.*Dial.*6.5.5; quosdam..a ~o proposito nemo potest mouere Larg.pr.p.4,l.24; declamatores quosdam ~a ducit ambitio Quint.*Inst.*10.7.21;—in ~um sollers (ratio) Sen.*Dial.*7.5.2; quidam, emutatis in ~um dicendi figuris, idem uitium consecuntur Quint.*Inst.*8.2.19. **b** ~am atque impiam religionem Cic.*Sul.*70; *Har.*25; adsentando ..~am gratiam gratificans Sal.*Rep.*1.7.5; omnia ~as possunt corrumpere mentes Ov.*Tr.*2.301; recta ingenia debilitat uerecundia, ~a confirmat audacia Plin.*Ep.*4.7.3. **c** scito primum me non esse rogatum sententiam..sum enim..ab obseruandoh omine ~o liber Cic.*Att.*1.13.2; quae tu, ~e Menalca,..cum uidisti puero donata, dolebas Verg. *Ecl.*3.13.

4 Unnatural, abnormal.
ursas in..artes hominum ~aque munera ducet Man. 5.704; adnue, Tisiphone, ~aque uota secunda:..i media in fratres, generis consortia ferro dissiliant Stat.*Theb.*1.59.

peruertō ~tere ~tī ~sum, *tr.* Also **peruortō.** [per-+verto]

1 To overturn, upset, knock down (things). **b** (persons, esp. in a fight). **c** to overthrow by force of arms, destroy (an army, city).
abies consternitur alta, pinus proceras ~tunt Enn.*Ann.* 190; ea ballista si ~tam turrim Pl.*Bac.*710; aulas ~tunt, ignem restingunt aqua *Cas.*774; beluam..quacumque incederet omnia arbusta uirgulta tecta ~tere Cic.*Div.* 1.49;—(*in fig. phrs.*) nolite, iudices..hunc nunc primum florescentem firmata iam stirpe uirtutis tamquam turbine aliquo..~tere *Cael.*79; alia quaedam ciuem egregium iniqui iudici procella ~tit *Sest.*140; alia sunt quae sapientem feriunt, etiam si non ~tunt Sen.*Dial.*2.10.4. **b** si rex opstabit obuiam, regem ipsum prius ~tito Pl.*St.*287; ubi pedes instabilis..uel ab inermi equite..~ti posset Liv. 21.5.14;—(*in fig. phr.*) numquam ille me opprimet consilio, numquam ullo artificio ~tet Cic.*Div.Caec.*44. **c** Croesus Halyn penetrans magnam ~tet opum uim Cic.*poet.*37(52) (*Div.*2.115); quom Macedones deliberarent..an et Babylonem ~terent Fro.*Aur.*2.p.110(160N).

2 (transf.): **a** To ruin, cause the downfall of (a person). **b** to overthrow (a system, institution, plan, etc.), subvert, destroy, bring to nothing.
a qui homo eum norit, norit. cito homo ~ti potest Pl. *Poen.*874; postea quam eos imitari coepit quos ipse ~terat Cic.*Brut.*273; ipse postquam Iunium ~tit, totam causam reliquit *Clu.*108; ~tis domum amore semper coniugum aut odio nocens Sen.*Phaed.*1166; Seianus..uolutare secum quonam modo Germanici liberos ~teret Tac.*Ann.*4.12; (Agrippina) Statilium Taurum opibus inlustrem hortis eius inhians ~tit accusante Tarquitio Priscio 12.59; Claudius nuptiis incestis et adoptione exitiosa semet ~terat 13.2; 15.67;—(*w. abst. subj.*) aliquos et ambitio ~tit Quint.*Inst.*12.8.2; Ollium ..amicitia Seiani ~tit Tac.*Ann.*13.45. **b** Orestes confitetur..nisi adtulerit facti rationem, ~terit defensionem *Rhet. Her.*1.26; is (annus) eius omnem spem atque omnia uitae consilia morte ~tit Cic.*de Orat.*3.7; occulta..sacra inexpiabili scelere ~tit *Har.*57; res uetustate robustas calumniando..~tere *Div.*1.35; temeritas C. Caesaris, qui omnia iura diuina et humana ~tit *Off.*1.26; princeps largitione

uetustos ~tit mores Karthaginiensium NEP.*Ham*.3.3; tanquam hic solus color figuram possit ~tere et non multa una oporteat consentiant ratione, ut mendacium constet PETR.102.14; TAC.*Ann*.16.22; (*cf.*) nulla..uis fuit religionis, quae tantam utilitatem ~teret CIC.*Off*.3.102.

3 To cause to face the opposite way, turn about, reverse; (transf.) to invert the order of.
~sa funera pompa rettulit (*sc. a witch*) a tumulis, fugere cadauera letum LUC.6.531; quoniam pondere capitum ~sa oua posteriorem partem corporum fouendam matri adplicent PLIN.*Nat*.10.38; (*cf.*) eludebant (*sc. those fighting under Spartacus*), simul nefandum in modum ~so uolnere SAL.*Hist*.3.98.c;—sunt qui officia lucis noctisque ~terint neque ante diducant oculos..quam adpetere nox coepit SEN.*Ep*.122.2.

4 To put out of shape, distort. **b** to misrepresent, distort, falsify (statements, facts, etc.). **c** to divert to an improper use; to cause (persons) to deviate from the right opinion, corrupt, lead astray.
labra et nares oculique et palpebrae..~tuntur CELS.2.6.4; 4.3.1; libet..interrogare..quid uoltum habitumque oris ~tat, ut malit personam habere quam faciem? SEN.*Ben*.2.13.2. **b** hoc est ratio? ~sa aera, summa est subducta inprobe LUCIL.886; interpretatione disertorum scripta simplicium hominum ~tere CIC.*Brut*.196; id quod negari non potest nisi omnem historiam ~terimus *Div*.1.38. **c** si iste non uectigalia populi Romani quaestu suo ~tisset CIC.*Ver*.3.128;—quod ea ciuitas praecipua fide fuerat erga Athenienses..~tere eam concupiuit NEP.*Lys*.2.2.

peruesperī, *adv.* [PER-+*uesperi* (VESPER)] Very late in the evening.
cum ad me ~ uenisset et se postridie mane ad te iturum esse dixisset CIC.*Fam*.9.2.1.

peruestīgātiō ~ōnis, *f.* [next+-TIO] Diligent search (for); careful investigation (of).
qui..omnia..scientiae ~one..comprehenderint CIC.*de Orat*.1.9;—num admoueri possit oratio..sine diligentissima ~one earum..rationum, quae de naturis humani generis..a philosophis explicantur 1.60.

peruestīgō ~āre ~āuī ~ātum, *tr.* [PER-+VESTIGO]

1 To track down diligently (like a hound), make a thorough search for.
omnibu' latebris perreptaui quaerere conseruam, uoce, oculis, auribus ut ~arem PL.*Rud*.224; Lentulum nostrum scis Puteolis esse?..misi..Puteolos pueros qui ~arent CIC.*Att*.9.11.1;—(*transf.*) cum ~are argumentum aliquod uolumus, locos nosse debemus *Top*.7;—(*w. indir. qu.*) certum exsequist, operam ut sumam ad ~andum ubi sit illaec PL.*Mer*.935; homine..callido, qui sagaciter ~et, quid sui ciues..cogitent CIC.*de Orat*.1.223.

2 To make a thorough search of (a place), explore fully; (transf.) to examine or investigate in detail.
cum incultos ~ans rimarem sinus PAC.*trag*.71; mirandum in modum (canis uenaticos diceres) ita odorabantur omnia et ~abant ut, ubi quidque esset, aliqua ratione inuenirent CIC.*Ver*.4.31;—natura omnium rerum ~anda *Rep*.1.56; Locris sacrilegium ~atum ab Q. Minucio erat LIV.31.13.1.

peruetus ~eris, *a.* [PER-+VETVS]

1 That has lasted a very long time, very old.
Segesta est oppidum ~us in Sicilia CIC.*Ver*.4.72; amicitia ~us mihi cum eo est *Fam*.13.17.1; turres speculaeque..~eres *B.Afr*.37.5; uinum..~us CELS.1.6.2; nauigium ~us et attritum salo SEN.*Con*.7.1.8; quae ~eres sunt nuces PLIN.*Nat*.23.148.

2 Belonging to the very distant past, extremely ancient.
scriptores ~eres CIC.*Orat*.186; ~erum temporum exemplis *Dom*.123; ~us epistula, sed sero adlata *Q.fr*.3.1.14; *Rep*.1.58.

peruetustus ~a ~um, *a.* [PER-+VETVSTVS] Very ancient.
uocabulum..~um VAR.*L*.6.59; ut translatis (uerbis) utamur frequenter,..raro..~is CIC.*de Orat*.3.201.

peruiam, *adv.* [PER, VIA]

1 (dub.) ~ *est*, There is a way through.
nunc liquet, nunc defaecatumst cor mihi; nunc ~st (*cj.*). omnis ordine his sub signis ducam legiones meas PL.*Ps*.760.

2 (alleged to have been used by Tiberius instead of *obiter*).
AUG.in Char.p.209K.

peruicācia ~ae, *f.* [PERVICAX+-IA] Persistence in the face of opposition, steadfastness, resolution. **b** (in pejorative sense) obstinacy, stubbornness.
peruince pertinaci ~a ENN.*scen*.379; (locauit) in tertia (acie)..auxiliares, mixtis fugitiuis..quorum ~ae plurimum fidebat FRON.*Str*.2.3.17; quanta ~a in hostem, tanta beneficentia aduersus supplices utendum TAC.*Ann*.12.20; GEL.13.25(24).19; (*dist. from* pertinacia) ACC.*trag*.5;—(*of things, w. gen.*) castanea pedamentis omnibus praefertur..perdurandi ~a PLIN.*Nat*.17.147. **b** auaritia, ambitio, mulierositas, ~a CIC.*Tusc*.4.26; haec quae adhuc egi ~a tua et superbia coegit me loqui LIV.9.34.24; quamuis robustior, adligari se..patitur. ea est in re praua ~a; ipsi fidem uocant TAC.*Ger*.24.4; *Hist*.4.8; APUL.*Pl*.2.3;—(*w. gen.*) obpugnatione Hierosolymorum..arduo opere ob..~am superstitionis TAC.*Hist*.2.4.

peruicāciter, *adv.* *compar.* ~ius. [next+-TER²] Stubbornly, obstinately.
~ius causam belli quaeri LIV.42.14.4; CURT.10.6.12; caesis..qui ~ius restiterant TAC.*Ann*.13.54; qui pecuniam ad praediorum emptionem conferre..~iter perstant ULP.*dig*.26.10.3.16.

peruicax ~ācis, *a.* *compar.* ~ācior, *superl.* ~ācissimus. [PER-+VINCO+-AX]

1 Persisting in the face of opposition, determined, steadfast. **b** (of conditions) unremitting, persistent. **c** (of a thing) firmly fixed, immovable.
~aces..Thyiadas HOR.*Carm*.2.19.9; ~ax adulter TAC.*Ann*.1.53; ~acissimi..et cotidiani, ut sic dixerim, hostes FLOR.*Epit*.1.5(1.11.11); (*dist. from* pertinax) ~acem dici me esse et uincere perfacile patior, pertinacem nil moror ACC.*trag*.8; (*w.* ad) ille ~acis ad omnia, quae agitasset, animi..contionem aduocari iubet CURT.10.3.6; (*w. gen.*) opum contemptor, recti ~ax TAC.*Hist*.4.5;—(*of a faculty*) quod unum ~ax acies uidet, Iliacus..fumus apparet SEN.*Ag*.458;—(*of activities, attitudes*) pugna tam ~ax multos absumpserat Ligurum LIV.42.7.8; ~ax hominis industria V.MAX.8.7.ext.8; ~aci accusatione conflictatus..defensionem omisit TAC.*Ann*.13.33. **b** tanti ~ax clades mali SEN.*Oed*.57; pestilentiae letalis ~aci rabie possessus APUL.*Met*.9.2. **c** (calamus) cui plurima inest medulla..et contra flatus..~ax libra PLIN.*Nat*.16.161.

2 (in pejorative sense) Obstinate, stubborn, intractable.
adeon ~aci esse animo ut puerum praeoptares perire..potiu' quam aduorsum animi tui lubidinem esset cum illo nupta! TER.*Hec*.532; rex (*i.e. Priam*) procidit heu ~acis ad pedes Achillei HOR.*Epod*.17.4; *Carm*.3.3.70; coniugia..~ax nostra abnuis SEN.*Her.F*.501; ~acissimus quisque illuc perfugerat eoque seditiosius agebant TAC.*Hist*.5.12; (femina) uirosa ebriosa ~ax pertinax APUL.*Met*.9.14; (*w.* aduersus) consilii..quamuis egregii..inimicus et aduersus peritos ~ax TAC.*Hist*.1.26; (*w. abl.*) Fortuna meis casibus ~ax APUL.*Met*.7.25; (*w. gen.*) Agrippina ~ax irae TAC.*Ann*.4.53; (*masc. pl. as sb.*) arti culpa quorundam ~acium perplexae QUINT.*Inst*.1.5.17;—(*of attitudes or sim.*) illorum ~acis superbiae..testes LIV.42.62.7; Polyperconti..diu ignouit: in Callisthenen..~acioris irae fuit CURT.8.6.1; ~ax contumacia (*sc. of an ox*)..saeuientem fatigat COL.6.2.11.

peruicus ~a ~um, *a.* [as prec.+-VS] = prec.
~o Aiax animo atque aduorsabili ACC.*trag*.158.

peruideō ~idēre ~īdī ~īsum, *tr.* [PER-+VIDEO]

1 To see fully or comprehensively, take in with the eyes.
qui ~idet omnia, Solem OV.*Met*.14.375; a quibus subtiliter ~idendis illam (*sc.* aciem) locorum diuersitas submouet SEN.*Nat*.1.3.9; sublimiora aspectat, et ea quae in plano sunt..non facile ~idet COL.8.17.14;—Callicrates, cuius formicarum pedes..~idere non est PLIN.*Nat*.36.43; HYG.GR.*agrim*. p.146;—(*w. acc. of extent*) idem fuisse qui ~ideret $\overline{CXXXV}$ passum PLIN.*Nat*.7.85;—(*w. indir. qu.*) neque quae cuiusque stipitis palma sit, ~ideri possit LIV.33.5.10;—(*in the imagination*) pulchrae loca uertor ad urbis, cunctaque mens oculis ~idet usa suis OV.*Pont*.1.8.34;—(*in fig. phr.*) cum tua ~ideas oculis mala lippus inunctis HOR.*S*.1.3.25;—(*transf.*) ipse sed hoc uidit, qui ~idet omnia, Caesar OV.*Pont*.1.7.43.

2 (transf.) To take in with the mind, discern, or perceive fully (a fact, truth).
fretus Chrysippo..contra..Aristarchum est nixus, sed ita..ut neutrius uideatur ~idisse uoluntatem VAR.*L*.9.1; eadem utilitatis quae honestatis est regula. qui hoc non ~iderit, ab hoc nulla fraus aberit CIC.*Off*.3.75; illa natio..sine ullis doctorum praeceptis uerum condicionis nostrae habitum ~idit V.MAX.2.6.12; summam..rei ~ides..partes autem nondum satis subtiliter dispicis SEN.*Ep*.17.2; ne rationem quidem, qua ista exercitatio inuenta sit, ~ident QUINT.*Inst*.2.10.7; ut honestis cogitationibus immoraremur, deinde ut pulchritudinem illarum longiore tractatu ~ideremus PLIN.*Ep*.1.8.8;—(*w. acc. and inf.*) in dies..meritorum meorum fieri accessiones ~idere te spero PLANC.*Fam*.10.9.1; LUCR.2.90;—(*w. indir. qu.*) intrandum est..in rerum naturam et penitus quid ea postulet ~idendum CIC.*Fin*.5.44; LUCR.1.956; uidet sine dubio, quid eueniat, sed cur id accidat, non ~idet COL.2.1.5.

peruigeō ~ēre ~uī, *intr.* [PER-+VIGEO] To prosper to the last, continue flourishing.
uterque opibusque atque honoribus ~uere TAC.*Ann*.4.34.

peruigil ~ilis, *a.* [PER-+VIGIL] FORMS: nom. fem. sg. *~ilis* APUL.*Met*.11.26.

1 Keeping watch all night or all the time, ever-vigilant. **b** (poet., of a fire not allowed to go out).
~ilem..herbis sopire draconem OV.*Met*.7.149; custos opaci ~il regni canis (*i.e. Cerberus*) SEN.*Her.F*.809; LUC.4.7; ~il illum Medus..exspectat V.FL.5.603; cum..oberrarent tentoriis, insomnes magis quam ~iles TAC.*Ann*.1.65; (*advl.*) (populus Cadmi) ~il asseruat uallum STAT.*Theb*.10.129;—(*of the eyes*) cum somno dederit ~iles genas ..draco SEN.*Her.F*.531; SIL.14.456;—(*of attention or sim.*) pro mariti salute ~ilem curam sustinens APUL.*Met*.7.6; qui meae tutelae ~iles excubias agitauerant 9.3. **b** incertae..faces et iam male ~il ignis STAT.*Theb*.8.266; nos parca tellus ~il et focus..solantur *Silv*.4.5.13.

2 Awake or sleepless all night long. **b** (of things) practised, experienced, etc., throughout the night, night-long.
uirgo Cinyreia ~il igni carpitur indomito OV.*Met*.10.369; ~il in pluma Gaius ecce iacet MART.9.92.4; nunc tenebras inanes..iuxta somnum mariti ~il..metitur [QUINT.]*Decl*.10.2; alii..~iles et insomnes..caedem machinabantur PLIN.*Pan*.63.3; FRO.*Aur*.2.p.12(228N);—(*of a period of time*) ~ili nocte transacta APUL.*Met*.10.22. **b** nec..Baccho..nox..~ili datur SEN.*Thy*.467; nocte sub extrema..~il auditur Chalybum labor V.FL.5.141; quid noctibus, uxor, anxia ~ili ducis suspiria cura? STAT.*Silv*.3.5.2; tempestiua conuiuia et ~iles iocos [QUINT.]*Decl*.9.10; ~iles..instaurare popinas JUV.8.158; (*cf.*) (iumenta) lucubrabant ~ilem farinam APUL.*Met*.9.11.

peruigilātiō ~ōnis, *f.* [PERVIGILO+-TIO] The action or fact of staying awake all night or for a prolonged period; (esp. for religious purposes).
aliud prandium gubernatori commune et aliud pugili..alius somnus, alia ~o FRO.*Aur*.2.p.58(141N);—nouos..deos et in his colendis nocturnas ~ones sic Aristophanes..uexat CIC.*Leg*.2.37.

peruigilium ~(i)ī, *n.* [PERVIGIL+-IVM]

1 The condition of remaining awake all night or for a prolonged period, or an instance of it. **b** a prolonged spell of keeping watch.
continua ~ia noctesque sollicitae SEN.*Dial*.4.20.1; si inter cottidiana ~ia fessum somnus oppressit 5.29.1; somno concoquere corpulentiae..utilius..~io quidem praecipue uincuntur cibi PLIN.*Nat*.11.283. **b** fugitant (*sc. crows*)..iras Palladis..~i causa (*because a crow had spied on the daughters of Cecrops*) LUCR.6.754.

2 An all-night religious festival, vigil.
castra Campana ut in ~io neglecta..inuadit LIV.23.35.18; (cicer) columbinum..quod religio ~iis adhibet PLIN.*Nat*.18.124; sellisternia ac ~ia celebrauere feminae TAC.*Ann*.15.44; id (*sc.* simulacrum)..supplicationibus et ~io anniuersario coluit SUET.*Gal*.4.3; *Vit*.10.3; (*cf.*) etiam dormire uobis in mente est, cum sciatis Priapi genio ~ium debere? PETR.21.7;—(*as an occasion for revelry or sexual licence*) in ~io..scortum iuxta eum uino grauem accubuit V.MAX.4.3.ext.3; omnia..~iis ac bacchanalibus quam disciplinae et castris propiora TAC.*Hist*.2.68; filia hominis pauperis in ~io uitiata est GEL.2.23.15.

peruigilō ~āre ~āuī ~ātum, *intr.*, (*tr.*). [PER-+VIGILO] To stay awake all night or for the whole of a period; (tr.) to spend (the night) awake. **b** to keep watch all night or continuously. **c** to observe a religious vigil.
~at noctes totas, tum..domi sedet totos dies PL.*Aul*.72; CIC.*S.Rosc*.98; nec..Musae oblectant, cum mens anxia ~at CATUL.68.8; seros hiberni ad luminis ignis ~at ferroque faces inspicat acuto VERG.*G*.1.292; OV.*Fast*.2.740; tempestiua conuiuia et perpotandi ~andique insana dulcedo CURT.6.2.2; Tages, cui..~at materna soror cultusque laborat V.FL.6.224; PLIN.*Ep*.6.16.14; siue prodormias siue ~es FRO.*Aur*.1.p.98(13N);—(*by day*) uellem tecum longas requiescere noctes et tecum longos ~are dies [TIB.]3.6.54;—(*tr.*) in multo nox est ~ata mero OV.*Fast*.6.326. **b** eam uos fraudem..dies noctesque perstando ac ~ando in armis uitastis LIV.24.38.2; ~ant Lares, ~antque canes OV.*Fast*.5.142; SEN.*Ep*.36.9; sedet (lea)..uiis inclusaque longo ~ant castella metu V.FL.3.739; ~atum ab omnibus et..noctis periculum euitatum est FRON.*Str*.3.12.1. **c** Venerin ~are te uouisti, Phaedrome? PL.*Cur*.181.

peruīlis ~is ~e, *a.* [PER-+VILIS] Very cheap.
annona..eo anno ~is fuit LIV.31.50.1.

peruincō ~incere ~īcī ~ictum, *tr.* [PER-+VINCO]

1 To win a (complete) victory over, prevail over, overcome (usu. in non-military context). **b** to prevail upon, persuade.
uereor ne nos subdola perfidia ~incamur PL.*Mil*.943; dominae ~incere mores PROP.1.17.15;—(*absol.*) eme, ne rogites, facito ut pretio ~incas tuo PL.*Cur*.213; uiuida uis animi (*sc. of Epicurus*) ~icit, et extra processit..moenia mundi LUCR.1.72; (*mil.*) hinc contra itum ad amnem Erinden; in cuius transgressu multum certato ~icit Vardanes TAC.*Ann*.11.10;—(*feelings*) ~ince, Theseu, quicquid alto in pectore remanet pauoris SEN.*Her.F*.654;—(*physical forces, etc.*) quae ~incere uoces eualuere sonum referunt quem nostra theatra? HOR.*Ep*.2.1.200; nec (uina ea) potari per se queant ~inciue aqua PLIN.*Nat*.14.55. **b** (*w.* ut) multis orationibus ~icerat Rhodios, ut..Romanam societatem..retinerent LIV.42.45.4; TAC.*Hist*.3.74;—(*preceded by a neg., w.* quin) illam non uerbera, non ignes..~icere quin obiecta denegaret *Ann*.15.57; (*ellipt.*) instabat..Narcissus..ueri copiam facere: sed non ideo ~icit quin suspensa..responderet 11.34.

2 To carry (a proposal), gain (an objective). **b** to prove (a contention).
una salus haec est, hoc est tibi ~incendum CATUL.76.15; curia exactus est; quod patres olim delatoris contra ambitum Agrippinae ~icere TAC.*Ann*.12.59; Burro uisum ne utraque ~inceret alterum concedere 14.14;—(*w.* ut) ~icere tribuni ..ut Quinctius consul de bello ad populum ferret LIV.4.30.15; parentes..aegre ~icerunt ut legati ad consulem Romanum mitterentur 23.5.1; 29.31.4; ~icerunt..remis, ut tenerent terram 37.16.4;—(*w.* ne) postquam ipsa uirtus ~icerit ne in ullo genere hominum inhonorata esset 10.24.9;—(*ellipt.*) ego dissensi..restitit et ~icit Cato CIC.*Att*.2.1.8; postquam parum proficiebant preces..minis ~icit LIV.32.22.7. **b** quam difficile id mihi sit ~incere dictis LUCR.5.99.

peruiridis ~is ~e, *a.* [PER-+VIRIDIS] Bright or deep green.
(emplastrum) quia ~e est, zmaragdinum appellatur CELS.5.19.4; MELA 2.82; mare..colore ~i PLIN.*Nat*.6.87.

peruīsō ~ere, *tr.* [PER-+VISO] To gaze all over, survey.
totum ~it pupula caelum MAN.4.927.

peruium ~iī, *n.* [neut. of PERVIVS] A way through, thoroughfare, passage.
sceleste homo, qui angulos omnis mearum aedium..

~ium facitis Pl.*Aul.*438; exitum non habent (*sc. blind alleys*) ac ~ium non est Var.*L.*5.145; tabulas..superinstrauit ut ~ium in totum nauium ordinem esset Liv.30.10.6; si (specillum) ~ium inuenit Cels.8.3.6; Sen.*Nat.*7.24.1; Alpis, ne ~ium illa Germanicis exercitibus foret, obsaepserat Tac.*Hist.*3.8; sistrigeri..~ia nili *CIL* 8.212.84.

peruīuō ~uere ~xī, *intr.* [per-+vivo] To go on living.

etsi ~uo usque ad summam aetatem, tamen breue spatium est perferundi quae minitas mihi Pl.*Capt.*742; Mede ..cuius aditum expectans ~xi usque adhuc Acc.*trag.*417; —(*w. pred. adj.*) (puella) ~xit virgo *CIL* 12.743.

peruius ~a ~um, *a.* [per-+via+-vs]

1 (esp. w. dat. of advantage) That one may make one's way through or over, passable, traversable. **b** allowing passage through its substance, penetrable (by natural forces, weapons, etc.).

fratri aedes fient ~ae, turbam domum adducet Ter.*Ad.*912; transitiones ~ae, iani foresque Cic.*N.D.*2.67; ~ae..naues pugnantibus erant Liv.26.39.13; duodecim annorum adsuetudine ~is Alpibus factis 27.39.7; hostes..per quos uix ulli ~us Isthmos erat Ov.*Pont.*4.10.80; siluestres..calles uix singulis ~os Curt.5.4.4; (Phasis) pontibus cxx ~us Plin.*Nat.*6.13; ille..cui ~a Bactra Dahaeque (*i.e. Alexander the Great*) Sil.13.764; unde maxime ~us amnis (*i.e. most fordable*) Tac.*Ann.*12.12; Baianae ~a cumbae..stagna Juv.12.80; (*w.* ad) specus..ad manes, ut aiunt, ~us Mela 1.103; (*w.* inter se) eae (zonae)..inter se non ~ae Plin.*Nat.*2.172;—(*cf.*) praeda, laxos cui dare ~osque rictus gaudent (leones) Mart.1.104.17;—(*fig.*) cruciatui aut praemio cuncta ~a esse Tac.*Ann.*15.59; quod pecuniae cunctae sint difficultates ~ae Apul.*Met.*9.18. **b** (*by natural forces*) domus..sole carens, non ulli ~a uento Ov.*Met.*2.762; Phoebo non ~a taxus Luc.6.645; densior..et nulli ~a flammae..nox Stat.*Theb.*1.345; tectum..ad omnes..aspectus ~um (*i.e. open to the winds*) Apul.*Met.*3.17;—(*by weapons*) gladio loca ~a non sunt Ov.*Met.*12.483; cunctis ego ~us hastis excipiam medius totius uolnera belli Luc.2.310; (*cf.*) nullis uulneribus ~a membra sunt Sen.*Her.O.*151.

2 That one may make one's way through to, accessible; (perh. also) open to entreaty.

talis humus..saepibus hirtis claudatur, ne sit..~a furi Col.10.28; mea Leuce, dum negat amplexus..nobis, ~a..fecit sacraria Fauni Calp.*Ecl.*1.15; cubiculum adulteris ~um Apul.*Apol.*75;—(*transf. or fig.*) animum..cui nihil non eodem, quo intendit, momento ~um est Sen.*Ben.*2.29.5; nullum saeculum magnis ingeniis clusum est, nullum non cogitationi ~um tempus *Ep.*102.22; nihil in penatibus suis uenale aut ambitioni ~um Tac.*Ann.*13.4;—nunc omne ~um numen et religio quem isti inrogo,..succurrite [Quint.] *Decl.*10.15.

3 a Having a way in and a way out, open at both ends. **b** having a hole through it, perforated.

a altero specus eius ore—nam ~us erat—inuento Liv.10.1.5; quod (intestinum)..in sinisteriorem (partem) ~um ..est, in dexteriorem non est, ideoque caecum nominatur Cels.4.1.8; facilius sanescit (*sc. a wound*) quod ~um est, quia utrimque medicamento fouetur 7.5.1.b; alia (itinera)..ad fauces ~a spiritum et reddunt et accipiunt 8.1.6. **b** caput..et os coperimento personae tectum undique unaque tantum uocis emittendae uia ~um Bas.*gram.*8(Gel.5.7.2); fixus Helops iaculo, quod ~a tempora fecit Ov.*Met.*12.335; (uertebrae) tenuibus cauis ~ae Cels.8.1.11; anulo uti (Dialem) nisi ~o cassoque fas non est Gel.10.15.6.

4 Making one's way through or across.

ego..aquilae sublimis uolatibus toto caelo ~us Apul.*Met.*3.23;—(*of a sword*) qua flatus agit, qua ~us ensis Sil.10.248.

pērula ~ae, *f.* [pera+-vla] A small satchel or bag.

Pl.*Truc.*535(*cj.*);—(*carried by Cynic philosophers*) (Diogenes) cum uidisset puerum caua manu bibentem aquam, fregit..exceptum e ~a calicem Sen.*Ep.*90.14; Apul.*Apol.*22;—(*applied to the womb*) Psyche..iam mater es. quantum, putas, boni nobis in ista geris ~a! *Met.*5.14.

perunctiō ~ōnis, *f.* [next+-tio] The action of smearing (the body, etc.) all over.

foliorum sucus..excalfacit ~one Plin.*Nat.*24.131; 28.226; 30.84.

perung(u)ō ~g(u)ere ~xī ~ctum, *tr.* [per-+vng(v)o]

1 To smear all over with ointment or sim., anoint or grease thoroughly.

pernas..~guito oleo Cato *Agr.*162.3; iuuenes..corpora oleo ~xerunt Cic.*Tusc.*1.113; adulterum..nardo ~ctum Hor.*Epod.*5.59; ora nec inmunda tota ~gue manu Ov.*Ars* 3.756; Curt.7.4.23; infantes..exulcerati ~guntur ex iis (*sc. maidenhair*) cum rosaceo Plin.*Nat.*22.65; axibus uehiculorum ~guendis 28.141; multo sese ~git oleo balsamino Apul.*Met.*10.21.

2 To smear (an ointment) all over.

hoc medicamentum..supra ~ctum..eosdem effectus praestat Larg.20; 224; 247.

peruolgō: see pervvlgo.

peruolitantia ~ae, *f.* [pple. of next+-ia] Rapid movement through space.

de mundi circa terram ~a Vitr.9.6.1.

peruolitō ~āre ~āuī ~ātum, *tr.*, *intr.* [per-+volito] (tr.) To fly repeatedly through or over, flit about. **b** (tr., of natural forces; also intr., w. *per*). **c** (intr., of heavenly bodies) to move rapidly through space; (w. internal acc.) to accomplish (a journey) by such movement.

uolucres nemora auia ~antes Lucr.2.145; 2.346; (Harpyiae) Phineia tecta ~ant V.Fl.4.505; non aliter..sacer ille iuuenis (*i.e. Triptolemus*) terras ~auit Flor.*Verg.*p.185R;—(*hyperb.*) tota..habitabit in urbe limina ~ans..communis amicus Man.5.65. **b** lumen aenis sole repercussum..omnia ~at late loca Verg.*A.*8.24; cum spiritus unus..inriget orbem omnia ~ans Man.2.66;—denique per dissaepta domorum saxea uoces ~ant Lucr.6.952. **c** orbiculos..per quos ~at sempiterno caelum Vitr.9.1.2;—iter ..in mundo Mercurii stella ita ~at 9.1.8.

peruolō¹ ~āre ~āuī ~ātum, *tr.*, *intr.* [per-+volo²]

1 (tr., of birds, etc.) To fly through or over (a place); (intr.) to traverse the air in flight, wing one's way.

nigra uelut magnas domini cum diuitis aedes ~at..hirundo Verg.*A.*12.474;—Rumor..agitatis ~at alis Ov.*Fast.*6.527; (ciconiae) quamuis ultra citraque ~ent, numquam..aduenisse usquam nisi noctu existimantur Plin.*Nat.*10.61; (*w. internal acc.*) coruos..aerium ~at altus iter Ov.*Fast.*2.252;—(*of the soul in death*) castos (animos)..facili lapsu ad deos..~are Cic.*Consol.*fr.12; exercitatus animus uelocius in hanc sedem et domum suam ~abit *Rep.*6.29;—(*of the imagination*) animus ita est, ut puncto temporis ~et quo uolt Var.*L.*6.47; Lucr.2.1047.

2 (tr., of heavenly bodies, physical forces, etc.) To pass swiftly through or over (the air, etc.); (intr.) to move rapidly through the air.

puluis..omnem ~at caeli fretum Enn.*scen.*382; raro quia sunt (*sc. substances*) cum corpore, ut aestus (*i.e. the effluence from a magnet*) ~et intactus, nequeunt impellier Lucr.6.1060; (luna) breuior cursu bis senos ~at orbes *Aetna* 232; quae (*sc.* templa) ~at omnis astrorum series Man.2.959; dum (spiritus) aut rumpit nubes aut ~abit Sen.*Nat.*2.54.3; (*tm.*) corpuscula rerum..cernuntur..diffundere sese, perque uolare mare ac terras Lucr.4.203;—(signa) circum terram mareque ~antia Vitr.9.1.3.

3 (hyperb., of persons, tr.) To traverse at great speed, rush through or over; (intr.) to make one's way rapidly, rush, fly (to).

~at axe citato Flaminiam puer Automedon Juv.1.60; cantet potius quam totam ~et urbem audax 6.398; ad quandam uillam..perueniunt et ab ingressu primo..fanatice ~ant Apul.*Met.*8.27;—sic fatus..~at ad truncum (*sc.* Pompei) Luc.8.753; uehiculum conscendam et ad uos ~abo Fro.*Aur.*1.p.144(32N); portum..peruenio ac dehinc carpento ~aui Apul.*Met.*11.26; eo equo per uiam concito ~ant *Fl.*21; (*w. internal acc.*) decem horis..sex et quinquaginta milia passuum cisiis ~auit Cic.*S.Rosc.*19.

peruolō² ~uelle, *tr.* [per-+volo¹] Forms: ind. app. not attested. To wish greatly.

(*w. inf.*) ~uelim mercedem dare qui monstret eum mi hominem Pl.*Epid.*536; hoc abs te..~uelim impetrare Cic.*Tul.*6; *Att.*1.1.3; illam..negasse umquam uidisse quemquam securi ferientem, et ~uelle id uidere Liv.39.43.3; ~uelim scire Curt.10.2.17; (*tm.*) te quam primum per uidere uelim Cic.*Att.*15.4.2;—(*w. acc. and inf.*) optunso ore nunc ~uelim progrediri senem Pl.*Cas.*862; ibi ego me ~uelim sepultam *Cur.*104; illud ~uelim..proditum falso esse Liv.8.18.2;—(*w. subj.*) ~uellem adessent ii qui adfuerant antea Cic.*Ver.*2.72; tu..mihi ~uelim scribas *Att.*13.13, 14.1.

peruoluō ~ere, *tr.* [per-+volvo] Pros.: *peruoluent* (quadrisyll.) in Catul.95.6. To roll or turn over; to go on unwinding (a scroll). **b** (pass. in middle sense) to move to and fro, revolve (in quot., transf.).

te..~am in luto Ter.*An.*777; moribunda celeres membra ~unt rotae Sen.*Phaed.*1097;—Zmyrnam cana diu saecula ~ent Catul.95.6. **b** ut in eis locis, quos proponam paulo post, ~atur animus, ut penitus insinuet in causam Cic.*de Orat.*2.149.

peruolūtō ~āre ~āuī ~ātum, *tr.* [per-+volvto] To roll over and over, unwinding (a scroll) to the end; (pass. in middle sense) to turn one's body over and over.

meos..~as libros Cic.*Att.*5.12.2; (*writer standing for book*) scriptores eligendi et ~andi *de Orat.*1.158;—(Charite) in suo sibi ~ata sanguine..efflauit animam Apul.*Met.*8.14.

peruorsē, peruortō: see perver-.

perurbānus ~a ~um, *a.* [per-+vrbanvs] (of persons, their style, etc.) Extremely or excessively polished or clever, sophisticated.

C. Lucilius, homo doctus et ~us Cic.*de Orat.*2.25; L. Torquatus elegans in dicendo..toto genere ~us *Brut.*239; faceta et ~a..oratio 273; (*masc. as sb.*) si solus non potuero, cum rusticis potius quam cum his ~is *Att.*2.15.3.

perūrō ~rere ~ssī ~stum, *tr.* [per-+vro]

1 To consume with fire, burn up. **b** to burn through.

ignis..superat et lambens multa ~ssit Lucr.5.396; ossa ~sta Tib.1.3.6; flammae pectora praebent, imponuntque suis ora ~sta uiris Prop.3.13.22; ~sti late agri Liv.24.20.4; Ov.*Fast.*5.454; si in Phalaridis tauro ~ratur (sapiens) Sen.*Ep.*66.18; numquam fulmina populos ~sserunt *Nat.*6.1.7; Col.11.3.46; Tarpeia sede ~sta Gallorum facibus Luc.5.27; (pastilli) ab aliis torrentur, ab aliis ~runtur Plin.*Nat.*24.110;—(*in fig. phrs.*) hominem ~stum etiamnum gloria uolunt incendere Cic.*Fam.*13.15.2; sicine..intestina ~rens ..eripuisti omnia nostra bona? Catul.77.3. **b** uasa e plumbo..si in aquam addantur calculus uel aereus quadrans ~ri Plin.*Nat.*34.165.

2 To consume, fire (with passion, etc.).

ualido..~rimur aestu et nimium certa scimus amare fide Ov.*Ars* 3.543; hoc ~sti pectoris curis leuamen Sen.*Med.*547; tu sola animos..~ris, Gloria V.Fl.1.76; illos qui male cor meum ~runt..uniones Mart.12.49.9; matris desiderio ~ri Aur.*Fro.*1.p.20(253N).

3 (of the sun, etc.) To affect excessively with heat, scorch, burn. **b** (of thirst, fever). **c** (of a caustic substance; also, of intense cold). **d** to dry up or shrivel as if by burning.

sidera, quae..significant aliquid in terris ~rendo..ut 'signum candens' in pecore Var.*L.*7.14; pars terrai..~sta solibus assiduis Lucr.5.251; ~sta solibus..uxor Apuli Hor.*Epod.*2.41; humus aestiuo sole ~ritur nullasque uirium reliquias habet Col.2.4.11; membris sole ~stis Luc.6.622; ora sub nimio proiecta die, uicina ~sti aetheris 9.432; massis Amerina non ~stis Stat.*Silv.*1.6.18;—(*cf.*) uides sanguinis uitio ~stam cutem: colorem putas Calp.*Decl.*2. **b** sitis praecipue..saucios ~rebat Curt.4.16.12; non ora modo angustisque ~sti faucibus (*i.e. by thirst*), interior sed uis quatit Stat.*Theb.*4.726; ~stus ardentissima febre Plin.*Ep.*7.1.4. **c** contra scolopendrae morsus inlinuntur (*sc. maidenhairs*), crebro auferendi ne ~rant Plin.*Nat.*22.64; —adstricto terra ~sta gelu Ov.*Tr.*3.4b.48; uiscera..torpentia nihil sentiunt, nisi frigore illa uehementiore ~sseris Sen.*Nat.*4b.13.7. **d** seminibus..aliis..iuuari agros, aliis rursus ~ri et emaciari Col.2.13.1; uitium semina ita ~runt (gramina), ut..retorrida efficiant 4.5.

4 To make sore, gall, chafe, or sim. **b** (fig.) to hurt the feelings of, gall, irritate.

~ste funibus latus et crura dura compede Hor.*Epod.*4.3; subducunt oneri colla ~sta boues Ov.*Pont.*1.5.24; galeae fragmenta..conpressa ~runt tempora Luc.6.193; ne acria ~rant, adeps anserinus (infricatur) Plin.*Nat.*30.70; (*in fig. phr.*) ut..urbano releues colla ~sta iugo Mart.10.12.6;—(*transf.*) si iuxta truncum radicem praecideris..(aqua) brumae congelationibus noua uulnera ~ret Col.4.8.2. **b** paupertatis maledictum quosdam ~ssit Sen.*Dial.*2.17.2.

Perusia ~ae, *f.*

1 A town in Etruria near Lake Trasimene.

tres ualidissimae urbes, Etruriae capita, Volsinii, ~a, Arretium Liv.10.37.4; Vell.2.74.3; Plin.*Nat.*3.53; Suet.*Aug.*14.

2 (perh.) A place in the vicinity of Mutina.

apud Confluentes inter ~am (*dub.*; *v.l.* Perusium) et Bononiam iungunt manus (*sc. the Triumvirs*) Flor.*Epit.*2.16 (4.6.3).

Perusinius ~a ~um, *a.* The name of a vine grown at Mutina; cf. Pervsia, sense 2.

Pariana (uite) gaudent Pisae, Mutina ~a (*v.l.* Prus-) Plin.*Nat.*14.39.

Perusīnus ~a ~um, *a.* Of, coming from, or connected with Perusia in Etruria; (masc. pl. as sb.) its inhabitants; (neut. as sb.) an estate near Perusia.

~a..sepulcra Prop.1.22.3; ~a cohors Liv.23.17.11; ~ae contentionis (*i.e. siege of Perusia*) Plin.*Nat.*7.148; ~a..arua Sil.6.71;—Liv.10.30.2;—quantum copiarum..in ~o tuo..! Plin.*Ep.*1.4.1.

perustus ~a ~um, *a.* [pple. of pervro] (of tropical countries, etc.) Scorched by the sun, torrid; (also of the inhabitants, w. ref. to their colour).

Syriam..~am Man.4.624; aequora..zonae uicina ~ae Luc.9.314;—a ~is Indiae populis Sen.*Med.*484; Garamante ~o Luc.4.679.

perūtilis ~is ~e, *a.* [per-+vtilis] Very useful.

grati animi..signa proferre ~e est Cic.*de Orat.*2.182; in hac..fortuna ~is eius..opera..esset *Att.*9.17.2; multas ad res ~es..libri *Sen.*59; amicitiae permultae ac ~es Q.Cic.*Pet.*25.

peruulgātē, *adv.* [next+-e] In the manner of the people, colloquially.

'candenti' dixit ~ et inproprie pro ferventi fauilla Gel.17.10.18; 18.10.6.

peruulgātus ~a ~um, *a.* **-uolg-.** *compar.* ~ior, *superl.* ~issimus. [pple. of next]

1 In general use, common, usual.

ne miremini quod non triumpho: ~um est, nil moror Pl.*Bac.*1073; *Ps.*124; coepi non humanitus..animum..aegrotum adulescentuli tractare, sed ui et uia ~a patrum Ter.*Hau.*101; ex infuma et ~issima uerborum diuisione *Rhet.Her.*4.11; usitatus honos ~usque Cic.*Phil.*14.11; consolatio ~a..quam semper in ore atque in animo habere debemus *Fam.*5.16.2; quas (*sc.* copias)..consuetudine..~a militari credebat instrui *B.Alex.*74.1; ea re..quae cotidiana intellegentia et communi ~oque uitae usu comprenderetur Gel.1.6.5.

2 Widely known, familiar.

~issimus ille uersus Cic.*Orat.*147; ~um iam illud (somnium) de praesule *Div.*2.136; Damon aut Lamprus, quorum ~a sunt nomina Nep.*Ep.*2.1; immissam..Acten libertam quae ..anxia deferret ~um esse incestum Tac.*Ann.*14.2; scierunt..nouitatem eius (*sc.* argumenti) ridiculam.., potius aliquid de rebus ~ioribus..fingendum esse Apul.*Apol.*42.

peruulgō ~āre ~āuī ~ātum, *tr.* **-uolg-.** [per-+vvlgo²]

1 To make generally available; (refl.) to prostitute oneself.

ne is honos nimium ~etur Cic.*Inv.*2.113; ueteres illi..augendae potentiae suae causa ~ari artem suam noluerunt *de Orat.*1.186; (benignitas) est etiam in opera, quam ~a et communica Q.Cic.*Pet.*44; ~atis triumphi insignibus maius ex eo decus sperabant si pacem continuassent Tac.*Ann.*

13.53;—si esset aliqua (mulier)..quae se omnibus ~aret,..cuius in hortos..libidines omnium commearent Cic.*Cael.*38.

2 To make generally known, publish.

in re tam clara, tam testata, tam abs te ipso ~ata Cic. *Ver.*2.104; tabulas..non occultaui,..sed..~ari atque edi populo Romano imperaui *Sul.*42; ~a Hirtium (*i.e. his book*) *Att.*12.45.2(3); quae causa deum per magnas numina gentis ~arit Lucr.5.1162; edicto tota prouincia ~ato Caes.*Civ.*2.19.2; 'en cape', Bacchus ait, '..nomen ~atura Falerni munera' Sil.7.193.

3 To visit often or in large numbers, frequent.

alcyonis ritu litus ~ans feror Pac.*trag.*393; tempore quo solis ~ant fulgura caelum Lucr.2.164; uolucres..quae ~ant nemora auia peruolitantes 2.346.

pēs pedis, *m.* [Skt. *pad*, Gk. πούς, Eng. *foot*]

1 The lowest part of the leg, the foot. **b** *pedibus* or *in pedes*, feet first. **c** *pedem* or *pedes tollere*, to lift the leg(s) i.e. to adopt or cause to adopt a position for sexual intercourse. **d** *nec caput nec pes apparet* (and sim.), one can make neither head nor tail of something, i.e. it is in complete confusion. **e** *pedes gallinacei*, a name for the plant CAPNOS; *pes miluinus*, (see quot.). **f** (applied to the whole or part of the leg of var. creatures).

deduco pedes de lecto clam, ne miles sentiat Pl.*Cur.*361; ferte aquam pedibus *Per.*792; Lucil.1342; (calcei) habiles atque apti ad pedem Cic.*de Orat.*1.231; pedum doloribus adficitur *Fam.*6.19.2; Catul.15.18; discincta tunica fugiendum est ac pede nudo Hor.*S.*1.2.132; Lygdamus..pedibus uincula bina trahat Prop.4.8.80; pes..ex uolnere claudus Liv.7.39.12; exilitatem crurum et enormitatem pedum Sen.*Dial.*2.18.1; binis pedibus gradiuntur prioribusque ut manibus utuntur (*sc. jerboas or sim.*) Plin.*Nat.*8.132; Mopsus,..cui..palla imos ferit alba pedes V.Fl.1.385; nuper in hanc urbem pedibus qui uenerat albis (*i.e. marked with chalk as an imported slave*) Juv.1.111; cum forte ius diceret..pedibus e tribunali detractus est Suet.*Rhet.*30 (p.125Re);—(*of birds, insects*) pedibus per mutua nexis examen..pependit Verg.*A.*7.66; coruos..pedibus cratera recuruis tollit Ov.*Fast.*2.251; (*cf.*) turba (*sc. of Harpies*)..pedibus circumuolat uncis Verg.*A.*3.233;—(*in a constellation*) pedes Canis ostendit iam posteriores Cic.*Arat.*634(388); Man.1.619;—(*in prov. phrs.*) mecum..te si habebo, per me isti pedibus trahantur (*i.e. can go hang*) Cic. *Att.*4.18.2(16.10); qui repente pedibus inlotis (*i.e. without proper preparation*) ad philosophos deuertunt Gel.1.9.8. **b** aspice Taurum clunibus et Geminos pedibus..surgere Man.2.199; ritus naturae hominem capite gigni, mos est pedibus efferri Plin.*Nat.*7.46;—aues omnes in pedes nascuntur 10.149. **c** ut matrona..tollat pedes indomita in strato extraneo Petr.55.6,l.11; promisit pariter se Phyllis utrique daturam, et dedit: ille pedem sustulit, hic tunicam Mart.10.81.4; 11.71.8; (*in a pun*) noli..de uno pede sororis queri; licet etiam alterum tollas Cic.*Att.*2.1.5. **d** nec caput nec pes sermoni apparet Pl.*As.*729; garriet quoi neque pes umquam neque caput compareat *Capt.*614; tuas res ita contractas ut..'nec caput nec pedes' Cic.*Fam.*7.31.2;—(*cf.*) uanae fingentur species, ut nec pes nec caput uni reddatur formae Hor.*Ars* 8. **e** Plin.*Nat.*25.155;—battis et eius coliculum, qui miluinus pes appellatur Col.12.7.1. **f** (genus) Italicum (*sc. of hare*)..pedibus primis humilibus, posterioribus altis Var.*R.*3.12.5; araneus..longissimis ac tenuissimis pedibus Plin.*Nat.*29.132;—(*of a constellation*) Taurus succidit incuruo claudus pede Man.2.259.

2 The foot as the part on which one stands or rests one's weight.

rapidus (fluuius) raptori pueri subduxit pedes Pl.*Men.*65; (iumenta) pedibus uentos erecta petebant Lucr.5.1331; in hora saepe ducentos..uersus dictabat stans pede in uno Hor.*S.*1.4.10; Sen.*Phaed.*1084; (Alcides) uincula..saxis abduxerat imis..laeuo grauior pede (*i.e. putting his weight on that foot*) V.Fl.5.160; neque..grauius est..pede potius quam mente corruere Apul.*Apol.*52; (*cf.*) in cancro ego natus sum. ideo multis pedibus sto, et in mari et in terra multa possideo Petr.39.8; (*in fig. phr.*) in iis actionibus omni, ut agricolae dicunt, pede standum est (*i.e. one must be ready for all contingencies*) Quint.*Inst.*12.9.18;—(*in exprs. for dismounting and sim.*) magna ex parte ad pedes pugna abierat Liv.21.46.6; equitibus ad pedes degressis 29.2.14; retardant equum et illico in pedes desiliunt Apul.*Fl.*21.

3 (in contexts describing the setting down of the feet, treading, trampling, or sim.). **b** *pedem ponere*, to set down one's, foot, step. **c** (in exprs. denoting close physical contact between persons, esp. in battle).

(*in treading, trampling, or sim.*) semita nulla pedem stabilibat Enn.*Ann.*43; terram..pedibus conplanato Cato *Agr.*48.2; strata..uulgi pedibus detrita uiarum Lucr.1.315; expressa incultis uua..pedibus Tib.1.7.36; glacie..pedes fallente Liv.21.36.7; ignaro uipera laesa pede Ov.*Ars* 2.376; omnes..beluarum pedibus obtriti sunt Curt.10.9.18;—(*in stamping*) pedem nemo in illo iudicio supplosit Cic.*de Orat.*1.230; crepitum dubio suscitet ira pede! Prop.2.4.4; pedibus pulsant tabulata frementes V.Fl.8.305; (*in dancing*) Gratiae..alterno terram quatiunt pede Hor.*Carm.*1.4.7; seu cantare iuuat seu ter pede lenta ferire gramina Calp.*Ecl.*4.128;—(*w. ref. to the position of the feet in wrestling*) in certamine armorum atque in omni palaestra quid satis recte cauetur ac petitur, cui non artifex motus et certi quidam pedes adsint? Quint.*Inst.*9.4.8;—(*in fig. phrs.*) (fortuna) uotis..malignum opponit nostris insidiosa pedem Ov.*Pont.*4.6.8; dedi..operam, ut domino satis facerem..et habebam in domo, qui mihi pedem opponerent Petr.57.10. **b** ingredi..pariter simulacra (*i.e. reflections*) pedemque ponere nobiscum credas Lucr.4.318; (docet) illa (*sc.* Venus) pedem nullo ponere posse sono Tib.1.2.20; (*in fig. phr.*) qui negotium instituit (dicitur) pedem posuisse Var.*L.*5.95; circumspectus pedem ponimus Sen.*Ep.*110.7;—(*w. place expr.*) ecquo in oppido pedem posuit ubi non..stuprorum flagitiorumque suorum..uestigia reliquerit? Cic.*Ver.*1.62; si in fundo pedem posuisses *Caec.*31; hic posuit nostra nuper in urbe pedem Prop.2.32.48; (*in fig. phr.*) sapientia pedem ubi poneret non habebat sublatis officiis omnibus Cic.*Fin.*4.69. **c** (*in battle*) hic, ut ait Ennius, pes pede premitur, armis teruntur arma *B.Hisp.*31.7; acies..concurrunt, haeret pede pes densusque uiro uir Verg.*A.*10.361; pes cum pede conlatus et gladiis geri res coepta est Liv.28.2.6; 38.21.13; teritur iunctis umbonibus umbo, pesque pedem premit Sil.4.353; (*in fig. phr.*) plura (*sc. charges*) simul inuadimus, si..sunt..tam molesta, ut pedem conferre cum singulis non expediat Quint.*Inst.*5.13.11;—(*in erotic context*) neque illaec ulli pede pedem homini premat, quom surgat Pl.*As.*775; hi conturbabunt pedes (*i.e. will sleep together*) *Cas.*465; nec tenerum duro cum pede iunge pedem Ov.*Am.*1.4.44.

4 a *dextro pede*, Right foot first (w. ref. to the belief that it was unlucky to put one's left foot first in crossing a threshold, setting out on a journey, etc.); (also in sim. phrs.). **b** *aequo pede*, on an equal footing. **c** *plano pede*, (transf.) on ground level.

a quo pede processi? quo me pede limine moui? Ov.*Ep.*20(21).69;—cum dextro pede primus gradus (*i.e. in a temple*) ascendatur Vitr.3.4.4; cum conaremur in triclinium intrare, exclamauit unus e pueris..'dextro pede' Petr.30.5; attulit hospitio..pes dexter et hora Lyaeum Sil.7.172; (*cf.*) tua dexter adi pede sacra secundo Verg.*A.*8.302; i pede fausto, grandia laturus meritorum praemia Hor.*Ep.*2.2.37; (*in fig. phr.*) quid tam dextro pede concipis..? Juv.10.5;—ominibus..malis pedibusque occurrite laeuis Ov.*Ib.*99; sinistro pede profectum me spes compendii frustrata est Apul.*Met.*1.5; pessumo pede domum nostram accessit 6.26. **b** pari..circummunitiones iugo derigunt, ut aequo pede cum aduersariis congredi possent *B.Hisp.*38.6; Verg.*A.*12.465. **c** aedificia quae plano pede instituentur..ad uetustatem..erunt firma. sin autem hypogea..instituentur.. Vitr.6.8.1; si plano pede erit eruderandum quaeratur solum si sit perpetuo solidum 7.1.1; 7.4.1.

5 The foot as used in walking or running. **b** (as obj. of various verbs, in phrs. expr. motion on foot in different directions; see more fully under the verbs concerned). **c** *se conferre* or *conicere in pedes*, *se dare pedibus* or *in pedes*, to take to one's heels, run away.

non fugio, domi adesse certumst; neque ille haud obiciet mihi pedibus sese prouocatum Pl.*Epid.*665; propera, Pinacium, pedes hortare *St.*280; tarditatem pedum Cic. *Rab.Perd.*21; me referunt pedes in Tusculanum *Att.*15.16a; pede presso..riuum cum appropinquassent *B.Hisp.*29.8; quo te, Moeri, pedes? an..in urbem? Verg.*Ecl.*9.1; fidite ne pedibus. ferro rumpenda per hostis est uia *A.*10.372; i pedes quo te rapiunt Hor.*Carm.*3.11.49; hic (*sc.* canis) praedam pedibus petit, ille (*sc.* lepus) salutem Ov.*Met.*1.534; ubi pernicitas nota..illa est? quid ita cessarunt pedes? Phaed.1.9.5; age, perge..stet Roma cadatue, in pedibus posuere (superi) tuis Sil.15.573; pedum usu et pernicitate gaudent Tac.*Ger.*46.2; abrupto cursu me proripio totis pedibus Apul.*Met.*9.1; (*cf.*) Catonis est dictum 'pedibus compensari pecuniam' (*i.e. to travel far for one's profits*) Cic.*Flac.*72;—(*in periphr. for a person as running or walking*) quae limina ponam, quae numquam supra pes inimicus eat? Prop.2.6.38;—(*poet., attributed to streams or sim.*) qua uia secta semel liquido pede detulit undas Lucr.5.272; montibus altis leuis crepante lympha desilit pede Hor.*Epod.*16.48; lento pede sulcat harenas Bagrada Sil.6.140;—(*in fig. phrs.*) cito pede labitur aetas Ov.*Ars* 3.65; lege Ciceronem: compositio eius una est, pedem seruat Sen.*Ep.*100.7;—(*humorously transf.*) nauales pedes (*i.e. oarsmen*) Pl.*Men.*350. **b** neque meum pedem huc intuli etiam in aedis Pl.*Am.*733; neque huc..intra portam penetraui pedem *Men.*400; numquam huc tetulissem pedem Ter.*An.*808; pedem porta non extulit Cic.*Att.*8.2.4; inde pedem sospes..reflexit Catul.64.112; pedem referre et loco excedere Caes.*Civ.*1.44.1; pedem..aduertere ripae Verg.*A.*6.386; uerso dominus pede pressit..harenam Ov.*Met.*8.869; pedes abstulit (*i.e. he walked away*) Sen.*Nat.*4a.pr.10; Io uaga..fertque refertque pedem V.Fl.7.112; si intulisse Athenas pedem prensus esset (*sc. a Megarian*) Gel.7(6).10.2; paulatim furtiuum pedem proferens..iam cursu me celerrimo proripio Apul.*Met.*10.35; (*in fig. phr.*) ab iis, quae non adiuuent, quam mollissime pedem oportet referre Quint.*Inst.*6.4.19;—(*cf.*) gradum proferre pedum Enn.*scen.*213. **c** timedus pedibus protinam me dedi Naev.*com.*35; me continuo contuli protinam in pedes Pl.*Bac.*374; si non est quod dem, mene uis dem ipse—in pedes? *Capt.*121; aliquid conuasassem atque hinc me conicerem protinam in pedes Ter.*Ph.*190;—(*ellipt.*) ego me in pedes quantum queo in angiportum quoddam desertum *Eu.*844.

6 a *pedibus* (also *suis pedibus*, rarely *pede*) On foot (opp. on horseback, etc.); (sts. emphasizing land- as opp. to sea-travel). **b** *pedibus ire* (*uadere*) *in alicuius sententiam* (and sim.), (in senatorial procedure) to make known one's support for a motion by walking over to a given side at the division. **c** *manibus pedibusque*, with all one's might.

a aequiust eram..mittere ad me..quadrigas qui uehar, nam pedibus ire non queo Pl.*St.*292; uiam..per mare..strauit..ac pedibus salsas docuit super ire lacunas Lucr.3.1031; saepe ex equis desiliunt ac pedibus proeliantur Caes.*Gal.*4.2.3; flumen uno omnino loco pedibus..transiri potest 5.18.1; qui stipendia pedibus propter paupertatem fecisset Liv.3.27.1; pedibus suis poterit iter conficere, escendere tamen uehiculum malet Sen.*Dial.*7.23.4; ne per Italiae oppida nisi aut pedibus aut..lectica transirent Suet.*Cl.*25.2;—cum illud iter Hispaniense pedibus fere confici soleat, aut, si qui nauigare uelit, certa sit ratio nauigandi..? Cic.*Vat.*12; *Att.*5.9.1; erant eiusmodi fere situs oppidorum ut..neque pedibus aditum haberent..neque nauibus Caes.*Gal.*3.12.1; seu pedibus Parthos sequimur seu classe Britannos Prop.2.27.5; Liv.22.31.7; Suet.*Aug.*16.3; (*sg.*) nec pede quo quisquam nec rate tutus eat Ov.*Pont.*3.1.28. **b** ne quis decerneret..ne pedibus iret Cic.*Red.Sen.*8; permotus oratione C. Caesaris pedibus in sententiam Ti. Neronis iturum se dixit Sal.*Cat.*50.4; in quam sententiam cum pedibus iretur Liv.5.9.2; quibus haec salutaria uidentur, agitedum in dextram partem pedibus transite 7.35.12; pedibus in hanc sententiam itum est Sen.*Apoc.*11.6; Tac.*Ann.*14.49; pedibus in sententiam meam uado Apul.*Met.*2.7;—(*cf.*) cum senatusconsultum per discessionem fiebat, nonne uniuersi senatores sententiam pedibus ferebant? Gel.3.18.2. **c** quem..credo manibus pedibusque obnixe omnia facturum Ter.*An.*161; conari manibus pedibus noctesque et dies 676;—(*cf. sense 6b*) pedibus manibus iimus in sententiam necessitatis [Quint.]*Decl.*12.6.

7 (in contexts expr. position relative to a person's feet). **b** *ante* (*suos*) *pedes*, at one's feet, in front of one; (fig.) immediately available, obvious, etc. **c** (in phrs. w. ref. to the position of suppliants; also, of a defeated enemy). **d** (in phrs. w. ref. to the position of personal attendants, slaves waiting at table); *puer a pedibus* = PEDISEQVVS.

cum haberet..circum pedes..homines..litteratos Cic.*Ver.*1.92; sub pedibus tellus..uacillat Lucr.5.1236; Verg.*Ecl.*5.57; sub pedibus uestris stabit, tribuni, domitor ille Africae Scipio? Liv.38.53.1; mors denuntiatur, ubi aegri supini cubantis genua contracta sunt; ubi is deorsum ad pedes subinde delabitur Cels.2.6.5; iam fremit aestas, iam sol contractas pedibus magis admouet umbras Calp.*Ecl.*4.169; lagonam replet ad pedes uino Mart.7.20.19; assidebat pedes uxor Apul.*Met.*1.22. **b** quod est ante pedes nemo spectat, caeli scrutantur plagas Enn.*scen.*244; hominem ante pedes Q. Manli qui tum erat triumuir constituunt Cic.*Clu.*38; *Flac.*68; ira percitus Scipio..innuit centurionibus quid fieri uellet, atque ante pedes centurionem interfecit *B.Afr.*46.1; ante pedes hydrum moritura puella..alta non uidit in herba Verg.*G.*4.458; ludat et ante tuos turba nouella pedes Tib.2.2.22; Liv.26.15.15; ostendi prolem posuique trementem ante tuos..pedes Stat.*Theb.*9.619; respicit haec primum qui litigat..an post te sella, togati ante pedes Juv.7.143;—istuc est sapere, non quod ante pedes modost uidere sed etiam illa quae futura sunt prospicere Ter.*Ad.*386; ingeni specimen est quoddam transilire ante pedes posita et alia longe repetita sumere Cic.*de Orat.*3.160; quae mortali cuiquam est amentia maior..tantum opus ante pedes transire..? *Aetna* 257. **c** maximo in squalore uolutatus est ad pedes inimicissimorum Cic.*Sest.*145; cum..C. Marcellus se ad Caesaris pedes abiecisset *Fam.*4.4.3; procumbunt omnibus Gallis ad pedes Bituriges, ne.. Caes.*Gal.*7.15.4; cui cum se maesta turba ad pedes prouoluisset Liv.6.3.4; tibi sum supplex..nec moror ante tuos procubuisse pedes Ov.*Ep.*12.186; saepe eius pedibus aduolutus est, quem a suis reppulit Sen.*Dial.*4.34.4; puer..circumibat..pedes nostros et missionem rogabat Petr.54.3; non tu ciuium amplexus ad pedes tuos deprimis Plin.*Pan.*24.2;—(*w. ref. to the position of a defeated enemy, in fig. phrs.*) religio pedibus subiecta uicissim obteritur Lucr.1.78; duas clarissimas urbes..Graeciae sub pedibus tuis relinquemus..? Liv.34.32.5; sub pedibus timor est securaque summa malorum Ov.*Met.*14.490; quisquis sub pedibus fata rapacia et puppem posuit fluminis ultimi Sen.*Her.O.*107. **d** qui..seruum corruptum praemiis ad accusandum dominum impulerit, a legatorum pedibus abduxerit Cic.*Deiot.*2; seruus qui ad pedes Habinnae sedebat Petr.68.4; ipse retro flexus ad pedum turbam (*i.e. the slaves waiting at his feet*)..concubino turturum natis donat Mart.3.82.18; neglegentem ducit ad pedes uernam 12.87.2;—ANTHVS LIVIAE PVER A PEDIBVS *CIL* 6.4001.

8 (in neg. or quasi-neg. phrs.) The length of a foot, a step (as a minimal distance).

ne iste hercle ab ista non pedem discedat Pl.*As.*603; negat umquam se a te in Deiotari tetrarchia pedem discessisse Cic.*Deiot.*42; *Att.*13.16.1; non abscessi neque pede, quod aiunt, uno a parente discessi [Quint.]*Decl.*6.14;—(*ellipt.*) ubi illinc, spero, redieris tamen, hoc ages.—nusquam pedem! Ter.*Ad.*227; (*in fig. phr.*) ubi..Xenocraten sequitur.., a Chrysippo pedem nusquam Cic.*Luc.*143.

9 (as a linear measure) A foot (= approx. 296 mm). **b** an amount a foot long. **c** a square foot.

panem tris pedes latum Pl.*Bac.*580; inter miliarium et labrum pes unus digitus unus Cato *Agr.*135.6; ducentos Cyclops longus pedes Lucil.482; murum in altitudinem pedum sedecim..perducit Caes.*Gal.*1.8.1; Vitr.2.3.3; iacula quaternos longa pedes Liv.26.4.4; Curt.5.1.31; stadium CXXV nostros efficit passus, hoc est pedes DCXXV Plin.*Nat.*2.85; tota cohors (*sc. of Pygmies*) pede non est altior uno Juv.13.173; Amp.8.14; Gel.3.10.10;—(*in fig. phr.*) metiri se quemque suo modulo ac pede uerum est Hor.*Ep.*1.7.98;—(*cf.*) cum fallit pede regula uaro Pers.4.12. **b** si..uni cuique uestrum ubi consistat bini pedes adsignentur Cic.*Agr.*2.85; paucos pedes in extremo fundo *Att.*15.26.4; se ternis nummis in pedem tecum transegisse dicebat *Q.fr.*3.1.3; Polla emit lacum..et circa eum lacum pedes decem Proc.*dig.*18.1.69. **c** hos pedes esse dicemus in semicirculo, qui efficiunt iugeri quadrantem Col.5.2.8; Hyg.*agrim.*p.85.

10 Space, extent (of ground).

exiguae..areae in multos usus discribentis arte patuerunt et quamuis angustum pedem dispositio fecit habitabilem Sen.*Dial.*9.10.4; (agricola) areae pedem tantum complectatur..quantum 'ne uilla fundum quaerat neue fundus uillam' Col.1.4.8; arborem, quam in pede castrorum fuerat complexa metatio Fron.*Str.*4.3.13; CASTRA..QVOD ANGVSTE TENDERET DVPLICATO VALLI PEDE ET INPOSITIS TVRRIBVS AMPLIAVIT *CIL* 3.13796;—(*cf.*) dicitur in aedificiis area pes magnus Var.*L.*5.95.

11 (pros.) A metrical foot. **b** (sg. or pl.) the feet of a line, etc., considered together, rhythm, or metre. **c** (sg. or pl.) musical rhythm.

paean, quod pluris habeat syllabas quam tris, numerus a quibusdam, non pes habetur Cic.*Orat.*218; nec adhibetur ulla sine anapaestis pedibus hortatio *Tusc.*2.37; cano Nemesim, sine qua uersus mihi nullus uerba potest iustos aut reperire pedes Tib.2.5.112; Musa, per undenos emodulanda pedes (*i.e. in hexameters and pentameters*) Ov.*Am.*1.1.30; V.Max.2.6.2; Mart.10.9.1; (trimetros) sex..pedes, tres percussiones habet Quint.*Inst.*9.4.75; Maur.1670;

GEL.18.15.1;—(*cf. sense 1*) seu celer (iambus), extremum seu trahat ille pedem (*i.e. in scazons*) OV.*Rem.*378. **b** (*sg.*) molli..pede claudere uersum *Ciris* 20; incomposito dixi pede currere uersus Lucili HOR.*S.*1.10.1; qui..fleuit amorem non elaboratum ad pedem *Epod.*14.12; quique canent uincto pede quique soluto [TIB.]3.7.36; heroi res erat ista pedis OV.*Fast.*2.126; scribimus inclusi, numeros ille, hic pede liber PERS.1.13; Colchis..carmina barbarico fundens pede V.FL.8.69; (*in pun on sense 1*) hunc socci cepere pedem (*i.e. the iambus*) grandesque cothurni HOR.*Ars* 80; —(*pl.*), pedibus..claudere uerba (*i.e. make verses*) HOR.*S.*2.1.28; (*in prose*) narratio fere tardiores atque, ut sic dixerim, modestiores desiderat pedes QUINT.*Inst.*9.4.134. **c** agricola..cantauit certo rustica uerba pede TIB.2.1.52; in musicos pedes uenarum pulsu descripto PLIN.*Nat.*29.6.

12 (applied to various things resembling the foot in function or position): **a** A leg or foot of an article of furniture. **b** (naut.) the rope by which each of the two lower corners of a sail was made fast to the ship, a sheet. **c** the stalk or pedicel of a fruit. **d** the lowest part or base of anything; *pes betae, betaceus,* a beetroot.

a unguito fundum arcae et extrinsecus et pedes CATO *Agr.*98.1; lectulos..ilignis pedibus faciundos dedit TER.*Ad.* 585; clauda una est pedibus cariosis mensula nobis LUCIL. 1062; hic, subsellium..calce premens, dextera pedem defringit *Rhet.Her.*4.68; fractum..ueteris pedem grabati CATUL.10.22; reccidit in..suos mensa supina pedes PROP. 4.8.44; OV.*Met.*12.254; uni pedi subiciendum fulmentum est, atque ita lectus huc et illuc manu inpellendus CELS. 2.15.4; PLIN.*Nat.*24.137; JUV.11.128; GEL.10.15.14; ante lectuli pedes iacebat arcus et faretra APUL.*Met.*5.22. **b** LUCIL.316; utrumque (sinum) pedibus aequis tramisimus (*i.e. our boat ran straight before the breeze*) CIC.*Att.*16.6.1; siue utrumque Iuppiter simul secundus incidisset in pedem CATUL.4.21; una omnes fecere pedem (*i.e. set the sheets*) VERG.*A.*5.830; nancta ratem comitesque fugae pede labitur aequo OV.*Fast.*3.565; prolato pede transuersos captare notos SEN.*Med.*322; flexo nauita cornu obliquat laeuo pede carbasa LUC.5.428; PLIN.*Nat.*2.128;—(*cf.*) pedem et nostrum dicimus et lecti et ueli SEN.*Ben.*2.34.2. **c** mustum tortiuum est quod post primam pressuram uinaceorum circumciso pede exprimitur COL.12.36; 12.45.2; siue..prematur (oliua)..exilibus regulis pede incluso PLIN.*Nat.* 15.5. **d** (*of a plant*) rarum..ut geminus (boletus) ex uno pede PLIN.*Nat.*22.93; (*of the blade of a sword*) gladium..per pectus infandi corruptoris exegit et in latus ultra pedem [QUINT.]*Decl.*3.7;—titulatio (nomine) ut a pede nostro pes..betae VAR.*L.*6.55; quem ad modum pedes betaceos seri oporteat *R.*1.2.27; (*cf.*) folio uiridis, pede candida beta COL.10.254.

13 (app.) A basis for calculation.

pressura una (*sc. of grapes*) culleos xx implere debet. hic est pes iustus PLIN.*Nat.*18.317.

pescia, *n. pl.* [ad. Gk. πέσκος] (See quot.)

~ia in saliari carmine Aelius Stilo dici ait capitia ex pellibus agninis facta FEST.p.210M.

pesestas: (see quot.).

~as inter alia, quae inter precationem dicuntur, cum fundus lustratur, significare uidetur pestilentiam FEST. p.210M.

pesna: old form of PENNA.

pesoluta ~ae, *f.* [Egyptian?] An Egyptian plant used for making garlands.

PLIN.*Nat.*21.184.

pessimē, *superl. adv.* to MALE. Also **pessumē.** [next+-E]

1 Least adequately or effectively for a purpose, worst.

~ ornatus eo PL.*Aul.*721ª; tardi sumu' nos.—optume itis, ~ hercle dicitis *Poen.*569; Latine non ~ loquebatur CIC.*Brut.*210; harenosi gurgites planos (*sc.* pisces)..non ~, sed pelagios melius pascunt COL.8.16.8.

2 (w. ref. to conduct) In the most morally unacceptable manner, most wickedly, wrongfully, unwisely, etc. **b** ~ (*pro*)*mereri de aliquo* to deserve worst (of a person), have least claim on his gratitude. **c** most disloyally, mutinously, or sim.

erum seruaui..sed malene id factum tu arbitrare?—~ PL.*Capt.*709; ~ istuc in te..consulis, si te tam leni..esse animo ostenderis TER.*Hau.*437; intelleget secum actum esse ~, istum autem summo supplicio dignum existimabit CIC.*Ver.*3.119; quam quisque ~ fecit, tam maxume tutus est SAL.*Jug.*31.14; quae ~ ausus erat, fortiter executus VELL. 2.24.1; GEL.7(6).2.13;—(*cf., w. ref. to literary style*) adulescentium indolem..inficiunt, quae ~ (dicta sunt) 12.2.14. **b** de illa ~, quam deamas, promerere AFRAN.*com.*357; APUL. *Met.*10.24. **c** tu..de re publica..ipse ~ senties? CIC. *Phil.*14.18; ueteranos..~ loqui uolebat Labeo me credere et tibi ab iis instare periculum D.BRUT.*Fam.*11.20.1.

3 Most painfully, unpleasantly, or distressingly. **b** (in impers. const.) ~ *esse* (w. dat.), to be in a most uncomfortable state; also, to be very worried. **c** (as an intensive with certain vbs.) very much, 'dreadfully'.

sum optusus pugnis ~ PL.*Am.*606; uexari ~ societatem CIC.*S.Rosc.*60; non ~ cum iis esse actum quibus sine dolore licitum est mortem cum uita commutare SULP.RUF.*Fam.* 4.5.3; ~ longae (syllabae), quae easdem inter se litteras committunt, sonabunt QUINT.*Inst.*9.4.33; te..numina.. pessimum ~ perduint APUL.*Met.*9.21. **b** ne..deterius huic sit quam quoi ~ est PL.*Capt.*738;—~ mihi erat, ne.. aliquid catastropha quaereretur PETR.54.3. **c** ~ metui ne mihi hodie apud praetorem solueret PL.*Cur.*684; illos odi ~ PETR.56.3.

4 With the most unfavourable outcome, most unfortunately, inauspiciously, or sim. **b** by a stroke of very bad luck.

neque umquam quisquamst quoius illic ager fuit quin ~ ei res uorterit PL.*Trin.*534; (putant) apes furtiuas (prouenire) ~ PLIN.*Nat.*19.123. **b** oratio una interiit hominum ~,..qua ante utebantur PL.*St.*183.

pessimus ~a ~um, *superl. adj.* to MALUS¹. **pessumus.** [<*ped-smmos, cf. PEIOR, PESSUM]

1 (esp. w. agent nouns) Worst at a given function or in a given respect, most incapable, unskilled, etc.

nemo..a ~o histrione bonum comoedum fieri posse existimaret CIC.*Q.Rosc.*30; spero me non ~um exercitum habiturum ad omnis casus D.BRUT.*Fam.*11.20.4; ~us omnium poeta CATUL.49.6; ita (Marius) cupidine atque ira, ~is consultoribus, grassari SAL.*Jug.*64.5; uolgo, ueritatis ~o interpreti SEN.*Dial.*7.2.2; ~us..gubernator, qui nauem, dum portu egreditur, ingepit QUINT.*Inst.*4.1.61; (*of troops*) Pyrrhus.., secundum Homericum uersum quo ~i in medium recipiuntur,..in media acie Tarentinos locauit FRON. *Str.*2.3.21;—(*w. words importing moral ideas*) hunc sum arbitratus semper seruom ~um: eum fidelem mihi esse inuenio PL.*Mil.*1374; Tarsenses, ~i socii CAS.*Fam.*12.13.4; ~i debitoris est creditori facere conuicium SEN.*Dial.*6.10.2; diem illum..laetum, qui principem abstulit ~um PLIN.*Pan.* 92.4; ~i clues luce careant dignitatis APUL.*Pl.*2.7.

2 Worst in character, wickedest, most villainous, etc. **b** (of actions, desires, or sim.; also, of the conscience). **c** unkindest, unfriendliest. **d** most disloyal.

ex bonis ~i et fraudulentissimi fiunt PL.*Capt.*235; TER. *Hau.*599; gnati mater ~i ACC.*poet.*9(4); neu te optumum cum ~o omnium Iugurtha miscendo conmaculares SAL.*Jug.* 102.5; ~um..mancipium, repperisti..tempus, quo parricidium aperires? CURT.5.9.9; SEN.*Ep.*115.14; Antonii ~um ingenium..uxor agitabat FLOR.*Epit.*2.16(4.5.2); raptus est mihi frater ~is comitibus et perditis CALP.*Decl.*20; ~ae feminae flagitia APUL.*Met.*9.15; (*humorously, of* meretrices) flagitabam, Camerium mihi (*sc.* dent) ~ae puellae CATUL. 55.10; (*applied to a thing humorously personified*) dormiunt pessuli ~i nec mea gratia commouent se PL.*Cur.*153;—(*masc. or fem. as sb.*) domi nostrae tot ~i uiuont, peculi sui prodigi, plagigeruli *Mos.*874; quid dixti, ~a? an mentita es? TER.*Eu.*1017; ~i Tiberium fratrem meum optimum interfecerunt GRACCH.*orat.*16; te uidi Damonis, ~e, caprum excipere insidiis VERG.*Ecl.*3.17; HOR.*S.*2.7.22; STAT.*Theb.* 11.270. **b** apud aedilis pro eius factis plurumisque ~isque deixei caussam PL.*Men.*590; facinus ~um ACC.*trag.*638; in isto plurimas et ~as rationes semper fuisse *Rhet.Her.*2.29; luxuria et ignauia, ~ae artes SAL.*Jug.*85.43; quibus et ~a et inmodica cupiditas erat VELL.2.25.1; est..congruens ~is conatibus contra noxiam conscientiam sperare securitatem APUL.*Met.*7.27;—(*of the conscience*) Myrmex..non quidem coram noxae prehensus, conscientia tamen ~a permixtus 9.21. **c** in nullum auarus bonus est, in se ~us PUB.*Sent.*I.5; Erotion..quam ~orum lex amara fatorum sexta peregit hieme MART.5.37.15. **d** Nero a ~o quoque semper desiderabitur TAC.*Hist.*1.16; lasciuire miles,..~i cuiusque sermonibus praebere auris *Ann.*1.16.

3 (usu. of material things) Of the lowest quality, most lacking in worth, worst; (of persons, etc.) lowest in rank or status. **b** in poorest condition, worst off.

donarem tripodas..neque tu ~a munerum ferres HOR. *Carm.*4.8.4; deterior (cummis) ex amygdalis amaris..~a e prunis PLIN.*Nat.*13.66; alburnum, mollis ac ~a pars ligni 16.182; ~a uina MART.1.18.3; usum unguenti..quod est ~i generis FEST.p.329M; (*neut. pl. as sb.*) ~a eius..istic (*sc. in a tomb*) iacent, ossa cineresque SEN.*Dial.*6.25.1;—(*w. ref. to rank or status*) tibi, ~e mundi arbiter (*i.e. Pluto*), inmittam.. Titana LUC.6.742; ~a..libertas eorum est, qui dediticiorum numero sunt GAIUS *Inst.*1.26. **b** cum eo tempore fere ~i sint qui aegrotant CELS.3.5.5.

4 Least to be desired or approved, most deplorable, unsatisfactory, etc. worst.

~is me modis despicatur domi PL.*Cas.*185; ~us..pudor est..paupertatis LIV.34.4.13; ~a sit, nulli non sua forma placet OV.*Ars* 1.614; sanies ~i..odoris CELS.4.22.5; cum induruit uitis, ~um in uinea traducere PLIN.*Nat.*17.182; propter ~um pastum eius partis animae, quae ex cupiditatibus constat, non solum rationabilitatis..loca possidentur APUL.*Pl.*2.15;—(*w. dat. of purpose*) ~a et carboni et materiae haliphloeos dicta, cui crassissimus cortex PLIN. *Nat.*16.24.

5 Most painful or distressing.

di deaeque omnes me ~is exemplis interficiant PL.*Mos.* 192; miserum istuc uerbum et ~um est, 'habuisse' et nihil habere *Rud.*1321; si sciens fallo, tum me..~o leto adficias LIV.22.53.11; tu (*sc.* Pontica tellus) ~a duro pars es in exilio OV.*Pont.*3.1.9; in statu ut non ~o, ita maxime querulo.. positus sum: nec aegroto nec ualeo SEN.*Dial.*9.1.2; TAC. *Ann.*2.71; (Psyche) montis extremum petit tumulum..illic inuentura uitae ~ae finem APUL.*Met.*6.14.

6 Having the most undesirable effect or influence, most harmful or detrimental; (neut. as sb.) the greatest detriment.

me fuisse huic fateor..intumum, quod amantis multo ~um est pecuniae PL.*Truc.*80; hi sunt inimici ~i fronte hilaro, corde tristi CAECIL.*com.*79; neque Caesari imperari potest nec Caesar exercitui suo, quod utrumque ~um est D.BRUT.*Fam.*11.10.4; o ~um periclum quod opertum latet PUB.*Sent.*O.12; tum saeuus aper, tum ~a tigris VERG.*G.* 3.248; ~o exemplo innoxii..condemnati sunt LIV.5.29.7; Marius..quantum bello optimus, tantum pace ~us, inmodicus gloriae, insatiabilis VELL.2.11.1; ex suppurationibus eae ~ae sunt, quae intus tendunt CELS.2.8.23; ~um ueri adfectus uenenum, sua cuique utilitas TAC.*Hist.*1.15; nec lingua mali pars ~a serui JUV.9.121; pleraque ~i exempli in perniciem publicam..durauerant SUET.*Aug.* 32.1;—(*neut. as sb.*) uillis ~o publico aedificatis VAR.*R.* 1.13.7; LIV.2.1.3.

7 (of circumstances) Most unfavourable or adverse; (of omens) most inauspicious. **b** taking the worst view of a situation, most pessimistic.

~us hic mi dies hodie inluxit PL.*Per.*779; dum ut in ~is rebus aliquid caueam CIC.*Att.*11.19.2; ~a decemuirorum in uolgus fama est LIV.3.43.7; casu..~o lucerna feruens oleum rebulliuit APUL.*Met.*5.26; (*in fig. phr.*) ab illa (die) ~a mutati coepit amoris hiemps OV.*Ep.*5.34;—~o pede domum nostram accessit APUL.*Met.*6.26; (*in fig. phr.*) (lena) concordi..toro ~a semper auis PROP.4.5.6. **d** plurima uersat ~us in dubiis augur timor STAT.*Theb.*3.6.

Pessinuntius ~a ~um, *a.* Of or connected with Pessinus.

Matris Magnae ~us ille sacerdos CIC.*Sest.*56; aselli ~i GEL.6(7).16.5; ~am deum matrem APUL.*Met.*11.5.

Pessinūs ~untis, *m.* A Galatian town on the borders of Phrygia, famous for its cult of Cybele.

~untem ipsum, sedem domiciliumque Matris deorum CIC.*Har.*28; LIV.29.10.5; 34.3.8.

pessos ~ī, *m.* [Gk. πεσσός] (med.) The Greek name for a vaginal suppository.

CELS.5.21.1.A.

pessulus ~ī, *m.* [ad. Gk. πάσσαλος] The bolt of a door.

occlude sis fores ambobus ~is PL.*Aul.*104; ~i, heus ~i.. sussilite, opsecro *Cur.*147; anus foribus obdit ~um TER. *Hau.*278; LUCIL.178; fores ~is liberatae dehiscunt VAR. *Men.*577; ad postes repagula redeunt, ad claustra ~i recurrunt APUL.*Met.*1.14; 9.20.

pessum, *adv.* [<*ped-tum; cf. Skt. *páttum,* also *pádyatē* 'falls'] To the lowest part, to the bottom, (fig.) to destruction; esp. **b** ~ *abire, ire, sidere,* etc., to sink to the bottom; (transf. or fig.) to be destroyed or ruined. **c** ~ *dare* (also *pessumdare* as one word or *pessundare*) to send to the bottom; (usu. transf. or fig.) to destroy, ruin, put an end to, etc.

iugera ~ intercepta licet densaque abscondita nocte prospectare *Aetna* 137; ut (lacus) folia..non innatantia ferat sed ~ et penitus accipiat MELA 3.88;—(*in fig. phrs.*) ut non ego istum pro suis factis pessumis ~ premam PL. *Mos.*1171; neue se..de tanto fortunarum suggestu ~ deiciat APUL.*Met.*5.6. **b** eam (*sc.* cistulam) cum naui.. abiisse ~ in altum PL.*Rud.*395; quando abiit rete ~, adducit lineam *Truc.*36; HYG.*Fab.*125.17;—nauigio per se ~ ituro pondus insuper additur SEN.*Con.*7.1.10; COL.12.6.2; (*transf. or fig.*) postquam coepere orbitas in auctoritate summa et potentia esse..~ iere uitae pretia PLIN.*Nat.*14.5; ~ ituros..campos, si amnis Nar..superstagnauisset TAC. *Ann.*1.79;—malitia per mare ~ subsedere suis pariter cum ciuibus urbes LUCR.6.589; sidentia ~ corpora LUC.3.674; (*in fig. phr.*) uitia ciuitatis degenerantis et ~ sua mole sidentis SEN.*Dial.*2.2.2. **c** quam celsa cacumina ~ tellus uicta dedit! LUC.5.616; (*in fig. phr.*) hoc queror, quemquam hominem ita ~ dare alterum uelle, ut etiam nauem perforet, in qua ipse nauiget CIC.*inc.orat.*fr.13;—(*transf. or fig.*) ~ dedisti me blandimentis tuis PL.*Rud.*507; illius sapientiam et meam fidelitatem..paene ille ignauos funditus ~ dedit *Trin.*165; qui sese malit pugnitus ~ dari CAECIL.*com.*49; TER.*An.*208; quae res..magnas ciuitatis ~ dedit SAL.*Jug.* 42.4; non mihi quaerenti ~dare cuncta petitum Caesareum caput est OV.*Tr.*3.5.45; ingentes hostium copias ~ dederunt V.MAX.4.4.5; (libertas) olim ~ data est SEN.*Ep.*14.13; unus humanum genus condet dies..magnarumque gentium regna ~dabit *Nat.*3.29.9; habuit..seruos qui illum ~ dederunt PETR.43.6; cernebat Paulus..labi..res ~que dari SIL.8.286; postquam..ille per libidines ~ datus sit TAC. *Ann.*1.9; (*cf., w.* ad) sin captus prauis cupidinibus ad inertiam et uoluptates corporis ~ datus est SAL.*Jug.*1.4.

pessumdō, pessundō: see prec.

pestifer ~era ~erum, *a.* [PESTIS+-FER]

1 (in general) Causing death or destruction, physically destructive, deadly. **b** (applied to omens: see quots.).

~ero sidere icti LIV.8.9.12; postquam ~er ignis conualuit OV.*Met.*8.477; solem exsecrantur..ut ipsis agrisque ~erum MELA 1.43; Gigantes arma ~eri mouent SEN.*Her.F.*976; ~erae nauigantibus Chelidoniae (insulae) PLIN.*Nat.*5.131; ~eros..cursus (*i.e. of Hannibal*) SIL.6.651;—(*in fig. phr.*) quorum ego a templis..~eram illam et nefariam flammam depuli CIC.*Dom* 144. **b** ~erum fulgur dicitur quo mors exiliumue significari solet FEST.p.210M; ~era auspicia esse dicebant, cum ex tristis..non fuisset PAUL.*Fest.*p.244M.

2 (spec.) Dangerous to health, noxious.

rupto..ingens Acheronte uorago ~eras aperit fauces VERG.*A.*7.570; ut..mortui..aegros..tabe et ~ero odore corporum conficerent LIV.25.26.11; contagione quadam ~era 28.34.4; ~ero tot iugera uentre prementem..Pythona OV.*Met.*1.459; sanguinem..in febre uomuisse ~erum est CELS.2.6.10; in capite..interdum acutus et ~er morbus est 4.2.2; aera ~erum tractu LUC.7.412; ~er calor (*i.e. feverishness*) PLIN.*Nat.*7.169; taurorum (sanguis)..~er potu 11.222; lacus..grauitate odoris accolis ~er TAC.*Hist.*5.6; APUL. *Mun.*23; (*in fig. phr.*) in rei publicae corpore, ut totum saluum sit, quicquid est ~erum amputetur CIC.*Phil.*8.15; (*neut. pl. as sb.*) dedit..natura beluis..sensum..ut.. secernerent ~era a salutaribus *N.D.*2.122.

3 Bringing fatal results, disastrous, pernicious, pestilential.

(*of persons*) ~eri ciues supplicioque digni CIC.*de Orat.*1.230; ~eri illi consules *Prov.*3; *Phil.*5.43; hoc omne genus ~erum atque impium (*i.e. tyrants*) *Off.*3.32; LIV.6.19.6;—(*of things*) o ~era..trux tolutiloquentia! Nov.*com.*38; ~erum et funestum tribunatum Cic.*Dom.*2; ~erum bellum *Att.* 9.13.3; aegritudo..ceteraeque perturbationes amplificatae certe ~erae sunt *Tusc.*4.42; Tarquinius..priore nocte ui armatus mihi sibique, si uos uiri estis, ~erum hinc abstulit gaudium Liv.1.58.8; Marius ~ero ciuibus suis reditu intrauit moenia Vell.2.22.1; ~erae istae diuitiae Sen.*Con.* 2.1.11; ~ero pugnae castra incendebat amore Sil.9.37.

pestiferē, *adv.* [prec.+-E] Disastrously, ruinously.

multa perniciose, multa ~ sciscuntur in populis Cic.*Leg.* 2.13.

pestilens ~ntis, *a.* *compar.* ~ntior, *superl.* ~ntissimus. [cf. PESTILENTVS]

1 (of places, etc.) Full of disease, unhealthy, insalubrious. **b** (of living creatures) plague-stricken.

loco ~nti Cato *Agr.*14.5; agros..desertos ac ~ntis Cic. *Agr.*2.98; aedium ~ntium uenditor *Off.*3.67; ex eo, quod.. per hiemem etiam quae ~ntissimae sint regiones efficiantur salubres Vitr.1.4.4; in ~nti atque arido circa urbem solo Liv.7.38.7; Sardinia..ut fecunda ita paene ~ns Mela 2.123; (laser) praecipuae utilitatis contra aquas malas, ~ntes tractus, uel dies Plin.*Nat.*22.104; ~nti deserta regione Apul. *Met.*8.21;—(*w. abl. of cause*) si..odore, quem aliquo loco eructat, ~ntior est fundus Var.*R.*1.4.4; Plin.*Ep.Tra.*10.98(99). 1;—(*fig., of a haunted house*) erat Athenis spatiosa..domus, sed infamis et ~ns *Ep.*2.27.5. **b** ~ntium more pecudum subinde aliquis ex populo in ipsis pascuis procumbit [Quint.]*Decl.*12.7.

2 Causing danger to life or health, noxious.

eius (*sc.* caeli) aspiratio grauis et ~ns Cic.*Div.*1.130; o uentum horribilem atque ~ntem! Catul.26.5; nec ~ntem sentiet Africum Hor.*Carm.*3.23.5; grauis ~nsque omnibus animalibus aestas Liv.5.13.4; ibi et frutex ~ns Plin.*Nat.* 12.33; e quibus (*sc. hailstones*) ~ntissimum potum esse conuenit 31.33; herbae ~ntis suco noxio peremptus est Apul.*Met.*10.33.

3 (of persons or things) Pernicious, disastrous, pestilential.

non..quemquam audiui hoc grauissimo et ~ntissimo anno ..puerum mortuum, qui mihi non a dis immortalibus ereptus ex his miseriis..uideretur Cic.*Fam.*5.16.4; tam ~nti exemplo Liv.2.43.10; consulem..uelut uaticinantem.. ~ns collegae munus esse 2.41.5; ne..libertatem..ad licentiam ~ntem traheret 45.18.6; familias rei publicae ~ntes Sen.*Dial.*3.19.2; non illum..inflammat..uulgus infidum bonis, non ~ns inuidia *Phaed.*489; nocturnas etiam curas inuaserat ~ns auaritia Apul.*Met.*9.19;—(*cf. sense 1*) hominem ~ntiorem patria sua (*i.e. Sardinia*) Cic.*Fam.* 7.24.1.

pestilentia ~ae, *f.* [prec.+-IA]

1 An outbreak of epidemic disease, plague, pestilence.

Hippocrates medicus in magna ~a..multa oppida scientia seruauit Var.*R.*1.4.5; Massilienses..graui..~a conflictati ex diutina conclusione et mutatione uictus Caes.*Civ.*2.22.1; ~a populum inuasit Liv.4.21.2; ~a grauis incidit in urbem agrosque, quae tamen magis in longos morbos quam in permitiales euasit 27.23.6; 41.21.5; desiderat..propriam animaduersionem in febribus ~ae casus Cels.3.7.1A; crebris mortibus ~am esse adparuit Sen.*Cl.*1.25.5; morbo uel ~a laborantibus (apibus) Col.9.13.1; laurus..folia.. ~ae contagia prohibent Plin.*Nat.*23.157; Flor.*Epit.*1.40 (3.5.17); Suet.*Nero* 39.1; ~ae letalis peruicaci rabie possessus Apul.*Met.*9.2;—(*fig.*) orationem..plenam ueneni et ~ae Catul.44.12;—(*transf.*) uitiorum..fraudes animorumque labes, ~es Gel.1.2.4.

2 Unhealthy quality (of atmosphere or surroundings), insalubrity; (applied to unhealthy land).

genus agrorum propter sterilitatem incultum, propter ~am..desertum Cic.*Agr.*2.70; quorum (*sc.* extorum) ex habitu..tum salubritatis, tum ~ae signa percipi *Div.*1.131; 2.30;—(*applied to land*) effundamus aerarium, ut locupletatis ..~ae possessoribus agri tamen emantur *Agr.*1.15.

pestilentiōsus ~a ~um, *a.* [prec.+-OSVS] Insalubrious, unhealthy.

si odore solo locus ~us fiat Ulp.*dig.*43.8.2.29.

pestilentus ~a ~um, *a.* [PESTIS+-*lentus* (-ENTVS)] = prec.

Laev.*poet.*9(Gel.19.7.7).

pestilitās ~ātis, *f.* [PESTIS+-ILIS¹+-TAS] = PESTILENTIA (sense 1).

ea uis omnis morborum ~asque Lucr.6.1098; haec.. clades noua ~asque..fruges persidit in ipsas 6.1125.

pestis ~is, *f.* [dub.]

1 Physical destruction or death.

qui alteri exitium parat, eum scire oportet sibi paratum ~em..parem Enn.*scen.*168; Acc.*trag.*434; cum ~em capitis sui, cum indicia mortis se comperisse..diceret Cic.*Brut.*277; aduolarat subito ad direptionem ~emque sociorum *Phil.* 10.12; discidium ut nequeat fieri sine ~e maloque Lucr. 3.347; quid ~em euadere belli iuuit? Verg.*A.*10.55; trecenti milites..Veienti populo ~em minitantes Liv.2.49.4; nando repetentes terram in aliam foediorem ~em incidebant 44.42.6; mus..araneus..quamuis exiguis dentibus non exiguam ~em molitur Col.6.17.1; lentum (uenenum) et quod tarda ~e consumat [Quint.]*Decl.*17.11; urbes conlapsae nocturno motu terrae, quo inprouisior..~is fuit Tac. *Ann.*2.47; (*pl.*) eorum multorum ~es quae paulo post secutae sunt (*i.e. in the Sullan proscriptions*) Cic.*Rep.*1.6;— (*in imprecations*) malam quidem illi ~em! *Phil.*6.12; quin tu abis in malam ~em malumque cruciatum? 13.48;— (*humorously*) mihi rem summam credidit cibariam..quanta pernis ~is ueniet, quanta labes larido..! Pl.*Capt.*903.

2 A plague, pestilence. **b** (app. applied to diseases affecting individuals).

hos ~is necuit, pars occidit illa duellis Enn.*Ann.*559; apage te a me. — quid est negoti? — ~is te tenet Pl.*Am.* 581; crudeli ~e coactam..Cecropiam solitam esse dapem dare Minotauro Catul.64.76; pecudum ~es Verg.*G.*3.471; multa duumuiri ex libris placandae deum irae auertendaeque a populo ~is causa fecere Liv.4.25.3; uis maior ~is Poenorum castra quam Romana adfecerat 25.26.12; quod in omnibus morbis ac ~ibus fieri debere censemus Col. 7.5.19; Plin.*Nat.*11.64; minuere auidae mortis contagia ~es Sil.14.622; (*personified*) Metus auidumque populi ~is Ogygii malum Sen.*Oed.*589;—(*transf.*) mira..humani ingeni ~e sanguinem et caedes condere annalibus iuuat Plin.*Nat.* 2.43. **b** medere meis pedibus. terra ~em teneto, salus hic maneto *Praec.*5.3(*poet.*p.31); letiferas uario medicamine ~is..ruperunt Stat.*Silv.*1.4.109.

3 (applied to persons or animals, physical forces, etc.) An instrument of death or destruction; (also applied to actions). **b** (more mildly) a source of damage or annoyance, a nuisance, pest.

fer mi auxilium, ~em abige a me, flammiferam hanc uim quae me excruciat Enn.*scen.*29; omnes (illum) ut aliquam.. perniciosam bestiam ~emque fugiebant Cic.*Clu.*41; ipse (*sc.* Hercules) inligatus ~e interimor textili (*i.e. the shirt of Nessus*) *Tusc.*2.20 (transl. Sophocles); Lernaea..~is (*i.e.* the *hydra*) Lucr.5.26; adsuetus coluber succedere..umbrae (~is acerba boum) Verg.*G.*3.419; haec dira meo dum uulnere ~is pulsa cadat, patrias remeabo inglorius urbes *A.*11.792; legatus missus est..~is ac belua immanis, quales fretum.. circumsedisse fabulae ferunt Liv.29.17.12; ~isque duorum (*i.e. Taurus and Aries*) praedatorque Leo Man.2.228; Alexandri latrocinia ceterorumque, qui..non minores fuere ~es mortalium quam inundatio Sen.*Nat.*3.pr.5; cum..dirae ~es (*i.e. the Sirens*) uoce canora mare mulcerent *Med.*355; noxia serpentum est admixto sanguine ~is (*i.e. their venom*) Luc.9.614; siluis spatiatur feruida ~is (*i.e. fire*) Sil.9.606; (*humorously*) crudelem nasorum interfice ~em (*i.e. a stench*) Catul.69.9;—(*applied to actions*) ultima ~is urbis fuit cuniculo subrutus murus Curt.4.6.23; nec ~is lapsus simplex Sil.3.552. **b** area..creta solidanda tenaci, ne.. puluere uicta fatiscat, tum uariae inludant ~es Verg.*G.* 1.181; Inachiae Iuno ~em meditata iuuencae 3.153; fugientibus maior ~is..erat sua ipsorum turba Liv.37.43.9; papiliones enecandi sunt. quae ~es..fauis adhaerentes decidunt, si.. Col.9.14.2; ipsae frugum ~es in aliquo sunt usu. infelix dictum..lolium..sanat inpetigines Plin.*Nat.* 22.160.

4 Overthrow (of persons, institutions, etc.), ruin, disaster.

istam imaginem quae domi posita ~em atque exsilium Sex. Titio attulisset Cic.*Rab.Perd.*25; cum A. Gabinio consociare consilia ~is meae *Red.Sen.*16; iste huic rei publicae.. causa ~is atque exiti fuit *Phil.*2.55; sibi..nefariam ~em machinari *N.D.*3.66; fato fuerit nobis haec debita ~is *Ciris* 456; ~em placitum moliri et spargere causas in castra ambiguas Sil.7.264; (*cf.*) recte ueneficam appellas a quo tibi praesentem ~em uides comparatam Cic.*Phil.*13.25.

5 An instrument of ruin, a curse. **b** (applied to persons as a term of abuse).

Antoni reditus a Brundisio ~is patriae fuisset Cic.*Fam.* 12.25.4; nullam in amicitiis ~em esse maiorem quam adulationem *Amic.*91; *Off.*3.34; duobus uitiis, auaritia et luxuria, ciuitatem laborare, quae ~es omnia magna imperia euerterunt Liv.34.4.2; Satarchae auri argentique maximarum ~ium ignari Mela 2.10; [Sen.]*Oct.*428;—(*applied to the passion of love*) eripite hanc ~em perniciemque mihi Catul. 76.20; ~i deuota futurae..Phoenissa Verg.*A.*1.712; 4.90; —(*w. defining gen.*) unde ~is exorta opimas aues..deuorandi Plin.*Nat.*10.139. **b** quin una omnes ~e hac populum hunc liberant? Pl.*Ps.*204; leno sum, fateor.., periurus, ~is Ter.*Ad.*189; prouincias consularis..dedisti non consulibus, sed rei publicae ~ibus Cic.*Dom.*24; omnes Cafones, omnes Saxae ceteraeque ~es quae sequuntur Antonium *Phil.*8.9; postquam illa ~is (*i.e. the Carthaginians*) ex Africa eiecta est Sal.*Jug.*14.10; clade et ~e sub illa (*i.e. Domitian*) saeuitiam damnare Juv.4.84; Apul.*Apol.*96;—(*w. appositive gen.*) quaedam ~es hominum..te non numquam e me alienarunt Cic.*Fam.*5.8.2.

petalium ~iī, *n.* [Gk. πετάλιον] (app.) A thin sheet of beaten metal, leaf.

~ium (*s.v.l.*) caryotarum. aurea porrigitur Iani caryota Kalendis Mart.13.27.

petasātus ~a ~um, *a.* [PETASVS+ATVS²] Wearing a broad-brimmed hat.

Var.*Men.*410; (tabellarii) ~i (*i.e. ready to set out*) ueniunt, comites ad portam exspectare dicunt Cic.*Fam.*15.17.1; non nisi ~us sub diuo spatiabatur Suet.*Aug.*82.1.

petasō ~ōnis, *m.* [prob. Gall.] A shoulder of ham.

e Gallia adportantur Romam pernae..et ~ones (*v.l.* petasiones) Var.*R.*2.4.10; pulpam dubio de ~one uoras Mart. 3.77.6; (perna) Cerretana mihi fiat..lauti de ~one uorent 13.54.2.

petasunculus ~ī, *m.* [prec.+-CVLVS] (Dim. of prec.).

quid uocis pretium? siccus ~us et uas pelamydum Juv. 7.119.

petasus ~ī, *m.* [Gk. πέτασος] A broad-brimmed hat (worn by travellers, etc.). **b** (transf.) a conical superstructure.

ego (*sc. Mercury*) has habebo..in ~o pinnulas Pl.*Am.*143; 443; opust chlamyde et machaera et ~o *Ps.*735. **b** pyramides stant quinque..ita fastigatae, ut in summo orbis aeneus et ~us unus omnibus sit impositus Var.in Plin.*Nat.* 36.92.

petaurista: see PETAVRISTES.

petauristārius ~(i)ī, *m.* [next+-ARIVS] An acrobat performing on the *petaurum*.

putabam ~ios intrasse et porcos sicut in circulis mos est portenta aliqua facturos Petr.47.9; 53.11; timui ne per tectum ~ius aliquis descenderet 60.2.

petauristēs or ~a ~ae, *m.* [Gk.] = prec.

conuocat..Nicona ~en, Diona aulopoion Var.in Non. p.56M; ~as..Aelius Stilo (appellatos existimare uidetur) quod in aere uolent, cum ait '~a proprie Graece ideo quod is πρὸς ἀέρα πέταται' Fest.p.206M;—(*transf.*) alia (*sc.* insecta) ..generantur sordibus.., posteriorum lasciuia crurum ~ae Plin.*Nat.*11.115.

petaurum ~ī, *n.* Also **peteurum.** [Gk. πέτευρον] Forms: *peteur-* Lucil.1298. An apparatus used by acrobats in performing various feats of skill, a trapeze or sim.

mechanici cum alto exiluere ~o Lucil.1298; corpora, quae ualido saliunt excussa ~o alternosque cient motus.. huius casu suspenditur ille Man.5.439; si per gracilis uias ~i..iubeas subire Ladan Mart.2.86.7; rota transmisso totiens inpacta ~o 11.21.3; Juv.14.265;—(*in fig. phr.*) oblitus huius ~i quo humana iactantur, sibi uni fortuitorum constantiam spondet Sen.*Ep.*98.8.

Petēlia ~ae, *f.* Also **Petīlia.** A town in Bruttium, besieged by Hannibal.

parua Philoctetae subnixa ~a muro Verg.*A.*3.402; Liv. 23.30.1; V.Max.6.6.ext.2; Plin.*Nat.*3.96; Sil.12.431.

Petēlīnī ~ōrum, *m. pl.* Also **Petīlīnī.** The inhabitants of Petelia.

V.Max.6.6.ext.2; Petr.141.10; Fron.*Str.*4.5.18.

Petēlīnus ~a ~um, *a.* *lucus* ~*us*, A grove in Rome outside the Porta Flumentana.

Liv.6.20.11; 7.41.3.

petellium ~iī, *n.* [unkn.] Forms: written *petilium* in Plin.*Nat.*1.21.25. An unknown autumn-flowering plant.

Plin.*Nat.*21.49.

petessō ~ere, *tr.* [PETO+-ESSO] Forms: *petissere* Fest.p.206M. To strive to reach, make for (a place, etc.); (fig.) to strive to attain (an objective).

Iuppiter..conlustrat lumine mundum menteque diuina caelum terrasque ~it Cic.*Cons.*fr.2.3(*Div.*1.17); Phoebi fax ..praecipitis caeli partes obitusque ~ens fr.2.22(*Div.*1.18); corpore reliquo pugnam caedesque ~it, nec tenet amissam laeuam Lucr.3.648; aetas infantum fugiens umorem aurasque ~ens 5.810;—(*fig.*) qui hanc (laudem) ~unt, nullum fugiunt dolorem Cic.*Tusc.*2.62.

peteurum: see PETAVRVM.

petīgō: see DEPETIGO.

Petīlia, Petīlīnī: see PETEL-.

petilium: see PETELLIVM.

Petillius ~a ~um, *a.* **Petīlius.** A Roman gentile name, esp. that of the two tribunes Q. Petillius who in 187 B.C. proposed an inquiry into charges of peculation against Scipio Africanus. **b** of or connected with a Petillius.

Liv.38.50.5; Gel.4.18.7. **b** rogatione ~a Liv.38.55.1.

petilus ~a ~um, *a.* [dub.] (perh.) Thin, slender; (acc. some ancient interpretations applied to a horse that has white feet, cf. Isid.*Orig.*12.1.52).

coloratum frontem habet, ~ust (*v.l.* petilis), habrus Pl. fr.107; insignis uaris cruribus et ~is Lucil.583; ~am suram ..substrictam uulgo interpretatur. Scaeuola ait ungulam albam equi ita dici Fest.p.205M.

petimen ~inis, *n.* [perh. PETO+-MEN] (See quot.)

~ina in umeris iumentorum ulcera et uulgus appellat et Lucilius meminit cum ait (Lucil.1347) 'ut ~en naso.. tangat'. eo nomine autem et inter duos armos suis quod est ..appellari solitum testatur Naeuius in descriptione suillae (Naev.*com.*122)Fest.p.209M.

petiolus: var. of PECIOLVS.

Petisius ~a ~um, *a.* The name of a variety of apple.

(mala) parua gratissimi saporis, quae ~a nominantur Plin.*Nat.*15.50.

petissō: see PETESSO.

petītiō ~ōnis, *f.* [PETO+-TIO]

1 An attack, thrust (in quots., in fig. phrs. or similes).

quot ego tuas ~ones ita coniectas ut uitari posse non uiderentur parua quadam declinatione..effugi! Cic.*Catil.* 1.15;—(*applied to verbal attacks*) orationis..ipsius tamquam armorum est uel ad usum comminatio et quasi ~o uel ad uenustatem ipsam tractatio *de Orat.*3.206; orator nec plagam grauem facit, nisi ~o fuit apta *Orat.*228; numquam ille me opprimet consilio..noui omnis hominis ~ones (*i.e. methods of attack*) rationesque dicendi *Div.Caec.*44.

2 An attempt to secure (an objective), pursuit (of).

(Plutarchus)deterret..nos..a uaria promiscaque..rerum

cuiuscemodi plurimarum et cogitatione et ~one GEL.11.16.8.

3 A petition, request.

attribuunt ei (*sc.* basilisco) successus ~onum a potestatibus et a diis..precum PLIN.*Nat.*29.66; ~oni tuae negare non sustineo TRA.*Plin.Ep.*10.7(23); (daemones) ultro citro (*i.e. between men and gods*) portant hinc ~ones inde suppetias APUL.*Soc.*6;—(*w. gen. of thing solicited*) cum necessaria ~o indutiarum uideretur LIV.42.43.2.

4 (leg.) A demand for something in a court of law, suit, claim. **b** (in contexts denoting the right to claim).

iudiciale (genus) est..quod habet accusationem aut ~onem cum defensione *Rhet.Her.*1.2; idem status, qui in ~one abdicati: quaeretur enim, an possit esse heres abdicatus QUINT.*Inst.*3.6.101; utra iustior sit ~o 7.7.3; actio in personam infertur: ~o in rem PAPIN.*dig.*44.7.28; ULP.*dig.*50.16.178.2;—(*w. gen. of thing claimed*) causae, quae ex praemii alicuius ~one constant CIC.*Inv.*2.110; QUINT.*Inst.*4.4.6;—(*applied to a tax-demand*) edixit princeps ut leges cuiusque publici..proscriberentur; omissas ~ones non ultra annum resumerent TAC.*Ann.*13.51. **b** DE EA RE EIVS ~O NOMINISQVE DELATIO ESTO *CIL* 1.583.3; a te cauero amplius eo nomine neminem, cuius ~o sit, petiturum CIC.*Brut.*18; exegit suam partem et tibi integram ~onem reliquit *Q.Rosc.*56; SI QVIS DEFVNCTVS FVERIT NE PVTET.. AB EIS (*i.e.* a collegium) ALIQVEM ~ONEM FVNERIS (h)ABITVRVM *Inst.Dac.*1(*CIL* 3.p.925); dabimus legati ~onem patrono ULP.*dig.*38.2.16.9; (*pl.*) optimum est ut, si quas putas te habere ~ones, actionibus experiaris AUR.in Call. *dig.*4.2.13.

5 The action or process of canvassing for an office, candidature.

~oni toto animo seruire propter iudicium non licebat CIC.*Ver.*24; tot equites Romani, tot tribuni aerarii..quid dignitatis huius ~oni attulerunt? *Planc.*21; ut eum qui plurimum posset..amicum in nostra ~one haberemus Q.CIC.*Pet.*5; artior ~o quattuor petentibus erat LIV.39.32.7; cum se studuisse ~oni Sulpici contra honorem Murenae ..diceret QUINT.*Inst.*11.1.69; PLIN.*Ep.*2.9.1;—(*w. gen. of office sought*) se a te..adiutum in ~one praeturae CIC.*Mil.*68; CAES.*Civ.*1.22.4; Catulus ex ~one pontificatus odio incensus SAL.*Cat.*49.2; VELL.2.49.4; qui..concesso reditu ~one honorum abstinuit TAC.*Ann.*2.43; ut absenti sibi.. ~o secundi consulatus daretur SUET.*Jul.*26.1.

6 The action of seeking (a woman) in marriage, suit.

inter praecipuos procos summo studio ~onis eius munus obierat APUL.*Met.*8.2.

petītor ~ōris, *m.* [PETO+-TOR]

1 One who strives to find or obtain, a seeker.

id optimum nobis uidetur, quod ~ores laudatoresque multos habet SEN.*Dial.*8.1.3;—(*w. gen.*) alter.., famae.. ~or, multa dare in uolgus LUC.1.131.

2 One who makes request, an applicant. **b** (in a civil case) a plaintiff, claimant. **c** a suitor for a woman's hand.

ut ~oribus ex uacuis dari possint (aquae) FRON.*Aq.*109. **b** possumus ~oris personam capere, accusatoris deponere? CIC.*Quinct.*45; si praetor is qui iudicia dat numquam ~ori praestituit qua actione illum uti uelit *Caec.*8; querente pauca ~ore quod ius sibi pridie per ambitionem dictum non esset LIV.3.47.4; QUINT.*Inst.*3.6.85; PLIN.*Ep.*6.2.2; GAIUS *Inst.*4.94;—(*w. gen. of thing claimed*) si ~or fundi iusiurandum detulerit aduersario ULP.*dig.*44.5.1.2. **c** quaedam (*sc. goddesses*) uiduae sunt, ut Populonia uel..diua Rumina, quibus non miror ~orem defuisse SEN.fr.(Haase p.426); nec quisquam..cupiens eius nuptiarum ~or accedit APUL. *Met.*4.32; *Apol.*70;—(*cf.*) uoluptatis detestabilis ~or aures ..de nuptiis optundens aderat *Met.*8.9

3 One who canvasses for office, a candidate. **b** (mil.) *~or militiae*, (under the later Empire) an under-officer of non-equestrian rank awaiting appointment to an equestrian office.

puerum bullatum, ~oris filium SCIP.min.*orat.*20; homines inlustres..qui etiam si suffragandi studia non nauant, tamen adferunt ~ori aliquid dignitatis Q.CIC.*Pet.*18; hic generosior descendat in Campum ~or HOR.*Carm.*3.1.11; SUET.*Jul.*23.2;—(*w. gen. of office sought*) ~orem..consulatus CIC.*Mur.*44; praeturae ~or V.MAX.3.5.1. **b** M VLP SILVANO EQ C PVBL ORNATO AB IMP COMMODO AVG PETT MILI *CIL* 6.3550; 6.2488; AVR MAXIMVS MILITIE ~OR 6.3549.

petītōrius ~a ~um, *a.* [PETO+-TORIVS] Of or concerning a claim to ownership.

per formulam ~am agitur GAIUS *Inst.*4.91; qui ~o iudicio utitur *dig.*6.1.36.

petītrix ~īcis, *f.* [PETO+-TRIX]

1 A female plaintiff.

imperator..noster..contra ~icem pronuntiauit PAUL. *dig.*36.1.76(74).1.

2 A female candidate for office.

aduersus ~icem,..aduersus eam quae sacerdotium..iam prope acceperat QUINT.*Decl.*252(p.31,l.23).

petītum ~ī, *n.* [pple. of PETO] What one sues for, one's claim.

lex..modum ~i definite praescribit AGEN.*agrim.*p.35.

petītūriō ~īre, *intr.* [PETO+-VRIO] To be eager to be a candidate for office.

uideo hominem ualde ~ire. nauabo operam CIC.*Att.*1.14.7.

petītus ~ūs, *m.* [PETO+-TVS³]

1 The action of moving towards (a specified point).

insequitur languor terraeque ~us suauis LUCR.3.172.

2 Request, solicitation.

iussit..eum consensu ~uque omnium..sententiam.. dicere GEL.18.3.6; serui ~u tuo adsunt APUL.*Apol.*45; *Met.* 6.7; *Pl.*1.4.

petō ~ere ~īuī or ~iī (~ī) ~ītum, *tr.* [<IE **pet-* 'fly' or 'fall'; cf. L. *penna, impetus*, etc., Skt. *pátati*, Gk. πέτομαι, πί-πτω] FORMS: contracted forms of pf., *~i* SEN.*Med.*248, *Her.O.* 1843, STAT.*Theb.*1.62; *~it* OV.*Met.*5.460; *Fast.* 1.109, PHAED.4.25(26).6, SEN.*Her.F.*825, and elsewhere (often ambiguous with pres.); *~imus* LUC.9.430; *~isti* CIC.*Fam.*15.15.3; *~isse Caec.* 10; *~isses* ULP.*dig.*13.6.5.14.

1 To direct one's course to (a person, place, etc.), make for, resort to, or sim. **b** to reach out for. **c** (of inanim. things) to go in the direction of. **d** to move towards in falling. **e** (transf.) to go over to, join (a party). **f** to betake oneself to, resort to (a course of action).

hic tu apte credis quemquam latrina ~isse? LUCIL.253; per Macedoniam Cyzicum ~ebamus CIC.*Fam.*14.4.3; grues ..loca calidiora ~entes *N.D.*2.125; ut..omnes..incitati fuga montis altissimos ~erent CAES.*Civ.*3.93.6; ancoris sublatis pelagus remis ~ere coeperunt *B.Hisp.*40.6; Romani ..auidi gloriae certantes murum ~ere SAL.*Jug.*94.6; qui Capua Romam ~it HOR.*Ep.*1.11.11; Sarmatis est tellus, quam mea uela ~unt OV.*Tr.*1.2.82; celeri saltu profundum Tiberis ~iit V.MAX.4.7.2; deae..diuersas ~iere uias V.FL. 1.92; TAC.*Ann.*2.54; cum se refecturi..balneas ~issent APUL.*Met.*10.13; (*w. abst. subj.*) portus..quem Indica nauigatio non ~it PLIN.*Nat.*6.104;—(*persons*) quis deus magis..est ~endus amantibus? CATUL.61.47; ut te supplex ~erem et tua limina adirem VERG.*A.*6.115; (Hannibal) cccc equites subornauit, qui simulata transitione ~ierunt consulem V.MAX.7.4.ext.2; pectora nuda (*sc.* Phyllidis) cecidi. Alcippen irata ~it CALP.*Ecl.*3.31. **b** proximae cuiusque collum amplexu ~ebat CAEL.*orat.*15; amicum Ilionea ~it dextra VERG.*A.*1.611; quid me (*i.e. Narcissus addressing his reflection*), puer unice, fallis quoque ~itus abis? OV.*Met.*3.455; PHAED.1.4.7; illa (*sc.* Helle)..fessis longe ~it umida palmis uellera V.FL.1.288; illa suspirans alte caelumque sollicito uultu ~ens APUL.*Met.*6.28; (*w. adv.*) pone ~unt: exim referunt ad pectora tonsas ENN. *Ann.*231;—(*in a pun w. sense 9*) (Gabba) pilam neglegenter ~enti: 'sic' inquit '~is, tamquam Caesaris candidatus' QUINT.*Inst.*6.3.62. **c** motum naturalem omnium ponderum..e regione inferiorem locum ~entium CIC.*Fin.*1.19; flamma ~it altum, propior locus aera cepit OV.*Fast.*1.109; iam longinqua ~it puluis sonitusque ruinae LUC.6.162;—(*of topog. features*) purior electro campum ~it amnis VERG. *G.*3.522; mons ibi uerticibus ~it arduus astra duobus OV. *Met.*1.316; SVPERIOR FOSSVRA DEXTRAM ~IT *CIL* 8.2728; (*in fig. phr.*) hic trepidas artis..uidit qua propior ~eret uia GRAT.218. **d** (Iphianassa) muta metu terram genibus summissa ~ebat LUCR.1.92; VERG.*A.*3.93; terram hostilem moriens ~it ore cruento 10.489; (Cerberus) omni ~it ceruice terram SEN.*Her.F.*825; *Oed.*480; pontum astra ~ent (*i.e. at the end of the world*), tellus..excutiet..fretum LUC.1.76. **e** eam partem ~isti, ut..consiliis interesses CIC.*Fam.*15.15.3. **f** aliam in partem fugam ~ebant CAES.*Gal.*2.24.1; LIV. 9.23.15; cessere et auersi fugam ~iere ciues SEN.*Phoen.*635; tantos..~isti cur non ipse tua fretus uirtute labores? V.FL. 7.438; post id decretum uirgines uoluntariam mortem non ~isse GEL.15.10.2; die quadam uenatum Tlepolemus.. ~ebat indagaturus feras APUL.*Met.*8.4.

2 To make for with hostile intent, go for, attack. **b** (transf.) to attack or menace with actions, words, etc. **c** to make an attempt on the life of. **d** (of adverse omens) to be directed at.

canis..lapidem, qui ipsa icta est, ~it PAC.*trag.*39; Labiene, decumanum militem qui te ~it scito esse *B.Afr.* 16.3; me..bello Iliacos fateor ~iisse penatis VERG.*A.*3.603; Cerberus..nullas hodie ~at improbus umbras PROP.4.11.25; cum Romani..tecta..occupassent ne ~i superne ac uolnerari possent LIV.24.47.3; legatos nostros ferro atque armis ~ierunt 26.31.3; uatem (*i.e. Orpheus*)..~unt (*sc.* Maenades) et..coniciunt thyrsos OV.*Met.*11.27; tanto operosiora..munimenta, quanto uehementiora sunt, quibus ~imur SEN.*Ep.*95.14; quaeque suo miscet gens proelia telo, Romanus cunctis ~itur cruor LUC.7.511; (dracones) in auersos (*sc.* elephantos) erigunt se oculosque maxime ~unt PLIN.*Nat.*8.33; pauidos te..rere magistros et stolidum ~isse pecus? V.FL.6.537;—(*ellipt. or absol.*) gladiatores uidemus nihil nec uitando facere caute nec ~endo uehementer CIC.*Orat.*228; (draconis) reluctantis crebris foedeque ~entis ictibus ossa ferit *Culex* 196;—(*poet.*) neue flagella summa ~e aut summa defringe ex arbore plantas VERG.*G.* 2.300;—(*of things*) securos..artus..~ebat flamma OV.*Met.* 9.240. **b** ~ita est auctoritas uestra CIC.*Har.*45; uicesimus annus est cum omnes scelerati me unum ~unt *Phil.*12.24; me fraude ~ebas? VERG.*A.*4.675; saepe ferox cautum ~iit Neptunus Vlixem OV.*Tr.*1.2.9; cuius (*sc.* legis) uerbis etsi non nominabatur Cicero, tamen solus ~ebatur VELL. 2.45.1; nunc mimicis artibus ~iti sumus PETR.106.1; falsis criminibus ~ito reo APUL.*Met.*10.8;—(*cf.*) seu fraude ~iuit seu quis honore meos, sua reddita dona V.FL.5.502. **c** ueneno eum a Lepida ~itum TAC.*Ann.*3.23; Caesar.. uertit in Sabinum, corruptos quosdam libertorum et ~itum se arguens 4.70; quod coniugem principis deuotionibus ~isset 12.65. **d** Troianos haec monstra ~unt, his Iuppiter ipse auxilium solitum eripuit VERG.*A.*9.128.

3 To aim at or strike (with a weapon, missile, etc.). **b** (with the weapon as subj.).

(*w. abl. of weapon*) lanceis eminus ~erent hostes SIS.*hist.*21; malo me Galatea ~it, lasciua puella, et fugit ad salices VERG.*Ecl.*3.64; ~e cedentem aera disco HOR.*S.*2.2.13; ure meum..flamma caput et ~e ferro corpus TIB.1.9.21; siquam laudaui, misero ~is ungue capillos OV.*Am.*2.7.7; saepe..lapidibus ~itus, aliquando foro eiectus V.MAX. 5.3.ext.2; inane surgit corpus (*i.e. a dying bull*) ac sacros ~it cornu ministros SEN.*Oed.*379; LUC.3.711; aprum iaculis desuper ~it SUET.*Tib.*72.2; lapide contorto tertii illius iuuenis..brachium longo iactu ~ierat APUL.*Met.*9.37; (*absol.*) iuuencum..iam cornu ~at et pedibus qui spargat harenam VERG.*A.*9.629; (*in fig. phr.*) qui me epistula ~iuit, ad te, ut uideo, comminus accessit CIC.*Att.*2.2.2;—(*without abl.*) pater altitonans..ipse suos quondam tumulos ac templa ~iit *Cons.*fr.2.37; bis sex thoraca ~itum perfossumque locis VERG.*A.*11.9; tot meruere ~i: Semele miserabilis arsit OV.*Am.*3.3.37; qui caesim uitem ~it COL.4.25.3; (*cf.*) per meum pectus ~endus ille tibi transfigendusque est LIV.23.9.8. **b** cuius latus ille mucro ~ebat? CIC.*Lig.*9; saxa nouos fructus grandine plura ~unt *Nux* 132; V.FL. 6.688; (*neut. pl. of pple. as sb.*) teli iactus certae manus peregit officium, si ~ita percussit SEN.*Ben.*2.31.3;—(*in fig. phr.*) sententias dicebat excitatas, insidiosas, aliquid ~entis SEN.*Con.*10.pr.15;—(*cf.*) uiues, si fulmen effugeris? ~et te gladius, ~et lapis, ~et bilis SEN.*Nat.*2.59.9.

4 To go after, chase, pursue. **b** (fig.) to aim at equalling, emulate (exploits).

animal, quod ~ere soleant accipitres VAR.*R.*3.7.7; sitiens ..laticum simulacra ~it frustraque laborat LUCR.4.1099; dum (Silenus) sequitur Bacchas, Bacchae fugiuntque ~untque OV.*Ars* 1.545; continuo praedae ~it inscius umbram Picus *Met.*14.362; Sisyphus..saxum uoluensque ~ensque *Ib.*173. **b** VIRTVTES GENERIS MIEIS MORIBVS ACCVMVLAVI..FACTA PATRIS ~IEI *CIL* 1.15.

5 To go in quest of, hunt out, search for.

Argiui in ea (*sc.* naui)..uiri uecti ~ebant pellem inauratam arietis ENN.*scen.*251; rerum exploratorem mittam, miserum mendicum ~am LUCIL.728; mergi..in salso uictum uitamque ~entes LUCR.5.1080; principio sedes apibus statioque ~enda VERG.*G.*4.8; ~ens uariis inmixtas floribus herbas constitit..uacca OV.*Am.*3.5.9; V.FL.5.393; dic..quibus abditus oris, qua iubeas tellure ~i? STAT.*Ach.* 1.506.

6 To seek and bring (commodities, etc., from a place), fetch, procure. **b** (w. *ad, in* + acc., or sim.) to resort (to a place, person) for (commodities, etc.). **c** to procure (immaterial things from non-physical sources), derive, etc.; *longe ~itus* (and sim.), far-fetched. **d** to fetch (a sigh or groan).

abin atque argentum ~is? PL.*Per.*671; curram..ad lacum, limum ~am *Poen.*293; inamarescunt epulae sine fine ~itae HOR.*S.*2.7.107; alia prodicta dies ad frumentum maiore apparatu ~endum LIV.25.13.7; filiam..aquam sacris ~itum extra moenia egressam V.MAX.9.6.1; est..id (*sc.* uiscum) rarum..inuentu et repertum magna religione ~itur PLIN.*Nat.*16.250; GEL.17.8.8; (*w.* ab) prohiberi sese non posse quo minus..aquam ~erent..a Paraetonio *B.Alex.* 8.2; non..~it (*i.e. shot down*) ab ipsis nubibus Stymphalidas? SEN.*Her.F.*244;—(*w.* ex) numquam hercle ex ista nassa ego hodie escam ~am PL.*Mil.*581; e flamma ~ere te cibum posse arbitror TER.*Eu.*491; (creta argentaria) ~itur ex alto, in centenos pedes actis..puteis PLIN.*Nat.*17.45;— (*w. abl.*) piscibus urbe ~itis HOR.*S.*2.2.120; ~ita lacu nunc mihi dulcis aqua est PROP.2.23.2; belua..furua gente ~ita JUV.12.104;—(*w. adv.*) Graecis longeque ~itis marmoribus JUV.14.89; (*w. non-material obj.*) res in Arabia gessimus,.. Gaius etiam Caesar..inde gloriam ~iit PLIN.*Nat.*12.55. **b** colonia..iura in Baeticam ~ere iussa PLIN.*Nat.*5.2; postea uisum tanti in extremam Italiam ~ere Brundisium ostreas 9.169; uestes ad Seras ~i 12.2; Indicum piper ..quaeque trans maria ~imus 19.58; Democritus.. Dardanum..inlustrauit uoluminibus Dardani in sepulchrum eius ~itis 30.9;—(*w.* quo) Syphax, quo iura ~ebant innumerae gentes SIL.16.171. **c** (*w.* ab) omnis..partis illius ipsius prudentiae ~endas esse a philosophia CIC. *de Orat.*1.85; ab animi uirtute auxilium ~endum uidebat CAES.*Gal.*7.59.6; ut (medicinae partes)..ab eo nomen trahant, a quo plurimum ~unt CELS.5.pr.2;—(*w.* ex) ex quorum..scriptis saepe auctoritas ~itur ad faciendam fidem CIC.*Top.*78; qui se id sacrum ~ere adfirmabat ex uetusta Samnitium religione LIV.10.38.6; haec aliaque ex uetere memoria ~ita TAC.*Hist.*3.51;—(*w. adv.*) si forte uidebor altius initium rei demonstrandae ~isse CIC.*Caec.*10; 'laedere gaudes' inquit..unde ~itum hoc in me iacis? HOR.*S.*1.4.79; —in uerbis si (quid) inquinatum (est),..si durum, si longe ~itum CIC.*Opt.Gen.*7; quo magis falsum est et longius ~itum QUINT.*Inst.*8.5.20; (*cf.*) ea est facundia..tanta in quibusdam ex periculo ~itis significantia 10.1.121. **d** ~iuit suspirium alte PL.*Cist.*55; latere ~itus imo spiritus HOR.*Epod.*11.10; gemitus..alto de corde ~itos OV.*Met.* 2.622.

7 To seek to obtain (something desirable), aim at, strive after. **b** to strive to bring about (a result). **c** (w. inf.) to seek (to), attempt (to).

certa mittimus dum incerta ~imus PL.*Ps.*685; uir erat, plus ualebat, uicit, quod ~ebat apstulit *Truc.*813; bona semper ~ere sapientem LUCIL.624; ille qui eloquentiae principatum ~et CIC.*Orat.*56; summa prospectum ex arce ~ebat CATUL.64.241; bellum gerere coepit et aperte totius Numidiae imperium ~ere SAL.*Jug.*20.7; pellibus incubuit stratis somnosque ~iuit VERG.*A.*7.88; lucra ~ens..rusticus urget opus TIB.1.9.7; ex errore gratiam potius eius sibi quam suam gloriam ~iit LIV.6.22.6; per se..~enda est externis uirtus incomitata bonis OV.*Pont.*2.3.35; abdicari Philippum patrem, caelum uanis cogitationibus ~ere regem CURT.4.10.3; magna ~is, Corydon, si Tityrus esse laboras CALP.*Ecl.*4.64; famam sociatae cum marito mortis ~iuisse TAC.*Ann.*15.64;—(*w. purpose expr.*) de uirgine adeo foede ad libidinem ~ita LIV.3.51.7;—(*sup.*) sapiens, uitatu quidque ~itu sit melius, causas reddet tibi HOR.*S.*1.4.115. **b** turba nocet iactis et, quos ~it, inpedit ictus OV.*Met.*8.390; cum Bruttii..maximis..uiribus Thurinae urbis ~erent excidium V.MAX.1.8.6; dolores capitis..sanguinis profusione uel fortuita uel etiam ~ita summouentur CELS.2.8.18; medicus sanitatem aegri ~it QUINT.*Inst.*2.17.25; esset.. eiusmodi schema uitium, si non ~eretur, sed accideret 9.3.2; —(*of things*) fraus mea quid ~iit, nisi uti tibi iungerer? OV.*Ep.*19.23; solam ~it (*sc. poetry*) uoluptatem QUINT.*Inst.* 10.1.28. **c** saepe homines patriam..prodiderunt, uitare Acherusia templa ~entes LUCR.3.86; HOR.*Ep.*1.11.29; OV.

*Met.*8.421; ne ~e Dardaniam frustra, Theti, mergere classem STAT.*Ach.*1.80.

8 (often w. *ab*) To try to obtain by asking, request, solicit (from). **b** (w. *ut, ne*). **c** (w. subj. alone). **d** (w. inf. or acc. and inf.).
da mihi hasce opes, quas ~o, quas precor ANDR.*trag.*21; mercedem cedo. — cras ~ito; dabitur PL.*Mer.*770; cum pacem ~o, cum placo LUCIL.729; CAES.*Gal.*6.6.2; legatos.. mittit, qui..ipsi liberisque uitam ~erent SAL.*Jug.*46.2; duces trepidis ~iere oracula rebus TIB.2.3.21; CIMBRI.. AMICITIAM..POPVLI ROMANI ~IERVNT AUG.*Anc.*5.18; cum Athenienses tempus ~erent ad pecuniam conferendam nec exorarent SEN.*Suas.*1.7; superuacua aut prope perniciosa ~untur (*i.e. in prayers to the gods*) JUV.10.54; libros tris reliquos mercatur nihilo minore pretio, quam quod erat ~itum pro omnibus GEL.1.19.8; ~ere ueniam solemus.. cum..errauimus 11.8.4; (*neut. pl. of ppl. as sb.*) pone.. metum! potiere ~itis OV.*Met.*14.110; (*w. pred. acc.*) reo L. Arruntium, P. Vinicium..patronos ~enti TAC.*Ann.*3.11; (*w. acc. of person asked*) uos uolo, uos ~o atque obsecro, gerite amanti mihi morem PL.*Cur.*148; (*absol., w.* de) illi, qui de magistro destinando ~ierant GEL.13.5.5;—(*w.* ab) parasitum..misi meum ~itum argentum a meo sodali mutuom PL.*Cur.*68; GRACCH.*orat.*41; eas litteras quibus ego a te consilium ~ieram CIC.*Att.*16.13a.1; NEP.*Iph.*2.4; certus discedat, ab umbris quisquis uera ~it LUC.6.772; a me compositiones quasdam ~isti LARG.pr.p.5,l.14; JUV.9.114;—(*w. adv.*) quia unde consilium non ~issent super tanta re auxilium ~ere non deberent LIV.5.17.7. **b** ut..ab eo..~eret ut ab aratoribus Centuripinis ne amplius in iugera singula quam terna medimna exigeret CIC.*Ver.*3.114; ~o a te ut mihi ignoscas *Vat.*7; *Fam.*15.13.3; quod ne facias pro iure nostrae amicitiae a te ~o CAES.*Att.*10.8b.2; Bocchus per litteras a Mario ~iuit, uti Sullam ad se mitteret SAL.*Jug.*105.1; VITR.1.4.12; SEN.*Ep.*95.1; PLIN.*Ep.Tra.* 10.59(67); breuitatem gurgustioli nostri ne spernas ~o APUL.*Met.*1.23;—(*w.* de) si de me ~isses, ut triclinium tibi sternerem ULP.*dig.*13.6.5.14. **c** illud abs te ~o des operam CIC.*Att.*2.25; CAES.*Gal.*6.1.2; OV.*Met.*11.281; PHAED.3.pr.63; ~o non fundus de familia exeat PAPIN. *dig.*31.67.5. **d** (*w. inf.*) nil ipsa paterni iuris inire ~o LUC.10.97; abdicati ad curiam conuenerunt armati, ~entes reuocari CALP.*Decl.*18;—(*w. acc. and inf.*) cum..~eret.. (solum) donari quasi proprio suo..deo SUET.*Aug.*5; GEL. 9.2.1; (*poet., of a thing*) tres..~unt ueram credi Salamina carinae LUC.3.183.

9 To be a candidate for, seek (a magistracy). **b** (absol.) be a candidate for office, stand for election.
qui duarum rerum alterius utrius causa magistratum ~unt CATO *orat.*138; IS MAGISTRATVM INPERIVMVE NEI ~ITO NEIVE GERITO *CIL* 1.582.19; antequam Verres praeturam ~ere coeperit CIC.*Ver.*1.125; de ambitu postulati sunt omnes qui consulatum ~unt *Q.fr.*3.2.3; liberos..qui.. honores ordinatim ~ituri essent in re publica SULP.RUF. *Fam.*4.5.3; huic ~enti aedilitatem cum obsisterent tribuni plebis LIV.25.2.6; 28.32.7; VELL.1.12.3; GEL.13.20(19).14. **b** si comitia placet in senatu haberi, ~amus, ambiamus CIC.*Phil.*11.19; de tis qui nunc ~unt Caesar certus putatur *Att.*1.1.2; eiusmodi nobiles tecum ~unt Q.CIC.*Pet.*7; CAEL. *Fam.*8.2.2; Marius..a Metello ~undi gratia missionem rogat SAL.*Jug.*64.1; comitiae praetorum..princeps composuit, tres qui supra numerum ~ebant legioni praeficiendo TAC.*Ann.*14.28;—(*w.* in+*acc.*) in unum locum ~ebant ambo patricii LIV.35.10.4; 35.24.4.

10 To seek (a person) as a helper, friend, or sim. **b** to pay amorous attention to, court. **c** to seek the hand of (a woman) in marriage; also *~ere in coniugium* or *matrimonium*.
ab iis me amari putabam qui inuidebant, eos non sequebar qui ~ebant CIC.*Fam.*14.1.1; nos..multae..~iere sibi et uoluere adiungere gentes VERG.*A.*7.238; pauperem.. diues me ~it HOR.*Carm.*2.18.11. **b** lubido (*sc.* Semproniae) sic accensa, ut saepius ~eret uiros quam ~eretur SAL. *Cat.*25.3; Telephum, quem tu (*sc.* Phyllis) ~is, occupauit ..puella diues HOR.*Carm.*4.11.21; PROP.2.20.27; esses formosa minus, ~erere modeste OV.*Ep.*19.53; *Met.*13.755. **c** ego ut essem adfinis tibi,..tuam ~ii gnatam ACC.*trag.*503; ab eo nuper ~itam Cornificiam..uetulam sane et multarum nuptiarum CIC.*Att.*13.28.4(29.1); VERG.*A.*7.54; Theoxena multis ~entibus aspernata nuptias est LIV.40.4.3; diuitibus ..procis (ne me contemne!) ~ebar OV.*Met.*2.571; (*cf.*) cum quibus (*sc.* procis) ut soceri domus est intrata ~iti 9.11;— procos qui Penelopen in coniugium ~ebant HYG.*Fab.*125.19; qui Pudentillam in matrimonium ~iuerunt APUL.*Apol.*71.

11 To sue for (property, etc.) at law, lay claim to. **b** to apply for. **c** to seek to exact (punishment or retribution).
qui falsas litis falsis testimoniis ~unt PL.*Rud.*14; in Thesauro scripsit causam dicere prius unde ~itur, aurum qua re sit suom, quam illic qui ~it TER.*Eu.*11; ⟨QVEI EX H(ac)⟩ L(ege) PEQVNIAM ~ET NOMENQVE DETVLER⟨IT⟩ *CIL* 1.583.9; pecunia tibi debebatur certa, quae nunc ~itur per iudicem CIC.*Q.Rosc.*10; istius hereditatis..Flacci nomine ~ita possessio est *Flac.*85; *CIL* 1.592.2.9; PHAED. 1.10.9; duo surripuerunt pariter decem milia: ~untur ab utroque quadragena QUINT.*Inst.*7.6.2; ~it a filio talionem CALP.*Decl.*9; GAIUS *Inst.*3.179; (*w.* in+*acc.*) bona Aemiliae Musae,..~ita in fiscum, Aemilio Lepido..tradidit TAC. *Ann.*2.48; (*poet.*) uates (*i.e. Homer*)..patriam quoi turba ~entum..dabat MAN.2.7;—(*absol. or ellipt.*) aliquando cum seruis Habiti furti egit, nuper ab ipso Habito ~ere coepit CIC.*Clu.*163; non debuisti interdicere, sed ~ere QUINT.*Inst.* 3.6.71; cum contra tabulas testamenti ~ierit filius Seii aduersus Maeuium JAVOL.*dig.*38.2.35;—(*w. acc. and inf.*) si uestimenta..dari oportere nobis ~amus PAUL.*dig.*6.1.6. **b** si peregrinus sibi..ciuitatem Romanam ~ierit GAIUS *Inst.*1.93; mulieribus permissum est in absentis tutoris locum alium ~ere 1.173; cum semel ~itus sit 'talis curator' ..alius in eandem litem 'curator' ~i non potest POMPON. *dig.*26.1.5. **c** hanc multam Aeschines a Ctesiphonte ~iuit CIC.*Opt.Gen.*22; ut aperte uictrix nequitia..poenas ab optimo quoque ~eret sui doloris *Att.*1.16.7; SAL.*Jug.*65.3; qui capitis poenas a suo fratre..~it CALP.*Decl.*48.

12 (w. dat., *ad* or *in*+acc.) To demand (a person, etc., for a given treatment or status).
(*w. dat.*) Hannibalem poenae ~it impia tellus SIL.2.29; (*of things*) igne flagrantes trabes fumare, cineri quae ~unt nostras domos SEN.*Phoen.*548;—(*w.* in+*acc.*) Tartareum ille (*sc.* Theseus) manu custodem in uincla ~iuit ipsius a solio regis VERG.*A.*6.395; (damnatus) ~itur in exilium QUINT.*Decl.*334(p.315,l.9); ~untur in uincula qui parentes suos non alunt *Inst.*7.1.55; in hoc..uetere famulatu noui nos et uiles in excidium ~imur TAC.*Ag.*31.3; res cognita est, ~itur puer..in libertatem SUET.*Rhet.*25(p.122Re); ~it diues a paupere filios in adoptionem CALP.*Decl.*11; qui ex libertinitate se in ingenuitatem ~it ULP.*dig.*40.16.2.3; quod procurator eum in seruitutem ~ierit VEN.*dig.*46.8.8.2;— (*w.* ad) (peregrinus) ~itur ad supplicium QUINT.*Inst.*7.6.6; GEL.9.15.8.

13 (of things) To call for, require.
ex eis tantum, quantum res ~et, hauriemus CIC.*de Orat.* 3.123; dixi breuius quidem quam res ~ebat *Opt.Gen.*7; si, ut ipsa ~it maiestas cognita rerum, dicendum est LUCR.5.7; ubi concubitus et opus iuuenale ~etur OV.*Rem.*399; publica quaerentem quid ~at utilitas *Pont.*4.9.48;—(*ellipt.*) ut umbrosis locis alia seras, ut corrudam, quod ita ~it asparagus VAR.*R.*1.23.5.

petorritum ~ī, *n.* **petōritum.** [Gall. *petru-* 'four', **rotā* 'wheel'] An open four-wheeled carriage.
plures..caballi pascendi, ducenda ~a HOR.*S.*1.6.104; *Ep.*2.1.192; ~um, et Gallicum uehiculum esse, et nomen eius dictum existimant a numero quattuor rotarum FEST. p.206M; esseda..et ~a exornare PLIN.*Nat.*34.163; GEL. 15.30.6.

Petosīris, *m.* An Egyptian priest, one of the reputed founders of astrology.
PLIN.*Nat.*2.88; 7.160; capiendo nulla uidetur aptior hora cibo nisi quam dederit ~is JUV.6.581.

petra[1] ~ae, *f.* [Gk. πέτρα] A rock, boulder, or crag. **b** (app.) shaped stone as used in building.
quom liquescunt ~ae, ferrum ubi fit PL.*Bac.*11; LAEV. *poet.*10; saxa..deuoluunt, quae incussa saepius subiacentibus ~is maiore ui incidebant CURT.5.3.18; litus ac ~ae gemunt SEN.*Ag.*468; stagnum..exciditur in ~a COL.8.17.1; oenanthe herba nascitur in ~is PLIN.*Nat.*21.167; STAT. *Theb.*4.376; ~as naturales, quae in finibus incidunt, saepe notatas inuenimus SIC.FL.*agrim.*p.115; APUL.*Fl.*12;—(*cf., as a proper name*) Picentia, ~ae quas Sirenes habitarunt, Mineruae promunturium MELA 2.69. **b** ~a est, qui locus dextra ac sinistra fornicem expletur usque ad libramentum summi fornicis GAL.*iur.*11.

Petra[2] ~ae, *f.* The name of several towns, esp. the chief town of Arabia Petraea. **b** a hill near Dyrrachium.
Nabataei oppidum incolunt, ~am nomine PLIN.*Nat.*6.144. **b** CAES.*Civ.*3.42.1; LUC.6.16.

petraeus[1] ~a ~um, *a.* [Gk. πετραῖος] Growing on or among rocks.
hanc (brassicam) alii ~am uocant PLIN.*Nat.*20.92; alum nos uocamus, Graeci symphyton ~um 27.41.

Petraeus[2] ~a ~um, *a.* Of or coming from Petra in Arabia; (masc. pl. as sb.) men from Petra.
PLIN.*Nat.*12.102; ~o hyperico 12.119;—(cohors) I VLPIA DACOR(um) ET I VLP(ia) PETREOR(um) *Priv.Mil.Vet.*110 (*CIL* 3.p.2328[71]); *CIL* 11.5669.

petreia ~ae, *f.* [? proper name] (See quot.)
~a uocabatur, quae pompam praecedens in..municipiis imitabatur anum ebriam, ab agri uitio, scilicet petris, appellata PAUL.*Fest.*p.243M.

Petreiānus ~a ~um, *a.* Of or connected with Petreius.
~o auxilio adhibito *B.Afr.*19.4.

Petreius ~a ~um, *a.* The name of a Roman gens, esp. of M. Petreius, legate of C. Antonius against Catiline and later of Pompey in the Civil War.
CAES.*Civ.*1.38.1; SAL.*Cat.*59.4; LUC.4.144; SUET.*Jul.*34.2.

Petriānus ~a ~um, *a.* The name of a unit of auxiliary troops (prob. called after its founder).
ALA GA⟨LLO⟩R⟨VM⟩ ~A *Inscr.Dessau* 2491; TAC.*Hist.* 4.49; *CIL* 7.1195.

Petrīnī ~ōrum, *m. pl.* The inhabitants of Petra, a town of central Sicily.
CIC.*Ver.*3.90; PLIN.*Nat.*3.91.

Petrīnum ~ī, *n.* A place in the neighbourhood of Sinuessa; also, an estate in this area.
inter Minturnas Sinuessanumque ~um HOR.*Ep.*1.5.5;— eius Falernum mihi semper idoneum uisum est deuersorio.. nec ea re ~um tuum deseram CIC.*Fam.*6.19.1.

Petrītēs ~ae, *m.* A kind of wine (imported to Italy from abroad).
PLIN.*Nat.*14.75.

petrō ~ōnis, *m.* [app. cf. Etr. *petru*] (app.) A young or breeding ram; (also as a term for a rustic).
lanii.. qui concinnant liberis orbas ouis,..qui ~oni nomen indunt uerueci sectario PL.*Capt.*820;—~ones rustici a petrarum asperitate et duritia dicti PAUL.*Fest.*p.207M.

Petrōnius[1] ~a ~um, *a.*
1 The name of a Roman gens; esp. that of Petronius Arbiter, a favourite of Nero and putative author of the *Satyricon.*
PLIN.*Nat.*37.20; nihil amoenum et molle adfluentia (Nero) putat, nisi quod ei ~us adprobauisset TAC.*Ann.*16.18; MAUR. 2852.

2 *amnis* or *aqua ~a*, A stream flowing into the Tiber.
~a amnis est in Tiberim perfluens, quam magistratus auspicato transeunt FEST.p.250M; Cati fons, ex quo aqua ~a in Tiberim fluit PAUL.*Fest.*p.45M.

Petronius[2] ~a ~um, *a.* The name of an unknown breed of dog.
GRAT.202; premit inuentas, non inuentura latentis illa feras, quae ~is bene gloria constat 206.

petroselīnum ~ī, *n.* [Gk. πετροσέλινον] An umbelliferous plant of rocks, parsley, *Petroselinum crispum.*
alio genere ~um quidam appellant in saxis natum PLIN. *Nat.*20.118;—(*used in medicine*) (antidotum) quod habet.. ~i P. ✱ IIII CELS.5.23.1.B; PLIN.*Nat.*28.197; LARG.126.

petrōsus ~a ~um, *a.* [PETRA[1]+-OSVS] Full of rocks, rocky.
ipse Buces (lacus) a Coreto ~o discluditur dorso PLIN.*Nat.* 4.84; (locustae) uiuunt ~is locis 9.96;—(*neut. pl. as sb.*) (astragalus) nascitur in ~is, apricis 26.46; 27.33; 32.59.

petrōtus ~a ~um, *a.* [Gk.] (app.) Made to resemble stoneware.
reperta uitri arte, quae modicos calices duos, quos appellabant ~os, HS $\overline{\text{VI}}$ uenderet PLIN.*Nat.*36.195.

petulans ~ntis, *a.* *compar.* ~ntior, *superl.* ~ntissimus. [cf. PETO, PETVLCVS] Impudently or boisterously aggressive, self-assertive, forward, insolent, unruly. **b** (of behaviour, language, etc.). **c** (w. ref to sexual behaviour) wanton, immodest.
~ns, proteruo, iracundo animo..sine modo et modestia sum PL.*Bac.*613; ex ~nti atque improbo scurra CIC.*Clu.*39; quam potestatem minuere..nemo tam effuse ~ns conatus est *Pis.*10; NEP.*Timol.*5.2; Enceladon..qui..~ns expirat faucibus ignem *Aetna* 73; Aesopo quidam ~ns lapidem impegerat PHAED.3.5.2; ne quis nos..~ntes in laedendis eis (*sc.* dignitatibus)..putet QUINT.*Inst.*11.1.67; ebrius ac ~ns qui nullum forte cecidit, dat poenas JUV.3.278; (*w. abl.*) uxorem..lingua ~ntem SEN.*Ep.*104.27;—(*of animals*) ~ns haedus *Her.F.*145; ~ns quatit hostia funem JUV.12.5; (*cf.*) (cornix) bouis..~nti pectora rostro fodit OV.*Am.*3.5.23;— (*poet., of natural forces*) carbasus..perscissa furit ~ntibus auris LUCR.6.11. **b** feruido quodam et ~nti et furioso genere dicendi CIC.*Brut.*241; non crimina sed maledicta, iurgi ~ntis magis quam publicae quaestionis *Cael.*20; VELL. 2.28.3; me..pueri tanquam insanum imitatione ~ntissima deriserunt PETR.92.8; in templo pulsasti hominem; rem ~ntem fecisti inter sacra QUINT.*Decl.*265(p.84,l.25); si quid ..~ns a scurra..profertur PLIN.*Ep.*9.17.2; iocis..~ntibus lacessitus SUET.*Aug.*56.1; in uoces..~ntiores publice uindicatum est GEL.10.6.1. **c** unus puer ~ns atque inpurus inquinat gregem puerorum VAR.in Non.p.168M; si ~ns fuisset in aliqua generosa ac nobili uirgine CIC.*Parad.* 20; hoc ~ns foedumque pecus (*i.e. Satyrs, etc.*) STAT.*Silv.* 2.3.25;—(*masc. as sb.*) libidinosis, ~ntibus, impuris..seruire CIC.*Phil.*3.35; QUINT.*Inst.*2.4.22;—(*of the eyes*) Paris..si hanc..uidisset tam ~ntibus oculis PETR.138.6;—(*of actions etc.*) pinxit et minoribus tabellis libidines, eo genere ~ntis ioci se reficiens PLIN.*Nat.*35.72; ~ntibus sauiis..ingestis APUL.*Met.*5.23; *Apol.*9.

petulanter, *adv.* *compar.* ~ius, *superl.* ~issimē. [prec.+-TER[2]] With impudent aggressiveness, insolently, rudely, waywardly.
~issime..iste obpugnauit senatum *Rhet.Her.*4.47; (contumelia) si ~ius iactatur, conuicium, si facetius, urbanitas nominatur CIC.*Cael.*6; quem..bonum ciuem non ~issime est insectatus? *Sest.*110; Diphilus tragoedus in nostrum Pompeium ~er inuectus est *Att.*2.19.3; ut possem uerbis ~ius uti..ebrietas est simulata mihi OV.*Ep.*15.247; nepotem suum auus..inter pueriles iocos ~ius lasciuientem feriet SEN.*Con.*9.5.7; Otho..adulescentiam ~er egerat, gratus Neroni aemulatione luxus TAC.*Hist.*1.13; Laberius uerba..licentius ~iusque finxit GEL.16.7.

petulantia ~ae, *f.* [PETVLANS+-IA] Impudent or boisterous aggressiveness, boldness, effrontery, waywardness. **b** (w. ref. to speech) offensive rudeness, scurrility, or sim. **c** (w. ref. to sexual behaviour) wantonness, immodesty.
quaeso..monstra quod bibam tuam qui possim perpeti ~am PL.*Men.*743; *Mer.*28; contumelia, quae mihi per huiusce ~am factum itur CATO *orat.*174; suum ius non deseruit neque quicquam illius audaciae ~aeque concessit CIC.*Caec.*103; ut ~a, ut lubido magis est adulescentium quam senum *Sen.*36; uellem..homines suae ~ae nimiaeque libertatis..finem fecissent *B.Afr.*54.2; qui..probro atque ~a maxume praestabant SAL.*Cat.*37.5; modestia in tanta feminarum ~a rustica SEN.*Dial.*12.19.2; PLIN.*Nat.*pr.2; eadem inertia erga hostis, similis ~a castrorum TAC.*Ag.* 16.6; ubique..conclamationes et fortuna captae urbis, adeo ut Othoniani..militis inuidiosa antea ~a desiderarentur *Hist.*4.1; SUET.*Vit.*10.2; Lais μυρίας δραχμὰς poposcit..tali ~a atque pecuniae magnitudine ictus..Demosthenes auertitur GEL.1.8.6; (*pl.*) mens uiri prudentis aduersus uim et ~as iniuriarum..prospiciens esse debet 13.28.4;—(*of animals*) cornuti mariti gregum fere perniciosi sunt propter ~am COL.7.6.4;—(*of a physical condition*) uidisti philosophum..cum ~a morbi..conluctantem GEL. 12.5.9;—(*applied to luxuriant vegetable growth*) praecipue

domibus expetitur ramorum ~a breui caudice latissime expatiantum umbra PLIN.*Nat*.16.124. **b** solutum existimatur esse alteri male dicere (tamen cauendum est ne in ~am incidas) CAECIN.*Fam*.6.7.3; te non ulla meae laesit ~a linguae PROP.1.16.37; monui quam turpis esset fortunae insectatio et ne in totos ordines..~a incurreret QUINT.*Inst*. 11.1.86; 12.9.9; irritati ad talem iocorum ~am SUET.*Gal*. 20.2;—(*pl.*) cum (Naeuius)..~as dictorum, quibus multos ante laeserat, diluisset GEL.3.3.15. **c** liberos coniugesque suas integras ab istius ~a conseruare CIC.*Ver*.14; nec actio rerum illarum aperta ~a uacat nec orationis obscenitas *Off*.1.127; PETR.25.3;—(*of the eyes*) quo (spectat)..oculorum..mollis ~a.., nisi quod formam prostituis..? 126.2; [QUINT.]*Decl*.3b.5.

petulcus ~a ~um, *a*. [PETO+-*ulcus* (-CVS, cf. *hiulcus*)]

1 (of animals, etc.) Butting or inclined to butt.

AFRAN.*com*.188; exiliuit quasi ~us quidam, pedibus conuibrauit *Inc.pall*.35; petulantes, et ~i etiam appellantur, qui proteruo impetu, et crebro petunt laedendi alterius gratia FEST.p.206M; agni..~i LUCR.2.368; VERG.*G*.4.10; MAN.5.108; capri uel arietis ~i saeuitiam COL.7.3.5.

2 (fig.) Wanton, skittish.

uersibus ~is MAUR.1846; Atella..quis fabulis actus dedit ~os 2395.

petunculus ~ī, *m*.: app. a variant of PECTVNCVLVS.

GEL.6(7).16.5.

peucē[1] ~ēs, *f*. [Gk. πεύκη]

1 A pine-tree.

uermiculi ficorum et piri et ~es PLIN.*Nat*.11.118.

2 A grape grown in Egypt.

PLIN.*Nat*.14.75.

Peucē[2] ~ēs, *f*. An island at the mouth of the Danube; (also personified as a nymph).

MELA 2.98; sparsam..profundo..~en unum caput adluit Histri LUC.3.202; PLIN.*Nat*.4.79; MART.7.84.3;—olim Hister anhelantem ~en quo presserat antro V.FL.8.256.

peucedanum (-on) ~ī, *n*. [Gk. πευκέδανον] An umbelliferous plant, prob. sulphurwort, *Peucedanum officinale* and allied species.

panacis, papaueris lacrimae, ~i..pares portiones CELS. 6.9.3; Thessala centaurea ~onque sonant flammis (*i.e. to drive off snakes*) LUC.9.919; ~um..caulis ei tenuis, longus, feniculo similis..gignitur in montibus opacis PLIN.*Nat*. 25.117; 26.135; LARG.56.

Peucetia ~ae, *f*. A name for the southern part of Apulia.

PLIN.*Nat*.3.99.

Peucetius ~a ~um, *a*. Of or belonging to Peucetia.

Venulus..~os..sinus Messapiaque arua relinquit OV.*Met*. 14.513.

peumenē ~ēs, *f*.: corrupt word denoting a form of *spuma argenti* (lead monoxide).

PLIN.*Nat*.33.108.

pexātus ~a ~um, *a*. [PEXVS+-ATVS[2]] Wearing a garment that still has a nap on it (i.e. a new one).

~us pulchre rides mea, Zoile, trita MART.2.58.1.

pexitās ~ātis, *f*. [next+-TAS] Soft hairy quality, silkiness.

crebratae ~as telae (*i.e. a spider's web*) PLIN.*Nat*.11.81.

pexus ~a ~um, *a*. *compar*. ~ior. [pple. of PECTO]

1 (of hair) Neatly combed; (of persons) having the hair carefully combed, well-groomed.

quos ~o capillo, nitidos..uidetis CIC.*Catil*.2.22; nupsisti, Galla, cinaedis, dum coma te nimium ~aque barba iuuat MART.7.58.2;—haec populo ~usque togaque recenti..leges PERS.1.15; ille ~us pinguisque doctor QUINT.*Inst*.1.5.14.

2 (of a woollen garment) Brushed so as to give it a long silky nap, i.e. brand-new. **b** (in general) softly and densely hairy, silky, or woolly.

si forte subucula ~ae trita subest tunicae HOR.*Ep*.1.1.95; togam..~am MART.2.44.1; Histriae..pilo propior quam lanae, ~is aliena uestibus PLIN.*Nat*.8.191; purpura ~a MART.11.56.10. **b** discreta..collo caesaries (*sc. of a dog*) neu ~a nimis neu frigoris illa impatiens GRAT.272; (lactuca) Cappadocia..~o densoque folio uiret COL.11.3.26; nec ulla sunt..molliora ~ioraue (*i.e. than cotton*) PLIN.*Nat*.19.14.

pezica ~ae, *f*. [cf. Gk. πέζις, πεζικός] A stalkless fungus.

sunt et in fungorum genere Graecis dicti ~ae, qui sine radice aut pediculo nascuntur PLIN.*Nat*.19.38.

Phacelīnus ~a ~um, *a*. Also **Fac-**. A title given to Diana or a temple of Diana in Sicily (app. from the river Phacelinos near Mylae).

Regina uidebis moenia, tum Liparas, ~ae templa Dianae LUCIL.104; Thoanteae sedes ~a Dianae SIL.14.260.

Phaeācia ~ae, *f*. (mythol.) A land (sts. identified with Corcyra) where Odysseus was entertained by King Alcinous.

me tenet ignotis aegrum ~a terris TIB.1.3.3; Corcyra.. Homero dicta Scheria et ~a PLIN.*Nat*.4.52.

Phaeācis ~idis or ~idos, *f*. A poem about Phaeacia.

dignam Maeoniis ~ida condere chartis OV.*Pont*.4.12.27; 4.16.27.

Phaeācius ~a ~um, *a*. Of or belonging to Phaeacia or its people.

finis..erroris (*i.e. of Odysseus*)..~a tellus [TIB.]3.7.78; OV.*Am*.3.9.47.

Phaeācus ~a ~um, *a*. = prec.

~as..siluas (*i.e. the orchards of Alcinous*) PROP.3.2.13.

Phaeax ~ācis or ~ācos, *m*. (mythol.) An inhabitant of Phaeacia, a Phaeacian. **b** (poet.) an inhabitant of Corcyra.

quae apud illum (*sc.* Homerum)..in ~acum..epulis canuntur CIC.*Brut*.71; VERG.*A*.3.291; ~acum felicibus obsita pomis rura OV.*Met*.13.719; poma..qualia perpetuus ~acum autumnus habebat JUV.5.151; HYG.*Fab*.125.18;—(*attrib.*) populum ~aca JUV.15.23;—(*transf., applied to a well-fed man*) pinguis ut inde domum possim ~axque reuerti HOR. *Ep*.1.15.24. **b** ille (*sc. Philip V of Macedon*)..~acum Thesprotiaque arua lacessens SIL.15.297.

phaecasiātus ~a ~um, *a*. [next+-ATVS[2]] Wearing *phaecasia* (see next).

puto..esse quae deceant ~um palliatumque (*i.e. a Greek philosopher*) SEN.*Ep*.113.1; in exercitu uestro ~i milites ambulant? PETR.82.3.

phaecasium ~iī, *n*. **phaecasia** ~ae, *f*. [Gk. φαικάσιον] A kind of Greek shoe (app. considered to be unmanly).

α Pythagoricus quidam emerat a sutore ~ia SEN.*Ben*. 7.21.1. β periscelides..~iaeque inauratae PETR.67.4.

Phaeder: var. of PHAEDRVS.

Phaedōn ~ōnis, *m*. A disciple of Socrates and founder of the philosophic school at Elis.

CIC.*N.D*.1.93; SEN.*Ep*.94.41; GEL.2.18.1.

Phaedra ~ae, *f*. PROS.: nom. ~*ā* OV.*Ars* 1.511. The daughter of Minos and wife of Theseus, who fell in love with her stepson Hippolytus.

nouercae pocula ~ae PROP.2.1.51; praeposuit Theseus.. Pirithoum ~ae OV.*Ep*.4.112; SEN.*Phaed*.854; HYG.*Fab*.47; APUL.*Apol*.79.

Phaedrus ~ī, *m*. FORMS: nom. *Phaeder* AUR. *Fro*.1.p.32(254N).

1 One of the Socratic circle, who gave his name to a dialogue of Plato.

Socratem ~i desiderio..arsisse AUR.*Fro*.1.p.32(254N); APUL.*Soc*.19;—(*as the name of a dialogue*) hoc positum in ~o a Platone probauit Epicurus CIC.*Fin*.2.4; *Tusc*.1.53; APUL. *Apol*.64.

2 An Epicurean philosopher of Athens, who taught Cicero.

CIC.*Phil*.5.13; *Fam*.13.1.2; *Leg*.1.53.

3 A writer of fables, freedman of Augustus.

PHAED.3.pr.1;—(*perh. here*) inprobi iocos ~i MART.3.20.5.

Phaenomena ~ōn (~ōrum), *n. pl*. [Gk. τὰ φαινόμενα (φαίνω)] 'Celestial phenomena', title of a poem of Aratus translated by Cicero and others.

Argo..cuius speciem..Cicero in ~is exponit HYG.*Fab*. 14.33.

Phaenōn ~ōnis, *m*. [Gk. ὁ Φαίνων, 'the shining one'] A name for the planet Saturn; also, for the planet Jupiter.

~onis globus, quem appellamus Saturnum APUL.*Mun*. 2;—Iouis..stella, nomine ~on HYG.*Astr*.4.17.

Phaestias ~adis or ~ados, *f*. A woman of Phaestum (a town in southern Crete).

OV.*Met*.9.716.

Phaestius ~ia ~ium, *a*. Of Phaestum in Crete; of Phaestum, a town of the Ozolian Locrians.

proxima Gnosiaco..~ia regno..tellus OV.*Met*.9.669;—portus Apollinis ~i, sinus Crisaeus PLIN.*Nat*.4.7.

Phaëthōn ~ontis (or ~ontos), *m*. Also written **Phaëtōn.** PROS.: *Phaethon* (disyll.) in VAR. AT.*poet*.10(9), MAN.1.736.

1 (mythol.) The son of Helios, who drove his father's chariot, and, losing control, was struck down by Zeus.

Sol in currum..~ontem filium sustulit CIC.*N.D*.3.76; pater omnipotens..~onta repenti fulminis ictu deturbauit equis in terram LUCR.5.400; OV.*Met*.1.777; cum patrias ~on temptauit habenas, arserunt gentes MAN.4.834; flebant populeae iuuenem ~onta sorores V.FL.5.429; AMP.9.3;—(*as the title of a play by Euripides*) VITR.9.1.13;—(*in allusion to Phaëthon's fate, death by burning*) materia est..tuis aptissima chartis Deucalion uel, si non placet hic, ~on MART. 5.53.4.

2 (poet., cf. Gk. φαέθων 'shining', a Homeric epithet of the sun) The sun or the god of the sun.

nonam..serena Auroram ~ontis equi iam luce uehebant VERG.*A*.5.105; V.FL.3.213; nouo ~onte retecti Seres SIL.6.3.

3 A name for the planet Jupiter; also, for the planet Saturn.

(globus) ~ontis..quem Iouem dicimus APUL.*Mun*.2;—hanc (*sc.* stellam, *i.e. Saturn*) Eratosthenes a Solis filio ~onta appellatam dicit HYG.*Astr*.2.42.

Phaëthontēus ~a ~um, *a*. Of or connected with Phaëthon.

~os..ignes OV.*Met*.2.246; ~a..umbra (*i.e. of poplars, into which Phaëthon's sisters were changed*) MART.6.15.1; ~i ..arua Padi 10.12.2; ~a..fauilla STAT.*Theb*.1.221.

Phaët(h)ontiades ~um, *f. pl*. The sisters of Phaëthon, who turned into poplars (or alders) weeping for him.

~as..solo proceras erigit alnos VERG.*Ecl*.6.62; in Eridani ..ripis, ubi maesta sonat ~um silua sororum SEN.*Her.O*.188.

Phaëthontis ~idis or ~idos, *f. adj*. Of or connected with Phaëthon; (pl. as sb.) the sisters of Phaëthon.

uolucrem..~ida (*i.e. the swan into which Cycnus was changed grieving for Phaëthon*) OV.*Met*.12.581; ~ide..gutta (*i.e. amber, supposed to originate from the tears of Phaëthon's sisters*) MART.4.32.1;—hunc (*sc.* Phaethonta), noua silua, planxere..maestae ~ides GERM.*Arat*.366; HYG.*Fab*.pr.38.

Phaëthontius ~a ~um, *a*. Of or connected with Phaëthon; also, of or belonging to the sun or sun-god.

~a..fabula STAT.*Silv*.2.4.9; ~us amnis (*the Po, into which Phaëthon fell*) SIL.7.149; ~a..stagna 17.496;—armiger..Iouis (*i.e. the eagle*)..obuersam spectans ora ad ~a prolem 10.110; ubi fulserunt primis ~a frena ignibus 10.540.

Phaëtōn, etc.: see PHAETH-.

Phaëthūsa ~ae, *f*. The eldest of Phaëthon's sisters.

OV.*Met*.2.346.

phagedaena ~ae, *f*. [Gk. φαγέδαινα]

1 A kind of ulcer that eats away the flesh.

ulcus quod ~am Graeci uocant, quia celeriter serpendo penetrandoque usque ossa corpus uorat CELS.5.28.3.B; folia ..exulcerant corpus, utique ulcerum ~is et gangraenis.. inlinuntur PLIN.*Nat*.23.22; 28.242; 35.189.

2 A morbid and insatiable hunger.

~is, quod nomen sine modo esurientium est et alias ulcerum, tithymalli medentur PLIN.*Nat*.26.110.

phagedaenicus ~a ~um, *a*. [Gk. φαγεδαινικός] Of the nature of a PHAGEDAENA (sense 1).

ulceribus quae ~a uocantur PLIN.*Nat*.24.9.

phāger ~grī, *m*. [Gk. φάγρος] A red sea-fish, prob. a sea-bream; also, an unknown river-fish.

rutilus ~ger OV.*Hal*.107; PLIN.*Nat*.9.57; 32.150;—~gri fluuiatilis..dens 32.113.

phagō(n) ~ōnis, *m*. [Gk. φάγων] A glutton, gourmand.

propter ~ones ficedulam pinguem VAR.*Men*.529.

phalacrocorax ~acis, *m*. [Gk., 'the bald-headed crow'] A kind of bird, prob. the hermit-ibis.

circa Alpes..~aces, auis Baliarium insularum peculiaris PLIN.*Nat*.10.133.

Phalaecēus ~a ~um, *a*. Of Phalaecus, a tyrant of Ambracia.

sit..~ae (*cj.*) causa leaena necis OV.*Ib*.500.

Phalaecius (-os) ~a ~um (~on), *a*. A name given to the hendecasyllabic metre (so called from the Greek poet Phalaecus or Phalaecius).

metron..~on MAUR.1884;—(*neut. pl. as sb.*) 1946; genus hoc ~orum..Varro ad legem redigens ionicorum 2845.

phalanga ~ae, *f*. Also **palanga**. [ad. Gk. φάλαγξ] FORMS: *pal-* VAR.in NON.p.163M. A cut length of wood, rod, stock, etc.; esp. **b** a roller used in moving ships or military engines. **c** a pole on which heavy loads were carried.

proelium Afri contra Aegyptios primi fecere fustibus quos uocant ~as PLIN.*Nat*.7.200; in tributi uicem regibus Persidis e materia eius (*i.e. ebony*) centenas ~as..pensitasse Aethiopas 12.17. **b** cum Poenus..quosdam cepisset, crudelissime pro ~is carinis subiecerat VAR.in NON.p.163M; hoc opus omne..~is subiectis ad turrim hostium admouent CAES.*Civ*.2.10.7. **c** onerum..maxima pondera..examinantur per ipsa media centra ~arum VITR.10.3.7.

phalangārius ~(i)ī, *m*. Also **pal-**. [prec.+-ARIVS] One who carries heavy loads on a pole.

cum (pondera) feruntur a ~iis hexaphoris et tetraphoris VITR.10.3.7; *P.Tebt*.686. β *CIL* 6.7803.

phalangītēs ~ae, *m*. [Gk. φαλαγγίτης] A soldier fighting in a phalanx.

more Macedonum armati fuere, qui ~ae appellabantur LIV.37.40.1; 42.51.3; 43.18.3.

phalangītis, *f*. [Gk. φαλαγγῖτις] A liliaceous

plant reputed to cure the bites of poisonous spiders, perh. *Anthericum ramosum.*
PLIN.*Nat.*27.124.

phalangium (~ion) ~iī, *n.* [Gk. φαλάγγιον]

1 A name given to various venomous spiders.
ubi..~ium nocuit,..super uulnus furfures (*sc.* imponendae) CELS.5.27.9; ~ia ex iis (*sc.* araneis) appellantur quorum noxii morsus, corpus exiguum PLIN.*Nat.*11.79; ~ion.., bestiola aranei generis 18.156; 23.63; 29.84.

2 The plant PHALANGITIS.
phalangitis a quibusdam ~ion uocatur PLIN.*Nat.*27.124.

Phalant(h)ēus ~a ~um, *a.* Of or associated with Phalanthus.
~o..Tarento SIL.11.16.

Phalant(h)īnus ~a ~um, *a.* = prec.
agna Galaesi..~i MART.5.37.2.

Phalant(h)us ~ī, *m.* A Spartan, the reputed founder of Tarentum.
Galaesi flumen et regnata petam Laconi rura ~o HOR. *Carm.*2.6.12; MART.8.28.3; SIL.7.665.

phalanx ~ngis (~ngos), *f.* [Gk. φάλαγξ] (among the Greeks, etc.) A body of infantry armed with long pikes in battle array; (spec.) the phalanx, the Macedonian fighting unit. **b** (poet., applied to any dense body of fighting men).
ipsi (*sc.* Heluetii) confertissima acie.., ~nge facta sub primam nostram aciem successerunt CAES.*Gal.*1.24.4; dux delectae manus, quae prima ~ngem prostrauit Laconum NEP.*Pel.*4.2; *Cha.*1.2;—illa ~nx Alexandri Magni, quae Asiam peragrarat *Eum.*8.2; Macedonum..~ngem..decem et sex milia militum haec fuere, robur omne eius regni LIV.33.4.3; 42.59.5; 44.41.1; Macedonum acies..clipeis hastisque immobiles cuneos..tegit. ipsi ~ngem uocant..uir uiro, armis arma conserta sunt CURT.3.2.13; 5.6.2; ~ngi regis Pyrrhi explicitae resisti non posse animaduertebat FRON.*Str.*2.2.1;—(*in fig. phr.*) illos (*i.e. homosexuals*) defendit numerus iunctaeque umbone ~nges JUV.2.46;—(*applied to a set of counters in a board game*) plena.. ipse ~nge..uincis, et tibi captiua resonat manus utraque turba *Laus Pis.*206. **b** Argiua ~nx instructis nauibus ibat VERG.*A.*2.254; Danaum proceres Agamemnoniaeque ~nges 6.489; fratres, animosa ~nx 12.277; bellatrix tunc gleba quati pariterque creari armatae ~nx (*i.e. men sprung from the dragon's teeth*) V.FL.7.613; cum premeret (*sc. a boar*) Pelopea ~nx, saxa obuia uoluens STAT.*Theb.*2.471.

Phalara ~ōrum, *n. pl.* A harbour in the district of Phthiotis in Thessaly.
LIV.27.30.3; 35.43.8; PLIN.*Nat.*4.27.

phalārica ~ae, *f.*: see FALARICA.

phalāris[1] ~idos, *f.* **-ēris.** [Gk. φαλαρίς, -ηρίς]

1 (prob.) A grass of the genus *Phalaris.*
β PLIN.*Nat.*27.126.

2 A water-bird, sts. identified with the coot.
α VAR.*R.*3.11.4. β COL.8.15.1; PLIN.*Nat.*10.132.

Phalaris[2] ~idis, *m.* A tyrant of Agrigentum (*c.* 570–554 B.C.), notorious for the bronze bull in which he roasted his victims.
CIC.*Ver.*4.73; *Pis.*73; incertum est ~imne an Pisistratum sit imitaturus *Att.*7.20.2; OV.*Ars* 1.653; *Ib.*437; SEN.*Dial.* 9.14.4; PLIN.*Nat.*7.200; JUV.8.81; FRO.*Amic.*2.p.88(184N).

Phalēra, *n. pl.* (?) Phalerum, the old harbour of Athens.
Piraeus et ~a portus PLIN.*Nat.*4.24.

phalerae ~ārum, *f. pl.* Also **~a** ~ōrum, *n. pl.* [Gk. φάλαρον] FORMS: ~*a* (n. pl.) VAR.*Men.*97; (f. sg., app.) *L.*10.73. ORTHOG.: *fal-* VAR.*L.* 10.73, APUL.*Apol.*22; *pal-* CIL 1.709.4.6. A metal disc, boss, or sim. ornament worn **a** by horses. **b** by men, esp. by soldiers as a military decoration. **c** (fig.) embellishments.
a primus equum ~is insignem uictor habeto VERG.*A.* 5.310; argenti quod plurimum in ~is equorum erat LIV. 22.52.5; V.MAX.9.3.3; ut equis regum..frontalia ac pro ~is pensilia facerent PLIN.*Nat.*37.194; STAT.*Theb.*11.405; JUV.11.103; me ~is aureis..exornatum APUL.*Met.*10.18. **b** VIRTVTIS CAVSSA TVRMAM SALLVITANAM DONAVIT..PALEREIS *CIL* 1.709.4.6; demissum, sine ~is CIC.*Att.*15.29.3; uexillum, ~as, alia militaria dona SAL.*Jug.*85.29; VERG.*A.*9.359; ut plerique nobilium anulos aureos et ~as deponerent LIV. 9.46.12; V.MAX.3.2.24; ~is hic pectora fulget SIL.15.255; balteos ~asque, insignia armorum argento decora TAC.*Hist.* 1.57; JUV.16.60; dona militaria..~as et torques SUET.*Aug.* 25.3; ~is item donatus est quinquies uiciesque GEL.2.11.2; —(*worn by women*) matrona ornata ~is pelagiis PUB.*com.*12; poenicantibus ~is APUL.*Met.*3.1;—(*as typical of outward appearances*) ad populum ~as, ego te intus et in cute noui PERS.3.30. **c** ἐν τῷ ἐπιδεικτικῷ..ubique ornandum, ubique ~is utendum FRO.*Aur.*1.p.106(54N).

phalerātus ~a ~um, *a.* [prec.+-ATVS[2]] Wearing *phalerae.* **b** (fig., of speech) tinsel, pretty.
equos duo ~os LIV.30.17.13; 43.5.8; ~is cursoribus PETR.28.4; SUET.*Cl.*17.3; armillata ~aque Mazacum turba atque cursorum *Nero* 30.3. **b** me ut ~is ducas dictis TER.*Ph.*500.

Phalēreus, *m.* Of Phalerum, applied esp. to Demetrius of Phalerum, an Athenian statesman (b. *c.*350 B.C.).
CIC.*de Orat.*2.95; *Fam.*16.22.2; Demetrio ~eo NEP. *Milt.*6.4; VITR.7.pr.17; PHAED.5.1.1; ~ea illum Demetrium QUINT.*Inst.*10.1.80.

Phalēricus ~a ~um, *a.* Of Phalerum (see PHALERA); *portus ~us,* or *~us* alone, The harbour of Phalerum.
~o portu NEP.*Them.*6.1;—qui in ~um etiam descenderim CIC.*Fin.*5.5; PLIN.*Nat.*2.225.

phalēris: see PHALARIS.[1]

phallicus (~os) ~a ~um (~on), *a.* [Gk. φαλλικός] (app.) = ITHYPHALLICVS.
MAUR.2555; coniungit sibi ~os trochaeos, ut dixi modo, Bacche Bacche Bacche 2593; 2942.

Phanaeus ~a ~um, *a.* Of or belonging to Phanae in the south of Chios; (in quot., w. ref. to Chian wine).
sunt et Aminneae uites..et rex ipse ~us VERG.*G.*2.98.

? phancla ~ae, *f.*: (see quot.).
utuntur (falcibus sirpiculis) in uinea alligando fasces, incisos fustes, faculas. has ~as †Chermonesioe dicunt VAR. *L.*5.137(*dub.*).

phantasia ~ae, *f.* [Gk. φαντασία] An imagined situation, experience, etc., fancy.
longe disertius hanc ~am mouit SEN.*Suas.*2.14; ~a, non homo PETR.38.15.

phantasma ~atis, *n.* [Gk. φάντασμα] A ghost, apparition.
uelim scire, esse ~ata..putes an inania PLIN.*Ep.*7.27.1.

Phaōn ~ōnis, *m.* A legendary Lesbian, whom Sappho was said to have loved without return (the story prob. an invention of Greek comedy).
PL.*Mil.*1247; [OV.]*Ep.Sapph.*90; PLIN.*Nat.*22.20; MART. 10.35.18.

pharanītis ~idis, *f.* [Gk. φαρανῖτις] A kind of amethyst.
~is in contermino Arabiae, gentis nomine PLIN.*Nat.*37. 122.

pharetra ~ae, *f.* [Gk. φαρέτρα] ORTHOG.: *far-* APUL.*Met.*5.22, 30.

1 A quiver.
pressa..iam grauida crepitent tibi terga ~a ANDR.in Maur.1937; ~am et sagittas sumpsero PL.*Trin.*725; gestare ~am VERG.*A.*1.336; depromunt tela ~is 5.501; HOR.*Carm.* 1.10.11; PROP.4.6.55; exhausta paene ~a OV.*Met.*1.443; ad Eoas hic uertat signa ~as LUC.2.55; innumera laxauit caede ~as STAT.*Theb.*7.353; SIL.2.100; ~as telis onustas TAC.*Ann.* 12.13; nec ~is Veneris macer est JUV.6.138.

2 (transf.) A kind of sun-dial.
VITR.9.8.1.

pharetrātus ~a ~um, *a.* [prec.+-ATVS[2]] Equipped with a quiver.
~ae..Persidis VERG.*G.*4.290; ~a Camilla *A.*11.649; HOR. *Carm.*3.4.35; ~ae uirginis (*i.e. Diana*) OV.*Am.*1.1.10; *Ep.* 19.204; ~us..puer *Met.*10.525; ~o..Tonanti STAT.*Theb.* 4.294; SIL.7.636; JUV.2.108.

pharetriger ~era ~erum, *a.* [PHARETRA+-GER] Carrying a quiver.
~eri..regis SIL.14.286.

Phariacus ~a ~um, *a.* **(Far-.)** Of Pharos; (transf.) Egyptian.
per..sistra ~a APUL.*Met.*2.28.

phāricum ~ī, *n.* [Gk. φαρικόν] The name of a poison.
LARG.195.

Phāris ~idis, *f.* A town in Laconia to the south of Sparta.
SEN.*Tro.*849; STAT.*Theb.*4.226.

Pharītēs (~a) ~ae, *m.* An inhabitant of Pharos.
omnes ~ae terga uerterunt *B.Alex.*17.5; C IVLIVS PHILEROS ~A *CIL* 10.1980.

Pharius ~a ~um, *a.* Of or belonging to Pharos, Pharian; (esp., poet.) Egyptian.
ostendit ~is Aegyptia litora flammis (*i.e. of the lighthouse*) LUC.9.1005;—turba..in ~a TIB.1.3.32; ~i..piscis (*i.e. crocodile*) OV.*Ars* 3.270; ~am..iuuencam (*i.e. Io*) *Fast.* 5.619; iactantem ~a tinnula sistra manu *Pont.*1.1.38; ~os.. reges GRAT.312; Euphrates ~ae uice fungitur undae (*i.e. the Nile*) LUC.3.260; MART.9.35.7; ~is..aruis STAT.*Theb.*6.278; ~ae..uolucri (*i.e. phoenix*) *Silv.*2.6.87; ut ~os aliae ficta pietate dolores..colunt (*i.e. the cult of Isis*) 5.3.244; JUV. 13.85; (*fem. as sb.*) SACRVM ~AE (*i.e. Isis*) *CIL* 6.2305.

pharmacopōla (~ēs) ~ae, *m.* [Gk. φαρμακοπώλης] ORTHOG.: *far-* LABER.*com.*40, *CIL* 5.4489. A seller of drugs and medicines (usu. in a derogatory sense).
auditis, non auscultatis, tamquam ~am CATO *orat.*121; ~am circumforaneum CIC.*Clu.*40; ~es simium deamare coepit LABER.*com.*40; ~ae, mendici, mimae, balatrones HOR.*S.*1.2.1; hoc..proprium est medicinae et illud exsecratissimi ~ae LARG.199; COLL FARMAC PVBLICOR *CIL* 5.4489.

pharmacus ~ī, *m.* [Gk. φαρμακός] A gallows-bird.
quid dicis tu, latro?..~e, responde PETR.107.15.

Pharnacēon ~ī, *n.* [Gk. Φαρνάκειον] Another name for CENTAVREVM (a).
PLIN.*Nat.*25.33.

Pharnacēs ~is, *m.* The name of two kings of Pontus: **a** Pharnaces I (d. 169 B.C.), prob. grandfather of Mithridates the Great. **b** Pharnaces II, son of Mithridates the Great.
a LIV.40.2.6; PLIN.*Nat.*33.151. **b** CIC.*Deiot.*14; *Att.* 11.21.2; LUC.10.476.

? pharnuprium ~iī, *n.* [unkn.] A wine made from figs.
PLIN.*Nat.*14.102.

Pharos (~us) ~ī, *f.*, (*m.*). GENDER: masc. PROP.2.1.30, SUET.*Cl.*20.

1 An island lying off Alexandria. **b** (poet., used for Egypt).
*B.Alex.*19.1; PROP.2.1.30; OV.*Met.*9.773; Alexander..ad Mareotin paludem haud procul insula ~o sitam uenit CURT. 4.8.1; MELA 2.104; PLIN.*Nat.*5.128; JUV.6.83. **b** regna ~i LUC.8.564; reginam scit ferre ~os 10.92; 10.356; Isi.. regina ~i STAT.*Silv.*3.2.102.

2 The lighthouse built at the eastern tip of Pharos by Ptolemy II Philadelphus. **b** (transf.) a lighthouse (in general).
~us est in insula turris magna altitudine..quae nomen ab insula accepit CAES.*Civ.*3.112.1; lumina noctiuagae tollit ~us aemula lunae STAT.*Silv.*3.5.101; ad simulacrum ignium ardens ~os FLOR.*Epit.*2.13(4.2.88); SUET.*Cl.*20.3. **b** V. FL.7.85; Tyrrhenam..~on JUV.12.76; turris ~i terrae motu Capreis concidit SUET.*Tib.*74.

Pharsālia ~ae, *f.* The district round Pharsalus.
OV.*Met.*15.823; LUC.7.61; ~a nostra uiuet (*i.e. in Lucan's poem*) 9.985; TAC.*Hist.*1.50; FLOR.*Epit.*2.13 (4.2.64).

Pharsālicus ~a ~um, *a.* Of or connected with Pharsalus, esp. as the site of Caesar's defeat of Pompey.
in acie ~a CIC.*Lig.*9; ~um..proelium *Deiot.*29; utrum ~a acie Cato uincatur an uincat? SEN.*Ep.*71.8; ~us annus LUC. 5.391; ~a damna 7.787; ~a rura 7.823; ~o bello PLIN.*Nat.* 5.58; ~a turba (*i.e. those who fought there*) STAT.*Silv.*2.7.113; SUET.*Nero* 2.3.

Pharsālius ~a ~um, *a.* PROS.: 2nd syll. short in CATUL.64.37. = prec.
de ~a fuga CIC.*Phil.*2.39; ~a tecta CATUL.64.37; ~ae terrae LIV.33.6.11; ~as..acies SEN.*Suas.*6.6; in ~is campis GEL.15.18.pr.

Pharsālus (~os) ~ī, *f.* A town in Thessaly, near which Caesar defeated Pompey in 48 B.C.
LIV.32.33.16; 36.14.11; LUC.6.350.

Pharus: see PHAROS.

phascōlia, *n. pl.* [Gk. φασκώλιον] (See quot.)
~ia appellant Graeci, quas uulgus peras uocat PAUL. *Fest.*p.223M.

phasēlion ~iī, *n.* [Gk. φασήλιον] = ISOPYRON.
PLIN.*Nat.*27.94.

Phasēlis ~idis, *f.* The name of towns **a** on the coast of Lycia. **b** in Judaea to the north of Jericho.
a CIC.*Ver.*4.21; in confinio Lyciae et Pamphyliae ~is est LIV.37.23.1; MELA 1.79; te..parua ~i LUC.8.251. **b** PLIN. *Nat.*13.44.

phasēlus (~os) ~ī, *m., f.* [Gk. φάσηλος] ORTHOG.: *fas-* SIS.*hist.*105.

1 A leguminous plant, perh. *Vigna sinensis* or sim.
uilem..~um VERG.*G.*1.227; COL.2.10.4; longa ~os 10.377.

2 A light ship, usu. for the conveyance of passengers.
conscendens..in ~um epicopum CIC.*Att.*14.16.1; CATUL. 4.1; cohors una grandi ~o uecta SAL.*Hist.*3.8; pictis..~is VERG.*G.*4.289; soluat ~on HOR.*Carm.*3.2.29; uentis..acta ~os OV.*Am.*2.10.9; *Pont.*1.10.39; SEN.*Her.O.*695; LUC.5. 518; pictam ~on MART.10.30.13; fictilibus..dare uela ~is JUV.15.127.

phaseolus ~ī, *m.* **(fas-, -iolus):** (dim. of prec. (in sense 1)).
VAR.*R.*3.7.8; COL.2.12.3; 12.9.1; PLIN.*Nat.*12.26.

phasganion ~iī, *n.* [Gk. φασγάνιον] = GLADIOLVS (sense 2a).
PLIN.*Nat.*25.137.

phasganon ~ī, *n.* [Gk. φάσγανον] = ASPALATHVS.
PLIN.*Nat.*24.112.

Phāsiacus ~a ~um, *a.* Of or belonging to the river Phasis or the neighbouring region (i.e. Colchis).
~am..aquam OV.*Ep.*12.10; *Tr.*2.439; MELA 2.22;—~ae

..gramina terrae Ov.*Rem*.261; ~a..regna Sen.*Ag*.120; ales ~is petita Colchis (*i.e. pheasant*) Petr.93.2.

phāsiāna ~ae, *f.* Also **~us** ~ī, *m.* [Phasis[1] + -anvs] A pheasant.
~ae in Colchis Plin.*Nat*.10.132; 11.113; impiorum ~a Colchorum Mart.3.58.16; 13.72; ~arum et pauonum cerebella Suet.*Vit*.13.2;—(*masc.*) Paul.*dig*.32.66.

phāsiānārius ~iī, *m.* [prec. + -arivs] A keeper of pheasants.
~ii..et pastores anserum Paul.*dig*.32.66.

Phāsias ~ados, *f. adj.* Of the region of the Phasis, i.e. Colchian; (as sb.) a Colchian woman, i.e. Medea.
~as..puella Ov.*Pont*.3.3.80; ~as Aeetine *Ep*.6.103;—~as Aesoniden..tenuisset *Ars* 2.103; *Met*.7.298.

phasiolus: see phaseolvs.

Phāsis[1] ~idos (~idis), *m.*

1 A river of Colchis, flowing into the Black Sea. **b** (poet.) the neighbouring region, i.e. Colchis.
~idos ad fluctus Catul.64.3; Verg.*G*.4.367; Colchum..~im Prop.3.22.11; Graiis ~i petite uiris Ov.*Pont*.4.10.52; Stat.*Silv*.1.6.55;—(*as the home of pheasants*) ~idos unda orbata est auibus Petr.119,l.36; Plin.*Nat*.19.52; gelidi..~idis ales Stat.*Silv*.2.4.27. **b** oris ~idos et lucis Man. 5.376; ereptus thalamis ~idis horridi (*sc.* Iason) Sen.*Med*. 102; Scythici..~idis oras V.Fl.1.2; Stat.*Theb*.5.458.

2 A town at the mouth of the river Phasis.
Plin.*Nat*.6.13.

Phāsis[2] ~idos, *f. adj.* Of the river Phasis or the neighbouring region; (fem. as sb.) a Colchian woman, i.e. Medea.
si Libycae nobis uolucres et ~ides essent (*i.e. pheasants*) Mart.13.45.1;—~ida..fallax dimisit Iaso Ov.*Ars* 3.33; *Ep*. 15.347; *Fast*.2.42.

phasma ~atis, *n.* [Gk. φάσμα] A spectre, apparition (in quots., as the title of plays).
Menandri ~a Ter.*Eu*.9; clamosum ageres ut ~a Catulli Juv.8.186.

Phatnē ~ēs, *f.* [Gk. φάτνη] 'The manger', a star-cluster in the constellation Cancer.
tenui quae candet lumine ~e Cic.*Arat.Progn*.160.

phaunos, *n.* [Gk.] (app.) A parasitic growth on the wild olive.
Plin.*Nat*.16.244.

Phēgēius ~a ~um, *a.* Of or belonging to Phegeus, the father of Alphesiboea.
~us..ensis Ov.*Met*.9.412.

Phēgis ~idos, *f.* The daughter of Phegeus, i.e. Alphesiboea.
Ov.*Rem*.455.

phellandrion ~iī, *n.* [Gk.] A plant, perh. a species of *Oenanthe*.
p⟨h⟩e⟨l⟩landrion nascitur in palustribus folio apii Plin. *Nat*.27.126.

phellos ~ī, *m.* [Gk. φελλός] Cork; (spec.) a cork float.
Maur.1847;—Vitr.9.8.5; ~os (siue tympanum), qui ab aqua subleuatur 9.8.8.

Phēmius ~iī, *m.* A minstrel of Ithaca (quoted as typical of excellence in his art).
Ov.*Am*.3.7.61.

Phēmonoē ~ēs, *f.* A daughter and priestess of Apollo at Delphi.
Luc.5.126; 5.187; Plin.*Nat*.10.7; Stat.*Silv*.2.2.39.

Pheneātae ~ārum, *m. pl.* The people of Pheneus.
Cic.*N.D*.3.56.

Pheneus (~os) ~ī, *m.* Also **~on** ~ī, *n.* A town and stream with subterranean channels in Arcadia.
Catul.68.109; Verg.*A*.8.165; Liv.28.7.16; Ov.*Met*.15. 332;—(*neut.*) Plin.*Nat*.4.20.

phengītēs ~ae, *m.* [Gk. φεγγίτης] (perh.) A kind of onyx marble.
lapis duritia marmoris, candidus atque tralucens..~es Plin.*Nat*.36.163; Suet.*Dom*.14.4.

pheōs, *m.* [Gk. φέως] = stoebe.
Plin.*Nat*.21.91; 22.28.

Pherae ~ārum, *f. pl.* The name of cities **a** in the south-east of Thessaly. **b** in Messenia to the north of the Messenian Gulf.
a Cic.*Div*.1.53; Liv.32.13.9; Plin.*Nat*.4.29. **b** Nep. *Con*.1.1.

Pheraeus ~a ~um, *a.* Of or belonging to (in quots., the Thessalian) Pherae; (masc. pl. as sb.) its inhabitants. **b** (poet.) Thessalian.
~o Iasoni Cic.*N.D*.3.70; Ov.*Pont*.2.9.43; V.Max.1.8. ext.6; Plin.*Nat*.7.166; campi..~i V.Fl.1.444;—(*w. ref. to Admetus*) Admeti..~i Ov.*Ars* 2.239; uaccas..~as *Ep*. 5.151; ~os..greges Sen.*Her.F*.451;—Cic.*Inv*.2.144; Liv. 42.56.9. **b** ~os Oebaliosque duces Stat.*Theb*.2.163.

Pherecleūs ~a ~um, *a.* Of or belonging to Phereclus (the builder of Paris' ship).
~a..puppe Ov.*Ep*.15.22.

Pherecȳdēs ~is, *m.* A philosopher of Syros in the 6th century B.C.
Cic.*Tusc*.1.38; ~es..Pythagorae magister *Div*.1.112; prosam orationem condere ~es Syrius instituit Plin.*Nat*. 7.205.

Pherecȳdēus ~a ~um, *a.* Of or associated with Pherecydes.
~um illud (*i.e. saying*) Cic.*Div*.2.31.

Pherēs ~ētis, *m.* The father of Admetus and legendary founder of Pherae in Thessaly.
Hyg.*Fab*.239.

Pherētiadēs ~ae, *m.* A son of Pheres, i.e. Admetus; (masc. pl. as sb., dub.) the people of Puteoli (the connection is obscure).
Ov.*Ars* 3.19; *Met*.8.310;—~um muros (Pherecyadum *cj.*) Sil.12.159.

phētra ~ae, *f.* [Gk. φ(ρ)άτρα, φρή-] In Gk. states, a division of the *phyle*, a phratry.
qvi ob promiss venat ~is divisit qvina mil nvm *CIL* 10.1491.

phētrium ~iī, *n.* [Gk. φ(ρ)άτριον] A shrine for the tutelary deities of a phratry.
CIL 11.3614.

phiala ~ae, *f.* [Gk. φιάλη] A broad shallow dish (the same as patera). **b** (transf.).
~am uitream Petr.51.1; Satyrum in ~a grauatum Plin. *Nat*.33.156; Mart.3.40(41).1; 8.33.23; Juv.5.39. **b** Memphi est locus in Nilo quem a figura uocant ~am Plin.*Nat*. 8.186.

Phīdiacus ~a ~um, *a.* Of or associated with Phidias.
~a..manu Ov.*Pont*.4.1.32; artis ~ae toreuma Mart. 3.35.1; *Priap*.10.3; Stat.*Silv*.5.1.6;—(*of sculptures, etc.*) ~os..Iuppiter Prop.3.9.15; Iouis Olympii Mineruaeque ~ae Col.1.pr.31; ~um..ebur Juv.8.103.

Phīdiās ~ae, *m.* The 5th-century Athenian sculptor whose work included the design of the Parthenon sculptures.
Cic.*Brut*.228; *Tusc*.1.34; Vitr.3.pr.2; Plin.*Nat*.34.49; Mart.9.44.6; Quint.*Inst*.12.10.8.

Philadelphus ~ī, *m.* A name of Greek origin, applied esp. to King Ptolemy II of Egypt (308–246 B.C.).
Vitr.7.pr.9; Plin.*Nat*.36.67; ~us litteratissimus qui plurimos libros Graecos scripsit Amp.35.3.

Philae ~ārum, *f. pl.* A small island in the Nile south of Elephantine.
regni claustra ~ae Luc.10.313; Sen.*Nat*.4a.2.3; Plin. *Nat*.5.59.

Philaenī ~ōrum (~ōn), *m. pl.* Two Carthaginian brothers who agreed to be buried alive, to establish the frontier between their country and Cyrene; *~orum (~on) Arae*, a settlement commemorating the spot.
Sal.*Jug*.79.5; Sil.15.701;—Sal.*Jug*.19.3; Plin.*Nat*.5.28.

Philaenis ~idos, *f.* A Greek (app. erotic) poetess (*c.* 400 B.C.).
Priap.63.17.

Philammōn ~ōnis, *m.* A legendary musician, the son of Apollo.
carmine uocali clarus citharaque ~on Ov.*Met*.11.317; Hyg.*Fab*.161.

philanthrōpium ~(i)ī, *n.* [Gk. φιλανθρώπιον] A gift, douceur.
si aliquid ~i nomine acceperit (proxeneta) Ulp.*dig*.50. 14.2.

philanthrōpos ~ī, *f.* [Gk. φιλάνθρωπος] = aparine.
Plin.*Nat*.24.176; 27.32.

philargyros ~on, *a.* [Gk. φιλάργυρος] Fond of money.
Fest.p.241M.

philēma ~atis, *n.* [Gk. φίλημα] A kiss.
Lucr.4.1169.

Philēmō(n) ~onis, *m.* The name of var. Gk. historical and mythological persons, esp.: **a** a writer of New Comedy (*c.* 361–262 B.C.). **b** (mythol.) the husband of Baucis.
a Pl.*Trin*.19; Gel.17.4.2; Apul.*Fl*.16. **b** Ov.*Met*. 8.631.

philetaeria ~ae, *f.* [cf. Gk. φιλεταίριον] = polemonia.
Plin.*Nat*.25.64.

philetaeris ~idis, *f.*: var. of prec.
Plin.*Nat*.25.99.

Philētās (-ītās) ~ae, *m.* A Greek elegiac poet of Cos at the beginning of the 3rd century B.C.
Prop.3.1.1; Stat.*Silv*.1.2.252; Quint.*Inst*.10.1.58.

Philētēus (-līt-) ~a ~um, *a.* Of, associated with, or having the style of Philetas.
ora ~a nostra rigauit aqua Prop.3.3.52; ~is..corymbis 4.6.3.

Philippensis ~is ~e, *a.* Also **-iensis.** Of or associated with Philippi. **b** (masc. pl. as sb.) the people of Philippi.
post proelium ~e Nep.*Att*.11.2; ~i acie V.Max.1.5.7; colonia ~is Cels.*dig*.50.15.6. β Brutus ~is Plin.*Nat*. 34.82; dec ~is *CIL* 16.10. **b** Cels.*dig*.36.1.33(32); in prouincia Macedonia..~es..iuris Italici sunt Paul.*dig*.50. 15.8.8.

Philippēus ~a ~um, *a.*

1 Of or connected with Philip II of Macedon; (esp. as epithet of gold coins minted by him).
~o sanguine (*i.e. the descendants of Philip*) Prop.3.11.40; —istoc fortasse aurost opus. — ~o quidem Pl.*Bac*.220; *Poen*.714; centum minaria ~a *Rud*.1314; nummorum ~um ad tria milia *Trin*.152; Liv.34.52.7; (*masc. as sb.*) coronam.. ex uiginti milibus ~orum factam 44.14.2; (*neut. as sb.*) nobilius est ~um quod accepimus, quam quod bibimus Var.*Men*.343.

2 = Philippivs.
~os implerunt sanguine campos Man.1.909.

Philippī ~ōrum, *m. pl.* A town in eastern Macedonia near the Thracian border, where Octavian and Antony defeated Brutus and Cassius in 42 B.C.
Prop.2.1.27; Ov.*Met*.15.824; Mela 2.30; gemina iam stratos morte ~os Petr.121,l.111; Luc.7.872;—(*also w. allusion to the battle of Pharsalus*) Verg.*G*.1.490;—(*transf.*) nullos iam Roma ~os deflebit Calp.*Ecl*.1.50.

Philippicus ~a ~um, *a.*

1 Of or connected with Philip II of Macedon; also, of Philip V of Macedon. **b** (fem. as sb., sc. *oratio*) one of the series of speeches delivered by Demosthenes against Philip; (transf.) one of Cicero's series against Antony.
in ~o auro Plin.*Nat*.37.57; (*cf. sense 1b*) concedo ut uel ~i (*sc.* libelli) uocentur Brut.*ad Brut*.2.3.4;—bellvm ~vm *Fast.Cos.Cap*.18b(*CIL* 1.p.25). **b** Cic.*Att*.2.1.3; Quint. *Inst*.3.8.65;—Cic.*ad Brut*.2.4.2; Quint.*Inst*.3.8.46; conspicuae diuina ~a famae Juv.10.125; Suet.*Rhet*.29(p.125Re).

2 Of or associated with Philippi.
e ~is campis Plin.*Nat*.33.39; Flor.*Epit*.2.13(4.2.43).

Philippīus ~a ~um, *a.* Of or belonging to Philippi.
in campis ~is Vell.2.86.2; V.Max.1.7.1; 5.1.11.

Philippopolis ~eōs, *f.* A city in Thrace.
Liv.39.53.13; Plin.*Nat*.4.41; Tac.*Ann*.3.38.

Philippus[1] ~ī, *m.* **(Fil-.)**

1 The name of several kings of Macedonia, esp.: **a** Philip II (d. 336 B.C.), father of Alexander the Great. **b** Philip V (238–179 B.C.).
a Cic.*Off*.1.90; Nep.*Reg*.2.1; Quint.*Decl*.339(p.338,l.9). **b** Enn.*Ann*.327; Liv.28.6.1; Luc.3.158.

2 A gold coin minted by Philip II.
ut ducentos ~os reddat aureos Pl.*Bac*.590; rettulit acceptos, regale nomisma, ~os Hor.*Ep*.2.1.234; Ulp.*dig*.34.2. 27.4.

? **Philippus**[2] ~a ~um, *a.* (app.) = Philippevs.
ex auro ~o (*codd.* -eo) Pl.*Cur*.440; talentum ~i (*codd.* -ium)..auri *Mil*.1061; plus mi auri mille est modiorum ~i 1064; aurei trecenti nummi ~i (*codd.* -ii) *Poen*.166.

Philistiō(n) ~ōnis, *m.* **a** A doctor of Locri, contemporary with Plato. **b** a writer of Greek mimes at the beginning of the 1st century A.D.
a Plin.*Nat*.20.31; Gel.17.11.6. **b** Mart.2.41.15.

Philistus ~ī, *m.* A historian, of Syracuse (d. 356 B.C.).
Syracosius ~us..Dionysi tyranni familiarissimus Cic. *de Orat*.2.57; 2.94; *Brut*.66; ~us..imitator Thucydidi Quint. *Inst*.10.1.73.

Philītās, Philītēus: see Philet-.

philitia ~ōrum, *n. pl.* [Gk. φιλίτιον (φιδ-)] The meals taken in common by the Spartans.
Cic.*Tusc*.5.98.

Phillyridēs ~is, *m.* The son of Philyra, i.e. Chiron.
Verg.*G*.3.550; Prop.2.1.60; Ov.*Ars* 1.11; Mart.2.14.6.

philochares ~is, *n.* [Gk. φιλοχαρής] A name for the plant horehound (= marrvbivm).
Plin.*Nat*.20.241.

Philoctēta (~ēs) ~ae, *m.* Philoctetes, to whom Hercules gave the bow and arrows

without which Troy could not be taken; wounded, he was abandoned in Lemnos by the Greeks, but later fetched away.
gemitus ~ae CIC.*Har.*39; dure ~e OV.*Met.*13.329; ~i Hercules arcus et sagittas donauit HYG.*Fab.*36.5; (*the title of a play*) uersu ex ~a..usus QUINT.*Inst.*3.1.14.

Philoctētēus ~a ~um, *a.* Of or proceeding from Philoctetes.
saxum illud Lemnium clamore ~o funestare CIC.*Fin.*2.94; *Tusc.*2.55.

philograecus ~ī, *m.* [Gk. φίλος, Γραικός] A lover of Greek things, esp. the language.
illud genus..quod uos ~i uocatis amphibium VAR.*R.* 3.10.1.

Philolāus ~ī, *m.* Also **-leōs.** A Pythagorean philosopher, contemporary with Socrates.
CIC.*de Orat.*3.139; *Rep.*1.16; VITR.1.1.17.

philologia ~ae, *f.* [Gk. φιλολογία] Literary study, the pursuit of learning. **b** (opp. *philosophia*) learning as an academic exercise, erudition.
ne et opera et oleum ~ae nostrae perierit CIC.*Att.*2.17.1; magnis ~ae dulcedinibus inducti VITR.7.pr.4; 8.3.25; PETR. 39.3. **b** quae philosophia fuit, facta ~a est SEN.*Ep.* 108.23.

philologus¹ ~a ~um, *a.* [Gk. φιλόλογος] (of subjects) Literary, learned.
~is et philotechinis rebus..me delectans VITR.6.pr.4.

philologus² ~ī, *m.* [prec.] A man of learning or letters, scholar.
homines nobiles illi quidem sed nullo modo ~i CIC.*Att.* 13.12.3; 13.28.4(29.1); uti non sint ignota ~is, exponenda iudicaui VITR.6.7.7; ~i..credula natio SEN.*Nat.*6.26.2; *Apoc.*5.4; (*cf.*) ~i appellationem assumpsisse uidetur (*sc.* Ateius) quia..multiplici uariaque doctrina censebatur SUET. *Gram.*10(p.108Re); (*w. partly disparaging force*) ne et ipse.. in ~um aut grammaticum delabar SEN.*Ep.*108.35.

Philomēla ~ae, *f.* The daughter of Pandion and sister of Procne; she was violated by her brother-in-law Tereus and eventually turned into a nightingale (or swallow).
PL.*Rud.*604; VERG.*Ecl.*6.79; OV.*Met.*6.451; SEN.*Her.O.* 199; STAT.*Silv.*3.5.58; (*transf.*) qualis populea maerens ~a (*i.e. nightingale*) sub umbra amissos queritur fetus VERG.*G.* 4.511.

Philō(n) ~ōnis, *m.* **a** An architect, of Eleusis, in the 4th century B.C. **b** a mechanician, of Byzantium, in the early 2nd century B.C. **c** an Academic philosopher, of Larissa (*c.* 160–80 B.C.), teacher of Cicero.
a CIC.*de Orat.*1.62; VITR.7.pr.12; 7.pr.17. **b** VITR. 7.pr.14. **c** CIC.*Brut.*306; *N.D.*1.6; *Tusc.*2.9.

philopaes ~dos, (*m., f.*). [Gk. φιλόπαις] A name for the plant horehound = MARRVBIVM.
PLIN.*Nat.*20.241.

Philopoemēn ~enis, *m.* An Achaean soldier and statesman, of Megalopolis (*c.* 253–182 B.C.).
LIV.35.25.6; 35.26.9; 35.37.1.

philos ~ī, *m.* [Gk. φίλος] A friend.
~is suis *CIL* 6.15156.

philosopha ~ae, *f.* [PHILOSOPHVS] A female philosopher.
ea uilla, quae nunc est, tamquam ~a uidetur esse quae obiurget ceterarum uillarum insaniam CIC.*Q.fr.*3.1.5; *A.Epig.* 88.129.

philosophia ~ae, *f.* [Gk. φιλοσοφία]

1 Philosophy, philosophical thought. **b** a particular philosophical system or school of philosophy.
ut eos dies consumam in ~a explicanda CIC.*Att.*13.45.2; nisi me in ~ae portum contulissem *Fam.*7.30.2; ars est.. ~a uitae *Fin.*3.4; studio sapientiae, quae ~a dicitur *Tusc.* 1.1; ~a..omnium mater artium 1.64; ~a..perficit architectum animo magno VITR.1.1.7; V.MAX.3.3.1; est aliqua pars ~ae naturalis, est aliqua moralis, est aliqua rationalis SEN.*Ep.*88.24; ~a sapientiae amor est et adfectatio 89.4; in morali..~a GEL.15.20.4; 5.16.5. **b** ~ae Pythagoricae HEM.*hist.*37; quae exercitatio nunc propria duarum ~arum ..putatur CIC.*de Orat.*3.107; non gustarat istam tuam ~am *Pis.*58; ~as..ego non didici GEL.4.1.13.

2 A view of life, attitude.
auara et feneratoria Gallorum ~a V.MAX.2.6.11.

philosophor ~ārī ~ātus, *intr.* [PHILOSOPHVS+-O³] To study or apply oneself to philosophy. **b** to philosophize, utter sententious reflections, moralize.
ut hic mecum totos dies ~etur CIC.*Att.*2.14.2; ~andi.. studium *N.D.*1.6; Neoptolemus apud Ennium ~ari sibi ait necesse esse, sed paucis *Tusc.*2.1; ~andi scientiam *Off.*1.2; non cum uacaueris ~andum est, sed ut ~eris uacandum est SEN.*Ep.*72.3; qui beatam uitam uiuere uolet, ~etur oportet QUINT.*Inst.*5.14.13; uere ~antes pecuniam contemnunt PAPIN.*dig.*50.5.8.4. **b** PL.*Capt.*284; *Mer.*147; saluos sum, iam ~atur *Ps.*974; iam se conligit et ad extremum incipit ~ari CIC.*Phil.*13.45; nunc patiemur ~antem nobis asinum APUL.*Met.*10.33;—(*impers.*) iam satis est ~atum PL.*Ps.*687.

philosophūmenos ~ē ~on, *a.* [Gk. φιλοσοφούμενος] Forming a subject of philosophical study.
problemata ~a SEN.*Con.*1.3.8; hic ~on locum introduxit 1.7.17.

philosophus¹ ~a ~um, *a.* [Gk. φιλόσοφος] Of or concerning philosophy.
~a sententia PAC.*trag.*348; quis ~um aut ullum liberale respicit studium SEN.*Nat.*7.32.1.

philosophus² ~ī, *m.* [prec.] A philosopher.
ad aliquod studium..aut equos alere aut canes ad uenandum aut ad ~os TER.*An.*57; fortunam insanam esse.. perhibent ~i PAC.*trag.*366; TURP.*com.*144; quae de naturis humani generis ac moribus a ~is explicantur CIC.*de Orat.* 1.60; politici ~i 3.109; ~os Epicureos *Pis.*68; *Fam.*9.17.2; Aristippus ~us Socraticus VITR.6.pr.1; Anaxagorae, quem ~um Athenienses scaenicum appellauerunt 8.pr.1; QUINT. *Inst.*11.1.35; ut uirum ~um decuit GEL.14.2.24; Pythagoram, qui primum se esse ~um nuncuparit APUL.*Apol.*4; (*in pejorative sense*) PL.*Rud.*986.

philostorgus ~a ~um, *a.* [Gk. φιλόστοργος] Lovingly disposed, affectionate (esp. towards one's own family).
frugi probus ~us, cuius rei nomen apud Romanos nullum est FRO.*Amic.*1.p.280(176N).

philotechinus ~a ~um, *a.* [Gk. φιλότεχνος] Of or concerning arts and crafts, technical.
philologis et ~is rebus commentariorumque scripturis me delectans VITR.6.pr.4.

philtrum ~ī, *n.* [Gk. φίλτρον] A love-philtre.
LAEV.*poet.*27.1; nec data profuerint pallentia ~a puellis OV.*Ars* 2.105; hic Thessala uendit ~a, quibus ualeat mentem uexare mariti JUV.6.611; HYG.*Fab.*34.2.

philyra¹ ~ae, *f.* **philu-** [Gk. φιλύρα] The fibrous membrane under the bark of the linden- or lime-tree, bast. **b** (transf., of strips cut from papyrus).
tenues tunicae multiplici membrana, e quibus uincula tiliae uocantur tenuissimumque eorum ~ae PLIN.*Nat.* 16.65; 24.3; 37.48; (*used in making rope, for tying, etc.*) displicent nexae ~a coronae HOR.*Carm.*1.38.2; ebrius incinctis ~a conuiua capillis OV.*Fast.*5.337; palmarum foliis philuraque PLIN.*Nat.*19.31; 21.6;—(*used as a material for writing on*) ⟨ITEM CHARTAM SI⟩VE PHILVRAM CALCVLATORIAM *CIL* 6.10229.39; omnia uolumina..et si in ~a aut in tilia ULP.*dig.*32.52. **b** praeparatur ex eo charta diuiso acu in praetenues, sed quam latissimas ~as PLIN.*Nat.*13.74.

Philyra² ~ae, *f.* A nymph, the mother of Chiron by Saturn.
V.FL.5.152; HYG.*Fab.*138.1.

Philyrēius ~a ~um, *a.* Of or connected with Philyra.
~us heros (*i.e. Chiron*) OV.*Met.*2.676; ~a (*i.e. of Chiron*) tecta 7.352; *Fast.*5.391.

phīmōsis ~is, *f.* [Gk. φίμωσις] Contraction of the prepuce.
CELS.7.25.2.

phīmus ~ī, *m.* [Gk. φιμός] A dice-box.
qui pro se tolleret atque mitteret in ~um talos HOR.*S.* 2.7.17.

Phinēius ~a ~um, *a.* **Fīn-.** Of or belonging to Phineus.
~a..domus VERG.*A.*3.212; ~a..guttura OV.*Fast.*6.131; ~a tecta V.FL.4.504; Harpyiae..quae diripiebant ~as dapes APUL.*Met.*10.15.

Phīneus¹ ~eī, *m.* **a** A legendary king of Thrace; in various accounts he was plagued by the Harpies and struck by blindness. **b** a brother of Cepheus, turned to stone by Perseus.
a illa tuas redolent, ~eu, medicamina mensas OV.*Rem.* 355; V.FL.4.500; STAT.*Theb.*8.255; HYG.*Fab.*19.1; (*transf.*) ~eas inuites..et Oedipodas (*i.e. blind men*) MART.9.25.10. **b** OV.*Met.*5.8.

Phīnēus² ~a ~um, *a.* Of or connected with Phineus (a).
mensas..~as SEN.*Her.F.*759; ~is auibus (*i.e. Harpies*) *Thy.*154; cum ~o maduere ueneno fallaces epulae PETR. 136.6,l.3.

Phīnīdēs ~ae, *m.* A descendant of Phineus (a).
duo ~ae, quibus idem lumen ademit qui dedit OV.*Ib.*269.

Phlegethōn ~ontis, *f.* 'Blazing', one of the rivers of the Underworld.
~onta furentem ardentibus undis *Culex* 272; VERG.*A.* 6.551; STAT.*Theb.*4.55.

Phlegethontis ~idis, *f. adj.* Of or belonging to the river Phlegethon.
~ide lympha OV.*Met.*5.544; ~ide..in unda 15.532.

phlegmōn ~onis, *m.* [cf. Gk. φλεγμόνη] Inflammation.
~oni ipsos (*sc.* raphanos) inlinere tusos (prodest) PLIN. *Nat.*20.24.

Phlegōn ~ontis, *m.* One of the horses of the sun.
OV.*Met.*2.154.

Phlegra ~ae, *f.* A name for PALLENE, where the Giants were said to have been struck by lightning in battle with the gods.
Culex 28; ~am impio sparsam cruore SEN.*Her.F.*444; ~a rabidos tollente gigantas LUC.7.145; STAT.*Theb.*2.595.

Phlegraeus ~a ~um, *a.*

1 Of or associated with Phlegra (esp. w. ref. to the Gigantomachia).
~os..tumultus PROP.2.1.39; ~is..iugis 3.9.48; ~is..campis OV.*Met.*10.151; LUC.9.656; V.FL.5.692; MART.8.78.1.

2 (transf., of the volcanic region of Campania).
~o..campo PROP.3.11.37; ~is..castris *Aetna* 42; PLIN. *Nat.*3.61; quos sulphure pingues ~i legere sinus SIL.8.538; ~us..uertex (*i.e. of Vesuvius*) 8.655.

Phlegyae ~ārum, *m. pl.* A people of Thessaly.
OV.*Met.*11.414.

Phlegyās ~ae, *m.* Son of Ares, father of Ixion.
~as..miserrimus VERG.*A.*6.618; V.FL.2.193.

Phliāsius ~a ~um, *a.* Of or associated with Phlius; (masc. pl. as sb.) its inhabitants.
post hunc ~um sermonem CIC.*Tusc.*5.10; ~um..agrum LIV.33.14.7;—CIC.*Rep.*2.8; *Att.*6.2.3; per ~orum fines LIV. 33.14.11.

Phliūs ~untis, *m.* A city in the north-eastern Peloponnese.
quem..~untem ferunt uenisse CIC.*Tusc.*5.8; ~unta.. depopulati erant LIV.33.15.14; PLIN.*Nat.*4.13.

phloginos ~ī, *m.* [Gk. φλόγινος] A kind of precious stone.
~os, quam et chrysitim uocant PLIN.*Nat.*37.179.

phlogītis ~idos, *f.* [Gk. φλογῖτις] A kind of precious stone.
in ~ide intus flamma uidetur ardere PLIN.*Nat.*37.189.

phlomis ~idos, *f.* [Gk. φλομίς] (prob.) One or other plant of the genus *Phlomis.*
PLIN.*Nat.*25.121.

phlomos ~ī, *m.* [Gk. φλόμος] Mullein (= VERBASCVM).
uerbascum Graeci ~on uocant PLIN.*Nat.*25.120; 27.11.

phlox ~ogos, *f.* [Gk. φλόξ] An unknown flame-coloured flower.
PLIN.*Nat.*21.59.

phlyctaena ~ae, *f.* [Gk. φλύκταινα] (med.) A kind of pustule.
CELS.5.28.15.B.

phlyzacion ~iī, *n.* [Gk. φλυζάκιον] (med.) A kind of pustule.
~ion..paulo durior pusula est, subalbida, acuta, ex qua ipsa quod exprimitur umidum est CELS.5.28.15.B.

phoba ~ae, *f.* [Gk. φόβη] (app.) A term applied to the panicle of millet.
panicum..praedensis aceruatur granis, cum longissima, pedali ~a (*cj.*) PLIN.*Nat.*18.53.

phōca ~ae, *f.* Also **~ē** ~ēs. [Gk. φώκη] A seal.
insolitae fugiunt in flumina ~ae VERG.*G.*3.543; 4.395; corpora ~arum summo resupina profundo OV.*Met.*2.267; MAN.5.661; uituli marini, quos uocant ~as PLIN.*Nat.*9.19; V.FL.2.319. **β** tumidam ~en OV.*Met.*7.389.

Phōcaea ~ae, *f.* An Ionian city on the coast of Asia Minor between Chios and Lesbos.
Graeci..a ~a, unde et Massilienses, oriundi LIV.34.9.1; MELA 1.89; PLIN.*Nat.*5.119.

Phōcaeensis ~is ~e, *a.* Of Phocaea; (masc. pl. as sb.) the Phocaeans.
Massilia Graecorum ~ium foederata PLIN.*Nat.*3.34;— LIV.37.21.7; qui ~ium fuere suboles PLIN.*Nat.*3.22.

Phōcaeus¹ ~a ~um, *a.* Of Phocaea; (masc. pl. as sb.) the Phocaeans.
~orum..ciuitas HOR.*Epod.*16.17.

Phōcaeus² ~a ~um, *a.* Of Phocis.
~a..regio SEN.*Oed.*772.

Phōcaicus¹ ~a ~um, *a.* Of Phocaea, Phocaean; (also, from the colonization of Massilia by the Phocaeans) Massilian.
~o..murice OV.*Met.*6.9; LUC.3.172;—~ae..Emporiae (*colonized from Massilia*) SIL.3.369; Scipio ~is sese referebat ab oris 5.52.

Phōcaicus² ~a ~um, *a.* Of Phocis, Phocian.
~a..tellure OV.*Met.*2.569; LUC.5.144.

Phōcais ~idis, *f. adj.* Of Phocaea, Phocaean; also, Massilian.
~is..hospita SIL.15.172; ex terra ~ide HYG.*gram.*7;— ~is..iuuentus LUC.3.301; ~is..balista SIL.1.335.

Phōcensis ~is ~e, *a.* Of Phocis, Phocian; (masc. as sb.) a Phocian.
LIV.33.32.5; PLIN.*Nat.*5.72; HYG.*Fab.*14.17.

Phōcēus ~a ~um, *a.* Of Phocis, Phocian.
iuuenis ~us (*i.e. Pylades*) Ov.*Am*.2.6.15; ~a..rura *Met.* 5.276; comes..~us *Tr*.4.4.71.

Phōcii ~ōrum, *m. pl.* The people of Phocis.
Locri, ~i, Boeotii Cic.*Pis*.96.

Phōcis[1] ~idis (~idos), *f.* A region of central Greece between Locris and Boeotia, containing the town and oracle of Delphi. **b** (erron. for Phocaea).
Liv.28.5.16; Mela 2.40; Sen.*Oed*.279; Plin.*Nat*.4.7. **b** ~ide relicta Graii qui nunc Massiliam incolunt Sen.*Dial.* 12.7.8; Luc.3.340.

phōcis[2] ~idos, *f.* [Gk. φωκίς] A kind of pear.
apud Chios pirus, quam ~ida appellant Plin.*Nat*.17.237.

Phoebas ~ados, *f.* [Gk. Φοιβάς] A priestess of Apollo or prophetess inspired by him.
serua Mycenaeo ~as (*i.e. Cassandra*) amata duci Ov.*Am.* 2.8.12; effrena ~as entheas laurus quatit Sen.*Ag*.588; *Tro.* 34; Luc.5.128; 5.167.

Phoebē ~ēs, *f.*

1 A Titan, later identified with the moon-goddess (Diana, Artemis) and as sister of Phoebus.
roscida noctiuagis astris labentibus ~e Egn.*poet.2*; uento semper rubet aurea ~e Verg.*G*.1.431; Ov.*Met*.12.36; [Sen.]*Oct*.389; Stat.*Theb*.1.105.

2 a A daughter of Zeus and Leda. **b** a daughter of Leucippus.
a Ov.*Ep*.8.77. **b** Ov.*Ars* 1.679; Prop.1.2.17.

Phoebēius ~a ~um, *a.*

1 Of or associated with Phoebus.
ales..~us (*i.e. raven*) Ov.*Met*.2.544; Phoebei..uestigia muri Luc.9.965; ~us augur (*i.e. Amphiaraus*) Stat.*Theb.* 6.441;—(*by descent*) ~a Byblis Ov.*Met*.9.663; ~a Circe Petr.134.12,l.12; (*of Aesculapius*) ~us anguis Ov.*Met*.15. 742; iuuenis ~e Stat.*Silv*.3.4.6.

2 Of or associated with Phoebe (1).
~a tempora Man.4.856; ~a Nais Stat.*Silv*.2.3.60.

Phoebēus ~a ~um, *a.* Of or associated with Phoebus.
~a lauro Ov.*Tr*.4.2.51; ~i senis (*i.e. old priest*) Sen.*Ag.* 176; ~a..naualia (*i.e. Apollonia*) Luc.3.182; ~a..ales (*i.e. raven*) Sil.5.78;—(*w. ref. to his function as the sun-god*) ~a.. lampade Verg.*A*.4.6; ~os..ictus Ov.*Met*.5.389; ~is subditus euris..Ser Sen.*Her.O*.666;680; ~us..axis 1442; ~ae facis *Phaed*.379; in ortus ~os Luc.6.330; extremam..petit, ~a cubilia, Tethyn Sil.3.411;—(*w. ref. to oracles, prophecy, etc.*) ~i tripodes Ov.*Ars* 3.789; sorte ~a Sen.*Oed*.288; ~a.. uirgo Stat.*Theb*.4.488;—(*w. ref. to music*) ~ae..lyrae Ov. *Ep*.15.182; ~a chelys Petr.fr.26.5;—(*w. ref. to healing*) ~a morbos qui pellitis arte Ov.*Fast*.3.827.

Phoebigena ~ae, *m.* [phoebvs+-gena] A son of Phoebus, i.e. Aesculapius.
Verg.*A*.7.773.

Phoebus ~ī, *m.* An appellation of Apollo (properly as the sun-god).
siue latet ~us seu terris altior exstat Ov.*Ep*.13.103; sextus ubi Oceano cliuosum scandit Olympum ~us *Fast.* 3.416; dum rediens fugat astra ~us Hor.*Carm*.3.21.24; Luc. 4.103; Sil.12.732; (*as the patron of the arts*) spiritum ~us mihi, ~us artem carminis nomenque dedit poetae Hor. *Carm*.4.6.29; Stat.*Silv*.4.6.1;—(*w. ref. to prophecy*) quae.. ~us Apollo praedixit Verg.*A*.3.251; augur..~us Hor. *Saec*.61; urguentem pectora ~um Luc.1.677;—(*w. ref. to healing*) ~us..qui salutari leuat arte fessos corporis artus Hor.*Saec*.62.

Phoenīcē[1] ~ēs, *f.* Also **~a** ~ae. A coastal region of Syria, Phoenicia.
Citieos..e ~a profectos Cic.*Fin*.4.56; ~en inlustrauere Phoenices Mela 1.65; 2.103; Plin.*Nat*.5.66.

phoenīcē[2] ~ēs, *f.* [cf. Gk. φοῖνιξ] A wild grass, perh. rye-grass, *Lolium perenne.*
herba ~e appellata a Graecis, nostris uero hordeum murinum Plin.*Nat*.22.135.

Phoenīces ~um, *m. pl.*: see Phoenix[1].

phoenīceus[1] ~a ~um, *a.* [Gk. φοινίκεος] N.B.: see also *poeniceus* (pvniceus). Of a brilliant red colour, scarlet, etc.
flore ~o Plin.*Nat*.25.144; tragopana..ferruginei coloris, tantum capite ~o 10.136.

Phoenīceus[2] ~a ~um, *a.* Phoenician.
Taenarium lapidem et ~um Plin.*Nat*.36.158.

phoenīcītis ~idis, *f.* [Gk.] A kind of precious stone.
~is ex balani similitudine appellatur Plin.*Nat*.37.180; 37.188.

phoenīcius[1] ~a ~um, *a.* [Gk. φοινίκιος] Scarlet; (neut. sg. as sb.) scarlet cloth.
~um florem Plin.*Nat*.21.164;—~o inducitur (*sc.* malagma) Larg.267.

Phoenīcius[2] ~a ~um, *a.* Phoenician.
id quod praeiacet mare totum ~um appellatur Plin.*Nat.* 5.67; ~us (*sc.* sphagnos) 12.108; ~o (*sc.* cypiro) 21.115.

phoenīcobalanus ~ī, *m.* [Gk. φοινικοβάλανος] A date.
Plin.*Nat*.12.103.

phoenīcopterus ~ī, *m.* [Gk. φοινικόπτερος] The flamingo.
Cels.2.18.3; quod non desideras..linguas ~orum Sen. *Ep*.110.12; ~i linguam praecipui saporis esse Apicius docuit Plin.*Nat*.10.133; Juv.11.139; Suet.*Cal*.22.3; linguas ~um *Vit*.13.2.

phoenīcūrus ~ī, *m.* [Gk. φοινίκουρος] A bird with a red tail, perh. the redstart.
Plin.*Nat*.10.86.

Phoenissa ~ae, *adj. f.*, (*n.*). [Gk. Φοίνισσα, fem. of Φοῖνιξ] Forms and Gender: ~*a* (neut. pl.) Sil.17.146. Phoenician; (transf.) Theban (w. ref. to the origin of Cadmus); Carthaginian (from the Phoenician settlement). **b** (as sb.) a Phoenician woman (in quots., Dido).
~a Tyros Ov.*Met*.15.288; exul ~a (*i.e.* Anna) *Fast*.3.595; —~ae..domus Stat.*Theb*.3.189; ~a cohors 9.527;—classis ~a Sil.7.409; ~a..agmina 17.146. **b** ardescit..tuendo ~a Verg.*A*.1.714; moenia..~ae Sil.6.313.

Phoenix[1] ~īcis (~īcos), *m.* Forms: app. *Poenix* in Var.*L*.8.65. A Phoenician; (esp. pl.).
Cadmus ~ix Plin.*Nat*.7.197;—(*pl.*) ~icum inuenta Prop.2.27.3; Liv.33.48.3; Ov.*Met*.3.46; Mela 1.34; Plin. *Nat*.5.67; inde ~icas, quia mari praepollebant, intulisse (*sc.* litteras) Graeciae Tac.*Ann*.11.14;—(*applied to the Carthaginians*) Sil.1.33; (*sg. collect.*) terra cedit Hibera..~ix 16.25.

Phoenix[2] ~icis (~īcos), *m.* (mythol.): **a** A son of Amyntor and companion of Achilles. **b** a son of Agenor and brother of Cadmus.
a Pl.*Bac*.156; Cic.*de Orat*.3.57; Ov.*Ars* 1.337; Stat.*Silv.* 2.1.91. **b** Sil.1.89; Hyg.*Fab*.178.3.

phoenix[3] ~īcis (~īcos), *m.* [Gk. φοῖνιξ]

1 A fabulous bird, the phoenix.
uiuax ~ix, unica semper auis Ov.*Am*.2.6.54; Assyrii ~ica uocant *Met*.15.393; tamquam ~ix semel anno quingentesimo nascitur Sen.*Ep*.42.1; cinis Eoa positi ~icis in ara Luc.6. 680; nobilem Arabiae ~icem Plin.*Nat*.10.3; Mart.5.37.13; Stat.*Silv*.2.4.37; Tac.*Ann*.6.28.

2 A date-palm (perh. taken by Pliny as 'date'; in Dioscorides 1.109 the expression φοίνικος ἐλάτης is used).
additis erysisceptro, zylobalsamo, ~ice, item tuso calamo Plin.*Nat*.29.56.

3 A name for a south-south-east wind.
~ica media regione inter ortum brumalem et meridiem Plin.*Nat*.2.120.

Pholoē ~ēs, *f.* **a** A mountain on the border of Elis and Arcadia. **b** a district (? mountain) in Thessaly.
a Ov.*Fast*.2.273; Mela 2.43; Plin.*Nat*.4.21. **b** Luc. 3.198; 7.827; Stat.*Ach*.1.168.

Pholus ~ī, *m.* The name of a Centaur.
Verg.*G*.2.456; Ov.*Met*.12.306.

phōnascus ~ī, *m.* [Gk. φωνασκός] A teacher of singing or elocution.
Quint.*Inst*.2.8.15; 11.3.19; communiter et ~is et oratoribus necessaria est exercitatio 11.3.22; temptans citharam et praemeditans adsistentibus ~is Tac.*Ann*.14.15; Suet.*Aug.* 84.2; *Nero* 25.3.

phōnēma ~atis, *n.* [Gk. φώνημα] An eloquent utterance.
illic quoque in philosophiae disciplinis..Platonis ~ata erunt audienda Fro.*Aur*.2.p.74(149N).

phonos ~i, *m.* [Gk. φόνος] A name of the plant atractylis.
idem erat atractylis..nisi sanguineum sucum funderet, qua de causa ~os uocatur Plin.*Nat*.21.95; 27.73.

Phorcis ~idos, *f.* A daughter of Phorcus, one of the Graeae or one of the Gorgons.
secta..Persea ~idos (*i.e. of Medusa*) ora manu Prop. 3.22.8; ~idas (*i.e. the Graeae*) unius partitas luminis usum Ov.*Met*.4.775.

Phorcus ~ī, *m.* **~ys** ~yos. The father of the Graeae and Gorgons, later changed into a sea-god.
~i..exercitus omnis Verg.*A*.5.824; genitor..~ys.. Cetoque parens ipsaeque sorores Gorgones Luc.9.646; V.Fl.3.727;—(*transf.*) sonat undique ~us (*i.e. the sea*) Man.5.585.

Phorcȳnis ~idos, *f.* A daughter of Phorcus, (in quots.) Medusa.
~idos ora Medusae Ov.*Met*.4.743; 5.230; Luc.9.626; Sil. 2.59.

phorimos ~on, *a.* [Gk. φόριμος] The description of a liquid variety of *alumen.*
Plin.*Nat*.35.184.

phormiō[1] ~ōnis, *m.*: see form.

Phormiō[2] ~ōnis, *m.* **a** An Athenian admiral (d. *c.* 428 b.c.). **b** a Peripatetic philosopher who lectured Hannibal on military science. **c** the name of a comedy by Terence.
a Gel.17.21.23. **b** Cic.*de Orat*.2.75; (*transf., of a man who talks about what he does not understand*) egomet in multos iam ~ones incidi 2.77. **c** Gel.20.6.4.

Phorōnēus[1] ~eos, *m.* An ancient figure of Argive legend, son of Inachus.
ante ~ea, antiquissimum Graeciae regem Plin.*Nat*.7.193; Stat.*Theb*.1.252; 1.542; Hyg.*Fab*.143.1.

Phorōnēus[2] ~a ~um, *a.* Of or connected with Phoroneus, i.e. Argive.
~is..sub antris Stat.*Silv*.3.2.101; *Theb*.12.465.

Phorōnis ~idos, *f. adj.* Of or connected with Phoroneus.
~ides latuere uenae (*i.e. the river Inachus*) Sen.*Thy*.115; —(*as sb.*) mala tanta ~idos (*i.e. Io, his sister or daughter*) Ov.*Met*.1.668.

Phosphoros (~us) ~ī, *m.* [Gk. φωσφόρος] The morning star.
quinta uix ~os hora rorantem sternebat equum Stat. *Silv*.2.6.79; Apul.*Mun*.2; bono deo pvero posphoro *CIL* 3.1132.

Phr(a)ātēs ~ae, *m.* The name of four kings of Parthia between *c.* 150 and 2 b.c.
~en Hor.*Carm*.2.2.17; *Ep*.1.12.27; Aug.*Anc*.6.1.

phragmītēs ~is, *m.* [Gk. φραγμίτης] A kind of reed.
Plin.*Nat*.32.141.

phrasis ~is, *f.* [Gk. φράσις] Diction, style, expression.
~in non uulgarem nec sordidam sed electam Sen.*Con.* 3.pr.7; cum magna ~i flueret et concitata 7.4.10; Macer et Lucretius legendi quidem sed non ut ~in, id est corpus eloquentiae, faciant Quint.*Inst*.10.1.87.

phrenēsis ~is, *f.* [Gk., as next] Madness, frenzy, delirium.
insania febricitantium, quam ~in appellant Cels.2.1.15; dic et ~in atque insaniam uiribus necessariam Sen.*Dial.* 3.13.3; Plin.*Nat*.24.63; Mart.4.80.1; cum sit manifesta ~is Juv.14.136.

phrenēticus ~a ~um, *a.* [cf. Gk. φρενιτικός] Suffering from madness, lunatic; (masc. as sb.) a madman.
uenti..~i septentrionum filii Var.*Men*.271; baro ille longus..post paucos dies ~us periit Petr.63.10;—haud scio an nec cardiacis hoc..tribuendum sit nec ~is Cic.*Div.* 1.81; Cels.2.4.8; quis enim ~o medicus irascitur? Sen. *Dial*.2.13.1; ~os somnus sanat Plin.*Nat*.26.118; Mart.11 28.1.

phrenion ~iī, *n.* [Gk.] = anemone 1.
Plin.*Nat*.21.164.

phrenītis ~idos, *f.* [Gk. φρενῖτις] Frenzy, delirium.
Fro.*Ver*.2.p.138(124N).

phrētriā ~ae, *f.* [Gk. φρητρία] A division in a Greek community, phratry; (in Naples app. the equivalent of a deme).
A.Epig.13.134.

Phrixēus (Phryx-) ~a ~um, *a.* Of or connected with Phrixus.
aurea ~ae terga reuellit ouis Ov.*Ep*.6.104; ~a..uellera *Met*.7.8; Col.10.368; V.Fl.6.150; Stat.*Theb*.2.281;—(*w. ref. to the Hellespont*) Ionia iungi maria ~is uetat Sen.*Ag.* 565; ~um..pontum Luc.6.56; V.Fl.2.585;—(*w. ref. to the constellation Aries*) ~ae rutilo pecudis..astro Germ.fr.4.78; ~i..signi Man.3.304; Mart.10.51.1;—(*transf.*) mollia ~i secuisti colla mariti (*i.e. a ram*) 14.211.1.

Phrixus (~os) ~ī, *m.* The son of Athamas and Nephele, who fled from Colchis with his sister Helle on a ram with a golden fleece.
Pl.*Bac*.241; ~on et Hellen diceris Inois eripuisse dolis Ov.*Ars* 3.175; *Fast*.3.861; totam ~i Iulia nebit ouem Mart. 6.3.6; Tac.*Ann*.6.34.

phronēsis ~is, *f.* [Gk. φρόνησις] Wisdom.
Phronesium, nam ~is est sapientia Pl.*Truc*.78[a](*dub.*).

phrȳganion ~iī, *n.* [Gk. φρυγάνιον 'undershrub'] An article used as a medicinal amulet, taken by Pliny to be some kind of animal.
Plin.*Nat*.30.103.

Phrygia ~ae, *f.* Orthog.: *Froeg-* Acc.*trag.* 178 (s.v.l.). A country comprising part of the centre and west of Asia Minor; (poet.) Troy.
~am miti more esse Acc.*trag*.560; Mela 1.100; Plin. *Nat*.12.47;—sola Parim ~ae fatum componere..dixit (Ilia) Prop.3.13.63.

phrygiō (fryg-) ~ōnis, *m.* [phryx+-o[1]] An embroiderer (see quot. under next).
fullo, ~o, aurufex, lanarius Pl.*Aul*.508; pallam illam.. ad ~onem ut deferas *Men*.426; ~o qui puluinar poterat pingere Var.*Men*.228; Apul.*Apol*.29.

Phrygiōnius ~a ~um, *a.* [prec.+-ivs] (An appellation of embroidered garments: see quot.)
acu facere id (*i.e. to embroider togas*) Phryges inuenerunt, ideoque ~ae appellatae sunt Plin.*Nat*.8.196.

Phrygius ~a ~um, *a.* Forms and Orthog.:

Fryg- APUL.*Met.*10.32; *Brug-* (cj.) ENN.*scen.* 173.

1 Of Phrygia, Phrygian. **b** ~*us lapis*, a kind of marble; ~*a columna*, a column made of this marble. **c** (w. ref. to Cybele or her cult). **d** *modus* ~*us*, or ~*us* alone, the Phrygian mode; (also applied to other nouns w. ref. to this mode).

~i..campi CATUL.46.4; ~as litteras CIC.*N.D.*3.42; ~ae..Idae VERG.*A.*3.6; ~um..maritum (*i.e. Pelops*) PROP.1.2.19; ~us senex (*i.e. Tantalus*) SEN.*Her.O.*1075; PLIN.*Nat.*21.67; ~um..ministrum (*i.e. Ganymede*) MART.12.15.7; ~us..uenator (*i.e. Ganymede*) STAT.*Theb.*1.548; GEL.6(7).16.5. **b** quodsi dolentem nec ~us lapis..delenit HOR.*Carm.*3.1.41; PLIN.*Nat.*36.143;—~is innixa columnis [TIB.]3.3.13; JUV.14.307. **c** ~am..matrem VERG.*A.*7.139; OV.*Fast.*2.55; pro..~i..foramine buxi *Pont.*1.1.45; ~i sonus..aeris LUC.9.288; ~i..flaminis STAT.*Silv.*5.3.183; ~a..tiara JUV.6.516. **d** ~os..modos OV.*Fast.*4.214; qui..~um cecinerat QUINT.*Inst.*1.10.33; seu Lydium querulum seu ~um religiosum APUL.*Fl.*4;—tibiis ~is HEM.*hist.*27; ~is cantibus CIC.*Div.*1.114; ~o..numero LUCR.2.620; ~o..sono TIB.2.1.86; phthongo..~o PLIN.*Nat.*2.84; modulos..~os 7.204.

2 Trojan.

~um..iudicem (*i.e. Paris*) CATUL.61.18; ~i..Simoentis VERG.*A.*1.618; HOR.*Carm.*2.9.16; Caesaris in ~os condere nomen auos PROP.2.1.42; uati..~o (*i.e. Helenus*) OV.*Met.*13.721; ~um..senem (*i.e. Antenor*) *Pont.*4.16.18; ~is..degere longius annis (*i.e. of Priam*) STAT.*Theb.*5.752; ~o..pinguis sanguine campos *Silv.*5.3.39; ~us..raptor (*i.e. Paris*) 5.1.57; ~o cum data cena uiro (*i.e. Aeneas*) est MART.8.6.14; ~o..alumno STAT.*Silv.*1.3.87;—(*fem. pl. as sb.*) VERG.*A.*6.518.

Phrȳnē ~ēs, *f.* An Athenian courtesan who offered to rebuild Thebes when it was destroyed by Alexander; (transf.) a stock name in poetry for courtesans, etc.

~e tam multis facta beata uiris PROP.2.6.6; QUINT.*Inst.*2.15.9;—me libertina..~e macerat HOR.*Epod.*14.16; lena..~e *Tib.*2.6.45.

phrȳnion ~iī, *n.* [Gk. φρύνιον] (prob.) The name of one or more plants of the genus *Astragalus*.

PLIN.*Nat.*25.123; 26.130; 27.122.

Phryx ~gis (~gos), *a.* FORMS and ORTHOG.: *Brug-* ENN.*scen.*176 (cf. CIC.*Orat.*160, Quint. *Inst.*1.4.15); *Phrug-* PAC.*trag.*205, TURP.*com.*102; *Fryg-* SIC.FL.*agrim.*p.101. Phrygian (freq. w. ref. to Troy or the Trojans); (as sb.) a Phrygian.

tibicen..~x CATUL.63.22; ~gem Aenean PROP.4.1.2; ~x puer..Attis OV.*Fast.*4.223; ~x puer (*i.e. Ganymede*) MART.9.36.2; ~x augur JUV.6.595;—ACC.*trag.*489; VERG.*A.*9.617; PROP.2.22.16; Lydos et ~gas et Numidas LIV.42.52.11; ~x pius (*i.e. Aeneas*) OV.*Fast.*4.274; nocturnas..~gum (*i.e. Trojans*) ruinas STAT.*Silv.*2.7.48; melior ~ge (*i.e. Ganymede*)..Hebe 3.1.27; tu ~ga (*i.e. Marsyas*) submittis citharae *Theb.*1.709; gens recidiua ~gum (*i.e. the Romans*) SIL.1.106; 'sero sapiunt ~ges', prouerbium est natum a Troianis, qui decimo denique anno uelle coeperant Helenam..reddere Achiuis FEST.p.343M.

Phryxēus: see PHRIX-.

Phryxiānus ~a ~um, *a.* Made of Phryxian (app. a luxurious kind of) wool; (fem. pl. as sb.) garments of this material.

togas..~as PLIN.*Nat.*8.195;—poetam, apud quem praecingantur (Gratiae) et spissis aut ~is prodeant SEN.*Ben.*1.3.7.

Phthīa ~ae, *f.* Also **~ē** ~ēs. A city of Thessaly, the birthplace of Achilles.

CIC.*Div.*1.52; VERG.*A.*1.284; OV.*Met.*13.156; MELA 2.39. β SEN.*Tro.*817.

Phthias ~adis *f.* A woman of Phthia.

OV.*Ep.*7.165(*cj.*).

Phthīōta (~ēs) ~ae, *m.* An inhabitant of Phthia.

Pherecratem quendam ~am senem CIC.*Tusc.*1.21; OV.*Am.*3.6.32; LIV.33.32.5.

P(h)thīōticus ~a ~um, *a.* Of or associated with Phthia.

~a Tempe CATUL.64.35; LIV.33.5.1; 42.56.7.

Phthīōtis ~idis, *f. adj.* Of or connected with Phthia; (as sb.) the district round Phthia.

per ~idem Achaiam LIV.41.22.6; in Achaiam ~im 42.67.9;—MELA 2.39.

phthīr ~ros, *m.* [Gk. φθείρ] A fish, the remora.

PLIN.*Nat.*32.150.

p(h)thīriāsis ~is, *f.* [Gk. φθειρίασις] Pediculosis, a disease caused by lice.

quom inter pilos palpebrarum peduculi nascuntur; ~i(n) Graeci nominant CELS.6.6.15A; PLIN.*Nat.*20.8; 23.18; 23.94; 24.72.

Phthīrophagī ~ōrum, *m. pl.* 'Lice-eaters', the name given to a tribe living near the Black Sea.

MELA 1.110.

phthīropoeos ~ī, *f.* [Gk. φθειροποιός] A Greek name for the spruce.

(nucleos) minimos ac nigros (habent) propter quod Graeci ~on eam appellant PLIN.*Nat.*16.49.

p(h)thisicus ~a ~um, *a.* [Gk. φθισικός] FORMS: *tisicus* PETR.64.3. Suffering from consumption; (masc. as sb.) a consumptive.

cantando paene ~us factus sum PETR.64.3; quae de ~o lapsa est armilla cinaedo MART.11.21.7;—VITR.2.9.17; sanguinem..excreantibus et ~is PLIN.*Nat.*20.46; 32.118; minutatim..per tabem quasi ~i consumuntur LARG.186.

p(h)thisis, is, *f.* [Gk. φθίσις] Consumption, pulmonary tuberculosis.

CAEL.*iur.*1; VITR.1.6.3; destillatio..assidua et uetus (facit) ~in SEN.*Ep.*75.12; inuadit..ualidissimos ~is 91.5; tussis et macies et ad ultimum ~is inuadit COL.6.14.1; ad ~im PLIN.*Nat.*20.250; contra ~is 28.138; catapotium ad tussim ueterem, suspirium ~i temptatos LARG.89; JUV.13.95.

P(h)thīus ~a ~um, *a.* Of or connected with Phthia, the birthplace of Achilles.

~us Achilles HOR.*Carm.*4.6.4; ~i busta..uiri PROP.2.13.38; Thebas ~as LIV.32.33.16; ~o..regi OV.*Am.*2.17.17; ~is (*i.e. of Achilles*)..remis *Ep.*3.65.

phthois ~ios, *m.* [Gk. φθόϊς] A kind of sacrificial cake.

S⟨A⟩CRIFICIVM FECIT DEIS ⟨I⟩LITHYIS LIBEIS VIIII POPAN⟨IS⟩ VIIII PHTHOIBVS VIIII *CIL* 6.32323.115.

p(h)thongus ~ī, *m.* [Gk. φθόγγος] A sound, tone.

in ea Saturnum Dorio moueri ~o, Iouem Phrygio PLIN.*Nat.*2.84.

p(h)thorius ~a ~um, *a.* [Gk. φθόριος] Destructive.

quod uinum ~um uocatur, quoniam abortus facit PLIN.*Nat.*14.110.

phthuicus ~ī, *m.* [Gk., cf. φθοώδης] A consumptive.

qui aut athleta aut ~us est SEN.*Con.*1.3.11.

phū(n) phū, *n.* [Gk. φοῦ] A name given to one or more species of valerian.

aliqui agrion uocant, alii phun PLIN.*Nat.*12.45; 21.136; LARG.170; phu Pontici seminis p ✕ III 176.

phȳ, *interj.* [Gk. φῦ] An exclamation of disgust.

praeceptorum plenust istorum ille. — ~! domi habuit unde disceret TER.*Ad.*412.

phȳcis ~idis, *f.* [Gk. φυκίς] A fish, prob. the wrasse.

auium ~is nidos imitata sub undis OV.*Hal.*122; mutat (colorem)..~is PLIN.*Nat.*9.81; 32.150.

phȳcītis ~idos, *f.* [Gk., cf. next] A kind of precious stone.

phoenicitis ex balani similitudine appellatur, ~is algae PLIN.*Nat.*37.180.

phȳcos, *n.* [Gk. φῦκος] Seaweed.

PLIN.*Nat.*13.135; ~os thalassion, id est fucus marinus 26.103.

Phȳcūs ~untos or ~ontos, *m.* A promontory in Cyrenaica.

usque ad ~onta MELA 1.37; ~unta LUC.9.40.

phygetron ~ī, *n.* [Gk. φύγεθρον] A small tumour.

CELS.5.18.19; ~on..est tumor non altus, latus, in quo quiddam pusulae simile est 5.28.10.

phylaca ~ae, *f.* [Gk. φυλακή] A prison.

abductus..in ~am PL.*Capt.*751.

Phylacē ~ēs, *f.* The name of var. cities, esp. a city of Thessaly, where Protesilaus was king.

PLIN.*Nat.*4.32.

Phylacēis ~idos, *f. adj.* Of or associated with Phylace (or Phylacus, its founder).

matres ~ides OV.*Ep.*13.35; ~ida..umbram (*i.e. Protesilaus*) STAT.*Silv.*5.3.273.

Phylacēius ~a ~um, *a.* Of or associated with Phylace (or Phylacus).

coniunx ~a..(*i.e. Laodamia*) OV.*Tr.*5.14.39.

Phȳlacidēs ~ae, *m.* A descendant of Phylacus, son of Diomede, esp. Protesilaus.

PROP.1.19.7; ~ae..funera OV.*Am.*2.6.41; *Ars* 2.356; respice ~en 3.17.

phylarchus ~ī, *m.* [Gk. φύλαρχος] The leader or chief of a tribe. **b** the chief official of a political 'tribe' in Greek communities.

~o Arabum CIC.*Fam.*15.1.2. **b** PLIN.*Nat.*35.134.

phyllanthes ~is, *n.* (dub.). [Gk. φυλλανθές] An undetermined plant.

PLIN.*Nat.*21.99.

Phyllēius ~ia ~ium, *a.* Of the city of Phyllus in Thessaly.

OV.*Ars* 3.783; ~i iuuenis (*i.e. Caeneus*) *Met.*12.479.

Phyllis ~idis (~idos), *f.* ORTHOG.: *Fyll- CIL* 4.1265a. The daughter of King Sithon of Thrace, who was changed into an almond-tree; a stock female name in poetry.

VERG.*Ecl.*5.10; OV.*Ep.*2.1; PLIN.*Nat.*16.108;—VERG.*Ecl.*7.14; HOR.*Carm.*4.11.3; OV.*Pont.*4.16.20.

phyllon ~ī, *n.* [Gk. φύλλον] **a** = LEVCACANTHA a. **b** prob., a species of mercury, *Mercurialis*.

a PLIN.*Nat.*22.40. **b** PLIN.*Nat.*27.125.

phȳma ~atis, *n.* [Gk. φῦμα] A kind of small swelling or tumour.

CELS.5.18.16; ~a..tuberculum furunculo simile, sed rotundius et planius, saepe etiam maius 5.28.9.

phȳrāma ~atis, *n.* [Gk. φύραμα 'paste'] A form of gum ammoniac.

PLIN.*Nat.*12.107.

phȳsēma ~atis, *n.* [Gk. φύσημα] A hollow pearl, 'blister pearl'.

si uero..tonuerit, pauidas ac repente conpressas (conchas) quae uocant ~ata efficere PLIN.*Nat.*9.108.

phȳsētēr ~ēris, *m.* [Gk. φυσητήρ] A whale (identification with any particular species is uncertain).

fluctum refundens ore ~er capax SEN.*Phaed.*1030; ~er, ingentis columnae modo se attollens altiorque nauium uelis diluuiem quandam eructans PLIN.*Nat.*9.8; 32.144.

physicē, *adv.* [PHYSICVS+-E] From the point of view of natural science, scientifically.

non id quod superstitiose, sed id quod ~ dicitur CIC.*Div.*1.126; tu hoc ~ non uides *N.D.*1.77; 3.18.

physicus[1] ~a ~um, *a.* Also **~os** ~ē ~on. [Gk. φυσικός]

1 Of or relating to physical nature, scientific. **b** (neut. pl. as sb.) physical nature as a subject of study, natural science; (sim., fem. sg.).

mythicon appellant quo maxime utuntur poetae, ~on quo philosophi VAR.in August.*C.D.*6.5.B; *Men.*362; in eo libro qui ~us inscribitur CIC.*N.D.*1.32; rationibus ~is id est naturalibus 2.23; neque id dictis superstitiose atque aniliter sed ~a constantique ratione 3.92. **b** ~orum..esse ignarum CIC.*Orat.*119; si ~a non didicissetis *Tusc.*1.48; nisi plane in ~is plumbei sumus 1.71; in ~is..totus est alienus *Fin.*1.17; e ~is..fortitudo sumitur contra mortis timorem 1.64; ~a adire GEL.17.19.3;—philosophiam aut rhetoricam aut ~am CIC.*Ac.*1.25.

2 Natural, inborn.

naturalis..mundi statio, quae ~e dicitur HYG.*Astr.*1.5.

physicus[2] ~ī, *m.* [prec.] A natural scientist.

~i omnes constare hominem ex anima et corpore dicunt LUCIL.635; de omni natura disputant atque ideo uocantur ~i VAR.*L.*10.55; ~us ille Democritus CIC.*deOrat.*1.49; ueteres ~os *Luc.*13; dialectici et ~i *Fin.*3.4; ~um id est speculatorem uenatoremque naturae *N.D.*1.83; praeceptis ~orum VITR.2.1.9; PLIN.*Nat.*2.191; QUINT.*Inst.*12.2.22; APUL.*Fl.*18.

physiognōmōn ~onis, *m.* [Gk. φυσιογνώμων] A physiognomist.

Zopyrus ~on, qui se profitebatur hominum mores naturasque ex corpore oculis uultu fronte pernoscere CIC.*Fat.*10.

physiologia ~ae, *f.* [Gk. φυσιολογία] Natural science.

~am, id est naturae rationem CIC.*N.D.*1.20; 1.41; *Div.*2.37.

physis ~is, *f.* [Gk. φύσις]

1 Physical nature.

SEV CVPIS GENITOR VO⟨CARI⟩ ET AVCTOR ORBIS AVT ~IS IPSA PANQVE *CIL* 14.3565.

2 A 'work of nature' (a name applied to real or pretended freak precious stones).

PLIN.*Nat.*37.195.

phyteuma ~atis, *n.* [Gk. φύτευμα] A plant, prob. *Reseda phyteuma*.

PLIN.*Nat.*27.125.

piābilis ~is ~e, *a.* [PIO+-BILIS] That may be averted by atonement.

~e fulmen est OV.*Fast.*3.289.

piāculāris ~is ~e, *a.* [PIACVLVM+-ARIS]

1 (of rites, victims, etc.) Performed, offered, etc., by way of atonement, expiatory; (neut. pl. as sb.) expiatory rites.

~i hostia VAR.*L.*6.30; ~ibus sacrificiis factis LIV.1.26.13; sacrum ~e fieri 29.19.8; IMMOLAVIT DEAE DIAE PORCAS ~ES II *CIL* 4.2060; APUL.*Apol.*45;—(*transf.*) men ~em oportet fieri ob stultitiam tuam..? PL.*Epid.*139; (*cf.*) uerebamur..ne potentissimi uilissimo quoque quasi ~i dato alienis poenis elaberentur PLIN.*Ep.*3.9.9;—~ia..fieri LIV.31.12.4; 42.3.10;—(*cf.*) ~is porta appellatur..⟨quod⟩, ut ait Cloatius..ibi aliqua piandi propitiandique causa immolantur FEST.p.213M.

2 Demanding expiatory rites; (neut. pl. as sb.) acts needing to be expiated.

~ia auspicia appellabant, quae sacrificantibus tristia portendebant PAUL.*Fest.*p.244M;—plerique se..omnibus erroribus ac ~ibus deprauauerint APUL.*Soc.*3.

piāculō ~āre, *tr.* [next+-o[3]] To make atonement to.
Mars pater..te hisce suouitaurilibus ~o..te hoc porco ~o Cato *Agr.*141.4.

piāculum ~ī, *n.* [pio+-culum[2]]
1 A victim offered by way of atonement, expiatory offering.
porco ~o facito Cato *Agr.*139; Cic.*Leg.*2.57; et pecudes secum et monstrata ~a ducat Verg.*A.*4.636; duc nigras pecudes; ea prima ~a sunto 6.153; inane sepulchrum constituit falsisque ~a manibus infert Ov.*Met.*6.569; ipse..non secus ac ~um aliquod trahebatur Plin.*Pan.*82.2;—(*transf., of human beings*) ne soli crimini subiecti ~a irae Romanorum dederentur Liv.6.21.7; ut luendis periculis publicis ~a simus 10.28.13; sontes procerum meritosque ~a prima acciet Sil.13.367; ut ~um obicitur centurio Crispinus Tac.*Hist.*1.58.
2 A rite or offering of expiation. **b** (transf.) an act of atonement.
commissa ~a Verg.*A.*6.569; precibus non linquar inultis, teque ~a nulla resoluent Hor.*Carm.*1.28.34; *Ep.*1.1.36; ut caedes manifesta aliquo..~o lueretur Liv.1.26.12; peregrina atque insolita ~a pacis deum exposcendae 4.30.10; prodigii ~a 5.16.1; Marti suouetaurilibus ~um fieri 8.10.14; qui cum magno ~o sacrilegii sui manubias rettulit 29.8.9; Luc.4.790; Tac.*Ann.*12.8; Juv.12.120; cuncta hariolorum praesagia, Tuscorum ~a Apul.*Soc.*7. **b** a uiolatoribus grauia ~a exegit Liv.29.18.18; ad ~um noxae 45.10.13; quo te, M. Tulli, ~o taceam Plin.*Nat.*7.116; nos saueua ~a bello demus Stat.*Theb.*10.799; Sil.13.702; animos cupido inuolat eundi in hostem, ~um furoris Tac.*Ann.*1.49.
3 An act which demands expiation, sin. **b** an occurrence (natural disaster, etc.) requiring the performance of expiatory rites.
~umst miserere nos hominum rei male gerentum Pl.*Truc.*223; palam muttire plebeio ~um est Enn.*scen.*331; EAM REM SINE SCELERE SINE ~O ⟨VENDERE LOCARE⟩ ALIS NE POTESTO *CIL* 1.756.10; Var.*L.*6.29; nonne in mentem uenit quantum ~i committatur? Liv.5.52.13; flamen..tantum sibi reique publicae ~i contrahet? 5.52.14; soluti ~o Tac.*Ann.*1.30; Plin.*Pan.*37.7; eo die uerberari ~um est Gel.10.15.10; Apul.*Met.*11.23; *Apol.*13. **b** ut domus..tuta existimetur a ~is omnibus Plin.*Nat.*25.84.

piāmen ~inis, *n.* [pio+-men] A means of expiation or purification.
Februa Romani dixere ~ina patres Ov.*Fast.*2.19; secta quia pelle luperci omne solum lustrant idque ~en habent 2.32; da certa ~ina..fulminis 3.333.

piāmentum ~ī, *n.* [pio+-mentum]
1 A means of expiation.
fauis ante et melle terrae ad ~um datis Plin.*Nat.*25.107; 37.3; Fest.p.213M; (*transf.*) fuerim tantum nihil amplius doliturae domus ~um Sen.*Dial.*12.18.6.
2 An expiatory rite.
lustralibus ~is Apul.*Met.*3.2; communi numinis ~o uicariae uenerationis incertum sustinebo 4.30.

piātiō ~ōnis, *f.* [pio+-tio] An act of expiation.
mensa utique id (*i.e. dropped food*) reponi adolerique ad Larem ~o est Plin.*Nat.*28.27.

piātor ~ōris, *m.* [pio+-tor] One who practises rites of expiation.
Epimeniden inclitum fatiloquum et ~orem Apul.*Fl.*15.

piātrix ~īcis, *f.* [pio+-trix] (Fem. of prec.)
~ix dicebatur sacerdos, quae expiare erat solita, quam alii sagam uocabant Paul.*Fest.*p.212M.

pīca ~ae, *f.* [Umb. *peica*, Skt. *pikaḥ*, OHG. *speht*] A bird name, comprehending the jay and the magpie.
imitantes omnia ~ae Ov.*Met.*5.299; 5.676; Petr.28.9; quis..~as..docuit uerba nostra conari? Pers.pr.9; inproba ..~a Mart.1.53.10; ~a loquax 14.76.1; Aonio uersae certamine ~ae Stat.*Silv.*2.4.19; (*spec. a magpie*) nuper..cerni coepere ~arum genera, quae longa insignes cauda uariae appellantur Plin.*Nat.*10.78; (*applied to a garrulous woman*) est tamen malae linguae, ~a puluinaris Petr.37.7.

Picānus ~ī, *m.* A mountain in Apulia.
Sil.4.302.

picāria ~ae, *f.* [pix[1]+-aria] A place where pitch is made.
societatis eius, quae ~as de..censoribus redemisset Cic.*Brut.*85; uectigal..salinarum et metallorum et ~arum Ulp.*dig.*50.16.17.1.

picātus[1] ~a ~um, *a.* [pico] (of wine) Pitch-flavoured; (neut. as sb.) pitch-flavoured wine.
ita ne gustus ~i uini possit intellegi Col.12.23.2; Plin.*Nat.*14.26; 14.57; utilius id (uinum) quod sponte naturae suae picem resipit ~umque appellatur 23.47;—haec de uitifera uenisse ~a Vienna ne dubites Mart.13.107.1.

pīcātus[2] ~a ~um, *a.* [pix[2] (= Boeotian form of Gk. σφίγξ)+-atus[2]] Resembling a sphinx (or griffin).
~i appellantur quidam, quorum pedes formati sunt in speciem sphingum, quod eas Dori φῖκας uocant Fest.p.206M.

picea ~ae, *f.* [pix[1]] A spruce, prob. *Picea abies.*
~ae..taxique nocentes Verg.*G.*2.257; *A.*6.180; est nemus et ~is et frondibus ilicis atrum Ov.*Ep.*12.67; pix..fit e ~a⟨e⟩ resina Plin.*Nat.*14.127; ~a montes amat atque frigora 16.40; (cachrys) gignitur et in abiete, larice, ~a 16.30; ~ae..adclinis opacae Iuno V.Fl.3.533; Sil.1.83.

Pīcens ~ntis, *a.* Of or belonging to Picenum; (masc. as sb.) an inhabitant of Picenum.
panes ~ntes Met.Pius in Macr.3.13.12; agrum ~ntem Cic.*Sen.*11; cum ~nti populo Liv.10.10.12;—ultra agrum ~ntium Var.*R.*1.2.7; Cic.*Sul.*25; M. Lollius Palicanus, humili loco ~ns Sal.*Hist.*4.43; ~ntum acies Sil.10.312.

Pīcentia ~ae, *f.* A town in the south of Campania.
Mela 2.69; Sil.8.578.

Pīcentiānus ~a ~um, *a.* = next (b).
*Priv.Mil.Vet.*9(*CIL* 3.p.852); (cohors) GALLORVM ~A 16. 69.

Pīcentīnus ~a ~um, *a.* Of or connected with **a** Picentia. **b** Picenum.
a ~is, deinde Eburinis iugis occultus Sal.*Hist.*3.98.B. **b** sine ~is cohortibus Pomp.*Att.*8.12c.2; (pira) ~a Plin.*Nat.*15.55; ~a Ceres Mart.13.47.1.

Pīcēnum ~ī, *n.* A region on the eastern side of central Italy.
Var.*R.*1.50.2; Cic.*Att.*8.8.1; Caes.*Civ.*1.12.3; Liv.27.43.12; Mela 2.65; Plin.*Nat.*3.109.

Pīcēnus ~a ~um, *a.* Of or belonging to Picenum.
eques Romanus ex agro ~o Cic.*N.D.*3.74; ~is..pomis Hor.*S.*2.3.272; de ~is..cadis Mart.1.43.8; oliuae, ~i modo quas tulere rami 5.78.20; ~ae..porcae 13.35.1; ~ae..telluris alumnos Sil.8.424; aemula ~is..mala Juv.11.74.

piceus ~a ~um, *a.* [pix[1]+-eus]
1 Made of pitch, pitchy, resinous. **b** (of flames) pitchy.
secto ~ae de cortice guttae Ov.*Met.*9.659; ~o..unguine tinctas lampadas Luc.10.491. **b** ~os ignis in fumos abit Sen.*Thy.*772; ~os uoluunt inmissae lampades ignes Luc.6.135; ~a..flamma Sil.1.320.
2 Like pitch in colour or substance.
turbine..~o Verg.*A.*3.573; ~a..caligine Ov.*Met.*1.265; inducta ~is e nubibus umbra 11.549; imbre ~o crassoque Plin.*Nat.*16.143; ~o..caelo V.Fl.1.617; ~ae..oues 3.439; ~o..nimbo Stat.*Theb.*1.97; ~a..nubila Sil.5.37; duo colores..~us et niueus Apul.*Soc.*pr.4.

picinus ~a ~um, *a.* [pix[1]+-nus] Pitch-black.
~a (uua), omnium nigerrima Plin.*Nat.*14.42.

picō ~āre ~āuī ~ātum, *tr.* [pix[1]+-o[3]] To smear or coat with pitch, tar.
doli lauari, ~ari Cato *Agr.*2.3; in uas ~atum 106; FORES ..FACITO..~ATOQVE *CIL* 1.698.2.10; in amphoram ~atam Var.*R.*1.54.2; cado..~ato *Copa* 11; interiores partes curiosius ~entur Vitr.7.4.2; cura tuentur ~ando parietes Plin.*Nat.*36.166; Mart.11.18.24; Suet.*Cl.*16.4; dolia uinaria, quae ad praesentem usum colonum ~are oportebit Ulp.*dig.*19.2.19.2.

picris ~idos, *f.* [Gk. πικρίς] A bitter herb, prob. a kind of succory.
Plin.*Nat.*21.105; ~is ab insigni amaritudine cognominatur, ut diximus, folio rotundo 22.66.

pictilis ~is ~e, *a.* [pingo+-ilis[1]] Decorated in colour, (in quot.) embroidered.
me..~ibus balteis..exornatum Apul.*Met.*10.18.

Pictonēs ~um, *m. pl.* A tribe in Aquitania.
Caes.*Gal.*3.11.5; Hirt.*Gal.*8.26.1; Plin.*Nat.*4.108.

pictor[1] ~ōris, *m.* [pingo+-tor] A painter.
non potuit ~or rectius describere eiius formam Pl.*As.*402; o Apelle, o Zeuxis ~or *Poen.*1271; si de pingendo ~or aliquis diserte scripserit aut dixerit Cic.*de Orat.*2.38; uerba..ita disponunt ut ~ores uarietatem colorum *Orat.*65; *Luc.*20; Lucr.3.629; ~oribus atque poetis quidlibet audendi semper fuit aequa potestas Hor.*Ars* 9; Vitr.6.4.2; Plin.*Nat.*28.121; Juv.12.28.

Pictor[2] ~ōris, *m.* A cognomen of the *gens Fabia*, esp. Q. Fabius Pictor, the historian, who lived at the time of the Second Punic War.
N. FABIVS. C. F. M. N. ~OR *Act.Triumph.*19(*CIL* 1.p.46); Plin.*Nat.*35.19;—Cic.*de Orat.*2.53; Q. Fabius ~or Delphos ad oraculum missus est Liv.22.57.5; tradit et Fabius ~or in annalibus suis Plin.*Nat.*10.71.

pictōrius ~a ~um, *a.* [pingo+-torius] Of or connected with painting (house-decorating and sim.).
hae operae..multum distant a fabrilibus uel ~is operis Julian.*dig.*38.1.23; operas..fabriles, ueluti ~as Ulp.*dig.*12.6.26.12; OPVS ALBARIVM ~VM SVA PECVNIA S C FECIT *A.Epig.*07.172.

pictūra ~ae, *f.* [pingo+-ura]
1 The action of painting. **b** the art or practice of painting.
noua ~a interpolare uis opus lepidissumum? Pl.*Mos.*262. **b** in illo ~ae scientia Cic.*Inv.*2.5; una est ars ratioque ~ae *de Orat.*3.26; *N.D.*2.35; nostrae aetatis insaniam in ~a non omittam Plin.*Nat.*35.51; Quint.*Inst.*10.2.7; Apul.*Pl.*1.2.
2 A painting, picture.
Pl.*As.*764; argento, purpura, ~is, spoliis fr.33; ibi inerat ~a haec Ter.*Eu.*584; poema loquens ~a, ~a tacitum poema debet esse *Rhet.Her.*4.39; floridiora sunt in ~is nouis pleraque quam in ueteribus Cic.*de Orat.*3.98; in ~is et in signis et in aliis operibus 3.195; antiquissima illa ~a paucorum colorum *Orat.*169; *Ver.*4.1; Plin.*Nat.*35.17; Mart.9.74.1; in statuis atque ~is Quint.*Inst.*2.13.9; Tac.*Ann.*16.23; floridae ~ae Apul.*Met.*4.13; ~a ex discordibus pigmentorum coloribus *Mun.*20;—(*applied to wall-paintings*) in scaenarum ~is Vitr.7.pr.11; 7.5.1.
3 Coloured embroidery, appliqué work, or sim.; an example of such work.
colores diuersos ~ae intexere Babylon maxime celebrauit Plin.*Nat.*8.196; balteum, quod genus ~a Babylonica miris coloribus uariegatum Apul.*Fl.*9;—textilibus..in ~is ostroque rubenti Lucr.2.35; tunicam ~is uariegatam Apul.*Fl.*15; sunt insitae ~ae clauique qui uestibus insuuntur Ulp.*dig.*34.2.23.1.
4 Natural colouring, marking.
gemmarum ~a tam multiplex Plin.*Nat.*2.207; ne pauonis ac tigrium..maculas et tot animalium ~as commemorem 7.7; aliis (serpentibus) squamas esse, aliis ~as 8.85; (arbores) tunc uariis colorum ~is in certamen usque luxuriant 16.95; 24.162.
5 A visual impression conceived in the mind, picture; a mental image.
animum ~a pascit inani Verg.*A.*1.464; hanc sibi dolor meus ~am commentatur Fro.*Aur.*2.p.228(234N);—ab ista ~a imaginibusque uirtutum Cic.*Tusc.*5.14; ~am..istam morum et ingenii ipsius Q. Ennii factam esse Gel.12.4.5.

pictūrātus ~a ~um, *a.* [prec.+-atus[2]] Decorated with colour.
(*of natural objects*) ~us morituris floribus agger Stat.*Theb.*6.58; ~a lucentia marmora uena *Silv.*1.3.36; ~o pluuium ligat aera gyro (*sc. Iris*) 5.1.104;—(*of embroidery*) ~as auri subtemine uestis Verg.*A.*3.483; ~o..limbo Stat.*Ach.*1.330.

pictus ~a ~um, *a. compar.* ~ior. [pple. of pingo]
1 Painted; *tabula ~a*, a painting. **b** (poet., of natural objects) coloured, painted. **c** (fig.).
~as abiete puppis Verg.*A.*5.663; ~is..et auro caelatis refulgens armis Liv.7.10.7; ~os uerberat unda deos Ov.*Tr.*1.4.8; ~a pharetras..Amazon Sen.*Ag.*217;—Ter.*Eu.*584; quid ~arum tabularum, quid signorum, quid marmoris apud illum putatis esse? Cic.*S.Rosc.*133; ornamenta urbis, statuae et tabulae ~ae Liv.42.63.11. **b** siluestrum exuuias laeuo ~as lateri accommodant Acc.*trag.*256; absint..~i squalentia terga lacerti Verg.*G.*4.13; ~os delapsa (*sc.* Iris) per arcus Ov.*Met.*14.838; ~is..plumis gemmeam caudam explicas Phaed.3.18.8; ~a perdix Mart.3.58.15; ubi marmore ~o candida purpureo distinguitur area gyro Stat.*Silv.*2.2.88; (*transf. ep.*) ~a colit Spartani frigora saxi Mart.1.55.5. **c** sed etiam Lysiae similem (Catonem)? quo nihil potest esse ~ius Cic.*Brut.*293.
2 (of fabrics) Embroidered in colour.
togulam illam ~am Cic.*Att.*1.18.6; Sal.*Hist.*2.70.4; toga ~a Prop.4.4.53; ~os..toros Ov.*Ep.*12.30; nondum uestis illis erat ~a, nondum texebatur aurum Sen.*Ep.*90.45; Plin.*Nat.*8.195; (*facet.*) uostra latera loris faciam..ut ne peristromata quidem aeque ~a sint Pl.*Ps.*146.

Pīcumnus ~ī, *m.* One of a pair of gods with Pilumnus, perh. originally associated with Mars (cf. next).
Fab.Pict.*iur.*5; Macer *poet.*1; dis coniugalibus Pilumno et ~o in aedibus lectus sternebatur Var.in Non.p.528M.

pīcus[1] ~ī, *m.* [cf. pica] A woodpecker; *~us Martius*, (prob.) the great black woodpecker; *~us Feronius*, another unidentified kind of woodpecker.
Ov.*Met.*14.314; *Fast.*3.54; ~um arbores cauantem Plin.*Nat.*10.38; Fest.p.209M;—(*in augury*) ~us et cornix ab aeua..consuadent Pl.*As.*260; te..nec laeuus uetet ire ~us nec uaga cornix Hor.*Carm.*3.27.15; Fron.*Str.*4.5.14;—simul uidebant ~um Martium Fab.Pict.*hist.*3; ~us Martius aduolauit atque in capite eius adsedit Var.in Non.p.518M; cirros ~o..Martio (*sc.* dedit natura) Plin.*Nat.*11.122; (*cf.*) est parra Vestae, ~us Martis Hyg.*hist.*17;—~i autem Martius Feroniusque et parra et in oscinibus et in alitibus habentur Ap.Claud.Pulch.*gram.*2.

Pīcus[2] ~ī, *m.* A son of Saturn, who was changed by Circe into a woodpecker.
~us..quem..fecit auem Circe sparsitque coloribus alas Verg.*A.*7.189; Ov.*Met.*14.320; Sil.8.439; Juv.8.131.

piē, *adv. superl.* ~issimē. [pius+-e] With all the proper observances, dutifully.
(*towards the gods*) cui..deo..~ et caste satis facies Cic.*Fam.*14.7.1; colebantur..religiones ~ magis quam magnifice Liv.3.57.7; parum ~ aut infamauit Iouem aut imitatus est Sen.*Con.*10.5.5;—(*towards family or friends*) neque faciam neque me sati' ~ posse arbitror Ter.*Ad.*459; si iure posses eum accusare, tamen, cum is tibi parentis numero fuisset, id ~ facere non posses Cic.*Div.Caec.*62; (pater) parum ~ tractatus a filio *Cael.*3; si fraterne, si ~, si cum dolore faciunt *Lig.*33; Liv.38.56.9; Luc.8.316; quod..et piissime..et fortissime tulit Sen.*Dial.*11.15.4; Suet.*Aug.*66.4;—(*in other relationships*) non..iuste neque ~ bellum gessistis Cic.*Inv.*2.70; iuste ~que legatus uenio Liv.1.32.6; QVIBVS FORTITER ET ~ MILITIA FVNCTIS IVS *CIL* 3.p.853.

pientissimus ~a ~um, *a.*: heter. superl. of pius.
⟨ITEM DASVMIA FILIA MEA P⟩IENTISSIMA MIHI ⟨HERES ESTO..⟩ *CIL* 6.10229.7; VALERIA FESTA CONIVNX ~A 10.1080; FILIO PIENTESSIMO POSVIT 12.1128.

Pīeria ~ae, *f.* A district in the south east of Macedonia.
Liv.39.26.1; Plin.*Nat.*4.33.

Pīeriae ~ārum, *f. pl.* A name for the Muses.
quas (*sc.* Musas) Pierides et ~as solent poetae appellare Cic.*N.D.*3.54.

Pīericus ~a ~um, *a.* Pierian (perh. from the *silua Pieria*).
Asia picem Idaeam maxime probat, Graecia ~am PLIN. *Nat.*14.128.

Pīeris ~idos, *f.* A daughter of Pierus, a Muse.
CIC.*N.D.*3.54; auia ~idum peragro loca nullius ante trita solo LUCR.4.1; VERG.*Ecl.*3.85; carmina deuoueo ~idasque meas OV.*Tr.*5.7.32; ut tacui, ~is orsa loqui *Fast.*4.222; MART.12.68.4; nouos..~idum flores intactaque carmina discens STAT.*Silv.*3.1.67.

Pīerius ~a ~um, *a.*

1 Of or belonging to the Muses.
carmine ~o rationem exponere nostram LUCR.1.946; ~i laticis (*i.e. Castalia*) decus *Culex* 18; ~o..antro HOR.*Carm.* 3.4.40; gratia regum ~is temptata modis *Ars* 405; ~is..choris OV.*Pont.*1.5.58; ~a..lauro SEN.*Apoc.*4.1; sic flumine largo plenus ~o defundes pectore uerba PETR.5,l.22; cum grege ~o MART.9.86.3; ~as..artes STAT.*Silv.*2.2.112.

2 Pierian, i.e. Macedonian. **b** *silua ~a, Olympus ~us*, a wood and mountain on the borders of Thessaly and Macedonia.
uir ~a paelice saucius HOR.*Carm.*3.10.15. **b** Perseus ad ~am siluam uia militari..fugit LIV.44.43.1; in Thessalia quattuor atque triginta (montes), quorum nobilissimi Cercetii, Olympus ~us PLIN.*Nat.*4.30.

Pierus (~os) ~ī, *m.* A king of Emathia whose nine daughters competed with the Muses and were turned into magpies; the father of the Muses (in one account).
OV.*Met.*5.302;—CIC.*N.D.*3.54.

pietās ~ātis, *f.* [PIVS+-TAS]

1 An attitude of dutiful respect towards those to whom one is bound by ties of religion, consanguinity, etc. **b** (personified).
utinam non tam fratri ~atem quam patriae praestare uoluisset! CIC.*Brut.*126; hominem..ab humanitate, a ~ate, ab religione deducere *Ver.*4.12; antiquum genus..~ate repletum LUCR.2.1170; insignem ~ate uirum VERG.*A.*1.10; non..genus, non te facundia, non te restituet ~as HOR. *Carm.*4.7.24; nam quantum ferro tantum ~ate potentes stamus PROP.3.22.21; Aeneas, ~atis idoneus auctor OV. *Fast.*2.543; si filius matrem aut patrem..contumeliis adficit ..praefectus urbis delictum ad publicam ~atem pertinens.. uindicat ULP.*dig.*37.15.1.2. **b** ⟨o⟩ ~as mea, serua me PL.*Cur.*639; di, precor, et ~as sacrataque iura parentum OV.*Met.*10.321; excede, ~as, si modo in nostra domo umquam fuisti SEN.*Thy.*249; ~ATI AVGVSTAE *CIL* 6.562; ~AS AVGVST S C *BMCI* 2.p.258,No.177(Titus); auersa caeli ~as in parte sedebat STAT.*Theb.*11.458; (*facet. applied by a girl to an old man*) abin a me, scelu'? — sine, mea ~as, te exorem PL.*Bac.*1176.

2 (spec., applied to the attitude of man towards the gods). **b** (of the reciprocal feeling of gods towards human beings).
quom nos di iuuere..gaudeo. — ~ate factum est mea atque maiorum meum PL.*Cas.*418; deum me sentit facere ~as, ciuium porcet pudor ENN.*scen.*328; ~ate et religione et iustis precibus deorum mentis..posse placari CIC.*Clu.*194; deos placatos ~as efficiet *Off.*2.11; nec ~as ullast uelatum saepe uideri uertier ad lapidem LUCR.5.1198; delubra deorum ~ate, domos suas gloria decorabant SAL.*Cat.*12. 4; VERG.*A.*11.787; nec ~as moram rugis et instanti senectae adferet HOR.*Carm.*2.14.2; ut Pharios aliae ficta ~ate dolores..colunt STAT.*Silv.*5.3.244; (*facet.*) interea loci si lucri quid detur, potius rem diuinam deseram. non potest ~ati opsisti huic PL.*Ps.*268;—(*towards the deified Emperor or his household*) nec ~as ignota mea est: uidet hospita terra in nostra sacrum Caesaris esse domo OV.*Pont.*4.9.105. **b** di, si qua est caelo ~as quae talia curet, persoluant grates dignas et praemia reddant debita VERG.*A.*2.536; Iuppiter omnipotens..si quid ~as antiqua labores respicit humanos 5.688.

3 (of relationships between human beings): **a** (of children to parents). **b** (of parents to children). **c** (between husband and wife). **d** (of other relationships).
a egon patri surrupere possim quicquam..?..~as prohibet PL.*Ps.*291; erga deos religio..parentes ~as CIC.*Part.* 78; frater, qui in me ~ate filius..inuentus est *Red.Sen.*37; o felix nati ~ate VERG.*A.*3.480; animum patriae strinxit ~atis imago 9.294; PROP.3.15.35; quod animum eius tanta acerbitas patria nihil a ~ate auertisset LIV.7.5.7; GEL. 12.1.23. **b** mi pater, tua ~as plane nobeis auxilio fuit PL.*Poen.*1277; SEN.*Dial.*12.4.2; *Med.*438; nec ~as alia est tibi curaque natae STAT.*Silv.*3.5.54; *Theb.*11.605. **c** PL. *St.*8ᵃ; SIS.*hist.*13; OV.*Tr.*1.3.85; STAT.*Silv.*5.1.238; STATIA PRIMA..COIVGI..EX ~ATE POSVIT *CIL* 3.2535. **d** tibi, T. Anni,..nullum studi, nullum ~atis officium defuit CIC. *Mil.*100; litterae tuae, quibus intellexi te perspicere meam in te ~atem *Fam.*1.9.1; me quamuis Lamiae ~as et cura moratur fratrem maerentis HOR.*Ep.*1.14.6; OV.*Pont.*2.11.6; tuae erga me ~atis officium LARG.pr.p.5,l.22; (*among the gods*) OV.*Fast.*6.90; (*among other creatures*) uidemus in quodam uolucrium genere non nulla indicia ~atis CIC.*Fin.*2.110; (*towards the dead*) parua petunt manes: ~as pro diuite grata est munere OV.*Fast.*2.535.

4 a (of citizens towards a State or ruler; also of government towards citizen). **b** (of troops to a commander).
a ~as in rem publicam CIC.*Balb.*6; si ulla ~as, si memoria antiquae patriae esset LIV.27.9.11; ~as in totum nomen Iuli OV.*Pont.*2.2.21; ~as sua Caesarem..in urbem traxit VELL.2.105.3; ~atem..principis iniurias acriter ulciscentium TAC.*Ann.*3.51; praeiuimus..commilitonibus ius iurandum..eadem prouincialibus certatim ~ate iurantibus PLIN.*Ep.Tra.*10.52(60); laudauit (*sc.* Augustus)..~atem tanto opere pro se indignantium SUET.*Aug.*66.2;—permittite, patres conscripti, a ~ate uestra impetrari *Dom.* 11.3. **b** si hostium fuit ille sanguis, summa militum ~as CIC.*Phil.*14.6; hoc sacramento ~atis obstricti CURT.7.1.29; seruata..ferro militiae ~as LUC.4.499; ~atem militum laudibus cumulat TAC.*Hist.*3.36; (*personified*) ~ATI LEG XXII..ET HONORI AQVILAE *CIL* 13.6752.

pietāticultrix ~īcis, *f. adj.* [prec.+CVLTRIX] That practises piety.
ciconia..~ix gracilipes..auis PUB.*com.*8.

piger ~gra ~grum, *a. compar.* ~grior, *superl.* ~gerrimus. [cf. perh. ON. *feikn*, AS. *fācen*, Skt. *piśunah*]

1 (of living creatures) Sluggish, torpid, inactive. **b** (of natural things). **c** (of conditions, etc.) marked by sluggishness or inactivity.
uenit..~gris balantibus aegror LUCR.6.1132; (apes) contracto frigore ~grae VERG.*G.*4.259; aper..ilice multa iam ~ger MART.7.27.2; (*transf.*) cui non ire lacu ~grosque exsoluere amictus suadeat? STAT.*Silv.*1.5.53;—(*of the faculties*) si somnus incertus est..si ~grior mens CELS.3.2.3; ingenium latens et ~grum..extraxit (praeceptor) SEN.*Ben.* 6.16.7;—(*w.* ad) dicitur ad uenerem ~grior fieri PLIN.*Nat.* 30.143;—(*w.* in+*acc.*) uiros..in coitum ~gerrimos 22.86;—(*w.* in+*abl.*) equis ob adsiduum laborem ~grioribus in coitu 26.98. **b** ~gris ubi nulla campis arbor aestiua recreatur aura HOR.*Carm.*1.22.17; (*w. dat.*) ager frumento ~ger APUL.*Fl.*15; (*cf.*) ubi ~gra lenitas (*sc.* uini) torpeat PLIN.*Nat.*14.124. **c** ipsa (*sc.* senectus) cum ~grast PAC. *trag.*179; ~gra Sagittipotens iaculatur frigora terris Q.CIC. *poet.*11; ~ger his labante languore oculos sopor operit CATUL.63.37; ~grum..rigorem reddit hiemps LUCR.5.746; ~gro torpebant aequora somno STAT.*Silv.*3.2.73; GEL. 9.9.15; (*cf.*) frigus ~grum (dicimus) quia pigros efficit *Rhet. Her.*4.43.

2 (of inanim. things) Slow-moving, sluggish. **b** motionless, inert. **c** slow in effect.
fores..nixae in ~gros cardinum turbines VAR.*Men.*577; mellis constantior est natura et ~gri latices magis LUCR. 3.192; ~ger aurata procedit Vesper ab Oeta *Culex* 203; semper caligine nubes ~gra..circumstupet *Aetna* 336; limosa ~grum circumit fontem palus SEN.*Oed.*547; aliud mare, ~grum ac prope inmotum TAC.*Ger.*45.1; (*cf.*) ~ger axe uectus uno..uiator STAT.*Silv.*4.3.27; (*w. gen. of respect*) quorum serpit Arar per rura ~gerrimus undae SIL.15.501;—(*med.*) ~gro..uentri non inutiles betas MART.3.47.9;—(*of time, etc.*) ut ~ger annus pupillis quos dura premit custodia matrum HOR.*Ep.*1.1.21; mediis (uerbis)..non ea modo cura sit, ut inter se cohaereant, sed ne ~gra, ne longa sint QUINT. *Inst.*9.4.66. **b** pes modo tam uelox ~gris radicibus haeret OV.*Met.*1.551; naturae ~gra moles SEN.*Suas.*1.1; quid lapidis rigore ~grius? PLIN.*Nat.*36.126; quod tacet ~ger uoltus MART.2.11.3. **c** ~griora sunt ista remedia COL. 2.17.3.

3 Disinclined to action, slothful, lazy, idle. **b** (of conditions, actions, etc.).
nequam homo, indiligens cum ~gra familia PL.*Mos.*106; siue opus est imperitare equis, non auriga ~ger HOR.*Carm.* 1.15.26; retinacula mulae nauta ~ger saxo religat stertitque supinus *S.*1.5.19; ~gri est ingenii contentum esse iis quae sint ab aliis inuenta QUINT.*Inst.*10.2.4; ~grum..uidetur sudore adquirere quod possis sanguine parare TAC.*Ger.*14.5; (*poet.*) ~gris addunt mucronibus iras STAT.*Ach.*1.435; si lentus ~gra muniret castra dolabra JUV.8.248;—(*w. gen. of respect*) militiae quamquam ~ger et malus, utilis urbi HOR.*Ep.* 2.1.124; non (sedit) Naulocha ~gra pericli SIL.14.264;—(*w. abl. of respect*) nec ~ger ingenio scelerum..rector eget STAT. *Theb.*2.482;—(*w.* ad) mihi..ad litteras scribendas..~gerrimo CAEL.*Fam.*8.1.1; LIV.39.13.11; tunc ~ger ad nandum, tunc ego cautus ero OV.*Ep.*17.210; ~ger ad poenas princeps, ad praemia uelox *Pont.*1.2.121; senectus ad nouandum ~gra SEN.*Dial.*9.2.6;—(*w.* in+*acc.*) ~gra in Martem.. iuuentus SIL.12.299;—(*w.* in+*abl.*) interdum ~ger, interdum timidus in labore militari CIC.*Fam.*7.17.1;—(*w.* circa) ut putare cogerentur..~gri circa pericula arbusti PLIN.*Nat.* 14.88; (*w. inf.*) ~ger scribendi ferre laborem HOR.*S.*1.4. 12. **b** indignast ~gro forma perire situ OV.*Am.*2.3.14; numquam ~gra fuit nostris tua gratia rebus *Pont.*4.1.23; insidiosa quies et ~gra obliuio uitae STAT.*Silv.*1.4.57; confestim..discussa ~gra quiete APUL.*Met.*11.1.

4 Idle, inactive, unoccupied.
dum nos sollicitos ~gro tenet Ardea bello OV.*Fast.*2.727; sua quisque ~ger litora tangens..non norat opes SEN.*Med.* 331; pacem ~ger annus habet STAT.*Silv.*4.4.40; sub quo (*sc. Saturn*) ~gra quies nec labor ullus erat MART.12.62.2.

piget ~ēre ~uit (~itum est), *tr.*, (*intr.*). [cf. prec.] FORMS: *pigret* (pres. ind.) ENN.*Ann.* 425. CONST.: impers. senses a–c. To affect with revulsion or displeasure, irk: **a** (w. gen. expr. the cause of the emotion). **b** (w. pron., inf., or noun cl.) **c** (w. the cause of the emotion not directly expressed). **d** (gdve. in pass. sense). **e** (pres. pple.) feeling displeased, irked.
a ~et incepti VERG.*A.*5.678; si adfinitatis inter uos, si conubii ~et LIV.1.13.3; Corbulo..gerendae rei praeficitur ..quia Paeti ~uerat TAC.*Ann.*15.25;—(*w. acc. of person affected*) mea mater, tui me miseret, mei ~et ENN.*scen.*60; fratris me..pudet ~etque TER.*Ad.*392; ut me non solum ~eat stultitiae meae sed etiam pudeat CIC.*Dom.*29; dum me ciuitatis morum ~et taedetque SAL.*Jug.*4.9; quasi ~eret eum uirtutum suarum VELL.2.18.5. **b** ~ret sufferre laborem ENN.*Ann.*425; hoc dolet pudet ~et *Inc.trag.*21; nisi forte pudet aut ~et recte facere SAL.*Hist.*1.77.13; ni..tenuis..~et cognoscere curas VERG.*G.*1.177; si ~uit portas ultra procedere PROP.4.7.29; ~et, ~et esse secutum! OV.*Met.*11.778; insita mortalibus natura, propere sequi quae ~et inchoare TAC.*Hist.*1.55;—(*w. acc. of person affected*) me quia non possum ~et PL.*Ps.*282; nequid plus minusue faxit quod nos post ~eat TER.*Ph.*554; qui..praedia uendiderint, eos ~eat uendidisse CATO *Agr.*1.4; nec me meminisse ~ebit Elissae VERG.*A.*4.335; si ~uisset uos in Africam traicere LIV. 31.7.13; tempus erit, quo uos speculum uidisse ~ebit OV. *Med.*47; (*w. dat.*) ne ~eat Magno quaerentem fata remotas Medorum penetrare domos LUC.8.215. **c** eloquere tuom mihi nomen, nisi ~et PL.*Men.*1066; *Poen.*1211; pudere quam ~ere praestat *Trin.*345; ad misericordiam inducitur (multitudo), ad pudendum, ad ~endum CIC.*Brut.*188; maluissem uos togatos esse; si ~itum est, cinctos saltem esse GEL.13.22.1;—(*w. acc. of person affected*) neque se ~ere et deinde facturum autumat TER.*Hau.*19; cuius in cupiditatem..incubui nec me ~et CIC.*Att.*5.13.3. **d** poscis ab inuita uerba ~enda lyra PROP.4.1.74; (error) nulla parte ~endus erit OV.*Ep.*7.110. **e** rex..~ens tristisque retro domum pergit APUL.*Met.*4.33.

? **pīgiciacus** ~a ~um, *a.* [prob. from Gk. πυγή] (app.) Of or relating to sodomy.
non distulit puellam inuitare ad ~a (*s.v.l.*) sacra PETR. 140.5.

pigmentārius ~a ~um, *a.* [PIGMENTVM+-ARIVS] Of or relating to paints or cosmetics; (masc. as sb.) a dealer in these commodities.
quod ex lacte..papaueris capitum fit, non ex suco foliorum..ut ~i institores..faciunt LARG.22; ~O NEGOTIANTI *CIL* 6.9673;—Mindius macellarius et Attius ~us CIC.*Fam.*15.17.2; *CIL* 6.9795.

pigmentum ~ī, *n.* [PINGO+-MENTVM]

1 A colouring matter, paint, dye. **b** (fig.) colouring, tint (in literary style).
non istanc aetatem oportet ~um ullum attingere, neque cerussam..neque aliam ullam offuciam PL.*Mos.*263; aspersa temere ~a..oris liniamenta efficere possunt CIC.*Div.*1.23; (cera) uarios..in colores ~is trahitur PLIN.*Nat.*21.85; parietum lignorumque ~a 33.1; quod..~o illitum..est APUL.*Apol.*14; ex discordibus ~orum coloribus *Mun.*20; (*facet.*) meum futurum corium pulchrum..quem Apelles ac Zeuxis duo pingent ~is ulmeis PL.*Epid.*626. **b** tam integrae sententiae..tam sine ~is fucoque puerili CIC. *de Orat.*2.188; meus..liber totum Isocrati myrothecium.. ac non nihil etiam Aristotelia ~a consumpsit *Att.*2.1.1; multa de Fauorini nostri ~is fuci..appingere FRO.*Aur.*1.p. 48(215N).

2 An ingredient (in an ointment, lotion, etc.), drug.
quae (collyria) ex cadmia..eiusdemque generis ~is conponuntur LARG.21; plura..quam recipit ipsemet contundi iubebat ~a 97.

pignerātīcius ~a ~um, *a.* [PIGNERO+-ICIVS²] Of or concerned with a pledge or mortgage. **b** *actio ~a*, an action brought by a pledgor for money due to him in respect of pledged property; *actio ~a contraria*, a similar action brought by the pledgee; (also w. ellipsis of *actio*). **c** (of property) pledged, mortgaged.
~ae et precariae possessiones iustae sunt GAIUS *dig.* 6.2.13.1; an creditori ~o damni infecti caueri debeat ULP. *dig.*39.2.11; lege Aquilia et ~a PAUL.*dig.*9.2.18; ~a exceptione ULP.*dig.*10.3.6.9; si..litis aestimationem ~am..offerat 10.3.7.12. **b** quod amplius debito consecutus creditor fuerit, restituere debet debitori ~a actione ULP. *dig.*20.1.21.3; 36.4.5.21;—tenebitur..~a contraria actione 13.7.1.2; 21.2.38;—quaesitum est..an habeat (creditor) contrariam ~am 13.7.24; PAUL.*dig.*12.6.13. **c** ut fundum ~um tibi uendere liceret POMPON.*dig.*13.7.6.

pignerātiō ~ōnis, *f.* [PIGNERO+-TIO] The action of pledging or mortgaging.
quod emptionem uenditionemque recipit, etiam ~onem recipere potest GAIUS *dig.*20.1.9.1.

pignerātor ~ōris, *m.* [next+-TOR] One who lends on a pledge or mortgage, mortgagee.
cum..publicanus petitor ac ~or, non ereptor neque possessor soleat esse CIC.*Ver.*3.27.

pignerō ~āre ~āuī ~ātum, *tr.* Also **-orō.** [PIGNVS+-O³] FORMS: *-oro* QUINT.*Decl.*388 (p.440,l.14) (s.v.l.).

1 To give as a pledge, pledge, pawn.
bona..quae publicari poterant ~anda poenae praebebant LIV.29.36.12; alueolos et laenam ~at JUV.7.73; ut..ex aure matris detractum unionem ~auerit SUET.*Vit.*7.2; si creditor ..fundum ~atum uendiderit POMPON.*dig.*13.7.6.1; si non dominus duobus eandem rem..~auerit PAUL.*dig.*20.4.14; (*w.* ad) si ea res..ad modicum aeris fuerit ~ata ULP.*dig.* 13.7.36.1; (*transf.*) quorum propinqui..interclusi ab hostibus erant, uelut obsidibus datis ~atos haberent animos LIV. 24.1.7.

2 To bind (by moral or sim. obligation), engage. **b** to guarantee, assure.
sic se in uerecundiam ~et SEN.*Con.*2.7.3; tuum..mancipium inremunerabili beneficio sic tibi..~a APUL.*Met.*3.22; (*pass. w. refl. sense*) hospes..meus..effecit, ut eius hodiernae cenae ~arer 3.12. **b** spe futura beneficiis praesentibus ~ata APUL.*Met.*11.21.

3 (pass. as dep.) To assert one's claim to, appropriate. **b** to make certain of, assure.
Mars ipse ex acie fortissimum quemque ~ari solet CIC. *Phil.*14.32; ut (patria) plurimas..nostri animi..partis ipsa sibi..~aretur *Rep.*1.8; (*poet.*) quod das mihi, ~or omen OV.*Met.*7.621. **b** fidem militis..praemio ~atus SUET. *Cl.*10.4.

pignoriscapiō ~ōnis, *f.* (Also as two words: see CAPIO²) [PIGNVS+CAPIO²] The seizing of a pledge (in order to enforce payment of money due).

~o ob aes militare, quod aes a tribuno aerario miles accipere debebat, uocabulum seorsum fit Var.*gram.*224.

pignorō: see pignero.

pignus ~eris or ~oris, *n.* [perh. <**pig-* (pingo)] Forms: ~*osa* (= ~*ora*) Fest.p.213M.

1 Anything given as security (for a debt, bond, good conduct, etc.), a pledge, surety. **b** (of persons) a surety, hostage. **c** a pledge as a transaction, mortgage.

si quoi fauitores..uiderint, ut is in cauea ~us capiantur togae Pl.*Am.*68; non tulit ille..~eribusque ablatis Crassum instituit coercere Cic.*de Orat.*3.4; quid est ultra ~us aut multam? *Phil.*1.12; qvicvmqve..domicilivm..non habebit..vnde ~vs eivs qvot satis sit capi possit *CIL* 1.594.3.1.3; censores ad ~era capienda miserunt Liv.43.16.5; qui sub ~oribus solebat mutuas pecunias accipere Gaius *dig.* 13.7.12; qui ~us accepit ad eam summam, quam..numerasset Papin.*dig.*20.4.1.1; (*w. defining gen.*) etiam soli ~ora capi iubent Ulp.*dig.*42.1.15.2; (*in fig. phr.*) haec Amor ipse suo constringit ~ora signo Prop.3.20.17;—(*pred. dat.*) ager oppositust ~ori ob decem minas Ter.*Ph.*661; donicum pecuniam..delegarit, pecus et familia, quae illic erit, ~eri sunto Cato *Agr.*149.2; aratrum accipere ~ori non licet Quint.*Inst.*7.8.4; (*cf., abl.*) quod ea (*sc.* praedia) ~ore data..fidem praestent Var.*L.*5.40;—(*transf.*) habet a M. Caelio res publica..duas accusationes uel obsides periculi uel ~ora uoluntatis Cic.*Cael.*78; ut..~us..tanti sceleris nece aut uinculis legatorum daretur Tac.*Hist.*4.57; (*w. defining gen.*) fertur securus in urbem ~ore tam saeui sceleris sua signa secutam Luc.10.10. **b** seruom, quem hic reliqueram ~us pro me Pl.*Capt.*939; equitibus reciperatis quos ~ora pacis..dederant Liv.9.15.7; coniunx est mihi, sunt nati: dedimus tot ~ora fatis Luc.7.662; pauci..in Gallia geniti reseruantur ~us societati Tac.*Hist.*4.61; offerebant..sororem Ciuilis et filiam Classici, relicta sibi ~ora societatis 4.79; (*cf.*) ut..pro libertate haec (*sc.* fortunas et rem familiarem) proicias tamquam ~ora iniuriae Cic.*Phil.*13.6;—(*pred. dat.*) si me opponam ~ori Pl.*Ps.*87;—(*w. defining gen.*) amicitiam nostram per liberorvm svorvm ~ora petens Aug.*Anc.* 6.5; nouum genus obsidum, feminas, exigere..quod neglegere marum ~era sentiebat Suet.*Aug.*21.2. **c** est..nullum sine ~ore corpus Petr.119,l.53; ~us contrahitur non sola traditione, sed etiam nuda conuentione Ulp.*dig.*13.7.1; contractus..in quibus se praetor non interponit, ut..~ora uenditionesque 42.8.6.6.

2 That which is risked (in a bet, match, or sim.), a stake; ~*us dare, ponere*, to make a bet.

quouis Sabinum (*sc.* fundum) ~ore esse contendunt Catul.44.4; tu dic mecum quo ~ore certes Verg.*Ecl.*3.31; Phaed.4.21(22).5; Calp.*Ecl.*2.7; cuius..totum patrimonium, ~us aleae, uictor gallinaceus pyctes abstulit Col. 8.2.5;—id ni fit, mecum ~us si quis uolt dato in urnam mulsi Pl.*Cas.*75; da ~us, ni ea sit filia *Epid.*699;—quaerit posito ~ore, uincat uter Ov.*Ars* 1.168; Phryne..iuxta eum..accubuit ~ore cum quibusdam..posito, an temperantiam eius corrumpere posset V.Max.4.3.ext.3.

3 (applied to any person, thing, event, etc., which gives assurance of anything) A guarantee. **b** a token, symbol.

dextram..dat iuueni atque animum praesenti ~ore firmat Verg.*A.*3.611; pacis solum inuiolabile ~us (*i.e. a marriage*) 11.363; ~us..dereptum lacertis aut digito male pertinaci Hor.*Carm.*1.9.23; certa..uenturae praemittit ~ora flammae *Aetna* 461; datae litterae ut ~us fidei essent Liv.2.4.4; conditum in penetrali fatale ~us imperii Romani 26.27.14; in uultu ~ora mentis habet Ov.*Ars* 2.378; Iliacae transferri ~ora Vestae sede *Fast.*6.365; maiorum ~ore signa feturam Grat.263; an melius alio ~ore quam futuri scientia ingenia surrexerint? Sen.*Suas.*4.1; sacra..defuncti iactauit ~ora patris Luc.8.481; longi ~us amoris ira breuis Stat.*Theb.*9.62; uiue diu nostri ~us memorabile uoti, arbor *Silv.*2.3.43; nec incertus futuri testamentum pro ~ore scribam Tac.*Dial.*13.6; Siciliam et Sardiniam, annonae ~ora, per legatos habet Flor.*Epit.* 2.13(4.2.22);—(*applied to persons*) illud ~us libertatis populi Romani, D. Brutum Cic.*Phil.*12.22; pro quo me quoque ~us habes Ov.*Met.*14.679; concordiae ~us Iulia, uxor Magni, decessit Vell.2.47.2; hoc ~us belli (*i.e. a son*), coniux, seruare labora Sil.3.80;—(*w. acc. and inf.*) magnum..~us ab eo rei publicae datum, se liberam ciuitatem esse uelle Cic.*Phil.*1.4; obsides, ~us futuros afore fraudem agendae rei Liv.43.10.3. **b** Procne sacrorum ~ora demit Ov.*Met.*6.603.

4 (applied to children as the guarantee of the reality of a marriage). **b** (sim. of persons standing in other relationships).

nunc tibi commendo communia ~ora natos Prop.4.11.73; ~ora Lucina bina fauente dedi Ov.*Ep.*6.122; commune est ~us onusque nata mihi tecum *Met.*5.523; Stat.*Ach.*1.127; praemia non habvit ~ora qvae potvit *CIL* 12.5026; (*cf.*) nate, parum fausti miserabile ~us amoris Ov.*Ep.*11.113;—(*w. defining gen.*) gemino natarum ~ore fultus Stat.*Theb.* 1.394. **b** tot natas natosque et, ~ora cara, nepotes Ov. *Met.*3.134; sine ~ore, sine lare Curt.5.12.2; sorores..sacrataque ~ora matres Luc.8.405; decepti ~us Atridae (*i.e. Helen*) Petr.108.14,l.3; paruus inter ~ora curiae..crescis Stat.*Silv.*4.5.41; ut in priuatis necessitudinibus proxima ~ora praeualerent Tac.*Ann.*15.36; ne in coniugem, in filiam, in cetera ~ora eius saeuiret 16.26; (*cf.*) priusquam ~era coniugum ac liberorum caritasque ipsius soli..animos eorum consociasset Liv.2.1.5; (*of a friend*) ubi delicias et rari ~us amici sensit..puerum Stat.*Silv.*2.1.200.

pigrē, *adv. compar.* ~ius. [piger+-e]

1 In a manner lacking energy, sluggishly, slowly.

trahi membra et ~e moueri pedes Sen.*Ep.*114.3; ~ius inmotis haesere paludibus undae Luc.5.435; ~e..propter difficultatem operis..aggressi sumus..materiam Col.10. pr.4; ~ius intrante femina ad pullos Plin.*Nat.*10.105; ~ius haerent nubila Stat.*Theb.*10.143.

2 Reluctantly.

nec ideo ~ius dabo, sed diligentius Sen.*Ben.*7.32; ad audiendum ~e coitur Plin.*Ep.*1.13.1; ~e ac timide quidam lanius..despoliauit latronem Apul.*Met.*4.21.

pigreō ~ēre, *intr.* [piger+-eo] To be reluctant.

omnes gaudent facere recte, male ~ent Acc.*trag.*32.

pigrescō ~ere, *intr.* [piger+-esco] To grow sluggish, slow down.

ut aera non sinerent (uenti) ~ere Sen.*Nat.*5.18.1; mox (Nilus) ~it in uirginem (sole) transgresso Plin.*Nat.*18.167.

pigritia ~ae, *f.* Also **~ēs** ~ēī. [piger+-ia]

1 Lack of energy, sluggishness (in living or inanim. things).

abige aps te lassitudinem, caue ~ae praeuorteris Pl.*Mer.* 113; cum..segniter agmen incederet ~aque..in omnium uoltu emineret Liv.21.35.7; grata erat ~a corporum fatigatis Curt.8.4.8; si conchylis..~am stomachi nausiantis erigeret Sen.*Dial.*1.3.6; aer ipse qui..~a..torpescit *Nat.* 6.27.2; scandere..~a pedum equestres populos taedet Plin.*Nat.*37.111; desuetudo omnibus ~am, ~a ueternum parit Apul.*Fl.*17.

2 Indolence, laziness. **b** the fact of being too lazy (to take a particular action), disinclination.

noli putare ~a me facere quod non mea manu scribam Cic.*Att.*16.15.1; insitae ingenio meo cunctationis, quam metum ~amque..sane appellent Liv.28.40.7; tu das ingenuae ius mihi ~ae Mart.12.3(4).6; non mouerunt manum (*sc.* ad plaudendum)..quae immo ~a, adrogantia? Plin. *Ep.*6.17.3; manus hebetatas diutina ~a Apul.*Met.*7.4; cantherium..in hebeti ~a ferocem 8.23;—(*defined*) ~am metum consequentis laboris (definiunt) Cic.*Tusc.*4.18. **b** quaenam illa inscitia belli ac ~a est? Liv.7.34.13;—(*w. gen.*) ~a singulos sepeliendi promisce aceruatos cumulos hominum urebant 5.48.3; ~am emendandi angustiae faciunt Quint.*Inst.*10.3.32; quod in lecto..~a surgendi urinam faciat Ulp.*dig.*21.1.14.4. **β** (*w.* ad) imminens nox..~em ad sequendum locis ignotis fecit Liv.44.42.9.

pigrō ~āre ~āuī, *intr.* Also **~or** ~ārī. [piger+-o[3]] To hesitate, hang back.

melius ~asse quam deproperasse est nefas Acc.*trag.*267; cur proferre haec ~em..? 294; quod si ~aris paululum recesseris ab re Lucr.1.410;—(*dep.*) quicquid noui..scribere ne ~ere Cic.*Att.*14.1.2.

pigror ~ōris, *m.* [piger+-or] Sluggishness.

~or torporque Lucil.391.

pīla[1] ~ae, *f.* [<**pins-la* (pinso)] A vessel in which things are pounded, mortar.

paullulam ~am ubi triticum pinsat Cato *Agr.*14.2; 114.1; aut, ut Anaxarchus, ~a minuaris in alta Ov.*Ib.*569; aromata in ~a quam mundissime contundito Col.12.53.3; harena alba..~a molae teritur Plin.*Nat.*36.194; murram..(oportet) in ~am conicere Larg.75.

pila[2] ~ae, *f.* [dub.] Orthog.: *peil- CIL* 1.1759.4, *A.Epig.*52.55, etc. A squared pillar or column (either free-standing or incorporated in a wall, etc.). **b** a pier, pile. **c** a low pillar erected as a monument, etc.; a funerary monument with a cavity for the remains of the dead.

~as ex lapide angulari Cato *Agr.*14.1; a pilleatis nona fratribus ~a Catul.37.2; ubi..imbecillitas materiae postulare uideretur, ~ae interponuntur Caes.*Civ.*2.15.2; Vitr. 5.10.2; 5.12.4; nulla taberna meos habeat neque ~a libellos Hor.*S.*1.4.71; in principio..fossae..binis saxis..~arum uice constitutis Col.2.2.11; ~ae..quae stabuli trabes sustinebat Apul.*Met.*3.27; ~a..praecincta lagonis Mart. 7.61.5; ~as avt fvltvras firmamenti cavsa relictas *Lex Vip.*31(*Font.iur.*p.295). **b** saxea ~a..magnis quam molibus..constructam ponto iaciunt Verg.*A.*9.711; locauit..portum et ~as pontis in Tiberi Liv.40.51.4; omnis in ~is Puteolorum turba consistit Sen.*Ep.*77.1; ~ae (ductuum)..tofo extructae Fron.*Aq.*122; opvs ~arvm vi maris conlapsvm..restitvit *CIL* 10.1640; Pompon.*dig.*41.1.30.4. **c** sed Tiburtinae sum proximus accola ~ae Mart.5.22.3; exemplum in ~a lapidea incisum esse positum in publico Nep.*Alc.*4.5;—cum ossa eius (*sc.* Pollucis) collocaret in ~a Hyg.*Fab.*80.3.

pila[3] ~ae, *f.* [cf. perh. pilvs[1]]

1 A ball (for play or exercise). **b** (app.) a ball made of pieces of cloth, etc., used for inciting animals in the arena. **c** a decorative or ornamental ball.

di nos quasi ~as homines habent Pl.*Capt.*22; cum..in gymnasio, in duplici corpus siccassem ~a Lucil.641; ut qui ~a ludunt Cic.*de Orat.*1.73; quantum (*sc.* temporis) alii tribuunt..alueolo, quantum ~ae *Arch.*13; tanquam ~am rapiunt..rei publicae statum tyranni ab regibus, ab iis autem principes *Rep.*1.68; cum ~a ueloces fallit per bracchia iactus Prop.3.14.5; ~am celeri fugientem reddere planta Man.5.175; commode..exercent..arma, ~a, cursus Cels.1.2.6; bellus es arte ~ae Mart.2.7.6;—(*in fig. phr.*) totus gaudeo. mea ~a est (*i.e. I've won*) Pl.*Truc.*706; circa Q. Ennium malitiosam ~am dedisti Fro.*Aur.*1.p.98(12N);—(*prov.*) iste 'claudus', quem ad modum aiunt, '~am' Cic. *Pis.*69. **b** sustulerat raptas taurus in astra ~as Mart.*Sp.* 19.2; noluerit dici quam (*sc.* togam) ~a prima suam 2.43.6. **c** suspendit Laribus manias, mollis ~as Var.*Men.*463; munera fert illi conchas..pictasque ~as Ov.*Met.*10.262.

2 A spherical object, ball, sphere.

~am plumbeam per lineam demittendam curauit Vitr. 9.8.3; ~a..ex panniculis facta Cels.7.20.1; modicos surculos uirgarum inter se connexos facere oportet, eosque ~ae (*i.e. of earth*), quae eximitur, applicare Col.5.9.8; cui nidus..ita absoluta perficitur ~a, ut inueniri non possit aditus Plin.*Nat.*10.96; Nursinas poteris parcius esse ~as (*i.e. turnips*) Mart.13.20.2; accipe Mattiacas..~as (*i.e. soap-balls or sim.*) 14.27.2; (cera) subacta manibus miscetur ceteris in ~am Larg.255;—(*used as a ballot*) Aeacus..in mea sortita uindicet ossa ~a Prop.4.11.20; *CIL* 1.596.14; Asc.*Mil.*34;—(*applied to the terrestrial globe*) ut e freto emergentibus, quae in anfractu ~ae latuere, sideribus Plin.*Nat.*2.179; 2.248.

pīlānus ~ī, *m.* [pilvm[2]+-anvs] = triarivs.

~i qui pilis (pugnabant) Var.*L.*5.89; ~i triarii..dicti, quod in acie tertio ordine..deponebantur 5.89; et totidem princeps, totidem ~us habebat corpora Ov.*Fast.*3.129; Paul.*Fest.*p.204M.

pīlārium ~(i)ī, *n.* [pila[2]+-arivm] (app.) A place with receptacles for funerary urns (cf. pila[2] sense c).

ollaria ~ia *CIL* 6.17565.

pīlārius ~(i)ī, *m.* [pila[3]+-arivs] A juggler.

miracula illa in scaenis ~iorum ac uentilatorum ut ea quae emiserint ultro uenire in manus credas et qua iubentur decurrere Quint.*Inst.*10.7.11; p aelio avg lib secvndo ~io omnivm eminentissimo *CIL* 6.8997.

pilates: (see quot.).

~es lapidis genus, cuius meminit Cato Originum lib. v 'lapis candidior quam pela[s]tes' Fest.p.237M.

pīlātim[1], *adv.* [pila[2]+-im] With piles, piers, or sim.

quae ~ aguntur aedificia Vitr.6.8.4.

pīlātim[2], *adv.* [pilatvs[1]+-im] In closely packed formation, in close order.

triariorum quartum signum accedebat, siue ~ siue passim iter facere uolebat Asel.*hist.*14; in agrum hostium ueni, ~ exercitum duxi Scaur.*hist.*6.

pīlātrix ~īcis, *f.* [pilo[2]+-trix or ? back-formation from compilo[1]] Pros.: for 1st syllable see etym. A female pilferer.

quam ego hodie extorrem hac domo faciam, ~icem pallae euallauero pulchre Titin.*com.*77.

pīlātus[1] ~a ~um, *a.* [perh. from **pilo* (compilo[1])] (of mil. formations) Closely packed.

~a..plenis agmina se fundunt portis Verg.*A.*12.121.

? **pīlātus**[2] ~a ~um, *a.* [pilvm+-atvs[2]] Armed with the *pilum*.

~a redit iamque subitque cohors (*app. the Praetorian Guard*) Mart.10.48.2.

Pīlātus[3] ~ī, *m.* A Roman cognomen, esp. of Pontius Pilatus, prefect of Judaea A.D. 26–36. (N.B. the title ascribed to him by Tacitus appears to be an anachronism).

imperatori tiberi evm (tiberio avg *cj.*) pontivs ~vs ⟨pr⟩aefectvs ivdae d d *A.Epig.*63.104; Christus per procuratorem Pontium ~um supplicio affectus est Tac.*Ann.* 15.44.

pīleātus: see pill-.

pīlentum ~ī, *n.* [app. Gall., cf. *carpentum*] A carriage, of a somewhat luxurious kind, used by women.

castae ducebant sacra per urbem ~is matres in mollibus Verg.*A.*8.666; esseda festinant, ~a, petorrita Hor.*Ep.* 2.1.192; honorem..ob eam munificentiam ferunt matronis habitum ut ~o ad sacra ludosque..uterentur Liv.5.25.9; Fest.p.245M.

pīleus, -eum: see pill-.

pilicrepus ~ī, *m.* [pila[3]+crepo+-vs] A person involved in ball-games, perh. as a scorer.

si ~us superuenit et numerare coepit pilas Sen.*Ep.*56.1; a vettivm firmvm aed...~i facite *CIL* 4.1147; 4.1926; 6.9797.

pilleātus (pīle-) ~a ~um, *a.* [pillevs+-atvs[2]] Wearing a *pilleus*. **b** (as a mark of manumission). **c** (as a sign that the vendor of a slave does not guarantee him). **d** (customarily worn at the Saturnalia).

a ~is..fratribus (*i.e. Castor and Pollux*) Catul.37.2; ad Parthos..~os Mart.10.72.5;—(*transf.*) oua anserina ~a (*perh. covered in pastry or sim.*) Petr.65.2; 66.7. **b** ~i aut lana alba uelatis capitibus uolones Liv.24.16.18; colonorum turba, ~orum currum (*sc.* imperatoris) sequentium 33.23.6; duo milia ciuium Romanorum ~a comitata sunt, quae is..in Graecia seruientia..in pristinum gradum restitueret V.Max.5.2.6; (*facet.*) primae magnitudinis aper, et quidem ~us Petr.40.3; (*cf.*) tantum..gaudium publice praebuit (*i.e. the death of Nero*), ut plebs ~a tota urbe discurreret Suet.*Nero* 57.1. **c** ~os seruos uenum solitos ire, quorum nomine uenditor nihil praestaret Gel.6(7).4.1. **d** nos similes esse ~ae turbae Sen.*Ep.*18.3; ~a Roma Mart.11.6.4.

pilleolus ~ī, *m.* [next+-olvs] A (small) *pilleus*.

ut cum ~o soleas (*sc.* portat) conuiua tribulis Hor.*Ep.* 1.13.15; Col.*Arb.*25.2.

pilleus (pīle-) ~ī, *m.* Also **~um** ~ī, *n.* [<**pilseịos* (pilvs[1]); cf. Gk. πῖλος] Gender: clear exx. of neut. are indicated in quots. A felt cap. **b** (worn as a mark of manumission); *ad ~um uocare*, and sim., to manumit; (also worn by a slave as a sign that the vendor did not guarantee him). **c** (worn at the Saturnalia). **d** (worn for medical purposes).

ei..aquila..demissa..~um aufert Liv.1.34.8; adrepto ~o uel galero popinas inibat Suet.*Nero* 26.1; ut..crispatus capillus sub imo ~i umbraculo appareat Apul.*Apol.*63;—(*neut.*) caesis ~a suta de lacernis Stat.*Silv.*4.9.24. **b** ut ego hodie raso capite caluos capiam ~um Pl.*Am.*462; (*neut.*) hoc nobis ~a donant Pers.5.82; Mart.2.68.4;—(*cf.*) secutus Scipionem triumphantem est ~o capiti imposito Q. Terentius Culleo, omnique deinde uita..libertatis auctorem coluit Liv.30.45.5; V.Max.5.2.5;—serui ad ~um uocati Liv.24.32.9; Sen.*Ep.*47.18; Suet.*Tib.*4.2; conuocatis ad ~um seruis Amp.26.2;—~us impositus demonstrabat eiusmodi seruos uenumdari, quorum nomine emptori uenditor nihil praestaret Cael.*iur.*2. **c** dum..decent nostrum ~a sumpta Iouem Mart.14.1.2. **d** caput adtonsum ..superinposito ~o uelare Cels.4.6.5; insaniam simulans ~um sumpsit (Vlixes) Hyg.*Fab.*95.2.

pīlō¹ ~āre ~āuī ~ātum, *tr.* [pila²+-o³] To fix firmly.

contemplor inde loci liquidas ~atasque aetheris oras Enn.*Sat.*4; hastam ~ans prae pondere frangit Host.*poet.*1; (*fig.*) sententia praesto pectore ~ata 5(3).

pilō² ~āre ~āuī ~ātum, *tr.* [pilvs¹, cf. *depilatus*] To deprive of hair or feathers, to pluck; (fig., perh.) to dress down, savage.

~are tuas..natis Mart.6.56.4; 12.32.22; (*prov., app.*) malam parram ~auit (*i.e. caught a Tartar*) Petr.43.4;—in curia..quomodo singulos ~abat 44.8 (*s.v.l.*).

pilō³ ~āre, *intr.* [pilvs¹+o³] To grow hairy.

praeterea nunc corpus meum ~are primum coepit Afran.*com.*32; antequam pugae ~ant Nov.*com.*19.

pilōsus ~a ~um, *a. compar.* ~ior. [pilvs¹+-osvs] Covered with hair, hairy, shaggy. **b** (as a mark of uncouthness).

a uermiculo ~o, qui solet esse in fronde cum multis pedibus Var.*L.*7.65; uentrem..ut habeat (ouis) ~um *R.*2.2.3; deterrimae ex iis (*sc. bees*) ~ae Plin.*Nat.*11.59; quadripedum dorsa ~a 11.231; palpebram ~am Larg.230;—(*of plants*) ~ioribus ramis Plin.*Nat.*20.172; sunt folia brassicae latiora, ~a 25.120. **b** ~ae genae Cic.*Pis.*1; ~us..colonus Mart.12.59.4; nares..~as Juv.14.194; (*masc. pl. as sb.*) Curios..Numas, Ancos, et quidquid umquam legimus ~orum Mart.9.27.7.

pilula ~ae, *f.* [pila³+-vla] A little ball, globule, pellet, etc. **b** (applied to seeds, etc., or other natural growths).

bestiolae multorum pedum, quae tactae conplicant se in orbem ~ae rotundissimae similem Larg.39;—(*of medicinal substances*) haec omnia trita..colliguntur in ~as Plin.*Nat.* 34.114; ~as faciant magnitudinis fabae Larg.75; formantur ~ae 88; deuoratur in ~as diuisum duas uel tres 116. **b** e cupresso femina..~ae collectae Plin.*Nat.*17.73; 24.44; Larg.2;—nascuntur in eo (*sc.* robore) et ~ae nucibus non absimiles Plin.*Nat.*16.28; roboris ~ae adipe ursino alopecias capillo replent 24.13; 24.121.

pīlum¹ ~ī, *n.* [cf. pila¹] A pestle or sim. instrument. **b** *~um graecum*, (app.) a kind of mechanical pounder.

~um fabarium 1 Cato *Agr.*10.5; glaebae, cum sunt aridae, contunduntur ~is ferreis Vitr.7.9.1; pisente ~o praeferrato Plin.*Nat.*18.97; tragacanthum..oportet..pila et ~o mundo contundere Larg.74; contunduntur..~o ligneo 264. **b** quasi tolleno aut ~um graecum reciprocas plana uia Pl.*fr.*12.

pīlum² ~ī, *n.* [prob. identical w. prec.] A throwing-spear or javelin (esp. as used by the Roman legionary). **b** *~um murale*, a kind of pike used by defenders of fortified positions.

~a retunduntur uenientibus obuia pilis Enn.*Ann.*570; Cic.*Mil.*64; e loco superiore ~is missis Caes.*Gal.*1.25.2; spatium ~a..coiciendi 1.52.3; nostri omissis ~is gladiis rem gerunt 7.88.2; exesa..scabra robigine ~a Verg.*G.* 1.495; horrentia ~is agmina Hor.*S.*2.1.13; equus ~o traiectus Liv.27.32.5; uersi..in ~a ligones Ov.*Fast.*1.699; Luc.1.7; Mart.6.58.10; (*as discharged from a catapult*) ex te hodie faciam ~um catapultarium atque..te neruo torquebo Pl.*Cur.*689; (*in fig. phr.*) continuo adueniens ~um iniecisti mihi *Mos.*570. **b** magnus muralium ~orum numerus Caes.*Gal.*5.40.6; miles contra..muralia ~a, congestas lapidum molis prouoluere Tac.*Ann.*4.51.

Pīlumnus ~ī, *m.* A primitive Italian deity (the connection with *pilum* may be folk-etymology).

Var.in Non.p.528M; Turnum..cui ~us auus Verg.*A.* 10.76; cognomina etiam prima inde: ~i, qui pilum pistrinis inuenerat Plin.*Nat.*18.10; (*cf.*) ~oe poploe in carmine saliari Romani, uelut pilis uti assueti: uel quia praecipue pellant hostis Fest.p.205M.

pilus¹ ~ī, *m.* [cf. pila³, pillevs] A hair. **b** (as something of minimal size, value, etc.).

ut pluma atque ~i primum saetaeque creantur Lucr. 5.788; horrebant densis aspera crura ~is Ov.*Fast.*2.348; ~os uiuacis..cerui Dorc.*poet.*1; ~i..qui in palpebris sunt, duabus de causis oculum inritare consuerunt Cels.7.7.8.a; ~os uelli Sen.*Dial.*9.8.3; ingenium et rerum prudentia uelox ante ~os (*i.e. before you have grown up*) uenit Pers.4.5; ~orum euiratio Plin.*Nat.*29.26; Mart.10.56.4;—(*collect. sg.*) crebro ~o Var.*R.*2.3.2; Aegypti muribus durus ~us sicut irenaceis Plin.*Nat.*10.186; boues..se..lambentes contra ~um 18.364; in pecudum fructu..fetus est sicut lac et ~us et lana Gaius *dig.*22.1.28. **b** ego..ne ~o quidem minus me amabo Cic.*Q.fr.*2.15.5; e Cappadocia ne ~um quidem *Att.*5.20.6; nec ~i facit uni Catul.17.17; nemo Iouem ~i facit Petr.44.17.

pīlus² ~ī, *m.* [pilvm²] N.B.: it is possible that the exx. in sense 1 belong to *pilum²*; the apparent exception at Liv.42.32.7 would be a misunderstanding of the phrase in the singular.

1 *primum ~um ducere* and sim., (of a centurion) To command the first century of the first cohort of a legion; (also in other phrs. referring to the position or function of this centurion). **b** (*centurio*) *primi ~i*, the senior centurion of a legion (= primipilvs); *prioris ~i* (app.) the senior centurion of a cohort.

qui superiore anno primum ~um duxerat Caes.*Gal.*5.35.6; qui..primum ~um in legione x. duxerat *Civ.*3.91.1; septimum primum ~um iam Tullius ducebat Liv.7.13.1; tres et uiginti centuriones, qui primos ~os duxerant 42.32.7; quater..primum ~um duxi 42.34.11;—primum ~um is capessens Plin.*Nat.*22.11; qui ordinem primi ~i duxisset Tac.*Hist.*4.5;—primi ~i honore perfuncto *Ann.*13.36; primi..munera ~i Mart.1.93.3; prope diem consvmmationis primi ~i svi *CIL* 6.3580; (*w. ellipsis of* primi) meriti ..praemia ~i Mart.1.31.3. **b** cum Aquilae primi ~i nummos aureos daret Cic.*Phil.*12.20; centurionem..primi ~i nobilem *Att.*5.20.4; primus centurio..quem nunc primi ~i appellant Liv.7.41.5;—m titvrivs gai f mil leg II traianes chor III pil prior *CIL* 3.6611.

2 *primus ~us*, The senior centurion of a legion (= primipilvs); *~us prior* (w. ordinal), the first centurion of the first century (in a specified cohort).

pugnat ad exemplum primi minor ordine ~i Ov.*Pont.* 4.7.49; primos ~os ademit causatus senium cuiusque et imbecillitatem Suet.*Cal.*44.1; *CIL* 10.7348;—centvrio ⟨legi⟩onis eivsdem ⟨oct⟩avvs ~vs prior 5.7004.

Pi(m)plēis ~idis (~idos), *f.* A Muse (from Pimpla, a place or spring in Pieria).

Var.*L.*7.20; necte..coronam, ~i (*codd.* Piplea) dulcis! Hor.*Carm.*1.26.9; (*transf.*) non urbana mea tantum ~ide gaudent otia Mart.11.3.1.

Pi(m)plē(i)us ~a ~um, *a.* Of Pimpla (see prec.); (fem. as sb.) the spring of Pimpla.

~um..montem Catul.105.1; ~o..ab antro Mart.12. 11.3; Musici uatis ~i (*i.e. Orpheus*) Apul.*Met.*2.26;—Stat. *Silv.*1.4.26; si..superet ~a sitim 2.2.37.

pīna ~ae, *f.* [Gk. πῖνα] A bivalve shellfish, one or other species of the genus *Pinna*.

~a..duabus grandibus patula conchis Cic.*N.D.*2.123; Plin.*Nat.*9.115; 9.142.

pinacothēca ~ae, *f.* Also ~ē ~ēs. [Gk. πινακοθήκη] A picture-gallery.

non..ut uideant ~as, sed oporothecas Var.*R.*1.2.10; bybliothecas, ~as, basilicas Vitr.6.5.2; in ~am perueni uario genere tabularum mirabilem Petr.83.1; qvi fvit a ~is *CIL* 6.10234.2. **β** in ~e Var.*R.*1.59.2.

Pīnārius ~a ~um, *a.* The name of a patrician *gens* at Rome, concerned particularly with the cult of Hercules.

~i Nattae nobiles Cic.*Div.*2.47; domus Herculei custos ~a sacri Verg.*A.*8.270; Liv.1.7.12.

pīnaster ~trī, *m.* [pinvs+-aster] The maritime pine, *Pinus pinaster*.

Plin.*Nat.*14.127; 15.36; ~ter nihil est aliud quam pinus siluestris 16.39.

pinax ~acis, *f.* [Gk. πίναξ] The title of a book by Aurelius Opilius (in undetermined sense of Gk. word).

in parastichide libelli, qui inscribitur ~ax Suet.*Gram.*6 (p.105Re).

Pindaricus ~a ~um, *a.* Of or in the manner of Pindar.

~ae..Camenae Hor.*Carm.*4.9.6; qualis ~o spiritus ore tonat Prop.3.17.40; ~ae fidicen tu..Rufe, lyrae Ov.*Pont.* 4.16.28; ~os..superare modos Mart.8.18.6; ~is..contendere plectris Stat.*Silv.*1.3.101.

Pindarus ~ī, *m.* The Greek lyric poet, born at Thebes about 520 B.C.

Cic.*Orat.*4; Hor.*Carm.*4.2.1; Quint.*Inst.*10.1.61.

Pindus ~ī, *m.* A mountain on the borders of Thessaly and Macedonia, associated with the Muses.

Verg.*Ecl.*10.11; Hor.*Carm.*1.12.6; Ov.*Met.*7.225; Sen. *Med.*384; Plin.*Nat.*4.30.

pīnea ~ae, *f.* [pinevs]

1 A pine-cone.

eodem tempore iuglandem et ~am et castaneam serere oportet Col.5.10.14.

2 A kind of whirlwind (cf. Gk. στρόβιλος).

uertex ille est uel, uti dicitur, ~a, cum torquetur humus arida et ab infimo erigitur ad summum Apul.*Mun.*12.

pīnētum ~ī, *n.* [pinvs+-etvm] A pine-wood.

Prop.2.34.67; Troia caeduntur Phrygia ~a securi Ov.*Ep.* 15.107; Plin.*Nat.*27.66.

pīneus ~a ~um, *a.* [pinvs+-evs]

1 Of or belonging to the pine-tree. **b** consisting of pine-trees; covered in pine-trees. **c** like a pine-tree.

resina..~a Cels.5.4; ~us..odor Plin.*Nat.*37.43; ~a brachia Sept.*poet.*11.1;—nuces ~as Cato *Agr.*48.3; cum nucleis ~is Var.*Men.*581; Plin.*Nat.*2.161; Larg.142;—(*in fig. phr.*) eloquentiam, catachannae ritu partim ~is nucibus Catonis partim Senecae mollibus..prunulis insitam Fro.*Aur.*2.p.102(155N). **b** ~a frondosi coma murmurat Apennini Corn.Sev.*poet.*10; ~a..silua Calp.*Ecl.*1.9;—celsi plaga ~a montis Verg.*A.*11.320; iuga ~a V.Fl.2.633. **c** (cinara) deflexa..collo nunc adaperta manet, nunc ~a uertice pungit Col.10.239.

2 Made or consisting of pine-wood.

stipites..~as Cato *Agr.*18.8; ~a coniungens inflexae texta carinae Catul.64.10; ~a..claustra Verg.*A.*2.258; ~a taeda Ov.*Ep.*12.34; ~a uirga *Fast.*2.28; ~a..conpage Mart.9.75.4; ~a nodosae..robora clauae Stat.*Theb.*2.619; —(*cf.*) ~us ardor Verg.*A.*11.786; ~ae fauillae Plin.*Nat.* 34.121.

pingō ~ngere ~nxī ~ctum, *tr.* [cf. Skt. *pinkte*, *piñjaraḥ*] Orthog.: *pinxsiit* (= *pinxit*) *CIL* 1.776.

1 To adorn with colours or coloured designs, paint, tint. **b** (w. colour, etc., as subj.).

ambae numquam concessamus..poliri, expoliri, ~ngi, fingi Pl.*Poen.*221; bibliothecam mihi tui ~nxerunt constructione et sillybis Cic.*Att.*4.5.3; sanguineis frontem moris et tempora ~ngit Verg.*Ecl.*6.22; tum paries nullo crimine ~ctus erat Prop.2.6.34; (rapa) coloribus ~cta praeter suum sex aliis Plin.*Nat.*18.128; de ~ctis ueni..Britannis Mart.14.99.1; imbelli parma ~ctus Calydonia matris proelia Stat.*Theb.*4.267; (*absol.*) ueluti uiridia tollat..aut in hoc (*sc.* fundo) ut in suo ~ngat Pompon.*dig.*8.1.15; (*transf.*) ora..~cta rubore genas Ov.*Am.*1.14.52;—(*facet.*) meum..corium..quem Apelles ac Zeuxis duo ~ngent pigmentis ulmeis Pl.*Epid.*626; ~nge humum (*i.e. with water*), conspergé ante aedis *St.*354;—(*in fig. phr.*) nulli non uirtus..rettulit gratiam..si se non exornauit et ~nxit, sed idem fuit Sen.*Ep.*79.18; dinoscere cautus..~ctae tectoria linguae Pers.5.25. **b** (semina) quae contage sua palloribus omnia ~ngunt Lucr.4.336; puluis (chrysocollae)..tinguitur..herba supra dicta ~ngiturque, antequam ~ngat Plin.*Nat.*33.88; aras..quas ~nxit agni..sanguis Mart.10.92.7.

2 To paint (a picture).

is et complures tabulas ~nxit..et..Helenae ~ngere simulacrum uelle dixit Cic.*Inv.*2.1; ut simulacrum celebrati eius diei Gracchus..~ngi iuberet Liv.24.16.19; (*cf.*) ille leui uirga..in spisso litore ~ngit opus Ov.*Ars* 2.132; (*transf.*) ut eorum (*sc.* deum) quisquam..Hannibali somnium ~ngat Apul.*Soc.*7;—(*absol.*) o Apelle, o Zeuxis pictor, qur numero estis mortui, hoc exemplo ut ~ngeretis? Pl.*Poen.*1272; cum pauci ~ngere egregie possint Cic.*Brut.*257; ~ngimus atque psallimus et luctamur Achiuis doctius Hor.*Ep.*2.1.32; ~ngere conlibitum est: graphidem date Sept.*poet.*21.

3 To decorate in colour (by other means than painting). **b** (with embroidery or sim.). **c** (of coloured things) to decorate, embellish.

~ctus aer feruidis late ignibus Var.*Men.*269; anni tempora ~ngebant uiridantis floribus herbas Lucr.5.1396; candida Nais..mollia luteola ~ngit uaccinia calta Verg. *Ecl.*2.50; fulsit..~ctum ueste Sidonia latus Sen.*Her.F.*467; quamuis..iuuenile decus mihi ~ngere malas coeperit *Laus Pis.*260; herbis tingui parietes nec ~ngi lapide Plin.*Nat.* 22.4; et uiridis ~cto gemmas numerauit in auro Mart. 9.59.17; omnis tunc imago patriciis ~ngebatur insignibus Fro.*Aur.*1.p.118(21N); ~ctis noctibus seuera gratia, toruo decore Apul.*Soc.*2; (*w. acc. of respect and ret. acc.*) caper ille, notam frontem qui ~ngitur albam *Buc.Eins.*1.7. **b** (lana) ex qua uestis detrita usu ~ngitur Plin.*Nat.*8.191; (*w. acc. of respect*) stabat..~ctus acu chlamydem Verg.*A.*9.582; (*w.* de) de triumpho ~cta barbarico chlamys Sen.*Thy.*664; —(*absol.*) nulla, quae non didicit ~ngere, potest bene iudicare quid sit bene ~ctum plumario Var.in Non.p.162M; seu ~ngebat acu Ov.*Met.*6.23. **c** concharum..genus.. uidemus ~ngere telluris gremium Lucr.2.375; malum quod littera ~nxit Aconti *Priap.*16.5; Nereidum..chorus..uario faciles ordine ~nxit aquas Mart.*Sp.*26.2; coccina..~ngit aluta pedem 2.29.8; gaudebat..suas ~ngere barba genas 9.76.4; multae..aliae (insulae)..hanc nostram..ornamentis suis ~ngunt Apul.*Mun.*7.

4 To paint or draw a picture of, depict. **b** to depict in embroidery or sim.

neque fictum usquamst neque ~ctum..ubi lena bene agat cum..amante Pl.*As.*174; illa uilla quam..~ctam olim in contionibus explicabat Cic.*Sest.*93; neque..Alexander ille gratiae causa ab Apelle potissimum ~ngi..uolebat *Fam.* 5.12.7; in mensa ~ngere castra mero Tib.1.10.32; tigna caua et ~ctos (*i.e. unreal*) experiere metus Prop.4.6.50; (flumina) orbe terrarum chorographiis ~cta Vitr.8.2.6; prorae puppique..insilit et ~ctos uerberat unda deos Ov. *Tr.*1.4.8; Phaed.4.6.2; alter qui multas facies ~ngit cito Juv.9.146; (*applied to ornamental writing*) nomen Acidalia meruit quod harundine ~ngi Mart.9.12(13).3; (*w. pred. acc.*) puerum qui ~nxit Amorem Prop.2.12.1; (*in fig. phr.*) mihi date Britanniam quam ~ngam coloribus tuis, penicillo meo Cic.*Q.fr.*2.13.2;—(*poet.*) quas sideribus..natura..uario ~nxit..lumine formas *Arat.*405(161); escendunt ad summa cacumina..~nguntque (*sc.* hederae) aureolos uiridi pallore corymbos *Culex* 144; ubi..tellus..sua semina poscet, ~ngite tunc uarios..flores Col.10.96. **b** Pallas scopulum Mauortis..~ngit Ov.*Met.*6.71.

5 (fig.) To colour (with rhetorical, poetical, etc., ornament).

quamuis claris sit coloribus ~cta uel poesis uel oratio Cic.*de Orat.*3.100; non tam in uerbis ~ngendis habent pondus quam in inluminandis sententiis *Brut.*141; totum hunc locum quem ego uarie meis orationibus..soleo ~ngere *Att.*1.14.3; controuersiam sententiolis uibrantibus ~ctam Petr.118.2.

pingue ~is *n.* [neut. of pingvis]

1 The fat of an animal. **b** (applied as a term of disparagement to unguents).
fessae pecudes ~i LUCR.1.257; impendunt curas denso distendere ~i quem legere ducem VERG.G.3.124; stupet hic uitio et fibris increuit opimum ~e PERS.3.33; ~i. . eius (*sc.* ceti) mercatores negotiatos PLIN.*Nat.*32.10; prodest et gliris ~e LARG.39;—(*pl.*) insecta. . non uidentur habere neruos. . nec ~ia nec carnes PLIN.*Nat.* 11.9; ut plus ~ium reperiatur (*sc.* in testudine) 32.40. **b** scholasticorum natio madens ~i VERG.*Cat.*5.4.

2 Any oily substance of vegetable origin.
semen eius (*sc.* balsami). . colore rufum, nec sine ~i PLIN. *Nat.*12.115; 16.55; (*pl.*) huius (herbae) ~ia insidere 12.75.

pinguēdō ~inis, *f.* [PINGVIS+-EDO] Fatness; oiliness.
ingluuies tori. . qui propter ~inem fiunt VAR.*gram.*21;—diuturnitatis causae plures: aut in ipsius grani corio. . aut suci ~ine PLIN.*Nat.*18.304.

pinguefaciō ~ere, *tr.* [PINGVIS+FACIO] To fatten.
(hyphear) ~it quae (*sc.* pecora) suffecere purgationi PLIN. *Nat.*16.246.

pinguescō ~ere, *intr.* [PINGVIS+-ESCO]

1 To grow fat. **b** (of land) to grow rich or fertile; (of wine) to gain body.
iumentorum corpora differta et coacta ~ere SEN.*Dial.* 12.11.3; attilus. . inertia ~ens ad mille aliquando libras PLIN.*Nat.*9.44; leporem surdum celerius ~ere 28.264; (*cf.*, *of trees*) cum radices. . ~ere coepere, (arbores) intereunt, ut animalia nimio adipe PLIN.*Nat.*17.219; (*transf.*) ~ere flammae coepere SIL.7.354;—(*w. abl. of means*) ~ere saepe cicuta barbigeras pecudes LUCR.5.899; quantum scelus est . . congesto. . ~ere corpore corpus OV.*Met.*15.89;—(*w. abl. of material*) cornigera. . quae in pedibus talos habent sebo ~unt, bisulca. . adipe PLIN.*Nat.*11.212; V.FL.1.426; (*poet.*) multum patrio ~ere luctu STAT.*Theb.*1.603. **b** bis sanguine nostro. . latos Haemi ~ere campos VERG.G.1.492; ~ere hoc satu arua PLIN.*Nat.*18.134;—(uinum Maroneum) esse. . colore nigrum, odoratum, uetustate ~ere 14.54.

2 To become oily or fatty. **b** (in appearance).
(nuces iuglandes) ~unt uetustate PLIN.*Nat.*15.88; ~at. . crinis amomo MART.5.64.3; Assyriis ~unt robora sucis STAT.*Theb.*6.209. **b** ostracitis est. . achatae similis, nisi quod illa politura ~it PLIN.*Nat.*37.177.

3 (of a sound) To become full or massive.
cum ipsa uastitas litterae in enuntiatione ~at VEL.gram. in *G.L.*7.55.

pinguiārius ~iī, *m.* [PINGVIS+-ARIVS] (facet.) A dealer in fat.
carnarius sum, ~ius non sum MART.11.100.6.

pinguiculus ~a ~um, *a.* [next+-CVLVS] Rather plump.
plantas. . illas ~as. . exosculabor FRO.*Aur.*1.p.208(75N).

pinguis ~is ~e, *a.* *compar.* ~ior, *superl.* ~issimus. [cf. prob. OPIMVS, Gk. πιμελή]

1 (of animals) Fat, sleek, plump. **b** (of persons, esp. as a sign of prosperity or well-being).
iube. . agnum adferri. . ~em PL.*Capt.*862; caluaria ~ia acarnae ENN.*var.*43; dum. . lucos uocet hostia ~is in altos VERG.*A.*11.740; ~ium custodes ouium HOR.*Carm.*4.12.9; ~ior Hispulla traheretur taurus JUV.12.11;—(*w. causal abl.*) (aper) uluis et harundine ~is HOR.*S.*2.4.42; ~is (*sc. a fish*) torrente cloaca JUV.5.105. **b** inflauit cum ~is ebur Tyrrhenus ad aras VERG.G.2.193; me ~em et nitidum. . uises HOR.*Ep.*1.4.15; amplecti. . meis corpus non ~e lacertis OV.*Pont.*1.4.51; excidit attonito ~is Galatea poetae MART. 8.55(56).17; ille pexus ~isque doctor QUINT.*Inst.*1.5.14; JUV.8.147; (*w. causal abl.*) ~em uitiis. . neque ostrea. . poterat. . iuuare HOR.*S.*2.2.21.

2 Rich in fat, fatty, greasy. **b** (of oily vegetable or mineral products, etc.). **c** succulent, juicy. **d** (of wine) full-bodied.
addito de perna frustum. . quam minime ~e CATO *Agr.* 158.1; omentum. . ~e liquefaciens CATUL.90.6; quamuis. . ~is. . premeretur caseus VERG.*Ecl.*1.34; uncta satis ~i . . holuscula lardo HOR.*S.*2.6.64; cibi. . esse debent. . lac, tisana, ~is caro CELS.4.9.3; id quod uitiatum est (*i.e. a broken bone*) primo fere ~e fit 8.2.1; oua ex farina ~i figurata PETR.33.6; iure gallinaceo agninoue quam ~issimo. . poto LARG.185; (*transf.*) ~es. . ab ouilibus aurae STAT.*Theb.* 10.46. **b** crateras ~is olivi VERG.*Ecl.*5.68; ~ia corticibus sudent electra myricae 8.54; cum faceres altaria ~ia ture OV.*Pont.*2.3.99; ~e bitumen adest *Aetna* 392; pelues, quas aut oleo aut pice implemus, quia ~is umor minus facile turbatur SEN.*Nat.*1.12.1; ~i crinem deducere amomo STAT.*Silv.*1.2.111; omnia uase aereo coquuntur taeda ~i mota LARG.58; *CIL* 6.34001; (*poet.*) turiferis Panchaia ~is harenis VERG.G.2.139; (*transf.*) saporum genera. . reperiuntur: dulcis, suauis, ~is PLIN.*Nat.*15.106. **c** ~ibus . . ficis pastum iecur anseris HOR.*S.*2.8.88; quam ~issimae ficus uncias tres super prunam incoctas CELS.4.10.1; cauliculus (orobanches) est sine foliis, ~is PLIN.*Nat.*22.162. **d** ~i. . mero HOR.*S.*2.4.65; TIB.1.1.10; poterit. . etiam ~ius aut dulcius dari uinum CELS.3.6.14; ~e. . passum JUV.14. 270.

3 (of growth) Luxuriant, rich. **b** (of land, soil) rich, fertile; (sim. of fertilizing agents). **c** (of other things) full of goodness.
quam ~i macer est mihi taurus in eruo! VERG.*Ecl.*3.100; lecta de ~issimis oliua ramis arborum HOR.*Epod.*2.55; neque (seges) ~ior aequo diuitiis pereat luxuriosa suis OV. *Fast.*1.689; SEN.*Oed.*134. **b** inducti terrae bonitate uolebant pandere agros ~is LUCR.5.1248; in lucos ubi ~em diues opacat ramus humum VERG.*A.*6.195; Latino sanguine ~ior campus HOR.*Carm.*2.1.29; OV.*Ep.*1.54; omne solum, in quo seruntur, ~ius faciunt (maluae) PLIN.*Nat.*20.223; uiuo. . sola ~ia tabo STAT.*Theb.*4.444; si quis acerum stercoris circa agrum ~em disiecerit ULP.*dig.*43.24.7.6;—arida . . saturare fimo ~i. . sola VERG.G.1.80; ~i flumine Nilus cum refluit campis *A.*9.31. **c** iam tempus. . ~is linquere mensas CATUL.62.3; absint. . lacerti ~ibus a stabulis VERG. G.4.14;—(*transf.*) laetam et ~em fortunam portendi FRO. *Parth.*2.p.26(220N).

4 (of a sound) Rich, full.
addes e (*sc.* uerbo 'illi'), ut ~ius fiat LUCIL.370; uoces. . aspirando facimus ~iores VAR.*gram.*278; in quo (*sc.* 'cui'). . ad ~em sane sonum qu et oi utebantur QUINT.*Inst.*1.7.27; 12.10.35; uerte enim (uerba) et muta. . insubidius nescio quid facies et ~ius GEL.13.21.4.

5 Thick (in dimension).
tergus. . sagus ~is opertat ENN.*Ann.*508; nec ~ia. . crescunt uellera pascuis HOR.*Carm.*3.16.35; cortice ~i, ut ramale uetus PERS.1.96; si tibi. . incusa. . ~i auro dona feram 2.52; et ~es tunicas serra secare potest MART. 14.143.2; hieme quaternis cum ~i toga tunicis. . muniebatur SUET.*Aug.*82.1; (adulescentuli) insignes ~issima coma *Nero* 20.3.

6 Thick (in consistency), turbid; cloudy, turbid (in appearance). **b** sticky, viscous.
~e et concretum esse caelum CIC.*Div.*1.130; cum agenti causam. . attracta ~i saliua inspuisset Lentulus SEN.*Dial.* 5.38.2; sunt. . quaedam (aquae) tenues, quaedam ~es *Nat.* 3.2.2; animalia. . in aere caeco ~ique concepta 3.16.5;—~es multa caligine taedae LUCR.5.296; tura. . ~es facientia flammas OV.*Tr.*5.5.11; ~es. . ardere uidentur lampades *Met.*4.402; massae. . fiunt colore ~i nigricantes PLIN.*Nat.* 36.193; Aethiopicos (carbunculos) ~es lucemque non fundentes 37.94; ~is onyx MART.6.42.14. **b** barathrum quale ferunt Grai. . siccare emulsa ~e palude solum CATUL. 68.110; cum (calx). . ~is fuerit et recte macerata VITR.7.2.2; ~is. . glaebas exprimit ora super LUC.4.309; PLIN.*Nat.* 35.36; si. . ~is (*i.e. limed*). . inplicitas uirga teneret auis MART.9.54.4; ~ia crura luto JUV.3.247.

7 Slow-witted, dull, obtuse. **b** (of literary works, style, etc.) clumsy, coarse.
crassum (caelum) Thebis, itaque ~es Thebani et ualentes CIC.*Fat.*7; ~i nil mihi cum populo VERG.*Cat.*9.64; illi tardo cognomen, ~i, damus HOR.*S.*1.3.58; ~e. . ingenium (*sc. of Midas*) mansit OV.*Met.*11.148;—(*prov.*) agamus. . ~i ut aiunt Minerua CIC.*Amic.*18; COL.1.pr.33. **b** poetis ~e quiddam sonantibus atque peregrinum CIC.*Arch.*26; quod ipsi Antiocho ~e uidebatur *Luc.*109; nec praue factis decorari uersibus opto, ne rubeam ~i donatus munere HOR. *Ep.*2.1.267; nec. . subtilitas ~ioribus, ut aiunt, rusticorum litteris necessaria est COL.9.14.12.

8 (w. ref. to physical or mental state) Comfortable, easeful, slothful.
~is amor nimiumque patens in taedia nobis uertitur OV. *Am.*2.19.25; ~i membra quiete leuat *Rem.*206; cui ~e otium est inter desides populos SEN.*Dial.*2.3.4; ~is exige somnos LUC.10.354; in alto isto ~ique secessu PLIN.*Ep.* 1.3.3.

pinguiter, *adv.* *compar.* ~ius. [prec.+-TER[2]]

1 With richness or goodness of content.
proximum. . huic (solo) ~uiter densum, quod impensam coloni. . magno fetu remuneratur COL.2.2.5.

2 With thickness of consistency.
colos (*sc.* styracis). . praefertur rufus et ~uiter lentus PLIN.*Nat.*12.125.

3 Opaquely, cloudily.
optimum (sory). . ~uiter nigrescens et spongiosum PLIN. *Nat.*34.120; illos (*sc.* smaragdos) intumescentes ~uiter 37.69.

4 Abundantly, generously. **b** in a wide sense, broadly.
~uius. . donatori succurrere debemus PAUL.*dig.*42.1.49. **b** idem corpus. . non utique omni pristina qualitate. . seruata. . sed ~uius pro communi utilitate accipitur PAUL.*dig.* 44.2.14.

pinguitiēs ~ēī, *f.* [PINGVIS+-IES] Fat, fatness.
corpus obesa ~e conpleueram APUL.*Met.*10.15.

pinguitūdō ~inis, *f.* [PINGVIS+-TVDO]

1 Fatness, plumpness. **b** fatty substance, fat.
sus usque adeo ~ine crescere solet CATO *hist.*39; quae res non modo ~inem efficiunt, sed etiam carnis iucundum saporem VAR.*R.*2.4.6; nihil. . ~inis efficit (*sc.* pullis) COL. 8.8.12; PLIN.*Nat.*23.150. **b** in corde summo ~o quaedam est laetis extis PLIN.*Nat.*11.186; donec ~o similis oleo fluat 32.83.

2 Greasiness, oiliness. **b** (of soil) richness.
quod ~ini eius (*sc.* fossiciae harenae) calx commixta. . non potest sine rimis inarescere VITR.2.4.3; elaeodes. . ~ine oleo albo non dissimile CELS.5.26.20.c; omnia (corpora arborum), quae resinam ferunt, nimia ~ine in taedam mutantur PLIN. *Nat.*17.219; 31.91. **b** soli. . ~inem; quae nisi adest. . uitem celeriter necabimus COL.4.24.19; omnis ~o terrae ad eum (*sc.* inferiorem agrum) decurrit ULP.*dig.*39.3.1.23.

3 A greasy opaque quality.
rubrae et quas (*sc.* sardas) pionias uocant ab ~ine PLIN. *Nat.*37.105.

4 Breadth, fullness (of vowels).
quarundam (*sc.* litterarum). . uel exilitate uel ~ine nimia QUINT.*Inst.*1.11.4; VEL.gram.in *G.L.*7.50.

pīnifer ~era ~erum, *a.* [PINVS+-FER] Producing pine-trees; (also app.) carrying or bearing pine.
~er. . Maenalus VERG.*Ecl.*10.14; ~eris positos in collibus hortos OV.*Pont.*1.8.43; SEN.*Ag.*346; SIL.5.614;—*CIL* 8.27764.

pīniger ~era ~erum, *a.* [PINVS+-GER] Covered with or bearing pine-trees, also app., pine-foliage.
cesserit Othrys ~er V.FL.6.393; quos ~eris Mycalesos in agris. . nutrit STAT.*Theb.*7.272; ~eri rapitur Simoentis ad amnem 12.225;—~erum Fauni. . caput OV.*Fast.*3.84.

pinna ~ae, *f.* [prob. dialect variant of PENNA]

1 A feather. **b** (adapted to various uses).
eum (*sc.* hominem uolaticum) necabam ilico per cerebrum ~a sua sibi quasi turturem PL.*Poen.*487; meae alae ~as non habent 871; gragulus. . ~as, pauoni quae deciderant, sustulit PHAED.1.3.5; ~arum quos spectari gaudet oculos (pauo) PLIN.*Nat.*10.43; JUV.6.198; 14.76. **b** pro ueste ~is membra textis contegit ACC.*trag.*540; ille alter abundans cum septem incolumis ~is (*app. on his helmet*) redit LUCIL.122; coicienda eo ~a est inlita medicamento CELS.7.8.2; casas eorum luto ~isque. . construi PLIN.*Nat.* 7.26; torretur in testa ~aque subinde uersatur 27.20; sternumenta ~a grauedinem emendant 28.57; ~a longiore nares interius perfricantur LARG.8; aloe. . per ~am pedibus inducta 158; ille. . ~am rapido ueneno inlitam faucibus eius demisisse creditur TAC.*Ann.*12.67;—(*in starting game, etc.*) SEN.*Cl.*1.12.5; dum. . ceruos claudat odoratae metuentis aera ~ae LUC.4.438;—(*as a toothpick*) suggerit. . ructanti ~as rubentes cuspidesque lentisci MART.3.82.9; 14.22.2; (*cf.*) ~a (*v.l.* spina) argentea dentes perfodit PETR.33.1;—(*in the flight of an arrow*) huic geminum obliqua traiecit harundine tempus, exsilit hac ferrum, uelox hac ~a remansit STAT.*Theb.*9.762; (*meton.*) ueluti canentia dura traiectus ~a tempora cantat olor OV.*Fast.*2.110.

2 The wing of a bird. **b** (on mythol. persons or creatures, personified abstractions, etc.).
Auis ad summam caudam primasque recedit ~as CIC. *Arat.*630(384); num aut cornibus caremus aut ~is? *Tusc.* 1.87; COL.8.2.7; uidemus. . leporem in medio ~is subornatum PETR.36.2;—(*in descriptions of, or references to, flight*) est Ales auis. . quae uolat et serpens geminis secat aera ~is CIC.*Arat.*282(48); alituum. . genus. . uidemus. . a ~is tremulum petere auxiliatum LUCR.5.1040; eos. . non ~is sublime elatos Alpes transgressos LIV.21.30.8; nunc ~a ueras nunc datis ore notas OV.*Fast.*1.448; columbae saepe cum. . celeritate ~ae uitassent necem PHAED.1.31.4; monitus errantis in aere ~ae LUC.1.588; nomen. . quod ~a scribente grues ad sidera tollant MART.9.12(13).7; ubi. . Idaliae uolucres fuluum adspexere draconem. . imbellis. . citant ad proelia ~as STAT.*Theb.*12.18; si uerba. . ~is apta uulgo uolarent APUL.*Apol.*83; (*poet.*) quo Boreas ~a deficiente uenit OV.*Pont.*1.5.72;—(*in fig. phr.*) iidem. . illi. . qui mihi ~as inciderant nolunt easdem renasci CIC.*Att.*4.2.5; tamquam ex diuersis partibus orbis anxia praecipiti uenisset epistula ~a JUV.4.149. **b** o Fides alma apta ~is ENN.*scen.*403; nunc fruitur caelo, quod ~is ante petebat (Pegasus) OV. *Fast.*3.457; Otia uestibulo pressisque Silentia ~is muta sedent STAT.*Theb.*10.91; per umeros uolatilis dei ~ae roscidae micanti flore candicant APUL.*Met.*5.22; quo. . Parrhasiae uexerunt Persea ~ae LUC.9.660; non Maurus erat neque Sarmata nec Thrax qui sumpsit ~as JUV.3.80; (*cf.*) galea (*sc. of Mars*). . duabus distincta ~is V.MAX.1.8.6.

3 A fin.
illas iam non esse manus, iam ~as posse uocari OV.*Met.* 3.678; ipse (*sc.* Delphinus) citis perlabitur aequora ~is MAN. 5.419; delphini inmeantes Nilo, quorum dorso. . cultellata inest ~a PLIN.*Nat.*8.91; ~arum. . quae pedum uice sunt datae piscibus 9.73.

4 A raised part of an embattled parapet, a merlon or sim. structure.
MACERIEM ~AS ET AVSTIA. . FECIT *CIL* 1.2210; a ~is hostis defendebant facillime funditore QUAD.*hist.*85; eius (*sc.* muri) summa ~ae VAR.*L.*5.142; turres contabulantur, ~ae loricaeque ex cratibus attexuntur CAES.*Gal.*5.40.6; 7.72.4; sedes castrorum in morem ~is atque aggere cingit VERG.*A.*7.159; aliud genus testudinis. . habet circa pluteum et ~as ex tabulis VITR.10.15.1; asseribus falcatis detergebat ~as LIV.38.5.3; ~as moenium decussas reponit 44.8.5; CURT.9.4.30; ille. . pauidus. . ~is anxiae noctis uigil incubabat SEN.*Thy.*570; LUC.3.386; fortuito ductae quater aggere ~ae STAT.*Theb.*7.449; SIL.7.603; ~as ac summa ualli ruina sua traxit TAC.*Hist.*3.29; (*cf.*) quasi muri ~is decorata est (corona muralis) GEL.5.6.16.

5 **a** A flap or paddle on a water-wheel. **b** a key of a water-organ.
a circa earum (*sc.* rotarum) frontes adfiguntur ~ae VITR. 10.5.1; 10.9.5. **b** haec regulae habent ferrea choragia fixa et iuncta cum ~is, quarum ~arum tactus motiones efficit regularum continenter VITR.10.8.4.

Pinna[2] ~ae, *f.* A town of the Vestini in central Italy.
VITR.8.3.5; ~am. . uirentem SIL.8.51.

pinnātus ~a ~um, *a.* [PINNA[1]+-ATVS[2]]

1 Growing feathers, feathered. **b** fitted with feathers, feathered. **c** feather-shaped, resembling feathers.
propter ~i corporis (*sc.* Alitis) alam CIC.*Arat.*288(54); sublime auolans ~a cauda *Tusc.*2.24(transl. Aeschylus); ~is squamosisque nulli (renes) PLIN.*Nat.*11.206. **b** qui neruo tenet Haemonio ~a senex spicula Chiron SEN.*Thy.* 861. **c** (abies) femina etiam prolixior. . folio ~o densa PLIN.*Nat.*16.48; 27.79; (carbunculi) ~o fulgore radiantes 37.93; (*w. abl. of respect*) ~a et ipsa (*sc.* fraxinus) folio 16.62.

2 Having wings, winged.
nisi portenta anguisque uolucris ac ~os scribitis LUCIL. 587; (Diana) quae ~um Cupidinem genuisse dicitur CIC. *N.D.*3.58; Aethiopia generat. . ~os equos PLIN.*Nat.*8.72; uidit. . se. . ~arum formicarum multitudine oppleri SUET. *Nero* 46.1; famulorum tuorum draconum ~a curricula APUL.*Met.*6.2; omnium animalium. . ~arum et pedestrium et aquatilium *Mun.*36; (*cf.*) (ferro) nunc tormentis excusso . . nunc uero ~o PLIN.*Nat.*34.138;—(*transf.*) Musa ~o gradu intulit se. . in Romuli gentem PORC.*poet.* 1.1; ~am Pegasi uincebas celeritatem APUL.*Met.*6.30.

pinniger ~era ~erum, *a.* [PINNA[1]+-GER]

1 Carrying or wearing feathers.
~ero, non armigero in corpore tela exercentur (*i.e. by Philoctetes*) ACC.*trag.*547.

2 Winged.
animantium genera..quorum..alterum ~erum et aerium CIC.*Tim.*35; neque uermiculus (*i.e. the queen-bee*) sed statim ~er PLIN.*Nat.*11.48; animalium nantium atque terrestrium ~erarumque..genera APUL.*Mun.*22; (*transf.*) ubi equus ..~eri saeuit calcaribus ictus amoris LUCR.5.1075.

3 Having fins.
~ero..pisce OV.*Met.*13.963.

pinnipēs ~edis, *a.* [PINNA[1]+PES] Having wings on the feet.
~es..Perseus CATUL.58b.3.

pinnirapus ~ī, *m.* [PINNA+RAPIO+-VS] A 'crest-snatcher' (app. a colloq. term for RETIARIVS).
inter ~i cultos iuuenes iuuenesque lanistae JUV.3.158.

pinnus (? or **~um**): word given as the etymological source of *bipennis.*
nec miretur, cur..a '~o', quod est acutum, (fiat) securis.. 'bipennis' QUINT.*Inst.*1.4.12.

pinnula ~ae, *f.* [PINNA[1]+-VLA]

1 A little feather.
~a per nares traiecta COL.8.5.5.

2 A little wing.
ego (*sc.* Mercurius) has habebo..in petaso ~as PL.*Am.* 143; cum..pulli ~is uti possunt CIC.*N.D.*2.129; promicant molles plumulae, crescunt et fortes ~ae APUL.*Met.*3.21; *Apol.*63.

3 A little fin.
inde exire (pisces) ad pabula ~is gradientes PLIN.*Nat.* 9.175.

pīnophylax ~acis, *m.* [Gk. πινοφύλαξ] = next.
PLIN.*Nat.*9.142.

pīnotērēs ~ae, *m.* **pīnothērās.** [Gk. πινοτήρης] A pea-crab.
is..qui enat e concha, qui, quod eam custodit, ~es uocatur CIC.*Fin.*3.63; nec umquam (pina) sine comite, quem ~en uocant, alii pinophylacem PLIN.*Nat.*9.142; 32. 150. **β** ~as uocatur minimus ex omni genere (cancrorum) PLIN.*Nat.*9.98.

pinsātiō: see PIS-.

pinsitō ~āre, *tr.* [next+-ITO] To pound continually.
nequam homines qui polentam ~ant PL.*As.*33.

pī(n)sō ~ere ~uī ~itum, ~um or pistum, *tr.* Also **~ō** ~āre ~āuī ~ātum. [cf. Skt. *pindṣti,* Gk. πτίσσω, Lith. *paisýti*] FORMS: *~ibant* (impf.) ENN.*scen.*411. To pound, crush (grain or other materials). **b** (transf.).
pilam (faciat) ubi triticum ~at CATO *Agr.*14.2; id (*sc.* rudus) non minus ~um absolutum crassitudine sit dodrantis VITR.7.1.3; id (*sc.* rudus)..pistum absolutum ne minus pede sit crassum 7.1.6; triens ~iti alii COL.6.6.5; ~ita lente 6.31.1; cum ~eret hordea dextra *Laus Pis.*17; (cepa) quae sale et aceto pista est PLIN.*Nat.*20.43; GAIUS *Inst.*1.34;—(*absol. or ellipt.*) si communiter ~unt CATO *Agr.*136; neque malis molui neque palatis ~ui POMPON.*com.*188; Etruria spicam farris tosti ~ente pilo praeferrato PLIN.*Nat.*18.97. **β** ut in pistrino ~etur (*sc.* far) ac torreatur VAR.*R.*1.63.1; muries est..ea quae fit ex sali sordido in pila ~ato VERAN.*gram.*6; ligneis uectibus ~ant materiam VITR.7.3.10; **b** ea molet, coquet..~etur flagro PL.*Mer.*416; ~unt terram genibus ENN.*Ann.*351; a tergo quem nulla ciconia ~it PERS.1.58.

pīnus ~ūs, *f.* Also **~us** ~ī. [perh. <**pīt*(*s*)-*nos*, cf. Gk. πίτυς]

1 One or other species of pine-tree. **b** pine-foliage. **c** pine-wood.
~us proceras ENN.*Ann.*190; fraxinus in siluis pulcherrima, ~us in hortis VERG.*Ecl.*7.65; Pontica ~us HOR.*Carm.* 1.14.11; reddere ~u cornua PROP.2.19.19; culta..~us OV. *Ars* 3.692; flore ~us et odore PLIN.*Nat.*24.29; cum resina ex ~u LARG.187; (*collect. sg.*) lauro et arbuto ac multa ~u ..abundant SIS.*hist.*60; (*poet.*) Pomptina palus et Gallinaria ~us (*i.e. forest*) JUV.3.307;—(*2nd decl. forms*) capitibus nutantis ~os ENN.*Ann.*490; serunt alii circum ~os VAR.*R.* 1.15.1; sunt..eae arbores foliis similibus ~i VITR.2.9.17; ~i flos CELS.4.15.3; tum deinde casiae atque ~i et rosmarinum COL.9.5.6; scandula..minime durans praeterquam e ~o PLIN.*Nat.*16.36; ~orum erucas 23.62; resina in ~is erumpit umoris abundantia 37.42. **b** caput ~u praecinctus acuta OV.*Ep.*5.137; ~u praecincti cornua Panes *Met.*14.638; SIL.13.331. **c** inopiae..abietis..uitabuntur utendo..ulmo, ~u VITR.1.2.8.

2 (meton.): **a** A ship. **b** a mast. **c** an oar. **d** a pine-wood torch.
a nec nautica ~us mutabit merces VERG.*Ecl.*4.38; infesta ..~u *A.*10.206; non huc Argoo contendit remige ~us HOR. *Epod.*16.57; religata in litore ~u OV.*Met.*14.248; SEN.*Med.* 336; PETR.123,l.235; STAT.*Ach.*1.156; (*in fig. phr.*) mediis tua ~us in undis nauigat OV.*Ars* 2.9. **b** ardua ~us erigitur LUC.2.695. **c** plures quae mergunt aequore ~us ..rates LUC.3.531. **d** VERG.*A.*9.522; flammiferas ~us OV.*Met.*5.442; multifidam..succendere ~um SEN.*Med.*111; STAT.*Theb.*4.381.

piō ~āre ~āuī ~ātum, *tr.* [PIVS+-O[3]]

1 To propitiate (a god, etc., or anything in which some supernatural force is supposed to reside). **b** to avert or remove by expiation. **c** to perform (expiatory rites).
ubi ~em Pietatem..? PL.*As.*506; tua finitimi..prodigiis acti caelestibus, ossa ~abunt VERG.*A.*6.379; ubi ture ~aueris aras PROP.3.10.19; fracto busta ~are cado 4.7.34; OV.*Fast.*5.426; temerata ponti iura ~auit SEN.*Med.*615; cometes..terrificum..sidus atque non leuiter ~atum PLIN. *Nat.*2.92; di patrii, quorum delubra ~antur caedibus SIL. 4.819. **b** fulgora atque obstita ~anto CIC.*Leg.*2.21; matris iram natorum caede ~auit amor PROP.3.19.18; quando fulgura ~ari non queunt facile PLIN.*Nat.*15.57; prodigia, quae neque hostiis neque uotis ~are fas habet gens TAC.*Hist.*5.13; (*ellipt.*) insulae..arsere per aliquot dies ..donec legatio senatus ~auit PLIN.*Nat.*2.238; (*absol.*) ritum ..~andi tradere OV.*Fast.*3.291. **c** si quid tibi..~andum..fuisset religione domestica CIC.*Dom.*132; sacra ~are PROP.1.1.20.

2 To cleanse (a guilty person, etc.) by expiation.
te ~ari iube, homo insanissume PL.*Men.*517; iube te ~ari..nam..insanum esse te certo scio 291; praetor qui tum fatus est, si imprudens fecit, piaculari hostia ~atur VAR.*L.*6.30; quo corpora nostra ~antur OV.*Fast.*2.29; ~abo manus STAT.*Theb.*11.506; (*cf.*) hoc..modo ~ari posse redituras rates SEN.*Tro.*637.

3 To expiate (an offence).
culpam hanc miserorum morte ~abunt VERG.*A.*2.140; nefas quae triste ~aret 2.184; Crassos clademque ~ate! PROP.3.4.9; STAT.*Theb.*9.602; ut quidquid istud sceleris imminet, meo..sanguine ~etur TAC.*Ann.*1.42; grande nefas et morte ~andum JUV.13.54; (*transf.*) quarum (*i.e. women*) sunt multis damna ~anda modis OV.*Ars* 3.160.

pīonia ~ae, *f.* [Gk., cf. πίων] A kind of precious stone.
rubrae et quas ~as uocant ab pinguitudine PLIN.*Nat.* 37.105.

pīpātiō ~ōnis, *f.* [PIPO+-TIO] (See quot.; cf. also next.)
~o clamor plorantis lingua Oscorum PAUL.*Fest.*p.212M.

pīpātus ~ūs, *m.* [PIPO+-TVS[3]] The cheeping of young birds.
a ~u pullorum VAR.*L.*7.103.

piper ~ris, *n.* [Gk. πέπερι, Skt. *pippali*] The fruit of the pepper-plant, *Piper nigrum* or other species. **b** *~r nigrum,* the fruit of *Piper nigrum* dried before ripening; *~r album,* the same, ripened or dehusked; *~r rotundum,* the same, as dist. from next; *~r longum,* the fruit of *Piper officinarum.*
~ris..bacas VITR.8.3.13; ~r urticae mordacis semine miscent OV.*Ars* 2.417; PERS.6.21; mola buxea ~r triuit PETR.74.5; minuto ~re 138.1; grana ~ris PLIN.*Nat.*23.150; STAT.*Silv.*4.9.12; JUV.14.293; (*cf.*) ~ris arborem iam et Italia habet, maiorem myrto nec absimilem PLIN.*Nat.* 12.29;—(*transf., of a hot-tempered person*) ~r non homo PETR.44.6. **b** ~ris nigri electi et ponderosi granis LARG. 94; 120;—HOR.S.2.4.74; PLIN.*Nat.*29.55; uuam passam cum ~ris albi granis totidem dabimus commanducandam LARG.9; (*cf.*) paulatim..dehiscentes maturitate ostendunt candidum ~r PLIN.*Nat.*12.26;—~ris et rotundi et longi CELS.5.18.7.B;—PLIN.*Nat.*12.26; ~ris longi pondo sextantem LARG.120.

piperātus ~a ~um, *a.* [prec.+-ATVS[2]] Flavoured with pepper; (neut. as sb.) a mixture seasoned with pepper. **b** (transf., app.) sly, crafty.
aceti ~i COL.12.49.5; ~o uitello PETR.33.8; garum ~um 36.3;—in ~um coicitur CELS.4.26.7; quae alii condita, alii ~a appellant PLIN.*Nat.*14.108. **b** non fuit Autolyci tam ~a manus MART.8.59.4.

piperītis ~idis *f.* [Gk.] A plant, perh. pepperwort, *Lepidium latifolium*; (under second ref. applied also to another plant, perh. *Polygonum hydropiper*).
panax piperis saporem reddit et magis etiam siliquastrum, ob id ~idis nomine accepto PLIN.*Nat.*19.187; 20.174.

pipinna ~ae, *f.*: childish term for the penis.
MART.11.72.1.

pipiō ~āre (or pīpīre), *intr.* [onomat.] = PIPO.
(passer) ad solam dominam usque ~abat (*v.l.* pipilabat) CATUL.3.10; auscultetur si ~ant (*sc.* pulli) COL.8.5.14.

pīpitō ~āre, *intr.* [as next+ITO] To squeak, cheep.
murium (est) mintrire uel ~are SUET.fr.161(p.250Re).

pīpō ~āre, *intr.* [onomat.] (of birds) To chirp, cheep, etc.; (also transf., of human beings).
gallina ~at VAR.*Men.*3; Varro..pullos ~are dixit NON. p.450M;—LUCIL.1249.

pīpulus ~ī, *m.* (or **~um** ~ī, *n.*) [cf. prec.] A shrill or piping sound.
nisi reddi mihi uasa iubes, ~o te hic differam ante aedis PL.*Aul.*446; FRO.*Aur.*2.p.120(107N).

Pīraeus[1] ~ī, *m.* Also **Pīraeeus,** *m.*, **Piraea** ~ōrum, *n. pl.* The port of Athens.
ire in ~um uolo PL.*Mos.*66; CAECIL.*com.*258; TER.*Eu.*290; CATUL.64.74; in ~i portu VITR.7.pr.12; ad portum ~um 8.3.6. **β** in ~ea cum exissem CIC.*Att.*6.9.1; (*cf.*) '~ea,' in quo magis reprehendendus sum quod homo Romanus '~ea' scripserim, non 'Piraeum'..quam quod addiderim 'in' 7.3.10; tutum longe ~ea cernit *Ciris* 468; ad ~eum PLIN. *Nat.*2.201; STAT.*Theb.*12.616. **γ** Sunion expositum ~aque tuta recessu linquit OV.*Fast.*4.563.

Pīraeus[2] ~a ~um, *a.* Of or belonging to Piraeus; (masc. pl. as sb.) its inhabitants.
~a..litora OV.*Met.*6.446; ~o litore SIL.13.754;—MELA 2.56; 2.57.

pīrāta ~ae, *m.* [Gk. πειρατής] A pirate, corsair.
quem ad modum Caesar a ~is captus sit FEN.*hist.*30; urbes ~is praedonibusque patefactae CIC.*Ver.*13; ~a non est ex perduellium numero definitus, sed communis hostis omnium *Off.*3.107; SAL.*Hist.*3.2; LIV.5.28.2; CURT.4.5.18; amicum a ~is redemi SEN.*Ben.*1.5.4; Magnus, ille tremor ponti..et ~arum scopulus PETR.123,l.240; JUV.8.94; SUET.*Jul.*74.1; (*in fig. phr.*) portum..illum eloquentiae suae salutarem non etiam ~is patefaciet QUINT.*Inst.*12.7.4;—(*transf.*) qui in foro populi Romani ~a nefarius reperiatur CIC.*Ver.*1.154; *Off.*3.87.

pīrātica ~ae, *f.* [next] Piracy.
~am ipse fecisset CIC.*Red.Sen.*11; ALF.*dig.*44.7.20; ciuibus suis ~am exercentibus V.MAX.1.1.ext.4; PLIN.*Nat.*6. 176; QUINT.*Inst.*3.8.44; hic se ~a tuebatur FLOR.*Epit.*2.18 (4.8.2).

pīrāticus ~a ~um, *a.* [Gk. πειρατικός] Of, belonging, or proper to pirates. **b** (of actions, achievements, etc.) involving pirates.
~us myoparo CIC.*Ver.*3.186; ~a..nauigia SAL.*Hist.*2.90; mare..infestum nauibus ~is LIV.34.32.18; ~is sceleribus VELL.2.73.3; nihil in illa (*sc.* archipiratae filia) deprehendi poterat ~um SEN.*Con.*1.6.2; ~i lembi CURT.4.5.18; propter ~os terrores PLIN.*Nat.*2.181; ~a statione 3.152; ~um carcerem [QUINT.]*Decl.*5.2; ~a rabie FLOR.*Epit.*1.43(3.8.2). **b** cum ~o bello..classibus praeessem VAR.*R.*2.pr.6; CIC.*Red.Sen.*11; VELL.2.33.1; ne..uictis cedat ~a laurea Gallis LUC.1.122; PLIN.*Nat.*3.101; TAC.*Ann.*12.62.

Pīrēnē ~ēs, *f.* Also **~a** ~ae. A fountain in Corinth, associated with Pegasus and the Muses.
Corinthiensem fontem ~am PL.*Aul.*559; Heliconidasque pallidamque ~en PERS.pr.4; Acrocorinthos, in qua fons ~e PLIN.*Nat.*4.11; STAT.*Silv.*1.4.27.

Pīrēnis ~idos, *f. adj.* Of or associated with Pirene.
Ephyren ~ida OV.*Met.*7.391; *Pont.*1.3.75; undas..~idas SEN.*Med.*745.

Pīrithous ~ī, *m.* Also **Pērithous.** The son of Ixion, king of the Lapithae, who aided Theseus in an attempt to carry off Persephone from Hades.
VERG.*A.*6.393; PROP.2.6.18; OV.*Met.*12.218; MART.7.24. 4; STAT.*Theb.*8.53; HYG.*Fab.*14.6. **β** HOR.*Carm.*3.4.80; SEN.*Phaed.*244.

pirum ~ī, *n.* [cf. Gk. ἄπιον] ORTHOG.: *pyr-* freq. in old edd. A pear.
tam facile uinces quam ~um uolpes comest PL.*Mos.*559; LUCR.5.965; insitiua decerpens ~a HOR.*Epod.*2.19; PLIN. *Nat.*23.115;—(*w. varieties named*) ~a uolaema, Aniciana sementiua..Tarentina CATO *Agr.*7.3; CELS.2.24.2; COL.5. 10.18; ~a Crustumina LARG.104.

pirus ~ī, *f.* [prec.] ORTHOG.: see prec. A pear-tree.
~o florente CATO *Agr.*131; VAR.*L.*7.4; insere nunc..~os, pone ordine uitis VERG.*Ecl.*1.73; *G.*4.145; PROP.4.2.18; PLIN. *Nat.*11.118.

Pīsa ~ae, *f.* Also **~ae** ~ārum, *f. pl.* A district in Elis round Olympia.
ACC.*trag.*500; Alphea rotis praelabi flumina ~ae VERG.*G.* 3.180; MART.7.56.4. **β** MELA 2.42; SEN.*Tro.*849.

Pīsae ~ārum, *f. pl.* A town in Etruria, alleged to have been a colony of Pisa in Elis.
Alpheae ab origine ~ae, urbs Etrusca solo VERG.*A.*10.179; LIV.21.39.3; LUC.2.401; MELA 2.69.

Pīsaeus ~a ~um, *a.* Of or connected with Pisa in Elis.
~a praemia (*i.e. Hippodamia*) ACC.*trag.*196; ~a..hasta (*i.e. of Oenomaus*) OV.*Am.*3.2.15; ~ae Arethusae *Met.*5.409; ~a uinctus oliua (*i.e. at Olympia*) *Tr.*4.10.95; ~um..annum (*i.e. of the Olympian Games*) STAT.*Silv.*1.3.8; ebur ~o pollice (*i.e. of Phidias*) rasum 4.6.27; JUV.13.99; (*fem. as sb.*) non Tantalides..~am (*i.e. Hippodamia*) Phrygiis uexit..equis? OV.*Tr.*2.386.

Pīsānus ~a ~um, *a.* Of or belonging to Pisae in Etruria; (masc. pl. as sb.) its inhabitants.
ex agro ~o LIV.35.21.10; PLIN.*Nat.*18.86;—REI P ~ORVM *CIL* 11.1441.

pīsātiō ~ōnis, *f.* [PI(N)SO+-TIO] The process of pounding.
negat quicquam esse hac, ut ait, ~one efficacius SEN.*Ep.* 86.18.

Pisaurum ~ī, *n.* A city in Umbria on the Adriatic coast (the modern Pesaro).
CATUL.81.3; MELA 2.64.

piscārius ~a ~um, *a.* [PISCIS+-ARIVS] Of or connected with fish (as a commodity).
surpiculis ~is PL.*Capt.*816; ex copia ~a *Cas.*499; apud forum ~um *Cur.*474; hamulum ~um *St.*289; scierunt et ipsi argumentum ~um futile et nihil futurum APUL.*Apol.* 42.

piscātiō ~ōnis, *f.* [PISCOR+-TIO] The action or practice of fishing.
~o thynnaria ULP.*dig.*8.4.13; 7.1.9.5.

piscātor ~ōris, *m.* [PISCOR+-TOR] One who catches (and sells) fish, a fisherman.
~ores, qui praebent populo piscis foetidos PL.*Capt.*813; lanii coqui fartores ~ores TER.*Eu.*257; CATO *orat.*84; CIC. *Off.*3.58; LIV.26.45.7; miles erat gladio, ~or harundine sumpta OV.*Met.*14.651; JUV.4.26; SUET.*Rhet.*25(p.122Re); reti ~or de mari extraxit uidulum *Arg.Pl.Rud.*1; APUL. *Met.*11.8; ~OR(um) PROPOLAR(um) *CIL* 14.409.

piscātōrius ~ia ~ium, *a.* [PISCOR+-TORIVS] Of or concerned with the catching and sale of fish.
cumbam ~iam AFRAN.*com.*138; ~i ludi uocantur qui.. fieri solent a praetore urbano pro piscatoribus Tiberinis FEST.p.238M; in ~ia..naue LIV.25.23.6; forum ~ium 40.51.5; harundo..~ia PLIN.*Nat.*16.172; lina ~ia 24.65; ~iam nauculam PLIN.*Ep.*3.16.9; lacus..~ios ULP.*dig.*50.15.4.6.

piscātrix ~īcis, *f.* [PISCOR+-TRIX] (Fem. of PISCATOR.)
AVRELIA..~IX DE HORREIS GALBAE *CIL* 6.9801; (*applied to a kind of crab*) ranae, quae in mari ~ix uocatur PLIN. *Nat.*9.143.

piscātus ~ūs, *m.* [PISCOR+-TVS³] FORMS: *~i* (gen. sg.) TURP.*com.*22, POMPON.*com.*119.

1 The action or occupation of fishing; the right of fishing.
~um hamatilem et saxatilem PL.*Rud.*299; hic ~us mihi lepide euenit 912; VAR.*R.*3.17.9; esse et in ~u uoluptatem PLIN.*Nat.*6.91;—CONDVCTORES ~VS *A.Epig.*89.63.

2 Fish (as caught), the proceeds of fishing.
uino et uictu, ~u probo PL.*Mos.*729; si flabat aquilo aut auster, inopia tum erat ~i TURP.*com.*22; quid habes in surpiculis..?—omne ~i genus POMPON.*com.*119; aut carne aut ~u VITR.8.3.28; ~um opiparem expositum uideo APUL. *Met.*1.24.

piscicapus ~ī, *m.* [PISCIS+CAPIO+-VS] A catcher of fish.
CIL 4.826.

pisciculus ~ī, *m.* [PISCIS+-CVLVS] A little fish; (collect. sg.) whitebait.
holera et ~os minutos TER.*An.*369; VAR.*R.*3.5.16; ~os.. exultantes CIC.*Ac.*4.fr.; PETR.3.4; ophidion ~us congro similis PLIN.*Nat.*32.109; APUL.*Apol.*29; (*cf.*) pueros primae teneritudinis, quos ~os uocabat SUET.*Tib.*44.1; (*app., as a term of endearment*) FONTICVLVS ~O SVO *CIL* 4.4447;—cerebellum uel ~us et his similia CELS.3.22.11; ex inutili ~o minimoque PLIN.*Nat.*31.95.

piscīna ~ae, *f.* [PISCIS+-INA]

1 A fishpond.
in ~am rete qui iaculum parat PL.*Truc.*35; ex ornithonibus ac leporariis et ~is VAR.*R.*2.pr.5; ~as dico eas, quae in aqua dulci aut salsa inclusos habent pisces ad uillam 3.3.2; si mulli barbati in ~is sint CIC.*Att.*2.1.7; murenis..quas ingentis in ~a continebat SEN.*Dial.*5.40.2; PLIN.*Nat.*20.112.

2 A pond or pool (in general). **b** (forming part of a water-supply system); *~a limaria*, a settling-tank or reservoir. **c** a swimming-pool. **d** a tank or vat.
in amphoram mustum indito..demittito in ~am CATO *Agr.*120; VAR.*R.*1.54.2; ~ae..pecori struantur COL.1.5.2; in ea ~a, ex qua bibit (*sc.* bos) 6.14.5; circa ~ae stagna PLIN.*Nat.*10.155; iuxta riuos uel ~as 17.114; marinae ..aura ~ae MART.12.32.17; ~ae cisternaeque seruandis imbribus TAC.*Hist.*5.12; (*formed by damming*) Tiberis.. tenuis primo nec nisi ~is corriuatus emissusque nauigabilis PLIN.*Nat.*3.53. **b** contectis ~is FRON.*Aq.*19;—~a limaria, ubi inter amnem et specum consisteret et liquaretur aqua 15. **c** praetores..tribunalia ad ~am publicam posuerunt LIV.23.32.4; nisi Thasius lapis..~as nostras circumdedit SEN.*Ep.*86.6; ~am peto: non licet natare MART.3.44.13; Baiarum suarum ~as extollebat TAC. *Ann.*13.21; PLIN.*Ep.*2.17.11; refotus..calidis ~is SUET.*Nero* 27.2. **d** ea (*sc. solution*)..et in ~as ligneas funditur PLIN.*Nat.*34.123.

piscīnārius ~a ~um, *a.* [prec.+-ARIVS] Of or belonging to fishponds; (masc. as sb., humorously) a 'fishpond-fancier'.
conchas ~as PL.fr.inc.136;—hos ~os dico amicos tuos CIC.*Att.*1.19.6; 1.20.3.

piscīn(i)ensis ~is ~e, *a.* [PISCINA+-ENSIS] (perh. nonce-wd.) Haunting swimming-baths.
pro obtuso ore pugil ~is reses LUCIL.1266.

piscis ~is, *m.* [cf. Goth. *fisks*, Eng. *fish*] FORMS: *~im* (acc. sg.) *CIL* 1.560a.

1 A fish. **b** (transf.) a fish-emblem on the helmet of a *murmillo*.
~ibus..praebent pabulum (*i.e. are drowned*) PL.*Rud.*513; alii ~is depurgate quos piscator attulit *St.*359; apriculum ~em scito primum esse Tarenti ENN.*var.*38; ~ium salliendorum causa SIS.*hist.*139; qui ~ibus..uiuere existimantur CAES.*Gal.*4.10.5; freta destituent nudos in litore ~is VERG. *Ecl.*1.60; laesus fallaci ~is ab hamo OV.*Pont.*2.7.9; uis ~ium immensa Pontum erumpens TAC.*Ann.*12.63; (*cf.*) Pharii..~is (*i.e. the crocodile*) OV.*Ars* 3.270;—(*w. fem. appos.*) femina ~is 2.482; ~is aurata PLIN.*Nat.*32.43;—(*collect. sg.*) quae multo ~e natentur aquae OV.*Ars* 1.48; '~em uilem esse' CELS.*dig.*50.16.158. **b** non te peto, ~em peto *Vers.pop.*(*poet.*p.93)8.

2 (astron.) **a** (pl.) The constellation Pisces, the (two) Fishes; (also sg.). **b** *~is australis* or sim., the constellation Piscis australis. **c** (app. applied to Capricorn, which was sometimes conceived of as part fish).
a CIC.*Arat.*246(12); PROP.4.1.85; ~es supra Andromedam VITR.9.4.3; utrisque ~ibus 9.5.3; MAN.1.273; SEN. *Thy.*866;—CIC.*Arat.*253(19); sidus..~is aquosi VERG.*G.* 4.234; OV.*Met.*10.165. **b** australem soliti quem dicere ~em CIC.*Arat.*411(167); loca conuisit cauda tenus infera ~is 598(352); ~is austrinus VITR.9.5.1. **c** (ministrans) caper brumam genitusque ad frigora ~is MAN.2.659.

piscolentus: see PISCV-.

piscor ~ārī ~ātus, *intr.* [PISCIS+-O³] To fish.
qui abiit ~atum ad mare PL.*Rud.*898; CIC.*Off.*3.58; ~emur, uenemur HOR.*Ep.*1.6.57; ad retia praecipue in ~ando durantia PLIN.*Nat.*19.15; animi laxandi causa modo ~abatur hamo SUET.*Aug.*83; (*prov.*) iubeas una opera me ~ari in aere (*i.e. do the impossible*), uenari autem rete iaculo in medio mari PL.*As.*99;—(*pple. as sb.*) ~antium.. tragulis PLIN.*Nat.*16.34; in mare ~antibus liberum est casam in litore ponere GAIUS *dig.*1.8.5.

piscōsus ~a ~um, *a.* [PISCIS+-OSVS] Teeming with fish.
circum ~os scopulos VERG.*A.*4.255; ~o..amne Padusae 11.457; Bari moenia ~i HOR.*S.*1.5.97; Aulide ~a OV.*Met.* 12.10; SEN.*Ben.*6.7.3; APUL.*Met.*4.31.

pisculentus ~a ~um, *a.* Also **-olentus.** [PISCIS+-VLENTVS] Teeming with fish; made of fish, fishy.
qui salsis locis incolit ~is PL.*Rud.*907; CATO *hist.*97;—numquam..marino aliquo et ~o medicauit nec Proteus faciem nec.. APUL.*Apol.*31.

Pisida ~ae, *m.* An inhabitant of Pisidia; (as a term of contempt on account of the alleged addiction of the Pisidians to augury).
ad ~as..oppugnandos LIV.35.13.5; MELA 2.13;—eum.. tum ~am tum Soranum augurem esse dicebant CIC.*Div.* 1.105.

Pisidia ~ae, *f.* A region in the south of Asia Minor.
LIV.35.14.1; PLIN.*Nat.*12.125.

Pisidicus ~a ~um, *a.* Of or from Pisidia.
non inprobatur..~a (iris) PLIN.*Nat.*21.41.

pisinnus ~a ~um, *a.* [perh. infantile wd.] Tiny, little; (masc. as sb.) a little child.
FILIOS DVOS GEMINOS PISINVS *CIL* 6.2662;—crudum manduces Priamum Priamique ~os LABEO *poet.*1.

Pīsistratidae ~ārum, *m.* The sons of Pisistratus, i.e. Hippias and Hipparchus.
LIV.31.44.8.

Pīsistratus ~ī, *m.* The tyrant of Athens from 560 to 527 B.C.
CIC.*Brut.*27; VITR.7.pr.15; V.MAX.5.1.ext.2; GEL.17.21.5.

pīsō¹: see PINSO.

Pīsō² ~ōnis, *m.* A cognomen of the *gens Calpurnia*, e.g. L. Calpurnius Piso Caesoninus, cos. 58 B.C.; L. Calpurnius Piso Frugi, cos. 15 B.C.; Cn. Calpurnius Piso, cos. 7 B.C., accused of the murder of Germanicus in A.D.19; C. Calpurnius Piso, alleged leader of a conspiracy against Nero in A.D. 65.
cognomina etiam prima inde..~onis a pisendo PLIN. *Nat.*18.10; ~ones Senecasque Memmiosque et Crispos mihi redde, sed priores MART.12.36.8;—CIC.*Pis.*2; nihil..foedius Philippo et ~one legatis *Fam.*12.4.1;—TAC.*Ann.*6.11; SEN. *Ep.*83.14; VELL.2.98.1;—TAC.*Ann.*2.69; SUET.*Tib.*52.3;—TAC.*Ann.*15.53.

Pīsōniānus ~a ~um, *a.* Of or associated with a Piso.
~a (coniuratio) SUET.*Nero* 36.1; consulto ~o PAUL.*dig.* 29.5.8.

pissasphaltos ~ī, *m.* [Gk. πισσάσφαλτος] A kind of liquid bitumen.
PLIN.*Nat.*24.41; 35.178.

pisselaeon ~ī, *n.* [Gk. πισσέλαιον] (app.) Oleoresin.
liquida pix oleumque, quod ~on uocant PLIN.*Nat.*24.40; 25.55; (*spec. from cedar*) fit (oleum) et e citro..nucibus iuglandibus quod caryinum uocant, malis, cedro quod ~on 15.28.

pissinus ~a ~um, *a.* [Gk. πίσσινος] Of pitch.
PLIN.*Nat.*15.31; ~o oleo usus ad tussim 23.96.

pissocēros ~ī, *m.* [Gk. πισσόκηρος] The mixture of pitch and wax of which the second foundation of the honeycomb was thought to be made.
PLIN.*Nat.*11.16.

pistacium ~iī, *n.* [Gk. πιστάκιον] A pistachio nut.
PLIN.*Nat.*13.51; 23.150.

pistātiō ~ōnis, *f.* [*pisto (PINSO+-TO)+-TIO] The action of ramming down.
rudus inducatur et uectibus ligneis decuriis inductis, crebriter ~one solidetur VITR.7.1.3.

pistillus ~ī, *m.* Also **~um** ~ī, *n.* [PINSO+-ILLVS, -ILLVM] A pestle.
cultrum, securim, ~um, mortarium PL.*Aul.*95; testas patinas ~os NOV.*com.*28; calet ~us 59; grauior lentos ibat ~us in orbis *Mor.*112; in mortarium..conicito et ~is conterito COL.12.57.1; PLIN.*Nat.*33.123; LARG.201;—(*neut.*) ~um grande est MUNATIUS in Non.p.221M.

pistor ~ōris, *m.* [PINSO+-TOR] (orig.) A pounder of *far*, (subsequently) a miller or miller/baker.
quom a ~ore panem petimus PL.*As.*200; ~ores scrofipasci, qui alunt furfuribus sues *Capt.*807; AFRAN.*com.*161; *CIL* 1.1204; mitto hasce artis uolgaris, coquos, ~ores, lecticarios CIC.*S.Rosc.*134; *Pis.*67; ~OR CANDIDARIVS *CIL* 14.2302; SEN.*Ep.*95.24; COL.12.4.2; PETR.44.3; PLIN.*Nat.* 18.107; MART.8.16.1; hinc ~or fatuas facit placentas 11.31. 8; PLIN.*Ep.Tra.*10.74(16).1; collegia Romae certa sunt.. ueluti ~orum GAIUS *dig.*3.4.1; (*as cult-title of Jupiter*) dicam ~oris quid uelit ara Iouis OV.*Fast.*6.350.

Pistōrensēs ~ium, *m. pl.* (The name of a fictitious people, coined to pun on *pistor* and next.)
PL.*Capt.*160; primumdum opus est ~ibus 161.

Pistōriensis ~is ~e, *a.* Of or belonging to Pistorium, a town in Etruria.
in agrum ~em SAL.*Cat.*57.1.

pistōrius ~a ~um, *a.* [PISTOR+-IVS] Of or connected with a *pistor*; *opus ~um*, pastry, confectionery, or sim.
seruos..quorum operas locabat..~as ULP.*dig.*32.73.3; ~o instrumento PAUL.*dig.*33.7.18.1;—opus ~um..quod ex frumento, adipe, melle, caseo constat CELS.2.18.2; PLIN. *Nat.*18.105; (*pl.*) opera ~a PETR.38.15; SUET.*Tib.*34.1.

pistrilla ~ae, *f.* [next+-LA] (Dim. of next.)
apud ipsum lacum est ~a et exaduorsum fabrica TER.*Ad.* 584.

pistrīna ~ae, *f.* [PINSO+-TRINA] A mill/ bakery.
LUCIL.521; e siligine lautissimus panis ~arumque opera laudatissima PLIN.*Nat.*18.86; 18.99.

pistrīnālis ~is ~e, *a.* [PISTRINVM+-ALIS] Of or belonging to a *pistrinum*.
glabrum pecus (*i.e. pigs*) uel etiam ~e (*i.e. like those kept in a* pistrinum) COL.7.9.2.

pistrīnārius ~(i)ī, *m.* [PISTRINVM+-ARIVS] FORMS: *pristin- CIL* 6.33899. The owner of a *pistrinum*.
ULP.*dig.*16.3.1.9; *CIL* 6.33899.

pistrīnensis ~is ~e, *a.* [next+-ENSIS] Belonging to or kept in a *pistrinum*.
~ibus iumentis SUET.*Cal.*39.1.

pistrīnum ~ī, *n.* [PINSO+-TRINVM] A mill/ bakery. **b** (as a place of punishment for slaves; also, in fig. phrs., as a place of drudgery).
si communiter pisunt, qua ex parte politori pars est, eam partem in ~um politor CATO *Agr.*136; LUCIL.322; VAR.*R.* 1.69.1; horrea..farraria, ~a extra uillam facienda VITR. 6.6.5; COL.1.6.21; PETR.73.2; PLIN.*Nat.*19.167; modo unguentariam tabernam modo ~um..exercuisse SUET.*Aug.* 4.2; caballos, qui in ~is essent POMPON.*dig.*33.7.15; me..ad ~um quod exercebat perducit APUL.*Met.*9.10. **b** compedium tritor, ~orum ciuitas PL.*Per.*420; uel in lautumiis uel in ~o mauelim agere aetatem *Poen.*827; te in ~um.. dedam usque ad necem TER.*An.*199; hominem ~o dignum! *Hau.*530; CIC.*Q.fr.*1.2.14; CATUL.97.10;—oratorem..tantum in iudicia et contiunculas tamquam in aliquod ~um detrudi CIC.*de Orat.*1.46; tibi mecum in eodem est ~o..uiuendum 2.144.

pistris: see PRISTIS.

pistrix¹ ~īcis, *f.* [PINSO+-TRIX] Fem. of PISTOR.
~icem ualidam, si nummi suppeditabunt, addas..mamphulas quae sciat omnis LUCIL.1250.

pistrix² ~īcis, *f.*: var. PRISTIS.
immani corpore ~ix VERG.*A.*3.427; ~ix citatas sorbet aut frangit rates SEN.*Phaed.*1049; Nereides supra..hippocampos sedentes, item..~ices ac multa alia marina PLIN. *Nat.*36.26;—(*as a constellation*) fera ~ix labitur horribilis epulas funesta requirens CIC.*Arat.*661(413); tauro ~icis pariter cristaeque refulgent caudaque GERM.*Arat.*717.

pistūra ~ae, *f.* [PINSO+-VRA] The action or process of pounding.
~a non omnium facilis PLIN.*Nat.*18.97.

pīsum ~ī, *n.* [Gk. πίσον] One or other variety of pea, prob. *Pisum arvense*. **b** (usu. collect. sg.) its fruit.
ea (*i.e. crops for bees*) sunt rosa..faba..~um VAR.*R.* 3.16.13; ~a scandunt, si habuere (*sc.* adminicula) PLIN.*Nat.* 18.57. **b** delectantur (columbae) milio..~o VAR.*R.*3.7.8; CELS.2.18.5; ~i modios tres uel quattuor COL.11.2.75; ostiarius..in lance argentea ~um purgabat PETR.28.8; PLIN. *Nat.*18.123.

Pitanē ~ēs, *f.* An Aeolian settlement on the coast of Asia Minor near Pergamum.
VITR.2.3.4; OV.*Met*.7.357; MELA 1.90; LUC.3.205.

pithana ~ōn, *n. pl.* [Gk. πιθανά] The title of a work by Antistius Labeo; it contained a collection of decisions in individual legal cases.
id enim et Labeoni placuit. denique libro ~on scripsit, si.. ULP.*dig*.46.4.8.2; POMPON.*dig*.50.16.246.

pithēcium ~iī, *n.* [Gk. πιθήκιον] A little monkey.
~ium haec est prae illa et spinturnicium PL.*Mil*.989.

Pithēcūs(s)a ~ae, *f.* or **~ae** ~ārum, *f. pl.* (app.) = AENARIA (but wrongly distinguished from it by some authors).
sic..~as in Campano sinu ferunt ortas, mox in his montem Epopon PLIN.*Nat*.2.203;—in insulas Aenariam et ~as LIV.8.22.4; ~a, Leucothea, Aenaria MELA 2.121; (*app. as a town*) sterili..locatas colle ~as OV.*Met*.14.90.

pitheus, *m.* = next.
~eus doliorum cernitur figura PLIN.*Nat*.2.90.

pithiās ~ae, *m.* [Gk. πιθίας] A celestial phenomenon resembling a fiery barrel.
sunt ~ae, cum magnitudo uasti rotundique ignis dolio similis uel fertur uel uno loco flagrat SEN.*Nat*.1.14.1; 1.15.4.

pithus ~ī, *m.* [Gk. πίθος] = prec.
sunt multa eiusmodi imaginum genera, quas Graeci faces et docidas et ~os..ad eorum similitudines, unde dicta sunt, nominant APUL.*Mun*.16.

pitpit: (see quot.).
pitpit Osce quicquid PAUL.*Fest*.p.212M.

pittaciārium ~iī, *n.* [next+-ARIVS (sc. *uectigal* or sim.)] (perh.) The licence-fee for sinking a shaft in a publicly-owned mine.
VSVRPATIONES PVTEORVM SIVE ~IVM *CIL* 2.5181.58.

pittacium ~iī, *n.* [Gk. πιττάκιον]

1 A small piece of cloth.
induis capitium, tunicae ~ium LABER.*com*.61; (*as a compress*) si capitis dolores sint..habere duo ~ia CELS.3.10.1.

2 A label, ticket.
amphorae..quarum in ceruicibus ~ia erant affixa cum hoc titulo PETR.34.6; ~ia in scypho circumferri coeperunt, puerque..apophoreta recitauit 56.7; nomina in ~iis et in sorticulis (*sc.* inscripta esse) HYG.*agrim*.p.73.

Pittacus (~os) ~ī, *m.* A democratic leader in Lesbos in the latter part of the seventh century B.C., one of the Seven Sages.
CIC.*Leg*.2.66; JUV.2.6; HYG.*Fab*.221.2; (*transf.*) hinc illi Lycurgi, hinc ~i, hinc Solones CIC.*de Orat*.3.56.

Pitthēis ~idos, *f.* A daughter of Pittheus.
~idos Aethrae OV.*Ep*.10.131.

Pitthēius ~a ~um, *a.* Also **-ēus.** Of or belonging to Pittheus.
~a regna OV.*Ep*.4.107; ~a Troezen *Met*.6.418. **β** ~am ..Troezena OV.*Met*.15.296.

Pitthēus ~eī, *m.* A king of Troezen, son of Pelops, father of Aethra and grandfather of Theseus.
OV.*Met*.8.622.

Pitthīdēs (*cj.*) ~ae, *m.* A descendant of Pittheus, i.e. Theseus.
OV.*Ib*.445.

pituinus ~a ~um, *a.* [Gk. πιτύινος] Of or produced by the pine-tree.
resinae ~ae LARG.201; 202; 205.

pītuīta ~ae, *f.* [cf. PINVS] PROS.: trisyll. HOR.*S*.2.2.76, *Ep*.1.1.108, PERS.2.57.

1 Mucus, catarrh, phlegm. **b** a disease of poultry, pip.
tantum bilis ~aeque eiciet CATO *Agr*.156.4; sanguinem, bilem, ~am CIC.*Tusc*.1.56; mucus..et mala ~a nasi CATUL.23.17; si ~am acidam effudit CELS.1.3.11; si..~a stomachus impletur 4.12.5; SEN.*Nat*.6.2.4; iocineris reniumque ~as PLIN.*Nat*.22.83; impetus ~ae in facie butyro inlito tolluntur 28.183; QUINT.*Inst*.1.6.36; ab imo pulmone ~am trochleis adducere 11.3.56. **b** gallinaceorum ~as PLIN. *Nat*.24.74.

2 A purulent or morbid discharge.
si..oculi..lumen refugiunt..~aque in iis innatans nouissime angulis inhaerescit CELS.2.6.3; 6.6.8.B; donec lacessita ~a decedit COL.6.8.1; eruptionibus ~ae in toto corpore PLIN.*Nat*.31.118; ulcera ex ~a nata 31.122; ~a..glutinosior LARG.23.

3 A viscous discharge (from trees).
PLIN.*Nat*.17.252; origo (fungorum) non nisi ex ~a arborum 22.96.

pītuītāria ~ae, *f.* [prec.+-ARIVS] A name of the plant STAPHIS.
PLIN.*Nat*.23.18.

pītuītōsus ~a ~um, *a.* [PITVITA+-OSVS] Suffering from catarrh, rheumy.
homo alioqui ~us AUR.*Fro*.1.p.180(69N); (*masc. as sb.*) in aliis (*sc.* locis) esse ~os..in aliis exsiccatos atque aridos CIC.*Fat*.7.

pitulus ~ī, *m.* [Gk. πίτυλος] **a** (app.) A position of particular rowers in a boat, carrying with it some importance or authority. **b** (app.) a naval title of unknown significance.
a ad ~um sederunt Hercules et Idas; ceteri ordinem seruauerunt HYG.*Fab*.14.32. **b** C IVLIO PANISCO ~O SEPTESEMIODIALI *CIL* 10.3480; 10.3481.

Pītumnus: var. PICVMNVS.
VAR.*gram*.375.

pitydion ~iī, *n.* [Gk. πιτύδιον] (See quot.)
quartum (*sc.* genus pinearum nucum) ~ia uocant e pinastris PLIN.*Nat*.15.36.

pityocampa ~ae, *f.* [Gk. πιτυοκάμπη] An urticating caterpillar, prob. the processional caterpillar.
erucas quas ~as uocant PLIN.*Nat*.23.62; 28.128; ~is in picea nascentibus 29.95.

pityōn ~ōnos, *m.* [Gk. πιτυών] A pine-wood, plantation of pine-trees.
daphnonas, platanonas et aerios ~onas MART.12.50.1.

pityūsa ~ae, *f.* [Gk. πιτυοῦσσα] (app.) A species of *Euphorbia*.
~a..quam quidam in tithymali genere numerant PLIN. *Nat*.24.31.

pius ~a ~um, *a. superl.* ~issimus. [cf. Osc. *piíhiúí*, Umb. *pihaz*; perh. cogn. w. PVRVS] FORMS: nom. masc. pl. *~eis CIL* 1.665; superl. *~issimus* condemned by Cicero as not being Latin (*Phil*.13.43), but used by him, acc. Caper (CIC.*Ep*.fr.18(17).3) and freq. from about the time of the Younger Seneca onwards; see also PIENTISSIMVS.

1 (embracing any or several of the aspects specified in subsequent senses) Faithful to one's moral obligations, dutiful, conscientious, upright, etc. **b** (of the virtuous dead; also transf., of places inhabited by them). **c** (of conduct, feelings, etc.); (neut. as sb.) natural justice, equity. **d** (of wars) justly waged; (of weapons, etc.) used in a righteous cause.
tuom esse nihilo magis oportet uidulum. — isto tu pauper es quom nimi' sancte ~u's PL.*Rud*.1234; ~um ac pudicum ingenium narras Pamphili TER.*Hec*.152; 'fidem Dolabellae' ..deserere homo ~us non potest CIC.*Phil*.13.42; sum ~us Aeneas, qui ex hoste penatis classe ueho mecum VERG.*A*. 1.378; parce ~o generi..non nos..Libycos populare penatis uenimus 1.526; ~a te caeso dicatur adultera OV.*Ib*. 307; ad mercedem ~i sumus..et honesta, quamdiu aliqua spes illis inest, sequimur SEN.*Ep*.115.10; exeat aula qui uolt esse ~us LUC.8.494; decus..medicinae conseruare ~o sanctoque animo LARG.pr.p.3,l.3; (*masc. as sb.*) ~is omnibus retinendus animus est in custodia corporis CIC.*Rep*.6.15; eloquio..exonerare ~os modo, nunc onerare nocentes *Laus Pis*.99;—(*used of the gods in respect of their dealings with human beings*) spero equidem (te) mediis, si quid ~a numina possunt, supplicia hausurum scopulis VERG.*A*.4.382; ~a turba deorum [TIB.]3.10.25; o ita, Phoebe, uelis, ita uos, ~a numina uatum, insignis cornu Bacche nouemque deae! OV.*Ars* 3.347; (*cf.*) ~a sunt nullumque nefas oracula suadent *Met*.1.392;—(*humorously, of an inanim. obj. personified*) seu tu querelas siue geris iocos..seu facilem, ~a testa, somnum HOR.*Carm*.3.21.4;—(*poet.*) Aulide soluit ille (*sc.* Calchas) bene haerentis ad ~a saxa ratis PROP.4.1.110. **b** tu (*sc.* Mercuri) ~as laetis animas reponis sedibus HOR. *Carm*.1.10.17; LUC.6.792; (*cf.*) uolucrum locus ille ~arum.. illic innocui late pascuntur olores et uiuax phoenix OV.*Am*. 2.6.51;—(*masc. pl. as sb.*) uos..qui extremum spiritum in uictoria effudistis ~orum estis sedem..consecuti CIC.*Phil*. 14.32; HOR.*Carm*.2.13.23; LIV.2.38.4; (Orpheus) quaerens.. per arua ~orum inuenit Eurydicen OV.*Met*.11.62; sedibus Elysiis campoque expulsa ~orum ad Stygias..tenebras.. trahor LUC.3.12; si quis ~orum manibus locus TAC.*Ag*. 46.1;—tibi sede ~a maneat locus *Culex* 39; ille ~o..in aruo inter honoratos excipietur auos *Epic.Drusi* 329;—(*cf.*) uideor ~os errare per lucos (*i.e. haunted by the Muses*) HOR. *Carm*.3.4.6; nec tu sperne ~is uenientia somnia portis PROP.4.7.87. **c** ex agricolis..maxime..~us quaestus stabilissimusque consequitur CATO *Agr*.pr.4; ~o dolori et iustae iracundiae concedendum CIC.*Sest*.4; tam ~o iustoque foedere *Phil*.13.37; quodam nobis officium iustum et ~um et debitum rei p...uidebamur sequi *Fam*. 6.1.3; causa ~a est *Ciris* 157; Nisus (insignis) amore ~o pueri (*sc.* Euryali) VERG.*A*.5.296; utinam, si forte ~os eduximus annos ille uir in medio fiat amore lapis! PROP. 2.9.47; te scelus..Polymestoris..nutrit in hospitio non, Polydore, ~o 3.13.56; recipe hunc Oresten ac ~um furtum occule SEN.*Ag*.931; flere ~o Vesuuina incendia cantu STAT. *Silv*.5.3.205;—(*neut. as sb.*) stabit pro signis iusque ~umque tuis OV.*Ars* 1.200; Pyrrhus..indicasset (*sc.* Hermionen) contra iusque ~umque tenet *Ep*.8.4; fas, iustum, ~um, aequum..subici possunt honestati QUINT.*Inst*.3.8.26. **d** bella..tarde..suscipiebant, quod bellum nullum nisi ~um putabant geri oportere VAR.in Non.p.529M; (res) puro ~oque duello quaerendas censeo *formula* in Liv. 1.32.12; pro uobis..iustum ~umque bellum suscepimus LIV.39.36.12; 42.23.6; CURT.6.3.18; SUET.*Gal*.10.4;—(*of weapons, etc.*) sociorum periculum et nunc Sagunti excidium nobis ~a ac iusta induerunt arma LIV.30.31.4; tu ~a tela feres, sceleratas ille (*sc.* Parthus) sagittas OV.*Ars* 1.199; clangor..tubarum non ~a concinuit..classica (*i.e. in a civil war*) LUC.1.238; QUINT.*Decl*.352(p.383,l.11).

2 (spec.) Faithful in discharging one's religious obligations, devout, etc. **b** (of sacred objects, ritual offerings, or sim.).
satin si quoii homini di esse bene factum uolunt, aliquo illud pacto optingit optatum ~is? PL.*Rud*.1194; MVSTE ~EI *CIL* 1.663; tu frustra ~us heu non ita creditum poscis Quintilium deos HOR.*Carm*.1.24.11; consulem purum ~umque deis immortalibus uisum LIV.10.7.4; ~a..Damascos STAT.*Silv*.1.6.14; ~a mente adire lucos et occursare numinibus PLIN.*Pan*.81.1;—(*transf. ep.*) di, talia Grais instaurate, ~o si poenas ore reposco VERG.*A*.6.530; tendens..~as ad sidera palmas 'omnipotens regina', inquit.. V.FL.1.80; APUL.*Met*.11.22;—(*of actions, wds., etc.*) multi ..homines immolare et ~um et diis immortalibus gratissumum esse duxerunt CIC.*Rep*.3.15; adire castis precibus aut ritu ~o..deam SEN.*Phaed*.108; miseris dictat ~a uota sacerdos V.FL.1.685. **b** quam ieiuna ~um desideret aro cruorem CATUL.68.79; ~a tege tempora uitta VERG.*A*.4.637; molliuit auersos Penatis farre ~o HOR.*Carm*.3.23.20; ~a tura TIB.2.2.3; flammae..~ae (*i.e. in Vesta's temple*) OV. *Fast*.6.440; quod..~o fusum stridat in igne merum *Tr*. 5.5.12; MART.13.4.2; ~a templa STAT.*Theb*.11.751.

3 Faithful in the discharge of one's family or social obligations, devoted, loyal, or sim.: **a** (of children in relation to their parents). **b** (of a husband or wife). **c** (of other relatives, friends, etc.). **d** (of subordinates in relation to those in authority).
a tu qui ~us, istoc es genere gnatus, nummum non habes PL.*Ps*.356; patriae conducit ~os habere ciues in parentes CIC.*Off*.3.90; VERG.*A*.3.75; coheredem optimae uxori et ~issimae filiae Domitianum scripsit TAC.*Ag*.43.4;—(*masc. pl. as sb.*) ut eos (*sc. avengers of their father*) agitent Furiae.., quod ne ~i quidem sine scelere esse potuerunt CIC.*S.Rosc*. 66;—(*transf. ep.*) uerita est umeros urere flamma ~os (*i.e. of Aeneas carrying Anchises*) PROP.4.1.44; dexteras matri date, date dum ~ae sunt SEN.*Phoen*.451;—(*of actions, feelings, etc.*) (Maiestas) patres in honore ~o matresque tuetur OV.*Fast*.5.49; quam ~a munificentia..templum patri molitur! VELL.2.130.1; nequit illa ~o dimittere natum complexu STAT.*Theb*.4.343; (*cf.*) senior..pater, ~a sarcina nati (*i.e. Aeneas*) OV.*Ep*.7.107; (*transf.*) certare ~o certamine cuiuslibet bonae artis..ausi sumus cum parentibus quaeque ciuitas et conditoribus suis LIV.37.54.19. **b** ~am et pudicam esse tuam uxorem ut scias PL.*Am*.1086; ~a Penelope PROP.3.13.24; ~a nil aliud quam me dolet exule coniunx OV.*Tr*.1.2.37; MARITI SVI OPTIMI ~ISSIMI *CIL* 6.10234.3;—(*of action, feelings*) pulchros, regina, ~osque pone metus (*i.e. for your husband*) OV.*Met*.11.389; Fortunata rem ~am fecit; omne enim aurum suum..uendidit et mi centum aureos in manu posuit PETR.76.6. **c** Messalla meus ~a det spectacula turbae et plaudat curru praetereunte pater TIB.2.5.119; tam ~o erga propinquos, tam iusto in ciuis..regi LIV.42.5.5; (Althaea) consanguineas ut sanguine leniat umbras, inpietate ~a est OV.*Met*.8.477; stulte ~a mater (*i.e. Metanira*) *Fast*.4.555; ~issimo patri SEN.*Con*. 9.4.14; nec umquam ambitiosa ~os conlidit gloria fratres STAT.*Theb*.6.435;—(*of actions, feelings, etc.*) omnis gratas amicitias atque etiam ~as propinquitates in tua obseruantia ..uincam PLANC.*Fam*.10.24.1; cura mei (*sc.* Hermiones) si te ~a tangit Oreste OV.*Ep*.8.15; iustissimum et ~issimum duxi portionem eius hereditatis..legare Mariano fratri meo SCAEV.*dig*.34.4.30.4. **d** quae praecipue fuerat ~a 'persequar' inquit 'in freta reginam (*sc.* Ino)' OV.*Met*.4.551; famulum.., sed famulum gemis, Vrse, ~um, sed amore fideque has meritum lacrimas STAT.*Silv*.2.6.10; illi (*sc. the Praetorian Guard*) castra ~a statione tenent 5.3.190; HIC SVM IN PATRONO MEO SEMPER ~A *CIL* 6.28661;—(*in the titles of legions*) TRIB(uno) LEG(ionis) XV ⟨APOL⟩LINARIS ~AE FIDELI⟨S⟩ *Inscr.Dessau* 1390; LEG(ionis) XXII PRIMIGENIAE ~AE FIDELIS *CIL* 5.7872.

4 (as an honorific cognomen, esp. that given to the Emperor Antoninus in A.D. 138; assumed as a matter of course by Commodus and later Emperors).
Q. Metellus, Numidici filius, qui meritum cognomen ~i consecutus erat: quippe expulsum ciuitate..restituit patrem VELL.2.15.3;—IMP CAESARI DIVI HADRIANI F..TITO AELIO HADRIANO ANTONINO AVG ~O *CIL* 9.697; FRO.*Ant*. 1.p.236(169N); GAIUS *Inst*.2.195;—M COMM(odus) ANTON(inus) AVG(ustus) ~VS FEL(ix) *BMCI* 4.p.801,No.565.

pix[1] picis, *f.* [cf. Gk. πίσσα, Lith. *pìkis*] Vegetable pitch (obtained by distilling tar). **b** (applied to mineral pitch, asphalt, or sim.).
si (postes) sunt inducti ~ce PL.*Mos*.827; cupas taeda ac ~ce refertas incendunt CAES.*Civ*.2.11.2; SAL.*Jug*.57.5; (tellus) ~cis in morem ad digitos lentescit habendo VERG. *G*.2.250; hic dies..corticem adstrictum ~ce dimouebit amphorae HOR.*Carm*.3.8.10; pastor iunctis ~ce cantat auenis OV.*Tr*.5.10.25; SEN.*Nat*.1.12.1; ~x corticata appellatur, qua utuntur ad condituras Allobroges COL.12.23.1; pinus atque abies omnesque quae ~cem gignunt PLIN.*Nat*. 16.38; ~cem meminisse debemus non aliud esse quam combustae resinae fluxum 23.46; FRON.*Str*.4.7.9;—(*as proverbially black*) uides caelum ~ce nigrius OV.*Ep*.17.7; Illyrica si iam ~ce nigrior essem *Pont*.4.14.45;—(*boiling pitch as a torture*) te, si hic sapiat senex, ~x atra agitet apud carnuficem PL.*Capt*.597; LUCR.3.1017;—(*pl.*) spumas miscent argenti uiuaque sulpura Idaeasque ~ces (*i.e. in cases of scab*) VERG.*G*.3.450; (fundit) crassiorem (resinam)..et ad ~ces faciendas cedrus PLIN.*Nat*.14.122. **b** sub eo monte ..lacus aquae pleni; inde ~x exit et bitumen AMP.8.1.

pix[2] pīcis, *f.* [Gk. σφίγξ, Boeotian φῖξ, cf. *picatus*[2]] A sphinx (in quot., app. confused with a griffin and taken as masc.).
~cis diuitiis, qui aureos montes colunt, ego solus supero PL.*Aul*.701.

pixis: var. of PYXIS.

plācābilis ~is ~e, *a. compar.* ~ior. [PLACO[1]+-BILIS]

1 Capable of being placated or mollified, quick to forgive. **b** (of anger).
inimicis te ~em, amicis inexorabilem praebes *Rhet.Her*. 4.58; qui..omnia..habuisset aequiora et ~iora quam animum praetoris CIC.*Ver*.2.95; quoi..non modo ~em me praebuissem sed totum remisissem *Att*.10.16.1; irasci celerem, tamen ut ~is essem HOR.*Ep*.1.20.25; populi

Romani clementiam..sibi quoque ~em fore Liv.26.14.2; ne pertinacibus armis minus ~em uictorem relinqueret coniugi ac liberis Tac.*Hist.*3.67; ~iorem fore principem rebatur nulla sollicitudine turbatum *Ann.*14.59; (*w.* ad) ~e ad iustas preces ingenium Liv.4.42.9;—(*of gods, etc.*) qui mitem Cerberon..credidit aut ulli Ditis ~e numen *Culex* 271; his (*sc. offerings*) ~is umbra est Ov.*Fast.*2.541; di ~es et aequi Sen.*Cl.*1.7.2; (*transf. ep.*) pinguis ubi et ~is ara Dianae Verg.*A.*7.764;—(*poet.*) si fata reducunt te mihi, si..~e matribus aequor V.Fl.1.324. **b** ira deum..sacris ~is Ov.*Met.*10.399; habet iracundiam, sed ~em Sen.*Ep.*85.7; V.Fl.4.472.

2 Calculated to appease (someone angry), placatory; offering propitiation (for bad omens).
te ipsum purgare ipsi coram ~ius est Ter.*Ad.*608; *Ph.* 961;—(Medea) rapta toris primi iubar ad ~e Phoebi ibat et horrendas lustrantia flumina noctes V.Fl.5.331.

3 (of omens, etc.) Peaceful in intention, conciliatory.
id fulmen, quod solus Iuppiter mittit, ~e est, perniciosum id,..quod aliis quoque diis auctoribus misit Sen.*Nat.*2.43.1; nonne..uides..ut nulla..ales..fugiens ~e planxerit omen? Stat.*Theb.*3.505.

plācābilitās ~ātis, *f.* [prec.+-tas] Readiness to forgive, placability.
nihil..praeclaro uiro dignius ~ate atque clementia Cic. *Off.*1.88.

plācābiliter, *adv.* [placabilis+-ter²] In a conciliatory manner.
iudices..conciliandos esse ac propitiandos ~..sal̄uti.. eius, qui apud eos accusatus est Gel.6(7).3.19.

plācāmen ~inis, *n.* [placo+-men] A means of placating or appeasing.
ludi..scenici..inter alia caelestis irae ~ina instituti Liv. 7.2.3; 7.3.2; ad fauces..Auerni duc praedicta sacris duro ~ina Diti (*i.e. sacrificial victims*) Sil.13.415.

plācāmentum ~ī, *n.* [placo+-mentvm] = prec.; also, more generally, a means of soothing or quieting (the feelings).
magna et pecori gratia..in ~is deorum Plin.*Nat.*8.187; alia ~a hostilis irae Tac.*Hist.*1.63; *Ann.*15.44;—(daemones) proinde ut nos pati possunt omnia animorum ~a uel incitamenta Apul.*Soc.*13.

plācātē, *adv. compar.* ~ius. [placatvs+-e] In a spirit of reconciliation or forgiveness; calmly, composedly.
hoc..intellegimus eum cotidie remissius et ~ius ferre Cic. *Fam.*6.13.3;—ut..omnia humana ~e et moderate feramus 6.1.4.

plācātiō ~ōnis, *f.* [placo+-tio] The action of placating or mollifying, appeasement. **b** the action of calming or quieting (the feelings).
fundamenta..ciuitatis quae..numquam profecto sine summa ~one deorum..tanta esse potuissent Cic.*N.D.*3.5; *Div.*2.36; Plin.*Nat.*8.183. **b** omnis eius modi perturbatio animi ~one abluatur illa quidem, cum doceas.. Cic.*Tusc.* 4.60.

plācātus ~a ~um, *a. compar.* ~ior, *superl.* ~issimus. [pple. of placo¹]

1 Kindly disposed, merciful, or sim. (as a result of having been appeased).
uxor tibi placida et ~ast Pl.*Mer.*965; nihil tam uidi mite, nihil tam ~um quam tum meus frater erat in sororem tuam Cic.*Att.*5.1.3; scribis illum per me Quinto fore ~iorem 11.21.3; quae (*sc.* Cynthia) mihi dum ~a aderit, non ulla uerebor regna Prop.1.14.23; id maiore et ~iore animo decet uos facere in hac uictoria Liv.37.45.8; Ov.*Met.*4.31; nec (di) minus propitii erant mola salsa supplicantibus, immo uero.. ~iores Plin.*Nat.*12.83; scripturum patri ut ~us legionum preces exciperet Tac.*Ann.*1.29;—(*poet.*) sis licet,..tellus (*i.e. in a grave*), ~a leuisque Mart.6.52.5;—(*facet.*) undemiarum..gratiam..sentiam, quom tua ualetudo ~ior esse nobis coeperit Aur.*Fro.*1.p.248(90N).

2 (of things, esp. conditions) Peaceful, calm.
sedare animos malunt quam incitare, et de rebus ~is ac minime turbulentis..loquuntur Cic.*Orat.*63; ei somno..qui ..sine uisis somniorum ~issimam quietem adfert *Tusc.*1.97; animi quietus et ~us status 5.16.

placens ~ntis, *a.* [pple. of placeo] Pleasing, agreeable; (of a person) that finds favour in another's eyes, beloved.
illud..perabsurdum,..expetendum (esse), quod non (sit) ~ns Cic.*Fin.*3.27;—uisendus ater..Cocytos..linquenda.. domus et ~ns uxor Hor.*Carm.*2.14.21.

placenta ~ae, *f.* [ad. Gk. πλακόεντα, acc. of πλακόεις (πλακοῦς)] A kind of flat cake.
~am sic facito. farinae siligineae l. ii, unde solum facias, in tracta farinae l. iiii et alicae primae l. ii.. Cato *Agr.* 76.1; iucundas..puer qui lamberat ore ~as Lucil.585; Hor.*S.*2.8.24; Petr.60.4; Hyblaeis madidas thymis ~as Mart.5.39.3; 11.31.8; Juv.11.59;—(*in religious use*) ut.. sacerdotis fugitiuus liba recuso, pane egeo iam mellitis potiore ~is Hor.*Ep.*1.10.11; libetur tibi..ad aras secta plurima quadra de ~a Mart.9.90.18.

placentia¹ ~ae, *f.* [placens+-ia] (app.) Agreeable quality, complaisance.
ad ~am (*s.v.l.*), ad mediocritatem libido flectitur actusque uoluptarios ratione huius (*sc.* abstinentiae)..coerceri Apul. *Pl.*2.6.

Placentia² ~ae, *f.* A town on the river Po, now Piacenza.
Cic.*Att.*6.9.5; nuper circa Padum ~am Cremonamque colonias in agrum Gallicum deductas Liv.21.25.2; Vell. 1.14.8; Sil.8.591.

Placentīnus ~a ~um, *a.* Of or coming from Placentia; (masc. pl. as sb.) its inhabitants.
calices..~i Cic.*Pis.*67; in agrum ~um Liv.34.56.10;— Cremonensibus ~isque cogendis redire in colonias 32.26.3; (*in pun w.* placenta) multigeneribus opus est tibi militibus: primumdum opus est Pistorensibus..opu' ~is quoque Pl. *Capt.*162.

placeō ~ēre ~uī or ~itus, *intr.* [cf. Toch. B *plāki* 'agreement'] Forms: dep. pf. most freq. in sense 5. Consts.: commonly with dat. of person.

1 To be pleasing or acceptable (to), be liked or approved of (by). **b** *~es* (in approving comments), you are doing what I like; (*non*) *~et* (commenting on a situation), I (do not) like it. **c** *sibi ~ere,* to think well of oneself (esp. in pejorative sense), be proud, complacent, etc. **d** to be sexually attractive (to). **e** (of public performers, shows, or sim.) to find favour with an audience or spectators.
non ~et mi cena quae bilem mouet Pl.*Bac.*537; sane sapis et consilium ~et *Ps.*662; quotiens ibis, totiens magis ~ebit (*sc. a piece of land*) Cato *Agr.*1.1; an (locus) in media silua ~et? est enim is maxime..opacus Cic.*de Orat.*3.18; non ~et M. Antonio consulatus meus *Phil.*2.12; nec facta impia ..caelicolis ~ent Catul.30.4; uita hominum sine cupiditate agitabatur; sua quoique satis ~ebant Sal.*Cat.*2.1; ~et omen..huc dirigite naues Liv.29.27.12; ita ~ebat barbaris numerus suus, ita fiducia uirium, ut.. Vell.2.112.3; Afrae uolucres ~ent palato Petr.93.2,l.2; (Seneca) ~ebat propter sola uitia Quint.*Inst.*10.1.127; si mulas tibi dedero ut experiaris et, si ~uissent, emeres Ulp.*dig.*19.5.20.1;—(*w. abl. of instr.*) se..uirtute..P. Scipioni, summo uiro, ~uisse Sal.*Jug.*22.2; (piper) sola ~ere amaritudine..! Plin.*Nat.* 12.29;—(*w. cl. or sim. as subj.*) respondit..sibi non ~ere, quod tam cupide (Aristides) elaborasset, ut..Iustus appellaretur Nep.*Ar.*1.4; imaginem igneam in iis (*sc. amber*) esse, non ignem, ~et Plin.*Nat.*37.47;—(*dep. pf. or pf. pple.*) quae uobis ~itast condicio datur Ter.*Hec.*241; ~itam Paci nutritor oliuam Verg.*G.*2.425; herbas..perspicit et ~itas.. radice reuellit Ov.*Met.*7.226; si uos ~ita hostia iuui Stat. *Theb.*10.769;—(*poet.*) si cultus erit speculoque ~ebit Ov. *Ars* 3.681;—(*gdve. w. act. force*) si illa tibi ~et, ~enda dos quoque est quam dat tibi Pl.*Trin.*1159. **b** pallium mi ecferte.—em, nunc tu mihi ~es Pl.*Mer.*911; fiat istuc potius quam nunc pugnem tecum.—nunc ~es *Rud.*1042; —quis hic est homo quem ante aedis uideo hoc noctis? non ~et *Am.*292; quid uos maestos..esse conspicor? non ~et nec temere est etiam *Bac.*670; gaudeo tibi mea opera liberorum esse amplius.—enim non ~et *Cist.*777; *Truc.* 829. **c** numquam mihi minus quam hesterno die ~ui Cic.*de Orat.*2.15; ~uit sibi, natura sublimis et acer (*sc. the early Roman writer*) Hor.*Ep.*2.1.165; est..~uisse sibi cuicumque uoluptas: uirginibus cordi..forma suast Ov. *Med.*31; liberalium artium consectatio molestos, uerbosos.. sibi ~entes facit Sen.*Ep.*88.37; Petr.46.5; cum uoco te dominum, noli tibi, Cinna, ~ere Mart.5.57.1; Juv.10.42; (*w. abl.*) hac facie (*i.e. Pompey's*), Fortuna, tibi, Romana, ~ebas Luc.8.686; (*w.* in+*abl.*) (Cestius) ~uit sibi in hac explicatione..infelici: 'nox erat concubia..' Sen.*Con.* 7.1.27. **d** postquam ea adoleuit ad eam aetatem ut uiris ~ere posset Pl.*Cas.*48; uolo me ~ere Philolachi, meo ocello, meo patrono *Mos.*167; tibi ne uicinus Enipeus plus iusto ~eat caue Hor.*Carm.*3.7.24; ~eam tibi, Cynthia, solus Prop.2.7.19; qua nimium ~ui, mutando perde figuram Ov.*Met.*1.547; Iocasta..heu quibus, heu ~itura toris! Stat.*Theb.*2.296; (*in a 'double entendre'*) in suspecta nuru: 'duxi uxorem, quae patri ~uit' Quint.*Inst.*9.2.69;—(*dep. pf. or pf. pple.*) per gladios alii ~itas rapuere puellas Ov.*Ep.*19.37; cum (feminam) maxime ~am seuocasset Suet.*Cal.*36.2; (*of the face*) formam populabitur aetas, et ~itus rugis uultus aratus erit Ov.*Med.*46. **e** spectatores,..si ~uimus neque odio fuimus, signum hoc mittite Pl.*Capt.*1035; primo actu ~eo; quom interea rumor uenit datum iri gladiatores, populus conuolat Ter.*Hec.*39; eae (*sc.* corollae) cum ~uerant actores in scena dari solitae Var.*L.*5.178; hic agnoscitur omne quod theatris aut forma ~et aut probatur arte Stat.*Silv.*1.6.69; choraulae mire ~enti denarios quinque donasse Suet.*Gal.*12.3; *Vit.*11.2; qvi ..in theatro bidvo saltavit et ~vit *CIL* 12.188;—(*dep. pf.*) ubi sunt cognitae (*sc.* fabulae), ~itae sunt Ter.*Hec.*21.

2 a To find favour (for a particular purpose). **b** (of a usage, etc.) to come into favour, be or become popular.
a (*w. dat. of purpose*) hibernis ~ebat locus Liv.24.20.15; nox ~et sceleri: prorsus adulteri tempus Sen.*Con.*7.5.2; (dolor) gaudet..se..non solum ~uisse poenae Sen.*Tro.*1015; cinis dentifricio ~et Plin.*Nat.*28.182;—(*w.* ad) neque.. locus ullus in Vrbe ad facinus diramque ~et nisi curia caedem Ov.*Met.*15.802; Curt.9.6.3;—(*w.* in+*acc.*) ~et in uulnus maxima ceruix Sen.*Ag.*100. **b** usum eius (*sc.* piperis) adeo ~uisse mirum est; in aliis quippe suauitas cepit.. Plin.*Nat.*12.29; quod apud Graecos quoque non adeo antiquitus ~uit 21.3; proximi a morte eius auctores siluere de illis (floribus); quo manifestum est postea ~uisse 21.48.

3 (of an opinion or theory, esp. impersonally) To find acceptance (with an individual or a majority), be (generally) held (by).
ut (natura) uno consensu iuncta sit et continens, quod uideo ~uisse physicis Cic.*Div.*2.33; quod scribere..non auderem, nisi idem ~eret grauissimo Stoicorum Panaetio *Off.*2.51; nec ipsi testamentum facere possunt (dediticii) secundum id quod magis ~uit Gaius *Inst.*1.25; 1.101;— (*impers., w. acc. and inf.*) Epicuro..~et opinionem mali aegritudinem esse Cic.*Tusc.*3.28; *Fat.*24; nonnullis ~uit esse uentos quattuor Vitr.1.6.4; ut scripsere quibus aedilem fuisse eo anno Fabium Maximum ~et Liv.10.11.9; Man.1.123; Gaius *Inst.*3.178;—(*w. adv.*) si haec nata sunt, ut Platoni uidetur,..si semper fuerunt, ut Aristoteli ~et Cic.*Tusc.*1.70; Vitr.6.2.3; Tac.*Ag.*46.1; de his seruis..ita ~uit, ut quidquid ex re nostra..adquirunt, id nobis adquiratur Gaius *Inst.*2.91;—(*ellipt.*) illud forsitan quaerendum sit, num haec communitas..moderationi..semper anteponenda. non ~et Cic.*Off.*1.159.

4 (of a proposed course of action, usu. impersonally) To commend itself, seem good (to). **b** *~et* (assenting to a proposal), agreed! a good idea! **c** *si tibi* (etc.) *~et* (in suggestions), if you (etc.) have no objection. **d** *si dis ~et,* God willing; (as an exclam. introducing some shocking or unexpected fact) if you please! would you believe it?
minu' ~et magi' quod suadetur, quod dissuadetur placet Pl.*Trin.*670; quid mihi ~eat puto te scire oportere Cic. *Fam.*6.8.1; ne id quod ~ebat decerneretur..ambitio obstabat Liv.5.36.9; non..munimentis labor additus: uis et arma satis ~ebant Tac.*Hist.*4.23; Juv.10.338;—(*impers., w. inf.*) acceptam iniuriam persequi non ~et? Cic.*Mur.*44; si modo nomina rebus addere uera ~et Ov.*Met.*5.525;— (*w. acc. and inf.*) neque sibi ~ere, qui scriptum faceret, eum aedilem fieri Calp.*hist.*27; Prusias cum Hannibali..depugnari ~eret, negabat se audere Cic.*Div.*2.52; Sal.*Cat.* 51.43; Antipater..concilium Graecorum, quid fieri ~eret, consuluit Curt.6.1.19; Quint.*Inst.*2.2.14;—(*w. adv.*) 'uti oratione perpetua malo quam interrogare aut interrogari.' 'ut ~et', inquam Cic.*Fin.*1.29; sic ~et? an melius quis habet suadere? Hor.*Epod.*16.23;—(*ellipt.*) an hoc proferendum tibi uidetur esse?—miquidem non ~et Ter.*Ad.* 337; de tota..re..quando ~eat uelim consideres Cic.*Att.* 12.24.1; sis quocumque tibi ~et sancta nomine Catul. 34.21; controuersias..iure ac iudicio disceptanto, aut, si utrisque ~ebit, bello Liv.38.38.17. **b** suadeo ut ad nos abeant..—~et, bene facitis Pl.*Rud.*880; opsecro te ut mea mihi reddantur.—~et 1137; transduce..familiam omnem ad nos.—~et, pater Ter.*Ad.*910. **c** nunc uos, si uobis ~et..signum hoc mittite Pl.*Capt.*1034; parcas istis uerbis, si ~et Afran.*com.*355; de primo primum, si ~et, disputemus Cic.*Part.*70; Ciceronem, si tibi ~ebit, adhibebis *Att.*12.28.1; sume..amplexum, si ~et Petr.127.7; Calp. *Ecl.*6.65. **d** expediui ex seruitute filium, si dis ~et Pl. *Capt.*454; Ter.*Eu.*919;—aduenit, si dis ~et, ad uillam argentum meo qui debebat patri..minas uiginti mi dat Pl.*Truc.*647; psaltriam, si dis ~et, parauit quicum uiuat, illam deserit Ter.*Ad.*476; alter, si dis immortalibus ~et, testimonium etiam in Sex. Roscium dicturus est Cic.*S.Rosc.* 102; L..Sextium et C. Licinium, perpetuos, si dis ~et, tribunos Liv.6.40.7; 41.23.7; Plin.*Nat.*19.153; post Macedonas, si dis ~et, Thraces rebellant Flor.*Epit.*1.39(3.4.1); (*cf.*) quaedam, si ~et hoc tibi, Priape, fucosissima me puella ludit *Priap.*50.1.

5 (esp. in pf. or historic tenses, often impersonally) To be resolved or agreed on (by). **b** (of decisions by the Senate or other authorities). **c** (of divine ordinances).
nec..requies, nisi mors, reperitur amoris: mors ~et. erigitur laqueoque innectere fauces destinat Ov.*Met.*10.338; ut tempora tandem furtiuae ~uere fugae Luc.2.688; tardum est..differre quod ~et Petr.10.7; (*w.* inter) congruum fidei humanae..ea quae inter eos ~uerunt seruare Ulp.*dig.* 2.14.1;—(*pf. pple. in act. sense*) in locum ambobus ~itum exercitus conueniunt Sal.*Jug.*81.1; quid..mensurarum.. modum rimantes ~itae disciplinae conscentur magistrum Col.1.pr.3; impius ensis ter ~itam suasit temerando rumpere pacem Sil.1.11; semel ~ita pro aeternis seruauisse Tac. *Ann.*1.80; 2.66; (*impers. abl. absol.*) sic ~ito consurrexit Apul.*Met.*2.24;—(*impers., w. inf.*) in ea..dubitatione omnium Cannutio..~uit repente pronuntiare: 'dixerunt' Cic.*Clu.*73; Ov.*Met.*3.322; seueriores sequi ~et leges Quint.*Inst.*12.1.40;—(*w. acc. and inf.*) qui..foedera firment centum oratores prima de gente Latinos ire ~et Verg.*A.* 11.332; Liv.3.18.4; si..dens dolores mouet, eximique eum.. ~uerit, circumradi debet Cels.7.12.1.a;—(*w.* ut *or* ne+ *subj.*) ~uit nobis ut statim ad Cornutum..litteras deferremus Cic.*Fam.*10.12.3; Caes.*Gal.*1.34.1; contendere cantu pignoribusque parant: ~et, hic ut uellera septem, ille sui uictus ne messem uindicet horti Calp.*Ecl.*2.7; Papin.*dig.* 20.1.1.3; (*dep. pf.*) cum essent perpauca inter se..conlocuti, ..~itum est ut in aprico maxime pratuli loco..considerent Cic.*Rep.*1.18; D.Brut.*Fam.*11.1.2;—(*w. subj. alone*) ~uit, ad hunc primum ferremus aditum Apul.*Met.*4.9. **b** (*w. inf. or acc. and inf.*) de absente iudicium nullum fieri ~ere in Cic.*Ver.*2.95; rogatus est populus quem id bellum gerere ~eret *Phil.*11.18; senatui ~ere mihi domum restitui *Att.*4.2.4; *S.C.*in Cael.*Fam.*8.8.6; senatum Sp. Oppius habet. nihil ~et aspere agi Liv.3.50.14; 37.2.8; corruptae nefas legationis erupit ~uitque persequi bello parricidam Flor.*Epit.*1.36(3.1.6); ut..edixerit..mulieres ante horam quintam uenire in theatrum non ~ere Suet. *Aug.*44.3;—(*w.* ut *or* ne+*subj.*) ~ere uti L. Egnatuleio triennio ante legitimum tempus magistratus petere..liceat Cic.*Phil.*5.52; ~itum est ut quam primum ad urbem reuerteretur Cn. Pompeius Cael.*Fam.*8.4.4; ~itum olim ne feminae in socios..traherentur Tac.*Ann.*3.33;—(*w. subj. alone*) ~ere senatui..militum ad duodecim milia..scriberet (L. Valerius) Liv.35.23.8;—(*w. adv.*) eo (die)—sic enim ~uerat patribus—magistratum inierunt 9.8.1. **c** si iam bella manebant et ~itum hoc superis V.Fl.3.297; id dis quos implorarent ~itum, ut arbitrium penes Romanos maneret Tac.*Ann.*13.56;—(*w. acc. and inf.*) si nihil ex tanta superis ~et urbe relinqui Verg.*A.*2.659; 12.503; uires.. aequari dis immortalibus ~uit Liv.8.5.4;—(*w. adv.*) sic potenti Iustitiae ~itumque Parcis Hor.*Carm.*2.17.16; (*cf. sense 4d*) Nero, quoniam ita ~uit diis, princeps..alendis uocibus demonstrauit rationem Plin.*Nat.*34.166.

placida ~ae, *f.* [placidvs] A kind of ship, prob. an oared pleasure-boat.
nauium..appellationes hae sunt: gauli, corbitae..~ae Gel.10.25.5; *CIL* 8.27790.

placidē, *adv. compar.* ~ius. [placidvs+-e]

1 Quietly, calmly. **b** (applied to physical activity).
contempla ~e formam et faciem uirginis Naev.*trag.*3; cum ipso pol sum locuta, ~e,..otiose, meo arbitratu Pl.

*Mil.*1221; dormibo ~e in tabernaculo *Trin.*726; praetoris iniurias tacite, hospitis ~e ferendas Cic.*Ver.*2.84; cum ratione animus mouetur ~e atque constanter *Tusc.*4.13; bene..~eque quiescas Tib.2.4.49; a quibus ~e oratio accepta est Liv.2.3.7; is..qui uestros campos pascit ~e 25.12.10; Ov.*Tr.*4.8.30; Sen.*Ep.*82.1. **b** quid..tam ~e is, puere? Pl.*Ps.*242; uerrunt..~e mare Enn.*Ann.*384; ad fores suspenso gradu ~e ire perrexi Ter.*Ph.*867; uim hostium ~e leniterque procedens..sustinebat *B.Afr.*70.2; ~e uolantem aquilam, non sono armorum..territam Curt.4.15.26; quod sensim et ~..incederes Plin.*Pan.*23.2; (*of the motion of inanim. things*) flumen, quo latius fusum est, hoc ~ius stagnat Curt.9.2.17;—(*in fig. phr.*) cum sedate ~eque liquitur (oratio) Cic.*Orat.*92; quidam (oratores)..disturbant de industria, si quid ~ius effluxit Sen.*Ep.*114.15.

2 In a mild or conciliatory manner.
quo plebem in magistratu ~ius tractarent Sal.*Cat.*39.2; populus et senatus..~e modesteque inter se rem publicam tractabant *Jug.*41.2; 83.2; ad ea..~e et benigne..uerba facit 102.12; praeerat..Britanniae..~ius quam feroci prouincia dignum est Tac.*Ag.*8.1.

3 (transf.) Gently, gradually.
terrenos et ~e accliues ad quendam finem colles Liv.38.20.4.

placiditās ~ātis, *f.* [next+-tas] Quietness, gentleness.
propter utilitatem et propter ~atem (*sc.* ouium) Var.*R.*2.1.4; sine ira et cum ~ate Clod.*gram.*4.

placidus ~a ~um, *a. compar.* ~ior, *superl.* ~issimus. [placeo+-idvs]

1 Disposed to gratify, kindly, indulgent. **b** (of speech, etc.) ingratiating, agreeable.
uxor tibi ~a et placatast Pl.*Mer.*965; hisce (*sc.*pugnis)..~um te hodie reddam *Cur.*727; egit uitam in otio..clemens ~us, nulli laedere os, adridere omnibus Ter.*Ad.*864; Cic.*Caec.*28; ~as..uiri deus obstruit auris Verg.*A.*4.440; adsis o ~usque iuues 4.578; quem tu, Melpomene..~o lumine uideris Hor.*Carm.*4.3.2; nihil..illis ~ius aut quietius erat. benigne salutare, adloqui plebis homines, domum inuitare Liv.3.14.5; non opus est magnis ~o lectore poetis Ov.*Pont.*3.4.9; plus iusto ~um iudicem V.Max.8.1.2; nisi forte amori ~us et Pluton sedet Sen.*Phaed.*628; Latios inter ~issime uates Stat.*Silv.*1.2.201; ~us ore, intrepidus uerbis Tac.*Hist.*2.48; si uacat ac ~i rationem admittitis Juv.1.21; (*of supernatural forces*) contrane durus steterit an ~us adfulserit Sol Sen.*Suas.*4.2; (*poet.*) haec (*sc.* insula) fessos tuto ~issima portu accipit Verg.*A.*3.78; ~am redimita papauere frontem Nox Ov.*Fast.*4.661; ~o natura receptat cuncta sinu Luc.7.810; noctem..~asque operi iunxere tenebras Stat.*Theb.*12.661. **b** non..semper fortis oratio quaeritur, sed saepe ~a, summissa, lenis Cic.*de Orat.*2.183; ipsis ~o sermone permulcentibus notos Liv.28.25.4; ingenium (*sc.* poetarum) ~a mollitur ab arte Ov.*Ars* 3.545; Quint.*Inst.*6.2.19; (fistulae) sonitus tum ~is tum citatis Gel.1.11.15.

2 (of an animal) Tame, quiet, friendly. **b** (of a plant) not wild, amenable to cultivation.
tam ~ast (*sc.* canis) quam feta Pl.*Mos.*852; tam ~um quam ouem reddo Ter.*Ad.*534; ut ~is coeant immitia..tigribus agni Hor.*Ars* 12; cuiuscumque generis (animalium) ullum est ~um, eiusdem inuenitur et ferum Plin.*Nat.*8.213; clausas..portas (*sc.* cauearum) hoc licuisse nefas ~i intumuere leones Stat.*Silv.*2.5.13. **b** sunt (glandes) aliquae siluestres, aliae ~iores, quae culta optinent Plin.*Nat.*16.16.

3 (of weather, the sea, and other natural phenomena) Favourable, calm, tranquil; (sim., of harbours, the sea-shore). **b** (of physical movement) gentle, quiet.
subdola cum ridet ~i pellacia ponti Lucr.2.559; cum ~um uentis staret mare Verg.*Ecl.*2.26; ~i strauerunt aequora uenti *A.*5.763; ~i..tepentibus auris mulcebant Zephyri..flores Ov.*Met.*1.107; haec mea per ~as cumba cucurrit aquas *Tr.*3.4.16; Araxes..labitur ~us et silens Mela 3.40; si est hiems in ea regione ~a Col.4.8.3; Luc.5.638; cum uer ~um flatusque tepescit Sil.3.379; (Rhenus) ad Gallicam ripam latior et ~ior adfluens Tac.*Ann.*2.6; 12.51; dies apricus ac ~us Apul.*Met.*11.7; (*cf.*) natura boum ~o magis aere uiuit Lucr.3.302; (*in impers. phr.*) cum serenum atque ~um est Gel.16.3.9;—properant ~os linquere portus iussi nautae [Sen.]*Oct.*314; ~i..Tritonia custos litoris Stat.*Ach.*1.696. **b** ~o..educta tenore tota patent Ov.*Met.*3.113; excipit inlaesos Panope centumque sorores et ~o lapsu per sua regna ferunt *Fast.*6.500; comes quieto sequitur et ~o gradu Phaed.2.7.6; Plin.*Pan.*30.4; ~o ac prorsus humano gradu cunctabundus Apul.*Met.*11.12; (*cf.*) sonitus ~ae..aquae Tib.1.2.78.

4 (of conditions, activities, etc.) Free from stress, quiet, peaceful. **b** (of places). **c** (of persons, their feelings, etc.).
amas pol misera: id tuo' scatet animus. ego istuc ~um tibi ut sit faciam Pl.*Per.*178; re ~a, pacibus perfectis, bello exstincto 753; somno leni ~oque reuinctus Enn.*Ann.*5; semper in animo eius esse ~issimam pacem Cic.*Tusc.*5.48; deum..pectora..quae ~um degunt aeuum uitamque serenam Lucr.2.1094; ~um..soporem Verg.*A.*4.522; dulcis..quies ~aeque simillima morti 6.522; Apollo..ad ~os exuit arma choros Prop.4.6.70; Ov.*Pont.*4.14.61; ipse sibi condicionem exilii ~iorem reddidit V.Max.4.1.ext.3; iam ~ae dant signa tubae Stat.*Silv.*3.1.139. **b** Lethaeum..domos ~as qui praenatat amnem (uidet) Verg.*A.*6.705; urbes..longa ~as in pace regebat 7.46; accipiunt ciuitatem ~iorem consules Liv.3.15.1; genitum ~a..urbe Quirini Ov.*Tr.*1.8.37. **c** nec delubra deum ~o cum pectore adibis Lucr.6.75; sana meditari incipe et ~a fare Sen.*Med.*538; tunc ego te..~um..pia tellure reponam Stat.*Theb.*4.622; nil iam ~um manabit ab ore? *Silv.*5.5.37.

placītis ~idis, *f.* [Gk. πλακῖτις] A form of zinc oxide.
tertia (cadmea) est in lateribus fornacium..haec dicitur ~is..crusta uerius quam pumex Plin.*Nat.*34.102.

placitō ~āre, *intr.* [placeo+-ito] To be very pleasing.
neque ~ant mores quibu' uideo uolgo in gnatos esse parentes Pl.*Bac.*1081.

placitum ~ī, *n.* [neut. of next]

1 A tenet, opinion, belief.
nec est, quare hoc inter nostra ~a mireris Sen.*Ep.*66.45; ueterum auctorum ~a secretis dispersa monimentis Col.9.2.1; Babyloniorum ~a et motus terrae..siderum ui existimant fieri Plin.*Nat.*2.191; paucissimi praecepta rhetorum aut philosophorum ~a cognouerant Tac.*Dial.*19.4; ipse ~a maiorum colebat *Ann.*14.22; (*cf.*) nulla ars contemplatiua sine decretis suis est, quae..nobis uel decreta licet appellare..uel ~a Sen.*Ep.*95.10.

2 (leg.) An agreed condition.
fidem adhiberi ~is oporteat Papin.*dig.*17.1.7; est pactio duorum pluriumue in idem ~um et consensus Ulp.*dig.*2.14.1.2; si creditores eos pro portionibus hereditariis conueniant et unus ~a detrectet 10.2.20.3.

placitus ~a ~um, *a. superl.* ~issimus. [pple. of placeo] That has won approval, favoured.
cultrix ~issima (placidissima *codd.*) nostri Stat.*Theb.*12.302.

plācō[1] ~āre ~āuī ~ātum, *tr.* [placeo]

1 To make favourably disposed (one who is hostile or offended), conciliate, placate. **b** to act in conciliatory manner towards, try to placate.
meretrices nostrae primis hostiis Venerem ~auere extemplo Pl.*Poen.*850; at uereor ut (uxor) ~ari possit Ter.*Ph.*965; ~atis eorum (*sc.* iudicum) animis Cic.*de Orat.*2.74; si certorum hominum mentis nulla ratione..~are possumus *Balb.*62; cum plebem muneribus ~arit *Mil.*95; sanguine ~astis uentos Verg.*A.*2.116; carmine di superi ~antur, carmine Manes Hor.*Ep.*2.1.138; delete Fidenas, quas uestris beneficiis ~are non potuistis Liv.4.33.5; Pollucem pug'les, Castora ~et eques Ov.*Am.*3.2.54; mite caput, pater (*i.e. Bacchus*), huc ~ataque cornua uertas *Fast.*3.789; date tura sepulchro et ~ate caput (*sc. of Pompey*) Luc.9.1092; Stat.*Ach.*2.15; precatus..Drusum patrem ut se..libens ~atusque..iuuaret Tac.*Ann.*2.8; ferendas parentium iracundias et ~andum animum dictitans 14.4; illa Fortuna mea saeuissima, quam..~are non potui Apul.*Met.*8.24; (*absol.*) multa..ad ~andum atque ad misericordiam reis concessa sunt Cic.*Dom.*45;—(*w. peace-offering as subj.*) iratast..nunc mihi; ~abit palla quam dedi Pl.*Men.*600; illae (*sc.* tabellae)..norant ~are puellas Prop.3.23.5; (*facet.*) quae prima iratum uentrem ~auerit esca Hor.*S.*2.8.5. **b** cum pacem peto, cum ~o..et cum appello 'meam' Lucil.729; labuntur anni nec pietas moram..adferet..non si trecenis..~es..Plutona tauris Hor.*Carm.*2.14.6.

2 To make favourably disposed (towards), reconcile (with).
(*w. dat.*) quos quidem ego..non tam ulcisci studeo quam..~are rei publicae Cic.*Catil.*2.17; cum ad me..litteras misisset, uti te sibi ~arem *Fam.*13.1.3; ~ate uobis munere..dominam Sen.*Med.*846; adhuc ~anda marito Mart.4.22.1; reges tibi tristis Auerni ~at Stat.*Silv.*5.1.260; (*w. abst. obj.*) quam (*sc.* tribuniciam potestatem) ~atam reconciliatamque patribus de integro in antiqua redigi mala Liv.3.9.10;—(*refl. or pass. in middle sense*) qui..quietus animo est sibique ipse ~atus Cic.*Tusc.*4.37; ~are parenti! Ov.*Fast.*6.761; Sen.*Med.*507;—(*w. in+acc.*) numquam animo ~ari potuit in eum, a quo erat uiolatus Nep.*Pel.*5.2.

3 To make (a person, his mind, etc.) calm, soothe. **b** to calm (storms, etc.).
itast homo: quom ~o, aduorsor sedulo Ter.*Ad.*144; quieti corpus..dedi sopore ~ans artus languidos Acc.*praet.*18; conlige te ~aque animum istum Cic.*Phil.*10.6; litteras ad eum misi quibus et ~arem ut fratrem et monerem ut minorem *Att.*1.5.2; ut primum ~ati animi..quierunt Verg.*A.*11.300; (*w.* ab) ~are quem non potuit a caede..? Sen.*Tro.*51;—(*w. abst. subj.*) quia pacem animis afferat (temperantia) et eos..~et ac leniat Cic.*Fin.*1.47; quid hos aliud ~auit nisi quod luctum..esse non putabant uiri? *Tusc.*3.71. **b** ~atum..nitet diffuso lumine caelum Lucr.1.9; (Neptunus) tumida aequora ~at Verg.*A.*1.142; nullane ~atae ueniet fortuna procellae? Prop.1.17.7; Ov.*Met.*11.432.

4 To appease (passions, appetites).
nostrae nobis sunt inter nos irae discordiaeque ~andae Cic.*Har.*63; ~aui odia improborum *Dom.*44; mihi persuaseram fore ut omnia ~arentur inter uos *Att.*1.17.2; inuidiam ~are paras uirtute relicta? Hor.*S.*2.3.13; preces..quae deorum iras ~ant Liv.8.33.7; ut mihi ~etur principis ira Ov.*Pont.*4.9.52; qui..offensam aegrae mulieris maritali sermone ~auerat Papin.*dig.*29.6.3;—auidam rigens Dercenna ~abit sitim Mart.1.49.17; ~ata fames epulis Stat.*Ach.*1.773.

placō[2]: see svpplico (form used in tmesis).

Plaetōrius ~a ~um, *a.* The name of a Roman plebeian *gens*; *lex ~a*, a law of about 193 B.C. dealing with frauds on minors.
apud..M. ~um C. Flaminium aedilis curulis Cic.*Clu.*126;—Var.*L.*6.5; ut..circumscriptio adulescentium (uindicatus est) lege ~a Cic.*Off.*3.61; Suet.fr.111(p.148 Re).

plāga[1] ~ae, *f.* [cf. plango]

1 A blow, stroke (imparted with some degree of violence). **b** (fig.).
ita ~is costae callent Pl.*Ps.*136; Ter.*Ph.*781; ~as, uerbera, uibices..te facere ausum esse Cato *orat.*66; si pugnos et ~as Olympiorum cupidi ferre possunt Cic.*Brut.*243; inter dolorem crepitumque ~arum *Ver.*5.162; ~am..ferentis Aeneae subiit mucronem Verg.*A.*10.797; haec maneat teli te..~a Ov.*Ib.*606; Quint.*Inst.*1.3.14; (*w. obj. gen.*) in ~as deterrimi mancipii uix inbecillitatem muliebris manus continuit Sen.*Con.*2.7.4; (*in fig. phrs.*) caedimur (*sc.* poetae) et totidem ~is consumimus hostem Hor.*Ep.*2.2.97;—(*proceeding from natural or mechanical causes*) tertius quidam motus oritur (*sc.* atomis) extra pondus et ~am Cic.*Fat.*22; Lucr.1.1025; bracchia (*sc.* balistae)..aequaliter et pariter utraque ~am mittere debent Vitr.1.1.8; 10.1.1; esse tonitrua inpactorum ignium ~as Plin.*Nat.*2.112. **b** sic orator nec ~am grauem facit, nisi petitio fuit apta, nec..Cic.*Orat.*228; si (reipublicae)..hanc..mortiferam ~am inflixisses auguratus tui *Vat.*20; si obnuntiasset Fabricio..praetor..accepisset res publica ~am *Sest.*78; cohortem..totam perdidit..sane ~am odiosam acceperat *Att.*5.20.5; hac ille perculsus ~a non succubuit Nep.*Eum.*5.1; Fortunae uulneror ictu, uixque habet in nobis iam noua ~a locum Ov.*Pont.*2.7.42; Stat.*Silv.*5.1.18; (*meton.*) antoni fratres vivorvm ~a parentvm perfvncti fato *CIL* 6.12009.

2 An opening made by a blow, wound, gash.
cum etiam leues ~ae insanabiles essent Curt.9.8.20; turpis est ~a sanies profusa Sen.*Oed.*141; Petr.49.10; (git) medetur serpentium ~is et scorpionum Plin.*Nat.*20.182; Tac.*Ger.*7.4; ~is, id est latis cicatricibus, signatae inueniri debent (*sc.* finales arbores) Sic.Fl.*agrim.*p.108;—(*in fig. phr.*) manu super ~am meam inposita Sen.*Dial.*12.1.1;—(*in surgery*) ipsos tumores incidere altis ~is oportet Cels.3.21.12; (*cf.*) uenam quandam in crure uulnerat..et ~am limo rursus obducit (*sc. the hippopotamus*) Plin.*Nat.*8.96;—(*in arboriculture*) imam partem (malleoli)..rotunda ~a amputato Col.*Arb.*3.4; aperitur picea..non ~a, sed uulnere ablati corticis Plin.*Nat.*16.57.

plaga[2] ~ae, *f.* [**pela-g-*, cf. planvs, planca; also Gk. πέλαγος, πλάξ]

1 An open expanse (of land, sea, or sky), tract.
marinas propter astabat ~as Enn.*Sat.*65; oculis caeli rimari ~as Var.*Men.*233; aetheria quos lapsa ~a Iouis ales..turbabat Verg.*A.*1.394; nec (tellus) patulas distenta ~as, sed condita in orbem Man.1.204; Sen.*Nat.*7.15.2; caeli ~am septentrionalem Col.3.12.5; Stat.*Theb.*5.184.

2 A territory, region. **b** a strip (of land, etc.), stretch, area. **c** a climatic region, zone.
e Tartarea..abstractum ~a tricipitem eduxit..canem Cic.*Tusc.*2.22; celsi ~a pinea montis Verg.*A.*11.320; frigida haec omnis..et aspera ~a est Liv.45.30.7; in illa ~a (*i.e. India*) mundus statas temporum uices mutat Curt.8.9.13; Elysias, i, carpe ~as Stat.*Theb.*3.109;—(*meton.*) ~a una..ceteros..ad certamen egit Liv.9.41.15; mitiores ~ae doliis (uinum) condunt Plin.*Nat.*14.133; Flor.*Epit.*2.21(4.12.3). **b** ut..olearum caerula distinguens inter ~a currere posset Lucr.5.1374; (Scythae) a laeuo Thraciae latere..ad Tanaim recta ~a attinent Curt.6.2.13; ingenti ~a marmorata dorso Stat.*Silv.*4.3.96; agri ~am, quae est in regione illa, Maeuiis..transcribi uolo Scaev.*dig.*32.41.9. **c** extenta ~arum quattuor in medio..plaga solis iniqui Verg.*A.*7.226; circa Scythiam et Pontum et septemtrionalem ~am Sen.*Nat.*4b.5.2; ambit..cancer ardentem ~am Libyaeque sidus fertur *Her.O.*67; exit (Nilus) sub torrente ~a Luc.10.232; quoniam (Africa) ipsa meridianae subiacet ~ae Plin.*Nat.*17.20.

3 (app.) A counterpane, coverlet.
Pac.*trag.*46; eburneis lectis et ~is sigillatis Var.*Men.*434; quot ex hereditate Attalica aulaea, clamides, pallae, ~ae, aurea *in* Non.p.537M.

4 A net (used by hunters to catch game), trap. **b** a (spider's or sim.) web.
canes compellunt in ~as lepide lupum Pl.*Poen.*648; saepire ~is saltum canibusque ciere Lucr.5.1251; retia rara, ~ae, lato uenabula ferro Verg.*A.*4.131; trudit..multa cane apros in obstantis ~as Hor.*Epod.*2.32; (fera) transibat positarum lina ~arum Ov.*Met.*7.768; (linum) ex eadem Hispania..uenit in Italiam ~is utilissimum Plin.*Nat.*19.10; volo..omne instrvmentvm mevm..mecvm cremari cvm..retibvs, ~is, laqveis *CIL* 13.5708.2,24; (*cf.*) praetendi iussit Caesar ~as..inter ora portus Plin.*Nat.*9.15;—(*in fig. phr.*) numquam Amor quemquam nisi cupidum hominem postulat se in ~as conicere Pl.*Trin.*237; quas ~as ipsi contra se Stoici texuerunt Cic.*Luc.*147; cunctas (*sc.* puellas) posse capi: capies, tu modo tende ~as Ov.*Ars* 1.270; furuae miseram circum undique leti uallauere ~ae Stat.*Silv.*.5.1.156. **b** licet (araneus) extrema haereat ~a, semper in medium currit Plin.*Nat.*11.83; ne per uacuas aluos foeda pestis insidiosas texeret ~as [Quint.]*Decl.*13.3.

plāgātus ~a ~um, *a.* [plaga[1]+-atvs[2]] Marked with an incision.
qui⟨dam⟩ ~as (*sc.* arbores) uocant quas finis declarandi causa denotant Agen.*agrim.*p.34.

plagiāria ~ae, *f.*: (fem. of next).
venvs enim ~a est qvia exsangvni mevm petit *CIL* 4.1410.

plagiārius ~(i)ī, *m.* [plagivm+-arivs] A kidnapper.
renuntiari tibi Licinium ~ium cum suo pullo miluino tributa exigere Cic.*Q.fr.*1.2.6; inter auaros, circumscriptores, latrones, ~ios Sen.*Dial.*9.8.4; de eo, quem ~ius abduxit Ulp.*dig.*21.1.17.7; Call.*dig.*48.15.6; (*transf.*) hoc si terque quaterque clamitaris, inpones ~io (*i.e. a plagiarist*) pudorem Mart.1.52.9.

plāgiger ~era ~erum, *a.* [plaga[1]+-ger] Bearing (the marks of) blows, much beaten.
~era genera hominum Pl.*Ps.*153.

plāgigerulus ~a ~um, *a.* [prec.+-vlvs] = prec.
nunc domi nostrae tot pessumi uiuont, peculi sui prodigi, ~i Pl.*Mos.*875.

plāgipatidēs ~ae, *m.* [facet. patronymic fr. plaga[1], patior] 'One who is descended from a long line of beatings'.
Pl.*Capt.*472; ~ae ,ferritribaces uiri *Mos.*356.

plagium ~(i)ī, *n.* [plaga[2]+-ivm]

1 The netting of game.

armorum casses ~iique exordia restes Grat.24.

2 Kidnapping.

si liberum hominem emptor sciens emerit, capitale crimen aduersus eum ex lege Fabia de ~io nascitur Ulp.*dig*.48.15.1; Paul.*dig*.40.1.12; Men.*dig*.49.16.5.2.

plagius ~a ~um, *a.* [Gk. πλάγιος] Placed sideways, horizontal.

~us exoriens citius quam Chelae uidetur (*sc.* Arctophylax) Hyg.*Astr*.3.3.

plāgōsus ~a ~um, *a.* [plaga[1]+-osvs]

1 Lavish with blows.

carmina..memini quae ~um mihi paruo Orbilium dictare Hor.*Ep*.2.1.70.

2 Much beaten.

percito atque ~a crura contegenti Apul.*Met*.8.5; dorsum ~um 9.12.

plagula ~ae, *f.* [plaga[2]+-vla] A piece of material. **b** (spec.) a coverlet or sim.; also, a veil.

non, si quis tunicam in usu ita consuit, ut altera ~a sit angustis clauis, altera latis Var.*L*.9.79; siccantur sole ~ae (*sc. of papyrus*) Plin.*Nat*.13.77. **b** Afran.*com*.413; Var. in Non.p.86M; in puluinaribus ~is p.162M; lectos aeratos uestem stragulam pretiosam, ~as et alia textilia Liv. 39.6.7;—quae (*sc.* uestimenta) magis capitis tegendi quam ornandi causa sunt comparata, ~a paenulae Ulp.*dig*.34.2. 23.2.

plagūsia ~ae, *f.* [unkn., app. Gk.] A kind of shell-fish.

marinam urticam, musculos, ~as striatas Pl.*Rud*.298.

Planasia ~ae, *f.* A small island south of Elba (now Pianosa).

Var.*R*.3.6.2; Plin.*Nat*.3.80; Tac.*Ann*.1.3.

plānātus ~a ~um, *a.* [planvs+-atvs[2]] (app.) Made at ground level.

cum recipere non possint areae ~ae (*s.v.l.*) tantam multitudinem ad habitandum in urbe Vitr.2.8.17.

planca ~ae, *f.* [cf. plaga[2], Gk. πλάξ] A board or slab placed on graves.

s(iquis)..h(as) ~(as) a(peruerit) *CIL* 11.43; 11.119; Paul.*Fest*.p.231M.

planctus ~ūs, *m.* [plango+-tvs[3]] The action of striking noisily. esp. **b** the beating of the breast, etc. (as a sign of sorrow); lamentation).

tremuit perterritus aether ~ibus insolitis Petr.136.6; ~us inlisae cautibus undae Luc.6.691; unum omnes incessere ~ibus, unum infestare manus V.Fl.4.494. **b** scindimus atras ueteri ~u..genas Scaev.Mem.*trag*.1; pectora inliso sonent contusa ~u Sen.*Thy*.1046; una madentis scissa genas, ~u liuentis atra lacertos Luc.2.37; uerberabam aegrum ~ibus pectus Petr.81.2; ~u..et longis praefata ululatibus infit Stat.*Theb*.6.137; *Silv*.5.5.12; ~um et lamenta Tac.*Hist*.4.45;—matres Latinae flebiles ~us dabant [Sen.]*Oct*.720; ut primos edere ~us Cassandra inciperet Juv.10.261;—(*personified*) ~us Maerorque Dolorque Sil.2.550.

plancus ~a ~um, *a.* [cf. perh. Gk. πλάξ, Lett. *pluoku*] Flat-footed; (esp. as a cognomen).

Paul.*Fest*.p.231M;—hinc cognomina inuenta ~i, Plauti, Pansae Plin.*Nat*.11.254; Suet.*Nero* 4.1.

plānē, *adv. compar.* ~ius, *superl.* ~issimē. [planvs+-e]

1 Plainly, clearly, distinctly: **a** (to the senses). **b** (to the understanding).

a hic istam colloca cruminam in collo ~e Pl.*As*.657; prius..quam ~e ab eis uideri..posset Caes.*Gal*.3.26.3; ⟨in⟩ 'here' neque e ~e neque i auditur Quint.*Inst*.1.4.8. **b** satin hoc ~e..uideor tibi locutus esse? Pl.*Am*.578; ut ego argumentum hoc uobis ~e perputem *Cist*.155; ~e si res exponere auemus Lucr.4.778; non possum illa ~ius commemorare quam ipsum Ligurem pro testimonio dicere audistis Cic.*Ver*.1.126; quam apertissime..~issimeque explicare 2.156; quae..lex Cornelia maiestatis..~issime uetat *Pis*.50; qui ~e et Latine loquuntur *Phil*.7.17; scribam ~e omnia aut, si obscure scribam.. *Att*.2.19.5; tu..dices ista ipsa obscura ~ius quam dicuntur a Graiis *Tusc*.4.10; ~ius repetam Plin.*Ep*.8.14.23.

2 (emphasizing the correctness of a statement) Clearly, obviously.

donis priuatus sum et perii.—~e istuc est Pl.*Truc*.618; ⟨est⟩ haec caterua ~e gladiatoria Caecil.*com*.38; nempe anui illi prodita abs te filiast ~issume Ter.*Hau*.639; ad restim miquidem res redit ~issume *Ph*.686; ~e hic diuinat: nam id est *Hec*.696; ferculum..~e non pro expectatione magnum; nouitas tamen omnium conuertit oculos Petr. 35.1; ~e si cedentem uulnerauerit, erit Aquiliae locus Ulp. *dig*.9.2.7.4; Paul.*dig*.2.8.8.4;—(*as an affirmative answer*) estne inuocatum ⟨scortum⟩ an non? ~issume Pl.*Capt*.74; nemp' tu illius seruos es?—~issume *Ps*.1169.

3 Utterly, absolutely, quite.

hoc si ecficiam ~e Pl.*Mil*.936; nunc..perii ~e in perpetuom modum *Mos*.336; illum ~e perdis Ter.*Hau*.707; uas..oblinito ~e Cato *Agr*.101; praeclare incohata multa, perfecta non ~e Cic.*Brut*.126; non ualde nitens, non ~e horrida oratio 238; non dicam bonorum..sed ~e hominum omnium *Att*.4.3.2; ~e deest quod scribam 5.5.1; uicti, oppressi, capti ~e sumus 7.23.1; repugnetne ~e an possit..coniungi *Off*.3.50; nec temere omnino ~e uis frigida uenti esse potest Lucr.6.319; 'abire..est licentia?' 'non ~e est' Phaed.3.7.26; in argento ~e studiosus sum Petr.52.1; ut lumina non 'inter umbras'..sed ~e inter tenebras clariora sunt Quint.*Inst*.2.12.7; rogo mane uideas Plinium domi, sed ~e mane Plin.*Ep*.1.5.8; ~e quasi adulterum ad inferos usque sequeretur Flor.*Epit*. 1.4(1.10.8); et ~e fuit, quod eius detestabilem malitiam ad peiores conatus stimularet Apul.*Met*.7.19;—(*in an affirmative answer*) non dicis igitur: 'miser est M. Crassus', sed tantum: 'miser M. Crassus'?—ita ~e Cic.*Tusc*.1.13; 'responde, an intra aedes erum tuum offenderim'. '~e', inquit, 'sed quae causa quaestionis huius?' Apul.*Met*.1. 22;—(*foll. by* quam) et ille 'quae..loca..peragrasti?' 'si ita indulges otio, ~e quam breuiter exponam' Flor.*Verg*. p.184R.

planēs ~ētis, *m.* [Gk. πλανής] A planet.

ut et alii quidam ~etes pari potestate essent Gel.14.1.12.

planēta ~ae, *m.* [Gk. πλανήτης] = prec.

stellae..quae a Graecis ~ae, a nobis erraticae dicuntur Amp.3.3; ~am svvm procvrare vos moneo *CIL* 5.3466.

plangō ~gere ~xī ~ctum, *tr.*, (*intr.*). [cf. Gk. πλάζω, πλήγνυμι, MIr. *lēn*, AS. *flōkan*, Lith. *plakù*]

1 To beat, strike (so as to make a noise).

~gebant aliae proceris tympana palmis Catul.64.261; fluctus ~gentes saxa Lucr.2.1155; 6.114; moriens..~git humum Ov.*Fast*.1.578; quanto ~guntur litora fluctu *Ep*. 18.121; Petr.89,l.52; (*pass. in middle sense*) ut..suum laqueis..crus ubi commisit uolucris sensitque teneri ~gitur Ov.*Met*.11.75; (*absol.*) en quantum resonat ~gentibus alis armiger..Iouis Sil.13.840.

2 To beat (the breast, etc., as a sign of sorrow, mourning, or sim.).

caput feriebas, femina ~gebas Cic.*Aer.Al.Mil*.fr.8; precor ut..~gas pectora Prop.2.24.52; abscissa ~xi mea pectora ueste Ov.*Ep*.12.153; ~xit..suos furibunda lacertos *Met*.9.637; Stat.*Silv*.2.1.28; ~gebant ubera Apul.*Met*.5.7; (*app. pass. in middle sense*) dum..uolunt ~gi, per bracchia mota leuatae aere pendebant Ov.*Met*.5.675; ~guntur (*s.v.l.*) matres Calydonides Eueninae 8.528.

3 To mourn for, bewail. **b** (absol.).

(*dead persons, etc.*) pubes..barbara, Memphiten ~gere docta bouem Tib.1.7.28; ~gebant..matrem Ov.*Met*.3.125; mortuos fimo obliti ~gunt Mela 1.57; se..exanimem a circumstante familia ~gi iussit Sen.*Dial*.10.20.3; ~ctus est optime Petr.42.6; inania busta ~go Stat.*Theb*.5.318;—(*other things or events*) Octauiae discidia ~xerunt [Sen.] *Oct*.746; inuidiam ~xere deis Stat.*Theb*.3.197; ~gunt sua damna coloni 11.117; uirtutum..quas neque lugeri neque ~gi fas est Tac.*Ag*.46.1; maiore tumultu ~guntur nummi quam funera Juv.13.131. **b** ~gentia..agmina Verg.*A*.11.145; toto ~xisse Palaemona ponto Stat.*Theb*. 7.421; grege caluo ~gentis populi Juv.6.534; Suet.*Nero* 49.3; (*poet.*) nunc nemora ingenti uento, nunc litora ~gunt Verg.*G*.1.334;—(*impers. pass.*) sic litore toto ~gitur Luc. 8.149; ab omni ~gitur arce Stat.*Theb*.11.417.

plangor ~ōris, *m.* [prec.+-or]

1 The action of beating, striking, slapping, or sim. esp. **b** the beating of the breast or other parts of the body as a sign of grief, etc.

undas..quae..tarde..procedunt, leuiterque sonant ~ore cachinni Catul.64.273. **b** feminis ~ore et capitis ictu.. uti *Rhet.Her*.3.27; dum solito temptat ~ore ferire pectora Ov.*Met*.4.554; caesis ~ore lacertis 6.532; feriunt maesta pectora nuda manu. adtonita est ~ore Ceres *Fast*.4.455; Stat.*Theb*.1.592.

2 Lamentation (not necessarily excluding sense 1b).

tu diadema imponebas cum ~ore populi Cic.*Phil*.2.85; cauae ~oribus aedes femineis ululant Verg.*A*.2.487; 12.607; uerbo..interuenit omni ~or Ov.*Met*.11.709; ~ore uiae, gemitu iam regia mugit flebilis Stat.*Theb*.6.28; diem totum lacrimis ac ~oribus misella consumit Apul.*Met*.5.5; summis ~oribus summisque lamentationibus 9.30.

plangus ~ī, *m.* [Gk. πλάγγος] A kind of eagle.

Plin.*Nat*.10.7.

plāniloquus ~a ~um, *a.* [planvs+loqvor+-vs] Speaking plainly, outspoken.

ut ~a est, paucis ut rem ipsam attigit! Pl.*Truc*.864.

plānipēs ~pedis, *m.* [planvs+-pes] A dancer who performed without wearing the *soccus* or *cothurnus*.

Atta *com*.1; populi frons durior huius, qui..~pedes audit Fabios Juv.8.191; quid enim foret ista re ineptius, si, ut ~pedi saltanti, ita Graccho contionanti numeros..tibicen incineret? Gel.1.11.12.

plānitās ~ātis, *f.* [planvs+-tas] Straightforwardness, clarity (of expression).

ea..breuitas, is compositionis decor, ea sententiarum ~as est Tac.*Dial*.23.6.

plānitiēs ~ēī, *f.* **~a** ~ae. [planvs+-ies(-ia)]

1 The condition of being level, flatness. **b** a level surface.

α hic campus mirabili ~e patet milia passuum xii *B.Afr*. 37.4; donec euanescat impetus et in ~em immotarum aquarum soluatur Sen.*Nat*.1.2.2; Col.2.2.1; Plin.*Nat*.2.160; Apul.*Fl*.10. β Assyrii..propter ~am magnitudinemque regionum..traiectiones motusque stellarum obseruitauerunt Cic.*Div*.1.2. **b** α erit..in exaequata ~e centrum, ubi est littera a Vitr.1.6.12; solis uehemens impetus..eripit exhauriendo feruens ex ~e camporum umorem 8.1.7; supra transtrorum ~em 10.15.3; ubi ~es altera pontis excepisset eos (*sc.* elephantos) Liv.44.5.7. β sit ergo gnomon AB, ~a B Hyg.Gr.*agrim*.p.153.

2 Level ground or a stretch of such ground. **b** (situated at a height) a plateau.

α castra de ~e conuertit in montes Sis.*hist*.51; collis.. paululum ex ~e editus Caes.*Gal*.2.8.2; peruenit in quandam ~em locis paulo superioribus circumuentam Sal.*Jug*.68.2; duum milium ~es castra Romana ab Hernicis dirimebat Liv.7.7.6; uelut maris uasti sic uniuersa panditur ~es 32.4.4; exercitum, quem paene inmensa ~es uix caperet Curt.4.14.12; Tac.*Ann*.1.64; lata et diffusa ~es Plin.*Ep*. 5.6.7. β partem ~ae aut Iouis templum aut oppidum tenet Liv.44.6.15; celsiores agri frumentarii ~as habere.. debent Col.1.2.4; castris contrarias tenentibus ~as Fron. *Str*.2.5.38; quae..usque in ~am ex superiori uergunt Sic. Fl.*agrim*.p.107. **b** α in summam ~em iugi peruenit Hirt.*Gal*.8.14.4; summo..in uertice montis ~es..iacet Verg.*A*.11.527; postquam prima signa ~em summam ceperunt Liv.9.31.15; 27.18.6.

3 Flatness (in any plane). **b** a flat surface. **c** (geom.) a plane or plane surface.

α gentes esse sine naribus, aequali totius oris ~e Plin. *Nat*.6.187. **b** α ~em ad speculi ueniens cum offendit imago Lucr.4.294; Cels.8.1.21; Apul.*Met*.11.4. β cybus ..est corpus ex lateribus aequali latitudine ~arum Vitr. 5.pr.4; 10.8.1. **c** α a linea, quae erit ~es, in linea gnomonis circino nouem spatia dimetiantur Vitr.9.7.2. β linea describatur in ~a Vitr.9.7.2; (lineae) in eadem ~a positae Balb.*grom*.p.98La; planus angulus est in ~a duarum linearum adtingentium p.103La.

planta[1] ~ae, *f.* [cf. Skt. *práthati*, Gk. πλατύς, Welsh *llydan*] The sole of the foot (esp. as placed on the ground in standing, treading, etc.).

mea uxorcula..institit ~am quasi luca bos Pl.*Cas*.845; ~as conuestit honestas Lucil.129; hunc (*sc.* Eridanum) Orionis sub laeua cernere ~a serpentem poteris Cic.*Arat*.393 (149); ut..pedum primis infans uestigia ~is institerat Verg. *A*.11.573; haeres nequiquam caeno cupiens euellere ~am Hor.*S*.2.7.27; mihi summa licet contingere sidera ~is Prop. 1.8.43; inde puellaris nacta est uestigia ~ae Ov.*Fast*.4.463; infodiens uncis uestigia ~is mandit (*sc. a dog*) humum Grat.238; ~a palmae, digiti digitis..respondent Cels. 8.1.27; celeri ~a lustrate uagi Sen.*Phaed*.3; huc facili gressu teneras aduertite ~as Col.10.276; Luc.2.359; sinistrae ~ae pollicem Plin.*Nat*.28.61; cunctatis extremo in limine ~is V.Fl.7.4; Stat.*Ach*.2.118; prima stringit uestigia ~a praegressae calcis Sil.16.491; Juv.3.247; Gel.1.1.2.

planta[2] ~ae, *f.* [dub.] A young shoot detached from the parent-plant for propagation, slip, cutting, heel. **b** a young plant, seedling.

herbae Sabinae ~as tres Cato *Agr*.70.1; Var.*R*.1.40.4; Cic.*Sen*.52; disponere ~as norat *Mor*.68; hic ~as tenero abscindens de corpore matrum deposuit sulcis Verg.*G*.2.23; neue..summa defringe ex arbore ~as 2.300; *Aetna* 267; Sen.*Dial*.6.16.7; melius..truncis quam ~is oliuetum constituitur Col.*Arb*.17.1; aut..semine proueniunt aut ~is radicis Plin.*Nat*.17.58; Quint.*Inst*.8.3.76; Gaius *Inst*.2.74. **b** non conualescit ~a, quae saepe transfertur Sen.*Ep*.2.3; ubi..prorepserint ~ae Col.5.6.7; Plin.*Nat*.13.32; ~as ex seminario transferre 17.75; Juv.3.227.

plantāgō ~inis, *f.* [planta[1]+-ago] A plant of the genus *Plantago*, esp. the greater plantain, *P. major*.

inponenda..~o contrita Cels.6.18.10; Col.6.33.2; Plin. *Nat*.21.144; 25.164; ~inis..sucus Larg.83.

plantāria ~ium, *n. pl.* [planta[2]] Slips, cuttings.

siluarum..aliae..exspectant..uiua sua ~ia terra Verg. *G*.2.27; ~ia instituunt anniculasque (*sc.* palmas) transferunt et iterum bimas Plin.*Nat*.13.37; 21.60; non Epicurum suspicit exigui laetum ~ibus horti Juv.13.123; (*transf.*) quinque palaestritae licet haec ~ia (*i.e. hairs*) uellant Pers. 4.39.

plantāris ~is ~e, *a.* [planta[1]+-aris] Of or connected with the soles of the feet; (neut. pl. as sb.) sandals.

summa pedum propere ~ibus inligat alis Stat.*Theb*.1.304; —nunc aerii ~ia uellet Perseos V.Fl.1.67.

plantārium ~(i)ī, *n.* [planta[2]+-arivm] A place for planting out cuttings or seedlings.

Col.*Arb*.3.3; in ~iis ferunt (*sc.* oleae), translatarumque altero anno decerpuntur bacae Plin.*Nat*.15.3; quaedam in ~io insita 17.109.

plantātiō ~ōnis, *f.* [planto+-tio] Propagation from cuttings, etc.

accolae transferentes conserunt (*sc. roses*), ipsaque ~one proficiunt Plin.*Nat*.21.17.

plantiger ~era ~erum, *a.* [planta+-ger] Bearing young shoots.

comantibus foliis, flore candido cum uehementia odoris, ~era imis partibus (*sc.* ceraunia) Plin.*Nat*.13.59.

plantō ~āre, *tr.* [planta[2]+-o[3]] To propagate from cuttings, etc., strike.

tempore non alio..tristis inulae ferulaeque minaces ~antur Col.10.119; hoc modo ~antur punicae, coryli, mali Plin.*Nat*.17.67.

plānum ~ī, *n.* [next]

1 Flat or level ground; (pl.) level places; *in ~um dare, effundere*, or sim., to level to the ground. **b** (geom.) a plane figure.

deducti dicuntur in ~um Var.*L*.5.46; Sal.*Jug*.49.6; collibus an ~o melius sit ponere uitem Verg.*G*.2.273; ipse in ~o ripisque Tiberis castra posuit Liv.2.11.1; inde ad ~um descensum 21.37.6; per tutum ~umque..ire Ov.*Ars* 2.243; coloniam ~o sitam Tac.*Hist*.3.19;—(*in fig. phrs.*) fecisti modo mi ex procliuo ~um Pl.*Mil*.1018; uenies ad summa per ~um Sen.*Ep*.84.13;—~a licet abundent aquis, carent aura Sen.Nat.5.7.2; Mart.12.14.6; mons erat hic ubi ~a uides Stat.Silv.2.2.54; non semper exercitus per ~a et amoena ducendus est Quint.Inst.12.9.2; (w. gen.) Italiae ~a ac mollia Sal.Hist.4.24; Tiberis..~a..urbis umidauit Liv.38.28.4; Tiberis ~a urbis stagnauerat Tac.Ann.1.76; (in fig. phr.) inaequalia tantum et uelut confragosa nec admirationem consequuntur eminentium et ~orum gratiam perdunt Quint.Inst.8.5.29;—disicite passim moenia, in ~um date Sen.Phoen.343; in ~um effundere muros Luc.1.383; (in fig. phr.) domos, quas in ~um quaelibet hora tulit ex alto Sen.Ag.85. **b** quae forma est in ~is maxime perfecta Quint.Inst.1.10.41.

2 Ground level. **b** *de* or *e ~o*, unofficially, out of court, extrajudicially; *in ~o*, in an unofficial position, (in quot., transf.) in a humble station.

APVD FORVM PALAM, VBEI DE ~O RECTE LEGI POSSITVR, PROSCRI⟨BITO⟩ CIL 1.583.66; in ~o cohors, in qua pascebantur gallinae..alter sublimis Var.R.3.3.6; CIL 1.593.16; tecta..ex ~o in altitudinem montium educta Sen.Ep.89.21; Ulp.dig.14.3.11.3; nec ex ~o aditus ad domum meam per aream tuam esset Paul.dig.8.2.20.1; CIL 14.2795; (in fig. phr.) animus..philosophiam a fastigio suo deducit in ~um Sen.Ep.111.4. **b** aut e ~o aut e quaesitoris tribunali Suet.Tib.33; quodcumque..imperator..de ~o interlocutus est Ulp.dig.1.4.1; neque decretum de ~o interponi..potest 37.1.3.8; Paul.dig.48.18.10; (transf.) hoc tibi de ~o possum promittere, Memmi Lucr.1.411; Sen.Nat.1.4.1;—magnanimitas..melius..in tribunali quam in ~o conspicitur Cl.1.5.3.

3 The simple or straightforward sense of a word or statement.

hunc statum ~i et uoluntatis appellarunt Quint.Inst.7.6.4.

plānus[1] ~a ~um, *a.* *compar.* ~ior, *superl.* ~issimus. [cf. Lith. *plónas*, Eng. *floor*]

1 (of terrain, etc.) Having an even surface, level, flat; (of water) smooth, calm. **b** lying in a horizontal plane. **c** *~o pede* (of motion, extension) on the level.

in aequo..et ~o loco Cic.Caec.50; aperto ac ~o litore nauis constituit Caes.Gal.4.23.6; Hor.Ep.1.7.41; haud paruum munimentum a ~ioribus aditu locis Liv.1.33.7; 21.7.5; ~issima campi area Ov.Met.15.297; ex alto qua mons descendit in aequom, hic, ubi non ~a est, sed prope ~a uia Fast.3.836; ~a, ingens, fecunda (sc. Britannia) Mela 3.50; Col.4.14.2; Luc.8.369;—(in fig. phrs.) faciam ego hanc rem ex procliui ~am tibi Pl.Rud.1132; tibi..facilem fecit et ~am uiam ad quaerundum honorem Trin.645;—(transf.) ambulatio..~a Cels.1.2.6; qua..patet campus ~is ingressibus hostis Sil.10.412;—quid tam ~um uidetur quam mare? Cic.Ac.2.fr.3; ~a..unda Mart.5.1.4; iam ~a Thetis Stat.Theb.5.709; postquam iacuit ~um mare Juv.12.62. **b** ibi silicem longum P. II S..~um statuito Cato Agr.18.5; arboribus perpetuis ~is dextra ac sinistra in terra positis Vitr.2.1.4; ~o posito tigno 10.6.1; nec mergit illos cadens unda (Nili) sed ~is aquis tradit Sen.Nat.4a.2.6; conspicit in ~os hostem descendere campos Luc.7.237. **c** aedis ab aditu, quod ~o pede adibant Var.L.5.160; quibus extra murum ex alto loco ~o pede accessus fuerit Vitr.1.5.6; aedificia quae ~o pede instituuntur 6.8.1; si ~o pede erit ruderandum 7.1.1; machinam, qua ad murum ~o pede transitus esse posset 10.13.3.

2 That is on ground level.

cui ~a summos despicit domus montis Mart.12.57.20; repositus uespere in cunas a nutricula loco ~o Suet.Aug.94.6.

3 Having a flat surface; *~a manu, ~o gladio*, and sim., with the flat of the hand, etc. **b** (transf., of sounds produced from a 'flattened' position of the mouth).

porcam ~am facito, paulum concauam Cato Agr.48.2; carinae aliquanto ~iores quam nostrarum nauium Caes.Gal.3.13.1; cum sit tabula sine dubio ad regulam ~a Vitr.6.2.2; naues, ad superanda uada stagnorum apte ~is alueis fabricatas Liv.10.2.12; Scorpios incumbens ~o sub pectore terrae Man.2.254; Luc.6.38; capitis ossa ~a Plin.Nat.11.132; iam ~a cicatrix Stat.Silv.5.1.30; Tac.Ann.2.6;—~a (sc. manu)..aut concaua Sen.Ep.56.1; intritam..comprimito manu ~a Col.12.57.1; ~a..palma Juv.13.128; me..~is gladiis minantes Apul.Met.830. **b** praecipuus..erit hiatus earum, quae cauo aut patulo maxime ore efferuntur (i.e. a, o, u). e ~ior littera est, i angustior Quint.Inst.7.4.34.

4 (of solid masses) Broad, but having little thickness, flat; *piscis ~us*, a flat-fish.

quodsi uniuersi corpus ~um et aequabile explicaretur Cic.Tim.14; eae (suppurationes) pessimae, quae maximae quaeque ~issimae sunt Cels.2.8.23; tuberculum furunculo simile, sed rotundius et ~ius 5.28.9; ~a est et Salariana (castanea) Plin.Nat.15.94; 17.82;—limosa regio ~um educat piscem Col.8.16.7; Cels.6.9.6; Plin.Nat.9.72.

5 (of geom. figures, representations in art) Flat, two-dimensional, plane.

ex solidis (formis) globus..ex ~is autem circulus Cic.N.D.2.47; Vitr.7.pr.11; pictor, cum..efficit ut quaedam eminere in opere, quaedam recessisse credamus, ipse ea ~a esse non nescit Quint.Inst.2.17.21; ~us angulus est in planitia duarum linearum adtingentium Balb.grom.p.103 La; Gel.1.20.1; 1.20.3.

6 (of expression) Simple, plain, straightforward.

ut ~ae sint, ut breues, ut euidentes (narrationes) Cic.Top.97.

7 Obvious, clear, manifest.

pol ~um id quidem est, non nouisse Pl.Capt.564; EVM AGRVM LOCVM..~VM FACIET..EMPTVM ESSE CIL 1.585.64; illud docuimus, illud ~um fecimus Cic.Inv.1.98; nisi ~um facit HS ꟾↃↃ ad libellam sibi deberi Q.Rosc.11; Tim.23; nec quem ad finem consilia peruenerint, satis ~um traditur Liv.6.18.16; ~is nostris casibus Ov.Pont.2.7.24; facere istuc ~ius uolo Sen.Ep.87.14; si tibi ~a fides et dicti cura maneret foederis Stat.Theb.2.393; ita sermo et doctis probabilis et ~us imperitis erit Quint.Inst.8.2.22.

planus[2] ~ī, *m.* [Gk. πλάνος] One who practises deceit or imposture, esp. as a means of making a living.

ille ~us improbissimus Cic.Clu.72; Hor.Ep.1.17.59; miles, siue ille ~us fuit siue nocturnus grassator Petr.82.2; 140.15; subornato fraude aemulorum ~o regio inuitatus Plin.Nat.35.89; ~um pro sycophanta..dicit (sc. Laberius) Gel.16.7.10.

plasma ~atis, *n.* [Gk. πλάσμα] An (affected) modulation of the voice.

liquido cum ~ate guttur mobile collueris Pers.1.17; non ..in canticum dissoluta (sc. lectio) nec ~ata..effeminata Quint.Inst.1.8.2.

plastēs ~ae, *m.* [Gk. πλαστής] A modeller, statuary.

non..debet..esse architectus..~es quemadmodum Myron seu Polyclitus Vitr.1.1.13; ~is, pictoribus, scalptoribusque Vell.1.17.4; Petr.88.5; Plin.Nat.35.152; 35.154; CIL 6.37400.

plasticē ~ēs *f.* [Gk. πλαστική] The art of modelling.

Plin.Nat.34.35; 35.151; qui ~en matrem caelaturae et statuariae scalpturaeque dicit 35.156.

plasticus ~a ~um, *a.* [Gk. πλαστικός] Of or belonging to the art of modelling.

rationis ~ae non ignarus Vitr.1.1.13.

Plataeae ~ārum, *f. pl.* A town in southern Boeotia, Plataea.

Cic.Off.1.61; Nep.Ar.2.1; Stat.Theb.4.373.

Plataeensis ~is ~e *a.* Of or belonging to Plataea; (pl. as sb.) the inhabitants of Plataea.

rogatio..a ~i Dicaearcho lata Liv.33.2.6;—nulla ciuitas Atheniensibus auxilio fuit praeter ~es Nep.Milt.5.1.

Platāicus ~a ~um, *a.* Of or connected with Plataea.

~o proelio Vitr.1.1.6.

platalea ~ae, *f.* [cf. PLATEA[2]] (perh.) A spoonbill.

Cic.N.D.2.124.

platanīnus ~a ~um, *a.* [PLATANVS+-INVS] Of or belonging to a plane-tree.

~is (foliis) semiuietas uuas contegunt Col.12.16.3.

platanistēs ~ae, *m.* [Gk. πλατανιστής] The Gangetic dolphin.

Plin.Nat.9.46.

platanōn ~ōnos, *m.* [Gk. πλατανών] A grove of plane-trees.

~ona medius riuus..diuidit Sen.Ep.55.6; Petr.126.12; ~onas et aerios pityonas Mart.12.50.1; ~on opacissimus Plin.Ep.1.3.1.

platanus ~ī, *f.* [Gk. πλάτανος] FORMS: ~ūs (nom. pl.) *Culex* 124. A plane-tree, *Platanus orientalis*.

Cato Agr.51; Var.Men.390; non sine nutanti ~o Catul.64.290; sub ~o umbrifera Cic.poet.22.10; steriles ~i Verg.G.2.70; ~us..caelebs Hor.Carm.2.15.4; Plin.Nat.12.6; e ~i bacis 15.29; Stat.Silv.2.3.39; Quint.Inst.8.3.8.

platea[1] ~ae, *f.* [Gk. πλατεῖα] ORTHOG.: *platia* CIL 9.5746, A.Epig.58.271. A street.

omnis ~as perreptaui Pl.Am.1011; in hac habitasse ~a dictumst Chrysidem Ter.An.796; hac recta ~a Ad.574; qui in ~a modo huc modo illuc..praetereunt Catul.15.7; derectis ~is B.Alex.2.5; purae sunt ~ae, nihil ut meditantibus obstet Hor.Ep.2.2.71; Vitr.1.6.1; Liv.25.25.8; ~am esse Capuae quae Seplasia appellatur Asc.Pis.9; Plin.Ep.Tra.10.98(99).1; CIL 9.6259;—(in a military camp) PLAT(eae) PRAETOR(iae) 13.7337.

platea[2] ~ae, *f.* [cf. Gk. πλατύς] (perh.) A spoonbill.

Plin.Nat.10.115.

platiodannus ~i *m.* [PLATEA[1]+Gall. **dannos*] (app.) A person appointed to look after the streets.

M. BIRACVS INDVTIVS C SILVIVS SENECIO ~I VICI NOVI CIL 13.6776.

Platō(n) ~ōnis (~ōnos), *m.* The Greek philosopher and disciple of Socrates who lived *c.* 429–347 B.C.

errare mehercule malo cum ~one Cic.Tusc.1.39; audiamus ..~onem quasi quendam deum philosophorum N.D.2.32; Socrates, ~on, Aristoteles..aliique philosophi Vitr.7.pr.2; sedere (apes) in ore infantis tum etiam ~onis Plin.Nat.11.55; Gel.14.1.29; (transf.) Democritos, Zenonas inexplicitosque ~onas Mart.9.47.1.

Platōnicus ~a ~um, *a.* Of Plato or his philosophy, Platonic; (masc. as sb.) a follower of Plato; (neut. pl. as sb.) the teachings of Plato.

homini ~o Q.Cic.Pet.46; ideae ~ae Sen.Ep.58.26; in disciplina ~a Gel.7(6).10.1; ~um sese philosophum dicebat 14.2.1; ex decreto ~o 15.2.3; Fro.Amic.1.p.288(176N);—quoniam utrique Socratici et ~i uolumus esse Cic.Off.1.2;—mitto enim dicere alta illa et diuina ~a Apul.Apol.12.

platycerōs ~ōtos, *a.* [Gk. πλατυκέρως] Wide-horned (as a designation of stags with spreading antlers).

aliorum (animalium cornua) fudit in palmas digitosque emisit ex iis, unde ~otas uocant Plin.Nat.11.123.

platyophthalmon ~ī, *n.* [Gk. πλατυόφθαλμον] = STIMI ('dilating the eyes').

plerique ~on id (sc. stimi) appellauere, quoniam in calliblepharis mulierum dilatet oculos Plin.Nat.33.102.

platyphyllos ~os ~on, *a.* [Gk. πλατύφυλλος] The name of a variety of TITHYMALLVS ('broad-leaved').

Plin.Nat.26.70; hydropicos sanat..tithymallum ~on cognomine 26.119.

platys, *a.* [Gk. πλατύς] Broad.

neruus, qui ~ys appellatur Plin.Nat.26.90.

plaudō ~dere ~sī ~sum, *tr.*, *intr.* Also **plōdō.** [dub.]

1 (tr.) To strike with a flat or concave surface, clap; *~sis alis*, with the beating of wings. **b** (in order to express approbation, encouragement, or sim.) to pat.

~duntur pectine telae *Ciris* 179; Cappadocas rigida pinguis ~sisse catasta Pers.6.77; ut uolucris..leuibus ~dit sua pectora pennis *Ilias* 420; ~serunt limina cygni Stat.Silv.1.2.146; uitreas..natatu ~dit aquas 1.3.74; clipeum ter pectore ~sit Theb.7.134; certantia ~dunt orgia 4.785; resonas gaudentem ~dere caetras Sil.3.348; qui.. ~dat resonantia caerula tonsis 6.363;—cineres ~sis euerberat alis Ov.Met.14.577; 14.507. **b** ~sae sonitum ceruicis amare Verg.G.3.186; ~sa..colla iuuant Ov.Ars 1.630; Sil.4.264.

2 (intr.) To make a clapping sound; to beat (with the wings).

auersas inter se manus collide: non ~dent, sed palma cum palma collata plausum facit Sen.Nat.2.28.1;—perdix.. ~sit pennis Ov.Met.8.238; ut columbae alis ~dere Fro.Aur.2.p.16(230N).

3 (intr.) To clap the hands in applause; (also w. dat. of person, etc., applauded). **b** (in requests for applause at the end of aplay).

populum Romanum manus suas non in defendenda re publica sed in ~dendo consumere Cic.Att.16.2.3; omnes.. marinae ~serunt..deae Prop.4.6.62; exigis ut Priamus natorum funere ~dat Ov.Tr.5.12.7; frequentius ~debat quam loquebatur Petr.70.10; (of the hands) carcere Ditis constrictae ~sere manus Luc.6.798; (gdve.) ducitur iratis ~dendum (i.e. to be accompanied by applause) funus amicis Juv.1.146;—populus me sibilat; at mihi ~do ipse domi Hor.S.1.1.66; Vitellio ~sere Tac.Hist.2.55; (impers. pass.) spectaui..comicos..sapienter dicta dicere, atque is ~dier Pl.Rud.1250; his in theatro ~debatur Cic.Sest.105. β ~dere coepimus et murmurari Var.Men.166; Cic.Att.13.44.1; 'munus tamen' inquit 'tibi dedi': et ego tibi ~do Petr.45.13. **b** qui non manibus clare quantum poterit ~serit Pl.Cas.1017; ualete et nobis clare ~dite Men.1162; spectatores, bene ualete, ~dite atque exsurgite Truc.968; neque sapientibus usque ad '~dite' ueniendum est Cic.Sen.70; donec cantor 'uos ~dite' dicat Hor.Ars 155. β Quint.Inst.6.1.52.

4 (intr.) To express approval; (w. dat.) to approve, applaud.

te curaturum fumo ut combureretur ~dente tota prouincia Cic.Q.fr.1.2.6; dis hominibusque ~dentibus 2.4.1;—Apollodoro ~dit imbrifer Nilus Mart.1.61.5; me..ineptiis meis ~sisse Tac.Dial.32.7; nec ipse tibi ~dis Plin.Ep.9.14.1; (impers. pass.) foris ualde ~ditur Cic.Q.fr.2.6.1.

? **plaumoratum** ~ī, *n.* [dub., perh. Celt.] N.B.: the exact form of the word is very uncertain. A kind of plough used in Raetia.

Galliae duas addere tali rotulas, quod genus uocant ~ (dub.) Plin.Nat.18.172.

plausibilis ~is ~e, *a.* [PLAVDO+-BILIS] Likely or able to win applause.

id iam populare et ~e factum est Cic.Div.Caec.8; Tusc.3.51; ex antiquis..apud quos nondum captabatur ~is oratio Sen.Ep.59.6; Quint.Inst.4.3.1; 12.10.73.

plausor ~ōris, *m.* **plōs-.** [PLAVDO+-TOR] One who applauds.

in uacuo laetus sessor ~orque theatro Hor.Ep.2.2.130; spectator et ~or Plin.Pan.46.4; Suet.Nero 25.1. β si ~oris eges aulaea manentis Hor.Ars 154; inter ~ores suos Quint.Inst.12.9.4.

plaustrālis ~is ~e, *a.* **plost-.** [PLAVSTRVM+-ALIS] Of or suited to carts. **b** (neut. pl. as sb., app.) a festival associated with carts.

VIAM ~EM FECIT DE SVA PECVNIA A.Epig.22.127. **b** VOTVM SOL(uit) ~IBV⟨S⟩ DEDICAVIT CIL 5.7862.

plaustrārius ~a ~um, *a.* **plos-.** [PLAVSTRVM+-ARIVS] Used with or for a waggon or cart; (masc. as sb.) a waggoner.

IN IVMENTA ~A CIL 1.594.3.3.28. β asinos ~os Cato Agr.11.1;—CIL 4.485; Aquiliae actione ~um teneri placet Ulp.dig.9.2.27.33.

plaustrum ~ī, *n.* **plostrum.** [< **plaud-* (PLAVDO)+-*trom*] A waggon or cart; (prov.) *~um percellere*, 'to upset the apple-cart'. **b** the constellation Charles's Wain.

plus ~orum in aedibus uideas quam ruri Pl.Aul.505; omnia ex fanis..~is euecta Cic.Ver.1.53; Eleusinae matris uoluentia ~a VERG.*G.*1.163; Scythae, quorum ~a uagas.. trahunt domus HOR.*Carm.*3.24.10; dicitur et ~is uexisse poemata Thespis *Ars* 276; LIV.4.60.6; onus ~i OV.*Met.* 12.282; Sarmatis..in ~o equoque uiuentibus TAC.*Ger.*46.2. β VIA INFERIOR PRIVATAST..PECVS ~V NIQVIS AGAT *CIL* 1.1831.5; quot iuga..habebis, totidem ~a esse oportet CATO *Agr.*62; VITR.10.1.5; (*cf.*) admonitus..plaustra potius quam plostra dicenda SUET.*Ves.*22.1;—perii! ~um perculi PL.*Epid.*592. **b** serus uersare boues et ~a Bootes PROP. 3.5.35; siue arctoe seu Romani cognominis ursae ~aue GERM.*Arat.*26; SEN.*Med.*315; ~um glaciale sub Vrsae LUC. 5.23; STAT.*Theb.*5.529; (*cf.*) geminum..~um SEN.*Oed.*477.

plausus ~ūs, *m.* [PLAVDO+-TVS³]

1 The action of striking with the palm of the hand, or other flat or hollow surface, clapping; the beating of wings.

~u caua concutit ungula terram ENN.*Ann.*439; tympana ..et ~us et Bacchei ululatus OV.*Met.*11.17; gaudent ~u atque tinnitu aeris PLIN.*Nat.*11.68; moram, quam pollicis sonore uel ~u pedis discriminare..solent MAUR.2254; —columba..~um..exterrita pennis dat tecto ingentem VERG.*A.*5.215; sonant..turres ~ibus columbarum MART. 3.58.18; summos nec praepetis alae ~us adit collis STAT. *Theb.*2.40.

2 The clapping of hands in applause; (meton.) the object of applause. **b** approval.

quae ego in theatro hic meis probaui ~ibus NAEV.*com.*72; eloquens..clamores, ~us, si liceat, mouere debet CIC.*Orat.* 236; captare ~us, uehi per urbem *Pis.*60; deductus maximo clamore atque ~u in rostris conlocatus sum *ad Brut.*1.3.2; ingeminant ~u Tyrii VERG.*A.*1.747; in quorum ~us tota theatra sonant OV.*Pont.*2.6.28; palma cum palma collata ~um facit SEN.*Nat.*2.28.1; STAT.*Theb.*6.555; ii dies ac noctes ~ibus personare TAC.*Ann.*14.15;—(*in requests for applause at the end of plays*) ~um si clarum datis PL.*As.*947; qui pudicitiae esse uoltis praemium, ~um date *Capt.*1036; *Cist.*787; *Rud.*1423;—~us deliciaeque tuae MART.9.28.2; 10.53.2. **b** ut..esset..quoddam genus..qui nec ~um nec lucrum quaererent CIC.*Tusc.*5.9; Musa nec in ~us ambitiosa mea est OV.*Tr.*5.7.28; inlitteratum ~um nec desidero PHAED.4.pr.20.

Plautīnus ~a ~um, *a.* *superl.* ~issimus. Of or belonging to Plautus or his works; typical of Plautus, Plautine.

~as fabulas PL.*Cas.*12; ~us pater in Trinummo CIC. *ad Brut.*1.2a.2; HOR.*Ars* 270; ~o..sermone QUINT.*Inst.* 10.1.99; FRO.*Aur.*2.p.6(224N); (*neut. as sb.*) ut hoc etiam ~um spectet GEL.6(7).17.12;—uersus..ut de illius Plauti more dicam, ~issimi 3.3.4.

Plautius ~a ~um, *a.* **Plōt-.** The name of a Roman *gens.* **b** (in the titles of laws, etc.).

Auio ~o etiam ouationem decreuit SUET.*Cl.*24.3; ~am Vrgulanillam 26.2. β ille Marius item eximie L. ~um dilexit CIC.*Arch.*20. **b** (rem) ui possessam lex Iulia et ~a (prohibet) GAIUS *Inst.*2.45; ~am rogationem GEL.13.3.5. β cum primum senatores cum equitibus Romanis lege ~a iudicarent CIC.*Corn.*1.fr.53.

plautus¹ ~a ~um, *a.* **plōt-.** [cf. perh. Let. *plauksts*] Flat; (in spec. senses, see quots.).

α ~i appellantur canes, quorum aures languidae sunt ac flaccidae PAUL.*Fest.*p.231M. β ~i appellantur, qui sunt planis pedibus PAUL.*Fest.*p.239M; FEST.p.238M.

Plautus² ~ī, *m.* An Umbrian cognomen, esp. of T. Maccius Plautus, the comic poet, who died in about 184 B.C.

~i Anus ACC.*poet.*17; VAR.*Men.*399; (Ennius) qui fuit maior natu quam ~us et Naeuius CIC.*Tusc.*1.3; postquam est mortem aptus ~us, Comoedia luget *Epigr.Plaut.*1(*poet.* p.32); (*cf.*) adporto uobis ~um..lingua, non manu PL. *Men.*3.

? **plautus**³ ~a ~um, *a.* [Gk. πλαυτός 'floating'] The name of a kind of muraena.

~as (*v.l.* flutas), quae maxime probantur, muraenas COL. 8.17.8.

Plēas: see PLEIAS.

plēbēcula ~ae, *f.* Also **plēbic-.** [PLEBS+-CVLA] The populace, mob, common people.

illa contionalis hirudo aerari, misera ac ieiuna ~a CIC.*Att.* 1.16.11; ~am urbanam 16.8.2; HOR.*Ep.*2.1.186; PERS.4.6. β praefatus sineret se ~am pascere SUET.*Ves.*18.

plēbēius¹ ~ia ~ium, *a.* [PLEBS+-IVS]

1 Of or belonging to the plebeian class at Rome. **b** *ludi* ~*ii*, also (neut. pl. as sb.) ~*ia*, games given annually in Rome by the plebeian aediles, 4–17 Nov. **c** (of actions) involving the plebeians.

familiae ~iae CIC.*Mur.*15; si ~iae leges displicerent LIV. 3.31.7; Ap. Claudium uirginis ~iae stuprandae libido cepit 3.44.2; ne cui patricio ~ii magistratus paterent 4.25.11; ut ex caeno ~o consulatum extraheret 10.15.9; duabus aedilitatibus, ~ia et curuli 22.26.3; aediles..~ii 27.21.9; (Flora) uolt sua ~io sacra patere choro OV.*Fast.*5.352; ~ia de stirpe STAT.*Silv.*5.2.17; TAC.*Ann.*11.24; JUV.8.254; (*as a cult-title*) hanc ego aram..Pudicitiae ~iae dedico LIV. 10.23.7; (*fem. sg. as sb.*) si ~iam patricius duxerit 4.4.11. **b** ludi et Romani et ~ii..instaurati LIV.27.21.9; 38.35.6; —a ~is longe Megalesia JUV.6.69. **c** Ap. Claudium.. ulrum imbutum iam ab iuuenta certaminibus ~iis LIV. 5.2.13.

2 Of or belonging to the common people. **b** suitable for or typical of the common people.

quamquam nos uidemur tibi ~ii et pauperes PL.*Poen.*515; etiam illa ~ia ira et priuata inerme..bellum est SEN.*Dial.* 5.5.6; cetera ~io desaeuit sanguine uirtus STAT.*Theb.*12.738; —(*transf., of bees*) paulo maiora quam sunt ~ii seminis inueniri recta foramina COL.9.11.5. **b** in ~ia ueste LUCR.2.36; apparatum non priuatum aut ~ium, sed patricium et praetorium CIC.*Sest.*77; ~io sermone *Fam.*9.21.1; non capit umquam magnos motus humilis tecti ~ia domus SEN.*Phaed.*1139; ~io tectus amictu LUC.5.538; STAT.*Theb.* 12.60.

3 Common, ordinary, everyday (usu. in depreciatory sense).

omnes ~i philosophi CIC.*Tusc.*1.55; ~ia..beta PERS. 3.114; (beneficium) alterum uolgare, ~ium SEN.*Ben.* 7.17.1; utrum hic panis sit ~ius an siligineus *Ep.*119.3; indicatis nobilibus gemmis, immo uero etiam ~is PLIN.*Nat.* 37.195; si ~ia Venus gemino tibi uincitur asse MART.2.53.7; nec te ~ia manebunt iura STAT.*Silv.*3.4.37; hoc praenimis ~ium est (uerbum) GEL.19.10.9; ~iam facie tenus praetendens humanitatem APUL.*Met.*10.23; (*internal acc.*) albus anser..~ium sapit PETR.93.2,l.5.

plēbēius² ~iī, *m.* [prec.] A member of the plebeian class at Rome; one of the common people.

pauperem ~ium atque proletarium CATO *orat.*154; cum his ~ios esse coniunctos CIC.*Ver.*31; adoptatum patricium a ~io *Att.*7.7.6; rogationem tulit..ut ~ii magistratus.. fierent LIV.2.56.2; ut et ~iis pateret summus honos 6.37.5; dummodo ne quis in ~io operis publici poenam..excedat ULP.*dig.*47.18.1.2;—palam muttire ~io piaculum est ENN. *scen.*331.

plēbicola ~ae, *m.* [PLEBS+-COLA] One who courts the favour of the people.

ut ~a uideretur, libertinam duxit uxorem CIC.*Sest.*110; ab hoc ~a tribuno plebis *Agr.*2.84; ~a..omnisque aurae popularis captator LIV.3.33.7; ille ~a (*i.e. Caesar*), ille popularis SEN.*Ben.*5.16.5.

plēbicula: see PLEBECVLA.

plēbis: see PLEBS.

plēbiscītum (plēbisscītum) ~ī, *n.* Often as two words (sts. separated or reversed) **plēbī (plēbēī, plēbis) scītum.** [PLEBS, SCITVM] FORMS: abl. sg. *plebi* or *plebis scitu* (as if from a 4th-decl. masc. sb. in *-us*) *formula* in Cic. *Att.*4.2.3; LIV.25.7.5. A resolution of the *plebs* in the *comitia tributa* (by the Lex Hortensia of *c.* 287 B.C. given the formal force of a law).

PL.*Ps.*748; ⟨IOVDEX⟩ QVEI EX HACE LEGE PLEBEIVE SCITO FACTVS ERIT *CIL* 1.582.7; plebiscitis totiens consularem potestatem minui CIC.*de Orat.*2.199; lege..quae postea plebiscito Canuleio abrogata est *Rep.*2.63; cum.. magnae..partis nobilium eo plebiscito publicarentur fortunae LIV.4.48.2; (Publilius) unam (legem tulit), ut plebi scita omnes Quirites tenerent 8.12.15; comitia..a praetore urbano de senatus sententia plebique scitu sunt habita 25.7.5; dictatori ei magister equitum..scito plebis.. aequatus V.MAX.5.2.4; SI QVIS..ADVERSVS LEGES ROGATIONES PLEBISVE SCITA SENATVSVE CONSVLTA FECIT *CIL* 6.930.34; ne 'leges' quidem proprie, sed 'plebisscita' appellantur, quae tribunis plebis ferentibus accepta sunt, quibus rogationibus ante patricii non tenebantur LAEL.FEL. in Gel.15.27.4; temptauit per partem tribunorum ut sibi Aegyptus prouincia plebi scito daretur SUET.*Jul.*11; lex est, quod populus iubet atque constituit. plebiscitum est, quod plebs iubet atque constituit GAIUS *Inst.*1.3;—(*applied to similar ordinances in foreign States*) Socrates, cuius arbitrio plebei scita ordinarentur V.MAX.3.8.ext.3; 4.1.ext.4.

plēbitās ~ātis, *f.* [next+-TAS] The rank or status of a plebeian.

propter tenuitatem et ~atem CATO *orat.*100; quicumque propter ~atem agro publico eiecti sunt HEM.*hist.*17.

plebs ~ēbis, *f.* **~ēbēs** ~ēbēī. Also **~eps.** [cf. PLENVS, Gk. πλῆθος] FORMS: *plebi* (gen., in *tribunus* or *aedilis plebi, plebi scitum*).

1 The general body of citizens at Rome (as distinct from the patricians), the plebeian class, the commons; (also in other constitutions). **b** (acting as a legislative or judiciary body often dist. from *populus*). **c** TRIBVNVS ~*ebis*, etc., an officer appointed to protect the interests of the *plebs*; TRIBVNATVS ~*ebis*, the office of tribune; AEDILIS ~*ebis*, a plebeian aedile; ~*ebis scitum*, see PLEBISCITVM.

~EBEM DE SACRO MONTE DEDVXIT *Elog.*5(*CIL* 1.p.189); imperium quod ~ebes per saturam dederat ANNIUS *orat.*5; duos..amantissimos ~ebei Romanae uiros, Ti. et C. Gracchos CIC.*Agr.*2.10; non modo..ab optimo quoque sed etiam a ~ebe *Att.*4.2.5; uti ~eps largitionibus..corrupta habeat negotia sua SAL.*Rep.*1.7.2; orationem..ad conciliandos ~ebis animos compositam LIV.1.35.2; consulatum unum certe ~ebis Romanae esse 22.34.11; sancte pater patriae, tibi ~ebs, tibi curia nomen hoc dedit OV.*Fast.* 2.127; MART.5.27.2; TAC.*Ann.*1.8; (*w. pl. vb.*) Romae ~ebes litteris..cognitis uolenti animo de ambobus acceperant SAL.*Jug.*73.3;—~ebes..regi antistat ENN.*scen.*228; Nolae.. senatus Romanorum, ~ebs Hannibalis erat LIV.23.39.7; ~EPS NARBONENSIVM ARAM NARBONE IN FORO POSVIT *CIL* 12.4333.13; dominationem..nobilitati ~ebique iuxta intolerandam TAC.*Ann.*12.10. **b** ~EBE IOVSI *CIL* 1.2659; quod populus ~ebesue sanxit CIC.*Balb.*33; quae scisceret ~ebes aut quae populus iuberet *Flac.*15; ~ebes..sciuit ut.. LIV.27.5.17; legationes quas diuersas ordo ~ebs ad senatum miserant TAC.*Ann.*13.48; GAIUS *Inst.*1.3.

2 (with stress on the social aspect rather than the political) The common people, mob, common herd, the masses.

paullatim ~ebem..facio meam TER.*Ad.*898; deficit alma Ceres, nec ~ebes pane potitur LUCIL.200; ~ebes urbana CIC.*Att.*7.7.6; ne quis ex ~ebe contra potentiorem auxili egeret CAES.*Gal.*6.11.4; multam..sine nomine ~ebem VERG.*A.*9.343; non illam..de scelesta ~ebe delectam HOR.*Carm.*2.4.18; mediae..commoda ~ebi nostra patent OV.*Met.*11.283; de ~ebe Numae MART.10.10.4; deest tibi seruitio ~ebes STAT.*Theb.*11.276; ~EPS VRBANA QVAE FRVMENTVM PVBLICVM ACCIPIT *CIL* 6.943; (*cf.*) sed quadringentis sex septem milia desunt: ~ebs eris. at pueri ludentes 'rex eris' aiunt, 'si recte facies' HOR.*Ep.*1.1.59.

3 (transf.) The common run, ordinary class, rank and file.

(*of gods*) nec de ~ebe deo, sed qui caelestia magna sceptra manu teneo OV.*Met.*1.595; de media ~ebe..deus *Fast.*5.20; —(*of soldiers*) castrorum in ~ebe merebat LUC.6.144; STAT. *Ach.*1.491; ~ebes omissis armis per agros palatur TAC.*Hist.* 4.70;—(*of bees, as opposed to the queen*) ut binae regum facies, ita corpora ~ebis VERG.*G.*4.95; COL.9.9.1; PLIN.*Nat.*11.52; —(*of fowls*) 10.47.

4 A multitude of persons having some common tie, a company, folk, etc.

~ebes externa Inachiis huc aduentamus ab oris STAT. *Theb.*8.318; Dryadum..a ~ebe 9.578; nos anxia ~ebes *Silv.* 2.1.223; natorum de ~ebe putat 3.4.29.

plectibilis ~is ~e, *a.* [PLECTOR+-BILIS] Deserving of punishment.

homicidii manifesti culpam ~em [QUINT.]*Decl.*3ᵇ.2.

plectilis ~is ~e, *a.* [next+-ILIS¹] Plaited.

corolla ~is PL.*Bac.*70.

plectō¹ ~ctere ~xī ~xum, *tr.* [cf. Skt. *praśnaḥ*, Gk. πλέκω] To plait, twine.

te (*i.e. a chaplet*) Andromacha..capiti meo..~xit LAEV. *poet.*4; caput atque umeros ~xis redimire coronis LUCR. 5.1399; hos (*sc.* flores) indistinctis ~xos tulit ipse corollis CATUL.64.283.

plectō² ~ere, *tr.* [cf. Lith. *plekiu*] (in quots., only used in pass.).

1 To buffet, beat.

ego ~ar pendens nisi quid me fefellerit TER.*Ph.*220; tergo ~or HOR.*S.*2.7.105; (*poet.*) Venusinae ~antur siluae *Carm.*1.28.27.

2 To punish.

si itidem ~antur uiri PL.*Mer.*826; ut in iudiciis..sine inuidia culpa ~atur CIC.*Clu.*5; cum multis in rebus neglegentia ~imur *Amic.*85; maluit illum innoxium ~i quam se diutius esse in timore NEP.*Milt.*8.4; quidquid delirant reges ~untur Achiui HOR.*Ep.*1.2.14; LIV.8.7.17; miser admisso ~itur ille meo! OV.*Ep.*11.110; TAC.*Ann.*4.20; an prouinciales ut socios..~i oporteret PLIN.*Ep.*6.29.8; ipse.. stellionatus crimine..~etur ULP.*dig.*17.1.29.5; (*w. gen. of crime*) ut..ipse insimulationis falsae non ~eretur APUL. *Apol.*2.

plectrum ~ī, *n.* [Gk. πλῆκτρον]

1 The instrument used for striking the strings of a lyre, plectrum, quill. **b** (poet., as the instrument of lyric poetry).

~i similem linguam nostri solent dicere CIC.*N.D.*2.149; tibi ~a mouentur OV.*Ep.*3.113; *Met.*11.168; ~a dolore tacent, muta dolore lyrast [OV.]*Ep.Sapph.*198; Apollineo..fila sonantia ~o cum quaterem STAT.*Ach.*2.157; (*applied to the tongue*) eo facilius uerba hominis articulant (psittaci) patentiore ~o et palato APUL.*Fl.*12. **b** concines maiore poeta ~o Caesarem HOR.*Carm.*4.2.33; cecini ~o grauiore Gigantas OV.*Met.*10.150; MART.7.23.2; cui, Paean, noua ~a moues..? STAT.*Silv.*1.2.2; quanta uotiua mouebo ~a lyra! 3.2.132;—(*w. type specified*) hunc fidibus nouis, hunc Lesbio sacrare ~o HOR.*Carm.*1.26.11; Aeolio cum temptat carmina ~o PROP.2.3.19; Pindaricis..contendere ~is STAT. *Silv.*1.3.101.

2 The helm of a ship.

residentis puppe magistri affixit ~o dextram (*i.e. with an arrow*) SIL.14.402; 14.548.

Plēias ~adis (~ados), *f.* **Plīas, Plēas.** PROS.: *Pleiadas* trisyll. OV.*Fast.*3.105.

1 Any one of the seven daughters of Atlas and Pleione.

quem lucida partu ~as (*i.e. Maia*) enixa est OV.*Met.*1.670; Pleione cum caelifero Atlante iungitur..~adasque parit *Fast.*5.84. β ~ada (*i.e. Electra*), si quaeres, in nostra gente Iouemque inuenies OV.*Ep.*15.175.

2 (pl. or sg.) The constellation of the Pleiads, whose rising was reputed to bring rainy weather. **b** (sg.) one of the Pleiads.

nauita tum stellis..nomina fecit ~adas, Hyadas VERG.*G.* 1.138; ~adum choro scindente nubes HOR.*Carm.*4.14.21; quattuor autumnos ~as orta facit OV.*Pont.*1.8.28; densi latitant ~adum greges SEN.*Med.*96. β imbrifera..sub ~ade LUC.8.852; ~adas..aquosas STAT.*Theb.*4.120; nubila ~as *Silv.*3.2.76; (*poet.*) spumanti qualis in alto ~ade capta ratis V.FL.4.269. **b** γ Taygete simul os terris ostendit honestum ~as VERG.*G.*4.233.

Plēïonē ~ēs, *f.* A daughter of Oceanus and Tethys, wife of Atlas and mother of the Pleiads. **b** (meton.) the constellation of the Pleiads.

Atlantis ~esque nepos (*i.e. Mercury*) OV.*Met.*2.743; *Fast.* 5.83. **b** memorat..~es Hyadumque locos V.FL.2.67.

? **plēmen** ~inis, *n.* [PLEO+-MEN: cf. Gk. πλῆσμα] (app.) Impregnation.

inguen ~en (*cj.*) papulam panum tympanum AFRAN.*com.* 218.

Pleminius ~a ~um, *a.* A Roman gentile

name, esp. Q. Pleminius, propraetor in 205 B.C. under Scipio Africanus.
Q. ~us Romano, Hamilcar Punico praesidio praeerat Liv.29.6.16; V.Max.1.1.21; (*transf.*) nunc omnes centuriones militesque uestros..~os fecit Liv.29.17.14.

Plēmyrium ~iī, *n.* A headland at the south of the Bay of Syracuse.
Verg.A.3.693.

plēnē, *adv. compar.* ~ius, *superl.* ~issimē. [PLENVS+-E]

1 In full measure, abundantly. **b** lavishly, generously. **c** with a full sound, richly.
balnea laudat ut fortunatam ~e praestantia uitam Hor.Ep.1.11.14; ~ius ingenio sit miser ille meo Ov.Ib.90; ~issime ad me peruenit animus tuus Sen.Ben.7.14.5; quaerens..quemadmodum ~ius uberiusque respondeat non solum parentibus..sed humilioribus quoque personis 3.17.4; uena (*sc.* metallorum) adsidue ~ius responsura fodienti Ep.23.5; ut..promittamus nos ~e et statim de eo satis esse facturos Quint.Inst.4.5.18; caper..uitem quam praeroserat ~ius fructum protulit Hyg.Fab.274.1;—(*in speaking, writing, etc.*) ~ius quod uis explicabitur, cum ad orationis ipsius..rationem uenero Cic.Part.8; N.D.2.74; Paul.dig.34.3.25. **b** DIEM..LVDORVM ~ISSIME EXHIBVIT CIL 10.3759. **c** te sonantem ~ius aureo, Alcaee, plectro dura nauis..mala Hor.Carm.2.13.26; quod uox ~ius sonet Scaur.gram.in G.L.7.20.

2 Entirely, completely.
si hoc ~e uitare non potes Cic.Q.fr.1.1.38; cum neque opus hibernorum munitionesque ~e essent perfectae Caes.Gal.3.3.1; absolutus est sententiis ~ius quam prius Asc.Mil.49; Quint.Inst.8.3.62; senatus consultum, quo ~issime feminis omnibus subuentum est Ulp.dig.16.1.2.1.

3 (leg.) Widely, with wide application, in a wide sense.
beneficium imperatoris..quam ~issime interpretari debemus Javol.dig.1.4.3; puto ~ius accipiendum (senatus consultum), ut etiam ad eos liberos pertineat, qui..Ulp.dig.29.5.1.8; lex Iulia..~ius interpretanda est, ut etiam de sponso idem iuris sit quod de marito Gaius dig.23.5.4; in testamentis ~ius uoluntates testantium interpretamur Paul.dig.50.17.12.

plēnilūnium ~(i)ī, *n.* [PLENVS+LVNA+-IVM] The time of full moon.
pridie quam ~ium sit Col.11.2.85; ~io abscondente (stellas) Plin.Nat.2.80; latent..nisi tepore aliquo euocati aut ~iis (*sc.* thynni) 9.53; 18.323.

plēnitās ~ātis, *f.* [PLENVS+-TAS] The state of being full to saturation.
cibi ~ate Vitr.1.4.6; umores ex membris aer exsugendo inminuit ~ates 5.9.5; hae glaebae..propter umoris ~atem coiciuntur in fornacem 7.8.2; cum aeris unda nitentes (umores), cum peruentum ad montes..propter ~atem..liquescendo disparguntur 8.2.2.

plēnitūdō ~inis, *f.* [PLENVS+-TVDO]

1 Abundance of content, fullness.
ut longitudo aut ~o (*i.e. in respect of letters*) harum (*sc.* syllabarum) multitudinem alterius adsequatur et exaequet Rhet.Her.4.28; maxima spatio atque ~ine citri est (*sc.* radix) Plin.Nat.16.129.

2 Fullness of shape, thickness.
perticae cacuminum modicae ~inis Col.4.30.4; homo in longitudinem usque ad ter septenos annos, tum deinde ad ~inem Plin.Nat.11.216.

3 The full amount, the whole.
Romanae militiae ~o [Quint.]Decl.3^{b}.3.

plennus: see BLENNVS.

plentigomatos: corrupt form in Vitr.10.11.7; see PTERYGOMA.

plēnus ~a ~um, *a. compar.* ~ior, *superl.* ~issimus. [Skt. *prāṇaḥ*, OIr. *lān*; see also next] CONST.: w. gen. or abl.; the latter cited in Quint.Inst.9.3.1 as the more recent use.

1 Containing within itself all that it will hold, full. **b** full of food, replete. **c** full (of the divine presence, inspiration, or sim.). **d** having no interstices between its component parts, completely filled with matter, dense; (neut. as sb.) a space completely filled with matter, plenum. **e** *~o modio*, in full measure (see MODIVS).
bibere da usque ~is cantharis Pl.Per.821; spumat ~is uindemia labris Verg.G.2.6; beata ~o Copia cornu Hor.Saec.59; ad praesepia debent ~a..stare boues Tib.2.1.8; ~os capit alueus amnes Ov.Met.1.343; si circa umbilicum et pubem cutis ~a est Cels.2.3.1; quare quidam fontes senis horis ~i senisque sicci sunt? Sen.Nat.3.16.1; ~o Padus ore tumens Luc.6.272; hydropicos sanat..uerbenaca fasciculo manus ~ae in aqua decocta ad dimidias Plin.Nat.26.120; matrem..~am (*i.e. with full udders*) mollis agnus expectat Mart.3.58.21; uberibus ~is Stat.Silv.5.5.15;—(*fig.*) sapit hic ~o pectore Pl.Epid.286; ~as auris adfero Titin.com.151; omne superuacuum ~o de pectore manat Hor.Ars 337; (*cf.*) tura..mente magis ~a quam lance dedissem Ov.Pont.4.9.33;—(*w. gen.*) ecfodio aulam auri ~am Pl.Aul.709; quippe qui uesicam ~am uini habeant Tit.orat.2; zonas, quas ~as argenti extuli, eas ex prouincia inanes retuli Gracch.orat.27; ~us Albani cadus Hor.Carm.4.11.2;—(*w. abl.*) Caesar..lapidibus corbis ~os demisit B.Hisp.5.1; intrito cibo ~am lagonam posuit Phaed.1.26.8; Giton collectione spiritus ~us ter..sternutauit Petr.98.4; (*poet.*) ~o singultibus ore Ov.Met.6.509. **b** pasta (uulpecula)..rursus ire foras ~o tendebat corpore frustra Hor.Ep.1.7.31; quotiens..~ior est (*sc. the patient*), uomere (debet) Cels.4.31.3. **c** (*w. gen.*) Iouis omnia ~a Verg.Ecl.3.60; quo me, Bacche, rapis tui ~um? Hor.Carm.3.25.2; uates..fit..sui toto pectore ~a dei Ov.Fast.6.538; ~i..deorum V.Fl.2.441;—(*w. abl.*) feror huc illuc, uae, ~a deo Ov.trag.2; ~os Latio Ioue..somnos Stat.Silv.5.3.292; TEMPLVM..SVPERIS ET CAESARE ~VM CIL 2.761; (*cf.*) ~us monitis (*sc.* Virtutis) Sil.15.129. **d** hebetiora ut sint hominum ingenia propter caeli ~iorem naturam Cic.N.D.2.17; sunt..corpora certa quae spatium ~o possint distinguere inane Lucr.1.527; numquam uinum salsum bibere expedit, ne tenue quidem aut dulce, sed austerum et ~ius Cels.1.6.2;—Leucippus (dixit esse) ~um et inane Cic.Luc.118; ut caua conueniant ~is haec illius illa huiusque inter se Lucr.6.1085.

2 Having its appropriate contents, full (as opposed to empty). **b** pregnant. **c** (of sails) filled with wind, distended.
(ouum) inane fluitat, itaque sidentia, hoc est ~a, subici uolunt Plin.Nat.10.151; (Tydeus) galeas..rotat per nubila ~as (*i.e. containing heads*) Stat.Theb.8.699; (*transf.*) si ~um locum inuenerit, exspectet, donec locus uacet Ulp.dig.50.2.2. **b** quom grauidam et quom te pulchre ~am aspicio, gaudeo Pl.Am.681; ut sue ~a procuratio fieret Cic.Div.1.101; Telluri plenae uictima ~a datur Ov.Fast.4.634; (*cf.*) si uentre ~o (*i.e. pregnant*) sit mulier Papin.dig.29.2.84;—(*w. male parent indicated*) ~a patris thalamis excedit Ov.Met.10.469; nec timet Ancaeum genetrix committere ponto, ~a tulit quem rege maris V.Fl.1.414. **c** ~a..curuato pandere uela sinu Ov.Ars 3.500; ille dedit certae lintea ~a fugae Rem.266; ut aura ~os fortior tendit sinus Sen.Ag.442; ~a..carbasa Her.F.538; quamuis ~a praeterit uela (delphinus) Plin.Nat.9.24; naues..~is uelis euntes Petr.71.9; Stat.Ach.1.683; (*poet.*) Augusta ratis ~is Iouis omine uelis Prop.4.6.23;—(*in fig. phr.*) cum..ipse archipirata..~issimis uelis nauigares Cic.Dom.24; hunc, cuius felicitas semper ~is uelis prosperum cursum tenuit V.Max.6.9.ext.5.

3 Containing in itself or having on itself an abundance, full (of). **b** (of places) full (of people, etc.), crowded. **c** (of tables) having an abundance of food and drink, full; (of places) well-stocked.
carpite de ~is pendentes uitibus uuas Ov.Am.1.10.55; tum sere, quod ~a postmodo falce metas Ars 2.322; ~as exonerare colos Fast.3.818; pertica dat ~is inmitia uolnera ramis Nux 69; (*transf.*) ~i successibus anni Ov.Met.8.273;—(*w. gen.*) porriginis ~um Lucil.982; tanne arcula tua ~a est aranearum? Afran.com.411; medicamentorum salutarium ~issumae terrae Cic.N.D.2.132; frumentum, cuius erant ~issimi agri Caes.Civ.2.37.6; ~um fluentis harenae..solum Ov.Ib.45;—(*w. abl.*) Verres ornamentis fanorum..habeat ~am domum, uillas refertas Cic.Ver.4.126; tuis hic omnia ~a muneribus Verg.G.2.4; exercitum..~issimum praeda Liv.41.28.9; surgit miserabile bustum non ullis ~um titulis Luc.8.817; ~i dominis armisque feruntur quadripedes Stat.Theb.4.813;—(*w. acc. of respect*) referunt se..minores (*sc.* apes) crura thymo ~ae Verg.G.4.181; ~us (*sc.* Cordus)..sinus ardente fauilla Luc.8.752. **b** quia ego ire uidi milites ~is uiis Pl.Epid.208; Mer.115; quam inanes domus eorum omnium..quam ~a ac referta Chelidonis Cic.Ver.1.120; ~um est forum, plena templa..~i omnes aditus huius templi ac loci Catil.4.14; multa undique portari atque agi ~issimis uiis Caes.Civ.2.25.2; Verg.A.11.236; ~is repente portis effusi hostes Liv.1.14.8; cuius rei gratia ~um sit auditorium Quint.Inst.2.11.3; ~i agri, apertae domus Tac.Hist.2.12;—(*w. gen.*) aedis ~as conuiuarum et mulierum Pl.Mos.379; fons..~issimus piscium Cic.Ver.4.118; cliuum Capitolinum..~um seruorum armatorum fuisse Phil.2.16; erat ~a lictorum et imperiorum prouincia Caes.Civ.3.32.4;—(*w. abl.*) tam..omnia ~a puellis cognatis Catul.89.3; in aliquod ~um pueris gymnasium Quint.Inst.2.8.3. **c** apud mensam ~am homini rostrum deliges Pl.Men.89; ~ae pocula mensae Verg.A.11.738; nunc sine me ~a fiunt conuiuia mensa Prop.2.16.5;—nobilis urbis atque ~as Cic.Pis.91; oppido ~o atque opulento Caes.Civ.3.80.6; Coccei..~issima uilla Hor.S.1.5.50.

4 (in a non-material sense) Characterized by an abundance (of), full (of). **b** possessed of a large number or amount (of). **c** full of detail (in quots., compar.). **d** abundantly provided (for a stated or implied purpose).
(*w. gen.*) negoti nunc sum ~us Pl.Ps.380; peiiuri ~issumus Rud.651; ille uir..~us fidei Enn.Ann.338; quis me est fortunatior uenustatisque adeo ~ior? Ter.Hec.848; ~a iusti doloris oratio Cic.Brut.158; hominem ~um stupri flagiti sceleris Ver.2.110; ita ut omnia sint ~issima desperationis Att.2.18.2; ~i ruris et inficetiarum annales Volusi Catul.36.19; alacres et fiduciae ~i Caes.Gal.7.76.5; consilii ~us Nep.Paus.1.2; quae regio in terris nostri non ~a laboris? Verg.A.1.460; irarum speique ~i Liv.2.45.14; ut decet certae spei ~os 6.12.8; res est soliciti ~a timoris amor Ov.Ep.1.12; ~us honorum Luc.5.666; ~us constantis silentii Tac.Ann.15.60; cum grammatico insolentiarum et inperitiarum ~o Gel.6(7).17;—(*w. abl.*) ~us sum exspectatione de Pompeio quidnam de nobis uelit Cic.Att.3.14.1; erant ~a laetitia et gratulatione omnia Caes.Civ.1.74.7; maiores et magnificentia ~as..ad utilitatem opportunitates Vitr.10.1.2; cum ~a religione ciuitas esset Liv.7.28.7; Metellum..tristitia ac rubore ~um V.Max.7.5.4; omnia ~a iocis, securo ~a cachinno, ~a mero Col.10.280; belli ciuilis ingens opus quisquis attigerit, nisi ~us litteris, sub onere labetur Petr.118.6; ~um his artibus animum Tac.Dial.33.6; iuuenem quem nobis fama superbum tradit et inflatum ~umque Nerone propinquo Juv.8.72; quantis longa senectus ~a malis 10.191; ille..~us annis abiit, ~us honoribus Plin.Ep.2.1.7; ~VS PROBITATE CIL 5.4483;—(*ellipt.*) utrum restitutio..decem dierum sit an ~ior Pompon.dig.4.4.50. **b** (*w. gen.*) quis ~ior inimicorum fuit C. Mario? Cic.Prov.19; hinc et locupletes dicebant loci, hoc est agri, ~os Plin.Nat.18.11. **c** commentarium paulo ~ius Cic.Brut.164; tris..a te accepi epistulas, unam breuem..duas ~iores Fam.11.12.1; haec Afranius Petreiusque..~iora etiam atque uberiora Romam ad suos perscribebant Caes.Civ.1.53.1; tam magnam domus cladem ratus indigere consilio ~iore Apul.Met.10.4; quod adicitur..interpretationem ~iorem exigit Ulp.dig.13.5.18.1. **d** quid enim ~ius, quid uberius quam mihi et pro me et contra Antonium dicere? Cic.Phil.2.2; (*w.* ad) eae..causae sunt ad augendum et ad ornandum grauissimae atque ~issimae de Orat.2.312.

5 Abundant, copious, extensive; having wide scope or extensive implications; (of diet) unrestricted, full. **b** *de* or *ex ~o*, from an abundant source, copiously; also, without restriction, fully.
integrum et ~um adortast thensaurum Pl.Truc.725; quoniam in alienam pecuniam tam ~am atque praeclaram..inuaserit Cic.S.Rosc.6; cum ~a sint monumenta Graecorum quem ad modum sapientissimi uiri regna tulerint Fam.9.16.6; ~ior..si quos delectet copia iusto Hor.S.1.1.57; ~a uenit canis de grege praeda lupis Ov.Am.1.8.56;—illa (*sc.* arbor)..~os fructus annumerare potest Nux 92; eliciendus ~ior uomitus est Cels.4.12(5).8; adice, quod multa, quae bona uideri uolunt, animalibus quam homini ~iora contingunt Sen.Ep.74.15;—alios..usos esse cibo ~iore, alios exiguo Cels.1.pr.34. **b** is dare uolt..nam ibi de ~o promitur Pl.As.181; necesse est..(hiatus) trahat ex ~o quo fortem contrahat amnem Aetna 122; nec umquam (*sc.* liberalitas) ita defetigata errat, ut non..quasi ex ~o fluat Sen.Dial.7.24.3;—CVM QVIBVS MVNERA DECVRIONATVS IAM VT PAVCI⟨S⟩ ⟨ONE⟩ROSA DE ~O COMPARTIAMVR CIL 5.532.

6 (of the hand) Full of money or gifts; (esp. fig.). **b** having one's pockets well lined, rich. **c** (of gifts, disposition) lavish, generous.
ianua sed ~a est percutienda manu Tib.1.5.68; pretium ~a grande referre manu 1.9.52; stipulas..fabalis saepe tuli ~a, februa tosta, manu Ov.Fast.4.726;—Hortalus quam ~a manu..nostras laudes in astra sustulit Cic.Att.2.25.1; at Lachesis..fecit illud ~a manu, et Neroni multos annos de suo donat Sen.Apoc.4.2; munera ~a manu congerentem Dial.11.9.7; frater eius fortis fuit, amicus amico, manu ~a, uncta mensa Petr.43.4; ~a dederat conubia dextra Stat.Silv.3.4.54. **b** quicumque accesserant ad Siciliam paulo ~iores Cic.Ver.5.146; tu tibi desse noli; serius potius ad nos, dum ~ior (*i.e. enriched by Caesar*) Fam.7.9.2; cum sis nihilo sapientior ex quo ~ior es Hor.Ep.2.2.154. **c** nullum est tam ~um beneficium, quod non uellicare malignitas possit Sen.Ben.2.28.4; hoc ~ior animus meus, quod sine exceptione Quint.Decl.332(p.307,l.30); OB ~ISSIMAM MVNIFICENTIAM ERGA PATRIAM CIL 2.1185.

7 (of the body or its parts) Filled out, plump, swollen, (sim. of persons). **b** (in general) full, thick, large.
pecudis iecur nitidum atque ~um est Cic.Div.2.30; ceruice (*sc.* uesicae) ~a atque carnosa Cels.4.1.11; non est quod ~is oculis ac tumentibus imperes Sen.Ep.94.20; caper..~a et breui ceruice Col.7.6.2; erit illud ~ius interim corpus, quod mox adulta aetas adstringat Quint.Inst.2.4.5;—turgida, si ~ast, si fuscast, nigra uocetur Ov.Rem.327; tenuis..homo inplere se debet, ~us extenuare Cels.1.3.14; (*masc. as sb.*) inutilis est (uomitus) gracilibus..utilis ~is 1.3.19. **b** si (galli) sunt..rostro breui ~o acuto Var.R.3.9.5; ~o uelamina filo Ov.Ars 3.267; duo morbi, quorum alter in tenuiore (intestino), alter in ~iore est Cels.4.20.1; specillum..neque nimis tenue..neque nimis ~um 8.4.2; aquilone flante..minutae pluuiae sunt; austro imber improbior est et guttae ~iores Sen.Nat.4b.4.3; ~ioribus ramis plures palmites..imponantur, gracilioribus pauciores Col.5.6.25; iunci ~ioris crassitudine Plin.Nat.25.96; calami scriptorii fistulam modice ~am Larg.47; ~a magis nimio lilia sole cadunt Mart.8.33.14.

8 Having had one's fill (of an experience, etc.), satisfied or sated (with). **b** (transf., of appetites, etc.).
cum ~us languet amator Hor.Ep.1.20.8; quod cupide petiit mature ~a reliquit 2.1.100; uixi..quantum satis erat: mortem ~us expecto Sen.Ep.61.4;—(*w. gen.*) cur non ut ~us uitae conuiua recedis..? Lucr.3.938; Veientes, ~i iam populationum, Romam ipsam se oppugnaturos minabantur Liv.2.43.2;—(*w. abl.*) ~us eras minimo Ov.Am.2.6.29; extremo..urbis amatae ~us abit uisu Luc.1.509; abire paratum ac ~um uita Stat.Silv.2.2.129. **b** tu quoque, qui ~o fastus assumis amore Prop.2.25.21; Ov.Ars 1.671; Numidae ceruicem complexus os naribus..corrosis deforme reddidit inque ~is ultionis morsibus expirauit V.Max.3.2.11.

9 a (of the moon) Having the disc completely illuminated, full; (also, of the moon's orb, light, etc.); (of stars) shining with full light, i.e. brightly; *in ~um redire*, to return to the full. **b** (of the tide) high, full. **c** (of a season, etc.) fully developed.
a diebus VII proximis, quibus luna ~a fuerit Cato Agr.37.4; quod..subito candens et ~a luna defecisset Cic.Rep.1.23; eadem nocte accidit ut esset ~a plena Caes.Gal.4.29.1; Vitr.9.2.4; postquam ~issima fulsit..luna Ov.Met.7.180; Luc.3.42;—nec ~o stellas superauit lumine Luna Cic.Arat.491(247); Lucr.5.708; clarior quanto micat orbe ~o..Phoebe Sen.Phaed.744; ~os extinxit Cynthia uultus Petr.122,l.130; (*cf.*) huic (*sc.* astrio) intus a centro stella lucet fulgore ~o lunae Plin.Nat.37.132;—sidera ~a Prop.1.16.23;—unde coactis cornibus in ~um menstrua luna redit 3.5.28. **b** ~iores ab ea (*sc.* luna) exundant plenaque maxime feruent (aestus) Plin.Nat.2.215; ~o aestu 12.37. **c** iam matura uiro, iam ~is nubilis annis Verg.A.7.53; flos est ~i ueris indicium et anni renascentis Plin.Nat.16.95.

10 (of military units) With numbers complete, at full strength; (of a number) full.
ut semper ~ae essent legiones Var.in Non.p.68M; abesse tris cohortis, quae sint ~issimae Cic.Fam.3.6.5; legionem neque eam ~issimam detractis cohortibus duabus Caes.Gal.3.2.3; duarum male ~arum legiuncularum Liv.35.49.9; ~am uix..cohortem Luc.4.471; exeat ut ~is acies non sparsa maniplis 7.327; (*transf.*) seu te forte iuuat sera et sapientior aetas, hoc quoque..~us agmen erit Ov.Ars 1.66;—VT IN LOCVM ADVLTI VEL DEMORTVI CVIVSQVE STATIM SVBSTITVATVR, VT SEMPER ~VS NVMERVS ALATVR CIL 8.1641.18.

11 (of a period of time) Full, whole, complete.
ut haberet..ad praeturam gerendam..~um annum

atque integrum CIC.*Mil.*24; si tener ~o cadit haedus anno HOR.*Carm.*3.18.5; cur..~us..in partis quattuor annus eat PROP.3.5.38; e ~o tempora quinta die OV.*Fast.*3.164; paruus nec adhuc trieteride ~a Regulus MART.6.38.1; iam ~a quater quinquennia uergunt STAT.*Theb.*5.466; annus..uicensimus quintus coeptus pro ~o habetur ULP.*dig.*50.4.8; NONDVM BIS SEPTEM ~IS PRAEREPTA SVB ANNIS *CIL* 11.4866; (*transf.*) ~is donec stata tempora metis attulit..Lucina STAT.*Ach.*1.673.

12 a (of sound) Full, sonorous. **b** (of sleep) deep.

a ~issima et maxima uoce CIC.*de Orat.*3.31; ut modo defuncti..cadaueris ora ~a uoce sonent LUC.6.622; (sonus) infuscatur ex inopinato interdum et.. murmurat, ~us, grauis, acutus PLIN.*Nat.*10.82; nec..simplicem uocis naturam ~iore quodam sono circumliniri (patietur), quod Graeci καταπεπλασμένον dicunt QUINT.*Inst.*1.11.6; quo ~ior et grauior uox repercussu intumescat TAC.*Ger.*3.2; (*cf.*) ego ..neminem..uoce ~iorem aut suauiorem mihi uideor audisse CIC.*de Orat.*1.132. **b** in ~os resolutum carmine somnos OV.*Met.*7.253; somnus et ~us et non nimis longus CELS.1.3.15; 3.7.2.C.

13 (in a non-material sense) Complete, not wanting in any part. **b** full in scope, plenary; *in ~um*, completely, unconditionally. **c** complete in itself, self-sufficient or self-contained.

si plura haec feceris pila quae iacimus, addes e 'peila' ut ~ius fiat LUCIL.361; quasi..nesciamus in hoc genere et ~um uerbum recte dici et imminutum usitate CIC.*Orat.*157; quod de inscriptione quaeris, non dubito quin καθῆκον 'officium' sit..sed inscriptio ~ior 'de officiis' *Att.*16.11.4; ut ego..poetam graue ~umque carmen sine caelesti aliquo mentis instinctu putem fundere *Tusc.*1.64; iam ~a iniuria raptae STAT.*Ach.*1.47; ea (*sc.* finitio) duobus generibus euertitur, si aut falsa est aut parum ~a QUINT.*Inst.*7.3.23; satis ~a ratio fuit patrem uelle [QUINT.]*Decl.*9.4; quod est elisis..quibusdam litteris 'Iupiter', id ~um atque integrum est 'Iouispater' GEL.5.12.5; 16.8.8; fiducia latendi ~iore capta APUL. *Met.*10.14; mihi uidetur ~a esse Quinti Mucii definitio ULP. *dig.*43.24.1.5; aures ipsae quid ~um, quid inane sit iudicant CIC.*Brut.*34; neque enim tam ~um est 'dicere incipientem timere' quam illud 'ausus est confiteri' QUINT.*Inst.*9.4.93. **b** VT ~IOREM INDVLGENTIAM MAXIMI IMPER⟨ATORIS HABEAMVS⟩ *CIL* 5.875; uerbum..'afuturumque esse' ~issimum est et ad omne tempus refertur VEN.*dig.*46.7.19; ~am optionem GAIUS *Inst.*1.153; ~o iure 2.19; quia ~ius fuit mandatum habens et custodiae legem ULP.*dig.*16.3.1.12; ~am proprietatem habebit filius 49.17.15.4; uerbum 'restituas'..~am habet significationem, ut fructus quoque restituantur PAUL.*dig.*22.1.38.4;—si heres pecuniam donasset statulibero, ut sibi eam daret et liber esset, non fieri liberum Aristo ait: sed si in ~um ei donasset, fieri liberum POMPON.*dig.*40.7.11; PAPIN.*dig.*38.16.15. **c** in omnia..illis (*sc.* deis) natura sua sufficit ~osque et tutos et inuiolabiles praestat SEN.*Ben.*4.3.2.

14 (of orators, literary style, etc.) Covering the whole range.

oratorem ~um atque perfectum esse eum, qui de omnibus rebus possit copiose uarieque dicere CIC.*de Orat.*1.59; si quis erit, qui..aut Antonium ieiuniorem aut Crassum ~iorem fuisse putet 3.16; orationis ~ioris et tenuioris et item illius mediocris 3.212; *Orat.*91; orationem..Latinam efficies profecto legendis nostris ~iorem *Off.*1.2; Catoni seni comparatus C. Gracchus ~ior et uberior TAC.*Dial.*18.2; excelsa depressis, exilia ~is, seueris iucunda mutabat PLIN.*Ep.*5.17.2; Zeno ad docendum ~issimus FRO.*Aur.*2.p.48(114N).

15 Used in its (or their) entirety or with full force, entire, whole; *~is faucibus, ~o ore*, with full use of the voice, i.e. loudly; *~o gradu*, at full speed.

nitendum uertice ~o est OV.*Pont.*2.7.77; annua nec ~is flectuntur tempora signis MAN.3.670; alternis..uersibus obliquum tenere aratrum et alternis recto ~oque (*i.e. to its full depth*) sulcare COL.2.2.25; non umquam ~ior artus Phoebados inrupit Paean LUC.5.166; STAT.*Theb.*2.559; sed uenient, ~is uenient conubia taedis *Silv.*3.5.62;—~is faucibus quam..depressissuma uoce uti conueniet *Rhet.Her.* 3.24; quae magno animo..gesta sunt, ea..quasi ~iore ore laudamus CIC.*Off.*1.61;—cunctos ~o gradu in collem subducit SAL.*Jug.*98.4; ubi nemo obuius ibat, ~o gradu ad castra hostium tendunt LIV.9.45.14; 34.15.3; (*in fig. phr.*) illum paratum..et ingressum ~o gradu cohortari non intermittemus, quo in dies longius..procedat TREBON.*Fam.* 12.16.2.

16 (in advl. phrs.) **a** *ad ~um*, To the utmost extent, to the full. **b** *in ~um*, on the whole, in general.

a huc ager ille malus dulcesque a fontibus undae ad ~um calcentur VERG.*G.*2.244; hic tibi copia manabit ad ~um benigno..cornu HOR.*Carm.*1.17.15; beatum quidem esse (*sc.* Regulum)..sed non ad perfectum nec ad ~um SEN.*Ep.* 71.18. **b** in ~um cogitanda fortuna est SEN.*Ep.*91.8; in ~um dici potest utique quae (arbores) odore praecellant, eas et aeternitate praestare PLIN.*Nat.*16.217; in ~um..haec dixisse conueniat: mustum omne stomacho inutile, uenis iucundum 23.29.

pleō ~ēre, *tr.* [cf. Skt. *piparti*, *pūrydtē*, Gk. πίμπλημι] To fill, fill up.

PLENDI NVMERI GREGARIORVM GRATIA *CIL* 2.6278.38;—~entur antiquis etiam sine praepositionibus dicebant FEST. p.230M.

pleorēs see PLVRES.

pleps: see PLEBS.

plērique: see PLERVSQVE.

plērōmārius ~ī, *m.* [Gk. πλήρωμα+-ARIVS] A man who performed some function (not now known) in the operation of ferries.

CIL 9.1; ORDO CORPORATOR LENVNCVLA⟨RIORVM⟩ ~IORVM AVXILIARIOR OSTEN⟨SIVM⟩ 14.252.

plērum, *adv.* [neut. of PLERVS] = next.

ut fieri solet ~, ut in uictoria mitior mansuetiorque fiat ASEL.*hist.*3.

plērumque, *adv.* [neut. of PLERVSQVE]

1 On most occasions, mostly, generally. **b** for most of the time, mostly.

in eas (*sc.* trasennas) ~ esca imponitur PL.*Rud.*1237; hic solebamus fere ~ eam opperiri TER.*Ph.*90; nostrae fere causae..~ infitiatione defenduntur CIC.*de Orat.*2.105; (malum) inueteratum fit ~ robustius *Phil.*5.31; *Att.*5.16.3; terra..alias minore ~ maiore cum faenore (reddit quod accepit) *Sen.*51; LUCR.5.42; nouis ~ rebus student CAES. *Gal.*4.5.1; quod ~ in atroci negotio solet SAL.*Cat.*29.2; ingenium..quod..insenuit..libris et curis, statua taciturnius exit ~ HOR.*Ep.*2.2.84; per expeditiones paruas, ~ nocturnis incursionibus, tantam uastitatem..reddidit ut.. LIV. 3.26.2; ceterum, ut ~, fortuna et consilia mala uicerunt 25.15.17; VELL.1.9.1; triduo..aut ~ quadriduo tollit dolorem LARG.20; (*w. gen.*) ut intellegatur uana ceu ~ uitae persuasio PLIN.*Nat.*19.187. **b** ~ milites statiuis castris habebat SAL.*Jug.*44.4; frigoribus parto agricolae ~ fruuntur VERG.*G.*1.300; optamus quoque ~ mortem; adeo in securam quietem recessus ex uita est SEN.*Suas.*2.2; quamquam supplicis manus tenderet, humi ~ stratus TAC. *Hist.*3.10.

2 On many occasions, often.

Crassus..sic ~ dicebat CIC.*Orat.*223; ut..imperator appellaretur aut minimis rebus gestis aut ~ nullis *Phil.* 14.11; quae res ~ magnas ciuitatis pessum dedit SAL.*Jug.* 42.4; ~ gratae diuitibus uices..sollicitam explicuere frontem HOR.*Carm.*3.29.13; et tragicus ~ dolet sermone pedestri Telephus et Peleus *Ars* 95; rem..~ parti utrique, semper certe alteri grauem LIV.7.21.7; quia ~ uexantur nares grauedine LARG.25; TAC.*Ann.*4.57.

3 To a large extent, largely.

ultus..perspiciamus omnis, qui sensus animi ~ indicant CIC.*de Orat.*2.148; *Orat.*182; si fecunditas Amineis (*sc.* uitibus) defuisset, quas ~ solas antiqui nouerant COL.3.9.3; in tanta mole belli ~ cunctatio TAC.*Hist.*2.74; quibus (*sc.* epistulis) ~ fidere Vitellius 3.63.

plērus ~a ~um, *a.* [cf. Gk. πλήρης] Composing the greater part; (pl.) most of.

agrum quem Volsci habuerunt, campestris ~us (*v.l.* plenus) Aboriginum fuit CATO *hist.*7; periere Danai, ~a pars pessum datast PAC.*trag.*320;—pater Achiuos in Caperei saxis ~os perdidit 136.

plērusque ~aque ~umque, *a.* [PLERVS+-QVE]

1 The greater part or number of, most of. **b** (pred.) most of it, them, etc. **c** *~ique omnes*, *~aque omnia*, nearly all.

habent hunc morem ~ique argentarii PL.*Cur.*377; ~aque Gallia duas res industriosissime persequitur CATO *hist.* 34; ea, quae faciunt cultura honestiorem agrum, ~aque non solum fructuosiorem..faciunt..sed etiam uendibiliorem VAR.*R.*1.4.2; quae laus dicendi..ab oratoribus ~isque neglecta est CIC.*Brut.*133; ~aeque (*sc.* epistulae) tantum modo mihi nuntiabant ubi esses *Att.*4.16.1; ~asque nauis in Italiam remittit CAES.*Civ.*3.29.2; antea ~aque nobilitas inuidia aestuabat SAL.*Cat.*23.6; inprudentia ~aque et se praecipitat *Rep.*1.8.3; quas (*sc.* insidias) ille ~asque euitauit NEP.*Dat.*9.1; scientia ~arumque litterarum et artium nutriti VITR.1.1.11; siluae..circa uiam erant, ~isque incultis LIV.21.25.9; ut ~aque belli mala TAC.*Hist.*2.66; neque sum ignarus a ~isque scriptoribus omissa multorum pericula *Ann.*6.7; comae..~amque eius..contegebant faciem APUL.*Met.*9.30. **b** elegit..uersus..~osque senarios, sed etiam anapaestos CIC.*Orat.*190; cum forum..armatis hominibus ac seruis ~osque occupauissent *Sest.*75; nostri..fuga, ~ique abiectis armis..collem occupauerunt SAL.*Jug.*38.7; animos..multiplex religio et ~aque externa inuasit LIV.4.30.9; cum uix..resisterent decem milibus equitum quattuor milia et fessi integris ~isque 21.55.6; haud procul litore naues, piscatoriae ~aeque, conspectae 23.1.8. **c** ~ique omnes subiguntur sub unum iudicium NAEV.*poet.*54(52); ita ~ique omnes iam sunt intermortui PL.*Trin.*29; dixi ~aque omnia TER.*Haut.*830; *An.*55; FRO. *Amic.*2.p.98(183N); dicta..mea factaque..~aque omnia GEL.1.3.2;—(*w. gen.*) cui ~aque omnia ueterum litterarum quaesita..erant 1.7.4.

2 (as sb.) **a** (masc. pl.). **b** (neut. sg. or pl.).

a ~ique inermi in castra perfugiunt SIS.*hist.*37; est enim magni laboris, quem ~ique fugimus CIC.*de Orat.*1.150; lautumias Syracusanas omnes audistis, ~ique nostis *Ver.* 5.68; testimonio ~ique laeserunt *Sul.*7; paucos in ipso certamine, ~osque fugientes persecuti LIV.29.29.1;—(*w. part. gen.*) adfecti ~ique principum, patrum maior pars 3.6.8; quod ~ique medicorum faciunt LARG.84;—(*w.* ex) ~isque ex factione eius corruptis SAL.*Jug.*29.2. **b** si..casu aut ~aque fierent aut omnia CIC.*Fat.*6; languebant ~aquo morbo LUCR.6.1221; ~aque alta et difficilia aditu, summissa quaedam et quae..adiri possent LIV.24.34.3; (*advl. acc.*) is erit ~aque impeccabilis GEL.17.19.6;—(*w. part. gen.*) ubi ~umque noctis processit SAL.*Jug.*21.2; legum cultusque ~aque Sidonica 78.4; finis incluti per Europae ~umque atque Asiam omnem regni LIV.45.9.2; ut ~aque Alpium ab Italia..arrectiora sunt 21.35.10; ~aque eorum (*sc.* maleficiorum) quo debuerint reccidisse 25.31.4; Vespasiani consiliorum ~aque ignota TAC.*Hist.*2.98.

3 (masc. pl. as sb., of people in general) Most people, the majority.

sororem ~ique esse credebant meam TER.*Eu.*118; in oratione..pauci prima cernunt, postrema ~ique CIC.*de Orat.*3.192; illud quod ~ique primum est, ipse honos *Planc.* 50; a ~isque uel dicam ab omnibus sapiens tuum consilium ..iudicatum *Fam.*4.7.3; ut ~ique rentur LIV.25.12.15; VELL. 2.40.2; QUINT.*Inst.*1.1.1; deum ipsum multi Aesculapium (perhibent)..quidam Osirin..~ique Iouem..plurimi Ditem TAC.*Hist.*4.84.

4 (pl.) A great number of, very many.

maxima in ~isque (*sc.* philosophis) uitia latuerunt QUINT. *Inst.*1.pr.15; saeuitiam militum ~osque ad poenam exposcentium..adprobat TAC.*Hist.*1.58; inter ~aque saeua necem fratri..parauerat *Ann.*11.8; ~isque confessus est SUET.*Jul.*52.3; (*w.* ex) ~ique e Graecis nostrisque..fabulosa ..prodidere PLIN.*Nat.*5.8.

plethron ~ī, *n.* [Gk. πλέθρον] A measure of area, containing 10,000 square feet.

agri modum fecerunt..plerumque cent⟨en⟩um pedum in utraque parte (quod Gr⟨a⟩eci ~on appellant, Osci et Vmbri uorsum) FRON.*agrim.*p.13; *CIL* 3.673.

pleurīticus ~a ~um, *a.* [Gk. πλευριτικός] Having the symptoms of pleurisy, pleuritic; (masc. as sb.) a sufferer from pleurisy.

oritur..acutus morbus, qui ~us a Graecis nominatur CELS.4.13.1;—tragoriganum..tussientibus..cum melle datur et ~is PLIN.*Nat.*20.176; prodest dyspnoicis, ~is, pulmonibus, uesicis 24.23; dantur coclearia quina uel sena, ~is etiam plura LARG.94.

pleurītis ~idis, *f.* [Gk. πλευρῖτις] Pleurisy.

tussis, ~is, pthisis..et cetera (uitia), quae non detractionibus sed adiectionibus curantur VITR.1.6.3.

Pleurōn ~ōnis, *f.* A town in the south of Aetolia.

adiacet his (*sc.* *Tempe*) ~on OV.*Met.*7.382; uirgini ~on inimica diuae SEN.*Tro.*827; SIL.15.310.

Pleurōnius ~a ~um, *a.* Of Pleuron.

Venerem ~us Acmon instimulat uerbis OV.*Met.*14.494.

-plex -plicis, *adjl. suff.* Cf. PLICO, Gk. δίπλαξ, Umb. *tuplak*; usu. formed from numerals, equivalent to Eng. '-fold' (*simplex*, *duplex*); also prob. in *supplex*.

Plīas: see PLEIAS.

plicātilis ~is ~e, *a.* [PLICO+-ILIS¹] Capable of being folded, folding.

eas (*sc.* naues) ~es umeris transferunt, quotiens ad cataractas uentum est PLIN.*Nat.*5.59; auis, crista uisenda ~i 10.86; 11.122.

? **plicātrix** ~īcis, *f.* [PLICO+-TRIX] FORMS: (perh.) *pligatri(x)* *CIL* 12.4504. (app.) A folder of clothes.

tum ~icem (*s.v.l.*) clementer non potest quin moenerem PL.*Mil.*695.

plicātūra ~ae, *f.* [next+-VRA] FORMS: *plict-* codd. in Suet.*Aug.*75. The action of folding or creasing, a fold.

signa letalia..fimbriarum curam et stragulae uestis ~as PLIN.*Nat.*7.171.

plicō ~āre ~ātum, *tr.* [cf. *plecto*, Gk. πλέκω] FORMS: *~tus* (pple.) SEN.*Ep.*95.2.

1 To fold, bend, flex. **b** to roll up (a document).

ideo fastigia posse surarum ac feminum..~ari LUCR. 4.828; ~etur (manus) in capulo et se, dum telum occupat, claudat, necesse est [QUINT.]*Decl.*1.12. **b** historiam ingentem attulit..artissime ~tam SEN.*Ep.*95.2; si nimis est legisse duos (*sc.* libellos), tibi charta ~etur altera MART. 4.82.7.

2 To twine, coil.

quasi ut anellis hamisque ~ata inter se quaedam possint coplata teneri LUCR.6.1087; (serpentem) nexantem nodis seque in sua membra ~antem VERG.*A.*5.279; nodis corpus aggestis ~at (serpens) SEN.*Med.*689; ita uti orae..cohaerentes lori, quod ~abatur, coirent GEL.17.9.9.

plictūra: see PLICATVRA.

Plīniānus ~a ~um, *a.* Of or named after a Plinius.

principatus (cerasorum) duracinis quae ~a Campania appellat PLIN.*Nat.*15.103.

Plīnius ~a ~um, *a.* The name of a Roman *gens*, esp. of C. Plinius Secundus, A.D. 23/4–79, the author of the Natural History, and (in quots.) his nephew C. Plinius Caecilius Secundus, *c.* A.D. 61–114.

libellum facundo mea ~o Thalia i perfer MART.10.20(19).3; ille o ~us, ille quot Catones! AUGUR.*poet.*7.

plinthis ~idis (~idos), *f.* [Gk. πλινθίς]

1 A block of stone acting as a base, plinth.

in qua..spirarum ~ides aeque magnae sint ei spatio, quod fuerit inter duas plinthides VITR.3.3.2; in ~ide, in qua statuitur columella (*sc.* ballistae) 10.10.4.

2 A rectangular slide serving as a 'stop' in a water-organ.

regulae..quae obturant ea foramina ~idesque appellantur VITR.10.8.3.

3 A rectangular plot of land.

HYG.*agrim.*p.78; (agri regii) sunt ~ides, ⟨id est⟩ laterculi quadrati uti centuriae, per sena milia pedum limitibus inclusi p.85.

plinthium ~iī, *n.* [Gk. πλινθίον] A kind of sundial.

alia..genera (horologiorum)..alii plures inuenta reliquerunt, uti conarachnen conicum ~ium VITR.9.8.1.

plinthus (~os) ~ī, *f.* [Gk. πλίνθος] (archit.) A block or slab serving **a** as the base of a

column, a plinth **b** as the head of a column to support the architrave, an abacus.
a altitudo (spirae ionicae) ita uti atticurges; item et eius ~os VITR.3.5.3; habeant spirae earum ~um ad circinum 4.7.3. **b** VITR.4.3.4; capituli..crassitudo diuidatur in partes tres, e quibus una ~o, quae est abacus, detur 4.7.3.

plīpiō ~āre, *intr.* [onomat.] (Vb. expr. the cry of the hawk.)
accipitrum (est) ~are SUET.fr.161(p.251Re).

plīsimus ~a ~um, *a.* [cf. Gk. πλεῖστος] (arch.) = PLVRIMVS.
~a, plurima FEST.p.205M.

Plisthenēs ~is, *m.* A son of Thyestes, or (in other accounts) of Atreus.
SEN.*Thy.*726; HYG.*Fab.*88.1;—86.

Plisthenius ~a ~um, *a.* Of or associated with Plisthenes (in one account the father of Agamemnon and Menelaus).
flebat Achilles, illam (*sc.* Briseidem) ~o gaudia ferre toro OV.*Rem.*778.

plistolochīa ~ae, *f.* [Gk. πλειστολόχεια] **a** A kind of birthwort, prob. *Aristolochia pistolochia.* **b** a name for mallow.
a est et quae ~a uocatur, quarti generis (aristolochiae) PLIN.*Nat.*25.96; 25.101. **b** e siluestribus (maluis), cui grande folium..ab excellentia effectus a quibusdam ~a (uocatur) PLIN.*Nat.*20.222.

plocimos ~ī, *m.* [Gk. πλόκιμος] A kind of reed.
characian uocabant crassiorem firmioremque (harundinem), ~on uero subtiliorem PLIN.*Nat.*16.168.

plōdō: see PLAVDO.

ploeres: see PLVS.

plōrābilis ~is ~e, *a.* [PLORO + -BILIS] Dismal, lugubrious.
rancidulum quiddam..locutus Phyllidas Hypsipylas, uatum et ~e siquid PERS.1.34.

plōrātillus ~a ~um, *a.* [PLORO] Inclined to weep, tearful (app. nonce-word).
iam hercle ego faciam ~um nisi te facio propitiam PL.*Poen.*377.

plōrātor ~ōris, *m.* [PLORO + -TOR] One who weeps or laments.
si quis ~or collo tibi uernula pendet MART.14.54.1.

plōrātus ~ūs, *m.* [next + -TVS³] The action of expressing grief or pain, wailing, crying.
audiuimus nihil aliud nisi..ciuitatum gemitus, ~us CIC.*Att.*5.16.2; heu, uirginalem me ore ~um edere *Tusc.*2.21 (transl. Sophocles); LUCR.2.580; omnia passim mulierum puerorumque..~ibus sonant LIV.29.17.16; ~u lamentisque et planctibus tota regia personabat CURT.10.5.7; tertius (Satyrus) ~um infantis cohibet PLIN.*Nat.*36.29; TAC.*Ann.*3.4; APUL.*Met.*7.21; (*transf., of exudation*) PLIN.*Nat.*12.116.

plōrō ~āre ~āuī ~ātum, *intr., tr.* [dub.]

1 (intr.) To utter a cry of grief or pain, weep aloud, wail, whine.
si parentem puer uerberit, ast olle ~assit, puer diuis parentum sacer esto *Lex Reg.*(*Font.iur.*p.14); ne ~a: nimi' stulte facis, oculos corrumpis talis PL.*Mer.*501; TER.*Ph.*8; mulier inuolat in collum, ~at orat AFRAN.*com.*246; cum concursum ~antium ac tempestatem querelarum ferre non posses CIC.*Pis.*89; inueniet..nil sibi legatum praeter ~are suisque HOR.*S.*2.5.69; ferus ille suae ~abit sobrius idem TIB.2.5.103; strepunt aures clamoribus ~antium sociorum LIV.22.14.8; lacrimandum est, non ~andum SEN.*Ep.*63.1; ~antem..animam supra sua funera uidi STAT.*Silv.*2.1.22;—(*of an orator*) dicit ~are etiam..istum quem saepe dicat uoce dulci et clara fuisse CIC.*Orat.*57;—(*of dogs*) cum (canes) ~antes fugiunt summisso corpore plagas LUCR.5.1072;—(*transf.*) quae comoedia, mimus quis melior ~ante gula? JUV.5.158.

2 (tr.) To grieve over, bewail, lament, deplore. **b** (w. inf.) to grieve, be distressed (to). **c** to grieve for (a dead person), mourn.
uigilansne ~o turpe commissum? HOR.*Carm.*3.27.38; potius, quam dentibus ulla puella det mihi ~andas per tua colla notas PROP.4.3.26; sperata diu ~ant conubia Nymphae STAT.*Ach.*1.241; nec speremus fore ut aliena mala quisquam diu ~et QUINT.*Inst.*6.1.29; ~atur lacrimis amissa pecunia ueris JUV.13.134;—(*w. acc. and inf.*) ~auere suis non respondere fauorem..meritis HOR.*Ep.*2.1.9; nec poscet garrula, quod te..~et..dedisse pater PROP.2.23.18. **b** aquam hercle ~at, quom lauat, profundere PL.*Aul.*308; me..obicere..~ares Aquilonibus HOR.*Carm.*3.10.4. **c** uxor capta uirum puerosque ~et HOR.*Carm.*3.3.68; maligne illum ~auit uxor PETR.42.6; mutis..diu ~abere Delphis STAT.*Theb.*8.196; (*cf.*) NEC SIBI NEC MATRI NATOS AETAS SVA ~AT *CIL* 12.5276;—(*poet.*) ultima ~ato subdita flamma rogo est OV.*Fast.*4.856; hederas ~ata cupressus excludit STAT.*Silv.*5.5.30.

3 (coupled with, and reinforcing, *imploro*).
pro deum, popularium omnium..oro ~o atque inploro fidem! CAECIL.*com.*212.

plōsor: see PLAVSOR.

plostellum ~ī, *n.* [PLAVSTRVM + -ELLVM] A little cart or wagon; *~um poenicum*, a low trolley with toothed axles used in threshing.
~o adiungere mures HOR.*S.*2.3.247;—(fit tribulum) ex axibus dentatis cum orbiculis, quod uocant ~um poenicum VAR.*R.*1.52.1.

plostr-: see PLAVSTR-.

Plōtīna ~ae, *f.* The wife of the Emperor Trajan.
AEMILIAE C F AEQVAE SACERD DIVAE ~AE *CIL* 5.4387; 10.7587.

Plōtius: see PLAVTIVS.

plōtus: see PLAVTVS¹.

plouō ~ere, *intr.*: var. PLVO.
(*impers.*) statim urceatim ~ebat PETR.44.18.

ploxenum ~ī, *n.* **(-xin-)** [Celtic] (app.) A carriage-body.
gingiuas..~i habet ueteris CATUL.97.6; QUINT.*Inst.*1.5.8; FEST.p.230M.

plūma ~ae, *f.* [dub.]

1 A feather. **b** (transf.) a scale (of a coat of mail).
(membra) a natura..donata..quasi ad quendam ornatum, ut..~ae uersicolores columbae CIC.*Fin.*3.18; summa nantis in aqua..~as VERG.*G.*1.369; tum cruor et uulsae labuntur ab aethere ~ae *A.*11.724; HOR.*Ars* 2; strigis..~ae PROP.3.6.29; quae..~is oua fouetis OV.*Fast.*1.443; STAT.*Theb.*5.604;—(*in hunting, used to scare game*) Actaeon..metuit motas zephyris ~as SEN.*Oed.*758;—(*typically light or insubstantial*) ~a haud interest patronus an cliens probior siet PL.*Mos.*407-8; leuior ~a est gratia *Poen.*812; nec me consules mouent qui ipsi ~a aut folio facilius mouentur CIC.*Att.*3.15.2. **b** qua..~is imus tegit inguina thorax STAT.*Theb.*11.543.

2 A growth of feathers, plumage.
galeritus..quod in capite habet ~am elatam VAR.*L.*5.76; CIC. *N.D.*2.121; ut ~a atque pili..creantur quadrupedum membris et corpore pennipotentum LUCR.5.788; linteo ferreas laminas in modum ~ae adnexuerant SAL.*Hist.*4.65; (Cycnum) canentem molli ~a duxisse senectam VERG.*A.*10.192; num uesceris ista quam laudas ~a? HOR.*S.*2.2.28; OV.*Met.*2.583; bracchiis mollioribus ~a PETR.127.8; hi (*sc.* turdi et sturni) ~am non amittunt PLIN.*Nat.*10.72; (*cf.*) tepore et furfurum esca (papiliones) nutriri, atque ita subnasci sui generis ~as 11.78;—(*transf., of a coat of mail*) quem pellis aenis in ~am squamis..tegebat VERG.*A.*11.771.

3 A mass of feathers (plucked or shed), feathers, down. **b** (as used in cushions, pillows, etc.).
tenui ~a completum dolium LIV.38.7.11; (coma harundinum) pro ~a strata cauponarum replet PLIN.*Nat.*16.158. **b** ~a atque amphitapoe et si aliud quid deliciarum LUCIL. 252; tam uigilabit (Maecenas) in ~a quam ille in cruce SEN.*Dial.*1.3.10; cum..dormiat in ~a nec meliore Venus MART.10.14(13).6; 14.159.1; uehatur pensilibus ~is JUV.1.159; potiores..et uenere et cenis et ~a Sardanapalli 10.362.

4 (app.) Some kind of projecting structure (cf. perh. PLVMVLA 2).
MVRVM ET ~AM FAC COER *CIL* 1.1629.

plūmārius ~a ~um, *a.* [PLVMA + -ARIVS] (of stuffs) Brocaded with a feather pattern; (masc. as sb.) a maker of such stuffs.
VESTIS POLYMIT(AE) ET ~⟨AE⟩ QVIDQVID RELIQVERO *CIL* 13.5708.2.27;—quid sit bene pictum ~o aut textore in puluinaribus plagulis VAR.in Non.p.162M; ~orum textrina VITR.6.4.2; *CIL* 6.9813.

plūmātilis ~is ~e, *a.* [PLVMO + -ILIS¹] Feathery in appearance, feathered.
uestei quotannis nomina inueniunt noua..cumatile aut ~e, carinum aut cerinum PL.*Epid.*233.

plumbāgō ~inis, *f.* [PLVMBVM + -AGO]

1 Lead ore.
quidam et ~inem admiscent PLIN.*Nat.*34.168; sunt uitia (*sc.* in smaragdis)..corporis capillamentum, sal, ~o 37.68.

2 An unknown plant.
nascitur uulgo molybdaena, id est ~o, etiam in aruo PLIN.*Nat.*25.155; bubonis pedes usti cum ~ine herba 29.81.

plumbārius ~ia ~ium, *a.* [PLVMBVM + -ARIVS] ORTHOG.: *plomb- A.Epig.*46.136. Concerned with the production or working of lead. **b** (masc. or fem. as sb.) a worker or dealer in lead.
exemplar..ab artificibus ~iis possumus accipere VITR. 8.6.11; inuenitur (chrysocolla) et in ~iis (metallis) PLIN.*Nat.*33.86; MARITO SVO..QVI EGIT OFFICINAS ~IAS *CIL* 6.8461. **b** modulus..inductus..a ~is per Vitruuium architectum FRON.*Aq.*25; ~ii, ferrarii, lapidarii TARR.PAT.*dig.*50.6.7(6); C TITTIVS..~IVS QVI STATVAS SOLIS ET LVNAE CONSACRAVIT *CIL* 3.14386ᵈ; EX OFFICINA MARTINI ~I 14. 2010ᵃ;—AVR VERNILLA ~IA 3.2117.

plumbātūra ~ae, *f.* [PLVMBO + -VRA] The process of soldering with lead.
ferruminatio per eandem materiam facit confusionem, ~a non idem efficit PAUL.*dig.*6.1.23.5.

plumbeus ~a ~um, *a.* [PLVMBVM + -EVS]

1 Made of lead, leaden. **b** (of base coins; also masc. as sb. on anal. of *aureus*, etc.). **c** (neut. as sb.) a leaden vessel. **d** of or proper to lead.
cortinam ~am CATO *Agr.*66.1; ~a saepe feruida fit glans in cursu LUCR.6.306; PROP.4.3.65; OV.*Met.*14.825; ~a aut aenea fistula CELS.7.15.2; marini lepores..in ~a puxide clusi LARG.80; nomen Germanici ~is tabulis insculptum TAC.*Ann.*2.69; pro secespita ~um cultrum subiciendum curauit SUET.*Tib.*25.3; APUL.*Apol.*58; NE EA AQVA..ALITER QVAM FISTVLIS ~IS..DVCATVR *CIL* 10.4842.44; (*fig.*) si quid bene facias, leuior pluma est gratia, si quid peccatumst, ~as iras gerunt PL.*Poen.*813;—(*in fig. phr., w. ref. to its softness or bluntness*) cum illum ~o gladio iugulatum iri..diceret CIC.*Att.*1.16.2; o ~um pugionem! *Fin.*4.48. **b** PL.*Cas.*258; eine aurum crederem, quoi..nummum numquam credam ~um? *Trin.*962; ut..tui sodales constemus tibi ~a selibra MART. 1.99.15; (*in fig. phr., of 'stale jokes'*) tace sis, faber, qui cudere soles ~os nummos PL.*Mos.*892;—centum merebor ~os die toto MART.10.74.3. **c** musti Q. XX in aheneum aut ~um infundito CATO *Agr.*105.1; nequid subsederit, quod possit ~um perforare COL.12.19.4; fragras ~a Nicerotiana MART. 6.55.3. **d** quae (*sc.* Vettonica) pota colorem ~um corporis..emendat PLIN.*Nat.*26.107; genae..coloris..ueluti ~i fiunt LARG.186.

2 (transf., of things having one or other of the qualities of lead): **a** Heavy, oppressive. **b** cheap, worthless. **c** dull, stupid, insensitive.
a nec (perdit me) ~us auster autumnusque grauis HOR.*S.* 2.6.18. **b** quisquam ~a uina uolt in auro? MART.10.49.5; (*cf., w. ref. to the golden apples of the Hesperides*) nec furem ~a mala timent 10.94.4. **c** asinu' ~us TER.*Hau.*877; nisi plane in physicis ~i sumus CIC.*Tusc.*1.71; cui os ferreum, cor ~um esset SUET.*Nero* 2.2.

plumbō ~āre ~āuī ~ātum, *tr.* [PLVMBVM + -O³]

1 To fasten with lead, solder.
modiolos (trapeti) qui indat et ~et CATO *Agr.*21.5; neque argentum ex eo (*sc.* albo plumbo) ~atur, quoniam prius liquescat argentum PLIN.*Nat.*34.161; alueus..~atis canalibus per spatium interrupti ductus..continuatur FRON.*Aq.* 124; si tuum scyphum alieno plumbo ~aueris POMPON.*dig.* 41.1.27.

2 To weight with lead, lead.
ut..uada ~atis tabulis consterneret habentibus clauorum cacumina V.MAX.3.7.2; ~atis eos (*sc. birds*) sagittis decutiunt indigenae PLIN.*Nat.*10.97; 12.85.

plumbōsus ~a ~um, *a.* *superl.* ~issimus. [next + -OSVS] Containing lead.
faex eius (stibis) intellegitur ~issima PLIN.*Nat.*33.103; melior haec (*sc.* molybdaena), quanto..minus ~a 34.173.

plumbum ~ī, *n.* [cf. Gk. μόλυβδος, μόλιβος]

1 Lead; (also *nigrum ~um*). **b** (as a missile). **c** (as material for pipes). **d** (used for drawing lines). **e** (app. in magic).
si uasa habes pertusa, ~um non habes? VAR.*Men.*532; CIC.*Rep.*6.8; argenti pondus ~ique potestas LUCR.5.1242; NEP.*Han.*9.3; HOR.*Carm.*1.35.20; arietem..libramento ~i grauatum LIV.42.63.4; in manu illius ~um aurum fiebat PETR.43.7; TAC.*Hist.*2.21; JUV.14.310; JAVOL.*dig.*50.16. 242.2; EVTYCHVS VILIC A ~O *CIL* 10.3967;—sequitur natura ~i, cuius duo genera, nigrum atque candidum PLIN.*Nat.* 34.156; reponitur puxide nigri ~i LARG.230; HYG.*Fab.* 274.6. **b** ~o et saxis grandinat PAC.*praet.*4; pars maxima glandes liuentis ~i spargit VERG.*A.*7.687; cum Balearica ~um funda iacit OV.*Met.*2.727; nunc spargit torquens uolucri noua uulnera ~o STAT.*Theb.*10.744; SIL.3.365. **c** aqua tendit rumpere ~um HOR.*Ep.*1.10.20; (aqua) ~o ueniat PLIN.*Nat.*31.57; STAT.*Silv.*1.3.67. **d** membrana derecta ~o CATUL.22.8. **e** tunc cantata ligat cum fusco licia ~o (*s.v.l.*) OV.*Fast.*2.575.

2 **a** *~um album, candidum,* Tin; (also without adj.). **b** *~um argentarium,* an alloy of lead and tin. **c** *~um combustum,* a preparation of lead sulphide.
a aeri..⟨aes⟩ ~o fit uti iungatur ab albo LUCR.6.1079; nascitur ibi (*i.e. in Britain*) ~um album CAES.*Gal.*5.12.4; insulam Ictim, in qua candidum ~um proueniat PLIN.*Nat.* 4.104; (*used, perh. in form of tinstone, as a medicament*) album ~um..quo..reprimitur cicatrix CELS.5.26.36.A;—quas (*sc.* insulas) quia ~o abundant..omnes..Cassiteridas adpellant MELA 3.47. **b** simili modo coquitur (*sc.* aes Campanum)..additis ~i argentarii..denis libris in centenas aeris PLIN.*Nat.*34.95. **c** sanguinem supprimunt..cummi, ~um combustum, porrum CELS.5.1.

3 A diseased condition of the eye marked by a livid discoloration.
si oculus subinde lingatur, ~um, quod est genus uitii, ex oculo tollitur PLIN.*Nat.*25.155.

plūmescō ~ere, *intr.* [PLVMA + -ESCO] To grow feathers.
ab eodem tempore ~it (pullus) PLIN.*Nat.*10.149.

plūmeus ~a ~um, *a.* [PLVMA + -EVS]

1 Covered with feathers, feathery. **b** composed of or filled with feathers.
terga..(Iuppiter) fidenti subiecit ~a Ledae MAN.1.340; 5.366; caput (*sc.* phoenicis)..~o apice honestante PLIN.*Nat.*10.3; alis exagitant (*sc.* uolucres) Zephyros et ~a pectora caedunt STAT.*Theb.*3.515. **b** in testudineo lecto culcita ~a..dormire VAR.*Men.*448; CIC.*Tusc.*3.46; torus..~us OV.*Met.*11.611; lectus..~a congerie tumidus APUL.*Met.*10.34.

2 Resembling a feather (in weight, substance, softness, etc.).
quam..de mea pecunia ramenta fiat ~a propensior PL.*Bac.*513; ~a..pondera follis MART.4.19.7; tuam ~am lacteamque..cutem APUL.*Met.*3.14.

plūmiger ~era ~erum, *a.* [PLVMA + -GER] Covered with feathers, feathered.
rursus (anseres) ~eri uestiuntur PLIN.*Nat.*10.53.

plūmipēs ~edis, *a.* [PLVMA + PES] Having feathers on the feet.
adde huc ~edas uolatilesque (*sc.* diuos) CATUL.55b.5.

plūmō ~āre ~āuī ~ātum, *tr.*, *intr.* [PLVMA +-O^{3}]

1 (tr.) To cause to be covered with feathers. nitens ~ato corpore Coruus CIC.*Arat.*464(220); aues.. indidem ~atas APUL.*Met.*2.1; indicat dominam suam..in auem sese ~aturam 3.21; (*cf.*) pauo..~ato amictus aureo Babylonico PUB.*com.*5; (*transf.*) (cornua ceruorum) molli ~ata lanugine PLIN.*Nat.*8.117.

2 (intr.) To be or become covered with eathers. pullis iam iam ~antibus GEL.2.29.4; gentem esse aiunt.. corporibus..auium ritu ~antibus 9.4.10.

3 (tr.) To embroider in a feathered pattern. pars (*sc.* uestium) auro ~ata nitet LUC.10.125.

plumōsus ~a ~um, *a.* [PLVMA+-OSVS]

1 Covered with feathers, feathered. harundine sumpta fautor ~o sum deus aucupio PROP.4.2.34.

2 (of plants) Downy. PLIN.*Nat.*25.65; folia lactucae longiora, ~a 27.59.

plūmula ~ae, *f.* [PLVMA+-VLA]

1 A little feather. ~ae..sub cauda clunibus detrahendae COL.8.5.19; quis (*sc.* membris) leniter fluctuantibus promicant molles ~ae, crescunt et fortes pinnulae APUL.*Met.*3.21; 3.24; 5.22; color psittaco uiridis et intimis ~is et extimis palmulis *Fl.*12.

2 (perh.) Some kind of projecting structure. ad haec..ambulatio, ab ornithone ~a (*s.v.l.*), in qua media sunt caueae VAR.*R.*3.5.11.

pluō ~uere ~ūuī or uī, *intr.* [Gk. πλέ(ϝ)ω, Skt. *plāvatē*] PROS: ~ūerat PL.*Men.*63.

1 (impers.) To rain. rus ut ibat forte, ut multum ~uerat PL.*Men.*63; ~uet credo hercle hodie *Cur.*131^{a}; ubi ~uerit et siccauerit, tum deligito (uuas) CATO *Agr.*112.2; omnem aquam..quae ~uendo creuisset CIC.*Top.*38; *N.D.*2.111; ut ~uere in multis regionibus et cadere imbris..sic.. LUCR.6.415; dum ~uit in terris VERG.*A.*10.807; lauru..et oliua ferentibus bacas et, cum ~uat, fungos PLIN.*Nat.*13.139; JUV.7.179; (*impers. pass.*) totum istud spatium, qua ~uitur et ninguitur APUL.*Fl.*2;—(*w. abl.*) sanguine ~uisse senatui nuntiatum est CIC.*Div.*2.58; et lapidibus ~uit et nox interdiu uisa intendi LIV.7.28.7; satis constabat..lacte ~uuisse 27.11.5; Anagniae terra ~uerat 45.16.5; V.MAX.1.6.5; lana ~uit PLIN.*Nat.*2.147.

2 To fall like rain, rain down. **b** (of buildings, etc.) to drip with rain. non densior aere grando, nec de concussa tantum ~uit ilice glandis VERG.*G.*4.81; lapides ~uere et fulmina iaci de caelo..portenta esse putatis LIV.28.27.16; 35.21.4; non aliter quam decussa ~uit arbore nimbus uel teretis mali uel tectae cortice glandis COL.10.364; iam bellaria linea ~uebant STAT.*Silv.*1.6.10; stridentia fundae saxa ~uunt *Theb.*8.417. **b** qua uicina ~uit Vipsanis porta columnis MART.4.18.1; (*w. abl.*) grandi porta qua ~uit gutta 3.47.1.

pluor ~ōris, *m.* [prec.+-OR] Rain. tantus cum instaret ~or LABER.*com.*59.

plūrālis ~is ~e, *a.* [PLVS+-ALIS] Relating to more than one, plural. in quibus (*sc.* numeris) nos singularem ac ~em habemus QUINT.*Inst.*1.5.42; a singulari casu..ad ~em uidetur transisse POMPON.*dig.*50.16.122; ~is..elocutio duorum numero contenta est ULP.*dig.*22.5.12.

plūrāliter, *adv.* [prec.+-TER^{2}] In the plural. tonitrua nos ~ dicimus SEN.*Nat.*2.56.1; quod pluralia singulariter et singularia ~ efferuntur QUINT.*Inst.*1.5.16; FEST.p.333M; MAUR.463.

plūrātiuus ~a ~um, *a.* [PLVS; for term. cf. *nominatiuus*] Relating to more than one, plural; (neut. sg. as sb.) plural. enuntiatio 'habet liberos'..semper ~o numero profertur GAIUS *dig.*50.16.148; GEL.5.21.8;—'mille'..singulari numero dici eiusque ~um esse 'milia' 1.16.13; 20.6.8.

plūrēs ~ēs ~a, *pl. a.* [PLVS^{1}] FORMS and ORTHOG.: *pleor- CIL* 1.2; *ploer-* CIC.*Leg.*3.6; *pluriam* (app. for *pluria*, = *plura*) *P.Mich.* 468.22.

1 (pl.) More in number. **b** (masc. as sb.) more men, people, etc. **c** (neut. pl. as sb.) more (things); ~*ibus* (sc. *uerbis* or sim.) at greater length. homo..nullust..aduorsa quoi ~a sint PL.*Mer.*336; duas aut ~is..partis CIC.*de Orat.*1.189; me..ad manendum esse propensiorem quod ~a in eam partem uerba fecerim *Att.*8.3.6; quo ~ibus profuerint, eo ~es..adiutores habebunt *Off.*2.53; nam multo ~es sumus HOR.*S.*1.4.142; indutiae datae..Aequis triennii, cum ~ium annorum petissent LIV.4.35.2; 'aureos' tot ~esue furto ei abesse ULP.*dig.*47.2.19.3;—(*w.* quam) ~es uiri sint uidui quam nunc mulieres PL.*Mer.*829; ~ibus milibus medimnum uenisse decumas..quam quot milia iugerum sata essent CIC.*Ver.*3.113; legiones ~is quam solebat educit HIRT.*Gal.*8.17.2; ~ibus quam ante obsidibus imperatis LIV.21.61.7; qui ~es quam x neque ~es quam xxx seruos habebit GAIUS *Inst.*1.43; (*w. abl. of degree*) legem una ~es tribus antiquarunt quam iusserunt LIV.5.30.7;—(*w.* numero) numero ~es, uirtute et honore minores HOR.*Ep.*2.1.183; pangonus..ne crystallus uideatur, numero ~ium angulorum facit PLIN.*Nat.*37.178. **b** cur ~es in omnibus rebus quam in dicendo admirabiles exstitissent CIC.*de Orat.*1.6; nullius..salus curae ~ibus fuit *Phil.*2.104; ~es paucos circumsistebant CAES. *Gal.*4.26.3; initio orto ~es cum ~ibus conloqui LIV.24.47.7; (compositiones) eiusmodi..quia efficaces sunt, etiam ~ibus in notitiam ueniunt LARG.38; id plerisque ludibrio, ~ibus taedio TAC.*Hist.*3.81;—(*w. part. gen.*) ~es Samnitium cecidere, ~es Romani uolnerati sunt LIV.8.36.4. **c** non potuit paucis ~a plane proloquei PL.*Men.*252; si ~a pollicitus pauciora demonstrabit CIC.*Inv.*1.94; quanto quisque sibi ~a negauerit, ab dis ~a feret HOR.*Carm.*3.16.22; quanto ~ium cupitor est APUL.*Pl.*2.18; (*w. part. gen.*) quanto ~a recentium seu ueterum reuoluo tanto magis ludibria rerum mortalium..obuersantur TAC.*Ann.*3.18;—(*w.* quam) ~a dixi quam uolui CIC.*Ver.*5.79; ~a consilio quam ui gerens LIV.21.2.5; ut des quam reddas ~a OV.*Pont.*1.7.64; APUL.*Apol.*41;—(*w. abl. of comparison*) daturus ~a relictis HOR.*Saec.*44; di dent ~a rogatis OV.*Ib.*639;—ad id quod agimus non fuit dicendum ~ibus CIC.*Opt. Gen.*7; haec ad te scripsi..~ibus quam necesse fuit *Att.*5.1.4; APUL.*Apol.*89.

2 (masc., or fem. pl. as sb.) Most people, the majority. **b** (colloq.) the dead, the 'majority'. quod quia uidisti ~is scire CIC.*Ver.*4.29; ut si quid reprehensum sit a ~ibus, id corrigatur *Off.*1.147; neque est mirandum, quid ita ~ibus sim ignotus VITR.6.pr.5; consilia ..in priuato seductaque a ~ium conscientia habuere LIV.2.54.7; 23.6.5; remoto..iudicio ~ium SEN.*Dial.*12.6.1; facile transitur ad ~es *Ep.*7.6; unde..tantum boni, ut ~ibus quae recta sunt placeant? QUINT.*Inst.*1.6.44; si..uel omnes uel ~es non esse grauidam renuntiauerint ULP.*dig.*25.4.1. **b** quin prius me ad ~is penetraui? PL.*Trin.*291; abiit ad ~es PETR.42.5.

3 An additional number of, further, more. **b** (n. pl. as sb. w. vbs. expr. speech or writing) further remarks, some more; ~*ibus*, in further detail, further. nil moror aliena mi opera fieri ~is liberos PL.*Cist.*778; quodsi suspiciones inicere uelitis ad ~is homines CIC.*Ver.*3.217; seu ~is hiemes seu tribuit Iuppiter ultimam HOR.*Carm.*1.11.4; bellum..mansurum..in uisceribus rei publicae, si ~es Fabios imperatores haberet LIV.22.38.7; utinam ~is innectere pergas..moras STAT.*Theb.*5.743; (*internal acc.*) neque ⟨te⟩ in promissis ~a morabor LUCR.6.245; (*masc. pl. as sb.*) successus inproborum ~es allicit PHAED.2.3.7; TAC.*Ann.*15.51. **b** in eum ego non sum ~a dicturus MET.NUM.*orat.*3; tum ille etiam ~a scribebat ad socios CIC.*Ver.*2.172; *Sest.*87; ~a..praeterea in eandem epistulam conieci *Att.*7.16.1; his et ~ibus in eundem modum perpulerant ut.. TAC.*Hist.*1.66;—(*w. ellipsis of vb.*) sed quid ~a? CIC.*Phil.*8.5; ~a, cum..Brutum uidero *Att.*16.1.6; desine ~a, puer VERG.*Ecl.*9.66; TAC.*Ann.*15.51;—cum..mihi erit exploratum..scribam ad te ~ibus CIC.*Fam.*9.10.3; 7.17.3; ~ibus uos..hortarer LIV.24.38.9; STAT.*Theb.*5.130; quid ego ~ibus ..conqueror? APUL.*Met.*7.3;—(*w. ellipsis of vb.*) hac de re alias ad te ~ibus CIC.*Fam.*12.24.2; hac prece adoraui superos ego: ~ibus uxor OV.*Tr.*1.3.41; de coniectura paulo post ~ibus QUINT.*Inst.*3.8.4; quid ~ibus? APUL.*Met.*10.27.

4 A number of, several, more than one. si ~a haec feceris pila..addes e 'peila' ut plenius flat LUCIL.360; utrum una species..sit earum anne ~es CIC.*Orat.*206; solere aiunt reges barbaros..~is uxores habere *Ver.*3.76; LUCR.6.413; (Rhenus) in ~is defluit partis CAES.*Gal.*4.10.4; Pan primum calamos cera coniungere ~is instituit VERG.*Ecl.*2.32; architectus, qui ~ibus artibus debet esse peritus VITR.1.1.14; in ~ibus annalibus duorum ea consulum propria uictoria est LIV.10.30.7; ~ibus..diuisus amnis in mare decurrit 21.26.4; qui iam ~ibus diebus febre liberati sunt CELS.2.15.4; non potest unum corpus ~ium animalium esse SEN.*Ep.*113.13; una seu ~es fuere (*sc.* Sibullae) TAC.*Ann.*6.12;—(*masc. pl. as sb.*) ~es..nobiscum erunt CIC.*Fam.*14.20; cogere..~is unus..non poterat LUCR.5.1050; ut..fauere reor ~es uirtutibus istis OV.*Pont.*3.1.63; hoc ~ium bonum est..sed et meum SEN.*Ep.*102.18; solio caldo demittantur, ubi ~es eos contineant LARG.130;—(*neut. pl. as sb.*) quod falsum esse ~ibus coarguitur QUINT.*Inst.*4.2.4; 5.13.14.

5 Very many; ~*ibus* (sc. *uerbis* or sim.), at great length. **b** too many. petit a rege et eum ~ibus uerbis rogat ut id ad se mittat CIC.*Ver.*4.65; *Clu.*53; *Fam.*4.9.1; quos (*sc.* amicos) ~es habere multis gloriosum PLIN.*Ep.*5.3.11;—haec..contra consuetudinem meam ~ibus scripsi CATO *Fam.*15.5.3; ~ibus ostendi et certa ratione probatumst LUCR.2.94; ut pro Oppio monet (Cicero) ~ibus QUINT.*Inst.*5.13.21. **b** (*neut. pl. as sb.*) qui..aut ~a loquitur aut se ostentat CIC.*de Orat.*2.17; si..de me ipso ~a dicere uidebor, ignoscitote *Sest.*31; si qua..tolerabiliter dicta sunt, non subtraham, licet non ~a uideantur SEN.*Con.*10.pr.10.

plūrifāriam, *adv.* [PLVS+-FARIAM]

1 In many places, extensively. callis..~ concretis ad impetiginis formam SUET.*Aug.*80; aurigauit quoque ~ *Nero* 24.2; sunt alii ~ uerti commentici GEL.2.22.25; inuolat eam uestemque ~ diloricat APUL.*Met.*6.10;—(*in writings, etc.*) Augustus..in epistulis ~ significatione ista..usus est GEL.10.24.2; haec ita obseruari ~ principalibus constitutionibus praecipitur CALL.*dig.*49.14.2; ULP.*dig.*4.1.1.

2 In many ways. uocis hominis exercendi..labor superuacaneo studio ~ superatur APUL.*Fl.*17.

plūrifārius ~a ~um, *a.* [PLVS+-FARIVS] Extended to a large number of objects, extensive. OB PERPETVAM ET ~AM MVNIFICENTIAM EIVS *CIL* 10.1881.

plūriformis ~is ~e, *a.* [PLVS+FORMA+-IS] Possessing a variety of forms, varied. rudibus..musicae saeculis..canere, nondum..tam ~i modo nec tam multiforatili tibia APUL.*Fl.*3.

plūrilaterus ~a ~um, *a.* [PLVS+LATVS^{2}+-VS] Having many sides (not necessarily rectilinear). ~a forma est quae plus quam quattuor lineis comprehensa est BALB.*grom.*p.106La.

plūrimum, *adv.* **plūrum-**. [next] To the greatest extent, most of all. **b** most often, mostly. **c** at most; also, *cum* or *ut* ~

quia mihi ~ credo et scio istaec facta proinde ut proloquor PL.*Am.*757; nisi te amarem ~, non facerem 525; saluere Hegionem ~ iubeo TER.*Ad.*460; contrarium est, quod..ab eodem, cui contrarium dicitur, ~ distat CIC.*Inv.*1.42; quorum ego auctoritatem apud uos..~ ualuisse et ualere oportere confiteor *Man.*51; multum te in eo frater adiuuabit meus..sed..tuus pudor et labor ~ *Fam.*7.7.2; rei p. fortasse non nihil, mihi certe ~ profuissem 13.29.7; cum longe maximus..regum hic fuerit ~que rem Romanam iuuerit LIV.29.29.5; Tyria classis, ~ pollens mari VELL.1.2.3; fascia..alligatur ~ in unum commissa LARG.131;—(*w. gen.*) me illum amare ~ omnium hominum PL.*Truc.*590; in publicanorum causis uel ~ aetatis meae uersor CIC.*Ver.*2.181;—(*w.* ex) quem Crassus dilexit ex omnibus ~ *de Orat.*2.2;—(*w.* longe) quod..longe ~ ingenio ualuisse uideatur *Brut.*55; haec ciuitas longe ~ totius Galliae equitatu ualet CAES.*Gal.*5.3.1;—(*after* quam, quantum) ad nasum admoueto, ita subducito susum animam quam ~ poteris CATO *Agr.*157.15; ut et amicos et iuuentutem.. quam ~ (senes) adiuuent CIC.*Off.*1.122; quantum quisque ~ poterat magnitudini Syphacis..addebat LIV.30.13.2; digito, quantum ~ possunt, erecto QUINT.*Inst.*11.3.120. **b** domum ire pergam: ibi ~st TER.*Ph.*194; Chabrias, quo ei licebat, ~ aberat NEP.*Cha.*3.3; tranquillo mari ~ remis, interdum..adiuuante uento, in Africam traiecit LIV.28.17.12; minimum cum aliis loqui, ~ secum SEN.*Ep.*105.6; scribere pueros ~que esse in hoc opere plane uelim QUINT.*Inst.*2.7.2; (*after* quam) ut quam ~ tecum essem CIC.*Att.*13.38.1. **c** quantum ~ salsae uinum..pati possit COL.12.21.6; purpurae uiuunt annis ~ septenis PLIN.*Nat.*9.125; 30.48;—trium aut cum ~ quattuor ramorum uallos caedit LIV.33.5.9; frumenta cum defloruere..maturantur.. cum ~, diebus XL PLIN.*Nat.*18.60;—(oleum) tribus ut ~ bonitatibus distat 15.18.

plūrimus ~a ~um, *a.* **plūrum-**. [superl. of next] FORMS and ORTHOG.: *ploirume* (nom. pl. masc.) *CIL* 1.9; *plusima* (neut. pl.) *Carm. Sal.*10; *plouruma CIL* 1.1861.

1 The greatest number of, most numerous. **b** (masc. pl. as sb.) most people, a very great number of people. **c** (neut. pl. as sb.) most things, a great number of things. in aetate hominum ~ae fiunt trasennae PL.*Rud.*1235; hoc mi unum ex ~is miseriis relicuom fuerat malum TER.*Hec.*570; ⟨SEI EAE SENTENTIA⟩E IBEI ~AE ERVNT 'CONDEMNO' *CIL* 1.583.55; ~is in rebus quod maxime est utile, id..etiam decet maxime CIC.*de Orat.*3.224; illud incredibile est, mortem oblatam esse patri a filio sine ~is et maximis causis *S.Rosc.*40; ad te..non queo sine ~is lacrimis scribere *Fam.*14.2.1; et quodcumque magis uis multas possidet in se..ita ~a principiorum in sese genera..docet esse LUCR.2.587; ~orum stipendiorum ex iis milites delegit LIV.29.1.12; illum in ~a sectum frusta JUV.15.78; MVNICIPIVM..ANTE ~A TEMPORA..CAPTVM *CIL* 8.20836; (*w.* numero) equites numero ~i e Gallia CIC.*Font.*8;—(*w.* longe) idem..longe ~os facit uersus CATUL.22.3; longe ~os captiuos ex Etruscis.. duxit LIV.6.4.2; quibus (*sc.* iaculis) ~is..passim coniectis permultos uolnerauerunt 26.4.8;—(*w.* multo) cum hominum ipsorum multo ~ae sint differentiae PLIN.*Nat.*32.143;—(*after* quam) ut id (accusator)..quam ~is infirmet rationibus CIC.*Inv.*2.74; ut..quam ~os collis occuparet CAES.*Civ.*3.44.2; (*w.* possum) uti quam ~as possent hieme nauis aedificandas ..curarent *Gal.* 5.1.1; quam ~os poterat de fuga excipiens LIV.27.19.1. **b** HONC OINO PLOIRVME COSENTIONT R(omai) DVONORO OPTVMO FVISE VIRO *CIL* 1.9; tibi optigit quod ~i exoptant sibi PL.*Rud.*873; VT TRES, QVOS ~I PER TABELLAM LEGERINT, CAVSAM PVBLICAM AGANT *CIL* 2.1964.5.58; medicum illum..per quem interfecerat ~os CIC.*Clu.*40; ad dentium dolorem quamuis ~i dicant forcipes remedium esse LARG.53; rari domos, ~i amicorum tecta..petiuere TAC.*Hist.*1.81;—(*w. gen.*) ex insula..triginta milia passuum abrupta subito cum ~is mortalium PLIN.*Nat.*2.206; ~is hominum morbidis medicinae fuisse incentiones tibiarum GEL.4.13.3. **c** oppressum rapit et conantem ~a frustra VERG.*A.*9.398; falso ~a uulgus amat [TIB.]3.3.20; Sarmatico cogor ~a more loqui OV.*Tr.*5.7.56; in his..libris erunt.. multa mutata, ~a adiecta QUINT.*Inst.*1.pr.8;—(*w. gen.*) illud apparere unum cuius sint ~a mixta et magis in promptu..locata LUCR.1.878; Siculi..~a eius tractus tenuere PLIN.*Nat.*3.112;—(*after* quam) haec tu perge..probare quam ~is CIC.*Att.*11.7.4.

2 (sg.) Very many a; (as sb.) many a one. dico te..~am uestem Melitensem, plurimam stragulam.. Syracusis exportasse CIC.*Ver.*2.176; cum se nux ~a siluis induet in florem VERG.*G.*1.187; est lucos Silari circa..~us ..uolitans, cui nomen asilo Romanum est *G.*3.147; ubique pauor et ~a mortis imago *A.*2.369; licet illi ~a manet lacrima HOR.*Ep.*1.17.59;—~a lecta rosa est OV.*Fast.*4.441; insulae..in quibus testudo ~a PLIN.*Nat.*6.172; 16.99; ~us hic aeger moritur uigilando JUV.3.232; ~us..aptum dicet equis Argos HOR.*Carm.*1.7.8.

3 (in quasi-advl. sense) Most often present, most frequent. fana..~a causa tuis PROP.2.19.10; qui..erat in falso ~us ore deus OV.*Ep.*2.32; Arcadiis ~us ille (*sc.* Pan) iugis *Fast.*2.272; in toto ~us orbe legor *Tr.*4.10.128; (orator) erit ~us (*i.e. will be most occupied*) in maximis quibusque ac..pulcherrimis QUINT.*Inst.*12.2.27.

4 The greatest (a maximum) amount or degree of, most. me..pulchre ornatum expediuit..~a praeda onustum PL.*Rud.*909; ~a salute Parmenonem..impertit Gnatho TER.*Eu.*270; rem..~i oti, quo ego maxime egeo CIC.*Att.*4.16.2; flagrantis perfusa genas, cui ~us ignem subiecit rubor VERG.*A.*12.65; ingenti caede utrimque, ~o sanguine LIV.2.64.5; ubi suorum ~um laborem uident 4.38.4; FRATRI ..SALVTEM SEMPER VBIQVE ~A⟨M⟩ *CIL* 4.3905; inest pudicitia illis (*sc.* columbis) ~a PLIN.*Nat.*10.104; ~a gargarizatione lactis asinini LARG.57; nusquam eam uidi herbam nisi in Lunae portu..~am super circumdatos montes 163; meritas tibi ~us aras pascit honos V.FL.1.677; ~us circa aquilas labor TAC.*Ann*.1.65; (*pred.*) Iuppiter et laeto descendet ~us imbri VERG.*Ecl*.7.60;—(*after* quam) herbam..legunt..quam ~am cum radice LARG.60.

5 (neut. sg. as sb.) The greatest amount, the most possible; sim. *~um quantum*. **b** (gen. of price) at the highest price; at the highest value or importance; *quam ~o*, at the highest possible price.

~um tu scis. sed qui scis esse amicam illam meam? PL. *Mer*.480; minus operis nihilo faciam quam qui ~um *Vid*.50; quam ~um ederit, tam citissime sanus fiet CATO *Agr*. 157.8; quid nunc me facere oportet cum ego illi ~um debeo? CIC.*Red.Sen*.36; ut..credas multum adlaturam uel ~um potius..auctoritatem tuam *Att*.16.5.2; qui ~um, centum milia peditum, uiginti equitum fuisse scribunt LIV.21.38.2; dominum uidere ~um in rebus suis PHAED.2.8.28; hoc solum erit certamen, quis mihi ~um imputet TAC.*Hist*.1.38; —(*w. gen.*) ut ~um loci includatur VAR.*R*.3.16.5; hoc in genere neruorum uel minimum, suauitatis autem est uel ~um CIC.*Orat*.91; in quo ~um spei ponerent LIV.30.35.6; (ederae) praebent ~um mellis COL.9.4.2; intestina..uenti ~um emittunt LARG.188; uix secreta domuum sine formidine. sed ~um trepidationis in publico TAC.*Hist*.1.85; (*w.* longe) ubi longe ~um belli fuerat LIV.2.31.1;—(*after* quam) id agebat ut haberet quam ~um CIC.*Rab.Post*.39; *Ver*.3.125; (*w. gen.*) oleae caducae quam ~um condito CATO *Agr*.58; ut quam ~um pecuniae..soluatur CIC.*Fam*.13.61;—~um quantum fauoris partibus dabat fraternitas ducum FLOR. *Epit*.2.13(4.2.74). **b** quanti id in eo anno ~i fuit *Leg.pub.* (*Font.iur*.p.45)2;—quam (*sc.* rem) ego..aestimo ~i CIC.*Att*. 5.12.3; patrem tuum ~i feci 16.16d.14; Pompeium, quem unum ex omnibus facio..~i *Fam*.3.10.2; tibi, quod mihi ~i est, facile me satis facturum arbitrabar *ad Brut*.1.12.1; mortuus erat Hephaestio, quem unum Alexander..~i fecerat NEP.*Eum*.2.2; in rebus dubiis ~i est audacia PUB. *Sent*.I.30;—quem ad modum quam ~o uenderet CIC.*Ver*. 3.43; ut decumae quam ~o uenire possint 3.147.

6 Greatest in extent or size, exceedingly large. **b** most powerful or violent.

optima..forma bouis..cui ~a ceruix VERG.*G*.3.52; ascendebant collem, qui ~us urbi imminet *A*.1.419; ~a qua silua est OV.*Met*.14.361; ~us ad terram per fulmina decidat aether LUC.2.58; pars ~a terrae tollitur 9.456; ~a barba.. pleno radiabit honore *Buc.Eins*.1.43; ~a cum tota lampade luna nitet MART.8.50(51).8; qua ~us arce Cithaeron occurrit caelo STAT.*Theb*.1.114; trabs..cui ~a cuspis uix muris toleranda lues SIL.1.353; (*transf.*) potuit quae ~a uirtus esse, fuit VERG.*A*.11.312. **b** per Venerem..quae ~a mecum est OV.*Ep*.4.167; ~us Auster inglomerat noctem STAT.*Theb*.1.350.

7 Most plentifully supplied or endowed (with).

(*w. gen.*) ~us idem (*sc.* equus) ludentis per colla iubae SIL.16.362;—(*w. abl.*) saepius (carbo) recoquitur, cetero ~us scintillis PLIN.*Nat*.16.23; uir..opibus ~us APUL.*Met*.4.13.

plūs¹ ~ris, *n.* [cf. Skt. *purúḥ*, Gk. πολύς, Gall. *elu*, Goth. *filu*] ORTHOG.: *plous CIL* 1.581.19.

1 A greater amount or number, more. **b** (w. part. gen.). **c** (ellipt.) more than is right, possible, etc. **d** *~s satis*, more than enough.

de magnis diuitiis si quid demas, ~s fit an minus? PL.*Trin*. 349; leguli uolunt uti olea caduca quam plurima sit, quo plus legatur CATO *Agr*.64.1; si ~s minusue secuerunt, se fraude esto *Lex XII*(*Font.iur*.p.21); quod esse potuit uoluptatis.. si uidissem te, ~s fuisset CIC.*Fam*.13.1.1; ~s in amore ualet Mimnermi uersus Homero PROP.1.9.11; quem (*sc.* hostem) ..haud ita loco iuuari ut non ~s suis in uirtute foret TAC. *Hist*.4.71;—(*w. abl. of degree*) molestum est uno digito ~s habere CIC.*N.D*.1.99; timebam, ne uno rhetore ~s haberemus SEN.*Con*.9.4.18; (*associated w. pl. vb.*) uno ~s e Tuscis cadent V.MAX.1.8.5;—(*w.* quam) paene (*sc.* dixi) ~s quam sat erat TER.*Ph*.797; di..non ~s uelle nobis debent quam parentes MET.MAC.*orat*.9; habet a nobis..~s certe quam postulatum est CIC.*Att*.2.9.3; ut non ~s habeat..quod gaudeat, quam quod angatur *Fin*.1.62; hoc quoque, quam uolui, ~s est OV.*Tr*.4.9.31;—(*w. abl. of comparison*) hoc ~s ne facito *Lex XII*(*Font.iur*.p.36); ne ~s decuma det CIC.*Ver*.3.14 nudos media ~s parte lacertos OV.*Met*.1.501; (*compendious compar.*) tacentes ~s poscente ferent HOR.*Ep*.1.17.44; si.. possideo ~s Pallante et Licinis JUV.1.108. **b** quoi homini ..boni dedistis ~s qui minu' sperauerit? PL.*Men*.475; fructi ~s capies CATO *Agr*.4; molestiaene ~s an uoluptatis attulerit mihi Trebatius CIC.*Fam*.11.27.1; ~s cladium quam intulerant acceperunt LIV.2.63.7; nullo..proelio fugae minus nec ~s caedis fuisset 9.32.9; in bona uxore tanto maior laus, quanto in mala ~s culpae est TAC.*Ag*.6.1; quanto maiora peterent, ~s decoris uictores..laturos *Ann*.6.34; (*w. abl. of degree*) uno ~s Tuscorum cecidisse in acie LIV.2.7.2;—(*w.* quam) neque habet ~s sapientiai quam lapis PL.*Mil*.236; ~s negoti habet quam cum est negotium in negotio ENN. *scen*.235; CIC.*Dom*.86; ~s..ea res quam..militum lasciuia.. curae patribus iniecit LIV.4.53.13; ~s capitur hominum quam caeditur 9.41.19; ~s illic feminarum quam iuuentutis aspici TAC.*Ann*.14.36; (*w.* magis) nullae magis res duae ~s negoti habent PL.*Poen*.212; (*w. abl. of degree*) ego hoc ~s oneris habeo quam qui ceteros accusarunt CIC.*Ver*.3.4;— (*ellipt.*) plenum..trabibus mare: ~s hominum (*i.e. the majority*) est iam in pelago JUV.14.276. **c** tarde comportatur (*sc.* lignum) et ~s consumitur VITR.5.9.8; si quis intentione ~s complexus fuerit GAIUS *Inst*.4.53; 4.53ᵃ. **d** quantum sat est et ~s satis: superfit PL.*Epid*.346; TER.*Hau*.198; accede ad ignem hunc, iam calesces ~s satis *Eu*.85.

2 (w. numerals and sim., without *quam*, etc.; the construction is originally appositional and *plus* remains unaltered in oblique cases) More than. **b** *~ minus*, more or less, approximately; also, *~ aut minus*, *~ue minusue*; *nec ~ nec minus*, exactly.

HOMINES PLOVS V OINVORSEI VIREI ATQVE MVLIERES SACRA NE QVISQVAM FECISE VELET *CIL* 1.581.19; ~s annis decem, plus iam uiginti mortuom esse oportuit PL.*Bac*.818; ego illam in aluo gesto ~s annos decem *St*.160; *Epid*.498; quantisper? — non ~s triduum CAECIL.*com*.52; ne ~s aqua sita siet horam unam CATO *Agr*.89; caprae..quae saliunt.. pedes ~s sexagenos *hist*.52; omne templum esse debet ..septum nec ~s unum introitum habere VAR.*L*.7.13; ut.. ei..usuram pendam..non ~s annum CIC.*Att*.12.22.3; ~s tertia parte interfecta CAES.*Gal*.3.6.2; se ~s uni..parare PROP.2.24.48; cum..carpentis Gallicis..~s ducentis LIV. 31.21.17; 41.22.6; iis, quibus ~s quaterni pedes PLIN.*Nat*. 11.222. **b** quae (*sc.* castra) non longius..abesse ~s minus VIII milibus dicebantur HIRT.*Gal*.8.20.1; habeo scyphos urnales ~s minus C PETR.52.1; ad uiduas tecum ~s minus ire decem MART.9.100.4; emptum ~s minus asse Gaiano STAT.*Silv*.4.9.22; PVELLAM..ANNORVM CIRCITER P(lus) M(inus) SEX..EMIT *CIL* 3.937.3; 6.17287;—septingenti sunt paulo ~s aut minus anni ENN.*Ann*.501; speranti plures (libras)..uenerunt ~sue minusue duae MART.8.71.4; —id..nec ~s nec minus est ad quintum ab eo signo VITR. 9.1.13.

3 (before numerals, etc., w. *quam* or abl.) More than.

(*w.* quam) uidere ~s quam semel CIC.*Ver*.4.125; si ab urbe ~s quam decem dies afuisset *Phil*.2.31; cum aut solus aut certe non ~s quam cum altero petat *Att*.4.8a.2; ne ~s quam annua ac semestris censura esset LIV.4.24.5;—(*w. abl. of comparison*) ~s..uidi pueris uirginibusque quingentis SCIP.min.*orat*.20; cum ~s uno eorum esse non possit CIC. *de Orat*.2.30; *Luc*.117; ab neutra parte sescentis ~s peditibus ..cecidit LIV.21.59.8.

4 A more considerable thing, more. **b** (w. *quam*, indicating a degree beyond that expressed in the following word) more than; (also without *quam*, cf. sense 2).

uos et decem numero et, quod ~s est, Romani..estis LIV. 9.24.8;—(*w. abl. of comparison*) primores iuuenum..cernere Poenum uictorem ~s morte rati SIL.5.662. **b** odisse plebem ~s quam paterno odio LIV.2.58.5; perfidia ~s quam Punica 21.4.9; fortis et infelix et ~s quam femina uirgo OV. *Met*.13.451; ~s quam dubio Marte VELL.2.55.3; IMMOBILEM FIDEM OBSERVIVMQVE..REBVS NOSTRIS ~S QVAM EXPERTVM *CIL* 13.1668.2.35; bella..~s quam ciuilia LUC. 1.1; ~s quam manifestum est GAIUS *Inst*.1.87;—(*foll. by vb.*) (nauis) quae..~s quam quassata procella est OV.*Tr*.5.5.17; —errantem..mediae ~s tempore noctis STAT.*Silv*.2.4.6; ebes angulus est ~s normalis, hoc est excedens recti anguli positionem BALB.*grom*.p.101La.

5 (gen. or abl. of price) At a higher price or value; (also attrib.) *~ris pretii*. **b** of (at) a higher worth or importance.

oratio..~ris est huiius quam quanti haec emptast PL. *Mer*.514; neminem in Sicilia ~ris frumentum uendidisse CIC.*Ver*.3.173; id ego uolui Q. sed ~ris est *Att*.9.13.6; domum tuam ~ris uideo futuram uicino Caesare 12.48(47.3); nemo ~ris emendus erat OV.*Tr*.1.9.44; ideo ~ris quam Gallus agebat JUV.7.144; (*without* quam, *cf. sense 2*) qui praedium ..~ris sestertium triginta milium haberent LIV.45.15.2; (*w. abl. of degree*) ego tibi redimam bis tanta ~ris pallam quam uoles PL.*Men*.680;—~re foras uendunt quod..minore ⟨erat⟩ emptum LUCIL.1253; NEQVE..VENDAT ~RE QVAM.. EST PRETIVM PERSOLVTVM *CIL* 2.6278.61; (*w. abl. of degree*) ~re altero tanto quanto eius fundust uelim PL.fr.36;— mortuos ~ris pretist quam ego sum *Bac*.630ᵃ; ut plus reddant musti et olei et preti ~ris VAR.*R*.1.7.4; ULP.*dig*. 12.6.26.5. **b** ego semper ~ris feci..libertatem multo quam pecuniam NAEV.*com*.9; non ~ris refert quam si imbrim in cribrum geras PL.*Ps*.102; ut si quaeratur eloquentiane ~ris sit an iuris ciuilis scientia CIC.*Top*.85; ut agere considerate ~ris sit quam cogitare prudenter *Off*.1.160; Dionysium..cotidie ~ris facio *Att*.5.9.3; existumate, facta an dicta ~ris sint SAL.*Jug*.85.14; formica et musca contendebant acriter, quae ~ris esset PHAED.4.24(25).3;—(*w. abl. of comparison*) MIHI ME ~RIS DECESSIT..CARISSVMA SVIS *CIL* 1.1419; quis Carthaginiensium ~ris fuit Hannibale consilio..? CIC.*Sest*.142;—(*w.* quam) non ego inimicitias..~re (*codd.* ~ris) existumo quam mensa inanis nunc si apponatur mihi PL.*Per*.353.

plūs², *adv.* [prec.]

1 To a greater extent or degree, more.

nullum adulescentem ~ amo PL.*Mer*.540; qua locus ferax non erit, id ~ concidito aratoque CATO *Agr*.44; nemini.. concessit..~ ut in foro, ~ ut in negotiis uersaretur CIC. *Cael*.74; ne quis sit lucus quo se ~ iactet Apollo VERG.*Ecl*. 6.73;—(*rptd.*) ~ plusque istuc sospitent PL.*Aul*.546; quem ~ plusque in dies diligo CIC.*Att*.6.2.10;—(*w.* quam) ~ qui uocat scit quod uelit quam ego quae uocor PL.*Cist*.707; ~ saluti ciuium quam hostium libidini consuluisse CIC.*Font*.49; a litibus..quantum liceat et nescio an paulo ~ etiam, quam liceat, abhorrentem *Off*.2.64; ~ quam ex fama..mensuram posuit stadia LXXX PLIN.*Nat*.3.58; natae..~ quam possit euntem (*sc.* anum) sustentant STAT.*Theb*.7.480;—(*w. abl. of comparison*) ~ solito conuerterant in se ciuitatis animos LIV.24.9.7; cur mihi ~ aequo flaui placuere capilli? OV. *Ep*.12.11; (*compendious comparison*) mihi currere uisus ~ homine est *Met*.11.337.

2 Furthermore, in addition.

ut..non numquam etiam iocarer et ~ ipsis (*sc.* seruis) iocari permitterem COL.1.8.15; ~ Trebatius existimat..in ipsum dandam actionem, non in dominum PAUL.*dig*.16. 3.21.1; ULP.*dig*.47.2.36.

plusculum¹ ~ī, *n.* [neut. of PLVSCVLVS]

1 A slightly larger amount, more.

ne aspernere amorique nostro ~um etiam, quam concedet ueritas, largiare CIC.*Fam*.5.12.3;—(*w. part. gen.*) eas (*sc.* causas)..in quibus ~um negoti est *de Orat*.2.99; ~um dubitationis ea res habet CELS.*dig*.8.6.6.1a.

2 A little bit extra, more.

(*w. part. gen.*) ut ~um sibi iuris populus adsisceret CIC. *Rep*.2.57.

3 A fairly large amount.

(*w. part. gen.*) ~um huic (*sc.* larici) erumpit liquoris melleo colore PLIN.*Nat*.16.43; sic..terrae ~um..fama porrecta peruagatur APUL.*Met*.4.29.

plusculum², *adv.* [prec.]

1 To a rather greater degree, more (than enough). **b** rather more yet.

inuitauit sese in cena ~um PL.*Am*.283; inuitat ~um sese, ut solet TURP.*com*.71; 132; cum conceperunt equae, uidendum ne..laborent ~um VAR.*R*.2.7.10. **b** libenter ~um macerarer AUR.*Fro*.1.p.182(70N).

2 A little longer.

~um annum fui..apud molas PL.*Per*.21.

plusculus ~a ~um, *a.* [PLVS+-CVLVS]

1 A somewhat larger amount of, a little extra. **b** a largish amount of, quite a lot of.

tum ~a supellectile opus est TER.*Ph*.665; sale ~o aspersa (rapa) triduo sinito COL.12.56.1; si morae quid ~ae fuisset in coetu osculi *Inc.poet*.p.139,l.11; quod particula 'atque' non complexiua tantum sit, sed uim habeat ~am GEL.10.29. **b** haurito ~o uncto corporis me membra perfricui APUL. *Met*.3.24.

2 (pl.) A fairly large number of, several.

postquam ~os equites uidit AUR.*Fro*.1.p.150(35N); comiter..inuitatus ~isque..diebus retentus GEL.13.2.2; ad cuius noctis exemplar similes adstruximus alia ~as APUL. *Met*.2.17; pyxides ~as..depromit 3.21; libros poeta ~os.. conscribit MAUR.2449.

plūsimus: see PLVRIMVS.

plusscius ~a ~um, *a.* [PLVS+SCIVS] That knows more than others, 'wise'.

sunt mulieres ~ae, sunt Nocturnae PETR.63.9.

pluteus ~ī, *m.* **~um** ~ī, *n.* [cf. Lith. *plautas*] GENDER: neut. VITR.5.1.5, 5.6.6, etc.

1 A movable screen of wood or wickerwork used for protection in siege warfare. **b** (app.) a similar structure used in revetting; for the protection of boats.

~os ex scutis..reddet LUCIL.837; hostem..cum ~is ac scalis iter facere cernebat SIS.*hist*.75; ubi..ea pars turris.. tecta atque munita est..~os ad alia opera abduxerunt CAES.*Civ*.2.9.6; 2.14.2; nix..~os ac uineas Romanorum operuerat LIV.21.61.10; caesa..materia cratibus et ~is faciundis CURT.5.3.7; LUC.3.488; ~os..subfodiendis muris protegendisque obpugnatoribus..expediunt TAC.*Hist*.2.21; PAUL.*Fest*.p.231M; (*in fig. phr.*) si inuenio qui uidit, ad eum uineam ~osque agam PL.*Mil*.266. **b** Fabium..~os.. uallo addere CAES.*Gal*.7.41.4; grandibus ceruis eminentibus ad commissuras ~orum atque aggeris 7.72.4;—scaphas.. cratibus ~isque contexit *Civ*.3.24.1.

2 A protective parapet or breastwork. **b** any other low wall, barrier, screen, etc.

VITR.10.15.1; supra caput eorum (*sc.* funium)..conlocatum erat ~um turriculae similitudine ornatum 10.15.5; (*perh.*) MVRM ET ~VM LONG P LXXX ALT P XXI FACIVND COIRAVERE *CIL* 1.677.9. **b** intercolumnia (*sc.* aedis).. ~is marmoreis siue ex intestino opere factis intercludantur, ita uti fores habeant, per quas itinera pronao fiant VITR. 4.4.1; ~um, quod fuerit inter superiores et inferiores columnas (*sc.* basilicae) 5.1.5; 5.1.10; aluei (*sc.* balnearii).. latitudo inter parietem et ~um ne minus sit pedes senos 5.10.4; iubet archetypos ~um seruare Cleanthas JUV.2.7; ~i circa parietes..aedium non sunt ULP.*dig*.19.1.17.4.

3 The upright board forming the back, or far side, of a couch.

ad ~i fulcra sinistra latens PROP.4.8.68; nec ~um caedit, nec demorsos sapit unguis (*sc.* hoc genus scribendi) PERS. 1.106; excidunt..senem spondae qui parte iacebat..puer ~o uindice tutus erat MART.3.91.10; quosdam summis honoribus functos..cenanti modo ad ~um modo ad pedes stare..passus est SUET.*Cal*.26.2; (*app. as used in laying out a corpse*) supra..~um te iacente uel saxum MART.8.44.13.

plutiārius ~(i)ī, *m.* [prec.+-ARIVS] A maker or seller of balustrades or sim.

T CAECILI ERONIS PLVTIARI *CIL* 6.9819.

Plūtō¹ (**~ōn**) ~ōnis, *m.* The god of the Underworld in Greek mythology.

~o Latine est Dis pater, alii Orcum uocant ENN.*var*.78; odit et ipse pater ~on, odere sorores Tartareae monstrum VERG.*A*.7.327; non..places illacrimabilem ~ona tauris HOR.*Carm*.2.14.7; SEN.*Phaed*.628; Sicula..cum coniuge ~on JUV.13.50.

Plūtō² ~ōnis, *f.* The mother of Tantalus.

HYG.*Fab*.155.3.

Plūtōnius ~a ~um, *a.* Belonging to the god Pluto.

iam te premet nox..et domus exilis ~a HOR.*Carm*.1.4.17; (*cf.*) ex quibus (*sc.* terrarum generibus) et mortifera quaedam pars est, ut..in Asia ~a quae uidimus CIC.*Div*.1.79.

pluuia ~ae, *f.* [PLVVIVS] A fall of rain, rain.

ponito in sole..sub dio, si ~ae non erunt CATO *Agr*.112.2; etiam ~as metuo, si 'Prognostica' nostra uera sunt CIC.*Att*. 15.16a; milites..~a magis usi SAL.*Jug*.75.9; VERG.*Ecl*.9. 63; (amnis) hibernis..incitatus ~is LIV.44.8.6; singula stillicidia ~ae cadentis SEN.*Nat*.1.3.5; cum ~is rarescunt nubila STAT.*Silv*.1.2.186; ~ae pridianae..conceptaculum APUL. *Met*.7.20; (*transf.*) PVLVERIS AVRATI ~A SIT SPARSA PAPYRVS *CIL* 8.22645(480).

Pluuiālia ~ae, *f.* One of the *Fortunatae Insulae* (the Canaries).

in ~a non esse aquam nisi ex imbri PLIN.*Nat*.6.202.

pluuiālis ~is ~e, *a.* [PLVVIA+-ALIS]

1 Consisting of rain; *aqua ~is*, rain-water. **b** produced by rain, rain-swollen.

torrens undis ~ibus auctus OV.*Fast*.2.219; *Met*.1.82;—

uallis..quo se demittere riui adsuerant ~is aquae 8.335; aqua leuissima ~is est, deinde fontana Cels.2.18.12; Sen.*Nat*.3.7.4; ~is aqua salubritati corporis est accommodatissima Col.1.5.2; in mortario debent teri ex aqua ~i Larg.27; si collectus ~is aquae..in alterius fundum influit Fron.*agrim*.p.9. **b** aeuo..mortalia primo corpora uulgarunt ~ibus edita fungis Ov.*Met*.7.393.

2 Characterized by or associated with rain, rainy.

uere madent udo terrae ac ~ibus Austris Verg.*G*.3.429; sidus ~e Capellae Ov.*Met*.3.594; ~es..et feriarum conputantur..dies quinque et quadraginta Col.2.12.9; auxerat undas tertia iam grauido ~is Cynthia cornu Luc.1.218; capella ~is Plin.*Nat*.18.248; (*as a cult-title of Jupiter*) iovi plvvia(li) *CIL* 9.324.

pluuiātilis ~is ~e, *a.* [plvvia+-atilis] Consisting of rain; *aqua ~is*, rain-water.

cum..terra caret umore ~i Col.11.3.8;—admiscemus aquam ~em solamque potandam..praebemus 7.7.2; aqua ~i quae sunt dura..teruntur Larg.23.

pluuiōsus ~a ~um, *a.* [plvvia+-osvs] Rainy, wet.

ita (id sidus) nubilo occasu ~am hiemem denuntiat Plin.*Nat*.18.225.

pluuius ~a ~um, *a.* [plvo+-ivs]

1 Consisting of rain; *aqua ~a*, rain-water.

quo pacto ~us concrescat in altis nubibus umor Lucr.6.495; nebulae ~ique rores Hor.*Carm*.3.3.56; a ~o uindicat imbre tholus Ov.*Fast*.6.282;—si aqua ~a nocet *Lex XII* (*Font.iur*.p.27); ut aquae ~ae arceantur Cic.*Mur*.22; Ov.*Ib*.396; Cels.2.30.3; Plin.*Nat*.31.32; Ulp.*dig*.39.3.1.

2 Characterized by rain, rainy. **b** *~us arcus*, a rainbow.

quibus caelum ~um inimicum Var.*R*.1.13.2; tempestates ~ae grauiore coortu sunt Lucr.6.671; ~o contristat frigore caelum Verg.*G*.3.279; defendit aestatem capellis..~osque uentos Hor.*Carm*.1.17.4; cum aliquis ~us interuenit dies Sen.*Nat*.7.32.1; nec ~um semper est uer Col.1.pr.23;—(*as a cult-title of Jupiter*) arida nec ~o supplicat herba Ioui Tib.1.7.26; ~o..rogaris pro Ioue Stat.*Theb*.4.759;—(*of stars associated with rainy weather*) sidera cuncta notat..Arcturum ~asque Hyadas Verg.*A*.3.516; Sen.*Med*.311; in suculis..quas Graeci..~o nomine appellant Plin.*Nat*.2.106. **b** ~us describitur arcus Hor.*Ars* 18.

3 Falling like rain.

Persea, quem ~o Danae conceperat auro Ov.*Met*.4.611.

pneumaticus ~a ~um, *a.* [Gk. πνευματικός] Concerned with air-pressure; operated by air- or wind-pressure.

qui et uim spiritus naturalis ~asque res inuenit Vitr.9.8.2; ~a ratione et hydraulicis organis repertis Plin.*Nat*.7.125;—(hortos) e puteo rota organis..~is..rigatos 19.60.

pnigeus ~eos, *m.* [Gk. πνιγεύς] A regulator, throttle (a conical vessel controlling the flow of air in a water-organ).

intra aram (*sc.* hydrauli)..inest ~eus (*cj.*) uti infundibulum inuersum Vitr.10.8.2; (aer) in ~ea (*cj.*) concurrit 10.8.5.

pnīgītis ~idis, *f.* [Gk. πνιγῖτις] (app.) A kind of clay.

~is (*cj.*) Eretriae (*sc.* terrae) simillima est, grandioribus tantum glaebis glutinosaque Plin.*Nat*.35.194.

po: (see quot.).

po pro potissimum positum est in saliari carmine Fest.p.205M.

publicē: see pvblice.

pōcillātor ~ōris, *m.* [next+-tor] A cup-bearer.

Ioui..suus ~or ille rusticus puer..ministrabat Apul.*Met*.6.24; 10.17.

pōcillum ~ī, *n.* [as pocvlvm+-illvm] A little cup; a small cupful.

exurgeto sucum..in ~um fictile Cato *Agr*.156.3; adde cyathum uini in uxorculae ~um Var.*Men*.116; *L*.9.66; ~o..eius argenteo potare Suet.*Ves*.2.1;—uouerat Ioui..~um mulsi priusquam temetum biberet sese facturum Liv.10.42.7.

pōclum: see pocvlvm.

pōculentus ~a ~um, *a.* [cf. next and *esculentus*, also *potulentus*] Suitable for drinking, potable.

~a penu ea, quae uini loco pater familias habuit, continebuntur Ulp.*dig*.33.9.3.4.

pōculum ~ī, *n.* Also **-clum** ~ī, *n.* [*po*-(potio)+-cvlvm²]

1 A drinking-vessel, cup, bowl.

aisclapi pocolom *CIL* 1.440; uinum ~o pauxillulo saepe exanclauit Pl.*St*.272; cum alii ne conuiuiis quidem isdem quibus Apronius, hic isdem etiam ~is uteretur Cic.*Ver*.3.23; oras ~a circum contingunt mellis..liquore Lucr.4.12; haec (*sc.* cornua)..argento circumcludunt atque in..epulis pro ~is utuntur Caes.*Gal*.6.28.6; ~a ponam fagina Verg.*Ecl*.3.36; mixtum in ~o (uenenum) ferre ad Sophonibam iubet Liv.30.15.4; qui tollunt grandia templi ~a Juv.13.148; omnia potui parata ~a dicuntur Scaev.*dig*.34.2.36;—(*w. gen.*) est qui nec ueteris ~a Massici..spernit Hor.*Carm*.1.1.19; (*in fig. phr.*) si semel amoris ~um accepit meri Pl.*Truc*.43; exhausto illo ~o mortis Cic.*Clu*.31; desideri..temperare ~a Hor.*Epod*.17.80. **β** Pl.*Per*.775ᵃ; cum ~o bibo eodem Lucil.303.

2 The contents of a cup, a drink, draught. **b** (pl.) social drinking, potations.

uter demutassit, ~o multabitur Pl.*St*.725; ~a sunt fontes liquidi Verg.*G*.3.529; nec mea mortiferis infecit ~a sucis [Tib.]3.5.9; abripit Iliaden, qui nunc quoque ~a miscet Ov.*Met*.10.160; ~o medicantur harundinis et albae spinae radicibus Col.7.7.2; qui..amatorium ~um dant Paul.*dig*.48.19.38.5;—(*in fig. phr.*) ut senex hoc eodem ~o quo ego bibi biberet Pl.*Cas*.933; illa bibit sitiens lector, mea ~a plenus Ov.*Pont*.3.4.55. **β** tecum una..aeque ~a potitet Pl.*As*.771; *Cur*.359. **b** Neptunus magnis ~is hac nocte eum inuitauit Pl.*Rud*.362; totam Asiam magnitudine ~orum bibendoque superauit Cic.*Flac*.92; laeserunt nullos ~a nostra deos Prop.2.15.48; ubi essent prae ~is nescientes Flor.*Epit*.1.26(2.10.2); patris..caesi media inter ~a Juv.8.217; ~is mox sermonibusque tempus fuit Gel.19.9.3; (*cf.*) is sermo qui..a summo adhibetur in ~o Cic.*Sen*.46.

3 (esp. pl., without notion of cups) Drink.

cum canibus timidi uenient ad ~a dammae Verg.*Ecl*.8.28; puteis extracta..praebenda sunt ~a (suibus) Col.7.10.7; Luc.9.616; adpronat se (*sc. by a stream*) auidus adfectans ~um Apul.*Met*.1.19.

podager ~gra ~grum, *a.* [Gk. ποδαγρός] Suffering from rheumatic feet, gouty; (masc. as sb.) a sufferer from gout.

numquam poetor nisi si ~ger Enn.*Sat*.64;—iuuat illum sic domus et res ut..fomenta ~grum Hor.*Ep*.1.2.52; radix..ex aceto cocta ~gris inlinitur Plin.*Nat*.20.4; 31.72.

podagra ~ae, *f.* [Gk. ποδάγρα] A rheumatic disease of the feet, gout; also, the part affected; *frigida ~a*, (see quot.). **b** (applied to similar diseases affecting animals and birds).

si quod constitutum cum ~a habes, fac ut..differas Cic.*Fam*.7.4; cum arderet ~ae doloribus *Fin*.5.94; si quam..tarda ~a secat Catul.71.2; Hor.*S*.1.9.32; corpora foeda ~a..culta puella fugit Tib.1.9.73; ~a distortus Sen.*Ep*.67.3; ad utramlibet ~am torpedinem..uiuam..subicere pedibus oportet Larg.162; pauper locupletem optare ~am nec dubitet Ladas Juv.13.96; qui..~a uexarentur Javol.*dig*.21.1.53; (*pl.*) articulorum..uitia ut ~ae Cels.2.8.10; panos discutiunt, ~as..leniunt Plin.*Nat*.27.63;—iubent..lepore marino..~am fricari 32.110;—ad frigidam ~am, quae sine tumore et rubore consistit Larg.160. **b** glacies ne..scabiem..ferat (*sc.* pecori) turpisque ~as Verg.*G*.3.299; stercore, quod cum pedibus uncis adhaesit, ~am creat Col.8.3.7; (milui) traduntur..et a solstitiis adfici ~a Plin.*Nat*.10.28; ~as iumentorum dicitur sanare 22.161.

podagricus ~a ~um, *a.* [Gk. ποδαγρικός] Suffering from or subject to gout; (masc. as sb.) a victim of gout. **b** relating to rheumatic feet, gouty.

Laber.*com*.6; ita aut neruicos aut ~os efficiunt homines Vitr.8.3.5; quamuis ~us esset..peruenit ad ianuam Ditis Sen.*Apoc*.13.3; cum tot feminae ~ae..sint *Ep*.95.21;—equitare ~is..alienum est Cels.4.31.8; ~i pedibus suis male dicunt Petr.132.14; Plin.*Nat*.21.174. **b** articulariis morbis et ~is Plin.*Nat*.22.34.

podagrōsus ~a ~um, *a.* [podagra+-osvs] Affected with gout, gouty.

si ~is pedibus esset..iam a portu rediisse potuit Pl.*Mer*.595; *Poen*.532; senex arthriticus ac ~us Lucil.331.

Podalīrius ~iī, *m.* A legendary physician, son of Aesculapius; (as a type of medical proficiency).

quantus apud Danaos ~ius arte medendi Ov.*Ars* 2.735; *Tr*.5.6.11; (*transf.*) curabar propriis aeger ~ius herbis *Rem*.313;—enterocelarum fertur ~ius Hermes Mart.10.56.7.

Podarcē ~ēs, *f.* One of the Harpies.

Hyg.*Fab*.pr.35.

pōdex ~icis, *m.* [cf. pedo, Gk. πέρδομαι] The anal orifice.

cum..hiet..turpis inter aridas natis ~ex Hor.*Epod*.8.6; *Priap*.77.9; quid solium subluto ~ice perdis? Mart.2.42.1; 6.37.1; ~ice leui caeduntur..mariscae Juv.2.12.

podismō ~āre, *tr.* [next+-o³] To calculate the area of (in square feet).

cetera trigona eadem ratione ~abuntur Nips.*grom*.p.301La.

podismus ~ī, *m.* [Gk. ποδισμός]

1 A length measured in feet, footage; also, area in square feet.

in trigono orthogonio cuius ~us (*i.e. of the hypotenuse*) est ped. xxv Nips.*grom*.p.297La;—subiectas..partes..~is suis ad⟨a⟩eramus Fron.*agrim*.p.16.

2 An area of ground.

adiecto ~o et adampliato *CIL* 6.24482; 8.20152; ~vs avtem colligit in circvito iii lvii *A.Epig*.52.30.4.

podium ~(i)ī, *n.* [Gk. πόδιον]

1 A raised step (supporting a row of pillars or sim.), stylobate, base.

sin..circa aedem..~ium faciendum erit Vitr.3.4.4; ~ii altitudo ab libramento pulpiti (*sc.* theatri) 5.6.6; habent columnas..in ~io positas 6.3.9; ex tabvla..qvae fixa est..ad aram gentis ivliae de foras ~io sinisteriore *CIL* 3.p.850.18; in ~io arae 10.867; ⟨b⟩asilicas..~io circvmclvsit 11.5820; pergula, quibus columnae pauimenta ~ia extergantur Ulp.*dig*.33.7.12.22.

2 The wall round the arena in an amphitheatre or circus forming the base of the seating.

retia coercendis feris ~ium protegentia Plin.*Nat*.37.45; omnibus ad ~ium spectantibus Juv.2.147; toto ~io adaperto spectare consueuerat Suet.*Nero* 12.2; ~ivm circi *CIL* 2.5165; 10.4737.

3 The dado forming the lower part of an interior wall.

in his (*sc.* tricliniis)..supra ~ia abaci..sunt subigendi Vitr.7.4.4; cubiculum..marmore excultum ~io tenus Plin.*Ep*.5.6.22.

Poea(n)s ~ntis, *m.* The father of Philoctetes.

senilis ~s *Inc.trag*.70; ~nte satum Ov.*Met*.9.233; quem tulit ~ns Sen.*Her.O*.1604.

Poeantiadēs ~is, *m.* The son of Poeas, Philoctetes.

~en..habet Vulcania Lemnos Ov.*Met*.13.313.

Poeantius ~a ~um, *a.* Of or belonging to Poeas; (masc. sg. as sb.) Philoctetes.

~us heros Ov.*Rem*.111; tu, genus ~um Sen.*Her.O*.1485; Mart.2.84.1;—in gelido quare ~us antro uoce fatigaret..saxa Ov.*Tr*.5.1.61; V.Fl.1.391.

poeēticos: see poeticvs.

poēma ~atis, *n.* [Gk. ποίημα] Forms: *~atorum* (gen. pl.) Acc.*poet*.13(8F), Var.*L*.11.22(21 [14]), Cic.*Gal*.fr.6, Vitr.5.pr.1, etc.; *~atum* Suet.*Aug*.89.1; *~atis* (dat. and abl. pl.) Pl.*As*.174, Var.*L*.7.2, Cic.*Orat*.70, *Off*.3.15, etc.; *~atibus* Suet.*Tit*.3.2, Apul.*Apol*.5. A metrical composition, piece of poetry, poem. **b** (applied to composition, whether metrical or not, of poetic quality).

neque fictum usquamst neque pictum neque scriptum in ~atis Pl.*As*.174; ut in soluta oratione sic in ~atis Var.*L*.7.2; effugimus..in oratione ~atis similitudinem Cic.*Orat*.201; opus est ad ~a quadam animi alacritate, quam plane mihi tempora eripiunt *Q.fr*.3.5&6.4; alias in historia leges obseruandas..alias in ~ate *Leg*.1.5; quidam comoedia necne ~a esset quaesiuere Hor.*S*.1.4.45; nec cum uenari uolet ille, ~ata panges *Ep*.1.18.40; mea sunt populo saltata ~ata Ov.*Tr*.2.519; Tyrtaeus..~ate suo..militum animos concitauit Amp.14.5. **b** Platonis..locutionem, etsi absit a uersu..potius ~a putandum quam comicorum poetarum Cic.*Orat*.67.

poēmatium ~iī, *n.* [Gk. ποιημάτιον] A short poem.

siue idyllia siue eclogas siue, ut multi, ~ia seu quod aliud uocare malueris Plin.*Ep*.4.14.9.

poena ~ae, *f.* [Gk. ποινή]

1 The penalty paid in satisfaction for an offence, punishment. **b** *~as dare*, to pay the penalty, suffer punishment; (also, w. other vbs.). **c** the penalty for a particular offence. **d** (personified as a goddess).

si istuc faxis, hau sine ~a feceris Pl.*Capt*.695; laude potius et honore quam ~a et supplicio dignum Cic.*Rab.Perd*.3; cauendum..ne maior ~a quam culpa sit *Off*.1.89; aeternas quoniam ~as in morte timendumst Lucr.1.111; magnitudine ~ae..deterreri Caes.*Civ*.3.8.3; Verg.*A*.6.614; audiat Lyde scelus atque notas uirginum ~as Hor.*Carm*.3.11.26; ad expetendas ab hominibus scelestis ~as Liv.28.32.12; cui..fere ~am sumere ~a sua est Ov.*Pont*.2.2.118; quoniam mors ultima ~a est Luc.8.395; an commissa sit ~a, an exigi debeat Quint.*Inst*.7.4.20; Tac.*Hist*.1.39; qui..~ae nomine uincti sunt Gaius *Inst*.1.13; (*cf.*) quaedam (arbores) ~a emendantur Plin.*Nat*.17.261; (*poet.*) nec fuerat nudas ~a (*i.e. matter for punishment*) uidere deas Prop.3.13.38; (*fig.*) corpus hoc animi pondus ac ~a est Sen.*Ep*.65.16;—(*w. adj. expr. person punished, type of punishment*) etsi nullum memorabile nomen feminea in ~a est Verg.*A*.2.584; capitalis ~ae absentis eos..damnat Liv.42.43.9;—(*w. gen. expr. offence*) cur..praesentis fraudis ~as in diem reseruatis Cic.*Cael*.59; Tartareas..sedes..et scelerum ~as Verg.*A*.8.668; foederum..ruptorum ipsos ab se..~as exegisse Liv.25.31.4; cogitationis ~am nemo patitur Ulp.*dig*.48.19.18;—(*w. gen. expr. source of punishment*) nulla erat edicti ~a certa Cic.*Ver*.3.54; mortem naturae ~am putat esse *Phil*.11.3; ~am, non dico legum..sed ipsius turpitudinis *Off*.3.36;—(*w. gen. expr. nature of punishment*) ~am octupli *Ver*.3.30; non uitae ~am in illa potestate esse uoluerunt *Clu*.120; capitis ~am eis..constituit Caes.*Gal*.7.71.6; metalli ~a in eum statui debet Ulp.*dig*.1.12.1.10; sub ~a uinculorum 21.1.17.19 **b** mi calido das sanguine ~as Enn.*Ann*.100; an legibus daturum ~as dices si illam eiecerit? Ter.*Ph*.627; Cic.*Phil*.2.1; Sal.*Cat*.51.31; Liv.4.28.3; Sen.*Con*.1.1.7;—ut uobis uicti Poeni ~as sufferant Pl.*Cist*.202; Syrus mihi tergo ~as pendet Ter.*Hau*.728; dictus Prometheus..~as..Ioui..expendisse Acc.*trag*.535; rei publicae ~as..turpi exsilio dependerunt Cic.*Sest*.140; ~as ille debitas luerit *Mil*.104; ~as dis hominibusque meritas..persoluat *Phil*.11.29; ~as..soluet graues Sen.*Phoen*.645;—(*sg.*) hanc..~am..soluens *Ciris* 52; ~am pro caede luebat Ov.*Met*.3.625; post solutam dupli..~am Gaius *dig*.47.2.55(54).3. **c** si os fregit libero, ccc..~am subito. si iniuriam faxsit, uiginti quinque poenae sunto *Lex XII* (*Font.iur*.p.29); ~ae legibus erant constitutae Cic.*Ver*.2.138; ut..ea ~a quae est de ui teneretur *Q.fr*.3.5; praemia ~asque constituunt Caes.*Gal*.6.13.5; eadem ~a in Catum Firmium senatorem statuitur Tac.*Ann*.4.31. **d** tertia ~arum Infamia Var.*Men*.123; a fratris, a liberum ~is actum esse praecipitem in sceleratorum sedem Cic.*Clu*.171; Tib.1.9.4; Stygium..nefas ~aeque nocentum Luc.6.695; Plin.*Nat*.2.14; lento..inrepunt agmine ~ae Stat.*Theb*.5.60.

2 Satisfaction for an injury, revenge.

plus ~arum habeo quam petiui Cic.*Leg*.2.44; ulta uirum ~as inimico a fratre recepi Verg.*A*.4.656; manes..Verginiae..per tot domos ad petendas ~as uagati Liv.3.58.11; sterilis in ~as fui Sen.*Med*.956; non ipse tyrannus sufficit in ~as Luc.10.527; (*poet.*) cum..ipsa (*sc.* Andromeda) uideres adnantem..tibi ~am Man.5.591;—(*w. gen. expr. the person avenged*) quos..ad illorum innocentium ~as fortuna..

reseruauit CIC.*Ver*.5.121; M. Bruti se ~as persequi omniumque eorum in quos Sulla crudelis..fuisset *Att*.9.14.2; calido mihi sanguine ~as persolues amborum VERG.*A*.9.422;—(*w. gen. expr. wrong, injury, etc.*) ut..uictrix nequitia..~as ab optimo quoque peteret sui doloris CIC.*Att*.1.16.7; uereor ne nobis Idus Martiae nihil dederint praeter laetitiam et odi ~am ac doloris 14.12.1.

3 (leg.) The penalty consequent on failure to meet an obligation, etc., forfeit.

si traiecticiae pecuniae ~a..promissa est LABEO *dig*.22.2.9; si quis, cum promisisset Titio fundum Maeuium daturum aut, si is non dedisset, ~am se daturum.. ULP.*dig*.45.1.38.21; PAUL.*dig*.3.5.12(13).

4 The disadvantage resulting from some action or situation, penalty, unpleasant consequence.

~a temeritatis non sine magno rei publicae malo constituta CIC.*de Orat*.3.11; existimato me stultitiae meae ~am ferre grauius quam eueniti *Att*.3.8.4; quae sunt sine ~a commoda sumit LUCR.4.1074; semper formosis fabula ~a fuit PROP.2.32.26; glaciem potant ~asque montium in uoluptatem gulae uertunt PLIN.*Nat*.19.55; (acetum scillinum) prodest..acescentibus cibis, gustatu enim discutit ~am eam 23.59; tributa et metalla et ceterae seruientium ~ae TAC.*Ag*.32.5; (*poet.*) Sirenas hilarem nauigantium ~am MART.3.64.1.

poenālis ~is ~e, *a.* [prec.+-ALIS] Of or concerned with punishment, punitive, penal. **b** (leg.) concerned with the payment of a penalty or compensation.

~es aquas dirisque genitas (*sc.* amnis Horci) PLIN.*Nat*.4.31; uinctorum ~i opera 18.112; nobis..~e reliquisset exitium APUL.*Met*.7.21; relictis somnolentis tenebris ad..~em euigila caliginem (*i.e. blindness inflicted as punishment*) 8.12. **b** non..~is est (haec summa), sed praeiudicialis GAIUS *Inst*.4.94; ~es actiones MAECIAN.*dig*.35.2.32; ULP.*dig*.4.7.4.6; ex ~ibus causis non solet in patrem de peculio actio dari 50.17.58; consultius est..~em..stipulationem subiungere PAUL.*dig*.2.15.15; 50.17.108.

poenārius ~a ~um, *a.* [POENA+-ARIVS] Involving or characterized by punishment.

si..~as actiones inferemus QUINT.*Inst*.4.3.9; 7.4.20.

poenic-, Poenic-: see PVNIC-, PVNIC-.

Poenīnus ~a ~um, *a.* The name given to that part of the Alps from Mont Blanc to Monte Rosa; (masc. sg. as sb.) the Pennine Alps. **b** (as a cult-title of Jupiter; also ~*us* alone).

per ~um Graiumue montem SEN.*Ep*.31.9; iuxta geminas Alpium fores, Graias atque ~as PLIN.*Nat*.3.123; ~o itinere ..legionum agmen hibernis adhuc Alpibus transduxit TAC.*Hist*.1.70; VALLE ~A VITA FVNCTI *CIL* 12.118;—~o..transgressi LIV.5.35.2; 21.38.6. **b** IOVI ~O Q CASSIVS..V S L L M *CIL* 5.6867;—ab eo quem in summo sacratum uertice ~um montani appellant LIV.21.38.9; ~O SACRVM *CIL* 5.6886; *A.Epig*.88.112.

poeniō, poenior: see PVNIO.

poenitentia: see PAENITENTIA.

poenitet: see PAENITET.

poenītiō: see PVNITIO.

poenītor: see PVNITOR.

Poenix: see PHOENIX[1].

Poenulus ~ī, *m.* A (little) Phoenician or Carthaginian.

tuus ille ~us (*i.e. Zeno, the founder of the Stoic school*)—scis enim Citieos..a Phoenica profectos CIC.*Fin*.4.56; (*as the title of a play*) Plautus in ~o..dixit GEL.13.30(29).6.

Poenus ~a ~um, *a.* FORMS: compar. (nonce-use) PL.*Poen*.991.

1 Phoenician.

mihi quo ~is ter purpura fulgeat ostris? PROP.4.3.51; utrum..ad Graecum sermonem tantum..an..ad alium, ~um forte uel Assyrium ULP.*dig*.45.1.1.6.

2 Of Carthage (as a Phoenician colony), Carthaginian. **b** (masc. as sb.) a Carthaginian; (spec.) Hannibal.

tuum ~os etiam gemuisse leones interitum VERG.*Ecl*.5.27; GERM.fr.4.23; qualis..~os Bagrada serpit inter agros STAT.*Silv*.4.3.91; (*compar.*) nullus me est hodie Poenus ~ior PL.*Poen*.991. **b** ~us plane est PL.*Poen*.113; neque ~orum iura calles CIC.*Balb*.32; homo..acutus ut ~us *Luc*.98; circumdata ~um (*gen. pl.*) agmina deturbat SIL.7.714; (*sg. collect.*) iniqua superbia ~i ENN.*Ann*.286; si Libyam..Gadibus iungas et uterque ~us seruiat uni HOR.*Carm*.2.2.11;—sic..~us..in Pontum peruenit NEP.*Han*.10.1; SIL.2.25.

poēsis ~is, *f.* [Gk. ποίησις] The production of a poet, poetry. **b** a poetical composition.

utrique testis ~is, quod et Victoria et Venus dicitur caeligena VAR.*L*.5.62; quamuis claris sit coloribus picta uel ~is uel oratio CIC.*de Orat*.3.100; Anacreontis..tota ~is est amatoria *Tusc*.4.71; 5.114; ut pictura ~is: erit quae si propius stes te capiat magis HOR.*Ars* 361; ~is ab Homero et Vergilio tantum fastigium accepit QUINT.*Inst*.12.11.26. **b** illa ~is opus totum..est, maius multo est quam..poema LUCIL.342; ~is est perpetuum argumentum e rhythmis, ut Ilias Homeri VAR.*Men*.398.

poēta ~ae, *m.* [Gk. ποιητής] FORMS: ~*ēs* (nom. sg.) *CIL* 14.2651.

1 A writer of verse, poet. **b** (spec.) a playwright. **c** (transf.) a person of great skill, an 'artist'.

flerent diuae Camenae Naeuium ~am NAEV.*poet*.64.2; ~as omnino quasi alia quadam lingua locutos non conor attingere CIC.*de Orat*.2.61; ille summus ~a noster (*i.e.* Ennius) *Balb*.51; neminem cognoui ~am..qui sibi non optumus uideretur *Tusc*.5.63; tale tuum carmen nobis, diuine ~a, quale sopor fessis in gramine VERG.*Ecl*.5.45; mediocribus esse ~is non homines, non di..concessere HOR.*Ars* 372; usus ~ae ut moris est licentia PHAED.4.25(26).8; cuius unum est, sed magnum uitium quod est ~a MART.10.76.7; (*opp. to a versifier*) etiam si sit uersificator quam ~a melior QUINT.*Inst*.10.1.89; ~arum sapientissimus (*i.e. Homer*) GEL.5.1.6. **b** nec fallaciam astutiorem ullus fecit ~a PL.*Cas*.861; quor partis seni ~a dederit quae sunt adulescentium TER.*Hau*.1; ne..me..ad insolitum genus dicendi labi putetis, si de ~is, de histrionibus..in iudicio loquar CIC.*Sest*.119; Aristophanes, priscae comoediae ~a PLIN.*Nat*.21.29. **c** ostende quem conscripsti syngraphum..nam tu ~a es prosus ad eam rem unicus PL.*As*.748.

poētica ~ae, *f.* Also ~ē ~ēs. [fem. of POETICVS] The poetic art, poetry.

~ae uersus inuentus est terminatione aurium CIC.*Orat*.178; o praeclaram emendatricem uitae ~am! *Tusc*.4.69; attigit ~en NEP.*Att*.18.5; numquam a ~e..alienus fui PLIN.*Ep*.7.4.2; ad ~am pronus carmina libenter..composuit SUET.*Nero* 52.1; priscae ~ae diuinus auctor APUL.*Met*.9.13.

poēticē[1]: see prec.

poēticē[2], *adv.* [next+-E] In the manner of poetry, poetically.

numerus..non ~ uinctus CIC.*Orat*.227; ut ~ loquar *Fin*.5.9; PETR.90.3; quod sit a simplici..dicendi modo ~ uel oratorie mutatum QUINT.*Inst*.9.1.13; descriptiones locorum ..non historice tantum, sed prope ~ prosequi fas est PLIN.*Ep*.2.5.5.

poēticus ~a ~um, *a.* Also **poeēticos** ~ē ~on. [Gk. ποιητικός]

1 Creative.

scit po⟨e⟩eticon esse LUCIL.495.

2 Belonging or suited to poetry, poetic. **b** described in poetry.

~ae artis honos non erat CATO *Mor*.2(J); cum ~is multis uerbis magis delecter quam utar VAR.*L*.5.9; de rebus rusticis hominem ab agro remotissimum Nicandrum..~a quadam facultate..scripsisse praeclare CIC.*de Orat*.1.69; ~is magis decora fabulis quam incorruptis rerum gestarum monumentis LIV.pr.6; (uerbum) ~a licentia sumptum QUINT.*Inst*.4.1.58;—(*w. fig. nouns*) cursu corrigam tarditatem cum equis tum uero..quadrigis ~is CIC.*Q.fr*.2.13.2; fidis..manare ~a mella te solum HOR.*Ep*.1.19.44; frustra ~as fores..pepulit SEN.*Dial*.9.17.10; ueterum auctorum placita ..Vergilius ~is floribus illuminauit COL.9.2.1. **b** hi..ipsi di ~i CIC.*N.D*.3.77; si quando ~a surgit tempestas JUV.12.23.

poētor ~ārī, *intr.* [POETA+-O[3]] To write poetry, versify.

numquam ~or nisi si podager ENN.*Sat*.64; priusquam ~ari incipio, pausam..tecum facio AUR.*Fro*.1.p.118(30N).

poētria ~ae, *f.* [Gk. ποιήτρια] A poetess.

grata lyram posui tibi, Phoebe, ~a Sappho [Ov.]*Ep. Sapph*.183; MAUR.2160;—(*iron.*) haec tota fabella ueteris et plurimarum fabularum ~ae CIC.*Cael*.64.

poētris ~idos, *f.* [Gk.] A poetess.

coruos poetas et ~idas picas cantare credas PERS.pr.13.

pōgōniās ~ae, *m.* [Gk. πωγωνίας] A kind of bearded comet.

horum (*sc.* cometarum) genera sunt ~ae et cyparissiae SEN.*Nat*.1.15.4; ~as (uocant) quibus inferiore ex parte..promittitur iuba PLIN.*Nat*.2.89.

pol, *interj.* [abbrev. POLLVX] By Pollux! (used to give strong emphasis to an assertion, etc.).

quem ~ ego hodie..faciam feruentem flagris PL.*Am*.1030; sunt asseres? — sunt ~ *Aul*.358; per ~ saepe peccas *Cas*.370; an id doles, soror, quia illi suom officium non colunt..? — ita ~ *St*.36; iam ~ ego eumpse ad nos..mecum adducam *Truc*.114; ~ mihi fortuna magis nunc defit quam genus ENN.*scen*.354; dis ~ habeo gratiam TER.*An*.770; ita animum induxerunt socrus omnis esse iniquas: haud ~ mequidem *Hec*.278; ~ haud paternum istuc dedisti *Ad*.450; 'non ~' inquit 'audeo' CIC.*de Orat*.2.277; ~ me occidistis, amici, non seruastis HOR.*Ep*.2.2.138; sat ~ diu est, quod interuisimus te APUL.*Met*.1.24; (*with a request*) Paula mea, amabo, ~ tuam (tu *cod.*) ad laudem addito 'praefiscini'! TITIN.*com*.109;—(*w.* quidem, *etc.*) nam ~ quidem..nihil impensiust PL.*Bac*.394; ~ profecto haud est dissimilis *Men*.1064; sane ~ illa temulentast mulier TER.*An*.229; certe tuquidem ~ multo hilarior *Eu*.731; ~ quidem tu dignus es APUL.*Met*.1.8.

pōlēa ~ae, *f.* [Gk. πώλειος] The dung of a foal (of an ass).

asinini pulli fimum, quod primum edidit—~am uocant PLIN.*Nat*.28.200; 28.205.

Polemō(n) ~ōnis, *m.* A Platonic philosopher, teacher of Zeno.

~on..morte huic transmisit suam scolen LUCIL.755; ut non esset causa Zenoni, cum ~onem audisset, cur..ab eo..dissideret CIC.*Fin*.4.3; *Tusc*.5.109; HOR.*S*.2.3.254.

Polemōnēus ~a ~um, *a.* Professing the doctrine of Polemon.

si ~us, peccat Stoicus rei falsae adsentiens CIC.*Luc*.132.

polemōnia ~ae, *f.* [Gk. πολεμωνία] An unidentified plant.

~am alii Philetaeriam..appellant..rutae similis, nascitur in montosis PLIN.*Nat*.25.64; uesicae malis contraque calculos..auxilio est ~a 26.78.

polenta ~ae, *f.* [cf. POLLEN] Hulled and crushed grain; (esp.) barley-groats, barley-meal.

antiquissimum in cibis hordeum..~am quoque Graeci non aliunde praeferunt PLIN.*Nat*.18.72;—homines qui ~am pinsitant PL.*As*.33; addito..pollinem ~ae CATO *Agr*.156.5; dulce dedit, tosta quod texerat ante ~a OV.*Met*.5.450; ~a uino adsparsa CELS.4.18.3; pani et ~ae..et ceteris sine quibus uita non ducitur SEN.*Ep*.45.10; COL.8.14.11; offas ~ae mulso concretas APUL.*Met*.6.18; (*in ritual use*) cum rex orbem futuri muri ~a..destinasset CURT.4.8.6.

polentācius ~a ~um, *a.* [prec.+-ACEVS] Made of *polenta.*

nec putes futile istud ~um damnum leue APUL.*Met*.6.19.

polentārius ~a ~um, *a.* [POLENTA+-ARIVS] Of or connected with *polenta.*

ex unoquoque eorum crepitum exciam ~um PL.*Cur*.295.

polia[1] ~ān (*acc.*), *f.* [Gk. πολιά] A kind of precious stone.

~an (colos appellauit) canitiei similitudinem quandam spargens e nigro PLIN.*Nat*.37.191.

pōlīa[2] ~ae, *f.* [Gk. πωλεία] A collection of horses, 'stable'.

si ~a uenierit, dicemus unum equum qui uitiosus est, non omnem poliam redhiberi oportere ULP.*dig*.21.1.38.14.

poligona: see POLYG-.

polīmen ~inis, *n.* [POLIO+-MEN] The result of polishing, polish.

neque..in emendis equis..baltei ~ina inspicimus APUL.*Soc*.23.

polīmenta ~ōrum, *n. pl.* [dub.] (See quot.)

~a testiculi porcorum dicuntur, cum castrantur PAUL.*Fest*.p.235M.

poliō[1] ~īre ~iuī, ~ītum, *tr.* [cf. PVLCHER] FORMS: ~*ibant* (impf.) VERG.*A*.8.436.

1 To impart a smooth or glossy surface to, smoothe, polish. **b** to dress (cloth) so as to produce a smooth finish. **c** (app.) to hull (grain).

rogum ascea ne ~ito *Lex XII*(*Font.iur*.p.36); QVAE LITA NON ERVNT, CALCE HARENATO LITA ~ITAQVE..FACITO *CIL* 1.698.2.18; dignitatem..porticus habebat, quod mihi nunc denique apparuit postea quam..columnae ~itae sunt CIC.*Q.fr*.3.1.1; daedala signa ~ire LUCR.5.1451; his informatum ..iam parte ~ita fulmen erat VERG.*A*.8.426; imum caelum earum (*sc.* camerarum)..creta aut marmore ~iatur VITR.7.3.3; LIV.40.51.3; nec fragili geminae ~iantur pumice frontes OV.*Tr*.1.1.11; SEN.*Nat*.1.17.2; (squatinae) cute..qua lignum et ebora ~iuntur PLIN.*Nat*.9.40; unguis ~ire QUINT.*Inst*.8.pr.22; currum, quem ei Vulcanus aurifex..~iuerat APUL.*Met*.6.6; (*hyperb.*) numquam concessamus (*sc.* mulieres)..~iri, expoliri, pingi, fingi PL.*Poen*.221; (*poet.*) quas (stellas) sideribus claris natura ~iuit CIC.*Arat*.404 (160); (*in fig. phr.*) sit..quod sufficiat, ut opus ~iat lima non exterat QUINT.*Inst*.10.4.4;—(*by inlaying or sim.*) puluinar..Indo..dente ~itum CATUL.64.48; aegida..squamis serpentum auroque ~ibant (Cyclopes) VERG.*A*.8.436;—(*transf.*) fronte ~itus astutam uapido seruas in pectore uolpem PERS.5.116. **b** Hispania..habet splendorem lini praecipuum torrentis, in quo ~itur, natura PLIN.*Nat*.19.10; 35.197; si fulloni ~ienda..uestimenta dederim GAIUS *Inst*.3.143; ULP.*dig*.19.2.13.6. **c** ibi..in delicias alicae ~itur (*s.v.l.*) messis PLIN.*Nat*.3.60; (*cf.*) cuius rei Verrius Flaccus rationem ⟨hanc reddit, quod ad⟩ usus omnium ~iatur (polenta) Char.p.96K.

2 To clear ground by weeding.

rastros..capsit causa ~iendi agri ENN.*Ann*.319; *Sat*.11; cum..non sit sine fundo..~ito cultura VAR.*R*.3.2.5.

3 To bring to a polished or refined state, give finish to: **a** (persons, with respect to intellectual or moral stature). **b** (literary works).

a nondum esse satis ~itum hunc oratorem CIC.*Brut*.69; uirum omnibus uirtutibus ~itum VAR.*R*.1.2.10; esse solos homines eos qui essent ~iti propriis humanitatis artibus CIC.*Rep*.1.28; quamuis doctrina ~itos constituat pariter quosdam LUCR.3.307. **b** si..ignarus..sit faciundae ac ~iendae orationis CIC.*de Orat*.1.63; multa..ornanda ~itis uersibus LUCR.6.82; cur ego sollicita ~iam mea carmina cura? OV.*Pont*.1.5.61; QUINT.*Inst*.8.6.63.

poliō[2]: see POLLIO[2].

polion: see POLIVM.

polītē, *adv. compar.* ~ius. [POLITVS+-E] In a carefully finished manner, esp. **b** (of speaking or writing).

negatis haec (*sc.* mortifera ac perniciosa) tam ~e tamque subtiliter effici potuisse sine diuina aliqua sollertia CIC.*Luc*.120. **b** non saepe dicebat sed ~e CIC.*Brut*.135; quod ornate ~eque dixisti *Cael*.8; quaedam (*sc.* opera) institui, quae..limantur a me ~ius *Ac*.1.2; PLIN.*Ep*.1.16.2; loquendi ~e disciplinam VER.*Fro*.2.p.118(130N).

polītīa ~ae, *f.* [Gk. πολιτεία] The *Republic* (the name of a treatise by Plato).

CIC.*Div*.1.60; Platonis ~an nuper apud me mures corroserunt 2.59.

politicus ~a ~um, *a.* [Gk. πολιτικός] Concerned with civil government, political.

propter eximiam rerum maximarum scientiam a Graecis ~i philosophi appellati CIC.*de Orat.*3.109; tui ~i libri omnibus uigent CAEL.*Fam.*8.1.4; (*masc. as sb.*) qui ~us uult uideri APUL.*Pl.*2.8.

polītiō ~ōnis, *f.* [POLIO[1]+-TIO]

1 A glossy surface, glaze.
qui calculi..dissoluunt et dissipant tectorii ~ones VITR. 7.2.1.

2 (agr.) The weeding of cornfields.
~onem quo pacto..dari oporteat..in loco bono part octaua corbi diuidat CATO *Agr.*136.

3 (See quot.)
omnes perfectiones antiqui ~ones appellabant PAUL.*Fest.* p.71M.

polītographia ~ae, *f.* [Gk. πολιτογραφία] A register of citizens.
VOLO EIVS OMNIS PECVNIAE VSVRAS..CIVIBVS MEIS DIVIDI POLITOGRAP⟨HIA⟩ FACTA *CIL* 3.6998.8.

polītor ~ōris, *m.* [POLIO[1]+-TOR]

1 A polisher.
~OR EBORARIV⟨S⟩ *CIL* 6.37374a.

2 A weeder.
operarium, mercennarium, ~orem diutius eundem ne habeat die CATO *Agr.*5.4; si communiter pisunt, qua ex parte ~ori pars est, eam partem in pistrinum ~or 136; cum..agrum ~ori damus in commune quaerendis fructibus ULP. *dig.*17.2.52.2.

polītūra ~ae, *f.* [POLIO+-VRA] The process of smoothing or polishing; a smooth or glossy condition. **b** smoothness, glossiness.
leuigationibus et ~is cum fuerint perfecta (*sc.* testacea) VITR.7.1.4; minus sorbet ~a charta PLIN.*Nat.*13.81; maius ..opus scabritia ~ae relinquit 36.53; (*transf.*) uidebimus, quid (*sc.* in oratione) parum recisum sit..quid non huius recentis ~ae SEN.*Ep.*100.5;—leuitate et ~a corporum muliebres munditias antecessimus *Nat.*7.31.2. **b** scissa protinus reficit (araneus) ad ~am sarciens PLIN.*Nat.*11.83.

polītus ~a ~um, *a. compar.* ~ior, *superl.* ~issimus. [pple. of POLIO[1]]

1 Refined or elegant in appearance.
hic in cenaculo ~o recipiuntur VAR.*Men.*589; domum ~am et delicatos hortulos PHAED.4.5.26; ex alio latere cubiculum est ~issimum PLIN.*Ep.*2.17.10.

2 (of persons) Refined, polished (with respect to manners, morals, etc.). **b** (of writings, expressions, activities, etc.).
non tulit ullos haec ciuitas..humanitate ~iores CIC. *de Orat.*2.154; Caria et Phrygia et Mysia, quod minime ~ae minimeque elegantes sunt *Orat.*25; homo factus ad persuadendum..~us ex schola *Pis.*59; quae potest homini esse ~o delectatio, cum..homo imbecillus a..bestia laniatur? *Fam.*7.1.3; ut ~iora..non ut meliora fiant ingenia V.MAX. 5.4.ext.5. **b** maiorem partem sententiarum sale tuo et lepore et ~issimis facetiis pellexisti CIC.*de Orat.*1.243; se quiddam subtile et ~um uelle, grande ornatumque contemnere *Opt.Gen.*12; opus est huc limatulo et ~o tuo iudicio *Fam.*7.33.2; agri cultura, quae abhorret ab omni ~iore elegantia *Fin.*3.4; est (epistula) tam ~a PLIN.*Ep.*7.13.2.

polium (~ion) ~(i)ī, *n.* [Gk. πόλιον] A kind of germander, *Teucrum polium*; also perh. = TRIPOLIVM.
~i quod Aegyptiae fabae magnitudinem aequet..ut in duas potiones diuidendum est CELS.5.27.7; PLIN.*Nat.*21.100; medicamentum ex aqua ~ion incoctum habente LARG.121; —uestibus interponi..gratissimum, sicut apud Graecos ~ium herbam PLIN.*Nat.*21.44.

Polla ~ae, *f.* The wife of the poet Lucan.
dies..quae..Lucanum populis et tibi, ~a, dedit MART. 7.21.2; STAT.*Silv.*2.7.120.

pollen ~inis. [cf. Gk. πάλη, Skt. *pálalam*, Lith. *pelenaĩ*] GENDER: perh. originally masc. (or fem.), later by analogy neut.; the nom. ~*is* cited by grammarians may have been coined to account for masc. or fem. acc. ~*inem*. Finely ground flour. **b** powder (formed by the grinding of other substances).
fauillae plena, fumi ac ~inis coquendo sit TER.*Ad.*846; ~ine uel farina hordeacia consparsa turundas faciat CATO *Agr.* 89; polentam et ~inem..dant cibum VAR.*R.*3.10.7; (panis) infirmior est ex ~ine CELS.2.18.4; farina in ~inem subacta PLIN.*Nat.*22.127; (*w. gen.*) manditur cum ~ine frumenti 32.35;—(*of barley*) ~inem polentae eodem addito CATO *Agr.* 156.5. **b** ~ine..piperis CELS.4.7.3; caro..piscium sole siccata et in ~inem usque contusa MELA 2.97; thuris ~ine.. inmixto COL.6.30.6; (inula) in ~inem tunditur arida PLIN. *Nat.*19.91; LARG.46.

pollens ~ntis, *a. compar.* ~ntior, *superl.* ~ntissimus. [pple. of POLLEO]

1 (of persons, faculties, etc.) Exerting power, strong. **b** (of substances) having strength, potent.
~ns sagittis..Apollo NAEV.*poet.*30(32).1; genus..~ns atque honoratissumum PL.*Capt.*278; ~ntem..deum Venerem CALV.*poet.*7; ~nti pectore carmen condere LUCR.5.1; Memmi facundia clara ~nsque fuit SAL.*Jug.*30.4; tu ~ns urbe nepotis eris OV.*Fast.*6.54; (*w. abl.*) abunde ~ns potensque et clarus est SAL.*Jug.*1.3; (*w. inf.*) uox..cunctis ~ntior herbis excantare deos LUC.6.685. **b** hic (aer) est mobilior..et magis ~ns LUCR.4.343; magos..~ntibus instruis herbis OV.*Met.*7.196.

2 Important.
uolgatissima ex his (*sc.* generibus frumenti) atque ~ntissima PLIN.*Nat.*18.81.

pollentia ~ae, *f.* [prec.+-IA] Power, domination.
PL.*Cas.*819; ne inpiorum potior sit ~a quam innocentum *Rud.*618;—(*as a goddess*) malus in circo instabilis in signum ~ae procidit LIV.39.7.8.

polleō ~ēre, *intr.* [dub.] FORMS: *polet* archaic form acc. FEST.p.205M.

1 To exert power or influence, be strong. **b** (of a medicine, etc., or sim.) to be effective or potent. **c** ~*ere sibi*, to be self-sufficient.
te sapientia iubet..~ere regnare dominari CIC.*Rep.*3.24; harum..duarum ad fidem faciendam iustitia plus ~et *Off.* 2.34; neque ingenium ullum satis ~et, quin animus.. succumbat SAL.*Rep.*2.7.4; et pete, qua ~es, ut sit tibi forma perennis PROP.3.10.17; cur..olim parsimonia ~ebat? TAC. *Ann.*3.54;—(*w. internal acc.*) uidetin uiginti minae quid ~ent quidue possunt? PL.*As.*636; adulatio..potentium, qui in re publica..tum plurimum ~ebant CAES.*Civ.*1.4.3; cum illis aderit Iuppiter ipse..qui plus potest ~etque LIV.8.7.5; te sororem cuncta ~entis uiri SEN.*Ag.*805. **b** efflatur sanies late ~ente ueneno LUC.9.795; coagulum..agninum aduersus omnia mala medicamenta ~et PLIN.*Nat.*29.104; (*w. internal acc.*) inuenere, quid quaeque radix ~eret 25.3. **c** illum.. otia..degentem fraude remota, ~entemque sibi *Culex* 74.

2 To have importance, carry weight. **b** to be predominant.
quantum in hac urbe ~eat multorum oboedire tempori CIC.*Brut.*242; tantum series iuncturaque ~et (*i.e. in poetry*) HOR.*Ars* 242; plurimum..scientia ~et in aliquibus, ut in pastione pecoris COL.11.1.8; plurimum..in eo (*i.e. in tree-planting*) locorum natura ~et PLIN.*Nat.*17.133; duo genera (laserpicii) non nisi sordido nota uolgo, cum quaestu multum ~eant 19.47; multum et in epilogis ~et (perihodos) QUINT.*Inst.*9.4.128. **b** utensilium praeterea ~emus adfatim APUL.*Met.*2.19.

pollex ~icis, *m.* [OSl. *palьcь*, Russ. *pálec*; prob. also POLLEO]

1 A thumb. **b** (used in gestures to indicate approval or disapproval). **c** (as a standard of measurement). **d** (poet.) a plectrum.
qui sciuerunt, ut Aeginetis..~ices praeciderentur CIC. *Off.*3.46; uirgineo demessum ~ice florem VERG.*A.*11.68; dente liuido Canidia rodens ~icem HOR.*Epod.*5.48; quas (*sc.* lacrimas)..detersit ~ice uirgo OV.*Met.*13.746; reddidit icta suos ~ice chorda sonos *Fast.*2.108; duo digiti, ~ex atque index CELS.7.20.6; digiti ternos articulos habent, ~ex binos PLIN.*Nat.*11.244; artifici uicturae ~ice cerae STAT.*Ach.* 1.332; TAC.*Ann.*12.47; (*w.* digitus) digiti ~ices linteolis.. inuoluti CELS.8.12.2; (*in a pun*) Pollex..praesto fuit, sed plane ~ex, non index CIC.*Att.*13.46.1. **b** fautor utroque tuum laudabit ~ice ludum HOR.*Ep.*1.18.66; ~ices, cum faueamus, premere etiam prouerbio iubemur PLIN.*Nat.* 28.25; QUINT.*Inst.*11.3.119; uerso ~ice uulgus cum iubet, occidunt populariter JUV.3.36. **c** terra..superincernitur ~icis crassitudine PLIN.*Nat.*17.73;—(*w.* digitus) digitum ~icem laxamenti facito CATO *Agr.*19.2; 20.2; transtra.. confixa clauis ferreis digiti ~icis crassitudine CAES.*Gal.*3. 13.3. **d** nec eburno ~ice chordas pulso STAT.*Silv.*5.5.31.

2 A big toe.
ceruices post terga flectere et pedum extremos ~ices tangere (conabantur) PETR.73.4; Pyrro regi (natus est) ~ex in dextro pede, cuius tactu lienosis medebatur PLIN.*Nat.* 7.20; ~ex in pede praeligatus proximo digito 28.42; offenso ..~ice MART.8.75.3; SUET.*Cal.*57.3.

3 A stump (left by the pruning of vines); a knob, protuberance (growing naturally on trees).
~ices quaternum aut quinum gemmarum relinquuntur COL.5.5.11; excrescere ultra suos ~ices prohibitae (uites) PLIN.*Nat.*14.14;—densis gradatisque corticum ~icibus.. faciles ad scandendum..(arbores) se..praebent 13.29.

pollicāris ~is ~e, *a.* [POLLEX+-ARIS] Proper to, or like that of, a thumb.
temerarium est ante crassitudinem ~em uiti imperare PLIN.*Nat.*17.178; cauliculis..cubitalibus, circumdatis utrimque foliis ~i amplitudine 27.73.

polliceor ~ērī ~itus, *tr.* Also **~eō** ~ēre. [POR-+LICEOR] FORMS: ~*iarus* (= ~*earis*) *CIL* 1.2520.13; (act. form) ~*eres* VAR.*Men.*41 (cf. sense 5 for exx. of passive use).

1 To offer, bid (at an auction).
ego habebo. — at illic ~itust prior PL.*Mer.*439.

2 To promise, give assurance of (a thing or act): **a** (w. dir. obj.). **b** (w. acc. and fut. inf.). **c** (w. inf.). **d** (w. dir. sp.); (ellipt.).
a plus ~ere quam ego aps te postulo PL.*Truc.*374; supplicium uolo ~eri *Cist.*456; is senem..pellexit modo non montis auri ~ens TER.*Ph.*68; quaeso..quod mihi es ~itatute ut serues *Hec.*786; ille latronibus suis ~etur..domos CIC.*Phil.*8.9; quarum ambarum rerum cum medicinam ~etur, luxuriae licentiam ~etur *Fin.*2.70; uti ea quae ~eantur facturos intellegat CAES.*Gal.*1.14.6; maria montisque ~eri coepit SAL.*Cat.*23.3; quae tibi ~eor reduci VERG. *A.*9.301; HOR.*Carm.*1.15.32; cum in id opus inpensam esset ~itus VITR.7.pr.15; ~endo plura quam praestando LIV. 42.5.1; si quis..tantam industriam acceleritatem ~etur TAC. *Ann.*3.54; medicos..qui alicuius partis corporis..sanitatem ~entur ULP.*dig.*50.13.1.3; (*w. pred. acc.*) promissi, quo se magistrum eloquentiae ~etur QUINT.*Inst.*2.5.5; (*w. non-personal subj.*) hoc ipsum magni aestumo, quod ~etur (philosophia) CIC.*Tusc.*5.20; emplastrum album ex sale.. facilius aliis medicamentis, quae hoc ~entur, cogit cicatricem ducere LARG.217. **b** ~IARVS ILLI TE DATVRVM TRES VICTIMAS *CIL* 1.2520.13; ~itast ea se concessuram ex aedibus TER.*Hec.*679; promitto, recipio, ~eor hoc uobis atque confirmo, me esse perfecturum ut.. CIC.*Agr.*2.103; quoniam..fore te nobiscum ~eris *Att.*13.5.2; ~itus est regi se eum interfecturum NEP.*Dat.*10.1; theatrum igne.. haustum Caesar extructurum ~itus est TAC.*Ann.*3.72; (*ellipt.*) Quintus filius mihi ~etur se Catonem CIC.*Att.*16.1.6; —(*w. non-personal subj.*) cum hic liber id quod ~itus est demonstraturum absoluerit VAR.*L.*9.115; hunc errorem.. philosophia se extracturam ~etur CIC.*Tusc.*4.83. **c** nummum..quem mihi dudum ~itus es dare PL.*Men.*311; legati..qui ~eantur obsides dare CAES.*Gal.*4.21.5; palam pro contione recitare ~ebatur SEN.*Suas.*6.15. **d** te mihi saepe ~itum esse '..utilitatem ego faciam ut cognoscas meam' TER.*Eu.*308;—nunc petit, quom ~etur PL.*Aul.*194; omnia, quem ad modum ~eris..scribe CIC.*Att.*2.5.3; liberalissime erat ~itus tuis omnibus 5.13.2; Tiburtini benigne ~iti LIV.9.30.7.

3 To affirm (about the future, with respect to another person or thing), guarantee.
nescire me..id non puderet, quod ne illi quidem scirent, qui ~erentur CIC.*de Orat.*2.235; quia uidebam id quod..nos de Cn. Pompeio ~eremur, id illum..perfecturum *Dom.*16; neque ego haec ~eri debeo, quae tibi ipsi..iudicanda sunt *Fam.*13.10.4;—(*w. acc. and inf.*) de..Annio..tibi ~eor, te maioris animi..habiturum esse neminem 2.6.4; hinc fore ductores..qui terras omnis..tenerent, ~itus VERG.*A.*1.237; suadendo monendo ~endoque, gratum id..senatui fore LIV.4.48.11;—(*w. indir. qu.*) ~etur, quanto sumptu id (*sc.* publicum opus) sit futurum VITR.10.pr.1.

4 (of things) To lead one to expect, promise.
corpus..cuius febricula eo sudore finitur, securitatem ~etur CELS.2.3.2; dum Arcturi ortus et hirundinis aduentus commodiores ~eantur futuras tempestates COL.9.14.17; (*of auspices*) id assuetae sanguine et praeda aues ~ebantur FLOR.*Epit.*1.1(1.1.7);—(*w. acc. and inf., etc.*) cum analogia ~etur ex duobus similibus similiter declinatis similia fore VAR.*L.*9.49; quos..studio meo dignos..splendor ipsorum.. ~etur PLIN.*Ep.*6.18.3; etiamsi repentinus aliqui casus rem commodius agi posse ~eretur GEL.1.13.3;—(*w.* ut) quamquam uis oratoris..hoc suscipere ac ~eri uidetur, ut omni de re..ornate ab eo..dicatur CIC.*de Orat.*1.21.

5 (in pass. sense) To be promised.
quibus diuitiae ~entur ENN.*scen.*322; obuenienti magistratu..statuae ~eantur MET.NUM.*orat.*2; ~itam dictis Iuppiter, adde fidem! OV.*Fast.*3.366; HYG.*Fab.*100.2.

pollicitātiō ~ōnis, *f.* [next+-TIO] A promise.
uereor ne istaec ~o te in crimen populo ponat PL.*Trin.* 738; cum ad se..arcessisset (*sc.* legionem)..hac ~one.. denarios quingenos singulis militibus daturum POLL.*Fam.* 10.32.4; huic magnis praemiis ~onibusque persuadet CAES. *Gal.*3.18.2; cum uirtus..neminem spe ac ~one corrumpat SEN.*Ben.*4.1.2; spretis..~onibus Mithridatis regis PLIN. *Nat.*7.124; pactum est duorum consensus..~o uero offerentis solius promissum ULP.*dig.*50.12.3; AD SVPPLENDAM ~ONIS SVAE SVMMAM *A.Epig.*57.77; (*w. obj. gen.*) ingenti cum ~one praemiorum VELL.2.18.2.

pollicitor ~ārī ~ātus, *tr.* [POLLICEOR+-TO] To promise (assiduously).
pauxillatim ~abor pro capite argentum ut sim liber PL. *Rud.*929; qui Iugurthae..animum ~ando accendebant.. fore uti solus imperi Numidiae potiretur SAL.*Jug.*8.1; feminas, si quid ob honores ~atae sunt, debere implere ULP.*dig.*50.12.6.2;—(*absol. or ellipt.*) ego te..tuli ~antem et nil ferentem TER.*Ph.*521; senatorum..exactae ad id bellum operae: ~ati VELL.2.111.1.

pollicitum ~ī, *n.* [pple. of POLLICEOR] A promise.
~is diues quilibet esse potest OV.*Ars* 1.444; ~i..fidem.. temptat *Met.*11.107; memores ~i nostri COL.11.3.1; ab rege ~a petit HYG.*Fab.*219.2.

pollictor: see POLLINCTOR.

pollinārius ~a ~um, *a.* [POLLEN+-ARIVS] Of or used for flour.
succretust cribro ~o PL.*Poen.*513; cribrorum genera.. excussoria et ~a PLIN.*Nat.*18.108.

pollinctor ~ōris, *m.* Also **-ictor.** [POLLINGO+-TOR] A man employed to prepare a corpse for the funeral, mortician.
ecquis currit ~orem accersere? PL.*As.*910; iam scrobe, iam lecto, iam ~ore parato MART.10.97.3; si libitinarius seruum ~orem habuerit ULP.*dig.*14.3.5.8. β PL.*Poen.*63; propter cunam capulum positum nutrix tradit ~ori VAR. *Men.*222; 324.

pollingō ~gere ~xī ~ctum, *tr.* [dub.] To prepare (a corpse) for the funeral, lay out.
pollictor dixit qui eum ~xerat PL.*Poen.*63; iam eum ~ctum..contemplatus..rectauit corpus APUL.*Fl.*19; (*cf.*) ~cto eis funere damnationem paramus in Fulg.*serm. ant.*3; (*hyperb.*) cuius (*sc.* senis) ~cto iam corpori marcidam senectutem tuam substrauisti V.MAX.7.7.4;—(*transf.*) ni quid tibi hinc in spem referas, oppido hoc (*sc. money*) ~ctum est PL.*Epid.*339; uoluptatem..pallidam aut fucatam et medicamentis ~ctam SEN.*Dial.*7.7.3.

pollinō ~āre ~āuī ~ātum, *tr.* [POLLEN+-O[3]] To refine (flour) by sifting, bolt.
semel..~atam (similaginem) XVII p. panis reddere PLIN. *Nat.*18.90.

Polliō[1] ~ōnis, *m.* A Roman cognomen, esp. of C. Asinius Pollio, a historian and literary patron who lived 76 B.C.–A.D. 4.
te..adeo decus hoc aeui, te consule, inibit, ~o VERG. *Ecl.*4.12; ~o regum facta canit HOR.*S.*1.10.42; in Tito Liuio..putat inesse ~o Asinius quandam Patauinitatem QUINT.*Inst.*8.1.3.

pol(l)iō[2] ~ōnis, *m.* [POLIO[1]+-O[1]] (app.) A polisher (the precise field of operation is unclear).
quibusdam aliquam uacationem munerum grauiorum condicio tribuit, ut sunt..stratores, et ~ones, et custodes armorum TARR.PAT.*dig.*50.6.7(6); M CLODIVS MAXIMVS AR ~O *CIL* 8.18086; 8.2618.

pollis: see POLLEN.

Pollius ~a ~um, *a.* The name of one of the Roman tribes.
tribus omnes praeter ~am antiquarunt legem LIV.8.37.11; V.MAX.2.9.6; PROCVLVS CVR ⟨II⟩ TRIBVS ~AE *CIL* 6.33994.

pollūceō ~cēre ~xī ~ctum, *tr.* [perh. POR-+LVCEO] ORTHOG.: *poloucta CIL* 1.1531.6. To offer as a sacrifice or oblation, offer up. **b** to serve up (for a meal).
DECVMA FACTA POLOVCTA *CIL* 1.1531.6; ~xi tibi iam publicando epulo Herculis decumas NAEV.*com.*28; PL.*St.*233; Ioui dapali culignam uini..~ceto CATO *Agr.*132.1; ut pisces qui squamosi non essent, ni ~cerent HEM.*hist.*13; FEST.p.253M; (*transf.*) ~ctus uirgis seruos PL.*Cur.*193. **b** neque sit quicquam ~cti domi PL.*Rud.*1419; (*in fig. phr.*) non ego sum ~cta pago. potin ut me apstineas manum? 424.

Pollūcēs: see POLLVX.

pollūcibiliter, *adv.* [POLLVCEO+-BILIS+-TER[2]] In a manner suited to a banquet, sumptuously.
opsonate ~ PL.*Mos.*24.

polluctūra ~ae, *f.* [POLLVCEO+-VRA] A serving (of food or drink).
hinc quidem hodie ~a..datur nemini PL.*St.*688.

polluctūs ~ūs, *m.* [POLLVCEO+-TVS[3]] The offering of a sacrificial meal.
ni qui ad ~um emerent, pretio minus parcerent HEM.*hist.*13.

pollulus: see PAVLVLVS.

polluō ~uere ~uī ~ūtum, *tr.* [POR-+*luo* (LVTVM[2])]

1 To make foul or dirty, soil, stain. **b** to infect (w. a disease).
turba (*sc.* Harpyiarum)..~uit ore dapes VERG.*A.*3.234; nec ~uit (illa aetas) ora cruore OV.*Met.*15.98; non faciem coloribus ac lenociniis ~uisti SEN.*Dial.*12.16.4; aer..corruptus..purum hunc..maculat ac ~uit *Nat.*6.27.2; quamuis capulum per uiscera missi ~uerit gladii LUC.3.749; (uina) deciduo inmundiore lapsu aliquo ~uta PLIN.*Nat.*14.119; tegmina..usu ~uta TAC.*Ann.*13.57;—(*cf.*) auro ne ~ue formam TIB.1.9.17; tota..area..auro..relucebat seu potius ~uebatur PLIN.*Pan.*52.3;—(*fig.*) ~ues illa (*sc.* beneficia), si materiam litium feceris SEN.*Ben.*3.14.2. **b** morbidis pecoribus, ne gregem ~uant, ferrum demittimus SEN.*Dial.*3.15.2; (*transf.*) nemo ~uto queat animo mederi *Her.F.*1261.

2 To make ceremonially impure, pollute.
ne, cum delati essent (parricidae) in mare, ipsum ~uerent quo cetera quae uiolata sunt expiari putantur CIC.*S.Rosc.*71; scelerata excedere terra, linqui ~utum hospitium VERG.*A.*3.61; apparet..~ui omnia nec ullis piaculis expiari posse LIV.5.53.1; in profanis usibus ~ui..oleam fas non est PLIN.*Nat.*15.135; uidebatur..potus sacros et caerimoniam loci corpore loto ~uisse TAC.*Ann.*14.22; (*cf.*) ite truces animae funestaque Tartara leto ~uite STAT.*Theb.*11.575.

3 To violate, degrade (institutions, persons, etc.) by immoral action. **b** to stain (oneself) by immoral conduct.
contaminatis gentibus, et quam deseruisti et quam ~uisti CIC.*Dom.*35; is qui omnia deorum..iura..inexpiabili scelere ~uerit *Phil.*11.29; quasi ~ui consulatum credebant, si eum..homo nouos adeptus foret SAL.*Cat.*23.6; ~uta pace VERG.*A.*7.467; furto ~uit ille Iouem PROP.4.9.8; ~uta semel militari disciplina LIV.8.34.7; quicumque..~uerant pontificale caput (*i.e. Julius Caesar*) OV.*Fast.*3.706; qui pantomimis fabulas scripsit et ingenium grande..~uit SEN.*Suas.*2.19; ne equites Romani ludo et harena ~uerentur TAC.*Hist.*2.62. **b** caesi ~utus foedere Cottae LUC.1.429; ~utus..fraterno sanguine Tydeus STAT.*Theb.*2.113; sanguine ducum ~utos TAC.*Hist.*4.56; quam nefaria uoce..mentem suam et auris hominum ~uerit *Ann.*3.50; nec Electrae iugulo se ~uit JUV.8.218; (*cf.*) homines, quibus omnia probro ac luxuria ~uta erant SAL.*Rep.*1.2.5.

4 To defile with illicit sexual intercourse.
cum castum amisit (uirgo) ~uto corpore florem CATUL.62.46; nullis ~uitur casta domus stupris HOR.*Carm.*4.5.21; ut more regio pubem ingenuam stupris ~ueret TAC.*Ann.*6.1; quod paelicem regiam ~uerat 12.46; cum ipse fratris filiam..~uisset PLIN.*Ep.*4.11.6; (*ellipt.*) spoliare, rapere, ui et stupris ~uere TAC.*Hist.*2.56; (*cf. sense 1*) in illum supremum Claudiorum sanguinem, stupro prius quam ueneno ~utum *Ann.*13.17; (*cf. sense 2*) uolgata..religio a ~utis, nec matronis solum sed omnis ordinis feminis..in obliuionem uenit LIV.10.23.10.

5 To break (a fast).
nos ipsi ieiunia iantaculis leuibus ~uimus NIGID.in Isid. *Orig.*20.2.10; qua (*sc.* stella) uisa ieiunium (superstitiosi) ~uant FRO.*Aur.*1.p.144(32N).

pollūtus ~a ~um, *a.* *compar.* ~ior, *superl.* ~issimus. [pple. of prec.] Morally corrupt, depraved. **b** (of style) debased, corrupt.
oppositus quondam ~o tiro Miloni LUC.2.480; pubis delicta augebat, ~ior ipsa, senectus SIL.11.47; neque..duces..scelerum sibi conscios nisi ~um..principem passuros TAC.*Hist.*2.37; uindicarent de ~issimo diuite mortem fratris APUL.*Met.*9.37; (*of actions, etc.*) ne ~a licentia inuidiam accenderet SAL.*Jug.*15.5; in..nouos ritus ~am duxerat artem (*sc.* saga) LUC.6.509; quin parum uir et ore quoque ~o diceretur GEL.1.5.1. **b** quid in orationibus meis..purpurisso litum aut tumidum aut ~um? FRO.*Aur.*2.p.110(159N).

Pollux ~ūcis, *m.* FORMS: *Polouces CIL* 1.548; *Poloces CIL* 1.549; *Polluces* PL.*Bac.*894, VAR.*L.*5.73. A son of Tyndarus and Leda, and twin brother of Castor.
CASTOR AMVCOS POLOVCES *CIL* 1.548; ita me..Castor, ~uces..dique omnes ament PL.*Bac.*894; Castor et ~ux, quorum e templo quaestum iste sibi..comparauit CIC.*Ver.*5.186; (*transf., of a brother*) quid cum fratre tibi, quid cum ~uce molesto? MART.5.38.5;—(*as a patron of sailors*) aura secunda..iam prece ~ucis, iam Castoris implorata CATUL.68.65; me..tutum per Aegaeos tumultus aura feret geminusque ~ux HOR.*Carm.*3.29.64;—(*as the patron of boxers*) ~ucem pugiles, Castora placet eques OV.*Am.*3.2.54; (*transf., of a boxer*) Castora de ~uce Gabinia fecit Achillan MART.7.57.1.

polteō: (see quot.).
polteo pro ulteriore FEST.p.205M.

pōlūbrum ~ī, *n.* [POL(L)VO+-BRVM] [<**polou-dhrom*; cf. LAVO] A vessel for washing, wash-basin.
argenteo ~o, aureo eclutro ANDR.*poet.*4(5); ~um sinistra manu teneto, dextera uasum cum aqua FAB.PICT.*iur.*7; VAR.*Men.*401; PAUL.*Fest.*p.247M.

polus ~ī, *m.* [Gk. πόλος] FORMS: ~*on* (acc. sg.) GERM.*Arat.*22.

1 The extreme point at either end of the axis on which the heavenly spheres were believed to revolve, pole. **b** the pole star. **c** the hemisphere under either pole.
extremus..duplici de cardine uertex dicitur esse ~us CIC.*Arat.*25; caeli si uertitur orbis, ex utraque ~um parti premere aera nobis dicendum est LUCR.5.511; intonuere ~i VERG.*A.*1.90; tristior ista terra sub ambobus non iacet ulla ~is OV.*Pont.*2.7.64; terra a uerticibus duobus, quos appellauerunt ~os, centrum caeli..est PLIN.*Nat.*2.63; HYG.GR.*agrim.*p.131; a ~o ad Saturni circulum interuallum esse quod..hemitonion appellant p.148; APUL.*Mun.*1;—(*of the northern pole*) ~us superior VAR.*L.*9.24; quae..micat gelido Parrhasis Vrsa ~o OV.*Ep.*17.152; SEN.*Ag.*68;—(*the southern pole*) ~um..australem OV.*Met.*2.131; ~us..calidus qua uergitur Austri LUC.1.54; PLIN.*Nat.*5.56. **b** stella quae dicitur ~us VITR.9.4.6. **c** (Nilo) soli..uagari concessum per utrosque ~os LUC.10.301.

2 The sky, heaven. **b** the sky (of a particular region). **c** (as the abode of the gods). **d** (personified).
peruade ~um, splendida mundi sidera ACC.*trag.*678; nox inuoluens umbra magna terramque ~umque VERG.*A.*2.251; ~o deripere lunam HOR.*Epod.*17.77; cum per summa ~i Phoebum trabit altior aestas LUC.6.335; ire ~o nitidosque errare per axis uisus STAT.*Silv.*1.2.212; ~um ipsum quinque circulis diuidunt in sex partes HYG.GR.*agrim.*p.149;—(*pl.*) astra fixa ~is LUC.9.13. **b** ut..uiam..~o Libyes..temperet annus LUC.9.377;—(*transf.*) ad fata et ~umbras adque peiorem ~um praecedere illum SEN.*Her.O.*772; *Phaed.*836. **c** labere, nympha, ~o VERG.*A.*11.588; astra ~umque dedit..Alcidae Nemees terror MART.5.65.1; addita..Latio Flauia templa ~o 9.3.12; 9.34.2; sese..~is et luce relicta descensuram Erebo STAT.*Theb.*11.463; MANES RESTITVO..~O *CIL* 13.2313; (*cf.*) rapidum ~i per axem famae curribus arduis leuatus STAT.*Silv.*2.7.107. **d** ex Aethere et Terra..Titanes..Atlas Hyperion et ~us HYG.*Fab.*pr.3(18+12).

polyacanthos ~ī, *m.* [Gk. πολυάκανθος] A kind of thistle.
folia et caules spinosae lanuginis habet..~os PLIN.*Nat.*21.94.

polyanthemum ~ī, *n.* [Gk. πολυάνθεμον] A name of the plant BATRACHION.
~um, quam (*sc.* herbam) quidam batrachion appellant PLIN.*Nat.*27.112.

polyarēn ~rnos, *a.* [cf. Gk. πολύρρην] Owning many lambs.
qui (*sc.* poetae) alios uocant ~rnas, alios polymelos VAR.*R.*2.1.6.

Polybius ~iī, *m.* A Greek historian of the 2nd century B.C., whose work covered the period from the outbreak of the Second Punic War to the final destruction of Greek independence.
~ium nostrum, quo nemo fuit in exquirendis temporibus diligentior CIC.*Rep.*2.27; LIV.33.10.10.

Polybus ~ī, *m.* A king of Corinth and adoptive father of Oedipus.
SEN.*Oed.*12; falso contentus ~o STAT.*Theb.*1.64.

polybūtēs ~ae, *a.* [Gk. πολυβούτης] Owning many cattle.
qui (*sc.* poetae) alios uocant..polymelos, alios ~as VAR.*R.*2.1.6.

Polyclītēus ~a ~um, *a.* Also **-ētēus, -ētius.** Belonging to Polyclitus; modelled on the style of Polyclitus.
nec Polyclitea..arte laboretur COL.10.30; quod (*sc.* opus) Polycleteis iussum spirare caminis STAT.*Silv.*4.6.28;—brachia Praxitelae, pectus Polycletium *Rhet.Her.*4.9.

Polyclītus ~ī, *m.* Also **-ētus.** A Greek sculptor, of Argos, in the latter part of the 5th century B.C.
CIC.*de Orat.*2.70; nec potest esse architectus..plastes quemadmodum Myron seu ~us VITR.1.1.13; MART.9.59.12; (*transf.*) multos etiam apud nos futuros ~os CIC.*Tusc.*1.4. **β** CIC.*Parad.*37; VITR.3.pr.2.

polycnēmon ~ī, *n.* [Gk. πολυκνημόν] A plant of the order *Labiatae* (species of *Mentha* or *Zizyphora* have been suggested).
~on..surculosa (*sc.* herba), multis geniculis, corymbo acri et dulci odore PLIN.*Nat.*26.148.

Polycratēs ~is, *m.* A ruler of Samos in the 6th century B.C., noted for his great prosperity and for its sudden reversal.
~em Samium felicem appellabant CIC.*Fin.*5.92; V.MAX.6.9.ext.5.

Pōlydamantēus ~a ~um, *a.* Belonging to Polydamas.
~is..in armis SIL.12.212.

Pōlydamās ~antos, *m.* A Trojan hero, son of Panthoos.
nec ~anta nec ipsum Hectora laudamus OV.*Met.*12.547; PERS.1.4.

Polydōrēus ~a ~um, *a.* Belonging to Polydorus.
~o manantem sanguine terram OV.*Met.*13.629.

Polydōrus ~ī, *m.* A son of Priam and Hecuba, murdered by Polymnestor.
~um Hecuba partu postremo parit *Inc.trag.*82; VERG.*A.*3.55; PROP.3.13.56; OV.*Met.*13.432.

polygala ~ae, *f.* [Gk. πολύγαλον] Milkwort, *Polygala venulosa.*
~a..quae pota lactis abundantiam facit PLIN.*Nat.*27.121.

Polygnōtus ~ī, *m.* A Greek painter, of Thasos, in the middle of the 5th century B.C.
in qua (*sc.* pictura) Zeuxim et ~um..laudamus CIC.*Brut.*70; QUINT.*Inst.*12.10.3.

polygona (poli-) ~ae, *f.* = POLYGONVS.
sanguinalis herba, quam ~am Graeci appellant COL.6.12.5.

polygonaton ~ī, *n.* [Gk. πολυγόνατον] **a** A kind of thistle (= LEVCACANTHA). **b** knotgrass, *Polygonum aviculare.*
a PLIN.*Nat.*22.40. **b** qui plura genera polygoni faciunt, hanc (*sc.* herbam)..uolunt appellari..~on a frequentia geniculorum PLIN.*Nat.*27.113.

polygonium ~iī, *n.* = POLYGONVS.
~ium..et menta multis profuit..decocta LARG.2; 193.

polygonoīdēs ~ēs ~es, *a.* [Gk. πολυγονοειδής] A variety of clematis.
PLIN.*Nat.*24.141.

polygōnos ~on, *a.* [Gk. πολύγωνος] Polygonal.
turres..rotundae aut ~oe sunt faciendae VITR.1.5.5.

polygonus ~ī, *f.* [Gk. πολύγονος] Knot-grass, *Polygonum aviculare.*
purgat..~us pota PLIN.*Nat.*26.158; ~um Graeci uocant quam nos sanguinariam 27.113.

polygrammos ~on, *a.* [Gk. πολύγραμμος] (of a kind of jasper) Many-striped.
quae (iaspis) pluribus (lineis albis praecingitur), ~os (uocatur) PLIN.*Nat.*37.118.

polyhistōr ~oris, *a.* [Gk. πολυΐστωρ] Widely learned (a title given to the Greek historian, Alexander Cornelius, a contemporary of Sulla).
qui de iis (*sc.* pyramidibus) scripserint..Herodotus, Euhemerus..Alexander ~or PLIN.*Nat.*36.79; SUET.*Gram.*20 (p.115Re).

Polyhymnia ~ae, *f.* One of the Muses, later associated specially with the mimic art.
amat ~a uerum *Ciris* 55; nec ~a Lesboum refugit tendere barbiton HOR.*Carm.*1.1.33; OV.*Fast.*5.9; MART.4.31.7.

Polyīdos ~ī, *m.* A mythical seer of Corinth.
CIC.*Leg.*2.33; *Ciris* 112; HYG.*Fab.*136.3; 251.4.

polymēlos ~on, *a.* [Gk. πολύμηλος] Owning many sheep.
qui (*sc.* poetae) alios uocant polyarnas, alios ~os VAR.*R.*2.1.6.

Polymestōr: see POLYMNESTOR.

polymitus ~a ~um, *a.* [Gk. πολύμιτος] Woven with threads of different colours, damasked.
alicula subornatus ~a PETR.40.5; VESTIS ~(ae)..QVIDQVID RELIQVERO *CIL* 13.5708.2.27; (*n. pl. as sb.*) plurimis..liceis texere, quae ~a appellant PLIN.*Nat.*8.196; cubicularia ~a MART.14.150.

Polym(n)estōr ~oris, *m.* A king of Thrace who murdered Polydorus.
PROP.3.13.55; OV.*Met.*13.430; HYG.*Fab.*109.1.

polymyxos ~on, *a.* [Gk. πολύς, μύξα] Having many wicks.
lucerna ~os MART.14.41.

Polynīcēs ~is, *m.* A son of Oedipus and

Jocasta, and brother of Eteocles, who led the Seven against Thebes.
parcior ad ciuis ~is inhorruit ensis STAT.*Theb.*7.689; QUINT.*Inst.*5.10.31; HYG.*Fab.*68.1.

Polypēmōn ~onis, *m.* A legendary robber, prob. to be identified with Procrustes.
innixam..neptem ~onis alis OV.*Met.*7.401; *Ib.*405.

polyphagus ~a ~um, *a.* [Gk. πολυφάγος] Voracious, 'omnivorous'.
~o cuidam..crudam carnem et quidquid daretur mandere assueto SUET.*Nero* 37.2.

Polyphēmus ~ī, *m.* Also **~os.** A Cyclops who was blinded by Odysseus.
~us ducentos Cyclops longus pedes LUCIL.481; ~um Homerus..cum ariete..conloquentem facit CIC.*Tusc.*5.115; OV.*Met.*13.772; pascentem..~on ouis MART.4.49.6; (*transf., of a bully*) trepidi laris..~us JUV.14.20.

polypodion ~iī, *n.* [Gk. πολυπόδιον] A kind of fern (= FILICVLA).
circa Tempe Thessalica (herba) quae ~ion uocatur PLIN.*Nat.*16.244; 26.58; efficacius coci (ius gallinae) cum..~io 29.80.

pōlypōsus ~a ~um, *a.* [POLYPVS+-OSVS] Suffering from a nasal tumour.
nasutum uolo, nolo ~um MART.12.37.2; qui clauum habet, morbosus est: sed et ~us ULP.*dig.*21.1.12.

polypsēphus ~a ~um, *a.* [Gk. πολύψηφος] (of jewellery) Set with many stones.
ANVLVS ~VS ZMARAGDIS ET MARGARITO *CIL* 2.3386.

pōlypus ~ī, *m.* [Gk. πουλύπους]

1 An octopus.
adfligam ad terram te itidem ut piscem soleo ~um PL.*Rud.*1010; VAR.*L.*5.78; scopulis crinali corpore segnis ~us haeret OV.*Hal.*32; folliculis..inter se inplexis ueluti ~orum cirris PLIN.*Nat.*25.70; (*transf.*) istos noui ~os qui ubi quicquid tetigerunt tenent PL.*Aul.*198;—(*as food*) ~us Corcyrae, caluaria pinguia acarnae ENN.*var.*43; mihi..apponere ..~um miniati Iouis similem CIC.*Fam.*9.16.8; CELS.2.28.2.

2 A nasal tumour, polyp.
si ~us in naso intro erit CATO *Agr.*157.15; ipsa haec (*sc.* uitia) delectant, ueluti Balbinum ~us Hagnae HOR.*S.*1.3.40; ~us..est caruncula..quae narium ossi inhaeret CELS.6.8.2; PLIN.*Nat.*26.58; LARG.51.

polyrrhīzos ~on, *a.* [Gk. πολύρριζος] Many-rooted: **a** (as a descriptive name of black hellebore; of PLISTOLOCHIA). **b** (neut. as sb.) an unidentified plant.
a nigrum (*sc.* helleborum) alii encymon uocant, alii ~on PLIN.*Nat.*25.51;—quae (*sc.* aristolochia) ~os cognominatur 25.98. **b** ~on folia habet myrti, radices multas PLIN.*Nat.*27.126.

polyspaston ~ī, *n.* [πολύσπαστον] A hoisting-machine with a number of pulleys, compound pulley.
hoc genus machinae ~on appellatur, quod multis orbiculorum circumitionibus..facilitatem summam praestat VITR.10.2.10; ballistarum..nonnullae ~is..torquentur 10.11.1.

polythrix ~trichos, *f.* Also **~trichon** ~trichī, *n.* [Gk. πολύθριξ]

1 a = ADIANTVM. **b** = TRICHOMANES.
a polyt⟨h⟩ri⟨x⟩ distat a callitriche, quod iuncos albos habet PLIN.*Nat.*27.132; quidam callitrichon uocant, alii polytrichon 22.62. **b** id (genus adianti), quod maius est, polytrichon..uocant PLIN.*Nat.*22.63.

2 A kind of precious stone.
polythrix in uiridi capillaturam ostendit PLIN.*Nat.*37.190.

Polyxena ~ae, *f.* Also **~ē** ~ēs. FORMS: archaic *Pulixena* cited in QUINT.*Inst.*1.4.16. A daughter of Priam and Hecuba.
placet Achilleos mactata ~a manes OV.*Met.*13.448; SEN.*Tro.*195; HYG.*Fab.*110.

Polyxenius ~a ~um, *a.* Of Polyxena.
alta ~a madefient caede sepulcra CATUL.64.368.

Polyxō ~ūs, *f.* A sea-nymph, daughter of Oceanus and Tethys.
uates Phoebo dilecta ~o V.FL.2.316; HYG.*Fab.*pr.6.

polyzōnos ~ī, *f.* [Gk. πολύζωνος] A kind of precious stone.
~os multis distincta lineis candicat PLIN.*Nat.*37.189.

pōmāriolum ~ī, *n.* [next+-OLVM] A little fruit-shed.
SI IN HOC MVNIMENTO SIVE ~O ALIQVIS EXTERVM PONERE VOLVERIT *CIL* 10.3594.

pōmārium ~iī, *n.* [POMVM+-ARIVM]

1 A fruit-garden, orchard.
non arboribus consita Italia, ut tota ~ium uideatur? VAR.*R.*1.2.6; res rusticae laetae..hortis..et ~iis CIC.*Sen.*54; uda mobilibus ~ia riuis HOR.*Carm.*1.7.14; OV.*Met.*4.646; COL.5.10.1; ID AEDIFICIVM ET EA ~IA ET LACVS *CIL* 13.5708.1.4.

2 A fruit-shed, fruit-store.
praecipitur ~ia in loco frigido..contabulari, septentrionalibus fenestris..patere PLIN.*Nat.*15.59.

pōmārius¹ ~a ~um, *a.* [POMVM+-ARIVS] Of or used for fruit.
~um seminarium ad eundem modum atque oleagineum facito CATO *Agr.*48.1; ~a uasa SUET.fr.176(p.286Re).

pōmārius² ~iī, *m.* [prec.] A fruit-seller, fruiterer.
edicit piscator uti, ~ius, auceps..mane domum ueniant HOR.*S.*2.3.227; *CIL* 4.206; 6.9821; FECIT SIBI ET P ATEIO..PATRON ~IO 10.3956.

pomerīdiem: for *post meridiem*, see MERIDIES.

pōmērium ~(i)ī, *n.* Also **pōmoer-.** [perh. Etr.] The bare strip of land round the walls, which constituted the formal boundary of a Latin or Etruscan town; spec., of Rome. **b** the boundary of any town. **c** (fig.) the limits of a topic or subject.
cippi ~i stant et circum Ariciam et circum Romam VAR.*L.*5.143;—cum ~ium..intrasset habendi senatus causa CIC.*N.D.*2.11; uerberato uel intra ~ium uel extra ~ium LIV.1.26.6; *CIL* 6.1231; Sullam..protulisse ~ium SEN.*Dial.*10.13.8; VTI..EI FINES ~II PROFERRE PROMOVERE..LICEAT *CIL* 6.930.14; GEL.13.14.1;—(*pl. in sg. sense*) a ciuibus urbem ambiri et..~ia cingere..pontifices LUC.1.594; ioco..facetus et salibus uehemens intra ~ia natis JUV.9.11. **b** qui extra ~ium et urbem totam colit APUL.*Met.*1.21; 9.9; extra ~ium (*sc. of Athens*) sub..arboris opaco umbraculo signum..sensit *Soc.*19. **β** (*pl. in sg. sense*) aspexit in ~iis ciuitatis funus ingens locatum APUL.*Fl.*19. **c** qui minore ~io finierunt (scripta sua) exclusis partibus quae non pertinent ad hanc rem VAR.*R.*1.2.13.

pōmētum ~ī, *n.* [POMVM+-ETVM] An orchard.
~a sicut olivueta et ficeta SUET.fr.176(p.286Re).

pōmifer ~era ~erum, *a.* [POMVM+-FER]

1 Fruit-bearing, fruitful. **b** (fem. pl. as sb.) fruit-trees.
non ulla ramos silua ~eros habet SEN.*Her.F.*700; ~eri..horti..primitias CALP.*Ecl.*2.64; arbor ipsa omnibus horis ~era est, aliis cadentibus, aliis maturescentibus PLIN.*Nat.*12.15; ~erae arbores quaeque mitioribus sucis uoluptatem..cibis attulerunt 16.1; SUET.*Cal.*37.2; (*cf.*) arbores..~era subole fecundae APUL.*Met.*11.7;—(*of seasons*) ~ero..anno HOR.*Carm.*3.23.8; simul ~er Autumnus fruges effuderit 4.7.11. **b** nemora..quae uestiuntur..~eris..siluestribus, ut sunt albae spinae COL.7.9.6; ~eris, quae germinant nec ferunt fructum PLIN.*Nat.*17.253.

2 Promoting the growth of fruit, fruitful.
Anio qua ~er incubat aruis PROP.4.7.81.

pōmoerium: see POMERIVM.

Pōmōna ~ae, *f.* FORMS: *~is* (gen.) *CIL* 10.531. The Roman goddess of fruit.
~a..qua nulla Latinas inter hamadryadas coluit sollertius hortos OV.*Met.*14.623; PLIN.*Nat.*23.1; AD EXORNANDAM AEDEM ~IS *CIL* 10.531.

Pōmōnāl ~ālis, *n.* A temple of Pomona.
~al est in agro Solonio FEST.p.250M.

Pōmōnālis ~is ~e, *a.* Of or belonging to Pomona.
Floralem..Falacrem et ~em (*sc.* flaminem) fecit hic idem ENN.*Ann.*123; maximae dignationis Flamen Dialis est ..minimi habetur ~is FEST.p.154M; *CIL* 3.12732.

pōmōsus ~a ~um, *a.* [POMVM+-OSVS] Full of fruit, fruitful. **b** consisting of fruit.
~a lentos seruabat in arbore ramos CORN.SEV.*poet.*9; ~is..in hortis TIB.1.1.17; *Eleg.Maec.*34; ~i Tiburis arua COL.10.138. **b** soluit ~a uota corona PROP.4.2.17.

pompa ~ae, *f.* [Gk. πομπή]

1 A ceremonial procession (to celebrate a festival, triumph, or sim.). **b** (at a funeral). **c** a procession of lictors, etc. **d** festivity.
per Dionysia mater ~am me spectatum duxit PL.*Cist.*90; PLOSTRA LVDORVM, QVEI..IN..~AM LVDEIS CIRCIENSIBVS DVCEI AEQI OPVS ERIT *CIL* 1.593.64; quid..habet iste currus, quid uincti ante currum duces..quid tota illa ~a? CIC.*Pis.*60; ut ~arum ferculis similes esse uideamur *Off.*1.131; sollemnis ducere ~as ad delubra iuuat VERG.*G.*3.22; in foro ~a constitit LIV.27.37.14; ludos, Indica quos cuperet ~a, Lyaee, tuos MART.8.78.2; circensi ~a SUET.*Cl.*11.2; uirgo..~ae populi prosequentis sese miscuit APUL.*Met.*4.35; VICI IN FACTIONE ALBATA CII..A ~A IIII *CIL* 6.10047; (*poet.*) uincula gestans (Priamus) latis fiet ~a Mycenis SEN.*Tro.*156; (*facet.*) occurrit nuper..~a: senem potum pota trahebat anus OV.*Fast.*3.542;—(*w. descriptive gen.*) spectata triumphi ..est mihi ~a *Pont.*2.1.20; quid sibi uult ista pecuniae ~a? SEN.*Ep.*110.15; in apparatu ~ae Circensium ludorum COL.3.8.2; circumducto captiuorum agmine et omni bellorum ~a JUV.10.281;—(*transf.*) uaga nunc certa discurrunt..~a per..uias urbis munera [TIB.]3.1.3; oculos in se numerosa donorum ~a conuertentem V.MAX.3.2.24; haec sarcinarum ~a MART.12.32.25. **b** cadauer..spoliatum imaginibus, exsequiis, ~a CIC.*Mil.*33; animam ipse dedissem atque haec ~a domum me, non Pallanta, referret! VERG.*A.*11.163; funeratus..est sollemni principum ~a SUET.*Cl.*45.1;—(*w. gen.*) sine ulla ~a funeris NEP.*Att.*22.4; fuere qui publici funeris ~am requirerent TAC.*Ann.*3.5; (*cf.*) funus imaginum ~a maxime inlustre fuit 4.9. **c** transeundumst..tibi ad Menedemum et tua ~a eo transducendast TER.*Hau.*739; molesta haec ~a lictorum meorum CIC.*Fam.*2.16.2; nouo ~am (*i.e. of a consul*) atque insignia nosco SIL.9.421
d iam festa feruet domus utraque ~a STAT.*Silv.*1.2.230.

2 (colloq.) The parade or array of dishes served at a banquet; a set piece, *pièce de résistance*.
offers mihi..~am, penum, potationes PL.*Capt.*771; agite ite foras: ferte ~am. cado te praeficio *St.*683; ouom..quod in cenali ~a solet esse primum VAR.*R.*1.2.11; Ausonio similis ..~a macello MART.12.62.9;—auidius ad ~am manus porreximus PETR.60.5; mullus..cenae ~a caputque fuit MART.10.31.4.

3 Ostentation, display.
in quibus..fuit ~a, fuit species, fuit incessus saltem Seplasia dignus CIC.*Pis.*24; ex rhetorum ~a *Tusc.*4.48; tota petitio cura ut ~ae plena sit Q.CIC.*Pet.*52; detraxit muneri suo ~am SEN.*Ben.*2.13.2; nec deerat (*sc.* narrationi) materia ~ae PLIN.*Nat.*29.29; ULP.*dig.*13.6.3.6.

pompāticus ~a ~um, *a.* [prec.+-ATICVS] Of or associated with ceremonial processions; showy, ceremonious.
ad conseptum caueae..~o fauore deducor APUL.*Met.*10.29;—coepisti legere ornatas et ~as orationes FRO.*Aur.*1.p.106(55N).

Pompēiānus¹ ~a ~um, *a.* Of or belonging to the town of Pompeii; (neut. sg. as sb.) an estate in the region of Pompeii.
in ~um (*sc.* sinum) nauigare CIC.*Luc.*9; pumex ~us VITR.2.6.2; sexcentarum ouium gregem exanimatum in ~a regione SEN.*Nat.*6.27.1; ~am..cepam..eligito COL.12.10.1; ~i..otia Sarni STAT.*Silv.*1.2.265;—(*masc. pl. as sb.*) omnis ~orum colonorumque dissensio CIC.*Sul.*60; CESTILIA REGINA ~ORV *CIL* 4.2413h;—cum in ~um uesperi uenissem CIC.*Fam.*7.3.1.

Pompēiānus² ~a ~um, *a.* Of or belonging to a member of the Pompeian *gens*, esp. **a** Cn. Pompeius Magnus, the triumvir; (masc. as sb.) a supporter of Pompey. **b** Sex. Pompeius, his son.
a quo facilius equitatum ~um..contineret CAES.*Civ.*3.58.1; porticus ~ae VITR.5.9.1; ~ae militiae comes V.MAX.9.11.4; quae ~is praelata est gaza triumphis LUC.3.166; (*neut. sg. as sb.*) sed nec Marcelli ~umque (*i.e. the theatre of Pompey*), nec illic sunt..thermae MART.10.51.11; (*cf.*) ~o uela negata Noto (*i.e. blowing through the theatre of P.*) 11.21.6;—(*expr. political support*) non esset ~us despiciendus senatus CIC.*Phil.*13.29; qui ~os spiritus nondum..posuisset SEN.*Con.*10.pr.5;—alios..post Pompeium demum ~os SEN.*Dial.*5.30.5; iam pectore toto ~us erat LUC.9.24; TAC.*Ann.*4.34. **b** prospectis biremibus ~is terram legentibus SUET.*Aug.*16.3.

Pompē(i)ī ~ōrum, *m. pl.* A seaport in Campania at the foot of Mt. Vesuvius, buried by the eruption of A.D. 79.
cum (classis Romana) adpulsa ~os esset LIV.9.38.2; MELA 2.70; ~os..consedisse terrae motu SEN.*Nat.*6.1.1; *CIL* 4.3884.

Pompēius¹ ~a ~um, *a.*

1 The name of a Roman *gens*, esp. of **a** Cn. Pompeius Strabo, father of the triumvir. **b** Cn. Pompeius Magnus, the triumvir (Pompey), 106–48 B.C. **c** his younger son, Sex. Pompeius Magnus, killed in 35 B.C. **d** (fem.) Julius Caesar's second wife, the daughter of Q. Pompeius Rufus (cos. 88 B.C.); a daughter of Pompey, who married Faustus Cornelius Sulla.
a GEL.15.4.3. **b** dicendum est..de Cn. Pompei singulari ..uirtute CIC.*Man.*3; ~us..quod neminem dignitate secum exaequari uolebat CAES.*Civ.*1.4.4; SEN.*Suas.*7.5; nec quemquam iam ferre potest Caesarue priorem ~usue parem LUC.1.126; (*meton.*) turbam non habet otiosiorem ~us (*i.e. the* Porticus Pompeia) MART.11.1.11. **c** omnia mihi uidentur ..expiata Sex. ~o rei publicae conseruato CIC.*Phil.*5.40; hanc (*sc.* magam)..fama loci ~o prodidit LUC.6.570; SEN.*Ben.*4.30.2. **d** ~am duxit..cum qua deinde diuortium fecit SUET.*Jul.*6.2;—~ae cum Fausti liberis Caesar incolumitatem..concessit *B.Afr.*95.3; SUET.*Tib.*6.3.

2 Of or named after a member of the Pompeian *gens*, esp. Pompey, the triumvir.
cum..crucem fixissent post urbem in uia ~a CIC.*Ver.*5.169; domus uobis ~a petatur OV.*Pont.*4.5.9; in curia..~a GEL.14.7.7;—lege ~a ternis horis ad dicendum datis CIC.*Brut.*324; signa..~a..capta manu PROP.3.11.68; ~VM THEATRVM..REFECI AUG.*Anc.*4.9; ~os iuuenes Asia atque Europa (*sc.* tegunt) MART.5.74.1; (*transf.*) tu neque ~a spatiabere cultus in umbra (*i.e. of the* Porticus Pompeia) PROP.4.8.75; OV.*Ars* 1.67; MART.11.47.3.

Pompēius² ~a ~um, *a.* Of or belonging to Pompeii.
dulcis ~a palus COL.10.135.

pompēum ~ī, *n.* [Gk. πομπεῖον] A building used as headquarters for processions, situated at the entrance to Athens from the Piraeus.
Cratinus comoedos Athenis in ~o pinxit PLIN.*Nat.*35.140.

pompholyx ~ygis, *f.* [Gk. πομφόλυξ] A by-product obtained from smelting copper, prob. zinc oxide.
igni sacro medetur oesypum cum ~yge PLIN.*Nat.*30.106; in aerariis reperiuntur quae uocant ~ygem et spodon 34.128; LARG.26.

Pompilius ~ia ~ium, *a.*

1 A Roman gentile name, esp. **a** as the latinized form of the name of King Numa. **b** a poet cited by Varro.
a quietum ~i regnum HOR.*Carm.*1.12.34; inclita iustitia ..Numae ~i erat LIV.1.18.1; OV.*Fast.*3.152; (*pl., transf.*) terriculas, Lamias, Fauni quas ~iique instituere Numae

Lucil.485. **b** Pacui discipulus dicor..~ius clueor Pompil.*poet.*1.2; Var.*L.*7.93.

2 Of or belonging to Pompilius (in quot., Numa).

uos, o ~ius sanguis, carmen reprehendite Hor.*Ars* 292.

pompilus (~os) ~ī, *m.* [Gk. πομπίλος] Pros.: 2nd syll. long in Ov.*Hal.*101. The pilot-fish, *Naucrates ductor*; (also applied to other fish).

qui semper spumas sequeris, ~e, nitentes Ov.*Hal.*101; ~um, qui..comitetur nauium cursus Plin.*Nat.*32.153;—(*applied to the tunny*) quidam eos, qui hoc e thynnis faciant, ~os uocant 9.51; (*applied to the nautilus*) inter praecipua..miracula est qui uocatur nautilos, ab aliis ~os 9.88.

Pompōniānus ~a ~um, *a.* Of or belonging to a member of the Pomponian *gens.*

uideris..de nominibus ~is in otio recogitasse Cic.*Q.fr.* 2.2.1; ~am classem Caes.*Civ.*3.101.2; ~a (pira) Plin.*Nat.* 15.54; uenit..illius uersus ~i in mentem, qui est ex atellania Gel.10.24.5.

Pompōnius ~a ~um, *a.* The name of a Roman *gens*, esp. of **a** L. Pomponius Bononiensis, a writer of Atellan farce, *c.* 100–85 B.C. **b** T. Pomponius Atticus, 109–32 B.C., the friend and correspondent of Cicero. **c** P. Pomponius Secundus, cos. suff. A.D. 44, the writer of some dramatic verse. **d** Sex. Pomponius, a jurist, prob. of the reign of Hadrian. **e** (fem.) the mother of Scipio Africanus; the wife of Cicero's brother, Quintus.

a ~um Atellanarum scriptorem Sen.*Con.*7.3.9; Gel.12. 10.7; inserit haec..~us in choricis Maur.1965. **b** Nep. *Att.*1.1. **c** Quint.*Inst.*8.3.31; 10.1.98. **d** quod Labeo distinguit et ~us..probat Ulp.*Dig.*3.5.5.8(6). **e** fecunda Iouis ~a furto Sil.13.615;—Quintus frater..quo uolumus animo est in ~am Cic.*Att.*1.6.2; 5.1.3.

Pomptīnus ~a ~um, *a.* Of or belonging to the Pomptine (Pontine) district of Latium; (neut. sg. as sb.) the Pomptine district.

tribus habet ~am, Velinam, Maeciam Cic.*Att.*4.15.9; ~us ager, tum primum..possessionis haud ambiguae Liv. 6.5.2; quibus..insidentes sunt paludes..uti ~ae Vitr. 1.4.12; pestifera ~i uligine campi Sil.8.379; Juv.3.307;—~um omne uelut nubibus lucustarum coopertum esse Liv. 42.2.5.

pōmum ~ī, *n.* Also **~us** ~ī, *f.* [dub.] N.B.: cases of ambiguous gender are included among the neut. examples.

1 A fruit-tree.

propagatio ~orum ceterarumque arborum Cato *Agr.* 133.1; in ~a..siccitatibus aquam addi Var.*R.*1.31.5; quae ~is intersita..ornant Lucr.5.1377; ~a..ad sidera raptim ui propria nituntur Verg.*G.*2.426; Ov.*Met.*13.719. **β** tum consita ~us Tib.2.1.43.

2 A fruit. **b** (spec.) an orchard-fruit. **c** (applied to edible plants, or parts of plants other than fruit). **d** (applied contemptuously to a person) 'specimen'.

insere, Daphni, piros: carpent tua ~a nepotes Verg.*Ecl.* 9.50; cum decorum mitibus ~is caput Autumnus..extulit Hor.*Epod.*2.17; nullae pendebant debita curae..~a sub arboribus Prop.1.2.36; stabat adhuc duris ficus densissima ~is Ov.*Fast.*2.253; annua cultori ~a referre suo *Nux* 6; Col.10.405; coma omnis (palmarum) in cacumine et ~um est Plin.*Nat.*13.30; ~a sumus Cybeles Mart.13.25.1; cibi simplices, agrestia ~a, recens fera Tac.*Ger.*23.1;—(*collect. sg.*) ficus ibi eximia ~o Plin.*Nat.*12.22; qui fundum uendidit, '~um' recepit Paul.*dig.*50.16.205;—(*prov.*) quis mel Aristaeo..~a det Alcinoo? Ov.*Pont.*4.2.10; Mart.7.42.6. **β** quando hanc ~um demptam putetis ex arbore Cato in Plin.*Nat.*15.74. **b** ex fructibus surculorum ualentiores uuae, ficus, nuces..quam quae ~a proprie nominantur Cels. 2.18.6. **c** in papyris et ferulis..caulis ipse ~um est Plin. *Nat.*15.117; rumpimus..quae uertice terram tubera, boletis ~a secunda sumus Mart.13.50.2. **d** bellum ~um qui rideatur alios; larifuga..qui non ualet lotium suum Petr. 57.3.

ponderārium ~(i)ī, *n.* [pondvs+-arivm] A public building in which goods were weighed, office of weights.

AEDEM CVRIALEM CONCORDIAE ET TABVLARIVM ET ~IVM..FECIT *CIL* 8.757; ~IVM PAGI..⟨VI⟩ TERRAEMOTVS DILAPSVM 9.3046.

ponderātiō ~ōnis, *f.* [pondero+-tio] The marking of weights along the beam of a balance.

quemadmodum in statera pondus, cum examine progreditur ad fines ~onum Vitr.10.3.7.

ponderātus ~a ~um, *a. compar.* ~ior. [pple. of pondero] Evenly apportioned.

natura, quo..~iora..sua essent beneficia, neque uni omnia dare..uoluit Nep.fr.4.

ponderitās ~ātis, *f.* [pondvs+-tas] Weightiness.

~atem grauitatemque nominis Acc.*poet.*22(24).

ponderō ~āre ~āuī ~ātum, *tr.* [pondvs+-o³]

1 To weigh. **b** to weigh out (money or sim.).

hau malum huic est pondus pugno. — perii, pugnos ~at Pl.*Am.*312; si quis granum ipsum ~et Plin.*Nat.*18.66; in unum omnia ~ata contunduntur Larg.106;—(*fig.*) semper amatorum ~at una sinus Prop.2.16.12; dum (uerba) inueniunt et dum inuenta ~ant ac dimetiuntur Quint. *Inst.*8.pr.27; numerantur..sententiae, non ~antur Plin. *Ep.*2.12.5. **b** ne librae quidem singulis ~atae sunt Fro. *Amic.*2.p.98(183N).

2 To form a considered opinion of, weigh up, appraise.

is (*sc.* uerborum dilectus) aurium quodam iudicio ~andus est Cic.*de Orat.*3.150; genus eius modi fuit criminum..quod ~aret iudex ipse per sese *Scaur.*14; omnia..uoluptatibus et doloribus ~antis *Leg.*1.39; opinione alterius ne quid ~ent Phaed.3.10.55;—(*w.* ex) non esse ex fortuna fidem ~andam Cic.*Part.*117; non ex libidine aut simultate..causas..~ari *Sul.*79; (*w.* cum) unicam hominis uerborum culpam cum ceteris eius recte factis ~are Fro.*Ant.*1.p.254(165N);—(*w. cl.*) ut non solum quid possit, sed etiam quid debeat, ~et Cic.*Rab.Post.*12; quo quisque animo..fecerit, ~andum est *Off.*1.49.

ponderōsus ~a ~um, *a. compar.* ~ior, *superl.* ~issimus. [pondvs+-osvs] Weighty, heavy, massive. **b** dignified, weighty.

ubi ~as, crassas capiat compedis Pl.*Capt.*722; ex sudore ..lana fit mollior et ~ior Var.*R.*2.11.9; liquato plumbo eum cauatam partem capitis, quo ~ius esset, explesse V.Max. 9.4.3; Hermerotis pugnas..in poculis (*sc.* caelatas) habeo, omnia ~a Petr.52.3; stilicidia pinus, quercus, ilicis ~issima Plin.*Nat.*17.89; refrigeratus (panis) difficilius concoquitur fitque ~us (*i.e. on the stomach*) 22.56; optima (crocodilea) quae..friabilis minimeque ~a 28.109; (*in fig. phr.*) cuius (*sc.* uirtutis) ~issima uis et efficacissimi lacerti in fortitudine consistunt V.Max.3.2;—(*transf.*) da ~am aliquam epistulam plenam omnium..opinionum tuarum Cic.*Att.*2.11.1; annales Tanusii scis quam ~i sint Sen.*Ep.*93.11. **b** priuati tam ~a uox: quam graues fasces consulis extitissent! V.Max.6.4.1.

pondō, *adv.* [abl. of *pondus* (pendo)] In weight, by weight. **b** (w. ellipsis of *libra*; where determinable, the numeral is usually expr. in the neuter).

neque piscium ullam unciam hodie ~ cepi Pl.*Rud.*913; as erat libra ~ Var.*L.*5.169; paterae aureae..librales ferme omnes ~ Liv.26.47.7; styracis, resinae terebinthinae ~ sextantes Cels.5.25.16; cum aqua teruntur..et olei ~ dimidio Larg.223; Gel.4.8.7. **b** uincito..compedibus xv ~ *Lex XII*(*Font.iur.*p.21); quot ~ ted esse censes nudum? Pl.*As.*299; pondus habeant (fistulae) in singulas ~ mcc Vitr.8.6.4; quae ballista duo ~ saxum mittere debet 10.11.3; ipsa..machina fuerat milia ~ ccclx 10.16.4; torquis aureus duo ~ Liv.44.14.2; cothurnis..quingentum ~ calciatum Plin.*Nat.*7.83;—(*w. part. gen.*) uasorum argenteorum centum ~ uxori..legauit Cic.*Inv.*2.116; auri quinque ~ abstulit *Clu.*179; Leptitanos..xxx centenis milibus ~ olei in annos singulos multat *B.Afr.*97.3; equo abunde est uiridis (cytisi) ~ xv, boui ~ xx Col.*Arb.*28.4; resinae frictae ~ dua..liquefacta..superfunduntur Larg. 203; (*without number specified*) quibusdam clarissimis uiris argenti uel auri ~ relicta Ulp.*dig.*5.1.52.2;—(*in totals w.* selibra) in permutandis captiuis..conuenerat..ut..argenti ~ bina et selibras in militem praestaret Liv.22.23.6; sex ~ et selibram debet habere Petr.67.7;—(*w. fem. num.*) missam esse offulam (suis)..quae penderet tres et uiginti ~ Var.*R.*2.4.11.

pondus ~eris, *n.* [cf. pendeo]

1 The amount that something weighs, its weight. **b** (pregn.) considerable weight. **c** (quasi-concr.) a quantity (of something) having a certain weight.

hau malum huic est ~us pugno. — perii, pugnos ponderat Pl.*Am.*312; neque tippulae leuius ~ust quam fides lenonia *Per.*244; magni ~eris saxa Caes.*Gal.*2.29.3; iniquo ~ere rastri Verg.*G.*1.164; (nauem) habentem ~us talentum quattuor milium Vitr.10.15.7; grauius iusto pallia ~us habent Ov.*Ep.*20.170; Curt.3.13.16; stagnum inlitum aereis uasis..~us non auget Plin.*Nat.*34.160; medicamentum malorum non nocet nominum..notitia, sed ~eris (*i.e. the dosage*) scientia Larg.199; centeno ~ere uultus Caesaris (*i.e. a statue weighing 100 librae*) Stat.*Silv.*5.1.190; Iphicrates..arma habiliore ~ere et modo fecit Amp.15.16; cum emeres ad ~us Ulp.*dig.*47.2.52.22; (*pl.*) haec..digeruntur in pastillos uictoriati ~erum Plin.*Nat.*20.264;—(*w. amount expr. in appos. to thing weighed*) sinum (*nom.*) lactis argentei ~us denarii Col.7.8.2;—(*in fig. phr.*) rem uobis proponam, uos eam suo non nominis ~ere penditote Cic. *Ver.*4.1; (*in advl. phrs.*) ea (*sc.* honestas)..omni ~ere grauior habenda quam reliqua omnia *Off.*3.35; quem..magno ~ere grauius amo Fro.*Aur.*1.p.172(56N);—(*transf., w. ref. to spondaic rhythm*) Enni in scaenam missos magno cum ~ere uersus Hor.*Ars* 260. **b** breues litterae tuae..et requiris meas!..quae autem epistula non ~us habuit? Cic. *ad Brut.*1.14.1; ~ere, non neruis corpora nostra carent Ov. *Am.*2.10.24; illi (*sc. a horse*)..micat acre caput, sine ~ere ceruix Calp.*Ecl.*6.53; (*pl.*) uti praeoptent pendere equo quam carpento sedere, propter..~era uehiculorum et moras orbium Apul.*Fl.*21;—(*periphr.*) aes atque aurum ferrumque repertumst et simul argenti ~us Lucr.5.1242; cum..auro ~era ferri manibus admorat Ov.*Am.*3.8.37. **c** abunde semper usi magnum ~us auri argentique Sis.*hist.*101; argenti optimi caelati grande ~us secum tulerat Cic.*Ver.* 1.91; *Sest.*93; Nep.*Ep.*4.1; graue quid prodest ~us mihi diuitis auri..? [Tib.]3.3.11; ~ere ab singulis auri accepto aestimatoque Liv.5.25.10; sumere oportet..anseris adipis idem ~us Larg.271; Pompon.*dig.*19.5.26; (*cf.*) nec quantum auri et argenti, sed quantum amplitudinis ~us secum ferret aestimabatur V.Max.4.3.13.

2 Weight (as a general property of material substances), ponderability.

leuis et sine ~ere pumex *Aetna* 483; ut mihi nugis pagina turgescat dare ~us idonea fumo Pers.5.20; Juv.7.207; eas ..res, quae ~ere, numero, mensura constant Gaius *Inst.* 2.196; Ulp.*dig.*30.30.

3 An object of known mass used in a pair of scales, a weight. **b** (pl.) a balance, scales. **c** a unit or denomination of weight; (spec.) a *libra.*

circum argentarias..certo scio fere plus scortorum esse iam quam ~erum Pl.*Truc.*69; trutinam I, centumpondium ..I et ~era cetera Cato *Agr.*13.3; si quis magistratus.. d(olo) m(alo) ~era modiosque uasaque publica modica minora maiorave faxit *Leg.pub.*(*Font.iur.*p.46)3; necesse est lancem in libram ~eribus inpositis deprimi Cic.*Luc.*38; ~era ab Gallis allata iniqua Liv.5.48.9; *Ilias* 656; Ulp.*dig.* 19.1.32; (*astron.*) leonis sidus et aequatae librato ~ere chelae Germ.fr.4.27;—(*in fig. phrs.*) ego haec meis ~eribus examinabo, non solum quid cuique debeam sed etiam quid cuiusque intersit Cic.*Planc.*79; cum (falsa bona) ad ~us reuocata sunt, fallunt Sen.*Ep.*66.30; (*applied to a person*) non ~era rerum nec momenta sumus (*i.e. we have no influence over events*) Luc.3.337;—(*transf.*) pendebat in aere tellus ~eribus librata suis Ov.*Met.*1.13. **b** natura partes suas uelut in ~eribus constitutas examinat Sen.*Nat.*3.10.3; *CIL* 10.1453; ⟨ID⟩EM ~ERA AD MACELLVM..SVA PECVNIA FECIT 14.375.29. **c** utuntur..taleis ferreis ad certum ~us examinatis pro nummo Caes.*Gal.*5.12.4; ad eam (*sc.* rationem) ut etiam nostris ~eribus respondeant (Graecorum pensiones) Vitr.10.11.2; in mensuris..ac ~eribus crebro Graecis nominibus utendum est Plin.*Nat.*21.185;—quod unum ~us assipondium dicebatur Var.*L.*5.169; talentum ne minus pondo octoginta Romanis ~eribus pendat Liv. 38.38.13; argenti..~era quinque Mart.7.53.12.

4 The sum of matter of which something consists, its mass, bulk, or weight; esp. **b** (as exerting downward force or pressure).

ultima subsedit glomerato ~ere tellus Man.1.159; L milia talentum argenti non signati forma, sed rudi ~ere Curt. 5.2.11; terra..innoti concussit ~eris axes Luc.6.481; informis globus et confuso ~ere truncus 9.801; hic (*sc. a dying man*) magno tellurem ~ere mensus Stat.*Theb.*5.577; ipsae ..commoto ~ere paulum secessere trabes 12.435; totum corporis ~us in postremos poplites recello Apul.*Met.*7.24;—(*w. gen., in periphrases*) terrae concreto corpore ~us constitit Lucr.5.495; (alnus) sustinet inmania ~era structurae Vitr.2.9.10; uolitant Spartani ~era disci Mart.14.164.1; (*pl. ref. to a single object*) rapiens immania ~era baltei Verg.*A.*10.496; (phoenix) ~eribus nidi ramos leuat Ov. *Met.*15.404. **b** nec..aliquid factum est, quam ob rem naturalem motum sui ~eris non teneret (atomus) Cic.*Fat.* 47; cum..elephas..lixam..sub pede subditum dein genu innixus ~ere suo..premeret *B.Afr.*84.1; saxa..infesto uoluebant ~ere Verg.*A.*9.512; Enceladon, uasto qui ~ere montis aestuat *Aetna* 72; (camerae) cum..grandes sunt, ~ere deducuntur Vitr.7.3.3; (Phaethon) patris equos non aequo ~ere rexit Germ.*Arat.*364; quodcumque cadit frustrato ~ere ferrum Luc.3.581; in ipso luctandi certamine ..plus..~ere et firmitate et spiritu agitur Quint.*Inst.* 12.2.12; (*pl.*) primordia rerum..~eribus..suis consuerunt concita ferri Lucr.5.189;—(*poet.*) dum..tuo (*i.e. of Somnus*) premitur (*sc.* Agamemnon) sopitus ~ere dulci *Ilias* 116;—(*in fig. phr.*) quo ~us animi uergat, ubi ponat minas haeret Sen.*Med.*391.

5 (concr.) A heavy object, a mass, weight. **b** (applied to a load or burden). **c** (in fig. context, applied to the burdens of responsibility, old age, etc.). **d** (pl., app.) stone blocks by which pedestrians crossed the street.

omne ~us nulla re inpediente moueatur..necesse est Cic.*Fat.*48; Lucr.6.335; excussus Aconteus..in morem.. tormento ~eris acti praecipitat Verg.*A.*11.616; cum uoluisset..speculum ita pendere, ut..linea latens ~us deduceret Vitr.9.8.2; (tellus) pigra..et in ~us conferta immobilis esset *Aetna* 157; hunc..eminus ingenti resupinum ~ere fudi Ov.*Met.*13.86; stabit..in stomacho ~us inerte diu *Pont.*1.10.14; qui maiora ~era auribus gesserunt Cels. 7.8.4; supercontexere herbida lapsos ~era Sil.16.43; athletae ~eribus plumbeis adsuefaciunt manus Quint.*Inst.* 11.2.42;—(*used to hold something down*) quemadmodum tela suspensis ~eribus rectum stamen extendat Sen.*Ep.* 90.20;—(*in fig. phr.*) nihil sapienti uiro potest euenire: stat rectus sub quolibet ~ere 71.26. **b** pharetrae ~us consumit in arcus Prop.4.6.55; uelox nimio properat sub ~ere pauper *Aetna* 619; uidet Aenean oneratum ~ere caro (*i.e. Anchises*) Ov.*Fast.*5.563; uitandus omnis labor..~us, ictus, cursus inimica sunt Cels.4.15.4; Alcides, passus.. inopes sine ~ere ramos rettulit..fulgentia poma Luc.9.366; aspice..sua quam facilis ~era taurus amet Mart.5.31.2; iam ~ere liberatus Apul.*Met.*4.5; (*pl., w. defining gen.*) tremefactus uterque est polus, et caeli ~era mouit Atlas Ov.*Fast.*2.490; (*cf.*) corpus hoc animi ~us ac poena est Sen. *Ep.*65.16; (*in fig. phr.*) ~ere laudis, quam meruistis, obrutus ..inbecillitatem ingenii mei detegam V.Max.2.7.6;—(*applied to an unborn child*) alias alii complent magis ex aliisque succipiunt aliae ~us magis inque grauescunt Lucr.4.1250; cum..facerent uteri ~era lenta moram Prop.4.1.100; ut dolor increuit seque ipsum ~us in auras expulit Ov.*Met.* 9.704; Stat.*Ach.*1.672; VNA FORTE DIE DVPLICI NOS ~ERE MATER EDIDIT *CIL* 6.10493;—(*applied to the testicles or genitals*) (Attis) deuolsit ili acuto sibi ~era silice Catul.63.5; meus..seruos Iudaeum nuda sub cute ~us habet Mart. 7.35.4. **c** qui propter amara senectae ~era despicitur Ov.*Met.*9.438; nec potui coepti ~era ferre mei *Pont.*2.5.30; Caesar..cetera curarum proiecit ~era soli intentus genero Luc.9.951; te..studiorum ~ere fessum *Laus Pis.*190; Stat.*Theb.*4.39; tam magnae quaestionis ~us excipere Tac.*Dial.*1.2;—(*cf.*) si modo ueneficum ~us (*i.e. a sorcerer's spell*) et terroribus omnibus uerba grauiora..discusseris [Quint.]*Decl.*10.19. **d** mercemur seruum (*i.e. a nomenclator*)..qui fodicet latus et cogat trans ~era dextram porrigere Hor.*Ep.*1.6.51; (*perh.*) *CIL* 1.681.7.

6 Claim to consideration, importance, value, weight, influence, etc. **b** claim to belief, authority, convincingness.

si M. Marcelli tutoris auctoritas apud te ~eris nihil habebat Cic.*Ver.*1.144; boni uiri quid dicant, id est maximi momenti et ~eris *Vat.*9; mihi dubitanti quid me facere par sit, permagnum ~us adfert beneuolentia erga illum *Att.* 9.9.2; scripta pudet recitare et nugis addere ~us Hor.*Ep.* 1.19.42; cum pia uenerunt somnia, ~us habent Prop.4.7.88; nullum sit in omine ~us! Ov.*Ep.*7.65; perspice nunc tenuem uisu rem, ~ere magnam Man.2.693; nec..ideo debemus tardius quemquam seruare..ut muneri nostro timor inponat ~us Sen.*Ben.*1.11.3; Brutus suffecit ~eri rerum: scias eum sentire quae dicit Quint.*Inst.*10.1.123; neque modum neque ~us uerbi internosse Fro.*Aur.*1.p.4(62N); —(*pl.*) dilectus..rerum uerborumque agendus est et ~era singulorum examinanda Quint.*Inst.*10.3.5; ad ipsa.. Platonis penetralia ipsarumque rerum ~era et dignitates pergendum est, non ad uocularum eius amoenitatem.. deuersitandum Gel.17.20.6; (*cf.*) hic illi meditantur ~era (*i.e. weighty matters*) mores Stat.*Silv.*1.3.90;—(*w. gen.*) quae res si rei iudicatae ~us habuisset Cic.*Clu.*116; adulescentes ut senum sibi ~us adsumant *Rep.*1.67; scelus hoc meriti ~us et instar habet Ov.*Ep.*2.30; lacrimae ~era uocis habent 3.4. **b** ueri similia..partim singula mouent e suo ~ere..multum tamen cum sunt coaceruata proficiunt Cic.*Part.*40; si.. uerba..duxisset ~us habere mea Prop.3.7.44; mea pro! nullo ~ere uerba cadunt Ov.*Ep.*3.98; mobilis Aesonide.., cur tua polliciti ~ere uerba carent? 6.110; ipsa fides operi faciet ~usque fidemque Man.2.130; fictis dat uultum et ~era dictis V.Fl.1.39; quod quo fuerit..sanctius (genus orationis), hoc plus habeat necesse est in adfirmando ~eris Quint.*Inst.*4.2.125.

7 Gravity (of demeanour or language), dignity, solemnity.

(*of demeanour*) facit ora seuerae frontis is (*sc.* Cepheus) ac uultus componit ~ere mentis Man.5.451; terribile uultus ~us V.Max.8.10.ext.1; ~us ueteris triste supercili Sen.*Phaed.*799; hilaris..tamen cum ~ere uirtus Stat.*Silv.*2.3.65;—(*of language*) omnium sententiarum grauitate, omnium uerborum ~eribus est utendum Cic.*de Orat.*2.73; quanta seueritas in uultu! quantum ~us in uerbis! *Brut.*265; hominum..dignitas aliquantum orationi ~eris adferebat *Q.fr.*3.5&6.1; quaecumque (uerba) parum splendoris habebunt et sine ~ere erunt Hor.*Ep.*2.2.112; hoc, ubi ~us exigitur, praeceps ac resultans merito damnatur Quint.*Inst.*9.4.83; 10.1.97.

8 Lasting quality, solidity, stability; stability of character, constancy, steadfastness.

nobis permansura promittimus bona fortunae, et felicitatem..habituram..~us ac moram credimus Sen.*Nat.*6.1.14; siue accuratam meditatamque profert orationem, est quoddam sicut ipsius dictionis, ita gaudii ~us et constantia Tac.*Dial.*6.5;—credule, nulla diu femina ~us habet Prop.2.25.22; fidei tutelam uindicat ipsi pectoris et ~us Man.2.956.

pondusculum ~ī, *n.* [prec.+-culum] An object used to hold something down, a weight.

rosae foliis..in linteolo in mustum collatis cum ~o, ut sidat Plin.*Nat.*14.106;—(*w. defining gen.*) (oti) ~is lapidum adprehensis..stabilitae uolant 10.69; 11.24.

pōne, *adv., prep.* [post+-*ne* (as in *superne*)]

1 (adv.) In the rear, behind. **b** from behind. **c** in the direction of the rear.

Eurydice superas ueniebat ad auras ~ sequens Verg.*G.*4.487; *A.*2.725; credebat dominae ~ uenire pedes Prop.3.15.28; ille hunc ~ constrictum trahebat Rut.Lup.1.14; illi ~ leuis portat pharetras..armiger Stat.*Theb.*6.931; illi (*sc. sea-horses*)..glomerant a pectore cursus, ~ (*i.e. without their hind quarters*) natant *Ach.*1.60; Sil.13.728; Suet.*Jul.*20.1;—(*w.* uersum) ~ uersum illac mare est *Inc.pall.*74[2]; (capillus) pectinis..dente..discriminatus et ~ uersum coactus Apul.*Met.*2.9. **b** puer ad me adcurrit..~ reprendit pallio Ter.*Ph.*863; illa tenentis ~ adigit costas Stat.*Theb.*5.214. **c** et ante et ~.., modo huc, modo illuc Cic.*Tim.*48; ~ respiciens V.Max.1.7.ext.1.

2 (prep., w. acc.) In the rear of, behind. **b** (implying motion) to the rear of.

non queo quod ~ me est seruare Pl.*Cur.*487; ad parietem qui ~ arbores est Cato *Agr.*18.3; uox..~ scaenam..exercitata *Rhet.Her.*4.14; Liv.44.16.10; quotiens aliquis ad latus aut ~ tergum ceciderit Sen.*Dial.*6.9.3; Plin.*Nat.*4.89; uinctae ~ tergum manus Tac.*Hist.*3.84; *Ann.*2.16; gibbam sibi ~ ceruicem..enatam Suet.*Dom.*23.2; grabatulo..~ cardines supposito Apul.*Met.*1.11; 2.4. **b** ~ nos recede Pl.*Poen.*611; ~ castra utrique pabulatum..ibant Liv.40.30.9;—(*w.* uersus) exercitum adduxi ~ uersus castra hostium Cato *orat.*38.

pōnō pōnere posuī positum, *tr.* [*po-* (cf. *post*) +sino] Forms: pf. *poseiuei* CIL 1.638.3; *posiui*, etc. Pl.*Ps.*1281, *Trin.*145, *Vid.*fr. 10(7), CIL 9.1437, Cato *Agr.*pr.1, Cic.*Tusc.*5.83; *posieit* CIL 1.1802, *posiit*, *posierunt* CIL 11.1452, 1.1799, 10.175; *poseit* 1.1781; *posit* 1.1780, 1809, 6.9326; *posisti* Ter.*An.*742; pf. pple. *postus* Catul.68.39, Lucr.1.1059, 3.857, Sil.13.553, Maur.436, 2905, CIL 14.1755; fut. pple. *posturus* Cato *Agr.*161.3.

1 To place, set, put (in a specified position). **b** (mil.) to pitch (a camp). **c** to station, post (military forces). **d** (topog.) *positus*, situated, placed.

(*w.* ad) sus..fetum ad imam (quercum) posuerat Phaed.2.4.3; Sen.*Oed.*338;—(*w.* ante) eum..poni..ante tribunal.. iussit Liv.25.16.24; Stat.*Theb.*10.409;—(*w.* circum) positos ..uernas..circum renidentis Lares Hor.*Epod.*2.65;—(*w.* contra) (stabula) poni debent contra medium diem Col.7.3.8;—(*w.* cum) cum mortua iugulatum seruum..positurum ait Liv.1.58.4;—(*w.* in+*abl.*) sacra in mensa.. ponuntur Naev.*poet.*3.2; qui se in sui gremio positurum puerum dicebat patris Ter.*Ad.*35; patinam in sole ponito Cato *Agr.*87; in eis ipsis rostris..positum caput illud fuit Cic.*de Orat.*3.10; cera liquefit in eius posta uapore Lucr.6.965;—(*w.* in+*acc.*) stipes..quem..in flammam..posuere sorores Ov.*Met.*8.452; (*w.* propter) bacillum propter me.. ponitote Cic.*Tusc.*1.104;—(*w.* sub) pone (me) sub curru nimium propinqui solis Hor.*Carm.*1.22.21; 3.20.11;—(*w.* super) in patella..super carbones posita Larg.37; Stat.*Silv.*5.3.106;—(*w. abl.*) multa foro ponit Enn.*Ann.*492; me.. Fortuna..et..fatum his posuere locis Verg.*A.*8.335; Luc.7.305;—(*w. advs.*) hic pone, hic istam colloca cruminam Pl.*As.*657; quo..ire iubes? ubi ponere sedes? Verg.*A.*3.88; (*w.* primus) ut..prima eius imago poneretur Nep.*Milt.*6.3. **b** ad murum castra posui Balb.*Att.*9.13a.1; castris ante oppidum positis Caes.*Gal.*7.11.5; castra posuit loco munito Hirt.*Gal.*8.26.2; Liv.24.36.1; posita apud Bagradam castra Flor.*Epit.*1.18(2.2.20). **c** post armatos funditores et sagittarios ponit Sis.*hist.*19; erant..illi positi ut comprehenderent Licinium Cic.*Cael.*64; domi meae certi homines ad eam rem positi *Sest.*41; legiones singulas posuit Brundisi, Tarenti, Siponti *Att.*9.15.1; ibi praesidium ponit Caes.*Gal.*2.5.6; insidias ponunt *B.Hisp.*40.3; (Horatius Cocles) positus forte in statione pontis Liv.2.10.3; (*in fig. phr.*) insidias se posuisse..contra Cn.Pompei dignitatem Cic.*Agr.*2.49. **d** sub axe posita ad stellas septem Acc.*trag.*566; homines in extremis atque ultimis gentibus positos Cic.*Ver.*5.166; Delus..in Aegaeo mari posita *Man.*55; ubinam.. te positam, patria, reor? Catul.63.55; Gallia sub septentrionibus..posita est Caes.*Gal.*1.16.2; ad urbem Oreum..quae ..prima urbium Euboeae posita est Liv.28.5.19; posita contra Hispania Tac.*Ag.*11.2.

2 To put in position, set up, erect. **b** to set up a statue of. **c** to arrange in position.

ego mihi haec monimenta..posui Cato *orat.*50; cistas.., quae erant legum ferendarum gratia positae, deiecerant Sis.*hist.*118; IN EA VIA PONTEIS OMNEIS MILIARIOS..POSEIVEI CIL 1.638.3; statuas..in foro ponere Cic.*Ver.*2.21; hominem in foro iubet sellam ponere 4.56; milites positis scalis muros ascendunt Caes.*Civ.*1.28.4; mensam poni iubet atque effundi saccos nummorum Hor.*S.*2.3.148; nidum ponit.. auis *Carm.*4.12.5; tabula in aede..posita est Liv.41.28.8; L TITINIVS..VOTO COMPOS POSIT IOVI CIL 11.1331; multis.. iris contusa..et posita..profuit Larg.225; pone crucem seruo Juv.6.219; (*in fig. phr.*) in laqueos, quos posuere, cadant! Ov.*Ars* 1.646. **b** Diana..dicta Triuia, quod in triuio ponitur Var.*L.*7.16; te..ponet marmoream Hor.*Carm.*4.1.20; Stat.*Silv.*1.1.101. **c** ipse deus posuitque manus et bracchia finxit (*i.e. trained*) Stat.*Theb.*6.743;—(*hair*) quid totiens positas fingis, inepta, comas? Ov.*Ars* 1.306; positi..sine arte capilli *Ep.*4.77; *Met.*1.477; *Fast.* 1.406.

3 To lay (foundations, keels); (transf.) to build, construct, found (towns, buildings, etc.).

limina ponit Mart.9.46.1; (*in fig. phrs.*) quae (fundamenta) si erunt..posita et constituta Cic.*Scaur.*21; quae posui.. fundamenta iustitiae *Off.*1.31;—ratibus posuere carinas Verg.*G.*2.445; Liv.28.8.14; Curt.10.1.19;—Tibur Argeo positum colono Hor.*Carm.*2.6.5; recidiua..posuissem Pergama Verg.*A.*4.344; positis..templis Ov.*Met.*4.606; qui mecum posuisti moenia Troiae 12.587; extra Italiam colonias posuit Vell.2.14.3; quaeso tam angustam..ponis domum? Phaed.3.9.6; Mela 1.104; THEATRVM QVOD LVPVS.. LIGNEVM POSVERAT CIL 13.1642; quod pomerium Romulus posuerit Tac.*Ann.*12.24; 15.74.

4 To plant (trees, etc.).

ternas taleas ponito Cato *Agr.*45; pone ordine uitis Verg.*Ecl.*1.73; ille..nefasto te posuit die.., arbos Hor.*Carm.* 2.13.1; sterili semina ponit humo Prop.2.11.2; nobis senibus ..quorum nemo non oliuetum alteri ponit, quod..Sen.*Ep.* 86.14; Plin.*Nat.*18.254.

5 To set before one, provide, supply; (esp.) to serve (food or drink); also, to put on, stage (a play).

quod tibi non..copia posta est Catul.68.39; satis est orare Iouem qui ponit et aufert Hor.*Ep.*1.18.111;—qui mi holera cruda ponunt Pl.*Aul.*836; ubi coctum erit, irneam confringito, ita ponito Cato *Agr.*81; pocula ponant Verg.*A.* 1.706; Hor.*S.*2.8.91; si..uenenum ponat cum cibo Liv. 6.40.12; aquila..nido..posuit pullis escam Phaed.1.28.4; ponuntur..chrysendeta Calpetiano Mart.6.94.1; ancipites fungi ponentur amicis Juv.5.146; (*cf.*) pone merum et talos *Copa* 37; qualia per Rhodopen..conuiuia..Bistones.. ponunt Stat.*Theb.*2.82;—ludis praetextam..posuit Pol. *Fam.*10.32.3; fabula seu maesto ponatur hianda tragoedo Pers.5.3;—(*cf.*) ponere aprum nobis sic et harena solet Mart.1.43.12.

6 To cease holding or carrying, put down; to lay down (arms). **b** to cease wearing, take off (clothes, ornaments, etc.); to have (one's hair, finger-nails, etc.) cut. **c** (of trees) to shed, drop (leaves, fruit, etc.); (pass., of snow, dew) to be precipitated. **d** (of birds) to lay (eggs).

ut exoret illam gladium ut ponat Pl.*Cas.*706; Ter.*An.* 742; dicitur tabulas posuisse, scriptu sese abdicasse Calp. *hist.*27; quos..libros non sine causa..de manibus ponere non solebat Cic.*Q.fr.*1.1.23; quae pondera sunt..in terra ..retro requiescere posta Lucr.1.1059; muli..clitellas.. ponunt Hor.*S.*1.5.47; pone deos et quae tangendo sacra profanas Ov.*Ep.*7.129; facie positi ensis Mela 2.5; positis ..aratris Juv.2.74; (*ellipt.*) PONE FVR CIL 15.6899; (*fig.*) ponendus est..ille ambitus, non abiciendus Cic.*Orat.*1.99; cur quod in sinu uestro est excuti iubetis potius quam ponatis..? Liv.6.15.12; philosophiae, quae ponere debet uerba, non proicere Sen.*Ep.*40.7;—arma ab aliis posita, ab aliis erepta sunt Cic.*Marc.*31; Caes.*Gal.*4.37.1; neque.. patimur..Iouem ponere fulmina Hor.*Carm.*1.3.40; numquam umeris positurus arcum 3.4.60; positis armis in deditionem uenerunt Liv.5.32.3. **b** compedis te capere oportet neque eas umquam ponere Pl.*Cist.*244; ornamenta ponent 784; anulos aureos posuerant Cic.*Ver.*3.187; cum.. tunicam..poneret *Tusc.*5.60; quotiens uelamina ponit Ov. *Ars* 2.613; posuit pennas (Ioue natus) *Met.*1.675; ut in aede Concordiae positurus insignia imperii..discessit Tac.*Hist.* 3.68; (*poet.*) cum teretes ponunt tunicas aestate cicadae Lucr.4.58;—pars non unguis ponere curat, non barbam Hor.*Ars* 297; comis nondum positis ephebi Sen.*Her.F.*853; posito modo crine Mart.9.36.1; barbam posuisse Suet.*Cal.* 5; (*cf.*) iam liber et positis bicolor membrana capillis Pers. 3.10. **c** pars..posito surgunt de semine, ut altae castaneae Verg.*G.*2.14; seras posuit cum uinea frondes 2.403; non flesset positis Phyllida silua comis Ov.*Rem.*606; (*poet.*) uarios ponit fetus autumnus Verg.*G.*2.521;—positas..niues Hor.*Carm.*3.10.7; Ov.*Fast.*2.72; posito rore 6.200; niues et ponuntur et durant Sen.*Nat.*5.10.2; (*cf., act.*) bruma ter posuit niues *Phoen.*370. **d** ponit..in saepibus oua (perdix) Ov.*Met.*8.258; Col.8.2.12.

7 To lay down, rest (parts of the body); *genu ponere*, to bend the knee, kneel; *positus*, lying down, outstretched. **b** to put down (the feet in walking), set (foot), take (steps).

simul Ales ponit auis caput Cic.*Arat.*505(259); artus in litore ponunt Verg.*A.*1.173; captum leto posuit caput 11.830; posuit..collum in puluere Hor.*Carm.*4.6.11; ponere corpus humo Ov.*Ars* 2.524; hic est apud quem cubitum ponetis (*i.e. recline at dinner*) Petr.27.4; Calp.*Ecl.*6.71; posuere parumper bracchia Stat.*Theb.*6.800; (*cf.*) in lectulo lassitudinem pono Sen.*Ep.*123.1;—suppliciter posito procubuere genu Ov.*Fast.*2.438; Sen.*Suas.*1.2; tu Macedonas uoluisti genua tibi ponere Curt.8.7.13; Petr.73.4;—pecudes pictaeque uolucres..somno positae Verg.*A.*4.527; possum ego in alterius positam spectare lacerto? Prop.2.8.5; Giton ..super pectus meum positus Petr.101.1; (*poet.*) posito.. cum sole Stat.*Theb.*6.236;—(*in death*) sic te ut posita.. abessem Verg.*A.*4.681; leporem..positum sic tangere nolit Hor.*S.*1.2.106; nec positos artus unguet amica manus Ov. *Ep.*10.122. **b** pedes male ponere Var.*L.*9.10; grauiter uestigia ponit Cic.*Arat.*89; ecquo in oppido pedem posuit..? *Ver.*1.62; *Phil.*2.48; ubicumque posuit uestigium 3.31; uix summa uestigia ponat harena Verg.*G.*3.195; pedem nullo ponere..sono Tib.1.2.20; lubricos ponens gradus Sen.*Oed.* 1050; (*poet.*) cum pendeat ipse mundus et in nullo ponit uestigia fundo Man.1.196;—(*in fig. phrs.*) in possessionem libertatis pedem ponimus Cic.*Phil.*3.28; primis gradibus positis ad id genus machinationis Vitr.10.13.3.

8 To set aside, put in store; to deposit (money). **b** to lay in a tomb, bury. **c** to deposit in a temple, dedicate. **d** to lodge or file (a legal claim, etc.).

hoc ponam interim Pl.*Men.*349; culignam in feno Graeco ponit, ut bene oleat Cato *orat.*246; tabulae..allatae, ut in aerario ponerentur Caes.*Civ.*3.108.6; positis intus Chii.. mille cadis Hor.*S.*2.3.115; bracae autem nouae postae sunt *P.Mich.*467.23;—⟨TANTA PEQVNIA⟩..IN AERARIO POSITA ERIT CIL 1.583.61; cum domi suae..in locis inanissimis tantum nummorum positum uideret Cic.*Clu.*70; ut..ista pecunia in fano poneretur *Fam.*5.20.5; (*in fig. phr.*) mihi quod credideris sumes ubi posiueris Pl.*Trin.*145. **b** ut.. putescat corpore posito Lucr.3.871; SI..MORTVVS INLATVS POSITVSVE ERIT CIL 1.594.2.2.11; te..nequiui..patria decedens ponere terra Verg.*A.*6.508; hoc facitet positae te mihi, terra, leuem Ov.*Ars* 3.740; posito Agrippa *Epic.Drusi* 69; si quis corpus suum in culto loco poni iubeat Quint.*Inst.* 7.9.5; (*poet.*) si..ultimus et posito staret amore lapis Prop. 1.17.20. **c** primum capillum..demtum..ad Apollinem ponere solent Var.in Non.p.94M; quodcumque mihi pomum nouus educat annus, libatum agricolae ponitur..deo Tib. 1.1.14; has pono ante tuas tibi, diua,..aedis exuuias Prop. 2.14.27; quod..tripodem aureum Delphis posuisset Nep. *Paus.*1.3; dictator coronam auream..in Capitolio Ioui donum posuit Liv.4.20.4; ponitur ad patrios barbara praeda deos Ov.*Ep.*1.26; haec ego tropaea dis posui Sen. *Suas.*5.2. **d** quamquam igitur fideiussor doli replicatione posita defensionem exceptionis amittat Papin.*dig.*16.1.7; si ..exceptione doli mali posita dominus absoluetur Julian. *dig.*9.4.39.3; Gaius *dig.*6.1.30; Ulp.*dig.*12.2.18.

9 (mainly poet.) To make calm (the sea); (pass. and intr., of winds) to drop.

tollere seu ponere uult freta Hor.*Carm.*1.3.16; tumidum Nereus posuit mare Sen.*Oed.*450;—posito Borea Luc.3.523; —(*intr.*) cum uenti posuere omnisque repente resedit flatus Verg.*A.*7.27; 10.103; iam uenti ponent Ov.*Ep.*7.49; Stat. *Silv.*2.2.118; Gel.2.30.2.

10 To give up, rid oneself of, lay aside, abandon, drop. **b** to yield up (life, the breath of life, etc.).

multa..hic hodie uitia ponemus Cic.*de Orat.*3.46; frangere auaritiam, scelera ponere *Ac.*2.fr.12; ad ponendum dolorem *Tusc.*3.66; posse condicionibus bellum poni Sal.*Jug.*112.1; ponunt..ferocia..corda Verg.*A.*1.302; pone moras Hor. *Carm.*4.12.25; posito legis certamine noua de dilectu contentio orta Liv.3.30.3; in..uices ponit positamque resuscitat iram Ov.*Met.*8.474; ponit..forum suadente Lyaeo Man. 5.322; totius diei lassitudinem..ponebat Sen.*Dial.*9.17.7; postremus ponere Martem Sil.1.160; tristitiam tarde ponunt Tac.*Ger.*27.2;—(*poet., of things*) magnos cum ponunt aequora motus Prop.3.15.31; saxa..ponere duritiem coepere Ov.*Met.*1.401; uideres..ungues posuisse rigorem 5.430; ante..quam sibila poneret arcus Sil.2.99; postquam autumnum et crudi posuere pericula suci Juv.11.76. **b** uitam propera ponere Pl.*Cur.*536; canum uis strata uiis animam ponebat in omnibus aegre Lucr.6.1223; eodem loco sepultus, ubi uitam posuerat Nep.*Paus.*5.5; animam cum ponit in aris..pecus Ov.*Fast.*1.383; inter ipsam.. cogitationem spiritum posuit V.Max.7.8.8; regia cum lucem posuerunt membra Sil.13.473; Ulp.*dig.*24.1.32.14; (*cf. sense 1*) animas..in uulnere ponunt (apes) Verg.*G.* 4.238.

11 To bring or put (into), subject (to a state or condition). **b** *positus*, subject (to particular circumstances), situated, placed. **c** *in oculis, ante* or *ob oculos, in conspectu ponere*, to present to view (usu. pass.); *ante oculos ponere*, to represent as present to the imagination, present vividly, imagine. **d** *in medio ponere*, to put within reach of all, make generally accessible; (also, pass.) to be neutral.

(*w. abl.*) meum..me caput periculo praeoptauisse..ponere Pl.*Capt.*688; medio posuit deus omnia campo Luc.7.348; —(*w.* in+*abl.*) alterum in metu non ponere *Inc.trag.*204; in culpa sunt ac suspicione ponendi Cic.*Clu.*127; ut res.. in contentione ponatur *Cael.*55; apud Patronem te in maxima gratia posui *Att.*5.11.6; plura ponuntur in spe quam petimus *Q.fr.*3.8.1; ut in dubio poneret, utrum.. Liv.34.5.3; Ulp.*dig.*30.41.2;—(*w.* ad) ea res cuiusmodi sit, ad considerandum ponemus Gel.12.2.2;—(*w.* extra) cum..sese..extra omnem culpam causamque posuisset Cic. *Tim.* 6;—(*w.* in+*acc.*) hoc..uereor ne istaec pollicitatio te in crimen populo ponat atque infamiam Pl.*Trin.*739.

b (*w.* in+*abl.*) quod positum est in controuersia *Rhet.Her.* 1.2; nullam rem esse..in usu positam militari CIC.*Man.*28; neque eos in laude positos uidemus *Sest.*139; sit..hoc..in incerto positum LIV.4.23.3; in..suo positum nutu SIL. 14.668;—(*w.* extra) quae non esse extra aequitatem posita non negauerim ULP.*dig.*12.2.13.5;—(*w.* inter) inter bellatores principes dubia erat posita uictoria *B.Hisp.*25.5; alius mitior est..alius saeuior..mediis alius adfectibus inter utrumque positus SEN.*Con.*7.1.14;—(*w. adv.*) non ita sum positus..possim laetus ut esse OV.*Tr.*3.13.19; inrupit in res optime positas auaritia SEN.*Ep.*90.38; quae sunt contra posita QUINT.*Inst.*12.2.5. **c** ut..apertum suum scelus ante omnium oculos poneret CIC.*S.Rosc.*102; quod templum in oculis cotidianoque aspectu populi Romani positum est *Ver.*1.129; uirtutem..in oculis clarissimae prouinciae..positam *Q.fr.*1.1.9; nullo posito ob oculos simulacro *Tim.*37; humana in conspectu posita natura *Tusc.*4.62; *Fin.*5.2; (*cf.*) omnia monstra in facie posuere ducum LUC.4.253;—ponite ante oculos uobis Rullum in Ponto..auctionantem CIC.*Agr.* 2.53; pone ante oculos laetitiam senatus *Phil.*2.115; Cottae ..calamitatem..ante oculos ponunt CAES.*Gal.*6.37.8; LIV. 24.24.8; OV.*Rem.*300. **d** in medio omnibus palmam esse positam TER.*Ph.*17; haec quae in medio posita sunt commemoro CIC.*Div.Caec.*33; cum rem totam in medio posuissem *Ver.*1.29; 5.159; (amor) transuolat in medio posita HOR. *S.*1.2.108; *Ep.*1.12.7;—quaedam in medio ponuntur SEN. *Ben.*4.28.4.

12 To put or cast (in a particular form). **b** to set or appoint persons in particular capacities.

(*w.* in+*abl.*) quid..habuit argumenti..res quam ob rem in eo potissimum Sthenianum praemium poneretur? CIC.*Ver.* 2.115; ora..rigent finemque in acumine ponunt OV.*Met.* 14.503; Rhodos in rotundo posita HYG.*Fab.*276.3;—(*w. adv.*) ipsa opusculorum..conditio sic posita est ut totus hic ad te liber..spectet STAT.*Silv.*2.pr. **b** inlicitatorem potius ponam CIC.*Fam.*7.2.1; ut..mihi ponerent accusatorem CAEL. *Fam.*8.12.3; Dumnorigi custodes ponit CAES.*Gal.*1.20.6; de iniuriis..qui audiat positus est SEN.*Ben.*3.22.3;—(*w. pred.*) custos..in frumento publico est positus (*sc.* Heraclides) CIC.*Flac.*45; nauem quae erat ad custodiam ab Acilio posita CAES.*Civ.*3.40.1; quem uos imperatorem Numidis posuistis SAL.*Jug.*24.7; NEP.*Han.*2.6; multas uolucresque ferasque Aegypti posuere deos LUC.10.159; puer..super hoc positus officium PETR.56.8.

13 a To give as a pledge or security; to wager. **b** to offer (a reward); to fix (a price, penalty).

a meam esse uitam hic pro te positam pignori PL.*Capt.* 433; nisi pars..ad arbitrum redeitur aut sequestro ponitur *Rud.*1018; *Vid.*fr.10(7); species auri dedit, ut pignori apud alium creditorem poneret ULP.*dig.*13.7.27; PAUL.*dig.*12.6.36; —prouocat me in aleam..pono pallium PL.*Cur.*355; pocula ponam fagina VERG.*Ecl.*3.36; CALP.*Ecl.*6.50. **b** ut apud me praemium esse positum pietati scias TER.*Hec.*584; fortuna omnia ea uictoribus praemia posuit SAL.*Cat.*20.14; inter tyrannorum et ducis Romani certamina praemium uictoris in medio positam urbem LIV.26.32.3; 41.23.11; SIL. 4.267;—poena..mors posita est OV.*Met.*15.29; in urbem ..uitiis magna pretia ponentem SEN.*Dial.*12.6.3; *Ep.*1.2; ULP.*dig.*18.1.36.

14 To expend, devote, lay out (time, trouble, money, etc., on a specified object); (also refl.). **b** to put out, lend (money) at interest.

(*w.* ad) quo in oppido..pecunia..ad honores L. Flacci poneretur CIC.*Flac.*56;—(*w.* apud) quoniam apud gratos homines beneficium ponis *Fam.*13.54; SEN.*Ben.*6.11.3;—(*w.* in+*abl.*) quem totum (diem) Galbam in consideranda causa componendaque posuisse CIC.*Brut.*87; pecuniam..dum uolt in praedio ponere, non posuit, sed abiecit *Tul.*15; ut..omnem curam operam diligentiamque suam in petitione non possit ponere *Mur.*45; quid in Epiro temporis ponas *Att.* 1.13.1; noster in arte labor positus OV.*Hal.*82;—(*w. dat.*) qui..minimis rebus posuit rudimentum [CIC.]*Sal.*2; qui diuitiis soli incubuere..nec partem posuere suis VERG.*A.* 6.611; huic signo ponebam milia centum HOR.*S.*2.3.23; unum ponere ferculis tot assem MART.11.31.21;—(*w. advs.*) certe..operam nusquam melius potui ponere PL.*Mos.*303; otia recte ponere HOR.*S.*2.7.113;—totos..nos in contemplandis rebus..ponemus CIC.*Tusc.*1.44. **b** in usura omnia ponit non magna LUCIL.550; cum posita esset pecunia apud eas societates CIC.*Ver.*3.165; pecuniam, quaerit Kalendis ponere HOR.*Epod.*2.70; positis in faenore nummis *Ars* 421.

15 To set up (a contest). **b** to pose (a problem, question).

iaculi certamina ponit in ulmo VERG.*G.*2.530; *A.*5.66. **b** mihi uos nunc..quaestiunculam..ponitis? CIC.*de Orat.* 1.102; causa aliqua posita consimili causarum earum, quae in forum deferuntur 1.149; quod tu unum ζήτημα Dioni philosopho posuisti *Fam.*9.26.1; ponere aliquid, ad quod audiam..uolo *Fat.*4; V.MAX.9.12.ext.3; PHAED.3.14.8; saeua Thebarum lues..quid simile posuit? SEN.*Phoen.*133.

16 To apply, impose, bring to bear, put on (immaterial objects). **b** to impose, give (a name).

nullo ponere uerba loco PROP.2.22.44; quod aetas uitium posuit, aetas auferet PUB.*Sent.*Q.14; ubi ponat minas, haeret SEN.*Med.*391. **b** VAR.*L.*6.60; qui haec rebus nomina posuerunt CIC.*Tusc.*3.10; ferebatur..Latinus, Laurentis..ab ea (*sc.* lauru) nomen posuisse colonis VERG.*A.*7.63; uellem..errori nomen uirtus posuisset honestum HOR. *S.*1.3.42; illud nomen positum (*i.e. once and for all*), hoc ad aliquid esse contendunt QUINT.*Inst.*1.6.13; Nobilitas..e nostro posuit cognomina caelo STAT.*Silv.*1.2.73; nomen..a nullo posuit natura metallo JUV.13.30.

17 To ordain, lay down (a rule, law, definition, etc.). **b** *modum, finem ponere*, to set bounds (to), limit, terminate.

si istuc ius pauperibus ponitur PL.*Aul.*490; maiores nostri ..ita in legibus posiuerunt CATO *Agr.*pr.1; si..nulla a me praecepta ponentur CIC.*de Orat.*2.69; illis legibus quae in poculis ponebantur..obtemperabat *Ver.*5.28; ut male posuimus initia sic cetera sequuntur *Att.*10.18.2; si..Stoici finis bonorum recte posiuerunt *Tusc.*5.83; foedera sunt ponenda prius PROP.3.20.15; siue nihil positum est, sed fors incerta uagatur LUC.2.12; Liber festos laetosque ritus posuit TAC.*Hist.*5.5; *Ann.*1.7; (*cf. sense 3*) mores..uiris et moenia ponet VERG.*A.*1.264;—(*impers. pass. w.* ut) ut quandoque moriaris, etiam inuito positum est SEN.*Ep.* 117.22. **b** quem..cumque uoles modum pones iambis HOR.*Carm.*1.16.3; laetis hunc numina rebus crescendi posuere modum LUC.1.82; liceat scelerum tibi ponere finem 5.314; hunc potuit finem uaesano ponere regi 10.42; ibat atrox finem positura duello lancea STAT.*Theb.*8.684; si modum orationi posuisset TAC.*Ann.*4.9; finem uitae sibi posuit 6.40; (*cf.*) felicitatis humanae longe lateque terminos ponunt SEN.*Ben.*5.13.1; pone irae frena modumque JUV. 8.88.

18 To state in speech or writing, specify, put down. **b** to use in speaking or writing, apply, cite, quote (a word, argument, example, etc.). **c** *calculum, rationem ponere*, to make a reckoning; to take account (of).

qui in tantis positus sum sententiis PL.*Epid.*517; haec quae supra pretia posita sunt CATO *Agr.*14.5; multa rettulit, ex quibus a me exempli causa non nulla ponuntur CIC. *de Orat.*2.271; ut ne in scripto quidem meminisset quid paulo ante posuisset *Brut.*219; non est ausus suum nomen ..adscribere. posuit Scatonem *Dom.*116; ponor ad scribendum (*i.e. my name is given as draftsman*) *Fam.*9.15.4; positis pro nomine signis OV.*Tr.*1.5.7; quotiens..bacam aut nucem aut simile aliquid posuero (*i.e. prescribe*) CELS. 5.19.12;—(*w. adv. or advl. phr.*) primum ponam de censoriis tabulis VAR.*L.*6.86; ut paulo ante posui CIC.*Fam.*1.9.21;—(*w. indir. qu.*) quid efficere possim, malo in aliorum spe relinquere quam in oratione mea ponere *Div.Caec.*26; *Tusc.* 1.7; quibus ille modis coniectus materiai fundarit terram..ex ordine ponam LUCR.5.418;—(*w. acc. and inf.*) posuistis..coniurationis hunc..participem fuisse CIC.*Cael.*15; quem inter priscos..medicos fuisse iam posui CELS.7.5.3;—(*w.* certum, pro certo, in certo) certum in Fabio ponitur natum esse eum Canicula oriente CIC.*Fat.*12; LUCR.5.526; id ne pro certo ponerem..Piso effecit LIV.10.9.12; piget..in certo ponere 10.18.7;—(*w.* uerbo) tantum uerbo posuit,..Sthenium litteras publicas corrupisse CIC.*Ver.*2.93; *Tusc.* 3.46. **b** de uerbis quae a poetis sunt posita VAR.*L.*7.5; a Gracco ponere exemplum *Rhet.Her.*4.2; si contra firmam argumentationem alia aeque firma..ponitur CIC.*Inv.*1.79; eiusdem uerbi crebrius positi quaedam distinctio *de Orat.* 3.206; hoc uerbum in quo homine ponimus? *Parad.*42; auctorem pro re posui LIV.45.43.8; posito fili nomine *Epic. Drusi* 6; doctas posuisse figuras laudatur PERS.1.86. **c** si bene calculum ponas, ubique naufragium est PETR. 115.16; quem calculum cum alio posuisses, ponas necesse est tecum QUINT.*Decl.*273(p.119,l.4); in utraque parte calculos pone PLIN.*Ep.*2.19.9; *Pan.*20.5; ponatur calculus, adsint cum tabula pueri JUV.9.40;—ubi sit cum orco ratio ponenda COL.1.3.2; ratio quaedam inter heredem et hereditatem ponitur PAUL.*dig.*21.2.41.2;—nisi consularibus comitiis ratio absentis sui posita fuisset AMP.40.3; JULIAN.*dig.*35.2.87.5.

19 To express in art, depict.

duo pocula fecit..Orpheaque in medio posuit VERG.*Ecl.* 3.46; hic saxo, liquidis ille coloribus sollers nunc hominem ponere, nunc deum HOR.*Carm.*4.8.8; *Ars* 34; hic dominam exemplo ponat in arte meam PROP.2.3.42; si Venerem Cous nusquam posuisset Apelles OV.*Ars* 3.401;—(*in writing*) nec ponere lucum artifices nec rus saturum laudare PERS.1.70; pone Tigellinum JUV.1.155.

20 To take as a principle, premiss, or example, assume, suppose.

his rebu' pone sane..decem minas TER.*Ph.*667; quibus positis intellegis quod sequatur CIC.*Tusc.*5.50; exempli causa ponatur aliquid, quod pateat latius *Off.*3.19; Democriti quod sancta uiri sententia ponit LUCR.3.371; pone ex alia parte uirum bonum diuitiis abundantem SEN.*Ep.*66.22;—(*w. acc. and inf.*) pone esse uictum eum TER.*Ph.*630; positum sit..sine philosophia non posse effici..eloquentem CIC.*Orat.*14; Epicurus uoluptatem summum bonum esse ponit GEL.9.5.2; pone..dixisse eum quinquaginta iugera esse uineae JULIAN.*dig.*19.1.22—(*pass. w. pers. const.*) cum illa uulnerata ponatur SEN.*Con.*7.5.10; ficta materia, in qua ponitur tibicen..accusari QUINT.*Inst.*1.10.33.

21 To regard as situated, locate.

animum, cuius principatum, id est rationem in capite..posuit (Plato) CIC.*Tusc.*1.20; rerum quas in animis ponunt *Ac.*1.20; in nostris..herbis uim eandem..poni SEN.*Ep.* 84.4;—(*in time*) quos in Sulpici aetate posui CIC.*Brut.*230; centum et octo annis postquam Lycurgus leges scribere instituit, prima posita est Olympias *Rep.*2.18;—(*fig.*) uirtus ..in hoste posita *Pis.*81; res humanas despicere atque infra se positas arbitrari *Tusc.*3.15; HOR.*Ep.*2.1.14.

22 To esteem, value, count. **b** to place (in a class or category), classify.

(*w.* ante) non..rumores ponebat ante salutem ENN.*Ann.* 371; neu uerba inimici ante facta sua poneret SAL.*Jug.*15.1; —(*w.* post) ut..ponar post noctis auem! OV.*Met.*2.564; V.MAX.1.1.9;—(*w.* in+*abl.*) ille populus in superiore condicione causaque ponitur CIC.*Balb.*36; haec..haud in magno equidem ponam discrimine LIV.pr.8; in aequo utramque ponit repulsam SEN.*Ben.*5.6.7;—(*w. advs.*) eodem..uos pono et paro PL.*Cur.*506;—(*w. pred. adj. or phr.*) id ponito ad compendium *Cas.*517; omnis res posteriores pono *Mil.*953; ut..princeps poneretur habereturque carissimus NEP.*Alc.* 11.6; quae prima aut ultima ponas? JUV.9.81. **b** (*w.* in+*abl.*) hanc oratoriam facultatem in eo genere ponemus CIC. *Inv.*1.6; consilio iuuare ciues et auxilio aequa in laude ponendum est *Top.*71; me hoc in lucro ponere..patiantur *Flac.*40; id..in optima spe pono *Att.*13.22.5; in diuisione orbis terrae plerique in parte tertia Africam posuere SAL.*Jug.* 17.3; tu in summis..poneris CAES.*poet.*2.2; in hac sententia licet ponas Aristotelem SEN.*Nat.*6.13.1; scandix..in olere siluestri..ponitur PLIN.*Nat.*22.80;—(*w.* in numero, in loco, loco) quod ego quasi consolationis loco pono CIC.*Fam.*6.1.3; quae non ego in benefici loco pono 15.4.12; solem..in deorum numero ponere *N.D.*1.87;—(*w.* inter) iste..ueteres inter ponetur honeste HOR.*Ep.*2.1.43; hos inter si me ponere Fama uolet PROP.2.34.94; LIV.29.25.3; qui spatium uitae extremum inter munera ponat naturae JUV.10.358;—(*w.* sub) sub uno aspectu ponerentur Q.CIC.*Pet.*1.

23 (w. *in*+abl.) To make dependent, base (upon). **b** *positus*, dependent (on). **c** *spem*, etc., *ponere*, to place one's hopes (in).

si in uno Cn. Pompeio omnia poneretis CIC.*Man.*59; qui omnia in pecunia posuisset *Vat.*38; credibile non est..quantum in amore et fide ponam *Att.*2.23.3; qui..in se uno sua ponit omnia *Parad.*17; uolgus..euentum suum in uirtute aliena ponit LIV.7.8.1; SEN.*Dial.*12.5.1;—(*w. indir. qu.*) salutem..superi et, stet Roma cadatue, in pedibus posuere tuis SIL.15.573; (*pass.*) cum..in alio..ponatur aliudque totum sit, utrum decere an oportere dicas CIC. *Orat.*73; utrum ab se prodita an seruata patria uideatur, in fide Romana positum esse LIV.8.25.11; GAIUS *dig.*34.5.7 (8).1;—(*w.* ut *or* ne, *pass.*) in te positum est ut nostrae sollicitudinis finem..facere possimus CIC.*Att.*16.16b.8; id ne accidat, positum in eius diligentia CAES.*Gal.*7.32; TRA. *Plin.Ep.*10.20(31).2;—(*w. acc. and inf.*) in euentu eius urbis positum esse, quam primam adgressus esset, aut sperni ..aut timeri se LIV.36.9.10. **b** si totum certamen in uno proelio positum putarent *Rhet.Her.*4.13; cum in eo liberando salus sit posita rei publicae CIC.*Phil.*11.21; est..totum positum in te *Att.*12.27.1; erat in celeritate omne positum certamen CAES.*Civ.*1.70.1; ducis in consilio posita est uirtus militum PUB.*Sent.*D.14; in eo positam uictoriam credere Carthaginienses LIV.27.5.12; ergo in uirtute posita est uera felicitas SEN.*Dial.*7.16.1. **c** in hoc spes libertatis posita est CIC.*Phil.*5.49; in unius hominis..anima positas omnis nostras spes *Att.*8.2.3; in eo uel maximam spem pono uictoriae *Fam.*10.26.1; omnem spem salutis in uirtute ponerent CAES.*Gal.*3.5.3; sin..sumptis spem ponis in armis VERG.*A.*2.676; in tribunatu ponere aliquid spei LIV.3.65.9; (*cf.*) ne spem ponas me bonae frugi fore PL.*Capt.*957.

24 (w. *in*+abl.) To regard as consisting or comprised (in).

si ullum firmamentum in illo teste posuisses CIC.*Flac.*92; duabus rebus..quarum una in rerum externarum despicientia ponitur *Off.*1.66; summa uirtus in patientia ponebatur NEP.*Alc.*11.4; ne in occidione uictoriam ponerent LIV.3.28.9;—(*pf. pple. pass.*) mens et animus et consilium et sententia ciuitatis posita est in legibus CIC.*Clu.*146; libertatem..in quadam moderatione positam putabo *Planc.*94.

pons ~ntis, *m.* [cf. Skt. *pánthāḥ* 'path', Gk. πάτος, πόντος] FORMS: abl. sg. ~nti QUAD. *hist.*10b.

1 A bridge (across a river or sim.). **b** (as a favourite stand for beggars). **c** (w. proper names, etc., ref. to specific bridges). **d** *inter* (*duos*) *~ntes*, (app.) a reach of the Tiber between the Aemilian and Sublician bridges.

is (*sc. Xerxes*)..Hellesponto ~ntem contendit in alto ENN.*Ann.*378; IN EA VIA ~NTEIS OMNEIS..POSEIVEI *CIL* 1.638.1; pars oppidi..mari disiuncta angusto, ~nte rursus adiungitur CIC.*Ver.*4.117; ~ntem in Arare faciendum curat CAES.*Gal.*1.13.1; ~ntem indignatus Araxes VERG. *A.*8.728; amnem ~nte iunxit CURT.4.9.9; (Phasis) ~ntibus CXX peruius PLIN.*Nat.*6.13; ~nte nauibus effecto tramissoque exercitu TAC.*Ann.*6.37; Horatius Cocles..~nte rescisso transnatat Tiberim FLOR.*Epit.*1.4(1.10.4); (*cf.*) ~ntibus ac molibus ex humanorum corporum strue faciendis LIV.23.5.12; (*w. iron. ref. to phr.* sexagenarios de ~nte, *see sense 2c*) quem contra morem maiorum minorem annis LX de ~nte in Tiberim deiecerit CIC.*S.Rosc.*100;—(*w. gen. of river*) omnibus interruptis eius fluminis ~ntibus CAES. *Gal.*7.34.3; Salaria uia trans ~ntem Anienis castra habuere LIV.7.9.6; TAC.*Hist.*1.70;—(*applied to a causeway across a bog*) ~ntibus palude constrata legiones traducit HIRT.*Gal.* 8.14.4. **b** qualis erat..fortuna binominis Iri, quique tenent ~ntem OV.*Ib.*416; domum illam splendidam malo quam ~ntem SEN.*Dial.*7.25.1; haec sarcinarum pompa conuenit ~nti MART.12.32.25; JUV.5.8; 14.134. **c** (*at Rome*) a ~nte Muluio Tiberim duci secundum montis Vaticanos CIC.*Att.*13.33a.1; uia quae sublicio ~nte ducit ad Ianiculum LIV.5.40.8; V.MAX.3.2.1; Aemilius ~ns JUV. 6.32;—(*elsewhere*) ~nte Argenteo (*near Forum Voconii in Gallia Narbonensis*) LEP.*Fam.*10.34a.4; Falernus ager a ~nte Campano..incipit PLIN.*Nat.*14.62. **d** TIT.*orat.*2; sentis lupus hic..~ntisne inter iactatus an amnis ostia sub Tusci HOR.*S.*2.2.32; eadem aquatilium genera alibi atque aliubi meliora, sicut lupi pisces in Tiberi amne inter duos ~ntes, rhombus Rauennae PLIN.*Nat.*9.169.

2 A plank, etc., bridging the gap between buildings, walls, and the like, gangway. **b** (for entering or leaving a ship). **c** (leading to the voting-compartments in the Comitia at Rome).

fecerisne ante rostra ~ntem continuatis tribunalibus, per quem consul..ad supplicium et ad necem duceretur? CIC. *Vat.*21; turris..~ntibus traiectis constratisque coniungi HIRT.*Gal.*8.9.3; VERG.*A.*9.170; resoluere muros ariete et in turrim subitos immittere ~ntes SIL.5.554; TAC.*Ann.*4.51; ~nte transmisso Palatium Capitoliumque coniunxit SUET. *Cal.*22.4. **b** socios de puppibus altis ~ntibus exponit VERG.*A.*10.288; 10.654; ratem terris diuisit..nauita et angustum deiecit in aequora ~ntem STAT.*Silv.*3.2.55. **c** ~ntes disturbat, cistas deiecit, impedimento est quo setius (lex) feratur *Rhet.Her.*1.21; operae Clodianae ~ntis occuparant CIC.*Att.*1.14.5; *Leg.*3.38; OV.*Fast.*5.634; utrumne in Campo per comitia tribus ad suffragia uocantem..e ~nte deicerent.., an.. SUET.*Jul.*80.4;—(*cf.*) sexagenarios de ~nte deici oportere, id est, quod suffragium non ferant quod per ~ntem ferebant VAR.in Non.p.523M; FEST. p.334M.

3 A platform, floor, deck.

turris erat uasto suspectu et ~ntibus altis VERG.*A.*9.530; turrim..quam eduxerat ipse subdideratque rotas ~ntisque instrauerat altos 12.675; absiliunt ~ntes, tectique prementis saxea frena labant STAT.*Theb.*10.879;—(*in a ship*) tabulas..superinstrauit ut peruium in totum nauium ordinem esset, et sub ipsis ~ntibus interualla fecit qua procurrere speculatoriae naues..possent LIV.30.10.6; hoc puppium interuallum..~ntibus stratis, qui militem sustinerent, inpleuerant CURT.4.3.15; TAC.*Ann.*2.6; (*cf.*) Arabes Ascitae appellati..bubulos utres binos insternentes ~nte piraticam exercent PLIN.*Nat.*6.176; amplissima arborum..

quam propter miraculum Tiberius Caesar in eodem ~nte naumachiario exposuerat 16.200.

pontārius ~(i)ī, *m.* [prec.+-ARIVS] (prob.) One who fights on a raised platform (in an amphitheatre).
IN FORO (*sc.* dedit) POMPAM TAVROS TAVROCENTAS SVCCVRSORES ~OS PARIA III *CIL* 10.1074.5.

Pontiae ~ārum, *f. pl.* Also sg. **Pontia** ~ae. An island in the Tuscan Sea south of Circeii (also, pl., the group of islands to which it belongs).
in insulis propinquis ~is, Palmariae, Pandateriae VAR. *R.*3.5.7; Volsci ~as, insulam sitam in conspectu litoris sui, incoluerant LIV.9.28.7; MELA 2.121; circa ~as insulas PLIN.*Nat.*32.154;—(*sg.*) fame necauit Neronem in insula ~a SUET.*Tib.*54.2.

Pontica ~ae, *f.* An unknown gem.
PLIN.*Nat.*37.179.

ponticulus ~i, *m.* [PONS+-CVLVS] A little bridge.
cum..fossae transitum ~o ligneo coniunxisset CIC.*Tusc.* 5.59; inepta crura ~i axulis stantis in rediuiuis CATUL.17.3; COL.2.2.11; SUET.*Jul.*31.2;—(*transf.*) in promulsidari asellus erat..~i..feruminati sustinebant glires..papauere sparsos PETR.31.10.

Ponticus (~os) ~a ~um (~on), *a.*

1 Of the Black Sea or the region adjoining it, Pontic; (masc. pl. as sb.) the inhabitants of Pontus; (neut. pl. as sb.) the country adjoining the Black Sea. **b** (as a distinguishing epithet of plants); *radix ~a*, rhubarb; *nux ~a*, the hazel-nut. **c** *mare ~um* and sim., the Black Sea.
Heraclides ~os VAR.*Men.*81; legionem..~am *B.Alex.* 39.2; ~a pinus HOR.*Carm.*1.14.11; ~a terra OV.*Tr.*1.2.94; populi..~i MELA 1.14; Thracia..a ~o litore incipiens PLIN.*Nat.*4.44; ~i..fibri 8.109; Propontidis angustias et os ~um intrat TAC.*Ann.*2.54; turbo ~i belli FLOR.*Epit.*1.40 (3.5.5); anates ~as GEL.17.16.1; (*transf. ep.*) ~a ter uicti.. medicamina regis (*i.e. Mithridates*) JUV.6.661;—lex Pompeia ..qua Bithyni et ~i utuntur PLIN.*Ep.Tra.*10.112(113).1; ad Mithridaten..~osque respexit FLOR.*Epit.*2.10(3.22.4); —hi ditis Asiae populos, hi ~a frenant STAT.*Silv.*5.3.188. **b** (absinthium) ~um PLIN.*Nat.*27.45; phu ~i seminis LARG.176;—radicis ~ae P ✗ VII CELS.5.23.3.B;—in Asiam.. e Ponto uenere eae (*sc.* nuces abellanae) ideoque et ~ae nuces uocantur PLIN.*Nat.*15.88; (*cf.*) quicquid nobile ~is nucetis STAT.*Silv.*1.6.12. **c** Propontida trucemue ~um sinum CATUL.4.9; ~um simul et Hadriaticum mare..conspici posse LIV.40.21.2; CURT.7.3.21; APUL.*Mun.*7.

2 A Roman cognomen, esp. that of an epic poet contemporary with Propertius.
dum tibi Cadmeae dicuntur, ~e, Thebae PROP.1.7.1; 1.9. 26; OV.*Tr.*4.10.47.

pontifex ~icis, *m.* Also **pontufex.** [app. PONS+-FEX] ORTHOG.: *pontefex CIL* 6.27627. One of the college of priests having supreme control in matters of public religion in Rome. **b** *~ex maximus*, the head of the college of *~ices*. **c** *~ex minor*, at first prob. an assistant deputizing for a *~ex* at ceremonies, later an inferior grade of priest.
uolo ius pontificium..scire; iamne ea causa ~ex capiar? CATO *orat.*187; *CIL* 1.1488; aedis sacra a magistratu ~ice praeeunte dicendo dedicatur VAR.*L.*6.61; ~ices ueteres propter sacrificiorum multitudinem tris uiros epulones esse uoluerunt CIC.*de Orat.*3.73; diuis..aliis alii sacerdotes, omnibus ~ices, singulis flamines sunto *Leg.*2.20; collegium ~icum CAES.*Civ.*1.22.4; si non ad fastos, non ad commentarios ~icum admittimur LIV.4.3.9; haec prodigia hostiis maioribus procurata decreto ~icum 27.4.15; ~ices, forda sacra litate boue! OV.*Fast.*4.630; VELL.2.43.1; FLOR.*Epit.* 1.1(1.2.2); ~EX PERPETVS DOMVS AVG *CIL* 2.1663;—(*transf.*) iuratust mihi dare.— lubet iurare. tun meo ~ex peiiurio es? PL.*Rud.*1377; Esquilini ~ex uenefici HOR. *Epod.*17.58;—(*perh. catachr. for* flamen) L EGNATVLEIO.. ~IC PALATVALI *CIL* 8.10500. **b** quod in tabula apud ~icem maximum est CATO *hist.*77; Scaeuola Quintus ~ex maximus VAR.*L.*5.83; Clodius, qui ex ~icis maximi domo religionem eripuit CIC.*Dom.*104; *CIL* 1.787; LIV. 3.54.5; 9.46.6; ut (flamines) a ~icibus maximis ire in prouincias prohiberentur TAC.*Ann.*3.58; PAUL.*Fest.*p.126M; (*cf.*) destinat hoc monstrum (*i.e. a fish*) cumbae..magister ~ici summo (*i.e. Domitian*) JUV.4.46. **c** L. Claudius rex sacrorum..Sex. Caesar flamen Quirinalis, Q. Cornelius, P. Albinouanus, Q. Terentius, ~ices minores CIC.*Har.*12; scriba pontificius, quos nunc minores ~ices appellant LIV. 22.57.3; *formula* in Fest.p.165M; *CIL* 10.5393.

pontificālis ~is ~e, *a.* [prec.+-ALIS] Belonging to a *pontifex* or the college of *pontifices*.
in ~ibus sacris VAR.in Non.p.547M; ~is..auctoritas CIC.*Leg.*2.52; ~ia atque auguralia insignia LIV.10.7.9; ~ibus libris SEN.*Ep.*108.31; PLIN.*Nat.*13.87; dolabra ~is FEST.p.318M;—(*w. ref. to the* Pontifex Maximus) Caesaris innumeris..accessit titulis ~is honos OV.*Fast.*3.420; ~ibus ludis SUET.*Aug.*44.3.

pontificātus ~ūs, *m.* [PONTIFEX+-ATVS²] The office or dignity of a *pontifex*; *~us maximus*, the office of *pontifex maximus*.
statas..caerimonias ~u, rerum bene gerundarum auctoritates augurio..contineri CIC.*Har.*18; Catulus ex petitione ~us odio i ncensus SAL.*Cat.*49.2; ~us..sacerdotio puerum honorauit VELL.2.59.3; TAC.*Ann.*1.3;—(Augustus) ~um maximum non nisi mortuo illo (*sc.* Lepido) tranferri in se passus est SEN.*Cl.*1.10.1; (habitauit) post..~um maximum in Sacra uia (*i.e. after becoming* Pontifex Maximus) SUET. *Jul.*46; *Tit.*9.1.

pontificium ~(i)ī, *n.* [PONTIFEX+-IVM] Power or authority to do a thing.
re semel statuta deliberataque ab eo, cuius id negotium ~iumque esset GEL.1.13.3.

pontificius ~a ~um, *a.* [PONTIFEX+-IVS] Of or pertaining to a *pontifex* or the college of *pontifices*, pontifical.
ius ~um optime scire CATO *orat.*187; scriba ~us HEM. *hist.*32; nego istam adoptionem ~o iure esse factam CIC. *Dom.*36; ~is comitiis *Cael.*19; *Sen.*38; LIV.30.1.6; ~i carminis uerba SEN.*Dial.*6.13.1; dolabram..~am FEST.p.330M.

Pontius ~a ~um, *a.* The name of a Samnite, and later Roman, *gens*, esp.: **a** C. Pontius, the Samnite leader at the battle of the Caudine Forks. **b** L. Pontius Aquila, tribune in 45 B.C. and one of Caesar's murderers. **c** Pontius Pilatus, prefect of Judaea A.D. 26–36.
a CIC.*Off.*2.75; LIV.9.1.2; FLOR.*Epit.*1.11(1.16.10); GEL. 1.25.6. **b** POL.*Fam.*10.33.4; SUET.*Jul.*78.2. **c** *A.Epig.* 63.104; Christus..per procuratorem ~um Pilatum supplicio adfectus erat TAC.*Ann.*15.44.

pontō ~ōnis, *m.* [prob. Gall.] A flat-bottomed boat used for ferrying, etc., a punt or sim.
~ones, quod est genus nauium Gallicarum, Lissi relinquit hoc consilio ut..aliquam Caesar ad insequendum facultatem haberet CAES.*Civ.*3.29.3; GEL.10.25.5; flumine interueniente uia constitui potest, si aut uado transiri potest aut pontem habeat: diuersum, si ~onibus traiciatur PAUL.*dig.*8.3.38.

pontus¹ ~ī, *m.* [Gk. πόντος] The sea (usu. poet.). **b** (applied to a mass of sea-water, billow).
mulserat huc nauem compulsam fluctibus ~us ENN.*Ann.* 225; ACC.*trag.*399; o caeruleo creata ~o (*i.e. Venus*) CATUL. 36.11; uenti uis uerberat incita ~um ingentisque ruit nauis LUCR.1.271; in aequore ~i 2.781; freta ~i incipiunt agitata tumescere VERG.*G.*1.356; dum longus inter saeuiat Ilion Romamque ~us HOR.*Carm.*3.3.38; Oceanus ~o qua continet orbem [TIB.]3.7.147; multa..milia occisa tua deferet amnis in ~um magnum *in* LIV.25.12.6; OV.*Met.*4.536; Britannos ultra noti litora ~i SEN.*Apoc.*12.3,l.10; LUC.1.693; hiberno deprensus nauita ~o STAT.*Theb.*1.370; APUL.*Met.*11.25;—(*pleon.*) ~i maria alta ueliuola LAEV.*poet.*11; maris magna claudit nos obice ~us VERG.*A.*10.377;—(*applied to specific seas*) medium..~um (*i.e. the Mediterranean*) MAN.4.628; superi..accola ~i (*i.e. the Adriatic*) SIL.15.565;—(*hyperb., applied to a lake*) fluitantia summo..cadauera ~o (*i.e. Trasimene*) 6.13. **b** unam (*sc.* nauem)..ingens a uertice ~us in puppim ferit VERG.*A.*1.114.

Pontus² **(~os)** ~ī, *m.* [spec. use of prec.]

1 The Black Sea, Euxine; more fully *~us Euxinus*.
Hypanim fluuium, qui ab Europae parte in ~um influit CIC.*Tusc.*1.94; ~os, mare certo quod fluit aestu LUCR.5.507; quae..tenent ~i Byzantia litora fauces OV.*Tr.*1.10.31; inhospitalis..~i sinus PHAED.4.7.10; V.FL.4.723; APUL. *Mun.*6;—frigida me cohibent Euxini litora ~i OV.*Tr.*4.4. 55; PLIN.*Nat.*6.1.

2 The region round the Black Sea. **b** (spec.) a region of Asia Minor between Bithynia and Armenia, from 63 B.C. a Roman province.
optima (sandaraca) ~o proxime flumen Hypanim habet metallum VITR.7.7.5; 8.3.11; ut sumus in ~o, ter frigore constitit Hister OV.*Tr.*5.10.1; *Pont.*1.9.6. **b** non ~i neque Cappadociae latebris occultare CIC.*Man.*7; *B.Alex.* 67.1; (Hannibal) ad Prusiam in ~um peruenit NEP.*Han.*10. 1; VELL.2.38.6; regem..~i (*i.e. Mithridates*) JUV.10.273; SUET.*Nero* 18.1.

popa ~ae, *m.* [perh. Etr.] A priest's attendant, who killed the victim at a sacrifice.
mirabar..credi ~ae, confessionem seruorum audiri CIC. *Mil.*65; illa dies..caedem denuntiat agnis, succinctique calent ad noua lucra ~ae PROP.4.3.62; SEN.*Ag.*898; admota altaribus uictima succinctus ~arum habitu..cultrarium mactauit SUET.*Cal.*32.3;—(*transf., used attrib., w. ref. to the proverbial corpulence of such men*) illi tremat omento ~a uenter? PERS.6.74.

popanum ~ī, *n.* [Gk. πόπανον] A round cake used in sacrifices.
~IS VIIII PTHOIBVS VII⟨II PREC⟩ATI SVNT ITA *CIL* 6.32323. 140; tenui ~o corruptus Osiris JUV.6.541.

popellus ~ī, *m.* [POPVLVS+-LVS] (contemptuously) The people, the rabble.
Vulteium..uilia uendentem tunicato scruta ~o HOR.*Ep.* 1.7.65; blando caudam iactare ~o PERS.4.15; 6.50.

Popilius ~a ~um, *a.* **Popillius.**

1 The name of a Roman *gens*.
in gente ~a CIC.*Leg.*2.55.

2 A member of the Popilian *gens*, esp.: **a** P. ~us Laenas, cos. 132 B.C., who persecuted the associates of Tiberius Gracchus. **b** C. Popilius Laenas, the murderer of Cicero.
a *CIL* 1.637; CIC.*Brut.*95; VELL.2.7.4; GEL.11.13.1. **b** V.MAX.5.3.4; SEN.*Suas.*6.20.

popīna ~ae, *f.* [It., doublet of COQVINA] A low-class eating-house, cook-shop, bistro. **b** (contemptuously applied to an elaborate private meal).
bibitur, estur quasi in ~a PL.*Poen.*835; LUCIL.11; in lustris, ~is, alea, uino tempus aetatis omne consumpsisses CIC.*Phil.*13.24; (stomachus) omnia malit quaecumque immundis feruent allata ~is HOR.*S.*2.4.62; SEN.*Suas.*6.7; COL. 1.8.2; qui tomacla..circumfert tepidis cocus ~is MART. 1.41.10; peruigiles..~as JUV.8.158; interdictum ne quid in ~is cocti praeter legumina..ueniret SUET.*Nero* 16.2; APUL. *Pl.*1.13; (*cf.*) cum isto ore foetido taeterrimam nobis ~am inhalasses CIC.*Pis.*13. **b** nulla apud me fuit ~a..in conuiuio liberi uestri modestius erant quam apud principia GRACCH.*orat.*25; uide hos (*sc.* Nomentanum et Apicium)..in suggestu rosae despectantis ~am suam SEN.*Dial.*7.11.4; ultra Phasin capi uolunt, quod ambitiosam ~am instruat 12.10.3.

popīnālis ~is ~e, *a.* [prec.+-ALIS] Belonging to or characteristic of a cook-shop.
deliciae ~es COL.8.16.5; iuuenis..luxuriae ~is APUL. *Met.*8.1.

popīnāria ~ae, *f.* [POPINA+-ARIA] A woman who keeps a cook-shop.
CIL 14.3709.

Pōpinius: see PVPINIVS.

popīnō ~ōnis, *m.* [POPINA+-O¹] One who frequents low eating-houses.
quis poculis marcentium chorum intro ibit ~o? VAR.*Men.* 308; HOR.*S.*2.7.39; Sallustium..lurchonem et nebulonem ~onemque appellans SUET.*Gram.*15(p.112Re).

poples ~itis, *m.* [dub.]

1 The knee-joint, the knee.
caue lassitudo ~itum tuum cursum leuet ACC.*trag.*456; quae..proiciet truncum summisso ~ite corpus CATUL. 64.370; LUCR.4.952; incidit..ad terram duplicato ~ite Turnus VERG.*A.*12.927; quae..~itibus suberant picto genualia limbo OV.*Met.*10.593; ~itibus semet excepit CURT. 6.1.14; (elephantus) ~ites intus flectit hominis modo PLIN. *Nat.*11.248; tento ~ite proni decurrunt V.FL.1.185; STAT. *Theb.*6.590; ingredientem destituebant ~ites minus firmi SUET.*Cl.*30.1.

2 The back of the knee, hough.
succiso ~ite Gygen excipit VERG.*A.*9.762; terga..ferientes ac ~ites caedentes stragem ingentem..fecerunt LIV. 22.48.4; ictus erat, qua crus esse incipit et qua mollia neruosus facit internodia ~es OV.*Met.*6.256; ii..in quibus usque ad grandes..uenas in alis uel ~itibus mucro desedit CELS.5.26.3.A; oleo..genua ~itesque et crura (*sc. of an ox*) confricanda sunt COL.6.12.3; ~ites alternis genibus inponi (*i.e. to sit cross-legged*) PLIN.*Nat.*28.59; Seneca..crurum.. et ~itum uenas abrumpit TAC.*Ann.*15.63.

poplicē, Poplicola, poplicus: see PVBL-.

Poplifugia ~ōrum, *n. pl.* [POPVLVS¹+FVGIO+-IVM] A festival held at Rome on 5 July, perh. commemorating the flight of the people upon Romulus' death (see Plutarch *Romulus* 29).
dies ~a uidetur nominatus, quod eo die tumultu repente fugerit populus VAR.*L.*6.18; *Fast.Amit.*(*CIL* 1.p.244).

poploe: see POPVLVS¹.

Poppaeānus ~a ~um, *a.* Of or named after the Empress Poppaea (in quot., of cosmetics).
facies..pinguia ~a spirat JUV.6.462.

Poppaeus ~a ~um, *a.*

1 A Roman gentile name, esp. as borne by: **a** Q. Poppaeus Sabinus, consul A.D. 9. **b** (fem.) Poppaea Sabina, Nero's second wife.
a TAC.*Ann.*1.80; SUET.*Ves.*2.1. **b** ~a.., Neronis coniunx,..totum corpus illo lacte (*i.e. of asses*) macerabat PLIN.*Nat.*11.238; TAC.*Ann.*13.45; 14.1; SUET.*Nero* 35.1.

2 Of Poppaeus; esp. *lex Papia ~a*, a marriage-law of A.D. 9.
FIRA 3.2.scr.ex.7(*P.Mich.*3.167); relatum deinde de moderanda (lege) Papia ~a quam..Augustus..incitandis caelibum poenis..sanxerat TAC.*Ann.*3.25; SUET.*Cl.*19; ex lege Iulia et Papia ~a iure liberorum a tutela liberantur feminae GAIUS *Inst.*1.145.

poppysma ~atis, *n.* **poppysmus** ~ī, *m.* [Gk. πόππυσμα, ποππυσμός] A smacking sound made with the lips.
fulgetras ~is adorare PLIN.*Nat.*28.25; uati crebrum ~a roganti JUV.6.584;—(*transf.*) ~ata cunni MART.7.18.11.

poppyzōn ~ontos, *m.* [Gk. ποππύζων] Making smacking sounds with the mouth; (in quot., in the description of a picture).
cum (Nealces) pingeret ~onta retinentem eum (*sc.* equum) PLIN.*Nat.*35.104.

populābilis ~is ~e, *a.* [POPVLOR+-BILIS] That can be ravaged or laid waste.
quodcumque fuit ~e flammae, Mulciber abstulerat OV. *Met.*9.263.

populābundus ~a ~um, *a.* [POPVLOR+-BVNDVS] Engaged in ravaging a territory.
in fines Romanos excucurrerunt ~i magis quam iusti more belli LIV.1.15.1; consul cum..per omnem hostium agrum infesto agmine ~us isset 3.3.10; 7.12.6; 10.14.3; (*w. acc.*) ~us agros ad oppidum peruenit SIS.*hist.*55; 56.

populāris¹ ~is ~e, *a.* *compar.* ~ior. [POPVLVS¹+-ARIS]

1 Of, belonging to, or involving the whole people or a majority of it, popular. **b** (opp.

to military). **c** belonging to or used by ordinary people, popular.

incredibili ~i uoluntate consul sum factus Cic.*Brut.*321; me causam A. Cluenti nunc cognosse, antea fuisse in ea opinione ~i *Clu.*142; uita remota ab honore ~i *Dom.*46; non..operam nostram..a ~i coetu remouimus *Luc.*6; nec (Virtus) sumit aut ponit securis arbitrio ~is aurae Hor. *Carm.*3.2.20; populus iniussu..frequens iit supplicatum; et haec uaga ~isque supplicatio studiis prope celebratior fuit Liv.3.63.5; se ~e incendium priore consulatu semustum effugisse 22.40.3; regiam ciuitatem (inuenerunt) Aegyptii, ~em Attici Plin.*Nat.*7.200; in alia parte Phoenices..~i.. nomine a nobis appellantur balani 13.48; ~is error ad meliora ducendus Quint.*Inst.*12.1.26; te..gaudiis ~ium pomparum ouantem Apul.*Met.*6.28. **b** quique agent rem duelli quique ~em, auspicium praemonento Cic.*Leg.*2.21; erat confusa contio non ~i modo sed militari quoque turba Liv.24.27.2. **c** ~e dicendi genus Cic.*Brut.*247; an alia quaedam esset erudita, alia ~is oratio *Parad.*4; Antisthenes ..~is deos multos naturalem unum esse dicens *N.D.*1.32; ~ibus..uerbis est agendum et usitatis *Off.*2.35.

2 Available to, directed towards the whole community, public. **b** (leg., of cases involving public interests) in which any member of the public might sue.

adposita cena sit ~em quam uocant Pl.*Trin.*470; in ~i oratione, qua mos est Athenis laudari..eos qui sint in proeliis interfecti Cic.*Orat.*151; tua (*i.e. Clodia's*) domus ~is *Cael.*52; artes, quae sunt totae forenses atque ~es, uerbis tamen..quasi priuatis utuntur ac suis *Fin.*3.4; apparitione ~ium munerum *Off.*2.56; ~ia sacra sunt quae omnes ciues faciunt nec certis familiis adtributa sunt Labeo *iur.*16;— (*cf.*) triclinia illa ~ia, illa paucorum Plin.*Ep.*1.3.1; Venerem ..uulgariam (*i.e.* Ἀφροδίτη πάνδημος), quae sit percita ~i amore Apul.*Apol.*12. **b** hoc interdictum perpetuum et ~e est Ulp.*dig.*43.8.2.34; haec actio (*sc.* sepulchri uiolati) ~is est 47.12.3.12; Paul.*dig.*47.23.1.

3 Of the common people (opp. the Senate, etc.): **a** (as a political unit). **b** (as a social group); (neut. pl. as sb.) the seats in the theatre occupied by the people.

a ut ~is cupiditas a consilio principum dissideret Cic. *Sest.*104; ut ego nec per bonorum nec per ~em existimationem honeste possim hominem defendere *Att.*1.12.1; (res publica) ex tribus generibus illis, regali et optumati et ~i, confusa *Rep.*2.41; uicissitudines..habebant quibus mensibus ~i munere fungerentur, quibus senatorio 3.48; cum et spiritus plebs sumpsisset et tres ad ~em causam..haberet duces Liv.4.54.8; (M'. Curius) ~is adsignationis (*sc. of land*) modum non excessit V.Max.4.3.5; ~es tumultus Suet.*Tib.* 37.2; Amp.50.1. **b** a ~i consessu senatoria subsellia separari Cic.*Corn.*1.fr.25; (*transf., w. ref. to bees*) (cerarum) foramina, quibus ~is notae pulli detinentur Col.9.11.4;— (*neut. pl. as sb.*) in ~ia deducti, cum animaduertissent Parthos..sedentis in senatu, ad eadem loca sponte transierant Suet.*Cl.*25.4; *Dom.*4.5.

4 Supporting or professing to support the interests of the people politically, belonging to the popular party.

~is homo ac turbulentus Cic.*Clu.*94; animum uere ~em saluti populi consulentem *Catil.*4.9; sperastis uos..posse in euertenda re publica ~es existimari *Agr.*1.23; C. Gracchus, qui unus maxime ~is fuit *Dom.*24; cum reges ~esue homines largitiones aliquas proponunt *Off.*2.21; Q.Cic.*Pet.* 53; consensu opprimi ~em uirum, quod primus a patribus ad plebem defecisset Liv.6.20.3; Metellus ~i factione patria pulsus V.Max.4.1.13; Drusum..tribunorum ~ium clarissimum Plin.*Nat.*25.52; Apul.*Pl.*2.28;—(*of policy, conduct*) in re publica uiam quae ~is habetur secutus est Cic.*Catil.* 4.9; M. Manli..facta, ~ia in speciem, tumultuosa eadem Liv.6.14.2.

5 (of actions, words, etc.) Likely or intended to win the support of the general public, popular in appeal.

omnia Quinctiana iniqua, falsa, turbulenta, ~ia, seditiosa iudices iudicauerunt Cic.*Clu.*113; extraordinarium imperium ~e atque uentosum est, minime nostrae grauitatis *Phil.*11.17; ut ille esset melior et aliquid de ~i leuitate deponeret *Att.*2.1.6; tota petitio cura ut pompae plena sit, ut inlustris, ut splendida, ut ~is sit Q.Cic.*Pet.*52; ~es orationes serere Liv.10.19.7; hominem plebi insectatione principum ~ibusque artibus conciliatum 22.34.2; non est philosophia ~e artificium nec ostentationi paratum Sen. *Ep.*16.3; subuecta..utensilia ab Ostia..pretiumque frumenti minutum usque ad ternos nummos. quae quamquam ~ia in inritum cadebant Tac.*Ann.*15.39.

6 Liked or admired by the general public, popular.

homo non liberalitate..sed ipsa tristitia et seueritate ~is Cic.*Brut.*97; nihil est tam ~e quam bonitas, nulla de uirtutibus..gratior misericordia est *Lig.*37; quod putaret ~em esse clementiam *Att.*10.4.8; principem ciuitatis..largiendo de alieno ~em fieri querentes Liv.3.1.3; quo nihil ~ius est, quibus artibus petierat magistratus, iisdem gerebat 7.33.3; approbari opus suum et fieri ~e non putat posse Sen.*Nat.* 7.16.2; Pompei nomen ~e per orbem Luc.7.694; utilissimum munus, sed non perinde ~e Plin.*Ep.*1.8.12; homo munificus et innoxie ~is 6.31.3.

7 Common, ordinary.

fiscellam cum sale ~i suspendito Cato *Agr.*88.1; (Persica) supernatia e Sabinis ueniunt, ~ia undique Plin.*Nat.*15.40; (castanea) Tereiana, quam rubens cortex praefert triangulis et ~ibus nigris, quae coctiuae uocantur 15.94; cadauer eius ~i sandapila..exportatum Suet.*Dom.*17.3.

8 Of or concerned with the organization of a people.

ante quam ad ~es leges uenias, uim istius caelestis legis explana Cic.*Leg.*2.9; cum sic hominis natura generata sit, ut habeat quiddam ingenitum quasi ciuile atque ~e, quod Graeci πολιτικόν uocant *Fin.*5.66.

9 Of the country to which one belongs, native.

querentem Sappho puellis de ~ibus Hor.*Carm.*2.13.25; heros (*sc.* Cephalus)..ingreditur ramum..tenens ~is oliuae Ov.*Met.*7.498; mare inuectae (*sc. Orpheus' head and lyre*) flumen ~e relinquunt 11.54; feta tibi occurrat patrio ~is in aruo..leaena *Ib.*499;—(*poet.*) purpureus ~i caede Caicus fluxit *Met.*12.111.

populāris[2] ~is, *m.*, (*f.*). [prec.]

1 (esp. w. gen. of person or poss. adj.) A member of the same community, fellow citizen, compatriot. **b** (transf.) a partner, associate (in an activity).

cum stupro redire ad suos ~is Naev.*poet.*42(39).2; praedaque agroque..adfecit ~is suos Pl.*Am.*193; o mi ~is, salue! *Poen.*1039; obsecro, ~es, ferte misero..auxilium Ter.*Ad.* 155; Cato *orat.*66; Solonis, ~is tui (*i.e. of Atticus, who resided at Athens*).., legem neglegam Cic.*Att.*10.1.2; neque per uim neque insidiis opprimi posse hominem tam acceptum ~ibus Sal.*Jug.*7.1; 111.2; non ~es modo sed Ausetanos quoque, uicinam gentem, concitat Liv.29.1.25; 32.5.3; Ov.*Met.*9.20; Dareus..respondit, quamquam sibi Graecorum militum fides nota sit, numquam tamen a ~ibus suis recessurum Curt.5.11.11; Biantis..~es Menander et Diodorus Col.1.1.9; Fron.*Str.*1.10.4; Suet.*Nero* 43.1; (*transf., of a plant*) ~es eorum (*sc.* prunorum) myxae Plin. *Nat.*15.43;—(*fem.*) tuom flagitiumst tuas te ~is pati seruire Pl.*Poen.*965; hanc (audis) Athenis esse natam..—mea ~is, opsecro, haec est? *Rud.*740; nec (Niobe)..admonita est poena ~is Arachnes Ov.*Met.*6.150. **b** quom ad ius iurandum ~is sceleris sui adigeret Sal.*Cat.*22.1; ne..a ~ibus coniurationis..per uim eripiantur 52.14; inuitis hoc nostris ~ibus (*i.e. my fellow Stoics*) dicam Sen.*Dial.*7.13.1.

2 A member of a given community, citizen, inhabitant.

(*w. gen. of place*) sese..non..circumdatum moenibus ~em alicuius definiti loci, sed ciuem totius mundi..agnouerit Cic.*Leg.*1.61; oppidum, cuius (Protagoras) ~is fuit Gel.5.3.3; (*transf., of an animal*) (glires) non congregare se nisi ~es eiusdem siluae Plin.*Nat.*8.224;—(*without gen.*) Crotone nec consilium unum inter ~es nec uoluntas erat Liv.24.2.8; in porta (*at Anagnia*)..scriptum erat..sic: 'flamen sume sarmentum'. rogaui aliquem ex ~ibus, quid illud uerbum esset? Aur.*Fro.*1.p.174(67N); oppidum.. desertum a Mithridate ob ambiguos ~ium animos Tac.*Ann.* 12.16; unum de triuiali ~ium faece Apul.*Met.*8.24; 9.41; si constet nullo actu ex lege habito duumuirum creatum, sed tantum uocibus ~ium postulatum Ulp.*dig.*49.1.12.

3 (in political sense) A member of the 'popular' party; a promoter of 'popular' policies.

alteri se ~is, alteri optimates et haberi et esse uoluerunt Cic.*Sest.*96; *Att.*2.20.4; ~es Polyperchonti fauebant, optimates cum Cassandro sentiebant Nep.*Phoc.*3.1; creatos.. post secessionem plebis (magistratus) plebeios; cuius illi partis essent, rogitare. ~es? Liv.3.39.9;—quid intersit inter ~em, id est adsentatorem et leuem ciuem, et inter constantem Cic.*Amic.*95; *Off.*2.78; ille plebicola (*i.e. Caesar*), ille ~is Sen.*Ben.*5.16.5; Flor.*Epit.*2.2(3.14.2).

populāritās ~ātis, *f.* [popvlaris[1] + -tas]

1 The fact of belonging to the same community, fellow-citizenship.

si quid opus est, quaeso, dic atque impera ~atis caussa Pl.*Poen.*1041.

2 The courting of popular favour or support (esp. in politics).

separare eum ordinem (*i.e. the* equites)..instituere Gracchi discordi ~ate in contumeliam senatu Plin.*Nat.* 33.34; Spuri Maeli..~as signum affectati regni est existimatum Quint.*Inst.*5.9.13; gratum ~ate Magnum Stat. *Silv.*2.7.69; quanto rarior apud Tiberium ~as tanto laetioribus animis accepta Tac.*Ann.*3.69; pari ~ate damnatos relegatosque instituit Suet.*Cal.*15.4; ~ate efferebatur, omnium aemulus, qui quoquo modo animum uulgi mouerent *Nero* 53.1; *Tit.*8.2.

populāriter, *adv.* [popvlaris[1] + -ter[2]]

1 As ordinary people do, etc.; (esp.) in everyday language.

homines..~ annum tantum modo solis..reditu metiuntur Cic.*Rep.*6.24;—quoniam in populari ratione omnis nostra uersatur oratio, ~ interdum loqui necesse erit *Leg.*1.19; duo genera librorum sunt, unum ~ scriptum,..alterum limatius *Fin.*5.12.

2 In a manner designed to win popular support or favour.

me ~ agere atque inuidiam commouere, quod puerum producerem, clamitauit Cic.*Ver.*1.151; contiones..seditiose ac ~ concitatas *Clu.*93; si quid locuti ~ uideamur, id nos eo consilio fecisse ut nobis Cn. Pompeium adiungeremus Q.Cic. *Pet.*5; ~ dempto capitis insigni purpuraque atque alio regio habitu Liv.27.31.4; V.Max.5.8.2; uerso pollice uulgus cum iubet, occidunt ~ Juv.3.37.

populātim, *adv.* [popvlvs[1] + -im] By peoples, universally.

poema placuit ~ omnibus Pompon.*com.*181; perdidi te, qui omnes seruos perdo ~ Caecil.*com.*125.

populātiō ~ōnis, *f.* [popvlor + -tio] The action of ravaging a country, a plundering expedition.

hostem rapinis pabulationibus ~onibusque prohibere Caes.*Gal.*1.15.4; ~one nocturna Liv.2.26.3; hostili ~one 3.25.6; ~one agrorum atque incendiis uillarum 5.26.4; usque ad aquas Sinuessanas ~o ea peruenit 22.13.10; Curt.3.4.5; uagis..~onibus Tac.*Ann.*3.20; si..transitus ille, non ~o fuit Plin.*Pan.*20.4; (*transf.*) bonorum meorum dira ~o Quint.*Decl.*347(p.368,l.25); (*fig.*) ~o morum atque luxuria Plin.*Nat.*9.104;—(*applied to the ravages of animals*) a ~one murum formicarumque frumenta defendit Col. 2.19.1; ~onibus uolucrum 3.21.5.

populātor ~ōris, *m.* [popvlor + -tor] One who ravages, a plunderer, spoiler.

Ciris 111; multos ~ores agrorum uagos palantes oppressit Liv.7.17.8; operis nostri ~or, Achilles Ov.*Met.*12.593; Troiae ~or Atrides 13.655; spolia ~or rapit Dardania; praedam mille non capiunt rates Sen.*Tro.*26; [Quint.] *Decl.*12.24; Stat.*Theb.*7.382; Tac.*Ann.*3.39; (*poet.*) Calabri ~or Sirius arui V.Fl.1.683;—(*applied to animals*) Arcadii ~or agri (*i.e. the Erymanthian boar*) Sen.*Ag.*832; Tuscae glandis aper ~or Mart.7.27.1.

populātrix ~īcis, *f.* [popvlor + -trix] (Fem. of prec.)

Siculi ~ix uirgo profundi (*i.e.* Scylla) Stat.*Silv.*3.2.86 (*poet.*) Thesei ~ix..Hymetti..apis Mart.13.104.1.

pōpulētum ~ī, *n.* [popvlvs[2] + -etvm] A plantation of poplar-trees.

in palustribus ~is Plin.*Nat.*14.61.

pōpuleus ~a ~um, *a.* [popvlvs[2] + -evs] Of or belonging to a poplar-tree; *arbor ~a*, a poplar-tree. **b** consisting of poplars.

~a fruns Enn.*Ann.*577; ~a..sub umbra Verg.*G.*4.511; ~is..euincti tempora ramis *A.*8.286; ~a..corona Hor. *Carm.*1.7.23; ~as..comas Ov.*Ep.*14.40; alba..complet rogum ~a silua Sen.*Her.O.*1641; ~o..trunco Stat.*Theb.* 9.235;—~a..arbor Sen.*Her.F.*912. **b** hunc..~a fluuium ripas umbrasse corona Luc.2.411;—flebant ~ae iuuenem Phaethonta sorores (*i.e. as metamorphosed into poplars*) V.Fl.5.429.

pōpulifer ~era ~erum, *a.* [popvlvs[2] + -fer] Bearing poplar-trees.

~er..Padus Ov.*Am.*2.17.32; ~er Sperchios *Met.*1.579.

Populifugia: see Poplifvgia.

pōpulneus ~a ~um, *a.* Also **-nus.** [popvlvs[2] + -nevs (-nvs)] (of materials) Derived from poplar.

frondem ~am Cato *Agr.*5.8; Col.11.2.100; arida ~a uel abiegna scobe..uuas custodiunt 12.44.4. **β** num ista aut populna sors aut abiegnast tua? Pl.*Cas.*384.

populō ~āre: see popvlor.

Populōnia[1] ~ae, *f.* Also **-ōna.** A cult-title of Juno.

Gran.Fl.*iur.*8; Sen.fr.(Haase p.426); ivnoni reginae ~ae deae patriae *CIL* 3.1075. **β** *CIL* 10.4789.

Populōnia[2] ~iae *f.* **~ium** ~iī, *n.* A town in Etruria.

α Verg.*A.*10.172; Mela 2.72. **β** Liv.30.39.2; Plin. *Nat.*3.50.

populor ~ārī ~ātus, *tr.* Also **~ō** ~āre ~āuī ~ātum. [popvlvs[1]; the sense-development is uncertain] N.B.: pples. and other indeterminate forms are included among the deponent examples.

1 To ravage, plunder (lands, etc.). **b** (of animals).

(*dep.*) insulam integram urit ~atur, uastat Naev.*poet.* 39(37).3; Cic.*Off.*1.33; huc iturum per finis Remorum eorumque agros ~aturum Caes.*Gal.*5.56.5; classi praefectus..Laconicen ~atus Nep.*Timoth.*2.1; hostium oppida atque agros ~ari Liv.27.20.8; Geticas ~atus caedibus urbis Stat.*Theb.*3.221; Tac.*Ann.*15.38; Metapontum terribili strage ~antur Flor.*Epit.*2.8(3.20.5); (*poet.*) in aequora currunt quisque suum ~atus iter Verg.*A.*12.525;—(*absol.*) urendo ~andoque gesserunt bella Liv.7.22.4; Galli..per campos maritimaque loca uagi ~abantur 7.25.3;—(*act.*) agrum Nolanum ~are coepit Quad.*hist.*95; Libycos ~are penatis Verg.*A.*1.527;—(*pple. in pass. sense*) arua Marte.. ~ata nostro Hor.*Carm.*3.5.24. **b** (*dep.*) blattae..fauos ~abuntur Col.9.7.5; (polypus) adsuetus exire e mari in lacus eorum apertos atque ibi salsamenta ~ari Plin.*Nat.* 9.92; cum breue Sicaniae uer ~antur apes Mart.2.46.2; eas (*sc.* apes) ~antur hirundines Plin.*Nat.*11.61; ~atum rura leonem Stat.*Theb.*9.189; aligerae sedem..~atus.. serpens 5.600;—(*act.*) ~at..ingentem farris aceruum curculio Verg.*G.*1.185;—(*pple. in pass. sense*) ~atis messibus (*i.e. by rabbits*) Plin.*Nat.*8.217.

2 (of things) To cause extensive damage to, ravage, devastate.

(*dep.*) formam ~abitur aetas Ov.*Medic.*45;—(*of fire*) rutilos flamma ~ante capillos *Met.*2.319; seu terra suos ~atur honores Grat.376; hostica muros ~ante flamma Sen.*Ag.*603; ~atur feruidus ignis flagrantem molem Sil. 10.555;—(*act.*) hic olim ignaros luctus ~auit Achiuos Prop. 3.18.29;—(*pple. in pass. sense*) haec (*sc.* nauis) lacera et omni decore ~ato Sen.*Ag.*503.

3 To despoil, strip.

(*dep.*) cum abundent etiam quae gula humana ~atur Plin.*Nat.*10.37; leuia sunt illa, quae patrimonium ~antur Quint.*Decl.*344(p.358,l.8); (*ellipt.*) custodes satellitesque et ostiarii et ministri ~antur Plin.*Nat.*12.64;—(*act.*) nostra per uim patria ~auit bona Acc.*trag.*164; forma cum uinceret omnis et cupidos quaestu passim ~aret amantis *Ciris* 78;— (*pple. in pass. sense*) ~ati atque uexati cuncti ad me publice saepe uenerunt Cic.*Div.Caec.*2; 7; (*w. abl.*) caput iuuenis barba et capillo ~atum Apul.*Apol.*59; (*poet.*) ~atum..exspuit hamum (*sc.* polypus) Ov.*Hal.*37.

populōsus ~a ~um, *a.* [next + -osvs] Full of people, populous.

~am familiam Apul.*Met.*5.8; per plateas ~as 8.6; ciuitatem..~am 8.23; (*w. abl.*) Indi, gens ~a cultoribus *Fl.*6.

populus[1] ~ī, *m.* Also **poplus.** [cf. perh. Etr. *puplu* (= Popvlonia[1])] Forms and Orthog.:

acc. sg. *popolum CIL* 1.582.14; *poplom* 6. 1300.16; nom. pl. (app.) *poploe Carm. Sal.* 4.15.

1 A human community, people, nation. **b** (pl.) the peoples of the world. **c** (transf., of other creatures). **d** the members of one or other of the sexes. **e** the members (of a society or sim.).

omni ~o male facit PL.*Trin.*1047; is dictust..flos delibatus ~i ENN.*Ann.*308; neminem uestrum ignorare arbitror ..hanc opinionem ~i Romani fuisse CIC.*Ver.*1.1; apud ~os prouinciae totius 2.137; pecunias ~is rettulerunt *Att.*6.2.5; quod non singulis hominibus, sed potentibus ~is saepe contigit *Tusc.*5.15; liberis Achaiae ~is CAES.*Civ.*3.3.2; uendidit hic Latium ~is V.RUF.*poet.*1; ~o magnum portendere bellum VERG.*A.*7.80; duabus urbibus ~is idem habitabat LIV.8.22.5; cum tali ~us sub principe simus OV.*Pont.*3.6.39; stagna ~is inter se ignotis circumdata SEN.*Nat.*6.7.2; GAIUS *Inst.*1.1. **β** PRO ~O ARIMENESI *CIL* 1.40; cum Telobois bellum est Thebano ~o PL.*Am.*101. **b** V.FL.1.23; (*contrasted with Rome*) ad ~os mitti qui nuper ab urbe solebas MART.12.2(3).1. **c** euerrere retibus aequor litoribusque suis ~os exponere captos MAN.4.286; aerios ~os caeloque dicatum alituum genus..uocabit 5.368; ruunt aliae superque aliae sepedum ~orum undae APUL.*Met.*6.10; —(*cf.*) uerborum omnium, ut ita dixerim, de ~o..non uoluntariis tantum, quae ultro obuenerint, utemur FRO. *Aur.*2.p.54(139N). **d** accedant regno..puellae: ambobus ~is sic uenerandus eris (*sc.* Cupido) OV.*Am.*2.9.54. **e** SOLARIVM TECTVM..IN QVO ~VS COLLEGI S S EPVLETVR *CIL* 6.10234.4.

2 The people (as transcending the individuals composing it), the State. **b** (at Rome) the whole people (exercising legislative and judicial power); (in other cities). **c** (excluding the *plebs*).

quod priuatus a ~o petit aut ~lus a priuato CIC.*Ver.* 2.32; cuius fratris bona, quod ~o non soluebat..publice uenierunt *Flac.*43; ut ~us in has condiciones pacem iuberet LIV.29.12.15. **β** NAVALED PRAEDAD POPLOM (*prob.* donauet) *CIL* 6.1300.16. **b** (praetor) tres uiros capitales ~um rogato *Leg.pub.*(*Font.iur.*p.47)4; praetores secundum ~um uindicias dicunt CATO *orat.*116; Milone..reo ad ~um accusante P. Clodio CIC.*Mil.*40; Gabinium ad ~um luculente calefecerat Memmius *Q.fr.*3.2.1; ut de eorum imperio ad ~um feratur CAES.*Civ.*1.6.6; duo imperia eo anno dari coepta per ~um LIV.9.30.3; cum ~o agere, hoc est ~um ad concilium..uocare PAUL.*Fest.*p.50M; P BAEBIO..A ~O PRAEF EQ *CIL* 5.3334;—(*dist. from the Senate*) a mani ad noctem..~usque patresque iactare indu foro se omnes LUCIL.1229; uos qui..~i senatusque iudicio exercitus habuistis CIC.*Agr.*1.12; nihil per senatum, multa et magna per ~um *Phil.*1.6; nec..senatus decreuit nec ~us iussit *Att.*7.7.4; ut quod ~i sit ~us iubeat potius quam patres gratificentur LIV.10.24.15;—(*jointly with the Senate*) qualis futurus in me restituendo fuisset senatus ~usque Romanus CIC.*Planc.*90; *Phil.*6.4; DEIVI IVLI..QVEM SENATVS ~VSQVE ROMANVS IN DEORVM NVMERVM RETTVLIT *CIL* 9.2628; SENATVS ~VSQVE R 12.4333.1.19; (*abbrev.*) S P Q R 6.938; —aut ad ~um aut in iure..rest PL.*Men.*587; senatum et ~um Syracusanum CIC.*Ver.*4.138; legatos Saguntinus senatus ~usque ad uos misit LIV.28.39.13; XV liberi homines ~us est, totidem serui familia totidem uincti ergastulum APUL. *Apol.*47. **β** DVM ~VS SENATVSQVE ROMANVS VELLET *CIL* 2.5048.7. **c** H(ance) L(egem) POPOLVM PLEBEMVE ⟨IOVSISSE..⟩ 1.582.14; ut ea res..~o plebique Romanae bene..eueniret CIC.*Mur.*1; nihil..de isto foedere ad ~um, nihil ad plebem latum esse *Balb.*33; neque ~i iussu neque plebis scitu *formula* in *Att.*4.2.3; non enim ~i sed plebis eum magistratum esse LIV.2.56.12; ~um..equiti ~oque subire uulgus iners uideas MAN.5.736; (legatum) ~o et plebi quadringenties tricies quinquies TAC.*Ann.*1.8.

3 The general public, populace, multitude. **b** the common people (dist. from the upper classes), the 'masses'.

ne id quod ames ~us si sciat, tibi sit probro PL.*Cur.*29; ~i rumore secundo ENN.*Ann.*255; qui..fecit seruo currenti in uia decesse ~um TER.*Hau.*32; ~is uoluntas haec..datast: refragant primo, suffragabunt post POMPON.*com.*105; si quis de ~o redemptor accessisset CIC.*Ver.*1.150; quae sit ~i urbani uoluntas *Att.*7.13a.3; NEVE EO LOCO A⟨QVA⟩ CONSISTAT, QVOMINVS CONMODE ~VS EA VIA VTATVR *CIL* 1.593.23; ne pueros coram ~o Medea trucidet HOR.*Ars* 185; circa nos carceris ~us obticuit [QUINT.]*Decl.*5.19; (*foll. by pl. pple.*) ~us aestuat, diuersa tendentes APUL.*Met.*2.29;— (*pl.*) conueniunt ~i sacrum Mauortis in aruum OV.*Met.* 7.101; nondum concessa uideri Antigone ~is STAT.*Theb.* 7.244; cuncti ~i tam religiosi quam profani APUL.*Met.* 11.16. **β** tu urbanus uero scurra, deliciae ~i PL.*Mos.* 15; pube praesenti in contione, omni ~o *Ps.*126. **b** si nanciam ~i desiderium, conprobato rei publicae commoda GRACCH.*orat.*28; L. Sulla, homo a ~i causa remotissimus CIC.*Clu.*151; ut eae (*sc.* respublicae) tum a principibus tenerentur, tum a ~is *Div.*2.6; quarum (factionum) una ~i causam agebat, altera optimatium NEP.*Phoc.*3.1; JUV.3.178; (*transf.*, *of bees*) ne ditionis quidem suae ~o (dux apium) permittit longius euagari COL.9.10.3; PLIN.*Nat.*11.53.

4 A number of people, multitude, crowd. **b** a following.

in ~o tutior esse potes OV.*Rem.*580; ~us superamur ab uno *Met.*12.499; specula..quibus si unum ostenderis hominem, ~us apparet SEN.*Nat.*1.5.5; Cerberus..saeuus et intranti ~o STAT.*Theb.*2.28; magnus e regione tota coit ~us PLIN. *Ep.*9.39.2;—(*pl.*) semina..~os genitura iuberis spargere OV.*Ep.*12.45;—(*w. defining gen.*) pater e ~o natorum mille suorum *Met.*11.633; consuetudo ista uetus est regibus.. ~um amicorum discribere SEN.*Ben.*6.34.1; toto Cupidinum ~o comitata APUL.*Met.*2.8; (*cf.*) ut uel uno intuente totidem ~us imaginum fiat PLIN.*Nat.*33.129;—(*transf.*, *of stars*) maximus est ~us (*sc.* stellarum) summo qui culmine fertur MAN.5.742; SEN.*Nat.*7.24.3. **b** quamuis aliquo tempore suum ~um haberit, cum illum homines..laudarent SEN. *Con.*10.pr.2; Ennianus ~us SEN.fr.(Haase p.442).

pōpulus² ~ī, *f.* [perh. < **ptoptol-*; cf. Gk. πτελέα] A poplar-tree; dist. as *~us alba* and *nigra*, white and black poplar, also *~us Libyca*, an unidentified species.

circum uias ulmos serito et partim ~os CATO *Agr.*6.3; nos inter has procerissimas ~os..inambulantes CIC.*Leg.* 1.15; uitem maxime ~us uidetur alere, deinde ulmus COL. 5.6.4; discolor umbra ~us STAT.*Silv.*2.3.52; (*collect. sg.*) ~us et cannae riparum summa tenebant OV.*Fast.*2.465;—aptior Herculeae ~us alba comae *Ep.*9.64; ex ~o..alba cortex radicis..coquitur CELS.6.9.2; ~i tria genera: alba ac nigra et quae Libya appellatur PLIN.*Nat.*16.85; ~i albae uuarum in unguentis usum exposuimus 24.47; 35.160; (*cf.*) hic candida ~us antro imminet VERG.*Ecl.*9.41.

por-, *prefix.* [< **pr̥-*, cf. PER] Gives sense of 'forth' or 'forward' (*polliceor, porrigo, portendo*).

porca¹ ~ae, *f.* [fem. of PORCVS] A female pig, sow (esp. in relig. use).

priusquam messim facies, ~am praecidaneam..fieri oportet CATO *Agr.*134.1; ~am heredi esse contractam, et habendas triduum ferias CIC.*Leg.*2.57; caesa iungebant foedera ~a VERG.*A.*8.641; si ture placaris..Lares auidaque ~a HOR.*Carm.*3.23.4; te fortasse magis capiat (*sc.* uolua) de uirgine ~a MART.13.56.1; (*after farrowing*) effetae tremebundior ubere ~ae COL.10.396; (*in representation*) ~am.. alteram ex auro, alteram ex argento factam adhiberi sacrificio Ceriali CAP.*iur.*16.

porca² ~ae, *f.* [< **pr̥kā*; cf. AS. *furh*]

1 A ridge of soil between two furrows, balk.

~as pedes quinos latas facito CATO *Agr.*48.2; satum frumentum operiunt in ~is et sulcant fossas VAR.*R.*1.29.2; ut per sulcos itemque ~as aqua ad inferiorem (locum) ueniret ALF.*dig.*39.3.24; lira similis ei ~ae quam..rustici faciunt ut uliginem uitent COL.11.3.21; (*transf.*) ante tabernas, qua populus ambulando proinde ut in arato ~as reddit VAR.*Men.*535.

2 A unit of land area in southern Spain.

item..triginta pedum latitudinem et CLXXX longitudinem ~am dicunt (*sc. the country-people of Baetica*) COL. 5.1.5.

porcārius ~a ~um, *a.* [PORCVS+-ARIVS] Concerned with the breeding, selling, etc., of pigs.

uolua (suis) eiecto partu melior quam edito: eiecticia uocatur illa, haec ~a (*i.e. of a sow that has farrowed successfully*) PLIN.*Nat.*11.210; ⟨NEGOTIATOR⟩ ~VS *CIL* 3.14370.

porcellus ~ī, *m.* Also **-illus.** [PORCVS+-ELLVS] A sucking-pig, piglet.

nequi ~us a matre opprimatur VAR.*R.*2.4.14; PHAED. 2.4.15; scrofam ~os habentem occidit HYG.*Fab.*257.9. (uenenum) iterum ac saepius recoctum ~o obiecit SUET. *Nero* 33.3;—(*as food*) uiuerra ~i modo inassata PLIN.*Nat.* 30.47; MART.13.41; (*artificial*) ~i ex coptoplacentis facti PETR.40.4. **β** faustulum ~um, feturam porcorum PAUL. *Fest.*p.93M.

porceō ~ēre, *tr.* [**po-*+ARCEO] (arch.) To prevent, restrain.

ENN.*scen.*328; mi gnate, ut uerear eloqui, ~et pudor PAC.*trag.*67; quos iam ab armis anni ~ent ACC.*trag.*286; hunc Ceres..frugibus suis ~et VAR.*Men.*251; (*w. inf.*) non te porro procedere ~ent LUCIL.234.

porcetra ~ae, *f.* [PORCVS] (See quot.)

sus, quae semel peperit '~a', quae saepius 'scrofa' GEL. 18.6.4.

porcilāca ~ae, *f.* Also **-llāca.**

a = PORTVLACA. **b** = PEPLIS.

a α miscetur his contra uehementiores stomachi rosiones ..sucus ~ae PLIN.*Nat.*23.143; 27.137. **β** PLIN.*Nat.* 26.69. **b** β est et ~a, quam peplin uocant PLIN.*Nat.* 20.210.

porcilia ~ae, *f.* = next.

IMMOLAV⟨IT⟩ ~AS PIACVLARES II *CIL* 6.2099.

porcilla ~ae, *f.* [PORCVS+-ILLA] A female piglet.

SACERDOTES..~AS PIACVLARES EPVLATI SVNT *CIL* 6.2086.

porcillus: see PORCELLVS.

porcīnārius ~(i)ī, *m.* [next+-ARIVS] A pork-butcher.

quanta laniis lassitudo, quanta ~iis! PL.*Capt.*905.

porcīnus ~a ~um, *a.* [PORCVS+-INVS] Of or belonging to a pig. **b** (fem. as sb.) pork.

petimine ~o NAEV.*com.*122¹; aufer illam offam ~am PL. *Mil.*760; elephantos ~a uox terret SEN.*Dial.*4.11.5; Iudaeus licet et ~um numen adoret PETR.fr.37.1; adipis ~ae sterilis trepondo LARG.271. **b** agninam caram, caram bubulam ..cetum, ~am: cara omnia PL.*Aul.*375; *Capt.*849.

porciō: see PORTIO.

Porcius ~a ~um, *a.*

1 The name of a Roman *gens.* **b** M. Porcius Cato the Censor, statesman and writer (died 149 B.C.). **c** M. Porcius Cato Uticensis, a leading opponent of Julius Caesar. **d** Porcius Licinus, an early poet (about 100 B.C.). **e** (fem.) the daughter of Cato Uticensis and second wife of M. Junius Brutus, one of Caesar's murderers.

nomina multa habemus ab utroque pecore..~us, Ouinius VAR.*R.*2.1.10. **b** minime exorabilem alterum..consulem, M. ~um Catonem, habebant LIV.34.1.7; omnes patricios plebeiosque..M. ~us longe anteibat 39.40.3; (*transf.*) ualeant omnes ~i et Tullii..dum tu ualeas AUR.*Fro.* 1.p.54(93N). **c** postquam Caesar dicundi finem fecit ..M. ~us Cato rogatus sententiam SAL.*Cat.*52.1. **d** ~us ..de Ennio scribens VAR.*L.*5.163; SUET.*Poet.*11(p.27Re); GEL.17.21.45. **e** tuos..castissimos ignes, ~a M. Catonis filia, cuncta saecula..admiratione prosequentur V.MAX. 4.6.5; coniugis audisset fatum cum ~a Bruti MART.1.42.1.

2 Of or named after a member of the Porcian *gens.*

(legem) ~am, principium iustissimae libertatis CIC.*Corn.*1. fr.50; an quia lex ~a uetat? SAL.*Cat.*51.22; basilicam.. (Cato) fecit, quae ~a appellata est LIV.39.44.7.

porculātiō ~ōnis, *f.* [as next+-TIO] Pig-rearing.

in nutricatu, quam ~onem appellant, binis mensibus porcos sinunt cum matribus VAR.*R.*2.4.13.

porculātor ~ōris, *m.* [PORCVLVS+-TOR] One who rears pigs, pig-breeder.

~oris uero et subulci diuersa professio COL.1.pr.26; 7.9.12.

porculētum ~ī, *n.* [PORCA²+-VLA+-ETVM] (app.) A 'ridged' field; (applied to a vineyard in which the intervals between rows are ploughed for other crops).

ad uicenos (pedes) intermittunt arationis gratia in his, quae uocant ~a PLIN.*Nat.*17.171.

porculus¹ ~ī, *m.* [PORCVS+-VLVS]

1 A little pig, piglet.

iubeas, si sapias, ~um adferri tibi PL.*Men.*315; ~is.. minusculis et haedis tenerioribus uictitasse (Pythagoram) GEL.4.11.6.

2 *~us marinus* (acc. some scholars a different word) A fish, perh. a kind of shark, *Centrina salviani.*

(piscis) in Danuuio marris extrahitur ~o marino simillimus PLIN.*Nat.*9.45.

porculus² ~ī, *m.* [prob. Gk. πόρκης+L. -VLVS¹] A hoop, ring.

~um in media sucula facito CATO *Agr.*19.2; (*w. pun on* porculus¹) quin tu i dierecta cum sucula et cum ~is PL.*Rud.* 1170.

porcus ~ī, *m.* [**perk-*; cf. PORCA²]

1 A male pig, (in pl., pigs without differentiation of sex). **b** *~us femina*, a female pig.

scaberat, ut ~us contritis arbore costis LUCIL.333; sus parit ~os triginta HEM.*hist.*11; haec (*sc.* pira) ~is hodie comedenda relinques HOR.*Ep.*1.7.19; ~um cum ore humano genitum LIV.27.4.14; dices hic ~os coctos ambulare PETR.45.4; ut..firma lactis maturitas ~is contingat COL. 7.9.3; ~orum (est) grunnire SUET.fr.161(p.249Re); grex totus in agris unius scabie cadit..~i JUV.2.80; ubi (*i.e. among the Jews*)..uetus indulget senibus clementia ~is 6.160; ~orum, pullorum..et cuiusce modi pulmentorum largissimas reliquias APUL.*Met.*10.13; (*prov.*) uobis habete (puellam) cum ~is, cum fiscina PL.*Mer.*988; (*sg. for pl.*) uilla ..abundat ~o haedo agno CIC.*Sen.*56;—(*for sacrifice*) quibus hic pretieis ~i ueneunt sacres sinceri? PL.*Men.*289; sunt domi agni et ~i sacres *Rud.*1208; ante..quam iusta facta et ~us caesus est CIC.*Leg.*2.57; ILLI TE DATVRVM TRES VICTIMAS PALMAS CARICAS ~VM NIGRVM *CIL* 1.2520.15; cras Genium mero curabis et ~o bimestri HOR.*Carm.*3.17.15; —(*as a type of fatness or good living*) ~us est..pinguis, non pulcher puer POMPON.*com.*174; cum ridere uoles Epicuri de grege ~um HOR.*Ep.*1.4.16; (*as a type of stupidity*) ut M. Varronem ~um appellaret SUET.*Gram.*23(p.117Re). **b** Cereri (*sc.* fiat) porca praecidanea ~o femina CATO *Agr.*134.1; ~o femina piaculum pati CIC.*Leg.*2.57.

2 (See quot.)

nostrae mulieres, maxime nutrices, naturam qua feminae sunt in uirginibus appellant ~um, et graecae choeron VAR. *R.*2.4.10.

3 A name given to ? two kinds of fish, perh. a shark, *Centrina salviani*; the sheatfish, *Silurus glanis.*

inter uenena piscium sunt ~i marini spinae in dorso PLIN.*Nat.*32.56; 32.150;—piscium maxime mirum esse.. ~um..grunnire eum, cum capiatur 32.19.

porgō: see PORRIGO.

poricinō (*abl.*): obscure wd. in PETR.48.7, perh. w. sense 'ring', cf. PORCVLVS².

quemadmodum illi Cyclops pollicem poricino extorsit PETR.48.7.

poriciō: see PORRICIO.

porphyrēticus ~a ~um, *a.* [Gk. πορφυριτικός] Made or consisting of porphyry.

solium ~i marmoris, superstante Lunensi ara, circumsaeptum est lapide Thasio SUET.*Nero* 50.1.

porphyriō ~ōnis, *m.* [Gk. πορφυρίων] A kind of waterfowl, perh. the purple gallinule.

MART.13.78; Baliares insulae nobiliorem..~onem mittunt PLIN.*Nat.*10.135; (aues) quibus praelonga colla et angusta ut ~oni 11.201.

Porphyriōn ~ōnis, *m.* One of the giants.

minaci ~on statu HOR.*Carm.*3.4.54; MART.13.78.2.

porphyrītēs ~ae, *a.* [Gk. πορφυρίτης] Of or consisting of porphyry; (as sb.) porphyry.

columnae ~e lapide, deorum simulacra..monstrificae

effigies Plin.*Nat.*36.88; ⟨..⟩gonam ~en ⟨c⟩vm basi *CIL* 13.4319;—rubet ~es in eadem Aegypto Plin.*Nat.*36.57.

porphyrītis ~idis, *f. adj.* [Gk. πορφυρῖτις] Coloured like porphyry, i.e. streaked with purple.

primo..prouenit (ficus) ~is, longissimo pediculo Plin.*Nat.*15.71.

porrāceus ~a ~um, *a.* [porrvm+-acevs] Resembling a leek, or any of its parts or qualities; (esp. in respect of the colour of its leaves).

bolbinen Graeci uocant herbam ~is foliis, rubicundo bulbo Plin.*Nat.*20.107; folia ima (cyperi) ~is exiliora 21.117;—optimum (uiscum)..extra fuluum, intus ~um 24.11; gemmam..~i coloris, superstitionibus gratam 37.160; morochthos, colore ~a 37.173.

porrectiō ~ōnis, *f.* [porrigo+-tio] The action of stretching out, extension; a forward thrust.

~one perceleri brachi..uti oportet *Rhet.Her.*3.27; digitorum..facilis..~o propter molles commissuras Cic.*N.D.*2.150;—cum haec (*sc.* phalangae et iuga)..ad centrum ~onibus et circinationibus reciperent motus Vitr.10.3.9; ~ones (eae machinae)..in imum inclinatione demittebantur 10.15.7.

porrectum ~ī, *n.* [next] A forward direction; *in ~um*, in a straight line.

neque sine rotunditate motus ~i, nec sine ~o rotationis uersationes onerum possunt facere leuationes Vitr.10.3.1; —Thessaliae in ~um longitudo Plin.*Nat.*4.32; bis..octonos (*sc.* pedes) in ~um et senos denos in anfractum Cels.*dig.*8.6.6.1d; Gaius *dig.*8.3.8.

porrectus ~a ~um, *a.* *compar.* ~ior. [pple. of porrigo¹]

1 Stretched out, extended. **b** elongated. **c** linear.

boues..lateribus ~is, lumbis latis Col.6.1.3; (cornua) ~a altaque 7.3.3; gregatim nantes ~o ordine Plin.*Nat.*8.114; spumea ~i dirimentes (*i.e. by rowing*) terga profundi Stat.*Theb.*5.482; quamquam ~ior acies futura erat Tac.*Ag.*35.4; (alites) quae..patulae atque ~ae praeuolarent Gel.7(6).6.12; mulier..~o et expanso (capillo) 15.15.3. **b** stellae..omnes rotundae sunt, cometae ~i Sen.*Nat.*7.26.2. **c** in pede ~o semipedes duo. in pede constrato semipedes iiii Balb.*grom.*p.95La.

2 Straightened out, unruffled.

te ~iore fronte uolo mecum loqui Pl.*Cas.*281.

porriciō ~icere ~ectum, *tr.* Also **poriciō.** [por-+iacio] To offer as a sacrifice, make oblation of.

polluctum, quod a ~iciendo est fictum Var.*L.*6.54; exta ~iciunto, dis danto Fab.Pict.*iur.*2; (*cf.*) quod est inter duos sulcos elata terra dicitur porca, quod ea seges frumentum ~icit (*codd.* porrigit) Var.*R.*1.29.3; (*prov.*) ne quid inter caesa et ~ecta, ut aiunt, oneris mihi addatur Cic.*Att.*5.18.1. β neque ea ~icere uolui, quoniam non bona haruspex dixit Pl.*Poen.*456*; si..in manibus exta teneam ut ~iciam *Ps.*266.

porrigō¹ ~igere ~exī ~ectum, *tr.* Also **porgō.** [por-+rego] Orthog.: *porigam* Fest.p.218M.

1 To stretch out, straighten out, extend (one's limbs, etc.).

compressan palma an ~ecta ferio? Pl.*Cas.*405; si animal omne..membra quocumque uult..~igit Cic.*Div.*1.120; per tota nouem cui (*sc.* Tityo) iugera corpus ~igitur Verg.*A.*6.597; amaras ~ecto iugulo historias captiuus ut audit Hor.*S.*1.3.89; sinistro crure ~ecto Liv.8.8.10; serpens in longam ~igar aluum Ov.*Met.*4.575; (cubitus) cum umero ~igi non potest Cels.8.15.1; (*transf., of a ship*) puppis..ueliferi ~exit bracchia mali Stat.*Silv.*5.1.244. β lumbos ~gite atque exsurgite Pl.*Epid.*733; ~ge audacter ad salutem bracchium *Ps.*708.

2 To lay prostrate, stretch out (in sleep or death).

multa ~ectum (*sc. his adversary*) extendit harena Verg.*A.*9.589; palea ~ectus in horna Hor.*S.*2.6.88; in spatium ingens ruentem ~exit hostem Liv.7.10.10; ~exit uulnere pardum Mart.*Sp.*15.7; uideat donec..hostem ~ectum somno Stat.*Ach.*1.749; postquam..~ectus..soporem flare coeperit Apul.*Met.*5.20; (*cf.*) tuam amicam uideo, Calidore — ubi ea est, opsecro? — eccam in tabellis ~ectam Pl.*Ps.*36; (*colloq.*) postquam es ~ecto (*i.e. dead*) facta marita sene Catul.67.6.

3 To cause to spread out or extend (from a point, in a given direction). **b** (topog. features and sim.).

iubet aciem in longitudinem quam maximam ~igi *B.Afr.*17.1; Sal.*Jug.*52.6; supposita..ultro citro ~ecta pressione Vitr.10.3.2; facem Setiae ab ortu solis ad occidentem ~igi uisam Liv.29.14.3; longas per bracchia ~igit alas Ov.*Met.*8.545; ~ectis series (*sc.* cuparum) constricta catenis Luc.4.421; arborum in limitibus ~ectarum in quotlibet passuum milia Plin.*Nat.*2.50; iuglandes nuces ~ectae (*i.e. lying on their sides*) seruntur 17.64; haud ~ecto agmine, sed cuneis adstitit Tac.*Hist.*5.16; si arbor in uicini fundum radices ~exit Pompon.*dig.*47.7.6.2; barba..prope ad pubem usque ~ecta Gel.9.2.1; iter retrorsum ~igens Apul.*Met.*6.3; quo rursum..uestigium ~igam? 6.5; (*poet.*) cernis ut ingentis murorum ~igat umbras campus Stat.*Theb.*12.251; (*refl.*) de faucibus aurea cum se (tunica) ~igat Juv.8.208;—(*w. abst. obj.*) imperi ~ecta maiestas ad ortus solis ab Hesperio cubili Hor.*Carm.*4.15.15; nihil iam superest, quo spes ~igatur Sen.*Ben.*4.22.1; Fro.*Ver.*2.p.200(203N); sic insulas iam proxumas fama ~ecta peruagatur Apul.*Met.*4.29; (*cf.*) animus, cui in quantum uult licet ~igi Sen.*Ep.*92.30. **b** mobile qua primas ~igit aequor aquas Ov.*Ep.*2.128; (ora Asiae) diu sicut illud (*sc.* pelagus) incedit ita sua litora ~igit Mela 1.10; qua iuga deuexus Pharsalica ~igit Haemus Luc.6.576;—(*pass. in middle sense*) (collem) transuorso itinere ~ectum Sal.*Jug.*49.1; medium Rhodope ~ecta sub axem Verg.*G.*3.351; qua ab occasu praeter Axium amnem (regio) ~igitur Liv.45.29.8; quemadmodum ingenti spatio maria ~ecta sunt Sen.*Nat.*3.8; medio..paludum ~igebatur planities Tac.*Ann.*1.64; (*of a people*) ab ea (*sc.* Gallia) Germani ad Sarmatas ~iguntur Mela 1.19;—(*refl.*) quacunque immensus se terrae ~igit orbis *Aetna* 94; Luc.2.399.

4 (transf.) **a** To prolong, extend (a period of time). **b** to lengthen (a vowel or syllable). **c** to stretch, extend (in range, force, etc.).

a brumales ~igis horas Ov.*Met.*4.199; *Pont.*4.12.14; ut..~igatur (morbus)..in id tempus, quod curationi locum praestet Cels.2.5.1; quae uia solis praecipitet noctem, quae ~igat Stat.*Theb.*6.363; ne..poena tempore determinata..~igatur Papin.*dig.*3.1.8; societatem non posse ultra mortem ~igi Ulp.*dig.*17.2.52.9. **b** aut correptis aut ~ectis, aut adiectis aut detractis..litteris syllabisue Quint.*Inst.*1.6.32; 1.7.14; hoc (*sc.* παρονομασία)..aut ~igenda aut contrahenda litera aut syllaba fieri consueuit Rut.Lup.1.3. **c** contracto melius parua cupidine uectigalia ~igam Hor.*Carm.*3.16.40; quis gradus ulterior, quo se tua ~igat ira, restat? Ov.*Tr.*3.11.5; priuilegium militum ad alienam iniuriam ~igi non oportet Papin.*dig.*26.7.40; usitata stipulatio..ad hunc quoque casum ~igitur Gaius *dig.*39.2.20; ad homines quoque nascendos uim numeri istius (*sc.* septenarii) ~igi pertinereque Gel.3.10.7; quorsus noua haec..se..~igeret intentio Apul.*Met.*11.29; hoc iudicium latius praetor ~exit Ulp.*dig.*11.6.5.2; abauus, cuius intellectus in octo personas ~igitur Paul.*dig.*38.10.10.15; (*cf.*) etiam serui manumissionem..quam quis coactus fecit, ad restitutionem huius edicti ~igendam esse Ulp.*dig.*4.2.9.2.

5 To put forward, hold out, stretch out. **b** (pregn.) *manum, manus ~igere*, to stretch out one's hand (to seize, or for other aggressive purposes).

iamdudum, si des, ~exi manum Pl.*Ps.*1148; per dexteram istam..quam..hospes hospiti ~existi Cic.*Deiot.*8; ne speculum dominae ~igat illa nouae Prop.4.7.76; remi..inpulsu uehementi protrudunt ~ectam nauem Vitr.10.3.6; ratem unam..a terra in amnem ~exerunt Liv.21.28.7; ramos oleae..~igentes 24.30.14; quotiens liquidis ~eximus oscula lymphis Ov.*Met.*3.451; dii..ascendentibus manum ~igunt Sen.*Ep.*73.15; (*facet., cf. sense 2*) mea ~exit sportula ..pedes Mart.9.85.4; (*in fig. phr.*) ~igimus uictas ad tua iura manus Ov.*Am.*1.2.20; (*cf.*) qui mihi..consularem fidem dextramque ~exit Cic.*Red.Sen.*24. β hic dextram ~gens Cic.*Arat.*455(211); pocula ~gite dextris Verg.*A.*8.274; Liv.29.16.6. **b** neque, quo manus ~igeret, suppetebat nisi in amicorum possessiones Nep.*Di.*7.2; longe lateque cruentas suas manus ~igit Apul.*Met.*10.27;—(*w.* ad) ad pecora nostra..insatiabiles manus ~igis Curt.7.8.19; an ~igi manus ad emptorem debeant? Ulp.*dig.*5.3.13.4;—(*w.* aduersus) aduersus emptorem ~igere manus 42.1.15.7;—(*in fig. phrs.*) nostra suas istinc ~iget ira manus Ov.*Tr.*4.9.10; ad hanc controuersiam Graeci ~exerunt manum Sen.*Con.*9.2.29; debes..ferre aequo animo fortunam ad te quoque ~igentem manus Sen.*Dial.*11.17.1.

6 To hold out (for another to take), offer, present. **b** (offerings to a god; in pf. pple. not distinguishable from *porricio*). **c** (fig.).

esse..stultitiam a quibus bona precaremur ab is ~igentibus..nolle sumere Cic.*N.D.*3.84; cum..litteras..Considio ~igere coepisset *B.Afr.*4.3; ~igis irato puero cum poma Hor.*S.*2.3.258; flores ad candida ~igit ora Ov.*Met.*2.861; aquam..nemo ~exit Petr.34.4; aurea ~igitur Iani caryota Kalendis Mart.13.27.1; Juv.1.70; (*w. paratactic subj.*) adripit poculum ac..~igit bibam Apul.*Met.*2.16; (*poet.*) sparsos Germania crines ~igit auspiciis..tuis Ov.*Fast.*1.646;—(*transf.*) nec tibi pampineas autumnus ~igit uuas *Pont.*3.1.13;—(*in fig. phr.*) gladium nobis..ab ipsis ~igi legibus Cic.*Mil.*9. β imperat abscisum ~gi..caput Stat.*Theb.*8.754; *Silv.*2.1.205. **b** tegula ~ectis..uelata coronis Ov.*Fast.*2.537; quom a sacerdotibus in templo ~iguntur (*sc. flowers*) Fro.*Aur.*1.p.164(19N); (*transf.*) precibus ad Caesaris numen ~ectis Apul.*Met.*7.7. **c** da mihi hasce opes..~ige, opitula! Andr.*trag.*22; lucem ingeni et consili sui ~igentem atque tendentem Cic.*de Orat.*1.184; cui ciui supplicanti non illa dextera..fidem ~exit? *Ver.*5.153; mihi forsan, tibi quod negarit, ~iget hora Hor.*Carm.*2.16.32; (*refl.*) quae uirtus..totam se ad alienas utilitatis ~igit Cic.*Rep.*3.11.

porrīgō² ~inis, *f.* [dub.] A scaly condition of the skin, scurf, or sim.

corruptum scabie, et ~inis plenum Lucil.982; caput..impexa foedum ~ine Hor.*S.*2.3.126; ~o..est, ubi inter pilos quaedam quasi squamulae surgunt Cels.6.2.1; cutis ~inem sucus bacarum emendat Plin.*Nat.*23.154; Larg.243; (*pl.*) farina (*sc.* faeni Graeci) ~ines capitis furfuresque..tollit Plin.*Nat.*24.187;—(*in animals*) conprehendere (ouem) oportebit et lanam diducere, nam subest..uelut quaedam ~o Col.7.5.6; sicut grex totus in agris unius scabie cadit et ~ine porci Juv.2.80;—(*fig.*) scabies ~o ex eiusmodi libris (*i.e. like Seneca's*) concipitur Fro.*Aur.*2.p.112(161N).

Porrima ~ae, *f.* A goddess of childbirth, invoked when the baby was presented head foremost (contrast postverta).

~a placatur Postuertaque Ov.*Fast.*1.633.

porrīna ~ae, *f.* [porrvm+-ina] A bed of leeks.

quotannis ~am serito Cato *Agr.*47; ex redactu fructuum holeris et ~ae Scaev.*dig.*7.1.58.1.

porrō, *adv.* [cogn. w. Gk. πόρρω, πρόσω] Forms: *porod* in *CIL* 1.560.d(dub.).

1 Straight on, onward, forward, ahead. **b** (with motion not implied) at a more advanced point, further off, beyond.

inde ibis ~ in latomias lapidarias Pl.*Capt.*723; percontatus non inueni..~ proficiscor quaesitum *Mer.*939; ~ procedere Lucil.234; ex loco infesto agere ~ armentum occepit Liv.1.7.6; aut eadem..retro uia repetenda aut, si ire ~ pergas, per alium saltum artiorem..euadendum 9.2.8; 36.14.12; illum..anguem, qui..aurea (respice ~) uellera tot spiris circum..implet, fallat V.Fl.7.167; (*in fig. phr.*) eo gradum fecisse plebeios unde, si ~ adnitantur, peruenire ad summa..possent Liv.6.35.2; (*cf.*) proceres tigna quae alia tigna ~ excesserunt Var.*L.*fr.31(GS); (*w.* uersum) animam ~ uersum et ad eos, quibuscum sermocinamur, intendimus Nigid.*gram.*23;—(*ellipt., in appeals*) ~, Quirites! libertatem perdimus Laber.*com.*125; Apul.*Met.*8.29;—(*transf., in a logical sequence*) dicimus dupondius et tressis et sic ~ Var.*L.*9.84. **b** ubi tu hic habitas? — ~ illic longe usque in campis ultumis Pl.*Rud.*1034; causas..requirit inscius Aeneas, quae sint ea flumina ~ Verg.*A.*6.711; hanc (*sc.* maceriam)..buxus operit..pratum inde..uisendum..campi deinde ~ multaque alia prata Plin.*Ep.*5.6.18.

2 In the time ahead, hereafter. **b** (catachr.) in the (distant) past (in quot., in ref. to a supposed etym. of porrima).

ex sermone hoc gubernabunt doctiu' ~ Pl.*Mil.*1091; non conuenit me..~ in ditiis esse agrumque habere, egere illam *Trin.*682; quid illum ~ credas facturum..nisi eum..mones? Ter.*Hau.*591; lacrumas mitte ac potiu' quod ad hanc rem opus est ~ prospice *Ad.*335; iam ~, Aeschine, expergiscere! 631; ita ~ te sine cura esse iussit Cic.*Att.*12.6.4; diuinare..quid in animo Celtiberi haberent aut ~ habituri essent Liv.40.36.1. **b** altera (*sc.* Porrima), quod ~ fuerat, cecinisse putatur, altera (*sc.* Postuerta), uenturum postmodo quidquid erat Ov.*Fast.*1.635.

3 (w. ref. to continuing action) Further, on (e.g. to speak on).

quid fit deinde? ~ loquere Pl.*Am.*1119; *Mer.*198; uos modo ~, ut occepistis, date operam adiutabilem *Mil.*1144; ~ te idem oro ut facias Ter.*Hau.*493; si ~ esse odiosi pergitis *Ph.*937; istud..dele; nolunt audire: recita ~ Cato *orat.* 171; quid ~ argumenter, qua de re dubitare nemo possit? Cic.*Ver.*2.119; te perdite amo atque amare ~..sum assidue paratus Catul.45.3; et dedisse operam Masinissam et ~ daturum esse Liv.30.17.9; Grat.66; Sil.7.310; amor incultus..cum cedris ~ adulescet Fro.*Aur.*1.p.88(7N); quod inchoaueram ~ exordiar Apul.*Met.*1.5.

4 (introducing a further stage in a progression) Taking it further, in turn.

is etiam corruptus ~ suom corrumpit filium Pl.*As.*875; quasi..anulum faueae suae dederit, ea ~ mihi *Mil.*797; consequitur..insomnia, ea ~ insaniam affert Caecil.*com.*168; quid hic ~ nunc restipulatur quod iam pridem ipse exegit? Cic.*Q.Rosc.*38; cum tam multa ex illo mari bella emerserint, tam multa ~ in Pontum inuecta sint *Ver.*4.130; dicam uobis, uos ~ dicite multis milibus Catul.68.45; Albani docuere suos; hinc maxima ~ accepit Roma Verg.*A.*5.600; unguibus et pugnis, dein fustibus, atque ita ~ pugnabant armis Hor.*S.*1.3.101; ut quisque audierat..saluos consules esse, extemplo aliis ~ impertiebant gaudium suum Liv.27.51.4; Apul.*Fl.*9; (*ellipt.*) confutauit uerbis..senem. — eu, Phormio. — ego quod potui ~ Ter.*Ph.*478;—(*retrospective*) Pacui discipulus dicor. ~ is fuit Enni Pompil.*poet.*1; saepe audiui e maioribus natu, qui se ~ pueros e senibus audisse dicebant Cic.*Sen.*43.

5 (introducing a fresh item in a list, etc.) On top of that, next, besides.

soccos, tunicam, pallium tibi dabo. — quid deinde ~? — libertatem Pl.*Epid.*726; conligauit primum eum..nunc minatur ~ sese id quod moechis solet Ter.*Eu.*957; id illa uniuorsum abripiet..~ autem Geta ferietur alio munere ubi era pepererit; ~ autem alio ubi erit puero natalis dies *Ph.*46; tum spara, tum rumices portantur, tragula ~ Lucil.1315; pleraque dissolui, quae restant percipe ~ Lucr.6.46; mille talenta rotundentur, totidem altera, ~ et tertia succedant Hor.*Ep.*1.6.34; hic..militem gerebat, illum..crepides et uenabula uenatorem fecerant..~ alium..e ludo putares gladiatorio procedere Apul.*Met.*11.8.

6 (introducing a new consideration) Furthermore, again, moreover; *nec ~*, nor yet. **b** (explaining or enlarging upon a point). **c** (with an implied contrast) at the same time, on the other hand; *nec ~*, nor yet.

metuo fratrem ne intus sit; ~ autem pater ne rure redierit iam Ter.*Eu.*611; (Thucydides) ita creber est rerum frequentia,..ita ~ uerbis est aptus Cic.*de Orat.*2.56; confiteor..quod Oppianici..nomen..populo ignotum fuisset, indignissimum ~ uideretur circumuentum esse innocentem pecunia, hanc deinde suspicionem augeret Staieni improbitas.., summam illi iudicio inuidiam..esse inflatam *Clu.*79; *Att.*1.5.3; primum..hoc sumitis: 'si sunt di, benefici in homines sunt'..sequitur ~ nihil deos ignorare *Div.*2.105; sunt..uenti nimirum corpora caeca..tum ~ uarios rerum sentimus odores nec tamen ad naris uenientis cernimus umquam, nec calidos aestus tuimur Lucr.1.298; 4.805; laetabatur intellegens..ciuitatem periculis ereptam esse; ~ autem anxius erat Sal.*Cat.*46.2; qui cupiet, metuet quoque; ~, qui metuens uiuet, liber mihi non erit umquam Hor.*Ep.*1.16.65; quid ~, si..Carthaginienses..nouum exercitum in Italiam..miserint..? Liv.28.42.12; Sen.*Ep.*95.57; (coriandrum) intellegitur..ex gustu. facit ~ raucitatem Larg.185; Tac.*Ann.*3.58; expectas ut tradat mater honestos..mores..? utile ~ filiolam turpi uetulae producere turpem Juv.6.240; 7.98; Apul.*Met.*3.14;—(*introducing the climax in a series of questions*) adeon me ignauom putas, adeon ~ ingratum..? Ter.*An.*278; quis tibi hoc concessit, quae lex, quae senatus auctoritas, quae ~ aequitas..? Cic.*Ver.*3.181; *Prov.*29;—nec bonum illud esse, quod..adeptus ecferas te insolenter, nec ~ malum, quo..oppressus iaceas *Tusc.*4.39; Lucr.1.526. **b** consummant..septem cullei sestertia duo milia et centum nummos: ea ~ summa excedit usuram semissium Col.3.3.10; medicamentorum malorum..nocet..ponderis scientia. hanc ~ medicus nec quaerere nec nosse debet Larg.199; uerba aut Latina aut peregrina sunt. peregrina ~ ex omnibus dixerim gentibus..uenerunt..Quint.*Inst.*1.5.55; 4.1.40; 6.3.12; nihil est tam pronum ad simulates quam aemulatio..ea ~ maxime nascitur ex coniunctione Plin.*Pan.*84.2. **c** tempus illud erat tranquillum et in..gubernatione positum senatus: tuum ~ tempus..senatus auctoritate deleta Cic.*Dom.*130; numquam plenas plangemus ad urnas? quid ~..requiris instrumenta, dolor? Luc.9.69; Sil.17.230; Quint.*Inst.*1.5.46; cogendus fuisti. cogi ~ non poteras nisi periculo patriae Plin.*Pan.*5.6; Apul.*Soc.*10; (*after* at) hoc opus multas manus poscit: at eae ~ non desunt Plin.*Ep.Tra.*10.41 (50).2.

porrum ~ī, *n.* **porrus** ~ī, *m.* [< **pr̥som* = Gk. πράσον]

1 A leek; *~um sectiuum* (*sectum, sectile, tonsile*), a leek of which only the tops were eaten, the leaves growing again after being cut; *~um capitatum*, a leek allowed to thicken at the base, the leaves not being cut.
~i fibras III Cato *Agr.*70.1; tenues ~i Var.in *G.L.*5.588; tuus amor tam cito crescit quam ~us Laber.*com.*133; seu piscis seu ~um et caepe trucidas Hor.*Ep.*1.12.21; firmior brassica..et ~um quam lactuca Cels.2.18.5; ius in quo ~us..coctus sit 4.13.4; getium..saepius..resecatur, ut ~um Plin.*Nat.*19.107; mittit praecipuos..Aricia ~os Mart.13.19.1;—secti..famem domat area ~i *Mor.*84; ~um si sectiuum facere uelis, densius satum praeceperunt priores relinqui Col.11.3.30; Plin.*Nat.*20.44; tonsile ~um Mart. 10.48.9; sectile ~um Juv.3.293;—cultus..~i capitati adsidua sartio et stercoratio est Col.11.3.32; Mart.13.19; (*cf.*) nomen capiti debentia ~a *Mor.*74;—(*w. both varieties specified*) illic uideres..utrumque ~um sessilesque lactucas Mart.3.47.8.

2 *~um nigrum*, The plant ballote.
Plin.*Nat.*27.54.

Porsenna ~ae, *m.* Also **Porsena, Porsina.** *Lars ~a*, an Etruscan king who tried to restore the Tarquins at Rome.
quae res ad necem ~ae C. Mucium inpulit..? Cic.*Parad.* 12; Tarquinium..~a iubebat accipere ingentique urbem obsidione premebat Verg.*A.*8.646; iam Tarquinii ad Lartem ~am, Clusinum regem, perfugerant Liv.2.9.1; Tac. *Hist.*3.72. β Etrusca ~ae manus Hor.*Epod.*16.4; Mart. 1.21.6; Sil.10.483. γ Sen.*Ben.*5.16.5; ~a, rex Etruriae Plin.*Nat.*36.91.

porta ~ae, *f.* [IE. **per-* 'convey', 'bring through', as in L. *portus, porto*, Skt. *piparti*, Gk. πείρω, πόρος] Forms: dat. or abl. pl. *~abus* Gel.*hist.*29.

1 The gate of a city or town (pl. sts. used of a single gate). **b** (of a camp or other enclosure). **c** (poet. or mythol., of the sky, the Underworld, etc.). **d** (app.) a court or council (held in the gateway in certain Semitic towns, in quot., at Dugga).
septumas esse aedis a ~a ubi ille habitet leno Pl.*Ps.*597; perreptaui usque omne oppidum: ad ~am, ad lacum Ter. *Ad.*715; Lucil.124; cum L. Flacco consuli ~as tota Asia claudebat Cic.*Flac.*61; ipse..Caesar..erat ad ~as *Sest.*41; dum unus hostis in Syria fuit, pedem ~a non plus extulit quam domo sua *Att.*6.8.5; per omnis condunt se Teucri ~as et moenia complent Verg.*A.*9.39; uictores pelli a ~is urbis Liv.10.41.13; semiapertis ~arum foribus 26.39.22; Curt. 9.8.17; Sabinis proditae ~ae per uirginem Tarpeiam Flor. *Epit.*1.1(1.1.12); rari..boni, numera, uix sunt totidem quot Thebarum ~ae Juv.13.27; Gaius *Inst.*2.8; (*opp.* fores) hic (*sc.* miles) ~as frangit, at ille (*sc.* amans) fores Ov.*Am.* 1.9.20;—(*prov.*) ~am (*i.e. the journey to the gate, the first step*) itineri..longissimam esse Var.*R.*1.2.2;—(*w. proper names, at Rome*) ~a Naeuia *L.*5.163; ~a Capena..Romam ingressus Liv.26.10.1; extra ~am Trigeminam 35.10.12;—(*as a resort of beggars*) pater quom peregre ueniet, in ~ast locus Pl. *Trin.*423;—(*in fig. phr.*) nanctae iam ~is patentibus nudatum sororis animum facinerosae mulieres Apul.*Met.*5.19;—(*cf. sense 2b*) cum ea loca opposita Etruriae et uelut claustra inde ~aeque essent Liv.6.9.4. **b** (*of a camp*) non eadem esse diligentia ab decumana ~a castra munita Caes.*Gal.* 3.25.2; ante castra ~asque ualli *B.Afr.*35.4; cum iam prope in ~is castrorum esset hostis Liv.9.22.4; duas (cohortes).. erumpere praetoria ~a iussit..tertia legio aduersus sinistram principalem ~am instructa est 40.27.3,5; (*in fig. phr.*) (exposuit) quod sic natura parasset, et quibus e ~is occurri cuique deceret Lucr.6.32;—(*of other enclosures*) claudentur Belli ~ae (*i.e. of the temple of Janus*) Verg.*A.*1.294; rostrum lupi..uillarum ~is praefigunt Plin.*Nat.*28.157; (*from a cage into the circus*) citius..fugiunt quam ex ~a ludis quom emissust lepus Pl.*Per.*436; clausas circum undique ~as hoc licuisse nefas..intumuere leones Stat.*Silv.*2.5.12. **c** (*of the sky*) ingens ~a tonat caeli Verg.*G.*3.261; obruit Hesperia Phoebum nox umida ~a Stat.*Theb.*10.1; (uentus orientis) eurus est, quando hiemalis ortus ~is emittitur Apul.*Mun.* 11;—(*of the Underworld, etc.*) sunt geminae Somni ~ae Verg.*A.*6.893; Prop.4.7.87; ad Styga Taenaria (Orpheus) est ausus descendere ~a Ov.*Met.*10.13; quos uetat igne Creon Stygiaeque a limine ~ae Stat.*Theb.*12.558;—(*of the cave of the winds*) si pater Aeolus antro ~am..saxo premat 10.247. **d** hvic senatvs et plebs..omnivm ~arvm sententiis ornam svfetis..decrevit *CIL* 8.26517(a.d. 48/9).

2 (transf.) A place of entry or egress, opening, outlet. **b** a principal means of access to a country (in quot., a frontier post); (spec., usu. pl., in the names of certain narrow mountain passes in Asia Minor, sts. guarded by actual gates).
uenti uelut agmine facto, qua data ~a, ruunt Verg.*A.* 1.83; hac ubi se primum ~a mare fudit Man.4.606;—(*in the body*) quasdam a medio intestino usque ad ~as iecoris.. ductas..uias Cic.*N.D.*2.137; uentriculi ~a (*i.e. the pylorus*) Cels.4.19.1; (*of the anus*) quem attractis pedibus patente ~a percurrent raphani Catul.15.18; *Priap.*52.5; (*cf.*) sensus ~ae, uenae hydragogiae Var.*Men.*290. **b** ebur..dentibus ex illis quos mittit ~a Syenes Juv.11.124;—saltum, in quo Ciliciae ~ae sunt sitae Nep.*Dat.*7.2; ~ae Caucasiae.. ingens naturae opus montibus interruptis repente, ubi fores additae ferratis trabibus Plin.*Nat.*6.30;Ecbatana..a ~is.. Caspiis xx (passus) 6.43; Suet.*Nero* 19.2; (*sg.*) Albana..~a V.Fl.3.497; metuenda..~ae limina Caspiacae Stat.*Silv.*4. 4.63.

portātiō ~ōnis, *f.* [porto+-tio] The action of carrying or conveying.
armorum..~onibus, festinando, agitando omnia plus timoris quam periculi effecerant Sal.*Cat.*42.2; Vitr.10.1.5; dolores..factos..ex ictu..uel ponderis supra modum ~one Larg.101.

portātrix ~īcis, *f.* [porto+-trix] One who carries or brings.
⟨p⟩vlchri oneris ~ix (*i.e. Venus*) *CIL* 10.3692.

portendō ~dere ~dī ~tum, *tr.* [por-+ tendo] (of omens or sim.) To indicate (some future event, good or bad), portend, presage (esp. pass.); (also of a prophet). **b** (of circumstances, naturally occurring signs). **c** (of the gods) to reveal by means of portents; to give (signs) by way of warning.
ne forte tibi eueniat magnum malum, quod in quiete tibi ~tumst Pl.*Cur.*272; haruspices..in re diuina..dicebant mihi malum damnumque maxumum ~dier *Poen.*749; cum Tiberio Graccho occiso magnorum periculorum metus ex ostentis ~deretur Cic.*Ver.*4.108; ex libris Sibyllinis regnum Romae tribus Corneliis ~di Sal.*Cat.*47.2; quae ~deret ira magna deum Verg.*A.*5.706; triste prodigium, occasum regni..~dens Liv.44.37.9; Ov.*Met.*15.571; quotiens..illa (*sc.* luna) deficiat, ruinam..illis gentibus ~di Curt.4.10. 6; Plin.*Nat.*10.41; mihi reputanti somnium meum, istud, quod times tu, egregiam actionem ~dere uidetur Plin. *Ep.*1.18.2; Suet.*Gal.*4.2; (*refl.*) quo maturius..omnibus ..~dentis sese uictoriae compotes fierent Liv.29.10.8;—(*w. acc. and inf.*) id..populo commutationem rerum ~dit fore perpropinquam Acc.*praet.*35; perage quod auestu ae fieri posse ~dunt Liv.1.36.4; (*nom. and inf.*) periculum, quod imminere ipsi per quaedam ostenta ~deretur Suet.*Cl.*29.3; —(*absol.*) (cometas) tibiarum specie musicae arti ~dere Plin.*Nat.*2.93;—(*of a prophet*) nunc repeto (Cassandram) haec generi ~dere debita nostro Verg.*A.*3.184. **b** saluos sum, leno labascit, libertas ~ditur Pl.*Rud.*1394; exercitum ..eorum periculorum metu, quae uictoribus illis ~debantur, deminuere Pol.*Fam.*10.32.5; quom praesertim omnes rerum mutationes caedem, fugam aliaque hostilia ~dant Sal.*Jug.*3.2; cum (sol) oriente radii non inlustres eminebunt,..pluuiam ~dent Plin.*Nat.*18.344; praecipuos..illa metus ~dere uisa est nox miserae Stat.*Theb.*8.593. **c** cum (di immortales) principibus periculum caedemque ~dunt Cic.*Har.*53; uictoriam sibi propriam a dis immortalibus ~di *B.Afr.*82.2; quidnam eo di ~derent prodigio Liv.5.15.3; (di immortales) auguriis auspiciisque et per nocturnos etiam uisus omnia laeta ac prospera ~dunt 26.41.18; 43.13.1; (*w. acc. and inf.*) deos..qui clarum hoc fore caput diuino quondam circumfuso igni ~derunt Liv.1.41.3;—uim..explicantem signa quae a dis hominibus ~dantur Cic.*Div.* 2.130; ea (auspicia) illis exeuntibus in aciem ~disse deos Liv.30.32.9.

portensis ~is ~e, *a.* [portvs+-ensis] Of or belonging to a (particular) harbour; (spec.) of Portus, the town at the harbour for Rome, two miles north of Ostia.
(*at Panormus*) cvr(atori) ~is kal(endarii) *CIL* 10.7295; —tribvno fabrvm navalivm portens(ium) 14.169; (*masc. pl. as sb.*) III viri ~ivm in vrbe agentivm 14.4136.

portentificus ~a ~um, *a.* [portentvm+ -ficvs] Having supernatural effects.
~is..uenenis Ov.*Met.*14.55.

portentōsē, *adv.* [next+-e] With supernatural effects.
ea..quae ~ Magi demonstrant Plin.*Nat.*32.34.

portentōsus ~a ~um, *a.* *compar.* ~ior, *superl.* ~issimus; see also portentvosvs. [next+-osvs] (of physical phenomena) Strange and unnatural or abnormal, monstrous, portentous; (in good sense) having supernatural or miraculous properties. **b** (of human products, assertions, etc.) perversely imagined or devised, extravagant, fantastic.
tu..~a pestis Cic.*Dom.*72; an..illa nos terrent, si quando aliqua ~a..ex homine nata dicuntur? *Div.*2.60; (Africa) ~os cercopum ludit in ortus Man.4.668; ~os fetus extinguimus Sen.*Dial.*3.15.2; mixtum ~umque et ex diuersis uni male congruentibus membris *Ep.*92.9; ille post Pythagoram Magorum studiosissimus quanto ~iora tradit! Plin. *Nat.*24.160; (*cf.*) credo..promissum Democriti ~um esse, (trachiniam) adalligatam triduo absumere lienes 27.141; Typhonem immani magnitudine, specieque ~a Hyg.*Fab.* 152.1; puerulus..paruo ~oque capite Suet.*Dom.*4.2;—(*in good sense*) chelonia..~issima Magorum mendaciis..inpositam linguae futurorum diuinationem praestare promittunt Plin.*Nat.*37.155. **b** (Maecenas) laudem suam corrupit istis orationis ~issimae deliciis Sen.*Ep.*114.7; ~a Graeciae mendacia Plin.*Nat.*5.4; uotum..factum e uitio ~is ingeniis 9.140; libido ~a 14.142; ~a scientiae uenditatio 29.25; labyrinthos, uel ~issimum humani inpendii opus 36.84; commentus nouum balnearum usum, ~issima genera ciborum atque cenarum Suet.*Cal.*37.1.

portentum ~ī, *n.* [pple. of portendo]

1 An abnormal phenomenon, usu. regarded as foreshadowing some momentous event, a portent.
te..inuoco, ~a ut populo patriae uerruncent bene Acc. *praet.*6; stellam Veneris..tantum ~um exstitisse, ut mutaret colorem, magnitudinem Var.*hist.*6; ~orum expiationes Cic.*Har.*18; prodigiis atque ~is di immortales nobis futura praedicunt *Phil.*4.10; te.., Catilina, consulatum sperare..non prodigium atque ~um est? *Tog.Cand.*fr.15; *N.D.*2.7; si quod raro fit id ~um putandum est, sapientem esse ~um est *Div.*2.61; ~a existimarunt quidam grauia esse, ostenta bona: alia ~a quaedam bona, ostenta quaedam tristia appellari Fest.p.245M; uariis ~a deum terroribus obstant Verg.*A.*7.58; ne quaere..quem casum ~a ferant 8.533; Hor.*Carm.*1.22.13; ~o..similis clades erat, et libri aditi quinam finis..eius mali ab dis daretur Liv.10.47.6; V.Max.1.1.1; in ~o prope maiores habuere Alpis ab Hannibale exsuperatas Plin.*Nat.*36.2; ~um est, quotiens coepit imago loqui Mart.11.102.8; terrebatur..euidentibus ~is somniorum et auspiciorum et ominum Suet.*Nero* 46.1.

2 (without ref. to future) Something unnatural or extraordinary, a prodigy; (esp.) a strange or abnormal creature, monster; also, an abnormal growth, monstrosity. **b** (applied to persons) a monster of wickedness, vice, or sim.
factum est..ingens terrarum ~um..in agro Mutinensi. namque montes duo inter se concurrerunt Plin.*Nat.*2.199; —(*w. ref. to animals*) nisi ~a anguisque..pinnatos scribitis Lucil.587; multa..tellus..~a creare conatast mira facie membrisque coorta Lucr.5.837; nigro multa mari dicunt ~a natare *Dirae* 55; nocturnos lemures ~aque Thessala rides? Hor.*Ep.*2.2.209; quae uirgineo ~a sub inguine latrant (*i.e. Scylla's dogs*) Ov.*Am.*2.16.23; Sen.*Suas.*1.1; placuit in Aegypto nutrire ~um, binis et in auersa capitis parte oculis hominem Plin.*Nat.*11.272; quis nescit.., qualia ..Aegyptos ~a colat? crocodilon adorat pars haec, illa pauet..ibin Juv.15.2; (*w. appositive gen.*) mater..~um eum hominis dictitabat, nec absolutum a natura, sed tantum incohatum Suet.*Cl.*3.2;—(*w. ref. to plants*) durant..et in Italia ~a terrarum (*i.e. evergreen plane-trees from Crete*) Plin.*Nat.*12.12; 19.152. **b** Gabinium et Pisonem, duo rei publicae ~a Cic.*Prov.*2; multi..Catilinam atque illa ~a loquebantur *Mil.*63; propudium illud et ~um, L. Antonius *Phil.*14.8; foeda dictu sunt, quae ~um illud (*i.e. Hostius Quadra, a pervert*)..fecerit Sen.*Nat.*1.16.3; Theodotus.., et ne uirilia quidem ~a, Pothinus atque Ganymedes Flor.*Epit.*2.13(4.2.60).

3 Something perversely imagined or devised, an extravagant or monstrous practice, act, invention, etc. **b** a fantastic or supernatural story, conceit, or sim.
quaerit..utrum illa uerba an ~a sint Cic.*Orat.*26; illud queror, tam me ab eis esse contemptum ut haec ~a me consule potissimum cogitarent *Agr.*2.55; milliarios apros.. linguas phoenicopterorum, et alia ~a luxuriae Sen.*Ep.* 110.12; quo plura iuuent Parthum (*i.e. king Arsaces, about to take Cornelia into his harem*) ~a, fuisse hanc sciet et Crassi Luc.8.414; putabam..porcos, sicut in circulis mos est, ~a aliqua facturos Petr.47.9; ego nec abortiua dico ac ne amatoria quidem..nec alia magica ~a Plin.*Nat.*25.25. **b** cum poetarum..errore coniungere..~a magorum Cic. *N.D.*1.43; poetarum et pictorum ~a conuincere *Tusc.*1.10; cetera de genere hoc monstra ac ~a loquuntur Lucr.4.590; ~um est, quod tradunt (cedrum) abortiuum fieri in uenere ante perfusa uirilitate Plin.*Nat.*24.18; his ~is atque praestigiis a Plinio Secundo scriptis Gel.10.12.6.

portentuōsus ~a ~um, *a.* *compar.* ~ior. [var. of portentosvs; for term. cf. *monstruosus*]

1 Fraught with supernatural warning, ominous, portentous.
~i cruoris maculas Apul.*Met.*9.38.

2 Monstrous, unnatural.
necesse est recipiat sacrilegium..bonum..ex aliqua parte esse..quo quid fieri ~ius potest? Sen.*Ep.*87.23; ut (speculum)..in ~am magnitudinem augeat formas *Nat.*1.6.2; illos concubitus ~os 1.16.5.

portex ~icis, *f.*: var. of porticvs.
~ex neptvni *CIL* 6.29830; 6.36613.

Porthāōn ~onis, *m.* A king of Calydon, father of Oeneus (in quot., as a typically obscure mythological figure).
ego te simitu noui cum ~one Pl.*Men.*745.

Porthāonidēs ~ae, *m.* A descendant of Porthaon (in quot., Meleager or Tydeus).
V.Fl.3.705.

porthmeūs ~eōs, *m.* [Gk. πορθμεύς] A ferryman (in quots., ref. to Charon).
uix nauita ~eus sufficiet simulacra uirum traducere cumba Petr.121,l.117; ille iam sedet in ripa taetrumque nouicius horret ~ea Juv.3.266.

Porthmos ~ī, *m.* [Gk. πορθμός] The Greek name for the Straits of Gibraltar.
Mela 1.7; Plin.*Nat.*3.74.

porticātiō ~ōnis, *f.* [porticvs+-tio] A colonnaded structure.
si amplum quid aedificari testator iusserit, ueluti incircum ~ones Macer *dig.*11.7.37.1.

porticula ~ae, *f.* Also **~us** ~ī. [porticvs+ -vla, -vlvs] A small portico or colonnade.
exhedria quaedam mihi noua sunt instituta in ~a Tusculani Cic.*Fam.*7.23.3. β maceria..cvn mvnimento et ~o *CIL* 6.10273.

porticuncula ~ae, *f.* [next+-*unculus* (-cvlvs)] = prec.
in introitvm ~ae *CIL* 6.8861.

porticus ~ūs, *f.*, (*m.*). [prob. PORTA+-CVS; decl. on anal. of *domus*] GENDER: masc. in PETR.77.4. FORMS: acc. pl. *~os CIL* 10.5348; gen. pl. *~um* VITR.5.1.6; see also PORTEX.

1 A covered walk having its roof supported by columns, portico, colonnade. **b** a covered way in siege-works. **c** the covered gallery at the top of an amphitheatre, from which the poorer classes watched.

Aesculapi liberorum saucii opplent ~us ENN.*scen.*165; gynaeceum aedificare uolt..et ambulacrum et ~um PL. *Mos.*756; TER.*Ad.*573; pauimentata ~us CIC.*Q.fr.*3.1.1; ut in ~u Pompei potius quam in campo ambulemus *Fat.* 8; ~us..stans..in perpetuum paribus suffulta columnis LUCR.4.426; elapsus Pyrrhi de caede Polites..~ibus longis fugit et uacua atria lustrat VERG.*A.*2.528; ~us Agrippae HOR.*Ep.*1.6.26; columnae basilicarum tam altae, quam ~us latae fuerint, faciendae uidentur VITR.5.1.5; 5.6.4; OV. *Rem.*627; VELL.2.81.4; MART.8.79.4; ~us in qua gestetur dominus quotiens pluit JUV.7.178; ~um ambulatoriam ULP.*dig.*8.5.8.1; (*cf.*) nec ut ceteri greges uniuersi claudi debent, sed per ~us harae faciendae sunt quibus aut a partu aut etiam praegnates includantur COL.7.9.9;—(*as a protection for beehives*) conuenit aluaria ~ibus supermuniri. sin aliter, luto Punico frondibus inlimatis adumbrari 9.7.4; 9.14.14;—(*on a ship*) fabricauit..Liburnicas..magna thermarum et ~uum..laxitate SUET.*Cal.*37.2. **b** pedalibus lignis coniunctis inter se ~us integebantur atque hac agger inter manus proferebatur CAES.*Civ.*2.2.3. **c** CALP.*Ecl.* 7.47.

2 (spec.) The colonnade (Stoa) at Athens in which Zeno used to teach (sts. used as a symbol of Stoic philosophy).

Chrysippum, qui fulcire putatur ~um Stoicorum CIC. *Luc.*75; quemcumque inscitia ueri caecum agit, insanum Chrysippi ~us et grex autumat HOR.*S.*2.3.44; PERS.3.54; ἀπάθεια..quorundam..ex eadem ~u prudentiorum hominum, sicuti iudicio Panaetii..inprobata GEL.12.5.10.

portiō ~ōnis, *f.* [perh. back-formation from *pro portione* (< **partione*, cf. PARS)] ORTHOG.: *porcione CIL* 2.1174.10.

1 *pro ~one*, In the degree proper to each, proportionately. **b** *pro sua* (*uirili*) *~one* as far as one (a man) can.

tu pro ~one nec uir nec mulier mihi es PL.*Rud.*1115; conpeditis, uti quidquid operis facient, pro ~one addito (*sc.* uinum) CATO *Agr.*57; ea pecunia..tributim a singulis pro ~one census exigebatur VAR.*L.*5.181; cum in omnis Asiae ciuitates pro ~one pecuniam discripsisset CIC.*Flac.*32; quae Graece ἀναλογία, Latine (audendum est enim, quoniam haec primum a nobis nouantur) conparatio pro ~one dici potest *Tim.*13; quonam modo..indignari possunt, quibus aliquid noui adiectum commodi sit, eis laborem etiam nouum pro ~one iniungi? LIV.5.4.3; pro rata ~one PLIN.*Nat.*11.40;—(*w. gen.*) oportet..causis principia pro ~one rerum praeponere CIC.*de Orat.*2.320; sollertiae ac rationis pro ~one VITR.1.1.1; pro ~one eius temporis, quo pecunia numerata non esset JAVOL.*dig.*19.2.21; modus agri pro ~one officii dabatur HYG.GR.*agrim.*p.141; utrum id contractus genus pro ~one emptionis et uenditionis est, an..? CELS.*dig.* 12.4.16;—(*followed by* ac, quam) remittendum in datione pro ~one, ac decem primis processit VAR.*R.*3.9.21; VT PRO ~ONE, QVAM DIV APPARVISSENT, MERCEDEM PRO EO KAPERENT *CIL* 1.594.1.4.7. **b** quidquid loquemur ubicumque, sit pro sua scilicet ~one perfectum QUINT.*Inst.*10.7.28; VT PRO SVA QVISQVE ~ONE IMPENSAS CONFERAT *Lex.Vip.*16 (*Font.iur.*p.294);—tamquam pro uirili ~one innocentiam principi donares TAC.*Ag.*45.3; ut pro uirili ~one armis ac manu uictoriam iuuerit *Hist.*3.20.

2 Ratio, proportion; *ex*, *pro ~onibus*, in accordance with proportions.

alumen aequa ~one cum ture contritum CELS.5.28.6.B; praemium erit ei, qui primus occupauerit uerticem, talenta x, uno minus accipiet, qui proximus ei uenerit, eademque ad decem homines seruabitur ~o CURT.7.11.12; non hoc ea ~one illi accidit qua omnibus SEN.*Con.*3.pr.3; habetur personarum ac dignitatium ~o SEN.*Ben.*2.16.2; quare latitudo porticus..non seruet ~onem suam 7.1.5; si quis conparet onera corporibus earum, fateatur nullis ~one uires esse maiores PLIN.*Nat.*11.108; quanto..essent miserabiliora..tanto sunt quadam ~one ad afficiendum potentiora QUINT.*Inst.*6.1.26;—(*gen.*) capita piscibus ~one corporum maxima PLIN.*Nat.*11.129;—(*w.* ad, in+*acc.*) teredines capite ad ~onem grandissimo 16.220; si octonariae, centena, si denariae, centena uicena ac deinde ad has ~ones 31.58; CONDVCTOR VNVM PLVRESVE ARTIFICES IDONEOS IN ~ONEM RECIPITO *Lex Vip.*42(*Font.iur*p.292);—reliqua..pro ~onibus atque symmetriis facienda uidentur VITR.4.8.3; catapultarum rationes, e quibus membris ex ~onibus componantur, dixi 10.10.6.

3 A portion, part. **b** (applied to a participant in an action, etc.).

ut..id quod superesset triennio aequis ~onibus persolueretur LIV.6.35.4; pari ~one inter se mixta pix, cera, alumen CELS.4.31.6; cum interim illae (*sc.* undae) ~onibus crescunt SEN.*Dial.*1.1.4; minorem ~onem aetas nostra quam puncti habet, si omni tempori comparetur 6.21.2; securitatis magna ~o est nihil inique facere *Ep.*105.7; quid, quod tam paucos annos inter studia ac uitia non aequa ~one diuidimus? *Nat.*7.25.4; in uno..metallo..tricensima sexta ~o (argenti) inuenitur PLIN.*Nat.*33.80; deorum quaedam immortalium ~o (*i.e. the Roman people*) 36.118; JUV.9.128; ⟨o⟩ecumene ..hoc est habitabilis et cognita terreni ~o AGEN.*agrim.*p.22; ~o..suprema linguae MAUR.199. **b** dabimus te in omnem memoriam, clarissimum caput, Gaianae cladis magna ~o! SEN.*Dial.*9.14.10; quota enim ego sum ~o istius indignationis? QUINT.*Decl.*252(p.35,l.14).

4 The portion due to a person, share.

ueniet et ad illum diu felicem sua ~o (*sc.* malorum) SEN. *Dial.*1.4.7; supra ~onem COL.7.1.2; ut statim ~onem meam sibi addiceret PLIN.*Ep.*7.11.6; antequam ~ones fructuum fiant ULP.*dig.*24.3.7; ~ones collationum ita erunt faciendae 37.6.1.24.

portisculus ~ī, *m.* [*port-* (PORTA); term. perh. as *asciscul*us (ACISCVLARIVS)]

1 A kind of hammer used in beating time for rowers.

remiges..sub ~um, sub flagrum conscribti CATO *orat.*180; ne palmularum pulsus nec ~i LABER.*com.*53; (*in fig. phr.*) ad loquendum atque ad tacendum tute habeas ~um PL.*As.*518.

2 One who beats time to rowers.

~us signum cum dare coepisset ENN.*Ann.*228; ut.. ~orum et remigum uisu audituque te oblectares FRO.*Aur.* 2.p.4(224N).

portitor ~ōris, *m.* [prob. PORTVS+-TOR]

1 One who collects import and export dues, tolls, or sim., a customs-officer, etc. **b** (app., as adj.) = PORTITORIVS.

dum percontor ~ores, ecquae nauis uenerit ex Asia PL. *St.*366; solutumst ~ori iam portorium *Trin.*1107; epistulam ..audiui..ad ~ores esse delatam: hanc petam TER.*Ph.*150; cum te..~orem ad partiendas mercis missum putares CIC. *Vat.*12; *Off.*1.150; SUET.*Rhet.*25(p.122Re);—(*cf.*) si intolerandum hos xuiros ~ores omnibus omnium pecuniis constitui CIC.*Agr.*2.61; nolo eundem populum imperatorem et ~orem esse terrarum *Rep.*4.7;—(*applied to an inquisitive person*) quotiens foras ire uolo, me retines, reuocas, rogitas, quo ego eam..~orem domum duxi, ita omnem mihi rem necesse eloqui est PL. *Men.*117. **b** VT VETERANI MILITES OMNIBVS VECTIGALIB⟨VS⟩ ~ORIBVS PVBLICIS LIBERATI IMMVNES ESSE DEBEA⟨NT⟩ *A.Epig.*10.75b.

2 (applied to Charon, app. as performing a similar function in the Underworld). **b** (hence, in general) a ferryman, carrier.

~or Orci VERG.*G.*4.502; *A.*6.298; ubi ~or aera recepit PROP.4.11.7; OV.*Met.*10.73; flagrantis ~or undae LUC.6.704; Lethaei ~or amnis STAT.*Theb.*12.559; SIL.9.251. **b** Platon cum flumen naue transisset nec ab illo quicquam ~or exegisset SEN.*Ben.*6.18.1; Phryxi nec ~or Helles..pecorum princeps (*i.e. Aries*) COL.10.155; LUC.4.57; MART.10.71.7; Hyperboreae glacialis ~or Vrsae (*i.e. Boötes*) STAT.*Theb.* 1.693.

portitōrius ~a ~um, *a.* [prec.+-IVS] Connected with import or export dues.

emit puerum..pretio denariorum ducentorum et capitulario ~o *FIRA* 3.132.5.

portiuncula ~ae, *f.* [PORTIO+-VNCVLA] A very small part.

uestis ita infectae ~a PLIN.*Nat.*28.83; minimam ~am GAIUS *dig.*29.4.13; si tam spatiosae domus usus sit relictus homini mediocri, ut ~a contentus sit ULP.*dig.*7.8.4.

portlāca: see PORTVLACA.

portō ~āre ~āuī ~ātum, *tr.* [**poreo* (Goth. *farjan*, Ger. *fahren*; see also PORTA)+-TO]

1 To transport, convey. **b** to convey (news, etc.). **c** (refl. or sim.) to take oneself, direct one's steps, move.

duona eorum ~ant ad nauis ANDR.*poet.*26(28).2; quo ~as puerum? TER.*An.*722; frumento adeso, quod ex areis in oppidum ~atum est SIS.*hist.*16; cum..frumentum..in eum locum quo imperabatur ~are nollet CIC.*Ver.*3.189; eis impedimentis quae secum agere ac ~are non poterant CAES. *Gal.*2.29.4; exercitus, qui in Africam ~aretur, scribitur SAL.*Jug.*27.5; NISI QVOD AEDIVM SACRARVM..CAVSSA..ADVEHI ~ARI OPORTEBIT *CIL* 1.593.58; talaria..quae sublimem alis..~ant VERG.*A.*4.241; raptam ex agris praedam ~antes Veios rediere LIV.1.15.2; ~atu faciles (*sc.* uuae) PLIN.*Nat.* 14.42; Italia..longinquas in prouincias commeatus ~abat TAC.*Ann.*12.43; 'ferri' proprie dicimus, quae quis suo corpore baiulat: '~ari' ea, quae quis iumento secum ducit GAIUS *dig.*50.16.235; (*cf.*) te iam septima ~at omnibus errantem terris et fluctibus aestas VERG.*A.*1.755;—(*of ships*) melior nauis quam quae stlataria ~at ENN.*Ann.*226; naues tormenta machinasque ~antes LIV.30.10.3;—(*poet., of the wind*) nubila ~abunt uenti transuersa per auras LUCR.6.190; lenes aurae..hanc quoque tristi procul a poena ~ate..templa ad Triuiae [SEN.]*Oct.*978; (*cf.*) tristitiam et metus tradam proteruis..~are uentis HOR.*Carm.*1.26.3. **b** multa patri mandata dabat ~anda VERG.*A.*9.312; nostra ..quid ~et iam nostis epistula OV.*Pont.*3.7.5; consulta responsaque ut internuntius numinis ~abat TAC.*Hist.*4.65. **c** se Aquila ardenti cum corpore ~at CIC.*Arat.*328(87); consul titubantem ad moenia gressum ~abat SIL.10.632.

2 To carry by bodily effort, bear. **b** (of a vehicle, horse, etc.) to carry. **c** (refl.) to support oneself (in motion). **d** (of stationary objs.) to support, carry.

magi' decorumst libertum potius quam patronum onus in uia ~are PL.*As.*690; prae se ~ant ascendibilem semitam, quam scalam uocitant POMPON.*com.*9ᵇ; ut..miles cibum et arma ~aret SAL.*Jug.*45.2; sequuntur te pueri lasanum ~antes oenophorumque HOR.*S.*1.6.109; militi..nihil secum praeter instrumenta belli ~anti LIV.21.30.9; ea..quae restinguendo igni forent ~antes 30.6.3; abiectis, uix quae ~auerat, armis STAT.*Theb.*9.46; (*sup.*) mala piraque iumentis ~atu mire grauia sunt PLIN.*Nat.*23.116; (*cf.*) infesta ~antem cuspide uulnus impedit anteuolans Herium SIL.17.451; (*of copulating insects*) marem ~ante femina PLIN.*Nat.*11.107;—(*fig.*) an, quod aetatem ~at bellule, puer tibi semper uidetur? APUL. *Met.*5.31. **b** aperta lectica mima ~abatur CIC.*Phil.*2. 58; quem Thracius..~at equus VERG.*A.*9.50; turrem.. magnam uim armatorum..~antem promouit LIV.32.17.10; (delphinus) adludens nantibus impositosque ~ans PLIN. *Nat.*9.26; curru serius ~atur eodem JUV.10.42; uehiculum conduxisti, ut onus tuum ~aret LABEO *dig.*19.2.60.8. **c** dum..pedibus me ~o meis nullo dextram subeunte bacillo JUV.3.28. **d** Luna..~andis tantum suffecta columnis STAT.*Silv.*4.2.29.

3 To bring with one. **b** (w. abst. or nonmaterial obj.). **c** (fig.) to bring with it, i.e. imply.

trecentos nummos Philippos ~at praesidi PL.*Poen.*670; tabulas accepi quas mecum ~o CIC.*Att.*7.3.9; quem secum patrios aiunt ~are penatis VERG.*A.*4.598; haud ullas ~abis opes Acherontis ad undas PROP.3.5.13; sol..gelidas hiemes hebetato lumine ~at GERM.*Arat.*493; (*cf.*) cum depilatos, Chreste, coleos ~es MART.9.27.1. **b** me credit aliquam sibi fallaciam ~are TER.*An.*433; libertatem atque patriam in dextris uostris ~are SAL.*Cat.*58.8; tibi somnia tristia ~ans (Somnus) VERG.*A.*5.840; ne qua tibi insolitos ~arent uisa timores PROP.1.3.29; has spes cogitationesque secum ~antes urbem ingressi sunt LIV.1.34.10; non uanam ~antia uerba salutem OV.*Pont.*3.4.1; quae uisa ~as? effer in medium metus SEN.*Tro.*437; et matutinum ~at ineptus Haue MART.1.55.6; remeat ~ans immania Tydeus ausa STAT.*Theb.*3.236; ad maritos ierunt ~antes gloriam domesticam, pecuniam publicam APUL.*Apol.*18. **c** nescio-quid peccati ~at haec purgatio TER.*Hau.*625.

portōrium ~(i)ī, *n.* [< **portitorium* (PORTITOR+-IVM)] A payment levied on goods passing through a port, frontier, or other barrier, a duty, toll.

istum portitorem priuabo ~io PL.*As.*159; *Trin.*1107; illi qui inscriptum (*i.e. unregistered goods*) e portu exportant clanculum, ne ~ium dent LUCIL.723; ~IEIS TERRESTRIBVS MARITVMEISQVE..CAPIVNDEIS *CIL* 1.589.2.31; scriptura, decumae, ~ium CIC.*Flac.*19; uectigal ac ~ium Dyrrachinorum totum in huius unius quaestum esse conuersum *Prov.*5; per Alpis, quo magno cum periculo magnisque cum ~iis mercatores ire consuerant CAES.*Gal.*3.1.2; erant omnibus ostiis Nili custodiae exigendi ~ii causa dispositae *B.Alex.*13.1; LIV.38.44.4; id (*sc.* uehiculum) cum pontem transiret, redemptor eius pontis ~ium ab eo exigebat LABEO *dig.*19.2.60.8; QUINT.*Inst.*5.10.78; SUET.*Vit.*14.2;—(*w. gen. of object taxed*) ut ~ium uini instituereт CIC.*Font.*19; remissum est ~ium mercis huius PLIN.*Nat.*19.56; SUET.*Jul.* 43.1; quom..Traianus Euphrati et Tigridis ~ia equorum et camelorum tribularet FRO.*Ver.*2.p.214(209N);—(*applied to money given to Charon*) Charon, protenus expetens ~ium, sic..sutili cumba deducit commeantes APUL.*Met.*6.18;—(*transf.*) tempus est desinere, sed si prius ~ium soluero. 'initium est salutis notitia peccati' SEN.*Ep.*28.9.

portula ~ae, *f.* [PORTA+-VLA] A small gate.

ANTEPAGMENTA..INPONITO, FERROQVE PLANO FIGITO, ~AQVE TEGITO *CIL* 1.698.2.6; conuenerat..ut Philemenus ~a adsueta uenationem inferens armatos induceret LIV.25. 9.9; 25.24.3.

portulāca ~ae, *f.* [app. prec.+-*aca* (cf. *lingulaca*)] FORMS: *portlaca* read in CELS. 6.6.38. The herb purslane, *Portulaca oleracea*, = PORCILACA (sense a).

VAR.in NON.p.551M; boni suci sunt..lactuca, urtica,.. ~a CELS.2.20.1; 4.16(9).3; herbae, quas appropinquante uindemia condire possis, ut ~a, et holus COL.12.13.2; LARG.53; 158.

Portūnālis ~is ~e, *a.* Of the god Portunus; (neut. pl. as sb.) his festival, celebrated on 17 Aug.

flamen ~is FEST.p.217M;—~ia dicta a Portuno, cui eo die..feriae institutae VAR.*L.*6.19; (*abbrev.*) XVI (kal sept) POR N(undinae) P(ublicae) FER(iae) PORTVN(o) *Fast.Ant.* (*CIL* 1.p.244).

Portūnium ~iī, *n.* (app.) The temple of Portunus in Rome or its precincts (frequented by flower-sellers).

secundum Tiberim ad ~ium (*cj.*, Iunium *codd.*) forum piscarium uocant VAR.*L.*5.146; alia dignitate sunt (flores et coronae) in ~io quom a coronariis ueneunt, alia quom a sacerdotibus in templo porriguntur FRO.*Aur.*1.p.164(19N).

Portūnus ~ī, *m.* The presiding deity of harbours.

CIC.*N.D.*2.66; eum..sub fluctibus audiit omnis Nereidum ..chorus.., et pater ipse..~us euntem impulit VERG.*A.* 5.241; in portus nato ius erit omne tuo (*i.e. of Ino*), quem nos ~um, sua lingua Palaemona dicet OV.*Fast.*6.547; HYG. *Fab.*2.5; APUL.*Apol.*31.

portuōsus ~a ~um, *a. compar.* ~ior. [next +-OSVS] Well provided with harbours or anchorage.

mare..~um CIC.*de Orat.*3.69; quae (pars Numidiae) ~ior et aedificiis magis exornata erat SAL.*Jug.*16.5; sinus ~us MELA 2.3; flumen nauigabile..ostio ~um PLIN.*Nat.*6.94; ~is litoribus 37.201;—(*of a voyage*) nauigationis longae et hiemalis et minime ~ae periculum CIC.*Fam.*6.20.1.

portus ~ūs, *m.* [cogn. w. PORTA] FORMS: gen. sg. *~i* TURP.*com.*49; abl. sg. *~o CIL* 6.37807, 15.409; dat. or abl. pl. most often *~ibus*, but *~ubus* in LIV.39.26.3, OV.*Tr.*3.12. 38, PETR.101.9, etc.

1 A harbour, port. **b** (as formed naturally by the mouth of a river). **c** (in place-names).

passo uelo uicinum, Aquilo, Orestem in ~um fer NAEV. *trag.*16; e ~u nostra nauis soluitur PL.*Bac.*288; *Mer.*326; TER.*Hec.*77; LUCIL.126; qui in ~u Syracusis operas dabat (*i.e. was a customs-officer*) CIC.*Ver.*2.171; ignoratis..~um Caietae..plenissimum nauium inspectante praetore a praedonibus esse direptum..? *Man.*33; hanc epistulam dedimus L. Tarquitio simul e ~u egredienti sed expeditius nauiganti *Att.*6.8.4; summa..erat uasto..mari..prope nullis ~ibus difficultas nauigandi CAES.*Gal.*3.12.3; nauis onerarias, quae longius a ~u in salo stabant *B.Afr.*62.5; NEP.*Di.*9.2; placidum Syrtes ~um (*sc.* praebeant) PROP.3.19.7; captas naues Messanam in ~um deduxerunt LIV.21.49.3; 26.42.5; dum adplicant nauigia crepidini ~us CURT.4.5.21; in ~u

Ostiensi PLIN.*Nat.*9.14; ~ui Ephesiorum aperiendo curam insumpserat TAC.*Ann.*16.23; PROC(urator) ~VS VTRIVSQVE (*i.e. Portus Augusti and Portus Traiani, two artificial harbours at Ostia*) *CIL* 14.170;—(*pl. for sg.*) haec ubi dicta, petunt ~us et uela secundi intendunt Zephyri VERG.*A.*5.32; HOR.*Carm.*4.14.35; ~ubus egredior OV.*Ep.*15.127;—(*poet.*) ite ad Stygios, umbrae, ~us SEN.*Her.F.*1131;—(*in fig. phrs.*) hoc opus exegi..contigimus ~us, quo mihi cursus erat OV.*Rem.*812; QUINT.*Inst.*12.pr.3. **b** fluminis intrastis ripas ~uque sedetis VERG.*A.*7.201; Nilus..per septem ~us in maris exit aquas OV.*Am.*2.13.10; *Ep.*14.107. **c** ~um Itium (*in Gallia Belgica*) CAES.*Gal.*5.5.1; in ~um, qui Menelai uocatur NEP.*Ag.*8.6; ~us Hannibalis (*in Lusitania*) MELA 3.7; ~us Garnae (*in Apulia*) PLIN.*Nat.*3.103;—(*cf.*) sub Herculeo sacratus nomine ~us (*i.e. Portus Herculis Monoecii = Monaco*) LUC.1.405.

2 (in fig. context, or transf.) A means of escape from danger or trouble, a refuge, haven.

neque sepulchrum quo recipiat habeat ~um corporis ENN.*scen.*364; huius periclo fit, ego in ~u nauigo (*i.e. I'm out of danger*) TER.*An.*480; exsilium..non supplicium est, sed perfugium ~usque supplici CIC.*Caec.*100; in malis rei publicae ~um aliquem suorum malorum inuenire *Sul.*41; optimus est ~us paenitenti mutatio consili *Phil.*12.7; nisi me in philosophiae ~um contulissem *Fam.*7.30.2; maiores uestri castra munita ~um ad omnis casus exercitus ducebant esse LIV.44.39.2; unus est..huius uitae fluctuantis..~us euentura contemnere SEN.*Ep.*104.22; ea condicio uitae est, ut mori plerumque etiam optumis ~us sit PLIN.*Nat.*25.24;—(*applied to persons*) uos eritis nostrae ~us et ara fugae OV.*Pont.*2.8.68; pater o rerum, ~us uitae SEN.*Her.F.*1072; tu domino requies ~usque senectae STAT.*Silv.*2.1.70.

3 A warehouse, depot (cf. *nauale*, sense 3).

EX F(iglinis) TER(e)NT(ianis).., ~(u) LICINI, OP(us) DOL(iare) *CIL* 15.630; '~us' appellatus est conclusus locus, quo importantur merces et inde exportantur: eaque nihilo minus statio est conclusa atque munita ULP.*dig.*50.16.59; OPVS EX PR(aedio) P M CRISPI DE ~O PARRAE *CIL* 15.409; 15.410.

4 (prob.) A door (acc. Festus, p. 233M, = *domus*).

cui testimonium defuerit, is tertiis diebus ob ~um obuagulatum ito *Lex XII*(*Font.iur.*p.20).

pōrus ~ī, *m.* [Gk. πῶρος] A kind of stone, prob. tufa.

polituris accommodatur..(harena) quae fit e ~o lapide aut e pumice PLIN.*Nat.*36.53; (lapis) Pario..similis candore et duritia, minus tantum ponderosus, qui ~us uocatur 36.132.

pos[1]: see POTIS.

pos[2]: shortened form of POST[2].

posca ~ae, *f.* [*po-* (see POTO)+-*sca* (as in *esca*)] A mixture of vinegar and water.

alii ebrii sunt, alii ~am potitant PL.*Mil.*836; tantilli doni caussa, holerum atque escarum et ~arum *Truc.*609; VAR.*L.*5.122; dari..potest..halica..si firmus est stomachus.., ex aqua mulsa; si uel ille languet.., ex ~a CELS.3.6.10; 4.12.9; sucus ex uino aut ~a potus PLIN.*Nat.*23.138; 31.125; LARG.46; 197; SUET.*Vit.*12.1.

poscinummius ~a ~um, *a.* [next+ NVMMVS+-IVS] Demanding money, mercenary.

basiola..meretricum ~a APUL.10.21.

poscō ~ere poposcī, *tr.* [< *pr̥(k)-sko, cf. Skt. *pr̥cchati* 'asks'; root as in PREX] FORMS: pf. *peposci* VAL.ANT.*hist.*60.

1 To ask for insistently or authoritatively, demand, call for. **b** (w. inf. or acc. and inf.). **c** (w. *ut*). **d** (w. advs.). **e** (ellipt. or absol., usu.) to demand money; app. also, to call for toasts.

si quis auidus ~it escam auariter PL.*Rud.*1238; mille nummum ~it TER.*Hau.*606; (iudex) tabulas ~it, litteras inspicit TIT.*orat.*2; iste omnia abstulit, alia rogando, alia ~endo, alia sumendo CIC.*Ver.*2.84; medico, mercedis quantum ~et, promitti iubeto *Fam.*16.14.1; Dardanidae infensi poenas cum sanguine ~unt VERG.*A.*2.72; oscula..negat, quae ~ente magis gaudeat eripi HOR.*Carm.*2.12.27; cum omnibus locis ~eretur pugna LIV.6.23.8; rei capitalis diem dicere ac uades ~ere coeperunt 25.4.10; aquam poposcit ad manus PETR.27.6; stabat Drusus silentium manu ~ens TAC.*Ann.*1.25; ~ebat..tempus euocandorum testium 13.52; GEL.1.8.5;—(*w.* ab) comitiis diem a M. Marcio praetore peposcit VAL.ANT.*hist.*60; CIC.*Ver.*2.117; Hannibalem..frustra iam diu ~entem ab domo auxilia LIV.28.42.18;—(*w. abl. of place whence*) Phraaten regis Phraatis filium Roma ~ebant TAC.*Ann.*6.31;—(*w. dat. of advantage*) suam quisque partem piscium ~ant sibi PL.*Rud.*980; nec ueniam antiquis, sed honorem et praemia ~i HOR.*Ep.*2.1.78; magno ~itur ille (locus) deo OV.*Pont.*1.1.48;—(*w. pred. gdve., sb.*) cum (turibulum) inspiciendum poposcisses CIC.*Ver.*4.46; uotis uictorem Eteoclea ~ant STAT.*Theb.*11.186;—(*poet.*) cum ~entis somnum declinat ocellos PROP.2.1.11;—(*transf.*) in argumentis Caecilius ~it palmam, in ethesin Terentius VAR.*Men.*399. **b** (*w. inf.*) delubra..uestra tueri ~imus OV.*Met.*8.708; V.FL.4.194; (*poet.*) quos (*sc.* dumos) leniter adflans aura..~it confundere *Culex* 156;—(*w. acc. and inf.*) ereptum..dolo reddi sibi ~it honorem VERG.*A.*5.342; (*poet.*) ne quodcumque uelit ~at sibi fabula credi HOR.*Ars* 339. **c** ~entes ut confestim inde ad castra hostium duceret..nihil poenae recusabant LIV.5.28.9; SIL.13.268; TAC.*Hist.*2.39; JUV.5.112;—(*cf., w. neut. pron. as antecedent*) ~o hoc mihi, ut..numerum..oratorium dicere intellegar QUINT.*Inst.*9.4.57. **d** sic fata Iouis ~unt VERG.*A.*4.614; 11.901. **e** relicuom dat operam—ne sit relicuom, ~endo atque auferendo, ut mos est mulierum PL.*Truc.*16; superbum, semper ~entem, semper rapientem, semper ebrium CIC.*Phil.*5.24; 'improbus es cum ~is' ait, sed pensio clamat '~e' JUV.9.63;—fit sermo inter eos, et inuitatio ut Graeco more biberetur; hortatur hospes, ~unt maioribus poculis CIC.*Ver.*1.66.

2 (w. double acc.) To demand (something of someone), ask (a person) insistently or authoritatively (for a thing). **b** (w. acc. of person only) to make a demand on.

quod tu istum talentum ~is? PL.*Rud.*1376; Milesios nauem poposcit CIC.*Ver.*1.86; 2.119; CATUL.41.2; ~e deos ueniam VERG.*A.*4.50; nulla salus bello, pacem te ~imus omnes 11.362; HOR.*Carm.*1.24.12; claues portarum cum (C. Terentius) magistratus poposcisset LIV.27.24.8; quae ~et munus amantem OV.*Ars* 3.805; SEN.*Ep.*60.2; PERS.6.61; JUV.6.149;—(*pass.*) is dare uolt, is se aliquid ~i PL.*As.*181; nec tantum segetes..~ebatur humus OV.*Met.*1.138; *Fast.*4.670; quod, cui salus imperii..accepta ferri deberet, rationem pecuniae..~eretur GEL.4.18.12; (*transf.*) (boues) anniculae fecunditatem ~untur PLIN.*Nat.*8.176. **b** (argentarii) ratione utuntur, ludis ~unt neminem PL.*Cas.*27; *Cur.*683; tanto ocius te ut ~at et tu, id quod cupis, quam ocissime ut des TER.*Hau.*867; fidem meam malo quam thesauros. ad summam, quisquam me bis poposcit? PETR.57.9.

3 To demand the presence or attendance of, summon. **b** to demand for custody, trial, punishment, or sim.

ad te confugio et supplex tua numina ~o VERG.*A.*1.666; ne quaere..quem casum portenta ferant: ego ~or 8.533; HOR.*Carm.*1.32.1; absentem..~it nunc Pelian, tanta iuuenem qui perderet ira V.FL.7.315; SUET.*Nero* 45.2; (*poet.*) fabula, quae ~i uult et spectata reponi HOR.*Ars* 190;—(*w. pred. sb.*) uti..aspere in Metellum de bello scribant, Marium imperatorem ~ant SAL.*Jug.*65.4; fatis regem se..~i VERG.*A.*8.12;—(*w.* ad, in+*acc.*) si me solum Teucri in certamina ~unt 11.434; quem (*sc. Philoctetes*)..uates delenda ad Pergama ~unt OV.*Met.*13.320. **b** accusant ei quos populus ~it CIC.*S.Rosc.*13; sescentos obsides poposcit CAES.*Gal.*2.15.1; per ima cucurrit ossa tremor, cui fata parent, quem ~at Apollo VERG.*A.*2.121; poena neque haec satis est: regis quoque filia monstro ~itur aequoreo OV.*Met.*11.212; SIL.2.44; huius..cladis auctor Hannibal ~itur FLOR.*Epit.*1.22(2.6.7); (*cf.*) magna uerba excidunt, cum tortor poposcit manum SEN.*Ep.*82.7; (*poet.*) plebis..quis fleat interitus? hos bella, hos aequora ~unt STAT.*Silv.*2.1.213;—(*w. pred. sb., gdve.*) dictatorem ~ere reum LIV.9.26.17; quem quisque accusandum poposcisset TAC.*Hist.*4.40;—(*w.* ad) Macer ad exitium ~ebatur 2.36;—(*w. dat. of purpose*) ~endum poenae iuuenem SIL.1.677.

4 To ask for in marriage.

PL.*Aul.*160; sine dote ~o tuam sororem filio *Trin.*499; (sese) hanc cupere uxorem (dicit).—modone quae inuentast?—eam: et quidem iubebit ~i TER.*Hau.*775; *Arg.Pl.Trin.*5;—(*w. pred. sb.*) filiam tuam mi uxorem ~o PL.*Aul.*219; *Cas.*993.

5 (w. abl. of price) To demand (at an auction), bid for.

commodis ~it, pater.—nequiquam ~it; ego habebo PL.*Mer.*438; tanti quanti ~it, uin tanti illam emi? 490; hominem aedis iube mancupio ~ere *Mos.*1091; age licemini. qui cena ~it? ecqui ~it prandio? *St.*222; PLIN.*Nat.*35.88.

6 To demand to know (about); (also w. indir. qu.).

ne quis eos..contingere posset moliriue moram aut ueniendi ~ere causas VERG.*A.*1.414;—(*w. double acc.*) Parilia ~or; non ~or frustra, si fauet alma Pales OV.*Fast.*4.721; dux Erebi populos ~ebat crimina uitae STAT.*Theb.*8.22;—(*w. indir. qu.*) ausus est in conuentu ~ere qua de re quisque uellet audire CIC.*de Orat.*3.129; quae sit sententia ~o VERG.*A.*3.59; V.MAX.8.15.ext.2.

7 (of inanim. or abst. things) To demand as necessary, call for, require.

quid rei publicae tempora ~erent, cogitauerunt CIC.*Flac.*98; adfingunt rumoribus Galli quod res ~ere uidebatur CAES.*Gal.*7.1.2; non hoc ista sibi tempus spectacula ~it VERG.*A.*6.37; quae belli usus ~unt LIV.26.43.7; bibe plus etiam, quam quod praecordia ~unt OV.*Rem.*535; hic locus fabulam ~it SEN.*Ben.*7.21.1; nec (anser) maximam curam ~it COL.8.13.1; cliuosa altiores scrobes ~unt PLIN.*Nat.*17.168; (periodus) ~itur..austera, si accuses QUINT.*Inst.*9.4.128; (*w.* ab) quid a me cuiusque tempus ~at CIC.*Planc.*79;—(*w. inf.*) res ~ere uidetur de ratione scribendi pauca praefari FRO.*Aur.*1.p.40(p.211N);—(*w.* ut) res..~ere uidetur, ut huius quoque seruiti mei disciplinam exponam APUL.*Met.*9.31;—(*w. advs. or ellipt.*) dicam tum quando usus ~et; interea tace PL.*Mil.*810; te..desidero neque ego magis quam ipsa res et tempus ~it CIC.*Att.*2.25.2; (Alcibiades) cum tempus ~eret, laboriosus, patiens NEP.*Alc.*1.3; si forte ita res ~eret LIV.10.43.4; in usu est et collicias interponere, si ita locus ~at PLIN.*Nat.*18.179; SUET.*Tib.*65.2.

posculentus ~a ~um, *a.* [var. of POCVLENTVS or POTVLENTVS, prob. influenced by *esculentus*] Drinkable.

in ea parte oris qua esculentis et ~is iter natura patefecit CIC.*N.D.*2.141; penus est..quod esculentum aut ~um est Q.SCAEV.*iur.*1; Herculi..omnia esculenta, ~a FEST.p.253M; GEL.17.11.2.

pōsia ~ae, *f.* **pausia, pōsea, pausea, pūsea**. [perh. foreign] A kind of olive picked before becoming ripe.

in agro crasso..oleam conditiuam..orcitem, poseam..serito CATO *Agr.*6.1; 7.4; oleas esui optime condi scribit Cato orcites et puseas VAR.*R.*1.60.1; amara pausia baca VERG.*G.*2.86; ~ae..oleum saporis egregii, dum uiride est COL.5.8.4; oliuarum conditurae. acerbam ~am mense Septembri..contunde 12.49.1; primae (oliuae)..ab autumno colliguntur..~a..mox orchites PLIN.*Nat.*15.13;—(*attrib.*) ~as oliuas COL.12.49.4.

Posīdēs ~ae, *m.* A favourite freedman of the Emperor Claudius.

spado uincebat Capitolia nostra ~es JUV.14.91; SUET.*Cl.*28.1.

Posīdōnius (~ios) ~iī, *m.* A Stoic philosopher and polymath, *c.* 135–50 B.C.

CIC.*N.D.*2.88; *Tusc.*2.61; VITR.8.3.27; SEN.*Ep.*78.28; PLIN.*Nat.*2.85.

posimīrium ~(i)ī, *n.*: archaic form of POMERIVM.

~ium pontificale pomerium, ubi pontifices auspicabantur PAUL.*Fest.*p.248M.

positiō ~ōnis, *f.* [PONO+-TIO]

1 The action of placing (in quots., of words in a sentence); (spec.) the planting (of crops).

est..soloecismus in oratione..sequentium ac priorum inter se inconueniens ~o QUINT.*Inst.*1.5.51; metonymia, quae est nominis pro nomine ~o 8.6.23;—futurarum spes uindemiarum cohortari nos debet ad ~onem uinearum COL.3.3.15; uernae..~onis dies fere quadraginta sunt 3.14.1; eodem mense..nouissima ~o est olearis taleae 11.2.42.

2 The arrangement of different parts of a thing), layout. **b** disposition (of terrain), lie.

cadauerum artus rescindi, ut neruorum..~o cognosci possit SEN.*Con.*10.5.17; ut multi..reformident talem ~onem ruris COL.3.3.1; ~onem operis eius (*i.e. the labyrinth*) singulasque partes enarrare PLIN.*Nat.*36.87; quo liberius castrorum ~onem scrutarentur FRON.*Str.*1.2.1; angulus..excedens recti anguli ~onem BALB.*grom.*p.101La. **b** de ~one loci eleganter dixit..cum angustias loci facundissime descripsisset SEN.*Suas.*2.14; ut stet aqua aut fluat, loci ~o efficit SEN.*Nat.*3.3; campus concauae ~onis COL.2.16.4; TRA.*Plin.Ep.*10.50(59).

3 The place occupied by a thing, position, situation. **b** (pros.) position (of a syllable).

quarum (*sc.* urbium) amoena ~o..plures adlicit SEN.*Dial.*12.6.4; terra..cuius ~ones hoc aut illo uersae magna ad aeris temperiem momenta sunt *Nat.*2.11.2; ~o signiferi circa media sui obliquior est PLIN.*Nat.*2.188; FRON.*Aq.*105; GEL.14.1.21; procurrentibus in diuersa terris ~o caeli (*i.e. their position under a particular tract of sky*) corporibus habitum dedit TAC.*Ag.*11.2. **b** 'uolucres' media acuta legam, quia, etsi natura breuis, tamen ~one longa est QUINT.*Inst.*1.5.28; 9.4.86.

4 a (rhet.) The method of presenting (a theme). **b** framing (of a law).

a Gallio subtiliter agendum putauit et ad ~onem controuersiae colorem actionis derigendum SEN.*Con.*10.1.12; argumenta ex ipsis ~onum uitiis ducimus QUINT.*Inst.*2.10.15; earum (*sc.* materiarum) quaestiones..~onibus mutantur 7.4.40. **b** ius ipsa legis ~one manifestum est QUINT.*Decl.*280(p.142,l.10).

5 (in rhythm) Downward beat, = Gk. θέσις.

(rhythmus) tempus..metitur, ut a sublatione ad ~onem idem spatii sit QUINT.*Inst.*9.4.48; 9.4.55.

6 (gram.) *prima* ~*o*, or ~*o* alone, The original, i.e. uninflected or uncompounded, form of a word.

quorum (*sc.* nominum) prima ~o in easdem quas 'Castor' litteras exit QUINT.*Inst.*1.5.60; simplices uoces prima ~one, id est natura sua constant, compositae..praepositionibus subiunguntur 1.5.65; quia prima ~o 'paciscor'..faceret tempore praeterito 'pactus sum' 1.6.10;—(*without* prima) quae (nomina) feminina ~one mares aut neutrali feminas significant, qualia sunt 'Murena' et 'Glycerium' 1.4.24; quae..~onis eiusdem in diuersos flexus eunt 1.6.15.

7 (transf.) A position from which a view is taken, aspect.

huius studii duae sunt ~ones, publicum et priuatum ULP.*dig.*1.1.1.2.

8 a Mental position, attitude. **b** condition or state (of anything).

a in qua ~one mentis sim..fatebor SEN.*Ep.*64.4; 85.14. **b** si..abstulit hoc de peculio..si uero eandem ~onem peculii reliquit ULP.*dig.*15.1.11.3; 33.1.3.3.

positīuus ~a ~um, *a.* [PONO+-IVVS] Arbitrarily imposed.

Nigidius..docuit nomina non ~a esse, sed naturalia GEL.10.4.

positor ~ōris, *m.* [PONO+-TOR] A builder, founder.

moenia..~oris habentia nomen OV.*Met.*9.449; templorum ~or *Fast.*2.63.

positūra ~ae, *f.* [PONO+-VRA]

1 Position, situation.

corpora quorum..ordo ~a figurae efficiunt ignis LUCR.1.685; dissoluuntur..~ae principiorum 2.947; 4.667; distinet aequato caelum discrimine metas propter signiferi ~am totius orbis 5.691; quantum inflexeris orbem, tantum inclinabit caeli ~a uolantis MAN.3.331.

2 Arrangement, disposition.

hoc sidus, quod a figura ~aque ipsa, quia simile plaustri uidetur..ἅμαξαν dixerunt GEL.2.21.9; Democritus..iuncturam ~amque ligni scite..factam considerat 5.3.4; (*w. subj. gen.*) cogor..pictos ediscere mundos, qualis et haec docti sit ~a dei (*i.e. the Creator*) PROP.4.3.38;—(*of words*) sonus..et ~a ipsa uerborum GEL.1.7.19.

positus ~ūs, *m.* [PONO+-TVS[3]]

1 Position, site. **b** (pros.) position (of a syllable).

dubium ~u melius defensa manune, urbs erat in summo..iugo OV.*Pont.*4.7.23; mutare..latus, et alio atque alio ~u uentilari SEN.*Dial.*9.2.12; quaedam (*sc. buildings*)..parum aptata ~u suo *Nat.*6.30.4; ille ~us siderum ac spatia dimensus..pauescere TAC.*Ann.*6.21; propulsabamus incommoda caloris..aedium ~u refrigeranti GEL.1.2.2. **b** syllabam..~u longam GEL.4.17.8; MAUR.583; 1006.

2 Arrangement, disposition.
Trinacris a ~u nomen adepta loci OV.*Fast.*4.420; cum ~us interiorum partium ostendimus CELS.5.26.7; pandere facta heroum bellique modos ~usque locorum STAT.*Silv.* 5.3.236; TAC.*Ann.*4.5; hae (stellae) ita..locatae..sunt, ut ex earum ~u species..esse uideatur tauri capitis GEL. 13.9.6;—(*of the hair*) ~u uariare capillos OV.*Med.*19; nec mihi tot ~us numero conprendere fas est: adicit ornatus proxima quaeque dies *Ars* 3.151.

3 Laying (of the dead) to rest.
par mortis honos, tumulisque recepti (*sc.* canes) inter auos ~usque uirum V.FL.6.110.

4 Application, imposition (of a name or sim.).
nomina uerbaque non ~u fortuito, sed quadam ui et ratione naturae facta esse P. Nigidius..docet GEL.10.4.1.

posmerīdiānus: see POSTM-.

posquam: see POSTQVAM.

possessiō ~ōnis, *f.* [POSSIDEO+-TIO]

1 Occupancy (of land or other property, opp. *dominium*, ownership). **b** the act of entering into occupation (of property). **c** possession, enjoyment (of immaterial advantages).
quasi..si in ~onem misisses, debueris..P. Quinctium de possessione deturbare CIC.*Quinct.*83; iste in ~onem bonorum mulieris intrat *Div.Caec.*56; *Mil.*75; ~o est, ut definit Gallus Aelius, usus quidam agri, aut aedifici FEST.p.233M; si iniusti domini ~one agri publici cederent LIV.4.53.6; DE PRAEDIS PATVLCENSIVM RECEDERENT VACVAMQVE ~ONEM TRADERENT *CIL* 10.7852.12; speculi non tam ~o culpatur quam inspectio APUL.*Apol.*13; PROC.*dig.*18.1.68.2; —(*dist. from ownership*) stulta auaritia mortalium ~onem proprietatemque discernit SEN.*Ep.*73.7; in prouinciali solo ..dominium..est..Caesaris, nos autem ~onem tantum et usumfructum habere uidemur GAIUS *Inst.*2.7; ULP.*dig.* 41.2.17.1;—(*in fig. phrs.*) (perniciosa) cum se in ~one posuerunt, potentiora rectore sunt SEN.*Dial.*3.7.2; PLIN. *Ep.*3.18.10. **b** multa simul ante oculos uersabantur.. bonorum emptio flagitiosa, ~o, furta, rapinae CIC.*S.Rosc.*24. **c** retinete istam ~onem gratiae, libertatis, suffragiorum CIC.*Agr.*2.71; utriusque studii (*i.e. oratory and philosophy*) nostra ~o est *Fat.*3; res p. in ~one uictoriae..permanebit PLANC.*Fam.*10.21.6; Camillus..reddidit patribus ~onem pristinam consulatus LIV.7.24.11; opes..longa imperii ~one cumulauerat CURT.10.1.23; si..mens est..in perpetua ~one sanitatis suae SEN.*Dial.*7.3.3; in tot exemplis uni (*sc.* lapidi) ~one huius nominis data PLIN.*Nat.*37.145; laudis huius propria Vlixi ~o est APUL.*Soc.*24.

2 Military or political occupation, holding (of a territory, position, etc.). **b** seizure (of a position). **c** control (of an institution, activity, etc.).
si discessisset et liberam ~onem Galliae sibi tradidisset CAES.*Gal.*1.44.13; filia minor Ptolomaei regis uacuam ~onem regni sperans ad Achillam sese ex regia traiecit *Civ.* 3.112.10; Karthaginiensium..qui iam complures annos ~onem Siciliae tenebant NEP.*Timol.*2.4; Pomptinus ager.. post accisas a Camillo Volscorum res ~onis haud ambiguae LIV.6.5.2; ut retenta ~one arcis ostenderent..proditione ac furto Tarentum amissum 26.39.11; Antiochus..classi.. reparandae, ne tota maris ~one pelleretur, intentus fuerat 37.8.1; non est diuturna ~o in quam gladio inducimur: beneficiorum gratia sempiterna est CURT.8.8.11; caedibus et incendiis perpopulatus ~onem Armeniae usurpabat TAC. *Ann.*14.26; AMP.46.2;—(*transf.*) signa..uirtutis et corporis de ~one hominis pugnantium GEL.12.5.3. **b** Monam insulam, a cuius ~one reuocatum Paulinum rebellione totius Britanniae supra memoraui TAC.*Ag.*18.4; at si mare intretur, promptam ipsis ~onem et hostibus ignotam *Ann.*2.5. **c** ubi sensi me in ~onem iudici ac defensionis meae constitisse CIC.*de Orat.*2.200; ille 'quid censes' aiebat 'facturum esse ipsum, si in ~onem rei publicae uenerit, cum haec quaestor eius..audeat dicere?' *Att.*7.8.5; quam (*sc. iurisprudence*)..in ~one sua principes retinuerunt *Off.*2.65; LIV.4.6.10; cum..equester ordo in ~one iudiciorum locaretur TAC.*Ann.*12.60.

3 (concr.) That which is held by occupation (esp. pl.; usu. applied to land held, = a holding, estate).
QVOIVS EVM AGRVM LOCVM AEDIFICIVM POSSESIONEM.. ⟨ESS⟩E OPORTET *CIL* 1.585.9; istum sibi quaestui..habuisse bona ~ones fortunasque aratorum CIC.*Ver.*3.70; ~ones notabat et urbanas et rusticas *Phil.*5.20; feci iter per eius ~onem *Att.*6.1.13; ei qui habeant domicilium aut ~onem in Hispania CAES.*Civ.*1.86.3; 3.1.2; aes alienum..ex ~onibus soluere SAL.*Cat.*35.3; eiusmodi ~ones et uiatica..quae etiam e naufragio possent enatare VITR.6.pr.1; naufragus in ~ones cuiusdam Macedonis expulsus est SEN.*Ben.*4.37.1; si erit exiguus ~onis modus COL.4.23.2; agri..~onesque coniunctae PLIN.*Ep.*2.1.8; SUET.*Jul.*42.2; seruus..qui.. ~onem maximam illam, in quam deuerteramus, uillicabat APUL.*Met.*8.22; (*in fig. phr.*) est..inter eos (*sc. the Stoics and Academics*) non de terminis sed de tota ~one contentio CIC.*Luc.*132; (*transf.*) infinita debet esse tam uastae molis (*i.e. the stars*) ~o PLIN.*Nat.*2.171.

possessiuncula ~ae, *f.* [prec.+-*uncula* (-CVLA)] A small estate or holding.
mihi maiori offensioni esse quam delectationi ~as meas CIC.*Att.*13.23.3.

possessīuus ~a ~um, *a.* [POSSIDEO+-IVVS] (gram.) Indicating possession.
in quibus patrium (*i.e. a patronymic*) pro ~o dicitur, uel contra QUINT.*Inst.*1.5.45.

possessor ~ōris, *m.* [POSSIDEO+-TOR]

1 One who holds (land or other property), the occupier. **b** (as the defendant in a suit for occupation). **c** one who assumes occupancy (with the implication of violence or illegality). **d** *bonorum ~or*, a person nominated by the praetor to the use and enjoyment of property (left ownerless by a *uitium* in succession).
(*of land*) EVM AGRVM, QVEM VETVS POSSESOR EX LEGE.. ⟨SIBEI SVMPSIT⟩ *CIL* 1.585.13; ut Sullanos ~ores diuitiis augeatis CIC.*Agr.*2.69; *Phil.*2.43; peruenimus, aduena nostri.. ut ~or agelli diceret: 'haec mea sunt..' VERG.*Ecl.*9.3; HOR. *Ep.*1.2.49; agrum a ~oribus petere LIV.5.36.5; COL.1.pr.11; FRON.*Aq.*75; quos (agros) regis Apionis..proximus quisque ~or inuaserant TAC.*Ann.*14.18; SUET.*Aug.*32.1; ~or..is accipiendus est, qui in agro uel ciuitate rem soli possidet MACER *dig.*2.8.15.1; Pomponius uerendum, ne non sit bonae fidei ~or, quamuis capiat PAUL.*dig.*41.1.48.1;—(*of property other than land*) pecoris ~or Hiberi STAT.*Silv.*4.6.102; sestertii ter milies ~or TAC.*Ann.*12.53;—(*of immaterial things*) a iuris ~oribus posse hereditatem peti constat ULP. *dig.*5.3.13.15;—(*transf.*) quem..amor assuetudinis potius in pannis ~orem retinet? VAR.*L.*9.20; ille..securus sui ~or, qui crastinum sine sollicitudine exspectat SEN.*Ep.*12.9. **b** cum in declamationibus..contradictiones soluere tam ab actore quam a ~ore concessum sit QUINT.*Inst.*7.1.38; ..oculum..dextrum (circumlinebat) si a petitore, alterum, si a ~ore esset acturus PLIN.*Ep.*6.2.2. **c** homo acerrimus, bonorum ~or, expulsor, ereptor CIC.*Quinct.*30; *Ver.*3.27. **d** si socio neque heres neque bonorum ~or exstitisset JULIAN.*dig.*15.1.28.

2 One who has jurisdiction or military control (over an area).
regni ~or inertis (*i.e. Pluto*) LUC.6.799; ~or pelagi ..captiuas puppes ad litora uictor agebat SIL.6.687; *attrib.*) populus gentium uictor orbisque ~or FLOR.*Epit.*2.1 (3.13.2);—(*transf.*) Italici litoris aquilo ~or conuertebat huc illuc..ratem PETR.114.3.

possessōrius ~a ~um, *a.* [POSSIDEO+-TORIVS] (leg.) Relating to the occupation of property, possessory.
bonorum..interdictum, quod quidam ~um uocant GAIUS *Inst.*4.145; ~as actiones TRYPH.*dig.*38.2.50.2.

possessus ~ūs, *m.* [POSSIDEO+-TVS[3]] The holding (of property) in one's control, possession.
plurimis rebus ~u careo, usu fruor APUL.*Apol.*13.

possestrix ~īcis, *f.* [POSSIDEO+-TRIX] A (female) possessor.
eius monilis ~icem AFRAN.*com.*204.

possibilis ~is ~e, *a.* [POSSVM+-BILIS] Able to exist or to be done, possible.
tertiam partem (*sc. of a* suasoria) duxerunt δυνατόν, quod nostri ~e nominant: quae ut dura uideatur appellatio, tamen sola est QUINT.*Inst.*3.8.25; condiciones si ~es sunt POMPON.*dig.*28.3.16; PAUL.*dig.*45.1.83.5.

possideō ~idēre ~ēdī ~essum, *tr.* [POTIS+SEDEO] ORTHOG.: *posid- CIL* 1.11; 1.584.28, etc.; 1.614. N.B.: exx. of ~*ideo* in the dynamic use (e.g. senses 1b, 2b, 3b) are mostly restricted to the pf. stem and could formally belong to POSSIDO.

1 To have (land) in one's control, hold, occupy (as tenant, etc.); (absol.) to hold land. **b** to assume occupancy of (land). **c** (in weaker sense) to occupy, inhabit (a place).
hanc domum iam multos annos est quom ~ideo et colo PL.*Aul.*4; AGRVM OPPIDVMQV⟨E⟩ QVOD EA TEMPESTATE POSEDISENT *CIL* 1.614; Centuripini, qui agri Aetnensis multo maximam partem ~ident CIC.*Ver.*3.108; *Phil.*5.53; Gallis egentibus agro, quem latius ~ideant quam colant Clusini LIV.5.36.3; 42.1.6; sex domini semissem Africae ~idebant PLIN.*Nat.*18.35; quot ~idet agri iugera? JUV. 3.141; SIC.FL.*agrim.*p.100; (*w.* ab) qui eo tempore..nec ui nec clam nec precario ab aduersario (fundum) ~ideat GAIUS *Inst.*4.150; (*ellipt.*) eum deici posse qui tum ~ideat CIC.*Caec.*90; (*poet.*) uacuum Zephyri ~idet aura nemus PROP.1.18.2;—(*absol.*) late ~idet, sed multum debet SEN. *Ep.*87.5; de modo credendi ~idendique intra Italiam cauetur TAC.*Ann.*6.16; hi, qui iuxta litora maris ~ident CALL.*dig.* 47.9.7. **b** id oppidum..~ederunt..Achaei Troia domum redeuntes CATO *hist.*71; necesse est..ostendas te (fundum) aut uacuum ~edisse, aut usu tum fecisse, aut emisse *Rhet. Her.*4.40; non est ausus meam domum, cuius cupiditate inflammatus erat, ~idere CIC.*Dom.*107; magna pars agri.. quem priuati sine discrimine passim ~ederant, recuperata in publicum erat LIV.42.19.1. **c** medio mundi populus Romanus ~idet fines VITR.6.1.10; tres..thalamos, quorum tu, Pandrose, dextrum, Aglauros laeuum, medium ~ederat Herse OV.*Met.*2.739; (Aethiopes) totum latus quod meridiem spectat usque in Asiae confinia ~ident MELA 1.22; urbs est Dictaeis olim ~essa colonis LUC.2.610; steriles luci ~essaque manibus arua STAT.*Theb.*2.12.

2 (in general) To hold as property. **b** to take (property) into one's keeping, appropriate. **c** to possess as an occupant, ingredient, or sim., contain. **d** to possess or have as a quality, adjunct, etc.
aequomst habere hunc bona quae ~edit pater PL.*Poen.* 1081; TER.*An.*810; BONA EIVS POPLICE ~IDEANTVR FACITO *CIL* 1.582.11; illos amplissimam pecuniam ~idere, hunc in summa mendicitate esse CIC.*S.Rosc.*86; non ~identem multa uocaueris recte beatum HOR.*Carm.*4.9.45; PHAED. 4.5.10; quaeris, quare solus Corinthea uera ~ideam PETR. 50.4; JUV.1.108; quisquis haberet eum (*sc.* equum) ~ideretque GEL.3.9.3; si quem hominem Aulus Agerius emit.. anno ~edisset *formula* in Gaius *Inst.*4.36;—(*poet.*) ~essum (*sc. a boy's corpse*)..iam fluctibus altis Nereidum..cohors ad pectora matris impulit STAT.*Theb.*9.371;—(*transf.*) miseros ambitionis, qui ita consules semper ut semper principes erant!..malignitas uideri potest omnes annos ~idere PLIN.*Pan.*58.4. **b** cum Scaurus..haberet inuidiam ex eo, quod Phrygionis..bona sine testamento ~ederat CIC.*de Orat.*2.283; rem furtiuam aut in ~essam GAIUS *Inst.*2.45. **c** MVLTAS..VIRTVTES..~IDET HOC SAXVM (*i.e. a gravestone*) *CIL* 1.11; splendor..adurit saepe oculos ideo quod semina ~idet ignis multa LUCR.4.330; quem..cum rebus, quas totus ~idet orbis, Aesoniden mutasse uelim OV.*Met.*7.59; Elysium ~idet ambo nemus MART.7.40.4. **d** qui est amicus ita uti nomen ~idet PL. *Bac.*386; haec huiius saecli mores in se ~idet *Truc.*13; sin inuerecundum animi ingenium ~idet *Inc.trag.*179; qui.. plus fidei quam artis, plus ueritatis quam disciplinae ~idet in se CIC.*Q.Rosc.*17; ut ueteranorum..famam, locum, nomen uictoria parta cuperent ~idere *B.Afr.*81.2; ea..signa cum.. XII partes..duodecimas singula ~ideant VITR.9.1.5; cuius cineres idem honoris ~ident V.MAX.8.15.ext.3; hic (liber) nunc sequentis numeri titulum ~idebit COL.8.1.1; (daemones) fila corporum ~ident rara et splendida APUL.*Soc.*11.

3 (of a sovereign, army, etc.) To have control of (a country, position, etc.), hold. **b** to take control of, seize. **c** to exercise or assume power over (persons); (esp. as a husband or lover).
ferro saeptus ~idet sedis sacras *Inc.trag.*31; se neque sine exercitu in eas partis Galliae uenire audere quas Caesar ~ideret, neque.. CAES.*Gal.*1.34.3; ne essent loca munita, quae hostes ~iderent NEP.*Them.*6.2; LIV.5.50.2; terras licet..et undas obstruat,..non ~idet aera Minos OV.*Met.* 8.187; Triballis..imperito, Asiam..~ideo CURT.9.6.20; ~essa uident infestis litora proris SIL.7.415; Caesar et Pompeius et Crassus iuncta societate imperium Romanorum ~idebant AMP.43;—(*w. abst. obj.*) unus omnem omnium potestatem armis et latrociniis ~idebat CIC.*Sest.*34; ut in eadem ciuitate..regnum..seruus..~ideat LIV.1.40.3;—(*poet., of animals*) ~essa diu taurus meat arduus inter pascua STAT. *Theb.*4.69; (*cf.*) ~essa dracone uellera V.FL.1.60;—(*transf.*) inter duos soles putat esse componendum, ut ita caelum ~ideant, ut uterque ~ederit CIC.*Rep.*1.20; cum mare ~idet Auster flatibus horrisonis LUC.2.454. **b** agros..patiantur eos tenere quos armis ~ederint CAES.*Gal.*4.7.4; querebantur ..oppida castellaque..Masinissam ui atque armis ~edisse LIV.42.23.2; OV.*Met.*5.239; ~essa ipso transitu Vicetia TAC.*Hist.*3.8. **c** tene ille..semel intra moenia clausum ~essumque odiis Argiua in castra remittet? STAT.*Theb.* 7.551; quid mihi utilius ad ~idendam domum eius fuit quam simultates inter matrem et filios serere..? APUL. *Apol.*93;—de uxore, ita ut ~edi, nil mutat Chremes? TER. *An.*949; nunc te ~ideant aliae: mox sola tenebo PROP. 4.7.93; lasciuam tota ~edi nocte puellam MART.9.67.1; tu.. tandem merito ~essa marito, uincla..foue STAT.*Silv.*1.2. 274; puellam..uirginitate priuauit: teneat, ~ideat APUL. *Met.*9.23.

4 (transf.) To have or take in its power, dominate, overwhelm, possess: **a** (of natural forces, agencies, or sim.). **b** (of an emotion or influence).
a propior caliginis aer ater init oculos prior et ~edit apertos LUCR.4.338; 6.1050; nos (*sc. Deucalion and Pyrrha*) duo turba sumus: ~edit cetera pontus OV.*Met.*1.355; ignis cuncta ~ideat SEN.*Ben.*6.22; inter infernos lacus ~essus atra nocte..steti *Her.O.*1294; nimio ~essa Hyperione flagrat..iuba sideris STAT.*Silv.*4.4.27; Thestoride, quando ora deo ~essa mouebis iustius..? *Ach.*1.497; Alcidae crimen, qui..~essus Baccho..sine uirginitate reliquit Pyrenen SIL.3.423; crassa..soporis nebula..(Psychen) conlapsam ~idet APUL.*Met.*6.21. **b** ubi intenderis ingenium, ualet; si lubido ~idet, ea dominatur, animus nihil ualet SAL.*Cat.*51.3; ~essa ferus pectora uersat amor OV. *Am.*1.2.8; auaritia ante omnes L. Septimulei praecordia ~edit V.MAX.9.4.3; ~essis hominum sensibus triplici uinculo (*sc. of magic*) PLIN.*Nat.*30.2; si bene diximus reliqua, ~idebimus iam iudicum animos QUINT.*Inst.*6.1.52; ille pulchre meretricis blandimentis..captus et ~essus APUL. *Apol.*98.

5 (poet.) To fill or take up (a space) with one's bulk, etc.
iste (*sc.* Cancer) pectoribus ualidis atque aluo ~idet orbem CIC.*Arat.*513(267); primum quemque necessest occupet ille locum, deinde omnia ~ideantur LUCR.1.390; quantum caeli tegit impetus ingens, inde auide partem montes..~edere, tenent rupes uastaeque paludes 5.202; belua..imminet et latum sub pectore ~idet aequor OV.*Met.* 4.690; scorpios..duplum quam cetera ~idet orbis sidera GERM.*Arat.*548; ingenti..uadum ~ederat umbra (fraxinus) STAT.*Theb.*9.494.

6 To take up wholly (a person's time); to absorb the thoughts or energies of, engross.
tuas ~idebit mulier faxo ferias PL.*Epid.*469; filius ~idet cuncta tempora..filius matris tota iactatio est [QUINT.] *Decl.*18.7;—Apronius..non sensim..ad istius amicitiam adrepserat, sed breui tempore totum hominem totamque eius praeturam ~ederat CIC.*Ver.*3.158; quid agit Comum tuae..deliciae? quid suburbanum amoenissimum?..~ident te et per uices partiuntur? PLIN.*Ep.*1.3.1; amabam Pompeium Saturninum..nunc uero totum me tenet, habet, ~idet 1.16.1.

possīdō ~ere, *tr.* [POTIS+SIDO] To seize upon, take hold of (N.B.: for other possible exx. see note on POSSIDEO).
aer omne necessest, inter corpora quod fiat, ~at inane LUCR.1.386;—(*of emotions*) magnae metus tumultus pectora ~it (*v.l.* possidet) NAEV.*poet.*53(57).

possum posse potuī, *intr.*, (*tr.*). [POTIS+SVM] FORMS: *potesse* (= *posse*) PL.*Bac.*559, *Cist.* 29, *Mos.*1015, etc.; TER.*Eu.*666; LUCIL. 1046,1327; CIC.*Arat.*437; LUCR.1.665, 2.225, 3.319; *CIL* 1.1217.9; *potisse* (= *posse*) LUCIL. 205; *potissit* (= *possit*) LUCR.5.881; *potisit*

(= *possit*) *CIL* 1.581.27; *potisset* (= *posset*) Pl.*Mil*.884; Lucil.5,203,1050; *potesset* (= *posset*) Enn.*Ann*.222; *potestur* (= *potest*) Enn.*Ann*.611; Scip.min.*orat*.17; Pac.*trag*. 100; Quad.*hist*.47; Lucr.3.1010; *poteratur* (= *poterat*) Gracch.*orat*.32; Cael.*hist*.7; Scaur.*hist*.4; *possitur* (= *possit*) Cato *Agr*.154; *CIL* 1.583.66; *possetur* (= *posset*) Quad.*hist*. 33; *possiem* (= *possim*) Pl.*Bac*.762, *Per*.319, *St*.479; Ter.*Hec*.729,766, *Ad*.877; *possies* (= *possis*) Enn.*Sat*.58; Pl.*As*.819, *Aul*.747, *Mil*. 842, etc.; *possiet* (= *possit*) Pl.*Capt*.996, *Mos*. 14, *Poen*.881, etc.; Ter.*An*.874, *Hau*.675, *Ph*.773; Cic.*Arat*.550; *poterint* (= *poterunt*) Vitr.6.6.4, 6.8.1, 6.8.8, 8.6.2; Larg.20; Fron. *agrim*.p.17; Hyg.Gr.*agrim*.p.157; Agen. *agrim*.p.38; *posso* (vulgar, = *possum*) *P.Mich*. 469.15. N.B.: (i) For *potis sum*, etc., written separately, see potis; (ii) *potestur, poteratur, possitur, possetur* app. always before pass. inf.; (iii) imp. (*potesto*) app. only in *CIL* 1.756.10.

1 (w. inf.) To be able (to), be capable (of). **b** *non possum non*, I cannot help..; sim. *non possum facere quin* (+subj.; cf. sense 2c). **c** (impers., w. pass. inf.; cf. sense 6b); *fieri potest ut*, it can happen that, it is possible that.. **d** (pres. inf. as sb.) = the ability (to). **e** (pass. w. pass. inf.).

mirum hoc qui potuit fieri Pl.*Epid*.414; potesne mi auscultare? *Poen*.309; VTEI..EAM FIGIER IOVBEATIS VBEI FACILVMED GNOSCIER POTISIT *CIL* 1.581.27; nil tam difficilest quin quaerendo inuestigari possiet Ter.*Hau*.675; orationes ..eas ego..imitari neque possim si uelim, nec uelim fortasse si possim Cic.*Brut*.287; si uniuersa..prouincia loqui posset, hac uoce uteretur *Div.Caec*.19; illud in his rebus uideo firmare potesse Lucr.3.319; quo facilius hostium copias sustinere possint Caes.*Gal*.7.5.2; non illum nostri possunt mutare labores Verg.*Ecl*.10.64; una dies omnis potuit praecurrere amantis Prop.1.13.25; poterit magnes non ducere ferrum 4.5.9; ita..frumenta non poterint cito concalescere Vitr.6.6.4; neque ut de agris diuidendis plebi referrent consules ad senatum peruincere potuit Liv.4.12.4; quae..omnia tolerare potuimus Curt.8.7.11; ille ego..qui uiduos potui mulcere dolores Stat.*Silv*.5.5.39; non..potui ac ne debui quidem istum locum in unam speciem concludere Quint.*Inst*.6.2.1; funus promittere patris nec uolo nec possum Juv.3.44. **b** quae tum acta sunt non possum non probare Cic.*Att*.13.20.4; *Fam*.1.9.26; *Fin*.3.29; non potest nostra scriptura non ueras habere terminationes regionum Vitr.1.6.11; nec id se fecisse iactat, quod non facere non potuit Sen.*Ben*.3.19.1;—facere non potui quin tibi et sententiam et uoluntatem declararem meam Cic.*Fam*.6.13.1. **c** quantillo mi opere nunc persuaderi potest ut ego hisc' suffringam talos totis aedibus Pl.*Truc*.6.37; namque Aesculapi liberorum saucii opplent porticus: non potest accedi Enn.*scen*.166; modo ut hoc consilio possiet discedi, ut istam ducat Ter.*Ph*.773; cum non possetur decerni, utrius putaretur uictoria esse Quad.*hist*.33; quas (*sc*. atomos)..esse mihi probari nullo modo potest Cic.*Fat*.48; ut nec cum illis satis commode, nec sine illis ullo modo uiui possit Cael.*orat*.8; neque..ulli ciuitati Germanorum persuaderi potuit ut Rhenum transiret Caes.*Gal*.5.55.2; neque quare id fieret poterat intellegi Nep.*Han*.11.5; neque per castra eorum perrumpi ad Capuam posse Liv.26.7.1;—si poterit fieri ut ne pater per me stetisse credat quo minus haec fierent nuptiae Ter.*An*.699; potest fieri ut fallar Cic.*Fam*. 13.73.2; *Div*.1.10; Liv.4.3.16; Sen.*Suas*.1.16. **d** dat posse moueri Ov.*Met*.11.177; posse queri tantum rauco stridore reliquit 14.100; (*w. neg.*) a miser, extremum cui mortis munus inique eripitur, non posse mori Luc.6.725. **e** PALAM, VBEI DE PLANO RECTE LEGI POSSITVR, PROSCRI⟨BITO⟩ *CIL* 1.583.66; id (*sc*. labrum) habeat ad summum ansas IIII, uti transferri possitur Cato *Agr*.154; cum iure sine periculo bellum geri poteratur Coel.*hist*.7; quod tamen expleri nulla ratione potestur Lucr.3.1010.

2 (ellipt.) **b** *ut, quantum potero* (*potui*, etc.) and sim., As far as I can (could), to the best of my ability; (also in ellipt. exprs. w. *quam, ut*, etc.,+superl.). **c** *non* (*haud*) *possum quin* (+subj.), I cannot but, I cannot help.

si me derides, at pol illum non potes Pl.*Men*.746; quor mihi id non dixti? — quia non poteram una omnia Ter. *Hec*.322; uitem..susum uorsum semper ducito, quod eius poteris Cato *Agr*.33.1; pocula a potione, unde potatio et etiam posca. haec possunt a poto Var.*L*.5.122; qui te neque debent adiuuare si possint, neque possunt si uelint Cic.*Ver*. 4.20; redeuntes equites quos possunt consectantur Caes. *Gal*.5.58.6; potuit, nec tibi auara fuit Prop.4.7.74; ab eo.. auxilium itineri, quoniam bello non poterat, quattuor milia Maurorum impetrauit Liv.29.30.2; quam..potes, profugo (nam potes) adfer opem Ov.*Pont*.2.9.6; gregibus, quia id solum opimum est, quod potest parcitur Mela 1.42. **b** ut potero feram Ter.*An*.898; quod potero adiutabo senem *Hau*.416; ut..naui, quod posset, moderaretur Cic. *Inv*.2.154; exposui fere, ut potui, quae maxime ad ornatum orationis pertinere arbitrabar *de Orat*.3.199; quod me amicissime admones ut mihi integrum quoad possim seruem *Att*. 7.26.2; quem quibuscumque rebus potero diligenter tuebor *Fam*.12.25a.6; cum quantum poterat dixerat hinsidias Catul.84.4; quas habeant uirtutes, ut potuero, dicam Vitr.2.1.7; quoad potuerint, patres adnisos ne plebeiis aditus ad magnos honores esset Liv.10.24.8;—cura quam optume potes Pl.*Capt*.900; capulator conca oleum, quam diligentissime poterit, tollat Cato *Agr*.66.1; quam maxime celatim poterat, in insidiis suos disponit Sis.*hist*.126; ut potui accuratissime te..tutatus sum Cic.*Fam*.5.17.2; nauis in Venetiam..quam plurimas possunt cogunt Caes.*Gal*. 3.9.8; de Catilinae coniuratione quam uerissume potero paucis absoluam Sal.*Cat*.4.3; unde proxime poterat moenia ..contemplabatur Liv.26.10.3; ex aqua quam poterint sustinere calidissima Larg.20; (*cf*.) P. Messienum..tibi commendo ea commendatione quae potest esse diligentissima Cic.*Fam*.13.51; (*w. adj. or adv. in positive*) quibus rebus solui arbitraremur posse quae dicta sunt..contra analogiam, ut potui breui percucurri Var.*L*.9.113; haec..uino quam possit excellenti digeruntur in pastillos Plin.*Nat*.20.264. **c** hau possum quin huic operam dem hospiti Pl.*Per*.612; non..possum quin reuortar *St*.302; *Trin*.705; non potui quin et scriberem ad te et illum mitterem Caes.*Att*.9.6a.

3 To be able to bring oneself (to do something cruel, unpleasant, etc.), have the heart or courage (to).

ego..tot qui ab amica abesse potuerim dies, sum nihili Pl.*Cist*.237; nemo illum foedum uultum aspicere, nemo furialem uocem bonus audire poterat Cic.*Sest*.106; nec ista uidere possum quae numquam timui ne uiderem *Att*.8.7.2; cui seruire ipsi non potuimus eius libellis paremus 14.14.2; neque tamen a caritate patriae potuit recedere Nep.*Alc*.8.1; hunc ego si potui tantum sperare dolorem, et perferre, soror, potero Verg.*A*.4.419; Postume, plorantem potuisti linquere Gallam..? Prop.3.12.1; Liv.22.31.10; (*w. two negs*.) non potui nihil ei litterarum dare Cic.*Fam*.4.10.1; (*ellipt*.) quin huc inanis, si potes, uertis minas? Hor.*Epod*.6.3.

4 To be permitted or allowed (by law, custom, usage, etc.), have a right, be legally able. **b** (as part of a polite form of question).

eloquere quantum postules. — ..talentum magnum. non potest triobolum hinc abesse Pl.*Rud*.1330; EAM REM SINE SCELERE SINE PIACVLO ⟨VENDERE LOCARE⟩ ALIS NE POTESTO *CIL* 1.756.10; qui si plebeius omnino esse non potuit, qui tribunus plebis potuit esse? Cic.*Prov*.45; non posse quemquam de ciuitate tolli sine iudicio *Sest*.73; iste omnium turpissimus..qui consularia comitia a praetore ait haberi posse *Att*.9.9.3; Cimon eadem custodia tenebatur neque legibus Atheniensibus emitti poterat Nep.*Cim*.1.1; minime ..uini amphora dici potest Gel.18.1.10; neue possent in caput ciuis Romani animaduertere iniussu populi Pompon. *dig*.1.2.2.16; (*ellipt*.) duro dicat tibi ianitor ore 'non potes': exclusum te quoque tanget amor Ov.*Ars* 3.588. **b** possum scire quo profectus, quoius sis aut quid ueneris? Pl.*Am*.346; *St*.323; possumne ego hodie ex te exsculpere uerum? Ter. *Eu*.712; possum exorare te ut recedas..? Pompon.*com*.43.

5 (expr. a contingency or possibility, esp. in cases where a periphrastic form of the subjunctive or infinitive would otherwise be required): **a** (in the apodosis of conditional cls. or sim.). **b** (without dependent cl.).

a multo..pluris fructus annui Siciliae uenire potuerunt, si id te senatus..facere uoluisset Cic.*Ver*.3.117; plerique existimant, si acrius insequi uoluisset, bellum eo die potuisse finiri Caes.*Civ*.3.51.3; nisi domi ciuium suorum inuidia debilitatus esset, Romanos uidetur superare potuisse Nep. *Han*.1.2; deleri totus exercitus potuit, si fugientis persecuti uictores essent Liv.32.12.6; quorum ut non timeas, possis odisse uidendo pellibus et longa pectora tecta coma Ov.*Tr*. 5.10.31; potuit non capi si fugere uoluisset Sen.*Suas*.2.8; opprimi poterant si hinc Hordeonius, inde Gallus..medios clausissent Tac.*Hist*.4.19; (*w. ellipsis of inf*.) quid potuit amplius, si L. Brutus esset..? Cic.*Planc*.60;—(*impers*.) est animaduersum ab legionariis qui dextram partem operis administrabant..magno sibi esse praesidio posse, si ibi.. turrim..fecissent Caes.*Civ*.2.8.1. **b** bonus uatis poteras esse, nam quae sunt futura dicis Pl.*Mil*.911; tantum commeatum non opinatum esse quemquam hominem comparare potuisse Cato *orat*.30; etiam spes a sponte potest esse declinata Var.*L*.6.73; potest..non solum aliud mihi ac tibi, sed mihimet ipsi aliud alias uideri Cic.*Orat*.237; esto, potuit esse innocens Falcula *Clu*.113; cum haec scribebam v Kalend., Pompeius iam Brundisium uenisse poterat *Att*. 8.9.4; potest aliquid iratus Antonio, potest gloriam iam nouam quaerere, potest totum esse σχεδίασμα 15.19.2; quae deletas potuit componere Thebas, Phryne Prop.2.6.5; noli erubescere, Appi, collegam in sacerdotio habere..quem in consulatu collegam habere potuisti Liv.10.8.5; poterat (Cato) inhiberi respectu consulatus, quem is (*sc*. Flamininus) gesserat V.Max.2.9.3; poterat resolutus Agenor emersisse uadis, piguit sine fratre reuerti Stat.*Theb*.9.274; Quint. *Inst*.5.9.7; quamquam ad has ipsas opes possunt uideri eloquentiae beneficio uenisse Tac.*Dial*.8.2; cum..alimenta mulieri praestentur propter eum, qui potest non nasci Ulp.*dig*.37.10.5.3; (*in a question expr. a wish*) non potuit saxo uitam posuisse Cerauno? Prop.2.16.3; (*pres. inf. as sb., cf. sense 1d*) nec uitam nec opes nec ademit posse reuerti Ov.*Pont*.1.7.47.

6 To be able to be done or happen, be possible. **b** *potest* (impers.), it can be done or happen, it is possible. **c** (in various phrs.) *quantum potest* or *quam primum potest*, as promptly, or as soon, as possible; *quod potest*, as far as possible; (w. *ut*+superl. of adv.) with the greatest — possible. **d** *abesse non potest quin* or *non potest quin*, it cannot but be that, it must needs be that..

ad me scribe quid et possit et tu censeas Cic.*Att*.5.17.4; negas sine deo posse quicquam *Luc*.121;—(*w*. ut+*subj*.) potest ut alii ita arbitrentur Pl.*Ps*.633; potest, ut iure facta testamenta contraria uoluntate infirmentur Gaius *Inst*.2.151. **b** potin ut aliud cures? — non potest Pl.*Mer*. 495; bis periisti? qui potest? *Mos*.375; non sic futurumst: non potest Ter.*Ph*.303; enitar..ut praeter te nemo dolorem meum sentiat, si ullo modo poterit, ne tu quidem Cic.*Att*. 12.23.1; utrum..inter has sententias diiudicare malumus an ad propositum redire? — cuperem equidem utrumque, si posset *Tusc*.1.23; cum inuenisset non posse nisi transmarinis subuectionibus Vitr.2.pr.3; danda (*sc*. antidotos).. est iis..ex uini meri, si poterit, cyathis sex Larg.170. **c** at ego hinc ad illum, ut conueniam quantum potest Pl. *Bac*.348; *Per*.142; hanc in horto maceriam iube dirui quantum potest Ter.*Ad*.909;—uxorem quam primum potest abduce ex aedibus Pl.*Truc*.847;—ea..quae Cyrea sint uelim quod poterit inuisas Cic.*Att*.4.10.2;—quantus ornatus in Peripateticorum disciplina sit satis est a me, ut breuissime potuit, paulo ante dictum *Fin*.5.9. **d** abesse non potest quin eiusdem hominis sit probos improbare qui improbas probet Gracch.*orat*.23;—Afran.*com*.178; quod ipse mihimet profuisse memini non potest quin a te quoque postulem Fro.*Aur*.1.p.14(48N).

7 (w. acc.) To be able to do, be capable of. **b** (colloq.) to be capable of sexual intercourse with.

non omnia possumus omnes Lucil.218; non..quid ego, sed quid orator possit disputo Cic.*de Orat*.3.75; neque enim, quod quisque potest, id ei licet *Phil*.13.14; aberam..ab eo ita longe ut nihil possem nisi litteris *Att*.6.3.5; furens quid femina possit Verg.*A*.5.6; quare non possumus ista? Sen.*Ep*.116.8; Luc.5.288; hi sunt qui..audacia prouecti quicquid illud possunt statim ostendunt Quint.*Inst*.1.3.4. **b** Inachiam ter nocte potes Hor.*Epod*.12.15; 'non possum uetulam?' quaeris, Matrinia Mart.3.32.1; una nocte quater possum: sed quattuor annis si possum, peream, te Telesilla semel 11.97.1; (*cf*.) ego amatores audieram mulierum esse eos (*sc*. eunnuchos) maxumos, sed nil potesse Ter.*Eu*.666.

8 (w. internal acc.) **a** (of persons, qualities, etc.) To have (a specified) power, influence, or importance. **b** (of things, natural forces, etc.) to have (a specified) power or efficacy; (w. *ad*, etc., of remedies) to avail or be efficacious (against); (w. *ad* or adv. and no internal acc.) to be effective (for a specified purpose). **c** (of words) to have (a specified) force or meaning. **d** to have (a specified) value or worth.

a quoius potestas plus potest Pl.*St*.69; ne plus iniquom possit quam aequom oratio Ter.*Hau*.27; eiusdem uiri mortem, quae tantum potuit ut omnis occisus perdiderit Cic.*S.Rosc*.33; plus unus Cato potuerit quam omnes leges omnesque iudices *Q.fr*.2.14.4; non esse dubium quin totius Galliae plurimum Heluetii possent Caes.*Gal*.1.3.6; si quid mea carmina possunt Verg.*A*.9.446; Hor.*Carm*.3.4.58; quid possit mea Cynthia, desine, Galle, quaerere Prop. 1.5.31; plus..uis potuit quam uoluntas patris Liv.1.3.10; quid, si nescires, insana quid aequora possunt? Ov.*Ep*.7.53; idem gaudium potuisse quod fulmen V.Max.9.12.2; discere nulli permissum est hoc posse sitim Luc.9.762; tantum posse liberti solent Tac.*Dial*.13.4; Apul.*Met*.7.7;—(*w. abl*.) L. Cassius multum potuit non eloquentia, sed dicendo tamen Cic.*Brut*.97; quod ceteri reges imperio potuerunt, hic beneuolentia tenuit Nep.*Timol*.3.5; qui iure minus, ui plus poterant Liv.21.31.6;—(*w*. ab) hic actor tantum poterit a facundia quantum ille potuit cogitare commode Ter.*Hau*. 13;—(*w*. ad) ut..plus huius inopia possit ad misericordiam quam illius opes ad crudelitatem Cic.*Quinct*.91; *Tusc*.5.12; —(*w*. apud) quod..plus..aliquanto apud te pecuniae cupiditas quam iudici metus posset *Ver*.3.131; apud Tatium gratia suorum et preces plus poterant Liv.1.14.1; apud quos omnia populus, omnia imperiti, omnia..omnes poterant Tac.*Dial*.40.3; (*also w. abl*.) Dumnorix gratia et largitione apud Sequanos plurimum poterat Caes.*Gal*.1.9.3; Plato..tantum apud Dionysium auctoritate potuit Nep. *Di*.3.3;—(*w*. in+*abl*.) uocat me quae in me potest plus quam potes Pl.*Truc*.755; quod poetae multum possunt in hoc Var.*L*.9.17; urbanam plebem nimium in re publica posse Cic.*Agr*.2.70; in bello plurumum ingenium posse Sal. *Cat*.2.2; multum Laelius in senatu poterat Liv.37.1.7. **b** sic anima atque animus per se nil posse uidetur Lucr. 3.565; quid..inter sese permutato ordine possent (*sc*. principia) 5.185; quid uelit et possit rerum concordia discors Hor.*Ep*.1.12.19; non potest id robur, quod abies, nec cupressus quod ulmus Vitr.2.9.5; Sen.*Nat*.1.15.8;—quid aristolochia ad morsus serpentium possit Cic.*Div*.1.16; praecipue..ad emolliendum potest cataplasma ex lini.. semine Cels.2.33.6;—(*w*. aduersus) recte imponitur quod aduersus phymata quoque potest 5.18.22;—eo usque potuere (*certain factors*) ut accusatores eius..multarentur Tac. *Ann*.6.9; posse litteras eius ad perniciem, non posse ad salutem Apul.*Apol*.79. **c** quod uerbum censeo et arbitror idem poterat ac ualebat Var.*gram*.118; 'pronuntiatum' et 'statutum' idem potest Ulp.*dig*.50.16.46. **d** qua (lege)..quinis modis libertatem omnium aestimauere, qui profecto non amplius possunt alimentis carceris Sal.*Hist*. 3.48.19.

post[1], *adv*. Also **poste.** [Skt. *pascā*; Osc. *púst*; Umb. *post*] Forms: *poste* Enn.*Ann*. 230; Pl.*Bac*.966, *Cist*.525, *Men*.545, etc.; Ter.*An*.483, *Eu*.493.

1 In the rear, behind; also, in a backward direction, back. **b** (as quasi-adj.).

ita illa me ab laeua rabiosa femina adseruat canes, ~ autem illinc hircus.. Pl.*Men*.838; caedere incipiunt eius seruos qui ~ erant Cic.*Mil*.29; quia ~ loca pisces linquant, quo possint cedentes confluere undae Lucr.1.373; qui ~ est cumque locatus aer 6.1026; Andromachen a fronte uidebis, ~ minor est, credas aliam Juv.6.504;—~ recumbite uestraque pectora pellite tonsis Enn.*Ann*.230; uti ante et ~ et ad dextrum seu sinistrum latus..progredi possint Vitr. 10.14.1; oua parientibus quadripedum..priora genua ~ curuantur, posteriora in priorem partem Plin.*Nat*.11.249. **b** ante quod est in me ~que, uidetur idem Ov.*Fast*.1.114.

2 At a later time, subsequently, after(wards); (foll. by *quam*, cf. postqvam). **b** (w. meaning amplified by an abl. or another temporal adv.; sts. foll. by *quam*, cf. postqvam). **c** (as quasi-adj.).

homine mortuo ossa ne legito, quo ~ funus faciat *Lex XII* (*Font.iur*.p.36); opseruabo quid agat hominem. ~ adibo atque adloquar Pl.*Men*.465; uobis ~ narrauero *Ps*.721; ego hos conuenio, ~ huc redeo Ter.*Ad*.757; refragant primo, suffragabunt ~, scio Pompon.*com*.106; positum sit igitur in primis, quod ~ magis intellegetur Cic.*Orat*.14; quo consilio redierim initio audistis, ~ estis experti *Phil*. 10.8; Caes.*Civ*.3.66.4; ~ ubi regium imperium..in superbiam dominationemque se conuortit Sal.*Cat*.6.7; tum.. perfecit, quod ~ apparuit, ut auxilio Lacedaemonii sociorum priuarentur Nep.*Ep*.6.4; ne ~ amissa requiras, ante ueni Verg.*G*.3.70; P. Cornelius Scipio, cui ~ Africano fuit cognomen Liv.25.2.6; quae in meo imperio gesta sunt geruntur ~que gerentur 29.27.2; magnis primum et integris opibus, ~ ademptis Tac.*Ann.*15.71; quia non ex ~ facto, sed ex praesenti statu, damnum factum sit necne, aestimari oportere Labeo ait Ulp.*dig.*43.24.7.4;—etsi nil sane habebam noui quod ~ accidisset quam dedissem ad te Philogeni liberto tuo litteras Cic.*Att.*6.3.1; tonitrum fit uti ~ auribus accipiamus, fulgere quam cernant oculi Lucr.6.164;—(*pleon., w.* postquam) postquam ego me aurum ferre dixi, ~ tu factu's Charmides Pl.*Trin.*975. **b** (*w. abl. expr. a time-interval*) tua gnata peperit, decumo mense ~ Pl.*Aul.*798; ubi eris paullo ~? *Trin.*191; eam anno ~ praecidito Cato *Agr.*52.2; quam te ~ multis tueor tempestatibus! Pac.*trag.*319; tribunus anno ~ fuit Cic.*Brut.*161; quo mortuo, nec ita multo ~, in Galliam proficiscitur Quinctius *Quinct.*15; satis longo interuallo ~ iterum aduocantur *Clu.*177; eis iudicibus qui multis ~ saeculis de te iudicabunt *Marc.*29; paucis ~ diebus *Fam.*9.2.1; biduo ~ Ariouistus ad Caesarem legatos mittit Caes.*Gal.*1.47.1; qui..ambo aliquanto ~ ad Trebiam pugnauerint Liv.21.15.4; tertio ~ die 23.46.6; Aeacidae longo iuuenes ~ tempore uisum agnouere tamen Cephalum Ov.*Met.*7.494; Vell.1.4.2; Stat.*Theb.*11.394; neque multo ~ legati a Segeste uenerunt Tac.*Ann.*1.57;—(*w. other temporal advs.*) ~ deinde manus iniectio esto *Lex XII*(*Font.iur.*p.20); neque..~ in morte id eueniturum esse umquam? Pl.*Bac.*1195; ~ inde uenit diuinitus pullis ipsa anima Enn.*Ann.*11; ~ continuo exeo Ter.*Eu.*493; in atras..tenebras eum claudebant ac diu ~..repente educebant Tub.*hist.*9; quem nunc et ~ semper ob artem hanc Ardea laudat *in* Plin.*Nat.*35.115;—(*w. abl. and another temporal adv.*) inde biennio ~ effodito Cato *Agr.*51; septimo ~ demum anno Liv.4.20.8;—cum multis annis ~ petissent quam praetores fuissent Cic.*Agr.*2.3; ut die quadragesimo ~ aut ultra etiam quam facta sunt omnia nuntientur Pol.*Fam.*10.33.5; tertio ~ die quam uenit copias in aciem eduxit Liv.25.19.1. **c** ubi iste ~ phasellus antea fuit comata silua Catul.4.10; Verg.*Cat.*10.8.

3 (in argument, etc.) After that or beyond that.

neque aqua aquae nec lacte est lactis..usquam similius quam hic tui est..~ eandem patriam ac patrem memorat Pl.*Men.*1090; non potes tu lege uendere illam. — ~ autem communest illa mihi cum alio *Mer.*451; *Mil.*648; *Rud.*1276.

4 (as quasi-adj., cf. posthabeo, postpvto) Behind in importance, secondary.

sed ubi periculum aduenit, inuidia atque superbia ~ fuere Sal.*Cat.*23.6.

5 (in enumeration, whether of temporal, local, or other sequences). **b** ~ *sequi, ire, uenire*, etc., to go or come afterwards, follow, succeed.

in qua praecipitur primum, ut pure et Latine loquamur, deinde ut plane et dilucide, tum ut ornate, ~ ad rerum dignitatem apte et quasi decore Cic.*de Orat.*1.144; excellente tum Crasso et Antonio, dein Philippo, ~ Iulio *Brut.*301; iubent uenire agros Attalensium..deinde agros in Macedonia regios..deinde agrum..Corinthium..~ autem agros in Hispania *Agr.*1.5; cum te semper amaui primum tuo studio, ~ etiam beneficio prouocatus *Att.*14.13b.1; *Off.*1.10; prima Cyrene est..ac deinceps duae Syrtes.., deinde Philaenon arae..~ aliae Punicae urbes Sal.*Jug.*19.3; primus abit..Nisus..proximus huic..insequitur Salius; spatio ~ deinde relicto tertius Euryalus Verg.*A.*5.321; rapta (oscula) dabit primo, post adferet ipse roganti, ~ etiam collo se implicuisse uelit Tib.1.4.56; Sen.*Ben.*2.34.1; uitem maxime populus uidetur alere, deinde ulmus ~ etiam fraxinus Col.5.6.4; lacus Lucrinus..dein Puteoli..~que Phlegraei campi Plin.*Nat.*3.61; Tac.*Ann.*1.51. **b** aestatem autumnus sequitur, ~ acer hiemps it Enn.*Ann.*424; ~ insequi Licinium facio Atilium Volc.*poet.*1.9; 'feruidus ille Canis stellarum luce' refulget. ~ Lepus subsequitur Cic.*N.D.*2.114; sequuntur fratrum coniunctiones, ~ consobrinorum sobrinorumque *Off.*1.54; iam Nox iungit equos ..~que uenit..Somnus Tib.2.1.89.

post², *prep.* [as prec.] Forms: shortened to *pos* (orig. before an initial *m, t*, etc.) in *CIL* 1.2189; 5.4056.21; 6.1472.9; also *pus CIL* 11.1142. Const.: w. acc. Position: after its noun in Cic.*Tusc.*2.15.

1 In or to the rear of, behind; ~ *tergum* or *terga*, behind one's back; sim. ~ *occipitium* or *caput*. **b** (topog.) on the other or far side of, beyond, over.

tu hosce instrue; ego hic ero ~ principia: inde omnibus signum dabo Ter.*Eu.*781; ~ ea qui fiebat orbis, urbis principium; qui quod erat ~ murum, postmoerium dictum Var.*L.*5.143; in litore, quod est litus in Insula Syracusis ~ Arethusae fontem Cic.*Ver.*5.80; uideo me esse inter Antonianos Antoniumque ~ me esse aliquanto Galba *Fam.*10.30.3; ille..~ montem se occultauit Caes.*Gal.*7.83.7; tu ~ carecta latebas Verg.*Ecl.*3.20; ~ equitem sedet atra Cura Hor.*Carm.*3.1.40; uidisse ~ sese serpentem mira magnitudine Liv.21.22.8; scimus quemadmodum solem luna praetereat, quare tardior uelociorem ~ se relinquat Sen.*Ep.*93.9; auxiliares Galli Germanique in fronte, ~ quos pedites sagittarii Tac.*Ann.*2.16; pos templvm divi avg *CIL* 5.4056.21;—Germani, ~ tergum clamore audito..se ex castris eiecerunt Caes.*Gal.*4.15.1; ut..respicere ~ terga cogerentur *B.Afr.*80.5; centum uinctus aenis ~ tergum nodis Verg.*A.*1.296; Prop.2.10.13; pacis sponsoribus iubent manus ~ tergum uinciri Liv.9.10.7; Ov.*Met.*1.383; Phaed.4.10.2; ocior et missa Parthi ~ terga sagitta Luc.1.230;—ne ~ occipitium..exercitus..relinqueret Var.in Non.p.245M; nescius ultorem ~ caput esse deum Tib.1.8.72. **b** caput omnium, qui ~ Euphraten et Tigrim amnes siti Rubro mari terminantur Curt.6.2.12; ut nos..hostem in mari aut ~ mare quaereremus Sen.*Nat.*5.18.5; Caecina, uelut relicta ~ Alpis saeuitia ac licentia, modesto agmine per Italiam incessit Tac.*Hist.*2.20.

2 At a time subsequent to, after. **b** for or in the period subsequent to, since; ~ *hominum memoriam* (and sim.), within the memory of man, since the beginning of history.

~ meridiem praesenti litem addicito *Lex XII*(*Font.iur.* p.19); qvr petis postempvs consili qvod rogas non est *CIL* 1.2189; ~ factum flector, qui antepartum perdidi Pl.*Truc.*343; quid ante rem, quid cum re, quid ~ rem euenerit Cic.*Top.*51; ~ tuum a me discessum litterae mihi Roma adlatae sunt *Att.*3.25; Brutus heri uenit in Tusculanum ~ horam decimam 13.7a(2); textile (tegmen) ~ ferrumst, quia ferro tela paratur Lucr.5.1351; ~ tempus ad bella ierunt, ante tempus comitiorum causa reuocati sunt Liv.9.18.14; ~ hoc si quae reliquiae remanserint Larg.131; ~ poenam liceat commissa fateri Stat.*Silv.*5.5.5; ostentis ac responsis destinatum Vespasiano..imperium ~ fortunam credidimus Tac.*Hist.*1.10; quae nunc uetustissima creduntur, noua fuere: plebeii magistratus ~ patricios, Latini ~ plebeios, ceterarum Italiae gentium ~ Latinos *Ann.*11.24; sicut modo dicta mihi gens ~ omnis herbas, ~ cuncta animalia..membra aliena fame lacerabant Juv.15.99; in codicillis (quos sane ~ obliuionem testamentariae scripturae fecisset) Scaev.*dig.*33.7.20;—(*w. abl. expr. a time-interval*) qui magistratus multis annis ~ decemuiros institutus est Cic.*Att.*6.1.8; triduo ~ eum diem festum esse Liv.23.35.11;—(*w. noun+pf. pple.*) ~ vrbem captam *Elog.*7(*CIL* 1.p.191); qui ~ factam iniuriam se expurget Ter.*Hec.*742; ~ illas datas litteras secuta est summa contentio Cic.*Att.*4.2.2;—(*w. abl., etc., expr. a time-interval*) deinde duouicesimo anno ~ dimissum bellum Cato *hist.*84; quarto decimo anno ~ bellum initum Liv.28.16.14. **b** apage te a me nunciam ~ hunc diem! Pl.*Mos.*436; ~ illam..fugam..numquam se..inermem inimicis committere ausus est Cic.*Clu.*25; a te ~ illam Olbiensem epistulam nullas litteras accepi *Q.fr.*2.3.7; neque ~ id tempus umquam summis nobiscum copiis hostes contenderunt Caes.*Gal.*5.17.5; ~ magnitudinem nominis Romani Sal.*Jug.*5.4; Vell.1.15.5; putabat se ~ mortem securum fore Phaed.4.1.10; non..stabit iam flumine Caesar in ullo ~ Rubiconis aquas Luc.2.498; meriti ~ me (*i.e. after my death*) referentur honores Stat.*Theb.*12.819; ~ illum reciperatorem urbis filiumque eius Camillum penes alias familias imperatoria laus fuerat Tac.*Ann.*2.52;—(*w. noun+pf. pple.*) optimus multo ~ homines natos gladiator qui fuit unus Lucil.152; paulo..habuit ~ id factum Caesar quietiorem Galliam Caes.*Gal.*5.58.7; nemo ~ reges exactos de plebe consul fuit Liv.4.4.1; (*cf.*) ~ liberam ciuitatem Cic.*Parad.*11;—quod nemo umquam ~ hominum memoriam fecit *Ver.*3.44; o ~ hominum memoriam fortissimi atque optimi consules! *Har.*15; *B.Hisp.*15.6; solus omnium ~ memoriam humani ⟨generis⟩ supplicia in post futuros composuit Sal.*Hist.*1.55.6; maximis ~ hominum memoriam exercitibus Nep.*Reg.*1.3.

3 At the conclusion of (a period of time, activity, etc.), after. **b** after (a date, etc., marking the end of an interval).

postulaturus eras. quando? ~ dies xxx Cic.*Quinct.*82; his..ipsis, quia uitio creati erant, quinque ~ dies alii suffecti Liv.10.47.1; ager Hispanis..~ bellum uirtutis causa datus est 23.46.7; lactuca innatat acri ~ uinum stomacho Hor.*S.*2.4.60; Phaed.1.17.7; in cortinam pigmenti feruentis mersa ~ momentum extrahuntur picta Plin.*Nat.*35.150; ~ horas tres quattuorue cremor ptisanae detur Larg.100; maior ~ otia uirtus Stat.*Silv.*4.4.34; ~ aliquot annos morte patris Scaev.*dig.*41.9.3; ~ quae Tiberius adulescentem crimine..purgauit Tac.*Ann.*3.17; Apul.*Met.*2.31; siue statim siue ~ tempus iurauerit, obligatur Ulp.*dig.*38.1.7.2; si ~ quinquennium mortis testatoris tabulae testamenti apertae essent 40.5.26.3; ne occiso hodie adultero reseruet et ~ dies filiam occidat 48.5.24(23).4. **b** ~ diem tertium ueni in aedem Telluris Cic.*Phil.*2.89; alii pueri ~ diem tertium eius diei alias litteras attulerunt *Att.*3.7.1; in eam partem ut eum decedere ~ K. Martias placeret Cael.*Fam.*8.8.4; Caes.*Gal.*4.9.1; Scipionem ~ diem tertium eius diei quo proelium factum erat appropinquare *B.Afr.*20.2; annum ~ quintum decimum creati consules L. Lucretius Flauus Ser. Sulpicius Camerinus Liv.5.29.2;—(*foll. by* quam) postridie aut ~ diem tertium, quam lecta erit, facito Cato *Agr.*65.1; hoc scribis ~ diem quartum quam ab urbe discessimus Cic.*Att.*9.10.4; uenerunt ~ diem quadragesimum et sextum quam a uobis discesserant Cic.fil.*Fam.*16.21.1; ~ diem quartum quam est in Britanniam uentum Caes.*Gal.*4.28.1; decessit..fere ~ annum quartum quam Themistocles Athenis erat expulsus Nep.*Ar.*3.3; Hyg.*Fab.*118.2.

4 (in pregn. uses) **a** After and in view of, after. **b** after and notwithstanding, after.

a quod ueteres orationes ~ nostras..a plerisque legi sunt desitae Cic.*Brut.*123; ut te ~ multa tuorum funera..defessi aspicimus! Verg.*A.*2.283; Manlius ~ famam adpulsae Punicae classis Carales se recepit Liv.23.40.7; sustulerant ..animos Aetoli cum ab Romana societate tum ~ Attali aduentum 28.5.4; sed cui non ~ Varronem sit uenia? Quint.*Inst.*1.6.37; dicendum erit ~ senatus consultum ambo teneri Ulp.*dig.*5.3.25.9. **b** si quis ~ hoc senatus consultum ad Antonium profectus esset..senatum existimaturum eum contra rem publicam fecisse Cic.*Phil.*8.33; Hannibal..etiam ~ Carthaginem pertinax Sen.*Nat.*3.pr.6; ipsi etiam ~ omnia, comminus ipsi stabitis? Stat.*Theb.*11.330.

5 Subsequent or next in (temporal or other) sequence to, (next) after. **b** (w. ref. to an order of preference, etc.); (w. vbs. of thinking or regarding) of less value or importance than, second to, after.

eradicarest certum cumprimis patrem, ~ id locorum matrem Pl.*Truc.*661; adulescenti ipsi eriperem oculos, ~ haec praecipitem darem Ter.*Ad.*318; ~ eos consules Sullam dictatorem fuisse Cic.*Agr.*3.6; ~ eum rogatus Cn. Pompeius *Sest.*74; hunc ~ Rhodius Hieronymus dolore uacare summum bonum dixit *Tusc.*2.15; quis denique ~ L. Lentulum, C. Marcellum consul esset *B.Alex.*68.1; septima ~ decimam (*sc.* dies) Verg.*G.*1.284; medium ~ astra diem Man.2.905; ~ deos hominesque dispiciamus, quomodo rebus sit utendum Sen.*Ep.*95.54; ~ Cilicasne uagos et lassi Pontica regis proelia..ultima Pompeio dabitur prouincia Caesar? Luc.1.336; et nunc ~ populum scribitur (equester ordo), quia nouissime coeptus est adici Plin.*Nat.*33.34; cum oleo communi pix..coquitur..~ hoc resina adicitur; deinde.. Larg.210; ne tu..tumidum..equitem ~ Tydea portes Stat.*Theb.*9.217; (*w.* proximus) Callicratiden, qui praefectus classis proximus ~ Lysandrum fuit Cic.*Off.*1.109. **b** ~ hunc (*sc.* Mercurium) Apollinem et Martem et Iouem et Mineruam (colunt) Caes.*Gal.*6.17.2; felix ~ Cinaram Hor.*Carm.*4.13.21; quicquid..haec nobis ~ duo dulce fuit Ov.*Tr.*3.4b.54; ciuium ~ unum..eminentissimus Vell.2.99.1; nec ~ haec reor uiolentia caeli nobis ista, sed nostro potius accidere uitio Col.1.pr.3; terra primis ~ patriam mihi dilecta curis Stat.*Silv.*4.5.21;—uti opifices..sua necessaria ~ illius honorem ducerent Sal.*Jug.*73.6; ~ publicam causam priuato dolore habito Liv.2.56.2; ut se ante Ciceronem numeret, sed plane ~ Gabinianum? Tac.*Dial.*26.9; ut ceteri ~ Sabinum haberentur *Hist.*3.64.

post-, *prefix.* [prec.] (Used in senses of the adv.).

postautumnālis ~is ~e, *a.* [post-+avtvmnalis] Post-autumnal.

(pira) Aniciana ~ia, acidulo sapore iucunda Plin.*Nat.*15.54.

poste: see post.

posteā, *adv.* [post-+*ea* (cf. antea)] Forms: *posteac CIL* 4.1837, 5.5050.13 (perh. by contamination with *posthac*).

1 Subsequently, thereafter, afterwards. **b** (w. neg. or virtual neg.) after that occasion.

qvi ~ censorinvs appellatvs est *Fast.Cos.Cap.*(*CIL* 1.p.21); nisi..hic opperiar..paullisper; ~ intro hunc supsequar Pl.*Aul.*805; Iupiter..qui uentus est et nubes, imber ~, atque ex imbre frigus Enn.*var.*55; ~ uiciam dato, ~ panicum dato Cato *Agr.*54.4; ~ cum unxeris, cum uti uoles, extergeto 98.2; quod factum ita neque antea nec ~ sit Var.*hist.*6; huius..omnis qui ~ fuerint auctoritatem dico secutos Cic.*Font.*1; epistula breuis quae ~ a te scripta est *Att.*14.14.7(15.1); primum sagittariis..circumiectis, ~ leuis armaturae magna multitudine missa Caes.*Civ.*3.45.3; fuisse regibus exactis patricios magistratus; creatos ~ post secessionem plebis plebeios Liv.3.39.9; Vell.2.41.3; Cels.7.7.8.f; Plin.*Nat.*12.83; quia..caede eius patrata sex ~ annos pari secreto coniunxit Tac.*Ann.*4.57; quo semel conditis calculis..nihil ~ commutari licebat Apul.*Met.*10.8; (*in an itinerary*) cliuos deorsum uorsum est: hac te praecipitato. ~ est ad hanc manum sacellum Ter.*Ad.*575;—(*as two words*) nisei qvod post ea fecerit *CIL* 1.583.56. **b** qui illam ut preimum uidi, numquam uidi ~ Pl.*Epid.*600; iubere ei (*sc.* poetae) praemium tribui, sed ea condicione ne quid ~ scriberet Cic.*Arch.*25; uillulas..quas uisurum me ~ desperaui *Att.*8.9.3; Liv.3.30.6; numquam ~ nisi de principatu quaesitum Tac.*Hist.*2.38.

2 Hereafter, in future, later.

quis uos pascet ~? Acc.*trag.*410; tum Brutus: de isto ~ Cic.*Brut.*300; ueniam, neque ita multo ~, ad hunc locum *S.Rosc.*78; quae uos,..nunc moueant potius caritate sua ut maneatis in sede uestra quam ~, cum reliqueritis eam, macerent desiderio Liv.5.54.3; ad epistulam, quam mihi..misisti..~ rescribam Sen.*Ep.*48.1; 'fiet' inquit Maternus '~ arbitratu tuo..' Tac.*Dial.*42.1.

3 (of immediate succession in time) Next. **b** (indicating some logical connection); *quid ~*, what then?

cape stilum propere et tabellas tu has tibi. — quid ~? Pl.*Bac.*728; opsecrat ne Casinam uxorem ducam. — quid tu ~? *Cas.*322; quis me amplectetur ~? *Poen.*1262; capias tu illius uestem. — uestem? quid tum ~? Ter.*Eu.*370; ubi iuxta uenit, tum consul ait: 'quid ~?' Quad.*hist.*57; Larg.16. **b** et quidem Alcumeus atque Orestes et Lycurgus ~..mihi sunt sodales Pl.*Capt.*562;—meministin asinos..nostrum uendere atriensem? — memini. quid tum ~? *As.*335; cliens amicus hospes nemost uobis? — sunt: quid ~? Ter.*Ad.*529; uerum tamen confitebor. quid ~? hoc sequitur, ut familiam M. Tulli concidi oportuerit? Cic.*Tul.*54; nemo..de plebe consul fuit. quid ~? nullane res noua institui debet? Liv.4.4.1.

4 Next (in order of value or degree), after that.

patrem primum, ~ patronum proximum nomen habuere Cato *orat.*190; si quaeris quid optem, primum Scapulae (*sc. gardens*), deinde Clodiae, ~..Cusini et Treboni Cic.*Att.*12.41.3; in officiis..ita obseruatum est: primum tutelae, deinde hospiti..~ adfini Sab.*iur.*6; cornum maxime odit sorbus, carpinus..~ tilia Plin.*Nat.*16.226.

posteāquam, *conj.* Also as two words. [prec.+qvam] Const.: w. pf. ind.; also plpf. ind. (1).

1 At a time following that at which, after.

q. petillivs..in mag ~ sibi conleg svbrog occis(us) e(st) *Fast.Cos.Cap.*18b (*CIL* 1.p.25); quod ~ dixi, tantus est gemitus factus Cic.*Ver.*4.139; cuius in regnum postea quam L. Lucullus cum exercitu uenit, plures etiam gentes..concitatae sunt *Man.*23; non ea res me deterruit quo minus, postea quam in Italiam uenisti, litteras ad te mitterem *Fam.*6.22.1; ~ non habuerunt ad demolitionem ferramenta, sumpserunt tignum Vitr.10.13.1; quae ~ litteris..uolgata sunt,..laetabantur Liv.23.29.17; ~ Socrates homines reliquit Apul.*Pl.*1.3;—(*w. plpf. ind.*) cum P. Africanus..~ bis consul..fuerat, L. Cottam in iudicium uocabat Cic.*Div. Caec.*69; (*subj. in indir. sp.*) Suebos, postea quam..pontem fieri comperissent..nuntios in omnis partis dimisisse Caes.*Gal.*4.19.2;—(*w. pf. and plpf.*) [Cic.]*Sal.*13; Liv.9.46.11; Theseus ~ a Troezene uenerat et audit quanta calamitate ciuitas afficeretur Hyg.*Fab.*41.2;—(*w. elements separated*) nisi forte postea coeperunt legare quam ego Taurum transgressus sum Cic.*Fam.*3.8.5; postea uero quam equitatus noster in conspectum uenit, hostes..terga uerterunt Caes.*Gal.*4.37.4; (*w. ellipsis of vb.*) neminem uideram qui te postea uidisset quam M. Volusius Cic.*Fam.*16.12.6.

2 From the time that, ever since.

~ illa petitionis magna cura liberatus sum..coepi..nihil aliud nisi de iudicio agere Cic.*Ver.*26; 1.51; ~ illinc decessi, quae sint gesta cognoscite 2.161; ~..rei p. sum uoce reuocatus, numquam per M. Antonium quietus fui *Fam.*

10.1.1; ~ in Asiam exercitus..est transgressus, numquam a consule abscessi LIV.37.53.18; (*w. elements separated*) nos etiam languidiores postea facti sumus quam M. Antoni.. insolentiam..perspeximus CIC.*Phil*.8.21.

postergum, -ga: see TERGVM.

posterior ~or ~us, *a.* [compar. of POSTERVS] FORMS: *~or* (nom. sg. neut.) HEM.*hist*.31; *~ori* (abl. sg.) VITR.9.8.8.

1 Coming after in time, later. **b** the later of two, (of persons) the younger. **c** (m. pl. as sb.) later generations. **d** (neut. pl. as sb.) later events; the name given to the posthumously published works of M. Antistius Labeo.

qui et Atheniensis erat..et paulo aetate ~or CIC.*Brut*.43; ~ores..cogitationes..sapientiores solent esse *Phil*.12.5; ~ore anni parte LIV.3.65.8; multum a prisca continentia ..~or Cato discedit V.MAX.4.3.12; TAC.*Ann*.4.9; emendari quam peccare ~us est 15.20; (*w. abl. of comparison*) qui uenit hic fluctus..~or nono est undecimoque prior OV.*Tr*. 1.2.50; (*w.* quam) gerere quam fieri (consules) tempore ~us, re atque usu prius est SAL.*Jug*.85.12;—(*in advl. sense*) eum ..non illa peperit quae peperit prior, sed tu ~or PL.*Truc*. 411; ~or lapidis uenit aestus et omnia plena inuenit LUCR. 6.1051; prior Parthus apud Gaium..~or hic apud regem.. epulatus est VELL.2.101.3. **b** bellum Punicum ~or HEM. *hist*.31; tanta laetitia perfundi..quanta aut superiorem Africanum Hannibale uicto aut ~orem Karthagine euersa CIC.*Fin*.5.70; ~or Cato V.MAX.4.1.14; 5.1.6; nihilo uirtute ~or Africanus auo minor 5.3.2d. **c** Catonis luminibus obstruxit haec ~orum quasi exaggerata altius oratio CIC. *Brut*.66; si superiores consilio uicisti, ~oribus exemplum.. reliquisti *Ver*.3.41; SUET.*Gram*.4(p.103Re);—(*spec.*) liberi usque ad trinepotem (proprio uocabulo nominantur): ultra hos ~ores uocantur PAUL.*dig*.38.10.10.7. **d** id futuri et consequentis saeculi ~ora uidetur ostendere APUL.*Mun*.38; —Labeo in libris ~orum scribit NERAT.*dig*.39.2.47; Labeo libro trigensimo septimo ~orum scribit ULP.*dig*.4.3.9.3.

2 Further back (in position), hinder. **b** PILVS, PRINCEPS, HASTATVS *~or*, the designations of three of the centurions of a legionary cohort (there was no *pilus ~or* in the first cohort. N.B. the local sense of *~or* was early superseded by that of juniority in rank).

haeret uerticulis adfixum in ~ore parte LUCIL.161; pedes Canis ostendit..~ores CIC.*Arat*.634(388); relinqui paulatim solem cum ~oribu' signis LUCR.5.627; cum extis ~or (pars canis) ad laeuam uiae ponitur LIV.40.6.1; uno flexu dextros (equos) agunt, ita coniuncto orbe ut nemo ~or sit TAC.*Ger*. 6.3; APUL.*Met*.6.27; (*neut. pl. as sb.*) pars prior apparet, ~ora latent OV.*Fast*.4.718. **b** COH V PR(incipis) POS(terioris) *CIL* 3.102; (centurionem) EIVSDEM LEGIONIS ASTATVM ~OREM CHOR(tis) I 3.2883.

3 Later (in order of mention), latter; later in position (in a word, sentence, etc.). **b** later (in logical sequence).

LUCIL.789; ex eis conclusionibus..prior quartus ~or quintus a dialecticis modus appellatur CIC.*Top*.57; ea pertinere ad superiorem diuisionem, contra ~orem nihil dici oportere *Luc*.99; ex superiore causa rem domini manere, ex ~ore in creditum iri ALF.*dig*.19.2.31; si..quod prius ordine uerbum est ~us facias HOR.*S*.1.4.59; VELL.1.14.1; unus ex illo ~ore numero APUL.*Met*.4.9;—paria esse debent (membra uerborum) ~ora superioribus, et extrema primis CIC.*de Orat*.3.186. **b** quid ~us priori non conuenit? CIC.*Fin*.3.74.

4 Less important, secondary, inferior. **b** dependent on a primary notion, secondary.

omnis res ~ores pono atque operam do tibi PL.*Mil*.953; non ~ores (*sc.* partes) feram TER.*Ad*.880; sunt..non ~ore numero, praestantiore longe dignitate APUL.*Soc*.16;—(*w. abl. of comparison*) nemo est halicarius ~or te LUCIL.496; suam salutem ~orem salute communi ducere CIC.*Rab.Perd*. 3; *Phil*.13.6; quorum utrique semper patriae..dignitas ~or sua dominatione..fuit *Att*.10.4.4. **b** uocabuli et uerbi quaedam priora, quaedam ~ora; priora ut homo, scribit, ~ora ut doctus et docte VAR.*L*.8.12.

posteritās ~ātis, *f.* [POSTERVS+-TAS]

1 Future ages, time to come, the future.

an tibi unius anni..ratio fuit habenda,..ratio rei publicae in ~atem fuit neglegenda? CIC.*Ver*.3.43; *Catil*.1.22; quae (*sc.* mutationes) innumerabiles fieri possunt in infinita ~ate *Att*.12.19.1; uitabis inimicitias et ~atis otio consules *Fam*. 2.18.3; habeat rationem ~atis et periculi sui CAES.*Civ*. 1.13.1; Homerus ~ate suum crescere sensit opus PROP. 3.1.34; TAC.*Ann*.3.19; (*cf. sense 2b*) nam filiam meam despondi ei nec melius..mihi in ~atem..consulere potui FRO.*Amic*.1.p.292(200N).

2 Future generations of men, posterity. **b** descendants, posterity.

huius rei ne ~atem quidem omnium saeculorum umquam immemorem fore CIC.*Phil*.2.54; ut ~as habeat religionem *Att*.12.36.1; ut memoriae ac ~ati mandetur LIV.39.5.5; notitiam serae ~atis habet OV.*Pont*.4.8.48; fac quod nulla ~as probet, sed nulla taceat SEN.*Thy*.192; QUINT.*Inst*. 10.1.41; suum cuique decus ~as rependit TAC.*Ann*.4.35; JUV.1.148. **b** etiam deorum ~as has (*sc.* apes) regnis suis excepit [QUINT.]*Decl*.13.16; (*of horses*) uenale pecus Coryphaei ~as et Hirpini JUV.8.62.

3 Posthumous fame, immortality (of reputation).

neque quisquam nostrum in rei publicae periculis cum laude..uersatur quin spe ~atis fructuque ducatur CIC.*Rab. Perd*.29; detur hoc inlustrium uirorum ~ati TAC.*Ann*.16.16; legit scripta de se carmina..et ~ati suae interfuit PLIN.*Ep*. 2.1.2; qui..certus..~atis cum futura gloria uiuit 9.3.1.

posterius, *adv.* [neut. compar. of next]

1 At a later time, later, afterwards. **b** at a later time (than another), second. **c** ~ *quam* (as conj.), after.

ne ~ in me culpam conferas PL.*Am*.788; nupsit ~ dotatae uetulae uaricosae uafrae POMPON.*com*.89; Thucydides si ~ fuisset, multo maturior fuisset et mitior CIC.*Brut*.288; *Tul*. 56; sed haec ~ *Att*.4.4a.2; ~ ferri uis est aerisque reperta LUCR.5.1286; *Culex* 8. **b** uos priores esse oportet, nos ~ dicere PL.*Epid*.261; si eum qui ~ dixit opus est redargui CIC.*Ver*.1.26; aliorum bona publicanda..alios in uincula condendos ac de iis ~ consulendum LIV.26.34.4;—(*in narrative, enumeration, etc.*) bona..corporis huic sunt, quod ~ posui, similiora CIC.*Fin*.4.30. **c** ~ istuc dicis quam credo tibi PL.*As*.63; ~ quam mercatus fueram uisu' sum in custodelam..concredere *Mer*.232.

2 For the future, thereafter.

LUCR.5.995; quorum siquis..uitarat funera leti,..~ tamen hunc tabes..manebat 6.1201.

posterus ~a ~um, *a. compar.* POSTERIOR, *superl.* POSTREMVS. [POST¹] FORMS: *~um* (gen. pl.) TAC.*Ann*.3.72; *~iis* (dat. pl., app. *metri gratia*) *CIL* 14.480.

1 Occurring hereafter, future, later. **b** *in* (*ad*) *~um*, to a point in the future, for the future.

aut in prouisione ~i temporis aut in praeteriti disceptatione CIC.*Part*.69; materies opus est ut crescant ~a saecla LUCR.3.967; usque ego ~a crescam laude recens HOR.*Carm*. 3.30.7; STAT.*Silv*.5.2.88; (*neut. pl. as sb.*) haec (*i.e. grief and lust*) non in ~is et in consequentibus, sed in primis continuo peccata sunt CIC.*Fin*.3.32. **b** quod praesidium in ~um mihi supponebas, me cum priuaris tui? AFRAN.*com*.151; ut me conseruato uestram in ~um dignitatem auctoritatemque sanciret CIC.*Red.Sen*.8; multum in ~um prospicientes iudices *Mur*.59; res dilata est in ~um *Fam*.10.12.3; tollendus est fenerator in ~um SAL.*Rep*.1.5.7; LIV.3.55.4; nulli..gaudium rapti durauit in ~um SEN.*Ep*.74.7; QUINT. *Inst*.1.1.37; TAC.*Ann*.2.42; SUET.*Jul*.14.1;—sin Italiam relinquit, ad ~um bellum ἄσπονδον strui existimo CIC.*Att*. 9.10.5.

2 Next (in succession of time), following. **b** (w. gen. or *quam*) next (after).

~o die per incertas uias..Romam..profugerant SIS.*hist*.6; 94; ~o anno nonne..pecunia in classem est erogata? CIC. *Flac*.30; eo die non fuit senatus neque ~o *Fam*.12.25.1; ~a nocte NEP.*Eum*.9.4; ~a..Aurora VERG.*A*.4.6; ~a cum primo stellas Oriente fugarat clara dies 5.42; LIV.2.49.2; ~a sed festae reddis sollemnia mensae (*i.e. the second day's dinner*) MART.11.65.5;—(*w. ellipsis of* diem, die) carpe diem, quam minimum credula ~o HOR.*Carm*.1.11.8; uentum..ad conloquium est; sed loquendo plura..dedita opera quae in rem non essent die consumpto, in ~um dilatum est LIV.26.17.9; pugna in ~um extracta TAC.*Ann*.4.73; ~o misere legatos 12.17; HYG.*Fab*.23.1. **b** nocte ea quae consecuta est ~um diem Nonarum Nouembrium CIC.*Sul*.52; ~o iduum die TAC.*Hist*.1.26;—ipse ~o die, quam uenit..postulauit, ut sibi..liceret LIV.36.39.4; 44.28.7.

3 (masc. pl. as sb.) Descendants, one's posterity. **b** men in future ages, future generations. **c** successors.

SELLAE CVRVLIS LOCVS IPSI ~ISQVE..DATVS EST *Elog*.5 (*CIL* 1.p.189); honori ~orum tuorum ut uindex fieres PL. *Trin*.644; unde liberos sibi et suis, ~os patriae pararent GEL.*hist*.15; aeterna insignia ~is nostris relinquere CIC.*Inv*. 2.70; quasi Appius..uiam munierit, non qua populus uteretur, sed ubi impune sui ~i latrocinarentur *Mil*.17; ut.. expetantur eae poenae a liberis a nepotibus a ~is *N.D*.3. 90; IEI OMNES ~EIQVE EORVM..AMICEI SOCIEIQVE POPVLI ROMANI SVNTO *CIL* 1.589.1.6; nobilium familiarum ~os TAC. *Ann*.14.14. **b** quod uestra uirtus neque obliuione eorum qui nunc sunt nec reticentia ~orum sepulta esse poterit CIC.*Phil*.14.33; Bacchum..uidi docentem—credite ~i— Nymphasque discentis HOR.*Carm*.2.19.2; qui in traiectu Albulae amnis submersus celebre ad ~os nomen flumini dedit LIV.1.3.8; habebunt certe quo se oblectent ~i PHAED. 3.pr.32; hoc quod saecula ~ique possint Arpinis..conparare chartis MART.10.20(19).16; hostilis exuuias..ad urbis et ~um gloriam conferre TAC.*Ann*.3.72. **c** ab Aristippo..Cyrenaica philosophia manauit, quam ille et eius ~i simpliciter defenderunt CIC.*de Orat*.3.62.

postfactum ~ī, *n.* [POST¹+pple. of FACIO] (leg.) That which is done subsequently; *ex ~o*, in the light of subsequent events.

nec est nouum, ut ex ~o aliquis successorem habuisse uideatur ULP.*dig*.49.17.9; quae ab initio inutilis fuit institutio, ex ~o conualescere non potest LIC.RUF.*dig*.50.17.210; PAUL.*dig*.2.14.17.4.

postferō ~rre, *tr.* [POST-+FERO] To treat as less important, subordinate (to). **b** to esteem less, regard as inferior (to).

qui libertati plebis suas opes ~rrent LIV.3.64.3; nec regnis ~rte fidem SIL.2.701. **b** cum..Vatinius nulli homini non esset ~rendus VELL.2.69.3; paeninsula haut ulli terrae nobilitate ~renda PLIN.*Nat*.4.9; non ~runtur et Charites in propylo Atheniensium 36.32.

postfutūrum ~ī, *n.* [POST¹+FVTVRVM] The future, future time.

tum uidebitur lex in ~um loqui NIGID.*gram*.8.

postgenitus ~a ~um, *a.* [POST-+pple. of GIGNO] Born at a later time, yet to be born.

(*masc. pl. as sb.*) audeat refrenare licentiam, clarus ~is HOR.*Carm*.3.24.30.

posthabeō ~ēre ~uī ~itum, *tr.* [POST-+HABEO]

1 To treat as less important, subordinate (to). **b** to esteem less, regard as inferior (to).

omnis ~ui mihi res,..postquam id..uos uelle animum aduorteram TER.*Ph*.908; ut omnibus rebus ~itis totos se in optumo uitae statu exquirendo conlocarent CIC. *Tusc*.5.2; ~ui tamen illorum mea seria ludo VERG.*Ecl*.7.17; ~ita filii caritas publicae utilitati LIV.8.34.2; ~ITA CVRA SALVTIS *CIL* 13.2027; (*written as two words*) FISCI RATIONE POST HABITA 2.6278.23. **b** quam (*sc.* urbem) Iuno fertur ..unam ~ita coluisse Samo VERG.*A*.1.16; (me) canentem fors et magniloquo non ~uisset Homero STAT.*Silv*.5.3.62; 4.4.58; ne aliis electis ~itus crederetur TAC.*Hist*.4.7; Caesar quamuis ~itam decies sestertiit dote solatus est *Ann*.2.86.

2 To postpone.

auctor omnia ~endi dum occasio in manibus esset LIV. 7.36.10.

posthāc, *adv.* [POST¹+HAC] From this time, from now on, hereafter. **b** from then on, thereafter.

quiquomque ubi sunt, qui fuerunt quique futuri sunt ~ stulti PL.*Bac*.1087; certum est nulli ~ quicquam credere *Capt*.756; at iam ~ temperabo *Trin*.1187; uxorem, quam numquam est ratus ~ se habiturum, reddo TER.*Hec*.819; censores qui ~ fiunt CATO *orat*.52; TURP.*com*.26; non committam ~ ut me accusare de epistularum neglegentia possis CIC.*Att*.1.6.1; ~ igitur erimus cautiores *Fam*.7.26.2; efficiam ~ ne quemquam uoce lacessas VERG.*Ecl*.3.51; OV. *Fast*.4.47; JUV.7.18; (*written as two words*) ⟨QVEIQVOMQVE EORVM P⟩OST HAC FACTVS ERIT *CIL* 1.582.16. **b** ut aditus ad consulatum ~..non magis nobilitati quam uirtuti pateret CIC.*Mur*.17; praesidium ~ impositum uictis TAC.*Ann*.14.30; missi ~ Paeto nuntii 15.14; SUET.*Gram*.17(p.113Re).

postibi, *adv.* [POST¹+IBI] Afterwards, then.

PL.*Cist*.620; uerberetur etiam, ~ amittendum censeo *Mil*.1418; *Poen*.108; nunc..sacruficabo, ~ iubebo nobis cenam continuo coqui *Rud*.1263.

postīca ~ae, *f.* [fem. of POSTICVS] A backdoor.

canem rabidam..per ~am impetu miro sese direxisse APUL.*Met*.9.2.

postīcula ~ae, *f.* [prec.+-VLA] A (small) back-door.

me..per quandam breuem ~am intro uocat APUL.*Met*. 2.23.

postīculum ~ī, *n.* [next+-VLVM] A small back shed or outhouse.

~um hoc recepit, quom aedis uendidit PL.*Trin*.194; 1085.

postīcum ~ī, *n.* [neut. of next]

1 A backdoor.

ego me illac per ~um ad congerrones conferam PL.*Mos*. 931; si quisquam..~um nostrum pepulerit TITIN.*com*.30; atria seruantem ~o falle clientem HOR.*Ep*.1.5.31; ⟨per⟩ ~um aedium..transgressus LIV.45.6.4; illum ~o clam emisit V.MAX.6.8.6; SUET.*Cl*.18.2; (*facet. applied to the anus*) retrimenta cibi qua exirent, per ~um uallem feci VAR.*Men*. 430.

2 An outbuilding at the back of a house.

duo ~a, quae loco mercede TITIN.*com*.142; pistrinum adpositum, ~um, sella, culina LUCIL.312.

3 The rear portico of a temple.

dipteros (*sc.* aedes)..octastylos et pronao et ~o VITR. 3.2.7; 3.5.4; 4.3.4.

postīcus ~a ~um, *a.* [POST¹; cf. ANTICVS] ORTHOG.: *posteicuus CIL* 1.780 (app. for *postiquus*). (esp. of buildings or parts of buildings) Situated at the back, rear.

est..hic ostium aliud ~um nostrarum harunc aedium PL.*St*.450; 450ᵃ; non peperit, uerum ~a parte profudit LUCIL.119; eius templi (*i.e. in augury*) partes quattuor dicuntur..antica ad meridiem, ~a ad septemtrionem VAR. *L*.7.7; in interiores partis domuis ~ae *Men*.522; in ~is parietibus Cereris templi LIV.40.2.2; aruspices..a media ultra antica, citra ~a nominauerunt FRON.*agrim*.p.11; ~a parte Palati SUET.*Otho* 6.2; ~am lineam in agris diuidendis Ser. Sulpicius appellauit ab exori⟨ente sole..⟩ FEST.p.233M; (*transf.*) ~ae occurrite sannae PERS.1.62.

postid, *adv.* [app. old form of POST¹, but perh. understood as *post id*] Afterwards, then.

~ lucerna si exstincta est PL.*As*.785; ~ si prehensi simus, excusemus ebrios nos fecisse *Aul*.749; equom me adferre iubes, loricam adducere, multos hastatos, ~ multos uelites *Cist*.293; ~ agam..ut animus meus erit *St*.86; facile inuenio quo modo..discordiam inter nos parem: ~ ego tecum.. usque ero adsiduo *Truc*.421;—(*w.* locorum) *Cas*.120; sine te uerberem..ob nullam noxiam: ~ locorum tu mihi amanti ignoscito *Poen*.144.

postideā, *adv.* [prec.+EA] Afterwards.

nam iam calcari quadrupedo agitabo aduorsum cliuom, ~ ad pistores dabo, ut ibi cruciere currens PL.*As*.709; *Aul*. 118; *St*.97; (*w.* loci) ubi id erit factum, ornamenta ponent; ~ loci qui deliquit uapulabit *Cist*.784; *St*.758.

postilēna ~ae, *f.* [dub.] (Said to mean 'crupper', or sim., on analogy of Late Latin *antelena*, but some other curved object may possibly be intended.)

ita te aggerunda curuom aqua faciam probe ut ~a possit ex te fieri PL.*Cas*.125.

postiliō ~ōnis, *f.* [POSTVLO] A sacrifice demanded by the gods to repair a previous omission in sacrifice.

VAR.*L*.5.148; CIC.*Har*.20; mouet me etiam in hac caritate annonae..religio Telluris, et eo magis quod eodem ostento Telluri ~o deberi dicitur 31.

postillā, *adv.* [POST¹+ILLA] Afterwards, after that time.

numquam ~ possis prendere PL.*Capt*.118; eum qui mihi

illam uendidit numquam ~ uidi *Cur*.529; neque patrem numquam ~ uidi *Men*.1117; ~ omnes cautiores sunt ne credant alteri *Ps*.298; quot res ~ monstra euenerunt mihi! Ter.*Ph*.705; Cato *hist*.83; nec sibi ~ metuebant talia uerba Catul.84.9; Fro.*Aur*.2.p.24(219N).

postillāc, *adv.* [POST[1]+ILLAC] = prec.
nunc redeo, nunc te ~ uideo Pl.*Men*.685.

postis ~is, *m.* [perh. < **por-stis* (POR-+STO)] Forms: ~*i* (abl. sg.) Ov.*Met*.5.120.

1 A door-post, jamb.
age specta ~is, quoiusmodi, quanta firmitate facti et quanta crasssitudine Pl.*Mos*.818; Cato *Agr*.14.1; qui parietibus, qui tectis, qui columnis ac ~ibus meis hostificum quoddam..bellum intulistis? Cic.*Dom*.60; ades, Luculle, ades Seruili, dum dedico domum Ciceronis, ut mihi praeeatis ~emque teneatis! 133; aere cauo clipeum..~ibus aduersis figo Verg.*A*.3.287; signa..detracta Parthorum superbis ~ibus Hor.*Carm*.4.15.8; Vitr.6.8.2; Liv.2.8.7; carminibus cessere fores, insertaque ~i..carmine uicta serast Ov.*Am*.2.1.27; inliso capite in ~em lapideum ianuae carceris Vell.2.7.2; infula..in geminos discurrit candida ~es Luc.2.355; tutissimi sunt (*i.e. in earthquakes*) aedificiorum fornices, anguli quoque parietum ~esque (*i.e. doorways*) Plin.*Nat*.2.197; ~ES LAPIDEOS *CIL* 13.925.

2 The stile of a door into which the pivots are fitted (N.B.: this sense is not always clearly distinguishable in the examples from sense 1). **b** (meton.) a door.
nisi mauoltis fores et ~is comminui securibus Pl.*Bac*.1119; postquam Discordia taetra belli ferratos ~es portasque refregit Enn.*Ann*.267; FORES..CVM ~IBVS AESCVLNIEIS FACITO *CIL* 1.698.2.9; ~is..a cardine uellit aeratos Verg.*A*.2.480; cardine uerso belli ferratos rumpit Saturnia ~is 7.622; ille meos numquam patitur requiescere ~is Prop.1.16.15. **b** iam magis exemptis oculis debere uidetur cernere res animus sublatis ~ibus ipsis Lucr.3.369; ferebar incerto pede ad non amicos heu mihi ~is et heu limina dura Hor.*Epod*.11.21; ~es extrema cuspide pulsat Ov.*Met*.2.767; reserate clausos..~es Sen.*Phaed*.863; ~e recluso Luc.5.531; nulla magis toto ianua ~e patet Mart.1.70.14; Stat.*Silv*.4.1.44.

postlīminium ~(i)ī, *n.* [POST-+LIMEN+-IVM]

1 The resumption of civic rights, held in suspension during exile, capture, etc., on one's return; extended also to the recovery of property from enemy hands. **b** (transf.) recovery, restoration.
quem pater suus aut populus uendidisset aut pater patratus dedidisset, ei nullum esse ~ium Cic.*de Orat*.1.182; quod si ciui Romano licet esse Gaditanum siue exsilio siue ~io siue reiectione huius ciuitatis *Balb*.29; non dubito, quin foederati et liberi nobis externi sint, nec inter nos atque eos ~ium esse Proc.*dig*.49.15.7; captiuus..si a nobis manumissus fuerit et peruenerit ad suos, ita demum ~io reuersus intellegitur, si malit eos sequi quam in nostra ciuitate manere Pompon.*dig*.49.15.5.3; cum duae species ~ii sint, ut aut nos reuertamur aut aliquid recipiamus 49.15.14; propter ius ~ii, quo hi, qui ab hostibus capti sunt, si reuersi fuerint, omnia pristina iura recipiunt Gaius *Inst*.1.129; Gel.6(7).18.8; in ciuilibus dissensionibus..qui in alterutras partes discedent, uice hostium non sunt eorum, inter quos iura captiuitatium aut ~iorum fuerint Ulp.*dig*.49.15.21.1; ~ium est ius amissae rei recipiendae ab extraneo et in statum pristinum restituendae Paul.*dig*.49.15.19; ~io redisse uidetur, cum in fines nostros intrauerit 49.15.19.3; Marcel.*dig*.49.15.2.1. **b** Polycrates litteras..de casu et ~io anuli perscriptas ad regem Amasim mittit Fro.*Aur*.2.p.24(219N).

2 ~*io*, So as to restore the status quo; ~*io mortis*, back from death.
statim in meum Lucium ~io redibis Apul.*Met*.3.25; illae sedatae lacrimae ~io redeunt 5.7; ~io domum regressus 9.21; *Fl*.19;—corpus istud ~io mortis animare *Met*.2.28; 10.12.

pos(t)merīdiānus ~a ~um, *a.* [POST-+MERIDIES+-ANVS] Of or occurring in the afternoon.
inclinato iam in ~um tempus die Cic.*de Orat*.3.17; ~ae sessionis 3.121; ut ambulationem ~am conficeremus *Fin*.5.1; ~a istius gnomonis crescens umbra Vitr.1.6.6; Liv.44.33.11; Sen.*Apoc*.9.2; in ~as horas *Dial*.9.17.7; ~o (*sc.* die)..mihi (mala ualitudo) cessit *Ep*.65.1; Quint.*Inst*.3.1.14.

postmerīdiē: see MERIDIES.

postmodo, *adv.* Also written as two words. [POST[1]+MODO] At a subsequent time, later, presently.
me..abs te inmerito esse accusatam post modo rescisces Ter.*Hec*.208; ~ necesse est doleant Pol.*Fam*.10.33.1; quae te ut paeniteat ~ facti faciet tui Catul.30.12; Hor.*S*.2.6.27; *Carm*.1.28.31; Prop.2.10.18; publicum in praesentia dedecus, ~ periculum Liv.2.43.8; fore ut ~ gaudeant se irae moderatos 4.7.6; malle eos sibi iam tum fateri quam ~ querentes segnes..milites..esse 29.1.6; perfer et obdura! ~ mitis erit Ov.*Ars* 2.178; perit exemplo ~ quisque suo *Fast*.3.272; reliquiae..quae ~ curationi difficultatem faciant Cels.7.26.3; *CIL* 13.1668.2.13.

postmodum, *adv.* [perh. false rationalization of prec.] = prec.
omnium primum auidum nouae libertatis populum, ne ~ flecti precibus aut donis regiis posset Liv.2.1.9; V.Max.6.9.8; siue..~ necessitas postulauerit tempestiua semina ieiuno solo committere Col.3.5.2; ne cui ~ delatori aut testi maneret ullus metus Suet.*Cal*.14.4; PRIVS LEGEM PERLEGE..NE ~ QVERARIS *CIL* 14.2112.1.18.

postmoerium ~(i)ī, *n.*: supposed early form of POMERIVM.
Var.*L*.5.143; pomerium uerbi uim solam intuentes ~ium interpretantur esse Liv.1.44.4.

postpartor ~ōris, *m.* [POST-+PARIO+-TOR] One who subsequently acquires (possessions).
unde anteparta demus ~oribus Pl.*Truc*.62.

postpōnō ~ōnere ~osuī ~ositum, *tr.* [POST-+PONO]

1 To treat as of secondary importance or inferior (to).
omnia ~osui, dum modo praeceptis patris parerem Cic. fil.*Fam*.16.21.6; ne ~ositi contumelia incenderentur Tac.*Ann*.1.47; et otii et senectutis ratione ~osita Plin.*Ep.Tra*.10.87(19).2; ~osito cibo, qui copiosus aderat Apul.*Met*.9.12;—(*w. dat.*) scorto ~onet honestum officium Hor.*Ep*.1.18.34; uos..est ~onere natis ausa suis Ov.*Met*.6.211; cum..Zenodorus scientia fingendi caelandique nulli ueterum ~oneretur Plin.*Nat*.34.46; quia priuato usui bonum publicum ~onitur Tac.*Ann*.6.16; cum se..non solum Antonio Gniphoni, sed ceteris etiam deterioribus ~oni uideret Suet.*Gram*.8(p.106Re); Ulp.*dig*.48.5.3; (*tm.*) cum tu argento post omnia ponas Hor.*S*.1.1.86;—(*ellipt.*) proprium..sapientis officium est recte eligere, neque perperam uel ~onere uel anteferre Fro.*Aur*.2.p.60(143N).

2 To postpone, defer.
intermissa profectione atque omnibus rebus ~ositis Caes.*Gal*.5.7.6; ~osita caede et dilata..pugna Sil.2.236; non ut agros remque familiarem oculis subiciamus (id enim ~oni potest) Plin.*Ep*.4.1.3.

postprincipium ~iī, *n.* Also written as two words. [POST[2]+PRINCIPIVM]

1 What follows the beginning, the continuation, sequel.
ut quisque rem accurat suam, sic ei procedit ~io denique Pl.*Per*.452; haec, Tite, tua ~ia atque exitus uitiosae uitae Afran.*com*.304; quod si non horum omnium similia essent principia ac ~ia, susque deque esset Var.in Gel.16.9.5; uoluptas uel utilitas talium disciplinarum ~iis existit 16.18.6.

2 (pl. as indecl. sb., often as two words; mil.) The second line (of the Roman battle formation).
post principia paulatim recedunt Sis.*hist*.34; Var.*R*.3.4.1; Marium post principia habere Sal.*Jug*.50.2; cliui in quos post principia integris ordinibus tutus receptus fuit Liv.2.65.2.

postputō ~āre ~āuī ~ātum, *tr.* Also written as two words. [POST[1]+PVTO] To regard as secondary.
quom te ~asse omnis res prae parente intellego Ter.*Hec*.483; quin omnia sibi post putarit esse prae meo commodo *Ad*.262.

postquam, *conj.* [POST[1]+QVAM] Const.: most commonly w. pf. ind.; other tenses indicated before quots. Forms: *posquam* Pl.*Poen*.104, Titin.*com*.39, Acc.*trag*.118, *Inc.trag*.165, *CIL* 1.2540a.1, 4.4966.

1 Subsequent to the time at which, after, when. **b** (w. main cl. in pres. tense) after.., (now)..
~ defessi sunt stare..ansatis concurrunt undique telis Enn.*Ann*.153; eam ~ peperit, iussit paruam proici Pl.*Cist*.618; ~ tuas litteras legi, Postumia tua me conuenit Cic.*Fam*.4.2.1; ~..nati fletus cognouit inanis Cyrene, manibus liquidos dant ordine fontis germanae Verg.*G*.4.374; haec ~..peregit, inter complexus excidit umbra meos Prop.4.7.95; ~ negauit, iussit illum Caesar decollari Petr.51.6; Tac.*Ann*.1.68; sacrarium..aliquanto post quam excessit constitutum Suet.*Aug*.5;—(*w.* post, posterius *in main cl.*) ~ comedit rem, post rationem putat Pl.*Trin*.417; meus frater maior, ~ uidit me ui deiectum domo, nupsit posterius dotatae uetulae Pompon.*com*.88;—(*w. subj. when subjoined to dependent cl. or in indir. sp.*) mea mater iratast mihi, quia non redierim domum ad se, ~ hanc rem resciuerim Pl.*Cist*.102; testificor me..~ Caesarem conuenerim sententiamque eius..cognorim, te certiorem fecisse Cael.*Fam*.8.16.1; plurimi auctores consentiunt..uulgus, ~ uastis locis relictum sit,..Moysen unum exulum monuisse Tac.*Hist*.5.3;—(*w. impf.*) ~ lux certior erat..tum Hannibal Tarentinos..conuocari iubet Liv.25.10.6; ~..nox adpetebat uallari castra placuit Tac.*Hist*.2.19;—(*w. plpf.*) qui ~ audierat non datum iri filio uxorem suo, numquam quoiquam nostrum uerbum fecit Ter.*An*.176; Metapontini ~ ad constitutum non uenerat diem remissi ut cunctantem hortarentur Liv.27.16.16; aedem..annis sex post quam uouerat, dedicauit 42.10.5; Sen.*Suas*.4.4;—(*w. historic pres.*) ~ iam pueri septuennes sunt, pater onerauit nauim..mercibus Pl.*Men*.24; Ter.*Hec*.826; ~ Massiliam praeterimus, inde omnem classem uentus auster lenis fert Cato *orat*.31; ~ eos abhorrere uidet, reducit..legiones in castra *B.Afr*.73.4; Luc.3.659; Apul.*Apol*.2. **b** ego quidem ~ illam (pallam) dudum tibi dedi..nunc redeo Pl.*Men*.684; ~ in tabernam uassa..conlocaui..ita uenio aduorsum 986; ~ una cura cor meum mouit modo, timeo ne male facta..mea sint inuenta omnia *Truc*.773.

2 From the time that, ever since, after. **b** (w. pres.) since (I have been.., etc.).
~ est Orchi traditus thesauro, obliti sunt Romae loquier lingua Latina Naev.*poet*.64.3; ~ gnatus sum, numquam aegrotaui unum diem Pl.*Men*.959; placere occepit grauiter, ~ emortuast Caecil.*com*.163; centum et octo annis ~ Lycurgus leges scribere instituit, prima posita est olympias Cic.*Rep*.2.18; ne cui me..uellem sociare..~ primus amor deceptam morte fefellit Verg.*A*.4.17; res..quae omissae erant ~..praetor graui morbo est implicitus Liv.23.40.1; at ~ leges bello siluere coactae, pellimur e patriis laribus Luc.1.277; (*w. subj. in indir. sp.*) dicit..sibi conplacitam formam, ~ aspexerit Ter.*Hau*.773;—(*w. impf.*) Pl.*Mos*.647; sed ~ res eorum..satis prospera..uidebatur,..inuidia ex opulentia orta est Sal.*Cat*.6.3; ~..sub Ioue mundus erat, subiit argentea proles Ov.*Met*.1.113; (*also w. historic inf.*) ~ exui aequalitas..et uis incedebat prouenere dominationes Tac.*Ann*.3.26;—(*w. plpf.*) nono anno ~ in Hispaniam uenerat..occisus est Nep.*Ham*.4.2; (*w. main cl. in epistolary pf.*) undecimo die, ~ a te discesseram, hoc litterularum exarauí Cic.*Att*.12.1.1. **b** hic annus sextus est ~ ei rei operam damus Pl.*Men*.234; ~ in urbem crebro commeo, dicax sum factus *Truc*.682; nunc..recedis auxilio ~ scis opus esse tuo Ov.*Pont*.4.3.8.

3 (w. some causal or adversative force implied) Now that, since; even after.
~ illic abiit, dicere hic quiduis licet Pl.*Per*.711; uxorem quaero, ~ uostra mater mortuast *St*.108; ~ ipsi sententia stetit pergere ire..militum uersat animos castigando adhortandoque Liv.21.30.1;—(*w. impf.*) omni undique frumento, ~ ager parum tutus erat, in urbes munitas conuecto 22.40.8;—(*w. pres.*) nunc ego illam me uelim conuenire, ~ inanis sum Pl.*Bac*.531; nunc, ~ uidet nuptias domi adparari, missast ancilla ilico Ter.*An*.513; Lemnius haec (*sc.* monilia)..capto ~ nil obstat amore poena..struxerat Stat.*Theb*.2.270; possum..iam tibi..describere ipsum, ~ polliceris Plin.*Ep*.7.22.1;—~ obtineri non poterat, tamen..effectum est ut cooptarentur tribuni plebis Liv.5.10.11.

postrēmō, *adv.* [abl. of POSTREMVS]

1 After everything else, last of all, lastly. **b** (in a logical sequence) in the last place, finally.
Ter.*Eu*.521; ea loca primum arato, quae rudecta..erunt. postea uti quaeque..aquosissima erunt, ita ~ arato Cato *Agr*.131; ostendam primum causam non fuisse cur a praetore postulares ut bona..possideres, deinde ex edicto te possidere non potuisse, ~ non possedisse Cic.*Quinct*.36; N..Aurius..mortuus est..postea Magia..mortua est. ~ unus qui reliquus erat Dinaeae filius Cn. Magius est mortuus *Clu*.21; primo..post..~ ipse, cum uehementius pugnaretur, integros subsidio adducit Caes *Gal*.7.87.1; dicemus primum de genere eius..tum de moribus..~ de rebus gestis Nep.*Ep*.1.4; Liv.6.39.7; Tac.*Ann*.4.43. **b** qur hoc ego ex te quaeram? aut qur miniter tibi?..aut qur ~ filio suscenseam? Pl.*As*.49; Cic.*Ver*.3.23; *Fam*.2.15.4; ad recte honeste laudabiliter, ~ ad bene uiuendum satisne est praesidi in uirtute? *Tusc*.5.12; Lucr.1.250; Caes.*Gal*.5.28.7; Liv.5.24.10.

2 On the last occasion, most recently, last. **b** for the last time.
nemo id ius esse, quod ~ populus iussisset, sciit? Liv.9.34.6; annis ante quadraginta pax cum Carthaginiensibus ~ facta erat 30.44.1. **b** hanc ~ solis usuram cape! Acc.*trag*.507.

3 In the end, eventually, at last. **b** in the last resort, finally.
uerum ~ impetraui ut ne quid ei suscenseat Pl.*Bac*.533; di te perdant ~ quidem! *Cas*.609; ~ adeo res rediit: adulescentulus..uictus est Ter.*Hau*.113; illi quoad uidebatur ferri aliquo modo posse contenderunt; ~ liceri destiterunt Cic.*Ver*.3.99; qui me..primo reliquerunt, deinde prodiderunt, ~ oppugnarunt *Har*.3; neque ingenium ullum satis pollet, quin animus magis aut minus mature, ~ tamen succumbat Sal.*Rep*.2.7.4; ui nunquam eo subiri potuit: fames ~ inde detraxit hostem Liv.3.23.4; aliquamdiu pugnam traxere; ~ et ipsi..ad urbem fugiunt 25.15.14; peruicaci accusatione conflictatus ~ defensionem omisit Tac.*Ann*.13.33. **b** uerum ~ in patri' potestate est situm Pl.*St*.53; ~ si nullo alio pacto, fenore Ter.*Ph*.301.

4 To sum up, in short, in fact. **b** after all, in the last resort.
~ haec mea culpa non est: quae didici dixi omnia Pl.*Epid*.591; ~ quod uis non duces, nisi illud quod non uis feres *Trin*.1160; me speres, me te oblectes, mecum tota sis: meus fac sis ~ animus quando ego sum tuos Ter.*Eu*.196; *Hec*.511; Cic.*Man*.40; ~ omnes aut de honoribus suis aut de praemiis pecuniae..agebant Caes.*Civ*.3.83.4; scio..quam difficile..factu sit consilium dare regi aut imperatori, ~ quoiquam mortali, quoius opes in excelso sunt Sal.*Rep*.2.1.1. **b** ~ hunc iam perscrutaui, hic nihil habet Pl.*Aul*.657; ille..potius non scripta desideret quam scripta non probet. ~ ut uolet Cic.*Att*.13.28.3.

postrēmum, *adv.* [neut. of next]

1 After everything else, last of all. **b** in the end, finally.
ea loca primum arato, quae siccissima erunt, et quae..aquosissima erunt, ea ~ arato Cato *Agr*.50.2; Suillio corruptionem militum..exim adulterium Poppaeae, ~ mollitiam corporis obiectante Tac.*Ann*.11.2; alios (uersus) quos illi..~ legere Apul.*Apol*.9. **b** canem rabidam..pleraque iumenta incurrisse..nec ~ saltem ipsis hominibus pepercisse Apul.*Met*.9.2; 10.11.

2 For the last time. **b** most recently, last.
si id facis, hodie ~ me uides Ter.*An*.322; haut eos eo ~ scribo, quin populi..strenui sient Cato *hist*.73; qui tum cum illo ~ fere conlocuti sunt Cic.*de Orat*.3.9; eo die quo ~ Asuuius uisus erat *Clu*.38; eo anno ~ legati a Porsenna..uenerunt Liv.2.15.1; Tac.*Ann*.3.74. **b** ut uestigium illud ipsum, in quo ille ~ institisset, contueremur Cic.*de Orat*.3.6.

postrēmus ~a ~um, *a.* [superl. of POSTERVS] Forms: in the moral sense (5) regarded as a positive adj., w. compar. ~*ior* Apul.*Soc*.3, superl. ~*issimus* Gracch.*orat*.26, Apul.*Apol*.98.

1 Subsequent in time to any other, last, final. **b** (predicatively). **c** the last part of, the end of. **d** (neut. as sb.) the end; *ad ~um*, in the end, finally.
quod ~um est condimentum fabulae Pl.*Poen*.1370; non ~am uocem eius audiui Cic.*Inv*.1.108; ut te ~o donarem

munere mortis Catul.101.3; prima caloris enim pars est ~a rigoris Lucr.6.368; illa palam prima ~a..recitata sunt Liv.1.24.7; (*poet.*) ~a aptabat..arma (*i.e. for the last time*) Sil.5.131. **b** ~us dicas, primus taceas Marcius *poet.*1; quia ~us cedis, hoc praemi feres Pl.*Men.*1018; primus cubitu surgat, ~us cubitum eat Cato *Agr.*5.5; quae (*sc.* urbs) quia ~a coaedificata est, Neapolis nominatur Cic.*Ver.* 4.119; *Agr.*2.28; quem telo primum, quem ~um,..deicis? Verg.*A.*11.664; Hor.*Ep.*1.6.48; ut ex quo primus..haud aduersae pugnae gloriam ceperat, in eius laudem ~us Romanorum imperatorum..caderet Liv.26.29.10. **c** date plausum ~a in comoedia Pl.*Cist.*787; *Trin.*886; ~o Decembri iam mense..immolatum est Liv.22.1.19; legionis, quae ~o proelio adfuerat 30.18.15. **d** in uitae suae ~o, cum iam inibi mors occuparet Gel.1.3.1;—ad ~um nihil apparet Pl.*Poen.*844; cum..oppidani..in sententia permanerent, ad ~um cuniculis uenae fontis intercisae sunt Hirt.*Gal.*8.43.4; plurimae turbae, seditiones et ad ~um bella ciuilia orta sunt Sal.*Hist.*1.12; religio ad ~um uicit Liv.37.51.5; Apul.*Met.*9.19.

2 Most recent, latest, last.
quid ~o argento factum est quod dedi? Pl.*Epid.*708; ~a quaeque (lex) grauissima est Cic.*Inv.*2.145;—(*pred.*) Liv. 9.34.7; semper quod ~um adiectum sit id rem totam uideri traxisse 27.45.6;—(*neut. pl. as sb.*) plerique mortales ~a meminere Sal.*Cat.*51.15; cesserunt..prima ~is, et bona iuuentae senectus flagitiosa oblitterauit Tac.*Ann.*6.32.

3 Nearest (in position) to the end, endmost, last. **b** furthest behind, hindmost; *ad ~um*, in the rear. **c** the end or extremity of.
prius..quam argenti fuero elocutus ei ~am syllabam Pl.*Epid.*123; donec in lacum qui in cella est ~um peruenerit (oleum) Cato *Agr.*67.2; Lucil.364; eorum uerborum, quorum eaedem erant ~ae duae litterae Cic.*Orat.*161. **b** ut quisque in fuga ~us, ita in periculo princeps erat Cic.*Ver.* 5.90; ista..auis insectans alias aues..semper ipsa ~a est *Div.*2.144; ab tergo inter ~am aciem ac uallum steterunt Liv.42.58.14; ~a gementum agmina..ducit Stat.*Theb.* 12.124;—(*masc. pl. as sb.*) ~i in plures ordines instruebantur Liv.8.8.4; 21.5.16;—(*neut. pl. as sb.*) Messapus primas acies, ~a coercent Tyrrhidae iuuenes Verg.*A.*9.27;—ibi ad ~um cedit miles, aes petit Pl.*Aul.*526. **c** prima leo, ~a draco, media ipsa, Chimaera Lucr.5.905 Verg.*A.*3.427; prior haurit harenas ungula, ~i soluuntur in aequora pisces (*i.e. sea-horses*) Stat.*Theb.*2.47; ~a deiecta labia Apul.*Met.*3.25.

4 Subsequent to any other (in a series), last; *ad ~um*, in the last place, finally. **b** last in order of value, least important.
ex his quinque (generibus daemonum)..tria a principio eadem quae nobis, quartum proprium, ~um commune cum diis inmortalibus habent Apul.*Soc.*13;—(*cf. sense 5*) ~um..genus (*sc.* hominum) est non solum numero uerum etiam genere ipso atque uita quod proprium Catilinae est Cic.*Catil.*2.22; quod reliquum est, non est tertium, sed ~um omnium *Phil.*13.49;—siue ut poena eius animos militum mulceret, seu conscium Othonis credebat, ad ~um uel odio Tac.*Hist.*1.39. **b** commoda..patriai prima putare, deinde parentum, tertia iam ~aque nostra Lucil.1338; nec tibi cura canum fuerit ~a Verg.*G.*3.404; (*neut. pl. as sb.*) ut disciplinam militarem non in ~is tenerem *Rhet.Her.*4.50; Cic.*Fam.*1.9.17.

5 (of an evil) Reaching the utmost limit, extreme, worst. **b** worst in moral character, lowest.
hoc quod necesse est omnium uitiorum esse ~um Cic. *Mur.*13; pax est tranquilla libertas, seruitus ~um malorum omnium *Phil.*2.113; si quod senatus consultum adulatione nouum aut patientia ~um fuit Tac.*Ann.*14.64; omnium ~a certaminum Munda Flor.*Epit.*2.13(4.2.77); uxorcula..~a lasciuia famigerabilis Apul.*Met.*9.5; *Pl.*2.11. **b** ut homines ~i pecuniis alienis locupletarentur Cic.*S.Rosc.*137; Brut.*ad Brut.*1.16.3; omnium flagitiosorum ~us Sal.*Hist.* 1.77.3; incepta mea ~us seruorum Archelaus..impediuit 4.69.12; (*masc. pl. as sb.*) nihil..honoris impertito, in ~is, si uidebitur, habeto Fro *Ver.*2.p.130(119N);—(*heter. compar.*) nullum animal in terris homine ~ius Apul.*Soc.*3;—(*heter. superl.*) si ulla meretrix domum meam introiuit.., omnium nationum ~issimum (*sc.* me) nequissimumque existimatote Gracch.*orat.*26; cum adulescentulis ~issumis ..hoc aeui conuiuium agitat Apul.*Apol.*98.

postrīdiē, *adv.* [< **postri* (posterus)+*die* (dies)] On the following day, on the day after. **b** on the day after (a named day, an event, or sim.).
ut..pridie caueat ne faciat quod pigeat ~ Pl.*St.*122; Ter. *Ph.*112; cui cum pridie..essetis adsensi, ~ ad spem estis.. pacis deuoluti Cic.*Phil.*7.14; ~ ad me mane uenit *Att.* 10.14.1; prima luce ~ constituunt proficisci Caes.*Civ.* 1.67.6; quasi inuenturi mortuam ~ Phaed.3.2.8; Larg.60; Apul.*Fl.*16. **b** (*w. acc.*) ⟨pos⟩tridie omnis calendas *Fast.Praen.*(*CIL* 1.p.231); dies ~ kalendas, nonas, idus appellati atri Var.*L.*6.29; uenationem eam quae ~ ludos Apollinaris futura est Cic.*Att.*16.4.1; quod ~ Idus Quintiles non litasset Liv.6.1.12;—(*w. gen.*) uenefici ~ iussisti adesse Cato *orat.*199; haec scripsi ~ eius diei, cum castra haberem in agro Mopsuhestiae Cic.*Fam.*3.8.10; Caes.*Gal.*1.23.1;—(*w.* quam) ~ aut post diem tertium, quam (olea) lecta erit Cato *Agr.*65.1; ~ quam Catilina profugit Cic.*Att.*2.1.3; ~ ad me uenit quam exspectaram *Fam.*16.14.1.

postrīduō, *adv.* [as prec.; for term. cf. biduo] = prec.
~ natus sum ego..quam Iuppiter..natust Pl.*Mil.*1082.

postscaenius ~a ~um, *a.* [post-+scaena+-ius] Belonging behind the scenes (in quot., fig.).
(*neut. pl. as sb.*) omnia..uitae ~a celant Lucr.4.1186.

postscrībō ~bere ~psī ~ptum, *tr.* [post-+scribo] To write after, add in writing.
cum..effigiem..Iulia dicaret, Tiberi nomen suo ~pserat Tac.*Ann.*3.64.

postsignānus ~a ~um, *a.* [post-+signum+-anus] That is drawn up behind the standard (in battle formation; in quots., masc. pl. as sb.).
~is qui in secunda acie erant imperauit Fron.*Str.*2.3.17.

postueniō ~īre, *intr.* [post-+venio] To lag behind, come after.
nunc praecurrente nec paucis diebus tempestatum significatu, quod προχειμάζειν Graeci uocant, nunc ~iente, quod ἐπιχειμάζειν Plin.*Nat.*18.207.

Postuerta (-uort-) ~ae, *f.* A goddess presiding over breech births.
arae statutae..duabus Carmentibus, quarum altera '~a' cognominatast..a..peruersi..partus et potestate et nomine Var.in Gel.16.16.4; Ov.*Fast.*1.633.

postulārius ~a ~um, *a.* [postulo+-arius] Postulatory: see quot.
~a fulgura quae uotorum aut sacrificiorum spretam religionem desiderant Fest.p.245M.

postulātīcius ~a ~um, *a.* [postulo+-icius²] Given by request.
hoc (*sc.* spectaculum) plerique ordinariis paribus et ~is (*app. given at the conclusion of the advertised programme*) praeferunt Sen.*Ep.*7.4.

postulātiō ~ōnis, *f.* [postulo+-tio]

1 The action of demanding, a demand, request. **b** an expostulation, protest. **c** the demands (of a thing), requirement.
Cic.*Phil.*1.27; est illa quidem impudens ~o, opinione ualentior *Att.*7.6.2; illos..qui quiduis ab amico auderent postulare, ~one ipsa profiteri omnia se amici causa esse facturos *Amic.*35; Hirt.*Gal.*8.48.9; Prusiae preces magis quam ~o fuere Liv.44.14.6;—(*w. obj. gen.*) deprecatio est, in qua non defensio facti, sed ignoscendi ~o continetur Cic. *Inv.*2.104; ut sit in principiis (exordii) recta beniuolentiae ..~o Quint.*Inst.*4.1.42. **b** acris ~o haec est Pl.*Bac.*449; si quid eiius esset, esset mecum ~o *Cas.*556; neque lites ullae inter eas, ~o numquam Ter.*Hec.*180. **c** Fron. *agrim.*p.16; ulteriores (*sc.* limites) secundum numerorum suorum ~onem inscripserunt Hyg.Gr.*agrim.*p.137.

2 (leg.) An application (to a magistrate or sim.) for the redressing of a wrong, etc., petition. **b** an application for leave to prosecute; *~o iudicis*, an application to the praetor for a *iudex* to be appointed to hear a case.
quae (*sc.* postulata)..omnia nouas iniurias habent, sed ~onum formulas usitatas Cic.*Ver.*2.147; eam..legem.. quam..~oni suae praetendant Liv.3.45.1; cum in quadam ~one..diceret Sen.*Suas.*7.14; consules ~onibus uacaturos Plin.*Ep.*7.33.4; ut ~onum suarum libellos darent 10.81 (85).5; Suet.*Nero* 7.2; Agen.*agrim.*p.24; de p⟩ostulatione kyzicenor(um) *CIL* 3.7060.1; quorum mihi ~o cum non iniqua uisa sit, succurrendum his putaui Paul.*dig.*8.3.35; ex consensu et ~one populi *CIL* 12.1585. **b** ut quaeque res ad consilium primis ~onibus referebatur Cic.*Att.* 1.16.4; ut maiorem Appio dolorem fama quam ~o attulerit Cael.*Fam.*8.12.3; neque eadem..priuato publico iudicio, ~one actione similiter decent Quint.*Inst.*11.3.150;— Gaius *Inst.*4.12; per iudicis ~onem agebatur 4.17ᵃ.

3 An accusation, arraignment.
quem habuisset euentum ~o Nepotis circa Tuscilium Nominatum Plin.*Ep.*5.13(14).1; quia potest ex priore gestu utili actione conueniri, cessabit ~o Ulp.*dig.*26.10.3.10; Paul.*dig.*48.5.32; (*w. gen. of charge*) etiam suspecti ~o succedit Ulp.*dig.*26.7.5.2.

postulātor ~ōris, *m.* [postulo+-tor] One who makes demands; a plaintiff.
alius superbiam ~orum increpare, tamquam..Antiocho, maximo Asiae regum, imponentium leges Liv.35.17.4;— in iuris dictione ~oribus nisi sequenti die..non temere respondit Suet.*Nero* 15.

postulātōrius ~a ~um, *a.* [postulo+-torius] = postularius.
Sen.*Nat.*2.49.1.

postulātum ~ī, *n.* [pple. of postulo] That which is demanded, a demand. **b** a petition, request.
reliquum est ut..remittantur ~a per litteras Cic.*Phil.* 12.28; summa ~orum ut omnes exercitus dimittantur *Att.* 16.4.2; cognitis suis ~is atque aequitate condicionum perspecta Caes.*Gal.*1.40.3; de quorum precibus quam ~is magis consilio habito Liv.25.25.7; 26.32.1; 42.24.5. **b** iste ..totum illius ~um causamque neglexit Cic.*Ver.*1.65; ad senatum..omnia ~a de iniuriis..Deciani detulerunt *Flac.* 79; ubi primum a luctu requiesset animus, acturum apud patres de ~is eorum Tac.*Ann.*1.25.

postulātus ~ūs, *m.* [next+-tus³] A petition, request.
~u audito matris tutorumque, magistratus..dant ius nuptiarum Liv.4.9.6.

postulō ~āre ~āuī ~ātum, *tr.* [posco]

1 To ask for (generally as something to which one is entitled), demand. **b** (w. inf., or acc. and inf.). **c** (w. *ut* or *ne*, subj. alone, or after neg., w. *quin*).
bonum ius dicis. impetrare oportet qui aequom ~at Pl. *St.*726; tum coniecturam ~at pacem petens Enn.*scen.*40; hoc..Corneliae leges non sanciunt, Sulla ipse non ~at Cic. *Agr.*3.8; si pugnantes eam ~ant, uictoria pax non pactione parienda est *Fam.*10.6.1; non ~o id quidem (*sc.* ut doceas), aueo tamen audire *Tusc.*1.16; ius ~are barbari uidebantur Liv.5.36.9; qui..libertatem tacite mereri quam ~are palam maluerant 24.14.3; ingrata es..quae..mercedem ~es Phaed.1.8.12; Tac.*Ann.*14.49; accipe, uictori populus quod ~at, aurum Juv.7.243; quod probum..sit et tibi datu et sibi ~atu Fro.*Amic.*1.p.280(175N); uiantium moris est, cum..aliqui locus sanctus in uia oblatus est, uotum ~are, pomum adponere Apul.*Fl.*1;—(*w.* ab) ab consule.. indutiae ~abantur Sal.*Jug.*104.2; (*contrasted w.* flagito) ~atur a te..uel flagitatur potius historia Cic.*Leg.*1.5;—(*w.* de) homines..publici iuris periti..a senatu de foedere ~auerunt *Balb.*34;—(*ellipt.*) diuisa sententia est ~ante nescio quo *Mil.*14; nihil Pompeio ~anti negarunt *Att.*4.1.7; —(*transf.*) plausum ~at comoedia Pl.*Poen.*1371; an est locus qui coloniam ~et, est qui plane recuset? Cic.*Agr.*2.73; ille te mecum locus et beatae ~ant arces Hor.*Carm.*2.6.22. **b** Liv.32.21.26; ~abant..praesidia deduci ab Iaso 32.33.6; plerique copias trans Padum agentis acciri ~abant Tac. *Hist.*2.39; et modo se Europen fieri, modo ~at Ion Ov.*Ars* 1.323; qui dicit multa puellae probra, satisfieri ~at ille sibi *Rem.*698; dum biberes olitarias ~ant Apul.*M.*2.31. **c** ita uolo itaque ~o ut fiat Ter.*An.*550; cui aeque ac meo testi ut credatis ~o Cic.*Caec.*26; ~anti..ante omnia Scipioni ut Hannibal sibi traderetur Liv.30.37.13; ~at ut capiat, quae non intellegit, arma Ov.*Met.*13.295; ~abat.. magis quam petebat ut..matrem sibi..restitueret Curt. 4.1.8; ne..conuiualium fabularum simplicitas in crimen duceretur ~auit Tac.*Ann.*6.5;—(*w.* ab) hoc a te ~o, ne cum meo gnato posthac limassis caput Caecil.*com.*139; si Galli a maioribus nostris ~arent ut..restituerentur Cic. *Caec.*88;—dictis animum adtendas ~o Lucil.693; ~abimus ..ex qua αἱρέσει..deiectus sis, in eam restituare Cic.*Fam.* 15.16.3; ~abatur..ibi habitarent ubi Poenus iussisset Liv. 21.12.5; in haec uerba..iures ~o 22.53.12; ~at eundem in locum coiretur Tac.*Ann.*2.65;—quin accedat faenus, id non ~o Pl.*Vid.*88.

2 (leg., in civil or criminal cases) To make application (to the praetor or other magistrate) for. **b** (w. *ut* or subj. alone) to make application (that).
cuius procurator non omnia iudicia acceperit quae quisque in uerba ~arit Cic.*Quinct.*64; cum in P. Gabinium.. L. Piso delationem nominis ~aret *Div.Caec.*64; L. Herennius Balbus P. Clodi..familiam..~auit (*i.e. as witnesses*) Asc.*Mil.*30; (*w. two accs.*) haec cum praetorem ~abas Cic. *Tul.*39;—(*w. acc. and inf.*) ostendi quam multa ante fieri conuenerit quam hominis propinqui bona possideri ~arentur *Quinct.*86; edi crimina ~abat Plin.*Ep.*3.9.32;—(*ellipt. or absol.*) sei ~abit qvei petet, p(raetor) recvperatores.. dato *CIL* 1.582.9; solet praetor ~antibus hereditariis creditoribus tempus constituere Gaius *Inst.*2.167; surdum qui prorsus non audit prohibet (praetor) apud se ~are Ulp. *dig.*3.1.1.3; (*pple. as sb.*) tres ordines praetor fecit non ~antium 3.1.1.7;—(*defined*) ~are..est desiderium suum uel amici sui in iure apud eum, qui iurisdictioni praeest, exponere: uel alterius desiderio contradicere 3.1.1.2. **b** ista quaestura ad eam rem ualet..non ut ob eam ipsam causam ~andum sit ut tibi potissimum accusatio detur Cic.*Div.Caec.*62; ~auit ab L. Metello ut ex edicto suo iudicium daret *Ver.*3.152;—ducit illum ad tribunal Aeaci.. ~at, nomen eius recipiat Sen.*Apoc.*14.1.

3 To prosecute, arraign.
~abantur..nobiles homines Liv.9.26.10; accusatores ~arunt mulierem Phaed.3.10.34; ~andis reis tam continuus annus fuit ut.. Tac.*Ann.*4.36; etsi nondum ~atus uita decesserit Papin.*dig.*39.5.31.4;—(*w.* de) te..a M. Duronio de ambitu ~atum Cic.*de Orat.*2.274; qui (Gabinium) iam de maiestate ~auit *Q.fr.*3.1.15;—(*w.* in+*abl.*) si adhuc sacerdos erat, potuerit se ~are in hoc crimine? Quint.*Decl.*284(p.149,l.20);—(*w. gen.*) ~auit..L. Afranium proditionis exercitus..apud Pompeium Caes.*Civ.*3.83.2; aduersariam incesti ~aui, accusaui, damnaui Sen.*Con.*1.3.6; (M. Scaurus) ~atus est apud M. Catonem praetorem repetundarum Asc.*Sc.*17; impietatis reum ~at Plin.*Ep.*7.33.7; Suet.*Jul.*4.1; cum..in socium caedis socius ~aretur Papin.*dig.*48.18.17.2;—(*w. abl.*) Caesium Cordum..~auerat repetundis Tac.*Ann.*3.38; crimine latrocinii..~abar Apul. *Met.*7.3; si accusare eam adulterii coeperit uel alio crimine ~are Ulp.*dig.*24.2.11.2.

4 To look for as due, expect.
nec..est ab homine numquam sobrio ~anda prudentia Cic.*Phil.*2.81;—(*w. inf.*) lupo agnum eripere ~ant. nugas agunt Pl.*Poen.*776; qui lepide ~at alterum frustrari Enn. *Sat.*59; tuum nefarium facinus peiore facinore operire ~as Cato *orat.*61; dicendo uincere non ~o Mat.*Fam.*11.28.4;— (*w. acc. and inf.*) qui gnatum suom esse probiorem quam ipsus fuerit ~et Pl.*Ps.*439; ~abas te..totam Siciliam deuoraturam insulam? *Rud.*543; iniquos es qui me tacere de re tanta ~es Ter.*Hau.*1011; qui se ferro ~et esse parem? Catul.66.42;—(*w.* ne) qui ne tuberibus propriis offendat amicum ~at Hor.*S.*1.3.74;—(*ellipt.*) numquam istoc uinces me, Hegio, ne ~es Pl.*Capt.*186; ad cenam ne me te uocare censeas.—hau ~o edepol *Mos.*1006.

5 (of inanim. or abst. things) To demand, require.
hic dies..alios mores ~at Ter.*An.*189; cupam facito.. tam crassam quam modioli ~abunt Cato *Agr.*21.1; uerbum certe hoc non modo ~at, sed etiam cogit Cic.*Caec.*55; quem relinquam qui prouinciae praesit? ratio quidem et opinio hominum ~at fratrem *Att.*6.3.1; nullos tellus tua ~at imbres Tib.1.7.25; cum dedimus somno quas corpus ~at horas Ov.*Pont.*1.5.47; ex eo sulco quasi ramos fossarum facies, per quos, uti quaeque uirga ~auit, propaletur Col. *Arb.*7.4; cum id pleraque sata aliis ~ent mensibus Plin. *Nat.*17.57; cum id tempora reipublicae ~arent Gel. 16.10.15;—(*w. inf.*) res ~are uidetur Africae situm paucis exponere Sal.*Jug.*17.1;—(*w. acc. and inf.*) undique enim similem esse sui (*sc.* terram) res ~at ipsa Lucr.6.542; Larg. 135;—(*w.* ut) nunc tempus ~at, ut ad elocutionis praecepta transeamus *Rhet.Her.*4.10; cum corpora hominum natura fingerot, ratio subtilior..~auit, ut tenuissimis..ossiculis caput compingeret Gel.7(6).1.10;—(*w. adv.*) haec..grauius scripsi quam aut tuus in illum amor aut meus ~abat Cic. *Att.*10.4.6; maturius paulo quam tempus anni ~abat in hiberna..exercitum deduxit Caes.*Gal.*1.54.2; cum res ita ~at Ov.*Pont.*2.9.55; minus pressus quam historiae auctoritas ~at Quint.*Inst.*10.1.102; Tac.*Dial.*21.5;—(*ellipt.*) non iis institutis..quibus caerimoniae ~ant (aram) dedicasse Cic.*Dom.*138; ubi res ~abat, insidias tendit Sal.*Jug.*35.5;

(*dist. fr.* flagito) tametsi causa ~at, tamen quia ~at, non flagitat, praeteribo CIC.*Quinct.*13.

6 To claim, assert. **b** (log.) to lay down as a fact, postulate.

(*w. inf., or acc. and inf.*) iniuria's, falsum nomen possidere ..~as PL.*Mil.*437; et uitorem et piscatorem te esse, inpure, ~as *Rud.*990; quod tu..nescies, quis nostrum tam impudens est qui se scire aut posse ~et? CIC.*de Orat.*1.101. **b** si etymologus principia uerborum ~et mille VAR.*L.*6.39.

Postuma ~ae, *f.* A woman's personal name.

TITIN.*com.*74; praenomina mulierum antiqua, Mania, Lucia, ~a VAR.*L.*9.61.

Postumiānus ~a ~um, *a.* Of or relating to a member of the *gens Postumia*, esp. Aulus Postumius Tubertus, father-in-law of Cincinnatus.

imperia Manliana, non ~a appellata sunt LIV.4.29.6; ne (ille) ferox, durus, indomitus inexorabilisque sit, qualia fuerunt ~a imperia et Manliana GEL.1.13.7.

Postumius ~a ~um, *a.*

1 The name of a Roman *gens*, esp. **a** Aulus Postumius Tubertus, father-in-law of Cincinnatus. **b** Gaius Postumius, a soothsayer consulted by Sulla. **c** (fem.) the wife of Servius Sulpicius Rufus (cos. 51 B.C.).

a is (*sc.* Cincinnatus) A. ~um Tubertum, socerum suum.. dictatorem dixit LIV.4.26.11; uos, bellicarum rerum seuerissimi custodes, Postumi Tuberte et Manli Torquate V.MAX. 2.7.6. **b** cum quidem C. ~us haruspex oraret illum (*sc.* Sullam) ut..exercitum educeret CIC.*Div.*1.72; V.MAX.1.6.4. **c** ~a tua me conuenit CIC.*Fam.*4.2.1; SUET.*Jul.*50.1.

2 Named after a Postumius, Postumian.

Numae regis ~a lex est: uino rogum ne respargito PLIN. *Nat.*14.88; in ipso uiae ~ae aggere TAC.*Hist.*3.21.

postumus[1] ~a ~um, *a.* [POST[1]; term. as in *infimus*, etc.]

1 Last-born. esp. (leg.) **b** born after the father's death. **c** born after the making of a will.

tua ~a proles, quem tibi longaeuo serum Lauinia coniunx educet siluis VERG.*A.*6.763. **b** ~os..dicimus eos dumtaxat, qui post mortem parentis nascuntur ULP.*dig.*28.3.3.1; (*transf.*) semimortuus, uerum etiam ipse mihi superuiuens et ~us APUL.*Met.*1.14;—(*masc. or fem. as sb.*) idem in ~o quod in filio seruandum ULP.*dig.*28.3.3.2; post mortem mariti sui ~am enixa est PAUL.*dig.*37.10.13. **c** ~i.. liberi nominatim..heredes institui debent GAIUS *Inst.*2.130; 2.241; *dig.*26.2.1.1;—(*masc. or fem. as sb.*) nisi ~us et natus et..mortuus esset CIC.*de Orat.*1.180; *Caec.*53; QUINT.*Inst.* 7.6.10; seruus alienus et ~us et surdus testamenti factionem habere dicuntur POMPON.*dig.*28.1.16; mulier, ex qua ~us aut postuma sperabatur GAIUS *Inst.*2.131.

2 Last, final.

~ae spei fatigati APUL.*Met.*4.5; 6.30; quanquam est.. occidua senectute, tamen..accipiat doctrinam seram plane et ~am *Apol.*36.

Postumus[2] ~ī, *m.* [prec.] A man's personal name or *praenomen*; subsequently in use as a *cognomen*. **b** (substituted for *Postumius* in voc. case).

quid dubitas quin sit paratum nomen puero ~us? PL. *Aul.*164; ut..qui post patris mortem (natus est), ~us (esset) VAR.*L.*9.60, ~us hinc, qui..Siluius..uocatus erat OV.*Fast.*4.41;—hinc ratio cum Q. et Cn. ~is Curtiis multis nominibus CIC.*Ver.*1.100; equis est..qui bona C. Rabiri ~i ..sibi addici uelit? *Rab.Post.*45; eheu fugaces, ~e, ~e, labuntur anni HOR.*Carm.*2.14.1; senem Augustum deuinxerat adeo (Liuia), uti nepotem unicum, Agrippam ~um, in insulam..proiecerit TAC.*Ann.*1.3. **b** uectus es in niueis, ~e, uictor equis OV.*Fast.*6.724.

Postuorta: = POSTVERTA.

postus: see PONO.

potamaugis ~idis, *f.* [Gk. ποταμός, αὐγή] An unknown plant with intoxicating properties.

thalassaeglen circa Indum amnem inueniri, quae ob id nomine alio ~is appellatur PLIN.*Nat.*24.164.

potamī: see AEGOS POTAMI.

potamogītōn ~onis, *f.* [Gk. ποταμογείτων] A kind of pondweed (*Ottelia alismoides*, *Potamogiton natans* and others have been suggested; in PLIN.*Nat.*26.51 another plant, perh. mare's tail, *Hippuris vulgaris*, is referred to).

PLIN.*Nat.*26.50; 32.53.

potamophylacia ~ae, *f.* [Gk. ποταμοφυλακία] A river patrol or guard.

L VALERIO..PRAEF CLASSIS ALEXANDRIN ET ~AE *CIL* 1.1970.

potamophylacis ~idis, *f.* [Gk. ποταμοφυλακίς, *sc.* ναῦς] A river patrol-boat.

T. Flauius Celer..exit cum potamofulacide a⟨nno..⟩ r(edit) anno eodem *P.Gen.*1.II.C.4(*CPL* 106).

pōtātiō ~ōnis, *f.* [POTO+-TIO] A drinking party, carousal.

si apud te eueniat..prandium aut ~o forte aut cena PL. *Bac.*79; maxumas opimitates..offers mihi..pompam, penum, ~ones *Capt.*771; *St.*211; uidebar uidere..quosdam hesterna ex ~one oscitantes CIC.fr.in Quint.*Inst.*8.3.66; iuuenis..diurnis ~onibus exercitatus APUL.*Met.*8.1.

pōtātor ~ōris, *m.* [POTO+-TOR] One who drinks, a drinker; a drinker of intoxicants, tippler.

~or aquae, sub nomine Lethes quae fluit SIL.16.476;—in Epidamnieis uoluptarii atque ~ores maxumei PL.*Men.*259.

pōtātus ~ūs, *m.* [POTO+-TVS[3]] A drinking party, potation.

non erubescendos amores neque luxuriantem habitum neque ~us obicis filio SEN.*Con.*2.1.6; ne uinum quidem ~ui..sufficiens habemus APUL.*Met.*7.10.

pote: see POTIS.

potens ~ntis, *a. compar.* ~ntior, *superl.* ~ntissimus. [pple. of POSSVM]

1 Endowed, provided (with possessions, etc.). **b** having got possession (of something striven after).

quis is est tam ~ns cum tanto munere hoc? TER.*Eu.*353; en tibi domus ut ~ns et beata uiri tui CATUL.61.149; (*transf.*) si..dares Serumque Arabumque ~ntis diuitias STAT.*Silv.* 5.1.61;—(*w. abl.*) miles locuples, multo auro ~ns PL.*Epid.* 153; nomine celebri claroque ~ns pectore..ductor ACC.*trag.* 521; terra antiqua, ~ns armis atque ubere glaebae VERG.*A.* 1.531; Turnus, auis atauisque ~ns 7.56; Veneris muneribus ~ns HOR.*Carm.*4.10.1; ingenti praeda ~ns Romam redit LIV.1.33.5. **b** (*w. gen.*) praepotentes pulchre pacisque (Veneris) ~ntes, soror, fuimus PL.*Poen.*1182; promissi dea facta ~ns VERG.*A.*7.541; sic uictrix iussique ~ns ad inania ..regna redit OV.*Met.*4.510; muneris..~ns V.FL.4.366; iamque ~ns scelerum..claudere quaerit bella STAT.*Theb.* 11.57;—(*absol.*) sis felix..sisque in amore ~ns CATUL.100.8; uittae mediam (quercum)..cingebant, uoti argumenta ~ntis OV.*Met.*8.745.

2 Having or exercising power (over); *sui potens*, one's own master. **b** able to control (oneself, one's emotions, etc.).

(*w. gen.*) inter reges rerumque ~ntis LUCR.2.50; te.. auctorem frugum tempestatumque ~ntem VERG.*G.*1.27; diua ~ns Cypri HOR.*Carm.*1.3.1; o Naiadum ~ns Baccharumque 3.25.14; OV.*Fast.*1.88; cum Bruto Cassioque, qui iam decem et septem legionum ~ntes erant VELL.2.65.1; rector classium, equitatuum ~ns V.MAX.6.9.ext.6; SEN.*Cl.* 1.5.6; diua ~ns nemorum STAT.*Theb.*4.747; SIL.1.92; ea diu paelex et adulteri Neronis, mox mariti ~ns TAC.*Ann.* 14.60; (*cf.*) una natura freti aestusque totius certaminis ~ns ..nequiquam remigio in contrarium tendentes inuehebat LIV.28.30.9; (*ellipt.*) poma..mirata est. 'tanto' que '~ntior!' inquit OV.*Met.*14.657;—se ex quo sui ~ns fuerit Romam ..commigrasse LIV.1.35.4; dum liber, dum mei ~ns sum 26.13.14; SEN.*Ben.*6.24.2; sui ~ns ac uir APUL.*Apol.*101. **b** nulla..sano grauior mentisque ~nti poena est OV.*Tr.* 2.139; non tenuit iram cuius alioqui ~ns non erat CURT. 4.2.5; SEN.*Ben.*6.32.2; fugienda petimus; sed mei non sum ~ns *Phaed.*699.

3 Capable (of). **b** having exceptional ability, capable.

(*w. gen.*) neque pugnae neque fugae satis ~ntes LIV. 8.39.2; 24.4.9; SEN.*Ben.*7.8.1; omne ~ns animal leti genitumque nocere LUC.6.485; femina a duodecim (annis) uiri ~ns, siue patiens FEST.p.250M; *CIL* 2.1964.2.41; (*transf.*) Vergilium, qui carminum..~ntem fecit (agricolationem) COL.1.1.12;—(*w. gd. or gdve.*) ut Graecia..~ns tuendae.. pacis..esset LIV.33.12.2; iam uolandi ~ns (*sc. the young cuckoo*) PLIN.*Nat.*10.27; TAC.*Hist.*3.70;—(*w. ad*) postquam ad id parum ~ntes erant LIV.9.26.16; ad nocendum ~ntes sumus SEN.*Dial.*3.3.2; nec legatus praetorius ad cohibendum ~ns TAC.*Ag.*7.5;—(*w.* in+*abl.*) (maiestas) sine apparitorum ministerio ~ns in sua amplitudine obtinenda V.MAX. 2.10.intro.;—(*w. inf.*) duxit delectos bellum tolerare ~ntes ENN.*Ann.*333; ~ns turba perfundere membra pilarum MAN.5.168; APUL.*Met.*1.8;—(*ellipt.*) Aeacum..lingua ~ntium uatum diuitibus consecrat insulis HOR.*Carm.*4.8.26. **b** uidesne..quam ~ns et quanta mens fuerit? CIC.*de Orat.* 2.300;—(*w. abl. of respect*) consiliis habitus non futtilis auctor, seditione ~ns VERG.*A.*11.340; MART.9.86.2; discordiis et seditionibus ~ns TAC.*Hist.*2.86; arte citharae ~ns HYG.*Fab.*194.1.

4 Having (political, military, social, etc.) power, influential, powerful. **b** (of gods) powerful, mighty. **c** (masc. as sb.) an influential person.

peregrinus est, minus ~ns quam tu, minus notus TER.*Eu.* 760; estis maxume ~ntes dites fortunati nobiles *Ad.*502; si propter partium studium ~ns erat Alfenus, ~ntissimus Naeuius CIC.*Quinct.*70; cum tu florens ac ~ns per medium forum..uolitares *Dom.*49; qui..~ntissimorum hominum contumaciam numquam tulerim *Att.*6.3.6; nimium.. Romana propago uisa ~ns VERG.*A.*6.871; matrona ~ns HOR.*Ars* 116; admirentur quod tam mihi pulchra puella seruiat et tota dicar in urbe ~ns PROP.2.26.22; pacem.. inter duas ~ntissimas ciuitates conciliauit NEP.*Cim.*3.3; cum uiderent tanto ~ntiorem Tyro Carthaginem VELL. 2.14.3; cum propter ~ntiora arma refugisset 2.108.2; dantum ius ~ntissimum quemque iuxandi TAC.*Dial.*40.1;—(*poet.*) future parens, Thybri, ~ntis aquae OV.*Fast.*4.572; tunicam..~ntem agnouere umeri STAT.*Silv.*5.2.29;—(*w. abl.*) te..funeribus patriae lacrimisque ~ntem *Theb.*11.270; mox ~ns pecunia et orbitate TAC.*Hist.*1.73. **b** tu ~ns Triuia et notho es dicta lumine Luna CATUL.34.15; uoce uocans Hecaten caeloque Ereboque ~ntem VERG.*A.*6.247; nulli concessa ~ntum ara deum STAT.*Theb.*12.481; ~ntissimorum deum proferebant insignis exuuias APUL.*Met.*11.10. **c** qui ~ntis alicuius opibus circumueniri..uideatur CIC. *Off.*2.51; postquam res publica in paucorum ~ntium.. dicionem concessit SAL.*Cat.*20.7; cui..pauper..domus nec nota ~ntum munera VERG.*A.*12.519; cum quaestiones seuerius quam quibusdam ~ntibus tutum erat exerceret LIV.9.34.14; locupletes et ~ntes et reges SEN.*Ben.*4.3.2; ausus et armatos plebi miscere ~ntes LUC.1.271; adeo incertae sunt ~ntium res TAC.*Ann.*12.42;—(*compar.*) ne.. ~ntiores..humiliores possessionibus expellant CAES.*Gal* 6.22.3; uti quisque ~ntiori confinis erat SAL.*Jug.*41.8; cum..per coitiones ~ntiorum iniuria fieret LIV.3.65.8;—(*superl.*) ~ntissimorum duorum exemplo CIC.*Fam.*2.15.4.

5 (of physical forces, etc.) Powerful, strong; (w. gen.) powerful enough (for).

indignas hiemes solemque ~ntem VERG.*G.*2.373; pondere omni corpore humano ~ntiore oppressus V.MAX.9.12.ext. 10; LUC.9.893; ille spiritus adtollendo ~ns solo PLIN.*Nat.* 2.201; ~ntissima sidera in caelo AMP.3.1;—(*of magical forces*) quos..~ntibus herbis induerat Circe in uultus.. ferarum VERG.*A.*7.19; tactu iacet illa ~nti OV.*Met.*11.308; uos ~ntis omnes herbas deprecor *Prec.Herb.*1;—esse..uim quandam ~ntem auertendae nubis SEN.*Nat.*4b.7.1.

6 (of abst. things) Potent, efficacious. **b** (of reasons, proofs) strong, effective.

quid..est..tam ~ns tamque magnificum, quam populi motus..unius oratione conuerti? CIC.*de Orat.*1.31; nostram suffragationem, si minus ~ntem, at probatam tamen et iustam *Fam.*2.6.3; nisi corporum..ratione comperta non satis ~ntem usum esse proponunt CELS.1.pr.12; ~ntissimum est..in eo magisterio scire..qualis labor sit cuique iniungendus COL.11.1.7; in eiusmodi rebus ~ntior usus ratione est LARG.103; non ~ntius erit emendare orationem? QUINT.*Inst.*2.5.16; in omni partitione est..aliquid ~ntissimum, quod cum audiuit iudex, cetera..grauari solet 4.5.8; margaritae, quae ita ornamentis muliebribus contextae sunt, ut in his aspectus auri ~ntior sit PAUL.*dig.*34.2.32.1;—(*w.* ad) (nomine) eo utemini ~ntiore ad obtinenda ea quae uoltis LIV.6.18.15; blanditiis, satis ~ntibus ad animum amantis 30.7.8;—(*w.* in+*acc.*) fortuna..maxime in res bellicas ~ns 9.17.3. **b** si te causa ~ns domina retinebit in Vrbe OV.*Rem.*291; hoc argumentum parum ~ns est SEN.*Nat.*1.8.1; quod ab accusatore pro ~ntissimo ponitur QUINT.*Decl.*328(p.288,l.27); ~ntissimum..est inter ea (*sc.* argumenta), quae sunt huius generis quod proprie uocamus exemplum *Inst.*5.11.6; 11.2.33; huius..una ~ns ratio est JUV.14.39.

potentātus ~ūs, *m.* [prec.+-ATVS[1]] The function of holding power, dominion, command.

cum tantopere de ~u inter se..contenderent CAES.*Gal.* 1.31.4; aemulo ~us inimicus LIV.26.38.7; PAPIN.*dig.*23.2.63.

potenter, *adv. compar.* ~tius, *superl.* ~tissimē. [POTENS+-TER[2]]

1 With physical force, powerfully.

perrumpere..saxa ~tius ictu fulmineo HOR.*Carm.*3.16.10.

2 Effectively, cogently; (also, app.) in an overbearing manner.

cui lecta ~ter erit res HOR.*Ars* 40; se ipsa ~ter atque efficaciter defendit V.MAX.1.1.ext.1; illud ~tissime dicamus, eam legem magis esse seruandam, quae deorum gratia scripta sit QUINT.*Decl.*274(p.123,l.13); quod in altercatione fit ~tius quam in actione *Inst.*6.4.18; id..ut dicat utiliter et ad efficiendum quod intendit ~ter 12.10.72;—illud.. indignum..est homine liberali, quod aut turpiter aut ~ter dicitur 6.3.83.

potentia[1] ~ae, *f.* [POTENS+-IA]

1 The ability to exercise control over others, power, influence (dist. from official power, *potestas*). **b** rule, sway.

~a est ad sua conseruanda et alterius adtenuanda idonearum rerum facultas CIC.*Inv.*2.169; erant in magna ~a qui consulebantur *Mur.*25; C. Cassius in ea familia natus quae non modo dominatum, sed ne ~am quidem cuiusquam ferre potuit *Phil.*2.26; (Sequani) tantum ~a antecesserant ut magnam partem clientium ab Aeduis ad se traducerent CAES.*Gal.*6.12.4; plebis opes inminutae, paucorum ~a creuit SAL.*Cat.*39.1; tum non ~a, sed iure res publica administrabatur NEP.*Ca.*2.2; nec..ulla gratior hac Triuiae; sed nulla ~a longa est OV.*Met.*2.416; tunc inita ~ae societas VELL.2.65.2; magnae uires decori..sunt si illis salutaris ~a est SEN.*Cl.*1.3.3; Aelium Seianum..cuius de ~a supra memoraui TAC.*Ann.*4.1; ut..nondum uxor ~a uxoria iam uteretur 12.3;—(*exerted by gods*) quis deus in fraudem, quae dura ~a nostri (*sc.* Iunonis) egit? VERG.*A.*10.72; ludit in humanis diuina ~a rebus OV.*Pont.*4.3.49; (*cf.*) occulti miranda ~a fati JUV.7.200;—(*exerted by abst. things*) ~am..eloquentiae..recognosci conuenit V.MAX.8.9.intro.; inmensa.. ~a artis PLIN.*Nat.*35.28;—(*poet.*) nate, meae uires, mea magna ~a VERG.*A.*1.664; uosne illa ~a matris, uos uteri fortuna mei..? STAT.*Theb.*3.154;—(*meton.*) cui cessit Lydi timefacta ~a regis *Culex* 366; Scipio..togatae ~ae clarissimum lumen V.MAX.7.5.2. **b** rara domorum tecta uident, quae nunc Romana ~a caelo aequauit VERG.*A.*8.99; OV.*Fast.*4.831; sedes promiscas adhuc et nulla regnorum ~a diuisas TAC. *Ger.*28.1; *Ann.*2.60; (*w. obj. gen.*) OV.*Met.*2.259; haec (*i.e. Rome*) est, cui fuerat promissa ~a rerum..? *Fast.*6.359.

2 The ability to do something, power, capacity.

nulla ~a uires praestandi, ne quid peccet amicus, habet OV.*Pont.*1.7.37; suffusio..oculi ~ae, qua cernit, se opponit CELS.6.6.35; (tinnungulus) terret..accipitres naturali ~a PLIN.*Nat.*10.109; quorum (*sc.* deorum)..sunt..~ae..coniectatae per uarias utilitates in uita agenda animaduersas APUL.*Soc.*2; (*cf. sense 3*) ut uidit tantam ~am canis atque iaculi esse HYG.*Fab.*189.6;—(*w. defining gen.*) rigere omnibus corpora ut uix armorum tenendorum ~a esset LIV.21.54.9; nullis uada per Neptunia..tantus honos formae nandique ~a STAT.*Ach.*1.225; quis plurima iuuandi nocendiue ~a TAC.*Ann.*6.8;—(*of abst. things*) quibus ~a non est in peiorem transferendi statum SEN.*Ep.*92.20.

3 An active property (in inanimate things), power. **b** efficacy, potency.

herbarum subiecta ~a nobis OV.*Met.*1.522; quamuis non habeant (nubes) speculi ~am SEN.*Nat.*1.5.8; hae causae.. dant aquis..medicatam ~am 3.20.2; sideribus..diuersa ~a..data est LUC.10.200; PLIN.*Nat.*22.1; unde nouis tam saeua ~a donis STAT.*Theb.*2.268; quippe ea..materiae ~a uicta numquam uires eius effugiant PAUL.*dig.*32.78.4; (*cf.*) a sacerdotibus caerimoniarum incredundas ~as..didicisse

Apul.*Fl.*15. **b** est uestrae si tanta ~a plagae Ov.*Met.* 3.328; ut summa ~a septimo (*sc.* diei)..daretur Cels. 3.4.11; nec ~am ei (*sc.* eruo) minorem ueteres quam brassicae tribuere contra serpentium ictus Plin.*Nat.*22.151; (achatas) ~am habere contra scorpiones dicunt 37.142; Larg.pr.p.1, l.15.

Potentia[2] ~ae, *f.* A town of Picenum at the mouth of the river Potenza.
Cic.*Har.*62; Liv.39.44.10; Vell.1.15.2; Mela 2.65; Plin. *Nat.*3.111.

potērion ~iī, *n.* [Gk. ποτήριον] A thorny shrub = phrynion.
auxiliatur phrynion in uino pota..alii ~ion (appellant) Plin.*Nat.*25.123; 27.122.

potērium ~iī, *n.* [Gk. ποτήριον] A drinking-vessel, cup.
quibu' diuitiae domi sunt..batiocis bibunt, at nos nostro Samiolo ~io Pl.*St.*694; (*meton., for contents*) tribusne te ~iis memoriam esse oblitum? *Trin.*1017.

potestās ~ātis, *f.* [potis+-tas] Forms: *~atium* (gen. pl.) Sen.*Ep.*115.7; Plin.*Nat.* 28.59, 28.106, 29.67; *CIL* 6.632.

1 Possession of control or command (over persons or things), power. **b** (in political or military contexts). **c** (in legal or quasi-legal contexts). **d** *~as uitae necisque*, power of life and death. **e** (personified, as a deity).
nequae forte deum nobis immensa ~as sit, uario motu quae candida sidera uerset Lucr.5.1209; nihil est quod credere de se non possit cum laudatur dis aequa ~as Juv. 4.71; (in+*abl.*) quom quae in ~ate habuimus ea amisimus Pl.*Capt.*143; nunc uideo in illarum ~ate esse te Ter.*Hec.* 250; ut eum nuptiis adligatum..posset habere in ~ate Cic. *Clu.*179; in illius ~ate fortunam positam esse *Man.*47; quattuor διφθέραι sunt in tua ~ate *Att.*13.24.1; deorum, quorum ipsi in ~ate sunt reges Caes.*orat.*28; sapientibus,.. qui animum in ~ate habent Sen.*Ben.*2.18.4;—(in+*acc.*) si..is (*sc.* uidulus)..in ~atem meam peruenerit Pl.*Rud.* 1341; si uidulum hunc redegissem in ~atem eiius 1379; pecuniam recipit, quam in uiri ~atem non conmittit Cato *orat.*157;—(*w. gen.*) di quibus est ~as motus superum atque inferum Enn.*scen.*342; Diui, quorum est ~as nostrorum hostiumque Liv.8.9.6; ad Aeolum..cui ab Ioue uentorum ~as fuit tradita Hyg.*Fab.*125.6; (*transf.*) o pater, o hominum rerumque aeterna ~as Verg.*A.*10.18;—(*w.* in+*abl.*) populi Romani illud esse dicebant; nihil se in eo ~atis habere Cic.*Ver.*4.75;—(*w.* in+*acc.*) quod eodem tempore esse intellegerem etiam fortunae ~atem in nos prorogatam *Q.fr.*1.1.4; estne marito matronae peccantis in ambo iusta ~as? Hor.*S.*2.7.62. **b** Agesilaus nomine, non ~ate fuit rex Nep.*Reg.*1.2; tribuni plebi popularem ~atem lege populari celebrabant Liv.2.42.6; hi ne priuati quidem sine ~ate erant Tac.*Dial.*36.5; minui iura quotiens gliscat ~as *Ann.*3.69;—(in+*abl.*) in arbitratv dicione ~ate amicitiav⟨e popvli romani..⟩ *CIL* 1.583.1; populus..in sua ~ate, singuli in illius Var.*L.*9.6; Puteolos..qui nunc in sua ~ate sunt Cic.*Agr.*2.86; pollicetur..se prouinciam Galliam retenturum in senatus populique Romani ~ate *Phil.*3.8; ut eam (*sc.* Cordubam) in ~ate retineret *B.Alex.*57.4; ut in patrum ~ate comitia essent Liv.22.34.9;—(in+*acc.*) omnis eas ciuitates in deditionem ~atemque populi Romani esse redactas Caes.*Gal.*2.34; cum..concilium caelestium..imperium parentis in tuam ~atem transtulisset Vitr.1.pr.2; a Q. Metello Creta insula in populi Romani ~atem redacta est Vell.2.34.1;—(*w.* in+*acc.*) sublata..populi Romani in unum quemque uestrum ~ate Cic.*Ver.*38; (*poet.*) Zephyros ..quorum stata tempora flatus continuique dies et in aera longa ~as Luc.10.241;—(*w. gen.*) eos agros quorum adhuc penes Cn. Pompeium omne iudicium et ~as..debet esse xuiri Cic.*Agr.*2.52; qua Pompeio..omnis ~as rei frumentariae..daretur *Att.*4.1.7; Caes.*Civ.*3.16.4; Nep.*Lys.*1.5; *CIL* 1.593.51; Liv.21.13.8; cum paene caput mundi rerumque ~as mutauit translata locum Luc.2.136. **c** ut meae gnatae ad me redirent et ~atem meam Pl.*Poen.*1276; si modo defunctus testator et ciuis Romanus et suae ~atis mortis tempore fuerit Gaius *Inst.*2.147; (*cf.*) Patrem.. Patriae adpellauimus, ut sciret datam sibi ~atem patriam, quae est temperantissima liberis consulens suaque post illos reponens Sen.*Cl.*1.14.2; (in+*abl.*) siue quis in alterius ~ate manu mancipioue erit *Leg.pub.*(*Font.iur.*p.47)5; quae indotata est, ea in ~ate est uiri Pl.*Aul.*534; qui in patris aut aui ~ate essent Liv.43.14.8; earum personarum, quae alieno iuri subiectae sunt, aliae in ~ate, aliae in manu, aliae in mancipio sunt Gaius *Inst.*1.49; nepotes in ~ate manentes Ulp.*dig.*37.8.1.1;—(in+*acc.*) si pater uendidit eum quem in suam ~atem susceperat, ex potestate dimittit Cic.*Caec.*98; qvi legitvmis nvptis qvaesiti in ~atem parentivm fverint *CIL* 2.1963.2;—(*w.* in+*acc.*) relegatus ..retinet..~atem in liberos Pompon.*dig.*48.22.17.1(18);—(*w. gen.*) si furiosus escit, adgnatum gentiliumque in eo pecuniaque eius ~as esto *Lex XII*(*Font.iur.*p.24); parentem tuum..qui eo tempore summam tui ~atem habuit [Cic.] *Sal.*13. **d** ut in te P. Fonteius uitae necisque ~atem haberet ut in filio Cic.*Dom.*77; *Rep.*3.23; Vergobretum.. qui..uitae necisque in suos habet ~atem Caes.*Gal.*1.16.5; Sal.*Jug.*14.23; Sen.*Con.*exc.3.3. **e** recta Fides, hilaris Clementia, cauta ~as iam redeunt Mart.12.6.3; ex Pallante et Styge..~as Hyg.*Fab.*pr.17(20).

2 Command, control (of faculties, emotions, etc.).
dum ex tanto gaudio in ~atem nostram redeamus Cato *orat.*162; qui..exisse ex ~ate dicuntur, idcirco dicuntur, quia non sunt in potestate mentis Cic.*Tusc.*3.11; iratos proprie dicimus exisse de ~ate, id est de consilio, de ratione, de mente 4.77; si adfectu et indignatione ablatus non fuit in sua ~ate Sen.*Con.*9.1.9; qui se habet in ~ate Sen.*Ben.* 5.7.5; quidam non habent iram in ~ate *Dial.*9.6.2.

3 A position of power, office, magistracy; also, jurisdiction, authority; *cum ~ate* (as quasi-adjl. phr.), possessing power or jurisdiction, in office; the period during which a person is in power, rule, reign. **b** (w. adj. specifying office or jurisdiction; see also tribvnicivs).
opes honores ~ates diuitiae Cic.*Part.*35; cum omnis ~ates, imperia, curationes ab uniuerso populo Romano proficisci conuenit *Agr.*2.17; semper..in ~atibus eo modo agitabat, ut ampliore quam gerebat dignus haberetur Sal. *Jug.*63.5; propter frequentis delatos honores ~atesque summas, quae ei a populo dabantur Nep.*Phoc.*1.2; qvei in eo mvnicipio..maxvmam ~atem habebit *CIL* 1.593.130; tribunos uetere iure iurando plebis, cum primum eam ~atem creauit, sacrosanctos esse Liv.3.55.10; alii honores anniuersarios petunt, alii perpetuas ~ates Sen.*Ep.*118.4; nulla meis aberit titulis Romana ~as Luc.5.664; primo ~atis suae die Plin.*Nat.*11.190; subeo (pro dira ~as!) exsangue imperium Stat.*Theb.*5.324; Quint.*Inst.*4.5.10; primus..Messala Coruinus eam ~atem..accepit Tac.*Ann.* 6.11;—huius..otiosae dignitatis haec fundamenta sunt.. religiones, auspicia, ~ates magistratuum, senatus auctoritas Cic.*Sest.*98; cur sui quicquam esse imperi aut ~atis trans Rhenum postularet? Caes.*Gal.*4.16.4; cum duo consules essent ~ate pari Liv.3.70.1; rem pvblicam ex mea ~ate in senat⟨vs popvliqve rom⟩ani ⟨a⟩rbitrivm transtvli Aug.*Anc.*6.15; Tiberius.., quasi augeretur ~as cius, dis seruit.. Tac.*Ann.*2.36; Cincius in libro de consulum ~ate Fest.p.241M; 'collegarum' appellatione hi continentur, qui sunt eiusdem ~atis Ulp.*dig.*50.16.173;—(*contrasted w.* auctoritas) id quod nondum ~ate poterat obtinuit auctoritate Cic.*Pis.*8;—(*applied to* consilia) si..malis consiliis idem ac bonis iuris et ~atis erit Liv.22.39.3;—quaeritur.. seruus sit an liber, pecuniosus an tenuis, priuatus an cum ~ate Cic.*Inv.*1.35; Paul.*Fest.*p.50M;—ante ~atem Tulli atque ignobile regnum Hor.*S.*1.6.9. **b** trib⟩ mil consvlari ~a⟨te⟩ *Fast.Min.*(*CIL* 1.p.55); hac ~ate praetoria Cic.*Man.*69; de extraordinariis ~atibus *Dom.*22; nudata omnibus rebus tribunicia ~ate Caes.*Civ.*1.7.3; C. Messium, aedilicia functum ~ate *B.Afr.*33.2; nec plures quam tres tribunos consulari ~ate creauit Liv.4.16.7; imp caesar vespasianvs avg pontif max trib pot vii imp xvii *CIL* 10.1406; decemuiralis ~as Tac.*Ann.*1.1; censoria..~ate 3.30; regiam ~atem consules habent Amp.50.2.

4 (abst. for concr.) A person possessing power or influence (esp. a magistrate), potentate, authority; also (app.), a gladiator of high rank. **b** a spiritual power.
contra te dedit arma hic ordo consulibus reliquisque imperiis et ~atibus Cic.*Phil.*2.53; a magistratu aut ab aliqua ~ate legitima *Tusc.*1.74; consules, regia ~as Liv. 8.32.3; animaduersiones magnarum ~atum terrent latius quam nocent Sen.*Cl.*1.8.5; Plin.*Nat.*9.26; ut absoluatur reus, aut innocentia ipsius fit aut interueniente aliqua ~ate Quint.*Inst.*7.1.32; iuris dictionem de fidei commissis.. in perpetuum atque etiam per prouincias ~atibus demandauit Suet.*Cl.*23.1;—(*w. gen. of place*) mauis..Fidenarum Gabiorumque esse ~as..? Juv.10.100;—ordini ~ativm et cvltis doctoribvs *CIL* 6.632. **b** quae omnia..mediae quaepiam ~ates inter homines ac deos obeunt Apul.*Soc.*7.

5 The power (of doing something), a chance, opportunity, or right (to do it); (spec.) the right of legal or judicial decision. **b** (w. gen. of things or actions) the opportunity or right to use, enjoy, engage in, etc. **c** (w. gen. of persons) an opportunity to have dealings with, facilities for meeting; (w. gen. of places or things) access to.
(*w. gen. of gd. or gdve.*) nunc tibi ~as adipiscendist gloriam Pl.*St.*281; quoi(u)s tibi ~as summa seruandi datur Ter.*An.*541; ut..magna ~as sit nostro ciui mutandae ciuitatis Cic.*Balb.*27; tardius ad te remisi tabellarium quod ~as mittendi non fuit *Att.*11.2.4; quae loca uitandi plerumque est nostra ~as Lucr.5.42; cum Viridouix..pugnandi ~atem faceret Caes.*Gal.*3.17.5; si modo eius conueniundi habuisset ~atem Nep.*Alc.*9.5; pictoribus atque poetis quidlibet audendi semper fuit aequa ~as Hor.*Ars* 10; diuortii faciendi ~as libertae, quae nupta est patrono, ne esto *Leg.pub.*(*Font.iur.*p.116) 23; Campanis ~atem intrandi Romana moenia fieri Liv.26.27.14; senatus liberam ~atem consulibus fecit..supplendi 27.38.9; Ov.*Met.*8.880; Sen. *Ben.*4.29.2; spectantium immodestiam exilio multandi ~as praetoribus fieret Tac.*Ann.*1.77; sicuti kapite vii. legis Iuliae priori ex consulibus fasces sumendi ~as fit Gel. 2.15.4;—(*w.* ut+*subj.*) quoniam tibi ~atem dedi cum hac annum ut esses Pl.*As.*847; tantum uelim fortuna det nobis ~atem ut incolumes amore nostro perfruamur Cic.*Att.* 3.17.3; qui Carteiensium domi manere uellent, ~atem fieri, uti numero colonorum essent Liv.43.3.4; nobis ~atem fecit, ut mucronem ad buccam probaremus Petr.70.3; rex.. ~atem eis fecit ut in regia quaererent (Achillem) Hyg.*Fab.* 96.2; (*pleon., w.* ut liceat) date ~atem mihi statariam agere ut liceat per silentium Ter.*Hau.*35;—(*w. inf.*) castra inimica uides, nulla hinc exire ~as Verg.*A.*9.739; quando haec mutare ~as nulla datur Stat.*Theb.*3.311; uita non aequa exire ~as Sil.11.188; his (*sc.* sodalibus)..~atem facit lex pactionem quam uelint sibi ferre Gaius *dig.*47.22.4;—(*coupled w. other nouns*) copiam istam mi et ~atem facis, ut .. Pl.*Capt.*374; ut imperandi..ius ~atemque habeat Cic. *Phil.*11.30;—(*ellipt.*) ubi mihi ~as primum euenit, ilico feci.. Pl.*Cist.*137; hodie mihi ~as haud datast; ita cursando ..totum hunc contriui diem Ter.*Hec.*814; ut, si uellet Ariouistus proelio contendere, ei ~as non deesset Caes.*Gal.* 1.48.3; qui sociorum ciues Carthaginienses fieri uellent, ~atem facturum Liv.21.45.6. **b** Ter.*Hau.*347; dum est ~as consili *Inc.trag.*29; cum..nullius condicionis non haberet ~atem Nep.*Att.*12.1; Philippus..~atem pugnae Romano fecit Liv.29.12.6; huius..linguae..~as parua tibi dabitur uocisque breuissimus usus Ov.*Met.*3.366; pontifices, sacri quibus est permissa ~as Luc.1.595; merum est imperium habere gladii ~atem ad animaduertendum facinerosos homines, quod etiam potestas appellatur Ulp.*dig.*2.1.3. **c** etsi mihi dixit dare ~atem eiius; sed ego te malo tamen cumpse adire Pl.*Per.*602; quotiens mihi certorum hominum ~as erit, quibus recte dem, non praetermittam Cic.*Fam.* 1.7.1; quocumque tempore mihi ~as praesentis tui fuerit 1.9.22; si tui nobis ~as saepius fieret *Fin.* 5.75; cum multos mensis castris se..tenuisset neque sui ~atem fecisset Caes. *Gal.*1.40.8; quia tam ualde uis, faciam tibi mei ~atem Sen. *Ben.*2.24.2; si quis adire uellet, ~atem sui praebuit Suet. *Otho* 11.1; in bona eius, qui ⟨uindicem⟩ dederit, si neque ~atem sui faciet neque defendetur, iri iubebo *Ed.pr.*5.4 (*Font.iur.*p.214); Julian.*dig.*8.5.18;—(*ellipt.*) senatus decernit..eum..in uinculis retinendum neque amplius ~atem faciundam Sal.*Cat.*48.6;—⟨ne illis⟩ ignauissumis liberi loci ~as sit Pl.*Cas.*535; omnium mihi tabularum et litterarum fieri ~atem Cic.*Ver.*4.149; nec ~as aquae nisi quam parcissime facienda est Col.6.7.3; petit a Caesare Iunius Mauricus ut commentariorum principalium ~atem senatui faceret Tac.*Hist.*4.40.

6 Opportunity to choose or decide, power of choice, discretion, control. **b** *suae ~atis*, etc., in one's, etc., own power or control (sts. as quasi-adjl. phr.).
ut, cum ea mihi sint restituta quae in ~ate mea non fuerunt, ea non habeam quae ipse praestare possim Cic. *Red.Sen.*39; si..deferetur, erit quaedam nostra ~as et tum deliberabimus *Att.*2.5.1; in ~ate est abicere dolorem, cum uelis *Tusc.*3.66; motus..uoluntarius eam naturam in se ipse continet, ut sit in nostra ~ate nobisque pareat *Fat.*25; Caes.*Gal.*5.51.2; non in eiusdem ~ate initium eius et finem esse Sal.*Jug.*83.1; senatus populi ~atem fecit Liv.27.8.3; Plin.*Nat.*28.17; debet..⟨minima⟩ quaeque pars agri in ~ate esse mensoris Fron.*agrim.*p.16; memoriam..cum uoce perdidissemus, si tam in nostra ~ate esset obliuisci quam tacere Tac.*Ag.*2.4; quamuis in ~ate eius sit ascendere uel non ascendere Paul.*dig.*31.3;—(*w.* ad) ut..daretur.. iudici libera ~as ad credendum Cic.*Ver.*2.178;—(*w. gen.*) ei..filiam meam conlocaui quem ego, si mihi ~as tum omnium fuisset, unum potissimum delegissem *Pis.*fr.13; uolui meam ~atem esse uel petendi uel..exeundi *Att.*4.2.6; —(*w.* de) amissa omni de se ~ate Liv.8.27.11;—(*w.* ut, ne) ne qua deductio fieret magna ex parte tua ~as erat Cic. *Div.Caec.*32; an erit haec optio et ~as tua, ut..dicas..? *Vat.*40;—(*w. indir. qu.*) in domini est ~ate, utrum latericio an caementicio an saxo quadrato uelit aedificari Vitr.6.8.9; cohortibus, abire an manere mallent, data ~ate Tac.*Hist.* 4.17; Labeo putat uiro ~atem fieri debere, utrum uelit ducenta uel fundum reddere Javol.*dig.*23.4.32; esse in ~ate domini..an uelit ratam habere renuntiationem Paul.*dig.* 17.2.65.8. **b** ~atis nostrae est illis rebus dare genera, quae ex natura genus non habent Var.*gram.*24; *B.Alex.*60.2; ut se ipse suaque omnia ~atis alienae faceret Liv.7.31.6; Regini..et in fide erga Romanos et ~atis suae ad ultimum manserunt 23.30.9; cum consul se populum rogaturum negasset quod suae ~atis esset 27.5.17; iam non sunt meae ~atis hae manus [Quint.]*Decl.*4.20; (*w. indir. qu.*) Liv. 42.34.14.

7 Physical or mental power, strength, capacity; (esp. in periphr. exprs. w. gen.); (astrol.) influence. **b** (esp. w. specifying adj.) a particular natural force or substance, element. **c** a particular physical or mental potentiality or capacity, property, quality, characteristic; (spec.) healing property, medicinal value.
qui uim tantam in me et ~atem habeam tantae astutiae Ter.*Hau.*710; finita ~as..cuique quanam sit ratione Lucr. 1.76; de deorum immortalium ui ac ~ate disputant Caes. *Gal.*6.14.6; quod earum ratiocinationes cognoscere et percipere uix cadit in ~atem Vitr.1.1.13; cum..excisae et dolatae (*sc.* quae in ea parte nascuntur arbores) uitalem ~atem amiserunt 2.10.1; haec tibi si uis est, si mentis tanta ~as Mart.2.53.9; nequit iram explere ~as Stat.*Theb.*1.623; uolucrum quae tanta ~as, experiar 3.617; (*poet., of a Cupid as agent for Venus*) dabitur iuueni cui tu, mea summa ~as, nate, cupis *Silv.*1.2.137;—(*residing in abst. things*) sed uarii motus nec in omnibus una ~as Grat.381; cum..eiusdem duae (*sc.* obligationes) ~atis sint Ven.*dig.*45.2.13;—uenti caeca ~as Lucr.3.247; corporis atque animi uiuata ~as 3.558; aurum..repertumst et simul argenti pondus plumbique ~as 5.1242; animalia..si fuerint sine umoris ~ate Vitr.8.pr.3;—quinque stellarum ~ates Chaldaeorum obseruatio excepit Sen.*Nat.*2.32.6. **b** cum non patiantur (lateres) penetrare in corpus umidam ~atem Vitr.2.3.4; abies aeris habens plurimum et ignis minimumque umoris et terreni, leuioribus rerum natura e ~atibus comparata non est ponderosa 2.9.6; quod calx..mixtionibus..ex aliis ~atibus conlatis seminibus..redigitur, uti sui generis proprias uideatur habere qualitates 7.3.7. **c** definitio est, quae rei alicuius proprias amplectitur ~ates breuiter et absolute *Rhet.Her.*4.35; similia non solum a facie dici, sed etiam ab aliqua coniuncta ui et ~ate, quae et oculis et auribus latere soleant Var.*L.*9.92; quodcumque magis uis multas possidet in se atque ~ates Lucr.2.587; molli enim et rara ~ate cum sint (caementa) Vitr.2.8.2; quod (*sc.* ostrum)..meridianis regionibus excipitur, rubra procreatur ~ate 7.13.2; cum elementa sint quattuor, ignis, aquae, aeris, terrae, ~ates para his sunt, feruida, frigida, arida atque umida Sen.*Dial.*4.19.1; si..rationis incrementa tractamus a⟨r⟩te, simplicibus ac planis solidisque adhibita⟨m⟩ etiam ⟨ante⟩ nomen ~ate⟨m⟩ cognoscimus Agen. *agrim.*p.25; solere pisces etiam ad magicas ~ates adiutare Apul.*Apol.*32;—(*w.* ut+*subj.*) unde data est huic prima ~as, quid uellet facere ut sciret animoque uideret? Lucr. 5.1048;—scire ~ates herbarum usumque medendi Verg.*A.* 12.396; Plin.*Nat.*25.9.

8 (of a word, law, etc.) Meaning, force, function. **b** (of money) value.
ut ab usitata uerborum ~ate recedatur *Rhet.Her.*4.42; licet..idem in aliam atque aliam faciem salua et integra ~ate transferre Sen.*Dial.*7.4.3; 'atque' particula a grammaticis quidem coniunctio esse dicitur conexiua..sed interdum alias quasdam ~ates habet Gel.10.29.1; ut in scripto quidem alia (*sc.* littera) aliae locum et nomen teneret, sed in legendo locus cuique suus et ~as restitueretur 17.9.3;—scire leges non hoc est uerba earum tenere, sed uim ac ~atem Cels.*dig.*1.3.17; ut inter plebis scita et legem species constituendi interesset, ~as autem eadem esset Pompon. *dig.*1.2.2.8; (*w. gen.*) acceptilatio in hac causa non sua natura, sed ~ate conuentionis ualet Julian.*dig.*18.5.5; si codicillos ante fecerat, poterit eos per testamentum sequens cauendo in ~atem institutionis redigere Ulp.*dig.*29.1.19. **b** ut omnis nummus argenteus ex numero aeris ~atem

haberet Maecian.*iur.*44; pecuniarum..licet uideatur una et eadem ~as ubique esse, tamen aliis locis facilius..inueniuntur Gaius *dig.*13.4.3.

Pothīnus ~ī, *m.* A minister of Ptolemy XIII of Egypt, who ordered the assassination of Pompey.

erat in procuratione regni propter aetatem pueri nutricius eius, eunuchus nomine ~us Caes.*Civ.*3.108.1; Luc.10.103; Mart.3.66.5.

pothos ~ī, *m.* [Gk. πόθος] Desire: **a** (as the name of a statue by Scopas). **b** an unidentified summer-flowering plant, described as having two varieties.

a Plin.*Nat.*36.25. **b** Plin.*Nat.*21.67.

Pōtica ~ae, *f.* = Potina.

Var.in Don.Ter.*Ph.*49.

potīcius ~a ~um, *a.*: (word of doubtful sense and etym., perh. connected with *putus*[2] and meaning 'childish'; cf. PVTITIVS).

stultior es barbaro ~o Pl.*Bac.*123.

Potīdaea ~ae, *f.* A town on the Isthmus of Pallene in Chalcidice.

Mela 2.33; colitur (lapis) et Cassandriae, quae ~a quondam uocitata est Plin.*Nat.*2.150; 4.36.

pōtilis ~is ~e, *a.* [POTVS[1]+-ILIS[1]] Used for drinking.

lympha..e lacuna fontium adlata nido ~i Var.*Men.*442.

Pōtīna ~ae, *f.* The goddess presiding over a weaned child's first drink.

cum primo cibo et potione initiarent pueros, sacrificabantur ab edulibus Edusae, a potione ~ae nutrici Var.in Non.p.108M; in August.*C.D.*4.17.

pōtiō[1] ~ōnis, *f.* [*po-* (POTO)+-TIO]

1 The act of drinking; (spec.) the drinking of wine.

quot ~ones mulsi..! Pl.*St.*213; subito illa in media ~one exclamauit Cic.*Clu.*30; aqua..quae in ~one ita est suauis, uti.. Vitr.8.3.1; (thymum) dant..~oni in articulariis morbis Plin.*Nat.*21.157; crebris ~onibus auide ac secure haurientem Apul.*Met.*8.11;—si (animus) modo temperatis escis modicisque ~onibus..est adfectus Cic.*Div.*1.115.

2 Something to drink, a drink. **b** *a ~one*, a cup-bearer.

tibi..siccae..adfert ~onem Pl.*Cur.*116; de iis uitibus quod delegeris, seorsum seruato, cyatum in ceteram ~onem indito Cato *Agr.*115.2; quis ~one uti aut cibo dulci diutius potest? Cic.*de Orat.*3.99; nec his escis aut ~onibus (di) uescuntur *N.D.*2.59; citatos..iure iurando adigam..non aliter quam stantes cibum ~onemque..capturos esse Liv.24.16.13; uix me balneus calfecit. tamen calda ~o uestiarius est Petr.41.11; calorem ~onis custodit in uasis Plin.*Nat.*31.20; Tac.*Ann.*13.16; Apul.*Met.*7.11; (*w.* ex) sic uocant indigenam ex frumento ~onem Flor.*Epit.*1.34(2.18.12);—(*w. defining gen.*) dum mulsi ~onem haurit Plin.*Nat.*7.183. **b** DIVI TRAIANI AVG A ~ONE ITEM A LAGVNA *CIL* 6.1884.

3 A potion (given as medicine), draught, dose. **b** a potion (given to procure death, enchantment, etc.), philtre.

quid cessas dare ~onis aliquid prius quam percipit insania? Pl.*Men.*921; per triduum de ea ~one uni cuique boui dato Cato *Agr.*70.2; bituminosi (fontes)..interioris corporis uitia ~onibus purgando solent mederi Vitr.8.3.4; tribus uini guttis..aspergendam ~onem esse Cels.4.18.4; quidam..facilius ea (*sc.* catapotia) quam ~onem sumunt Larg.90; cum..acciperem a medico ~onem Plin.*Ep.*7.1.4; Apul.*Met.*10.25; (*cf. sense 3b*) ea ~o (*i.e. poison*) corpus a cruciatu, animum a contumeliis..uindicabit Liv.26.13.18; (*facet.*) ~one iuncea (*i.e. noose*) onerabo gulam Pl.*St.*639;—(*w. defining gen.*) (ambrosia) in ~one uini diluitur Cels.5.23.2; opportuniores fiunt ad ueratri ~onem, qua maxime haec uitia tolluntur Larg.99. **b** quaesiuit uenenum, sollicitauit seruos, ~onem parauit Cic.*Cael.*31; non usitatis, Vare, ~onibus..ad me recurres Hor.*Epod.*5.73; illam ~onem publice mixtam non aliter quam medicamentum immortalitatis (Socrates) obduxit Sen.*Dial.*1.3.12; Quint.*Decl.*246(p.8,l.6); haec ~o torquet, haec lacerat mixtos equitum cum sanguine patres Juv.6.624; (*w. gen. of effect*) odii ~onem [Quint.]*Decl.*14.2; (*in fig. phr.*) si..amoris poculum accepit..eaque intra pectus se penetrauit ~o Pl.*Truc.*44.

potiō[2] ~īre ~iuī ~ītum, *tr.* [POTIS+-IO[2]] Const.: w. acc. and gen. To put (a person) under the power (of).

eum nunc ~iuit pater seruitutis Pl.*Am.*178; postquam meus rex est ~itus hostium *Capt.*92; eductam perdidi. hostium est ~ita *Epid.*562; Ulp.*dig.*29.1.10.

pōtiōnātus ~a ~um, *a.* [POTIO[1]+-ATVS[2]] Dosed.

~us a Caesonia uxore amatorio..medicamento Suet.*Cal.*50.2.

potior[1] ~īrī (~ī) ~ītus, *tr.*, *intr.* [POTIO[2]] Forms: *~i* (inf.) Pac.*trag.*217; both 3rd and 4th conj. forms are common in pres. ind. and impf. subj.; gdve. usu. *~iundus*; *~iendus* *B.Alex.*43.4, Liv.21.45.9, 22.13.3, V.Max.5.4.1, 7.4.3. Const.: w. acc., gen., or abl.

1 To make oneself master of, take possession of, obtain, seize.

(*w. acc.*) ubi ~itur ratus Romulus praedam Enn.*Ann.*75; regnum ~ior, coniugem macto inferis Pac.*trag.*289; sanguinulentam palmam crudelissima uictoria ~iti *Rhet.Her.*4.51; Lucr.3.1038; *B.Afr.*39.3; semper habiti sunt fortissimi, qui summam imperii ~irentur Nep.*Eum.*3.4; ~itus..regiam Tac.*Ann.*11.10;—(*gdve.*) in magnam spem Octauium adduxit prouinciae ~iendae *B.Alex.*43.4; quod nondum pugnarent ad ~ienda sperata Liv.21.45.9; Capuae ~iendae copiam fore 22.13.3; V.Max.5.4.1; Curt.7.11.20;—(*w. gen.*) deiera te mi argentum daturum..uiduli ubi sis ~itus Pl.*Rud.*1337; ut Galli Romae Capitoli sint ~iti Var. in Non.p.498M; dominationem..exspectant, rerum ~iri uolunt Cic.*Catil.*2.19; se tertium esse, quoi fatum foret urbis ~iri Sal.*Cat.*47.2; postquam..classis hostium est ~itus Nep.*Lys.*1.4; capitis tantum Gracchi hostes ~iti sunt Liv.25.17.6; fore ut ualesceret Oriens profectique Iudaea rerum ~irentur Tac.*Hist.*5.13;—(*w. abl.*) cur..doleam, si ad decem milia annorum gentem aliquam urbe nostra ~ituram putem? Cic.*Tusc.*1.90; magno pecoris numero..~iuntur Caes.*Gal.*6.35.6; auro ui ~itur Verg.*A.*3.56; ausi omnes immane nefas ausoque ~iti 6.624; Liv.1.19.1; 2.33.4; nec procul abesse, quin ~eretur regno opulentissimo, uidebatur 44.19.9; coeptis non eualuere ~iri frustratae breuitate manus Stat.*Theb.*6.877; parte maiore praedae ~iebantur Tac.*Hist.*3.83; ne opibus..maritus ~eretur *Ann.*13.19; ut..haec..nouissima..tantis opibus et deo marito ~ita sit Apul.*Met.*5.9.

2 To obtain control of (a person), overmaster, capture. **b** to obtain the services of (a person), get hold of. **c** to win sexually, gain the submission of.

(*w. acc.*) dic quo pacto eum ~iti: pugnan an dolis? Naev.*trag.*34; (*poet.*) ut uideamur cernere eum quem..iam mors et terra ~itast Lucr.4.761;—(*w. gen.*) iam ~iuntur Phrugum Pac.*trag.*205; quos..partim interfecerunt, partim uiuorum sunt ~iti *B.Afr.*50.4; ut prius quam legatos conueniret, Adherbalis ~iretur Sal.*Jug.*25.10; Vell.2.25.3. **b** (*w. abl.*) si ille hodie illa sit ~itus muliere siue eam tuo gnato..dabit Pl.*Ps.*1071; at Caesar Domitio legionibusque..~itus Vell.2.50.1. **c** (*w. acc.*) se excruciat qui homo quod amat uidet nec ~itur dum licet Pl.*Cur.*170; nec sum ~ienda, nisi..uicta prius cursu Ov.*Met.*10.569; ~itur Ctesipho citharistriam Sulp.*peri.Ter.Ad.*12; (*cf. sense 1*) me uis ~iri: fac ego ~iar quod uolo Turp.*com.*146;—(*w. abl.*) hac amanti ut liceat..~irier Pl.*As.*916; quid non..Satyri..fecere..ut ~erentur ea? Ov.*Met.*14.641; Mars uidet hanc uisamque cupit ~iturque cupita *Fast.*3.21; qua ut ~eretur, uirum eius..trucidauit Suet.*Nero* 35.1;—(*absol. or ellipt.*) uis amare, uis ~iri Ter.*Hau.*322; ~iundi tempore in ipso fluctuat..ardor amantum Lucr.4.1076; ut ~iare, roga Ov.*Ars* 1.711; uictor amet, uictor ~iatur in umbra *Eleg.Maec.*93; uno ~iundi studio postponens omnia Apul.*Met.*8.10.

3 To attain, reach (a destination). **b** to reach hold of, grasp.

(*w. acc.*) portam quae proxima est ~itus Apul.*Met.*10.35;—(*w. gen.*) ut salui ~eremur domi Pl.*Am.*187;—(*w. abl.*) penetrat peritus thalamoque ~itur *Naev.Cyp.Il.*2(*poet.* p.51); si eo portu..~iti essent Cic.*Inv.*2.95; optata ~iuntur Troes harena Verg.*A.*1.172; medio cum ~iere freto Ov.*Ars* 2.338; uertice Parnasi ~itur *Met.*11.339. **b** (*w. abl.*) instat anhelanti..et ceruice mea ~itur Ov.*Met.*9.60.

4 To gain, acquire, come by (experiences, states, etc.).

(*w. acc.*) ni quid ~iatur quam ob rem pigeat uiuere Pl.*Mos.*415; laborem hunc ~iri *Rud.*191; miseriam omnem ego capio, hic ~itur gaudia Ter.*Ad.*876; amisit animam, ~itus est gloriam *Rhet.Her.*4.57;—(*w. gen.*) exercitus..periuriis nostris fugae ~iti Pl.*As.*555; ille meae..potis pacis ~iri Enn.*scen.*416; nequid..decepta ~eretur mali Ter.*Ph.*469; XXXX ANNOS NATA NECIS ~IOR *CIL* 1.1221; uoluptates, quarum ~iendi spe inflammati multos labores..susceperant Cic.*Fin.*1.60; eum mortis letique ~itum Lucr.4.766;—(*w. abl.*) corpus non ~itur nunc quie Afran.*com.*77; Euthynous ~itur..leto Cic.*poet.*32(47)(*Tusc.*1.115); ~itur..puerpera uoto Ov.*Met.*9.313; o quantum..pace ~itos..ferrum uibrasse..paenituit..! Luc.4.385; tu maioribus..imperii ~iare bonis Stat.*Theb.*11.718;—(*ellipt.*) genus cupiditatum nec ad ~iendum difficile..nec uero ad carendum Cic.*Tusc.*5.93.

5 To be master of, reign over, control. **b** to possess, have.

(*w. acc.*) id aeui, quo Polycrates Samum ~iebatur Apul.*Fl.*15;—(*w. abl.*) postquam omni Numidia ~iebatur Sal.*Jug.*13.5; neque in obsidione quicquam habere spei donec mari hostes ~iantur Liv.25.11.12; ut..thalamis ~iare iacens, sileamus inulti Tydeos..perfossum pectus..? Stat.*Theb.*3.653; (*transf.*) peruidimus omnem (*sc.* naturam) et capto ~imur (*i.e. by understanding it*) mundo Man.4.884;—(*w. gen.*) solem dominari et rerum ~iri putat Cic.*Luc.*126; regni ~itur Aegisthus per annos VII Vell.1.1.3; cum dicebat rerum ~iebatur Sen.*Con.*3.pr.2; (*of abst. subj.*) rerum ~iente luxuria Sen.*Nat.*1.17.8;—(*ellipt.*) an..iis me dem qui tenent, qui ~iuntur? Cic.*Att.*7.12.3. **b** (*w. acc.*) quia (terra) multarum ~itur primordia rerum Lucr.2.653; hasce duas flammas dum ~iar patiar Apul.*Apol.*9;—(*w. abl.*) nec plebes pane ~itur Lucil.200; praesentibus ita ~itur, ut animaduertat quanta sint ea quamque iucunda Cic.*Fin.*1.62; Teucri ~iuntur corpore et armis Verg.*A.*12.642; tu..tuis armis, nos te ~eremur, Achille Ov.*Met.*13.130.

potior[2] ~or ~us, *a.* [*pot-* (next)+-IOR]

1 (w. gen.) Having greater control (over). **b** (leg.) having a stronger claim, better entitled.

me suspendio quam tu eius ~or fias satiust mortuom Pl.*Cas.*112. **b** ~or est in pignore, qui prius credidit pecuniam Gaius *dig.*20.4.11; solitos..audio, qui lege ~ores essent, fasces primi mensis collegis concedere..longe aetate prioribus Gel.2.15.8; uenditorem..debere praestare emptori, ut in lite de possessione ~or sit Ulp.*dig.*19.1.11.13;—(*w.* quam) ut nepos meus ex filia ~or sit in bonis Latini mei quam extraneus heres Gaius *Inst.*3.71;—(*w. dat.*) feminae uiris ~ores habitae, pupillarisque tutela mulieri praelata Sab.*iur.*6; Gaius *Inst.*2.207; interdum posterior (creditor) ~or est priori Ulp.*dig.*20.4.5.

2 Having greater power, more powerful, stronger. **b** (of things) more effective, stronger; (leg.) carrying greater weight.

ut..ei rei fundus pater sit ~or Pl.*Trin.*1123; in amici causa es? immo certe ~or es *Inc.pall.*58; at tu, qui ~or nunc es, mea furta timeto Tib.1.5.69; iturum in Batauos et ~orem ciuitatis partem ad societatem Romanam retracturum Tac.*Hist.*4.56; fisus Germanorum opibus et, si certandum aduersus Gallos..foret, inclutus fama et ~or 4.61; ~orem iam apud exercitus Agrippinam quam legatos *Ann.*1.69; (*w. partitive gen.*) deus deum magnorum ~or..et maximorum regnator Osiris Apul.*Met.*11.30;—(*w. abl. of comparison*) coniugem illum..qui plus pollet ~orque est patre *Inc.trag.*175. **b** ~ore ductos alite muros Hor.*Carm.*4.6.23; ita litem contraxerunt ut alius alio ~ora ingererent Hyg.*Fab.*257.11; (*w. abl. of respect*) classem..gubernatorum arte, nauium magnitudine ~orem Tac.*Hist.*5.23; (*w.* ad) quae (ars) et ad usum ~or erat et ordine naturae certe prior Cic.*Top.*6—(*w. abl. of comparison*) habere..magnam copiam societatis..coniungundae, quae ~or bello esset Sal.*Jug.*83.1;—(*w.* quam) ne inpiorum ~or sit pollentia quam innocentum Pl.*Rud.*618;—secunda scriptura ~or erit Pompon.*dig.*28.5.68(67); ~orem causam habere eum, cuius fides electa sit Ulp.*dig.*39.1.60;—(*w. abl. of comparison*) monumenta publica ~ora testibus esse senatus censuit Marcel.*dig.*22.3.10; si mulier nubserit, liber erit, quia ~or est legato libertas Paul.*dig.*35.1.96.

3 Having more ground, better entitled (to be regarded as such and such), better qualified (for a particular function, etc.). **b** (w. inf.) better qualified (to).

ut ~or sit qui prior ad dandumst Ter.*Ph.*533; opinio hominum postulat fratrem, primum quod uidetur esse honos, nemo igitur ~or Cic.*Att.*6.3.1; sit haec..patria ~or et Romani omnes uocemur Liv.8.5.6; ~ores apud me auctores sunt qui biduo uix locum..inuentum tradunt 21.47.6; Sosim et Moericum..quibus tantam crederem rem ~ores habui 26.31.4; est tibi frater..dignus hac fortuna nisi tu ~or esses Tac.*Hist.*1.15; quasi aduersus aemulum et scientia uoluptatum ~orem *Ann.*16.18;—(*w. dat.*) ~or..Vardanes uisus retinendo regno 11.9;—(*w.* ad) neque ego ~orem quemquam ad ministeria facinorum quam Rammium..inuenire potui Liv.42.41.4;—(*masc. as sb.*) primo silentium erat inopia ~oris subiciundi 23.3.10; quem (*sc.* Senecam)..~oribus praeferri non sinebam Quint.*Inst.*10.1.126; (*w. partitive gen.*) FERARVM MVLTO FVIT ~OR QVEM DOMVI QVADRIPEDEM FRENO *CIL* 8.16566;—(*w. abl. of comparison*) sceptrone nostro famulus est ~or tibi? Sen.*Her.F.*430; ~or utroque Vespasianus Tac.*Hist.*1.50;—(*w.* quam) hic mihi nunc est multo ~or Iuppiter quam Iuppiter Pl.*Ps.*328; 925; quem aequiust nos ~orem habere quam te? *St.*97; ciues ~ores quam peregrini Cic.*Amic.*19. **b** quae tu ~or, Thebane, queri Stat.*Theb.*2.187.

4 (of things) Having more reason (to be regarded, treated, etc., in such and such a way), of higher priority.

nulla (arbor) ~or serenda, quod maxime fructuosa Var.*R.*1.15; nulla (res) prior ~orque uisa est de qua ad senatum referrent Liv.8.29.2; cum iam fueris ~ora precatus Ov.*Pont.*4.9.51; ~or cui multo est cibus Phaed.3.12.6; hanc..uim..si ad ~ora uertisset, quantum boni efficere potuisset Plin.*Ep.*4.7.3;—(*w. abl. of comparison*) ne quid tibi sit fama mea ~us Cic.*Att.*16.2.2; Liv.38.53.6; illi cupido regni fratre et filia ~or Tac.*Ann.*12.47;—(*w.* ad) nulla ad legendum his esse ~ora Cic.*Fin.*1.11; fides..publica priuatis difficultatibus ~or ad curam senatui fuit Liv.7.27.4;—(*w.* quam) crura quam uentrem oportet ~ora esse Pl.*Men.*971; nihil mihi fuit ~us quam ut Masinissam conuenirem Cic.*Rep.*6.9; ciuitatem quae damnata uoti omnium rerum ~orem curam quam religione se exsoluendi habeat Liv.5.25.4; quanto ~us, deorum opera celebrare quam..Alexandri latrocinia Sen.*Nat.*3.pr.5.

5 More desirable, preferable. **b** greater in value, more precious.

haec ~or suboles (*i.e. bees*), hinc..dulcia mella premes Verg.*G.*4.100; contra mercator, nauem iactantibus Austris, 'militia est ~or' Hor.*S.*1.1.7; nisi cena prior ~orque puella Sabinum detinet *Ep.*1.5.27; magis inopia consilii ~oris quam spe effectus Liv.26.38.7; quaesitum..quae sedes bello legeretur. Verona ~or uisa Tac.*Hist.*3.8; ~us esse ait, ut nihil noui praetor constituere debeat Afric.*dig.*39.2.44;—(*w. abl. of comparison*) mors..quae ciuibus Romanis semper fuit seruitute ~or Cic.*Phil.*10.19; tametsi omnia ~ora fide Iugurthae rebatur Sal.*Jug.*26.2; honesta..turpibus ~ora semper (uerba) Quint.*Inst.*8.3.17; Juv.10.360;—(*w.* quam) ~orem..habui libertatem multo quam pecuniam Naev.*com.*10; statui certaminis aduersa pro libertate ~ora esse..quam omnino non certauisse Sal.*Hist.*3.48.4; ~or est certus praesens fructus quam futuri spes incerta Fro *Aur.*2.p.124(102N). **b** mero..superbo, pontificum ~ore cenis Hor.*Carm.*2.14.28; aera..auro ~ora Stat.*Silv.*2.2.68; (*w. abl. of respect*) illam alteram (*sc.* partem Numidiae) specie quam usu ~orem Sal.*Jug.*16.5.

potis or **pote**, (*a.*). [Skt. *pátiḥ*, cf. Gk. πότνια] Forms: indecl.; *~in* freq. for *~isne*; *pos* (Var.*L.*5.4) is prob. hypothetical; the pl. *~es* (5.58) occurs in a dub. passage. Const.: used only predicatively and rarely as pred. to oblique cases (Pl.*Ps.*1302) or plurals (Pl.*Poen.*227, Enn.*Ann.*429, Var.*R.*2.2.1).

1 (w. inf.) Having the power, able (to). **b** (esp. w. pass. inf.) subject to the possibility (of), liable (to).

huic persuadere quo modo ~is siem Pl.*Mer.*331; ~in es mihi uerum dicere? Ter.*An.*437; ~in est hic tacere? *Eu.*101; hic..superas ~is est demergere partes Cic.*Arat.*691(439); nec manus a nobis ~is est secreta..sensum..tenere Lucr.2.912; (*in acc. and inf. const.*) credo..~is esse te..quattuor fructus ebibere in hora una Pl.*Ps.*1302; (*w. pl. vb.*) duae..plus satis dare ~is sunt *Poen.*227;—(*w. ellipsis of parts of* sum) si tute tibi bene esse ~e pati *Per.*30[a]; quis ~is ingentis oras euoluere belli Enn.*Ann.*174; nec ~e quisquam..corpus discerpere ferro 403; emptor ~e..illum damnare Var.*R.*2.2.6; nec peccatum a me quisquam ~

dicere quicquam Catul.67.11; nec ~is (Polyphemus) Ionios fluctus aequare sequendo Verg.*A*.3.671; nec (rector nauis) enitir emis ~e V.Fl.4.680. **b** qui istuc ~is est fieri..? Pl.*Am*.693; locus non praeberi ~is est in Capitolio *Cur*.269; neque sanguis ullo ~is est pacto profluens consistere Enn.*scen*.163; iniurius..es neque ferri ~is es Ter.*Hau*.321; Libys..haud alia ~is est occumbere dextra Sil.12.645; (*w. pl. vb.*) in quibus mendae..fiunt fierique ~is sunt Lucil.1214;—(*in impers. const.*) si tibi placere ~is est Ter.*Ph*.379; fieri ~is est ut nequa exeat *Ad*.626;—(*w. ellipsis of parts of* sum) censen talentum magnum exorari ~e ab istoc sene..? Pl.*Aul*.309; unde (humor) sumi ~e Var.*L*.5.24; nec deuitari letum ~e quin obeamus Lucr. 3.1079; amor extorqueri non ~e Pub.*Sent*.A.18.

2 (w. ellipsis of inf.). **b** *quantum ~is, ~e*, to the utmost of one's ability; also *quam ~e, ut ~e* (see also VTPOTE).

hunc homo feret a me nemo, ne tu te speres ~is Pl.*Rud*. 968; neque scibat neque per aetatem etiam ~is erat Ter. *Eu*.113; maledicta famam..in se transtulit. nil ~e supra *Ad*.264; hoc (*i.e.* termen) Graeci quod τέρμονα, ~e uel illinc Var.*L*.5.21; ubi id ~e, ut ibi *R*.1.15; cum percontaretur ex anicula quadam quanti aliquid uenderet et respondissct illa atque addidisset 'hospes, non ~e minoris' Cic.*Brut*. 172; hoc quicquam ~e impurius? *Att*.13.38.1; qui ~is est? Catul.72.7; qua ~e quisque, in ea conterat arte diem Prop. 2.1.46; Caesar non ~e ualdius quam expauit Petr.51.3; quid ~e simplicius? Mart.9.15.2; ⟨eruat⟩ aliquid..si ~e, argutius Fro.*Aur*.1.p.98(13N); (*w. pl. vb.*) ut uideamus, quid pastores..~is sint Var.*R*.2.2.1. **b** quantum ~e explodam hominem Afran.*com*.327; uelim..scribas ad me quantum ~e Cic.*Att*.4.13.1; ex Africa abesse et quantum ~e proficisci iubeo *B.Afr*.54.4; inde deuius quantum ~is ad litus pergeres Fro.*Aur*.2.p.4(224N);—quam ~e tutus ab uxoris eius aspectu Apul.*Met*.2.11;—(*w. superl.*) at quam primum ~e: istuc in rem utriquest maxume Pl.*Capt*.398; aufugiamus istinc quam ~e longissime Apul.*Met*.1.11;—amo hercle opino, ut ~e quod pro certo sciam Pl.*Bac*.511; *Mil*.529; Afran.*com*.349.

3 (w. *ut* or subj. alone) It is possible (that; in quots., interr.).

~in ut taceas? Pl.*Poen*.916; ~ine ut mihi molestus ne sies? *Truc*.897; ~in ut desinas? Ter.*Ad*.539; (*w. neut. pron.*) si hoc ~is est ut tu taceas Pl.*Bac*.35;—~in a me abeas, nisi me uis uomere hodie? *Cas*.731.

potissimum, *adv.* [neut. of next]

1 (indicating that one person, circumstance, etc., is particularly concerned) Especially, above all.

decet innocentem seruolum..confidentem esse, suom apud erum ~ Pl.*Capt*.666; meum quod rete atque hami nancti sunt meum ~st *Rud*.985; quod ad illum attinet ~, talem, tali genere atque animo Ter.*Ad*.296; scio..multos fore qui uitilitigent, sed ii ~ qui uerae laudis expertes sunt Cato *Mil*.1(J); quod is cum illo animo..hac e ciuitate ~ natus est Lael.*orat*.13; mirari quid sit quod, cum tot summi oratores hominesque nobilissimi sedeant, ego ~ surrexerim Cic.*S.Rosc*.1; si iudex non esses et haec ad te delata res esset, te ~ hoc persequi..oporteret *Ver*.4.70; cur a Pisone et Caleno ~..cur tam repente pacis est facta mentio? *Phil*.12.3; generumne nostrum ~ uel hoc uel tabulas nouas? *Att*.11.23.3; peto ut eius filios, qui in tua potestate sunt, mihi ~ condones *Fam*.13.73.2; quem ~ Herculem colamus scire sane uelim *N.D*.3.42; tanta erat completis litoribus contentio, qui ~ ex magno numero (in lenunculos) conscenderent Caes.*Civ*.2.43.4; doctus ab eis qui locorum nouerant naturam ~ Hirt.*Gal*.8.27.3; ut, quem tu parem cum liberis tuis..fecisti, is ~ stirpis tuae extinctor sit Sal.*Jug*.14.9; eo ~ anno Liv.2.5.7; ut comitiis praeesset ~ M. Duillio sorte euenit 3.64.4; ut ibi ~ a militibus ..occisus..euersis iam arboribus poenas lueret V.Max. 1.1.19; auidam sanguinis et ~ humani sitim accendit Plin. *Nat*.11.3; nisi forte nostra ~ tempora damnamus huius infelicitatis Quint.*Inst*.10.2.8; Tac.*Ann*.14.47; indignante ..Gaio patruum ~ ad se missum quasi ad puerum regendum Suet.*Cl*.9.1.

2 In preference to all else, before all, preferably. **b** in a manner preferable to any other, in the best way.

hau causificor quin eam ego habeam ~ Pl.*Aul*.756; quo leto censes me ut peream ~? *Mer*.483; (cena dubia) ubi tu dubites quid sumas ~ Ter.*Ph*.343; in creta et uligine.. semen adoreum ~ serito Cato *Agr*.34.2; dubitate, si potestis, quin eum iste ~..delegerit cui hanc..improbam personam imponeret Cic.*Ver*.2.109; adsentio tibi, ut in Formiano ~ commorer *Att*.9.9.1; ab eo nobis causa ordienda est ~ *Leg*. 1.21; de illeis (*sc.* hominibus) ~ iactura fit, quia pretii minimi sunt Sal.*Rep*.2.9.4; ego ~ Thucydidi credo Nep. *Them*.9.1; Scipionem Hannibal eo ipso quod aduersus se dux ~ lectus esset praestantem uirum credebat Liv.21.39.8; cur hoc sortitur ~ pectus quod tanto numine impleat? Sen. *Suas*.3.5; prelum ex sappino atra ~ facito Plin.*Nat*.16.193 **b** osculando ego ulciscar ~ Pl.*As*.903; o fortunata mors quae naturae debita pro patria est ~ reddita! Cic.*Phil*. 14.31.

potissimus ~a ~um, *superl. a.* [*pot-* (POTIS)+ -ISSIMVS]

1 Most powerful, chief. **b** (of qualities) most eminent, chief.

~us nostrae domi ut sit Pl.*Men*.359; quid dicam? ~os Graeciae? Sen.*Suas*.2.1; largitione ~os amicorum auxit Tac.*Ann*.13.18; libertorum ~os ueneno interfecisse creditus est 14.65. **b** hactenus ~a nobilitas datur (uitibus) peculiaribus..Italiae Plin.*Nat*.14.25.

2 That is of the greatest account, especial, principal. **b** (predicatively, w. quasi-advl. sense) above all others, foremost; (N.B.: ambiguous exx. are placed under POTISSIMVM).

primum ac ~um omnium ratus Syracusis..componere res Liv.26.40.1; in turba multorum inuocantium ego illi (*sc.* medico) ~a curatio fui Sen.*Ben*.6.16.5; Stat.*Silv*.4.4.20; ~a arbitrio principis, quaedam tamen studiis tribuum fiebant Tac.*Ann*.1.15; plures..eius rei causas adferebat, ~am penes incuriam uirorum feminarumque 4.16; si hoc opusculum nostrum aut ~um esset aut solum Plin.*Ep*. 4.14.10; cuiusque rei ~a pars principium est Gaius *dig*.1.2.1. **b** certare (animas)..inter se quae prima ~aque insinuetur Lucr.3.780; quae dubia nisui uidebantur, ~us temptare ac..ceteris audaciam addere Sal.*Jug*.94.2; consilium migrandi ab Tarquiniis cepit. Roma est ad id ~a uisa Liv. 1.34.6; nec satis constat cur primus ac ~us ad nouum delibandum honorem sit habitus 5.12.12; Fabium, aequalem temporibus huiusce belli, ~um auctorem habui 22.7.4; cur.. lectus ego augurio tantisque ~us umbris, qui uentura loquar? Stat.*Theb*.4.627; (quartadecumanis) addiderat gloriam Nero eligendo ut ~os Tac.*Hist*.2.11.

Potītius ~a ~um, *a.* The name of a Roman *gens*, concerned especially with the cult of Hercules. **b** (masc. as sb.) a member of this *gens*.

~a gens, cuius ad Aram Maximam Herculis familiare sacerdotium fuerat Liv.9.29.9; omnes..puberes intra annum extincti sunt nomenque ~um..prope interiit V.Max. 1.1.17. **b** primus..~us auctor..Herculei..sacri Verg. *A*.8.269; adhibitis ad ministerium..~is ac Pinariis, quae tum familiae maxime inclitae ea loca incolebant Liv.1.7.12; ~um et Pinarium Hercules..genus sacrifici edocuit Fest. p.237M.

pōtitō ~āre ~āuī ~ātum, *tr.* [POTO+-ITO] To drink continuously or habitually.

tecum..aeque pocla ~et Pl.*As*.771; alii ebrii sunt, alii poscam ~ant *Mil*.836; (*absol.*) hanc pateram..rex qui ~auit ..tibi condono *Am*.535.

potītor ~ōris, *m.* [POTIOR[1]+-TOR] One who has gained possession, master.

Hannibalem, paulo ante spe sua Capuae ~orem V.Max. 3.2.20.

Potītus ~ī, *m.* A *cognomen* in the Valerian *gens*, e.g. L. Valerius Potitus, cos. 449 B.C.; C. Valerius Potitus, cos. 410 B.C.; L. Valerius Potitus, cos. 392 B.C.

L. Valerium..~um..qui..plebem in patres incitatam legibus..suis mitigauerit Cic.*Brut*.54; *Rep*.2.54; Liv.3.39.2; Tac.*Ann*.11.22;—Liv.4.53.1;—*Fast.Cos.Cap*.5(*CIL* 1.p.18); Liv.5.31.2.

pōtiuncula ~ae, *f.* [POTIO+-VNCVLA] A little drink.

castigamus crebris ~is risum Petr.47.7; ut non temere super cenam praeter..modicam in ampulla ~am sumeret Suet.*Dom*.21.

potius, *adv.* [neut. of POTIOR[2]]

1 (used to indicate that one thing is more correct, applicable, etc., than another) Rather, more (than).

(*w.* quam) non ego istunc me ~ quam te metuere aequom censeo Pl.*Capt*.301; Cic.*Caec*.69; quod cum omnibus est faciendum..tum haud scio an nemini ~ quam tibi *Off*. 3.6; locum..inritaturum se ~ ad delendam memoriam dedecoris quam ut timorem faciat, ne.. Liv.6.28.8; ~.. flumina detineas..quam miseros lugere uetes Stat.*Silv*. 5.5.62;—(*pleon.*) eum esse maiorem natu ~ quam alios Var.*R*.2.10.2; fauorabiliores rei ~ quam actores habentur Gaius *dig*.50.17.125;—(*w. abl. of comparison*) non quisquam te ~ optandus nobis fuit Pol.*orat*.44.

2 (correcting or extending a statement) More exactly, rather. **b** *uel ~*, or rather; also *aut, ac, siue ~*.

mi liberte, mi patrone ~, immo mi pater Pl.*Rud*.1266; Cic.*de Orat*.2.158; C. Caesar adulescens, paene ~ puer *Phil*. 3.3; haec ad nostram consuetudinem sunt leuia et ~ contemnenda Nep.*Ep*.2.3. **b** ad causas simillimas inter se uel ~ easdem..ueniebamus Cic.*Brut*.324; ui uicta uis uel ~ oppressa uirtute audacia est *Mil*.30; cras igitur uel ~ cum poteris scribes *Att*.12.29.1; iustitia uacillat uel iacet ~ *Off*. 3.118;—quae est..ista ratio aut quae ~ amentia..? *Ver*. 3.173; nos ignari pulcherrimorum institutorum aut neglegentes ~ *Att*.13.6a(6.4);—istius fide ac ~ perfidia decepti *S.Rosc*.110; omni officio ac ~ pietate *Fam*.1.1.1; puteos ac ~ fontes habet; sunt enim in summo Plin.*Ep*.2.17.25; *Pan*.59.1;—quid perturbatius hoc ab urbe discessu siue ~ turpissima fuga? Cic.*Att*.8.3.3; *Fam*.4.1.1.

3 In the place of someone or something, instead.

satius fuerat eam uiro dare nuptum ~ Pl.*Cist*.42; rem ~ ipsam dic ac mitte male loqui Ter.*An*.873; adsedit; surrexi ego. respirare uisus est quod non alius ~ diceret Cic.*S.Rosc*. 60; utinam..talis eis adhiberi..posset oratio qua deponerent maerorem atque luctum gauderentque ~ *Phil*.14.34; cum..contra..postularet ut ~ amicitiam sequerentur Atticorum Nep.*Ep*.6.1; nec Drances ~..morte luat Verg.*A*. 11.443; desine..querelarum, et ~ noua cantemus Augusti tropaea Hor.*Carm*.2.9.18; uel litora tangam iussa, uel hoc ~ pelagus flatusque negabunt Luc.5.559; me ~..opponite regi Stat.*Theb*.7.539; Gel.1.7.19;—(*w.* quam) domi patres ..ut colatis ~ quam peregri probra Naev.*com*.93; ut te hinc abducat ~ quam hic astes foris Pl.*Men*.332; uos confugite in aram ~ quam ego *Rud*.1048; ut in otio esset ~ quam in negotio Ter.*Hec*.26; ut uos ~ meo casu doleatis quam ego uestro ingemescerem Paul.*orat*.2; nec ego id quod deest.. flagito ~ quam laudo quod est Cic.*Orat*.169; quod intelleges additum ~ aliquid ad meum erga te studium..quam quicquam esse detractum *Fam*.3.13.2; me ~ in Hispania fuisse tum quam Formiis..! Cael.*Fam*.8.17.1; ne..hic tibi sit ~ quam tu mirabilis illi Hor.*Ep*.1.6.23; ubi..Hasdrubalem ~ quam Hannibalem (haberent) hostem Liv.21.41.2; sparsit ~ Pharsalia nostras quam subuertit opes Luc.8.273; (*in inverted order*) quid iuuat..defessum..abesse, quam ~ bibulo decubuisse toro? *Copa* 6;—(*pleon.*) magis decorumst libertum ~ quam patronum onus..portare Pl.*As*.690; casum ~ quam te laudari mauis Cato *Fam*.15.5.2.

4 (emphasizing an opposite) On the contrary, rather.

hinc intro abeam, ubi mi bene sit.—mane: male erit ~ Pl.*Men*.603; non modo non pro me, sed contra me est ~ Cic.*de Orat*.3.75; ut omnes intellegere possent non laudationem sed ~ inrisionem esse *Ver*.4.144; neque desideraueit quemquam et ~ discessu nostro laetatus est *Phil*.2.109; ut ..mors aut malum non sit aut sit bonum ~ *Tusc*.1.23; Liv. 3.58.5; 24.9.11.

5 More advantageously or suitably, preferably.

cras ires ~, hodie hic cenares Pl.*Per*.710; quod si scissem illa hic maneret ~, tu hinc isses foras Ter.*Hec*.222; quin ~ potamus mulsum..? Tit.*orat*.2; adulescentes quid in Latinis ~ imitarentur non habebamus Cic.*Brut*.298; 'castra Pompei senatum appellatis.' an uero tua castra ~ senatum appellaremus? *Phil*.13.26; qui inter se contenderent, uter ~ rem publicam administraret *Off*.1.87; quin tu aliquid saltem ~ ..paras detexere..? Verg.*Ecl*.2.71; siue sub incertas.. umbras, siue antro ~ succedimus 5.6; uos animam hanc ~ quocumque absumite leto *A*.3.654; a ~..te Caesar putet esse suam Luc.6.328; hi..inter Germanos ~ referuntur Tac.*Ger*.46.2;—(*w.* quam) unde..~ incipiam quam ab ea ciuitate quae tibi una in amore..fuit..? Cic.*Ver*.4.3; quo ~ utar aut auctore aut teste quam te? *Div*.1.17; ~..sero quam nunquam obuiam eundum audaciae temeritatique Liv.4. 2.11.

6 In a manner more to one's liking, by preference, more gladly, rather.

nisi aut ausculta aut is in malam crucem.—malam crucem ibo ~ Pl.*Poen*.496; nemo illum (coquom) quaerit qui optumus et carissumust: illum conducunt ~ qui uilissumust *Ps*.806; hoc ~ agam quod hic rogat Cato *orat*.139; in eam partem ~ peccant quae est cautior Cic.*S.Rosc*.56; Epicurum ..audiemus ~ *Div*.1.62; gratuito ~ malus atque crudelis erat Sal.*Cat*.16.3; ~ spondere (Nolanos), si..Nolam tradidissent, neminem alium quam ipsos legem..dicturum Liv.23.43.14; non prosit ~ Ov.*Tr*.3.4.8;—(*w.* quam) bonitate ~ nostrorum uerborum utamur quam splendore Graecorum Cic.*Orat*.164; is sum..qui nihil umquam mea ~ quam meorum ciuium causa fecerim *Fam*.5.21.2; omnia nam ~ quam te fecisse putabo *Ciris* 458; si nihil armis opus sit, otium Romae ~ quam in castris acturos Liv.7.13.9; (*pleon.*) cum..ei fuerit optabilius obliuisci posse ~..quam ..meminisse Cic.*de Orat*.2.300; huic..populo ita fuerat.. libertas insita ut ei mori ~ quam seruire praestaret *Pis*.15; (*foll. by subj.*) siquidem..uendundust pater, uenibit multo ~ quam te..sinam egere Pl.*Mos*.229; ~ quam te inimicum habeam, faciam ut iusseris Ter.*Eu*.174; uirosam uxorem caedam ~ quam castrem egomet me Lucil.283; Cic.*Ver*. 1.139; Liv.33.13.3; legesne..~ uiles nenias, impendas curam quam rei domesticae..? Phaed.3.pr.10; (*pleon.*) ut puerum praeoptares perire..~ quam..esset cum illo nupta Ter.*Hec*.534;—(*foll. by* ut) hoc malo domitos..~ cultores agrorum fore quam ut..per secessionem coli prohibeant Liv.2.34.11; se miliens morituros ~ quam ut tantum dedecoris admitti patiantur 4.2.8;—(*in indir. sp.*) tibi adfirmaui quiduis me ~ perpessurum quam ex Italia..exiturum Cic. *Fam*.2.16.3; Liv.7.21.1.

Potniae ~ārum, *f. pl.* A Boeotian village.

Plin.*Nat*.25.94.

Potnias ~ados, *f. adj.* Of or belonging to Potniae.

quo tempore Glauci ~ades malis membra absumpsere quadrigae Verg.*G*.3.268; ~adum morsus subeas, ut Glaucus, equarum Ov.*Ib*.553.

pōtō ~āre ~āuī ~ātum or ~um, *tr., intr.* [*po-* (cf. BIBO, Gk. πίνω, Aeolic πώνω)+-TO]

1 To take as a drink, drink to satisfy one's thirst, convivially, etc. **b** to acquire by drinking.

dum tu illi quod edit et quod ~et praebeas Pl.*Men*.90; elleborum ~abis faxo aliquos uiginti dies 950; ut deuomas.. quod foris ~aueris Caecil.*com*.162; lac concretum cum sanguine ~at equino Verg.*G*.3.463; uile ~abis..Sabinum Hor.*Carm*.1.20.1; ut hauriret gelidos ~ura liquores Ov. *Met*.6.347; summas aquas dulces esse ~arique, inferiores nitrosas Plin.*Nat*.31.110; subrepti ~are Falerni..quantum Saufeia bibebat Juv.9.116; (*cf.*) animae..Lethaei ad fluminis undam securos latices et longa obliuia ~ant Verg.*A*.6.715; (*in fig. phr.*) tamquam leuia quaedam uina nihil ualent in aqua, sic Stoicorum ista magis gustata quam ~ata delectant Cic.*Tusc*.5.13; (*w.* ubera) ~anda ferens infantibus ubera Juv.6.9;—(*of animals*) greges..iubebo currentem ilignis ~are canalibus undam Verg.*G*.3.330; ~a..Pollucis nympha salubris equo Prop.3.22.26; fera quae gelidum ~at Araxen Sen.*Phaed*.58;—(*poet., of plants*) quo.. modo ~is gauderent intiba riuis Verg.*G*.4.120; (*cf.*) documus..etiam arbores uina ~are Plin.*Nat*.12.8. **b** ut edormiscam hanc crapulam, quam ~aui Pl.*Rud*.587

2 To swallow (liquid), drink (viewed purely as a physical action. N.B.: this sense is associated particularly with *potus* and allied forms, which probably replace the absent forms of BIBO).

Gallos..dilutius esse ~uros, quod illi uenenum esse arbitrabuntur Cic.*Font*.8; ~i..faece tenus cadi Hor.*Carm*. 3.15.16; quo plus sunt ~ae, plus sitiuntur aquae Ov.*Fast*. 1.216; parum agilis est puer, aut tepidior aqua ~uro aut turbatus torus Sen.*Dial*.4.25.1; sunt (flumina), quae ~a inficiunt greges ouium *Nat*.3.25.3; (liquor) e fronde ac pabulis ~us et in utriculos congestus apium Plin.*Nat*. 11.31; taurorum (sanguis)..pestifer ~u 11.222; cortices (raphanorum) in uino decocti mane ~i 20.23; gypso ~o stomachus uenterque dolore uasto urgetur Larg.182; spuma argentea ~a 183.

3 (intr.) To drink to quench one's thirst.

obstupescunt ~antes (*sc.* apes) Var.*R*.3.16.35; in medio.. sitit torrenti flumine ~ans Lucr.4.1100; huc ipsi ~um uenient per prata iuuenci Verg.*Ecl*.7.11; iam iam ~uri (*sc.* Tantali) deserit unda sitim Tib.1.3.78; quo dulcis ab aestu fistula ~uras ire iubebat ouis Prop.4.4.6; (*w. abl. of source*) nec..potest..amne diu ~are sopor Sil.13.856.

4 (intr.) To drink intoxicating drinks, esp. convivially, tipple. **b** (pf. pple. in act. sense) having drunk (usu. with the implication of excess).

dum coquetur, interim ~abimus Pl.*Men.*214; ~aturus est apud me Ter.*Ph.*837; ~ando eum diem pro meliore habuerunt Quad.*hist.*37; num..si is ~are uelit, de dolio sibi hauriendum putet? Cic.*Brut.*288; quod iuuat,..id semper faciant: ament, ~ent Sal.*Jug.*85.41; dictus here illic de medio ~are die Hor.*S.*2.8.3; epulati aut sopiti uino erant aut semigraues ~abant Liv.25.24.2; ut..inter nudos bibant, immo ~ent Sen.*Ep.*122.6; decocuntur folia (*sc.* cedrorum) ~uris Plin.*Nat.*20.136; diem noctemque continuare ~ando nulli probrum Tac.*Ger.*22.2;—(*w. part. gen.*) ueteris uini largiter ut dies noctesque ~et Pl.*Truc.*904;—(*w. abl. of vessel*) uno cantharo ~are, unum scortum ducere *St.*730; Plin.*Nat.*11.126; uasa..quibus et ~abat et edebat Paul. *dig.*34.2.32.3;—(*impers. pass.*) totos dies ~abatur Cic.*Phil.* 2.67; Prop.4.4.47; estur ac ~atur incondite Apul.*Met.*4.8. **b** bene ~us primulo crepusculo Pl.*fr.*104; cum uirgine una adulescens cubuerit plus ~us..? Ter.*Hec.*1.39; adde inscitiam pransi, ~i, oscitantis ducis Cic.*Mil.*56; etsi domum bene ~us seroque redieram *Fam.*7.22; Ennius..numquam nisi ~us ad arma prosiluit dicenda Hor.*Ep.*1.19.7; cum ~us nocte uagarer Prop.2.29.1; quod tam formosa..~isenis animum inlecebris pellicere non potuisset V.Max.4.3.ext.3; (*cf.*) postquam..isti a mensa (*i.e. bank*) surgunt satis ~i uiri Pl.*Ps.*296;—(*masc. pl. as sb.*) ornatum capiam qui ~is decet *Am.*1007; etsi turpis eris, formosa uidebere ~is Ov.*Ars* 3.753.

5 (of inanim. things) To soak up, absorb; (intr.) to soak up liquid.

uestis..Veneris sudorem exercita ~at Lucr.4.1128; ~antia uellera fucum Hor.*Ep.*1.10.27; saeuos ~ura cruores terra Stat.*Theb.*12.719;—quinis lana ~at horis..donec omnem ebibat saniem Plin.*Nat.*9.134.

pōtor ~ōris, *m.* [as prec.+-tor]

1 A drinker (of).

me peritus discet Hiber Rhodanique ~or (*i.e. dweller by*) Hor.*Carm.*2.20.20; nulla placere diu..carmina possunt quae scribuntur aquae ~oribus *Ep.*1.19.3.

2 One who is occupied in drinking intoxicating drinks, or habitually does so.

parochi..nil sic metuentis ut acris ~ores Hor.*S.*2.8.37; nocturnis ~orum saucia rixis Prop.1.16.5; ~ores certaturi praesumunt ex eo (*sc.* elaeomeli) cyathum unum Plin.*Nat.* 23.96; ~or nobilis..lumine uno luscus Phryx erat Mart. 6.78.1.

pōtōrius ~ia ~ium, *a.* [as prec.+-torivs] Used for drinking. **b** (neut. pl. as sb.) drinking-vessels.

~iis primum uasis inde (*sc.* ex onyche) factis Plin.*Nat.* 36.59; cum alteri argentum ~ium, alteri escarium legatum esset Pompon.*dig.*34.2.21.2; praepositvs avri ~i *CIL* 6. 8733; 6.10229.38. **b** quem Varro tradit..mille conuiuas totidem aureis ~iis..saginasse! Plin.*Nat.*33.136; 33.157.

pōtrix ~īcis, *f.* [as prec.+-trix] A female drinker.

~ici (seponit) plenam antiquis apothecam cadis Phaed. 4.5.25.

Potulānus ~a ~um, *a.* The name of a Sicilian wine.

Plin.*Nat.*14.66.

pōtulentus ~a ~um, *a.* [as next+-vlentvs]

1 Rather drunk, tipsy.

uagari noctibus solitus atque inualidum quemque obuiorum uel ~um corripere Suet.*Otho* 2.1; cum a cena me..reciperem, ~us alioquin Apul.*Met.*3.5.

2 = poculentvs.

ne esculenta et ~a (*cj., codd.* pocu-) sese penetrarent Apul.*Pl.*1.15.

pōtus[1] ~a ~um, *a.*: pple. of poto.

pōtus[2] ~ūs, *m.* [as poto+-tvs[3]]

1 The action of drinking. **b** the drinking of intoxicating drinks, potation.

oportet aquam tepidam ~ui dare Cels.3.6.15; hic (*sc.* Oxus)..insalubris est ~ui Curt.7.10.13; ~um expauescentibus Plin.*Nat.*32.57; ex qvibvs edvlia ⟨qvisqve sibi⟩ paret et ~vi qvod profaneitvr infra ante cellam *CIL* 13.5708.2.10; (*w. obj. gen.*) tauri sanguinis ~um quamuis quis difficile celauerit Larg.196. **b** cum sit inmoderato obstupefacta ~u atque pastu Cic.*Div.*1.60; in ~u atque hilaritate..odorum ui subrepente fallaciter Plin.*Nat.*21.12.

2 Something to drink, a drink.

~us est lac sucusque bacarum Mela 1.41; Plin.*Nat.* 17.51; duo riui confluunt, alter saluberrimi ~us, alter motiferi 31.28; Smyrna tibi gentile solum ~usque..Meles Stat.*Silv.*3.3.60; Tac.*Ann.*13.16; ut..cibum tempestiuum et ~um solitum..offeramus Apul.*Met.*4.17; (*applied to arboriculture*) dato ~u uel ablato Plin.*Nat.*17.246.

practicus ~a ~um, *a.* [Gk. πρακτικός] Effective.

morvm maximvm et ~vm testimonivm *CIL* 8.15880.

prae[1], *adv.* [Osc. *prai*, Umb. *pre*] N.B.: for ~ *quam*, ~ *ut* see praeqvam, praevt. In front, ahead.

i ~, iam ego te sequar Pl.*Cist.*773; *Ps.*170; abi ~, curre, ut sint domi parata Ter.*Eu.*499; 907; Nov.*com.*17.

prae[2], *prep.* [prec.] Const.: w. abl.

1 (w. refl. pron.) In front of, before (esp. in expressions of movement). **b** ~ *manu*, *manibus*, at hand, at one's disposal.

hi ~ se portant ingentes..pisces Lucil.166; ~ se undas uoluit (*sc.* moles) Acc.*trag.*393; ille qui stillantem ~ se pugionem tulit Cic.*Phil.*2.30; ualidos..~ se misere leones Lucr.5.1310; pecora..~ se agrestes agebant Liv.29.28.3; cauendum..erit, ut (uilla) a tergo potius quam ~ se flumen habeat Col.1.5.4; Stat.*Theb.*3.577;—(*in fig. phr.*) cum secundum sollemnes precationes adiecisset ~ se agere sese formidinem ac fugam caedemque ac cruorem Liv.10.28.16. **b** omne aurum..quod fuit ~ manu Pl.*Bac.*624; siquidem..huic aliquid paullum ~ manu dederis, unde utatur Ter.*Ad.* 980; aes si forte ~ manu non fuerit Apul.*Met.*6.18; Ulp. *dig.*13.7.27;—si Gai Caesaris liber ~ manibus est Gel.19. 8.6.

2 Before (in merit or regard).

ne me uxorem praeuortisse dicant ~ re publica Pl.*Am.* 528; Saguntini fide atque aerumnis incliti ~ mortalibus Sal.*Hist.*2.64; limina..alia ~ aliis erant Apul.*Mun.*26.

3 ~ *se ferre*, *gerere*, etc., To exhibit in one's demeanour, display. **b** to make no secret of, parade (a fact, etc.). **c** to declare positively, affirm.

uir..ita moratus ut ~ se probitatem quandam et ingenuitatem ferat Cic.*Ac.*1.33; animum..altum et erectum ~ se gerebat *B.Afr.*10.3; ut laetis aliis uictoria parta ~ se ferret iram tristitiamque Liv.8.30.10; magnae perturbationis notas ~ se ferens Curt.6.7.18; fert odia ~ se: totus in uultu est dolor Sen.*Med.*446;—(*w. abst. subj.*) affectionis..ratio perspicuam solet ~ se gerere coniecturam, ut amor, iracundia, molestia Cic.*Inv.*2.30; 2.157; uiros..maiestate..quam uultus grauitasque oris ~ se ferebat simillimos dis Liv. 5.41.8. **b** ea quae sensit ~ se tulit Cic.*Sest.*61; Sampsiceramo negat, ceteris ~ se fert et ostentat *Att.*2.23.3; nil me fatalia terrent, si qua Phryges ~ se iactant, responsa deorum Verg.*A.*9.134;—(*w. acc. and inf.*) fortasse ceteri tectiores; ego semper me didicisse ~ me tuli Cic.*Orat.*146; primum enim ~ me tuli me nihil malle quam pacem *Att.* 8.11d.7; Brut.*ad Brut.*1.16.1; Liv.28.18.7;—(*w. indir. qu.*) iudices cum ~ se ferrent palamque loquerentur quid essent ..iudicaturi Cic.*Balb.*52; Liv.32.22.8. **c** ut uos in ista sententia quam ~ uobis fertis perseueretis Cic.*Phil.*4.11; ego regem nostrum..causam huiusce esse belli audisse uideor, nec te dubito..eadem ~ te ferre Liv.1.23.7; quam uoluntatem, cum ~ se identidem ferret,..edicto his uerbis testatus est Suet.*Aug.*28.2;—(*w. acc. and inf.*) cuius rei tantae..facultatem consecutum esse me non profiteor, secutum esse ~ me fero Cic.*N.D.*1.12; Liv.45.22.5; dixeram et ~ me tuleram, satis me diligenter in ista oratione conlecturam..refutasse Fro.*Amic.*2.p.88(184N);—(*w. indir. qu.*) quem quanti facias ~ te soles ferre Cic.*Att.*16.16c.10; ego ~ me fero, quantae sit mihi curae..securitas eius Plin. *Ep.*6.8.2.

4 In comparison with, faced with. **b** (w. vbs. expr. neglect, disregard, etc.).

pithecium haec est ~ illa Pl.*Mil.*989; *Mos.*245; non tu quidem uacuus molestiis, sed ~ nobis beatus Cic.*Fam.*4.4.2; dicebas..solum te nosse Catullum..nec ~ me uelle tenere Iouem Catul.72.2; cunctane ~ Campo et Tiberino flumine sordent? Hor.*Ep.*1.11.4; illa..~ se formosis inuidiosa dea est Prop.2.28.10; Ov.*Am.*2.4.19; V.Max.5.1.ext.3; Tac. *Dial.*18.4. **b** te postputasse omnis res ~ parente Ter. *Hec.*483; tu ausus es pro nihilo ~ tua praeda tot res sanctissimas ducere? Cic.*Ver.*2.40; clamores..maximos ~ uestra salute neglexit *Mil.*3; in quibus publicae utilitatis species ~ honestate contemnitur *Off.*3.47; Gallis ~ magnitudine corporum suorum breuitas nostra contemptui est Caes. *Gal.*2.30.4; neque comitiorum curam publicaue studia ~ priuatis incommodis plebs ad animum admittebat Liv. 7.19.5; Apul.*Apol.*22;—(*ellipt.*, ~ quod *standing for* ~ eo quod) res omnis relictas habeo ~ quod tu uelis Pl.*St.*362.

5 In the face of, under the pressure of (an overpowering circumstance, emotion, etc., such as prevents, impedes, or causes one to modify one's action). **b** (verging towards simple causal sense) in view of.

cor frixit ~ pauore Andr.*poet.*16(17); neque miser me commouere possum ~ formidine Pl.*Am.*183; ut ~ laetitia lacrumae prosiliunt mihi! *St.*466; ~ iracundia..non sum apud me Ter.*Hau.*920; misera ~ amore exclusti hunc foras *Eu.*98; uix ~ uino sustinet palpebras Tit.*orat.*2; hastam pilans ~ pondere frangit Host.*poet.*1(2); quod eae (*sc.* murenae) in summa aqua ~ pinguetudine flutentur Var.in Macr.3.15.8; anhelans ex imis pulmonibus ~ cura spiritus ducebat *Rhet.Her.*4.45; nec loqui ~ maerore potuit Cic. *Planc.*99; ut eum locum..~ multitudine eorum qui legunt transire nequeamus *Att.*2.21.4; oblitae ~ gaudio decoris Liv.4.40.3; neque ~ imbri satis decernere possent qua suis opem ferrent 21.56.3; non scalas ferre ad muros ~ incidentibus telis facile erat 28.3.6; nec ~ sermonis amore in multos poteras ora uacare cibos Ov.*Am.*2.6.29; uix ~ fletu usurpata consalutatio Tac.*Ann.*15.16; ~ metu ad genua sibi adcidentem imperatorem salutauit Suet.*Cl.*10.2; Antoninus erat cum imperio obsequens; tu autem, Luci, cum obsequio eras ~ amore imperiosus Fro.*Ver.*2.p.134(122N). **b** ut tantillula animalis ~ nimia sui fiducia mihi turbarit Apul. *Met.*2.25; quem scorpionem ~ morum acritudine uulgus appellat 9.17; (*w. acc.*) aerumnosi, quibus ~ mala sua cornua nascuntur Petr.39.12; scimus te ~ litteras fatuum esse 46.1.

prae-, *prefix.* [as prec.] With vbs. and vbl. derivatives *prae-* indicates position in front, ahead, at the end (*praebeo*, *praecedo*, *praecludo*, *praeuro*; also w. substantival form *praeceps*), or temporal precedence (*praecipio*, *praedico*, *praecox*); with adjs. *prae-* indicates preeminence in the quality concerned (*praealtus*, *praeceler*, *praelongus*).

praeacuō ~uere ~uī ~ūtum, *tr.* [prae-+acvo] To sharpen to a point, make pointed.

sumito tibi surculum durum, eum ~uito Cato *Agr.*40.2; falces ~utae insertae adfixaeque longuriis, non absimili forma muralium falcium Caes.*Gal.*3.14.5; truncis arborum ..abscisis atque horum delibratis ac ~utis cacuminibus 7.73.2; alii ~utas sudis portabant Sal.*Cat.*56.3; Apul.*Met.* 8.16.

praeacūtus ~a ~um, *a.* [prae-+acvtvs] Pros.: 1st syllable short in Ov.*Met.*7.131. N.B.: Some exx. are perh. to be considered as pple. of prec. and interpreted as 'sharpened at the end'. Very sharp.

~ae cuspidis hastas..torquere Ov.*Met.*7.131; Regulum.. machinae, in qua undique ~i stimuli eminebant, inclusum ..necauerunt V.Max.9.2.ext.1; scopuli ~i Chelonophagos terrent Plin.*Nat.*9.38; solebat..muscas captare ac stilo ~o configere Suet.*Dom.*3.1; nouaculam ~am, adpulsu etiam palmulae lenientis exasperatam Apul.*Met.*5.20; gelus.. ~a frusta nudis inuadens pedibus 9.32; (*transf.*) asperitas (cicadis) ~a in dorso Plin.*Nat.*11.93.

praealtus ~a ~um, *a.* [prae-+altvs]

1 Very high; set at a high altitude.

iugum..a mari ortum neque ita ~um *B.Afr.*37.4; riuus ~is utrimque clausus ripis Liv.21.54.1; Curt.8.10.24; deinde est mons ~us Mela 1.27; Vettium Valentem..in ~am arborem conisum Tac.*Ann.*11.31; pergit ad quampiam turrim ~am Apul.*Met.*6.17;—uolucrum ~i uolatus Plin. *Nat.*2.48.

2 Very deep.

quorum (*sc.* sinuum) proxima terrae ~a sunt Sal.*Jug.* 78.2; molli nec ~ae (niui) facile pedes ingredientium insistebant Liv.21.36.5; muros..urbis ~um mare ambiebat Curt.4.2.9; ~is puteis Plin.*Nat.*2.58; ad locum uoraginosum et ~um eos perduxit et..immersos..limo cecidit Fron.*Str.* 2.5.7; Tac.*Hist.*5.15.

praeaudītus ~a ~um, *a.* [prae-+pple. of avdio] Examined beforehand (in a court of law).

solent..custodiarum cognitionem mandare legatis, scilicet ut ~as custodias ad se remittant Ulp.*dig.*1.16.6.

praebeō ~ēre ~uī ~itum, *tr.* [contr. form of praehibeo]

1 To put forward (within sight, sound, or reach of another), present, show. **b** ~*ere terga*, to turn tail, run away. **c** ~*ere aurem*, *aures*, to give ear, listen, pay heed; also ~*ere se.*

ut pudice uerba fecit..ut modeste orationem ~uit! Pl. *Poen.*1222; uideo quosdam..non eosdem uoltus quos proxima mea contione ~uerunt in hanc contionem mihi rettulisse Cic.*Agr.*3.2; perfertur nuntius, hostem..portas ~ere patentis Verg.*A.*9.693; inlaesos miranti ~uit artus Ov.*Met.*12.489; obuius apud forum ~et se gratantibus Tac. *Ann.*12.7; pleraeque..nudam pulchritudinem suam ~ere se gestiunt Apul.*Met.*2.8; (*cf.*) alios neruos dextra percurrunt (citharoedi), alios laeua trahunt, continent, ~ent (*i.e. release for sounding*) Quint.*Inst.*1.12.3;—(*w. gdve.*) cum uix tangendos ~uit illa pedes Prop.4.8.72; cui dum pectendos ~et Galatea capillos Ov.*Met.*13.738;—(*of heavenly bodies*) luna..quandoquidem claram speciem certamque figuram ~et Lucr.5.583; proxima sunt nobis plaustri ~entia formam..sidera Ov.*Pont.*4.10.39. **b** ultimi (*sc.* ordines).. terga iam ~ent Curt.4.14.14; Tac.*Ann.*14.37; (*cf.*) genus omne ferarum, quod non terga fugae, sed pugnae pectora ~et Ov.*Met.*10.706. **c** utis ut ~eat aurem Hor.*S.*1.1.22; a nimium faciles aurem ~ere puellae Prop.2.21.15; ~ere aures adolescentium conuiciis Liv.38.52.11; Ov.*Met.*7.821; pessimi cuiusque sermonibus ~ere auris Tac.*Ann.*1.16; (*w. ad*) apertas aures ~e ad nomen memoriamque filii tui Sen. *Dial.*6.5.3.—tu te dictis ~ere memento Lucr.2.66.

2 To offer for acceptance, present.

nisi..crudelitati sanguis ~itus sit Cic.*S.Rosc.*150; nisi hauriendum sanguinem laniandaque uiscera nostra ~uerimus Liv.9.1.9; id est uiri et ducis, non deesse fortunae ~enti se 28.44.8; ~uit ut taurus Tyriae sua terga puellae Ov.*Fast.*5.605; ubera ~uerat paruo lupa Sil.14.529; ut saepe principes Romani eandem Armeniam specie largitionis turbandis barbarorum animis ~uerint Tac.*Ann.*12.48; (*cf.*) ut eam (*sc.* naturam) diuiderent in res duas, ut altera esset efficiens, altera autem quasi huic se ~ens Cic.*Ac.*1.24; (*ellipt.*) odi, quae ~et, quia sit ~ere necesse Ov.*Ars* 2.685; —(*w. prolative inf.*) ~et tibi uellere barbam Pers.2.28; ~ebat (sonipes) scandere terga Sil.10.465; (*ellipt.*) quae totiens raptast, ~uit ipsa rapi Ov.*Ep.*5.132;—(*w. gdve.*) cum tibi se tota Asia spoliandam..~uisset Cic.*Ver.*1.93.

3 To expose physically (oneself, one's body, etc., to unpleasant actions, etc., or the persons who perform them). **b** to expose, submit (to non-physical influences).

adulescenti morem gestum oportuit — qui potui melius qui hodie usque os ~ui? Ter.*Ad.*215; iugulum ~ere iussit V.Max.5.3.4; iubet..miserum stare ad ~endas ceruices immotum Sen.*Con.*9.2.8;—(*w. dat.*) hic ~ituri..uos telis hostium estis indefensi, inulti? Liv.4.28.4; poscente magistro uerberibus..~uit ille manus Ov.*Ars* 1.16; uiscera.. assiduae debita ~et aui *Ib.*180; ceruicem Euporo seruo ~uit Vell.2.6.6; ille (*sc.* equus)..non colla iugo, non aspera ~et ora lupis Stat.*Ach.*1.280; ~enda est gladio pulchra haec et candida ceruix Juv.10.345;—(*w. ad*) nuda corpora ad missilium telorum ictus ~entes Liv.23.19.6; Thraecas praeda ipsa impeditos oneribus..ad caedem ~et 38.40.12. **b** triginta..dies in carcere..exegit..ut ~eret se legibus Sen.*Ep.*70.9; ~ebit se periculis fortis 85.26; ne cessa ~ere deo tua fata Luc.5.536; (*w. abst. subj.*) Cyrum..quid nisi longa uita..uertenti ~uit fortunae? Plin.9.17.6.

4 To make available, provide, supply. **b** to provide (in one's own person, in itself), serve as.

piscatores, qui ~ent populo piscis foetidos Pl.*Capt.*813; ocum sibi uelle liberum ~erier ubi nequam faciat clam *Poen.*177; neive inperato qvo qvid magis iei dent ~eant

..NISEI QVOD EOS EX LEGE PORCIA DARE ~ERE OPORTET *CIL* 1.589.2.15; cibaria uobis ~eri uidemus Cic.*S.Rosc.*57; si modo tabellarios tu ~ebis *Q.fr.*2.10.5; iubeo..capris..fluuios ~ere recentis Verg.*G.*3.301; Prop.2.7.13; tegula publice ~ita est Liv.5.55.2; Plin.*Nat.*19.59; quod domum suam Mnesteris et Poppaeae congressibus ~uissent Tac. *Ann.*11.4; Suet.*Tib.*50.1; (*w.* in+*acc., poet.*) pronum erat ..quos uelles..in actus inuitos ~ere deos Luc.6.607; (*refl.*) nec se Vulcanus nec se tibi ~eat aer Ov.*Ib.*109;—(*of places, things*) unde (tellus)..pabula laeta montiuago generi possit ~ere ferarum Lucr.2.597; saxa et alia, quae locus ~ebat Sal.*Jug.*67.1; nec uicina subest uinum ~ere taberna quae possit tibi Hor.*Ep.*1.14.24; (Alpinus amnis) nihil stabile nec tutum ingredienti ~et Liv.21.31.11; nulla qua laetos solet ~ere ramos arbor Sen.*Thy.*653;—(*of a quality*) per transfugas cognitum est, quos leuitas ingeniorum ad cognoscendas hostium res..~et Liv.31.33.11. **b** piscibus in alto..~ent pabulum (*i.e. they are drowned*) Pl.*Rud.*513; non possum satis narrare quos ludos ~ueris intus Ter.*Eu.* 1010; ceterum imperatori suo nouam ~uerunt Cic.*Pis.*55; in tanta mala praecipitatus..rerum humanarum spectaculum ~eo Sal.*Jug.*14.23; (mulier) talem parentem ~uit, qualem exhibuerat uxorem Apul.*Met.*10.28;—(*of places, things*) sin mea domus non modo mihi non redditur, sed etiam monumentum ~et inimico doloris mei Cic.*Dom.*100; ut instar muri hae saepes munimenta eis ~erent Caes.*Gal.* 2.17.4; Liv.42.67.6; ore cruento pugnatum, ferrique uicem dens ~uit irae Sil.6.48.

5 To provide (supporting conditions, services, opportunities, etc.). **b** (refl.) to put oneself forward (in a given role), offer oneself (as). **c** to show oneself (in a given light or character), behave (as).

dicit..eandem..adsiduitatem tibi se ~uisse postridie Cic.*Deiot.*42; animum ~eo ad illius perniciem moderatum *Q.fr.*3.3.3; si uoluptatibus uostris otium ~ere uoltis Sal. *Cat.*52.5; Ciceroni in omnibus eius periculis singularem fidem ~uit Nep.*Att.*4.4; commercium tantum iuris ~endi repetendique sit Liv.41.24.16; Iuppiter ingeniis ~et sua numina uatum Ov.*Tr.*4.4.17; cum repente..saeuire ipse (coepit) aut saeuientibus uiris ~ere Tac.*Ann.*4.1; nec accusare possit, qui lenocinium uxori ~uerit Scaev.*dig.* 24.3.47; comitia..~entur, quae 'curiata' appellantur Gel. 5.19.6; OB HONOREM CAERIMONIORVM HONESTISSIME ~ITORVM *CIL* 11.3933; (*w. inf.*) mortem..inuenerat hasta; sed prohibet paulumque umeri libare sinistri ~uit..Tritonia Stat.*Theb.*8.528;—(*cf. sense 4*) te copias, te consilium et tuos ~ente diuos Hor.*Carm.*4.14.34; ~uit Aeneas et causam mortis et ensem Ov.*Fast.*3.549;—(*of places, things*) harum omnium rerum facultates..pons Ilerdae ~ebat Caes.*Civ.* 1.49.2; nescis quo ualeat nummus, quem ~eat usum? Hor. *S.*1.1.73; materiam..~ebat criminibus ager..maligne plebei diuisus Liv.8.12.12; tradunt..maluas..baculorum..usum ~ere Plin.*Nat.*19.62; tecta Lycurgi ~uerant aditus Stat. *Theb.*5.716;—(*of abst. things*) ut..exempla nequitiae parentis uita ~eret Cic.*Ver.*5.137; cuius incommodum summam utilitatem ipsis ~ebat *B.Hisp.*3.6; quorum..concordia domi pacem etiam foris ~uit Liv.4.7.1; is timor frequentem senatum magistratui ~uit 26.13.1; alterni ~ent solacia luctus Stat.*Theb.*9.569; dicemus arcaria nomina..obligationis factae testimonium ~ere Gaius *Inst.*3.131. **b** ducem ..se militibus tuis ~uit Cic.*Vat.*33; si ducem se ~uisset, easdem illas adulationes pro Vespasiano fore Tac.*Hist.* 3.64; (*cf. sense 1*) tum progressus Lucilius auctorem se palam ~et 3.12. **c** seruom haud inliberalem ~es te Ter. *Ad.*886; dum me morigeram, dum morosam ~eo Afran. *com.*372; ~ebo..me tibi..attentum contra Stoicos auditorem Cic.*N.D.*3.2; si..metuendos uos ~ituri estis Liv. 3.53.10; non ita se nobis ~et Fortuna secundam Ov.*Tr.* 1.1.51; an dignum se patruo Arminio..~eret Tac.*Ann.* 11.17;—(*w. abl. of manner*) quoquo modo se in ea quaestione ~ebat Cic.*Ver.*2.70; pari se uirtute postea ~uit Nep.*Dat.* 2.1;—(*w. adv. of manner*) ~eo me non aliter quam rupes aliqua in uadoso mari destituta Sen.*Dial.*7.27.3.

6 To be the cause of (a condition, action, etc.), occasion, produce. **b** (w. pred.) to cause to be (in a certain state or condition), render.

tantam..opinionem timoris ~uit ut iam ad uallum..hostes accedere auderent Caes.*Gal.*3.17.6; iam euaserant media castra, cum..miles offenso scuto ~uit sonitum Liv. 7.36.2; interrogationibus..senatorum..fatigati sunt, et excedere curia iussi magnum certamen ~uerunt 37.1.3; ~ebit ueros haec tibi turba metus Ov.*Ars* 1.754; ne interfectus inuidiam apud popularis uel, si retineretur, semina discordiae ~eret Tac.*Hist.*4.18;—(*of places, things*) grauis dum terra labores ~uit Verg.*A.*10.322; ex patenti utrimque coactum in angustias mare speciem intuenti primo gemini portus..~uerit Liv.28.6.9; Anticyra haud multum oppugnando morae ~uit 32.18.6;—(*of circumstances, events*) ut eorum ornatus..homines non beatissimos esse suspicionem ~eret Nep.*Ag.*8.2; ~et errorem quod eiusdem nominis urbs inter Caere atque Veios fuit Liv.4.61.11; ludos ..primum senatus a populo secretus spectauit, ~uitque sermones, sicut omnis nouitas solet 34.54.4; nox ubi iam media est somnosque silentia ~ent Ov.*Fast.*5.429. **b** ad ~endam opportunam consilio urbem Liv.8.25.9; elephanti ..tutum ab hostibus quacumque incederent..agmen ~ebant 21.35.3;—(*of circumstances*) eadem causa ad subeundum arduum aditum..~ebat 24.34.15; sitis..et calor hiantes caedendos capiendosque adfatim ~ebat 27.48.17; seruat placidos obscura quies ~etque senes casa securos Sen.*Phaed.* 1127.

praebia ~ōrum, *n. pl.* [cf. PRAEBEO] Prophylactic charms, amulets.

Naev.*com.*71; ~a a praebendo, ut sit tutus, quod sint remedia in collo pueris Var.*L.*7.107; ea (*sc.* ramenta zonae statuae) uocari ait ~a, quod mala prohibeant Fest.p.238M.

praebibō ~ere ~ī ~itum, *tr.* [PRAE-+BIBO]

1 To drink as a toast, pledge (by taking the first sip and passing the drink to the person pledged).

ei, cui uenenum ~erat, mortem eam est auguratus, quae breui consecuta est Cic.*Tusc.*1.96; (*w. internal acc.*) cantharum mulso contempera et offer parasito meo; simul, quod ei ~erim, commoneto Apul.*Met.*10.16.

2 To begin with a drink of, drink (on an empty stomach).

ex his (calicibus) qui uinum non austerum ~erit..belle aluum mollit Larg.135.

praebitiō ~ōnis, *f.* [PRAEBEO+-TIO] The action of supplying or providing (food, etc.).

quod ea die mea erat ~o, in ianuam 'caue canem' inscribi iubeo Var.*Men.*143; uideri testatorem super (balinearum) calefactionis et ~onis onus de his (*sc.* sumptibus) quoque sensisse Scaev.*dig.*32.35.3; forum suarium sub ipsius (*sc.* praefecturae) cura est: sed et ceterorum pecorum..quae ad huiusmodi ~onem spectant ad ipsius curam pertinent Ulp. *dig.*1.12.1.11; Call.*dig.*50.11.2; OB..VRGENTIS ANNONAE SINCERAM ~ONEM *CIL* 5.7881; IVS..AMPLIANDI..OPERAR ~ONEM IVGORVMVE 8.10570.

praebitor ~ōris, *m.* [PRAEBEO+-TOR] A supplier, purveyor.

ut Macedones non te regem suum, sed ministrum et ~orem sperent fore Cic.*Off.*2.53; ACINIVS FAVSTVS ~OR *CIL* 6.36815.

praecalfactus ~a ~um, *a.* [PRAE-+pple. of CALFACIO] Heated beforehand.

quo (*sc.* acopo) oportet in sole diu fricare aut loco flamma ~o Larg.156; 238.

praecalidus ~a ~um, *a.* [PRAE-+CALIDVS] Exceptionally hot.

~a..potio traditur Britannico Tac.*Ann.*13.16.

praecaluus ~a ~um, *a.* [PRAE-+CALVVS] Very bald.

capite ~o, oculis caeruleis, adunco naso Suet.*Gal.*21.1.

praecantō ~āre ~āuī ~ātum, *tr., intr.* **praecent-.** [PRAE-+CANTO] To recite or chant spells over: **a** (tr.). **b** (w. dat.).

a ego medicina Serapi utor, cotidie ~or Var.*Men.*152; ter me iussit expuere terque lapillos conicere in sinum, quos ipsa ~atos purpura inuoluerat Petr.131.5; in amplexum eius immissus non ~atis..osculis fruor 131.11. **b** huic Epicurus praecentet, si potest Cic.*Fin.*2.94.

praecantrix ~īcis, *f.* [PRAE-+CANO+-TRIX] An enchantress, witch.

da quod dem..~ici, coniectrici, hariolae atque haruspicae Pl.*Mil.*693; ut faciunt pleraeque, ut adhibeant ~ices nec medico ostendant Var.in Non.p.494M.

praecānus ~a ~um, *a.* [PRAE-+CANVS] Very grey-haired (or, as scholiast, 'prematurely grey').

(me) corporis exigui, ~um Hor.*Ep.*1.20.24.

praecarpō: see PRAECERPO.

praecaueō ~auēre ~āuī ~autum, *intr., tr.* [PRAE-+CAVEO]

1 (intr.) To be on one's guard, exercise foresight, beware. **b** (w. dat.) to be on one's guard (in the interests of; also, against).

at enim tu ~aue Pl.*Epid.*94a; ferae, quibus abest ad ~auendum intellegendi astutia Pac.*trag.*358; qui te incautum fortasse..demouere potuerunt, prouidentem autem et ~auentem numquam certe mouebunt Cic.*Planc.*53; nisi ~auetis..iam huic diurnae..par nocturna contio esse poterit Liv.39.16.4; exitio patrui ad ~auendum exterritus erat Tac.*Ann.*16.8; (*of fate*) Sullam iam tunc ut ~auentibus fatis copulatum sibi quaestorem habuit Vell.2.12.1; (*w. source of danger specified*) monitos, ut ab insidiis..~auerent Liv.33.7.4. **b** hoc tempus ~auere mihi me, haud te ulcisci sinit Ter.*An.*624;—(*w. source of danger specified*) decemuiris..ab ira..multitudinis ~auere iubentur Liv.3.53.1; —mares (*i.e. stallions*)..adulterio degeneri ~auentes.. riualem summo..persecuntur odio Apul.*Met.*7.16; futurae quaestioni ~auens 10.9.

2 (tr.) To be on one's guard in relation to, take precautions against. **b** (w. obj. cl.) to take care.

illud ~auendumst atque adcurandumst mihi Pl.*Men.* 860; ita mihi res tota prouisa atque ~auta est Cic.*Ver.*4.91; cum (malum) uidetur ~aueri potuisse, si prouisum erat *Tusc.*3.52; quod..in iis quoque, qui ea quae dicturi uidentur esse uera sciunt, necessarium est ~auere Quint.*Inst.*5.7.13; antidotum..ad ~auenda uenena sua sumptum Suet.*Cal.* 23.3; iniurias..imminentis ~auisse iustum est Gel.6(7).3.41; cuncta..~auenda ~auit Apul.*Soc.*17. **b** (*w. indir. qu.*) itaque quis ad gubernacula sedeat summa cura prouidendum ac ~auendum uobis est Liv.24.8.13;—(*w.* ne) sed ~auto opust, ne hic..sentiat Pl.*Mer.*333; id ne accideret, magno opere sibi ~auendum Caesar existimabat Caes.*Gal.*1.38.2; non moturos quicquam Etruscos..si ne quid moueri posset ~auisset Liv.27.24.9; satis..prouisum atque ~autum est, ne quid aduersus uos..praeter hostis esset 36.17.12;—(*w. jussive subj.*) ~auendum est grauidis abstineant hoc cibo Plin.*Nat.*20.143.

praecēdō ~ēdere ~essī ~essum, *intr., tr.* [PRAE-+CEDO[1]]

1 To go in front (of), go on ahead (of), precede.

postquam omnis longe comitum ~esserat ordo, substitit Aeneas Verg.*A.*11.94; nec tardum opperior nec ~edentibus insto Hor.*Ep.*1.2.71; cum equite, ut prius uenisse quam uenturum sciant, ~edam Liv.22.51.2; ~edenti spectatur mantica tergo Pers.4.24;—(*of inanim. things*) sol erat a tergo: uidi ~edere longam ante pedes umbram Ov.*Met.* 5.614; thalami more ~edunt faces Sen.*Tro.*1132; titulus ~essit Plin.*Nat.*5.37; urgent praesagia mille funeris, et nigrae ~edunt nubila mortis Stat.*Theb.*9.851; ~edebant incompta signa, uersi fasces Tac.*Ann.*3.2; ~edente Victoria quae est in curia Suet.*Aug.*100.2;—(*of abst. things*) praefecto classis circumuehi Britanniam praecipit. datae ad id uires, et ~esserat terror Tac.*Ag.*38.4; ~esserat de eo fama.. auaritiae Suet.*Gal.*12.1;—(*w. acc. sts. incl. temporal force*) HAEC QVAE ME FAATO ~ESSIT *CIL* 1.1221.6; praetoria naue ~edente classem Liv.35.26.7; ut..nuntios..periculi uictoriae ~ederet nuntius Vell.2.129.3; impiger alis portantis ~ede Notos Stat.*Theb.*1.293; iam coeperat ultima Virgo Phoebum laturas ortu ~edere chelas Luc.2.692; (*cf.*) uolucris Zephyros ~edere telo Stat.*Silv.*3.1.156; (*of abst. things*) magna Isaeum fama ~esserat Plin.*Ep.*2.3.1.

2 To occur at an earlier time (than), come before, precede. **b** to anticipate (an action, event).

antequam dico quibus ~edentibus morborum timor subsit Cels.2.pr.2; cum terrae motus futurus est, ~edit aeris tranquillitas Sen.*Nat.*6.12.2; in quo usu ~edere uomitum uolunt Plin.*Nat.*31.64; refert enim, conuiuium ~esserit an tristitia Quint.*Inst.*7.2.14; uita ~edens si innocens 7.4.18; RESTITVIT SECVNDVM ~EDENTEM TERMINATIONEM PROXIMI CIPPI PED VI *A.Epig.*17–18.108; VT OMNIA ~EDENTIA FACTA SVA..FACILE SVPERARI⟨T⟩ *CIL* 5.532; cum..neque mutuum acceperit neque ulla causa ~esserat debendi Pompon.*dig.* 15.1.49.2; ~edenti anno Ulp.*dig.*43.22.1.9; (*w. abl. of measure*) tam uenerabile erat ~edere quattuor annis Juv. 13.58;—(*w. acc.*) longe linguae ~essit origo sermonem Lucr.4.838; tollit..horrores febrem ~edentes Larg.95; cum..accusatio ~edat defensionem Quint.*Inst.*3.2.2; quia delictum tutelam ~essit Ulp.*dig.*26.10.3.5; (*of a person*) quam paulum aetate ~edens eum Quint.*Inst.*10.1.103. **b** (*w. acc.*) quorum alter triumphum patris funere suo quartum ante diem ~essit V.Max.5.10.2; si exiguo momento publica fata ~edo Sen.*Ep.*71.15; letum ~edere nati festinantem animam Luc.3.750; (*transf.*) ~essit arcus uerba Sen.*Her.O.*517.

3 To come before (in sequences other than place or time), precede.

in omni..parabole aut ~edit similitudo, res sequitur, aut ~edit res et similitudo sequitur Quint.*Inst.*8.3.77; uerbum quidem ~edens..inmodice clamitaui, sequens uero nullo pacto disserere potui Apul.*Met.*7.3;—(*w. acc.*) duabus longis (syllabis) breuem sequentibus bacchius, eisdem longis breuem ~edentibus palimbacchius erit Quint.*Inst.*9.4.82.

4 To be superior (to), excel. **b** (w. compendious comparison) surpass (qualities, achievements, etc.).

Epigonus..~essit in tubicine Plin.*Nat.*34.88; ordinem dicendi secundum uires ingenii dabant, et ita superiore loco quisque declamabat, ut ~edere profectu uidebatur Quint. *Inst.*1.2.23;—(*w. dat.*) ea re ~edere..deos hominibus Apul. *Apol.*21; (*of things*) ut uostrae fortunae meis ~edunt..longe Pl.*As.*629;—(*w. acc.*) Heluetii..reliquos Gallos uirtute ~edunt Caes.*Gal.*1.1.4; quae ad custodiam religionis adtinent, nescio an omnes..Regulus ~esserit V.Max.1.1.14; quos Lentulus omnis..nobilitate dolendi ~essit Luc.8.330; Baetica..cunctas prouinciarum diuiti cultu..~edit Plin. *Nat.*3.7; fit..durissima haec arteriace et hoc ipso ~edit ceteras Larg.75; Quint.*Inst.*10.1.96; pertinet ad tuam gloriam quam maximum uideri, quem ~edis uel exaequas Plin.*Ep.*6.17.4; (*w.* in+*abl.*) peritis..Punicae dandum negotium, in quo ~essit omnes..Silanus Plin.*Nat.*18.23. **b** ego uestros honores rebus gerendis ~essi Liv.38.51.11; armorum..decus ~ede forensibus actis *Laus Pis.*34; ite per annos..et priscae titulos ~edite famae Stat.*Silv.* 2.2.146; (*of things*) hanc dispositionem..tectorum longe longeque ~edit hippodromus Plin.*Ep.*5.6.32; (*ellipt.*) qui referre gratiam debet, numquam consequitur, nisi ~essit Sen.*Ben.*1.4.3.

5 To take precedence (of), rank before.

quia filius gradu ~edit, is solus iura sui heredis habet Gaius *Inst.*2.133; ita..pronepos proneptisue suorum heredum numero sunt, si ~edens persona desierit in potestate parentis esse 3.2; sumptus causa, qui necessarie factus est, semper ~edit Papin.dig.16.3.8; iussum eius qui in potestate habet non est simile tutoris auctoritati..sed ~edere debet Ulp.*dig.*29.2.25.4;—(*w. acc.*) ut genus species sequitur, ita speciem genus ~edit Quint.*Inst.*7.1.59; quae (*sc.* impensa funeris) etiam omne creditum solet ~edere Maecian.*dig.* 11.7.45; nec exheredari huiusmodi nepos deberet ab auo, quem pater ~edebat Ulp.*dig.*28.3.6; (*cf. sense 1*) Paulus.. uel Drusus moribus esto..~edant ipsas illi te consule uirgas Juv.8.23.

praeceler ~ris ~re, *a.* [PRAE-+CELER] Very swift.

cuncta ~ri pernicitate peragens Plin.*Nat.*8.26; nisi ~ri ui repente rapuit 9.153; sollicitat tunc ampla uiros ad praemia cursu ~ris Stat.*Theb.*6.551.

praecelerō ~āre, *intr., tr.* [PRAE-+CELERO] To hurry on ahead (of).

fert uia per dumos propior, qua calle latenti ~ant Stat. *Theb.*2.497;—(*w. acc.*) pars cingunt, pars arta plebe sequuntur ~antque ducem 4.800.

praecellens ~ntis, *a. compar.* ~ntior, *superl.* ~ntissimus. [pple. of next]

1 Standing out from its surroundings, outstandingly tall.

simplicia rura etiam nunc deo ~ntem arborem dicant Plin.*Nat.*12.3; Alexander..in Pompei porticibus ~ns et Calypso sedens huic eidem (*sc.* pictori) adscribuntur 35.132.

2 Pre-eminent, outstanding, excellent.

e Cypria fico..acetum fit ~ns atque Alexandrino quoque melius Plin.*Nat.*14.102;—(*w. abl.*) uir omnibus rebus ~ntissimus Cic.*Ver.*4.97; uir et animo et uirtute ~ns *Balb.* 25; maior alia (ficus) pomo et suauitate ~ntior Plin.*Nat.* 12.24; inter deliberationes contentionesque medicorum auctoritate ~ntium Larg.pr.p.1,l.7;—(*w.* in+*abl.*) ingenium in utroque eloquentiae doctrinaeque genere ~ns Suet.*Cal.*3.1.

praecellō ~ere, *intr., tr.* [PRAE-+-*cello* (CELSVS)] FORMS: ~*et* (3rd pers. sg., pres. ind. act.) Pl.*Ps.*680. To be superior to others, be pre-eminent, excel. **b** (w. dat. or acc.) to be superior to, surpass.

ut quisque Fortuna utitur, ita ~et atque exinde sapere eum omnes dicimus PL.*Ps.*680; M. Silani..qui per insignem nobilitatem et eloquentiam ~ebat TAC.*Ann.*3.24; (siligo) ~it in Italia, si Campana Pisis natae misceatur PLIN.*Nat.* 18.86; 37.84; decretus..Pomponio triumphalis honos, modica pars famae eius apud posteros in quis carminum gloria ~it TAC.*Ann.*12.28; tam pulchra ales, quae ex omni auitio longe ~it APUL.*Soc.*pr.4; si hic honor (*sc.* duumuiratus) ~at ULP.*dig.*50.3.1;—(*w. abl.*) simul forma, factis, eloquentia..pariter ~ebat QUAD.*hist.*8; debent (primordia)..~ere mobilitate LUCR.2.161; principum liberos.. qui scientia uidebatur ~ere erudiebat LIV.5.27.1; malus Assyria..odore ~it foliorum PLIN.*Nat.*12.15; Cassius opibus uetustis et grauitate morum, Silanus claritudine generis et modesta iuuenta ~ebant TAC.*Ann.*16.7; murales coronas, quae honore ~erent, dabat SUET.*Aug.*25.3. **b** mortalibus alti quantum caelicolae, tantumdem animalibus isti ~unt cunctis SIL.15.74;—aegida ~ant quantum horrida fulmina 9.478; Agrippina fecunditate ac fama Liuiam..~ebat TAC. *Ann.*2.43; primus sententiam rogatur ceterosque honoris ordine ~it PAPIN.*dig.*50.2.6.5.

praecelsus ~a ~um, *a.* [PRAE-+CELSVS] Exceptionally high; (of persons) exceptionally tall.

una in ~a consedit rupe Celaeno VERG.*A.*3.245; cetera (urbs) munita erat ~is muris aut abruptis montibus PLIN. *Nat.*3.67; ~is..uaga molibus unda crescit STAT.*Silv.*1.5.27; —ingentis artus ~us Agylleus sponte premit *Theb.*6.858; (*poet.*) iamque piam lux alta domum ~aque toto intrauit Fortuna gradu *Silv.*3.3.85.

praecentiō ~ōnis, *f.* [PRAECINO+-TIO] The performance of music as a prelude to some activity.

tui sacerdoti sunt tensae, curricula, ~o, ludi CIC.*Har.*21; ea..~one..ad quandam quasi militaris musicae disciplinam uis..militum..cohibebatur GEL.1.11.4.

praecentō: see PRAECANTO.

praecentor ~ōris, *m.* [PRAECINO+-TOR] One who leads the singing of a choir.

quod est..~or in choris..hoc est in mundo deus APUL. *Mun.*35.

praecenturiātus ~a ~um, *a.* [PRAE-+ CENTVRIO[1]] Having an area previously ascertained in terms of *centuriae*.

proximam quamque extremitatium obliquitatem..cohercitam mensuralibus lineis statutis certo ~o spatio simili futurae tradimus formae FRON.*agrim.*p.15.

praeceps[1] ~ipitis, *a.* [PRAE-+-CEPS[2]] FORMS: *~ipes* (nom. sg.) PL.*Cas.*931, *Rud.*671, fr.58; *~ipem* (acc.) LAEV.*poet.*12; *~ipe* (abl.) ENN. *Ann.*399.

1 Plunging head-foremost, moving in an uncontrolled fall, headlong. **b** (of motion) characterized by a plunge, headlong. **c** (of heavenly bodies) setting, sinking; (also transf., of day). **d** appearing head-downwards; (in quots., of constellations). **e** (in viticulture, app. describing a method of dealing with a certain type of shoot) bent downwards. **f** (of a man's age) advanced, declining; (sim., of a season).

decido de lecto ~ipes PL.*Cas.*931; iuberes hunc ~ipitem in pistrinum trahi *Ps.*494; omnes..uno ore auctores fuere ut ~ipitem hanc daret TER.*Ph.*625; imperat lictoribus ut Sopatrum de porticu..~ipitem in forum deiciant CIC.*Ver.* 4.86; quendam..de tuo uolo ponte ire ~ipitem in lutum per caputque pedesque CATUL.17.9; ~ipites..cadunt (*sc.* aues)..in terram LUCR.6.744; cum rota ~ipitem..impulit effunditque solo VERG.*A.*12.379; ~ipites per uastam altitudinem prolapsi LIV.38.23.2; reus in suggestu..ostendebatur: si nocentem adclamauerant, ~eps datus trucidabatur TAC. *Ann.*1.44;—(*of inanim. things*) illud (*sc.* malum) prono ~eps agitur decursu CATUL.65.23; saepe etiam stellas uento impendente uidebis ~ipitis caelo labi VERG.*G.*1.366; ~ipiti grandine desuper uerberatur APUL.*Mun.*3;—(*in fig. phr.*) obsequium multo molestius, quod peccatis indulgens ~ipitem amicum ferri sinit CIC.*Amic.*89; necesse est suomet ipsi more ~ipites eant SAL.*Jug.*31.6; ut magis magisque (mores) lapsi sint, tum ire coeperint ~ipites LIV.pr.9; in auaritiam luxuria ~eps est SEN.*Ep.*95.33. **b** occumbunt multi letum..aut intra muros aut extra ~ipe casu ENN. *Ann.*399; se..ipse per ignem ~ipiti iecit saltu VERG.*A.* 8.257; ~ipiti..perire leto (*i.e. a fall from a tower*) SEN. *Phaed.*262; ~ipites per inania iactus LUC.9.107; (*in fig. phr.*) propter tot tantos tam ~ipitisque casus clarissimorum hominum CIC.*de Orat.*3.13. **c** iam..~eps in occasum sol erat LIV.10.42.1;—~ipiti..iam die curare corpora milites iubet 4.9.13; esse..~eps in noctem diei tempus CURT. 4.16.18; in astra iam lux prona, iam ~eps dies SEN.*Ag.*461; ~ipiti in occasum die TAC.*Hist.*3.86. **d** ipse (*sc.* Nixus).. ~eps obscura nocte tenetur CIC.*Arat.*652(404); Taurus in auersos ~eps cum tollitur ortus MAN.5.140. **e** ~ipites palmites dicuntur, qui de hornotinis uirgis enati in duro alligantur COL.5.6.33. **f** ~ipiti senectute diu frui tua bonitate non possum CURT.6.5.3; est iam ~ipiti aeuo et occidua senectute APUL.*Apol.*36;—primo mense ueris nouum dicatur uer, secundo adultum, tertio ~eps SAL.*Hist.* inc.38.

2 (describing more or less horizontal movement) Rushing forward, headlong. **b** (of motion). **c** (of winds, storms, etc.).

Meuulanum, tribunum militum Antoni, Capua ~ipitem eiecit CIC.*Sest.*9; dum te fugeret per flumina ~eps VERG.*G.* 4.457; per ~eps pauore fugientium agmen in mediam.. aciem inlati LIV.22.47.6; tu ~ipites clamore feras subsessor ages SEN.*Phaed.*51; Ionius..magister, qui..~eps subito nusquam ostia, nusquam Ausoniam uidet et saeuas accedere Syrtes V.FL.7.85; curramus ~ipites et..calcemus Caesaris hostem JUV.10.85; (*poet.*) tamquam..anxia ~ipiti uenisset epistula pinna 4.149;—(*of inanim. things*) torrens sternit agros..~ipitisque trahit siluas VERG.*A.*2.307; torpuit et ~eps audito carmine mundus LUC.6.463;—(*in fig. phrs.*) quam magis in pectore meo foueo..quam se ad uitam et quos ad mores ~ipitem inscitus capessat, magis curae est.. ne is pereat PL.*Bac.*1077; ille demens et iam pridem ad poenam exitiumque ~eps CIC.*Har.*51; quaenam te mala mens..agit ~ipitem in meos iambos? CATUL.40.2; sic Agricola simul suis uirtutibus, simul uitiis aliorum in ipsam gloriam ~eps agebatur TAC.*Ag.*41.4; neque..~eps uitam expulit *Ann.*16.19;—(*transf., of a speaker*) sol me ille admonuit, ut breuior essem, qui ipse iam praecipitans me quoque haec ~ipitem paene euoluere coegit CIC.*de Orat.* 3.209. **b** subitum discessum et ~ipitem profectionem.. periculosam puto CIC.*Att.*9.10.6; cum ~ipiti certamine campum corripuere..currus VERG.*G.*3.103; tam..~eps festinatio ut quo die captam hostem uidisset eodem matrimonio iunctam acciperet LIV.30.14.2; sic turba per urbem ~ipiti lymphata gradu..ruit LUC.1.496; (*transf., of speech*) cum se homo uolubilis quadam ~ipiti celeritate dicendi ..iactaret CIC.*Flac.*48. **c** Danae..~ipiti delata Noto VERG.*A.*7.411; nec timuit ~ipitem Africum HOR.*Carm.* 1.3.12; naiades, quas Albula..Narue tulit ~eps OV.*Met.* 14.330; ut ~eps cumulos agit unda minantis in scopulos STAT.*Theb.*6.777; hic ~eps minus audet hiems *Silv.*2.2.28.

3 Acting precipitately, impetuous.

scelestus sacerdotem anum ~ipes reppulit, propulit PL. *Rud.*671; quis potest esse tam auersus a uero, tam ~eps, tam mente captus..? CIC.*Catil.*3.21; terrebat eum natura mortalium..~eps ad explendam animi cupidinem SAL.*Jug.* 6.3; ~eps animi Tmarus VERG.*A.*9.685; ut est genus Numidarum in uenerem ~eps LIV.30.12.18; numquam stabilis fauor uulgi ~ipitis SEN.*Thy.*352;—(*of actions, behaviour*) cuius ego de ecfrenato et ~ipiti furore quid dicam? CIC.*Har.*2; inopia frumenti quamuis in ~ipitia, dum celeriora essent, agebat consilia LIV.2.51.7; quibus (*sc.* canibus) est audacia ~eps uenandique sagax uirtus OV. *Hal.*75; quae bellum ~eps amentia suasit..? STAT.*Theb.* 12.765; laudat iuuenem omissis ~ipitibus tuta et salutaria capessentem TAC.*Ann.*15.29; id quidem consilium ut ~eps inmaturumque omisit SUET.*Aug.*8.2; (*cf.*) promptum sit os non ~eps QUINT.*Inst.*11.3.52.

4 (of ground, etc.) Falling very steeply, precipitous, sheer. **b** (fig.) involving risk of sudden disaster.

cum fornacem facies, fauces ~ipites deorsum facito CATO *Agr.*38.3; Phoebi fax..~ipitis caeli partis obitusque petessens CIC.*Cons.*fr.2.22; si locus is quo ferentur equi ~eps erit *Luc.*94; pars (*sc.* Latinorum) in ~ipitis fossas urgente ruina uoluitur VERG.*A.*11.888; quod si ~ipiti conduntur flumina terra *Aetna* 132; omnis..ferme uia ~eps, angusta, lubrica erat LIV.21.35.11; (solum) nec campestre nec ~eps, simile tamen edito campo COL.3.1.8; nautae uidere trementes fluctibus e summis ~eps mare LUC.5.640; ~eps esse libramentum oportet, ut ruat (flumen) uerius quam fluat PLIN.*Nat.*33.74; ecce alte ~eps humus ore profundo dissilit STAT.*Theb.*7.816;—(*in fig. phr.*) illam uiam uitae quam ante ~ipitem et lubricam esse ducebat CIC. *Flac.*105; ut tam in ~ipitem locum non debeat se sapiens committere *Luc.*68; ardua per ~eps gloria uadat iter OV.*Tr.* 4.3.74. **b** lubricum genus orationis adulescenti non acriter intellegenti et saepe ~eps CIC.*Pis.*68; progressum ~ipitem, inconstantem reditum uidet *Att.*2.21.3; cum.. aut tempore longinqua aut ~eps periculo uictoria esset LIV.9.24.2; (libertatem) nimiam..ipsis qui habeant ~ipitem esse 34.49.8; in tam ~ipiti tempore ferret opem OV.*Fast.* 2.400; ad quam (*sc.* curationem) festinare cum ~eps sit CELS.7.26.2A; ut sceptra tenentem foedere ~ipiti semper nouus angeret heres STAT.*Theb.*1.141; (*cf.*) quem damnosa Venus, quem ~eps alea nudat HOR.*Ep.*1.18.21.

5 Occurring in an instant, sudden. **b** having an instant effect. **c** (of utterances, etc.) abrupt.

signo dato ~ipiti SAL.*Hist.*2.87A; at tu ~ipitem qua spes est proxima labem adgredere GRAT.468; maximo et ~ipiti periculo transmisit ad Caesarem VELL.2.84.2; si incisa uena ~eps periculum est CELS.2.11.6; iniuriae illorum ~ipites, lenta beneficia sunt SEN.*Ben.*2.5.1; febricitantibus uitiisque ~ipitibus correptis..negauit medicamenta danda LARG.pr.p.3,l.28; ~ipiti grauidum iam sorte parentem V.FL.5.22. **b** breuis morbus ac ~eps SEN.*Ep.*78.17; de genere ueneni consultauit, ne repentino et ~ipiti facinus proderetur TAC.*Ann.*12.66. **c** tulit eloquium insolitum facundia ~eps HOR.*Ars* 217; in hac (actione) quaerentur sententiae..~ipites uel obscurae QUINT.*Inst.*7.1.44; hoc, ubi pondus exigitur, ~eps ac resultans merito damnetur 9.4.83.

praeceps[2] ~ipitis, *n.* [prec.]

1 A place where there is a precipitous descent, a sheer drop. **b** a drop, descent; (in quots., fig.).

per ~ipitia et praerupta salientes LIV.27.18.9; qua (Araxes) ex ~ipiti in subiecta casurus est MELA 3.40; ad laqueum, ad ~ipitia, ad qualemcumque uitae..exitum QUINT.*Decl.*260(p.67,l.12); per altissimum ~eps in uallem proximam etiam nunc spirantem praecipitant APUL.*Met.* 4.5;—(*in fig. phr.*) non ego per ~eps et acuta cacumina uadam OV.*Ars* 1.381; non ex ~ipiti dolor in tua pectora uenit *Epic.Drusi* 399; ubi semel recto deerratum est, in ~eps peruenitur VELL.2.3.4; in ~ipitia cursus iste deducit; huius eminentis uitae exitus cadere est SEN.*Ep.*8.4; imperium cupitionibus nihil medium inter summa aut ~ipitia TAC.*Hist.*2.74; debet enim orator..efferri ac saepe accedere ad ~eps PLIN.*Ep.*9.26.2;—(*fig.*) casus medicusue leuarit aegrum ex ~ipiti HOR.*S.*2.3.293; siquid adhuc audax ex ~ipitique petendum est OV.*Met.*13.378; infra illum nulli gradus sunt? statim a sapientia ~eps est? SEN. *Ep.*75.8; 94.73; an nondum ~eps uicinaque fata uidetis? SIL.7.232. **b** subiti ~eps iuuenile pericli STAT.*Silv.*1.4.51; excelsae turris tabulata, unde altior esset casus et inpulsae ~eps inmane ruinae JUV.10.107.

2 a *in ~eps*, Headlong; sim. *per ~eps*. **b** *in ~ipiti* (poised) over a sheer drop; (fig.) on the brink (of disaster, etc.).

a illum in ~eps prono rapit alueus amni VERG.*G.*1.203; prolapso equo effusum in ~eps captum ab Romanis esse LIV.27.19.10; 42.66.7; Phaethon..uoluitur in ~eps OV. *Met.*2.320; in ~eps datis corporibus SEN.*Dial.*3.7.4; in ~eps subsedit humus LUC.6.643; Aproniam coniugem in ~eps iecit TAC.*Ann.*4.22;—(*in fig. phrs.*) prope totam rem publicam in ~eps dederat LIV.27.27.11; quas non arces scelus alternum dedit in ~eps? SEN.*Ag.*78; fata..in ~eps solitus demittere Caesar LUC.5.301;—tu per ~eps tecto delabere aperto, det quoque..alta fenestra uias OV.*Ars* 2.245. **b** turrim in ~ipiti stantem..conuellimus altis sedibus VERG.*A.*2.460;—in ~ipiti..iam esse denuntiat, quae (*sc.* aluus) liquida eademque uel nigra..uel pinguis est CELS.2.6.12; in ~ipiti uoluptas ad dolorem uergit SEN.*Ep.* 23.6; in ~ipiti dubioque locas nimis excelsos *Ag.*58; quam in ~ipiti res humanae essent, uario sermone garrimus PETR.55.1; ni..Caesar inritas leges, rem publicam in ~ipiti conquestus esset TAC.*Ann.*4.30; omne in ~ipiti uitium stetit JUV.1.149; quod ille aput Iuliani aures in ~ipiti stare.. audebat GEL.9.15.5.

praeceps[3], *adv.* [as prec.] Headlong.

ex his fulgoribus quaedam ~ eunt similia prosilientibus stellis SEN.*Nat.*1.15.2; dum (moles) ruit..immensamque uim mortalium..~ trahit atque operit TAC.*Ann.*4.62; eum ..senile illud facinus..inopinato pulsu nutantem ac pendulum..~ inegit APUL.*Met.*4.12;—(*in fig. phrs.*) ut sciat..quae (uoluptates) ~ ferantur infinitaeque sint SEN.*Dial.*7.13.4; euersio rei familiaris dignitatem ac famam ~ dabat TAC. *Ann.*6.17.

praeceptiō ~ōnis, *f.* [PRAECIPIO+-TIO]

1 The inculcation of rules, instruction. **b** a practical rule.

ut intelligas hanc rationem ~onis ad exercitationem adcommodari oportere *Rhet.Her.*1.1; ab ultimo principio huius ~onis (*sc.* artis rhetoricae) usque ad hoc tempus CIC. *Inv.*2.5; propria est ea ~o Stoicorum, Academicorum, Peripateticorum *Off.*1.6; non tantum ~onem..sed etiam suasionem et..exhortationem necessariam iudicat SEN.*Ep.* 95.65;—(*w. obj. gen.*) perfecta est omnis argumentorum inueniendorum ~o CIC.*Top.*71; recti ~o prauique depulsio *N.D.*2.79. **b** ut..aduersariorum argumentationes hac ~one..temptare..possimus *Rhet.Her.*2.31; ars est ~onum exercitatarum constructio CIC.*lib.inc.*fr.26.

2 A pre-existing idea, preconception.

uter ad..eandem, quam eius uerbi ~onem incohatam habebunt in animis ei qui audient, magis et propius accesserit CIC.*Part.*123.

3 The receiving (of a legacy) in advance (before the general partition of the estate), or the right to receive it, preception.

rem pignori creditori datam si per ~onem legauerit testator GAIUS *dig.*10.2.28; eisdem fundos per ~onem dedit SCAEV.*dig.*36.1.80(78).13; ULP.*dig.*36.1.3.4; PAPIN.*dig.*34. 9.12;—(*w. obj. gen.*) Saturninus..qui nos reliquit heredes ..rei publicae nostrae..~onem quadringentorum milium dedit PLIN.*Ep.*5.7.1; si..pluribus fuerit unius rei ~o relicta ULP.*dig.*10.2.22.1; filiam..dotis perperam a patre solutae ~onem desiderare PAPIN.*dig.*23.4.26.1.

praeceptīuus ~a ~um, *a.* [PRAECIPIO+-IVVS] Concerned with practical *ad hoc* precepts.

ista ~a pars submouenda est, quia quod paucis promittit, praestare omnibus non potest SEN.*Ep.*94.16; haec pars philosophiae, quam..nos ~am dicimus 95.1.

praeceptō ~āre, *tr.* [PRAECIPIO+-TO] (See quot.).

~at, in saliari carmine est, saepe praecipit FEST.p.205M.

praeceptor ~ōris, *m.* [PRAECIPIO+-TOR] One who instructs, a teacher, tutor. **b** a learned authority. **c** one who gives orders.

~or tuos, qui te hanc fallaciam docuit PL.*Ps.*1193; declamantium auditor atque ~or POL.*gram.*1; ego sum ~or Amoris OV.*Ars.*1.17; hoc medicamentum..Celsi fuit, ~oris Valentis et nostri LARG.94; nam et studio perpetuo et praestantissimis ~oribus..opus est QUINT.*Inst.*1.1.10; neque aliud superesse post matrem fratremque interfectos quam ut educatoris ~orisque necem adiceret TAC.*Ann.* 15.62; VLPIO SOTACO AVG LIB ~ORI *CIL* 6.8979; JUV.7.209; (*transf., of natural forces*) ut..nec supersit in deteriora ~or SEN.*Nat.*3.29.5;—(*w. obj. gen.*) neque disiuncti doctores, sed eidem erant uiuendi ~ores atque dicendi CIC.*de Orat.*3.57; philosophiae ~orem habuit Lysim Tarentinum NEP.*Ep.*2.1; ecce deas uidi, non quas ~or arandi (*i.e. Hesiod*) uiderat OV.*Fast.*6.13; PETR.88.9. **b** ceteri..nostri ~ores GAIUS *Inst.*1.196; est plane nostrorum ~orum haec sententia *dig.* 39.2.32. **c** si tali ~ori ratio reddenda sit, nihil faciendum esse monuerunt aliter quam praeceptum est GEL.1.13.8.

praeceptrix ~īcis, *f.* [PRAECIPIO+-TRIX] An instructress.

qua (*sc.* sapientia) ~ice in tranquillitate uiui potest CIC. *Fin.*1.43; omnis..est machinatio..~ice et magistra mundi uersatione instituta VITR.10.1.4.

praeceptum ~ī, *n.* [pple. of PRAECIPIO] FORMS: *~u* (abl.) *CIL* 11.7831, *preceptu* 5.6503a.

1 A piece of advice, teaching, precept.

me meliorem fecit ~is suis PL.*Bac.*1021; ~orum plenust istorum ille TER.*Ad.*412; non uideo quem ad modum ex eius ~o demam sextam partem et de XIII mancipiis VAR.*R.* 1.18.5; erat..doctus Hermagorae ~is CIC.*Brut.*271; ut.. uellem..meae quoque auctoritatis..~um ad te aliquod peruenire *Fam.*10.6.2; sine ui non ulla dabit ~a VERG.*G.* 4.398; ipsa memor ~a canam, celabitur auctor HOR.*S.* 2.4.11; PROP.2.34.77; L. Aemilium ~orum eius memorem et uixisse..et mori LIV.22.49.10; opus esse nobis aliquo aduocato qui contra populi ~a praecipiat SEN.*Ep.*94.52;

(*w. explanatory cl.*) addidit ~a..ut non dominationem et seruos, sed rectorem et ciuis cogitaret TAC.*Ann.*12.11.

2 An instruction, order (not always distinguishable from sense 1).

et ~a sobrie ut cures face PL.*Mil.*812; tibi quid facias definit, te instituit, tibi ~a dat CIC.*Quinct.*84; omnia postposui, dum modo ~is patris parerem Q.CIC.*Fam.*16.21.6; quo ~o ab eis diligentissime obseruato CAES.*Gal.*5.35.1; ubi ex ~o tempus uisum, paratis..omnibus ad locum pergit SAL.*Jug.*94.1; deum ~a secuti VERG.*G.*4.448; iam sine ~o ullius sua sponte struebatur acies LIV.9.31.9; nec mora ~is STAT.*Theb.*1.533; consilium id diuus Augustus uocabat, Tiberius ~um TAC.*Ag.*13.3; I O M EX PRECEPTV VIRGINIS DIANE VOLERIVS CVM FRATRIBVS D P *CIL* 5.6503a; immanitate ~i consternata silens obstupescit APUL.*Met.*6.10; (*w. defining gen.*) ab hoc Dolabelliae scelerum ~a sunt tradita CIC.*Phil.*11.6; (*foll. by indir. command*) legiones duas..mittit occulto ~o compositius cuncta quam festinantius agerent TAC.*Ann.*15.3.

3 A principle, rule.

contra praecepta est quod nihil eorum efficit quorum causa..~a traduntur CIC.*Inv.*1.26; quo magis ~um illud omnium in animis esse debet, nihil in bello oportere contemni NEP.*Thr.*2.3;—(*w. defining gen.*) hoc ~um praetermittendarum est facetiarum, cum eis nihil opus sit CIC. *de Orat.*2.229; huic misero puero..hoc iudicio uiuendi ~a dabitis *Flac.*106; fortitudinis quaedam ~a sunt ac paene leges *Fin.*2.94; at tua, Maecenas, uitae ~a recepi PROP. 3.9.21; in artis perpetuis ~is ordinatae modum LIV.9.17.10; quae te legis ~aque fortia belli erudiit STAT.*Theb.*10.506; ut legis ~um euertat ULP.*dig.*37.14.16.

praecerpō ~ere ~sī ~tum, *tr.* Also **-arpō** ~ere. [PRAE-+CARPO]

1 To pluck or cut off (from the end of something); to pluck or cut off the end of. **b** to cull passages from (a book), excerpt.

densas ~ens messor aristas..flauentia demetit arua CATUL.64.353; si inter arbores..aretur, fiscellis capistrari (oportet boues), ne germinum tenera ~ant PLIN.*Nat.*18.177; —~untque iubas (*sc.* leonis) immaniaque ora recludunt STAT.*Theb.*9.193; cum primum niueam ~ere frontem decretum est *Silv.*3.4.86. **b** cum Aristotelis libros problematorum ~eremus GEL.2.30.11.

2 To take an early crop of, reap early. **b** to forestall others in reaping. **c** (fig.) to take (the flower of a thing) or deprive (a thing) of its flower before time (with the implication of spoiling).

generantur..omni tempore mala citrea. alia enim praecarpuntur, alia interim maturescunt OPP.in Macr.*Sat.*3.19.4; (*in fig. phr.*) omnis illa laus intra unum aut alterum diem, uelut in herba uel flore ~ta, ad nullam certam..peruenit frugem TAC.*Dial.*9.4. **b** (*in fig. phrs.*) non ~o fructum offici tui, non alienam mihi laudem appeto CIC.*Ver.*4.80; quis tibi permisit nostras ~ere messes? OV.*Ep.*19.143. **c** propositis..probationibus omnis in relicum gratia nouitatis ~itur QUINT.*Inst.*4.5.4; ne gratiam nouitatis et florem, quae oratiunculam..commendat, epistulae loquacitate ~am PLIN.*Ep.*5.20.8; summum..illud purpurae decus non nisi ~tum praefloratumque transmittere *Pan.*58.4.

praecia: see PRECIA.

praeciāmitātor ~ōris, *m.* (dub.). (See quot.).

praeciamitatores dicuntur, qui flaminibus Diali, Quirinali, Martiali, antecedent⟨es⟩ exclamant feriis publicis, ut homines abstineant se opere *Fest.*p.249M.

Praeciānus ~a ~um, *a.* The name of a kind of pear.

(pirum) ~um CLOAT.*gram.*10.

praecīdāneus ~a ~um, *a.* [? PRAECEDO (or next)+-ANEVS (cf. *succidaneus*)] (relig., of a sacrificial victim, ceremony, etc.) Preliminary, preceding; (or, if from *praecido*) sacrificed in advance.

priusquam messim facies, porcam ~am hoc modo fieri oportet CATO 134.1; quod humatus non sit, heredi porca ~a suscipienda Telluri et Cereri VAR.in Non.p.163; feriae ~ae in atrum diem inauguratae sunt CAP.*iur.*8; GEL.4.6.9;—(*understood as deriving from* praecido) '~ae'..hostiae dicuntur, quae ante sacrificia sollemnia pridie caeduntur 4.6.7; ~a agna..quae ante alias caedebatur PAUL.Fest. p.223M.

praecīdō ~dere ~dī ~sum, *tr.* [PRAE-+CAEDO]

1 To cut or break the tip off, shorten (by cutting or sim. action), cut back, lop. **b** to maim by cutting off an extremity. **c** to cut away in front (in a plan, construction, etc.). **d** (in painting) to make clear-cut, define (the outlines or edges of a subject).

quem ramum insiturus eris, ~dito CATO *Agr.*40.2; ubi coierint..id manu prehende et dextera sinistra ~de 160; ~di arbores oportere secundum terram VAR.*R.*1.27.3; cotem nouacula posse ~di CIC.*Div.*1.32; (Romani) neque congredi propius neque ~dere hastas (Macedonum) poterant LIV.32.17.14; quemadmodum ~sae arbores plurimis ramis repullulant SEN.*Cl.*1.8.7; (pinnae) ~sae non crescunt, euulsae renascuntur PLIN.*Nat.*11.228; oportet..ita (fistulam) ~dere, utraque parte ut perforata sit LARG.47; (*cf.*) 'noualis' est terra ~sa (*perh. with the surface cleared*), quae anno cessauit GAIUS *dig.*50.16.30.2. **b** nauis quibus usus non est omnis aut ~disse aut incendisse dicunt CIC.*Att.* 9.6.3; i nunc et miseros, Cybele, ~de (*i.e. castrate*) cinaedos MART.9.2.13. **c** in cornibus utrimque ad eius mensurae perpendiculum inferiores sedes (*sc.* theatri) ~dantur VITR. 5.6.5. **d** tanta..subtilitate extremitates imaginum erant ad similitudinem ~sae PETR.83.2.

2 To cut or sever so as to separate a part from the main body. **b** (of a line) to cut across, intersect; (of a topog. feature). **c** to travel straight across, cut across.

hunc collum..~di iube CAECIL.*com.*56; funis enim ~sus cito atque anquina soluta LUCIL.1114; fistulas quibus aqua suppeditabatur..~di imperarat CIC.*Rab.Perd.*31; si subito medium (*sc.* corpus) celeri ~derit ictu uis aliqua LUCR.3.636; ~so medio (*sc.* corpore) partem Consentiam misere, pars ipsis retenta ad ludibrium LIV.8.24.14; ceruicem noxio imperabo ~di SEN.*Dial.*3.16.5; si musculus laesus uidebitur, ~dendus erit CELS.5.26.22; sanguinem sisti non aperta modo uena, sed etiam ~sa PLIN.*Nat.*25.83;—(*fig.*) licet (mors) inmatura sit, licet mediam ~dat aetatem SEN. *Ep.*78.27. **b** signorum partes..annum expleturi ~dunt quattuor orbis GERM.*Arat.*447; (limes) at ipsa consurgens Helice medium ~dit Olympum MAN.1.634; quotiens ~ditur ipse (*sc.* gyrus) 1.700; quintum quemque limitem.. oportet..~dere mensura cardinem, ut quadraturae diligenter cludi possint HYG.*agrim.*p.72; (*cf.*) ad dexteram commeantium ~so itinere PLIN.*Nat.*8.83;—uasta omnia uastis ~sa montibus MELA 3.89. **c** per altum ad Nesida direxi ~surus omnes sinus SEN.*Ep.*53.1; non ~dis medium mare? [QUINT.]*Decl.*12.22.

3 To cut short (a situation, process, etc.), bring to a sudden end. **b** to cut short (what one is saying), break off; to interrupt (another's words).

opitulandi potestate ~sa CIC.*ad Brut.*1.15.5; Tenediorum ..libertas securi Tenedia ~sa est *Q.fr.*2.9.2; amicitias.. magis decere censent..sensim diluere quam repente ~dere *Off.*1.120; Antenor censet belli ~dere causam HOR.*Ep.*1.2.9; legati a Roma regressi ~derant spem pacis LIV.42.50.1; (nostra tempora) omnis ordinis homines suggerent..qui mala sua morte ~derint SEN.*Ep.*24.11; ~sa ultione retro ad deuersorium tendo PETR.82.4; Pindus..maturato ~dit uespere lucem LUC.6.340; cuius cunctationem nec res ipsa desiderat et temporis ratio ~dit PLIN.*Ep.*9.1.4. **b** etiam illud ~das licet, te, quod supplicium..sumpseris..idcirco a me in crimen..uocari CIC.*Ver.*5.133; SEN.*Ep.*114.11; ~sa uelut ante legitimum finem oratio QUINT.*Inst.*9.2.57;—(*ellipt.*) per abscisionem, si, cum incipimus aliquid dicere, ⟨deinde⟩ ~damus *Rhet.Her.*4.67; quid..plura dicam? breui ~dam CIC.*Sen.*57;—prima statim uerba ~dit SEN. *Nat.*4a.pr.11.

4 To cut or break off (an extremity). **b** to deprive of (abstract possessions, attributes, etc.).

quoi ego iam linguam ~dam atque oculos ecfodiam PL. *Aul.*189; astringite..manus — tuos sum, tu has quidem uel ~di iube *Capt.*668; cum pernas emeris ungulas earum ~dito CATO *Agr.*162.1; malum erigi, uela fieri, ~di ancoras imperauit CIC.*Ver.*5.88; ut Aeginetis, qui classe ualebant, pollices ~derentur *Off.*3.46; caput..~sum ducis..ouantes templo..intulere LIV.23.24.11; ex ossibus ea quae carnem uulnerant ~denda CELS.8.8.1.C; si filiam haberem, auriculas illi ~derem PETR.67.10; ad suum palum eam partem (uitis), quam a matre ~deris, reducito COL.*Arb.*7.6; fruticem.. ~sum mutato colore..durescere, cum cadat frangi PLIN. *Nat.*13.142; ut medici abalienata morbis membra ~dant QUINT.*Inst.*8.3.75; cui digitus de manu..~sus sit ULP.*dig.* 21.1.10.1; (*ellipt.*) quaerentes..uiso dracone spargere somni medicamenta atque ita sopiti ~dere PLIN.*Nat.*37.158; (*in fig. phr.*) dum te optuetur, interim linguam oculi ~derunt PL.*Mil.*1271. **b** tempust me concedere. sic optume.. omnis causas (*i.e. of complaint*) ~dam omnibus TER.*Hec.*598; ~sa..mihi..est dubitatio CIC.*de Orat.*2.28; uelim quaerere ..ex ipso Metello, quidnam sua ui..mihi ex hac oratione ~derit *Ver.*2.164; ne spem reditus ~derent sibi LIV.24.31.12; (*ellipt.*) numquam reo cuiquam tam humili..tam praecise negaui quam hic mihi plane nulla exceptione ~dit CIC.*Att.* 8.4.2.

5 (See quot.).

prae[ter]cidere antecidere, id est ante immolare PAUL. *Fest.*p.252M.

praecinctiō ~ōnis, *f.* [PRAECINGO+-TIO] A level gangway dividing an upper from a lower block of seats in a theatre.

~ones ad altitudines theatrorum pro rata parte faciendae uidentur, neque altiores quam quanta praecinctionis itineris sit latitudo VITR.5.3.4; gradationes scalarum..dirigantur ad primam ~onem 5.7.2; (*transf., in a natural amphitheatre*) per mediam..altitudinis curuaturam ~onemque platea ampla latitudine facta 2.8.11.

praecinctūra ~ae, *f.* [PRAECINGO+-VRA] The action of wrapping (over something else) or the material used for this; a style of girding.

ei..funes ~a e transuersis erant religati VITR.10.15.6;. —(*w. ref. to the wearing of a toga*) ~a me decepit CIC.*Facet.*2.

praecinctus ~ūs, *m.* [next+-TVS³] The action of wrapping round or girding.

caltula est palliolum ~ui, quo nudae infra papillas praecinguntur VAR.in Non.p.548M.

praecingō ~gere ~xī ~ctum, *tr.* [PRAE-+CINGO]

1 (usu. in pass.) To encircle (with a girdle, belt, or sim.), gird; to gird (with a weapon). **b** (pass.) to have one's clothes girt up (as a preparation for action); (of a garment, app.) to be fitted with a girdle or sim.

cincticulo ~ctus in sella..adsideres PL.*Bac.*432; cum strophio accurate ~gerere CIC.*Clod.*fr.24; qui pugnas et castra petit, ~gitur auro PETR.83.10,l.2; (zona) qua ~cta statua eius est FEST.p.241M; (*absol.*) uestimentorum sunt omnia..quae induendi ~gendi amiciendi..causa parata sunt ULP.*dig.*34.2.23.1;—(*poet., cf. sense 2*) nox quando mediis signis ~cta uolabit ENN.*Ann.*433;—cautus ~gitur ense uiator OV.*Tr.*2.271; ima Toletano ~gant ilia cultro GRAT.341;—(*w. girdle, etc. as subj.*) det tunicam locuples: ego (*sc.* semicinctium) te ~gere possum MART.14.153.1. **b** habeas..id (*sc.* palliolum) conexum in umero laeuo, exfafillato bracchio, ~ctus aliqui PL.*Mil.*1181; altius ac nos ~ctis HOR.*S.*1.5.6; ut omnes ~cti recte pueri comptique ministrent 2.8.70; inueniam alium poetam, apud quem ~gantur (Gratiae) SEN.*Ben.*1.3.7; ~cti certe altius eramus PETR.19.5; ut male ~ctum puerum cauerent SUET.*Jul.*45.3; quin itaque ~geris mihique manum tantisper accommodas? APUL.*Met.*9.6; (*transf.*) insecta appellata ab incisuris quae nunc ceruicium loco, nunc pectorum..~cta separant membra PLIN.*Nat.*11.1;—TVNICAS II ~CTA ET DISCINCTA ET PALLIOLVM *CIL* 14.2215.21

2 To surround in the form of a band or ring, encircle, girdle.

(signa) quae media obliquo ~gunt ordine mundum MAN. 1.257;—(*pass.*) ~gendi sunt parietes medii coronis ex intestino opere VITR.5.2.2; a praecinctione inter eas (*sc.* scalas) iterum mediae dirigantur, et ad summam quotiens ~guntur, altero tanto semper amplificantur 5.7.2; undique conlucent ~ctae lampades auro OV.*Ep.*14.25; fuluo ceruix ~gitur auro *Met.*14.395; pinu ~cti cornua Panes 14.638; est..in toto suo globo tellus medio ambitu ~cta circumfluo mari PLIN.*Nat.*2.166; (herba) caule inani articulis ~cta 25.70; ea (*sc.* iaspis)..saepe transuersa linea alba media ~gitur 37.118; (*cf.*) huius (*sc.* ratis) utrumque latus molli ~gite (Nereides) gyro STAT.*Silv.*3.2.25.

3 To surround with border or limit, encompass, rim.

hunc Tatius fontem uallo ~git acerno PROP.4.4.7; saepe suas sedes ~xit uitibus albis COL.10.347; quid tota gemmam ~gere libra te iuuat? MART.11.37.1;—(*w. barrier, etc. as subj.*) ipse nitor Phoebi..creuit et aurato ~xit fulgure uultus PETR.122,l.182; (*of animals*) canes..partitae totos ~gunt aditus APUL.*Met.*8.4;—(*pass.*) Brundisium pulcro ~ctum praepete portu ENN.*Ann.*488; silua ~ctus opaca..lacus OV.*Fast.*3.263; ea..Germaniae uelut frons est, quatenus Danuuio ~gitur TAC.*Ger.*42.1; quia sint caemento (parietes) medii farti nec testaceo opere ~cti (*i.e. overlaid*) PLIN. *Ep. Tra.*10.39(48).4; (*poet.*) uertice fundae adsueti uacuoque diem ~gere gyro STAT.*Theb.*4.67; (*in fig. phr.*) bona eius.. inexuperabilibus munimentis ~cta sunt SEN.*Dial.*2.6.8; (*in abst. context*) mensis artiore ~gitur circulo *Ep.*12.6.

praecinō ~inere ~inuī ~entum, *intr.*, *tr.* [PRAE-+CANO] FORM: *praececinit* (s.v.l.) PLIN.*Nat.*2.53.

1 (usu. w. dat.) To make music, play, sing (in the presence of or before). **b** (w. dat.) to introduce or lead the singing (for); (w. acc.) to lead in singing.

uno agmine (tibicines) abierunt, adeo ut nemo in urbe esset qui sacrificiis ~ineret LIV.9.30.5;—(*of a mus. instr.*) quod..epulis magistratuum fides ~inunt CIC.*Tusc.*4.4; ~inere sibi tibias iussit FLOR.*Epit.*1.18(2.2.10); proelia ingredi solitos..~inente ac praemoderante cithara gressibus GEL.1.11.6;—(*without dat.*) carmine cum magico ~inuisset anus TIB.1.5.12; ciuitas direpta primum, deinde tuba ~inente deleta est FLOR.*Epit.*1.32(2.15.5). **b** cum dux hymno ~init APUL.*Mun.*29;—ipse madens oculis..~inerem gemitum STAT.*Silv.*5.3.59.

2 To prophesy, foretell. **b** to utter as prophecy.

quis est..tam impius qui..non magnum aliquid deos populo Romano praemonstrare et ~inere fateatur? CIC. *Har.*20; ~init euentus nec mihi cantus auis TIB.1.8.4; ferunt ..lucos ~inuisse fugam 2.5.74; in fulgurum..interpretatione eo profecit scientia, ut uentura alia finito die ~inat PLIN. *Nat.*2.141; ipse nihil certum sagis clangoribus aether ~inet STAT.*Theb.*8.205; (*cf.*) hyaeniae, ex oculis hyaenae lapides, ..dicuntur..linguae hominis subditi futura ~inere PLIN. *Nat.*37.168. **b** utraque (genera uerbenacae) sortiuntur Gallis et ~inunt responsa PLIN.*Nat.*25.106.

praecipiō ~ipere ~ēpī ~eptum, *tr.* [PRAE-+CAPIO]

1 To forestall others in taking possession of, seize beforehand, take first. **b** *~ipere iter, uiam*, to get the start of others on a journey. **c** to take in advance (of the due time); (leg., of an heir) to take by right of preception (i.e. before distribution of an inheritance).

mons..~eptus a Lusitanis SAL.*Hist.*1.105; haud..fiducia cessit litora ~ipere et uenientis pellere terra VERG.*A.*10.277; nobiles homines in possessionem agri publici grassari nec, nisi antequam omnia ~ipiant diuisus sit, locum ibi plebi fore LIV.6.5.4; (*poet.*) prius aestus ubi aeris ~epit ferrique uias possedit apertas LUCR.6.1050;—(*w. abst. obj.*) utrumque regem sua multitudo consalutauerat: tempore illi ~epto, at hi numero auium regnum trahebant LIV.1.7.1; dum ipse longius spatium fuga ~iperet 22.41.9; aliquantum ad fugam temporis Syphax et Hasdrubal ~eperunt 30.8.9; ad possessa uenis ~eptaque gaudia serus OV.*Ep.*16.107; quia speciem libertatis Piso ~eperat TAC.*Ann.*2.35; (*cf.*) quas..ipse mihi partis sumpseram, eas ~epit oratio tua CIC.*Phil.*10.2. **b** tempus terens dum ~iperent iter nuntii missi in castra LIV.3.46.7; aliquantum uiae ~eperat rex 36.19.9. **c** a publicanis..debitam bienni pecuniam exegerat et ab isdem insequentis anni mutuam ~eperat CAES.*Civ.*3.31.2;—rogauit..testamento, ut..~eptis quinquaginta milibus nummum reliquum omne..ciuitatibus redderem PLIN.*Ep. Tra.*10.75(79).2; ~ipere enim esse praecipuum sumere GAIUS *Inst.*2.217; filii dulcissimi, ~ipitote omne, quidquid ex hereditate..patris uestri ad me peruenit SCAEV.*dig.* 31.88.2; filius familias heres institutus dotem uxoris suae ~ipiet ULP.*dig.*10.2.20.2.

2 To take before (doing something else).

carbonum..odor insinuatur quam facile in cerebrum, nisi aquam ~epimus ante LUCR.6.803; femina..electa ex centum ~eptis PLIN.*Nat.*7.120.

3 To act so as to be in advance of (a process, event or sim.), anticipate, forestall. **b** to anticipate the proper time of, put forward. **c** to operate on or affect prematurely.

non ~ipiam gratiam publici beneficii LIV.6.26.2; celeris neu ~ipe Parcas STAT.*Theb.*8.328; amantes de forma iudicare non possunt, quia sensum oculorum ~ipit animus QUINT.*Inst.*6.2.6; ni Antonius..festinato proelio uictoriam ~episset TAC.*Hist.*3.15; (*transf., of an event*) ~episset mors properata fugam OV.*Tr.*3.3.34. **b** non senis extremum piguit..~episse diem LUC.2.106; quod (*sc.* bellum) quamquam in aestatem summa ope parabat, initio ueris et repentino in Chattos excursu ~epit TAC.*Ann.*1.55. **c** si lac ~eperit aestus VERG.*Ecl.*3.98; tosta sitit tellus ~ipiturque seges OV.*Fast.*4.940; longe melioris saporis uinum faciunt quam quae (*sc.* uuae) ~ipientur aestu COL.*Arb.*2.2; non minus..quam sol acrior gelatio ~ipit materiam FRON. *Aq.*123; (*absol.*) ne (gypsum) ~ipiendo non patiatur uno tenore opus inarescere VITR.7.3.3.

4 To form in advance a (mental or sim.) impression of, have a foretaste of, anticipate. **b** to perceive beforehand (with the mind or thoughts), foresee. **c** to presuppose; to found a presumption on, regard as an indication of a future event, etc.

ne multi illud ante ~iperent oculis quam populus Romanus CIC.*Ver.*4.65; ~ipio gaudia suppliciorum uestrorum *Phil.*13.45; ut uel exspectatissimi triumphi laetitia ~ipi posset HIRT.*Gal.*8.51.3; spe iam ~ipit hostem VERG.*A.* 11.491; tanta laetitia ac gratulatio fuit ut ~iperetur uictoria animis LIV.10.26.4; 42.61.9; (*w. indir. qu.*) ut emptores..oculis iam ~iperent, quodnam esset mancipiorum genus GEL.6(7).4.2. **b** illud..ingenii magni est, ~ipere cogitatione futura CIC.*Off.*1.81; quod haec de Vercingetorige usu uentura opinione ~eperat CAES.*Gal.*7.9.1; omnia ~epi atque animo mecum ante peregi VERG.*A.*6.105; non id, quod animis ~eperant, questus est LIV.31.49.8; ~eperant animis orationem patres TAC.*Ann.*3.57. **c** minus..~ipitur eorum uirtus..qui ad hanc rem adulescentuli, quam qui iam firmata aetate descendunt CIC.*Ver.*3.3; quid sit hoc et quare ~ipiendum fuerit, scies SEN.*Nat.*2.2.2; —adeo duorum militum euentum inter quos pugnatum erat, utraque acies animis ~eperat LIV.7.26.8.

5 To give notice or advice of (something that is relevant to a person's future conduct, policy, etc.). **b** to give instruction in, teach, propound.

(*w. dat.*) Philocomasio id ~ipiendum est ut sciat PL.*Mil.* 247; quod queo conseruis ad eundem istunc ~ipio modum TER.*Ad.*424; e portu soluentibus ei qui iam in portum ex alto inuehuntur ~ipere summo studio solent..tempestatum rationem CIC.*Mur.*4; haec ~ipienda uidentur lectoribus NEP.*Ep.*1.1; caput..quod gentibus futura ~ipiat SEN. *Suas.*4.1; (*without dat.*) quamquam fama prius..~epta res erat LIV.21.32.7;—(*w. indir. qu.*) praemostra docte, ~ipe astu filiae, quid fabuletur PL.*Per.*148; ~epit oratione sua quid decernere nos de M. Bruto..oporteret CIC.*Phil.*10.17; quae (*sc.* causa) sit earum ~ipere haudquaquamst pedetemptim progredientis LUCR.5.533; quae fieri uelit ~ipit CAES.*Gal.*5.56.5. **b** docui monui bene ~epi semper quae potui omnia TER.*Ad.*963; hoc in ludo non ~ipitur CIC. *de Orat.*2.100; hoc de uoluptate sic ille ~ipit *Tusc.*5.95; ~ipe lugubris cantus HOR.*Carm.*1.24.2; quidquid ~ipies esto breuis *Ars* 335; uocibus alienis id modo quod domi ~eptum erat..praetendebant LIV.6.36.8;—(*w. dat.*) quasi uero..non ea ~ipiam aliis, quae mihi ipsi desint CIC. *de Orat.*2.97; domi ea sola discere potest, quae ipsi ~ipientur QUINT.*Inst.*1.2.21;—(*w. acc. and inf.*) an ratio parum ~ipit nec bonum illud esse, quod..cupias ardenter..? CIC.*Tusc.* 4.39; hoc..oculorum claritati..utilissimum esse ~ipitur PLIN.*Nat.*20.67;—(*w. indir. qu.*) saepe, ut medeatur amori, ~piunt OV.*Met.*9.654;—(*w.* de) omnes isti, qui de arte dicendi ~ipiunt CIC.*de Orat.*2.76; qui in schola de pudore et continentia ~ipiant argutissime NEP.fr.5; magna..Graecorum turba est de rusticis rebus ~ipiens COL.1.1.7;—(*absol. or ellipt.*) illi dicere melius quam ~ipere, nos contra fortasse possumus CIC.*Orat.*143; cognita sunt nullo ~ipiente mihi OV.*Fast.*6.256.

6 To advise (a course of action or sim.), recommend.

(*w. dat.*) haec illi soleo ~ipere..quae rex ille a Ioue ortus suis praecepit filiis CIC.*Planc.*59; nec ideo ~ipio tibi neglegentiam SEN.*Ep.*98.7; ut et ipse deuitet, ne per ignorantiam aliqua sumat et aliis idem ~ipere possit LARG.199;—(*without dat.*) plus..ualet quod uiolentia cogit quam quod suadet et ~ipit uerecundia V.MAX.3.8.6; neque ignoro inter haec ~ipi quietem CELS.1.3.21; mores modicis erroribus aequos ~ipit..? JUV.14.16;—(*w.* ut+*subj.*) una ex re satis ~ipit, ut quidquid sine detrimento commodari possit, id tribuatur CIC.*Off.*1.51; ~ipitur ante omnia, ut casti legant PLIN.*Nat.*21.42; ~epit ut..cogantur seruos suos uendere GAIUS *Inst.*1.53;—(*w. subj. alone*) si ~ipias imperatori..derigat frontem QUINT.*Inst.*2.13.3;—(*w. inf.*) quibus (*sc.* temporibus) parere omnes πολιτικοί ~ipiunt CIC.*Att.*12.51.2; sunt, quae ~ipiant herbas, satureia, nocentis sumere OV.*Ars* 2.415; (*w. acc. and inf.; in quot., ellipsis of* esse) recte..Graeci ~ipiunt, non temptanda quae effici omnino non possint QUINT.*Inst.*4.5.17;—(*absol. or ellipt.*) quom parua natu recte ~ipio patri PL.*Per.*350; amici est bene ~ipere, bene tueri LUCIL.611; quem ad modum tu ~ipis, contenti Idibus Martiis simus CIC.*Att.*14.14.3; qui aliis consueris ~ipere et dare consilium SULP.RUF.*Fam.*4.5.5.

7 To give as a command, enjoin (upon a person), order. **b** to ordain beforehand.

uilici officia quae sunt, quae dominus ~epit CATO *Agr.* 142; itaque ab iis qui principes in ea ciuitate erant ~ipitur CIC.*Ver.*4.93; ipsi numerumque modumque carinis ~ipiant VERG.*A.*11.329; omnia quae uel alius imperator prudens..in tali re ~iperet ageretque, ~ipit ordine atque agit LIV. 4.27.9;—(*w. dat.*) quoi numquam unam rem me licet semel ~ipere furi, quin centiens eadem imperem atque ogganniam PL.*As.*421; praetori..de omnibus rebus ~ipit et de reliquo exercitu celeriter imponendo *B.Afr.*2.3; alumno ~epit militiam his uerbis SCAEV.*dig.*32.102.2; (*ellipt.*) ubi ad id loci uentum, quo Numidis ~eperat SAL.*Jug.*75.7;—(*w.* ut, ne+*subj.*) tibi hoc ~ipio ut niteant aedes PL.*Ps.*161; mulier ingeniosa ~epit his ut omnia Caelio pollicerentur CIC. *Cael.*62; ceteris ducibus..~eptum ut prandere omnes iuberent LIV.21.54.5; ~ipere..oportet, ne quis hoc medicamento manus inquinet LARG.80;—(*w. subj. alone*) ~ipit atque interdicit..unum omnes peterent Indutiomarum, neu quis quem prius uulneret quam illum interfectum uiderit CAES.*Gal.*5.58.4; reliquam pecuniam..portantibus suis ~ipit, paruis itineribus ueherent LIV.44.27.9; Zephyro nostro rursum ~ipe fungatur obsequio APUL.*Met.*5.13;—(*w. indir. qu.*) est stultum me ~ipere quid agatis CIC.*Att.* 3.15.6; (*w.* quod *cl.*) ~ipit et natae mater studiosa quod optet [TIB.]3.12.15;—(*w. inf.*) nepotem, quem uinculis..continebat, solui..~eperat SUET.*Tib.*69.2; ad se uocari ~ipit filium APUL.*Met.*10.3; (*app. w. acc. of pers. obj.*) me capillos eius..clanculo ~epit auferre (*cj., cod.* praecipitauit ferre) 3.16;—(*w. adv.*) ita discedens ~eperat..Aeneas VERG. *A.*9.40;—(*absol.*) mox, quod in perditis rebus accidit, omnes ~ipere, nemo exequi TAC.*Hist.*3.73. **b** Iuppiter..priuignae dona nurusque ~ipiet OV.*Met.*9.417; exsortia terga Laconi ~ipiunt pecudum V.FL.4.341.

praecipitanter. *adv.* [pple. of PRAECIPITO+-TER²] With headlong speed.

currit agens mannos ad uillam ~ LUCR.3.1063.

praecipitantia ~ae, *f.* [as prec.+-IA] Headlong fall or descent.

lapidem cylindrum si per spatia terrae prona atque derupta iacias, causam quidem ei..~ae feceris GEL. 7(6).2.11; ratio mittentis ~a qualicumque ipsa et pondere cadentis teli corrumpitur 9.1.5.

praecipitātiō ~ōnis, *f.* [PRAECIPITO+-TIO] A headlong descent or fall.

harena fluctibus subruta efficiet in mare pilae ~onem VITR.5.12.4; consilium omne et paenitentiam inreuocabilis ~o abscidit SEN.*Dial.*3.7.4; *Nat.*7.14.3; quanto inprouisior ~o eius (*sc.* nimbi) est, tanto breuiore casu restringitur APUL.*Mun.*9; (*fig.*) inperitis ac rudibus nullus ~onis finis est; in Epicureum illud chaos decidunt SEN.*Ep.*72.9; (*in a primarily horizontal movement*) quanta cum ~one uoluuntur (Rhenus et Danuuius) *Nat.*3.27.9.

praecipitātus ~ūs, *m.* [PRAECIPITO+-TVS³] = prec.

ubi riuus ~u in nemore deorsum rapitur VAR.*Men.*75.

praecipitium ~iī, *n.* [PRAECEPS¹+-IVM] A fall or jump from a great height.

in illo ~io non minus..fratrem fugit quam tyrannum SEN.*Con.*9.4.7; (herba) contra uulsa, rupta, lapsusque et ~ia..singularis PLIN.*Nat.*22.43; quo minus..in transitu Alpium..in ~ium propelleret SUET.*Aug.*79.1; laqueus aut gladius aut certe ~ium..capessendum est APUL.*Met.*4.25; quid te ~io, misella, quaeris extinguere? 6.17; (*of a river*) uirentis..gramine campos quos rapidus amnis ex ~io..interfluit SEN.*Con.*2.1.13;—(*transf., of morals*) gaudio perfusus aduolat ad suae fidei ~ium APUL.*Met.*9.19.

praecipitō ~āre ~āuī ~ātum, *tr., intr.* [PRAECEPS¹+-O³]

1 To cause to fall headlong, hurl down, precipitate. **b** to throw or cause to fall to death. **c** to throw overboard, jettison. **d** to direct the course of (a heavenly body) downwards, cause to sink; (transf.) to bring (night, day, etc.) to a close.

si quando iis ludentes minamur ~aturos alicunde, extimescunt CIC.*Fin.*5.31; ubi eos (*sc.* imbres) pater aether in gremium matris terrai ~auit LUCR.1.251; circumuenti atque interfecti muro ~abantur CAES.*Gal.*7.50.3; fluminis ripas appropinquantes coangustati ~abantur *B.Hisp.*5.5; pilae..illae..in mare ~atae NEP.*Alc.*6.5; pelago Danaum..dona ~are iubent VERG.*A.*2.37; totum equitatum fudere, magnam uim ex equis ~auere LIV.3.70.7; membra..sunt uiduo ~ata toro OV.*Ep.*10.14; haliaetus..~at (pullum) e nido uelut adulterinum PLIN.*Nat.*10.10; percussis aut ~atis et ob id sanguine conglobato..(acetum scillinum) perquam utile 23.59; ~ata profundo siderei pars uisa poli V.FL.4.642; truncas rupis in templa domosque ~at STAT.*Theb.*10.882; (*refl.*) reliqui se in flumen ~auerunt CAES.*Gal.*4.15.2;—(*of natural agencies*) quod per ea tempora flantes Etesiae..nubes super principia eius (*sc.* Nili) imbre ~ant MELA 1.53; ut Aetna inmensam ignium uim..~et SEN.*Ben.*6.36.1; (*refl.*) ubi Nilus ~ans se fragore auditum accolis aufert PLIN.*Nat.* 6.181; (*cf.*) uult (luxuria)..maria concludere, flumina ~are, nemora suspendere SEN.*Dial.*3.21.1; (*poet.*) desilit horrendus campo timor, (*i.e. a landslide*), arua uirosque..secum ~ans STAT.*Theb.*7.748;—(*ellipt.*) ut in plagis, lineae (*i.e. of the spider's web*) offensae ~ant in sinum PLIN.*Nat.*11.82. **b** Learcho filio ~ato PLIN.*Nat.*34.140; regredientem..in subiectum mare ~abat ne index arcani existeret TAC.*Ann.* 6.21; protinus eum uulturiis gratissimum pabulum futurum ~abo APUL.*Met.*6.26; si ~ata sint pecora GAIUS *dig.*47.2.51; occisorum appellatione eos contineri..qui per uim..sunt interfecti, ut puta iugulatum strangulatum ~atum ULP. *dig.*29.5.1.17;—(*refl.*) Marius cum ~at se cerritus fuit HOR. *S.*2.3.277; ~asse se quosdam non tolerantes famem constabat LIV.23.19.6; misit nuntium ad uxorem, qui diceret decessisse uirum. uxor se ~auit SEN.*Con.*2.2; (*cf.*) si posse putet eum qui se a Leucata ~auerit sustinere se, cum uelit CIC.*Tusc.*4.41. **c** equi, iumenta, sarcinae, etiam arma ~antur quo leuarentur aluei TAC.*Ann.*2.23; ibi..classe demersa, ubi ille ~ari pullos iusserat FLOR.*Epit.*1.18(2.2. 29); JUV.12.38; (*refl.*) delphini circa nauem uenerunt, quibus ille visis se ~auit (Arion) HYG.*Fab.*194.3. **d** Scorpios in uiridis ~atur aquas OV.*Fast.*4.164; (*cf.*) Cytherea diem properantius ire iussit et admissos ~auit equos (*sc.* solis) 4.674; (*w. internal acc.*) quae (signa) tempore eodem ~ent obitum CIC.*Arat.*595(349);—lux tarde discedere visa ~atur aquis OV.*Met.*4.92; *Tr.*1.3.47; quae uia solis ~et noctem, quae porrigat STAT.*Theb.*6.363; (*cf.*) an quod adulescens praestiti..nunc aetate ~ata commutem? MAT. *Fam.*11.28.5; (*refl.*) dum se intempesta nox ~at CATO inc. 17(J).

2 (intr.) To fall headlong, plunge. **b** to leap down, swoop down. **c** (of a heavenly body) to plunge down, sink; (transf., of periods of time) to hurry to a close.

de montibus altis ut qui ~ent ad terram corpore toto LUCR.4.1021; gubernaclum multa ui forte reuulsum..~ans traxi mecum VERG.*A.*6.351; corpus nusquam inuentum est; creditum uolgo est in puteum apertum ex equo ~asse LIV. 27.16.4; ad terram turbatis gressibus ambo ~ant STAT. *Theb.*11.520; (*transf. of a log. transition*) a ratione ad humanam figuram quo modo accedis? ~are istuc quidem est, non descendere CIC.*N.D.*1.89;—(*of inanim. things*) grando mixta imbri largifico subita ~ans cadit PAC.*trag.*414; imber caelo candidus ~ans AED.*poet.*2.4; pondera..ex supero cum ~ant LUCR.2.248; effusa si quando grandine nimbi ~ant VERG.*A.* 10.804. **b** inde per abruptas castrorum ex aggere pinnas ..~ant saltu STAT.*Theb.*10.264; cum (psittacus) in petram quampiam concitus altissimo uolatu ~at APUL.*Fl.*12. **c** Canis..~antem (*sc.* leporem) agitans CIC.*Arat.*368(124); (*w. play on sense of* praeceps) sol..qui ipse iam ~ans me quoque haec praecipitem paene euoluere coegit *de Orat.* 3.209;—~ante licebit uisere nocte, ut sese emergens ostendat Scorpios *Arat.*326(76); tuo ~ante iam et debilitato tribunatu *Dom.*40; multi iam menses erant et hiems ~auerat CAES.*Civ.*3.25.1; et iam nox umida caelo ~at VERG.*A.*2.9; cum..noctes breuibus ~ant rotis SEN.*Phaed.*767.

3 (agr.) To cause (the tip of a vine shoot) to hang downwards, bend down.

per omnes ramos diligenter caueto ne uitem ~es CATO *Agr.*32.2; quidam eam partem (uitis), quam nos ~amus, supra iugum porrigunt COL.4.20.4; nisi extremis ramis, aut si uitis arboris cacumen superauerit, ~ari palmitem non oportet 5.6.33.

4 To cause to fall suddenly, bring down, reduce (in rank, condition, etc.). **b** to bring to ruin, destroy.

eorum..qui se ~atos ex locis superioribus dicerent—eos enim uere possumus dicere esse deiectos CIC.*Caec.*50; ~ari ex altissimo dignitatis gradu *Dom.*98; in tanta mala ~atus ex patrio regno SAL.*Jug.*14.23; regum maiestatem difficilius ab summo fastigio ad medium detrahi quam a mediis ad ima ~ari LIV.37.45.18; M. Brutus suarum..uirtutum..parricida; uno enim facto..illas in profundum ~auit V.MAX.6.4.5; illam inscientiam pudendam esse..adultas (arbores) interlucare iusto plus et in senectam ~are PLIN. *Nat.*17.94; uidelicet hoc nos in facinus ~at..quod aliquid speramus de testamento tuo [QUINT.]*Decl.*17.10; (*ellipt.*) aurium inflammationes..interdum etiam ad dementiam mortemque ~ant CELS.6.7.1A; (*refl.*) malagmata sua deuorando..in exitium se ~auit 3.21.3. **b** qui nihil aliud quam quod impar erat imperio morae ad rem publicam ~andam habebat LIV.22.12.11; satius est..in primo (die) leuare aegrum, deinde perpurgare, quam simul omni ui effusa fortasse ~are CELS.2.10.12; id (*sc.* intestinorum leuitas) interdum aegros trahit, interdum ~at 4.23.1; uersat..nos et ~at traditus per manus error SEN.*Dial.*7.1.4; quosdam ~at subiecta potentia magnae inuidiae JUV.10.56;—(*w. abst. obj.*) quod (ea forma ciuitatis) unius uitio ~ata in perniciosissimam partem..decidit CIC.*Rep.*2.43; maiorum mores non paulatim ut antea, sed torrentis modo ~ati SAL. *Hist.*1.16; monuit ne facundiam uiolentia ~aret TAC.*Ann.* 3.19; SI PVRA VOLVNTAS CVM MEMBRIS NVMQVAM ~ATA RVIT *CIL* 10.1194;—(*refl.*) auaritia..nihil pensi neque sancti habere, quoad semet ipsa ~auit SAL.*Jug.*41.9; *Rep.*1.8.3.

5 (intr.) To fall suddenly, plunge (into an inferior or disagreeable condition). **b** to suffer ruin, come to grief.

qui in amorem ~auit peius perit quasi saxo saliat PL. *Trin.*265; me certe ad exitium ~antem retinuisses CIC.*Att.* 3.15.7; ubi..non subest quo ~et ac decidat (respublica) *Rep.*1.69; ~ANTES IAM IN RVINAS PRINCIPALIVM VIRORVM FORTVNAS RESTITVERVNT *CIL* 2.6278.23. **b** ~ante igitur impellamus..et perditum prosternamus CIC.*Clu.*70; rei publicae ~anti subueni *Sul.*87; cum in Italia ad Trasumennum..~asset Romana res LIV.27.40.3; minus admeptat, eoque minus ~at FRO.*Aur.*1.p.2(62N);—(*of abst. subj.*) sustinenda est..omnis adsensio ne ~et si temere processerit CIC.*Luc.*68.

6 To cause to move in disordered haste, drive headlong. **b** to drive precipitately (to an action). **c** to hurry forward precipitately (an action, process, etc.).

multi plagis aduersis icti et congenuclati Romanis ~atis SIS.*hist.*33; eos..in uallem insessam ab hostibus ~ant LIV. 43.23.4; hostis turba stipatus inermis ~at castris LUC.4.209; Graium..exhauserat orbem ~ans in transtra uiros..Bellipotens STAT.*Ach.*1.442; (*fig.*) nunc uiribus usus, nunc manibus rapidis..~ate moras VERG.*A.*8.443;—(*refl.*) ubi eo ueneris, cliuos deorsum uorsum est: hac te ~ato TER.*Ad.* 575; dum bellum maiore animo gerunt quam consilio, ~auere se in insidias LIV.5.18.7; (*cf.*) hinc atque hinc natae ..anilis ~antem artus..sustentant STAT.*Theb.*7.480; (*pass. in middle sense*) Vitelliani temere exurgentes..ultro in insidias ~antur TAC.*Hist.*2.25;—(*w. inanim. obj.*) adrectis auribus horrent quadripedes..et altis ~ant currum scopulis OV.*Met.*15.518; ~ate rates e sicco litore, nautae LUC.9.148; —(*of natural forces*) aqua torrentium in se non recurrit nec moratur quidem, quia priorem superueniens ~at SEN.*Nat.*2. 35.2; quodcumque soluta ~at glacies LUC.10.224. **b** parcendum marito, qui eum non ~auit ad solutionem ULP. *dig.*23.3.33; si deliberare se adhuc dicant, ~andi non sunt 38.9.1.12;—(*of emotions*) furor iraque mentem ~at VERG.*A.* 2.317; habeant..hanc nefariae cupiditatis festinationem quos uitiorum ardor..~at [QUINT.]*Decl.*2.10;—(*w. inf.*) Aeneas, quamquam et sociis dare tempus humandis ~ant curae..uota..soluebat VERG.*A.*11.3; tunc Argum Tiphynque uocat pelagoque parari ~at V.FL.2.391; si ~ant miserum cognoscere curae STAT.*Theb.*1.679. **c** cum ~ata raptim consilia neque reuocari neque in integrum restitui possint LIV.31.32.2; caueque spem festinando ~are meam OV.*Pont.*3.1.140; quieta aut certe non ~ata..morte functi sunt VELL.2.48.6; ~are meam fatis potuere senectam LUC. 7.353; (cerua) ~at suspensa fugam STAT.*Theb.*5.168; usus ..Horati consilio, qui..suadet ne ~etur editio QUINT. *Inst.*pr.2; qui paucioribus clepsydris ~amus causas, quam diebus explicari solebant PLIN.*Ep.*6.2.6; nimia formidine cursum ~ans Juv.15.78;—(*poet.*) flagrantes aras uestemque nemusque sacerdos ~at V.Fl.1.756; idem animus solare domos iuuenumque senumque ~are coios Stat.*Theb.*5.150; —(*w. abst. subj.*) per catulos rabies..~at letale malum Grat.384; licentia opes suas ~at atque urget Sen.*Ep.*74.19.

7 (intr.) To rush headlong.
non fugis hinc praeceps, dum ~are potestas? Verg.*A.*4.565; ibi inexplorato profectus in insidias ~at Liv.21.25.9; per inuia et rupes deruptas ~antes fugerunt 39.2.3; ipse sibi lex est, et qua fert cumque uoluntas ~ant uires Man.5.496; ~ant cuncti fluuio puduitque secutos Stat.*Theb.*7.435;—(*of inanim. things*) in amni ~ante Cic.*de Orat.*3.186; Nilus..~at ex altissimis montibus *Rep.*6.19; Lucr.6.1040.

praecipuē, *adv.* [next+-E]

1 In a manner which is special to the particular case mentioned, peculiarly.
quae..illi morem ~ sic geras atque alios asperneris Pl.*Mos.*189; labor in hoc defendendo ~ meus est, studium uero conseruandi hominis commune mihi uobiscum esse debebit Cic.*Rab.Perd.*4; qui locus solus ex priuatis locis omnibus hoc ~ iuris habet *Har.*14; nihil esse ~ cuiquam dolendum in eo quod accidat uniuersis *Fam.*6.2.2; homini..~ a natura nihil datum esse dicemus? *Fin.*2.110; fas mihi ~ uoltus uidisse deorum Ov.*Fast.*6.7; apud eum praetorem, qui ~ de fideicommissis ius dicit Gaius *Inst.*2.278.

2 More than in any other instance or situation, more than anything else, to a greater degree than others, especially. **b** (adding a final statement to those preceding) above all.
omnes sunt in illo rege uirtutes..sed ~ singularis..frugalitas Cic.*Deiot.*26; nam quid foedius nostra uita, ~ mea? *Att.*4.6.1; maxime mihi fuit optatum Romae esse tecum multas ob causas sed ~ ut..meum tibi debitum studium perspicere posses *Fam.*15.13.1; fortuna, quae plurimum potest cum in reliquis rebus tum ~ in bello Caes.*Civ.*3.68.1; texendae saepes etiam et pecus omne tenendum, ~ dum frons tenera Verg.*G.*2.372; omnes magno..clamore fremebant, ~ pius Aeneas *A.*6.176; sedulitas..stulte..uiget, ~ cum se numeris commendat Hor.*Ep.*2.1.261; omnes caritate ciues, ~ milites, et ante alios suum exercitum complexus Liv.7.40.3; hoc ego ~ sensi, cum magna meorum notitiam pars est infitiata mei Ov.*Pont.*4.6.41; HOC ~ SAECVLO, QVO EXCITARI NOVA ET ORNARI VNIVERSA..MAGIS CONVENIRET *CIL* 10.1401.2.42; uir..qui ~ uindicat a situ litteras iam paene fugientis Stat.*Silv.*1.pr.; gaudent ~ finitimarum gentium donis Tac.*Ger.*15.3; ipsi magna sonant, sed tum cum creditor audit ~ Juv.7.109;—(*w. adj.*) horrida ~ cui gens adsuetaque multo uenatu Verg.*A.*7.746; non ut ~ amici, sed ne ~ inimici simus Liv.41.24.15; quae ~ fuerat pia Ov.*Met.*4.551; (Europa) extra fretum ad occidentem inaequalis admodum ~ media procurrit Mela 1.16; post austros noxii ~ terrae motus Plin.*Nat.*2.128; mirum et vel ~ notabile inter haec fuerit nihil eum patientius quam maledicta et conuicia hominum tulisse Suet.*Nero* 39.1. **b** liber, honoratus, pulcher..~ sanus, nisi cum pituita molesta est Hor.*Ep.*1.1.108; ~..statuit nullos in patres legere Liv.1.49.6.

praecipuus ~a ~um, *a.* [PRAE-+CAPIO+-VVS]

1 Belonging to a person or thing to the exclusion of all others, peculiar, special. **b** (leg., of money, property) excepted or reserved before distribution is made; (neut. sg. as sb.) a special sum.
unam hanc rem me habere praeter alios ~am arbitror Ter.*Ad.*258; cum communibus tum ~is patris tui periculis commouebatur Cic.*Sul.*12; est mihi praeterea ~a causa manendi *Att.*8.2.4; muros Atheniensium restituit ~o suo periculo Nep.*Them.*6.2; tu unus eximius es in quo hoc ~um ac singulare ualeat? Liv.9.34.11;—(*w. gen.*) hoc certe ~um Tuberonis quod.. Cic.*Lig.*27;—(*neut. as sb.*) nihil sibi appetit ~i Pompeius, nihil; uolt se in communi..iure uersari *Agr.*2.61; sunt enim in corpore ~a, pulchritudo, uires, ualetudo *Tusc.*4.30; id ~i prouinciae Macedoniae datum Liv.42.31.2. **b** sestertium..quingenties ~um inter legatarios habuit Suet.*Gal.*5.2; fidei bonae conuenit, ut unusquisque ~um habeat, quod ex re eius serius adquisierit Gaius *dig.*41.1.45; ut eadem quantitas ex communi ~a minori filiae dotis nomine detur Scaev.*dig.*33.4.14; habebit..~am dotem cum suis fructibus Ulp.*dig.*33.4.2.1; —VT ~VM MERCEDIS GLADIATOR SIBI QVISQVE PACISCATVR *CIL* 2.6278.45.

2 Surpassing all others (in quality, intensity, etc.), outstanding, exceptional. **b** exceptional in quality, special. **c** (in Stoic phil., of an ἀδιαφορόν) distinguished by merit from other 'indifferent' things.
hancine ego partem capio ob pietatem ~am? Pl.*Rud.*190; Cato *hist.*83; Cic.*Red.Sen.*30; nisi..impetus animi mei fuerit singularis et opera ~a Planc.*Fam.*10.9.2; quos ~o semper honore Caesar habuit Caes.*Gal.*5.54.4; quod uir talis etiam ~um apud hostes supplicium passurus esset Liv.9.8.12; dicere ~ae molior artis opus Ov.*Ars* 1.266; dolor..in hoc casu ~us est Cels.8.20.3; alias gentes non in totum fraudauit (natura) ~ae staturae uiris Col.3.8.2; Stat.*Theb.*1.558; (*w. sup.*) in quibus (*sc. sayings*) id fuit, quod ~um auditu meminimus Gel.12.11.1;—(*w. abl.*) innocentia eximius, sanctitate ~us Vell.2.29.3; melanaetos..uiribus ~a Plin.*Nat.*10.6; mihi rubori est quod ~us caritate nondum omnis fortuna antecellis Tac.*Ann.*14.55; ut rex fraude ~us fraude caperetur Flor.*Epit.*1.36(3.1.2);—(*w.* in+*abl.*) amore immodico ~i in eloquentia uiri Quint.*Inst.*6.3.3; uera suboles (*sc.* Properti) eoque simillima illi, in quo ille ~us Plin.*Ep.*9.22.1;—(*w. gen.*) omnium..optimarum artium ~um uirum Fro.*Aur.*2.p.224(232N); uir sublimis animi uirtutisque ~us Apul.*Met.*4.11. **b** in comitiis habendis ~um egit consulem Vell.2.92.2; haec mihi ~o est ore canenda dies Ov.*Fast.*2.124; mittit ~os nemoralis Aricia porros Mart.13.19.1; iacet omnis gloria Lernae ~aeque manus Stat.*Theb.*10.25; (*w. abl.*) ~os annis animisque..(mors) notat 8.380;—(*w.* ad) ~um..est (anesum) ad ructus Plin.*Nat.*20.189; esse (myricen) arbitrantur quidam ..ad lienem ~am 24.67; (*cf.*) opes..eius ~as ad eliciendam cupidinem Tac.*Ann.*16.14;—(*w. dat.*) Plin.*Nat.*25.44; ephemeron..dentibus ~am concisam in aceto decoctamque, ut tepido colluantur 25.170. **c** necesse est nec bonum esse nec malum hoc, quod praepositum uel ~um nominamus Cic.*Fin.*3.53; eadem Stoici '~a' uel 'producta' dicunt, quae 'bona' isti *Tusc.*5.47.

3 Exceeding all others in importance, foremost, paramount, chief. **b** (of persons).
an meae partes in ea causa non ~ae fuerunt? Cic.*Dom.*10; *Fam.*13.4.1; omnibus aliis omissis una ~a cura patres populumque incessit Liv.27.33.9; (oceanus) Europam..excauans ..in quattuor ~os sinus..flectitur Plin.*Nat.*3.5; est.. uitium periculosissimum et ideo inter ~a refertur Larg.118; huic..aduenere uiri, seu quos mouet exsul..seu quis mutare potentis ~um Stat.*Theb.*4.79; ~um..in actione sicut in corpore ipso caput est Quint.*Inst.*11.3.68; nemora..tantam mihi adferunt uoluptatem, ut inter ~os carminum fructus numerem Tac.*Dial.*12.1; uota dis loci suscipiebat, ~a religione Herculis *Ann.*12.13;—(*pred.*) ~am Nemeen..ex alto fugiat liquor Stat.*Theb.*4.688;—(*w. part. gen.*) quis nescit..solem lunamque ~a siderum aliquando et nocere? Quint.*Inst.*2.16.6; ~um montium Libanum erigit..opacum fidumque niuibus Tac.*Hist.*5.6; paupertatem ~um malorum credebat *Ann.*14.40;—(*neut. as sb.*) inter ~a honestarum amore artium conpungere animum..debemus Agen.*agrim.* p.21. **b** tali..ornatu adstare..Romana apud templa numen ~um et praescium (*sc.* Apollinem) Tac.*Ann.*14.14; in qua (*sc.* terra) ~um animal homines sumus Apul.*Soc.*3; (*pred.*) ~um..toro..accipit Aenean Verg.*A.*8.177; ~us Seruius Tullius sanctor legum fuit Tac.*Ann.*3.26;—(*w. part. gen.*) hic homost omnium hominum ~os Pl.*Trin.*1115; ~os ..alui natorum Stat.*Theb.*9.426; ~i quique Icenorum.. auitis bonis exuuntur Tac.*Ann.*14.31; ut apud ~um poetarum (*i.e. Homer*) scriptum est Sat.*dig.*48.19.16.8; —(*w. abl.*) philosophorum..quis dubitet Platonem esse ~um siue acumine disserendi siue eloquendi facultate Quint.*Inst.*10.1.81; qui magnitudine opum ~us inter Bithynos..labantem (Soranum) non deseruit Tac.*Ann.*16.33;—(*w. gen.*) Latiaris..~us olim circumueniendi Titii Sabini 6.4;—(*w.* ad) Tiberius ~os ad scelera increpans 6.7; Corbulonem,..clari atque insontes si interficerentur, ~um ad pericula 14.58.

praecircumscrībō ~ere, *tr.* [PRAE-+CIRCVMSCRIBO] To put a barrier in front of, restrict.
ubi uera uirtus nulla pugnandi lege ~itur [Quint.]*Decl.* 9.9.

praecīsē, *adv.* [pple. of PRAECIDO+-E] [PRAECISVS+-E]

1 (of speaking, writing) In an abbreviated manner, elliptically.
'egone illam? quae illum? quae me?'..~ (inquit) Var.fr. 60(GS); id ~ dicitur Cic.*N.D.*2.74; id..obscure atque ~ tamquam aduerse dictum..enarrauit Gel.3.16.8.

2 Without qualification, categorically.
numquam reo cuiquam..tam ~ negaui quam hic mihi plane nulla exceptione praecidit Cic.*Att.*8.4.2; cauebitur ei non ~, sed sub condicione Ulp.*dig.*36.3.1.20.

praecīsiō ~ōnis, *f.* [PRAECIDO+-TIO]

1 The act of lopping off, amputation; the cutting away (of an extremity). **b** (in speech) the act of breaking off, aposiopesis.
ea bestia..ab insequentibus se ~one genitalium liberat Apul.*Met.*1.9;—inferiores sedes praecidantur, et qua ~o fuerit, ibi constituantur itinerum supercilia Vitr.5.6.5. **b** ~o est cum dictis quibus reliquum, quod coeptum est dici, relinquitur incoatum *Rhet.Her.*4.41.

2 The truncated end (left after lopping off).
tabellas ita formatas..contra tignorum ~iones in fronte fixerunt Vitr.4.2.2.

praecīsum ~ī, *n.* [pple. of PRAECIDO] A 'cut' (off a joint of meat).
~um omasum pernam Naev.*com.*65; Lucil.569.

praecīsūra ~ae, *f.* [PRAECIDO+-VRA] An intersection; a part of a line cut off by intersection.
ordinatas..lineas basi..eiciamus in cathetum ex ~is hypotenusarum et circumferentiae Hyg.Gr.*agrim.*p.153; —si datum fuerit trigonum oxygonium, cuius tris numeri dati sint..dicere perpendicularem eiusdem oxygoni et ~as singulas Nips.*grom.*p.299La.

praecīsus ~a ~um, *a.* [pple. of PRAECIDO]

1 (of terrain) Abrupt, sheer.
quemcumque institeram grummum aut ~um iugum Acc. *trag.*506; iter castellanorum angustum admodum, utrimque ~um Sal.*Jug.*92.7; stabat acuta silex ~is undique saxis Verg.*A.*8.233; nulla..tam..inhospita cautes, in qua non.. tulerit ~a per auia plantam Sil.13.338; Quint.*Inst.*12.9.2.

2 (of speech, writing) Curtailed, shortened. **b** (of words or sim.) clipped, staccato.
simplex..et undique ~a non tam narratio uocari potest quam confessio Quint.*Inst.*4.2.47; agenti..quae tanta est huius ~ae comprehensionis necessitas? 7.3.15. **b** duo.. sunt extremi seruandi et notandi pedes, si modo non breuiora et ~a erunt superiora Cic.*de Orat.*3.193; quasi ~is interruptisque uerbis exclamat Antiochus: 'suasorem summum!' Gel.6(7).2.12

praecium ~ī, *n.* [cf. PRAECO] (See quot.).
~a dicebant, qui a flaminibus praemittebantur, ut denuntiarent opificibus, manus abstinerent ab opere, ne.. sacra polluerentur Paul.*Fest.*p.224M.

praeclāmō ~āre ~āuī ~ātum, *intr.* [PRAE-+CLAMO] To give a warning shout.
si..putator, ex arbore cum ramum deiceret, non ~auerit et praetereuntem occiderit Paul.*dig.*48.8.7.

praeclārē, *adv. superl.* ~issimē. [PRAECLARVS+-E]

1 Very clearly, very plainly.
~e..teneo qui istam turbam uoluminum effecerit Cic. *Brut.*123; nesciebat Fannium Roscio esse socium. — ~e; nam iste cum eo litem contestatam habebat *Q.Rosc.*35; uitia quidem tribunatus ~e..perspicis *Leg.*3.23; quae Menander ~e et apposite et facete scripsit Gel.2.23.11.

2 With conspicuous merit or success, very well, excellently. **b** with a conspicuously successful result.
si Gracchus nefarie, ~e Opimius Carbo *orat.*9; nec nihil optime nec omnia ~issime quisquam dicere nobis uidebatur Cic.*Inv.*2.4; in eo (*sc.* fano) Chrysae simulacrum est ~e factum e marmore *Ver.*4.96; Pompeius, Lentulus tuus, Scipio, Afranius foede perierunt. at Cato ~e *Fam.*9.18.2; ita breui spatio re ~issime gesta *B.Alex.*47.5; radix coeliacis ~e facit Plin.*Nat.*22.48; inuenire ~e, enuntiare magnifice interdum etiam barbari solent Plin.*Ep.*3.13.3; (*iron.*) remittere eum nobis Galliam citeriorem, illam ultimam postulare—~e Cic.*Phil.*7.3. **b** ~e se res habebat Cic. *Ver.*17; ~e..uicero, si quid mihi acciderit prius quam hoc tantum mali uidero *Mil.*99; id..ualde gratum fore teque apud eos ~e positurum..spondeo *Fam.*13.41.2; uideamus nunc, quam sint ~e illa his..consequentia *Fin.*3.26; dictamni folia ~e dantur ex aqua Plin.*Nat.*26.161; illos.. puellos diceres tu Cupidines ueros de caelo..inuolasse; nam et pinnulis et sagittulis..~e congruebant Apul.*Met.*10.32.

praeclāriter, *adv.* [next+-TER²] With conspicuous success, brilliantly.
ita rebus ~ gestis Romam reuerterunt Quad.*hist.*48.

praeclārus ~a ~um, *a. compar.* ~ior, *superl.* ~issimus. [PRAE-+CLARVS]

1 Outstandingly bright, radiant, brilliant. **b** (of the face, features) radiant, beautiful.
longa..iam minuit ~us lumina Cancer Q.Cic.*poet.*5; solis ~a luce nitorem Lucr.2.1032; ~um..solem 5.120; ~a illi laudatur iaspis Juv.5.42. **b** nuntia ~i uultus pulchrique coloris Lucr.4.1033; ~a facies, magnae diuitiae..breui dilabuntur Sal.*Jug.*2.1.

2 Splendid, magnificent, grand. **b** excellent, splendid (for a purpose stated or implied).
habet..plura..praedia neque tamen ullum nisi ~um et propinquum Cic.*S.Rosc.*1.33; sunt ea (simulacra) perampla atque ~a, sed non ita antiqua *Ver.*4.109; (urbs) situ est ..ex omni aditu uel terra uel mari ~o ad aspectum 4.117; spero me ~as de istis rebus epistulas ad te saepe missurum *Att.*2.7.3; urbem ~am statui Verg.*A.*4.655; cur.. parentis ~am ingrata stringat malus ingluuie rem Hor.*S.*1.2.8; haec erunt uobis egregiae formonsitatis meae ~a praemia Apul.*Met.*4.34; Phoebi soror, quae..~is..uenerabilis delubris Ephesi 11.2; (*cf.*) nil tamen hoc habuisse uiro ~ius in se..uidetur (regio) Lucr.1.729;—(*of animals, etc.*) duos.. arietes inde eligi ~ioremque alterum immolere me Acc. *praet.*22; quem ~us helops, quem Aegypto sargus mouebit Lucil.1276; quae potest homini esse polito delectatio, cum ..~a bestia uenabulo transuerberatur? Cic.*Fam.*7.1.3; (*iron.*) ~us ille uector meus (*sc.* equus) cum asino capita conferunt Apul.*Met.*3.26. **b** alterum genus (naporum) buniada appellant..seminis ~i contra uenena Plin.*Nat.*20.21; (sucus lacticae) conditur fictili nouo, ad multa ~us 20.61; (aqua mulsa) repentina..~am utilitatem habet 22.110; ~um in seruis auxilium Tac.*Hist.*1.33.

3 Outstanding in achievement or reputation, brilliant. **b** (of actions, achievements, etc.) outstanding, glorious.
municipem..~orum hominum ac primorum Lucil.90; consules egregii, ~us D. Brutus, egregius puer Caesar, de quo spero equidem reliqua Cic.*Fam.*10.28.3; ut consuleret regno paterno, parceret ~issimae patriae *B.Alex.*24.2; quid me ~a stirpe deorum..inuisum fatis genuisti? Verg.*G.*4.322; quod placui tibi..non patre ~o sed uita et pectore puro Hor.*S.*1.6.64; esse..~um uirum Cn. Pompeium, sed nimium iam liberae fieri rei publicae Vell.2.32.1; proles ~a Dorycli V.Fl.2.149; ~a indoles tua et amor patriae Tac. *Hist.*1.15;—(*iron.*) ~os..existimas iudices nos habere, quos alienis peccatis concessuros putes quo facilius ipsis peccare liceat Cic.*Ver.*3.223; ~as..contubernales ab omnibus spondis transuersas incubare Cael.*orat.*15; Sal.*Hist.*1.55.3;— (*w. abl.*) hominem tam pulchrum et ~um uirtute et forma, factis Pl.*Mil.*1042; antiqui proles bello ~a Dolonis Verg. *A.*12.347; puerum egregiae ~um sidere formae Stat.*Silv.*3.4.26; (*iron.*) ille, qui nunc sceleribus suis ferox atque ~us est Sal.*Jug.*14.21;—(*w. gen.*) Titus Liuius, eloquentiae ac fidei ~us in primis Tac.*Ann.*4.34. **b** sicubi ad auris fama tuam pugnam ~am (*cj.*) adlata dicasset Lucil.1081; quid est..~ius quam..posse suo iure dicere idem, quod apud Ennium dicat ille Pythius Apollo Cic.*de Orat.*1.199; cui misero ~i in rem publicam benefici memoria nihil profuit *Cael.*74; adhuc..conatus audiuntur optimi illi quidem et ~issimi, sed gesta res exspectatur *Fam.*12.10.2; de Metello fama ~a esse Sal.*Jug.*55.2; quanto uita illorum ~ior, tanto horum socordia flagitiosior 85.22; mortem pro patria ~am esse fateor Liv.9.4.10; ~a in Hispania militia D. Bruti fuit Vell.2.5.1; auxit inuidiam ~o exemplo femina Tac.*Hist.* 2.13; quo ~ior laus tua Plin.*Pan.*88.8;—(*iron.*) ~um diem illis reposuisti Verria ut agerent Cic.*Ver.*2.52; o ~am sapientiam! *Amic.*47;—(*neut. as sb.*) iusta petenti et ~a cupienti *Orat.*1; uultus erat multa et ~a minantis Hor.*S.* 2.3.9.

praeclāuium ~(i)ī, *n.* [PRAE-+CLAVVS+-IVM] (acc. Non.p.64M *'pars uestis, quae ante clauum texitur'*, but there is no clear evidence, and it may even be a separate garment).
mea nutrix surge si uis profer purpuram: ~ium contextumst Afran.*com.*180; tertium diem ~ium unum texere 229.

praeclūdō ~dere ~sī ~sum, *tr.* [PRAE-+CLAVDO]

1 To obstruct so as to close, block up, bar. **b** to close the interstices in (a solid body). **c** to obstruct (as a barrier), block. **d** to fasten or clamp (a rope, etc.) so as to exclude its loose end. **e** (transf.) to cut short (a period of time).

crebris arboribus succisis omnes introitus erant ~si CAES.*Gal*.5.9.4; nec mea ~sas fregerit ira fores PROP.2.5.22; ut (uenae) et in se ipsae coeant, et nihilo minus ora ~sa habeant CELS.5.26.21.C; manifesta foramina (*sc.* nauigii) ~dit SEN.*Dial*.4.10.8; Euphraten ~sere..accolae agros rigantes PLIN.*Nat*.6.130; denso fauces ~sus puluere, miles ignauam mortem compresso maeret hiatu SIL.9.511; (*cf.*) quae (*sc.* propositio) si animos occupauit, prope aures ipsae defensioni ~duntur QUINT.*Inst*.7.1.31;—(*in fig. phr.*) omnis tibi aditus misericordiae iudicum..esse ~sos CIC.*Ver*.5.21; LUCR.5.373; ~sa..leti tantum a matre uia est STAT.*Ach*.1.256; si uno genere bene diceretur, fas erat existimari ~sam nobis a prioribus uiam QUINT.*Inst*.10.5.7; quod..adulterinae Veneris..~sos aditus copia custodientium cerneret APUL.*Met*.8.3. **b** nam lapis ille riget ~susque ignibus obstat *Aetna* 550. **c** neque iter ~serat unda OV.*Met*.14.790; Styx atra ~sit iter SEN.*Her.O*.1920; (hirudo) adhaerens faucibus..transitum cibis ~dit COL.6.18.1. **d** (funes) non ~duntur nec praeligantur VITR.1.1.8. **e** NAM GENIALI SOLO ~S⟨IT T⟩EMPORA VITAE *CIL* 11.2836.

2 To close the entrance of, prevent access to. **b** (by means other than purely physical obstruction). **c** to shut off (as a barrier).

mures eadem (*sc.* radice) fugantur, cauerna ~sa moriuntur PLIN.*Nat*.22.72; horrentibus uerbis urna ~ditur [QUINT.] *Decl*.10.7; horreis ~sis populo famem indixit SUET.*Cal*.26.5. **b** iam omnem orbem terrarum..ciuibus Romanis ista defensione ~seris CIC.*Ver*.5.168; cum in lupanar ueneris, iam tibi omnia templa ~sa sunt SEN.*Con*.1.2.10; ~sa Caesaris domus SEN.*Dial*.5.23.5; magna pars erat pacis humanae maria ~di *Nat*.5.18.12; ausum classi ~dere portus inpulit.. Phycunta LUC.9.39; ~dite ferro iam nimium patulas Poenis grassantibus Alpes SIL.15.661; cum..uitiorum muliebrium publicam ~das officinam APUL.*Met*.5.31; (*ellipt.*) cum interdixisset usum..Tyrii coloris..~sit cunctos negotiatores SUET.*Nero* 32.3; (*fig.*) (ira) rationi consiliisque ~sa SEN.*Dial*.3.1.2. **c** Media..utraque regna ~dit PLIN.*Nat*.6.114; (*transf.*) cum eam (*sc.* uocalem) consonantes una pluresue ~dunt QUINT.*Inst*.9.4.85.

3 To deny a path to, bar the way of, confine. **b** to stifle (an utterance).

quattuor liberos homines..abreptos et..per duos menses in uilla Milonis ~sos fuisse ASC.*Mil*.32; quid scopulis ~sa ratis, quid dura iuuentus expediat V.FL.4.668; cum a P. Varinio proconsule ~sus esset FRON.*Str*.1.5.22; eam in muro lapideo ~sit HYG.*Fab*.63.1; (*transf.*) iussit lumen omne ~di et se in tenebras condidit SEN.*Dial*.6.22.6. **b** omnibus ~sisse uocem uidebatur LIV.33.13.5; quis tua tam subito ~sit murmura fato? STAT.*Silv*.2.4.3; (*cf.*) animus ~ditur ad exponendam rei indignitatem [CIC.]*Exil*.15.

4 To preclude, prevent (an action or occurrence).

maritimos cursus ~debat hiemis magnitudo CIC.*Planc*.96; inuida ~sit speciem natura uidendi LUCR.1.321; alterutrum fatearis..necessest. quorum utrumque tibi effugium ~dit 1.975; quae diuersae nauigationes numquam uno tempore aduersis uentis ~derentur *B.Alex*.8.2; uocis..meae ~ditur usus OV.*Met*.2.658; hanc (*sc.* fraudem) ~sisse nimium uolgatam omnibus malas lites habentibus satis est *BGU* 2.611.2.9; ~dendae sunt excusationes ingratis SEN.*Ben*.7.16.2; ne ~datur umoris inlapsus atque exitus COL.2.2.11; si ~sa haec fuerit spes QUINT.*Decl*.255(p.46,l.10).

praeclueō ~ēre, *intr.* [PRAE-+CLVEO] To be most famous, be an outstanding name.

qui in uetusta ~ent comoedia MAUR.2242.

praeclūsiō ~ōnis, *f.* [PRAECLVDO+-TIO] A device for stopping (the flow of water in a pipe), stopcock.

~ones aquarum ad temperandum ita sunt constitutae VITR.9.8.6.

praecō ~ōnis, *m.* [perh. syncopation of *praedico* (PRAEDICO¹)+-O¹]

1 One who makes public announcements, a crier, announcer. **b** (in Rome, an official in the law-courts and at other formal proceedings).

quinquertiones ~o in medium prouocat ANDR.*Trag*.41; exsurge, ~o, fac populo audientiam ENN.*scen*.1; ~onum iubere..quantum est conducier, qui illam inuestigent, qui inueniant PL.*Mer*.663; uerbum saepe unum perciet auris.. missum ~onis ab ore LUCR.4.564; uictorem magna ~onis uoce Cloanthum declarat VERG.*A*.5.245; ~ones dimittuntur qui omnes eos proficisci ante noctem iuberent LIV.2.37.8; his per ~ones pronuntiatis CURT.4.4.14; ~o pronuntiat, patres in curiam conueniremt APUL.*Met*.10.7;—(*w. gen.*) uerecundiores esse ~ones ludorum gymnicorum CIC.*Fam*.5.12.8; M VLPIVS..~O FAMILIAE CASTRENSIS *CIL* 6.8533; (*transf.*) o fortunate..adulescens, qui tuae uirtutis Homerum ~onem inueneris! *Arch*.24. **b** QVAM DECVRIAM ~ONVM..QVAESTORIBVS AD AERARIVM APPARERE OPORTET *CIL* 1.587.1.14; dicit unus et alter (testis) breuiter; nihil interrogatur; ~o 'dixisse' pronuntiat CIC.*Ver*.2.75; quae (*sc.* hostiae)..ad ~onem et ad tibicinem immolabantur *Agr*.2.93; noui inperii formam terribilem praebuit tribunal, summoto aditus, ~o, accensus LIV.45.29.2; in publicis.. iudiciis uox illa ~onis..ipsum qui egerit citat QUINT.6.4.7; CHRESTVS ~O TRIBVNICIVS *CIL* 6.1949; (*cf.*) ita est tibi iuris consultus ipse per se nihil nisi leguleius quidam cautus et acutus, ~o actionum, cantor formularum CIC.*de Orat*.1.236.

2 An auctioneer.

~o ibi adsit, cum corona, quique liceat, ueneat PL.fr.88; conicere in uersus dictum ~onis uolebam Grani LUCIL.411; etiam uictus uestitusque necessarius sub ~onem..subiectus est CIC.*Quinct*.49; *Att*.15.26.4; eundem..haec..in forum protulisse et per ~onem uendidisse *N.D*.3.84; ut ~o, ad merces turbam qui cogit emendas HOR.*Ars* 419; si duri puer ingeni uidetur, ~onem facias MART.5.56.11; JUV.8.95; sic ~o lurchonem tractabat dicacule APUL.*Met*.8.25; QVI MVLOS..SVB ~ONE VENDIDERIT *CIL* 2.5181; C SEPTIMIVS QVIETVS ~O VINORVM *A.Epig*.55.165; (*w.* ab) A DIDIVS MNESTER ~O A FORO *CIL* 6.37153.

praecōgitō ~āre ~āuī ~ātum, *tr.* [PRAE-+COGITO] To think out beforehand, premeditate.

ferox..femina, ad multo ante ~atum reuoluta facinus LIV.40.4.13; ~ati mali mollis ictus uenit SEN.*Ep*.76.34; QUINT.*Inst*.12.9.20.

praecognoscō ~oscere ~ōuī ~itum, *tr.* [PRAE-+COGNOSCO] To get to know beforehand, have foreknowledge of.

si latro ~ito nostro aduentu rursus in Italiam se recipere coeperit PLANC.*Fam*.10.15.4; mors..eius..diuinitasque post mortem euidentissimis ostentis ~ita est SUET.*Aug*.97.1.

praecolō ~olere ~oluī ~ultum, *tr.* [PRAE-+COLO]

1 To cultivate in advance, develop beforehand. **b** to cultivate prematurely.

sunt..animi habitus ad uirtutem quasi ~ulti et praeparati rectis studiis CIC.*Part*.80. **b** (*transf.*) quibus noua et ancipitia ~olere auida et plerumque fallax ambitio est TAC.*Ann*.14.22.

2 To adorn so as to outshine others.

Argia..sororis ornatus sacro ~ulta superuenit auro STAT.*Theb*.2.298; (*transf.*) neque tam plenum et erectum et audax et ~ultum (genus eloquentiae) senibus conuenerit quam pressum et mite QUINT.*Inst*.11.1.31.

praecompositus ~a ~um, *a.* [PRAE-+pple. of COMPONO] Ready prepared, preconcerted.

cum ~o nuntius ore uenit OV.*Fast*.6.674.

praecōnium ~(i)ī, *n.* [PRAECO+-IVM]

1 The action of announcing or proclaiming in public. **b** a public announcement, declaration, report. **c** the action of blazoning abroad, publicity (usu. w. the sense of commendation).

hominis..stultitiae suae quam plurimos testis domestico ~io conligentis CIC.*de Orat*.2.86; ut (Caesaris opera) per omnia saecula domestico narrentur ~io SEN.*Dial*.11.8.2; (fama) innumeras soluit falsa in ~ia linguas LUC.1.472; uictorem..se ipse pronuntiabat; qua de causa et ~io ubique contendit SUET.*Nero* 24.1; nil ergo superest quam tuo ~io praemium inuestigationis publicitus edicere APUL.*Met*.6.7; (*humorously*) quicquid scripsero tibi ~ium deferam CIC.*Att*.13.12.2. **b** non ita contemno uolucris ~ia famae OV.*Ep*.16.207; nostra per inmensas ibunt ~ia gentes *Tr*.4.9.19; (*transf.*) nil tibi sit rauco ~ia classica cornu flare PROP.3.3.41. **c** ~ium..ab Homero Achilli tributum CIC.*Fam*.5.12.7; Cynaegirum Atheniensem..Graecia omnium saeculorum memoriae litterarum ~io inculcauit V.MAX.3.2.22; in usum tuum, non in ~ium aliquid simplici stilo scribe SEN.*Dial*.9.1.13; libera haec ciuitas nec indiga ullius ~ii amplius PLIN.*Nat*.4.24; sunt qui accendant in aruo et stipulas, magno Vergili ~io 18.300; quid addi potest ad hoc ~ium uiri consularis? APUL.*Fl*.16;—(*w. gen. expr. substance of report*) neque..quisquam est..qui non mandari uersibus aeternum suorum laborum ~ium facile patiatur CIC.*Arch*.20; facimus placitae late ~ia formae OV.*Ars* 3.535; te parcum in ~ia famae..tuae STAT.*Theb*.2.176; APUL.*Met*.5.10.

2 The function or business of an auctioneer. **b** an auctioneer's fee.

scitin quid ego uos rogo? — quid? — ~ium mi ut detis PL.*Men*.1155; rescripsit eos, qui facerent ~ium, uetari esse in decurionibus CIC.*Fam*.6.18.1; QVEI ~IVM DISSIGNATIONEM LIBITINAMVE FACIET *CIL* 1.593.94; SUET.*Gram*.3(p.101Re); QVI ~IVM CONDVXERIT PRAECONEM INTRA FINES PRAEBETO *CIL* 2.5181;—(*transf.*) o meum miserum acerbumque ~ium! CIC.*Rab.Post*.45; eum..addictum iam totum puto esse Calui Licini Hipponacteo ~io *Fam*.7.24.1. **b** amplius quam quanti emerit omnis pecuniae centesima accedet, ~ium praesens ss L CATO *Agr*.146.1.

praecōnius ~a ~um, *a.* [PRAECO+-IVS]

1 Of or concerned with a public crier or his office.

AIATIVS..DECVRIALIS DECVRIAE IVLIAE ~IAE *CIL* 11.3294.

2 Of or belonging to an auctioneer.

cuius uox in ~io quaestu prostitit CIC.*Quinct*.95.

praeconsūmō ~ere ~psī ~ptum, *tr.* [PRAE-+CONSVMO] To use up prematurely.

utilius bellum putat esse minari quam gerere atque suas ibi ~ere uires OV.*Met*.7.489; nec ~ptum temporis esse malis *Tr*.4.6.30.

praecontrectō ~āre, *tr.* [PRAE-+CONTRECTO] To caress in advance.

spectat eam Tereus ~atque uidendo OV.*Met*.6.478.

praecoquis: see PRAECOX.

praecoquō ~quere ~xī ~ctum, *tr.* [PRAE-+COQVO] ORTHOG.: *~cuntur* (= *~quuntur*) PLIN.*Nat*.18.288. To cook or bake prematurely; to ripen early or prematurely.

ideo (lateres) uitiosi fiunt, quod summum corium sol acriter cum ~quit, efficit, ut uideatur aridum, interior autem sit non siccus VITR.2.3.2;—quidam ex quacumque dulci (uua), dum ~cta, alba, faciunt (passum) PLIN.*Nat*.14.81; quoniam uapore constat culpa acinique ~cuntur in callum 18.288.

praecoquus: see PRAECOX.

praecordia ~ōrum, *n. pl.* [PRAE-+COR+-IVM]

1 The parts of the body immediately below the heart, vitals. **b** (in med. writings referring to more particular locations) the lower chest in front of the heart; the region over the diaphragm; the upper abdomen below the ribs. **c** the diaphragm.

(*in man*) seditionem facit lien, occupat ~a PL.*Mer*.124; si cor dolet et si iecur aut pulmones aut ~a CATO *Agr*.157.7; iram in pectore, cupiditatem supter ~a locauit (Plato) CIC.*Tusc*.1.20; ipsum offendunt..totis ~is stertentem ructuosas spiritus geminare CAEL.*orat*.15; huic dea..anguem conicit, inque sinum ~a ad intima subdit VERG.*A*.7.347; leni ~a mulso prolueris melius HOR.*S*.2.4.26; quam (*sc.* aquam) cum..hausissent, tendebantur extemplo ~a CURT.4.16.13; iterum circa ~a sanguis incaluit LUC.2.557; ~a uocamus uno nomine exta in homine PLIN.*Nat*.30.42; minus..nocens erit Agrippinae boletus, siquidem unius ~a pressit ille senis JUV.6.621;—(*in other creatures*) anulus in ~is piscis inuentus est CIC.*Fin*.5.92; lanceam mediis iniecit ursae ~is APUL.*Met*.4.21;—(*transf.*) scire iuuat magni penitus ~a mundi MAN.1.17. **b** ubi amari ructus cum dolore et grauitate ~orum sunt CELS.1.3.20; 3.10.3; stomachi uentrisque et ~orum infinitos habet dolores LARG.198;—sub corde.. trauersum ex ualida membrana saeptum est, quod ~is uterum diducit CELS.4.1.4;—uenas..concitatas habet ~is duris et tumentibus 2.7.24; cum iam uenter et ~a ultra modum repleta (*sc.* aqua)..sunt 3.7.2.C; si bibatur, inflationem stomachi et ~orum facit COL.12.11.2. **c** exta homini ab inferiore uiscerum parte separantur membrana, quam ~a appellant PLIN.*Nat*.11.197.

2 The surface of the body over the heart, chest, breast.

assiduis mulcens ~a palmis *Ciris* 346; mollia cinguntur tenui ~a libro (*i.e. of Daphne*) OV.*Met*.1.549; in terra ponunt ~a 7.559; fumant crebro ~a pulsu V.FL.4.285;—(*in a constellation*) subter ~a fixa uidetur stella micans radiis CIC.*Arat*.98; Nixus aluum, crura, umeros simul et ~a lustrans 710(457).

3 The lower part of the chest as the seat of feelings, etc.

ubi quem ex ~is ecfero uersum LUCIL.590; quondam etiam uictis redit in ~a uirtus VERG.*A*.2.367; condita cum uerax aperit ~a Liber HOR.*S*.1.4.89; saepe uno mutat ~a uerbo PROP.2.4.21; et tua sunt silicis circum ~a uenae OV.*Tr*.1.8.41; Africanus..in unius Numidae infidis ~is suam.. salutem depositurus V.MAX.9.8.1; nisi hic timor e pectore eiectus est, palpitantibus ~is uiuitur SEN.*Ep*.74.3; Flaccus ..circum ~a ludit PERS.1.117; ni praesaga meos ludunt ~a sensus SIL.3.74; necessaria ~is leniendis..illa praenobilis potio APUL.*Met*.10.25; (*w. gen. of quality*) quem propemodum ipsius liberalitatis ~a constat habuisse V.MAX.4.8.ext.2; (*cf.*) nocitura..rursus erant domino stultae ~a mentis OV.*Met*.11.149.

praecorrumpō ~umpere ~ūpī ~uptum, *tr.* [PRAE-+CORRVMPO] To bribe beforehand, suborn.

illa quidem uenit, sed ~upta OV.*Met*.9.295; dum ~umpere donis me cupit 14.134.

praecox ~ocis or ~oquis, *a.* [PRAECOQVO; for formation cf., e.g., *dux*] FORMS: *~oquis* (nom. sg.) NOV.*com*.106; cf. also GEL.10.11.9; *~oquus*, etc., old edd. in COL.12.37, 12.39.1.

1 Early ripening, early. **b** (of chemical substances) maturing early.

(uua) ~ox..multo ante coquitur VAR.*R*.1.54.1; sunt.. genera malorum..~ox, pannuceum, Punicum CLOAT.*gram*.7; (uites) ~oquis fructus, ideoque frigidis locis aptissimae COL.3.2.18; CALP.*Ecl*.2.43; fiunt et ~oques feruenti aqua perfusae (oliuae) quamlibeat inmaturae PLIN.*Nat*.15.16; sunt..(fici) eaedem serotinae et ~oces..cum messe undemiaque maturescentes 15.71; ab ea (*sc.* amygdala) proximae florent Armeniaca, dein tuberes et ~oces (*perh. apricots*) 16.103; Persica ~ocia MART.13.46; (*in fig. phr.*) nullum esse eundem et diuturnum et ~oquem fructum CURT.8.5.15;—(*transf., of sites*) nec ex tepidis aut ~ocibus in frigidos aut serotinos situs (transferri oportet) PLIN.*Nat*.17.79; 18.197. **b** quod fuit ex eo (*sc.* alumine) ~ox, candidius fit PLIN.*Nat*.35.184.

2 Coming into being before the usual time, early, precocious. **b** occurring too soon, premature.

huic puellae ~oquis libido inest NOV.*com*.106; scires in malum ingens..euasuram tam ~oquem audaciam SEN.*Dial*.10.6.2; uasis musti deiectis in mare, quo genere ~ox fit uetustas PLIN.*Nat*.14.78; hinc me forma rapit, rapit inde modestia ~ox STAT.*Silv*.2.1.39; illud ingeniorum uelut ~ox genus non temere umquam peruenit ad frugem QUINT.*Inst*.1.3.3; odi puerulos ~oqui sapientia *Inc.pall*.95. **b** ~ox pugna est ENN.*Ann*.278; adpetis dominatum demens praemature ~ocem AFRAN.*com*.335; cum tempus reuocat, ea ~ox est fuga VAR.*Men*.514; ~oqui gaudio uerita inritare fortunam CURT.4.15.11; aliquis..letum ~oquis fati tulit SEN.*Phoen*.250.

praecrassus ~a ~um, *a.* [PRAE-+CRASSVS] Exceptionally thick.

suberi..cortex..~us ac renascens PLIN.*Nat*.16.34.

praecupidus ~a ~um, *a.* [PRAE-+CVPIDVS] Very covetous (of).

pretiosae supellectilis Corinthiorumque ~us SUET.*Aug*.70.2.

praecurrō ~currere ~(cu)currī ~cursum, *intr., tr.* [PRAE-+CVRRO] FORMS and ORTHOG.: *praecurrerat* CAES.*Civ*.3.80.2; *prec-* *CIL* 3.10852, *A.Epig*.17–18.35.

1 To run in front of others, hurry on ahead. **b** (w. acc.) to run in front of, precede; to run past the front of.
quia tute ab naui clanculum huc alia uia ~cucurristi PL.*Am.*796; una illarum..~cucurrit nuntians me uenisse TER.*Hec.*371; ~currunt equites, quanto res sit in periculo cognoscunt CAES.*Gal.*6.39.1; sequi sese iubet et ~currit ante omnis *Civ.*2.34.5; hos..~cursuros et loca excelsiora..occupaturos *B.Alex.*8.6; ~cucurrerant..ab urbe qui nuntiarent dictatorem..uenire LIV.8.30.13; inde notis flexibus ~currit alium in xystum PHAED.2.5.18; ruere cuncti in castra, anteire proximos, certare cum ~currentibus TAC.*Hist.*1.45; gaudens laetusque ~currebam APUL.*Met.*7.15; (*in fig. phr.*) quaedam..interrogabit: sequetur tamen magis quam ~curret QUINT.*Inst.*1.3.3; (*transf.*) eo fama iam ~curreret CAES.*Civ.*3.80.2. **b** ut illos Numidarum ~curat equitatus SEN.*Ep.*123.7; (*in fig. phr.*) adeo sermonis amari, Sisennas, Barros ut equis ~curreret albis HOR.*S.*1.7.8;—diuersas ~currens luna fenestras PROP.1.3.31.

2 To occur previously, precede.
ut omnium animalium, simul ad nocendum insurrexerunt, ~currant notae SEN.*Dial.*3.1.5; in corporibus inrigui languoris signa ~currunt *Ep.*74.33; nunc ~currente..tempestatum significatu..nunc postueniente PLIN.*Nat.*18.207;—(*w. dat.*) neque hoc quicquam esse turpius quam cognitioni et perceptioni assensionem..~currere CIC.*Ac.*1.45; ut certis rebus certa signa ~currerent *Div.*1.118; ut nonnullis regni futuri signa ~currant, ut Tarquinius Priscus aquila obumbretur APUL.*Soc.*7;—(*w. acc.*) qui est uersatus in rerum..cogitatione, quae studio et diligentia ~cucurrit aetatem CIC.*de Orat.*2.131; periturorum fata populorum..crinita siderum flamma ~currit [QUINT.]*Decl.*4.16; senatus..adsensio, quae solet decreta ~currere PLIN.*Ep.*3.4.4;—(*neut. of pple. as sb.*) ex consentaneis et ex ~currentibus et ex repugnantibus (argumenta ducuntur) CIC.*de Orat.*2.170; (*cf.*) primordia rerum et quasi ~currentia, in quibus inest aliquid argumenti *Part.*7.

3 (w. acc.) To act so as to be ahead of, anticipate; (also w. dat.). **b** to prevent by anticipatory action, forestall. **c** (of an event) to overtake. **d** (absol.) to predecease another, die first.
patere..uno te ~curri exemplo V.MAX.3.2.intro.; ~currunt uerba loquentes, ante os est animus MAN.5.222; eo mortem ~curre, et quidquid illa ablatura est iam sine interire SEN.*Ep.*123.10; bis conatus erat ~currere fata parentis, conuersa in semet dextra SIL.4.457; ~currit..iudex dicentem TAC.*Dial.*20.2; quae..causa fuerit impedimento, quominus ~currere aduentum meum in Campaniam posses PLIN.*Ep.*6.28.1; ~CVCVRRISTI FATO; DELEGASTI MIHI LVCTVM DESIDERIO TVI *CIL* 6.1527.2.54;—(*w. abst. subj.*) ~currit amicitia iudicium tollitque experiendi potestatem CIC.*Amic.*62; Appii interitum ueridica Pythicae uaticinationis fides ~cucurrit V.MAX.1.8.10; etiam si adtenderemus, tamen nos uita ~curreret SEN.*Ep.*45.13; (uites) praecoques, quarum maturitas frugum ~currit hiemem COL.3.1.7;—uotis suis amor plerumque ~currit PLIN.*Ep.*4.15.11. **b** illud..quod quidam fingunt, ~currere cogor LUCR.1.371; ut, si quid..ab Aeduis iniretur consili, celeritate ~curreret CAES.*Gal.*7.9.4; hoc pactum..duo fratres..perfidia ~cucurrerunt V.MAX.5.6.ext.4; poenam morte ~cucurrit 9.12.7. **c** QVONIAM TE FATVS ~CVCVRRIT *CIL* 6.24227. **d** NAEVIA..FECIT SIBI MEMORIAM PRECVRRENTIBVS..ROMVLIANO ET..CALAMERO *CIL* 3.10852.

4 (w. acc.) To have superiority over, surpass, outstrip; (also w. dat.). **b** (absol.) to have superiority, take precedence.
horum uterque Isocratem aetate ~currit CIC.*Orat.*176; ut..homo nequam..hominem..bona existimatione munitum ~currat Q.CIC.*Pet.*28; cum eum nemo anteiret his uirtutibus, multi nobilitate ~cucurrerunt NEP.*Thr.*1.3; licet sub paupere tecto reges et regum uita ~currere amicos HOR.*Ep.*1.10.33; Crassum casus acerbitate Q. Caepio ~currit V.MAX.6.9.13; nec ulla re magis..oratores ~currit quam iudicio TAC.*Dial.*22.1;—(*w. compendious comparison*) una dies omnis potuit ~currere amantis PROP.1.13.25; BONVM CIVEM ET..OMNIVM SVPERIORVM..AMOREM PRECVRRENTEM *A.Epig.*17–18.35;—uobis..illum tanto minorem ~currere uix honestum est CIC.*de Orat.*3.230; qui mihi studio paene ~curritis *Catil.*4.19. **b** eius..commendatio ~currere uidetur, cui nomen ex ipso numine quaesitum est V.MAX.5.1.intro.

praecursiō ~ōnis, *f.* [prec.+-TIO] The fact of preceding, previous occurrence. **b** that which precedes, a preliminary.
non fieri adsensiones sine ~one uisorum CIC.*Fat.*44. **b** huius generis causarum..alia..~onem quandam adhibent ad efficiendum CIC.*Top.*59; cuius (*sc.* pugnae) quasi praelusio atque ~o has contentiones excitauit PLIN.*Ep.*6.13.6.

praecursor ~ōris, *m.* [PRAECVRRO+-TOR] One who runs on ahead, a forerunner; (mil.) a member of an advance-guard.
ut illum..nullus ~orum tumultus detineret PLIN.*Pan.*76.7;—leuia..proelia inter extremum Punicum agmen ~oresque Romanorum fiebant LIV.26.17.16; (*transf.*) quem iste..in omni calumnia ~orem habere solebat et emissarium CIC.*Ver.*5.108.

praecursōrius ~a ~um, *a.* [PRAECVRRO+-TORIVS] Travelling in advance, precursory.
quod sum praesens petiturus, hac quasi ~a epistula rogo PLIN.*Ep.*4.13.2.

praecursus ~ūs, *m.* [PRAECVRRO+-TVS³] Anticipation, forestalling.
deflorescunt omnia (*sc.* haec genera arborum)..intra VIII id. Iul. etesiarum ~u PLIN.*Nat.*16.104.

praecutiō ~tere, *tr.* [PRAE-+QVATIO] To shake in front of another.
taedas Hymenaeus Amorque ~tiunt OV.*Met.*4.759.

praeda ~ae, *f.* [*prai-*+-*heda*, cf. PREHENDO] FORMS: ~*ad* (abl.) *CIL* 1.25, *praidad* 1.49.

1 Booty (taken in war, robbery, or sim. circumstances), plunder, spoil, loot. **b** that which is available for plunder, (potential) loot. **c** the act or practice of plundering, spoliation, pillage.
NAVALED ~AD POPLOM ⟨DONAVET⟩ *CIL* 1.25.17; ~a per participes aequiter partita est ANDR.*trag.*3; amatne istam quam emit de ~a? PL.*Epid.*64; num..dubium est quin ei obtulerint hanc ~am Chrysogono qui ab eo partem praedae tulerunt? CIC.*S.Rosc.*107; est..ausus dicere..cum bona in foro uenderet..ciuium, ~am se suam uendere *Off.*2.27; ~a ex omnibus locis agebatur CAES.*Gal.*6.43; PROP.1.19.14; cum se suaque ~ae esse regi sineret LIV.1.56.8; uirginitas factast peregrini ~a latronis OV.*Ep.*12.111; LUC.5.526; ~am..in se (*sc.* elephantis) expetendam..solam esse in armis suis, quae..appellat..consuetudo..dentes PLIN.*Nat.*8.7; omissis telis ~a manus impediunt TAC.*Hist.*5.17; (*in hendiadys*) ipsum..uocamus in partem ~amque Iouem VERG.*A.*3.223; (*pl.*) non..uenimus..raptas ad litora uertere ~as 1.528;—(*w. defining gen.*) cum hominum atque pecudum inulti ~as egissent LIV.3.38.3; ipsi ~as..nummorum ac uasculorum..inuehebant APUL.*Met.*4.8;—(*w. gen. of origin*) omnium uestrum bona ~am esse illius uictoriae CIC.*Att.*11.6.2; fratre meo..interfecto..regnum eius sceleris sui ~am fecit SAL.*Jug.*14.11. **b** qui illa templa et tecta non patriam sed ~am putet CIC.*Att.*7.13.1; in agrum Picenum..non copia solum..frugum abundantem sed refertum ~a LIV.22.9.3; miserum adulescentem..ob ~am hereditariam extinxit ueneno APUL.*Met.*2.27. **c** passim..~a pecua uallebant agris ACC.*trag.*271; Saxae se et Cafoni tradiderunt ad facinus ~amque natis CIC.*Phil.*11.37; cohibet..omnis a ~a *B.Afr.*3.1; igni magis quam ~a ager uastabatur SAL.*Jug.*55.5; ferrea non uenerem sed ~am saecula laudant TIB.2.3.35; consul captis castris direptione ~aque abstinet militem LIV.38.23.2; Syri illi qui uenerant ad ~am PETR.22.5;—(*pl.*) propter ~arum ac furtorum omnium societatem CIC.*Ver.*4.136; dabit in ~as animos soluetque pudorem MAN.4.508; Narcissum incusat cupidinis ac ~arum TAC.*Ann.*12.57.

2 The prey (of a hunter, wild animal, etc.). **b** (transf., of persons) prey, game.
cum ~a hic hodie incedet uenator domum PL.*Poen.*647; (Neptunus) me ex suis locis pulchre ornatum expediuit..pluruma ~a (*sc. of fish*) onustum *Rud.*909; esuriente leoni ex ore exculpere ~am LUCIL.286; canibus data ~a Latinis VERG.*A.*9.485; cerui, luporum ~a rapacium HOR.*Carm.*4.4.50; tutae..animalia ~ae..agitat OV.*Met.*10.537; cariosis dentibus ~am dimisit rictus (*sc.* canis) PHAED.5.10.6; lepus, omnium ~ae nascens PLIN.*Nat.*8.219; insequitur uelox pecorum deus..iam ~ae (*i.e. a nymph*) leuis imminet STAT.*Silv.*2.3.20; (*w. defining gen.*) matutinarum non ultima ~a ferarum saeuos oryx MART.13.95.1;—(*applied to inanim. things*) et turpis auibus ~am fert uua racemos VERG.*G.*2.60; (uites lanatae) nisi mature lectae pluuiis uentisque et apibus adferunt ~am COL.3.2.18; (*pl.*) exportant..maris ~as et rapta profundo naufragia MAN.5.434; (*w. defining gen.*) hunc (*i.e. Cerberus*) offrenatum unius offulae ~a facile praeteribis APUL.*Met.*6.19. **b** hic homo meus est.—quidum?—quia ~a haec meast: scortum quaerit, habet argentum PL.*Ps.*1124; pupillos et pupillas certissimam ~am esse praetoribus CIC.*Ver.*1.131; indigni re publica habiti ~ae loco aestimantur SAL.*Hist.*1.77.5; maxima ~a tibi, maxima cura mihi PROP.2.16.2; deserta..~a iniuriae puella stabat LIV.3.48.3; haec tot milia (*sc. of men*)..nihil ipsa per se futura nisi onus et ~a SEN.*Cl.*1.4.1; complexae..~am suam sorores nomine mentientes..sic adulant APUL.*Met.*5.14.

3 The reward of any acquisitive effort, prize, profit.
necessumst quidquid habeo uendere. adeste sultis, ~a erit praesentium PL.*St.*220; cum senserit istum..arationes et agros uectigalis uastasse atque exinanisse, ipsum maximos quaestus ~asque fecisse CIC.*Ver.*3.119; ~ae compendiique eius causa..faciundum VITR.6.pr.5; ~a (*sc. of flowers*) puellares animos prolectat OV.*Fast.*4.433; orbem..inuertere ~ae inperat et glaebas inter deprendere gazam MAN.5.524; inuenit caluus forte in triuio pectinem..ostendit ille ~am PHAED.5.6.4; aduenerunt..medici hanc solam operam adferentes magna sua ~a PLIN.*Nat.*26.4; adulteratur (minium) multis modis, unde ~a societati 33.118.

praedābundus ~a ~um, *a.* [PRAEDOR+-BVNDVS] Engaged in pillage, plundering, pillaging.
se ~um post paucos dies eodem uenturum SAL.*Jug.*90.2; exercitum Sabinum ~um ad Anienem amnem peruenisse LIV.2.26.1; CURT.8.1.5; leuibus nauigiis ~us TAC.*Ann.*11.18; ~i per litora cuncta uolitabant FLOR.*Epit.*2.18 (4.8.2).

praedamnō ~āre ~āuī ~ātum, *tr.* [PRAE-+DAMNO] To condemn beforehand (by legal procedure), precondemn. **b** to prejudge as guilty, condemn in advance. **c** to condemn (things) beforehand as futile, unsatisfactory, etc.
T. Quinctium..totam culpam eius temporis in ~atum collegam transferentem LIV.4.41.11; tot iudiciis confossos ~atosque 5.11.12. **b** ne..destituere ac ~are amicum existimaretur SUET.*Aug.*56.3; (*w. gen. of penalty*) stultum esse perpetuae infelicitatis se ~are V.MAX.6.9.intro. **c** ~ata spe aequo dimicandi campo LIV.27.18.8; malueram..~atus abire quam tibi certanti partem committere uocis CALP.*Ecl.*6.30.

praedātīcius ~a ~um, *a.* [PRAEDOR+-ICIVS²] Derived from plunder.
aegre passus, quod..rationem pecuniae ~ae posceretur GEL.4.18.12; ex manubiis, id est ex pecunia ~a 13.25.28.

praedātiō ~ōnis, *f.* [PRAEDOR+-TIO] The act of plundering, depredation.
latrociniis ac ~onibus infestato mari..utebatur VELL.2.73.3; ~oni intentos hostes..cecidit FRON.*Str.*1.6.1; ex quis (*sc.* agminibus)..Scipio legatus praefuit qua ~o in Leptitanos TAC.*Ann.*3.74; fama..regni, quod Vannius..~onibus et uectigalibus auxerat 12.29.

praedātor ~ōris, *m.* [PRAEDOR+-TOR]

1 A plunderer, pillager, robber.
nihil est praedae ~oribus PL.*Ps.*426; ita perpetuos defensores Macedoniae uexatores ac ~ores effecisti CIC.*Pis.*84; SAL.*Hist.*4.15; ~or cupit immensos obsidere campos TIB.2.3.41; ex ~oribus Aequorum qui populabundi in finibus Romanis uagabantur LIV.3.5.13; non tamen insidias ~or ouilibus ullas afferet CALP.*Ecl.*1.40; PHAED.2.1.2; STAT.*Theb.*12.342; simulantes..fugam ~ores FRON.*Str.*3.10.6; (*w.* ex) exercitus..iners inbellis..~or ex sociis et ipse praeda hostium SAL.*Jug.*44.1.

2 A person or animal that goes after prey, hunter; a ravisher.
cum pedibus ~or obuncis deposuit..leporem Iouis ales OV.*Met.*6.516; raptis..natis ~oris equi sequitur uestigia tigris STAT.*Theb.*4.316; (*w. obj. gen.*) Abas ~or aprorum OV.*Met.*12.306;—ne quis ~or corporis admitteretur in domum PETR.85.3.

praedātōrius ~a ~um, *a.* [PRAEDOR+-TORIVS] Marauding, plundering; piratical.
non uti antea cum ~a manu, sed magno exercitu comparato bellum gerere coepit SAL.*Jug.*20.7; ~as manus delecti Maurorum duxere TAC.*Ann.*4.24;—in istoc portu stat nauis ~a PL.*Men.*344; praeter ~as classes quibus escensiones in agros maritimos factae erant LIV.29.28.5; 34.36.3.

praedātrix ~īcis, *f.* [PRAEDOR+-TRIX] A female robber or plunderer.
procul hinc..Herculei ~ix cedat alumni STAT.*Silv.*1.5.22.

praedātus ~ūs, *m.* [PRAEDOR+-TVS³] Robbery.
quam ob rem me meumque filium..habes perditui et ~ui PL.*Cist.*366.

praedēlassō ~āre, *tr.* [PRAE-+DELASSO] To weaken in advance.
incursus quae (*sc.* moles) ~at aquarum OV.*Met.*11.730.

praedensus ~a ~um, *a.* [PRAE-+DENSVS] Very closely crowded together, very thick; (of consistency) very dense.
panicum..~is aceruatur granis PLIN.*Nat.*18.53; farrago ex recrementis farris ~a seritur 18.142;—culter..~am, priusquam proscindatur, terram secans 18.171.

praedexter ~era ~erum, *a.* [PRAE-+DEXTER] Extremely dexterous.
~er erat geminisque securibus ingens GRAT.68.

praediātor ~ōris, *m.* [PRAEDIVM+-TOR] An official who dealt with matters concerning land acquired by the State as *praedium* (sense 1).
cum de iure praediatorio consuleretur, homo iuris peritissimus, consultores suos non numquam ad..~ores reiciebat CIC.*Balb.*45; etsi reus locuples est et Appuleius ~or liberalis, tamen uelim..appelles procuratores *Att.*12.17; *Ed. pr.*(*Font.iur.*p.226)33; qui mercatur a populo, ~or appellatur GAIUS *Inst.*2.61.

praediātōrius ~a ~um, *a.* [prec.+-IVS] Relating to the sale of land acquired by the State as security.
cum de iure ~o consuleretur CIC.*Balb.*45; QVAM LEGEM EOS, QVI ROMAE AERARIO PRAEERVNT, E LEGE PRAEDATORIA PRAEDIBVS..VENDVNDIS DICERE OPORTERET *CIL* 2.1964.4.51; in uacuum lege ~a uenalis pependerit SUET.*Cl.*9.2.

praediātūra ~ae, *f.* [as prec.+-VRA] The sale of land acquired by the State as security.
ex ~a possessionem usurecipi GAIUS *Inst.*2.61.

praediātus ~a ~um, *a.* [PRAEDIVM+-ATVS²] Possessing land, landed.
bene uestitus, bene ~us APUL.*Fl.*22.

praedicābilis ~is ~e, *a.* [PRAEDICO¹+-BILIS] Deserving renown, praiseworthy.
nec in misera uita quicquam est ~e aut gloriandum CIC.*Tusc.*5.49; utinam possem..~i testimonio tuo ad omnem nostram Camenam frui! APUL.*Fl.*9; STRENVO AC ~I IVDICI *CIL* 10.7234.

praedicātiō ~ōnis, *f.* [PRAEDICO¹+-TIO]

1 The action of making well known, announcement, statement. **b** a formal public proclamation.
homo..omnium iam opinione damnatus..sua spe et ~one absolutus CIC.*Ver.*1.2; uestigia non pressa leuiter ad exigui ~onem temporis, sed fixa ad memoriam..sempiternam *Sest.*13; dignior..qui Iouis stirpem tacitus agnosceret, quam qui ~one iactaret CURT.6.10.27; Aegyptii..apud ipsos inuentam (picturam)..adfirmant, uana ~one PLIN.*Nat.*35.15; in quibus omnia contra ~onem istorum pro me reperiuntur APUL.*Apol.*78; (*in compendious expr.*) quod in urbe..minus ~one tribuni praedae fuerit LIV.4.49.10;—(*w. obj. gen.*) haec mea uestrorum beneficiorum ~o CIC.*Har.*16; cohortatus..~one uera qua in Tuscis, qua in Samnio partorum decorum LIV.9.41.16;—(*w. acc. and inf.*) illa nostra ~o quanti est, nos, quod simus, quod habeamus..id omne abs te habere! CIC.*Fam.*7.29.1; nec uana de se ~o est Caesaris, ante uictum hostem esse quam uisum FLOR.*Epit.*2.13(4.2.63). **b** quam..praeconi huic..

acerbam ~onem futuram puto Cic.*Agr.*2.48; tubicen ~oni nominis nostri silentium faciens Sen.*Ep.*78.16; per omnium ora populorum..discurrens, sic mandatae ~onis munus exequebatur Apul.*Met.*6.8.

2 Special mention, commendation.
metuo ne ~o tua nunc meam formam exsuperet Pl.*Mil.*1237; in eo ipso in quo ~onem nobilitatemque despiciunt praedicari de se..uolunt Cic.*Arch.*26; urinam cient utilissime (asparagi)..radice quoque plurimorum ~one Plin.*Nat.*20.109; cum ipsi honestati tum aliquanto magis gloriae eius ~onique inuidemus Plin.*Ep.*1.8.6; quae..amare me ex tua ~one consueuerit 4.19.6; te..honor..aeternus annalium, non haec breuis et pudenda ~o colit *Pan.*54.2.

praedicātor ~ōris, *m.* [praedico¹+-tor] One who makes known or publicizes (esp. in order to commend). **b** a crier, announcer.
Pompeio plurimum te quidem ipso ~ore ac teste debebam Cic.*Fam.*1.9.6; ut operibus nostris similis tui scriptor ~orque contingat Plin.*Ep.*7.33.2;—(*w. obj. gen.*) me non ingeni ~orem esse uis sed laboris mei Cic.*Brut.*233; te..~orem meritorum meorum esse uolui Planc.*Fam.*10.7.1; —(*w.* de) de laboribus et consiliis tuis..~or ubique frequentissimus extitit Fro.*Amic.*2.p.192(178N). **b** si quis a fuga retrahere..poterit..Veneris ancillam..conueniat..Mercurium ~orem Apul.*Met.*6.8.

praedicō¹ ~āre ~āuī ~ātum, *tr.*, *intr.* [prae-+dico¹]

1 To make known, proclaim, declare. **b** to make mention of, cite.
id quod neque est neque fuit neque futurum est mihi ~as Pl.*Am.*554; actumst, siquidem haec uera ~at Ter.*An.*465; nondum commemoro rapinas..non perfidiam, non immanitatem, non scelera ~o Cic.*Pis.*38; quid uero historiae de nobis ad annos dc ~abunt? *Att.*2.5.1; quod autem laetabile, id ~andum et prae se ferendum *Tusc.*5.43; qui eorum scripta furantes pro suis ~ant Vitr.7.pr.3; quis hominum clarius..furem ~at quam iste latratu? Col.7.12.1; non ideo ~are (benefacta sua), quia fecerint, sed ut ~arent, fecisse creduntur Plin.*Ep.*1.8.15; (*w. internal acc.*) aliam nunc mi orationem despoliato ~as..atque olim quom inliciebas me ad te Pl.*As.*204;—(*w. acc. and inf.*) Hecubam..canem Graii esse ~abant *Men.*715; qui de te oratore sic ~arem, unum te in dicendo mihi uideri tectissimum Cic.*de Orat.*2.296; saepe..~auit aduersa Caesarem proelia fecisse Caes.*Civ.*2.18.3; indignum esse ~ans consules ambos in ualles..includi Liv.38.42.9; magno in coetu ~auit, fabricatum semet sibi ampullam..oleariam Apul.*Fl.*9;—(*of circumstances*) uirum memorabilem intui uiderer, ni uestitus taeter, uastitudo..~arent hominem esse Acc.*trag.*616; ut quo..expolitior dens est, hoc te amplius bibisse ~et loti Catul.39.21;—(*w. indir. qu.*) ~abo quomodo uos furta faciatis Pl.*Poen.*1245; non sum ~aturus quantas ille res..gesserit Cic.*Man.*48; quam rei militaris peritus (sit), ~ant omnes sub quibus meruit Fro.*Amic.*1.p.290(177N);—(*w.* ut, ita) eho an huius sunt illae filiae? — ita ut ~as Pl.*Poen.*1136; ciuis Glyceriumst? — ita ~ant Ter.*An.*875; nihil igitur debuit, ut tu ipse ~as Cic.*Quinct.*47; ut tu diuina tua mente prospexisti et ~asti Lent.*Fam.*12.14.4; Tac.*Hist.*1.37;—(*w.* de) uidetisne ut apud Homerum..Nestor de uirtutibus suis ~et? Cic.*Sen.*31; de meis in uos meritis ~aturus non sum Caes.*Civ.*2.32.11; ut nullus miles Plautinus de suis quam hic de tuis uirtutibus gloriose ~aret Fro.*Amic.*2.p.192(178N);—(*absol.*) de istac rogas uirgine? — ita, utrum taceam an ~emne? Ter.*Eu.*721. **b** qui..eis (*sc.* rebus)..uteretur, hunc rei publicae rectorem..esse habendum, ~aremque P. Lentulum..et innumerabilis alios Cic.*de Orat.*1.211; hoc etiam loco M. Camurti et C. Caeserni damnatio ~atur *Cael.*71; orbitates quoque liberum ~antur *Tusc.*3.58.

2 To announce formally (as a herald, crier, etc.).
in eopse astas lapide, ut praeco ~at Pl.*Bac.*815; itaque auctionem ~em ipse ut uenditem *St.*195; de quo homine praeconis uox ~at Cic.*Quinct.*50; quid..tam absurdum quam si domini iussu ita praeco ~et 'domum pestilentem uendo'? *Off.*3.55; (*cf.*) alium praeconem adhibeant, ne sua uoce se ipsi uictores esse ~ent *Fam.*5.12.8.

3 To proclaim (to be), describe (as). **b** to designate as, call.
(*w. pred. acc.*) ad tuam formam illa una dignast — hercle pulchram ~as Pl.*Mil.*968; uno uerbo apsoluam, lenost: quid illum porro ~em? *Rud.*653; duras fratris partis ~as Ter.*Eu.*354; M. Crassus..infestissimus esse meis fortunis ~abatur Cic.*Sest.*39; qui me..corruptorem uictoriae tuae nimisque in uictos bona uoluntate ~ent Sal.*Rep.*1.3.4; male dicere Trimalchioni coepit et purgamentum..~are Petr.74.9; ut..non sint tales quales a me ~antur, ego tamen beatus, quod mihi uidentur Plin.*Ep.*7.28.2; in uicem certae religionis mentita sacrilega praesumptione dei, quem ~aret unicum Apul.*Met.*9.14; (*ellipt.*) ut omnia longe ampliora, quam a me ~antur, inuenias Plin.*Ep.*1.14.10. **b** me..ut ~et (ciuitas) lenone ex Ballione regem Iasonem Pl.*Ps.*192.

4 To make special mention of, recommend, praise.
si tantum eum prudentem dicam, minus quam debeam ~em Nep.*Att.*9.1; hortorum Cato ~at caules Plin.*Nat.*19.57; boae..fel ~atur ad albugines 29.122; Messala Coruinus imperatorem suum Cassium ~abat Tac.*Ann.*4.34;—(*w. pred. dat.*) frutex..miris laudibus ~atus pabulo omnium Plin.*Nat.*13.130;—(*absol.*) uirtute in obsequendo, uerecundia in ~ando extra inuidiam..erat Tac.*Ag.*8.3.

praedicō² ~cere ~xī ~ctum, *tr.* [prae-+dico²]

1 To say before something else, mention in advance, state beforehand. **b** (pf. pple.) above-mentioned, aforesaid.
hoc primum in hac re ~co tibi Ter.*An.*46; de quis (uocabulis) duo ~cere uolo, quanta sit multitudo eorum et quis sint obscuriora quam alia Var.*L.*6.35; Cic.*de Orat.*3.37; illa ~cam quae sunt consulis *Catil.*4.6; quid ~cere poenam attinet? Ov.*Ep.*12.207; ea..in oratione ~cenda atque amolienda sunt Quint.*Inst.*5.7.23; si prius de seueritate..maiorum circa educandos..liberos pauca ~xero Tac.*Dial.*28.3;—(*w. acc. and inf.*) id facturas Dauos dudum ~xit mihi Ter.*An.*840; ~cunt Romanis Ecetranum ad Aequos descisse Liv.3.4.3;—(*w. indir. qu.*) ab Aeschine, quali sit usurus Demosthenes actione, ~ctum est Quint.*Inst.*6.1.20; ut..~cat palam et declaret, et de qua re satis accipiat et quot sponsores..accepturus sit Gaius *Inst.*3.123;—(*w.* de) C. Marius, de quo ~ximus Vell.2.15.3; sicut..uenditor de..uitio..~cere iubetur Gaius *dig.*21.1.32;—(*ellipt.*) isdem rationibus, quibus ante ~ctum est, utetur Cic.*Inv.*2.152. **b** aequetur ~ctae iam Antistiae Seruilia Lepidi uxor Vell.2.88.3; utraque res ~ctum fructum corrumpit Col.12.15.1; tertia (pyramis) minor quidem ~ctis, sed multo spectatior Plin.*Nat.*36.80; uicina ~ctae, sed amplior uirtus est ἔμφασις Quint.*Inst.*8.3.83; quem (*sc.* hostem) ~cta profligauerant incommoda Fron.*Str.*2.1.4; (*neut. pl. as sb.*) nec..eum (uentum) toto anno in ~ctis timeto agricola Plin.*Nat.*18.335.

2 To give warning of, foretell, prophesy.
neque tu haud dicas tibi non ~ctum Ter.*An.*205; quo in bello nihil aduersi accidit non ~cente me Cic.*Fam.*6.6.6; quia..monstrant ~cunt..monstra, prodigia dicuntur *Div.*1.93; mens mea dira sibi ~cens omnia Calv.*poet.*10; saepe malum hoc nobis..de caelo tactas memini ~cere quercus Verg.*Ecl.*1.17; nec uates Helenus..hos mihi ~xit luctus *A.*3.713; priore carmine Cannensis ~cta clades..erat Liv.25.12.5; Ov.*Pont.*3.4.94; acciderunt, quae Demaratus ~xerat Sen.*Ben.*6.31.11; concauus oriens (sol) pluuias ~cit Plin.*Nat.*18.342; Stat.*Theb.*8.550; quae ambages Vespasianum ac Titum ~xerat Tac.*Hist.*5.13; quos (*sc.* uultus), ut tibi saepe ~xi, non uidebis si uideris Apul.*Met.*5.11;—(*w. acc. and inf.*) illud quod fore occulte Oeax ~xit Pac.*trag.*138; Cic.*Catil.*1.10; consulenti (Fabio) deos haruspex cauendum a fraude hostili..~xit Liv.27.16.15;—(*w. indir. qu.*) nec de Oedipode potuisse Apollinem ~cere..cur ab eo patrem interfici necesse esset Cic.*Fat.*33;—(*w.* de) de clarissimorum..ciuium dissensione ~cunt *Har.*53.

3 To appoint beforehand, prescribe, recommend. **b** (pf. pple.) appointed, prescribed. **c** (w. *ut*, *ne*, or jussive subj.) to advise or warn (to); to direct (to).
res diuas edicit, ~cit castus Naev.*poet.*28(30); diem locumque, ubi praesto fuerint, ~cit Sal.*Jug.*75.5; loco ~cto in quem ex dissipata conuenirent fuga Liv.29.33.6; quod et in iis, quos Artemisia sanauerit, ~ci reperio Plin.*Nat.*26.24; (*w. acc. and inf.*) ut..iuberet ~ci conducentibus, si eas (*sc.* statuas) perdidissent, nouas eos reddituros Vell.1.13.4; (*w. adv.*) ita enim medicus ~xerat Curt.3.6.3; (*absol.*) quamquam ~cere non cessantis Plin.*Nat.*18.44; (*impers. pass.*) egon ut cauere nequeam, quoi ~citur? Pl.*Ps.*516. **b** ad ~ctum tempus Liv.26.30.3; ~cto subeuntibus ordine signis Man.3.174; in ~cto loco Vell.2.110.2; duc ~cta sacris duro placamina Diti Sil.13.415; ad ~ctam cenae horam Suet.*Cl.*8.1. **c** conclamitare tota urbe et ~cere omnes tenerent mutuitanti credere Pl.*Mer.*51; ut a ueneno caueret ~xerunt Liv.39.51.11; accessit nocte ad stationem Romanam ~xitque, ne destinatum iter peterent Vell.2.82.2; (*cf.*) quem ferunt Lacedaemoniis ~xisse ut..tecta custodirent, instare enim motum terrae Plin.*Nat.*2.191;—uisam esse Iunonem ~cere ne id faceret Cic.*Div.*1.48; diuam ~cere ut armis ac uirtute uelint patriam defendere terram Lucr.2.641; Pompeius suis ~xerat ut Caesaris impetum exciperent Caes.*Civ.*3.92.2; ~xerat, ubi se cuspidem erectam quatientem uidissent, quanta maxima ui possent concitarent equites in hostem Liv.10.41.8; Montanus patri concessus est, ~cto ne in re publica haberetur Tac.*Ann.*16.33; si in auctione ~ctum est, ne ante emptori res traderetur, quam si pretium soluerit Gaius *Inst.*4.126a; (*cf.*) si ~xerit, ut unusquisque uectorum res suas seruet neque damnum se praestaturum Ulp.*dig.*4.9.7.

praedictiō ~ōnis, *f.* [prec.+-tio]

1 The act of mentioning in advance; previous notice.
est enim (praesumptio)..quaedam ~o, ut 'dicam enim non augendi criminis gratia' Quint.*Inst.*9.2.17;—si (exercitor nautarum) praedixerit, ut unusquisque uectorum res suas seruet..et consenserint uectores ~oni Ulp.*dig.*4.9.7.

2 A prediction, prophecy.
qui..fatorum ueteres ~ones Apollinis uatum libris..contineri putauerunt Cic.*Har.*18; debebit habere fidem nostra ~o *Fam.*6.6.7; quae est..gens..quae non..somniorum..~one moueatur? *Div.*1.12; Berosus, cui ob diuinas ~ones Athenienses..statuam..statuere Plin.*Nat.*7.123; Suet.*Tib.*14.1;—(*w. obj. gen.*) nihil tam inridet Epicurus quam ~onem rerum futurarum Cic.*N.D.*2.162; ~o mali *Div.*2.54.

praedictum ~ī, *n.* [pple. of praedico²] A statement made in advance, forewarning. **b** a prediction, prophecy. **c** a direction issued in advance, command; a prearrangement.
ne ~um negetis, patres conscripti, adest ingens seditio Liv.2.29.1. **b** si ista conprobabis diuina ~a Cic.*Fat.*13; uatum ~a priorum terribili monitu horrificant Verg.*A.*4.464; ecce..oraculorum praescita, haruspicum ~a Plin.*Nat.*2.24; ~a deorum si non falsa mihi V.Fl.4.460. **c** quia ~um erat dictatoris ne quid absente eo rei gereret Liv.23.19.5; ut est edoctus de industria Claudium ~um sacerdotum suppressisse V.Max.8.2.1;—uelut ex ~o ambo Scotusam petierunt Liv.33.6.8.

praediolum ~ī, *n.* [praedivm+-olvm] A small landed property, small estate.
quod..temporis in ~is nostris et belle aedificatis et satis amoenis consumi potuit Cic.*Att.*16.3.4; *Fam.*2.16.2; si ~um istud..tam salubriter emerit Plin.*Ep.*1.24.5; Scaev.*dig.*31.88.6; (*in fig. phr.*) de nostra possessione depulsi in paruo et eo litigioso ~o relicti sumus Cic.*de Orat.*3.108.

praediscō ~ere, *tr.* [prae-+disco] To learn beforehand, acquire foreknowledge of.
qui..ea, quae agenda sunt in foro..possunt etiam nunc exercitatione quasi ludicra ~ere ac meditari Cic.*de Orat.*1.147; hinc tempestates dubio ~ere caelo possumus Verg.*G.*1.252; promptum est oculis ~ere nigram (*sc.* tellurem), et quis cui color 2.255; caeli ~ere cursus *Aetna* 246; Plin.*Nat.*18.206; a qua (*sc.* saga) se dimicationum euentus ~ere simulabat Fron.*Str.*1.11.12.

praeditus ~a ~um, *a.* [prae-+*ditus*(do)]

1 (w. abl.) Endowed (with a physical, mental, etc., attribute), possessed (of). **b** equipped, provided, furnished (with).
qui gnatum haberem tali ingenio ~um Ter.*An.*98; magna uirtute ~os Cato *orat.*66; mortuum deformatum, tumore ~um..constat fuisse *Rhet.Her.*2.44; iudices certa aetate ~os Cic.*Inv.*2.139; homo singulari cupiditate, audacia, scelere ~us *Div.Caec.*6; uir singulari uirtute, constantia, grauitate ~us *Dom.*39; non ut paruo metu ~us sit, sed ut nullo *Tusc.*5.41; deos..membris..humanis esse ~os *N.D.*3.3; debere idem facere ceteros et in primis sapientia ~os Curt.8.5.12; tanta eum honestate ~um, ut..proscriptorum liberos gratis..in disciplinam receperit Suet.*Gram.*13(p.111Re); canis..praegrandis, teriugo et satis amplo capite ~us Apul.*Met.*6.19;—(*of things*) haec (*sc.* Capra) est magno atque inlustri ~a signo Cic.*Arat.*170; grandi uitio ~um posuimus exemplum *Inv.*1.88; quo nunc insigni per magnas ~a terras..fertur..imago Lucr.2.608; 6.739; simulacrum..summa atque antiquissima ~um religione Cic.*Ver.*4.72. **b** legiones educunt..pulchris armis ~as Pl.*Am.*218; hominem cum domi nobilem tum summo magistratu ~um Cic.*Ver.*4.86; ille non ita amplis rebus patris gestis..neque tantis clientelis nominisque claritate ~us *B.Afr.*22.4; Numidae..armatura mirabili uelocitate ~i 69.4; qui magno imperio ~i in excelso aetatem agunt Sal.*Cat.*51.12; quid deceat alto ~am (*sc.* coniugem) solio Sen.*Phaed.*216; cernis quo ~a cultu, qua stipata manu..uenio Stat.*Theb.*12.258; ceteri liberalibus studiis ~i, ferme Graeci Tac.*Ann.*4.58; iis (*sc.* ludis)..adfui sacerdotio quindecimuirali ~us 11.11.

2 Placed in front (of other vocables).
dumtaxat ut..idem (*sc.* spondeus)..caput ~us occupet sequentis (uersus) Maur.2075; (*w. dat.*) una uocalis duabus ~a est si consonis 291.

3 (w. dat., of deities) Put in charge (of), presiding (over).
Mercurius nuntiis ~us Fro.*Aur.*2.p.64(146N); in eo loco..de quo deus ei rei ~us facilius exaudiat 1.p.50(47N); ~i curant singuli..uel somniis conformandis uel extis fissiculandis Apul.*Soc.*6; ubi uita edita remeandum est, eundem illum, qui nobis ~us fuit, raptare ilico 16.

praedīues ~itis, *a.* [prae-+dives] Outstandingly rich or wealthy. **b** (of things) richly supplied, superabundant.
~itis urbe Latini Verg.*A.*11.213; ~ites alii, alii, quos fortuna non aequarent, his sumptibus pares Liv.45.32.5; uani metus leuandi sunt, sicut in homine ~ite famem timente incidit Cels.3.18.10; Plin.*Nat.*34.12; Tac.*Ann.*15.64; magnos Senecae ~itis hortos clausit..tota cohors Juv.10.16; Suet.*Tib.*49.1; (*transf.*) continentiae suae beneficio sine pecunia ~es V.Max.4.3.6. **b** nymphe..incessit totumque tulit ~ite cornu autumnum Ov.*Met.*9.91.

praedīuīnātiō ~ōnis, *f.* [next+-tio] The power of knowing beforehand.
ea (*sc.* oua)..extra eum locum semper incubat (crocodilus) ~one quadam ad quem summo auctu..egressurus est Nilus Plin.*Nat.*8.89.

praedīuīnō ~āre ~āuī ~ātum, *tr.* [prae-+divino] To have foreknowledge of, divine.
triduo prius ~ant quo die essuri sient Pl.*Truc.*338; qui futura ~ando soleant fari Var.*L.*6.52; ~ant (apes)..uentos imbresque Plin.*Nat.*11.20; cum alioqui ~aret hoc quod accidit Quint.*Decl.*318(p.250,l.4); (*w. pred. acc.*) quod futurum cum ~asset Caesar Fron.*Str.*2.5.38.

praedīuīnus ~a ~um, *a.* [prae-+divinvs] Prophetic.
Hammonis cornu..promittitur ~a somnia repraesentare Plin.*Nat.*37.167.

praedium ~iī, *n.* [cf. praes] Forms: *predis* (abl. pl.) *CIL* 11.6683, 15.675.

1 A pledge, consisting of land, given by a guarantor in respect of a transaction between another private party and the State.
uinum redemisti, ~ia pro uini quadrantalibus sexaginta in publicum dedisti Cato *orat.*118; ~ia dicta..a praestando, quod ea pignore data publice mancupis fidem praestent Var.*L.*5.40; si debitor populo in duplum ~iis cauisset Tac.*Ann.*6.17; (*poet.*) fundi et aedes obligatae sunt ob Amoris ~ium Pl.*Truc.*214;—(*coupled with* praes) ⟨neive⟩..praevides ~iaqve solvti svnto *CIL* 1.585.46; illa consuetudo in bonis praedibus ~iisque uendundis omnium consulum..ut optima condicione sit is cuia res sit Cic.*Ver.*1.142; dandam ex aerario pecuniam mutuam praedibusque ac ~iis cauendum populo censerent Liv.22.60.4.

2 A landed property, estate, land. **b** *urbanum ~ium*, land (whether in town or country) used principally for building.
perquirunt quid siet caussae ilico: alienum aes cogat an pararit ~ium (*v.l.* prandium) Pl.*St.*203; argentum..attuli, fructum quem Lemni uxoris reddunt ~ia Ter.*Ph.*680; ~ium quom parare cogitabis Cato *Agr.*1; eiectus e ~io..confugit ad..imperatorem Cic.*Quinct.*28; haec autem regio, in qua ego sum, nostrorum est cum oppidorum tum etiam ~iorum *Fam.*14.18.1; militibus promissa..~ia Hor.*S.*2.6.56; quorum hortorum ~iorum locorum dominis..aqua data..est *Leg.pub.*(*Font.iur.*p.113)22; qui ~ium ~iaue rustica pluris sestertium triginta milium haberent Liv.45.15.2; pagana lege in plerisque Italiae ~iis cauetur Plin.*Nat.*28.28; matrem Agricolae in ~iis suis interfecit Tac.*Ag.*7.2; ut eam pecuniam sine mora redderet in ~is uili aestimatis Apul.*Apol.*93; opvs doliare ex ~is avg *CIL*

10.8043(17); (*cf.*) deseris urbanas, tua ~ia, Pannyche, lites MART.12.72.3. **b** habet idem in nummis, habet in urbanis ~iis CIC.*Ver*.3.199; nemo..umquam tantum de urbanis ~iis detraxit *Att*.7.17.1; magni..reditus urbanorum ~iorum, sed pericula sunt longe maxima GEL.15.1.3; urbanum ~ium non locus facit, sed materia ULP.*dig*. 50.16.198.

praedō ~ōnis, *m.* [PRAEDA+-O¹]

1 One who lives by robbery, a brigand; a pirate. **b** (transf.).

cum ciuis Romanos morte..adfecerit, cum ~onum duces accepta pecunia dimiserit CIC.*Ver*.1.9; si ~onibus pactum pro capite pretium non attuleris *Off*.3.107; huc accedebant collecti ex ~onibus latronibusque Syriae CAES.*Civ*.3.110.3; nec ~onum paruas manus, sed..legiones adesse hostium..clamabant LIV.3.3.3; per deuia rura iuuencos..~ones..agunt OV.*Fast*.2.370; ~ones adsunt, rapiunt quod quisque extulit PHAED.4.22(23).16; *Arg.Pl.Per*.3; ego sum ~o famosus..cuius totae prouinciae nomen horrescunt APUL. *Met*.7.5;—capiunt ~ones nauem illam ubi uectus fui PL. *Mil*.118; quod mare refertum fore ~onum putaret CIC.*Rab. Post*.20; nauis..ex ~onum bello subductas CAES.*Civ*.2.23.3; Germaniae ~ones singulis arboribus cauatis nauigant PLIN. *Nat*.16.203; STAT.*Theb*.5.497; (*w.* maritimus) maritimos ~ones consectando mare tutum reddidit NEP.*Them*.2.3; (*cf.*) ~ones maritimi cum terrestribus congressi LIV.7.25.4. **b** uos scelesti, uos rapaces, uos ~ones! PL.*Men*.1015; ne capta praeda capti ~ones fuant *Ps*.1029; patrimonium domestici ~ones ui ereptum possident CIC.*S.Rosc*.15; uos..coniectura adsequi posse cuius modi ~o iste in illa prouincia fuerit *Ver*.2.184; frange manu telum Phrygii ~onis VERG.*A*. 11.484; neque Persephone digna est ~one marito OV.*Fast*. 4.591; STAT.*Silv*.2.3.35;—(*of an animal*) crudelis, perfide, ~o (*i.e. a lion*) MART.2.75.9; FLOR.*Verg*.p.186R;—(*w. gen. of thing stolen*) duo..sigilla..tollunt, ne..inanes ad istum ~onem religionum reuertantur CIC.*Ver*.4.95; punita sum funestum mearum nuptiarum ~onem APUL.*Met*.8.13; (*of a hawk*) ~o fuit uolucrum MART.14.217(216).1.

2 (leg.) One who takes illegal possession with *mens rea* (opp. *bonae fidei*).

absurdum..eos..qui bona fide possiderent excipere actionem, ~ones uero securos esse GAIUS *dig*.9.4.13; loquitur de ~onibus, id est de his qui, cum scirent ad se non pertinere hereditatem, inuaserunt bona ULP.*dig*.5.3.25.3; lucrum auferendum esse tam bonae fidei possessori quam ~oni PAUL.*dig*.5.3.28.

praedoceō ~ēre ~uī ~tum, *tr.* [PRAE-+DOCEO] To instruct beforehand.

~ti ab duce arma ornatumque mutauerant SAL.*Jug*.94.1; ~tus esto: alia robustis (arboribus) prosunt, alia infantibus PLIN.*Nat*.18.334.

praedoctus ~a ~um, *a.* [PRAE-+DOCTVS] Pre-eminently skilled or learned.

pulsum..sinistrae da, genitor ~e, lyrae STAT.*Silv*.5.3.3.

praedomō ~āre ~uī, *tr.* [PRAE-+DOMO] To subdue in advance.

omnis casus ante quam exciperet meditando ~uit SEN.*Ep*. 113.27; (*app. in corrupt passage*) PLIN.*Nat*.8.129.

praedōnius ~a ~um, *a.* [PRAEDO+-IVS] Of or belonging to one who takes possession consciously without legal right.

si..conscius ad se nihil hereditatem pertinere ~o more uersari coepit ULP.*dig*.5.3.25.5.

praedōnulus ~ī, *m.* [PRAEDO+-VLVS] (Dim. of PRAEDO.)

quia saepe utiles uidentur ~i CATO *Ep*.1(J)(Fest.p.242M).

praedor ~ārī ~ātus, *intr.*, *tr.* [PRAEDA+-O³]

1 (intr.) To acquire loot (by robbery, war, etc.), plunder. **b** to acquire goods or wealth by depredation.

ferentarios ~atum misit CATO *Mil*.6(J); amicos in prouinciam quasi in praedam inuitabas et cum iis ac per eos ~abare CIC.*Ver*.2.29; CAES.*Gal*.7.46.5; neque milites ~ari sinere SAL.*Jug*.91.4; effusi ac si in insulis cultorum egentibus ~arentur LIV.22.31.3; ~atum..tantummodo pleraeque classes ierant 29.26.1; qui (*sc.* miles) ~andi gratia domum inruperat V.MAX.8.7.ext.7; praemissa classe, quae pluribus locis ~ata magnum..terrorem faceret TAC.*Ag*.29.2; SUET. *Dom*.12.1;—(*transf.*) an uero eodem tempore et pirata adplicat et fluctus ~atur? QUINT.*Decl*.388(p.437,l.10). **b** di homines respiciunt: bene ego hinc ~atus ibo PL.*Rud*. 1316; cum esset omnibus in rebus apertissime impudentissimeque ~atus CIC.*Ver*.1.130; ~are in bonis alienis nomine ciuitatis, euerte leges 2.46;—(*w.* de) tuus apparitor..de aratorum bonis ~abitur 3.182;—(*w.* ex) neminem id agere, ut ex alterius ~etur inscitia *Off*.3.72; tanta dulcedo est ex alienis fortunis ~andi LIV.6.41.11.

2 (tr.) To take as plunder, loot. **b** to despoil, plunder, pillage.

insuper Harpyiae (eum)..depopulant ipsoque dapes ~antur ab ore V.FL.4.429; (*impers. fut. inf. pass.*, *w. subj. by false analogy*; *cf.* EO¹, *sense 12b*) mihi istaec uidetur praeda ~atum irier PL.*Rud*.1242; (*poet.*) flamma ~atur dapes SEN. *Oed*.557;—(*fig.*) singula de nobis anni ~antur euntes HOR. *Ep*.2.2.55; Persica fluctus arua tenet, titulum pelagi ~atus ab isdem quae rigat ipse locis MAN.4.652. **b** ~er si Cecropis arces V.FL.5.646; dum socios magis quam hostis ~atur TAC.*Ann*.12.49.

3 (intr.) To obtain food by hunting or preying.

~ari..lupos iussit VERG.*G*.1.130; (aues) uncos ungues habentes omnino non congregantur et sibi quaeque ~antur PLIN.*Nat*.10.42; (*pple. as sb.*) (conchas) ad tactum conprimi ..ultroque escam ex ~ante capere 9.90;—(*of a fish-hook*) assuetum..~antibus hamis exhaurire lacus SIL.5.581.

4 (tr.) To take as prey, catch.

piscis calamo ~abor PROP.4.2.37; ad multas lupa tendit oues, ~etur ut unam OV.*Ars* 3.419; OB APRVM..CAPTVM QVEM MVLTI..~ARI NON POTVERVNT *CIL*7.451;—(*transf.*) una meos..~ata est femina sensus PROP.2.1.55; quae me nuper ~ata puellast OV.*Am*.1.3.1; Hylan Nympha ~ata imperasset amori suo PETR.83.5.

praedotiont: (see quot.).

~, (*cj.* praedopiont, *etc.*) praeoptant FEST.p.205M.

praedūcō ~cere ~xī ~ctum, *tr.* [PRAE-+DVCO]

1 To construct (defensive works, etc.) along a line in front. **b** to lead across or interpose in front.

ex grandibus saxis..murum qui nostrum impetum tardaret ~xerant Galli CAES.*Gal*.7.46.3; portas obstruit, uicos..inaedificat, fossas transuersas uiis ~cit *Civ*.1.27.3; uallo..ita ~cto ut locum ad transgrediendum hostes haberent LIV.21.5.9; TAC.*Ann*.14.32;—(*w. dat.*) qua deceat tutam castris ~cere fossam [TIB.]3.7.83; non descripsit..~ctam obsessis parentibus fossam, plenos carceres et incendia SEN.*Dial*.4.9.3; SIL.10.410. **b** equitem..iubet succedere bello munitumque latus laeuo ~cere gyro LUC.4.45;—(*w. dat.*) ~cunt nubila Phoebo (*sc.* poli) 6.466; (*in fig. phr.*) quis ..frigida damnatae ~xit nubila menti? STAT.*Silv*.5.3.13.

2 To make (a line) extend forwards, draw out.

cum argento, aere, plumbo lineae ~cantur PLIN.*Nat*. 33.60; lineas itineri ~cunt 33.75; (*cf.*) qua (*sc.* creta) circum ~cere ad uictoriae notam..instituerunt maiores 35.199.

praeductōrius ~a ~um, *a.* [prec.+-TORIVS] Used for drawing forward; *lora* ~*a*, traces.

lora retinacula (longa esse oportet) in plostrum P. XXXVI, ad aratrum P. XXVI, lora ~a P. XXVII S CATO *Agr*.135.5.

praedulcis ~is ~e, *a.* [PRAE-+DVLCIS]

1 Outstandingly or excessively sweet to the taste.

quorum ~em cibum stomachus ferre non potest CALV. *orat*.36; aliena..stomacho sunt omnia tepida..omnia ~ia, omnia pinguia CELS.2.25.1; memoratur praecipua magnitudo (siluri)..carne ~i PLIN.*Nat*.9.45; sunt et (oliuae) ~es ..uuis..passis dulciores 15.17; (*neut. pl. as sb.*) ~ium fastidium sal temperat 24.3; (*transf.*) haud ignarus eram quantum..~e decus primo certamine posset VERG.*A*.11. 155.

2 Very sweet to the ear.

sedere (apes) in ore infantis..Platonis, suauitatem illam ~is eloquii portendentes PLIN.*Nat*.11.55; uocem..etiam in gemitu ~em SUET.*Cal*.33.1; (*internal acc.*) rupe quod atra Tyrrhenae uolucres nautis ~e minantur STAT.*Silv*.5.3.82.

3 (transf., of oratorical style) Excessively sweet, cloying.

~e illud genus (*sc.* dicendi) et puerilibus ingeniis hoc gratius, quo propius est QUINT.*Inst*.2.5.22; et tumida et pusilla et ~ia..sub idem nomen (*sc.* malae affectationis) cadunt 8.3.56.

praedūrō ~āre ~āuī ~ātum, *tr.* [PRAE-+DVRO]

1 To harden at the end.

~ato (*v.l.* perd-) transfixit pectora telo *Ilias* 364.

2 To harden beforehand.

(sucum) murra adiecta et cupresso ~atum in uaso sole torrebant PLIN.*Nat*.23.139.

praedūrus ~a ~um, *a.* [PRAE-+DVRVS]

1 Very hard (in consistency). **b** (fig.) brazen, hardened.

ora robore nodoso ~aque tempora fregit OV.*Met*.12.349; ipsa..ferri materies ~a..subuertitur igni *Aetna* 545; nec (rubricam) nimium siccam (fodere possis), quia ultra modum ~a COL.3.11.10; testudines..inferiore tantum (gena coniuent) sine ulla nictatione propter ~os oculos PLIN.*Nat*. 11.156; nascitur (faba)..~a et quae percoqui non possit 18.121; tegimen, ferreis lamminis aut ~o corio consertum TAC.*Hist*.1.79; (*w. causal abl.*) (polypi) natant obliqui in caput, quod ~um est sufflatione PLIN.*Nat*.9.85; (*cf.*) et deiecto (capite) humilitas..et ~o ac rigente (capite) barbaria quaedam mentis ostenditur QUINT.*Inst*.11.3.69. **b** sunt ..quidam ~i..oris, ut..medios sermones intercipiant QUINT.*Inst*.6.4.11.

2 (of persons or sim.) Very strong, very robust.

corpora..agresti nudant ~a palaestra VERG.*G*.2.531; quoniam illa aetas (*sc.* iuuencorum) adhuc tenera est, haec iam ~a COL.6.2.1; libidinis in mares pronior et eos non nisi ~os exoletosque SUET.*Gal*.22.1; (*w. abl. of respect*) obtruncat ..~um uiribus Orsen VERG.*A*.10.748; (*w. instr. abl.*) ~a priscis moribus mater, frigoribus ac solibus perusta [QUINT.] *Decl*.3.3.

3 Very harsh to the ears; very wearisome or laborious.

nec plurimum refert, nulla haec (*sc.* verba) an ~a sint QUINT.*Inst*.1.6.26;—~i plena laboris cerno equidem, patiens sed quae ratis omnia uincet V.FL.1.235.

praeeō ~īre ~iuī or ~iī, *intr.*, *tr.* [PRAE-+EO¹. PROS.: 1st syllable usu. short; long in *codd.* of STAT.*Theb*.6.519.

1 To go in front, lead the way. **b** (tr.) to go in front of, precede.

praetorum est ante et ~ire LUCIL.1160; primi, qua modo ~irent duces, per praealtas fluuii..uoragines..signa sequebantur LIV.22.2.5; quod..nec ~euntis monitoris diligentiam multitudo confunderet COL.1.9.7; Caecina cum expeditis cohortibus ~ire..iubetur TAC.*Ann*.1.50;—(*w. dat.*) quod ~irent populo praetores VAR.*gram*.208; ut singulis consulibus alternis mensibus lictores ~irent CIC.*Rep*.2.55;—(*of inanim. things*) nec tota tamen ille prior ~eunte carina; parte prior..premit aemula Pristis VERG.*A*.5.186; iam..noui ~eunt fasces, noua purpura fulget OV.*Fast*.1.81; et uenit stella non ~eunte dies *Epic.Drusi* 408; (*of letters in a diphthong*) i et u semper subditae, e et subit et ~it NIGID. *gram*.16;—(*transf.*) ad quorum (*sc.* honestorum)..cognitionem..corroborati natura ipsa ~eunte deducimur CIC.*Fin*.5. 58; quem (modum) ipsi..~eunte prouidentia..principis inuenerimus FRON.*Aq*.64. **b** per auia ac derupta..~ibat eum..et regredientem..in subiectum mare praecipitabat TAC.*Ann*.6.21; acto raptim agmine..ut famam sui ~iret 15.4; (*of inanim. things*) ut..ludos circensis eburna effigies ~iret 2.83.

2 To occur beforehand; (tr.) to precede (in time).

huius (*sc.* examinis exituri)..duo solent ~ire signa VAR. *R*.3.16.29;—omnem..hominis actum sermo ~it APUL.*Apol*. 7.

3 To dictate a religious or sim. formula (for another to repeat). **b** (tr.) to dictate (for another to repeat).

aedis sacra a magistratu pontifice ~eunte dicendo dedicatur VAR.*L*.6.61; obsecratio..a populo duumuiris ~euntibus est facta LIV.4.21.5; uidemus..ne quod..praeposterum dicatur, de scripto ~ire aliquem PLIN.*Nat*.28.11; qui negabant esse se Christianos..cum ~eunte me deos appellarent ..dimittendos esse putaui PLIN.*Ep*.10.96(97).5; TAVROBOLIVM FECERVNT..EX VOTO ~EVNTE AELIO..SACERDOTE *CIL* 13.1753;—(*w. dat.*) ades, Luculle, ades, Seruili, dum dedico domum..ut mihi ~eatis postemque teneatis CIC. *Dom*.133. **b** quid iurem? — quod iubebo. — ~i uerbis quiduis PL.*Rud*.1335; quid dici quid ~iri, quid tangi, quid teneri ius fuerit CIC.*Dom*.138; aedem Concordiae..dedicauit; coactusque..pontifex maximus uerba ~ire LIV.9.46.6; ille in candida ueste..capite uelato ~ibat preces regi Iouem Mineruamque Victoriam propitianti CURT.4.13.15; cum.. scriba ex publicis tabulis sollemne ei precationis carmen ~iret V.MAX.4.1.10; ~ire sacramentum TAC.*Hist*.1.36; ~iuimus..commilitonibus ius iurandum PLIN.*Ep*.10.52(60); (*w. indir. qu.*) (augur) ~it quid eum dicere oporteat VAR.*L*. 6.95.

4 To give a lead (in singing, reading aloud, or sim.), lead the way; (of a musical instrument) to give an introductory note.

ubi chorus canentium non..numeris ~euntis magistri consensit COL.12.2.4; in quibus (*sc.* operibus) plurium conatus ~eunte aliqua iucunda uoce conspirat QUINT.*Inst*. 1.10.16; quanta religione..te ~eunte diem imperii mei celebrauerint..agnoui TRA.*Plin.Ep*.10.53(61); indigenam sermonem..nullo magistro ~eunte aggressus excolui APUL. *Met*.1.1; (*w. dat.*) non uidentur tempora suffectura, si legentibus singulis ~ire semper ipsi (*sc.* praeceptores) uelint QUINT.*Inst*.2.5.3;—(*pple. as sb.*) lectio..non omnis..~eunte uel interpretante eget 1.2.12;—quam (*sc.* tibiam) C. Graccho cum populo agente ~isse ac praeministrasse modulos ferunt GEL.1.11.10.

5 To give a lead or guidance. **b** (tr.) to give guidance as to.

omnia, uti decemuiri ~ierunt, facta LIV.43.13.8; (*w. dat.*) si de omni..officio iudicis ~ire tibi me uis GEL.14.2.12. **b** ~ibat iudicibus hoc quod Cicero nunc admonet, ut quaereretur cui bono fuisset ASC.*Mil*.40;—(*w. indir. qu.*) ut uobis uoce ~irent quid iudicaretis CIC.*Mil*.3; rogo ut mihi ~ire digneris, quid me putes obseruare debere PLIN.*Ep*.10.47 (56).3.

praefascinē: see PRAEFISCINI.

praefātiō ~ōnis, *f.* [PRAEFOR+-TIO]

1 An introductory statement or description, explanation, preamble. **b** an introductory formula; a prefatory title.

mulier, quae sine ~one honeste nominari non potes SEN. *Con*.2.4.6; liber..quem..oportet ita consuescere, ut sine ~one intellegatur PLIN.*Ep*.5.12(13).3; euocato..armentario equisone magna cum ~one deducendus adsignor APUL.*Met*. 7.15; (*w. defining gen.*) rusticis uocabulis..cum honoris ~one ponendis PLIN.*Nat*.pr.13; numquam tristiorem sententiam sine ~one clementiae pronuntiauit SUET.*Dom*.11.2; (*w. obj. gen.*) C. Cassius numquam sine ~one publici parricidii nominandus V.MAX.1.8.8. **b** quae porro ~o tuae donationis fuit? CIC.*Ver*.3.187; cum omnis ~o sacrorum eos.. sacris arceat LIV.45.5.4; cuius iustae ultionis..haec ~o fuit V.MAX.6.3.1a; triumphi..quem duxit..~o haec fuit PLIN. *Nat*.7.98; mutauit testamentum Nouiumque..heredem instituit hac ~one PAUL.*dig*.28.5.93;—iucundissime Imperator; sit enim haec tui ~o PLIN.*Nat*.pr.1.

2 The introductory part of a speech or writing, preface, prologue. **b** the preliminary part of leg. or sim. negotiations.

temptauit Gaius Valgius..inperfecto uolumine ad diuum Augustum, inchoata etiam ~one religiosa PLIN.*Nat*.25.4; perfrixisse tuas questa est ~o fauces MART.3.18.1; et multiplex causa est, sua quibusque partibus danda ~o est QUINT. *Inst*.4.1.74; an iam recitator intrauerit, an dixerit ~onem PLIN.*Ep*.1.13.2; sermo Graecus, immo Atticus; ~ones tersae, graciles, dulces 2.3.1; si..nefas..uidetur esse nulla ~one facta iudici rem exponere GAIUS *dig*.1.2.1. **b** ea, quae ~onibus conuenisse concipiuntur, etiam in stipulationibus repetita creduntur PAUL.*dig*.45.1.134.1.

praefectiō ~ōnis, *f.* [PRAEFICIO+-TIO] The act of appointing as leader.

a ~one praeficam dictam VAR.*L*.7.70.

praefectōrius ~a ~um, *a.* [PRAEFICIO+-TORIVS] Having the rank of a *praefectus*.

uir ~us an consulari feminae praeferatur, uidendum ULP. *dig*.1.9.1.

praefectūra ~ae, *f.* [PRAEFICIO+-VRA] FORM: *praifectura CIL* 1.611.

1 A position of authority (civil or military), command.
nunc ibo ut pro ~a mea ius dicam larido PL.*Capt.*907; quin ruri es in ~a tua? quin..urbanis rebus te apstines? *Cas.*99; consuetudine Gallorum neque aetatis excusatione in suscipienda ~a usus erat neque dimicari sine se uoluerat HIRT.*Gal.*8.12.5; (Hanno) ~am eius filio suo dedit, ratus cum imperio auctoritatem quoque ei..erepturum LIV.26.40.6; (*transf., w.* de) hanc de se ~am seruo dederat (*i.e. control over his diet*) PLIN.*Nat.*28.56.

2 The rank, office, and duties of a PRAEFECTVS: **a** in Roman civil administration. **b** in the Roman army. **c** appointed by the Roman emperor in subordinate territory.
a ~am petiuit. negaui me cuiquam negotianti dare CIC.*Att.*5.21.10; quas per te Bruto promiseram ~as, M. Scaptio, L. Gavio..detuli 6.1.4; multorum consulum praetorumque ~as delatas..accepit NEP.*Att.*6.4;—(*w. defining gen.*) ~a annonae Faenio Rufo, cura udorum..Arruntio Stellae ..permittuntur TAC.*Ann.*13.22; honores..nimios recepit: continuum consulatum, perpetuam dictaturam ~amque morum SUET.*Jul.*76.1;—(*meton.*) si (rem pignori datam) pro maleficiis suis coercuit..uel optulit ~ae uel praesidi ULP.*dig.*13.7.24.3;—(*transf.*) ~a domus Sicula non mitior aula JUV.6.486. **b** huic ego neque tribunatum neque ~am..peto CIC.*Fam.*7.5.3; ~am uigilum et praetorii.. uitiis adeptus TAC.*Hist.*1.72; praeposuerat praetorianis Publilium Sabinum a ~a cohortis 2.92; non tribunatum modo legionum, sed et ~as alarum dedit SUET.*Aug.*38.2. **c** qui in ~a Aegypti obiit PLIN.*Nat.*19.11; multos ~is et procurationibus..percoluit TAC.*Hist.*2.82; an..Aegypti ~am concedi sibi oraret SUET.*Nero* 47.2; praefectus Aegypti non prius deponit ~am..quam Alexandriam ingressus sit successor eius ULP.*dig.*1.17.1.

3 A town in Roman territory (Italy) in which justice was administered under the supervision of a *praefectus* sent from Rome. (By 44 B.C. the *praefecturae* had been assimilated to *municipia*); the community inhabiting such a town. **b** land taken in from a neighbouring district and added to a Roman *colonia* in Italy.
neque..regio ulla fuit nec municipium neque ~a aut colonia ex qua non ad me publice uenerint gratulatum CIC.*Pis.*51; hic est e ~a Atinati..non tam honorata *Planc.*19; quae colonia hac lege deducta quodue municipium ~a forum conciliabulum constitutum erit *Leg.pub.*(*Font.iur.* p.95)15; officinae..sunt circa lacum Vulsiniensem, item ~a Statonensi VITR.2.7.3; Capua in formam ~ae redacta erat VELL.2.44.4; P. Vatinius Reatinae ~ae uir V.MAX.1.8.1; ~ae eae appellabantur in Italia, in quibus et ius diceba- tur, et nundinae agebantur FEST.p.233M;—⟨P⟩RAIFECTVRA TOT⟨A⟩ *CIL* 1.611; municipia, colonias, ~as num aliter iudicare censetis? CIC.*Phil.*4.7; cunctae earum regionum ~ae libentissimis animis eum recipiunt CAES.*Civ.*1.15.1. **b** coloniae..loca quaedam habent adsignata in alienis finibus, quae loca solemus ~as appellare AGEN.*agrim.*p.40; quidquid huic uniuersitati (*sc.* solo coloniae adsignato) adplicitum est ex alterius ciuitatis fine, ~a appellatur FRON. *agrim.*p.15; SIC.FL.*agrim.*p.124.

4 A territory in the Roman Empire whose administrative officer bore the title of *praefectus*, or the people inhabiting such a territory. **b** (applied to an administrative district in foreign, i.e. non-Roman, countries).
L. ANICIO..PRAE QVINQ DRVSI CAESAR..PRAEFECTVR PHARIAC SALONITAN *CIL* 3.14712.11. **b** (*applied to satrapies*) (Euphrates) oritur in ~a Armeniae Maioris Caranitide PLIN.*Nat.*5.83; (Armenia) diuiditur..in ~as, quas strategias uocant 6.27; (Tiridates) litteras Phraatis et Hieronis qui ualidissimas ~as obtinebant accipit TAC.*Ann.* 6.42; simul regem Antiochum monet proximas sibi ~as petere 13.37; illa quae Alexandri comites familiaresque tenuerunt, ~ae magis quam imperia appellandae FRO.*Ver.*2 p.202(204N);—(*of an Egyptian nome*) summa pars (Aegypti) ..diuiditur in ~as oppidorum, quas νομοὺς uocant PLIN. *Nat.*5.49; hippopotamio..plurimo..super Saiticam ~am 28.121.

praefectus ~ī, *m.* [pple. of PRAEFICIO] FORMS: *praifectos* (nom. sg.) *CIL* 1.398; *praef* (abbrev.) *Fast.Scrib.*(*CIL* 1.p.74), *CIL* 2.4202, etc.; *prae A.Epig.*40.38.

1 (usu. w. gen. or dat.; also, w. *ab*) A person appointed by a higher authority in the central or local government to take charge (of a civil department, branch of administration, etc.). **b** (appointed to administer or supervise justice, in provincial towns or other administrative districts). **c** the deputy of a duumvir in a provincial town. **d** a governor (of a territory); (under the Empire, of one of the minor imperial provinces or of Egypt). **e** a person in charge of workmen, overseer.
PRAEF AER SAT ANN IIII *Fast.Scrib.*(*CIL* 1.p.74); quam diu hic erit noster hic ~us moribus CIC.*Fam.*9.15.5; quo factum est ut a ~o morum Hasdrubal cum eo uetaretur esse NEP.*Ham.*3.2; eo die penes ~um iuris fasces duodecim erant LIV.3.33.8; ut L. Minucius ~us annonae crearetur 4.12.8; rei frumentariae ~um Turranium..percontatur TAC.*Ann.* 11.31; EXACTA CVRA M RVTILI LVPI PRAE ANNONAE *A.Epig.* 40.38; accepto, ut ~us aerari, commeatu PLIN.*Ep.*3.4.2; sum..nocturnae custodiae ~us APUL.*Met.*3.3; C CALPVRNIO ..CVRATORI TEMPLI PRAEF MVRORVM *CIL* 2.4202; C ACLVTIVS..BIS ~VS IVRE DEICVNDO 10.4876; ~I AVGVSTAL BASIM POSVERVNT 14.2805;—(*w.* ab) VLP LICINIAVS A SCR PRAEF 3.13201;—(*app. transl. Gk. terms*) moribus ~um mulierum hunc factum uelim PL.*Aul.*504; gymnasi ~o hau mediocris poenas penderes *Bac.*425; *Mos.*941;—(*transf.*) ~i popinae atque luxuriae negant cenam lautam esse, nisi..alia esca melior..succenturietur FAV.*orat.*1; his utitur quasi ~is libidinum suarum, hi uoluptates omnis uestigant CIC.*Red. Sen.*15. **b** Q. LAINIO Q F PRAIFECTOS PRO TREBIBOS FECIT *CIL* 1.398; numquam ego ~os per sociorum uestrorum oppida imposiui CATO *orat.*171; quaestores, legatos, ~os, tribunos suos multi..de prouincia decedere iusserunt CIC. *Ver.*3.134; ut tribuni, ut ~i..ut comites omnes magistratuum lege hac tenerentur *Rab.Post.*13; de quinque ~is quid Pompeius facturus sit..faciam ut scias *Att.*5.4.3; eodem anno primum ~i Capuam creari coepti LIV.9.20.5; COTTIVS ~VS CEIVITATIVM QVAE SVBSCRIPTAE SVNT SEGOVIORVM SEGVSINORVM BELACORVM *CIL* 5.7231. **c** SI..DOMITIANVS..EVM IIVIRATVM RECEPERIT ET LOCO SVO ~VM QVEM ESSE IVSSERIT *CIL* 2.1963.1.23; CVM ITA IVRAVERIT, ~VM EVM EIVS MVNICIPI RELINQVITO 2.1963.1.34; C APIDIO.. PRAEF II VIRALI POT 10.5584. **d** Tissaphernes, qui summum imperium tum inter ~os habebat regios NEP.*Ag.*2.3; nemo Eumene uiuo rex appellatus est, sed ~us *Eum.*13.3; Patrocles..his (*sc.* equitibus) et Paeoniae ~us Didas erant praepositi LIV.42.58.8; lusum..Liberi patris aut lyssam cum eo bacchantium nomen dedisse Lusitaniae et Pana ~um eius uniuersae (Hispaniae) PLIN.*Nat.*3.8; uisam in Alpibus ab se..ibim Egnatius Caluinus ~us earum prodidit 10.134; ~o regis (*sc.* Mithridatis) prouincia expulso SUET. *Jul.*4.2;—(*under the Roman Empire*) PONTIVS PILATVS ~VS IVDAE *A.Epig.*63.104; duce P. Petronio..~o Aegypti PLIN. *Nat.*6.181; Tiberius Alexander ~us Aegypti primus in uerba Vespasiani legiones adegit SUET.*Ves.*6.3. **e** ~os (*sc.* mancipiorum) alacriores faciendum praemiis VAR.*R.*1.17.5.

2 a *~us praetorii* and sim., or *~us* alone, A commander of the Praetorian Guards. **b** *~us urbi* (*urbis*), a magistrate appointed to govern the city in the absence of the consuls (by tradition, earlier, of the king); the office was revived by Augustus and became more or less permanent afterwards; *~us urbi feriarum Latinarum*, such a magistrate appointed for the duration of the *feriae Latinae*. **c** *~us uigilium* (*uigilibus*), the commander of the imperial fire brigade at Rome; to his office some judicial duties were later added. **d** *~us uehiculorum*, (in the 2nd century A.D.) a person responsible for official transport throughout the empire.
a praetoriarum cohortium ~us TAC.*Ann.*1.7; Crispinum praetorii ~um 11.1; ~o praetori Nymphidio Sabino SUET. *Galba* 11; ~o..praetorianarum cohortium *Tit.*4.2; officium ..tale erat, quale hodie ~orum praetorio POMPON.*dig.*1.2. 2.19;—Burro ~o SUET.*Nero* 35.5 **b** duo consules inde comitiis centuriatis a ~o urbis..creati sunt LIV.1.60.3; 3.24.2;—(Tiberius) Cossum fecit urbis ~um SEN.*Ep.*83.15; quod ~us urbi..potestatem..mire temperauit TAC.*Ann.* 6.10; si ~us urbi iudicem dederit ULP.*dig.*49.3.1; ~us urbi ceterique Romae magistratus PAUL.*dig.*5.1.12.1; (*perh.*) anne aliud tum ~i? quorum optimus..omnia..tractanda putabat inermi iustitia JUV.4.78;—HADRIANO..PRAEF FERIARVM LATINARVM *CIL* 3.550; Q POMPEIO..PRAEF VRBIS FERIAR 10.3724. **c** Annaeum Serenum, ~um Neronis uigilum PLIN.*Nat.*22.96; TAC.*Ann.*11.35; ~um uigilum per totam noctem uigilare debere PAUL.*dig.*1.15.3; —qui furem deducit ad ~um uigilibus JULIAN.*dig.*47.2.57 (56).1. **d** L VOLVSIO..PRAEF VEHICVLORVM 14.5347.

3 A person appointed to command a military unit or contingent; (in the Roman army) an officer commanding a unit of legionary or auxiliary troops. **b** (w. gen., dat.) the officer in command (of). **c** the commander (of a ship, fleet), captain.
Achillam, ~um regium, singulari hominem audacia, et L. Septimium, tribunum militum, ad interficiendum Pompeium miserunt CAES.*Civ.*3.104.2; ~o Saburra cum parte exercitus contra Sittium relicto *B.Afr.*48.1; postquam Neapolim a ~o Romano teneri accepit LIV.23.15.2; Carthaginienses ala equitum cum ~o amissa..Hannonem ..praeficiunt 29.34.1; Sulla..cum Mithridatis ~is..ita dimicauit, ut..Athenas reciperet VELL.2.23.3;—qui Mam. Aemilio..legati et ~i et tribuni militares fuerunt CIC.*Clu.* 99; hic (*sc.* timor) primum ortus est a tribunis militum, ~is reliquisque qui..non magnum in re militari usum habebant CAES.*Gal.*1.39.2; tribuni ~ique et centuriones in praetorium, miles ad..tentoria discurrit LIV.42.58.4; seu centurio seu ~us incorruptum facti testem habebat TAC. *Ag.*22.4;—(*app.* = ~us castrorum) manipulatim adlocuti sunt Licinius Proculus et Plotius Firmus ~i TAC.*Hist.*1.82. **b** conuocatis..ad concilium ~is equitum uenisse tempus uictoriae demonstrat (Vercingetorix) CAES.*Gal.*7.66.3; eius praesidii ~us deperibat amore mulierculae LIV.27.15.9;—(*in the Roman army*) Libo Marcius, ~us fabrum tuos VAR.*R.* 1.2.7; D. Antonium, ~um euocatorum, misi ad te CIC.*Fam.* 3.6.5; duo ~i fabrum Pompei in meam potestatem uenerunt CAES.*Att.*9.7C.2; auxiliarios equites tribunis legionum et ~is cohortium dispertiuerat SAL.*Jug.*46.7; Vespasium Pollionem, ter tribunum militum ~umque castrorum SUET. *Ves.*1.3; PRAEF AVXILIORVM OMNIVM ADVERSVS GERMANOS *CIL* 11.5210.8;—(*w. dat.*) ~VS IN BRITANNIA EQ ALARIS 8.4800. **c** ~us Antoni quidam..seruos abducebat.. quibus se in classe uti uelle dicebat CIC.*Div.Caec.*55; ~us classis res magnas mari gessit NEP.*Con.*1.1; cum monuisset ~os nauium ut uigilias nocturnas..seruarent LIV.26.43.1; per..Menam et Menecraten paternos libertos, ~os classium, ..mari ad se..tuendum rapto utebatur VELL.2.73.3; M CALPVRNIO..SENECAE..PRAEF CLASSIS MISENENSIS PRAEF CLASSIS PRAETORIAE RAVENNATIS *CIL* 2.1178; M. MAENIO.. A DIVO HADRIANO..MISSO IN EXPEDITIONEM BRITANNICAM ..PRAEF CLASSIS BRITANNICAE 11.5632.

praefēcundus ~a ~um, *a.* [PRAE- + FECVNDVS] Exceptionally or abnormally fruitful, prolific.
omnia..celerius senescunt ~a PLIN.*Nat.*16.118.

praefericulum ~ī, *n.* [PRAEFERO + -CVLVM] (See quot.).
~um uas aeneum sine ansa patens summum, uelut peluis, quo ad sacrificia utebantur PAUL.*Fest.*p.248M.

praeferō ~ferre ~tulī ~lātum, *tr.* [PRAE- + FERO]

1 To carry or cause to be carried in front (of oneself or others). **b** to carry in front of one (as an offering). **c** (fig.) to use as a screen.
quid faculam ~fers? AED.*poet.*2.1; neque in fascibus insignia laureae ~tulit CAES.*Civ.*3.71.3; ne temne, quod ultro ~ferimus manibus uittas VERG.*A.*7.237; ducti ante currum hostium duces; militaria signa ~lata LIV.3.29.4; intrat (*sc.* antra)..et ~fert cautas subsequiturque manus OV.*Fast.*2.336; ignis, quem..aeternum uocabant, argenteis altaribus ~ferebatur CURT.3.3.9; praetexta C. Caesaris ~lata in funere cruenta QUINT.*Inst.*6.1.31; (iubet) uexilla ~ferri ut id saltem discerneret cohortis TAC.*Ann.*1.34; (*of a constellation*) hic qui nitido Taurus cornu ~fert Hyadas SEN.*Thy.*853;—(*w. dat. of indir. obj.*) quaeret quam ob rem fasces praetoribus ~ferantur CIC.*Ver.*5.22; praetorianis scutum sua manu ~tulit SUET.*Nero* 7.2; (*ethic dat.*) mihi ..tristis Erinys ~tulit infaustas..faces OV.*Ep.*6.46;—(*cf.*) maiora..~ferant fasces illi ac secures dignitatis insignia quam potestatis CIC.*Q.fr.*1.1.13; quae mihi deductae fax omen ~tulit PROP.4.3.13;—(*fig.*) agmen nobilium non inania nomina ~ferentium SEN.*Cl.*1.9.10; is auiam Octauiam et per eam Augustum auunculum ~ferebat TAC.*Ann.* 4.75;—(*in fig. phr.*) cui tu adulescentulo..non..ad libidinem facem ~tulisti? CIC.*Catil.*1.13; in tantis tenebris..inscientiae clarissimum lumen menti meae ~tulistis *Sul.*40; suam uitam ut legem ~fert suis ciuibus *Rep.*1.52; acerrimam bello facem ~tulit TAC.*Hist.*2.86. **b** munera ~ferimus, nomen patriamque docemus VERG.*A.*11.249; ignem Pollux undamque iugalem ~tulit V.FL.8.246. **c** mentitur.. ~ferens fraudi deos uates SEN.*Oed.*669.

2 (pass.) To be carried past, go past.
multa..spolia ~ferebantur, capti homines..producebantur CAES.*Civ.*2.39.5; amnis ingens fugientes accepit.. raptique gurgite in obliquum ~lati LIV.29.32.8; cum aliquas alto ~ferri onerarias naues ex speculis significatum foret 44.29.3; annua ~lata redeunt Hyacinthia pompa OV.*Met.* 10.219; quae Pompeianis ~lata est gaza triumphis LUC. 3.166; populus..funus elocauit, quaque ~ferebatur, flores ..sparsit PLIN.*Nat.*21.10; uulnus per galeam adegit. nec iterare ualuit, ~latus equo TAC.*Ann.*6.35; (*w.* praeter) praeter castra etiam sua pauore ~lati LIV.6.29.3;—(*w. acc.*) ut effusa fuga castra sua quae propiora erant ~lati urbem peterent 5.26.7.

3 To exhibit (in one's appearance or behaviour), display, present; to present the appearance of. **b** (of inanim. or abst. things) to display, reveal.
auaritiam ~fers qui societatem coieris de municipis.. fortunis cum alienissimo CIC.*S.Rosc.*87; candor erat qualem ~fert Latonia Luna [TIB.]3.4.29; si modo, quem ~fers, non simulatur amor OV.*Ep.*16.36; alii..atroci responso iudicium suum ~ferebant LIV.3.12.9; per..coloratas..Graecia gentes gymnasium ~fert uultu MAN.4.721; uictoris magis quam morientis uultum ~ferens VELL.2.27.3; ut ipse quoque exciperet ictus et ore ~ferret TAC.*Ann.*13.25; modestiam ~ferre et lasciuia uti 13.45; qui sapientiae studium habitu corporis ~ferunt PLIN.*Ep.*1.22.6;—(*of an animal*) nisi..seruitio contumax (*sc.* quod progenerat onager) siluestris mores..patris ~fert COL.6.37.4;—(*of plants*) quod (*sc. vine-cutting*) loco sterili laetum..processit, fallacem fecunditatis imaginem ~fert 3.10.8; oleastrum..grauem ~fert odorem PLIN.*Nat.*16.70;—cui laterum tenus..frons hominem ~fert, in pristim desinit aluus VERG.*A.*10.211; erat qui patrem familiae ~ferret, oratorem subduceret SEN. *Con.*10.pr.14; procuratorem uoltu qui ~ferat ipso MART. 5.61.9. **b** ut domus hostiles ~ferat exuuias TIB.1.1.54; ~ferat ut ueteres feralis pompa triumphos LUC.8.733; fons ..Callirhoe, aquarum gloriam ipso nomine ~ferens PLIN. *Nat.*5.72; laceratis..uexillis nomen Vitellii ~ferentibus TAC.*Hist.*2.85; in hos uel in illos ictus mobilia rostra (*sc.* Romanae classis) speciem uiuentium ~ferebant FLOR.*Epit.* 1.18(2.2.35);—sermonem ~ferentem in uerbis..proprium quendam gustum urbis QUINT.*Inst.*6.3.17; quamquam oratio a Seneca composita multum cultus ~ferret TAC.*Ann.* 13.3; (*w. acc. and inf.*) illud plane fatetur et ~fert (oratio), non esse tractatam nec diu tortam SEN.*Ep.*100.2.

4 To put forward (a statement, request, or sim.), give utterance to, present. **b** (w. acc. and inf. or pred. acc.) to declare, represent.
aput consulem causam atque excusationem ~ferre coepit SIS.*hist.*52; cum ~ferremus sensus aperte PLANC.*Fam.*10. 8.4; haec eius diei ~fertur opinio, ut se utrique superiores discessisse existimarent CAES.*Civ.*1.47.1; miserant..alia in speciem ~ferentis legatos LIV.42.14.5; Romanos speciosum Graeciae liberandae ~tulisse titulum 42.52.15; an nullas ~ferre preces..debuimus? V.FL.5.622; uetera suorum facta ..~ferentes quo plus dignationis adulatio haberet TAC.*Ann.* 2.53. **b** Iliensibus..ab se oriundos Romanos ~ferentibus LIV.37.37.3; hostem ei me esse..~tuli 39.28.7; Aegyptus..$\overline{XX}$ urbium sibi Amase regnante habitata ~fert PLIN.*Nat.*5.60; profiteor ista ratione ac ~fero me nemini omnium de eloquentia concessurum APUL.*Apol.*5; CVI SINGVLI ADQ VNIVERS OBLIGATOS SE ESSE ~FERVNT *CIL* 13.5091.

5 (w. acc. and dat.) To give precedence to (a person over another), cause to have an advantage (over), exalt (above). **b** (without dat.); (pf. pple. as sb.) one who is exalted, a dignitary. **c** (leg.) to give priority of right to.
se M. Seium..homini..eloquentissimo, M. Pisoni, ~tulisse CIC.*Planc.*12; *Att.*9.13.8; quod suffragio duodecim populorum alius sacerdos ei ~latus esset LIV.5.1.5; ad hoc tantum maiori fratri ~latus est ut prior occideretur TAC. *Hist.*1.48; illis neminem ~fert, quamuis aliquem magis amet PLIN.*Pan.*62.6; frustra me pastor ille..ob eximiam speciem tantis ~tulit deabus APUL.*Met.*4.30;—(*refl.*) est summa laus..non se ~tulisse aliis propter abundantiam fortunae CIC.*de Orat.*2.342; ut turpitudinem fugae uirtute delerent, omnibus in locis pugnant quo se legionariis militibus ~ferrent CAES.*Gal.*2.27.2; ne illi quidem..se nobis

merito ~tulerint Liv.22.59.10. **b** ~latus ille facilitati submittentis se comiter respondebat Liv.3.70.1; fama.. inuitum ~fert Ov.*Met.*15.854; bonus quisque natura..in honoribus..~feratur Apul.*Pl.*2.7; (*w. abl. of respect*) nec potestas..horum ualuit quin..eos nobilitate ~ferrent Liv. 4.44.2;—miles..ciuibus et ~latis magis metuendus quam hostibus [Quint.]*Decl.*3b.3. **c** concedi oportet quasi priuilegium in bonis uiri mulieri..ut, si sint et alii creditores, haec ~feratur Ulp.*dig.*24.3.22.13;—(*w. dat.*) pupillaris ..tutela mulieri (*cj.* muliebri) ~lata Sab.*iur.*6; ~ferri eam (*sc.* rem publicam) fisco debere Ulp.*dig.*20.4.8.

6 (w. dat.) To give (mentally) precedence to (one person over another), esteem more highly (than), prefer (to). **b** (without dat.).

ipse..ne me sibi ~ferat illa ueretur Verg.*Ecl.*3.4; tunc ego Romanis ~ferar ingeniis Prop.1.7.22; ut qui aliquorum iudicio mihi comparatus erat sua mox confessione me sibi ~ferret Liv.28.40.11; altera, quas oriens habuit, ~lata puellis Ov.*Met.*4.56; quem..uenerabile saxum..manes.. tuos placare iubebit et Casio ~ferre Ioui Luc.8.858; iuuenis ~latus Iarbae Juv.5.45;—(*w. abl. of respect*) qui uirtute belli omnibus gentibus ~ferebantur Caes.*Gal.*5.54.5; cunctis castitate ~lata est V.Max.8.15.12;—(*cf.*) nec facile est aut rem rei aut auctorem auctori ~ferre Liv.8.40.3; abstinet (*sc.* Venus) et caelo: caelo ~fertur Adonis Ov.*Met.* 10.532. **b** quo facilius..qui uiri ~ferendi sint, possit iudicari Nep.*Han.*13.4; nec, quem ~ferres..uir alter erat Ov.*Tr.*4.3.59; nunc transfuga..cum duce ~lato terras.. lustrat Luc.5.347; rogati sententiam patres Zmyrnaeos ~tulere Tac.*Ann.*4.56; QVI ~FERRER POPVLI LAVDANTIS AMORE *CIL* 12.533.

7 (w. dat.; also, w. *quam*) To attach more value to (one thing than to another), regard as more desirable (than), prefer (to). **b** (without dat., etc.).

statui..uestram uoluntatem..meis omnibus commodis et rationibus ~ferre oportere Cic.*Man.*71; qui ~ferret mortem seruituti *Phil.*12.2; iudex honestum ~tulit utili Hor.*Carm.*4.9.41; quisquis fido ~tulit arma toro Prop. 3.12.6; documento unus dies fuerat, ne sua consilia melioribus ~ferret Liv.6.25.3; nullas cui (*sc.* Cypro) ~tulit aras undae diua memor Paphiae Luc.8.457; opus omnibus et picturae et statuariae artis ~ferendum Plin.*Nat.*36.37; quis audet argento ~ferre caput rebusque salutem? Juv. 12.49;—(*w. inf. as obj.*) cur alter fratrum cessare et ludere.. ~ferat Herodis palmetis pinguibus Hor.*Ep.*2.2.184; Ov. *Met.*9.153;—~tulerim scriptor delirus..uideri, dum mea delectent mala me..quam sapere et ringi Hor.*Ep.*2.2.126. **b** hoc genus arboris in ~latis finibus Grais disseruere Sueius *poet.*1.6; si parum (uirium est), inbecilliora auxilia ~fero Cels.3.24.3; sardonychem..ostendunt..in Concordiae delubro..nouissimum prope locum ~latis multis optinentem Plin.*Nat.*37.4; multis ad occasionem stimulantibus quietem ~tulit Suet.*Gal.*7.1;—(*w. inf. as obj.*) ~ferendum existimabat..eas (*sc.* prouincias) ita relinquere constitutas ut domesticis dissensionibus liberarentur *B.Alex.* 65.1; ut multi ~tulerint carere penatibus et..sedes suas profugerint Col.1.3.6.

8 To cause (an event) to occur earlier (than another), cause to precede. **b** to put forward (a date).

(*w. dat.*) collega comitia bello ~ferre festinante Liv.7.9.4; —(*without dat.*) si qui sunt qui inuicem accusent, alterum iudicium ~ferre necesse est Quint.*Inst.*7.2.19; de causa prius an de persona dicendum sit, quaeritur, uarieque est ab oratoribus factum, a Cicerone etiam ~latae frequenter causae 7.2.39. **b** ~tulit triumphi diem Liv.39.5.12; editiones sine die..fieri debent, ne quid excogitetur edito die et..~lato die fiat Ulp.*dig.*2.13.1.2.

praeferox ~ōcis, *a.* [PRAE-+FEROX] Very impetuous, very high-spirited.

imperio..inhibendo..in paucos ~ocis animi Liv.3.38.7; ~oces legatos Gallisque magis quam Romanis similes 5.36.1; Tac.*Hist.*4.23; Seianus ita Drusum fouebat..gnarus ~ocem et insidiis magis opportunum *Ann.*4.60; quam.. indomitas et ~ocis nationes regeret 15.27; Mithridatis Magni filium..multiplici successu ~ocem Suet.*Jul.*35.2.

praeferrātus ~a ~um, *a.* [PRAE-+FERRATVS] Tipped or shod with iron.

modium ~um I, semodium I, labrum eluacrum I Cato *Agr.*11.3; Etruria spicam farris tosti pisente pilo ~o Plin. *Nat.*18.97; palum dolatum..cuspide ~um Fest.p.356M; (*facet., transf. of a person*) plusculum annum fui ~us apud molas Pl.*Per.*22.

praeferuidus ~a ~um, *a.* [PRAE+FERVIDVS] Exceedingly hot, burning.

fulguri ~o ardor iniectus Iunonis dextera Acc.*trag.*652; omni declinatione mundi, nisi tamen glaciali uel ~a Col. 3.1.3; in quibus (*sc.* locis) aestas non est ~a 5.5.1; ~i balnei uapore enecatur Tac.*Ann.*14.64;—(*fig.*) quid si trux ac ~a ira? Liv.9.18.5.

praefestīnātim, *adv.* [pple. of next+-IM] In great haste.

uti..iudices quos uellent instituerent ~ et cupide Sis. *hist.*117.

praefestīnō ~āre ~āuī ~ātum, *tr.* [PRAE-+FESTINO]

1 (w. inf.) To press hastily on (to), make great haste (to). **b** (w. acc.) to be in a hurry to perform before the right time.

qui ~et, ubi erus adsit, praeloqui Pl.*Rud.*119; ~amus quae sit causa sciscere Afran.*com.*395; concedendo plebei senatum..ne deficere ~arent effecisse Liv.23.14.11. **b** ictu ~ato munus inane petant *Nux* 98; ~atum opus nimium inmature Col.11.2.3.

2 To hasten past.

Toronaeum..sinum ~ans, mox Euboeam..euadit Tac. *Ann.*5.10.

praefica ~ae, *f.* [app. PRAEFICIO] A woman hired to lead the mourning at a funeral.

haec..~a est: nam mortuum collaudat Naev.*com.*129; superabo..omnis argutando ~as Pl.fr.81; mercede quae conductae flent alieno in funere ~ae Lucil.955; quae praeficeretur ancillis, quem ad modum lamentarentur, ~a est dicta Clod.*gram.*8; Var.in Non.p.67M; res..friuolas tamquam mulierum uoces ~arum Gel.18.7.3.

praeficiō ~icere ~ēcī ~ectum, *tr.* [PRAE-+FACIO] Const.: w. acc. and dat.

1 To put in charge (of), set over: **a** (mil. forces). **b** (units of civil administration). **c** (other persons, places, etc.). **d** (duties, etc.).

a is nunc Amphitruo ~ectust legionibus Pl.*Am.*100; elephantis quem Indicis ~ecerat Ter.*Eu.*413; D. Brutum adulescentem classi..~icit Caes.*Gal.*3.11.5; legatis..quos legionibus ~ecerat 5.1.1; quos..pro centurionibus sibi ~ecerant..equites Liv.4.42.1; Achillam, quem puer inbellis cunctis ~ecerat armis Luc.10.351; Tac.*Ann.*14.28;—(*without dat.*) in..eo exercitu ipsius tribuni plebis..fratrem ~ecerat Cic.*Sest.*41; domum custodiis saepit, a foribus qui non discedant, certos ~icit Nep.*Di.*9.1; si Laelium ~iceret, Octauius Romam decederet Liv.30.41.8; transfertur regimen cohortium ad Burrum Afranium..gnarum..cuius sponte ~iceretur Tac.*Ann.*12.42. **b** te cum securi caudicali ~icio prouinciae Pl.*Ps.*158; si quemquam alium prouinciae ~ecisset Cic.*Lig.*2; quem uidebitur ~icies Thesprotiae et Chaoniae *Att.*6.3.2; alios et alios ~ecerat ceteris urbibus Apul.*Mun.*26;—(*without dat.*) ~ecerunt aequaliter imperio Remum et Romulum Hem.*hist.*11; Cic. *Ver.*2.144; ἄλλο πρόβλημα quem ~iciam, nisi Caldus quaestor uenerit *Att.*6.5.3. **c** sin..emimus quem uilicum imponeremus, quem pecori ~iceremus Cic.*Planc.*62; me..lucis Hecate ~ecit Auernis Verg.*A.*6.564; me Venus artificem tenero ~ecit Amori Ov.*Ars* 1.7; illum tristi, dea, ~icis arae V.Fl.2.302; cum ad flumen mortuum uenies, cui ~ectus Charon Apul.*Met.*6.18; (*cf.*) quae ~iceretur ancillis, quem ad modum lamentarentur Clod.*gram.*8; (*transf.*) animum ..ut dominum atque imperantem oboedienti ~ecit corpori Cic.*Tim.*21. **d** huius pecuniae deportandae et.. bello gerendo M. Catonem ~ecisti Cic.*Dom.*20; Papirium Semproniumque..censui agendo populus suffragiis ~ecit Liv.4.8.7; ne talis ~iciatur negotio Col.1.7.5; (*cf.*) sacerdotes suos cuique deorum ~icere Liv.1.19.5;—(*transf.*) nec locus nec materia inuenitur cui diuinationem ~icere possimus Cic.*Div.*2.12;—(*without dat.*) haec ubi Telobois..iterarunt quos ~ecerat Amphitruo Pl.*Am.*211.

2 To ascribe to (a person, etc.) the charge (of).

~ecerunt..geniculis nodisque culmorum deum Nodutum Var.*gram.*167; alium quendam (Aristoteles) ~icit mundo Cic.*N.D.*1.33.

3 To cause to take precedence (of), prefer (to).

GLYPTE..OMNIBVS OLIM QVAS VENVS INSPEXIT ~ICIENDA BONIS *CIL* 10.2483.

praefīdens ~ntis, *a.* [PRAE-+FIDENS] Trusting too much, over-confident (in).

(*w. dat.*) exultantem te et ~ntem tibi repriment ualidae legum habenae *Inc.trag.*125; hominess ecundis rebus ecfrenatos sibique ~ntes Cic.*Off.*1.90.

praefīgō ~gere ~xī ~xum, *tr.* [PRAE-+FIGO]

1 To attach to the end or surface (of). **b** to impale (on a spear or sim.).

(*w. dat.*) ~gere puppibus arma Verg.*A.*10.80; ut templis ~geret arma 11.778; rostrum lupi..uillarum portis ~gunt Plin.*Nat.*28.157; (*transf.*) nigrum uitio ~gere theta Pers. 4.13. **b** (*w. dat.*) rumpiis ~xa capita hostium portantes Liv.42.60.2; ~xa contis capita gestabantur Tac.*Hist.*1.44; Suet.*Jul.*85;—(*w.* in+*abl.*) arrectis (uisu miserabile) in hastis ~gunt capita Verg.*A.*9.466;—(*ellipt.*) ora uirum ~xa mouebant nota nimis miseris atroque fluentia tabo 9.471.

2 To attach by its end or point.

ripa..erat acutis sudibus ~xisque munita Caes.*Gal.* 5.18.3; necessarium binas per diuersum coaxationes substerni et capita earum ~gi, ne torqueantur Plin.*Nat.*36.186; ~xa solo uellunt munimina Stat.*Theb.*10.525; (*w.* in+*abl.*) ~xisse in limine euulsos sepulchris clauos aduersus nocturnas lymphationes Plin.*Nat.*34.151.

3 (in quots., only in pf. pple.) To fit the extremity or surface of, tip (with). **b** to stick the surface of (with).

asseres..cuspidibus ~xi Caes.*Civ.*2.2.2; ferunt ~xa hastilia ferro Verg.*A.*5.557; asseres ferreo unco ~xi—harpagones uocat miles Liv.30.10.16; ~xa..cornua ferro Ov.*Met.*7.112; ex summo temone hastae ~xae ferro eminebant Curt.4.9.5; ~xo paribus ligno mucronibus Sil.6.539. **b** stat..latus ~xa ueru Tib.1.6.49; galeis ~xa rotisque cui domus V.Fl.1.836; in armario muricibus ~xo Gel.7(6).4.4.

4 To place an obstruction in front of (an entrance, outlet, or sim.), obstruct.

prima..ferratis ~gunt ora capistris Verg.*G.*3.399; ut riuis, per quos exundat piscina, ~gantur aenei foraminibus exiguis cancelli Col.8.17.6; antequam ~gi prospectus omnes coegit multitudinis innumerae saeua latrocinatio Plin.*Nat.*19.59; ne plures aditus sint quam unus: si erunt, ex utraque parte tabulis ~gentur *Ed.pr.*21.2(*Font.iur.* p.222); fenestras meas ~xas habuero uel obstruxero Gaius *dig.*8.2.6.

praefīniō ~īre ~īuī ~ītum, *tr.* [PRAE-+FINIO] Forms: ~*ibatur* (impf.) Gel.16.4.3; ~*isti* (= ~*iuisti*) Cic.*Fam.*7.2.1.

1 To fix the limits of or for, fix the range of. **b** to prescribe, determine.

cetera non tam restricte ~io Cic.*Leg.*2.45; funerum sumptus ~itur ex censibus a minis quinque usque ad minam 2.68; quippe ubi dimidiae partis pars semper habebit dimidiam partem nec res ~iet ulla Lucr.1.618; neque.. angustius tempus ~ire possum Plin.*Ep.Tra.*10.8(24).6; (*abl. absol.*) illi haud licebat nisi ~ito loqui quae illi placerent Ter.*Hec.*94;—(*ellipt.*) contra Brutumne me dicturum putas? —tu uero, ut uidetur; nam ~ire non est meum Cic.*Tusc.* 5.22;—(*w. acc. and inf.*) sic..Tiberius Caesar..larices.. caedi in Raetia ~iuit Plin.*Nat.*16.190. **b** de ipso autem muro, e qua materia struatur aut perficiatur..non est ~iendum Vitr.1.5.8; numero nusquam ~ito Liv.3.64.9; apud Catonem, qui oleam ficumque sic inseri iussit, mensura etiam ~ita Plin.*Nat.*17.119; qua lege non sumptus cenarum, sed ciborum genus et modus ~itus est Gel.2.24.12; quibus (*sc.* summis) modus ~iri generaliter non potest Ulp.*dig.* 26.7.5.

2 To set as a limit or restriction.

neque de illo tibi quicquam ~io quo minus ingenio mecum..contendas Cic.*Ver.*5.174; census ~iebatur *Phil.* 1.20; Largus..locutus K. Ianuarias tibi ~itas esse *Fam.* 6.8.1; lex..tibi meos tantum ~it oculos, quibus formam tuam adprobes V.Max.6.3.10; ~ita die intra quam castris excederet Tac.*Hist.*4.62; intra ~ita tempora Scaev.*dig.* 2.14.47; sanxit salubriter ~itis temporibus *Ed.*(*Font.iur.* p.252)78.1.8; IN ANNIS VIGINTI DVOBVS QVOS PARCAE ~IERANT *CIL* 8.646; INTRA DIEM TESTAMENTO ~ITVM 8.4319.

praefīnītiō ~ōnis, *f.* [prec.+-TIO] The setting of a limit, restriction.

cum sine ~one temporis legatum ita datum fuerit Julian.*dig.*36.2.19; cum aliqua ~one, quae uulgo dicitur cum taxatione Gaius *Inst.*4.51; passim sine temporis ~one, prout cuique libuerit Ulp.*dig.*50.5.1.

praefiscinī, *adv.* Also **-nē**, **-fascinē**. Forms: see also Gel.10.24.8. [PRAE-+FASCINVM] So as to avert bad luck or the evil consequences of praise. **b** (as interj.).

α ~ hoc nunc dixerim: nemo etiam me accusauit merito meo Pl.*As.*491; seruus meus..homo ~ frugi et micarius Petr.73.6. γ id—~ dixerim—iam quodam modo mihi obtigit Apul.*Fl.*16. **b** α Paula mea, amabo, pol tuam ad laudem addito '~'! Titin.*com.*110. β ut sine labore hanc extraxi! ~! Pl.*Rud.*461; scis habitum ita ut nunc obtinet. —~! Afran.*com.*36.

praeflōreō ~ēre, *intr.* [PRAE-+FLOREO] To flower early.

et ~ent talia et praegerminant, in totum praecocia fiunt Plin.*Nat.*16.119.

praeflōrō ~āre ~āuī ~ātum, *tr.* [PRAE-+FLOS+-O³] (app.) To remove the flowers from (so as to prevent or forestall fruiting; in quots., transf. or fig.).

gloriam..eius uictoriae ~atam ad Thermopylas esse Liv. 37.58.7; summum..illud purpurae decus non nisi praecerptum ~atumque transmittere Plin.*Pan.*58.4; futurum gaudii fructum spes tibi iam ~auerit Gel.14.1.36; uidua.. uenit iam ab alio ~ata Apul.*Apol.*92.

praefluō ~ere, *intr.*, *tr.* [PRAE-+FLVO] **a** (intr.) To flow in front, flow past. **b** (tr.) to flow in front of, flow past.

a infima ualle ~it Tiberis Liv.1.45.6; superponere uillam ~enti (*sc.* amni) Col.1.5.4; Plin.*Nat.*3.52; Fron.*Str.*2.2.10; Tac.*Ann.*12.33; sub ipso freti murmure, cum ~entes aquae tibiis fidibusque concinerent Flor.*Epit.*1.24(2.8.9); *CIL* 12.2493.4. **b** quae Tibur aquae fertile ~unt Hor.*Carm.* 4.3.10; Aufidus, qui regna Dauni ~it Apuli 4.14.26; Aufidus ..Canusium ~ens Plin.*Nat.*3.102; flumini Arsaniae (is castra ~ebat) pontem imposuit Tac.*Ann.*15.15.

praefluus ~a ~um, *a.* [prec.+-VS] Flowing past.

hortos..riguos..~o amne Plin.*Nat.*19.60.

praefōcātiō ~ōnis, *f.* [next+-O³] Suffocation, choking.

facit bene haec conpositio ad suspirium et ad uocis abscisionem et subitas ~ones Larg.100.

praefōcō ~āre ~āuī ~ātum, *tr.* [PRAE-+FAVX+-O³] To suffocate; to block (the windpipe); (pass.) to choke. **b** (transf.) to smother, choke.

necare uidetur non tantum is qui partum ~at Paul.*dig.* 25.3.4;—~ent animae Cnosia mella uiam Ov.*Ib.*556;—maxime cum tussiunt aut ~ari uidentur Larg.94; nauseant autem et ~antur qui biberunt (tauri sanguinem), cum gelatur 196. **b** nec ~ata malignum messis habet lolium Calp.*Ecl.*4.115.

praefodiō ~odere ~ōdī ~ossum, *tr.* [PRAE-+FODIO]

1 To dig a trench in front of.

~odiunt alii portas Verg.*A.*11.473.

2 To dig beforehand. **b** to bury beforehand.

oportet..~odere scrobes ante Plin.*Nat.*17.79. **b** ostendit, quod iam ~oderat aurum Ov.*Met.*13.60.

praefor ~ārī ~ātus, *tr.* [PRAE-+FOR]

1 To say beforehand or by way of preface. **b** to speak of by way of preface, mention first. **c** *honorem, ueniam ~ari*, to open with an expression of respect, request for indulgence. **d** *~andus*, requiring apology or indulgence. **e** (pple. in pass. sense) mentioned beforehand, aforesaid.

sed haec satis dicta nobis, quaeque de deorum..natura ~ati sumus, habeant hunc terminum Cic.*Tim.*37; pauca ~atus de sua senectute Tac.*Hist.*1.14; congruentia tempori

~atus *Ann.*12.69; res poscere uidetur de ratione scribendi pauca ~ari FRO.*Aur.*1.p.40(211N); APUL.*Met.*11.17; (*w. dir. sp.*) omnes dimisit, ~atus 'an nos consulere scitis, consulem facere nescitis?' V.MAX.9.3.2;—(*w. acc. and inf.*) in parte operis mei licet mihi ~ari..bellum maxime omnium memorabile..me scripturum LIV.21.1.1; VELL. 2.37.4; PLIN.*Nat.*3.46;—(*absol.*) sed iam ~ari desinamus COL.10.pr.5; planctu..et longis ~ata ululatibus infit STAT. *Theb.*6.137;—(*w.* de) quis nunc feret oratorem de infirmitate ualetudinis suae ~antem? TAC.*Dial.*20.1. **b** me..liberto suo..magna⟨m⟩ ~atus diligentia⟨m⟩ tradidit APUL. *Met.*10.17; Aristoteles..uir quem in his magna secuturus ex parte ~andum reor PLIN.*Nat.*8.44. **c** si dicimus 'ille patrem strangulauit', honorem non ~amur; sin de Aurelia aliquid aut Lollia, honos praefandus est CIC.*Fam.*9.22.4; APUL.*Apol.*75;—ecce ~amur ueniam, siquid..offendero *Met.*1.1. **d** ~andi umoris e corpore effluuium PLIN. *Nat.*7.171; in ~anda uidemur incidere QUINT.*Inst.*8.3.45. **e** ~atus iura aut mensura aut temporibus diuidantur PAUL. *dig.*10.3.19.4.

2 To recite (a preliminary formula); also, to dictate (a formula to be repeated by others), lead the recitation of.
maiores nostri..omnibus rebus agendis 'quod bonum, faustum, felix, fortunatumque esset' ~abantur CIC.*Div.* 1.102; talia ~antes..carmina..cecinerunt..Parcae CATUL. 64.382; (*absol.*) ture uino Iano Ioui Iunoni ~ato CATO *Agr.* 134.1;—M. Folio pontifice maximo ~ante carmen LIV.5. 41.3.

3 To address with a preliminary prayer.
Ianum Iouemque uino ~amino, sic dicito CATO *Agr.* 141.2; ~atus diuos solio rex infit ab alto VERG.*A.*11.301; ~atae..meos manes..ossa..candida..legent [TIB.]3.2.15; inde precando ~amur Vestam OV.*Fast.*6.304.

praeformīdō ~āre ~āuī ~ātum, *tr.* [PRAE-+FORMIDO[1]] To fear beforehand, dread.
transcendes, Germanice, facta tuorum, iam puer auricomo ~ate Batauo SIL.3.608; quam (*sc.* propositionem) iudex si prouidit, non aliter ~at quam qui ferrum medici prius quam curetur aspexit QUINT.*Inst.*4.5.5.

praefōrmō ~āre ~āuī ~ātum, *tr.* [PRAE-+FORMO] To form beforehand; to train beforehand, instruct.
incipientibus danda erit uelut ~ata materia secundum cuiusque uires QUINT.*Inst.*2.6.4; quid illa miserius lege uelut ~atas infantibus litteras persequentium? 5.14.31;—longe ~ans animos discentium ad humanitatem LARG.pr.p.2, l.31; alloquitur iuuenem..atque his ~at dictis fingitque monendo SIL.7.385.

praefrāctē, *adv.* *compar.* ~ius. [next+-E] Harshly, severely.
nimis mihi ~e uidebatur aerarium..defendere CIC.*Off.* 3.88; dissolutam disciplinam militarem ~ius et rigidius astringere conatum V.MAX.9.7.Mil.Rom.3.

praefractus ~a ~um, *a.* *compar.* ~ior. [ppl. of PRAEFRINGO] Abrupt, harsh, rugged
Aristo Chius, ~us, ferreus CIC.*Hort.*fr.38; ~ius perseuerantiae exemplum edidit V.MAX.3.8.ext.2; ~ior et abscisior iustitia 6.5.ext.4;—(*of orators, style, etc.*) Theodorus ..~ior nec satis, ut ita dicam, rotundus, primus instituit dilatare uerbis sententias CIC.*Orat.*40; quidam ~am et asperam (compositionem) probant SEN.*Ep.*114.15;—(*cf.*) procellosus flatus 'cataegis' dicitur, quem ~um possumus dicere APUL.*Mun.*12.

praefrīgidus ~a ~um, *a.* [PRAE-+FRIGIDVS] Very cold.
~us Auster OV.*Pont.*4.12.35; aqua uel tepida uel ~a CELS.2.30.3; quamlibet opaco septentrionalique et ~o situ PLIN.*Nat.*17.147.

praefringō ~ingere ~ēgī ~actum, *tr.* [PRAE-+FRANGO]

1 To break at the end or extremity, break along its length.
pugno ~egisti bracchium PL.*Mil.*26; TER.*Ad.*37; uineas nouellas alligato crebro, ne caules ~ingantur CATO *Agr.*33.4; ~actam strigilim LUCIL.1283; cum..hastas aut ~egissent aut hebetassent LIV.8.10.3; quaedam rectissima, cum in aquam demissa sunt, speciem curui ~actique uisentibus reddunt SEN.*Ep.*71.24; FRON.*Str.*2.3.20.

2 To break off at the end, break off short.
ut..altera (*sc.* nauis)..~acto rostro tota collabefieret CAES.*Civ.*2.6.5; cornu alterum galeae ~egit LIV.27.33.2; pinum..~actam misit in hostem OV.*Met.*12.358; si uel ~actus est uel altius descendit, quam ut id ita fieri possit, medicamento euocandus est CELS.5.26.35.B; SEN.*Dial.* 6.16.7; cacumina manu ~acta COL.*Arb.*18; ~acta gerebat Syrticus..robora SIL.5.242.

praefulciō ~cīre ~sī ~tum, *tr.* [PRAE-+FVLCIO]

1 To place as a prop or support (for; in quots., transf.).
quin me suis negotiis ~ciat (*sc.* erus meus) PL.*Per.*12; haec mi euenit seruitus, ubi ego omnibus paruis magnisque miseriis ~cior *Ps.*772.

2 To prop or bolster up (in quots., fig. or transf.).
primum illud ~ci atque praemuni quaeso ut simus annui CIC.*Att.*5.13.3; Cato non nudam..hanc ἐπαγωγὴν facit, sed multis eam modis ~cit GEL.6(7).3.44.

praefulgeō ~gēre ~sī, *intr.* [PRAE-+FVLGEO]

1 To shine with outstanding brightness, shine pre-eminently.
armis..auro ~gentibus [QUAD.]*hist.*12; scutorum..~gens opus caelatum *B.Hisp.*25.7; fulua leonis pellis..~gens unguibus aureis VERG.*A.*8.553; nitor smaragdi collo ~get tuo (*i.e. of a peacock*) PHAED.3.18.7; ecce gemino sole ~get dies SEN.*Ag.*728; ~gens anulus auro SIL.11.534; (*in fig. phr.*) ne aut obcaecentur tenebris imagines aut splendore ~geant *Rhet.Her.*3.31.

2 (transf.) To shine most conspicuously, shine out (above), be outstanding.
sicut ~gebat (*i.e. outshone*) huic triumphus recens, ita apparebat ipsum..nequaquam esse contemnendum LIV. 45.43.3; militarium (*sc.* coloniarum) et causae..et ipsarum ~gent nomina VELL.1.14.1; multus..in imagine claris ~gebat auus titulis SIL.4.497; ~gebant Cassius atque Brutus eo ipso quod effigies eorum non uisebantur TAC. *Ann.*3.76; ita prae ceteris omnibus enituit et ~sit decori et honesti dignitas GEL.12.5.7.

praefulgurō ~āre, *intr.*, *tr.* [PRAE-+FVLGVRO] To flash forth; (tr.) to illuminate with flashes ahead of one.
multo..latus ~at ense STAT.*Theb.*7.502; (*w. acc. of extent*) stricto..uias ~at (*sc.* Medon) ense V.FL.3.119.

praefurnium ~(i)ī, *n.* [PRAE-+FVRNVS+-IVM] The hole or passage through which a furnace is fed, furnace-entrance.
si uno ~io coques CATO *Agr.*38.1; VITR.5.10.2; et eius ~ium magna diligentia comprimitur, ne flamma extra dissipetur 7.10.2; 8.2.4.

praefurō ~ere, *intr.* [PRAE-+FVRO] To rage conspicuously.
fides, quam toruus..~is STAT.*Theb.*2.420.

praegaudeō ~ēre, *intr.* [PRAE-+GAVDEO] To rejoice surpassingly.
(*w. inf.*) Achaica adire moenia ~ens SIL.15.307.

praegelidus ~a ~um, *a.* [PRAE-+GELIDVS] Outstandingly cold.
in locis..propinquitate..fluminum ac paludum ~is LIV. 21.54.7; COL.3.12.1; ~am hiemem omnes sentiunt PLIN. *Nat.*9.57; in regione ~a 37.25; SIL.4.226.

praegelō ~āre, *tr.* [PRAE-+GELO] To freeze at the end, nip with cold.
praestringit animam (*cj.*) atque ~at hic (*sc.* Boreas) radicibus arborum, quas posituras adferes PLIN.*Nat.*18.334.

praegerminō ~āre, *intr.* [PRAE-+GERMINO] To sprout early.
praeflorent talia et ~ant, in totum praecocia fiunt PLIN. *Nat.*16.119.

praegestiō ~īre, *intr.* [PRAE-+GESTIO] (w. inf.) To have an overpowering desire, be very eager (to).
~it animus iam uidere CIC.*Cael.*67; dum aliquid cupiens animus ~it apisci CATUL.64.145; iuuencae..ludere cum uitulis..~ientis HOR.*Carm.*2.5.9.

praegnās ~tis, *a.* Also **~ns** ~ntis. [PRAE-+**gnatis* (cf. GNATVS, GIGNO)] FORMS: ~*x* *CIL* 9.3968.

1 (of females) Pregnant, with child. **b** (of plants, fruit, etc.) swelling (with growth).
an nata est sponsa ~s? NAEV.*com.*125; quas hic ~tis fecit PL.*Mil.*1077; publice immolantur boues ~ntes VAR.*L.*6.15; Dionysii mater..cum ~ns hunc..aluo contineret, somniauit se peperisse Satyriscum CIC.*Div.*1.39; ~s canis HOR. *Carm.*3.27.2; asinae ~tes PLIN.*Nat.*11.236; dicet quis uiduam ~tem fecerit JUV.6.405; mulieri ciui Romanae ~ti GAIUS *Inst.*1.90; si mulier..~tem se esse dicet *Ed.pr.*21.1 (*Font.iur.*p.222); (*w. abl.*) face ~s Cisseis regina VERG.*A.* 10.704; (*of fish*) quom..maenas bene ~tis alios uorantes uiderem AUR.*Fro.*1.p.182(69N); (*fig.*) de tergo ducentas plagas ~tis (*perh. 'ready to multiply'*) dabo PL.*As.*276;—(*as sb.*) ~ti oportet et malum et malum dari *Am.*723; ~tes opere leuant VAR.*R.*2.6.4; PLIN.*Nat.*27.110; in quo sanctum est, ne ~ti quidem medicamen LARG.pr.p.2,l.29; CELS.*dig.* 40.2.19; soles ~tibus periclitantibus ultro subuenire APUL. *Met.*6.4. **b** ~nte corymbo PROP.4.7.79; omnes arbores fiunt ~ntes VITR.2.9.1; ~ns..cucurbita serpit COL.10. 380; ~tium (*sc.* arborum) rumpitur cortex PLIN.*Nat.*16.100; ~tes, hoc est germinatione turgentes (*sc.* surculi) 17.105; ~ntes caryotides cadebant STAT.*Silv.*1.6.20.

2 (transf.) Laden, swelling (with).
solent gingiuae quorundam fluore infestari, quas ~tes uocant LARG.61;—(*w. abl.*) lapis ille ~ns intus alio PLIN. *Nat.*10.12; ~ns ueneno (*sc.* uipera) 11.164; tenui ~ntem stamine fusum..torquetis JUV.2.55.

praegnātiō ~ōnis, *f.* [as prec.+-TIO] Pregnancy; (also transf., applied to plants).
hi..~onis primi et extremi fines (*i.e. conception and birth*) VAR.*R.*2.1.18; deum nobis ~one ista gerit APUL.*Met.*5.16; sarcina ~onis oneratam eam relinquebat 10.23;—in eodem loco eodem anno nihil renascitur, quod ~onis idem bis habere non potest VAR.*R.*1.44.4.

praegnātus ~a ~um, *a.*: var. PRAEGNAS.
matrem meam..~tam imueni; nil poterat facere *P.Mich.* 471.19.

praegracilis ~is ~e, *a.* [PRAE-+GRACILIS] Exceptionally slender, lanky.
illi ~is et incurua proceritas TAC.*Ann.*4.57.

praegradior: see PRAEGREDIOR.

praegradō ~āre, *tr.* [PRAE-+GRADVS+-O[3]] To go in front of, lead, head.
extremum intra camterem ipsum ~at Parthenopaeum PAC.*trag.*48.

praegrandis ~is ~e, *a.* [PRAE-+GRANDIS] Exceptionally large, huge, enormous. **b** (w. respect to intellectual eminence) mighty.
~i gradu PAC.*trag.*37; ~i illa domo PLIN.*Nat.*3.119; (insulae) in quibus nuda alioqui corpora ~es ipsorum aures tota contegant 4.95; ~es scarabei 11.99; beluarum ferarumque membra ~ia, quae dicuntur gigantum ossa SUET.*Aug.* 72.3; canis..~is APUL.*Met.*6.19. **b** ~i cum sene (*i.e. Aristophanes*) PERS.1.124.

praegrauis ~is ~e, *a.* [PRAE-+GRAVIS]

1 Exceptionally heavy. **b** heavy (with a load), weighed down.
maior sexaginta annis et ~is corpore LIV.44.4.10; ~e.. onus OV.*Ep.*9.98; oculi..~i pituita inhaerescunt CELS. 6.6.29; ~i superciliorum pondere PLIN.*Nat.*9.186; hiberno ~is unda gelu MART.4.18.4; lateres..~is iacere TAC.*Ann.* 16.1. **b** agmen..nec turba nec sarcinis ~e CURT.3.3.27; currus..creterris aureis..~is 9.10.26; muros subiere, cibo uinoque ~es TAC.*Hist.*2.21.

2 (transf.) Very heavy to bear, burdensome. **b** (of persons) very troublesome or embarrassing.
periculosum est ~e imperium: difficile est enim continere, quod capere non possis CURT.4.11.8; ~i seruitio PLIN.*Nat.* 7.46; tertium consulatum..ut ~em recusasti PLIN.*Pan.* 57.4. **b** ~em se Neroni fuisse TAC.*Hist.*1.21; uirum insignem et ignauo principi ~em *Ann.*11.19; 14.3.

praegrauō ~āre ~āuī ~ātum, *tr.*, (*intr.*). [PRAE-+GRAVO]

1 To weigh down. **b** (transf.) to lie heavy upon, burden, embarrass.
quin corpus onustum hesternis uitiis animum quoque ~at una HOR.*S.*2.2.78; ~ata inhaerentibus (*sc.* telis)..scuta LIV.7.23.9; uirgas ~at ingenti pernix Lucania cultro! GRAT. 120; non me (*i.e. an apple-tree*) ~at..senectus *Priap.*61.4; ~ato capite COL.6.7.4;—(*absol. or ellipt.*) flaccidis et ~antibus auribus 7.6.2; quidam existimant..fulmen reuerti.. ubi alimenta ~auerunt SEN.*Nat.*2.57.4; ne ~et fructus parte aliqua PLIN.*Nat.*17.184. **b** qui ~at artis infra se positas HOR.*Ep.*2.1.13; si summa petantur, et dantem (*sc.* Hannibalem) et accipientem (*sc.* Antiochum) ~atura LIV.35.42.14; rudes ne ~entur parcius (magistri) discriminant MAUR.780;—(*absol. or ellipt.*) exonerare ~ante turba regnum cupiens LIV.5.34.3; cum ~aret multitudo, cedere sensim..coepit 38.25.12.

2 To exceed in degree, outweigh; (esp. ellipt. or absol.).
V.MAX.3.7.ext.6; quem Syracusanus Dio seueritate exempli ~at 3.8.ext.5;—cito adparebit pars ciuitatis deterior quanto ~et SEN.*Cl.*1.24.1; haec pars (*sc.* malorum) multum ~abit *Dial.*9.8.1; ~ant tamen cetera facta dictaque eius, ut..SUET.*Jul.*76.1; si..nulla (*sc.* causa) ~et ULP.*dig.*46.3.5.

praegredior ~dī ~ssus, *intr.*, *tr.* [PRAE-+GRADIOR] FORMS: ~*grad-* SAL.*Hist.*4.66; imp. in active form ~*di* NOV.*com.*92 (*progredi* codd.).

1 (intr.) To go in front, go ahead.
i primus: ~di (progredi *codd.*)! NOV.*com.*92; ~dientis amicos CIC.*Phil.*13.4; cum..~ssos consequi cuperet CAES. *Civ.*3.77.3; ~ssi fetiales ubi ad portam uenere LIV.9.10.7; 36.21.7; uirum sequeris — ~di castae solent SEN.*Her.O.*897; ut ~ssi hominis uestigia occupent PLIN.*Nat.*28.93; SIL.16. 492; Classicus ac Tutor per speciem explorandi ~ssi TAC. *Hist.*4.57.

2 (tr.) To go in front of, precede. **b** to surpass, excel.
non solum nuntios sed etiam famam aduentus sui ~ssus LIV.28.1.6; ipse ~ssus agmen 36.31.7; FRON.*Str.*2.10.2; (*poet.*) quae..tuas laurus..Fama uehit ~ssa diem STAT. *Silv.*5.1.106. **b** qui tantum alios ~ssus es, ut..SAL.*Rep.* 1.1.2; alipedum..fugam ~ssus equorum STAT.*Theb.*6.558; tu iuuenis ~ssus auos *Silv.*4.1.33.

3 (tr.) To pass in front of.
illum finis suos ~dientem incursauere Mardi TAC.*Ann.* 14.23.

praegressiō ~ōnis, *f.* [prec.+-TIO]

1 Forward motion, progress.
qui errantium stellarum cursus ~ones institiones notauit CIC.*Tusc.*1.62.

2 The fact of preceding, prior occurrence.
si omnia fato fierent eius modi, ut nihil fieret nisi ~one causae CIC.*Fat.*44.

praegressus ~ūs, *m.* [PRAEGREDIOR+-TVS[3]] Prior occurrence.
homo autem..causas rerum uidet earumque ~us et quasi antecessiones non ignorat CIC.*Off.*1.11.

praegustātor ~ōris, *m.* [next+-TOR] A servant who tastes food and drink before they are served, a taster.
quidam tradunt epulanti..per Halotum spadonem ~orem (*sc.* uenenum datum) SUET.*Cl.*44.2; COLLEGIVM ~ORVM *CIL* 6.9004; ~OR ET A C⟨V⟩BICVLO NERONIS 10.6324; (*transf.*) helluoni spurcatissimo, ~ori libidinum tuarum CIC.*Dom.*25.

praegustō ~āre ~āuī ~ātum, *tr.* [PRAE-+GVSTO]

1 To taste first or before another.
si tibi forte dabit, quod ~auerit ipse, reice libatos illius ore cibos OV.*Am.*1.4.33; ipse omnes ~aui cibos SEN.*Con.* 9.6.19; JUV.6.633; ~atas a se potiones offerebat APUL.*Met.* 7.11; (*cf.*) oleas..~asse mures in prodigium uersum est LIV.40.59.8; (*fig.*) uoluptates ~are SEN.*Dial.*7.11.2.

2 To eat or drink (a little of) beforehand. melle ~ato contra rheumatismos PLIN.*Nat.*27.80; si ~abit Atrides Pontica ter uicti cautus medicamina regis JUV.6.660; paucis..~atis holusculis APUL.*Met.*8.29.

praehibeō ~ēre ~uī ~itum, *tr.* [PRAE-+HABEO; cf. *praebeo*] To provide, supply. si..nunc habeas quod des, alia uerba ~eas PL.*As.*188; ancillas, penum..~et *Men.*802; orauit ut apud me ~erem locum *Mer.*543; nimium festiuam mulier operam ~uit *Mil.* 591; eodem mihi pretio sal ~etur quo tibi *Per.*429; operam atque hospitium ego isti ~eri uolo 510.

praeiaceō ~ēre, *intr.* [PRAE-+IACEO] To lie or be situated in front (of). oppida..rara ~entibus stagnis PLIN.*Nat.*3.32; 4.35; 6.136; ~entibus testis cubile eorum (*sc.* polyporum) deprehenditur 9.86; (*w. dat.*) (Pontus) uastum mare ~ens Asiae 4.75; (*w. local acc.*) campo qui castra ~et TAC.*Ann.*12.36.

praeiaciō (~iciō) ~iacere (~icere) ~iēcī ~iectum, *tr.* [PRAE-+IACIO] To throw in front (of) or before. ~iaciuntur in gyrum moles COL.8.17.10; SI QVIS OSSA EIVS PREIECERIT AVT HANC ARAM APSTVLERIT *CIL* 6.21129; (*transf.*) d ~icitur l n r, ut dle dne dre, aliis minime..h nulli consonantium ~icitur SCAUR.gram.in *G.L.*7.17.

praeiectīuus ~a ~um, *a.* [prec.+-IVVS] (gram.) Placed in front. o ~a est e litterae, ut oe, et secundum antiquos eadem syllaba i SCAUR.gram.in *G.L.*7.17.

praeiūdiciālis ~is ~e, *a.* [next+-ALIS] Of or concerned with the process of a *praeiudicium*, pre-judicial. in ~ibus formulis GAIUS *Inst.*4.44; non tamen haec summa sponsionis exigitur non enim poenalis est, sed ~is 4.94.

praeiūdicium ~(i)ī, *n.* [PRAE-+IVDICIVM]

1 (leg.) A preliminary enquiry or action to decide a matter (e.g. of status) which must be settled before a (main) case can be started. non enim oportet in recuperatorio iudicio eius maleficii, de quo inter sicarios quaeritur, ~ium fieri CIC.*Inv.*2.60; permittitur sponsoribus et fidepromissoribus..~ium postulare GAIUS *Inst.*3.123; si qui ~io pronuntietur esse libertus ULP.*dig.*2.4.8.1; (liberi) petuntur..aut ~iis aut interdictis aut cognitione praetoria 6.1.1.2; SINE PRAEIVDIC PVBLICO AVT PRIVATORVM *CIL* 14.4704; (*cf.*) si ~ium est, quod haec recusat: et illud sit argumentum, quod hic optat QUINT. *Decl.*306(p.200,l.9).

2 A previous legal judgement or other ruling (as affecting the present case), prejudgement. **b** an instance to be taken as an example in subsequent events, a precedent. cum hoc diceret Metellus, ~ium se de capite C. Verris per hoc iudicium nolle fieri CIC.*Ver.*3.152; apud eosdem iudices reus est factus, cum his duobus ~iis iam damnatus esset *Clu.*59; si existimabit iudicium accusatoris in reum pro aliquo ~io ualere oportere *Mur.*60; ~ium iam de reis et ab senatu et ab populo Romano et ab ipsorum collegio factum esse LIV.5.11.10; adparuit per illam causam ~ium in patrem meum quaeri SEN.*Ben.*4.35.2; deprecari senatus ~ium 26.29.8; si iam ~io senatus damnatus esset Milo QUINT. *Inst.*4.2.25; 5.2.1 ff.; 5.11.13; 6.5.10; uictoria huius uel illius pro ~io accipitur TAC.*Ger.*10.6; legatus..causas abolitae accusationis exposuit postulauitque, ne cognitioni Caesaris ~ium fieret PLIN.*Ep.*7.6.6; quaestor eius in ~ium aliquot criminibus arreptus est SUET.*Jul.*23.1; ut nihil in ~ium eius iudicii fieri debeat ULP.*dig.*5.3.5.2. **b** Pompeius..nullo proelio pulsus uestri facti ~io demotus Italia excessit CAES.*Civ.*2.32.3; Corfiniensem ignominiam, Italiae fugam Hispaniarum deditionem Africi belli ~ia sequimini 2.32.13; ut sibi donarem portionem meam seque ~io iuuarem PLIN.*Ep.*5.1.2.

3 An opinion or attitude, usually adverse, formed in advance, a preconception, prejudice, presumption. eo praemium postulet, uti de se ~ium factum esse uideatur CIC.*Inv.*2.113; 'nimis graui ~io in ordinem nostrum' *Att.*6.1.15; ~io dum stant erroris sui PHAED.5.5.2; sine ~io dicimus causam CURT.7.1.20; pone hoc inter ~ia accusationis QUINT.*Decl.*319(p.253,l.29); FRO.*Amic.*2.p.178(194N); neque alimentorum causa ueritati facit ~ium ULP.*dig.* 1.6.10; grande ~ium adfert pro filio confessio patris 25. 3.1.12; decreto tuenda est, ne ~ium partui fiat 37.9.1.14; cauere sine ~io amittendae seruitutis debebit PAUL.*dig.* 43.20.7.

praeiūdicō ~āre ~āuī ~ātum, *tr.*, *intr.* [PRAE-+IVDICO]

1 To pass anticipatory or preliminary legal judgement on (a matter), prejudge. **b** to decide or settle in advance. ut re semel atque iterum ~ata condemnatus in iudicium uenerit CIC.*Clu.*49; quasi ~ata res ad has causas deferri solet *Rab.Post.*32; in ea re, quam tu iam ~asti neque culpae neque crimini confinem APUL.*Apol.*48; (*impers. pass.*) ut per illum qui attulisset uenenum de hoc ~aretur CIC.*Clu.* 172; (*cf.*) edant et exponant, quid in magistratu gesserint, deque iis censores ~ent *Leg.*3.47. **b** ne id ipsum quod consultationi reliquerant pro ~ato ferret LIV.26.2.4; ~atum euentum belli habetis 42.61.4.

2 To form an opinion about (a matter) in advance, prejudge; to form (an opinion) in advance. id adroganter non ~o neque reuoco ad arbitrium meum BRUT.*ad Brut.*1.4.2; noli ~are quid fuerit APUL.*Apol.*54;—tantum opinio ~ata poterat, ut etiam sine ratione ualeret auctoritas CIC.*N.D.*1.10; (*neut. pple. as sb.*) ut ne quid huc ~ati adferatis *Clu.*6.

3 (intr., w. dat. of disadvantage) To be prejudicial (to). saepe constitutum est res inter alios iudicatas aliis non ~are MACER.*dig.*42.1.63; quae inuito te acta sunt tibi non ~ant ULP.*dig.*3.3.27; conuentiones pupillo non ~are diuus Hadrianus rescripsit 27.8.1.9; (*impers. pass.*) si ex duobus petitoribus alter uictus adquieuerit, alterius petitioni non ~atur MACER.*dig.*42.1.63; ut non condicioni eius..~etur ULP.*dig.*37.10.3.11; neque debet publico iudicio priuata actione ~ari quidam putant 47.8.2.1.

praeiūrātiō ~ōnis, *f.* [PRAE-+IVRATIO] The act of taking an oath as leader of a group: see quot. ~ones facere dicuntur hi, qui ante alios conceptis uerbis iurant; post quos in eadem uerba iurantes tantummodo dicunt: idem in me PAUL.*Fest.*p.224M.

praelābor ~bī ~psus, *intr.*, (*tr.*). [PRAE-+LABOR[1]]

1 To flow, glide, etc., forward or ahead. Pisces, quorum alter paulum ~bitur ante CIC.*Arat.* 246(12); omnis..frigida transitu mutatur in calidam nec trahit saporem e uaporario, quia clausa ~bitur SEN.*Nat.* 3.24.3; insula..in quam gladiatores nauibus molientes, Germani nando ~bebantur TAC.*Hist.*2.35; ales..propassis utrimque pinnis ~bitur APUL.*Soc.*pr.4; (*transf.*) ~bentis.. temporis fuga COL.11.1.29.

2 To flow, glide, etc., past. placidis ~bitur undis..Sicoris LUC.4.13;—(*w. acc.*) Alphea rotis ~bi flumina Pisae VERG.*G.*3.180; Nilus..harenas, per quas iter ad commercia Indici maris est, ~bitur SEN.*Nat.*4a.2.4; terrae ~psus moenia Thybris LUC.6.76; V. FL.2.580.

praelambō ~ere, *tr.* [PRAE-+LAMBO] To lick beforehand. ~ens (*sc.* mus) omne quod adfert HOR.*S.*2.6.109.

praelargus ~a ~um, *a.* [PRAE-+LARGVS] Very prodigal or lavish (of). grande aliquid quod pulmo animae ~us anhelet PERS. 1.14.

praelassātus ~a ~um, *a.* [PRAE-+pple. of LASSO] Tired beforehand, already exhausted. ~os facile superauit FRON.*Str.*2.5.47.

praelātiō ~ōnis, *f.* [PRAEFERO+-TIO] The action of preferring or giving precedence. erant ab eo instituti heredes..alieni et humiles, ut..~o contumeliosa uideri posset V.MAX.7.8.4; ULP.*dig.*38.17.2.20.

praelauō ~ere, *tr.* [PRAE-+LAVO] To wash beforehand. os, ut bono potui poculum, ~itur APUL.*Apol.*8.

praelautus ~a ~um, *a.* [PRAE-+LAVTVS] Very luxurious or sumptuous. ~us alioqui famosusque cenarum magnificentia SUET. *Vit.*2.2; *Nero* 30.1.

praelectiō ~ōnis, *f.* [PRAELEGO[2]+-TIO] The reading aloud of an author (with exposition). at enim emendationi ~onique numerus (*sc. of pupils*) obstat QUINT.*Inst.*1.2.15; 2.5.4.

praelector ~ōris, *m.* [PRAELEGO[2]+-TOR] One who reads aloud and expounds (to a class). si magistrum ~oremque habuisset alicuius aeris GEL. 18.5.6.

praelēgātiō ~ōnis, *f.* [next+-TIO] A bequest made to a *heres* before the division of the residual estate. quaesitum est, an nihilominus ex ~one ad matrem pertineret SCAEV.*dig.*34.4.31.1.

praelēgō[1] ~āre ~āuī ~ātum, *tr.* [PRAE-+LEGO[1]] To bequeath to a *heres* before and in addition to his share under the general division of the estate. **b** to bequeath specially (a dowry to the wife's family, outside the general terms of a will). tabulas testamentorum..in quibus magna ex parte heres frater erat scriptus, ~abaturque ei centies et quinquagies sestertium V.MAX.7.8.4; eam..coronam testamento ei ~auit PLIN.*Nat.*33.38; *CIL* 6.10230.8; si alteri fundum ~asset PAPIN.*dig.*31.67.4; si peculium seruo uel filio ~are uelis POMPON.*dig.*33.8.10; (*absol.*) magis ad causam ~andi quam ad usum fructum constituendum pertinere VAL.*dig.* 34.1.22.1. **b** dos ~ata retinebitur quoniam reddi potius uidetur quam dari PAPIN.*dig.*31.77.12; 31.82.

praelegō[2] ~egere ~ēgī ~ectum, *tr.* [PRAE-+LEGO[2]]

1 To pick out specially, select. unde ~ectum grandem hircum annosum et horricomem.. uictimant APUL.*Met.*7.11.

2 To sail along (a coast), skirt. nec continentis modo ~ecta est ora, sed in Ebusum insulam transmissum LIV.22.20.7; unde proximo Britanniae latere ~ecto omni redierat TAC.*Ag.*38.5; *Ann.*2.79; 6.1.

3 To read before a class (for the purposes of exposition); to read aloud, recite. ~egat ut tumidus rauca te uoce magister MART.8.3.15; auctores quos ~egunt criminantur QUINT.*Inst.*1.5.11; FLOR.*Verg.*p.187R; SUET.*Gram.*1(p.100Re);—et quidem si ~egam, mea uoce pronuntiabo APUL.*Apol.*94.

praelībō ~āre, *tr.* [PRAE-+LIBO]

1 To pour as a first libation. Manto exceptum pateris ~at sanguen STAT.*Theb.*4.464.

2 To sip first. care puer superis, qui ~are uerendum nectar..electus STAT.*Silv.*3.4.60.

praelicenter, *adv.* [PRAE-+LICENTER] With great or excessive freedom. Laberius in mimis, quos scriptitauit, oppido quam uerba finxit ~ GEL.16.7.1.

praeligāneus ~a ~um, *a.* [PRAE-+LEGO[2]+-ANEVS] Made from fruit, etc. picked before the main crop. uuas miscellas, uinum ~um quod operarii bibant..legito CATO *Agr.*23.2.

praeligō ~āre ~āuī ~ātum, *tr.* [PRAE-+LIGO[1]]

1 To tie round (an extremity or aperture), fasten off; to tie off (a rope or sim.) at the end. **b** to tie up (a boat) by its extremity. os autem obuolutum est folliculo et ~atum CIC.*Inv.*2.149; dextro teste ~ato feminas generat (aries), laeuo mares PLIN.*Nat.*8.188; deiecta pars aut ~ata fructum dat 17.180; (*fig.*) o ~atum (*i.e. closed, impervious*) pectus! PL.*Bac.*136; —(*w. abl. of instrument or means*) ~emus uestibus capita PETR.102.16; quidam..salice ~ant (*sc.* fissurae) marginem ipsum PLIN.*Nat.*17.109; uulnera nodo Herculis ~are 28.63; lino..~ata infra caput uipera 30.40;—(funes) non praecluduntur nec ~antur VITR.1.1.8. **b** auersam..ratem.. ~at GERM.*Arat.*349.

2 To fasten on to the front or extremity. ~ato palliolo frigus a capite defendens RUT.LUP.*rhet.*2.7; coronam lauream candida fascia ~ata SUET.*Jul.*79.1;—(*w. dat.*) fasces..uirgarum..~antur cornibus boum LIV.22.16.7; pollex in pede ~atus proximo digito PLIN.*Nat.*28.42.

praelinō ~inere ~ēuī ~itum, *tr.* [PRAE-+LINO] To paint on the surface, paint over. uillas suas inexcultas et rudes ne tectorio quidem ~itas fuisse dicit GEL.13.24.1; (*fig.*) unumquodque..genus (dicendi)..cum fucatur atque ~initur, fit praestigiosum 6(7).14.11.

praelium: see PROELIVM.

praelocō ~āre, *tr.* [PRAE-+LOCO] To place immediately in front. consonans si ~atur una MAUR.290; 501;—(*w. dat.*) perdere u..uidetur..uocalem sonum, aliter cum ~atur 643.

praelocūtiō ~ōnis, *f.* [PRAELOQVOR+-TIO] A preamble, introduction. Silo Pompeius..haberetur disertus, si a ~one dimitteret (*sc. his audience*) SEN.*Con.*3.pr.11; nec morabor ulla ~one FRON.*Str.*3.pr.

praelongō ~āre ~āuī ~ātum, *tr.* [next+-O[3]] To extend in length, make extra long. qua subtilitate (naturae rerum artificium)..~auit pedum crura (culicis) PLIN.*Nat.*11.3.

praelongus ~a ~um, *a.* [PRAE-+LONGVS] Exceptionally long; (of men) very tall. **b** exceedingly long in duration. gladii..~i ac sine mucronibus LIV.22.46.5; ~ae hastae, quas sarisas uocant 38.7.12; cauda ~a PLIN.*Nat.*8.121; cornua ~a 11.97; dactylis ~a gracilitate 13.46; TAC.*Hist.* 5.18;—quod refert Cicero de homine ~o QUINT.*Inst.*6.3.67. **b** ~os habuisse sermones QUINT.*Inst.*10.3.32.

praeloquor ~quī ~cūtus, *intr.*, *tr.* [PRAE-+LOQVOR]

1 To forestall another in speaking or saying, speak (say) first. istic infortunium, qui praefestinet, ubi erus adsit, ~qui PL.*Rud.*119; collegae optimi..de communis officii necessitatibus ~cuti PLIN.*Ep.*3.4.3;—(*w. acc.*) occupas ~qui quae mea oratiost PL.*Rud.*248.

2 To make preliminary remarks; (tr.) to say by way of preface. de quibus breuissime ~cutus, quid ipsa sentiam..non tacebo QUINT.*Inst.*5.13.60; quod mihi causam ~quendi dedit PLIN.*Ep.*8.21.3;—haec necessarium fuit ~qui SEN. *Nat.*2.11.3; ea, quae..ad conciliandos sibi iudicum animos ~cuntur QUINT.*Inst.*4.1.2.

praelūceō ~cēre ~xī, *intr.*, (*tr.*). [PRAE-+LVCEO]

1 To shine prominently, shine forth. fastigatis supra tectis auro puro fulgens ~cet Capitolium SEN.*Con.*1.6.4; pulmone marino si confricetur lignum, ardere uidetur adeo, ut baculum ita ~ceat PLIN.*Nat.*32.141.

2 (w. dat.) To be superior in brightness or splendour (to). nullus in orbe sinus Bais ~cet amoenis HOR.*Ep.*1.1.83.

3 (w. dat.) To shine a light in front (of), light the way (for); (also absol.). **b** (w. acc.) to show in front the light of. praedatores facibus sibi ~centes SAL.*Hist.*4.15; ne ignis noster facinori ~ceat PHAED.4.11.9; thalamis Troia ~cet nouis SEN.*Tro.*900; STAT.*Silv.*1.2.89; dominae coruscis ~cebant (paruuli) facibus APUL.*Met.*10.32; (*fig.*) ego maioribus meis uirtute mea ~xi [CIC.]*Sal.*5;—~xere faces MART. 12.42.3; cum..lecticam eius fulgur praestrinxisset seruumque ~centem exanimasset SUET.*Aug.*29.3. **b** (*fig.*) bonam spem ~cet in posterum (*sc.* amicitia) CIC.*Amic.*23.

praelūcidus ~a ~um, *a.* [PRAE-+LVCIDVS] Outstandingly bright.
Arabicae (sardonyches) excellunt candore, circulo ~o PLIN.*Nat.*37.88.

praelūdō ~dere ~sī ~sum, *intr.* [PRAE-+LVDO] To compose a prelude (to a longer or more serious work). **b** to make a trial attempt.
(*w. internal acc.*) nec quisquam est illustrium poetarum qui non aliquid operibus suis stilo remissiore ~serit STAT. *Silv.*1.pr.;—(*poet.*) magnus..tibi (*sc.* Domitiano) ~dit Achilles *Ach.*1.19. **b** Mariana quidem Cinnanaque rabies iam intra urbem ~serat, quasi experiretur FLOR.*Epit.* 2.13(4.2.2); cum tragoediis quoque eodem tempore faciendis ~deret GEL.19.11.2.

praelum: see PRELVM.

praelumbō ~āre, *tr.* [PRAE-+LVMBVS+-O³] To beat round the loins.
coepit unum quemque ~are fustibus NOV.*com.*93.

praelūsiō ~ōnis, *f.* [PRAELVDO+-TIO] A preface, prelude.
certaminis..cuius quasi ~o atque praecursio has contentiones excitauit PLIN.*Ep.*6.13.6.

praelustris ~is ~e, *a.* [PRAE+-*lustris* (ILLVSTRIS)] Of conspicuous splendour.
quantum..potes ~ia uita: saeuum ~i fulmen ab arce uenit OV.*Tr.*3.4.5.

praemācerō ~āre, *tr.* [PRAE-+MACERO] To steep beforehand.
~antur..mala Cydonea LARG.193.

praemandō¹ ~āre ~āuī ~ātum, *tr.* [PRAE-+MANDO¹]
1 To recommend beforehand.
hominem ~atum ferme familiariter PL.*Trin.*335.
2 To engage beforehand (for a service), order. **b** (w. *ut*) to give an advance order (that).
~are et quaerere puerum aut puellam qui supponatur mihi PL.*Truc.*403. **b** terra marique ut conquireretur (*sc.* seruus fugitiuus), ~aui VAT.*Fam.*5.9.2.

praemandō² ~ere, *tr.* [PRAE-+MANDO²] To chew in advance, 'predigest'; (in quot., fig.).
si me tibi ~ere, quod aiunt, postulas, faciam sane id quoque GEL.4.1.11.

praemātūrē, *adv. compar.* ~ius. [next+-E] Very (too) early or promptly.
me Accheruntem recipere Orcus noluit, quia ~e uita careo PL.*Mos.*500; adpetis dominatum demens ~e praecocem AFRAN.*com.*335; uideri ~ius agi non finito stipulationis die PAPIN.*dig.*45.1.118.1.

praemātūrus ~a ~um, *a.* [PRAE-+MATVRVS]
1 Brought to ripeness exceptionally (or too) early; (transf., of a birth).
qui ~um fructum cucumeris habere uolet COL.11.3.51; (*fig.*) ad ~as segetum..rapinas agmina conpulimus LUC. 7.98;—gallina..~um..prodidit partum APUL.*Met.*9.33.
2 Occurring exceptionally (or too) early, very prompt.
~a denuntiatio boni ciuis imparati PLANC.*Fam.*10.8.4; ~a morte VELL.2.88.3; PLIN.*Nat.*8.180; ~a hiems TAC. *Ann.*1.30; ne quis mobilis adulescentium animos ~is honoribus ad superbiam extolleret 4.17; ~i cineres JUV. 11.44; ~a..spes collationis ULP.*dig.*37.6.1.21; (*w. advl. force*) cur..~us adforet APUL.*Met.*9.23.

praemedicātus ~a ~um, *a.* [PRAE-+pple. of MEDICO] Previously anointed.
isset..non ~us in ignes immemor Aesonides OV.*Ep.*12.15.

praemeditātē, *adv.* [pple. of PRAEMEDITOR+-E] After previous consideration.
accusator ~ pleraque domo adfert, patronus etiam inopinatis frequenter occurrit QUINT.*Inst.*5.13.3.

praemeditātiō ~ōnis, *f.* [next+-TIO] Previous consideration.
haec..~o futurorum malorum lenit eorum aduentum CIC.*Tusc.*3.29; 3.31.

praemeditor ~ārī ~ātus, *tr.* [PRAE-+MEDITOR]
1 To contemplate or consider in advance; (pf. pple. in pass. sense) previously thought out, premeditated.
nihil..prius quam paene in conspectu hostis erat, ~ati LIV.38.3.8; prouidus haec, ritu uatis, fundebat ab alto pectore ~ans Fabius surgentia bella SIL.1.686;—(*w. indir. qu.*) ~ari quo animo accedam ad urbem CIC.*Att.*6.3.4; LIV. 40.23.6;—(*w. acc. and inf.*) est..sapientis, quicquid homini accidere possit, id ~ari ferendum modice esse CIC.*Phil.*11.7; —neque uetustate minui mala nec fieri ~ata leuiora *Tusc.* 3.32; duris..si ~ata erant, obstitit SEN.*Ep.*107.4; QUINT. *Inst.*4.5.2.
2 (absol.) To play preliminary notes.
multa cura temptans citharam et ~ans adsistentibus phonascis TAC.*Ann.*14.15.

praemensus ~a ~um, *a.* [PRAE-+pple. of METIOR] Measured out beforehand.
~um..quod uniuersis suffecturum uidebatur solum SIC. FL.*agrim.*p.101.

praemercor ~ārī ~ātus, *tr.* [PRAE-+MERCOR] To buy in advance, buy up; (w. dat.) to buy in advance (of someone else).
~atur ancillam senex *Arg.2.Pl.Mer.*10; ni qui ad polluctum (pisces) emerent, pretio minus parcerent eaque ~arentur HEM.*hist.*13;—istam..temperi gnato tuo sumus ~ati PL.*Epid.*407.

praemersus ~a ~um, *a.* [PRAE-+MERGO] Already submerged; (in quot., of a setting constellation).
nec lucet cauda ~us pectore cygnus GERM.*Arat.*639.

praemetium ~iī, *n.* [next+-IVM] (app.) A preliminary harvest (for offering to Ceres), first-fruits.
CLOAT.*gram.*15; ~ium, quod praelibationis causa ante praemetitur PAUL.*Fest.*p.235M; p.319M.

praemetō ~ere, *tr.* [PRAE-+METO] To cut off, cut short.
forsan et ipse comae numquam labentis honorem ~et STAT.*Silv.*3.4.11.

praemetuenter, *adv.* [pple. of next+-TER²] With anticipatory fear, cautiously.
errorem uitare..~ LUCR.4.824.

praemetuō ~ere, *tr.* [PRAE-+METVO] To dread in advance, have an apprehension of. **b** (absol.) to be apprehensive; (w. dat.) to be apprehensive (for or on behalf of).
poenas Danaum et deserti coniugis iras ~ens VERG.*A.* 2.573; ~ens dolum PHAED.1.16.4. **b** mens sibi conscia factis ~ens adhibet stimulos torretque flagellis LUCR.3.1019; —Caesar..~ens suis CAES.*Gal.*7.49.1.

praemiātor ~ōris, *m.* [PRAEMIOR+-TOR] (app.) One who collects rewards (perh. for corrupt services).
nam in scena uos nocturnos coepit ~ores tollere NAEV. *com.*17.

praemicō ~āre, *intr.* [PRAE-+MICO] To flash out, gleam brightly.
lucernam..claro lumine ~antem APUL.*Met.*5.20; galeam nitore ~antem 10.1; uideo ~antis lunae candore nimio completum orbem 11.1.

praemigrō ~āre, *intr.* [PRAE-+MIGRO] To move away beforehand.
ruinis imminentibus musculi ~ant PLIN.*Nat.*8.103.

praemineō ~ēre, *intr., tr.* [PRAE-+-*mineo*; cf. EMINEO]
1 To stand out prominently.
~ent altitudine milium passuum duorum SAL.*Hist.*2.82; ut sola facie ~ente ceterum corpus puellae nexu ferino coherceat APUL.*Met.*6.31.
2 (w. acc.) To surpass, exceed, be superior to.
sed illud Albuci utique Graecos ~et SEN.*Con.*1.4.12; ne.. ac tamen..cetera imperia ~eret TAC.*Ann.*3.56; Cassius ceteros ~ebat peritia legum 12.12; ut ceteros Britannorum imperatores ~eret 12.33; 15.34.

praeministra ~ae, *f.* [cf. next] One who sets before or provides (as a servant).
nocens lingua, mendaciorum et amaritudinum ~a APUL. *Apol.*8.

praeministrō ~āre ~āuī ~ātum, *intr., tr.* [PRAE-+MINISTRO]
1 (intr.) To attend or wait (on).
(*w. dat.*) Bruttios..magistratibus in prouincias euntibus parere et ~are..iusserunt GEL.10.3.19; 12.3.3; nos..tuae famulae sedulo tibi ~abimus APUL.*Met.*5.2;—(*absol.*) ea (*sc.* uxor) sedulo ac blande ~ando detrahet languorem RUT. LUP.1.21; respiciens ~antem Fotidem APUL.*Met.*2.11.
2 To set (food, etc.) in front, serve, supply.
lauacro trado, quod unctui, quod tersui, ipse ~o APUL. *Met.*1.7; commentus ob iussum Veneris petere eique se ~are 6.16; adgressus insigni facilitate nauiter cuncta ~at 7.11; (*transf.*) (tibia) quam C. Graccho cum populo agente praeisse ac ~asse modulos ferunt GEL.1.11.10.

praeminor ~ārī ~ātus, *tr.* [PRAE-+MINOR¹] **a** To hold out as a threat, to threaten with. **b** (w. *ut*) to urge with threats (that).
a malum grande de uultus curiositate ~atur APUL.*Met.* 5.19; 8.21. **b** nolentes aquas et, ut abiret innoxius, ~antes excipit APUL.*Met.*6.15.

praemior ~ārī, *intr.* [PRAEMIVM+-O³] To claim a reward (for services offered).
suspecta rapacitas, quod constabat in cognitionibus patris nundinari ~arique solitum SUET.*Tit.*7.1.

praemiōsus ~a ~um, *a.* [PRAEMIVM+-OSVS] Well rewarded, profitable.
inpudentiam ~am CATO *orat.*238.

praemittō ~ittere ~īsī ~issum, *tr.* [PRAE-+MITTO]
1 To send in advance, send on ahead. **b** to send advance news of.
me a portu ~isit domum PL.*Am.*195; hunc Accheruntem ~ittam prius *Cas.*448; a quo..sciam esse ~issos qui tibi ad forum Aurelium praestolarentur armati CIC.*Catil.*1.24; ~isit mihi odiosas litteras *Att.*10.8.10; edictum..~ittit, ad quam diem magistratus..sibi esse praesto..uellet CAES.*Civ.* 2.19.1; ad flumen, quo ~issus erat, festinans pergit SAL. *Jug.*52.5; ad nauis ~ittit Achaten VERG.*A.*1.644; uenturae ~ittit pignora flammae *Aetna* 461; nullo ~isso de rebus tute loquaris ipse tuis PROP.3.14.25; impedimentis..~issis LIV.9.36.9; hunc..libellum..~issis quattuor adde meis OV.*Tr.*5.1.2; ~ittit litteras ad Caecinam TAC.*Ann.*1.48; APUL.*Apol.*96; (*foll. by jussive subj.*) equitum leuia..arma ~isit, quaterent campos VERG.*A.*11.513; (*in fig. phr.*) in omnia ~ittendus animus SEN.*Ep.*91.4; (*poet.*) nec segnis tabe senili exitus instanti ~isit membra sepulcro STAT.*Silv.* 5.3.259. **b** taline implere paramus Italiam fama? tales ~ittere pugnas? SIL.1.344; (*w. acc. and inf.*) Varro, cum itinere conuerso sese Italicam uenturum ~isisset CAES.*Civ.* 2.20.6; pars nuntios Messenen ~ittunt debellatum esse, Philopoemenem captum adduci LIV.39.49.6.
2 To send (physical phenomena, signs, etc.) in advance (of). **b** to send or give in advance as a sign.
tres ubi Luciferos..~iserit Eos OV.*Fast.*3.877; indicia uenturi..~ittens SEN.*Nat.*2.32.4; forsitan has uenturus amor ~iserit iras STAT.*Theb.*1.472; uenturi ~issa fides 6.936; (*w. dat.*) percusserat astra aurorae ~issa dies LUC.8.779. **b** excidit..tibi, perfide Theseu, candida sollicito ~ittere uela parenti *Aetna* 585; I O M co(nseruatori) EX PREMISSA FULGVRIS POTESTATE FLAVIVS VALENS..V S L M *CIL* 5.5670.
3 To say or utter by way of preface.
ne occisurus quidem suspiria gemitusque ~isi [QUINT.] *Decl.*19.8; postquam haec fauorabili oratione ~isit TAC.*Ann.* 12.6; uideamus..in quibus speciebus locum habere possit, ante ~isso quod.. PAUL.*dig.*22.6.9.
4 To place in front, prefix.
i magis Romana lingua non potest ~ittere, edat ut diphthongon MAUR.514; ~isso hexametro 1803; 2712.

praemium ~(i)ī, *n.* [<**prai-emion* (EMO)]
1 A payment, inducement (for a particular action or service, sometimes practically = bribe).
o Tite si quid..adiuero curamue leuasso..ecquid erit ~i? ENN.*Ann.*337; nullo ~io adducti CIC.*Ver.*3.1; HS $\overline{\text{V}}$ mercedis ac ~i nomine dare 3.140; propter suspicionem pactorum a candidatis ~iorum *Q.Fr.*3.3.2; huic magnis ~is pollicitationibusque persuadet uti ad hostis transeat CAES.*Gal.*3.18.2; proditori..bona in ~ium data LIV.4.61.10; indici ~ium constitutum 28.46.5; ad deferendos reos ~io duci QUINT. *Inst.*12.7.3; ut somno careas ponendaque ~ia sumas tristis et a magno semper timearis amico JUV.3.56; ~ia delatorum Papiae legis ad quartas redegit SUET.*Nero* 10.1; APUL.*Met.* 9.19; (*w. defining gen.*) seruulum..~io libertatis inductum SIS.*hist.*43.
2 A reward (for meritorious conduct, hardships, etc.), prize. **b** benefit of law. **c** (iron., of punishment).
statuite exemplum inpudenti, date pudori ~ium PL.*Rud.* 620; ut apud me ~ium esse positum pietati scias TER.*Hec.* 584; cum mihi summa..~ia in re publica fore putabas CIC. *Dom.*113; pro incerta spe certa ~ia SAL.*Cat.*41.2; sunt hic etiam sua ~ia laudi VERG.*A.*1.461; tripodas, ~ia fortium Graiorum HOR.*Carm.*4.8.3; siue petes calamo ~ia PROP. 3.13.46; culta ~ia tollet humo OV.*Fast.*4.560; AERARIVM MILITARE..EX ⟨Q⟩VO ~IA DARENTVR MILITIBVS AUG.*Anc.* 3.37; MART.6.85.8; siluestria..~ia uenatu facili quaesita V.FL.8.253; STAT.*Theb.*1.424;—(*w. gen. expr. action, etc., rewarded, or source*) tribus praediis, hoc est ~iis sceleris, ornatus CIC.*S.Rosc.*117; quo minus eorum ciuibus a populo Romano ~ia uirtutis tribuerentur *Balb.*47; refertus omnibus ~iis donisque fortunae *Tusc.*5.20; metus maculat poenarum ~ia uitae LUCR.5.1151; nec dulcis natos Veneris nec ~ia noris? VERG.*A.*4.33; multa laborum ~ia laturus HOR.*S.* 2.1.12; clamitant matronae, eamne liberorum procreandorum condicionem, ea pudicitiae ~ia esse? LIV.3.48.8; cum sint ~ia falsi nulla OV.*Tr.*3.10.35; LUC.5.308; PLIN.*Nat.* 14.137; non tam ~iis periculorum quam ipsis periculis laetus TAC.*Hist.*2.86;—(*w.* ~iis finitae militiae *Ann.*1.26;—(*w. defining gen.*) Olympiacae miratus ~ia palmae VERG.*G.*3.49. **b** absens factus aedilis, continuo praetor (licebat enim celerius legis ~io) CIC.*Luc.*1; itaque si sponte sua libertus mercedem patrono praestiterit, nullum huius legis ~ium consequetur CLEM.*dig.*40.9.32.1. **c** di..persoluant grates dignas et ~ia reddant debita VERG.*A.*2.537; nunc merito moriere tuo. cape ~ia facti OV.*Met.*8.503.
3 Plunder, booty, prize.
de inprobis uiris auferri ~ium et praedam decet PL.*Ps.* 1225; ut parta iam uictoria praedae ac ~iorum uelint esse participes CAES.*Civ.*3.82.1; nulla fuga est capto, spectat sua ~ia raptor OV.*Met.*6.518; laudes, quibus haud minus quam ~io gaudent militum animi LIV.2.60.3; Phoebe, tibi exuias monstratae ~ia noctis..trado ferus miles STAT.*Theb.* 10.337.

praemoderor ~ārī, *intr.* [PRAE-+MODEROR] (w. dat., mus.) To lead the time (for).
proelia ingredi..praecinente ac ~ante cithara gressibus GEL.1.11.6.

praemodulor ~ārī, ~ātus, *tr.* [PRAE-+MODULOR] To regulate beforehand, plan in advance.
ut iuuenes cum scribunt gestum ~ati cogitatione sic componant quo modo casura manus est QUINT.*Inst.*11.3.109.

praemodum, *adv.* [PRAE-+MODVS] To an excessive degree, exceedingly.
Liuius in Odyssia '~' dicit quasi admodum: 'parcentes' inquit '~', quod significat, 'supra modum', dictumque est quasi 'praeter modum' GEL.6(7).7.12.

praemolestia ~ae, *f.* [PRAE-+MOLESTIA] Distress experienced by anticipation.
alii..metum ~am appellabant, quod esset quasi dux consequentis molestiae CIC.*Tusc.*4.64.

praemōlior ~īrī, *tr.* [PRAE-+MOLIOR] To work at in advance.
~iendas sibi ratus iam res Liv.28.17.4.

praemolliō ~īre ~iuī ~ītum, *tr.* [PRAE-+MOLLIO] To soften beforehand.
frustra sparseris semina nisi illa ~itus fouerit sulcus Quint.*Inst.*2.9.3;—(*fig.*) his..uelut fomentis, si quid erit asperum, ~iemus, quo facilius aures iudicum quae post dicturi erimus admittant 4.3.10; nondum ~itas (*i.e. mollified*) iudicum mentes 6.5.9.

praemollis ~is ~e, *a.* [PRAE-+MOLLIS] Exceedingly soft. **b** (of style) excessively flabby.
torpedo..intra se parit oua ~ia Plin.*Nat.*9.165; cor..~i firmoque opertum membranae inuolucro 11.181. **b** quod etiam in carminibus est ~e Quint.*Inst.*9.4.65.

praemoneō ~ēre ~uī ~itum, *tr.* [PRAE-+MONEO]
1 To give previous warning of, announce in advance. **b** to predict, foretell.
qui agent rem duelli quique popularem auspicium ~ento Cic.*Leg.*2.21; hoc quoque ~eo Ov.*Ep.*13.99; si..~enda ~uit Apul.*Soc.*17;—(*absol.*) de ipsa regionis eius hora ~uisse Plin.*Nat.*18.330. **b** uatum..quos..Ilion arsurum ~uisse ferunt Ov.*Ep.*16.240; haruspices ~uerunt superna uolnera Plin.*Nat.*2.147;—(*of animals*) fata..uocales ~uisse boues Tib.2.5.78; pericula ~ent (animalia) non fibris modo extisque, sed alia quadam significatione Plin.*Nat.*8.102;—(*of inanim. things*) ferunt..terribiles..tubas auditaque cornua caelo ~uisse nefas Ov.*Met.*15.785; uentos et imbres ~ebit (luna) Plin.*Nat.*18.347;—(*w. acc. and inf.*) cum haruspices ad imperatorem id pertinere prodigium ~uissent Liv. 25.16.4.
2 To warn (a person) in advance.
reperietis..nos de istius scelere..uoce Iouis..~eri Cic. *Har.*10; neu tuba ~itos perducat ad aequora nautas Luc. 2.690; ~itus Carisius cum exercitu aduenit Flor.*Epit.*2.33 (4.12.56);—(*absol. or ellipt.*) at tu..~eo, uati parce, puella, sacro Tib.2.5.114; apud quos ~ente Narcisso pauca uerba fecit Tac.*Ann.*11.35;—(*also w. internal acc.*) haec nequiquam ~ito magistro Liv.22.18.10; cuius (*sc.* caeli) uarietatem..si ex hoc commentario fuerit ~itus uilicus,.. numquam decipietur Col.11.2.1;—(*w.* ut, ne+*subj.*) me ut magnopere cauerem ~ebat Cic.*Ver.*23; Seruium Sulpicium ⟨Messalla⟩..ne ipsius discrimen obiciatur sibi, ~et Quint. *Inst.*6.1.20; ~itis consciis, ut se..opperirentur Suet.*Otho* 6.2;—(*w. acc. and inf.*) ~itis militibus adesse certamen Liv. 10.14.7.

praemonitor ~ōris, *m.* [prec.+-TOR] One who warns in advance.
in rebus incertis prospector, dubiis ~or Apul.*Soc.*16.

praemonitum ~ī, *n.* [pple. of PRAEMONEO] An advance warning.
generalia tamen quaedam ~a et praecepta sunt Gel. 14.2.3.

praemonitus ~ūs, *m.* [PRAEMONEO+-TVS³] A forewarning.
non..insidias uenturaque uincere fata ~us potuere deum Ov.*Met.*15.800.

praemonstrātor ~ōris, *m.* [next+-TOR] One who shows the way, a guide.
hic adiutor meus et monitor et ~or Ter.*Hau.*875.

praemonstrō ~āre ~āuī ~ātum, *tr.* [PRAE-+MONSTRO] ORTHOG.: *praemostr-* edd. in Pl.
1 To point out or show beforehand.
scio pol te amare, quom istaec ~as mihi Pl.*Mer.*577; mihi..curenti spatium ~a Lucr.6.93;—(*w. cl. as obj.*) ei ~abitur quo pacto fiat subdola aduorsus senem Pl.*Epid.* 317; ~o tibi, ut ita te aliorum miserescat, ne tis alios misereat *Trin.*342; ~auit prius quo modo quidque agerem 854;—(*absol.*) si Sphingos..ambages te ~ante resolui Stat. *Theb.*1.67.
2 To foretell, presage.
uentos ~at saepe futuros inflatum mare Cic.*Arat.Progn.* 177; magnum aliquid deos populo Romano ~are et praecinere *Har.*20; non ut sit dubium hanc suauitatem ~atam efficaci auspicio Plin.*Nat.*10.82; ad percipiendum, quid ~aret aut coetus stellarum aut circuitus aut transitus Gel. 14.1.14.

praemordeō ~dēre ~sī ~sum, *tr.* [PRAE-+MORDEO] FORMS: see last quot. To bite at the extremity or surface of; to bite (a piece) from the end of anything (in quot., transf.).
nisi fugissem, medium, credo, ~sisset.. Pl.*fr.*117; ferarum..(est) ~dere et urguere proiectos Sen.*Cl.*1.5.5; sicco ..haerentem gutture linguam ~dens Luc.6.568; fera.. frangit rabidos ~so carcere dentes 10.446;—ex hoc quodcumque est..discipuli custos ~det Juv.7.218;—(*forms*) sed idem Plautus in Trigeminis neque 'praememordisse' ⟨neque 'praemomordisse'⟩ dicit, sed 'praemorsisse' Gel.6(7).9.7.

praemorior ~rī ~rtuus, *intr.* [PRAE-+MORIOR] To die beforehand; (esp. of parts of the body or faculties which cease to function before the death of a person).
aut ego ~riar..aut..uxor ero Ov.*Ep.*8.121; (*cf.*) in hac turpissima perpetuitatis cogitatione districti per exigua festinantis aeui momenta ~rimur [Quint.]*Decl.*4.10;—ut parte ea corporis quasi ~rtua uiueret Var.*gram.*320; nostra ..iacuere uelut ~rtua membra Ov.*Am.*3.7.65; nec defectum et ~rtuum corpus est Sen.*Ep.*58.33; ~ritur uisus, auditus, incessus Plin.*Nat.*7.168; 29.38;—(*fig.*) Scaptium..id quidem, etsi ~rtui iam sit pudoris, non facturum Liv.3.72.5.

praemulceō ~cēre ~sī ~sum, *tr.* [PRAE-+MVLCEO] To smooth down in front.
~sis antiis et promulsis caproneis Apul.*Fl.*3.

praemūniō ~īre ~iuī ~ītum, *tr.*, *intr.* [PRAE-+MVNIO]
1 To provide in advance with fortifications, fortify. **b** (fig.) to provide in advance with a defence, safeguard. **c** (rhet.) to strengthen (a case, argument, etc.) in advance, bolster up.
Isthmum ~ire instituit Caes.*Civ.*3.56.3; aditus duos.. magnis operibus ~iuit 3.58.1; non loco castris ante capto, non ~ito uallo quo receptus esset..instruunt aciem Liv.5. 38.1; agresti fossa..~ita (*sc.* legio) Tac.*Hist.*3.21. **b** primum illud praefulci atque ~i quaeso ut simus annui, ne intercaletur quidem Cic.*Att.*5.13.3; si quid periculosius finxisse uidebimur, quibusdam remediis ~iendum est Quint.*Inst.*8.3.37; quem metu uenenorum ~iri medicamentis suspicabatur Suet.*Cal.*29.1; *Nero* 34.2; ut scirent ciues..seque ~irent, edicta proponebant (magistratus) Pompon.*dig.*1.2.2.10; quibus ante causam ~iri iudex.. debeat Gel.14.2.3. **c** forte, uehemens, commotum in agendo, ~itum et ex omni parte causae saeptum (*sc.* genus dicendi) Cic.*de Orat.*3.32; nonnumquam propositione ~iri potest causa, deinde exponi Quint.*Inst.*4.2.71; qua in causa proponendae prohoemiis quaestiones, qua praeparatione ~iendae 7.10.12;—(*ellipt.*) ut ante ~iat; ut in eo ipso in quo reprehendatur culpam in aduersarium conferat Cic.*orat.*137; Fro.*Aur.*2.p.68(46N).
2 (transf.) To build up in advance as a support, premise.
neque..aut tam perplexa aut tam numerosa sunt quae ~iuntur Quint.*Inst.*12.11.12;—(*rhet.*) illa quae ex accusatorum oratione ~iri iam et fingi intellegebam Cic.*Cael.* 19; quae ~iuntur omnia reliquo sermoni disputationique nostrae *Leg.*1.34.
3 (intr., w. dat.) To be placed as a protection (for).
superciliorum saepes ~iunt oculis, ne desuper proruat (*sc. sweat*) Apul.*Pl.*1.15.

praemūnītiō ~ōnis, *f.* [prec.+-TIO] (rhet.) The strengthening of a case in advance to forestall objections (= Gk. προπαρασκευή).
si in homines caros iudicibusque iucundos sine ulla ~one orationis acerbius..inuehare Cic.*de Orat.*2.304; 3.204; quo modo iudex doceri potest, si desit..finitio, seiunctio.. ~o? Quint.*Inst.*9.2.2; est enim (praesumptio) quaedam ~o 9.2.17.

praenarrō ~āre ~āuī ~ātum, *tr.* [PRAE-+NARRO] To recount beforehand, explain in advance.
recte sane interrogasti: oportuit rem ~asse me Ter.*Eu.* 982.

praenatō ~āre ~āuī, *intr.*, (*tr.*). [PRAE-+NATO]
1 To swim in front.
musculus..uada ~ans demonstrat Plin.*Nat.*9.186; hinc multo Proteus geminoque hinc corpore Triton ~et Stat. *Silv.*3.2.36.
2 (absol. or w. acc.) To swim past or by; (of a river) to flow past.
si forte aliquis, dum ~at, arto mitis luctantem scarus hunc in uimine uidit Ov.*Hal.*15; ~ante pisciculo frondem suam spargit (urtica) Plin.*Nat.*9.146;—Lethaeum..domos placidas qui ~at amnem Verg.*A.*6.705.

praenāuigātiō ~ōnis, *f.* [next+-TIO] The action of sailing past, voyage past.
Aegina..cuius XVIIII (*i.e. 19 miles*) ~o est Plin.*Nat.*4.57; 6.199.

praenāuigō ~āre ~āuī ~ātum, *intr.*, *tr.* [PRAE-+NAVIGO] (absol. or w. acc.) To sail past or by.
animalia,..quaedam haurientia undas et magno ~antium periculo efflantia Sen.*Dial.*6.18.7; *Ep.*51.12; Vlixem ~antem sociis spoliauit (Scylla) Hyg.*Fab.*199.2;—litus ~ans V.Max.1.8.9; stantem (*sc.* uillam) ~abamus Sen.*Dial.*5.21.3; quidam et alia duo oppida..~ari tradunt Plin.*Nat.*6.146; cum ~asset..scopulos Hyg.*Fab.*141.2; (*fig.*) ~amus uitam Sen.*Ep.*70.2.

praendō: see PREHENDO.

Praeneste ~is, *n.*, (*f.*). FORMS: abl. (loc.) *~e*; *~i* Prop.2.32.3. GENDER: fem. Verg.*A.*8.561; Juv.3.190. A town in Latium about 20 miles south-east of Rome.
Cic.*Planc.*63; qui..altum ~e..colunt Verg.*A.*7.682; ~e sub ipsa 8.561; frigidum ~e Hor.*Carm.*3.4.23; *Ep.*1.2.2; quid ~i dubias..sortis..petis..? Prop.2.32.3; quis timet ..gelida ~e ruinam? Juv.3.190.

Praenestīnus ~a ~um, *a.* Of or belonging to Praeneste; (masc. pl. as sb.) its inhabitants. **b** (designating var. local products).
Naev.*com.*21; ~ae fundator..urbis Verg.*A.*7.678; ~ae moenia sacra deae Ov.*Fast.*6.62; ~ae obsidionis V.Max. 6.8.2; ~a uia Plin.*Nat.*31.42;—(*w. ref. to the temple of Fortuna at P.*) uetustas ~arum..sortium Cic.*Div.*2.86; ~ae ..Sorores Stat.*Silv.*1.3.80; Suet.*Tib.*63.1; Fro.*Aur.*2.p.104 (157N);—Pl.*Truc.*691; de ~orum quoque defectione..fama exorta Liv.6.21.9. **b** nuces caluas, Abellanas, ~as, Graecas, haec facito uti serantur Cato *Agr.*8.2; adicit.. abellanas et galbas, ~as (*sc. nuts*), quas maxime laudat Plin.*Nat.*15.90; genera eius (*sc.* rosae) nostri fecere celeberrima ~am et Campanam 21.16; crassissimae ex iis (*sc.* bratteis) ~ae uocantur 33.61.

praenimis, *adv.* [PRAE-+NIMIS] Excessively, much too.
nescio quid hoc ~ plebeium est Gel.19.10.9.

praeniteō ~ēre ~uī, *intr.* [PRAE-+NITEO] To shine very brightly, be conspicuously bright. **b** (w. dat.) to shine with superior brightness (to).
maculosa (luna) eademque subito ~ens Plin.*Nat.*2.42; russea fasceola ~ente Apul.*Met.*2.7; cuius aspectu..acuminis sacrilegi nouacula ~ebat 5.22; (*w. local abl.*) solatia.. subministrat uultus, qui..stratis ~et Stat.*Silv.*2.7.130;—(*transf.*) quarum titulis forum eius ~et Vell.2.39.2;—(*fig.*) uirtutem..conspicuam atque ~entem 2.35.1; Caria interiorum nominum fama ~et Plin.*Nat.*5.108. **b** unius facies ~et omnibus Sen.*Med.*94; (*fig.*) neu miserabilis decantes elegos, cur tibi iunior..~eat Hor.*Carm.*1.33.4.

praenōbilis ~is ~e, *a.* *compar.* ~ior. [PRAE-+NOBILIS] Very celebrated, very distinguished.
iuuenis natalibus ~is Apul.*Met.*8.1; illa ~is potio 10.25; est..tantus in studiis ut ~ior sit proprio ingenio quam patricio consulatu *Fl.*16.

praenōmen ~inis, *n.* [PRAE-+NOMEN]
1 (in Roman practice) A personal name preceding the *nomen* or gentile name. **b** (applied to the prefatory title *Imperator*).
Var.*L.*9.60; omnes..tantam habent similitudinem inter se ut in eorum ~inibus errem Cic.*Phil.*13.28; qui uetere ~ine, nouo nomine T. erit Caecilius *Att.*4.15.1; sine ~ine familiariter, ut debebas, ad me epistulam misisti *Fam.*7. 32.1; *CIL* 1.593.146; 'Quinte,' puta, aut 'Publi,' (gaudent ~ine molles auriculae) Hor.*S.*2.5.32; Quinctilius praetor cum filio, cui Marco ~en erat Liv.30.18.5; propria liberi, quod nemo habet nisi liber, ~en, nomen, cognomen, tribum Quint.*Inst.*7.3.27; Suet.*Vit.*2.2; Paul.*Fest.*p.224M. **b** continuum consulatum, perpetuam dictaturam praefecturamque morum, insuper ~en Imperatoris, cognomen Patris patriae Suet.*Jul.*76.1; *Tib.*26.2; *Cl.*12.1.
2 (gram.) A noun which precedes another noun.
potest dici patricus casus, ut ei praeponuntur ~ina plura Var.*L.*9.54.

praenōminō ~āre ~āuī ~ātum, *tr.* [prec.+-O³] To name with the *praenomen*.
Var.*gram.*107; Tullus ~atus est ominis gratia quasi tollendus 345.

praenoscō ~oscere ~ōuī, *tr.* [PRAE-+NOSCO] FORMS: *~osse* (= *~ouisse*) Stat.*Theb.*1.706, *Silv.*5.1.99, etc. To learn or get to know beforehand.
hoc signum ueniens poterunt ~oscere nautae Cic.*Arat.* 315(75); neque (di) non possunt futura ~oscere *Div.*1.82; nate dea, nam te fama ~ouimus Ov.*Met.*12.86; ~oscere caelum *Fast.*3.159; Sen.*Dial.*3.1.7; fati ~oscere cursus Luc.6.423; Plin.*Nat.*18.206; V.Fl.1.732; tu doctus iniquas Parcarum ~osse manus fatumque quod ultra est Stat.*Theb.* 1.706; Sil.3.7; quae agenda..essent, ~oscere Fron.*Str.*1. 11.13; uolebat..credi monitione eius futura ~oscere Suet. *Nero* 56.

praenōtiō ~ōnis, *f.* [prec.+-TIO] An anticipatory notion.
nos habere siue anticipationem..siue ~onem deorum Cic.*N.D.*1.44.

praenotō ~āre ~āuī ~ātum, *tr.* [PRAE-+NOTO]
1 To mark in front.
eos..anulo tuo ~a Apul.*Met.*10.9; quosdam libros litteris ignorabilibus ~atos 11.22.
2 To set out in writing, write out.
uerba concepta..quodam tabulis ~ante Apul.*Met.*2.24; pugillares et stilum non habebam qui tam bellam fabellam ~arem 6.25.

praenūbilus ~a ~um, *a.* [PRAE-+NVBILVS] Very shady, very overcast.
stat uetus et densa ~us arbore lucus Ov.*Am.*3.13.7.

praenuntiō ~āre ~āuī ~ātum, *tr.* [PRAE-+NVNTIO] To announce in advance, give the first indication of (a future event or an existing state which is not yet directly evident).
legatos..Caesar..iubet..suum aduentum ~are *B.Afr.* 92.2; praesagiis..hanc fortunam ~antibus Sen.*Con.*7.7.15; signis, quae mali aliquid ~ent Sen.*Ep.*13.12; ~at fumus incendium 103.2; (iuglans) frangi se ~at crepitu Plin.*Nat.* 16.223; inuenta..ratio est..~ans horas—non modo dies ac noctes—solis lunaeque defectuum 25.10; ignes ostendere ac ~anda uada 36.83; (*impers. pass.*) de eorum aduentu esse ~atum Nep.*Eum.*9.4.

praenuntius ~a ~um, *a.* [prec.+-VS]
1 Announcing in advance, heralding.
~a sibila Ov.*Met.*15.670; ~os ignes sexta hora diei accensos Plin.*Nat.*2.181; celerare gradum..Hasdrubalem.. ~us affert explorator eques Sil.16.79; ~us clamor Plin. *Pan.*61.7;—(*w. gen.*) Aurora..clari ~a solis Cic.*Arat.* 300(66); non placet mihi inquisitio candidati, ~a repulsae *Mur.*44; cladis ~a uerba futurae Ov.*Met.*3.191; ueris ~a.. hirundo *Fast.*2.853; uerba mali ~a Sil.10.406; ~as flagitii blanditias Tac.*Ann.*14.2; ~am imminentis caedis contumeliam 15.23; flammae flammarumque ~us odor Plin.*Ep.* 6.16.18; comitialis morbi ~a strangulatione Apul.*Apol.*50.

2 (as sb.) A harbinger, herald.
(*masc.*) it uer et Venus, et Veneris ~us (*i.e. Cupid*) ante pennatus graditur Lucr.5.737; duo ~os somnii frustra discutere temptauit V.Max.1.7.ext.5;—(*fem.*) Fama uolans, tanti ~a luctus Verg.*A*.11.139; stellis..quae..fuerunt calamitatum ~ae Cic.*N.D*.2.14;—(*neut.*) irae, amoris omniumque istarum procellarum animos uexantium sunt quaedam ~a Sen.*Dial*.5.10.2; tonitrua uenturi ~a imbris sunt *Nat*.2.27.2; quippe ingentium malorum fuere ~a Plin.*Nat*.2.97; numquam urbs Roma tremuit, ut non futuri euentus alicuius id ~um esset 2.200.

praeobtūrō ~āre, *tr*. [prae-+obtvro] To stop up in front, to close the entrance to.
asses..~antes foramina narium Vitr.10.7.1.

praeoccidō ~ere, *intr*. [prae-+occido²] To set previously.
(*w. dat.*) sidus..cui ~ere caniculam necesse sit Plin.*Nat*.18.285.

praeoccupātiō ~ōnis, *f*. [next+-tio] The act of seizing in advance.
effecit..illud locorum ~one, ut equitatu..dimicaret Nep.*Eum*.3.6.

praeoccupō ~āre ~āuī ~ātum, *tr*. [prae-+occvpo]
1 To seize or occupy (a strategic position, etc.) in advance; (transf., of a disease). **b** to secure in advance (abst. things), get previous possession or control of.
Pl.*Mos*.1061; Italiae callis et pastorum stabula ~are Cic.*Sest*.12; perterriti Galli ne ab equitatu Romanorum uiae ~arentur Caes.*Gal*.7.26.5; ~atis castris *Civ*.3.72.2; saltum ..Datames ~are studuit Nep.*Dat*.7.2; ad ~andam Nolam Liv.24.13.11; in ~atis angustiis 39.20.6; Vell.2.69.2;—si ulceribus iam ~atae fuerint (aures) Col.7.13.1. **b** ubi uideant collegas..gratiam omnem..~asse Liv.4.48.8; omnia, quae reorum antea fuerant auxilia..~auit accusator 40.12.3; ad ~andas in Boeotia res 42.56.1.
2 To engage (a person, his attention, etc.) in advance, involve beforehand, preoccupy.
~atus animus Attianorum militum timore et fuga et caede suorum Caes.*Civ*.2.34.6; timens Domitio ne aduentu Pompei ~aretur 3.78.2; nunquam fore in ~atis beneficio animis uero crimini locum Liv.6.20.10; ~atas auris animosque principum 38.10.3; fama et maiestate Macedonum regum ~ati 42.5.6; Sen.*Ep*.50.7; debemus aut percurare mentem aegram et uitiis liberare, aut uacantem quidem, sed ad peiora pronam ~are 94.13; Ulp.*dig*.43.24.7.2.
3 To anticipate, forestall (a person or thing). **b** (w. inf.) to anticipate others (in doing something); (absol.) to get in first, act first.
ne, cum inter se timerent, alteruter alterum ~aret Nep.*Di*.4.1; ad ~anda Adranodori regiorumque aliorum consilia Liv.24.7.7; nec ~ati spem ullam nec occupantes periculi quicquam habebitis 24.38.5; unum gaudium ~auerat omnium aliarum sensum uoluptatium 33.32.10; qui ultimo supplicio damnantur..ciuitatem et libertatem perdunt. itaque ~at hic casus mortem Gaius *dig*.48.19.29. **b** cum id, quod in aduersarii causa..fore arbitramur contrarium nobis, ~amus dicere Rut.Lup.2.4; legem..ipsi ~auerunt ferre Liv.4.30.3;—~at Arsinoe per Ganymeden eunuchum ..atque Achillan interficit *B.Alex*.4.1; si sub condicione dato legato heres ~auerit et exegerit debitum Clem.*dig*.34.3.21.2.

praeoleō ~ēre or ~ō ~ere, *intr*. [prae-+oleo] To send out an odour in front or ahead.
ut crocus, ita somnus, priusquam prope adsit, longe ~et Fro.*Aur*.1.p.96(12N); (*fig.*) curam..adhibere ut ~at mihi quod tu uelis Pl.*Mil*.41.

praeoptō ~āre ~āuī ~ātum, *tr*. [prae-+opto] Pros.: synizesis of first two syllables in Catul.64.120. To choose in preference, prefer; (w. thing rejected indicated by dat., *quam*, or *pro*): **a** (w. acc.). **b** (w. inf.). **c** (w. acc. and inf.). **d** (w. *ut*).
a Rutilianum (exercitum) quamquam minorem..~auit Fron.*Str*.4.2.2; cum..philosophi sectam eius..~ent Apul.*Met*.10.33;—(*w. dat.*) ut..omnibus his Thesei dulcem ~arit amorem Catul.64.120; ut..~arent..equitis Romani filiam generosarum nuptiis Nep.*Att*.12.1; Punicam Romanae societatem atque amicitiam ~andam esse Liv.23.43.11; 29.30.12;—(*w.* quam) nemo non illos sibi quam uos dominos ~et 29.17.7; certam..pacem quam incerta belli ~antes 39.54.7; sterilem platanum tonsasque myrtos quam maritam ulmum et uberes oleas ~auerim? Quint.*Inst*.8.3.8; (*w.* quam ut) mortem in certamine quam ut alter alterius imperio subiceretur ~antes Liv.28.21.9. **b** ut..~arent scutum manu emittere Caes.*Gal*.1.25.4; quotiens Romanae legiones perire ~auerint Tac.*Hist*.4.58;—(*w.* quam) meum..potius me caput periculo ~auisse quam is periret ponere Pl.*Capt*.688; ~abat inmerito quam iure uiolari Curt.5.12.4; ~auerunt spectare supplicia pignorum suorum, quam a Romanis deficere Fron.*Str*.4.5.22; adeo uti ~ent pendere equo quam carpento sedere Apul.*Fl*.21;—(*w.* pro) pro his ~are me fateor uno chartario calamo me reficere poemata Apul.*Fl*.9. **c** ut puerum ~ares perire..potiu' quam..esset cum illo nupta Ter.*Hec*.532; (*w.* potius quam) se..potius uehementer ..urgueri quam patriam..aduocato carere ~auit V.Max.4.1.ext.5. **d** ~auisti amorem tuom uti uirtuti praeponeres Pl.*Trin*.648.

praepandō ~ere, *tr*. [prae-+pando²] To spread, stretch, or extend in front; (transf.) to lay open, reveal.
qua Parnasia rupes hinc atque hinc patula ~it cornua fronte *Culex* 16; cauernis exigua uestibula ~unt (*sc. spiders*) Plin.*Nat*.11.80;—(signum) hiberni ~ens temporis ortus Cic.*Arat*.274(40); (*w. dat.*) mihi quae diem serenum..~ere cresti Laev.*poet*.22.4;—(*in fig. phr.*) quo carmine..clara tuae possim ~ere lumina menti Lucr.1.144.

praeparātiō ~ōnis, *f*. [praeparo+-tio]
1 The action of getting or making ready, preparation. **b** (rhet.) the preliminary building-up of a case.
quoniam multum potest prouisio animi et ~o ad minuendum dolorem Cic.*Tusc*.3.30; in omnibus autem negotiis priusquam adgrediare, adhibenda est ~o diligens *Off*.1.73; incommodum naturae difficultatesque et hiemis et subitae ~onis *B.Alex*.44.1; aut bellum inter eos populos aut belli ~o aut infida pax fuit Vell.1.12.6; post dies xxv ~oni impensarvm datas *Lex.Vip*.9(*Font.iur*.p.294); id, quod ad ~onem bibendi comparatum est, ueluti colum niuarium et urceoli Pompon.*dig*.34.2.21; Ulp.*dig*.50.16.131. **b** expositio..probationum est ~o Quint.*Inst*.3.9.7; 4.1.72; 4.2.55; qua in causa proponendae prohoemiis quaestiones, qua ~one praemuniendae 7.10.12; longa principiorum ~o et narrationis alte repetita series Tac.*Dial*.19.3.
2 That which is prepared, a preparation.
in libro, qui παρασκευῶν, id est ~onum, inscribitur Larg.pr.p.3,l.31.

praeparātō, *adv*. [pple. of praeparo+-o²] After preparation.
quam nihil festinato, nihil ~ fecisse uidetur Milo Quint.*Inst*.4.2.58.

praeparātōrius ~a ~um, *a*. [praeparo+-torivs] Preparatory, preparing the way.
prius interdictum..~um est huius interdicti Ulp.*dig*.43.26.31.

praeparātus ~ūs, *m*. [praeparo+-tvs³] The action of making ready beforehand, preparation.
aduentus..Antoni ~usque contra eum Caesaris Vell.2.76.3; in ~u rei rusticae Gel.10.11.7.

praeparcus ~a ~um, *a*. [prae-+parcvs]
1 Exceptionally sparing or thrifty.
(apes) ~ae et quae..prodigas atque edaces non secus ac pigras et ignauas proturbent Plin.*Nat*.11.67.
2 Very mean or meagre.
animi humilis et ~i Plin.*Nat*.22.110.

praeparō ~āre ~āuī ~ātum, *tr*. [prae-+paro]
1 To furnish beforehand, provide in readiness (concrete or abstract requirements). **b** to provide beforehand (in a description or account), i.e. to assume as already existing.
impiis apud inferos poenas esse ~atas Cic.*Inv*.1.46; historia uero nec institui potest nisi ~ato otio *Leg*.1.9; una erat magno usui res ~ata a nostris, falces praeacutae Caes.*Gal*.3.14.5; ut frumentum nauesque c ~arentur *B.Alex*.51.3; non commeatu ~ato sed ex populatione agrorum rapto..frumento Liv.4.10.1; in ~atas sua fraude insidias 22.22.17; si excusationem aliquam idoneam ~assem Petr.139.5; ~at innumeras puppes..portitor Luc.3.16; frondis ~andae tempus hoc est Plin.*Nat*.18.314; non..~at hoc interdictum causam Ulp.*dig*.43.20.1.44;—(*w. dat.*) posteritati fallax miraculum ~ans Curt.9.3.19; cum..cetera apiscendo imperio ~arentur Tac.*Ann*.13.21;—(*w.* ad, aduersus) ⟨cum⟩ libris ad discendum..~ant praecepta Vitr.9.pr.1; ~ato iam ante ad talem casum perfugio Liv.24.2.11; aduersus publicum odium priuatam gratiam ~at Tac.*Hist*.1.72. **b** qui ~ant ignem Sen.*Nat*.2.12.3.
2 To plan in advance, premeditate. **b** *ex ~ato*, with preparation, by arrangement; *ex ante ~ato*, by previous arrangement.
leuiora..sunt ea, quae repentino aliquo motu accidunt, quam ea, quae meditata et ~ata inferuntur Cic.*Off*.1.27; multa tempus adferre et ~ata mutare scio Cael.*Fam*.8.10.4; fuga..~ata Liv.40.24.1; quid ~et auster infelix pecori Pers.6.12; subita igitur pugna, non ~ata Quint.*Inst*.7.1.35; quamuis..prope quotannis profectionem..~aret, uehiculis comprehensis Suet.*Tib*.38. **b** aliquid..ab hoste ex ~ato allatum reportans Liv.25.8.10; nihil ex ~ato agentem (Philippum) 37.7.10; non ex ~ato locutus est, sed subito deprehensus Sen.*Ep*.11.1;—ad nutum omnia, ut ex ante ~ato, fiunt Liv.10.41.9; ut arcis praesidium..quia pauci erant ex ante ~ato sustentari posset 26.20.10.
3 To prepare, get up (a speech, case).
reperiebat quid dici opus esset et quo modo ~ari Cic.*Brut*.215; ut..uideatur tota extemporalis oratio, cuius initium nihil ~ati habuisse manifestum est Quint.*Inst*.4.1.54; ne ~atum et domo adlatum uideatur quod dicimus 6.3.33;—(*absol.*) adfectus efficaciter mouit, figurabat egregie, ~abat suspiciose Sen.*Con*.7.pr.3; consilium, ordinem, diuidendi, ~andi, probandi rationem Quint.*Inst*.10.1.106.
4 To put into a state of readiness or preparation, prepare. **b** to prepare mentally.
locum..quem..ante ~auerant Caes.*Gal*.5.9.4; phalangem..quae..aduersus instructos et ~atos erat aduentura Liv.42.66.4; cum uocem ~aret Plin.*Ep*.2.1.5;—(*w. dat.*) exercitum..adsiduis aduersus finitimos bellis exercendo maiori quam, quod habebat, operi ~abat Vell.2.109.2; non te paganica thermis ~at Mart.7.32.8; itineri me ~are Plin.*Ep*.5.14(15).8;—(*w.* ad) onerarias nauis ~atas ad incendium immisit Caes.*Civ*.3.101.4;—(*for technical treatment*) ~at ulmos Hor.*Ep*.1.7.84; ante aliquot diebus uictu corpus ~andum est Cels.7.26.2.b; alopecias..~ari oportet nouacula Plin.*Nat*.29.107; ~at..saepiarum crustae farina medicamentis cutem 32.67; (*by cooking*) ~at oua cinis Mart.1.55.12. **b** si is non ~atis auribus inflammare rem coepit Cic.*Orat*.99; bene ~atum pectus Hor.*Carm*.2.10.14; ~atis animis Liv.3.8.9; ut..~ati incautos, armati inermes ..adgredi possetis 25.38.12; ut auditorem, quo sit nobis in ceteris partibus accommodatior, ~emus Quint.*Inst*.4.1.5;—(*w. dat.*) tali me operi ~aueram Sen.*Con*.1.1.7; sororis filium successioni ~atum suae perdidit Sen.*Dial*.11.15.3; quibus iudicem quaestioni legum ~aret Quint.*Inst*.7.1.2; Fro.*Aur*.1.p.12(66N); (*ellipt*.) si foro non ~at (*sc.* declamandi ars) Quint.*Inst*.2.10.8; 5.13.44;—(*w.* ad) sunt autem alii quidam animi habitus ad uirtutem quasi praeculti et ~ati rectis studiis et artibus Cic.*Part*.80; cultura..~at animos ad satus accipiendos *Tusc*.2.13; cum..me..ad dolendum ~assem Cael.*Fam*.8.2.1; conuenere..alii iam ante ad hoc ~ati, alii metu ne..Liv.1.47.9; quibus ante causam praemuniri iudex ~arique ad incertos casus..debeat Gel.14.2.3;—(*w.* in+*acc.*) qui in hoc ipsum aptatus et ~atus uenit Ulp.*dig*.43.16.1.28.

praepedīmentum ~ī, *n*. [next+-mentvm] An obstacle.
neu fallaciae ~um obiciatur Pl.*Poen*.606.

praepediō ~īre ~(i)ī ~ītum, *tr*. [prae-+*pedio* (impedio)] To bind or fetter (by tying up an extremity). **b** (transf. or fig.) to hinder, obstruct, impede.
in pistrino mauelim agere aetatem ~itus latere forti ferreo Pl.*Poen*.828; ~itis Numidarum equis aut diuersos pastus pererrantibus Tac.*Ann*.4.25. **b** (*of physical obstruction*) sine modo..sese praeda ~iant Liv.8.38.13; cum lassitudo ac uolnera fugam..~issent 9.44.12; si forte aliquos flumina ..~issent Plin.*Pan*.68.3; (*cf.*) ~iuntur crura uacillanti Lucr.3.478;—(*of non-physical obstruction*) artes..quas omnis auaritia ~iebat Sal.*Jug*.28.5; (*foll. by inf.*) etiam si temeritas afuerit ~itusque sit..Germanias seruitio premere Tac.*Ann*.2.73;—(*of mental or emotional effects*) timor ~it dicta linguae Pl.*Cas*.653; linguam ~ior Acc.*trag*.279; clamor..imperitorum mentis timore ~iebat *B.Hisp*.31.6; ni respectus equitum..~isset animos Liv.9.14.14; subitus dextrae ~it ossa tremor Ov.*Ep*.14.18; animo anxio tantaque sollicitudine ~ito Aur.*Fro*.1.p.80(3N).

praependeō ~ēre, *intr*. [prae-+pendeo] To hang down in front.
ubi tegimenta ~ere possent ad defendendos ictus ac repellendos Caes.*Civ*.2.9.3; 2.9.5; cum tua ~ent demissae in pocula sertae Prop.2.33.37; ut (capituli) ex nouem partibus et dimidia tres partes ~eant infra astragalum summi scapi Vitr.3.5.7; ~enti capillo orique eius inspersa sanie [Crem.]*hist*.1; ~et sane nec tibi barba minor Mart.9.47.4; nihil minus quam lacinia ~ens impedit Apul.*Apol*.19.

praepes[1] ~etis, *a*. [<**prae-pets* (prae, peto)]
1 (of birds, in augury) Flying straight ahead (as giving a good omen; var. ancient theories of the word are discussed in Gel.7.6); (also transf., of wings). **b** (applied to the quarter of the sky in which this flight is observed); (transf., of a place) favourable.
pulcherruma ~es laeua uolauit auis Enn.*Ann*.91; quarum maiorem numerum ~etes diripuerunt aues V.Max.1.6.5; Fest.p.205M;—hanc (*sc.* aquilam) ubi ~etibus pinnis lapsuque uolantem conspexit Marius Cic.*Mar*.fr.2(*Div*.1.106); Troiugena, interpres diuum, qui..sidera sentis et uolucrum linguas et ~etis omina pennae Verg.*A*.3.361. **b** ~etibus sese pulchrisque locis dant Enn.*Ann*.94; Gel.7(6).6.8;—Brundisium pulcro praecinctum ~ete portu Enn.*Ann*.488.
2 (outside the context of augury, expr. the characteristic movement of flying creatures or objects; also transf., of wings or flight). **b** (poet., expr. swift movement over the ground; also applied to a metrical foot).
~ete ferro Histri tela manu iacientes sollicitabant Enn.*Ann*.407; quem ~es ab Ida sublimem pedibus rapuit Iouis armiger uncis Verg.*A*.5.254; succubuit telis ~etis ipse (*i.e. Menelaus*) dei (*i.e. Cupid*) Ov.*Ep*.8.38; quae..Stymphalis auidis ~etem (*sc.* me) pinnis feret? Sen.*Phoen*.423; et subitus ~es (Perseus) Cyllenida sustulit harpen Luc.9.662; si alma per auras ~ete suspensum ueheret Tithonia biga Stat.*Silv*.1.2.45; (*cf.*) dum dat uincendi ~es Victoria palmam Mat.*poet*.3;—~etibus pennis ausus se credere caelo Verg.*A*.6.15; alia pernicitatem usurpare, alia ~etes uolutus Plin.*Nat*.7.4; ~etis alae plausus Stat.*Theb*.2.39; ~ete cursu 6.298. **b** ~etis Idae turba Stat.*Theb*.9.122;—~eti cursu euolat Sen.*Phaed*.1061; ipse gradu me ~ete Chiron..agebat Stat.*Ach*.2.113; ~eti celeritate Apul.*Met*.2.20;—adesto, iambe ~es Maur.2182.

praepes[2] ~etis, *f*., *m*. [prec.].
1 (in augury) A bird flying directly ahead (i.e. giving a good omen).
precatus deinde, si diuus, si diua esset, qui sibi ~etem misisset, uolens propitius adesset Liv.7.26.4; uel extis fissiculandis uel ~etibus gubernandis uel oscinibus erudiendis Apul.*Soc*.6.
2 A bird. **b** (applied to other winged creatures, etc.) a flyer.
Iouis ~es (*i.e. eagle*) Ov.*Met*.4.714; magni ~es adunca Iouis *Fast*.6.196; (columba) super ingenti circumdata ~etis (*i.e. hawk*) umbra V.Fl.8.33; Stat.*Theb*.3.544; Sil.4.129. **b** Medusaei..~etis (*i.e. Pegasus*) ungula Ov.*Met*.5.257; quis..non ~ete tanto (*i.e. Perseus*) aethera respiceret? Luc.9.688; strata Ceres, motusque niger sub ~ete (*i.e. Boreas*) pontus V.Fl.1.578; ibunt per aeris uias ~etes Apul.*Mun*.28.

praepetō ~ere, *tr*. [prae-+peto] To seek, desire particularly.
corpori'..eius, quam ~is ac uis Lucr.4.1152; Fest.p.205M.

praepilātus ~a ~um, *a*. [prae-+pila³+

-ATVS²] (of weapons, etc.) Tipped with a ball (to prevent penetration).
in eos pila ~a coiciebant *B.Afr.*72.5; in modum iustae pugnae concurrerunt ~isque missilibus iaculati sunt LIV. 26.51.4; ab operariis hastas ~as habentibus PLIN.*Nat.*8.17; locustae..fluitant..cornibus, quae sunt propria rotunditate ~a, ad latera porrectis 9.95; (*cf.*) declamationes, quibus ad pugnam forensem uelut ~is exerceri solebamus QUINT.*Inst.* 5.12.17.

praepinguis ~is ~e, *a.* [PRAE-+PINGVIS]

1 (of men or animals) Exceptionally or excessively fat.
ubi se ~es sensere (*sc.* cerui) PLIN.*Nat.*8.113; mares ~es 8.129; senescunt..celerius ~ia (*sc.* animalia) 11.212; equitibus corpulentis et ~ibus GEL.6(7).22; SUET.*Gal.*3.1.

2 (of soil) Outstandingly rich.
nisi ~i et uiuida terra COL.3.2.9; ~e solum stagnantis Helori VERG.*A.*3.698; ~is soli ubertas PLIN.*Nat.*14.33.

3 (of the voice) Exceptionally thick.
uox..~is QUINT.*Inst.*11.3.32.

praepollens ~ntis, *a.* [pple. of next] Outstanding in power, influence, etc., superior, predominant.
uiros ~ntis TAC.*Ann.*6.42;—(*w. abl.*) gens..diuitiis ~ns LIV.1.57.1; uirtute fortunaque cum sua, tum publica ~ns 5.34.2; OMNIBVS OFFICIIS ~NS *CIL* 11.3194.

praepolleō ~ēre ~uī, *intr.* [PRAE-+POLLEO] To be superior in power, influence, etc., predominate.
postquam Macedones ~uere TAC.*Hist.*5.8; nitebantur ut numerus liberorum in candidatis ~eret *Ann.*2.51; Phoenicas, quia mari ~ebant 11.14; ubique igitur populus dominatur et ~et FRO.*Aur.*1.p.120(21N);—(*w. abl.*) si qua nunc in terris puella ~et pulcritudine APUL.*Met.*6.22; 10.31.

praeponderō ~āre ~āuī ~ātum, *intr.*, *tr.* [PRAE-+PONDVS+-O³]

1 To incline one's weight more heavily in a particular direction. **b** (transf.) to incline (towards).
ne portionum aequitate turbata mundus ~et SEN.*Nat.* 3.10.3; (*w.* in+*acc.*) quotiens in alterum latus ~ans declinarat sarcina APUL.*Met.*7.17. **b** (*w.* in+*acc.*) si in neutram partem ~et VAR.*L.*10.5; quia difficile est temperamentum, quidquid aequo plus futurum est, in partem humaniorem ~et SEN.*Cl.*1.2.2;—(*w. adv.*) quaerere..quo tanti ~et alea fati LUC.6.603; si neutro litis condicio ~et QUINT.*Inst.*7.2.39.

2 To have greater weight. **b** (tr.) to outweigh.
sustinet (Iuppiter) auratas..lances..et Graium clades grauibus ~at armis *Ilias* 658;—(*transf.*) quamuis iniuriae ~ent SEN.*Ep.*81.4; ubi in conparatione beneficii ~auit iniuria *Ben.*6.4.1; tacite ~at exsul STAT.*Theb.*8.615. **b** qui ..omnia metiuntur emolumentis et commodis neque ea uolunt ~ari honestate CIC.*Off.*3.18.

praepōnō ~ōnere ~osuī ~ositum, *tr.* [PRAE-+PONO] FORMS: *~osiui* (= *~osui*) PL.*Rud.*916; *~osta* (= *~osita*) LUCR.6.999.

1 To place in front, prefix. **b** to place in front (in temporal, causal, or other sequences).
mollienda est (translatio) ~osito saepe uerbo CIC.*de Orat.* 3.165; ~osito..'in' priuatur uerbum ea ui, quam haberet si 'in' praepositum non fuisset, dignitas indignitas *Top.*48; Salano ~osita misi uerba salute meo OV.*Pont.*2.5.2; ~ositis Gai ac Luci nominibus VELL.2.96.1; aggere ~osito COL. 10.152; ~ositis plurimis, quae honeste suaderi Caesari possint QUINT.*Inst.*3.8.42; choriambicos..~osuit duos MAUR.2795;—(*w. dat.*) potest dici patricus casus, ut ei ~onuntur praenomina plura VAR.*L.*9.54; oportet, ut aedibus..uestibula..sic causis principia..~onere CIC.*de Orat.*2.320; decerptam fronti ~onere oliuam HOR.*Carm.* 1.7.7; qui ~onet longae breuem QUINT.*Inst.*9.4.34; eius nomen epistulis edictisque ~onebatur TAC.*Hist.*4.39; condicionem, quae priori testamento ~osita fuerat POMPON. *dig.*35.1.105; (*cf.*) non ~onitur (*i.e. as a protection*) huic urbi ista colonia, sed opponitur CIC.*Agr.*1.20;—(*w.* in+*abl.*) hos quoque sex uersus, in prima fronte libelli si ~onendos esse putabis, habe OV.*Tr.*1.7.34. **b** nullis in rerum natura causis ~ositis, cur..CIC.*Fat.*33; nihil..sine ~ositis causis euenire 41; Numa..mensibus antiquis ~osuit..duos OV. *Fast.*1.44; si causas ac rationes factis ~osuerimus QUINT. *Inst.*4.2.52; nihil enim rerum ipsa natura uoluit magnum effici cito ~osuitque pulcherrimo cuique operi difficultatem 10.3.4.

2 To lay down in advance.
bene ubi haec confirmata atque locata omnia constiterint nobis ~osta parata LUCR.6.999.

3 To prefer (to), rate more highly, give priority.
(*w. dat.*) lucrum ~osiui sopori et quieti PL.*Rud.*916; numquam ~onens se illis TER.*An.*65; sumtum atque epulas uictu ~onis honesto LUCIL.1288; gradatim ~onens alium alio agrum VAR.*R.*1.7.9; illam uiam uitae..huic planae et stabili ~onendam esse CIC.*Flac.*105; studiis officiisque scientiae ~onenda esse officia iustitiae *Off.*1. 155; patriam amicitiae ~onendam esse MAT.*Fam.*11.28.2; homines urbemque feris ~onere siluis? HOR.*S.*2.6.92; ne tuam..gloriam bono publico ~onam LIV.28.41.1; Hippolytum uideor ~ositura Ioui OV.*Ep.*4.36; PHAED.3.pr.26; PERS.2.18; ego uel Prochytam ~ono Suburae JUV.3.5; respondi nullum priuilegium ~oni patri uel domino potest PAUL.*dig.*15.1.52;—(*without dat.*) an ego Vlixem obliscar umquam aut quemquam ~oni uelim? ACC.*trag.*488; VAR.*L.* 10.1; ille (*sc.* Zeno) Metelli uitam negat beatiorem quam Reguli, ~onendam tamen CIC.*Fam.*5.88.

4 To set in authority (over), put in charge (of).
(*w. dat.*) putatote..uos huic rei ~ositos esse CATO *orat.* 234; frumentis..collectis..deam Tutilinam ~osuerunt VAR.*gram.*176; classis ea cui consul populi Romani ~ositus esset CIC.*Man.*33; quem bello praedonum ~oneretis 63; quaestorem Coelium ~osui prouinciae *Fam.*2.15.4; ea quae ~osita erat oraclo sacerdos *Div.*1.76; hibernis Labienum ~osuit CAES.*Gal.*1.54.3; praesidio et..tribunus militum ~ositus LIV.8.25.13; L. Apustio legato exercitui ~osito 23.38.11; OV.*Tr.*3.1.68; LUC.7.283; Agricolam..uicesimae legioni..~osuit TAC.*Ag.*7.5; Domitium Corbulonem retinendae Armeniae ~osuerat *Ann.*13.8; JUV.10.92; mercis.. cui emendae seruus sit ~ositus AFRIC.*dig.*14.1.7.2;—(*w.* ad) (serui) qui ad eius corpus tuendum..~ositi destinatique essent ALF.*dig.*50.16.203; PAUL.*dig.*14.3.18;—(*w. local abl. or* in+*abl.*) in ea ora ubi ~ositi sumus CIC.*Att.*8.11b.1; media acie Cn. Domitium ~osuerat CAES.*Civ.*3.89.3; ~osito in urbe L. Papirio Crasso LIV.8.36.1;—(*without further const.*) quid est Genius? deus qui ~ositus est VAR.*gram.*136; imperator ab isto ~ositus Cleomenes CIC.*Ver.*5.94; ~onit.. centuriones uirtutis expertae TAC.*Ann.*3.74.

praeportō ~āre, *tr.* [PRAE-+PORTO] To carry in front.
prae se scorpios infestus ~ans flebile acumen CIC.*Arat.* 682(430); (galli) tela..~ant uiolenti signa furoris LUCR. 2.621; (*transf.*) Eumenides, quibus..frons..~at pectoris iras CATUL.64.194.

praepositiō ~ōnis, *f.* [PRAEPONO+-TIO]

1 The action of placing in front, prefixing.
~o diei et consulis ULP.*dig.*2.13.6.6.

2 (gram.) The prefixing of a word. **b** a preposition or prefix.
disparatum..est id, quod ab aliqua re ~one negationis separatur CIC.*Inv.*1.42; mutationes, quas adferunt declinatio aut ~o, ut 'secat secuit', 'cadit excidit' QUINT.*Inst.* 1.4.13. **b** una ~o est af CIC.*Orat.*158; coniunctionum ac ~onum proprietates SEN.*Ep.*88.42; QUINT.*Inst.*12.10.32; neque ~ones urbibus addere neque coniunctiones saepius iterare dubitauit SUET.*Aug.*86.1; ob ~o interdum ponitur plena, ut est obire, oberrare VEL.gram.in *G.L.*7.64; GEL. 4.17.2; 15.3.3; ULP.*dig.*3.1.3.2.

3 A preference, predisposition.
neque tamen illa ~o tali ad eum, quem dixi, finem pertinebit CIC.*Fin.*3.54.

4 The action of placing in charge (of).
~o certam legem dat contrahentibus ULP.*dig.*14.1.1.12; qui praepositi (institorem) tenebitur ipsa ~one 14.3.11.2.

praepositum ~ī, *n.* [pple. of PRAEPONO] (Stoic phil.) A thing which, while not absolutely good, is advanced above the point of indifference (transl. Gk. προηγμένον).
haec (*sc.* προηγμένα, ἀποπροηγμένα)..~a recte et reiecta dicere licebit CIC.*Fin.*3.15; 3.52; bonum negas esse diuitias, ~um esse dicis? 4.73.

praepositus ~ī, *m.* [as prec.] A person placed in charge.
ambitione aut negligentia ~orum FRON.*Aq.*117; gregarius miles caueri insuper ~os iubebat TAC.*Hist.*1.36; ~os procuratoresque SUET.*Gal.*12.1; ad ~um suum, qui mille armatorum ducatum sustinebat, sollicite proficiscitur APUL.*Met.*10.1; ~O A CENS(ibus) *CIL* 5.8659;—(*w. gen.*) fullonum et sarcinatorum ~os ULP.*dig.*14.3.5.6; ~O COPIARVM EXPEDITIONIS GERMANICAE SECVNDAE *CIL* 2. 4114.

praeposterē, *adv.* [PRAEPOSTERVS+-E]

1 (referring to two alternatives) The wrong way round, back to front.
Diuus Augustus prodidit laeuum sibi calceum ~ inductum PLIN.*Nat.*2.24; ULP.*dig.*50.10.1.1.

2 Out of the proper order.
omnis arbitror mihi tuas litteras redditas esse sed primas ~ CIC.*Att.*7.16.1; *Luc.*66; nihil tam ~..cogitari potest quod non possimus somniare *Div.*2.146; PLIN.*Ep.*3.9.28; Plutarchus..inperfecte atque ~ atque inscite synlogismo esse usum Epicurum dicit GEL.2.8.1.

praeposterō ~āre ~āuī ~ātum, *tr.* [next+-O³] To reverse, upset.
ordinem..iudiciarium militis inhumani ~auit impietas [QUINT.]*Decl.*3b.9.

praeposterus ~a ~um, *a.* [PRAE-+POSTERVS]

1 Placed in the wrong order, inverted. **b** occurring out of due time, unseasonable.
ut ne quid perturbatum ac discrepans aut ~um sit CIC. *de Orat.*3.40; ~is..utimur consiliis et acta agimus *Amic.*85; omnia peruersa ~a sunt ratione LUCR.4.833; omnia naturae ~a legibus ibunt OV.*Tr.*1.8.5; rerum ~us ordo MAN.2.764; piscator..~o more uelum intra malos suspendens PLIN. *Nat.*16.178; ne quod uerborum praetereatur aut ~um dicatur 28.11; SI NON FATORVM ~A IVRA FVISSENT MATER IN HOC TITVLO DEBVIT ANTE LEGI *CIL* 9.2425. **b** quam malignum uer sit, quam ~um frigus SEN.*Ep.*23.1; ~i eorum uespertinique cantus PLIN.*Nat.*10.49; ~i aut praeproperi rigores 18.208; ~o obsequio TAC.*Hist.*3.78; fuerunt, quibus haec eius oratio ut sera et intempestiua et ~a displiceret PLIN.*Ep.*6.5.3;—(*neut. pl. as sb.*) maiora sunt pretia ~is (*sc. fruits*) PLIN.*Nat.*16.118.

2 (of persons, conduct) Wrong-headed, topsy-turvy.
ut erat semper ~us atque peruersus CIC.*Clu.*71; noster hic ~us imperator amissorum oppidorum *Pis.*92; ~i homines, nam gerere quam fieri tempore posterius, re atque usu prius est SAL.*Jug.*85.12; per ambitionem ~am ut eques Romanus consularibus potentia aequaretur TAC.*Ann.*16.17.

praepotens ~ntis, *a.* [PRAE-+POTENS] (of persons, countries, etc.) Superior to others in power, outstandingly powerful. **b** (of abst. things).
~ntes pulchre pacisque potentes..fuimus PL.*Poen.*1180; ~ns terra marique Carthago CIC.*Balb.*34; ~ntes reges tyrannos uocat *Rep.*1.66; nemo aduersus ~ntis uiros hiscere audebat LIV.45.26.7; ~ntia imperia V.MAX.7.2.1; a ~ntibus uiris accipere beneficium SEN.*Ben.*5.4.2; ~ntes liberti TAC. *Hist.*1.7; (*cf.*) ceteris haud laeta memoria Quirini erat ob.. sordidam..et ~ntem senectam *Ann.*3.48;—(*w. defining abl.*) ~ns opibus populus LIV.7.31.6; ~ntem armis Romanum 9.31.6;—(*of gods, supernatural forces*) signum ~ns ACC. *praet.*37; ~nti deo CIC.*Leg.*1.23; Iouem..et praesentem et ~ntem *N.D.*2.4; deam ~ntem lacrimoso uultu sic adprecabar APUL.*Met.*11.1; (*w. gen.*) rerum omnium ~ntem Iouem CIC.*Div.*2.41;—(*masc. pl. as sb.*) multorum opes ~ntium excludunt amicitias fideles *Amic.*54; ob iniquitatem ~ntium PLIN.*Nat.*12.93; neminem ex ~ntibus TAC.*Hist.*2.91; apud ~ntis *Ann.*5.2. **b** ~ns et gloriosa philosophia CIC.*de Orat.*1.193; non est..natura deorum ~ns neque excellens *N.D.*2.77; non solum praecipuus, sed etiam ~ns gratae mentis fuit impetus V.MAX.5.2.8.

praepotentia ~ae, *f.* [prec.+-IA] Superior or outstanding power.
horum ~am, quam ex opibus collegerant, lenocinium uitae effecerat celsiorem APUL.*Mun.*26.

praeproperanter, *adv.* [PRAE-+PROPERANTER] With great speed of movement.
certare..~ (animas) inter se quae prima potissimaque insinuetur LUCR.3.779.

praeproperē, *adv.* [next+-E] With great or excessive haste, very precipitately.
ex parte cohortium ~ instructa SAL.*Hist.*inc.1; Veiens hostis Etruscique eo magis ~ agere LIV.2.45.3; ferociter omnia ac ~ acturum 22.3.5; raptim..omnia ⟨ac⟩ ~ agendo 22.19.10; ut neque ~ destringatur inmatura frons QUINT.*Inst.*12.6.2; expeditionem..impigre atque etiam ~ incohauit SUET.*Otho* 8.3.

praeproperus ~a ~um, *a.* [PRAE-+PROPERVS] (of actions, processes, etc.) Very or excessively hurried, precipitate. **b** (of character) too hasty.
ex tuis litteris cognoui ~am quandam festinationem tuam CIC.*Fam.*7.8.1; haec ~a prensatio *Att.*1.1.1; ~a celeritate LIV.31.42.1; oratione utique ~a PLIN.*Nat.*3.46; aestiuas alites praeposteri aut ~i rigores negant 18.208; hastam ~o nisu iacit SIL.15.754; ~a ipsius desperatione uictum TAC.*Hist.*2.76; FRO.*Aur.*2.p.62(144N). **b** temeritati consulis ac ~o ingenio LIV.22.41.1; cum toto eo bello damnosa ~a ac feruida ingenia imperatorum fuissent 27. 33.10.

praepūtium ~(i)ī, *n.* [PRAE-+*put-* (cf. White Russ. *potka*)+-IVM] The foreskin.
VAR.*Men.*583(Sen.*Apoc.*8.1); mox et ~ia ponunt (*i.e. are circumcised*) JUV.14.99; (*pl. for sg.*) 6.238.

praequam, *adv.* (also written as two words). [PRAE¹+QVAM]

1 a (foll. by simple cl.) Compared with the way in which. **b** (foll. by rel. cl. or sb. alone) compared with.
a nihil hoc quidem est, triginta minae, ~ alios dapsilis sumptus facit PL.*Mos.*982; uisum est esse id, quod feci, ~ erant alia, toleratu facilius GEL.1.3.5. **b** satin parua res est uoluptatum..~ quod molestum est? PL.*Am.*634; hoc etiam pulchrum est ~ ubi sumptus petunt *Aul.*507; minoris..⟨fa⟩cio ~ quibus modis me ludificatust *Mos.*1146; —quae (*sc.* sententia) etsi laxioribus..uerbis comprehensa est ~ illud Graecum GEL.16.1.3.

2 Beyond the way in which, further than.
nec pol profecto quisquam sine grandi malo ~ res patitur studuit elegantiae PL.*Mer.*23.

praequeror ~rī ~stus, *intr.* [PRAE-+QVEROR] To complain beforehand.
multa..~stus 'tanges tamen aethera' dixit OV.*Met.*4.251.

praeradiō ~āre, *tr.* [PRAE-+RADIO] To outshine.
Bacchi coniunx redimita corona ~at stellis signa minora suis OV.*Ep.*6.116.

praerancidus ~a ~um, *a.* [PRAE-+RANCIDVS] Very rotten (in quot., transf.).
non finitiones illas ~as neque fetutinas grammaticas spectaueris GEL.13.21.1.

praerapidus ~a ~um, *a.* [PRAE-+RAPIDVS] Very swiftly moving, rushing.
in ~um gurgitem LIV.29.32.9; ~a celeritate fluminum occupantur CURT.9.4.10; ubi Rhodanus ingens amne ~o fluit SEN.*Apoc.*7.2; ~a..fuga SIL.16.563; (*of persons*) ~um iuuenem minitari 17.179;—(*transf.*) (ira) ~a et amens SEN. *Dial.*3.12.5.

praerigescō ~escere ~uī, *intr.* [PRAE-+RIGESCO] To freeze at the extremities.
adnotatus..miles qui fascem lignorum gestabat ita ~uisse manus, ut oneri adhaerentes truncis brachiis deciderent TAC.*Ann.*13.35.

praerigidus ~a ~um, *a.* [PRAE-+RIGIDVS] Very stiff or unbending.
~ae mentis [QUINT.]*Decl.*17.7.

praerīpia ~ōrum, *n. pl.* [PRAE-+RIPA+-IVM] The shallows along the banks of a river.

cum egressus (crocodillus) in ~a fluminis hiauit Apul. *Apol.*8.

praeripiō ~ipere ~ipuī ~eptum, *tr.* [prae- +rapio]

1 To forestall another in seizing, seize first. **b** (w. abst. obj.). **c** (of death) to snatch away (before the proper time). **d** (refl.) to snatch oneself away (in anticipation of some action).
huc mihi uenisti sponsam ~eptum meam Pl.*Cas.*102; neque ~ipio pulpamentum neque praeuorto poculum *Mil.* 653; dulces occurrent oscula nati ~ipere Lucr.3.896; Verg. *A.*9.138; manus otiosorum urbanorum ~epturas fortium bellatorum praemia esse Liv.5.20.6; ~eptae coniugis ultor Ov.*Met.*5.10; Plin.*Nat.*8.165; codicillos ~ipuit legitque Suet.*Nero* 49.2; (*poet.*) ~epto limite Sil.16.337;—(*w. dat. of person, etc., forestalled*) ~ipias scortum amanti atque argentum obicias lenae? Pl.*As.*814; Ter.*Eu.*161; huic.. uiro numquam..~ipiam eum..reum Cic.*Har.*7; quaeritur et nascentis equi de fronte reuulsus et matri ~eptus amor Verg.*A.*4.516; ~epta..templis tura Palaestinis Stat.*Silv.* 5.1.212; (*of things*) uitibus ~ipit sucum..si in arbusto seratur (uicia) Plin.*Nat.*18.138;—(*absol. or ellipt.*) se.. obiciendo escam, dum ~ipit, beluis marinis 22.3; emolumenti sui causa criminari, ~ipere, fallere Cic.*Off.*3.81; ~ipere ceteris Ulp.*dig.*42.8.6.7. **b** arrogans in ~ipiendo populi beneficio Caes.*Civ.*3.1.5; quod tonsoris ~ipuisset officium V.Max.3.2.15; qui praecesserant, non ~ipuisse mihi uidentur quae dici poterant, sed aperuisse Sen.*Ep.*79.5; opposito..Harpe corpore ~ipuit letum Sil.2.118; querente Vmmidio ~epta quae suis consiliis patrauisset Tac.*Ann.* 13.9;—(*w. dat. of person, etc., forestalled*) ne istius quidem laudis ita sum cupidus ut aliis eam ~eptam uelim Cic. *S.Rosc.*2; ~ipere collegis et tribunis plebi popularem gratiam *Off.*3.81; Hirt.*Gal.*8.pr.5; festinantes ~ipere subsequentibus uictoriae societatem *B.Alex.*27.4; indignaris ~eptum tibi officium Sen.*Con.*1.1.15; ~eptam sibi ultionem querentes Tac.*Hist.*1.35. **c** ~epti..solamen alumni Stat.*Silv.*2. 1.1; inprimo aetat flore ~ept *CIL* 5.5275; (*cf.*) si uita ~iperetur Tac.*Ann.*15.59;—(*w. dat. of person, etc., forestalled*) aedilitatem, cui ~eptus est Plin.*Ep.*8.23.5; ave lvci ~epte matri *CIL* 11.7738. **d** qui..~ipuisset se ad amicum Ulp.*dig.*21.1.17.4.

2 To forestall another in the performance of, carry out first, anticipate.
ne..deorum..beneficium festinatione ~ipuisse..uideamur Cic.*Phil.*14.5; uiaticum Crassipes ~ipit *Att.*4.5.3; dissimulare, insidiari, ~ipere hostium consilia *Off.*1.108; scelere ~epto doles Sen.*Thy.*1104; (*ellipt.*) sed quid ~ipio? statim ad te perscribam omnia Cic.*Att.*9.17.1.

3 To seize in mid course, intercept.
uox ~ipietur ad eam altitudinem, quam perueniet primo Vitr.5.6.4.

praerōdō ~dere ~sī ~sum, *tr.* [prae- +rodo] To bite away or gnaw the extremity of. **b** to bite away (an end or appendage).
ipsus sibi faciam ut digitos ~dat suos Pl.*Ps.*884; ~sam dentibus linguam Plin.*Nat.*7.87; conger et murena caudam inter se ~dentes 9.185; caper..uitem quam ~serat plenius fructum protulit Hyg.*Fab.*274.1; (*ellipt.*) uulpes marinae.. gluttiunt..usque ad infirma lineae, qua facile ~dant Plin. *Nat.*9.145. **b** si uafer unus et alter insidiatorem ~so fugerit hamo Hor.*S.*2.5.25; si..cacumina manu detracta aut a pecoribus ~sa sunt Col.5.10.1; animal ~dens pubescentes uuas Plin.*Nat.*17.265.

praerogātiō ~ōnis, *f.* [prae- +rogo+ -tio] A prior vote or verdict.
habemus quandam ~onem sacerdoti ab ipso numine datam Sen.*Con.*1.2.19.

praerogātīua ~ae, *f.* [next]

1 The *centuria* on which the lot fell to vote first.
quem comitiis ~ae primum custodem praefeceras Cic. *Red.Sen.*17; primam..tabulam ~ae *Pis.*11; sortitio ~ae *Phil.*2.82; *Q.fr.*2.14.4; P. Licinium Caluum ~a tribunum militum non petentem creant Liv.5.18.1; cum sors ~ae Aniensi iuniorum exisset 24.7.12; 24.8.9; 24.9.3; auctoritatem ~ae omnes centuriae secutae sunt 26.22.13; 28.9.20.

2 The verdict of the *centuria* which voted first; (esp. when seen as a prognostic). **b** the prior verdict or choice of some other body. **c** (transf.) a prognostic, earnest, omen.
in ~a referenda Cic.*Div.*2.74;—~am..maiores omen iustorum comitiorum esse uoluerunt 1.103; ~am, omen comitiorum 2.83. **b** ne comitiorum militarium ~am urbana comitia iisdem tribunis plebis creandis sequerentur Liv.3.51.8; ~am militarem..fauor etiam plebis sequebatur 21.3.1. **c** dedit..~am suae uoluntatis Cic.*Ver.*26; si triumphi ~am putas supplicationem Cato *Fam.*15.5.2; fecunditatis in feminis ~am accipimus inunctis..oculis saliuam infici Plin.*Nat.*7.67; adeo ut decoris ~a in uocabulo facta sit 37.129.

3 A prior right, prerogative, claim.
magni..facient prouinciales seruari sibi consuetudinem istam et huiusmodi ~as Ulp.*dig.*1.16.4.5; si uelit ~a iurisiurandi uti 12.2.9.7; 50.4.6.4.

praerogātīuus ~a ~um, *a.* [prae- +rogo+ -ivvs]

1 (of a *centuria*) Appointed by lot to vote first. **b** of or associated with the vote of the *centuria praerogatiua.*
Var.*gram.*112; una centuria ~a tantum habet auctoritatis ut..Cic.*Planc.*49; (*hyperb.*) cuius in honore non unius tribus pars sed comitia tota comitiis fuerint ~a 49. **b** si tanta illis comitiis religio est ut adhuc semper omen ualuerit ~um Cic.*Mur.*38.

2 (of the date of an appointment or promotion) Privileged, advanced by special privilege.
gargilio t fil qvir venatori p p ~o tempore facto a divo hadriano *CIL* 8.10579.

praerumpō ~umpere ~ūpī ~uptum, *tr.* [prae- +rvmpo] To break off short, snap off at the end.
nauigio remis incitato ~umpebantur (funes) Caes.*Gal.* 3.14.6; stuppea ~upit Phrygiae retinacula puppis Ov.*Met.* 14.547; Col.3.18.2.

praeruptum ~ī, *n.* [next] A steep place, precipice; (fig.) a difficult or dangerous enterprise.
per praecipitia et ~a salientes Liv.27.18.9; sequitur.. uertigo ~a cernentis Sen.*Dial.*4.2.1; ~a Celennia..legit Ov.*Met.*15.704; Plin.*Nat.*8.156; 33.76; cernens subeuntem comminus hostem ~umque loci fidum sibi Sil.1.489; (*in fig. phr.*) si forte aliquas animus consurget in artis, in ~a dabit studium Man.5.651; non in ~o tantum istic stabis, sed in lubrico Sen.*Ep.*84.12;—metuenda et ~a audere Sen. *Con.*10.pr.15.

praeruptus ~a ~um, *a.* *compar.* ~ior, *superl.* ~issimus. [pple. of praervmpo]

1 Broken off into a sheer descent, precipitous, abrupt. **b** (of utterance) broken off, cut short.
aut aliqua promunturia aut ~a saxa Cic.*Ver.*5.145; pendens e uerticibus ~is Catul.64.297; ripis..~is Caes. *Gal.*6.7.5; omnis oppidi partis ~issimis saxis esse munitas Hirt.*Gal.*8.33.1; in ~i montis extremo Sal.*Jug.*37.4; ~us aquae mons Verg.*A.*1.105; excelso loco ac ~o Liv.24.37.2; ~a..silua Ov.*Met.*1.568; quae aliis uidentur excelsa, ipsis ~a sunt Sen.*Ep.*94.73; ~ior..collis uel in quattuor pedes uertendus Col.3.13.8; ~a cingere fossa Luc.4.264; ~i.. uertice caeli V.Fl.2.88; Tac.*Hist.*2.41; (*w. abst. noun*) ~ae altitudinis castella Sen.*Nat.*6.1.6. **b** irascentium eadem signa sunt:..gemitus mugitusque et parum explanatis uocibus sermo ~us Sen.*Dial.*3.1.4.

2 (fig.) Involving immediate disaster, a critical situation, or sim. **b** (of persons) headstrong, hasty.
in ~um atque anceps periculum adduxit rem publicam Vell.2.2.3; ~i cum te, tener Euhie, partus transmisere patri Stat.*Theb.*2.72; ex eo ~a iam et urgens dominatio Tac.*Ann.*5.3; seditio ~a Ulp.*dig.*28.3.6.9. **b** iuuenem genere nobilem, animo ~um Tac.*Ann.*16.7.

praes ~dis, *m.* [prae- +vas¹] Forms: *praees* (nom. sg.) *CIL* 2.1964.4.26; *praeuides* (nom. pl.) 1.585.46. One who acts as surety or security (for the payment or fulfilment of a contract or obligation). **b** ~*des praediaque* or sim., guarantors and their property (regarded as security). **c** (fig.) a guarantee.
quid ill' qui ~dem dedit? Pl.*Men.*593; qvei ex h l condemnatvs erit, q(uaestori) ~des facito *CIL* 1.583.57; Var.*L.*5.40; pro ~de litis uindiciarum cum satis accepisset Cic.*Ver.*1.115; ne in praedae quidem societate mancipem aut ~dem..reperire *Dom.*48; *Phil.*2.73; praesertim cum sex libris tamquam ~dibus me ipse obstrinxerim *Att.*6.1.8; Montanum Planco debere, quod ~s pro Flaminio sit, HS $\overline{\text{XX}}$ 12.52.1; nisi si ~des..dederit se redaedificatvrvm *CIL* 1.594.2.2.18; nullius rei neque ~s neque manceps factus est Nep.*Att.*6.3; ~dibus acceptis eo anno aedificia perfecturos Liv.5.55.3; Hostilius et Furius damnati ~des eodem die quaestoribus urbanis dederunt 38.58.1; ~dem ..me accipe neminem eorum..recusaturum ire Curt.5.4. 13; Gel.6(7).19.2; ea..in publicum cedebat ~desque eo nomine praetori dabantur Gaius *Inst.*4.13. **b** ⟨neive magis m⟩anceps praevides praediaqve solvti svnto *CIL* 1.585.46; illa consuetudo in bonis ~dibus praediisque uendundis Cic.*Ver.*1.142; ~dibus..ac praediis cauendum populo Liv.22.60.4; (*cf.*) qvi redemerit, ~des dato praediaqve svbsignato *CIL* 1.698.1.7. **c** uestram uirtutem rerum, quas gesturus sum, uadem ~demque habeo Curt.9.2.25; quem tandem longioris uitae ~dem accipis? Sen.*Dial.*10.3.5.

praesaepe, praesaepiō: see praesep-.

praesāgātiō ~ōnis, *f.* [praesago+ -tio] The faculty of knowing the future.
inest..in animis ~o extrinsecus iniecta atque inclusa diuinitus Cic.*Div.*1.66; 1.123.

praesāgiō ~īre ~īuī, *tr.* [praesagvs+ -io²] Forms: dep. Pl.*Bac.*679; ~*isse* (= ~*iuisse*) Cels.2.pr.1.

1 To have a foreboding or presentiment of.
nescioquid..mi animu' ~it mali Ter.*Hau.*236; cum ~it gaudia corpus Lucr.4.1106; uenturam melius ~it nauita mortem Prop.3.11.5; iam ~iente animo futuram olim amplitudinem loci Liv.1.38.7; 30.20.5; magna ~it mala paternus animus Sen.*Phoen.*278; omni exercitu..exitium ~iente Suet.*Aug.*96.1;—(*w. acc. and inf.*) ~ibat mi animus frustra me ire Pl.*Aul.*178; animus..meus..~it nostram Hispaniam esse Liv.26.41.19;—(*w.* de) P. Scipionis uelut ~ientem animum de fine belli 29.10.7;—(*absol. or ellipt.*) is.. qui ante sagit quam oblata res est, dicitur ~ire, id est futura ante sentire Cic.*Div.*1.65; *Amic.*14; iam ~ientibus animis Liv.25.35.3; diuinatio animi ~ientis Curt.3.3.2;—(*dep.*) animus..istoc dicto plus ~itur mali Pl.*Bac.*679.

2 To give forewarning of, forebode, portend.
si quarto die luna erit directa, magnam tempestatem in mari ~iet Var.in Plin.*Nat.*18.348; haec exiguitas copiarum recessum, non dimicationem mihi tuam ~iebat Cael.*Fam.* 8.10.1; proprietates hominum, sine quarum notitia non facile quicquam in futurum ~iri potest Cels.2.2.4; ~iuere uictoriam Plin.*Nat.*10.49;—(*w. acc. and inf.*) id..~it mortalem uiuere mentem Lucr.3.512;—(*absol.*) ~iunt et animalia Plin.*Nat.*18.361.

praesāgītiō ~ōnis, *f.* [prec.+ -tio] = praesagatio.
Paul.*Fest.*p.255M.

praesāgium ~(i)ī, *n.* [praesagvs+ -ivm]

1 A sense of foreboding, presentiment.
~iis quibusdam et insomniis hanc fortunam praenuntiantibus Sen.*Con.*7.7.15; timuit..suae ~ia mentis Ov.*Met.* 6.510; si uera sopor miserae ~ia mittit Stat.*Theb.*9.631; Sil.11.114; de ~io Socratis deque eius amico numine Apul. *Soc.*14; (*w. gen. of event*) urgent ~ia mille funeris Stat. *Theb.*9.850.

2 A forewarning, presage, portent.
ne sperne meae ~ia linguae! Ov.*Met.*2.550; siquid habent ueri uatum ~ia 15.879; ceterarum auium sine ~io uox est Sen.*Nat.*2.32.5; primum..a sole capiemus ~ia Plin.*Nat.* 18.341; o uera mei ~ia somni nocturnique metus Stat. *Theb.*5.620; fauor plebis acrior in Domitium loco ~ii acceptus est Tac.*Ann.*11.11; pleraque rati scaeuum ~ium portendere Apul.*Met.*10.17;—(*w. gen. of event*) cum..plurima ei ~ia atque indicia dii inmortales futuri obtulissent periculi Vell.2.57.1; capiunt ~ia belli Luc.7.331; prodigia et fulminum monitus et futurorum ~ia Tac.*Hist.*1.3; ~ia mortis eius praecipua fuerunt Suet.*Cl.*46.1.

praesāgō ~āre ~āuī, *tr.* [as next+ -o³]

1 To feel a presentiment of, apprehend.
uelut quodam sopore futura rerum ~are Apul.*Apol.*43; (*w. acc. and inf.*) ~ante Vergilio, fore quandoque omnium poetarum..Palaemonem iudicem Suet.*Gram.*23(p.117Re).

2 To give forewarning of.
haec erant quae prodigiosa ~auerant ostenta Apul.*Met.* 9.38.

praesāgus ~a ~um, *a.* [prae- +sagvs]

1 Feeling a presentiment, having a foreboding.
~a..pectora maerent Ov.*Met.*10.444; Luc.9.120; senserat ..alium ~us Arion stare ducem Stat.*Theb.*6.424; Sil.3.74; —(*w. gen. of event*) ~a mali mens Verg.*A.*10.843; te, ~e malorum Antoni Luc.2.121.

2 Portending, ominous.
~i fulminis ignes Verg.*A.*10.177; ~a..ridet uerba senis Ov.*Met.*3.514; tela Iouis ~a Luc.7.197; ~is..astris Stat. *Theb.*8.145; ~o cuncta tumultu implere Sil.5.32; ~a responsa Tac.*Hist.*2.1; Apul.*Soc.*18;—(*w. gen. of event*) ~um ..aethera certi (monstrasti) auguribus Stat.*Silv.*5.3.181; [Quint.]*Decl.*4.3.

praesānescō ~escere ~uī, *intr.* [prae- +sanesco] To heal too soon.
cortex eius interior cicatrices quae ~uere aperit Plin. *Nat.*24.73.

praesānō ~āre ~āuī ~ātum, *tr.* [prae- +sano] To cause to heal prematurely.
ulceribus ~atis Plin.*Nat.*26.147.

praescateō ~ēre, *intr.* [prae- +scateo] To brim over; (in quot., fig.).
dat mihi librum grandi uolumine doctrinae omnigenus.. ~entem Gel.14.6.1.

(**praesciō**: see next.)

praesciscō ~iscere ~(i)ī ~ītum, *tr.* [prae- +scisco] To get to know beforehand.
nonne oportuit ~isse me ante? Ter.*An.*239; animos uulgi (*i.e. of bees*)..licet longe ~iscere Verg.*G.*4.70; occultantibus id..patribus ne ~iscerent Carthaginienses Liv.29.14.1; poterit exploratam fugam ~iscere Col.9.9.4; hos..bellorum casus..~ieras Stat.*Theb.*8.183; existimant quidam ~isse haec eum Suet.*Tib.*67.2; (*w. indir. qu.*) ~iscere..quem hostem haberet Liv.27.35.5; (*w. acc. and inf.*) ea cum ad se quoque ueniri ~isset 24.26.2.

praescītum ~ī, *n.* [pple. of prec.] Something known beforehand, a prognostication.
oraculorum ~a Plin.*Nat.*2.24; caelestis ignis..~a secum adferens 2.82; sunt et piscibus ~a 9.55; utrumne sint aliqua ~a animi quiescentis 10.211; (*w. defining gen.*) ~a uitae 11.273.

praescius ~a ~um, *a.* [prae- +scio+ -vs] Having foreknowledge, prescient.
~a longe horrescunt corda agricolis Verg.*A.*12.452; substitit in medios ~a lingua sonos Ov.*Fast.*1.538; Luc. 2.3; ~os Auerni..lucos Stat.*Silv.*4.3.131; ut qui..Seleucum quendam mathematicum rectorem et ~um palam haberit Tac.*Hist.*2.78; (*transf.*) ~i metus [Quint.]*Decl.*4.3;—(*w. obj. gen.*) o sanctissima uates, ~a uenturi Verg.*A.*6.66; Ov.*Met.*13.162; fatorum ~a Manto Sen.*Ag.*322; Tac.*Ann.* 6.21.

praescrībō ~bere ~psī ~ptum, *tr.* [prae- +scribo] Orthog.: ~*btus* Agen.*agrim.*p.35.

1 To write (a name, title, etc.) at the head (of a document, etc.). **b** to inscribe on the front (of a military standard). **c** (leg.) to enter (an objection, limitation, etc.) at the head of a *formula.*
hoc nomen obtinuit atque ita se postea salutari passus est, sed neque in litteris ~bere est solitus Caes.*Civ.*3.71.3; tamquam..propriam ipse potentiam..temptasset, eoque diplomatibus nullum principem ~psisset Tac.*Hist.*2.65; *Ann.*3.57; nostra..nomina addentur fastis, quibus ipse ~beris Plin.*Pan.*92.2; epistula..cui titulus ~ptus est pluria, non plura dici debere Gel.5.21.10; praescriptiones..appellatas esse ab eo, quod ante formulas ~buntur Gaius *Inst.* 4.132;—(*w. the document as subj.*) nec Phoebo gratior ulla est

quam sibi quae Vari ~psit pagina nomen VERG.*Ecl*.6.12; nouum auctorem imperatorem..Neruam..~bente titulo FRON.*Aq*.93. **b** aurea clarum nota nomen ducum uexilla ~ptum ferunt SEN.*Phoen*.400; recurrens in principia miles ~ptum Vespasiani nomen..aspexit TAC.*Hist*.3.13. **c** ~bis tamen, ne agam, id est, ne nomen tuum deferam QUINT.*Decl*.249(p.22,l.16); ignominioso filius ~bit: de eo solo iudicatio est, an liceat *Inst*.7.5.3; si reus accusatori..ideo ~bat, quod dicat se eodem crimine ab alio accusatum et absolutum MACER *dig*.47.15.3.1.

2 To describe earlier (in a narrative).

Pompeius..cuius praeclara opera bello Marsico..ut ~psimus, usa erat res publica VELL.2.21.1.

3 To use as a pretext.

frustra Pulchram ~bi cui sola exitii causa sit quod Agrippinam stulte..delegerit TAC.*Ann*.4.52; 11.16.

4 To trace the outline of (for future use), mark in outline; (transf.) to outline in words. **b** to trace (as a pattern to be followed), teach.

futuris..sulcis uestigia ~bens incisuris PLIN.*Nat*.18.171; nec qui succederet operi (*i.e. a portrait*) ad ~pta liniamenta inuentus est 35.92; (*fig*.) cur tua ~ptos euecta est pagina gyros? PROP.3.3.21;—sequar ~ptam a te..formam TAC.*Dial*.25.1; formam futuri principatus ~psit *Ann*.13.4; (*cf*.) haec mihi cum..Calliope ipsa ~pserit CIC.*Att*.2.3.4; [TIB.] 3.7.178. **b** ut..oratio..uideretur..memoria dignam iuuentuti..auctoritatem disciplinamque ~bere CIC.*Sest*.14;—(*w. obj. cl*.) ~bere enim se arbitrabatur ut sine studiis dissensionis sententiae dicerentur *Dom*.131; tibi iam inde ~bo ne tuas sordis cum clarissimorum uirorum splendore permisceas *Vat*.13; cui si patrem conseruatis, qualis ipse debeat esse ciuis ~betis *Flac*.106.

5 To lay down (for a particular purpose), prescribe, appoint.

his rebus finem ~psti TER.*An*.151; id quod uis nominis ipsa ~bit CIC.*Pis*.23; an Serapis potest nobis ~bere..curationem ualetudinis *Div*.2.123; TAC.*Ann*.3.63; ~ptis illis decem diebus APUL.*Met*.11.30; quadriennii tempus, quod bonis uacantibus nuntiandis ~ptum est PAPIN.*dig*.44.3.10.1;—(*w. acc. and inf*.) morem illum..qui ~bit in parentum loco quaestoribus suis praetores esse oportere CIC.*Planc*.28;—(*w. inf*.) tradidere quidam ~ptum fuisse Macroni..iuuenem..ducem populo imponere TAC.*Ann*.6.23;—(*w.* ut, ne) ita sibi..esse ~ptum ut equitatum in..Italiam mitterent CIC.*Catil*.3.9; cum ei ~ptum esset ne quid..ageret *Att*.16.3.6; TAC.*Ann*.1.6;—(*w. jussive subj*.) ad hoc senatus ~pserat, duas quisque faenoris partis in agris..conlocaret 6.17;—(*w. indir. qu*.) si..mihi ~bat quem ad modum meum ius persequar CIC.*Caec*.8; *Sen*.18; CAES.*Gal*.2.20.3; quid faciam ~be HOR.*S*.2.1.5;—(*w. adv., ellipt., etc*.) in emptionibus iure utimur eo, quo lex ~psit VAR.*R*.2.2.5; de omnibus ~bemus CIC.*Inv*.2.53; SEN.*Ep*.45.9; ita codicillis ~pserat TAC.*Ann*.15.64.

6 (dub.) To write out (from shorthand).

miles notario suo testamentum scribendum notis dictauit et antequam litteris ~beretur (per- *edd*.).. PAUL.*dig*.29.1.40.

praescriptiō ~ōnis, *f*. [prec.+-TIO]

1 A written prefix, preamble, title.

in indice et in ~one legis CIC.*Agr*.2.22; illud senatus consultum..ea ~one est, ut..officium meum in te obscurum esse non possit *Fam*.5.2.4; SIC.FL.*agrim*.p.125; (*w. defining gen*.) tribuniciae potestatis ~one TAC.*Ann*.1.7.

2 (leg.) A preliminary clause or preamble defining the scope of a lawsuit. **b** (transf.) a preliminary limiting device or objection raised by the defendant, a demurrer; (based esp. on arguments of lapse of time); (based on arguments of prejudgement).

~onum cautionumque praeceptio CIC.*Orat*.141; necesse est ut cum hac ~one agamus: ea res agatur cuius rei dies fuit GAIUS *Inst*.4.131; ~ones..appellatas esse ab eo, quod ante formulas praescribuntur 4.132. **b** fingamus..a te ipsa uel ab alia..rea hanc quoque proponi ~onem QUINT.*Decl*.249(p.21,l.2); *Inst*.3.6.72; aut intentio aut ~o habet controuersiam 7.5.2; ULP.*dig*.2.8.7;—~o quinque annorum PAPIN.*dig*.40.15.2.2; ~o longae possessionis 41.3.45; post longi temporis ~onem ULP.*dig*.12.2.13.1;—iudicatae..rei ~o coheredi..obstare non potest PAPIN.*dig*.44.2.29; ~one rei..iudicatae MACER *dig*.42.1.63.

3 An excuse, cover.

ut honesta ~one rem turpissimam tegerent CAES.*Civ*.3.32.4.

4 A precept, direction, rule; a limiting regulation, limitation.

dum modo illa..~o moderatioque teneatur CIC.*Cael*.42; hanc normam hanc regulam hanc ~onem esse naturae *Luc*.140; qui potuerint eorum praeceptorum sequi ~ones, erunt prudentiores VITR.2.10.3;—in hac ~one semihorae CIC.*Rab.Perd*.6; reduc te ab istis exceptionibus et ~onibus philosophorum SEN.*Ep*.48.12; facto..large et sine ~one generis aut numeri senatus consulto TAC.*Ann*.6.15.

praescriptum ~ī, *n*. [pple. of PRAESCRIBO]

1 A line drawn to define a boundary, route, etc. **b** letters traced out for children to follow when learning to write.

intra..~um Gelonos exiguis equitare campis HOR.*Carm*.2.9.23; (*fig., or in fig. phr*.) tu mihi supremae ~a ad candida calcis currenti spatium praemonstra LUCR.6.92; in illo feras me necesse est non per ~um euntem SEN.*Ep*.88.18; ad ~um opinionis et famae confinxere puerum..corruisse APUL.*Apol*.42. **b** pueri ad ~um discunt SEN.*Ep*.94.51; continebitur enim utrimque marginibus neque extra ~um egredi poterit QUINT.*Inst*.1.1.27; (*cf*.) sic litterarum ductus, ut scribendi fiat usus, pueri sequuntur..omnis denique disciplinae initia ad propositum sibi ~um formari uidemus 10.2.2.

2 A precept, rule, ordinance.

quid est quo ~um aliquod aut formulam exprimas..? CIC.*Orat*.36; omnia legum imperio et ~o fieri uidebitis *Clu*.147; alter omnia agere ad ~um, alter libere ad summam rerum consulere debet CAES.*Civ*.3.51.4; non ita Romuli ~um HOR.*Carm*.2.15.11; ad ~um consulis..comitia habita LIV.10.22.8; ne putes me primum ex nostris non ex ~o loqui SEN.*Ep*.113.23; quod (ciuitas) per ambitionem et ultra ~um data esset SUET.*Jul*.28.3; SECVNDVM ~VM DIVINAE ORATIONIS *CIL* 2.6278.46; PARENTI MONIMENTVM..EX ~O EIVS FECERVNT 8.3654.

praesecō ~are ~uī ~tum, *tr*. [PRAE-+SECO] FORMS: *-sic-* VAR.*L*.5.104, *R*.3.16.34; *~atus* APUL.*Met*.1.13.

1 To cut away the end of, cut at the end. **b** to cut away (an extremity or protrusion).

siqua⟨e⟩ pars (*sc*. faui) nihil habet aut habet incunatum, cultello praesicatur VAR.*R*.3.16.34; proiecturas tignorum, quantum eminebant..~uerunt VITR.4.2.2; liniam ~are PLIN.*Nat*.32.13. **b** ~tis omnium mulierum crinibus CAES.*Civ*.3.9.3; quam laesus fuerat partem, Poeantius heros certa debuerat ~uisse manu OV.*Rem*.112; radicem harundinis acuta falce ~tam COL.*Arb*.29.1; ~to Gorgona collo STAT.*Theb*.1.544; (*impers. pass*.) brassica ut pracsica, quod ex eius scapo minutatim praesicatur VAR.*L*.5.104.

2 To cut, slit (on the surface, at an extremity).

quod sibi gulam ~uit SEN.*Dial*.7.19.1; ~ata gula APUL.*Met*.1.13; (*in fig. phr*.) ~tum..ad unguem HOR.*Ars* 294.

praesegmen ~inis, *n*. [prec.+-MEN] A piece cut off (from an extremity), clipping.

omnia apstulit ~ina (*sc. of nails*) PL.*Aul*.313; cadauerum ~ina APUL.*Met*.2.20.

praesēminātiō ~ōnis, *f*. [PRAE-+SEMINO+-TIO] An embryo.

quod in corpore ~o crescens..detrahit alimentum in se VITR.2.9.1.

praesens ~ntis, *a*. *compar*. ~ntior, *superl*. ~ntissimus. [pple. of PRAESENS]

1 Being in the same place (as some other person indicated by the context), present, (used predicatively) face to face, in person, in the flesh. **b** (applied to physical or mental attributes). **c** (w. ellipsis of a pron.). **d** (abl. absol.; also, in early authors, sg. pple. retained w. pl. sb.). **e** (conjoined w. *uiuus*) still in the land of the living, still with us. **f** (as sb.) a person who is present, someone on the spot.

com peroranto ambo ~ntes *Lex XII*(*Font.iur*.p.19); apsentis uiros perinde habetis quasi ~ntes sient PL.*St*.100; egone quid uelim? cum milite istoc ~ns absens ut sies TER.*Eu*.192; cum C. Marius maerorem orationis meae ~ns ac sedens multum lacrimis suis adiuuaret CIC.*de Orat*.2.196; de eo cuius ~ntis nefarium..uoltum intuebantur *Clu*.29; uellem ~ntem possem P. Heluidium Rufum..nominare 198; statuit cum iis de omnibus pactionibus ~ns agere SAL.*Jug*.29.3; felix, qui potuit ~nti flere puellae PROP.1.12.15; non ~ntem solum dictatorem obstitisse rei bene gerendae sed absentem etiam gestae obstare LIV.22.25.4; mittit ab indomitis hanc, Messaline, salutem, quam solitus ~ns est tibi ferre, Getis OV.*Pont*.2.2.4; ipse supplex et ~ns se regnumque dicioni eius permisit VELL.2.37.4; ~ntem cantat Achillem STAT.*Ach*.1.579; ni ~ns urbe potiretur, expertem se belli gloriaeque ratus TAC.*Hist*.3.52; erat Miseni classemque imperio ~ns regebat PLIN.*Ep*.6.16.4; (*cf*.) qui mutum aut furiosum aut infantem exhibet, non potest uideri eius praestare praesentiam: nemo enim ex eo genere ~ns satis apte appellari potest POMPON.*dig*.50.16.246; (*of things*) in eam partem quasi in totam rem ~ntem fiebat uindicatio GAIUS *Inst*.4.17;—(*for emphasis applied to both parties in a confrontation*) quom hanc sibi uidebit ~ns ~nti eripi TER.*Ad*.668; hic qui me aperte..~ntem ~ns dictis mertare institit ACC.*trag*.134; etsi multa ~ns in ~ntem acerbe dixerat et fecerat CIC.*Att*.11.12.1;—(*w.* adsum) ~ns essuriens adest PL.*St*.577; TER.*Ad*.393; adest ~ns uir singulari uirtute..praeditus M. Bibulus CIC.*Dom*.39; CAES.*Gal*.7.62.2; LIV.36.26.6;—(*w.* coram, palam) seic data esse uerba ~nti palam! PL.*Epid*.521; cum testimonia quoque in publicis iudiciis non absentes..dare, sed coram et ~ntes dicere cogerentur TAC.*Dial*.36.7;—(*w.* in+*abl*.) pube ~nti in contione PL.*Ps*.126. **b** si ~ns ualuit aspectus CIC.*Balb*.49; coram agnoscere uultus..~ntiaque ora uidebar VERG.*A*.3.174;—multa..quae mox narret facundia ~ns HOR.*Ars* 184. **c** facile patior te id ad me συμπόσιον non scribere; ~ntem audire malo CIC.*Att*.12.2.2; si quid de se agi uellent, potius de ~nte quaestio haberetur, quam absens inuidiae crimine accusaretur NEP.*Alc*.4.1; HOR.*Epod*.1.22; ut..in curiam censor uenit, multo infestius singuli uniuersique ~ntem lacerare LIV.42.3.5. **d** MAX⟨V⟩MAS COPIAS CARTACINIENSIS ~NTE⟨D HANNIBALED⟩ DICTATORED OL⟨OR⟩OM..PVCN⟨ANDOD VICET⟩ *CIL* 1.25; ut Demaeneto tibi ero ~nte reddam PL.*As*.455; exercitu suo ~nte conclamauit: quid ad se uenirent? CAES.*Gal*.1.47.6; has ~ntibus principibus deponit in templo Dianae NEP.*Han*.9.3; LIV.1.32.12; GAIUS *Inst*.1.112; APUL.*Apol*.78;—~nte nobis (*s.v.l*.) PL.*Am*.400; ~nte his ACC.*trag*.428; apud forum ~nte testibus mihi uendidit POMPON.*com*.168; ~nte omnibus NOV.*com*.57; id ~nte legatis omnibus exercitu pronuntiat VAR.*gram*.47; ~nte multis *Rhet.Her*.4.16. **e** ludos ego hodie uiuo ~nti hic seni faciam PL.*Mos*.427; ut duos summos uiros eis, qui neutrum illorum uiderint, eorum, quibus ambo illi oratores cogniti sint, uiuorum et ~ntium memoria teste commendemus CIC.*de Orat*.2.9; neque solum uiui atque ~ntes studiosos discendi erudiunt *Off*.1.156; in eo tempore non pudet te eorum dem preces expetere, quo uiuos atque ~ntes relictos atque desertos habueris? CORNELIA *Nep*.fr.2. **f** adeste sultis, praeda erit ~ntium PL.*St*.220; non dubito quid ~ntes sentiant CIC.*Fam*.15.9.1; ut tamquam ~ntibus coram haberi sermo uideretur *Amic*.3; absentes ferociter increpant; ~ntium..uerecundiam habent LIV.5.25.12; missus est in locum eius Vettius Bolanus e ~ntibus TAC.*Hist*.2.65; ULP.*dig*.4.6.23.3.

2 (of actions, conduct, etc.) Performed or manifested (by someone) in person.

cetera..~nti sermoni reseruentur CIC.*Q.Fr*.2.6.1; opto ut mihi liceat iam ~nti pietate meorum officiorum tua beneficia tibi facere iucundiora PLANC.*Fam*.10.23.6; cui caueri utcumque ab urbanis insidiis ~nti opera TAC.*Ann*.14.57.

3 (of persons) Present in a helpful or opportune manner; (esp. of gods, etc., often combining w. the sense 'bodily present').

qui Fortunae te responsare superbae..~ns hortatur et aptat HOR.*Ep*.1.1.69; huic quoque ~ntis Aetolis urbibus adfert belli fama uiros STAT.*Theb*.4.101;—uinum precemur, nam hic deus ~ns adest PL.fr.inc.159; ea qui praebet, non tu hunc habeas plane ~ntem deum? TER.*Ph*.345; deos..immortalis huic inuicto populo..contra tantam uim sceleris ~ntis auxilium esse laturos CIC.*Catil*.2.19; *Tusc*.1.28; uos, agrestum ~ntia numina, Fauni VERG.*G*.1.10; at uos, ~ntes Austri, coquite horum obsonia HOR.*S*.2.2.41; *Carm*.4.14.43; militem..laetum tam ~ntibus ac secundis dis LIV.7.26.7; nec tibi subsidio ~ns sit numen OV.*Ib*.281; STAT.*Silv*.1.1.62; templum non illud uetus, non illud ~ntissimae religionis QUINT.*Decl*.323(p.272,l.23); templorum quoque maiestas ~ntior JUV.11.111; per hodierni diei ~ntissimum numen adiurans APUL.*Met*.3.12; (*foll. by inf*.) diua..~ns..imo tollere de gradu mortale corpus HOR.*Carm*.1.35.2; (*cf*.) ades o mihi dextera, tantum tu ~ns bellis et ineuitabile numen STAT.*Theb*.9.549.

4 (of the mind or spirit; also, of persons) Resolute, ready, prompt.

fac animo haec ~nti dicas TER.*Eu*.769; animus acer et ~ns et acutus CIC.*de Orat*.2.84; *Mil*.29; ~nti animo uti *Off*.1.80; postquam haec centurio ~nti animo aduersus opinionem eius est locutus *B.Afr*.46.1; ~ntissimo animo pugnans *B.Alex*.40.3; si cui uirtus animusque in pectore ~ns VERG.*A*.5.363; ~ntioribus animis LIV.31.46.11; L. Vinicius, quo nemo ciuis Romanus in agendis causis ~ntius habuit ingenium SEN.*Con*.2.5.20; opus est..ingenio ueloci ac mobili, animo ~nti et acri QUINT.*Inst*.6.4.8;—(*of persons*) at quanto..~ntior ipse per Veneris feci numina magna fidem OV.*Am*.2.8.17; (*w.* ingenio) Crassus, ut ~ns ingenio semper PLIN.*Nat*.17.4.

5 (of actions, processes, conditions, etc.) Efficacious, ready, effective. **b** (of remedies, etc.).

satin eadem uigilanti expetunt quae in somnis uisa memoras? eu hercle ~ns somnium! PL.*Mil*.394; perge porro. ~ns hicquidem est apologus *St*.544; multis saepe in difficillimis rebus ~ns auxilium eius oblatum est CIC.*Ver*.4.107; tu pro germano si quid ~ntius audes, perge VERG.*A*.12.152; signum..quo non ~ntius ullum turbauit mentes Italas 12.245; hic ego tibi templum Statori Ioui, quod monumentum sit posteris tua ~nti ope seruatam urbem esse, uoueo LIV.1.12.6; mihi tam ~ns ratio non ulla uidetur, qua..MAN.1.483; non possum tibi proditionis argumentum afferre ~ntius CALP.*Decl*.7; nam utilis et ~ns est et pecuniam creditam continet (condicio) ULP.*dig*.45.1.7;—(*cf. sense 5b*) ingens sudor effunditur, idque ~ntissimum auxilium est CELS.3.7.2.D; ~ns..in aliquo antidoto praesidium est 5.27.3.E. **b** tardum..saporem felicis mali, quo non ~ntius ullum, pocula si quando saeuae infecere nouercae VERG.*G*.2.127; eiusdem (*sc*. hyaenae) cauernam sinistro lacerto alligatam..amatorium esse tam ~ns (dicunt) ut ilico sequatur (mulier) PLIN.*Nat*.28.106; ~ntissima medicina [QUINT.]*Decl*.13.19;—(*w.* ad, contra, *etc*.) ad scabiem ~ntior alia medicina est COL.6.13.1; radix aduersus serpentium ictus et scorpionum ~ntis remedii est PLIN.*Nat*.21.118; contra crocodilorum quidem morsus non aliud ~ntius habetur 32.46;—(*of a poison*) de serpentibus..quos paruos admodum et ueneni ~ntis..ex limo..paludium emergere..traditum est MELA 3.82; esse (taxum) in Arcadia tam ~ntis ueneni, ut qui obdormiant sub ea cibumue sapiant moriantur PLIN.*Nat*.16.51.

6 That occurs without delay, immediate, instant; that takes effect at once, immediately operative; (adv. or quasi-adv.) at once, immediately, with immediate effect. **b** (of danger, etc.) that presses close upon one, imminent, urgent, instant.

cum tamen a ~nti supplicio tuo continuit populus Romanus se CIC.*Ver*.5.74; ~ns..poena sit *Div*.2.122; quod..Pompeius ~ntem facultatem insequendi sui ademerat CAES.*Civ*.1.29.1; aut mihi ~nti peperissem uulnere lectum *Ciris* 282; regem ad supplicium ~nti Marte reposcunt VERG.*A*.8.495; PROP.2.30.12; consulite utrum ~ns deditio eorum fieri possit an in diem differatur LIV.9.9.19; quippe morsum ~ns mors sequebatur CURT.9.1.12; STAT.*Theb*.11.305; qui ~nti domitant periura Palici pectora supplicio SIL.14.219; QUINT.*Decl*.348(p.370,l.9); adulteria, quorum poena ~ns et maritis permissa TAC.*Ger*.19.2; FLOR.*Epit*.1.17(1.26.7); JUV.1.142;—ipse pater dextram Anchises..dat iuueni atque animum ~nti pignore firmat VERG.*A*.3.611; LIV.44.34.7; dummodo ~ns sit obligatio: ceterum si in diem sit uel sub condicione obligatio.. ULP.*dig*.12.1.9; quidam putant ~ntem..esse mandati actionem PAUL.*dig*.17.1.22.1;—quod uir uxori in diem debet, sine metu donationis ~ns soluere potest POMPON.*dig*.24.1.31.6; si, cum in diem deberetur, fraudator ~ns soluerit ULP.*dig*.42.8.10.12; PAUL.*dig*.7.1.4. **b** in ~nti metu mortis CIC.*Caec*.31; ut..regem..meus aduentus ~ntibus insidiis liberarit *Fam*.15.2.8; ~ns uis ipsa pericli LUCR.6.603; ~ntis periculi atque inopiae uitandae causa CAES.*Civ*.3.17.6; praetores..ad propius ~ntiusque malum cautiores esse LIV.24.32.3; 42.53.7; quos ~nti periculo fortuna subduxerat VELL.2.72.5; auxilium in publicum polliceri quod ~ntissimis quibusque periculis desit QUINT.*Inst*.10.7.1.

7 (of money) Paid at once in cash, ready.

uendit eas omnis..~nti argento PL.*Poen*.89; praeconium ~ns SS. L CATO *Agr*.146.1; AGRVM LOCVM..PEQVNIA ~NTI VENDITO *CIL* 1.585.74; qui de residuis ↄↄↄↄ HS ↄↄ ~ntia soluerimus CIC.*Att*.16.2.1; id..haud secus quam ~ntem mercedem regni aspernata plebes LIV.2.41.9; ex quo stipendium ~ns omnibus militibus daretur 23.31.2; Pythagoricus quidam emerat a sutore phaecasia..non ~ntibus nummis SEN.*Ben.*7.21.1; PETR.109.2; Labeo..~ns legatum deberi putat, sed rectius dicetur id legatum in annos singulos deberi LABEO *dig.*33.1.17; ULP.*dig.*42.1.15.7; (*cf.*) ut quisque est meritus, ~ns pretium pro factis ferat NAEV.*trag.*8; pretium eorum (beneficiorum) malle relinquere in accipientium animis quam ~ns exigere LIV.45.42.11.

8 (of things, etc.) Already in one's possession, ready to hand, easily accessible or available.

qui tantum ~ns lucrum nulla opera insumpta contempserit CIC.*Ver.*3.150; qui tibi ex me fructus debentur, eos uberiores et praesentiores ~ns capere potuisses *Fam.* 1.9.2; siue error aliquis siue etiam fortuna partam iam ~ntemque uictoriam interpellauisset CAES.*Civ.*3.73.5; in contentione ~ntis ad nocendum habent uiris HIRT.*Att.* 15.6.3; VERG.*A.*5.656; poma pater Pelopis ~ntia quaerit OV.*Ib.*177; nulla ~ns nauigantibus statio est SEN.*Suas.*1.4; —(*neut. pl. as sb.*) amicum condemnas de ~ntibus? antequam audias, antequam interroges..irasceris? SEN.*Dial.* 4.29.3; ut pro honestis et ~ntibus flagitiosa et incerta expectaret TAC.*Ann.*4.3.

9 Present to the mind or senses.

quod haec (*sc.* belua)..ad id solum, quod adest quodque ~ns est se accommodat CIC.*Off.*1.11; cuius rei gestae aut ~ntem aut auditam memoriam poterimus habere *Rhet.Her.* 3.4; ut digito quae sint ~ntia monstrent (*sc.* pueri) LUCR. 5.1032; adeo iniuriae Samnitium quam beneficii Romanorum memoria ~ntior erat LIV.8.2.7; si quaesieris, odium Cyclopis amorne Acidis in nobis fuerit ~ntior, edam OV. *Met.*13.757; quid poena ~ns, conscius mentis pauor animusque culpa plenus et semet timens? SEN.*Phaed.*162.

10 (of a place) In which one actually is at the moment; (neut. pl. as sb.) the immediate neighbourhood.

in medias Syrtes, mediam mea uela Charybdin mittite, ~nti dum careamus humo OV.*Pont.*4.14.10;—pars turbant ~ntia, alii montem Haemum transgrediuntur ut remotos populos concirent TAC.*Ann.*3.38.

11 a *in re ~nti*, also *in ~nti*, *re ~nti* (s.v.l.) At the scene of action, on the spot. **b** *in rem ~ntem*, to the place or situation in question, to the actual spot or scene. **c** *in ~nti*, on the present occasion, in the case or instance in question.

a ego fui illi in re ~nti et meus quom pugnatum est pater PL.*Am.*249; qui inter populum Carthaginiensem et regem in re ~nti disceptarent LIV.34.62.15; ipse in re ~nti fui et uidi tuam quoque statuam in bibliotheca positam PLIN. *Ep.Tra.*10.81(85).7; *CIL* 9.2438.14; nuntiationem (*sc.* operis noui)..in re ~nti faciendam meminisse oportebit, id est eo loci, ubi opus fiat ULP.*dig.*39.1.5.2; (*w. ref. to summary punishment*) si plus admiserint, quam ut in re ~nti satis puniantur..notum facies TRA.*Plin.Ep.*10.78(82).3;—compositiones non solum quas desiderasti, uerum etiam si quas alias expertas in ~nti habui, in hunc librum contuli LARG.pr.p.5,l.18;—re ~nti cognosce<re> CATO *orat.*202. **b** cum in rem ~ntem uenimus CIC.*de Orat.*1.250; quo die in rem ~ntem ueniretur *Caec.*20; ut si constitueris, cuipiam te aduocatum in rem ~ntem esse uenturum *Off.* 1.32; V.MAX.7.3.4; in rem ~ntem uenias oportet SEN.*Ep.* 6.5; non potui magis te in rem ~ntem perducere PLIN.*Ep.* 3.9.26; (*cf.*) quibusdam..iratis profuit aspexisse speculum: ..uelut in rem ~ntem adducti non agnouerunt se SEN. *Dial.*4.36.1. **c** aut consimilem aut maiorem aut minorem agi rem in ~nti demonstrare CIC.*Inv.*1.24.

12 (of events, conditions, etc.) Occurring, obtaining, etc., here and now or in some contextually indicated circumstances, present, actual. **b** (w. *tempus*, *tempora*; or other words expr. time). **c** (neut., usu. pl., as sb.) present events, the present situation, the situation contemporary with given circumstances; (esp. in relation to a particular person) one's present situation or activities. **d** (leg.) *~nti die*, on the present day or the day in question, i.e. with immediate (i.e. unconditional) effect.

illud (malum) erat ~ns, huic erant dieculae PL.*Ps.*503; ut.. spem malefici ~ntis in incerto reliqui temporis euentu conlocares CIC.*Quinct.*83; ~ntem statum rei publicae *Att.* 4.13.1; ~nti malo aliis malis remedia dabantur CAES.*Civ.* 1.81.4; propter exercitus sui ~ntis paucitatem *B.Afr.*31.8; et aduersas superiores et ~ntes secundas res accidisse eius opera NEP.*Alc.*6.2; Hannibal..omnes ~ntes difficultates exposuit LIV.25.11.12; Lacedaemonii uetera, Macedones ~ntia decora intuebantur CURT.6.1.8; id..ego sane, quoniam ad ~ntem materiam nihil pertinet, iniudicatum relinquo QUINT.*Inst.*10.1.67; qui ~nti potentia credunt extingui posse etiam sequentis aeui memoriam TAC.*Ann.* 4.35; ~ntem..conditionem uerae origini anteposuit SUET. *Gram.*21(p.115Re); ad istum modum ~nti transacto negotio APUL.*Met.*10.26;—(*of a person*) uidebam, si uicissem ~ntem aduersarium, nimium multos mihi alios esse uincendos CIC.*Red.Sen.*33; a proditore, atque eo quem ~ntem hostem rei publicae cognosset *Prov.*14. **b** omnem memoriam temporum praeteritorum, salutem ~ntium, spem reliquorum CIC.*Flac.*3; LUCR.2.1166; quae fere res non solum inopia ~ntis, sed etiam futuri temporis timore ingrauescere consueuit CAES.*Civ.*1.52.1; LIV.3.36.9; o utinam ..ego ~nti tempore nulla forem! OV.*Fast.*3.478;—quos et ~ns et postera respuat aetas HOR.*Ep.*2.1.42; OV.*Tr.*5.9.7; et certam ~ns uix feret hora fidem *Pont.*4.3.50; V.MAX.4.2.1. **c** ego nec praeterita nec ~ntia abs te, sed..futura exspecto CIC.*Fam.*2.8.1; mentem..quae..cum ~ntibus futura copulet *Fin.*2.45; ut..stulti nec uitare uenientia possint nec ferre ~ntia *N.D.*1.23; Aristippum..temptantem maiora, fere ~ntibus aequum HOR.*Ep.*1.17.24; taedio ~ntium LIV. 3.37.3; VELL.2.75.2; Drusus..quia ~ntia satis consederant, in urbem rediit TAC.*Ann.*1.30; compositis ~ntibus 1.45; —quia id tutissimum ex ~ntibus uidebatur LIV.24.23.5; ipse abunde ratus si ~ntibus frueretur TAC.*Hist.*2.95; atrox hiems et parum prouisi commeatus..perpellunt Vologesen omittere ~ntia *Ann.*12.50;—(*sg.*) ut interdum in gaudio surgit animus et spem ex ~nti metum, ita aduersis frangitur SEN.*Suas.*5.1. **d** cum testamento ~nti die seruus liber esse iussus est JULIAN *dig.*15.1.14; legauit mihi centum ~nti die, tibi aeque centum sub condicione AFRIC.*dig.* 35.2.88.3; GAIUS *Inst.*4.67.

13 (gram.) Expressing present time, present.

in uerborum genere quae tempora adsignificant, quod ea erant tria, praeteritum, ~ns, futurum VAR.*L.*8.20; ab amo et eiusmodi omnibus uerbis oriuntur ~ns et futurum et amans et amaturus 8.58.

14 Characteristic of the present day, modern, contemporary; (neut. pl. as sb.) modern or contemporary works.

ut se non cum ~ntibus modo sed cum omnis aeui claris uiris comparent LIV.28.43.6; uidisse ipsos abripi coniuges ad libita Caesarum: procul id a ~nti modestia TAC.*Ann.* 12.6; ~ntia mala uetustis cladibus adsimulantem 15.39; —qui detractat ~ntia, Liuor OV.*Tr.*4.10.123.

15 Belonging (only) to the present, momentary.

~ntis fructus neglegamus, posteritatis gloriae seruiamus CIC.*Sest.*143; quae (*sc.* praemia) speciosum reddebant ~ntem exercitus amorem, paulatim tamen..militarem disciplinam..minuebant *B.Alex.*48.3; licuit semperque licebit signatum ~nte nota producere nomen HOR.*Ars* 59; quia ea regio ~ntis erat copiae, non perpetuae LIV.22.15.2; ~ns utilitas uicit 26.16.7; ne..ab utilitate eum causae ~ntis cupido laudis abducat QUINT.*Inst.*12.9.1; si ~ntis custodiae causa, non perpetuae ueluti thensauro depositum esset JAVOL.*dig.*34.2.39.1.

16 (various advl. phrs.) For the moment, for the present, temporarily. **a** *in* (or *ad*) *~ns* **b** *in ~ntia*. **c** *in ~nti* (dub.; in most cases the text has been doubted, or MS. variants exist). **d** *in ~ns tempus*.

a si causa peccandi in ~ns minus suppetebat SAL.*Cat.* 16.3; laetus in ~ns animus quod ultra est oderit curare HOR. *Carm.*2.16.25; populos nos Campanus..ad uos..misit amicitiam in perpetuum, auxilium in ~ns a uobis petitum LIV.7.30.1; Achaiam ac Macedoniam..leuari in ~ns proconsulari imperio tradique Caesari placuit TAC.*Ann.*1.76; AUR.*Fro.*1.p.248(90N); (*cf. sense* 7) cum emere uellet.. domum et pecuniam in ~ns non haberet GEL.12.12.2;—occidisse ad ~ns contenti cibos in uictoriam differunt PLIN. *Nat.*9.31; tumultuariis armamentis ad ~ns comparatis Ostiam nauigauit (nauis) JULIAN.*dig.*14.2.6. **b** suauia in ~ntia quae essent prima habere neque consulere in longitudinem TER.*Hau.*962; de inductione quidem satis in ~ntia dictum uidetur CIC.*Inv.*1.56; pecuniam et argentum in ~ntia familiae donauit *B.Hisp.*33.3; si quibus argentum in ~ntia deesset, dandam ex aerario pecuniam mutuam LIV. 22.60.4; in ~ntia quae maxime urgebat res..praesidium.. mittit 28.5.10; differam hoc in ~ntia SEN.*Ep.*52.15; (hoc medicamentum) et in ~ntia dolorem tollit et in futurum remediat LARG.122; fingamus in ~ntia scire QUINT.*Inst.* 5.7.15; inuidiam in ~ntia uitans SUET.*Tib.*22;—(*cf. sense* 7) numquam adeo astutus fui quin quidquid possem mallem auferre potius in ~ntia TER.*Ad.*222; CIC.*Att.*15.20.4; negauerant esse, unde iis in ~ntia solueretur LIV.31.13.3. **c** haec ad te in ~nti scripsi CIC.*Fam.*2.10.4; quam ut et in ~nti sceleratos ciuis timore ab impugnanda patria deterrerem et in posterum documentum statuerem.. *ad Brut.* 1.15.10; hoc et in ~nti tollit dolorem et in futurum remediat LARG.162; (*cf. sense* 7) daret..talenta centum argenti in ~nti et quinquaginta talenta in singulos annos per annos octo LIV.34.35.11. **d** ut..pleraque differat et ~ns in tempus omittat HOR.*Ars* 44; interdum in ~ns tempus plus profici dolo quam uirtute LIV.42.47.8.

praesensiō ~ōnis, *f.* [PRAESENTIO+-TIO]

1 An awareness beforehand, foreknowledge, presentiment.

sunt..innumerabiles ~ones non fortuitae CIC.*Div.*2.109; —(*w. obj. gen.*) multarum..rerum in terra portenta atque etiam per exta inuenta ~o *Top.*77; praedictiones..et ~ones rerum futurarum *N.D.*2.7; *Div.*1.1.

2 A preconceived idea, preconception.

ad hanc ~onem notionemque nostram nihil uideo quod potius accommodem quam ut.. CIC.*N.D.*2.45.

praesentāneus ~a ~um, *a.* [PRAESENS+-ANEVS]

1 Immediately operative, prompt in effect.

boletos..nihil occulti operis iudicas facere, etiam si ~i non fuerunt? SEN.*Ep.*95.25; ~o remedio PLIN.*Nat.*20.9; ~o ueneno 24.2; fractis ossibus ~us maxillarum apri cinis 28.227; coegit..se coram in cubiculo quam posset uelocissimum ac ~um (uenenum) coquere SUET.*Nero* 33.2.

2 *~a porca*: (see quot.).

~a porca dicitur..quae familiae purgandae causa Cereri immolatur, quod pars quaedam eius sacrificii fit in conspectu mortui eius, cuius funus instituitur VERAN.*iur.*7.

praesentārius ~a ~um, *a.* [PRAESENS+-ARIVS]

1 Paid on the spot in cash, in ready money.

<si> hercle nunc ferat sex talenta magna argenti pro istis ~a PL.*Mos.*913; quia aurum poscunt ~um *Poen.*705; (*transf.*) qui si quid bene promittunt, perspisso euenit, id quod mali promittunt, ~ist 793.

2 That takes effect at once, immediately operative, prompt.

uenenum sibi Carthaginienses dedisse, non ~um sed eiusmodi, quod mortem in diem proferret GEL.7(6).4.1; uenenum ~um comparat APUL.*Met.*10.4; (*cf.*) antequam nostri uim ~am experiaris 2.25.

praesentia ~ae, *f.* [PRAESENS+-IA] N.B.: For *in praesentiarum* see IMPRAESENTIARVM.

1 The fact of being in the same place (as some other person or thing indicated in the context), presence. **b** (leg.) presence, availability (in court or sale-room); *in ~a esse*, to be present or available. **c** (w. additional temporal force); *in ~a esse*, to exist here (or in the place indicated by the context) and now.

multa fert lubido; ea facere prohibet tua ~a TER.*Hau.* 573; neque in ~a Timarchidi quid responderet habuit CIC. *Ver.*2.69; ut..~ae tuae desiderium meo labore minuatur *Fam.*5.8.5; quarum..rerum ~a sumus in aegritudine, easdem inpendentes et uenientes timemus *Tusc.*3.14; PLANC.*Fam.*10.18.3; tum uero incumbunt (urget ~a Turni) VERG.*A.*9.73; LIV.27.30.17; defuit officio Paridis ~a tristi OV.*Met.*12.4; scies magnorum uirorum non minus ~am esse utilem quam memoriam SEN.*Ep.*102.30; uulgus..~am Pisonis exposcere TAC.*Hist.*4.49; SUET.*Nero* 23.1; in eundem locum omnium ~am fieri oportet POMPON.*dig.*11.2.1; ut.. non fuga simus tuti nec absentia, sed uigore animi et constanti ~a GEL.15.2.8. **b** exhibere est ~am corporis praebere GAIUS *dig.*50.16.22; si in ~am personae, quae instruere possit, dilatio petatur ULP.*dig.*50.16.99.3; exhibet, qui praestat eius de quo agitur ~am POMPON.*dig.*50.16.246; —animalia, quae mancipi sunt, nisi in ~a sint, mancipari non possunt GAIUS *Inst.*1.121; PAUL.*dig.*41.2.1.21. **c** non solum de his luminibus, quae in ~a erunt, sed etiam de his, quae postea fuerint JULIAN.*dig.*8.2.22.

2 Helpful, powerful, or opportune presence. **b** *~a animi*, resolution, pertinacity.

Hispaniae nunc ipsius ~a, nunc Agrippae..multo uarioque Marte pacatae VELL.2.90.1; circumferens terrarum orbi ~a sua pacis suae bona 2.92.2; ut facile periculi..cogitationem ~a eius excuteret CURT.7.8.4;—(*of gods*) ipsorum.. deorum..~ae..declarant CIC.*N.D.*2.166; numinum ~am PHAED.4.25(26).32; (*cf.*) tanta est ~a ueri OV.*Met.*4.612. **b** uidebant sapientissimi homines facti rationem, ~am animi, defensionis constantiam CIC.*Mil.*62; tanta militum uirtus atque ea ~a animi fuit ut.. CAES.*Gal.*5.43.4; obstinata..animi ~a extortam manibus hostium uictoriam V.MAX.3.2.9; PLIN.*Nat.*8.92; *CIL* 6.1527.1.17.

3 *in ~am*, For the time being. (N.B.: for exx. of the phr. *in praesentia* in a temporal sense, see PRAESENS).

uictoriae..in ~am (*v.l.* praesentia) declarandae causa CIC.*Inv.*2.69.

praesentiō ~tīre ~sī ~sum, *tr.* [PRAE-+SENTIO]

1 To perceive beforehand with the senses, sense beforehand.

fecisset edepol, ni haec ~sisset canes PL.*Trin.*172; humanum longe ~tit odorem..anser LUCR.4.682; sin.. naribus nidorem domesticum ~sit APUL.*Apol.*57; (*w. acc. and inf.*) ibi me adesse neuter tum ~serant TER.*An.*839; (*impers. pass.*) quamquam..morati cursum nauium erant.. ut ante lucem accederent..~sum..est quia..luna pernox erat LIV.21.49.9; (*ellipt.*) uolui inicere tragulam in nostrum senem; uerum is nescioquo pacto ~sit prius PL.*Ps.*408.

2 To apprehend beforehand, have a presentiment of.

si nihil animus ~tiret in posterum CIC.*Arch.*29; *Div.*1.124; ut..futurum non quirient animo ~tire LUCR.5.1343; regina dolos..~sit VERG.*A.*4.297; prima malum nutrix animo ~sit anili OV.*Ep.*11.33; ~sisse ac praedixisse..terrae motum PLIN.*Nat.*2.191; Fannius, quod accidit, multo ante ~tit PLIN. *Ep.*5.5.5;—(*w. acc. and inf.*) cum talem esse deum certa notione animi ~tiamus CIC.*N.D.*2.45; (*w. indir. qu.*) ~tit animus et augurat..quae futura sit suauitas *Ep.*fr. 10(9).3;—(*absol.*) per te ~tit haruspex TIB.2.5.13.

praesentō ~āre, *tr.* [PRAESENS+-O[3]] To exhibit, present (to the mind or senses).

dictorum denique factorumque uelut quasdam copias.. eadem illa uis (*sc.* memoria) ~at QUINT.*Inst.*11.2.1; supplicanti..sese Iuno..~at APUL.*Met.*6.4.

praesēpe (-saep-) ~is, *n.* Also ~ēs ~is, *f.* [PRAE, SAEPES] A stall for cattle or horses, esp. as the place where they are fed. **b** (fig., of a person's own home or ground). **c** (transf.) a brothel. **d** (app.) a balustrade.

equus qui de ~ibus fartus uincla..abrupit ENN.*Ann.*514; cum primum pasti repetent ~ia tauri VERG.*Ecl.*7.39; in ~ibus ursi saeuire *A.*7.17; VITR.6.6.5; ad ~ia debent plena coronato stare boues capite TIB.2.1.7; ~ibus altis quadripedes ducunt OV.*Met.*2.120; licet..nocturna..pastor claudere fraxinea nolit ~ia crate CALP.*Ecl.*1.38; in stabulo sint ampla ~ia COL.6.2.3; aduectos cum plena ferant ~ia culmos LUC.6.85; PLIN.*Nat.*18.258; V.FL.3.56; facies olida ad ~ia pictas JUV.8.157; SUET.*Cal.*55.3; (*transf.*) scurra uagus, non qui certum ~e teneret HOR.*Ep.*1.15.28; (*poet., of a hive*) ignauum fucos pecus a ~ibus arcent VERG.*G.*4.168; (*meton.*) qui bona donauit ~ibus JUV.1.59; (*as the name of a star-cluster*) duae stellae paruae aselli appellatae, exiguum inter illas spatium obtinente nubecula, quam ~ia appellant PLIN.*Nat.*18.353. **β** bonas ~is CATO *Agr.*4.1; ~is bubus hibernas 14.1; ~is laxas VAR.*R.*1.13.6; (*transf.*) quin reciperet se huc essum ad ~em suam PL.*Cur.*228. **b** scit, si id impetret, futurum quod amat intra ~is suas PL.*Cas.* 57; uocat me hic intra ~is meas *Rud.*1038; fr.inc.161. **c** uerum audis in ~ibus, audis in stupris, audis in cibo et uino CIC.*Pis.*42. **d** ~IA MARMORAVIT P LXVIII *CIL* 14.4314.

praesēpiō (-saep-) ~īre ~sī ~tum, *tr.* [PRAE-+SAEPIO] To fence or barricade in front.

omni aditu ~to CAES.*Gal.*7.77.11; aditus..atque itinera duo..maximis defixis trabibus eisque praeacutis ~it *Civ.* 1.27.4; 3.49.3; Aris..qui contra, amplexus in artis auxilium atque excelsa loci, ~serat arcem SIL.15.233.

praesēpium (-saep-) ~(i)ī, *n.*: var. PRAESEPE.
cum creuerunt uituli, leuandae matres pabulo uiridi obiciendo in ~iis VAR.*R.*2.5.16; pabulum in ~io positum PLIN.*Nat.*8.29; ~ium meum ordeo passim repleri iubet APUL.*Met.*7.14; cibariis abundanter instruxit ~ium 9.11; me..adplicant ~io 9.12; me..miles ille..ab illo ~io..diductum abducit 10.1.

praesepultus ~a ~um, *a.* [PRAE-+*sepultus* (SEPELIO)] Buried before one's time.
(*hyperb.*) uideo senem meliore sui parte ~um (*i.e. 'with one foot in the grave'*) [QUINT.]*Decl.*9.23.

praesertim, *adv.* [PRAE-+SERO²+-IM]
1 (emphasizing single words or phrs.) Above all, first and foremost, especially.
egone istuc ausim facere, ~ tibi? PL.*Poen.*149; tardo amico nihil est quicquam nequius, ~ homini amanti 505; TER.*Hec.*705; cito..exarescit lacrima, ~ in alienis malis CIC.*Part.*57; inopia sociorum, ~ fidelium *Att.*5.18.1; retinenda..est..uerecundia, ~ natura ipsa magistra et duce *Off.*1.129; LUCR.5.84; ~ homines tantulae staturae CAES.*Gal.*2.30.4; liber et ingenuus, ~ census equestrem summam nummorum HOR.*Ars* 383; *Aetna* 347; in tumulum quendam non..satis tutum, ~ agmini perculso LIV.25.36.2; 39.26.13; uera esse, quae de nobis, ~ tam magnifica, dixisti PLIN.*Pan.*91.4; APUL.*Met.*4.12;—(*placed after the word it chiefly qualifies*) hoc ~ tempore LUCIL.537; perfacile est isti loco respondere, mihi ~ a quo illa causa defensa est CIC.*Cael.*24; priuato ~ consilio *Phil.*3.12; quod non multis contigit, Graecis ~, *Fam.*13.78.1; superbiam, uerborum ~, iracundi oderunt LIV.45.23.18; auctores..qui desertam..partem oratoriae artis, meliorem ~, occupauerunt QUINT.*Inst.*1.pr.17; PLIN.*Pan.*84.2; JUV.15.109; SUET.*Tib.*21.3; APUL.*Met.*4.18.
2 (emphasizing subordinate cls.): **a** (w. supporting *cum* cls.) especially (since, seeing that, when, or sim.); (w. rel. cls.) especially (since he or sim.). **b** (w. adversative cls.) and that too (although, in spite of the fact that, or sim.). **c** (w. *si*) especially (if); (w. cl. of manner) especially (as).
a ~ quom is me dignum..habuit, me habere honorem eius ingenio decet PL.*As.*80; debeam..isti quicquam furcifero si id fecerim; ~ quom se seruom fateatur tuom TER.*Eu.*863; neque..est boni..parentis..eum non et uestire et ornare, ~ cum te locupletem esse negare non possis CIC.*de Orat.*2.124; *Att.*5.21.9; difficile..esse, multa nouis uerbis ~ cum sit agendum LUCR.1.138; CAES.*Civ.*2.39.4; erat..ea sagacitate, ut decipi non posset, ~ cum animum attendisset ad cauendum NEP.*Alc.*5.2; surge et inhumanae senium depone Camenae..~ cum ualeas HOR.*Ep.*1.18.50; QUINT.*Inst.*7.9.12; SUET.*Cal.*8.5; APUL.*Met.*11.20;—(*following* cum) non dubito quin tibi odiosae sint epistulae cotidianae, cum ~ neque noua de re aliqua certiorem te faciam neque..CIC.*Att.*8.14.1; *Fam.*14.1.4; LUCR.5.52; uni si qua placet, culta puella sat est; cum tibi ~ Phoebus sua carmina donet PROP.1.2.27; LIV.3.52.9; 42.39.4; merito essent culpandi,..cum ~ Asclepiades etiam pluribus usus sit argumentis in hac re LARG.84; TAC.*Dial.*10.5; APUL.*Met.*7.9;—~ quae coniurasset mecum et firmasset fidem, — neque deos neque homines aequom est facere tibi posthac bene PL.*Cist.*241; CIC.*Agr.*3.4; ne..hostium impetum sustinere non posset, ~ quos recenti uictoria efferri sciret CAES.*Gal.*5.47.5;—(*following* qui, *etc.*) a me non potest argentum auferri, qui ~ senserim PL.*Ps.*505; LIV.25.6.7. **b** (*w.* cum) ita..demens erat ut eum quem conscium tanti sceleris habebat..Romam..mitteret ubi..sciret esse..C. Caesarem cui fecisset insidias, ~ cum is unus esset qui posset de absente se iudicare CIC.*Deiot.*21; *Phil.*8.5;—(*following* cum) scriptitauit accurate, cum ~ non esset orator *Brut.*267; *Orat.*32; omnia sub uerbone creat natura paratque? cum ~ aliis..longe dissimilis animus res cogitet omnis LUCR.4.786; SAL.*Jug.*2.4; TAC.*Dial.*24.3;—(*w.* qui) cum tribuno plebis quaestor non paruisti, cui tuus ~ collega pareret CIC.*Fam.*15.21.2. **c** ~ si in aliis causis intellexissent omnia me semper pro amicorum periculis, nihil umquam pro me ipso deprecatum CIC.*de Orat.*2.201; sera gratulatio reprehendi non solet, ~ si nulla neglegentia praetermissa est *Fam.*2.7.1; LUCR.4.539; VERG.*G.*2.310;—amo te et non neglexisse habeo gratiam. — ~ ut nunc sunt mores TER.*Ph.*55.

praeseruiō ~īre, *intr.* [PRAE-+SERVIO] (w. dat.) To be in attendance as a slave (on).
ut ~ire amanti meo possem patri PL.*Am.*126; (*transf., ellipt.*) ~it, labra delingit, delenit amore LUCIL.1004; (*fig.*) uerbum est indefinitum..neque numeris neque generibus ~iens GEL.1.7.6.

praeses ~idis, *m.*, (*f.*). [PRAE-+*se(d)s (SEDEO)]
1 A guardian, warden, custodian. **b** (applied to tutelary gods). **c** (of abst. things).
ite, inquam, domum ambo nunciam ex praesidio ~ides PL.*Rud.*1051; per tribunum plebis, quem maiores ~idem libertatis custodemque esse uoluerunt CIC.*Agr.*2.15; senatum rei publicae custodem, ~idem, propugnatorem conlocauerunt *Sest.*137; CATUL.61.72; nisi quia..ut ~ides olim, nunc dominos destinatis SAL.*Hist.*3.48.6; patre ~ide relicto Collatiae LIV.1.59.5; ~idem huius publici consilii, custodem religionum 6.6.15; sicine uestrum militem ac ~idem sinitis iacere ab inimicis? 6.16.2; orbata..~ide pinus OV.*Met.*14.88; errantes Danaum sine ~ide turmae STAT.*Theb.*10.12;—(*applied to a head of state*) eodem ~ide rei publicae V.MAX.9.15.ext.1; LUC.2.538; PLIN.*Nat.*7.75; uiso..~ide mundi (*i.e. Caesar*) MART.5.3.3; (*cf.*) legum ~idem ciuitatisque rectorem SEN.*Dial.*3.6.3. **b** te..Mercuri, quem P. Africanus..iuuentutis illorum custodem ac ~idem uoluit esse CIC.*Ver.*5.185; armipotens, ~es belli, Tritonia uirgo VERG.*A.*11.483; Ioui optimo maximo, ~idi Capitolinae arcis LIV.28.39.15; caruerunt ~ide (*i.e. Apollo*) Delphi OV.*Met.*10.168; SEN.*Oed.*1042;—(*attrib.*) di ~ides LIV.3.7.1; dis ~idibus loci CURT.3.8.22; iuxta ~ides adstat deos SEN. *Her.F.*356; QUINT.*Inst.*3.7.5; DIS PATRIIS ET ~IDIBVS HVIVS LOCI OCEANIQVE *CIL* 13.8810; ~ides..imperii deos precatus TAC.*Hist.*4.53. **c** salutis humanae ~idem artem CELS.1.pr.40.
2 (as a general term for any provincial governor).
a Vitellio ~ide Syriae TAC.*Ann.*6.41; TRA.Plin.*Ep.*10.44 (53); ~idibus onerandas tributo prouincias suadentibus rescripsit SUET.*Tib.*32.2; ~es Cretae prouinciae GEL.2.2.1; APUL.*Met.*1.26; (*cf.*) ~idis nomen generale est eoque et proconsules et legati Caesaris et omnes prouincias regentes, licet senatores sint, ~ides appellantur MACER *dig.*1.18.1.

praesessiō ~ōnis, *f.* [PRAESIDEO+-TIO] Superintendence.
ITEM XV VIRI S⟨ORTITI⟩ SVNT DE ~O⟨NE LVDORVM⟩ *A. Epig.*32.70.

praesicō: see PRAESECO.

praesideō ~idēre ~ēdī, *intr., tr.* [PRAE-+SEDEO]
1 (w. dat.) To keep watch, stand guard (over); (w. acc.) to watch over; (in quots., usu. transf.). **b** (of tutelary gods).
uobis non modo inspectantibus sed etiam armatis et huic iudicio ~identibus CIC.*Mil.*101; senatum illum qui quondam florens orbi terrarum ~idebat *Phil.*2.15; Gallia..quae semper ~idet atque ~edit huic imperio libertatique communi 5.37; alii ut urbi ~iderent relicti LIV.22.11.9; ad eum exercitum qui..Nolae ~ideret 23.32.2; si illum..uidisset securae paci ~identem SEN.*Ben.*3.32.5; ~idebit laetitiae publicae PLIN.*Pan.*79.3;—incidere in colonos Abellanos ~identis agros suos SAL.*Hist.*3.97; proximum..Galliae litus rostratae naues ~idebant TAC.*Ann.*4.5; ciuium..manus litora Oceani ~idebat 4.72;—(*absol.*) hic ego tibi ~idebo, ne interbitat quaestio PL.*Mos.*1096; ego hic interim restitrix ~idebo, istic dum sic faciat domum ad te exagogam *Truc.*715; praesidium dictum qui extra castra ~idebant in loco aliquo, quo tutior regio esset VAR.*L.*5.90; Q. Metellus Celer cum tribus legionibus in agro Piceno ~idebat SAL.*Cat.*57.2. **b** (*w. dat.*) omnis deos, et eos maxime qui huic loco..~ident CIC.*Man.*70; di patrii ac penates, qui huic urbi atque huic rei publicae ~idetis *Sul.*86; arces quibus altus Apollo ~idet VERG.*A.*6.10; ceteros..deos, qui Capitolio atque arci ~ident LIV.38.51.8; Iunonem..toris quae ~idet alma maritis OV.*Ep.*2.41; QUINT.*Inst.*10.1.48; APUL.*Met.*6.4.
2 (w. dat.) To exercise superintendence, preside (over official functions, ceremonies, etc.).
ut familiae utriusque posteri caerimoniis ~iderent TAC.*Hist.*2.3; edendis gladiatoribus..Drusus ~edit *Ann.*1.76; Occiae, quae..Vestalibus sacris ~ederat 2.86; tormentis seruorum..~edisse 6.47; PLIN.*Ep.*5.9(21).5; ~edit..nonnumquam spectaculis SUET.*Cl.*7.1;—(*absol. or ellipt.*) iudices uel ~identes magistratus appellando QUINT.*Inst.*6.4.11; ~idet sacerdos muliebri ornatu TAC.*Ger.*43.4; princeps ~idebat (erat enim consul) PLIN.*Ep.*2.11.10; SUET.*Aug.*26.3.
3 (w. dat.) To exercise control or superintendence (over, as a commander, governor, or sim.); (w. acc.) to govern, control.
ut..urbanis ~ideat rebus CAES.*Civ.*1.85.8; M. Valerium praetorem..~identem classi LIV.24.40.2; absens ipse ac ~idens urbi per Afranium et Petreium VELL.2.48.1; apud Varum, qui tum exercitui ~idebat TAC.*Ann.*1.58; moribus ueterum insolitum, feminam signis Romanis ~idere 12.37; uti pueris ingenuis..~iderem (*i.e. as a schoolmaster*) FLOR.*Verg.*p.187R; HIS QVI PROVINCIAE ~IDEBVNT *CIL* 2.6278.41;—is proximum exercitum ~idebat TAC.*Ann.*3.39; qui Pannoniam ~idebat 12.29;—(*absol. or ellipt.*) de..saeuitia ac superbia ~identium 3.40; augebant maiestatem ~identis diuersi postulantium habitus PLIN.*Pan.*56.6.

praesiderō ~āre, (? *intr.*). [PRAE-+SIDVS+-O³] (app.) To be in advance of the proper season.
~are dicitur cum maturius hiberna tempestas mouetur, quasi ante sideris tempus PAUL.*Fest.*p.223M.

praesidiārius ~a ~um, *a.* [next+-ARIVS]
1 Forming a guard or garrison.
~i milites LIV.29.8.7.
2 Forming a reserve or replacement.
~ii malleoli propagandi sunt COL.4.15.1; 4.21.3; (*as sb.*) Augustae fons..in Claudiam deriuatus est, manente nihilo minus ~o in Marciam FRON.*Aq.*14.

praesidium ~(i)ī, *n.* [PRAESES+-IVM]
1 A source or means of security (physical or otherwise), defence, protection. **b** (applied to a person). **c** (w. poss. adj. or gen.) the protection or defence provided by a person or thing.
marsuppium habeat, inibi paullum ~i PL.*Per.*125; quid petam ~i ENN.*scen.*86; ~ium uelle se senectuti suae TER.*Hec.*119; statui ad nullam medicinam rei publicae sine magno ~io accedere CIC.*Q.fr.*2.15.2; amicitiam populi Romani sibi ornamento et ~io, non detrimento, esse oportere CAES.*Gal.*1.44.5; Aequos..clades prohibuit Bolanis..~ium ferre LIV.4.49.3; omnibus hostem ~iumque datum sentire OV.*Hal.*8; quid..manus..matris cassa ~ia occupas? SEN.*Tro.*793; quia parum ~ii in legibus erat TAC.*Ann.*1.58;—(*w. gen. of thing defended*) de..Caesare..ad Italiae ~ium tenendo ualde tibi adsentior CIC.*Fam.*11.14.2; consularem legem de prouocatione, unicum ~ium libertatis..non restituunt modo, sed..etiam..LIV.3.55.4; omnes duces excitusque..ad urbis ~ium reuocabat 26.8.2; aliud..uitae ~ium quaerite PETR.116.4; (*cf.*) copiis quas ipse..ad rei publicae non ad suum ~ium..confecit CIC.*Phil.*10.4;—(*w. gen. or dat. of thing guarded against*) neque quo mihi..aut ~ia periculis aut adiumenta honoribus quaeram *Man.*70; quae ad ~ia pericli..sunt inuenta VITR.10.10.1;—(*w.* contra) qui ~ia contra feras inuenerunt CIC.*Tusc.*1.62. **b** Ser. Sulpici morte magnum ~ium amisimus CIC.*Fam.*12.5.3; hei mihi, quantum ~ium..tu perdis, Iule! VERG.*A.*11.58; o et ~ium et dulce decus meum HOR.*Carm.*1.1.2; nisi..Romae inuenerint ~ia Veientes LIV.5.6.10;—(*w. defining gen.*) hoc adulescentis ~ium..adhuc firmum esse confido CIC.*ad Brut.*1.10.5; amici fida ~ia intuor SEN.*Ag.*917;—(*w. gen. of thing defended*) eccum egreditur, senati columen, ~ium popli PL.*Cas.*536; uideo Milonem, uindicem uestrae libertatis,..~ium curiae, sordidatum et reum CIC.*Sest.*144; Pieridum lumen ~iumque fori OV.*Pont.*4.16.42. **c** apsque me foret et meo ~io, hic faceret te prostibilem propediem PL.*Per.*837; ut numquam..ad aram legum ~iumque uestrum..confugerint CIC.*Ver.*2.8; me..debere ei..~ium meum et fidem et diligentiam polliceri *Fam.*15.2.4; quare pateremur eorum (*sc.* animantum) ~io nostro pasci genus esseque tutum LUCR.5.874; ut..tuteris..tuo fidentem ~io HOR.*Ep.*1.18.81;—mihi umquam bonorum ~ium defuturum putarem? CIC.*Mil.*94; quae perspexit in hoc ipso uitae spatio amicitiae ~ium esse firmissimum *Fin.*1.68; ut ~io litterarum diligentiam in perdiscendo..remittant CAES.*Gal.*6.14.4; me biremis ~io scaphae tutum..aura feret HOR.*Carm.*3.29.62; ducem (*sc.* apum)..qui fugae destitutus ~io finem regni non audet excedere COL.9.10.3; cum ~io earum (*sc.* auium) indigetur PLIN.*Nat.*10.75; canes..quos ad tutelae ~ia curiose fuerant alumnati APUL.*Met.*8.17.
2 A means contributing to the achievement of a purpose, help, aid; (w. gen.) the assistance provided by a thing. **b** a remedy, antidote.
quae curando uolneri opus sunt..sedulo comparat, simu si destituat spes, alia ~ia molitur LIV.1.41.1; hinc quoque ~ium laesae petitote figurae OV.*Ars* 3.207; ne ista quidem ~ia (*i.e. precepts*)..tantum pollent quantum uel una praesentia domini COL.1.1.18; neque fax ulla in ~io erat PETR.79.1; discriminis ultima, quando ~ia adferimus nauem factura minorem JUV.12.56; QVOD VNIC IN DOLORE ~IVM EST *CIL* 10.1782;—(*w. gen. of object assisted*) ut omnia ~ia haberet in se bene beateque uiuendi CIC.*Tusc.*5.19; maior moles exorta quanto ciuitas opulentior et comprimendi procul ~ium TAC.*Ann.*3.43; siqua aliunde putas rerum spectanda tuarum ~ia JUV.7.23;—(*w.* ad) magnum..sibi ~ium ad beatam uitam comparauit CIC.*Tusc.*2.2; si in uirtute satis est ~ii ad bene uiuendum 5.53;—ad ~ium aquae calidae decurritur COL.12.52.21; inde solito uenti ~io uehementer deuolant APUL.*Met.*5.17. **b** tunc..unicum in frictione ~ium est CELS.2.14.11; eadem podagrae ~io sunt 5.18.33; in omni..tali morbo magnum ex longa fame ~ium est 8.25.4; aurium morbis ~ium est PLIN.*Nat.*22.90; adgnito salutari ~io APUL.*Met.*3.27; (*cf.*) haec..non omnium tantum morborum sed etiam secundae ualetudinis communia ~ia sunt CELS.2.18.1; (*w.* contra) mirum..quadripedum uenenum esse, homini uero contra serpentes ~ium PLIN.*Nat.*24.90.
3 The act or function of forming a garrison; *~ium, ~ia agitare,* to serve on garrison duty, stand guard.
forte eo tempore ~io cohortibus redeuntibus V.MAX.1.5.1; adsequitur legionem, quae e Pannonia in urbem, dein ~io Africae ducebatur TAC.*Ann.*3.9; (*humorously*) ite..domum ambo nunciam ex ~io praesides PL.*Rud.*1051; (*in fig. phr.*) uetat..de ~io et statione uitae decedere CIC.*Sen.*73;—hostem ferire, ~ia agitare, nihil metuere nisi turpem famam SAL.*Jug.*85.33; ad eam partem muri qua Bruttiorum cohortem ~ium agitare..nuntiauerat LIV.27.15.17; coeptauere seditionem ~ium agitantes uexillarii discordium legionum TAC.*Ann.*1.38.
4 A body of men stationed in a place for the purposes of defence, military control, etc., a garrison. **b** a bodyguard, escort. **c** a protecting force of warships, convoy.
bello exstincto, re bene gesta, integro exercitu et ~iis PL.*Per.*754; postquam ~ium castris educere creuit LUCIL.220; quod..illis publicorum ~iorum copiis circumfusus sedet, satis declarat se non terrorem inferre uobis CIC.*Mil.*71; magno ~io Bononiam tenebat Antonius *Fam.*12.5.2; cohortibus quae ~io castris relictae intritae ab labore erant CAES.*Gal.*3.26.2; Gallos Germanosque, quos ibi..~i causa apud regem..reliquerat *Civ.*3.4.3; milites scribere, ~ia undique arcessere SAL.*Jug.*43.3; cum ~ium castrorum..ratibus Trebiam traicerent LIV.21.56.8; cum legati sociarum urbium..questi essent uastatos agros ab regiis ~iis 30.26.2; TAC.*Hist.*3.6; VELL.2.110.4; galeatum ponit ubique ~ium JUV.8.239; (*w. defining gen.*) quia ~io alae unius latissima Italiae pars defendi nequibat TAC.*Hist.*1.70;—(*in fig. phr.*) cum..alii (*sc.* oratores) uersantur..in hostium castris ac sua ~ia dimittunt CIC.*de Orat.*2.303; ita ubi uerborum ~iis opus sit, non uoluntariis tantum..utemur FRO.*Aur.*2.p.54(140N). **b** qui..ad hoc ipsum iudicium cum ~io uenit ne hic..trucidetur CIC.*S.Rosc.*13; de ~io consulum designatorum *Fam.*11.6.2; ne quod periculum incideret, quod noctu fiebat, ~ium ei misit NEP.*Att.*10.5; ~ia..circa omnis fori aditus Pompeius disposuit ASC.*Mil.*36;—(*w. defining gen.*) descendi in campum cum firmissimo ~io fortissimorum uirorum CIC.*Mur.*52; ipse equitum ~io Narbonem profectus est HIRT.*Gal.*8.46.3; pecorum hominumque..multitudine a ~io armatorum exclusa LIV.29.32.2; pecuniam regis..cameli uehebant ~io sagittariorum prosequente CURT.3.3.24. **c** remoto maritimo ~io subuehi frumentum non poterat LIV.26.20.11; cum adire portum Samiorum obstante nauali hostium ~io non posset FRON.*Str.*1.4.14; (*w. defining gen.*) centum onerariae naues..uiginti rostratarum ~io..in Africam transmiserunt LIV.30.24.5.
5 A position capable of defence, stronghold, fort.
qui..erat a Rubrio quasi in ~io ad auferendam mulierem conlocatus CIC.*Ver.*1.67; cum legio..~ium quoddam occupauisset et munire coepisset CAES.*Civ.*3.45.2; Cn. Pompeius..ad nauale ~ium..Carteiam contendit *B.Hisp.*32.6; dum res conficeretur, procul in ~io fuit NEP.*Timol.*1.4; corpus exanime detulit amnis in hostium ~ia PLIN.*Nat.*22.9; Tacfarinatis copias ~ium cui Thala nomen adgressas TAC.*Ann.*3.21;—(*w. defining gen.*) triarii duarum legionum in ~io castrorum manere iussi LIV.40.27.7; (*iron.*) fortis uiros..in insidiis

atque in ~io balnearum conlocatos Cic.*Cael*.67;—(*transf.*) haec (*sc.* urbs) mea sedes est, haec uigilia, haec custodia, haec ~ium statiuum *Phil*.12.24.

praesignātor ~ōris, *m.* [PRAESIGNO+-TOR] (app.) One who affixes a seal beforehand; (the precise function of this official is unknown).
AVG SER ~OR HEREDITAT *CIL* 6.8436; SATVRNINVS CAESARIS ~OR FECIT CONTVBERNALI SVAE 6.8436a.

praesignificō ~āre, *tr.* [PRAE-+SIGNIFICO] To indicate beforehand.
(di) non censent esse suae maiestatis ~are hominibus quae sunt futura Cic.*Div*.1.82; Labeo *gram*.3.

praesignis ~is ~e, *a.* [PRAE-+SIGNVM+-IS] Distinguished above all others in appearance, pre-eminent, outstanding. **b** conspicuous.
~e rami nec mei ferunt morum *Priap*.51.11;—(*w. abl.*) quae facie ~is erit, resupina iaceto Ov.*Ars* 3.773; dea..arcu ~is adunco *Ep*.4.39; conditus antro..anguis erat cristis ~is et auro *Met*.3.32; cernis..nostra ~em Maeona lauro Stat.*Theb*.4.598; uidebis Marcellum et celso ~em uertice nosces *Silv*.4.4.9. **b** territoria..lapidibus positis ~ibus (*sc.* finiuntur) Sic.Fl.*agrim*.p.128.

praesignō ~āre ~āuī ~ātum, *tr.* [PRAE-+SIGNO]

1 To mark at the start or in advance.
mos est..incipientes furunculos ter ~are ieiuna saliua Plin.*Nat*.28.36.

2 To seal beforehand.
ne interiores (litterae), quae ~atae erant, ante certum tempus aperirentur Fron.*Str*.1.2.6.

praesipiō ~ere: (see quot., also ASSIPIO).
adsipere et ~ere dicebant antiqui Paul.*Fest*.p.21M.

praesolidō ~āre, *tr.* [PRAE+SOLIDO] To harden beforehand.
defundit..imbris, sicco quos asper hiatu ~at Boreas Stat.*Theb*.1.353.

praesonō ~āre ~uī, *intr.*, *tr.* [PRAE-+SONO]

1 (intr.) To make a sound beforehand.
ubi ~uit sollemni tibia cantu Ov.*Am*.3.13.11.

2 To surpass with one's sound.
qui posset auena ~uisse chelyn Calp.*Ecl*.4.66.

praespargō ~ere, *tr.* [PRAE-+SPARGO] To scatter in front (in quot., absol.).
it uer et Venus..Flora quibus mater ~ens ante uiai cuncta coloribus..opplet Lucr.5.739.

praestābilis ~is ~e, *a.* *compar.* ~ior. [PRAESTO²+-BILIS]

1 Outstanding, excelling, pre-eminent.
ut a patris..~i insignique uirtute..deflexisset Cic.*Har*.41; quanto ~ior est animus corpore *Rep*.4.1; neque maius aliud neque ~is inuenias Sal.*Jug*.1.2; quod..~ius est aut pulchrius munus deorum quam..dis simillimus princeps? Plin.*Pan*.1.2; ~is homo sapientiae Gel.1.3.8; est..genus apud illos ~e, gymnosophistae uocantur Apul.*Fl*.6; cum duo colores ~es forent, piceus et niueus *Soc*.pr.4;—(*w. abl. of respect*) res..aut magnitudine ~es aut nouitate primae Cic.*de Orat*.2.347; quid..eloquentia ~ius uel admiratione audientium..uel eorum, qui defensi sunt, gratia? *Off*.2.66; (*of a person*) homo..lingua..atque facundia nimium quanto ~is Gel.18.3.3;—(*w. inf.*) Calchas longe ~is hariolari Apul.*Soc*.18.

2 Of outstanding importance or worth (in a person's estimation; in quots., in compar.).
hui quanto fuerat ~ius ubiuis gentium agere aetatem quam huc redire Ter.*Hec*.284; neminem..est hic ordo complexus..beneficiis suis qui ullam dignitatem ~iorem..putarit Cic.*Prov*.38; nihil esse ~ius otiosa uita *Sest*.23; nihil est..~ius quam plane intellegi nos ad iustitiam esse natos *Leg*.1.28; num..~ius..sine deliciis quam ipsa proxime adsistente..Lai disputari? Aur.*Fro*.1.p.32(254N); quae..condicio..potior..et ~ior existimatur Gel.16.13.9.

Praestāna ~ae, *f.* A goddess, prob. the same as PRAESTITIA.
Var.*gram*.371.

praestans ~ntis, *a.* *compar.* ~ntior, *superl.* ~ntissimus. [pple. of PRAESTO]

1 Surpassing others, outstanding, excellent. **b** (w. nature of superiority specified).
ea..uirtus esse uidetur ~ntis uiri, quae est fructuosa aliis, ipsi..gratuita Cic.*de Orat*.2.346; erat talis ut, cum quosdam audires qui tum erant ~ntes, uideretur esse inferior *Brut*.134; ~ntissima omnium feminarum, uxor tua *Fam*.5.8.2; Scipionem Hannibal..~ntem uirum crederat Liv.21.39.8; uirginibus ~ntior omnibus Herse Ov.*Met*.2.724; ut ait ~ntissimus poeta Col.3.1.1; felix numeroque ducum ~ntior omni Stat.*Ach*.1.512; ~ntissimis praeceptoribus et plurimis disciplinis opus est Quint.*Inst*.1.1.10; ~ntissimus postea Domitianus ad hoc beneficium procurrit Agen.*agrim*.p.41; uti (animae)..meliores ~ntioresque reddantur Apul.*Pl*.2.14; DEO MARTI ~NTI *CIL* 13.7756. **b** (*w. gen.*) o ~ns animi Enn.*inc*.47; Verg.*A*.12.19; armorum ~ns animique Coroebus Stat.*Theb*.1.605; an te ~ntem belli fugit, improba quantum..possit Fortuna? Sil.5.92; neque frustra ~ntissimus sapientiae firmare solitus est Tac.*Ann*.6.6;—(*w. abl.*) duo ~ntes ingenio, Theopompus et Ephorus Cic.*de Orat*.2.57; cum bonis uiris..sed non ~ntissimis opibus et gratia *Sest*.114; de..uiro..omnium magnitudine animi et constantia ~ntissimo *Fam*.1.9.16; rei militaris scientia uirum ~ntem *B.Alex*.31.1; qui sese in bella sequantur ~ntis uirtute legit Verg.*A*.8.548; nec Numida Hispano eques par fuit..uelocitate pari, robore animi..~nti Liv.23.26.11; incubuit hostium acies..robore et numero ~ntior Tac.*Hist*.2.42; (*of bees*) apes sunt..opere ac labore ~ntes Plin.*Nat*.11.59;—(*w.* in+*abl.*) quia Platonem omnes in illis artibus ~ntissimum fuisse fateantur Cic.*de Orat*.1.217; ~ntibus in re publica gubernanda uiris *Fam*.1.9.21; qui est optimis omnibus in sua cuiusque laude ~ntior Plin.*Pan*.88.6;—(*w.* ad+*gdve.*) non solum nihil capiet incommodi, uerum ad tollenda cetera melior ac ~ntior fiet Apul.*Pl*.2.12;—(*w. inf.*) quo non ~ntior alter aere ciere uiros Verg.*A*.6.164; ne sit ~ntior alter Cappadocas rigida pinguis plausisse catasta Pers.6.76.

2 (of things) Outstanding in quality, worth, degree, etc., excellent. **b** outstanding in importance.
~ntia debent ea dici, quae habent aliquam comparationem Cic.*Tusc*.5.38; inuidetur..~nti florentique fortunae *de Orat*.2.210; ~ntissimam de me sententiam dixit *Sest*.70; C. Pansa, ~nti uir ingenio *Lig*.1; noctes atque dies niti ~nte labore Lucr.2.12; cum acerrimi uiri ~ntem prudentiam in omnibus rebus cognoscerent Nep.*Alc*.5.1; sunt mihi bis septem ~nti corpore Nymphae Verg.*A*.1.71; hoc iuuenem ..~nti munere donat 5.361; consul ~ntiore etiam quam dictator uictoria triumphans Liv.9.40.20; telo..animus ~ntior omni Ov.*Met*.3.54; alius usus ~ntior ab iis non est Plin.*Nat*.18.126; ~ntissimos pastillos faciunt 20.233; quo magis uirus resipit, hoc ~ntius iudicatur (butyrum) 28.134; quem deceat clari ~ntior ordo tribuni Stat.*Silv*.5.1.97; maius..est opus atque ~ntius, ad quod ipse (orator) tendit Quint.*Inst*.12.2.27; quid enim mundo ~ntius? Apul.*Mun*.22;—(*w. abl.*) latiora (rapa)..feminini (sexus), ~ntiora suauitate Plin.*Nat*.19.75; nauis magnitudine ~ntis..agit per amnem Tac.*Ann*.15.9. **b** horum..trium ~ntissimum est appetitum obtemperare rationi Cic.*Off*.1.141.

praestantia ~ae, *f.* [PRAESTANS+-IA] Outstanding excellence, pre-eminence: **a** (of persons, personal qualities, etc.). **b** (of other things).
a quae tributa est animi uirtutibus tanta ~a Cic.*Fin*.4.19; corporis uoluptatem non satis esse dignam hominis ~a *Off*.1.106; sordidae appellationis, sed robustae uir ~ae V.Max.4.3.ext.4; plurimum ex his ualet animi ~a Quint.*Inst*.12.5.1; oppidum..propugnatorum ~a tutum Fron.*Str*.3.2.1; militaribus turmis imperatorium..sudorem ..misceres, nihil a ceteris nisi robore ac ~a differens Plin.*Pan*.13.1; CVM..OMNEM ~AM SVAM EXERAT VT MANIFESTVM SIT ID EVM AGERE *CIL* 5.532;—(*w. defining gen.*) neque hoc cadere uerbum in tantam uirtutis ~am potest Cic.*Phil*.10.14; si quam ~am uirtutis ingenii fortunae consecuti sint *Amic*.70; hac..altercandi ~a meruerunt nomen patronorum Quint.*Inst*.6.4.5. **b** sic ea, quae Panaetius praetermisisset..propter eorum, quae perfecisset, ~am neminem persecutum Cic.*Off*.3.10; uolneribus sanandis tanta (ali) ~a est Plin.*Nat*.27.42; geometria ..delectabilis ordine, plena ~ae Agen.*agrim*.p.25; cuius operis pulchritudinem ~amque..Rodiis inuidebat Gel.15.31.3;—(*w. defining gen.*) temptauere gentes transferre ad sese (malum Assyriam) propter remedii ~am Plin.*Nat*.12.16.

2 The fact of excelling other things, superiority.
aut a similitudine aut a ~a superlatio sumitur *Rhet.Her*.4.44; inferiora reguntur optimatium ~a Apul.*Pl*.1.15; (*w. gen. of thing surpassed*) nobis..personam imposuit ipsa natura magna cum..~a..animantium reliquarum Cic.*Off*.1.97.

praestantissimē, *adv.* [superl. of PRAESTANS+-E] In an outstandingly good manner, exceptionally well.
senatus perpetua auctoritas, cui uosmet ipsi ~ semper in mea causa praefuistis Cic.*Dom*.142; lichenas oris ~ uincit glutinum Plin.*Nat*.28.186; qui..eloqui ~ possent Quint.*Inst*.12.2.9.

praestātiō ~ōnis, *f.* [PRAESTO²+-TIO] Payment of money, goods, or services (in settlement of an obligation).
Tra.Plin.*Ep*.10.113(114)(*cj.*); obligationes, quae naturalem ~onem habere intelleguntur Gaius *dig*.4.5.8; non erit ad ~onem compellendus Ulp.*dig*.5.1.50; petitio..habet..~ones quasdam personales, ut puta eorum quae a debitoribus sunt exacta 5.3.25.18; fundo relicto ob reliquas ~ones, quae legatum sequuntur, agetur Papin.*dig*.31.66.6;—(*w. gen.*) nec..fructuum ~o ea stipulatione continetur Pompon.*dig*.19.1.3.1; ut..quemadmodum circa pecuniae dationem dicitur, ita et circa ~onem operarum dicamus 35.1.57; futuram..obligationis ~onem in integro relinquere necesse est Gaius *Inst*.4.131; cum..nihil aliud sit quam officii ~o *dig*.38.1.22; alioquin ~o uectigalis confundetur Ulp.*dig*.10.3.7; detrimenti, non lucri fit ~o Paul.*dig*.14.2.2.4.

2 The action of guaranteeing, warranty; (w. gen.) a guarantee (against).
omnia eos fide bona dicere, ut ad ~onem scribant Sen.*Dial*.10.13.9;—in contractibus, quibus doli ~o uel bona fides inest Ulp.*dig*.50.17.152.2.

praesternō ~ere, *tr.* [PRAE-+STERNO]

1 To scatter or strew in front.
eo ~ebant folia farferi Pl.*Poen*.478; (*w. dat.*) iubet..Proserpina..heroidas..Elysios animae ~ere flores Stat.*Silv*.5.1.257.

2 To cover in advance by strewing, make ready strewn.
quae sibi ~at uiuax altaria phoenix Stat.*Silv*.3.2.114;—(*fig.*) ~as, ad quod hortaris, eligasque materiam Plin.*Ep*.5.8.14; nonne manifestum est..tuis laudibus..materiam campumque ~i *Pan*.31.1.

praestes ~itis, *m.* [PRAE+**sta-t-* (STO)] FORMS: *praestito* (dat.) *A.Epig*.89.108. A guardian, esp. a tutelary deity.
Paul.*Fest*.p.223M;—(*appos.*) ~itibus Maiae Laribus uidere Kalendae aram constitui Ov.*Fast*.5.129; IOVI ~ITI HERCVLES VICTOR DICAVIT *CIL* 14.3555; ~ITO IOVI..PLAVTIANVS..ARAM POSVIT *A.Epig*.89.108.

praestīgia ~ae, *f.* Also **-strīg-**. [PRAESTRINGO] (usu. pl.) An action intended to deceive or hoodwink, a trick, deceit. **b** (applied to natural phenomena).
operta quae fuere aperta sunt, patent ~ae Pl.*Capt*.524; docentur ~as inhonestas Scip.*min.orat*.20; qui..non per ~as sed palam per potestatem..totum oppidum compilauerit Cic.*Ver*.4.53; quo magis argui ~as iubetis uestras Liv.6.15.13; improbo..~arum genere nouum..uectigal accessit V.Max.7.3.4; ~ae nullae tam uersutae Fro.*Aur*.1.p.98(13N); id ~arum atque offuciarum genus commentos esse homines aeruscatores Gel.14.1.2; (*sg.*) ut..huius uelut ~ae plausum petat Quint.*Inst*.4.1.77. **β** omnis meos dolos fallacias ~as praestrinxit commoditas patris Caecil.*com*.209; ne ab is quae clara sint ipsa per sese quasi ~is quibusdam et captionibus depellamur Cic.*Luc*.45. **b** his portentis atque ~is a Plinio Secundo scriptis Gel.10.12.6; de nubium ~is referam Apul.*Mun*.15; 16.

praestīgiātor ~ōris, *m.* Also **-strīg-**. [prec.+-TOR] One who practises deceit, a trickster. **b** (as an entertainer) a juggler.
nescioquis ~or hanc frustratur mulierem Pl.*Am*.830; ~or..siquidem hic non es atque ades *Cist*.297. **β** te, ~or, miserisi am accipiam modis Pl.*Aul*.630; *Poen*.1125. **b** Var.*L*.5.94; ~orum acetabula et calculi, in quibus me fallacia ipsa delectat Sen.*Ep*.45.8; si..oleas suas..ore aperto excipiat, ut calculos ~or Fro.*Aur*.2.p.102(156N); hic..~or furatur, histrio gesticulatur Apul.*Fl*.18.

praestīgiātrix ~īcis, *f.* Also **-strīg-**. [as prec.+-TRIX] (Fem. of prec.).
haec ~ix mulier multo maxuma est Pl.*Am*.782. **β** mala es ~ix Pl.*Truc*.134.

praestīgiōsus ~a ~um, *a.* [PRAESTIGIA+-OSVS] Full of trickery.
unumquodque..genus (dicendi)..cum fucatur atque praelinitur, fit ~um Gel.6(7).14.11; cum grammatico quodam ~o 8.10.

praestinō ~āre ~āuī ~ātum, *tr.* [PRAE-+*-stano*, cf. STO, Gk. σταυνύω, ἱστάνω] To bargain for, buy.
iuben..alium piscis ~atum abire? Pl.*Capt*.848; *Ps*.169; adcucurri id omne (*sc.* caseum) ~aturus Apul.*Met*.1.5; 8.23; *Fl*.9;—(*w. abl. of price*) ut..~es argento..atque ut eam te in libertatem dicas emere Pl.*Epid*.277; uiginti denariis ~aui Apul.*Met*.1.24; quantulo pretio mulier..agellum suum ~arit *Apol*.101.

Praestitia ~ae, *f.* A goddess, associated with excellence in some form or other.
Var.*gram*.173.

praestituō ~uere ~uī ~ūtum, *tr.* [PRAE-+STATVO]

1 To fix (a period or point of time) as a determining or limiting factor. **b** to fix (other determining conditions).
ei rei dies haec ~uta est Pl.*Ps*.59; tibi..est olim dies, quam ad dares huic, ~uta Ter.*Ph*.524; ~uentur horae ad arbitrium nostrum, iudex ipse coercebitur Cic.*Quinct*.71; ea (*sc.* natura)..dedit usuram uitae..nulla ~uta die *Tusc*.1.93; nullo ~uto militiae tempore Liv.23.25.8; Maur.1455; si..minori..uiginti quinque annis legauit, procul dubio anni uiginti quinque erunt ~uti Ulp.*dig*.32.50.1;—(*w. indir. qu.*) cum lex, quibus diebus in legationem proficisceretur, ~uerat Cic.*Inv*.2.124;—(*w.* ut+*subj.*) IVDICIVM VTI VNO DIE FIAT H L ~VTVM NON EST *CIL* 1.594.3.4.24. **b** quod..~utum obseruant Hyg.*agrim*.p.78; quae..in commune tenuerunt (uir et uxor) fine ~uto Ulp.*dig*.24.1.32.24;—(*w. indir. qu.*) si praetor..numquam petitori ~uit qua actione illum uti uelit Cic.*Caec*.8.

2 To put in charge (over).
res publica (negotium habet)..cum his, quos efficiendo operi ~uit Ulp.*dig*.50.10.2.1.

praestō¹, *adv.* [PRAE-; the termination is obscure] FORMS: *praestus* *CIL* 6.12013; *praestu* 6.4416.4; 6.37763. (w. *sum*, *adsum*, as quasi-adj., of persons or things) Ready, available, waiting, on the spot, at one's service. **a** (without dat.). **b** (w. dat.).
a sed ubist frater? — ~ adest Ter.*Eu*.1050; M. Lollius..~ est: huius uerba audietis Cic.*Ver*.3.63; Lucr.2.1068; uti suo quisque loco paratus armatusque ~ esset *B.Afr*.31.3; ~ sunt operae uentorum examina semper *Aetna* 373; ~ fuere ab Corintho lembi Liv.32.23.11; Sen.*Ben*.7.2.1; quod ultro neque inclamati ~ sint (delphini) Plin.*Nat*.9.33; ~ est medicus Tac.*Ann*.15.69;—(*w. place and/or time expr.*) ~ ero illi, quom uenietis Pl.*Men*.996; iste homo..ad horam nonam ~ est Cic.*Ver*.2.92; cum scirem C. Cassi..classem maximam fore ~ in Syria Lent.*Fam*.12.15.6; conubia ad Veneris partusque ferarum esse animas ~ Lucr.3.777; diem locumque, ubi ~ fueri⟨n⟩t, praedicit Sal.*Jug*.75.5; ut ad tertiam bucinam ~ essent Liv.26.15.6; ~ fuere Luguduni uictricium uictarumque partium duces Tac.*Hist*.2.59; ei liberto, qui sex horis dumtaxat antemeridianis ~ fuisset Pompon.*dig*.38.1.3.1;—(*w. purpose expr.*) non ad cognoscendam causam sed ad explendam damnationem ~ fuisse Cic.*Caec*.29; ad apparationem ballistarum..fui ~ Vitr.1.pr.2; seniores ad urbis custodiam ut ~ essent Liv.1.43.2; deinde die tricensimo ad iudicem capiendum ~ esse debebant Gaius *Inst*.4.17ᵇ;—(*w. abst. subj.*) ni tua pax propitia foret ~ Pl.*Trin*.837; si moderatrix omnium rerum ~ est sapientia Cic.*Inv*.1.5; ~ est huius uitii temperatio *Leg*.3.27; (*to the mind*) ~ est..acerba memoria et Scipiones me ambo ..curis insomniisque agitant Liv.25.38.5;—(*without vb. or*

ellipt.) era, eccum ~ militem PL.*Mil.*1216; ipsum adeo ~ uideo cum Dauo TER.*An.*415; Lemnia ~ litora rara Acc. *trag.*525; finiti cursus, operumque insignia ~ STAT.*Theb.* 6.643. **b** ~ est tibi quaestor LUCIL.1078; cum sibi non multitudinem militum..non pecuniam publicam ~ esse uiderent *Rhet.Her.*4.13; ut uulneri ~ medicamentum sit CIC.*Inv.*1.30; me tibi, saluti tuae liberisque tuis summo cum studio ~ semper futurum *Fam.*6.22.1; pauper erit ~ tibi semper TIB.1.5.61; commeatum exercitui dierum triginta ~ fore LIV.9.36.8; media (cella), cui sol benignissime ~ est PLIN.*Ep.*5.6.26; sepultura cadaueribus in ipsis iniuriis ~ est AUR.*Fro.*1.p.160(16N); COLLEGIO SYMPHONIACORVM, QVI SACRIS PVBLICIS PRAESTV SVNT *CIL* 6.4416.4; QVAE PRAESTV EST VSIBVS CAESARIS Ñ 6.37763;—(*w. place and/or time expr.*) equidem tibi me dixeram ~ fore apud Veneris fanum PL. *Rud.*864; constitui cum hominibus quo die mihi Messanae ~ essent CIC.*Ver.*2.65; ibi mihi Tulliola mea fuit ~ natali suo ipso die *Att.*4.1.4; mane bubulco ~ ad portam fuisse *Div.*1.57; edictum..praemittit, ad quam diem magistratus principesque omnium ciuitatum sibi esse ~ Cordubae uellet CAES.*Civ.*2.19.1; primae silentio noctis ad portas Camillo ~ fuere LIV.5.45.1;—(*w. purpose expr.*) tibi uictori non solum ad hospitium sed ad periculum etiam atque ad aciem ~ fuit CIC.*Deiot.*24; ⟨alii quaestores⟩ duo qui consulibus ad ministeria belli ~ essent LIV.4.43.4;—(*w. abst. subj.*) intellegitis et animum ei ~ fuisse nec consilium defuisse CIC. *Phil.*13.13; quamquam..et fratris Furnique beneuolentia fidelisque prudentia tibi ~ esset futura *Fam.*10.6.2; tibi nulla fuit clementia ~, immite ut nostri uellet miserescere pectus? CATUL.64.137;—(*w. hostile intentions*) quaestores utriusque prouinciae..cum fascibus mihi ~ fuerunt CIC. *Ver.*2.11; si qui mihi ~ fuerit cum armatis hominibus extra meum fundum et me introire prohibuerit *Caec.*87.

praestō² ~āre ~itī (~āuī) ~ātum (~itum), *intr., tr.* [PRAE-+STO] ORTHOG.: *praestitei CIL* 1.2161.5; *prest-* 3.940.5, 4.2776. FORMS: (pf.)~*auit*, etc., PAUL.*dig.*3.5.18(19).4, 5.3.36.1; ~*arim* ULP.*dig.*22.1.37; (sup. and pf. pple.) ~*atum*, etc. BRUT.Cic.*Ep.*fr.8(7).16, PLIN. *Nat.* 25.25; POMPON.*dig.*18.1.66; ~*itum*, etc., LIV. 43.18.11, JAVOL.*dig.*18.4.10, ULP.*dig.*5.2.8.17; (fut. pple.) ~*aturus* CIC.*Att.*14.16.4, *Fam.*1.8. 4; LIV.9.24.4, 30.15.5; ~*iturus* TRYPH.*dig.*23. 3.78.3.

1 To be outstanding or superior to others, excel, be best.

quorum pietasque fidesque ~itit CIC.*Cons.*fr.2.69; si quaereretur, uter ~aret orator *Brut.*198; (*cf., w. internal acc.*) siue plus siue minus siue idem ~as, lauda uel inferiorem uel superiorem uel parem PLIN.*Ep.*6.17.4;—(*w. abl. expr. nature of supremacy*) quem constat eloquentia ~itisse CIC.*Brut.*82; ingenio qui ~abant LUCR.5.1107; cum ipsi numero equitum militumque ~arent CAES.*Civ.*3.47.2; Picenis cedunt pomis Tiburtia suco; nam facie ~ant HOR.*S.*2.4.71; senatum populo, sicut honore ~et, ita..ducem debere esse LIV. 26.36.2; TAC.*Hist.*3.82;—(*w.* in+*abl.*) utroque in genere et elaborauit et ~itit CIC.*de Orat.*3.135; LUCR.5.1355;—(*w. advs. of degree*) ut is maxime gloria excellat qui uirtute plurimum ~et CIC.*Planc.*60; longe mobilitate ~at LUCR. 3.429; fidentes militum numero quo aliquantum ~abant LIV.6.22.8;—(*w.* apud, inter) qui apud gentes solus ~at NAEV.*com.*109; sicut nos hodie inter alias ~itimus pulchritudine PL.*Poen.*1193; suos inter aequalis..longe ~itit CIC. *Brut.*230;—(*quasi-physical, w. ref. to etym.*) quia is locus montibus ~et, Praeneste oppido nomen dedit CATO *hist.*60.

2 To be or do better than, be superior to, surpass, excel. **a** (w. dat.). **b** (w. acc.).

a omnibus ut Clipea ~at mustela marina ENN.*var.*34; homini homo quid ~at? TER.*Eu.*232; ingenia..nostrorum hominum multum ceteris hominibus omnium gentium ~iterunt CIC.*de Orat.*1.15; quoniam incultis ~are uidemus culta loca LUCR.1.208; qui sese student ~are ceteris animalibus SAL.*Cat.*1.1; ~are honestam mortem existimans turpi uitae NEP.*Cha.*4.3; HOR.*Ep.*1.7.97; quantum eques Latinus Romano ~et LIV.8.7.7;—(*w. nature of superiority expr. by abl., or* in+*abl.*) hoc tuis fortunis, Iuppiter, ~ant meae PL. *Truc.*372; an hoc ~at Herophilus Diogeni, quod ille e uentre aquam mittit? VAR.*Men.*444; Socratem opinor in hac ironia dissimulantiaque longe lepore et humanitate omnibus ~isse CIC.*de Orat.*2.270; qua in re quantum prudentia ~iterint eis..considerate *S.Rosc.*69; cum uirtute omnibus ~arent CAES.*Gal.*1.2.2;—(*w. abl. of degree*) multo magnus orator ~at minutis imperatoribus CIC.*Brut.*256; tanto ille superiores uicerat gloria quanto tu omnibus ~itisti *Deiot.*12. **b** te nec Apollineus Ladon nec Xanthus uterque..~ierint STAT.*Theb.*4.840;—(*w. abl., or* in+*abl.*) quod tunc herba ruscida meridianam, quae est aridior, iucunditate ~at VAR. *R.*2.2.10; Bellouacos, qui belli gloria Gallos omnis Belgasque ~abant HIRT.*Gal.*8.6.2; Callistratus..qui eloquentia omnes eo ~abat tempore NEP.*Ep.*6.1; quantum Galli uirtute ceteros mortales ~arent LIV.5.36.4; quos dignitate ~aret, ab his uirtute superari V.MAX.3.2.6; Argolicas..habitu ~abo maritas STAT.*Theb.*4.207; ~at..ingenio alius alium QUINT.*Inst.*1.1.2; qui uigor disciplinae effecit, ne solum in operibus, uerum et in summa belli ~arent Cassiani Brutianos FRON.*Str.*4.2.1.

3 a To be more important, take precedence (over). **b** to be greater in quantity (than).

a de illo plura coram; nunc, quod ~at, quid me uelitis facere constituite POLL.*Fam.*10.32.4; sacro, quod ~at, rite peracto JUV.12.86;—(*w. dat.*) non igitur patria ~at omnibus officiis? CIC.*Off.*3.90. **b** (*w. dat. and abl. of measure*) alteram eadem parte ~antem extremis eademque superatam, alteram pari numero ~antem extremis parique superatam CIC.*Tim.*23; cur alias aliis ~are uidemus pondere res rebus nilo maiore figura? LUCR.1.358.

4 To be preferable, to be better or best. esp. **b** (w. acc. and inf.). **c** (w. inf.).

memini omnino tuas litteras sed et tempus illud; etsi quiduis ~itit CIC.*Att.*11.23.3. **b** nimio impendiosum ~at te quam ingratum dicier PL.*Bac.*396; uti pecudem te, asinumque ut denique nasci ~ierit LUCIL.975; ~at Trinacrii metas lustrare Pachyni cessantem..quam semel informem uasto uidisse sub antro Scyllam VERG.*A.*3.429; COL.11.1.4; me, me, diuum optime, solum obiecisse caput fatis ~abat STAT.*Theb.*1.652. **c** pol pudere quam pigere ~at totidem litteris PL.*Trin.*345; est interdum ~are mercaturis rem quaerere CATO *Agr.*pr.1; eis uiris carebunt, quos laudare quam lugere ~abit CIC.*Phil.*14.34; mori miliens ~itit quam haec pati *Att.*14.9.2; ~are..Gallorum quam Romanorum imperia perferre CAES.*Gal.*1.17.3; nunc grege de intacto septem mactare iuuencos ~ierit VERG.*A.* 6.39; COL.4.24.4; PLIN.*Nat.*10.138; FRO.*Aur.*1.p.2(61N);—(*w.* multo) in re publica multo ~at benefici quam malefici inmemorem esse SAL.*Jug.*31.28;—(*w. dat. of person*) ut ei mori potius quam seruire ~aret CIC.*Pis.*15; CAES.*Gal.* 2.31.5.

5 (w. *iure*) To prevail, hold good (in law).

sunt item pacta, quae sine legibus obseruantur ex conuento quae iure ~are dicuntur *Rhet.Her.*2.20; CIC.*Inv.*2.68.

6 To hold out, tender, offer, present. **b** to expose (to a condition). **c** to play the part of, present (a character).

honestum quasi spiram facito idque duabus rudibus uorsato ~atoque CATO *Agr.*80 (*s.v.l.*); uacca lactans ueniebat ad infantes et ubera ~abat HYG.*Fab.*186.3; STAT.*Silv.*4.6.62; (*ellipt.*) minus eruisti lumina audacter tua, quam ~itisti SEN.*Phoen.*180; (*transf.*) nec praeceptor deerat..qui faciem eloquentiae, non imaginem ~aret TAC.*Dial.*34.5;—(*w. dat.*) ipse Chaereae ~itit (ceruicem) SEN.*Ep.*4.7; aurem dum tibi ~o (*i.e. listen*) garrienti MART.11.24.2; caterua armatorum paucioribus terga ~are (*i.e. turn to flee*) TAC.*Ag.*37.3; terga fugae celeri ~ant instantibus Ombis qui uicina colunt umbrosae Tentura palmae JUV.15.75; equa uenit et ei lac ~abat HYG.*Fab.*187.1. **b** fulminibus me, saeue, iubes ..~are caput? LUC.5.771. **c** ibo animis contra, uel magnum ~et Achillem..ille licet VERG.*A.*11.438; ut ~em Pyladen, aliquis mihi praestet Oresten MART.6.11.9.

7 (refl., w. pred. acc. etc.) To present or show oneself (as).

quod se tribunum militum..dignum suis maioribus ~itit CIC.*Flac.*101; ~a te eum, qui mihi 'a teneris,' ut Graeci dicunt, 'unguiculis' es cognitus *Fam.*1.6.2; qualem gentibus me ~iti, similem in ciuium deditione ~abo *B.Hisp.*17.3; dignum ~abo me etiam pro laude merentis HOR.*Ep.*1.7.24; OV.*Tr.*4.10.104; quisquis aequum se ~iterit VELL.2.76.3; qui me..credulum ~o SEN.*Nat.*4b.4.1; moneo, ut te erroribus tuorum..placabilem ~es PLIN.*Ep.*9.24;—(*w. adv.*) quam male se ~et ueteri Graecinus amico OV.*Pont.*1.6.53.

8 To make available, furnish, supply (men, materials, etc.; also non-material things); to serve up (at meals). **b** (of inanim. sources) to furnish, supply. **c** to hand over (under legal or other obligation).

FORTVNA SPONDET MVLTA MVLTIS ~AT NEMINI *CIL* 1.1219.5; illa de ratione nummaria non sunt eius modi..ut non cupiat tibi ~are CIC.*Att.*10.11.2; diuus Caesar cum.. imperauisset municipiis ~are commeatus VITR.2.9.15; si, quod impensae factum in bellum erat, ~are Sabini..in animum induxissent LIV.2.18.11; ut..argenti pondo bina et selibras in militem ~aret 22.23.6; petitum..ab Attalo est, ut mille milites ~aret 31.46.3; Seius..assibus populo frumentum ~itit PLIN.*Nat.*18.16; quibusdam et aestatibus iidem cibi ~andi (*sc. to bees*) 21.82; MART.7.43.1; discat.. Aegyptus..non alimenta se nobis, sed tributa ~are PLIN. *Pan.*31.3; si..litis aestimationem tutor non ex pecunia pupilli, sed ex suo ~iterit POMPON.*dig.*21.2.22; (*refl.*) iam tempus est te ipsi consulatui ~are PLIN.*Pan.*59.1;—cum.. senatus sententiam ~aret CIC.*Pis.*80; qui ~ant nomina, uenti OV.*Met.*10.739; siue epigrammata siue idyllia..seu quod aliud uocare malueris, licebit uoces, ego tantum hendecasyllabos ~o PLIN.*Ep.*4.14.9;—uerum Opimianum ~o PETR.34.7. **b** Brundisi in portu fons incorruptas ~at aquas nauigantibus PLIN.*Nat.*2.230; quisquis emeret quod ~are ei fundus posset 18.40; (brassica) cymam a prima satione ~at proximo uere 19.137; campis, uineis, siluis, quae materiam et ex ea reditum sicut modicum ita statum ~ant PLIN.*Ep.*3.19.5. **c** captiuos ab Hannibale..receperat. qui cum a senatu non ~arentur.. V.MAX.4.8.1; aliena res legari potest, ita ut heres rem redimere et ~are aut aestimationem eius dare debeat GAIUS *Inst.*2.202; Iulianus..scribit idcirco heredem habere mandati actionem quia tenetur iudicio ex empto, ut ~et actiones suas ULP. *dig.*17.1.14;—(*w. dat.*) heredi..familiae herciscundae iudicis officio ~abitur (legatum) GAIUS *Inst.*2.222.

9 To make available for another's benefit, render, furnish, afford (conditions, attitudes, services, etc.). **b** to bring to bear, apply, lend (to or in a situation).

me in petitione tua tibi omnia studia atque officia.. ~itisse arbitror CIC.*Mur.*7; sin omnia ~itero quae sunt a bonis uiris exspectanda *Planc.*3; quam (*sc.* beneuolentiam) si his temporibus miseris et extremis ~iteris *Att.*11.1.1; seueritatem diligentiamque sociis et rei p. ~a CATO *Fam.* 15.5.3; ~ate eandem nobis ducibus uirtutem, quam saepe numero imperatori ~itistis CAES.*Gal.*6.8.4; cui pacem ~are et bellum pati consilium est SAL.*Hist.*1.77.2; utrum censetis uicem me aerari ~are? 2.98.3; LIV.42.13.5; hoc in legitima ~ant uxore mariti OV.*Ars* 2.545; ~iterat iuuenis, quidquid mea Musa iubebat *Rom.*609; in..uicem ~ant uisus (astra) MAN.2.468; maior ciuitatis in ea fauor, quam reis ~ari solet VELL.2.43.3; ad ~anda ei iusta CURT.10.8.18; negatis quemquam ~are, quae loquitur SEN.*Dial.*7.19.3; spem uestram ~ate deis LUC.5.42; satis operae fuerit abundeque ~atum uitae salutares dixisse PLIN.*Nat.*25.25; uacationes ~ari centurionibus solitae TAC.*Hist.*1.46; quod ille obsequium Seruiano..~itit! PLIN.*Ep.*8.23.5; hanc rebus Latiis curam ~are solebat fictilis..Iuppiter JUV.11.115; libertates non esse reuocandas, quae..~itae sunt ULP. *dig.*5.2.8.17; Celsus..multum interesse dicit, occiderit an mortis causam ~iterit 9.2.7.6. **b** quod medici nihil praeter artificium, oratores etiam auctoritatem ~are debent CIC.*Clu.*57; ita mobilitatem equitum, stabilitatem peditum in proeliis ~ant CAES.*Gal.*4.33.3; qui singulis doctrinis adsiduitatem cum industria summa ~ierunt VITR.1.1.14; exiguast uirtus ~are silentia rebus OV.*Ars* 2.603; QUINT. *Inst.*10.1.103; cui materiae hanc sedulitatem ~ierunt? PLIN.*Ep.*3.18.6; in prouincia singularem innocentiam ~itit SUET.*Vit.*5.1; eum..silentium ~itisse etiam postea certum erat MAECIAN.*dig.*29.5.14; cum eo genere legati damnetur heres patientiam ~are, ut legatarius rem habeat GAIUS *Inst.*2.215.

10 (of inanim. or abst. things) To furnish, provide.

illud analogia quod ~are debet VAR.*L.*9.110; quod omnes artes aliae sine eloquentia suum munus ~are possunt CIC. *de Orat.*2.38; quid enim ~are aliud uirtus potest? *Fam.* 12.25.5; nec..balnea laudat ut fortunatam plene ~antia uitam HOR.*Ep.*1.11.14; geometria..plura praesidia ~at architecturae VITR.1.1.4; quid ita.., quae infernas (dicitur abies), egregios in aedificiis ad diuturnitatem ~at usus 2.9.17; dum licet oraque ~ant uocis iter OV.*Met.*9.369; ex emplastris..nulla maiorem usum ~ant, quam quae cruentis protinus uulneribus iniciuntur CELS.5.19.1.A; corium forma publica percussum..quod usum numeratae pecuniae ~at SEN.*Ben.*5.14.4; nec plus uictoria Sullae ~itit inuisas penitus quam tollere partes LUC.2.229; hoc (*sc.* anesum Aegyptium) ligustici uicem ~at in condimentis PLIN.*Nat.*20.187; faciles ~at uomitiones radix Vettonicae 26.40; reliqua.. solida pars eius et speciem et usum dentis ~abit LARG.53; non enim rerum modo sed etiam uerborum ordinem (memoria) ~at QUINT.*Inst.*11.2.8; facilitatem partiendi camporum spatia ~ant TAC.*Ger.*26.1; is..cibus tantam suauitatem ~abat ut qui gustabant obliuionem caperent domum reditionis HYG.*Fab.*125.2;—(*w.* ut) sed ~et alicui uel gratia uel pecunia uel amicitia, ut doctissimum.. magistrum domi habeat QUINT.*Inst.*1.2.11.

11 To make good, fulfil (a promise). **b** *fidem ~are*, to show one's trustworthiness, prove one's loyalty, keep one's word.

ut, quae rei p. bonisque omnibus polliceremur, exitu ~aremus PLANC.*Fam.*10.8.3; cum eius necessarii fidem implorarent Pompei, ~aret quod proficiscenti recepisset CAES.*Civ.*3.82.4; SAL.*Hist.*inc.24; cum se, quae regi de Graecia opprimenda pollicitus esset, ~are posse desperaret NEP.*Them.*10.4; quemadmodum exercitus tuus tibi promissa ~et LIV.7.16.5; promissum id benignius est ab rege quam ~itum 43.18.11; tantum tibi ~andum est, quantum promisisti SEN.*Dial.*11.6.3; quasi plura polliceretur quam ~are posset SUET.*Tit.*8.1; quaecumque sic dicuntur, ut ~entur, non ut iactentur ULP.*dig.*21.1.19.3;—(*ellipt.*) magnum hoc erat, cum promitteres, maius, postquam ~itisti PLIN.*Pan.*65.2. **b** si tutor fidem ~are debet CIC.*Top.*42; uictoribus, quibus senatus fides ~abitur *Phil.*14.30; quamcumque ei fidem dederis, ~abo *Fam.*5.11.3; qui..ad Ciceronem perfugerat, suamque ei fidem ~iterat CAES. 5.45.2; gens fallax promissi fidem ~itit LIV.25.41.3; ~abunt carmina nostra fidem OV.*Ars* 3.792; VELL.2.16.2; num quis ergo dicitur sibi fidem ~itisse? SEN.*Ben.*5.10.4; *Phaed.*1142.

12 To produce (a result, effect, etc.). **b** (of things).

non ut proficerem aliquid—nec enim sperabam id nec ~are poteram CIC.*Phil.*1.10; ne quid detrimenti fiat dabitur opera a me, idque me ~aturum spero PLANC.*Fam.*10.11.2; finem..hunc ~abit orator, ut uideatur optimam causam optime egisse QUINT.*Inst.*12.9.6;—(*w.* ut, ne) nunc ut duplicetur tuum ex me gaudium ~abo CIC.fil.*Fam.*16.21.3; ne irascamur ~abimus, si omnia uitia irae nobis subinde proposuerimus SEN.*Dial.*5.5.3; tu per hoc et aliis ~abis ne perlegant PLIN.*Nat.*pr.33; (*w. neut. pron.*) ~are hoc senator debeo..ne quis uir clarus..huic ordini iure irasci posse uideatur CIC.*Prov.*39; illud certe ~abo ne amplius prorogetur CAEL.*Fam.*8.10.5; illud ~a mihi, ut,..non quid audias, sed quid sentias, cogites SEN.*Ep.*13.6; quod et mihi et socrui meae ~itisti, ut adfinem eius..in hanc prouinciam transferres PLIN.*Ep.Tra.*10.51(12).1;—(*w. inf.*) nullum belli sentire fragorem, tot mundi caruisse malis, ~are deorum excepta quis Morte potest? LUC.5.229. **b** singula genera ..alios alii generis ~ant in operibus effectus VITR.2.9.5; quod ea regio..semper refrigerata et salubritatem et uoluptatem in usu ~at 6.4.2; cum uino sudorem leniter ~at (anesum) PLIN.*Nat.*20.195; haec (*sc.* spodos) aceto accepto odorem aeris ~at 34.129; idem hoc medicamentum etiam supra peruncturn tardius quidem, sed eosdem effectus ~at LARG.20; hirudinem..molestiam titillationemque quandam ~antem 199;—(*w.* ut, ne) ne supportare possit et Cassi classis bene magna..et tres quas nos adduximus..facile ~abunt CAS.*Fam.*12.13.4; quod in familia nostra fuit, ~itit, uti in omnibus bellis adesset uobis SAL.*Jug.*14.13; nulla potentia uires ~andi, ne quid peccet amicus, habet OV. *Pont.*1.7.38; sola potest Libye turba ~are malorum ut deceat fugisse uiros LUC.9.405; PLIN.*Nat.*6.81; quia fortitudo ~at ne mortem timeamus QUINT.*Inst.*5.10.82; studia.. quae ~ant, ut aduersa..patientius feram PLIN.*Ep.*8.19.1; illius lacrimae..~ant ut ueniam culpae non abnuat..Osiris JUV.6.539.

13 (w. pred. adj., etc.) To render, keep (esp. safe and sim.).

nos qui antea..omnis socios..saluos ~are poteramus CIC.*Man.*55; hae latebrae dulces..incolumem tibi me ~ant Septembribus horis HOR.*Ep.*1.16.16; ea..ab hoc quoque facile ~ant inuictum Romanum imperium LIV.9.17.4; sanctitas templi insulaeque inuiolatos ~abat omnes 44.29.2; a posteriore parte caput eius, qui curabitur, minister contineat, ut inmobile id ~et CELS.7.7.14.C; PHAED.1.31.9; cum semel animum uirtus indurauit, undique inuolnerabilem ~at SEN.*Dial.*12.13.2; uera locutum inmunem toto mundi ~abimus aeuo artibus Haemoniis LUC.6.764; necesse est aut similes aut dissimiles bonis simus. similem raro natura ~at, frequenter imitatio QUINT.*Inst.*10.2.3; ut te sospitem incolumemque ~arent PLIN.*Pan.*67.5; ~are Neronem securum ualet haec aetas JUV.8.170; SUET.*Gal.* 15.2;—(*w. gdve.*) (Maiestas) ~at sine ui sceptra tenenda Ioui OV.*Fast.*5.46;—(*refl.*) extima membrorum circumcaesura tamen se incolumem ~at LUCR.3.214.

14 To take the responsibility for, be answerable for, vouch for. **b** (w. acc. and inf.) to be responsible for seeing (that).

quem annonam ~are oportere dicebant? CIC.*Dom.*14; nec satis est in eius modi re se quemque ~are *Att.*6.2.2; quod de te sperare, de me ~are possum *Fam.*4.15.2; quid.. respondeam, nisi..curam impensamque sationis me ~aturum? LIV.32.34.10; quanto..magis arduum est alios ~are quam se PLIN.*Pan.*83.3; pilleatos seruos uenum solitos ire, quorum nomine uenditor nihil ~aret GEL.6(7).4.1; puto.. eum..factum non solum nautarum ~are debere, sed et uectorum ULP.*dig*.4.9.1.8;—(*w. abl. of resp.*) illasce sues sanas esse..noxisque ~ari..spondesne? VAR.*R*.2.4.5; 2.5. 10;—(*w. dat. of advantage*) ego Messalam Caesari ~abo CIC.*Q.fr*.3.8.3; quod aduersus alium ~are debuit pupillo suo, id aduersus se quoque ~are debet (tutor) ULP.*dig*. 26.7.9.3; (*also w.* ab) ego tibi a ui..~are nihil possum CIC. *Fam*.1.4.3;—(*w. pred. adj.*) quae ego tibi iucunda et honesta ~abo 7.17.2; PLANC.*Fam*.10.24.2; neque in uenalibus ea, cum sunt praegnantia, ~antur sana VITR.2.9.1; meliorem ~o magistro discipulum JUV.14.212;—(*ellipt.*) qui..scire debuit de sanitate, de fuga, de furtis, ~at edicto aedilium CIC.*Off*.3.71; (*cf.*) hoc uobis repromitto semperque ~abo, mihi neque in consiliis..capiendis diligentiam..nec in uestris commodis augendis grati animi beniuolentiam defuturam *Red.Pop*.24; 'nulli erant praedones.' quid? nullos fore quis ~are poterat? *Flac*.28; ~abo nec Bibulum nec Acidinum nec Messallam..maiores sumptus facturos *Att*. 12.32.2. **b** CIC.*Tusc*.5.29; *CIL* 3.940.7; sicut obligatus est uenditor, ut ~et licere habere hominem quem uendidit JULIAN.*dig*.21.2.8; Celsus..scribi locupletem esse debitorem ..non debere ~are, debitorem autem esse ~are ULP.*dig*. 18.4.4.

15 To be responsible for making good (loss, damage, etc.), answer for; to accept responsibility for (a risk).

istam..culpam, quam uereris, ego ~abo CIC.*de Orat*. 1.113; qui in pariete communi demoliendo damni infecti promiserit, non debebit ~are, quod fornix uiti fecerit *Top*. 22; ego Roscium, si quid communi nomine tetigit, confiteor ~are debere societati *Q.Rosc*.35; *Off*.3.65; si negotia absentis et ignorantis geras, et culpam et dolum ~are debes POMPON.*dig*.3.5.10(11); ut quis maiorem partem lucretur, minorem damni ~et GAIUS *Inst*.3.149;—quod si.. s periculum iudici ~are debet qui se nexu obligauit CIC. *Mur*.3; communem incertumque casum, quem neque uitare quisquam nostrum nec ~are ullo pacto potest *Fam*.5.17.3; culpam..nullam esse, cum id, quod ab homine non poterit ~ari, euenerit *Tusc*.3.34; Libo neque legatos Caesaris recipere neque periculum ~are eorum CAES.*Civ*.3.17.5; si quis pactus sit, ut ex causa depositi omne periculum ~et ULP.*dig*.2.14.7.15; ut tantum eos casus non ~et, quibus resisti non possit GAIUS *dig*.13.6.18.

praestōlor ~ārī ~ātus, *tr., intr.* Also ~ō ~āre. [cf. perh. PRAESTO[1]] To wait for, expect (often with the idea of intercepting). **b** to await (an event, etc.).

(*w. acc.*) nescioquem ~ata est; credo, militem PL.*Truc*. 336; quem ~are..hic ante ostium? TER.*Eu*.975;—(*w. dat.*) qui tibi ad forum Aurelium ~arentur armati CIC.*Catil*.1.24; —(*absol. or ellipt.*) ego illam illi uideo ~arier PL.*Epid*.217; reperti et equestris ordinis duo..cum dolone ac uenatorio cultro ~antes SUET.*Cl*.13.1; mane ~atus..curaui APUL. *Met*.3.3;—(*active forms*) ANDR.*trag*.25; ego ~abo illi oscitans ante ostium TURP.*com*.153; anxiae ~abimus (*dub.*) APUL. *Met*.5.20. **b** (*w. acc.*) aduenientiam cohortium ~ari occipiunt SIS.*hist*.25; huius aduentum L. Caesar..ad Clupea ~ans CAES.*Civ*.2.23.3;—(*w. dat.*) huic spei et expectationi quae nobis proponitur maxime tamen uolui ~ari apud te CIC.*Att*.3.20.1.

praestrangulō ~āre, *tr.* [PRAE-+STRANGVLO] To choke, throttle; (in quot., fig.).

ne praeter audientiam anxium oratorem ~et..confecti facinoris procax inuidia [QUINT.]*Decl*.36.3.

praestrīgiae, etc.: see PRAESTIGIA, etc.

praestringō ~ngere ~nxī ~ctum, *tr.* [PRAE-+STRINGO]

1 To tie up at the extremities, to tie up so as to constrict. **b** to contract, swell, etc., so as to constrict; to restrict by contraction, etc.

caueto ne uitem praecipites et ne nimium ~ngas CATO *Agr*. 32.2; ~cta fauce OV.*Ib*.547; uinclis manus secantibus ~cta (*sc*. Andromache) SEN.*Tro*.560; dracones tantae magnitudinis..ut..ambiant (elephantos) nexuque nodi ~ngant PLIN.*Nat*.8.32; pollices..inter se uincire nodoque ~ngere TAC.*Ann*.12.47; (*fig*.) omnis meos dolos fallacias praestrigias ~nxit commoditas patris CAECIL.*com*.209. **b** crassescens enim ~ngit et strangulat PLIN.*Nat*.17.234;—umidum.. aera alligat et ~ngit SEN.*Nat*.4b.5.4; ~ctus non potuit eo peruenire umor PLIN.*Nat*.17.217; ~nget animam (Boreas) atque praegelat hic radicibus arborum 18.334.

2 To graze, scrape the surface of, range over; (transf.) to touch tightly on.

machina..~ngebat non minus pedes c VITR.10.15.7; SEN.*Ag*.534; cum..lecticam eius fulgur ~nxisset SUET.*Aug*. 29.3; multa..transuersis ~ngitur ungula campis STAT. *Theb*.6.459;—hunc locum Cicero breuiter in tertio de Oratore libro ~ngit QUINT.*Inst*.11.1.4.

3 ~*ngere aciem*, To traverse or graze, (hence) blunt (the edge of a weapon); (w. *aciem oculorum* or sim. ref. to sight) to dazzle. **b** (transf., w. *aciem animi, ingenii*, etc.). **c** (without *aciem*, etc.) to eclipse, throw into the shade.

acies ferri ~ngitur PLIN.*Nat*.7.64; 15.52; (*fig*.) illi quorum lingua gladiorum aciem ~ngit domi PL.*Truc*.492;—ut.. ~ngat (*sc*. splendor) oculorum aciem *Mil*.4; LUCIL.1094; se gemmae nitore..aspectus omnium ~ngere *Rhet.Her*.4.63; fulguribus ~ngentibus aciem oculorum LIV.40.58.4; quibusdam coloribus infirma acies adquiescit, quorundam splendore ~ngitur SEN.*Dial*.5.9.2; obliqua ~ngens lumina flamma (*sc*. fulmen) LUC.1.154;—(*in fig. phr*.) aurum.. ~ngit oculos VAR.*Men*.30; cuius dignitas et splendor ~ngebat..oculos Vatini CIC.*Vat*.25; fulgor eius (*sc*. Caesaris) illos, ut nihil aliud possint aspicere, ~nget SEN.*Dial*.11.12.3; traditis quorum fulgore ~ngor TAC.*Ann*.14.54. **b** ne.. gestu ipso ac motu corporis ~ngat aciem ingeni tui CIC. *Div.Caec*.46; illius animi aciem ~ngit splendor sui nominis *Rab.Post*.43; VELL.2.118.4;—(*cf*.) mentis ut ita dicam ~ngit oculos CIC.*Sen*.42; ferri, quo mens simul uisusque ~ngitur QUINT.*Inst*.10.1.30. **c** ceterum fulgore uirtutum laus ista ~ngitur QUINT.*Inst*.10.1.92; cuius splendore et gloria sordis et obscuritatem Vitellianarum partium ~ngimus TAC.*Hist*.1.84.

praestruō ~ere ~xī ~ctum, *tr.* [PRAE-+STRVO]

1 To build up in front, place as an obstruction.

si qua clementer accedi poterant, in modum ualli saxa ~it TAC.*Ann*.12.33; (*w. dat*.) hospitis (*sc*. Daedali) effugio ~xerat omnia Minos OV.*Ars* 2.21; (*poet*.) pulchros ferro ~xerit artus STAT.*Ach*.1.481.

2 To block up, obstruct.

porta..fonte fuit ~cta nouo OV.*Met*.14.798; ille aditum fracti ~xerat obice montis *Fast*.1.563.

3 To construct by way of preparation or foundation; (transf.) to contrive beforehand.

pluma..terrestrem nobis cubitum ~unt APUL.*Met*.10.20; (*neut. pl. of pple. as sb*.) ab imo ~cta ualenter resistent contra ea quae postmodum superposita incumbant COL. 1.5.9;—fraus fidem in paruis sibi ~it ut..cum mercede magna fallat LIV.28.42.7; cum ~ctum utrumque consulto esset SUET.*Tib*.53.1.

praestu: see PRAESTO[1].

praesūdō ~āre, *intr.* [PRAE-+SVDO] To sweat or exert oneself in preparation.

ludum..quo Martia bellis ~are paret seseque accendere uirtus STAT.*Theb*.6.4.

praesul ~lis, *m.* [PRAE-+-*sul* (SALIO)] A dancer at the head of a religious procession or sim.

~l ut amptruet inde LUCIL.320; cuidam rustico dormienti uisus est uenire qui diceret ~lem sibi non placuisse CIC. *Div*.1.55.

praesulsus ~a ~um, *a.* [PRAE-+SALSVS] Very salt.

librales..offas ~ae adipis in gulam dimittito COL.6.2.7.

praesultātor ~ōris, *m.* [next+-TOR] = PRAESVL.

uisus Iuppiter dicere sibi ludis ~orem displicuisse LIV. 2.36.2.

praesultō ~āre, *intr.* [PRAE-+SALTO] (w. dat.) To dance in front (of).

quando adeo ferox ~at hostium signis LIV.7.10.3.

praesultor ~ōris, *m.* [PRAE-+SALIO+-TOR] = PRAESVL.

sibi ~orem ludis circensibus proximis non placuisse V. MAX.1.7.4.

praesum ~esse ~fuī, *intr.* [PRAE-+SVM] FORMS: *praesse, praerit CIL* 1.593, *praest* 16.2, *praerant* AUG.*Anc*.3.35. CONST.: usu. w. dat.

1 To be in charge (of), be in control (of).

VBEI IOVRE DEICVNDO ~ESSE SOLENT *CIL* 1.583.31; fetiales, quod fidei publicae inter populos ~erant VAR.*L*. 5.86; cum Galliae Fonteius ~esset CIC.*Font*.16; omnibus negotiis non interfuit solum, sed ~fuit *Fam*.1.6.1; auspiciis, quibus nos ~sumus *N.D*.1.14; qui summo magistratui ~erant CAES.*Gal*.1.16.5; seuere ~fuit ei potestati NEP.*Ca*. 2.3; Sp. Tarpeius Romanae ~erat arci LIV.1.11.6; Hasdrubale qui classi ~erat 30.25.5; ~fuerat templo OV.*Pont*. 3.2.65; V.MAX.6.5.1; Paulinus Pompeius et L. Vetus.. exercitui ~erant TAC.*Ann*.13.53; ~fuerat prouinciae quaestor PLIN.*Pan*.70.1; ~fuit Palatinae bibliothecae SUET. *Gram*.20(p.115Re); ~fuit ualidissimae manui APUL.*Met*.7.5; apud uetustiores incendiis arcendis triumuiri ~erant PAUL. *dig*.1.15.1;—(*of gods*) nuntiis ~sim et lucro PL.*Am*.12; stant quoque pro nobis (Lares Praestites) et ~sunt moenibus Vrbis OV.*Fast*.5.135;—(*without dat*.) ea prouincia, in qua tu triennium ~fuisti CIC.*Ver*.3.180; intellegi iam licet nullum fore quod ~sit inperium *Rep*.1.60; qui Hadrumeti cum duabus legionibus..~erat *B.Afr*.33.3; duces exemplo potius quam imperio..admiratione ~sunt TAC.*Ger*.7.1; ~erat Iulius Briganticus *Hist*.4.70; (*transf*.) ita fit, ut ratio ~sit, appetitus obtemperet CIC.*Off*.1.101.

2 a To take the lead (in). **b** to be preeminent (in).

a illi crudelitati non solum ~esse uerum etiam interesse CIC.*Att*.9.6.7; non..paruit ille Ti. Gracchi temeritati, sed ~fuit *Amic*.37. **b** quantum adferat eis, qui ei (*sc*. iuri ciuili) ~sunt, honoris CIC.*de Orat*.1.198; clarissimi ciues ei studio etiam hodie ~sunt 1.235; cui diligentiae ~esse apud nos iure consulti existimantur QUINT.*Inst*.3.6.58.

3 To be present (at).

occupa foras exire, foris ut ~sit linteum TITIN.*com*.146; (*without dat*.) quo tempus autem ueni omnia ~fuerunt, et lana et (linum?) *P.Mich*.471.18.

praesūmō ~ere ~(p)sī ~ptum, *tr.* [PRAE-+SVMO]

1 To consume beforehand; (w. dat.) to consume before.

neue domi ~e dapes OV.*Ars* 3.757; ~ptis remediis, ut consuetudine ipsa innoxium fieret (*sc*. uenenum) PLIN.*Nat*. 25.6; ebrietatem arcet pecudum assus pulmo ~ptus 30.145; ipsa ~endo remedia munierat corpus TAC.*Ann*.14.3;—~ere (*sc*. aquam) cibis PLIN.*Nat*.28.55.

2 To take upon oneself, assume, perform, etc., beforehand. **b** to anticipate another in the use, performance, etc., of, to use up before another.

~pta opinio SEN.*Dial*.6.7.4; ad dubios pauci ~pto robore casus spemque metumque ferunt LUC.6.418; ~pta piacula mortis (*i.e. before death*) SIL.6.300; QUINT.*Inst*.1.1.19; 12.9.9; ni supplicium in malos ~ant TAC.*Ann*.1.48; omnia.. heredum officia ~ere PLIN.*Ep*.6.10.5; (*transf*.) tota ante oculos sortis humanae condicio ponatur, nec quantum frequenter eueniat, sed quantum plurimum potest euenire, ~amus animo SEN.*Ep*.91.8. **b** illa..in pueris natura ..in qua ingenium iudicio ~itur QUINT.*Inst*.2.4.7; uerba poetica libertate audaciora non ~unt eadem proprie dicendi facultatem 10.5.4; inuiti iudices audiunt ~entem partes suas 11.1.27.

3 To perform, enjoy, etc., before the due time, anticipate.

arma parate, animis et spe ~ite bellum VERG.*A*.11.18; quam puer et ualidus ~is mollitiem HOR.*S*.2.2.87; certam spem triumphi animo ~psit V.MAX.1.5.3; ~it illa et ante tempus cadit SEN.*Ep*.74.33; sementibus tempora plerique ~unt PLIN.*Nat*.18.224; SIL.7.582; differenda igitur quaedam et ~enda (uerba sunt) QUINT.*Inst*.8.6.63.

4 To take for granted, presuppose, assume.

~pta iam uictoria FRON.*Str*.3.17.6; ~ptum, quo significatur de quo liquet QUINT.*Inst*.3.6.35; ~pta apud militem illius anni quies TAC.*Ag*.18.3; ut..percipias gaudium, quod ego olim pro te non temere ~o PLIN.*Ep*.2.10.6; melius de te doctrinaque tua ~o, qui.. APUL.*Met*.3.15;—(*w. acc. and inf*.) ~psit animo ea re significari exitium suum V.MAX. 1.6.10; hoc primum ~endum, inter ea corpora..aera esse SEN.*Nat*.2.2.1; ~e animo multa tibi esse patienda *Dial*. 5.37.3; ~ptum habeant..publicae cladis insignia fuisse TAC.*Ann*.14.64; te de isto numero merito ~e semper beatum APUL.*Met*.11.29; ~ptum est..ea mancipia, quae rudia sunt, simpliciora esse ULP.*dig*.21.1.37;—(*absol*.) in Vitellium ut inimici ~psere TAC.*Hist*.3.9.

praesumptiō ~ōnis, *f.* [prec.+-TIO]

1 The enjoyment (of something) by mental anticipation.

rerum, quas adsequi cupias, ~o ipsa iucunda est PLIN. *Ep*.4.15.11; qui bonae mansuraeque famae ~one perfruitur 9.3.1.

2 Presupposition, presumption. **b** (rhet.) anticipation of an opponent's objections, etc.

multum dare solemus ~oni omnium hominum SEN.*Ep*. 117.6; HYG.*agrim*.p.78; sacrilega ~one dei quem praedicaret unicum APUL.*Met*.9.14; ante parta existimatio et uestra de me benigna ~o *Fl*.9; si..non leui ~one credat PAPIN.*dig*. 41.3.44.4; ne ~o Carbonianae bonorum possessionis iniuriam aduersariis afferat ULP.*dig*.37.10.3.13. **b** mire..in causis ualet ~o, quae πρόληψις dicitur, cum id quod obici potest occupamus QUINT.*Inst*.9.2.16; 8.2.18 (*s.v.l*.).

3 Obstinacy, stubbornness.

mire contra plagarum dolores ~one munitus APUL.*Met*. 8.28; offirmatus mira ~one 10.10.

praesuō ~uere ~uī ~ūtum, *tr.* [PRAE-+SVO] To sew over the surface or extremity of (with a covering).

hastam..quae foliis ~uta notam sine uulnere fecit OV. *Met*.11.9; ~uunt (surculos) recentibus coriis PLIN.*Nat*.12.96.

praetardō ~āre, *tr.* [PRAE-+TARDO] To slow down (by impeding).

uirum torrentibus inpedit undis ~atque gradus (Xanthus) *Ilias* 917.

praetegō ~gere ~xī ~ctum, *tr.* [PRAE-+TEGO] To cover over; to shelter.

ilia subter caecum uulnus habes, sed lato balteus auro ~git PERS.4.45;—quae somnum saxa ~xerint PLIN.*Pan*. 15.4.

praetemptātus ~ūs, *m.* [next+-TVS[3]] The action of testing in advance.

oculorum uicem cornicula bina ~u inplent PLIN.*Nat*.11. 140.

praetemptō ~āre ~āuī ~ātum, *tr.* [PRAE-+TEMPTO] To try out in advance, test.

pedibus ~at iter TIB.2.1.77; ~at pollice chordas OV.*Met*. 5.339; erat ambiguis animi sententia dictis ~anda mihi 9.589; fato..pericula uestra ~ate meo LUC.9.398; PLIN. *Nat*.9.101; fratris ~are fidem STAT.*Theb*.2.369; quod.. parcius..~anda sit iudicis misericordia QUINT.*Inst*.4.1.28; ~ata crimina TAC.*Ann*.1.73; SUET.*Aug*.35.2.

praetendō ~dere ~dī ~tum, *tr.* [PRAE-+TENDO]

1 To hold or stretch out, spread forth; (w. dat.) to spread out (before).

fumos..manu ~de sequacis VERG.*G*.4.230; nec coniugis umquam ~di taedas *A*.4.339; paciferae..manu ramum ~dit oliuae 8.116; cuspide ~ta OV.*Met*.3.83; ~di iussit Caesar plagas PLIN.*Nat*.9.15; sectae ~dens colla Medusae STAT.*Silv*.1.1.38;—intubus..pedibus ~sus equinis LUCIL. 193.

2 To extend across or in front, stretch out. esp. **b** (topog., pass. or refl.).

cardine mundi utraque (*sc*. sedes) ~ta fertur deiecta ruina MAN.2.869; aliis (*sc*. insectis) cornicula ante oculos ~duntur ignaua PLIN.*Nat*.11.100; si quis ~tam detrahat membranam 11.139; propagines e uitibus altius ~tas non succedit (Dialis) GEL.10.15.13; (*cf*.) sed ubi (*Nature*) uisum in eo (*sc*. culice) ~dit? PLIN.*Nat*.11.2; (*w. acc. of distance*) bis uicenos spatium ~ere passus rete uelim GRAT.31; (*in fig. phr*.) ut praecedens sententia in sequentem laciniam aliquam porrigat et oram ~dat FRO.*Aur*.1.p.42(212N). **b** cum audisset tenue ~tum litus esse LIV.10.2.5; amoeno ~dente se stagno PLIN.*Nat*.3.20; (Euboea) in longitudinem uniuersae Boeotiae ab Attica ad Thessaliam usque ~ta in CL 4.63; Aegyptus, ad meridiem recedens, donec a tergo ~dantur Aethiopes 5.48;—(*of a mil. formation*) quamquam..

armatam..aciem toto ~tam in litore cernebant LIV.22.20.1; ut..classis..conuersa et minaci fronte ~deretur TAC.*Hist*.2.14;—(*w. dat.*) Sicanio ~ta sinu..insula VERG.*A*.3.692; Dardanis laeuo Triballi ~duntur latere PLIN.*Nat*.4.3; Armeniae ~tus Hiber V.FL.5.166; nostris prouinciis late ~ta (gens) TAC.*Ann*.2.56.

3 To extend in front as a protection, obstruction, etc.
(*w. dat.*) segeti ~dere saepem VERG.*G*.1.270; morti ~dere muros *A*.9.599; uestem tumidis ~dit ocellis OV.*Am*.3.6.77; aere pedes solidi ~taque naribus aera *Ep*.12.43; ~ta..caelo agmina nimborum STAT.*Theb*.7.36; ~ta foribus uela SUET.*Cl*.10.1; (*in fig. phr.*) tibi si quis adhuc ~dit nubila liuor STAT.*Theb*.12.818;—(*transf.*) offirmare animum auribusque ~dere PLIN.*Ep*.7.27.8; (*fig., cf. sense 4*) ut consulare nomen surgentibus cum maxime partibus honesta specie ~deretur TAC.*Hist*.3.4;—(*w. acc. only*) quidnam..lacrimas..ueste ~ta optegis? SEN.*Phaed*.887.

4 To put forward as a pretext or reason (for something else), allege in excuse. **b** (w. *causam*, etc., as obj.).
(*w. dat.*) hominis doctissimi nomen tuis immanibus et barbaris moribus ~dere CIC.*Vat*.14; quid honestum dictu..seditioni ~ditur muliebri? LIV.34.3.8; amor..~dens culpae splendida uerba tuae OV.*Rem*.240; insano ~dis funera uoto STAT.*Theb*.11.301; uultum et tristitiam et dissentientem a ceteris habitum pessimis moribus ~debant QUINT.*Inst*.1, pr.15; Celsus et Paulinus..inani nomine ducum alienae culpae ~debantur TAC.*Hist*.2.39; nec desidiae nostrae ~damus alienam PLIN.*Ep*.4.16.3;—(*w. acc. only*) nolle in causa est, non posse ~ditur SEN.*Ep*.116.8; ignorantia ~di non potest QUINT.*Inst*.7.1.34; Suebi ~debantur auxilium aduersus Cheruscos orantes TAC.*Ann*.2.44; bellum adversus Bastarnas Scythasque ~dens 2.65; honorum satietatem ac requiem laborum ~dens commeatum petit SUET.*Tib*.10.2; GEL.10.19; (*w.* ad) non potes..ad optinendum dolorem muliebre nomen ~dere SEN.*Dial*.12.16.5; ea mulier..quae aetatem filii ~dit ad eludendam legitimam accusationem PAPIN.*dig*.48.5.12(11).9;—(*w. acc. and inf.*) ~debat id se metu facere QUINT.*Inst*.8.5.15; ~debat lasciuire militem diductum TAC.*Ann*.4.2. **b** ubi causas odiorum ~derant TAC.*Hist*.1.65; quam causam profectionis ~derat SUET.*Tib*.40; causa motus ~debatur duplex AMP.46.2; (*w.* apud) causam..illius belli ~derat aput Cassium legatum, adtrectari terminos suos a Nicomede Bithyno FLOR.*Epit*.1.40(3.5.3);—quem titulum ~deritis..aduersus Philippum LIV.37.54.13.

5 To offer or show deceptively, make a pretence of.
cum..exspectationem..equestris certaminis ~disset FRON.*Str*.2.2.12; Vespasiani amicitiam studiumque partium ~dit TAC.*Hist*.4.13.

6 To put forward a claim to.
plurium pupillorum..unum debitum ~dentium PAUL.*dig*.2.14.9;—(*pres. pple. as sb.*) si ~dentibus aliquod sine iudice credatur ULP.*dig*.50.5.1.

praetener ~ra ~rum, *a.* [PRAE-+TENER] Exceptionally delicate or tender.
~ra acino PLIN.*Nat*.14.25; capnos fruticosa, ~ra 25.156.

praetentō ~āre, *tr.* [PRAETENDO+-TO] To hold out as a reason, allege.
impia germani ~ans uolnera Perses V.FL.6.75.

praetentūra ~ae, *f.* [prec.+-VRA] (mil.) A line of frontier-posts.
(Septimius Seuerus et Septimius Geta) MI⟨LIARIA N⟩OVA ~AE PONI IVSSERVNT *CIL* 8.22611; LEG AVG AT ~AM ITALIAE ET ALPIVM EXPEDITIONE GERMANICA *A.Epig*.93.88.

praetenuis ~is ~e, *a.* [PRAE-+TENVIS]

1 Exceptionally narrow, slender, or thin.
in ponte ~i, duabus (capris) obuiis e diuerso PLIN.*Nat*.8.201; ~ia fila 11.39; cuminum est et siluestre, ~e 20.159; (*w. abl.*) (dictamnum) ramis ~e 25.92.

2 (of a sound) Exceptionally thin or shrill.
ille ~is et inmodicae claritatis (sonus) QUINT.*Inst*.11.3.41.

praetepescō ~escere ~uī, *intr.* [PRAE-+TEPESCO] To become exceptionally warm.
(*fig.*) si tuus in quauis ~uisset amor OV.*Am*.2.3.6.

praeter, *prep., adv.,* and *conj.* [PRAE-; for term. cf. INTER]

A (as prep. w. acc.).

1 Passing or so as to pass by, past, across.
mustela murem apstulit ~ pedes PL.*St*.460; ita fugias ne ~ casam, quod aiunt TER.*Ph*.768; iens domum ~ matris deum aedem VAR.*Men*.149; fluuius Eurotas, is qui ~ Lacedaemonem fluit CIC.*Inv*.2.96; ~ castra Caesaris suas copias traduxit CAES.*Gal*.1.48.2; ~ castra..sua fuga praelati LIV.7.24.8; ea ipsa (uia) ~ hostes erat 10.35.4; ~ oram Etruriae Ligurumque..peruenit Massiliam 21.26.3; ~ Armeniam penetrat ad Tigrin CURT.4.9.14; Parnasi frondea ~ colla tendebat iter STAT.*Theb*.9.643; ~..insulas lato mari pergere TAC.*Ann*.2.78;—(*w. oculos or sim.*) ~ oculos Lolli haec omnia ferebant CIC.*Ver*.3.62; dona..cum uideat ~ sua lumina ferri multa OV.*Fast*.3.635; nec furtiua iam scelera sunt: ~ oculos eunt SEN.*Dial*.4.9.1; qualis (*sc.* fax)..~ ora populi meridiano transcucurrit PLIN.*Nat*.2.96; TAC.*Hist*.4.30;—(*fig.*) quia uerentur ne..~ eos (*i.e. 'over their heads'*) ad alium res transferatur CAEL.*Fam*.8.10.2.

2 Beyond in degree, etc., surpassing, exceeding (a standard, expectation, hope, or sim.). **b** (compendiously) to a greater degree than, so as to surpass (other persons or things).
~ aequom ne quid delinquat PL.*Bac*.418; multa ~ spem scio multis bona euenisse *Rud*.400; nimium ipse durust ~ aequomque et bonum TER.*Ad*.64; praedonum dux..repente ~ spem..uictor CIC.*Ver*.5.91; illud..accidit ~ opta-tum meum, sed ualde ex uoluntate *Pis*.46; iniuriae dolor facit me ~ consuetudinem gloriosum *Phil*.14.13; cum lacus Albanus ~ modum creuisset *Div*.1.100; semine..liquido ~ iustum LUCR.4.1241; militum pars..~ spem incolumis in castra peruenit CAES.*Gal*.6.40.8; nescio qua ~ solitum dulcedine laeti VERG.*G*.1.412; non ~ solitum leues HOR.*Carm*.1.6.20; LIV.31.46.11; TAC.*Hist*.2.29; ut ~ spem omnium senectus imperii..iuuentute reuirescit FLOR.*Epit*.1.1(1.pr.8);—(*after a compar.*) fortasse aliquanto iniquior erat ~ ei(u)s lubidinem TER.*Hau*.201; salsior paulo ~ consuetudinem aqua *B.Alex*.6.2; plures ~ consuetudinem armatos apparere NEP.*Han*.12.4;—(*in a mixed const.*) hanc crapulam, quam potaui ~ animi quam lubuit sententiam PL.*Rud*.587;—(*numerically*) equidem hau sum annos natus ~ quinquaginta et quattuor *Mil*.629. **b** quem ego amo ~ omnis PL.*Am*.640; horum ille nil egregie ~ cetera studebat TER.*An*.58; et Siculi in eo genere..et ~ ceteros Attici excellunt CIC.*de Orat*.2.217; cum ei regi inimici ~ ceteros essent *Ver*.2.159; quod mulieres nostrae ~ ceteras Romae remanserunt *Att*.7.14.3; eum..deum (*sc.* Apollinem), cui reliqui dii concessissent, ut ~ ceteros diuinaret *Tusc*.1.114; ut Argonautas ~ omnis candidum Medea mirata est ducem HOR.*Epod*.3.9; tot tam opulenti tyranni regesque, ~ ceteros Hiero LIV.25.24.13; (emplastrum) ad podagram ~ quoduis aliud medicamentum satis conuenit LARG.206; ut..uates..~ ceteros mortales esset (Tiresias) HYG.*Fab*.75.2;—(*after a superl.*) de ostro..quod et carissimam et excellentissimam habet ~ hos colores aspectus suauitatem VITR.7.13.1.

3 Out of line with, contrary to. **b** (w. persons as obj.) so as to dissent from, at variance with.
~ aetatem et uirtutem stultus es, Stratippocle PL.*Epid*.106; ~ speciem stultus es *Mos*.965; ~ ciuium morem atque legem et sui uoluntatem patris TER.*An*.879; haec noua, quae ~ consuetudinem ac morem maiorum fiunt *Ed.* (*Font.iur*.p.239)67; esset illud genus ridiculi ~ exspectationem CIC.*de Orat*.2.255; cum ei nihil adhuc ~ ipsius uoluntatem cogitationemque accideret *Catil*.2.16; multa..impendere uidentur ~ naturam etiam praeterque fatum *Phil*.1.10; quid accciderit de iudicio quod tam ~ opinionem omnium factum sit *Att*.1.16.1; *Div*.2.60; ubi ~ spem quos fugere credebant infestis signis ad se ire uiderunt CAES.*Gal*.6.8.6; quid sibi, quoniam ~ spem hostis occurrisset, faciendum esset LIV.33.6.5. **b** nihil..equidem noui nec quod ~ ceteros sentiam CIC.*Div*.1.11.

4 In addition to, as well as, besides. **b** *praeter haec* (*hoc*), besides this, as well; *praeter ea*: see PRAETEREA. **c** *praeter id quod*, in addition to the fact that.
si undecim deos ~ sese secum adducat Iuppiter PL.*Epid*.610; nummos ~ frumentum coactus est dare CIC.*Ver*.3.93; sceleris est poena tristis et ~ eos euentus, qui sequuntur, per se ipsa maxima est *Leg*.2.43; esse aliam ~ plagas et pondera causam motibus LUCR.2.285; ~ has exspectabat cum Scipione..legiones II CAES.*Civ*.3.4.3; Lentulum..coarguunt ~ litteras sermonibus, quos ille habere solitus erat SAL.*Cat*.47.2; Samnitium..capti quattuor milia septingenti ~ praedam aliam LIV.10.34.3; ~ gaudium periculosi saltus superati, contemptus quoque hostium..accessit 42.55.4; noster (libellus)..~ me (*i.e. my labours as author*) mihi constitit decussis STAT.*Silv*.4.9.9; Suionum..ciuitates..~ uiros armaque classibus ualent TAC.*Ger*.44.2; *Ann*.2.43; ~ pelagi casus et fulminis ictus euasit JUV.12.12; GEL.6(7).3.19; (*cf.*) diuus Augustus ~ Hispanias..paene idem facta Aegypto stipendiaria, quantum pater eius Galliis, in aerarium reditus contulit VELL.2.39.2;—(*after a neg.; cf. sense 5*) ut ne quis esset testis tertius ~ nos POMPON.*com*.144;—(*in pleon. expr., w.* praeterea) ~ communem fidem quae omnibus debetur, praeterea nos isti hominum generi praecipue debere uidemur, ut..CIC.*Q.fr*.1.1.28. **b** ~ haec meridie ipso faciam ut stipulam colligat TER.*Ad*.847; LIV.7.42.1; SEN.*Nat*.2.29.1; QUINT.*Inst*.4.2.3;—corpus inualidum fit; ~ hoc torpet rigoribus quibusdam LARG.187. **c** ~ id, quod his leuissimi cuiusque animus facillime terretur, nescio an..apud plurimos plus ualeat malorum timor quam spes bonorum QUINT.*Inst*.3.8.40.

5 Other than, with the exception of, except, but, save. **a** (in neg. cls. or equiv.). **b** (in interr. or conditional cls.).
a nunc quidem ~ nos nemo est PL.*Am*.855; quoi nil iam ~ pretium dulcest TER.*Hau*.234; nihil adferens ~ facilitatem CIC.*Orat*.21; nec quicquam aliud est philosophia, si interpretari uelis, ~ studium sapientiae *Off*.2.5; quo ~ sacerdotes adire fas non est CAES.*Civ*.3.105.5; nulla ciuitas Atheniensibus auxilio fuit ~ Plataeenses NEP.*Milt*.5.1; edicto uetuit ne quis se ~ Apellen pingeret HOR.*Ep*.2.1.239; nec iam te ~ in urbe formosa est oculis ulla puella meis [TIB.]3.19.3; nec quicquam ~ recentis uestigia caedis..inuenit LIV.23.36.4; VELL.1.10.3; nil ~ domini nomen mutant pauperes PHAED.1.15.2;—(*ellipt.*) nullum (anulum) habet Romuli..statua nec ~ Numae Seruiique Tulli alia PLIN.*Nat*.33.9; eum nullo ~ auguralis sacerdotii honore impertitum SUET.*Cl*.4.6;—(*governing a rel. cl. without antecedent*) nullas (litteras)..acceperam ~ quae mihi binae simul..redditae sunt CIC.*Att*.5.3.2; nec ~ quod in bullis singulisque anulis erat quicquam sibi auri reliquerunt FLOR.*Epit*.1.22(2.6.24);—(*governing an inf.*) inueniet..nil sibi legatum ~ plorare suisque HOR.*S*.2.5.69; quod crimen dicis ~ amasse meum? OV.*Ep*.7.164;—(*also w.* nisi) nec mihi nisi unum prandium quicquam duis ~ mercedem PL.*Vid*.52; nec ~ me quisquam Italia cessit nisi qui hunc inimicum sibi putaret CIC.*Att*.9.19.2. **b** hoc quis ante te, quis ~ te, fecerit quaero CIC.*Ver*.5.75; quis hoc putaret ~ me? *Fam*.2.13.3; reliquum..quid esse paucis a multitudine..circumuentis ~ mortem? LIV.25.16.18; quod socero bellum ~ ciuile reliqui? LUC.2.595;—(*w.* alius) numquis est hic alius ~ me atque te? PL.*Trin*.69; si ~ eam praedam quam dixi quicquam aliud causae inueneritis CIC.*S.Rosc*.8.

6 (not after neg. or sim.) Exclusive of, leaving aside, except for. **b** (w. *omnes, ceteri*, etc.) except; (w. *aliqui*) other than. **c** (after *solus*) to the exclusion of.
suculam ~ cardines P VIIII CATO *Agr*.18.2; Gallus quidem nudus ~ scutum QUAD.*hist*.10b; uidebat..praetores locupletari quotannis pecunia publica ~ paucos CIC.*Man*.67; Achillas..occupabat Alexandriam ~ eam oppidi partem quam Caesar..tenebat CAES.*Civ*.3.111.1; ut incorruptam redderet (uillam) ~ uim et uetustatem ALF.*dig*.19.2.30.4; ~ cetera me Romaene poemata censes scribere posse..? HOR.*Ep*.2.2.65; defecere..ad Poenos hi populi..Samnites ~ Pentros LIV.22.61.12; OV.*Met*.8.543;—(*after* solus) id duae nos solae scimus, ego quae illi dedi et illa quae a me accepit —~ uos quidem PL.*Cist*.146; is (ager) de stultitiis meis solus superfit ~ uitam relicuos *Trin*.510; cum illi soli essent ~ furiosum illum tribunum..qui..CIC.*Sest*.25;—(*ellipt.*) etiam e Graccis ipsis diligenter cauendae sunt quaedam familiaritates ~ hominum perpaucorum CIC.*Q.fr*.1.1.16; religionum usque quaque contemptor ~ unius Deae Syriae SUET.*Nero* 56.1. **b** cum..eum legentem omnes ~ Platonem reliquissent CIC.*Brut*.191; idem..hoc ~ Siculos ceteri Sopatri amici..fecerunt *Ver*.2.73; huic adsentiuntur reliqui consulares ~ Seruilium *Fam*.1.1.3; *Div*.1.5; mors omnia praestat uitalem ~ sensum LUCR.3.215; CAES.*Gal*.5.24.7; Iugurthae alia omnia ~ milites opportuna SAL.*Jug*.52.2; LIV.8.37.11; 26.28.9; OV.*Met*.11.404; huic mulieri cuncta alia fuere ~ honestum animum TAC.*Ann*.13.45;—(*after* ultimus omnium) ultimus omnium iuris sui regum ~ Parthicos VELL.2.40.1;—(*ellipt.*) ad omnis partis corporis dolorem ~ capitis LARG.90;—sit ~ gladios aliquod sub Caesare fatum LUC.5.283. **c** qur sedebas in foro, si eras coquos, tu solus ~ alios? PL.*Ps*.801; quod solus ~ ceteros ausus fuit Herculis pyram construere HYG.*Fab*.102.1.

B (as adv.).

7 So as to pass by, past, by.
magni montes..solem succedere ~ (uidentur) LUCR.4.141; Pallas..fugientem Rhoetea ~ traicit VERG.*A*.10.399; eunt ~ secura armenta STAT.*Theb*.10.824.

8 In addition, as well, also, besides.
montes in Arcadia Pholoe..Nonacris ~que ignobiles VIII PLIN.*Nat*.4.21; equo fere qui homini morbi, ~que uesicae conuersio 8.166; 9.138; 33.37.

C (as conj.)

9 (as disjunctive conj.) Besides, except. **b** (governing clauses); ~ *quod*, apart from the fact that.
ceterae multitudini diem statuit, ante quam..liceret ab armis discedere ~ rerum capitalium condemnatis SAL.*Cat*.36.2; nil ~ salices cassaque canna fuit OV.*Fast*.6.406; certe mea carmina nemo ~ ab his scopulis uentosa remurmurat Echo CALP.*Ecl*.4.28; uti posthac pueri cum patribus in curiam ne introeant, ~ ille unus Papirius GEL.1.23.13. **b** nexum..Mucius (scribit) quae per aes et libram fiant ut obligetur, ~ quom mancipio dentur VAR.*L*.7.105; potius in seminariis surculos de ficeto quam grana de fico expedit obruere, ~ si aliter nequeas *R*.1.41.5;—~ quod epulis alienis uoluptates meas anteferrem, metum etiam istum tibi demam maturata regressione APUL.*Met*.2.18.

praeter-, *prefix.* [as prec.] Combines w. vbs. to give sense of 'past' or 'by': see next and following.

praeteragō ~ere, *tr.* [PRAETER-+AGO] (w. two acc.) To drive (an animal) past (a place).
deuersoria nota ~endus equus HOR.*Ep*.1.15.11.

praeterbītō ~ere, *tr.* [PRAETER-+BITO] To go past, pass by.
caue ~as ullas aedis quin roges..PL.*Epid*.437; (*ellipt.* at ne interuias ~amus metuo *Poen*.1163.

praeterdūcō ~cere ~xī ~ctum, *tr.* [PRAETER-+DVCO] To lead by, conduct past.
ut te hodie quasi pompam illa ~cerem PL.*Mil*.67.

praetereā, *adv.* Also written as two words. [PRAETER+*ea* (cf. INTEREA)]

1 In addition to that, as well, besides.
⟨iussi⟩ ei quinque argenti deferri minas, ~ unam in opsonatum PL.*Truc*.740; unam ~ horam ne oppertus sies TER.*Ph*.514; mater uirginis in mediost, ipsa uirgo, res ipsa, hic Geta ~ *Ad*.480; duas aut tres familias habeat, unde utenda roget et quibus det, ~ nemini CATO *Agr*.5.3; hunc ego appello oratorem eumque esse ~ instructum uoce..uolo CIC.*de Orat*.1.213; senatus hominumque ~ uiginti milia *Red.Pop*.8; Idibus..auctionem Larini uideo et biduum ~ *Att*.4.12; extra ducem paucosque ~ *Fam*.7.3.2; hae quidem causae diligendi grauissimae; possunt enim ~ nonnullae esse leuiores *Off*.2.32; elephas morbus qui..gignitur Aegypto in media neque ~ usquam LUCR.6.1115; eodem tempore duobus ~ locis pugnatum est CAES.*Civ*.3.52.1; numquam Hispanos ~ tale facinus fecisse, sed imperia saeua multa antea perpessos SAL.*Cat*.19.5; NEP.*Alc*.3.1; neque illum prensantem nequiquam umbras et multa uolentem dicere ~ uidit VERG.*G*.4.502; si duo ~ talis Idaea tulisset terra uiros *A*.11.285; aduexisse etiam trecenta milia modium tritici..et quantum ~ opus esset quo iussissent subuecturos LIV.22.37.6; (flumen) quo poto equis nec ulli ~ animali color mutetur SEN.*Nat*.3.25.4; QUINT.*Inst*.11.3.20; PLIN.*Pan*.45.1; ~ sanctum nihil est neque ab inguine tutum JUV.3.109;—(*pleon. w.* aliud) consules quoque Romani nihil ~ aliud quam suas uires horrebant LIV.2.45.1;—(*w.* excepto quod) in quibus, excepto quod adhuc utcumque ualemus, nil, me ~ quod iuuet, inuenies OV.*Pont*.4.14.1;—(*in conjunction w. vbs. of adding, etc.*) et hoc ~ addit homo Venerius CIC.*Ver*.2.93; cum equitibus Gallis..~ Petreiano auxilio adhibito *B.Afr*.19.4; addita ~ uitae quoque multa tuendae munera OV.*Pont*.4.5.37;—(*w.* praeter quam quod) praeter quam quod te moueri arbitror oportere iniuria quae mihi a quoquam facta sit, ~ te ipsum..hic uiolauit CIC.*Att*.9.15.5; Saran..praeterquam quod negarium hominem cognoui ~ in me contumacem 15.15.2.

2 (accompanying a further instance or point adduced by the writer) Moreover, furthermore, besides.
ego cum genui, tum morituros sciui..~ ad Troiam cum misi..scibam me in mortiferum bellum..mittere ENN.*scen*.313; parata naui imponit, ~ mihi talentum argenti..adnumerat PL.*Mer*.88; CATO *orat*.125; LUCIL.105; formosa

uirgo est..~ fortis AFRAN.*com*.158; cur Albanum uenire iubet, cur matri ~ blanditur? CIC.*Flac*.92; dic mihi ~, Pansa, Ventidius ubi sit *Phil*.12.23; *Fam*.7.32.3; *Div*.1.127; res quoniam docui non posse creari de nilo..accipe ~ quae corpora tute necessest confiteare esse in rebus LUCR.1.269; CAES.*Gal*.5.33.6; SAL.*Jug*.105.2; NEP.*Pel*.4.3; (Aeneas) praemittit Achaten, Ascanio ferat haec..munera ~.. ferre iubet VERG.*A*.1.647; 4.457; HOR.*S*.2.3.179; in eo positam uictoriam credere Carthaginienses; classem ~ ingentem apparari ad Siciliam repetendam LIV.27.5.13; LARG.16; audes ~..in me scribere uersiculos MART.6.64.22; QUINT.*Inst*.6.3.7; PLIN.*Pan*.53.2; quis tam procul absit (*cj.* adsit) ab urbe ~? JUV.16.26;—(*pleon. w.* tum, etiam, autem) tum ~ talem nisi tu nulla pareret filium TER.*Hau*.1022; ~ hoc etiam, quod ego uel primum puto, accipit homo nemo melius prorsus *Eu*.1081; ~ autem te aiunt proficisci Cyprum *Ad*.224;—(*as two words*) PRAETER EA IN EO AGRO NI QVIS POSIDETO NISI DE MAIORE PARTE LANGENSIVM VEITVRIORVM SENTENTIA *CIL* 1.584.30.

praetereō ~īre ~iī or ~īuī ~itum, *intr., tr.* [PRAETER-+EO¹] FORMS: *~ientes* (= *~euntes*) *CIL* 5.7464 (dub.); *~iebat* (impf.) SEN.*Con*. 7.7.10; *~it, ~isse,* etc. freq. for *~iit, ~iisse*; *~iui* APUL.*Met*.3.23; in tmesis LUCR.4.388.

1 (intr.) To pass by, go past. **b** (quasi-fig. in pres. pple.) in passing; (in phr. *uno aspectu et praeteriens*). **c** (fig.) to pass by an occasion, opportunity, or sim.

quisquis ~eat, comissatum uolo uocari PL.*St*.686; TER. *An*.253; huc, alio cum iter haberet, ~iens uenit LUCIL.898; qui ~euntes quid praeco enumeraret audiebant CIC.*S.Rosc*. 133; nisi si quid ex ~eunte uiatore exceptum est scire nihil possumus *Att*.2.11.1; cum..casu formosus puer ~iret *Off*. 1.144; ut neque circumiretur ab hostibus neque ~iret aduersarius, quin ancipitibus locis premeretur NEP.*Dat*.7.3; cum in ~euntem sine armatis regem impetus fieret LIV. 24.7.5; OV.*Tr*.2.90; a mimo Latino, qui forte ~iens animaduerterat SUET.*Dom*.15.3;—(*w. advs., etc.*) si nemo hac ~iit PL.*Cist*.683; ~ito hac recta platea sursum TER.*Ad*.574; —(*of things*) ~eunte postquam tactus aratro est CATUL. 11.23; ~eunte lympha HOR.*Carm*.2.11.20; curru ~eunte TIB.2.5.120; cum ~iens (luna) uadat ad orientis caeli partes VITR.9.2.2; ~euntis aquae FRON.*Aq*.36; ~euntes naues GEL.11.17.4; (*tm.*) quae (nauis) manet in statione, ea praeter creditur ire LUCR.4.388;—(*pres. pple. masc. as sb.*) CIC.*Off*. 1.139; quod monstror digito ~euntium HOR.*Carm*.4.3.22; APUL.*Met*.8.15. **b** sic breuiter..quasi ~iens satis faciam uniuersis CIC.*Div.Caec*.50;—nemo potest uno aspectu neque ~iens in amorem incidere CURIO av.*orat*.4; intellegens dicendi existimator..uno aspectu et ~iens de oratore saepe iudicat CIC.*Brut*.200. **c** (*foll. by* quin) ~ire..non potui quin..scriberem ad te CAES.*Att*.9.6a.

2 (tr.) To pass by, go past. **b** (so as to get ahead of). **c** (so as to miss); also, to leave unvisited. **d** (so as to ignore). **e** to miss with the eyes, fail to notice. **f** (fig.) to pass by (so as to escape); (of conditions) to pass (a person) by.

sues, quarum odore ~ire nemo pistrinum potest PL.*Capt*. 808; TER.*Ad*.581; postquam Massiliam ~imus CATO *orat*.31; ~iit uillam meam Curio CIC.*Att*.10.4.8; ~it abruptas Scironis protinus arces *Ciris* 465; ~euntibus Capitolium LIV.2.49.7; cum te delicta notantem ~ii totiens inreprehensus eques OV.*Tr*.2.542; Pudicitiae ueterem cum ~it aram JUV.6.308; uillae..quam tunc forte ~ibamus APUL. *Met*.8.17;—(*of things*) cum loca ~iit (*sc.* sol) flammis infesta per auras LUCR.5.760; decrescentia ripas flumina ~eunt HOR.*Carm*.4.7.4; VITR.10.9.4; arces ~eat (*sc.* nauis) dictas nomine, Bacche, tuo OV.*Tr*.1.10.38; scimus quemadmodum solem luna ~eat SEN.*Ep*.93.9; (*cf.*) stellarum iste discursus, quicquid ~it, repetit 36.11. **b** Ascanius..iam..hos cursu, iam ~it illos VERG.*A*.4.157; nunc uictam (*sc.* Pristin) ~it ingens Centaurus 5.156; (*cf.*) Liburnae, quae..se, quam longa est, uno remorum ~it ictu SIL.13.243. **c** animum aduorsaui sedulo ne erum usquam ~irem PL.*Rud*.306; dum haec puto ~ii inprudens uillam TER.*Eu*.633;—(*of things*) telum quod saepe nocentis ~it LUCR.2.1104; duo arietes inter se concurrentes alius alium ~ierunt VITR.10.2.15; (*fig.*) si quem haec noua gloria segnem ~it STAT.*Ach*.1.802; —~itus Cereri nullus in orbe locus OV.*Fast*.4.574; cum omnium limina cotidie perambulauerint nec ullas apertas fores ~ierint SEN.*Dial*.10.14.3. **d** iam hunc non ausim ~ire quin consistam et conloquar PL.*Aul*.474; res quidem ista, quam ego..sic tamquam ignotum hominem ~ibam CIC.*de Orat*.2.180. **e** eas (*sc.* stellas)..ostendo ac ne possis ~ire, miraculo sollicito PLIN.*Nat*.18.251. **f** nescis quid mali ~ieris qui numquam es ingressus mare TER.*Hec*. 419; poenam moratur improbus, non ~it PUB.*Sent*.P.29; —si percontassem, hoc ~isset me malum NOV.*com*.53/4.

3 To do or be better than, excel; (w. nonpersonal obj.) to go beyond, surpass, exceed.

uolui ~ire eos, qui poetarum modo uerba ut sint ficta expediunt VAR.*L*.5.9; ut neque ab alio uinci possit neque ipse se omnino reliqua aetate ~ire [CIC.]*Sal*.2; uirtus alios tua ~it omnes OV.*Pont*.4.7.51; ubi aut ~iri aut aequari eos posse desperauimus VELL.1.17.7; uinceris ut Aiax ~it Telamonem JUV.14.214;—propterea quod alia peccata plures, alia pauciores quasi numeros officii ~irent CIC.*Fin*. 4.56; neque ullius natantis impetum trabis nequisse ~ire CATUL.4.4; ~it ipse suos animo Germanicus annos OV.*Pont*. 2.2.71; ~eunt officia architectorum et efficiuntur mathematici VITR.1.1.17; iustum ~it ira modum OV.*Fast*.5.304; iuuenis facundia ~it annos STAT.*Silv*.4.4.45.

4 (intr., of time) To go by, pass. **b** (of events, situations, etc.). **c** (of work) to go overdue.

nocte hac quae ~iit proxuma PL.*Mer*.227; sine biduom hoc ~eat TER.*Eu*.283; ubi dies XXX ~ierint CATO *Agr*. 112.2; cum illarum rerum iam tempora ~issent CIC.*Brut*. 219; si tempus sationis ~isset *Ver*.3.44; biennium ~iit cum ille Καλλιππίδης adsiduo cursu cubitum nullum processerit *Att*.13.12.3; postquam indutiarum ~iit dies NEP.*Ag*.3.1; cum..iam ~it aestas VERG.*G*.2.322; iuuenem..maerentem stultos ~iisse dies TIB.1.4.34; LIV.45.12.1; ne quod temporis momentum impari clamore aut silentio segni ~iret TAC. *Ann*.16.5; non ante aget quam dies stipulationis ~ierit POMPON.*dig*.46.8.18;—(*pf. pple. in act. sense*) ~ita die qua auxilia suorum exspectauerant CAES.*Gal*.7.77.1; quarta iam parte diei ~ita HOR.*S*.1.9.36. **b** illud et ~iit et leuius est CIC.*Fam*.12.22a.4; *Div*.1.126; Posidonius tibi auctoritatem promittit tam in illo quod ~it, quam in hoc, quod secuturum est SEN.*Nat*.4b.3.2; gemitus et prospera Cadmi ~isse sinam STAT.*Theb*.1.16;—(*pf. pple. in act. sense*) iam rebus transactis et ~itis CIC.*Tusc*.4.55. **c** iudicium de operis tunc locum habet, cum operae ~ierint. ~ire autem non possunt, antequam incipiant cedere, et incipiunt, posteaquam fuerint indictae ULP.*dig*.38.1.13.2; (*pple. in act. sense*) quotiens certa species operarum in stipulationem deducitur..peti quidem non possunt nisi ~itae JULIAN.*dig*.38.1.24.

5 (tr.) To omit (deliberately or otherwise) to mention or include, pass over. **b** to pass over in reading, omit.

quid scarum ~ii? ENN.*var*.40; locum..qui ~itus neglegentiast TER.*Ad*.14; quae ~iri nullo modo poterant, ea leuiter, iudices, attigi CIC.*S.Rosc*.123; hac diuisione, cum ~ire aliquid maximum uitium in diuidendo sit, duo praetermissa sunt *Off*.1.10; non ~eunda oratio Critognati uidetur CAES.*Gal*.7.77.2; non incommodum uidetur non ~ire Hamilcarem et Hannibalem NEP.*Reg*.3.5; VERG.*G*.4.148; compluris alios, doctos ego quos et amicos prudens ~eo HOR.*S*.1.10.88; rem dictu paruam ~irem, ni ad religionem uisa esset pertinere LIV.9.30.5; ~iturus eram gladios in principe fixos OV.*Fast*.3.697; Codrus..uir non ~eundus VELL.1.2.1; nostri saeculi exempla non ~ibo SEN.*Ben*. 3.26.1; PLIN.*Nat*.28.11; MART.9.3.10; QUINT.*Inst*.1.pr.21; (*cf., w.* animo) cum hos compello, ~eo animo ex grege latrocini neminem CIC.*Phil*.13.10;—(*w.* silentio) ut nulla fere pars orationis silentio ~iretur *Brut*.88; *Phil*.3.8; *Fam*. 5.8.1; PHAED.3.13.16; (*foll. by* quin) quos quoniam res obtulerat, silentio ~ire non fuit consilium, quin utriusque naturam..aperirem SAL.*Cat*.53.6;—(*w.* tacitus) tam..incredibilem sapientiam..tacitus ~ire nullo modo possum CIC.*Marc*.1;—(*w. acc. and inf.*) habes ad omnia. etsi paene ~ii chartam tibi deesse *Att*.5.4.4; non ~ eundum est auro.. decumum uix esse in pretio locum PLIN.*Nat*.37.204; paene ~ii..accipisse me caryotas optimas PLIN.*Ep*.1.7.6;—(*w.* quod-*cl.*) suo loco ~itum est quod equites ex Italia..ad Caesarem uenissent *B.Hisp*.10.2;—(*ellipt.*) quoius de uirtute quia multi dixere, ~eundum puto SAL.*Jug*.4.2; TAC.*Ann*. 3.18; ita orationem tuam figurasti..ut ~eundo tamen diceres et dicendo tamen praeterires FRO.*Aur*.2.p.40(98N); —(*neut. pl. of pf. pple. as sb.*) quae..ab iis dicuntur sic persequamur ut nihil in ~itis relinquamus CIC.*Luc*.45. **b** ~eas, si quid non facit ad stomachum MART.13.3.8; PLIN.*Ep*.8.21.4; quod saepe non litteras modo sed syllabas aut permutat aut ~it SUET.*Aug*.88.

6 To refuse or fail to select (candidates for offices, persons as legatees, etc.), pass over, ignore.

(*for office*) strenuos⟨os⟩ ~ire more fit PL.*Trin*.1036; populi, qui et potest et solet non numquam dignos ~ire CIC.*Planc*.8; nolo te putare Fauonium a columnariis ~itum CAEL.*Fam*.8.9.5; Philippus et Cotta priuato consilio ~euntur CAES.*Civ*.1.6.5; Boeotarchen..Brachyllem quendam..fecerunt ~itis Zeuxippo et Pisistrato LIV.33.27.9; PLIN.*Nat*.33.17; ~itus est a pessimo principe, qui praeteriri ab optimo non poterat PLIN.*Pan*.94.3; (*cf.*) et alterum ex plebe creari necesse sit, utrumque ex patribus ~ire liceat? LIV.6.40.18;—(*w.* suffragiis) cum sapiens et bonus uir.. suffragiis ~itur CIC.*Tusc*.5.54;—(*in a will*) scriberis ab amicis, ab ignotis ~iris PLIN.*Pan*.43.2; si quis tres..filios heredes instituerit et filiam ~ierit GAIUS *Inst*.2.124; APUL. *Apol*.97; (*w.* testamento) Pompeius Reginus..cum testamento fratris ~itus esset V.MAX.7.8.4; GAIUS *Inst*.3.40; *CIL* 14.1437; (*w.* silentio) si eum silentio ~ierit, inutiliter testabitur GAIUS *Inst*.2.123; (*pple. as sb.*) dicendum est contra tabulas bonorum possessionem ~itum petere non posse ULP.*dig*.37.4.8.5; PAUL.*dig*.37.5.15.1;—(*in other context*) locupletem, sed indignum ~ibo, pauperi uiro bono dabo SEN.*Ben*.4.10.5.

7 To fail or omit to do, use, etc., pay no heed or attention to, neglect; (w. personal obj.) to ignore. **b** (w. inf.) to omit, fail (to do something).

an temere quicquam Parmeno ~eat quod facto usus sit? TER.*Hec*.878; quod enim iste praeterea genus pecuniae cogendae ~iit? CIC.*Ver*.2.120; nihil Antonium sceleris, nihil crudelitatis ~iturum fuisse *Fam*.10.28.3; ut non modo nullam captet, sed etiam ~eat omnes uoluptates *Fin*.1.24; dum tua ~ito facta pudore refers OV.*Am*.3.1.22; quod ab Asclepiade quoque sic temperatum, ut tamen seruatum sit, uideo plerumque saeculo uostro ~iri CELS.2.12.2A; non mehercules illi ignoscerem, si piscem ~isset PETR.49.7; ~ito quaestoris officio SUET.*Nero* 15.2; eorum quae sine piaculo non possunt ~iri ULP.*dig*.28.8.7.3;—tu maioribus.. imperii potiare bonis altusque iacentis ~eas STAT.*Theb*. 11.719. **b** quod ~ii dicere PL.*Mer*.403; quod sciscitari paene ~iui APUL.*Met*.3.23.

8 To fail to come to the attention of, escape the notice or memory of. **b** (intr.) to pass by unnoticed.

illud me non ~it..in iudicio fili de turpitudine parentis dici uix oportere CIC.*Clu*.17; cur non ades? nihil profecto te ~iret *Att*.2.19.1; nec te ~eat Veneri ploratus Adonis OV.*Ars* 1.75; num quid me ~isset SEN.*Con*.9 pr.1; nec me ulla feri Mauortis imago ~iit STAT.*Ach*.2.131;—(*w. acc. and inf.*) non me ~it nos eam rem Ephesi expertos esse CIC.*Fam*.13.65.1; LIV.38.17.2; non me ~it..tardatum iri studia discentium COL.1.pr.28; FRON.*Aq*.88; GAIUS *Inst*.1.55;—(*w. inf.*) nec te ~eat nocturna diurnaque signa quae sint perspicere MAN. 2.203;—(*w. indir. qu.*) te non ~it, quam sit difficile sensum in re publica..deponere CIC.*Fam*.1.8.2; SAL.*Hist*.3.48.3; QUINT.*Decl*.268(p.93,l.4); APUL.*Met*.6.7. **b** (*w.* silentio) uirtutes nostrae silentio ~issent SEN.*Con*.exc.10.2;—(*w.* tacitus) maximae res tacitae ~ierunt CIC.*N.D*.3.19.

praeterequitō ~āre, *intr.* [PRAETER-+EQVITO] To ride past.

plerosque a castris auertunt ~antesque absterrent LIV. 3.61.9.

praeterferō ~ferre ~tulī ~lātum, *tr.* [PRAETER-+FERO] To carry past; (in quots., pass.).

quae pars uocum non auris incidit ipsas ~lata perit LUCR.4.568; (*tm.*) tanto magis omnia signa hanc adipiscuntur circum praeterque feruntur 5.634; (*w. acc. of place*) simul latebras eorum improuida ~lata acies est LIV.21.55.9.

praeterfluō ~ere, *intr., tr.* [PRAETER-+FLVO]

1 To flow past: **a** (intr.). **b** (tr.).

a eam (*sc.* aquam)..propinquam, quae ~at VAR.*R*.3.16. 27; CURT.4.16.12; fusus ex proximo fonte riuus..utrimque ripa uirente ~it [QUINT.]*Decl*.13.3; cruorem ~entis aquae rore deluere APUL.*Met*.8.18. **b** flumen Turiam, quod Valentiam..~it SAL.*Hist*.2.54; amnem..~entem moenia LIV.41.11.3; VELL.2.106.2; Pyramus..Mallon ~it MELA 1.70.

2 (fig.) To flow past; also, to disappear by flowing past, flow away.

eorum ego orationes siui ~ere CATO *Mil*.1(J);—animum et praesentem (uoluptatem) percipere..nec praeteritam ~ere sinere CIC.*Tusc*.5.96; frustra..docemur si quidquid audimus ~at QUINT.*Inst*.11.2.1.

praetergredior ~dī ~ssus, *intr., tr.* [PRAETER-+GRADIOR] To march or go past. **a** (intr.). **b** (tr.).

a ne temptata quidem oppugnatione ~ssus LIV.42.54.7; ~diens..digitos..contero APUL.*Met*.9.27. **b** te iam castra ~ssum esse CIC.*Fam*.3.7.4; *B.Afr*.69.1; ubi extremum agmen Metelli primos suos ~ssum uidet SAL.*Jug*. 50.3; LIV.35.4.4; quem ~ssum siluam..ex inprouiso adorti CURT.8.1.5.

praeterhāc, *adv.* [PRAETER-+*hac* (HIC)] Beyond this point, further.

~ si mihi tale post hunc diem faxis PL.*Men*.112; *Mos*.75; si ~⟨unum⟩ uerbum faxis hodie, ego tibi comminuam caput *Rud*.1117; ~ cognatam comperi esse nobis TER.*Ph*.800; TITIN.*com*.30.

praeteritus ~a ~um, *a.* [pple. of PRAETEREO]

1 That has occurred, been done, etc., in the past, past, bygone, former; also, previously mentioned. **b** (neut. sg. or pl. as sb.) past time or events, the past.

plus..proficit, si proponitur spes utilitatis futurae quam ~i benefici commemoratio CIC.*de Orat*.2.206; querelam ~orum dierum *Phil*.5.1; recordatione ~ae uitae *Att*.3.15.2; iam ~a aetas LUCR.1.468; ut..ex ~is suis officiis reliqua sperarent CAES.*Civ*.3.60.1; o mihi ~os referat si Iuppiter annos VERG.*A*.8.560; fas est ~os semper amare uiros PROP. 2.13.52; ut magis deinde ~ae uictoriae eos quam praesentes tutarentur uires LIV.23.18.12; OV.*Pont*.1.2.143; obliuionis ~arum rerum VELL.2.58.4; QUINT.*Inst*.10.7.4; FRON.*Str*. 4.1.22; heres cogitur legati praedii soluere uectigal ~um ULP.*dig*.30.39.5;—harum ~arumque rerum ordo cum iustis aliorum uoluminibus promatur, tum..nostris explicabitur VELL.2.48.5. **b** (*sg.*) (belua) paulum admodum sentiens ~um aut futurum CIC.*Off*.1.11; cum luctus ingens ex ~o, tum timor in futurum erat LIV.27.2.3; QUINT.*Inst*.9.2.19; pepigerat Pallas ne cuius facti in ~um interrogaretur TAC. *Ann*.13.14; soluo uos in ~um isto metu APUL.*Apol*.99; ULP.*dig*.21.1.21.2;—(*pl.*) statuit..aut de ~is, ut iudex, aut de futuris, ut senator CIC.*Part*.10; quoniam ~a mutare non possumus *Pis*.59; *Fat*.14; quia incertiora futura ~is sunt LIV.25.12.8; PLIN.*Nat*.2.27; ~a instantia futura pari obliuione dimiserat TAC.*Hist*.3.36.

2 Immediately or just past, last.

hoc ~o tempore C. Fundanius..ad nos transfugit *B.Hisp*. 11.3; nec uultum agnoscit amici cum quo ~a cenauit nocte JUV.10.235.

3 (gram., w. *tempus* expressed or understood) Expressing past action, preterite, past.

quod ea (*sc.* tempora) erant tria, ~um, praesens, futurum VAR.*L*.8.20; transferuntur et tempora: 'Timarchides negat esse ei periculum a securi' (praesens enim pro ~o positum est) QUINT.*Inst*.9.3.11; est..~um eius pepigi a pango..non paxi SCAUR.gram.in *G.L*.7.15; GEL.4.17.8;— (*w.* perfectum) 'fero', cuius ~um perfectum et ulterius non inuenitur QUINT.*Inst*.1.6.26.

praeterlābor ~bī ~psus, *tr., intr.* [PRAETER-+LABOR¹] To glide or slip past.

(*w. acc.*) hanc pelago ~bare necesse est VERG.*A*.3.478; 6.874;—(*absol.*) fluctiuaga qua ~bitur unda..Alpheos STAT.*Theb*.1.271; ~bentia flumina QUINT.*Inst*.10.3.24;— (*transf.*) in sensum et in mentem iudicis intrare non potest, ante enim ~bitur, quam percepta est CIC.*de Orat*.2.109; otiosa ~betur oratio SEN.*Ep*.100.11.

praeterluō ~ere, *tr.* [PRAETER-+*luo* (cf. LAVO, LVO¹)] To wash as it passes, flow past.

nemus quod fluuio ~enti..attenditur APUL.*Met*.6.11.

praetermeō ~āre, *tr.* [PRAETER-+MEO] To move past, to pass by.

alii (*sc.* cometae)..stellas ~ant SEN.*Nat*.7.6.1; (*tm.*) salutantum..praeterque meantum LUCR.1.318.

praetermissiō ~ōnis, *f.* [next+-TIO] The action of passing over, omission.

formae sunt eae in quas genus sine ullius ~one diuiditur CIC.*Top*.31; ~o aedilitatis *Off*.2.58.

praetermittō ~ittere ~īsī ~issum, *tr.* [PRAETER-+MITTO]

1 To carry or send past.

an facili te ~iserit unda Lucani rabida ora maris STAT. *Silv*.3.2.84.

2 To disregard (mentally), overlook.
tolle mihi e causa nomen Catonis, remoue uim, ~itte auctoritatem Cic.*Mur.*67; si esset licitum per nautas, qui tempestatem ~ittere noluerunt *Fam.*14.4.5; nisi..ittas animi uitia omnia Lucr.4.1151;—(*w. acc. and inf.*) nec ~ittendum esse Pomponius ait ita demum hoc esse uerum Ulp.*dig.*17.2.57;—(*ellipt.*) do ~itto, non necesse habeo omnia pro meo iure agere Ter.*Ad.*51; ~ittere ⟨et⟩ humanis concedere rebus Lucr.4.1191.

3 To leave out (in a written or spoken statement), omit to mention, pass over.
quod aut uerbum aut uerba sint ~issa Cic.*de Orat.*2.111; utrum hoc tantum crimen ~ittes an obicies? *Div.Caec.*31; in quibus illud tempus Sullanarum proscriptionum..~ittam *Ver.*1.43; *Att.*6.3.9; sed quod ~issum est in illis libris.. *Div.*1.9; Menoeceus non ~ittitur *Tusc.*1.116; in quibusdam annalibus tota res ~issa est Liv.8.30.7; Quint.*Inst.*4.2.49; utriusque principis rationes ~itto Tac.*Ann.*11.11;—(*w. indir. qu.*) qui locus in hoc genere cauendus sit ~ittendum non uidetur Q.Cic.*Pet.*39; quemadmodum..eae temperentur..non ~ittam Vitr.10.11.9;—(*w.* de) non uidetur esse ~ittendum de uirtute militis *B.Afr.*84.1; de hydraulis..non ~ittam Vitr.10.8.1.

4 To fail to take advantage of (an opportune circumstance, person, etc.). **b** to let slip, neglect (an opportunity). **c** to leave undone, omit, neglect (a course of action, etc.).
qui honorum ornamenta propter periculorum multitudinem ~isissent Cic.*Clu.*154; me tua causa ~isisse prouinciam *Fam.*5.2.3; in Italiam euntibus omnibus ad me litteras dabis, ut ego euntem Patras neminem ~itto 16.6.2; ut fortitudo in laboribus periculisque cernatur, temperantia in ~ittendis uoluptatibus *Fin.*5.67; non ~ittendum tantum commodum existimauerunt Caes.*Gal.*7.55.4; impune ~ittet..hereditatem Marcel.*dig.*29.4.5. **b** nullus est locus a me purgandi istius inuidiosi criminis ~issus Cic. *Clu.*143; bellum..gerendi tempus si ~isisset *Phil.*8.5; quid enim est quod scribamus? ego tamen nullum diem ~itto *Att.*9.14.2; ne quem diem pugnae ~itteret Caes.*Gal.*4.13.4; ne facultatem ~ittat *Civ.*2.33.3; quod pridie ~isisse pugnandi occasionem uidebatur Liv.44.37.12. **c** in ipso fraterno parricidio nullum scelus ~issum uidetur Cic.*Clu.* 31; nulla uis tormentorum acerrimorum ~ittitur 177; quod ..erga te commissum aut ~issum uideretur *Att.*3.20.3; nihil, quod ad eam rem pertineat, ~ittimus *Fam.*1.5b.2; neque ullum genus quaestus..~ittebatur *B.Alex.*49.2; neque ulla..~issa clades est Liv.21.57.14; cum experienda omnia..nec ~ittendam spem ullam censuisset ⟨rex⟩ 42.43.1; per ignorantiam stipulatio ~issa est Javol.*dig.*19.5.10; Suet.*Tib.*15.2;—(*in neg. sentences, foll. by* quin, quominus) nihil ~isi..quin Pompeium a Caesaris coniunctione auocarem Cic.*Phil.*2.23; *Q.fr.*3.3.1; nihil..~ittere quominus ea ..consequatur *Leg.*1.56; (*impers. pass.*) non putaui ~ittendum, quin..ea tibi ederem Vitr.1.pr.2;—(*w. inf.*) reliqua.. quaerere ~ittit Caes.*Civ.*2.39.2; quod facere nullo die ~ittebat Nep.*Cim.*4.3;—(*w.* ut) a me..~issum est ut dicerem.. Cic.*Att.*13.21a.2(5);—(*ellipt.*) cum tuis dare possem litteras non ~isi 11.19.1.

praetermonstrō ~āre, *tr.* [praeter-+monstro] To indicate by giving an oblique example, demonstrate obliquely.
usus consilio sum magistri, quod docere ipse debuerat, a quo discerem, ~antis Gel.20.10.6.

praeternāuigō ~āre, *tr.* [praeter-+navigo] To sail past.
quotiens..Baianum sinum ~aret Suet.*Nero* 27.3; Scyllam ~auit Apul.*Soc.*24;—(*pple. as sb.*) ~antes..inopinato impetu terruere Flor.*Epit.*1.43(3.8.3); ~antium officia Suet.*Tib.*12.2.

praeterō ~erere ~rīuī, *tr.* [prae-+tero] To rub away the extremity or surface of; also, app., to rub over (with).
compediti ei anum lima ~erunt Pl.*Men.*85; frater eius non mutauit primores ideoque ~riuit Plin.*Nat.*11.167; (*cf.*) hoc..certum habe: si superstes est corpori (animus), ~eri illum nullo genere posse Sen.*Ep.*57.9;—~erito tepido glutinator glutino Lucil.793.

praeterpropter, *adv.* Also written as two words. [praeter+propter] More or less, approximately; in a rough and ready way.
cum..architectus dixisset necessaria uideri esse sestertia ferme trecenta, unus ex amicis Frontonis: 'et ~' inquit 'alia quinquaginta' Gel.19.10.4;—incerte errat animus, praeter propter uitam (*s.v.l.*) uiuitur Enn.*scen.*241.

praeterquam, *conj.* Also as two words. [praeter+qvam]

1 (foll. directly by a vb.) Beyond the way in which, except that, except as.
quod praeter quam mihi uellem audibam hoc eminus Naev.*com.*34; lucrum ingens facio ~ mihi meu' pater dedit aestumatas mercis Pl.*Mer.*95; uirgo..quae praeter sapiet quam placet parentibus *Per.*366; hoc maiores qui sunt (*sc.* equi), intellegi negant posse, ~ cum dentes sint facti brocchi..dicunt eum..habere annos sedecim Var.*R.*2.7.3; illa..nocte nihil ~ uigilatum est in urbe Liv.3.26.12; 4.48.3; ~..credibilem uult (Cicero) esse euidentem (narrationem) Quint.*Inst.*4.2.64; (*cf., opening a correlation and foll. by* etiam) cum Veientibus Fidenatibusque, ~ finitimis populis, ab causa etiam tam nefanda bellum exorsis atrox dimicatio instabat Liv.4.17.6.

2 (introducing a clause, usu. with some ellipsis in transition): **a** (w. rel.) ~ *qui,* Apart from him who (etc.). **b** (w. other sb. cls.) ~ *quod,* apart from the fact that. **c** (w. adv. cls.).
a uerbum si mihi unum praeter quam quod te rogo faxis Ter.*An.*753; neque praeter quam quas ipse amor molestias habet addas *Eu.*77; ea (*sc.* fana) exaugurauit, ~ quod Termino fanum fuit Cato *hist.*24; ~ qui Tiberium Gracchum necarunt, neminem Cornelia Nep.fr.2; quare, ~ quod ipsius fuit, testamento illius uestrum esse non potest Cic.*Inv.*2.62; ceciderunt ex leui armatura cccxxiii..~ quorum arma et spolia sunt ablata *B.Hisp.*24.6; Vitr.10. 11.5; omnibus militibus..~ qui milites ad Cannas fuissent Liv.23.31.2; 42.10.15. **b** dum abs te absum omnes mihi labores fuere..leues praeter quam tui carendum quod erat Ter.*Hau.*400; at id ~ quod fieri non potuit, ne fingi quidem potest Cic.*Div.*2.28; eo magis Fabio, ~ quod antiquior est, crediderim Liv.1.55.8; 21.10.1; 22.38.12;—(*foll. by* praeterea) praeter quam quod te moueri arbitror oportere iniuria quae mihi a quoquam facta sit, praeterea te ipsum quodam modo hic uiolauit Cic.*Att.*9.15.5;—(*separated*) *Leg.*3.45; praeter enim quam quod morbis cum corporis aegret, aduenit id quod eam de rebus saepe futuris macerat Lucr.3.824. **c** (*w.* si) non est mirabile, quare..summa..summa uideatur stare quiete, ~ siquid proprio dat corpore motus Lucr. 2.311; ~ si quae Macedoniam peterent, omnes..spoliabat naues Liv.44.29.4; Gaius *Inst.*1.192; scaeuam non esse morbosum..~ si inbecillitate dextrae ualidius sinistra utitur Ulp.*dig.*21.1.12.3;—(*w.* ut) nec quod..petamus quicquam est, ~ ut hominum..numero simus Liv.4.4.12;—(*w.* ubi) sterilis (Arabia), ~ ubi Syriae confinia attingit Plin. *Nat.*5.65.

3 (introducing a syntactically conforming phr.) Apart from, beyond, except. **b** (w. slight ellipsis).
Lucil.499; nullum monumentum laudis postulabo ~ huius diei memoriam sempiternam Cic.*Catil.*3.26; nec in quemquam meorum praeter quam in L. Tullium legatum *Att.*5.21.5; uocata..multitudine quae coalescere..nulla re ~ legibus poterat Liv.1.8.1; 27.6.5; efficax et contra serpentium ictus ~ aspidum Plin.*Nat.*24.71; ne ancipiti quidem umquam fortuna ~ bis dimicauit Suet.*Jul.*36;—(*opening a correlation and foll. by* etiam) contumelias.. effugere morte ~ honesta, etiam leni possum Liv.26.13.14; aqua..frigida infusa, ~ capiti, etiam stomacho prodest Cels.1.9.5; ~ Decembri mense aliis quoque festis..diebus Suet.*Aug.*71.1; declamauerat..~..alias, tum uero nimium quantum delectabiliter Gel.15.1.1. **b** num quo crimine is esset accusatus ~ ueneni Cic.*Clu.*105; si nullam ~ uitae nostrae iacturam fieri uiderem Caes.*Gal.*7.77.6; ne eis quidem qui nihil ~ de uita cogitarent *B.Alex.*8.3; cuncta potest ..uetustas ~ curas attenuare meas Ov.*Tr.*4.6.18; salis natura..stomacho tantum inutilis, ~ ad excitandam auiditatem Plin.*Nat.*31.98; Quint.*Inst.*5.10.105;—(*opening a correlation and foll. by* etiam) caesis omnibus ~ hostili odio etiam ne quis nuntius refugeret Liv.30.6.4.

praeteruectiō ~ōnis, *f.* [next+-tio] The act of travelling, sailing, etc., past.
monumentum..in conspectu Italiae, uestibulo Siciliae, ~one omnium qui ultro citroque nauigarent Cic.*Ver.*5.170.

praeteruehō ~here ~xī ~ctum, *tr.* [praeter-+veho]

1 To carry past.
(*in fig. phr.*) nos quoque non minus uelox cursus (*i.e. of life*) ~hit Sen.*Ep.*58.23.

2 (as dep.) To be carried past, travel past: **a** (by sea). **b** (on land).
a mystica ad dextram uada ~cti Acc.*trag.*688; insulam totam ~ctus est Cic.*Ver.*5.98; ~ctas Apolloniam Dyrrachiumque nauis uiderant Caes.*Civ.*3.30.1; uiuo ~hor ostia saxo Verg.*A.*3.688; cum ~heretur Hispaniae oram Liv. 28.36.4; Sen.*Dial.*12.9.6; Stat.*Theb.*5.473; (*tm.*) iam Dulichios portus..praeter erant uecti Ov.*Met.*13.713; (*in fig. phr.*) quoniam emersisse iam e uadis et scopulos ~cta uidetur esse oratio mea Cic.*Cael.*51;—(*absol.*) (Sirenes) reuocare eos solitae, qui ~hebantur *Fin.*5.49; ~hentis classis Liv.37.13.1; ~cti ad Iolcon classem appulerunt 44.12.8; (*cf.*) terra marique ~hentes Suet.*Nero* 34.1. **b** hinc ~ctus Nisum..laeuus abit Stat.*Theb.*2.382; cito agmine forum et imminentia foro templa ~cti Tac.*Hist.*3.71; triumphanti et subsellia tribunicia ~henti sibi Suet.*Jul.* 78.2; Pomptinum Campum..clausa lecticula ~hebatur Fro.*Aur.*2.p.76(151N);—(*absol.*) tribunus militum..~hens equo Liv.22.49.6.

3 (transf.) **a** To pass by (and take no account of); (esp. in speech). **b** to pass by without being apprehended, or sim., get past. **c** to pass (so as to exceed), surpass.
a ut agam uitam, non ut ~har Sen.*Ep.*93.7;—quoniam periculosissimum locum silentio sum ~ctus Cic.*Phil.*7.8; ecquid est..in principatu tuo, quod cuiusquam praedicatio uel transilire uel ~hi debeat? Plin.*Pan.*56.2. **b** orationi quae non ~cta sit auris uestras Cic.*Balb.*4;—(*absol.*) sine inuidia damnoue ~hi Sen.*Dial.*6.16.5. **c** qui sis liber liberis prognatus et equitum censum ~hare Fro.*Aur.*1.p.8 (65N).

praeteruertō ~ere, *tr.* [praeter-+verto] To turn and pass.
causa, quod eunti cum sole iter erat, eundem remeans obuium contrario ~ebat occursu Plin.*Nat.*2.181.

praeteruolō ~āre ~āuī, *tr., intr.* [praeter-+volo²]

1 (of birds, airborne objects, etc.) To fly past. **b** to speed past (on the ground), pass rapidly.
(*w. acc.*) Equus..quem rutila fulgens pluma ~at Ales Cic.*Arat.*660(412); medias hasta uelox ~at auras Sil. 10.113;—(*absol.*) ~ans coruus glebam..subito amisit Curt. 4.6.11; stellae cadentes ~ant et secant aera Sen.*Nat.*7.23. 2; ~ans aquila Suet.*Cl.*7.1. **b** Theron..plenum ~at Hesperon irae Sil.16.511; (*tm.*) muliebrem tollite luctum, Etrusca praeter et uolate litora Hor.*Epod.*16.40;—(*absol.*) duo in candidis equis iuuenes more siderum ~auerunt Flor.*Epit.*1.5(1.11.4).

2 (of abst. things) To slip by (without being apprehended).
(*w. acc.*) sententiae..saepe acutae non acutorum hominum sensus ~ant Cic.*de Orat.*3.223; fugit eos et ~at numerus *Orat.*197;—(*absol.*) illud..a te nimium festinanter dictum uidetur..; nescio quo modo ~auit oratio *Fin.*5.77; in occasionis momento cuius ~at opportunitas Liv.25.38.18; facilius insidit quod exspectatur quam quod ~at Sen.*Ep.* 40.3.

3 To pass over (a subject), treat cursorily.
(*w. acc.*) haec duo praeposita non ~ant sed ita dilatant ut non mediocrem curam adhibeant Cic.*Luc.*42.

praetexō ~ere ~uī ~tum, *tr.* [prae-+texo]

1 To border or edge (with anything).
(*w. abl.*) ex primo uersu cuiusque sententiae primis litteris illius sententiae carmen omne ~itur (*i.e. in acrostic formation*) Cic.*Div.*2.112; ~it harundine ripas Mincius Verg.*Ecl.*7.12; ~ens picta ferrugine caelum Tib.1.4.43; ~tis purpura togis Liv.34.7.2; scaenam..quam totam argento C. Antonius.. ~uit V.Max.2.4.6; dextris..profundum alitibus ~e diem Stat.*Theb.*3.4.96; suburbanis.. uadum ~itur hortis *Silv.*4.4.7; magno tumulum ~ere luco 5.3.50; utraeque nationes usque ad Oceanum Rheno ~untur Tac.*Ger.*34.1; (*cf.*) spectat et Augusto ~tum nomine templum Ov.*Fast.*5.567;—(*w. border, etc., as subj.*) litora curuae ~unt puppes Verg.*A.*6.5; purpura saepe tuos fulgens ~it amictus Ov.*Pont.*3.8.7; nullum flumen cuius non ripas aedificia uestra ~ant Sen.*Ep.*89.21; montium.. qui omnes eas gentes ~unt Plin.*Nat.*6.112.

2 To set up or place in front. **b** to extend in front (as a screen). **c** (transf.) to preface (with).
illis (*sc.* marmoribus) undique operosa et in picturae modum uariata circumlitio ~itur Sen.*Ep.*86.6; tibi maximus honor excubare pro templis postibusque ~i (*i.e. in effigy*) Plin.*Pan.*52.2;—(*in narrative, etc.*) in his uoluminibus auctorum nomina ~ui Plin.*Nat.*pr.21; quos sequeremur, ~uimus hoc in uolumine 18.23; Apul.*Fl.*18. **b** sicubi odoratas ~it umbras Col.10.296; captiuos lateri euntium ~uit Fron.*Str.*1.4.1. **c** (*w. abl.*) sic omnia, quae fiunt quaeque aguntur acerrime, lenioribus principiis natura ipsa ~uit Cic.*de Orat.*2.317.

3 To screen, clothe (with). **b** (fig.) to cloak (with).
(*w. abl.*) non..colorem uestium, quibus ~ta sunt corpora, aspicio Sen.*Dial.*7.2.2; (*poet.*) nouum aeterno ~ite honore uolumen *Ciris* 100. **b** hoc ~it nomine culpam Verg.*A.* 4.172; nouis ~ere funera sacris 4.500.

4 To put forward as a pretext, pretend.
neque enim quisquam potest exercitum cupere..ut non ~at cupiditatem triumphi Cic.*Pis.*56; incruentam et sine luctu uictoriam..~endo Tac.*Hist.*3.8; libertas et speciosa nomina ~untur 4.73; (*w. dat.*) difficultatis patrocinia ~imus segnitiae Quint.*Inst.*1.12.16; (*w. acc. and inf.*) ubicumque ipsi essent, ~entes esse rem publicam Vell.2.62.3;—(*w.* causam, *etc.*) nec infitiari posset honestiorem causam libertatis quam seruitutis ~i titulo Liv.34.59.1; ~uit..causam quia necesse esset V.Max.2.9.6; hae ~ebantur causae ad continuandam potentiam Sen.*Ep.*94.64.

praetexta ~ae, *f.* [praetextvs¹]

1 A toga with a purple border (cf. praetextvs¹ 1b): **a** (as worn by curule magistrates). **b** (as worn by children).
a ~ae ac tunicae Lydorum Lucil.12; ~am et latum clauum Hor.*S.*1.5.36; ~am fasces aspiciamque tuos Ov. *Pont.*4.9.42; consularem ~am iungentem praetoria Vell. 2.65.3; Sen.*Dial.*10.20.1; Petr.78.1; omnis plebeio teritur ~a tumultu Stat.*Silv.*1.2.234; sumpta ~a Tac.*Hist.*2.89; Juv.10.35. **b** Tongilium mihi eduxit quem amare in ~a coeperat Cic.*Catil.*2.4; ubi iam facibus cessit ~a maritis Prop.4.11.33; in ~ae annis Plin.*Nat.*33.10; uirginis ~am scidisti Quint.*Decl.*349(p.374,l.21); posita puerili ~a Tac. *Ann.*1.3.

2 A serious play (*sc. fabula*) on a Roman historical subject.
Var.*L.*6.19; ~am, si uoles legere, Gallum Cornelium.. poscito Pol.*Fam.*10.32.5; uel qui ~as uel quidocuere togatas Hor.*Ars* 288.

praetextātus ~a ~um, *a.* [praetexta+-atvs²]

1 Wearing the *toga praetexta*: **a** (of magistrates). **b** (of boys up to the official age of manhood).
a Sex. Clodium, qui numquam antea ~us fuisset Cic. *Pis.*8; cur non sumus ~i? *Phil.*2.110; decemuiri coronati laurea ~ique Liv.27.37.13; in tribunali sedentem ~um cum anulis aureis quinque Petr.71.9; non defuerunt qui..imagines ~as in rostris proferrent Suet.*Nero* 57.1. **b** pupillum Iunium ~um uenisse in uestrum conspectum Cic. *Ver.*1.151; quos ~os curru uehi cum patre..oportuerat Liv. 45.40.8; (*cf. sense 2*) filii quattuor togas uirilis habent, duo ~i sunt 42.34.4.

2 Being of an age to wear the *toga praetexta*.
puer ~us Cic.*Ver.*3.159; *Phil.*2.44; optime C. Caesarem ~um adhuc accepimus dixisse Quint.*Inst.*1.8.2; municipis mei filius ~us Plin.*Ep.*4.13.3; sponsae turpes et ~us adulter Juv.1.78; (*transf.*) ~a..amicitia Mart.10.13(20).4;—(*masc. as sb.*) grandis ~os Cic.*lib.inc.*fr.14; Catul.61.175; neque tantum uirorum sed etiam matrum familias ac ~orum *B.Alex.*58.4; Liv.22.57.9; et pupillus adhuc et ~us Sen.*Dial.*10.6.1; Juv.10.308.

3 Characteristic of youth, i.e. unseemly, obscene.
ut ne ~is quidem uerbis abstineret Suet.*Ves.*22.1; sic ~os referunt Artaxata mores Juv.2.170; tam euidentibus ac tamen non ~is, sed puris honestisque uerbis Gel.9.10.4.

praetextum ~ī, *n.* [next]

1 Adornment, glory.
famae modus et genus et specioso gratia ~o Man.3.131;

plurimorum ac maximorum operum ~o titulum imaginum suarum amplificauit V.MAX.4.4.1; illud pulcherrimum rei p. ~um SEN.*Ep*.71.9; triumphi..~um V.MAX.5.5.1; sed erat grande momentum in nomine urbis ac ~o senatus TAC.*Hist*.1.76.

2 A pretext, cloak.

sub ~o publicae maiestatis SEN.*Con*.9.2.14; iungitur Verginio Pompeius Vopiscus ~o ueteris amicitiae TAC.*Hist*.1.77; ~o classem adloquendi 2.100; SUET.*Jul*.30.2.

praetextus[1] ~a ~um, *a*. [pple. of PRAETEXO]

1 *toga* ~*a* (also, poet., *amictus* ~*us* and sim.) The purple-bordered toga; (see also PRAETEXTA): **a** (as worn by curule magistrates. **b** (as worn by children up to the age of manhood).

a toga ~a, sella curulis, insignia, fasces CIC.*Clu*.154; aediliciam ~am togam *Vat*.16; *Fam*.2.16.7; qui te toga ~a amicuit BRUT.*orat*.20; pontifex eum togam ~am sumere iussit LIV.8.9.5; TOGAS ~AS HABENDI IVS POTESTASQ *CIL* 2.5439a; (*in fig. phr.*) non possum togam ~am sperare, cum exordium pullum uideam QUINT.*Inst*.5.10.71. **b** pupillae togam ~am CIC.*Ver*.1.113; quod summi puerorum amores saepe una cum ~a toga ponerentur *Amic*.33; formoso.. puero..bullam et ~am togam imposuerunt SUET.*Rhet*.25 (p.122Re);—~i..amictus PROP.3.15.3; primaeua suorum corpora ~o spoliant uelamine SIL.10.647.

2 Clothed in the *toga praetexta*.

~o..senatu PROP.4.1.11.

3 (See quot.)

~um sermonem quidam putant dici, quod praetextatis nefas sit obsceno uerbo uti FEST.p.245M.

praetextus[2] ~ūs, *m*. [PRAETEXO+-TVS[3]]

1 Appearance, show.

maiore ~u, illi auctoritatem senatus, hic dignationem Caesaris laturus TAC.*Hist*.1.19.

2 Pretext, pretence.

decretum tamen sub leni uerborum ~u pro rege..factum est LIV.36.6.5; funde sanguinem, quem sub ~u quaestionis petisti PETR.97.9; seu metu litium seu ~u metus ULP.*dig*.36.1.1.3; ne..aedificia sub hoc ~u diruantur 47.3.1.

praetimeō ~ēre, *intr*. [PRAE-+TIMEO] To have apprehensive forebodings, worry.

mirari non est aequom sibi si ~et PL.*Am*.29; nihil est nec miserius nec stultius quam ~ere SEN.*Ep*.98.7.

praetingō ~gere ~xī ~ctum, *tr*. [PRAE-+TINGO] To moisten or steep beforehand (with).

semina mollit humus ualido ~cta ueneno OV.*Met*.7.123.

praetondeō ~tondēre ~totondī ~tonsum, *tr*. [PRAE-+TONDEO] To shear the end of, clip.

cum..pinnas..~totonderit APUL.*Met*.5.30.

praetor ~ōris, *m*. [PRAEEO+-TOR] ORTHOG.: *prait- CIL* 1.41; *pret-* 1.365.

1 (in etymological and sim. contexts) A leader, commander.

ergo ~orum est ante et praeire LUCIL.1160; in re militari ~or dictus qui praeiret exercitui VAR.*L*.5.87; *gram*.208; regio imperio duo sunto, iique..praeeundo, iudicando, consulendo ~ores, iudices, consules appellamino CIC.*Leg*.3.8.

2 A magistrate at Rome, originally one of the chief magistrates, but ranking second to the consuls after the evolution of that office, and concerned chiefly with judicial functions. **b** (w. special function or position indicated); ~*or maximus*, (perh.) the senior of two colleagues in the early Republic. **c** (w. ref. to praetorial appointments in the provinces; also used loosely for *propraetor* or *proconsul*). **d** (in indecl. phrs. *pro* ~*ore*, ~*oribus*, referring to ex-praetors whose power was prorogued for military or administrative purposes in the provinces, or other persons ranked as such; see also PROPRAETOR).

uirum ~or aduenit auspicat auspicium prosperum NAEV.*poet*.36(40); homo ad ~orem deplorabundus uenit PL.*Aul*.317; te in neruom, haud ad ~orem hinc rapiam *Cur*.723; ~ores secundum populum uindicias dicunt CATO *orat*.116; dixi pro Bestia de ambitu apud ~orem Cn. Domitium CIC.*Q.fr*.2.3.6; HOR.*Ep*.1.1.103; consulibus quoque et ~oribus, quia eisdem auspiciis quibus consules crearentur, cautum esse LIV.3.55.11; inde ~orum comitia habita 22.35.5; (legiones) Ap. Claudius Pulcher ~or in Siciliam traiceret 23.31.4; tanta..paruo crimina ~or emit OV.*Tr*.2.508; PERS.5.114; TAC.*Hist*.4.53; sua consulibus, sua ~oribus species; minorum quoque magistratuum exercita potestas *Ann*.4.6; JUV.16.10;—(*transf.*) quid uis in ius me ire? tu es ~or mihi PL.*Truc*.840; MAN.4.212;—(*cf*. PRAETORIVS *sense 1a*) ut ~oris cohors et Nostius dixit aruspex LUCIL.1348; ex cohorte ~oris CIC.*Q.fr*.1.1.12. **b** ~orem.. maiorem (*sc*. dici) urbanum, minores ceteros L.CAES.*iur*.4; Cornutum, pr. urb. CIC.*Fam*.10.12.3; ~oris, cuius tum inter ciuis et peregrinos iurisdictio erat LIV.41.27.2; ~or urbanus 42.6.10; ~ores aerarii (nam tum a praetoribus tractabatur aerarium) TAC.*Hist*.4.9; amplissimum ius est in edictis duorum ~orum, urbani et peregrini GAIUS *Inst*.1.6; ~or fideicommissarius ULP.*dig*.35.1.92; PRAET(or) TVTEL(arius) *CIL* 3.10471.11; L CONSIDIVS L F GALLVS PR INTER CIVIS ET PEREGRINOS 6.31705; ~ORI SVPREMAR(um) 12.3163;—ut qui ~or maximus sit idibus Septembribus clauum pangat LIV.7.3.5. **c** quod L. Metellus esset ~or in Sicilia CIC.*Ver*.27; duos ~ores Sicilia atque Sardinia occupatos LIV.22.25.6; (*cf*.) Valerius Flaccus L. filius eius qui ~or Asiam obtinuerat CAES.*Civ*.3.53.1; P. Cornelio Lentulo ~ori Sicilia decreta prouincia LIV.24.10.5;—emptum est ex senatus consulto frumentum ab Siculis ~ore Verre CIC.*Div.Caec*.32; isto ~ore fuit nouum genus publicanorum *Ver*.3.50; 4.56; *Fam*.2.17.6. **d** CIC.*Phil*.5.45; uolueras..me cum M. Considio pro ~ore illa negotia tueri *Att*.8.11b.2; prouincias, quas praetorii pro ~ore obtinerent *S.C.*in Cael. *Fam*.8.8.8; legatum pro ~ore CAES.*Gal*.1.21.2; mittit..in Siciliam Curionem pro ~ore cum legionibus II *Civ*.1.30.2; Albinus Aulo fratre in castris pro ~ore relicto Romam decessit SAL.*Jug*.36.4; praeposito..castris L. Scipione pro ~ore Romam ipse..rediit LIV.10.25.11; praetorum prioris anni pro ~oribus, Q. Mucius obtineret Sardiniam, M. Valerius ad Brundisium orae maritimae..praeesset 24.10.4; 27.35.2; VELL.2.61.3; Romae praetor, per prouincias qui pro ~ore aut consule essent TAC.*Ann*.13.51;—(*app. w. ellipsis of* legatus) eas litteras Latinius Pandusa pro ~ore Moesiae.. in Thraeciam misit 2.66; L. Apronio inferioris Germaniae pro ~ore 4.73.

3 (the title of other Roman officials): **a** The chief magistrate in a colony. **b** an official of a *collegium*.

a cum ceteris in coloniis IIuiri appellentur, hi se ~ores appellari uolebant CIC.*Agr*.2.93; LIV.8.11.4; PETR.65.4. **b** L SVLPICIO CLEMENTI..~ORI IVVENTVTIS *CIL* 11.3215.

4 (applied to analogous magistrates, etc., in foreign states).

Cloelius ~or Albanus oratores misit Romam CATO *hist*.22; ~orem, Sophocle, decet..oculos abstinentes habere CIC.*Off*.1.144; creant decem ~ores, qui exercitui praeessent, in eis Miltiadem NEP.*Milt*.4.4; ~orem Samnitium LIV.8.26.1; Scopas, qui tum ~or gentis erat 26.24.7; Damocritus, ~or Aetolorum 31.32.1; Didas ex ~oribus regiis unus 40.21.9; Sabacen, ~orem Aegypti (*i.e. satrap*) CURT.4.1.28.

praetōriānus ~a ~um, *a*. [PRAETORIVM+-ANVS] Of or belonging to the praetorian cohorts; (masc. as sb.) a soldier of the praetorian cohorts.

milites ~i PLIN.*Nat*.6.181; ~us urbanusque miles TAC.*Hist*.1.89; SPECVLATOR PRAETORIAN *CIL* 11.5388;—ut ~us aut legionarius insignibus suis distingueretur TAC.*Hist*.1.38; ut ~i actis stipendiis ius apiscerentur *Ann*.6.3; SUET.*Tib*.25.2.

praetōricius ~a ~um, *a*. [PRAETOR+-ICIVS[1]] Of or belonging to a praetor.

de ~a folium mihi, Paule, corona mittis MART.8.33.1.

praetōriolum ~ī, *n*. (~**us** ~ī, *m*.) [next+-OLVM] A small country-house.

HVNC ~VM CVM HORTVLO ET HEROO *CIL* 5.4057; ~VM PERTINENS AD ⟨HER⟩OVM SVVM..A SOLO EXSTRVXIT 6.32308.

praetōrium ~(i)ī, *n*. [next]

1 A general's headquarters building or tent. **b** (meton.) a meeting of officers at the general's headquarters. **c** the headquarters of a provincial governor. **d** a rest-house for travelling magistrates, etc.

cum ille..inmolaret ante ~ium CIC.*Div*.1.72; fit celeriter concursus in ~ium CAES.*Civ*.1.76.2; 3.82.1; SAL.*Jug*.8.2; me in ~io patris, clarissimi imperatoris, prope natum LIV.21.43.15; ad ~ium eius signa cum tulerimus 22.29.10; tribuni praefectique et centuriones in ~ium, miles ad sua quisque tentoria discurrit 42.58.4; TAC.*Ann*.3.33; (*pl. in sg. sense*) prima galeritus posuit ~ia Lygmon PROP.4.1.29; (*transf., of the royal cell in a hive*) et circa regem atque ipsa ad ~ia VERG.*G*.4.75. **b** ita ~ium missum LIV.21.54.2; dimittens ~ium tribunis militum..imperauit uti..26.15.6. **c** imperat suis ut id in ~ium inuolutum quam occultissime deferrent CIC.*Ver*.4.65; 5.106. **d** TABERNAS ET ~IA PER VIAS MILITARES FIERI IVSSIT *CIL* 3.6123.

2 The imperial bodyguard, the Praetorian Guards.

QVOD PLERIQVE..MILITARE IN ~IO MEO (*i.e. of Claudius*) DICVNTVR *CIL* 5.5050.31; praefectus ~ii PLIN.*Nat*.pr.3; cuiusdam militantis in ~io 25.17; NOMINA SPECVLATORVM QVI IN ~IO MEO (*i.e. of Vespasian*) MILITAVERVNT *CIL* 3.p.853; ueterani e ~io TAC.*Hist*.2.11; ad praefectos ~ii mei TRA.Plin.*Ep*.10.57(65).2; Tigellino praefecto ~ii TAC.*Ann*.15.72; si praefectus urbi iudicem dederit uel ~io ULP.*dig*.49.3.1.

3 A large mansion or palace.

criminibus debent hortos ~ia mensas JUV.1.75; in ~io, cui Speluncae nomen est SUET.*Tib*.39; in extructionibus ~iorum atque uillarum *Cal*.37.2; officere ~io uicini NERAT.*dig*.8.3.2; ~ia uoluptati tantum deseruientia ULP.*dig*.50.16.198; HIC HOC ~IVM CVM BALINEO A SOLO EREXIT *CIL* 11.1222;—(*pl. in sg. sense*) ad lapidem Torquatus habet ~ia quartum MART.10.79.1; alternas seruant ~ia ripas STAT.*Silv*.1.3.25; 2.2.49; cliens sedet ad ~ia regis JUV.10.161.

praetōrius ~a ~um, *a*. [PRAETOR+-IVS]

1 Of or belonging to a commander (of a Roman military force): **a** *cohors* ~*a*, a general's bodyguard. **b** *porta* ~*a*, the front gate of a Roman camp. **c** *nauis* ~*a*, and sim., an admiral's flagship.

a CIC.*Ver*.1.36; ab equitum meorum turmis et a cohorte ~a *Fam*.15.4.7; cohortis ~as duas, unam suam, alteram Silani GALBA *Fam*.10.30.1; cum..~a cohorte caetratorum CAES.*Civ*.1.75.2; SAL.*Cat*.60.5; (*iron.*) scortorum cohortem ~am CIC.*Catil*.2.24. **b** ad ~am portam CAES.*Civ*.3.94.5; erumpere (*sc*. cohortes) ~a porta iussit LIV.40.27.3; PAUL.*Fest*.p.223M. **c** uti ~am nauem captam uidere LIV.26.39.18; Bruti ~a puppis LUC.3.535; ui tempestatis a cursu ~ae nauis abductus FRON.*Str*.1.1.2; FLOR.*Epit*.1.23 (2.7.7).

2 Of or belonging to the Emperor (as commander); *cohors* ~*a*, a cohort of the imperial bodyguard or praetorian guard. **b** *castra* ~*a* (*castrum* ~*um*), the camp or barracks of the Praetorian Guard.

CLASSIS ~AE PRAEFECTO *CIL* 2.6278.44; IN ALIS TRIBVS.. QVAE APPELLANTVR ~A ET I CLAVDIA NOVA ET II PANNONIORVM 16.46;—cohorte ~a PLIN.*Nat*.5.20; ille ~arum cohortium praefectus TAC.*Ann*.1.7; tribuni cohortium ~arum 15.50. **b** cum castris ~is PLIN.*Nat*.3.67; CASTRVM ~VM *CIL* 15.7239b.

3 Of or belonging to a praetor; also, belonging to a propraetor. **b** (of a province) administered by an ex-praetor, praetorian. **c** *comitia* ~*a*, an assembly for the election of praetors; *candidatus* ~*us*, a candidate for election as praetor.

apparatum non priuatum aut plebeium, sed patricium et ~um CIC.*Sest*.77; qui tum ~o loco dixerit *Att*.12.21.1; semel in ~is castris signum, bis in consularibus referebant cecinisse LIV.27.47.5; consularem praetextam iungentem ~a VELL.2.65.3; ~o loco (*i.e. the lowest place in the middle couch of a* triclinium) se posuit continuoque uinum et caldam poposcit PETR.65.7; ~a insignia TAC.*Hist*.4.4; publicas uias dicimus, quas Graeci βασιλικάς, nostri ~as, alii consulares uias appellant ULP.*dig*.43.8.2.22;—flagrabat domus tota ~a studio hominum et cupiditate CIC.*Ver*.2.133. **b** Macedonia ~a nuntiata CIC.*Pis*.88; ~ae prouinciae *Phil*.1.19; de prouinciis consularibus, ~is 11.31. **c** cum ipse praeturam petisset, et proxumis consularibus ~isque comitiis CIC.*Ver*. 23; *ad Brut*.1.5.4; ~a inde comitia habita LIV.26.23.1;—~us candidatus CIC.*Mur*.57.

4 **a** (of powers, prerogatives, etc.) Exercised by or vested in the praetor. **b** determined or laid down by the praetor.

a ~um ius VAR.*L*.6.71; das possessionem ei qui non iurauit; concedo; ~um est CIC.*Ver*.1.124; ~o imperio *Pis*.38; hac potestate ~a *Man*.69; in uectigali ~o *Att*.5.21.11; ~ae iurisdictioni ULP.*dig*.39.1.1.9; ius ~um est, quod praetores introduxerunt adiuuandi uel supplendi uel corrigendi iuris ciuilis gratia propter utilitatem publicam PAPIN.*dig*.1.1.7.1. **b** ~ae exceptiones *Rhet.Her*.1.22; in edictis ~is CIC.*Ver*.3.17; ~ae leges 3.66; ~a actione JULIAN.*dig*.10.3.24.1; ~a cognitione 21.2.39; ~as..stipulationes POMPON.*dig*.45.1.5; ~us tutor GAIUS *Inst*.1.184; ~ae satisdationes ULP.*dig*.46.5.7; in fideicommissariis..ceterisque ~is successoribus PAUL.*dig*.41.3.4.18; salua ~i pignoris causa PAPIN.*dig*.41.4.12.

5 Having the status of praetor or ex-praetor. **b** (masc. as sb.) an ex-praetor.

~um uirum MANC.*orat*.1; ~um hominem CIC.*Ver*.38; Balbus, in primis honestus, ~us fuit *Phil*.3.16; auctor ..~us HOR.*S*.2.2.50; ~i..ordinis SEN.*Suas*.7.1; ex ~is senatoribus PLIN.*Nat*.19.3; legatus ~us TAC.*Ag*.7.5;—(*of a family*) hic familia consulari est, ille ~a CIC.*Planc*.15; ~a familia natus V.MAX.5.2.5; TAC.*Ann*.2.85. **b** septimus sum deinceps ~us in gente nostra VAR.*R*.2.4.2; praetores, ~os, tribunos plebis, magnam partem senatus CIC.*Phil*.2.54; *Att*.16.7.1; consulares quidam ~ique et aedilicii LIV.22.49.16; VELL.2.83.3; ille ~us diues SEN.*Ep*.55.3; TAC.*Ann*.2.47; TIB CL CANDIDO..ALLECTO INTER ~OS *CIL* 2.4114.

praetorqueō ~quēre ~sī ~tum, *tr*. [PRAE-+TORQVEO] To twist or wring (the extremity of anything).

Iulius Atticus ~to capite et recuruato..semen (*i.e. cutting*) demersit COL.3.18.1; (*in fig. phr.*) ~quete iniuriae prius collum quam ad uos peruenat PL.*Rud*.626.

praetorridus ~a ~um, *a*. [PRAE-+TORRIDVS] Very torrid, scorching.

nos, quos etiam ~a munerat aestas CALP.*Ecl*.2.80.

praetractō ~āre, *tr*. [PRAE-+TRACTO] To consider in advance.

ita tamen (consultant) ut ea quoque, quorum penes plebem arbitrium est, apud principes ~entur TAC.*Ger*.11.1.

praetrahō ~ere, *tr*. [PRAE-+TRAHO] To draw in front (of).

(*w. dat.*) adsultantibus pisciculis ~ens (cornicula) PLIN.*Nat*.9.143.

praetrepidō ~āre, *intr*. [PRAE-+TREPIDO] To tremble or flutter in anticipation.

mens ~ans auet uagari CATUL.46.7.

praetrepidus ~a ~um, *a*. [PRAE-+TREPIDVS] Very anxious or agitated.

non modo inuisus ac detestabilis, sed ~us quoque SUET.*Tib*.63.1; urgentibus aliis super alios nuntiis Romam ~us rediit *Nero* 41.2; (*w. inf.*) laetari ~um cor PERS.2.54.

praetruncō ~āre ~āuī ~ātum, *tr*. [PRAE-+TRVNCO] To lop off (an extremity) or lop off the extremity of.

istam ~ari linguam largiloquam PL.*Mil*.318; (*w. dat.*) ut ego collos ~abo tegoribus! *Capt*.902; 915.

praetūra ~ae, *f*. [as PRAETOR+-VRA] The office of praetor, the praetorship; also, the office of propraetor (provincial governor). **b** (applied to the office of στρατηγός at Athens).

HIC IN ~A IN GALL OCCIS *Fast.Cos.Cap*.16b(*CIL* 1.p.23); iam tu autem nobis ~am geris? PL.*Epid*.25[b]; cum se ~a abdicasset CIC.*Catil*.3.14; in ~a..et in consulatu *Fam*.1.9.11; quod prouinciam Hispaniam ex ~a habuerat CAES.*Civ*.1.22.4; annus hic erit insignis..nouis duobus magistratibus, ~a et curuli aedilitate LIV.7.1.1; 40.16.7; SEN.*Con*.9.2.6; Volusio uetus familia neque tamen ~am egressa TAC.*Ann*.3.30; (*w. ref. to its duration*) de reliquo intra eiusdem ~am agere non permittitur GAIUS *Inst*.4.56;—triennium illud ~ae Siciliensis CIC.*Ver*.40; 2.46. **b** bene

Pericles, cum haberet collegam in ~a Sophoclem poetam CIC.*Off*.1.144; V.MAX.4.3.ext.1.

Praetūtiānus ~a ~um, *a.* = next.
per agrum..~um LIV.27.43.10; ~a regio PLIN.*Nat*.3.110.

Praetūtius ~a ~um, *a.* Of or belonging to the Praetutii, a people of Picenum.
~a (uina) PLIN.*Nat*.14.67; ~a pubes SIL.15.568.

praeualens ~ntis, *a.* [PRAE-+VALENS] Outstandingly strong or powerful.
~ns iuuenis LIV.5.15.7; homo ~ns CELS.7.26.2C; corpore ~ns VELL.2.108.2; ~ns equus CURT.7.7.35; uitis ~ns COL. 5.6.25;—(*in non-physical sense*) iam Platonis uerbis adstricta, sed sensu ~ns sententia V.MAX.7.2.ext.4; prout.. aliquis ~ns manceps annonam flagellet PLIN.*Nat*.33.164.

praeualentia ~ae, *f.* [pple. of next+-IA] Superior strength or force.
in omnibus..istis, in quibus mea res per ~am alienam rem trahit meamque efficit PAUL.*dig*.6.1.23.4.

praeualeō ~ēre ~uī, *intr.* [PRAE-+VALEO] To have superior force, weight, influence, etc., have the upper hand, prevail. **b** (of medicines, remedies).
Volero et ~ens ipse et adiuuantibus aduocatis LIV.2.55.6; quoniam subueniri non potuerat ~ente flamma PLIN.*Nat*. 7.173; iidem suci uarie alibi atque alibi ~uere aut degenerauere 13.4; quas (*sc. plants*) putes ~uisse moriuntur 17.233; plena..luna, hoc est ~ente 18.275; ut hodieque etiam in magna parte gentium ~eat (ars magica) 30.2; hos (*sc.* adfectus) ad perturbationem, illos ad beneuolentiam ~ere QUINT.*Inst*.6.2.9; auctoritas Cluuii ~uit ut..Vitellius iuberet TAC.*Hist*.2.65; nulla cuiusquam misericordia quia flagitiorum deformitas ~ebat *Ann*.11.32; ~uit..pars quae supplicium decernebat 14.45; noctem spe ac metu exegimus. metus ~ebat PLIN.*Ep*.6.20.19; Sulpicius, cuius..~uit sententia GAIUS *Inst*.3.149; ut firmitas mentis ~entibus corporis uiribus non sit inferior APUL.*Pl*.1.18; ait iura naturalia in eo ~ere ULP.*dig*.37.4.8.7;—(*w. defining abl.*) ambitu ~ere aemulos sentiens PLIN.*Nat*.35.95; qui ~et arcu STAT.*Ach*.1.797; hostem equitatu ~entem FRON.*Str*.1.8. 12; si atrocitate crimini ~uissent TAC.*Ann*.11.28; posse ..auctoritate et praesentia ~ere SUET.*Gal*.19.1; (*w. dat.*) unam quae ceteris sarcina corporis ~ebat APUL.*Met*.4.14. **b** ~ere contra serpentes potu et inlitu PLIN.*Nat*.20.118; trifolium..~ere contra serpentium..ictus 21.152; ad uitia tantum in facie sananda ~et (lac) 28.75.

praeualescō ~ere, *intr.* [prec.+-SCO] To become dominant.
uitem..antequam ex toto arbor ~at, conserere conuenit COL.5.6.17.

praeualidē, *adv.* [next+-E] Very strongly.
PLIN.*Nat*.17.109.

praeualidus ~a ~um, *a.* [PRAE-+VALIDVS]

1 Outstandingly strong or powerful (physically). **b** strong in growth. **c** (of character, etc.) very strong or firm.
~um iuuenem LIV.7.5.6; ~a corpora 30.44.8; quotiens, digitis dum torques stamina duris, ~ae fusos conminuere manus OV.*Ep*.9.80; quamuis ~os lacertos torpescere PLIN. *Nat*.32.7; molis ~ae STAT.*Theb*.6.700; duobus equis, ~o alteri, alteri admodum exili FRON.*Str*.1.10.1; quamuis inermem, ~um tamen TAC.*Ann*.16.9;—(*in fig. phr.*) in ~um imperii nostri mucronem..inruisti V.MAX.2.2.5; amicitiae uinculum potens et ~um 4.7.intro. **b** ~as..uitis VERG. *G*.2.190; ~um ac prolixum (*sc.* ramum) SUET.*Ves*.5.2; (*cf.*) nec se ~am primis ostendat (*sc.* tellus) aristis! VERG.*G*. 2.253. **c** ~i..ingenii V.MAX.2.9.6; ~a et adulta uitia TAC.*Ann*.3.53.

2 Having outstanding military, political, etc., strength.
urbem ~am LIV.26.16.7; ~is in Syria legionibus VELL. 2.69.2; cohortis turbidas ac, si una forent, ~as TAC.*Hist*. 2.28; consules ~i 2.38; ~is iam Vitellii partibus 2.52; equitum Romanorum ~a nomina *Ann*.12.60; ~a orbitate 3.25; (*w. part. gen.*) ut solent ~i prouincialium 15.20.

praeuallō ~āre, *tr.* [PRAE-+VALLO] To fortify in front with a *uallum*.
imperat pontem aduersus hostem ~ari *B.Alex*.19.4.

praeuāricātiō ~ōnis, *f.* [PRAEVARICOR+-TIO] (leg.) Mismanagement of a case by collusion between prosecution and defence.
AVT QVOIVS NOMEN ~ONIS CAVSSA DELATVM ERIT *CIL* 1.583.5; at ~one est Asicius liberatus CIC.*Cael*.24; *Vat*.41; Drusus erat de ~one a tribunis aerariis absolutus *Q.fr*. 2.15.3; *Div*.2.91; CAEL.*Fam*.8.8.2; QUINT.*Inst*.7.1.31; quadringentis nummorum milibus Suillio datis et cognita ~one TAC.*Ann*.11.5; ~o est transire dicenda, ~o etiam cursim et breuiter attingere, quae sint inculcanda PLIN. *Ep*.1.20.2; 7.33.8; quod si aduocato ~onis crimen intendatur MACER *dig*.47.15.3.2.

praeuāricātor ~ōris, *m.* [next+-TOR] (leg.) An advocate who acts in collusion with his opposite number to procure the mismanagement of a case.
utrum te perfidiosum an ~orem existimari mauis? CIC. *Div.Caec*.58; ~or..est quasi uaricator, qui diuersam partem adiuuat prodita causa sua LABEO *gram*.19; QUINT. *Inst*.12.1.24; PLIN.*Ep*.3.9.30;—(*w. gen. of case or defendant*) a Catilinae ~ore CIC.*Pis*.23; ~or causae publicae CAEL.*Fam*. 8.11.1;—(*transf.*) uereor..ne..~orem mihi apposuisse uidear, qui me non solum meis laudibus ornaret sed etiam oneraret alienis CIC.*Phil*.2.25.

praeuāricor ~ārī ~ātus, *intr.* [PRAE-+VARICO]

1 To straddle across anything.
arator nisi incuruus ~atur PLIN.*Nat*.18.179.

2 (leg., of an advocate) To act in collusion with his opposite number in order to secure a particular outcome to a trial.
a Catilina pecuniam accepit ut turpissime ~aretur CIC. *Har*.42; *Att*.4.18.1; ego in uniuersum neque oratoris puto esse umquam ~ari QUINT.*Inst*.9.2.87; mox ~ando ultionem elusurus TAC.*Ann*.14.41; PLIN.*Ep*.3.9.29; AUR.*Fro*.1.p.90 (9N); qui ~atur, ex utraque parte constitit, quin immo ex aduersa ULP.*dig*.3.2.4.4.

praeuārus ~a ~um, *a.* [PRAE-+VARVS] (Strengthened form of VARVS.)
quid enim tam ~um? CIC.*sing.uoc.ex inc.lib*.34.

praeuehor ~hī ~ctus, *intr., tr.* [PRAE-+VEHO] To travel, ride, etc., past or along: **a** (on horseback). **b** (by ship). **c** (on foot, poet.). **d** (of inanim. things).
a (*absol.*) ~ctus equo..nuntius VERG.*A*.7.166; consul equo ~ctus ad portam castrorum LIV.10.36.6; praeter undecim fasces equo ~ctus senex 24.44.10; duo soli tua tegentes latera, pater, ~cti sumus 40.13.3; totum..per agmen sublimi ~ctus equo LUC.7.342; STAT.*Theb*.7.133; hinc ~ctus ad Germanicum exercitum manus tendebat TAC.*Hist*.5.16;—(*w. acc.*) dum missilia hostium ~huntur 4.71. **b** (*absol.*) TAC.*Ag*.28.2; his flumen secundum, illi uento agebantur: sic ~cti tempitato leuium telorum iactu dirimuntur *Hist*.5.23;—(*w. acc.*) felici ~cta Ceraunia remo (*sc.* Cynthia) PROP.1.8.19; oram Achaiae..~ctus TAC.*Hist*. 2.2. **c** (*w. acc.*) subitus..erumpit et auras ~hitur (*i.e. outstrips*) SIL.16.500. **d** (*w. acc.*) Rhenus..qua Germaniam ~hitur TAC.*Ann*.2.6.

praeuellō ~ellere ~ulsī ~ulsum, *tr.* [PRAE-+VELLO] (Sense not determinable.)
LABER.*com*.146 (*codd., ed.* eu-).

praeuēlox ~ōcis, *a.* [PRAE-+VELOX] Very swift.
~ocibus camelis fugientes PLIN.*Nat*.11.111; (*transf.*) illa ~ox (memoria) fere cito effluit QUINT.*Inst*.11.2.44.

praeueniō ~enīre ~ēnī ~entum, *intr., tr.* [PRAE-+VENIO]

1 (intr., of persons, news, etc.) To arrive first or beforehand. **b** (w. acc.) to arrive ahead of, precede.
si ad erum haec res prius ~enit PL.*Mil*.404; quo cum prior Romanus exercitus..~enisset LIV.9.23.2; maturandum Hannibal ratus ne ~enirent Romani 24.12.3; ut ~enire nuntius cladis non posset 25.39.7; STAT.*Ach*.1.701; ~enerat rumor eiurari ab eo imperium TAC.*Hist*.3.69; (*tm.*) nascere praeque diem ueniens age, Lucifer, almum VERG.*Ecl*.8.17. **b** ad montis tendentem ~enit hostem LUC.4.167; agmen legionum alae cohortesque ~eniebant TAC.*Hist*.2.11.

2 (intr.) To occur, act, come into being, etc., first; also, to occur too soon. **b** (w. acc.) to anticipate or forestall (a person, event, etc., often with the idea of preventing).
pinus autem et picea ~eniunt germinatione XV fere diebus PLIN.*Nat*.16.106; a bruma ad fauonium aut, si ~enire cogamur, arcturi occasu 16.188; multa sceleris indicia ~eniunt TAC.*Ann*.14.44; praemia penes unum fore qui indicio ~enisset 15.54; (*w. dat.*) pessimum, ubi magnis morbis uenientibus maximeque comitiali ~enit CELS.6.7.8A;—de cuius origine, etiam si ~eniet, pauca dicenda sunt VELL.2.59.1; ~eniens quondam est incommoda uirtus GRAT.500. **b** dicit, quae ipse parauisset facere, perfidia clientis sui ~enta SAL.*Jug*. 71.5; ~enire hostem festinans LIV.24.35.9; aduentum Scipionis ~enerat fama cladis 28.20.9; si sensum mortis tuae celeritas infinita ~eniet SEN.*Nat*.2.59.10; circumspicit Aeson, ~eniat quo fine minas V.FL.1.768; quae..opportuna morte excidium domus ~enit TAC.*Hist*.3.67; imminentem necessitatem sponte ~enit *Ann*.1.30; Olennius infensos fuga ~enit 4.72; defectione ciuium..~entus..spiritum ferro expulit FLOR.*Epit*.1.40(3.5.26); cum..neque pater eum in hac successione ~enerit PAPIN.*dig*.38.6.7; prostratus et ~entus uulneribus APUL.*Met*.9.40;—(*of death*) tempus.. quod non ~entum morte fuisse dolet OV.*Tr*.5.4.32; inter haec morte ~entus est SUET.*Tit*.10.1; PLIN.*Ep*.9.1.3; SCAEV.*dig*.33.1.21.5; APUL.*Met*.10.11.

3 (w. acc.) To take precedence over, surpass.
~enit uires fiducia QUINT.*Inst*.12.6.2; ~enit..causam pignoris fiscus ULP.*dig*.49.14.28;—(*w. abl.*) Nomentanae (uites) uini nobilitate subsequuntur Amineas, fecunditate uero etiam ~eniunt COL.3.2.14; meus magister, qui merito apud animum meum omnes omni re ~enis AUR.*Fro*.1.p.172 (57N).

praeuerbium ~(i)ī, *n.* [PRAE-+VERBVM+-IVM] (gram.) A prefix.
VAR.*L*.6.38; quae cum ~is coniuncta fuerunt..ut aspicio, conspicio, respicio, suspicio, despicio 6.82; GEL.6(7).7.5; Varro aduerbia localia, quae alii ~ia uocant, quattuor esse dicit, ex in ad ab SCAUR.gram.in *G.L*.7.29.

praeuernō ~āre, *intr.* [PRAE-+VERNO] To take on the conditions of spring; (in quot., impers.).
non utique VI id. Feb., sed siue ante, quando ~at, siue postea, quando hiemat PLIN.*Nat*.18.239.

praeuerrō ~ere, *tr.* [PRAE-+VERRO] To sweep (the ground) in front or before.
qua uentura deast, iuuenes..~unt latas ueste iacente uias OV.*Am*.3.13.24.

praeuertō (-uort-) ~tere ~tī ~sum, *tr., intr.* Also **~tor** ~tī ~sum. [PRAE-+VERTO]

FORMS: *-uort-* usu. in Plautus, also FRO.*Ar*. 1.p.56(237N).

1 To urge on firstly (in a particular direction), direct firstly.
neque praeripio pulpamentum neque ~to poculum (*i.e. to myself*) PL.*Mil*.653; ~tit equos curruque citato desilit STAT.*Theb*.8.598;—(*fig.*) quo me ~tam..? [CIC.]*Sal*.1; debemus..suspicionem iudicum a nobis alio ~tere QUINT.*Decl*. 364(p.396,l.24);—(*dep.*) inde ilico ~tor domum PL.*Capt*.507.

2 To outstrip, outrun; (also intr., w. dat.).
qui..~tet..uestigia ceruae CATUL.64.341; caeruleas ~tite in aethera nubes *Ciris* 203; cursu..pedum ~tere uentos VERG.*A*.7.807; 12.345; uolucris equitum ~terat alas fama recens STAT.*Theb*.5.691; turmas facili ~tere gyro fortis *Silv*.3.2.125; quibusdam motibus rapidis..officium mentis..~tentibus GEL.19.1.17; (*dep.*) uolucrem..fuga ~titur Hebrum VERG.*A*.1.317;—delphinus excipit, sublimem auehit, naui ~tit FRO.*Ar*.1.p.56(237N).

3 To forestall, anticipate (often with the idea of preventing). **b** to preoccupy.
nostra omnis lis est. pulchre ~tar uiros PL.*Cas*.509; quarum usum forte oblata opportunitas ~tit LIV.8.16.8; ~tunt ..me fata, uetorque plura loqui OV.*Met*.2.657; ~tit.. metus per longa pericula luctum *Epic.Drusi* 397; morte ~tam nefas SEN.*Phaed*.254; qui uoce potes ~tere morsus serpentum STAT.*Silv*.5.2.79; imbelles..annos ~tere fato SIL.3.329; Silius imminentem damnationem uoluntario fine ~tit TAC.*Ann*.4.19; accusationem..morte ~tit PLIN.*Ep*. 3.9.5; ~tit statim lumen nascentis diei APUL.*Met*.5.13;—(*dep.*) 7.19; Fortuna..tam opportunum latibulum misera celeritate ~sa 7.25. **b** iam ea res me horrore adficit. erilis ~tit metus PL.*Am*.1069; uiuo temptat ~tere amore.. resides animos VERG.*A*.1.721.

4 To turn one's attention to (a problem, business, etc.) first, attend firstly to; (w. dat.) give precedence to (over). **b** (dep.).
aegre..impetratum a tribunis ut bellum ~ti sinerent LIV.3.22.2; ~tendum id ratus 28.7.15; aliud in praesentia.. ~tendum sibi esse dixit 35.33.10;—sed quom pietatem ⟨te⟩ amori uideo tuo ~tere PL.*Ps*.293; neque habes aliquid, quod huic sermoni ~tendum putes CIC.*Div*.1.10; si Punicum Romano ~tisset bellum LIV.9.17.9; iurisiurandi religionem animo atque amori ~tisse GEL.4.3.2;—(*w.* prae) ne me uxorem ~tisse dicant prae re publica PL.*Am*.528. **b** si quid dictum est per iocum, non aequom est id te serio ~tier PL.*Am*.921; hoc ~tar principio *Ps*.602; *Rud*.641; si.. negotia in manibus ~sus sum VER.*Fro*.2.p.116(129N); (*w. indir. qu.*) ni ~ti cogeret admiratio..quaenam qualisque esset uita sine arbore ulla PLIN.*Nat*.16.1; (*w. dat.*) coacti.. noui consules omnibus eam rem ~ti LIV.8.13.1.

5 (dep.) To turn one's attention particularly (to), concern oneself firstly (with). **b** (act. used intr. in same sense).
(*w. dat.*) ei rei primum ~ti uolo PL.*Capt*.460; *Mil*.1093; (*gd.*) huic rei ~tendum existimauit CAES.*Gal*.7.33.1;—(*w.* ad) COL.3.7.3; hinc..~temur ad genera morborum PLIN. *Nat*.28.162; ad illud sequens ~tar QUINT.*Inst*.12.2.4; sed ~ti ad Armenios instantior cura fuit TAC.*Ann*.2.55; PLIN. *Ep*.5.14(15).7; nunc tempus est ad epistulas Pudentillae ~ti APUL.*Apol*.66;—(*w.* in+*acc.*) rex..fluctuatus animo est, utrum..an ~ti in Thessaliam posset LIV.32.13.4; ad occursandum pugnandumque in eos ~tentur GEL.3.7.6; (*foll. by* quam) in rem quod sit ~taris quam re aduorsa animo auscultes PL.*Ps*.237;—(*w. adv.*) illuc ~tamur, amatorem quod..decipiunt..uitia HOR.*S*.1.3.38. **b** (*w. dat.*) caue pigritiae ~teris PL.*Mer*.113;—(*w.* ad) Rhodii impigre ~tere ad traiciendas copias consulis LIV.37.31.7; si quando ad in terna ~terent TAC.*Ann*.4.32.

praeuetitus ~a ~um, *a.* [PRAE-+pple. of VETO] Forbidden beforehand.
~um namque et capital, committere Martem sponte uiris SIL.13.155.

praeuideō ~idēre ~īdī ~īsum, *tr.* [PRAE-+VIDEO] To see beforehand, see in advance. **b** to realize beforehand, foresee.
ille ictum uenientem..~idit VERG.*A*.5.445; ~isos..timet hostia cultros OV.*Fast*.1.327; ~isa locorum utilitate TAC. *Ann*.12.63. **b** de re publica quam ~ideo in summis periculis CIC.*Att*.6.9.5; ~isa olei caritate PLIN.*Nat*.18.273; ille haec ~iderat, omina doctus aeris STAT.*Theb*.2.692; qui me non tantum ~isa sed subita expedire docuisti TAC.*Ann*. 14.55; PLIN.*Ep*.1.20.13.

praeuidēs: see PRAES.

praeuinciō ~cīre ~xī ~ctum, *tr.* [PRAE-+VINCIO] To bind beforehand.
ut..cum eodem laqueo quo essent ~ctae efferrentur GEL. 15.10.2; (*fig.*) quisquis est his ferinis uoluptatibus ~ctus 19.2.3.

praeuiridans ~ntis, *a.* [PRAE-+VIRIDANS] Very green; (in quot., fig.) very vigorous.
cum uigebam membris ~ntibus LABER.*com*.116.

praeuiridis ~is ~e, *a.* [PRAE-+VIRIDIS] Conspicuously green.
colore ~i FRON.*Aq*.7.

praeuitiō ~āre, *tr.* [PRAE-+VITIO] To spoil or corrupt beforehand.
hunc (*sc.* gurgitem) dea ~at portentificisque uenenis inquinat OV.*Met*.14.55.

praeuius ~a ~um, *a.* [PRAE-+VIA+-VS] Leading the way, acting as harbinger.
nunc praecedentem sequitur, nunc ~us anteit OV.*Met*. 11.65; columba est data Palladiae ~a duxque rati *Ib*.264; Iuno..inducit ~a matres STAT.*Theb*.12.465;—(*w. gen.*) ~us Aurorae CIC.*Alcyon*.fr.2; leues Satyri, ~a turba dei OV.*Ars* 1.542; ~us Aurorae Lucifer ortus erat *Ep*.17.112; tu quae,

gemini ~a temporis..stella, redis SEN.*Med.*71; certi fors ~a fati STAT.*Theb.*7.403.

praeumbrō ~āre, *intr.* [PRAE-+VMBRO] To cast a shadow (before or in front).
(*in fig. phr.*) auctoritate..in quantum ~ante imperatoris fastigio datur, clarus TAC.*Ann.*14.47.

praeuolō ~āre ~āuī, *intr.* [PRAE-+VOLO²] To fly in front.
eae (*sc.* grues)..in tergo ~antium colla..reponunt CIC. *N.D.*2.125; aquila..uelut dux uiae ~auit TAC.*Hist.*1.62; GEL.7(6).6.8; ob os puellae ~ans (aquila) APUL.*Met.*6.15.

praeūrō ~ūrere ~ussī ~ustum, *tr.* [PRAE-+VRO] PROS.: 1st syll. short by internal correption VERG.*A.*7.524.
1 To scorch at the extremity or on the surface.
stipites..praeacuti et ~usti CAES.*Gal.*7.73.6; non iam..stipitibus duris agitur sudibusue ~ustis VERG.*A.*7.524; sol..scandendo ~urens (*sc.* aeris umorem) VITR.1.6.11; hastam ferratam aut ~ustam LIV.1.32.12; ~usta (*sc.* uitis)..perraro unquam comprehendit insertos surculos COL.*Arb.* 8.3; ~usta..tela TAC.*Ann.*2.14.
2 To freeze at the extremities.
s⟨at⟩um stramentis per hiemem operito, ne ~uratur CATO *Agr.*161.2; ~usti (*i.e. frost-bitten*) artus, niue rigentes nerui LIV.21.40.9; ~ustis in transitu Alpium niue membris PLIN.*Nat.*3.134.

praeut, *conj.* [PRAE-+VT] (foll. by a simple cl.) Compared with the way in which. **b** (foll. by *si* cl.). **c** (foll. by rel. cl.).
perii.— parum etiam, ~ futurum est, praedicas PL.*Am.* 374; nihil hercle hoc quidemst ~ alia dicam *Mil.*20; FRO. *Aur.*1.p.166(20N). **b** folia nunc cadunt, ~ si triduom hoc hic erimus: tum arbores in te cadent PL.*Men.*376. **c** Pentheum diripuisse aiiunt Bacchas: nugas maxumas fuisse credo, ~ quo pacto ego diuorsus distrahor PL.*Mer.* 470; ludum iocumque dices fuisse illum alterum, ~ huiu' rabies quae dabit TER.*Eu.*301.

pragmaticus ~a ~um, *a.* [Gk. πραγματικός]
1 Experienced in affairs, worldly-wise.
quia..~i homines omnibus historiis, praeceptis..cauere iubent CIC.*Att.*2.20.1.
2 (as sb.): **a** (masc.) A legal adviser. **b** (neut. pl.) the title of a book (perh. a practical manual) by Accius.
a illi disertissimi homines ministros habent in causis iuris peritos..ei qui..~i uocantur CIC.*de Orat.*1.253; frumentum..solebas uendere ~us, nunc emis agricola MART.12.72.6; qui..tela agentibus subministrant, neque idem Graecos quoque nescio factitasse, unde nomen his ~orum datum est QUINT.*Inst.*12.3.4; JUV.7.123; *CIL* 13.7061. **b** posuit hoc uerbum (*sc.* sicinnistas) L. Accius poeta in ~is GEL. 20.3.3.

Pramnium ~iī, *n.* A kind of wine.
~io..etiam nunc honos durat. nascitur Zmyrnae regione PLIN.*Nat.*14.54.

prandeo ~dēre ~dī ~sum, *intr., tr.* [as PRANDIVM+-EO]
1 To eat one's morning or midday meal, 'lunch'. **b** (pf. pple. in act. sense).
~dere iubet horiturque ENN.*Ann.*432; eamus intro, ut ~deamus PL.*Men.*387; lauat, ~det, potat *Mil.*252; hic rex..~surust *Rud.*937; Caninio consule scito neminem ~disse CIC.*Fam.*7.30.1; LIV.31.42.2; sic..~dete tamquam apud inferos cenaturi SEN.*Ep.*82.21; PLIN.*Nat.*33.142; Medo ~dente JUV.10.178; nihil habet adferre cur ~deat APUL. *Fl.*6. **b** ~sus iaceo et satur supinus CATUL.32.10; adde inscitiam ~si, poti, oscitantis ducis CIC.*Mil.*56; POL.*Fam.* 10.32.3; milia tum ~si tria repimus HOR.*S.*1.5.25.
2 (spec., of troops) To eat before going into action. **b** (pf. pple. in act. sense).
ut ~deat miles firmatisque cibo uiribus arma capiat LIV. 9.32.4; ut ~dere omnes iuberent, armatos deinde..signum exspectare 21.54.5. **b** ~sum ac paratum esse te..oportet VAR.*Men.*175; exercitum suum ~sum, paratum..eduxit CATO *hist.*101; ut ante lucem uiri equique curati ~si essent LIV.28.14.7.
3 (tr.) To eat at the morning meal, lunch on.
calidum ~disti prandium hodie? PL.*Poen.*759; luscinias soliti..~dere HOR.*S.*2.3.245; ~dere faenum APUL.*Met.*4.1.

prandiculum ~ī, *n.* [next+-CVLVM] (See quot.)
~a antiqui dicebant, quae nunc ientacula FEST.p.250M.

prandium ~(i)ī, *n.* [**pram-* (Lith. *pìrmas* 'first', AS *forma*)+*-ed-* (EDO¹)+-IVM] A meal eaten about midday, 'luncheon'.
~ium aut potatio..aut cena PL.*Bac.*79; *Cist.*10; uocat te ad ~ium *Men.*1136; TER.*Ad.*588; ~iorum apparatus CIC.*Phil.*2.101; ille salubris aestates peraget qui nigris ~ia moris finiet HOR.*S.*2.4.22; ad ~ium promisissem, ad cenam renuntiassem SEN.*Suas.*2.12; plebeia..~ia PERS.5.18; MART.13.13.1; adiecit epulum ac uiscerationem et post Hispaniensem uictoriam duo ~ia SUET.*Jul.*38.2; Daphne..mero et ~io matutino saucia APUL.*Met.*9.5; (*applied to animal food*) ut bubus glandem ~io depromerem PL.*Truc.* 646; (*cf.*) medium (genus uini) esse ~ium caninum VAR. *Men.*575.

pransitō ~āre, *intr.* [PRANDEO+-ITO] To take one's morning meal, have lunch.
e quibus (*sc.* riuis) ad unum accumbentes uiatores ~are solent VITR.8.3.16.

pransor ~ōris, *m.* [PRANDEO+-TOR] One who takes lunch.
bonum anteponam prandium ~oribus PL.*Men.*274; cum iam manus ~ores lauarent VERAN.*iur.*12.

pransōrius ~a ~um, *a.* [PRANDEO+-TORIVS] Suitable for use at lunch.
qui mirantibus, quod humile candelabrum emisset: '~um erit', inquit QUINT.*Inst.*6.3.99.

prasinātus ~a ~um, *a.* [PRASINVS+-ATVS²] Wearing a green garment.
ostiarius ~us PETR.28.8.

prasiniānus ~ī, *m.* [next+-IANVS] A supporter of the group of charioteers whose colour was green.
etsi ~us es famosus PETR.70.10.

prasinus ~a ~um, *a.* [Gk. πράσινος] Of a leek-green colour, leek-green. **b** (as ep. of the group of charioteers at the *circus* whose colour was green).
ipse paterfamilias qui..pila ~a exercebatur PETR.27.2; ~a..fascia 64.6; ~i coloris PLIN.*Nat.*37.181; ~o..flabello MART.3.82.11; tegulas ex lapide ~o AMP.8.21. **b** ~ae factionis SUET.*Cal.*55.2; *CIL* 6.10047;—(*masc. as sb.*) si ~us proximis circensibus primam palmam (*sc.* laturus esset) PETR.70.13; de ~o conuiua meus uenetoque loquatur MART. 10.48.23; 11.33.1; tractum ~i agitatorem..querens SUET. *Nero* 22.1.

prasion ~iī, *n.* [Gk. πράσιον] **a** A name given to a kind of marjoram. **b** = MARRVBIVM.
a onitin alii ~ion appellant (origanum), non dissimile hysopo PLIN.*Nat.*20.175. **b** marrubium..quod Graeci ~ion uocant PLIN.*Nat.*20.241.

prasius ~iī, *m.* [Gk. πράσιος] A precious stone of a green colour, prasine.
uiridantium et alia plura sunt genera. uilioris turbae ~ius, cuius alterum genus sanguineis punctis abhorret, tertium uirgulis tribus distinctum candidis PLIN.*Nat.*37.113.

prasoīdēs ~es, *a.* [Gk. πρασοειδής] Leek-green.
recentissimi auctores..duo genera eius (*sc.* topazi) faciunt, ~es atque chrysopteron PLIN.*Nat.*37.109.

prason ~ī, *n.* [Gk. πράσον 'leek'] (app.) A growth, of a leek-green colour, found on seaweed.
(quod Graeci uocant phycos) folio lato, colore uiridi gignit quod quidam ~on uocant, alii zostera PLIN.*Nat.*13.135.

prātālis ~is ~e, *a.* [PRATVM+-ALIS] Used as pasture, meadow-.
EX ~IBVS ARVIS *CIL* 8.15569.

prātens ~ntis, *a.* (dub.) [PRATVM] Meadow-like, meadowy.
nemus quoddam..~ntibus (*s.v.l.*) uirectis amoenum APUL.*Met.*8.18.

prātensis ~is ~e, *a.* [PRATVM+-ENSIS] Grown or found in meadows, meadow-.
~ibus optima fungis natura est HOR.*S.*2.4.20; ~e faenum COL.6.3.3; herba ~is PLIN.*Nat.*18.34; 21.49; ~e trifolium LARG.163.

prātulum ~ī, *n.* [next+-VLVM] A small meadow.
in ~o..consedimus CIC.*Brut.*24; *Att.*12.6.2; *Rep.*1.18; PLIN.*Ep.*5.6.35.

prātum ~ī, *n.* [cf. Gall. *rātin*, MIr. *rāth*, Welsh *beddrod*] Meadowland, a meadow; (also, poet.) what grows in a meadow. **b** (applied to a broad expanse of sea). **c** (as the title of a miscellany).
sicut equus qui..fert sese campi per caerula laetaque ~a ENN.*Ann.*516; ~a primo uere stercerato luna silenti CATO *Agr.*50.1; ~o sicco..~o inriguo 149.1; ~A QVAE FVERVNT PROXVMA FAENISICEI..IN AGRO POPLICO *CIL* 1.584.37; ~a dicta ab eo, quod sine opere parata VAR.*L.*5.40; CIC.*Dom.* 101; iugera L ~i Caesius inrigaturum facile te arbitrabatur *Q.fr.*3.1.3; Mentula habet instar triginta iugera ~i, quadraginta arui CATUL.115.1; LUCR.5.603; VERG.*G.*3.521; *A.* 10.836; festus in ~is uacat..pagus HOR.*Carm.*3.18.11; PROP.4.1.14; ea omnia in ~is Flaminiis concilio plebis acta LIV.3.54.15; PHAED.1.15.4; aranti quattuor sua iugera in Vaticano, quae ~a Quintia appellantur, Cincinnato PLIN. *Nat.*18.20; QUINT.*Inst.*1.12.7; uerna..~a PLIN.*poet.*2.6 (*Ep.*7.9.11);—(*defined*) '~um' est, in quo ad fructum percipiendum falce dumtaxat opus est ULP.*dig.*50.16.31;—ipsa nouas frondes et ~a tenerrima tauro fertur inadsueta subsecuisse manu OV.*Ars* 1.299;—(*facet.*) ut alii coqui, qui mihi condita ~a in patinis proferunt PL.*Ps.*811. **b** rostro Neptunia ~a secantes CIC.*Arat.*373(129). **c** est qui memoriales titulum fecerit,..est praeterea qui ~um GEL.pr.8.

prāuē, *adv. superl.* ~issimē. [PRAVVS+-E]
1 In a manner deviating from strict standards of conduct, wrongfully, falsely.
uide ne inpulsus ira ~e insistas TER.*Hec.*484; recte †acta sola in bonis actionibus ponens, ~e id est peccata in malis CIC.*Ac.*1.37; *Fin.*2.25; ~issime..per sceleris immanitatem adhuc tutus fuit SAL.*Hist.*1.55.6; omnia ducum facta ~e aestimantibus (*i.e. putting a bad construction on*) TAC.*Hist.* 2.23; sollers ingenio et ~e facundus *Ann.*1.53; uerba ~e detorta 6.5.
2 Erroneously, wrongly, mistakenly.
neque ego errantiae animi ~e morigerabor ACC.*trag.*469; siue ego ~e seu recte hoc uolui, ne sis patruus mihi HOR.*S.* 2.3.87; pudens ~e *Ars* 88; exploranda est ueritas multum prius quam stulta ~e iudicet sententia PHAED.3.10.6; id plerique ~e intellegunt PLIN.*Nat.*17.57; ut ~e sui temporis iudiciis Menandro saepe praelatus est (Philemon) QUINT. *Inst.*10.1.72; 'religiosi..dies'..quos multitudo imperitorum ~e et perperam 'nefastos' appellat GEL.4.9.5.
3 Defectively, incompetently, badly.
cum..~e sectum stomacheris ob unguem HOR.*Ep.*1.1. 104; nec ~e factis decorari uersibus opto 2.1.266; aut neglectis religionibus aut ~e cultis LIV.1.32.2.

prāuitās ~ātis, *f.* [next+-TAS]
1 Crookedness. **b** (w. *corporis*, etc.) distortion, deformity (of the body, etc.); (w. *oris*) distortion (of the features in speaking).
nec flexum ridicae persequi, ne ~as staturninis ad similitudinem sui uitem configuret COL.4.20.1. **b** corporis ~ates CIC.*Leg.*1.51; *Fin.*4.31; ~as membrorum, distortio, deformitas *Tusc.*4.28;—oris ~atem *de Orat.*2.91; 3.222;—(*fig., of speech*) a uersura..et ~ate tortuosae orationis GEL. 5.20.1.
2 A vicious or wrong quality (in anything), badness. **b** (w. *mentis, animi, uoluntatis*, etc.).
mare, quod..~atem..saporum exuit et in sinceram aquam transit SEN.*Nat.*3.5; quidam etiam ~atem quandam artis id est κακοτεχνίαν nominauerunt (*sc.* rhetoricen) QUINT.*Inst.*2.15.2; ~as ominis GEL.1.22.21;—(*without gen.*) multa linguae uitia..inemendabili in posterum ~ate durantur QUINT.*Inst.*1.1.37. **b** quae te tanta ~as mentis tenuerit CIC.*Vat.*14; plus..mali ~as uoluntatis affert quam fortuna cuiquam boni *Hort.*fr.39; eos..dato operam ut de illa animi ~ate deducas Q.CIC.*Pet.*40; SAL.*Rep.*2.3.1; mira ~ate animi atque ingeni VELL.2.112.7; SEN.*Ben.*7.19.9; *Dial.*11.11.1.
3 Vicious tendencies or behaviour, moral depravity, wickedness.
quae istast ~as quaeue amentiast, quod peccaui ego, id obesse huic? TER.*Hau.*973; uiris bonis..non cupiditate praesertim aliqua aut ~ate lapsis CIC.*Marc.*20; nec solum in rectis, sed etiam in ~atibus insignis est humani generis similitudo *Leg.*1.31; quo facilius animos imperitorum ad deorum cultum a uitae ~ate conuerterent *N.D.*1.77; SAL. *Jug.*2.4; ne meae ~atis poenas innoxius luat TAC.*Ann.*3.16; corruptos saepe ~atibus uxorum maritos 3.34; tu mihi uitio dabis non facti uel dicti alicuius ~atem APUL.*Apol.*21; (*w.* morum) Sosianus ~ate morum multis exitiosus TAC.*Hist.* 4.44.
4 Mistakenness of judgement or sim., wrong-headedness, perversity, error.
indoctis non tam irascendum quam huiusce ~atis patronis VAR.*L.*9.22; quid quod, si ista uera sunt, ratio omnis tollitur..tamenne in ista ~ate perstabitis? CIC.*Luc.* 26; collegae nunc temeritas, nunc ~as impedimento aut damno fuit LIV.9.18.15; accedere etiam ratio ~ati uidetur PLIN.*Nat.*15.14; uitiosas orationes, quas tamen plerique iudiciorum ~ate mirentur QUINT.*Inst.*2.5.10; aduentu demum peditum equitumque ~as consilii patuit TAC.*Hist.* 3.41; uulgus eadem ~ate insectabatur interfectum qua fouerat uiuentem 3.85; Suetonio, cuius aduersa ~ati ipsius, prospera ad fortunam referebat *Ann.*14.38.

prāuus ~a ~um, *a. compar.* ~ior, *superl.* ~issimus. [<*pra-uos, cf. PRATVM]
1 Not straight, crooked, awry; *in ~um*, in a crooked direction. **b** (of the body, etc.) twisted, distorted, mis-shapen, deformed.
si ~ast regula prima LUCR.4.513;—(*in fig. phr.*) nec utendum ~issima consuetudinis regula CIC.*Brut.*258; (*neut. pl. as sb.*) nisi ad regulam ~a non corriges SEN.*Ep.*11.10;—non licet ire recta uia; trahunt in ~um parentes 94.54. **b** si quae in membris ~a aut debilitata aut inminuta sint CIC.*Fin.*5.46; ~a atque deformia (*sc.* iumenta) CAES.*Gal.* 4.2.2; ~is fultum male talis HOR.*S.*1.3.48; *Ars* 36; SEN.*Ep.* 101.14;—(*fem. as sb.*) ~as turpisque uidemus esse in deliciis LUCR.4.1155;—(*fig., of style*) oratio eius non figurata erat, sed ~a SEN.*Con.*10.pr.10.
2 Deviating from the ideal in respect of character, behaviour, etc., corrupt, debased. **b** (in weakened sense) wrong-headed, misguided, perverse.
apsque te esset, ego illum haberem rectum ad ingenium bonum: nunc propter te..~os factus est..Pistoclerus PL. *Bac.*413; quibus natura ~a magis quam fors aut fortuna obfuit ACC.*trag.*110; commoditas quaedam, ~a uirtutis imitatrix CIC.*Inv.*1.3; haec omnia ad rationem ciuitatis si derigas, recta sunt; sin perpendere ad disciplinae praecepta uelis, reperiantur ~issima *Mur.*77; tam ~am inimicorum tuorum mentem fuisse mirabar *Fam.*3.11.2; luctu..confici, quo ~ius nihil esse possit *Tusc.*3.80; quamuis..(bestiae) deprauatae non sint, ~ae tamen esse possunt *Fin.*2.33; ingenio malo ~oque SAL.*Cat.*5.1; ~am stultitiam HOR.*Ep.* 2.2.152; ~ae cupiditati LIV.7.9.4; VELL.2.18.6; SEN.*Ben.* 4.15.4; nos ~um et flebile uulgus STAT.*Theb.*3.563; ~us et callidus bonos et modestos anteibat TAC.*Hist.*1.87; ~is sermonibus *Ann.*4.12; quae natura recta ~aque sunt in homine APUL.*Pl.*2.6; (*of unnatural lust*) ita nunc libido ~o fruitur gaudio PHAED.4.15(16).14;—(*w. gen.*) Battiadas ~os fidei SIL.3.253; ~us..togae (*i.e. a bad citizen*) 8.259; 9.636;—(*neut. as sb.*) recti ~ique partibus CIC.*Orat.*45; ne tam ~a inciperet SAL.*Jug.*64.2; ciuium ardor ~a iubentium HOR. *Carm.*3.3.2; LIV.9.30.2; QUINT.*Inst.*2.4.20; secutae leges..dissensione ordinum..aliaque ob ~a per uim latae sunt TAC.*Ann.*3.27. **b** ~am liberalitatem *Rhet.Her.*3.6; ~i suffragia tristia Campi! SIL.15.734;—(*w. gen. of gd.*) audendi ~us facilisque periclis 12.464.
3 (of actions, opinions, etc.) Defective, faulty, wrong. **b** (of persons) incompetent, bad. **c** (of things) vitiated, impure.
num parua causa aut ~a ratiost? TER.*Eu.*575; quid in dicendo rectum sit aut ~um ego iudicabo CIC.*Brut.*184; ~is

..opinionibus *Part.*91; nihil ab hoc (*sc.* Roscio) ~um et peruersum produci posse arbitrabantur *Q.Rosc.*30; ~is adulescentium consiliis CAES.*Gal.*7.39.3; ~o, ut res ipsa postea docuit, consilio LIV.37.31.1; PHAED.1.25.1; sublatis si qua ~ae interpretationi materiam dederunt TAC.*Dial.*3.2; causa tam ~ae morae ut Mucianum opperirentur *Hist.*3.78; —(*neut. as sb.*) multi de diis ~a sentiunt CIC.*Tusc.*1.30; tam ficti ~ique tenax quam nuntia ueri VERG.*A.*4.188. **b** nec ut iniustus in pace rex, ita dux belli ~us fuit LIV.1.53.1. **c** omnis..aqua calida ideo..est medicamentosa, quod in ~is rebus percocta aliam uirtutem recipit ad usum VITR. 8.3.4.

praxis, *f.* [Gk. πρᾶξις] *habere ~im,* (perh.) To demonstrate, offer practical proof.
mihi nihil noui potest afferri, sicut ille fericulus iam habuit ~im PETR.39.4(*s.v.l.*).

Praxitelēs ~ī or ~ūs or ~ae, *m.* An Athenian sculptor of the 4th century B.C.
unum (signum) Cupidinis marmoreum ~i CIC.*Ver.*4.4; ~en propria uendit ab urbe lapis PROP.3.9.16; ~es..qui marmore felicior..fuit, fecit tamen et ex aere pulcherrima opera PLIN.*Nat.*34.69; solus ~us manum Scopaeque.. habes MART.4.39.3.

Praxitelīus ~a ~um, *a.* Of or connected with Praxiteles, Praxitelean; worthy of Praxiteles.
Veneris ~ae PLIN.*Nat.*36.22;—quasi..non in omni marmore necesse sit inesse uel ~a capita CIC.*Div.*2.48.

prē-: for wds. beginning thus not found here see PRAE-.

precans ~ntis, *a.* [pple. of PRECOR] Expressive or indicative of entreaty, supplicatory.
uerba ~ntia VERG.*A.*7.237; ille humilis supplexque oculos dextramque ~ntem protendens 12.930; OV.*Met.*2.482; *Pont.*4.9.111; ramum..~ntis oliuae STAT.*Theb.*2.478; uittas..~ntis 12.468.

precāriō, *adv.* [next+-O²]

1 After the fashion of a suppliant, like one asking a favour, by means of entreaty.
hoc petere me ~ a uobis iussit leniter dictis bonis PL.*Am.* 24; agam ~ *Truc.*710; qui..~ ab se iter per eum ipsum agrum..petisset LIV.34.62.10;—(*in ellipt. expr.*) ipsam hanc tu mihi uel ui uel clam uel ~ fac tradas TER.*Eu.*319.

2 With doubtful force, uncertainly, precariously. **b** as the result of or in response to entreaty, as a favour, on sufferance, by permission; (leg.) at the pleasure of the superior, permissively.
memoriae meae, quae mihi iam olim ~ paret SEN.*Con.*1. pr.5; non est quod ~ philosopheris SEN.*Ep.*53.8; radices.. cereas adhuc et ~ haerentes 86.18. **b** VIA INFERIOR PRIVATAST..~ ITVR *CIL* 1.1831.4; tantum (loci) ad urbem communiendam ~ datum LIV.34.62.12; rupistis imperium, et ~ rex sum CURT.10.2.15; mentis humanae prauitas.. quae indignatur inde excidere, quo admissa est ~ SEN.*Dial.* 11.11.1; hoc, quod in illis bonum est, ~ bonum dicitur *Ep.* 124.13; Trebellius..indecorus atque humilis ~ mox praefuit TAC.*Ag.*16.5; ut..rata essent quae procuratores sui in iudicando statuerent, ~ exegit SUET.*Cl.*12.1; ~ AQVA RECIPITVR *CIL* 10.1285; (*cf.*) quibus ex causis ~ studeo, studeo tamen PLIN.*Ep.*7.30.4;—QVOD NEQVE VI NEQVE CLAM NEQVE ~ POSSEDERIT *CIL* 1.585.18; CIC.*Caec.*92; GAIUS *Inst.*4.150; habere ~ uidetur, qui possessionem.. adeptus est ex hac solummodo causa, quod preces adhibuit et impetrauit ULP.*dig.*43.26.2.3.

precārius ~a ~um, *a.* Also **-eus.** [PREX+-ARIVS]

1 That is given as a favour, that is held or used on sufferance, that depends on the pleasure or mercy of others; (leg., of property) held by tenancy at will; (neut., sg. or pl., as sb.) property held during the pleasure of the superior; *~i rogatio,* tenure of such a nature, permissive tenancy. **b** not properly one's own, borrowed.
VIEAM ~AM *CIL* 1.1464.2; ~am nos incolumitatem habere BRUT.*ad Brut.*1.16.4; non orare solum ~am opem, sed pro debita petere LIV.3.47.2; 8.35.5; eius (*sc.* hostis)..beneficio ~um spiritum obtinere V.MAX.3.5.1; ut compedibus, ut seruitute, ut ~o uictu ipsos liberetis CURT.4.14.23; me.. ~am animam inter infensos trahere TAC.*Ann.*1.42; ipsam ..traditionem ad instar uoluntariae mortis et ~ae salutis celebrari APUL.*Met.*11.21;—(*w.* permissu) *CIL* 3.3626; OFILIENA HELPIS FRATRI PIISSIM ~O PERMISSV 6.23379;—~ae possessiones GAIUS *dig.*6.2.13.1; ULP.*dig.*10.3.7.4;—neque pignus neque depositum neque ~um neque emptio.. rei suae consistere potest 50.17.45; interdictum de ~is PAUL.*dig.*43.26.14; (*fig.*) non mancipia tantum possessionesque..sed corpus quoque suum..seque ipsum inter ~a numerat SEN.*Dial.*9.11.1;—desinit pignus esse et sola ~i rogatio supererit JULIAN.*dig.*13.7.29; POMPON.*dig.*19.2.4. **b** qui uersus in anguem arma aliena moues quem forma ~a celat OV.*Met.*9.76; ille..in lectulo ~o moriebatur SEN. *Con.*2.4.3; non est ars sui iuris, cui ~um fundamentum est SEN.*Ep.*88.27; licet ~am uocis usuram sumeres APUL.*Met.* 7.27.

2 Relating to what is held on sufferance, concerning tenancy at will.
~o interdicto mihi tenebitur JULIAN.*dig.*43.26.19.1.

3 Of questionable force or permanence, uncertain, precarious. **b** (of words or intentions) ambiguous, doubtful. **c** (of the hand as used in writing) shaky.
quo mihi sacerdotem, cuius ~a est castitas? SEN.*Con.* 1.2.1; Amyntam..transfugam et cum ~o imperio uenientem CURT.4.7.1; malignum..et ~um lumen SEN.*Ep.*65.17; quid est homo? inbecillum corpus et fragile,..~i spiritus et male haerentis *Dial.*6.11.3. **b** uerbis ~is PAPIN.*dig.* 28.6.41.3; ~a uoluntas 31.64. **c** quod haec ~a manu scribo AUR.*Fro.*1.p.184(71N).

4 (of persons) Suppliant.
facilius ~is decedimus quam uiolentis deterremur FRO. *Aur.*1.p.102(53N).

precātiō ~ōnis, *f.* [PRECOR+-TIO] An act of supplication, prayer. **b** a formula of words used in supplication, prayer.
illa sollemnis comitiorum ~o CIC.*Mur.*1; ubi ~one res transigitur..ut eum ita Iuppiter feriat LIV.9.5.3; ~onem.. de bello factam 42.30.8; sacris quibusdam et ~onibus.. cogi fulmina PLIN.*Nat.*2.140; QUINT.*Inst.*4.pr.4; TAC.*Ann.* 4.9; PLIN.*Pan.*72.4; AUR.*Fro.*1.p.230(85N);—(*w. obj. gen.*) ~onibus deorum dearumque LIV.pr.13; 2.8.7. **b** quicumque libros uaticinos ~onesue aut artem sacrificandi conscriptam haberet LIV.25.1.12; uti consules..rem diuinam facerent..cum ~one ea.. 31.5.3; caput sanctum tibi dira ~one defigis SEN.*Ben.*6.35.4; auertere..locustas ~one addita, quam demonstrant (magi) PLIN.*Nat.*37.124; FEST. p.351M; in antiquis ~onibus nomina haec deorum inesse animaduertimus: 'Diouis' et 'Vedioiuis' GEL.5.12.1;—(*w. subj. gen.*) in augurum ~one Tiberinum..alia propinquorum fluminum nomina uidemus CIC.*N.D.*3.52.

precātor ~ōris, *m.* [PRECOR+-TOR] One who beseeches or begs, esp. on behalf of another, a suppliant, intercessor.
siquidem..is (*sc.* Iuppiter) ~or adsiet, malam rem ecfugies numquam PL.*As.*415; nec tu aram tibi nec ~orem pararis TER.*Hau.*976; *Ph.*140; Volumnius Serenus..utetur me apud te uel patrono uel ~ore FRO.*Amic.*2.p.176(192N);—(*w. obj. gen.*) uolucrum..~or Ibycus STAT.*Silv.*5.3.152.

precātus ~ūs, *m.* [PRECOR+-TVS³] An act of supplication or intercession, prayer.
sed nec periisse ~us tantaque dona uelit STAT.*Theb.*10.71; humili..deos infringe ~u *Ach.*1.144; *Silv.*5.2.81.

precēs ~um, *f. pl.*: see PREX.

precia ~ae, *f.* **pret-, praec-.** [unkn.] A kind of vine.
VERG.*G.*2.95; ~ae minor et maior COL.3.2.23; PLIN. *Nat.*14.29.

precor ~ārī ~ātus *tr.*, (*intr.*). [Skt. *praśná-*; Goth. *fraihnan*; Ger. *fragen*] (N.B. in all senses freq. in relig. context.)

1 To ask or pray for (something), beg, implore. **b** (w. obj. cl.). **c** (w. acc. and inf.). **d** (w. inf.). **e** (in ellipt. expr.). **f** *bene* (*male*) *~ari* (w. dat.), to wish well (ill).
(*w. acc. alone*) da mihi hasce opes, quas peto, quas ~or ANDR.*trag.*21; sic exire e patria ut omnes sui ciues salutem, incolumitatem, reditum ~entur CIC.*Pis.*33; ueniam..~ari VERG.*A.*3.144; date quae ~amur HOR.*Saec.*3; ~antibus opem militibus LIV.4.58.3; saepe ~or mortem OV.*Pont.* 1.2.57; ~ari absolutionem [QUINT.]*Decl.*3.19; ~andam post haec modestiam ut contentus esset TAC.*Ann.*4.7; neque fulgorem honorum umquam ~atum 4.39; (*cf.*) responsi.. fidem et uerum Calchanta ~antur STAT.*Ach.*1.681; (*w.* animo, uoce) quod..soles animo semper, quod uoce ~ari OV.*Pont.*2.6.17; (*w. abst. subj.*) quod mecum populi uota ~antur idem 2.5.76;—(*w.* ab) esse..stultitiam a quibus bona ~aremur, ab is porrigentibus..nolle sumere CIC.*N.D.* 3.84; LIV.29.17.9; hoc..unum coniunctis precibus ab deis ~emur FRO.*Aur.*2.p.34(95N);—(*w. dat. of beneficiary, etc.*) perpetuam felicitatem rei publicae..~ari MES.*orat.*25; mala multa ~atus Atridis HOR.*S.*2.3.203; tu me mihi dira ~ari cogis TIB.2.6.16; longum Augusto..~are diem! PROP. 3.11.50; quibus iratos quisque deos ~atus sit LIV.5.11.16; eam ~ari mentem hostibus ut ne uallum quidem defendant 9.14.8; OV.*Met.*13.48; quid tibi, saeua, ~er pro tanto crimine, tellus? LUC.8.827; fausta Vitellio omnia ~antem TAC.*Hist.*2.74;—(*w. adv.*) ita.., Quirites, ei ut ~amini eueniat CIC.*Phil.*4.10. **b** (*w.* ut, ne) nunquam fore crederi ..ut, reo Scauro, ne quid in eius iudicio gratia ualeret, ~arer POL.*orat.*38; lacrimae meorum..~antium ut de Hispaniis exspectemus CIC.*Att.*10.9.2; ~antibus..primoribus Campanorum ne quid eo die seriae rei gereret LIV. 23.7.11; OV.*Met.*11.387; nonne..ut 'fas sit uidisse', tacitus ~etur? SEN.*Ep.*115.4;—(*w. subj. alone*) quam pro me curam geris, hanc ~or, optime, pro me deponas VERG.*A.*12.48; ~atus..esset, qui sibi praepetem misisset, uolens propitius adesset LIV.7.26.4;—(*w.* ab) ~or..ab eis ut hodiernum diem..ad rem publicam constituendam inluxisse patiantur CIC.*Rab.Perd.*5; *Tusc.*1.113; ~atus ab dis immortalibus ne discordia tribunorum damnosior rei publicae esset LIV. 4.46.4;—(*w. acc. pron.*) quae ~atus a dis immortalibus sum ..ut ea res..populo plebique Romanae..feliciter eueniret CIC.*Mur.*1; *Red.Pop.*1; id a dis immortalibus ~ari ne.. LIV.6.23.11. **c** numquam placidas esse ~arer aquas OV.*Ep.*18.82; (Medea) maiora ~atur carmina, maiores Hecaten immittere uires nunc sibi V.FL.7.352; iudicibus sextam decuriam adici ~antibus SUET.*Gal.*14.3; GEL.13.23. 19. **d** qui ~or esse tuus OV.*Pont.*1.7.6; recipi..~antes SIL.13.250. **e** seiquidem amicitiast habenda, cum hoc habendast.—hau ~or PL.*Poen.*1215. **f** male mihi ~atur et facit conuicium PL.*Mer.*235; oram soluentibus bene ~emur QUINT.*Inst.*pr.3.

2 To address entreaties to, pray to, supplicate, beseech.
(*w. acc. alone*) te sale nata ~or, Venus ENN.*Ann.*52; ~ari ..Iouem Optimum Maximum CIC.*Ver.*4.71; socios..~atur VERG.*A.*10.293; poscentis iusta ~are deos PROP.3.10.12; mulierum..nec sacrificantium nec ~antium deos patrio more LIV.25.1.7; Caesaris est coniunx ore ~anda tuo OV. *Pont.*3.1.114; quos (deos)..Medeae magis fas est ~ari SEN. *Med.*9; ~amur deos, deprecamur homines SUET.fr.176 (p.287Re); (*w. abl. of means*) diuos ture ~emur LUCIL.206; —(*w.* in+*acc. expr. purpose*) eos (deos) in exsecrationem Cinnae..~atus VELL.2.22.2.

3 (w. double acc., combining senses 1 and 2) To beg (a thing) from (a person), pray to (a person) for (a thing). **b** (w. obj. cl.).
quod ~arer deos nisi meas preces audire desissent CIC. *Q.fr.*1.3.9; nihil iam maius ~atur deos quam ut incolumi cedere..ex hostium terra liceat LIV.26.41.16; mortem sociosque hostisque ~atur STAT.*Theb.*9.757; dum..exuuias ..~atur de duce Marcello superos temerarius SIL.14.502; (*cf.*) quem..deos superstitem ~ati sumus [QUINT.]*Decl.*6.3. **b** (*w.* ut, ne) eos ego omnis ut fortunassint ~or AFRAN. *com.*83; CIC.*Catil.*2.29; ~atus..deos immortales Cincinnatus ne senectus sua..damno..rei publicae esset LIV.4.13.14; deos..immortales se ~ari, ut..sortem aequam sibi cum collega dent 10.24.16; VELL.1.10.4; (*w. cogn. acc.*) Iane pater, te..bonas preces ~or, uti sies..propitius mihi CATO *Agr.* 134.2;—(*w. subj. alone*) ~atur deos ita se mactarent quemadmodum ipse agnum mactasset LIV.21.45.8.

4 (absol.) To make entreaty or supplication, offer prayer; (w. dat. or *ad*) to address entreaties to, pray to; (w. dat. or *pro*) to make supplication on behalf of, pray for.
uox me ~antum huc foras excitauit PL.*Rud.*260; uerbi genus hoc 'conseruanto'..imperantis est, non ~antis CIC. *Balb.*36; tibi fas animum temptare ~ando VERG.*A.*4.113; telo, super quod stans consul ~atus est, hostem potiri fas non est LIV.8.10.14; OV.*Fast.*2.636; scopulos et aena ~ando flectere corda paro STAT.*Theb.*3.280;—(*w. internal acc.*) nunc amitte quaeso hunc; ceterum posthac si quicquam, nil ~or TER.*Ph.*142; CIC.*Quinct.*27; oranti et multa ~anti VERG.*A.*11.697; pars..fui turbae parua ~antis idem OV. *Tr.*2.58; STAT.*Theb.*12.586; (*also w. adv.*) haec ita ~atus LIV.8.9.9; (*in writing*) Caesar sollemnia incipientis anni.. epistula ~atus TAC.*Ann.*4.70;—(*foll. by dir. sp.*) Aeneas.. laetus..~atur: 'sic pater ille deum faciat' VERG.*A.*10.874; —(*foll. by indir. sp.*) serere nudum uolunt ~antem sibi et uicinis serere se PLIN.*Nat.*18.131;—pergin ~ari pessumo? PL.*As.*477; optime Graiugenum, cui me Fortuna ~ari.. uoluit VERG.*A.*8.127; parietes postesque nudatos..ad quos ~entur..Ambraciensibus superesse LIV.38.43.5;—quotienscumque pro populo Atheniensi..~arentur 31.44.6; quia in una hostia magistratus Lanuuinus ~atus non erat populo Romano Quiritium 41.16.1; pro nobis mitte ~ari OV.*Met.* 3.614; CURT.8.6.26.

5 (1st pers. sg. pres. ind., parenth.) I beseech you, pray. **a** (in entreaties). **b** (in questions).
a Faune, ~or, miserere VERG.*A.*12.777; si fas est, mos ~or ille redi TIB.2.3.74; et in multis me, ~or, esse uelit OV. *Pont.*3.6.38; uota ~or uotis addite uestra meis 4.9.72; uiue, ~or STAT.*Theb.*12.816; parce, ~or, Paean JUV.6.172. **b** qua parte, ~or, iacet ille nefandus praedator? STAT. *Theb.*12.341.

precula: a barbarism for PERGVLA.
duos in uno nomine faciebat barbarismos Tinga Placentinus..'preculam' pro 'pergula' dicens QUINT.*Inst.*1.5.12.

pre(he)ndō ~dere ~dī ~sum, *tr.* [PRAE+*hendo, cf. Gk. χανδάνω] FORMS: *praend-* FEST.p.166M. α = *prehen-*, β = *pren-*.

1 To take hold of, grasp, seize. **b** to take into one's grasp (a given quantity). **c** (of disease or other states) to seize hold of. **d** (fig.) to get a grip of.
α manum ~di et osculum tetuli tibi PL.*Am.*716; cum tabulas ~disset Oppianicus CIC.*Clu.*41; frenis..~sis VERG. *A.*11.719; ~sa Cupidinis buccula APUL.*Met.*6.22; (*poet.*) quorum (arbustorum) stirpis tellus amplexa ~dit CIC.*Arat.* 358(116); (*in fig. phr.*) ut gubernacula rei publicae ~derem *ad Brut.*2.1.2;—(*w. abl. of the part by which one seizes a person*) sine te exorem, sine ~dam auriculis PL.*Poen.*375;—(*w.* manu, dextra) alteram altera ~dit eas manu *Am.*1116; CATO *Agr.*160; CIC.*Orat.*100; dextra..~sum VERG.*A.*2.592; nec fumum manu ~dere nec solem queas FRO.*Aur.*1.p.44 (214N); (*cf.*) ubi altera alterum bilingui manufesto inter se ~dunt PL.*Ps.*1260;—(*of an implement*) saepe..forfex..os gingiuae ~dit CELS.7.12.1.C. β ~dit dexteram PL.*Cur.* 339; ~di manum POMPON.*com.*170; cum otiosus stilum ~derat CIC.*Brut.*93; CAES.*Gal.*1.20.5; VERG.*A.*3.450; mox Chromis Hippodamum metae interioris ad orbem uiribus Herculeis..axe tenet ~so STAT.*Theb.*6.481; flumineam.. puer Argipus ulmum ~derat 9.267; simul aliquam partem corporis eius ~debat GAIUS *Inst.*4.21; (*w. 'hands' as subj.*) moui Thesea ~suras semisupina manus OV.*Ep.*10.10;—(*w.* manu *or other instr.*) is rebus quae manu ~derentur CIC.*Ac.* 1.41; CAES.*Civ.*3.69.4; VERG.*A.*9.558; orae uulsella ~dendae CELS.6.18.3.A; (*cf.*) soleo..notare hunc in te adfectum et quasi manu ~dere uerentis et aestuantis SEN.*Ben.*6.42.1. **b** α arentis..rosae quantum manus una ~dat OV.*Med.*93. **c** α ne patrem ~dat ut sit gesta res suspicio PL.*Mer.*213; quae (*sc.* uis pestifera) ut illas partes liberat, sic hanc..~dit; CELS.4.29.1. β quos lienis male habet, si tormina ~derunt CELS.2.8.34. **d** α qui quando principium ~derit PL.*Ps.*725; quod ornabat facile locum quem ~derat CIC. *Flac.*82. β hanc (*sc.* occasionem) circumspice, hanc si uideris, ~de SEN.*Ep.*22.3; quicquid in nos adulatio sine pudore congessit, tamquam debitum ~dimus 59.11.

2 To catch hold of (a person in order to converse with him), accost, buttonhole.
α tuos pater modo me ~dit TER.*An.*353. β ~do hominem solum: 'quor non,' inquam.. TER.*Ph.*620; CIC. *Att.*12.13.2; femellas omnes..~di, quas uultu uidi tamen sereno CATUL.55.7.

3 (w. *in*+abl., etc.) To catch (a person in a guilty situation); (w. inf.) to catch (in an action or the situation of having done something). **b** to take unawares, catch (in a predicament).
α in furto ubi sis ~sus PL.*As.*563; in adulterio uxorem tuam si ~disses CATO *orat.*219; (*ellipt.*) nisi te hodie, si

~dero, defigam in terram colapheis PL.Per.294. β maximum medicorum..in mendacio ~di SEN.Ep.95.21; SI PRESVS FVERIS POENA PATIARE NECESE EST CIL 4.7038;—(pple. as sb.) crescit amor ~sis Ov.Ars 2.559;—qui Megaris ciuis esset, si intulisse Athenas pedem ~sus esset GEL. 7(6).10.2. **b** β otium diuos rogat in patenti ~sus Aegaeo HOR.Carm.2.16.2.

4 To take hold of (persons, etc.) for the purpose of carrying off, seize. **b** to take into custody, arrest. **c** to capture, catch (animals). **d** to take (bulls, horses) in hand (in order to tame them).

α quorum (sc. fugitiuorum) si quis a domino ~deretur; CAES.Civ.3.110.4; cum M. Claudius..iret ad ~dendam uirginem LIV.3.47.6; missus ut ~dat scortum Arg.2.Pl.Ps.8. β seruolum unum quem iste ~derat CIC.Quinct.27; cum ~sam sibi iam Syringa putaret Ov.Met.1.705; STAT.Silv. 2.2.106. **b** α in ius uos uoco, nisi honestiust ~di PL. Poen.1232; ASC.Mil.32;(w. noxae) non quidem coram noxae ~sus APUL.Met.9.21. β quis homo pro moecho umquam uidit in domo meretricia ~di quemquam? TER.Eu.961; alter ~sus et uirgis caesus est GRACCH.orat.45; ~di hominem iussit ad Scaurumque deduci CIC.Deiot.31; ~di censorem et in uincula duci iussit LIV.9.34.26; 33.46.5; '~de furem' clamant PETR.138.3; TAC.Hist.4.25; (ellipt.) lictore nihil aliud quam ~dere prohibito LIV.2.29.4. **c** α iamiam ~surum (sc. aucupem) effugiens (perdix) PLIN.Nat.10.103. β PL.Capt.118; u⟨b⟩i ~sus erit (palumbus) CATO Agr.90; mustela ab homine ~sa PHAED.1.22.1; ~so ductoque per proximos pagos equo TAC.Ann.4.45; ET CANIBVS ~DI LEPORES ET DENIQVE VVLPES CIL 8.1027. **d** β ~sos domitare boues VERG.G.1.285; 3.207; Ov.Am.1.2.14; adspicis, ut ~sos urant iuga prima iuuencos..?Rem.235.

5 (mil.) To take possession of, occupy (a position).

α Caesar..Pharum ~dit CAES.Civ.3.112.5. β quam ~dimus arcem? VERG.A.2.322.

6 a To reach (the shore, harbour, etc.). **b** to catch up with, overtake.

a β ut subitus, prope iam ~sa tellure, carinam..tangentem portus uentus in alta rapit Ov.Am.2.9.31; cum..nautae ..~derint altum SEN.Tro.1046; uexata litora puppe ~dere LUC.5.576; (in fig. phr.) macte toris..quod durum permensus iter..~disti portus STAT.Silv.1.2.203. **b** β telo.. sequi quem ~dere cursu non poterat VERG.A.12.775; nec longum Cyrni defessos ~dere currus SIL.16.416;—(poet., cf. sense 6a) iam tandem Italiae fugientis ~dimus oras VERG.A.6.61;—(fig.) scio fortunas secundas neglegentiam ~dere solere CATO orat.120.

7 a To apprehend visually, take in, get a sight of. **b** to apprehend mentally, grasp, comprehend.

a β ~dere quae possis oculorum lumine operto LUCR. 4.1143; tanta est..uelocitas motus..ut partes eius non dispiciantur, summa ~datur SEN.Nat.1.14.3; explicat hinc tellus campos effusa patentis uix oculo ~dente modum LUC. 4.20; fessis uix culmina ~das uisibus STAT.Silv.4.2.30; ~sis tamen in conspectu longinquo signis limitem agemus HYG. GR.agrim.p.155. **b** β quom..ipsum..ea moderantem et regentem paene ~derit CIC.Leg.1.61; partibus ut ~di possint (signa) orientia certis MAN.3.388; (w. ratione) ex his ..quae sensum quidem effugiunt, ceterum ratione ~duntur SEN.Nat.2.2.3.

prēlum ~ī, n. Also **praelum.** [PREMO] An apparatus for pressing or crushing: **a** a wine- or oil-press, or its beam. **b** a clothes-press. **c** a press used in making papyrus sheets.

a ~a temperata v CATO Agr.12.1; ~um longum P. XXV 18.2; quae calcatae uuae erunt, earum scopi..subiciendi sub ~um VAR.R.1.54.2; cola..~orum fumosis deripe tectis VERG.G.2.242; ~o domitam Caleno tu bibes uuam HOR. Carm.1.20.9; sucularum..et ~orum et uectium si non fuisset torculariis praeparatio VITR.10.1.5; ante quam ~o pes eximatur COL.12.19.3; PLIN.Nat.18.317; non haec Paelignis agitur uindemia ~is MART.1.26.5; ~is non inuidet uua Falernis STAT.Silv.2.2.5; SIL.7.165; urgeri ~a, fluere lacus TAC.Ann.11.31; ~um et trapetum instructa funibus ULP.dig.19.2.19.2. **b** tua subpositis conlucent ~a lacernis MART.2.46.3; 11.8.5. **c** premitur ergo (sc. schida) ~is, et siccantur sole plagulae PLIN.Nat.13.77.

Prema ~ae, f.: (see quot.).

VAR.gram.182 (si adest dea ~a, ut subacta sc. uirgo, ne se commoueat, comprimatur August.C.D.6.9).

premō[1] ~mere ~ssī ~ssum, tr., (intr.). [dub.]

1 To exert a steady or continuous force against, apply pressure to, press. **b** to press (in one's grasp), grip tight.

neque illaec ulli pede pedem homini ~mat PL.As.775; (tigna trabesque) quo magis ursimus alte derecta et magna ui multi ~ssimus aegre LUCR.2.198; hic, ut ait Ennius, pes pede ~mitur, armis teruntur arma B.Hisp.31.7; ~sso exercere solum sub uomere VERG.G.2.356; dente ~munt (i.e. bite on)..frena leones Ov.Met.10.704; numquam.. plures ~sserunt aera pinnae LUC.7.835; quia alter eum (sc. parietem) ~sserat uel onerauit ULP.dig.39.2.40.1; (absol.) ubi factores uectibus ~ment CATO Agr.66.1; (? impers. pass.) ipsum..torcular, si non cocleis torquetur sed uectibus et prelo ~mitur. ne minus longum pedes XL constituatur VITR.6.6.3; (poet.) ut nobis..baculum ~mat inclinata senectus CALP.Ecl.5.13;—(of inanim. things) mantica cantheri costas grauitate ~mebat LUCIL.1207; ex utraque polum parti ~mere aera LUCR.5.511; non trabes Hymettiae ~munt columnas HOR.Carm.2.18.4; ~ssi..iugo..iuuenci Ov.Met. 1.124; mollis solidus ~mit agger harenas STAT.Silv.4.4.3; —(absol.) flatum..~mentem LUC.9.332. **b** ense..~sso LUC.4.706; sudantia nisu tela ~mens STAT.Theb.4.497; dextram..~mit 9.418.

2 To press with one's body (in an embrace). **b** (of men, male animals) to copulate, have intercourse with.

hi pectora fletu cara ~munt STAT.Theb.7.462;—(w. gremio) gremio..Palaemona ~ssit 1.122. **b** PROP. 1.13.22; Hister anhelantem Peucen quo ~sserat antro V.FL.8.256; noli uxorem meam ~mere SUET.Cal.25.1; (cf.) Tonantis..Ledae ~ssisse sinum..ferunt [SEN.]Oct.764;— Rhodias superbi feminas ~munt galli MART.3.58.17; ~ssa piger hircus in capella 4.4.4.

3 To press (a part of the body, etc., against anything); ~mere pollicem, (app.) to press the thumb against the forefinger as a sign of good omen. **b** habenas ~mere, or sim., to press down the reins (so as to draw them tight).

cubito remanete ~sso HOR.Carm.1.27.8; facilis ut ~mat arte manus PROP.2.1.10; ~sso pollice finge comas 3.10.14; quem (sc. caprum)..dentes in uite ~mentem Ov.Fast.1.355; gladius idem et stringit et transforat, quam ~sso articulo uenerit, refert SEN.Ben.2.6.1; spectat (sc. the angler) ~ssa praemia dextra Her.F.157; ~ssas..soluat Ophiuchus manus Med.698; cum in aduersum ~ssa manu desecare quid debet, cultro utitur (uinitor) COL.4.25.2; ~sso..stridere molari JUV.5.160; (cf., pass. in middle sense) humi ..~ssus utroque genu STAT.Theb.6.680;—pollices, cum faueamus, ~mere etiam prouerbio iubemur PLIN.Nat.28.25. **b** sonipes..~ssis pugnat habenis huc conuersus et huc VERG.A.11.600; ~ssis..frenis SEN.Phaed.1075; arma simul ~ssasque iugo moderatur habenas STAT.Theb.4.219.

4 To make (marks, cavities, etc.) by pressing, digging, or sim. means, imprint; to impress (with a mark; in quot., fig.). **b** to imprint (footmarks).

sulcum..sibi ~mat ipsa carina VERG.A.10.296; totidem ..plagae tellure ~muntur Ov.Met.1.48; puteus..cauati montis ad inrigui ~mitur fastigia campi LUC.4.296; fossam transuersam inter montes ~ssit FRON.Str.1.5.8; (by embroidery) illic seruati genitoris conscia sacra ~ssit acu V.FL. 2.411;—aeterna res ea ~ssa nota Ov.Fast.6.610. **b** pedibus uestigia ~ssa bisulcis LUCR.2.356; cui..cultores multa ~mimus uestigia pruna VERG.A.11.788; pars ~ssa sequuntur signa pedum Ov.Met.8.332;—(in fig. phr.) cuius ego nuper in Macedonia uidi uestigia non ~ssa leuiter..sed fixa ad memoriam illius prouinciae sempiternam CIC.Sest. 13; in..tuis nunc ficta pedum pono ~ssis uestigia signis LUCR.3.4.

5 To press, push (in a specified direction). **b** to force to go, propel, drive. **c** to bring (conditions) to bear.

hasta sub mentum grauiter ~ssa VERG.A.10.347; cunei.. ad centrum se ~mentes VITR.6.8.4; ~ssum in faciem digitis extendere panem JUV.2.107; (cf. sense 2) trepidae matres ~ssere ad pectora natos VERG.A.7.518. **b** ingentem clamore ~mes ad retia ceruum VERG.G.3.413; ~ssis..in retia ceruis Ov.Ep.4.41; altum gurgitem Tigris ~mens SEN.Med.723; (in fig. phr.) ut non..istum pro suis factis pessumis pessum ~mam PL.Mos.1171; (transf.) si hoc totis membris ~meremus SEN.Nat.7.32.4. **c** unam cum radiis ~sserunt sidera mortem LUC.6.608.

6 To press hard upon in pursuit, follow hard on the heels of.

partim rostro ~mit aemula Pristis VERG.A.5.187; hos inimica super mixto ~mit agmine turba 11.880; sic me ferus ille ~mebat Ov.Met.5.604; SEN.Phaed.938; diram.. ~mens clamore sororem V.FL.8.263; Maenalius, quem deinde gradu ~mit horridus Idas STAT.Theb.6.603; iam ~mit astra dies Ach.1.242;—(fig.) iam te ~met nox fabulaeque Manes HOR.Carm.1.4.16; culpam poena ~mit comes 4.5.24; (ellipt.) ~mit a tergo senectus SEN.Nat.3.pr.2; (cf.) centesimus tibi uel supra ~mitur annus Dial.10.3.2.

7 To be close upon (an enemy), harass, attack. **b** to press (a person) hard in debate; to press (a person) for an answer to a question.

cum..a Samnitibus..~meretur noster exercitus CIC.Div. 1.51; a dextro cornu uehementer multitudine suorum nostram aciem ~mebant CAES.Gal.1.52.6; 2.24.4; nuntiantur aquatores ab equitatu ~mi nostro Civ.1.73.2; reliquae Pergamenae naues cum aduersarios ~merent acrius NEP. Han.11.5; iam iamque manu tenet et ~mit hasta VERG.A. 2.530; hinc Tusco claudimur amni, hinc Rutulus ~mit 8.474; qua ~mi parte maxime peditum copias uident LIV. 6.24.10; ab tergo improuisa ~mente acie 21.28.3; septena muros castra Thebanos ~munt SEN.Phoen.326; hinc Dacus, ~mat inde Getes LUC.2.54; ~mit hinc Mauortia cuspis, hinc plenae tibi, parue, colus STAT.Theb.9.838; eo..intentius Vologeses ~mere obsessos TAC.Ann.15.13; (cf.) Sili.. qui periuria barbari furoris ingenti ~mis ore (i.e. you who describe the crushing of) MART.4.14.3; (in fig. phr.) confiteor.. me, si quae ~mat res uehementius, ita cedere solere, ut.. CIC.de Orat.2.294;—(w. bello, etc.) cum seruili bello..~meretur (Italia) Man.30; SAL.Rep.2.10.7; CAES.Gal.4.1.2; Ov. Pont.1.7.11; (cf.) ~mit undique bellum (sc. Caesarem) LUC. 10.478;—(w. obsidione, etc.) cum saeuo obsidio magnus Titanus ~mebat (sc. Saturnum) ENN.Ann.28; eum (sc. hostem)..obsidione ~mere CAES.Gal.7.32.2; LIV.25.23.2; Ov.Fast.6.368. **b** quoniam me uerbo ~mis CIC.Tusc. 1.13; quod..intellegeres fore ut ~merere Div.2.46; Latro patri pepercit: puerum ~ssit SEN.Con.2.4.10; QUINT.Inst. 4.1.67; (cf.) non temperante Tiberio quin ~meret uoce uultu TAC.Ann.3.67;—ut..cum a me ~merentur, omnia potius responderet quam Chelidonem nominaret CIC.Ver.1.139; hoc magis increpitans suspecta silentia perstat Antigone, comitemque ~mens ipsamque STAT.Theb.12.371.

8 To bear hardly on, press, afflict: **a** (of persons, etc.). **b** (of conditions).

a heu qua me causa, Fortuna, infeste ~mis? POMPIL. trag.; cum ~meretur..multitudo ab iis, qui maiores opes habebant CIC.Off.2.41; post modo mercata pace ~mendus erit (sc. lover) PROP.4.5.32; hunc, sicut omni uita, tum petentem ~mebat nobilitas LIV.39.41.1; Ov.Pont.3.6.22; quid interest..quantum terrarum tributo ~mat? SEN.Ben. 7.2.6; LUC.8.486; STAT.Ach.1.666; Germanias seruitio ~mere TAC.Ann.2.73; honestissimum credidi non ~mere immerentem PLIN.Ep.3.9.20; SUET.Nero 7.1; APUL.Met. 11.2; ULP.dig.1.12.1.8;—(w. charges) inueniunt Circen.. criminibusque ~munt ueris Ov.Met.14.401; (poet.) Enni in scaenam missos cum magno pondere uersus..ignoratae ~mit artis crimine turpi (iambus) HOR.Ars 262;—(absol.) saepe ~mente deo fert deus alter opem Ov.Tr.1.2.4; tu.., Nemeaee, timendus, et quarta sub parte ~mis MAN.4.465. **b** cum et inuidia et odio populi tum Galba ~meretur CIC. de Orat.1.228; quoniam totus ordo paucorum improbitate et audacia ~mitur Ver.36; ~mor luctu Att.3.22.3; odia quae Hirrum ~munt CAEL.Fam.8.3.1; re frumentaria non ~mi CAES.Gal.5.28.6; difficultate rerum omnium ~ssus B.Alex.43.3; has quae me ~munt aerumnas SAL.Jug.14.23; qua ualetudine cum..~meretur NEP.Han.4.3; ancipiti mentem formidine ~ssus VERG.A.3.47; heu heu nunc ~mor arte mea TIB.1.6.10; ~mebat reum..crimen unum LIV. 3.13.1; cum modo frigoribus ~mitur Ov.Ars 2.317; qui..a noxiorum ~mitur insolentiis PHAED.3.epil.31; qui..nausea ~ssus est CELS.1.3.11; lacerat animum et ~mit frequens meritorum conmemoratio SEN.Ben.2.11.1; mulieres quidem si lactis inopia ~muntur COL.5.12.2; tanti ~merent cum pectora luctus STAT.Theb.5.686; qua gratia..~ssus, quibus inimicitiis in exilium esset actus QUINT.Decl.254(p.39,l.17); reo..non occultante cuius ira ~meretur TAC.Ann.4.19; cum indulgentia cupidines roboratae..illam alteram iratiorem animam condicionibus suis ~sserint APUL.Pl.2.15; (cf.) talibus mendaciis admiscendo sermones alios qui meum uerecundum silentium uehementius ~merent Met.7.22; (absol.) ~mente metu CIC.Off.2.25; (pple. as sb.) (autumnus) ab aestate tantum proxima ~ssos interemit CELS.2.1.9.

9 To crowd or throng round, press. **b** (topog.) to hem in, surround.

cum angusto exitu portarum se ipsi ~merent CAES.Gal. 7.28.3; tribunalia magistratuum ~mit turba SEN.Dial. 5.33.1; ~mit undique lentum turba deum STAT.Theb.10.910; cum populum gregibus comitum ~mit hic spoliator pupilli prostantis JUV.1.46; 3.244. **b** insula, diuidua quam ~mit amnis aqua Ov.Fast.1.292; circum atrae moenia siluae alta ~munt GRAT.432; aedificiis..deserta ad id tempus ora Lucrini lacus ~ssit V.MAX.9.1.1; Aegaeo ~mitur circumflua Nereo Lemnos STAT.Theb.5.49.

10 To keep close to (a place), hug (a shore). **b** to be near at hand (in time), be imminent.

nodum stella ~mit GERM.Arat.246; haec (sc. stella Saturni), cum proxima signa Marti ~mit SEN.Nat.7.4.2; stellis intra signiferum cursus est, hunc ~munt gyrum 7.12.8;—(in fig. phrs.) nimium ~mendo litus iniquum HOR. Carm.2.10.3; haec erit admissa meta ~menda rota Ov. Ars 1.40;—(fig.) longius uidetur recessisse a proposito oratio mea, at mehercules rem ipsam ~mit SEN.Cl.1.5.1. **b** ~mit ecce dies V.FL.2.214; cum..partus ~meret HYG. Fab.7.3.

11 To urge to action. **b** (of necessity, commands, etc.).

hortatur supplexque manus intendit Iason nomine quemque ~mens V.FL.4.649; exemplo famulas ~mit STAT.Theb. 6.34; nec setius tamen identidem numinis ~mebar instantia APUL.Met.11.28; (ellipt.) qui sis ausus..Torquato ..~mente conferei.. CIC.Pis.47. **b** num..tanta uis ~sserit (eum) ut sacrarium suum spoliaret CIC.Ver.4.11: si.. Fauni..~munt te iussa parentis VERG.A.7.368; (ellipt.) quamquam summa necessitas ~mebat CAECIN.Fam.6.7.5; (w. inf.) et timent et tamen res ~mit denegare TER.An.633.

12 To lay emphasis upon (a point in argument), press, urge.

hoc ~mendum etiam atque etiam est et urguendum CIC.Tusc.1.88; Latro illud uehementer ~ssit: non feci ratione SEN.Con.1.1.15; PLIN.Ep.3.9.34; (w. acc. and inf.) cum diu ~ssisset illum tyranni patrem esse SEN.Con.1.7.13.

13 To press from above, press on (as with a load), weigh down, burden.

ceu ~ssae cum iam portum tetigere carinae VERG.G. 1.303; nec..~sserat externa nauita merce ratem TIB.1.3.40; Ov.Met.11.335; nauis..quae fiscis atque opibus regiis ~ssa est SEN.Ep.76.13; quamdiu..salubris cibi capax stomachus est impleturque non ~mitur Nat.4b.13.5; hanc Caesare ~ssam a fluctu defendet onus LUC.5.586; ~ssam regibus alnum V.FL.1.203; si quis onere ~ssus in uiam rem abiecerit JULIAN.dig.14.2.8; lignorum..tanto me ~mebat pondere ut.. APUL.Met.7.17; (w. retained acc.) dignatus uirgine nostra terga ~mi STAT.Theb.11.214; (poet.) natat exuuiis Graecia ~ssa suis PROP.4.1.116; (hyperb.) tot ~mit ordinibus, tot adhuc conpagibus altum aedificat caput JUV.6.502;—(in fig. phrs.) quamquam ~muntur aere alieno CIC.Catil.2.19; hoc municipium maximis oneribus ~ssum Fam.13.7.2; SEN. Cl.1.3.5; nec sic mea fata premuntur ut nequeam releuare caput LUC.8.267; ut haec in qualitate crimen eleuant, ita in coniectura ~munt QUINT.Inst.7.2.4.

14 To put one's weight on, lie, sit, etc., on. **b** (of things) to be on top of, rest on; to cover (with). **c** to be situated directly over the heads of. **d** to bury in the ground; to plant.

apparent non ulla toro uestigia ~sso PROP.2.29.35; nec freta ~ssurus tumidos causabitur Euros Ov.Am.1.9.13; terga ~mebat equi Met.8.34; non expectato uolnere ~ssit humum Fast.5.710; ille elephanta ~met dorso MAN.5.705; demens, quid interest, quam lecti ~mas partem? SEN.Dial. 5.37.4; uelut aliquod grande nauigium et graue his aquis, quae ~mit Nat.6.6.1; ~mebat illa resoluta marmoreis ceruicibus aureum torum PETR.131.9; uirides..~munt (Argonautae) longo ordine ripas V.FL.5.216; MART.12.96.2. **b** stant calices..et spumat testu ~ssus uterque suo Ov. Fast.5.510; Eoas..~munt tentoria gazas LUC.7.742; ex opibus tantis, quas grauis arca ~mit (i.e. with its lid) MART. 3.41(40).2; pultem niueam ~mens botellus 5.78.9; tecti ..~mentis saxea frena labant STAT.Theb.10.879;—canitiem galea ~mimus VERG.A.9.612; mitra..capillos ~sserat Ov.Fast.4.518; auro phaleras..~sserat STAT.Theb.8.568; natum Nasamonii Tonantis..angusto Babylon ~mit sepulcro Silv.2.7.95. **c** ubi se primis extollit Phoebus ab undis illis sexta (hora) manet, quos tum ~mit aureus orbis MAN.1.644;—(pass.) alia parte solis cursu ~mitur tellus, alia longe ab eo distat VITR.6.1.1; Aethiopum..solum, quod non ~meretur ab ulla signiferi regione poli LUC.3.253. **d** quod..auarus ut Chremes terra ~mam HOR.Epod.1.33; ~ssus humo bellator equus crabronis origo est Ov.Met. 15.368; nocitura altissime ~ssit (deus et parens noster) SEN.Ep.110.10; SARDOA TELLVRE ~MOR COMITATA MARITVM

CIL 10.7566;—quaecumque ~mes uirgulta per agros Verg.*G*.2.346; Cappadocam (lactucam)..~mit ferali mense Lupercus Col.10.191; si uicini arborem ita terra ~sserim ut in meum fundum radices egerit Gaius *dig*.41.1.7.13.

15 To tread or trample on. **b** *~mere uestigia* (+gen.), to follow hard upon the tracks (of); (in fig. phr.) to follow in the footsteps (of). **c** to tread (a path); to walk about in (a place), frequent.

cum..elephas..eum..pondere suo..~meret *B.Afr*.84.1; uestigia ~sso haud tenuit titubata solo Verg.*A*.5.331; moenia cum Graio Neptunia ~ssit aratro..ligneus..equus Prop.3.9.41; Punica nec Teucris ~ssa fuisset humus! Ov.*Ep*. 7.140; (*poet., of the sun*) hic here Phrixeae uellera ~ssit ouis *Fast*.3.852;—(*w.* pede, *etc.*) absentis ranae pullis uituli pede ~ssis Hor.*S*.2.3.314; caput impositis ~ssit Amor pedibus Prop.1.1.4; 'pede ~ssit harenam Ov.*Met*.8.869; ut nudis ~ssit qui calcibus anguem Juv.1.43. **b** ut illarum (*sc.* bestiarum) uestigia ~mat Sen.*Dial*.7.14.3; generi..~mit uestigia Caesar Luc.2.652; quin et uestigia pulsi..~meret castris Sil.7.381; se patris patruique uestigia ~mentem Tac.*Ann*.2.14;—libera..posui uestigia princeps, non aliena meo ~ssi pede Hor.*Ep*.1.19.22. **c** (*fig.*) uitae..unam ~mentis uiam Sen.*Ep*.23.7;—habitaui in oculis, ~ssi forum Cic.*Planc*.66.

16 To press down on or against so as to crush, submerge, etc., overwhelm. **b** to crush, overpower (with weapons, etc.). **c** (of buildings, etc.) to tower above, dominate, dwarf. **d** to drown (a noise).

quos Simois ~mat ille uiros Verg.*A*.11.257; ~ssae..latent sub gurgite turres Ov.*Met*.1.290; ipsa se classis ~mit Sen.*Ag*.497; quas ~mit aspera classes Leucas Luc.1.42; neue grauis subita te ~mat Iris aqua Mart.4.19.10; nimio ruentium onere ~ssas (*sc.* nauis) mare hausit Tac.*Hist*.3.77; ~ssus..Crepereius et statim exanimatus est *Ann*.14.5; quamquam fossa..exhaustus (Tiberis) ~mit ualles Plin.*Ep*.8.17.2; Juv.14.296. **b** tris iuxta famulos..~mit Verg.*A*.9.330; paucos erumpere ausos circumiecti ~ssere Tac.*Hist*.4.2; *Ann*.16.9. **c** domus..cuius extremum latus aequale monti crescit atque urbem ~mit Sen.*Thy*.643; insuper ingens mons ~mit Stat.*Theb*.5.154;—(*in fig. phr.*) nondum attigit arcem, iuris et humani columen, quo cuncta ~muntur Luc.7.594; (*cf.*) tam ~mitur magno coniuge nupta minor Ov.*Ep*.9.30. **d** remorum..sonus ~mitur clamore Luc.3.541.

17 (of darkness, etc.) To cover, hide, overshadow; (fig.) to put in the shade, surpass.

lumen..obscura uicissim luna ~mit Verg.*A*.4.81; uixdum satis certa luce et eam ipsam ~mente caligine Liv.10.32.7; cum latet hic (*sc.* sol) ~ssus nubibus Ov.*Tr*.1.9.12; taetra caligo fluctus ~mit Sen.*Suas*.1.2; ~me frondibus (*i.e. shade*) undam Stat.*Silv*.2.3.45; ~ssum picea inter nubila caelum Sil.5.37; lumen obscurum umbra ~mente Plin.*Ep*.5.6.38; (*w. pred. adj.*) quid ~mat obscurum lunae, quid proferat orbem Hor.*Ep*.1.12.18; (*poet.*) hic ~mitur fecunda quies Stat.*Silv*.1.3.91; (*in fig. phr.*) prudens futuri temporis exitum caliginosa nocte ~mit deus Hor.*Carm*. 3.29.30; nisi illum Ciceronis umbra ~ssisset Sen.*Nat*.2.56.1; quae..tractata ab aliis dicuntur..obscuris rerum tenebris ~muntur Plin.*Nat*.pr.14;—ne prisca uetustas laude pudicitiae saecula nostra ~mat Ov.*Pont*.3.1.116; tantum..admota superbo uincitur Aeacide, quantum ~mit ipsa sorores Stat.*Ach*.1.608; Sil.16.34.

18 (of sleep, drunkenness, death, etc.) To oppress, weigh down, overpower.

me optimus somnus ~mit Laber.*com*.4; securo ~ssos somno mandauerat artus *Culex* 160; quamuis..~meret mihi somnus ocellos Prop.1.10.7; dum..quies nocturna hostes ~meret Liv.22.50.4; ~ssum grauitate soporis Ov.*Met*.15.21; quodam ueterno ~ssum (pecus) Col.7.10.4; Plin.*Nat*.10.211; (*ellipt.*) tamquam somno ~mente Sen.*Ep*. 70.23; Apul.*Met*.5.20; (*w.* tempus *as subj.*) quod tempus mortales somno altissimo ~mit Liv.7.35.11;—~ssi multo membra iacere mero Prop.2.15.42; somno uinoque ~ssus Ulp.*dig*.21.1.14.4;—cum ~meret natura, mori me uelle negaui *Ciris* 316; Ov.*Ep*.10.112; ~munt tenebrae lumina Sen.*Ag*.493; *CIL* 11.1122.

19 To stop the movement of, cause to subside, check, subdue; to suppress, stop (movement). **b** to check or hinder the growth of.

molli..fluentem fronde ~mit crinem fingens Verg.*A*. 4.148; ~mit placida aequora pontus 10.103; dubium..tuenti ~sserit infestos onus impuleritne iugalis Stat.*Theb*. 7.743; ~ssus pauore sanguis Tac.*Ann*.14.64; 15.64;—Verg.*A*.6.197; constitit Anchisa satus et uestigia ~ssit 6.331; (*in fig. phr.*) etsi cursum ingeni tui..~mit haec importuna clades ciuitatis Cic.*Brut*.332. **b** eius (*sc.* matris) quippe umbra turba indigesta ~mitur, ut in lauris Plin.*Nat*.17.65; (*cf.*) ne proceritatem rami ~mant Sen.*Cl*. 2.7.4;—(*by pruning*) nisi..ruris opaci falce ~mes umbras Verg.*G*.1.157; ~mant Calenam falce..uitem Hor.*Carm*. 1.31.9; quo modo luxuriem ~mit Ov.*Met*.14.629;—(*fig.*) ~mere..tumentia, humilia extollere, luxuriantia adstringere Quint.*Inst*.10.4.1.

20 To check, stop (an action, process, etc.); to hinder, handicap. **b** to crush down, suppress (emotions or their physical symptoms in oneself or others).

substitit ut clamor ~ssus grauitate regentis Ov.*Met*.1.207; inuidia factum ac sermo popularis ~met? Sen.*Her.F*.352; ut..~meret uulgi sermones Tac.*Ann*.3.6;—quid si hoc ipso ~mar? Cic.*Att*.9.2a.1; quicquid plus quam necesse est possideas ~mit Pub.*Sent*.Q.51; ambas consumit sine lege manus..seque ipse ~mit Stat.*Theb*.6.769; ubi frons causae non satis honesta est..aut si facie ipsa ~mitur Quint.*Inst*. 4.1.42. **b** curam sub corde ~mebat Verg.*A*.4.332; falsum..Lauinia uolnus mente ~mit Ov.*Fast*.3.634; ~mit inde metus Luc.7.341; magnos ficto ~mit ore timores Stat. *Theb*.11.233; Cerialis..~ssit iras (*sc.* militis) Tac.*Hist*.4.72; tanto..magis iram ~mens *Ann*.6.50;—~ssis..singultibus *Ciris* 211; ~mo..gemitus meos Sen.*Con*.exc.3.5; non potuisset ille lacrimas alienas compescere, nisi prius ~ssisset suas Sen.*Dial*.11.15.5.

21 To silence, suppress (one's own or another's voice, etc.). **b** *~ere silentia*, to keep silence (by suppressing sound); (sim.) *~ere quietem*. **c** to keep quiet about, suppress (news, etc.); to suppress publication of; to suppress the memory of.

sic memorat uocemque ~mit Verg.*A*.9.324; Ov.*Met*. 9.764; Phaed.1.11.12; tu quoque muta ferae, uolucer Tegeaee, sonorae terga ~mas Stat.*Silv*.1.5.5;—primam (*sc.* uocem)..loquentis ab ore eripuit pater ac stupefactus numine ~ssit Verg.*A*.7.119; cuncta quidem..~munt formidine uocem Sil.2.280. **b** pharetrati ~ssere silentia fratres Stat.*Silv*.1.2.64; Sil.12.646; ~mens obnixum silentium uestigium suum replicat Apul.*Met*.4.19;—postliminio ~ssae quietis 4.25. **c** ~ssa est insignis gloria facti Verg.*A*.12.322; si modo non uerum nomina magna ~munt Ov.*Pont*.1.4.26; quicquid arcani apparo penitus recondas et fide tacita ~mas Sen.*Her.O*.477; tenet ille inclusa ~mitque fata deum Stat.*Theb*.10.591; (*w.* silentio) gemens, quod non illa silentio ~ssisset Sen.*Ben*.6.32.2;—si quid tamen olim scripseris..nonum..~matur in annum Hor.*Ars* 388;—sero ~ssurus facta pudore Bruttius Sil.11.9; (*cf.*) ne sibi quidem credituri interius ~munt omne secretum Sen.*Ep*. 3.4.

22 To press downwards, depress. **b** to lower, keep down; (pass.) to be or sink into a lower position. **c** *cornua ~mere* (+gen.), to press down the horns (i.e. crush the strength) of.

nulla ~munt ramos pondere poma suos Ov.*Pont*.3.8.14; lustra..~sso quaerant rostro (canes) Sen.*Phaed*.41; Luc. 4.442; (*cf.*) iam dudum nihil super illum (*sc. the Crab*) posui, ne genesim meam ~merem Petr.39.8;—(*in fig. phr.*) fatis iam ~ssum caput erexit V.Max.8.7.ext.14. **b** quattuor aut pluris aulaea ~muntur in horas Hor.*Ep*.2.1.189; puluis ab infuso melle ~mendus erit Ov.*Med*.90; nec ~me nec summum molire per aethera currum! *Met*.2.135; (*in fig. phr.*) oculos..inmersos et in cupiditatem infixos ~munt Sen. *Dial*.10.2.3;—mundus..~mitur Libyae deuexus in Austros Verg.*G*.1.241; septumo decumo die cum sol oriatur, ea (*sc.* luna) ~ssa est ad occidentem Vitr.9.2.4; quod summo ~mitur deuexum culmine mundi Man.2.846; media qui ualle ~muntur (agri) Luc.6.343. **c** Bacchi cornua ~ssit Amor Ov.*Ars* 1.232; *Met*.9.186.

23 To lower the prestige of, speak slightingly about, disparage; (refl. or pass.) to lower one's dignity, stoop.

extollere uiris gentis bis uictae, contra ~mere arma Latini Verg.*A*.11.402; Hor.*Ep*.1.19.36; ~mendo..superiorem..sese extollebat Liv.22.12.12; praecipue..~sserunt eum (*sc.* Ciceronem) qui uideri Atticorum imitatores concupiebant Quint.*Inst*.12.10.14; (*cf.*) quod famam carminum eius ~mebat Nero Tac.*Ann*.15.49;—(*w.* pro) pro diffidentia ~mitur absentia Quint.*Inst*.5.7.1;—quod numen ab aethere ~ssum dignatur caecas inclusum habitare cauernas? Luc.5.86; numquam sic cura deorum se ~met, ut uestrae morti..fata uacent 5.341.

24 To press together, squeeze; to make by pressing, mould. **b** to press (milk) into the form of cheese; also, to produce (cheese) by pressing. **c** (transf.) to compress, condense (thoughts, words, etc.).

laeta magis ~ssis manabunt flumina mammis Verg.*G*. 3.310; ubera plena ~mam Ov.*Fast*.4.769; fiscos..quibus ad ~mendam oleam utimur Ulp.*dig*.19.2.19.2; (*poet., w. adv.*) donec..lux..extremi ~ssit freta margine caeli Stat.*Theb*. 5.485; (*cf.*) mare..saepius..coeuntibus terris ueluti quibusdam fretorum ceruicibus ~mitur Apul.*Mun*.6; (*refl.*) ubi primum se artat (*sc. the Mediterranean Sea*) Hellespontus uocatur..ubi iterum ~ssit Thracius Bosphorus Mela 1.7;—non hoc Pasithea..sed Luctus et Irae..et tota ~ssit Discordia dextra Stat.*Theb*.2.288; ~mitur ratione animus Pers.5.39. **b** ~ssi copia lactis Verg.*Ecl*.1.81; *G*.3. 401;—quamuis..pinguis..ingratae ~meretur caseus urbi *Ecl*.1.34; caseum bibulum manu ~ssum Suet.*Aug*.76.1. **c** haec..quae dilatantur a nobis Zeno sic ~mebat Cic. *N.D*.2.20.

25 To elicit or eject by squeezing, straining, etc.; to extract (milk, honey); to press (wine, oil).

multa..per sudorem ex alto ~ssa feruntur Lucr.4.863; ~ssum..comis ac ueste cruorem Stat.*Theb*.12.320;—dulcia mella ~mes Verg.*G*.4.101; Var.At.*poet*.20; ubi..seri..uidebitur hora ~mendi Calp.*Ecl*.5.61;—oleo quod prima Venafri ~ssit cella Hor.*S*.2.8.46; uina Torquato..consule ~ssa meo *Epod*.13.6; ~ssum Calibus..Liberum *Carm*. 4.12.14; Tib.1.5.24; (*cf.*) ~sserat hic madidos nobilis uua lacus Mart.4.44.2.

26 To squeeze the breath or life out of, throttle.

manibus..duos Tirynthius angues ~ssit Ov *Ars* 1.188; quibus illa ~metur per somnum digitis! Juv.14.221;—(*w.* collum, *etc., as obj.*) laqueo collum ~ssisse paternum Hor. *Ep*.1.16.37; angebar ceu guttura forcipe ~ssus Ov.*Met*.9.78; silua ~mat fauces 12.509; siquidem unius praecordia ~ssit ille senis Juv.6.621;—(*in fig. phrs.*) Timarchides..~mit fauces defensionis tuae Cic.*Ver*.3.176; Staienus..cum faucibus ~meretur..istam dedit conciliationis..fabulam *Clu*.84.

27 To compress, narrow (an aperture); to close, shut (the mouth). **b** *oculos*, etc., *~ere*, to close the eyes (of another person). **c** to choke, block (an entrance, cavity, etc.).

corui ~sso..gutture uoces..ingeminant Verg.*G*.1.410; gladiatores..quorum alter ~mit uulnus Sen.*Dial*.2.16.2;—~sso..obmutuit ore Verg.*A*.6.155; ~sserat ora deus Ov. *Fast*.1.255; bissenos ~mit ora (*i.e. says nothing*) dies Stat. *Theb*.3.574. **b** nec te, tua funera, mater produxi ~ssiue oculos Verg.*A*.9.487; madidos fugientis ~ssit ocellos mater Ov.*Am*.3.9.49; dulci..~me lumina dextra V.Fl.1.334; cara ~ssit sua lumina dextra Stat.*Silv*.5.1.196. **c** saepe ~mit fauces magnis exstructa ruinis congeries *Aetna* 375; candenti ~ssoque agedum fornace coerce (*sc.* lapidem) 552; ~sserat ora uapor Ov.*Met*.2.283; qua relinquit nomen Ionii mare faucesque Abydo Sestos opposita ~mit Sen. *Phoen*.611; (*cf.*) ora..clamantis conscia ~ssit anus Ov.*Ep*. 11.50;—(*with troops*) ~mendo praesidiis angustos saltus Liv.40.41.2.

28 To keep shut in or confined, prevent from escaping.

Aeolus..luctantis uentos..imperio ~mit Verg.*A*.1.54; (Scylla) pube ~mit rapidos inguinibusque canes Ov.*Ars* 1.332; ~merem clausis uulneribus animam [Quint.]*Decl*. 17.17; ea uerba..intra murum candentium dentium ~mere Apul.*Fl*.15.

? **premō²** ~ōnis, *m.* [prec.+-o¹] (app.) One fond of squeezing (in erotic sense).
Lucil.967(*s.v.l.*).

prendō: see prehendo.

prensātiō ~ōnis, *f.* [prenso+-tio] The soliciting of support, canvassing.
non aliena rationi nostrae fuit illius haec praepropera ~o Cic.*Att*.1.1.1.

prensiō ~ōnis, *f.* [pre(he)ndo+-tio] The action or power of making an arrest.
quoniam moribus maiorum tribuni plebis ~onem haberent Cap.*iur*.19(Gel.13.12.4); Var.in Gel.13.12.6.

prensō ~āre ~āuī ~ātum, *tr.* [pre(he)ndo+-to]

1 To grasp constantly or try to grasp, clutch at.
~antem nequiquam umbras Verg.*G*.4.501; ~atas..exeuntium manus Liv.4.60.1; ~antem tumulos Ov.*Met*. 13.424; ~at..rotas auriga natantis Myrtilos Stat.*Theb*. 6.284; dextram ~are Sil.6.462; ~are commanipularium pectora Tac.*Hist*.4.46; Flor.*Epit*.2.13(4.2.82); (*ellipt.*) iamque et Albani..~are, detrudere Tac.*Ann*.6.35; (*poet.*) medios inter uolucrem ~are meatus Man.5.371;—(*w.* manu *etc.*) ~ant fastigia dextris Verg.*A*.2.444; 6.360; nequiquam..~at..tenaci forcipe ferrum 12.404; ~are manu lentissima bracchia Hor.*S*.1.9.64; robora cum uetitis ~arent altius ulnis Luc.3.664; ut quemque adfluentium militum aspexerant, ~are manibus Tac.*Hist*.1.36;—(*w.* manus *as subj.*) rubrica ~antes effugit umbra manus Ov.*Fast*.5.476.

2 To accost, buttonhole, stop (persons, in order to appeal for help); (w. spec. ref. to candidature for office) to solicit the support of, canvass.
non modo ut uestem mutaret aut supplex ~aret homines Liv.2.61.5; ~antur ab principibus tribuni 4.48.11; (*ellipt.*) ~ans passim, cuicumque est nomen in armis Sil.13.98;—~are homines et concursare toto foro candidati coepere Liv.4.6.9; ~o amicos, supplico, ambio Plin.*Ep*.2.9.5;—(*absol.*) solebam in ~ando dimittere a me Scaeuolam Cic. *de Orat*.1.112; ~at unus P. Galba *Att*.1.1.1.

pressē, *adv. compar.* ~ius. [pressus¹+-e]

1 So as to press physically. **b** with firm pressure, firmly. **c** closely. **d** (w. ref. to sounds) strongly, emphatically.
quanto..artius ~iusque conflictata essem Gel.10.6.2. **b** hoc stare certo ~ius fortem gradu Sen.*Oed*.85; perunguere..fauces hoc medicamento..pusillo ~ius Larg.66; tonsillae ~ius fricantur per triduum 72; oleo peruncti et diutius ~e fricatis 104. **c** qui labra ~ius tondent et adradunt Sen. *Ep*.114.21. **d** unde illud ⟨quod⟩ ~ius et plenius sonet per duo i scribi oportere existimat Vel.gram.in *G.L*.7.54.

2 (w. ref. to a disputant) At close grips (with an argument), with close attention.
Antiochus ad istum locum ~ius uidebatur accedere Cic. *Luc*.29; illud usitatum..refers, non ut Antipater, sed ut ais ~ius 109; eas definiunt ~ius *Tusc*.4.14; ut propius ad ea..accedam..~ius agamus *Fin*.4.24; Vell.2.129.2; Theophrastus..exactius ~iusque quam Cicero disserit Gel.1.3.21

3 In a concise or restrained style.
unum (genus) attenuate ~eque, alterum sublate ampleque dicentium Cic.*Brut*.201; *Orat*.26; imitatio ~e loquentium et leniter *Off*.1.133; abundanter an ~e (dicere) Quint. *Inst*.8.3.40; ea..quae ~ius et adstrictius..scripsi Plin.*Ep*. 3.18.10; Suet.*Rhet*.25(p.121Re).

pressim, *adv.* [pressus¹+-im] With firm pressure, firmly.
me ~ deosculato Apul.*Met*.2.16; linteolo isto ~ adglutinato 2.30.

pressiō ~ōnis, *f.* [premo+-tio] Pressure. **b** the pressure exerted by the fulcrum of a lever; the fulcrum itself.
~one cacuminis (*i.e. by pressure on the top of the mast*) uehementius cogunt progredi nauem Vitr.10.3.6; aera..~onibus coactum 10.8.5. **b** turris tectum per se ipsum ~onibus ex contignatione prima suspendere..coeperunt Caes.*Civ*.2.9.6; Vitr.10.3.3;—supposita uti centro..~one, quod Graeci ὑπομόχλιον appellant 10.3.2.

pressō ~āre ~āuī ~ātum, *tr.* [premo+-to]

1 To exert pressure on or against, press. **b** (of a load) to weigh down.
~atur pede pes Bib.*poet*.10(11); ~antes dentibus ora Lucr.4.1109; dum..noua ~antis inquinet uua pedes Prop. 3.17.18; nunc umeros nunc ille manus et uellera ~at Stat. *Theb*.4.492. **b** quin tradis huc cruminam ~atum umerum? Pl.*As*.661.

2 To press (against something else).
cineres..ad pectora ~ant Ov.*Met.*8.539; hae ~ant in tabe comas Stat.*Theb.*3.129; dubites uter effera ~et frena magis 6.347.

3 To press together, squeeze.
frustra ~abimus ubera palmis Verg.*Ecl.*3.99; ubera dent saturae manibus ~anda capellae Ov.*Met.*15.472;—(*ellipt.*) uomicast, ~are parce Pl.*Per.*312; femina cur ~et (*i.e. extract the honey*) Ov.*Fast.*3.763.

4 To suppress (an emotion).
maturo ~antes gaudia lusu Grat.207.

pressōrius ~a ~um, *a.* [premo+-torivs] Used for pressing.
uasis ~is Col.12.18.4.

pressulē, *adv.* [next+-e] With gentle pressure.
o⟨s⟩culis hiantibus filium diu ac ~ sauiata Apul.*Met.* 4.31; ut (lacinia) adhaerens ~ membrorum uoluptatem grafice liciniaret 10.31.

pressulus ~a ~um, *a.* [pressvs¹+-vlvs] (of shape) Somewhat flattened.
ampullam..oleariam..~a rutunditate Apul.*Fl.*9.

pressūra ~ae, *f.* [premo+-vra]

1 The action or fact of pressing, pressure.
aquarum ~a Sen.*Nat.*2.6.5; ex his (*sc.* aquis) aliae maiori, aliae leuiori ~a coguntur Fron.*Aq.*18; coetus multitudinem, quae ~ae nimia densitate periclitaretur Apul.*Met.*3.2; lacrimis..~a palpebrarum coactis 5.17; leuata paulisper ~a (*sc. of a load*) 7.17.

2 The pressing or squeezing (of grapes, etc.). **b** a liquid which is extracted, etc., by means of pressure, a pressing.
post primam ~am uinaceorum Col.12.36; primae ~ae oleum 12.52.11; ~a una culleos xx implere debet Plin.*Nat.* 18.317. **b** plurimum refert non miscere iterationem..cum prima ~a Col.12.52.11; ut..solet pariter totis se fundere signis Corycii ~a croci Luc.9.809.

3 (The fact of being at) a low level, depth.
extra urbem..propter ~am librae, quom sit infra terram ad caput pedibus quinquaginta nullam accipit iniuriam Fron.*Aq.*65.

4 Reduction of height.
si forte κατὰ ἀντανάκλασιν uel ~a quadam lumen in eas aedes deuoluatur Ulp.*dig.*8.2.17.2.

pressus¹ ~a ~um, *a.* *compar.* ~ior. [pple. of premo]

1 Performed with some degree of pressure, hard. **b** (of steps) firmly planted, deliberate. **c** (of an embrace) firm, tight.
sicuti 'taxare' ~ius crebriusque est quam 'tangere' Gel. 2.6.5. **b** milites ducit..ad castra fugitiuorum ~o gradu Sal.*Hist.*3.96.d; nostri pede ~o propius riuum cum appropinquassent *B.Hisp.*29.8; pede ~o eos retro cedentes Liv. 8.8.9; 28.14.14; ~o..legit uestigia passu Ov.*Met.*3.17. **c** amplexu..~o Sen.*Oed.*193.

2 (of thought, etc.) Earnest, serious, urgent.
~iore cautela Apul.*Met.*5.5; cogitationibus ~ioribus 5.10.

3 Close-packed, compressed, compact, dense. **b** (poet.) following on one another in quick succession.
~o..instigant agmine uentum *Aetna* 565; his..corporibus, quae duriora et ~iora sunt Sen.*Nat.*4b.9; cuius (*sc.* limi) ~a erat et sedens structura 6.26.1; ambulatio ~is uarieque tonsis uiridibus inclusa Plin.*Ep.*5.6.17. **b** basia..~a Mart.6.34.1.

4 Situated below the level of the surrounding surface, depressed, sunken.
(pullus) uentre modico, lumbis deorsum uersus ~is Var. *R.*2.7.5; ~o..canali *Aetna* 447; ~a..ualle Grat.52; (specus) ore angusto et multum..~us Mela 1.76.

5 a (of sound) Subdued, low. **b** (of colour) subdued, dull.
a ~a uoce Cic.*Red.Sen.*13; haec cum ~is et flebilibus modis..concinuntur *Tusc.*1.106. **b** tertium genus (silis) est ~um Plin.*Nat.*33.159; idem pretium et eius (*sc.* Sinopidis), quae ~ior uocatur, et est maxime fusca 35.32; Plin.*Ep.*8.20.4.

6 Moderate, restrained. esp. **b** (of style or expression; also, of authors, etc.).
oblitus..legis ~iorisque iudicii sublimius feror Sen.*Dial.* 9.1.14; ~o lare Pers.5.109; hunc ipsum Frontinum in hoc ipso, in quo tibi parcior uidetur et ~ior, comparemus Plin. *Ep.*9.19.6. **b** multo eius oratio esset ~ior Cic.*de Orat.* 2.96; Sen.*Ep.*40.14; ut saepius ~a est, ita interim insurgit (narratio) Quint.*Inst.*9.4.134; alii ~a..et tenuia..uere Attica putant 10.1.44; Secundo purus et ~us..sermo non defuit Tac.*Dial.*2.2; etiamsi stilus ipse ~us demissusque fuerit Plin.*Ep.*1.8.5;—Asiatici oratores..parum ~i et nimis redundantes Cic.*Brut.*51; quis te aut est aut fuit umquam in partiundis rebus, in definiendis, in explicandis ~ior? *Hort.*fr.56; idem (*sc.* Homerus) laetus ac ~us, iucundus et grauis Quint.*Inst.*10.1.46; 12.10.16; ne Ciceroni quidem obtrectatores defuisse, quibus inflatus..nec satis ~us..uideretur Tac.*Dial.*18.4.

pressus² ~ūs, *m.* [premo+-tvs³] The exertion of pressure. **b** (in the projection of the voice).
~u duplici palmarum continet Anguem Cic.*Arat.*86; *Tusc.*2.22(transl.Sophocles); (*in fig. phr.*) animus intentione sua depellit ~um omnem ponderum 2.54. **b** nemo est quin..Q. Valerium Soranum..ipso oris ~u et sono facile uincat Cic.*de Orat.*3.43; graue quoddam et uno ~u ac sono obductum 3.219.

prestēr ~ēris, *m.* [Gk. πρηστήρ]

1 A scorching whirlwind, (at sea) a waterspout.
~eras Grai quos ab re nominitarunt Lucr.6.424; ut..quasi demissum caelo ~era imitetur 6.445; idem (*sc.* turbo) ardentior accensusque, dum furit, ~er uocatur Plin.*Nat.* 2.133; 37.142; Apul.*Mun.*12.

2 A kind of venomous snake, perh. a sandviper.
ora..distendens auidus fumantia ~er Luc.9.722; 9.791; uenena..serpentium haemorrhoidum et ~erum Plin.*Nat.* 20.210; contra ~eris morsum sarda prodest 32.46.

pretia ~ae, *f.*: see precia.

pretiōsē, *adv.* *compar.* ~ius. [pretiosvs+-e] In a costly or expensive way.
uasa..~e caelata Cic.*Inv.*2.116; miratus..regem tantis praeditum opibus haud ~ius sepultum esse, quam si fuisset e plebe Curt.10.1.32; militum..~e armatorum Gel.5.5.5.

pretiōsitās ~ātis, *f.* [next+-tas] Costliness, preciousness.
anuli ~as Cap.*iur.*10; calices uariae quidem gratiae, sed ~atis unius Apul.*Met.*2.19.

pretiōsus ~a ~um, *a.* *compar.* ~ior, *superl.* ~issimus. [pretivm+-osvs]

1 That costs or is worth a lot of money, expensive, precious. **b** (of circumstances, etc.) involving great cost, expensive. **c** that pays a high price.
nimium ~a es operaria Pl.*Bac.*74; neque ~us seruus neque ancilla Cato *orat.*173; ~um uitrum Pub.*com.*14; uasa ~a *Rhet.Her.*1.20; hydrias argenteas ~as Cic.*Ver.*2.47; *Off.*3.89; ~as possessiones Nep.*Att.*12.3; uestimenta..~a Hor.*Ep.*1.18.32; Thais ~a Prop.4.5.43; Danaae ~us..imber *Aetna* 90; multam ~am supellectilem uestemque Liv.21.15.2; ~ae praedae 42.63.11; ~o munere Ov.*Ars* 2.261; ~us elops *Hal.*96; ~i lapides Cap.*iur.*10; ~issimis odoribus V.Max.5.1.10; Curt.8.12.11; ~is coloribus Sen. *Ep.*76.13; ~issimarum..gemmarum Plin.*Nat.*37.80; Flor. *Epit.*1.32(2.16.7); adamans..Berenices in digito factus ~ior Juv.6.157; etiamsi ~issimus homo esset Gaius *Inst.*4.14; Gel.1.3.25; ut quanti ~ior facta est (domus), id praestet Ulp.*dig.*15.3.3.4; (*cf.*) operam Epidici nunc me emere pretio ~o uelim Pl.*Epid.*120;—(*poet., of the sources of costly commodities*) ~a..murice Sidon Luc.3.217; quo ~a Tyros rubeat Stat.*Silv.*3.2.139;—(*neut. pl. as sb.*) ~a omnia..ad nauim qui ferant Pl.*Mil.*1302; quo ~issima rerum suarum congererent Liv.28.22.6; Curt.3.8.12; qui prodesse nisi ~a non putant Plin.*Nat.*29.28; ~issima rerum deponere intra munimenta Fron.*Str.*1.11.5. **b** ~a odia et constantia magno Ov.*Ep.*7.47; hic ~a fames Mart.10.96.9. **c** dedecorum ~us emptor Hor.*Carm.*3.6.32.

2 Valuable in a non-monetary sense, held in high esteem, precious (frequently in direct comparison with things of monetary worth).
acceptissima semper munera sunt, auctor quae ~a facit Ov.*Ep.*16.72; ingenium quondam fuerat ~ius auro *Am.*3.8.3; quam dulce, quam ~um est, si gratias sibi agi non est passus, qui dedit Sen.*Ben.*2.6.2; si quicquam ~ius fide nouimus *Ep.*74.13; oculi, pars corporis ~issima Plin.*Nat.* 11.139; quid libertate ~ius? Plin.*Ep.*8.24.7; thensauris omnibus ~iorem..uirtutem Apul.*Pl.*2.21; qva non ~ior vlla femina *CIL* 6.37965; (*colloq.*) non potest esse ~ior homo Petr.70.2;—(*of flavour*) hae (uites) ~i gustus celeberrimae Col.3.2.18; ~i saporis 3.7.2.

3 (of an argument) That has some value, valid.
feminas..perfectae aetatis in tutela esse fere nulla ~a ratio suasisse uidetur Gaius *Inst.*1.190; 2.232.

pretium ~(i)ī, *n.* [cf. Skt. *práti*; Let. *pret*; Gk. προτί; Pamphylian περτί, Aeolic πρές] Forms: ~ieis (abl. pl.) Pl.*Men.*289; ~is *CIL* 2.6278.46; 10.1795.

1 a A reward, recompense, prize. **b** a penalty, punishment, price. **c** (in non-committal or equivocal sense) a requital.
a boni sibi haec expetunt..hoc probis ~iumst Pl.*Trin.* 274; feci..ut esses libertus..: quod habui summum ~ium persolui tibi Ter.*An.*39; Cato *orat.*21; iustitia nihil expetit praemii, nihil ~ii Cic.*Leg.*1.48; ausus Pelidae ~ium sibi poscere currus Verg.*A.*12.350; si Siciliam tantum ac Sardiniam..reciperaturi essemus, satis tamen ampla ~ia essent Liv.21.43.6; pro ~io labor est Man.4.393; adeo ~ium omnia spectant Quint.*Inst.*10.7.17; cum id rarum nec nisi uirtuti ~ium esset Tac.*Ann.*3.40;—(*w.* pro) quin..praesens ~ium pro factis ferat Naev.*trag.*8; Pl.*Capt.*940; cum pro cuiusque merito consul ~ia poenasque exsoluisset Liv. 26.40.15;—(*w. gen. of source*) inermes prouinciae..in ~ium belli cessurae erant Tac.*Hist.*1.11;—(*w. gen. expr. that for which the reward is given*) dum ~ium uitae grata rependit humus Prop.4.11.100; operae ~ium habent libertatem ciuitatemque Liv.25.6.21; uirtutem ~ium qui putet esse sui Ov.*Pont.*2.3.12; quod capitis non dicam Gracchi, sed ciuis Romani ~ium se daturum..proposuit Vell.2.6.5; tulit protinus et uoti et consili sui ~ium res publica 2.125.1; ubi praesens studii ~ium est Sen.*Nat.*4a.pr.14; numinis aut poena est mors inmatura recepti aut ~ium Luc.5.118; Mart.2.92.2; ~ium..pericli Sil.12.200; ~ia scelerum adepti Tac.*Ann.*13.43; quod uocis ~ium? Juv.7.119; perseuerantiae grande ~ium tulit Suet.*Tib.*16.2. **b** tu ~ium pro noxa dabis Andr.*trag.*1; iniqua haec patior cum ~io tuo (*i.e. and you will pay for it*) Pl.*Rud.*710; ego ~ium ob stultitiam fero Ter.*An.*610; magno cum ~io atque malo Catul.77.2; peccare nefas aut ~ium est mori Hor.*Carm.* 3.24.24;—(*w. gen. expr. that for which the penalty is inflicted*) perfidiae ~io qua nece dignus eras? Ov.*Ep.*6.146;—(*w. adj.*) doctrinae ~ium triste magister habet *Pont.*2.10.16; sollicita tanti ~ia natales habent Sen.*Her.F.*461. **c** cum et recte et perperam facto ~ium deberetur Liv.5.47.7; quod ~ium speret pro tam furialibus ausis Ov.*Met.*6.84; uir optime meritus de re publica conseruatae patriae ~ium calamitatem exili tulit Vell.2.45.2; egregium..~ium laborum recepi, necem fratris Tac.*Hist.*4.32; ille crucem sceleris ~ium tulit, hic diadema Juv.13.105.

2 (w. gen.) Something which repays or compensates for (something else), a return; *~ium morae*, a return for time spent. **b** *operae ~ium*, something that repays one's trouble, something worth while; *operae ~ium esse* (+inf.), to be worth while (to do something). **c** (absol.) something to be gained, an advantage; *~ium esse* (+inf.), to be worth while (to do something).
quod haud satis dignum tanti laboris periculique ~ium erat Liv.32.4.6; ~ium aliquod praesens occupationis suae aspiciet Sen.*Ep.*69.4; uir fortis ac iustus..cum mortis suae ~ia ante se posuit 76.28; ne..omnis..ira uictoris non in uulgus inops, sed in tribunos..ubi ~ium caedis erat, reuerteretur Tac.*Hist.*3.31; Juv.6.474;—rem magnam ~iumque morae fore Verg.*A.*9.232; dum..nullo satis digno morae ~io tempus terunt Liv.21.48.6; nec ~ium deforme morae cassique labores Stat.*Theb.*11.80;—(*w. inf.*) grande morae ~ium ritus cognoscere Ov.*Am.*3.13.5. **b** ratus..capta urbe operae ~ium fore Sal.*Jug.*81.3; facturusne operae ~ium sim si..Liv.pr.1; 22.28.4; 43.21.5; quod..ipsa sui contemplatione ~ium operae attendentium absoluat Mela 1.1; dicis me abesse ab eo, qui operae ~ium facit Sen. *Ben.*5.12.1; Petr.27.2;—(*w.* nullum, grande) utile et hoc multis uitae genus, at mihi nullum inde operae ~ium Juv. 9.28; 12.127; grande operae ~ium est 14.281; cuius libros adtingere nullum ~ium operae sit Gel.12.2.1;—audire est operae ~ium Enn.*Ann.*465; latiu' demumst operae ~ium iuisse Pl.*Mos.*842; fuit hodie operae ~ium quoiuis..oculis epulas dare *Poen.*1174; Ter.*An.*217; operae ~ium erat..neglegentiam eius..considerare Cic.*S.Rosc.*59; *Catil.*4.16; *Fin.*4.67; Hor.*S.*2.4.63; Liv.26.34.2; Sen.*Dial.*12.10.8. **c** utrumque qui interfuere nunc quoque memorant, postquam nullum mendacio ~ium Tac.*Hist.*4.81; satis ~ii esse orbis quod..cuncta prompta et obuia haberent *Ann.*15.19;—sit ~ium longas..quaesisse per undas Scyron Stat.*Ach.* 2.92; Germanico ~ium fuit conuertere agmen Tac.*Ann.*1.57; 2.35.

3 Value, worth (esp. monetary); *~ium facere*, to give value (to); *ad nullum ~ium sui redigi*, to lose one's value, become worthless. **b** (in gen. of value, w. *parui*, *minimi*, etc.).
carmina possumus donare et ~ium dicere muneri Hor. *Carm.*4.8.12; nomine quam ~io celebratior..Pistoris..ara Iouis Ov.*Fast.*6.349; nullis sordibus ~ium carae pietatis euilescit V.Max.5.4.7; ~ii cupidus..tui (*i.e. of a pearl*) Phaed.3.12.4; Plin.*Nat.*19.2;—et simulare uirum ~ium facit Prop.4.5.29; haec illis ~ium facit litura Mart.7.17.8;—siue..is..decessit aut debilitate flagitioue ad nullum ~ium sui redactus est Cels.*dig.*17.1.50.1. **b** nullust tam parui ~i quin pudeat Pl.*Aul.*790; mortuo' pluri' ~ist quam ego sum *Bac.*630[a]; quid ais, uir minimi ~i? *Cas.*594; agrum in his regionibus meliorem neque ~i maioris nemo habet Ter. *Hau.*64; omnis..res quae alicuius ~i fuerint Cic.*Ver.*4.8; Sal.*Rep.*2.9.4; praeda oppidi parui ~ii rerum fuit Liv. 21.60.8.

4 *in ~io* (or *~io*) *esse*, To be regarded as valuable, be prized; *in ~io habere*, to regard as valuable, prize. **b** a position in a scale of comparative worth, rank; also, the scale or ranking. **c** favourable regard, esteem.
apud eum sunt in honore et in ~io Cic.*S.Rosc.*77; fuit in ~io magis ⟨aes⟩ Lucr.5.1273; Hor.*Ars* 372; tum coquus, uilissimum antiquis mancipium.., in ~io esse Liv.39.6.9; quam diu in ~io fuerit Romana cognosci Sen.*Dial.*6.1.3; pueris, quibus omne ludicrum in ~io est *Ep.*115.8; Plin. *Nat.*6.89; qui..salutem ciuis in ~io esse noluerint 16.14; cum suspecta uirtus, inertia in ~io Plin.*Ep.*8.14.7; (*cf. sense 3*) in ~io pretium nunc est, dat census honores Ov. *Fast.*1.217;—(*w. adj.*) in..suo ~io ruga senilis erat 5.58; nec solum uulgaria, sed etiam quae in ~io magno sunt Paul.*dig.*33.10.3.3;—nec Indi conchea baca maris ~io est *Culex* 68;—quamquam proximi..aurum et argentum in ~io habent Tac.*Ger.*5.4; (*w. adj.*) humilis res et pusilla est et in nullo habenda ~io Sen.*Ep.*123.16. **b** primum prima salua sis, et secunda tu insecundo (*s.v.l.*) salue in ~io; tertia salue extra pretium Pl.*Poen.*331; dein Naeuius..~io in tertiost Volc.*poet.*1.7;—auro..decumum uix esse in ~io locum Plin.*Nat.*37.204. **c** intrauit mentes suspectus honorum: fit ~ium dignis Ov.*Fast.*5.32; Latinis dum manebit ~ium litteris Phaed.4.epil.6; ut..faciat..uitiorum odium, ~ium uirtutium Sen.*Dial.*3.6.3.

5 Something regarded as valuable, a precious possession, prize; also, an expensive article.
spissa..suspensis fornacibus aurea saxa exsudant ~ium (*i.e. the ore*) *Aetna* 547; abstulit arboribus ~ium (*i.e. golden apples*) nemorique laborem Alcides Luc.9.365; (*transf.*) postquam coepere..esse..sola gaudia in possidendo, pessum iere uitae ~ia Plin.*Nat.*14.5; 22.14; (*cf.*) quoniam..rerum, non animi ~iis excubatur 35.50;—inuehi peregrinas merces conciliarique externa ~ia 29.24.

6 The money for which anything is bought or sold or hired, price, cost; *~io meo* (*tuo*), at my (your) expense; *ad ~ium redigere*, to make a matter of purchase, put a price on; *~ium facere*, to name a price, make a bid (for). **b** a price advantageous to the seller, a good or high price. **c** (transf. and fig.).
sicuti merci ~ium statuit qui est probus agoranomus Pl. *Mil.*727; *Ps.*849; ego spem ~io non emo Ter.*Ad.*219; ~ium

in tegulas singulas II S CATO *Agr.*14.5; non ago hoc per sagam ~io conductam TURP.*com.*8; in iis prouinciis in quibus unum ~ium frumento esse non solet CIC.*Ver.*3.192; quaeris a me quod summum ~ium constituam *Att.*12.31.2; Aeduorum uectigalia paruo ~io redempta CAES.*Gal.*1.18.3; illa, quae tum formidine mercatus sum ~io SAL.*Hist.*1.55.18; HOR.*S.*1.2.122; agrum in quo ipse castra haberet uenisse nihil ob id deminuto ~io LIV.26.11.6; insulam uno ~io totam locasti LABEO *dig.*19.2.58; cum pleraque hoc ipso possint uideri uilia, quod ~ium habent QUINT.*Inst.*12.7.8; intentis alimentorum ~iis TAC.*Hist.*1.89; pulcherrimi agri ~ium PLIN.*Ep.*7.18.4; omnia Romae cum ~io JUV.3.184; SUET.*Gal.*15.1; non oportet eius loci ~ia spectari, in quo agatur POMPON.*dig.*19.1.3.4; ULP.*dig.*19.1.33;—(*w. gen. of commodity, etc.*) aequis rerum ~iis LIV.7.21.8; augent lacernarum ~ia PLIN.*Nat.*18.225; TAC.*Ann.*2.59; GAIUS *Inst.*4.167;—si et ex quo fit nauis, et qui faciunt, imperio tibi tuo non ~io praesto fuerunt CIC.*Ver.*5.47; ~iost illa (*sc.* tunica) redempta meo OV.*Ars* 2.172;—hoc (*sc. water*)..contra se ingeniosa luxuria redegit ad ~ium SEN.*Nat.* 4b.13.4;—indica, fac ~ium.— tua mers est, tua indicatiost PL.*Per.*586; alii ~ium faciunt in singula capita canum VAR.*R.*2.9.7; ~ium magnis fecit iaspidibus MART.9.59.20; (*cf.*) de quo homine praeconis uox praedicat et ~ium conficit CIC.*Quinct.*50. **b** uendat oleum, si ~ium habeat CATO *Agr.*2.7; annona..~ium nisi in calamitate fructuum non habet CIC.*Ver.*3.227;—(*w. gen. expr. the commodity*) nec tamen ista ~ia hortorum pertimueris *Att.*12.23.3; mirari succurrit, quae retulimus paenuria pro indiuiso possessa feris..in tanta deliciarum ~ia uenisse PLIN.*Nat.*17.1. **c** istoc ~io tuas nos facile feceris PL.*Poen.*1218; tali mors ~io uel sit emenda mihi PROP.3.16.22;—(*w. gen. of thing bought*) fuerit mihi eguisse aliquando ~ium tuae amicitiae SAL.*Jug.*110.3; coniugii obsceni ~ium Romana poposcit moenia PROP.3.11.31; capita hostium ~ia libertatis facta LIV.24.15.3; ~ium..uehendi cantat OV.*Fast.*2.115; (*cf.*) non cetera membra moratur in ~ium belli dare SIL.4.757; —(*w. defining gen.*) cum finis prouinciae tantos haberet..quantos ~io mei capitis periculoque emerat CIC.*Pis.*49; sciat ista iuuentus ceruicis ~io bene se mea signa secutam LUC.9.281.

7 Money given or received as remuneration, pay, fee.

si ~ium das, du⟨ces te⟩cum simul PL.*Vid.*30; conducta..~io a finitimis iuuentus dicebatur LIV.8.38.1; poena..Cinciae legis aduersum eos qui ~io causas orauissent TAC.*Ann.*13.42; ~ia..grammaticorum tanta mercedesque tam magnae SUET.*Gram.*3(p.102Re); DE ~IS..GLADIATORVM *CIL* 2.6278.46.

8 A monetary equivalent or compensation; compensation in respect of depreciation.

ut..cum sibimet ipse praedam aestimasset suam, decimae ~ium partis in publicum deferret LIV.5.23.10; ~io pro auro matronis persoluto 6.4.2; quia meae dumtaxat partis ~ia percepissem POMPON.*dig.*17.2.62;—~ia praeteritorum annorum singulorum deducunt octogesimas VITR.2.8.8.

9 A ransom.

nec mi aurum posco nec mi ~ium dederitis ENN.*Ann.*194; me raptum pugna ~ioue redemptum VERG.*A.*9.213; ~io rediturі estis..? LIV.22.60.16; septunces auri in singulos ~ium conuenit 23.19.15; captiuos..sine ~io restituit FLOR.*Epit.*1.13(1.18.15);—(*w. gen. of the person ransomed*) in captiuorum ~iis LIV.22.56.3; nullo mihi felicior uideor, quam quod Miltiadis ~ium fui SEN.*Con.*9.1.4.

10 Money given or received for dishonourable purposes, a bribe, 'money', 'gold'.

neque ~ium neque rem ullam intercessisse illa aut me indignam TER.*Ad.*349; isti ~ia maxima ob tacendum accipiunt GRACCH.*orat.*41; nobis non placet ~io aut praemio aut dolis pugnare QUAD.*hist.*41; *Rhet.Her.*3.6; uidetis ut..scribas accensumque ~io deleniat CIC.*Ver.*3.157; ne ~io quidem corrumpi iudex in eius modi causa potest *Caec.*72; ~io pollicitationibusque adducti *B.Afr.*40.5; Q. Catulus et C. Piso neque ~io neque gratia Ciceronem inpellere potuere SAL.*Cat.*49.1; fixit leges ~io atque refixit VERG.*A.*6.622; te..non..uendere uelle fidem, non tibi si ~ium Campania terra daretur TIB.1.9.33; carmine formosae, ~io capiuntur auarae [TIB.]3.1.7; Gallos ~io ingenti sollicitari LIV.10.21.2; instat amans hostis precibus ~ioque minisque OV.*Fast.*2.805; opibus merebor, ut fidem ~io obligem SEN.*Ag.* 286,287; corruptissimum quemque adulescentium ~io inlicere TAC.*Hist.*2.62; *Ann.*14.18; (*cf.*) fore..tutum iter et patens converso in ~ium deo HOR.*Carm.*3.16.8;—(*w. gen.*) aestimate harum omnium rerum ~ia CIC.*Ver.*5.23; bona..contacta ~iis regni mercandi LIV.4.15.8;—(*w.* pro) quod iste inuentus est qui..parentis ~ium pro sepultura liberum posceret CIC.*Ver.*1.7.

(prex ~ecis), *f.* [cf. Skt. *praśnā-* 'question', Ger. *fragen*; same root in POSCO, PROCVS] FORMS: commonest in pl.; nom. and gen. sg. attested only in grammarians.

1 (in general) An entreaty, prayer, supplication.

(*sg.*) nunc te oro per ~ecem PL.*Capt.*244; nil est ~eci loci relictum: iam perturbaui omnia TER.*An.*601; neque ui impelli neque ~ece quitus sum ACC.*trag.*661; si ~ece et obsecratione..supplici utemur CIC.*Inv.*1.22; nec uos..fallat blanda sordida lingua ~ece [TIB.]3.6.46; OV.*Ep.*7.3; PHAED.3.16.7;—(*pl.*) face..quod tecum ~ecibus pater orat ENN.*Ann.*20; perfice hoc ~ecibus pretio, ut haeream..apud Thaidem TER.*Eu.*1055; patriae ~eces repudiauit CIC.*Red. Sen.*12; omnibus te ~ecibus oro et obtestor *Att.*9.11A.3; CAES.*Civ.*2.4.3; si ~eces suae pro imperatore,..non ualuissent LIV.4.42.7; quorum ~eces lacrimaeque..misericordiam patribus..mouerunt 23.20.5; ~ecibus (*sc. of Pan*) spretis fugisse per auia nympham OV.*Met.*1.701; SEN.*Suas.*6.7; blandus..~ecum..Vlixes STAT.*Ach.*1.911; scripturum patri ut placatus legionum ~eces exciperet TAC.*Ann.*1.29; 2.30; APUL.*Met.*3.7; (*w. gen. expr. thing requested*) ~eces Proculeio mortis admotae PLIN.*Nat.*7.148.

2 (spec.) A prayer to a deity. **b** a curse, imprecation. **c** a prayer for another's well-being, good wishes.

(*pl.*) qui sunt qui a patrona (*i.e. Venus*) ~eces mea expetessunt? PL.*Rud.*259; Iane pater, te hac strue ommouenda bonas ~eces precor, uti sies..propitius *formula* in Cato *Agr.*134.2; nocturna sacrificia..sceleratasque eius ~eces..cognouimus CIC.*Clu.*194; di immortales meas ~eces audiuerunt *Pis.*43; *B.Alex.*15.8; Iuppiter omnipotens, ~ecibus si flecteris ullis,.. VERG.*A.*2.689; HOR.*Saec.*70; fruitur nunc alter amore, et ~ecibus felix utitur ille meis TIB.1.5.18; LIV.10.7.5; ille..capite uelato praeibat ~eces regi Iouem Mineruamque..propitianti CURT.4.13.15; STAT.*Theb.*3.660;—(*sg.*) non diuum pacem uotis adit ac ~ece quaesit uentorum pauidus paces..? LUCR.5.1229; Iunonis magnae primum ~ece numen adora VERG.*A.*3.437; HOR.*S.*2.6.13; ~ece adire deos PROP.3.21.18; in ~ece totus eram: caelestia numina sensi OV.*Fast.*6.251; PERS.2.3; (*w. gen. of deity invoked*) aura secunda uenit iam ~ece Pollucis, iam Castoris implorata CATUL.68.65. **b** (*pl.*) omnibus ~ecibus detestatus Ambiorigem..se exanimauit CAES.*Gal.*6.31.5; 'quid uis, insane, et quas res agis?' improbus urget iratis ~ecibus HOR.*S.*2.6.30; misit Thyesteas ~eces *Epod.*5.86; illum ego deuoueo..Ibin, qui se scit factis has meruisse ~eces OV.*Ib.*94;—(*sg.*) pater eicit urbe hostilique caput ~ece detestatur euntis *Met.*15.505. **c** damus alternas accipimusque ~eces OV.*Fast.*1.176.

prī, *conj.* [Apart from quot. only found in comp., e.g. *prior, primus, pridem*; cf. Gk. πρίν]

~..antiqui pro prae dixerunt PAUL.*Fest.*p.226M.

Priamēis ~idos, *f.* [Gk. Πριαμηΐς] A daughter of Priam, (in quots.) Cassandra.

uisa ~ide OV.*Am.*1.9.37; ~ida uiderat *Ars* 2.405.

Priamēius ~a ~um, *a.* [Gk. Πριαμήϊος] Of or belonging to Priam.

~a coniunx (*i.e. Hecuba*) OV.*Met.*13.404; ~us hospes (*i.e. Paris*) *Ars* 2.5; ~a uirgo..Cassandra VERG.*A.*2.403; sceptra..~a 7.252; ~us..heros (*i.e. Hector*) *Laus Pis.*174.

Priamidēs ~ae, *f.* [Gk. Πριαμίδης] A son of Priam.

~en Helenum VERG.*A.*3.295; 6.494; Dyspari ~e OV.*Ep.* 13.43; deploratos..recensent ~as *Met.*13.482; STAT.*Silv.* 4.4.105.

Priamus ~ī, *m.* [Gk. Πρίαμος] Priam, king of Troy; also, a grandson of the same name.

cum ueter occubuit ~us ENN.*Ann.*17; Alumento ~um..edidit ACC.*trag.*653[5]; CIC.*Tusc.*1.85; VERG.*A.*1.458; aetatem ~ique Nestorisque longam qui putat esse MART.6.70.12; JUV.10.258; HYG.*Fab.*89.4;—paruus..nomen aui referens ~us VERG.*A.*5.564.

priāpēus ~a ~um, *a.* PROS.: 2nd syll. app. shortened in quot. Of or belonging to Priapus; in quots. as the name of a metre.

uersus..~os MAUR.2768; uersum non dubium est fore quem dicunt ~um 2812.

Priāpiscus ~ī, *m.* [Gk. Πριάπισκος] (Dim. form of PRIAPVS.)

SIGNV⟨M L⟩IBERI ET ~I *CIL* 9.2197.

Priāpus ~ī, *m.* [Gk. Πρίαπος]

1 A god of procreation; esp. his image erected in gardens to keep off birds and thieves. **b** (transf.) a lecherous man.

fugiens obscena ~i OV.*Met.*9.347; ~i maenades JUV.6.316;—custodes..hortuli ~os BIB.*poet.*3; custos furum atque auium..seruet tutela ~i VERG.*G.*4.111; HOR.*S.*1.8.2; OV.*Fast.*1.415; (*cf., of a piece of confectionery*) repositorium..quod medium ~us a pistore factus tenebat PETR.60.4. **b** uerpus..~us ille CATUL.47.4; (*cf.*) illic Hippolytum pone, ~us erit OV.*Am.*2.4.32.

2 Any object of phallic shape.

(*a loaf*) nostrum potes esse ~um MART.14.70(69).1; (*a drinking-vessel*) uitreo bibit ille ~o JUV.2.95.

prīdem, *adv.* [PRI+-*dem*]

1 Some time ago, formerly, previously, already. **b** on some occasion in the past, once.

spectaui ego ~ comicos..sapienter dicta dicere PL.*Rud.* 1249; quod ad me ~ scripseras CIC.*Fam.*5.6.2; ~..tuas peruenit ad auris fama STAT.*Ach.*1.728; *Silv.*5.1.183; nec ideo iram eius leniuit, ~ inuisus TAC.*Ann.*1.12; ciuitatem Romanam ~ adsecuti 11.23;—(*w. negs.*) hoc ego mali non ~ inueni neque etiamdum scit pater TER.*Hau.*229; ciuitate non ita ~ dominatu regio liberata CIC.*Brut.*41; recens..naturast mundi neque ~ exordia cepit LUCR.5.331; quae..non ~ uenere in Italiam PLIN.*Nat.*15.47. **b** quin ipsi ~ tonsor unguis dempserat PL.*Aul.*312; idem me ~..facere atriensem uoluerat *Cas.*46; Ausonii ~ laris hospita Cyme STAT.*Silv.*5.3.168.

2 *quam pridem,* For how long? also, how long ago?

quam ~ non edisti? PL.*St.*318; quam ~ pater mihi et mater mortui essent TER.*Eu.*517;—quam ~ hoc nomen..in aduersaria rettulisti? CIC.*Q.Rosc.*8; quam ~ sibi hereditas uenisset docet *Ver.*1.126.

3 *iam pridem* (also written as one word), Long ago, well before now (then).

iam ~ equidem istuc ex te audiui PL.*Poen.*156; fuit occasio..iam ~ argentum ut daret *Ps.*285; TER.*Hec.*219; ad mortem te..duci..iam ~ oportebat CIC.*Catil.*1.2; de quo iam ~ ad te scripseram *Att.*7.1.1; quas (*sc.* litteras) tibi et iam ~ et saepe misissem *Fam.*6.6.1; LUCR.4.767; satis iam ~..luimus periuria VERG.*G.*1.501; nuper eam (*sc.* Iuctitiam) Caesar facto de marmore templo, iampridem posuit mentis in aede suae OV.*Pont.*3.6.26; TAC.*Hist.*5.14; uxor, quae iam ~ nomen uxoris cum fide perdiderat APUL.*Met.*10.25;—(*in reverse order*) scis nos ~ iam constituisse CIC.*Att.*16.15.5.

4 *iam pridem,* For a long time now; for a long time past.

frugi hominem iam ~ esse arbitror PL.*Cas.*283; iam ~..frigida non laui magi' lubenter *Mos.*157; quo cupiditatem..iam ~ intendit Antonius CIC.*Phil.*7.27; cupio equidem et iam ~ cupio Alexandream..uisere *Att.*2.5.1; iam ~ nobis caeli te regia..inuidet VERG.*G.*1.503; urges iam~ non tacta ligonibus arua HOR.*Ep.*1.14.27; PROP.2.21.17; ea quae iam ~ in nostra potestate sunt LIV.30.31.2; OV.*Pont.*3.4.54;—erat ei..iampridem apud me..pauxillum nummorum TER.*Ph.*37; cum seruos tuos, a te iam ~ ad bonorum caedem paratos..uenisse constabat CIC.*Dom.*6; qui uetando..pecuniam mitti iam ~ retrahebant LIV.30.20.2.

prīdiānum ~ī, *n.* [next] (mil.) An annual register, taken on 31 December, of the total strength of a unit.

~um coh(ortis) I Aug(ustae) *BGU* 2.696; ~um coh(ortis) ⟨I⟩ Hisp(anorum) *CPL* 112.24.

prīdiānus ~a ~um, *a.* [next+-ANVS] Of the day before.

~a balnea PLIN.*Nat.*28.248; ~a..ac semesa obsonia SUET.*Tib.*34.1; *Cal.*58.1; pluuiae ~ae APUL.*Met.*7.20; *poet.* 2.6(*Apol.*6).

prīdiē, *adv.* [PRI+DIES] FORMS: abbrev. *pr.* CIC.*Fam.*12.10.1; *prid. Att.*2.11.2. On the preceding day, the day before. **b** (w. *quam*); also, in the time preceding. **c** (w. acc.; esp. in dates). **d** (w. gen.).

ut cottidie ~ caueat ne faciat quod pigeat postridie PL.*St.*122; palos, quos ~ in tecto posueris, siccos dolato CATO *Agr.*37.3; ipse profectus ~ est CIC.*Mil.*27; uenit tabellarius cum tuis litteris ~ datis *Att.*13.19.1; NEP.*Dat.*8.3; LIV.22.4.4; uti ~ castus ab rebus uenereis..accedat COL.9.14.3; APUL.*Apol.*76. **b** (*w. ind.*) si hic ~ natus foret quam ille est PL.*Mil.*1083; hoc facito ~ quam uinum infundere uoles CATO *Agr.*113.1; ~ quam ego Athenas ueni Mytilenas profectus erat CIC.*Att.*5.11.6; *Amic.*12; quidquid ~ habuerunt quam in conloquium est uentum LIV.9.11.4; LARG.122;—(*w. subj.*) ~ quam ex urbe proficisceretur, contio fuit LIV.22.38.8; 23.31.10; V.MAX.7.8.6; SUET.*Dom.*11.1;—(*ellipt.*) haec est ~ data quam illa CIC.*Att.*3.8.2;—multa..fecit Antonius ~ quam tu illum relinqueres VELL.2.83.3; ~ quam ex testamento ad libertatem perueniret MARCEL.*dig.* 40.5.10.2. **c** nuntiabat..Philotimum Rhodum ~ eum diem uenisse CIC.*Att.*11.23.2; ~ natalem VELL.2.53.3; uxorem ~ sortitionem ductam SUET.*Tib.*35.2; ~ aequinoctium autumnale ULP.*dig.*43.20.1.34;—~ NON MAI *Act. Triumph.*10(*CIL* 1.p.44); epistula ~ Idus Nouembr. data CIC.*Att.*3.23.5; *Fam.*12.10.1; PLANC.*Fam.*10.23.3; (*treated as indecl. sb.*) usque ad prid. Nonas Maias CIC.*Att.*2.11.2. **d** ~ eius diei CIC.*Fam.*1.4.1; CAES.*Gal.*1.47.2; *Civ.*1.14.3; ~ insidiarum TAC.*Ann.*15.54.

Priēnē ~ēs, *f.* Also ~**a** ~ae. A coastal town in Ionia, opposite Miletus.

(Biantis) patriam ~am CIC.*Parad.*8; VITR.7.pr.12; MELA 1.87.

Priēnensis ~is ~e, *a.* Of or belonging to Priene.

(scamonium) ~e PLIN.*Nat.*26.60; (*masc. pl. as sb.*) V.MAX. 1.5.ext.1.

Priēneūs, *m. adj.* Of or belonging to Priene.

Menandri duo, unus ~eus, alter Heracleotes VAR.*R.*1.1.8; HYG.*Fab.*221.1.

prīmaeuus ~a ~um, *a.* [PRIMVS+AEVVM+-VS] Young, youthful.

optauit genitor ~i funera nati CATUL.64.401; ~us Helenor VERG.*A.*9.545; ~o corpore 10.345; ~a..manus V.FL.2.480; ~ae coniugis annos ingemit STAT.*Theb.*4.354;—(*masc. pl. as sb.*) ~ique senesque 3.196;—(*poet., of the flower of youth*) ~o flore iuuentus VERG.*A.*7.162; SEN.*Phaed.* 620; SIL.1.376;—(*of a tree*) ~am..platanum STAT.*Silv.* 2.3.39.

prīmānus ~a ~um, *a.* [PRIMVS+-ANVS] Of the first legion; (esp. masc. pl. as sb.) the troops of the first legion.

~us tribunus apud Catonem ⟨est, qui primae legioni tributum scribebat⟩ FEST.p.234M;—~i..aquilam abstulere TAC.*Hist.*2.43; 4.37; *Ann.*1.64; *CIL* 13.4139.

prīmārius ~a ~um, *a.* [PRIMVS+-ARIVS]

1 (of persons) Of the highest importance or station, leading.

~us uir PL.*Rud.*1073; feminae ~ae TER.*Ph.*971; uir ~us et homo honestissimus CIC.*Ver.*1.67; *Flac.*68; cum aliquo adulescente ~o SULP.RUF.*Fam.*4.5.3;—(*w. gen.*) qui duo egregii uiri alter equestris alter senatorii ordinis ~i fuerunt FRO.*Ant.*1.p.256(165N); populi ~um fuisse uirum CIC.*Fin.* 2.116;—(*cf., of the married state*) quin uos capitis condicionem ex pessuma ~am? PL.*St.*138; *Trin.*746.

2 Excelling (in a specified capacity), first-rate.

~um parasitum PL.*Mil.*667; ~um bellatorem PLIN.*Nat.* 7.140; Demosthenen..~um dicendi artificem APUL.*Apol.* 15; *Met.*2.28.

3 (of things) Most important, chief.

quod est huic disciplinae ~um studium APUL.*Met.*4.9; quid potissimum praefarer ~um 11.14.

prīmās ~ātis, *a.* [PRIMVS+-AS] Of the highest rank, noble.

patiatur proportio etiam Penas dici; ut optimas, ~as, Antias FEST.p.253M, apud ~atem feminam APUL.*Met.*7.19.

prīmātus ~ūs, *m.* [PRIMVS+-ATVS[1]] Supremacy, first place.

alii dant ~um bonis pratis VAR.*R.*1.7.10; omni ~u donauit (Patroclum, *i.e. an elephant*) PLIN.*Nat.*8.12; ~um mutauit Claudius Caesar 13.79; 24.165.

prīmē, *adv.* [PRIMVS+-E] In the highest degree, supremely.
Acontizomenos fabula est ~ proba NAEV.*com.*1; est ~ cata (ancilla) PL.*Mil.*794.

prīmigenius ~a ~um, *a.* [PRIMVS+-*gen-* (-GENVS)+-IVS] FORMS: *primogenia* (dial. dat. fem. sg.) *CIL* 1.60; *primogenio* (dat. masc. sg.) *CIL* 11.5954.

1 Earliest to be born, first-born.
FILIAE ~AE *CIL* 10.8264; (*app. as proper name*) PETR. 46.8;—(*as ep. of Fortune*) FORTVNA DIOVO FILEIA PRIMOGENIA *CIL* 1.60; Fortuna..sit..uel Respiciens..uel Fors.. uel ~a CIC.*Leg.*2.28; LIV.29.36.8; 43.13.5;—(*of Hercules*) *CIL* 6.30907; HERCOLI PRIMOGENIO SAC 11.5954; HYG.*Fab.* 30.1.

2 Original, primitive; (of words) serving as a base for derivatives. **b** (a title of the 15th and 22nd legions).
~a semina dedit natura VAR.*R.*1.40.2; de ~a pecuaria 2.2.2; ~i Phryges (*i.e. of all races*) APUL.*Met.*11.5; ~us sulcus PAUL.*Fest.*p.236M;—a singulis uerbis ~is circiter quingentae species declinationibus fiunt VAR.*L.*6.36. **b** C APPIO..PRINCIPI LEG XXII ~AE *CIL* 11.5273; 13.6959.

prīmigenus ~a ~um, *a.* [PRIMVS+-GENVS] Of origination or birth.
diem..~um maris LUCR.2.1106.

prīmipara ~ae, *f. adj.* [PRIMVS+-*par-* (PARIO)] That has given birth for the first time.
ex (cane) ~a genita PLIN.*Nat.*8.151; ~ae suis 11.210; 30.133.

prīmipīlāris ~is, *m.* Also **prīmo-.** [next+ -ARIS] The centurion commanding the first century of the first cohort, the senior centurion of the legion.
nec impune cessit ~i SEN.*Dial.*2.18.4; ~is LEG XII *CIL* 3.30; ~i seni QUINT.*Inst.*6.3.92; TAC.*Hist.*2.22; PLIN.*Ep. Tra.*10.87(19).1; SEPTIMIO SATVRNINO ~E *A.Epig.*40.44.6; SUET.*Cal.*21.

prīmipīlus ~ī, *m.* [PRIMVS+PILVS²] The senior centurion of a legion.
~o P. Sextio Baculo CAES.*Gal.*2.25.1; *Civ.*3.53.5.

prīmiter, *adv.* [PRIMVS+-TER²] First of all, originally.
uideo erepsti ~ de pannibus POMPON.*com.*70; *CIL* 3.75.

prīmitiae ~ārum, *f. pl.* [PRIMVS+-*tia* (-IA)]

1 The first-fruits (of agricultural produce, offered to a deity). **b** a first offering (of other things).
hic adoris dat ~as GAN.*poet.*1; ~as frugum..portantes LIV.26.11.9; OV.*Met.*8.274; *Fast.*2.520; MELA 3.37; antequam sacerdotes ~as libassent PLIN.*Nat.*18.8. **b** haec sunt spolia et de rege superbo ~ae VERG.*A.*11.16; OV.*Fast.* 3.730; tibi sacra fero doctique laboris ~as GERM.*Arat.*4; STAT.*Theb.*2.742; SIL.10.551; iniectae fundamentis..metallorum ~ae, nullis fornacibus uictae, sed ut gignuntur (*i.e. nuggets*) TAC.*Hist.*4.53.

2 (transf.) The beginnings, 'first-fruits'. **b** *a ~is*, from the beginning, thoroughly.
~ae iuuenis miserae bellique propinqui dura rudimenta VERG.*A.*11.156; ~as uitis resecare COL.4.10.2; iustae.. dolorum ~ae V.FL.3.516; ~as egomet lacrimarum..tuli STAT.*Theb.*6.146; infelix exeuntium omen miseraeque ~ae! QUINT.*Decl.*315(p.242,l.12); ~as quasdam et quasi libamenta ingenuarum artium dedimus GEL.pr.13; ~ae spectaculi APUL.*Met.*10.29. **b** simus..a ~ is hilares PETR.59.2.

prīmitīuus ~a ~um, *a.* [prec.+-IVVS] Early, first-formed.
his ~is floribus inlectae auide uescuntur (apes) COL. 9.13.2; ea res..~os annos fructum uinosum..facit *Arb.*23.1.

prīmitus, *adv.* [PRIMVS+-ITVS¹]

1 At first, to begin with.
cum..ficos..pretio ingenti dat ~ paucos LUCIL.199; ego ~ nesciebam ubi essem, deinde accessi PETR.62.8.

2 For the first time, originally.
pueris ~ incipientibus fari VAR.*L.*6.56; ~ cum exit uitis *R.*1.31.2; homines qui sint ex terra ~ nati CIC.*Rep.*1.40; fulmen detulit in terram mortalibus ignem ~ LUCR.5.1093; SUET.*Cl.*7.1; *Ciris* 490; GEL.1.18.1; MAUR.206.

prīmō, *adv.* [PRIMVS+-O²]

1 At first, originally, to begin with; (strengthened by *omnium*) first of all. **b** (followed by other temporal advs.).
aedis ~ ruere rebamur tuas PL.*Am.*1095; coepi adiorsari ~ TER.*Ph.*75; ut ~ constitueram CIC.*Flac.*50; Caesar ~.. proelio supersedere statuit CAES.*Gal.*2.8.1; audistis patricios ~ esse factos..qui patrem ciere possent LIV.10.8.10; TIB. 1.4.15; ira..~ fuerat tua iusta OV.*Pont.*2.3.61; hoc medicamentum ~ austere ⟨est⟩ LARG.57;—(*in spatial sense*) is (*sc.* sinus) ~ paruis urbibus aspersus est..gremio interiore campus Thebe MELA 1.91;—~ omnium incerti..referunt pedem LIV.25.37.13. **b** (deinde) ~ ante testudinem constitit; deinde aput consulem causam..praeferre coepit SIS.*hist.*52; tu (philosophia) eos (*sc.* homines) inter se ~ domiciliis, deinde coniugiis, tum litterarum et uocum communione iunxisti CIC.*Tusc.*5.5; LIV.21.46.4;—(dein) Milioniam oppugnare adortus ui ~..dein..opere ac uineis..cepit 10.34.1; TAC.*Hist.*4.28;—(inde) id oppidum Aurunci ~ possederunt, inde Achaei CATO *hist.*71; CAES.*Gal.*7.48.1; LIV.5.28.6;—(post, postea, *and sim.*) utrumque ~ adulescens, posterius dare rectius sese LUCIL.420; ~ deberi negauit, post sine controuersia soluit CIC.*Clu.*162; ~ recusauit. postea..seruum..ad supplicium dedidit 181; TIB. 1.4.55; PLIN.*Nat.*4.67;—(*w. other exprs.*) aiebat illum ~ sane diu multa contra, ad extremum autem manus dedisse CIC. *Att.*2.22.2; pugna, ~..par..tandem Romani.. LIV.22.47.4; ~..iuuabant: mox.. TAC.*Hist.*4.25.

2 For the first time, on the first occasion; (in temporal sequences) firstly.
~ ut dixeram..mendacium PL.*Bac.*957; cum ~ agere coepimus, lex non erat promulgata CIC.*Ver.*5.178; in quem ~ egressi sunt locum LIV.1.1.3; inde ~ conspectis hostium nauibus 22.19.7;—NEP.*Han.*6.1; ut ~ pugnatum ad Spei sit aequo Marte, iterum ad portam Collinam LIV.2.51.2; ~ inter promunturia Peloponensi atque Aetoliae, rursus circa montes Ceraunios SUET.*Aug.*17.3.

3 (w. *quam*, app. = PRIVS) Before.
dicemus ~ de temporibus quam quae per ea fiunt VAR.*L.* 6.3.

prīmogenius ~a ~um, *a.*: see PRIMIGENIVS.

prīmopīlāris ~is, *m.*: see PRIMIPILARIS.

prīmordium ~(i)ī, *n.* [PRIMVS+-*ordium* (cf. *exordium*, see ORDIOR] FORMS: tm. *ordia prima* LUCR.4.32.

1 (pl.) Beginnings, origin, source. **b** (sg.); *~io*, originally. **c** (relig., app.) entry or initiation to an office.
a Ioue Musarum ~ia CIC.*Arat.*1(*Leg.*2.7); arida..aestatis ..~ia Q.CIC.*poet.*4; rerum ~ia pandam LUCR.1.55; profugum Aenean, altae ~ia Romae OV.*Ars* 3.337; a ~iis belli CURT.9.6.17; inquietam a ~iis uitam SEN.*Dial.*10.6.1; ~ia ..mundi *Buc.Eins.*1.24; STAT.*Theb.*1.4; SIL.1.658; haec eloquentiae ~ia, haec penetralia TAC.*Dial.*12.2; ~ia eius (*sc.* urbis) aperire *Hist.*5.2; ad capienda imperii ~ia C. Caesar egrediebatur *Ann.*6.50. **b** quod ~ium capissam PAC.*trag.*50; in ~io pueruli VAR.in Non.p.308M; a ~io urbis LIV.pr.1; in operum suorum ~io stare CURT.9.2.11; ignis exitus mundi est, umor ~ium SEN.*Nat.*3.13.2; reor.. Magonem suorum scriptorum ~ium talibus auspicatum sententiis COL.1.1.18; cetera a ~io eadem PLIN.*Nat.*17.184; ne laeti excessu principis neu tristiores ~io TAC.*Ann.*1.7; *Hist.*3.34;—nomina, qualia fuere ~io ante ullas res gestas PLIN.*Nat.*3.2; 3.56. **c** IN ~IO SVO TAVROBOLIVM A SE FACTVM *CIL* 9.1540.

2 (pl.) The elementary stage or form, elements.
ut ~ia rerum et quasi praecurrentia CIC.*Part.*7; corpora sunt..partim ~ia rerum LUCR.1.483; 1.545; 2.396; chaos rerum ~ia quondam discreuit partu MAN.1.125; ~iis seminum COL.6.37.7; ueterum ~ia uocum PERS.6.3; illum terra uehit suaque in ~ia soluet STAT.*Theb.*9.301; quaedam dicendi ~ia QUINT.*Inst.*1.9.1; rudia ac uelut futurae mox artis ~ia 12.10.3; qui non ~ia populi Romani..sed florentissimum imperium lacessierit TAC.*Ann.*2.88.

prīmōris ~is ~e, *a.* [PRIMVS]

1 First in position, leading, nearest; also, the front or beginning of. **b** (of teeth) front; (of fingers) the first; (of the feet of quadrupeds) fore-. **c** (masc. pl. as sb., mil.) the leading men, front ranks.
ad ~em Pyrenaeum CATO *orat.*32; TEGVLAS ~ES..FERRO FIGITO *CIL* 1.698.2.7; sacrae uiae pars..quae est a foro eunti ~e cliuo VAR.*L.*5.47; numerus tertii consulatus non.. ~ibus litteris..significatus est GEL.10.1.9; partem domus ~em 16.5.2;—~i in acie TAC.*Hist.*3.21; in ~e libro GEL. 1.18.3. **b** ~es septimo mense gigni dentes PLIN.*Nat.*7.68; 11.161;—~e digito in erectum pollicem residente APUL. *Met.*4.28;—(equus) ~ibus in me pugillatur ungulis 7.16; 10.17. **c** processisse Latinum inter ~es LIV.1.1.7; 42.7.10; CURT.4.6.17.

2 *~is pars*, The extremity. **b** the extremity, tip, or surface of; *digiti ~es*, finger-tips (as a measure of length); *~ibus labris* or *labiis*, (fig.) superficially.
extollito..~em partem CATO *Agr.*51; cauda late fusa ~i parte PLIN.*Nat.*8.216; 16.49; SUET.*Tib.*33. **b** sic hoc digitulis duobus sumebas ~ibus? PL.*Bac.*675; deuoraui nomen..uorsabatur mihi in labris ~ibus (*i.e. on the tip of my tongue*) *Trin.*910; (surculum) ~em praeacuito oblicum CATO *Agr.*40.3; se gallus..⟨in⟩ digitos ~esque erigit unguis LUCIL.301; animam in naribus ~ibus uix pertuli AFRAN. *com.*384; cancri digitis ~ibus stare VAR.*Men.*42; tunicis.. prolixis..usque in ~es manus ac prope in digitos GEL. 6(7).12.1; pectoris ~em cutim APUL.*Apol.*51;—late digitos ~is IIII CATO *Agr.*21.2; 40.3;—quae isti..ne ~ibus quidem labris attigissent CIC.*de Orat.*1.87; *Cael.*28; leuiter et ~ibus ..labiis delibasse (*sc.* philosophiam) FRO.*Aur.*1.p.2(62N).

3 First in time, earliest. **b** (of aspect, impression).
imbribus ~ibus VAR.*R.*2.2.14; ~is uernos pastus 3.16.22; excisam ~i Marte Saguntum SIL.11.143; ~ibus annis 16.649; in ~i pueritia GEL.10.19.3. **b** sententia..~e aspectu nimis infamis GEL.2.7.6; lex..speciem habens ~em iniquae ..legis 2.12.

4 (of persons) Of high rank or position, leading. **b** (masc. pl. as sb.) the chief or leading men.
amicos utor ~is uiros TURP.*com.*164; ~es Argiuorum.. uiros CATUL.68.87; matronae ~es LIV.29.14.12; inter..~es ministros TAC.*Ann.*4.10; SUET.*Jul.*16.2. **b** ciuitatem dare plebi, ~es in patres legere LIV.1.28.7; 22.3.14;—(*w. gen.*) ~es procerum prouocauit ACC.*trag.*325; ~es populi arripuit HOR.*S.*2.1.69; ~es patrum LIV.2.44.4; a ~ibus ciuitatis spretus honor 4.8.7; ~es centurionum TAC.*Hist.* 3.13; ~es equestris ordinis SUET.*Aug.*100.4; de patria nostra et eius ~ibus..explorans APUL.*Met.*1.26.

5 Elementary, basic.
nec res ulla magis ~ibus ex elementis indupedita suis.. cohaeret LUCR.6.1009; inter ~es duos (uentos) GEL.2.22.18.

prīmulum, *adv.* [next] For the first time.
nunc ~ amasco NAEV.*com.*137; occeptat insanire ~ PL. *Men.*916; tunc dentes mihi cadebant ~ 1116; *Mil.*1004; fr.82; modo dolores..occipiunt ~ TER.*Ad.*289; paullatim plebem ~ facio meam 898.

prīmulus ~a ~um, *a.* [PRIMVS+-VLVS] First, earliest.
~o diluculo PL.*Am.*737; ~o crepusculo *Cas.*40; fr.104.

prīmum¹ ~ī, *n.* [PRIMVS]

1 The first part, beginning; (esp. in phrs.): *in ~o*, at the beginning; also, in front; *a ~o*, from the beginning, from the start. **b** (pl.).
~o ne medium..discrepet HOR.*Ars* 152;—quod in ~o dixeram SEN.*Nat.*5.14.1; habuimus..in ~o porcum PETR. 66.2; QUINT.*Inst.*7.9.10;—equites in ~o late..ire..iubet SAL.*Jug.*68.4; arma signaque..in ~o apparebant LIV. 10.41.6; dactylus in ~o positus MAUR.1742;—inprobiores sunt quam a ~o crediderim PL.*Mos.*824; consilium a ~o reprehendendum CIC.*Phil.*2.75; tuas..epistulas a ~o lego *Att.* 9.6.5; CELS.7.27.4; a ~o usque ad extremum SEN.*Ben.* 2.11.4. **b** ut ad ~a illa redeam CIC.*Att.*1.12.1; respondent extrema ~is *Fin.*5.83; quia ~a successerant prospere LIV. 44.31.6; MAUR.2781; (*w. part. gen.*) ~a rerum quieti speculabantur TAC.*Hist.*3.46;—(*advl. acc.*) ingenio fluxi, sed ~a feroces SIL.8.16.

2 The front line or position; (pl.) the front parts or edge (of).
in ~um infensis hastis prouolant LIV.2.46.7; 10.14.17; leuis armaturae partem ante uallum in ~o locauit 36.18.2; non ~a quam latera, non latera munitiora fuere quam terga CURT.4.13.32;—campum et ~a siluarum barbara acies tenuit TAC.*Ann.*2.16.

3 (pl.) First place, supremacy.
~a..sequentem honestum est in secundis tertiisque consistere CIC.*Orat.*4; non iam ~a peto..neque uincere certo VERG.*A.*5.194.

4 (pl.) The rudimentary stages; (phil.) elements; *~a naturae*, the primary impulses of nature.
ne glisceret ~a neglegendo bellum LIV.29.2.1;—aer..et ignis et aqua et terra ~a sunt CIC.*Ac.*1.26; ex illis sunt omnia ~is LUCR.1.61; 2.313;—eorum..quae sunt ~a naturae, propter se nihil est expetendum CIC.*Fin.*3.21; 3.30.

5 The major premiss (of a syllogism); (pl.) the premisses.
confirmabat..et ~um et secundum CIC.*Luc.*67;—consequentibus uestris sublatis ~a tolluntur *Fin.*4.55; *Tusc.*5.24.

6 The principal point, chief thing. **b** *in ~o*, especially; also, *in ~is*, see IMPRIMIS.
hoc sit ~um in praeceptis meis CIC.*de Orat.*2.90; otium atque diuitiae, quae ~a mortales putant SAL.*Cat.*36.4; SIL.14.170; (*w. part. gen.*) ~um ac potissimum omnium ratus..componere res LIV.26.40.1. **b** hominis in ~o in litteris latinis exercitati VAR.*L.*7.2.

7 (pl.) The flower or cream (of); *in ~is, inter ~a*, among the best.
ductores Danaum delecti, ~a uirorum LUCR.1.86;—fertur in ~is TER.*Eu.*429; inter ~a opere mirabili PLIN. *Nat.*3.67.

prīmum², *adv.* [prec.] ORTHOG.: *preimum* PL.*Epid.*600.

1 First (in a series), in the first place, as the first point or act. **b** (followed by other advs.). **c** (strengthened by *omnium*) first of all.
~ ad uirtutem ut redeatis NAEV.*com.*92; ~ quae ego sim ..dicam PL.*Trin.*6; fac cures..ut ores ~ ut maneat; si id non commodumst, ut redeat TER.*Eu.*502; ~ considerare soleo, postuletne causa CIC.*de Orat.*2.205; qui honos..mihi maximus uidetur, ~ quia iustus est *Phil.*5.41; quos..a se ~ numerare possunt 7.3; quaerenda pecunia ~ est; uirtus post nummos! HOR.*Ep.*1.1.53; id..~ dictator imperauerat LIV.6.3.7. **b** (*w.* deinde, dein) tracta singula in totum solum ~ ponito, deinde de mortario tracta linito CATO *Agr.* 76.4; ~..de decumano, deinde de empto dicemus frumento, postremo de aestimato CIC.*Ver.*3.12; CAES.*Civ.*3.108.1; ~ Elidem, dein Thebas uenit NEP.*Alc.*4.4; LIV.26.41.4; SEN. *Suas.*1.10;—(*w.* tum) locum stercorato ~..stercore caprino ..tum uortito bipalio CATO *Agr.*151.2; ~ uos docuit..tum ..in perorando posuit..deinde ipse ad extremum..obsecrauit CIC.*Red.Pop.*16;—(*w.* postea) ~ de ipsa contagione rerum respondeamus, reliqua postea persequemur *Fat.*7;—(*w. other advs.*) ~..est de honesto..tum..de utili, post de comparatione eorum disserendum *Off.*1.10; amnis Maeander ..Apamenam ~ peruagatur regionem, mox Eumeneticam PLIN.*Nat.*5.113. **c** omnium ~ iste qui sit Sosia, hoc dici uolo PL.*Am.*609; TER.*Hau.*274; ~ omnium opera danda est ..deinde.. CIC.*Ver.*2.28; LIV.1.1.1; 5.10.4; QUINT.*Inst.* 5.13.6.

2 First in order of preference, best, above all.
~..id ego euenisset uellem PL.*Poen.*1251; ~ ab dis immortalibus..opto CIC.*Ver.*50; si quaeris quid optem, ~ Scapulae, deinde Clodiae *Att.*12.41.3; tu ~ ualetudinem tuam uelim cures *Fam.*14.7.3; optare ~ ut procul..bellum ..gerant LIV.29.23.9.

3 For the first time, first.
quasi qui nunc ~ recipias te domum PL.*Am.*684; TER. *Ad.*884; tum ~ ex plebe alter consul factus est FAB.PICT. *hist.*6; ANTE QVAM ~ CAVSSA D⟨ICETVR⟩ *CIL* 1.583.36; tum cum ~ a me reus factus sit CIC.*Ver.*5; quo die ~ conuocati sumus *Phil.*5.30; ~ Graius homo..tollere..est oculos ausus LUCR.1.66; hinc ~ Fortuna fidem mutata nouauit VERG.*A.* 5.604; PLIN.*Nat.*25.5; STAT.*Theb.*11.394; TAC.*Ann.*2.27.

4 *ut ~, ubi ~, cum ~*, and sim., As soon as;

(sim., w. pres. pple.). **b** *quam* ~ (w. *posse*), as soon as; (without *posse*) as soon as possible.

ut ~..indalbabat ENN.*Ann.*212; illam ut ~ uidi PL. *Epid.*600; ut ~ potuit CIC.*Ver.*2.48; LIV.22.26.1; ut ~.. Romulus..conpleuit moenia..usque ad Thessalicas..ruinas LUC.7.437; PLIN.*Nat.*28.21;—ubi ~ terram tetigimus PL. *Am.*204; ubi ~ magistratum ingressus est SAL.*Jug.*43.2; LIV. 10.35.4; FRO.*Ver.*2.p.234(138N);—tu uelim cum ~ poteris tua consilia ad me scribas CIC.*Att.*5.10.5; LIV.21.1.4; cum ~ uisum fuerit LARG.62; 64;—simul ~ magistratu abiit LIV.6.1.6;—ibi ~ e naui egrediens clamorem militum audit CAES.*Civ.*3.106.4. **b** ut quam ~ possis redeas PL.*Capt.* 448; *Per.*51; uxorem quam ~ potest abduce *Truc.*847;—facite..ut redeat..quam ~ senex *Mos.*78; fac quam ~ haec audiat TER.*Eu.*1042; quam ~ arma sumite! *Inc.trag.* 35; de lacu quam ~ uinum in dolia indito CATO *Agr.*113.1; ut equitatum..quam ~ mitterent CIC.*Catil.*3.9; litteras mitte quam ~ *Att.*6.3.10; CAES.*Gal.*7.11.3; ut quam ~, id est, si potest fieri, eodem die fingantur collyria LARG.22.

5 At the beginning, at first, originally.

uostra nutrix ~ (*s.v.l.*) me cognouit PL.*Poen.*1265; ~ (*s.v.l.*) existimabam..ciuitatem Syracusanam..esse isti amicam CIC.*Ver.*4.136; iam ~ adulescens Catilina multa.. stupra fecerat SAL.*Cat.*15.1; unde ~..profectus erat LIV. 28.8.13; Partheniam ~ appellatam Aristoteles tradit, postea Dryusam PLIN.*Nat.*5.135; nobis quoque paucae (litterae) ~ fuere, deinde additae sunt TAC.*Ann.*11.14.

prīmumdum, *adv.* [PRIMVM[2]+DVM] In the first place.

~ infitias ire coepit PL.*Bac.*259; ~ parentes fabri liberum sunt *Mos.*120; omnium ~ aedes iam fac occlusae sient 400; *Rud.*32; *Truc.*384.

prīmus ~a ~um, ***a.*** Superl. to PRIOR. [**prismo-* (cf. Paelignian *prismu* '*prima*'); see PRI] ORTHOG.: *preimus Elog.*41(*CIL* 1. p.202), *CIL* 1.589.1.29(71 B.C.), *BMCR* 1.p. 496,No.3940(coin of *c.* 50 B.C.).

1 Furthest in front, foremost, leading; *~i pedes*, the fore-feet; *~i dentes*, the front teeth. **b** (emphasizing *frons*); *~a fronte*, *~a facie*, outwardly, at a superficial glance (in quots., transf.). **c** the front part of.

~a incedit..Proserpina NAEV.*poet.*29(31); i ~us: praegredi! NOV.*com.*92; cum..~ae..turmae insidias intrauissent CAES.*Civ.*3.38.3; uexillo sublato..quae ~ae naues subsequebantur idem ut facerent significabat *B.Alex.*45.3; ~os et extremos cum expeditis manipulis tribunos locauerat SAL.*Jug.*100.2; ~us abit longeque ante omnia corpora Nisus emicat VERG.*A.*5.318; hanc iustam legionem..in ~a acie locat LIV.28.2.4; ante ~a signa peditum 29.2.14; digito tanguntur oua, quae sunt in ~a parte locorum genitalium COL.8.14.5; syllaba, quae est breuis, insequente alia..quae.. duas ~as consonantes habeat, fit longa QUINT.*Inst.*9.4.85; —(*masc. as sb.*) ~is..deiectis reliqui se uerterunt CAES.*Civ.* 3.51.2; ipse inter ~os praestanti corpore Turnus uertitur arma tenens VERG.*A.*7.783; LIV.23.18.4; STAT.*Theb.*2.225; —e terra corpus releuare uolentem arcuit inque pedes mutauit bracchia ~os OV.*Met.*9.319;—ut deprehensus intus denarius ~os dentes inflecteret PLIN.*Nat.*19.35. **b** magis in promptu ~aque in fronte locata LUCR.1.879; quilibet argentum ~a de fronte tabernae tollat *Nux* 139; decipit frons ~a multos PHAED.4.2.6;—fronte quod ~a uideri forsitan mirum potest MAUR.384; ~a fronte aequius uidetur CELS.*dig.*22.3.12;—colores ~a facie duros et asperos SEN. *Con.*10.pr.15; ~a facie..alienam, re uera..suam obligationem GAIUS *dig.*16.1.13. **c** si ante lucem x ire occipias a meo ~o nomine, concubium sit noctis prius quam ad postremum perueneris PL.*Trin.*885; ~a leo, postrema draco, media ipsa, Chimaera LUCR.5.905; focus..in ~is aedibus ante fuit OV.*Fast.*6.302; haec..~a pendet..anxia puppe LUC.8.590; ranis ~a (lingua) cohaeret, intima absoluta a gutture PLIN.*Nat.*11.173; sub pectore ~o (*sc. of a horse*) iactantur..monilia STAT.*Theb.*9.688; GEL.12.1.4.

2 Furthest out (as the part first encountered), uttermost, extreme. **b** the furthest point or extremity of.

iamque Peloriaden Lilybaeaque iamque Pachynon lustrarat, terrae cornua ~a suae OV.*Fast.*4.480. **b** Auis ad summam caudam ~asque recedit pinnas CIC.*Arat.*629(383); ~um digitum dare appetenti CATUL.2.3; uix ~as extollens gurgite palmas PROP.2.26.11; potes..cancellis ~os inseruisse pedes OV.*Am.*3.2.64; non ~is robora ripis inposuit, medios pontem distendit in agros LUC.4.139; ~is supplex dedit oscula palmis (*i.e. her finger-tips*) V.FL.8.44.

3 First in order of time, earliest. **b** the first stage or earliest part of (a period, process). **c** (of persons) earliest in respect of some action, etc.

~os ficos LUCIL.198; quaestura istius demonstrata ~ique magistratus..scelere perspecto CIC.*Ver.*1.43; ~um tempus aetatis *Red.Sen.*11; quamquam..~a praesidia utiliora rei publicae sunt, tamen extrema sunt gratiora *Phil.*13.44; adfui ~is temporibus tui consulatus *Fam.*4.3.1; te..reuiset cum Zephyris et hirundine ~a HOR.*Ep.*1.7.13; per autumnum percussis frigore ~o..foliis OV.*Tr.*3.8.29; Neoclides..Argolica ~am sensit in urbe fugam *Pont.*1.3.70; abstinentia ~i temporis necessaria est, donec inflammatio finiatur CELS.8.6.2; te, consul depulsis ~e tyrannis Brute LUC.6.791; ad podagram..bene facit ~is diebus herba urceolaris LARG.158; ~us post bella sopor STAT.*Theb.*12.7; nondum ~a uerba exprimit (*sc. a child*), iam coccum intellegit QUINT.*Inst.*1.2.6; cum..nescierint ~i gladios extendere fabri JUV.15.168;—(*of objects implying an activity*) oleo quod ~a Venafri pressit cella (*i.e. the first pressing*) HOR.*S.*2.8.45; ~a falce (*i.e. at the first pruning*) PLIN.*Nat.*17.207; ~as tunc passus habenas..equus STAT.*Theb.*9.684;—(*transf. ep.*) Sol ..~os a carcere concitat axes SEN.*Apoc.*4.1. **b** si media nox est siue est ~a uespera PL.*Cur.*4; uere ~o serito CATO *Agr.*48.1; qui ~o mane surgit VAR.*L.*9.73; Musas, quae me.. iam a ~a adulescentia delectarunt CIC.*Fam.*1.9.23; Neruius ..qui a ~a obsidione ad Ciceronem perfugerat CAES.*Gal.* 5.45.2; ~a nocte domum claude HOR.*Carm.*3.7.29; luce ~a extra portam Collinam adesse LIV.4.22.1; ~is..tenebris 8.19.9; te uidi..illa fuit mentis ~a ruina meae OV.*Ep.*12.32; ~o..extinguor in aeuo *Met.*3.47; sopita ~o quae nil somno senserat PHAED.3.10.31; flumina uere et ~a aestate intumescunt SEN.*Nat.*4a.2.19; uilicum..praeponi conuenit aetatis nec ~ae nec ultimae COL.11.1.3. **c** (*w.* ad) qui ad opem ferendam ~us erat VELL.2.121.2; quin potius, ut nouissimi in culpam, ita ~i ad paenitentiam sumus? TAC.*Ann.*1.28;—(*w. gen. of gdve.*) Latiaris..luendae poenae ~us fuit 6.4.

4 (pred.) As the first person, etc., to do or experience something. **b** as the first person, etc., to be dealt with.

ante lucem ad aedem Veneris uenimus, ~ae ut inferremus ignem in aram PL.*Poen.*318; ut illum di perdant ~us qui horas repperit..! fr.21; ~us cubitu surgat, postremus cubitum eat CATO *Agr.*5.5; qui ~us Homeri libros confusos antea ..disposuisse dicitur CIC.*de Orat.*3.137; qui esset in consilio et ~us sententiam diceret *Ver.*1.73; leonem..~us aut in primis ferire SAL.*Jug.*6.1; filia ~a.., tum cetera circum turba furit VERG.*A.*12.605; PROP.1.1.1; L. Sextius ~us de plebe consul est factus LIV.10.8.8; miseros prudentia ~a relinquit OV.*Pont.*4.12.47; VELL.2.85.3; LUC.1.254; Messala ~us 'reatum', 'munerarium' Augustus ~us dixerunt QUINT. *Inst.*8.3.34; JUV.6.408;—(*in oblique cases*) coniciam in collum pallium, ~o ex med hanc rem ut audiat PL.*Capt.*779; mulieres..ea tenent semper, quae ~a didicerunt CIC.*de Orat.* 3.45; me ~am absumite ferro VERG.*A.*9.494; Italia uota pro salute eius ~i omnium ciuium suscepit VELL.2.48.2; ~is genitis in quoque partu PLIN.*Nat.*11.235; STAT.*Theb.*3.512. **b** ~i traditi obsides..tunc a consulibus abire lictores iussi LIV.9.5.12.

5 (of actions, etc., usu. in advl. phrs.) The first, the — at the moment of its inception.

fecerat hoc egregie ~o aduentu Metellus CIC.*Ver.*2.63; hanc ~o aspectu uoluptatem cepi *Att.*7.3.1; eum..~o uento nauigaturum 9.13.1; ea, quae proficiscuntur a uirtute, susceptione ~a, non perfectione recta sunt iudicanda *Fin.* 3.32; quod..nostros ~o congressu terga uertere coegissent CAES.*Civ.*1.47.2; utinam ~is animam me ponere cunis iussisset quaeuis de Tribus una Soror! PROP.2.13.43; urbem ~o impetu capit LIV.1.10.5; ~o statim conspectu contempta paucitas 22.28.9; qui ~am uim depulerant, obsidione coguntur TAC.*Ann.*14.24; Circeis nata forent an Lucrinum ad saxum..ostrea callebat ~o deprendere morsu JUV.4.142.

6 (poet.) Belonging to the rising sun, eastern.

miles..ausus Eois equitare campis figere et mundo tua signa ~o SEN.*Oed.*116; occiduas ~asque domos STAT.*Silv.* 1.4.73; sub axe ~o 4.3.107.

7 From which all else is derived, primary, fundamental. **b** (of principles) essential to a fuller understanding of an art, etc., elementary.

si solida ac sine inani corpora ~a sunt ita uti docui LUCR. 1.538;—(*transf. ep.*) nidor..penetrat qua fucus non it in artus, fucus item sorsum, sorsum sapor insinuatur sensibus; ut noscas ~is differre figuris 2.685. **b** ~as..magistris accepere artes, elementa aetatis, ab isdem OV.*Met.*9.718; quisquis ~as litteras didicit SEN.*Nat.*6.23.4; ~a rhetorices rudimenta QUINT.*Inst.*2.5.1.

8 That is in its early stages, young, nascent, etc.

cum prorepserunt ~is animalia terris HOR.*S.*1.3.99; sicco ~as inritat cortice flammas OV.*Fast.*2.649; saepe Ceres ~is dominum fallebat in herbis 4.645; quibus integra sunt et ~a consilia SEN.*Ep.*19.3; niues..~as (*i.e. newly fallen*) MART.5.37.6; ad haec commodanda manus est, idque dum erit ~a..actio. at ubi eam calor concitauerit.. QUINT.*Inst.* 11.3.110; dum noua canities, dum ~a et recta senectus JUV.3.26;—(*of the moon*) cum ad perpendiculum ea (*sc.* luna) sit ad eius (*sc. the sun*) radios,..eam uocari ~am VITR.9.2.1; ~ae..cornua Phoebes V.FL.4.361.

9 (as ordinal) Preceding all others in a series, first. **b** the first part of (a literary work, etc.). **c** (in the designation of mil. ranks, see ORDO, PILVS[2], PRINCEPS[2]).

hau potui etiam in ~o uerbo perspicere sapientiam PL. *Per.*552; a ~um est, hinc incipiam LUCIL.351; possessiones hereditatum..a ~is heredibus ad secundos..transtulisse CIC.*Ver.*3.16; Scamander ~a actione condemnatus est *Clu.* 55; adgrediar iam ad singulas ciuitates; ex quibus sit sane nobis ~a ciuitas Acmonensis *Flac.*34; ἀκροστιχία..cum deinceps ex ~is ~i cuiusque uersus litteris aliquid connectitur *Div.*2.111; (ramo) ~o auulso non deficit alter VERG.*A.*6.143; censores uicesimi sexti a ~is censoribus LIV.10.47.2; aes in publicum conferunt, tanto certamine iniecto ut ~a..nomina sua uellent in publicis tabulis esse 26.36.11; pagina ~a OV.*Tr.*2.304; solet..euenire..a ~o die protinus (*i.e. the day of birth*) CELS.7.8.1; ille (*sc.* deus) est ~a omnium causa, ex qua ceterae pendent SEN.*Ben.*4.7.2; ~us hic labor est, non haerere in occursu QUINT.*Inst.*11.2. 18; ~um secundum ac tertium Ahenobarborum Lucios.. accepimus SUET.*Nero* 1.2; is 'affatim'..~a (*sc.* syllaba) acuta, non media, pronuntiabat GEL.6(7).7.2; epitritos..~us MAUR.2406;—(*of the hour of day*) si te..~am somnus in horam delectat HOR.*Ep.*1.17.6; MART.4.8.1; (*w. ellipsis of* hora) nunc me ~a sibi, nunc sibi quinta rapit 10.70.8; —(*w. ref. to final position in a race, cf. sense 1*) qui (*sc. a charioteer*) uix e carceribus exierit, cum palmam iam ~us acceperit CIC.*Brut.*173. **b** in Graeca adulescens est qui lenoni eripit meretricem in ~a fabula TER.*Ad.*9; alterum (genus)..in ~a arte tradenda nominant CIC.*de Orat.*3.110.

10 (w. ref. to space) First to be reached as one proceeds, i.e. nearest. **b** the nearest part of, the entrance, threshold, or sim., of.

foramina longa P. III S..ab solo foramen ~um P. I S CATO *Agr.*18.2; nationes a ~a ora Graeciae usque ad Aegyptum.. tenentur CIC.*Phil.*10.10; hi sunt extra prouinciam trans Rhodanum ~i CAES.*Gal.*1.10.5; oppidum ~um Thessaliae uenientibus ab Epiro *Civ.*3.80.1; ~a Asiae Bithynia est SAL.*Hist.*3.70; ad ~os fines regni legatis obuiam progressus LIV.31.19.5; PLIN.*Nat.*5.43; (*in fig. phr.*) dum modo hunc ~a uia inducamus uera ut esse credat PL.*Mil.*253;—(*emphasizing* limen *and sim.*) si te..non modo limine tectoque aedium tuarum sed ~o aditu uestibuloque prohibuerint CIC.*Caec.*35; uestibulum ante ipsum ~oque in limine Pyrrhus exsultat VERG.*A.*2.469; MART.6.80.4. **b** te in ~a prouincia uelle esse, ut quam primum decederes CIC. *Fam.*3.6.2; ~am modo Iapydiam ingressus SAL.*Hist.*2.40; bella cient ~aque uetant consistere terra VERG.*A.*1.541; ter in ~o destitit ore sonus OV.*Ep.*4.8; sanguine litus undaque ~a rubet *Met.*11.375; horreat Aeneadas et ~us et ultimus orbis *Fast.*1.717; in ~o uado GEL.6(7).8.7.

11 (w. ref. to time): **a** (of a date) First after the time of writing, etc., i.e. next. **b** *~o quoque tempore* (*die*), at the earliest possible opportunity.

a QVEI..DE EA RE ANTE EIDVS MARTIAS ~AS IN IOVS ADIERIT *CIL* 1.585.17; 1.587.1.7; CIC.*Phil.*8.33; LIV. 23.32.14. **b** hominum eius modi..intolerandam potentiam ~o quoque tempore exstinguere..debetis CIC.*S.Rosc.* 36; *Att.*8.6.2; bellum ~o quoque tempore conficiam *B.Hisp.* 26.5; Miltiades..nitebatur, ut ~o quoque tempore castra fierent: id si factum esset..ciuibus animum accessurum NEP.*Milt.*4.5; ut dictator ~o quoque tempore auxilium Sutrinis ferret LIV.6.3.2; CELS.8.12.2;—EI ~O QVOQVE DIE QVAESTOREM SOLVERE IVBETO *CIL* 1.583.64; CIC.*Phil.*8.33; (*cf.*) ut exercitui diem ~am quamque diceret ad conueniendum LIV.42.48.4.

12 *~us quisque* (*quisquis*), (in an indefinite series) Each as it comes to the fore, i.e. each in turn.

ut..~a quaeque pars, ut exposita est in partitione, sic ordine transigatur et omnibus explicatis peroratum sit CIC.*Inv.*1.33; huc si perueneris me tibi ~um quidque concedente *Luc.*49; ~um quemque necessest occupet ille locum, deinde omnia possideantur LUCR.1.389; uersabat se ad omnes cogitationes aliud atque aliud—ita ut fieri solet, ubi ~a quaeque damnamus—subiciente animo CURT.6.6.27; —solem lunam stellasque putandumst..~um quicquid flammarum perdere semper LUCR.5.304;—(*cf.*) ut quaeque ~a legio uenerat in nauis longas imponebatur *B.Afr.*2.1; legit (*i.e. as senators*) qui..curulem magistratum cepissent.., ut quisque eorum ~us creatus erat LIV.23.23.5.

13 (of things) Of the best or highest quality, first class, prime.

apriculum piscem scito ~um esse Tarenti ENN.*var.*38; praedium quod ~um siet CATO *Agr.*1.7; agrum, quem omni fertilitate terrae satis constabat ~um in Italia esse LIV. 26.16.7; id..ex ~is medicamentis est CELS.5.28.12.K; quaedam..~a bona sunt SEN.*Ep.*66.5; auium (stercus) ~um habetur, quod ex columbariis egeritur, deinde.. COL.2.14.1; olea, quae ~a omnium arborum est 5.8.1; Atticarum ~a mella cerarum MART.5.37.10; rostri ~a duritia APUL.*Fl.*12.

14 (of persons) Most notable or distinguished. **b** (masc. or fem. as sb.); (spec.) *~i*, leading citizens.

sum apud te ~us TER.*Eu.*90; in ciuitate ~us erat *Rhet. Her.*4.19; in secunda arte ~us CIC.*Brut.*151; homines nobilissimi ~ique *Ver.*2.11; ~o contendis Homero PROP. 1.7.3; ~um ipsum bellatorem LIV.9.1.2; STAT.*Ach.*1.14; (*cf.*) dilectos inter pars ~a sodales OV.*Tr.*4.5.1;—(*w. abl.*) ~um hominem genere, uirtute, pecunia CIC.*Ver.*4.50; ~us sceptris..Latinus VERG.*A.*11.238;—(*w. gen.*) qui esse ~os se omnium rerum uolunt TER.*Eu.*248; in numero quorum nunc ~us Trebellius multost Lucius LUCIL.493; ~a Papiria Tusculidarum 1259; Pompei, meorum ~e sodalium HOR. *Carm.*2.7.5; LIV.10.21.15; Crassus orator fuit in ~is nominis Romani PLIN.*Nat.*17.2. **b** ~i Poenorum VERG. *A.*4.133; ~is iuuenum 7.468; me ~is Vrbis..placuisse HOR. *Ep.*1.20.23; (*fem.*) uirginum ~ae *Carm.*4.6.31;—euocat ad se Centuripinorum magistratus et decem ~os CIC.*Ver.*2.162; CAES.*Gal.*2.3.1; *Civ.*1.35.1; STAT.*Theb.*6.126; pater ei in equestri gradu clarus..mater e ~is PLIN.*Ep.*2.13.4.

15 Of first importance, chief, principal. **b** *~ae partes*, the leading role (in the theatre); (transf.) *~ae* alone, the chief position, supremacy (in other spheres). **c** *cum ~is*, first of all, chiefly, (w. adjs.) pre-eminently, in the highest degree: see CVM[1] sense 6e.

suauia in praesentia quae essent ~a habere TER.*Hau.*963; LUCIL.1337; duo ~a genera quaestionum CIC.*de Orat.*2.41; illa ~a et summa habemus *Off.*3.101; sibi semper ~am fuisse dignitatem uitaque potiorem CAES.*Civ.*1.9.2; ~am.. religionis curam habuere LIV.29.21.4; iam mihi ~a deast.. Delia: iudicium subsequor ipsa tuum OV.*Ep.*4.39; haec sunt a ~is proxima uota meis *Tr.*5.8.38; ~a atque praecipua opinionum circa hoc differentia QUINT.*Inst.*2.15.1; hanc ~am et praecipuam causam arbitror TAC.*Dial.*32.5. **b** quia ~as partis qui aget is erit Phormio TER.*Ph.*27; quis.. comoediam scripsit in qua seruus ~arum partium non Lydus esset? CIC.*Flac.*65;—huic ~as dedisse Demosthenes dicitur *de Orat.*3.213; ~as in causis agebat Hortensius *Brut.*308; *Att.*1.17.5; cultus..prati, cui ueteres Romani ~as in agricolatione tribuerunt COL.2.16.1; eloquentiae ~as nemo tulit TAC.*Ann.*14.21.

16 (as prop. name) esp. M. Antonius Primus, a leading supporter of Vespasian.

PONTIA ~A HEIC EST SITA *CIL* 1.1368; P QVINCTIO ~O 6.10046; (*as a token name*) si ~us heres non erit, Secundus heres esto ULP.*dig.*37.11.2.5;—MART.10.23.2; TAC.*Hist.*2.86; *Ann.*14.40; SUET.*Vit.*18.

princeps[1] ~ipis, *a.* [PRIMVS+-CEPS[1]] FORMS: *~ipi* (abl., cj.) PL.*Mos.*237.

1 First in time, earliest.

in huius concinnitatis consectatione Gorgiam fuisse ~ipem accepimus CIC.*Orat.*165; mea uox quae debet esse in re publica ~eps *Catil.*4.19; cenam..celebrandae lucis annuae, quam ~ipem sibi uitae habuerat GEL.19.9.1;—(*w.* ad) ~eps ad cohortandos uos..fuit Cn. Pompeius CIC.*Red.Pop.*16;

*Arch.*1; ad omnia pericula ~eps esse Planc.*Fam.*10.17.2;—(*w. advl. force*) qui amans egens ingressus est ~eps in Amoris uias Pl.*Per.*1; id. . ~eps Isocrates instituisse fertur Cic. *de Orat.*3.173; ~eps rogatus sententiam L. Cotta dixit. . *Sest.*73; qua (consuetudine) ~eps usus est Aristoteles, deinde eum qui secuti sunt *Tusc.*2.9; qui ~eps uitae rationem inuenit Lucr.5.9; ut ~ipes talem nuntium attulisse. . uiderentur Caes.*Civ.*1.53.2; dicar. . ~eps Aeolium carmen ad Italos deduxisse modos Hor.*Carm.*3.30.13; Stat.*Theb.* 12.664; quod hi ~ipes mare tutum a praedonibus praestitissent Amp.2.3; (*w. gen.*) omnium nationum exterarum ~eps Sicilia se ad amicitiam. . populi Romani adplicauit Cic.*Ver.* 2.2; Plin.*Nat.*18.201.

2 Taking the front position, leading, first.
ecum concitatum ~eps ad hostium permittit aciem Sis. *hist.*32; ut quisque in fuga postremus, ita in periculo ~eps erat Cic.*Ver.*5.90; ~eps. . aduenit Chiron Catul.64.278; equitibus. . qui in agmine ~ipes facti erant Sal.*Jug.*50.2; ~eps Labienus procedit Caes.*Civ.*3.13.3; ~eps turmas inducit Asilas Verg.*A.*11.620; Liv.1.26.2; satellitum turba, quorum ~eps Meleager ibat Curt.10.7.17; Tac.*Ann.*2.7; (*in fig. phr.*) eas (*sc.* uirtutes) excita. . iam tibi aderit ~eps fortitudo Cic.*Tusc.*3.36.

3 a First in numerical series. **b** first in order of logical precedence, most necessary.
a Oppius mons ~eps. . Oppius mons terticeps. . *in* Var.*L.*5.50; ~ipem mensem Romani anni (*sc.* Ianuarium) Col.11.2.3; idem dies accepti quondam imperii ~eps et uitae supremus Tac.*Ann.*1.9; litteris ~ipibus dictionum singula nomina aut uerba conprehendimus Scaur.gram.in *G.L.*7.23. **b** inuentio, quae ~eps est omnium partium Cic.*Inv.*1.9; si. . comparatio fiat. . ~ipes sint patria et parentes. ., proximi liberi *Off.*1.58; (*w.* ad) amor. . ~eps est ad beniuolentiam coniungendam *Amic.*26.

4 Earliest existing, original.
earum. . qualitatum sunt aliae ~ipes aliae ex his ortae Cic. *Ac.*1.26; fertur Prometheus addere ~ipi limo. . particulam undique desectam Hor.*Carm.*1.16.13; ~eps Natura Stat. *Theb.*11.466; 'saltem' particula quam haberet ~ipem significationem. . quaerebamus Gel.12.14.1.

5 First in authority, dignity, or reputation, most distinguished, leading, chief. **b** (of things) most notable or honourable, chief; *~eps locus*, the chief position.
quispiam ~eps senex *Inc.trag.*257; personam ~ipis ciuis. . tuebatur Cic.*Brut.*80; ~ipem senatorem, ciuem singularem *Phil.*2.15; illi ~ipi deo *Rep.*6.13; ~ipibus placuisse uiris non ultima laus est Hor.*Ep.*1.17.35; Plin.*Nat.*8.119; corrumpere cubicula ~ipum feminarum Tac.*Ann.*13.42;—(*w. gen.*) delegit uiros primorum ~ipes Pl.*Am.*204; quoniam Graecorum oratorum praestantissimi sint ei qui fuerint Athenis, eorum autem ~eps facile Demosthenes Cic.*Opt. Gen.*13; ciuitas omnium ~eps *Mur.*30; L. Castronius Paetus, longe ~eps municipi Lucensis *Fam.*13.13; is longe ~eps Latini nominis erat Liv.1.49.9;—(*w.* in+*abl.*) nec habitus est. . Catulus ~eps in numero patronorum Cic.*Brut.*134; hanc familiam in hac urbe ~ipem uoluit esse *Scaur.*17;—(*w. abl.*) longe. . et suauitate et grauitate ~eps Plato *Orat.* 62; Plin.*Nat.*36.28; femina nobilitate ~eps Tac.*Ann.*2.75. **b** ~ipem aram Cic.*Har.*28; ~eps. . omnium uirtutum illa sapientia *Off.*1.153; Massici. . agri uites omnium. . nobilitate uini ~ipes Col.3.8.5; ~ipes. . Baiae Mart.6.42.7; Juv. 13.138;—in mea salute ~ipem semper locum. . tenuistis Cic.*Dom.*147; Caes.*Gal.*1.7.3; Tac.*Ann.*1.13; (*cf.*) ~ipi loco genito Athenis Plin.*Nat.*37.40.

princeps[2] ~ipis, *m.*, (*f.*). [prec.]

1 One who begins or originates, initiator, instigator, founder, proposer.
cuius ipse ~eps iuris iurandi fuit *Inc.trag.*55; harum disputationum inuentori et ~ipi. . Platoni Cic.*de Orat.*1.47; huius consili non participem C. Verrem, sed ~ipem fuisse *Ver.*1.47; ~ipem atque architectum sceleris *Clu.*60; ego ~eps sagorum *Phil.*12.17; Zeno. . eorum (*sc.* Stoicorum) ~eps *Fin.*3.5; ~eps familiae suae Liv.3.17.8; ~eps fugae rex ipse erat 44.42.2; Ov.*Fast.*1.40; Plin.*Nat.*35.19; Sil. 14.465; Suet.*Tib.*1.1; Paul.*dig.*11.3.10;—(*without gen.*) genus a quo ~ipe nostrum Verg.*A.*3.168.

2 One who is pre-eminent in a particular sphere, master, expert.
cuius e ludo. . meri ~ipes exierunt Cic.*de Orat.*2.94; in ~ipibus iam esset, si uiueret *Fin.*3.8;—(*w. part. gen.*) Demosthenes. . oratorum est ~eps iudicatus *Brut.*141; ~ipem lyricorum Pindarum Quint.*Inst.*8.6.71;—(*w. gen. defining sphere of activity*) hominem neminem esse primarum artium mage ~ipem Ter.*Ad.*259; Graeciam, quae semper eloquentiae ~eps esse uoluit Cic.*de Orat.*1.13; a ~ipe philosophiae Socrate *N.D.*2.167; ~eps carminum Vergilius Vell. 2.36.3; ~ipi litterarum Homero Plin.*Nat.*2.13; ~eps tripodum (*sc.* Apollo) Stat.*Theb.*8.367; Quint.*Inst.*6.3.1; Gel.6(7).17.4; (*cf.*) per multos iam annos. . ~ipes fori, nunc principes in Caesaris amicitia Tac.*Dial.*8.3.

3 A leading member, chief man (of a group, state, class, etc.). **b** (without gen.) a leading citizen.
ut in actoribus Graecis fieri uidemus, saepe illum qui est secundarum aut tertiarum partium. . multum submittere, ut ille ~eps quam maxime excellat Cic.*Div.Caec.*48; in adulescente clarissimo ac ~ipe iuuentutis *Ver.*1.139; decumani, hoc est ~ipes et quasi senatores publicanorum 2.175; Amyntas est genere, honore, existimatione, pecunia ~eps illius ciuitatis *Flac.*72; alterius factionis ~ipes erant Aedui Caes.*Gal.*6.12.1; septem ~ipes senatus Liv.27.24.4; Aug.*Anc.*6.9; ~eps suorum temporum V.Max.9.1.5; Sen. *Ben.*3.30.3; Plin.*Nat.*20.215; Scaurum et Philippum ~ipes nobilitatis Flor.*Epit.*2.5(3.17.5); militiae ~ipes et curiae proceres Apul.*Mun.*25; (*cf.*) usque adeo orba fuit ab optimatibus illa contio ut ~eps principum esset Maeandrius Cic.*Flac.*54. **b** dictae sunt a ~ipibus. . sententiae Cic. *Catil.*3.13; ~ipe Cn. Pompeio referente *Pis.*25; cum Pompeio et cum reliquis ~ipibus *Att.*10.8.4; quales in re publica ~ipes essent, talis reliquos solere esse ciues *Fam.*1.9.12; ne ipsum quidem ~ipem (*i.e. Caesar*) scire quid futurum sit 9.17.3; iubet arma tradi, ~ipes produci Caes.*Gal.*7.89.4; sollicitandis nequiquam nunc plebe, nunc ~ipibus Liv.23. 15.3; canentibus neniam ~ipum liberis Suet.*Aug.*100.2.

4 (as an official or complimentary title or applied to specific positions): **a** *~eps senatus*, and sim., The senator placed at the top of the list by the censors and ranked as the senior member. **b** (w. *ciuitatis*); (pl., in Roman Republican politics) the body of *consulares*; (also *~ipes* alone). **c** *~eps iuuentutis*, a title conferred on young members of the imperial family after Augustus' reorganization of the *iuuentus*. **d** (of other posts).
a ~EPS IN SENATVM SEMEL LECTVS EST *Elog.*5(*CIL* 1. p.189); P. Lentulus, is qui ~eps senatus fuit Cic.*Div.Caec.* 69; Sal.*Jug.*25.4; ~eps iterum lectus Q. Fabius Maximus Liv.29.37.1; ~eps patrum Flor.*Epit.*2.13(4.2.20). **b** hi ~ipes ciuitatum suarum Cic.*Planc.*28; Sal.*Cat.*40.2; amisso Vertisco, ~ipe ciuitatis Hirt.*Gal.*8.12.4; Col.1.pr.1; Suet. *Jul.*29.1;—Cic.*Catil.*1.7; quo silentio sunt auditi de me ceteri ~ipes ciuitatis! *Sest.*108; *Phil.*2.52; sequebantur necessarii, ~ipes ciuitatis Liv.3.12.1;—Appius inter patres lectus, haud ita multo post in ~ipum dignationem peruenit 2.16.5; 5.25.11. **c** C CAESARI AVGVSTI F PONTIF COS DESIGN ~IPI IVENTVTIS *CIL* 2.3828; EQVITES. . ~IPEM IVVENTVTIS VTRVMQVE EORVM. . APPELLAVERVNT Aug.*Anc.* 3.4; Sen.*Dial* 11.15.4; *BMCI* 2.p.46,No.260(Domitian); Tac.*Ann.*1.3; (*cf.*) te iuuenum ~eps, cui dat Germania nomen Ov.*Pont.*2.5.41. **d** ~EPS STABVLI DOMINICI *CIL* 5.1880; ~IPI CASTROR(um) 10.5064; ~IPE CL PR RAVEN 11.86; (*iron.*) alter gladiorum est ~eps, alter poculorum Cic.*Phil.* 2.106.

5 The person in charge, head; (also applied to animals) the leader (of a flock, etc.).
~ipes qui utrique rei praeponuntur Var.*R.*1.2.14; ~eps Academiae Philo Cic.*Brut.*306; cuius modi cohortem putatis hoc ~ipe fuisse? *Ver.*2.34; legatos quindecim cum postularet, me ~ipem nominauit *Att.*4.1.7; ~eps Stoicorum Panaetius *Div.*2.97; cum se uterque ~ipem non solum urbis Romae, sed orbis terrarum esse cuperet Nep.*Att.*20.5; Aristomachum esse ~ipem plebis Liv.24.2.9; cur. . regina uocor ~epsque dearum. . ? Ov.*Fast.*6.37; in his orbis imperium societate trium ~ipum occupatur Flor.*Epit.*2.13 (4.2.12); familiae appellatione et ipse ~eps familiae continetur Gaius *dig.*50.16.196; (*of a city*) Felsina. . cum ~eps Etruriae esset Plin.*Nat.*3.115;—~eps gregis Var.*L.*6.12; statim in uictoria canunt (galli) seque ipsi ~ipes testantur Plin.*Nat.*10.47;—(*applied to the queen-bee*) ex iis aluis, quas plures habent ~ipes, dux unus eligitur Col.9.11.3.

6 (adopted by Augustus as a title to emphasize the non-military nature of his rule (cf. sense 3b), but later acquiring the connotation of an autocratic ruler).
(*of Augustus*) ames dici pater atque ~eps Hor.*Carm.* 1.2.50; 1.21.14; tu (*sc.* Romulus) domini nomen, ~ipis ille tenet Ov.*Fast.*2.142; ME ~⟨IPE⟩ Aug.*Anc.*2.45; Sen.*Cl.* 1.10.1;—(*of later Emperors*) qui (*sc.* Tiberius). . uisu. . praetulerat ~ipem Vell.2.94.3; ~ipum maximus (*sc.* Claudius) Mela 3.49; ~ipis Neronis Plin.*Nat.*19.24; Quint.*Inst.* 7.2.20; Fron.*Aq.*74; Tac.*Ag.*43.4; Gaius *dig.*31.56; (*cf.*) censor maxime ~ipumque ~eps (*i.e. Domitian*) Mart. 6.4.1.

7 (mil.) **a** (pl.) One of the three classes of legionary soldiers, formed of men in the prime of life, employed as the second line in order of battle. **b** (also *~eps primus*) a centurion ranking second among the six centurions of a cohort; *~eps posterior*, the fourth-ranking centurion of a cohort. **c** (designating mil. units; the precise meaning is not known).
a hastati dicti qui primi hastis pugnabant. . ~ipes qui a principio gladiis Var.*L.*5.89; prima acies hastati erant, manipuli quindecim. . robustior inde aetas totidem manipulorum, quibus ~ipibus est nomen, hos sequebantur Liv. 8.8.6; Ov.*Fast.*3.129. **b** omnibus primae cohortis centurionibus interfectis praeter ~ipem priorem Caes.*Civ.* 3.64.4; tribunos ~ipesque ordinum nominatim. . uocare Liv.8.39.4; Pedanius ~eps primus centurio 25.14.7; ~eps tertiae legionis 25.14.13;—A RESIVM MAXIMVM c(enturionem) LEGIONIS XI ~IPEM POSTERIOREM CO⟨R⟩(tis) I *CIL* 3.2883. **c** octauum ~ipem duxit (*app. was centurion of the 8th cohort of* principes) Cic.*ad Brut.*1.8.2; legatus primi ~ipis Liv.26.6.1; mihi primus ~eps prioris centuriae est adsignatus 42.34.8.

principāle ~is, *n.* [PRINCIPALIS[1]]

1 The chief or most important part, a leading point or feature.
post haec duo ~ia subiungebat (Cato) illa non minus intuenda Col.1.3.3.

2 (phil.) The ruling or authoritative part (of the mind; transl. Gk. τὸ ἡγεμονικόν).
Sen.*Dial.*3.3.7; in animo esse partes ministras. . propter ipsum ~e nobis datas *Ep.*92.1; 113.23; constitutio est. . ~e animi quodam modo se habens erga corpus 121.10.

principālis[1] ~is ~e, *a.* [PRINCEPS[1]+-ALIS]

1 Originally existing, basic, primary. **b** forming a source, original.
causarum. . aliae sunt perfectae et ~es aliae adiuuantes et proximae Cic.*Fat.*41; sine ruina ~is boni Sen.*Dial.* 7.22.3; Stoici uolunt superponere. . aliud genus magis ~e *Ep.*58.13; hanc. . quaestionem ueluti ~em uocant ζήτημα Quint.*Inst.*3.11.4; existimat. . non fuisse hoc ~e naturae consilium Gel.7(6).1.8; an a ~ibus uerbis paulum aliquid distarent 11.15.5; tam ~es quam secundae tabulae Ulp. *dig.*29.3.2.2. **b** est. . τρόπος sermo a naturali et ~i significatione translatus ad aliam Quint.*Inst.*9.1.4; in uerbo ~i, quod est 'ago' Gel.9.6.2.

2 First in importance or esteem, chief, major, principal. **b** *uir ~is* (as a title), leading citizen.
~ia urbis. . loca Sen.*Nat.*2.49.2; usus multi, sed ~is aluum soluere Plin.*Nat.*27.16. **b** uir ~is. . procurrit Apul.*Met.*8.30; *Fl.*21; *CIL* 2.6278.24; 10.7286.

3 Of or belonging to the *princeps*, imperial. **b** of or befitting leading men or princes, princely.
primum ~ium eius (*sc.* Tiberii) operum Vell.2.124.3; flagitia ~is domus Sen.*Ben.*6.32.1; Poppaeam Sabinam, ~e scortum Tac.*Hist.*1.13; nullo ~i paratu 2.59; Plin.*Pan.* 76.7; Suet.*Cl.*17.1; ~ibus constitutionibus Gaius *Inst.*1.57; Pompon.*dig.*1.2.2.12. **b** ~e in re publica fastigium Vell. 1.11.6; Massilia. . ~ium armorum arbitria captans 2.50.3; 2.128.2; de cultura agri praecipere ~e fuit. . siquidem et reges fecere Plin.*Nat.*18.22.

4 (mil.) *~is uia*, The chief transverse roadway in a Roman camp; *~is porta*, either of the gates at the ends of that roadway, side-gate.
manipulos legionum ~i uia inducit Liv.10.33.1;—duae legiones duabus ~ibus portis signa efferre iussae 34.46.9; aduersus sinistram ~em portam 40.27.5; ~is castrorum porta nominatur, qui in eo loco est, in quo principes ordines tendunt Paul.*Fest.*p.224M.

principālis[2] ~is, *m.*, *f.* [prec.]

1 (masc., as a title, = *uir* PRINCIPALIS[1]) A leading citizen.
speciosus adulescens inter suos ~is Apul.*Met.*4.26; de decurionibus et ~ibus ciuitatium Call.*dig.*48.19.27.1; VIRO INNOCENTI ~I CIV[IT]ATIS *CIL* 5.7786.

2 (fem., sc. *porta*) The side-gate of a camp.
egressus dextra ~i Liv.4.19.8.

principāliter, *adv.* [PRINCIPALIS[1]+-TER[2]]

1 Primarily, in the first instance.
licet nullum eius consilium ~ ad furtum faciendum interuenerit Gaius *dig.*47.2.55(54).4; siue. . ~ hoc negotium gerat siue alterius negotiationis accessione utatur Ulp.*dig.* 3.2.4.2; 4.8.17.6; 21.1.33.

2 Directly, without intermediary.
certis. . ex causis praetor. . ~ auctoritatem suam finiendis controuersiis interponit Gaius *Inst.*4.139; quod ex lite consecutus erit siue ~ ipsius rei nomine siue extrinsecus ob eam rem *dig.*3.3.46.4; Paul.*dig.*2.1.6.

3 As befits a *princeps*, imperially.
qui non magis dolere quam gaudere ~ posset Sen.*Dial.* 11.17.4; mores iuuentutis quam ~ formas! Plin.*Pan.*47.1.

principātus ~ūs, *m.* [PRINCEPS[1]+-ATVS[1]]

1 The chief or leading position, pre-eminence, leadership.
qui tibi. . detulerat ex latronibus suis ~um Cic.*Phil.*2.5; ita sermo inducitur ceterorum ut penes ipsum sit ~us *Att.* 13.19.4; Aedui ferunt se deiectos ~u Caes.*Gal.*7.63.8; ut alii alibi pisces ~um optineant Plin.*Nat.*9.68; ~um in his tenebunt harundines 16.156;—(*w. gen.*) qui eloquentiae ~um petet Cic.*Orat.*56; (Gallia) huius belli propulsandi, administrandi, sustinendi ~um tenet *Phil.*12.9; ut quisque aetate antecedit, ita sententiae ~um tenet *Sen.*64; ~um Galliae obtinere Caes.*Gal.*1.17.3; V.Max.2.8; qui (digitus). . quasi conexus esse cum ~u cordis uideretur Gel.10.10.2.

2 The chief position in the State, supremacy. **b** (applied to the position of the Roman *princeps*).
Cassio. . dominatum et ~um dari Cic.*Phil.*11.36; grauis et fortis ciuis et in re publica dignus ~u *Off.*1.86; Cingetorigi . . ~us atque imperium est traditum Caes.*Gal.*6.8.8; ut ~um armis quaesitum armis teneret Vell.2.57.1; Phaed. 1.15.1; Flor.*Epit.*2.13(4.2.14); (*cf.*) quorum ordo proxime accedit. . ad regium ~um Cic.*Fin.*3.52; (*transf.*) de ~u cum illi certarent gregis Phaed.1.30.5. **b** soli. . huic contigit. . recusare ~um Vell.2.124.2; Tac.*Hist.*1.77; ~um ei detulere 3.86.

3 The rule of a *princeps*, the system of the principate.
quamquam. . Nerua. . res olim dissociabilis miscuerit, ~um ac libertatem Tac.*Ag.*3.1; mutati in deterius ~us initium *Ann.*4.6.

4 The period of rule of a particular *princeps*, principate.
GAI ~V *CIL* 5.5050.12; Neronis ~u Sen.*Nat.*7.21.3; Plin.*Nat.*2.92; in medium usque Augusti ~um Tac.*Dial.* 17.7; ~um diui Neruae et imperium Traiani *Hist.*1.1; longis aliorum ~ibus 2.55.

5 The administrative organization of the *princeps*, 'the government'.
tribunal quoque excogitatum ~ui est par ceteris Plin. *Pan.*36.4(bis); commentari⟨o⟩s. . ~us in sanctuario habet Sic.Fl.*agrim.*p.119.

6 (phil., as a transl. of Gk. τὸ ἡγεμονικόν) The governing part, guiding principle.
omnem. . naturam necesse est. . habere aliquem in se ~um. . ~um autem id dico quod Graeci ἡγεμονικὸν uocant Cic.*N.D.*2.29; Plato triplicem finxit animum, cuius ~um, id est rationem, in capite. . posuit *Tusc.*1.20.

7 Point of initiation, beginning.
consideremus. . semperne fuerit. . an ortus sit ab aliquo temporis ~u Cic.*Tim.*5.

principiālis ~is ~e, *a.* [PRINCIPIVM[1]+-ALIS]
Of or belonging to the beginning; also, of or belonging to elements, elemental.
scire licet. . terrae. . fuisse ~e aliquod tempus clademque futuram Lucr.5.246;—haud sine ~i aliquo leuore 2.423.

principiō, *adv.* [PRINCIPIVM¹+-O²]

1 As a first act, first of all, to start with. certumst ~ id praeuortier PL.*Capt.*1026; hanc habere orationem mecum ~ institit TER.*Hec.*381; ~ muros..repeto VERG.*A.*2.752; 5.109; ~ leuem armaturam emittit, deinde conferto agmine equites LIV.22.28.10; PLIN.*Nat.*10.4;—(*foll. by temporal* ut *cl.*) ~ ut illo aduenimus..delegit uiros PL.*Am.*203; *Mer.*40; ~, ut Catilina paucis ante diebus erupit.., semper uigilaui et prouidi CIC.*Catil.*3.3.

2 As the first point in a speech or argument, first. iam ~ in aedibus turba istic nulla tibi erit PL.*Aul.*339; obsecro, ~ ut ne ducas..sed si id non potest.. TER.*An.*327; iam ~ quis uidit corona donari quemquam..? CATO *orat.* 151; qui ~ qualis..fuerit cognoscite CIC.*Ver.*1.104; *Off.*3.21; ~ genus acre leonum..tutatast uirtus LUCR.5.862; ~ arboribus uaria est natura creandis VERG.*G.*2.9.

3 In the beginning, originally. CIC.*N.D.*2.154; ius augurum etsi diuinationis opinione ~ constitutum sit tamen postea rei p. causa conseruatum *Div.*2.75; qui ~ sub terra quaerere uenas institit CATUL. 66.49.

principium¹ ~(i)ī, *n.* [PRINCEPS¹+-IVM]

1 The action or fact of beginning, origination, start, founding. **b** *~ium capere, sumere, exordiri*, and sim., to begin; *~ium facere, dare*, to make, permit a beginning. **c** *in ~io* (*~iis*), to start with, at first; *a ~io* (*~iis*), right from the beginning, from the first; also, *de ~io*.
tuomst ~ium (*i.e. it is for you to begin*) PL.*Mil.*1219; natum..est ~ium a me CIC.*ad Brut.*2.5(7).4; debebatur.. fatis tantae origo urbis maximique..imperii ~ium LIV. 1.4.1; belli finem alterius, alterius ~ium prospiciebant animis 30.40.6; inclinatae..in deterius ~ia ualetudinis senserat VELL.2.123.1; XIIII Kal. Sextilis ~ium incendii huius ortum TAC.*Ann.*15.41. **b** ind' mihi ~ium capiam PL.*Poen.*2; quando ~ium prehenderit *Ps.*725; neque quod ~ium incipiam ad placandum scio TER.*Hau.*1044; ut rite ab eo (*sc.* Ioue) dicendi ~ia capiamus CIC.*Rep.*1.56; omnium ..rerum..~ia exorsi ab dis sunt LIV.45.39.10; ~ium..a Catone sumemus PLIN.*Nat.*18.26; ~ium tanti facinoris capessiuere TAC.*Ann.*15.49; (*ellipt.*) ab Ioue ~ium musae VERG.*Ecl.*3.60;—~io facto a Q. Fabio Maximo LIV.27.35.6; ~io a gente Arabum facto TAC.*Ann.*6.44;—~ium quoniam cedendi nulla daret res LUCR.1.339; quod mihi das flendi.. ~ium? PROP.1.18.6; Graecia ~ium moris dedit OV.*Fast.* 2.37; ~ium des, Iane, licet uelocibus annis MART.8.8.1. **c** numquid in ~io cessauit..? PL.*Per.*551; quid cessas hominem..blande in ~io adloqui? TER.*Ph.*252; quod in ~io fieri in omnibus disputationibus oportere censeo CIC. *de Orat.*1.209; LIV.23.7.12; in ~iis sanguinem missum FRON.*Str.*4.1.16;—an audiuisti?—usque a ~io omnia PL. *Aul.*538; inde a ~io iam inpudens epistula est *Bac.*1006; iam a ~io..adulescentiam meam abstinui CATO *orat.*69; a ~io amici filiam..uolui uxorem ducere TER.*Ph.*650; a ~io ordiamur CIC.*Phil.*2.44; LIV.23.15.4; diligentior a ~iis fiet QUINT.*Inst.*1.1.1; urbem Romam a ~io reges habuere TAC. *Ann.*1.1;—de ~io studuit animus occurrere magnitudini criminis CIC.*Sul.*69.

2 The point of time at which a thing begins. ab ultimo ~io huius praeceptionis usque ad hoc tempus CIC.*Inv.*2.5; qui pueritiae tempus extremum ~ium habuit bellorum *Balb.*9; a te (*sc.* Marte) ~ium Romano dicimus anno OV.*Fast.*3.75; ~io oppugnationis LIV.21.15.4; ut ~ium anni inciperet mense Decembri TAC.*Ann.*13.10;—(*pl.*) inde a ~iis gentis maiores suos bella gessisse LIV. 24.48.6; ab aeui..~iis OV.*Met.*2.386; ad senectutis ~ia CELS.1.pr.5; PLIN.*Nat.*16.250.

3 That from which anything grows or develops, origin; *~ium ducere*, to originate, spring. saepe ex..malo ~io magna familiaritas conflatast TER. *Eu.*874; ab eodem ~io (*sc.* docere) documenta VAR.*L.*6.62; huius..exordium mali, quoniam ~ium boni diximus, explicemus CIC.*Inv.*1.4; ab Ioue ~ium generis VERG.*A.* 7.219; hinc (*i.e. from the gods*) omne ~ium, huc refer exitum HOR.*Carm.*3.6.6; ~ium eius rei ab Arretinis fieri LIV. 27.21.6; ab iis fugae terrorisque ~ium ortum 42.60.8; eo.. ictu origo et ~ium fortioris tragoediae extinctum est V.MAX.9.12.ext.2; mihi Belus auorum ~ium SIL.15.746;—(*pl.*) Cato, a quo Porciae familiae ~ia manarunt V.MAX. 3.2.16; eadem omnibus ~ia eademque origo SEN.*Ben.* 3.28.1;—CIC.*N.D.*2.149; omnium rerum magnarum ab dis immortalibus ~ia ducuntur *Vat.*14; OV.*Met.*13.706.

4 The first part (of a thing); the nearer end, head, boundary (of a region); the source (of a river). **b** the original position, starting-point. ⟨C⟩ est ~ium nomini PL.*Trin.*915; ~io cliui noster anhelat equus OV.*Rem.*394; stomachus..qui intestinorum ~ium est CELS.4.1.6;—ad ~ia Rubri maris MELA 3.71; PLIN.*Nat.*6.45; apud ~ium agri Bataui TAC.*Ann.*2.6; ultima omnium Luna altitudinis aetheriae ~ia disterminans APUL.*Mun.*2; 38; ULP.*dig.*43.20.1.8;—super ~ia eius (*sc.* Nili) MELA 1.53. **b** signis omnibus ad idem ~ium.. reuocatis CIC.*Rep.*6.24; *N.D.*1.87; quando..solem redeuntem ad ~ia consequitur (luna) PLIN.*Nat.*2.45.

5 The earliest part, beginning, opening (of anything having duration in time). **b** the first passage (in a speech, book, conversation, etc.), preface, introduction. reliquae partes tribunatus ~i similes CIC.*Phil.*2.55; ~io ueris..profectus SAL.*Hist.*2.80; ut tunc ~ium anni agebatur LIV.3.6.1; ut fama clementiae in ~io rerum colligeretur 21.48.10; ~io..noctis OV.*Fast.*4.535; maiores suos perculsos in ~io rerum CURT.5.1.8; TAC.*Ann.*15.24; SUET.*Jul.*9.1;—(*pl.*) sic habent ~ia sese ut dico TER.*Ph.*479; ut..exalbescam in ~iis dicendi CIC.*de Orat.*1.121; Italici belli funesta illa ~ia *Har.*18; inter ~ia condendi huius operis LIV.1.55.3; insequentis anni ~ia 6.31.1; ~iis obsta OV.*Rem.*91; CELS. 2.7.30; ~ia totius operis dimidium occupare dicuntur SEN. *Ep.*34.3; STAT.*Theb.*10.836; TAC.*Hist.*3.6(7). **b** non placet ~ium de osculo PL.*Am.*801; quod dedit ~ium adueniens! TER.*Eu.*458; quod promisi institutum ~ium hoc erit CATO *Agr.*pr.4; ~ium est, cum statim auditoris animum nobis idoneum reddimus ad audiendum *Rhet.Her.*1.6; Aristoteles ~io artis rhetoricae dicit CIC.*Orat.*114; illud quod in ~io scripsit Originum suarum *Planc.*66; quod ~ium Latine uel exordium dicitur, maiore quadam ratione Graeci uidentur προοίμιον nominasse QUINT.*Inst.*4.1.1; JUV.6.245; GAIUS *Inst.*4.40;—(*pl.*) bene habent tibi ~ia TER.*Ph.*429; et ~ia et ceterae partes orationis CIC.*de Orat.* 2.310; haec tam longe repetita ~ia *Fam.*13.29.2; SEN.*Ep.* 94.38;—(*pl. ref. to separate instances*) qualia sunt fere ~ia Coruini TAC.*Dial.*20.1; ~iorum libri circumferuntur PLIN. *Ep.*2.5.12.

6 The initial or rudimentary stage, beginning; (pl., phil.) the rudimentary particles of which matter is composed, elements; (also in sg., of one of the four elements). ~iis rerum neglectis ad extremum ipsa denique necessitate excitantur CIC.*Sest.*100; e ~io oriuntur omnia, ipsum autem nulla ex re alia nasci potest *Tusc.*1.54; una domus, communia omnia; id autem est ~ium urbis *Off.*1.54; inmortale ~ium mortalis animantis *Tim.*47;—de ~iis rerum e quibus omnia constant *Luc.*117; quattuor nota illa genera ~iorum *Tusc.*1.22; corpora sunt..partim primordia rerum, partim concilio quae constant ~iorum LUCR.1.484; 3.427; conlatis seminibus seu ~iis VITR.7.3.7; CELS.1.pr.14; MAN.1.824; COL.6.37.2; materiam..inprocreabilem..commemorat, non ignem neque aquam nec aliud de ~iis et absolutis elementis esse APUL.*Pl.*1.5;—qui ~ium gignundis aera rebus constituere LUCR.1.707; VITR.8.pr.1.

7 The person or thing occupying first place. **b** that which leads to or initiates, a primary cause. me nostri sermonis ~ium esse uoluisti CIC.*Fin.*5.8; iaculum..emittit in auras, ~ium pugnae VERG.*A.*9.53; tu carminis esto ~ium HOR.*S.*2.6.23; LIV.9.38.15; tribus Sergia ~ium fuit *Leg.pub.*(*Font.iur.*p.113)22; ~ium cenae gobius esse solet MART.13.88.2. **b** flagiti ~ium est nudare inter ciuis corpora ENN.*scen.*395; quod mihi ~iumst mali TER.*Ph.*158; id quod Cn. Dolabellae ~ium maximae calamitatis fuit CIC.*Ver.*1.44; ceteris..hoc ~ium est mouendi *Rep.*6.27; ~ium..criminis error habet OV.*Tr.* 3.6.26;—(*pl.*) his Troiana uides funera ~iis PROP.2.6.16; ~iis aliis..consurgere uentos *Aetna* 308; STAT.*Theb.*3.401; discordias.., quae..modicis ~iis, iam per arma..exercebantur TAC.*Hist.*4.50.

8 A guiding principle, basis. **b** a premiss or starting-point of an argument. in ~iis..naturalibus..Stoici non putant uoluptatem esse ponendam CIC.*Fin.*3.17; *Div.*2.50; eundem sapientem optimum nominat..cui ~ia profecta sunt a iusti ratione APUL.*Pl.*2.21; (*perh.*) ad ~ium uenio LUCIL.282;—(*w. gen.*) cognoscite hominis ~ium magistratuum gerendorum CIC. *Ver.*1.34; iuris ~ia uideamus *Leg.*1.18; quod..natura quasi normam scientiae et ~ium sui dedisset *Ac.*1.42; scribendi recte sapere est et ~ium et fons HOR.*Ars* 309; quae sint ~ia machinarum..explicare VITR.10.pr.4. **b** potestis.. ~ia negare, cum extrema conceditis? CIC.*Caec.*44; ut non bene prouisa et diligenter explorata ~ia ponantur *Leg.* 1.37; ego rursus quasi ab alio ~io sum exorsus dicere *Div.* 2.101; ~ium cuius hinc nobis exordia sumet, nullam rem e nilo gigni LUCR.1.149.

9 The most honourable position, first place, precedence. ~ium..patres retinent MAN.5.735; ~ium..columenque omnium rerum pretii margaritae tenent PLIN.*Nat.*9.106;—(*pl.*) de ruderatione, quae ~ia tenet expolitionum VITR. 7.1.1; qui uoluptati tradidere ~ia SEN.*Dial.*7.14.1.

10 (mil., pl.) **a** The headquarters section of a camp. **b** the second line in order of battle, formed by the *principes* (PRINCEPS² sense 7a); *post principia* (as indecl. sb.) the rear ranks, reserves (see POSTPRINCIPIVM). **c** (app.) a muster of troops at headquarters, roll-call, stand-to, or sim. **a** in conuiuio liberi uestri modestius erant quam apud ~ia GRACCH.*orat.*25; spes libertatis nusquam nisi in uestrorum castrorum ~iis est CIC.*ad Brut.*1.10.5; in ~iis ac praetorio LIV.7.12.14; TAC.*Hist.*3.12; SUET.*Otho* 1.2; (*in fig. phr.*) quid nobis Epicuri praecepta in ipsis Zenonis ~iis loqueris? SEN.*Dial.*8.1.4. **b** tu hosce instrue; ego hic ero post ~ia TER.*Eu.*781; aciem..transuorsis ~iis in planum deducit SAL.*Jug.*49.6; ~ia Latinorum perturbant LIV.8.10.6; TAC. *Hist.*2.43; ex scitis eius (*sc.* legis) magistratus tribunalia, ~ia milites frequentabunt APUL.*Mun.*35. **c** a mane in noctem usque ad ~ia per omne tempus militiae adesse V.MAX.2.7.9; non ~ia noscere TAC.*Hist.*2.93; tempus..quo missa ~ia quietem omnibus castrensibus dabant FRON.*Str.* 2.5.30.

principium², *adv.* [prec.] In the first place, first. ~ te cognoscere oportet, quae genera brassicae sint CATO *Agr.*157.1.

prior ~or ~us, *compar. a.* [cf. PRI and PRIMVS] FORMS: *~or* as neut. VAL.ANT.*hist.* 16; QUAD.*hist.*73; 74.

1 In a more forward position (than somebody or something else), in front, ahead; *in ~orem partem, in ~ora*, in a forward direction. **b** (of contestants in a race, etc.) in a better position, in front; (of position) front, leading. **c** (of parts of the body) situated towards the front, fore-. **d** the foremost or front part of. haec est ~or quae meum erum dementem facit PL.*Poen.* 204; celeri gradu eunt uterque, ille reprehendit hunc ~orem pallio *Trin.*624; cum ab extremo agmine..consisterent.. ~ores..omnes in fuga sibi praesidium ponerent CAES.*Gal.* 2.11.5; ~ores fossas 7.82.4; inter antas et columnas ~ores VITR.4.7.2; (*of a piece in the game of* latrunculi) ut bellare sequens sciat et reuocare ~orem (calculum) OV.*Tr.*2.479; —in omnes..quattuor partes excidere cubitus potest..si in ~orem prolapsus est, extentum brachium est CELS.8.16.1; cor..homini tantum infra laeuam papillam (est) turbinato mucrone in ~ora eminens PLIN.*Nat.*11.181; ex hoc fonte duae grandes uenae in ~ora et terga discurrunt 11.181. **b** nec tota tamen ille ~or praeunte carina VERG.*A.*5.186; (*in fig. phr.*) aetatem ducimus..uiribus..loco, re, extremi primorum, extremis usque ~ores HOR.*Ep.*2.2.204; (*masc. as sb.*) ille..radit iter laeuum interior subitoque ~orem praeterit VERG.*A.*5.170;—Pristis Centaurusque locum tendunt superare ~orem 5.155. **c** equites cum..uix suorum ipsi ~ores partis animaduerterent equorum HIRT.*Gal.*8.16.2; substringebat caput loro altius quam ut ~oribus pedibus plene terram posset attingere NEP.*Eum.*5.5; LIV.8.7.10; edidit hos nobis ore ~ore sonos (Ianus) OV.*Fast.*1.100; ammentum digitis tende ~oribus (*i.e. the thumb and forefinger*) SEN.*Phaed.*812; torta ~ores stringit uitta comas LUC.5.142; altera eorum (*sc.* araneorum) species nigri, ~oribus cruribus longissimis PLIN.*Nat.*11.79; ~or haurit harenas ungula STAT.*Theb.*2.46; (*cf., prov.*) frons occipitio ~or est CATO *Agr.*4. **d** cur pressus ~or est interiorque torus? OV.*Am.*3.14.32; strage cruenta interruptus aquae fluxit ~or amnis in aequor, ad molem stetit unda sequens LUC.2.213.

2 Immediately preceding the present or other implied instance; the previous, last. LIGVRIBVS DOMITIS ~ORE CONSVLATV TRIVMPHAVIT *Elog.* 15(*CIL* 1.p.194); qui ~or bellum, quod cum his gestum erat, meminissent QUAD.*hist.*74; dico te ~ore nocte uenisse inter falcarios..in M. Laecae domum CIC.*Catil.*1.8; ~ore aestate *Fam.*1.9.24; ~ore anno..messem non esse factam *B.Afr.*20.4; uti..perueniat ad id signum, ex quo ~ore circumlatione coepit facere cursum VITR.9.1.8; ~ores decemuiri LIV.3.36.6; defectio Tarentinorum utrum ~ore anno an hoc facta sit 25.11.20; quid tale, precor, ~or annus habebat? STAT.*Silv.*4.1.27;—(*of letters, etc.*) in ~ore libro has res ad te scriptas, Luci, misimus, Aeli COEL.*hist.*24b; ~ore epistula SEN.*Ep.*76.7.

3 That existed, occurred, etc., at some earlier period, previous, former, earlier. **b** (masc. pl. as sb.) people of earlier times, one's predecessors or ancestors. **c** (neut. pl. as sb.) earlier events or actions. ex ~ore muliere nata..meo ero est filia PL.*Cist.*605; TER.*Hec.*407; iam corpora materiai usque redacta forent aeuo frangente ~ore, ut.. LUCR.1.553; dat tibi praeterea fortunae parua ~oris munera VERG.*A.*7.243; uitae me redde ~ori HOR.*Ep.*1.7.95; secutus..morem regum ~orum LIV. 1.33.1; OV.*Pont.*3.1.83; ~oribus periculis noua superueniisse SEN.*Suas.*1.13; antiqui rex magne poli mundique ~oris MART.12.62.1; STAT.*Silv.*1.1.8; TAC.*Ann.*6.18; rosae, quae me ~ori meo Lucio redderent APUL.*Met.*10.29; qui a ~ore statu ad alium rectiorem statum migrat *Soc.*12;—(*poet.*) quod te nunc crimen similem uetat esse ~ori (*i.e. what you were before*)? OV.*Pont.*4.3.23; illa (*sc.* Venus)..nec uultu nec crine ~or (*i.e. in her previous state*)..Idalias procul ablegasse uolucres fertur STAT.*Theb.*5.62; cineres umbramque ~orem (*i.e. of your former husband*) quaeris adhuc *Silv.* 3.5.51;—(*contrasted w.* sequens) quos ~or est mirata, sequens mirabitur aetas OV.*Pont.*2.6.27;—(*w. abl. of comparison*) hoc tibi et Eumolpus..et ~or Eumolpo suadet Erichthonius 2.9.20; Arcades..ueteres, astris lunaque ~ores STAT.*Theb.*4.275. **b** cum successor aliquid immutat de institutis ~orum CIC.*Flac.*33; iacet insula.., nomen dixere ~ores Ortygiam VERG.*A.*3.693; LIV.24.42.7; celebranda..more ~orum annua..redeunt Hyacinthia OV. *Met.*10.218; Neptunus equo, si certa ~orum fama, pater STAT.*Theb.*6.302; tutius circa ~ores uel erratur, ideoque hanc nouorum distuli lectionem QUINT.*Inst.*2.5.26;—(*w. abl. of comparison*) adcuratius..~ores Gallione Celsus et Laenas (scripserunt) QUINT.*Inst.*3.1.21; 12.10.45. **c** nimirum eodem modo haec aspicitis ut ~ora CIC.*Phil.*13.26; impunita ~ora fore si Metapontum..prodidissent LIV. 27.16.12; TAC.*Ag.*16.3; fidens..recentibus ac ~orum oblitus *Ann.*1.51.

4 (of times, occasions, etc.) Preceding another, the earlier of two. **b** (w. advl. force) in anticipation or advance of someone else, earlier, first. **c** (of persons) earlier than another in respect of some action, etc. quid hoc iniquius..commemorari potest, quam me qui caput alterius..defendam ~ore loco causam dicere? CIC. *Quinct.*8; cum patriam amisi, tunc me periisse putato: et ~or et grauior mors fuit illa mihi OV.*Tr.*3.3.54; (*w.* quam) culpa quam poena tempore ~or TAC.*Ann.*15.20;—(*opp.* posterior, *etc.*) quod ~ora tempora in ruinis..nostris.. iacuerunt, posteriora autem me a scribendo..retardarunt CIC.*Fam.*5.17.1; ~ore ac postero die VELL.2.12.4. **b** ~or rogaui.—at post scies PL.*Per.*216; TER.*Ph.*229; hoc senatus consultum ~or factum est VAL.ANT.*hist.*16; omnino probabilius sunt, quae lacessiti dicimus quam quae ~ores CIC.*de Orat.*2.230; Germanos neque ~ores populo Romano bellum inferre neque tamen recusare, si lacessantur, quin armis contendant CAES.*Gal.*4.7.3; neque quisquam est uulneratus nisi qui ~or impugnare uoluit NEP.*Thr.*2.6; lupi Moerim uidere ~ores VERG.*Ecl.*9.54; sic ~or Aeneas, sequitur sic deinde Latinus *A.*12.195; ne ~or officio quisquam respondeat, urge HOR.*S.*2.6.24; Brutus ~or, concedente collega, fasces habuit LIV.2.1.8; qui ~or strinxerit ferrum, eius uictoria erit 24.38.5; effice ut Iliacas tangat ~or alter harenas OV.*Tr.*5.5.57; arma capessam ipse ~or! LUC. 4.703; miserae sine funera matris audiat ille ~or! STAT. *Theb.*9.635; ad hoc tantum maiori fratri praelatus est ut ~or occideretur TAC.*Hist.*1.48; (*opp.* posterior) ~or Parthus apud Gaium in nostra ripa, posterior hic apud regem in hostili epulatus est VELL.2.101.3;—(*w. abl. of degree*) multo illo adueni ~or PL.*Aul.*705;—(*w. abl. of comparison*) nec quisquam ex nouis hominibus ~or Mummio cognomen uirtute partum uindicauit VELL.1.13.2; cunctis.. ~or Cadmeius heros accessit STAT.*Theb.*3.366;—(*w.* quam) uti se ~orem quam fratrem interficerent *B.Afr.*28.4; LIV.

1.34.2;—(*pleon., w.* occupo) uolo tu ~or occupes adire PL. *Ps.*921; quod illos dicimus uoluisse facere, id nos ~ores facere occupabimus? CATO *orat.*164; STAT.*Theb.*12.148. **c** uos ~ores esse oportet, nos posterius dicere PL.*Epid.*261; uti, cum ~ores occupauerint loca circum, expectantes reliqui recte stare possint VITR.5.10.4; (*cf.*) accepit..eos (*sc.* obsides) centurio Insteius ab Vmmidio missus, forte ~or ea de causa adito rege TAC.*Ann.*13.9.

5 (w. ref. to pairs of things, opp. *posterior*, etc.) The former, the earlier, the first-mentioned. **b** (of kings, etc.) the elder, the first.

ex eis conclusionibus quas supra scripsi ~or quartus posterior quintus a dialecticis modus appellatur CIC.*Top.*57; in hoc posteriore..uincerem sponsionem; in illo ~ore..necesse erat te dolo malo meo ui deiectum iudicari *Tul.*30; VIII Kal. duas a te accepi epistulas. respondebo igitur ~ori prius *Att.*15.13.1; *Off.*1.67; ubi prima (imago) perit alioque est altera nata inde statu, ~or hic gestum mutasse uidetur LUCR.4.772; ~or horum apud Massagetas in proelio cecidit, Darius senectute diem obiit supremum NEP.*Reg.*1.2; si ~ores (cannae) transuersariis harundinibus fixae sunt, secundae erectis figantur VITR.7.3.11; ~ore Punico bello LIV.22.60.11; altera laetitiae est nec cedens causa ~ori OV.*Pont.*4.9.57; ~or (morbus) acutus est, insequens esse longus potest CELS.4.20.1; GAIUS *Inst.*2.181; tam hoc testamento quam ~ore APUL.*Apol.*97; (*masc. pl. as sb.*) sed et illi ~ores errant et Ephorus in culpa est CIC.*Orat.*192; (*neut. pl. as sb.*) CELS.6.6.1.L. **b** Dionysius ~or NEP.*Reg.*2.2; Corneliae Gracchorum matri, quae fuit Africani ~oris filia PLIN.*Nat.* 34.31; (*opp.* posterior) potentiae Romanorum ~or Scipio uiam aperuerat, luxuriae posterior aperuit VELL.2.1.1.

6 Earlier in a sequence or numerical series (than), prior (to). **b** (of items in a list, etc.) first-mentioned. **c** (= *primus*) the first (of several). **d** *gyrus ~or*, the equinoctial colure. **e** *paean ~or*, a first paeon (see PAEAN). **f** (in the designations of legionary centurions, see HASTATVS, PILVS², PRINCEPS²).

si ~ores libri responderunt titulis suis FRON.*Str.*3.pr.;—(*opp.* posterior, *etc.*) ~orem huius uoluminis posterioremque partem VELL.1.14.1; haec tertia fascia comprehendenda sunt, quartaque sic, ut semper insequens ~ori aduersa sit CELS.8.10.1.G;—(*w. abl. of comparison*) quid ~us dicam solitis parentis laudibus..? HOR.*Carm.*1.12.13; qui uenit hic fluctus, fluctus supereminet omnes: posterior nono est undecimoque ~or OV.*Tr.*1.2.50. **b** teruntur ~ora ex aceto acri..ultimum commi adicitur et fiunt pastilli LARG. 42; hinc caldam heminam adicere ~ori aquae 118; 271. **c** his opibus tria signa ualent; sed summa ~oris ac medii numeri coniuncta sequentibus astris cesserit MAN.3.455; si NOMEN QVERES QVI LEGES MENSEM ~OREM COGITA (*i.e.* Ianuarium) *CIL* 10.4183. **d** per gyri signa ~oris transuersa MAN.1.624.

7 Having the prior or first place in an order of preference, etc., before others (or oneself), first, superior, more important. **b** *aetate ~or*, having the advantage in years, senior, elder. **c** (w. abl. of comparison) better (than), superior (to). **d** *~ores partes*, a superior or more important role, principal part; *~ores sedes*, the foremost place.

hunc ~orem aequomst me habere: tunica propior palliost PL.*Trin.*1154; siquidem hercle possis, nil ~us neque fortius TER.*Eu.*50; me cum..aedilem ~orem..populus Romanus faciebat CIC.*Pis.*2; nisi cena ~or potiorque puella Sabinum detinet adsumam HOR.*Ep.*1.5.27; nulla (res) ~or potiorque uisa est de qua ad senatum referrent LIV.8.29.2; quo die illum omnes centuriae ~orem consulem dixissent 29.22.5; OV.*Pont.*1.3.72; inde ius ui obrutum potentiorque habitus ~or VELL.2.3.3; nec quemquam iam ferre potest Caesarue ~orem Pompeiusue parem LUC.1.125; ambo pii carique ambo; nequeam ipse ~orem dicere STAT.*Theb.*6.374; 10.655; 'da praetori, da deinde tribuno.' sed libertinus ~or est JUV. 1.102; (*pleon., w.* ante) haud ulla ante tuam..curarum ~or exstiterit SIL.13.468;—(*w.* quam) neque ullam aliam ~orem curam agere quam ut..cum patribus coalescerent animi plebis LIV.2.48.1; VELL.2.52.4;—(*w. abl. of comparison*) in..meis libris nil ~us esse fide PROP.4.1.80;—(*w. abl. of respect*) artem quae τοπική dicitur, quae et ad usum potior erat et ordine naturae certe ~or CIC.*Top.*6; numero ~ores SAL.*Jug.* 50.6; ambo insignes praestantibus armis, hic pietate ~or VERG.*A.*11.292; fama ciuem causaque ~orem sperne HOR.*S.* 2.5.30; consilium et modum adhibendo ubi res posceret ~ores erant LIV.3.19.3; (*opp.* inferior) astu locorum fraude ~or, ui militum inferior TAC.*Ann.*12.33;—(*pred., w. noun cl.*) ~us est, ut de his (hereditatibus) dispiciamus GAIUS *Inst.*2.100. **b** Flauius Sabinus aetate ~or..auctoritate pecuniaque Vespasianum anteibat TAC.*Hist.*3.65; ~orem aetate Pharasmanen..referens *Ann.*12.46; *CIL* 3.2722. **c** qui color est puniceae flore ~or rosae HOR.*Carm.*4.10.4; ambigitur quotiens, uter utro sit ~or *Ep.*2.1.55; patriae facundia linguae, qua ~or in Latio non fuit ulla foro OV.*Tr.* 4.4.6. **d** sine illum ~ores partis hosce aliquot dies apud me habere TER.*Eu.*151; uideram..cum Cotta princeps adhibitus esset, ~ores tamen agere partis Hortensium CIC. *Brut.*317; (*ellipt.*) ingeni litterarum eloquentiae sapientiae denique etsi utrique primas, ~ores tamen libenter deferunt Laelio 84; (*w.* quam) tibi istius generis in scribendo ~ores partis tribuo quam mihi *Q.fr.*3.4.4;—non, si ~ores Maeonius tenet sedes Homerus, Pindaricae latent..Camenae HOR. *Carm.*4.9.5.

8 More fundamental, primary, basic; logically prior; (neut. as sb.) a logically prior proposition.

utriusque generis, et uocabuli et uerbi, quaedam ~ora, quaedam posteriora; ~ora ut homo, scribit, posteriora ut doctus et docte VAR.*L.*8.12; sicut ~or est..pictor quam tabula picta, ~or faber quam aedificium, ita ~ores sunt ciuitates quam ea quae a ciuitatibus instituta sunt *in* August. *C.D.*6.4.C;—est..paene adhuc superuacuum de his conserendis praecipere, dum quod ~us est, nondum concedatur an omnino sint habendae COL.3.3.1; quam differentiam antecedat necesse est ~or PLIN.*Nat.*16.78;—ita ~ore posterius, posteriore superius conuincitur CIC.*Luc.*44; quid posterius ~ori non conuenit? *Fin.*3.74.

priscē, *adv.* [next+-E] In an old-fashioned manner.

utrum me secum seuere et grauiter et ~ agere malit CIC. *Cael.*33; adulescentem casce nimis et ~ loquentem GEL.1.10.

priscus¹ ~a ~um, *a.* [**pris-kos*, cf. PRIOR, PRISTINVS, Gk. πρέσβυς]

1 Belonging to a former time, ancient. **b** (of persons); *~i Latini* (as prop. name), the pre-Roman inhabitants of Latium. **c** (masc. pl. as sb.) men of old, the ancients.

~a fides facto, sed fama perennis VERG.*A.*9.79; quid si ~a redit Venus..? HOR.*Carm.*3.9.17; quamuis redeant in aurum tempora ~um 4.2.40; qui neque in annalibus ~is neque in libris magistratuum inueniuntur LIV.4.7.10; cum senatui ~um restituere cuperet decus VELL.2.13.2; innocens, nisi tam ~o saeculo natus esset V.MAX.8.1.damn.8; fuit et arborum cura legibus ~is PLIN.*Nat.*17.7; ~ae poeticae diuinus auctor APUL.*Met.*9.13;—(*neut. pl. as sb.*) dum ~a illa mente repeto LIV.pr.5; (*cf. sense 3b*) ~a iuuent alios, ego me nunc denique natum gratulor OV.*Ars* 3.121. **b** una ..Amiterna cohors ~ique Quirites VERG.*A.*7.710; qui..ut ~a gens mortalium, paterna rura..exercet HOR.*Epod.* 2.2; ~o si credis..Cratino *Ep.*1.19.1; urbem partior et uacuos ~is cultoribus agros OV.*Met.*7.653; aequabat se Tiberius ~is imperatoribus TAC.*Ann.*2.88; domus ~orum ducum arserunt SUET.*Nero* 38.2; (*transf. ep.*) haec uestis ~is hominum uariata figuris CATUL.64.50;—quam ~i casci populi tenuere Latini ENN.*Ann.*24; ab eo coloniae aliquot deductae, ~i Latini appellati LIV.1.3.7; 1.32.13; PAUL. *Fest.*p.226M. **c** CIC.*Tusc.*1.27; cum colerent ~i studiosius agros OV.*Fast.*3.779; est frequens in prodigiis ~orum bouem locutum PLIN.*Nat.*8.183; 11.103.

2 Having existed a long time, old, ancient.

hic est e praefectura Atinati non tam ~a, non tam honorata CIC.*Planc.*19; haec, ~o quae more parentum tradita sunt..ad inferias CATUL.101.7; Carmentalem Romani nomine portam quam memorant, Nymphae ~um Carmentis honorem VERG.*A.*8.339; dignum..si sanguine ~o robur inest animis LUC.5.17; qua ~a Teucros Alba colit lares STAT.*Silv.*4.5.2;—(*of a deity*) me Chaos antiqui—nam sum res ~a—uocabant OV.*Fast.*1.103; en rerum naturae ~a parens APUL.*Met.*4.30; (*cf. sense 3*) cognoscat ~os ut dea ~a cibos OV.*Fast.*4.372.

3 Characteristic of a past time, old-fashioned, archaic. **b** (pregn.) conforming to a past standard of morality, old-fashioned.

illud, quod loquitur, ~um uisum iri putat, si plane fuerit rusticanum CIC.*de Orat.*3.42; quasi..~um aliquod aut insolitum uerbum interpretaretur *Balb.*36; ~arum litterarum notis *Div.*2.85; ~o illo dicendi et horrido modo LIV. 2.32.8; cuius ~a grauis lingua reduxit auos MART.7.47.2; quos more ~o apud iudicem fabulantis non auditores sequuntur TAC.*Dial.*23.3; condicere..denuntiare est ~a lingua GAIUS *Inst.*4.17b. **b** cuius ~am illam seueritatem ..tua soror existimatur imitata CIC.*Har.*27; a pereat cui sunt ~a supercilia! *Copa* 34; heu pietas, heu ~a fides VERG. *A.*6.878; Honos Pudorque ~us et neglecta redire Virtus audet HOR.*Saec.*58; L. Arrunti ~a grauitate celeberrimi VELL.2.86.2; STAT.*Silv.*4.6.92; ~ae sanctimoniae uirginem TAC.*Ann.*3.69; regendis prouinciis ~a uirtute egit 6.32;—(*of a person*) homo durus ac ~us inuectus est in eos CIC. *Clod.*fr.20; saeua quod horrebas ~i praecepta parentis CATUL.64.159; est grauis et ~a femina FRO.*Aur.*1.p.208 (75N).

Priscus² ~i, *m.* A Roman cognomen, esp. of **a** L. Tarquinius Priscus, the fifth king of Rome. **b** Q. Servilius Priscus Fidenas, conqueror of the Veientes and Fidenates in 435 B.C. **c** Helvidius Priscus, a prominent Stoic under Nero and Vespasian.

a LIV.1.34.10; PAUL.*Fest.*p.226M. **b** Q. SERVILIVS P F SP N ~VS FIDENAS *Fast.Cos.Cap.*4(*CIL* 1.p.17); dictatorem dici Q. Seruilium placet, cui ~o alii, alii Structo fuisse cognomen tradunt LIV.4.21.10. **c** suadere..~o ne supra principem scanderet, ne Vespasianum..praeceptis coerceret TAC.*Hist.*4.8; SUET.*Ves.*15.

pristēs ~ae, *m.* [Gk. πρίστης] A sawyer.

fecit (Myro)..et discobolon et Perseum et ~as PLIN. *Nat.*34.57.

pristīnārius: see PISTRINARIVS.

pristinē, *adv.* [next+-E] Previously, formerly.

iam tibi et ~ commendaueram Theonem amicum meum *P.Oxy.*1.32.

pristinus¹ ~a ~um, *a.* [*pris-* (as PRISCVS)+-TINVS]

1 Belonging to olden times, antique, ancient.

eu hercle! in uobis resident mores ~i PL.*Truc.*7; mysteria ..~a castis concepta sacris ACC.*trag.*528; hoc..libris etiam ~is proditum obseruari solere APUL.*Met.*9.3.

2 Belonging to a previous time, former, previous. **b** (neut. as sb.) the former state of things.

cum (nutrix) a cibo ~o in meliorem (pueros) traducit VAR.*L.*9.16; uestris..litteris recreatus me ad ~a studia reuocaui CIC.*Brut.*11; si illam meam ~am lenitatem perpetuam sperant futuram *Catil.*2.6; *Pis.*91; ~a uota nouo munere dissoluo CATUL.66.38; uti suae ~ae uirtutis memoriam retinerent CAES.*Gal.*2.21.2; quem pulsi ~a Turni.. gloria tollit VERG.*A.*10.143; pro tantis populi Romani ~is beneficiis LIV.5.44.3; oppidani ad ~um fastigium moenium nouum extruxere munimentum CURT.4.6.22; surgit residuus ~ae mentis pudor SEN.*Ag.*288; ~i sermonis oblita nouum commentum instruit APUL.*Met.*5.15;—(*of persons, w. ref. to status, activity, etc.*) coniunx ubi ~us illi respondet curis VERG.*A.*6.473; nunc senex ille..aduentores ~os..officiosis roncis raucus appellat APUL.*Met.*1.9. **b** ut..Siciliam,.. a barbaris..oppressam, suo aduentu in ~um restitueret NEP.*Timol.*1.1; finita patris adoptiui potestate nullum ex ~o retinetur uestigium PAPIN.*dig.*1.7.13; (*pl.*) nouae rediere in ~a uires VERG.*A.*12.424.

3 *~us dies, ~a nox*, The day, night before; *die ~i*, on the previous day. **b** (app.) of the previous day.

milites nostri ~i diei perfidia incitati CAES.*Gal.*4.14.3; LIV.4.32.10; in quae (*sc.* castra) infecta uictoria sicut ~o die uos recipiatis 9.23.11; M. Cicero..somnium ~ae noctis..narrabat SUET.*Aug.*94.9;—'die ~i' quoque eodem modo dicebatur, quod significabat 'die ~o' GEL.10.24.8. **b** dum ~um uinum apud ignem per sudorem corpore exhauserunt SIS.*hist.*116.

4 That has already existed for some time (i.e. not new), old.

amisso exercitu nihil incolume domum praeter os illud tuum ~um rettulisti CIC.*Pis.*53; Catone..~a consuetudine dicendi mora dies extrahente CAES.*Civ.*1.32.3; harundineta nunc ponere uel etiam ~a colere COL.11.2.19.

pristīnus² ~a ~um, *a.* [next+-INVS] Of or belonging to the *pristis*; *sidus ~um*, the constellation Cetus.

ex occasu ~i sideris COL.11.2.5; 11.2.64.

pristis ~is, *f.* Also **pistris**, PISTRIX². [Gk. πρίστις]

1 A large fish or sea mammal, sts. identified with the sawfish, but also stated to be viviparous. **b** the constellation Cetus, 'the Whale'. **c** a kind of light, oared vessel.

immania monstra sub undis qui ferat Oceanum, qui saeuas undique ~is PEDO *poet.*6; plurima..maxima animalia in Indico mari, ex quibus..~es ducenum cubitorum PLIN.*Nat.*9.4; quae pilo uestiuntur, animal pariunt, ut ~is, ballaena 9.41; per medias hostium naues..uidentibus procul quasi marina ~is euaserat FLOR.*Epit.*1.40(3.5.16); (*in representation*) frons hominem praefert, in ~im desinit aluus VERG.*A.*10.211; (*as the name of a ship*) Mnestheus agit acri remige ~im 5.116. β iamque agmine toto pistris adest V.FL.2.531. **b** auster ~in agit GERM.*Arat.*360; Andromedan, uastos metuentem ~is hiatus MAN.1.356. **c** tectas naues et lembos ~isque LIV.35.26.1; adiectae ad hunc numerum (*sc.* lemborum) quinque ~es erant 44.28.1; ~is (nauigium ea forma a marina bellua dicta est) CLOD.*hist.*4.

prīuātim, *adv.* [PRIVATVS+-IM] ORTHOG.: *preiuatim CIL* 1.755.

1 In a private capacity, privately, personally. **b** in a private place, in private.

cogitate, quanto nos inter nos ~ cautius facimus CATO *orat.*163; Naeuio neque ex societatis ratione neque ~ quicquam debuit Quinctius CIC.*Quinct.*37; turpius est..~ cadere quam publice *Att.*16.15.6; quod autem tibi cum Antonio ~ odium? BRUT.*ad Brut.*1.16.4; se..aduersus optimates maximo ~ periculo, nullo publice emolumento stare LIV. 6.39.6; FRVMENTATIONES FRVMENTO ~ COEMPTO EMENSVS SVM AUG.*Anc.*3.11; temperanti..annum deo ~ obligatus sum, quamuis nihil in meum honorem discriptio ista sit SEN.*Ep.*73.6; matrimonia..non ~ maritanda esse, sed fieri communia APUL.*Pl.*2.25;—(*w.* sibi) pro communi imperio ~ sibi quisque seruitutem peperit SAL.*Rep.*2.5.5; P. Cornelium..non sibi ipsi ~ creatum consulem LIV. 28.42.22;—(*modifying an adj.*) castris praeerat Verginius, ~ Sergio inuisus 5.8.9; ~ degeneres, in publicum exitiosi TAC.*Ann.*11.17; exempla publice uel ~ salubria SUET.*Aug.* 89.2. **b** nimio hic ~ seruaretur rectius PL.*Bac.*314; aurum..in urbibus et ~ et in fanis inuidiosa res est CIC. *Leg.*2.45; nec..~ se tenuit; in foro cum filio..otiose inambulauit LIV.23.7.10; ut delubra nemo audeat ~ constituere APUL.*Apol.*65.

2 In separate units, severally, individually. **b** in separate or individual ways.

ager quem ~ habent Gallicus, Samnitis, Apulus, Bruttius CATO *orat.*228; ut ~ ex censu ordinibusque..remiges darent cum stipendio LIV.26.35.3; ceteri (digiti) omnes onerantur, atque etiam ~ articuli minoribus aliis PLIN.*Nat.*33.24. **b** ipsi, qui ~ proprietates tenent artium VITR.1.1.14.

3 In a manner not applicable to others, peculiarly, specially; separately, apart. **b** to a special extent, particularly, most of all. **c** in particular cases.

cuius rei ratio ~ reddenda est PLIN.*Nat.*2.69; de iis ~ condidit uolumen Amometus 6.55; alius ~ cumini morbus scabies 19.176; qui iaculum emittit iaculari dicitur, qui pilam..appellatione ~ sibi adsignata caret QUINT.*Inst.* 8.2.5;—murenarum uiuarium ~ excogitauit ante alios C. Hirrius PLIN.*Nat.*9.171; ~ dicato opere narranda 10.190. **b** casias..auium nidis et ~ phoenicis..decuti PLIN.*Nat.* 12.85; uergiliae ~ attinent ad fructus 18.280; 20.35; plagis bestiarum omnium, ~ scorpionum 20.41; fel testudinum.. sedat..omnia oris uitia, ~ nomas ibi 32.37. **c** est quaedam ~ dissociatio corporum PLIN.*Nat.*7.57; coepit (allex).. ~ ex inutili pisciculo minimoque confici 31.95.

prīuātiō ~ōnis, *f.* [PRIVO+-TIO] Removal or absence (of a condition), negation.

omnis..~one doloris..terminari summam uoluptatem CIC.*Fin.*1.38; 2.28; huius..motus animi..non ~onem esse utilem censuit, quam Graeci στέρησιν dicunt GEL.1.26.11; sicuti omnis culpae ~o 'inculpatum' facit 2.6.10; quid aliud iustitia est quam iniustitiae ~o? 7(6).1.4.

prīuātīuus ~a ~um, *a.* [PRIVO+-IVVS] (gram.) Negative, privative.

GEL.5.12.10; 'ne'..particula..plerumque in Latina.. lingua ~a est 13.23.19.

prīuātus[1] ~a ~um, *a.* [pple. of PRIVO] FORMS and ORTHOG.: *preiuata CIL* 1.589.1.12, *preiuatod* 1.581.16.

1 (of property, etc.) Restricted for the use of a particular person or persons, private. **b** belonging as private property to oneself, one's own; (w. gen.) belonging as private property (to). **c** (neut. as sb.) private property; one's own property, one's own house or land; one's own interest; *in ~o*, in private, privately.

LOCA AEDIFICIA PVBLICA PREIVATAVE *CIL* 1.589.1.12; tibi..~a nauis..publice est aedificata CIC.*Ver*.5.136; si est ~us ager Recentoricus *Agr*.2.57; *Att*.7.15.3; specus..a Nilo pertinentis, quibus aqua in ~as domos inducitur *B.Alex*.5.1; ne ~is tantum operibus cresceret urbs, Capitolium quoque..substructum est LIV.6.4.12; OV.*Pont*. 1.1.10; TAC.*Hist*.4.55; domus..et possessiones habeant ~as APUL.*Pl*.2.26; si..flumen ~um sit ULP.*dig*.43.12.1.4; VIA ~A *CIL* 5.2548.1. **b** ea quae tenetis ~a atque uestra CIC.*Mil*.78; uerbis..in docendo quasi ~is utuntur ac suis *Fin*.3.4; monendus ~as ut quaerat opes (*i.e. not to plagiarize*) HOR.*Ep*.1.3.16; LIV.27.11.14; ignoti (fuerant)..maris cursus ~aque tellus grata satis GERM.*Arat*.114;—auctionem ..se facturum esse..earum rerum quae ipsius erant ~ae CIC.*Quinct*.15; res..fiscales quasi propriae et ~ae principis sunt ULP.*dig*.43.8.2.4. **c** NEVE IN POPLICOD NEVE IN PREIVATOD..SACRA QVISQVAM FECISE VELET *CIL* 1.581.16; ~VM PRECARIO ADEITVR 1.1606; si quis sacrum ex ~o subripuerit CIC.*Inv*.1.11; argentum aurumque omne ex publico ~oque in forum conlatum LIV.21.14.1; circumdatis tabernis quas uendidit in ~um 40.51.5;—undique ex tota urbe proripientium se ex ~o..concursus in forum..fieri 2.24.7; ut ipsi in ~o animaduerterent in eas (*sc.* mulieres) 39.18.6; in ~o pascere inertis erat OV.*Fast*.5.286; inlustrium fluminum per ~um decursus est et amnes magni..uestri sunt SEN.*Ep*.89.20; non potes inperare apibus tuis intra ~um uolent? [QUINT.]*Decl*.13.4; (*poet.*) gaudia Caesareae mentis..sunt mea: ~i nil habet illa domus OV.*Pont*.2.1.18; —nunc in ~um sibi singuli consulunt QUINT.*Decl*.255(p.46, l.8);—quomodo (debeat) in publico se gerere, quomodo in ~o SEN.*Ep*.94.17.

2 Not holding public office (civil or military), private, unofficial. **b** (as emphasizing subject status).

fateatur..se ~um hominem praedonum duces..incolumis domi suae..retinuisse CIC.*Ver*.1.12; ~us..ne quis uir.. pro nostro imperio periculo suo dimicaret *Balb*.25; *Pis*.30; Pompeium ~um dictatorem appellauit *Q.fr*.1.2.15; imperium ablatum ab tribunis..ad homines ~os detulistis LIV.28.27.14; et te ~o cum Caesare Magnus amabit MART. 11.5.11; (*w. abst. sb.*) ne lassum teneat ~a senectus LUC. 1.324. **b** numquam..ratus sum fore uti rex maxumus.. ~o homini gratiam deberem SAL.*Jug*.110.1; inuidens ~a deduci..non humilis mulier triumpho HOR.*Carm*.1.37.31; ~i hominis nomen supra principem attolli TAC.*Ag*.39.3; (*transf.*) et, si non sufficiunt exempla ~a, diuum Iulium, diuum Augustum..? PLIN.*Ep*.5.3.5; (*poet.*) sceptra..~a tam cito sumpta manu OV.*Am*.2.18.16.

3 Of or relating to a private person or a person in his private capacity, private. **b** of or suitable for a person having the status of an ordinary citizen.

is ~am seruitutem seruit illi an publicam? PL.*Capt*.334; fures ~orum furtorum..in compedibus aetatem agunt, fures publici in auro CATO *orat*.221; conuiuia publica et ~a HEM.*hist*.13; non publicum ius, non ~um et ciuile cognouerat CIC.*Brut*.214; ~a lis *Q.Rosc*.24; publici mei benefici memoria ~am offensionem oblitterauerunt *Red.Sen*.21; ~is litteris ad bellum commune uocare *Fam*.11.25.2; SAL. *Cat*.29.1; publicum gaudium ~is studiis celebratum est LIV.10.45.1; causa..~a publica maior erit OV.*Tr*.4.2.74; perpetuus populi ~o in limine praetor MAN.4.212; refulsit inter ~a pocula publicae securis acies SEN.*Con*.9.2.24; ~a crudelitas! SEN.*Cl*.1.5.2; lex alia solio est, alia ~o in toro *Ag*.264; MART.9.43.12; uideas alios..in iudiciis ~is ad actiones aduocari QUINT.*Inst*.6.4.7; TAC.*Ann*.3.12; ~o nomine Vespasianum salutauerat SUET.*Ves*.15; ex ~is.. noxiis oritur damnum pecuniarium ULP.*dig*.21.1.17.18; (*of gods*) hos omnes deos publicos ~osque..deserturi estis? LIV.5.52.3; (*neut. pl. as sb.*) ~a modo et domestica nos delectant CIC.*Att*.4.18.2. **b** indignatur..~is ac prope socco dignis carminibus narrari cena Thyestae HOR.*Ars* 90; si illa maiestas ~a umquam fuit VELL.2.99.4; pietas fides ~a bona sunt, qua iuuat reges eant SEN.*Thy*.218; TAC. *Hist*.3.65; quod illa clarissimas, ego ~as nuptias fecerimus APUL.*Met*.2.3; (*neut. pl. as sb.*) non ~a cupis,..quisquis.. Pompeium transire paras LUC.2.564.

4 Individual to a person or thing, peculiar, special; (w. gen.) peculiar (to).

Palmyra..~a sorte inter duo imperia summa..est PLIN. *Nat*.5.88; innascuntur..porro..~a animalia 19.177; qui ~um genus eius (*sc.* paederotis) faciunt, sangenon ab Indis uocari tradunt 37.84; *CIL* 10.4760.8;—arborum quidam communes morbi, quidam ~i generum PLIN.*Nat*.17.218.

prīuātus[2] ~ī, *m.* [prec.]

1 One who holds no public office, a private person. **b** one who is not a ruler, a subject.

hic qualis imperator nunc ~us est PL.*Capt*.166; (uinum honorarium) nunquam accepi, ne ~us quidem CATO *orat*. 73; ~us an in potestate sit CIC.*Inv*.2.30; ne tum quidem populus Romanus ad ~um detulit bellum, quamquam erat Africanus *Phil*.11.18; ut praetores ita crearentur ut dies sexaginta ~i essent *Q.fr*.2.7.3; potentior et maior quam ~us existimabatur NEP.*Alc*.3.4; ~us..magis uiuam te rege beatus HOR.*S*.1.3.142; LIV.28.38.11; VELL.2.51.3; SEN. *Apoc*.9.1; duce ~o gesturus proelia consul LUC.2.278; GEL. 13.12.7; (*cf.*) docuit in conseruanda ciuium libertate esse ~um neminem CIC.*Rep*.2.46. **b** Cyrus et Darius..quorum uterque ~us uirtute regnum est adeptus NEP.*Reg*.1.2; nescire Tarquinios ~os uiuere LIV.2.2.3; illa dies, qua.. steterat ~us in aula STAT.*Theb*.2.310; maior ~o uisus dum ~us fuit TAC.*Hist*.1.49; auaritiae uix suspicionem ullam aut ~us umquam aut princeps aliquamdiu dedit SUET.*Dom*. 9.1; MACER *dig*.50.10.3; (*transf.*) tunc cum uirguncula Iuno et ~us adhuc..Iuppiter JUV.13.41.

2 A member of the public, individual. **b** (spec., applied to the defendant in a law-court). **c** (opp. a soldier).

ID VTEI ~O SOLVATVR, QVEI ⟨EORV⟩M PETET *CIL* 1.583.8; quod dicantur multitudinis nomine publicae balneae..~i.. unum balneum VAR.*L*.9.68; quod ~us a populo petit aut populus a ~o CIC.*Ver*.2.32; ~um..oportet aequo et pari cum ciuibus iure uiuere *Off*.1.124; HOR.*Carm*.2.15.15; neminem, neque populum neque ~um, fugio LIV.9.1.7; agri Campani, quem ~i sine discrimine passim possederant 42.19.1; (Apis) responsa ~is dat PLIN.*Nat*.8.185; lapides.. inscripti nomine diui Vespasiani sub clausula tali, occupati a ~is fines HYG.*agrim*.p.85; quia..~i praeferuntur (*sc.* fisco) ULP.*dig*.20.4.8. **b** LIV.26.3.8; iudicia in faeneratores..sunt facta accusantibus ~os aedilibus curulibus 35.41.9; appellati a ~o tribuni 43.16.5. **c** si ~us a milite petat PAPIN.*dig*.21.2.66.1.

prīuera ~ae, *f.* [cf. PRIVVS] (See quot.)

~as mulieres priuatas PAUL.*Fest*.p.252M.

Prīuernās ~ātis, *a.* Of or belonging to Privernum; (masc. as sb., sc. *fundus*) an estate at Privernum; (pl.) the people of Privernum.

fundum ~atem CIC.*Clu*.141; agri ~atis *Div*.1.97; de senatu ~ate LIV.8.20.9; Veliterna, ~atia (*sc.* genera uini) PLIN.*Nat*.14.65;—forte euenit ut in ~ati essemus CIC. *de Orat*.2.224; QUINT.*Inst*.6.3.44;—LIV.7.15.11; consul fauens ~atium causae V.MAX.6.2.1; Ferentinis ~atumque maniplis..excitis SIL.8.393.

Prīuernum ~ī, *n.* ORTHOG.: *Preiuer. BMCR* 1.p.483,No.3876. A Latin town founded by the Volscians.

C. HYPSAE COS PREIVER CAPT *BMCR* 1.p.483,No.3876 (*c.* 58 B.C.); ~o Oufentina uenit LUCIL.1260; ~o antiqua Metabus cum excederet urbe VERG.*A*.11.540; LIV.42.2.4; SIL.6.43.

prīuiclioes, *a.* [cf. PRIVVS] (See quot.)

~es, priuis id est singulis FEST.p.205M.

prīuigna ~ae, *f.* [fem. of next] A step-daughter; (also extended to more distant relationships, see quot.).

osculaui ~ae caput TITIN.*com*.155; de uxore Tuberonis et ~a CIC.*Att*.13.20.2; mare ab inuiso ~ae (*i.e. Helle*) nomine dictum OV.*Ep*.18.125; cum esset ~a Antoni desponsata Caesari VELL.2.65.2; SUET.*Aug*.62.1; nec in matrimonium conuenire (oportet) nouercam eius qui ~ae maritus fuit PAPIN.*dig*.23.2.15;—~a..non solum ea mihi intellegitur quae uxoris meae filia est, sed et neptis et proneptis PAUL. *dig*.23.2.14.4.

prīuignus[1] ~a ~um, *a.* [PRIVVS+-GENVS] Related as a stepson; (in quot., transf.).

et quos enixa est partus iam quaerit (*sc.* terra) alendos, ~asque rogat proles (*i.e. transplanted seedlings*) COL.10.163.

prīuignus[2] ~ī, *m.* [prec.] A stepson. **b** (pl.) stepchildren.

⟨..DVM NEI QVIS IOVD⟩EX SIET, QVOI IS..QVEI PETET,.. VITRICVS ~VSVE SIET *CIL* 1.583.22; in familiae luctum atque in ~orum funus nupsit CIC.*Clu*.188; SAL.*Cat*.15.2; pocula ~o non nocitura suo PROP.2.1.52; quia ~o uidear coitura nouerca OV.*Ep*.4.129; AUG.*Anc*.5.27; Tiberium Neronem ~um in proximo sibi fastigio conlocauit TAC.*Hist*. 1.15; SCAEV.*dig*.38.10.7; APUL.*Apol*.1. **b** Lolliam..~is parentis loco futuram TAC.*Ann*.12.2; inter ~os contrahi nuptiae possunt PAPIN.*dig*.23.2.34.2.

prīuilēgiārius ~a ~um, *a.* [next+-ARIVS] Enjoying a peculiar right, privileged.

occupantis meliorem esse condicionem, nisi si quis ~us ueniat ULP.*dig*.14.5.3; pecunia ad creditores ~os peruenit 42.5.24.3; *Ed.pr*.40.2(*Font.iur*.p.229).

prīuilēgium ~(i)ī, *n.* [PRIVVS+LEX+-IVM]

1 A law passed against (so in Cicero's time) or (later) in favour of a specific individual or individuals.

tribuno plebis..rogationem in Galbam ~i similem ferente CIC.*Brut*.89; cum ferro, cum metu, cum edictis, cum ~iis.. seruitute oppressam ciuitatem teneres *Dom*.131; cum.. duodecim tabulis sanctum esset ut ne cui ~ium inrogari liceret *Sest*.65; *Leg*.3.11; de te ~ium tulit, ut..exulares *Parad*.32; quod et ~ium diceret in Milonem ferri et iudicia praecipitari ASC.*Mil*.31; nec contentus Marcellus prouincias Caesari et ~ium eripere SUET.*Jul*.28.3; ~ium, quod de Cn. Pompei reditu ferebatur GEL.10.20.10; (*defined*) 10.20.4.

2 A special right, privilege, prerogative. **b** a claim having special rights, a privileged claim.

SEN.*Con*.7.4.3; SEN.*Dial*.2.3.2; inter extraneos..est aliquod ~ium aetatis QUINT.*Decl*.258(p.53,l.15); balneis..~ium antiquitus concedebatur, ut semel data aqua perpetuo maneret FRON.*Aq*.107; si a ~iis parentum cessaretur TAC. *Ann*.3.28; habuisse (*sc. the citizens*) ~ium et uetustissimum morem arbitrio suo rem publicam administrare PLIN.*Ep*. *Tra*.10.47(56).1; cum..de ~io sacerdotum Atticae Cereris cognosceret SUET.*Aug*.93; unum (*sc.* son) seruauit ~io sacerdotii, alterum praemio uiri fortis CALP.*Decl*.26; neque id fit quasi ~io quodam inscitae consuetudinis GEL. 12.13.29;—(*w. defining gen.*) creditor..in pecuniam quam crediderit ~ium exigendi habebit ULP.*dig*.12.1.25; ~ium deductionis perdidit 14.4.5.7. **b** utilem actionem in heredem dandam et ~ium funerarium SCAEV.*dig*.11.7.46.2; ~iis temporis fore potiorem heredem ULP.*dig*.20.4.10; post ~ia potiorem eorum causam esse..qui pecunias..fidem publicam secuti deposuerunt 42.5.24.2;—(*w.* in+*abl.*) concedi oportet quasi ~ium in bonis uiri mulieri 24.3.22.13; PAUL.*dig*.27.10.15.1.

prīuō ~āre ~āuī ~ātum, *tr.* [PRIVVS+-O[3]] CONST.: w. acc. and abl., also gen., or second acc.

1 To cause to be parted (from), deprive or rob (of). **b** (w. *uita* and sim.) to deprive of life.

ut eo (*sc.* auro) me ~ent PL.*Poen*.775; paelice ut meum ~arem uirum CAECIL.*com*.156; M. Bibulum..spoliaras consulatu, patria ~are cupiebas CIC.*Vat*.24; ut..se ciui rem publicam ~et *Sest*.61; non..se tectis ~are uoluerunt *Pis*.15; neque rem publicam alterutro exercitu ~are uoluisse CAES. *Civ*.3.90.2; orbam nato simul et ~atam uiro PHAED.3.10.45; ~atus lumine..clamabat..se meruisse OV.*Pont*.1.1.53; neu nos sceptris ~auerit hospes LUC.8.498; STAT.*Theb*.2.695; puellam elegit et uirginitate ~auit APUL.*Met*.6.23; (*w. abst. obj.*) praeposito..'in' ~atur uerbum ea ui, quam haberet si 'in' praepositum non fuisset, dignitas indignitas.. CIC.*Top*. 48;—(*w. abst. subj.*) quem noua poena legis et domo et parente..~at *Mur*.89; cum me aegritudo..somno ~aret *Att*.9.10.1; (*absol.*) sunt..alia contraria, quae ~antia licet appellemus Latine, Graeci appellant στερητικά *Top*.48; —(*w. gen.*) me cum ~ares tui AFRAN.*com*.152;—(*w. acc.*) res uis hunc ~ari pulchras NOV.*com*.69. **b** date ferrum, qui me anima ~em ENN.*scen*.198; *Rhet.Her*.4.23; fratris.. liberos prius uita ~auit quam illi hanc a natura lucem accipere potuerunt CIC.*Clu*.31; NEP.*Reg*.3.4; TAC.*Ann*.4.30.

2 To debar from the possession, use, etc. (of), prevent from having.

Pamphilamne hac urbe ~ari sines? TER.*Ph*.517; ~abo potius illum debito testimonio CIC.*Luc*.3; ut pereant aeuo ~ata futuro LUCR.3.486; aera si credis ~atum lumine posse indugredi 4.366; non quia te superi patrio ~are sepulchro maluerint LUC.2.732;—(*in theory*) cum..sine corpore..uult esse deum, omni illum sensu ~at CIC.*N.D*.1.33; aut..motu ~andumst corpora quaeque LUCR.1.381.

3 To cause to be free (from a disadvantage), release (from), relieve (of).

ego adulescentis bonos et fortis..meis inimicitiis..~aui CIC.*Pis*.4; spero..me a te impetrasse ut ~ares me ista molestia *Att*.12.26.2; quem ad modum aegritudine ~emus eum *Tusc*.3.44; natura..dominis ~ata superbis LUCR. 2.1091; sic eris aeui quod superest cunctis ~atus doloribus aegris 3.905; sunt pleraque noxa..magna..~ata, quia non sunt turpia GEL.12.5.10; (*of inanim. subj.*) quem ter uindicta..imposita haud umquam misera formidine ~et HOR. *S*.2.7.77.

prius, *adv.* [PRIOR] PROS.: *prīus* PL.*Cas*.571 (s.v.l.).

1 At an earlier time (than now or some contextually indicated time), previously, formerly, before. **b** before something else occurs or is done, in advance, beforehand, first.

topper facit homines ut ~ fuerunt ANDR.*poet*.27; nimio minus altus puteus uisust quam ~ PL.*Rud*.460; nullumst iam dictum quod non dictum sit ~ TER.*Eu*.41; cum mihi ob eos mores, quos ~ habui, honos detur CATO *orat*.107; VERG. *A*.10.223; ne sit ancillae tibi amor pudori..~ insolentem serua Briseis niueo colore mouit Achillem HOR.*Carm*.2.4.2; ut ~ in bello pacem, sic in pace bellum quaerens LIV.1.27.2; in prouinciam aeque ac ~ praecipiti celeritate abit 41.10.13; luna..quae numquam quo ~ orbe micas OV.*Ib*.72; cum.. miles Romanus..ossa uirum lacerosque ~ super astitit artus MAN.1.911; Tiberis, antea Thybris appellatus et ~ Albula PLIN.*Nat*.3.53; interdum et hoc (collyrio) superinunguantur, qui ~ Athenippio curati sunt LARG.27;—(*w. abl. of degree*) hinc ex hisce aedibus paullo ~ uidi exeuntem mulierem PL.*Cist*.546; pauxillo ~ me conuenit AFRAN.*com*.296—(*w. abl. of comparison*) ~ orto sole uigil HOR.*Ep*.2.1.112;—(*w. other temporal advs.*) pudet quem ~ non puditumst umquam PL.*Cas*.878; iam ~ haec se e Pamphilo grauidam dixit esse TER.*An*.512; (*pleon., w. ante*) neque eum ante usquam conspexi ~ PL.*Trin*.1141. **b** ne mox erretis, iam nunc praedico ~ PL.*Men*.47; si rex opstabit obuiam, regem ipsum ~ peruortito *St*.287; amurca⟨m⟩ spargas..ablaqueato ~ non alte CATO *Agr*.36; Catonem descensurum ad accusandum non fuisse, nisi ~ de causa iudicasset CIC.*Mur*.60; Caesarem, si uellet eum locum occupare, ~ necesse esse conuallem.. transgredi *B.Afr*.50.2; SAL.*Cat*.27.4; tu..facilis uenerare Napaeas..sed modus orandi qui sit ~ ordine dicam VERG. *G*.4.537; cum..uerti..in eo res uideretur utri ~ arma inferrent LIV.1.30.8; dicturus, quibus ornetur oratio, ~ ea, quae sunt huic laudi contraria, attingam QUINT.*Inst*.8.3.41;—(*contrasted w. other temporal advs.*) querentem id sibi ~ perfidia, deinde etiam crudelitate tua accidisse MANC.*orat*.1; ~ iura Siculorum, deinde istius instituta cognoscite CIC.*Ver*. 2.32; ab his et ~ datum locum Veientibus..et nunc proditum exercitum LIV.5.11.8; nunc..Geticis circumsonor armis, multa ~ pelago..passus OV.*Tr*.5.3.12;—(*w. abl. of degree*) heri ambo in uno portu fuimus, sed mea hodie solutast nauis aliquanto ~ PL.*St*.417; rem..ita dextere egit, ut medendis corporibus animi multo ~ militum imperatori reconciliarentur LIV.8.36.7;—(*w. ellipsis of vb.*) ubi ego uenero, exossabitur; ~ nolo TER.*Ad*.379; consul ei rescripsit ut ~ ipse in Picenum CIC.*Att*.7.21.2; PLIN.*Nat*.6.178; nec mihi difficilis praesens uindicta; sed arma, arma ~, famuli! STAT.*Theb*.11.306; de hac re igitur ~ QUINT.*Inst*.1.2.3.

2 With greater likelihood, sooner; for preference, rather.

~ pariet lucusta lucam bouem NAEV.*poet*.63(62);—(*w. abl. of degree*) multo ~ ipsa animi uis in capite..esse posset LUCR.5.134;—'meus amicus est.' sit patriae ~ CIC.*Phil*.5. 6; iustitiaene ~ mirer belline laborum? VERG.*A*.11.126; credam ~ ora Medusae Gorgonis anguinis cincta fuisse comis OV.*Tr*.4.7.11; non alium ~ hoc dignarer honore *Pont*.4.12.3; quid precer, heu, timeamue ~? STAT.*Ach*.1.935;—(*w. ellipsis of vb.*) '~ undis flamma,' ut ait poeta nescio quis CIC.*Phil*. 13.49;—(*foll. by* an) iure ~ pugnandum an aequo (sit) QUINT.*Inst*.6.5.5.

priusquam, *conj.* [next+QVAM] N.B. Also written as two words, which may be separated by intervening words.

1 (w. ind., indicating a simple time

relationship) At a time earlier than, before. **b** (w. ellipsis of vb.).

prius respondes quam rogo PL.*Mer*.456; facite huc ut redeat noster quam primum senex..priusquam omnia periere *Mos*.79; uxorem hanc prius quam duxit, uostrum amorem pertuli TER.*Hec*.744; ~ messim facies, porcam praecidaneam hoc modo fieri oportet CATO *Agr*.134.1; haud sinam quidquam profari prius quam accepso quod peto PAC.*trag*.325; tuum consilium uehementer laudo quod non prius exercitum Apollonia..mouisti quam de Antoni fuga audisti CIC.*ad Brut*.1.2.2; neque finem prius sequendi fecerunt quam muro oppidi portisque appropinquarunt CAES.*Gal*.7.47.3; quid horum fuit quod non ~ datum est ademptum sit? SULP.RUF.*Fam*.4.5.3; neque prius finis iugulandi fuit, quam Sulla omnis suos diuitiis expleuit SAL.*Cat*.51.34; quam bene Saturno uiuebant rege, ~ tellus in longas est patefacta uias! TIB.1.3.35; obsessis ~ alter consul..aduenit..commeatus ex montibus Samnitium inuecti erant LIV.9.13.10; haud usquam impedita uia ~ ad Druentiam flumen peruenit 21.31.9; tyrannus..soluit eculeum, lamminas extinxit prius quam efficere potuit ut..conscios indicaret (Theodotus) V.MAX.3.3.ext.5;—(*w. abl. of degree*) prius multo ante aedis stabam quam illo adueneram PL.*Am*.603; multo..creatae sunt prius aures quam sonus est auditus LUCR.4.839;—(*pleon., w.* ante) nemo ante me nouus imperator militibus suis ~ opera eorum usus esset gratias agere iure ac merito potuit LIV.26.41.3; neque enim ante eam rem quaestui cuique esse oportet, ~ periculo eius sit POMPON.*dig*.13.6.13.1;—(*w. inf. in indir. sp.*) libertatem uniculque prius reddendam esse quam arma danda LIV.2.28.7; quidam putant ignem inesse nubibus, quidam ad tempus fieri nec prius esse quam mitti SEN.*Nat*.2.12.3. **b** prius illi erimus quam tu PL.*Ps*.758; Marsus hostem occidit prius quam Paelignus CATO *hist*.53; se prius in Galliam uenisse quam populum Romanum CAES.*Gal*.1.44.7; qui..non prius quam Venusiae aut Canusii constiterunt LIV.22.59.10; adhuc non sum ex ulla parte Atheniensium similis..nihil prius illorum imitabor quam fugam? SEN.*Suas*.2.6.

2 (w. subj., usu. introducing some notion of design, anticipation, etc.). **b** (w. subj. in indir. sp. or dependent on sub. cl.). **c** (w. abl. absol. or pf. pple.). **d** (w. omission of vb.).

nullo pacto potest prius haec in aedis recipi quam illam amiserim PL.*Mil*.1096; ne, ille prius quam spolia capiat, hinc nos extinxit fames *Truc*.524; inspice hoc facinus, prius quam fiat, prohibessis scelus ENN.*scen*.286; ~ indicerent bellum..faetiales..mittebant VAR.in Non.p.529M; prius confecit exercitum..quam quisquam hoc eum cogitare suspicaretur CIC.*Phil*.5.43; quam prius quam aperuissem, dixi ei te ad me de eo scripsisse antea *Att*.10.17.1; in omnibus..negotiis ~ adgrediare, adhibenda est praeparatio diligens *Off*.1.73; prius ad hostium castra peruenit quam quid ageretur Germani sentire possent CAES.*Gal*.4.14.1; culpam ferro compesce ~ dira per incautum serpant contagia uulgus VERG.*G*.3.468; princeps pace belloque ~ exsulatum iret LIV.7.1.9; ob haec cum legatos mitti placuisset prius ad Samnites quam bellum fieret 8.23.3; ~..succurreretur, exspirauit 35.35.19; prius incipiam stellis quam reddere uires..implenda est mundi facies MAN.1.809; eadem, ~ maturescat semen, concisae..aluum sistunt PLIN.*Nat*.27.111; (*pleon., w.* prius) prius quam quoiquam conuiuae dabis, gustato tute prius PL.*Ps*.886;—(*app. in simple temporal relationship*) haec cuncta, prius quam cerneret, ordine terris prodidit SIL.13.790. **b** ne me istuc ex te prius audisse gaudeo quam argentum haberes quod daturus iam fui TER.*Hau*.816; Lauini boues immolatos, prius quam caederentur, profugisse in siluam CATO *hist*.55; ne ad te prius ipse quid scriberem quam aliquid accepissem CIC.*Fam*.9.8.1; LUCR.3.590; SAL.*Jug*.44.3; iis..praedixit, ut ne prius Lacedaemoniorum legatos dimitterent quam ipse esset remissus NEP.*Them*.7.3; uetitus..aut ipse prouincia decedere prius aut ueterem deducere exercitum, quam..consul uenisset LIV.32.8.3; LARG.80. **c** negant se inde prius quam capta urbe hostium redituros esse LIV.5.7.7; 8.14.6; ut uictores ~ uicti pugnandi finem facerent 9.32.10. **d** non prius ciuitatem quam uitam amitterent CIC.*Caec*.100; ne prius hesternae fugae quam hodiernae uictoriae fama Romam perueniat LIV.27.13.12.

3 (w. partial retention of temporal sense) With greater likelihood than, sooner than; in preference to (doing something), rather than. **b** (in comparisons expr. the impossibility of a given event or situation) sooner. **c** to a greater extent than, rather than.

dum istos inuitabis suffragatores..prius in capulo quam in curuli sella suspendes natis NOV.*com*.76;—animam amittunt prius quam loco demigrent PL.*Ann*.240; omnia experiri certumst prius quam pereo TER.*An*.311; prius proditurum te tuam uitam et prius pecuniam omnem quam abs te amittas filium *Hau*.479. **b** nulla prius uasto labentur flumina ponto..quam tua sub nostro mutetur pectore cura PROP.1.15.29; terra prius falso partu deludet arantis..quam possim nostros alio transferre dolores 2.15.31; uere prius uolucres taceant..femina quam iuueni blande temptata repugnet OV.*Ars* 1.271; *Pont*.1.6.51. **c** consules paratos esse duces prius aduersus scelus ciuium quam aduersus hostium arma LIV.4.2.14; se prius consulem populi Romani quam fratrem P. Claudii esse 39.32.11; quoniam antiquitas nihil prius mirata est, quam Hesperidum hortos PLIN.*Nat*.19.49.

prīuus ~a ~um, *a.* [Umb. *prever*, *preve*]

1 Peculiar to oneself, private, individual.

his discipulis ~os custodes dabo PL.*Ps*.865; opercula doliorum et tectaria ~a CATO *Agr*.11.2; hisce abdomina tunni aduenientibus ~a dabo LUCIL.50; quod si forte animas..~as in corpora posse uenire credis LUCR.3.723; locuples quem ducit ~a triremis HOR.*Ep*.1.1.93; ut ~os lapides silices ~asque uerbenas secum ferrent LIV.30.43.9; et ~as quas dant leges nascentibus astra MAN.2.126; ergo ut miremur te, non tua, ~um aliquid da JUV.8.68; ~us custos, singularis praefectus, domesticus speculator APUL.*Soc*.16.

2 Separate, single.

in multas..uoces uox una repente diffugit, in ~as quoniam se diuidit auris LUCR.4.566; aera..qui corpore toto innumerabiliter ~as mutatur in horas 5.274; neque, si maxime pluribus eas res uerbis dicemus, tam dilucide tamque apte demonstrari Latina oratione possunt, quam Graeci ea dicunt ~is uocibus GEL.11.16.1; (*cf.*) quia ueteres '~a' dixerunt, quae nos 'singula' dicimus 10.20.4; (*w.* quisque) nec repentis itum cuiusuiscumque animantis sentimus nec ~a pedum uestigia quaeque LUCR.3.389; uentus..cum uerberat..non ~am quamque solemus particulam uenti sentire 4.260.

3 (w. gen.) Destitute, devoid (of).

~os ipse militiae SAL.*Hist*.1.78; turba inperitorum..~a uerae rationis APUL.*Soc*.3.

prō¹, *prep.* [Skt. *pra-*; Gk. πρό] CONST.: w. abl.; w. acc. *CIL* 2.177; 4.4603; 6.81.5; 6.461.1; 8.25902.3.17; 10.5654; 11.619; 11.2997, etc.

1 In front of, before (usu. in an attitude of defence, occupation, or sim.). **b** in a forward or prominent position on, on the edge of.

hostium ~ moene ENN.*Ann*.628; sedens ~ aede Castoris CIC.*Phil*.3.27; ipse ~ castris fortissime pugnans occiditur CAES.*Gal*.5.37.5; 7.71.8; turmae..equitum, quae ~ uallo in stationibus esse solebant *B.Afr*.29.1; ipsi..~ turribus astant VERG.*A*.9.677; cum eis nauibus quae ~ Calabriae litoribus in statione essent LIV.24.11.5; stationes quae ~ porta stabant 25.18.5; ~ ducibus nostris aegida semper habe! OV.*Fast*.3.848; stat non fragilis ~ Caesare murus LUC.6.201; agrestum ~ rege manus STAT.*Theb*.5.667; (*w. vb. of motion*) Caesar ~ castris suas copias produxit CAES.*Gal*.1.48.3; ~ castris equites auxiliarios mittere SAL.*Jug*.100.4. **b** mulieres puerique ~ tectis aedificiorum saxa..certatim mittere SAL.*Jug*.67.1; Q. Fabius primam ac tertiam legionem ~ dextro cornu..instruxit LIV.10.27.10; missilibus..eos, qui ~ opere (*i.e. a mole*) stabant, incessere CURT.4.2.21; auxilia ~ ripa componere TAC.*Ann*.12.29; stabat ~ litore diuersa acies 14.30; ~ cornibus eques adstitit 14.34; ~ sede sublimi sedens..Iuppiter APUL.*Met*.6.23.

2 ~ *tribunali*, On or from the front of the *tribunal* (as the seat of justice); sim. ~ *rostris*, *suggestu*. **b** ~ *contione*, etc., before an assembly.

id..me arbitror Synnadis ~ tribunali multis uerbis disputauisse CIC.*Fam*.3.8.3; Hannibal cum ~ tribunali quaedam ageret LIV.26.38.8; SEN.*Suas*.6.3; PLIN.*Nat*.10.41; APUL.*Apol*.53;—IVDICES, QVEI IN EAM REM ERVNT, OMNES ~ ROSTREIS IN FORVM ⟨VORSVS IOVRANTO⟩ *CIL* 1.583.36; cui..inuidiam conciliarat M. Antonius..imponendo capiti eius..sedentis ~ rostris insigne regium VELL.2.56.4;—hac re ~ suggestu pronuntiata CAES.*Gal*.6.3.6; *B.Afr*.86.3. **b** contrarias (orationes) edere ac uel ipse palam ~ contione recitare pollicebatur POL.*orat*.21; ita Labienum dixisse ~ contione *B.Afr*.19.3; SAL.*Jug*.8.2; eam supplicationem C. Hostilius praetor ~ contione edixit LIV.27.51.8; CURT.4.10.16; PLIN.*Nat*.7.88;—uti ~ consilio imperatum erat SAL.*Jug*.29.6.

3 In the interests, or as the representative, of (usu. comprising both ideas), on behalf of (persons, etc.). **b** (w. vbs. of praying, etc.; also, of fearing).

ego ~ me et ~ te curabo PL.*Ps*.232; ~ Romano populo prognariter armis certando ENN.*Ann*.209; te..rogauit..causam ut ~ se diceres TER.*Ph*.836; scito dominum ~ tota familia rem diuinam facere CATO *Agr*.143.1; depugnabunt ~ te ipsi LUCIL.655; qui..~ uobis potius quam contra uos pugnemus SULLA *hist*.3; ~ reis non saepe dixerunt CIC.*Brut*.136; eam legem ~ plebe, non in plebem tulit *Clu*.151; ego ~ Pompeio libenter emori possum *Att*.8.2.4; Chloe..~ qua non metuam mori HOR.*Carm*.3.9.11; quo se habitu ~ populo ac legionibus Romanis deuouisset LIV.10.7.3; ~ se Musa locuta mea est OV.*Pont*.3.4.66; CURT.8.3.1; hunc iubet beatis ~ se Iuppiter imperare terris STAT.*Silv*.4.3.129; '~ duobus' inquit Maternus 'promitto..' TAC.*Dial*.16.3; I O M OPSEQVE M VARENVS POLYBIVS ~ SE ET SVOS V L S I *CIL* 11.619;—(*dependent on sbs.*) equidem mortem ~ patria praeclaram esse fateor LIV.9.4.10; consensum populi ac senatus ~ se attollens TAC.*Hist*.1.90. **b** cum..se..supplicem ~ me profiteretur CIC.*Pis*.80; P. Clodium..deprehensum domi C. Caesaris cum ~ populo fieret *Att*.1.12.3; negant se ~ Vitruuio..precatum uenisse LIV.8.19.10; dux ea ~ cunctis, eadem sibi quisque uouebat STAT.*Theb*.7.104; HOCE SEIGNVM ~ CN FILIOD DIANAI DONVM DEDIT *CIL* 1.42;—quid ~ quoque timendum..sit BRUT.*ad Brut*.1.16.2; numquam apud uos uerba feci aut ~ uobis sollicitior aut pro me securior TAC.*Hist*.4.58.

4 In the interests or for the sake of (things). **b** (w. vbs., etc., of praying, and sim.; of fearing).

multa..~ aequitate contra ius dicere CIC.*de Orat*.1.240; qui ~ capite diceret *Quinct*.33; nullum bellum suscipi a ciuitate optima nisi aut ~ fide aut ~ salute *Rep*.3.34; est..mihi tecum ~ aris et focis certamen *N.D*.3.94; eum tumulum ~ quo pugnatum est CAES.*Civ*.1.47.4; neque ullum periculum ~ salute Caesaris recusantibus 3.26.1; pauca ~ (*i.e. in defence of*) delicto suo uerba facit SAL.*Jug*.102.12; Aeneadae in ferrum ~ libertate ruebant VERG.*A*.8.648; Canuleius ~ legibus suis et aduersus consules ita disseruit LIV.4.3.1; SEN.*Ep*.85.28; principes ~ uictoria pugnant, comites ~ principe TAC.*Ger*.14.2;—(*dependent on nouns or adjs.*) haec est ~ miseri lenta salute uiri OV.*Pont*.3.1.66; hanc nostram ~ antiquorum laude concordiam TAC.*Dial*.16.3. **b** uotum ~ reditu simulant VERG.*A*.2.17; ~ Latio obtestor, ~ maiestate tuorum 12.820; deo..agricolae ~ uitibus uuam, ~ segete spicas, ~ grege ferre dapem TIB.1.5.27; aedis Apollini ~ ualetudine populi uota est LIV.4.25.3; tantum ~ uita rogant PHAED.3.2.16; iurauere qui aderant ~ imperio Galliarum TAC.*Hist*.4.59; LIBEN(S) DEDIT ~ SALVTEM SVAM M. MODIVS AGATHO *CIL* 6.81.5;—metum ~ uniuersa re publica interuenisse LIV.2.24.4; ~ cuius reditu..timet OV.*Rem*.548; non ego ~ mundi regno magis anxius illa tempestate fui *Met*.1.182; fac..tibi iucundam uitam omnem ~ illa sollicitudinem deponendo SEN.*Ep*.4.6; quis tantus ~ luce timor? STAT.*Theb*.11.182.

5 (in pred. phrs. w. *esse*) In favour of, on the side of; (sim. w. *stare*, *manere*).

extrema..oratione ea, quae ~ nobis essent, amplificanda CIC.*de Orat*.1.143; Staieni (iudicium) etiam ~ Cluentio est *Clu*.103; et loca sua et genus pugnae ~ hoste fuere LIV.39.30.3; uno die fluere aluum saepe ~ ualetudine est CELS.4.26(19).1; ~ equitibus planities erat CURT.10.9.14; ~ me est et repentina eius (*sc.* arcus) facies et repentinus interitus SEN.*Nat*.1.6.4; segnitiem..prioris domini ~ emptore esse arbitrantur PLIN.*Nat*.18.28; an ~ Caesare fuerit occidi Pompeium? QUINT.*Inst*.3.8.56; cuncta ~ hostibus erant TAC.*Hist*.4.78; omnia uictoriae incitamenta ~ nobis sunt *Ag*.32.2; (*w. ellipsis of* esse) noctem ~ se rati SAL.*Jug*.98.2;—ni ~ iure gentium..stetisset fortuna LIV.38.25.8; hic primo ~ Pompei partibus..sed animo ~ Caesare stetit VELL.2.48.4; QUINT.*Inst*.11.1.80;—si uiri culpa factum est diuortium..~ liberis manere nihil oportet CIC.*Top*.19.

6 As a substitute for, in place of, instead of; also, after having been, instead of; by mistake for. **b** ~ *eo ut*, instead of the case being that.

ego ibo ~ te, si tibi non lubet PL.*Mos*.1131; an quia quos fallam ~ uno duo sunt mihi dati? TER.*Ph*.602; binas ~ singulis eo supponito CATO *Agr*.18.5; nunc ~ te Verrem substituisti alterum ciuitati CIC.*Ver*.3.161; mihi quidem..erit gratius si..per librarios tuos 'Aristophanem' reposueris ~ 'Eupoli' *Att*.12.6.3; ~ decumis octauas pendere *B.Afr*.98.2; ut faciem mutatus et ora Cupido ~ dulci Ascanio ueniat VERG.*A*.1.659; Lutati nomen haud dubium est; ~ Annio Seruilioque M'. Acilium et C. Herennium habent quidam annales LIV.21.25.4; ~ ope ferenda sociis pergit ire ipse ad urbem..oppugnandam 23.28.11; illi ~ nece complexus Iphigenia dedit OV.*Tr*.4.4.80; ~ adiutore speculator pugnae futurus V.MAX.7.4.1; ego illius ~ semita feci uiam PHAED.3.pr.38; SEN.*Ben*.4.34.1; omnia membra emisere..rutilum ~ sanguine uirus LUC.9.810; hunc toto capies ~ corpore crinem STAT.*Theb*.9.901; triumphalia ornamenta..et quidquid ~ triumpho datur TAC.*Ag*.40.1;—(*w.* muto) ~ metu repente gaudium mutatur SAL.*Jug*.53.8; C. Hostilio, cui ~ Etruria Tarentum mutauerant prouinciam LIV.27.35.14;—priuati ~ decemuiris 3.38.1; cum ~ dirutis reficerent muros 36.23.3; inops ~ locuplete et iners ~ strenuo in manipulum redibat TAC.*Hist*.1.46;—uagos..in uiis suos ~ hostibus lapidibus telisque incessebant LIV.26.10.7; si putauerunt alium esse praetorem ~ alio..error non dedit iurisdictionem ULP.*dig*.5.1.2. **b** postquam ~ eo ut ipsi ex alieno agro raperent agerentque, suas terras sedem belli esse..uidere LIV.22.1.2.

7 In preference to, rather than.

incerta ~ certis, bellum quam pacem malebant SAL.*Cat*.17.6; sed tibi ~ tutis insignia facta placebant OV.*Ep*.3.121; *Fast*.2.535; isti, qui Lucilium ~ Horatio et Lucretium ~ Virgilio legunt TAC.*Dial*.23.2; *Hist*.2.37.

8 To fulfil the function of, in the capacity of; ~ *herede*, with the title of heir. **b** by way of, as; (esp.) ~ *testimonio dicere*, to state in evidence; ~ *sententia dicere*, to state as one's opinion. **c** ~ *consule*, ~ *praetore*, etc.: see CONSVL, PRAETOR, etc.

eum..adoptat sibi ~ filio PL.*Poen*.76; deuertebantur ~ hospitibus ad amicos suos CATO *orat*.58; cratis..~ munitione obiectas CAES.*Civ*.3.46.3; legio decima..quae ~ subsidio paulo aequiore loco constiterat *Gal*.7.51.1; hoc feretis ~ ludibrio praemium PHAED.4.18(19).30; hoc non tamquam quaestionem sed..~ tractatione aut loco SEN.*Con*.9.1.9; fuere qui..audaciam ~ latebra haberent TAC.*Hist*.3.73; C. Melissus..Maecenati ~ grammatico muneri datus est SUET.*Gram*.21(p.115Re); si quis a seruis quique ~ seruis seruitutem seruierunt accipit *Leg.pub*.(*Font.iur*.p.47)5;—(*w.* utor) uti potest ~ suo CIC.*Phil*.13.14; sociis nostris ueluti hostibus, hostibus ~ sociis utuntur SAL.*Jug*.31.23; semine..eius ~ pipere utuntur PLIN.*Nat*.27.73;—quae species possessionis et usucapionis ~ herede uocatur GAIUS *Inst*.2.52; 4.144. **b** cum ~ detestatione tot scelerum unam aram nefarie consecraret CIC.*Dom*.140;—quid dicamus..~ testimonio PL.*Poen*.596; non possum illa planius commemorare quam ipsum Ligurem ~ testimonio dicere audistis CIC.*Ver*.1.126; *Clu*.139; cum Ostorius nihil audiuisse ~ testimonio dixisset TAC.*Ann*.14.48;—Cerialem Anicium..~ sententia dixisse ut templum diuo Neroni..poneretur 15.74; (*cf.*) eam..~ collegii sententia pontifex maximus abstinere iocis..iussit LIV.4.44.12.

9 As being of (a particular condition, status, etc.), as; (esp. w. *habeo*, *puto*, and sim.). **b** (in pred. phrs. w. *esse*) as good as, the equivalent of. **c** in the guise of, pretending to be; as if, in the same way as. **d** (w. neut. adj., giving the force of an adv. derived from that adj.).

~ uirgini dari nuptum non potest TER.*Ad*.346; qui ~ archipirata securi feriretur CIC.*Ver*.5.75; P. Sestius, qui ~ occiso relictus est *Sest*.81; abiere, Romani ut uictores, Etrusci ~ uictis LIV.2.7.3; consules in priuato abditi nihil ~ magistratu agere 9.7.12;—utrum ~ ancilla me habes an ~ filia? PL.*Per*.341; qui sibi me ~ deridiculo ac delectamento putat TER.*Hau*.952; ea quae ~ ueri similibus sumpta sunt CIC.*Part*.44; ne quid, quia a me praetermissum sit, ~ concesso putetur *Tul*.37; neque nuntiabatur quicquam quod ~ certo haberemus *ad Brut*.1.5.2; ~ explorato habebat Ambiorigem proelio non esse concertaturum CAES.*Gal*.6.5.3; Atheniensium facta ~ maxumis celebrantur SAL.*Cat*.8.3; id omnium maxime tegendum..~ non dicto habendum esse LIV.23.22.9; alia ludibria oculorum auriumque credita ~ ueris 24.44.8; quem tu ~ numine uiuus habebas OV.*Pont*.1.9.49; si enixam et sedulam operam transire ~ inrita patitur SEN.*Ben*.7.16.4; Tiberius..negotia ~ solaciis accipiens TAC.*Ann*.4.13; equitis R. ~ comperto pollicentis thesauros..esse in Africa SUET.*Nero* 31.4; non plenum hoc..neque perfectum est, sed enim ~ pleno atque perfecto auditur GEL.5.8.4; APUL.*Apol*.91; (*cf.*) tranquillis rebus fama Gallici belli ~ tumultu ualuit LIV.8.17.6. **b** tibi amor ~ cibost PL.*Cas*.802; ~ patre huic est TER.*Ad*.951; ibi ~ scorto fuit CATO *orat*.206; ut ipsius uoluntas ei posset esse ~ lege CIC.*Ver*.3.82; Cato..qui mihi unus est ~ centum milibus *Att*.2.5.1; si ~ foribus sunt lumina nostra LUCR.

3.367; sperat pugnam illam ~ omine bello futuram Sal. *Hist.*1.109; ~ ingenti..uictoria id fuit plebi Liv.4.54.6; huic (*sc.* Pegaso)..caelum ~ terra, ~ pede pinna fuit Ov.*Fast.* 3.454; uenenum aliquando ~ remedio fuit Sen.*Ben.*2.18.8; totum est ~ uolnere corpus Luc.9.814; eam partem..contra uenena omnia esse ~ antidoto Plin.*Nat.*32.50; multa auctoritate, quae uiro militari ~ facundia erat Tac.*Ann.* 15.26; sit ~ ratione uoluntas Juv.6.223. **c** suo iussu Mithrobarzanem profectum ~ perfuga Nep.*Dat.*6.4; seruus unus exsulum, ~ transfuga intromissus in urbem Liv. 25.23.6; 27.15.11; Leucippe..~ iuuene sacerdote circum terras exit inuestigatum Hyg.*Fab.*190.4;—quas suspendas duracinas Aminnias maiores, uel ad fabrum ferrarium ~ passis ea⟨e⟩ recte seruantur Cato *Agr.*7.2; si alienam uicem ~ nostra iniuria doleremus Cic.*Ver.*1.113; qui uim suorum, quod in simili culpa uersabantur, ipsi ~ suo periculo defendebant Caes.*Civ.*3.110.4. **d** sed posthac omnia quae recta non erunt ~ certo negato Cic.*Att.*5.21.5; populum Romanum neque recte neque ~ bono facturum, si ab iure gentium sese prohibuerit Sal.*Jug.*22.4; Sextium haud ~ dubio consulem esse Liv.6.40.17; cum in causis orandis primum locum aut ~ certo post Marcum Tullium optineret (Seruius Sulpicius) Pompon.*dig.*1.2.2.43.

10 As a reward or punishment for, in return for.

tu pretium ~ noxa dabis Andr.*trag.*1; ~ peccato magno paullum supplici satis est patri Ter.*An.*903; ~ beneficio gratiam referat Cato *Agr.*5.2; demonstrabit..cum beneficiis honos habitus sit, ~ maleficio poenam sumi oportere Cic. *Inv.*2.108; ut ~ tantis eorum in rem publicam meritis honores eis habeantur gratiaeque referantur *Phil.*3.39; cum essem in Tusculano (erit hoc tibi ~ illo tuo: 'cum essem in Ceramico') *Att.*1.10.1; huic Caesar ~ eius uirtute..maiorum locum restituerat Caes.*Gal.*5.25.2; omnes undique parricidae..~ factis iudicium timentes Sal.*Cat.*14.3; at tibi ~ scelere..~ talibus ausis di..persoluant grates dignas Verg. *A.*2.535; hanc mercedem unam ~ eo munere paciscor Liv. 26.50.7; parua quidem fateor ~ magnis munera reddi Ov. *Pont.*4.8.35; Phaed.1.8.10; Sen.*Apoc.*1.3; Luc.7.68; Stat. *Silv.*4.9.2; fullo et sarcinator non ~ custodia, sed ~ arte mercedem accipiunt Gaius *dig.*4.9.5; (*cf.*) in quibus non uerbum ~ uerbo necesse habui reddere Cic.*Opt.Gen.*14;—(*w. pple. phr.*) hos sibi patricii quaesiuere honores ~ concesso plebi altero consulatu Liv.7.1.1; 9.16.15.

11 As a monetary return for, in payment for; for each or every. **b** (w. ref. to payments of tax) on. **c** in return for (a payment); (after *arrabo*, etc.) for.

argentum huc remisit quod daretur Saureae ~ asinis Pl. *As.*337; qua ~ re argentum promisit hic tibi? *Rud.*1378; uiginti minae ~ psaltria periere Ter.*Ad.*743; numquam ego argentum ~ uino congiario inter apparitores..meos disdidi Cato *orat.*171; ~ eodem numero frumenti HS VIII dare coactus est Cic.*Ver.*3.201; L. Cincio HS ccIↃↃ ccIↃↃ cccc ~ signis Megaricis..curaui *Att.*1.8.2; militibus..pecuniam ~ his rebus dissoluit Caes.*Civ.*1.87.1; Nep.*Cim.*1.3; pretio ~ auro matronis persoluto Liv.6.4.2;—(*w. gdve.*) leno te argentum poscit..~ liberanda amica Pl.*Per.*426;—(*foll. by* ut *cl.*) ~ illa altera, libera ut sit, dimidium tibi sume *Rud.* 1408;—accipis enim HS xv ~ medimno Cic.*Ver.*3.174. **b** ~ EO AGRO LOCO NEI VECTIGAL NEIVE DECVMAS NEI⟨VE⟩ SCRIPTVRAM..DARE DEBETO *CIL* 1.585.82; his ~ rebus quod portorium non esset datum Cic.*Ver.*2.176; familia magna ~ qua, si Curio legem pertulerit, HS centenos pendat necesse est *Att.*6.1.25. **c** ~ illo dimidio ego Gripum emittam manu Pl.*Rud.*1410;—ea relicta huic arraboni est ~ illo argento Ter.*Hau.*603;—ea re ita uti S S E item pignori sunto Cato *Agr.*146.3.

12 In a degree or manner corresponding to, in proportion to, according to. **b** (in phr. ~ *se quisque* or equiv.). **c** (after comparative *quam*). **d** ~ *eo ac*, in proportion to what; ~ *eo ac si* or ~ *eo quasi*, just as if. **e** ~ *mea*, etc., *parte*, ~ *uirili parte*: see PARS.

~ re nitorem et gloriam ~ copia qui habent Pl.*Aul.*541; quae probast mers, pretium ei statuit, ~ uirtute ut ueneat *Mil.*728; ~ uiribus sapere Enn.*scen.*145; tu illos duo olim ~ re tolerabas tua Ter.*Ad.*809; illud, quod neque taceri ullo modo neque dici ~ dignitate potest, cognoscite Cic. *Ver.*1.86; spes ~ periculis praemiorum *Balb.*6; haec ~ ponderibus casus celerare necessest Lucr.2.231; ~ magnitudine periculi bellum parare Caes.*Gal.*3.9.3; hic tibi ~ digna gente petendus honos Prop.3.22.40; aut non suscipi bellum oportuit, aut geri ~ dignitate populi Romani Liv. 5.4.9; minimam et ~ corpore uocem Ov.*Met.*4.412; in tranquilliorem portum non ~ aetatis spatio iactatus tandem recede Sen.*Dial.*10.18.1; ficorum genera..dispari loco ~ differentia agri seruntur Col.*Arb.*21.1; uis somnifica ~ uiribus bibentium Plin.*Nat.*25.150; istud magis minusue uitiosum est ~ personis dicentium Quint.*Inst.*11.1.27; barbari, ~ ingenio quisque, alii preces offerre, quidam deserere uicos Tac.*Ann.*14.23; possessiones ~ aestimio ubertatis angustiores sunt adsignatae Hyg.Gr.*agrim.*p.134; ut..magis magisque ad iustam indignationem ar⟨r⟩ecti ~ modo facinoris saeuatis Apul.*Met.*3.9; Ulp.*dig.*7.2.1.1; (*cf.*) iis ego rebus laetandis urilem ~ ceteris portionem uoluptatis capio Fro.*Ver.*2.p.130(120N). **b** ~ se quisque id quod quisque potest et ualet edit Pl.*Am.*231; Ter.*Hau.* 126; ~ se quisque, quantum dicendo adsequi poterat, docere me coepit Cic.*Ver.*4.139; ~ se quisque uiri summa nituntur opum ui Verg.*A.*12.552; Liv.1.59.4; 22.30.7; —Etruriae..populi ~ suis quisque facultatibus consulem adiuturos polliciti Liv.28.45.14; 42.53.3. **c** multiplex quam ~ numero damnum est Liv.7.8.1; minor caedes quam ~ tanta uictoria fuit 10.14.21; laetior res quam ~ successu pugnae nuntiata 33.8.1; turba maiorem quam ~ numero speciem ferens Curt.3.2.3; latiorem..quam ~ numero terrorem faciunt Tac.*Hist.*4.33; Mithridates..ferocius quam ~ fortuna disseruisse apud Caesarem ferebatur *Ann.*12.21. **d** deos..~ eo mihi ac mereor relaturos esse gratiam Cic. *Catil.*4.3; postea quam mihi renuntiatum est de obitu Tulliae..sane quam ~ eo ac debui, grauiter molesteque tuli Sulp.Ruf.*Fam.*4.5.1;—~ eo ac si concessum sit concludere oportebit argumentationem Cic.*Inv.*1.54; ~ eo est ac si omnes idem sentiant Sen.*Ep.*102.12; si quis ex testibus nomen suum non adscripserit, uerumtamen signauerit, ~ eo est atque si adhibitus non esset Ulp.*dig.*28.1.22.4;—quia condicione expleta ~ eo est, quasi pure ei hereditas uel legatum relictum sit Pompon.*dig.*28.7.26; quod iussu alterius soluitur, ~ eo est, quasi ipsi solutum esset Paul.*dig.* 50.17.180.

13 In relation to, having regard to, considering.

hoc conuiuiumst ~ opibus nostris satis commodule Pl.*St.* 690; moneo quae possum ~ mea sapientia Ter.*Ad.*427; tribuno militum parua laus ~ factis relicta Cato *hist.*83; in illa querela misera quidem et luctuosa, sed mihi ~ hoc gradu ..necessaria Cic.*Phil.*2.6; quae mihi una causa est hinc discedendi; nam ~ malis recte habebat *Att.*12.14.3; quis potis est dignum pollenti pectore carmen condere ~ rerum maiestate..? Lucr.5.2; ~ multitudine..hominum et ~ gloria belli..angustos se finis habere Caes.*Gal.*1.2.5; nulla re gesta ~ multitudine hominum *B.Afr.*33.5; nobis ea res ~ magnitudine parum comperta est Sal.*Cat.*22.3; cohortis ~ numero militum conplet 56.1; nobis ad belli auxilium ~ nomine tanto exiguae uires Verg.*A.*8.472; dignum praestabo me etiam ~ laude merentis Hor.*Ep.*1.7.24; ludi Romani ~ temporis illius copiis magnifice facti Liv.25.2.8; ferculum..plane non ~ expectatione magnum Petr.35.1; latus omne diuinae domus semper demereri ~ mea mediocritate conitor Stat.*Silv.*5.pr.; Fro.*Aur.*2.p.160(108N).

14 In conformity with, according to, by. **b** ~ *re*, ~ *tempore*, and sim., as circumstances necessitate or allow, according to circumstances; ~ *re nata*, in the circumstances. **c** ~ *parte*, in part, partially; ~ *parte semissa*, on the basis of half-shares. **d** ~ *portione* or ~ *ratione*, in proportion, proportionately; ~ *rata parte*, in a fixed proportion; also, ~ *rata*: see PORTIO, RATIO, RATVS.

cum haec res ~ uoluntate populi Romani esset iudicata Cic.*Ver.*1.5; quae..~ mea consuetudine breuiter simpliciterque dixi *Arch.*32; si genus humanum..~ uario sensu uaria res uoce notaret Lucr.5.1058; uarie animi hominum ~ cuiusque ingenio adfecti sunt Liv.26.8.1; decuriae ~ more censuris principum examinantur Plin.*Nat.*29.18; laudatores..qui quid de reo existimarent ~ sua opinione cum fide expromerent Fro.*Amic.*1.p.284(173N). **b** non me paeniteret ~ ratione temporum ita esse molitum Cic.*Fam.* 6.12.2; ut..consilium..~ tempore et ~ re caperet Caes. *Gal.*5.8.1; uti ~ tempore atque periculo exercitum conpararent Sal.*Cat.*30.5; Verg.*Ecl.*7.35; pretium..rei cuiusque ~ tempore est Sen.*Ben.*6.15.4; blandas addit ~ tempore uoces Sil.8.80; plurima sunt talia, ut..~ persona, tempore, loco, causa magis ac minus uel excusata debeant uideri uel reprehendenda Quint.*Inst.*11.1.14; Heluidius Priscus.. mittitur rebus turbidis ~ tempore ut consuleret Tac.*Ann.* 12.49; ab iis, qui ~ necessitate temporis mulierculas leuare onere temptabant Suet.*Tib.*6.1; legum oportunitates et medelas ~ temporum moribus..mutari Gel.20.1.22;— animaduerteram posse ~ re nata te non incommode ad me in Albanum uenire III Nonas Ianuar Cic.*Att.*7.8.2; 14.6.1. **c** quod debetur, ~ parte recte soluitur; an autem in partem acceptilatio fieri possit, quaesitum est Gaius *Inst.*3.172;— POSSIDENT HOC MONIMENTV⟨M⟩ ~ PARTE SEMISSA *CIL* 14. 4820.

15 (w. *imperio*, *potestate*, etc.) By virtue of.

quod antehac ~ iure imperitabam meo, nunc te oro per precem Pl.*Capt.*244; hem satis ~ imperio, quisquis es Ter. *Ph.*196; nihil ~ potestate, nihil ab inuito, nihil per iniuriam Cic.*Ver.*4.10; ut ad te familiariter et quasi ~ meo iure scriberem *Fam.*13.50.1; postquam Iuba..primo minis ~ imperio egisset cum Zamensibus *B.Afr.*91.3; quia ~ imperio palam interfici non poterat Liv.1.51.2; dictator..P. Sulpicius ~ iure maioris imperii consulem in Italiam reuocauit 30.24.3; quod nihil suo iure, nihil ~ potestate, quod tamquam patruus accessit Sen.*Con.*1.1.18; Tac.*Ann.*13.28; non..~ suo imperio agit (praetor), sed ~ eo cuius mandatu ius dicit Julian.*dig.*1.21.3.

16 In view of, having regard to, to judge from. **b** as might be expected in view of, in accordance with (a quality); in a manner worthy of, as befits (a person). **c** ~ *eo quod*, in view of the fact that, inasmuch as.

~ ingenio ego me liberum esse ratus sum Pl.*Trin.*303; ~ obtuso ore pugil piscinensis reses Lucil.1266; ~ recenti populi Romani in se beneficio populari studio elatus Cic. *Sest.*134; altercatio cum Velleio, cui ~ tuo studio non est alienum te interesse *N.D.*1.15; hunc ~ suis beneficiis Caesar idoneum iudicauerat quem..ad Cn. Pompeium mitteret Caes.*Civ.*3.10.2; uos..quibus ~ magnitudine imperi ius et iniurias omnis curaeesse decet Sal.*Jug.*14.16; hoc ~ continuo te, Galle, monemus amore Prop.1.20.1; ego ..~ uetusto hospitio quod mihi uobiscum est ad uos ueni Liv.21.13.2; Plin.*Nat.*pr.9; ego haec ~ amicitia non occultaui Tac.*Ann.*4.40; rogo ergo, exigo etiam ~ iure amicitiae cures ut..Plin.*Ep.*6.8.5. **b** sentio, iudices, uos ~ uestra humanitate his tantis sceleribus..uehementer esse commotos Cic.*Clu.*29; reliqua tu ~ tua prudentia considerabis *Fam.*4.10.1; si forte ~ sua clementia ac mansuetudine..statuisset Aduatucos esse conseruandos Caes.*Gal.* 2.31.3; cum quo non ~ sortis necessitudine uixit Nep.*Ca.* 1.3; Popilius ~ cetera asperitate animi uirga..circumscripsit regem Liv.45.12.5; illud..non ~ solita ipsis subtilitate dixerunt Sen.*Ep.*65.14; Plin.*Ep.*8.21.6; Flor.*Epit.*1.36 (3.1.13); fecisti..~ tua perpetua consuetudine et benignitate Fro.*Amic.*1.p.282(191N); ET HOC AMPLIVS ~ SVA LIBERALITATE CAMERAM SVPERPOSVIT *CIL* 8.1323;—neque..~ cauto ac diligente se castris continuit Caes.in Cic.*Ep.*fr.4(3a.3); nihil hunc..~ sano factum arbitratus *Gal.*5.7.7; ut ~ bonis ac fidelibus sociis facerent Liv.24.48.5; qui mortem timebit, nihil umquam ~ homine uiuo faciet Sen.*Dial.* 9.11.6. **c** cum Hannibal..~..eo, quod eius nomen erat magna apud omnis gloria, inuitatus esset ab hospitibus suis, ut eum, quem dixi, ..audiret Cic.*de Orat.*2.75; ~ eo, quod pluribus uerbis uos quam uellem fatigaui, ueniam a uobis petitam impetratamque uelim Liv.38.49.13.

17 On the basis or score of, because of (an event, etc.); on account of (a person).

pueri inter sese quam ~ leuibus noxiis iras gerunt quapropter? Ter.*Hec.*310; gladiatores..nouicios ~ exspectata aedilitate suppositos Cic.*Sest.*78; qui et tibi non priuato et ~ re non priuata sua..ut gratias agerent, mittebantur *Fam.*3.8.4; bellum etiam ~ caede boum..inferre paratis..? Verg.*A.*3.247; temporibus nostris gratulare ~ ingenio tali Plin.*Ep.*4.27.5;—aut tecum aut ~ te mihi cum riualibus arma semper erunt Prop.3.8.33.

18 With reference to, in relation to.

'tu sine me cum Flauio decidisti.' utrum ~ dimidia parte an ~ re tota? Cic.*Q.Rosc.*32; temperatissimae ad utramque partem et corporum membris animorumque uigoribus ~ fortitudine sunt in Italia gentes Vitr.6.1.11; ~..Catone securum te esse iussi Sen.*Dial.*2.2.1; securi ~ salute de gloria certabant Tac.*Ag.*26.3; si ita fuerit diuisa (tutela), unusquisque (tutor) exceptione summouebitur ~ ea parte uel regione, quam non administrat Ulp.*dig.*26.7.4; Tac.*Hist.* 1.5; ad ea Vologeses nihil ~ causa *Ann.*15.14; Caesar ~ natura ferox Flor.*Epit.*2.13(4.2.38); (caespes) SINE MO⟨LES⟩TIA STRVITVR VT MOLLIS ET PLANVS ~ NATVRA SVA *CIL* 8.2532; ordo et causa facti ~ aduersario magis est Quint.*Inst.*4.2.7.

19 (adv.) ~ *ut*, ~ *quam* = PROVT, PROQVAM.

prō², *interj.* [prec.]

1 a (w. voc.) ~ *Iuppiter*, ~ *di immortales*, and sim., Good God! good heavens! in heaven's name! **b** (w. *fidem*) ~ *deum* (*atque hominum*) *fidem*, and sim. phrs., good heavens! heaven and earth!; also, ~ (*uestram*) *fidem*, help! save us!

a (*alone, or w. statements or exclamations*) tueor te senex? ~ Iuppiter Enn.*scen.*187; quem ego aspicio? ~ supreme Iuppiter! erus meus hicquidem est Pl.*Poen.*1122; ~ di inmortales, tempestatem quoiusmodi Neptunus nobis nocte hac misit proxuma! *Rud.*83; ~ Iuppiter, clamorem audiui Ter.*Hec.*317; ~ Iuppiter, hominis stultitiam! *Ad.*366; ~ di immortales, quae fuit illa, quanta uis! Cic.*de Orat.*2.225; tactus, ~ diuum numina sancta, corporis est sensus Lucr. 2.434; Sal.*Hist.*1.77.3; ~ superi, quantum mortalia pectora caecae noctis habent! Ov.*Met.*6.472; ~ dii boni, quanti uoluminis opera..gessimus! Vell.2.106.1; Pers.2.22; ~ Iuppiter hospitalis et Fidei secreta numina! Apul.*Met.*3.26; —(*w. questions*) ~ di inmortales! unde prorepsit truo? Caecil.*com.*270; ~ di immortales! qui magis nobiscum loqui possetis, si essetis..nobiscum? Cic.*Har.*25; '~ Iuppiter! ibit hic,' ait 'et nostris inluserit aduena regnis?' Verg.*A.*4.590; hic ubi tum, ~ di, perfida, quisue fuit? Prop.2.9.28. **b** (*alone, or w. statements or exclamations*) Pl.*Epid.*580; ~ diuum fidem, ille tristis est dum cibum seruat Enn.*Sat.*18; ~ deum, popularium omnium, omnium adulescentium clamo postulo obsecro oro ploro atque inploro fidem! Caecil.*com.*211; ~ deum atque hominum fidem, uictoria in manu nobis est Sal.*Cat.*20.10;—(*w. questions*) ~ deum atque hominum fidem quid uis tibi aut quid quaeris? Ter.*Hau.*61; ~ deum hominumque fidem, quem ego accuso? Cic.*Ver.*3.137; *Tusc.*5.48; Apul.*Met.*7.27; (*w. ellipsis of* fidem) quid igitur, ~ deum inmortalium! Cic. *Oecon.*fr.8;—~ fidem, Thebani ciues! Pl.*Am.*376; cum tumultu 'ad arma' et '~ uestram fidem, ciues' clamitans Liv.9.24.9.

2 (expr. grief, disapproval, etc.): **a** (w. sb. in nom.). **b** (w. sentence or phr., often parenth.).

a ~ facinus indignum! Sen.*Suas.*7.11; ~ pudor imperii! Sen.*Dial.*11.17.4; ~ lucri pallida tabes! Luc.4.96; ~ dira lues, pro noctis acerbae exitium! V.Fl.2.291; ~ gnara nihil mortalia fati corda sui! Stat.*Theb.*2.92; Sil.14.505;— (*parenth.*) hostium—~ curia inuersique mores!—consenuit socerorum in armis Hor.*Carm.*3.5.7; huius quoque—~ dedecus—frater ita corrupit exercitum, ut..Flor.*Epit.* 1.36(3.1.9); Apul.*Fl.*3. **b** tantum ~! degeneramus a patribus nostris Liv.22.14.6; at mea ~! nullo pondere uerba cadunt Ov.*Ep.*3.98; Quintum..Sertorium, ~ quanti mox belli facem! Vell.2.25.3; propemodum saeculi res in unum illum diem, ~! fortuna cumulauit Curt.4.16.10; Luc.3.73.

3 (expr. wonder).

~ quanta potentia regni est, Venus, alma, tui! Ov.*Met.* 13.758; ~! quanta est Paphii reuerentia, mater, numinis Stat.*Silv.*1.2.101.

pro-, *prefix.* [PRO¹] Pros.: for quantity see the comps. In comps. *pro* gives the sense of forward movement or direction (*prodeo*, *progredior*, *procliuis*), sts. coupled with downward movement (*profligo*, *protero*), action in front (*propugno*, *protego*) prominence (*promineo*, *propendeo*), extended to vbs. of utterance (*proclamo*, *proloquor*), with the further idea of bringing into the open (*promo*, *proles*, *procreo*, *progigno*); it also expresses priority in time (*prorogo*, *prouideo*, *proauus*) and advantage (*procuro*, *proficio*, *prosum*).

proadnepōs ~ōtis, *m.* [PRO-+ADNEPOS] A great-great-great-great-grandson.

IMP CAES L SEPTIMI SEVERI..DIVI NERVE ~OTIS *CIL* 8.17259.

proaedificātus ~a ~um, *a.* [PRO-+pple. of AEDIFICO] (See quot.)

~um..quod ex priuato loco processit in publicum solum Fest.p.242M.

proāgorus ~ī, *m.* [Gk. προήγορος] The chief magistrate in some Greek (-speaking) towns.

ad se ~um, hoc est summum magistratum, uocari iubet Cic.*Ver.*4.50; 4.85.

proamita ~ae, *f.* [PRO-+AMITA] A great-grandfather's sister.

Gaius *dig.*38.10.1.7.

proauctor ~ōris, *m., f.* [PRO-+AVCTOR]

1 An early ancestor.
Appium Caecum censorem, generis sui ~orem SUET.*Cl.* 24.1.

2 An earlier possessor than the immediately preceding possessor (of a property).
TITIAM FLACCILLAM ~OREM TILLI SASSI FVNDI VELLANI *CIL* 9.2827.16.

proauia ~ae, *f.* [PRO-+AVIA] A great-grandmother.
TAC.*Hist.*4.55; aemulante Agrippina ~ae Liuiae magnificentiam *Ann.*12.69; in Liuiae Augustae ~ae suae contubernio mansit (Caligula) SUET.*Cal.*10.1; GAIUS *dig.*38.10.1.5; ~a..quattuor personas complectitur PAUL.*dig.*38.10.10.14.

proauītus ~a ~um, *a.* [PROAVVS+-ITVS²] Of or belonging to one's great-grandfather, (usu. loosely) ancestral.
~a..regna tuentem saepe uidere patrem..solebat OV. *Met.*13.416; credetne uirum uentura propago..~a..rura abiisse mari? STAT.*Silv.*4.4.83; ostentans..~ae insignia pugnae SIL.5.79; 11.88; extenta..tellus Syrtibus et latis ~a potentia campis 16.253.

proauunculus ~ī, *m.* [PRO-+AVVNCVLVS] A great-grandmother's brother.
GAIUS *dig.*38.10.1.7.

proauus ~ī, *m.* [PRO-+AVVS]

1 A great-grandfather.
Telamonis patris atque Aeaci et ~i Iouis gratia ENN. *scen.*325; pater, auos, ~os,..quasi mures semper edere alienum cibum PL.*Per.*57; de duobus auis iam diximus..et de tribus ~is CIC.*Brut.*212; LUCR.4.1219; LIV.34.58.10; SEN.*Ep.*76.12; TAC.*Ann.*3.66; JUV.3.312; utrum..~um..paterni aui patrem..alere cogamur ULP.*dig.*25.3.5.2.

2 A remote ancestor, forefather.
in censura, si iam es censor..de ~o multum cogitato tuo CIC.*Fam.*3.11.5; Cretam ~osque petamus VERG.*A.*3.129; at uestri ~i Plautinos..numeros..laudauere HOR.*Ars* 270; PROP.4.11.39; et genus et ~os et regia nomina iactas OV. *Ep.*16.51; auditos ~is agnouimus ignis STAT.*Theb.*11.221; ut nos..iuberet..~is habitatas linquere siluas JUV.15.152; (*of animals*) catulos nutrire sagacis et genus a ~is..numerare MAN.5.201.

probābilis ~is ~e, *a. compar.* ~ior. [PROBO+-BILIS]

1 Worthy of approval, commendable, acceptable. **b** (of persons) praiseworthy, admirable (in respect of a function). **c** (leg.) not involving culpability, justifiable.
uiri hac uoluntate unica ~i AFRAN.*com.*166; erat in quibusdam laudandis uiris..~is..industria CIC.*Brut.*110; numero definieram genera ciuitatum tria ~ia *Rep.*2.65; adeo nihil motum ex antiquo ~e est LIV.34.54.8; periti medici est..eum ~i sermone lenire CELS.3.6.6; res adpetere sine ullo uirtutum amore..minime ~e est SEN.*Dial.*8.6.2; an faeneratio ~ior sit..? COL.1.pr.8; ita sermo et doctis ~is et planus inperitis erit QUINT.*Inst.*8.2.22; PROPRIIS VIRIBVS ADLEVENT CETERA, QVO FIRMIORA ~IORAQVE SINT *CIL* 6.10230.3; PLIN.*Ep.*7.17.5; ratio haberi debet eius impensae, quae modum ~em non excedit POMPON.*dig.*39.2.39.4; APUL.*Met.*11.22; (*w. acc. and inf.*) quod..~e erat eam aetatem potissimum liberari ab hoste quae maxime opportuna iniuriae esset LIV.2.13.10;—(*w. abl. of respect*) et sabuci ~es usu statuminis COL.4.26.1; (rosam) centifoliam..nec odore nec specie ~em PLIN.*Nat.*21.18. **b** existimaui iucundiorem et ~iorem..oratorem fore, qui..nullam Graecarum rerum significationem daret CIC.*de Orat.*2.153; ~is orator, iam uero etiam probatus *Brut.*263; ali in gerendo ~es, in disserendo rudes *Rep.*1.13; NEP.*Ca.*3.1; Pompeiani nominis acrior quam ~ior defensor V.MAX.9.2.4; (*w. abl. of respect*) Timagenes uel hoc est ipso ~is, quod intermissam historias scribendi industriam..reparauit QUINT.*Inst.*10.1.75. **c** ut ~is error possidentis usucapioni non obstet NERAT.*dig.*41.10.5.1; iusta et ~is ignorantia GAIUS *Inst.*3.160.

2 (of arguments, reasons, etc.) Plausible, acceptable, credible. **b** capable of proof, demonstrable.
si rumor uehementer ~is esse uidebitur *Rhet.Her.*2.12; (narrationem) oportet..tres habere res: ut breuis, ut aperta, ut ~is sit CIC.*Inv.*1.28; aliud adferet, quod oppositum ~ius sit quam illud quod obstabit *Orat.*49; quod..habeat sapientem excusationem, non modo ~em *Att.*8.12.2; ut multos inutiles comitiatus ~es inpedirent morae *Leg.* 3.27; mendacio ~i accommodata fide LIV.40.29.8; PLIN. *Nat.*22.91; nullas ~is causas longinquae peregrinationis adferebat TAC.*Ann.*6.14; nec argumentis dubiis sed rationibus ~ibus congruo cunctae multitudinis consensu APUL. *Met.*7.1; quae sententia ~ior est ULP.*dig.*15.1.19.1. **b** splendida est illa causa, ~is mihi et facilis CIC.*Ver.*5.173; ἡδονήν..et ἀταραξίαν uirtute..parari et uerum et ~e est..CAS.*Fam.*15.19.2; argumenta..censebat aut ~ia esse debere aut perspicua GEL.17.5.5.

3 Having the appearance of truth, probable, likely. **b** (of an argument) indicating probability. **c** (neut. as sb.) an appearance of truth, probability.
illud est ~ius, neque tamen uerum CIC.*de Orat.*1.63; illud quam non ~e, quam inusitatum..in pane datum uenenum! *Clu.*173; omnia quae ~ia uel ueri similia putaui nominanda *Ac.*2.fr.11; haec ~ia memoria prioris belli..faciebat LIV. 33.45.8; quod ~ius facit Asinius Pollio SUET.*Jul.*30.4; ULP. *dig.*9.2.11.3;—(*w. acc. and inf.*) utrum sit ~ius, Sex. Naeuium statim si quid deberetur petiturum fuisse CIC. *Quinct.*41; neque..mihi ~e neque uerum uidebatur me..causam..in cubiculo meo discere *Scaur.*26. **b** omnis..argumentatio..aut ~is aut necessaria debebit esse CIC.*Inv.* 1.44; non modo ~i argumentatione, sed etiam necessaria mathematicorum ratione *Fin.*5.9. **c** ~e est per quod probatur expedisse peccare *Rhet.Her.*2.3; negaui ~ia esse uera CIC.*Att.*15.29.2; homunculus..~ia coniectura sequens *Tusc.*1.17.

probābilitās ~ātis, *f.* [prec.-TAS] An appearance of truth, probability.
sequens ~atem, ubicumque haec aut occurrat aut deficiat CIC.*Luc.*104; neue umquam captiosa ~ate fallamur *Fin.* 3.72; quodcumque nostros animos ~ate percussit, id dicimus *Tusc.*5.33.

probābiliter, *adv. compar.* ~ius. [PROBABILIS+-TER²]

1 In a manner worthy of approval, commendably, satisfactorily.
iniere consulatum, qui neque petitus honeste ab iis neque ~iter gestus est VELL.2.46.1; mirifice iudex..~ius Lutatius ..sed ne Valerius quidem inprobe V.MAX.2.8.2; ~ius id (*i.e. relief in childbirth*) facit hasta uelitaris euulsa corpori hominis PLIN.*Nat.*28.34; ~ius significantiusque sic dici uidebitur, si quis ea uerba..introspiciat GEL.17.2.11.

2 Plausibly, credibly.
hoc..satis plane et perspicue et ~iter dici potuit hoc modo *Rhet.Her.*4.59; iustius et ~ius accusare uideatur CIC. *Inv.*2.136; tris..sententias quas putet ~iter posse defendi *Luc.*138; multa..~iter est argumentatus LIV.33.28.8; crimen et maxima cura et minime tamen ~iter..defensum 42.48.2.

3 With a degree of probability, probably.
rem aliquam aut ~iter ostendens aut necessarie demonstrans CIC.*Inv.*1.44; ut..~iter acti ratio reddi possit *Fin.* 3.58; ~iter concludi putant non omnia fato fieri quaecumque fiant *Fat.*40; quando..ante ~ius impetrasset ULP.*dig.* 50.10.1.1.

probata ~ōrum, *n. pl.* [Gk. πρόβατα] Sheep.
familias..effascinantium..quorum laudatione intereant ~a, arescant arbores PLIN.*Nat.*7.16.

probātiō ~ōnis, *f.* [PROBO+-TIO]

1 The approval (of something, after inspection or scrutiny), passing; inspection (with a view to passing). **b** the act of giving assent (to an idea, as being probable).
utrumque falsum est, et ob uacationem pretium datum..et ob ~onem CIC.*Font.*17; cum..saepe eblandiatur gratia conuiuiorum a ueris iudiciis falsam ~ionem VITR.3.pr.3; domus facienda locata erat ita, ut ~o aut improbatio locatoris..esset LABEO *dig.*19.2.60.3;—ego me (opus locatum) refecturum dico; ~o futura est tua, qui locas CIC.*Ver.*1.142; hoc..Sophocles si in athletarum ~one dixisset *Off.*1.144; F XIIX F EQVOR ⟨PRO⟩BATIO *Fast.Amit.*(*CIL* 1.p.245); expertiones..et ~ones eorum (*sc.* fontium) sic sunt prouidendae VITR.8.4.1; EORVM..~O SIT EARVM RERVM, QVAS IVSSI POST MORTEM MEAM FIERI *CIL* 13.5708.2.21; (*w. indir. qu.*) de omnibus quadripedibus prima est ~o, qui idonei sint boues VAR.*R.*1.20.1. **b** tale uisum nullum esse ut perceptio consequeretur, ut autem ~o multa CIC.*Luc.*99; ~ones..quibus..uisa noscuntur, uoluntariae sunt fiuntque hominis arbitratu GEL.19.1.16.

2 A way or means of determining excellence, criterion, test.
in his (*sc.* nardis) ~o una, ne sint fragilia..folia PLIN. *Nat.*12.46; optimum (aphronitrum) putatur Lydium; ~o, ut sit minime ponderosum 31.113;—(*w. obj. gen.*) ~o sinceri (laserpicii huius generis) prima in colore modice rufo 19.46; bituminis ~o ut quam maxime splendeat 35.180.

3 The act or process of proving or establishing, proof. **b** (as a formal stage in legal proceedings) the production of evidence; (also as a division of a speech).
HVMANVM ESSE DILATIONEM ~ONI DARI *CIL* 10.7852.16; oculorum quoque ~one PLIN.*Nat.*2.5; sumpta ex aduerso ~o QUINT.*Inst.*9.3.90; quin absoluendus foret, quem accepisse pecuniam nulla ~one sollemni docebatur GEL.14.2.9; ei incumbit ~o qui dicit, non qui negat PAUL.*dig.*22.3.2;—(*w. obj. gen.*) qui rerum maximarum ~ones leuissimas et perplexas fecerunt SEN.*Ep.*83.8; quo facilius negotia explicentur et ~o rerum salua sit VEN.*dig.*22.5.22; ~onem..mutatae uoluntatis ab heredibus exigendam ULP.*dig.*32.11. 12;—(*w. indir. qu.*) difficilis ~o est, quanti cuiusque intersit VEN.*dig.*46.5.11. **b** scio hunc esse ordinem ~onis ut primum ostendam me habuisse pecuniam QUINT.*Decl.* 269(p.98,l.5); in tertium diem ~ones exierunt PLIN.*Ep.* 2.11.18; 4.9.15; frequenter ~onibus et testibus silentium..indicit TAC.*Dial.*39.3;—cuius (*sc.* causae iudicialis) partes..quinque sunt: prooemium, narratio, ~o, refutatio, peroratio QUINT.*Inst.*3.9.1; lis nulla est, cui ~one opus non sit 5.pr.5.

4 That which proves or establishes, proof, evidence.
maxima beneficia ~onem non habent SEN.*Ben.*3.10.2; temptemus alias ~ones, quae de plano legi possint *Nat.*1.4.1; plurimas quaestiones..linearibus illis ~onibus solui solere QUINT.*Inst.*1.10.49; adfirmauit se nouas ~ones inuenisse PLIN.*Ep.*7.6.10; Thurinum cognominatum satis certa ~one tradiderim SUET.*Aug.*7.1; ueritatem criminum..~onibus certis instrui..placuit APUL.*Met.*10.7; saluis ~onum indiciis PAPIN.*dig.*29.5.20;—(*w. obj. gen.*) nec ullis tantorum criminum ~onibus..TAC.*Hist.*2.63; pecuniam..erogant per partes, quarum ~o scriptura..continetur PAUL.*dig.*2.13.9.2; —(*w. defining gen.*) reus indignatur uti corporis ~one (*i.e. the fact that he is blind*) [QUINT.]*Decl.*2.1; si conparare quis uelit hominis ~onem et statuae AGEN.*agrim.*p.37; ut..condemnasse de moribus, non de ~onibus rei gestae uiderer GEL.14.2.25;—(*w. acc. and inf.*) satis dilucida existit ~o, capacitatem rerum generi humano esse concessam AGEN. *agrim.*p.21.

probātīuus ~a ~um, *a.* [PROBO+-IVVS] Of or relating to proof.
in hoc ~ae duae (*sc.* quaestiones), altera παθητική, altera πραγματική QUINT.*Decl.*299(p.180,l.18).

probātor ~ōris, *m.* [PROBO+-TOR]

1 One who approves or commends.
huius rationis non modo non inuentorem, sed ne ~orem quidem esse me CIC.*Caec.*85; quid enim interest inter suasorem facti et ~orem? *Phil.*2.29; ingenii..saepe ~or eras OV.*Pont.*2.2.104; malorum inprobator, bonorum ~or APUL.*Soc.*16.

2 One who puts to the proof, an examiner.
tibi umbra ignobilitatis a ~ore obstitit APUL.*Apol.*16.

probātus ~a ~um, *a. compar.* ~ior, *superl.* ~issimus. [pple. of PROBO]

1 Regarded with approval, well-reputed, esteemed. **b** (of persons).
quorum..uitam constantem et ~am (uident) CIC.*Top.*78; nostram suffragationem, si minus potentem, at ~am tamen et iustam *Fam.*2.6.3; si (homines) erunt corporibus ualentibus ..(fontes) erunt ~issimi VITR.8.4.1; quis..dubitet eam (*sc.* aquam) maxime ~am haberi, sine qua nemo..uitam prorogat? COL.1.3.5; boletos..quercus ~issimos (parit) PLIN. *Nat.*16.31; id (*sc.* glutinum)..quo candidius, eo ~ius 28.236; nota stabuli de gente ~os..pascebat equos STAT. *Theb.*6.76; uenatores illi ~ae pernicitatis APUL.*Met.*4.13; si..pater sit..uitae ~ae ULP.*dig.*24.3.22.6; *CIL* 11.15; (*w. defining abl.*) dolis malitiosa Kartago, uiribus ~a Numantia *Rhet.Her.*4.66. **b** probabilis orator, iam uero etiam ~us CIC.*Brut.*263; habuit in matrimonio..summo loco natam et ~issimam feminam *Caec.*10; Cethego, homini non ~issimo, seruire coegit eos *Parad.*40; homo..in ista philosophia..~us et nobilis *Luc.*11; COL.1.1.8; SATIS FVI ~A QVAE VIRO PLACVI BONO *CIL* 5.1071.

2 (w. dat.) Acceptable (to), pleasing (to). **b** (of persons).
precor..ut..nostra..uobis..urbs acceptior ~iorque sit *formula* in MACR.*Sat.*3.9.8; quae iucundiora, quae pluribus ~a CIC.*Top.*70; sunt 'de oratore' nostri tres mihi uehementer ~i *Att.*13.19.4; ea gratissima fuerunt senatui, p. R. ~issima *Fam.*10.6.1; *N.D.*1.6; gratulatio tua..est mihi ~issima MARC.*Fam.*4.11.1. **b** probis ~um potius quam multis fore ACC.*trag.*314; de optimis et huic omni frequentiae ~issimis fratribus CIC.*Lig.*37; satis erat..~um illum esse populo Romano *Phil.*1.37; *Fam.*13.23.1; si..tibi non satis fecerint, se ~os nemini umquam fore Q.CIC.*Pet.*21; ut nemo ..~ior primoribus patrum..esset LIV.27.8.6; amauit..uxorem meam..et amando fecit mihi illam ~iorem STAT. *Silv.*5.pr.; liber et mihi ipsi ~us antibo periculum TAC.*Ann.* 5.6; SUET.*Cl.*16.1; APUL.*Fl.*9.

probē, *adv. superl.* ~issimē. [PROBVS+-E]

1 In a manner worthy of approval, correctly, satisfactorily, well. **b** in a manner complying with the law or ritual, validly, properly. **c** in accordance with good manners, decency, etc., respectably.
scribas uide plane et ~e PL.*As.*755; aedes..sunt paratae, expolitae, factae ~e examussim *Mos.*102; omnia adparata iam sunt intus.—curasti ~e TER.*An.*847; exercitum adduxi satis ~e ornatum auxiliis CIC.*Fam.*2.10.2; oculus conturbatus non est ~e adfectus ad suum munus fungendum *Tusc.* 3.15; possunt etiam folia ficulnea ~e (bubus) dari COL.6.3.7; cetera animantia in suo genere ~e degunt PLIN.*Nat.*7.5; nisi sperare te uellem posse fratris tui filios ~e discere PLIN.*Ep.* 2.18.2; uerbum..nusquam isto sensu usurpatum, neque ideo ~e placitum FRO.*Aur.*2.p.114(162N); GEL.14.1.30; dominus..habebat iuuenem filium ~e litteratum APUL. *Met.*10.2;—(*in ellipt. phr.*) concubinam..abiit oratum..ut abeat..Athenas.—eu, ~e! PL.*Mil.*1146; 'hoc uitio datur' —~issime TER.*Ad.*419; attributos quod appellas ualde ~e CIC.*Att.*13.22.4; de Mario ~e, etsi doleo L. Crassi nepotem 14.8.1. **b** si is homo qui deuotus est moritur, ~e factum uideri LIV.8.10.12; si atro die faxit insciens, ~e factum esto *formula* in Liv.22.10.6; *CIL* 1.756.2.17; operas..quae modo ~e iure licito inponuntur ULP.*dig.*38.1.7.3. **c** sponte mimos actitauit, scite magis quam ~e TAC.*Hist.*3.62; ~e spectatus apud meos APUL.*Met.*3.6.

2 Thoroughly, well. **b** (as the answer to a question) certainly, surely; *hau ~e*, not really, no. **c** (colloq.) properly, absolutely.
non metuo ne quisquam inueniat, ita ~e in latebris situmst PL.*Aul.*609; unde homo ebrius ~e *Mos.*342; tui similest ~e TER.*Hau.*1020; est ubi uos ulciscar ~e *Ph.*989; eodem uini ueteris..congios II infundito, misceto ~e CATO *Agr.*106; quem hominem ~e commeminisse se aiebat CIC. *de Orat.*1.227; ~e premitur, nisi noster Pompeius..negotium euerterit *Q.fr.*3.2.1; hoc..~e stabilito et fixo *Tusc.* 1.88; Suffenus..quem ~e nosti CATUL.22.1; linguam..Etruscam ~e nouerat LIV.9.36.3; CURT.6.11.19; quas (*sc.* causas peregrinationis meae) ubi ~e protuli APUL.*Met.*1.26. **b** hunc..nostin nostrum uicinum?—~e TER.*Hau.*180; intellextin?—~e *Eu.*768; tu inter eas restim ductans saltabis?—~e *Ad.*752;—satin tu usque ualuisti?—hau ~e PL.*Per.*23. **c** qui mihi aduenienti os occillet ~e PL. *Am.*183; errant ~e 975; pereo ~e *Capt.*635.

prōbeō: contracted form of PROHIBEO.

prob(er) ~bra ~brum, *a.* [PROBRVM] Discreditable, degraded.
quod istiusmodi animalia spurca atque ~bra..philosophi appellantur GEL.9.2.9.

probitās ~ātis, *f.* [PROBVS+-TAS]

1 Moral integrity, uprightness, honesty, probity. **b** sexual purity, virtue. **c** decorous behaviour.
concorditatem..~ate conseruetis PAC.*trag.*189; probabilis..erit (narratio)..si ~as narrantis significabitur CIC. *Part.*32; quod in homine summam fidem ~atemque cognosset *Vat.*38; et paedagogi ~as et medici adsiduitas..me..id suspicari uetat *Att.*12.33.2; SAL.*Jug.*14.4; OV.*Pont.*1.9.40; causa ei paupertatis sicut plerisque ~as erat CURT.4.1.20; ubi manu agitur, modestia ac ~as nomina superioris sunt TAC.*Ger.*36.1; ~as laudatur et alget JUV.1.74; qui ~ate ingenii sit ad artes bonas promptior APUL.*Pl.*2.22. **b** lon-

gum ~as perdurat in aeuum Ov.*Medic.*49; nec ~ate tua prior est..Hectoris uxor *Tr.*1.6.19; Liuia..genere, ~ate, forma Romanarum eminentissima Vell.2.75.3; Luc.8.156; nuptam..lumina demissam et dulci ~ate rubentem Stat.*Silv.*1.2.12; quando uxore ab Octauia, nobili quidem et ~atis spectatae..abhorrebat Tac.*Ann.*13.12; (*cf.*) tanta tibi est animi ~as orisque..ut mirer fieri te potuisse patrem Mart.11.103.1. **c** fallit..quod ~as uocatur, quae est inbecillitas Quint.*Inst.* 6.4.11.

2 (of things) Excellence, goodness, quality. panis potionisque ~atem gustu suo explorat Col.1.8.18.

probiter, *adv.* [PROBVS+-TER²] Honestly. postquam auida libido..coepit se..opificio non ~ clepere Var.*Men.*342.

prōbitō ~ere, *intr.* [PRO-+BITO] To go forward. (*w. internal acc.*) aut me occide, illinc si usquam ~am (*cj.*) gradum Pac.*trag.*341.

problēmata ~ōrum, *n. pl.* [Gk. προβλήματα] Subjects proposed for academic discussion, questions for debate, problems. improbabat Albucium, quod haec..tractasset..tamquam ~a philosophumena Sen.*Con.*1.3.8; Suet.*Gram.*4(p.104Re); cum Aristotelis libros ~orum praecerperemus Gel.2.30.11;—(*as a book-title*) Aristoteles..in ~is scriptum reliquit Apul.*Apol.*51.

probō ~āre ~āuī ~ātum, *tr.* [PROBVS+-O³]

1 To regard as good or right, approve of, commend. **b** (pass., w. dat.). **c** (leg.) to give official approval to. laudant fabrum atque aedes ~ant Pl.*Mos.*102; conlaudo consilium et ~o *Trin.*1148; causa Milonis semper a senatu ~ata est Cic.*Mil.*62; proprium..Academiae..ea ~are quae simillima ueri uideantur *Div.*2.150; consilium..eius a cunctis ~abatur Caes.*Civ.*1.74.7; Prop.1.2.30; compositorum collyriorum hoc maxime ~o Larg.21; Clitarchi ~atur ingenium, fides infamatur Quint.*Inst.*10.1.75; apud paucos ea ducis ratio ~ata Tac.*Hist.*2.26; (*poet.*) longa ~at facies capitis discrimina puri Ov.*Ars* 3.137; (*w. gen. of cause*) dat..quem ceperat ipse..animique ~arat, cornipedem Sil.16.165; (*w. abl. of respect*) uulgus amicitias utilitate ~at Ov.*Pont.* 2.3.8;—(*w. inf.*) Caesar..maxime ~abat coactis nauibus mare transire Caes.*Civ.*1.29.1; siue tu Lucina ~as uocari Hor.*Saec.*15;—(*w. acc. and inf.*) quod quidem ita esse..uehementissime ~o Cic.*Att.*3.20.1; (*cf.*) quia Romanis Germanisque idem conducere et pacem quam bellum ~abam Tac.*Ann.*1.58; (*without* esse) potius tenuitatem cum bona fama..sequendam ~aui Vitr.6.pr.5;—(*ellipt.*) sine te esse non possum. sed nec tuae domi ~abatur nec meae poteram Cic.*Att.*12.16; si..~at auctor Acestes Verg.*A.*5.418; nos autem secundum Iulianum ~auimus Ulp.*dig.*9.4.2.1. **b** tuam ~atam mi et spectatam maxume adulescentiam Lucil.617; orationes..eius mihi uehementer ~antur Cic.*Brut.*262; audio..bonis uiris..hanc cunctationem nostram non ~ari *Att.*9.1.3; dormienti..aeque ac uigilanti (illa uisa) ~antur *Luc.*88; neque eo..scripsi, quia mihi..ingenium meum amplius aequo ~aretur Sal.*Rep.*2.2.2; uel Priamo belli causa ~anda fuit Prop.2.3.40; cum..nonnulla aliter quam sunt oculis ~entur Vitr.6.2.4; comis ultra quam antiquis feminis ~atum Tac.*Ann.*5.1. **c** pupillus aetate ~ata..Sempronium fecit procuratorem Paul.*dig.*26.7.46.

2 To approve of (a person), think well of, esteem. **b** (pass., w. dat.). eiusdem hominis sit probos improbare qui improbos ~et Gracch.*orat.*23; si Aricinam uxorem non ~as, cur probas Tusculanam? Cic.*Phil.*3.16; et hercule hominem ~o; nam et doctum et probum existimo *Att.*10.17.1; non minus..a te ~ari quam diligi semper uolui Planc.*Fam.*10.7.1; ita se enisum, ut ab optumo quoque ~aretur Sal.*Jug.*22.2; nos eundem potissimum Thucydidem auctorem ~amus Nep.*Them.*10.4; nemo..se ~et, ac potius laudet diuersa sequentis Hor.*S.*1.1.109; quam quisque ~abant..rapiunt Ov.*Met.*12.224; ~andi..qui..succurrere periclitantibus student Larg.pr.p.1,l.16; militem neque a moribus neque a fortuna ~abat Suet.*Jul.*65; (*cf.*) nihil minus ~ari poterat quam quaestor Mescinius Cic.*Att.*6.4.1. **b** malle..sapientibus esse ~atum Lucil.462; ut ~emur iis, quibuscum apud quosque uiuamus Cic.*Off.*1.126; 2.43; (*w. abl. of respect*) Statium Annaeum, diu sibi amicitiae fide et arte medicinae ~atum Tac.*Ann.*15.64.

3 To give official approval to after examination, scrutiny, etc.), certify as satisfactory, pass. *CIL* 1.18; L FABRICIVS..FACIVNDVM COERAVIT EIDEMQVE ~AVEIT 1.751b; CENSORES HASCE ARAS ~AVERONT 1.2439; ut ~aret Apronius hoc triticum..imperat..ut in medimna singula dentur Apronio HS Cic.*Ver.*3.73; si quid de his..artibus iudicare et ~are opus fuerit Vitr.1.1.16; censores uillam publicam in campo Martio ~auerunt Liv.4.22.7; Sulla ~auit opus Ov.*Fast.*6.212; diligentiam meam..non uerbis, sed re ~asti Larg.pr.p.5,l.28; si riuum, quem faciendum conduxeras..antequam eum ~ares, labes corrumpit Labeo *dig.*19.2.62; siue non degustauit (uina) siue degustando male ~auit Gaius *dig.*18.6.16(15);—(*pass., w. dat.*) ut neque tibi neque populo Romano (frumentum) posset ~ari Cic.*Ver.*3.172; priusquam locatori opus ~aretur (*i.e. was completed to the satisfaction of*) Javol.*dig.*19.2.37; (*cf.*) cum (later) arbitrio magistratus fuerit ita ~atus Vitr.2.3.2.

4 To give assent to (an action or sim.), authorize, sanction. **b** to give one's approval to (a person). QVOD EORVM VIGINTI IVRATI ~AVERINT, PROBVM ESTO *CIL* 1.698.3.11; condicionem pacis nullam ~arat, nihil ad bellum pararat Cic.*Att.*8.8.1; diuortium non ~ari 13.9.2; nobis..erant ea (*sc.* spectacula) perpetienda, quae Sp. Maecius ~auisset *Fam.*7.1.1; necessitates, quibus cogi posset senatus id ~are quod ipsi constituissent Hirt.*Gal.*8.53.2; ~arentne tantum flagitium..parum constabat Sal.*Jug.*30.1; maxima turbamenta rei publicae atque exitia ~ate *Hist.*1.55.25; populus..monebat iudices, quod ~arent Vitr.7.pr.6; (*ellipt.*) Ioue non ~ante Hor.*Carm.*1.2.19; (*of a custom*) quod eadem consuetudo non ~auit Cic.*Orat.*159;—(*w. acc. and inf.*) Iuturnam..pro uita maiora audere ~aui Verg.*A.* 12.814. **b** ad unum omnes Vercingetorigem ~ant imperatorem Caes.*Gal.*7.63.6; per paucos ~ati et electi *Civ.*1.85.9; neque ab altero notatum alter ~auit Liv.42.10.4; (*pass., w. dat.*) ceteros quod purgas, debent mihi ~ati esse, tibi si sunt Cic.*Att.*3.15.2.

5 To examine (with a view to approval), test, put to the proof. tuo ex ingenio mores alienos ~as Pl.*Per.*212; ad picturam ~andam adhibentur etiam inscii Cic.*Opt.Gen.*11; architecti..cuius iudicio ~antur omnia quae ab ceteris artibus perficiuntur opera Vitr.1.1.1; iudices litterati, qui ea (*sc.* scripta) ~arent, erant legendi 7.pr.5; ignis aurum ~at Sen.*Dial.*1.5.10; ut mucronem ad buccam ~aremus Petr.70.3; ars facta denarios ~are Plin.*Nat.*33.132;—(*w. pers. obj.*) quem tibi ego non essem ausus mittere nisi eum lente ac fastidiose ~auissem Cic.*Att.*2.1.1; at Vettonum alas Balarus ~at aequore aperto Sil.3.378.

6 To cause to be favourably regarded, win approval for. **b** (w. dat.) to cause to be regarded favourably (by), justify (to). **c** (refl. or pass., of recruits) to pass for enlistment. non potes ~asse nugas Pl.*Aul.*828; pastores..suam ~are operam studebant Caes.*Civ.*1.57.4; singuli artifices sumpserunt certatim partes ad ornandum et ~andum Vitr.7.pr.13; quod..antiqui..~are contendebant artibus 7.5.7; pleraeque ..gratiam..suam ~aturae lacinias omnes exuunt Apul.*Met.*2.8;—(*refl.*) istis lacrumis te ~are postulas Pl.*Ps.*101; se..~at meritis Luc.8.621; quod mihi copia..optigit..~andi mei Apul.*Apol.*1. **b** non ~are pernegando mihi potes Pl.*Rud.*1017; uos censetis..legatorum missionem populo Romano uos ~auisse? Cic.*Phil.*7.14; auribus puris scripta ~asse mea Prop.2.13.12; hoc adtestabatur uel inimico iudici se ~ari posse Plin.*Nat.*pr.10; mortem, quam patriae fratrique ~em Sil.4.675; cum omnia facta..mea ~are sanctissimis moribus tuis cupiam Plin.*Ep.Tra.*10.3a (20.3); (*cf. sense 7*) quem ad modum hominum existimationi te atque innocentiam tuam ~ari uelis Cic.*Ver.*3.137; (*of inanim. subj.*) exitus acta ~at Ov.*Ep.*2.85;—(*refl.*) personam, in qua me saepe illi ipsi ~aui Cic.*Fam.*7.33.2; Cicero, filius tuus, sic mihi se ~at industria Brut.*ad Brut.*2.3.6. **c** per eos me ~aui in classe *P.Mich.*467.16; antequam me ~arem in militiam 467.22; *CIL* 6.2893;—ille..dies, quo primum ~ati sunt (tirones) Tra.Plin.*Ep.*10.30(39).2; ~ATO IN COH VII PR. *CIL* 2.2610.

7 To show to be real or true, demonstrate, prove. **b** (absol.) to prove one's case. **c** (w. *pro*) to get accepted as. quae ego in theatro hic meis ~aui plausibus Naev.*com.*72; si nostra ~ari facilius, quam illa redargui possunt Cic.*de Orat.*2.293; si in hac causa nostrum officium ac diligentiam ~auerimus *Div.Caec.*72; quod etsi difficile est ~atu *Tusc.*5.1; diuum responsa ~antur *Ciris* 388; quo ueniam impetrasse, non causam ~asse uideri possent Liv.36.35.11; quid..si latronem gladio tantum ~es? [Quint.]*Decl.*17.11;—(*w. dat. of advantage*) tibi..magnitudinem solis ~abo Cic.*Fin.*1.28; quae tibi posterius largo sermone ~abo Lucr.5.155; (*pass., w. inf.*) patrio pater esse metu ~or Ov.*Met.*2.92; (*ellipt.*) suspectante Nerone haud falsa esse etiam quae uera non ~abantur Tac.*Ann.*15.51;—(*w. acc. and inf.*) an satis ~at se nescire? Cic.*Sul.*39; quaeram..dubium certo quae res differre ~arit Lucr.4.477; Caes.*Gal.*1.3.6; Liv.28.8.6; uocem adyti..ueram..~auit extinctus Juv.13.205; nisi ~etur me mandasse, ne traderetur Ulp.*dig.*21.3.1.2;—(*w. indir. qu.*) ut sua quid ualeant numina teste ~ent Ov.*Pont.*1.1.56. **b** is qui in foro..ita dicet, ut ~et, ut delectet, ut flectat Cic.*Orat.*69; possimne ~are, cum id me facere dicam? *Prov.*18; quae uis ~andi ac refellendi Quint.*Inst.*10.2.27; apud praefectum de falso testamento egit nec ~auit Scaev.*dig.*45.1.135.4; si de iure suo ~antem admiserit Macer *dig.*49.8.1.2; (*of a condition*) (Libye) proxima caelo est, ut ~at ipse calor Luc.9.352. **c** id, quod falsum fuerit, sine ulla dubitatione pro uero ~asse Cic.*Inv.*?.27(*s.v.l.*); suppositum in eius locum quem pro illo ~are uelles *Ver.*5.78; mirabar..uolnus..quod acu punctum uideretur pro ictu gladiatoris ~ari *Mil.*65; (*ellipt.*) forma et aetas ipsast facile ut pro eunucho ~es Ter.*Eu.*375.

proboscis ~idis, *f.* [Gk. προβοσκίς] The snout of an animal; (esp.) an elephant's trunk. esse factum ericium e pilis albis, cum ~ide Var.*Men.*490; —cum..elephas..eum..sub pede subditum..~ide erecta uibrantique stridore maximo premeret *B.Afr.*84.1; ~idem eorum facillime amputari..patuit Plin.*Nat.*8.18; 28.88; unius ~ide abscisa mori posse beluas ostenderat Flor.*Epit.* 1.13(1.18.9).

? **probriperlecebra** ~ae, *f.* [PROBRVM+PERLECEBRA] An enticement to impropriety (perh. to be taken as two words). eunt eccas tandem ~ae et persuastrices Pl.*Bac.*1167.

probrōsē, *adv.* [next+-E] In an abusive manner, reproachfully. cum..id ei, quod fugerat, ~ obiceretur Gel.17.21.31.

probrōsus ~a ~um, *a. compar.* ~ior. [PROBRVM+-OSVS]

1 Attended with reproach, disgraceful, shameful. **b** (of persons) disreputable, disgraceful. o magna Carthago, ~is altior Italiae ruinis! Hor.*Carm.* 3.5.39; fuit in loco turpi, ~o Sen.*Con.*1.2.20; quo nihil equidem ~ius duco Plin.*Nat.*22.15; unis..relictus diuitiis ~us honor Sil.11.35; infame in omnem uitam ac ~um superstitem principi suo ex acie recessisse Tac.*Ger.*14.2; quod eius ~ae libidini..noluisset succumbere Apul.*Met.* 10.5. **b** ~is feminis lecticae usum ademit Suet.*Dom.*8.3; —(*w. abl. of respect*) ne quis uita ~us et opertus infamia prouinciam sortiretur Tac.*Ann.*3.69; 6.29;—(*as sb.*) quae (*sc.* insula) uocata est Cinaedopolis, ~is ibi relictis a rege Alexandro Plin.*Nat.*5.134.

2 Abusive, opprobrious. contumelias et uerba ~a..uelut clamorem hostium ferat Sen.*Dial.*2.19.3; (hoc mustum) uappae accipit nomen, ~um etiam hominum, cum degenerauit animus Plin.*Nat.* 14.125; edicta in populum pro Vespasiano magnifica, ~a aduersus Vitellium iecerat Tac.*Hist.*3.73; quia ~is sermonibus diuum Augustum..inlusisset *Ann.*2.50;—(*w.* in+*acc.*) ~is in se dictis adrisit Sen.*Cl.*1.10.3; Tac.*Ann.*4.31.

probrum ~ī, *n.* [**pro-bhr-om*, cf. PROFERO, Gk. προφέρω]

1 Anything uttered by way of vituperation, abuse, etc., a reproach, insult. etiamne ultro tuis me prolectas ~is? Pl.*Bac.*567; me spernens, incilans ~is Acc.*trag.*458; ueterem amicum..meum..~is omnibus maledictisque uexat Cic.*Flac.*48; *Rep.*4.12; occursant portis, ingerunt ~a Liv.2.45.10; multis obiectis ~is 43.8.3; nam coeunt certaque ~a canunt Ov.*Fast.*3.676; et foeda linguae ~a circulatricis Mart.10.3.2; uberioribus inter se ~is quam laudibus stimulabantur Tac.*Hist.*2.21; malebat ueritatis..cui adulatio officit, per ~a saltem gnarus fieri *Ann.*6.38; quod in eam dicaculo ~um dixerat Apul.*Met.*1.9;—(*w.* in+*acc.*) epistulas mihi legerunt plenas omnium in me ~orum Cic.*Att.*11.9.2; Tac.*Ann.* 4.34;—(*w. defining gen.*) urbanae (tribus)..in quas transferri ignominia esset, desidiae ~o Plin.*Nat.*18.13.

2 Disgrace, ignominy, shame. **b** a source of disgrace, scandal. ne id quod ames populus si sciat, tibi sit ~o Pl.*Cur.*29; quin, si hoc celetur, in metu, sin patefit, in ~o sim Ter.*Ph.* 825; uitam..hanc rusticam, quam tu ~o et crimini putas esse oportere..suauissimam esse arbitrantur Cic.*S.Rosc.*48; cum artem ludicram..in ~o ducerent *Rep.*4.10; Sal.*Cat.*12.1; Fuluius contra queri..in ~um suum sponsionem factam Liv.40.46.14; quod maximum ~um tyranno rebus in summis reor Sen.*Thy.*177; capillus iuxta feminis uirisque in ~o existimatus Plin.*Nat.*6.35; diem noctemque continuare potando nulli ~um Tac.*Ger.*22.2. **b** ~um in senatu ne relinquonto Cic.*Leg.*3.7; (*applied to persons*) an Antonios potius ornarem..Romani nominis ~a atque dedecora? *Phil.*11.36.

3 An action worthy of reproach, misdeed, offence, fault. **b** (pl., euphem.) functions having to do with the body, ablutions, etc. domi..patriam ut colatis potius quam peregri ~a Naev.*com.*93; numquam..reperies tu istuc ~um penes nos Pl.*Poen.*1241; omnia mala, ~a, flagitia, quae homines faciunt Scip.min.*orat.*11; cum apud exteras nationes imperi..nostri famam tuis ~is flagitiisque uiolaris Cic.*Ver.*1.82; ~i insimulasti pudicissimam feminam *Phil.*2.99; obiecit ut ~um M. Nobiliori, quod is in prouinciam poetas duxisset *Tusc.* 1.3; ~a turpia persequens Catul.61.99; quod filium iuuenem nullius ~i compertum..in ergastulum dederit Liv. 7.4.4; uetito temerat sacraria ~o Ov.*Met.*10.695; agrum male colere censorium ~um iudicabatur Plin.*Nat.*18.11; sine ~o, scelere eoque sine poena..agebant Tac.*Ann.*3.26; sine ~i suspicione Suet.*Jul.*43;—(*w. defining gen.*) quaecumque dici..queunt ignauiae luxuriaeque ~a Sal.*Jug.*44.5; quin et inuectus in defunctum ~a corporis..obiecit Tac.*Ann.*6.24. **b** cum..eadem materia (*i.e. silver*) et cibis et ~is seruiat Plin.*Nat.*33.152.

probus¹ ~a ~um, *a. compar.* ~ior, *superl.* ~issimus. [<**pro-bhuo*; cf. OSl. *pro-stŭ*; for term. cf. SVPERBVS]

1 Excellent in quality, good, choice. **b** (perh.) well-developed. aufer illam offam porcinam, ~us hic conger frigidust Pl.*Mil.*760; ~a mers facile emptorem reperit *Poen.*342; ~ae..fruges..suapte natura enitent Acc.*trag.*234¹; non magno messe, non ~a uindemia Lucil.707; fiscis..non iisdem ~um et cibarium oleum premi oportebit Col.12.52.22; —(*of non-material things*) fabula est prime ~a Naev.*com.*1; piscatu ~o, electili uitam colitis Pl.*Mos.*729; magis aut minus ~i gustus uina Col.3.2.7; (*neut. as sb.*) quod insit in his (*sc.* poematis) aliquid ~i Cic.*Off.*3.15. **b** Magno Pompeio..fuere similes, illud os ~um reddentes ipsumque honorem eximiae frontis Plin.*Nat.*7.53; os ~um duriusue (est) animal generantibus (*i.e. viviparous animals*) 11.159.

2 (of artefacts) Well-made, stout; (as satisfying official standards) properly made. **b** (of money) not counterfeit or debased, good. aedis ~as..pulchre aedificatas arbitro Pl.*Mer.*901; adferto..duas clauas.—clauas?—sed ~as *Rud.*799; si..proficiscatur Puteolos..~o nauigio Cic.*Luc.*100;—QVOD EORVM VIGINTI IVRATI PROBAVERINT, ~VM ESTO *CIL* 1.698.3.11. **b** nummi sescenti hic erunt, ~i, numerati Pl.*Per.*438; dandum huc argentum est ~um *Rud.*1387; argenti ~i talenta Attica duodecim milia dato Liv.38.38.13; puri, ~i, profani..auri Fest.p.250M; TANTAM PECVNIAM ~AM RECTE DARI *CIL* 3.959.12; denarios ducentos..~os *FJRA* 3.132.13.

3 Having great ability, able, clever. **b** (of things) serving a purpose well, serviceable, suitable, right; (of conditions, behaviour). o imperatorem ~um! Pl.*Bac.*759; pluma haud interest patronus an cliens ~ior siet *Mos.*408; praestrigiator hic quidem Poenus ~ust *Poen.*1125; artificem ~um! Ter.*Ph.* 259; (scriptor) est uetus atque ~us centum qui perficit annos Hor.*Ep.*2.1.39; arator reperiatur aliquis bonus..tum etiam ueterinarius et ~us pastor Col.11.1.12; Phidian illum, quem fictorem ~um fuisse tradit memoria Apul.*Mun.*32; (*w.* ad) illic est ad istas res ~us quas quaeritas Pl.*Poen.*680. **b** ~us consimilis ager, cui subest tophus Col.*Arb.*3.6; Sallustium..usum..paronomasia..~a et eleganti Fro.*Aur.*2.p.158(107N); uerbum non ~um uitauit Gel.3.14.12; (*cf.*) equum illum uectorem meum ~issimum Apul.*Met.*3.26;—si uis subigitare me, ~ast occasio Pl.*Cas.* 964; dedisti..operam..~am et sapientem et sobriam *Per.* 674.

4 Having an upright character, righteous,

honest. **b** (spec. of women) virtuous, modest. **c** (of conditions, behaviour) morally excellent, virtuous.

qui est ~us agoranomus PL.*Mil.*727; is ~us est quem paenitet quam ~us sit *Trin.*320; aequo animo aequa noscere oportet, si uos uoltis perhiberi ~os TER.*Ad.*504; facere..~us adulescens periculose quam perpeti turpiter maluit CIC.*Mil.*9; pulsus est modestior rex et ~ior et integrior *Att.*10.7.1; qui per ambitionem sese ~os simulauere SAL.*Jug.*85.9; ~us quis nobiscum uiuit HOR.*S.*1.3.56; erat..Gobares..magicae artis..professione..celeber, alioqui moderatus et ~us CURT.7.4.8; Suetonium Tranquillum, ~issimum, honestissimum, eruditissimum uirum PLIN.*Ep.* 10.94(95).1; (*cf.*) illae ~ae et fideles ianuae APUL.*Met.*1.14; —(*pl. as sb.*) quam ad ~os propinquitate proxume te adiunxeris, tam optumumst PL.*Aul.*236; ~i iniuriam facilius accipiunt MET.NUM.*orat.*4; illud extremum quod posset esse improbis et ~is commune supplicium CIC.*Pis.*99; FEST. p.229M. **b** ~ISVMA FEMINA MATER BRVTI *CIL* 1.1809.5; quam..ciues Thebani uero rumiferant ~am PL.*Am.*678; ~a et pudica quod sum AFRAN.*com.*116; (docta fuit) saltare elegantius quam necesse est ~ae SAL.*Cat.*25.2; qui te blanditiis non sinat esse ~am PROP.2.19.4; quae scilicet in me quam ~a tam timida est OV.*Pont.*3.7.12; an tu, ~issima puella, parentes tuos interuisere properas? APUL.*Met.*6.30; (*w. abl. of respect*) mulier natalibus clara, moribus ~a PLIN. *Ep.*8.18.8; (*cf.*) VENERI ~AE SANCTISS SACR *CIL* 10.3692. **c** si modo ~a erant (*sc.* aliena instituta) SAL.*Cat.*51.37; ~am..pauperiem sine dote quaero HOR.*Carm.*3.29.55; neque more ~o uideas..ingentis trepidare Titos PERS.1.19; lasciua est nobis pagina, uita ~a MART.1.4.8; ea uera et ~a fortitudost GEL.12.5.13; NOMINIS OPTIMI ET VERECVNDISSIMI ET ~ISSIMI *CIL* 13.1903.

Probus² ~ī, *m.* A Roman cognomen, esp. of M. Valerius Probus, a grammarian of the latter part of the 1st century A.D.

nec ~um timeto MART.3.2.12; SUET.*Gram.*24; GEL.3.1.5; 17.9.5.

Proca ~ae, *m.* Also **~as.** A legendary king of Alba Longa.

proximus (*sc.* rex) ille ~as, Troianae gloria gentis VERG.*A.* 6.767; ~a..Numitorem atque Amulium procreat LIV.1.3.9; OV.*Met.*14.622; *Fast.*6.143.

procācitās ~ātis, *f.* [PROCAX+-TAS]

1 Forwardness, effrontery.

a procando, id est poscendo, ~as nominata est CIC.*Rep.* 4.6; non..~ate linguae uitae sordes eluuntur [CIC.]*Sal.*3; qui ~atem hominis manibus coercere conarentur NEP.*Timol.* 5.2; impedienda est..~as eius (*sc.* galli) ampullaceo corio COL.8.2.15; ut olim uirtutis modestiaeque, tunc ~atis et petulantiae certamen erat TAC.*Hist.*3.11; curiosus..et inquieti ~ate praeditus asinus APUL.*Met.*9.42.

2 Licence, wantonness.

quidquid lepida ~ate laxat..labella risu MART.2.41.17.

procāciter, *adv. compar.* ~ius, *superl.* ~issimē. [PROCAX+-TER²]

1 With forwardness or effrontery.

flagitatum..stipendium ~ius quam ex more..militari erat LIV.28.24.8.

2 Without restraint, immoderately.

si finem ~iter orto sermoni..inponeret CURT.8.1.32; qui ~issime patris tui memoriae inludunt 8.1.34; exercentibus plerisque per occultum atque eo ~ius libidinem ingeniorum TAC.*Ann.*5.4.

procalō ~āre, *tr.* [Gk. προκαλέω] (See quot.)

~are prouocare ex Graeco καλεῖν, id est uocare PAUL. *Fest.*p.225M.

procapis ~is, *f.* [cf. prob. CAPVT] (See quot.)

~is progenies, quae ab uno capite procedit PAUL.*Fest.* p.225M.

Procas: see PROCA.

procastria: see PROCESTRIA.

procātiō ~ōnis, *f.* [PROCO+-TIO] The act of wooing, suit.

cum in hoc statu res esset inter ~onem matris et metum fili APUL.*Apol.*72.

procax ~ācis, *a. compar.* ~ācior, *superl.* ~ācissimus. [PROCVS²+-AX]

1 Extravagant in demanding or asserting what one wants, importunate, pushing, impudent. **b** excessively assertive of a point of view, doctrinaire.

oh, lutum lenonium..~ax, rapax, trahax PL.*Per.*410; postquam hunc alienum ab sese uidet..mage ~ax facta ilico est TER.*Hec.*159; non solum meretrix sed etiam proterua meretrix ~axque CIC.*Cael.*49; uernas..~aces pasco libatis dapibus HOR.*S.*2.6.66; Parrhesiastes ob nimiam et ~acem linguam appellatus SEN.*Dial.*5.23.2; ne ~aces manus rapiant PLIN.*Nat.*22.17; ~acissimis etiam inter seruos lixarum ingeniis TAC.*Hist.*2.87; APUL.*Fl.*16;—(*w. abl. of respect*) ut quisque animo ignauus, ~ax ore TAC.*Hist.* 2.23; *Ann.*1.16;—(*w.* in+*abl.*) scio enim te non esse ~acem in lacessendo CIC.*Fam.*7.13.2;—(*of animals*) canum ~aciores, quae comminus contulerant uestigium..interficit APUL.*Met.*8.4; (*w. ref. to sexual demands*) fit (aries) in feminas quoque ~acior COL.7.3.4; (*cf.*) maritas (*sc.* populos) complexae (uites) atque per ramos earum ~acibus bracchiis ..scandentes PLIN.*Nat.*14.10;—(*poet., of things*) ~acibus Austris per..undas..dispulit VERG.*A.*1.536; quamuis ~acem toruus armasset manum SEN.*Ag.*209;—(*transf., of utterances*) probris..in ipsum..~acibus iaculati sunt LIV. 42.54.1. **b** tum demum mihi ~ax Academia uidebitur CIC.*N.D.*1.13.

2 Not amenable to control, undisciplined, licentious. **b** lively, skittish, frivolous.

ut est ~ax multorum natura in alienis miseriis PLIN.*Nat.* 26.2; strepente circum ~aci choro TAC.*Ann.*11.31; a prima adulescentia prodigus ac ~ax SUET.*Otho* 2.1; hunc, quanquam genuina licentia ~acem, uerbis quoque insuper stimulat APUL.*Met.*4.30; (*of a writer, in respect of his work*) Cinna ..~acior Anser OV.*Tr.*2.435;—(*w. abl. of respect*) ~ax moribus neque absurdus ingenio TAC.*Hist.*3.62;—(*w. gen. of respect*) ~ax otii et potestatis temperantior *Ann.*13.46;—(*of conduct, writings*) ~ax libertas ciuitatem miscuit PHAED. 1.2.2; uiros..inlustris ~acibus scriptis diffamauerat TAC. *Ann.*1.72. **b** relictis, Musa ~ax, iocis HOR.*Carm.*2.1.37; siue ~ax aliquast, capior, quia rustica non est OV.*Am.* 2.4.13; dum..~ax uittis hederisque..Clio mea ludit STAT. *Silv.*1.5.13; cuius sane decora et ~ax soror..Vitellii nurus fuerat TAC.*Ann.*12.4;—(*of conduct, etc.*) ne diu taceat ~ax Fescennina iocatio CATUL.61.119; posse..sermone uti uel modesto uel molli uel ~aci SAL.*Cat.*25.5; quem nequitiae ~aciores delectant nimium MART.5.2.3.

prōcēdō ~dere ~ssī ~ssum, *intr.* [PRO-+ CEDO¹] FORMS: *processe* (= *processisse*) TURP. *com.*137 (*cj.*).

1 To go or move forward or onward, advance, progress. **b** (of military forces). **c** (of processions or those taking part in them). **d** (of things).

tardo ~dens gradu derepente aspicio ex nemore..egredi ACC.*trag.*183; te haec legente aliquantum iam uiae ~ssero CIC.*Att.*6.5.1; extra numerum ~dere membra mouentis duriter (*i.e. in a dance*) LUCR.5.1401; parcite, oues, nimium ~dere: non bene ripae creditur VERG.*Ecl.*3.94; PHAED. 3.7.15; (locustae) oblique in latera ~dunt PLIN.*Nat.*9.95; APUL.*Met.*1.18; (*w. inf. of purpose*) comes..~sserat ultra.. quaerere fontis aquam PROP.1.20.23;—(*w.* obuiam) huic ad urbem uenienti tota obuiam ciuitas cum lacrimis gemituque ~sserat CIC.*Sest.*68; LIV.24.33.4; VELL.2.53.2; (*in fig. phr.*) morti iam ipsi aduentanti paulum ~dere ob uiam CIC.*Tusc.* 5.56; (*cf.*) ubi..ei nuntiatum est Iugurtham haud procul abesse..quasi obuius honoris causa ~dit in tumulum SAL. *Jug.*113.5;—(*of boats, vehicles*) remulis sensim celox.. ~sserat TURP.*com.*97; nil cum ~dere lintrem sentimus HOR.*S.*1.5.20; in conferta multitudine aegre ~dente carpento SUET.*Tib.*2.3;—(*in the imagination*) uis animi..extra ~ssit longe flammantia moenia mundi LUCR.1.73;—(*poet.*) satis est, ohe, libelle, iam peruenimus usque ad umbilicos. tu ~dere adhuc et ire quaeris MART.4.89.3;—(*cf.*) status sit rectus, aequi..pedes, uel ~dens minimo momento sinister QUINT.*Inst.*11.3.159. **b** exercitus neque retro regrediendi neque ultra ~dendi oblata facultate circumuentus *B.Afr.* 50.2; non ciuitas socia, non rex amicus, non consistendi usquam locus, non ~dendi LIV.28.42.6; cum Romano equitatu secutus tegentibus tumulis..occultus ~ssit 29.34.9; strenue..iussi ~dere oriente luce peruenerunt ad angustias CURT.3.8.23; Fabius, tacito ~dens agmine.., praecluserat omnes..uias SIL.7.91; (*cf.*) quantum opere ~sserant et castra protulerant CAES.*Civ.*1.81.4;—(*w.* obuiam) ita armati paratique obuiam imperatoribus legionibusque uestris ~ssimus LIV.6.26.4; (*cf.*) Adherbal..copias parat et Iugurthae obuius ~dit SAL.*Jug.*21.1. **c** funus interim ~dit: sequimur TER.*An.*128; ter.., dum ~dis, io Triumphe,.. dicemus HOR.*Carm.*4.2.49; permixtus agmini religioso ~dens comitabar sacrarium APUL.*Met.*11.16; (*cf.*) ut Attica uirgo cum sacris Cereris, ~dit fuscus Hydaspes..uina ferens HOR.*S.*2.8.14. **d** (undae) tarde primum clementi flamine pulsae ~dunt CATUL.64.273; liquor ille..fluminis in speciem..~dere tandem incipit *Aetna* 485;—(*of heavenly bodies*) CIC.*Tim.*31; inde pari Virgo ~dat temporis auctu MAN.3.410; mundum..nemo nostrum sentit ~dere SEN.*Nat.*1.3.10; nec (cometes) ut stella ~dit 7.21.2.

2 (w. emphasis on destination) To advance (to a place stated or implied), make one's way, proceed.

ad forum ~dere PL.*Cas.*564; ait se metuere in conspectum sui patris ~dere *Mos.*1125; in portum Corcyraeorum ad Cassiopen stadia CXX ~ssimus CIC.*Fam.*16.9.1; sic effatus ad undam ~ssit VERG.*A.*9.23; relicto eo custodibus Antigonus ad Philippum ~ssit LIV.40.55.2; incustoditae Pylios memorantur in agros ~ssisse boues OV.*Met.*2.685; solus..id nauigi genus temperans ad medium ~ssit fluminis VELL. 2.107.1; ad negotia..~dunt armati TAC.*Ger.*22.1;—(*w. acc. of destination*) tum Cales ~ssi CIC.*Att.*8.11d.2; itinera.. lenta..faciebat, ut Praeneste..biduo ~deret SUET.*Aug.* 82.1; puellam..condigne natalibus suis fornicem ~ssuram APUL.*Met.*7.9;—(*of military forces*) Fabium..in Apuliam ~ssisse atque inde magnas praedas egisse LIV.8.40.1; Hannibal..Venusiam..repetit atque inde Canusium ~dit 27.42.16.

3 To advance from shelter, concealment, or sim., come forth (from a place stated or implied), emerge. **b** to come into public view, appear (in a particular guise). **c** (of animals) to come out of hibernation or sim.

ego precator et patronus foribus ~ssi foras PL.*Ps.*606; sagum sumit,..~dit in medium uini..plenus CIC.*Ver.*5.94; ei qui ab Alesia ~sserant maesti..se in oppidum receperunt CAES.*Gal.*7.80.9; subito e siluis macie confecta suprema ignoti noua forma uiri..~dit VERG.*A.*3.592; legiones quae in Sicilia relinquebantur ad prosequendos commilitones ~sserant LIV.29.26.8; (matronae) frequentes in causa ad se pertinente in publicum ~sserunt 34.5.7; patrio more Persarum traditum est orto sole..~dere (*i.e. for a march*) CURT. 3.3.8; (cerui) noctibus ~dunt ad pabula PLIN.*Nat.*8.117; rege (*i.e. the queen-bee*) ea peste consumpto maeret plebes.. non cibos conuehens, non ~dens 11.64; antrum ruere, et uisi ~dere manes SIL.6.180; ~ssit Palatio, procul sequi iussis militibus TAC.*Ann.*2.34; APUL.*Met.*9.21; (*impers. pass.*) utilissimum..est..non ante ~di quam quis aliquid adsumpsit CELS.5.27.10;—(*in fig. phrs.*) ~sserat..in solem et puluerem..e Theophrasti doctissimi hominis umbraculis CIC.*Brut.*37; ante philosophiam patefactam..posteaquam philosophia ~ssit *Div.*1.86; patefactis sceleribus ~dit in medium nuda ueritas APUL.*Met.*10.12. **b** illo die quo (Caesar) primum in sella aurea et cum purpurea ueste ~ssit CIC.*Div.*1.119; TIB.]3.8.11; nunc uolo subducto grauior ~dere uultu PROP.2.10.9; femina ~dit densissima crinibus emptis OV.*Ars* 3.165; ut..deformis et flens et praeter spem incolumis Valens ~ssit, gaudium miseratio fauor TAC.*Hist.* 2.29; (Venus) calua ~sserit, placere non poterit nec Vulcano suo APUL.*Met.*2.8. **c** (coccyx) ~dit uere, occultatur caniculae ortu PLIN.*Nat.*10.26; apicula ~dens fabam florere indicat 18.253; (amphisbaena) prima omnium (serpentium) ~dens et ante cuculi cantum 30.85.

4 To step forward and present oneself for some purpose; (esp.) to come forward as a speaker. **b** (of troops, etc.) to advance to the attack, sally forth.

(*of a servant*) age tu illuc ~de, bone uir..recte et uera loquere PL.*Capt.*954; TER.*Eu.*470; Trimalchio..'Carpe' inquit. ~ssit statim scissor PETR.36.6;—(*of a public performer*) quod ego huc ~ssi sic cum seruili schema PL.*Am.* 117; *As.*6; quo regis filii..in harenam ~sserunt pollicitique sunt ibi se de regno proeliaturos V.MAX.9.11.ext.1; (*cf., of a character in a play*) (persona) seruetur ad imum qualis ab incepto ~sserit, et sibi constet HOR.*Ars* 127;—(*of a witness*) ~dite in medium atque explicate descriptionem imaginemque tabularum CIC.*Ver.*2.190; testis cum ea uoluntate ~ssit ut laedat *Flac.*11; JUV.3.138;—(*of a speaker*) perterrito.. exercitu princeps Labienus ~dit iuratque se eum non deserturum CAES.*Civ.*3.13.3; cum pudore summo in contionem in conspectum uestrum ~ssi LIV.3.67.1; L. Scipio.. dissuasor ~ssit 38.54.8; 45.36.2; (Aristides) ~ssit ad ciues et retulit Themistoclen..consilium..minime iustum animo uoluere V.MAX.6.5.ext.2; ~ssit pauper..et dixit prodi rem publicam a diuite QUINT.*Decl.*337(p.325,l.22); totiens ~dere in rostra PLIN.*Pan.*65.3. **b** instructa classe magna fiducia ad nostras nauis ~dunt CAES.*Civ.*1.56.4; sic utrimque acie instructa ~ssum est ad dimicandum *B.Alex.*39.2; *B.Hisp.* 29.3; pedes..~sserat Agis, quem tamen..Valerus..deicit VERG.*A.*10.751; prior aliquamto constitit Romana acies; tandem et Aequi ~ssere LIV.3.2.10; signum pugnae proponitur confestimque in aciem ~dunt 27.46.12; 28.33.7; V.FL.6.196.

5 a (of plants, shoots) To come forth, spring. **b** (of rising constellation, planet, etc.) to come into view. **c** (of moisture, etc.) to be emitted; (also, of words or sounds). **d** (of movement, etc.) to start or originate (from a point).

a res quaeque (*i.e. plants*) suo ritu ~dit LUCR.5.923; multae (arbores)..nostra manu satae ~dunt COL.3.1.1; cum (pampinarii) e duro ~sserint 3.10.15; plerumque.. germen de cicatrice ~dit 4.22.4. **b** cum iam toto ~ssit corpore Virgo CIC.*Arat.*637(391); inuito ~ssit Vesper Olympo VERG.*Ecl.*6.86; 9.47;—(*cf.*) hinc nox ~ssit stellis ardentibus apta ENN.*Ann.*339. **c** si quid lacrimae ~ssit, absorbet CELS.6.6.1K; discutienda, si qua coierunt; quo fit, ut per uulnus postea ~dant 7.26.5D; lacrimae ~dere noluerunt APUL.*Met.*8.6;—(*of words, etc.*) nullum uerbum mihi, quod non salua bona conscientia ~deret, excussum est SEN.*Nat.*4a.pr.15; TAC.*Ann.*4.60; 'porro Quirites' proclamare gestiui, sed uiduatum ceteris syllabis..~ssit 'O' tantum APUL.*Met.*8.29. **d** ex animi..uoluntate id (*i.e. motion*) ~dere primum, inde dari porro per totum corpus LUCR.2.270; si apparuerit, quando et unde (uenti) ~dant SEN.*Nat.*5.7.1.

6 (of circumstances, events) To crop up, appear, arise; (impers., w. *ut*) it comes about (that).

numquid ~ssit ad forum hodie noui? PL.*Mos.*999; idiotismos est inter oratorias uirtutes res, quae raro ~dit SEN.*Con.*7.pr.5; tanta incredibilium uitiorum copia ingenioso in hoc unum saeculo ~ssit SEN.*Dial.*10.12.8; ut..~dat inauditum antea monstrum, misera crudelis [QUINT.]*Decl.* 6.8; unde etiam per eos usucapio ~dit GAIUS *Inst.*2.89; —(*impers.*) si seruus deducto peculio uenditus sit, ~dit, ut uenditor et deductione uti possit PAUL.*dig.*15.1.47.5.

7 (of things having movement or growth) To spread forward, outward, or upward, increase in extent. **b** (of physical features, etc.) to extend in space (to a given point). **c** to project, protrude.

antequam radices longius ~dere possint VAR.*R.*1.23.6; quantum moenia ~ssura erant tantum termini hi consecrati proferebantur LIV.1.44.5; rubor ulcus ambit, isque cum dolore ~dit CELS.5.26.13B; uites..gaudent arboribus, quia naturaliter in sublime ~dunt COL.*Arb.*4.1; nomen Lati ~ssit ad Lirim amnem PLIN.*Nat.*3.56; de spinae meae termino grandis cauda ~dit APUL.*Met.*3.24;—(*in fig. phr.*) neu patiamini licentiam scelerum quasi rabiem ad integros contactu ~dere SAL.*Hist.*1.77.9. **b** arteriae, quae carotidas uocant, sursum ~dentes ultra aures feruntur CELS. 4.1.2; (sutura) ab eodem uertice per medium caput ad frontem ~dit 8.1.3; (Graecia) grandi fronte ~dit, mox.. media prope inciditur MELA 2.37; 2.58; ut in pedes binos fossa ~dat PLIN.*Nat.*17.159; quantum..~dit cuspis, per hiantia transigit ora SIL.4.631. **c** spirarum..proiecturae non ~dant extra solidum VITR.3.4.1; cubitus..parte altera paulum ~dit CELS.8.1.20; promunturium quod contra ~dit appellatur Rhion PLIN.*Nat.*4.6; proaedificatum dicitur, quod ex priuato loco ~ssit in publicum solum FEST.p.242M.

8 (of time, a period of time) To go by, pass, elapse. **b** (of age); (of persons, usu. *aetate ~dere*) to advance in years, get older. **c** to extend in time (to a given date). **d** (app.) to occur beforehand, precede.

hac nocte quae ~ssit proxuma mirum..somniaui somnium PL.*Rud.*596; dies..quae ~dens..mitigat (aegritudinem) CIC.*Tusc.*3.53; eo modo saepe ab utroque missis remissisque nuntiis tempus ~dere SAL.*Jug.*83.3; iamque dies alterque dies ~ssit, et aurae uela uocant VERG.*A.*3.356; illi omnes, cum iam nox ~ssisset, uinolenti NEP.*Pel.*3.3; iam et ~sserat pars maior anni LIV.3.37.4; ~dunt tempora tarde OV.*Tr.*5.10.5; (fons) prima nocte calidus, atque ut illa ~dit ita calidior MELA 1.39; GEL.2.21.3;—(*abl. absol.*) ~dente iam die fame..deficere LIV.21.54.9; res publica ~dente tempore ad summum imperii fastigium excessit V.MAX.5.6.4; SEN.*Nat.*7.5.4; PLIN.*Nat.*24.172; Themison..

~dente uita sua et placita mutauit 29.6; SUET.*Aug*.2.1; *Tib*.49.1. **b** sin (tempus aetatis) ~sserit longius CIC.*Sen.* 70; ~DENS AETAS SPEM (*i.e. of having children*) FINIEBAT *CIL* 6.1527.2.38; aetas ad octogesimum annum ~ssit TAC. *Ann*.6.10; *CIL* 6.25703;—(*of persons*) se ipse tantum quantum aetate ~debat—prope enim centum confecit annos—relaxabat CIC.*Orat*.176; *Phil*.5.50; adfirmat Dandonem quendam ad quingentesimum usque annum..~ssisse V.MAX.8.13.ext.7. **c** historicos..minus LXXX annis circumdatum aeuum tulit, ut nec poetarum in antiquius citeriusue ~ssit ubertas VELL.1.17.2;—(*of a person in respect of his life-span*) qui cum sex annis ante quam ego natus sum fabulam docuisset.., usque ad adulescentiam meam ~ssit aetate CIC.*Sen*.50. **d** stipulatione ~dente (*s.v.l.*) contra fidem testatoris..uenienti ei merito occurretur MARCEL.*dig*.39.5.20.1.

9 (of an activity, process) To be prolonged, continue, proceed; (also, of an agent) to continue (in some function). **b** (of a speech, literary work, etc.); (of a person) to go on speaking or writing, pursue one's theme. **c** (w. *ad*) to proceed (to a further action), go on (to do something); (also w. inf.). **d** (of thought, a thinker, etc.) to advance to a fresh stage (in thinking or argument). **e** (of a series) to go on.

mane quod tu occeperis negotium agere, id totum ~dit diem PL.*Per*.115; male respondendo longius rogationem ~dere non sinit CIC.*Inv*.1.54; ~debat opus: non iam salebrosus, ut ante,..ibat pistillus in orbis *Mor*.111; cum anceps proelium in multum diei ~ssisset LIV.9.44.11; ~dentibus.. longius iocis rogaui ancillam, ut.. PETR.126.12; alia (uina).. ~dente mensa subiciunt PLIN.*Nat*.14.91; ~dente cruciatu QUINT.*Inst*.5.4.2;—a bima..fructum ferre incipit (*sc. a cow*) neque longius post decimum annum ~dit VAR.*R*.2.1.13. **b** non imitor λακωνισμὸν tuum; altera iam pagella ~dit CIC.*Fam*.11.25.2; principio suppliciter, ~dente autem oratione..cum..fiducia..disseruerunt LIV.33.16.9; uir facetus et cuius per figuras sermo ~deret SEN.*Ben*.5.6.6; ut ~dente libro patebit QUINT.*Inst*.3.1.7; (*cf.*) huius uoluminis magnitudo longius ~ssit CIC.*Inv*.1.109;—si non longius, quam quo opus est, in narrando ~detur 1.28; liberius altiusque ~ssi, dum me ciuitatis morum piget taedetque SAL.*Jug*.4.9; piget..per uulnera rei publicae ulterius ~dere V.MAX.2.8.7. **c** lento..gradu ad uindictam sui diuina ~dit ira V.MAX.1.1.ext.3; ut ex sensu priore ad cuncta cautior sollicitudo ~dat CALP.*Decl*.13; his scientiae studiis ornati ad perspicienda mundi opera.. ~debant GEL.1.9.7;—(*w. inf.*) ut ~dat in fure manifesto tractare de condictione ULP.*dig*.13.1.10. **d** sustinenda est ..omnis adsensio, ne praecipitet si temere ~sserit CIC.*Luc.* 68; si a primis incohatisque naturis ad ultimas..uolumus ~dere, ad deorum naturam perueniamus necesse est *N.D.* 2.33; SEN.*Ep*.118.17; ~ssit animus, ut solet, longius: coepi reputare.. PLIN.*Ep*.4.24.2; falsa..est species istius captionis et nequaquam ~dere ad id potest, ut..concludi.. possit.. GEL.16.2.7. **e** pes multiplicatus in passus..et stadia centuriasque mox etiam in maiora spatia ~dit COL.5.1.4; in infinitum primis quibusque proxima copulata (*sc. cooking-vessels*) ~dunt PAUL.*dig*.33.7.18.3.

10 (of conditions, etc.) To progress in intensity or scope, grow, increase.

Aeneas ~dere longius iras et saeuire animis Entellum haud passus acerbis VERG.*A*.5.461; (dolor) ad perniciem..~dit oriturque acutus morbus CELS.4.13(6).1; ~ssit..paulatim in deterius..luxuria SEN.*Nat*.1.17.10; ista licentia..medicorum propter quorundam neglegentiam latius ~ssit LARG. pr.p.4,l.8; immensum ~dit in dies opinio APUL.*Met*.4.29; 10.14.

11 (usu. of persons) To make progress in a pursuit or sphere of activity, advance, develop; (so of processes, activities, or sim.). **b** to advance in position, rank, or sim.

a uita pastorali ad agri culturam descenderunt..ibi ~sserunt longe, dum ad nos perueniret VAR.*R*.2.1.5; qui ~ssit aliquantum ad uirtutis habitum CIC.*Fin*.3.48; Omphale in tantum formae ~ssit honorem PROP.3.11.17; SI NARREM BELLA, A QVIBVS COEPERINT MAIORES NOSTRI, ET QVO ~SSERIMVS *CIL* 13.1668.1.38; quis Hyperidis ad famam ~ssit? PETR.2.8; huc..usque..~sserat arte regendi dictator.., esset ut Hannibali Fabium..euasisse satis SIL. 7.377; si uires ingeni non suffecerint, tamen ad quem usque modum ~sserimus, meliores erimus QUINT.*Inst*.12.1.32; GEL.16.8.16; (*impers. pass.*) nunc agendo, nunc sustinendo agmen cum aliquamdiu haud multum ~deretur et nox iam instaret LIV.25.36.1; (*w. ref. to organic change*) (mustum) non promendum cum feruet, neque etiam cum ~ssit ita, ut sit uinum factum VAR.*R*.1.65;—(*of processes, etc.*) aere..belli miscebant fluctus..inde minutatim ~ssit ferreus ensis LUCR.5.1293; tertio die magna iam pars operis Caesaris ~sserat CAES.*Civ*.1.82.1; quod dictum..ad certi ominis ~ssit euentum V.MAX.1.5.4; nostra cura in tantum iam ~ssit, ut non inuiti..uiuiradicis a me rustici mercentur COL.3.3.13. **b** si quis..hoc uno nititur quod sit ignobilis, ~dit saepe longius quam si idem ille esset cum isdem suis uitiis nobilissimus CIC.*Clu*.112; studiis ~ssimus, studiis periclitati sumus PLIN.*Ep*.4.24.4; 8.6.3; ut nonnulli ex infima fortuna..ad summos honores ~sserint SUET.*Rhet.* 25(p.121Re).

12 To carry one's actions (to a given point or extreme), go (so far); (of actions, etc.) to be carried (to a given length).

in dando..et credendo ~ssit longius nec suam solum pecuniam credidit sed etiam amicorum CIC.*Rab.Post*.5; ille eo ~ssit, ut..omnia retinendae dominationis honesta aestimet SAL.*Hist*.1.55.8; in conuiuio rex erat et in multum uini ~sserat LIV.37.7.12; ciuitates..si permitteretur, eo ~ssuras, unde receptum ad paenitendum non haberent 42.13.3; (Lepidus) in id furoris ~sserat, ut.. VELL.2.80.2; non sum ~ssurus ultra uerba, minabor, deinde ignoscam SEN.*Con*.10.3.9; (tribunus) interrogatus..quibus causis ad obliuionem sacramenti ~ssisset TAC.*Ann*.15.67; PLIN.*Pan.* 16.5; milites..ad omnem licentiam audaciamque ~sserant SUET.*Ves*.8.2;—(*impers. pass.*) non..ultra ~ssum est quam ut unus ex plebe..tribunus militum consulari potestate crearetur LIV.5.12.9; ~ssum etiam in arma ferrumque strictum est VELL.2.125.2; mutua formidine non ultra iurgium ~ssum est TAC.*Ann*.2.79;—(*of actions, etc.*) quae contentio..eo..uecordiae ~ssit, ut studiis ciuilibus bellum ..Italiae finem faceret SAL.*Jug*.5.2; eo..ira ~ssit ut..multi delendam urbem censerent LIV.9.26.3; ~dere curatio potest..ad scalpellum CELS.5.28.2.E; eo..luxuria ~ssit, ut.. PLIN.*Nat*.21.11; SUET.*Tib*.58.

13 (w. advs. or advl. phrs., of enterprises, etc.) To go or proceed in a given manner (usu. with regard to degree of success). **b** (pregn.) to make good progress, succeed. **c** (of persons, etc.) to get on (well or otherwise) in an enterprise.

bene prospere hoc hodie operis ~ssit mihi PL.*Am*.463; exspecto quo pacto meae techinae ~ssurae sient *Poen*.817; quod haec res tam secunde ~ssit CATO *orat*.162; non numquam summis oratoribus non satis ex sententia euentum dicendi ~dere CIC.*de Orat*.1.123; *Rab.Post*.1; quae ubi tardius ~dunt neque leniter animus ferox SAL.*Jug*.11.9; Miloniam oppugnare adortus ui primo atque impetu, dein postquam ea parum ~debant..uineis demum iniunctis muro cepit LIV.10.34.2; si somnus est.., scire licet recte curationem ~dere CELS.7.26.5.F; ultra spem illi coniectura ~ssit SEN.*Ep*.95.42; AUR.*Fro*.1.p.234(86N); diu..pulcherrime mihi furatrinae ~debat artificium APUL.*Met*.10.14;—(*impers.*) orator sum, sed ~dit parum PL.*St*.495; meditor esse adfabilis, et bene ~dit TER.*Ad*.897; quibus cum parum ~deret ut ulla lege mihi ponerent accusatorem CAEL.*Fam.* 8.12.3; ~dere recte qui moechis non uultis HOR.*S*.1.2.37. **b** quid agam nunc quoi nihil ~dit caduntque ea quae diligentissime sunt cogitata taeterrime? CIC.*Att*.10.12.1; neque insidiae consuli ~debant SAL.*Cat*.32.1; placuit.., quoniam uis aperta non ~ssisset, operibus moenia oppugnare LIV.44.12.5; hae ne ~dant artes male agentibus *BGU* 2.611.2.2;—(*impers.*) is eandem uiam, uelut ~ssisset Sp. Licinio, ingressus dilectum..impediit LIV.2.44.1. **c** ~dere recte qui rem Romanam Latiumque augescere uultis ENN.*Ann*.465; Syre, ~ssisti hodie pulchre TER.*Ad*.979; magis..ex sententia res publica uestra uobis ~det LIV. 23.11.2.

14 (of remedies, processes) To be effectual, work, operate. **b** (of legal provisions, etc.) to have force in a situation, be valid or pertinent, apply.

medici.., ubi usitata remedia non ~dunt, temptant contraria SEN.*Cl*.1.9.6; ubi nec haec medicina ~ssit COL. 6.6.4; ut ferro grassaretur, quando uenenum non ~sserat TAC.*Ann*.15.60; neutrum eorum (*sc. explanations*) ~dit GAIUS *Inst*.3.193[a]; praeter..ulciscendi acerbitatem ne ~dere quoque executio iustae talionis potest GEL.20.1.15. **b** ~ssisset..argutatori isti..reprehensio, si Cicero ita dixisset.. GEL.17.5.13; quae quaestio ita ~dit, si nihil in priore compromisso de die proferendo caueatur ULP.*dig.* 4.8.21.5; hoc..in seruo non ~dit, quoniam ingenui solent certare 9.2.7.4; Marcellus non insuptiliter non putat hodie hoc ~dere 28.5.1.5; si ante rogauit, postea conduxit, conduxisse uidebitur. potius enim hoc ~dere uidetur, quod nouissime factum est 41.2.10; ualet ademptio, quia et legatum potest ~dere, si redimatur PAUL.*dig*.34.4.27;—(*as pred. of an inf.*) non ~dit quaerere, an heredi et in heredem danda sit 10.4.12.6.

15 (leg., w. dat. of person) To be reckoned to the credit (of); (also transf.). **b** (of military service or the payment for it). **c** (w. *pro*, etc.) to be reckoned as the equivalent (of).

quot dies per dominum mora fuerit..totidem dies emptori ~dent CATO *Agr*.148.1; non..illi usucapio ~dit GAIUS *Inst*.2.45; uacuum tempus..ad usucapionem heredi ~dit PAUL.*dig*.41.3.31.5; 41.4.2.20;—(*transf.*) illud intellego ..aequos bonosque fauere—quippe mea bene facta rei publicae ~dunt SAL.*Jug*.85.5; illi ~dit rerum mensura tuarum: cede bonis! heres laudis amica tuae OV.*Ep*.9.109. **b** placere..omnibus his uoluntariam extra ordinem professis militiam aera ~dere LIV.5.7.12; iis perinde stipendia ~derent ac si septendecim annorum aut maiores milites facti essent 25.5.8; addiderunt acerbitati..tempus, ne praeterita stipendia ~derent iis quae equo publico emeruerant 27.11.14; (senatus) legioni neque stipendium anni ~dere neque aera dari uoluit V.MAX.2.7.15; FRON.*Str*.4.1.22. **c** filium adoptium tam ~dere, quam si se natum habeat SCIP.min.*orat*.7; si quoi (oui) uetustate dentes absunt, item binae pro singulis ut ~dant (excipiunt) VAR.*R*.2.2.5; is nunc flos cenae habetur inter istos, quibus sumptus et fastidium pro facetiis ~dit FAV.*orat*.1.

procella ~ae, *f.* [next]

1 A violent wind, storm, gale. **b** (transf., of hostile charges or sim.; also of a violent flow of words).

imbres fluctusque atque ~ae infensae frangere malum PL.*Trin*.836; uentis expulsum rapi saxum aut ~is (credas) ACC.*trag*.397; cur lex..uentis, ~is, turbinibus, inter fulmina et tonitrua ferretur CIC.*Phil*.5.15; LUCR.6.447; turbata ~is nocte natat caeca serus freta VERG.*G*.3.259; ni ingentibus ~is effusus imber diremisset pugnantes LIV.23.44.4; ~a subito niuem effuderat CURT.3.13.7; maiore..inlati (flatus) pondere..~am gignunt PLIN.*Nat*.2.131; inrita uentosae rapiebant uerba ~ae STAT.*Ach*.1.960; TAC.*Ann*.2.15; nauis ..uariis turbinibus ~arum quassata APUL.*Met*.2.14;—(*w. defining gen.*) ualidi uenti collecta ~a LUCR.6.124; ne (uirgae) ..~is uentorum decutiantur COL.4.6.2;—(*in fig. phrs.*) frangimur heu fatis..ferimurque ~a! VERG.*A*.7.594; serpit humi tutus nimium timidusque ~ae HOR.*Ars* 28; primam periculi ~am..parumper sustinuit LIV.2.10.7; sub aequore mergit incolumem totiens una ~a ratem OV.*Tr*.2.100;—(*transf., of volcanic action*) picea..~a semiambusta rotat (torrens)..saxa SIL.14.62. **b** equestrem ~am excitemus oportet si turbare..uolumus LIV.30.18.4; (sonipes) rapida.. uolans per aperta ~a SIL.4.146; dispersas..legiones equestri ~a TAC.*Hist*.3.53;—(*w. defining gen.*) ne sustinere primam ~am eruptionis Romani possent LIV.43.10.6; infestorum canum reuocata conquieuit ~a APUL.*Met*.8.18;—(*of a missile attack*) hinc atque hinc animae gemina cecidere ~a SIL.9.313;—qua ~a uerborum impium Sextili caput obrui meretur V.MAX.5.3.3; priusquam illam eloquentiae ~am effunderet QUINT.*Inst*.11.3.158.

2 (fig.) A violent disturbance of civil or domestic affairs, commotion, trouble, storm. **b** a violent emotion, passion.

cum me intuens..significabat..quanta inpenderet ~a mihi, quanta tempestas ciuitati CIC.*Cael*.59; qui ex tot tamque grauibus ~is ciuilibus ad incolumitatem peruenit NEP.*Att*.10.6; unus impetus tribunicios popularesque ~as sustinebat LIV.3.11.7; obruit hoc absens uasta ~a caput OV.*Pont*.2.7.54; V.MAX.3.8.4; LUC.8.203; quonam genere praesentem euitaremus ~am PETR.26.8; (*transf., of a person*) tu, ~a patriae, turbo ac tempestas pacis CIC.*Dom*.137; —(*w. defining gen.*) ut, quoniam criminum uim subterfugere nullo modo poterat, ~am temporis deuitaret *Ver*.8; uitam illam..quietam, remotam a ~is inuidiarum *Clu*.153; bellis adsuetum, ad seditionum ~as rudem LIV.28.25.8; secunda Punici belli ~a FLOR.*Epit*.1.22(2.6.12); nec quicquam..tam salubre uisum quam fuga..~am fortunae saeuientis euadere APUL.*Met*.10.4. **b** uaria..animum turbante ~a STAT. *Theb*.7.536; effundit cunctam rabiem irarumque ~as SIL. 11.224.

prōcellō ~ere, *tr.* [PRO-+*cello (cf. CLADES)]
To throw violently forward.

~unt sese in mensam dimidiati, dum appetunt PL.*Mil.* 762; PAUL.*Fest*.p.225M.

procellōsus ~a ~um, *a.* [PROCELLA+-OSVS]
Characterized by gales, squally, stormy. **b** (of winds, etc.).

uer ~um eo anno fuit LIV.40.2.1; dies..proximus..nondum quidem ~us..obscurior tamen pristino CURT.8.4.2; ~um asperum mare MELA 3.72; cum effugerimus ~os desuper montes SEN.*Nat*.5.18.7; *Med*.411; aprico et minime ~o caeli statu COL.9.4.1; ~um scopulis errantibus aequor V.FL.3.621; SIL.14.252; (species inferioris aeris) turbinum flatibus..fit ~a APUL.*Mun*.3. **b** uenti..subiti ac ~i deiciunt (*sc.* classem) LIV.28.6.10; ~o..Noto OV.*Am*.2.6.44; nubes oportet..agi magna ui et ~a SEN.*Nat*.2.28.1; arcturi ..sidus non..sine ~a grandine emergit PLIN.*Nat*.2.106; APUL.*Mun*.12.

prōcērē, *adv. compar.* ~ius. [PROCERVS+-E]
To a great distance, far.

bracchium ~ius proiectum quasi quoddam telum orationis CIC.*de Orat*.3.220; dolia..~e distenta uteros MAN.1.843.

procerēs ~um, *m. pl.* [perh. ad. PROCI on anal. of *pauperes*] FORMS: ~*em* (acc. sg.) JUV. 8.26.

1 The leading men of a country, society, etc. **b** the leaders of a profession, art, etc.

fit uasta Troia, scindunt ~es Pergamum PL.*Bac*.1053; primores ~um prouocauit ACC.*trag*.325; CIC.*Fam*.13.15.1; nemo ex tot ~ibus Romanis uocem liberam missurus LIV. 9.18.7; uulgus..~esque ignota ad sacra feruntur OV.*Met.* 3.530; sunt stellae ~um similes, sunt proxima primis sidera MAN.5.740; alio pane ~um, alio uolgi, tot generibus usque ad infimam plebem descendente annona PLIN.*Nat*.19.53; suasit..Varo ut se et Arminium et ceteros ~es uinciret TAC.*Ann*.1.55; (*of bees*) sin..compluribus..diductum fuerit examen, ne dubitaueris..plures ~es..esse COL.9.9.8;—(*w. gen.*) Danaum ~es Agamemnoniaeque phalanges VERG.*A.* 6.489; orat ~es iuuentutis, in hostem ut secum impetum faciant LIV.10.28.7; ~es ciuitatis in agris morabantur COL.1. pr.18; ~es urbisque forique MART.6.64.9; ut..Paulum.. et..Flaminium, ~es rerum, demiserit umbris SIL.11.142; militiae principes et curiae ~es APUL.*Mun*.25;—(*sg.*) sanctus haberi..factis dictisque mereris? agnosco ~em JUV.8.26. **b** non alligo me ad unum aliquem ex Stoicis ~ibus SEN.*Dial*.7.3.2; desideras..adscribi aliquas uoces nostrorum ~um (*sc.* philosophorum) *Ep*.33.1; indicatis ~ibus in utroque genere (*sc.* picturae) PLIN.*Nat*.35.138;—(*w. gen.*) mullum expirantem uersicolori..uarietate spectari ~es gulae narrant 9.66; quae ~es artis eius (*sc.* medicinae) de semet ipsi fateantur 29.26; (*appos.*) tunc influunt.. antistites sacrorum ~es illi APUL.*Met*.11.10.

2 (in building) Projecting ends.

~es tigna quae alia tigna porro excesserunt VAR.*gram*.32.

prōcēritās ~ātis, *f.* [PROCERVS+-TAS]

1 The quality of being tall, tallness, height. **b** distance in an upward direction, altitude.

cum..admiraretur..~ates arborum CIC.*Sen*.59; illa ~as siluae et secretum loci..fidem tibi numinis facit SEN.*Ep.* 41.3; montibus, quorum ~as minus apparet longe intuentibus 111.3; quae (*sc.* oleae) in ~atem extenduntur COL.*Arb.* 17.3; (balsami) ~as intra bina cubita subsistit PLIN.*Nat.* 12.113; 17.27;—(*of persons*) dux..Gallorum, uasta et ardua ~ate..incedebat QUAD.*hist*.12; CIC.*Cael*.36; in illis (*sc.* bubulcis) plurimum referre uires et ~atem COL.1.9.3; Germanos fluminibus suetos leuitas armorum et ~as corporum attollit TAC.*Hist*.5.14; PLIN.*Pan*.4.7; cetera corporis..congruentia: inenormis ~as, suculenta gracilitas APUL.*Met*.2.2; (*of statues*) faciendo..corpora graciliora sicciora que, per quae ~as signorum maior uideretur PLIN. *Nat*.34.65. **b** ubi..maritum ~as spatii fecerat alienum APUL.*Met*.5.25.

2 Great length (often retaining some notion of vertical direction); (transf., of metrical feet).

quae (animalia)..altiora sunt..adiuuantur ~ate collorum CIC.*N.D*.2.123; (Italia) est..multo ~ate amplior quam latitudine PLIN.*Nat*.3.43; alcen iumento similem, ni ~as aurium..distinguat 8.39;—fluit..numerus..tum incitatius breuitate pedum, tum ~ate tardius CIC.*Orat*.212.

prōcērulus ~a ~um, *a.* [next+-VLVS]
Rather long.

manus eius tenerae, ~ae APUL.*Fl*.15.

prōcērus ~a ~um, *a. compar.* ~ior, *superl.* ~issimus. [PRO-+*cer-* (cf. SINCERVS)]

1 Grown to a great height, tall, lofty. **b** (of persons) tall. **c** (fig., of ideas) lofty.
pinus ~as peruortunt ENN.*Ann.*190; nos inter has ~issimas populos..inambulantes CIC.*Leg.*1.15; CATUL.64.289; solo ~as erigit alnos VERG.*Ecl.*6.63; ~as..fraxinos HOR.*Carm.*3.25.16; lucus..frequenti silua et ~is abietis arboribus saeptus LIV.24.3.4; ~a..harundo OV.*Met.*13.891; SEN.*Cl.*2.7.4; in excelso ~i uertice montis SIL.2.660; montes..~a nemora et antiqua habent PLIN.*Ep.*5.6.7; saxum immani magnitudine ~um APUL.*Met.*6.14;—(*w. abst. sb.*) Gallicum (genus buxi), quod in metas emittitur amplitudinemque ~iorem PLIN.*Nat.*16.70. **b** forti nubet ~a Corano filia Nasicae HOR.*S.*2.5.64; ~a corpora, promissae..comae LIV.38.17.3; alii ita ~i..ut elephantis..sicut nos equis..utantur MELA 3.63; Iudaeae gentis hominem ~iorem celsissimo Germano COL.3.8.2; Galliarum quoque ~issimum quemque..seposuit ad pompam SUET.*Cal.*47; pro sede sublimi sedens ~us Iuppiter APUL.*Met.*6.23;—(*w. abl. of respect*) hominem et statu ~um et aetate iuuenem 7.4; si quem ~um habitu et iuuenta conspexerant TAC.*Hist.*4.1;—(*w. abst. sb.*) est plerisque ~a pueritia 4.14; de quodam ~ae staturae improbiusque nato SUET.*Ves.*23. **c** ne ~ae illae sententiae male sint amictae FRO.*Aur.*2.p.38(96N).

2 Extending to a great length, long. **b** (pros., of syllables or feet).
bracchia..~a horrorem mihi..exsuscitabant TURP.*com.*46; ~a..Vincla uidebis, quae retinent Pisces CIC.*Arat.*394(150); erat..in nobis summa..infirmitas corporis, ~um et tenue collum *Brut.*313; plangebant aliae ~is tympana palmis CATUL.64.261; quo pertinet..~os odisse lupos (*i.e. fish*)? HOR.*S.*2.2.36; (unionibus) ~ioribus sua gratia est PLIN.*Nat.*9.113; longo..~ae cuspidis ictu..certamina miscent SIL.9.329; Cheruscis..~a membra, hastae ingentes TAC.*Ann.*1.64;—(*w. abst. sb.*) ut proferre queamus ~os passus LUCR.4.827; spatium..plantae Herculis..tanto fuisse quam aliorum ~ius GEL.1.1.2. **b** syllabae..~ae sunt quae uocalem longam extremam habent aut paenultimam VAR.*gram.*243; post anapaestus, ~ior quidam numerus, efflоruit CIC.*de Orat.*3.185; 3.191.

prōcessus[1] ~a ~um, *a.* [pple. of PROCEDO] (of age) Advanced.
est enim uitium non contemnendum, utique in ~a aetate LARG.100.

prōcessus[2] ~ūs, *m.* [PROCEDO+-TVS[3]]

1 Forward movement, progress. **b** the development, course (of an action, event, etc.).
quidquid est, quo timentur (amnes)..in ~u parauerunt SEN.*Ben.*3.29.4; (*cf.*) gradus tuos et quasi ~us dicendi studeo cognoscere CIC.*Brut.*232. **b** sin in ~u coepit crudescere morbus VERG.*G.*3.504; quarum (*sc.* artium) in ~u subtilitas creuit SEN.*Ep.*95.14; officiorum per officia ~us 101.6; adhuc in ~u uitia sunt *Nat.*7.31.1; necessarium ..ipsius iuris originem atque ~um demonstrare POMPON.*dig.*1.2.2; si proelium capessiturus uel latronum factionem persecuturus utiles necne ~us sciscitaretur APUL.*Met.*9.8.

2 Progress (towards the attainment of a purpose), advance.
tantos ~us efficiebat ut euolare, non excurrere uideretur CIC.*Brut.*272; *Orat.*210; nullum..~um uirtus habebat aut periculum ignauia subibat *B.Alex.*29.2; mea sunt..pectora ~u facta serena tuo OV.*Tr.*1.9.40; ex hac..auersatione alienorum ~uum SEN.*Dial.*9.2.11; queruntur et de consiliis et de ~ibus suis *Ep.*115.17; in caelum quos euehit optima summi nunc uia ~us JUV.1.39; se in Graecis litteris magnum ~um habere SUET.*Gram.*10(p.108Re); ut ad ~us uiri uxor ei donare possit LIC.RUF.*dig.*24.1.41.

3 (med.) A protuberance, outgrowth, process.
qui..considerarint..~us..(uiscerum) singulorum et recessus CELS.1.pr.24; ex manu duo..~us in sinus radi coiciuntur 8.1.22; caput duobus ~ibus..super ceruicem contineri 8.13.

prōcestria ~ōrum, *n. pl.* Also **prōcastria.** [cf. CASTRVM] (See quot.)
procestria dicuntur, quo proceditur in muro.. Aelius procestria aedificia dixit esse extra portam; Artorius procastria, quae sunt ante castra PAUL.*Fest.*p.225M.

Prochyta ~ae, *f.* ~ē ~ēs. An island off the coast of Campania, notorious for earthquakes.
α tum sonitu ~a alta tremit VERG.*A.*9.715; MELA 2.121; motu terrae..prouolutis montibus insulam extitisse ~am PLIN.*Nat.*2.203; ego uel ~am praepono Suburae JUV.3.5. β Inarimen ~enque legit OV.*Met.*14.89; SIL.12.147.

procī ~(ōr)um, *m. pl.* [cf. perh. PROCVL, Gk. πρόκα] (app.) A class of leading citizens in the Servian constitution.
centuriam fabrum et ~um, ut censoriae tabulae loquuntur..non fabrorum aut ~orum CIC.*Orat.*156; ~um patricium in discriptione classium, quam fecit Ser. Tullius, significat procerum; i enim sunt principes FEST.p.249M.

prōcidentia ~ae, *f.* [pple. of next+-IA] A displacement of an organ of the body, procidence, prolapse.
(acetum) sistit..infusum..~as sedis uuluaeque PLIN.*Nat.*23.56; 26.90; id..quod ustum est plumbum..usu est..in oculorum medicamentis, maxime contra ~am eorum 34.169.

prōcidō ~ere ~ī, *intr.* [PRO-+CADO]

1 To fall forward (from an erect position), fall flat, collapse. **b** (of men, animals) to fall prostrate, fall down. **c** (fig., of a moral collapse, political fall).
turris diu quassata ~erat LIV.21.14.2; ruinarum subito lapsu ~entium pondera SEN.*Nat.*2.59.3; quod neglegentia eorum..segetes ~issent 4b.7.2; arbor in agris eius..repente ~erat TAC.*Hist.*2.78; *Ann.*15.40; cum..scaena, quae ~erat, refecta esset GEL.10.1.9. **b** rex ~it..ad pedes Achillei HOR.*Epod.*17.13; ille..~it late posuitque collum in puluere Teucro *Carm.*4.6.11; ille ut praeceps cum armis ~it ante proram LIV.26.39.16; mulier..ad pedes Sulpiciae ~it 39.13.1; ecce leo..~it atque suo properat sibi robore letum OV.*Hal.*57; STAT.*Theb.*9.48; ubi lubrico uiae uel occursu alicuius ~issent TAC.*Hist.*2.88. **c** sic orationis licentia..ostendit animos quoque..~isse SEN.*Ep.*114.11; quod..quanto maiore mole ~eret, plus formidinis in alios dispergebatur TAC.*Ann.*4.18.

2 (of a part of the body) To be displaced, suffer a prolapse, slip forward. **b** to emerge from the womb in birth, be dropped.
quoniam oculi ~unt CELS.6.6.8.G; palpebrae..summa cutis relaxatur et ~it 7.7.8; os, quod in alterutrum latus ~it, manibus in contrarium repellendum est 8.17.2; sede ~ente uoluaue PLIN.*Nat.*21.130; (lens) glutinat et interanea ~entia 22.145; (*cf.b*) lubricos partus atque ~entes continere ad maturitatem adalligatum (pisciculum) 32.6. **b** in pedes ~ere nascentem contra naturam est PLIN.*Nat.*7.45; ~it impulsus nimiis conatibus infans STAT.*Theb.*2.617.

3 To fall (to a lower position), drop.
Victoria quae in culmine erat..ad Victorias quae in antefixis erant haesit neque inde ~it LIV.26.23.4; saxum ingens..labefactatum in uicum..~it 35.21.6; ex oculis aliquis tibi ~et umor *Eleg.Maec.*157; ut glandem in alienum fundum ~entem liceret colligere PLIN.*Nat.*16.15.

prōciduus ~a ~um, *a.* [prec.+-VVS] Fallen prostrate. **b** (of a part of the body) displaced, prolapsed.
salice ~a atque detruncata PLIN.*Nat.*16.133; (matres) inuenta..monstrant corpora, ~ae super externosque suosque STAT.*Theb.*3.128. **b** inponitur umbilico..~o PLIN.*Nat.*20.211; idem effectus et ad..sedem ~am 21.151.

Procīlius ~a ~um, *a.* The name of a Roman *gens*, esp. of a writer on (prob.) antiquarian subjects in the mid 1st century B.C.
a ~o relatum in eo loco dehisse terram VAR.*L.*5.148; CIC.*Att.*2.2.2; PLIN.*Nat.*8.4.

prōcinctus[1] ~a ~um, *a.* [PRO-+pple. of CINGO] (of an army) Ready for action.
cuius auspicio classe ~a opima spolia capiuntur *Lex Reg.*(*Font.iur.*p.8); Dialem flaminem..religio est..classem ~am ..id est exercitum armatum, uidere FAB.PICT.*iur.*3; cum ~ae..classes erant..coeptumque in hostem progredi GEL.1.11.3.

prōcinctus[2] ~ūs, *m.* [PRO-+CINGO+-TVS[3]]

1 The state of being equipped ready for battle; *in ~u*, in readiness for battle, on active service.
(*fig.*) uinum ieiunos bibere..inutilissimum est..uigorem..animi ad ~um tendentibus PLIN.*Nat.*23.41;—tamquam in ~u testamentum faceret sine libra atque tabulis CIC.*de Orat.*1.228; *N.D.*2.9; haec in ~u carmina facta leges OV.*Pont.*1.8.10; facientibus..omnibus in ~u testamenta, uelut ad certam mortem eundum foret VELL.2.5.3; (oratorem) armatum semper ac uelut in ~u stantem QUINT.*Inst.*12.9.21; TAC.*Hist.*3.2; Alyattes..feminas etiam tibicinas in exercitu atque in ~u habuit GEL.1.11.7; qui in ~u uersantur ULP.*dig.*37.13.1; (*cf.*) cornibus (tauri) in ~u dimicationem poscentibus PLIN.*Nat.*8.181; (*w.* bellorum) regi..elephanti DCC in ~u bellorum excubant 6.66; (*defined*) in ~u, id est, cum belli causa arma sumebant: ~us est enim expeditus et armatus exercitus GAIUS *Inst.*2.101;—(*fig.*) clementiam in ~u habeo SEN.*Cl.*1.1.4; in ~u stet animus *Dial.*11.11.3; nisi..in ~u paratamque ad omnes casus habuerit eloquentiam QUINT.*Inst.*10.1.2.

2 One's equipment, costume, clothing, or sim.
sacerdos in ipso ~u pompae roseam..gestabit coronam APUL.*Met.*11.6; ni..~u palliastri circumstantis coronae obtutum..defendisset *Fl.*14.

prōcitō ~āre, *tr.* [PRO-+CITO[2]] (See quots.)
~ant prouocitant PAUL.*Fest.*p.225M; ~are saepe prolicere p.226M.

procitum: see PROCO.

prōcitus ~a ~um, *a.* [PRO-+pple. of CIEO] (See quot.)
~um testamentum..uelut procatum, prouocatum, id est irritum ac ruptum PAUL.*Fest.*p.225M.

prōclāmātiō ~ōnis, *f.* [next+-TIO]

1 An outcry, shout.
quis queritur? quae ~o? QUINT.*Decl.*292(p.163,l.2); quod ad tot..~ones in eodem tenore durauit, nolito mirari [QUINT.]*Decl.*2.19; in partem domus qua nulla ~o..poterat ..audiri, rapuit 18.4.

2 (leg.) The assertion of a claim (to free status).
non denegatur uendito in libertatem ~o aduersus eum qui eum comparauit ULP.*dig.*40.12.7.2; quibus denegatur ad libertatem ~o PAUL.*dig.*40.12.23.1.

prōclāmō ~āre ~āuī ~ātum, *intr.*, *tr.* [PRO-+CLAMO]

1 (intr.) To raise an outcry, shout out, appeal noisily. **b** to practise declamation.
adsunt, defendunt, ~ant, fidem tuam..implorant CIC.*Ver.*5.108; ~ando pro sordidis hominibus..in notitiam populi..peruenit LIV.22.26.2; adiuuat et magna ~at uoce Diores VERG.*A.*5.345; ne medio sermone meo ~es SEN.*Cl.*1.9.7; cum ego ~arem, gladium strinxit PETR.9.5; orbos uiduasque uideas in ipsis funeribus canoro quodam modo ~antis QUINT.*Inst.*11.3.170; mater pueri..heiulans et exinde ~ans APUL.*Met.*7.27; (*w. internal acc.*) quid non ~es, in corpore iudicis ista si uideas? JUV.2.75; (*w. sup.*) ~ares saltem suppetiatum, si resistere..mulieri nequibas APUL.*Met.*1.14. **b** tragoedi..ni cottidie ~ent, claritudo arteriis obsolescit APUL.*Fl.*17.

2 (w. acc. and inf.) To cry out (that), proclaim, declare; (w. indir. command); (w. acc. alone). **b** (w. dir. sp.) to exclaim. **c** (w. acc.) to declare loudly.
patre ~ante se filiam iure caesam iudicare LIV.1.26.9; neque..cessuram semper amori (Medea) ~at neque opem ignoto..daturam V.FL.7.320; ~at..adici ceruicibus Atlas STAT.*Theb.*7.4; ~auit uictorem adesse collegam FRON.*Str.*2.4.1; ut rupta taciturnitate ~aret se quoque in ea causa laturum sententiam TAC.*Ann.*1.74; SUET.*Aug.*51.1;—iudices consurrexerunt ~aruntque ne ius iurandum diceret V.MAX.2.10.ext.2;—qui potuit praesens id ipsum ~are nec desiderare decretum praetoris PAUL.*dig.*17.1.58.1. **b** graece ~auit: 'o rem regiam!' SEN.*Dial.*4.5.5; dextram tendens ~at Iason 'quos fugitis?' V.FL.3.269. **c** non tanquam libera repugnauit? non ~auit patrem? QUINT.*Decl.*301 (p.189,l.21).

3 (leg.) To take a claim to a judge or court; (w. *in*+acc., *ad*) to appeal (for the assertion of status).
si ipsi, qui hanc iniuriam passi sunt, ~auerint ULP.*dig.*48.8.4.2;—ad libertatem ~at eo tempore SCAEV.*dig.*40.5.41.10; oratio, quae prohibet..post quinquennium a die manumissionis in ingenuitatem ~are PAPIN.*dig.*40.14.4; siue ex seruitute in libertatem ~et ULP.*dig.*47.10.11.9; qui ad libertatem ~at, prior docere iubetur PAUL.*dig.*22.3.8.

Proclēs ~is (~ī), *m.* One of the first pair of kings to reign at Sparta.
~es et Eurysthenes Lacedaemoniorum reges gemini fratres fuerunt CIC.*Div.*2.90; ~i et Eurysthenis NEP.*Ag.*1.2; AMP.14.1.

prōclīnātiō ~ōnis, *f.* [next+-TIO] The condition of sloping or leaning forward; the space formed by such a slope.
uti omnes structurae perpendiculo respondeant neque habeant in ulla parte ~ones VITR.6.8.5;—tunc ~o ea impleatur harena et exaequetur cum margine..puluini 5.12.4.

prōclīnō ~āre ~āuī ~ātum, *tr.* [PRO-+*clino, cf. ACCLINO] To cause to slope or lean forward, tilt forward. **b** to give an oblique movement to, incline. **c** (fig.) to cause to totter, unbalance.
fastigia facientes,..~atis tectis, stillicidia deducebant VITR.2.1.3; subsidentia (opera craticia) ~antur et disrumpunt speciem tectoriorum 2.8.20; quod ante quantum uelit et dextra ac sinistra ab latere ~ando onus deponere potest 10.2.10; partes in ~atas omne recumbit onus OV.*Tr.*2.84; (*topog.*) ulterior (curuatura montis), quae est ~ata ad superum mare VITR.2.10.1; (*poet.*) tum mare in haec magnus ~et litora Nereus OV.*Am.*2.11.39. **b** umores ex terra..cum sunt egressi, in quamcumque partem caeli sunt ~ati, trudunt aera VITR.8.2.1. **c** adiuuat rem ~atam Conuictolitauis CAES.*Gal.*7.42.4; ne quo progredereris ~ata iam re quo integra etiam progrediendum tibi non existimasses *Att.*10.8b.1.

prōclīue ~is, *n.* [neut. of PROCLIVIS] A downward slope. **b** *in ~i*, on the down-slope; (usu. fig.) so as to be easily set in motion or to require little effort.
cum in ~e detruderentur hostes *B.Alex.*76.1; quo successerit (hostis) magis in arduum eo pelli posse per ~e facilius rati LIV.5.43.2; 44.5.3; fronde congesta et in ~e disposita decursus imbribus..erat SEN.*Ep.*90.10; ut..apes..cum onere per ~ia non aegre deuolent COL.9.5.1; adiuuante ~i impetum militum FRON.*Str.*2.2.2; contra ~e montis attigui fuga me liberaui APUL.*Met.*4.3; *Mun.*28; (*cf.*) quemadmodum corpus in ~i retineri debet, aduersus ardua impelli, ita quaedam uirtutes in ~i sunt, quaedam cliuom subeunt SEN.*Dial.*7.25.6; (*in fig. phr.*) facilis..in ~ia uitiorum decursus est 4.1.1. **b** decuit..altris nuces in ~i profundier NAEV.*com.*24; asta ut descendam nunciam in ~i PL.*As.*710;—tam hoc quidem tibi in ~i quam imber est quando pluit *Capt.*336; id faciam, in ~i quod est TER.*An.*701; quoius si dolum caueris, alia omnia in ~i erunt SAL.*Rep.*2.8.6; existimans..neglegentem hominem in ~i fore fallere FRO.*Aur.*1.p.46(215N); cum haec in ~i sita sint APUL.*Pl.*2.11.

prōclīuī, *adv.* Also **~e.** [next] Downhill, downwards; effortlessly.
et perculsus item ~e uolubilis exstat (*sc.* papaueris haustus) LUCR.2.455;—(*in fig. phr.*) quia (uitia)..incitata..semel ~ labuntur CIC.*Tusc.*4.42; ~i currit oratio, uenit ad extremum; haeret in salebra *Fin.*5.84.

procliuis ~is ~e, *a.* *compar.* ~ior. Also **~us** ~a ~um. [PRO-+CLIVVS+-IS]

1 Having a downward incline, sloping down. **b** (of movement) downward, downhill. **c** (of times, seasons) declining.
nam istuc ~e est quo iubes me plane collocare (cruminam) PL.*As.*663; saxum..ita ~e est ut..quae pondere suo prouoluta essent, grauiter in hostem inciderent LIV.24.34.14; omnia ~ia sunt, facile descenditur SEN.*Apoc.*13.3; fossas (utilissimum est)..~ibus ac supinis lateribus procumbere PLIN.*Nat.*18.47. β ubi stent (ouium stabula), solum oportet esse eruderatum et ~um VAR.*R.*2.2.7; horrificans Zephyrus ~as incitat undas CATUL.64.270; (*in fig. phr.*) cetera illa (genera ὑποθέσεων) multo sunt proniora, multifariam ~a uel campestria FRO.*Aur.*1.p.104(54N). **b** uti..~is..fiat minus impetus undis LUCR.6.728;—(*in fig. phrs.*) cuius in similitudinem dominatus unius ~i cursu..delabitur CIC.*Rep.*1.44; illum..ad imum agat..uitiorum natura ~is SEN.*Dial.*3.7.4. **c** cito labitur dies, et ~is in pronum fertur aetas [QUINT.]*Decl.*13.2; iam ~i senectute

diuinam rationem de sole commentus est APUL.*Fl.*18;—(*w.* in+*acc.*) Iunius mensis est..iam ~is in Iulium SEN.*Ep.* 86.16.

2 (fig.) **a** Difficult, arduous (as being the opposite of *planus*). **b** requiring no effort (i.e. helped by a downward slope), easy.

a faciam ego hanc rem ⟨ex ~i pla⟩nam tibi PL.*Rud.*1132. **β** fecisti modo mi ex ~o planum PL.*Mil.*1018. **b** ut anteponantur..~ia laboriosis CIC.*Top.*69; illud alterum.. litterarum genus cotidie mihi..fiet ~ius *Fam.*6.10.6; ut fingendi ~is esset ratio *Rep.*2.18; quibus erat ~e tranare flumen CAES.*Civ.*1.48.7; cetera plana, ~ia fore LIV.21.35.9; tanto ~ius est iniuriae quam beneficio uicem exoluere TAC. *Hist.*4.3; cum ~ior faciliorque iactus sit ex supernis in infima GEL.9.1.2; APUL.*Met.*1.7; (*w. sup.*) dictu quidem est ~e CIC.*Off.*2.69.

3 Inclined (to), prone (to), liable (to).

(*w.* ad) ingeniumst omnium hominum ab labore ~e ad lubidinem TER.*An.*78; sunt alii ad alios morbos ~iores CIC. *Tusc.*4.27; amicitia..esse debet..ad omnem comitatem.. ~ior *Amic.*66; semper..ad sanitatem ~ius est quod potest detractione curari SEN.*Con.*9.2.26; ~ior esse debet iudex ad comprobandam donationem ULP.*dig.*24.1.32.4;—(*w.* in+ *acc.*) natura quosdam ~es in iram fecit SEN.*Dial.*4.20.1; (uir bonus) in hanc erit partem ~ior *Ep.*81.15; in quod (*sc.* opinion) ~ior sum CELS.*dig.*12.4.16;—(*w. dat.*) ~is ultro cum sis misericordiae PHAED.3.epil.21; sceleri ~is Egestas SIL.13.585;—(*w. inf.*) ~ior est sententia..sic esse interpretanda JULIAN.*dig.*34.5.13(14).6;—(*w.* ut) ~ior sum, ut putem cautionem non exigendam ULP.*dig.*32.1.11.15.

prōclīuitās ~ātis, *f.* [prec.+-TAS]

1 A downward slope.

paruulam ~atem degressus..propter mare legiones ducit *B.Afr.*37.3.

2 A propensity, proclivity.

haec aliorum ad alios morbos ~as late patet CIC.*Tusc.* 4.27; haec in bonis rebus..facilitas nominetur, in malis ~as, ut significet lapsionem 4.28.

prōclīuiter, *adv. compar.* ~ius. [PROCLIVIS+-TER²]

1 With a downward incline.

per scorpionis..spatia..~ius deprimens se foramen (horologii) VITR.9.8.15.

2 In accordance with inclination, readily; easily, effortlessly.

quin ~ius hic iras decurrat ad acris LUCR.3.311;—breuitate et celeritate syllabarum labi putat uerba ~ius CIC. *Orat.*191; multo ~ius exorientur candida de nullo quam nigro nata colore LUCR.2.792; facile et ~iter..persuasit ciuitatem saluam esse..non posse GEL.1.6.6.

prōclīuus: see PROCLIVIS.

Procnē ~ēs, *f.* **Prognē.** The wife of Tereus, who killed her child and served her husband with its flesh; she was turned into a swallow. **b** (poet.) a swallow.

natas ex Philomela atque ~e esse hirundines PL.*Rud.*604; OV.*Met.*6.440; si quibus aut ~es aut si quibus olla Thyestae feruebit PERS.5.8; STAT.*Silv.*2.1.140; HYG.*Fab.*45.1. **b** meropes..aliaeque uolucres et manibus ~e pectus signata cruentis VERG.*G.*4.15; OV.*Tr.*5.1.60; siluestris aedon atque urbana ~e PETR.131.8,l.7; MART.11.18.19.

procō ~āre, *tr.* Also **~or** ~ārī. [cf. PRECOR] FORMS: *~itum* (sup.) ANDR.poet.7(8). To urge (with commands or suits), press. **b** (spec.) to importune for one's hand, woo.

'si alium ~as, niue eum ~as', hoc est poscis *formula* in FEST.p.249M; (*w. inf.*) quod parere mihi uos maiestas mea ~at ANDR.*trag.*14;—(*absol.*) VAR.*L.*7.80; a ~ando, id est poscendo, procacitas nominata est CIC.*Rep.*4.6. **β** perit.. ~ari, si latet SEN.*Nat.*4a.pr.5. **b** matrem ~itum plurimi uenerunt ANDR.*poet.*7(8); ILLE TE SPONSVS ~AT *CIL* 13.7550; PAUL.*Fest.*p.225M.

procoetōn ~ōnos (~ōnis), *m.* [Gk. προκοιτών] An antechamber to a bedroom.

quom uocent particulatim loca, ~ona, palaestram VAR. *R.*2.pr.2; post hanc (*sc.* cenationem) cubiculum cum ~one PLIN.*Ep.*2.17.10; 2.17.23.

Proconnēsius ~a ~um, *a.* Also **-ensius.** Of or belonging to the island of Proconnesus.

~a ancilla PLIN.*Nat.*7.49; Halicarnasi domus Mausoli ~o marmore exculta est 36.47; 37.185. **β** VITR.2.8.10.

Proconnēsos (~us) ~ī, *f.* Also **-ensus.** An island in the Sea of Marmora famous for its marble.

in Propontide tantum ~os habitatur MELA 2.99; PLIN. *Nat.*5.151. **β** a Paro, ~so, Heraclea..uti marmor peteretur VITR.10.2.15.

prōconsul ~lis, *m.* [fr. *pro consule* (CONSVL)] ABBREV.: procos. *Act.Triumph.*24(*CIL* 1.p. 48), CIC.*Fam.*15.1.1, *ad Brut.*2.5(7).3, etc. (for *pro consule* see CONSVL 1c) A proconsul, orig. a consul whose *imperium* was extended for the performance of military or provincial duties, later any official holding a post of that rank. **b** the governor of a senatorial province under the Empire.

M FVLVIVS..PROCOS OVANS *Act.Triumph.*24(*CIL* 1.p.48); ei consuli pater ~l obiuam..uenit QUAD.*hist.*57; bella a ~libus et a propraetoribus administrantur CIC.*Div.*2.76; ab Cn. Pompeio ~le petit..quos..consulis sacramento rogauisset ad signa conuenire..iuberet CAES.*Gal.*6.1.2; P. Decius, qui consul in Samnio relictus a collega fuerat, ~l idem populari non destitit agros LIV.10.16.2; Ciliciam a ~le egregie administratam SEN.*Suas.*6.11;—(*applied to ex-praetors*) ~lem in citeriore Hispania proelio uictum LIV.33. 25.9; 39.29.4. **b** idem Africae obsequium, initio Carthagine orto neque expectata..~lis auctoritate TAC.*Hist.*1. 76; prouincias ualidiores..ipse suscepit, ceteras ~libus.. permisit SUET.*Aug.*47; si ipse ~l interroget quid sit deus meus, taceo APUL.*Apol.*65; *CIL* 12.3164.

prōconsulāris ~is ~e, *a.* [prec.+-ARIS] Of or belonging to a proconsul.

qui ~em imaginem tam saeuam..fecerint LIV.5.2.9; salarium..~e solitum offerri..Agricolae non dedit TAC.*Ag.* 42.3; cum..~e ius et designatio consulatus et cetera apiscendo imperio praepararentur *Ann.*13.21; me..impenso studio cupisse fungi ~i munere FRO.*Ant.*1.p.236(169N); ~i imperio GEL.5.14.17.

prōconsulātus ~ūs, *m.* [PROCONSVL+-ATVS¹] The office or position of a proconsul, proconsulship.

ad ~um usque praeturae honoribus gestis PLIN.*Nat.* 14.144; integrum illic ac fauorabilem ~um Vitellius, famosum inuisumque Vespasianus egerat TAC.*Hist.*2.97; LEG PRO PR PROVINCIAE..BITHYNIAE ~V PATRIS SVI *CIL* 9.4965; —(*w. gen. of place*) annus, quo ~um Africae et Asiae sortiretur TAC.*Ag.*42.1; epistulae M. Ciceronis..quibus Quintum fratrem..~um Asiae administrantem hortatur SUET. *Aug.*3.2; siue ~um optineat prouinciae ULP.*dig.*26.5.1.

prōcrastinātiō ~ōnis, *f.* [next+-TIO] Procrastination.

plerisque in rebus gerendis tarditas et ~o odiosa est CIC. *Phil.*6.7; nec..in supinam ~onem reiecto negotio APUL. *Met.*11.30.

prōcrastinō ~āre ~āuī ~ātum, *tr.* [PRO-+CRASTINVS+-O³] To put off till the next day, postpone; (absol.) to delay, procrastinate.

primo rem differre cotidie ac ~are isti coeperunt CIC. *S.Rosc.*26; omnia..si..quo ex tempore suscepta sunt ut agerentur, non tardata et ~ata (essent) *ad Brut.*2.1.1; quis segeti torridae messem ~at? FRO.*Amic.*2.p.184(197N); quae ~ata sunt ab eo, ut post recenserentur GEL.17.10.6;—CIC. *Ver.*1.141; iste non ~at, aduocat amicos statim 5.102.

prōcreātiō ~ōnis, *f.* [PROCREO+-TIO] The act of generation or procreation.

uolucris uidemus ~onis..causa effingere..nidos CIC.*de Orat.*2.23; cum disparatione ~onis est liberatum (corpus) VITR.2.9.1; artissimum inter homines ~onis uinculum.. principis auctoritatem superauit V.MAX.7.7.2;—(*w. obj. gen.*) quid ~o liberorum, quid propagatio nominis..significant? CIC.*Tusc.*1.31; *Div.*2.96; (*of plants*) ~o uitis aut arboris *N.D.*2.85.

prōcreātor ~ōris, *m.* [PROCREO+-TOR] A begetter, creator.

ut ii, qui procreati essent, a ~oribus amarentur CIC.*Fin.*4. 17; animum..cum ille ~or mundi deus..genuisset *Tim.*26.

prōcreātrix ~īcis, *f.* A (female) creator; (in quot., transf.).

omnium laudatarum artium ~icem quandam..eam, quam φιλοσοφίαν Graeci uocant CIC.*de Orat.*1.9.

prōcreō ~āre ~āuī ~ātum, *tr.* [PRO-+CREO]

1 To bring into being by procreation, engender, beget. **b** (of a mother) to bring forth, bear. **c** (of plants) to put forth, produce.

nam ~are liberos lepidumst opus PL.*Mil.*682; neque..est boni..parentis, quem ~aris et eduxeris, eum non et uestire et ornare CIC.*de Orat.*2.124; altera (Venus) spuma ~ata *N.D.*3.59; uiri quo ~abas infelicem aduersantibus diis? CURT.6.10.32; QUINT.*Inst.*3.8.24; PLIN.*Pan.*26.6;—(*of animals*) nigros aut uarios ~ant agnos VAR.*R.*2.2.4; (pecora) quamuis sint alba, ~ant aliis locis..pulla, aliis coracino colore VITR.8.3.14;—(*w.* per) eundem filios sibi ~asse per Calipsonem PAC.*trag.*403;—(*w.* de) cum de matre familias.. duo filios ~auisset CIC.*Rep.*2.34; atque aliquam, de qua ~et, anguis habet OV.*Fast.*3.194;—(*w.* ex) concubiturum cum uxore Laium et ex ea Oedipum ~aturum CIC.*Fat.*30; cum ex tribus uxoribus liberos ~asset NEP.*Reg.*2.3; an hoc ..ad eos patroni liberos pertineat, qui ex filia nepteue ~antur GAIUS *Inst.*3.71; (*facet.*) lenones ex Gaudio credo esse ~atos PL.*Rud.*1284;—(*absol.*) at ~are potest; habet uxorem CIC.*Dom.*34; quas (*sc.* uenas) ad ~andum..per medullas renum commeare..certum est APUL.*Pl.*1.16. **b** clamitant matronae, eamne liberorum ~andorum condicionem..esse? LIV.3.48.8; rex..a coniuge..petebat ut sibi liberos ~aret HYG.*Fab.*186.4; (*of animals*) num te leaena..~auit? CATUL.60.3;—(*w.* ex, *to denote paternity*) ut eorum (*sc.* deorum)..uideremus..libidines..mortalisque ex inmortali ~atos CIC.*N.D.*1.42; quae postea liberos ex eo ~auit HYG.*Fab.*3.3; si mulier diuortio facto liberas ex alio ~auerit JULIAN.*dig.*35.1.25; *CIL* 13.2182. **c** ne (reliqua pars uineae) superuacua sarmenta ~et COL.*Arb.*7.2; quod (*sc.* genus) ex anniculo palmite ~atur 5.6.29; loton ex foliis florem ~atum HYG.*Fab.*125.2; (*cf.*) quibus regionibus..ea signa (*i.e. certain plants*) nascuntur, non sata, sed naturaliter per se ~ata VITR.8.1.3.

2 (transf., of places, conditions, etc.) To give rise to, generate, produce. **b** (of a living agent) to produce, create.

hanc quoque, quae te ~arit, esse patriam tuam CIC.*Leg.* 2.6; qualis utraque ciuitas ciuis ~asset NEP.*Ep.*6.2; sunt.. fontium proprietates, quae ~ant qui ibi nascuntur egregiis uocibus ad cantandum VITR.8.3.24; inde Velinus (lacus), inde etiam Sabatinus..auratas luposque ~auerunt COL.8. 16.2; hortus..one si stercoris indiget..holuscula nihili ~at FRO.*Aur.*2.p.8(225N); euntibus sole atque luna..per easdem uias..pulchrae et fecundae horae ~antur APUL.*Mun.*22; (*cf.*) colores..alii sunt, qui per se certis locis ~antur VITR. 7.6.1;—(*w.* ex) quae (*sc.* terra) ex fici tantulo grano..tantos truncos ramosque ~et CIC.*Sen.*52; (*cf. sense 1*) cur igitur mundus non animans..cum ex se ~et animantis? *N.D.*2.22; —(*non-material or abst. things*) erit dignior locus ullus in terris qui hanc uirtutem excipiat quam hic qui ~auit? *Mil.* 101; hominum..societas..iustitiam ~auit *N.D.*3.38; quod natumst (*sc.* in corpore) id ~at usum LUCR.4.835; quae lex sit ipsis (*sc.* metris), quae sit his quae ~ant MAUR.1599. **b** singularem deus hunc mundum..~auit CIC.*Tim.*12; (homines) ita sermones inter se ~auerunt VITR.2.1.1.

prōcrescō ~ere, *intr.* [PRO-+CRESCO] To grow on to maturity, grow larger, grow up.

posse omnia rentur ex igni terra atque anima ~ere et imbri LUCR.1.715; et res progigni et genitas ~ere posse 2.566; unde queat uis immensi ~ere morbi 6.664; (*in fig. phr.*) qui (*sc.* amor) si officiorum ratione coleretur, non ultra myrtos laurusque ~eret FRO.*Aur.*1.p.88(8N).

Procris ~is, *f.* The wife of the Attic hero, Cephalus, who killed her out hunting in mistake for a wild animal.

his Phaedram ~imque locis..cernit VERG.*A.*6.445; anxia, ~i, lates OV.*Ars* 3.727; ~in amabam: pectore ~is erat, ~is mihi semper in ore *Met.*7.707; HYG.*Fab.*189.1.

Procrustēs ~ae, *m.* (mythol.) An Attic robber who waylaid travellers and fitted them to his bed either by stretching their limbs or by lopping them.

occumbere..uidit et inmitem Cephisias ora ~en OV.*Met.* 7.438; membra quis saeuus Sinis aut quis ~es sparsit SEN. *Phaed.*1170; ~em Neptuni filium (Theseus occidit) HYG. *Fab.*38.3.

prōcubitor ~ōris, *m.* [PROCVMBO+-TOR] (See quot.)

~ores dicuntur, qui noctu custodiae causa ante castra excubant,..ut M. Cato..scripsit FEST.p.253M.

prōcubō ~āre, *intr.* [PRO-+CVBO] To lie outstretched.

ubi..saxea ~et umbra VERG.*G.*3.145.

prōcūdō ~ere, *tr.* [PRO-+CVDO]

1 To beat into shape, hammer out, beat out.

durum ~it arator uomeris obtunsi dentem VERG.*G.*1.261; (*absol.*) haec liquefacta..in acuta ac tenuia posse mucronum duci fastigia ~endo LUCR.5.1265; (*poet.*) ira, quae ~it ensis HOR.*Carm.*4.15.19; (*transf.*) ignem ignes ~unt LUCR.2.1115.

2 (fig.) To forge, fashion; to hammer out, prolong.

haec mihi incus est: ~am ego hodie hinc multos dolos PL.*Ps.*614; non..solum acuenda nobis neque ~enda lingua est, sed onerandum..pectus..rerum..uarietate CIC.*de Orat.* 3.121; nec noua uiuendo ~itur ulla uoluptas LUCR.3.1081; nec potuisse propagando ~ere prolem 5.856;—potius..reprimendum quam ~endum puto esse uolumen VAR.*L.*7.109; legendo..et scribendo uitam ~ito *Men.*551.

procul, *adv.* [*proco- (cf. PROCERES)+-ul (cf. SIMVL)] CONST.: quasi-prep. w. abl. in all senses.

1 In a position some distance away, some way off, away. **b** in a position apart from others, apart. **c** to a position some way off, apart.

serta ~ tantum capiti delapsa iacebant VERG.*Ecl.*6.16; terra ~..colitur *A.*3.13; ~ o, ~ este, profani..totoque absistite luco 6.258; qui ~ adstiterant, tendere manus, et proximi prensare genua TAC.*Hist.*2.46; (*cf.*) ~ omnis esto clamor et ira HOR.*Carm.*3.8.15;—(*w. abl.*) hi, quia spatio missilibus opus est, ~ muro tenebant naues LIV.24.34.6; damnatur, ut ~ regno teneretur TAC.*Ann.*2.67;—(*w. adv.*) ubi ille exierit intus, istinc te ~ ita uolo adsimulare..quasi ..eius opulentitatem reuerearis PL.*Mil.*1169; quem cum istoc sermonem habueris ~ hinc stans accepi TER.*Hec.*607. **b** quem ~ adstantem..inridens..dixit OV.*Met.*5.114. **c** secede huc nunciam..~, ne arbitri dicta nostra arbitrari queant PL.*Capt.*219; incedit hoc: ~ concessero AFRAN.*com.* 200; quam (*sc.* uaccam) ~..succedere saepius umbrae uideris VERG.*G.*3.464; ni nefandos ignes ~ delubris amouissent LIV. 6.33.5.

2 A great way off, far away, far. **b** (w. vbs. of perceiving). **c** to a great distance, far away.

ut meam amicitiam sibi, etiam cum ~ absim, prodesse sentiat CIC.*Fam.*13.59; ut ~ tela coiciant neu propius accedant CAES.*Gal.*5.34.3; socios, amicos, ~ iuxta sitos SAL.*Hist.*4.69.17; consulem Marcellum haud ~ esse LIV. 24.37.9; ne ~ repetendum esset mutuum auxilium CURT. 7.10.15; cum..supra aequora..~ Itala rura linqueret STAT. *Silv.*3.3.161; astans ego non ~ dolebam APUL.*Met.*6.25; (*in fig. phr.*) ignotos et aliis infensos..~ arcebat TAC.*Ann.* 2.48;—(*w. abl.*) multi suam rem bene gessere..patria ~ ENN.*scen.*260; qui ~ negotiis..paterna rura bubus exercet suis HOR.*Epod.*2.1; ut quam maxime ~ abesset..Acheronte amni LIV.8.24.3; haud ~ portu angues magnitudinis mirae ..exsultasse 27.4.13; Argo nauis..in mare..descendit non ~ Tergeste PLIN.*Nat.*3.128; haud ~ Cremona prospere pugnatum TAC.*Hist.*2.23; incuriosius agentes, quia ~ ripa aberant 4.28;—(*w.* ab) Rhoeteis ~ a terris POMPON.*trag.*5; insula..tam ~ a nobis in Aegaeo mari posita CIC.*Man.*55; ~ ab aqua et natura iniquo loco castra ponunt CAES.*Civ.* 1.81.1; decreui ~ a re publica aetatem agere SAL.*Jug.*4.3; ~ omni sono PLIN.*Pan.*82.2;—(*w. adv.*) fundam tibi.. uellem dari, ut tu ilios ~ hinc..caederes TER.*Eu.*787; nec ~ hinc Rhesi..tentoria..agnoscit VERG.*A.*1.469; ad oppidum Aharnam, unde haud ~ hostes erant LIV.10.25.4; ~, a ~ inde puellae lenonum JUV.14.45. **b** iam oboluit Casinus ~ PL.*Cas.*814; quid ego misera uideo ~ in litore? *Rud.*450; cum ~ aspiciunt hostes accedere ENN.*Ann.*387; uidisti ludos?—hinc auscultaui ~ AFRAN.*com.*265; SIS.*hist.*58 si quos armatos quamuis ~ conspexissent CIC.*Caec.*45; LUCR.6.705; cum..id frater..~ animaduertisset CAES.*Gal.* 4.12.6; ubi ex lictoribus ~ consulem esse, deinde iam propius ac certius..Brutum cognouit LIV.2.6.7; LUC.9.501; si ~ intuearis PLIN.*Nat.*20.207; SUET.*Gal.*19.2. **c** ~ hostibus repulsis *B.Afr.*17.2; ite ~, Musae, si non prodestis amanti TIB.2.4.15; quo uelocius..~ ac ~ abderet sese APUL.*Met.*

7.2;—(*w. abl.*) ~ Latio diuersum missus n orbem Ov.*Tr.* 4.2.69;—(*w.* ab) se..~ ab his (locis) summoturum hostes Liv.23.43.3; solebat..nostris ~ haud discedere ab antris Stat.*Ach.*1.150; (*poet.*) ius atque aecum se a malis spernit ~ Enn.*scen.*189;—(*in fig. phrs.*) quam ~ a suspicione fugit Cic.*Agr.*3.6; homines superbissumi ~ errant Sal.*Jug.*85.38.

3 At a distant time (past or future). **b** into a distant time.

quae (*i.e. victory and its rewards*) si dubia aut ~ essent Sal.*Jug.*85.48;—(*w.* ab) qui (*sc.* uiri) sunt ~ ab aetatis huius memoria Cic.*Rep.*1.1.1;—(*w. abl.*) haud ~ occasu solis redeundi in castra tempus erat Liv.37.21.2. **b** durabisne ~.., o mihi..multum uigilata..Thebai? Stat.*Theb.*12.810; quos ibit ~ hic dies per annos! *Silv.*1.6.98.

4 (fig.) Far (from a condition or situation). **b** ~ (*ab*)*est ut*, it can hardly be that; *haud*, etc., ~ *est quin*, it is not far from the situation that.

(*w. abl.*) iamque haud ~ seditione res erat Liv.6.16.6; 25.3.19; nec ~ caede aberant Tac.*Hist.*3.32; tali obsequio ratus..domum suam ~ iniuria fore *Ann.*14.31; factis ~, uerbis tenus Gel.17.19.1;—(*w.* ab) usque autem uideas hoc ~ a fide Maur.2658. **b** ~ est ut credere possis Lucr. 4.856; ~ absit ut ista uindictae sit summa tuae Luc.10.525; —ut haud ~ esset quin Remum agnosceret Liv.1.5.6; haud ~ erat quin castra quoque..turbarentur 5.12.7; nec ~ est, quin iam manes..pauescat Sil.2.335.

5 Far (from connection or association with someone or something).

Scythici ~ inclementia sacri V.Fl.2.648; ~ abominanda negotiatio Quint.*Inst.*12.7.11; sine ira et studio, quorum causas ~ habeo Tac.*Ann.*1.1; sed ~ grauitas morum aut uoluptatum parsimonia 15.48; (*w. abl.*) animum tanto facinore ~ abhorrentem Curt.6.7.11; liber inuidia, ~ contentionibus Quint.*Inst.*12.11.7; ut conquirere fabulosa.. ~ grauitate coepti operis crediderim Tac.*Hist.*2.50;—(*w.* ab) quando ego conscia mihi sum a me culpam esse hanc ~ Ter.*Ad.*348; scias abesse ab lustris ingenium ~ Afran.*com.* 242; ea philosophia..~ abest..ab eo uiro Cic.*de Orat.*3.63; si..culpa defectionis ~ a publico consilio absit Liv.29.17.2; ~ a nobis nostrisque litteris absint ista Plin.*Nat.*28.8; quis tam ~ a litteris, quin sic incipiat..? Quint.*Inst.*7.1.46; ~ ab aemulatione aduersus collegas Tac.*Ag.*9.5.

6 Far (in quality or degree); ~ *dubio*, without doubt. **b** (w. compar.) far.

(*w. abl.*) Romanum Troia demissum..aliaque haud ~ fabulis uetera facunde executus Tac.*Ann.*12.58;—(*w.* ab) altera (pars orationis)..quae ~ ab iudicio remota est Cic. *Clu.*2; quae..aut uera inuenies aut certe haud ~ a uero Sal.*Rep.*2.2.5; rutilae canes id est non ~ a rubro colore Cap.*gram.*11; quae (*sc.* uineae)..sint pretiosi saporis, uelut Aminei, uel certe non ~ ab eo gustu Col.3.7.2; (aes) ~ a Corinthio, longe tamen ante Aegineticum Plin.*Nat.* 34.8; neque..~ ab hac corporis subtilitate nubes concretas uidemus Apul.*Soc.*10;—quam rem ~ dubio dixisset (Homerus) Acc.*gram.*1; adiutamur enim dubio ~..certis ab rebus Lucr.1.812; Liv.39.40.10; Plin.*Nat.*18.187; ~ dubio iam morti proximus Apul.*Met.*4.3. **b** ~ en cunctis pueris..pulchrior Stat.*Silv.*2.6.34.

prōculcātiō ~ōnis, *f.* [next+-tio] The action of trampling on; (fig.) oppression.

obturbata ~one prius aqua Plin.*Nat.*8.68;—quod regnum est, cui non parata sit ruina et ~o? Sen.*Dial.*9.11.9.

prōculcō ~āre ~āuī ~ātum, *tr.* [pro-+calco]

1 To tread down, trample on. **b** (in threshing; in wine-making). **c** to ride down, overrun.

hunc..crebro super ungula pulsu..~at equorum Verg. *A.*12.534; turbatus eques sua ipse subsidia territis equis ~auit Liv.10.36.5; is (*sc.* aper)..crescentes segetes ~at in herba Ov.*Met.*8.290; iacentem reliquit contumeliosa uoce ~atum V.Max.9.5.3; qui tot ~auimus niues, tot amnes superauimus Curt.6.3.16; ne..solum..exportantium ramos ..ingressu ~etur Col.3.13.6; Plin.*Nat.*8.201; Stat.*Theb.* 10.741; nec deerant qui propellerent ~arentque Tac.*Hist.* 3.81; (*cf.*) (ferae) temptabunt fugam per ipsa quae fugerant, ~abuntque formidinem Sen.*Cl.*1.12.5. **b** dum a pecudibus legumina ~antur Col.2.19.2;—quibus (*sc.* uuis) ~atis mustum..in uasa..deferemus 12.19.3. **c** una ala (equitum) ipso inpetu ~ata erat Curt.3.11.14.

2 (fig.) To trample on, crush.

qui fata ~auit ac uitae bona proiecit Sen.*Phoen.*193; disiecta plebe, ~ato senatu Tac.*Hist.*1.40; ~atam desertamque rem p...in tutelam eius..deuenturam Suet.*Ves.*5.3;—(*w. non-personal subj.*) uis abdita quaedam..pulchros fascis saeuasque securis ~are..uidetur Lucr.5.1235; quae (*sc.* ira)..non ~auit tantum imperia V.Max.9.3.7.

3 (fig.) To make trite by continual use; also, to blunt, dull.

quae (*sc.* uerba) ~ata uulgo et protrita sunt Gel.18.4.6;—si quis aurem habeat non sordidam nec ~atam 17.2.10.

Proculēius ~a ~um, *a.* A Roman gentile name, esp. of C. Proculeius, a friend of Augustus and literary patron.

Hor.*Carm.*2.2.5; Plin.*Nat.*36.183; Tac.*Ann.*4.40; quis tibi Maecenas, quis nunc erit aut ~us? Juv.7.94.

? **proculēna** ~ae, *f.* [dim. of porca, by metathesis] A little sow.

nisi huic uerri adfertur merces, non hic suo seminio quemquam ~am (*cj.*) impertiturust Pl.*Mil.*1060.

Proculiānī ~ōrum, *m. pl.* The followers of the jurist, Proculus.

appellati..sunt..~i, quae origo a Capitone et Labeone coeperat Pompon.*dig.*1.2.2.52.

prōculiō: (see quot.).

~unt, promittunt ait significare Antistius Fest.p.253M.

roculō ~āre, *tr.* [cf. proceres] (See quot.)

~ato prouocato Paul.*Fest.*p.248M.

Proculus ~ī, *m.* **a** The *praenomen* of Proculus Julius, an Alban countryman to whom Romulus appeared in a vision. **b** a *cognomen*, esp. of the originator of a school of jurists, who lived in the 1st century A.D.

a certen..post excessum suum Romulus ~o Iulio dixerit se deum esse Cic.*Leg.*1.3; Liv.1.16.5; Ov.*Fast.*2.499. **b** Ulp.*dig.*37.14.17.

prōcumbō ~mbere ~buī ~bitum, *intr.* [pro-+-*cumbo* (cvbo)]

1 To bend or lean forward (so as to adopt a more or less prone position), lean over. **b** to prostrate oneself (in worship, supplication), bow down. **c** to throw one's weight forward (over), press (on). **d** (of a headland) to slope down.

olli certamine summo ~mbunt: uastis tremit ictibus.. puppis Verg.*A.*5.198; saetis horrescere coepi (*i.e. under Circe's spell*)..et in terram toto ~mbere uultu Ov.*Met.* 14.281; ~mbit in aequora Luc.3.616; laceras..super ~mbere nati reliquias ardet Stat.*Theb.*6.35; (*of an animal*) elephantum ~mbere iussit in genua Curt.8.14.39;—(*of plants, etc.*) uindemiare incipito, cum ad palmitem pampinus ~mbere coeperit Plin.*Nat.*18.316; circumflantibus Austris alternus ~mbit ager Stat.*Theb.*11.43;—(*of inanim. things*) pars eius turris concidit, pars reliqua consequens ~mbebat Caes. *Civ.*2.11.4; fluctus..immane sonat per saxa neque ipso monte minor ~mbit Verg.*G.*3.240; nauigia..alia in latera ~mbunt Curt.9.9.20; si ~buit qui saxa Ligustica portat axis et euersum fudit..montem Juv.3.257; paries.., qui ita uentrem faceret, ut in uicini domum..~mberet Alf.*dig.* 8.5.17. **b** nec pietas ullast..~mbere humi prostratum ..ante deum delubra Lucr.5.1200; pleni lacrimarum in uestibulo curiae ~buerunt Liv.7.31.5; ad genua Marcelli ~buerunt 25.7.1; cum uellet terra ~mbere, questa est deriguisse pedes Ov.*Met.*2.347; in terram posito ~buere genu *Fast.*3.220; ut..barbaros..~mbere suo more paterentur Curt.8.5.21; apud effigiem Caesaris ~buit Tac.*Ann.* 12.17; (*poet.*) te..spectat et ad primos ~mbit Graecia fluctus V.Fl.7.496; (*cf. sense 3c*) senatu ad infimas obtestationes ~mbente Tac.*Ann.*1.12;—(*w. dat. of pers. approached*) ~mbunt omnibus Gallis ad pedes Bituriges, ne pulcherrimam..urbem..succendere cogerentur Caes.*Gal.*7.15.4; ~buerunt Diogneto Vitr.10.16.6; (*cf.*) non..dubitem ~mbere templis Tib.1.2.83. **c** quod ruet in tergum (*sc.* leo) uel quos ~mbet in armos? Mart.1.60.3;—(*poet.*) flamina..quae ueluti ualidum cum flumen ~buere quamlibet in partem Lucr.1.291; uentus cum per loca subcaua terrae collectus parte ex una ~mbit et urget..speluncas.. altas 6.558. **d** mons Haemus, uasto iugo ~mbens in Pontum Plin.*Nat.*4.45.

2 To adopt a prone position on the ground, etc., lie down. **b** to have a gentler slope. **c** (topog.) to be spread out, stretch out.

sub aetheris axe..~buit seramque dedit per membra quietem Verg.*A.*8.30; in duro ~buere toro Ov.*Fast.*5.456; ~mbite terra..feriendaque tendite colla Luc.5.360; orbem torquente Noto Romana iuuentus ~buit timuitque rapi 9.482; lasciuia epularum aut somno et uino ~mbere Tac. *Ann.*4.48; (*impers. pass.*) uti ~mbatur in dentes..et in terra mento..fulto prospiciantur eae regiones Vitr.8.1.1; —(*of an animal*) ~buit uiridique in litore conspicitur sus Verg.*A.*8.83; (bos) ~buit teneraque latus submisit in herba Ov.*Met.*3.23; pauet Ossa uias, pecudesque feraeque ~buere metu Stat.*Theb.*4.142;—(*fig.*) ubi per uires (incendia) ~buere suas Ov.*Rem.*118. **b** utilissimum est..in solutiore terra..procliuibus ac supinis lateribus (fossas) ~mbere Plin.*Nat.*18.47. **c** planities..sub radicibus montium spatiosa ~mbit Curt.5.4.6.

3 To fall forward, fall down, fall over. **b** (fig., w. ref. to death, disaster, etc.) to fall, crash, suffer ruin, etc. **c** to fall (into moral degradation), sink.

partim fugientes ab equitatu interficiuntur, partim integri ~mbunt Caes.*Civ.*2.42.2; ~buit moriens et humum semel ore momordit Verg.*A.*11.418; ubi semel uictis taedio animis ~buissent Liv.22.2.7; ne non ~mbat honeste, respicit: haec etiam cura cadentis erat Ov.*Fast.*2.833; iamque haud procul exitio totis campis ~buerant Tac.*Hist.*5.3; exanimis terrae ~mbit Apul.*Met.*10.5;—(*of an animal*) sternitur exanimisque tremens ~mbit humi bos Verg.*A.* 5.481;—(*of trees, crops*) frumenta..anni tempore atque imbribus ~buerant Caes.*Gal.*6.43.3; ne grauidis ~mbat culmus aristis Verg.*G.*1.111; tunc omnia late ~mbunt nemora Luc.3.395; uetitas..solo ~mbere pinus praecipitat Stat.*Ach.*2.61;—(*of inanim. things*) agger pondere superstantium in fossam ~buit Liv.10.5.11; (tecta) super habitantes aliquando ~mbunt Quint.*Inst.*2.16.6; clarissimorum uirorum receptacula..foeda uastitate ~mbunt Plin.*Pan.* 50.3; (*in fig. phr.*) cum domus..mea..concidit in domini ~buitque caput Ov.*Pont.*1.9.14. **b** Euandri totam cum stirpe uidebit ~buisse domum Verg.*A.*11.395; res postquam ~buere meae Ov.*Tr.*3.4.2; Sulla..et Mario fluentem ~mbentemque rem populi Romani restituentibus Vell. 2.16.4; omnes ~buere, omnes Stat.*Theb.*3.63;—(*w. dat. or abl. indicating agent of disaster*) ausus..mea ~mbere dextra 11.124; esse secum ueteranas cohortis, quibus nuper Othonis legiones ~buerint Tac.*Hist.*4.17; quadringentorum manuum..mutuis ictibus ~buisse *Ann.*4.73. **c** in popinam uentremque ~buerunt toti Sen.*Dial.*6.22.2; cum in illas (*sc.* uoluptates) omnis turba ~buit *Ep.*18.3.

prōcūrātiō ~ōnis, *f.* [procvro+-tio]

1 The act of showing care or concern (for), care, attention.

nec sane multum interest utrum id neget an eos (*sc.* deos) omni ~one atque actione priuet Cic.*N.D.*2.44; et pecudes et stirpes..quae sine ~one hominum saluae esse non possunt 2.130;—(*w. obj. gen.*) omnium..mearum reliquarum rerum maximeque existimationis meae ~onem susceptam uelim habeas *Fam.*15.13.3; qui omnino nullam habere censerent rerum humanarum ~onem deos *N.D.*1.3; sine ulla recipiendae gratiae ~one Gel.17.5.4.

2 Responsibility (for) or charge (over persons or things). **b** ~*o ciuitatis, rei publicae*, etc., administration of the State, etc., government.

nimis magna ~one liberatus V.Max.4.1.ext.9;—(*w. obj. gen.*) Mineruam et Venerem, quarum unius ~o olioueti, alterius hortorum Var.*R.*1.1.6; sacrarum aedium ~onem Cic.*Ver.*5.36; qui sibi ~onem incendendae urbis depoposcerat *Catil.*3.14; aed(ilis), qvoivs in ea parte h(ac) l(ege) viarvm ~o erit *CIL* 1.593.55; magis necessarii quam speciosi ministerii ~onem Liv.4.8.6; Sen.*Ep.*70.8; ~one urbis amicis permissa Suet.*Jul.*79.4;—(*w. defining adj.*) quaestoriae ~onis Cic.*Ver.*1.90; a..frumentaria ~one *Har.* 43. **b** in ~one ciuitatis Cic.*de Orat.*1.215; orbis terrae ~one 3.131; philosophiam nobis pro rei publicae ~one substitutam putamus *Div.*2.7; erat in ~one regni propter aetatem pueri nutricius eius Caes.*Civ.*3.108.1; Sal.*Jug.*14.1; rei publicae ~o populo redderetur Nep.*Thr.*3.1.

3 The office of a *procurator*, procuratorship: **a** (in sense 2). **b** (in sense 3).

a cui simile est male gestae ~onis (*sc.* causa) Quint.*Inst.* 7.4.35. **b** cum uacationem ~onis ab C. Caesare ultro accepisset Sen.*Dial.*10.20.3; promotus ad amplissimas dedisses Fro.*Ant.*1.p.264(170N);—(*w. gen. of province*) ~one Narbonensis prouinciae..functus Plin.*Ep.*7.25.2; in ~one Aegypti Suet.*Nero* 35.5; cvi divvs avrel antoninvs centenariam ~on prov hadrymetinae dedit *CIL* 13.1684.

4 The action of expiating by sacrifice, an expiatory sacrifice.

constituendae nobis..sunt ~ones et obsecratio Cic.*Har.* 63; ut sue plena ~o fieret *Div.*1.101; Sen.*Nat.*2.35.1;—(*w. obj. gen.*) post tanti prodigii ~onem Liv.7.6.7; quod poenae ~onesque incesti id temporis exquirerentur Tac.*Ann.*12.8.

prōcūrātiuncula ~ae, *f.* [prec.+-vncvla] A (petty) procuratorship.

quae..omnia transisti ~ae pretio Sen.*Ep.*31.9.

prōcūrātor ~ōris, *m.* [procvro+-tor] Pros.: *prŏc-* Ov.*Ars* 1.587.

1 A person given responsibility or charge (of a property, business, department, etc.), manager, keeper, superintendent. **b** the superintendent (of an estate), steward, land-agent.

<in> has..a ~ore ternos pullos exigit Var.*R.*3.6.3; cum.. quae ~or tenuerat pro domino possederit Liv.24.25.3; Sen. *Ep.*14.18; Col.9.9.2;—(*w. obj. gen.*) ~or peni Pl.*Ps.*608; ~or insulae (*i.e. lodging-house*) Petr.96.4. **b** si mandandum aliquid ~ori de agri cultura aut imperandum uilico est Cic.*de Orat.*1.249; mittit ad ~orem litteras et ad uilicum Tullius *Tul.*17; uilico iuxta ianuam fiat habitatio..~or supra ianuam Col.1.6.7; Plin.*Ep.*3.19.2.

2 A person appointed to perform business, administer property, etc., in the absence or incapacity of another, a representative, agent. **b** an attorney acting in court for an absent principal.

nisi si latitant qui ad negotium suum relicto ~ore proficiscuntur Cic.*Quinct.*60; *Caec.*57; is sibi negat a suo ~ore quicquam scriptum esse *Att.*1.8.1; utrum per ~ores ageres an per te ipsum 4.16.7; eis..qvorvm ante aedificivm ea via erit, ~oribvsve eorvm *CIL* 1.593.36; inde ~or nimium quoque multa procurat Ov.*Ars* 1.587; contractas emptionibus complures domos per ~ores Vell.2.81.3; V.Max.4.2.6; ~or alicuius pecuniam petit ex faenore hereditario Quint.*Inst.*7.1.19; ~or est qui aliena negotia mandatu domini administrat Ulp.*dig.*3.3.1; (*cf.*) quasi tutor et ~or rei publicae Cic.*Rep.*2.51; Pothinus, nutricius pueri et ~or regni Caes.*Civ.*3.112.12. **b** non poteris tuo nomine agere, sed debes..quasi..~or meus experiri Gaius *Inst.*2.39; 4.84.

3 A title denoting the occupant (usu. equestrian, sts. a freedman) of various posts in the imperial civil administration, the functions and status of which varied as they multiplied: **a** a financial administrator in imperial provinces. **b** the governor of a minor province. **c** the head of other departments (see quots.). **d** (in general use).

a singulos sibi olim reges fuisse, nunc binos imponi, e quibus legatus in sanguinem, ~or in bona saeuiret Tac.*Ag.* 15.2; Maximus..~or tuus..sibi quoque confirmat necessarios esse milites Tra.*Plin.Ep.*10.27(36); *Pan.*36.3; fortvnatvs..proc fisc asiatic *CIL* 6.8570. **b** duae Mauretaniae, Raetia, Noricum, Thraecia et quae aliae ~oribus cohibentur Tac.*Hist.*1.11; Marius Maturus Alpium maritimarum ~or 3.42; mario l f qvir..~ori provinciarvm lvgdvnensis et aqvitanicae *CIL* 13.1810. **c** (*w. gen.*) ~orem eiusdem officii libertum Caesaris protinus scribere Fron.*Aq.*105; Sulpicius Rufus ludi ~or Tac.*Ann.* 11.35; proc vinorvm *CIL* 6.8498; proc avg hered(itatum) 6.31863;—(*w.* ab) proc avg ab actis vrbis 8.11813; proc ab ornamentis 6.4228. **d** libertos et ~ores principum Tac. *Dial.*7.1; ornamenta consularia etiam ~oribus ducenariis indulsit Suet.*Cl.*24.1; non ambitione aut ~oris stipendii cupiditate optat adipisci hunc honorem Fro.*Ant.*1.p.262 (170N); data a licinio maximo et feliciore avg lib procc *CIL* 8.25902.1.5.

prōcūrātōrius ~a ~um, *a.* [prec.+-ivs] Of or concerning a *procurator* (in quots., sense 2).

~a exceptio Pompon.*dig.*3.3.62; Ulp.*dig.*3.3.57; ~o nomine Gaius *dig.*10.2.3; Ulp.*dig.*3.3.31.

prōcūrātrix ~īcis, *f.* [procvro+-trix] A (female) superintendent.

cum sapientiam totius hominis custodem et ~icem esse uellent Cic.*Fin.*4.17.

prōcūrō ~āre ~āuī ~ātum, *tr.* [pro-+cvro] Pros.: *prŏc-* Acc.*poet.*3.4, Tib.1.5.13, Ov.*Ars* 1.587, *Fast.*3.343.

1 To look after, attend to (a person, business, department, etc.). **b** (religious rites and observances).
nutrices pueros infantis minutulos domi ut ~ent PL.*Poen.* 29; eodem modo ceteras arbores ~ato CATO *Agr.*43.2; aedilis qui aedis sacras et priuatas ~aret VAR.*L.*5.81; si nihil ~o, tamen nihil curare uix possum CIC.*Q.fr.*3.9.3; quasi prudentiam quandam ~antem caelestia *Ac.*1.29; ~andae hereditatis causa CAES.*Civ.*2.18.2; laeti bene gestis corpora rebus ~ate, uiri VERG.*A.*9.158; uidebimus, an tantum diis uacet, ut priuatorum negotia ~ent SEN.*Ep.*110.2; hominem ..confidentem lingua ceteraque omnia praeterquam animam ~antem GEL.17.19.3; (*w. noun cl.*) ipse ~aui ne possent saeua nocere somnia TIB.1.5.13; (*absol.*) nunc puero utere et ~a PL.*Truc.*878. **b** rebus diuinis ~atis CIC.*Div.*2.25; sacrificia publica et priuata ~ant CAES.*Gal.*6.13.4; maioribus natu sacra ~anda tradunt NEP.*Them.*2.8; deos..quorum sacra bello Gallico accepta rite ~assent LIV.7.20.3; deuotionibus sepulchralibus in scrobem ~atis APUL.*Met.*1.10; (*absol.*) quanto sumptu deberem ~are supplicamentis 11.22.

2 To have charge of, administer (as a *procurator*).
(*as a private agent*) is ~at rationes negotiaque Dionysi nostri CIC.*Fam.*12.24.3; procurator nimium quoque multa ~at OV.*Ars* 1.587;—(*in the imperial administration*) equitis Romani Belgicae Galliae rationes ~antis PLIN.*Nat.*7.76; is, qui operibus publicis ~at ULP.*dig.*43.8.2.17; cum ~aret in Hispania PLIN.*Ep.*3.5.17; (*w. dat. of person*) ~abit uobis industrie FRO.*Aur.*1.p.238(87N); (*absol.*) Pannonius Auitus cum in Cilicia ~aret PAPIN.*dig.*29.2.86.

3 To expiate, avert (evil omens, etc.) by sacrifices; (absol.) to perform expiatory sacrifices.
monstris interpretandis ac ~andis CIC.*Div.*1.3; haec prodigia hostiis maioribus ~ata sunt LIV.24.10.13; 26.6.14; OV.*Fast.*3.343; si ~are uis ostentum PHAED.3.3.16; qui ~anda existimant fulmina SEN.*Nat.*2.37.1; auo..eius fulgur ~anti SUET.*Gal.*4.2;—uti M. Antonius consul hostiis maioribus Ioui et Marti ~aret *S.C.*in Gel.4.6.2; quibus diuis creuerint, ~anto CIC.*Leg.*2.21; (*impers. pass.*) ~atum est quod tripedem mulum Reate natum nuntiatum erat LIV. 40.2.3; (*cf.*) haec ~ata uotaque ex libris Sibyllinis 21.62.11.

prōcurrō ~currere ~(cu)currī ~cursum, *intr.* [PRO-+CVRRO]

1 To run forward or ahead, run out in front. **b** (of troops) to run forward to the attack. **c** (transf., of inanim. things).
ut productus studio et uiribus ultra facile ~curras *Rhet. Her.*4.60; ~currit fratrique ensem dea Daunia reddit VERG. *A.*12.785; ~currentes ex agris tectisque..insolito spectaculo ..fruebantur TAC.*Hist.*4.62; (matrona) ~currens in cubiculum APUL.*Met.*7.7;—(*in fig. phr.*) ita..inexorabiles uindictae et uaria poenarum genera in medium ~current V.MAX.6.3;—(*fig.*) ~currentia primis carmina nostra sonis STAT.*Silv.*3.5.33. **b** antesignanos ~currere..iubet CAES. *Civ.*1.43.3; modo ~currerent modo recederent B.*Afr.*71.1; crescit pugna subsidiis et ~currentium ad certamen numero augetur LIV.27.42.3; FLOR.*Epit.*1.13(1.18.8); (*cf.*) siquis ~currat ad oras ultimus extremas iaciatque uolatile telum LUCR.1.969; (*poet.*) in ius acres ~currunt HOR.*S.*1.7.21;—(*impers. pass.*) ne ~curri quidem ab acie uelim sed obnixos uos stabili gradu impetum hostium excipere LIV.6.12.8; utrimque in pugnam ~cursum est 21.8.6; TAC.*Hist.*5.18;—(*transf., of warships*) qua ~currere speculatoriae naues in hostem..possent LIV.30.10.6. **c** malum ~currit casto uirginis e gremio CATUL.65.20; alterno ~currens gurgite pontus VERG.*A.*11.624; sedibus expulsi, postquam cruor omnia rupit uincula, ~currunt oculi LUC.3.713;—(*in fig. phr.*) in ipso ~currentis pecuniae impetu raptus est SEN. *Ep.*101.4; rapidissimus ~currentis imperii cursus FLOR. *Epit.*1.7(1.13.1).

2 To rush (into a course of action, etc.).
non tamen ad uindictam continuo ~cucurrit V.MAX. 5.9.1; eum..qui uenerari principes nesciret, in quodlibet facinus ~cursurum crediderunt 8.5.6; in rixam ~currere SEN.*Cl.*1.7.4; ad omne pulchrum uir bonus sine ulla cunctatione ~curret *Ep.*66.21; (*impers.*) non est trepidandum..nec ~currendum intempestiue *Ben.*6.43.2.

3 (of things) To run out, project, extend.
saxis in ~currentibus haesit VERG.*A.*5.204; ad antas, quae a pronao ~currunt VITR.5.1.8; (pars uinitoriae falcis) quae a flexu ~currit COL.4.25.1; in longitudinem radice ~currente PLIN.*Nat.*18.130; improba barbaricae ~currunt tegmina plantae V.FL.6.702;—(*topog.*) in mare seu celsus ~currerit Appenninus HOR.*Epod.*16.29; terra tribus scopulis uastum ~currit in aequor OV.*Fast.*4.419; paeninsula Arabia, inter duo maria..~currens PLIN.*Nat.*6.143; ~currentium extremo iam litore terrarum TAC.*Ag.*10.4;—(*fig.*) perfectissimae artis..~currentia indicia V.MAX.8.11.ext.3.

prōcursātiō ~ōnis, *f.* [PROCVRSO+-TIO] A sudden charge, sally.
a ~onibus quae multae temere inter murum ac uallum fiebant LIV.5.19.9; per ~ones leuia certamina uario euentu inita 23.40.9.

prōcursātor ~ōris, *m.* [PROCVRSO+-TOR] One who dashes out to make a sudden attack.
breue certamen leuis armaturae maxime cum ~oribus fuit LIV.42.64.6.

prōcursiō ~ōnis, *f.* [PROCVRRO+-TIO]

1 The act of running forward.
~one subita adeo se admouit, ut sagittas..eluderet FRON.*Str.*2.2.5; (*stylized as a gesture in oratory*) ~o oportuna breuis, moderata, rara QUINT.*Inst.*11.3.125.

2 (rhet.) The act of running ahead (to take a topic, etc., out of turn).
non semper est necessaria post narrationem illa ~o QUINT.*Inst.*4.3.9.

prōcursō ~āre, *intr.* [PROCVRRO+-TO] To run frequently forward, dash out.
~antes..recurrentesque LIV.3.61.13; ab stationibus ~antes certamina haud satis digna dictu serebant 27.41.5; ~antibus inter eos (*sc.* elephantos) qui lacesserent PLIN. *Nat.*8.15; (*impers. pass.*) per dies aliquot cum ab stationibus ~aretur LIV.27.2.11.

prōcursus ~ūs, *m.* [PROCVRRO+-TVS³]

1 The act of running forward (esp. in battle). **b** forward movement, onrush (of things). **c** (fig.) the outbreak (of an emotion, attitude, etc.).
~u rapido..inuadunt Martem VERG.*A.*12.711; tumultuario proelio ac ~u magis militum quam ex praeparato aut iussu imperatorum orto LIV.22.41.1; ~us..uiros colliserat acer SIL.7.566; ipse secutus corruit ulterior ~us impete truncus 13.248; audentissimi cuiusque ~u TAC.*Ag.* 33.1; (*cf., of a statue*) signum..~u uegetum APUL.*Met.*2.4;—(*employed to gain momentum for flight, etc.*) ad emittenda cum ~u..tela spatium habebant LIV.34.39.3; uultur et fere grauiores nisi ex ~u..non euolant PLIN.*Nat.*10.113; (*fig.*) non temere nec cum ~u capiendus est impetus SEN.*Ep.* 24.24. **b** ~u concitus axis VERG.*A.*12.379. **c** iam initia ~usque uirtutis patefecimus V.MAX.3.2.1; ~um irae, qui acerrimus esse solet 7.3.ext.6.

2 (topog.) A projection.
anguloso ~u PLIN.*Nat.*5.62.

prōcuruō ~āre, *tr.* [PRO-+CVRVO] To bend forward.
celsum ~at Agyllea Tydeus STAT.*Theb.*6.852.

prōcuruus ~a ~um, *a.* [PRO-+CVRVVS] Curved outwards or forwards.
~am..falcem VERG.*G.*2.421; ~a..per litora *A.*5.765.

procus¹: see PROCI.

procus² ~ī, *m.* [*cf.* PRECOR] A suitor, wooer.
carminibus..quae apud illum (*sc.* Homerum)..in ~orum epulis canuntur CIC.*Brut.*71; VERG.*A.*4.534; non te Penelopen difficilem ~is Tyrrhenus genuit parens HOR.*Carm.* 3.10.11; tam multis femina digna ~is PROP.2.9.4; OV.*Fast.* 6.108; STAT.*Theb.*6.565; FEST.p.249M; (*in fig. phr.*) domi teneamus eam (*sc.* eloquentiam) saeptam liberali custodia et hos ignotos atque impudentis ~os repudiemus CIC.*Brut.*330; (*applied to attendants on a suitor*) nequiquam hos ~os mi elegi loripedes, tardissumos PL.*Poen.*510.

Procyōn ~ōnis, *m.* [Gk. Προκύων] The star Procyon, or the constellation Canis Minor which contains it.
~on, qui sese feruidus infert ante Canem CIC.*Arat.* 623(377); iam ~on furit HOR.*Carm.*3.29.18; GERM.*Arat.*433; MAN.5.197; Id. Iul. ~on exoritur mane COL.11.2.52; ~on.. quod sidus apud Romanos non habet nomen, nisi caniculam hanc uolumus intellegi PLIN.*Nat.*18.268.

?prōde, *adv.*: (conjectural early form of PRO; N.B.: late Latin *prode* perh. back-formation from *prodest* on anal. of *pote*/*potest*).
i tu prod' (*cj.*), uirgo PL.*Cur.*487.

prōdeambulō ~āre, *intr.* [PRO-+DEAMBVLO] To go out for a walk.
~are huc lubitum est TER.*Ad.*766.

prōdeō ~īre ~iī ~itum, *intr.* [PRO-+EO¹; for *-d-*, cf. *redeo*] FORMS: *~īnunt* (= *~eunt*) ENN.*Ann.*156.

1 To come or go forward, proceed, come forth. **b** (absol., also w. *foribus*) to come out of doors; to come out (to answer the door). **c** (of inanim. things) to come out, emerge. **d** (transf., of time) to go forward, advance. **e** (fig., of persons, processes, etc.) to advance.
nos ~imus ad forum PL.*Men.*213; conclamat, si quis secum depugnare uellet, uti ~iret QUAD.*hist.*10b; nescio quo e gurgustio te ~ire CIC.*Pis.*13; neque..ex portu ~ire sunt ausi CAES.*Civ.*3.7.2; VERG.*A.*6.199; HOR.*Carm.*3.14.6; aper rapinam uitans non ~it foras PHAED.2.4.22; solitum ~istis in hostem LUC.7.231; prius quam hae (*sc.* serpentes) ~eant (*i.e. come out of hibernation*) PLIN.*Nat.*16.64; nec umquam ex solitudine sua ~euntem (*sc. Domitian*), nisi ut solitudinem faceret PLIN.*Pan.*48.5; (*cf., of a metamorphosis*) si rursum asino remoto ~ire⟨m⟩ in Lucium APUL.*Met.*3.29; (*w. abl.*) hos ~ire iugis STAT.*Theb.*2.551;—(*of ghosts*) umbra ..quae magicis mortua ~it aquis PROP.4.1.106; non tumulo ~ire iubebitur umbra OV.*Rem.*253;—(*transf.*) quae non sit foras ~itura (*i.e. be published*) nisi re publica reciperata CIC.*Att.*15.13.7. **b** dic me orare ut aliquis intus ~eat propere ocius PL.*Cist.*638; nunc id ~eo ut conueniam Parmenonem TER.*Eu.*1005; nuntiatum Simonidi, ut ~iret CIC.*de Orat.*2.353; ~eas noua nupta CATUL.61.92; (*cf.*) qui exit in uestibulum quod est ante domum, ~ire (dicitur) VAR.*L.*7.81;—cum foribus lassus ~iret amator OV.*Am.* 3.11.13;—Heus, Staphyla, ~i atque ostium aperi PL.*Aul.* 350; Dromo pultat fores; anus quaedam ~it; haec ubi aperuit ostium..TER.*Hau.*276; paruas..fores pulsauit; at inde ~it anus OV.*Met.*5.449. **c** quod omnis fere fructus quinto..gradu (*i.e. stage*)..uidet..dolium ac modium, unde sexto ~it ad usum VAR.*R.*1.37.4; utraeque partes funis continentur, ut neque ⟨in dextram neque⟩ in sinistram partem possint ~ire VITR.10.2.6; si quid ~it umoris CELS. 6.6.31.C; LARG.232; lacrimae saepicule de gaudio ~eunt APUL.*Met.*1.12; (*cf.*) utero matris dum ~eat infans OV.*Fast.* 1.33. **d** ~euntibus annis PETR.25.5. **e** si paulatim haec consuetudo serpere ac ~ire coeperit CIC.*Div.Caec.*68; ne extra modum sumptu et magnificentia ~eas *Off.*1.140; nam nihil est quicquam sceleris, quo ~eat ultra CATUL.88.7; est quadam ~ire tenus HOR.*Ep.*1.1.32; (*impers. pass.*) ne ad extremum ~eatur CIC.*Inv.*1.29.

2 *in conspectum, in publicum ~ire*, To appear, show oneself in public. **b** (w. pred. noun, adv., etc.) to appear in public, show oneself (in a particular fashion).
non te pudet ~ire in conspectum meum..? PL.*Men.*708; neque mi in conspectum ~it TER.*Ph.*443;—per hortum transibo, non ~ibo in puplicum PL.*St.*614; claudicanti..et ob eam causam uerecundanti in publicum ~ire CIC.*de Orat.* 2.249. **b** ut..sagati ~eamus CIC.*Phil.*14.2; ~is ex iudice Dama turpis HOR.*S.*2.7.54; iuuenum..~is publica cura *Carm.*2.8.7; uidistis quandam Argiua ~ire figura PROP. 2.25.43; LIV.3.38.1; nec ~ite graues insuto uestibus auro! OV.*Ars* 3.131; poetam, apud quem..spissis aut Phryxianis ~eant (Gratiae) SEN.*Ben.*1.3.7.

3 (w. *in*+acc., *ad*) To go out, go forth (for a specific activity or purpose). **b** (w. *obuiam*) to come or go out (to meet).
eiu' causa in funus ~eo TER.*An.*115; rogat ut..ei in funus postridie ~eamus VAR.*R.*1.69.2; quo firmiore animo in proelium ~eatis CAES.*Civ.*3.86.2; quo celerius hostis..~iret in aciem HIRT.*Gal.*8.8.1; inde ad foedus faciendum duces ~eunt LIV.1.13.4; quibusque et ducibus et copiis freti ~ire in pugnam soliti essent 25.37.9; (*transf.*) iis..rebus praestabamus, quae non ~eunt in aciem CIC.*Fam.*6.1.5. **b** multi obuiam ~ierunt de prouincia decedenti CIC.*Mur.* 68; quam longissime poteris obuiam nobis ~eas *Fam.*14.5. 1; frequens legionibus conuentus obuiam ~it B.*Alex.*58.4; disposita statione per ripas Tiberis quae obuiam ~euntis submoueret SUET.*Tib.*72.1.

4 a To come forward (before a court, assembly, etc.); to come forward (as a speaker). **b** to appear (on the stage).
a ut aequa parti ~eant ad trisuiros PL.*Per.*72; quae, si ~ierit atque adeo cum ~ierit—scio enim ~iturum esse—audiet CIC.*S.Rosc.*100; *Cael.*19;—multa me dehortata sunt huc ~ire, anni..uox, uires CATO *hist.*108; neminem nostrum inuenietis sine pretio huc ~ire GRACCH.*orat.*41; cum per praeconem..suadendi..potestas a magistratibus facta esset, nec quisquam ~iret LIV.32.20.1;—(*w.* in contionem) in meam contionem ~eant CIC.*Agr.*3.1; saepe in contionem populi ~ibat NEP.*Them.*1.3; decemuiri ~eunt in contionem LIV.3.54.6. **b** ~it in tragoedia (*sc.* Iuppiter) PL.*Am.*93; (*in fig. phr.*) in coturnis ~it Aesopus nouis PHAED.4.7.5; (*cf.*) sic..coarguitur animus inprudens: alius ~it atque alius et ..impar sibi est SEN.*Ep.*120.22;—(*w.* in scaenam) ut in scaenam sine subligaculo ~eat nemo CIC.*Off.*1.129; in scaenam..~ire..nemini..fuit turpitudini NEP.pr.5; SUET. *Nero* 20.1;—(*of a play*) nouae quae ~eunt comoediae PL. *Cas.*9.

5 To extend forward or outward, project.
saepe..arboris radices sub uicini ~ierunt segetem VAR.*L.* 5.13; uelut rupes uastum quae ~it in aequor VERG.*A.*10.693; inmodico ~ibant tubere tali OV.*Met.*8.808; qui numquam uacui ~istis in aethera, rami STAT.*Silv.*1.3.82.

6 To come into existence, issue, be produced. **b** (of plants or their parts) to spring up, sprout, etc.
tris Olympionicas una e domo ~ire CIC.*Tusc.*1.111; cum tot ~ierint pretio leuiore colores OV.*Ars* 3.171; tum..nocens ferrum ferroque nocentius aurum ~ierat *Met.*1.142; (*w. pred.*) ut repente sic poeta ~irem PERS.pr.3;—(*of non-material things*) quam ea (*sc.* eloquentia) sero ~ierit in lucem CIC. *Brut.*39; modo nomen hoc (*i.e.* declamatio) ~iit SEN.*Con.* 1.pr.12. **b** ea (*sc.* faba) enim serius aliquanto ~it VAR.*R.* 1.45.1; ~it et in summum seminis herba solum OV.*Fast.* 1.154; ut gracilis et cannae similis harundo ~eat COL. 4.32.3; primum ~euntibus nuculis PLIN.*Nat.*15.87; (*transf.*) semina in corporibus humanis diuina dispersa sunt, quae si bonus cultor excipit, similia origini ~eunt SEN.*Ep.*73.16.

prōdīcō ~cere ~xī ~ctum, *tr.* [PRO-+DICO²]

1 To give notice of, promulgate.
⟨QVEI⟩ PRAETOR EX HACE LEGE TRIBVENDEI CAVSSA PRODEIXERIT *CIL* 1.583.65; IIVIRI PRAEF(ectus)VE COMITIA ..QVOS H L HABERE OPORTEBIT ITA HABETO ~CITO 1.594. 1.5.24.

2 *diem ~cere*, To give notice of or fix a day (for some activity). esp. **b** to name the day (for a trial; also for the resumption of proceedings after an adjournment).
VAR.*L.*6.61; alia ~cta dies ad frumentum maiore apparatu petendum LIV.25.13.7; miles cum die, qui ~ctus est, aberat GEL.16.4.5. **b** ut..quarta sit accusatio trinum nundinum ~cta die, quo die iudicium sit futurum CIC.*Dom.*45; in carcerem est coniectus; tribunus ei diem ~xit LIV.3.57.6; ubi praetor..reo atque accusatoribus diem ~xisset TAC. *Ann.*2.79; (*cf.*) Kalendas..mihi ~ctas, ut intra eum diem pronuntiarem GEL.12.13.1;—CIC.*Q.fr.*2.3.1; Clodius in Quirinalia ~xit diem 2.3.2; semel causam dixit..adeoque constantia sua et tribunos obstupefecit et plebem ut diem ipsi sua uoluntate ~cerent, trahi deinde rem sinerent LIV.2. 61.7; 6.20.11; orationibus in noctem perductis ~cta dies est 38.51.5.

3 To foretell.
prodigia quod ~cunt futura FEST.p.229M.

Prodicus ~ī, *m.* A sophist of Ceos, contemporary with Socrates.
CIC.*de Orat.*3.128; *Brut.*30; *N.D.*1.118; QUINT.*Inst.*3.1.12.

prōdigē, *adv.* [PRODIGVS+-E] Extravagantly, wastefully.
non possunt non ~ uiuere qui nostra bona sperant CIC. *Phil.*11.13; homini non esse homine ~ utendum SEN.*Ep.* 88.30; inuenias in rationibus multa ~ profusa APUL.*Soc.*22.

prōdigentia ~ae, *f.* [pple. of PRODIGO+-IA] Extravagance, prodigality.
~a opum TAC.*Ann.*6.14; per auaritiam ac ~am 13.1; 15.37.

prōdigiālis ~is ~e, *a.* [PRODIGIVM+-ALIS] Of, concerned with, or marked by prodigies.
~i Ioui PL.*Am.*739; ~e nemus STAT.*Theb.*2.523; (*internal acc.*) ~e canens 7.403.

prōdigiāliter, *adv.* [prec. + -TER²] In the manner of a prodigy, unnaturally.
qui uariare cupit rem ~ unam Hor.*Ars* 29; nam illa uidentur ~..accidisse Col.3.3.3.

prōdigiātor ~ōris, *m.* [PRODIGIVM + -TOR] (See quot.)
~ores harispices, prodigiorum interpretes Fest.p.229M.

prōdigiōsē, *adv.* [next + -E] So as to constitute a portent; strangely, monstrously.
cum quo (*sc.* iecore) locum aliquando permutat (lien), sed ~ Plin.*Nat.*11.204;—inter ea, quibus ~ uitam ludificantur 30.95.

prōdigiōsus ~a ~um, *a.* [PRODIGIVM + -OSVS]

1 Having the nature of a prodigy, portentous. **b** concerned with prodigies.
fiunt ~i..solis defectus Plin.*Nat.*2.98; sed similis non ante metus aut signa notaui ~a magis Stat.*Theb.*3.523; haec erant quae ~a praesagauerant ostenta Apul.*Met.*9.38; (*cf.*) contionanti—~um dictu—tantum foedarum uolucrum superuolitauit ut nube atra diem obtenderent Tac.*Hist.*3.56. **b** sacra ~a Plin.*Nat.*30.12; genethliacis..qui ~is artibus futura omnia dicturos pollicentur Gel.14.1.35.

2 Marvellous, monstrous, unnatural.
~a petit Titanidos atria Circes Ov.*Met.*13.968; ~a aliqua et incredibilia Plin.*Nat.*7.6; ora..Tartarei ~a canis Mart.5.34.4; distortis et quocumque modo ~is corporibus Quint.*Inst.*2.5.11; ~a fides et Tuscis digna libellis Juv.13.62; nonnulli tam ~i tamque uecordes extiterunt Gel.17.1.1.

prōdigitās ~ātis, *f.* [PRODIGVS + -TAS] Prodigality, wastefulness.
nequitia occupat hoc, petulantia ~asque Lucil.257.

prōdigium ~ii, *n.* [dub.; second element variously connected w. *ago* or *aio*]

1 An unnatural event or manifestation portending a disaster, etc., prodigy.
~ium hoc quidemst: humana nos uoce appellant oues Pl.*Bac.*1141; quod mihi portento caelestum pater ~ium misit Acc.*trag.*210; Cic.*Har.*44; *Div.*1.93; portenta atque ~ia nuntiabant Sal.*Cat.*30.2; ~iis acti caelestibus Verg.*A.*6.379; quae..~ia fulminibus alioue quo uisu missa..curarentur Liv.1.20.7; inter alia ~ia et carne pluit 3.10.6; 22.1.8; Luc.1.525; dracones emicuisse de extis laeto ~io traditur Plin.*Nat.*11.197; Stat.*Theb.*11.454; ~ii loco accipiebatur ipsa aquarum penuria Tac.*Hist.*4.26; *Ann.*12.43; Suet.fr.176(p.284Re); Fest.p.138M.

2 a A monstrous event or situation, marvel. **b** a monstrous person, creature, thing, etc., monstrosity; also, a wonder, marvel.
a monstrum ac ~ium uidebatur ciuitatum frumentum improbare, suum probare Cic.*Ver.*3.171; te uero, Catilina, consulatum sperare..non ~ium..est? *Tog.Cand.*fr.15; heu ~ia uentris! Plin.*Nat.*19.54; ~ia animi humani 36.104; ne hoc ~ium toto terrarum orbe uulgetur, uobis satellitibus Ciuilem et Classicum Italiam inuasuros Tac.*Hist.*4.58; (*in hendiadys*) ~ia et mores urbis damnante Canopo Juv.6.84. **b** nulla iam pernicies a monstro illo atque ~io moenibus ipsis intra moenia comparabitur Cic.*Catil.*2.1; tu Cresia mactas ~ia et uastum Nemeae sub rupe leonem Verg.*A.*8.294; ~ium..triplex, armenti diues Hiberi Geryones Ov.*Ep.*9.91; si quam in corporibus nostris..partem permutes et transferas..~ium sit Quint.*Inst.*7.pr.2; ILLVD PALAESTRICVM ~IVM *CIL* 13.1668.2.15;—illa tria Romani nominis ~ia atque miracula, Horatius Mucius Cloelia Flor.*Epit.*1.4(1.10.3); (*w. masc. rel. pron.*) duo importuna ~ia, quos..Cic.*Sest.*38.

prōdigīuus ~a ~um, *a.* [PRODIGO + -IVVS] = PRODIGVVS.
MOERIS IMP CAESAR INMOLAVIT HOSTIAS ~AS ACHIVO RITV *CIL* 6.32323.90; *A.Epig.*32.70.

prōdigō ~igere ~ēgī, *tr.* [PRO- + AGO]

1 To drive forth, drive out.
~igunt (*sc. pigs*) in lutosos limites ac lustra Var.*R.*2.4.8; 3.9.14.

2 To waste, squander, lavish.
ante parta patria peregre ~igunt Naev.*com.*84; festo die si quid ~egeris, profesto egere liceat Pl.*Aul.*380; Pompon.*com.*162; nisi..aliena bene parata ~egerint Sal.*Hist.*1.55.17; ueteres opes..quas multos per annos ~igeret Tac.*Ann.*16.3; quod ingentis..opes in breui spatio ~egisset Suet.*Nero* 30.1; (lasciuia) inmoderatius fundendo patrimonia ~igit facultates Apul.*Pl.*2.4; (*cf.*) qui (*sc.* Philippus) singulos artus suos fortunae ~igendos daret Gel.2.27.5.

prōdigus ~a ~um, *a.* [prec. + -VS]

1 (of persons, etc.) Prodigal, wasteful, extravagant (of material resources, etc.). **b** wasteful (of non-material resources, efforts, etc.). **c** (of gifts, expenditure, etc.) extravagant, wasteful.
~um te fuisse oportet olim in adulescentia Pl.*Am.*1031; ~i, qui..pecunias profundunt Cic.*Off.*2.55; poema qui tam ridiculum tam care ~us emit Hor.*Ep.*2.1.238; toto censu non ~us emit exiguam Cererem Luc.4.95; Apicio diuiti et ~o Tac.*Ann.*4.1; ~a non sentit pereuntem femina censum Juv.6.362; (*poet., of a bee*) Verg.*G.*4.89;—(*w.* in + *abl.*) quod in honoribus decernendis essem nimius et tamquam ~us Cic.*ad Brut.*1.15.3;—(*w. gen.*) peculi sui ~i Pl.*Mos.*875; ~us aeris Hor.*Ars* 164; ~us ~i alieni, contemptores sui Tac.*Ger.*31.5;—(*w. abl.*) ~um largitionibus *Ann.*15.35; (*cf.*) cruribus exilis, spatiosa ~a planta *Mor.*35;—(*masc. as sb.*) ipsum Lentulum, largitorem et ~um Cic.*Catil.*4.10; ~is interdicitur bonorum suorum administratio Gaius *Inst.*1.53; curator furiosi uel ~i Ulp.*dig.*23.3.5.3. **b** (*w. gen.*) arcani..Fides ~a Hor.*Carm.*1.18.16; non accipimus breuem uitam sed facimus, nec inopes eius sed ~i sumus Sen.*Dial.*10.1.4; nocendi ~us Stat.*Theb.*6.767; neque iudicii sui ~us Gel.11.5.4. **c** ex ~a largitione Liv.5.20.2; quae (*sc. ornaments*)..in scyphis cerni ~um erat, haec in uehiculis adteri cultus uocatur Plin.*Nat.*34.163; e margaritis..tam ~a re et feminis reperta 37.15; ~a..dona Stat.*Silv.*2.1.159; ~is epulis et sumptu Tac.*Hist.*2.95; (*cf.*) etiam in potus addunt (*sc. perfume*), tantique est amaritudo, ut odore ~o fruantur ex utraque parte corporis Plin.*Nat.*13.25.

2 (in a good sense) Lavish, unstinting.
~a diuitias alimentaque mitia tellus suggerit Ov.*Met.*15.81;—(*w. gen.*) animae..magnae ~um Paulum Hor.*Carm.*1.12.38; ~a uitae pectora Stat.*Theb.*3.69; ~a gens animae Sil.1.225; (*poet.*) nec multae ~us herbae (locus) Hor.*Ep.*1.7.42.

3 (of conduct, etc.) Unbridled, unrestrained; (masc. as sb.) a licentious person.
isti qui ~is omnes oculis intuentur Quint.*Decl.*292(p.163, l.9); ~a corruptoris improbitas ipsos audet temptare parentes Juv.10.304; quorum lingua tam ~a infrenisque sit, ut fluat semper Gel.1.15.17; (*w.* in + *acc.*) libidines in cibos atque in Venerem ~ae 19.2.3;—infamiae cuius apud ~os nouissima uoluptas est Tac.*Ann.*11.26.

prōdiguus ~a ~um, *a.* [app. PRODIGO + -VVS] (See quot.)
~ae hostiae uocantur, ut ait Veranius, quae consumuntur; unde homines quoque luxuriosi, prodigi Fest.p.250M.

prōdīnunt: see PRODEO.

prōditiō ~ōnis, *f.* [PRODO + -TIO]

1 Treacherous abandonment (of a cause, etc.), betrayal.
custos ille rei publicae ~onis est in crimen uocatus Cic.*Scaur.*1e; *Phil.*12.6; principes ciuitatis..insimulati ~onis ab Romanis..interfecti sunt Caes.*Gal.*7.38.2; Nep.*Them.*8.3; Palamedis..quem falsa sub ~one (*i.e. false charge of treachery*) Pelasgi insontem..demisere neci Verg.*A.*2.83; spem..per ~onem recipiendae Nolae Liv.23.44.3; Ov.*Tr.*1.3.76; Fron.*Str.*1.11.2; praetorianus miles non uirtute se sed ~one uictum fremebat Tac.*Hist.*2.44; id nefas (*i.e. a plot*) ~one discussum est Flor.*Epit.*2.6(3.18.9);—(*w. subj. gen.*) dimicatum est..non magis cum hostibus quam..cum ~one ac perfidia sociorum Liv.1.28.4; uenenum..paratum iussu Neronis uitatumque a Seneca ~one liberti Tac.*Ann.*15.45;—(*w. obj. gen.*) quo e uitio et amicitiarum ~ones et rerum publicarum nasci solent Cic.*Luc.*27; ~onem oppidi Caes.*Civ.*3.21.5; principes..in ~onem urbium suarum coniurati Liv.9.25.4.

2 The right of deferment, extension.
te..diem prodidisse militibus legionis III, cum ~onem non haberent Cato *orat.*242.

prōditor ~ōris, *m.* [PRODO + -TOR] A betrayer, traitor.
nam nihilo magis quadruplatoris quam furis, quam sicarii aut ~oris attulit definitionem *Rhet.Her.*2.41; iste qui initio ~or fuit, deinde perfuga Cic.*S.Rosc.*117; qui ex his secuti non sunt, in desertorum ac ~orum numero ducuntur Caes.*Gal.*6.23.8; Liv.9.26.1; Ov.*Am.*3.12.30; Stat.*Theb.*10.437; ~ores et transfugas arboribus suspendunt Tac.*Ger.*12.1;—(*w. obj. gen.*) hominis desperati et ~oris rei publicae Cic.*Sest.*33; *Mil.*82; Ov.*Ib.*367; suorum ipse flagitiorum ~or Tac.*Ann.*3.50; (*as a term of abuse*) scelestus, Agrigentinus, urbis ~or Pl.*Rud.*50;—(*attrib.*) latentis ~or intimo gratus puellae risus ab angulo Hor.*Carm.*1.9.21; inuectus..in ~orem exercitum militaris disciplinae, desertorem signorum Liv.2.59.9.

prōditrix ~īcis, *f.* [PRODO + -TRIX] A traitress.
orbata ~ix Quint.*Decl.*272(p.113,l.15).

prōdius, *compar. adv.* [PRO¹ + -*ius*] Farther.
primum uenit in urbem atque intra muros, deinde accedit ~ atque intro it domum Var.*Men.*574.

prōdō ~ere ~idī ~itum, *tr.* [PRO- + DO]

1 To thrust forward or out, project.
oriri posse a non sensu sensum..aliquo tamquam partu quo ~itur extra Lucr.2.933; quin extra ~ita corpus (anima)..non omnem possit durare per aeuum 3.603; ne..tellus..feratur in barathrum rerumque sequatur ~ita summa funditus 6.606; dominum..prono ~idit armo Sen.*Oed.*144; (*transf.*) socerum..exterruit ingens ~ita uox V.Fl.5.233.

2 (of a race, country, etc.) To give birth to. **b** to give rise to, produce (conditions, etc.).
parua ~ite patria Acc.*trag.*520; qui..genus alto a sanguine Teucri ~eret Verg.*A.*4.231; hinc (*sc.* Lyra oriente)..quisquis uereoe fauet culpamue perodit ~itur Man.5.415; genere Thracio ~itus Apul.*Met.*4.16; (*cf.*) ius gentium cum ipso genere humano ~itum est Gaius *dig.*41.1.1. **b** fere omnia pericula uenti erupti de nubibus ~unt Sen.*Nat.*5.13.3; cladis..futurae signa per Ausoniam ~entibus irrita diuis Sil.9.2; insaniam..quam uitiosa qualitas corporis ~it Apul.*Pl.*1.18; litora publica..sunt..quae primum a natura ~ita sunt Nerat.*dig.*41.1.14.

3 (of a person with plenary powers) To nominate, create (a magistrate or sim.). **b** to institute (a legal process or sim.).
a patriciis ~i necesse est (interregem) Cic.*Dom.*38; iter..Miloni esse Lanuuium ad flaminem ~endum *Mil.*27; *Leg.*3.10; postremo L. Papirius Mugillanus ~itus interrex Liv.4.43.9; 5.31.8; 22.34.1; placuit maioris potestatis magistratum constitui: itaque dictatores ~iti sunt Pompon.*dig.*1.2.2.18; patricios coire ad ~endum interregnum Liv.4.43.8; post biduum medium quam Clodius occisus erat interrex primus ~itus est M. Aemilius Lepidus Asc.*Mil.*37. **b** actiones, quas in usu ueteres habuerunt, legis actiones appellabantur uel ideo, quod legibus ~itae erant Gaius *Inst.*4.11 uel ex iurisdictione praetoris ~itae sunt (*sc.* exceptiones) 4.118; eas actiones, quae legibus ~itae sunt Pompon.*dig.*19.5.11; Julian *dig.*19.5.3.

4 To extend, prolong (a period); also, to put off, defer.
illi ~it uitam ad miseriam Pl.*Trin.*340; impetrabo ut aliquot saltem nuptiis ~at dies Ter.*An.*313; Fest.p.242M;—te..diem ~idisse militibus legionis III Cato *orat.*242; possisne elabi, an porro ~enda dies sit Lucil.214.

5 To hand down, transmit (tradition, custom, etc.); (esp. w. *memoria, memoriae, ad memoriam*). **b** (w. *exemplum*).
gloriam quae cum summa laude ~ita uetustate cottidie enitescit *Rhet.Her.*4.57; auspicia et ipsi sanctissime coluerunt et nobis suis posteris ~iderunt Cic.*Mil.*83; non accipere modo haec a maioribus..sed etiam posteris ~ere *Sen.*25; *Tusc.*1.100; quae uox in rusticum inde prouerbium ~ita est Liv.23.47.6; (*w. acc. and inf.*) nec sine causa Graeci ~iderunt, 'ut uiuat, quemque etiam dicere' Quint.*Inst.*11.1.30; (*pass.*) ea..quaecumque Acherunte profundo ~ita sunt esse Lucr.3.979;—ius imaginis ad memoriam posteritatemque ~endae Cic.*Ver.*5.36; quae maxime..memoriae ~enda uideantur haec sunt Caes.*Gal.*6.25.5;—(*w. acc. and inf.*) quos memoriae ~itum est ab ipso Hercule..sacra didicisse Cic.*Dom.*134; quos natos in insula ipsi memoria ~itum dicunt Caes.*Gal.*5.12.1; ⟨IANVM⟩ QVIRIN⟨VM QVEM⟩..CVM PR⟨IVS, QVAM⟩ NASCERER..BIS OMNINO CLAVSVM ⟨F⟩VISSE ~ATVR M⟨EMORI⟩AE Aug.*Anc.*2.45; memoriae ~itur Tiberium..Graecis uerbis in hunc modum eloqui solitum Tac.*Ann.*3.65. **b** deprecarer..ne periculosam imitationem exempli reliquis in posterum ~eretis Cic.*Flac.*24; in hoc reo ne quod perniciosum exemplum ~atur pertimescam? 25; ~endi exempli causa Liv.1.11.7; Aesopus nobis hoc exemplum ~idit Phaed.1.3.3; non..adeo uirtutum sterilesaeculum ut non et bona exempla ~iderit Tac.*Hist.*1.3.

6 To publish in writing, record. **b** (of an authority, expert) to put out, assert.
ratio nec ~ita simplex Man.2.722; Col.2.13.4; quae diuersa ~iderint (auctores) sub nominibus ipsorum trademus Tac.*Ann.*13.20;—(*impers. pass.*) ut Homerico carmine ~itum est Mela 2.104; Plin.*Nat.*18.23;—(*w. acc. and inf.*) caput arsisse Seruio Tullio dormienti quae historia non ~idit? Cic.*Div.*1.121; Liv.8.18.2; Cato ~idit luxatis membris carmen auxiliare, M. Varro podagris Plin.*Nat.*28.21; Curtii Rufi, quem gladiatore genitum quidam ~idere Tac.*Ann.*11.21;—(*w.* memoriae) consolationes, quae sunt a sapientissimis uiris usurpatae memoriaeque litteris ~itae Cic.*Fam.*5.16.3; constat..inter omnes, qui de eo memoriae ~iderunt Nep.*Alc.*1.1; immolasse eo die quidam ~idere memoriae consulem Marcellum Liv.27.26.13; Vell.2.4.6; Themison muria dura..hic utendum memoriae ~idit Cels.4.22.4;—(*w.* litteris) illi ipsi summi uiri quorum uirtutes litteris ~itae sunt Cic.*Arch.*15. **b** ea quae scriptores Graeciae ~iderunt Cic.*Tusc.*1.29; solem abesse a luna undeuiginti partes quantam lunam ipsam a terra ~iderunt Plin.*Nat.*2.83; haut multum ora deerit..longitudini ab Agrippa ~itae 4.99; ~ente se auctor est M. Varro 8.194; (*pple. as sb.*) inmodica ~entium discordia 4.98.

7 To give up or abandon (to the power of an enemy, hostile influence, etc.), betray, forsake. **b** (w. dat.) to betray (to); (also w. *ad*). **c** to betray, forsake (obligations, etc.).
non in sperando cupide rem ~ere summam Enn.*Ann.*428; ~idisti te et illam miseram et gnatum Ter.*Ad.*692; cur causam populi Romani deseruisti ac ~idisti..? Cic.*Ver.*1.84; *Phil.*13.16; T. Puleione, cuius opera ~itum exercitum C. Antoni demonstrauimus Caes.*Civ.*3.67.5; orare coepit, ne enuntiaret neu se..~eret Nep.*Paus.*4.6; unius ob iram ~imur Verg.*A.*1.252; Hannibalem post paulo audistis castra ~i et arma tradi iubentem Liv.22.60.16; ~ita..sunt uiginti oppida, sex ui capta 26.40.14; uulnere tardus equi fessusque senilibus annis, ~itus a socio est Ov.*Met.*13.67; accensis indicibus ad ~endum Faenium Rufum Tac.*Ann.*15.66; (*poet.*) conamen utrimque alarum ~itur omne Lucr.6.835;—(*w. abst. subj.*) nulla tuos currus fuga segnis equorum ~idit Verg.*A.*10.593; hic somno ~itus, ille dolo Ov.*Ep.*1.40; uiduus teli et frustrato ~itus ictu Sil.2.247;—(*absol. or ellipt.*) an non alemus, Pamphile? ~emus quaeso potius? Ter.*Hec.*672; Tac.*Ann.*14.44; equitis..quem ~entibus seruis necem Claudio parare compererat Suet.*Otho* 1.3. **b** Vlixem ut praedicant cognitum ab Helena esse ~itum Hecubae Pl.*Bac.*963; quod classem praedonibus ~idissent Cic.*Ver.*5.106; desilite..milites, nisi uultis aquilam hostibus ~ere Caes.*Gal.*4.25.3; hosti ~idere rem publicam Sal.*Jug.*31.18; ~i Romano Syracusas Liv.24.27.7; hostibus arcem uirgo..adamato ~idit auro Tarpeia Sil.13.842; Vitellium Vespasiano ~idere Tac.*Hist.*3.86;—(*in fig. phr.*) urbem philosophiae mihi crede ~itis dum castella defenditis Cic.*Div.*2.37;—ad mortem si te..~iderim Verg.*A.*12.42. **c** omnem cruciatum perferre..potius quam aut officium ~at aut fidem Cic.*Luc.*23; saepe antehac fidem ~iderat Sal.*Cat.*25.4; coniugium antiquum, quod ~idit Verg.*A.*4.431; Prop.2.7.10; ~itam a patribus plebs libertatem rata Liv.3.38.13; ~i..uidetur depositum tam grande deae Stat.*Ach.*1.913.

8 To reveal the existence, character, etc., of, uncover, betray. **b** (w. dat.) to reveal (to).
Var.*L.*9.37; iam enim charta ipsa ne nos ~at pertimesco Cic.*Att.*2.20.3; quae grauis est (arista) ipso tacitam se pondere ~it Verg.*G.*2.254; gaudia ~entem uultum celare Hor.*S.*2.5.104; dissonus, impar (clamor),..~idit pauorem animorum Liv.4.37.9; heu! quam difficile est crimen non ~ere uultu! Ov.*Met.*2.446; Syriam ~unt torti per tempora crines Man.4.722; ~itur uultu furor Sen.*Phaed.*363; Luc.5.176; sed ~ite tandem, unde orti, quo fertis iter, quae iurgia? Stat.*Theb.*1.443; Tac.*Hist.*1.17; ~ere malunt arcanum Juv.9.115. **b** magistratus quae uisa sunt occultant, quaeque esse ex usu iudicauerunt multitudini ~unt Caes.*Gal.*6.20.3; ut Q. Curius..consilia Catilinae sibi ~eret Sal.*Cat.*26.3; murmura uenturos nautis ~entia uentos Verg.*A.*10.99; Romanos iniquitas locorum barbaris..~ebat Liv.38.40.12; hanc ut fama loci Pompeio ~idit Luc.6.570; ~itum id Othonianis ducibus Tac.*Hist.*2.24.

prōdoceō ~ēre, *tr.* [PRO- + DOCEO] To teach by dictation.
haec Ianus summus ab imo ~et, haec recinunt iuuenes dictata senesque Hor.*Ep.*1.1.55.

prōdormiō ~īre ~iuī or ~iī, *intr.* [PRO- + DORMIO] To prolong one's sleep, sleep late.
siue ~ias siue peruigiles FRO.*Aur.*1.p.98(13N); 1.p.210 (82N); aliquantulum ~iui AUR.*Fro.*1.p.180(69N).

prodromus ~ī, *m.* [Gk. πρόδρομος]

1 One who goes in advance, forerunner, precursor.
Pompeiani ~i nuntiant..Pompeium acturum CIC.*Att.* 1.12.1; (*attrib.*, *cf. sense 2*) etesiarum..~i flatus incipiunt PLIN.*Nat.*18.270.

2 The northerly (or NNE.) winds which precede the Etesian winds.
~i nulli CIC.*Att.*16.6.1; ~i flare incipiunt COL.11.2.51; huius (*sc.* caniculae) exortus..aquilones antecedunt, quos ~os appellant PLIN.*Nat.*2.123; GEL.2.22.25; APUL.*Mun.*14.

3 The name of a kind of early-ripe fig.
ficus..praecoces..quos Athenis ~os uocant PLIN.*Nat.* 16.113.

prōdūcō ~cere ~xī ~ctum, *tr.* [PRO- + DVCO] FORMS: *produxe* (= ~*xisse*) TER.*Ad.*561; imper. ~*c* APUL.*Met.*1.23.

1 To bring forth, lead out, produce (a person or animal). **b** (for var. spec. purposes). **c** (mil.) to lead forth (an army).
nisi nobis ~cuntur iam atque emittuntur foras PL.*Bac.* 1147; quin tu huc ~cis fidicinam Acropolistidem? *Epid.*479; Epicure noster ex hara ~cte CIC.*Pis.*37; captiuos..~ctos ostentationis..causa CAES.*Civ.*3.71.4; homo..nudus inermisque ~citur satisque spectaculi ex homine hominis mors est SEN.*Ep.*95.33; cum ~centur iuuenci COL.6.2.2; TAC.*Hist.* 4.46;—(*w.* ad) ~cunt me ad te LUCIL.1009; CAES.*Civ.*1.23.1; —(*w.* ante) quos ante aedis iussi huc ~ci foras PL.*Capt.*252; pueros ante urbem lusus..causa ~cere LIV.5.27.2;—(*w.* in + *acc.*) Domitium ~ctum in publicum circumsistunt CAES.*Civ.*1.20.5; ~ctae..in conspectum..coniuges LIV. 27.17.16;—(*w.* ex) gubernatoribus..qui..ex onerariis nauibus erant ~cti CAES.*Civ.*1.58.3; LIV.23.3.7;—(*w. abl.*) me.. ~cunt..latrones stabulo APUL.*Met.*4.4. **b** (*for sale*) seruos..omnis ~xi ac uendidi TER.*Hau.*144; *Eu.*134;—(*for surrender*) iumenta ~ci, sescentos obsides dari iubet CAES. *Gal.*7.11.2; 7.89.4; *Civ.*2.39.5;—(*for execution*) ~ci ad supplicium necesse est CIC.*Ver.*5.10; alios alio tempore ~cere 5.71; ad necem ~cere 5.157; ~cti omnes uirgisque caesi ac securi percussi LIV.26.15.8. **c** Amphitruo castris ilico ~cit omnem exercitum PL.*Am.*217; in aciem suas copias de uico ~xit GALBA *Fam.*10.30.3; equitum decem milia ~xit NEP.*Milt.*5.4; ~ctis classibus VELL.2.85.1; (*fig.*) exspectabam, ut..aliud nobis agmen ~ceret TAC.*Dial.*26.7.

2 To bring before a public meeting. **b** to bring (witnesses, etc.) into court. **c** to bring on to the stage, present.
eum..~ci iussit populoque commendauit ASEL.*hist.*7; ~ctus ad populum CIC.*Vat.*40; ~cti in circo Flaminio in contionem *Sest.*33; Vettium in rostra ~xit *Att.*2.24.3; ~cit seruos..hi..milites se esse legionarios dicunt CAES.*Gal.* 7.20.9; consules ~cti ad populum LIV.3.64.7; TAC.*Dial.* 36.7; (*cf.*) ne nobilibus quidem adulescentibus locus erat nisi aliquo consulari ~cente (*i.e. into the centumviral court*) PLIN.*Ep.*2.14.3. **b** unus mihi testis est ~cendus CIC. *Q.Rosc.*42; me populariter agere..quod puerum ~cerem, clamitauit *Ver.*1.151; habeo ex iis qui adfuerunt quos ~cam 2.175; Verginius..testis ~ctus LIV.2.52.8; ~cere ipsos qui periclitentur squalidos atque deformes QUINT.*Inst.*6.1.30; JUV.7.146. **c** nihil ab hoc prauum et peruersum ~ci posse arbitrabantur CIC.*Q.Rosc.*30; obscenitatis in scaenam usque ~ctae SEN.*Nat.*1.16.1; qui se praetori in hortis ostenderat neque erat ~ctus QUINT.*Inst.*3.6.18.

3 To bring (things) forward or into view, advance, draw out. **b** (applied to birth). **c** to cause (a constellation) to rise. **d** (med.) to elicit the growth of.
~cit acu stuppas *Mor.*11; ⟨ut⟩..denticulus..unum denticulum tympani..~cat VITR.10.9.4; incipit ardentes Phoebus ~cere flammas MONT.*poet.*1.1; scamnum ~cere lecto OV. *Ars* 2.211; continet uocem timor, quam nunc fides..~xit [SEN.]*Oct.*737;—(*w.* ex) ex naualibus ~ctas nauis refecerant CAES.*Civ.*2.4.1;—(*fig.*) doctrinam ex umbraculis..non modo in solem..sed in ipsum discrimen aciemque ~xit CIC.*Leg.* 3.14; occulta ad patres ~xit crimina seruus JUV.8.266. **b** donec mensibus actis (luna) ~xit (partus) in lucem VAR. *L.*5.69; diua, ~cas subolem HOR.*Saec.*17; ULP.*dig.*37.9.1.15; (*cf.*) o pater..tu ~xisti nos intra luminis oras ENN.*Ann.*114. **c** si cui per summas auidus ~xerit undas ora Leo MAN.4.535; Haedus..fratrum uestigia quaerit postque gregem longo ~citur interuallo 5.313; (*refl.*) Arquitenens cum se totum ~xerit undis 5.364. **d** ubi..ulcus..puru⟨m⟩ erit, carnem conueniet CELS.7.3.3; 8.4.11; 8.10.7.K.

4 To bring up, rear (children); (poet.) to bring (plants) to maturity.
audientem dicto, mater, ~xisti filiam PL.*As.*544; ego is sum qui te ~xi pater *Rud.*1173; TER.*Ad.*314; ducunt uxores, ~cunt..liberos LUCIL.679; Cicerone nostro minore ~cendo CIC.*Q.fr.*2.12.2; sic Corneliam Gracchorum, sic Aureliam Caesaris, sic Atiam Augusti..praefuisse educationibus ac ~xisse principes liberos accepimus TAC.*Dial.* 28.6; utile..filiolam turpi uetulae ~cere turpem JUV.6.241; 8.271; QVEM VICE FILI EDVCAVIT ET STVDIS LIBERALIBVS ~XIT *CIL* 12.2039;—(*of other creatures*) maiores nidos fingunt (crabrones), in quibus matres futuras ~cant PLIN. *Nat.*11.74;—te..quicumque sacrilega manu ~xit, arbos HOR.*Carm.*2.13.3; tempus et in canas semen ~cit aristas OV.*Tr.*4.6.11.

5 To bring into existence, bring forth, produce; (transf.) to bring into use, invent.
inde Venus uaria ~cit sorte figuras LUCR.4.1223; qualia nunc hominum ~cit corpora tellus VERG.*A.*12.900;—(uocabula) noua, quae genitor ~xerit usus HOR.*Ep.*2.2.119; *Ars* 59; accipe..dira quod exemplum feritas ~xerit JUV. 15.32.

6 To lead on or further, to cause (a thing) to proceed further. **b** to accompany onwards, escort. **c** to conduct (a corpse or funeral procession to the grave).
elicuit nauis..atque ex his longius ~ctam unam quinqueremem..cepit CAES.*Civ.*3.100.2; cum..fuga uehementi Volusenum ~xisset longius HIRT.*Gal.*8.48.3; is (bos) et procurrentem (bouem) retrahit et cunctantem ~cit COL.6.2.9; qui longius (iumentum) ~xerat GEL.6(7).15.1;—si..uis uenti longius ignem ~xit PAUL.*dig.*9.2.30.3. **b** non tu eum rus hinc modo ~xe aibas? TER.*Ad.*561; hospitem meum ~c ad proximas balneas APUL.*Met.*1.23; (*poet.*) una soror ~cere tristis exsulis ausa uias STAT.*Theb.*2.313; (*cf.*) Galbam..ad Centumcellas ~ces (*i.e. you will bring Galba's speeches with you*) FRO.*Aur.*1.p.172(57N). **c** nec te, tua funera, mater ~xi VERG.*A.*9.487; longum ~cere funus ad tumulos iubet ipse dolor LUC.2.298; non tumulo, non igne miser lacrimisque meorum ~ctus STAT.*Theb.*8.115; *Silv.* 2.1.21; uiuum ~citur funus APUL.*Met.*4.34.

7 (transf.) To lead on, entice, induce, bring.
nisi me lactasses amantem et falsa spe ~ceres? TER.*An.* 648; quos diuitiae ~cunt LUCIL.523; condicionibus hunc quoad potest ~cit CIC.*Quinct.*30; quadam notitia Septimi ~ctus CAES.*Civ.*3.104.3; longius me fabellarum dulcedo ~xit SEN.*Suas.*1.7;—(*w.* ad) quae existimatio P. Quinctium usque ad senectutem ~xit CIC.*Quinct.*99; ignes suscitat.. et ad flammas anima ~cit anili OV.*Met.*8.643; istae praefationes..nos ad lectionem..materiae ~cunt GAIUS *dig.* 1.2.1;—(*w.* quo) en quo discordia ciuis ~xit miseros VERG. *Ecl.*1.72;—(*w.* ut) ~cti sumus ut de orationis partibus loqueremur *Rhet.Her.*1.4; SEN.*Dial.*11.8.3.

8 To advance in rank or status, promote.
quem tu..non pro illius dignitate ~ceres CIC.*Dom.*21; quin per eosdem articulos et gradus ~cendus sit AUG.in Suet.*Cl.*4.1; quae (beneficia) non ~cunt nec honestiorem faciunt SEN.*Ben.*2.9.2;—(*w.* ad) nemo dicit..regem ipsum quasi ~ctum esse ad dignitatem CIC.*Fin.*3.52;—(*w. defining abl.*) omni genere honoris ~cere eum LIV.40.56.7; COTTANVM..~XIT..HONORE TRIBVNI *CIL* 14.2298.

9 To lengthen (outwards or forwards), extend, draw out.
~cta longius acie circumuenire nostros CAES.*Civ.*1.58.1; paulum ~cto cornu LIV.37.40.7; dentibus antiquas..~cere pelles MART.9.73.1; supercilium madida fuligine tinctum obliqua ~cit acu JUV.2.94; ferrum..incude nefanda ~xisse 15.165; ULP.*dig.*43.19.3.15; (*topog.*) hinc latus..Hesperiae tenuem ~cit in aequora linguam LUC.2.614;—(*in training a vine*) ut rectam uitem ~cat in iugum COL.4.13.1.

10 To extend in time, draw out, prolong. **b** to stretch out, draw out (time, in some activity).
neque erat, qui uitam ~ceremus *Rhet.Her.*4.34; sermonem ~xi longius CIC.*Brut.*251; (dolores) longinquitate ~cti *Tusc.*5.117; rem in hiemem ~cere CAES.*Gal.*4.30.2; abnegat excisa uitam ~cere Troia VERG.*A.*2.637; iucunde cenam ~cimus HOR.*S.*1.5.70; LIV.33.48.6; nec..usque in meridiem aura ~citur SEN.*Nat.*5.8.3; non tulit..animam ~cere LUC. 4.796; ~ximus arma (*i.e. war*) SIL.2.305; eo usque spem uitae ~xerat TAC.*Ann.*12.8;—(*cf.*) uitam..Naeui ~cit longius (*i.e. attributes a longer life to N.*) CIC.*Brut.*60; te (*sc.* testam) Liber..uiuaeque ~cent (*i.e. make last*) lucernae HOR.*Carm.*3.21.23; ~ctus (*i.e. had his life prolonged*)..a me pater noster QUINT.*Decl.*268(p.97,l.14). **b** cyathos sorbilans paullatim hunc ~cam diem TER.*Ad.*591; nudus et hibernae ~cis frigora brumae TIB.1.4.5; hora..non ulli similis ~citur horae MAN.3.532; nimio..noctem ~cere uino MART.2.89.1; (*poet.*) uario ~cunt sidera ludo STAT.*Theb.* 8.219.

11 (gram.) **a** To pronounce as long, lengthen (a vowel or syllable). **b** to lengthen (a word) by the addition of a suffix.
a 'ruta caesa' ita dicimus, ut u ~camus VAR.*L.*9.104; paean..a breuibus deinceps tribus, extrema ~cta atque longa, sicut..'domuerant, sonipedes' CIC.*de Orat.*3.183; SEN. *Nat.*2.56.2; siue cum syllaba correpta ~citur..seu longa corripitur QUINT.*Inst.*1.5.18; SUET.*Nero* 33.1; GEL.2.17.3. **b** in insula, quam..~cto nomine alitis (*sc.* gallinae) Gallinariam uocitauerunt COL.8.2.2; alia mille per huiuscemodi formam ~cta GEL.7(6).12.3.

12 To extend the scope or meaning of (a term, rule, etc.).
non ualde ~ctis eis, quae similitudinis causa ex aliis rebus transferuntur CIC.*de Orat.*3.49; loci puri appellatio et ad aedificium ~cenda est ULP.*dig.*11.7.8.3; num haec regula longius ~cenda sit PAUL.*dig.*41.2.1.16.

prōducta ~ōrum, *n. pl.* [pple. of prec.] (in Stoic phil., as a category of ἀδιαφορά) Things which, while falling short of absolute goodness, rise above the level of indifference (= Gk. προηγμένα).
ea, quae secundum locum optinent, προηγμένα, id est ~a, nominentur CIC.*Fin.*3.52; *Tusc.*5.47; SEN.*Ep.*74.17.

prōductē, *adv. compar.* ~ius. [PRODVCTVS + -E] Over a long period of time, protractedly; with a long pronunciation.
~e prodigum esse amatorem addecet PL.fr.94; ~ius.. coeuntibus labellis MAUR.144;—quibus in uerbis..~e dicitur, in ceteris omnibus breuiter CIC.*Orat.*159; syllaba ~ius latiusque paulo pronuntiata GEL.4.17.8; 6(7).10.1; SUET.fr.176(p.277Re).

prōductiō ~ōnis, *f.* [PRODVCO + -TIO]

1 An extension, lengthening (of time).
oportunitas..non fit maior ~one temporis CIC.*Fin.*3.45.

2 (gram.) **a** The lengthening of a syllable in pronunciation. **b** the lengthening of a word by the addition of a suffix.
a syllabarum ~one VAR.*L.*5.6; *Rhet.Her.*4.29; ut aut contractione breuius fieret aut ~one longius CIC.*de Orat.* 3.196; QUINT.*Inst.*7.9.13; GEL.2.17.9; ~o longis daret ut tempora bina, correptio plus tempore non ualeret uno MAUR.125. **b** nihil putat esse notandum nisi post, et liminium illud ~onem esse uerbi uult CIC.*Top.*36; GEL. 11.15.6.

3 (pl.) = PRODVCTA.
~ones..et relationes..quae προηγμένα et ἀποπροηγμένα ipsi uocant GEL.12.5.7.

prōductō ~āre, *tr.* [PRODVCO + -TO] To prolong.
ut huic malo aliquam ~em moram TER.*An.*615.

prōductus ~a ~um, *a. compar.* ~ior, *superl.* ~issimus. [pf. pple. of PRODVCO] In senses of vb., esp.:

1 Extended in space, protruding; elongated, drawn out.
ultimum et ~issimum flagellum (uitis) COL.3.10.1; haemorrhoidas ~as LARG.230;—status eius (*sc.* canis) longior ~iorque COL.7.12.9; ~iore cornu sinistro TAC.*Ann.*13.40.

2 Extended in time, long drawn out, lengthy; (in pronunciation) long.
exitus..spissi et ~i esse debent CIC.*de Orat.*2.213; ~iora alia et quasi immoderatius excurrentia *Orat.*178; *Tusc.*3.38; neu sit quinto ~ior actu fabula HOR.*Ars* 189; nox alias contractior, alias ~ior SEN.*Ep.*12.7;—indoctus dicimus breui prima littera, insanus ~a CIC.*Orat.*159; GEL.12.3.4.

prōduit: (see quot.).
~, porro dederit, ut est in lege censoria 'porticum sartam tectamque habeto, prodito'; alias prodiderit FEST.p.229M.

proēgmena ~ōrum, *n. pl.* [Gk. προηγμένα] = PRODVCTA.
ne hoc ephippiis..potius quam ~is et apoproegmenis concedatur CIC.*Fin.*3.15.

proeliāris ~is ~e, *a.* [PROELIVM + -ARIS] Of or belonging to battles.
leno minitatur mihi, meaeque pugnae ~es plurumae optritae iacent? PL.*Cur.*573; ~is acies APUL.*Met.*3.6; 8.16; ~is deae 10.31; ~es dies appellabantur, quibus fas est hostem bello lacessere PAUL.*Fest.*p.226M.

proeliātor ~ōris, *m.* [PROELIOR + -TOR] One who fights in battles, fighter, warrior.
~orum excellentem fortitudinem V.MAX.3.2.24; pluris.. bonos ~ores bella quam pax ferunt TAC.*Dial.*37.7; *Ann.* 2.73; (*attrib.*) miles ~or APUL.*Fl.*16.

proelior ~ārī ~ātus, *intr.* Also **~ō** ~āre. [next + -o³]

1 To engage in battle, fight.
~ari sub uitem procul LUCIL.960; paratissimos milites ad ~andum CIC.*Phil.*4.11; *Div.*1.53; ex equis desiliunt ac pedibus ~antur CAES.*Gal.*4.2.3; *Civ.*2.42.4; ad regem ~antium clamor peruenerat CURT.4.6.14; TAC.*Hist.*4.23; (*in fig. phr.*) nec fortibus modo, sed etiam fulgentibus armis ~atur (orator) QUINT.*Inst.*8.3.2;—(*of animals, etc.*) cum alteris..~antur (apes) COL.9.9.5; canes cc..~ati contra resistentes PLIN.*Nat.*8.142;—(*in an erotic context*) tecum fortiter et ex animo ~abor APUL.*Met.*2.10; 2.17. **β** interea mortales inter sese pugnant ~ant ENN.*scen.*5.

2 (transf.) To contend, strive.
quaeris..quid acciderit de iudicio..et..uis scire quo modo ego minus quam soleam ~atus sim CIC.*Att.*1.16.1; ~atus est cum rerum natura V.MAX.8.7.ext.1; sic oratio, quae astu caret, pondere modo et impulsu ~atur QUINT.*Inst.*9.1.20.

proelium ~(i)ī, *n.* [dub.] FORMS: in old editions often written *praelium*. N.B.: pl. regularly used in sg. sense in verse, *metri gratia*.

1 An armed encounter between opposing forces, a battle. **b** (as the object of various vbs., of which only a selection is given, in exprs. relating to the conduct of a battle); esp. ~*ium facere*, to fight a battle; ~*ium committere*, to join battle. **c** (poet.) *sua* ~*ia*, one's support or intervention in a battle.
conuenit, uicti utri sint eo ~io, urbem..dederent PL.*Am.* 225; CATO *orat.*37; semper incerti exitus ~iorum sunt CIC. *Fam.*6.4.1; Labienus..monte occupato nostros exspectabat ~ioque abstinebat CAES.*Gal.*1.22.3; si ancipiti ~io dimicaretur *Civ.*3.63.2; equestribus ~iis inter se cotidie dimicabant *B.Afr.*61.8; classis ab utrisque in ~ium deducitur NEP.*Han.*11.1; Aeneas Turnusque ruunt per ~ia VERG.*A.* 12.526; per biduum lacessiere ~io hostem LIV.10.27.7; cladem..~io nauali acceptam 22.54.11; decem et VII Aelia tum familia..uiros Cannensi ~io amisit V.MAX.5.6.4; ultima funesta concurrant ~ia Munda LUC.1.40; cum..frequentibus ~iis utrique comminuerentur FLOR.*Epit.*1.1 (1.3.3); (*cf.*, *applied to an assault on a town*) prima..in aduersos frustratus ~ia muros constiterat V.FL.5.274;—(*hyperb.*) decenni ~io (*i.e. the Trojan War*) PETR.89,1.8;—(*poet.*, *w. ref. to the warriors who sprang from the dragon's teeth*) Colchis..armigera ~ia seuit humo PROP.3.11.10; STAT.*Theb.*1.8; (*cf. sense 3b*) nos conuiuia, nos ~ia uirginum sectis in iuuenes unguibus acrium cantamus HOR. *Carm.*1.6.17;—(*in fig. phr.*) sunt crepundia..—ecca uideo. —perii in primo ~io PL.*Rud.*1154;—(*transf.*, *w. ref. to a board-game*) non stulte latronum ~ia ludat OV.*Ars* 3.357. **b** ut nostri..~ium redintegrarent CAES.*Gal.*2.27.1; iam inter media peditum agmina ~ium cientes LIV.10.28.8; ~ium atrocius quam pro numero pugnantium editur 21.29.2; illic quaeque suo miscet gens ~ia telo LUC.7.510; Othoniani, quamquam..fessi, ~ium tamen acriter sumpsere TAC.*Hist.*2.42;—praedicauit aduersa Caesarem ~ia fecisse CAES.*Civ.*2.18.3; 3.105.3; ~io apud Salamina facto NEP. *Them.*9.3; LIV.39.56.1; TAC.*Hist.*4.79;—sonu signorum

~ium magno cum clamore uirorum commissum est SIS. *hist.*26; quod pridie superioribus locis occupatis ~ium non commisissent CAES.*Gal.*1.23.3; LIV.10.41.1; V.MAX.3.7. ext.6. **c** ratus iam..sua posci ~ia, falcatos infert Ariasmenus axes V.FL.6.387; iurauit..Tyrio sua ~ia Marti SIL.11.24.

2 A hostile encounter between individuals, a contest of strength, fight (formal or not). **b** (of animals). **c** (of natural forces).

(Aeneas) dixit..et ~ia (*i.e. a boxing-match*) uoce diremit VERG.*A.*5.467; rusticus haec aliquis tam turpia ~ia quaerat PROP.2.5.25; nec..mulcent te ~ia Circi STAT.*Silv.*3.5.15; si diuersa mouebit ~ia (*sc. a woman gladiator*) JUV.6.257;—(*in fig. phr.*) medicum..notae perfidiae, qui iam multarum palmarum spectatus ~iis magna dexterae suae tropaea numerabat APUL.*Met.*10.25. **b** cui (*sc.* haedo) frons turgida cornibus primis et uenerem et ~ia destinat HOR. *Carm.*3.13.5; miratur (*sc. Europa*)..quod (taurus) tam formosus, quod ~ia nulla minetur OV.*Met.*2.859; poscunt timidi ~ia cerui SEN.*Phaed.*342; MART.6.38.8. **c** omnia uentorum concurrere ~ia uidi, quae..segetem ab radicibus imis..eruerent VERG.*G.*1.318; *A.*10.357; (sinus, *i.e. the hollows under Etna*) dare tempora, rursus ut..uires repetant ..in ~ia uicti *Aetna* 369; cum saeua fretis immisit ~ia Caurus SIL.15.154; APUL.*Mun.*22.

3 (applied, sts. with conscious metaphor, to various activities comparable to a battle): **a** (eating, drinking, etc.). **b** (in erotic contexts).

a hodie apparari iussi apud te ~ium..in eo uterque ~io potabimus PL.*Mem.*185; quid cessamus ~ium committere? dum mane est, omnis esse (*i.e. to eat*) mortalis decet *Per.* 112; sutilibus Liber committit ~ia thyrsis *Priap.*20.3; nec post primum legat haec..trientem, sed sua cum medius ~ia Bacchus amat MART.4.82.6; maribus..incognita ueris foeda Celaenaea committere ~ia buxo STAT.*Theb.*2.666. **b** saucius factus sum in Veneris ~io: sagitta Cupido cor meum transfixit PL.*Per.*24; angusto uersantis ~ia lecto PROP.2.1.45; MART.10.38.6; maritus..prius Veneris ~iis uelitatus APUL.*Met.*5.21.

4 (transf.) A battle, conflict (in words or actions), dispute, etc.

scribis ~ia te mea causa sustinere CIC.*Fam.*9.11.2; Heraclitus init quorum dux ~ia primus LUCR.1.638; non bene, si tollas ~ia, durat amor OV.*Am.*1.8.96; lites et amarae ~ia linguae *Ars* 2.151; te ab auditoriis et theatris in forum et ad causas et ad uera ~ia uoco TAC.*Dial.*10.5; ~ia quanta illic (*i.e. at the gambling-table*) dispensatore uidebis armigero! JUV.1.91.

Proetides ~um, *f. pl.* The daughters of Proetus, who were driven mad by Hera and imagined they were cows.

~es implerunt falsis mugitibus agros VERG.*Ecl.*6.48; OV. *Met.*15.326; SEN.*Oed.*486; PLIN.*Nat.*25.47.

Proetus ~ī, *m.* A king of Argos, the brother of Acrisius.

quod..Melampus sacrificiis purgauisset rabiem ~i filiarum VITR.8.3.21; OV.*Met.*5.238; STAT.*Theb.*4.589; HYG. *Fab.*57.1.

profānō ~āre ~āuī ~ātum, *tr.* [next+-o³]

1 To offer (in front of a temple, shrine, etc.).

ubi daps ~ata comestaque erit CATO *Agr.*50.2; 132.2; quod ~aui modo, si tris mensae sint in aede, ut pariter eis dispertiam NOV.*com.*14; VAR.*L.*6.54; bene re gesta decimam Herculi ~auit SAB.in Macr.3.6.11; PRAESTET QVOTANNIS NVMMOS.., EX QVIBVS EDVLIA ⟨QVISQVE SIBI⟩ PARET.. QVOD ~ETVR INFRA ANTE CEL⟨L⟩AM *CIL* 13.5708.2.10; FEST. p.237M; FRO.*Aur.*2.p.10(226N).

2 To deprive of religious status, deconsecrate.

plebes..sciuit, ut..dies festi, sacra, sacerdotes, quae ipsius..honoris causa instituta essent, omnia ~arentur LIV.31.44.4.

3 To violate the sanctity of, desecrate, profane (something holy); (often transf.).

cum..seruorum dux ~atis omnibus in cella Iouis optimi maximi habitaret LIV.3.19.7; omne sacrum mors inportuna ~at OV.*Am.*3.9.19; Minyeia proles..spernit..deum festumque ~at *Met.*4.390; PETR.89,l.52; (*in fig. phr.*) studiorum.. sacra ~antem Vatinii potentiam fregi TAC.*Dial.*11.2;—(*transf.*) (feminae) summa quaeque amicula exuunt paulatimque pudorem ~ant CURT.5.1.38; anne ~atum totiens Chaos hospite uiuo perpetiar? STAT.*Theb.*8.52; Pietas, cuius ..rara ~atas inspectant numina terras *Silv.*3.3.2; ubi quis pudenda queritur, ut stuprum..in maribus aut os ~atum QUINT.*Inst.*11.1.84; hoc nomen (*i.e. that of mother*) ~ari nefas est [QUINT.]*Decl.*6.10; infantem..si texeris nostra secreta silentio, diuinum, si ~aueris, mortalem APUL.*Met.* 5.11.

profānus ~a ~um, *a.* [PRO+FANVM+-VS, cf. VAR.*L.*6.54]

1 Not dedicated to religious use, profane, secular, etc. **b** (in contexts concerning deconsecration).

muscast meus pater, nil potest clam illum haberi, nec sacrum nec tam ~um quicquamst, quin ibi ilico adsit PL. *Mer.*362; (loci) consecrati an ~i CIC.*Part.*36; cum Thespiadas, quae ad aedem Felicitatis sunt, ceteraque ~a ex illo oppido signa tolleret *Ver.*4.4; ~um est, quod fani religione non tenetur FEST.p.253M; delubra spoliare, sacra ~aque omnia polluere SAL.*Cat.*11.6; colui uestros..honores, quos contra Aeneadae bello fecere ~os VERG.*A.*12.779; dedite..~os nos, quos salua religione potestis; dedetis deinde et istos sacrosanctos cum primum magistratu abierint LIV.9.9.1; CURT.10.1.3; in ~is usibus pollui laurum..fas non est PLIN. *Nat.*15.135; tegmina corpori derepta iniciunt, quanto magis ~a et usu polluta tanto magis oppressura ignis TAC. *Ann.*13.57; cum ~a ea loca fuissent, templa esse per augures constituta GEL.14.7.7;—(*neut. as sb.*) sit spes fallendi, miscebis sacra ~is HOR.*Ep.*1.16.54; omnia in ~o deseri placet sacra..? LIV.5.52.7; illa ~orum sacrorumque direptio QUINT.*Inst.*8.3.69. **b** loca sacra et religiosa ~a haberi *formula* in Cic.*Har.*9; SEI QVOD AD EAM AEDEM DONVM DATVM..ERIT, VTEI LICEAT OETI VENVM DARE; VBEI VENVM DATVM ERIT, ID ~VM ESTO *CIL* 1.756.9; TREB. *iur.*1; si id (*sc. a sacrificial beast*) moritur quod fieri oportebit, ~um esto, neque scelus esto *formula* in LIV.22.10.5.

2 (of a person, etc.) Not initiated in some rite; (also transf.).

orgia, quae frustra cupiunt audire ~i CATUL.64.260; 'procul..este, ~i' conclamat uates, 'totoque absistite luco' VERG.*A.*6.258; Cereris ritus..uulgare ~is OV.*Ars* 2.601; SIL.17.28; solis ara deae maribus patet. 'ite ~ae' clamatur JUV.2.89; populi tam religiosi quam ~i APUL.*Met.*11.16;—odi ~um uulgus et arceo HOR.*Carm.*3.1.1; in philosophia arcana illa admissis receptisque in sacra ostenduntur; at praecepta et alia huiusmodi ~is quoque nota sunt SEN.*Ep.* 95.64; conspectui ~o redditus (*sc. an adulterer*) scaenam propudiosae mulieris patefecit APUL.*Met.*9.27; ~a philosophiae turba inportunior *Soc.*3.

3 Ceremonially unclean, polluted.

ingemuit regina Erebi testemque ~am fecit auem OV. *Met.*5.543; ~us..bubo 6.431; Megaera ieiunum Phlegyan.. dapibus..~is instimulat, sed mixta famem fastidia uincunt STAT.*Theb.*1.714; alimenta deerant, absumptis iumentis.. et ceteris animalibus, quae ~a foedaque in usum necessitas uertit TAC.*Hist.*4.60; lana, segnissimi corporis excrementum ..Orphei et Pythagorae scitis ~us uestitus est APUL.*Apol.* 56.

4 Contemptuous of sacred things, impious, sacrilegious, or sim.

oculis illum (*i.e. Pentheus*) cernentem sacra ~is OV.*Met.* 3.710; templa ~us inuia..faciebat Delphica Phorbas 11.413; lapsa..sunt nimio uerba ~a mero *Tr.*3.5.48; rupes ..sacra, quam ~um sit attrectari hominis manu PLIN.*Nat.* 2.115; fraternas acies alternaque regna ~is decertata odiis STAT.*Theb.*1.1; an in pugnas alium iubet ire ~us Tiresias..? 11.288; ~os ritus (*i.e. of the Jews and Egyptians*) TAC.*Ann.* 2.85; peruulgatum esse incestum gloriante matre, nec toleraturos milites ~i principis imperium 14.2; proprium est ~ae libidinis nescire quo cadat CALP.*Decl.*2;—(*neut. as sb.*) ciuilium bellorum ~o meritum coepit uideri ciuem non occidere PLIN.*Nat.*16.7;—(*transf.*) quidquid homo est (*i.e. the mysteries of the human body*), aperit pestis (*i.e. a snake*) natura ~a LUC.9.779.

profātum ~ī, *n.* [pple. of PROFOR] (log.) An axiom.

περὶ ἀξιωμάτων discendum, quae M. Varro alias ~a alias proloquia appellat GEL.16.8.2.

profātus ~ūs, *m.* [PROFOR+-TVS³] Utterance, enunciation.

quid nunc ~u uocis incerto sonas? SEN.*Apoc.*7.2,l.4; effreno nimbos aequare ~u STAT.*Silv.*5.3.103; (uocum fictiones) dictu ~uque ipso taetrae GEL.18.11.2.

profectīcius ~a ~um, *a.* [PROFICISCOR+-ICIVS²] (of a dowry) Derived in the ordinary course of law from a bride's father or family.

~a dos est, quae a patre uel parente profecta est de bonis uel facto eius..si (pater), cum deberet filiae, uoluntate eius dedit (dotem), aduenticia dos est ULP.*dig.*23.3.5.

profectiō ~ōnis, *f.* [PROFICISCOR+-TIO]

1 The action of setting out on a journey, departure.

~one laeti piscium lasciuiam intuentur PAC.*trag.*409; cum ..dolorem ~onis meae reditus dignitate consoler CIC.*Red. Sen.*23; ~onem meam..Erotis dispensatio impedit *Att.* 15.15.3; his rebus fugae similem ~onem effecit CAES.*Gal.* 6.7.8; NEP.*Pel.*3.2; prima luce classico signum ~onis dedit LIV.2.59.6; animos (*sc. of the besieged*) recreauit repentina ~o Hannibalis in Oretanos 21.11.13; VELL.2.37.1; ut specie remanendi occultaret ~onem FRON.*Str.*3.11.5; ingrediente se longinquam ~onem SUET.*Aug.*92.1; VER.*Fro.*2.p.194 (131N); Romam uersus ~onem dirigo APUL.*Met.*11.26.

2 Provenance, source.

quoniam corrumpendi iudicii causas ille multas..habuit, hic nullam, ~o ipsius pecuniae requiratur CIC.*Clu.*82.

profectō, *adv.* [< *pro facto* (PRO¹+abl. of FACTVM)]

1 Without question, undoubtedly, assuredly. **b** (in answers).

hic prope adest quem expeto uidere: olet ~ PL.*Mil.*1258; certe is est, is est ~ *Trin.*1072; nescioquod magnum malum ~, Parmeno, me celant TER.*Hec.*320; iam iam neque di regunt neque ~ deum supremus rex iam curat hominibus ACC.*trag.*143; non erit ~ tibi, quod scribo, hoc nouum CIC. *de Orat.*2.3; est enim res ~ maxima *Fam.*5.19.2; LUCR. 5.421; cum ille augurio rem expertus ~ futuram dixisset LIV.1.36.4; cum Scipio nihil defuturum iis ~ diceret 26.49.12; OV.*Met.*8.72; stimulante conscientia indicium ~ Patronem detulisse credebat CURT.5.11.7; ad Cinnas Mariosque uenis. sternere ~ ut Catulo iacuit Lepidus LUC. 2.546; ignoras ~ sortem tuam, si putas..CALP.*Decl.*4;—(*as first word*) ~ nullo pacto possum uiuere si illa a me abalienatur PL.*Ps.*94; TER.*Eu.*507; ~ nihil accipiam iniuriae, si tu aderis CIC.*Att.*5.18.3; LIV.2.28.3; ~ incendia puniunt luxum PLIN.*Nat.*36.110;—(*strengthened by interjs. or emph. particles*) ~ hercle non fuit quicquam holerum PL. *Cas.*912; immo edepol negat ~ *Mos.*1082;—(*modifying an imp.*) ne uero, hospes, ne quaere ~ quem casum portenta ferant: ego poscor VERG.*A.*8.532;—(*in a subordinate or parenthetic cl.*) necesse est cum sint di (si modo sunt, ut ~ sunt) animantis esse CIC.*N.D.*2.78; Celsus adicit..sententiis figuras colorum, nimia ~ nouitatis cupiditate ductus QUINT. *Inst.*9.1.18. **b** certo pedibus, non tunicis uenis.—ita ~ PL.*Am.*370; uide ne sies in exspectatione..—non ero ~ *Mil.*1280; numquam edepol dabit..—dat ~ *Mos.*1089;—(*replying to a rhetorical question*) quis audiret? nemo ~ CIC.*Balb.*16; alter..insidiatus est. uter? ~ Clodius QUINT. *Inst.*7.1.35.

2 a (following a conditional, temporal, or causal clause, or sim.). **b** (in summing up or concluding).

a si ille nec se nec L. Crassum eloquentem putauit, habuit ~ comprehensam animo quandam formam eloquentiae CIC.*Orat.*19; si (pater tuus) uiueret, qua seueritate fuit, tu ~ non uiueres *Dom.*84; potest ille aliquid praetermittere, tu, nisi quod erat, ~ non scripsisti *Att.*3.15.3; ni Marius signa inferre..properauisset, ~ cuncti..fidem mutauissent SAL.*Jug.*56.5; cum ipsam rem cognoscet, ~ inueniet curiose..omnia ordinata VITR.10.8.6; PHAED.3. 19.11; pro tua eruditione legisti ~ Aristotelis..multiiuga uolumina APUL.*Apol.*36; (*w. other emph. particles*) si spiritus corpore tuo semel fuerit seiugatus, ibis quidem ~ ad imum Tartarum *Met.*6.17—(*cf.*) utinam..conloqui potuissemus inter nos! ~ aliquid opis..rei publicae tulissemus CIC. *Fam.*4.1.1; SAL.*Jug.*102.8. **b** (oculi) contuitu..multiformes, truces, torui,..graues, limi, summissi, blandi: ~ in oculis animus habitat PLIN.*Nat.*11.145.

prōfectus ~ūs, *m.* [PROFICIO+-TVS³] Progress, headway, success. **b** material advancement, profit.

ter sine ~u uoluit nitentia contra reicere..a se mea pectora OV.*Met.*9.50; uix audior ulli, uerbaque ~u..carent *Pont.*3.9.40; discipulo..magni ~us V.MAX.3.7.ext.2; qui studiis liberalibus..ad aliquem ~um peruenerit SEN.*Dial.* 2.17.3; iuuenes..qui ~us sui causa oratores sectantur TAC. *Dial.*20.4; PLIN.*Ep.*8.13.1; exerceri..coepit..donec blandiente ~u..prodire in scaenam concupiit SUET.*Nero* 20.1; (*of a patient*) ex quo (liquore) cyathus datur..alternis diebus singulis adiectis cyathis, donec ~us intellegatur LARG.134;—(*pl.*) cuiusque clari operis capacia ingenia in similitudinem et temporum et ~uum semet ipsa ab aliis separauerunt VELL.1.16.2; uerecundia..multorum ~us silentio pressit SEN.*Dial.*6.24.2; firmiores in litteris ~us alit aemulatio QUINT.*Inst.*1.2.26; 2.4.16. **b** si quid propter agrum..~us domino, agri culturae acceptum referre debet VAR.*R.*1.2.23; nullus ager sine ~u colitur COL.1.4.5.

prōferō ~ferre ~tulī ~lātum, *tr.* [PRO+FERO] N.B.: there is much confusion in codd. between this vb. and *perfero, praefero.*

1 To carry or move from one place to another, bring forth, fetch out, etc.; (refl. or pass.) to come forth, emerge. **b** *gradum, pedem,* etc., *~ferre,* to step forth (some exx. may contain the idea of sense 8); (mil.) *signa ~ferre,* to march out.

i tu, Thessala, intus pateram ~ferto foras PL.*Am.*770; quom..in macellum pisces ~lati sient, nemo emat *Rud.*979; quo pacto ego aurum in medium ~feram AFRAN.*com.*168; HS ∞ tu ex arca ~ferebas CIC.*Q.Rosc.*29; matres familiae.. liberos..in conspectum ~ferre coeperunt CAES.*Gal.*7.48.3; nunc mihi fumosos..~ferte Falernos TIB.2.1.27; togam.. e tugurio ~ferre uxorem..iubet LIV.3.26.9; ut commeatus ..ex agris deuiis in uiam ~ferrent 26.8.11; una (rana) tacite ~fert e stagno caput PHAED.1.2.17; (semina) madefacta imbre ~ferunt atque siccant PLIN.*Nat.*11.109; heroa.. Scyro..latentem (*i.e. Achilles*) Dulichia ~ferre tuba STAT. *Ach.*1.6; ~latus ab aequore..naufragus *Silv.*2.1.179; immissa dextera..ad uiscera penitus cor..contubernalis mei Meroe..~tulit APUL.*Met.*1.13; (*poet.*) dum ~fers annos uitamque salutas STAT.*Silv.*5.3.133; (*in fig. phr.*) poeticus decor..ex Horatii et Virgilii..sacrario ~latus TAC.*Dial.* 20.5;—sic ait, et caro raptim se limine ~fert STAT.*Theb.* 2.363; donec (amnis, *i.e. the Alpheus*) Sicanios tandem ~latus..bibat fontis *Silv.*1.2.206; dracone e puluino se ~ferente conterritos refugisse SUET.*Nero* 6.4; (*in fig. phrs.*) quosdam ait Epicurus ad ueritatem sine ullius adiutorio exisse..hos maxime laudat,..qui se ipsi ~tulerunt SEN.*Ep.*52.3; cum uelut quodam specu inclusa (belua)..se ad clarissimorum ciuium strages..~ferret PLIN.*Pan.*48.3; (*transf.*) non ut quodque se ~feret uerbum occupet locum QUINT.*Inst.*10.3.5. **b** gradum ~feram, progredirí properabo PL.*Men.*754; ut ~ferre queamus proceros passus LUCR.4.826; uix primo ~ferre gradum..audacia STAT. *Theb.*12.9; quotiens de limine mouerat unum ~tuleratque pedem JUV.10.30; paulatim furtiuum pedem ~ferens APUL. *Met.*10.35; (*in fig. phr.*) nec desilies imitator in artum unde pedem ~ferre pudor uetet HOR.*Ars* 135;—praecipiti..iam die curare corpora milites iubet. quarta deinde uigilia signa ~fert LIV.4.9.13; prima luce Romani signis ~latis in acie consistunt 9.45.14; STAT.*Theb.*4.74; (*cf.*) qui extra naturae terminos arma ~ferent (*i.e. Alexander*) SEN.*Ben.*7.2.6.

2 To put on view, show, display. **b** (qualities or sim.).

cum primos ficos propola recentis ~tulit LUCIL.199; simul ac uaga luna decorum ~tulit os HOR.*S.*1.8.22; quidam architectus..acroasin fecit exemplarque ~tulit muri VITR. 10.16.3; articulis membra distinxit, uenas ~tulit (*sc. in painting*) PLIN.*Nat.*35.56; ingentes umeros spatiosaque pectoris ossa ~fert (*sc. a boxer*) V.FL.4.245; gaudium, quod tunc oculis ~tulisti PLIN.*Pan.*75.6; non defuerant qui.. imagines praetextatas (*sc. of Nero*) in rostris ~ferrent SUET. *Nero* 57.1;—(*on the stage*) habere dixit se genus spectaculi quod in theatro numquam ~latum foret PHAED.5.5.10; ingratus Nero dulcibus theatris..tibi ~feretur STAT.*Silv.* 2.7.59; reuersus..Neapolim, quod in ea primum artem ~tulerat, albis equis introiit SUET.*Nero* 25.1;—(*refl.*) deus.. populis sese ~ferre paratus LUC.5.90; (*of a heavenly body*) aduentu solis occultantur stellae..aut eiusdem abscessu ~ferunt se PLIN.*Nat.*18.218. **b** ardua uirtutem ~fert uia SIL.2.578; ~fert..mores..oratio et animi secreta detegit QUINT.*Inst.*11.1.30; Montanum..quia ~tulerit ingenium, extorrem agi TAC.*Ann.*16.29; eos (*sc.* eruditos)..timemus, qui studia sua ~ferunt PLIN.*Ep.*7.25.1;—(*refl., of qualities*) cetera licet abscondere..: ira se ~fert et in faciem exit SEN. *Dial.*3.1.5; ~ferunt se ingenia hominum et ostentant PLIN. *Ep.*1.13.1.

3 To bring (living things) into existence; (also poet., of a living organism) to put forth (new growth). **b** to bring (a new invention, etc.) into the world.

ut illum di perdant, qui primus holitor caepam ~tulit! NAEV.*com.*19; semine..opus est rebus quo quaeque creatae ..in teneras possint ~ferrier auras LUCR.1.207; monstra.. quae nullo semine discors ~tulerat natura LUC.1.590; Idaea ~fert quam Creta sub umbra dictamni florentis opem STAT.*Silv.*1.4.101; (*in fig. phr.*) nondum tota se nequitia ~tulit: adhuc nascitur SEN.*Nat.*7.32.1; (*transf.*) era atque haec dolum ex proxumo hunc ~tulerunt PL.*Cas.*687;—hanc..hastam, quae neque iam frondes uirides nec ~feret umbras V.FL.3.708; (*cf.*) ~tulit..crinem densis luctatus in extis ignis 1.205. **b** antequam nomen dolii ~latum, cum etiam id genus uasorum calpar diceretur VAR.in Non. p.547M; se artem ei memoriae, quae tum primum ~ferebatur, traditurum CIC.*Luc.*2; HOR.*Ars* 58; quis fuit, horrendos primus qui ~tulit enses? TIB.1.10.1; omne aliud crimen mox ferrea ~tulit aetas JUV.6.23; (*cf. sense 2*) quasi ..nouom nunc ~feratur Iouem facere histrioniam PL.*Am.* 90;—(*w. inf. as obj.*) haec eadem pugnas accendere ~tulit aere SIL.8.488.

4 To give voice to, utter, pronounce (words, speech). **b** to put into words, express (an opinion or thought).

querellas..extremis ~ferre medullis CATUL.64.196; haesitans et trepidus pauca ex his, quae conposuerat, ~tulit CURT.7.1.8; 'nec nos animi nec stirpis egentes—' ille refert contra, sed mens sibi conscia fati cunctatur ~ferre patrem STAT.*Theb.*1.467; uerba..nulla tardati uerecundia ~ferunt QUINT.*Inst.*1.3.4; audii causas agentem..ornate, siue meditata siue subita ~ferret PLIN.*Ep.*1.16.2; JUV.4.91; enuntiatio 'habet liberos'..semper pluratiuo numero ~fertur GAIUS *dig.*50.16.148; cum miserrimus adulescens ultima uoce ~lata..interisset APUL.*Met.*9.37. **b** hic licet occultos ~ferre impune dolores PROP.1.18.3; si mihi mea sententia ~ferenda..esset TAC.*Dial.*1.2; uelut pro Vitellio conquerentes, suum dolorem ~ferebant *Hist.*3.37; laticis proprium ~ferre uocamen (*i.e. wine*) LUCR.2.657; LUC.5.761.

5 To produce (documents, etc.) in evidence; (also witnesses). **b** to bring up (a fact, circumstance, etc.) in support of a contention, adduce. **c** to put forward (a statement, argument, etc.) for consideration.

tabulae ~latae: maiorum benefacta perlecta CATO *orat.* 171; SEI QVA TABVLAS LIBROS LEITERASQVE POP⟨LICAS.. PROD⟩VCERE ~FERREQV⟨E VOLET⟩ *CIL* 1.583.3.4; si tabulae testamenti non ~ferrentur CIC.*Ver.*1.114; hospitium..cum L. Cornelio Gaditanos fecisse publice dico. ~feram tesseram *Balb.*41; haec pactio,..~lata a Memmio est nominibus inductis *Att.*4.17.2; LIV.24.4.6; V.MAX.3.7.1d; cum esset cruentus gladius ab accusatore ~latus QUINT.*Inst.*6.1.48; ~lata..Augusti diplomata ut..obsoleta deflabat SUET.*Cal.* 38.1; APUL.*Apol.*60; (*cf.*) ibi Iulius Celsinus admonuit in tragoedia quoque Enni..id ipsum, de quo quaerebatur, scriptum esse..quocirca statim ~ferri Iphigeniam Q. Enni iubet GEL.19.10.11;—si..testibus ~latis absolutio secuta fuerit PAPIN.*dig.*48.18.6. **b** (*in trials or sim.*) deinde (oportebit) ceteros ~ferre, quibus maiora delicta concessa sint CIC.*Inv.*2.107; iniuria..quae causa inimicitiarum ~feratur *Div.Caec.*55; ecquod aliud iudicium quod pro Cluentio sit ~ferre possimus *Clu.*103; quid..uinolentiam tuam ~feram? *Phil.*2.101; contra Messenii ueterem..diuisionem Peloponnesi ~tulere TAC.*Ann.*4.43; de uorsibus dissertabo quos a me factos quasi pudendos ~tulerunt APUL.*Apol.*5; (*w. indir. qu.*) ad crimen defendendum non quid fecerit quispiam ~ferre solent, sed quid probarit CIC. *Ver.*3.213;—(*in other contexts*) sin apud indoctos..dicemus (*i.e. about virtue*), fructus emolumenta..~feratur *Part.*92; Aristides—malo enim Graecorum quam nostra ~ferre—nonne ob eam causam expulsus est patria..? *Tusc.*5.105; multa..sunt a te ex historicis ~lata somnia *Div.*2.136; *Sen.*53; cuius de..perfidia satis est unam rem exempli gratia ~ferre NEP.*Lys.*2.1; Timothei..moderatae..uitae cum pleraque possimus ~ferre testimonia, uno erimus contenti *Timoth.*4.2; age, par ~feramus..honorum..societate iunctum V.MAX.2.9.6; TAC.*Dial.*16.5; facinus memini, sed ut uos etiam legatis, ad librum ~fero APUL.*Met.*10.2. **c** quae neque fieri possunt neque fando umquam accepit quisquam ~fers PL.*Am.*588; quae nihil attingunt ad rem..amator ~fert *Mer.*33; rumorem ~ferre et confictam fabulam dissipare *Rhet.Her.*2.12; quaeritur..uerum an falsum ~feratur CIC.*Caec.*71; totum crimen ~fertur ex inimica..domo *Cael.* 55; Costa omittitur, ingratus principi ut..Verginii extimulator, sed alias ~tulit causas TAC.*Hist.*2.71; eius rei argumenta..ex eorum scriptis ~tulerunt GEL.14.3.1.

6 a To bring before the public (literary or artistic works). **b** to bring (a person) to public notice.

a aliquid eisdem de rebus politius a nobis perfectiusque ~ferri CIC.*de Orat.*1.5; orationem tibi misi. eius custodiendae et ~ferendae arbitrium tuum *Att.*15.13.1; diuite me..artium quas aut Parrhasius ~tulit aut Scopas HOR.*Carm.*4.8.6; neque alienis indicibus mutatis interposito nomine meo id ~fero corpus VITR.7.pr.10; PLIN.*Ep.*8.21.2. **b** Caesar iuuenem..gladiatorii muneris magnificentia ~tulerat ad studia uulgi TAC.*Ann.*12.3; ut..alios industria, ita hunc ignauia ad famam ~tulerat 16.18;—(*refl.*) esse magnam.. materiam insectandi nocentes, miseros uindicandi, se ~ferendi PLIN.*Ep.*9.13.2.

7 To make (facts, etc.) known, publish, disclose; also *in medium, in lucem,* etc., *~ferre.*

non est opus ~lato hoc: percontarier desiste TER.*Hec.*104; si hoc palam ~ferimus ille infitias ibit *Ad.*339; ~feram ego iam, uester ordo scelera quae in se admiserit LUCIL.690; ut, cum interfectores suos domi comprenderit, rem ~ferre non audeat CIC.*Fam.*12.23.2; te admoneo ne quid ullis litteris committas, quod si ~latum sit, moleste feramus *Q.fr.*3.8.2; quodcumque uetustis insculptum est adytis ~fer LUC. 10.180; animi secreta ~feruntur PLIN.*Nat.*14.141; quis iam omne futurum ~feret..? STAT.*Theb.*8.181; deos, quorum ~ferre responsa et interesse epulis ferebantur TAC.*Dial.* 12.4; neque reum prohibeo quo minus cuncta ~ferat *Ann.* 3.12; percontatur..causas..peregrinationis meae. quas.. probe ~tuli APUL.*Met.*1.26; (*w. indir. qu.*) ne quid sentiam quidem ~fero CIC.*Agr.*2.41;—ut..quae scitis ~feratis in medium VAR.*R.*2.1.2; turpissimum illud facinus..in medium ~tulit CIC.*Ver.*29; res patefacta et in forum ~lata *Clu.*78; cum res occultissimas aperueris in lucemque ~tuleris *Luc.*62; ne..deorum..consilia ~feratis in populum PETR.17.8.

8 To carry or move forwards; (refl. or pass.) to advance, come on. **b** to hold out, extend (the hand, something held in the hand, etc.). **c** to locate in a more forward position, advance (a boundary, etc.).

lignis coniunctis inter se porticus integebantur atque hac agger inter manus ~ferebatur CAES.*Civ.*2.2.3; Caesar.. cratis ad extremum tumulum contra hostem ~ferri..iussit 3.46.1; non deterrentur..milites nostri uineas ~ferre HIRT. *Gal.*8.41.3; quem (amnem) si traicimus, in Europam arma ~ferimus CURT.7.7.13; (anseres) fessi ~feruntur ad primos PLIN.*Nat.*10.53; nox..astriferas ~fert optabilis umbras V.FL.6.752; antistites sacrorum..potentissimorum deum ~ferebant..exuuias (*i.e. in a procession*) APUL.*Met.*11.10;—(*naut.*) uenerio cursu ueni, ~lato pede usque ad scaphonem CAECIL.*com.*256; ~lato pede transuersos captare notos SEN. *Med.*322; PLIN.*Nat.*2.128;—(*refl. or pass.*) in..eadem sese uestigia semper obuersus cunctis ~fert recipitque STAT. *Theb.*9.112; (*of things*) hic se sub pedibus ~fert finita Booti.. Virgo CIC.*Arat.*100; (fulmen) modo usque ad terram ~fertur modo ante dissoluitur SEN.*Nat.*2.58.1; (*in fig. phr.*) haec una maiestas deprimi nescit: nec ~ferri ultra nec referri potest *Ep.*79.10. **b** manum si protollet, pariter ~ferto manum PL.*Ps.*860; quo modo adgrediatur iudicem, qua denique digitum ~ferat, non habet CIC.*Caec.*71; '~lato aere astitit', Ennius..cum ait, significat clipeo ante se protento FEST. p.242M; aliqui transuersum brachium ~ferunt et cubito pronuntiant QUINT.*Inst.*11.3.93; ut..aureos ~lata sinistra ..uoce digitisque numeraret SUET.*Cl.*21.5; sacerdos adpropinquat..dextera ~ferens sistrum deae APUL.*Met.*11.12. **c** agri finis armis ~ferre CIC.*Tul.*14; quantum..per uim recipitur loci, in tantum munitiones ~feruntur *B.Alex.*1.2; non modo ~ferre inde castra Romanum sed ne pabulari quidem per agros suos patiebantur LIV.10.33.7; duces castra ~tulerunt ut coire ex propinquo possent 30.29.8; 42.1.6; ~TVLI..FINES ILLYRICI AD R⟨IP⟩AM FLVMINIS DAN⟨V⟩I AUG.*Anc.*5.46; SEN.*Dial.*10.13.8; id pomerium pro incrementis reipublicae aliquotiens ~latum est GEL.13.14.2; (*in fig. phr.*) uidentur..uirtutis magistri finis officiorum paulo longius..~tulisse CIC.*Mur.*65.

9 To continue (an existing line, area, etc.) to a further distance, extend, prolong.

nostra aetas..piscinas ~tulit ad mare et in eas pelagios greges piscium reuocauit VAR.*R.*3.3.10; super et Garamantas et Indos ~feret imperium VERG.*A.*6.795; usque ad mare imperium ~latum LIV.1.33.9; OV.*Met.*5.372; SEN. *Nat.*6.23.3; quercus, longum molita per aeuum..~ferre sub astra cacumen SIL.5.486; TAC.*Ann.*4.32; CVM VENAE EX EO (*sc.* puteo) ~FERENTVR *Lex Vip.*12(*Font.iur.*p.294);—(*cf.*) ultra obsidet aequor (*sc.* Africam), nec patitur nomen ~ferri longius Atlas SIL.1.201; quin ultra bellum ~ferret, morte prohibitus est TAC.*Ann.*14.29;—(*refl.*) qua se ~tulit in medios audaci margine fluctus..domus LUC.10.487.

10 To put off to another time, postpone, defer; *res ~ferre,* to adjourn public business, declare a recess. **b** to extend in duration, prolong (a period).

aliquot dies ~fer (nuptias), dum proficiscor TER.*An.*329; CATO *orat.*162; alterius rei causam..saepius ~lato iudicio sustulistis CIC.*Caec.*9; ~latis comitiis *Planc.*50; diem ~feret Ilio..classis Achillei HOR.*Carm.*1.15.33; tribuni, ut impediendae rei nulla spes erat, de ~ferendo exitu agere LIV. 3.20.6; ~latae in annum res decretoque cautum ne quod ante concilium fieret 4.25.8; quidam aestiuam mellationem ad arcturi exortum ~ferunt PLIN.*Nat.*11.41; haruspex.. monuit, caueret periculum, quod non ultra Martias Idus ~ferretur SUET.*Jul.*81.2; uenenum..non praesentarium, sed eiusmodi, quod mortem in diem ~ferret GEL.7(6).4.1;—ubi res ~latae sunt, quom rus homines eunt PL.*Capt.* 78; in ea prudentia quae neque extra Romam usquam neque Romae rebus ~latis quicquam ualet CIC.*Mur.*28; SEN.*Dial.*10.7.8; iudice fesso turbida ~latis tacuerunt iurgia rebus *Laus Pis.*86. **b** leti ~ferre moras SIL.2.597; ut uita eius breuis..deberit hac uelut immortalitate ~ferri PLIN.*Ep.*2.7.4; 3.7.14; memoriam soceri mei pulcherrimis operibus uideo ~ferri 5.11(12).2; prorogatur precarium..in longius tempus ~fertur POMPON.*dig.*43.26.5;—(*cf.*) IMAGO PER QVAM ~LATOS HOMINES IN TEMPORA PLVRA LONGIOR EXCIPIAT MEMORATIO *CIL* 8.212.

professē, *adv.* [PROFESSVS+-E] Openly, declaredly.

se..palam ac ~ (*s.v.l.*) incendium suum restincturum ruina minaretur FLOR.*Epit.*2.12(4.1.7).

professiō ~ōnis, *f.* [PROFITEOR+-TIO]

1 An open declaration (of an intention, fact, quality, etc.), avowal, profession.

uis oratoris ~oque ipsa bene dicendi hoc..polliceri uidetur, ut omni de re..ornate ab eo..dicatur CIC.*de Orat.*1.21; in tanta sollicitudine hominum..fructuosissimam esse ~onem bonae uoluntatis PLANC.*Fam.*10.8.2; Canidius timidius decessit, quam ~oni eius..congruebat VELL. 2.87.3; Medus..magicae artis..magis ~one quam scientia celeber CURT.7.4.8; philosophia promittit..congregationem: a qua ~one dissimilitudo nos separabit SEN.*Ep.*5.4; consummatio susceptae ~onis hanc quoque sui partem desiderabat COL.9.2.2; (hic liber) ~one pietatis..laudatus erit TAC.*Ag.*3.3; qui satis poenarum aduersum impudicas in ipsa ~one flagitii credebant *Ann.*2.85; opinionis suae ~o GEL.6(7).3.24; summa..~o stultitiae..est non ire obuiam sceleribus cogitatis 6(7).3.42;—(*w. acc. and inf.*) oculorum.. medicamentis aconitum misceri..promulgauere aperta ~one, ne malum quidem ullum esse sine aliquo bono PLIN. *Nat.*27.9.

2 (spec.) A formal declaration (of some particular) before a magistrate or official, return.

cognoscite..~ones sationum et pactiones Menaenorum CIC.*Ver.*3.102; in Leontino iugerum subscriptio ac ~o non est plus XXX 3.113; haec pecunia ex eo genere est, ut ~one non egeat *Fam.*16.23.1; COS., AD QVEM H. L. ~ONES FIEREI OPORTEBIT *CIL* 1.593.7; ~onibus detecta est magnitudo aeris alieni LIV.35.7.4; recognitum ex tabula ~onum quibus liberi nati sunt *FJRA* 3.2.scr.int.8(*P.Mich.*3.167); ea res.. in ~onem non uenit (*i.e. was not entered in someone's tax returns*) QUINT.*Decl.*341(p.346,l.1); nequa usurpatio (*i.e. of land*) per falsas ~ones fiat HYG.GR.*agrim.*p.169; ipse (*sc.* asinus)..melius istud (*sc. his age*) de suis nouit ~onibus APUL.*Met.*8.24; cum dominus seruum uellet manumittere, ~onem edi sibi peculii iussit PAPIN.*dig.*33.8.19.

3 One's avowed occupation, calling, profession.

eminentissima cuiusque ~onis ingenia VELL.1.16.2; per hos..uiros salutaris ista nobis ~o (*i.e. medicine*) increuit CELS.1.pr.11; porculatoris..et subulci diuersa ~o, diuersae pastiones COL.1.pr.26; 5.1.2; circa glossemata..non ultima eius ~onis (*i.e. the grammarian's*) diligentia est QUINT.*Inst.* 1.8.15; quorum (*sc.* rhetorum) ~o quando primum in hanc urbem introducta sit TAC.*Dial.*30.2; uir militaris disciplinae, ~onis quoque nostrae capacissimus HYG.*agrim.*p.84; M. Pompilius Andronicus..desidiosior in ~one grammatica habebatur SUET.*Gram.*8(p.106Re); urbe interdicere praefectus urbi..potest, et negotiatione et ~one et aduocationibus et foro ULP.*dig.*1.12.1.13;—(*w. gen. expr. field of activity*) extra medicinae ~onem cadunt LARG.17; in reditu est mihi ~o litterarum FLOR.*Verg.*p.186R; unguentariam..~o iuris imitatur APUL.*Pl.*2.9.

professor ~ōris, *m.* [PROFITEOR+-TOR]

1 One who claims to be expert in some art or science, a teacher, professor. **b** (applied spec. to a teacher of rhetoric).

eius studii..~ores sophistae uocantur V.MAX.1.8.ext.8; posteaquam (haec pars medicinae) diducta ab aliis habere ~ores suos coepit CELS.7.pr.3; 8.4.4; uirtutem..ipsam ut deos ac ~ores eius ut antistites colite SEN.*Dial.*7.26.7; astrologiae ~orem COL.1.1.4; quis..docebit futurum uilicum, si nullus ~or est? 11.1.12; grammatici ceterarumque artium ~ores QUINT.*Inst.*12.11.20; expulsis..sapientiae ~oribus TAC.*Ag.*2.2; SUET.*Tib.*14.4. **b** Albutius non obscurus ~or atque auctor (rhetoricen) scientiam bene dicendi esse consentit QUINT.*Inst.*2.15.36; 10.5.18; facis.. ex senatoribus ~ores, ex ~oribus senatores PLIN.*Ep.*4.11.3; cum circa scholas et auditoria ~orum assiduus esset SUET. *Tib.*11.3; *Gram.*4(p.104Re).

2 One who enters his name (for a magistracy), a candidate.

L OCTAVIO FELICI OCTAVIANO..~ORI AEDILITATIS *CIL* 8.25808b.

professōrius ~a ~um, *a.* [prec.+-IVS] Of or belonging to a teacher of rhetoric.

~a lingua (*sc. of Seneca*) TAC.*Ann.*13.14.

professus ~a ~um, *a.* [pple. of PROFITEOR] Open, undisguised. **b** *ex ~o,* without secrecy or dissimulation, overtly; sim. *de ~o.*

ad ~ae mortis audacem uiam PHAED.4.7.8; ~as inimicitias illum gessisse secum SEN.*Con.*9.5.9; quaedam uota aperta et ~a sunt SEN.*Ep.*67.7; (pax) libera Marte ~o CALP.*Ecl.*1.55. **b** pars..securitatis..in hoc est, non ex ~o eam (*sc.* potentiam) petere SEN.*Ep.*14.8; ex ~o philosophiam continentis libros 100.9; QUINT.*Inst.*11.1.33; fratrem..paene ex ~o sollicitantem exercitus SUET.*Tit.*9.3;—ne id quidem de ~o audet, uerum..dat libellum nomine priuigni mei APUL.*Apol.*2.

profestus ~a ~um, *a.* [PRO-+FESTVS] (Of days) Not kept as a holiday, ordinary, working. **b** (transf., of people, in conjunction with *profanus*) common, ordinary.

festo die si quid prodegeris, ~o egere liceat, nisi peperceris PL.*Aul.*381; festo atque ~o..die LUCIL.1228; ne.. familia..~is diebus ambulet feriata VAR.*R.*1.16.4; et ~is lucibus et sacris HOR.*Carm.*4.15.25; LIV.34.3.9; PLIN.*Nat.* 18.40; SUET.*Dom.*21;—(*w. ellipsis of* dies) ~os festos habeam decretum est mihi PL.*Poen.*501; ut (matronae) carpentis festo ~oque uterentur LIV.5.25.9; (*cf.*) ~um facere est..id facere, quod feris fieri non liceat FEST.p.253M. **b** ~um et profanum uolgus GEL.pr.20.

prōficiō ~icere ~ēcī ~ectum, *intr.* [PRO-+FACIO]

1 (usu. w. internal acc. or adv.) To make headway in an undertaking, gain results, achieve something, be successful, etc. **b** (often in impers. pass.).

Sisyphus uersat saxum sudans nitendo neque ~icit hilum? LUCIL.1376; si..patiendum non esset ut quicquam isti se minis ~ecisse arbitrarentur CIC.*Font.*37; qui, si aliud nihil, hoc tamen ~ecit, dedit illi dolorem *Att.*7.13.1; nil ~icimus, nihil (moecha) mouetur CATUL.42.21; antesignanos admiscuit CCCC, qui tantum ~ecerunt ut equestri proelio commisso pellerent omnis CAES.*Civ.*3.75.5; nauigia hostium..repellebant ac multum ~icere multitudine telorum uidebantur *B.Alex.*20.2; Eumenes..celeritatem.. impediuit eius, neque tamen multum ~ecit NEP.*Eum.*10.1; si leniter agendo parum ~icerent LIV.7.31.10; ~eci quid.. totiens per iurgia? OV.*Met.*3.262; medico..parum ~icienti in acutis morbis CELS.3.1.4; sententiarum uanissimo strepitu hoc tantum ~iciunt, ut.. PETR.1.2; cum..quidam ..exclamasset..'tu semper in libertos Caesaris dicis': 'nec mehercule', inquit, 'quicquam ~icio' QUINT.*Inst.*6.3.81;—(*without internal acc.*) Quintum filium seuerius adhibebo. utinam ~icere possim! CIC.*Att.*10.12.3; accolae transferentes (*sc.* rosam) conserunt ipsaque plantatione ~iciunt PLIN.*Nat.*21.17; (*of a plant*) ciue (annue) siccus est, id quod umore ~icit, contristatur COL.3.20.1;—(*w.* ad) nondum.. ad pacis stabilitatem ~ecerat Caesar FLOR.*Epit.*2.19(4.9.1);—(*w.* ne) ~ecit poto Mithridates saepe ueneno toxica ne possent..nocere sibi MART.5.76.1. **b** cum iam desperasset aliquid auctoritate sua ~ici posse CIC.*Sest.*60; satis et ad laudem et ad utilitatem ~ectum arbitratus se in Galliam recepit CAES.*Gal.*4.19.4; quod celeritate itineris ~ectum erat, id mora..corrupit LIV.27.39.10; ut prorogetur tibi dies mortis, nihil ~icitur ad felicitatem SEN.*Ben.*5.17.6; non, si muris Karthaginis ignis subdatur, . . ~ectum Latio SIL.17.515; commeantibus in uicem nuntiis nihil in summam pacis ~iciebatur TAC.*Ann.*13.38;—(*w.* quominus) neque morte Pompei quicquam ~ectum quo minus apud se Caesar commoraretur *B.Alex.*3.3;—(*w.* ut, ne) eo ~ectum est quod mature uentum erat ut quosdam . . populos metus Romani nominis comprimeret LIV.10.18.5; abunde . . ita ~ici arbitrantur, ne germinent (*sc. heads of garlic*) PLIN.*Nat.*19.115.

2 (of remedies, expedients) To be efficacious, do good, help, avail, etc.

contentio tam diu sapiens est quam diu . . si non ~icit, non obest ciuitati CIC.*Balb.*60; nil nostro in corpore gazae ~iciunt LUCR.2.38; fugeres . . herba ~iciente nihil curarier HOR.*Ep.*2.2.151; postquam parum uis aperta ~ecerat, munitiones . . circumdant LIV.3.26.4; Ilioneus non ~ectura precando bracchia sustulerat OV.*Met.*6.261; uerba miser frustra non ~icientia perdo *Tr.*1.2.13; existimamus uota ~icere salua ui . . fatorum SEN.*Nat.*2.37.2;—(*w.* ad) magnificentia . . plus ~icit ad misericordiam commouendam quam humilitas CIC.*Inv.*1.109; cupiditatum finem . . ad timoris remedia ~icere SEN.*Ep.*5.7; ~icit mirifice haec conpositio ad tumorem . . iocineris LARG.125; GAIUS *Inst.*3.178;—(*w.* in+*acc.*) parua . . certamina in summam totius ~ecerant spei LIV.3.61.12; (medicamentum) ~iciens in struma CELS.5.18.17; QUINT.*Inst.*1.1.19;—(*w.* contra, aduersus) pirorum ligni cinis contra fungos . . efficacius ~icit PLIN.*Nat.*23.116; custodia aduersus uim parum ~icit NERAT.*dig.*19.1.31;—(*w. dat.*) uis eius (*sc.* aeruginis) . . delacrimationibus mordendo ~iciens PLIN.*Nat.*34.113; (*impers. pass.*) medicamine frequenti emendatione ~icitur PLIN.*Ep.*9.40.3;—(*w. inf. or cl. as subj.*) permultum . . ~icit illud demonstrare, quemadmodum scripsisset CIC.*Inv.*2.120; TAC.*Dial.*31.5; nec ~icere pro desiderio athletarum potest, quod . . (obsonia) accipere desierunt TRA.Plin.*Ep.*10.119(120).

3 To make progress towards a destination, advance, gain ground. **b** to increase in size or extent; (of prices) to rise.

cum e tota classe quinqueremis sola non ~iceret PLIN.*Nat.*32.4; (*w. acc. of ground covered*) Ariouistum . . ad occupandum Vesontionem . . contendere triduique uiam a suis finibus ~ecisse CAES.*Gal.*1.38.1;—(*of natural forces*) nec ulla in parte plus . . ~ecere terrae fluminibus inuectae PLIN.*Nat.*6.140. **b** (harundines) ~iciunt in aucupatoriam . . amplitudinem PLIN.*Nat.*16.169;—nec alia res . . sentit . . maius . . dispendium, non ~iciente pretio 14.57.

4 To advance towards a more perfect state, progress (in a study, field of activity, etc.), develop, improve; (also of things). **b** to advance in rank or official position.

si tum, cum habebas quos imitarere, non multum ~iciebas CIC.*Fam.*9.24.2; quantum in utroque (*i.e. literary genres*) ~ecerimus, aliorum sit iudicium *Off.*1.3; quaestiunculas . . uafras nectit, ceterum ad uitam nihil ~icit SEN.*Ep.*111.2; est . . plenum ingenui pudoris fateri per quos ~eceris PLIN.*Nat.*pr.21; postquam magis ~ecerat usuque . . didicerat quod optimum dicendi genus esset TAC.*Dial.*22.2; stupet haec . . Fonteio consule natus? an nihil in melius tot rerum ~icit usu? JUV.13.18; Iuliani sectator, iuuenis promptus et ~iciens GEL.9.15.5;—(*of things*) in fulgurum . . interpretatione eo ~ecit scientia, ut uentura alia finito die praecinat PLIN.*Nat.*2.141; ut . . noscamus . . quantum postea CCXXX annis uita ~ecerit 14.45; omnis (rosa) . . recisione atque ustione ~icit 21.21; sic (musta) et annos ferent et uetustate ~icient QUINT.*Inst.*2.4.9. **b** fuit . . quaestorius nec ultra ~icere uoluit, cum illi etiam Augustus consulatum offerret POMPON.*dig.*1.2.2.45.

proficiscor ~iciscī ~ectus, *intr.* [PRO-+FACIO+-SCO] FORMS: act. form *~icisco* in PL.*Mil.*1329, TURP.*com.*81.

1 To start on a journey, set out, depart. **b** (to a destination implying an activity or condition). **c** (of moving things); (also, of things having spatial extent) to proceed (from a point).

potin ut me ire quo ~ectus sum sinas? PL.*Trin.*628; recta domum sumus ~ecti TER.*Ph.*860; cum Romam ~ectus sum GRACCH.*orat.*27; etsi poteram remanere, tamen . . ~iciscar hinc CIC.*Att.*13.26.2, ab Epheso in Syriam nauibus ~ectus erat *Fam.*15.3.2; Vercingetorix . . obuiam Caesari ~iciscitur CAES.*Gal.*7.12.1; contra quosdam barbaros ~icisci NEP.*Eum.*3.5; Tyriis . . Troia . . ~ecto VERG.*A.*1.732; ab Regio ~ectae classi LIV.26.39.6; omnium ordinum homines ~iciscentem consulem prosecuti sunt 42.49.8; te . . ad debita regna ~ectum STAT.*Theb.*12.322; ~ectus ad Vespasianum Antonius TAC.*Hist.*4.80; quotiens (magistratus) . . ~iciscuntur, unus relinquitur, qui ius dicat POMPON.*dig.*1.2.2.33;—(*w. purpose of journey expr.*) ~iciscor quaesitum PL.*Mer.*939; ~iciscitur ad auxilium Duratio ferendum HIRT.*Gal.*8.27.1; persuasit Thebanis ut subsidio Thessaliae ~iciscerentur NEP.*Pel.*5.2; is inde a rege ~iciscitur . . Italiam uisere GEL.16.19.5;—(*w. internal acc.*) magnum iter ad doctas ~icisci cogor Athenas PROP.3.21.1;—(*in fig. phr.*) annus . . octogesimus admonet me ut sarcinas conligam, antequam ~iciscar e uita VAR.*R.*1.1.1. **b** quom in exercitum ~ectu's PL.*Am.*1138; ~iciscenti tibi in possessionem CIC.*Quinct.*85; quem ad modum . . in colonias Latinas saepe nostri ciues ~ecti sint *Caec.*98; ad somnum ~icisci *Div.*1.62; ~icisci ad dormiendum 2.119; consul in expeditionem ~iciscens SAL.*Jug.*103.4; populo . . ad bella ~ecto OV.*Fast.*1.279; Neronis odio ardens in exilium ~ectus fuerat V.MAX.4.2.2; in militiam ~icisci SULP.*peri.Ter.Hau.*1. **c** cum ad idem unde semel ~ecta sunt cuncta astra redierint CIC.*Rep.*6.24; non longum spatiumst unde una ~ecta perueniat uox quaeque LUCR.4.553; Auster amat medium solem Zephyrusque ~ectum MAN.4.592; sonitum ~ecti . . fulminis, non inlati PLIN.*Nat.*2.142; (*cf.*) his uoluminibus ad te ~ecta uox est mea CIC.*Off.*3.121; quamquam sunt a me multa ~ecta, multa tamen restant et sunt ornanda politis uersibus LUCR.6.81;—uersibus a summo ad mum ~iciscentibus GEL.17.9.10; duas esse . . fistulas easque ab orbis faucibus ~icisci deorsum 17.11.2.

2 (transf., w. *ad*) To proceed (to a new topic); to embark upon (a course of action).

tempus est ad ceteras partes ~icisci *Rhet.Her.*3.15; quod sit tibi ante explicandum, quam illuc ~iciscare, quo te dicis intendere CIC.*de Orat.*2.179; ~iciscemur ad reliqua *Ver.*3.10;—animum ferum . . cupide ad inimici perniciem ~ectum *Rhet.Her.*2.29; qui in mediocre genus orationis ~ecti sunt, si peruenire eo non potuerunt . . 4.16.

3 (w. emph. on starting-point, w. *ab*, *ex*, etc.) To begin a series, process, etc. (from).

(*of persons*) a philosophia ~ectus . . Xenophon . . scripsit historiam CIC.*de Orat.*2.58; ut, cum ~ectus sis a definitione . . nulla praeterea sedes argumenti quaerenda sit *Top.*71; tria uix amicorum paria repetuntur, ut ad Orestem peruenias ~ectus a Theseo *Fin.*1.65; ut (homo) ~ectus a caritate domesticorum . . serpat longius et se implicet . . ciuium . . societate 2.45; ab auspicio bono ~ecti . . amant CATUL.45.19; ab hoc ~ectus initio . . legem promulgauit CAES.*Civ.*3.20.5;—(*of things*) ut inde oratio mea ~iciscatur unde haec omnis causa ducitur CIC.*Man.*4; quae (mala) a Lacedaemoniis ~ecta manarunt latius *Off.*2.80; res . . quae ab exiguis ~ecta initiis eo creuerit, ut . . LIV.pr.4; conuiuarum numerum . . ~icisci a tribus et consistere in nouem GEL.13.11.2.

4 (of things) To be derived, emanate, originate (from). **b** (esp. of property, favours). **c** (usu. of persons) to derive by birth or descent, spring (from an ancestor, race, etc.); (also transf., from a philosophic precursor, school, or sim.).

('ambages') ~ectum a uerbo 'ambe' VAR.*L.*7.30; memoria utrum habeat quiddam artificiosi, an omnis ab natura ~iciscatur *Rhet.Her.*3.28; nihil mali timuit quod non totum a matre esset conflatum et ~ectum CIC.*Clu.*18; auctoritatem a senatu ~ectam *Rab.Post.*21; Pythagorei e numeris . . ~icisci uolunt omnia *Luc.*118; quae . . cupiditates a natura ~iciscuntur *Fin.*1.53; nulla uisa somniorum ~icisci a numine deorum *Div.*2.124; dictum ab indulgentia ~ectum V.MAX.1.5.4; gutta umoris . . a qua uidendi facultas ~iciscitur CELS.7.7.13.c; deorum . . inuocatio uelut ex bona conscientia ~ecta uideri solet QUINT.*Inst.*6.1.33; simulatio officii a metu ~ecta TAC.*Hist.*3.58; de his controuersiis, quae ex testamento ~iciscuntur GAIUS *dig.*2.15.6; uocabula ab eadem ~ecta origine GEL.4.9.4;—(*of a commodity*) ex hac (*sc.* Poeeessa) ~ectam delicatiorem feminis uestem PLIN.*Nat.*4.62. **b** cum ille a se pecuniam ~ectam diceret testis CIC.*de Orat.*2.257; ea (*sc.* pecunia) quaeritur unde ~ecta sit, ab accusatore an ab reo *Clu.*81; nec beneficium ullum a me in rem publicam ~ectam dicerem *Dom.*97; P . . . Volumnio ea tribuit, ut plura a parente ~icisci non potuerint NEP.*Att.*9.4; magis . . a quo donum ~icisceretur quam ad quem perueniret prouisum V.MAX.5.2.ext.1; filia, quae . . dotem a patre ~ectam habebat POMPON.*dig.*24.3.10; in portionem debitam imputari debet, si . . de bonis sit liberti ~ectum ULP.*dig.*38.2.3.19. **c** a quo ~ectum, redit semen VAR.*R.*1.44.4; genus a Pallante ~ectum VERG.*A.*8.51; postquam Tyria lucum de gente ~ecti . . tetigere OV.*Met.*3.35; M. Cicero . . ex eo ordine (*i.e. the* equites) ~ectum se celebrans PLIN.*Nat.*33.34; (*cf.*) generis antiquitas, quam Tusculo, ex clarissimo municipio, ~ectam in monumentis . . notatam uidemus CIC.*Font.*41;—(*transf.*) partitio . . quam omnes ab Aristotele et Theophrasto ~ecti . . secuti sunt *Inv.*1.61; orator . . ~ectus ex optima disciplina *Orat.*191; quid . . a Socrate et Platone ~ectis philosophis faciendum uidetur? *Tusc.*5.119; *Div.*1.5; CAS.*Fam.*15.19.2; POMPON.*dig.*1.2.2.39.

profiteor ~itērī ~essus, *tr.* [PRO-+FATEOR]

1 To state openly, declare, avow. **b** (w. acc. and inf.; also w. acc. and pred., or w. indir. qu.).

te ipsum hoc oportet ~iteri et proloqui ENN.*scen.*337; tardioris ad hanc sententiam ~itendam multos esse factos CIC.*N.D.*1.63; quod in principio summae totius ~essi plerique sunt rerum scriptores LIV.21.1.1; meus est furiosior illo, si uerum ~itemur, amor OV.*Met.*9.738; dea furtiuos timide ~itetur amores *Fast.*6.573; adclamationibus . . studia sua multitudo ~itetur CURT.7.2.7; antequam (princeps) ~iteretur odium bonorum PLIN.*Pan.*95.3; Venus . . laetitiam suam saltando . . ~essa est APUL.*Met.*10.34; mihi . . paupertatem obprobauit, acceptum philosopho crimen et ultro ~itendum *Apol.*18; (*transf.*) uoltu ~itente dolorem *Epic. Drusi* 87; (*pf. pple. in pass. sense*) non peccat, quaecumque potest peccasse negare, solaque famosam culpa ~essa facit OV.*Am.*3.14.6;—(*ellipt. or absol.*) nil pudet neque uis tua uoluntate ipse ~iteri PL.*Men.*643; ita libenter confitetur ut non solum fateri sed etiam ~iteri uideatur CIC.*Caec.*24; uersus . . tanto pudicius compositi, quanto simplicius ~essi APUL.*Apol.*11; (*w.* de) ego de me ipse ~itebor CIC.*Phil.*2.118; ipsum . . de cogitato quondam parricidio ~essum SUET.*Cal.*12.3. **b** quis est qui non ~iteatur se adfuisse et suffragium de salute mea tulisse? CIC.*Sest.*109; NEP.*Them.*7.4; populus Romanus salutem se principi suo debere ~itetur CURT.10.9.3; apertius . . ~itendum puto, non hanc (*sc. music*) a me praecipi QUINT.*Inst.*1.10.31; APUL.*Met.*10.18;—(*w. acc. and pred.*) Delphicus Apollo Socratem omnium sapientissimum . . est ~essus VITR.3.pr.1; in tam discrepanti editione et Tubero et Macer libros linteos auctores ~itentur LIV.4.23.2; libertus suum illud facinus ~iteri TAC.*Ann.*13.44;—(*w. indir. qu.*) hic liber non ~itetur, unde architectura nascatur VITR.2.1.8; Harmonia . . interfectores, ~essa quaenam esset, in caedem suam conuertit V.MAX.3.2.ext.9.

2 To make a return of (property, etc.) to the proper authority. **b** *nomen ~iteri*, to submit one's name, enrol, register; so *~iteri* alone.

QVEI QVAESTVM SPVRCVM ~ESSI SVNT *CIL* 1.2123.10; edixerat ut aratores iugera sationum suarum ~iterentur CIC.*Ver.*3.38; ~iteri . . frumentum LIV.4.12.10; nec hoc aes alienum ~itebor . . reus SEN.*Ben.*6.19.5; addidit munificentiam Caesar, quantum quis damni ~essus erat exsoluendo TAC.*Ann.*2.26; (*poet.*) torquentur flamma terra . . dum sese pretio redimant, uerumque ~essae . . uiles . . iacent *Aetna* 262;—(*w. acc. and inf.*) aerari nostri tabulas falsas esse uoluerunt; nam seruos nouem se ~essi sunt habere, cum omnino sine comite uenissent CIC.*Flac.*43; pater eius natam sibi filiam more ceterorum ~essus est APUL.*Apol.*89;—(*w. indir. qu.*) apud eosdem xuiros quantum habeat praedae . . ~iteatur CIC.*Agr.*2.59; LIV.26.27.6;—(*pf. pple. in pass. sense*) rem non ~essam apud nos tenemus (*i.e. the* publicani) QUINT.*Decl.*341(p.345,l.24). **b** qui aderant nexi ~iteri extemplo nomina LIV.2.24.7; exspectauerant ut qui se tanto imperio dignos crederent nomina ~iterentur 26.18.5; 28.43.11; (*transf.*) si quisquamst qui placere se studeat bonis . . , in is poeta hic nomen ~itetur suom TER.*Eu.*3;—data est ciuitas Siluani lege et Carbonis: 'si . . sexaginta diebus apud praetorem essent ~essi' CIC.*Arch.*7; lex Aelia Sentia . . spurios spuriasue in albo ~iteri uetat *FJRA* 3.4.12 (*P.Mich.*169.12); IS . . QVI APVT TRIBVNVM . . SPONTE AD DIMICANDVM ~ITEBITVR *CIL* 2.6278.62; (*of a candidate, competitor*) CIC.*Planc.*14; pecuniarum repetundarum reus prohibitus erat consulatum petere, quod intra legitimos dies ~iteri nequiuerat SAL.*Cat.*18.3; ~iteretur qui se dignum eo duceret dono LIV.26.48.5; quaesturam petentis, quos indignos iudicauit, ~iteri uetuit VELL.2.92.3; TAC.*Ann.*1.81; nomen suum in albo ~itentium citharoedorum iussit ascribi SUET.*Nero* 21.1; (*of a prostitute*) multa ~essarum quaestibus apta Venus OV.*Fast.*4.866.

3 To give an assurance of, promise (one's help, a future action, etc.); (ellipt. or absol.) to offer one's support, volunteer. **b** (w. acc. and pred.) to undertake to be; (w. acc. and inf.) to promise or guarantee (that). **c** *indicium ~iteri*, to volunteer information against an accomplice.

si . . eam ad rem operam uestram ~itemini CIC.*S.Rosc.*153; ne . . id ~iteri uidear quod non possim, quod est impudentiae *Clu.*51; legatus omnium suorum excellens studium ~itebatur CAES.*Civ.*3.34.4; inceptis grauibus . . et magna ~essis HOR.*Ars* 14; dictatorem ~iteri patrocinium feneratorum aduersus plebem LIV.6.15.8; mens est mihi . . mores hominum ostendere. rem me ~essum dicet fors aliquis grauem PHAED.3.pr.51; cum sim ~essus rusticae rei praecepta . . asseueraueram . . non cuncta me dicturum, sed plurima COL.5.1.1; nos institutionem ~essi non solum scientibus ista sed etiam discentibus tradimus QUINT.*Inst.*11.1.5; (*pf. pple. in pass. sense*) sumunt gentiles arma ~essa manus OV.*Fast.*2.198;—(*ellipt. or absol.*) quo imus una . . ad prandium? quis ait 'hoc' aut quis ~itetur? PL.*Capt.*480; causae non uidentur homines defuturi; mirandum in modum ~itentur, offerunt se CIC.*Q.fr.*1.2.16; CAES.*Gal.*6.23.7. **b** (*w. acc. and pred.*) huic ego me bello ducem ~iteor CIC.*Catil.*2.11; se ad eam rem ~itetur adiutorem CAES.*Gal.*5.38.4; (*w. ellipsis of refl. pron.*) ducem ~itetur OV.*Ars* 1.181;—(*w. acc. and inf.*) triduo me iuris consultum esse ~itebor CIC.*Mur.*28; alii ipsi ~essi se pugnaturos LIV.28.21.4; ~iteor in eodem honore futuros omnes eos, in quo fuerunt CURT.8.8.18; medicina . . succursurum se pollicetur nullique unquam nociturum ~itetur LARG.pr.p.2,l.26; PLIN.*Ep.Tra.*10.4(3).2. **c** libertis tradit excruciandum . . Saluianum, qui ~itetur indicium coniuratorumque numerum auget *B.Alex.*55.3; SAL.*Jug.*35.6; CURT.8.6.23; summum supplicium decernebatur ni ~essus indicium foret TAC.*Ann.*6.3; PLIN.*Ep.*3.16.9.

4 To make profession of, lay claim to (a quality, etc.). **b** (w. refl. pron. and pred.) to profess (oneself) to be. **c** (w. inf.) to claim, profess (to).

quam (*sc.* philosophiam) qui ~itetur grauissimam sustinere mihi personam uidetur CIC.*Pis.*71; quod in eo ipso peccet, cuius ~itetur scientiam *Tusc.*2.12; uitate uiros cultum formamque ~essos OV.*Ars* 3.433; (Flora) non est de magna ~essis: uolt sua plebeio sacra patere choro *Fast.*5.351; (Hannibal) bellum aduersus populum Romanum . . ~essus aduersus ipsam fidem acrius gessit V.MAX.9.6.ext.2; cum amplexa sis forsitan illum qui occisus est, tam incredibilem ~iteris soporem? [QUINT.]*Decl.*1.9;—(*cf.*) cetera quae ~iteantur (*i.e. claim to foretell*), negat ullo modo posse sciri CIC.*Div.*2.90. **b** qui ~itentur se dicendi magistros CIC.*de Orat.*3.92; qui se architectum ~iteatur VITR.1.1.3; diadema detrahit capiti . . ut, si quis se digniorem ~iteretur, acciperet CURT.10.8.20; magus quidam . . ex formae similitudine filium se Cyri ~essus AMP.30.2; (*w. ellipsis of refl. pron.*) metues . . scurrantis speciem praebere, ~essus amicum HOR.*Ep.*1.18.2; (*pf. pple. in pass. sense*) uenustissimus homo et ~essus Asianus SEN.*Con.*10.5.21;—(*cf., w. acc. and inf.*) rei . . tam . . difficilis facultatem consecutum esse me non ~iteor CIC.*N.D.*1.12. **c** ut eis, quod ~itentur scire, id crederetur VITR.3.pr.1; mihi, quam ~itebar amare, laesast OV.*Am.*1.7.33; SIL.8.263.

5 To make one's business or profession, practise; (esp.) **b** to teach (a subject) professionally, lecture in; (absol.) to be a public teacher.

ius ~itentur etiam qui nesciunt CIC.*Orat.*145; qui summa doctrinarum subtilitate essent prudentes, sine dubitatione ~iterentur architecturam VITR.10.pr.2; OV.*Ars* 3.531; omnis . . medicinam Romae ~essos . . ciuitate donauit SUET.*Jul.*42.1; feminae famosae . . lenocinium ~iteri coeperant *Tib.*35.2;—(*w. inf.*) quicumque suas ~itentur uendere merces OV.*Fast.*5.671. **b** Lysiam primo ~iteri solitum artem esse dicendi CIC.*Brut.*48; quae disputari de amicitia possunt, ab eis censeo petatis qui ista ~itentur *Amic.*17; ii, qui rationalem medicinam ~itentur CELS.1.pr.13; cessat omne studium et liberalia ~essi . . desertis angulis praesident SEN.*Ep.*95.23; ex his qui grammaticen ~iteantur QUINT.*Inst.*2.1.6;—haec, quae ~itentium commentariolis uulgata sunt 1.5.7; cum omnis, qui ~itentur, audiero PLIN.*Ep.*2.18.3; ~essus diu in patria . . Romam . . transiit docuitque maiore fama quam emolumento SUET.*Gram.*9(p.106Re); maximam scientiam in ~itendo habeurunt POMPON.*dig.*1.2.2.38.

prōflāmen ~inis, *m.* [back-formation from *pro flamine* (PRO[1]+abl. of FLAMEN[1])] (relig.) A deputy *flamen*.

CIL 6.2080.

prōflātus ~ūs, *m.* [PROFLO+-TVS[3]] The

action of blowing out (in quot., applied to snoring).

Calpetus..~u terrebat equos: madida ora redundant accensusque mero sopor aestuat STAT.*Theb.*10.320.

prōflictus ~a ~um, *a.* [PRO-+pple. of FLIGO] (Cited, or perh. coined, by Gellius to explain *profligatus.*)

ut..'profligatas.. res quasi '~as' et 'perditas' appellarent GEL.15.5.2.

prōflīgātor ~ōris *m.* [PROFLIGO+-TOR] One who dissipates his fortune, a spendthrift.

(Petronius) habebatur..non..~or, ut plerique sua haurientium, sed erudito luxu TAC.*Ann.*16.18.

prōflīgātus ~a ~um, *a. superl.* ~issimus. [pple. of next] Dissolute, profligate, depraved.

tu, omnium mortalium ~issime ac perditissime CIC.*Ver.* 3.65; ~orum hominum cotidianos impetus *Arch.*14; *Sest.*73; ex iuuentute..~issimus quisque..famosi iudicii notam sponte subibant SUET.*Tib.*35.2; (*of conduct*) senatoria iudicia perdita ~ataque esse arbitratur CIC.*Ver.*8.

prōflīgō ~āre ~āuī ~ātum, *tr.* [PRO-+FLIGO +-O³]

1 To defeat decisively, crush, overwhelm (troops, etc.); to subdue completely (a territory). **b** (of a physical condition, feeling) to prostrate, overwhelm. **c** (transf.) to ruin or destroy utterly, put in a desperate situation (affairs, an institution, etc.; also persons).

confidentiast nos inimicos ~are posse PL.*Mil.*230; aciem hostium ~are CIC.*Rab.Post.*42; quod classem hostium primo impetu adueniens ~auerim CAES.*Civ.*2.32.12; tanto plus uirtute ualuerunt Athenienses, ut decemplicem numerum hostium ~arint NEP.*Milt.*5.5; ~ato dextro cornu LIV.7.15.6; AUG.*Anc.*5.47; optimates..uno proelio ~abuntur SEN.*Ep.*71.9; TAC.*Ann.*12.38; SUET.*Jul.*35.2; (*cf.*) amplexu multique mero..~anda acies (*sc. of Hannibal*) SIL. 11.398;—certum est..ad ~andam prouinciam maxime profecisse..ducis sanctitatem: quippe qui captiuos pueros.. barbaris restitueritFLOR.*Epit.*1.22(2.6.40). **b** quanto.. illum maerore esse adflictum et ~atum putatis? CIC.*Catil.* 2.2; ipsum offendunt temulento sopore ~atum CAEL.*orat.*15. **c** cum suis consiliis rem publicam ~asset CIC.*de Orat.*3.3; ~atam iam rem nuntiando Romae esse..perpulerunt ut ad arma conclamaretur LIV.3.50.10; quo maiore cum gloria rebus lassis ~atisque succurrat SEN.*Ben.*6.25.4; desinite ualitudinem uestram ~are GEL.19.5.4;—(*persons*) cum.. perditis ~atisque sociis uectigalia populi Romani sint deminuta CIC.*Ver.*3.127; auxilium ~atis contumelia est PUB.*Sent.*A.44.

2 To perform the greater part of, 'break the back of' (a task or sim.); *in ~ato esse*, to be in a nearly completed state. **b** (esp.) to give a decisive turn to (a battle or war).

~ata iam haec et paene ad exitum adducta quaestio est CIC.*Tusc.*5.15; ad eam diem ne ~atum quidem quicquam erat (*i.e. in allotting provinces*) CAEL.*Fam.*8.9.2; COEPTA ~ATAQVE OPERA A PATRE MEO PERFECI AUG.*Anc.*4.13; quantum (itineris) cotidie ~etur SEN.*Dial.*7.1.1; aliquis emeritis iam stipendiis, ~atae aetatis 8.2.2; ~ato urbis excidio FLOR.*Epit.*1.31(2.15.12);—nunc audio aedificia et templa.., quae prope absoluta..sunt, 'in ~ato' esse dici GEL.15.5.2. **b** ~ato bello ac paene sublato CIC.*Fam.* 12.30.2; (bellum) commissum ac ~atum conficere LIV. 21.40.11; integri ~atam pugnam acceperunt 38.25.14; Achaici..belli..maxima pars ab hoc uiro ~ata est V.MAX. 7.5.4; in multis legionibus paucos qui proelia ~arent TAC. *Ann.*14.36; (*impers. pass.*) cum ~ari nihil uideret, cedere instituit FRON.*Str.*2.3.20;—(*cf.*) turbata..tota acie uictoriam ~auit 2.3.2.

prōflō ~āre ~āuī ~ātum, *tr.* [PRO-+FLO]

1 To emit by breathing or sim., blow out, exhale.

(*of persons or animals*) Leo ~at ferus ore calores Q.CIC. *poet.*6; quas (*sc.* flammas) quotiens (Cacus) ~at OV.*Fast.* 1.573; tauros..Tartaream ~antes pectore noctem V.FL. 6.435; 7.571; illum sanguineos ~antem pectore riuos adspicit STAT.*Theb.*11.266; (*sleep, the fumes of wine*) toto ~abat pectore somnum VERG.*A.*9.326; inter uacuos..crateras anhelum ~abant..deum (*i.e.* Bacchum) STAT.*Theb.*2.77; (*cf.*) (elephans traditur) circumspectare, iras ~are (*i.e. snort with anger*) PLIN.*Nat.*8.9;—(*of a river*) amnem..ingentis auras mane ~are FRON.*Str.*2.2.7.

2 To dilate with breath, puff out (the nostrils).

~atis..naribus rudiui APUL.*Met.*7.13.

3 To melt (metal) in a forge.

massa ~atur in primis, mox in ~atum additur tertia portio aeris collectanei PLIN.*Nat.*34.97.

prōfluens ~ntis, *a.* [pple. of PROFLVO]

1 (of water) Free-flowing, running. **b** (fem. as sb., sc. *aqua*) running water.

~ns amnis..nullo modo..conrumpitur CIC.*N.D.*2.20; prohibere aqua ~nte *Off.*1.52; LIV.1.4.3; palustris lens.. nascens in aqua non ~nti PLIN.*Nat.*22.145; TAC.*Ann.*15.45. **b** qui parentem necasse iudicatus erit..deuehatur in ~ntem *Rhet.Her.*1.23; CIC.*Inv.*2.149; (acina) in ~nte..lentescunt PLIN.*Nat.*16.248; arma uictorum non..cremata, set rupta sunt et in ~ntem data FLOR.*Epit.*2.24(4.12.9); SUET.*Vit.*9.

2 (of speech, style) Fluent, facile.

genus sermonis..non fusum ac ~ns, sed exile, aridum CIC.*de Orat.*2.159; ~ns quiddam habuit Carbo et canorum 3.28; illa sine interuallis loquacitas perennis et ~ns 3.185; Secundo..~ns sermo non defuit TAC.*Dial.*2.2; prompta ac ~ns..eloquentia *Ann.*13.3.

prōfluenter, *adv. compar.* ~ius. [prec.+ -TER²] With ease, effortlessly; in a facile style, fluently.

ergo omnia ~er absolute prospere, igitur beate CIC.*Tusc.* 5.53;—Fauorinus..ea..splendidius et ~ius exequebatur GEL.14.1.32.

prōfluentia ~ae, *f.* [PROFLVENS+-IA] Fluency (of speech).

inanis quaedam ~a loquendi CIC.*Part.*81.

prōfluō ~uere ~uxī, *intr.* [PRO-+FLVO]

1 (of liquids) To flow forth, run out, discharge. **b** (of a river or sim.) to rise. **c** to flow along; (of water) to flow freely, run (as opposed to stagnating).

si lacus emissus lapsu..suo ad mare ~uxisset CIC.*Div.* 1.100; MELA 2.63; aestus..e Ponto ~uens PLIN.*Nat.*4.93; AQVAM IN ⟨ALVEVM VSQVE AD⟩ SVMMAM RANAM HYPOCAVSTIS..~VENTEM *CIL* 2.5181.22; (*of something carried along a stream*) ita ~uens terra in mare labitur PLIN.*Nat.* 33.76;—(*of blood or other internal fluids*) neque sanguis ullo potis est pacto ~uens consistere ENN.*scen.*163; uulnera defricantur, donec..pituita ~uat COL.6.8.1; nodos..secare oportet ita, ne ~uat medulla PLIN.*Nat.*17.154; sanguis.. potest..e naribus ~uxisse QUINT.*Inst.*5.9.9; de uulnere sanguinem ~uentem APUL.*Apol.*40; (*cf.*) quod illa..simulet quasi grauedo ~uat PL.*As.*796. **b** Mosa ~uit ex monte Vosego CAES.*Gal.*4.10.1; qua..Nilus..~uit [TIB.]3.7.141; CURT.5.1.13; amnis..Cephisus ex eodem lacu ~uens PLIN. *Nat.*2.230; (*in fig. phr.*) ex quo..fons ille philosophiae ~uxit APUL.*Pl.*1.14. **c** alii..per pingues terrae uenas ~uentes uncti oleo fontes erumpunt VITR.8.3.8;—(*opp. stagnating*) seu stabit iners seu ~uet umor VERG.*G.*4.25; (medici) stagnantes (aquas) pigrasque..damnant, utiliores quae ~uunt existimantes PLIN.*Nat.*31.31.

2 To run or overflow (with a liquid; also transf., with any abundance). **b** (of the bowels) to be loose.

cui caepe edundod oculus alter ~uit NAEV.*com.*18; ciuitas ..in cuius agris est spelunca ~uens aqua, e qua qui biberint, fiunt abstemii VITR.8.3.21; (*poet.*) nec deest nec superest census (*i.e. for those born under Aquarius*). sic ~uit urna MAN.4.272;—nobis, Pax alma, ueni..~uat et pomis candidus ante sinus TIB.1.10.68. **b** si..haec (*sc.* aluus) ~uit CELS.3.6.10; adstrictum corpus sit an ~uat 3.6.13.

3 (of speech) To come readily, flow.

cuius ore sermo melle dulcior ~uebat *Rhet.Her.*4.44; genus orationis..cum lenitate quadam aequabiliter ~uens CIC.*de Orat.*2.64; dulcior (uox) ut numquam Pylio ~uxerit ore VALG.*poet.*2.3.

4 (w. *ex, ab,* etc.) To be derived, spring, emanate (from).

(*w.* ex) illud, quod ex hoc genere ~uit CIC.*de Orat.*3.166; ex uno capite hic ut ~uat ardor LUCR.5.601; ex his fontibus etiam illa ~uunt, ut facilius iram iudicis uel instiget uel leniat TAC.*Dial.*31.3; ut cunctae istae sententiae..uideantur ex sermonum eius fontibus ~uxisse GEL.9.5.7;—(*w.* ab) ab hoc fonte quae (*sc. words*) ~uant VAR.*L.*8.62; qui ab ipsa natione Chaldaeorum ~uxerunt VITR.9.6.2;—(*absol.*) magno studio hominibus iniecto magna..doctorum ~uxit copia SUET.*Rhet.*25(p.121Re).

5 (fig., of a person) To be carried on a current, drift (into a course of conduct, etc.).

Messalina facilitate adulteriorum in fastidium uersa ad incognitas libidines ~uebat TAC.*Ann.*11.26.

prōfluuium ~(i)ī, *n.* [PROFLVO+-IVM]

1 An (excessive) discharge (of blood or other bodily fluid).

~ium..taetri sanguinis acre LUCR.6.1205; ut..sanguinis cerebrique ~io exspiraret VELL.2.120.6; CELS.5.26.21.C; COL.6.26.3; in ~io genitali (*i.e. spermatorrhoea*) PLIN.*Nat.* 20.143; ~ia mulierum (*i.e. the menses*) 21.169; semen (*sc.* urticae)..~ia..narium sistit inpositum 22.32; urinae ~ia 28.61.

2 Looseness (of the bowels).

si corpus adstrictum est, digerendum esse; si ~io laborat, continendum CELS.1.pr.56; inflationem..et ~ium alui PLIN.*Nat.*8.28; ~io uentris deficientes FRON.*Str.*3.7.6; SUET.*Aug.*97.3; FRO.*Aur.*1.p.250(91N).

prōfluuius ~a ~um, *a.* **prōfluius.** [PROFLVO+-IVS] Fluctuating, inconstant.

itane Antipho inuenitur ~a fide? CAECIL.*com.*30.

profor ~ārī ~ātus, *intr,* (*tr.*). [PRO-+FOR]

1 To speak out, give utterance. **b** (tr.) to tell, announce.

tum breuiter Dido uultum demissa ~atur: 'soluite corde metum..' VERG.*A.*1.561; quibus ille ~atur: 'forsitan..' OV.*Met.*11.290; 'hoc satis est dixisse Iouem.' sic ille ~atus.. LUC.9.584; tandem pater ante ~atur: 'quis..? STAT.*Theb.* 10.689; SIL.11.211;—(*w. internal acc.*) contra carinantes uerba atque obscena ~atus ENN.*Ann.*563; infans..pudor prohibebat plura ~ari HOR.*S.*1.6.57; (*sup.*) se, triste ~atu, uidisse, arderent cum bina..castra SIL.17.176;—(*w. acc. and inf.*) Fabius..bellum se gestare sinu pacemque ~atus 2.384. **b** piget paternum nomen..~ari PAC.*trag.*145; ueteres Casmenas, cascam rem uolo ~ari *Inc.poet.*p.29.

2 To give warning, make a prediction. **b** (tr.) to give warning of (a coming event).

Pythia quae tripodi a Phoebi lauroque ~atur LUCR.1.739; 5.112; Delio ~ante PETR.89,l.4;—(*w. internal acc.*) si modo uera mihi fas est..~ari, uota tibi cedent 121,l.5; si seruus inter fanaticos non semper caput iactaret et aliqua ~atus esset ULP.*dig.*21.1.1.9. **b** quando dies adueniet, quam ~ata Morta est ANDR.*poet.*11(12).

prōfringō ~ere prōfrēgī prōfractum, *tr.* [PRO-+FRANGO] To break up (land with the plough).

~unt inarata diu Pangaea iuuenci STAT.*Theb.*10.512.

profugiō ~ugere ~ūgī, *intr., tr.* [PRO-+FVGIO]

1 (intr.) To run away, make one's escape, flee. **b** (w. *ad*) to fly for help (to a person). **c** to forsake one's home, country, etc., migrate, or sim.; so *~ugere in exilium.*

(*w. source expr.*) puerum seruos surpuit eumque hinc ~ugiens uendidit PL.*Capt.*9; per incertas uias Aeserniam, inde Romam..~ugerant SIS.*hist.*6; qui ex praedonum insidiis, qui ex tempestatum periculis ~ugissent CIC.*Ver.* 5.157; inter hunc tumultum Tullia domo ~ugit LIV.1.59.13; ~ugit e carcere VELL.2.19.3; PLIN.*Nat.*16.223; cum..noctu ~ugisset ab urbe SUET.*Cal.*24.2;—(*w. destination expr.*) boues immolatos, priusquam caederentur, ~ugisse in siluam CATO *hist.*55; cum..tempestatem querelarum ferre non posses, in oppidum deuium Beroeam ~ugisti CIC.*Pis.* 89; Adherbal..ex iis, qui una Cirtam ~ugerant, duos.. delegit SAL.*Jug.*23.2; Iulianus..per auia Moesiae ultra montem Haemum ~ugit TAC.*Hist.*2.85;—(*absol.*) postridie quam Catilina ~ugit CIC.*Att.*2.1.3; simul, uti noctu clam secum ~ugeret, rogat SAL.*Jug.*106.2; duo cum incidissent in latronem milites, unus ~ugit; alter autem restitit PHAED. 5.2.2; puer clanculo ~ugit APUL.*Met.*3.8. **b** scripsit.. filius se..~ugere ad Brutum uoluisse CIC.*Att.*15.21.1; nauem ascendit clam atque in Syriam ad Antiochum ~ugit NEP. *Han.*7.6; LIV.21.61.11; PLIN.*Nat.*6.35. **c** gnatus ei(u)s ~ugit inopia TER.*Hau.*528; egens ~ugiet aliquo militatum *Ad.*385; quid ille maximus numerus aratorum qui..ex prouincia..bonis fortunisque omnibus ereptis ~ugerunt, qua ratione ii reuocabuntur? CIC.*Ver.*3.128; Galli, quod res nulla successerat, postero die consilium ceperunt ex oppido ~ugere CAES.*Gal.*7.26.1; (*of a thing*) sin (anima)..sinceris membris ablata ~ugit LUCR.3.717;—damnati..comitiis centuriatis cum in exsilium ~ugissent CIC.*Dom.*86; AMP. 18.17.

2 (tr.) To run away from (a place, person, etc.). **b** to abandon (one's home or country).

hostem..~ugiens ACC.*trag.*192; cum uim prope iustorum armorum ~ugisset CIC.*Sest.*50; ne serui quidem uno grege ~ugiunt dominos CURT.10.2.20; conspectum..ciuium suorum ~ugit SEN.*Dial.*11.17.4; non ~ugientibus adulterino sanguine natos serpentibus PLIN.*Nat.*7.14; ~ugit contionem confestimque urbem..petit SUET.*Cal.*48.2; (*poet.*) ~ugit chelas et spicula Phoebus dira Nepae COL.10.56; (*in fig. phr.*) ut irritamenta uitiorum quam longissime ~ugiamus SEN. *Ep.*51.5. **b** Phocaeorum..~ugit exsecrata ciuitas agros atque Lares HOR.*Epod.*16.18; ut multi..propter iniuriam uicinorum sedes suas ~ugerint COL.1.3.6.

profugus ~a ~um, *a.* [prec.+-VS]

1 Making one's escape, fleeing, fugitive. **b** (masc. or fem. as sb.) a fugitive, runaway. **c** (poet., of things) eluding possession or grasp. **d** (fig.) shrinking (from a task).

milites Iugurthini.., postquam maiore ui hostes urgent, ..~i discedunt SAL.*Jug.*56.6; ~i Scythae (*i.e. whose strategy is to retreat before an invader*) HOR.*Carm.*1.35.9; auersos ~a de classe reduxi OV.*Met.*13.229; donec ad frequentiora..~us raptor euadat MELA 3.43; ~is hostibus SEN.*Ben.*6.31.2; solacium populo exturbato ac ~o campum Martis..patefecit TAC.*Ann.*15.39; (*of animals*) ~i sternunt dumeta iuuenci V.FL.3.57; (*in fig. phr.*) depuduit, ~usque pudor sua signa relinquit OV.*Ep.*4.155; (*transf.*) ~o..halitu (*i.e. of an expiring man*) SEN.*Tro.*379;—(*w. source expr.*) serui ~i a dominis PLIN.*Nat.*6.172; dirum omen, ~us altaribus taurus TAC.*Hist.*3.56; duces ~os proelio ipsi sequebantur FLOR.*Epit.*2.7(3.19.7); (*w. gen.*) bis ab Hannibale captus.., bis uinculorum eius ~us PLIN.*Nat.*7.104; (Sertorius) exul et ~us feralis illae tabulae (*i.e. Sulla's proscriptions*) FLOR.*Epit.*2.10(3.22.2); (*cf.*) hunc (*sc.* lapidem) e prytaneo..saepe ~um uinxere plumbo PLIN.*Nat.*36.99; —(*w. destination expr.*) sacerdos..ruperat uittas, ~us ad rebellis TAC.*Ann.*1.57. **b** (*masc.*) nox fauet et grata ~os amplectitur umbra STAT.*Theb.*11.761; obsides..clam.. praemissos..insecutus ueluti ~os..in catenis reduxit SUET. *Cal.*45.2; (*w.* ab) a proelio ~i cum se Mundam recepissent FLOR.*Epit.*2.13(4.2.85);—(*fem.*) ~am uolucres diripuere suae MART.5.67.4. **c** (Tantalus) fluctus ore petens, quos ~us latex auertit SEN.*Thy.*172; ~os uinctura papauera somnos COL.10.104; omnia..quae mutari..possunt, labentia et ad instar fluminum ~a APUL.*Pl.*1.6. **d** totiens ab accusandi periculo ~us APUL.*Apol.*2.

2 That flies from his country or home, exiled, or sim. **b** (masc. as sb.) an exile, refugee, or sim.

Troiani, qui..~i sedibus incertis uagabantur SAL.*Cat.*6.1; Graius homo, infectos linquens ~us hymenaeos VERG. *A.*10.720; Aenea..Troica qui ~is sacra uehis ratibus TIB.2.5.40; Euandri ~ae..boues PROP.4.1.4; Auruncos.. oppidum deseruisse ~osque cum coniugibus ac liberis Suessam communisse LIV.8.15.4; nititur ut ~ae desint alimenta senectae (*i.e. the exiled Ovid in his old age*) OV.*Ib.*21; Solon..senectutem Cypri ~us exegit V.MAX.5.3.ext.3; ~i non sperat uellera Phrixi V.FL.4.556; Teucer, Telamonis patris ira ~us TAC.*Ann.*3.62; comitatae ~os liberos matres *Hist.*1.3;—(*w. source expr.*) Hannibal patria ~us peruenerat ad Antiochum LIV.34.60.2; qui ex Cilicia ~i domos repetierant CURT.4.1.39; Dido Phoenissam Tyro ~am TAC.*Ann.* 16.1; Tigurini ab extremis Galliae ~i..nouas sedes toto orbe quaerebant FLOR.*Epit.*1.38(3.3.1); (*w. gen.*) Tiridates.. regni ~us..modice querendo grauior erat TAC.*Ann.*15.1. **b** non mihi seruorum..cura legendi, non aptae ~o uestis opisue fuit OV.*Tr.*1.3.10; ~o..adfer opem *Pont.*2.9.6; da sedem ~o! STAT.*Theb.*7.182; (*w.* ab) incolebant urbem eam ~i ab Thebis Phthioticis LIV.28.7.12.

profundō ~undere ~ūdī ~ūsum, *tr.* [PRO-+FVNDO] PROS.: *prō-* in CATUL.64.202.

1 To empty (liquids) from a container, pour out; (also solid things). **b** (of natural agencies)

to cause (a stream or sim.) to pour forth; (pass., of a river) to discharge (at source or mouth).
aquam..plorat, quom lauat, ~undere Pl.*Aul.*308; aurea diuinas urna ~udit aquas Prop.2.26.50; cum ibi magna uis aquae, luti, stercoris nocte ~usa esset Vitr. 10.16.7; uino..in tura ~uso Ov.*Met.*13.636; (*impers. pass.*) diis sacrificatur,..obitis libatione ~unditur Apul.*Mun.*35; —altris (decuit) nuces in procliui ~undier Naev.*com.*24; non peperit, uerum postica parte ~udit Lucil.119; cum primum (puerum) in luminis oras nixibus ex aluo matris natura ~udit Lucr.5.225; ~usa in medium sportula iubet officialem suum insuper pisces inscendere Apul.*Met.*1.25; iam deposita crumina, iam ~usis nummulis 2.13;—(*poet.*) ~usus flamine hiberno gelus Acc.*trag.*390; (*cf. sense 8b*) fac ne uentis uerba ~undam Lucr.4.931. **b** calidae aquae.. odore malo..~udunt fontes Vitr.8.2.8; noua fluminum capita..quae amplius ut e pleno ~undant Sen.*Nat.*3.29.1; terrae..motus ~undunt sorbentque aquas Plin.*Nat.*31.54; —(*pass. in refl. sense*) amnis Varus, ex Alpium monte Caenia ~usus 3.35; uasto alueo ~usus (Tigris) dextra Characis oppidi infertur mari Persico 6.130; (*poet.*) ut..olearum caerula distinguens inter plaga currere posset per tumulos.. camposque ~usa Lucr.5.1375.

2 To emit (fluids) from the body (usu. w. implication of abundance); (esp.) to shed freely (blood, tears). **b** *animam, uitam,* or *spiritum ~undere,* to breathe one's last, die; usu. (cf. sense 8) to give one's life (in a cause). **c** (of things) to pour forth (flames, heat).
ut..~undant fluminis ingentis fluctus (*i.e. in a discharge of semen*) Lucr.4.1035; (*pass. in refl. sense*) subito..ex omnibus membris ~uso sudore Curt.8.2.38; mulieri ante septimum mensem ~usum lact inutile Plin.*Nat.*11.236; (*cf., of a plant*) ea (*sc.* arbusta)..~undunt e medullis.. liquorem Vitr.2.9.4;—(*tears*) uirum fortissimum, M. Fonteium, parentis..commemoratione lacrimas ~udisse Cic. *Font.*48; lacrimas oculis Iuturna ~udit Verg.*A.*12.154; corpus ut adspexit, lacrimis auriga ~usis restitit Ov.*Fast.* 6.605; Sen.*Ep.*99.15; Tac.*Ann.*4.53; (*refl.*) lacrimae..se subito ~uderunt Cic.*Att.*11.7.6;—(*blood*) exitium exoptat, sanguinem suum ~undere omnem cupit *Clu.*18; qui sanguinem pro uita, libertate, fortunis populi Romani.. ~udissent *Phil.*14.38; uaccula deum ~undit ante templa sanguinem *Priap.*85.15; plurimo eius gentis uariis in locis ~uso sanguine Vell.2.97.3; Apul.*Met.*8.18; (*pass. in refl. sense*) solet..abrupta cruor e ceruice ~undi Ov.*Met.*8.764. **b** Miltiadem..uitam..in ciuium uinculis ~udisse Cic.*Rep.* 1.5;—ille..qui in causa animam ~udit *Marc.*31; qui pro patria uitam ~uderunt *Phil.*14.30; honeste spiritum ~undere in acie V.Max.6.3.3; Calp.*Decl.*19. **c** ut (nubes) ..rubeant ignisque ~undant Lucr.6.210; quibus locis (sol) mediocriter ~undit uapores Vitr.6.1.3.

3 (of a plant) To put forth (shoots or sim.), esp. in abundance; (refl. or pass.), to spring up, sprout.
radix acanthi media folia..circum uernum tempus ~udit Vitr.4.1.9; coles in modum coronae contortos arbori circumdari, ut flexura materias ~undat Col.5.6.22;—nam facilius sicut in uitibus reuocantur ea, quae se nimium ~uderunt, quam.. Cic.*de Orat.*2.88; nihil est..in natura rerum omnium, quod se uniuersum ~undat et quod totum repente euoluat 2.317; ea, quae frugibus atque bacis terrae fetu ~unduntur *Leg.*1.25; si supra modum se numerus eorum (*sc.* palmitum) ~uderit Col.4.27.4.

4 To pour out in a stream (words, sounds, etc.). **b** to make known or publish copiously.
sed quid ego haec animo trepidanti dicta ~undo? Lucil.1000; maledictorum clamorem omnes ~uderunt Cic. *Sest.*117; ~undenda uoce omne corpus intenditur *Tusc.*2.56; si (sermo) cum summost clamore ~usus Lucr.4.539; uox a scaena uti ab centro ~usa se circumagens Vitr.5.5.3; instabat tibi toruo uultu minas ~undens amplissima potestas V.Max.3.8.6; Sil.6.252. **b** res iam uniuersas ~undam, de quibus uolumina impleta sunt Cic.*Luc.*87; omnia ueridico qui quondam ex ore ~udit Lucr.6.6; qui postquam coetu patrum..uix tota ~udit consulta Sil. 11.68.

5 (refl. or pass., of a multitude) To rush or stream forth.
(*refl.*) omnis..multitudo sagittariorum se ~udit Caes. *Civ.*3.93.3; cum se noua ~undent examina Col.9.3.4;— (*pass.*) V.Fl.3.3; insequitur Drangaea phalanx claustrisque ~usi Caspiadae 6.106.

6 To express without restraint, give free play to (a feeling, desire, etc.). **b** (refl. or pass., of persons) to break out (into some manifestation of feeling).
insolentia uoluptatum, quae, cum..prima aetate compressae et constrictae fuerunt, subito se non numquam ~undunt Cic.*Cael.*75; omne odium inclusum nefariis sensibus impiorum in me ~udistis *Pis.*16; ludendi..est quidam modus retinendus, ut ne nimis omnia ~undamus *Off.*1.104; illacrimante senatu..iuuenumque dolore ~uso Sil.6.395; cuncta simul uitia male diu dissimulata tandem ~udit Suet. *Tib.*42.1. **b** in questus..flebiles..sese in uestibulo curiae ~uderunt Liv.23.20.5; (Volumnius) exanimi amico adhaesit..in lacrimas et gemitus ~usus V.Max.4.7.4; 9.9.2.

7 To cause (the limbs, etc.) to hang down languidly or be loosely extended. **b** (pass.) to prostrate oneself (in grief, submission, etc.).
cum somnus membra ~udit Lucr.4.757; (*transf.*) animo in somnum ~uso V.Max.1.7.5;—(*pass. in middle sense*) codam ~usam usque ad calces ut habeant (*sc.* pecudes) Var.*R.*2.5.8; cui simul infula..ex utraque pari malarum parte ~usast Lucr.1.88; (*cf.*) (aues) praecipites..cadunt molli ceruice ~usae in terram 6.744. **b** ~usus gemitu.. 'occisi' antruat Pac.*trag.*321; iuxta busta ~usis matribus.. cecini solatia Stat.*Silv.*2.1.31; genibus eius ~usa sic nequissima illa deprecatur Apul.*Met.*4.12.

8 To give freely, lavish, pour out; *se ~undere,* to be generous. **b** (in pejorative sense) to spend or use wastefully, squander, throw away.
ait omnia pecunia effici posse: dare, ~undere oportere, si uelis uincere Cic.*Ver.*3.155; natura ~undit adulescentiae cupiditates *Cael.*28; tantam pecuniam ~udisti, non ut flagitii tibi conscius ab insectatione eius auerteres famam Plin.*Pan.*28.1;—(*one's energies or abilities*) in qua (*sc.* fabula)..omnis ~udi uiris animi atque ingeni mei Cic.*Att.* 1.18.2;—(*refl.*) quae si secus essent totumque se ille in me ~udisset 7.3.3. **b** ~undis uinum: quae te res agitant? Pl.*Cur.*92; cum pecuniam ~udisset et sibi nihil..ne ad necessitatem quidem reliquisset Cic.*Clu.*68; patrimonia sua ~uderunt, fortunas suas obligauerunt *Catil.*2.10; prodigi, qui epulis et uiscerationibus..pecunias ~undunt in eas res, quarum memoriam..nullam omnino sint relicturi *Off.*2.55; sin ea quae fructus cumque es periere ~usa uitaque in offensast Lucr.3.940; diuitias..quas ~undant in extruendo mari et montibus coaequandis Sal.*Cat.*20.11; Apul.*Apol.* 88;—(*ellipt. or absol.*) ~undat perdat pereat; nil ad me attinet Ter.*Ad.*134; non meretricibus donat; non in parasitos ~undit Quint.*Decl.*260(p.63,l.19).

profundum ~ī, *n.* [neut. of next]

1 A tract of deep water, (w. gen.) the deep part, depths (of a body of water); (esp. applied to particular stretches of ocean or sea; also to a lake). **b** (without qualification, esp. rhet. or poet.) the deep sea, the ocean, the deep; also *~um maris,* etc. **c** the part (of a body of water) farthest from the surface, the depths.
celeri saltu ~um Tiberis petiit V.Max.4.7.2; (Padus) urguetur..aquarum mole et in ~um agitur Plin.*Nat.*3.119; eadem freto litori campis facies, neque discerni poterant incerta ab solidis, breuia a ~is Tac.*Ann.*1.70;—pauidae nequiquam filia matri omnibus est terris, omni quaesita ~o Ov.*Met.*5.439; proxuma..Italiae tenui diuisa ~o ora Man. 4.789; non..omni mari potest omnis esse (piscis), ut helops, qui Pamphilio ~o nec alio pascitur Col.8.16.9; gemino tellus elisa ~o est Luc.2.437; rubri stagna ~i 8.853; quae natat in Siculo grandis murena ~o Mart.13.80.1;—Trebiam et Tusci post stagna ~i Sil.7.378. **b** nec prius illam crucem..reuellistis neque in ~um abiecistis, quam..? Cic.*Ver.*4.26; ~o uela dabit Verg.*A.*12.263; longa interualla ~i Prop.3.21.31; cito mutatast iactati forma ~i Ov. *Ep.*18.77; extentis laqueare ~um retibus Man.5.659; iste.. qui terras circumscripsit, dilatauit ~um (*i.e. Xerxes*) Sen. *Suas.*2.17; clausa (urbs) ~o undique Luc.6.23; ~i uada Plin.*Nat.*26.43; pater ipse ~i (*i.e. Neptune*) V.Fl.2.605; Juv.13.49; Apul.*Apol.*31;—terram et caelum pontique ~a, solis lunai cursus Lucr.5.417; spes uictis telluris abit, placuitque ~o fortunam temptare maris Luc.3.509. **c** Triton..undante in freto molem ex ~o saxeam ad caelum erigit Acc.*trag.*402; qui demersi sunt in aqua nihilo magis respirare possunt, si non longe absunt a summo..quam si etiam tum essent in ~o Cic.*Fin.*3.48; cadauera saxis.., ut pondere traherentur in ~um, adnexa Liv.33.29.6; nec quaerit in ~is murices Plin.*Nat.*22.3; deam, quam caerulum ~um pelagi peperit Apul.*Met.*4.28.

2 A deep cavity or depression, a chasm, abyss, or sim. **b** the lowest part (of a cavity, etc.), the depths; (esp.) the depths of the ground.
scrutamur rimas et uertimus omne ~um (*i.e. in mining*) *Aetna* 259; si nihil irritet flammas stupeatque ~um (*i.e. below a volcano*) 343; cum..hiatu terra subsideret,..equum ..praecipitem in illud ~um egit V.Max.5.6.2; nasci..posse pisces in illo terrarum ~o Sen.*Nat.*3.19.3; (*applied to the Underworld*) teneri crede Lethaeo abditum Thesea ~o *Phaed.*148;—(*humorously, w. ref. to a glutton's stomach*) quasi fundum uendam, meis me addicam legibus. — ~um uendis tu quidem, hau fundum, mihi Pl.*Capt.*182;—(*transf.*) ut Democritus (dixit) in ~o ueritatem esse demersam Cic.*Ac.* 1.44; *Luc.*32; quicquid temporis transit, eodem loco est.. omnia in idem ~um cadunt Sen.*Ep.*49.3. **b** aquae terraeque uim..grauem atque pronam in ~um dilabentem, ignis atque animae leuem in..sublime fugientem, copulauit Mes. Cor.in Macr.1.9.14; senatum..euocatum in ~um puteorum abiciendo V.Max.9.6.ext.2; (*w. defining gen.*) in ~a terrarum permittere aciem iubet Sen.*Dial.*6.25.2;—terra ingentibus cauernis consedit arboresque in ~um haustae Liv.30.38.8; in ~o semina frigore laborare dicuntur Col.4.1.7; quaerimus lapides scrobibus in ~um actis Plin.*Nat.*2.158; robora suas (radices) in ~um agunt 16.127.

3 The part (of an area, etc.) furthest from the edge, the innermost recesses, remotest depths. **b** *in ~o esse,* to be lost without trace.
si quis ~a mundi et saltus inaccessos cogitet Plin.*Nat.* 16.231; cum Germani..regressum in ~a siluarum haberent Fron.*Str.*1.3.10; siluarum ac montium ~a Tac.*Ag.*25.1;— (*without gen.*) ficticiis (*sc.* gemmis) pusula e ~o apparet Plin.*Nat.*37.199; cui..rus in urbe est..et in ~o somnus Mart.12.57.24. **b** hae res testatoris legatae quae in ~o esse dicuntur, quandoque apparuerint, praestantur Maecian.*dig.*32.15.

4 A boundless expanse (of space, the heavens, or sim.).
latere ex utroque supra subterque per omne nulla est finis; uti docui..elucet natura ~i Lucr.2.1051; nec porro natura loci spatiumque ~i deficit, exspergi quo possint moenia mundi 5.370; 6.485; per medium est tellus suspensa ~um Man.1.550; uasto caeli..~o 5.719; subire eas (*sc. the planets*) aut descendere per ~um aeris oculis aestimantibus Plin.*Nat.*2.65.

5 (transf., pl.) The innermost secrets or mysteries.
siderum cursus et ~a naturae uelut conscia ratione sanxerunt [Quint.]*Decl.*19.7.

6 (fig.) The extreme degree, the depths (of misfortune, vice, etc.).
Marius in ~um ultimarum miseriarum abiectus V.Max. 2.10.6; (urbs) in ~um iniuriarum et turpitudinis decidit 9.1.ext.2; in ~um calamitatis sese praecipitauit Apul.*Met.* 5.18.

profundus ~a ~um, *a. superl.* ~issimus. [pro-+fvndvs]

1 Extending a long way down, (very) deep, bottomless: **a** (of bodies of water, swamps, etc.). **b** (of valleys or other cavities). **c** (of wine) drunk in large amounts, inexhaustible. **d** (of storms, prob.) penetrating to the depths of sea or sky, far-reaching (cf. sense 4). **e** (of the voice, cry) deep-throated.
a mare ~um et immensum Cic.*Planc.*15; paludis liuidissima maximeque ~a uorago Catul.17.11; ~um pontum Verg.*A.*5.614; ~um Danuuium Hor.*Carm.*4.15.21; ex ~a emersus palude equus Liv.1.13.5; ~o alueo et nusquam uada aperiente Curt.8.13.8; reddebat..terras paulo ante ~o salo mersas 9.9.20; ~o..lacu Stat.*Silv.*1.1.82; Suet.*Cal.* 37.3;—(*of dimensions*) ~a altitudo (*i.e. of the Nile*) Tac. *Ann.*2.61; ultra..~ae uastitatis esse maria creduntur Apul.*Mun.*6;—(*hyperb.*) taedet..~ae caedis Stat.*Theb.* 10.837;—(*cf.*) monte decurrens uelut amnis..feruet immensusque ruit ~o Pindarus ore Hor.*Carm.*4.2.7;—(*in fig. phr.*) ut..diuitias in ~issimum libidinum suarum gurgitem profundat Cic.*Sest.*93. **b** hiauit humus multa uasta et ~a Sal.*Hist.*4.17; complentur uallesque cauae saltusque ~i Verg.*G.*2.391; puteis..effoditur (lapis specularis) e ~a altitudine Plin.*Nat.*36.161; qui..montes rupesque ~as transiluit Sil.4.70; uulnus dehiscit in ~um patorem Apul.*Met.*1.19;—(*of the belly or sim., cf. sense 5*) immanem colubrum..hiantem..ingluuie ~a 5.17; insatiabilem ~umque uentrem semper esitando distendit 7.27. **c** ille ~o incumbens Odrussa mero V.Fl.5.593; si quando ~o Nubigenae caluere mero Stat.*Theb.*5.262; *Silv.*3.3.107. **d** fremunt nimbique hiemesque ~ae Stat.*Theb.*3.435; praedonis uela ~a tempestate sequi *Ach.*1.45. **e** sic turbidus ore ~o incipit Stat.*Theb.*9.420; (Menoeceus) clamore ~o conuertit campum 10.760.

2 Situated far below the surface; (esp., of the Underworld, its inhabitants, etc.) abysmal.
turba ~i Nereos Stat.*Theb.*3.409; portum..extruxit..ad introitum ~o iam solo mole obiecta Suet.*Cl.*20.3;—Acherunte ~o Lucr.3.978; Manes..~i Verg.*G.*1.243; sterilis ~i uastitas squalet soli Sen.*Her.F.*701; Erebi sedes Ditisque ~i Luc.1.455; ~um..chaos V.Fl.7.401; ara ~ae erigitur Cereri (*i.e. Persephone*) Stat.*Theb.*4.459.

3 Stretching a long way inwards from the surface or edge, deep. **b** (of darkness) thick, profound.
per nemora ac montis magnos siluasque ~as Lucr.5.41; Verg.*A.*7.515; feruentis..auras uelut e fornace ~a ore trahit Ov.*Met.*2.229; Curt.7.7.4; longo..~um incendit clamore nemus Stat.*Theb.*5.552; uox..ex adytis accepta ~is 5.646. **b** in atras et ~as tenebras eum claudebant Tib.*hist.*9; (*cf.*) est in miseris penatibus pars remota, seposita, ~a tenebris [Quint.]*Decl.*19.3;—(*of the darkness of the Underworld, cf. sense 2*) pallentis umbras Erebo noctemque ~am Verg.*A.*4.26; scelerata iacet sedes in nocte ~a abdita Tib.1.3.67; Stat.*Theb.*10.831; quantum..~ae rarescunt tenebrae 11.73.

4 (of the heavens, etc.) Extending indefinitely in any direction, boundless; (also transf., of time).
caelus ~us Enn.*Ann.*546; peruideamus utrum finitum funditus omne constet (*sc.* inane) an immensum pateat uasteque ~um Lucr.1.957; cum..innumero numero summaque ~a multimodis uolitent 2.1054; 6.649; terras.. tractusque maris caelumque ~um Verg.*Ecl.*4.51; *A.*1.58; clara regione ~i aetheros Stat.*Theb.*3.524;—(*of time*) temporis ~i uastitatem Sen.*Ep.*99.10.

5 (of appetites, desires) Having an immense capacity, insatiable.
~ae libidines Cic.*Pis.*48; ~a auaritia Sal.*Jug.*81.1; ~ae lubidini *Rep.*1.4.3; cupido ~a imperii *Hist.*4.69.5; ~a confundendi omnia cupiditate Vell.2.125.1; ~a et insatiabilis gula Sen.*Ep.*89.22; domicilia ciborum..quae ~a ingluuies uestigauit Gel.6(7).16.4; Apul.*Apol.*75.

6 Remote from general knowledge or understanding, secret, abstruse, mysterious, etc. **b** (of a device) profound in cunning, 'deep'.
caelum ascendit ratio cepitque ~am naturam rerum causis Man.1.97; fortuna rerum humanarum summa gestiente in ~is animi uitiis Plin.*Nat.*30.14; secretum.. senis ~umque consilium [Quint.]*Decl.*2.14; secretae ~aeque artis ratio 4.17; cum ceteri magnitudine rei territi laborem arduum et ~um existimarent Apul.*Mun.*pr. **b** ~a quaedam et inopinabilis latebra barbarico astu excogitata Gel.17.9.18.

7 (of a physical or mental state) Profound, absorbing, intense; (esp. of sleep, peace, or sim.). **b** (in a moral sense) touching the lowest point of the scale, extreme.
(Pamphile) inuadit spiritum, amoris ~i pedicis aeternis alligat Apul.*Met.*2.5;—uideas quosdam scatere uerbis.. cum securitate multa et ~a Gel.1.15.2; me somnus ~us in imum barathrum..demergit Apul.*Met.*2.25; eo..in ~am quietem sepulto 2.30; otium ~um 6.29. **b** ~orum scelerum deprehensa trepidatio [Quint.]*Decl.*17.12.

profūsē, *adv. compar.* ~ius, *superl.* ~issimē. [profvsvs+-e]

1 (w. ref. to the movement of a crowd) In a stream.
obstitit ~e tendentibus suis in castra Liv.10.36.7.

2 With lavish or immoderate expenditure, extravagantly.

(praetoria) ~e..extructa..diruit ad solum SUET.*Aug.* 72.3; festos..dies ~issime..celebrabat 75.

3 In an excessive degree, immoderately.

~e (perfuse *codd.*) atque abunde semper usi magnum pondus auri SIS.*hist.*101; eo ~ius..quaestui atque sumptui deditus erat SAL.*Cat.*13.5; uirginem..sponsi mortem ~ius quam illa aetas debebat flentem V.MAX.6.3.6; otium prolixe ~eque laudandi GEL.5.1.2.

prōfūsiō ~ōnis, *f.* [PROFVNDO + -TIO]

1 The pouring out (of wine, etc.) in religious ceremonies, libation.

IN MEMORIAM EOR(um)..AD ROSAS ET ~ONES Q(uot) A(nnis) FAC(iendas) HS N LX MIL(ia) DEDIT *CIL* 5.4990; 10.107.

2 A (morbid) discharge (of a fluid) from the body. **b** ~*o alui*, looseness of the bowels, diarrhoea.

per ora uenarum subita ~o sanguinis CELS.2.8.15; nimia ~o seminis 4.28.1; 5.26.21A. **b** eiusmodi casum..~o alui sequitur CELS.2.7.18; 6.6.37B.

3 Lavish or immoderate spending (of money), extravagance.

neque patres familiarum inducerentur ad infinitas sumptuum ~ones VITR.10.pr.2; quae (*sc.* liberalitas) tamen ita temperanda est, ne nimia ~one inarescat PLIN.*Ep.*2.4.4; pecuniae fructum non alium putabat quam ~onem SUET.*Nero* 30.1.

profūsus ~a ~um, *a.* *superl.* ~issimus. [pple. of PROFVNDO]

1 Immoderate or profuse in one's expenditure, extravagant, prodigal. **b** (of things) involving lavish expense, extravagant, sumptuous, or sim. **c** (in good sense) unboundedly generous, unstinting, lavish.

perditus ac ~us nepos CIC.*Quinct.*40; *Ver.*1.20; mulierem ambitiosam et ~am QUINT.*Decl.*360(p.393,l.5); quod ad mediam noctem comisationes cum ~issimo quoque familiarium extenderet SUET.*Tit.*7.1; APUL.*Apol.*25;—(*w. gen.*) animus..alieni adpetens sui ~us SAL.*Cat.*5.4;—(*w.* in + *abl.*, *transf.*) simul ad iacturam temporis uentum est, ~issimi in eo, cuius unius honesta auaritia est SEN.*Dial.* 10.3.1. **b** (populus Romanus) non amat ~as epulas, sordis et inhumanitatem multo minus CIC.*Mur.*76; quorum ..~a luxuries, magnitudo aeris alieni..nominarentur *Cael.* 43; VELL.2.33.4; ~issimis largitionibus V.MAX.3.2.17; SUET.*Jul.*13; ~issimos obsoniorum apparatus *Vit.*10.2. **c** de munifica ~us arca..quod donas MART.8.38.11; tune.. largitor opum, qui mente ~a tecta Dicaearchi..replesti..? STAT.*Silv.*3.1.91;—(*poet., also w. allusion to primary sense of* profundo) coniux..Libyssa ~o..suspendit ab ubere natos SIL.4.376.

2 (of feelings, activities, etc.) Immoderate, excessive; (in good sense) copious, plentiful.

~am hilaritatem CIC.*Tusc.*4.15; genus iocandi non ~um nec immodestum *Off.*1.103; nimio..fauore ac ~a indulgentia pasti V.MAX.2.2.ext.7; ~ae cupidines TAC.*Ann.*3.52; (Claudius) libidinis in feminas ~issimae SUET.*Cl.*33.2; (*of expenditure, cf. sense 1b*) sin has..rapinas et hos tantos tamque ~os sumptus..approbabunt CIC.*S.Rosc.*139;—quam..~ae pietatis erga patriam..homines extiterint V. MAX.5.6.ext.5.

prōgemmō ~āre, *intr.* [PRO- + GEMMO] To put forth buds, to bud.

palmis incientibus ~antibusque COL.4.27.1.

prōgener ~erī, *m.* [PRO- + GENER] A granddaughter's husband.

nihil illi (*sc.* Atticus) profuisset gener Agrippa et Tiberius ~er SEN.*Ep.*21.4; TAC.*Ann.*3.75; SUET.*Aug.*19.1; ~erum appellat auus neptis suae uirum PAUL.*Fest.*p.228M.

prōgenerātiō ~ōnis, *f.* [next + -TIO] The producing (of animals) as offspring, propagation.

opera..generi (*i.e.* asses) munifica..mularum maxime ~one PLIN.*Nat.*8.167; armentorum..cura iumentorumque ~o 18.263.

prōgenerō ~āre ~āuī ~ātum, *tr.* [PRO- + GENERO] (of parents, breeders, etc.) To produce as offspring, give birth to (living creatures); (pass.) to spring (from parents, a family). **b** to produce (plants).

neque imbellem feroces ~ant aquilae columbam HOR. *Carm.*4.4.32; si res exigit, ut plurimi mares ~andi sint COL.7.3.12; fetus quonam modo (apes) ~arent, magna.. fuit quaestio PLIN.*Nat.*11.46; (*of a stock*) (materies) uulgaris (*i.e. of horses*), quae mediocres feminas maresque ~at COL. 6.27.1; (*poet., of a native country*) minus India tostos ~at (*i.e. than Ethiopia*) MAN.4.725;—qui ex his (*sc.* bubus) ~antur..uituli VAR.*L.*9.28; id quidem..in ossifragis genus habet, e quibus uultures minores ~antur PLIN.*Nat.*10.11; patrueles..id est qui ex duobus fratribus ~ati sunt GAIUS *Inst.*3.10. **b** (satio) qua sex modios..iacimus semini ~ando COL.2.10.29; quod (stercus recentissimum) plus herbarum ~et 2.14.8;—(*absol.*) pampinarios..ideo in resecem summitti, ut ~are possit 3.10.15.

prōgeniēs (~ēī), *f.* [PRO- + *gen-* (GIGNO) + -IES] FORMS: gen. sg. ~*ei* unattested (cf. QUINT. *Inst.*1.6.26); ~*i* PAC.*praet.*1 (Gel.9.14.13).

1 That which springs from a person (animal, etc.) by birth or descent, offspring, progeny: **a** (applied to a group). **b** (applied to an individual); ~*es terrae*, a person of unknown antecedents (= *filius terrae*).

a optumam ~em Priamo peperisti extra me ENN.*scen.*61; Priamum tanta ~e (*i.e. fifty children*) orbatum CIC.*Tusc.* 1.85; gallos..indignos esse putandos, uiuam ~em qui in oras luminis edant LUCR.2.617; fratrum stipata cohors.., Phorci ~es, septem numero VERG.*A.*10.329; duos..ex magna ~e liberorum in adoptionem datos LIV.45.41.12; Pelopis ~es, quae..pulsis Heraclidis Peloponnesi imperium obtinuerat, ab Herculis ~e expellitur VELL.1.2.1; SEN.*Dial.* 11.11.4; diis honorem..addit..~es.., ut Apollo et Diana Latonae QUINT.*Inst.*3.7.8; SUET.*Vit.*1.3;—(*applied to animals*) iuuat (*sc.* coruos)..~em paruam dulcisque reuisere nidos VERG.*G.*1.414; ne mutas quidem bestias minus alere.. si quid ex ~e sua parum prosperum sit LIV.7.4.6; PHAED. 2.4.10; JUV.14.84;—(*applied to plants*) cum sint..duo iugera (*i.e. of vineyard*) unius uitis ~es COL.3.9.7;—(*transf.*) de me..creata carmina sunt; stirps haec ~esque mea est OV.*Tr.*3.14.14. **b** ~es..mea (*i.e. of Appius Claudius Caecus*), Q. illa Claudia CIC.*Cael.*34; o Latonia, maximi magna ~es Iouis CATUL.34.6; Elpinice negauit se passuram Miltiadis ~em in uinclis publicis interire NEP.*Cim.*1.4; Tyrrhena regum ~es..Maecenas HOR.*Carm.*3.29.1; ne Hamilcaris ~em (*i.e. Hannibal*) ad exercitum mitterent LIV.21.10.3; (Alcithoe) adhuc temeraria Bacchum ~em negat esse Iouis OV.*Met.*4.3; patriciae gentis adulescens, Anci regis clara ~es V.MAX.4.3.4; scilicet e cunctis ego neglectissima natis ~es? STAT.*Theb.*7.165; saeculorum ~es initialis (*i.e. Isis*) APUL.*Met.*11.5;—age, si mihi nulla iam reliqua ex amitis, patruelis nulla..accedo Bouillas cliuumque ad Virbi, praesto est mihi Manius heres. '~es terrae?' PERS.6.57.

2 A race, stock, family. **b** lineage, descent.

nostrae ~i patris PAC.*praet.*1; ~em antiquam, qua est Maximus Quintus LUCIL.800; uirum..terrea ~es duris caput extulit aruis VERG.*G.*2.341; *A.*1.19; has..inuisitis aras uos quae ~es? STAT.*Theb.*1.669; ~es Caesarum in Nerone defecit SUET.*Gal.*1;—(*applied to animals*) cui (*sc. scab*)..occurrendum est, ne totam ~em coinquinet COL. 7.5.6. **b** primus esses memoriter ~em uostram usque ab auo atque atauo proferens TER.*Ph.*395; ACC.*trag.*50; uirtutem et sapientiam regalem, non ~em, quaeri oportere CIC. *Rep.*2.24; (antiquitas) quo propius aberat ab ortu et diuina ~e, hoc melius ea..quae erant uera cernebant *Tusc.*1.26.

prōgenitor ~ōris, *m.* [PROGIGNO + -TOR] One from whom another person, a family, etc., is descended, an ancestor, progenitor.

ACC.*trag.*76; Iuppiter omnipotens regum rerumque deumque ~or V.SOR.*poet.*4; domo eadem fuit contentus, qua Eurysthenes, ~or maiorum suorum, fuerat usus NEP.*Ag.* 7.4; quid..forti genitore et ~ore Tonanti (*s.v.l.*) esse satam prodest? OV.*Met.*11.319.

prōgenitus ~ī, *m.* [pple. of PROGIGNO] One who is descended from a (particular) person.

~IS SVPEREST E QVATTVOR VNVS *CIL* 13.5657.

prōgenō ~ere, *tr.*: var. of PROGIGNO.

feminae, ex quibus proximus quisque ~itur PAUL.*dig.* 38.10.10.17.

prōgerminō ~āre, *intr.* [PRO- + GERMINO] To sprout, put forth buds.

antequam surculus ~et COL.4.10.1; ut et radices deorsum agat, nec ex propinquo..~et 4.15.3.

prōgerō ~rere ~ssī ~stum, *tr.* [PRO- + GERO]

1 To carry out, bring forth.

noctu Chii..lapides ~sserunt in mare ante murum VITR. 10.16.9; quicquid (*i.e. manure*) ouilibus..conuersum ~sserunt COL.1.6.22; urcei quibus oleum ~ritur 12.52.8; (apes) defunctas ~runt funerantiumque more comitantur exequias PLIN.*Nat.*11.63; 18.364.

2 To carry in front (of oneself or another).

alius (Triton) sub oculis dominae speculum ~rit APUL. *Met.*4.31; 11.17;—(*an inscription*) carbasus litteras intextas ~rebat 11.16.

prōgestō ~āre, *tr.* [PRO- + GESTO] To bear in front of one.

sinu..~ans..edulia mitiora, te..cotidie saginabo APUL. *Met.*6.28.

prōgignō ~ignere ~enuī ~enitum, *tr.* [PRO- + GIGNO] (esp. of the father) To produce as offspring; (pass.) to be born (of parents), spring (from a family). **b** (in general) to bring into being (in quot., of a creative force); (pass., of created things) to come into existence. **c** (transf.) to cause, give rise to (conditions, etc.).

Iouis Dardanum ~enuit, Troum Dardanus ACC.*trag.*653[1]; hic, qui illud lumen (*i.e. Cato Uticensis*) ~enuit CIC.*Off.*3.66; illam (*sc.* Famam) Terra parens ira irritata deorum ~enuit VERG.*A.*4.180; te saeuae ~enuere ferae OV.*Ep.*7.38; V.FL. 5.462; aut matrem scelerasse toris aut crimine fratres ~enuisse reus STAT.*Theb.*7.213;—neque gnatust neque ~ignetur..quoi ego nunc..factum melius quam Veneri uelim PL.*Truc.*699; si (te, *sc. Achilles*) ~enitum Stygos amne seuero armaui STAT.*Ach.*1.269; hanc partem familiae, quae ex minore Catonis filio ~enita est GEL.13.20(19).15; qui eorum (*sc. fishes*) coitu ~ignantur APUL.*Apol.*38. **b** hac lege pecudes ac uirgulta ~enuit (*sc. Nature*) COL. 3.10.11; (*cf.*) in seminibus uis inest earum rerum quae ex iis ~ignuntur CIC.*Div.*1.128; uis materiai unde ea (*sc. a unique object*) ~igni possit concepta LUCR.2.545; hinc (*i.e. from matter*) prima elementa esse ~enita, ignem et aquam et terram et aera APUL.*Pl.*1.7. **c** nolebam ex me morem ~igni malum PL.*Ps.*492; rerum primordia posse cessando.. nouos rerum ~ignere motus LUCR.2.81; corpora..quae penetrata queunt sensum ~ignere acerbum 4.670.

prōgnāre, *adv.* [PRO- + GNARVS + -E] (See quot.; but prob. = next.)

inuenimus ~ significare aperte PAUL.*Fest.*p.95M.

prōgnāriter, *adv.* [PRO- + GNARVS + -TER[2]] (prob.) With full knowledge, with clear insight (acc. Nonius = boldly, unhesitatingly).

pro Romano populo ~..prudens animam de corpore mitto ENN.*Ann.*209; indica (*sc.* pretium) ~ (*i.e. speaking as a connoisseur*) PL.*Per.*588.

(**prōgnascor** ~ascī) ~ātus, *intr.* [PRO- + (G)NASCOR] N.B.: pres. stem not attested.

1 To be born (in a given place, circumstances, etc.); (of a plant) to spring up. **b** (of inanim. things) to originate, be produced.

corpore tartarino ~ata..uirago ENN.*Ann.*521; leibera ego ~ata fui PL.*Rud.*217; non..ubi ~atus, sed ut moratus quisque sit spectandum APUL.*Apol.*24; (*of animals*) (blattae) in balinearum..uapore ~atae PLIN.*Nat.*11.99;—Peliaco quondam ~atae uertice pinus CATUL.64.1; harundines..in palude ~ae PLIN.*Nat.*9.56. **b** de ornamentis eorum, quemadmodum sunt ~ata.., dicere VITR.4.2.1.

2 (emphasizing origin, w. abl., *ex*, or *ab*) To spring (from given parents or more remote ancestors, from a family, etc.). **b** (pple. used quasi-sb.) the child or descendant (of).

Tantalo ~atus, Pelope natus ENN.*scen.*357; adulescentem ..~atum genere summo PL.*Capt.*170; tun meo patre es ~atus? *Men.*1079; *Poen.*1201; ciuem esse Atticam, bonam bonis ~atam TER.*Ph.*115; Ioue patre ~atus est..Tantalus *Inc.trag.*101; magno ~atum..consule cunnum HOR.*S.* 1.2.70; Romulus deo ~atus deus ipse LIV.1.40.3; familia Plutarchi ambae ~atae sumus APUL.*Met.*2.3; 7.5;—(*w.* ab) THERMESES..QVEIQVE AB IEIS ~ATI SVNT ERVNT *CIL* 1.589.1.5; Galli se omnes ab Dite patre ~atos praedicant CAES.*Gal.*6.18.1;—(*w.* ex) eam, qua ex tibi commemores hanc..filiam ~atam PL.*Epid.*172; ipsi erant ex Cimbris Teutonisque ~ati CAES.*Gal.*2.29.4; de pronepote, ex nepote filio ~ato GAIUS *Inst.*3.45; (*cf.*) terram..fetus gentium et omnium animalium..procreauisse, et quae ex ea essent ~ata..in eandem redire VITR.8.pr.1. **b** ille ~atus Theti PL.*Epid.*35; uellem..Venere ~atus (*i.e. Julius Caesar*) tantum animi habuisset CAEL.*Fam.*8.15.2; artis quas doceat..senator semet ~atos HOR.*S.*1.6.78; Castor gaudet equis, ouo ~atus eodem (*i.e. Pollux*) pugnis 2.1.26; SUET. *Jul.*81.1; (*w.* ab) ~ati..ab eo..posteriores fuerunt quam qui a maiore fratre eius geniti erant GEL.13.20(19).15;—(*absol.*) libertas, salus, uita, res et parentes, patria et ~ati.. seruantur PL.*Am.*650.

Prognē: see PROCNE.

prognostica ~ōrum, *n. pl.* [Gk. προγνωστικά] Signs by which one may know what sort of weather is coming; (spec., as the title of Cicero's translation of Aratus' Προγνώσεις διὰ σημείων).

~orum causas persecuti sunt et Boethus Stoicus..et.. Posidonius CIC.*Div.*2.47; ut..~a..si causas ex qualitate caeli trahunt, sane ita (*sc.* signa) appellentur QUINT.*Inst.* 5.9.15; —~a mea cum oratiunculis prope diem exspecta CIC.*Att.*2.1.11; *Div.*1.13.

prōgredior ~dī ~ssus, *intr.* [PRO- + GRADIOR] FORMS: imp. ~*dimino* PL.*Ps.*859; inf. ~*diri* *Cas.*862.

1 To go or come forwards or onwards, advance (strictly, on foot). **b** (of inanim. things). **c** to advance from a place of shelter or concealment, leave the house, etc. **d** to advance to speak.

si quo hic gradietur, pariter ~dimino PL.*Ps.*859; sus usque adeo pinguitudine crescere solet, ut se ipsa stans sustinere non possit neque ~di usquam CATO *hist.*39; ipsa Roma..ad complectendum conseruatorem suum ~di uisa est CIC.*Pis.*52; noctu ~ssus milia passuum circiter XII hostium copias conspicatus est CAES.*Gal.*5.9.2; ex iniquo ~ssi loco in summo constiterant *Civ.*3.51.6; missi sun delecti..qui Thermopylas occuparent longiusque barbaros ~di non paterentur NEP.*Them.*3.1; ~ssi subeunt luco VERG.*A.*8.125; uagos..lignorum causa longius a castris ~ssos LIV.27.27.3; 33.6.2; quam tarda es!..non uis citius ~di? PHAED.3.6.2; TAC.*Ann.*13.40; Neapoli de motu Galliarum cognouit..statimque in gymnasium ~ssus.. athletas..spectauit SUET.*Nero* 40.4; cum..instructa (erat) acies coeptumque in hostem ~di GEL.1.11.3; (*w. abl. of place whence*) (populus R.) Italia ~di ausus orbe toto arma circumtulit FLOR.*Epit.*1.47(3.12.1); (*w.* obuiam) cum obuiam filius ~deretur LIV.24.44.10; GEL.3.7.3;—(*in a boat, etc.*) lembo sum ~ssus longius ACC.*trag.*129; essedis ad flumen ~ssi..proelium committere coeperunt CAES.*Gal.* 5.9.3;—(*cf.*) is..fodiendo terram ~diebatur extra murum VITR.10.16.10. **b** cur se sol referat nec longius ~diatur CIC.*N.D.*3.37; ~ssas ultra uadum IIII Rhodias nauis *B.Alex.*15.5; in statera pondus..examine ~ditur ad fines ponderationum VITR.10.3.7; TAC.*Ann.*14.5; si..ulterius euagatus et ~ssus ignis alienam segetem..laeserit PAUL. *dig.*9.2.30.3; (*w. acc. of destination*) (sol) minuit ~diens meridianas partes longitudines dierum VITR.9.3.3;—(*in music*) quae lichanos in harmonia dicitur, ab hypate distat hemitonium, in chroma translata ~ditur duo hemitonia 5.4.6;—(*topog.*) flumen..quod, a fonte cum est ~ssum, diuiditur in duas partes 8.3.7; terris huc se et illuc..expandentibus ~ssisque in altum MELA 2.38. **c** eccum ~ditur cum corona et lampade..uilicus PL.*Cas.*796; aperitur ostium. Menaechmum eccum ipsum uideo, ~ditur foras *Men.*109; *Truc.*320; M. Bibulum consulem..hominem certe nusquam ~dientem CIC.*Vat.*21; reginam thalamo cunctantem ad limina primi Poenorum exspectant..tandem ~ditur magna stipante caterua VERG.*A.*4.136; nullis euidentibus causis obiere..omnes adeo sani.., ut de ~diendo cogitarent PLIN.*Nat.*7.181; SUET.*Jul.*81.4; ULP.*dig.*21.1.17.4. **d** ex hac..domo ~ssa ista mulier de ueneni celeritate dicere audebit? CIC.*Cael.*60; Maenius..~ssus in contionem ita uerba fecit LIV.9.26.13; tum ~ssus Lucilius auctorem se palam praebet TAC.*Hist.*3.12.

2 (transf.) To proceed (to a given point or stage) in one's actions, go (so far, etc.); (of actions, etc.) to be carried (to a given length).

b to proceed in discourse or reasoning. **c** (of a speech, process, etc.) to advance towards completion, proceed.

iudices longius, quam potestatem habeant, ~ssuros CIC. *Inv.*2.81; si non ad homines uerum ad bestias, aut etiam, ut longius ~diar,..ad saxa et ad scopulos haec conqueri.. uellem *Ver.*5.171; ad omnia ~dientis (*sc. candidates*),.. munera contra leges gladiatoria parantis *Har.*56; defensor.. causae meae nihil ~ditur, consilia exspectat inimicorum meorum *Sest.*75; ne ad ultimum supplicium ~di necesse habeatur CAES.*Civ.*1.84.5; quo..me a matronali pudore prolubium meretricium ~di coegit LABER.*com.*35; postulo, Appi, etiam atque etiam consideres quo ~diare LIV.3.45.10; ne hodie quidem scire uidemini quo amentiae ~ssi sitis 28.27.12; is (*sc.* Otho) mobilissimum quemque ingenio.. adliciendo eo paulatim ~ssus est ut per speciem conuiuii ..uiritim centenos nummos diuideret TAC.*Hist.*1.24; absurdam in adulationem ~ssus, censuit ut ouans..urbem introiret (Tiberius) *Ann.*3.47; testamentum..obsignauit. prius igitur quam ultra ~deretur, praeuentus est ab Agrippina SUET.*Cl.*44; quonam usque debuerit contra legem..pro amico ~di, dubitauit GEL.1.3.8;—estne aliquid ultra quo crudelitas ~di possit? reperietur CIC.*Ver.*5.119; uideamus..quatenus amor in amicitia ~di debeat *Amic.* 36; longius eius amentiam ~di uidebat CAES.*Gal.*5.7.2; tempore creuit amor..habendi: uix ultra, quo iam ~diatur, habet OV.*Fast.*1.195; eorum..ab aemulatione uirtutis profecta concitatio ad graues..inimicitias ~ssa fuerat V.MAX. 4.1.12; seditio ad saxa et minas ignium ~ssa TAC.*Ann.* 13.48. **b** nunc ad reliqua ~diar CIC.*de Orat.*3.119; initia mathematicorum, quibus non concessis digitum ~di non possunt *Luc.*116; ~diar..longius: non enim de aegritudine solum,..sed de omni animi..perturbatione..explicabo *Tusc.*3.13; pusillum extra ~diar (*i.e. digress*) et de his lapidicinis..exponam VITR.10.2.15; ne..saepius ad ciuilium bellorum..memoriam ~di cogar, duobus Romanis exemplis contentus..externa subnectam V.MAX.3.3.2; si incipientibus aut paulum ~ssis decidat toga QUINT.*Inst.*11.3.149; irae magis quam decori suo consuluit. inclementius enim ~ssus est in Gauium Maximum clarissimum..uirum FRO. *Aur.*1.p.260(167N). **c** illud..de quo ~diente oratione plura me dicturum puto CIC.*Rep.*1.62; philosophia, quae rationibus ~di debet, quem habebit exitum? *Luc.*27; cum ..usus ~diens familiaritatem effecerit *Fin.*1.69; sensim.. ~diens extenuatur dolor *Tusc.*3.54; ~di..synlogismus nisi illo prius posito non potest GEL.2.8.4.

3 To advance towards a new or more perfect state, develop, progress. **b** to advance in years, mature, get older; (of age) to advance. **c** (of a number) to advance, increase.

ne quid inpediare, quin ad hanc utilitatem pariter nobiscum ~di possis *Rhet.Her.*3.1; ex fabricationibus aedificiorum gradatim ~ssi ad ceteras artes VITR.2.1.6; posteri..elegantia subtilitateque iudiciorum ~ssi..septem crassitudinis diametros in altitudinem columnae doricae.. constituerunt 4.1.8; quibus (*sc. fruits*)..uti oportebit paulatim ad consuetudinem ~dientes (*i.e. convalescent*) LARG.104; paulum aliquid ultra primas litteras ~ssi (*sc.* pueri) QUINT.*Inst.*1.1.8;—(*of things*) sic et nata et ~ssa longius eloquentia uidetur CIC.*Inv.*1.3; ratio, quae conixa per se et ~ssa longius fit perfecta uirtus *Tusc.*2.47; ~ssa plurimum uerbi significatione..quod festinantius fit, id fieri 'mature' dicitur GEL.10.11.4. **b** cum..~diens confirmatur animus CIC.*Fin.*5.43; adulescentes..paulum aetate ~ssi *Sen.*33;—erat quidam feruor aetatis; qua ~diente omnia fiunt in dies mitiora 45; SUET.*Cl.*2.1. **c** ~ditur.. numerus librorum..cum ipsius uitae..progressibus GEL.pr. 24; is numerus..si ab uno profectus, dum ad semetipsum ~ditur 3.10.6.

prōgressiō ~ōnis, *f.* [prec.+-TIO]

1 Forward movement, advance.

ut ex eis locis a militibus nostris reditus magis maturus quam ~o (*v.l.* processio) longior quaereretur CIC.*Man.*24.

2 (transf.) Advance to a more perfect state, progress, development (of persons or things).

~o quaedam ad uirtutem CIC.*Ac.*1.20; uirtutum et originem et ~onem *Fin.*4.17; omnium..rerum principia parua sunt, sed suis ~onibus usa augentur 5.58; ~o admirabilis incredibilisque cursus ad omnem excellentiam factus est *Tusc.*4.1; quae et ingenii bonitate multi assequuntur et ~one discendi *Off.*3.14.

3 (rhet.) A figure of speech, perh. involving the use of progressively stronger expressions.

CIC.*de Orat.*3.206.

prōgressus ~ūs, *m.* [PROGREDIOR+-TVS[3]]

1 Forward movement, advance (of persons; also, of inanim. things). **b** (app. concr.) a projecting structure, jetty, or sim. **c** the action of going out of the house.

alteri se Brutus obiecit..~u arcuit, a reditu refrenauit CIC.*Phil.*11.4; riuus difficilibus ripis..~us nostrorum impediebat CAES.*Civ.*3.37.3; cum..semel (tympanum) superius (*i.e. of a hodometer*) uersabitur,..~us efficit..passus mille VITR.10.9.4; SUET.*Nero* 46.1; (*in fig. phrs.*) ~um praecipitem, inconstantem reditum uidet (*sc. Pompey*); bonos inimicos habet, improbos ipsos non amicos CIC.*Att.*2.21.3; esse priuatis cogitationibus ~um (*i.e. a steady advance*)..: imperium cupientibus nihil medium inter summa aut praecipitia TAC.*Hist.*2.74;—~us et regressus reliquosque motus constantis (*i.e. of the planets*) CIC.*N.D.*2.51; fluctuum.. nunc ~ibus litora nunc recursibus sinus caesi quatiuntur APUL.*Mun.*10; *Pl.*1.10. **b** uti, si..erit ex una parte statio, tunc ex altera parte structuris siue aggeribus expediantur ~us VITR.5.12.2. **c** in matutino ~u uirginis (*i.e. Psyche*) uictimis..Veneris absentis nomen propitiatur APUL. *Met.*4.29; (Myrmex) necessario uespertini lauacri ~u (*i.e. of a wife under surveillance*) adfixus 9.17.

2 (transf.) Advance towards a more perfect or finished state: **a** progress, development (in one's studies, etc.). **b** increase in years.

a qui tantos ~us habebat in Stoicis, ut cum..Graecis compararetur CIC.*N.D.*1.15; philosophiae..principes numquam in suis studiis tantos ~us sine flagranti cupiditate facere potuissent *Tusc.*4.44; NEP.*Ca.*3.2; tantos..~us exercitatio ei contulit, ut.. APUL.*Pl.*1.2. **b** C. Caesar ineunte aetate docuit ab excellenti..uirtute ~um aetatis exspectari non oportere CIC.*Phil.*5.47; progredietur.. numerus librorum..cum ipsius uitae..~ibus GEL.pr.24.

progymnastēs ~ae, *m.* [Gk. προγυμναστής] One who coaches a person in gymnastic exercises.

hic..est exercitationis etiam fortissimis finis. ~as meos quaeris? SEN.*Ep.*83.4.

prohedria ~ae, *f.* [Gk. προεδρία] (in Greek towns) The privilege of sitting in the front seats at public games, in the theatre, etc.

IOVI..M COCCEIVS..OB HONOREM ~AE L(ibens) D(ono) D(edit) *A.Epig.*96.111.

prohēmium: form of PROOEMIVM.

prohibeō ~ēre ~uī ~itum, *tr.* [PRO-+HABEO]

FORMS: *~essis, ~essit* (= *~ueris, ~uerit*) ENN. *scen.*286, PL.*Ps.*14, CATO *Agr.*141.2, CIC.*Leg.* 3.6. Contracted forms, *prōbeat* LUCR.1.977; *prōbet* LUCR.3.864.

1 To keep (usu. persons) at a distance (from a place), keep off, hold at bay, exclude, etc. **b** to keep apart (from a person or sim.). **c** to keep off (rain and other physical conditions, pests, or sim.); (also, moral conditions from a person).

(*w. abl.*) tun domo ~ere peregre me aduenientem postulas? PL.*Am.*361; TER.*Ph.*425; C. Pisoni domo tectisque suis ~ito..per homines coactos et armatos CIC.*Caec.*36; Tuberonem portu atque oppido ~et CAES.*Civ.*1.31.3; multitudo togatorum.., quae Numidas insequentis moenibus ~uit SAL.*Jug.*21.2; locus..obscenae quo ~entur aues OV.*Am.* 2.6.52; ~uere..exules finibus CURT.10.2.7; quae me hospita tellus accipiet? quae non primis ~ebit harenis? V.FL.3.305; *Lex.Vip.*29(*Font.iur.*p.294); (*cf.*) ~ere aditu Syracusarum Bomilcarem LIV.25.27.9; (*poet.*) pietas..oculis dolorem ~et PL.*As.*831;—(*w.* ab) quod (Verres) praedones procul ab insula..~uisset *formula* in Cic.*Ver.*4.144; ab oppidis uim hostium ~ere CAES.*Gal.*1.11.4; ~e infandos a nauibus ignis VERG.*A.*1.525;—(*w.* de) uim de classe ~uit Vulcaniam LUCIL.606;—(*w. adv.*) ut illum hinc ~eam PL.*Am.*1008; unde (*i.e. from Tibur*) si Parcae ~ent iniquae HOR.*Carm.* 2.6.9;—(*w. simple obj.*) Caesinam..pulsum ~itumque esse ui coactis hominibus et armatis CIC.*Caec.*30; in ~endis praedatoribus tumultuario proelio..orto LIV.22.41.1; Getae..Danuuii mediis uix ~entur aquis OV.*Tr.*2.192; illam..ἐπιγλωττίδα..adpositam quasi moderatricem quandam..~endi admittendiue, quod ex salutis usu foret GEL. 17.11.6. **b** (*w. abl.*) illo quem amo ~eor PL.*As.*515;—(*w.* ab) ne te censeat fili caussa facere..quo illum ab illa ~eas *Epid.*289; a corpore tuo ~entur armis CIC.*Phil.*2.116; ~ent a matribus haedos VERG.*G.*3.398; (*cf.*) ~et aditum matris a fili sanguine CIC.*Clu.*200;—(*w. simple obj., sts. w. dat. of disadvantage*) opsecro, parentes ne meos mihi ~eas PL.*Cur.*605; nec nos mare separat ingens..exigua ~emur aqua! OV.*Met.*3.450. **c** aurea..saecula.., cum..nemo.. uenturis..malas ~eret fructibus herbas *Aetna* 11; solem nondum ~ebat et imbrem tegula OV.*Ars* 2.621; emunita..latera horreorum ~ent curculionem COL.1.6.16; ea res (*i.e. fumigation*) ~et pituitam 8.5.16; si bonos odores addideris, omnem malum odorem et saporem ~ueris 12.28.4; folia trita.. pestilentiae contagia ~ent PLIN.*Nat.*23.157; tecto caelum (*i.e. bad weather*) ~ere STAT.*Theb.*1.455;—(*moral conditions*) ut prauas artes..ab iuuentute ~eas SAL.*Rep.*1.6.4; Apollini ..donum mittitote..lasciuiam a uobis ~etote LIV.23.11.3.

2 (esp. of gods) To avert (a danger, threat).

(*w. abl.*) miser sum, Pseudole.—id te Iuppiter ~essit! PL.*Ps.*14;—(*w. simple obj.*) di mala ~eant TER.*Hec.*207; deos quaeso ut istaec ~eant *Ad.*275; tu morbos..uastitudinemque, calamitates intemperiasque, ~essis defendas auerruncesque CATO *Agr.*141.2; quae si, quod di ~eant! uera sunt,..doleo POL.*Fam.*10.33.4; dii ~eant..a nobis inpias mentes! CURT.9.3.5; omnes ~ere minas praedictaque Phrixi inuigilat V.FL.5.256; omen..dii ~eant TAC.*Ann.* 16.35; quibus custodibus perniciem..ineuitabilem ~eat? APUL.*Apol.*26.

3 To keep (persons or things) safe, defend, protect (from).

(*w. abl.*) in stabulis..umore ~ere oportet humum VAR.*R.* 2.7.10; magnum numerum ciuium calamitate ~ere CIC. *Man.*18; cum ~eret iniuria tenuiores *Off.*2.41; tollite barbarum morem, uerecundumque Bacchum sanguineis ~ete rixis HOR.*Carm.*1.27.4; corpus..~ere cheragra *Ep.* 1.1.31; agros populationibus..~ere LIV.25.15.3;—(*w.* ab) L. Cornelium Scipionem Asiaticum a collegae ui ~eo *decree* in Gel.6(7).19.7; ut adultam uirginem caste et ab amatorum impetu quantum possumus ~eamus CIC.*Brut.*330; a quo periculo ~ete rem publicam *Man.*19; Sulla..ab iniuria Maurum ~et SAL.*Jug.*107.1;—(*ellipt.*) mons..altissimus impendebat, ut facile perpauci ~ere possent CAES.*Gal.*1.6.1.

4 To keep (a person from doing something), prevent, stop, restrain: **a** (w. abl., *ab, de,* etc.). **b** (w. inf.). **c** (w. *ne, quominus,* or, in negative context, *quin;* also, w. subj. alone). **d** (w. simple acc. of person).

a (*w. abl.*) damna multa mulierum me uxore ~ent (*i.e. from taking a wife*) PL.*Mil.*700; (uilicus) opere bene exerceat (familiam), facilius malo..~ebit CATO *Agr.*5.2; homines labore..cotidiano adsueti, cum..opere ~entur, ad pilam se..conferunt CIC.*de Orat.*3.58; ab Suebis compluris annos exagitati bello premebantur et agri cultura ~ebantur CAES. *Gal.*4.1.2; superbe ab Samnitibus..legati ~iti commercio sunt LIV.4.52.6; omni potione ~endus est aeger CELS.3.11.1; ~ens..rapina uictorem clara testatur uoce tribunus LUC. 3.121; somno diu ~itum (Regulum) atque ita uita priuatum refert GEL.7(6).4.4; nos incolae nocturna..~ebant egressione APUL.*Met.*8.15;—(*app. w. gen., cf. Gk.* κωλύω) captae ~ere nequiret cum Poenos aquilae SIL.6.27;—(*w.* ab) ab honesta morte ~ere CALP.*Decl.*20;—(*w.* de) ui factum id uidetur esse, qua de re quis cum ~etur, fecit Q.SCAEV.*dig.* 50.17.73.2;—(*w. internal acc.*) id eos ut ~eret..praetori mandatum est LIV.39.45.7. **b** tu modo ne me ~eas accipere si quid det mihi PL.*Trin.*370; ~entur adire ad filios CIC.*Ver.*5.117; plura scribere fletu ~eor *Att.*11.9.3; mulier ~et se concipere atque repugnat LUCR.4.1269; Aequos triennio ante accepta clades ~uit Bolanis..praesidium ferre LIV.4.49.3; (polium) cohibet uulnera ~etque serpere PLIN. *Nat.*21.147;—(*without acc. of person*) multa fert lubido: ea facere ~et tua praesentia TER.*Hau.*573; circumuallare loci natura ~ebat CAES.*Gal.*7.17.1; pudor ~ebat plura profari HOR.*S.*1.6.57; timor longius progredi ~uit LIV.5.26.5; QUINT.*Inst.*1.pr.20;—(*w. pass. inf.*) Caesar dispositis in uallo custodiis recipi ~ebat CAES.*Gal.*7.78.5; sequantur qui capi signum ab hoste ~iti sunt LIV.25.14.7; OV.*Pont.*4.1.3; Bactrianos..festinatio ~ebat acciri CURT.3.2.9; PLIN.*Nat.* 20.232. **c** (*w.* ne) qui tu id ~ere me potes ne suspicer? PL.*Trin.*87; TER.*Eu.*808; non deieci te ex eo loco quem in locum ~ui ne uenires CIC.*Caec.*66; multitudo hostium ne circumuenire queat, ~ent angustiae loci SAL.*Cat.*58.20; LIV.24.43.4; CELS.6.6.15.B;—(*w.* quominus) is Ephesi se quaestorem ui ~itum esse dicebat quo minus e fano Dianae seruum suum..abduceret CIC.*Ver.*1.85; hiemem credo adhuc ~uisse quo minus de te certum haberemus *Fam.* 12.5.1; *B.Alex.*8.2;—(*w.* quin) neu quisquam posthac ~eto adulescentem filium quin amet PL.*Mer.*1021; nec quin erumperet ubi uellet ~eri poterat LIV.26.40.4; (*w. anticipatory neut. pron.*) neque me..di omnes id ~ebunt..quin sic faciam PL.*Am.*1051;—(*w. subj. alone*) (amor) simul ~et faciant aduorsum eos quod nolint *Ps.*206. **d** cum..eum publice..laudare cuperent, a C. Verre ~itos esse CIC.*Ver.* 4.142; conantis dicere ~uit CAES.*Gal.*1.47.6; auidum pugnae dictis ac numine Phoebi Ascanium ~ent VERG.*A.*9.662; ~uit propter aetatem a Masinissa nunquam ante proelium inisse LIV.27.19.10; CURT.8.3.4; ~ete manus STAT.*Theb.* 7.663; nemo te ~et: occide, si potes CALP.*Decl.*24;—(*ellipt.*) nullo hoste ~ente..incolumem legionem in Nantuates.. perduxit CAES.*Gal.*3.6.5; LIV.26.37.6; quis uelit in patriam uento ~ente reuerti? OV.*Ep.*13.127; rempublicam, si nihil ~eat, constanter..administrat GEL.10.22.24.

5 To make (an action, etc.) impossible, prevent, preclude.

prius quam fiat, ~essis scelus ENN.*scen.*286; placide egredere et sonitum ~e forium PL.*Cur.*158; Q. Metellus..eius omnis motus conatusque ~ebit CIC.*Catil.*2.26; neque munitiones Caesaris ~ere poterat, nisi proelio decertare uellet CAES.*Civ.*3.44.1; ~ere comitia, dicitur uitiare diem morbo, qui..comitialis appellatur FEST.p.234M; prospectum ager arbustis consitus ~ebat SAL.*Jug.*53.1; hoc uincite, ciues, et ~ete nefas VERG.*A.*5.197; non tam uictoria quam ~ito Hasdrubalis in Italiam transitu laetabantur LIV. 23.29.17; ~entibus opus Romanis 25.11.3; plura dolor ~et, uerboque interuenit omni plangor OV.*Met.*11.708; si tussis somnum ~et CELS.5.25.10; uiro domi suae interfecto per insidias seruilis, quas nemo ~uit TAC.*Ann.*14.43;—(*w. dat. of disadvantage*) munitiones castrorum..aditum aduersariis ~ebant *B.Afr.*31.7;—(*ellipt.*) seditionibus omnia turbata sunt et ab iis, quos ~ere magis decebat SAL.*Hist.*1.77.1.

6 To forbid (a person) the use or enjoyment (of), debar (from some right or privilege), ban (from a place). **b** to withhold, refuse to give (a thing).

(*w. abl.*) consilium iniere, quo nos uictu et uita ~eant PL. *Capt.*493; te, hominem..cuiuis summorum tuae aetatis.. parem, non posse ~eri re publica diutius CIC.*Fam.*6.6.9; illa communia: non ~ere aqua profluente, pati ab igne ignem capere *Off.*1.52; sociorum..magna uis ciuitate.. ~entur SAL.*Hist.*1.55.12; concubitu ~ere uago, dare iura maritis HOR.*Ars* 398; adiectum etiam, ut..exclusi..paternis opibus liberi etiam petendorum honorum iure ~erentur VELL.2.28.4; iure interfectum Clitum Macedones decernunt, sepultura..~ituri CURT.8.2.12; non ad cenas..admittitur, sed omnibus ~etur commodis PETR.116.7; ~eri patris bonis abdicatum QUINT.*Inst.*3.6.102; (mater) urbe..in decem annos ~ita est TAC.*Ann.*6.49;—(*w.* ab) populum Romanum neque recte neque pro bono facturum, si ab iure gentium sese ~uerit SAL.*Jug.*22.4. **b** est..~iti furti actio aduersus eum, qui furtum quaerere uolentem prohibuerit GAIUS *Inst.*3.188.

7 (usu. w. inf.) To restrain (a person from some action) by statute or command, prohibit, forbid. **b** to proscribe, ban, prohibit (an action).

si..consul..iis..auspiciis quibus pugnare ~ebatur paruisset CIC.*Div.*2.21; cum leges duo ex una familia..in senatu esse ~erent CAES.*Gal.*7.33.3; mortuos..~uit sepeliri LIV.29.18.14; numen abire iubet, ~et discedere leges OV. *Met.*15.28; CURT.9.3.18; Pompei..extat edictum..~entis ullum telum esse in urbe PLIN.*Nat.*34.139; Caesarem se appellari etiam uictor ~uit TAC.*Hist.*1.62; prius..quam species barbarae mulieris..uictorem tendere ultra sermone Latino ~uisset SUET.*Cl.*1.2; inpuberem..adoptari aliquando ~itum est, aliquando permissum est GAIUS *Inst.* 1.102;—(*w.* quominus) neque ~uit quo minus laudatione pro rostris..funus cohonestaretur TAC.*Ann.*3.76;—(*w. acc. of person alone*) intro ire in aedis numquam licitum est.— quis te ~uit? PL.*Am.*617; APUL.*Met.*6.4;—(*ellipt.*) ubi uis condormisce; nemo ~et, puplicum est PL.*Rud.*572; noxium ciuem..uinculis..coherceto, ni..populus..~essit CIC.*Leg.* 3.6; sciat egressum se ~ente deo TIB.1.3.22; perlegis? an coniunx ~et noua? OV.*Ep.*5.1; MART.6.86.2; idem, cum Valerius Messalinus signum aureum.., Caecina Seuerus aram ultioni statuendam censuissent, ~uit TAC.*Ann.*3.18; ius ~endi etiam hi habent ULP.*dig.*11.7.8.4. **b** nisi Metellus..illam rem imperio edictoque ~uisset CIC.*Ver.* 2.160; ~et gemitus consolaturque dolentem STAT.*Silv.* 2.1.153; ~iti per ciuitatem sermones TAC.*Hist.*3.54; aliis gentibus sollemnia, neque lege ulla ~ita *Ann.*12.6; rhetorica ..quam constet nonnunquam etiam ~itam exerceri SUET. *Rhet.*25(p.119Re); plus quingenta iugera habere..quod plebiscito Stolonis ~itum fuit GEL.6(7).3.40;—(*neut. pl. of pf. pple. as sb.*) plures..pudore peccandi quam bona uoluntate ~itis abstinent SEN.*Ep.*83.19.

prohibitiō ~ōnis, *f.* [prec.+-TIO]

1 The making (of an action) impossible or unlawful, prevention, prohibition.
illa non poena, sed ~o sceleris fuit CIC.in Quint.*Inst.* 9.2.18;—~o tollendi, nisi pactus esset, uim adhibebat pactioni *Ver.*3.37; sunt poenae, quae..contineant..alicuius actus ~onem ULP.*dig.*48.19.8.

2 The action of hindering (a person) from doing something; (spec.) prevention from bringing a legal action.
QVI PIGNVS CAPIENTEM PROHIBVERIT, ⟨IN SINGVLAS PROHI⟩BITIONES ✱ V D⟨ARE⟩ DEBETO *Lex Vip.*41(*Font.iur.* p.292);—qui de uia publica agit et priuato damno ex ~one adficitur PAUL.*dig.*3.3.42.

prohibitor ~ōris, *m.* [PROHIBEO+-TOR] One who checks or restrains.
Socrates..nullo adhortatore umquam indigebat, at uero ~ore nonnumquam APUL.*Soc.*19.

prohibitōrius ~a ~um, *a.* [PROHIBEO+-TORIVS] That restrains or prohibits.
ciuiam..auem..Labeo (dicit) ~am (*i.e. because of its ill-omened cry*) PLIN.*Nat.*10.37; interdicta aut restitutoria aut exhibitoria aut ~a uocantur GAIUS *Inst.*4.140; (interdicta) ~a de arboribus caedendis PAUL.*dig.*43.1.2.

prohinc, *adv.* [PRO+HINC] Therefore, hence.
nec (hospes meus) me digredi patitur. ~ epulare uadimonium differamus APUL.*Met.*3.12; 5.2; 11.27.

prohoemior, prohoemium: see PROOEM-.

prōiciō ~icere ~iēcī ~iectum, *tr.*, (*intr.*). [PRO-+IACIO] FORMS: *~iecitad* (= *~icito*) *CIL* 1.401.

1 To throw or fling forth; (of the sea, etc.) to cast up on shore. **b** to pour forth, discharge (liquids); to scatter (seeds). **c** to project, cast (a light, reflection). **d** to utter, give voice to; (also, w. acc. and inf.) to blurt out.
aquilifer..aquilam intra uallum ~iecit CAES.*Gal.*5.37.5; picis..glaebas in ignem e regione turris ~iciebat 7.25.2; curru ~iectus equorum..Phaethon *Culex* 127; sic..locutus in medium geminos..caestus ~iecit VERG.*A.*5.402; cur..in me ~icis insana cymbia plena manu? PROP.3.8.4; uiuum in arcam condidere prouectumque in mare ~iecerunt LIV. 27.37.6; OV.*Ib.*292; trepidatione ferentium Galba ~iectus e sella ac prouolutus est TAC.*Hist.*1.41; si quis alienum seruum de ponte..in flumen ~iecerit GAIUS *Inst.*3.219; (*in fig. phr.*) omnis uita supplicium est: in hoc profundum inquietumque ~iecti mare..fluctuamur SEN.*Dial.*11.9.6;—saeuis ~iectus ab undis nauita LUCR.5.222; immo ego..uidear tibi..~iecta uilior alga VERG.*Ecl.*7.42; (*in fig. phrs.*) qui ex naufragio luculenti patrimoni ad haec Antoniana saxa ~iectus est CIC.*Phil.*12.19; quo uento ~icitur Appius minor, ut..praeuaricationis..causa diceret depositum HS LXXXI CAEL.*Fam.*8.8.2. **b** lacrimas quas in colloquio ~iecerat *B.Alex.*24.5; ille..inflexa fontem qui ~icit urna..Aquarius MAN.4.259; quo loco duo flumina..separatim ~iecta in unum conueniunt HYG.*Fab.*14.1;—(*seeds*) neque amplius ~ici debet (*sc. vetch*) quam quod eodem die possit operiri COL.2.10.30. **c** ubi se primum speculi ~iecit imago LUCR.4.279; (irim, *i.e. a precious stone*) aliquo..ante se ~iecto nitore adiacentia inlustrare PLIN.*Nat.*37.137. **d** apud Iguuinos..eius facti mentionem ~iecit SIS.*hist.*95; repeto memoria, quam magno animo quaedam uerba ~ieceris SEN.*Ep.*10.3;—inter dicendi contentionem inconsultius euectus ~iecit..omnia ad nutum Romanorum fieri LIV.35.31.12.

2 (refl., rarely pass.) To fling oneself forth, plunge or rush forwards, etc. **b** (transf. or fig.) to rush (into some situation); (pregn.) to rush into danger.
ui magna..elephanti ~iciunt sese ENN.*Ann.*233; se ex naui ~iecit CAES.*Gal.*4.25.4; se in forum ~iecit LIV.2.23.3; uestem detraxerat corpori ~iecturus semet in flumen CURT. 9.4.12; si (Parthi) se infra per patentis campos ~iecissent FRON.*Str.*1.1.6; canis..in puteum se ~iecit AMP.2.6; (*pass.*) uigil ille (*sc. a boxer*)..huc alternus et huc..~iectusque redit V.FL.4.268;—(*in fig. phr.*) quae libido non se proripiet ac ~iciet aut occultatione proposita aut inpunitate CIC.*Fin.* 2.73. **b** hoc ex genere si qui in hoc iudicium forte ~iecerint CIC.*Cael.*22; animus si in iram..se ~iecit..non permittitur reprimere inpetum SEN.*Dial.*3.7.4;—(*pregn.*) primae (epistulae) monent..ne me ~iciam, proximae gaudere te ostendunt me remansisse CIC.*Att.*9.6.5; poterimus deliberare..re..minus infracta quam si una ~ieceris te 9.10.8.

3 To fling (esp. in a contemptuous or offhand way) in front (of a person, etc.) for acceptance. **b** (dub.) to offer as a sacrifice (in most if not all exx. prob. a f.l. for *porricio*; cf. Macr.3.2.2).
tu (*sc. a dog*)..~iectum odoraris cibum HOR.*Epod.*6.10; malo beneficium ~iciam, bono reddam, huic, quia debeo, illi, ne debeam SEN.*Ben.*7.17.2; recordare..quam superbe..de..tantis diuitiis exigua nobis inuita ~iecerit (Psyche) APUL.*Met.*5.10; frusto cibarii panis ei (*sc.* Psychae) ~iecto 6.11. **b** ~icerent exta ministratores NAEV.*poet.*35(41); inter..exta caesa et ~iecta flamen..uinum legit VAR.*L.* 6.16; 6.30; di, quibus imperium est pelagi..taurum constituam ante aras uoti reus, extaque salsos ~iciam in fluctus VERG.*A.*5.238, LIV.29.27.5.

4 To thrust forward (a weapon, part of the body, etc.) **b** to cause (part of a building or other structure) to project. **c** (pass., topog.) to extend, stretch (in any direction); (esp., of a promontory or sim.) to jut out (also intr.). **d** to place at a distance.
Gallus (constitit) sua disciplina scuto ~iecto QUAD.*hist.* 10b; ilex, quae circum ~iectis ramis maiorem partem loci summi tegebat SIS.*hist.*8; duplex causa radicium, quod et materiem aliam quam aliam longius ~icit natura, et quod..VAR.*R.*1.45.3; inflexo..genu ~iecto corpore Taurus CIC. *Arat.*576(330); ~iecta hasta impetum excipere hostium NEP.*Cha.*1.2; ~iecto..pede laeuo aptat se pugnae VERG.*A.* 10.587; ~iecto prae se clipeo LIV.32.25.10; cum dicimus 'nos', neque profuso..flatu uocis neque ~iectis labris pronuntiamus NIGID.in Gel.10.4.4; pectus ac uenter ne ~iciantur obseruandum QUINT.*Inst.*11.3.122; ~iectis alte brachiis consistunt GEL.13.28(27).4. **b** EX EO PARIETE ANTAS DVAS AD MARE VORSVM ~ICITO *CIL* 1.698.1.12; quod parietis communis tegendi causa tectum ~iceretur CIC. *Top.*24; turres sunt ~iciendae in exteriorem partem VITR. 1.5.2; tigna duo in utramque partem ~iecta pedes senos 10.14.2; qui molem in mare ~iecit ULP.*dig.*43.8.2.8; (*absol.*) siue de seruitute immittendi ~iciendique quaeratur PAUL. *dig.*11.6.6;—(*cf.*) si..stillicidium in tuum ~iecero 8.2.20. **c** tellus..sine fine ~iecta MELA 3.44; si regna times ~iecta sub Austro infidumque Iubam LUC.8.442; Corsica..a septentrione in meridiem ~iecta PLIN.*Nat.*3.80; septem ~iectus in amnes Nilus V.FL.8.90;—una (*sc.* urbs) est ea quam dixi Insula, quae duobus portibus cincta in utriusque portus ostium aditumque ~iecta est CIC.*Ver.*4.118; ~iecti ..in altum scopuli mare frangunt SEN.*Dial.*2.3.5; promunturiis in duo diuersa maria ~iectis PLIN.*Nat.*3.30;—(*intr.*) hos fert uentus ad primorem Pyrenaeum, quo ~icit in altum CATO *orat.*32; PAC.*trag.*94; eae (*sc.* turres) ~iciunt ante alios VAR.*L.*5.142. **d** nec ulla gens usquam est adeo extra leges moresque ~iecta, ut non aliquos deos credat SEN.*Ep.*117.6;—(*transf.*) deum..ne cuiquam metuendus esset, ~iecisti..extra metum *Ben.*4.19.1.

5 To fling to the ground, overthrow, lay low, prostrate. **b** (refl. or pass.) to prostrate oneself (in submission, etc.). **c** (pf. pple.) lying outstretched or prone (in sleep, death, etc.; cf. sense 4c).
(*inanim. objs.*) ~iectas Vitellii effigies aspexit TAC.*Hist.* 3.13; Iulius Sabinus ~iectis foederis Romani monumentis Caesarem se salutari iubet 4.67;—(*persons, etc.*) canitiem sacrasque manus..pedibus ciuis ~iecta superbis proculcauit ouans CORN.SEV.*poet.*13.18; hos..pauor fusos ~iecit in ora SIL.17.484; non ferrum, non uenenum in sororem et patruum expromit, sed ~iectos in humum et ueste multa..opertos necat TAC.*Ann.*12.47;—(*in a fight*) ferarum..nec generosarum quidem (est)..urguere ~iectos SEN.*Cl.*1.5.5; (*cf. sense 8*) non (athleta) ~iecit animum ~iectus *Ep.*13.2; (*transf.*) post multa sonant ~iecti litora fluctus LUC.9.309. **b** uos..pro meo capite ad pedes lenonis impurissimi ~iecistis CIC.*Sest.*26; ut..ante simulacra ~iecti uictoriam ab dis exposcerent CAES.*Civ.*2.5.3; ~iecti ad terram flentes ab eo salutem petiuerunt 3.98.2; cui..fit obuius L. Caesar et subito se ad genua ~iecit uitamque sibi..deprecatur *B.Afr.* 89.4; super exanimum sese ~iecit amicum confessus VERG. *A.*9.444; ducitur..Acoetes, pectora..foedans pugnis,..sternitur et toto ~iectus corpore terrae 11.87; legati..ad genua se Marcelli consulis ~iecerunt LIV.26.32.8; (*in fig. phr.*) tibi..ille respondeat? non pro fastigio te tuo metiris; ipse te ~icis SEN.*Dial.*4.21.7; (*cf.*) quae (*sc.* Polyxena) ~iciet truncum summisso poplite corpus CATUL.64.370. **c** pastor..concepit ~iectus membra soporem *Culex* 158; ite meae..capellae. non ego uos posthac uiridi ~iectus in antro..uidebo VERG.*Ecl.*1.75; me ante tuos ~iectum in limine postis OV.*Am.*2.19.21; uulpes in latera ~iectae (*i.e. in coupling*) PLIN.*Nat.*10.174; (Medea) toro ~iecta manet V.FL.7.321; ~iectus caespite nudo hoc patriae telluris habes? STAT.*Theb.*12.328; animalia..in aluum prona atque ~iecta APUL.*Mun.*17;—(*of a low-growing plant*) (uinea) iugata, humi ~iecta et deinde tertia..more arborum in se consistens COL.*Arb.*4.1;—(*of a low-lying place*) ubi latis ~iecta in campis nebulas exhalat inertes..Meuania SIL. 6.646.

6 To fling from oneself as unwanted, discard. **b** (esp. one's weapons in flight, surrender, etc.). **c** to abandon (a baby); (in general) to leave in the lurch, forsake (a person). **d** (transf.) to throw (money, favours, etc.) away, waste.
procul equitatu uiso ex medio itinere ~iectis sarcinis refugiebant CAES.*Civ.*1.59.2; pondere defecit praedamque ex unguibus ales ~iecit fluuio VERG.*A.*12.256; seruos ~icere aurum..iussit..quia tardius irent propter onus segnes HOR.*S.*2.3.100; LIV.41.3.6; ~iectae triuiis iaceatis, inutile lignum (*i.e.* tabellae)! OV.*Am.*1.12.13; attonitus subita..ira ~icit acceptas lecta sibi parte tabellas *Met.*9.575; Polemo..coronam capite detractam ~iecit V.MAX.6.9.ext. 1; ~iectis..uestimentis..balneum intrauimus PETR.73.2; magistratus ~iectis insignibus..incertas latebras petiuere TAC.*Hist.*1.81.; FLOR.*Epit.*1.13(1.18.7); qui leuandae nauis gratia res aliquas ~iciunt JULIAN.*dig.*14.2.8; (*cf.*) si dolorem uiliori pretio ~iecerunt (apparitores) ULP.*dig.*21.2.50. **b** ~iectis armis mortem deprecari incipiunt CAES.*Gal.*7.40. 6; HIRT.*Gal.*8.29.4; ignauis manibus ~iectos reddidit enses LUC.9.26; STAT.*Theb.*3.643; [QUINT.]*Decl.*11.3;—(*in fig. phr.*) numquam..in rerum honestarum certamine superari turpe est dummodo arma non ~icias SEN.*Ben.*5.2.1 **c** eam postquam peperit, iussit paruam ~ici PL.*Cist.*618; ut partum ~iceret pater AFRAN.*com.*347; aut lupa ~iectos nutrisset Martia fratres (*i.e. Romulus and Remus*)? MAN. 4.26; nascuntur..quidam..infirmi.., quos parentes sui ~iciunt magia quam exponunt SEN.*Con.*10.4.16;—si me a meis consiliariis proditum et ~iectum uides CIC.*Att.*3.19.3; an uos Domitius deseruit? nonne extremam pati fortunam paratos ~iecit ille? CAES.*Civ.*2.32.8. **d** fructus ~icies amoris omnes CATUL.55.19; qui fortunas suas in stabulum contaminatum ~iecerat (*i.e. by appointing a pimp as his heir*) V.MAX.7.7.7; beneficia sine ullo dilectu magis ~icimus quam damus SEN.*Ben.*1.1.2.

7 To cast out of a place as undesirable; (esp. corpses refused burial). **b** to drive out (a person), banish, or sim.; also, *~icere in exilium.* **c** to throw out (a candidate at an election).
quod (urbs) tantam pestem euomuerit forasque ~iecerit CIC.*Catil.*2.2;—IN HOCE LOVCARID..STIRCVS NE ⟨QV⟩IS..FVNDATID NEVE CADAVER ~IECITAD *CIL* 1.401; ~ici se iussit (Diogenes) inhumatum CIC.*Tusc.*1.104; rancida quo perolent ~iecta cadauera ritu LUCR.6.1155; tu ~iecta mei perpessa es membra propinqui PROP.1.22.7; nec satiatus uiuorum poena insepultos ~iecit LIV.29.9.10; indeploratum ~iciere caput OV.*Ib.*162; LUC.6.626; CALP.*Decl.*7. **b** ego, Sarmaticas longe ~iectus in oras OV.*Tr.*5.1.13; exul..errabit..patriis ~iectus ab oris SIL.2.702; Iulia..quam..Augustus conuictam adulterii damnauerat ~ieceratque in insulam Trimerum TAC.*Ann.*4.71; hunc insimulatum quorundam astu ~iecit extorrem..inuidia APUL.*Met.*7.6;—~icitur Tullius in exilium [CIC.]*Exil.*29; SEN.*Dial.*1.3.2. **c** uix per singulos annos offensiones uitari, quamuis repulsam propinqua spes soletur: quantum odii fore ab iis qui ultra quinquennium ~iciantur? TAC.*Ann.*2.36.

8 (w. abst. or immaterial obj.) To give up, abandon, renounce (one's life, loyalties, a feeling, etc.).
ita uitam corpusque seruato, ita fortunas,..ut..pro libertate haec ~icias CIC.*Phil.*13.6; CATUL.64.82; Belgas, qui se populo Romano dedidissent patriamque uirtutem ~iecissent CAES.*Gal.*2.15.5; qui sibi letum..peperere manu lucemque perosi ~iecere animas VERG.*A.*6.436; non esse..desertam omnino rem publicam neque ~iectum consulare imperium LIV.2.27.11; pudore ~iecto tua facta loquar OV. *Met.*6.545; ut..maturius stultum ~icere maerorem uelint V.MAX.2.6.13; Democritus diuitias ~iecit onus illas bonae mentis existimans SEN.*Dial.*1.6.2; indue dissimilem animo tuo uultum et..~ice omnem ex toto dolorem 11.5.5; ~ieci uitam..totusque futurae mortis agor stimulis LUC.4.516; ille (*sc. Oedipus*)..~iecit..diem (*i.e. blinded himself*) STAT. *Theb.*1.237; an ciuis (appellem), quibus tam ~iecta senatus auctoritas? TAC.*Ann.*1.42; spem salutis..~iecit PLIN.*Ep.* 7.27.3.

9 (w. *in*+acc., *ad*, etc.) To abandon (to a fate), expose, resign. **b** (refl.) to abandon oneself, give way (to a feeling, habit).
uitam suam..numquam in periculum..~iciebat CIC. *Mil.*56; illum, quoius inpio facinore in has miserias ~iectus sum SAL.*Jug.*14.21; miseros totiens in aperta pericula ciuis ~icis VERG.*A.*11.361; si quid ~iectis ac proditis ad inconsultam..pugnam legionibus accideret LIV.22.44.7; inbecillum corpus..ad omnis fortunae contumelias ~iectum SEN. *Dial.*6.11.3; horum miseret, quos..ad proelia raptos ~icis excidio STAT.*Theb.*2.460. **b** manipulares..increpante Marcio, quod in muliebres..se ~iecissent fletus LIV.25.37.10; in luxuriam usque eo se ~iecit, ut accusem SEN.*Con.*2.6.4.

prōiectīcius ~a ~um, *a.* [prec.+-ICIVS²] (of a child) Abandoned.
is amore ~am illam deperit PL.*Cist.*191.

prōiectiō ~ōnis, *f.* [PROICIO+-TIO]

1 The action of thrusting forward (a part of the body).
bracchii ~one in contentionibus, contractione in remissis CIC.*Orat.*59.

2 A projecting structure in a building.
si ~o supra uicini solum non iure haberi dicatur ULP *dig.*43.17.3.5.

3 A discharge, emission (of liquid).
uehementes ~ones sanguinis arcuatim fluentis FEST.p. 352M.

prōiectō ~āre, *tr.* [PROICIO+-TO] (prob.) To banish, expel.
ego ~or quod tu peccas, tu delinquis, ego arguor? ENN. *scen.*225.

prōiectum ~ī, *n.* [pple. of PROICIO] A projecting structure.
si eum locum possideamus, qui ~o tegetur ULP.*dig.*43. 17.3.6; si quis ~um aut stillicidium in sepulchrum immiserit VEN.*dig.*43.24.22.4.

prōiectūra ~ae, *f.* [PROICIO+-VRA] A projecting part (of a structure).
(spirae) ~am.., quam Graeci ἐκφορὰν uocitant, habeant s(emissem) extantem VITR.3.5.1; 4.3.6; in scaenis pictis uidentur columnarum ~ae,..signorum figurae prominentes, cum sit tabula..plana 6.2.2; habuerat ~a eius (*sc. a battering-ram*) ex tabulis arcam compactam 10.15.7.

prōiectus¹ ~a ~um, *a. compar.* ~ior, *superl.* ~issimus. [pple. of PROICIO]

1 Prominent, projecting.
altas cautes ~aque saxa Pachyni radimus VERG.*A.*3.699; uentre paulo ~iore SUET.*Tit.*3.1; *Nero* 51.1; (*in fig. phr.*) ei quorum eminet audacia atque ~a est CIC.*Clu.*183; iustitia foras spectat et ~a tota est atque eminet *Rep.*3.11.

2 (fig.) Rushing headlong, precipitate; (esp. on a course of vice, etc.).
uidete hominis intolerabilem audaciam cum ~a quadam et effrenata cupiditate CIC.*Dom.*115;—Verres..fuit semper, ..ad audendum ~us *Ver.*1.2; in uentrem ac libidinem ~orum inhonesta labes est SEN.*Dial.*10.7.1; ~issima ad libidinem gens TAC.*Hist.*5.5; homines in uerba ~os GEL.1.15.20.

3 a (of character, expression, etc.) Abject, grovelling. **b** (w. ref. to reputation) of no esteem, despised.
a humilis et ~us animus SEN.*Dial.*12.13.6; uultus..Vitellii ~us et degener TAC.*Hist.*3.65; illum..tam ~e seruientium patientiae taedebat *Ann.*3.65. **b** rhetor..non ~i nominis SEN.*Con.*9.1.12.

prōiectus² ~ūs, *m.* [PROICIO+-TVS³] The fact of extending beyond a surface or edge, projection; also, the point from which something protrudes. **b** expanse, spread.
quae ~u frondis ita defenduntur ut per ipsas non defluant imbres PLIN.*Nat.*17.92;—debent rami (*i.e. of a palm-tree*) a

~u digitorum modo subrigi 17.202. **b** quamlibet (Tityos) immani ~u corporis exstet LUCR.3.987.

prōin, *adv.* [abbrev. form of next] PROS.: disyll. in *Priap*.85.16. So then, accordingly (introducing appeals, exhortations, or sim.; also in other contexts).

(*w. imp.*) cenaui modo; ~ tu istam cenam largire..esurientibus PL.*Am*.311; nunc, pater mi, ~ tu ab eo ut caueas tibi *Bac*.739; *Epid*.455; *St*.667; di rem tantam haut temere inprouiso offerunt. ~ uide, ne quem tu esse hebetem deputes ACC.*pract*.32; AFRAN.*com*.186; SEN.*Ag*.129;—(*w. indir. command*) addidit..materiem sceleri detrahendam: ~ publicatis bonis cederet Italia TAC.*Ann*.12.22; APUL. *Met*.3.21;—(*w. fut. used in imp. sense*) ~ uiator, hunc deum uereberis *Priap*.85.16;—(*w. gd.*) ~..recta de auditorio eius exsequias eundum APUL.*Fl*.16;—neminem alium..uirum futurum fuisse, cuius se societati commissurus foret, quam Cn. Pompeium; ~ (*v.l.* proinde) omnem sibi uel aduersam uel secundam, cuius auctor ille esset, fortunam tolerabilem futuram VELL.2.37.4.

prōinde, *adv.* [PRO-+INDE]

1 (correl. to *ut, prout, atque*, etc.) According to the manner or degree (in which), according (as), in proportion (as), etc. **b** (without cl.) in a corresponding manner or degree, accordingly.

(*w.* ut) scio istaec facta ~ ut proloquor PL.*Am*.757; ~ ut decet amat uirum suom *St*.284; ~ ut bene uiuitur, diu uiuitur *Trin*.65; TER.*Hec*.218; poteratne fieri ut non ~ homines de quoque ut quisque mereretur iudicarent? CIC. *Phil*.14.19; PLANC.*Fam*.10.4.4; confirmatio aliquando totius causae est, aliquando partium, et ~, ut cuique conueniunt, subicienda QUINT.*Inst*.5.13.58; haec..~ ut a nobis aguntur, ita ipsis actionibus aut probanda fiunt aut reprehendenda GEL.2.7.18; APUL.*Met*.5.27;—(*w.* prout) ~ aut sterilis annus aut fertilis est, prout ille (*i.e. the Nile*) magnus influxit aut parcior SEN.*Nat*.4a.2.2; hae particulae prout sunt graues,..remissae.., ~ id quod ex illis conficitur aut seuerum aut luxuriosum QUINT.*Inst*.9.4.69;—(*w.* atque, ac) locum constituendum ~ magnum, ac multitudinem alere uelis VAR.*R*.3.8.1; quem..nequaquam ~ ac dignus est oderunt homines POL.*Fam*.10.31.2; QUINT.*Inst*.5.9.11;—(*w.* quod) Arion Lesbius, ~ quod Graecorum memoria est, cithara..primus FRO.*Ar*.1.p.54(237N). **b** hunc filii loco ..substitutum non ~ habere turpe mihi uidetur PLANC. *Fam*.10.24.5; in suillo pecore probandi sunt..clunibus uastis nec ~ cruribus..proceris COL.7.9.1; ut siue dulcis esset sapor uuae siue acidus ~ aestimarent 11.2.68; senex.. qui uideretur nescio quid magnum promittere, sed cultu non ~ speciosus PETR.83.7; iudicis..noscenda natura est, iuri magis an aequo sit adpositus: ~ enim magis aut minus erit hoc necessarium QUINT.*Inst*.4.3.11; Scaeuino dissoluta luxu mens et ~ uita somno languida TAC.*Ann*.15.49.

2 (correl. to *ut, atque, quam*) In the same way or degree (as). **b** (w. *quasi, ac si*, and other compar. cls. w. subj.) just (as if), just as much (as if). **c** (without cl.) in the same degree, equally; similarly, likewise.

(*w.* ut) (apes) consonant uehementer, ~ ut milites faciunt, cum castra mouent VAR.*R*.3.16.30; id..maiores..nostri.. neque iudicium nominarunt neque ~ ut rem iudicatam obseruarunt CIC.*Clu*.117; 'subices'..quod ~ ut 'obices' compositum est GEL.4.17.13;—(*w.* atque, ac) ea uerba quae erant ~ ac cognomina, ut prudens, candidus VAR.*L*.8.17; si possent homines, ~ ac sentire uidentur pondus inesse animo..e quibus id fiat causis quoque noscere LUCR.3.1053; an ~ habenda sit haec (finitio) atque illa QUINT.*Inst*.7.3.11; GAIUS *Inst*.4.13;—(*w.* quam) si ~ amentur, mulieres diu quam lauant PL.*Truc*.324; ~ a nobis donatiuum ob fidem quam ab aliis pro facinore accipietis TAC.*Hist*.1.30; haud ~ id damnum Vitellianos in metum compulit quam ad modestiam composuit 2.27; dis habeo gratiam, non ~ quia (filius) natus est, quam pro eo, quod.. GEL.9.3.5;—(*cf., in paratactic use*) ~ beneficium hereditatis filio datur, patrono redditur CALP.*Decl*.14. **b** (*w.* quasi) ~ habet orationem quasi ipse sit frugi bonae PL.*Poen*.845; TER.*Ph*.382; non exules, sed ui eiectos se reducere aiebat. ~ quasi id fuisset in controuersia, quo illi nomine appellarentur *Rhet.Her*.2.45; ut..id, ~ quasi factum sit, nostro iudicio confirmemus CIC.*Quinct*.45; *Att*.1.10.6; LUCR.4.1004; SAL.*Cat*.12.5; SEN. *Ep*.74.32;—(*w.* ac si, atque si) ~ ac si uirtute uicissent.. uictoriam..concelebrabant CAES.*Civ*.3.72.4; NEP.*Alc*.6.1; QUINT.*Inst*.7.1.60; rescripsit..~ posse eum causam probare, atque si peregrinus mansisset GAIUS *Inst*.1.74;—(*w.* ut si) tela uolantia..~ ut si ipse in proelio uersaretur, coram uidere sese uociferatus est GEL.15.18.2; APUL.*Fl*.18; —(*w.* quam) ut quamquam insontes magistratus..uxorum criminibus ~ quam suis plecterentur TAC.*Ann*.4.20;—(*w.* atque) Scipiadas, belli fulmen,..ossa dedit terrae ~ ac famul infimus esset LUCR.3.1035; CELS.*dig*.45.1.97;—(*w.* ut) hic dies (*sc.* Quinquatrus) unus..~ ut sint quinque dictus VAR.*L*.6.14; (*cf.*) narratio est rerum gestarum aut ~ ut gestarum expositio *Rhet.Her*.1.4. **c** summa studia offici mutuo inter nos certatim constiterunt..et ~ diligenter ab utroque conseruata sunt LEP.*Fam*.10.34a.3;—dignitas.. nonnumquam ipsa in argumentum facti conuertitur..~ paupertas, humilitas, opes..in diuersum trahuntur QUINT. *Inst*.7.2.32; 8.3.49.

3 (introducing a consequence) So then, accordingly: **a** (in exhortations, appeals, or sim.). **b** (in other contexts).

a odi summussos: ~ aperte dice quid sit NAEV.*trag*.60; PL.*Capt*.794; ne uacuom esse me nunc ad narrandum credas: ~ hinc uos amolimini TER.*An*.707; quae resecanda erunt non patiar ad perniciem ciuitatis manere. ~ aut exeant aut quiescant CIC.*Catil*.2.11; *Fat*.4; LUCR.2.755; frustra..meae uitae subuenire conamini..~ abite CAES. *Gal*.7.50.6; *Civ*.2.39.3; SAL.*Jug*.70.5; VERG.*A*.11.400; caelestes ita uelle ut mea Roma caput orbis terrarum sit; ~ rem militarem colant LIV.1.16.7; 6.18.14; VELL.2.55.3; merui, ne parcere uelles. ~ moue pharetras STAT.*Theb*. 1.658; amisi uitae meae..magistrum..~ adhibe solacia mihi PLIN.*Ep*.1.12.13; 5.5.8; (*w. fut. in imp. sense*) ~ quiesse erit melius LIV.3.48.3;—(*w. gdve.*) occidi Othonem posse. ~ agendum..dum Galbae auctoritas fluxa TAC.*Hist*.1.21. **b** nec..uitam ducendo demimus hilum tempore de mortis.. ~ licet quot uis uiuendo condere saecla; mors aeterna.. manebit LUCR.3.1090; 4.803; docuit..opimam praedam fore (*i.e. in India*)..~ iam..obsoleta esse spolia de Persis CURT.9.1.2; adeptum se quae concupisset, ~ ex eo insultaturum omnium capitibus SUET.*Jul*.22.2.

prōlābor ~bī ~psus, *intr.* [PRO-+LABOR[1]]

1 To move gradually forwards, slide or slip forward or forth; also, to move stealthily forward, creep forth. **b** (of liquids) to flow forth. **c** to run on (in a speech). **d** (of an activity, etc.) to progress gradually (to some extreme).

Pisces, quorum alter paulo ~bitur ante CIC.*Arat*.246(12); (Dryades) ~psum (*sc.* Hylan) leuiter facili traxere liquore PROP.1.20.47; alii elephanti pedibus insistentes, alii clunibus subsidentes ~bebantur LIV.44.5.7; angues duae ex occulto ~psae V.MAX.1.6.8; (*of things*) tanta moles (*i.e. the sea*).. prae se undas uoluit..ruit ~psa ACC.*trag*.394; Canis ad caudam serpens ~bitur Argo CIC.*Arat*.370(126); animae naturam..prius esse sibi distractam corpore in ipso, quam ~psa foras enaret in aeris auras LUCR.3.591; (*in fig. phr.*) lubrica (est) mens ac ~bitur, ut dicebant olim VAR.*L*.6.47; —(*w. ref. to stealthy movement*) castos ~psum ad fontis (*i.e. of Diana*) specula..profana..dominum (*i.e. Actaeon*) STAT. *Theb*.3.202; uariis corporis sui schemis..tandem domo ~psus est APUL.*Met*.4.20. **b** hortulanus..~psum capite sanguinem detergens APUL.*Met*.9.39. **c** tametsi de hoc iure permulta praetereo, tamen me longius esse ~psum quam ratio uestri iudici postularit CIC.*Caec*.101. **d** huc unius mulieris libidinem esse ~psam ut ea..clarissima luce laetetur CIC.*Cael*.47; bonitas tua eo usque ~psa est, ut tibi dari putes beneficium, quod ulli datur SEN.*Ben*.5.1.3; eo..luxuria ~psa est, ut.. *Dial*.12.12.4.

2 (of things) To slide forward out of position; (med., of parts of the body); (of internal organs) to prolapse.

(terra) inclinatur..retroque recellit et recipit ~psa suas.. sedis LUCR.6.574;—quod si..restitutus aculus in sedem suam non est eodemque modo ~psus est CELS.6.6.9.B; si qui (articuli) neruorum uitio ~psi sunt, conpulsi quoque in suas sedes iterum excidunt 8.11.4; si (cubitus) in priorem ~psus est 8.16.1;—ex naturalibus partibus carne ~psa 1.pr.49; ubi intestinum ~psum est 7.14.2; LARG.206.

3 To slip from a place or position, drop; (transf., of a remark) to slip out.

in cella aedis Fortis Fortunae de capite signum quod in corona erat in manum sponte sua ~psum LIV.27.11.3; inter sacrificandum e capite apex ~psus V.MAX.1.1.5; ~psum ex arbore alta putatorem PLIN.*Nat*.27.69; cibus..e manu ~psus 28.27; *Ilias* 826; cum..~psus in cloacae foramen crus fregisset SUET.*Gram*.2(p.100Re);—(*of a child at birth*) (Ibis) inpura matris ~psus ab aluo OV.*Ib*.219; portat onus ignotum certis mensibus, nouissime ~psam effundit sarcinam PHAED.3.15.6;—(*transf.*) ne quod ab aliqua cupiditate ~psum uerbum esse uideatur CIC.*Font*.28.

4 To lapse (into a practice, condition, state of mind, etc., usu. implied to be bad).

(*w.* in+*acc.*) in misericordiam..~psus est animus uictoris LIV.30.12.18; ne (feminae)..in aliquod dedecus ~berentur V.MAX.2.1.5; rarissima uenere utendum est. si quando quis in eam ~psus est, tum oleo..perfricari..debet CELS.3.27. 3.B; uitae..fastidium, in quod ~bimur ipsa impellente philosophia SEN.*Ep*.24.26; miles in rabiem ~psus est TAC. *Ann*.1.31; —(*w.* ad) nobis ignosci potest ~psis ad lacrimas SEN.*Ep*.63.1; suum militem in obsequio duraturum cum alii ad seditiones ~berentur TAC.*Ann*.4.18; rex..secunda fortuna ad superbiam ~psus 11.17.

5 To slip from a vertical to a horizontal position, overbalance. **b** (of structures, etc.) to give way, collapse.

Lupercus..sibi ~pso non bene cauit equo PROP.4.1.94; uelut si ~psus cecidisset, terram osculo contigit LIV.1.56.12; iumenta..quae ~psa in rupibus erant, sequendo uestigia agminis in castra peruenere 21.35.5; expectandus est dies, quo ~batur (*i.e. in an epileptic fit*) CELS.3.23.4; TAC.*Ger*. 39.3; APUL.*Apol*.27. **b** cum aedis Iouis..uetustate atque incuria detecta ~beretur NEP.*Att*.20.3; illum..Troiam incensam et ~psa uidentem Pergama VERG.*A*.2.555; cupressus ..circa suprema Neronis prinicpis ~psa PLIN.*Nat*.16.236; Laodicea tremore terrae ~psa TAC.*Ann*.14.27; VIAM ~PSAM ..REST⟨ITVIT⟩ *CIL* 11.6619; ULP.*dig*.39.2.9.2.

6 To fall into a mistake or delusion (often w. abl. of cause).

fore uti permultis in rebus timore ~berer CIC.*Quinct*.77; Asiam qui..conduxerunt questi sunt..se cupiditate ~psos nimium magno conduxisse *Att*.1.17.9; adulescens cupiditate regni ~psus LIV.40.23.8; SEN.*Suas*.3.7; dulcedine urbanitatis ~psus est SEN.*Dial*.4.28.5; uirum alias sagacem.. nimio iuuandi mortales studio ~psum PLIN.*Nat*.28.118; audita uox principis, parem uim rerum habendam a procuratoribus suis iudicatarum ac si ipse statuisset. ac ne fortuito ~psus uideretur, senatus quoque consulto cautum plenius quam antea TAC.*Ann*.12.60;—(*w. abl. of respect*) si forte patronus tuus uerbo ~psus est APUL.*Apol*.46.

7 (of an institution, etc.) To fall into decay, decline, degenerate.

(iuuentus) ita ~psa est ut omnium opibus refrenanda.. sit CIC.*Div*.2.4; rem temeritate eius ~psam restituit LIV. 6.22.6; disciplinam militarem culpa tua ~psam 8.7.19; ~psum clade Romanum imperium 23.5.14; postquam (urbs) luxuria ~psa est V.MAX.9.1.ext.2; eo ~psi iam mores ciuitatis sunt, ut.. SEN.*Con*.2.7.1; dites olim familiae nobilium..studio magnificentiae ~bebantur TAC.*Ann*.3.55; —(*cf., w. ref. to physical deterioration*) senio iam ~psus V.MAX.9.3.8.

prōlapsiō ~ōnis, *f.* [prec.+-TIO] The action of overbalancing or slipping.

(*in fig. phr.*) uias adulescentiae lubricas ostendit quibus illa..ingredi sine casu aliquo ac ~one uix posset CIC.*Cael*.41.

prōlātiō ~ōnis, *f.* [PROFERO+-TIO]

1 The putting forward (of examples) in support of a case, adducing.

exemplorum..~o..auctoritatem orationi adfert CIC.*Orat*. 120.

2 Enlargement, extension (of boundaries, etc.).

~onem finium..portendi LIV.31.5.7; 42.20.4; alueum Tiberis..repurgauit completum olim ruderibus et aedificiorum ~onibus (*v.l.* prolapsionibus) coartatum SUET.*Aug*.30.1.

3 Postponement, delay.

trecentae possunt caussae conligi: 'non domist, abiit ambulatum..operae non est, non potest,' quantum uis ~onis PL.*Mil*.253; cum alteri ad ~onem iudicii biduum quaereretur CIC.*Rab.Perd*.8; quibus in rebus ~onem diei donationem esse dicebant CAES.*Civ*.3.32.5; FRON.*Str*.3.16.3; magnitudo facinoris metum, ~ones..adferebat TAC.*Ann*. 4.3; APUL.*Met*.11.22.

prōlātō ~āre, *tr.* [PROFERO+-TO]

1 To extend in space, lengthen, enlarge. **b** to extend in scope, develop. **c** to extend in time, prolong.

fiet uti nusquam possit consistere finis effugiumque fugae ~et copia semper LUCR.1.983; imperii ~andi percupidus SAL.*Hist*.4.70; MELA 3.52; uillam ~are COL.1.5.9; ~are agros TAC.*Hist*.2.78. **b** quibus diuturna permittente pace ~are licuit rem rusticam COL.1.pr.19. **c** Messalina ..~are uitam, componere preces TAC.*Ann*.11.37; cunctantibus ~antibusque spem ac metum 15.51.

2 To put off to another occasion, postpone, defer; (absol. or intr.) to procrastinate.

id (malum) opprimi sustentando et ~ando nullo pacto potest CIC.*Catil*.4.6; illos dubitando et dies ~ando magnas opportunitates corrumpere SAL.*Cat*.43.3; omnis inuidia ~andis consultationibus dilapsa foret *Jug*.27.2; ~andis.. comitiis LIV.7.21.2; nihil ~andum ratus ne se..cunctantem casus aliquis oppprimeret 21.5.2; breuitas..uetat mutabilis horae ~are diem SIL.3.142; diem ex die ~abant TAC.*Ann*. 6.42; ~atum..bellum acriter sumitur 13.34;—non ~andum neque uotis paranda auxilia SAL.*Hist*.1.55.7; cunctantem.. ac ~antem ingens uis morbi adorta est LIV.2.36.5; ~ando aliquantum extraxerant temporis CURT.10.2.10.

prōlectō ~āre ~āuī ~ātum, *tr.* [PROLICIO+-TO] To lead (a person) on to an action, etc., lure, entice. **b** to coax forth.

etiamne ultro tuis me ~as probris? PL.*Bac*.567; egentis.. spe largitionis..~at CIC.*Flac*.18; ~ando sensus legentium perducit..ad summam scriptorum terminationem VITR. 5.pr.1; praeda (*i.e. flowers*) puellares animos ~at OV.*Fast*. 4.433; causam..Pudentillam ueneficiis ad nuptias ~andi APUL.*Apol*.91. **b** lacrimae..redeunt ~ante gaudio APUL.*Met*.5.7; ut..auiculae ~atae uerno uapore concentus suaues adsonarent 11.7.

prōlēs ~is, *f.* [PRO-+-*oles* (as in *suboles, indoles*; see ADOLESCO)] N.B.: considered poetic by Cicero (*de Orat*.3.153) and Quintilian (*Inst*.8.3.26). FORMS: pl. perh. only in COL.10.163.

1 That which springs from a person (animal, etc.) by birth or descent, offspring, progeny: **a** (applied to a plural number). **b** (applied to an individual).

a censores..ordines partiunto, equitum peditumque ~em discribunto CIC.*Leg*.3.7; omnes corpora pascunt et dulcem ducunt uitam ~emque propagant LUCR.2.997; laudantur simili ~e puerperae HOR.*Carm*.4.5.23; ~e mea Paullum sic iuuet esse senem PROP.4.11.96; quippe quibus nec domi spes ~is nec cum finitimis conubia essent LIV. 1.9.1; filia Maeandri..~em est enixa gemellam OV.*Met*. 9.453; (Saturnus) suam metuens, ut quaeque erat edita, ~em deuorat *Fast*.4.199; Raetos Tuscorum ~em arbitrantur PLIN.*Nat*.3.133; TAC.*Hist*.5.2; JUV.13.206; (oratio) Q. Metelli de ~e augenda SUET.*Aug*.89.2; (*poet.*) sternitur Arcadiae ~es, sternuntur Etrusci VERG.*A*.10.429;—(*applied to animals*) mitte in Venerem pecuaria primus, atque aliam ex alia generando suffice ~em *G*.3.65; cum gemina uisa est mihi ~e leaena OV.*Met*.4.514; (*cf.*) (capra) parit.., si est generosa ~es (*i.e. stock*), frequenter duos COL.7.6.7;—(*applied to vegetative growth*) siluestria..uirgulta et ~em tarde crescentis oliuae VERG.*G*.2.3; neque (uitis) aequa portione sucum ~i suae dispensat COL.4.24.9; (*cf., pl.*) (genetrix, *i.e. the earth*) quos enixa est partus iam quaerit alendos priuignasque rogat ~es 10.163. **b** Pasiphae.. ~esque biformis Minotaurus VERG.*A*.6.25; Anchisa generate, deum certissima ~es 6.322; Telemachus, ~es patientis Vlixei HOR.*Ep*.1.7.40; Bacchi..rustica ~es (*i.e. Priapus*) TIB.1.4.7; ~es Semeleia, Liber OV.*Met*.3.520; cuius (*sc. Cato the Elder*) mirifica ~es (*i.e. Cato Uticensis*)..doctrinae cupiditate flagrauit V.MAX.8.7.2; Sextus..Magno ~es indigna parente LUC.6.420; egomet Neptunia ~es V.FL.4. 213; TAC.*Ann*.12.18.

2 The offspring of any single age, a generation.

ferrea tum uero ~es exorta repente est CIC.*Arat*.134; ~es illa futurorum hominum *Rep*.6.23; tertia post illam successit aenea ~es OV.*Met*.1.125; GERM.*Arat*.133.

3 The members of a given species, a race, breed (usu. in poet. periphrases).

lanigerae pecudes et equorum duellica ~es LUCR.2.662; 2.1082; maris immensi ~em et genus omne natantum.. fluctus proluit VERG.*G*.3.541; tuta diu uolucrum ~es tum denique caesa est OV.*Fast*.1.449.

prōlētāneus ~a ~um, *a.* [prec.+-ANEVS] = next.

proletarium capite censum..idem et ~i PAUL.*Fest*.p. 226M.

prōlētārius ~a ~um, *a.* [PROLES+-ARIVS] Belonging to the lowest class of citizens (orig. in Servius Tullus' constitution); (masc. as sb.) a citizen of this class. **b** (of things) typical of the lowest citizens, common, vulgar.

adsiduo uindex adsiduus esto. ~o iam ciui, cui, quis uolet, uindex esto *Lex XII* in Gel.16.10.5; (*in fig. phr.*) classicus adsiduusque aliquis scriptor, non ~us GEL.19.8.15;—~us publicitus scutisque feroque ornatur ferro ENN.*Ann.* 183; CATO *orat*.154; Marcius..primum ~os armauit HEM. *hist*.21; VAR.*gram*.205; (Seruius) eos qui aut non plus mille quingentos aeris aut omnino nihil in suum censum praeter caput attulissent, ~os nominauit, ut ex iis quasi progenies ..expectari uideretur CIC.*Rep*.2.40; GEL.16.10.10. **b** ~o sermone.., hospes, utere. nam i solent,..ubi cena adpositast, dicere: 'quid opus fuit hoc sumpto sumptu tanto nostra gratia..?' PL.*Mil*.752.

prōlībō ~āre ~āuī ~ātum, *tr.* [PRO-+LIBO¹] To pour forth as a libation.

~are diis nefastum habetur uina..uitis fulmine tactae PLIN.*Nat*.14.119; e tribus puteis..aquas miscent et ~ant nouo fictili 28.46; OMNIB(us) ANNIS ~ARI VOLO NE MINVS XV V(ini) SE(xtariis) *CIL* 12.1657;—(*absol.*) (uitis) libanodes.. ex qua diis ~ant PLIN.*Nat*.14.117;(*impers. pass.*) in sacris.. fictilibus ~atur simpulis 35.158.

prōliciō ~ere, *tr.* [PRO-+LACIO] **a** To lure forward, lead on. **b** to coax forth; to excite, provoke (a state of affairs).

a eius (*sc. wine*) amor cupidam me huc ~it per tenebras PL.*Cur*.97; ceteros..ad spem ~eret TAC.*Ann*.3.73;—(*things*) non est Veneris properanda uoluptas, sed sensim tarda ~ienda mora OV.*Ars* 2.718. **b** stabat..Cocyti in litore maesto Laius..~it ultro Aonius uates: 'Tyriae dux inclite Thebes..' STAT.*Theb*.4.609;—seditio ad saxa et minas ignium progressa ne caedem et arma ~eret TAC.*Ann.* 13.48.

?**prōliqueō** ~quēre ~cuī, *intr.* [PRO-+LIQVEO] (of liquids) To stream forth.

demum ubi ~cuit dulcis aqua VAR.in *Corpus Glossariorum Latinorum* 5.p.608.

prōliquō ~āre ~āuī ~ātum, *tr.* [PRO-+LIQVO] To pour forth (as) through a strainer, filter forth.

radii..mediis oculis ~ati APUL.*Apol*.15.

prōlixē, *adv. compar.* ~ius. [PROLIXVS+-E]

1 So as to extend a long way in space.

arbores (*i.e. oleanders*) in lauri faciem ~e foliatae APUL. *Met*.4.2; (flagrum) contortis taenis lanosi uelleris ~e fimbriatum 8.28.

2 (w. vbs. of speaking, writing, etc.) At length, in detail.

censuit Mucianus ~e pro accusatoribus TAC.*Hist*.4.44; ~ius..rescribere FRO.*Aur*.2.p.122(102N); scire..id ~ius uolo GEL.2.21.5; otium ~e profuseque laudandi non habet 5.1.2; fabulari instituit ~ius 12.1.4.

3 In large quantity, amply, lavishly. **b** with much kindness, generously. **c** wholeheartedly, without reserve.

quod..~e tibi cumulateque contingit PLIN.*Pan*.55.11; quod..largius ~iusque flueret, quam esset satis GEL.1.22.10;—(*cf., w. vbs. of promising*) ei ~e de tua uoluntate promisi CIC.*Fam*.7.5.1; *Dom*.28; APUL.*Met*.10.4. **b** accipit homo nemo melius prorsus neque ~ius TER.*Eu*.1082; age ~e, Micio *Ad*.943; id (*sc. the execution of a will*) non solum fecit sed etiam ~e cumulateque fecit CIC.*Flac*.89; me suum sospitatorem nuncupatum matrona ~e curitabat APUL.*Met*.7.14; 9.11. **c** in quo (*sc.* dilectu) parum ~e respondent Campani coloni CIC.*Att*.7.14.2; ut hoc..honoris nostri causa libenter ~e, celeriter facias 16.16a.6; artifices saltationis..non modo fouere ~ius, sed spectare omnino..supersedit SUET.*Tit*.7.2; cum id plerique ~ius riderent GEL.19.10.14; Thrasyllus.. ~e consentit de furtiuo concubitu APUL.*Met*.8.10.

prōlixitās ~ātis, *f.* [PROLIXVS+-TAS] **a** Extension in space, elongatedness, etc. **b** extension in time, long duration.

a huius terrae..latitudo XL, ~as LXX stadiorum tenet APUL.*Mun*.7. **b** (*perh. interp.*) si..~ate temporis aedes usu adquisitae sint ULP.*dig*.36.1.23(22).3.

prōlixitūdō ~inis, *f.* [PROLIXVS+-TVDO] Great length (of speech), prolixity.

minime flectas fandi me ~ine PAC.*trag*.124.

prōlixō ~āre, *tr.* [next+-O³] To extend in space, elongate.

ut (putator) ~et aciem ferramenti et..nouaculae similem reddat COL.4.24.22.

prōlixus ~a ~um, *a. compar.* ~ior. [app. PRO-+*lixus* (cf. ELIXVS)]

1 Having extensive growth, luxuriant, or sim. **b** (of men) tall, big. **c** (in general) stretching a long way in any direction, extended; (transf.) extensive in scope, wide-ranging. **d** (of writings) lengthy, copious.

(*of hair, wool*) capillus pexus ~us circum caput reiectus neglegenter TER.*Hau*.290; coma ~a impexa PACT.*trag*.20ᵇ; caudis obseruate ut sint (oues) in Italia ~is, in Syria breuibus VAR.*R*.2.2.3; ceruice ~i uilli COL.7.3.7; lana mollior atque ~ior 7.4.8; APUL.*Met*.11.3;—(*of plants, trees, or sim.*) signa (*i.e. of a fertile soil*) sumi posse..ex iis..quae enata sunt fera, si sunt ~a VAR.*R*.1.9.7; materies earum (*sc. larches*) ~a VITR.2.9.17; arborem ~iorem COL.1.3.7; abies e cunctis amplissima est et femina etiam ~ior PLIN.*Nat.* 16.48. **b** longissimum quemque aratorem..faciemus.. quod in re rustica nullo minus opere fatigatur ~ior COL. 1.9.3; ~o nec exili corpore erat SUET.*Cl*.30.1; GEL.3.10.11. **c** qualitas (*sc. of land*)..modo artiore latitudine longior, modo minore longitudine ~ior HYG.*agrim*.p.77; (ramum) primum exilem..secundum praeualidum ac ~um SUET. *Ves*.5.2; tunicis..~is ultra brachia et usque in primores manus GEL.6(7).12.1; ceruice ~a nimiumque porrectis labiis, quanto maxime nisu poteram, corollas adpetebam APUL.*Met*.3.27; sine cursu iugis et ~a lux *Mun*.16;—(*of a movement, journey*) crassius (*sc.* semen)..non tam ~o prouolat ictu LUCR.4.1245; ~am uiam sine..taedio euasi APUL.*Met*.1.20;—(*transf.*) esse amplius, ~ius, fusius in significanda totius prope ciuitatis multitudine 'mortales' quam 'homines' dicere GEL.13.29(28).3. **d** ut argumentum aliquod ~iori epistulae reperiam FRO.*Aur*.1.p.84 (6N); 1.p.262(167N).

2 (of a period of time) Extended, long. **b** (of an activity) prolonged; (of a sound) drawn-out.

iis tam ~um tempus indulserim *Ed*.(*Font.iur*.p.252)78.2.9; senectutis ~ae beneficio multis experimentis instructus APUL.*Met*.5.25; ~ioris..temporis spatium ab imperatore postulandum est PAUL.*dig*.49.14.45.10; ~ae..aetatis homines CALL.*dig*.50.6.6(5).12. **b** sermo ~us et oscula mutua APUL.*Met*.4.1; credo audiendum fideicommissarium, si cognitio ~iorem tractatum habeat ULP.*dig*.36.1.13.3;—(*of a sound*) u sequens correpta sit an soni ~ioris MAUR.523; (*advl. acc.*) luctu redintegrato ~um heiulat APUL.*Met*.8.9.

3 (of resources, etc.) Extensive, ample, abundant.

lingua Graeca..~ior fusiorque..quam nostra GEL.2. 26.7; uberem et ~am rem familiarem sortitus est APUL. *Apol*.19; cohibeam me in tam ~o loco (*i.e. topic*) 88; adsolet..esse in operibus elaboratis iudicatio restrictior, in rebus subitariis uenia ~ior *Soc*.pr.1.

4 (of persons, their actions, etc.) Generous, liberal, expansive.

Ariobarzanes non in Pompeium ~ior per ipsum quam per me in Brutum CIC.*Att*.6.3.5; in hoc officio sermonis nihil potuit esse ~ius 7.4.2; hoc animo libenti ~oque facere 16.16c.13; de tua ~a beneficaque natura limauit aliquid posterior annus propter quandam tristitiam temporum *Fam*.3.8.8; bonae uxoris ~am liberalitatem APUL.*Apol*.99.

5 (of circumstances, app.) Running smoothly.

plerisque hominibus rebus secundis atque ~is atque prosperis animum excellere CATO *orat*.162; cetera spero ~a esse his..competitoribus CIC.*Att*.1.1.2.

prōlocūtor ~ōris, *m.* [PROLOQVOR+-TOR] (prob.) One who begins or sets forth a case.

fictum..crimen agnoscite quod tribuno mendacissimus ~or obiecit [QUINT.]*Decl*.3ᵇ.3.

prōlogium ~iī, *n.* [cf. next and PROLOQVIVM] An introductory speech, preamble.

~ium principium, proloquium. Pacuuius: 'quid est? nam me exanimasti ~io tuo' PAUL.*Fest*.p.226M.

prologus ~ī, *m.* [Gk. πρόλογος] PROS.: first syll. long in Terence.

1 An introduction to a play, prologue (often containing a summary of the plot). **b** (in general) an introductory speech, preamble.

(poeta) in ~is scribundis operam abutitur, non qui argumentum narret sed.. TER.*An*.5; *Ph*.14; RUT.LUP.2.6; in Hydriae (*i.e. a play of Menander*) ~o QUINT.*Inst*.11.3.91); SUET.*Poet*.fr.11(p.30Re). **b** legem..breuem esse oportet ..nihil uidetur mihi..ineptius quam lex cum ~o SEN.*Ep.* 94.38.

2 One who speaks the prologue in a play.

oratorem esse uoluit me, non ~um TER.*Hau*.11; *Hec*.9.

prōloquium ~(i)ī, *n.* [next+-IVM]

1 (log.) A self-evident proposition, axiom.

~ium est sententia, in qua nihil desideratur VAR.in Gel. 16.8.6; in ~io diiunctiuo GEL.5.11.9.

2 A preliminary statement, preamble.

patiatur..tua diuina uirtus..necessaria communis causae ~ia [QUINT.]*Decl*.3ᵇ.3; prologium principium, ~ium PAUL.*Fest*.p.226M.

prōloquor ~quī ~cūtus, *intr., tr.* [PRO-+LOQVOR]

1 (intr.) To speak forth, give voice. **b** (w. acc.) to utter, speak (words, etc.); to give utterance to (thoughts).

ut occepisti, perge porro ~qui PL.*Trin*.162; quid fles?.. ~quere AFRAN.*com*.212; de uirtute eorum accusanda ~qui supersederunt SIS.*hist*.108; ~quar:—atque utinam patriae sim uerus haruspex!—frangitur ipsa suis Roma superba bonis PROP.3.13.59; nec quid taceam nec quatenus ~quar inuenio LIV.39.15.4; ~cutum in Etruria bouem TAC.*Hist.* 1.86; mihi..neque honestum silere neque ~qui expeditum *Ann*.3.53. **b** decet te..uera ~qui PL.*Aul*.138; non potuit paucis plura plane ~quei *Men*.252; parenti ~qui mendacium *Mer*.209; obstupui. censen me uerbum potuisse ullum ~qui? TER.*An*.256; *B.Afr*.35.3; quod ~qui etiam piget, uesci corporibus humanis LIV.23.5.12; non aliud ~cutum Vitellium quam 'o facinus! o scelus!' TAC.*Ann.* 11.34; 14.44;—non potuit cogitata ~qui TER.*Ph*.283.

2 (tr.) To reveal in words, announce, declare. **b** (w. noun cls. or sim.).

~qui caelo atque terrae Medeai miserias ENN.*scen*.257; peruulgatissimus ille uersus, qui uetat 'artem pudere ~qui quam factites' CIC.*Orat*.147; matrem amaui. ~qui hymenaeum pudet SEN.*Phoen*.262. **b** (*w. indir. qu.*) quam rem oratum huc ueni primum ~quar PL.*Am*.50; quid sentiatis ~quimini *B.Afr*.44.4; PHAED.3.7.1;—(*w. acc. and inf.*) ut..audeat Canuleius in senatu ~qui se..dilectum haberi prohibiturum LIV.4.2.13;—(*cf., w. adv.*) scio istaec facta proinde ut ~quor PL.*Am*.757.

prōlubium ~(i)ī, *n.* [PRO-+*lub*- (LIBET)+-IVM] Inclination, desire.

et uolo et uereor et facere in ~io est NAEV.*com*.31; quod ~ium? quae istaec subitast largitas? TER.*Ad*.985; ~ium est petere amicitiam *Inc.trag*.226; quo..me a matronali pudore ~ium meretricium progredi coegit LABER.*com*.34; GEL.5.10.12; immanes nauitas (*i.e. the crew of Arion's ship*) ~ium tamen audiendi subit 16.19.13; unguento..~ium libidinis suscitaram APUL.*Met*.10.21.

prōlūdō ~dere ~sī ~sum, *tr.* [PRO-+LVDO] To carry out preliminary exercises or man: œuvres before a fight. **b** (transf., usu. w. dat.) to carry out an action in preparation (for something greater), practise or rehearse (for); (of things) to be a prelude (to).

(Tarpeia) uidi harenosis Tatium ~dere campis PROP.4.4. 19; leuibus ueluti ~dit in armis, compositisque suas exercet litibus artes *Laus Pis*.87;—(*poet.*) taurus..uentos..lacessit ictibus aut sparsa ad pugnam ~dit harena VERG.*A*.12.106; ubi ~sit, rudibus puer ille (*i.e. Cupid*) relictis spicula de pharetra promit acuta sua OV.*Ars* 3.515;—(*transf.*) ut ipsis sententiis, quibus ~serint, uel pugnare possint CIC. *de Orat*.2.325. **b** proscriptus est ille qui tuam sententiam secutus est: tota tabula tuae morti ~ditur SEN.*Suas*.6.7; per has mortalis aeui moras illi meliori uitae..~ditur SEN. *Ep*.102.23; ut cepit animos seque praetemptans satis ~sit irae *Phaed*.1061; Threicia..arma ~dens tuis iam, Troia, fatis strauit *Tro*.182; theatrum peculiare..quod a populo impleri canente se, dum Pompeiano ~dit, etiam Neroni satis esset PLIN.*Nat*.37.19; prima per legatos habita certamina, cum hinc Domitius et Thorius, inde Hirtulei ~derent FLOR.*Epit*.2.10(3.22.6);—(*of things*) nec adfectus sed principia ~dentia adfectibus SEN.*Dial*.4.2.5; qualis cena tamen..iurgia ~dunt, sed mox et pocula torques saucius JUV.5.26.

prōlūgeō ~ēre, *intr.* [PRO-+LVGEO] (See quot.)

~ere dicuntur, qui solito diutius lugent PAUL.*Fest*.p. 226M.

prōluō ~uere ~uī ~ūtum, *tr.* [PRO-+-*luo* (see ALLVO)]

1 (of water, etc.) To sweep away in front of it, wash away. **b** to wash up (on the shore).

a (tempestas) ex omnibus montibus niues ~uit CAES.*Civ.* 1.48.2; ~uit insano contorquens uertice siluas..Eridanus VERG.*G*.1.481; impetus aquarum ~uit terram COL.2.17.5; sanguinem tuae lacrimae ~uerunt APUL.*Met*.8.8;—(*in fig. phr.*) cum..plerique..pecuniam..suam prandiorum..gurgitibus ~uissent GEL.2.24.11. **b** genus omne natantum litore in extremo ceu naufraga corpora fluctus ~uit VERG *G*.3.543.

2 To purify by wetting, wash clean, wash out. **b** (the mouth, stomach, etc., with drink). **c** (in general) to drench, flood, deluge.

fauces ~uere FRO.*Aur*.1.p.8(64N); foramen in imo pariete conclauis..quod esset ~uendi pauimenti causa PAUL.*dig*.8.2.28; (*w. abl.*) (terra) imbribus..madefacta pestifera contagione ~uitur APUL.*Mun*.23; (*cf. sense 2b*) ecfunde hoc (*sc. wine*) cito in barathrum, propere ~ue cloacam PL.*Cur*.121;—(*transf.*) pruinosa herba pecudi.. uentrem..~uit COL.7.3.25. **b** leni praecordia mulso ~ueris melius HOR.*S*.2.4.27; nec fonte labra ~ui caballino (*i.e. Hippocrene*) PERS.pr.1;—(*refl.*) ille impiger hausit spumantem pateram et pleno se ~uit auro VERG.*A*.1.739; —(*pass.*) multa ~utus uappa nauta HOR.*S*.1.5.16. **c** ut posset toto ~uere amne rogum (Tiberinus) *Epic.Drusi* 230; saucia ~uit ater pectora permixtus sudore et sanguine torrens STAT.*Theb*.8.711; Gracchus..cadens tibi ~uit ensem SIL.17.299; abruptis imbribus ~utas totas esse regiones APUL.*Mun*.34.

prōlūsiō ~ōnis, *f.* [PROLVDO+-TIO] A rehearsal for a contest, practice fight.

~o..Samnitium, qui uibrant hastas ante pugnam, quibus in pugnando nihil utuntur CIC.*de Orat*.2.325; sin mecum in hac ~one nihil fueris, quem te in ipsa pugna cum acerrimo aduersario fore putemus? *Div.Caec*.47.

prōluuiēs (~ēī), *f.* [PROLVO+-IES]

1 An overflow, flood.

umori' fluenta..~e larga lauere umida saxa LUCR.5.950.

2 A discharge (from the bowels or other part of the body).

ulceribus taetris et nigra ~e alui..hunc tabes letumque manebat LUCR.6.1200; foedissima uentris ~es VERG.*A*. 3.217; cruenta et muccosa uentris ~es COL.6.7.1; uinum myrtiten ad tormina, et ad alui ~em..sic facito 12.38.1; uteri..nefandam ~em STAT.*Theb*.1.618.

prōluuiō ~ōnis, *f.* [PROLVO+-IO¹] A deluge, flood.

in occidentis plagis scaturrigines quaedam ac ~ones easdem strages dederunt? APUL.*Mun*.34.

prōmagister ~trī, *m.* [from *pro* ~*tro* (MAGISTER)] A deputy-head (of a priestly *collegium*; also of an administrative department, etc.).

~TER COLLEGII FRATRVM AR⟨VALIVM⟩ *CIL* 6.2028c.1; 6.2120.28;—C ⟨VI⟩BIVS C F VOF SALVTARIS PROMAG PORTVVM PROVINC SICILIA⟨E⟩ ITEM PROMAG FRVMENTI MANCIPALIS 3.14195⁵; L MARIO..PROCVRATORI XX HEREDITATIVM..~TRO HEREDITATIVM 13.1810.

prōmagisterium ~(i)ī, *n.* [PRO-+MAGISTER+-IVM] The office of a *promagister*.
PROC(urator) ⟨PRO⟩MAGISTERI XX HEREDIT(atium) *CIL* 14.5352.

prōmātertera ~ae, *f.* [PRO-+MATERTERA] A great-grandmother's sister.
GAIUS *dig*.38.10.1.7; PAUL.*dig*.38.10.10.18.

prōmellere: (see quot.).
~ere litem promouere PAUL.*Fest*.p.252M.

prōmeneruō ~āre, *tr.* [app. from *pro Menerua* (old form of MINERVA)] (See quot.).
~at item (*i.e. in the Carmen Saliare*) pro monet FEST. p.205M.

prōmercālis ~is ~e, *a.* [PRO-+MERX+-ALIS] Sold in the open market.
neue (uilicus)..pecuniam..domini aut animalibus aut rebus aliis ~ibus occupet COL.1.8.13; 11.1.24; cum.. officinas ~ium uestium exerceret SUET.*Gram*.23(p.117Re); GEL.4.1.23; PAUL.*dig*.25.1.10;—(*used pred.*) ut..(aurum) ternis..milibus nummum in libras ~e..diuenderet SUET. *Jul*.54.2.

prōmercium ~(i)ī, *n.* [PRO-+MERX+-IVM] The putting out (of goods) for sale.
excipiuntur (*i.e. from the provisions of the Lex Julia de Vi Publica*)..arma, quae quis ~ii causa habuerit SCAEV.*dig*. 48.6.2; PAUL.*dig*.33.9.4.2.

prōmereō ~ēre ~uī ~itum,, *tr.*, (*intr.*). **~eor** ~ērī ~itus. [PRO-+MEREO]

1 To have or acquire a claim to, merit, earn, deserve (a reward, punishment, etc.). **b** (w. cls.) to deserve (to); (also w. advs. or ellipt.).
(*act.*) retineri nequeo quin dicam ea quae ~es PL.*Trin*. 641; ut emeritis referenda est gratia semper, sic est fortunae ~uisse tuae OV.*Pont*.1.7.62; non debitum hoc illi, non uel sola generis claritate ~itum? PLIN.*Pan*.58.3;—(*dep.*) iudicia (*i.e. good esteem*) amicorum ~etur *Ep.Tra*.10.94 (95).2; uale, Caesar, et patrem ~ere FRO.*Aur*.1.p.112(26N); —(*in gdve., pres. pple.*) homines tenues unum habent in nostrum ordinem aut ~endi aut referendi benefici locum, hanc in nostris petitionibus operam CIC.*Mur*.70; tria beneficorum esse genera, ~entium, reddentium, simul accipientium reddentiumque SEN.*Ben*.1.3.3. **b** (*w.* ut, *act.*) uirtute belli armatus ~ui ut mihi omnis mortalis agere deceat gratias PL.*Epid*.442; ~uisti ut ne quid ores quod uelis quin impetres *Men*.1100; (*dep.*) ut suo beneficio ~eatur se ut ames Q.CIC.*Pet*.26;—(*w.* quamobrem, *act.*) tu cum Alcumena uxore antiquam in gratiam redi: hau ~uit quam ob rem uitio uorteres PL.*Am*.1142;—(*w. advs. or ellipt., act.*) ut ~uit, pater mihi patriam populauit meam PAC.*trag*.79; (*dep.*) male dicis maiori. — prior ~itus perpetiare PL.*Per*.280; merenti digna constitit poena. non enim aliter uidetur ~eri, qui.. VITR.7.pr.9.

2 (intr., w. advs.) *bene* (*male*, etc.) *~ere de aliquo*, To acquire a claim to good (bad, etc.) treatment at someone's hands, i.e. do him a good (bad, etc.) turn; *bene* (*male*) *~itum*, a good (bad) turn. **b** (w. acc.) to deserve (good, ill, etc.). **c** (w. acc. of person) to deserve well of, serve (a person, etc.).
(*act.*) non..ita ~uisti de me ut pigeat quae uelis opsequi PL.*Men*.1067; (*dep.*) ut..numquam referre gratiam possim satis, proinde ut tu ~itu's de me *Capt*.933; de illa pessime, quam deamas, ~ere AFRAN.*com*.357; (*gd.*) consuetudine beneficentiae paratiores erunt..ad bene de multis ~endum CIC.*Off*.2.53;—(*ellipt., act.*) quando bene ~uit, fiat: suom ius postulat TER.*Ad*.201; STAT.*Theb*.6.636; (*dep.*) tam bene ~ito commoda mille precer OV.*Pont*.2.3.96; (*pres. pple.*) foras aedibus me eici? ~enti optume hoccin preti redditur? PL.*As*.128;—miserumst, male ~ita, ut merita sunt, si ulcisci non licet *Trin*.1173; nec bene ~itis capitur (diuum natura) neque tangitur ira LUCR.2.651. **b** (*dep.*) quid mali sum, ere, tua ex re ~itus? PL.*Am*.570; idem hoc tibi, quod boni ~itus fueris, conduplicauerit TER.*Ph*.516; ego te, quae plurima fando enumerare uales, numquam, regina, negabo ~itam VERG.*A*.4.335. **c** (*act.*) quis superos metuens pariter tot templa, tot aras ~uisse datur? STAT. *Silv*.3.3.80; rogo, si te ~uerunt, dignos eos libertate existimes AFRIC.*dig*.40.4.20;—(*dep.*) hunc ~eor, illi reddo; huic succurro, huius misereor SEN.*Dial*.7.24.1; iis officiis, quibus senator..maiorem gradu atque natu senatorem probe colit ac ~etur FRO.*Ver*.2.p.150(134N).

3 To obtain by one's actions, win, gain. **b** to gain the favour of, win over (persons, etc.).
(*act.*) semper (tabellae) mansere fideles, semper et effectus ~uere bonos PROP.3.23.10;—(*gdve.*) domesticis ipse exemplis Prusiam ad ~endam amicitiam suam compulit LIV.37.25.8; plurimum..ad commendationem facit..siue ad ~endum actioni fauorem QUINT.*Inst*.9.1.21; conciliandae..hominum gratiae ac ~endi amoris mirum..studium SUET.*Cal*.3.1; *Tit*.1. **b** (*act.*) dextros tua uota marito ~uere deos STAT.*Silv*.5.1.72; nisi uos ~uerimus obsequiis, adulatione [QUINT.]*Decl*.5.7; si..tenacibus castimoniis numen nostrum ~ueris APUL.*Met*.11.6;—(*dep.*) quisquis probatos senatui uiros suspicit, hic maxime principem ~etur PLIN.*Pan*.62.7; sedulo ministerio amatores..~eri APUL.*Met*.6.10;—(*gdve.*) ~enda nobis est uestra potentia QUINT.*Decl*.307(p.187,l.25); monet, imitetur in ~endis sociis..Octauium SUET.*Aug*.3.2.

prōmerīdiē, *adv.* [PRO-+MERIDIES] In the forenoon.
~..FRATRES ARVALES PRAETEXTAS ACCEPER⟨VNT⟩ *CIL* 6.2104.20.

prōmeriom: (see quot.; corrupt?).
~ praecipuum, praeter caeteros meritum aut promedium, hoc est participat; ut pro indiuiso dicimus FEST.p.205M.

prōmeritum ~ī, *n.* [pple. of PROMEREO] That which entitles a person to thanks or regard from another, meritorious action(s), service(s); (also, in bad or neutral sense, applied to any action receiving appropriate recompense).
tuom ~umst merito ut faciam PL.*Per*.496; proinde ut ista sunt ~a uestra, aequiperare ut queam uereor PAC. *trag*.153; quid nunc ego de meis ~is praedicem? *Rhet.Her*. 4.52; hoc maius est uestrum in nos ~um, quod..nobismet ipsis nos reddidistis CIC.*Red.Pop*.8; deae munus ~umque patet OV.*Fast*.4.394;—leuius..se poenitum quam sit illius ~um (*codd.* promeritus *etc.*) CIC.*Inv*.2.83; de uita..ex suo ~o desperantibus *B.Afr*.90.2.

Promētheus[1] ~eī or ~eos, *m.* A demigod who stole fire from heaven and gave it to man; as a punishment Zeus chained him to a rock in the Caucasus and sent an eagle (or vulture) to eat his liver.
eum (*sc.* ignem) dictus ~eus clepsisse dolo poenasque Ioui fato expendisse supremo ACC.*trag*.534; *Rhet.Her*.4.9; Caucasias..refert uolucris furtumque ~ei VERG.*Ecl*.6.42; callidum ~ea HOR.*Carm*.2.18.35; PROP.2.1.69; HYG.*Fab*. 144.1;—(*said to have created man from clay*) fertur ~eus addere principi limo coactus particulam undique desectam HOR.*Carm*.1.16.13; PHAED.4.15(16).3; o furor, o homines, diraeque ~eos artes! STAT.*Theb*.11.468; (*transf., applied to a potter*) debetur magnus patinae subitusque ~eus JUV. 4.133.

Promēthēus[2] ~a ~um, *a.* Of or associated with Prometheus.
~is..iugis (*i.e. in the Caucasus*) PROP.1.12.10; quae..~o saxa cruore rubent OV.*Am*.2.16.40; ~ae..cretae (*i.e. from which Prometheus made men*) COL.10.59; ~ae..de sanguine fibrae V.FL.7.356; clara ~o munere ligna (*i.e. the stalks in which Prometheus carried the stolen fire*) MART.14.80.2.

Promēthīdēs ~ae, *m.* The son of Prometheus, i.e. Deucalion.
OV.*Met*.1.390.

prōmicō ~āre, *intr.*, (*tr.*). [PRO-+MICO] To make a sudden forward movement, (of liquids) to spurt out; (of growing things) to sprout. **b** (tr.) to cause to spring forth suddenly, eject, shoot forth (in quot., transf.).
lacrimis..~antibus crebra singultientem APUL.*Met*.3.10; —quis (*sc.* membris)..~ant molles plumulae 3.21; quod.. ~arent rosae 10.29. **b** hau multa longe ~anda oratiost NAEV.*com*.16.

prōminens ~ntis, *a.* *compar.* ~ntior. [pple. of PROMINEO] Projecting, prominent.
in scaenis pictis uidentur..figurae ~ntes, cum sit tabula ..ad regulam plana VITR.6.2.2; 7.pr.11; (scalpellus) potest ..in aliqua ~ntia (*i.e. of a stone in the bladder*) incidere CELS.7.26.2.N; ~ntiore cauda PLIN.*Nat*.10.7; (oculi) ~ntes.., conditi 11.141; apud scopulos et ~ntis oras TAC. *Ann*.2.24;—(*neut. foll. by gen.*) in ~nti litoris 1.53; ~ntia montium 2.16.

prōminentia ~ae, *f.* [prec.+-IA] The fact or quality of jutting out, projection.
contrahatur gradatim, ita uti summam habeat ~am, quanta operis est crassitudo VITR.6.8.6.

prōmineō ~ēre ~uī, *intr.* [PRO-+-*mineo* (see EMINEO)]

1 To project from an edge or surface, stick out, stick up. **b** (topog., of headland, hills, etc.; also, of larger areas of land).
quaecumque (nemorum coma)..gelido ~et Algido HOR. *Carm*.1.21.6; hostium cuneum..a cetera ~entem acie LIV. 22.47.5; (naues) contis..binis a prora ~entibus trullis ferreis..ignem prae se portabant 37.11.13; saxum ad latus ripae ~ens SEN.*Nat*.5.13.1; faces in ~entem porticum iecere TAC.*Hist*.3.71; APUL.*Met*.1.16; (*w. abl. of measure*) cum (infossus puer) ~eret ore, quantum exstant aqua suspensa mento corpora HOR.*Epod*.5.35;—(*of parts of the body*) ~et inmodicum..rostrum OV.*Met*.6.673; quatenus (oculus) foede ~ebit CELS.6.6.9.c; ~ent ungues numquam recisi CURT.9.10.9; ~entem barbam depectere SEN.*Nat*. 1.17.7; (dentes) elephanto..~ent PLIN.*Nat*.11.165; hanc.. rubentem ~entibus uenis MART.5.4.4; inter comas eius (*sc.* pueri) aureae pinnulae..~ebant APUL.*Met*.10.30;—(*in fig. phrs.*) iustitiam, quae nec sibi tantum conciliata sit nec occulta, sed foras tota ~eat CIC.*Rep*.3.10; tamquam non longius quam quantum uitae humanae spatium est cupiditas gloriae extendatur maximaque pars eius in..posteritatem ~eat LIV.28.43.5; si uita nostra non ~ebit, si in se colligitur SEN.*Ep*.101.9. **b** mons opportune ~ens..insidias texit LIV.28.33.4; (Phaselis) ~et penitus in altum 37.23.1; ~et in pontum cuneatus acumine longo collis OV.*Met*.13.778;—Sardinia in Africo mari facie uestigii humani in orientem quam in occidentem latior ~et SAL.*Hist*.2.2; regio..a Tauro monte in Aegaeum usque ~ens mare LIV.38.59.5; (Europa) nunc uaste retracta nunc ~ens MELA 1.16.

2 (of persons, etc.) To bend forward, lean out; (w. *in*+acc.) to lean forward (to grasp an objective), reach out (for).
matres familiae de muro uestem..iactabant, et pectore nudo ~entes..obtestabantur Romanos ut sibi parcerent CAES.*Gal*.7.47.5; ~enti ex lectica praebentique inmotam ceruicem caput praecisum est SEN.*Suas*.6.17; V.FL.7.30; (feminae) in mortem Sirenum scopulo ~entes APUL.*Met*. 5.12;—(w. *in+acc., in fig. phrs.*) sapientis animum totum in mortem ~ere, hoc uelle, hoc meditari SEN.*Dial*.6.23.2; ubi aut non audent, quantum concupiscunt aut non consequuntur et in spem toti ~ent 9.2.7.

prōminō ~āre ~āuī ~ātum, *tr.* [PRO-+MINO] To drive (animals) forth.
senex..iumenta..ad lacum..bibendi causa gregatim ~abat APUL.*Met*.9.27.

prōminulus ~a ~um, *a.* [PROMINEO+-VLVS] Projecting slightly.
uilla..hibernum (solem)..quasi inuitat in porticum latam et ~am (*v.l.* pro modo longam) PLIN.*Ep*.5.6.15.

prōmiscam, *adv.* [acc. fem. sg. of PROMISC(V)VS] = PROMISCVE.
Simonem mi obuiam ueniat uelim, ut mea laetitia laetus ~ siet PL.*Ps*.1062; intro eamus omnes, quando operam ~ damus *Rud*.1182; ~ dicebant pro promiscue PAUL.*Fest*. p.224M.

prōmiscē: see PROMISCVE.

prōmiscuē, *adv.* **prōmiscē.** [PROMISC(V)VS+-E]

1 As a single body or mass, all at the same time or in the same place.
α de quibus duabus rebus in his libris ~ dicam, sed exilius de posteriore VAR.*L*.5.2; ~ (campo) toto quam proprie parua frui parte malitis CIC.*Agr*.2.85; ~ in fluminibus perluuntur (*sc. men and women*) CAES.*Gal*.6.21.5; feminis ne gladiatores quidem, quos ~ spectari sollemne olim erat,..spectare concessit SUET.*Aug*.44.2. β cibaria non omnibus ~ spargenda sunt, sed in singulis septis COL.8.11.6.

2 Without distinction, indiscriminately, all in the same way.
α his (*sc. words*) magis ~ quam diligenter consuetudo est usa VAR.*L*.6.78; est..simplex aurium iudicium et ~ et communiter stultis ac sapientibus ab natura datum CIC. *Font*.22; Iugurtha..omnis puberes Numidas atque negotiatores ~..interficit SAL.*Jug*.26.3; cum..per omnes paene domos ~ complorarentur LIV.22.55.3; in his (beneficiis), quae ~ turbam admittunt SEN.*Ben*.4.28.5; (pestilentia) ~.. inbecilla robustaque inuadit *Dial*.5.5.1; in capite..homini plurimus pilus..~ maribus ac feminis PLIN.*Nat*.11.130; (uestimenta) communia sunt, quibus ~ utitur mulier cum uiro ULP.*dig*.34.2.23.2. β ut tribunos militum consulari potestate ~ ex patribus ac plebe creari sinerent LIV.4.6.8; pigritia singulos sepeliendi ~ aceruatos cumulos hominum urebant 5.48.3; cui uiuo patre ~ omnia licerent RUT.LUP. 1.5; Mossyni..~ concumbunt MELA 1.106; conuicia.., quae ~ iacta haesisse animo eius nemo sensit TAC.*Hist*.1.47; indistincte atque ~ annotabam GEL.pr.2; (τιμωρία) ~ dici solet pro omni punitione 7(6).14.8; (*cf.*) ~ (*i.e.haphazardly*) urbs aedificari coepta..festinatio curam exemit uicos dirigendi LIV.5.55.2.

3 In general practice, commonly.
α deinde in usu uerbum esse coepit et ~ poni pro discipulo 'auditor' SEN.*Con*.9.2.23. β postea ~ Bedriaci, Placentiae aliisque in castris celebratum id genus mortis TAC. *Hist*.2.49; cum et M. Cato et Sallustius..uerbo isto (*sc.* 'nouissimus') ~ usitati sint GEL.10.21.2.

? **prōmiscuō,** *adv.* [PROMISCVVS+-O[2]] Without distinction, indiscriminately.
trimetrum et senarium ~ (*s.v.l.*) dicere licet QUINT.*Inst*. 9.4.75.

prōmiscus: see PROMISCVVS.

prōmiscuus ~a ~um, *a.* Also **prōmiscus.** [PRO-+MISCEO+-(V)VS] FORMS: *promiscus* regular in TAC. and GEL.; *promisquus* in *CIL* 2.6278.35.

1 Possessed, enjoyed, etc., by each (of two or more given persons) equally, common, shared; *in ~o*, jointly, in common. **b** (gram.) common in gender.
quaestoriis..comitiis, quae sola ~a plebei patribusque reliquisset senatus LIV.4.54.5; nunc iam nobis patribus uobisque plebei ~us consulatus patet 7.32.14; plebeios, quorum honoribus nihil praeter sacerdotia, quae nondum ~a erant, deesset 10.6.5; ~us senatui et populo spectandorum ludorum locus erat V.MAX.4.5.1; quidam ~um tus iis populis esse tradunt in siluis, alii per uices annorum diuidi PLIN.*Nat*.12.54; morem sibi (*sc. the Christians*)..fuisse.. coeundi ad capiendum cibum, ~um tamen et innoxium PLIN.*Ep.Tra*.10.96(97).7; quamquam nec haec (dignitas) illi (*sc. the proconsul*) sit cum aliis ~a APUL.*Fl*.8; uxorem cum uiro in ~o usu eas res habere posse PAUL.*dig*.7.8.9. β priuatis et ~is (*i.e. public*) copiis iuuere militem TAC. *Hist*.1.66; quantulum..amnis obstabat quo minus, ut quaeque gens eualuerat, occuparet..sedes ~as adhuc et nulla regnorum potentia diuisas! *Ger*.28.1; pauca feminarum necessitatibus concedi..cetera ~a cum marito *Ann*. 3.34; ~as uiris et feminis uestis 3.53;—antea (ludos Romanos) in ~o spectabant (senatus et populus) LIV. 34.44.5; (censores) habuere et in ~o..pecuniam: ex ea communiter locarunt aquam adducendam 40.51.7; singuli Marcipores Luciporesue dominorum gentiles omnem uictum in ~o habebant PLIN.*Nat*.33.27. **b** (nomina) ~a, quae ἐπίκοινα dicuntur,..in quibus sexus uterque per alterum apparet QUINT.*Inst*.1.4.24.

2 Practised, used, etc., in all cases alike, general, indiscriminate; *in ~o*, without distinction, alike. **b** (of a crowd, etc.) taken from every different type indiscriminately. **c** (w. two infs.) liable (to one thing or another) without discrimination.
diuina atque humana ~a..habere SAL.*Cat*.12.2; caedem ~am militum atque oppidanorum factam LIV.24.30.4; stupra ~a ingenuorum feminarumque 39.8.7; uolgare et publicum uerbum et ~um ignotis 'haue!' SEN.*Ben*.6.34.3; in perniciem ~am totos populos capitis damnatos *Dial*. 3.2.3; ~is salutationibus admittebat et plebem SUET.*Aug*. 53.2; gerendorum honorum non ~a facultas est, sed ordo

certus huic rei adhibitus est CALL.*dig*.50.4.14.5. **β** amputari legionum..numeros iubet uetitis supplementis; et ~ae missiones offerebantur TAC.*Hist*.2.69; uanescet Augusti honor si ~is adulationibus uulgatur *Ann*.4.37; beniuolentiam..erga omnis homines ~am GEL.13.17(16).1; —honores iniuriaeque uulgi in ~o habendae SEN.*Dial*. 2.19.1. **b** corpus imperatoris inter ~as cadauerum strues auium..laniatibus obiectum V.MAX.1.6.11. **β** conglobatur ~a multitudo TAC.*Ann*.12.7; coetu ~o 14.20; libros ..de uariis atque ~is quaestionibus composuit GEL.13.9.2; 13.29(28).4. **c β** muta ista..intercidere ac reparari ~a sunt: aeternitas rerum..incolumitate senatus firmatur TAC. *Hist*.1.84.

3 Used by or available to the general public, common; *in ~o*, in everybody's possession or practice.

pone in opulentissima me domo, pone aurum..ubi in ~o usu sit SEN.*Dial*.7.25.1; (natura) fecit..ea necessitate (oleum) ~um et uulgo PLIN.*Nat*.15.7; (helleborum) candidum..quondam terribile, postea..~um 25.51; 33.33; **β** numerus argenteorum facilior usui est ~a ac uilia mercantibus TAC.*Ger*.5.5; quod effigiem principis ~um ad usum argenti uertisset *Ann*.3.70; cupidine adigebatur Nero ~as scaenas frequentandi 15.33; quo modo (inlustres uiri) exequiis a ~a sepultura separantur 16.16; de cuius opinationis tam ~ae erroribus diuus Hadrianus..disseruit GEL.16.13.4; —nunc omnes centuriones..—adeo in ~o licentiam atque improbitatem esse uoluit—Pleminios fecit LIV.29.17.14. **β** nec arma, ut apud ceteros Germanos, in ~o, sed clausa sub custode TAC.*Ger*.44.4.

prōmissiō ~ōnis, *f*. [PROMITTO+-TIO] The action of promising, or an instance of it. **b** (in legal context). **c** (rhet.) a guarantee that proof of a contention is forthcoming, etc.

scelerum..~o et eis qui exspectant perniciosa est et eis qui promittunt CIC.*Phil*.8.10; Balbus..currens ad Lentulum consulem..cum ~one prouinciae *Att*.8.9.4; in quo debebat esse aut ~o auxili alicuius aut consolatio doloris tui *Fam*. 4.13.1; (Psyche) suarum..~onum memoriam effudit APUL. *Met*.5.18; ~oni fallaciosae mulieris oppressus subcubuit 8.10. **b** utrum nuda cautione (*sc*. promiserit) an satisdato, Marcellus dubitat: mihi uidetur sola ~one ULP.*dig*. 5.1.2.6; promissum..potest referri et ad nudam ~onem siue pollicitationem uel ad sponsum 21.1.19.2; cum pater dotem pro filia promittit..dos..ex ~one marito debetur 23.3.29. **c** ~o (opponitur), si audierint, probaturos (*sc*. *the audience*) CIC.*de Orat*.2.339; ubi contra honestam personam ~one iudex molliore fallendus est SEN.*Con*.exc.4.8; QUINT.*Inst*.9.2.2.

prōmissor ~ōris, *m*. [PROMITTO+-TOR] One who promises or guarantees; (usu. in legal context).

'fortunam Priami cantabo..' quid dignum tanto feret hic ~or hiatu? HOR.*Ars* 138;—(*leg*.) ut (stipulatio) morte ~oris confirmetur FEST.p.161M; ~or hominis homine mortuo..de constituta pecunia tenebitur JULIAN.*dig*.13.5.23; POMPON. *dig*.21.2.29.1; coeptum opus..perficere ~or..cogetur ULP. *dig*.50.12.3; PAUL.*dig*.45.1.49.3.

prōmissum ~ī, *n*. [pple. of PROMITTO]

1 A promise, assurance (as expressed in words). **b** (in certain contexts, implying the thing promised).

te oro ~a ut serues tua PL.*Am*.1144; fac sis ~i memor *Ps*.481; seruum..spe ~isque corrumpere CIC.*Deiot*.30; o constantiam ~i et fidem miram! *Att*.4.19(17).1; qua ui facere omnia possint, expediam, neque te in ~is plura morabor LUCR.6.245; non haec Euandro de te ~a parenti discedens dederam VERG.*A*.11.45; ad fidem ~orum obsides acciperet LIV.21.34.3; illa deum ~o ludit inani OV.*Fast*. 3.685; ubi nunc ~a superba ingentesque minae..? V.FL. 4.649; id professionis eius atque ~i, quo se magistrum eloquentiae (rhetor) pollicetur, maxime proprium est QUINT. *Inst*.2.5.5; impleui ~um PLIN.*Ep*.2.12.6; nec me fefellit caeleste ~um APUL.*Met*.11.13;—(*w. gen. of thing promised*) iter..eius erat ad Lentulum..cum litteris Caesaris praemiorumque ~is CIC.*Att*.8.11.5; legati..cum haud dubio ~o tradendae urbis uenerunt LIV.24.13.8. **b** ubi tempus ~a iam perfici TER.*An*.631; fac sis nunc ~a adpareant *Eu*.311; ut optime meritis militibus ~a soluantur CIC.*Fam*.12.30.4; dies ~orum adest 16.14.2; ~a legatorum expectare SAL. *Jug*.47.4; fremebant Dardanidae reddique uiro ~a iubebant VERG.*A*.5.386; Turnus..uidet sua nunc ~a reposci 12.2; seruatus ~a dato OV.*Met*.7.94; ambitione praua differendi ~a SEN.*Ben*.2.5.1; perpetraret Anicetus ~a TAC.*Ann*.14.7; —(*applied to a proposed topic of discussion*) quis uetat et stellas..dicere? ~i pars sit et ipsa mei OV.*Fast*.1.296; in ~o herbarum mirabilium occurrit aliqua dicere et de magicis PLIN.*Nat*.24.156.

2 A prediction guaranteed as certain. **b** an assertion guaranteed as true.

si ante mors aduentet quam Chaldaeorum ~a consecuti sumus CIC.*Tusc*.1.95. **b** credo..~um Democriti portentosum esse, (trachiniam) adalligatam triduo absumere lienes PLIN.*Nat*.27.141; modestissimum e ~is eorum (*sc*. Magorum) 28.86; 37.164.

prōmissus ~ūs, *m*. [PROMITTO+-TVS³] The action of promising.

(Perseus) flentis..parentis (*i.e. of Andromeda*) ~u (*s.v.l.*) uitae recreat MAN.5.578.

promisthōta ~ae, *m*. [Gk. προμισθωτής] One who hires out stage-property.

CIL 3.7343.

Prōmitor ~ōris, *m*. A deity presiding over the bringing out of corn from where it is stored.

FAB.PICT.*iur*.6.

prōmittō ~ittere ~īsī ~issum, *tr*. [PRO-+MITTO] FORMS: *~eisserit* (= *~iserit*) *CIL* 1.592.2.22; with syncope, *~isti* (= *~isisti*) PL.*Cur*.705, TER.*Ad*.940, CATUL.110.3; *~isse* (= *~isisse*) CATUL.110.5.

1 To send forth, let loose; to project (the gaze). **b** to let (the hair, beard, etc.) stream forth, become long (esp. in pf. pple.); (pass., of parts of the body) to project or extend a long way; (refl., of a plant) to propagate itself. **c** to extend (a period or process), prolong.

fissa ferarum ungula quo tulerit gressum ~issa canum uis ducit LUCR.4.681;—una pruinae canentis, quacumque datur ~ittere uisus, ingeritur facies SIL.3.534. **b** capillum ~ittam optumumst occipiamque hariolari PL.*Rud*.377; (Britanni) capillo..sunt ~isso CAES.*Gal*.5.14.3; hominem.. terribili..facie, quod et niger et capillo longo barbaque erat ~issa NEP.*Dat*.3.1; VERG.*Ecl*.8.34; multos mortales capillum ac barbam ~isisse (*i.e. as a sign of mourning*) LIV.6.16.4; 44.19.7; squalida ~issis qui tegit ora comis OV.*Tr*.4.2.34; sese abdit, donec crinem barbamque ~itteret TAC.*Ann*.2.39; SUET.*Cal*.24.2; (*cf*.) gentes flauis ~issas crinibus PLIN.*Nat*. 2.189; (*pass., of a comet's tail*) quibus (*sc. comets*)..in speciem barbae longae ~ittitur iuba 2.89; (*branches of a tree*) eos (*sc. branches. etc*.)..ferro compescunt uel longius ~ittunt COL. 5.6.11;—boues..palearibus amplis et paene ad genua ~issis 6.1.3; qui (*sc. pigs*)..sint uentre ~isso, clunibus uastis 7.9.1; —nec ulla arborum auidius se ~ittit; quo mense ex ea nux decerpitur, eodem maturescit alia PLIN.*Nat*.16.107. **c** in Britannia..ubi aestate lucidae noctes..se ~ittunt (*s.v.l.*) PLIN.*Nat*.2.186; sonus (*i.e. a nightingale's song*)..copulatur (spiritu) intorto, ~ittitur reuocato 10.82.

2 To undertake to give, perform, etc., promise, guarantee. **b** (one's daughter in marriage; more fully *~ittere in matrimonium*). **c** (in vows to the gods). **d** *sibi ~ittere* (rarely *~ittere* alone), to promise oneself, look forward to, count upon (a prospect); also, *se ~ittere ad*, to have expectations of attaining.

me idcirco haec tanta facinora ~ittere, qui uos oblectem ..neque sim facturus quod facturum dixeram PL.*Ps*.563; qua pro re argentum ~isit hic tibi? *Rud*.1378; quod ~isi institutum principium hoc erit CATO *Agr*.pr.4; quae (pecunia) ex liberalitate huius ~issa sit et ostentata CIC. *Q.Rosc*.16; his praemia ~issa sunt, illis persoluta *Phil*.11.39; non seruata fides cineri ~issa Sychaeo VERG.*A*.4.552; inceptos, olim ~issum (*i.e. promised to the world*) carmen, iambos HOR.*Epod*.14.7; exulibus..cum reditus in patriam ~issus esset LIV.41.25.3; auxilium ~ittet Achaia Troiae OV.*Met*.13.325; alterum ~ittendo consulatum non obligauerat VELL.2.56.3; spem mihi ~issam..reddat qua lege, uides V.FL.7.426; litteras, quibus mortem Arminii ~ittebat si..uenenum mitteretur TAC.*Ann*.2.88; ~isit..hic quadraginta milia sagittariorum SUET.*Ves*.6.4; non longe ab eo est miles, ut ~ittat stuprum CALP.*Decl*.3;—(*rhet., cf.* promissio, *sense c*) periculosum id oratori arbitrantur..: quod nonnumquam..excidere soleant quae ~isimus QUINT.*Inst*. 4.5.2;—(*poet*.) Phoebus..Oceani..litus anhelis ~ittebat equis STAT.*Ach*.1.691;—(*of Nature, the gods, or sim*.) hic uir, hic est, tibi quem ~itti saepius audis, Augustus Caesar VERG.*A*.6.791; ubera (*sc. of the she-wolf*) ducunt (*sc. Romulus and Remus*) nec sibi ~issi lactis aluntur ope OV.*Fast*.2.420; uobis..aulae cura meae longo ~ittitur ordine fati STAT. *Theb*.2.169;—(*w. abst. subj*.) sanitatem aegris medicina ~ittit CELS.1.pr.1. **b** ~issam eripui genero VERG.*A*. 12.31; ~isit pater hanc, haec et iurauit amanti OV.*Ep*. 19.159; ~isi tibi in matrimonium filiam SEN.*Ben*.4.35.1; V.FL.8.153. **c** VOTVM QVOD ~EISIT..PRO FILIO *CIL* 1.2231; Iuppiter.., cuius iste donum..tibi dicatum atque ~issum..extorsit CIC.*Ver*.5.184; nigras pecudes ~ittite Diti [TIB.]3.5.33; imperator ipse ueneratus est (*sc*. Castorem atque Pollucem) pactusque uictoriam templa ~isit FLOR. *Epit*.1.5(1.11.4); uotum exegit ab eo, qui pro salute sua gladiatoriam operam ~iserat SUET.*Cal*.27.2. **d** canitiem ..sibi et longos ~iserat annos VERG.*A*.10.549; Alcyone,.. occidimus: falso tibi me ~ittere noli! OV.*Met*.11.662; stabat deuota iuuentus..secura..pugnae ~isso sibi fine manu LUC.4.535; ire per altum magna mente uolunt. Phrixi ~ittitur absens uellus V.FL.1.272; (*w. pred. adj*.) nec tibi, si sapias, fidam ~itte Lacaenam OV.*Ep*.5.99; V.FL.5.494; —qui..inconditis linguae exercitationibus ad famam sese facundiae ~iserat GEL.7(6).16.1.

3 (w. various consts.) To promise, guarantee: **a** (w. acc. and inf., usu. fut.). **b** (w. acc. and pred.). **c** (w. inf.). **d** (w. indir. qu.). **e** (app. w. nom. fut. pple.). **f** (w. adv.; also, ellipt. or absol.).

a memento ~isse te..mihi omne argentum redditum eiri PL.*Cur*.490; fac quod facturum te ~isti mihi *Poen*.422; TER.*Hec*.791; ~itto tibi te ex eius amicitia magnam uoluptatem esse capturum CIC.*Fam*.13.77.2; haec se carminibus ~ittit soluere mentes VERG.*A*.4.487; certus..~isit Apollo ambiguam tellure noua Salamina futuram HOR. *Carm*.1.7.28; clam nocte..uenit ~ittens, si sibi praemio foret, se Arpos proditurum esse LIV.24.45.1; STAT.*Theb*. 8.733; SUET.*Tib*.36;—(*w. neut. pron. preceding or picking up const*.) sanum futurum, mea ego id ~itto fide PL.*Men*.894; illud tibi ~itto, quicquid erit a te factum, id senatum.. comprobaturum CIC.*Fam*.10.16.2;—(*w. ellipsis of refl. pron*.) ~itto tibi non offuturum PL.*As*.97; ad consules..deductus ..traditurum urbem ~ittit LIV.9.24.3;—(*w. pres. for fut. inf*.) ducentos nummos..militi, quos dare se ~isit, dabit PL.*Bac*.970; ~ittebas te os sublimere meo patri *Mer*.631. **b** capras sanas sanus nemo ~ittit. numquam enim sine febri sunt VAR.*R*.2.3.5; me ~isi ultorem VERG.*A*.2.96; OV.*Ars* 3.475; ducem se itineris humanissime ~isit PETR. 8.2; TAC.*Ann*.3.15; (*pass*.) longus fratri ~itteris exsul STAT. *Theb*.2.114;—(*w. ellipsis of refl. pron*.) quemadmodum Hannibal..reges pererrauerit contra Romanos ducem ~ittens exercitum petens SEN.*Nat*.3.pr.6. **c** Casinam ego uxorem ~isi uilico nostro dare PL.*Cas*.288; VERG.*A*.11.503; GEL.3.8.1; (*of things*) nostra praecepta non consummare scientiam, sed adiuuare ~ittunt COL.1.1.17 **d** quae est.. quaestio, in qua non ~ittere possit orator, quid primo, quid secundo..sit loco dicturus? QUINT.*Inst*.3.9.3. **e** quoad summos illi ~itterent honores habituri (*s.v.l*.) mihi APUL. *Met*.7.14. **f** eam tuo gnato hodie, ut ~isit, dabit PL.*Ps*. 1072; CIC.*Att*.16.3.4; nauis, ut ~iseras,..non uenit PETR. 141.1; qui iumenta uendidit solet ita ~ittere 'esse bibere, ut oportet' ULP.*dig*.19.1.11.4;—salua res est: bene ~ittit, spero seruabit fidem PL.*Epid*.124; ei prolixe de tua uoluntate ~isi CIC.*Fam*.7.5.1; quae..inconstantia deorum est ut primis minentur extis, bene ~ittant secundis? *Div*.2.38; cum ~ittit, subito sed perfida fallit TIB.1.8.63; OV.*Ars* 1.443; pro duobus..~itto: nam et ego et Secundus exsequemur eas partis TAC.*Dial*.16.3; (*impers. pass*.) homines..sibi..large atque honorifice ~itti uolunt Q.CIC.*Pet*.44.

4 (in special ellipt. uses): **a** *~ittere ad cenam* (*ad aliquem* or sim.), To accept an invitation to dinner (to someone's home, etc.). **b** (perh.) to accept the audience's summons, take the stage.

a hic (cenam) nuptialem cras dabit. ~ittimus PL.*Cur*. 661; ~isi foras, ad cenam ne me te uocare censeas *Mos*.1004; magi' par fuerat me uobis dare cenam aduenientibus quam me ad illum ~ittere *St*.513; cum ille dubitaret (*i.e. about attending*), quod ad fratrem ~iserat CIC.*de Orat*.2.27; ad cenam mihi ~itte; cognatos uolo hodie inuitare PHAED. 4.25(26).15; ego illi ad prandium ~isissem, ad cenam renuntiassem SEN.*Suas*.2.12; PETR.10.6; PLIN.*Ep*.1.15.1;—(*cf*.) cum sis conuiua mihi ~issus JUV.11.60. **b** (Neronem) cupientem inter citharoedos contendere nec quamuis flagitantibus cunctis ~ittere audentem ideoque egressum theatro reuocauerat SUET.*Vit*.4.1.

5 (in legal context) To promise or undertake formally (that something will be given, produced, etc.). **b** *damni infecti ~ittere*, to guarantee indemnification against damages.

ne quis extra suum forum uadimonium ~ittere cogatur CIC.*Ver*.3.38; GEL.6(7).1.9; praedia mihi uendidisti et conuenit, ut aliquid facerem: quod si non fecissem, poenam ~isi JULIAN.*dig*.19.1.28; (*cf*.) Cn. Domitius..increpuit tanti censorem habitare, [LX] HS pro domo eius identidem ~ittens PLIN.*Nat*.17.3;—(*w. pred. acc*.) iuris sui iacturam adsertorem non facere quin ducat puellam sistendamque in aduentum eius qui pater dicatur ~ittat LIV.3.45.3;—(*w. acc. and inf*.) recte haec dari fierique..~ittito satisque dato arbitratu domini CATO *Agr*.146.2; fit rebus omnibus integris..ut Alfenus ~ittat Naeuio sisti Quinctium. uenit ad uadimonium Quinctius CIC.*Quinct*.67; ut..res..ablata exhibeatur..aut..exhiberi..satisdato ~ittatur MACER *dig*.1.18. 16;—(*absol. or ellipt*.) nec debere eum (*sc*. maritum) pro euictione ~ittere, quod ex contumacia mulieris id ita acciderit POMPON.*dig*.25.2.10; utrum..de hoc opere ~ittere an satisdare debeat, uideamus ULP.*dig*.39.2.30.1. **b** qui in pariete communi demoliendo damni infecti ~iserit CIC. *Top*.22; *CIL* 10.4842.29; PAUL.*dig*.41.2.30.2.

6 To guarantee (a future event) as inevitable, predict as certain. **b** to guarantee (an assertion) as true, vouch for (a fact).

id quod mali (haruspices) ~ittunt, praesentariist PL. *Poen*.793; si mihi alterum utrum de euentu atque exitu rerum ~ittendum esset CIC.*Fam*.6.1.5; liceat si uincere, finem ~itti cladum SIL.7.506; id (*sc. a portent*) prosperum.. consensu haruspicum et summa claritudo..Vespasiano ~issa TAC.*Hist*.2.78; si (genethliaci) felicia ~ittunt eaque euentura sunt GEL.14.1.36; (*of a portent*) fratris meritas tua. Iuppiter, omina poenas ~isere mihi V.FL.6.731;—(*w. acc. and inf*.) hoc..breui futurum ratio ~ittit CURT.5.9.5; (Seruium Tullium) clarum fore uisa circa caput flamma ~iserat FLOR.*Epit*.1.1(1.6.1). **b** ut hoc ~ittere possis.. tanta interualla tenere exordia prima animai LUCR.3.377; Themisonis..aemuli, si perpetua quae ~ittunt habent, ..rationales sunt CELS.1.pr.62; nostra ~iserimus exempla nouaque temptauerimus experimenta COL.1.4.4; mirum est, quod Xenocrates ~ittit experimento, uitium id ..per urinam effluere PLIN.*Nat*.22.87; (*parenth*.) inueni, ~itto, uiam..qua renouanda Venus STAT.*Theb*.5.109;— (*w. acc. and inf*.) quos (*sc*. dies) uacare a tali periculo (*i.e. earthquakes*) maiores nostri solebant ~ittere SEN.*Nat*.6.1.1; in ouum inane sucum addit is.., tepefactum uomicas rumpere..persanare ~ittens PLIN.*Nat*.20.244; 32.41; (*pass*.) Hammonis cornu..~ittitur praediuina somnia repraesentare 37.167;—(*w. pred. acc*.) metagontes..uestrum non uile genus..Sparta suos et Creta suos ~ittit (*sc*. uos) alumnos GRAT.212.

7 (usu. of things) To cause expectation of (some future condition or event), give promise of. **b** (something already present but not yet disclosed). **c** (w. refl. pron. and pred.) to show signs of becoming; (also, without refl. pron.).

quid aura mihi tumulo ~ittat ab alto prospicio OV.*Met* 3.603; cuius senectus et libera orbitas magna ~ittebat SEN. *Ben*.1.14.3; palmites legamus eos, qui futuram fecunditatem iam dato fructu ~ittunt COL.3.10.17; olearum, si parum ~isere fructus, nudatas radices hiberno frigori opponunt PLIN. *Nat*.17.262; nebulae montibus descendentes..serenitatem ~ittent 18.357; praestitit..quae non ~isit proelia rhinoceros MART.*Sp*.9.2;—(*w. acc. and inf*.) nec puniceo rediturum nubila caelo ~isere iubar STAT.*Theb*.1.343;—(*ellipt. or absol*.) (epistulae) iam non ~ittunt de te, sed spondent SEN.*Ep*.19.1; fastidit..palma ubique..parere, uel cum ~isit etiam ostenditque, educare PLIN.*Nat*.16.135. **b** senex..exercitati uultus, et qui uideretur nescio quid magnum ~ittere PETR.83.7; sabulum (aquas) exiles limosasque ~ittit PLIN.*Nat*.31.48; si ipsa debet extremitas (*i.e. the contour of a figure in a painting*)..sic desinere, ut ~ittat alia post se 35.68; durae per bracchia saetae ~ittunt atrocem animum JUV.2.12. **c** interrogabo quid ante perdite..fecerit, per quae se parricidam scelera ~iserit [QUINT.]*Decl*.1.6;—(Haterius) et ~isit oratorem et praestitit SEN.*Con*.9.6.13.

promnion (~iī, *n*.?). [foreign] Another name for the gem MORMORION.

PLIN.*Nat*.37.173.

prōmō ~mere ~mpsī (~msī) ~mptum, *tr.* [PRO-+EMO]

1 To take (a thing) from where it is kept, bring forth, fetch out. **b** (a sword from its sheath, arrows from a quiver). **c** (wine from a cellar or cask). **d** (immaterial things from a source).

accipias clauis: si quid tibi opus erit ~mpto, ~mito PL. *Cist.*111; quin tu is intro atque huic argentum ~mis? *Epid.* 303; LUCIL.505; nemo fructus condit, nisi ut ~mat VAR.*R.* 1.62; 1.68; cum tibi senatus ex aerario pecuniam ~mpsisset CIC.*Ver.*3.195; causa. .fuit huc ueniendi ut quosdam hinc libros ~merem *Fin.*3.8; (arma) ~mpta ex regio apparatu LIV.42.52.11; OV.*Fast.*5.508; ut is (*sc.* testiculus). .plagae iungatur, digitoque inde ~matur CELS.7.19.2; funes de tabulato ~mpti COL.11.3.6; condita letiferis ~mit (*sc.* Medea) medicamina cistis V.FL.8.17; cum uelut adfixi curulibus suis manum. .cunctanter et pigre. .~merent PLIN.*Pan.*71.2; SUET.*Otho* 8.2; GEL.2.2.5; (*cf.*) HS ∞ tu ex arca proferebas, HS CCCIↃↃↃ IↃↃↃ ex disciplina et artificio ~mebat Roscius CIC.*Q.Rosc.*29;—(*in fig. phr.*) fructum studiorum uiridem et adhuc dulcem ~mi decet QUINT.*Inst.* 12.6.3. **b** Orestem. .sacerdos ferro ~mpto adstituerat ACC.*trag.*55; LIV.40.4.13; ~mptum uagina pugionem TAC. *Ann.*15.54; JUV.15.73;—dum tu celeris sagittas ~mis HOR. *Carm.*3.20.10; e. .sagittifera ~mpsit duo tela pharetra OV. *Met.*1.468;—(*transf.*) meos animos uiolentos meamque iram ex pectore iam ~mam PL.*Truc.*603. **c** si opu' sit ut dulce ~mat indidem, ecquid habet? PL.*Ps.*740; horna dulci uina ~mens dolio HOR.*Epod.*2.47; ne. .~mptae modus (*sc.* sit) amphorae *Carm.*1.36.11; cadum sordentem ~mere fumo STAT.*Silv.*4.8.39. **d** quis non. .uoces tristificas chartis ~mebat Etruscis? CIC.*de Cons.*fr.2.48; est aliquid, quod non ex usu forensi. .sed ex obscuriore aliqua scientia sit ~mendum *de Orat.*1.59; loci proderunt illi, ex quibus argumenta ~muntur 2.131; erudito, qui semper aliquid ex se ~mat, quod alios delectet LUCC.*Fam.*5.14.1; mittit. .nos ad longinqua bona. .cum possimus felicitatem domo ~mere SEN.*Ep.*94.53.

2 To bring out of concealment, bring into view; (refl.) to emerge from concealment. **b** to exhibit (latent qualities, etc.) in action.

amicitiam atque inimicitiam in frontem ~mptam gero ENN.*scen.*12; Sol, curru nitido diem qui ~mis et celas HOR. *Saec.*10; iter. .dat tibi, qua possis defossos ~mere uultus OV.*Met.*4.242; ~mit hinc ortus aperitque lucem Phoebus SEN.*Oed.*121; horrida semiferi ~munt e rupibus ora SIL. 3.542; uisum saepius inter manus Pisonis libellum quem ipse non uulgauerit; sed amicos eius dictitauisse, litteras Tiberii. .contineri, ac destinatum ~mere apud patres TAC. *Ann.*3.16; (*transf.*) insignem attenuat deus, obscura ~mens HOR.*Carm.*1.34.14;—simul effert sese clara Fides et ~mit pectore Cepheus CIC.*Arat.*714(461); illos patefactus ad auras reddit equus, laetique cauo se robore ~munt VERG.*A.* 2.260; ante. .quam. .claro Plias se ~mserit ortu GRAT.59; (*cf.*) nocte minus quarta ~met sua sidera Chiron OV.*Fast.* 5.379. **b** ~me uenustatem tuam amanti PL.*Truc.*714; fiducia augeri nostris coepit et ~mi lingua SAL.*Hist.*3.96.D; nunc illas ~mite uiris, nunc animos, quibus in Gaetulis Syrtibus usi VERG.*A.*5.191; omni nequiquam acerbitate ~mpta, nihil iam cum militibus agere LIV.2.58.9; magnum cum uenit opus ~mendaque uirtus GRAT.179; saeuitiam ac libidinem cum factis ~meret TAC.*Ann.*4.57; 12.59.

3 a (of plants or sim.) To bring out by growth, cause to grow out. **b** (refl., of fluids) to be drawn out.

a initio ueris. .quo. .ulmi semina sua ~munt COL.9.13.2; —(*refl.*) (radices) tum demum se ~munt, cum modico tepore euocantur 3.12.1. **b** cui. .(bilis atra) alterutro modo se ~mpsit CELS.2.6.8.

4 To bring out, utter, pronounce (a sound). **b** to deliver (an oration).

nisi tertia syllaba de Hannibalis nomine circumflexe ~matur GEL.4.7.4; 9.6.3; 12.13.8; latinas (*sc. diphthongs*) saepe correpto sono ~mimus MAUR.388. **b** magnificam orationem de semet ipso ~mpsit TAC.*Hist.*2.90; APUL. *Apol.*8.

5 a To bring out or display on the stage. **b** to publish (literary work). **c** to bring forward (documents) in support of a contention.

a non. .intus digna geri ~mes in scaenam HOR.*Ars* 183; Roscius. .nullum. .gestum, nisi quem domi meditatus fuerat, ~mere ausus est V.MAX.8.7.7. **b** si tua, Cerrini, ~mas epigrammata uulgo MART.8.18.1. **c** tuas quoque paris epistolas ~merem, si uel exiguam moram tanti putarem APUL.*Apol.*97.

6 To bring (ideas, facts) into the open, make known, set forth. **b** to bring (a discovery) before the world. **c** to bring forward (charges).

nunc certe ~menda tibi sunt consilia CIC.*Att.*9.18.2; clienti ~mere iura HOR.*Ep.*2.1.104; harum. .rerum ordo cum iustis aliorum uoluminibus ~matur VELL.2.48.5; olim rei agitatae in animo meo nunc ~mendae occasio oblata est CURT. 9.6.26; consilii egens iubet quemque suam sententiam ~mere PETR.101.7; ultima nobis ~mere fata nefas; sileam, precor V.FL.4.624; (uerba) quae sensum animi nostri optime ~munt QUINT.*Inst.*8.pr.32; ~mere animi uoluntatem 12.10.40; erat. .adhuc frequens senatoribus, si quid e re publica crederent, loco sententiae ~mere TAC.*Ann.*2.33; ~mptum quod multorum intimis questibus tegebatur 3.36; ambigua, sed cognitu non absurda ~mere libet 6.28; iubes, quae sentimus ~mere in medium PLIN.*Pan.*66.4; ~me. . nomen eius, quae puerum. .sollicitauit APUL.*Met.*5.28; totam prorsus a principio fabulam ~meret 9.23; (*w. in publicum*) adstitisse. .qui uultum, gemitus, occultum etiam murmur exciperent, et potuisse auum audire, legere, in publicum ~mere TAC.*Ann.*6.24;—(*w. acc. and inf.*) qui. . ~mpsisse inter proximos ferebatur certam sibi perniciem 12.65; 15.60;—(*w. indir. qu.*) apud ignaros regis casus nec quae acta essent ~mendo nec minis nec suadendo. .ualuit LIV.30.12.8; QUINT.*Inst.*7.1.3. **b** sunt quorum ingenium noua tantum crustula ~mit HOR.*S.*2.4.47. **c** crimina. . friuola et inter se repugnantia simul ~mere APUL.*Apol.*25.

prōmoneō ~ēre, *tr.* [PRO-+MONEO] (app.) To warn or admonish openly.

ecquid, quod mandaui tibi, estne in te speculae? — adito. uidebitur. factum uolo. uenito. ~eto (*v.l.* promoueto) PL. *Per.*311; dat spatium clemens et ~et ortu morbus GRAT. 413; (*w. acc. and inf.*) haec eius (*sc.* Aesopi) fabula. .~et spem fiduciamque. .in semetipso habendam GEL.2.29.2.

prōmonstrum ~ī, *n.* [PRO-+MONSTRVM] (See quot.)

~a prodigia PAUL.*Fest.*p.224M.

prōmontorium: see PROMVNTVRIVM.

prōmōta ~ōrum, *n. pl.* [pple. of PROMOVEO] (in Stoic phil.) A suggested transl. of Gk. προηγμένα, = PRODVCTA.

CIC.*Fin.*3.52.

prōmōtiō ~ōnis, *f.* [PROMOVEO+-TIO] Advancement to office, promotion.

HONORAT⟨O⟩ A DIVO MAGNO ANTONINO (*i.e. Caracalla*). . GRADVM ~ONIS ⟨OB⟩ ALACRITATEM VIRTV⟨TIS⟩ *CIL* 3.14416.

prōmoueō ~ouēre ~ōuī, ~ōtum, *tr.* [PRO-+MOVEO] FORMS: *~orat* (= *~ouerat*) HOR. *Epod.*11.14; PHAED.4.25(26).27.

1 To cause to move forward or forth, propel, push forward, or sim.; *gradum* or *pedem ~ouere*, to step forward, advance. **b** to push forward (troops, siege engines, etc.). **c** (fig., app.) to egg on, encourage (a person). **d** to coax forth into the open (something latent or dormant). **e** to shift from a position occupied, displace; (esp. bones).

in balneariis assa in alterum apodyteri angulum ~oui CIC.*Q.fr.*3.1.2; STIPITES. .VTEI TANGERE SARCIRE. .~OVERE REFERRE ⟨LICEAT⟩ *CIL* 1.756.7; filius. .comitatus classe cateruas ingentem remis Centaurum ~ouet VERG.*A.*10.195; calculus ad plagam urina. .~ouetur CELS.7.26.3.B; (oportet) ad usus. .suos id membrum ~ouere, quia motus. .saluberrimus corpori est 8.11.8; aliqua sunt opera tantummodo uirium, tamquam ~ouendi opera portandique COL.11.1.8; cum (apibus) ante fores in teporem solis ~otis aliae cibos ministrant PLIN.*Nat.*11.63; 19.64; pampineos materna ad moenia currus ~ouet STAT.*Theb.*4.657; in lusu duodecim scriptorum cum prior calculum ~ouisset QUINT.*Inst.* 11.2.38; (manus) in sinistrum intra umerum ~ouetur, ultra non decet 11.3.113; (*refl.*) se. .gaudens ~ouet ad primas iuueni ratis obuia ripas V.FL.8.130; (*by growth*) qui bonitati uini student, in summas arbores uitem ~ouent COL.5.6.24; —unum ~orat uix pedem triclinio PHAED.4.25(26).27; tum demum. .~ouebant gradum cum hostem prostrauerant CURT.3.11.6; STAT.*Theb.*12.541; eum, qui ad fugam gradum unum alterumue ~ouit ULP.*dig.*21.1.17.9. **b** qui tantae altitudinis machinationes tanta celeritate ~ouere possent CAES.*Gal.*2.31.2; legiones ~ouet, turmas mittit ad insequendum HIRT.*Gal.*8.16.1; aduersariorum equitatus sese extendere et in latitudinem ~ouere. .coeperant *B.Afr.*14.1; consul Romanus nec ~ouit aciem, nec. . LIV.2.30.12; cum agger ~otus ad urbem uineaeque. .iniunctae moenibus essent 5.7.2; ~ouent et Samnites signa; insequitur acies ornata 10.40.12; turrem. .magnam uim armatorum. .portantem ~ouit 32.17.10; potitus. .Pelusii Memphim copias ~ouet CURT.4.1.30; mille sagittiferos. .de colle Tanagrae ~ouet ecce Dryas STAT.*Theb.*7.255; ·i. .praecipias imperatori. .cornua utrimque ~oueat QUINT.*Inst.*2.13.3; arma. . ultra litora Iuuernae ~ouimus JUV.2.160. **c** LANISTAS. . ~OVENDOS VILI STVDIO QVESTVS *CIL* 2.6278.37. **d** simul calentis inuerecundus deus feruidiore mero arcana ~orat loco HOR.*Epod.*11.14; doctrina. .uim ~ouet insitam *Carm.* 4.4.33. **e** hastam Martis Praeneste sua sponte ~otam LIV.24.10.10; hunc. .ballista. .limine portae ~oueat LUC. 6.201;—(*med.*) in palma. .ossa interdum suis sedibus ~ouentur, modo in priorem partem, modo in posteriorem CELS.8.18; femur in omnes quattuor partes ~ouetur 8.20.2.

2 To locate in a more forward position, advance, push forward (a boundary, etc.). **b** to extend the boundaries of, enlarge.

eodem die castra ~ouit et. .sub monte consedit CAES. *Gal.*1.48.1; LIV.10.4.5; (mare) ~ouet litus nec continetur suis finibus SEN.*Nat.*3.27.10; FINES POMERII PROFERRE ~OVERE *CIL* 6.930.14; trans Rhenum castris a Germanico Caesare ~otis PLIN.*Nat.*25.20; Didius Gallus parta a prioribus continuit, paucis. .castellis in ulteriora ~otis TAC.*Ag.* 14.3; destinarat. .Ostia tenus moenia ~ouere SUET.*Nero* 16; (*cf.*) plus est ingenii Romani terminos. .~ouisse quam imperii PLIN.*Nat.*7.117;—(*military operations*) sociorum. . animis in se firmatis uere primo in Vaccaeos ~otum bellum LIV.21.5.5;—(*fig.*) uirtutem eius spes suas ulterius ~ouere docuerunt V.MAX.7.4.1. **b** ~ouet Ausonium filius imperium OV.*Pont.*2.2.70; nonnulli in Flanaticum sinum Iapudiam ~ouere PLIN.*Nat.*3.129; ipsam (*sc.* Italiam) ad Alpis ~otam TAC.*Ann.*11.24; partem Palatii ad forum usque ~ouit SUET.*Cal.*22.2.

3 a To postpone, put off (an event). **b** (pass., of a period) to advance towards its close.

a non satis habes quod tibi dieculam addo, quantum huic ~oueo nuptias? TER.*An.*711. **b** ecce nocte ~ota latrones expergiti castra commouent APUL.*Met.*4.22; 7.7; 9.20.

4 To advance (a person) to higher office, promote.

uetus miles ab humili ordine ad eum gradum in quo tunc erat ~otus CURT.6.11.1; sanguine multo ~otus Latiam longo gerit ordine uitem LUC.6.146; me, domine, indulgentia uestra ~ouit ad praefecturam aerarii Saturni PLIN. *Ep.Tra.*10.3a(20).1; habuerat hunc honorem periculis nostris diuus Nerua, ut nos. .~ouere uellet *Pan.*90.6; milites. .~otos in ampliorem gradum SUET.*Otho* 1.2; *Ves.* 16.2; quamdiu adulescens ad militiam ~oueretur PAUL.*dig.* 35.1.84;—(*cf.*) CVIVS LIBERI FRVANTVR QVAESO PRIMO SACERDOTIORVM GRADV, POSTMODO CVM ANNIS ~OTVRI DIGNITATIS SVAE INCREMENTA *CIL* 13.1668.2.14.

5 (intr., often w. internal acc.) To make headway (in an activity, study, etc.), progress. **b** (of a thing, w. *ad*) to avail, help (towards bringing about a result).

ingeram mala multa? atque aliqui' dicat 'nil ~oueris' TER.*An.*640; abibo hinc, praesens quando ~oueo parum *Hec.*703; aliquantisper pugnato nihil ~ouet Poenus QUAD.*hist.*60; inueniebam te multum supra aetatem. .in eloquentia ~ouisse FRO.*Aur.*1.p.104(54N); cum diutule auditor. .Protagorae fuisset et in studio. .facundiae abunde ~ouisset GEL.5.10.7; quod nihil etiam tunc in suos amores ceteris artibus ~oueret APUL.*Met.*3.21; eloquentia. .quam ego, si quod omnino ~oui, potius spero quam praesto *Apol.*5; ULP.*dig.*29.2.25;—(*in a pun w. sense 1*) moue. . ocius te nutrix.—moueo. —uideo, sed nil ~oues TER. *Eu.*913. **b** expecto cognoscere. .quantum medii isti dies ~ouerint ad uires reficiendas FRO.*Ver.*2.p.86(133N); *Aur.* 2.p.228(234N); puerili meditatione argutiarum nihil ad uitam. .ordinandam ~ouente GEL.10.22.24.

promptārius ~a ~um, *a.* **promptuārius.** [PROMO+-ARIVS] That serves for storing things ready for use.

α inde (*i.e. from prison*) cras quasi e ~a cella depromar ad flagrum PL.*Am.*156; id omne. .magicum dicetur aut e cella ~a. .in iudicium proferetur APUL.*Apol.*54. β armarium ~um CATO *Agr.*11.3.

promptē, *adv. compar.* ~ius, *superl.* ~issimē. [PROMPTVS¹+-E]

1 So as to be ready to hand.

an ipse animus expergitus cito ad diuinationem suam redigatur, quae ei ~e insita. .facile resumatur APUL.*Apol.* 43.

2 Without difficulty or trouble, readily.

uictoriae obsequio, quae ~issime licentiam subministrat V.MAX.6.5.1; morbi. .leuiores sunt et ~ius finiuntur CELS. 2.1.4; quaere ex me quis mihi quartus sit pater: haut ~e, dicam tamen PERS.6.58; ut facilius iram. .leniat, qui scit quid ira, ~ius ad miserationem impellat, qui scit quid sit misericordia TAC.*Dial.*31.3; haec uulgo iactata. .~e refutaueris *Ann.*4.11; ~ius expediam quot amauerit Oppia moechos JUV.10.220.

3 Unhesitatingly, with alacrity, willingly, eagerly. **b** with readiness of speech, fluently.

dicam paulo ~ius; neque enim iam uereor ne quis hoc me magis accusatorie quam libere dixisse arbitretur CIC.*Ver.* 2.176; cum. .~ius. .prosiluissent *B.Afr.*58.2; ut ~ius pro eo periculum adirent LIV.31.34.1; ~issime ipse pugnauit CURT.4.16.28; ~ius adnuunt quam rogabantur 7.5.21; SEN.*Ep.*74.31; legati. .remansere, ~ius quam ut retenti uiderentur TAC.*Hist.*1.74; placitum iam exemplum ~ius secutus sum quia. . *Ann.*4.37; haud minus ~e L. Vetus socrusque eius. .necem subiere 16.10; Corelliae adero ~issime PLIN.*Ep.*4.17.11; FRO.*Aur.*2.p.230(235N); non ~e ueniam impertire APUL.*Fl.*17. **b** ipse, compositus alias et uelut eluctantium uerborum, solutius ~iusque eloquebatur quotiens subueniret TAC.*Ann.*4.31; qui penes extrarios saepenumero ~issime disceptaui, idem nunc penes meos haesito APUL.*Fl.*18.

promptō ~āre, *tr.* [PROMO+-TO] To be in charge of dispensing (something stored), be steward or treasurer of.

si quidem. .supremi ~as thensauros Iouis, tibi libellam argenti numquam credam PL.*Ps.*628; (*cf.*) illum meum malum ~are malim quam peculium *Bac.*465; (*absol.*) e sagina ego eiciar cellaria, ut tibi, si ~es, alium subpromum pares *Mil.*846.

promptuārium ~(i)ī, *n.* [PROMO+-ARIVM] A place where things are stored ready for use, store-room, cupboard.

ex ~io oleum. .et lintea. .profer APUL.*Met.*1.23; PAUL. *dig.*33.9.4.1;—(*in fig. phr.*) homini ~ium. .suauissimae orationis hoc (*i.e. the mouth*) datum est, ut quae prudentia corde conceperit, ea sensa promat oratio APUL.*Pl.*1.14.

promptuārius: see PROMPTARIVS.

promptus¹ ~a ~um, *a. compar.* ~ior, *superl.* ~issimus. [pple. of PROMO] ORTHOG.: sts. spelt *promtus*, esp. in early editions.

1 Easily procured, readily accessible or available, at one's disposal or command, etc.

(*of material or visible things*) statuerunt nihil se tam clausum neque tam reconditum posse habere quod non istius cupiditati apertissimum ~issimumque esset CIC.*Ver.* 4.42; per populi passim loca ~a uiasque LUCR.6.1267; ut uellet ~as habuisse sagittas OV.*Met.*3.188; inperitissimae gentes herbas aliaque ~a in auxilium uulnerum. .nouerunt CELS.1.pr.1; miles, habes nudum ~umque ad uolnera pectus LUC.5.320; ad supplenda exercitus damna certauere. ., quod cuique ~um, arma equos aurum offerentes TAC.*Ann.* 1.71; classis ~a leuis expedita FLOR.*Epit.*1.18(2.2.35); haec uerba Chrysippi. .ponenda existimaui, ut ~a ad considerandum. .sint GEL.14.4.5; imaginem suam. .quoquo uelis paruo speculo ~am gestare APUL.*Apol.*14;—(*of abst. things*) utriusque rei facilis est et ~a defensio CIC.*de Orat.*1.237; LIV.44.37.11; adfluebant centuriones monebantque ~a illi legionum studia TAC.*Ann.*2.76; ~a sibi exempla, quantis mercedibus P. Clodius aut C. Curio contionari soliti sint 11.7; quae fraude confici potuerint, ~a nuntiat, cetera armis exequenda 12.45;—(*cf.*) crebrescit uiuere Agrippam. .uago rumore apud inperitissimi cuiusque ~as (*i.e. receptive*) auris 2.39.

2 Readily seen, plainly visible, manifest (esp. transf.).

discutienda sunt ea, quae obscurant (*sc. the feelings*), e ea, quae sunt eminentia et ~a, sumenda CIC.*de Orat*.3.215; qui tot annos ingenium, laborem, fidem suam populo Romano ~am expositamque praebuerit *Caec*.78; aliud clausum in pectore aliud in lingua ~um habere SAL.*Cat*. 10.4; cuius rei causa non ~a est PLIN.*Nat*.8.129; primi.. tres uersus (*sc. of cells in a hive*) inanes struuntur, ne ~um sit quod inuitet furantem 11.24; est..ea pars hominis loco celsa, uisu ~a, usu facunda APUL.*Apol*.7;—(*neut. pl. as sb.*) (Caesar) consilia locos, ~a occulta nouerat TAC.*Ann*.2.20; qui nocturnis uel diurnis, ~is uel occultis..gaudeant APUL. *Soc*.14; celsa, uisu ~a, usu facunda APUL.*Apol*.7;—(*neut.*) *pl. as sb.*) (Caesar) consilia locos, ~a occulta nouerat TAC. *Ann*.2.20; qui nocturnis uel diurnis, ~is uel occultis.. gaudeant APUL.*Soc*.14; (*neut. pl. foll. by gen.*) hos..tellus.. aestus exspirat..foras in apertum ~aque caeli LUCR.6.817.

3 (of tasks, etc.) Readily handled or dealt with, practicable, easy, simple; esp. *~um est* (+inf.), it is an easy matter (to).

ab urbe oppugnanda Poenum absterruere conspecta moenia haudquaquam ~a oppugnanti LIV.23.1.10; scire.. quae (uulnera) difficilem curationem habeant, quae ~iorem CELS.5.26.1.C; 7.2.1; iuuat credulitatem nox et ~ior inter tenebras adfirmatio TAC.*Ann*.2.82; ~o ad capessendos honores aditu 3.30; uocante Carene ~asque res ostentante, si citi aduenissent 12.12; ceteri (dei)..solo intellectu neque ~o noscuntur APUL.*Soc*.4; (*w. sup.*) aestimare debent an quod inchoatur..~um effectu aut certe non arduum sit TAC.*Hist*.2.76;—~um est oculis praediscere (tellurem) nigram et quis cui color VERG.*G*.2.255; uacca sit an taurus, non est cognoscere ~um OV.*Fast*.4.717; PERS.2.6; STAT. *Theb*.11.37; nomina..quae fingere..Graecis ~issimum est QUINT.*Inst*.9.1.22; cuncta temptanti ~issimum uisum ad uxorem eius Liuiam conuertere TAC.*Ann*.4.3; VEN.*dig*.34. 4.32; (*cf.*) quando..ualidis propinquitatibus subnixus turbare gentilis nationes ~um haberet TAC.*Ann*.11.1.

4 Quick to respond to a situation, acting with alacrity, prompt, keen, active, etc. **b** (of qualities, feelings, actions, etc.). **c** having a ready tongue, fluent; (sim., of the mouth, utterance). **d** responsive to appeals, prompt with assistance; (also, of help, favours). **e** (of conditions) quick to develop.

admonent..Heraclium hominem esse maiorem natu, non ~issimum CIC.*Ver*.2.36; quam ~us homo P. Septimius, quam iratus..! tamen haesitabat *Flac*.11; laudat ~os.. segniores castigat CAES.*Civ*.1.3.1; cum..ipse cum ~issimis iuuenum praedatum..iret LIV.1.54.2; 27.34.2; inter ~issimos dimicans intactus euaserat CURT.9.8.21; ~issimus quisque saeuitia principis interciderunt TAC.*Ag*.3.2; Cerialis turbidis rebus intrepidus..intecto corpore ~us inter tela *Hist*.4.77; Iuliani sectator, iuuenis ~us et proficiens GEL. 9.15.5; missi ex ~ioribus qui accierent (*sc.* Philemonem) APUL.*Fl*.16;—(*w. abl.*) adulescens et consilio et manu ~us LIV.2.33.5; chirurgus..non minus sinistra (manu) quam dextra ~us CELS.7.pr.4; extollit ira ~um Cossutiani animum Nero TAC.*Ann*.16.22; adulatione ~issimus fuit A. Vitellius 14.49; APUL.*Met*.3.5;—(*w. gen.*) belli ~issimos SAL.*Hist*.2.91; Plato, ueritatis homo..exhibendae ~issimus GEL.10.22.1;—(*w.* in+*abl.*) (Zeno) in..excitandis ad uigorem iuuenum animis ~issimus V.MAX.3.3.ext.2;—(*w.* pro) illis et bonis ac fortibus militibus utemini et nobis etiam ~ioribus pro patria LIV.22.59.11;—(*w.* aduersum) Balbus truci eloquentia habebatur, ~us aduersum insontis TAC. *Ann*.6.48;—(*w. agent noun*) ~issimus affinitatis cuiusque atque amicitiae conciliator SUET.*Aug*.48. **b** ~a excellensque uirtus CIC.*Sest*.88; ~am audaciam SAL.*Cat*.32.2; grauitas uiri et ~a libertas inuisa erat regi CURT.8.5.13; ~am..coercuit iram STAT.*Theb*.11.667; ~as eius modi mortes metus carnificis faciebat TAC.*Ann*.6.29; periclitanti ~a uelocitate succurrite APUL.*Met*.6.10. **c** cum protinus respondendum est, omnia parari non possunt, adeo ut paulo minus ~is etiam noceat scripsisse QUINT.*Inst*.12.9.16; eloquentiae plurimum attendit, quantumuis facundus et ~us SUET.*Cal*.53.1; (*w. abl.*) sermone Graeco..~us et facilis *Tib*.71; (*w.* in+*abl.*) Latine Graeceque..in fingendis poematibus ~us et facilis *Tit*.3.2;—quibus lingua ~a ac temeraria LIV.22.44.7; OV.*Fast*.4.310; (Demosthenes) fertur ..ori insertis calculis..loqui solitus, quo uacuum ~ius esset et solutius V.MAX.8.7.ext.1; nec Secundo ~um esse sermonem TAC.*Dial*.2.1; ~a ac profluens..eloquentia *Ann*. 13.3. **d** Scipioni..partem Numidici exercitus.. ~issima mente tradidit V.MAX.5.2.ext.4; dona in ~os, minas aduersum abnuentis TAC.*Ann*.6.1; ~iora quam promiserant inueniunt, obuias tribus, festo cultu senatum 14.13; prodigae iuuentutis subsidium unicum ac ~issimum erat SUET.*Jul*.27.2; nec..quicquam..temptauit, ~issimis atque etiam instantibus suis *Ves*.6.1;—~am indulgentiam V.MAX.1.8.2; ~ius obsequium TAC.*Ann*.14.24; illa.. basiare uolenti ~is sauiolis adlubescebat APUL.*Met*.7.11. **e** (musculi) inflammationes..grauiores et ~iores cancros habent CELS.8.10.7.B.

5 (w. *ad*, *in*+acc., dat., inf., etc.) Quick (to favour a given course of action), readily inclined (to). **b** quick (to favour a given side), well disposed (to).

(*w.* ad) acres, ad uim ~i, ad seditionem parati CIC.*Agr*. 2.82; te..hilari animo esse et ~o ad iocandum *Q.fr*.2.11.1; Numidam ~um ad omnia audenda LIV.26.7.6; nimium ~os ad bella Quiritis OV.*Fast*.3.277; ~um ad asperiora ingenium Druso erat TAC.*Ann*.1.29; Diogenes ad exprobrandum ~issimus FRO.*Aur*.2.p.48(114N); APUL.*Pl*.2.22;—(*w.* in+ *acc.*) in ferrum rabies ~issima LUC.7.245; nos, uilis in omnis ~a manus casus STAT.*Theb*.1.192; ~um in adulationes ingenium TAC.*Ann*.15.61; FLOR.*Epit*.2.25(4.12.10);—(*w. dat.*) gentem magis exorabilem ~ioremque ueniae dandae fuisse LIV.25.16.12; praebebat Caesar auris, accipiendis aduersus generum suspicionibus caritate filiae ~ior TAC. *Ann*.12.4; libertus cuicumque flagitio ~us 15.45;—(*w. adv.*) ipse huc modo, modo illuc, ut quemque suadentium audierat, ~us, discordantis in consilium uocat 12.1;—(*w. inf.*) ~ior est dulci lingua referre mora OV.*Ep*.13.122; LUC.7.106; STAT.*Theb*.7.209. **b** nihil omissum quo ambiguos inliceret, ~i firmarentur TAC.*Ann*.6.44;—(*w.* in+*acc.*) socii reges prout bello conduceret parere iussi: sed studia eorum in Corbulonem ~iora erant 13.8;—(*w. dat.*) atrox Drusi ingenium..accendebatur inuidia quod mater Agrippina ~ior Neroni erat 4.60.

promptus² ~ūs, *m.* [PROMO+-TVS³] N.B.: almost entirely in phr. *in ~u*.

1 The action of making available or accessible; esp. **b** *in ~u*, within easy reach for use, etc., at one's disposal or command; (often transf., w. ref. to ideas, replies, etc.; also perh., *in ~um*).

quos deos Plato existimat naturas..ex sese bonas et ad omnia competentia sibi ~u facili, simplici APUL.*Soc*.3. **b** obuiam ense it, quem aduorsum aptus alter in ~u occupat ACC.*trag*.436; tabernacula aperta et omnia cara in ~u relicta LIV.22.42.6; omnia quae in ~u erant diripuerunt 25.29.9; Antoni scripta leguntur, doctus et in ~u scrinia Brutus habet OV.*Pont*.1.1.24; nos oportet in ~u habere quae in incertum diem data sunt SEN.*Dial*.6.10.2; matrices ..in ~u gerunt oua, quibus iam partus appropinquat COL. 8.11.8; donec quod omnibus in ~u erat paucis lucrosum fieret TAC.*Ag*.19.5; eas (*sc.* orationes)..ut in ~u haberes, exemplaria..misi tibi AUR.*Fro*.2.p.218(111N); nummulos.. quos uictus sui causa in ~u habuerit ULP.*dig*.48.20.6;—ea dicam quae mihi sunt in ~u CIC.*Ac*.1.4; pertinet..semper in ~u habere, quantum natura hominis pecudibus..antecedat *Off*.1.105; nihil..reperiri posse, quod non cogitanti tibi in ~u sit SAL.*Rep*.2.2.1; nec ullum aliud salutare consilium in ~u esse LIV.25.33.8; non satis in ~u erat, quin responderet 36.5.8; si pauca praecepta..in ~u tibi et in usu sint SEN.*Ben*.7.1.3; id..quod sit a simplici atque in ~u posito (*i.e. everyday*) dicendi modo poetice..mutatum QUINT.*Inst*.9.1.13; apud ipsos (*sc.* Iudaeos)..misericordia in ~u, sed aduersus omnis alios hostile odium TAC.*Hist*.5.5; FRO.*Aur*.1.p.86(6N); in ~u contradictio est MARCEL. *dig*. 46.3.72.1;—hoc tibi erit argumentum semper in ~um (*v.l.* promptu) situm ENN.*Sat*.57.

2 *in ~u*, In full view, in a prominent position. **b** (transf., w. ref. to facts) *in ~u esse*, to be obvious or self-evident.

natura..quae..figuram, in qua esset species honesta, eam posuit in ~u CIC.*Off*.1.126; in ~u corpus quod cernitur aegret, cum tamen ex alia laetamur parte latenti LUCR. 3.106; 6.941; quae patula in ~u cernis, uastosque recessus *Aetna* 160;—(*w. ref. to qualities*) coepere se quisque magis extollere magisque ingenium in ~u habere SAL.*Cat*.7.1; fortasse una (uirtus) in ~u sit et maxime appareat, patientia SEN.*Ep*.67.10. **b** a me..ea quae in ~u erant dicta sunt, a Lucullo autem reconditiora desidero CIC.*Luc*.10; quae quamquam ita sint in ~u, ut res disputatione non egeat *Off*. 1.6; illud non sunt admonendi—est enim in ~u 2.68; in ~u est operis natura *Aetna* 219; in ~u causast OV.*Rem*.162; (*w. indir. qu.*) quam subito soleat sol..conuestire sua perfundens omnia luce, omnibus in ~u manifestumque esse uidemus LUCR.2.149; de quo iuuene quid existimauerit Sulla, in ~u est VELL.2.27.5.

3 *in ~u* (w. ref. to actions), Within one's capabilities or powers.

faciundum ei aliquid, quod illorum..rettulisse uideretur. id..in ~u esse, quoniam copiam Iugurthae haberet SAL. *Jug*.111.1;—(in ~u est, *w. inf.*) occulta pericula neque facere neque uitare bonis in ~u est *Rep*.2.7.1; nec tibi (*sc.* Phaethonti) quadripedes..in ~u regere est OV.*Met*.2.86; 13.161; QUINT.*Inst*.9.1.3.

prōmulceō ~cēre ~sī ~sum, *tr.* [PRO-+MVLCEO] To smooth (hair) down.

crines eius praemulsis antiis et ~sis caproneis anteuentuli et propenduli APUL.*Fl*.3.

prōmulcum ~ī, *n.* [app. coined on anal. of REMVLCVM (itself prob. corrupted from a Gk. word)] (See quot.)

~o agi dicitur nauis, cum scaphae ducitur fune PAUL. *Fest*.p.224M.

prōmulgātiō ~ōnis, *f.* [PROMVLGO+-TIO] Official proclamation (of a proposed law), promulgation.

leges alias sine ~one sustulit, alias ut tolleret promulgauit CIC.*Phil*.2.109; ubi lex Caecilia et Didia, ubi ~o trinum nundinum..? 5.8; *Att*.3.23.1; *Leg*.3.43; CAEL.*Fam*.8.4.3.

prōmulgātor ~ōris, *m.* [next+-TOR] One who proposes publicly (a law or sim.).

Numa..cenarum libator, feriarum ~or FRO.*Aur*.2.p.10 (226N).

prōmulgō ~āre ~āuī ~ātum, *tr.* [dub.] (of a magistrate) To make known (the terms of a proposed law) by public proclamation, promulgate. **b** (in general) to make widely known, publish (doctrines, writings, etc.).

cum is de uno imperatore contra praedones constituendo legem ~asset CIC.*Man*.52; largitio aliqua ~ata *Agr*.2.10; re multos dies ~ata et cognita iuberi uetarique uoluerunt *Flac*.15; ex senatus consulto consules rogationem ~asse *Att*.1.13.3; tribunus plebis legem ~auerat, qua lege regnum Iubae publicauerat CAES.*Civ*.2.25.4; SAL.*Rep*.2.8.1; (tribunos plebis) perlaturos..quae ~auerint LIV.6.39.12; tribuni plebis..rogationem, quam..~are in animo haberent, in senatu recitarunt 42.21.4; ~atis agrariis legibus VELL. 2.2.3; quod agri modum, quem in magistratu rogatione tribunicia ~auerat,..transcendisset COL.1.3.11; APUL.*Pl*. 2.28;—(*ellipt., w.* de) de meo reditu octo tribuni ~auerunt CIC.*Sest*.69; (*impers. pass.*) eo tempore quo ~atum de multa eius traditur LIV.6.38.12; (*w.* ut) tribunus plebis ~auit ut agrum Campanum censores fruendum locarent 42.19.1; —(*in fig. phr.*) ne nihil profutura curatio doloribus spatia ~et APUL.*Pl*.2.18;—(*transf.*) ut ait..poeta.., 'proeliis ~atis pellitur e medio..sapientia' CIC.*Mur*.30; quies nocturna uigilantibus pro somno..erat ~ata FRO.*Aur*.2.p.14 (228N). **b** scriba Appi Caeci, cuius hortatu exceperat eos dies consultando adsidue..~aratque PLIN.*Nat*.33.17; haec (*sc. erotic verses*)..dissimulare et occultare peccantis, profiteri et ~are ludentis est APUL.*Apol*.11;—(*w. acc. and inf.*) maiores oculorum..medicamentis aconitum misceri saluberrime ~auere PLIN.*Nat*.27.9.

prōmulsidār(e) ~āris, *n.* [next+-AR] A tray or dish on which hors-d'œuvres were served.

in ~ari asellus erat Corinthius..qui habebat oliuas PETR. 31.9; ULP.*dig*.34.2.19.10; *CIL* 10.1598.

prōmulsis ~idis, *f.* [PRO-+MVLSVM, w. Gk. suffix] A dish eaten to stimulate the appetite, the hors-d'œuvres of a Roman dinner.

CIC.*Fam*.9.16.8; quem uirum! non eum, quem tu es solitus ~ide conficere; integram famem ad ouum adfero 9.20.1;—(*transf.*) pertrectato uasculo tam rudi 'haec' inquit 'belle cras in ~ide libidinis nostrae militabit' PETR. 24.7.

prōmunturium ~(i)ī, *n.* Also **prōmuntorium, prōmontorium.** [perh. from PROMINEO, through association with MONS] PROS.: quantity of third syll. uncertain. A piece of land projecting into the sea, headland, promontory. **b** a part of a range of hills or mountains projecting from the main mass, a spur.

~ium quoius lingua in altum proicit PAC.*trag*.94; qui sinus quosdam obsedisse maritimos aut aliqua ~ia aut praerupta saxa tenuisse dicuntur CIC.*Ver*.5.145; *Phil*.1.7; erant eiusmodi fere situs oppidorum ut posita in extremis lingulis ~iisque neque pedibus aditum haberent..neque nauibus CAES.*Gal*.3.12.1; superato Leucata ~io cum uenisset Naupactum LIV.26.26.1; in ~io, quod tenui iugo continenti adhaerens in aliquantum maris spatium extenditur 29.35.13; (Sunium) ~ium est Atticae terrae CURT.10.2.1; MELA 1.25; Capreas,..insulam..freto ab extremis Surrentini ~ii diiunctam TAC.*Ann*.4.67; AMP.5.2;—(*in place-names*) ~ium ..Mineruae (*i.e. Cape Campanella*) LUCIL.125; OV.*Met*. 15.709; circa Veliam Palinurique ~ium VELL.2.79.3; tria ~ia (*in Tunisia*), Candidum, mox Apollinis aduersum Sardiniae, Mercuri aduersum Siciliae PLIN.*Nat*.5.23. **b** praegressus signa Hannibal in ~io quodam, unde longe ac late prospectus erat, consistere iussis militibus Italiam ostentat LIV.21.35.8; quidquid per flexus, quibus arcifinii agri continentur, ut per extrema arui aut ~ia aut summa montium aut fluminum cursus FRON.*agrim*.p.5.

prōmus¹ ~a ~um, *a.* [as next] Used for storing things ready for use.

CELLAM ~AM AEDIFICANDAM *A.Epig*.40.16.

prōmus² ~ī, *m.* [PROMO+-VS] A servant who dispenses household stores (esp. food and drink), steward.

bono subpromo et ~o cellam creditam! PL.*Mil*.837; condus, ~us sum, procurator peni *Ps*.608; VAR.*R*.1.16.5; HOR.*S*.2.2.16; quibus..ad hospitium utimur..haec ~o tradimus COL.12.3.4; (*in fig. phr.*) ne admittam culpam, ego meo sum ~us pectori PL.*Trin*.81;—(*w. gen. of thing dispensed*) quamquam ipse aperiret (locum) utpote ~us librorum qui illic erant conditi APUL.*Apol*.53.

prōmūtuus ~a ~um, *a.* [*pro mutuo* (PRO¹+MVTVVS)+-VS] Reckoned as a loan.

publicanis..insequentis anni uectigal ~um (imperabatur) CAES.*Civ*.3.32.6;—(*neut. as sb.*) quod neque..a uilicis pensiones exegerit et insuper etiam ~um eis dederit SCAEV. *dig*.40.7.40.5.

pronāos: see PRONAVS.

prōnatō ~āre, *intr.* [PRO-+NATO] To swim forth.

sonitu ducti delphines e toto mari ~ant ad Arionis cantum HYG.*Astr*.2.17.

pronāus (~os) ~ī, *m.* [Gk. πρόναος] FORMS: *pronauus CIL* 14.4724; *pronaeuus A.Epig*. 30.72. The front portico or ante-room of a temple.

EXSEDRAM ET ~ON ET PORTICVM..F(aciunda) C(urauit) *CIL* 1.1492; dipteros (*sc.* aedes)..octastylos et ~o et postico VITR.3.2.7; 4.3.4; transtra..sustinent unum culmen perpetuae basilicae, alterum a medio supra ~um aedis 5.1.9; *CIL* 6.2065.22; 11.3614.4.

prōnē, *adv.* [PRONVS+-E] So as to slope forwards, slantwise.

haec (*sc.* tigna)..defixerat..non..derecte ad perpendiculum, sed ~ ac fastigate CAES.*Gal*.4.17.4.

prōnectō ~ere, *tr.* [PRO-+NECTO] To go on twining, weave further.

uidi quam seriem merentis aeui ~ant tibi candidae Sorores STAT.*Silv*.4.3.146.

pronepōs ~ōtis, *m.* [PRO-+NEPOS¹] A great-grandson.

CIC.*Att*.16.14.4; Iouis iste (*sc.* Thyestes) quidem ~os *Tusc*. 3.25; illi est Neptunus auus, ~os ego regis aquarum OV.*Met*. 10.606; VELL.2.3.1; licet ~os Catilina gratiam nomini (*i.e. of M. Sergius*) deroget PLIN.*Nat*.7.104; Liuia in familiam Iuliam..adsumebatur; in spem secundam nepotes ~otesque ..scripserat TAC.*Ann*.1.8; GAIUS *Inst*.1.99; GEL.13.20(19).3.

proneptis ~is, *f.* [PRO-+NEPTIS] A great-granddaughter.

si mihi nulla iam reliqua ex amitis, patruelis nulla, ~is nulla manet patrui PERS.6.53; Aemiliam Lepidam Augusti ~em SUET.*Cl*.26.1; PAUL.*dig*.23.2.14.4; 38.10.10.14.

prōnis ~is ~e, *a.*: var. of PRONVS.

pronoea ~ae, *f.* [Gk. *πρόνοια*] Divine providence (in quots., personified).
anum fatidicam Stoicorum ~am, quam Latine licet Prouidentiam dicere Cic.*N.D.*1.18; ex quibus (*sc. birds and fish*) tanta percipitur uoluptas, ut interdum ~a nostra Epicurea fuisse uideatur 2.160.

prōnōmen ~inis, *n.* [pro-+nomen] (gram.) A word used instead of a proper noun, demonstrative pronoun; (more widely) any word substituted for a substantive, pronoun (in general).
dicta a quibusdam prouocabula quae sunt ut 'quis', 'quae'..~ina ut 'hic', 'haec' Var.*L.*8.45;—'quale' interrogantes graui, conparantes acuto tenore concludunt, quod.. in aduerbiis solis ac ~inibus uindicant Quint.*Inst.*1.5.26; 9.3.53; Vel.gram.in *G.L.*7.70; Maur.709.

prōnōminātiō ~ōnis, *f.* [pro-+nomino+-tio] (rhet.) The substitution of an epithet or appellative for a person's proper name, antonomasia.
*Rhet.Her.*4.42.

prōnuba ~ae, *f.* [pro-+nvbo+-vs] A married woman who conducted the bride to the bridal chamber. **b** (of gods pictured as performing this function). **c** (attrib., applied to a torch used at weddings).
Var.*gram.*446; thalami more praecedunt faces et ~a illi Tyndaris Sen.*Tro.*1133; ~ae adhibentur nuptis, quae semel nupserunt, causa auspicii, ut singulare perseueret matrimonium Paul.*Fest.*p.244M. **b** speluncam Dido dux et Troianus eandem deueniunt. prima et Tellus et ~a Iuno dant signum Verg.*A.*4.166; quem sibi Pandion..conubio Procnes iunxit; non ~a Iuno, non Hymenaeus adest Ov. *Met.*6.428; 9.762;—(*applied to hostile deities*) sanguine Troiano et Rutulo dotabere, uirgo, et Bellona manet te ~a Verg.*A.*7.319; ~a Tisiphone thalamis ululauit in illis Ov. *Ep.*2.117; Luc.8.90; ultrices habebis ~as Apul.*Met.*8.12; (*w. gen.*) Erinyn ~am thalami traham Sen.*Oed.*644. **c** non mihi..~a..castos accendet pinus honores, nec Libys Assyrio sternetur lectulus ostro *Ciris* 439; Sen.*Med.*37.

prōnuntiātiō ~ōnis, *f.* [pronvntio+-tio]

1 A public announcement, proclamation.
Curio pronuntiare onerariis nauibus iubet..se in hostium habiturum loco qui non ex uestigio ad Castra Cornelia nauis traduxisset. qua ~one facta..omnes Vticam relinquunt Caes.*Civ.*2.25.7; iterata..~one praeconis V.Max.4.8.5.

2 A judicial pronouncement, verdict.
Oppianico..lege et ~one nondum condemnato Cic.*Clu.* 56; iudicium ~one sua finire V.Max.7.2.4; quaesitor non mutabit ~onem suam Sen.*Con.*7.8.7; *CIL* 10.7852.21; testes quid egerint ~o ostendit Quint.*Inst.*6.2.7; Ulp.*dig.*30.50. 1;—(*transf.*) qui..fratrem Ascylton elegit. fulminatus hac ~one..in lectulum decidi Petr.80.6.

3 a An open statement, declaration (in quot., of a party in a legal transaction). **b** (log.) an assertion, proposition.
a stipulationum quaedam certae sunt, quaedam incertae. certum est, quod ex ipsa ~one apparet, quid quale quantumque sit Gaius *dig.*45.1.74. **b** quid est cur non omnis ~o aut uera aut falsa sit..? Cic.*Fat.*26.

4 The utterance (of words); speech, diction. **b** oratorical delivery (including management of voice, gesticulation, and facial expression). **c** the speaking (by an actor) of his lines. **d** the manner in which a word is spoken, pronunciation or tone.
~o sermonis in sexu masculino ad utrumque sexum plerumque porrigitur Ulp.*dig.*50.16.195;—cuius opera.. Graeca ~one stratagemata V.Max.7.4.intro. **b** ~o est uocis, uultus, gestus moderatio cum uenustate *Rhet.Her.* 1.3; 3.19; Cic.*Inv.*1.9; eloquentiae..ornamenta in ~one apta et conueniente motu corporis consistunt V.Max. 8.10.intro; suauitas ualentissimae uocis,..~o quae histrionem posset producere Sen.*Con.*3.pr.3; hi ~one quoque famam dicendi..quaerunt: nam et clamant ubique et omnia leuata..manu emugiunt Quint.*Inst.*2.12.9; ~o uultuosa et gesticulationibus molesta et uocis mutationibus resultans 11.3.183; pudet referre, quae quam fracta ~one dicantur Plin.*Ep.*2.14.12; praecipua ~ionis adiumenta, oculi, manus 2.19.4; irato et uerba et sententiae suppetebant, ~o quoque et uox Suet.*Cal.*53.1. **c** partes cybica ratione facientes (*sc. dramatists*) intercapedinibus leuant actorum ~ones Vitr.5.pr.4; si in alienis scriptis sola~o ita falsis accendit affectibus Quint.*Inst.*6.2.35. **d** ille praetenuis (sonus)..neque ~one flecti neque diutius ferre intentionem potest Quint.*Inst.*11.3.41; eadem uerba mutata ~one indicant, adfirmant, exprobrant, negant.. 11.3.176; si quae simulationis causa dicta sunt adseuerantis ~one quam exprobrantis legantur Apul.*Apol.*82.

prōnuntiātor ~ōris, *m.* [pronvntio+-tor]

1 One who publishes or makes known.
Thucydides..rerum gestarum ~or sincerus et grandis uit Cic.*Brut.*287.

2 One who delivers (an oration).
meae..orationi M. Caesar actor contigit et ~or Fro.*Aur.* 1.p.164(18N).

prōnuntiātum ~ī, *n.* [pple. of pronvntio] (log.) A proposition (used by Cicero to render Gk. *ἀξίωμα*).
id..est ~um, quod est uerum aut falsum Cic.*Tusc.*1.14; Gel.16.8.8.

prōnuntiātus ~ūs, *m.* [next+-tvs[3]] Pronunciation (of a word, etc.).
numerus in uersu et ratio in ~u manet Gel.4.17.8; quo fieret uox ~u auditque lenior 15.3.2.

prōnuntiō ~āre ~āuī ~ātum, *tr.* [pro-+nvntio] Orthog.: *pronont-* in *CIL* 1.583. 42, 54.

1 (of a magistrate, public crier, etc.) To give out publicly, proclaim, announce. **b** *sententiam ~are*, to announce a motion (for discussion in the Senate). **c** (w. noun or adj. as pred.) to state publicly (to be), proclaim (as). **d** (usu. in military context) to give notice of (intended action), issue a warning of; (also, w. indir. command, etc.).
tempus..quo praetor in comitio supremam ~auit populo Var.*L.*6.5; si praeco decumas ~auit Cic.*Ver.*3.40; leges quas ipse nobis inspectantibus recitauit, ~auit, tulit *Phil.*1.24; decreta decem legatorum in ciuitates nominatim ~abantur Liv.33.34.5; laudationis loco consul Antonius per praeconem ~auit senatus consultum Suet.*Jul.*84.2; uerba supplicis interpretata praetorio uiro multitudini ~ante *Nero* 13.2; (*introducing dir. quot.*) Cannutio..placuit repente ~are: 'dixerunt' (*i.e. declare the case closed*) Cic. *Clu.*73; (*w. internal obj.*) reuocatus praeco, cum unusquisque ..uidere libertatis suae nuntium aueret, iterum ~auit eadem Liv.33.32.8;—(*w. acc. and inf.*) in concilio ~at arcessitum se a Senonibus Caes.*Gal.*5.56.4; Liv.26.48.13; equum uestigari iubet et per interpretem ~ari, ni reddidissent, neminem esse uicturum Curt.6.5.19; apud frequentem militum contionem..adoptari a se Pisonem..~at Tac. *Hist.*1.18; Niobam se cantaturum per Cluuium Rufum consularem ~auit Suet.*Nero* 21.2; (*impers. pass.*) (coronae) non uictori dantur, sed patriam ab eo coronari ~atur Plin. *Nat.*16.10. **b** qui cum gratia effecisset ut sua sententia prima ~aretur, frequens eum senatus reliquit et in alia omnia discessit Cic.*Fam.*10.12.3; Cael.*Fam.*8.13.2; M. Calidius..censebat ut Pompeius in suas prouincias proficisceretur..Lentulus sententiam Calidi ~aturum se omnino negauit Caes.*Civ.*1.2.5. **c** Orestis..suae leges redditae. Magnetes..liberi..~ati Liv.33.34.6; a host(i-li)vs gratvs iivir ~atvs *CIL* 14.4533; occidit..Flauium Sabinum..quod eum..perperam praeco non consulem ad populum, sed imperatorem ~asset Suet.*Dom.*10.4;—(*ellipt.*) comitia cum populo partitus est, ut..pro parte dimidia quos populus uellet ~arentur, pro parte altera quos ipse dedisset Suet.*Jul.*41.2. **d** fasces..signo ~ato uno tempore incenderunt Hirt.*Gal.*8.15.5; proelio in posterum diem ~ato Liv.24.14.10; omisso opere ~atum iter signaque raptim ferri sunt coepta 30.10.2; ubi omnibus simul ~aretur, quod fieret, neque omnes exaudirent,..alios..plus eo, quod imperatum sit, alios minus facere 44.33.6; ad Euphraten iter ~ari iussit Curt.4.8.16;—(*w. acc. and inf.*) ~atur prima luce ituros. consumitur uigiliis reliqua pars noctis Caes.*Gal.*5.31.4;—(*w. jussive subj.*) ~ant ambo arma expedirent milites Liv.30.32.1; praeco ~at, patres in curiam conuenirent Apul.*Met.*10.7;—(*w.* ut, ne, *or sim.*) Ambiorix ~ari iubet ut procul tela coiciant neu propius accedant Caes.*Gal.*5.34.3; cogebantur..pugnam inire, cum ~atum repente ne quis praeter armatos uiolaretur Liv. 4.59.7; Curt.4.13.20.

2 To promise publicly (rewards, etc.).
suppressam esse ab eo pecuniam quam pro reo ~asset Cic.*Clu.*78; *Att.*1.16.13; fertur..~asse militi praemia, qui primus, qui secundus castra hostium intrasset Liv.2.20.12; 21.45.4; tribubus uocatis, cum..alius (candidatus) nummos ~et, alius per sequestrem agat Sen.*Ep.*118.3; munus populo epulumque ~auit in filiae memoriam Suet.*Jul.*26.2; cum in uerba eius..iurantibus donatiuum..~assent *Gal.*16.1; —(*absol.*) decuriasse Plancium, conscripsisse, sequestrem fuisse, ~asse, diuisisse Cic.*Planc.*45.

3 To pronounce (a judicial or sim. decision, a verdict or sentence). **b** (w. noun or adj. as pred.) to adjudge (to be). **c** (absol.) to give judgement.
(praetor c)oram (ivdici)bvs in contione pro rostris sententia(m) ita ~ato *CIL* 1.583.42; de Accone,..grauiore sententia ~ata,..supplicium sumpsit Caes.*Gal.*6.44.2; Demetrium..accusauit Perseus..nihil tamen palam grauius ~atum de eo est Liv.40.24.2; his quae ~abitur poena? Sen. *Ben.*3.10.3; cognita cavsa..~avi qvod svscriptvm est *CIL* 9.5420.14; non ignorabant, quid de illo Paulus proconsul ~asset Tra.Plin.*Ep.*10.60(68).1; numquam tristiorem sententiam sine praefatione clementiae ~auit Suet. *Dom.*11.2; (*transf.*) Surrentinum (uinum) ueteres maxime probauere..iniquissimo genere decreti, quod cuique gratissimum, ceteris omnibus ~ando Plin.*Nat.*23.33;—(*introducing a judicial formula*) uel iudicari primo poterat uel 'amplius' (*i.e. 'judgement reserved'*) ~ari Cic.*Ver.*1.26;—(*w. acc. and inf.*) iste ~at 'Sthenium litteras publicas corrupisse uideri' 2.93; tu ipse de te 'fecisse uideri' ~auisti (*i.e. gave a verdict of 'guilty'*) *Pis.*97; tribuni..sisti reum pecuniamque ni sistatur populo promitti placere ~ant Liv.3.13.6; consulti augures uitiosum uideri dictatorem ~auerunt 8.23.14; Curt.10.1.7; eloquentiae primas nemo tulit, sed uictorem esse Caesarem ~atum Tac.*Ann.*14.21; nec quisquam decurionum tam aequus remanserat iuueni, quin eum..insui culleo ~aret Apul.*Met.*10.8; (*nom. and inf.*) quae..iudices cognouissent, ut ea..esse facta..uideri ~arentur Cic.*Luc.* 146;—(*w. indir. qu.*) Laterensis, leges ignorans, ~auit quid singuli ordines iudicassent Cael.*Fam.*8.8.3;—(*w.* ut) Domitius ex sententia iudicum ~auit ut ex seruorum suorum numero accusator quot uellet ederet Asc.*Mil.*34. **b** Masintham nobilem iuuenem..stipendiarium..~atum ..eripuit Suet.*Jul.*71; *Ves.*3; iudicio peregrinus ~atus emptus est ab interfectae patre Calp.*Decl.*23; intra annum Seius seruus ~atus est Paul.*dig.*40.1.23. **c** ex qva sorti ~arit (*sc.* iudex), eam sortem proxsvmo ivd(ici.. in man)vm transdito *CIL* 1.583.54; iudicia domi conflabant, ~abant in foro Liv.3.36.8; ut..clarior eius futura sit fides ac religio in ~ando Quint.*Inst.*11.1.75; cum Romae a consulibus iudex extra ordinem datus ~are 'intra Kalendas' iussus essem Gel.12.13.1;—(*w.* de) quid..attinet..probationes adhibere causae, de qua nemo sit ~aturus? Quint. *Inst.*2.10.8; 4.2.1; ne interrogare quidem fas puto, de quo ~atum est Plin.*Ep.*1.5.7; si confessus fuerit reus, donec de eo ~etur, in uincula publica coiciendus est Ven.*dig.*48.3.5; (*in fig. phr.*) mors de te ~atura est Sen.*Ep.*26.6;—(*w.* pro, contra, *or sim.*) ambitus, aduersus amicos aut pro iis, quibuscum simultates gerant, ~andi Quint.*Inst.*4.1.18; constantiam..secundum matrem tuam ~andi Plin.*Ep.*5.1.4; si contra eum de possessione ~atum fuerit Gaius *Inst.*4.166; cum prolatis constitutionibus contra eas ~at iudex Call. *dig.*42.1.32; (*w. abst. subj.*) euentus proximae causae satis uideri potest etiam in hanc quoque ~asse Quint.*Decl.*246 (p.6,l.15).

4 To state on one's own authority, give as one's opinion, affirm, declare.
te..generosa stirpe proditum..conicerem. sed et meus Demeas eadem litteris ~at Apul.*Met.*1.23;—(*w. adj. as pred.*) dignior e puleio corona Varroni quam e rosa cubiculis nostris ~ata est Plin.*Nat.*20.152; quem (*sc.* deum).. caelestem ~at, indictum, innominabilem Apul.*Pl.*1.5;— (*w. acc. and inf.*) alius castra iam capta ~at, alius deleto exercitu..uictores barbaros uenisse contendit Caes.*Gal.* 6.37.7; damnatum (Milonem)..opera maxime Appi Claudi ~atum est Asc.*Mil.*48; sunt qui..~ent, festinatam sementem saepe decipere Plin.*Nat.*18.204; Hippocrates uluuam purgari poto eo (*sc. nettle-seed*) ~at 22.34; Vel.gram.in *G.L.*7.61; non de nihilo ueteris..doctrinae uiros..~asse caecam..esse Fortunam Apul.*Met.*7.2;—(*w. indir. qu.*) et uenor et studeo..; nec tamen..possum ~are, utrum sit difficilius capere aliquid an scribere Plin.*Ep.*5.18.2.

5 To state as a fact, tell, relate, etc.; (log.) to assert (a proposition). **b** (of oracles or sim.). **c** (leg., of a vendor drawing attention to points affecting the sale). **d** to make known (what should be kept secret).
nobis non..satis esse uideo, quod factum esset, id ~are Asel.*hist.*1; maiores uoluisse..interponi quaestiones cum quae uere dicerentur sciri, quae falso ~arentur refelli possent *Rhet.Her.*2.10; ante edocti quae interrogati ~arent, milites se esse legionarios dicunt Caes.*Gal.*7.20.10; diuina mente tempestatium significatus post futuros ante ~are Vitr.9.6.3; cunctis in domo uisa ~at Apul.*Met.*4.19;—(*w. indir. qu.*) est..hoc Gallicae consuetudinis uti..mercatores ..quibus..ex regionibus ueniant..~are cogant Caes.*Gal.* 4.5.2; Vitr.6.2.5;—quasi non necesse sit, quicquid isto modo ~es, id aut esse aut non esse! Cic.*Tusc.*1.14. **b** siue ..portentis di immortales nobis futura praedicunt, ita sunt aperte ~ata ut..nobis libertas appropinquet Cic.*Phil.*4.10; ii..cernunt illa..quae uaticinantes ~ant *Div.*1.114; si possessiones praestinaturus quaereret, merito boues et iugum et arua..~ari aiebant Apul.*Met.*9.8. **c** cum in uendundo rem eam scisset et non ~asset, emptori damnum praestari oportere Cic.*Off.*3.66; si quod mancipium capitalem fraudem admiserit..inue harenam depugnandi causa ad bestias intromissus fuerit, ea omnia in uenditione ~anto Ulp.*dig.*21.1.1.1;—(*w. acc. and inf.*) si uenditor ~auerit uel promiserit furem non esse (seruum), tenetur ex sua promissione 21.1.31.1. **d** ut omnia secreta ~et Plin.*Nat.* 29.81; quorum argumentum nefas est ~are praeter eos qui misteriis praesunt Amp.2.3.

6 (esp. of an orator) To utter, speak, deliver (words); (often absol.). **b** to give voice to, express (ideas).
ordo pedum facit, ut id quod ~atur aut orationis aut poematis simile uideatur Cic.*Orat.*227; a me, qui neque excogitare neque ~are multa possum, breuitas postulatur *Quinct.*34; haec..ut ab hominibus doctis magna cum misericordia fletuque ~antur Caes.*Civ.*2.12.4; sit tantum in clausulae calce (argumentum) et apte ~etur Quint.*Inst.* 8.5.30; Plin.*Ep.*2.3.10;—(*single words, etc.*) dum metuunt in dicendo, ne quid ambiguum dicant, nomen suum ~are non possunt *Rhet.Her.*2.16; mos erat..uelut ominis causa praetores ~are Iouem Apollinemque Liv.32.25.2; cum.. orator..dentifricium tanta indignatione ~aret, quanta nemo quisquam uenenum Apul.*Apol.*7;—(*absol.*) demonstratum est..quomodo res in omnibus generibus causarum inuenire oporteat..traditum est quo pacto ~andum *Rhet. Her.*4.69; acrem..in cogitando,..ad ~andum expeditum Cic.*de Orat.*2.131; 3.56; ~andi scientiam futurus orator desiderat Quint.*Inst.*1.11.1; ~asse..dicitur uoce acuta, ardenti motu gestuque Suet.*Jul.*55.2. **b** ut..eam rem ..quam legissem uerbis aliis..~arem Cic.*de Orat.*1.154; Demosthenem si illa quae a Platone didicerat..~are uoluisset *Off.*1.4; historiam digna uoce ~are Nep.fr.3; poetae..easdem sententias uersibus in scaena ~auerunt Vitr.6.pr.3; ut obscura res per scripturam dilucide ~aretur 10.8.6.

7 To utter aloud (what has been composed or learnt before), recite, declaim. **b** (absol., of an actor) to speak one's lines.
uersus multos uno spiritu ~are Cic.*de Orat.*1.261; histrio ..si uersus ~atus est syllaba una breuior..exsibilatur *Parad.*26; eo..loco..Prognostica nostra ~abas *Div.*2.47; poemata ~abat et Graece et Latine Nep.*Att.*4.1; cum hi.. uersus in tragoedia Euripidis ~ati essent Sen.*Ep.*115.15; (psittacus) quae accipit uerba ~at Plin.*Nat.*10.117; an.. quae ~abit (*sc. someone giving a recitation*)..oculis, manu prosequar Plin.*Ep.*9.34.2; Vargunteius annales Enni..certis diebus in magna frequentia ~abat Suet.*Gram.*2(p.101Re); si (litteras) praelegam, mea uoce ~abo Apul.*Apol.*94. **b** actores ~are dicuntur Var.*L.*6.58; histriones in ~ando non irati populum mouent, sed iratum bene agentes Sen. *Dial.*4.17.1; Lucceia mima c annis in scaena ~auit Plin. *Nat.*7.158; actores comici, qui neque ita prorsus, ut nos uulgo loquimur, ~ant, quod esset sine arte, neque procul tamen a natura recedunt Quint.*Inst.*2.10.13; 3.8.51; Suet. *Cal.*54.1; qui artis ludicrae ~andiue causa in scaenam prodierit Julian.*dig.*3.2.1.

8 (gram.): **a** To use (a word or phrase) in a given form, say. **b** to utter (a word, syllable, etc.) in a given way, pronounce.
a ueteris consuetudinis, ut..'semis tertius', 'semis quartus', 'semis quintus' ~arent Var.*L.*5.173; 8.51; trium temporum uerba ~are 9.96. **b** cum dicimus 'nos', neque profuso..flatu uocis neque proiectis labris ~amus Nigid. *gram.*23; 'castorem' media syllaba producta ~arunt Quint. *Inst.*1.5.60; prout (syllabae) oris habitu simili aut diuerso ~abuntur 9.4.34; 'a' littera..tractim ~ata Gel.6(7).10.1: uerba corrupte ~abat 13.31(30).9; Apul.*Fl.*9.

prōnūper, *adv.*: app. a strengthened form of NVPER.
qua sponsione ~ tu exactus es PL.*Trin.*426[a].

prōnurus ~ūs, *f.* [PRO-+NVRVS] A grandson's wife; also, a great-grandson's wife.
~us..Laumedontis ero (*i.e. by marrying Paris, Laomedon's grandson*)? Ov.*Ep.*16.206; ULP.*dig.*25.2.15.1; ~us nepotis uxor PAUL.*Fest.*p.224M;—nurus..appellatione non tantum filii uxor, sed et nepotis et pronepotis continetur, licet quidam has ~us appellant PAUL.*dig.*23.2.14.4.

prōnus ~a ~um, *a. compar.* ~ior. [PRO-+-NVS, cf. *supernus*] FORMS: nom. sg. fem. *pronis* VAR.*Men.*391.

1 (of persons or animals) Leaning or bending forward (usu. with implication of eagerness or exertion). **b** (poet.) running headlong. **c** (of things) directed at an angle from the vertical, tilted forward, etc.

illi instant uerbere torto et ~i dant lora VERG.*G.*3.107; uertimus..~i certantibus aequora remis *A.*3.668; carcere ~us uterque (*i.e. Atalanta and Hippomenes*) emicat Ov.*Met.*10.652; MAN.5.77; stat quisque suae de robore puppis ~us in aduersos ictus LUC.3.571; auidi ~o iuga pectore tangunt STAT.*Theb.*6.416; umeris obnixus Acron et pectore toto ~us Ialmenides..robora portae torserunt 10.510; ~i..ac similes certantibus, ore secuntur quisque suos currus SIL.16.320; inclinatam dolio ~am uxorem fabri superincuruatus secure dedolabat APUL.*Met.*9.7; (*in fig. phr.*) da frena et omnem ~a nequitiam incita SEN.*Ag.*114;—(*of a moving object*) fertur ~a ratis (uentos impellere credas) SIL.17.44. **b** leporem ~um catulo sectare sagaci Ov.*Rem.*201; *Met.*10.538;—(*of time*) ~os uoluere mensis HOR.*Carm.*4.6.39; siluae foliis ~os mutantur in annos *Ars* 60. **c** omnia mendose fieri..necesse est praua cubantia ~a supina atque absona tecta LUCR.4.517; ilex coaluerat inter saxa, paulum modo ~a, deinde inflexa SAL.*Jug.*93.4; interest utrum eam (*sc.* machinam) ~am an rectam ponas COL.3.13.11; unius turba carinae incumbit ~o lateri uacuamque relinquit, qua caret hoste, ratem LUC.3.648; (*w.* in+*acc.*) (cerebrum) animalium in priora ~um, quia et sensus ante nos tendunt PLIN.*Nat.*11.135.

2 (of persons or animals) Leaning towards the ground, bending down. **b** (of things) directed downwards or towards the ground; (esp. of parts of the body). **c** (used pred.) head or top foremost.

~us saturae lac bibit agnus ouis Ov.*Fast.*5.498; armenta..obliqua ceruice pascuntur, nam ~is..cornua officiunt MELA 1.45; quam terribilis (rhinoceros) exarsit ~us (*i.e. with head lowered*) in iras! MART.*Sp.*9.3; Somnus..~us..ex..aethere nutat STAT.*Theb.*1.340; ~us et totum caput inferens salutares..aquas hauriebam APUL.*Met.*9.4; (*w.* in+*acc.*) (Psyche) cupidine fraglans Cupidinis, ~a in eum efflictim inhians 5.23; senex..grauatus annis, totus in baculum ~us 8.19; (*w.* super+*acc.*) ipse super uirides aras..~us..resecat cultro colla MART.3.24.7;—(*of movement*) animal..utitur motu sui corporis, ~o, obliquo, supino CIC.*Div.*1.120. **b** admouet his ~am summissa fronte lucernam *Mor.*10; ne resupina caelum sed ~a potius plaga terram spectet COL.4.24.15; seritur..~o cacumine, ne rores concipiat PLIN.*Nat.*17.146; ~a..sedet Inachus urna (*i.e. from which water is poured*) STAT.*Theb.*2.218; PLIN.*Ep.*4.30.6; (*w. dat.*) antemna..laeuo ~a..sustulit undam V.FL.1.624;—(*of parts of the body*) dextera..deducens fila supinis formabat digitis, tum ~o in pollice torquens..uersabat..fusum CATUL.64.313; ~a funde Falerna manu [TIB.]3.6.6; (hostia) expectat manum ceruice ~a SEN.*Her.F.*1041; ~os..attollere uultus STAT.*Ach.*1.614; is (*sc.* digitus)..adleuata ac spectante umerum manu paulum inclinatus adfirmat, uersus in terram et quasi ~us urguet QUINT.*Inst.*11.3.94. **c** eum uolo de..ponte mittere ~um CATUL.17.23; excutitur ~usque magister uoluitur in caput VERG.*A.*1.115; saxea pila cadit..illa ruinam ~a trahit 9.713; fert..rates ~as medioque sub aequore mergit Ov.*Met.*14.548; GERM.*Arat.*409.

3 Lying on the face or stomach, prone (esp. pred. or quasi-advl. after *cadere, sternere,* etc.); *in ~um,* into a prone position, flat on one's face. **b** (w. ref. to the natural posture of quadrupeds) horizontal (and not erect). **c** (of things) lying in a horizontal position, prostrate; also, turned upside down.

imponere iis (*sc.* eculeis) puerum..~um in uentrem, postea iam sedentem VAR.*R.*2.7.13; uestigia..haud tenuit titubata solo, sed ~us in ipso concidit VERG.*A.*5.332; ipsum ~um sterne solo 11.485; laeto deuicta tropaeo ~a iacet campis acies *Aetna* 475; procumbit uterque ~us humi Ov.*Met.*1.376; in humum ~um corpus abiecit CURT.5.12.8; (cadauera) feminarum ~a (fluitare), uelut pudori defunctarum parcente natura PLIN.*Nat.*7.77; Tarpeium limen adora ~us JUV.6.48;—(*of parts of the body*) ceruus..genibus ~is supplex Ov.*Met.*3.240; pectus humi ~amque extensus in aluum sternitur STAT.*Theb.*6.902;—(*of posture, movement*) supini cubitus oculis conducunt, at ~i tussibus PLIN.*Nat.*28.54; te (*sc. a baby*)..reliqui lasciuum et ~o uexantem gramina cursu STAT.*Theb.*5.612;—ceruice caesa truncus in ~um ruit SEN.*Thy.*728. **b** pecora, quae natura ~a atque uentri oboedientia finxit SAL.*Cat.*1.1; ~a..cum spectent animalia cetera terram, os homini sublime dedit Ov.*Met.*1.84; ut (homines) non ~i sed erecti ambularent VITR.2.1.2; Io..~a dolorque parentis STAT.*Theb.*6.276; JUV.15.147. **c** illa (*sc. a tree*) procul radicitus exturbata ~a cadit CATUL.64.109;—crateras ~os epulasque in caede natantis cernere erat STAT.*Theb.*5.255.

4 (of terrain or other surfaces) Having a forward or downward incline, sloping, shelving. **b** (poet., of the sky towards the horizon). **c** (neut. as sb.) a downward slope. **d** (of movement or sim.) downwards, directed from above; *in ~um,* in a downward direction.

cum (riuus) de ~a praeceps est ualle uolutus CATUL.68.59; *Culex* 123; ut (silex) ~a iugo laeuum incumbebat ad amnem VERG.*A.*8.236; munera de ~o saepe uoluta sinu PROP.1.3.26; ultima ~a uia est Ov.*Met.*2.67; omnes..~o limite commeate gentes STAT.*Silv.*4.3.109; uehementior fluminum cursus est ~o alueo QUINT.*Inst.*9.4.7; TAC.*Hist.*5.19; demissus inde ~usque puluinus PLIN.*Ep.*5.6.16; ~i Tiburis arce (*i.e. situated on a hill*) JUV.3.192; per spatia terrae ~a atque derupta GEL.7(6).2.11; (*in fig. phr.*) illa (genera ὑποθέσεων) multo sunt ~iora,..τὸ ἐπιδεικτικὸν in arduo situm FRO.*Aur.*1.p.104(54N);—(*w.* in+*acc.*) urbs ~a in paludes LIV.4.59.4; in praeruptum..~a..cautes SIL.13.336;—(*w.* ad) frumentum..campo patente et ad solem ~o..laetatur COL.2.9.3;—(*w. dat.*) aedificii solum ~ius orienti 1.5.8; 3.2.6; (*in fig. phr.*) sors ultima rerum in dubios casus et ~a pericula morti praecipitare solet LUC.5.693. **b** rara micant sidera ~o languida mundo SEN.*Her.F.*125; ~o..Olympo in noctem LUC.4.28; euectae ~o laxantur habenae (*i.e. of the sun's chariot*) aethere V.FL.2.35. **c** saxa..per ~um incitabantur SAL.*Hist.*3.36; glacie..in ~o..pedes fallente LIV.21.36.7; qui per ~um eunt, resupinant corpora, qui in arduum, incumbunt SEN.*Ep.*123.14; si in ~a iacias..at si in editiora mittas.. GEL.9.1.5; per..~a..deuolutus immitto me campis subpatentibus APUL.*Met.*7.24;—(*w. gen.*) saxa per montium ~a deuoluunt CURT.5.3.18. **d** illud (*sc. an apple*) ~o praeceps agitur decursu CATUL.65.23; ~o..silex ruit incitus ictu SIL.1.491;—ruptae nubes et in ~um solutae SEN.*Nat.*5.12.1; (aues) eiaculantur sese in sublime, in rectum, in ~um PLIN.*Nat.*10.112.

5 (of things moving in a downward plane); esp. **b** (of the sun, stars, etc., moving towards their setting; sim., of the day). **c** (of a stream flowing in its natural direction, i.e. away from its source). **d** (of the sea, imagined as flowing downwards to the shore from the horizon; app., also of a landward breeze). **e** (of things exerting downward pressure).

bonum..rei publicae genus, sed tamen inclinatum et quasi ~um ad perniciosissimum statum CIC.*Rep.*2.47; ~a (libra) nec hac plus parte sedet nec surgit ab illa [TIB.]3.7.42; icta uiam tellus in Tartara fecit et ~os currus medio cratere recepit Ov.*Met.*5.424; in hac tam praecipiti festinatione, quae me..~i..gurgitis ac uerticis modo nusquam patitur consistere VELL.1.16.1; (*used pred.*) (aues) subrectae, ~ae, obliquae in latera, in ora..feruntur PLIN.*Nat.*10.113;—(*cf.*) nihil..habent haec duo genera (*i.e. air and fire*) ~i et supera semper petunt CIC.*Tusc.*1.42. **b** uides quanto trepidet tumultu ~us Orion HOR.*Carm.*3.27.18; ~us erat Titan Ov.*Met.*11.257; in astra iam lux ~a, iam praeceps dies SEN.*Ag.*461; LUC.3.40; iam ~a leues spargebant sidera somnos V.FL.3.33; iam in meridiem ~o iubare APUL.*Met.*4.4; (*used pred.*) (Titan) aduerso nititur orbe, dum tangat metas; ~us deuoluitur inde GERM.*Arat.*481;—(*of the day*) ubi ~a dies..medio natat umbra profundo STAT.*Theb.*2.41; (*transf.*) cito labitur dies, et procliuis in ~um fertur aetas [QUINT.]*Decl.*13.2. **c** pars cetera ~a fertur aqua segnisque secundo defluit amni VERG.*A.*8.548; arduis ~os relabi posse riuos montibus HOR.*Carm.*1.29.11; amnis..cucurrit non qua ~us erat LUC.6.474; (olor) ~o..immobile corpus dat fluuio SIL.14.190; ~o amne rapti nullo prohibente uallum ineunt TAC.*Hist.*5.22; (*cf.*) aures..ductae..uelut ~o decurrentis orationis flumine QUINT.*Inst.*9.4.61. **d** ~a petit maria et pelago decurrit aperto VERG.*A.*5.212; freta seruantur, dum se declinibus undis aestus agat..ratis ~o defertur lapsa profundo LUC.4.430;—(*of a breeze*) ~a..Lutatius aura captiuas puppes ad litora uictor agebat SIL.6.687. **e** non glebam ~o conuellit uomere taurus CATUL.64.40; incumbit tellus quo uenti ~a premit uis LUCR.6.560; cum ~o iacuere sub austro..siluae *Aetna* 364; ~us aer urguet (*i.e. towards Hades*) atque auidum chaos SEN.*Her.F.*677; adiutae ~o..pondere (*i.e. of Hylas falling into the pool*) uires (*sc.* nymphae) V.FL.3.564.

6 (w. *ad, in*+acc., dat., etc., usu. of persons or their disposition) Inclined (to a given practice, course of action, etc.), disposed (to), liable (to). **b** (absol.) disposed to act, eager, willing. **c** well-disposed, favourable (to a person).

anxitudo ~a ad luctum CIC.*Rep.*2.68; ratione ad suspicionem acceptae cladis quam ad ullam bonam spem ~ior erat LIV.25.35.4; naturam..~am ad misericordiam SEN.*Ben.*6.29.1; ~us ad omne nefas LUC.6.147; Otho ~us ad decertandum TAC.*Hist.*2.33; ad poeticam ~us carmina libenter..composuit SUET.*Nero* 52; male animatus erga principem exercitus ~usque ad res nouas *Vit.*7.3; (*of an inanim. thing*) uitis propter femineam mollitiam ad crescendum ~a VAR.*R.*1.41.4; (*w.* in+*acc.*) in obsequium plus aequo ~us HOR.*Ep.*1.18.10; in hoc consilium ~ior erat animus regis LIV.42.59.10; in Venerem Satyrorum ~a iuuentus Ov.*Fast.*1.397; illos in bonum ~os SEN.*Ep.*95.37; LUC.1.292; (Galba) libidinis in mares ~ior SUET.*Gal.*22; (*of an inanim. thing*) aer spissus ad gignendam aquam praeparatus, nondum in illam mutatus sed iam ~us et uergens SEN.*Nat.*2.26.1; (*w. dat.*) animos..paci ~iores V.MAX.7.3.ext.10; ~um malo animum [SEN.]*Oct.*868; TAC.*Ag.*41.4; cui spei ~ior.., defunctum se fatalibus malis existimabat SUET.*Nero* 40.2; (*w. gen.*) inde ruendi in ferrum mens ~a uiris LUC.1.461. **b** humani ingenii ~a uoluntate uetita scrutandi V.MAX.1.7.ext.1; ~i studii..indicium est supra uires niti 4.8.1; Caesar..acceptum tam ~o milite bellum fataque ferre uidet LUC.1.392; ad summi solium Iouis omnia circum ~a parata deo, uentique imbresque niuesque V.FL.1.691; ~a fides populis; deus omnia credere suadet STAT.*Theb.*3.343; hic..bellorum expers habebatur. eo ~ior Tiberius res gestas apud senatum celebrauit TAC.*Ann.*2.52; oculos Fotidis meae..~a libidine marcidos APUL.*Met.*3.14; HONOREM..LIBENTI ET ~O ANIMO SVSCIPERE *CIL* 9.3429. **c** (*w.* in+*acc.*) ~ior in Magnum populus LUC.2.453; Muciani animus nec Vespasiano alienus et in Titum ~ior TAC.*Hist.*2.74; 4.27; anxio de successore Tiberio et in uerum nepotem ~iori SUET.*Cal.*19.3;—(*w. dat.*) ~a..sint nostrae numina uestra rati Ov.*Tr.*1.2.88; dubium, cui ~us Apollo STAT.*Theb.*3.454; SUET.*Gal.*12.2;—(*absol.*) neque reperias, quos..~ior fortuna comitata sit VELL.2.69.6; non mouent diuos preces; at si rogarem scelera, quam ~i forent! SEN.*Phaed.*1243; ambitionem scriptoris facile auerseris, obtrectatio et liuor ~is auribus accipiuntur TAC.*Hist.*1.1; ~is animis audita *Ann.*13.3; *CIL* 5.532; (*of judgement*) nec mihi tot magnos inter regesque procosque profuerit ~a..sententia patris? V.FL.8.340.

7 (of affairs) Proceeding without difficulty, hindrance, easy, straightforward, etc. **b** *~um est* (+inf.), it is easy (to); (also, w. *ut*).

omnia uirtuti suae ~a esse SAL.*Jug.*114.2; ~a tibi uinci cupientem uincere palmast Ov.*Am.*3.14.47; nec mare..nos moratur, non Ciliciae fauces..includunt: plana omnia et ~a sunt CURT.6.3.16; 'ei mihi' clamat, 'unde morae?' (nam ~a ratus facilemque tot armis Tydea, nec numero uirtutem animumque rependit) STAT.*Theb.*3.7; omnia..~a uictoribus atque eadem uictis aduersa TAC.*Ag.*33.4; *Hist.*3.64;—(*w.* ad) id ut tutius consilium ante rem foret, ita acta re ad fidem ~ius est LIV.21.28.6; an parua ~aque sunt ad aemulandum, quod nemo incolumitatem turpitudine rependit? PLIN.*Pan.*44.5. **b** si fata minora moueres, ~um erat, o iuuenis, quos uelles..in actus inuitos praebere deos LUC.6.606; STAT.*Theb.*7.278; nec ~um..excellere cuiquam; aequarunt irae dextras SIL.13.183; TAC.*Ag.*1.2; facile et ~um est superos contemnere testes JUV.13.75;—(*w.* ut) multo facilius ac ~ius erit, ut doceam.. QUINT.*Decl.*339 (p.340,l.12).

prooemior ~ārī, *intr.* **prohoemior.** [next+-O[3]] To make the *prooemium* to a speech.
~atur apte, narrat aperte, pugnat acriter PLIN.*Ep.*2.3.3.

prooemium ~iī, *n.* **prohoemium,** also **prohēmium.** [Gk. προοίμιον] (mus.) A prelude, overture. **b** the introductory part (of an epic poem, speech, etc.), preface, preamble, proem, or sim. **c** the beginning, prelude (of a period or process).

citharoedi ~ium adfictum aliquid CIC.*de Orat.*2.325; citharoedi pauca illa, quae antequam legitimum certamen incohent emerendi fauoris gratia canunt, ~ium cognominauerunt QUINT.*Inst.*4.1.2. **b** (*of an epic poem*) (Homerus) utriusque operis sui ingressu in paucissimis uersibus legem ~iorum..constituit QUINT.*Inst.*10.1.48; poetae ~ium FRO.*Aur.*2.p.104(157N);—(*of a speech*) exordiorum duo sunt genera: principium, quod Graece ~ium appellatur, et insinuatio, quae epodos nominatur *Rhet.Her.*1.6; longo..~io respondere CIC.*Clu.*58; Hermagoras in hac controuersia transit a ~io in narrationem eleganter SEN.*Con.*1.1.25; 10.1.13; ~ium rem praecedit et epilogus finita re dicitur QUINT.*Decl.*338(p.330,l.20); in ~io conciliandi iudicis ratio *Inst.*2.5.7; 9.4.128; FRO.*Aur.*2.p.80(153N);—(*of other forms of composition*); quod se..Antipater in ~io belli Punici..facturum negat CIC.*Orat.*230; in singulis libris utor ~iis ut Aristoteles in iis quos ἐξωτερικοὺς uocat *Att.*4.16.2;—(*of a law*) cum abs te caput illud tam multis uerbis mercennarioque ~io esset ornatum *Ver.*1.111; habes legis ~ium; sic enim haec appellat Plato *Leg.*2.16. **c** haec sunt, o carnifex! in ~io (gremio *codd.*) sepulta consulatus tui CIC.*Pis.*10; ~ium belli fuit ciuitas Clipea; prima enim a Punico litore..procurrit FLOR.*Epit.*1.18(2.2.19); miserae cognosce ~ia rixae JUV.3.288.

propāgātiō ~ōnis, *f.* [PROPAGO[1]+-TIO]

1 Reproduction (of a plant) by layers or slips, propagation.
~o pomorum ceterarumque arborum CATO *Agr.*133.1; religatio et ~o uitium sarmentorum CIC.*Sen.*53; COL.*Arb.*7.1; uelut opus aliquod efficerent, ~ones facerent PAUL.*dig.*19.2.24.3;—(*in fig. phr.*) non putauit id satis esse, nisi ~onibus inseminando curaret (bybliothecam) augendam VITR.7.pr.4.

2 The continuing (of a family) by procreation.
quae ~o et suboles origo est rerum publicarum CIC.*Off.*1.54; sine ~one genitor APUL.*Apol.*64.

3 The action of handing down to posterity, transmission.
quid procreatio liberorum, quid ~o nominis..significant..? CIC.*Tusc.*1.31; AD AETERNAM DIVINI NOMINIS ~ONEM THERMAS..IGNE CONSVMPTAS..RESTITVERVNT *CIL* 11.4781.

4 The action of extending in time, prolongation. **b** the action of extending in space.
~o miserrimi temporis CIC.*Fam.*5.15.3; is ~one uitae quot..hausit calamitates! *Tusc.*1.86. **b** eum..uictoriae cupiditas, finium imperi ~o retinet CIC.*Prov.*29; LIV.42.30.9; nulla nos finium ~o eo reducet unde discessimus SEN.*Ep.*90.39.

propāgātor ~ōris, *m.* [PROPAGO[1]+-TOR] One who extends (something) in time; one who extends in space.
ille (*sc* Pompeius) prouinciae (*i.e. Caesar's Gallic command*) ~or CIC.*Att.*8.3.3;—(Iuppiter) est triumphator et ~or, tropaeophorus APUL.*Mun.*37; L SEPTIMI SEVERI PII ~ORIS IMPERI *CIL* 8.18256.

propāgēs ~is, *f.* [PRO-+PANGO+-ES[2]] That which continues or perpetuates (a stock).
saluete, gemini, mea ~es sanguinis! PAC.*trag.*20; ~es progenies a propagando, ut faciunt rustici, cum uitem uetulam subprimunt, ut ex una plures faciant PAUL.*Fest.*p.227M.

propāginō ~āre, *tr.* [PROPAGO[2]+-O[3]] To propagate (a plant) by layers.
(uinea) firmas materias creabit, quas sequenti anno scrobibus..factis ~abis COL.*Arb.*6.3.

propagmen ~inis, *n.* [next+-MEN] Extension in time, prolongation.
uitae..~en ENN.*Ann.*160.

propāgō[1] ~āre ~āuī ~ātum, *tr.* [PROPAGES+

-o³] Pros.: *prō-* *Inc.trag.*103, Lucr.1.195, 5.850, *CIL* 6.20674; *prŏ-* in Lucr.1.20, Sil. 2.52.

1 To reproduce (a plant) by layers or slips. **b** (in general) to cause (a plant) to reproduce by any means, propagate (cf. also sense 5b). **c** to extend (part of a plant) by growth.

nuces Praenestinas..a capite ~ari..oportet Cato *Agr.*51; uitem in quasillum ~ato terraque bene operito 133.4; cum comprendit, unde ~atum est, ab altera arbore praecidit Var.*R.*1.40.6; ueteres uineas mergis ~are Col.4.2.2; 4.33.3; Plin.*Nat.*17.96; Ulp.*dig.*25.1.3; (*refl.*) (habrotonum) cacumine suo se ~at Plin.*Nat.*21.60;—(*w. the layer or slip as obj.*) sublato fructu protinus frequentanda est (*sc. the vineyard*), et praesidiarii malleoli ~andi sunt Col.4.15.1; *Arb.*7.3;—(*in fig. phr.*) ut religio ~anda..est,..sic superstitionis stirpes omnes eligendae Cic.*Div.*2.149; (*cf.*) nec (coloniae) suis radicibus nituntur, sed ex ciuitate quasi ~atae sunt Gel.16.13.8. **b** (Liber) iis utrem plenum uini..dedit, iussitque ut in reliquas terras ~arent Hyg.*Fab.*130.1; (Ceres) fruges ~atum currum draconibus iunctum tradidit, quibus uehens orbem terrarum frugibus obseuit (Triptolemus) 147.4. **c** radices..tectae terrae tepore ~antur Var.*R.*1.45.3; (*in fig. phr.*) uera gloria radices agit atque etiam ~atur Cic.*Off.*2.43.

2 To continue (a family or race) by means of procreation. **b** to produce (offspring) in the line of descent.

Atreus, qui nostrum porro ~at genus *Inc.trag.*103; cum ipse sui generis initium ac nominis ab se gigni et ~ari uellet Cic.*Ver.*5.180; L. Brutus..ad similem uirtutem..stirpem iam prope in quingentesimum annum ~auit *Phil.*1.13; omnibus incutiens..amorem efficis ut cupide generatim saecla ~ent Lucr.1.20; cum stirpem generis mei latius ~are cuperem, uxorem Darei filiam duxi Curt.10.3.12; Sen. *Dial.*12.13.3; familiam nostram iam ~abimus Apul.*Met.* 5.11; (*cf.*) spem futuram liberorum uotis anxiis ~abat (*sc. a bride's mother*) 4.26. **b** comprimendae libidines, ~anda suboles Cic.*Marc.*23; dulcem ducunt uitam prolemque ~ant Lucr.2.997; aut ex nepte ex filio aut ex nepte ex filia ~antur (pronepos et proneptis) Paul.*dig.*38.10.10.14; (*of a breeder*) opilionem ex ea matre subolem ~antem quae geminos enixa est Col.3.10.17;—(*transf.*) cum sit anus cadus simile et sit ab anu anicula anicilla, a cado duo reliqua quod non sint ~ata Var.*L.*9.74; bona..ex quibus plura bona ~entur Cic.*Top.*69.

3 To cause (a family name, tradition, etc.) to endure or be passed on indefinitely, hand down (to posterity), perpetuate.

cum (uina) conditoribus suis aeternam ~auerint memoriam Plin.*Nat.*15.49;—(*w. dat.*) haec fama celebrantur..posteritati ~antur Cic.*Sest.*102; Rhoeteius..saeclis..~et regna ferox Sil.2.52;—(*w.* ad) huius uiri laudem ad sempiternam memoriam temporis calamitas ~auit Cic.*Dom.*87;—(*w.* in+*acc.*) imaginum..pictura, qua maxime similes in aeuum ~abantur figurae Plin.*Nat.*35.4; primores..Etruriae..retinuisse scientiam et in familias ~asse Tac.*Ann.*11.15; ut..subita morte correptus hereditarium in posteros suos bellum ~aret Flor.*Epit.*2.5(3.17.2); conivgi..et sibi ad ~andam in aevvm memoriam fecit *CIL* 8.4692.

4 To cause or enable (a period, process, etc.) to continue, prolong (sts. w. implication of extending beyond proper limits).

uitam ~ans Pac.*trag.*233; sibi uictu fero uitam ~abant Cic.*Inv.*1.2; meus consulatus..multa saecula ~arit rei publicae (*i.e. has given the State centuries of new life*) *Catil.* 2.11; sociorum aerumna, sceleratissimorum hominum impunitas ~atur *Prov.*17; *Fin.*5.32; cetera, quae per constructionem lapidum..constant, non ~ant longam diem, quippe et ipsa intereunt Sen.*Dial.*11.18.2; praesidibus prouinciarum ~auit imperium Suet.*Aug.*23.1; praetorium uirum ex secessu..~ari sibi commeatum..desiderantem *Cal.*29.2; ne ~entur arbitria..sua sententia finem controuersiae eum imponere oportet Paul.*dig.*4.8.32.16;—(*cf.*) nobis..alia est..dicta dies leti qvam ~are svopte visvm ollis tacito arbitrio *CIL* 6.20674; (*refl.*) eadem..uanitas in futurum etiam se ~at Plin.*Nat.*7.188.

5 To extend or enlarge (boundaries, etc.), to extend the area of (a territory, etc.). **b** to extend in amount or intensity, increase.

nostra aetas in quam luxuriam ~auit leporaria Var.*R.* 3.3.10; ille exercitatus est in ~andis finibus Cic.*Mur.*22; nec ratione fluunt (uenti) alia stragemque ~ant Lucr.1.280; finis imperii ~auit Nep.*Ham.*2.5; causa gentis..per orbem terrarum ~andae Liv.34.58.13; qui..imperium populi Romani ~auerit in ultimos terrarum fines 38.60.5; Sen. *Dial.*12.9.7; cum ad mensuram auaritiae suae ~auerit (*sc.* rura) Plin.*Nat.*2.175; terminos urbis ~are Tac.*Ann.*12.23; Suet.*Nero* 18.1; Gel.20.10.9; (*w. abst. obj.*) notitiam eius (*sc.* Britanniae) Romanis armis non ultra uicinitatem siluae Calidoniae ~antibus Plin.*Nat.*4.102;—(*transf.*) quocumque progressa est natura cum usu uocabuli, similiter proportione ~ata est analogia Var.*L.*9.62; uersus ut quadrae resistat, nec ~et terminum Maur.924. **b** hic patientia, illa impudicitia Pisonis infamiam ~auere Tac.*Ann.*15.59; a trecentis sestertiis adusque duo sestertia sumptus cenarum ~atus est Gel.2.24.15.

propāgō² ~inis, *f.* [cf. propages; compare *compages*: *compago*] Pros.: usu. *prŏ-*; *prō-* in Porc.*poet.*6(5).1, Verg.*G.*2.26, 2.63.

1 (agr.) A layer or set by which a plant is propagated. **b** (perh.) a space for planting. **c** (collect. sg.) the leafy shoots (of a tree).

malleoli plantae sarmenta uiuiradices ~ines Cic.*Sen.*52; truncis oleae melius, ~ine uites respondent Verg.*G.*2.63; adulta uitium ~ine altas maritat populos Hor.*Epod.*2.9; nullus ~inis ramulos oliuae ramos a matre resecabis Col. *Arb.*27.4; uis earum (*sc.* uitium) omnis euocatur in palmites aut deprimitur in ~ines Plin.*Nat.*14.10; ~inum duo genera 17.97; ~ines e uitibus altius praetentas non succedit Gel. 10.15.13; Apul.*Apol.*88. **b** uitibus sulcos et ~ines ne minus p. ii s quoquo uersus facito Cato *Agr.*43.2(*s.v.l.*). **c** primaeuam..platanum cui longa ~o innumeraeque manus Stat.*Silv.*2.3.39.

2 That by which a family or stock is carried on, offspring, progeny: **a** (pl. or collect. sg.). **b** (sg. applied to an individual).

a ne a stirpe genus nostrum interiret et uti aliqua ~o generis nostri reliqua esset Gracch.*orat.*44; familiarum originem subtexuit, ut ex eo clarorum uirorum ~ines possimus cognoscere Nep.*Att.*18.2; ille (*sc.* Caesar)..tantae..~inis auctor Ov.*Fast.*3.157; Claudi magna ~o..clarique Metelli Man.1.795; agite, o ~o cara, generosam indolem probate factis Sen.*Phoen.*334; aliorum eius (*sc.* Catonis) liberum ~o Liciniani sunt cognominati Plin.*Nat.*7.62; non omnia sanguis proximus aut serie generis demissa ~o alligat Stat.*Silv.*2.1.85;—(*of animals*) custodes ouium tenerae ~inis, agnum, quaeritis ignem? Porc.*poet.*6(5).1; catulorum blanda ~o Lucr.4.998; Stat.*Theb.*6.327;—(*transf.*) (libros) prioris..de earum declinationum disciplina, posteriores de eius disciplinae ~inibus Var.*L.*8.24. **b** Memmi clara ~o Lucr.1.42; pignora da, genitor, per quae tua uera ~o credar Ov.*Met.*2.38; Pompei ignaua ~o (*i.e. Sextus Pompeius*) Luc.6.589; Pers.2.72; Publicola, ingentis Volesi Spartana ~o Sil.2.8.

3 a The offspring of a particular period, a generation. **b** the members of a given species; a race.

a illa ~o (*i.e. giants*) contemptrix superum..fuit Ov. *Met.*1.160; mira fides! credetne uirum uentura ~o..? Stat. *Silv.*4.4.81. **b** genus humanum..foret omne peremptum nec potuisset adhuc perducere saecla ~o Lucr.5.1027;—nimium uobis Romana ~o uisa potens, superi Verg.*A.* 6.870; 12.827.

propala: dub. reading in Col.*Arb.*7.2 (*propago* edd.).

prōpalam, *adv.* [pro-+palam] In full view, openly, without concealment. **b** (in pred. use) *~fieri*, to become generally known; *~ esse* (as pred. of inf. or acc. and inf.), to be self-evident or manifest.

minus iam furtificus sum quam antehac..rapio ~ Pl. *Epid.*12; neque proposito argento neque tabulis..~ conlocatis Cic.*de Orat.*1.161; Galli bellum ~ minantes Liv. 5.36.11; haec non in occulto, sed ~ in foro..fremebant 26.35.7; conquiescere agmen iussit ui aperta ~ usurus, quando parum dolus profuerat 31.24.8; 44.6.13; Curt. 5.10.7; adire municipia obscuro diei, neque ~ aspici Tac. *Ann.*2.39; cum..delationes exercerent, alii ~, multi per occultum 6.7; Suet.*Vit.*10.3; species..innumeras modo ~, saepe contectas ab uno..principio agitari iubet Apul.*Mun.* 30. **b** timeo ne hoc (*sc. a secret*) tandem ~ fiat nimis Pl.*Mil.*1348;—*θέος* non minus et istic, ut uidere ~ est, ipsa demonstrat subesse compositio nominis Maur.442; Q numquam reuelli ~ est pronomini 709; 2327.

prōpālō ~āre, *tr.* [prob. pro-+palo¹] (app.) To stake out (a plant).

ramos fossarum..per quos, uti quaeque uirga postulauit, (uitis) ~etur Col.*Arb.*7.4.

? **prōpalus** ~a ~um, *a.* [propalam+-vs] (dub.) Plainly visible or manifest.

nec..infitior lapides..interius furere accensos: haec ~a (propria *edd.*) uirtus *Aetna* 531.

prōpandō ~andere ~andī ~ansum or ~assum (~essum?), *tr.* [pro-+pando²] To spread widely.

crines..ei propessi (*cj.*) iacent Acc.*trag.*255; propansis utrimque pinnis affuit..aquila Apul.*Met.*6.15; ales..propassis utrimque pinnis praelabitur *Soc.*pr.4.

prōpatruus ~ī, *m.* [pro-+patrvvs] A great-grandfather's brother.

~us et proamita (id est proaui frater et soror) Gaius *dig.* 38.10.1.7; *CIL* 8.8935.

prōpatulus ~a ~um, *a.* [pro-+patvlvs]

1 (of places) Completely open, unenclosed.

ad focum hieme..cenitabant; in loco ~o aestiuo tempore Var.in Non.p.83M; ante aedem Cereris in aperto ac ~o loco signa duo sunt Cic.*Ver.*4.110.

2 *in ~o*, In an unenclosed place, in the open (also, *~o* alone); (spec.) in the open part of a house (i.e. that accessible from the street), in the forecourt, or sim. **b** (transf.) in a position of general availability, within reach of all; within view of all, openly.

cum uictus..humanus non uti feris in ~o ac siluestribus locis sed domi sub tecto accurandus erat Col.12.pr.2; sermonem non..habui..in ~o, sed in curia Plin.*Ep.*1.8.17; Mossyni..~o uescuntur Mela 1.106; (*transf.*) praesertim os, cuius in ~o et conspicuo usus homini creberrimus Apul. *Apol.*7;—statuas aeneas..in ~o domi abicit Nep.*Han.*9.3; apparata conuiuia omnibus in ~o aedium fuerant Liv. 24.16.17; apertis ianuis in ~o epulati sunt 25.12.15; 26.13.18; subsidia reprimendis ignibus in ~o quisque haberet Tac.*Ann.*15.43. **b** mulieres pudicitiam in ~o habere Sal.*Cat.*13.3; Varronis..monumenta.., quae per litteras condidit, in ~o frequentique usu feruntur Gel. 19.14.2;—auctam ei adrogantiam foedum illud in ~o seruitium spectanti Tac.*Ann.*4.74; nihil ego clanculo, sed omnia in ~o ago Apul.*Apol.*40.

prope, *adv.* and *prep. compar.* ~ius. [<**proqᵘe* (cf. *proximus*)]

A. adv.

1 At a short distance, in close proximity, near, near by. **b** (indicating the proximity of a point of departure or sim.) from near.

nec ~e usquam hic quidem cultum agrum conspicor Pl. *Rud.*214; *Truc.*207; utinam hic ~e adesset alicubi Ter.*Ad.* 453; oppidum ualidum ~e siet Cato *Agr.*1.3; ut..~ius sim si quid agatur Cic.*Att.*3.15.6; si ~e adessemus Sal.*Jug.* 102.7; si ~ius stes..si longius abstes Hor.*Ars* 361; ~ius aut longius cursum faciendo Vitr.8.3.13; incolunt ~e Allobroges Liv.21.31.5; nec usquam tu ~e Stat.*Theb.*9.899; ite, nuntiate Vespasiano uel, quod ~ius est, Ciuili..Tac.*Hist.* 4.77; (*poet.*) Eoi ~ius timuere sarisas quam nunc pila timent populi Luc.10.47; (*transf.*) si ~ius habeat emptorem Paul.*dig.*41.4.2.8;—(*w. dat.*) quoianam uox mihi ~e hic sonat? Pl.*Rud.*229ᵃ; quid..uidentes agricolae ~ius stabulis armenta tenerent Verg.*G.*1.355; certius accipiet damnum ~iusue medullis Hor.*Ep.*1.10.28; ~ius Tiberi quam Thermopylis de summa imperii dimicasset Nep.*Han.*8.3; quae (empetros) ~ius mari fuit, salsa est Plin.*Nat.*27.75;—(*w.* ad) qui ~e ad ostium aspirauerint Lucil.842;—(*w.* ab) apud socrum tuam ~e a meis aedibus..sedebas Cic.*Pis.*26; a Brundisio absunt ~ius quam tu bidui aut tridui *Att.*8.14.1; quinque..stellae eundem orbem tenentes, aliae ~ius a terris aliae remotius *N.D.*1.87; ~e est a te deus Sen.*Ep.*41.1. **b** hac multo ~ius ibis Ter.*Ad.*580; ~ius esse ex Graecia in Asiam quam ex Italia in Graeciam traicere Liv.36.41.3; ueniet tibi conuiua clamatus ~e Mart.1.49.30; moderabatur..cursui quo ~ius regrederetur Tac.*Ann.*2.70.

2 To within a short distance, close, near. **b** (transf.) close (to a topic, point at issue, etc.).

adeamus ~ius Pl.*Poen.*582; neu ~e fulgenti lumina ferte face Tib.1.2.36; aduectus..equo ~ius Liv.10.42.3; ~ius ~iusque uolant (Idaliae uolucres) Stat.*Ach.*1.376; ~ius si pressa furenti hasta foret Sil.1.545; ~ius uocato quaestore 'libamus' inquit 'Ioui liberatori..' Tac.*Ann.*16.35;—(*w.* ad) ad aedis nostras nusquam adiit quaquam ~e Pl.*Aul.*102; fuge ad me ~ius *Mos.*461; iam ~e ad signa caedes peruenerat Liv.10.41.5;—(*w.* accedo) ~ius obsecro accedamus Ter. *Ad.*309; ut..ad munitiones ~ius accederent Cic.*Phil.* 13.46; *Fam.*14.19; Caes.*Civ.*2.34.6; Verg.*A.*10.712; cum ~e moenibus accessisset Liv.24.20.11; (*cf., w. vbl. noun*) quid tibi ad hasce accessio aedis est ~e..? Pl.*Truc.*258; (*transf.*) fatum..~ius..ac ~ius accedit Sen.*Dial.*5.42.4. **b** (*w.* accedo) sed ~ius accedam; de his uestris testibus dicam Cic.*Flac.*12; ut ~ius ad ea..accedam, quae a te dicta sunt *Fin.*4.24; Sen.*Ep.*96.3.

3 a (compar., w. vbs. of seeing, hearing, etc., with the implication of clearer perception) Closer; (w. vbs. of knowing) more closely or intimately. **b** (w. vbs. implying assistance, favour, etc.).

a ibi sententiam de re p. dicere, ubi me..~ius audiant armati quam senatores Cic.*Fam.*10.2.1; ut ~ius spectes lacrimosa poemata Pupi Hor.*Ep.*1.1.67; iam ~ius ac certius facie quoque Brutum cognouit Liv.2.6.7; qualis esset eius (*sc.* mortis) natura uelut ~ius inspectae Sen.*Ep.* 30.9; quam (*sc.* lancem Corinthiam) cum Agamemnon ~ius consideraret Petr.50.1; socer..te nisi Niliaca ~ius non uidit harena Luc.5.475; ubi sidereus ~ius uidet astra colossus Mart.*Sp.*2.1; magnum ~iusque noscendum..uisum Plin.*Ep.*6.16.7; Mart.5.3.5;—extemporalis illi facultas, ut adfirmabant qui ~ius norant, non deerat Sen. *Con.*7.pr.2; noueram puellam et ~ius in itinere cognoui Quint.*Decl.*343(p.355,l.16). **b** ~ius res aspice nostras Verg.*A.*1.526; adsis..et ~ius tua numina firmes 8.78; quem praesidentes studiis deae ~ius audirent? Quint.*Inst.*10.1.91; eos maxime locos propinquare caelo precesque mortalium a deis nusquam ~ius audiri Tac.*Ann.*13.57.

4 In or to close temporal proximity, near: **a** (w. ref. to future time; for *~e diem* see propediem). **b** (w. ref. to the past).

a nunc nobis ~e adest exitium Pl.*Aul.*275; iam decumus mensis aduentat ~e *Truc.*402; partus instabat ~e Ter.*Ad.* 307; longius aut ~ius mors sua quemque manet Prop. 2.28.58; cum..~e mortem imminentem uideret Liv.1.58.3; ~e saeua dies Stat.*Theb.*10.381; (*cf. sense 7*) partitudo ~e adest ut fiat palam Pl.*Aul.*276; (*attrib.*) nox ~e diremit colloquium Liv.34.33.3; (*w.* ab) ab ea (*sc.* morte) ~ius absum Cic.*Sen.*77;—(*w. noun cl.*) ~e est quando..pretium exsoluet Pl.*Men.*984; ~e adest quom alieno more uiuendumst mihi Ter.*An.*152. **b** (*w.* ab) omni antiquitate, quae quo ~ius aberat ab ortu..et diuina progenie.. Cic. *Tusc.*1.26; tam ~e ab origine rerum sumus Plin.*Nat.*14.47.

5 Near in degree; *~ius uero est*, it is nearer to the truth, more probable. **b** *~e ut*, very like. **c** *~e est ut* (+subj.) it is likely, probable (that). **d** *~ius est ut* (+subj.) it is more reasonable (to suppose) that.., it is more probable that..

multo ~ius est ab eo quo agitat statu, quam ex pace et concordia ad arma ciuilia Sal.*Hist.*1.77.10; ~e a fame uictus sit Cels.7.25.1.c; ~e abest ab infirmitate, in quo sola sanitas laudatur Tac.*Dial.*23.4; a contumelia quam a laude ~ius fuerit post Vitellium eligi *Hist.*2.76;—(*w.* accedere) utrius oratio ~ius ad ueritatem uideretur accedere Cic. *de Orat.*1.262; Alexidis manum amabam quod tam ~e accedebat ad similitudinem tuae *Att.*7.2.3; *Rep.*1.12; (*cf.*) ⟨qveive eiei sobrinvs siet pro⟩pivsve evm ea cognatione attigat *CIL* 1.583.10;—(*w. dat.*) ~e..haec (*sc.* uerres, maiales, scrofae) apris Var.*R.*2.9.1; his personis auus auia eius..~ius sobrinis sunt Paul.*dig.*38.10.10.18;—Capuam..ab..Capye uel, quod ~ius uero est, a campestri agro appellatam Liv.4.37.1; 9.36.4; num tamen est uero ~ius..transferri iussos in noua tecta Lares Ov.*Fast.*4.801; Tac.*Ann.*1.6. **b** uita humana ~e uti ferrum est Cato *Mor.*3(J); Coriolanus ~e ut amens consternatus Liv.2.40.5; ~e ut uictuma Delphis..ad aras mactatus 42.40.8. **c** quibus si finitum malum non fuerit, ~e est, ut perpetuum sit Cels.3.23.8; ~e est ut inique puniat, qui nimis Sen.*Cl.* 1.14.3. **d** si uir eam pecuniam pro suo possidendo usucepit..~ius est, ut existimem eum lucrifecisse Proc. *dig.*23.3.67; si heredes nominatim enumerati dare quid damnati sunt, ~ius est, ut uiriles partes debeant Nerat.*dig.* 30.124; nonne ~ius est, ut inserta..aedificio partem eius esse existimemus? Cels.*dig.*19.1.38.2; dubitari potest. sed ~ius est, ut haec quoque insint Pompon.*dig.*34.2.21.

6 (expr. the idea of falling short by a little) Almost, nearly, all but. **b** (w. numerals). **c** (w. expressions of time). **d** (w. *totus, omnis, aequus, idem*, and sim. adjs.). **e** (w. compar. of adjs. or advs.).
existimabant..se ~e captos esse *B.Hisp.*3.9; ~e funeratus arboris ictu HOR.*Carm.*3.8.7; hoste cui ~e praedae fuisti LIV.3.29.2; hoc gaudium magna ~e clade in Samnio foedatum est 7.34.1; ~e in medio sitos 23.43.13; transportati milites in Siciliam..~e magni motus causa fuere 27.9.1; incidit..pudor, quae ~e dixit amor *Eleg.Maec.*152; confecto ~e bello TAC.*Hist.*4.85; Haterium..~e a militibus interfectum *Ann.*1.13;—(*w. vbl. nouns*) Troiae ~e uictor altae Phthius Achilles HOR.*Carm.*4.6.3; ~e iam uictores caesi Etrusci LIV.2.14.8. **b** eques Romanus annos ~e LXXXX natus CIC.*Ver.*3.62; abhinc annos ~e uiginti *Phil.* 2.119; ut..cum Samnitibus bellum per centum ~e annos..tulerimus LIV.23.5.8; ~e tria (milia hominum) capta 24. 42.4; prima aetas sub regibus fuit ~e per annos quadringentos FLOR.*Epit.*1.1(1.pr.5). **c** ~e iam occidente sole inhorrescit mare PAC.*trag.*411; ~e de nocte CIC.*Mur.*69; ~e in noctem rem deduxerant CAES.*Civ.*3.51.6; exitu ~e anni LIV.41.28.1; ad summam ~e..senectam BIB.*poet.* 1(3).8. **d** non unius agri sed ~e totius Siciliae calamitates CIC.*Ver.*3.108; par ~e laus P. Sesti esse debet *Sest.*8; utrique nostrum ~e aeque gratae erant (tuae litterae) *Fam.*13.18.1; eisdem ~e uerbis *Leg.*2.64; ~e aequum aditum CAES.*Civ.* 3.45.3; stulti..~e omnes HOR.*S.*2.3.32; uis frigoris..elephantos ~e omnes absumpsit LIV.21.56.6; ~e tota in unum acies uersa 26.5.17; ~e sola OV.*Met.*13.450; donec ~e omni molestia aegri liberentur LARG.104; alam..~e uniuersam obtriuerat TAC.*Ag.*18.2. **e** non modo non minorem sed ~e maiorem CIC.*Ver.*4.140; hominem..nobiliorem esse ~e quam ciuitatem suam *Q.fr.*1.2.5; ad portas maior ~e mulierum quam uirorum multitudo stetit LIV.22.7.11; partem extra muros, qua frequentius ~e quam in urbe habitabatur 36.22.7; PLIN.*Nat.*17.58.

7 *~e est ut* (+subj.) It is almost the case (that). **b** *nihil ~ius factum est quam ut*, or sim., nothing was closer to happening than that.. **c** *~e (ita) ut*, almost to the degree that..
iam ~e erat ut ne consulum quidem maiestas coerceret iras hominum LIV.2.23.14; iam ~e erat ut nec duci milites nec militibus dux satis fideret 10.18.6; iam ~e erat, ut sinistrum cornu pelleretur Romanis, ni septima legio successisset 40.32.5; multos dixi (*sc.* tales esse)? ~e est, ut omnes sint SEN.*Ep.*120.21; si poenas scelerum expetere fas non est, ~e est ut scelera ipsa permissa sint QUINT.*Inst.* 12.7.1; (*cf.*) ~e est factum, ut iniussu consulis..in aciem exirent LIV.25.21.1. **b** quid ~ius fuit quam ut perirem, si elocutus essem ero? PL.*Mil.*475; neque quicquam ~ius est factum quam ut illud Vticense exemplum de Hadriano transferretur Syracusas CIC.*Ver.*5.94; nec quicquam ~ius est factum quam ut illum..collo obtorto ad subsellia reduceret *Clu.*59; ~ius nihil est factum quam ut occideretur *Q.fr.*1.2.15. **c** ei(u)s filiam ille amare coepit perdite, ~e iam ut pro uxore haberet TER.*Hau.*98; is cum Romae annum ~e ita fuisset, ut mecum uiueret CIC.*Fam.*13.19.1; signa tabulae ~e ut Syracusarum ornamenta aequauerint LIV.27.16.7.

8 (used to modify a hyperbole) Almost, pretty well. **b** *~e dicam, ~e est ut dicam*, I should almost say.
perii! perculit me ~e PL.*Per.*810; miror cur philosophiae ..~e bellum indixeris CIC.*de Orat.*2.155; id non humano consilio sed ~e diuinitus datum *Ver.*1; quas litteras cum ..~e suppliciter misisset Metellus 3.46; reperietis..ex hoc toto prodigio..nos..de..periculis maximis ~e iam uoce Iouis Optimi Maximi praemoneri *Har.*10; specillis ~e scrutatus est Alpis *Pis.*62; Lyso..cum mecum ~e cotidie esset unaque uiueret *Fam.*13.24.2; tris epistulas, quas ego lacrimis ~e deleui 14.3.1; Trinobantes, ~e firmissima earum regionum ciuitas CAES.*Gal.*5.20.1; quot pedes se reciperent ab hoste..ac ~e quo loco et quem ad modum tela mitterent, praecipere *B.Afr.*71.1; utilitas, iusti ~e mater et aequi HOR.*S.*1.3.98; concursu hominum rixa ac ~e proelium fuit LIV.2.18.2; me in praetorio patris..~e natum, certe eductum 21.43.15; ne ab illa, in qua ~e consenuerunt, umbra uera discrimina uelut quendam solem reformident QUINT.*Inst.*10.5.17. **b** ⟨ut⟩ res ~e dicam manu temptari possit *Rhet.Her.*4.62; liberatus..molestia ~e dicam non minore quam Quinctius CIC.*Quinct.*44;—hae (*sc.* manus), ~est ut dicam, ipsae locuntur QUINT.*Inst.* 11.3.85; (*cf.*) si..haec sola erat ratio..~e est, ut exclamem tanti fuisse PLIN.*Pan.*6.2.

B. prep. w. acc.

9 Near, by.
quoianam uox ~e me sonat? PL.*Bac.*979; quisnam hic loquitur tam ~e nos? *St.*330; huic..noctem ~e urbem exspectandam CIC.*Mil.*52; ut non modo ~e me sed plane mecum habitare posses *Fam.*7.23.4; nisi ipsius copiae ~e hostium castra uisae essent CAES.*Gal.*1.22.3; Tanain ~e flumen orti HOR.*Carm.*4.15.24; Veneris aedem quae ~e Circum est LIV.10.31.9; ~e Hexapylon est portula 25.24.3; starem ~e bellica regis signa mei STAT.*Silv.*3.2.92; LUC.7.298;—(*w. vbs. of motion*) cum iam ~e castra uenisset CIC.*Phil.* 9.15; cursu ~e Chalcidem contendit LIV.31.24.2;—(*compar.*) QVEI..IN VRBE ROMA ~IVSVE VRBEM ROMA⟨M PASSVS M DOMICILIVM NON HABEAT..⟩ *CIL* 1.583.17; ad inferiorem partem insulae, quae est ~ius solis occasum CAES.*Gal.* 4.28.2; si..caput eius (*sc.* uectis) ~ius centrum pressiones habuerit VITR.10.3.3; ne quis..~ius mare quindecim milibus passuum agrum..haberet LIV.26.34.9; ~ius ipsum considere CURT.7.7.9; legiones..~ius Armeniam conlocari iubet TAC.*Ann.*13.7;—(*w. vbs. of motion*) ne ~ius se castra moueret petierunt CAES.*Gal.*4.9.1; cessere..~ius pacata loca LIV.24.41.4.

10 Close to, near (in time).
iam ~e solis occasum *B.Afr.*42.1; iam filii ~e puberem aetatem erant LIV.1.35.1; excruciatum..doloribus nocte tota defecisse ~e lucem SUET.*Cl.*44.3; si..~e partum oues..acceperit ULP.*dig.*24.3.7.9.

11 Near (in quality, condition, etc.).
eo maiore cum gaudio, quo ~e metum res fuerat LIV. 1.25.13; ~e seditionem uentum TAC.*Hist.*3.21; dissoluta.. neglegentia ~e dolum est ULP.*dig.*17.1.29;—(*compar.*) id.. ~ius fidem est, a quaestoribus..diem dictam perduellionis LIV.2.41.11; 4.17.5; ut ~ius periculum fuerint qui uicerunt 21.1.2; quo ~ius spem uenerant 26.37.8; cum..~ius.. blanditias iam oratio esset quam preces 30.12.17.

propediem, *adv.* Also written as two words. [app. < *prope dies*, w. acc. term. by false analogy w. other advl. exprs.] Before long, any day now, very soon.
te cruci ipsum adfigent ~ aliei PL.*Per.*295; illum tibi saluom adfuturum esse hic confido ~ TER.*Hau.*160; sensimus hoc nuper falso nuntio; uero ~ sentiemus CIC. *Phil.*13.45; prognostica mea..~ exspecta *Att.*2.1.11; ut spero, ~ te uidebo 6.2.6; sperabat ~ magnas copias sese habiturum SAL.*Cat.*56.4; optabitis, mediusfidius, ~, ut mei similes Romana plebis patronos habeat LIV.2.31.9; Etruscorum ~ eandem fortunam quam Samnitium fore 10.45.5; 30.44.11; pluris eam..~ uendam FRON.*Str.*3.5.3; qui ~ causam apud uos dicturus est FRO.*Amic.*1.p.284(173N).

prōpellō ~ellere ~ulī ~ulsum, *tr.* [PRO- +PELLO] PROS.: 1st syll. short LUCR.4.194, 6.1027.

1 To push or thrust forward, propel. **b** (of natural forces).
sacerdotem anum praecipes reppulit, ~ulit perquam indignis modis PL.*Rud.*672; paruula causa est procul a tergo quae prouehat atque ~ellat (simulacra) LUCR.4.194; nunc agite, o socii, ~ellite in aequora nauem PROP.3.21.11; in..profundum ~ulit e scopulo perituræ corpora natae OV.*Met.*8.594; nec stare..poterant..cum tantae molis onera ~ellerent barbari CURT.5.3.21; uicinam metae qui ~ulit hastam SIL.16.570; cum auersantes in laeuam partem uelut ~ellemus manum QUINT.*Inst.*11.3.113; ballistam in subeuntis ~ulere TAC.*Hist.*3.29; (*poet.*) ~ellentem..Lilaeam Cephisi glaciale caput STAT.*Theb.*7.348; (*in fig. phr.*) an eam (*sc.* orationem)..dialecticorum remis ~ellerem CIC.*Tusc.* 4.9;—(*hyperb.*) ~ulsa cruore flumina LUC.7.789; ingenti ~ellit Strymona flatu STAT.*Silv.*1.1.21. **b** imago (*i.e. reflection*)..alium prae se ~ellens aera uoluit LUCR.4.286; in medio ut ~ulsa suo condensa coiret (terra) 5.486; remis actum mare ~ulit omne classis onus LUC.9.319; in litus fluctibus ~ulsam (orcam) PLIN.*Nat.*9.14;—(*of wind*) nauis ..quam certus in altum ~ellit Boreas OV.*Ep.*20.42; ~ulit ut classem..Auster LUC.3.1; ~ellit carbasa flatus SIL. 15.163; ita flare (caecian) dicit, ut nubes non procul ~ellat GEL.2.22.24; fluctus..ab austris..~elli 2.30.9.

2 To drive, compel to go, forth or onwards.
(*animals*) (greges) sole exorto potum ~ellunt VAR.*R.* 2.2.10; ~ulit e stabulis ad pabula laeta capellas pastor *Culex* 45; ad inlecebras ~ulsa pecora LIV.2.51.5; pecora..quae pastum ~ulsa essent 25.8.6; onustos nos ad uiam ~ellunt APUL.*Met.*8.16; (*cf.*) ceteri (anseres) stipatione naturali ~ellunt eos PLIN.*Nat.*10.53;—(*persons*) uno interfecto reliquos paulum ~ellit CAES.*Gal.*5.44.11; ~ellunt acies, seseque sub armis ostentant STAT.*Theb.*7.237; ocius..~elli signa iubebat SIL.5.53; Vitellium..ad Gemonias..~ulere TAC.*Hist.*3.85; (*ellipt.*) iubet in medium ~ellere PROP. 2.29.11; (*cf.*) ~ellit..agmina uoce SIL.7.530.

3 **a** To push so as to upset, push over. **b** to push (so as to shift from a place or position); to push out (a sheet of material, so as to make it concave/convex).
a ~ulsa fragorem silua dat OV.*Met.*8.340; muros Oechaliae corpore ~ulit SEN.*Her.O.*162; ~ulsa..robore denso sustinuit se silua cadens LUC.3.444; ~ellite uallum pectoribus SIL.7.101; quotiens..subito ac nullo ~ellente decideret lumen et extingueretur SUET.*Tib.*19. **b** tuo Colchum ~ellas remige Phasim PROP.3.22.11; dextra manu plana ~ellendus in posteriorem partem umerus ⟨est⟩ CELS.8.8.1B; maxilla in priorem partem ~ellitur (*i.e. is dislocated*) 8.12.1; in priorem partem iugum ~ellat (bubulcus) COL.2.2.28; quia a loco..uidetur ~ellere oculum (tumor) LARG.27; qui terminos finium causa positos ~ulerunt *rescript* in Call.*dig.* 47.21.2;—in speculi usu polita crassitudine paulumque ~ulsa dilatatur in inmensum magnitudo imaginum PLIN. *Nat.*33.128.

4 To push or thrust away. **b** to drive off or away, repel. **c** to expel, banish. **d** to drive or ward off (undesirable conditions, influences, etc.).
cratis..pro munitione obiectas ~ulerunt, ut fossas transcenderent CAES.*Civ.*3.46.3; cur furibunda mero mensam ~ellis..? PROP.3.8.3; (*poet.*) opposita ~ellens sauia dextra 2.29.39. **b** fundis, sagittis, tormentis hostis ~elli.. iussit CAES.*Gal.*4.25.1; cohortium impetu nostros ~elli *Civ.* 1.64.1; ~ulistis a castris LIV.7.24.5; ~ulsi..fustibus (canes) PHAED.4.18(19).12; totam aciem..umbonibus posse ~elli CURT.4.10.6; quam superbe..~elli..exsibilarique nos iusserit APUL.*Met.*5.10; si..domo eum ~ulerit uel moriens nihil ei testamento reliquerit PAUL.*dig.*45.1.132. **c** populus..duces aduersariae factionis..patria ~ulit NEP.*Phoc.* 3.2. **d** nobilitati facul ~ellere iniquos LUCIL.259; ubi pericula uirtute ~ulerant SAL.*Cat.*6.5; frigus..duramque famem ~ellere HOR.*S.*1.2.6; periculum uitae ~ellere a me potes LIV.40.11.10; calorem solis..umbra crassiore ~ellere SEN.*Ep.*90.17.

5 To defer, postpone.
quis uindemiam maturam..~ellit? FRO.*Amic.*2.p.184 (197N).

6 To drive, impel (to an action, attitude, etc.).
si..longius..L. Caecilium pietas et fraternus amor ~ulisset CIC.*Sul.*64; eo..errore ~ulsus est, ut caput Helui.. fixum iaculo ferret V.MAX.9.9.1;—(*w.* ad) exempli imitatio ad experiendum Seianum Caesarem..~ulit VELL.2.128.4; amore eius ad ultima esse ~ulsum CURT.6.4.11; subditis qui (Poppaeam) terrore carceris ad uoluntariam mortem ~ellerent TAC.*Ann.*11.2.

propemodo, *adv.* [var. next, perh. on analogy of *postmodo*] = next.
tenes iam? — ~ PL.*Trin.*780.

propemodum, *adv.* [PROPE, MODVS] Virtually, near enough, just about, pretty well.
haec ~ iam esse in uado salutis res uidetur PL.*Aul.*803; ~ ubi loci fortunae tuae sint facile intellegis *Capt.*958; ~ iam scio quid siet rei *Men.*764ᵃ; ~ hoc opsonare prandium potero mihi *Poen.*1295; *Trin.*615; *Truc.*776; me eius fratrem spero ~ iam repperisse TER.*Eu.*203; ~ non minus multas statuas istum posuisse Syracusis quam abstulisse CIC.*Ver.*2.154; ad defendendum ~ satis erit hoc mihi temporis, ad conquerendum uero parum *Rab.Perd.*6; etsi minus urgeor meque ipse ~ conlegi *Att.*12.35(2); quid enim sors est? idem ~ quod micare, quod talos iacere *Div.*2.85; ~ omnes..equites Zamam perueniunt *B.Afr.*92.4; LIV. 3.60.4; ~ innumerabilis CURT.3.2.3; adulescentulus..ac ~ puer SEN.*Dial.*11.14.5; ~ sola PLIN.*Nat.*8.120; haec.. corrumpit ac ~ perdit indecora..pronuntiatio QUINT.*Inst.* 3.3.3; uxor iam ~ uetula et effeta APUL.*Apol.*76;—(*in answers*) cognoscin tu me saltem, Sosia? — ~ PL.*Am.*823; scin quid nos uolumus? — pol ego ~ *Ps.*276; satine sic est? — non. — quid si sic? — ~. — quid sic? — sat est TER. *Ph.*211.

prōpendeō ~dēre ~dī ~sum, *intr.* [PRO- +PENDEO]

1 To hang down (below its surroundings, etc.). **b** (of a scale in a balance, or an object being weighed) to dip.
(canis) deiectis et ~dentibus auribus COL.7.12.4; palma.. habet fructum, racemis ~dentem PLIN.*Nat.*16.112; totis ~dens uiribus haeret (*i.e. from the bull's horns*) V.FL.7.588; (*w.*ex) ephedra..nascitur..ex ramis ~dens PLIN.*Nat.*26.36. **b** libra illa Critolai, qui cum in alteram lancem animi bona imponat, in alteram corporis..~dere illam bonorum animi lancem putet CIC.*Tusc.*5.51; (*fig.*) si multo maiore et grauiore ex parte bona ~dent, beata recte dici potest (uita) 5.86; (*facet., of a person strung up for flogging*) nec dependes nec ~des—quin malus nequamque sis PL.*As.*305.

2 (fig.) To incline, dispose oneself (towards a person, attitude, etc.).
hoc necesse est, ut is, qui nobis causam adiudicaturus sit, aut inclinatione uoluntatis ~deat in nos aut.. CIC.*de Orat.* 2.129; 2.187.

prōpendulus ~a ~um, *a.* [prec.+-VLVS] Hanging down, falling free.
crines eius praemulsis antiis et promulsis caproneis anteuentuli et ~i APUL.*Fl.*3.

prōpensē, *adv. compar.* ~ius. [PROPENSVS+ -E] Readily, willingly.
ut hanc..conspirationem omnium ordinum ad defendendam libertatem ~e non crederent esse factam LENT.*Fam.* 12.15.3; ~ius..senatum facturum LIV.37.52.6; eo ~ius.. laudandus est quod.. APUL.*Fl.*20.

prōpensiō ~ōnis, *f.* [PROPENDEO+-TIO] Tendency, inclination.
nulla in re nisi in uirtute aut uitio ~onem ne minimi quidem momenti ad summum bonum adipiscendum esse CIC. *Fin.*4.47.

prōpensus ~a ~um, *a. compar.* ~ior, *superl.* ~issimus. [pple. of PROPENDEO]

1 Weighted down.
quam illa umquam de mea pecunia ramenta fiat plumea ~ior..malim.. PL.*Bac.*513; cum tibi..pinguis aqualiculus ~o sesquipede extet PERS.1.57;—(*fig., or in fig. phr.*) quae ..utro accessit, id fit ~ius, si utroque adiuncta est, paria fiant necesse est CIC.*Parad.*24; nec..hoc..pari momento libratum esse debere ait, sed in alteram partem ~ius COL. 3.12.4.

2 (of ground) Inclined, sloping.
cu⟨m⟩ ~i soli spatium consummamus, ut illam cliuorum inaequalitatem planam esse cogamus FRON.*agrim.*p.18.

3 Having a disposition or tendency (to a feeling, action, conduct, etc.). **b** (of abst. things) inclined or tending (towards).
(*w.* ad) ~um ad ignoscendum CIC.*Inv.*2.107; non tu quidem uir melior esses..sed paulo ad lenitatem ~ior *Mur.*64; natura ~i sumus ad diligendos homines *Leg.*1.43; animus alius ad alia uitia ~ior *Tusc.*4.81; homini..ad beneficia ~o SEN.*Ben.*5.1.3;—(*w.* in+*acc.*) ~us in alteram partem CIC. *Att.*8.3.4; ~ior in Cn. Pompei amicitiam *Deiot.*9; neutram in partem ~iores sumus *Fin.*5.30; in hoc uitium natura ~us SEN.*Ben.*4.26.2. **b** ut..mihi Balbi (disputatio) ad ueritatis similitudinem uideretur esse ~ior CIC.*N.D.*3.95; cuius disputatio tibi ipsi..ad ueritatem est uisa ~ior *Div.*1.9; credibilium..genera sunt tria: unum firmissimum..alterum uelut ~ius..tertium tantum non repugnans QUINT.*Inst.* 5.10.16.

4 (of persons, emotions, etc.) Ready, eager, willing.
utrum hortandus es..an etiam tua sponte ~us es? CIC. *Fin.*5.6; cum..copiis, quas..~issima ciuitatium uoluntate ..confecerat *B.Alex.*26.1; munifice omnia et ~o animo (patres) facturos LIV.37.54.1; tam ~a uoluntas et cupida reddendi SEN.*Ben.*7.15.4; neque Pompeius ~um adiutorium praebuit..neque Cato ab aequitate deflexit ASC.*Sc.*17; tibi ..habeo gratiam ~am APUL.*Apol.*13; uenia ~iore *Soc.*pr.1; affectu..~iore magis quam dolo malo id uideri fecisse ULP. *dig.*27.6.11.3; et ~iore ira et maiore dolore executurum eum accusationem credendum est 48.5.2.8; (*transf. ep.*) nati.. causa dat ~a munera *Arg.Pl.Truc.*8.

5 Favourably disposed, partial.
(*w.* ad) ad pia ~os uota rogate deos OV.*Fast.*1.722;—(*w.* in+*acc.*) in eum..est uoluntas nostra ~ior CIC.*Off.*2.69; animi..aliquanto quam in Eumenem ~iores LIV.42.5.2; ei (parti)..in quam uideatur ~ior (iudex) QUINT.*Inst.* 4.1.18;—(*w. dat.*) deorum ~um huic urbi numen V.MAX. 1.8.2; caelicolum nobis ~a uoluntas SIL.16.288; ~iorem te fuisse diuiti QUINT.*Decl.*343(p.354,l.23).

properanter, *adv. compar.* ~tius. [pple. of

PROPERO+-TER^2] In a hurried manner, speedily, hastily.

usque adeo ~ter ab omnibus ignibus ei exitium celeri celatur origine flammae LUCR.5.300; ea (*sc.* beneficia) ~tius quam aes mutuom reddere SAL.*Jug.*96.2; hanc quondam Cytherea diem ~tius ire iussit OV.*Fast.*4.673; eo ~tius Alexandriam pergit TAC.*Hist.*3.48; eos codicillos Nero ~ter accepit *Ann.*16.24.

properantia ~ae, *f.* [as prec.+-IA] Haste, hurry, precipitancy.

ex tanta ~a tam facile tractum bellum SAL.*Jug.*36.3; taedium ex mora, pericula ex ~a TAC.*Ann.*12.20.

properātim, *adv.* [PROPERO+-IM] Hastily, hurriedly.

~ in tenebris istuc confectum est opus CAECIL.*com.* 167; SIS.*hist.*137(Gel.12.15.1); TV QVI TENDES ITER ~ SISTE PARVMPER *CIL* 6.25703.

properātiō ~ōnis, *f.* [PROPERO+-TIO] Haste, hurry.

tum..ad ~onem meam quiddam interest non te exspectare, dum ad locum uenias CIC.*Fam.*5.12.2; Q.CIC.*Fam.* 16.27.1; quanquam oppido festine⟨m⟩..inhibenda ~o est APUL.*Fl.*1.

properātō, *adv.* [pple. of PROPERO+-O^2] Hastily, hurriedly.

nec minus ~ Narcissus..necessitate extrema ad mortem agitur TAC.*Ann.*13.1.

properē, *adv.* [PROPERVS+-E] Speedily, quickly, without delay. **b** readily, without hesitation.

aperite ~ ianuam hanc PL.*Bac.*368; ~ quidquid facturu's face *Men.*946; celeri curriculo fui ~ a portu *St.*338; ~ curre ad Pamphilum TER.*Hec.*808; eo consules ~ exercitum redducunt QUAD.*hist.*35; LUCR.6.149; Sulla ~ in Mauretaniam mittatur CAES.*Civ.*1.6.3; omnia ~..consuli declarantur SAL.*Cat.*46.1; egredere ~, ne alios corrumpas NEP. *Ep.*4.3; VERG.*A.*12.573; LIV.6.17.8; Gracchus..Cumas se ~ recepit 23.36.1; STAT.*Theb.*7.13; OV.*Met.*6.201; Romam ~ redit SUET.*Jul.*3; adponebat ei ~..mensam APUL.*Met.*9.26. **b** ~ sequi quae piget inchoare TAC.*Hist.*1.55.

properēs: see PROPERVS.

properipēs ~pedis, *a.* [PROPERVS+PES] Swift-footed.

rapidae ducem secuntur Gallae ~pedem CATUL.63.34.

properiter, *adv.* [PROPERVS+-TER^2] Speedily, quickly, without delay.

classem..in altum ut ~ deducerem PAC.*trag.*332; nixi ~ nauem in fugam transdunt ACC.*trag.*629; animula miserula ~ obiit SEPT.*poet.*16; APUL.*Met.*6.26; me..~ inscensum baculo..obuerberans 7.25.

properō ~āre ~āuī ~ātum, *intr.*, *tr.* [PROPERVS+-O^3]

1 (intr.) To act with haste, hurry, be quick. **b** to bustle with activity.

~a, amabo PL.*Bac.*100; *Cas.*422; haec adornant ut lauet. adhortor ~ent TER.*Eu.*583; mihi..~andum..est, ut omnia uobis..possim exponere CIC.*Ver.*1.42; adsequor omnia si ~o, si cunctor amitto *Att.*10.8.5; his rebus tantum temporis tribuit quantum erat ~anti necesse CAES.*Civ.*3.78.2; simulabat sese negoti gratia ~are SAL.*Jug.*76.1; neque..ante ~andum est CELS.7.30.1.B; nec sponte Antonii ~atum TAC.*Hist.*3.16;—(*w. adv. of degree*) datin isti sellam, ubi adsidat..? ~atin ocius? PL.*Cur.*312; ~atum uehementer est CIC.*Sul.*54; parum Brutus ~are uidetur *Att.*16.4.4; non ut..magis quam res desiderat ~et CELS.7.pr.4;—(*pple.*, *w.* opus est) diem conficimus quod iam ~atost opus PL.*Trin.* 807; CIC.*Mil.*49; SEN.*Phaed.*862;—(*of inanim. things*) quaedam statim in germinatione florent ~antque in eo PLIN. *Nat.*16.102;—(*of instruments*) stipes acernus eram, ~anti falce dolatus PROP.4.2.59; CALP.*Ecl.*1.21; dextra ~ante LUC.3.18;—(*of abst. things*) omnis benignitas ~at SEN.*Ben.* 2.5.4; ~auerit ille, sed merito ~abat, amor STAT.*Silv.* 5.5.75. **b** quidnam est quod sic uideo timidum et ~antem Getam? TER.*Ad.*305; uides toto ~ari litore circum VERG.*A.* 4.416; notum et ~are loco et cessare HOR.*Ep.*1.7.57; indelassato ~antia corda uigore MAN.5.63; lanificio, in quo ~ant omnium mulierum pensa PLIN.*Nat.*35.138; congerunt caespites, exstruunt tribunal..~antibus Blaesus aduenit TAC.*Ann.*1.18; (*of abst. subj.*) frustra longus ~at labor GRAT.279; (*transf.*, *of style*) dicitur..Plautus ad exemplar Siculi ~are Epicharmi HOR.*Ep.*2.1.58.

2 (w. action specified): **a** (imp., and further vb. w. conj. or asyndeton). **b** (w. prolative inf.). **c** (w. sup.). **d** (pres. pple. agreeing w. subj.) hurrying, in haste.

a uascula intus pure ~a atque elue PL.*Aul.*270; ~a atque abi *St.*265;—~a, abi domum *Per.*147; ~ate, auferte mensam *Truc.*364; ~a, accerse hinc qui auferant TER.*An.*979. **b** ~ate istum atque istam actutum emittere PL.*Cas.*785; ~auit de puellae proloqui suppositione *Cist.*151; ~a hanc pellegere quaeso epistulam *Ps.*993; ~a ire in urbem actutum *Rud.*1223; ~a..puerum tollere hinc ab ianua TER.*An.*759; ~auit rem deducere in iudicium CIC.*Att.*1.16.2; CAES.*Gal.* 2.11.1; ni Marius..euadere oppido ~auisset..cuncti.. fidem mutauissent SAL.*Jug.*56.5; dic corpus ~et fluuiali spargere lympha VERG.*A.*4.635; ~a iam surgere PROP. 2.23.19; LIV.26.44.11; quos praecipue fugiam, ~abo fateri JUV.3.59;—(*of inanim. things*) taedae..~ant..suppeditare nouum lumen LUCR.5.297; ~ant mitescere Persica COL. 10.410; decerpi ~antibus (*sc. apples*) PLIN.*Nat.*15.52. **c** ultro..licentiam in uos auctum atque adiutum ~atis SAL. *Hist.*3.48.16. **d** ~ans exsolui restim PL.*Rud.*367; ~ans uenit TER.*Eu.*292; ~ans de sella exsilit CIC.*Ver.*2.75; haec ~antes scripsimus *Att.*4.4; ~ans urbem petit LUCR.3.1067; ~antes arma capiunt SAL.*Jug.*53.1.

3 To be in a hurry. **b** (w. prolative inf.) to be in a hurry, be eager (to).

quid ego hic ~ans concesso pedibus..? PL.*As.*290; asta. —at ~o *Per.*224; quid ~as? placide, ne time *Ps.*922; Clodius, cum ~aret..simul atque introductus est rem confecit CIC.*Clu.*40; nunc ~o. perscribam ad te paucis diebus omnia *Att.*5.17.2; nubere si qua uoles, quamuis ~abitis ambo, differ! OV.*Fast.*3.393; cum dicis '~o, fac si facis', Hedyle, languet protinus..Venus MART.1.46.1; 8.39.6; imperitia ~antes, fortunam..adfore conatibus testabantur TAC.*Hist.*2.33. **b** quid..reuocante..senatu ~et dimicare? CIC.*Phil.*12.9; quid tantum ~as nostros nouisse furores? *Ciris* 258; si iungi hospitio ~at sociusque uocari VERG.*A.*7.264; Sybarin cur ~es amando perdere HOR.*Carm.*1.8.2; non tam ~antis abire magistratu quam uiam ad continuandum magistratum quaerentis LIV.3.56.6; tibi cerno ~atum oracula uitae hinc petere SIL.13.505; quod Pannonicae legiones..resurgere in ultionem ~ent TAC.*Hist.* 3.2.

4 To go quickly, hurry, hasten. **b** to move rapidly (to a new activity, condition, stage, etc.). **c** to hurry eagerly (towards an object, etc.). **d** to hasten on or by (in a temporal sense).

quo ~as? PL.*As.*606; nunc domum ~o *Per.*272; CIC.*Phil.* 6.9; ~ans Brundisium *Att.*9.5.1; in Italiam Illyricumque ~abat CAES.*Gal.*2.35.2; tantus..terror incidit eius exercitui, quod ~ans noctem diei coniunxerat *Civ.*3.13.2; feruidus tecum puer et solutis Gratiae zonis ~entque Nymphae HOR.*Carm.*1.30.6; parcite dum ~o, mergite cum redeo MART.*Sp.*25b.4; ~atur in hostem STAT.*Theb.*7.401; celeri nauigatione ~auerat TAC.*Hist.*2.81; non lento itinere, ne cunctari uideretur, neque tamen ~ans 2.83; JUV.4.94; (*poet.*) uana..fama..uelox ~antis nuntia belli LUC.1.471; —(*of instruments*, *etc.*) citus adit Idam ~ante pede chorus CATUL.63.30; cum..~ante remo prenderint altum SEN.*Tro.* 1045;—(*of inanim. things*) ~antis aquae HOR.*Ars* 17; flagrantes ~ant moles *Aetna* 200;—(*transf.*) quae quamquam lingua mihi sunt ~ante per horas lecta satis multas OV.*Pont.*3.5.9; (*cf.*) quos..legat uersus oculo ~ante uiator *Tr.*3.3.71. **b** longum est dicere mihi, praesertim ad alia ~anti CIC.*Clu.*36; ad maiora ~at oratio *Phil.*5.38; complexus iuuenem dimisi ~ans ad epistulas *Att.*2.12.2; ad paenitendum ~at, cito qui iudicat PUB.*Sent.*A.32; prospicere..libet..in quem exitum tanta rerum uelocitas ~et SEN.*Ep.*110.9; pomi..ad maturitatem ~antis PLIN.*Nat.* 15.79; QUINT.*Inst.*1.1.31; ad desperationem formidine ~are TAC.*Hist.*2.46. **c** eo tendit..ad eum exitum ~at..ut sit illi Octauius propitius BRUT.*ad Brut.*17.5; ad gloriam ~ate CAES.*Civ.*2.39.3; ad quae si ~as gaudia, cum tua uelox merce ueni HOR.*Carm.*4.12.21; statim illo ueniendum est ad quod ~at auditor SEN.*Con.*7.2.8; rem..ad sapientiam ~anti necessariam SEN.*Ep.*89.1. **d** ~AVIT HORA TRISTIS FATALIS MEA *CIL* 1.1214.9; necessitates ~antes SEN.*Ben.* 1.1.5; occasionem obseruare ~antem *Ep.*22.3; natus Eurystheus ~ante (*i.e. premature*) partu *Her.F.*830; SI TAM ~ANTIA FA⟨TA⟩ NON FVISSENT *CIL* 9.4437.

5 (tr.) To do, make, get ready, etc., with haste. **b** to perform (an action) with haste. **c** (w. acc. and inf.) to hurry to bring it about (that).

qui quidquid agit ~at omnia PL.*Poen.*505; *Truc.*168; ~ate prandium fr.inc.165; alia.quae incepto usui forent ~are SAL. *Jug.*37.4; lentis Cyclopes fulmina massis cum ~ant VERG. *G.*4.171; cum..indigno..pecuniam heredi ~et HOR.*Carm.* 3.24.62; hoc opus, hoc studium parui ~emus et ampli *Ep.* 1.3.28; liba sua ~ata manu OV.*Fast.*6.531; tolle moras tantum ~ataque foedera iunge *Ep.*4.147; rediturum (Achillem)..opperiens ~at..dapes STAT.*Ach.*1.120; tela.. subitum in usum ~ata TAC.*Ann.*2.80; delubra occulta celeritate ~antur PLIN.*Pan.*51.3; haec inter pueros uarie ~antur JUV.3.264; (*cf. sense 2a*) nunc nunc ~andus et acri fingendus sine fine rota PERS.3.23. **b** ~ato itinere.. redit ad Bocchum SAL.*Jug.*112.2; non est Veneris ~anda uoluptas OV.*Ars* 2.717; si coeptum iter ~asset, nutantem Caecinam praeuenire..potuisset TAC.*Hist.*3.40; (*ellipt.*) sunt qui ~ent PLIN.*Nat.*18.204. **c** se quisque hostem ferire, murum ascendere..~abat SAL.*Cat.*7.6; Turnus.. quem regia coniunx adiungi generum..~abat VERG.*A.*7.57.

6 To cause to act or function speedily.

ut..quamuis igni exiguo ~ata maderent (semina) VERG. *G.*1.196; uoce ~ata edoce SEN.*Oed.*211; pocula furtiuo rapiet ~ata ueneno (Hannibal) SIL.13.892; in stilo quidem quamlibet ~ato dat aliquam cogitationi moram non consequens celeritatem eius manus QUINT.*Inst.*10.3.19.

7 To cause to come or go quickly, hurry on. **b** to hurry on (in a temporal sense), cause to occur quickly or prematurely.

longus ad manes ~atur ordo agminis maesti SEN.*Oed.*127; nox..imperiis ~ata Iouis STAT.*Theb.*10.2; (*cf.*) teneri ~entur Amores, dum uacat: a tergo grandius urguet opus OV.*Am.*3.1.69. **b** ferri ~atus amor STAT.*Ach.*2.107; agens ~ata ad bella cohortes SIL.12.484; spretis quae tarda cum securitate praematura uel cum exitio ~ant TAC.*Ann.* 3.66;—(*poet.*) curribus illa tuis semper ~ata breuisque.. meta MART.10.50.7; pressae ~ata casside malae SIL.2.346; —(*death*, *etc.*) an..pulchram ~et per uulnera mortem? VERG.*A.*9.401; si forte tibi ~arint fata quietem PROP. 2.28.25; Eurydices..~ata retexite fata! OV.*Met.*10.31; gens..~are facillima mortem SIL.1.225; nisi uoluntariam mortem ~auisset TAC.*Ann.*2.31.

Propertius ~a ~um, *a.* A gentile name, esp. of the elegiac poet Sextus Propertius.

OV.*Tr.*4.10.53; MART.14.189.1; STAT.*Silv.*1.2.253; QUINT. *Inst.*10.1.93; PLIN.*Ep.*9.22.1.

properus ~a ~um, *a.* [dub.] FORMS: *~es* (nom. pl.) *CIL* 6.35769.13.

1 Acting with haste, quick. **b** (of actions, events) hurried on, early, speedy.

circumstant ~i aurigae VERG.*A.*12.85; adeo ~us ut.. penatibus suis grauidam induxerit TAC.*Ann.*5.1;—(*pred.*) pergit ~us 6.44; ~i..balineis inferuntur 16.11;—(*w. gen.*) clientibus, apiscendae potentiae ~is 4.59; irae ~um 11.26; (*cf.*) oblatae occasionis ~a 12.66; adfore..uindictae ~am 14.7;—(*w. inf.*) quoquo facinore ~us clarescere 4.52. **b** tertia e castris eductio celeris ~aque est CATO *Mil.*12(J); ~i certaminis ardor SIL.9.8; Tarsa ~um finem..clamitans, dedit exemplum demisso in pectus ferro TAC.*Ann.*4.50; Calpurniane, salue ~is uersibus APUL.*Apol.*6;—(*w. abl.*) Gaium..mors fato ~a..abstulit TAC.*Ann.*1.3.

2 Moving with haste, hurried.

~o..gressu SEN.*Oed.*202; V.FL.4.176; TAC.*Hist.*4.79; Augustodunum petit ~o agmine *Ann.*3.45; (*cf.*) Tiberius ~is matris litteris accitur 1.5;—(*w. advl. force*) uenit Telamon ~us OV.*Met.*7.647; (*cf.*) VELIM..FACERENT CAELESTIA FA⟨TA VT⟩ IREMVS ~ES AD NOSTRVM INMATVRV⟨M⟩ TVENDVM *CIL* 6.35769.13.

prōpēs ~edis, *m.* [PRO-+PES] (naut., app.) An extension to a sheet.

cum uentus fert nauem in mare secundus, si quis ~edem misit suis uelis ministrum TURP.*com.*215.

prōpessus: see PROPANDO.

prōpetrō ~āre, *tr.* [PRO-+PATRO] (See quot.)

~are mandare, quid perficiatur; nam impetrare est exorare et perpetrare perficere PAUL.*Fest.*p.227M.

prōpexus ~a ~um, *a.* [PRO-+pple. of PECTO] Combed so as to hang down.

fusus ~am in pectore barbam VERG.*A.*10.838; mulcens ~am ad pectora barbam OV.*Fast.*1.259; mansere comae ~aque mento canities STAT.*Theb.*2.97; ~is in pectora barbis SIL.13.310; ~um rutilatumque crinem TAC.*Hist.*4.61.

prophēta ~ae, *m.* [Gk. προφήτης] A spokesman or interpreter of a god.

cum capita uiridi lauro uelare imperant ~ae sancti STRAB.*trag.*2; FEST.p.229M; ueluti ~ae quidam deorum maiestate conpleti effantur ceteris quae diuino beneficio soli uident APUL.*Mun.*pr.;—(*applied to an order of Egyptian priests*) Zatchlas adest Aegyptius ~a primarius *Met.*2.28; ~arum etiam ritus addisceret *Pl.*1.3.

propicius ~a ~um, *a.*: app. variant spelling of PROPITIVS.

nouum nouicium dicimus et proprium ~um, augere atque intendere uolentes noui et proprii significationem ALF.*iur.* 1.

propīn, *n.* [Gk. προπεῖν, contracted inf. of προπίνω] A drink taken before a meal, apéritif.

cum plurimum (Falernum) rixantes effunderent Trimalchio hoc suum ~ esse (*cod.* propinasse) dicebat *cj.* in PETR. 28.3; fumosae feret ipse ~ de faece lagonae MART.12.82.11; OLEVM ET ~ PER ROSAM PRAEBEANT *CIL* 5.5272.

propīnātiō ~ōnis, *f.* [next+-TIO] The action of drinking a person's health (see next).

ego..ab eo beneficium accipiam, a quo ~onem accepturus non sum? SEN.*Ben.*2.21.5; ~onibus senem crebris..lacessebat *Dial.*4.33.6; nec Giton me..tralaticia ~one dignum iudicabat PETR.113.8.

propīnō ~āre ~āuī ~ātum, *tr.* [Gk. προπίνω] PROS.: *prŏ-* MART.2.15.1, 3.82.31, 6.44.6, JUV.5.127; *prō-* in comedy, also MART.1.68.3, 3.82.25, 8.6.13, etc.

1 To drink (to a person, in practice by proposing a toast, tasting the wine in one's cup, and then handing it over to be drunk by the person honoured). **b** *salutem ~are*+dat., to drink the health (of). **c** (transf.) to make a complimentary present of.

~o magnum poclum: ille ebibit PL.*Cur.*359; tibi ~o cantharum *St.*712; '~o' inquit 'hoc pulchro Critiae' CIC. *Tusc.*1.96; nisi, quod uomant, capacibus gemmis inter se ~auerint SEN.*Ben.*7.9.3; ~auit illi Caesar heminam *Dial.* 4.33.4; nulli calicem tuum ~as MART.2.15.1; hac ~auit Bitiae pulcherrima Dido in patera 8.6.13;—(*absol. or ellipt.*) tibi ~o PL.*St.*708; nos..silentium rhoncis praestare iussi nutibus ~amus MART.3.82.31; nemo ~abit, Calliodore, tibi 6.44.6; ob epotam in conuiuio ~ante se uini amphoram SUET.*Tib.*42.2; (*impers. pass.*) lictori, quia bene percusserat, ~atum est SEN.*Con.*9.2.23;—(*transf.*, *of a master presenting wine to a slave*) abi quo lubet, cadum tibi ueteris uini ~o PL.*St.*425. **b** ~o tibi salutem plenis faucibus PL.*St.*468. **c** Enni poeta salue, qui mortalibus uersus ~as ENN.*Sat.*7; hunc comedendum uobis ~o et deridendum TER.*Eu.*1087; cui..puellas ~are consuesti APUL.*Met.*5.30.

2 To give to drink (as a medicine).

ad uuluae dolorem radicem cum uino dulci ~ant PLIN. *Nat.*20.109; medici (polium) splenicis ~ant ex aceto 21. 145; ischiadicis drachmam cum oxymelite ab ambulatione ~auere 25.169; Artemon caluaria interfecti..~auit aquam ..comitialibus morbis 28.7.

propinquē, *adv.* [PROPINQVVS+-E] Close at hand, near by.

uide quis loquitur tam ~ PL.*Truc.*499; adest ~ 575; Atticis ~ thymum..ruminantibus uiris FRO.*Aur.*1.p.304(106N).

propinquitās ~ātis, *f.* [PROPINQVVS+-TAS]

1 Nearness (in space), proximity.

Aricinum..uetustate antiquissimum..~ate paene finitimum CIC.*Phil.*3.15; *Fam.*6.8.2; nimis..imminebat propter ~atem Aegina Piraeo *Off.*3.46; propter ~atem.. hostium CAES.*Gal.*2.20.4; *Civ.*1.75.3; neque hoc potuisset fieri, nisi..~as esset VITR.10.2.12; LIV.8.16.3; in locis.. ~ate..fluminum..praegelidis 21.54.7; 41.24.8; TAC.*Ann.* 4.62;—(*pl.*) uitandi aestus causa..siluarum ac fluminum petunt ~ates CAES.*Gal.*6.30.3.

2 Temporal proximity.

ubi ego me grauidam sentio adgrauescere ~ate parti PAG *trag.*70.

3 Closeness of family relationship, kinship. **b** (pl.) cases of kinship or the people so connected. **c** (app.) closeness of association, intimacy.

quam ad probos ~ate proxume te adiunxeris, tam optumumst PL.*Aul*.236; obsecrauit..per nomen ~atis CIC.*Quinct*.97; ex ~ate beniuolentia tolli potest, ex amicitia non potest *Amic*.19; qui proximus esset ~ate (*i.e. next of kin*) NEP.*Ag*.1.3; nobilem ~atem *Di*.1.2; TAC.*Hist*.1.88; PLIN.*Ep*.4.4.1; (*pl.*) necessitudinibus et ~atibus mixti TAC.*Hist*.2.80; L. Otho, materno genere praeclaro multarumque et magnarum ~atium SUET.*Otho* 1.2;—(*dist. from* affinitas) quicumque aut ~ate aut adfinitate..regiam contigissent LIV.24.22.14; aut affinitate aliqua sibi aut ~ate coniunctos SUET.*Nero* 35.4; (*pl.*) ~atibus adfinitatibusque coniuncti CAES.*Gal*.2.4.4; ne adfinitatibus, ne ~atibus immisceamur cauent LIV.4.4.6. **b** omnis gratas amicitias atque etiam pias ~ates in tua obseruantia..uincam PLANC.*Fam*.10.24.1; personis applicantur non pignora modo..sed ~ates, amicitiae, interim regiones etiam ciuitatesque QUINT.*Inst*.4.1.30; non..fortuita conglobatio turmam..facit, sed familiae et ~ates TAC.*Ger*.7.3. **c** quae nostra officia fuerunt pro collegio et pro ~ate..omnia ei praestitimus SULP.RUF.*Fam*.4.12.3.

4 Relationship (of things), connection.

neque ulla uerbis istis inter se communio est neque ~as FRO.*Aur*.2.p.82(153N); an quicquam stultius quam ex nominum ~ate uim similem rerum coniectam? APUL.*Apol*.34.

propinquō ~āre ~āuī, *intr.*, *tr.* [next+-o[3]]

1 To draw near, approach. **b** to approach (in position), be near.

(*w. dat.*) cum nauibus nostris ~assent CAES.*Civ*.3.24.2; iam..~abam portis VERG.*A*.2.730; fluuio..~ant 6.384; ~antem iam terrae classem LIV.28.37.7; tertium agmen per Salariam Collinae portae ~abat TAC.*Hist*.3.82;—(*of inanim. things*) quanto demissior eius (*sc.* lunae) cursus abest procul a caelo terrisque ~at LUCR.5.630; cupressus..uix sese radice tenens, terrae..~at STAT.*Theb*.6.856; TAC.*Hist*.4.30; non ante..regressus est quam domui eius..ignis ~aret *Ann*.15.39;—(*w. acc.*) Bithynii ~antes iam amnem Arsaniam SAL.*Hist*.4.74; postquam campos ~abant TAC.*Ann*.12.13;—(*absol.*) fuge, nate; ~ant VERG.*A*.2.733; densior..puluis signum ~antium hostium fuit LIV.21.46.4; quantum..~at iam magis atque magis..stupet Aea V.FL.1.741; SIL.6.169; quanto..magis ~abat, tanto corruptius iter TAC.*Hist*.2.71; *Ann*.1.24. **b** (*w. dat.*) eos maxime locos ~are caelo TAC.*Ann*.13.57.

2 To approach (in time).

Parcarum..dies et uis inimica ~at VERG.*A*.12.150; metuenda ~ant tempora STAT.*Ach*.1.257; ubi mors ~et TAC.*Ann*.6.28.

3 (tr.) To bring near.

tu rite ~es augurium VERG.*A*.10.254; mortem licet arma ~ent SIL.2.281.

propinquus ~a ~um, *a.* *compar.* ~ior. [PROPE; for term. cf. *longinquus*] FORMS: *propinc-* GEL.6(7).20.1; compar. VAR.*L*.10.8, OV.*Tr*.4.4.51.

1 Near (in space), close, neighbouring. **b** (transf., of a journey or sim.). **c** (neut. pl. as sb.) near-by parts, the vicinity. **d** *in ~o*, in the vicinity, close at hand; *ex ~o*, from close at hand; *in ~um*, into proximity.

ex meo ~o rure hoc capio commodi TER.*Eu*.971; ~is uestris praediis CIC.*Ver*.2.7; in ~is locis *Att*.2.1.4; in castris ~isque castellis CAES.*Civ*.3.88.5; Italiam, quam tu iam rere ~am VERG.*A*.3.381; sub curru nimium ~i solis HOR.*Carm*.1.22.21; urbem a ~o flumine Hiberam appellatam LIV.23.28.10; 25.36.12; iam..~ae admotum terrae..cernit OV.*Met*.11.723; STAT.*Theb*.4.801; equitem ~is lucis texere TAC.*Ann*.2.19; (*poet.*) sub lege ~a (*i.e. by the law of propinquity*) MAN.2.379;—(*of non-material things*) auxilia Germanorum..quorum..uicinitas ~a..esset HIRT.*Gal*.8.7.6; exilium..~ius opto OV.*Tr*.4.4.51; gemitu..~o exturbata quies STAT.*Theb*.3.692;—(*w. dat.*) illis quibus Siciliam ~am fuisse dicis CIC.*Ver*.5.6; quae..ciuitates ~ae eis locis erant CAES.*Gal*.2.35.3; flumini ~a loca SAL.*Jug*.48.4; LIV.27.11.2; OV.*Tr*.4.4.84; diuis..~as..rupes SIL.11.136; ~a muris tecta TAC.*Hist*.3.30; (*in fig. phr.*) uicinitas..quod ego in ~a parte amicitiae puto TER.*Hau*.57;—(*w.* inter se) collis duos ~os inter se occupat SAL.*Jug*.98.3; *Hist*.1.100;—(*w. gen., dub.*) in ~is urbis (*s.v.l.*) montibus moratus est NEP.*Han*.5.1;—(*w. abl., dub.*) litora Italia (*s.v.l.*) ~a SAL.*Hist*.4.32. **b** unde erat ~us despectus in mare CAES.*Gal*.3.14.9; ~am fugam ad oppidum capiunt *B.Alex*.16.7; adempto..~o etiam congredientium inter se conspectu LIV.10.32.6; ~um..iter optandosque sinus comes ire moraris? STAT.*Silv*.3.5.42; (*cf.*) deos ab hominibus plurimum differentis loci sublimitate..nullo inter se ~o communicatu APUL.*Soc*.4. **c** (*w. dat.*) non..in urbem aut ~a urbi degressi sunt TAC.*Ann*.4.74. **d** cum castra hostium in ~o sunt CATO *Mil*.5; unus exercitus in ~o est, duo haud procul absunt LIV.25.38.19; 33.18.8; copiam in ~o materiae ad aggeres excitandos..esse 38.3.11; in ~o..a sole uisuntur SEN.*Nat*.1.11.2;—omnibus quae usui erant ex ~o correptis SAL.*Hist*.fr.(*P.Ryl*.473,III.p.60); ex ~o uisa montium altitudo LIV.21.32.7; 27.14.9; eas inter se gentes mutua ex ~o ferre auxilia 36.39.6; (*cf.*) etiam gloria ac uirtus infensos habet, ut nimis ex ~o diuersa arguens TAC.*Ann*.4.33;—ut caelestia magis sentiat, uelut in ~um illis accesserit SEN.*Nat*.4b.11.4.

2 Living near by, neighbouring.

~am uxorem duxit, cognatam suam PL.*Cist*.174; succurre ~is gentibus STAT.*Theb*.4.749;—(*w. dat.*) agricolae, accolae ~i qui estis his regionibus PL.*Rud*.616; Lyciae ~os Caras OV.*Met*.4.296; gens..solitudinibus Africae ~a TAC.*Ann*.2.52;—(*masc. pl. as sb.*) ~os nostros Messallas domo deflagrata penore uolebamus priuare STRAB.*orat*.12.

3 (of time, events) Not distant, early, close, imminent. **b** *in ~o*, near at hand, in the offing. **c** (w. *spes*, *metus*) relating to the near future. **d** not long past, recent.

Balbo placebat ~um diem et Romae CIC.*Att*.13.37.4; ~a die aequinocti..hiemi nauigationem subiciendam non existimabat CAES.*Gal*.4.36.2; dies.., et ea ~a, edita Flacco est LIV.40.39.4; quales..nocte ~a e pastu referuntur aues STAT.*Ach*.1.555; TAC.*Hist*.5.18; illo ~a uespera tribunus uenit *Ann*.15.60; (recitationem) in ~um diem..protuli APUL.*Fl*.16;—~a partitudo quoi appetit PL.*Aul*.75; spes ~i reditus CIC.*Att*.9.15.3; languebat morte ~a LUCR.6.1218; belli..~i dura rudimenta VERG.*A*.11.156; LIV.7.12.4; optimo poscens..~um funus amico STAT.*Silv*.4.7.35; miseram Asbyten leto solare ~o SIL.2.258; TAC.*Ann*.2.12. **b** quidam longi (morbi), sub quibus neque sanitas in ~o neque exitium est CELS.3.1.2; scelus in ~o est SEN.*Phoen*.416. **c** cum..nulla ~a spes esset, coacti sunt ab Romanis petere auxilium LIV.7.29.7; spe ~a libertatis 26.47.2; in spem ~am..omnis Numidiae potiundae 30.15.14; in spe ~a missionis 40.36.13; quamuis repulsam ~a spes soletur TAC.*Ann*.2.36. **d** tam ~a origo nunc cotidianae rei est PLIN.*Nat*.8.210; nihil auguriis adiuta ~is STAT.*Theb*.2.302.

4 Near (in kinship), closely related. **b** (as sb.) a relative, kinsman.

~ae adulescentulae..anthracinis..sequerentur luctum VAR.in Non.p.550M; de hereditate..quae eius filio a ~o homine..uenisset CIC.*Ver*.2.19; cum principem senatorem..tam ~um habeas *Phil*.2.15; Caepioni..tibi tam ~o *Fin*.3.8; (*transf.*) Vnice, cognato iunctum mihi sanguine nomen qui geris et studio corda ~a meis MART.12.44.2; (*w. abl.*) me..consanguinitate ~um VERG.*A*.2.86;—(*of kinship*) propter ~am cognationem CIC.*Lig*.8; ~a cognatione Licini se..excusare LIV.6.39.4; ~a adfinitas Ceriali cum Vespasiano TAC.*Hist*.3.59; ~um Caesaribus sanguinem *Ann*.4.75; ~a sibi cognatione iunctos SUET.*Nero* 3.1;—(*poet.*) bella ~a (*i.e. between relatives*) OV.*Fast*.3.204; ~i munera..sceptri SEN.*Oed*.690. **b** id ubi rescierunt ~i obsidum..eorum parentes cum ~is..in uiam prouolarunt QUAD.*hist*.19; ~um suum..P. Crassum CIC.*de Orat*.3.10; ~i cognatique *S.Rosc*.96; ut..hereditatem ~i sui C. Capito obtineat *Fam*.13.29.5; si lis in iudicio sit, ~um potius et amicum quam uicinum defenderis *Off*.1.59; ~i, quibus est puella curae CATUL.41.5; fratribus atque omnibus meis ~is interfectis CAES.*Gal*.7.38.3; hos, qui tibi genere ~i, beneficio meo fratres sunt SAL.*Jug*.10.3; eundem..generum regis et ~um NEP.*Con*.2.1; PROP.2.6.7; ita uindicatur Verginia spondentibus ~is LIV.3.46.8; 26.15.14; LUC.4.177; MART.9.55.1; TAC.*Ag*.31.1; *Ann*.13.32;—(*fem.*) uirgo Vestalis, huius ~a et necessaria CIC.*Mur*.73; ipsum..~as suas nuptum in alias ciuitates collocasse CAES.*Gal*.1.18.7; ~ae, ad quas pertinebat hereditas PLIN.*Nat*.2.248; QUINT.*Inst*.7.1.14; TAC.*Dial*.28.5; JUV.1.71; Pollidius a ~a sua heres institutus PAPIN.*dig*.22.1.3.3.

5 Close in nature, akin, related.

~iora genere inter se uerba VAR.*L*.10.8; est..cauendum, ne..in finituma et ~a uit⟨i⟩a ueniamus *Rhet.Her*.4.15; ~am..similitudinem 4.30; superstitio, quae religioni ~a est CIC.*Inv*.2.165; ~a significatione GEL.7(6).16.11; MAUR.715.

propior ~ior ~ius, *compar. a.* [*prop-* (PROPE)+-IOR] (for superl. see PROXIMVS).

1 Nearer (in space), closer; (neut. pl. as sb.) the nearer parts. **b** (of a battle) fought at closer quarters. **c** (of a route) nearer, shorter.

tunica ~ior palliost PL.*Trin*.1154; ~ior caliginis aer ater init oculos prior LUCR.4.338; quo ~iore loco fuerat eo celerius occurrerat *B.Afr*.49.2; portus..patescit iam ~ior VERG.*A*.3.531; ut..castra sua quae ~iora erant praelati urbem peterent LIV.5.26.7; consulem qui ~ior esset arcessendum..censebat 30.23.1; busta sui fiant ut ~iora uiri OV.*Pont*.1.2.150; Spartanos..nodo cautus ~iore liga SEN.*Phaed*.37; me natum ~iore terra STAT.*Silv*.4.7.17; componunt Florus Belgas, Sacrouir ~iores Gallos concire TAC.*Ann*.3.40;—(*w. acc., cf.* PROPE) ~ior hostem HIRT.*Gal*.8.9.4; ~ior montem SAL.*Jug*.49.1; media acies, quae ~ior dextrum cornu erat LIV.33.9.4;—(*w. dat.*) ad pontem, qui ~ior erat Pharo *B.Alex*.19.1; in dextro cornu—id erat flumini ~ius LIV.22.45.6; OV.*Pont*.1.2.128; fulminibus ~ior terrae succenditur aer LUC.2.269; (*in fig. phr.*) ille exsilium meditari; nos autem alium portum ~iorem huic aetati uidebamur CIC.*Att*.14.19.1;—(*w.* ab) ~iores a te quam a speculo SEN.*Nat*.1.4.3; Phoebi surgentis ab igne iam ~ior quam Persis eram LUC.8.229;—Cloanthum respicit instantem tergo et ~iora tenentem VERG.*A*.5.168; ~iora Syriae coluisse TAC.*Hist*.5.2; ~iora flumini Transrhenani tenuere 5.16. **b** neque subire erat facile ad ~iorem pugnam LIV.9.35.5; Hispano cingitur gladio ad ~iorem habili pugnam 7.10.5; (*cf.*) quos..~ioribus uulneribus pedites adflictabant TAC.*Ann*.6.35. **c** ~iorem uiam per paludes petit LIV.22.2.2; secuta aetas ~iorem cursum tutioremque iudicauit PLIN.*Nat*.6.101; qui dextris et ~ioribus compendiis ierant TAC.*Ann*.12.28; (*in fig. phr.*) alia, ~iore, uia meliusque profecti GRAT.5.

2 Nearer (in time). **b** earlier. **c** more recent; (neut. pl. as sb.) more recent events. **d** (w. additional notion of probability) more imminent.

noctis ~ioribus sub umbris STAT.*Silv*.1.6.65;—(*w. dat.*) ego, cuius aetati mors ~ior est SAL.*Hist*.2.47.9; HOR.*S*.2.6.40; maturo ~ior desine funeri inter ludere uirgines *Carm*.3.15.4; ~iores temporibus harum rerum auctores LIV.6.12.2; ~ior aetati nostrae V.MAX.8.7.2; esse..chirurgus debet adulescens aut certe adulescentiae ~ior CELS.7.pr.4; STAT.*Theb*.4.39;—(*w. acc.*) quod interuallum multo tanto ~ius nos, quam hinc ad initium Saliorum VAR.*L*.7.3. **b** NEIVE, QVOD PEQVNIAE..~IORE DIE EXACTVM ER⟨IT ATQVE VTEIQV⟩E IN H L S(criptum) E(st) *CIL* 1.585.71; hinc caedes mors ~iorque uenit TIB.2.3.38; ubi ~iorem spe dimicationem uidit LIV.8.38.4; si cautum est, ut ~iore tempore, 'quam legibus constitutum est', reddatur (dos) PROC.*dig*.23.4.17. **c** uenio ad ~iorem (*sc.* epistulam) CIC.*Att*.15.3.2; STAT.*Theb*.5.120; quamquam ~ioribus temporibus natus sit, uidetur mihi inter Menenios et Appios studuisse TAC.*Dial*.21.7;—ut quaesturam Macedoniae relinquam et aliquando ad haec ~iora ueniam CIC.*Sest*.13; TAC.*Ann*.3.63. **d** nec spem salutis nec perniciem ~iorem unquam ciuitati ulli fuisse LIV.24.28.2.

3 Closer (in respect of family, social, or sim. ties); (also, of logical relationships). **b** nearer (to one's heart), of closer concern or importance.

qui sobrinus est ei reo ~ioreue cognatione coniunctus *Leg.pub.*(*Font.iur*.p.111)20; ~ior illi quam ego sum..homo nemost TER.*Ph*.808; per ipsius coniugem et liberos, quibus ~ior P. Quinctio nemo est CIC.*Quinct*.97; an potest cognatio ~ior ulla esse quam patriae..? *Phil*.5.6; societas est..interior eorum, qui eiusdem gentis sint, ~ior eorum, qui eiusdem ciuitatis *Off*.3.69; OV.*Ep*.15.328; tibi..~ior..fluat de sanguine iuncto Iuppiter STAT.*Theb*.2.437; *Ach*.1.479; ~iorem usum amicitiae tuae *Silv*.5.pr.; cui ~ior cum Tiberio usus erat TAC.*Ann*.2.28; similitudine morum Parthis ~iores 13.34; uiuit tamquam uicina mariti, hoc solo ~ior quod amicos coniugis odit JUV.6.510; quem quis appellat ~iorem sobrino PAUL.*dig*.38.10.10.16;—ut aqua pluuia ultimo genere ea est quae de caelo ueniens crescit imbri, sed ~iore..nocens CIC.*Top*.39; ad ea quae ~iora huiusce causae et adiunctiora *Clu*.30. **b** dum istis fuisti solus, dum nulla alia delectatio quae ~ior esset TER.*Hau*.988; munere..fungi ~ioris..amici HOR.*Ep*.1.9.5; cura deam ~ior luctusque domesticus angit Memnonis amissi OV.*Met*.13.578; (*neut. pl. as sb.*) ad ~iora uocor *Ars* 2.511;—(*w. dat. of person*) sua..sibi ~iora esse pericula quam mea CIC.*Sest*.40; ~ior dolor plebi fenoris ingrauescentis erat LIV.7.21.3; sed ~ior certe quam pater ipsa sibist OV.*Ep*.19.158; pignora sunt ~iora tibi LUC.8.499; ~ior..cura deae, quae forma capillis optima STAT.*Silv*.3.4.50.

4 Nearer (in condition or degree). **b** (of persons) nearer (to a state).

(*w. dat.*) fama..quae ~ior uero est LIV.23.12.2; potio esse debet egelida et frigidae ~ior CELS.4.25(18).2; siccam tenuique ~iorem terram COL.2.10.23; mores huius pecudis probabiles habentur, qui sunt ~iores placidis quam concitatis 6.2.14; ~ior uero prior existimatio fieret, ni..alia difficultas occurreret PLIN.*Nat*.11.47; uti longe a luxuria ita famae ~ior TAC.*Ag*.6.4; omnia..temeritati et inscitiae ~iora *Ann*.13.20;—(*w. acc.*) quo maior (gloria), eo ~ior inuidiam LIV.35.10.5. **b** (*w. dat.*) diuersus a ueterum instituto..copiaque et affluentia luxu ~ior TAC.*Ann*.3.30; praeualidum..et irae quam timori ~iorem 16.9; (*w. inf.*) nil corde nec ore pauescens..~iorque timeri STAT.*Theb*.12.223.

5 More inclined or disposed (towards a person, activity, etc.).

(*w. dat.*) oderat Aenean ~ior Saturnia Turno OV.*Tr*.1.2.7; ~ior publicae religioni quam priuatae caritati V.MAX.1.1.10; si misericordiae ~iores fueritis SEN.*Con*.10.4.9; uir rusticitati ~ior quam deliciis PLIN.*Nat*.35.26; laetitiae ~ior, quia..generum suum Italia tantum arceri cognouerat TAC.*Ann*.16.35;—(*w. gdve.*) paucitas damno sentiendo ~ior erat LIV.2.64.6; ut ~iores subsidiis..summittendis essent 26.44.3;—(*of things, w.* ad) unde illi super similitudinem oris ~ior ad fallendum fides TAC.*Hist*.2.8.

6 Closer (in aspect or appearance), having more resemblance.

(*w. dat.*) omnia quae sceleri ~iora sunt quam religioni CIC.*Ver*.4.112; faciem tauro ~ior VERG.*G*.3.58; LIV.10.4.9; ~ior..excusanti transitionem..quam glorianti 27.17.10; genus musmonum, caprino uillo quam pecoris uelleri ~ius PLIN.*Nat*.8.199; V.FL.1.58; ille modeste incohat, ambiguus paulum ~iorque coacto STAT.*Ach*.2.95; ore incessuque uiro ~ior SIL.15.30; Lysias..puro..fonti quam magno flumini ~ior QUINT.*Inst*.10.1.78; Aestiorum gentes..quibus..lingua Britannicae ~ior TAC.*Ger*.45.2; (*neut. pl. as sb.*) qui scribat..sermoni ~iora HOR.*S*.1.4.42;—(*w. acc.*) quod..uitium ~ius uirtutem erat SAL.*Cat*.11.1; horum inductio..erat..~ior..gladiatorium armorum usum LIV.44.9.5.

propitiābilis ~is ~e, *a.* [next+-BILIS] Able to be propitiated or appeased.

hinc est animus ~is ENN.*scen*.372.

propitiō ~āre ~āuī ~ātum, *tr.* [next+-o[3]] To render favourable, win over, propitiate. **b** (transf.) to soothe (feelings).

(*gods, etc.*) ubi hostiis eru' nequiuit ~are Venerem suo festo die PL.*Poen*.848; his..piaculis, Mars..numen tuum ~abatur V.MAX.2.7.7; SEN.*Nat*.2.33; ~atis adoratione diis PLIN.*Nat*.29.67; suum genium ~are TAC.*Dial*.9.5; per omnia piaculorum genera Manes Gallae..~are temptasse SUET.*Otho* 7.2; iaculis floris serti et soluti deam suam ~antes APUL.*Met*.10.32;—(*human beings*) tibi amantes ~antes uinum dant PL.*Cur*.124; PAC.*trag*.322; quisquis sibi se ~auit SEN.*Ep*.110.1; sic illa (*sc.* Meroe) ~ata totam ciuitatem absoluit APUL.*Met*.1.10; pereo..nisi tu ~aris 2.10; propheta sic ~atus 2.28; (*cf.*) puerum serena fronte et ~ata facie commulcens 9.27; (*facet.*) libris Aristonis ~atis AUR.*Fro*.1.p.216(76N). **b** alius saliua post aurem digito relata sollicitudinem animi ~at PLIN.*Nat*.28.25.

propitius ~a ~um, *a.* [PRO-+-*pet-* (PETO)+-IVS; cf. Gk. προπετής] ORTHOG.: *propyt-* *CIL* 4.4007; *-teos* (acc. pl.) 4.1679. Favourably inclined, propitious, well-disposed: **a** (of gods. etc.). **b** (of human beings). **c** (of abst. things).

a deo meo ~o NAEV.*com*.70; deos ~os me uidere quam illum ⟨hau⟩ mauellem mihi PL.*Bac*.452; Apollo, quaeso te ut des pacem ~us *Mer*.678; *Poen*.1134; satin illi di sunt ~i? TER.*Ph*.636; Iane pater, te..precor, uti sies uolens ~us mihi liberisque meis *formula* in CATO *Agr*.134.2; ita mihi omnis deos ~os uelim CIC.*Ver*.5.37; satis sperans ~os esse deos LIV.5.46.3; precantibus ut uolens ~aque urbem Romanam iniret 29.14.13; ~ae fortunae interuentu V.MAX.8.1.3; ita genium meum ~um habeam PETR.74.14; SIC HABEAS VENERE POMPEIANAM ~A *CIL* 4.4007; quo (*sc.* Domitiano) neque praesentius aliud nec studiis magis ~um numen est QUINT.*Inst*.4.pr.5; argentum et aurum ~ine an irati di negauerint dubito TAC.*Ger*.5.3; (*cf.*) ipso..Oceano tranquillo magis et ~o FLOR.*Epit*.1.45(3.10.19);—(*cf., of divine attributes, etc.*) ni tua pax ~a foret praesto PL.*Trin*.837; Tiberine pater..te sancte precor, haec arma et hunc militem ~o flumine accipias LIV.2.10.11. **b** faciam ploratillum, nisi te facio ~am PL.*Poen*.377; sin alter alteri ~ust *Truc*.48; parentes ~i TER.*Ad*.31; patria ~a sit CIC.*Att*.2.9.3; hunc ~um sperant, illum iratum putant 8.16.2; ut ~us iudex defensionem..audiat QUINT.*Inst.*4.2.27; ambobus..~um Caesarem PLIN.*Ep.*6.5.5; *Pan.*66.3; petenti mihi ~us multa respondisti FRO.*Ant.*1.p.264(170N); diem mortis suae ~us.. expectat APUL.*Pl.*2 20;—(*of the ears*) ~is auribus accipitur SEN.*Suas.*1.12; praebe..~as aures CURT.9.3.6; (adulatio) apertis ac ~iis auribus recipitur SEN.*Ep.*45.7. **c** salutem ..~am mihi atque uobis..nuntio PL.*Men.*1; uoces..quas infesta rabies uel ~a uoluptas ciant APUL.*Fl.*17.

proplasma ~atis, *n.* [Gk. πρόπλασμα] A clay model for a sculpture.
Arcesilaum..cuius ~ata pluris uenire solita..quam aliorum opera PLIN.*Nat.*35.155.

propnigēum (~on) ~ī, *n.* [Gk. προπνιγεῖον] A room in Greek or Roman baths, perh. a (damp) sweating-room.
ab eo (*sc.* frigidario)..iter in ~um VITR.5.11.2; adiacet (baptisteriis) ~on balinei PLIN.*Ep.*2.17.11.

Prōpoetides ~um, *f. pl.* (mythol.) Cyprian girls who denied the divinity of Venus, becoming the first prostitutes, later turned to stone.
OV.*Met.*10.221.

propōla ~ae, *m.* [Gk. προπώλης] PROS.: *prōp-* LUCIL.198. A retailer.
~ae linteones, calceolarii PL.*Aul.*512; cum [illegible] ficos ~a recentis protulit LUCIL.198; panis et uinum a ~a atque de cupa CIC.*Pis.*67; LARES AVGVSTALES ET MERCVRIVM PISCATORES ET ~AE DE PECVN SVA *CIL* 2.5929.

propolis ~is, *f.* [Gk. πρόπολις] Bee-glue, propolis.
~im uocant, e quo faciunt ad foramen introitus protectum an⟨te⟩ aluum VAR.*R.*3.16.23; aperiunt tamquam ora in corporibus..~is, oleum uetus CELS.5.4; populi ferunt et in foliis guttam, ex qua apes ~im faciunt PLIN.*Nat.*24.47; LARG.224.

? **prōpolluō** ~ere, *tr.* [PRO-+POLLVO] To defile, disgrace (the force of the prefix, if correct, is not clear).
obscura initia impudentibus ausis ~ebat (*s.v.l.*) TAC.*Ann.*3.66.

prōpōnō ~ōnere ~osuī ~ositum, *tr.* [PRO-+PONO]

1 To expose to view, exhibit. **b** (w. *uenalis* or alone) to put out, expose (for sale).
stipendium militibus..mensis palam ~ositis esse numeratum CIC.*Pis.*88; neque ficto in peius uultu ~oni cereus usquam..opto HOR.*Ep.*2.1.265; scopulo ~onit in alto.. sanguineum..caput OV.*Tr.*3.9.29; tabulam proelii..~osuit in latere curiae Hostiliae PLIN.*Nat.*35.22; fuere qui imagines Neronis ~onerent TAC.*Hist.*1.78; ~ositam toro effigiem *Ann.*3.5; circulatores, qui serpentes circumferunt et ~onunt PAUL.*dig.*47.11.11;—(*in fig. phr.*) hoc..minime latet quod ita promptum et ~ositum est ut.. CIC.*S.Rosc.*118; sunt ceterae (uirtutes) maioribus quasi theatris ~ositae *Rab.Post.*42;—(*a flag or sim. sign*) uexillum ~onendum, quod erat insigne cum ad arma concurri oporteret CAES.*Gal.*2.20.1; *B.Hisp.*28.2; signum pugnae ~osuit LIV.7.32.5; 25.37.8. **b** quis..~onere talem aut emere auderet..? JUV.4.46; ut ne opera quidem pistoria ~oni uenalia sinerent SUET.*Tib.*34.1; *Nero* 16.2; (*cf.*) mulierem nuptam uni, ~ositam omnibus CIC.*Ver.*5.34;—(*transf.*) fidem cum ~osuisses uenalem in prouincia 2.78; uitam suam quam maximis praemiis ~ositam..sciebat *Mil.*56.

2 To set or post up (a notice, etc.). **b** to post up (a law, etc., or the terms of one prior to enactment); (transf.) to publish, enact (a law, edict, etc.). **c** to post up (names). **d** to give notice of, announce (an award or sim.).
quae dixi scripta et ~osita habere in uilla oportet VAR.*R.*1.36; qui..singulis diebus ediscendis fastos populo ~osuerit CIC.*Mur.*25; *Att.*7.17.2; haec aliqua ~one columna PROP.3.23.23; complures contumeliosi libelli ~onebantur SEN.*Suas.*1.6; an dominus eius auctionem ~osuisset QUINT.*Inst.*6.3.99; ~osita est ingens illa tabula FLOR.*Epit.*2.9(3.21.25); libellum ad ipsas aedes ~onere ULP.*dig.*39.2.4.6; locator horrei ~ositum habuit se aurum..non recipere suo periculo LABEO *dig.*19.2.60.6. **b** lex dies fuit ~osita paucos, ferri coepta numquam CIC.*Sul.*65; *Phil.*2.93; ut eum locum ubi ~onuntur (*sc.* edicta) prae multitudine eorum qui legunt transire nequeamus *Att.*2.21.4; caput rogationis ~oni scribis 3.12.1; *Leg.*3.11; leges decemuirales..in aes incisas in publico ~osuerunt LIV.3.57.10; ~osuit quidem legem, sed et minutissimis litteris et angustissimo loco SUET.*Cal.*41.1;—erat edictum Pompei nomine Amphipoli ~ositum, uti.. CAES.*Civ.*3.102.2; legem duabus hanc ~osuit partibus PHAED.3.13.5; edicto ~osito ut socii nauales decem dierum cocta cibaria ad naues deferrent LIV.21.49.8; (praetor) ~osuerat breue edictum PLIN.*Ep.*5.9(21).3; diui Hadriani edicto, quod ~osuit de his GAIUS *Inst.*1.55; in loco publico praetor prohibet aedificare et interdictum ~onit PAUL.*dig.*43.8.1. **c** ⟨EORVM NOMINA..PRAETOR..⟩ PROSCRIPTA ~OSITAQVE PALAM APVD FOR⟨VM HABETO⟩ *CIL* 1.583.38; selecti iudices ex conuentu ciuium Romanorum ~oni solent CIC.*Ver.*2.32; a Suburana usque ad Arniensem nomina uestra ~onat *Agr.*2.79. **d** ~osito congiario SUET.*Aug.*42.2; populo congiarium, militi donatiuum ~osuit *Nero* 7.2; populum..tanta..comitate tractauit, ut ~osito gladiatorio munere..ad spectantium arbitrium editurum se professus sit *Tit.*8.2.

3 To place before, expose (to).
Andromeda uincta et ~osita ceto VAR.*Men.*406; uolucris rostro est ~osita lyra VITR.9.4.5; pars exercitus eorum, ~osita ipsi duci VELL.2.112.3; typum..induratum igni ~osuit PLIN.*Nat.*35.151;—(*fig., or in fig. phr.*) ut omnibus telis fortunae ~osita sit uita nostra CIC.*Fam.*5.16.2; iudiciis..magistratuum..~ositam uitam, non poetarum ingeniis *Rep.*4.12.

4 To place in front (of).
ea uirilia dicimus..quibus ~onimus hic et hi VAR.*L.*9.41; 10.80.

5 To hold up (to the mind), bring to the attention. **b** (usu. w. *ante oculos, animo, sibi,* and sim.) to picture to oneself, imagine. **c** to keep (before one), bear in mind. **d** to hold up as a model or example.
quae ~osita sunt (*sc. verbs*) non esse similia intellegitur, cum transitum est in secundam personam VAR.*L.*9.108; ut ceteris formidines similium incommodorum atque exempla periculorum ~oneret CIC.*Ver.*5.23; ~onenda quaedam quasi mouentia sunt, quae nos..ad cognitionem.. conuertant *Tusc.*5.68; cum..aliquam quaestionem poeticam ei ~oneret NEP.*Att.*20.2; ~onatur in conspicuo acies, qua prostratus est Perses V.MAX.5.1.8. **b** uos ante oculos animosque uestros..Aproni regnum ~onite CIC.*Ver.*3.58; cum..mihi ~osui regnantem Lentulum *Catil.*4.12; rusticus Romanus factus es, quo modo ego mihi nunc ante oculos tuum iucundissimum conspectum ~ono CIC.fil.*Fam.*16.21.7; nec ratione alia nosmet ~onere nobis possumus infernas animas Acherunte uagari LUCR.3.627; Meneni damnationem et mortem sibi ~onat ante oculos LIV.2.54.6; angustiae minore certamine, quam quod animis ~osuerant, superatae 31.40.1; inmanes ~one beluas SEN.*Suas.*1.4; ~one animo tuo carcerem, uincula SEN.*Ben.*6.30.1; belli mala ~one *Phoen.*626. **c** haec uobis ~onite..uos de rebus fortunisque Siculorum omnium..cognituros CIC.*Ver.*3.11; hoc..tibi ~one: amplitudinem animi..unam esse omnium rem pulcherrimam *Tusc.*2.64; hoc sibi solaci ~onebant CAES.*Gal.*7.15.2; uim fortunae Martemque belli communem ~one animo LIV.30.30.20; ~onant animo multa ferenda suo OV.*Ars* 2.516; facilius illa..temptantur, quia magis ~onere nobis accessionum et decessionum uices possumus CELS.3.12.2. **d** Attici nobis ~ositi sunt ad imitandum CIC.*Opt.Gen.*13; *Phil.*10.5; Eratosthenes, quem mihi ~osueram..ab Hipparcho reprehenditur *Att.*2.6.1; ~onam tibi claros uiros, quod facere solent qui hortantur? *Fam.*9.14.6; si..id sibi ~onet exemplar, praeclarum opus efficiat necesse est *Tim.*4; quid uirtus et quid sapientia possit utile ~osuit nobis exemplar Vlixen HOR.*Ep.*1.2.18; pueri..imitari iubentur ~osita et ad illa reformare chirographum SEN.*Ep.*94.51; hunc (*sc.* Ciceronem)..spectemus, hoc ~ositum nobis sit exemplum QUINT.*Inst.*10.1.112.

6 To make available, offer. **b** to propose, suggest.
cum esset haec ei ~osita condicio ut aut..accusaret aut.. moreretur CIC.*Clu.*42; mihi..perdifficilis..et lubrica defensionis ratio ~onitur *Planc.*5; deliberari solet..duobus ~ositis honestis utrum honestius *Off.*1.10; ex ~ositis consiliis duobus explicitius uidebatur Ilerdam reuerti CAES.*Civ.*1.78.2; putarunt (medici) esse tenesmon, cui remedia celeria faciliaque ~onebantur NEP.*Att.*21.2; haec condicio miserae ~onitur una *Ciris* 187; actionem, quam ~osuit praetor ei qui ad se solum hereditatem pertinere contendit ULP.*dig.*5.4.1; in heredem..socii ~onitur actio 17.2.35. **b** negas te Romam reiecturum..cohortem tuam ~onis CIC.*Ver.*3.139; mortem ~onit..eis..qui illam rem gesserunt *Phil.*13.39; Ciceroni uelim hoc ~onas..ut sumptus huius peregrinationis..accommodet ad mercedes Argileti *Att.*12.32.2; cum..ea quae ~onerentur consilia plena prudentiae ..esse iudicaret HIRT.*Gal.*8.8.1.

7 To hold out (as a prospect or possibility). **b** to hold out, offer (a reward, inducement). **c** to hold out (a threat, etc.).
plus..proficit, si ~onitur spes utilitatis futurae quam praeteriti benefici commemoratio CIC.*de Orat.*2.206; quantam..illi spem praedae ~ositam arbitramur fuisse..? *Ver.*3.150; huic spei et exspectationi quae nobis ~onitur *Att.*3.20.1; summa difficultas faciendi pontis ~onebatur propter latitudinem..fluminis CAES.*Gal.*4.17.2; iucundum, mea uita, mihi ~onis amorem CATUL.109.1; nouos colonos spe commodorum ~osita adscribere LIV.33.38.13; negotiatoribus certa lucra ~osuit suscepto in se damno SUET.*Cl.*18.2;—(*w. refl. dat.*) qui sibi..bona et fortunas ciuium ad praedam ~osuerunt CIC.*Phil.*4.9; mihi ~ono fructum amicitiae nostrae ipsam amicitiam *Fam.*3.13.2; ex interitu eius nullam spem scilicet mihi ~onebam 15.15.1; neque sibi ullam spem uictoriae ~ositam habere *B.Hisp.*22.7. **b** ~ositis praemiis elicere..optimum quemque ad subeunda pro salute nostra pericula CIC.*Balb.*22; magna..nobis a te ~osita merces est *Q.fr.*3.3.4; praemium ~osuit, qui inuenisset nouam uoluptatem *Tusc.*5.20; eis qui primi murum ascendissent praemia ~osuit CAES.*Gal.*7.27.2; seruis..dominos prosecutis libertatem ~onit LIV.21.45.7; praemia atque honores qui remanserint..~osuit 23.15.4; geminum pugnae ~onit honorem VERG.*A.*5.365; ~osito cunctos inuitauit praemio, ..ut.. PHAED.5.5.5. **c** cum tot cruces, tot supplicia, tot ex cohorte recuperatores ~onerentur CIC.*Ver.*3.112; iudices ita fortes..fuerunt ut summo ~osito periculo..perire maluerint *Att.*1.16.5; nec me ista terrent, quae mihi a te ad timorem..~onuntur *Fam.*2.16.4; poenam misero ~onis amori CATUL.99.15.

8 To destine, appoint, have in store.
quaecumque mihi..~onetur fortuna subeatur CIC.*Catil.*4.2; mortem..natura omnibus ~osuit *Phil.*4.13; siccis omnia..dura deus ~osuit HOR.*Carm.*1.18.3; atrox plebi patribusque ~ositum uidebatur certamen LIV.4.48.4; horam, ~ositae quae foret apta uiae OV.*Tr.*1.3.54; gladiatori..haec ~osita sors est aut occidere..aut occumbere GEL.6(7).3.31.

9 To set out, give an account of, state. **b** to put forward or state (as an opinion). **c** (leg.) to state as a supposition. **d** to state as a major premiss.
ut in testibus interrogandis omnia crimina ~onerem et explicarem CIC.*Ver.*1.29; rem uobis ~onam 4.1; postero die ..rem gestam ~onit CAES.*Gal.*5.52.5; quoad potui urbanas rationes aedificiorum summatim perscribere, ~osui VITR.6.5.3; haec de tanto uiro..~onenda erant LIV.38.57.8; cum facultates medicamentorum ~osuerim, genera, in quibus noxa corpori est, ~onam CELS.5.26.1; de ipsa ratione pisendi Magonis ~onemus sententiam PLIN.*Nat.*18.97; definire genere ~osito et differentiis appositis, quid sit 'penus' GEL.4.1.9;—(*w. indir. qu.*) ~onere qua mente dicat, quid uelit..debet CIC.*Part.*97; quid sui sit consili ~onit CAES.*Gal.*6.7.8; postulauere plerique, ut ~oneret, quae condicio belli foret SAL.*Cat.*21.1; quae singula qualia sint, suis locis ~onemus GAIUS *Inst.*1.1;—(*w.* de) non alienum esse uidetur de Galliae Germaniaeque moribus.. ~onere CAES.*Gal.*6.11.1. **b** nunc hoc ~ono, quod mihi persuasi..nihil esse perfecto oratore praeclarius CIC.*de Orat.*2.33; medicus..non ita ~onet 'si cui uenae sic mouentur, is habet febrim' *Fat.*15; ~ositis bonorum et malorum finibus *Off.*1.5;—(*w. acc. and inf.*) alii..physici..haec principia quattuor esse ~osuerunt VITR.8.pr.1; cum..Seruilius.. causam dicendam esse ~oneret LIV.4.14.3; Asclepiadis aemuli..omnia ista uana..esse ~onunt CELS.1.pr.20; a promunturio Indorum..~onit (Iuba)..ad Malichu insulam [XV] p. esse PLIN.*Nat.*6.175;—(*w. indir. qu.*) id eane de causa ..an perfidia adducti fecerint..non uidetur pro certo esse ~onendum CAES.*Gal.*7.5.6;—(*w. adv.*) neque esse crudele, sicut plerique ~onunt CELS.1.pr.26. **c** si ~onatur te Titio mandasse, ut pro te fide iuberet AFRIC.*dig.*3.5.45(46); quaero, an donatio perfecta sit. respondit secundum ea quae ~onerentur perfectam SCAEV.*dig.*39.5.35; si filius familias negotia gessisse ~onetur, aequissimum erit in patrem quoque actionem dari ULP.*dig.*3.5.13(14); ~onebatur duos tutores..datos..et quaerebatur, an.. 27.8.2; nisi mihi ~onas militem esse, qui substituit heredem 28.6.10.5; ~onebatur filius a patre de castrensi peculio seruos comparasse..quaerebatur si.. 29.2.42.3. **d** quattuor..partibus constat argumentatio cum..~onimus..sine approbatione CIC.*Inv.*1.70.

10 (rhet.) To state, propound (the facts or substance of a case).
~onere..quae sit probaturus necesse est QUINT.*Inst.*3.9.2;—(*absol.*) accusator..uehementer ~onit, concludit acriter CIC.*Part.*14; id..totum respondenti facilius est quam ~onenti QUINT.*Inst.*4.1.36; 4.2.6; 11.3.163; (mali homines) immodeste ~onunt, sine pudore affirmant 12.1.12.

11 To set up as one's object or intention, plan, propose, purpose. **b** *mihi,* etc., *~ositum est,* my, etc., intention or plan is..; *habere ~ositum,* to have as one's intention or object.
ut in legibus scribendis nihil sibi aliud nisi salutem..rei publicae ~onerent CIC.*Inv.*1.68; mihi adulescentulus ~onere solebam illam exercitationem *de Orat.*1.154; quod mihi.. extremum ~osueram, cum essem de belli genere dicturus *Man.*17; hoc nescio quid nullo argumento ~osito scribere institui *Att.*9.10.1; nunc ad reliquam partem ~ositae diuisionis reuertamur *Off.*3.6; confecto iusto itinere eius diei quod ~osuerat Caesar CAES.*Civ.*3.76.1; HOR.*S.*2.6.99; nos modo ~ositum, uita, teramus iter PROP.2.30b.14; ~ositum repetemus opus OV.*Met.*3.151; haud absurdum uidetur ~ositi operis regulae paucis percurrere VELL.2.38.1; excedit animus quem ~osui terminum PHAED.3.epil.28; quotiens, quod ~osuit, quisque consequitur, capit operis sui fructum SEN.*Ben.*2.31.2;—(*w. inf.*) haec sibi ~osuit thalamos temerare pudicos OV.*Am.*1.8.19; Aegyptum petere ~osuit VELL.2.53.1; ciuitatem Alexandrinam secundum institutionem principum non temere dare ~osui TRA.Plin.*Ep.*10.7(23); ~onimus illuc ire, fatigatas ubi Daedalus exuit alas JUV.3.24; ager imperii Romani spatioso fine diffunditur, cuius controuersias generaliter exsequi ~osuimus AGEN.*agrim.*p.22;—(*w.* ut+*subj.*) cum..mihi initio ~osuissem ut animos..populi Romani..commouerem CIC.*Clu.*139;—(*w. adv.*) ut ad exercitum Scipio maneret bellumque ut ~osuisset gereret LIV.29.20.8; quare, ut ~osueram, qualitatem litoris nostri contemplemur COL.8.17.8. **b** esse aliud artem ipsam, aliud quod ~ositum sit arti CIC.*Fin.*5.16;—(*w. inf.*) est..~ositum conligere eos qui hoc munere in ciuitate functi sint *Brut.*137; non tanta de re ~ositum est hoc loco disputare *ad Brut.*1.15.3; si cui ~ositum sit conliniare hastam aliquo *Fin.*3.22;—(*w.* ut+*subj.*) omni huic sermoni ~ositum est non ut..eloquentiam meam perspicias..sed ut laborem *Brut.*318; non mihi hoc esse ~ositum ut accusem Oppianicum mortuum *Clu.*30;—haec habet ~osita, haec tueri uolt *Phil.*10.23; unum habens ~ositum, quanto ei, cui praestat, bono futura sit SEN.*Ben.*4.14.3;—(*w. inf.*) Chrysippus..~ositum habet ostendere similes res dissimilibus uerbis..esse notatas VAR.*L.*9.1; Caesar..unum illud ~ositum habebat continere in amicitia ciuitates HIRT.*Gal.*8.49.1; cum utilem se efficere ciuibus mortalibusque ~ositum habeat SEN.*Dial.*9.3.1.

Propontiacus ~a ~um, *a.* Of the Propontis.
~a..aqua PROP.3.22.2; ~is haerentem Cyzicon oris OV.*Tr.*1.10.29.

Propontis ~idis or ~idos, *f.* The Propontis or Sea of Marmora.
CATUL.4.9; OV.*Pont.*4.9.118; MELA 1.7; Euxinum.. ferens paruo ruat ore ~is LUC.9.960; PLIN.*Nat.*4.76; TAC.*Ann.*2.54.

prōporrō, *adv.* [PRO-+PORRO] In its sequence, in turn.
multa..de rerum mixtura dicere callent et sibi ~ quae sint primordia quaerunt LUCR.2.979; 3.275; inde ea ~ corpus ferit, atque ita tota paulatim moles protruditur atque mouetur 4.890.

prōportiō ~ōnis, *f.* [back-formation from *pro portione* (PORTIO)]

1 (gram.) Analogy.
cum dicatur lassus sum metendo ferendo, ex his uocabula non reddunt ~onem, quoniam non fit ut messor fertor VAR.*L.*8.57; analogia..quam..transferentes in Latinum ~onem uocauerunt QUINT.*Inst.*1.6.3; cum et ratio ~onis, quae 'analogia' appellatur, et ueterum auctoritates non 'hanc', sed 'hunc frontem' debere dici suadeant GEL.15.9.4; SCAUR. gram.in *G.L.*7.12.

2 Proper spatial relation between parts, proportion.
~o est ratae partis membrorum..commodulatio, ex qua ratio efficitur symmetriarum VITR.3.1.1; intellexit..spatium ..plantae Herculis ratione ~onis habita tanto fuisse quam aliorum procerius, quanto.. GEL.1.1.2;—(*pl.*) reliqua.. membra (*sc.* corporis) suas habent commensus ~ones VITR.3.1.2; ita natura composuit corpus hominis, ut ~onibus membra ad summam figurationem eius respon-

deant 3.1.4; quemadmodum..crescunt spatia inter columnas, ~onibus adaugendae sunt crassitudines scaporum 3.3.11.

prōportō ~āre, *tr.* [PRO-+PORTO] (app.) To bring forward, cite.
ui agis.—etiam uim ~as (*s.v.l.*), flagiti flagrantia? PL. *Rud.*733.

prōpositiō ~ōnis, *f.* [PROPONO+-TIO]

1 The act of posting up.
quod si dum proponitur uel ante ~onem quis corruperit, edicti quidem uerba cessabunt ULP.*dig.*2.1.7.2.

2 The act of picturing in the mind, imagination. **b** a notion, image.
magnificentia est rerum magnarum..cum animi ampla..et splendida ~one cogitatio atque administratio CIC.*Inv.* 2.163; huiusne uitae ~o et cogitatio aut Thyestem leuare poterit aut Aeetam? *Tusc.*3.39. **b** disputatio et computatio e ~one putandi VAR.*L.*6.63.

3 The act of setting out in words, statement. **b** the statement of the facts or substance of a case.
exemplum est alicuius facti aut dicti praeteriti..~o *Rhet.Her.*4.62; quod prima ~one durum uidetur QUINT. *Inst.*12.1.36. **b** ~o..quid sis dicturus CIC.*de Orat.*3.203; is eius rei (*sc.* exordii) modus est, ut ~oni similior sit quam expositioni..de quibus dicturus sit orator ostendat QUINT. *Inst.*4.1.35; sunt..quaedam tam breues causae, ut ~onem potius habeant quam narrationem 4.4.1; in contradictionibus interim totum crimen exponitur..aut pluribus ~onibus iunctis 5.13.28; cum in ~one ac refutatione causa consistat 12.9.19; uera ~o est cum p⟨er⟩ stat⟨um⟩ generalem controuersia ad litem deducitur AGEN.*agrim.*p.27.

4 The statement of a proposition. **b** the major premiss of a syllogism or *epichirema*. **c** a case proposed for discussion.
hoc apertius potui dicere, nisi ~o deberet esse confusior SEN.*Ben.*6.7.1; non..integra est ~o dicentium 'aut honesta sunt quae imperat pater aut turpia' GEL.2.7.21. **b** ~o est per quam ostendimus summatim quid sit quod probari uolumus *Rhet.Her.*2.28; CIC.*Inv.*1.62; Cicero..quinque (*sc.* epichirematos partes) defendit, ut sit ~o, deinde ratio eius, tum assumptio et eius probatio, quinta complexio QUINT. *Inst.*5.14.5. **c** in illa ~one..cum quis ipse creditori suo heres exstitit et hereditatem uendidit AFRIC.*dig.*18.4.20.1.

prōpositīuus ~a ~um, *a.* [PROPONO+-IVVS] That states a proposition to be discussed or defined; (fem. as sb., s.v.l.) such a proposition.
tam significationem habet ~am, cui subiungamus quam PAUL.*Fest.*p.361M;—tam significationem habet, cum ponimus ~am quandam, cui subiungimus quam FEST.p.360M.

prōpositum ~ī, *n.* [pple. of PROPONO]

1 Anything set before one as an intention or objective; *~o*, with (a particular) intention.
ut omnia faciat, quo ~um adsequatur CIC.*Fin.*3.22; etsi nulla re deterreri a ~o potest BRUT.*ad Brut.*1.11.2; tenere uterque ~um uidebatur CAES.*Civ.*1.83.3; ~um nihilo setius peregit NEP.*Att.*22.3; uictor ~i HOR.*Ep.*1.13.11; ~o dulces faueatis amici [TIB.]3.6.9; LIV.2.8.8; ~i..tenax OV.*Met.* 10.405; uti sua cuique daretur littera, ~um curaque nostra fuit *Pont.*3.9.52; medici..~um est, ut.. CELS.7.29.4; dum capiat aurem et seruet ~um suum (iocus) PHAED.2.pr.7; uidebar consummasse ~um, cum tractassem, quemadmodum dandum esset beneficium SEN.*Ben.*5.1.1; qua sit agricolae contrarium pastoris ~um COL.6.pr.1; QUINT. *Inst.*7.1.44; idem utrique ~um, idem tenor uitae PLIN.*Pan.* 84.4; in ~o mansit SUET.*Gram.*24(p.118Re);—(*w. defining gen.*) ad ~um deformationis VITR.1.1.1; ~um bene faciendi SEN.*Ben.*6.7.4; ~um bellandi QUINT.*Decl.*255(p.46,l.4);—eo..~o in Asiam ueni, ut.. SEN.*Ep.*53.10; impetum..faciunt rapinae ~o PLIN.*Nat.*11.58; ut non ista (*sc.* scelera) committat ~o negandi QUINT.*Decl.*328(p.288,l.26); nisi..dominus eo ~o fuit, ut nollet hoc esse in peculium serui ULP.*dig.*15.1.7.6.

2 One's chosen mode of conduct, practice, way of life. **b** a method or style (of speaking).
uir..ingenio florentissimus, ~o sanctissimus VELL.2.2.2; mutandum tibi ~um est et uitae genus PHAED.3.pr.15; confert aliquid et aetas..et uitae ~um CELS.5.26.6; PLIN. *Ep.*5.13(14).10; QUINT.*Inst.*12.10.55; tales patrono operae dantur, quales ex aetate..ualetudine..~o..aestimari debent PAUL.*dig.*38.1.16.1; (*pl.*) ~orum et ante actae uitae differentia QUINT.*Inst.*11.1.42. **b** QUINT.*Inst.*9.4.19; in isdem (*sc.* iuuenibus) siccum..et contractum dicendi ~um..adfectatione ipsa seueritatis inuisum est 11.1.32; uarium..~um agentium fuit 12.9.14.

3 The subject or theme of what one is saying, etc., the point. **b** (rhet.) a general question (transl. Gk. θέσις). **c** a case adduced for discussion, the present instance.
ut egrederetur a ~o ornandi causa CIC.*Brut.*82; te de aeternitate dicentem aberrare a ~o facile patiebar *Tusc.* 1.81; ad ~um ueniemus NEP.pr.8; tu (*sc.* Venus) mihi ~um, tu mihi semper opus OV.*Fast.*4.8; longius me fabellarum dulcedo produxit; itaque ad ~um reuertar SEN.*Suas.*1.7; SEN.*Ben.*1.14.1; reddatur hoc in loco luxuriae quoque sententia et aliqua in ~um (*i.e. to the point*) certe PLIN.*Nat.* 17.37; LARG.84; quid haec ad praesens ~um..pertineant, non reperio QUINT.*Inst.*5.11.31; cum..non id sit ~i ut eum (*sc.* Ciceronem) Demostheni comparem 10.1.105; (*in ellipt. expr.*) sed ad ~um CIC.*Att.*14.1.2. **b** definitum (quaestionis genus) est quod ὑπόθεσιν Graeci, nos causam; infinitum quod θέσιν illi appellant, nos ~um possumus nominare CIC.*Top.*79; infinitae sunt (quaestiones) quae remotis personis et temporibus et locis..in utramque partem tractantur, quod Graeci θέσιν dicunt, Cicero ~um QUINT.*Inst.*3.5.5. **c** ULP.*dig.*12.1.14; furti..actionem in ~o mihi..competituram AFRIC.*dig.*46.3.38.1.

4 A general assertion, proposition. **b** a premiss.
haec duo ~a..dilatant CIC.*Luc.*42; numquam est fidelis cum potente societas. testatur haec fabella ~um meum PHAED.1.5.2. **b** id, quod concludere illi uelint, non effici ex ~is nec esse consequens CIC.*de Orat.*2.215; *Brut.*152; ~o accedo, argumento non consentio SEN.*Nat.*1.8.4.

5 (app. for *edictum ~um*) An issued summons.
contra pupillum indefensum..~um peremptorium nihil momenti habet PAUL.*dig.*42.1.54.

prōpraetor ~ōris, *m.* [from *pro praetore*, see PRAETOR] A magistrate or officer holding *imperium pro praetore* in the provinces, propraetor.
res in Sardinia cum mastrucatis latrunculis a ~ore una cohorte auxiliaria gesta CIC.*Prov.*15; praeposito..castris L. Scipione ~ore Romam ipse ad consultandum de bello rediit LIV.10.25.11; in Etruria..ab Cn. Fuluio ~ore res ex sententia gesta 10.30.1; quod imperio non populi iussu, non ex auctoritate patrum dato '~or senatui' scripserat, magnam partem hominum offendebat 26.2.1; M. Iunius Silanus ~or adiutor ad res gerendas datus est 26.19.10; decreuit..senatus, ut P. Aelius consul quem uideretur ei cum imperio mitteret qui (classem)..in Macedoniam traiceret. M. Valerius Laeuinus ~or missus 31.3.2.

propriē, *adv.* [PROPRIVS+-E]

1 As particularly belonging or proper to one, as one's own. **b** on one's own account, privately. **c** in one's own proper way, individually.
ut..quod asperius et inusitatum (esset), id ~ nobis adtribueretur *Rhet.Her.*4.10; criminibus quae in hunc ~ conferuntur CIC.*Cael.*30; si..campus Martius diuidatur..tamen promiscue toto quam ~ parua frui parte malitis *Agr.* 2.85; cura doloris tui, quae non cum illis communicabitur sed ad te ipsum ~ referetur *Fam.*5.16.5; difficile est ~ communia dicere HOR.*Ars* 128; agitat Phrygas communis iste terror, hic ~ meum exterret animum SEN.*Tro.*435; pagum..quem ~ Macedonum fecerat PLIN.*Nat.*6.138; qui non ut partem operis transcurrerunt, sed ~ libros huic operi dedicauerunt QUINT.*Inst.*9.3.89;—(*w. poss. adj.*) tu..me diligas rogo ~que tuum esse tibi persuadeas PLANC.*Fam.* 10.24.8; sensus..quorum quisque suam ~ rem percipit in se LUCR.6.985; ne ita externis credant auxiliis ut non plus sui roboris suarumque ~ uirium..habeant LIV.25.33.6; non est haec mea ~ sententia, sed eorum, quos.. QUINT.*Inst.* 12.1.86. **b** meam causam..cuncta Italia publice, omnes boni ~..susceperant CIC.*Sest.*38; ut una omnium..fortuna esset neue alteri ~ sibi paciscerentur quicquam LIV.25.28.4. **c** quominus esse queat ~ quodcumque creatur LUCR. 1.781.

2 So as to apply to one person or thing in particular, specifically.
uerbis..~ demonstrantibus ea, quae significari..uolemus CIC.*de Orat.*3.49; o hominem nequam!..magis ~ nihil possum dicere *Phil.*2.77; Democritus..non ~ res nominauit sed tantum indiuidua corpora proposuit VITR.2.2.1; quae..~ ad regni crimen ab accusatoribus obiecta sint reo, apud neminem auctorem inuenio LIV.6.20.4; in deis generaliter primum maiestatem ipsius eorum naturae uenerabimur, deinde ~ uim cuiusque QUINT.*Inst.*3.7.7; 4.2.63; quod..ea, quae ~ signari poterant, circumitu coeperint enuntiare 12.10.16; quoniam..singulae controuersiae diuersas habent condiciones, ~ sunt nominandae FRON.*agrim.*p.4; multa in me ~ conficta et alia communiter in philosophos sueta ab imperitis..effutierunt APUL.*Apol.*3.

3 Properly, strictly speaking. **b** appropriately, rightly, properly.
actores pronuntiare dicuntur..quod maxime tum dicitur ~, nouam fabulam cum agunt VAR.*L.*6.58; ~..in rebus inuenire, in uerbis eloqui dicitur CIC.*Part.*3; cum hoc ipsum ~ non quaereretur hoc tempore *Tusc.*3.80; diserte quidem dicit, sed parum ~ SEN.*Ep.*59.3; quae ~ uocatur Asia PLIN.*Nat.*5.102; quae ~..sententiae uocantur, quas Graeci γνώμας appellant QUINT.*Inst.*8.5.3; tamquam parum ~ antiqui uocarentur, quos satis constat ante centum annos fuisse TAC.*Dial.*25.1; SUET.*Gram.*4(p.103Re); quod..non ex auctoritate populi Romani consecratum est, ~ sacrum non est, tamen pro sacro habetur GAIUS *Inst.*2.7; neque..scimus quid ea (*sc.* uocabula) ~ atque uere significent GEL. 16.5.1. **b** bonum uirum ~ et copiose laudari CIC.*de Orat.* 2.349; iratos ~ dicimus exisse de potestate, id est de consilio *Tusc.*4.77; OV.*Tr.*3.13.17; neque est alius colos, qui in pictura ~ sanguinem reddat PLIN.*Nat.*33.116; ut de unaquaque earum..rerum dicat ~ et copiose QUINT.*Inst.*1.4.5.

4 Particularly, especially.
cetera uniuerse mandaui, illud ~, ne pateretur..prorogari nobis prouincias CIC.*Att.*5.2.1; in consolationibus..de communi condicione uitae et ~, si quid sit de ipsius qui maereat disputandum *Tusc.*3.77; a prudentibus et ~ rei militaris peritis..monendi imperatores sunt LIV.44.22.12; fecundum est ~ Cancrii genus MAN.2.236; laurus triumphis ~ dicatur, uel gratissima domibus PLIN.*Nat.*15.127; pastillus..bene facit ad omnem dolorem, ~ autem ad tussim LARG.93; 208; fit soloecismus genere, numero, ~ autem casibus QUINT.*Inst.* 1.5.45; mira sermonis, cuius ~ studiosus fuit, elegantia 10. 1.114.

proprietārius ~(i)ī, *m.* [as next+-ARIVS] An owner or proprietor (not having usufruct).
si seruum usuarium ~ius occidit ULP.*dig.*4.3.7.4; nec seruitutem imponere fundo potest ~ius 7.1.15.7; 7.1.22; 11.7.2.7.

proprietās ~ātis, *f.* [PROPRIVS+-TAS]

1 The special property or character of a thing. **b** a special kind or type.
cum..quid sit quaeritur, notio explicanda est et ~as et diuisio et partitio CIC.*Top.*83; singularum rerum singulas ~ates esse *Luc.*56; *Aetna* 514; translatis ex alia ratione ~atibus in aliud genus operis offendetur aspectus VITR. 1.2.6; 2.9.1; cursus..stellarum et unius cuiusque uim, ~atem, effectum V.MAX.8.7.ext.2; interdum..nullam habet ~atem (carcinoma) CELS.5.28.2.B; quorum (*sc.* beneficiorum) quae uis quaeue ~as sit, dicam SEN.*Ben.*1.3.2; utrumque..genus medicamenti eximie prodesse iudico ~ate..quadam LARG.21; ~ates ingeniorum QUINT.*Inst.* 2.8.6; Claudiam quae..cum Anione permixta..perdebat ~atem FRON.*Aq.*91; ad fingendas corporis atque animi similitudines..lactis..~ates ualere GEL.12.1.14; multorum animalium..sonores distinctis ~atibus APUL.*Fl.*17;—(*w. defining gen.*) ~atem habet fructum amittendi lanugine..quod nulli alii arbori euenit PLIN.*Nat.*13.121;—(*w. defining cl.*) est ~as in surculis, ut.. COL.3.21.8; ~as saxi quod crescit in macerando PLIN.*Nat.*35.197. **b** omnes regiones seu locorum ~ates VITR.1.5.8; Ponto..Romae, item ceteris terrarum et regionum ~atibus 6.1.1; LIV.45.30.3.

2 The proper or specific meaning (of a word). **b** a special designation.
habent..omnia haec nomina suam ~atem QUINT.*Decl.* 277(p.130,l.27); iuris consulti, quorum summus circa uerborum ~atem labor est *Inst.*5.14.34; elegantius (*sc.* traductionis genus), quod est positum in distinguenda rei ~ate 9.3.71; ~ates uocis cuiusque nosse..oratorum est 12.2.10; GEL.12.13.5; uoces huiusmodi, cum ex communi significatione in rei certae ~atem concedunt, diuersitate accentuum separantur 17.3.5. **b** neque uerborum neque scripturae ulla ~as desideratur, sed sufficit eos, qui negotium gerunt, consensisse GAIUS *Inst.*3.136.

3 Appropriateness, fitness, rightness; proper degree, measure, etc. **b** fitness, propriety (in the use of words).
omnia..certa ~ate et a ueris naturae deducta moribus translulerunt in operum perfectiones VITR.4.2.6; hunc (*sc.* Homerum) nemo in magnis rebus sublimitate, in paruis ~ate superauerit QUINT.*Inst.*10.1.46;—in libramenti ~atem VITR.8.3.3; uti..designet horarum ~ates 9.8.9. **b** ~as..ad uim significandi refertur, nec auditu sed intellectu perpendenda est QUINT.*Inst.*8.2.6; tam candidum..dicendi genus, tanta uerborum..quae adsumpta sunt ~as 10.1. 121; ~as penes illos est certior, copia uincamus 12.10.36; quo genere exercitationis ~as..uerborum..paratur PLIN. *Ep.*7.9.2; GEL.10.22.3; MAUR.107.

4 Ownership; (spec.) bare ownership (without usufruct); *dominus ~atis*, the holder of a title to ownership.
ad regem..potestas omnium pertinet, ad singulos ~ates SEN.*Ben.*7.4.2; VT EA..~ATI MEAE RESTITVERENTVR *CIL* 6.10230.12; de ~ate controuersia est plerumque FRON. *agrim.*p.6; VT AD EVM PERTINEAT ~AS PARTIS QVAE AD FISCVM PERTINEBIT *Lex Vip.*6(*Font.iur.*p.294); in iure dicendo cum de ~ate iumenti quaereretur SUET.*Gal.*7.2; in causa finali de ~ate soli..contendentes APUL.*Met.*6.29;—si quis seruo..res aliquas ea mente dederit, ut ~atem earum retineret JULIAN.*dig.*15.1.16; rei commodatae et possessionem et ~atem retinemus POMPON.*dig.*13.6.8; non solum..~as per eos, quos in potestate habemus, adquiritur nobis, sed etiam possessio GAIUS *Inst.*2.89; is cuius in seruo ~as erat MARCEL.*dig.*31.26; (*w.* nudus) nudam ~atem GAIUS *dig.*22.1.19;—dari..debebit actio ei aduersus dominum ~atis JULIAN.*dig.*15.1.37.3; GAIUS *Inst.*2.30; ULP.*dig.* 7.1.13.7.

propriō ~āre, *tr.* [PROPRIVS+-O³] (See quot.)
~assit, proprium fecerit FEST.p.229M.

proprītim, *adv.* [next+-IM] Particularly, specifically.
genus humanum ~ de quibus (principiis) auctumst LUCR. 2.975.

proprius ~a ~um, *a.* [dub.] FORMS: compar. *~or* CIC.*Off.*1.53, 2.22 (s.vv.ll.). PROS.: *propri-* PL.*Capt.*862.

1 One's own absolutely or in perpetuity. **b** (tech., of sacrificial victims, in unkn. sense, but cf. perh. use of *alienus* in PLIN.*Nat.*8.183).
~um nequit mi quod cupio euenire? PL.*Mer.*338; illum amatorem tibi ~um futurum in uita *Mos.*225; TER.*An.*716; ego deorum uitam propterea sempiternam esse arbitror quod uoluptates eorum ~ae sunt 960; VIVE IN DIES ET HORAS NAM ~VM EST NIHIL *CIL* 1.1219.6; LUCIL.701; ACC. *trag.*159; uti liceat nuptiis ~is et prosperis uti GEL.*hist.*15; metu et suspicione ~am capere non poterat quietem SIS. *hist.*45; quod ut illi ~um ac perpetuum sit, Quirites,..optare debetis CIC.*Man.*48; *Red.Sen.*9; uictoriam sibi ~am a dis immortalibus portendi *B.Afr.*82.2; parua munera diutina, locupleta non ~a esse consuerunt NEP.*Thr.*4.2; ~a haec si dona fuissent VERG.*A.*6.871; ut ~a haec mihi munera faxis HOR.*S.*2.6.5; acciperent eam tenerentque et haberent ~am et perpetuam LIV.22.37.5. **b** iube uasa tibi pura apparari ad rem diuinam cito, atque agnum adferri ~um pinguem PL.*Capt.*862; BOVEM M⟨A⟩REM IOVI OPTIMO MAXIMO ~VM INMOLAVIT IMP CAESAR AVGVSTVS *CIL* 6. 32323.103; 6.32323.136.

2 Belonging (to oneself or the person, etc., indicated by the context), one's own; (neut. sg. as sb.) one's own property. **b** (of natural possessions or properties). **c** (of persons).
si quoi mutuom quid dederis, fit pro ~o perditum PL. *Trin.*1051; tria praedia..Capitoni ~a traduntur CIC.*S.Rosc.* 21; neque quisquam agri modum certum aut finis habet ~os CAES.*Gal.*6.22.2; hi ~um decus..indignantur..ni teneant VERG.*A.*5.229; si ~o condidit horreo quidquid de Libycis uerritur areis HOR.*Carm.*1.1.9; amittit merito ~um qui alienum adpetit PHAED.1.4.1; STAT.*Silv.*4.4.70; Laodicea tremore terrae prolapsa..~is opibus reualuit TAC.*Ann.* 14.27; alumnis..sestertium deciens singulis reliquit usurarium potius quam ~um FRO.*Amic.*2.p.98(183N); Latinos ..qui ~os populos ~asque ciuitates habebant GAIUS *Inst.*1.79; quae per consequentias emptionis ~a sunt PAUL. *dig.*19.1.5; (*cf.*) cum illa facere nolo mutuom.—quid ita?—quia ~um facio PL.*Cur.*48;—(*w. poss. adj.*) omnia quae nostra erant ~a CIC.*S.Rosc.*150; uenire nostras res ~as *Agr.*2.55; Plato..omnia qui..iubet esse communia, ne quis ciuis ~am aut suam rem ullam queat dicere *Rep.*4.5; ut ..redeas..ad consuetudinem uel nostram communem uel

tuam solius ac ~am Lucc.*Fam.*5.14.3; meus fit ~us locus, quem occupaui Sen.*Ben.*7.12.3;—(*w. gen.*) c sesti c f mvrvs totvs ~vs est et locvs vbei is mvrvs stat *CIL* 1.1385; Panurgum tu..~um Fanni dicis fuisse Cic.*Q.Rosc.* 28; seruum ~ium mulieris Scaev.*dig.*40.5.19.1; res.. fiscales quasi ~ae et priuatae principis sunt Ulp.*dig.*43.8.2.4; —(*w. dat.*) ager Vmbreni sub nomine, nuper Ofelli dictus, erit nulli ~us Hor.*S.*2.2.134;—largitus de ~o dotem Apul. *Met.*10.23. **b** effudit uoces ~o cum pectore Enn.*Ann.* 540; corpora cum..per inane feruntur ponderibus ~is Lucr.2.218; quod uobis..probassem, nisi mihi fortuna ~um consilium extorsisset Lep.*Fam.*10.35.1; dies..sanctior ..paene natali ~o Hor.*Carm.*4.11.18; cultello ~os purgantem leniter ungues *Ep.*1.7.51; ~os ego tecum..annos contribuisse uelim Tib.1.6.63; ~is uiribus consiliisque bella gerere Liv.2.53.5; ~a..exterrita uoce est Ov.*Met.*1.638; Phaed.4.10.2; haudquaquam ~o mihi cognita uisu Stat. *Silv.*3.3.112; Tac.*Ann.*15.13. **c** (*of family, etc.*) ~ae familiae laus Liv.7.9.5; redire..coepit ad ~um genus Phaed.1.3.10; ~a flammis corpora alienis cremant Sen. *Oed.*64; ~a luctus de stirpe recordor Stat.*Theb.*5.219; Tiberius ut ~um et sui sanguinis Drusum fouebat Tac.*Ann.* 2.43;—(*of subjects, troops, etc.*) tribus tantis exercitibus, ~is rei p. D.Brut.*Fam.*11.23.1; regum timendorum in ~os greges..imperium est Hor.*Carm.*3.1.5; Vell.2.1.4; esse illi ~um militem cohortium urbanarum Tac.*Hist.*3.64.

3 Concerning or belonging to one person, thing, etc., alone, exclusively one's own, personal, private. **b** (of actions, attitudes, etc.).

unam uirtutem ~am mortalibu' fecit Var.*Men.*71; in nobis..tantae dissimilitudines sunt,..certae res cuiusque ~ae Cic.*de Orat.*3.34; A. Cluenti ~um periculum *Clu.*3; nisi ipsum cautorem alieni periculi suis ~is periculis terruisset *Sest.*15; in illo communi incommodo nulla in quemquam ~a ignominia nominatim cadebat 30; bellicas laudes.. communicare cum multis, ne ~ae sint imperatorum *Marc.*6; requisiui..~as ad me unum litteras *Fam.*12.30.3; quae est eius (*sc.* animi) natura? ~a..et sua *Tusc.*1.70; ipsa uarietas quae est ~a fortunae *Div.*2.109; furorem animi ~um Lucr. 3.828; haec liberandarum Thebarum ~a laus est Pelopidae, ceterae fere communes cum Epaminonda Nep.*Pel.* 4.1; Archilochum ~o rabies armauit iambo Hor.*Ars* 79; ne..secretum imperium ~aue signa haberent, miscuit manipulos ex Latinis Romanisque Liv.1.52.6; Falisci ~a..causa infesti quod Fidenati bello se iam antea immiscuerant 5.8.6; materia ~a pollentia signa Man. 4.293; tamquam..~am ipse potentiam et possessionem Hispaniarum temptasset Tac.*Hist.*2.65; Lucanum ~ae causae accendebant, quod famam carminum eius premebat Nero *Ann.*15.49; ego ~am quandam legem mihi dixi Plin. *Ep.*2.16.2; omnes populi..partim suo ~o, partim communi omnium hominum iure utuntur Gaius *Inst.*1.1; vt eas qvi excolverit vsvm ~vm habeat *CIL* 8.25902.1.9. **b** sua quadam ~a, non communi oratorum facultate Cic. *de Orat.*1.44; ut omittam cetera quae sunt..communia, hoc unum habet ~um, ut ex urbe expulerit..ciuem Romanum *Sest.*29; quamquam ~os dolores suarum rerum omnes habebant *Phil.*8.18; Galli ~o..in Romanos odio accenduntur Liv.30.33.9; huic tam superbo decreto addidit ~am contumeliam Damocritus 35.33.9; adde..~as ad mea uerba preces Ov.*Pont.*2.2.124; affectus ~os in fabellas transtulit Phaed.3.pr.36; quod..habet ~um furor Sen.*Her.F.*1220; ~am..capessere pugnam Stat.*Theb.*11.158; anxius ~o bello Tac.*Hist.*2.97; Eunonen..~is odiis non infensum *Ann.*12.18; non te ~a cupiditas, ~us metus, sed aliena utilitas, alienus timor principem fecit Plin.*Pan.*7.1;—(*w. poss. adj.*) de tuis ~is sceleribus Cic.*Vat.*30; ipsa calamitas communis est utriusque nostrum, sed culpa mea ~a est *Fam.*14.3.1;—(*w. gen.*) hoc commune uitium, illae Epicuri ~ae ruinae *Fin.*1.18; illud magnificentissimum factum ~um est Thrasybuli Nep.*Thr.*1.5; Liv.10.30.7; ~um eius (*sc.* Polycliti) est, uno crure ut insisterent signa, excogitasse Plin.*Nat.*34.56.

4 a (pred., w. inf. or noun cl.) Peculiar (to someone, something, etc., that). **b** (neut. as sb.) a special feature or property, peculiarity.

a fuit hoc quondam, fuit ~um populi Romani longe a domo bellare Cic.*Man.*32; est..~um stultitiae aliorum uitia cernere, obliuisci suorum *Tusc.*3.73; gaudere laetarique ~um..uirtutis est Sen.*Dial.*4.6.2; itaque sit ~um Catonis quater et quadragiens causam dixisse..et semper absolutum Plin.*Nat.*7.100; ~um..uino mucescere aut in acetum uerti 14.131; ~um humani ingenii est odisse quem laeseris Tac. *Ag.*42.4; ~um est..huius mali medicamenti protinus liuidos articulos..facere Larg.188; ~um id Tiberio fuit scelera nuper reperta priscis uerbis obtegere Tac.*Ann.*4.19;—hoc esse..~um liberae ciuitatis, ut nihil..de bonis sine iudicio.. detrahi possit Cic.*Dom.*33; ~um..materiae (*sc.* smilacis) est ut admota auribus lenem sonum reddat Plin.*Nat.*16.155; ~um ei (*sc.* apio) quod colorem mutat 19.158; ~um est scorpionum quod manus palmam non feriunt 29.91. **b** ~um in communi signo notari non potest Cic.*Luc.*34; mederi oportere et communia ⟨et⟩ ~a intuentem Cels.1.pr. 66; ira, cuius ~um est contumacia Sen.*Dial.*3.9.2; ~um.. siderationis est sub ortu canis siccitatum uapor Plin.*Nat.* 17.222; ~um..est..quod soli accidit, ut homini sermo, risus Quint.*Inst.*5.10.58; si finias equom.., genus est animal ..~um hinniens 7.3.3; 'seruus est..qui seruitutem seruit.' quae finitio..nisi..~is et differentibus adiuuatur, inanis est 7.3.26; illa feminarum ~a, quis lapidum causa pecuniae nostrae ad externas..gentis transferuntur? Tac.*Ann.*3.53.

5 Rightly belonging, suitable, appropriate.

his..omnibus partibus subiecta quaedam esse argumenta ~a Cic.*de Orat.*1.140; his partibus orationis..quamquam maxime ~us est locus et in exordiendo et in perorando 2.311; principia..dicendi..causarum ~a esse debent 2.315; quae ..erant ~a..praestantis in re publica uiri *Brut.*7; quod ..disciplinae..maiorum ~um est *Catil.*1.12; est ornamentum Academiae ~um meae *Att.*1.4.3; ~is..et suis argumentis..tractanda quaeque res est *Tusc.*5.19; in amore mala haec ~o summeque secundo inueniuntur Lucr. 4.1141; ~os generatim discite cultus Verg.*G.*2.35; ratione et consilio, ~is ducis artibus Tac.*Hist.*3.20.

6 Having an exclusive relationship with one individual, set, instance, etc., particular to one case, special.

ea (*sc.* adprobatio) habet locos ~os atque communes. ~i sunt ii quibus nisi accusator nemo potest uti *Rhet.Her.* 2.9; a ~a ac definita disputatione hominis ac temporis ad communem quaestionem uniuersi generis orationem traducere Cic.*Brut.*322; orsus a..communibus in omnem Graeciam et ~is in Boeotorum gentem meritis Liv.33.2.1; praepositis..is, quae in qualibet corporis parte fiunt, ad ea, quae ~as sedes habent, transibo Cels.7.pr.5; simplicia.. medicamenta et ~a remedia monstrabimus Larg.178; praeter hoc..quod est commune, ~am moderationem quaedam causae desiderant Quint.*Inst.*11.1.58; ~o duce opus esse qui Armeniam defenderet Tac.*Ann.*15.3; dona et grates deis decernuntur, ~usque honos Soli 15.74; nihil inueniebam aut ~um aut uniuersale, quod ad Bithynos ferretur Plin. *Ep.Tra.*10.65(71).2; (*w.* ad) remedia ~a ad singula quaeque (medicamenta mala) Larg.200; (*w. dat.*) chamaepeuce.. lumborum et spinae doloribus ~a est Plin.*Nat.*24.136.

7 (of a task, subject, etc.) Belonging to or the concern of a particular person, class of persons, activity, etc.

(*w. gen. of person*) ciuilis scientia, quam Scaeuola non putat oratoris esse ~am Cic.*de Orat.*1.193; per arbitrum.. cuius de ea re ~um non erat iudicium *Q.Rosc.*25; sunt..haec ~a philosophorum *Div.*2.10; quid de religionibus..— quae ~a deorum immortalium..iniuria est—loquar? Liv.6.41.4; (*w. dat.*) sicut aues ad uolatum..gignuntur, ita nobis ~a est mentis agitatio Quint.*Inst.*1.1.1; (*w. poss. adj.*) clamabunt..omnes philosophorum scholae sua esse haec omnia ~a, nihil omnino ad oratorem pertinere Cic.*de Orat.*1.56;— (*w. gen. of activity, etc.*) nec ullae..pecudes agri culturae sunt ~ae, nisi.. Var.*R.*1.2.20; physica..et quae..ceterarum artium ~a posuisti Cic.*de Orat.*1.61; rebus, quae essent ~ae belli administrandi 1.210; argumenta rerum esse ~a, testimonia autem uoluntatum *Part.*49; ~um crimen illud quaestionis eius non fuit *Clu.*103; hoc ~um uirtutis existimant, expulsos agris finitimos cedere Caes.*Gal.*6.23.2; praecepta..quae ~a generum singulorum (*sc. of agriculture*) erunt Plin.*Nat.*18.44; hoc..~um est medicinae Larg.199.

8 (of words, terms) Referring specifically (to). **b** (of a word) having the meaning proper to it; (of composition) expressed in proper terms, literal. **c** (of a word) proper to the thing being described, specific.

quae (*sc. terms*) sunt hominum ~a Var.*L.*5.80; ~a sunt ea quae eius rei uerba sunt..qua de loquemur *Rhet.Her.* 4.17; translatione..utens discedebat a uerbis ~is rerum ac suis Cic.*Top.*32; Bacchi nomine abuti mauult quam laticis ~um proferre uocamen Lucr.2.657; quod nomina nostra quasi litterarum ~a, non hominum, litteris redduntur Plin. *Ep.*9.23.3. **b** non ~o nomine..sed tralaticio Var.*L.*6.55; Cic.*Brut.*274; quamquam..omnis locutio oratio est, tamen unius oratoris locutio hoc ~o signata nomine est *Orat.* 64; ut..uerborum praeterea et ~orum et translatorum elegantiam persequamur *Opt.Gen.*4; res ut omnes suis certis ac ~is uocabulis nominentur *Caec.*51; alia translatis uirtus, alia ~is Quint.*Inst.*10.5.8;—quid quod nihil iam ~um placet, dum parum creditur disertum quod et alius dixisset? 8.pr.24; ut..~o sermone utatur, uitetque..audaciam in translationibus Suet.*Gram.*10(p.109Re). **c** dicitur terra ~o nomine, quae nullo alio uocabulo neque cognomine adiecto appellatur Var.*R.*1.9.1; non quod omnis sententia ~o nomine ἐνθύμημα non dicatur Cic.*Top.*55; si ~um..nomen nostri mali quaeritur, fatalis quaedam calamitas incidisse uidetur *Lig.*17; nostri, cum omnia quae dixissemus 'dicta' essent, quae facete et breuiter..locuti essemus ea ~o nomine appellari 'dicta' uoluerunt *Ep.fr.*2.1; ~o quae tum res nomine egebat Lucr.3.134; ~is nominibus incusant uallum, fossas Tac.*Ann.*1.35; id, quod ab arcu mittitur, apud Graecos quidem ~o nomine τόξευμα uocatur, apud nos autem communi nomine telum appellatur Gaius *dig.*50.16.233.2; parentes usque ad tritauum..~o uocabulo nominantur: ulteriores qui non habent speciale nomen maiores appellantur Paul.*dig.*38.10.10.7.

9 Specific, particular, definite.

de nominibus, quae differunt a uocabulis ideo quod.. significant res ~as, ut Paris Helena Var.*L.*8.80; ut a ~is personis atque temporibus auocemus controuersiam Quint. *Inst.*3.5.15.

? **propromptū**: app. = *promptu* (promptvs²)
iram in ~u (*v.l.* promptu) gerere Pl.*Ps.*449.

propter, *adv.* and *prep.* [prope+-ter²] Const.: (as prep.) w. acc.; w. abl. Pac.*trag.* fr.inc.61(dub.); often placed after its sb., esp. when this is a pers. or rel. pron. N.B.: for *ea* ~, *qua* ~ see eapropter, qvapropter; for ~ *ea* see next.

A (as adv.).

1 Near, hard by, close at hand.

ibi angiportum ~ est Ter.*Ad.*576; ubi aqua ~ siet Cato *Agr.*151.2; Var.*R.*3.3.5; gladium ~ adpositum Cic.*Inv.*2.14; duo filii ~ cubantes *S.Rosc.*64; ara..Panchaeos exhalat ~ odores Lucr.2.417; cornix..~ uolans Phaed.2.6.7; (*in fig. phr.*) adulescentia uoluptates ~ intuens..laetatur Cic. *Sen.*48.

B (as prep.).

2 Near, close to, hard by.

illic habitat Daemones in..uilla proxuma ~ mare Pl. *Rud.*34; ~ stagna ubi lanigerum genus piscibus pascit Enn. *Sat.*66; accede illuc..hic ~ hunc adsiste Ter.*Ad.*169; salicta..~ amnes ibi seri oportet Cato *Agr.*9; paries, qvi est ~ viam *CIL* 1.698.1.9; ~ eam porticum situm erat dolium Var.*Men.*165; in pratulo ~ Platonis statuam consedimus Cic.*Brut.*24; statuae equestres..~ aedem Volcani *Ver.*2.150; quanto quaeque magis sint terram sidera ~ Lucr.5.623; ~ hostium castra praetergressus *B.Afr.*73.4; templum de marmore ponam ~ aquam Verg.*G.*3.14; Liv. 28.46.16; ~ humum uolitat Ov.*Met.*8.258; habitabat..in uilla sua ~ uicum..Eretum V.Max.2.4.5; translata dehinc castra hostem ~ Tac.*Ann.*4.48; capulum Tlepolemi ~ assistens Apul.*Met.*8.13; quae quasi pars aedium uel ~ aedes habentur, ut puta putealia Ulp.*dig.*19.1.13.31; (*separated from noun*) hanc (*sc.* Cassiepiam)..uersatur..~ Andromeda Cic.*Arat.*201.

3 (in giving an explanation of a state of affairs) Owing to the fact or existence of, as a result or consequence of, in view of, because of. **b** ~ *quod*, for which reason, wherefore.

obnoxii ambo uobis sumus ~ hanc rem, quom quae uolumus nos copia est Pl.*Capt.*216; uideo ego te, ~ male facta qui es patronus parieti *Truc.*822; haec ~ Iupiter sunt ista quae dico tibi Enn.*var.*57; quae uos ~ adulescentiam minus uidetis Ter.*Ad.*992; ex aere alieno in hac ciuitate.. ~ diem atque fenus saepissimam discordiam fuisse Cato nep.*orat.*2; ~ hoc Siculum mel fert palmam, quod ibi thymum bonum frequens est Var.*R.*3.16.14; is ~ morbum exire et fugere non potuit *Rhet.Her.*1.19; cum..non nulli.. ~ exercitationem aut propter consuetudinem aliquam callidius id faciant Cic.*de Orat.*2.32; eam..suspicionem ~ hanc causam credo fuisse, quod.. *Brut.*100; quod ego ~ uicinitatem Aquinatium..ex multis audiui *Clu.*192; Ciliciam..ipsam ~ montis Amani naturam facile tenuissem *Fam.*15.4.4; (odos) aliis alius magis est animantibus aptus dissimilis ~ formas Lucr.4.678; qui cum ~ siccitates paludum quo se reciperent non haberent Caes.*Gal.*4.38.2; Nep. *Dat.*6.1; censores, uacui ab operum locandorum cura ~ inopiam aerarii Liv.24.18.2; incendiaria auis, quam ~ saepenumero lustratam urbem..inuenimus Plin.*Nat.*10.36; Larg.271;—(*w. pred. pple.*) offensionem esse periculosam ~ interpositam auctoritatem religionemque uideo Cic.*Fam.* 1.7.5; ~ tuas res ita contractas ut.. 7.31.2. **b** calore naturali est opus..; ~ quod torcular debet a meridiana parte inlustrari Col.1.6.18; Plin.*Nat.*2.167; Quint.*Inst.*1.10.37.

4 (in giving the motive for an action) Through being influenced by (a fact, etc.), because of, on account of. **b** (giving the reason for an opinion, attitude, etc.) on the score or ground of, in view of, because of; ~ *quod*, because. **c** through the influence of, out of (an emotion, etc.).

hunc facere quaestum carcerarium ~ sui gnati miseriam Pl.*Capt.*130; *Ps.*1330; uxorem tuam ~ meos mores hinc abisse Ter.*Hec.*578; nemo audebat (prodire) ~ magnitudinem atque inmanitatem facies Quad.*hist.*10b; ut homines ~ iniurias..decumanorum mortem sibi ipsi consciuerint Cic.*Ver.*3.129; *Har.*35; ~ casum nauigandi per binos tabellarios misi Romam publice litteras *Att.*6.1.9; si ~ eam causam puero isti supplicaturus es Brut.*ad Brut.*1.16.6; constituunt..bellum ad Ilerdam ~ ipsius loci opportunitatem gerere Caes.*Civ.*1.38.4; postquam..~ seditiones tribunicias in urbem reuertit Liv.4.49.11; noui..ciues censi. tribus ~ eos additae Maecia et Scaptia 8.17.11; haec ~ placuit Tuscos..acciri uates Luc.1.584; excusato languore faucium, ~ quem non adesset Suet.*Nero* 41.1; miles ille, qui ~ eximiam impotentiam pulcherrime uapularat Apul. *Met.*10.1;—(*w. pred. pple.*) conuentus ille Capuae, qui ~ salutem illius urbis consulatu conseruatam meo me unum patronum adoptauit Cic.*Sest.*9; Corbionem..diruit ~ proditum praesidium Liv.3.30.8; poena..iniuriarum ex lege xii tabularum ~ membrum..ruptum talio erat Gaius *Inst.* 3.223. **b** sunt..aliae causae, quae aut ~ principium aut ~ exitum conficientes uocantur Cic.*Part.*94; hoc..eius modi est ut magis ~ reum quam ~ rem ipsam credibile uideatur *Ver.*5.13; ei ~ rationem Gallici belli prouinciam extra ordinem decernebant *Prov.*19; de quibus tu bonam spem te significas habere ~ edictorum humanitatem *Att.* 15.1.3; eos, qui..uitiis excellunt.., ~ damna..miseros esse dicimus an ~ uim turpitudinemque uitiorum? *Leg.*1.51; quod legionem..~ paucitatem despiciebant Caes.*Gal.*3.2.3; fidus erat uobis..~ Caesaris arma *Eleg.Maec.*12; oliua nobis ~ fructum est gratior Phaed.3.17.9; Hiberus amnis.. quem ~ uniuersam Hispaniam Graeci appellauere Hiberiam Plin.*Nat.*3.21; quae..~ hoc ipsum, quod sunt praua, laudantur Quint.*Inst.*2.5.10;—(*w. persons*) ego laeta uisa quia soror uenisset, ~ eandem suspicionem maxumam sum uisa sustinere Pl.*Mil.*387; ne nos sumus..omnes inuisae uiris ~ paucas Ter.*Hec.*275; ut ne bene gestae quidem res iam Hannoni ~ auctorem satis laetae essent Liv.26.40.5; —quae ~ quod conspiciuntur qui ea habent ac fiunt palam, paludamenta dicta Var.*L.*7.37. **c** alium alio pacto ~ amorem ni sciam fecisse multa nequiter Pl.*Mil.*1284; iudicum, qui saepe ~ inuidiam adimunt diuiti Ter.*Ph.*275; columbae quae ~ timorem naturalem summa loca in tectis captant Var.*R.*3.7.1; Cic.*S.Rosc.*10; *Fam.*13.1.4; non ita certandi cupidus quam ~ amorem quod te imitari aueo Lucr.3.5; neque ~ timorem signa laturos (milites) Caes. *Gal.*1.39.7; nocte maxime commeare ~ metum hostium credebant Liv.25.8.10; Ov.*Tr.*2.375.

5 As a result of the actions of (a person), through the instrumentality of, on account of, because of, thanks to.

ut illum di inmortales..perduint, quem ~ hodie auri tantum perdidi Pl.*Aul.*786; Gripum emittam manu, quem ~ tu uidulum et ego gnatam inueni *Rud.*1411; Enn.*scen.* 122; haec tot ~ me gaudia illi contigisse laetor Ter.*Hec.*833; quod..praemium satis magnum est..tam fidelibus seruis, ~ quos uiuit? Cic.*Mil.*58; me..~ quem ceteri liberi sunt *Fam.*7.27.2; quod foro propinqua erat (domus) neque aliena consili ~ Semproniam Sal.*Cat.*40.5; te ~ Libycae gentes.. odere Verg.*A.*4.320; unus Maecenas te..ego ~ eram *Eleg. Maec.*168; Sabinis..creatus Romae dictator, eo magis quod ~ se creatum crediderant, metum incussit Liv.2.18.9;— (*cf.*) ~ te tuamque prauos factus est fiduciam Pistoclerus Pl.*Bac.*413; gens..~ te ac tuam censuram..ab stirpe exstincta est Liv.9.34.19.

6 Through the instrumentality of, by means of.

nugas garris. —soleo, nam ~ eas uiuo facilius Pl.*Cur.* 604; quid refert, utrum ~ oues, an ~ aues fructus capias? Var.*R.*3.2.11; potestas earum rerum, ~ quas aliquid facilius fit aut quibus sine omnino confici non potest Cic. *Inv.*2.40.

7 Because of (something considered as an end or object), for the sake of; for the purpose of (a business, etc.). **b** (w. gdve.). **c** (w. *causam*) for a (specified) purpose. **d** ~ *uiam*,

(w. ref. to a sacrifice or meal celebrated before setting out on a journey) for the journey.
sunt qui ~ utilitatem modo petendam putant amicitiam Cic.*Inv*.2.167; fieri omnia illa ~ argentum *Ver*.4.40; ~ commeatum in oppidis maritumis agere decreuerat Sal. *Jug*.100.1; haec..Terra..quam ~ tantos potui perferre labores Verg.*A*.12.177; glandem atque cubilia ~..pugnabant (animalia) Hor.*S*.1.3.100; nupsit isti ~ liberos Sen. *Con*.2.5.3; (caprimulgi) caprarum..uberibus aduolant suctum ~ lactis Plin.*Nat*.10.115; cornu ~ oleum ad crus ligato fenisex incedebat 18.261; Mart.11.8.13; animal ~ conuiuia natum! Juv.1.141;—(*w. refl.*) quod..~ se petitur, honestum nominabimus Cic.*Inv*.2.159; *Off*.3.33; neque.. Aegyptus ~ se petitur Plin.*Nat*.31.63;—(*w. explanatory* ut *or* ne *cl.*) ~ eam rem hanc tibi nunc ueniam minus grauate prospero, hanc..longiorem ne faciamus fabulam Pl.*Cas*. 1005; nec semper ~ hoc solum, ut sit causa lucidior, sed aliquando etiam, ut magis moueat Quint.*Inst*.4.4.4;—non tam ~ usum forensem..quam ut.. Cic.*de Orat*.2.348; id ~ P. Salonium postulatum est ab coniuratis Liv.7.41.5; ab his, ~ quae creati erant, comitia consularia habita 9.44.2; emplastri huius..quod Augusta ~ eiusmodi casus habuit conpositum Larg.175. **b** Papirio Cursore ~ auspicia repetenda in urbem proficiscente V.Max.3.2.9; hippurim..uulneribus ex aceto inpositam ~ sistendum sanguinem Plin.*Nat*.26.134; ~ terrendos miseros uiatores Apul.*Met*.10.1. **c** Larg.91; hoc nomen..tribuit ei duas ~ causas..unam, ne eius nomen uerum dicendo ostenderet, quae esset..alteram, quo magis..commendaret medicamentum 99; 163. **d** ut mea opiniost ~ uiam illi sunt uocati ad prandium Pl.*Rud*.150; uisus hac noctu bidenti ⟨sum Herculi⟩ ~ uiam facere Laber.*com*.69; ~ uiam fit sacrificium, quod est proficiscendi gratia Fest.p.229M.

8 Out of consideration for the interests of (a person), for the sake of.
uae misero mihi, ~ meum caput labores homini euenisse optumo! Pl.*Capt*.946; dum ego ~ te errans patria careo Ter.*Hau*.257; si..cuiusquam seruulus ~ me sollicitatus est Gracch.*orat*.26; si ~ socios nulla ipsi iniuria lacessiti maiores nostri..belli gesserunt Cic.*Man*.14; non ego te ~ parco tibi, sed tua mater me mouet Tib.1.6.57; di prohibebunt haec; sed nunquam ~ me de caelo descendent Liv.6.18.9; Stat.*Ach*.1.654; libet ~ quosdam imperitiores.. dubitationem huius utilitatis eximere Quint.*Inst*.1.10.28; —(*cf.*) etiam si ~ amicitiam uellet illum ab inferis euocare, ~ rem publicam non fecisset Cic.*Mil*.79; haec ~ illos scripta est homines fabula qui fictis causis innocentes opprimunt Phaed.1.1.14.

9 So far as concerns, in regard to, in respect of.
fructuosior..est..fundus ~ aedificia, si potius ad anticorum diligentiam..derigas aedificationem Var.*R*.1.13.6; corporis (uoluptates)..aut quae ~ corpus uel recordatione uel spe cogitentur Cic.*Tusc*.3.37; Papin.*dig*.16.3.24.

propterea, *adv*. Also written as two wds. [prec.+*ea* (cf. *antea*, *postea*, etc.)] (usu. combining the ideas of motivation and result) Because or as a result of that (this), on account of that (this), consequently, therefore. **b** (followed by *ut* cl.) with that (this) object in view, for that (this) purpose (namely).
antiquam rem nouam ad uos proferam, ~ ornatus in nouom incessi modum Pl.*Am*.119; multi qui domi aetatem agerent ~ sunt improbati Enn.*scen*.261; cum patre altercasti dudum et is nunc ~ tibi suscenset Ter.*An*.653; Marsus hostem occidit prius quam Paelignus, ~ Marrucini uocantur, de Marso detorsum nomen Cato *hist*.53; nostram suffragationem, si minus potentem, at probatam tamen..et ~ fortasse etiam gratiosam Cic.*Fam*.2.6.3; Lucr.5.1446; centenis futuit Matho milibus: Ole, quid ad te? non tu ~ sed Matho pauper erit Mart.7.10.4; Suet.*Poet*.11(p.29Re); —(*pleon*., *w.* ergo) ergo ~ te sedulo..hortor ne quoiusquam misereat Ter.*Hec*.63;—(*after a conditional cl.*) non.., si sine parentibus filii esse non possunt, ~ in parentibus causa fuit gignendi necessaria Cic.*Top*.60; nec, si non obstatur, ~ etiam permittitur *Phil*.13.14;—(*foll. or prec. by* quod, *etc.*) quia me amat, ~ Venus fecit eam ut diuinaret Pl.*Mil*.1257; feci ex seruo ut esses libertus mihi, ~ quod seruibas liberaliter Ter.*An*.38; M. Fuluio consuli legatus sum in Aetoliam, ~ quod ex Aetolia complures uenerant Cato *orat*.71; ea nos animvm nostrvm non indovcebamvs ita facta esse ~ qvod scibamvs ea vos merito nostro facere non potvisse *CIL* 1.586.6; quid Romae ageretur nesciuit, ~ quod ruri adsiduus..fuit Cic.*S.Rosc*.81; diligi..iucundum est ~, quia tutiorem uitam..efficit *Fin*.1.53; lumine quin ipso mutatur (color) ~ quod (*i.e. according as*) recta aut obliqua percussus luce refulget Lucr.2.799; quam magno pondere nobis sustineat corpus tenuissima uis animai ~ quia tam coniuncta..est 5.558; Caes.*Gal*.1.1.3; ex persona probatio rei petitur, ut ~ credibile sit uenenum fuisse quia credibile est ab hoc factum ueneficium Quint.*Inst*.7.2.15; Plin.*Pan*. 68.3; Afric.*dig*.16.1.19.4; ~..in certaminibus palmam signum esse placuit uictoriae, quoniam ingenium ligni eiusmodi est, ut urgentibus..non cedat Gel.3.6.3. **b** ~ ⟨te⟩ uolo scribere ut pater cognoscat litteras quando legat Pl.*Bac*.729; haud ~ te rogo, uti hoc proferam Ter.*Hec*.106; fratres aruales dicti qui sacra publica faciunt ~ ut fruges ferant arua Var.*L*.5.85; haec ~ de me dixi ut mihi Tubero.. ignosceret Cic.*Lig*.8; *Q.fr*.2.13.3; compellendus..erit ad administrationem ~, ut stipulatione quoque ista possit teneri Ulp.*dig*.46.6.4.3.

proptōsis, *f*. [Gk. προπτωσις] (med.) The slipping forward or *prolapsus* (of an organ; in quot., the eye).
~im id, quoniam oculi procidunt, Graeci appellant Cels. 6.6.8.g.

propudiālis ~is ~e, *a*. [propvdivm+-alis] (See quot.)
~is (*cj.*, *cod.* propudi, *var. cj.* -anus) porcus dictus est, ut ait Capito Ateius, qui in sacrificio gentis Claudiae uelut piamentum et exsolutio omnis contractae religionis est Fest.p.238M.

propudiānus ~a ~um, *a*.: see prec.

propudiōsus ~a ~um, *a*. [next+-osvs] Shameful, vile.
uxorem..infamem, ~am, criminosam Gel.2.7.20; ~ae mulieris Apul.*Met*.9.27;—(*masc. or fem. as sb.*) mihin fastidis, ~e? Pl.*St*.334; quia tibi suaso infecisti ~a pallulam *Truc*.271.

propudium ~(i)ī, *n*. [pro-+pvdet+-ivm]

1 A shameful or immodest action.
hoc cinere potu ~ia uirorum, eiusdem aspersu feminarum libidines inhiberi Plin.*Nat*.28.122; ~ium dicebant, cum maledicto nudare turpitudinem uolebant, quasi porro pudendam Paul.*Fest*.p.227M.

2 A shameful creature, vile wretch.
ut pulsat ~ium! Pl.*Bac*.579; quid ais, ~ium? *Cur*.190; ~ium illud et portentum, L. Antonius Cic.*Phil*.14.8; spurcissima illa ~ia Apul.*Met*.8.29.

prōpugnāculum ~ī, *n*. [propvgno+-cvlvm] A bulwark, rampart, defence. **b** (abst.) protection. **c** a defence in argument.
domus ut ~a et praesidium habeat Philotimo dicetis Cic. *Fam*.14.18.2; pontis..et ~a iungunt Verg.*A*.9.170; inter alta nauium..~a Hor.*Epod*.1.2; ~a aduersus uineas statuere Liv.23.18.9; armatae classes inponunt sibi turrium ~a Plin.*Nat*.32.3; turritas moles ac ~a dorso belua nigranti gestans Sil.9.239; super turris et ~a moenium Tac.*Hist*. 3.84; ~is armis grauis classis Flor.*Epit*.1.18(2.2.34); (*poet.*) quid ~a poscant aequoris (*prob. breakwaters or sim.*) Stat. *Silv*.3.3.101;—(*transf.*) Narbo Martius, colonia nostrorum ciuium, specula populi Romani ac ~um istis ipsis nationibus oppositum et obiectum Cic.*Font*.13; duo ~a belli Punici, Cn. et P. Scipiones *Parad*.12; condita erat (Cremona) Ti. Sempronio P. Cornelio consulibus..~um aduersus Gallos Tac.*Hist*.3.34;—(*fig. or in fig. phr.*) intendam ballistam in senem; ea ballista si peruortam turrim et ~a,..inuadam extemplo in oppidum Pl.*Bac*.710; cetera tyrannidis ~a demolitus est Nep.*Timol*.3.3. **b** plus..in osse ~i cerebrum habeat, quam habiturum fuit eo exciso Cels.8.4.17; turres in ~um uillae utrimque subrectas Sen.*Ep*.86.4; loca aspera et excelsa sa⟨x⟩is eligebant, ubi illis maximum ~um esset Hyg.Gr.*agrim*.p.143. **c** si prius illud ~um quo contra omnis meos impetus usurum se putat ex defensione eius deiecero Cic.*Ver*.3.40; ne disparilitas conlationis euidens fieret, pluribus id ~is defensat Gel.6(7).3.47; (*foll. by* quod *cl.*) Aristo purgare sese et firmissimo ~o uti, quod litterarum nihil ad quemquam attulisset Liv.34.61.10.

prōpugnātiō ~ōnis, *f*. [propvgno+-tio] The act of fighting in defence (of a person, etc.); defence (by other means), protection.
ob auxilium ~onemque corui Gel.9.11.1;—ne mea ~o ei ..defuisse uideatur Cic.*Sest*.3;—(*w. obj. gen.*) propter tuam ~onem salutis meae *Fam*.1.9.2;—(*w.* pro) suscepi..mihi perpetuam ~onem pro omnibus ornamentis tuis 5.8.1.

prōpugnātor ~ōris, *m*. [propvgno+-tor]

1 One who fights to defend a position or person, a defender.
classis..inops et infirma propter dimissionem ~orum atque remigum Cic.*Ver*.5.86; nec prius ille est a ~oribus uacuus relictus locus quam.. Caes.*Gal*.7.25.4; ut ab hostibus.., duplici ~orum ordine defenderentur Hirt.*Gal*.8.9.3; nauis omnis..~oribus instruxerunt *B.Alex*.10.4; deiectis.. ~oribus occupantur muri Liv.28.19.18; illi cum quodam Gallo comminus pugnanti coruum ~orem subicientes V.Max.8.15.5; illi trabibus..~ores deturbant Tac.*Hist*.3.30; —(*w. obj. gen.*) ~ores urbis Liv.43.18.7; ~oribus muri Curt.9.5.14; Marathonis et Plataearum et Salaminis ~ores Quint.*Inst*.11.3.168; ~oribus patriae 12.7.3; hi..transeuntium suorum fuere ~ores Fron.*Str*.1.4.10.

2 A defender, protector, champion.
uno ~ore sublato Nep.*Eum*.13.3; Caecilio Metello..leges aduersus collegarum intercessionem ferenti auctorem ~oremque se pertinacissime praestitit Suet.*Jul*.16.1;—(*w. obj. gen.*) de Cn. Pompeio, ~ore et custode imperi Cic.*Dom*. 129; ~or mearum fortunarum et defensor adsiduus *Red.Sen*. 38; quin..se praestaturus fuerit acerrimum ~orem communis libertatis Brut.*ad Brut*.1.11.1; ~orem senatus maiestatisque uindicem suae Liv.2.61.4; adeo perseuerans sententiae suae ~or extitit V.Max.3.8.ext.2; amicorum ~or Sen.*Dial*.7.15.4; praecipuus ~or eius (*sc.* Agrippinae) Vitellius Tac.*Ann*.12.42; legis istius ~ores Gel.16.2.8;— (*of gods, emperors*) ~ori imp viiii cos iii *BMCI* 4.p.665, unnumbered (Marcus Aurelius and Commodus); in aede iovis ~oris *CIL* 6.2004.

prōpugnātrix ~īcis, *f*. [next+-trix] A female defender or champion.
(*w. gen.*) specvlatricem et ~icem meorvm pericvl⟨orvm..⟩ *CIL* 6.1527.2.71.

prōpugnō ~āre ~āuī ~ātum, *intr*., *tr*. [pro-+pvgno]

1 (intr.) To fight in defence of a position, etc. **b** (w. *pro*). **c** (w. dat.).
Remis cum spe defensionis studium ~andi accessit Caes. *Gal*.2.7.2; neque erat facile nostris uno tempore ~are et munire *Civ*.3.45.3; plurimum proficiebant in repellendis.. nostris, qui regione fluminis Nili ~abant *B.Alex*.30.6; cum multi ~antes caderent aut uulnerarentur Liv.36.9.11; quaedam nationes et curru proeliantur. honestior auriga, clientes ~ant Tac.*Ag*.12.1; (*w. abl. of instr.*) saxis..quae uoluit amnis ~antem Liv.25.17.2; (*pres. pple. as sb.*) multitudine telorum ex turribus ~antis deturbant Caes. *Gal*.7.86.5;—(*in fig. phr.*) praesidium simul ac telum, quo ~are pariter et incessere siue in iudicio siue in senatu.. possis Tac.*Dial*.5.5. **b** non pro suo partu ita ~ant (bestiae), ut uulnera excipiant..? Cic.*Tusc*.5.79; qui castris praeerant..pro uallo acriter ~ant Liv.26.6.1;—(*fig. or in fig. phrs.*) ita sese armat eloquentia, ut non oppugnare commoda patriae, sed pro his ~are possit Cic.*Inv*.1.1; ~at pariter pro salute M. Fontei Narbonensis colonia *Font*.46; *Fam*.11.16.2; probe definitur a Stoicis fortitudo, cum eam uirtutem esse dicunt ~antem pro aequitate *Off*.1.62. **c** alter..~at nugis armatus Hor.*Ep*.1.18.16; lapidum crebris iactibus ~are fratri..adgrediuntur Apul.*Met*.9.37; haec sola aduenerat, quibus ~abat *Soc*.5.

2 (tr.) To act as a defence for, protect, defend.
hostili ~ans pectora parma Stat.*Theb*.2.584; illi uix contuberniis extracti, nec aliud quam munimenta ~abant Tac.*Ann*.15.13; tribunus..opera alitis ~atus Gel.9.11.8; (*of inanim. things*) omnibus aeratae ~ant pectora crates Stat.*Theb*.4.110;—(*fig.*) dum quae libidine deliquerant ambitu ~ant Tac.*Ann*.13.31; non alios adiuuare..quam qui sibi recepissent ~aturos absentiam suam Suet.*Jul*.23.2; —(*in argument*) cum..eandem..illam, quam definierat, regulam retineret et ~aret Gel.14.5.4.

prōpulsātiō ~ōnis, *f*. [propvlso+-tio] The action of warding off or repelling.
cum huius periculi ~one coniungam defensionem offici mei Cic.*Sul*.2; ~onem translationemue criminis Gel.6(7). 3.15.

prōpulsātor ~ōris, *m*. [next+-tor] One who wards off (a condition).
dilexit pericula..auctorem harum rerum beniuolentia, ~ores odio insecutus V.Max.7.8.7.

prōpulsō ~āre ~āuī ~ātum, *tr*. [propello+-to]

1 To drive (attackers) away from a position, beat off, repulse. **b** (assaults, blows, or sim.). **c** (natural forces).
tauros solere..cornibus facile ~are lupos Var.*R*.2.9.2; ab ingressione fori populum..~ari uideres Cic.*Phil*.5.9; duas acies hostem ~are..iussit Caes.*Gal*.1.49.4; Sal.*Jug*. 46.7; inde lapidibus ~ant hostem Liv.10.41.12; Stat.*Theb*. 11.261; unde tormentis ac machinis hostes ~arentur Tac. *Hist*.2.34; Gel.1.11.9; (*ellipt.*) ubi quemque periculum ceperat, ibi resistere ac ~are Sal.*Jug*.51.1;—(*transf.*) ~abo facile uxorem (*i.e. avoid marrying*) his moribus Ter.*An*. 395; quos (*sc. noisy interruptors*)..acriter ~are oportebit ..ipsorum inprobitatem retundendo Quint.*Inst*.6.4.11. **b** popularis impetus populari praesidio ~are Cic.*Prov*.41; ut omnem semper uim..a uita sua ~arent *Mil*.30; moenibus bellum ~are Liv.1.2.5; in armorum certamine aduersos ictus..~are facile est Quint.*Inst*.9.1.20. **c** stercore saturare (noualia) et omne uirus, quod adhuc inest terrae, ~are Col.2.9.15; hi (*sc.* lapides) uidentur..uapores aestatis ~are radicibus 3.15.4; insula fluctus maritimos..~at Fro. *Aur*.1.p.34(45N).

2 (transf.) To ward off, repel (undesirable conditions).
(crimina) diluere et ~are *Rhet.Her*.4.47; ab se omnem suspicionem ~are Cic.*Ver*.3.140; legum praesidio capitis periculum ~are *Clu*.144; uir qui ad seruitutem ~andam ingenuo dolore excitetur *Phil*.10.18; ut aliquid conficiatur ad inopiam ~andam *Att*.11.23.3; is, qui non defendit iniuriam neque ~at a suis, cum potest *Off*.3.74; Sp. Maelium ab ore ciuium famem suis impensis ~antem Liv.6.17.2; patrem..tonsorem uix diurno quaestu ~antem famem Curt. 9.2.6; Col.2.10.1; commune periculum concordia ~andum Tac.*Ag*.29.3; neque respuendas huiuscemodi exercitationes aduersum ~andam uini uiolentiam Gel.15.2.6; quid tam necessarium existimatum est ~andae ciuium luxuriae quam lex Licinia..? 20.1.23.

3 To assail with blows, pound, batter.
diebus ac noctibus ludibrio iuuentutis ianua calcibus ~ata Apul.*Apol*.75.

prōpulsus ~ūs, *m*. [propello+-tvs[3]] The action of driving forth or onwards, propulsion.
necesse est..aera..oneratum..incumbere et uentum ~u suo concitare Sen.*Nat*.5.14.3.

propylaea, *n. pl*. [Gk. προπύλαιον] A monumental gateway (in quots., spec., that on the Acropolis at Athens, the Propylaea).
Cic.*Rep*.3.44; quod (Pericles) tantam pecuniam in praeclara illa ~a coniecerit *Off*.2.60; ~a Mineruae V.Max.3. 1.ext.1.

propylon (~um) ~ī, *n*. [Gk. πρόπυλον] The Propylaea at Athens; (applied also to similar gateways elsewhere).
cum Athenis celeberrimo loco Mineruae delubri ~on pingeret Plin.*Nat*.35.101; 36.32;—~vm cere⟨ri⟩..cos vovit *CIL* 1.775.

prōquaestor ~ōris, *m*. [from *pro quaestore*, see qvaestor] One who deputizes for a quaestor (either a junior official promoted by a provincial governor on the death of the regular quaestor, or an ex-quaestor sent from Rome to fill a vacancy).
l aqvillio..qvaestor imp caesaris avg proqvaest provinc cypri *CIL* 3.551; ea omnia..coram ~oribvs..in tabvlas pvblicas referenda 11.1421; (*tm.*) Q. Hortensium pro consule cum quaestore proue quaestore et legatis suis prouinciam Macedoniam obtinere Cic.*Phil*.10. 26; (*abbrev.*) quas (*sc.* naues)..comparauerat Patiscus proq. Lent.*Fam*.12.15.2.

prōquam, *adv*. **prō quam**. [pro[1]+qvam] In proportion as, just as.
paruissima corpora ~ et leuissima sunt, ita mobilitate fruuntur Lucr.3.199; omnia iam ferme mortalibus esse parata et, ~ possent, uitam consistere tutam 6.11; procurrat..ab imo, ~ crassitudo constituta fuerit substructionis Vitr.6.8.6.

prōquirītō ~āre, *intr*. [pro-+qviritō[1]] To protest aloud to the people.

turbabat impurus hic in medio foro.., epistulam saepe aperiens ~abat: 'Apuleius magus..' APUL.*Apol*.82.

prōra ~ae, *f*. [Gk. πρῷρα; see also PRORIS] The prow of a ship. **b** (meton.) a ship.

~as despoliate et detundete guberna LUCIL.578; LUCR. 2.554; ~ae admodum erectae, atque item puppes ad magnitudinem fluctuum..accommodatae CAES.*Gal*.3.13.2; uela legunt socii et ~as ad litora torquent VERG.*A*.3.532; ancora de ~a iacitur 6.901; uehunt ~ae Centaurica saxa minantis (*i.e. figure-heads*) PROP.4.6.49; naues omnes, quae non.. perfregerant ~as litori inlisas LIV.22.20.2; 26.39.13; ~ae tutela, Melanthus (*i.e. the look-out man*) OV.*Met*.3.617; LUC.9.327; ~a funem legit Argus ab alta V.FL.1.314; TAC.*Hist*.3.47; JUV.12.69;—(*in a constellation*) (Argo) usque a ~a ad celsum sine lumine malum..uidetur CIC. *Arat*.379(135);—(*prov*.) mihi '~a et puppis' (*i.e. the long and the short of my plan*), ut Graecorum prouerbium est, fuit a me tui dimittendi ut rationes nostras explicares *Fam*. 16.24.1;—(*transf*.) concham..carinatam, inflexa puppe, ~a rostrata PLIN.*Nat*.9.94. **b** hic mea me..~a..laetantem gratis sistit in hospitiis VALG.*poet*.4.1; qua..natat inter saxa ..in faciem ~ae pinus adacta nouae PROP.3.22.14; cur.. barbara Graium ~a uehit? OV.*Met*.14.164.

prōrēpō ~pere ~psī ~ptum, *intr*. [PRO-+REPO]

1 To crawl or creep forth; (hyperb.) to come stealthily forth.

CAECIL.*com*.270; cum ~pserunt primis animalia terris HOR.*S*.1.3.99; (cocleae) cauaticae appellatae non ~punt e cauis terrae PLIN.*Nat*.8.140; aegri..ad conspectum tui.. ~pere PLIN.*Pan*.22.3;—(*hyperb*.) rumore caedis exterritus ~psit ad solarium SUET.*Cl*.10.1; Thrasyleon..capto noctis latrocinali momento ~pit cauea APUL.*Met*.4.18.

2 (of inanim. things) To emerge gradually.

(*of plants or their shoots*) ubi..pampinus ~psit e duro COL.4.22.4; ne (palmites) libero excursu in luxuriam ~pant 5.5.13; 11.2.38; de ipsa cicatrice plures radices ~punt *Arb*.5.3; alsine..cum ~pit, musculorum aures imitatur foliis PLIN.*Nat*.27.23;—(*of natural forces*) lumen non paulatim ~pit, sed semel uniuersis rebus infunditur SEN.*Nat*.2.9.1; unde..ista (*sc. underground rivers*) ~punt..? 6.8.1;—(*of a part of an animal*) neruus est, qui per articulos spinae ~pit usque ad ultimam partem caudae COL.7.12.14;

prōrēta ~ae, *m*. [Gk. πρῳράτης] (naut.) The look-out man, who stood at the prow of a ship and directed the helmsman.

sei tu ~a isti naui es, ego gubernator ero PL.*Rud*.1014; ~a nauigauit Lynceus..qui multum uidebat HYG.*Fab*. 14.32; PAUL.*dig*.39.4.11.2; *CIL* 10.3483.

prōreūs, *m*. [Gk. πρῳρεύς] = prec.

'pone metum' ~eus 'et quos contingere portus ede uelis!' dixit OV.*Met*.3.634.

? **prōrīga** ~ae, *f*. [app. from *pro origa* (AVRIGA), cf. *proconsul*, etc.] (app.) An assistant groom.

PLIN.*Nat*.8.156(*s.v.l*.).

prōripiō ~ipere ~ipuī ~eptum, *tr*. [PRO-+RAPIO]

1 To snatch from shelter or concealment, snatch forth.

~ipite hominem pedibus huc itidem quasi occisam suem PL.*Rud*.660; repente hominem ~ipi atque in foro medio nudari..iubet CIC.*Ver*.5.161; ducar..capillis mmerito pronas ~ipiarque uias TIB.1.6.72; (*poet*.) filium dicunt Thetidis (latuisse)..ne uirilis cultus in caedem..~iperet HOR.*Carm*. 1.8.16.

2 (refl.) To rush or burst forth; also, *pedes ~ipere* or ellipt. *~ipere* alone.

quo illum nunc hominem ~ipuisse foras se dicam ex aedibus? PL.*Capt*.533; aduena..in medium ~ipit sese ferox ACC.*trag*.645; aestuans se ex curia repente ~ipuit CIC.*Har*.2; hostes..inermes cum infulis se porta foras uniuersi ~ipiunt CAES.*Civ*.2.11.4; VERG.*Ecl*.3.19; iuuenis cum se in publicum ~ipuisset LIV.8.28.5; iratus se ex consilio ~ipuit 22.3.9; V.MAX.4.1.12; post quam horam non temere se noua ~ipiunt agmina (*i.e. bees*) COL.9.9.3; ~ipuit se custodibus saxoque caput adflixit TAC.*Ann*.4.45; SUET. *Cal*.35.3; pinnis in altum se ~ipuit (*sc. Cupid*) APUL.*Met*.5. 24; 8.13; (*in fig. phr*.) quae libido non se ~ipiet ac proiciet ..proposita..licentia? CIC.*Fin*.2.73;—desiluit..(et decuit nudos ~ipuisse pedes!) OV.*Am*.3.7.82;—quo deinde ruis? quo ~ipis? VERG.*A*.5.741; (*dub*., *of a thing*) (umor) lente ~ipit (*v.l*. prorepit) COL.2.16.5.

prōris ~is, *f*.: collat. form of PRORA.

obtorque ~im ACC.*trag*.575;—(*app. meton*.) ~es actuariae SIS.*hist*.105.

prōrītō ~āre, *tr*. [PRO-+**rito* (inferred from IRRITO)] To rouse (a person, etc.) to activity, stimulate, encourage. **b** to provoke, call forth (things, esp. conditions).

~at illos alicuius rei species SEN.*Dial*.9.12.5; sollicitus est ..quem spes aliqua ~at *Ep*.23.2; si admissarius iners in uenerem est, odore ~atur COL.6.27.10; uarietate apta ciborum stomachum ~are LARG.104;—(*pregn*.) ursos leonesque mappa ~at (*i.e. to anger*) SEN.*Dial*.5.30.1. **b** si magnus est eius (*sc*. lini)..prouentus et pretium ~at COL. 2.10.17; siser..praebetur..ut Pelusiaci ~et (*i.e. give a thirst for*) pocula zythi 10.116; procidentiam sedis.. (anagallis) rubens ~at PLIN.*Nat*.26.90; ~at sternutamentum..ueratrum album LARG.10.

prōrogātiō ~ōnis, *f*. [PROROGO+-TIO]

1 Extension (of a term of office).

~o imperii non ante in ullo facta LIV.8.26.7.

2 Postponement (of a date).

utar ~one diei CIC.*Att*.13.43.

prōrogātīuus ~a ~um, *a*. [next+-IVVS] (of a thunderbolt) That can have its effects delayed.

(fulmina) ~a sunt, quorum minae differri possunt, auerti ..non possunt SEN.*Nat*.2.47.

prōrogō ~āre ~āuī ~ātum, *tr*. [PRO-+ROGO]

1 To extend (a term of office). **b** (pass., of time) to be added (to a term of office) by way of extension.

ne prouincia nobis ~etur, per fortunas! CIC.*Att*.5.11.1; cum quinquennium (*i.e. Caesar's Gallic command*) ~abamus 7.6.2; quattuoruiratum sibi ~auit POL.*Fam*.10.32.2; ueteres consules iussi bellum in Samnio gerere ~ato in sex menses imperio LIV.10.16.1; 26.28.6; 41.14.6; ~atae in idem spatium temporis prouinciae VELL.2.46.2; spatium praeturae in annum alterum est ~atum FRON.*Aq*.7; TAC.*Ann*.1.80; ~atum ad perpetranda coepta..~ari sibi uellet imperium FLOR.*Epit*.2.2.(3.14.6); (*cf*.) numerum annorum prouinciis ~auit CIC.*Phil*.2.109. **b** cura ut hic annus qui ad laborem tuum accessit idem ad salutem Asiae ~atus esse uideatur CIC.*Q.fr*.1.1.30; *Att*.5.18.1.

2 To prolong, keep going (existence, a state of affairs, etc.). **b** to prolong the life or existence of (something organic).

spes ~atur militi in alium diem PL.*Aul*.531; diuinis condimentis utere, qui ~are uitam possis hominibus *Ps*. 827; (Phoebus) rem..Romanam Latiumque felix alterum in lustrum..~at HOR.*Saec*.68; hic..longum noto scriptori ~at aeuum *Ars* 346; ab eo (*sc. Cato the Elder*)..~ata (est) familia, in qua maximum decus posterior ortus est Cato V.MAX.3.4.6; cibo et potione infelicem spiritum ~are 9.2. ext.11; si consequi potuimus, ut et sudoris impetus minuatur et uita ~etur CELS.3.19.6; COL.1.3.5; (lepidium) uiuacitatem suam usque in annos decem ~at 11.3.41; (sidus Veneris) nuncupatur uesper ut ~ans lucem PLIN.*Nat*.2.36; uestes ~ant tempus: unguenta ilico expirant 13.20; si grammatices munus usque ad suasorias ~atur, tardius rhetore opus est QUINT.*Inst*.2.1.8; non ~andam ultra ruinam TAC.*Hist*.5.25; cuius memoriam..grata praedicatione ~at et extendit PLIN.*Ep*.7.31.5; ea (*sc*. bona fama) non imaginibus et statuis, sed uirtute..~atur *Pan*.55. 10; ultra statuta fato..spatia uitam..~are APUL.*Met*.11.6. **b** omnes thyrsos..~are urceis conditos PLIN.*Nat*.19.129; 22.79; qui animal hoc deo proximum (*i.e. man*)..~at producitque QUINT.*Decl*.260(p.65,l.18).

3 To put off to another time, postpone. **b** (pass., of time) to be allowed by way of delay.

impetrat a senatu ut dies sibi ~aretur CIC.*Ver*.1.98; qui recte uiuendi ~at horam, rusticus exspectat dum defluat amnis HOR.*Ep*.1.2.41; ut ~etur tibi dies mortis, nihil proficitur ad felicitatem SEN.*Ben*.5.17.6; (mala) euitabilia aut quae minui possunt aut quae ~ari *Nat*.2.50.2. **b** proficscitur..Caesar paucis tibi ad soluendum propter inopiam tuam ~atis diebus CIC.*Phil*.2.74.

4 To advance or carry over (money) from one account to another.

sumptus..~are litiganti ULP.*dig*.2.14.53; inter eum, qui per errorem soluit, et eum, qui pensionem integram ~auit, multum interest 19.2.19.6; 40.1.4.5;—(*in fig. phrs*.) hoc per singulos (annos) ~atum in summam proficit, et quantum in infantia praesumptum est temporis, adulescentiae adquiritur QUINT.*Inst*.1.1.19; 10.7.10.

prorsa[1] ~ae, *f*. **prōsa**. [for *pro(r)sa oratio* (see PRORSVS[2])] Prose.

α ea quae poetis..permissa sunt, conuenire quidam etiam ~ae putant QUINT.*Inst*.8.6.17; nihil quod est ~a scriptum non redigi possit in quaedam uersiculorum genera 9.4.52. β in ~a quoque est quaedam iam recepta immutatio QUINT.*Inst*.1.5.13; sit..lectio..non..~ae similis, quia..carmen est 1.8.2; 10.7.19; GEL.10.18.7.

Prorsa[2] ~ae, *f*. The goddess presiding over births at which the child is presented head foremost.

altera (Carmentis) 'Postuerta' cognominatast, '~a' altera a recti peruersique partus et potestate et nomine VAR.in Gel.16.16.4.

prorsum, *adv*. Also **prōsum**. [var. of next] FORMS: *prosum* usu. in PL., also read in GEL. 9.4.6.

1 Forward, straight ahead. **b** straight (to one's destination), without any diversion. **c** right through to the end of a period.

neque ~ iit hac: hic stetit, hinc illo exiit PL.*Cist*.700; trepidari sentio et cursari rursum ~ TER.*Hec*.315; homines ..uestigia pedum habentes retro porrecta, non..~ spectantia GEL.9.4.6. **b** ~ Athenas protinam abibo tecum PL.*Mil*.1193; simulato quasi eas ~ in nauem *Per*. 677;—(*transf*.) hic homines ~ ex stultis insanos facit TER.*Eu*.254. **c** illum liquet mihi deierare his mensibus sex septem ~ non uidisse proxumis TER.*Eu*.332; ut triduo hoc perpetuo ~ e lecto nequeat surgere *Ad*.520.

2 (as an intensive) Altogether, quite, absolutely. **b** (esp. strengthening a negative). **c** (w. demonstrative advs., etc., emphasizing identity or correspondence).

~ perit PL.*Cur*.681; ~ quodcumque iubebat fecisse CATO *orat*.113; omnia, ~ omnia LUCR.6.528; tum ille ~ irritatus: 'non' inquit.. GEL.17.3.3; ea uerba ita ~ amauimus, ut.. 17.20.2; mirus ~ homo, immo semideus APUL.*Met*.5.1; —(*emphasizing the stronger of two related terms*) me.. sarcinis..onustum et ~ exornatum..militariter producit 10.1;—(*in summing up*) capillus..inaequaliter hirtus et globosus et congestus, ~ inenodabilis *Apol*.4. **b** ita sunt praedones: ~ parcunt nemini PL.*fr*.37; ~ nil intellego TER. *Hau*.776; ut quid agam..nesciam ~ *Ph*.980; nec (se) ~ quicquam nostrae rationis egere LUCR.3.45[44]; 3.1087; nemo ~ qui non risu dirumperetur aderat APUL.*Met*.3.2 **c** sic ~ censeo CIC.*Leg*.3.49; res ~ se sic habent GEL.2.12.3; adulescens loqui ~ deinceps incepit 5.9.3.

prorsus[1], *adv*. Also **prōsus**. [PRO+VERSVS[2]] FORMS: *prosus* read (sts. w. v.l. *prorsus*) in all its occurrences in PL., also in VAR.*L*.10.52, CIC.*Fam*.13.13, SEN.*Ben*.7.2.6.

1 Forward, straight ahead (freq. in combination w. *rursus*, etc.). **b** (w. some temporal force) straight (to a destination), without interruption of journey. **c** (w. ref. to a period of time) right through to the end.

rursus ~ reciprocat fluctus ENN.*scen*.116; quare fit ut intro uorsus et ad te spectent atque ferant uestigia se omnia ~ ?LUCIL.989; mortales multi rursus ac ~ meant VAR.*Men*.28; uenti..undas..faciunt non ~ inpulsas, sed imitus commotas GEL.2.30.4;—(*in time*) naturas..neque fini ullo neque exordio, sed ~ ac retro aeuiternas APUL.*Soc*. 3;—(*in a process, argument*) in eo uel ~ et rosus potest dici VAR.*L*.10.52; ~ ibat res CIC.*Att*.14.20.4. **b** uide ne ille huc ~ se inruat TER.*Ad*.550; cum Romam ueniebant, ~ deuertebantur..ad amicos suos CATO *orat*.58; qui se in profundum inexploratum..auiditate caeca ~ inmitteret SEN.*Ben*.7.2.6; tum Arionem ~ ex eo loco Corinthum petiuisse GEL.16.19.17. **c** nec die tantum, uerum perpeti etiam nocte ~..lucubrabant peruigilem farinam APUL.*Met*. 9.11.

2 (intensifying a word, phr., etc., which it may either precede or follow) Thoroughly, in every respect, altogether, quite, absolutely. **b** (often strengthening a negative). **c** (w. demonstrative pron. or adv., etc., emphasizing identity or correspondence; also w. *quasi*).

(*w. adjs., advs*.) tu poeta es ~ ad eam rem unicus PL.*As*. 748; quia non iusta iniusta, ~ omnia omnino obsequor TER. *Ad*.990; dedit se in consuetudinem sic ut ~ una uiueret nec fere umquam ab eo discederet CIC.*Pis*.68; agi ~ uehementer et seuere uolo *Att*.16.152; ~ iucunde cenam producimus HOR.*S*.1.5.70; ne ~ imbellem agerent annum, parua expeditio in Vmbria facta est LIV.10.1.4; auspicia digna ~ inferno hospite SEN.*Phaed*.853; uera ~..seniores locutos TAC.*Ann*. 2.82; istud..uetare durum ~ atque inhumanum est FRO. *Aur*.2.p.50(115N); totam..~ deuastaui Macedoniam APUL. *Met*.7.5; (*w. superl*.) dignissima ~ Florali matrona tuba JUV.6.249;—(*w. vbs*.) ~ perii PL.*Aul*.397; ita ~ sum oblitus mei TER.*Eu*.306; concedat homini id quod uelit, deleniat, corrumpat ~ LUCIL.919; a scribendo ~ abhorret animus CIC.*Att*.2.6.1; ~ aueo scire 13.50.3; his..~ adsentior *Div*.2. 100; ut delerent ~ ex animis hominum infamiam iudicii LIV. 4.11.3; turbata tota acies est, dein ~ fusa 27.12.15; confestim..mucrone gulam sibi ~ execuit APUL.*Met*.9.38;—(*w. sbs*.) qui si parentum..pulchritudini responderit, ~ Cupido nascetur 5.14. **b** nullo modo potest fieri ~ quin dos detur uirgini PL.*Trin*.730; accipit homo nemo melius ~ TER.*Eu*. 1082; uerbum ~ nullum intellego CIC.*de Orat*.2.61; hanc meam esse patriam ~ numquam negabo *Leg*.2.5; ausus est dicere se ~..nolle militare LIV.29.1.7; TAC.*Ann*.1.79; librum..nil ~ ad nostras..litteras congruentem GEL.14. 6.5; surdum qui ~ non audit ULP.*dig*.3.1.1.3;—(*in answers*) nilne (narrat)? hem.—nil ~ TER.*An*.435; tu..non uides..? non ~, inquit CIC.*Fin*.2.17; nemo ergo non miser.—~ nemo *Tusc*.1.9. **c** ~ ut scribis ita sentio CIC.*Att*.2.17.1; ~ expressa sunt a te quae dicta sunt ab illo *Rep*.1.68; igitur (illos) ne esse quidem (putas)?—~ isto modo *Tusc*. 1.11; sic ~ intellego 4.9; tranquillae..res omnes, sed ea ~ opportuna Catilinae SAL.*Cat*.16.5; ita ~ respondet facturum Romanus LIV.27.17.15; nox placet sceleri: ~ adulteri tempus SEN.*Con*.7.5.2; neque (actores comici) ita ~, ut nos uulgo loquimur, pronuntiant QUINT.*Inst*.2.10.13; tamquam ~ ista dedecora hoc conuicio in homine notarentur GEL.6(7).11.4;—(*w*. quasi) simulabat..uecordiam, ~ quasi deum praesentia soleant homines..debiles effici APUL.*Met*. 8.27; 9.9.

3 (usu. after *et* or sim., emphasizing the second and stronger of two related terms) More than that, even, indeed.

mirificas apud me tibi gratias egit, ~ incredibilis CIC. *Fam*.13.64.1; manus et ~ sinistrae..auctoritatem conciliauere auro PLIN.*Nat*.33.9; Latina mihi facundia..similis Graecae ac ~ discipula eius uidetur QUINT.*Inst*.12.10.27; tantum a cautela Pamphiles afui, ut..ultro gestirem tali magisterio me..tradere et ~ in ipsum barathrum..praecipitare APUL.*Met*.2.6; haec..inepta et ~ asinina cogitatio 6.26; 11.12.

4 (connecting a sentence or cl. w. what precedes) Indeed, in fact, all in all: **a** (introducing a consecutive cl.). **b** (in summing up after an enumeration of points).

a Nasone utor familiarissime, ita ~ ut..nullo familiarius CIC.*Fam*.13.33; ἀμφιλαφίαν..bono modo desidero, sic ~ ut aduenientem excipiam *Q.fr*.2.4.3; (rubi) iterum..nascuntur ex sese repleturi omnia, ni resistat cultura, ~ ut possint uideri homines terrae causa geniti PLIN.*Nat*.17.96; FLOR. *Epit*.1.33(2.17.2); GEL.2.23.2. **b** colos ei exsanguis, foedi oculi, citus modo modo tardus incessus: ~ in facie uoltuque uecordia inerat SAL.*Cat*.15.5; *Jug*.76.4; superbire homines etiam annua designatione: quid si honorem per quinquennium agitent? quinquiplicari ~ magistratus, subuerti leges TAC.*Ann*.2.36; 15.6; adstitit mensula..et calices..et lagoena.., ~ gladiatoriae Veneris antecenia APUL.*Met*.2.15; quibus..uerbis accusator urserit, quibus rebus diluerit reus ac ~ orationes altercationesque..proferam 10.7.

prorsus[2] ~a ~um, *a*. **prōsus**. [contr. form of PROVORSVS]

1 (usu. in form *prors-*) Following a straight line, not oblique; (spec., of boundaries: see quots.).

~is lectis PL.*fr.inc*.(Var.fr.128GS);—(limites) qui spectabant in orientem dicebant ~os: qui dirigebant in meridianum, dicebant transuersos FRON.*agrim*.p.12; HYG.GR. *agrim*.p.132; p.169; PAUL.*Fest*.p.235M.

2 (usu. in form *pros-*) ~*a oratio*, Prose; also, ~*a eloquentia* and sim.

quae praecipiuntur..si aut carmini intexta sunt aut ~a oratione in sententiam coartata SEN.*Ep*.94.27; cultus hortorum ~a ut oratione conponerem COL.11.1.1; SUET. *Aug*.85.1; FRO.*Aur*.1.p.120(22N); GEL.19.7.13; (*form* prorsus) (Cadmus) primus ~am orationem condere instituit PLIN.*Nat*.5.112; (Plato) multum..supra ~am orationem et quam pedestrem Graeci uocant surgit QUINT.*Inst*. 10.1.81;—oratio ac uis forensis perfectumque ~ae eloquentiae decus,..uniuersa sub principe operis sui erupit Tullio VELL.1.17.3; (*form* prorsus) et ~a uorsa facundia (*i.e. both in prose and verse*) ueneratus sum (*sc.* Aesculapium) APUL.*Fl*.18.

prōrumpō ~umpere ~ūpī ~uptum, *intr., tr.* [PRO-+RVMPO]

1 To force one's way forward, burst or rush forth. **b** (tr., in quot. refl.) to cause to rush or burst forth.

~upit (Antonius) subito Brundisium CIC.*Phil*.13.18; patefactis..carceribus non posse..~umpere equorum uim cupidam LUCR.2.264; medius densos ~umpit in hostis VERG.*A*.10.379; serie..haerentia longa agmina ~umpunt LUC.1.493; infida praeceps ~umpit ab aula V.FL.7.102; illi cuncta e muris cernentes omnibus portis ~umpunt TAC.*Hist*.4.34; neque solitum in tali casu (*i.e. earthquake*) effugium subueniebat in aperta ~umpendi *Ann*.2.47; barbaris, qui iam in Galliam usque ~uperant SUET.*Gal*.6.3. **b** cerua..in fugam se ~upit GEL.15.22.6.

2 (of things, esp. liquids, vapours, etc.) To burst or gush forth; (med., of a bone) to spring out of place, be dislocated. **b** (tr.) to cause to burst forth, force out, emit.

quod nisi ~umpit, tamen impetus ipse animai..per.. foramina terrae dispertitur LUCR.6.591; ubi magnus fons aquae ~umpebat HIRT.*Gal*.8.41.1; Tiberinus..multa flauus harena in mare ~umpit VERG.*A*.7.32; ut ex naribus aliquando, sic ex ore ~umpit sanguis CELS.4.11.1; CURT.5.1. 15; ~upturis rutilabant aequora flammis SIL.16.232; quia (incendium) praediis Tigellini Aemilianis ~uperat TAC.*Ann*. 15.40; cum diu cohibitae lacrimae uincerent ~umperentque PLIN.*Ep*.3.16.5; per..fistulam in excelsum ~umpit uino crocus diluta APUL.*Met*.10.34;—CELS.8.11.3; ne is talus ..cedat rursusque ~umpat 8.22.2. **b** Aetna..atram ~umpit ad aethera nubem VERG.*A*.3.572;—(*pass.*) hinc ~umpitur in mare uenti uis LUCR.6.436; unde per ora nouem uasto cum murmure montis it mare ~uptum VERG. *A*.1.246; toto ~uptus corpore sudor 7.459; ~upti tonuit.. Veseui..letalis apex V.FL.4.507; hiberno ~uptus ab arcu imber 6.632; natat ~upto in sanguine lingua STAT.*Theb*. 2.626; ~uptum exundat pelagus SIL.3.51.

3 (of news, information) To come suddenly into notice, come out.

unde illae falsarum sollicitudinum fabulae repente ~uperint [QUINT.]*Decl*.11.3; nihil ~upit quo coniuratio intellegeretur TAC.*Hist*.4.55; maesta, ubi semel ~upere, difficilius reticentur *Ann*.4.69.

4 To break out (into an action, course of conduct, etc.). **b** to burst or break out (into speech). **c** (of emotions, propensities) to burst or break out; (tr.) to give vent to.

gnarus (principem) lentum in meditando, ubi ~upisset, tristibus dictis atrocia facta coniungere TAC.*Ann*.4.71;—(*w.* in+*acc.*) ipse exercitusque..saeuitia libidine raptu in externos mores ~uperant *Hist*.2.73; ne in stupra feminarum inlustrium ~umperet *Ann*.13.12; uxor..occulta libidine ~umpit in adulterum quempiam APUL.*Met*.9.24; tunc illa nancta..occasionem ~umpit in audaciam 10.3. **b** ad quod uicto silentio ~upit reus et..inquit TAC.*Ann*.11.2;—(*w.* in+*acc.*) facile ~umpis in opprobria [QUINT.]*Decl*.19.6; turris ~umpit in uocem subitam APUL.*Met*.6.17. **c** eo ~umpere hominum..scelus et audaciam ut..caedes futurae sint CIC.*S.Rosc*.12; in hoc (*sc.* bello) potentium ira ~umpit SEN.*Dial*.5.5.6; luxum qui immensum ~uperat ad cuncta quis pecunia prodigitur TAC.*Ann*.3.52;—nisi paene manifestum parricidium proferatur..nisi ~upta audacia CIC. *S.Rosc*.68.

prōruō ~ere ~ī ~tum, *tr., intr.* [PRO-+RVO]

1 (tr.) To impel violently forward, hurl or thrust forward.

quo (frumentum)..in trituram ~ere facile possis VAR.*R*. 1.13.5; ~tus tumulo cinis mergetur? SEN.*Tro*.648; uinaceorum pes bene prelo expressus ~itur COL.12.45.2; rutabulum est quo rustici (*sc.* utuntur) in ~endo igne, panis coquendi gratia FEST.p.262M; (*refl.*) foras simul omnes ~ont se TER. *Eu*.599;—(*of natural forces, etc.*) (amnis) facit..infra ~tam in mare euoluendo terram praealtas uoragines LIV.44.8.6; (uentus) saxa tulit penitus discussis ~ta muris LUC.9.490; inde toros riparum et ~ta turbant (*i.e. a stampede*) gramina STAT.*Theb*.4.820.

2 (intr.) To rush forward.

Romani fiducia concitati ~ere FRON.*Str*.2.4.1; uaga Cynthia ~it Austro PACON.*poet*.4; (*fig.*) inmoderatum ingenium, in quaecumque ~erit, modum non habet APUL.*Pl*.2.16.

3 (tr.) To cause to fall forward or collapse, overturn, knock over. **b** to overthrow, vanquish.

~tis munitionibus defendente nullo transcenderunt CAES.*Civ*.3.68.3; iniurioso ne pede ~as stantem columnam HOR.*Carm*.1.35.13; ad uallum ~endum fossasque implendas LIV.9.37.8; Albam..a fundamentis ~erunt 26.13.16; ~unt fossas, iniciunt cratis TAC.*Ann*.1.68; effigies Poppaeae ~unt 14.61;—(*persons*) perfossa ~it aluo Albanum Critias SIL. 4.382; ballista ingentibus saxis hostilem aciem ~ebat TAC. *Hist*.3.23;—(*of natural forces*) qui (*sc.* motus terrae).. montes lapsu ingenti ~it LIV.22.5.8; ~tis (*sc.* mari)..lapidum cumulis, quibus iniecta terra sustinebatur CURT.4.3.7; ~ta opera, quibus pretiosa rura cinguntur PLIN.*Ep*.8.17.5. **b** (gens Romana) multa ~et integrum cum laude uictorem HOR.*Carm*.4.4.66; cui..hostem postera die profligare ac ~ere ratio fuit TAC.*Hist*.3.22.

4 (intr.) To fall forward, collapse, tumble down.

caementorum..exsucta raritate, ~unt (monumenta) VITR.2.8.3; ille (*sc.* taurus) fatiscens in caput..~it V.FL. 7.600; motu terrae celebre Campaniae oppidum Pompei.. ~it TAC.*Ann*.15.22; ne desuper ~at (*sc.* in oculos), quod teneras uisiones..perturbet APUL.*Pl*.1.15.

prōsa ~ae, *f.*: see PRORSA.

prōsāpia ~ae, *f.* [PRO+*sap-*+IA, cf. Skt. *sápaḥ* 'penis', PRIAPVS] A group of persons past and present related by blood, lineage, family.

de Coculitum ~a te esse arbitror PL.*Cur*.393; rogitares.. unde esset, qua ~a *Mer*.634; CATO *hist*.29; ut..memoremus ..reliquos..et eorum, ut utamur uetere uerbo, ~am CIC. *Tim*.39; hominem ueteris ~ae ac multarum imaginum SAL. *Jug*.85.10; '~a' insulsum (*sc.* uerbum) QUINT.*Inst*.8.3.26; haud dubie nobilissimus magnaque et uetere ~a SUET. *Gal*.2.1; si..omnes illae ueteres ~ae consulares..audirent APUL.*Apol*.18; *CIL* 10.8089; (*cf.*) Hymettos Attica et Isthmos Ephyrea et Taenaros Spartiaca..mea uetus ~a est APUL.*Met*.1.1.

proscaenium ~(i)ī, *n.* Also **-scēn-**. [Gk. προσκήνιον] The portion of a theatre lying between the orchestra and the back wall, the stage.

histriones..in ~io hic Iouem inuocarunt PL.*Am*.91; scortum exoletum ne quis in ~io sedeat *Poen*.17; quod (actores) in ~io enuntiant VAR.*L*.6.58; ueteres ineunt ~ia ludi VERG.*G*.2.381; linea..quae disiungat ~ii pulpitum et orchestrae regionem VITR.5.6.1; theatrum et ~ium ad Apollinis..locauit LIV.40.51.3; hos ludos spectauit e ~i fastigio SUET.*Nero* 12.1; me per ~ium medium..producunt et orchestrae mediae sistunt APUL.*Met*.3.2; opus ~i, quod se Gabinis exstructurum promisit ULP.*dig*.50.12.8.

proscindō ~ndere ~dī ~ssum, *tr.* [PRO-+SCINDO]

1 To cut the surface of, plough (unbroken or fallow land). **b** (poet.) to 'plough' the water.

terra quom ~nditur, in quincto quoque sulco moriuntur boues PL.*Trin*.523; ut rorulentas terras ferro..~ndant ACC.*trag*.496; ~sso quae suscitat aequore terga, rursus in obliquum..perrumpit VERG.*G*.1.97; OV.*Ep*.16.139; in aruo, quod segeti ~ssum est, SEN.*Dial*.7.9.2; PLIN.*Nat*.18.296; APUL.*Fl*.6; (*neut. pple. as sb.*) bubulcum..per ~ssum ingredi oportet COL.2.2.25;—(*absol.*) cum in ~ndendo aut duriori solo aut obuiae radici obluctatur 6.16.1; prius quam ares ~ndito PLIN.*Nat*.18.176;—(*transf., of a river*) spumanti Rhodanus ~ndens gurgite campos SIL.3.449. **b** simul ac rostro uentosum ~dit aequor (*sc.* carina) CATUL.64.12; qui ..graui remo..~ndunt stagna Rauennae SIL.8.601.

2 To make a cut in the surface of, slit, gash.

primus..librare bipennem ausus et..ferro ~ndere quercum LUC.3.434; taurus..cui..~ssis..natant palearibus armi STAT.*Theb*.3.332; piscem cui rei nisi malae ~disti..? APUL.*Apol*.40.

3 (fig.) To flay with words, castigate, lash.

summotum patria ~ndere, Liuor, desine OV.*Pont*.4. 16.47; singulorum ingrata facta liberiore indignatione ~indenda sunt V.MAX.5.3.3; C. Flauium eadem lege accusatum testis ~dit 8.5.2; (aurum) ~ssum conuiciis ab optimis quibusque PLIN.*Nat*.33.6; hic..est Mamurra Catulli..carminibus ~ssus 36.48; equestrem ordinem ut scaenae..deuotum assidue ~dit SUET.*Cal*.30.2.

proscissiō ~ōnis, *f.* [prec.+-TIO] The ploughing of unbroken or fallow land.

sesami sextarii sex tribus iugis a ~one tolluntur COL. 2.12.5; neue adhuc tenera colla dura ~one terrae (boues) contundant 6.2.8.

proscribō ~bere ~psī ~ptum, *tr.* [PRO-+SCRIBO]

1 To announce publicly in writing, post up. **b** to record in writing.

⟨EORVM NOMINA..⟩..~PTA PROPOSITAQVE PALAM APVD FORVM HABETO *CIL* 1.583.38; locare incipit non ~pta neque edicta die CIC.*Ver*.1.141; ut uenationem eam.. ~berent in III IDVS QVINTILIS *Att*.16.4.1; hoc titulo auctionem ~psit PETR.38.16; edixit..ut leges cuiusque publici (*i.e. tax*)..~berentur TAC.*Ann*.13.51; multa Graece Latineque ~pta aut uulgata sunt SUET.*Nero* 39.2;—(*w. acc. and inf.*) senatum..uelle se frequentem adesse..~bi iussit CIC.*Att*.9.17.1; quibus (*sc.* edictis) ~psit..ei (*sc.* collegue suo)..antea regem fuisse cordi, nunc esse regnum SUET. *Jul*.49.2; (*cf.*) tabulam ~psit se familiam Catonianam uenditurum CIC.*Q.fr*.2.4.5;—(*w. indir. command*) de quo palam ~ptum fuerit, ne cum eo contrahatur ULP.*dig*. 14.3.11.2. **b** se..mutua pecunia poterit (tutor) obligare sibi mutuam ~bendo (*edd.* per-) ULP.*dig*.26.7.9.7.

2 To publish a written notice announcing the sale of, advertise as for sale or sim. disposal. **b** (w. ref. to the enforced sale of confiscated property).

Tusculanum ~psi; suburbano facile careo CIC.*Att*.4.2.7; horti quam in diem ~pti sint uelim ad me scribas 12.49.3(2); ille, quod non placebat, ~psit, tu quod placebat, emisti *Off*. 3.55; ~bebatur (domus)..seu quis emere, seu quis conducere..uellet PLIN.*Ep*.7.27.6; si quis pignus ~pserit uenditurus ULP.*dig*.47.10.15.32; (*cf.*) nudis (*sc.* capitibus), et quid erit aliud quam se ipsos ~bere? PETR.101.11. **b** BONA EORVM POSSIDERI ~BEIVE VENEIREQVE IVBETO *CIL* 1. 592.2.47; cum usque eo uicinos (fundos) ~beret quoad.. ex multis praediis unam fundi regionem..perfecerit CIC. *Agr*.3.14; ut patris eorum bona ~benda curauerit PLIN. *Ep*.8.18.5; siue quis bona alicuius quasi debitoris..~pserit GAIUS *Inst*.3.220.

3 To publish the name of, in a list of outlaws, proscribe, outlaw.

qui municipes suos ~bendos occidendosque curauerit CIC.*Clu*.125; si uictus eris, ~bare *Att*.7.7.7; tanto odio ferebatur in Ciceronem, ut..omnibus eius amicis esset inimicus eosque uellet ~bere NEP.*Att*.10.4; ~pti Regis Rupili pus atque uenenum HOR.*S*.1.7.1; an has ideo non putas esse diuitias, quia propter illas nemo ~ptus est? SEN. *Ep*.119.6; cum..Sylla dictator ~psisset inimicos FLOR. *Epit*.2.11(3.23.3); (*absol.*) tacebis..~bente Antonio et rem publicam laniante? SEN.*Suas*.6.4; (*hyperb.*) nec recusauit se ipsam ~bere, ut ei fides sua in coniuge proscripto constaret V.MAX.6.7.3; (*transf.*) in omnes gentes, in omnia uentura saecula ~pti sumus [QUINT.]*Decl*.12.3; (*cf.*) uno ~ptus saeculo proscribes Antonium omnibus SEN.*Suas*.7.8.

proscriptiō ~ōnis, *f.* [prec.+-TIO]

1 A written notice announcing a sale.

inritae uenditiones, inritae ~ones CIC.*Flac*.74;—(*w. obj. gen.*) in ista pupulatione et ~one bonorum improbissimus reperiebare *Quinct*.56; *Red.Sen*.11;—(*cf. sense 2*) opinor.. esse in lege quam ad diem ~ones uenditionesque fiant *S.Rosc*. 128.

2 The publication of the names of citizens who were declared outlaws and their goods confiscated, proscription.

ne subscriptio censoria non minus calamitatis ciuibus quam illa acerbissima ~o possit adferre CIC.*Clu*.123; ~onis miserrimum nomen illud *Dom*.43; cum de capite ciuis..et de bonis ~o ferretur *Sest*.65; illa uero omnes (nuntiabant).. meras ~ones, meros Sullas *Att*.9.11.3; cuius (*sc.* Sullae) filium..~onem paternam laudantem..colapho percussit V.MAX.3.1.3; triumuirali ~one consumptus est QUINT.*Inst*. 12.10.13; redit Syllana ~o FLOR.*Epit*.2.16(4.6.3);—(*w. obj. gen.*) illam ~onem capitis mei..saluis auspiciis rogatam esse dicebant CIC.*Prov*.45; indemnati ciuis atque integri capitis bonorumque tribunicia ~o *Pis*.30; tum Catilina polliceri..~onem locupletium SAL.*Cat*.21.2; (*w. poss. adj.*) illo ipso..anno, cum..caput meae ~onis recitaretur CIC. *Red.Sen*.4;—(*w. subj. gen.*) o dignum ~one, sed Spartaci! PLIN.*Nat*.33.50.

proscriptor ~ōris, *m.* [PROSCRIBO+-TOR] One who proscribes or outlaws.

(*attrib.*) ille ~or animus modo et contumelia furens PLIN. *Nat*.7.56.

proscripturiō ~īre, *intr.* [PROSCRIBO+-VRIO] To desire to conduct a proscription.

ita sullaturit animus eius et ~it iam diu CIC.*Att*.9.10.6; (cf. Quint.*Inst*.8.6.32).

proscriptus ~ī, *m.* [pple. of PROSCRIBO] A proscribed person, outlaw.

ut hic potius uiuus in reos quam occisus in ~os referretur CIC.*S.Rosc*.27; quinta (*sc.*oratio) de ~orum filiis *Att*.2.1.3; SAL.*Hist*.1.77.6; M. Perpenna praetorius, e ~is VELL.2.30.1; ~um famulus seruauit MART.3.21.1; TAC.*Hist*.1.48.

prōsecō ~āre ~uī ~tum, *tr.* [PRO-+SECO] FORMS: *prosicarier* (inf. pass.) PL.*Poen*.456.

1 To cut off (a part of the body, usu. of a sacrificial victim), sever, amputate.

abii illim ilico iratus, uotui exta prosicarier PL.*Poen*.456; CATO *Agr*.134.4; qui eius hostiae exta ~uisset LIV.5.21.8; piceae mactantur oues, ~taque partim pectora V.FL.3. 439; SUET.*Aug*.1;—(*in witchcraft*) ~tis naso prius ac mox auribus APUL.*Met*.2.30.

2 To cut the surface of (land) by ploughing.

tantis glaebis tenacissimum solum, cum primum ~atur, adsurgit PLIN.*Ep*.5.6.10.

prōsectum ~ī, *n.* [pple. of prec.] A severed portion (consisting of one of the major organs) of a sacrificial victim.

quod in extis dicitur nunc ~um VAR.*L*.5.110; Vulcani tosta uapore..~a MACER *poet*.3; addit et..ambigui ~a lupi OV.*Met*.7.271; *Fast*.6.163; ubi auerso dederat ~a Tonanti STAT.*Theb*.5.641.

prōsectus ~ūs, *m.* [PROSECO+-TVS[3]] The act of cutting the surface or extremities.

ferri uulnera similia..~u dentium APUL.*Met*.8.5; ~u gladiorum..solum spurcitia sanguinis..madescere 8.28.

prōsecūtor ~ōris, *m.* [PROSEQVOR+-TOR] One who escorts (in quots., in an official legal capacity).

ut (accusatores et rei) cum ~oribus ueneant *Ed.*(*Font.iur*. p.252)78.2.7; solent praesides prouinciarum..desiderare, ut cum ~oribus ad se remittantur (factores delicti) MACER *dig*. 48.3.7; ADPLICARI ~ORES EX OFFICIO TVO IVBEAS QVI IN VRBE PONDVS..TRADANT *CIL* 3.14165[8].19.

prōseda ~ae, *f.* [PRO+*sed-* (SEDEO)] A prostitute.

an te ibi uis inter istas uorsarier ~as, pistorum amicas..? PL.*Poen*.266; ~as meretrices Plautus appellat, quae ante stabula sedeant PAUL.*Fest*.p.226M.

prosedamum ~ī, *n.*: (see quot.).

a Sarmatia (dari erythraicon) equis..pigrioribus in coitu, quod uitium ~um uocant PLIN.*Nat*.26.98.

prōsedeō: see PROSIDEO.

proselēnus ~a ~um, *a.* [Gk. προσέληνος] Existing before the moon.

CIC.*Fund*.fr.3.

prōsēminō ~āre, *tr.* [PRO+SEMINO] To propagate, engender.
sollertiam..eam, quae posset uel in tegulis ~are ostreas CIC.*Hort.fr.*78;—(*transf.*) ~atae sunt quasi familiae dissentientes inter se *de Orat.*3.61; ita proprietas liquoris, cum init in corpus, ~at intinctam..qualitatem VITR.8.3.14; ex aliis alias (artes) ~at usus MAN.1.90.

prōsentiō ~tīre ~sī, *intr.* [PRO+SENTIO] (app.) To get wind of.
si ~serit (*s.v.l.*) miles, nihil ecferri poterit huiius PL.*Mil.* 1152.

prōsequium ~iī, *n.* [next+-IVM] Attendance.
~ium a prosequendo PAUL.*Fest.*p.226M.

prōsequor ~quī ~cūtus, *tr.* [PRO-+SEQVOR]

1 To go along with as an escort, accompany, follow. **b** to escort (a funeral procession). **c** to follow (with the eyes). **d** (transf. and poet., of things).
nouam nuptam uolo rus ~qui PL.*Cas.*783; in primis finibus tibi praesto se fuisse dicit, usque ad ultimos ~cutum CIC.*Deiot.*42; *Q.fr.*1.3.3; decedentem domum cum fauore ac laudibus ~cuti sunt LIV.2.31.11; praesidiis datis quae commeatus eos ~querentur 25.13.5; sine festinatione ~qui pecus oportebit COL.7.5.3; currum deae ~quentes..lasciuiunt passeres APUL.*Met.*6.6; (*in fig. phr.*) nec iustitiam ..~cuta, cum tortoris os uiderit, consistet (uita beata) CIC. *Tusc.*5.80;—(*hyperb.*) ne quis intepescat cibus..cenam culina ~quitur SEN.*Ep.*78.23; uasto contorquet (*sc.* discum) turbine, et ipse ~quitur STAT.*Theb.*6.710;—(*ellipt. or absol.*) quid uos foras ~quimini? PL.*Rud.*1050; ~quitur cantu Triton PROP.4.6.61; frequentia..~quentium rogantiumque num quid uellet LIV.6.34.7; iumenta..ne longius ~qui possent, conuulnerant CURT.5.13.17; Masintham..inter officia ~quentium..lectica sua auexit SUET.*Jul.*71;—(*of ships*) nauem..quam tibi Milesia ciuitas ut te ~queretur dedisset CIC.*Ver.*1.87; petierunt a magistratibus..ut naues mitterent quae se ~querentur LIV.30.25.3. **b** POPVLVS.. MAGNO..FLETV FVNVS ~CVTVS EST *CIL* 1.1924.6; ut neque respiceres..iacentem..neque exequias ~querere meas Ov. *Tr.*1.8.14; VT EXITVS DEFVNCTORVM HONESTE ~QVAMVR *CIL* 14.2112.1.16; (*cf.*) Bassus noster uidebatur mihi ~qui se et..uiuere tamquam superstes sibi SEN.*Ep.*30.5. **c** oculis abeuntem ~quor udis Ov.*Ep.*12.55; illos e scopulis..~quimur uisu STAT.*Theb.*5.483; [QUINT.]*Decl.*12.6. **d** ~quitur surgens a puppi uentus euntis VERG.*A.*5.777; hi sermones spectantium Neronem usque in Capitolium ~cuti sunt LIV. 28.9.16; nec meos lux (*i.e. the sun's light*) ~qui potuit triumphos SEN.*Her.O.*43; aquilonum flatu uocem ~quenti PLIN.*Nat.*9.30; illam (*sc. monster*)..pontus ~quitur lateri adsultans V.FL.2.504; Chattos suos saltus Hercynius ~quitur TAC.*Ger.*30.1.

2 To cause (a person, esp. on departure) to be accompanied, send on his way (with gifts, etc.). **b** (w. prayers, reproaches, encouragement, and sim.).
(*w. abl.*) uenientis regio apparatu et accepit et ~cutus est rex LIV.37.7.15; eos..imperatoris more donis ~quebatur V.MAX.4.3.10; libellus quo..Maecium Celerem..quia sequi non poteram, sic ~cutus sum STAT.*Silv.*3.pr.; ~cutus eram uiatico secedentem PLIN.*Ep.*3.21.2; (*poet.*) nimbis et luce fragosa ~quitur polus (Venerem) V.FL.2.199;—(*w.* cum) exceperunt et ~cuti cum donis legatos sunt LIV.39.55.4. **b** iratus hominem uerbis uehementioribus ~quitur CIC.*Ver.* 2.73; eum linquentem terram..uotis, ominibus lacrimisque ~cuti sunt *Planc.*26; Caesar Remos cohortatus liberaliterque oratione ~cutus CAES.*Gal.*2.5.1; Aeneas..~quitur lacrimis longe et miseratur euntem VERG.*A.*6.476; quos.. haud aspernanda precantis ~quitur uenia 11.107; hominem ..plausu ~quuntur maximo PHAED.5.5.21; Maximum.. libenter apud te testimonio ~quor PLIN.*Ep.Tra.*10.85(17).

3 To furnish (with gifts, etc., in recognition of merit, as a reward, or sim.), honour (with). **b** to attend (with honours, compliments, and sim.).
ut fortissimum quemque..largitionibus ~quatur COL. 11.1.19; (eum) legato..non amplius quam octingentorum sestertiorum ~cutus SUET.*Cl.*4.7; HONESTA EPVLATIONE VNIVERSOS SIT ~CVTVS *CIL* 11.5716; (*w. abst. obj.*) neque.. adfectibus meis uno libello carissimam mihi..memoriam ~qui satis est PLIN.*Ep.*3.10.3;—(*ellipt.*) (Aries) melius.. Leone ~quitur genitos..quam colitur MAN.2.612; omisit (*sc.* testator), quos maxime diligebat, ~cutus est, quibus offensior erat PLIN.*Ep.*5.5.2; ut..sumptus ad tuendos eos ~quendosque suppeteret SUET.*Aug.*49.2; uirtutes ac merita cuiusque digne ~cutus 66.1. **b** domus tua..me semper omnibus summis officiis ~cuta est CIC.*Fam.*15.10.2; te (*sc.* Augustum) multa prece, te ~quitur mero defuso pateris HOR.*Carm.*4.5.33; omnes laudibus..~quentes uirum LIV. 9.8.13; eam..filii..pietate ~quebatur CURT.5.2.18; cum.. eum..epistulis..ut peritissimum rei militaris..~quatur SUET.*Tib.*21.3; senatus honore rarissimo..~cutus est eum *Otho* 1.3; (*w. inanim. obj.*) medici..uoluptate carentes cibos blandioribus adloquiis ~quuntur PLIN.*Ep.*1.8.12.

4 To accompany (a circumstance, action, etc., with a particular reaction, attitude, etc.).
(*w. abl.*) illius..mortis opportunitatem beneuolentia potius quam misericordia ~quamur CIC.*Brut.*4; grata eorum uirtutem memoria ~qui qui pro patria uitam profuderunt *Phil.*14.30; exercitus incredibili alacritate adhortationem ~cutus ducis LIV.7.33.4; praesentia inuidia, praeterita ueneratione ~quimur VELL.2.92.5; auaritia.. risu ~quenda V.MAX.9.4.ext.1; stridore horrisono..cuspidis ictum belua ~quitur SIL.4.613; LACRIMIS ~QVOR VERBA *CIL* 3.13529;—(*w.* cum) ut..cum laude et bonis recordationibus facta..~quantur TAC.*Ann.*4.38; quod..ipse cum summo honore mentionem eius ~cutus esset PLIN.*Ep.*8.6.5.

5 (of states of mind, circumstances, or sim.) To remain in continuing association with, accompany (throughout a period).
quem non erunt in lucubratione litterae ~cutae VAR.*L.* 7.2; quae existimatio P. Quinctium usque ad senectutem produxit, eadem usque ad rogum ~quatur CIC.*Quinct.*99; tantus eos (*sc.* absentes) honos..~quitur amicorum *Amic.* 23; uitae..nouissima nostrae ~quitur fati, qui fuit ante, tenor Ov.*Ep.*7.112; nihil in fructum peruenit, quod non.. aequalis cultura ~quitur SEN.*Ben.*2.11.4;—(*absol.*) illud (*sc.* gaudium) ex se ortum..ad extremum usque ~quitur *Ep.*98.1; asper principio..~quitur labor SIL.15.104; ~quitur haec memoria in senectutem QUINT.*Inst.*1.1.36.

6 To go in pursuit of, follow up. **b** to pursue a claim for.
hi nouissimos..multa milia passuum ~cuti magnam multitudinem..conciderunt CAES.*Gal.*2.11.4; equites nostri longius ad Cordubam uersus ~cuti sunt eos qui commeatus ..portabant *B.Hisp.*11.1; (*cf.*) ne, qui ~quuntur herbas, semina proculcare cogantur COL.11.3.13;—(*ellipt.*) longius ~qui ueritus, quod siluae..intercedebant CAES.*Gal.*5.52.1; insequentis nostros, ne longius ~querentur, Sulla reuocauit *Civ.*3.51.3. **b** uti..praestaret sumptus omnes ~quentibus eam pecuniam SCAEV.*dig.*45.1.122.1.

7 (w. abl.) To follow up (actions, words, etc., with). **b** (absol.) to continue with a further remark or sim., go on. **c** (of events, etc.) to occur after, follow, succeed.
qui paternam amicitiam nullis ipsi officiis ~cuti sunt BITH. *Fam.*6.16; improbum factum dicto ~cutus COL.8.16.3; haec aliaque (*sc.* dicta) cum..~queremur laudationibus PETR.48.7; ne laureatis quidem gesta ~cutus est TAC.*Ag.* 18.7;—(*ellipt.*) si testem..argumentari et coniectura ~qui patieris *Rhet.Her.*4.47; primum tibi ago gratias..deinde impudentia ~quor CIC.*Fam.*13.62. **b** ~quitur pauitans et ficto pectore fatur VERG.*A.*2.107; 'tanto' inquit 'melior!' assem deinde illi dedit, sic ~cutus PHAED.3.5.4; SUET.*Cl.* 43.1. **c** uox faucis nulla solutas ~quitur LUC.3.739; ut beatissimus recitationem eius euentus ~quatur TAC.*Dial.* 9.4; nec..ut in aliis exercitibus, primum..delictum uenia ~quebatur *Ann.*13.35.

8 To pursue (a course of action), proceed with, follow up. **b** to pursue a subject of discourse or writing), go on to describe.
ut est mos hominum paruula initia pertinaci studio ~quendi V.MAX.2.4.4; Siculi..non mediocri cura negotium istud ~cuti sunt COL.1.1.8. **b** quid pascua uersu ~quar ..? VERG.*G.*3.340; tua ~quimur studioso pectore, Caesar, nomina Ov.*Fast.*2.15; nunc uulgares aquas ~quamur SEN. *Nat.*3.1.2; qui..uulgatissimos sensus uerbis..~qui nequeant QUINT.*Inst.*2.4.28; descriptiones locorum..poetice ~qui fas est PLIN.*Ep.*2.5.5; (*w. abst. subj.*) adsit (eloquentia) et res pulcherrimas ~quatur SEN.*Ep.*75.5;—(*w. indir. qu.*) ut.. latius quae cuiusque adfectus natura sit ~quamur QUINT. *Inst.*5.8.2; nec personas ~cutus est (praetor), utrum ex uirili sexu an feminino descendent ULP.*dig.*37.5.1.1.

prōserō[1] ~erere ~ēuī ~atum, *tr.* [PRO-+SERO[1]]

1 To produce (crops, etc.) by sowing. **b** to generate (offspring; also, physical forces).
non ~erit ullam flaua Ceres segetem LUC.4.411. **b** ambo (*i.e. Apollo and Liber*) sunt flammis creati ~atique ex ignibus FLOR.*anth.*247.2; sunt qui Platonem augustiore conceptu ~atum dicant APUL.*Pl.*1.1; GAETVLA HARENA ~ATA (*sc.* equa) *CIL* 6.10082;—Aquilonum genus ex aere ~ati (uenti) APUL.*Mun.*12.

2 To produce (mentally) from existing materials, develop.
(homines) contiguas dicidere ex artibus artes ~erere GRAT.9; uersus ex iambis ~atus MAUR.2390.

prōserō[2] ~ere, *tr.* [PRO-+SERO[2]] To cause to extend forward, protrude.
ne sic tussiat ut quoiquam linguam in tussiendo ~erat PL.*As.*795; qua ~eratur lingua PLIN.*Nat.*9.130; aggeribus caput Alpinis..~erit in Celtas (Rhodanus) SIL.3.448.

Prōserpina ~ae, *f.* FORMS: *Prosepnai CIL* 1.558. PROS.: 1st syll. short in HOR.*Carm.* 2.13.21. The daughter of Ceres and wife of Pluto.
NAEV.*poet.*29(31); CIC.*Ver.*4.111; VERG.*G.*4.487; Ov.*Met.* 5.391; V.FL.5.345; APUL.*Met.*6.19.

prōserpināca ~ae, *f.* [prec.] A kind of knotgrass.
anginae..medetur..~a PLIN.*Nat.*26.23; ~a herba uulgaris est, eximii aduersus scorpiones remedii 27.127.

prōserpō ~ere, *intr.* [PRO-+SERPO] To creep or crawl out, come stealthily forth; (esp. of reptiles); *~ens bestia*, a snake. **b** (transf., of plants, etc.).
quidam seruulus..~it leniter APUL.*Met.*4.19; de proximo specu..funesta ~it ursa 7.24;—dextra laeuaque cautibus cauatis ~unt..dracones 6.14; uipera..in lucem ~it *Apol.* 85;—fac ~entem bestiam me, duplicem ut habeam linguam PL.*As.*695; suffla celeriter tibi buccas quasi ~ens bestia *St.*724; VAR.L.5.68. **b** Tellurem putant esse..Proserpinam quod ex ea (*sc.* tellure) ~ant fruges VAR.*gram.*140.

proseucha ~ae, *f.* [Gk. προσευχή] A Jewish meeting-place for prayer.
ede ubi consistas, in qua te quaero ~a? JUV.3.296; *CIL* 6.9821.

prōsiciēs ~iēī, *f.* Also **~ium** ~iī, *n.* [PROSECO+-IES(-IVM)] = PROSECTVM.
cenam..nullam neque diuo ~iem ullam? LUCIL.473; VAR. in Non.p.220 M. β PAUL.*Fest.*p.225M.

prōsideō ~ēre, *intr.* [PRO-+SEDEO] ORTHOG.: *-sed- CIL* 11.5736. (in Mithraism, app. transl. Gk. προκάθημαι) To hold the chief priesthood.
MITHRAE ARAM..POSVIT ~ENTIBVS BICTORINO PATRE ET IANVARIO *CIL* 6.723.

prōsiliō ~īre ~uī (~īuī, ~iī) *intr.* [PRO-+SALIO] FORMS: *~ibo* (fut.) [QUINT.] *Decl.*4.19; *~iturus* (fut. pple.) *CIL* 10.114.

1 To make a sudden movement forward, leap or spring forward, rush forth.
~ui amicum castigatum innoxium PL.*Trin.*216; quidnam hic properans ~it? TER.*Eu.*1030; qui delitiscerent, deinde repente..~irent hominemque comprenderent CIC.*Cael.*62; dum (uirgo) aduentu matris ~it CATUL.65.22; ~uit furibundus et illum (*sc.* culicem) obtritum morti misit *Culex* 187; cerebrosus ~it unus ac mulae..lumbos..fuste dolat HOR.*S.*1.5.21; ~it in laxa nixa pedem solea PROP.2.29.40; quid ante signa feroces ~uissent..? LIV.7.8.2; nec mora, ~uit (Dione). pisces subiere gemelli Ov.*Fast.*2.471; totus populus ad eiciendum..carmen consurrexit..donec Euripides in medium ipse ~iuit SEN.*Ep.*115.15; siue (iuuencus) ..efferatus ~it COL.6.2.10; (umbra) ~uit busto LUC.9.3; attonito qualis pede ~it Ino in freta V.FL.8.21; (*poet.*) finibus omnes (*i.e. the oarsmen*), haud mora, ~uere suis VERG.*A.*5.140;—(*in fig. phrs.*) tolle periclum, iam uaga ~iet frenis natura remotis HOR.*S.*2.7.74; si mihi (senectus) non uitam reliquerit, sed animam, ~iam ex aedificio putri SEN.*Ep.*58.35.

2 (w. *ad*) To rush or spring (to a course of action).
numquam nisi potus ad arma ~uit dicenda HOR.*Ep.* 1.19.8; ne facile quis ~iat ad accusationem ULP.*dig.*48.2.7; FACILIVS ~ITVRI HI QVI AD MVNVS AVGVSTALITATIS CONPELLENTVR *CIL.* 10.114; POTIVS..QVAM AD HVIVS MODI DECRETVM ~IRE 10.1784; (*w. abst. subj.*) ne ad hoc inconsulte..leuitas humana ~iat [QUINT.]*Decl.*4.8; (*impers. pass.*) supplicium quisquam uocat, ad quod ~itur? quod exposcitur? 11.8.

3 (of liquids, vapours, etc.) To spring, gush, spurt, etc., out or forth; (of solid objects) to burst out. **b** (topog.) to jut out.
prae laetitia lacrumae ~iunt mihi PL.*St.*466; riuus muscoso ~it e lapide CATUL.68.58; scintillam subito ~uisse ferunt Ov.*Fast.*4.796; inde tam citus ~it (Padus) MELA 2.63; nouus..~it uenis cruor SEN.*Oed.*355; inde ~it spuma pinguis PLIN.*Nat.*12.58; niger ignis in ora genasque ~it STAT.*Theb.*11.227; turbo..dicitur qui repentinis flabris ~it APUL.*Mun.*12;—rotundior (castanea) quae balanitis uocatur purgabilis maxime et sponte ~iens pura PLIN.*Nat.* 15.93. **b** oppidum..unde Peloponnesi ~it ceruix PLIN. *Nat.*4.8; promunturium..e media prope Hispaniae fronte ~it 4.115.

4 To put forth rapid growth, shoot up. **b** (of abst. things) to come suddenly into being, spring forth.
(*of plants*) iliguei..frutices, qui in altitudinem non ~ierunt COL.7.6.1; baca asparagi spinosa ~it herba 10.246; (castanea) tralata..pauet..nouitatem biennio fere; postea ~it PLIN.*Nat.*17.149;—(*of persons, etc.*) mihi dulcis imago ~uit (*i.e. of Violentilla*) STAT.*Silv.*1.2.113; (*cf.*) creditur hic (*sc.* Pegasus) caesa..ceruice Medusae..~uisse Ov.*Fast.*3.452. **b** alia..digna miratu, siue per ordinem subeunt siue subitis causis mota ~iunt SEN.*Ep.*94.56; formidine mersa ~it.. fiducia LUC.7.249.

prōsistō ~ere, *intr.* [PRO-+SISTO] To jut or stick out.
foliis in modum radiorum ~entibus APUL.*Met.*11.24.

prōsitus ~a ~um, *a.* [PRO-+SITVS] (app.) Situated along the way.
speca ~a (*cj.*), quo aqua de uia abiret CATO *hist.*143; ~a proposita PAUL.*Fest.*p.226M.

prosīuus ~a ~um, *a.* [unkn.] The name of a variety of apple.
CLOAT.*gram.*7.

proslambanomenos ~ī, *m.* [Gk. προσλαμβανόμενος] (mus.) An added note at the bottom of a system of tetrachords.
appellantur (*sc.* sonitus stantes)..sic: ~os, hypate hypaton, hypate meson VITR.5.4.5; 5.5.5; nationes..spiritus uocis habentes umore repulsos ad hypatas et ~on 6.1.7.

prōsocer ~erī, *m.* [PRO-+SOCER] The grandfather of one's wife or husband.
cui..Nereus ~er esse uelit Ov.*Ep.*3.74; PLIN.*Ep.*8.20.3; pronurus..~ero (potest) furtum facere ULP.*dig.*25.2.15.1.

prosōdia ~ae, *f.* [Gk. προσῳδία] Variation in pitch, accent.
in priore uerbo graues ~ae quae fuerunt manent, reliquae mutant VAR.in Gel.18.12.8; neque eundem habent..sonum uocis, quam Graeci ~am appellant RUT.LUP.2.14.

prosōpopoeia ~ae, *f.* [Gk. προσωποποιία] A speech composed and delivered in the character of another person, impersonation.
nec ~as, ut quibusdam placet, ad comicum morem pronuntiari uelim QUINT.*Inst.*1.8.3; Cicero pro Scauro ambitus reo..~a loquentis pro reo utitur 4.1.69; in ~a sunt uarietates..plures quod in his puerorum, feminarum.. mutarum etiam rerum adsimulamus adfectus 11.1.41.

prospectō ~āre ~āuī ~ātum, *tr.*, *intr.* [PROSPICIO+-TO]

1 To gaze out at, look intently at, watch. **b** (intr.) to gaze out.
dies et noctes..mare ~o CIC.*Att.*9.10.2; intenti proelium equestre ~abant SAL.*Jug.*60.3; illam omnis tectis agrisque effusa iuuentus..~at euntem VERG.*A.*7.813; mugientium

~at errantis greges HOR.*Epod.*2.12; LIV.22.14.11; STAT. *Theb.*5.295; cum..ex proximis hortis campum et comitia ~es PLIN.*Pan.*63.4; cuncta ~abam loca, sicubi forte.. repperirem rosarium APUL.*Met.*4.1; cunctas facinorosae mulieris artes ~are poteram 9.22;—(*poet.*) te quoque fata ~ant paria VERG.*A.*10.741; limes..poli, quem Sol emissus Eoo cardine..~at STAT.*Theb.*1.158; quam si..conuulsa Noto ~et amicam puppis humum 2.194. **b** ~ans litore Diae, Thesea cedentem..tuetur..Ariadna CATUL.64.52; haec super e uallo ~ant Troes VERG.*A.*9.168; pars in uestibulis stat, pars ex tectis fenestrisque ~ant LIV.24.21.8; frustra de colle Lycaei anxia ~as, si quis..nostro sublatus ab agmine puluis STAT.*Theb.*9.896; TAC.*Hist.*3.68; quidam senex de summo colle ~at APUL.*Met.*8.19; (*poet., of stars*) quae uidet emeriti iam ~antibus astris tempus adesse uiri STAT.*Silv.*5.1.124; (*impers. pass.*) qua..longissime ~ari poterat TAC.*Ann.*3.1.

2 To look out for; (w. indir. qu.) to look to see (what, or whether).

quae (*sc.* nauis)..omnibus qui eam aspexerant ~are iam exsilium..domini uidebatur CIC.*Ver.*5.44; Vlixes fumum terra sua emergentem compluribus annis e litore ~ans APUL.*Apol.*57;—~at..Cominius, quid agatur; uidet homines faeneos in medium..proiectos CIC.*Corn.*1.fr.3; exercitus.. diem de die ~ans ecquod auxilium..appareret LIV.5.48.6; ~are uideris, an noua..surgant Palatia STAT.*Silv.*1.1.33.

3 (of a place) To afford a view of, look out on; to face towards.

ut..maris uastum ~et turribus aequor..Tyros TIB.1.7.19; ad portas uiam hinc ferentem ~antes LIV.7.30.22; hinc Teos illinc Clazomenae..diuersis frontibus diuersa maria ~ant MELA 1.89; cenationes..~ent hibernum orientem COL.1.6.2; ~abat (*sc.* Capri)..pulcherrimum sinum TAC.*Ann.*4.67; illa intus in lacu insula..mare aeque ~at FRO.*Aur.*1.p.36(45N); (*opp.* respicio) uillam..quae..~at Siculum et respicit Tuscum mare PHAED.2.5.10; (*w. adv.*) locus ipse..placebat, late ~ans TAC.*Hist.*3.60;—illos, qua uergit ad septentrionem, hos ad occasum conuersa (uallis) ~at CURT.6.4.17; a monte Gauro Puteolos..~antia (*sc. vineyards*) PLIN.*Nat.*14.64; terra finesque..septentrionem e latere Syriae longe ~ant TAC.*Hist.*5.6.

prospector ~ōris, *m.* [PROSPICIO+-TOR] One who looks out; (in quot., transf.).

in rebus incertis ~or, dubiis praemonitor APUL.*Soc.*16.

prospectus ~ūs, *m.* [PROSPICIO+-TVS³]

1 The ability or opportunity of seeing before one, one's view. **b** the action of looking out. **c** a viewpoint.

caligo oborta est, omnem ~um abstulit ENN.*scen.*182; cum..saepibus..interiectis ~us impediretur CAES.*Gal.* 2.22.1; capite atque pedibus nudis, uti ~us nisusque per saxa facilius foret SAL.*Jug.*94.1; ~um eripiens oculis VERG. *A.*8.254; non ~u modo extra uallum adempto sed propinquo etiam congredientium inter se conspectu LIV.10.32.6; liber..~us oculorum etiam ad ea quae procul recessere permittitur CURT.4.9.10; incipiens alium ~us in orbem V.FL. 2.628; ~u uestigatorum obseptis capreis APUL.*Met.*8.4; (*w. indir. qu.*) adempto omni ~u, quis aequus locus, quanta altitudo moenium..foret TAC.*Hist.*3.20; (*in fig. phr.*) ut, donec perueniamus ad finem, non minus ~u procedamus quam gradu QUINT.*Inst.*10.7.10. **b** aequora ~u metior alta meo OV.*Ep.*10.28; nutantem..et in ~u alioquin attonitum praeceps inegit APUL.*Met.*4.12; summo..risu meum ~um cauillari non desinunt 9.42. **c** flores e ~u omni sparsit (populus) PLIN.*Nat.*21.10.

2 That which is seen, a prospect, view. **b** the outlook (of a place, building), the view (from anywhere).

sterilis hinc ~us usque ad ultumamst plateam PL.*Mil.* 609; o praeclarum ~um: Puteolos uidemus CIC.*Luc.*80; cum iam extremi essent in ~u CAES.*Gal.*5.10.2; interest inter lumen et prospectum, nam ~us etiam ex inferioribus locis est ALF.*gram.*2; omnem ~um late pelago petit VERG. *A.*1.181; si..interiora ~us habuerint elegantes, aditus autem humiles et inhonestos VITR.1.2.6; in ~u (*perh. as a showpiece*) habuimus ursinae frustum PETR.66.5; completis undique basilicis ac templis, lugubri ~u TAC.*Hist.*1.40; hinc siluae inde aperta spatia et ~us *Ann.*15.42;—(*w. defining gen.*) cetera noli putare amabiliora fieri posse uilla, litore, ~u maris CIC.*Att.*12.9; (Phaselis) procul nauium praebet ~um LIV.37.23.1; ab laeua eius (*sc.* regionis) regio Medorum est ad ~um Caspii maris PLIN.*Nat.*6.28; postquam (nauis) cursus spatio ~um sui nobis incertat APUL. *Met.*11.16. **b** in Palatio pulcherrimo ~u porticum.. concupierat CIC.*Dom.*116; tam interdiu illis quam nocte patebant ~us huius pulcherrimae domus SEN.*Ep.*90.42; praefigi ~us omnes coegit..latrocinatio PLIN.*Nat.*19.59; diuersas..caeli partes ut ~us habet (*sc. the building*) PLIN. *Ep.*5.6.27.

3 (transf.) The act of taking a view (of), regard.

est..tertium quoque inter duo ista, quae diiunguntur, cuius rationem ~umque..non habuit GEL.5.11.10; debitores ..~u officii in iudicium uocare ULP.*dig.*26.7.1.4.

prospeculor ~ārī ~ātus, *intr.*, *tr.* [PRO-+SPECVLOR] To look out (in order to survey the situation or sim.); (w. acc.) to look out or watch for.

cum de uallo ~aretur *B.Afr.*31.4; L. Siccium..~atum ad locum castris capiendum mittunt LIV.3.43.2;—multitudo e muris aduentum imperatoris..~abatur 33.1.3.

prosperē, *adv.* *compar.* ~ius, *superl.* ~rimē. [see PROSPERVS] In a manner agreeable to one's wishes, with good fortune, successfully. **b** in prosperity. **c** in a manner indicating good fortune, auspiciously.

~e uobis cuncta usque adhuc processerunt PL.*Mos.* 734; euenere haec nobis, frater, ~e TER.*Ph.*895; omni iam fortuna ~e functus CIC.*Brut.*243; sequitur, ut..nihil obstet; ergo omnia profluenter absolute ~e *Tusc.*5.53; Catilinae neque petitio neque insidiae..~e cessere SAL.*Cat.* 26.5; coniectans ex unius coloniae minus ~e temptatae uiribus quanta moles Romanae urbis esset LIV.22.9.2; dum ..omnia geruntur ~rime VELL.2.97.1; ea (*sc.* harundo) cum sit uiuacissima nec recuset ullum locum, ~ius resoluto quam denso (deponitur) COL.4.32.1; quem uidit sequens aetas..Claudii principis amicitia diu ~e, numquam bene usum TAC.*Ann.*4.31. **b** auro quod triumphis, quod uotis omnis populi Romani aetas ~e aut in metu sacrauerat TAC. *Ann.*15.45. **c** aues, quae ~ius praeuolant GEL.7(6).6.8.

prosperitās ~ātis, *f.* [PROSPERVS+-TAS] A favourable state or outcome (of one's affairs, etc.), prosperity, success. **b** a favourable condition or influence.

neque..quicquam aliud est felicitas..nisi honestarum rerum ~as CIC.*Ep.*fr.2.5; inproborum..~ates secundaeque res redarguunt..uim omnem deorum *N.D.*3.88; tanta..~as Caesarem est consecuta NEP.*Att.*19.3; tanta..~ate usus est ualetudinis 21.1; nec..~ate rerum in uanitatem usus TAC.*Ag.*18; SUET.*Cal.*31; sicut..(exta) diffissa plerumque minima..maximas significant ~ates FRO.*Ver.*2.p.240(137N); diuinam sententiam, conseruatricem ~atis eius APUL. *Pl.*1.12. **b** tutus..~ate uentorum ferentium Augusti portum..⟨peruenio⟩ APUL.*Met.*11.26.

prosperō ~āre, *tr.* [next+-O³] To cause (a policy, aim, etc.) to succeed, help forward, further. **b** (absol. or ellipt.).

hanc tibi nunc ueniam minus grauate ~o PL.*Cas.*1005; nec ~atur pax quod Cassandram..deripuit LUCIL.656; diua,..~es decreta super iugandis feminis HOR.*Saec.*18; Di..Manes, uos precor..uti populo Romano Quiritium uim uictoriam ~etis LIV.8.9.7; ueneratus deos ut consilia sua rei publicae ~arent TAC.*Ann.*3.56; qui tibi queat..mala auerruncare, bona ~are APUL.*Soc.*16. **b** nunc et amico ~abo et genio meo multa bona faciam PL.*Per.*263; cum ..pullarius..non ~antibus auibus optimum ei auspicium renuntiasset V.MAX.7.2.5; (deos fingunt) hos ~are..illos contra aduersari APUL.*Soc.*12; QVOD NOS..PER..MONTIS ALPICOS..TVO FAVORE ~ANTI SOSPITAS *CIL* 12.103.

prosperus ~a ~um, *a.* *compar.* ~ior, *superl.* ~rimus. [dub.; deriv. from advl. **pro spere* (NON.p.171M) perh. popular etym.]

1 (of activities, etc.) Agreeable to one's wishes, prosperous. successful. **b** (of a result, outcome) successful. **c** (of a person, w. abl. of respect). **d** (neut. as sb.) favourable issue, success.

scio solere..rebus secundis atque prolixis atque ~is animum excellere CATO *hist.*95a; nihil esse ~um nisi uoluptatem, nihil asperum nisi dolorem CIC.*Fin.*1.71; neque in illius ~a acie..fortunam..obtinuimus *B.Hisp.* 17.2; ~is aliquot populationibus in agro Bruttio iusti ducis speciem nactus LIV.25.1.3; ~am nauigationem sine terrore ac tumultu fuisse 29.27.13; acri atque ~rimo bello Cassius Rhodum..ceperat VELL.2.69.6; ne in ipsius caput parum ~ae curationis recideret euentus CURT.9.5.25; corpore parum ~o usum SEN.*Ep.*92.19; ~um ac felix scelus uirtus uocatur *Her.F.*251; integrum militem et crebris ac ~is laboribus exercitum TAC.*Ann.*15.26; si subeuntur ~a castra JUV.16.2; fuisse traditur excelsa statura..ualitudine ~a SUET.*Jul.*45.1; ut..mihi ~is faueret uolatibus deprecatus APUL.*Met.*3.24; (*w. abl. of respect*) rem temerariam, sed euentu ~am..fecerunt LIV.33.16.6;—(*w. dat. of advantage*) bellum..ad eam diem magis ~um Romanis 23.26.1; ubi pulsum Tutorem, caesos Treuiros, cuncta hostibus ~a accepere TAC.*Hist.*4.71. **b** non iam id ago..ut ~os exitus consequar CIC.*Att.*9.7.1; laeto uerius dixerim quam ~o euentu pugnatum fuerat LIV.22.23.3; bene consulundo ~a omnia cedunt SAL.*Cat.*52.29; ~rimo rerum euentu VELL. 2.122.2; LARG.271; in prouentum ~iorem attonitus APUL. *Met.*11.20. **c** immoriens magnis non ~us ausis SIL. 10.201. **d** (*sg.*) nec..illi unquam postea ~i quicquam euenit LIV.29.18.6; cum ~i quiddam ex prouinciis nuntiatum esset SUET.*Nero* 42.2;—(*pl.*) o..~um copem diem! PAC. *trag.*307; ~a Iuppiter his dextris fulgoribus edit CIC.*poet.* 25(*Div.*2.82); uersis ad ~a fatis OV.*Ep.*15.89; gemitus et ~a Cadmi praeteriisse sinam STAT.*Theb.*1.15; ~a omnes sibi uindicant, aduersa uni imputantur TAC.*Ag.*27.2; Germanici mortem inter ~a ducebat *Ann.*4.1; (*w. gen.*) nec te uidere superbum ~a bellorum LUC.7.684; animos stimulabant ~a rerum SIL.4.499; nec te ~a et laeta stationis istius..ad capessendam eam compulerunt PLIN.*Pan.*7.3.

2 (of omens, prospects, etc.) Indicative of success, propitious, favourable. **b** expressing success, triumphal.

auspicat auspicium ~um NAEV.*poet.*36(40); de Cicerone quae scribis iucunda mihi sunt; uelim sint ~a CIC.*Att.* 14.11.2; omnis cursum mihi ~a dixit religio VERG.*A.*3.362; in tesserarum ~o iactu LIV.4.17.3; ut nondum satis claram uictoriam, sic ~ae spei pugnam imber..diremit 6.32.6; mox cecinit laudes ~iore lyra OV.*Ars* 3.50; huius (*sc.* plagae) ianua ~umque limen STAT.*Silv.*4.3.97; ~iore uocabulo..appellati sunt GEL.16.10.13;—(*w. dat. of advantage*) hominum generi ~us et salutaris ille fulgor CIC.*Rep.* 6.17;—(*of gods, etc.*) suum donum deus ~um faciat iis quibus dederit PLIN.*Nat.*16.251. **b** exciti ~o clamore.. uictoriae se miscebant TAC.*Hist.*3.17; ~os rerum in Treuiris gestarum nuntios accepere 4.85.

3 (of conditions, etc.) Favourable. **b** (of persons, etc.).

me posse..terra ~iore frui OV.*Pont.*3.7.30; ~a de Pisone fama consilio eius fidem addiderat TAC.*Hist.*1.14; postquam pandi uiam et mare ~um accepit 2.4; reputantibus haud ~um in Druso patre eius fauorem uulgi *Ann.*2.41; unum insatiabiliter parandum, ~am sui memoriam 4.38. **b** defuncta laboribus, Ino..huic populo ~a semper ades OV. *Fast.*6.542; cum..exitium miseris caneret (*sc.* Siren) non ~a nautis SIL.12.36; non par animis nec bello ~a turba ancipiti 16.597; (*w. gen.*) canentes..crescentem face Noctilucam, ~am frugum HOR.*Carm.*4.6.39.

prospicienter, *adv.* [pple. of PROSPICIO+-TER²] With an eye to the future.

Aesopus..res salubriter ac ~ animaduersas in mentes.. hominum..induit GEL.2.29.1.

prospicientia ~ae, *f.* [as prec.+-IA] The act of looking ahead.

uti uacuum metu populum Romanum nostra uigilia et ~a redderemus CIC.*Phil.*7.19.

prospiciō ~icere ~exī ~ectum, *tr.*, *intr.* [PRO-+SPECIO]

1 To see before one, see in front. **b** (of buildings and other vantage-points, etc.) to give a view of. **c** (intr.) to see in front, have a view.

heri..~exisse eum se ex tegulis CAECIL.*com.*197; ut ille ..ex cruce Italiam cernere ac domum suam ~icere posset CIC.*Ver.*5.169; nauem in conspectu nullam, tris litore ceruos ~icit errantis VERG.*A.*1.185; cum..circa Ocriculum ~exisset agmen.., substitit LIV.22.11.5; forte lacum.. ~exit in imis uallibus OV.*Met.*6.343; ex ipsa urbe ~iciebatur quercus una numquam folia demittens PLIN.*Nat.*16.81; respicere auem est in auspicando, unde quis auem ~exit, cum eodem reuertitur FEST.p.289M; hortulum quendam ~exi satis amoenum APUL.*Met.*3.29; (*poet., of a weapon*) e uulnere cuspis ~exit terga SIL.5.542; (*in fig. phr.*) ~icienti finem mihi constitutum est uel deficere potius quam desperare QUINT.*Inst.*12.pr.2;—(*w. acc. and inf.*) quos..ut Stygia ~xit ab unda per tacitum nemus ire VERG.*A.*6.385;—(*w. indir. qu.*) facile erat ex castris..~icere in urbem, ut..omnes..ad caelum manus tenderent CAES.*Civ.*2.5.3. **b** domus longos quae ~icit agros HOR.*Ep.*1.10.23; ~icit a templo summum breuis area Circum OV.*Fast.*6.205; Pagasaeus sinus Scyron ~icit MELA 2.106; ~icit eum (*sc.* Asphaltiten) ab oriente Arabia Nomadum PLIN.*Nat.* 5.72; quorum haec fenestra domum ~icit APUL.*Met.*4.12. **c** caput dolet, neque audio, nec oculis ~icio satis PL.*Am.* 1059; nisi..parum ~iciunt oculi, meae nutricem gnatae uideo TER.*Ph.*735; lumina..oculorum clara creata, ~icere ut possimus LUCR.4.826; propter altitudinem late longeque ~iciunt *B.Hisp.*8.3; uolant ad ~iciendum alte PLIN.*Nat.* 10.58; cum..intendimus..ius aliquod nobis competere, uelut..altius tollendi ~iciendiue GAIUS *Inst.*4.3; (*impers. pass.*) iam omnia, qua ~ici potest, aquis obsidentur SEN. *Nat.*3.27.11; (*cf. sense 1b*) uilla in colle imo sita ~icit quasi ex summo PLIN.*Ep.*5.6.14.

2 To look before one at, watch, survey. **b** (intr.) to look out or before one, look ahead.

cum..Megaram uersus nauigarem, coepi regiones circumcirca ~icere SULP.RUF.*Fam.*4.5.4; qui ex speculis ~icerent aduentantem hostium classem LIV.21.49.8; mare ~iciens in saxo frigida sedi OV.*Ep.*10.49; inuito ~exit Colchida uultu V.FL.7.575; quantum uisi poterat, uolatus mariti ~iciens APUL.*Met.*5.25; quotienscumque ea mulier..in balineum ibit, custodes..id ante ~iciant *Ed.pr.*(*Font.iur.*p.222)21.2; —(*w. indir. qu.*) ipse quid aura mihi tumulo promittat ab alto ~icio OV.*Met.*3.604; ~icere sollicite, an omnis familia dormiat [QUINT.]*Decl.*1.7;—(*with the mind's eye*) quid sit ibi porro quo ~icere usque uelit mens LUCR.2.1046; ingentes animo iam ~ice campos V.FL.5.610;—(*transf.*) quaeso.. sceleris probationem grauitas uestra ~iciat [QUINT.]*Decl.* 14.1. **b** puer ab ianua ~iciens Hannibali dixit plures.. armatos apparere NEP.*Han.*12.4; Arethusa..~iciens summa flauum caput extulit unda VERG.*G.*4.352; crebro ~icit ac refugit TIB.1.5.72; pauorem simulans ~icit toto die PHAED. 2.4.20; ~icere in dextrum..non rationis modo sed usus quoque est QUINT.*Inst.*1.1.34; neque respondeas, immo nec ~icias omnino APUL.*Met.*5.5;—(*fig.*) licet penitus ~icientibus non uidetur iste duxisse ULP.*dig.*43.20.1.21.

3 To see (mentally) in the future, perceive beforehand, anticipate. **b** (intr.) to see into the future.

istuc est sapere..illa quae futura sunt ~icere TER.*Ad.* 388; neque id coniectura ~iciebamus, sed iam experti uidebamus CIC.*Dom.*11; beneficio Caesaris mouetur, sed tamen mouetur magis ~ecta re *Att.*9.13.7; animum et praesentem (uoluptatem) percipere..et ~icere uenientem *Tusc.*5.96; ex imbri..aperta serena ~icere et certis poteris cognoscere signis VERG.*G.*1.394; semper talem exitum uitae suae Hannibal ~exerat animo LIV.39.51.4; si (motus) redit, sanitas quoque ~icitur CELS.3.27.1.B; quos iam mente dies..~icio! V.FL.1.330; JUV.6.O36; (*cf.*) infans, cui nihil amplius contigit, quam ~icere uitam SEN.*Ep.*66.42;—(*w. acc. and inf.*) qui sunt isti xuiri, quos ~iciamus regnum.. Ptolomaeo..adiudicaturos? CIC.*Agr.*2.44; non ~exit posse euenire, ut demoriantur mancipia ULP.*dig.*4.4.11.5;—(*w. indir. qu.*) tun ~icere aut iudicare nostram in rem quod sit potes? TER.*Hec.*549; iam nunc mente et cogitatione ~icio.. qui concursus futuri sint CIC.*Div.Caec.*42; unde ~ici posse quae cuique tam longo temporis spatio..fortuna? TAC.*Ann.* 2.36. **b** ut illum..intellegatis non longe animo ~exisse morientem CIC.*Clu.*34; ut tu diuina tua mente ~existi et praedicasti LENT.*Fam.*12.14.4; (*w.* in+*acc.*) ab homine longe in posterum ~iciente CIC.*Fam.*2.8.1.

4 To consider with respect to the future, attend to, see to. **b** to look out for (with a view to acquiring). **c** (absol.) to look to the future, look out, take care.

lacrumas mitte ac potius quod ad hanc rem opus est porro ~ice TER.*Ad.*335; ~icite id quod proeliandum est CIC.*Clu.* 152; protinus ~icienda duo sunt: ne sanguinis profusio neue inflammatio interemat CELS.5.16.21; decet hoc quoque ~icere, ne quid peius..faciat QUINT.*Inst.*12.11.1; (*w. dat. of advantage*) quidquid ego huius feci, tibi ~exi et stultitiae tuae TER.*Hau.*961;—(*w. acc. and inf.*) quae istic opus erunt administrari ~icies D.BRUT.*Fam.*11.11.2;—(*w. indir. qu.*) numquid tute ~exti tibi quid fieret, qua fieret? TER.*Ad.*689; quo magis tibi..animo ~iciendum est, quonam modo rem stabilias SAL.*Rep.*2.4.4. **b** nisi si ~ectum interea aliquid est, desertae uiuimus TER.*Hau.*391; obtulit se ad ferramenta ~icienda CIC.*Sul.*55; commeatus se ~ectos in hiemem habere LIV.44.16.2; naues..ut ~icerentur, quibus se..in Africam traiceret V.MAX.5.1.1d;—(*w. dat. of advantage*) qui sedem senectuti uestrae ~iciunt LIV.4.49.14; qui pecori suo hibernum..pabulum ~icit SEN.*Ben.*6.12.2; cras.. habitationem mihi ~iciam PETR.10.6; petis, ut fratris tui filiae ~iciam maritum PLIN.*Ep.*1.14.1; ut..aliquid nobis cibatui ~icerem APUL.*Met.*1.24; cum ~icere sibi potuerit damni infecti cautionem ULP.*dig.*39.2.13.2; (*in fig. phr.*) cito cessuri loco uenienti..~icimus hospitium SEN.*Dial.*6.21.1; (*w. abst. subj.*) iustas sibi nostra senectus ~iciat flammas LUC.9.235. **c** malo ego nos ~icere quam hunc ulcisci accepta iniuria TER.*Eu.*762; omnia uidebitis..nisi ~icitis, plena odiorum CIC.*Phil.*7.25; nisi magna cura ~eximus CELS.5.28.12.N; mens uiri prudentis aduersus uim..iniuriarum..~iciens esse debet GEL.13.28(27).4; hoc edictum ~icit damno nondum facto ULP.*dig.*39.2.7.1; —(*w.* in+*acc.*) ~iciendum..in senectam LUCIL.743; in..futuri temporis aetatem..~iciens OV.*Met.*15.836.

5 (w. *ut, ne*) To see to it (that), take care (that). **b** (of a law or sim.) to provide (that), enact (that).
~icere debemus ut illorum solitudo..praesidio munita sit CIC.*Ver.*1.153; ~existis ne quae popularis in nos..inuidia redundaret *Dom.*69; ~iciendum, ne quid..rei publicae nocere posset CAES.*Gal.*5.7.2; eo ipso..desiderandus, quod ~exerat, ne desideraretur PLIN.*Pan.*10.6; ut iudex..de opportunitate loci ~iciat, ne uicinus..patiatur detrimentum ULP.*dig.*11.7.12; qui sibi ~icit, ne oneribus..hereditas implicaretur 29.2.42; (*cf.*) nolo ego mihi te tam ~icere qui meam egestatem leues, sed ut inops infamis ne sim PL.*Trin.* 688. **b** ~exerat..lex ut conscius per tormenta quaereretur QUINT.*Decl.*307(p.206,l.27); lex Papia..potius ~exit, ut..uirilis pars (*sc.* liberorum) patrono debeatur GAIUS *Inst.*3.44.

6 (w. dat.) To make provision (for), take measures (in the interests of); to provide (against); (also w. *in*+acc.).
si sociis fidelissimis ~icere non laboratis CIC.*Ver.*3.127; ut otio non ~iciant *Sest.*98; rei frumentariae ~iciendum existimauit CAES.*Gal.*1.23.1; cum..admonerent..liberis..suis ~iceret NEP.*Phoc.*1.3; si uenis uinciendo medicus ~exerit CELS.7.19.5; hodiernae cenulae nostrae ~exi APUL. *Met.*9.6; edictum..quo dominis ~iceret aduersus maleficia seruorum ULP.*dig.*47.6.1;—(*w. abst. subj.*) uobis uota ~icient mea SEN.*Thy.*1076; CVM PROVIDENTIA OPTVMI PRINCIPIS TECTIS QVOQVE VRBIS..~EXERIT *CIL* 10.1401.1.4; (*w. internal acc.*) illa..receptio..ipsi nihil ~icit uenditori ad iura eius conseruanda ULP.*dig.*8.4.10;—(*impers. pass.*) stercorabitur oliuetum..si..segetibus ~icietur COL.5.9.13; satis ~ectum urbanae seruituti TAC.*Ann.*1.46; non modo..dolori patris, uerum etiam exemplo ~ectum est PLIN.*Ep.*2.7.5; dicendum erit ~ici ei cautione ULP.*dig.*5.3.20.20; an ex bonis eorum.. indemnitati pupilli ~ici debeat PAUL.*dig.*26.7.46.1;—huic malo populus Romanus ipse..sua sponte ~exit CIC.*Har.* 56;—praetor in eam rem ~exit GAIUS *Inst.*4.170.

prospicuē, *adv.* [PROSPICVVS+-E] With forethought, providently.
benigne et ~ Demeas meus in me consuluit APUL.*Met.* 1.21; 11.18.

prospicus ~a ~um, *a.* [PROSPICIO+-VS] Looking ahead.
hac sibi ~a, hac despica NAEV.*com.*25.

prospicuus ~a ~um, *a.* [PROSPICIO+-VVS] Able to look ahead, far-sighted.
sic turris illa ~a uaticinationis munus explicuit APUL. *Met.*6.20.

prospīrō ~āre ~āuī, *intr.* [PRO-+SPIRO] (of a vapour) To issue forth.
ea..tabes si foras corporis ~auit APUL.*Apol.*50.

prossārius ~a ~um, *a.* [cf. PRORSVS] (app.) Concerned with giving or restoring a nap (to woollen cloth).
NEGOTIATORI ARTIS ~AE *CIL* 13.2023.

prostas ~adis, *f.* [Gk. προστάς] A recessed space or vestibule in a Greek house.
hic locus apud nonnullos ~as, apud alios pastas nominatur VITR.6.7.1.

prosternō ~ernere ~rāuī ~rātum, *tr.* [PRO-+STERNO] FORMS: *~rasse* (pf. inf.) OV.*Tr.* 3.5.33.

1 To cause to fall prostrate, knock over, lay low. **b** to exhaust the strength of, prostrate; (of a disease) to strike down. **c** (fig.) to demean, debase.
me iunctis quadrigis minitatu's ~ernere PL.*Men.*938; ceteros..raperem tunderem et ~ernerem TER.*Ad.*319; iumentorum itinere toto ~ratorum passim aceruí LIV. 22.2.9; corpora magnanimo satis est ~rasse leoni OV.*Tr.* 3.5.33; quae fere pernicies (*sc.* uipera, feles, mustela) ad internecionem ~ernunt teneros (pullos) COL.8.14.9; ~rauit ..uirum celeri per pectora telo V.FL.3.185; Aconteus..cui sueta feras ~ernere uirtus STAT.*Theb.*7.591; lapsu equi ~ratus TAC.*Hist.*4.34; *Ann.*12.47; (canes) diu..grassati plerosque ~ernunt APUL.*Met.*8.17; (*poet.*) et primo ferri motu ~ernite mundum LUC.7.278; (*of inanim. force*) ut (fulmina) possint..exanimare homines, pecudes ~ernere passim LUCR.6.243. **b** ut tertius dies sic hominem ~ernere ut morbo simulato..quem ad modum non responderet, deliberaret CIC.*Ver.*1.20; multa siti ~rata..corpora LUCR. 6.1264; mollia corpora, molles..animos sol puluis sitis.. ~ernunt LIV.38.17.7;—interdum..(uuluae malum) sic exanimat, ut tamquam comitiali morbo ~ernat CELS.4.27. 1.A; ea (*sc.* pusula) nisi conpescitur..uniuersum gregem contagione ~ernit COL.7.5.16; (*ellipt.*) neque incantatam neque ~ratam (esse) mulierem probauerunt APUL.*Apol.*48. **c** sic te ipse abicies atque ~ernes, ut nihil inter te atque inter quadripedem aliquam putes interesse? CIC.*Parad.*14; non sine rumore ~ratae regi pudicitiae SUET.*Jul.*2.

2 To cause (things) to fall over, knock down, bring to the ground.
caesis ~ratisque sanctissimis lucis CIC.*Mil.*85; quae oppida..nunc ~rata et diruta ante oculos iacent SULP.RUF. *Fam.*4.5.4; simulacra deum inter ~ratos iacere postes templorum LIV.31.30.7; multi inueniuntur qui..inexpugnabilia saeculis..~ernant SEN.*Ep.*94.61; quid tam egregium ~ernere moenia..? STAT.*Theb.*10.876; grabatulus..impetus tanti uiolentia ~ernitur APUL.*Met.*1.11;—(*of natural forces*) flamma..~rauit funditus arces *Culex* 336; qui (*sc.* motus terrae) multarum urbium..magnas partes ~rauit LIV. 22.5.8; ~ernet patrios impia flamma lares MART.5.42.2; (*w. abst. subj.*) imbecillitas eius partis (*sc.* iugi)..maturum fructum ~ernit COL.4.17.1;—(*fig.*) perfregit ac ~rauit omnia cupiditate ac furore CIC.*Clu.*15; hic omnia ~ernens casus SEN.*Dial.*6.15.4.

3 To lay prostrate on the ground, stretch out. **b** (as a mark of submission or obeisance).
saepe super tenero ~ernit gramine corpus *Culex* 69; omnium egena corpora humi ~rauerunt LIV.9.6.4; natum ante pedes ~rauit STAT.*Ach.*1.908; Anien..fonte relicto.. huc illuc fragili ~ernit pectora musco *Silv.*1.3.72;—(*pass. in middle sense*) cum..~rati in gramine molli..iucunde corpora curant LUCR.2.29; Psyche..humi ~rata..affligebat lamentationibus animum APUL.*Met.*5.25. **b** (*oneself, one's body, etc.*) ut..~ererent se et populo Romano..supplicarent CIC.*Planc.*50; filius se ad pedes meos ~ernens, lacrimans *Phil.*2.45; ~rauerunt se omnes humi consulem.. orantes LIV.45.20.9; iuuentutem..~ernentem..se uniuersam genibus imperatoris VELL.2.114.4; homo meus se in pulpito totum ~ernit PHAED.5.7.33; iussit..Macedonas ..ipsum salutare ~ernentes hum icorpora CURT.8.5.6; credite..senatum..sacros pedibus ~ernere canos LUC. 7.372;—(*pass. in middle sense*) nec pietas ullast..procumbere humi ~ratum..ante deum delubra LUCR.5.1200; qui.. diadema..ad pedes uictoris hostis ~ratus posuerit LIV. 45.19.17.

4 To stretch (a shoot of a plant) flat on the ground for the purpose of layering.
quarum (*sc.* uinearum) consitionis..ratio est..ut..uitis a media fere parte sulci ~ernatur COL.4.4.1; superest..cura ~ratae uineae 5.5.17; nudata..radice tota (propago) in sulco ~ernitur PLIN.*Nat.*17.149; COL.*Arb.*7.1.

5 To defeat utterly, overthrow. **b** to cause the downfall of (persons, institutions, etc.).
hostis..nefarios..~rauit, fudit, occidit CIC.*Phil.*14.27; ~ratos perterritosque Pompeianos in mare..compulerunt *B.Afr.*23.2; nulla..umquam tam exigua manus tantas opes ~rauit NEP.*Milt.*5.5; communem uere Martem belli utramque aciem pari caede ~rauisse LIV.8.11.6; ut Poenorum exercitum aut in Italia ~ereret aut Italia pelleret V.MAX. 1.6.9; nec ualet haec acies tantum ~ernere quantum inde perire potest LUC.7.534; AMP.42.3; (*fig.*) (humanitas) uincit iram, ~ernit odium V.MAX.5.1.ext.6. **b** adflicta et ~rata uirtus maxime luctuosa est CIC.*de Orat.*2.211; praecipitantem..impellamus..et perditum ~ernamus *Clu.* 70; adeo misera et ~rata res publica ut non nuntios pacis ..deligere posset? *Vat.*35; an uerear ne..is..maleuolorum ..inuidias non ~ernat atque obterat? VAT.*Fam.*5.9.1; omnem Galliam ~ernere et perpetuae seruituti subicere CAES.*Gal.*7.77.9; quid fuit, ingenti ~ratum mole sodalem uisere..? OV.*Tr.*1.8.17; cui a se publica quaestione ~rato.. pertinacissime absenti adfuit V.MAX.4.2.7; M. Scauri, cuius nescio an aedilitas maxime ~rauerit mores PLIN.*Nat.*36.113; ut..detrectaret poetas atque carminum studium ~ernerет TAC.*Dial.*11.1; cum..conspicuas feminas eadem ruina ~erneres *Hist.*4.42.

prostibilis ~is, ~e, *a.* [PROSTO+-BILIS] Available as a prostitute.
apsque me foret et meo praesidio, hic faceret te ~em propediem PL.*Per.*837; *St.*765.

prostibulum ~ī, *n.* [PROSTO+-BVLVM] An inmate of a brothel, prostitute.
bellum..~um popli PL.*Aul.*285; meretricem astare in uia solam ~i sanest *Cist.*331; si olim lupa ~umque, nummi opus LUCIL.334.

prostituō ~uere ~uī ~ūtum, *tr.* [PRO-+STATVO]

1 To devote or put to the uses of prostitution, prostitute. **b** to put to improper sexual use. **c** to put to an unworthy use (for some advantage), prostitute.
cras poplo ~uam uos PL.*Ps.*178; ne amicam hic meam ~uat 231; quae sese toto corpore ~uit CATUL.110.8; turpe..faciem lucro ~uisse suam OV.*Am.*1.10.42; nec uos ~uit mea uox *Ars* 3.97; seruauit te leno, quam ~uturus erat in libidinem populi? SEN.*Con.*1.2.12; quod formam ~uis, ut uendas PETR.126.2; si ~uit ancillam ULP.*dig.* 13.7.24.3; (*of a brothel*) non hos (pueros) quos primae ~uere casae MART.9.59.4. **b** o te, scelerate, qui subactus et ~utus es! CIC.*inc.orat.*fr.1.8; homo ~uti corporis et infamis SEN.*Ben.*2.21.1; suam..pudicitiam usque adeo ~uit SUET. *Nero* 29.1. **c** me ingrato uocem ~uisse foro OV.*Am.* 1.15.6; postquam ~uta est (philosophia) SEN.*Ep.*52.15; (*pass. in middle sense*) principis artes, gaudentis foedo.. cantu ~ui JUV.8.226.

2 To expose to public shame. dishonour.
neque satis habuit..quin eius famam ~ueret CATO *hist.* 36; tu tua ~ues famae peccata sinistrae OV.*Am.*3.14.11; quod Gentium et Macedonem pueros directis nominibus carmine suo ~uerit APUL.*Apol.*10; uoluí..Crassum testimonii sui dedecore ~ui 60.

prostitūta ~ae, *f.* [pple. of prec.] A prostitute, whore.
is..cuius ~ae sunt SEN.*Ben.*7.4.7; elegit..nobilissimam e ~is ancillam PLIN.*Nat.*10.172; illa ~a, quae se omnium amoribus permisit QUINT.*Decl.*330(p.298,l.6); SUET.*Cal.*40; quae..perdita nuptae dignitate ~ae sibi nomen adsciuerit APUL.*Met.*9.26.

prostitūtus ~ī, *m.* [as prec.] A male prostitute.
an, si mancipii non potest (uindicare iniuriam), ~i possit? QUINT.*Decl.*385 (p.430,l.22).

prostō ~āre ~itī ~itum, *intr.* [PRO-+STO]

1 To offer goods, etc., for sale in public, do business.
hi (*sc.* lenones) saltem in occultis locis ~ant, uos in foro ipso PL.*Cur.*507.

2 (of a prostitute) To expose herself for hire. **b** to be hired out for sordid or unworthy purposes.
palam ~are nudam PUB.*com.*18; ingenio ~itit illa meo OV.*Am.*3.12.8; quaecumque meretrix ~abit, fugiet SEN. *Con.*1.2.3; si quis coniugem suam in sella ~are uetuit SEN. *Ben.*1.9.3; quo non ~at femina templo? JUV.9.24; (*cf.*) quid puerum Veneris pretio ~are iubetis? OV.*Am.*1.10.17; (*in fig. phr.*) illud amicitiae..numen ~at et in quaestu pro meretrice sedet *Pont.*2.3.20; (*humorously, of a book for sale*) ut ~es Sosiorum pumice mundus HOR.*Ep.*1.20.2. **b** cuius uox in praeconio quaestu ~itit CIC.*Quinct.*95.

3 To be prominent, project.
angellis paulum ~antibus..titillare..sensus LUCR.2.428; at illa (*sc.* capella) imminet in riui ~antis imaginis umbram *Culex* 57(*s.v.l.*).

prostrātus ~a ~um, *a.* [pple. of PROSTERNO] (of fish) Flat.
neque eadem praebentur cibaria ~is piscibus et rectis COL.8.17.9.

prostȳlos ~on, *a.* [Gk. πρόστυλος] Having pillars in front (instead of between the *antae* of the porch).
VITR.3.2.3; eam (*sc.* cellam)..Philo ante templum in fronte columnis constitutis ~on fecit 7.pr.17.

prostypum ~ī, *n.* [Gk. πρόστυπος] A design executed in low relief.
personas tegularum extremis imbricibus inposuit, quae.. ~a uocauit PLIN.*Nat.*35.152.

prōsubigō ~ere, *tr.* [PRO-+SVBIGO]

1 To dig up in front of one.
dentes..exacuit sus et pede ~it terram VERG.*G.*3.256.

2 To hammer out into an extended shape.
fulmina Cyclops ~it V.FL.4.288.

prōsum[1] ~desse ~fuī, *intr.* [PRO-+SVM] FORMS: *~de erit* (fut. ind.) AGEN.*agrim.*p.24.

1 (of persons, etc.) To be of use, do good, help.
(*w. dat.*) qui ipse sibi sapiens ~desse non quit, nequiquam sapit ENN.*scen.*273; is..bene merenti bene ~fuerit PL. *Capt.*315; non tam ut ~sim causis..quam ut ne quid obsim CIC.*de Orat.*2.295; uoluí..etiam ante Kalendas Ianuarias ~desse rei publicae *Phil.*2.76; sine..(captiuus) annonae ~sit, portet frumenta penusque HOR.*Ep.*1.16.72; ne quis discat ~desse improbis PHAED.4.19(20).6; (*w. abl. of means*) loquela tua tibi nunc ~des PL.*Cist.*741; exemplo omnibus ~fuisti APUL.*Fl.*9; (*w. internal acc.*) pluris pauciorum gratiam faciunt..quam id quod ~sint pluribus PL.*Trin.*35; ~derimus aliquid Ciceroni CIC.*Att.*16.3.4;—(*without dat.*) hoc dolet; men obesse, illos ~desse ENN.*scen.*62; at ~dest plus imperator CIC.*Brut.*256; aut ~desse uolunt aut delectare poetae HOR.*Ars* 333; OV.*Tr.*3.4.7; (*w. abl. of means*) tu tantum corpore ~des, nos animo *Met.*13.365; (*w. internal acc.*) non uideo quid ~desse possis, si ueneris CIC.*Fam.*14.12; alias testes nihil ~sunt PLIN.*Nat.*16.12.

2 (of concr. or abst. things) To be helpful, advantageous, beneficial, etc. **b** (w. inf., acc. and inf., or noun cl. as subj.). **c** (w. purpose expr.).
(*w. dat.*) serit arbores, quae saeclo ~sint alteri CAECIL. *com.*210; sapientiam sine eloquentia parum ~desse ciuitatibus CIC.*Inv.*1.1; quid Syrtes aut Scylla mihi, quid uasta Charybdis ~fuit? VERG.*A.*7.303; quin etiam absenti ~sunt tibi, Cynthia, uenti PROP.1.17.5; legato tempus ~dest, ex quo legatus creatus est SCAEV.*dig.*50.7.6(5); (*w. abl. of means*) pudor, qui..non modo non obesset eius orationi, sed etiam probitatis commendatione ~desset CIC.*de Orat.*1.122; quonam (Bithynia) mihi ~fuisset aere CATUL.10.8; (*w.* apud) non est mirandum eam (*sc.* magnificentiam) L. Murenae apud populum ~fuisse CIC.*Mur.*38; apud alios nihil aeque reo ~derat quam nimia potentia accusatoris TAC.*Hist.*2.10; (*w. internal acc.*) statuae, quae istius causae nihil ~dessent, reponuntur CIC.*Ver.*2.162; LUC.7.210;—(*without dat.*) melius peius, ~sit obsit, nil uident nisi quod lubet TER.*Hau.*643; ut..quod in causa boni fuit ~sit CIC. *Clu.*80; in ultimo..certamine..ea seueritas ~fuit LIV.8. 8.1; QUINT.*Inst.*11.1.8; (*w. abl. of means*) res..exemplo serio ~futura APUL.*Met.*3.3; (*w. internal acc.*) non patietur te nihil ~futuro maerore consumi SEN.*Dial.*12.19.4; hoc labor..~fuit? V.FL.5.51. **b** quid..~dest fundum habere..? CIC.*Caec.*74; nec tibi desertae in dumis coluisse Dianam ~fuit VERG.*A.*11.844; nec..~fuit..equis uelocibus esse OV.*Met.*8.555;—quid ~dest istuc te blaterare..? AFRAN. *com.*13; hoc facere illum mihi quam ~sit nescio CIC.*Att.* 2.1.6; ~sit nostris in montibus ortas (*sc.* trabes) VERG.*A.* 9.92; alioquin non ~dest eum exheredari GAIUS *Inst.*2.127; —si ~desse L. Flacco..debet, quod se tribunum militum.. dignum suis maioribus praestitit CIC.*Flac.*101; nec, quominus praestet libertatem, ~derit heredi, si eum (*sc.* seruum) redemerit MARCEL.*dig.*40.5.10. **c** (*w.* ad) si ista exposueris quae putas ad dicendum..posse ~desse CIC.*de Orat.*1.110; quae (*sc.* litterae) ad uirtutem doctoribus nihil ~fuerant SAL.*Jug.*85.32; nec bene nec male dicta ~fuerunt ad confirmandos animos LIV.23.46.1; nihil magis ~futurum ad absolutionem Socrati fuisse QUINT.*Inst.*11.1.9; ut..ea constitueres, quae ad perpetuam eius prouinciae quietem essent ~futura TRA.Plin.*Ep.*10.117(118);—(*w.* in+ *acc.*) nec tamen haec series in causam ~sit OV.*Met.*13.29;

(quincunx) in id quoque ~dest, ut terrae sucum aequaliter trahat QUINT.*Inst.*8.3.9; temeritas, tanta mole belli nihil in summam ~futura, ipsi exitiosa TAC.*Hist.*2.16.

3 To be helpful (for the cure or relief of illnesses, etc.), be good (for).
id mane ieiunus sumito cyatum: ~derit CATO *Agr.*122; ~derit et tunsum gallae admiscere saporem VERG.*G.*4.267; quae nocuere sequar, fugiam quae ~fore credam HOR.*Ep.* 1.8.11; ~dest..ruta..cum hederae bacis decocta LARG.2; —(*w.* ad) (panicum) ~dest et ad tormina PLIN.*Nat.*22.131; ad anginam ~dest sanguinis detractio LARG.67; (malagma) ad iecur et lienem ~dest 260.

4 (w. *ad*) To tell in one's favour (for the purposes of).
~sunt..liberto ad excludendum patronum naturales liberi GAIUS *Inst.*3.41; bello amissi ad tutelae excusationem ~sunt ULP.*dig.*27.1.18; ei..non ~dest ad excusationem, quod falsum dixit PAUL.*dig.*34.9.5.16; amissi antea liberi ad eas operas, quae postea imponuntur, ~sunt 38.1.37.1a.

prōsum[2]**:** see PRORSVM.

prosumia ~ae, *f.* [unkn.] A kind of small boat.
de nocte ad portum sum prouectus ~a CAECIL.*com.*1; 110; GEL.10.25.5; ~a genus nauigii speculatorium paruum PAUL. *Fest.*p.226M; *CIL* 8.27790.

prōsus: see PRORSVS.

protagion ~ī, *n.* [Gk.] A kind of wine.
exoleuit et ~on, quod Italicis proximum fecerant Asclepiadis scholae PLIN.*Nat.*14.76.

Prōtagorās (~a) ~ae, *m.* A famous sophist who flourished at Athens in the time of Socrates.
Abderites quidem ~as..sophistes temporibus illis uel maximus CIC.*N.D.*1.63; SEN.*Ep.*88.45; QUINT.*Inst.*3.1.12; GEL.5.3.1; ~a, qui sophista fuit..multiscius APUL.*Fl.*18.

Prōtagorīos ~a ~on, *a.* Of or belonging to Protagoras.
illud Biantis..responsum consimile esse atque est ~on illud, de quo dixi modo GEL.5.11.1.

Prōtarchus ~ī, *m.* A doctor prominent among the successors of Hippocrates.
CELS.5.18.18; 5.28.16.c.; 8.20.4.

prōtaulēs, *m.* [Gk. πρωταύλης] A chief piper.
L CROESVS ~ES *CIL* 6.10136.

prōtectiō ~ōnis, *f.* [PROTEGO+-TIO] Protection, shelter.
ut..nec a te ueniam..nec a numinibus ~onem inueniat [QUINT.]*Decl.*3b.8.

prōtector ~ōris, *m.* [PROTEGO+-TOR] A protector, guardian.
IOVI OPTIMO MAXIMO..~ORI IMP CAESARIS M AVRELI SEVERI..*A.Epig.*18.19.

prōtectum ~ī, *n.* [pple. of PROTEGO] (archit.) A projecting roof or roof-like structure, canopy, gable.
propolim uocant, e quo faciunt ad foramen introitus ~um VAR.*R.*3.16.23; ~VM ANTE PORTICVM..POSVERVNT *CIL* 6.10237; eo (*sc.* cortice)..faciunt..~a tuguriorum PLIN.*Nat.* 16.35; scis ut in omnibus..~is uestibulis fenestris.. imagines uestrae sint uolgo propositae FRO.*Aur.*1.p.206(74N); ne quis in suggrunda ~oue..id positum habeat, cuius casus nocere cui possit *Ed.pr.*(*Font.iur.*p.218)15.2; ~um meum, quod supra domum tuam nullo iure habebam ULP.*dig.* 9.2.29.1.

prōtectus ~ūs, *m.* [next+-TVS[3]] The projection or overhang (of a roof).
quatenus stillicidii rigor et tignorum ~us competebat SCAEV.*dig.*8.2.41.1.

prōtegō ~gere ~xī ~ctum, *tr.* [PRO-+TEGO]

1 To cause to be overspread, overlay, shield, cover (so as to protect, conceal, etc.). **b** (w. covering as subj.). **c** (absol.) to put up a projecting roof or sim. covering. **d** (fig.) to veil, screen, cover.
uidere licuit..tabernacula ~cta hedera CAES.*Civ.*3.96.1; o qui me..ingenti ramorum ~gat umbra! VERG.*G.*2.489; spreta latet siluis pudibundaque frondibus ora ~git OV. *Met.*3.394; graulbus ramis totum ~xerat orbem (palma) *Fast.*3.33; apibus..dabantur sedes..in ~ctis porticibus ac pomariis COL.9.pr.2; arua..non nemorum ~cta coma LUC. 9.627; quod (Sciapodes)..humi iacentes resupini umbra se pedum ~gant PLIN.*Nat.*7.23; ne (sol) liquefaciat, (ceram) ~gunt tenui linteo 21.84; Acrocorinthus..alterna geminum mare ~git umbra STAT.*Theb.*7.107; ~gere galeas, ne fulgore earum conspicui fierent, iussit ‹pedites› FRON.*Str.*2.3.14; (*w.* contra) contra solem apte ~gunt capita (spongeae) PLIN.*Nat.*31.131; (*w.* ab) edito loco, qui..eas (*sc.* naues) a quibusdam ~git uentis CAES.*Civ.*3.42.1;—(*w. ret. acc.*) rutilis umeros ~cta capillis OV.*Met.*2.6.35; STAT.*Silv.*5.3.143. **b** ~gat et uestras querna corona fores OV.*Fast.*1.614; lucus ..conspectum caeli ramorum aliorum alios ~gentium summouens obtentu SEN.*Ep.*41.3; densiores..ita fieri (uites) magisque ~gere fructum PLIN.*Nat.*17.84; additis..porticibus quae frontem insularum ~gerent TAC.*Ann.*15.43; VTROSQVE ~GIT ROGVS *CIL* 5.563. **c** ex quo tecto in eius aedis qui ~xisset aqua deflueret CIC.*Top.*24; iura..immittendi tigna in parietem uicini et denique proiciendi ~gendiue GAIUS *dig.*8.2.2; interest..quod hic in suo ~xit, ille in alieno fecit ULP.*dig.*9.2.29.1. **d** Crispinus..nequitiam supercilio truci ~gens VELL.2.100.5; quamuis factum eorum nobilitatis splendore ~ctum sit V.MAX.9.3.3; uersus..quibus Volcanum et Venerem iunctos..uerecunda quadam translatione uerborum..~xit (Vergilius) GEL.9.10.1.

2 To furnish with a protective covering, shield, protect (against hostile weapons, etc.).
non quo turpe sit ~ctum in acie ex hostium manibus eripi CIC.*Planc.*72; flauo ~xerat ora galero CORN.SEV.*poet.* 7; dum genitor nati parma ~ctus abiret VERG.*A.*10.800; equitatus consulem..non armis modo sed etiam corporibus suis ~gens LIV.21.46.9; remigem..scutorum testudine armati ~gebant CURT.7.9.3; pluteos cratisque..subfodiendis muris ~gendisque obpugnatoribus..expediunt TAC.*Hist.* 2.21; Agrippina et Acerronia eminentibus lecti parietibus.. ~ctae sunt *Ann.*14.5; (*in fig. phr.*) qui me ciuem..non modo stantem non defenderunt sed ne iacentem quidem ~xerunt CIC.*Sest.*64;—(*w. covering, etc., as subj.*) ramos..uelut de industria regem ~gentes, obiecerat (arbor) CURT.9.5.4; nec Arcadii bene ~git umbra galeri STAT.*Theb.*7.39;—(*w. ret. acc.*) scutis ~cti corpora longis VERG.*A.*8.662; Phaeocomes hominemque simul ~ctus equumque OV.*Met.*12.431.

3 To protect from attack, etc., defend. **b** to protect (against other dangers, eventualities, etc.); *causam ~gere*, to defend a cause.
quod ex locis superioribus qui antecesserant suos ascendentis ~gebant CAES.*Civ.*1.79.2; quam mentem sibi Capitolinam arcem ~genti..dedissent (*sc. gods*) LIV.6.20.9; frustra exanimis socios..~gis STAT.*Theb.*9.160; ipsum Vitellium in incerto fore quam partem Italiae ~geret TAC.*Hist.*2.83; effigies..Pisonis..diuellebant, ni iussu principis ~ctae repositaeque forent *Ann.*3.14; hic..solus trepidantem ~git urbem JUV.8.250; frugi..homines fortunam paruam.. ~gunt acrius APUL.*Met.*4.9; (*w.* ab) ~gente altera (ciuitate) semper inopem ab alterius iniuria LIV.42.30.6; (*w.* aduersum) aliis regibus qui magnitudine nostra ~guntur aduersum externa imperia TAC.*Ann.*4.5; (*ellipt.*) ab Romanis impetu in regem facto et ~gentibus regiis LIV.27.32.5;—(*of divine powers*) quotiens (fortuna) temere in pericula uectum perpetua felicitate ~xit! CURT.10.5.35; non ille fauore numinis, ingenti superum ~ctus ab ira LUC.2.86; nec dies.. ulla..tuis transcurrit beneficiis otiosum, quin mari terraque ~gas homines APUL.*Met.*11.25;—(*of inanim. things*) partem ..septentrionalem Paeonia ac Pelagonia ~gunt a Triballis PLIN.*Nat.*4.33; opes Romanorum, quae tum ~gerent Carthaginienses LIV.42.49.10. **b** ut alieno crimine innocentiam meam ~gam LIV.22.49.11; fraudem audacia ~gens 25.5.1; qui..unum ex his ambitus reum patrocinio suo ~xit V.MAX.4.2.5; primores ciuitatis, quibus claritudo sua obsequiis ~genda erat TAC.*Ann.*3.65; in tanta necessitate alienos ac prope ignotos ~gendo 15.57; ~xi uiros optimos eosdemque gratissimos PLIN.*Ep.*3.9.36; carissimum mihi uirum..ope tua ~gas FRO.*Amic.*2.p.240(180N); (*w.* aduersus) Trachalum aduersus criminantis Galeria uxor Vitellii ~xit TAC.*Hist.*2.60; (*w. abst. subj.*) ~git haec (*sc.* facundia) sontes, inmeritosque premit OV.*Tr.*2.274; (*w.* quin) Tiberium non..solitudines ~gebant quin tormenta pectoris..fateretur TAC.*Ann.*6.6; (*w.* quominus) non dignitas, non aetas ~gebat quo minus stupra caedibus.. miscerentur *Hist.*3.33;—causam Hannibalis in senatu ~xit V.MAX.4.1.6; ancipitem seu tu..causam ~gere adfectas JUV.11.33.

4 To serve as a protection against, keep out.
coquitur pars umida terrae ~ctura hiemes atque exclusura pruinas STAT.*Silv.*3.1.121.

prōtēlō ~āre ~āuī ~ātum, *tr.* [next+-O[3]] To cause to retreat before one, drive before one; (transf.) to drive forth, hound out. **b** (fig.) to beat back, rout (with a verbal attack). **c** to beat off (an attack, etc.).
Romanos inpetu suo ~ant, ~atos persecuntur SIS.*hist.* 27; duae cohortes..equites ~ant 69;—indignissime patria ~atum..saeuitia patris TURP.*com.*91. **b** ne te iratus suis saeuidicis dictis ~et TER.*Ph.*213; eam..coniunx..scortum insimulat, ~at uirum *Arg.2.Pl.Mer.*12; ~ari conuiciis talem a me uirum non est uerum FRO.*Aur.*1.p.62(42N). **c** hanc ipsam cladem de uestris ~amus manibus APUL.*Met.* 8.18; ut exitium commune ~arent cohortati 9.2.

prōtēlum ~ī, *n.* [PRO-+*tenslom, cf. TENDO, TEMO] A tandem arrangement of draught animals; a tandem team. **b** a succession.
~o trini boues unum aratum ducent CATO *hist.*103; LUCIL.248; hunc iuga mulorum ~o ducere centum non possunt 435; (*cf.*) et quasi ~o stimulatur fulgere fulgur LUCR.4.190; (*transf.*) deprendi..pupulum..trusantem: hunc ego..~o rigida mea cecidi CATUL.56.7;—in Moeno.. amne ~is boum..extrahitur (silurus) PLIN.*Nat.*9.45; ~is binis ternisque sic arant 18.173. **b** corpuscula materiai.. summam rerum usque tenere, undique ~o plagarum continuato LUCR.2.531.

prōtendō ~dere ~dī ~tum, *tr.* [PRO-+TENDO]

1 To stretch out before one, cause to reach out, extend. **b** to hold out (for the attention of others), present.
hastas..reductis ~dunt longe dextris VERG.*A.*11.606; foedata..bracchia tabo in mare ~dens OV.*Met.*14.191; dexteram, qua id (*sc.* diadema) tenebat, ~dens CURT.10.8.20; cocleae..ceu cornua ~dentes contrahentesque PLIN. *Nat.*9.101; (traduces) ~duntur in uiduam arborem 17.211; admonitus..fortiter ~dere ceruicem TAC.*Ann.*15.67; (*the gaze*) montes, unde aciem in pelagi uastos ~deret aestus CATUL.64.127; (*cf.*) mens..consilia..contra fortunae uerbera..quasi brachia et manus ~dens GEL.13.28(27).4; —(*pass. in middle sense*) defendunt..caput ~ti crinibus hydri LUC.9.673; usque ad colla repente cornipedum ~tus (*sc.* rector currus) SIL.16.386. **b** simul filium ~dens, modo singulis modo uniuersis commendans TAC.*Hist.*3.68; ~dens uterum 'uentrem feri' exclamauit *Ann.*14.8.

2 To cause (topographical features and other stationary things) to extend forward over a distance.
ibo qua praerupta ~dit iuga meus Cithaeron SEN.*Phoen.* 12;—(*pass. in middle sense*) pedes temo ~tus in octo VERG. *G.*1.171; hinc Setini et Caecubi ~duntur agri PLIN.*Nat.* 3.60; ab huius excelsis..~ditur ad Bactros usque gens Mardorum fera 6.47; inter quos (*sc.* digitos) medius longissime ~ditur 11.244.

3 To extend (in time), prolong. **b** to lengthen (a sound in pronunciation).
in quantum potest aetas humana ~di SEN.*Ep.*120.17; licet..in Maium quoque mensem ~dere insitiones PLIN. *Nat.*17.114; Iouis illa ruenti Ausoniae..tempus ~dere..cura fuit SIL.6.596. **b** GEL.2.17.1; praepositiones istae possunt non barbare ~di 4.17.7.

prōtenis, prōtenus: see PROTINVS.

prōterminō ~āre ~āuī ~ātum, *tr.* [PRO-+TERMINO] To extend the limits of.
licet..fines usque et usque ~aueris APUL.*Met.*9.38.

prōterō ~erere ~rīuī ~rītum, *tr.* [PRO-+TERO]

1 To tread underfoot, crush to the ground, trample down. **b** to tread out (unthreshed corn). **c** to create by treading or sim. movement. **d** to batter down, crush.
ego hic te, mulier, quasi sus catulos pedibus ~eram PL. *Truc.*268; equitatus hostium..circumire aciem nostram et auersos ~erere incipit CAES.*Civ.*2.41.5; agmina curru ~erit VERG.*A.*12.330; uiride (*sc.* frumentum), ne hostes mox haberent, ~ritum et corruptum LIV.34.26.8; quacumque ingreditur, florentia ~erit arua OV.*Met.*2.791; inmensae magnitudinis serpentem..omne..~erentem V.MAX.1.7. ext.1; saxa per montium prona deuoluunt, quae.. agmina ~erebant CURT.5.3.18; (elephanti) prosternunt acies, ~erunt armatos PLIN.*Nat.*8.27; FRON.*Str.*3.4.1; illi (*sc.* equi)..lubrico paludum lapsantes excussis rectoribus.. ~erere iacentis TAC.*Ann.*1.65; (*cf., of a wind*) prester.. amburens contacta pariter et ~erens PLIN.*Nat.*2.133; (*fig.*) frigora mitescunt Zephyris, uer ~erit aestas HOR.*Carm.* 4.7.9. **b** seges..solibus torrefacta ~eritur COL.2.20.3. **c** quae faciunt (stellae) uestigia cursu, non eodem semper spatio ~rita teruntur CIC.*Arat.*473(229). **d** hi trabibus duris..~erere exanimos artus STAT.*Theb.*1.622; 8.547.

2 (fig.) To oppress, crush, abase. **b** to blunt (words) by over-use, make trite.
sin istum..domi ~erendum et conculcandum putauerunt CIC.*Flac.*53; qui..Marte Poenos ~eret altero HOR.*Carm.* 3.5.34; non sum ego quod fueram. quid inanem ~eris umbram? OV.*Tr.*3.11.25; publica quisque ruina malit occidere quam sua ~eri VELL.2.91.4. **b** non esse haec neque in scholis decantata neque in commentariis ~rita GEL.pr.15; quae (*sc.* uerba) proculcata uulgo et ~rita sunt 18.4.6.

prōterreō ~ēre ~uī ~itum, *tr.* [PRO-+TERREO] To frighten off or away.
mea opera hinc ~itum te meaque auaritia autument PL.*Trin.*703; TER.*Hau.*446; cum te..uerbis grauissimis ~uissent CIC.*Dom.*133; Themistoclem patria quam liberauisset pulsum atque ~itum *Rep.*1.5; ~itis hostibus atque in fugam coiectis CAES.*Gal.*5.58.4; Aulesten..aduerso ~et equo VERG.*A.*12.291; iaculo parmaque Menoeten ~ebat STAT.*Theb.*2.645; ardentibus facibus ~ebant feras APUL. *Met.*8.16.

proterue, *adv. compar.* ~ius. [PROTERVVS+-E] PROS.: *prō-* PL., TER.; *prŏ-* OV.

1 Boldly, without constraint.
quae non deliquit, decet audacem esse, confidenter pro se et ~e loqui PL.*Am.*837; quis illic est qui tam ~e nostras aedis arietat? *Truc.*256; ~e iracundus es! TER.*Hec.*503.

2 Impudently, shamelessly.
satis pol ~e me Syri promissa huc induxerunt TER.*Hau.* 723; multa miser timeo, quia feci multa ~e OV.*Am.*1.4.45; quidquid facias dicasue ~ius aequo *Ars* 1.599; quicquid fit in sapientem ~e, petulanter, superbe SEN.*Dial.*2.4.2; CURT.4.1.23.

proteruitās ~ātis, *f.* [PROTERVVS+-TAS] PROS.: as PROTERVVS. Boldness, impudence.
tua me perdidit ~as! TER.*Hau.*814; PAC.*trag.*346; de corruptelis, de adulteriis, de ~ate..immensa oratio est CIC.*Cael.*29; urit grata ~as HOR.*Carm.*1.19.7; VITR.6.pr.6.

proteruiter, *adv.* = PROTERVE. [next+-TER[2]]
quis est qui nostris foribus tam ~ ENN.*scen.*374.

proteruus ~a ~um, *a. compar.* ~ior. [PRO-+*ptery̯o- (cf. Gk. πτέρυξ)] PROS.: app. *prō-* in PL., TER., etc., elsewhere *prŏ-*.

1 Bold, violent, reckless.
petulans, ~o, iracundo animo PL.*Bac.*612; amplus, rubicundo colore et spectu ~o ferox PAC.*trag.*147; facit (ebrietas)..~os et audaces SEN.*Dial.*3.13.3;—(*poet., of natural objects, forces, etc.*) ~us Africus HOR.*Epod.*16.22; Icarii stella ~a canis OV.*Am.*2.16.4;—(*transf., of actions, etc.*) rixae cupidos ~ae HOR.*Carm.*3.14.26; uindicis ora ~is insequitur manibus OV.*Met.*12.233; ora ~a canum 14.63; *Nux* 116; uoce ~a Hippomedonta petit STAT.*Theb.*9.339.

2 Impudent, shameless, forward.
ne ~o' uidear TER.*Hau.*577; non solum meretrix sed etiam ~a meretrix CIC.*Cael.*49; nihil libidinosius, nihil ~ius *Pis.*66; Satyris..~is HOR.*Ars* 233; de timidis iste ~us erit PROP.2.24b.30; Musa ~a meast OV.*Rem.*362; Thersites.. ~us *Met.*13.233; STAT.*Theb.*9.825; GAIUS *dig.*21.1.18;—(*of actions, speech, etc.*) thiasi ludusue ~ae noctis STAT.*Theb.* 9.612; sale..~o MART.10.9.2.

Prōtesilāēus ~a ~um, *a.* Of or belonging to Protesilaus.
~am..domum CATUL.68.74.

Prōtesilāus ~ī, *m.* (mythol.) The husband

of Laodamia, and the first Greek hero to be killed before Troy.
Hectorea primus fataliter hasta, ~e, cadis Ov.*Met.* 12.68; Mela 2.26; Hyg.*Fab.*103.1.

prōtestor ~ārī ~ātus, *tr.* [pro-+testor] To testify publicly or bear witness to.
quae mihi conscius sum ~abor Fro.*Aur.*2.p.228(235N); cum id..ad fidem mensae ~andam scripsisset Scaev.*dig.* 14.3.20; (*w. adv.*) ita, ut soles, publice ~abor Apul.*Fl.*16; (*w. acc. and inf.*) ~antur pietatis gratia id se facere Ulp. *dig.*11.7.14.8; 43.3.1.4.

Prōteus ~eos or ~eī, *m.*

1 (mythol.) A sea-god, the herdsman of Poseidon's seals, notable esp. for his ability to change shape and his power of prophecy. **b** ~*ei columnae*, the southern extremity of Egypt (P. being a king of Egypt in one version of the story).
Verg.*G.*4.388; omne cum ~eus pecus egit altos uisere montis Hor.*Carm.*1.2.7; ~ea..ambiguum Ov.*Met.*2.9; agnosco monitus et ~ea uera locutum Stat.*Ach.*1.32; Hyg. *Fab.*118. **b** Verg.*A.*11.262.

2 (as typifying **a** inconstancy **b** cunning).
a quo teneam uultus mutantem ~ea nodo? Hor.*Ep.*1.1.90; (*as a nickname*) Peregrinum, cui postea cognomentum ~eus factum est Gel.12.11.1. **b** effugiet..haec sceleratus uincula ~eus Hor.*S.*2.3.71.

prothȳmē, *adv.* [Gk. προθύμως] Willingly, gladly.
hunc diem sumpsimus ~ Pl.*Ps.*1268.

prothȳmia ~ae, *f.* [Gk. προθυμία] Zealousness in a person's interests, goodwill.
benignitates hominum periere et ~ae Pl.*St.*636; 659; nihil de mea ~a decessero Aur.*Fro.*1.p.112(26N).

prothyrum ~ī [Gk. πρόθυρον] A screen placed across the doorway of a house.
nos..appellamus ~a quae graece dicuntur διάθυρα Vitr. 6.7.5; Pompon.*dig.*50.16.245.1; ~um domus, si uelamen est..instrumento domus continetur Ulp.*dig.*33.7.12.23.

protinam, *adv.* [next] Onwards in a straight course, directly.
ubi uidi, exanimabiliter timedus pedibus ~ me dedi Naev.*com.*35; quae ut aspexi, me continuo contuli ~ in pedes Pl.*Bac.*374; ostium ubi conspexi, exinde me ilico ~ dedi *Cur.*363; ne cum argento ~ permittas domum, moneo, te *Per.*680; hinc me conicerem ~ in pedes Ter.*Ph.* 190.

prōtinus (-tenus), *adv.* [pro-+tenvs] Forms: *protenis* Afran.*com.*107.

1 Forward (from a point), straight on (N.B.: some temporal force, as in sense 3, is probable in many of the quots.). **b** (transf.) straight on (in continuance of a process, activity, etc.).
~ ad fratrem inde abii Pl.*Capt.*508; post ad oppidum hoc uetus continuo meum exercitum ~ obducam *Ps.*587; eamus hinc ~ Ioui optimo maximo gratulatum Scip.*orat.*3; eo ~ iturum Caesarem Patris Cic.*Att.*11.20.2; praecepisse..ut pergeret ~ *Div.*1.49; hostes ~ ex eo loco ad flumen Axonam contenderunt Caes.*Gal.*2.9.3; *Civ.*1.25.1; en ipse capellas ~ aeger ago Verg.*Ecl.*1.13; ~ hinc fuscis tristis dea tollitur alis *A.*7.408; traiecto missa lacerto ~ hasta fugit 10.340; inde ~ Poluscam, item Volscorum, cepit Liv. 2.33.5; 23.36.5; 28.6.8; (*in fig. phr.*) qui ~ ab hac sunt disciplina profecti Cic.*Inv.*2.8. **b** si quod a parentibus acceptum ~ antiquae memoriae tradiderunt Tub.*hist.*1; ~ aerii mellis caelestia dona exsequar Verg.*G.*4.1; quin ~ omnia perlegerent oculis, ni.. *A.*6.33; felix, si ~ illum aequasset nocti ludum 9.337; tu ~ unde diuitias aerisque ruam dic, augur, aceruos Hor.*S.*2.5.21; *Ep.*1.18.67.

2 Directly on (from a point in space), from there on.
summa (uertebra) igitur ~ caput sustinet Cels.8.1.12; aliis subest tunica..aliis ~ candidum corpus Plin.*Nat.* 16.20; folia..a radice ~ 21.44; trans Lugios Gotones regnantur..~ deinde ab Oceano Rugii et Lemouii Tac.*Ger.*43.6; uaIuis xystum desinentem et ~ pratum multumque ruris uidet Plin.*Ep.*5.6.19.

3 Forthwith, at once, immediately; ~ *ut* (*quam*), as soon as; ~ *ab*, immediately after. **b** right from the start, straight away.
Cic.*Font.*3; sancit ut, quod quisque imperator habeat pecuniae, ~ ad xuiros deferat *Agr.*1.13; ex hac fuga ~.. auxilia discesserunt Caes.*Gal.*5.17.5; ~ armis abiectis in regia castra fugere contendunt *B.Afr.*85.4; addant se ~ omnes Etrusci socios Verg.*A.*9.149; is ~ nouo praetori Sullae tradiderat (libros) Liv.25.12.3; his ego commotus dixi tibi ~ ipsi Ov.*Tr.*1.9.47; *Pont.*1.9.2; libelli coniurationem nuntiantes dati neque ~ ab eo lecti erant Vell. 2.57.2; Curt.9.8.26; Sen.*Dial.*5.2.5; *Ep.*84.4; hoc..si quis ..inunguatur, ~, id est eodem die, et dolore..liberabitur Larg.19; uix stetit in ramis et ~ arbor amatur Stat.*Ach.* 1.216; cum ~ respondendum est, omnia parari non possunt Quint.*Inst.*12.9.16; (*ellipt.*) ~ ad censum, de moribus ultima fiet quaestio Juv.3.140;—(*w. pple.*) ~ admonitus repetet mea crimina lector Ov.*Tr.*1.1.23; quo ~ perpetrato Apul.*Met.*5.9; ~..nancti praedam iacentem 9.37;—~ ut a Capitolio descendit V.Max.5.4.4; ~ ut percussus est aliquis Cels.5.26.26.b; ut refecta est, necuit hominem ~ (colubra) Phaed.4.19(20)4; quae (*sc.* muscae) ~ intereunt quam litatum est ei deo Plin.*Nat.*10.75; Quint.*Inst.*1.1.3;—~ ab adoptione missus cum eo praefectus equitum in Germaniam Vell.2.104.3; ~ a canis ortu Plin.*Nat.*14.134; Quint.*Inst.* 4.1.24. **b** multas hoc pertinet ad res noscere, cum primis hanc ad rem ~ ipsam.. Lucr.6.939; ~ et grauis iras et inuisum nepotem..Marti redonabo Hor.*Carm.*3.3.30; *Ep.*1. 12.8; fatebor ~ exilium mollius esse meum Ov.*Pont.*4.4.50; ~..si nulla febris accessit, scire licet mature uulnus sanum fore Cels.5.26.26.a; omnia quae uentura sunt in incerto iacent: ~ uiue Sen.*Dial.*10.9.1; nec sum adeo aetatium inprudens, ut instandum ~ teneris acerbe putem Quint. *Inst.*1.1.20; 1.3.13; 10.3.18; Ulp.*dig.*36.3.8.

4 At the same time, by the same action.
nam et orationis omnes uirtutes semel complectitur et ~ etiam mores oratoris Quint.*Inst.*2.15.34; surgentia in altum cacumina oleae ferro coercebo: in orbem se formosius fundet et ~ fructum ramis pluribus feret 8.3.10; paulum est commorandum, ut et amictus sit decentior et ~ aliquid spatii ad cogitandum 11.3.156; (*w.* cum) et ~ cum quadam defensione 5.13.26.

5 (of logical consequence) Necessarily, automatically.
neque ~ non est materia rhetorices, si in eadem uersatur et alius Quint.*Inst.*2.21.10; an ~, qui non reddidit, ingratus sit? 7.4.38; 8.2.4; 10.1.42.

Prōtogenēs ~is, *m.* A Greek painter of the late fourth century B.C.
Cic.*Brut.*70; *Att.*2.21.4; Plin.*Nat.*35.104; Quint.*Inst.* 12.10.6.

prōtollō ~ere, *tr.* [pro-+tollo]

1 To hold up in front of one, stretch forth.
manum si ~et, pariter proferto manum Pl.*Ps.*860; (*in relig. ceremonial*) sive qvis hostia sacrvm faxit qvi magmentvm nec ~at idcirco tamen probe factvm esto *CIL* 12.4333.2.16.

2 To extend (in time), defer, or prolong.
~o mortem mihi Pl.*Cas.*447; uitam sinere in crastinum ~i 680; fati ~ere finis Lucr.5.309; at lustrum hoc ~eret unum Lucil.7; neque ultra decimum mensem fetura mulierum ~i potest Gel.3.16.15.

prōtomēdia ~ae, *f.* [Gk.] = hestiateris.
Plin.*Nat.*24.165.

prōtonō ~āre, *intr.* [pro-+tono] To speak thunderously, roar.
tali ~at ira: 'incipite, o iuuenes..' V.Fl.4.205.

prōtopraxia ~ae, *f.* [Gk. πρωτοπραξία] The first claim on a debtor's resources.
a plerisque proconsulibus concessam iis (*sc.* ciuitatibus) ~an Plin.*Ep.Tra.*10.108.1.

prōtotomus ~a ~um, *a.* [Gk. πρωτότομος] (of vegetables) That is cut first, 'early'; (masc. pl. as sb.) early greens, sprouts, or sim.
sed iam ~os tempus decidere caules Col.10.369; ~is—pudet heu!—seruio coliculis Mart.14.101.2;—faba fabrorum ~ique rudes 10.48.16.

prōtractus ~ūs, *m.* [next+-tvs³] A postponement, delay.
⟨nec se⟩mel sed longis ~ibvs arte malorv⟨m⟩ *CIL* 6.30112.

prōtrahō ~here ~xī ~ctum, *tr.* [pro-+traho] Forms: ~*xe* (for ~*xisse*) Lucr. 5.1159; ~*xtis* (for ~*xistis*) Sil.16.84.

1 To drag forward or out. **b** to draw or pull out (things); also, to draw forward. **c** (fig.) to draw on (to a condition, action, etc.).
me istanc capillo ~ctum esse in uiam Pl.*Mer.*798; in conuiuium Sex. Cominium ~hi iussit Cic.*Ver.*4.24; hic Ithacus uatem magno Calchanta tumultu ~hit in medios Verg.*A.*2.123; Prop.4.8.69; nudi in medium ~hebantur Liv.28.29.11; ~xtis ad arma quod profugos, satis est Sil. 16.84; ~here abditos Tac.*Hist.*4.1; ~ctum e cubili interficiunt 4.36; (*w. abst.subj.*) alios odia et simultates ~xerunt Sen.*Con.*10.4.8; (*in fig. phr.*) Athenienses..apud quos inertia e latebris suis languore marcens in forum..~hitur V.Max.2.6.3. **b** ~hendi oriculario specillo sunt (uermes) Cels.6.7.5; 7.12.1.d; cum..suis domibus concha ualloque latentis ~het inmersus Man.5.400; cum canes et uultures intima ~herent uiscera Apul.*Met.*6.32;—~ctae..trabes impendent ire paratae Lucr.6.564; si inguen incisum est, ea ~ctis tunicis umor effundi debet Cels.7.21.2. **c** uidet.. ipse ad paupertatem ~ctum esse se Pl.*Trin.*109; ipsa uidetur ~here ad gestum pueros infantia linguae Lucr. 5.1031; ~hendus (testis)..ut in aliquo quod uel extra causam sit deprehendatur Quint.*Inst.*5.7.19; 5.7.26.

2 To bring into the open, bring to light, reveal.
per indicium ~ctum est facinus Liv.27.3.1; nec meus indicio latitantes uersus amicos ~hit Ov.*Tr.*3.4b.72; parricida est, quem non testis ~hit, non index coarguit? Sen.*Con.*7.1.24; ingratus non sine nostro pudore ~hitur Sen.*Ben.*7.29.1; non facit ebrietas uitia sed ~hit *Ep.*83.20; —(*refl.*) quippe ubi se multi..morbo delirantes ~xe ferantur Lucr.5.1159; suberat ille metus, ne damnatus auctorem se nefandi facinoris ~heret Liv.45.5.9;—(*w.* in lucem) tu animo tamen omnia possis ~here in lucem Lucr.4.1189; —(*w.* in medium) ~he in medium Cimbricam audaciam V.Max.2.6.14; totum..uitium in medium ~hendum est Sen.*Dial.*9.2.4.

3 To draw out (in time), prolong. **b** to put off, defer. **c** (pros.) to lengthen (a sound).
tenta ut frustrando lactans uanans ~has Acc.*trag.*66; longa fame mors ~hatur lenta Sen.*Her.F.*420; conuiuia in primam lucem saepe ~xit Suet.*Jul.*52.1; *Tib.*72.3; (*cf.*) in haedo expertus (*i.e. tested the poison*), postquam is quinque horas ~xit *Nero* 33.3. **b** ut stipendia quoque militum et commoda ueteranorum ~hi ac differri necesse est Suet. *Nero* 32.1; (*perh.*) si..tigna commodasti, deinde ~xisti Paul.*dig.*13.6.17.3. **c** nostra lingua..uocales..corripit quod nunc easdem, nunc easdem ~hit Maur.361.

4 To extend, increase; extend the application of.
ut..insolentiam dicti tumore ~heret V.Max.1.5.8;—utrum hoc usque ad Graecum sermonem tantum ~himus an uiro et ad alium Ulp.*dig.*45.1.1.6.

prōtrīmentum ~ī, *n.* [protero+-mentvm] (app.) A ground spice or herb.
femus..accuratius in ~is sapidissime percoctum Apul. *Met.*8.31.

prōtrītus ~a ~um, *a.* [pple. of protero] Trite, commonplace.
quod oratio eius (*sc.* Senecae) uulgaria uideatur et ~a Gel.12.2.1.

protropum ~ī, *n.* [Gk. πρότροπος] A kind of wine.
insula Lesbo uinum ~um..procreari Vitr.8.3.12; inter haec genera poni debet et ~um; ita appellatur..mustum sponte defluens ante quam calcentur uuae Plin.*Nat.*14.85; si (cocleae) tritae cum testis suis sumantur cum ~o 30.49.

prōtrūdō ~dere ~sī ~sum, *tr.* [pro-+trvdo]

1 To give a forward impulse to, push forward, thrust forward.
qui ~sit cylindrum dedit ei principium motionis Cic.*Fat.* 43; qui male parentem in rupes ~sit asellum Hor.*Ep.*1.20.15; —(*of inanim. subj.*) quae res tantum hoc oneris ~dere nostri corporis insuerit Lucr.4.879; cubilia et coagmenta eorum inter se sedentia..non ~dent opus Vitr.2.8.4; remi.. inpulsu uehementi ~dunt porrectam nauem 10.3.6; austri.. ~dunt magis fluctus quam eruunt Gel.2.30.5.

2 To thrust or drive forth, push out. **b** (transf.) to put off (an event).
ab uniuersis capite est ~sus foras Phaed.5.7.39; Hannibal..nostros primo impetu ~sit Fron.*Str.*2.3.7; extra fatvm ~svs in has tenebras *CIL* 6.38425. **b** comitia.. in Ianuarium mensem ~dimus Cic.*Fam.*10.26.3.

prōtumidus ~a ~um, *a.* [pro-+tvmidvs] (of the moon) Gibbous.
(luna) seu corniculata seu diuidua seu ~a seu plena sit Apul.*Soc.*1.

prōturbō ~āre ~āuī ~ātum, *tr.* [pro-+tvrbo] To drive forth in confusion, drive, push, etc., out of the way. **b** to pitch forward. **c** (transf.) to cause to depart hurriedly (from).
his (*sc.* equitibus) facile pulsis ac ~atis Caes.*Gal.*2.19.7; quem..hostes hinc comminus atque hinc ~ant Verg.*A.* 9.441; alii congregati telis..~are hostes Liv.5.47.5; (equa) adsilientem admissarium calcibus ~at Col.6.37.9; quae (*sc.* apes)..prodigas atque edaces..~ent Plin.*Nat.*11.67; reddere iura foro nec ~are curulis Stat.*Silv.*1.4.47; accitus ultro noctemque intra unam a Messalina ~atus erat Tac. *Ann.*11.36; 15.9; nemo ~abatur, nemo submouebatur Plin.*Pan.*76.8;—(*inanim. things*) ~at mensas dirus liquor Stat.*Theb.*10.311; Mauors, moto ~ans aera telo Sil.9.447; (*of a river*) amnis fertur et obstantes ~at pectore siluas Ov.*Met.*3.80; (*poet.*) domum, toruo quam non haec (*sc.* Inuidia) lumine figat protinus et saeua ~et gaudia dextra Stat.*Silv.*5.1.141;—(*w. place whence expr.*) ut eum.. praecipitem ~etis ex ea ciuitate *Rhet.Her.*4.12; lapidibus nostros de uallo ~are..parant Caes.*Gal.*7.81.2; quotiens suis quisque deuersoriis..~atus esset Curt.6.11.2; ne tardior adsit nauita (*i.e. Charon*) ~etque uadis Stat.*Silv.*5.1.251; eam..protinus de sua ~auit domo Apul.*Met.*9.28;—(*transf., of a passion*) ira..anhelatum ~at pectore murmur Sil.5.604. **b** ut eo (*sc.* equo) ~atus periret V.Max.1.8.ext.8; (miles) eum dorso meo ~at Apul.*Met.*9.39. **c** nuntius hunc (*sc.* Aeolum) solio Boreas ~at ab alto V.Fl.1.597.

prōtūtēla ~ae, *f.* [pro-+tvtela] The action of usurping the functions of a *tutor* (whether in good faith or not).
~ae actionem..praetor proposuit Ulp.*dig.*27.5.1; in ~ae iudicio usurae quoque ueniunt 27.5.1.8.

prōtūtor ~ōris, *m.* [pro-+tvtor] One who usurps (whether in good faith or not) the functions of a *tutor*.
cum curatore et ~ore etiam manente administratione agi potest Paul.*dig.*26.7.26.

prōuectus ~a ~um, *a.* *compar.* ~ior. [pple. of next] (of a period of time) Advanced, late. **b** (w. *aetate*, of a person) advanced in years, elderly.
ex his (*sc.* bestiolis)..hora viii quae mortua est, ~a aetate mortua est Cic.*Tusc.*1.94; postquam ~a iam senectus aegro et corpore fatigabatur Tac.*Ann.*1.4; ~a nox erat et Neroni per uinolentiam trahebatur 13.20; ~a uespera Apul.*Met.*4.16; ut luce clara et die iam ~o..difficultates illas transabiremus 8.15. **b** eum colere coepi non admodum grandem natu, sed tamen iam aetate ~um Cic.*Sen.*10; Nep.*Timol.*4.1; debere (ueneficam) esse aetate ~am Sen. *Con.*9.6.14;—(*as sb.*) non debere talia praemia tribui nisi expertis et aetate ~is Suet.*Tib.*54.1; (*without* aetate) aliquid esse discriminis..inter ~iorem et puellam Sen.*Ep.* 94.15.

prōuehō ~here ~xī ~ctum, *tr.* [pro-+veho]

1 To carry or convey forth; (pass. in middle sense) to ride forth (on horseback, in a chariot, etc.). **b** to convey out to sea; (pass. in middle sense) to sail out, proceed by sea.
in Hispania mulis ~hunt (*sc. beehives*) Plin.*Nat.*21.74; signa..laeto..equitum suorum proelio illuc usque ~cta Tac.*Hist.*3.18; siue ~ae sunt (merces) eo uiuo siue nondum Ulp.*dig.*28.5.35.5;—equo aduectus ad..fluminis ripam ~ctus subito atque delapsus Cic.*Div.*1.58; paulum ab suis equo ~ctus Liv.8.7.7; 23.47.2; Hasdrubal ~ctus ante signa

cum paucis equitibus 27.47.1; hominem..in curru.. sublimem constituit, qui dato signo pugnae ~heretur FRON. *Str.*1.11.10; (*cf.*) me usque ad..portam non dorso illius sed meis auribus ~cto APUL.*Met.*1.20. **b** quia pol ~xi (*sc.* mulierem): auehere non quiui miser PL.*Rud.*863; eo ante noctem extenta retia ut ~herem ACC.*trag.*128; uiuum in arcam condidere ~ctumque in mare proiecerunt LIV. 27.37.6;—ubi sumus ~cti in altum..capiunt praedones nauem PL.*Mil.*117; CAECIL.*com.*1; nec ita multum ~ctus reiectus Austro sum in eum ipsum locum unde conscenderam CIC.*Phil.*1.7; ipse cum quinque legionibus..leni Africo ~ctus CAES.*Gal.*5.8.2; ~himur portu terraeque urbesque recedunt VERG.*A.*3.72; ad Onusam classe ~cti LIV.22.20.4; ut inde (*sc.* a Sunio) ~hi ad primas angustias Euboeae posset 31.23.3; LUC.9.1011; nauigantes in eam (*i.e. the island Cerne*) non posse..ultra quasdam columnas..~hi PLIN.*Nat.*6.199; (*in fig. phr.*) ipsa..sibi imbecillitas indulget in altumque ~hitur imprudens CIC.*Tusc.*4.42.

2 (of physical forces) To carry or cause to move forward; (esp., ships). **b** to conduct forward. **c** to extend (in space), carry forward. **d** to cause to go on or forward (in time).

causa est procul a tergo (*sc.* simulacrorum) quae ~hat atque propellat LUCR.4.194; cum..Zephyrus..prono grauidum ~xit pondere currum *Ciris* 26;—posteaquam paulum ~cta classis est CIC.*Ver.*5.87; aduersa nocte in altum ~ctae, continentem petierunt (*sc.* naues) CAES.*Gal.* 4.28.3; cum tibi ~ctas auferet unda ratis PROP.1.8.14; naues ~ctas in altum incendi iussit LIV.30.43.12; [SEN.] *Oct.*317; SIL.2.1; (*cf.*) ratem sua per freta ~hat (Io) euris V.FL.4.421; (*in fig. phr.*) me..iturum, dum sumus in portu, ~hat aura leuis! OV.*Ars* 3.100. **b** (equum) in gradum lenem sensim ~ho APUL.*Met.*1.2. **c** quod proiectum esset id quod ita ~heretur ut nusquam requiesceret, qualia maeniana..essent LABEO *gram.*9. **d** e Geminis..aestatem sitientem ~hit alter MAN.2.183; longius ~ctum est (bellum) TAC.*Hist.*3.46; BIS QVINOS DENOS ET SEX ~CTA PER ANNOS *CIL* 6.26442.

3 (fig.) To carry (a person) forward (to a particular degree or stage of activity, feeling, etc.); (pass. in middle sense) to go on (talking, etc.). **b** (w. activity or feeling as obj.).

Sulpicium..longius quam uoluit popularis aura ~xit CIC. *Har.*43; quoniam huc me ~xit oratio *Sest.*123; ~hor amore *ad Brut.*1.15.2; si me ulterius ~xerit ira PROP.2.15. 19; V.MAX.2.2.9; CURT.8.1.33; QUINT.*Inst.*1.3.4; solitus.. sedens incipere, et calore demum ~ctus consurgere SUET. *Rhet.*30(p.126Re);—(*w.* ad) epulantium comitas ~xit omnes ad largius uinum CURT.8.6.14; paulatim..per altercationem ad..infestas orationes ~cti sunt TAC.*Hist.* 4.7; qui alieno hortatu ad furtum faciendum ~ctus est GAIUS *dig.*46.1.70.5; (*w.* in+*acc.*) ~ctus..intemperantia linguae in maledicta LIV.35.48.11;—(*w.* ut, eo ut, *etc.*) haec spes ~xit ut ad conspecta..pecora..decurrerent 2.50.5; uix sibi temperant, quin eo usque inpudentiae ~hantur, ut naturam oderint SEN.*Ben.*2.29.2; eo postremo ardoris ~ctus est ut.. TAC.*Hist.*3.17; ipse sum testis..semel omnino.. ~ctum (eum), ut de rebus suis hoc unum referret PLIN.*Ep.* 9.19.5;—(*ellipt.*) uelim inquiras, qua laetitia..apud me celebratum..conuiuium sit, illo etiam..gaudio ~hente LIV. 40.14.2;—quid ultra ~hor et fando surgentis demoror Austros? VERG.*A.*3.481; ut (poetae) non solum..Musas inuocarent, sed ~cti quoque longius..repeterent uota QUINT.*Inst.*4.pr.4. **b** uestra in me attente audiendo benignitas ~xit orationem meam CIC.*Dom.*32; nostrum opus pio egressu ad proprium dolorem ~ctum V.MAX. 4.8.1; si (ira)..libidine ferociaque ~hitur SEN.*Dial.*3.9.2.

4 To carry forward, advance (to a particular status or position). **b** to advance (to a higher rank), promote.

ecquo te tua uirtus ~xisset CIC.*Phil.*13.24; qui longius in amicitia ~cti essent *Amic.*34; ad summos honores..alios gloria militaris ~xit LIV.39.40.5; quos ~xerat fortuna destituit SEN.*Con.*1.1.5; iam te prouidentia deorum primum in locum ~xerat PLIN.*Pan.*10.4; sapientiae finis est ut ad dei meritum sapiens ~hatur APUL.*Pl.*2.23;—(*w. abst. obj.*) quorum usque ad extremum spiritum est ~cta prudentia CIC.*Sen.*27; uim temperatam di quoque ~hunt in maius HOR.*Carm.*3.4.66; ab hac appellationis suae paupertate.. ~cta (*sc.* litteratura) QUINT.*Inst.*2.1.4; eadem ratio in nostra quoque ciuitate antiquorum eloquentiam ~xit TAC.*Dial.*36.1; rem Romanam huc satietate gloriae ~ctam ut externis quoque gentibus quietem uelit *Ann.*12.11. **b** participem..caedis eius, a quo ipse in consulare ~ctus fastigium fuerat VELL.2.69.1; patrem..ad summam ~xi dignitatem SEN.*Ben.*3.30.3; ut quemque inuenerat stantem, ita ad ordines militiae ~xit FRON.*Str.*4.1.8; erat nauarchus ..occidendae matris Neroni inter ministros, non ex magnitudine sceleris ~ctus TAC.*Ann.*15.51; studiosos amat, fouet, ~hit PLIN.*Ep.*8.12.1; quem ad consulatum usque..ex infima..fortuna ~xerat SUET.*Aug.*66.1; JUV.16.57; (*transf.*) monumenti..usque ad VII miracula ~cti V.MAX.4.6.ext.1.

prōueniō ~enīre ~ēnī ~entum, *intr.* [PRO-+VENIO]

1 To come forth, issue.

quibus feminis menstrua non ~eniunt CELS.2.7.7; nec Rhenus nec Rhodanus..aestate ~eniunt SEN.*Nat.*4a.2.20.

2 To come forward (into the public arena, public notice, or sim.). **b** *palam ~enire*, to be divulged, come out.

~eniebant oratores nouei, stulti adulescentuli NAEV. *praet.*8; qui in scaenam ~enit..nouom aliquid inuentum adferre addecet PL.*Ps.*568; maxima noxiorum multitudo ~enit, quos obstrictos patrocinio..habebat POL.*hist.*5; ~enere ibi scriptorum magna ingenia SAL.*Cat.*8.3. **b** malum maxumum, si id palam ~enit PL.*Capt.*223.

3 (of plants, etc.) To spring or grow up; (also, of bodily growth). **b** (of persons) to spring into being, issue.

quod eo anno frumentum..propter siccitates angustius ~enerat CAES.*Gal.*5.24.1; tantum ea cura frumenti ~enit ut.. LIV.27.8.19; si ~enere maturius (gregalia poma) SEN.*Ben.*1.12.4; non dubitantes ~entura (*sc.* semina), quae sic sata sint COL.2.9.9; citrea grano et propagine, sorba semine..~eniunt PLIN.*Nat.*17.64; rosa nascitur spina uerius quam frutice, in rubo quoque ~eniens 21.14; nigrum (genus hellebori) ubique ~enit 25.49; tarde mitescunt, cito ~eniunt (fruges) TAC.*Ag.*12.5; (*cf.*, *w.* terra *as subj.*) noua ubertate ~enire terram et obuias opes deferre deos *Ann.*16.2; (*in fig. phr.*) inde fructus inlaborati offerunt sese et omnia sponte ~eniunt QUINT.*Inst.*12.10.79; —(*w. pred. adj.*) larga..~enit cessatis messis in aruis OV. *Fast.*4.617; tam felix campis quam collibus ~enit (uitis) COL.3.1.3; ut nusquam laetior ~eniat (ruta) PLIN.*Nat.*19. 156;—mox barbam et uirilitatem ~enisse uxoremque duxisse 7.36. **b** nobiscum per conubium sociatis quique mox ~enerunt haec patria est TAC.*Hist.*4.65; occipiunt sciscitari, qualis ei maritus et..secta cuia ~eniret APUL.*Met.*5.15; quem (*sc.* filium) tibi quoque ~enisse cuperes uel talem 10.2.

4 (of living creatures) To be produced, occur, turn up; (also, of natural products, etc.). **b** (of intellectual products) to come into being, arise. **c** (of circumstances, conditions, etc.).

hic graues feras, illic uarias effigies animalium ~enire PLIN.*Nat.*2.189; neque aliud ibi animal ~enit 9.38; quartum ..genus est bombycum, in Assyria ~eniens 11.75;—lana.. ~eniat nullas laesura puellas OV.*Fast.*4.773; a Britannia ..sex dierum nauigatione abesse..insulam Ictim, in qua candidum plumbum ~eniat PLIN.*Nat.*4.104; Aristaeum.. mel miscuisse uino, suauitate praecipua utriusque naturae sponte ~enientis 14.53; innexus oliuae uittarum ~enit honos STAT.*Theb.*2.100; illo in amne illisque siluis salem ~enire TAC.*Ann.*13.57. **b** carmina ~eniunt animo deducta sereno OV.*Tr.*1.1.39; nec mihi,..quae iungam carmina neruis, ~eniunt [OV.]*Ep.Sapph.*14; (*w. origin specified*) ea..nomina labore meo..ita de Graecis ~enire, ut tamen Latina moneta percussa sint APUL.*Apol.*38. **c** non haec humanis opibus..~eniunt VERG.*A.*12.428; fecundior annus ~enit OV.*Fast.*4.672; tarde magna ~eniunt SEN.*Nat.*7.31.1; cum..luxuria non aliunde maior quam e concharum genere ~eniat PLIN.*Nat.*9.104; id..raro ~enit QUINT.*Inst.*2.12.5; iuuare Vitellium Corsorum uiribus statuit, inani auxilio etiam si ~enisset TAC.*Hist.*2.16; tamquam ..suis uictoria ~enisset 4.34; quod..Alexandro..sacrificanti simile ~enisset ostentum SUET.*Aug.*94.5.

5 (w. adv., of persons, etc.) To progress, get on (in a particular manner). **b** (of things) to have a specified course or issue, go (well, badly, etc.). **c** (w. pred. adj.) to turn out, emerge (as).

~eni nequiter multis modis PL.*Rud.*837; opinor ~enisti futtile *St.*398; quom tu es aucta liberis quomque bene ~enisti salua *Truc.*385; (dei) tibi uxorem, ut recte ~eniat, fauebunt FRO.*Amic.*2.p.172(181N); confido salubriter sponte ~enisse aluum tibi AUR.*Fro.*1.p.252(91N). **b** cuncta..ut ~eniant sine malo PL.*Mos.*414; hanc..rem ..~enturam bene confido mihi *Per.*456; adeo..decimae.. ~eniunt male LUCIL.667; grauem ut initia belli ~enissent famam in cetera fore TAC.*Hist.*2.20; (*impers. pass.*) nimis ~entum est nequiter PL.*Men.*964. **c** sic (caseus) neque fistulosus neque salsus..~enit COL.7.8.5; eos ~enire malitiosissimos FRO.*Aur.*1.p.2(62N); nihil Fortuna rennuente licet homini nato dexterum ~enire APUL.*Met.*9.1.

6 To make good progress, prosper.

quam, si cuncta ~enissent, sedem imperio legerent? TAC. *Hist.*4.69; quia prima (scelera) ~enerant, uolutare secum quonam modo Germanici liberos peruerteret *Ann.*4.12; ut ex studiis gaudium, sic studia hilaritate ~eniunt PLIN. *Ep.*8.19.2; ut quidquid cogitaret..id esse ~enturum pollicerentur SUET.*Ves.*5.6.

prōuentus ~ūs, *m.* [prec.+-TVS³]

1 The springing up, growth (of plants, etc.); spread, increase (of animals). **b** growth, advance (of abst. things).

poma..~um temporis huius habent OV.*Fast.*5.266; possunt..secundae notae uites ~u et ubertate commendari COL.3.2.19; omnia haec (genera arborum) tarda ~u ac degenerantia PLIN.*Nat.*17.59;—Baliaricos aduersus ~um eorum (*sc.* cuniculorum) auxilium..petisse 8.218; fagum muribus gratissimum est, et ideo animalis eius una ~us 16.18. **b** in maximo ~u felicitatis nostrae PAUL.*orat.*2; excellentissimos Spartanae uirtutis ~us miserabilis lapsus sequitur V.MAX.3.2.ext.5; tam gaudente ~u rerum artiumque principe PLIN.*Nat.*2.117; ut..suboles..morum ~u meliore coalescat APUL.*Pl.*2.26.

2 The produce of a plant, tree, etc., crop, yield; other natural produce. **b** (with some temporal force) harvest. **c** the offspring (of animals), issue. **d** (transf.) a crop, supply (of other things).

uerum hic non domini..sed populi ~us erat *Mor.*80; nec requies, quin..pomis exuberet annus..~uque oneret sulcos VERG.*G.*2.518; quis enim pollicetur serenti ~um..? SEN.*Ben.* 4.33.2; quod Italiae et Africae solum..diuersae naturae nequeat eosdem ~us habere COL.1.1.6; a pondere olei, quod (arbores) ferant annuo ~u PLIN.*Nat.*17.93; uindemiarum non ubique ~us cessauit MART.9.98.1; dum minus uberes ~us exspectant ULP.*dig.*47.11.6;—nec praeter marmoris.. ferarumque ~um aliud insigne ei (*sc.* terrae) PLIN.*Nat.*5.22; quae (apes) sub terra (mellificant), triplici cerarum ordine, uberrimi ~us 11.59; (ocimum) inlinitur mammis exinanitque lactis ~um 20.122; ~um..sperant apiarii large florescente eo (*sc.* thymo) 21.56. **b** (rapa) durant..paene ad alium ~um PLIN.*Nat.*18.127; (lilium) medio ~u earum (*sc.* rosarum) incipiens 21.22; quo uictum sustentarent usque ad satorum ~um FRON.*Str.*3.15.3; qua (ratione)..seruantur (cucurbitae)..usque ad alios paene ~us PLIN.*Nat.* 19.74. **c** (apes) nascentium domos diruunt si ~us desperatur PLIN.*Nat.*11.56; (*in fig. phr.*) inter Platonas et Xenophontas et illum Socratici fetus ~um SEN.*Dial.*9.7.5; quod post tantam cladem ferarum nouo ~u..fortunae resisteret APUL.*Met.*4.16; (*cf.*) laetissimo aliqui domus nostrae ~u QUINT.*Decl.*258(p.53,l.31). **d** qui in maximo..ingeniosorum ciuium..~u summum..gradum obtinuit V.MAX. 3.5.4; tanto..nouorum ~u scelerum LUC.2.61; oratorum ingens ~us QUINT.*Inst.*12.10.11; magnum ~um poetarum annus hic attulit PLIN.*Ep.*1.13.1; (*w.* uelut) aliarum..secundarum rerum uelut ~us secutus LIV.45.41.6.

3 The progress, success (of an activity, enterprise, etc.). **b** favourable progress, successful course.

intenti pugnae ~um exspectabant CAES.*Gal.*7.80.2; mihi ..~um huius peregrinationis inquirenti APUL.*Met.*2.12; flere et uapulare (*i.e. in dreams*)..lucrosum prosperumque ~um nuntiant 4.27. **b** multum..adiuuat..superioris temporis ~us, fiducia rei bene gerendae CAES.*Civ.*2.38.2; tanta conuersio..uel ~um orationis uel actoris constantiam subsecuta est PLIN.*Ep.*9.13.18; fauet..Rufino Aemilianus et ~um cupit APUL.*Apol.*98.

prōuerbiālis ~is ~e, *a.* [next+-ALIS] Belonging to a proverb, proverbial.

uersum istum ~em GEL.2.22.24.

prōuerbium ~ii, *n.* [PRO-+VERBVM+-IVM] A proverb, saying; (w. gen.) a proverbial expression (for).

istius nequitiam..in ore uulgi atque in communibus ~iis esse uersatam CIC.*Ver.*1.121; ut in Graecorum ~io est, amicorum esse communia omnia *Off.*1.51; 'minime, sis,' inquit 'cantherium in fossam'; quae uox in rusticum inde ~ium prodita est LIV.23.47.6; SEN.*Ep.*114.1; deleuit.. urbes duas, quae in ~ii ludicrum uertere PLIN.*Nat.*3.104; pollices, cum faueamus, premere etiam ~io iubemur 28.25; ~ia opportune aptata QUINT.*Inst.*6.3.98; APUL.*Met.*9.42; —lapidem a cane morsum usque in ~ium discordiae uenisse PLIN.*Nat.*29.102.

prōuidē, *adv.* [PROVIDVS+-E] With foresight, sagaciously.

publicum..omnium est tabulata ramorum sustinendo nido ~e eligere PLIN.*Nat.*10.97.

prōuidens ~ntis, *a. superl.* ~ntissimus. [pple. of PROVIDEO] Exercising foresight, provident, sagacious, careful. **b** (of conduct) prudent, politic.

obsignat signis amicorum ~ns homo CIC.*Ver.*5.102; homo ualde est acutus et multum ~ns *Fam.*6.6.9; patiens laborum..satis ~ns, belli haud ignarus SAL.*Jug.*28.5; dux cautus et ~ns Scipio LIV.25.34.7; uiscera membranis propriis.. inclusit ~ns natura PLIN.*Nat.*11.198; ~ntissimus quisque TAC.*Hist.*1.85; princeps ~ntissimus et iuris religiosissimus PAPIN.*dig.*31.67.10. **b** id enim mihi et ad breuitatem est aptius et ad reliquas res ~ntius CIC.*Fam.*3.1.1.

prōuidenter, *adv. compar.* ~tius *superl* ~tissimē. [prec.+-TER²] With foresight, prudently.

(consul) pro rei copia satis ~ter exornat SAL.*Jug.*90.1; quanto melius, quanto ~tius..constabit, ut adhuc labentem adgrediaris animum [QUINT.]*Decl.*14.8; ~tissime uereris ne commissus flumini..lacus effluat PLIN.*Ep.Tra.*10.61 (69).1; quod ~ter lex effecit ULP.*dig.*47.3.1.

prōuidentia ~ae, *f.* [PROVIDENS+-IA]

1 The power of seeing in advance.

ut quantum nox ~ae adimat tantum diligentia expleant curaque LIV.30.5.5; (*w. gen.*) misceri cuncta tenebris et armis iubet. tum uero..neque feriendi neque declinandi ~a TAC.*Hist.*4.29.

2 The faculty of looking or planning ahead, foresight, forethought, providence; also, an act of forethought. **b** (w. gen. or adj.) care (for the interests of), provision (for).

Scipionis ~a Kartaginis opes fregit *Rhet.Her.*4.43; ~a per quam futurum aliquid uidetur ante quam factum est CIC. *Inv.*2.160; quod uirtute, consilio, ~a mea res publica.. periculis sit liberata *Catil.*3.14; magna adhibita cura est a ~a deorum, ut semper essent..bestiarum genera *N.D.* 2.127; CVM ~A OPTVMI PRINCIPIS TECTIS..VRBIS..PROSPEXERIT *CIL* 10.1401.1.3; quorum alterum ex ~a timorem ..adferre..solet SAL.*Jug.*7.5; nulla..~a fatum imminens moueri potuit LIV.25.16.4; in quibus ipsis (*sc.* herbis) ~am naturae satis mirari..non est PLIN.*Nat.*22.16; laudari ~a ducis quod coloniam..ualidam..sedem bello legisset TAC. *Hist.*2.19; sensit Psyche diuinae ~ae beatitudinem APUL. *Met.*5.3;—eundem (*sc.* circium) oblicum accipere ~a (existimatur) PLIN.*Nat.*17.21; ULP.*dig.*26.4.1. **b** ut (testator) ~a filiorum suorum hoc fecisse uideatur POMPON. *dig.*33.1.7; PAPIN.*dig.*30.90; cum utriusque ~a infertur et serui..et heredis ULP.*dig.*40.7.3.14;—tutor..quantum ad ~am pupillarem domini loco haberi debet PAUL.*dig.*26.7.27.

3 A prescient force exercising powers of creation and direction, providence. **b** (as a deity, or personified attribute).

talis..mens mundi cum sit ob eamque causam..~a appellari recte possit CIC.*N.D.*2.58; quid sibi uoluit ~a, quae Arrhidaeum regno inposuit? SEN.*Ben.*4.31.1; inter cetera..~ae opera *Nat.*5.18.1; oratio, qua nihil praestantius homini dedit ~a QUINT.*Inst.*1.10.7; cuncta humana aut nulla aut iniqua ~a regi FRO.*Aur.*2.p.226(233N); ~a, quae compagem hanc mundi..fecit GEL.7(6).1.7. **b** anum fatidicam Stoicorum Pronoeam, quam Latine licet ~am dicere CIC.*N.D.*1.18; IOVI BOVEM MAREM IVNONI VACCAM ..~AE VACCAM *CIL* 6.2042a.14; nec ~ae bonae graues oculos innocentis animae latuit aerumna APUL.*Met.*6.15; —~AE AVGVSTAE *CIL* 5.1871; ~AE IMP CAESARIS NERVAE TRAIANI 10.6310; *BMCI* 3.p.444 (Hadrian);—(*as the name of a ship*) *CIL* 11.39.

prōuideō ~idēre ~īdī ~īsum, *tr., intr.* [PRO-+VIDEO]

1 To see in advance, see beforehand. **b** to see in front; to look ahead (in reading).

non hercle te ~ideram.., ita iracundia opstitit oculis PL. *As.*450; ille Philippo excusare laborem..quod non ~idisset eum HOR.*Ep.*1.7.69; hostes..ignis, clamor, caedes..nec audire nec ~idere quicquam sinunt LIV.25.39.4; iacula..in tenebris, uti quid petatur procul ~ideri nequeat, inutilia esse 44.35.12; unicum..remedium est, neque opinantem in piscinam non ante ei ~isam proicere CELS.5.27.2.c; haec lupatria ~idet omnia PETR.37.6; non ante ~idit insidias, quam..circumfusus..caederetur FRON.*Str.*2.5.24; Thrasyllum..mathematicum..affirmantem naue ~isa gaudium afferri SUET.*Tib.*14.4;—(*ellipt.*) erus est neque ~ideram TER. *An.*182; dux (gruum) erecto ~idet collo ac praedicit PLIN. *Nat.*10.59;—(*transf., of mental perception*) haud facile animus uerum ~idet, ubi illa (*i.e. passions*) officiunt SAL.*Cat.* 51.2. **b** e cuius (*sc.*lapidis) splendore per imagines quidquid a tergo fieret ~ideret SUET.*Dom.*14.4;—prospicere in dextrum..et ~idere non rationis modo, sed usus quoque est QUINT.*Inst.*1.1.34.

2 To perceive before the event, foresee, expect. **b** to look ahead and see, consider in advance.

si quae euentura sunt ~ideant PAC.*trag.*407; cum est res eius modi cuius exitus ~ideri possit CIC.*Fam.*6.4.1; quis..non timeat omnia ~identem..deum? *N.D.*1.54; id quod ~idet (*sc.* mens), illius rei constat imago LUCR.4.885; tantum re ~isa..celeritate nauis enisus est ut paruo momento antecederet CAES.*Civ.*2.6.4; unus uera et ~idere et fideliter praedicere uisus LIV.36.41.6; ~isum mihi conditumque numen STAT.*Silv.*4.3.140; ~iderant conditores ex diuersitate morum crebra bella TAC.*Hist.*5.12; (*ellipt.*) neque nostrum quisquam sensimus, quom peperit, neque ~idimus PL.*Am.*1071; (*absol.*) si deus ista uisa nobis ~idendi causa dat CIC.*Div.*2.126;—(*w. pleon.* ante) qui nihil ante ~idisset CAES.*Gal.*5.33.1; nihil a quoquam expeti nisi cuius fructus ante ~iderit TAC.*Ann.*11.7;—(*w. indir. qu.*) ~ideo..quid sit defensurus Hortensius CIC.*Ver.*5.22;—(*w. pred. acc. or acc. and inf.*) qui ea non uidit cum fierent quae ~idit futura *Brut.*329; iam ~ideo animo..quidquid progredior, in uastiorem me altitudinem..inuehi LIV.31.1.5; ~idere iam se..magnos funebres ludos parari sibi CURT.10.5.5; ILLAM COGITATIONEM HOMINVM, QVAM MAXIME PRIMAM OCCVRSVRAM MIHI ~IDEO, DEPRECOR *CIL* 13.1668.1.3. **b** quin exploratum dico et ~isum hoc tibi PL.*Capt.*643; cui uiuendi uia considerata atque ~isa est CIC.*Parad.*34; QUINT.*Inst.*10.6.6; ut..semper..nostram uocem ~isa et formata cogitatio excipiat 10.7.8;—(*w. indir. qu.*) qui alterum..in iudicium..uocant ~idere debent non solum quid oneris in praesentia tollant CIC.*Ver.*3.1; nobis ubi simus et quo iam nunc nos conferamus ~idendum est *Att.*14.14.7(15.1); ~idendum est tibi, quonam modo ..prouinciae tutiores sint SAL.*Rep.*1.8.4; magis..a quo donum proficisceretur quam ad quem perueniret ~isum V.MAX.5.2.ext.1; ~isum quonam modo poenas..daret TAC. *Ann.*15.51.

3 To take steps in advance to deal with, provide for (or against), see to. **b** (w. *ut, ne*) to see to it (that).

quae (*sc.* nuptiae) si non astu ~identur, me aut erum pessum dabunt TER.*An.*208; eas..cellas ~ident ne habeant in solo umorem VAR.*R.*3.10.4; ego ~idebo rem istam, et albae uirgines CIC.*poet.*36(*Div.*1.81); quod ego maxime oratori cauendum et ~idendum puto *de Orat.*2.295; cum..haec..pericula..dominorum disciplina ~isa sint *Ver.*5.8; omnia mihi ~isa sunt praeter occultum et tutum iter *Att.* 8.16.1; sine trepidatione delectus ~idet VELL.2.130.2; ~isis omnibus, quae pertinent ad uniuersa genera morborum CELS.3.1.1; nimirum in ea quoque re ambitionem ~idebant PLIN.*Nat.*34.30; ~idet (uolucris) hic uentos, hic anxia cogitat anguis STAT.*Ach.*1.214; quod ducibus nostris parum ~isum erat, dum amoenitati..consulitur TAC.*Ann.* 14.31; id..lege Iunia Vellaea ~isum est GAIUS *Inst.*2.134; (*w. noun cl.*) ~idere quod ad Philippum..attineret iussit LIV.23.48.3. **b** monet ut ~ideat ne palam res agatur CIC.*S.Rosc.*110; ~ide ne quid ei desit de qua scis me miserrimum esse *Att.*11.3.3; delector me ante ~idisse, ut tuum iudicium liberum esset *ad Brut.*1.2a.1(4); ut ~ideret, ne commeatibus ciuitas priuaretur NEP.*Phoc.*2.4; ~idere, ne..homicida tot caedium lanienam..inpune commisserit APUL.*Met.*3.3; (*of fortune*) ne circumiri posset, fortuna ~iderat CURT.9.5.3;—(*also w. neut. pron.*) ne reliquas spes turbetis atque omnis prouincias euertatis, id ~idete CIC. *Ver.*3.219; hoc..uobis ~idendum est..ne plus apud uos ualeat P. Lentuli..scelus quam uostra dignitas SAL.*Cat.* 51.7;—(*impers. pass.*) ~isumst ne in praesentia haec hinc abeat TER.*Ph.*779; satis mi ~isum est, ut ne quid..sine ui agere possent CIC.*Fam.*1.4.2; ne mea contempto lapis indicet ossa sepulcro ~isum est PROP.3.1.38; satis..in posterum uidebatur ~isum ne quid..periculi foret LIV. 25.26.6; a legibus delicta puniri: quanto fore..melius..~ideri ne peccaretur? TAC.*Ann.*3.69.

4 (intr.) To exercise forethought, take precautions, take care. **b** (w. dat.) to provide (for a person or situation); (sim., w. *de*). **c** (w. internal acc.) to take (certain) measures or precautions.

in posterum quam longissime ~idere CIC.*Phil.*7.19; actum..de te est, nisi ~ides *Fam.*9.18.4; ne..circumueniamini..aut si ~ideritis, in tutandis periculis..teneamini SAL.*Hist.*1.55.1; LIV.2.34.3; dum media sequitur, nec ausus est satis nec ~idit TAC.*Hist.*3.40;—(*impers. pass.*) dies..adfert..nisi ~isum est, magnas saepe clades CIC.*Phil.*3.2; credimus..medicis..~isum esse pro morbis PLIN.*Nat.* 22.15; (*as abl. absol.*) crebra hinc proelia..per saltus per paludes, ut cuique sors aut uirtus, temere ~iso TAC.*Ann.* 12.39. **b** nil me curassis, inquam, ego mihi ~idero PL. *Mos.*526; facile ex aliorum euentis suis rationibus possunt ~idere *Rhet.Her.*4.13; an ego non ~ideam meis ciuibus..? CIC.*Phil.*6.17; obtestatur, uti aliquando sibi liberisque..~ideat SAL.*Jug.*62.1; fructum..praesentem consectantur, nec ~ident futuro tempori COL.3.3.6;—(*impers. pass.*) qui..censeant..ab isdem (*sc.* deis) hominum uitae consuli et ~ideri CIC.*N.D.*1.4; tibi metuo et ut pote pignori meo longe ~isum cupio APUL.*Met.*2.5;—qua de re..magnopere uobis ~idendum est CIC.*Ver.*2.28; iubes de profectione me ~idere *Att.*10.12a.1; (*impers. pass.*) cum..neque de frumento reliquoque commeatu satis esset ~isum CAES.*Gal.* 3.3.1. **c** nobis uigilantibus et multum in posterum ~identibus CIC.*Phil.*3.36; ne prouincia nobis prorogetur..quicquid ~ideri poterit ~ide *Att.*5.11.1; neque omnino facere aut ~idere quicquam poterant SAL.*Jug.*99.2; uidit..magno se fore periculo, nisi quid ~idisset NEP.*Han.*9.2; nisi ~ideant aliquid Romani, quo..audacia Philippo minuatur LIV.39.25.12; haec ubi sunt ~isa duci LUC.3.71; quod nihil usquam ~isum aduersum metus TAC.*Hist.*2.12; Alexandri..sublimia facinora..uel belli ausa uel domi ~isa APUL.*Fl.*7;—(*w. dat.*) nihilne tibi uenit in mentem..capiti ac fortunis tuis ~idere? CIC.*Ver.*3.131; putauit me..plus scire et ~idere quam se ipsum sibi TER.*Hau.*116.

5 To make available in advance, provide, supply.

quae..quoique diuo decorae..sint hostiae ~idento CIC. *Leg.*2.20; quae (*sc.* arma) multo ante..~isa repones, si te digna manet diuini gloria ruris VERG.*G.*1.167; sit..~isae frugis in annum copia HOR.*Ep.*1.18.109; tela, frumentum, quaeque alia tempora poscent ~ideat LIV.6.6.14; quod auxilium medicus opportune ~idit CELS.1.pr.70; quae ~ideri astu ducis oportuerit, ~idisse, campos madentis..paludes hostibus noxias TAC.*Hist.*5.17; inerant..milites et ~isi ante commeatus *Ann.*15.4; in quibus (*sc.* tabulis) omnia contra, quam isti..coniectauerunt,..~isa in posterum deprehendis APUL.*Apol.*91;—(*w. dat.*) frumento..exercitui ~iso CAES.*Gal.*6.44.3; quae ab imperatore decuerint omnia suis ~isa SAL.*Jug.*49.2; cuncta proelio ~isa TAC. *Ann.*4.25;—(*w.* ad) ad hos omnis casus ~isa erant praesidia CAES.*Gal.*7.65.1.

prōuidus ~a ~um, *a.* [prec.+-VS]

1 Having foreknowledge, prophetic.

quodsi mea ~a mens est OV.*Met.*7.712; tam clara numquam ~ae mentis furor ostendit SEN.*Ag.*872; ~us heros (*i.e. Amphiaraus*) STAT.*Theb.*4.197; inesse (feminis)..sanctum aliquid et ~um putant TAC.*Ger.*8.2; debet ille nescio qui puer ~us..corpore decorus atque integer deligi APUL.*Apol.* 43;—(*poet.*) quaerunt..quis tripodas successor agat, quo ~a laurus transeat STAT.*Theb.*8.276; sunt et mihi ~a dextrae numina 10.485;—(*w. gen.*) mentem ita mouens ut eam ~am rerum futurarum efficiat CIC.*Div.*2.117; scit bene quid fati ~a cantet auis TIB.2.5.12; nec eum ~a futuri fefellit opinio LIV.23.36.2; ueri ~us augur OV.*Met.*12.18; nec futuri ~us est (sensus) nec praeteriti memor SEN.*Ep.*66. 35.

2 Exercising foresight, provident; (w. gen.) exercising forethought (over). **b** (of actions, etc.) characterized by forethought or providence; (neut. as sb.) an act of providence.

auditoris aures moderantur oratori prudenti et ~o CIC. *Part.*15; si pacem adferent, cupidum me; si bellum, ~um iudicatote *Phil.*6.17; opera ~ae sollertisque naturae *N.D.* 2.128; hoc cauerat mens ~a Reguli HOR.*Carm.*3.5.13; uigiles, ~a turba, canes OV.*Fast.*4.764; Pollux sic ~us ictus seruat V.FL.4.271; STAT.*Theb.*8.681; ni ~a signo Deidamea dato..liquisset mensas *Ach.*1.802; ~a Pompeio dederat Campania febres JUV.10.283; (*masc. as sb.*) ut cautos..ac ~os permoueret TAC.*Hist.*3.3;—natura..~a utilitatum oportunitatumque omnium CIC.*N.D.*2.58; ut (me) maioribus meis dignum, rerum uestrarum ~um..credant TAC. *Ann.*4.38. **b** cetera ne..caderent..cauit..~a cura ducis OV.*Fast.*2.60; dispice, ne sit parum ~um sperare ex aliis quod tibi ipse non praestes PLIN.*Ep.*2.10.5; ~a seueritate cauisti *Pan.*34.2; cum summus deorum cuncta haec..~ae ordinationis uniuersitate..regat APUL.*Pl.*2.23;—illic, plerique ut arbitrabantur, triste, ut ipse, ~um potius et secundis numinibus euenit TAC.*Ann.*15.34.

prōuincia ~ae, *f.* [dub.] ORTHOG.: *prouincis* (dat., abl. pl.) AUG.*Anc.*3.27, *CIL* 6.2074, etc.

1 The special function or task assigned to a magistrate, originally one holding *imperium.* **b** (transf. or humorously).

egregia et ad consulatum apta ~a CIC.*Mur.*41; cui si omnia prospere euenirent, non tamen otiosam ~am fore LIV.23.27.12; (*in non-Roman context*) spe maioris etiam ~ae facta, si cum fide amicitiam ipsius coluisset CURT.8.2.32;—(*w. function specified*) IN DIEBVS V PROXVMEIS QVIBVS QVOMQVE EIEI AERARIVM ~A OBVENERIT *CIL* 1.583.68; consules T. Sicinius et C. Aquilius, Sicinio Volsci, Aquilio Hernici..~a euenit LIV.2.40.14; alteri (consuli) populationem finium Aequorum ~am dedit 3.25.9; Manliis..Volsci ~a sine sorte..data 6.30.3; cui Tarentum et Sallentini ~a euenisset 27.22.2; praetor, cui classis ~a euenerat 44.1.3; quaestor, cui ~a uetere ex more calles euenerant TAC.*Ann.*4.27; (*cf.*) ultima Pompeio dabitur ~a Caesar? LUC.1.338;—(*w. defining adj.*) sortem nactus est urbanae ~ae CIC.*Ver.*1.104; collegio quaestorum..detracta..Ostiensi et Gallica ~a curam aerari Saturni reddidit SUET.*Cl.*24.2. **b** ipsi opsonant, quae parasitorum ante erat ~a PL.*Capt.*474; nunc hanc tibi ego impero ~am *Mil.*1159; te..caudicali praeficio ~ae *Ps.*158; *Trin.*190; TER.*Hau.*516; qui..eam ~am susceperint ut in balneas contruderent CIC.*Cael.*63; mihi solitudo et recessus ~a est *Att.*12.26.2; erit hoc quasi ~as atomis dare, quae recte, quae oblique ferantur *Fin.*1.20; malo famem quam sit cena mihi, tibi sit ~a merces MART. 12.29(26).15; tu ~am, quae tibi matris meae praecepto mandata est, exsequere nauiter APUL.*Met.*6.21; ut est cuique tributa ~a..uel fulminibus iaculandis uel nubibus coruscandis *Soc.*6; (*cf. sense 3*) abi rus, abi dierectus tuam in ~am PL.*Cas.*103.

2 (spec.) A provincial command, governorship of a subject territory.

non istum, ut non neminem, ~a corrupit; idem fuit qui Romae CIC.*Ver.*2.39; cum ~am in contione deposui *Att.* 2.1.3; ne quid mihi ad hanc ~am, quam et senatus et populus annuam esse uoluit, temporis prorogetur *Fam.* 15.14.5; reliquam esse unam aestatem suae ~ae HIRT.*Gal.* 8.39.3; ut L. Aemilio confecta ~a decedere..liceret LIV. 40.28.8; accepta a Paulino ~a TAC.*Ann.*13.54;—(*w. territory specified*) Syriam..~am tibi tributam esse a Caesare..cognoui CIC.*Fam.*12.19.1; sorte ~am nactus Hispaniam citeriorem NEP.*Ca.*2.1.

3 A territory outside Italy under the direct administration of a governor from Rome, a province. **b** (w. ref. to its form or status). **c** (in non-Roman contexts). **d** (meton.) the people of a province.

quom essem in ~a legatus, quamplures..uinum honorarium dabant CATO *orat.*73; GRACCH.*orat.*25; C. OCTAVIVS..IMPERATOR APPELLATVS EX ~A MACEDONIA *CIL* 6.1311; ita multa Romae geruntur ut uix ea quae fiunt in ~is audiantur CIC.*Planc.*63; ~am Galliam citeriorem *Phil.*3.38; antea quom ad me scripsissetis..consulum ~as ornatas esse *Att.* 3.24.1; si..in prima ~a (Pansam exspectat), circiter Kal. adfuturus uidetur 12.27.3; cum Sequanos a ~a nostra Rhodanus diuideret CAES.*Gal.*1.33.4; Sicilia atque Sardinia ..quarum neutra hoc tempore ~a praetore egeat LIV. 22.25.6; 24.10.3; 26.28.10; IN ITALIA AVT IN ~IS AUG.*Anc.* 3.27; sinus alter usque ad finem ~ae inflectitur MELA 3.5; inermes ~ae..in pretium belli cessurae erant TAC.*Hist.*1.11; terra..quodam modo suburbana ~a latifundis ciuium Romanorum tenebatur FLOR.*Epit.*2.7(3.19.3); ULP.*dig.* 50.16.99.1; INIVNGENDVM. IS..PROCVRATOR(ibus) QVI ~IS PRAESIDEBVNT *CIL* 2.6278.42. **b** populus Romanus ..neque in ~am redegisset neque stipendium imposuisset CAES.*Gal.*1.45.2; ex regno..~a facta *B.Afr.*97.1; quando in formam ~ae cesserant (Iceni) TAC.*Ann.*14.31. **c** regis ~as uexat, castella expugnat NEP.*Dat.*10.2; credidere quidam testamento Alexandri distributas esse ~as CURT.10. 10.5; Parthia..exiguae secura fuit ~a Pellae LUC.10.52; sic insulas iam proxumas..~asque plurimas fama porrecta peruagatur APUL.*Met.*4.29. **d** concede..ut tibi anteponatur in accusando ~a CIC.*Div.Caec.*54; ten ~a narrat esse bellam? CATUL.43.6; (Belgae) a cultu atque humanitate ~ae longissime absunt CAES.*Gal.*1.1.3; ascendit praetor tribunal inspectante ~a SEN.*Con.*9.2.10; PLIN.*Nat.*30.16; ~arum sanguine prouincias uinci TAC.*Hist.*4.17; JUV.4. 26; neminem proconsulum..~a Africa magis reuerita est APUL.*Fl.*9.

prōuinciālis[1] ~is ~e, *a.* [prec.+-ALIS]

1 Of or concerned with provincial administration.

cum tuam auctoritatem tute ipse edicto ~i repudiabas CIC.*Ver.*1.112; omnibus ~ibus ornamentis commodisque depositis *Red.Sen.*35; possum multa dicere..de tribunatu militari, de ~i in eo magistratu abstinentia *Sest.*7; neque..ista tua negotia ~ia esse putabam *Att.*2.1.12; ne patiare quicquam mihi ad hanc ~em molestiam temporis prorogari *Fam.*2.7.4; in qua (*sc.* iuris dictione) scientiae..~is ratio ipsa expedita est *Q.Fr.*1.1.20; IVBENTE ~E AVG LIB PROC EODEMQVE DEDICANTE *CIL* 8.587.

2 Of or belonging to a province, occurring or existing in a province, provincial. **b** (of persons) belonging to a province (by birth or residence). **c** characteristic of provincials.

in hoc ~i dilectu CIC.*Fam.*15.1.5; ludi funebres additi pro copia ~i LIV.28.21.10; ~ium auxiliorum centum quinquaginta ferme ceciderunt 39.31.15; BIS MILLIENS ET SESCENTIENS (sestertium), QVOD PRO AGRIS ~IBVS SOLVI AUG.*Anc.*3.26; COL.3.3.11; uinearum ~ium plura genera 5.4.1; Mariani sodalicii rapinarum ~ium sinus PLIN.*Nat.* 36.116; in hac ~i solitudine MART.12.pr.5; secura tum urbe et ~i bello TAC.*Hist.*1.89; ut..~ibus uxorum criminibus proinde quam suis plecterentur *Ann.*4.20; ne ~ibus quidem matrimoniis abstinuisse..apparet SUET.*Jul.*51; in ~ibus praediis GAIUS *Inst.*1.31; si praetor aditus permiserit distrahi possessionem ~em ULP.*dig.*27.9.5.12; ut legati ~es PAUL.*dig.*12.2.35.2. **b** habet quiddam enim ἐλκυστικὸν ~is formonsula uxor VAR.*Men.*176; his testibus, et urbanis et ~ibus..oppressus est CIC.*Ver.*1.20; solebant qui Romae erant ad ~is amicos de re p. scribere *Fam.*15.20.2; praesidia in Rutenis ~ibus..circumque Narbonem..constituit CAES. *Gal.*7.7.4; nemo..aut in prouincia natus..aut diuturnitate iam factus ~is *B.Alex.*53.5; NON ITALICVS SENATOR ~I POTIOR EST *CIL* 13.1668.2.5; si..~is mulier ei, qui prouinciam regit (nupserit) ULP.*dig.*24.1.3.1. **c** aditus..ad me minime ~es CIC.*Att.*6.2.5; locum Graeca comitate et ~i parsimonia mixtum TAC.*Ag.*4.3.

prōuinciālis[2] ~is, *m.* [as prec.] An inhabitant of a province, a provincial.

non quin possint multi esse ~es uiri boni CIC.*Q.Fr.*1.1.15; ut..similia..de morte eius ~es consilia inirent *B.Alex.*50.1; uisum..est apud quosdam ~ium inueteratum PLIN.*Nat.*17. 53; aduersus nouam ~ium superbiam..capiamus consilium TAC.*Ann.*15.20; Italicus es an ~is? PLIN.*Ep.*9.23.2; FRO. *Amic.*2.p.92(185N);—(*legally defined*) '~es' eos accipere debemus, qui in prouincia domicilium habent, non eos, qui ex prouincia oriundi sunt ULP.*dig.*50.16.190.

prōuinciātim, *adv.* [PROVINCIA+-*atim* (-IM)] Province by province.

legiones et auxilia ~ distribuit SUET.*Aug.*49.1.

prōuindēmiātor ~ōris, *m.* [PRO-+VINDEMIATOR] The forerunner of the grape-harvest; see quot.

lucidissima stella..quam nostri ~orem, Graeci προτρυγητὴν uocant VITR.9.4.1.

prōuīsiō ~ōnis, *f.* [PROVIDEO+-TIO] The action of seeing ahead, exercise of foresight; also, precognition. **b** (w. gen.) provision (against).

genus (orationis)..longa animi ~one fugiendum CIC. *Orat.*189; multum potest ~o animi et praeparatio ad minuendum dolorem *Tusc.*3.30; (*w. obj. gen.*) reliquum ..genus causarum aut in ~one posteri temporis aut in praeteriti disceptatione uersatur *Part.*69;—quod ~one aut permotione mentis magis quam natura ipsa sentiamus *Div.* 2.9. **b** omnium horum uitiorum atque incommodorum una cautio est atque una ~o CIC.*Amic.*78.

prōuīsō ~ere, *tr.* [PROVIDEO+-TO] To be on the look-out for; (w. indir. qu.) to go to see.

si quem hominem exspectant, eum solent ~ere PL.*St.*642; hoc ~o ut, ubi tempus siet, deducam TER.*Eu.*394;—~am quam mox uir meus redeat domum PL.*Men.*704; ~o quid agat Pamphilus TER.*An.*957; ego huc ad hos ~o quam mox uirginem accersant *Ad.*889.

prōuīsor ~ōris, *m.* [PROVIDEO+-TOR] (w. gen.) One who foresees; one who takes care (of) or forethought (for).

Vitellius..ingruentium..dominationum ~or TAC.*Ann.* 12.4;—utilium tardus ~or, prodigus aeris HOR.*Ars* 164.

prouīsus ~ūs, *m.* [PROVIDEO+-TVS³]

1 The faculty of seeing in front of one.

nihil animus aut manus, ne oculi quidem ~u iuuabant TAC.*Hist.*3.22.

2 The action of foreseeing, forethought. **b** (w. gen.) the action of making provision (for).

quod ~u deum uidua iungeretur principi TAC.*Ann.*12.6; cura ~u perinde agere ac si hostis ingrueret 12.12; (*w. obj. gen.*) ~u periculi hiberna castra repetentem 1.27. **b** dispositu ~uque ciuilium rerum peritus TAC.*Hist.*2.5; nullo rei frumentariae ~u *Ann.*15.8.

prōuīuō ~uere ~xī, *intr.* [PRO-+VIVO] To go on living, live on.

de Agrippina..quam interfecto Seiano spe sustentatam ~xisse reor TAC.*Ann.*6.25.

prōuocābulum ~ī, *n.* [PRO-+VOCABVLVM] A pronoun (app. other than demonstrative).

dicta..~a quae sunt ut quis, quae; uocabula ut scutum, gladium VAR.*L.*8.45.

prōuocātiō ~ōnis, *f.* [PROVOCO+-TIO]

1 The act of challenging to a fight.

ego ter et uiciens cum hoste ex ~one pugnaui LIV.45.39.16; cum..in Hispania..ex ~one..inmanis magnitudinis hostem interemisset VELL.1.12.4; PLIN.*Nat.*7.81; sortiri..contra ~ones duces 33.12; 37.9.

2 (app.) A challenge to appear before a court.

cum ~o necessaria sit, puto alienationem impediri ULP.*dig.*27.9.7.

3 An appeal to the people by a citizen against *coercitio*; under the empire an appeal, sanctioned by the *lex Iulia de ui*, by a Roman citizen in Italy against *coercitio* by a magistrate, or outside Italy against the *coercitio* or jurisdiction of a provincial governor; the appeal went originally to the praetorian courts at Rome which the Emperor soon replaced. **b** the right of such an appeal.

ne quis magistratus ciuem Romanum aduersus ~onem necaret CIC.*Rep.*2.53; qui leges populares de ~onibus tulerint *Luc.*13; cessurusne ~oni sis, cui rex Romanus Tullus Hostilius cessit LIV.8.33.8; V.MAX.4.1.1; iniusta haec..~o eius pronuntiata est SCAEV.*dig.*45.1.122.5; ULP.*dig.*48.6.7;—(*w.* ad) QVI AVXILIVM SIBI IN ~ONE AD PRINCIPES FACTA CONSTITVERAT *CIL* 2.6278.16;—(*w.* aduersus) ius ~onis aduersus ipsos (*sc.* fasces) dedit FLOR.*Epit.*1.3(1.9.4); (*w. gen. of respect*) tum demissi populo fasces, tum ~ones omnium rerum CIC.*Rep.*1.62. **b** DE ~ON⟨E VOCATION⟩EQVE DANDA *CIL* 1.583.78; CIC.*de Orat.*2.199; datur..poena sine ~one *Agr.*2.33; neque..~onem esse longius ab urbe mille passuum LIV.3.20.7;—(*w.* ad) ni par maiorue potestas populusue prohibessit, ad quos ~o esto CIC.*Leg.*3.6; LIV.3.48.9; V.MAX.9.5.1;—(*w.* aduersus) de ~one aduersus magistratus ad populum..gratae in uolgus leges fuere LIV.2.8.2;—(*w.* ab) ~onem ad populum etiam a regibus fuisse SEN.*Ep.*108.31; neque ~o ab eis (*sc.* decemuiris) sicut a reliquis magistratibus fieret POMPON.*dig.*1.2.2.4;—(*w. gen. of respect*) militiae ab eo, qui imperabit, ~o nec esto CIC.*Leg.*3.6; (*also w.* de) de poena ~o non est..at multae ~o est PAUL.*dig.*50.16.244;—(*as affecting the jurisdiction of a magistrate*) placet creari decemuiros sine ~one LIV.3.32.6; de consulibus creandis cum ~one..rogationem pertulit 3.54.15.

prōuocātor ~ōris, *m.* [PROVOCO+-TOR¹]

1 One who challenges, a challenger. **b** a kind of gladiator, 'challenger'.

solue zonam, ~or PL.*Truc.*954; de quibus Scipio..singulari certamine, cum rex fuisset ~or, opima rettulerat FLOR.*Epit.*1.33(2.17.11); ~orem barbarum occidit AMP.22.3. **b** cum..ex ergastulis emptos..alios Samnitis alios ~ores fecerit CIC.*Sest.*134; D M ANTIGONI PROVOK VERVS DOCTOR POSVIT *CIL* 5.4502; PARDVS PROV VET 6.631.

2 One who exercises a right of appeal, appellant.

multae prouocatio est, nec ante debetur, quam aut non est prouocatum aut ~ uictus est PAUL.*dig.*50.16.244.

prōuocātōrius ~a ~um, *a.* [next+-TORIVS] Connected with a challenge; (of military decorations) won by the challenger in single combat.

spolia militaria habuit multiiuga, in his ~a pleraque GEL.2.11.3.

prōuocō ~āre ~āuī ~ātum, *tr.*, *intr.* [PRO-+VOCO]

1 To call forth, summon.

~atur paedagogus PL.*Bac.*444; ante aedis..speculare, ut, ubi illaec prodeat, me ~es *Mil.*1122; Pamphilum cantatum ~emus TER.*Eu.*443; quo ~ati a me uenire noluerunt CIC.*Agr.*3.1; seruolo mandant ut ad se ~et Simonidem PHAED.4.25(26).25.

2 To cause to appear, draw forth; to cause to grow or extend outwards. **b** to call forth (events, circumstances, etc.).

dum rota Luciferi ~et orta diem TIB.1.9.62; Memnonis..utinam..mater quam primum roseo ~et ore diem OV.*Pont.*1.4.58; emortui sub his (medicamentis) uermes in primam partem auris ~abuntur CELS.6.7.5; cum geminos pisces aquilonis ~at aura GERM.*Arat.*700; si Nilum etesiae ~ant SEN.*Nat.*4a.2.23; animam in corporis latibulis delitiscentem quibusdam medicamentis ~auit APUL.*Fl.*19; (*w.* ab) HOR.*Epod.*8.19;—quod illa (*sc.* uinacea) ~ent et eliciant nouas radiculas COL.3.15.5; nec (malleolum)..in longiorem materiam ~emus 4.11.4; ut e capite (*sc.* uitis), quidquid teneri est, per brachia emissum ~etur 4.17.5. **b** neque inani iactatione libertatis famam fatumque ~abat TAC.*Ag.*42.4; comitate et adloquiis officia ~ans *Hist.*5.1; quae (institutiones captatoriae) mutuis affectionibus iudicia ~auerunt PAPIN.*dig.*28.5.71(70).

3 To call out (to an individual fight or other contest), challenge. **b** (app.) to follow the profession of a *prouocator* (sense 1b). **c** to cause to come out and fight (by provocative action).

primores procerum ~auit ACC.*trag.*325; Galli, quem ab eo ~atus occiderat, torque detracto CIC.*Off.*3.112; ~at per interpretem unum ex Romanis qui secum ferro decernat LIV.7.26.1; ~at (Satyrus) et Phoebum! OV.*Fast.*6.707; STAT.*Theb.*12.186; ancillas posita..corona ~at ac tollit pendentis praemia coxae JUV.6.321; (*in fig. phr.*) arma, quibus..possis uel ~are integer uel te ulcisci lacessitus CIC.*de Orat.*1.32;—(*w.* in, ad) ~at me in aleam, ut ego ludam PL.*Cur.*355; ~o te..ad pugnam LIV.25.18.6;—(*w. abl.*) haud obiciet mihi pedibus sese ~atum PL.*Epid.*665; si istoc me uorsu uiceris, alio me ~ato *St.*770; uincitur haut gratis iugulo qui ~at hostem LUC.4.275; ~auit..hoc pisce prodigos omnes..unum mercatus HS VIII mullum PLIN.*Nat.*9.67;—(*absol. or ellipt.*) si pacem non impetrarent, uti ~arent ad pugnam LIV.9.4.2; liceretne extra ordinem in ~antem hostem pugnare 23.47.1;—(*fig.*) fortitudo est..scientia periculorum repellendorum, excipiendorum, ~andorum SEN.*Ben.*2.34.3; ducis..qui..omni fortunam ~at hora LUC.9.883; tot modis ~ari mortem PLIN.*Nat.*19.5. **b** PVRRICINA IVVENI ~ANTI COIVCI..BENEMERENTI FECIT *CIL* 5.2884. **c** nec prohibere paucos temere ~antes nec dare signum uniuersae pugnae uolebant LIV.23.16.4; impius..miles metuentia comminus astra ~at *Aetna* 52; Caledoniam incolentes..oppugnare ultro castellum adorti, metum ut ~antes addiderant TAC.*Ag.*25.3; ~are arma Romana simulatione numinum ausus est *Hist.*2.61; Caesarem Augustum bello ~atum 4.17; (*cf., of animals*) si is (*sc.* quadrupes perisset), qui non ~auerat, competeret actio ULP.*dig.*9.1.1.11.

4 To provoke, rouse (to an action). **b** to stir up, excite (passions, emotions, etc.).

sic ulciscar facinora singula, quem ad modum a quibusque sum ~atus CIC.*Red.Pop.*21; nisi illis..gladiis confideres, maledictis me ~are ausus esses? *Phil.*2.46; quae cum dixissem, magis ut illum ~arem quam ut ipse loquerer *Fin.*1.26; his ~ati sermonibus fidem ab imperatore de Petrei..uita petunt CAES.*Civ.*1.74.3; uos fidem..quam..uictoriam maluistis; nos fide ~ati uictoriam ultro detulimus LIV.5.27.13; odisti me non quidem ~atus CURT.4.10.29; longius nos inpetus euehit ~ante materia SEN.*Ben.*1.10.1; iratas (aspidas) incerta ~at umbra LUC.4.725; nulla iniuria ~atum Antistium..in principem contumelias dixisse TAC.*Ann.*14.49; inuitos terrore compelli et uolentes praemio ~ari posse APUL.*Met.*7.4; plerumque..natio serui aut ~at aut deterret emptorem ULP.*dig.*21.1.31.21; (*poet.*) nec placet incertus qui ~at aequora delphin LUC.5.552;—(*w.* ad) alium..omni comitate ad hilaritatem..~auit SUET.*Cal.*27.4; utrum quia..eum, in quem benignus sit, ad parem curam sui ~et GEL.17.5.4; quae (*sc.* inuidia)..inimicos meos ad nectendas magiae calumnias ~arit APUL.*Apol.*67;—(*w.* in+*acc.*) ~antes alter alterum in iurgia VELL.2.118.1. **b** sapiens numquam potentium iras ~abit SEN.*Ep.*14.7; nec simultates ~are..uidebantur QUINT.*Inst.*12.7.3; quieti secretique nulla ~ant bella TAC.*Ger.*35.3; PLIN.*Pan.*16.2; dum misericordiam ~at ULP.*dig.*47.8.4.6.

5 To challenge (to show superiority in any field, to achieve some excellence, etc.). **b** (of things) to invite comparison with, rival. **c** to challenge (an achievement or sim.).

te..uoluminibus lacesserem; quibus quidem me a te ~ari oportebat CIC.*Fam.*12.30.1; oleo et mero uiros ~ant (feminae) SEN.*Ep.*95.21; didicit homo naturam ~are PLIN.*Nat.*33.4; elegia..Graecos ~amus QUINT.*Inst.*10.1.93; ut posset senes illos ~are uirtute PLIN.*Ep.*2.7.4; JUV.1.24; (*of a river personified*) ut..possim puro gurgite ~are Lirim STAT.*Silv.*4.3.94; (*w. internal acc.*) experiamur..ecquid ego possiem..benigne facere, quando hoc ~at TER.*Ad.*878;—(*absol.*) respondere facilius possum quam ~are CIC.*Fam.*12.20; sunt..longe uenustiora omnia (*sc.* dicta) in respondendo quam in ~ando QUINT.*Inst.*6.3.13. **b** patella esurienti posita ~at Neapolitanas piscinas VAR.*Men.*160; immensum latus circi templorum pulchritudinem ~at PLIN.*Pan.*51.3;—(*w. abl. of respect*) omnes..has eius (*sc.* roboris) dotes ilex solo ~at cocco PLIN.*Nat.*16.32; luxuria uestibus..~auit eos flores, qui colore commendantur 21.45; quae Ioue ~at Idæ Olenos STAT.*Theb.*4.104; *Silv.*2.7.29. **c** multa..poetae Romani a Graecis dicta non subripuerunt, sed ~auerunt SEN.*Con.exc.*9.1; successus..amplissimos et ~auit ut strenuus et aequiperauit ut meritus APUL.*Fl.*7.

6 To challenge to a decision (esp. by legal proceedings). **b** to challenge (a statement).

an ergo et ~are se inuicem..possint (tutores)? ULP.*dig.*26.4.5.3;—(*w.* ad) Protagoras eum ad iudices ~auit APUL.*Fl.*18; (*ellipt.*) eum uideri actorem qui ad iudicium ~asset GAIUS *dig.*5.1.13; si nemo tutorum ~et ad satisdationem ULP.*dig.*26.2.19;—(*w.* apud) ~are apud iudicem uel unum heredem posse palam est 10.2.43;—(*w. abl. expr. stake, subject of dispute, etc.*) ecce Crispinus minimo me ~at HOR.*S.*1.4.14; Valerius sponsione Lutatium ~auit, ni suo ductu Punica classis esset oppressa V.MAX.2.8.2; PETR.70.13; quando negas, te sacramento quingenario ~o PROB.*iur.*4.2; ~amus aduersarium tali sponsione GAIUS *Inst.*4.93; utrum tu ~asti communi diuidundo iudicio an ~atus es ULP.*dig.*13.1.12.1. **b** ut omnia, ita hoc quoque ultro ~o APUL.*Apol.*46.

7 (intr.) To appeal (see PROVOCATIO). **b** (tr.) to appeal to (a higher authority); to refer (a case to a higher authority).

quasi uero id agatur ut quisquam ~et CIC.*Phil.*1.22; arreptus a uiatore, '~o', inquit LIV.3.56.5; incumbebat eis necessitas ~andi ULP.*dig.*17.1.8.8;—(*w.* ad) promulgata lex est ut..de ui..damnati ad populum ~ent CIC.*Phil.*1.21; nec ~antis de controuersiis ad disceptationem populi Romani audiuit LIV.41.23.13; ad imperatorem ~auit TAC.*Ann.*6.5; (*transf.*) ad litteras Pudentillae ~astis APUL.*Apol.*84;—(*w.* ab) si a duumuiris ~arit, prouocatione certato LIV.1.26.6; qui a priuatis iudicibus ad senatum ~auissent TAC.*Ann.*14.28; si a Caesare..ius ~andi foret GEL.19.8.10; si quis..professus fuerit se a iudice non ~aturum ULP.*dig.*49.2.1.3; (*impers. pass.*) ab omni iudicio..~ari licere indicant XII tabulae CIC.*Rep.*2.54;—(*w.* aduersus) tutor datus aduersus ipsam creationem ~auit PAPIN.*dig.*26.7.39.6; (*impers. pass.*) an aduersus rescriptum principis ~ari possit ULP.*dig.*49.1.1.1. **b** is erit ~andus ab eo cui mandata est iurisdictio, qui ~aretur ab eo qui mandauit iurisdictionem ULP.*dig.*49.3.1.1;—que (*sc.* causae) ad principalem notionem uel ~atae uel remissae fuissent *Ed.*(*Font.iur.*p.252)78.1.3; (*cf.*) iudicium ad mutas quadripedes ~auit ab hominibus PLIN.*Nat.*35.95.

prōuolō ~āre ~āuī ~ātum, *intr.* [PRO-+VOLO²]

1 To fly out or forth.

alii (pulli) ~ant, alii erumpunt PLIN.*Nat.*10.159; uniuersae (apes) ~ant, si dies mitis futurus est 11.20; 11.111; refectis..pennis..longe uelocius ~ans (Cupido) APUL.*Met.*6.21.

2 (transf.) **a** To rush forth, dash forward. **b** (of inanim. things) to shoot forward.

a eorum parentes..capillo passo in uiam ~arunt QUAD.*hist.*19; subito omnibus copiis ~auerunt CAES.*Gal.*2.19.6; ipse ad primores Romulus ~at LIV.1.12.7; in primum infensis hastis ~ant duo Fabii 2.46.7; 7.7.8; ~at Emathii spoliis armatus Halesi..Latreus OV.*Met.*12.462; (panthera) ~at, pecus trucidat PHAED.3.2.12; PLIN.*Nat.*11.62; *Ilias* 807. **b** non tam prolixo ~at ictu (semen) LUCR.4.1245; ardenti sonitus cum ~at ictu 6.294.

prōuoluō ~uere ~uī ~ūtum, *tr.* [PRO-+VOLVO] FORMS: tm. *proque uoluta* LUCR.6.1264.

1 To roll before one, roll forward. **b** (fig.) to drive forcibly, push out.

nisi puerum tolli' iam ego hunc in mediam uiam ~uam TER.*An.*777; mare..caecos..fluctus in se ~uere leniter occepit SIS.*hist.*104; eas (*sc.* cupas) ardentis in opera ~uunt HIRT.*Gal.*8.42.1; hunc lora et iuga subter ~uere rotae VERG.*A.*12.533; quae pondere suo ~uta essent LIV.24.34.14; OV.*Met.*8.587; ingentia saxa in subeuntes ~uentibus barbaris CURT.8.11.13; motu terrae..~utis montibus insulam extitisse Prochytam PLIN.*Nat.*2.203; ut..erumpat torrens tanta ui, ut saxa ~uat 33.75; proiectus e sella ac ~utus est TAC.*Hist.*1.41; *Ann.*4.51; ipsos..~utos..in proximas rupinas praecipites dedere APUL.*Met.*7.13; ut in tuum (*sc.* fundum) lapides ~uantur ibique positi habeantur ULP.*dig.*8.3.3.2;—(*pass. in middle sense*) ~ui simul ut possint (corpora) LUCR.2.470; foedus Lucanis ~uitur ursus ab antris OV.*Hal.*58; fluctus haud cursu leui ~uitur SEN.*Phaed.*1019;—(*refl.*) ~uentes se simul cum armis aliisque oneribus..processerunt LIV.44.5.8. **b** multi..fortunis ~uebantur TAC.*Ann.*6.17.

2 To topple or bowl over. **b** (pass.) to slip out of place, prolapse.

ubi in magnas aquae..lacunas gleba..e terra ~uitur ingens LUCR.6.553; multa siti prostrata uiam per proque uoluta corpora 6.1264; tegimen..impetu hostium ~utis inhabile ad resurgendum TAC.*Hist.*1.79; hi..Tridentinis iugis in Italiam ~uti ueluti ruina descenderant FLOR.*Epit.*1.38(3.3.11). **b** at si anus..uel os uuluae procidit..considerari debet, purumne id sit, quod ~utum est CELS 6.18.10.

3 (refl. or pass., w. *ad pedes* and sim.) To fall down, prostrate oneself (at someone's feet, etc.). **b** (fig.) to abandon oneself, descend (to).

cui cum se maesta turba ad pedes ~uisset LIV.6.3.4; flentes ad genua consulis ~uuntur 34.11.5; mater et coniunx ~utae ad pedes orare coeperunt CURT.3.12.11; genibus Caesaris ~uta TAC.*Ann.*11.30; ad pedes Caesaris ~uta FLOR.*Epit.*2.21(4.11.9); ~utus..ante conspectum deae APUL.*Met.*11.24. **b** usque ad libita Pallantis ~uta TAC.*Ann.*14.2; ~utus effususque in iram GEL.1.26.7.

prōuomō ~ere, *tr.* [PRO-+VOMO] To vomit forth.

hic (*sc.* prester)..turbinis immanem uim ~it atque procellae LUCR.6.447.

prōuorsus ~a ~um, *a.* [PRO-+*uorsus* (cf. ADVERSVS, etc.)] (Moving) straight ahead.

uidc, ut transuorsus, non ~us cedit, quasi cancer solet PL.*Ps.*955; VAR.*L.*7.81;—(*of a type of lightning*) ~um fulgur appellatur, quod ignoratur noctu an interdiu sit factum FEST.p.229M.

prout, *conj.* [PRO+VT] PROS.: scanned as one syllable HOR.*S.*2.6.67.

1 According as, in proportion as. **b** (introducing alternatives) according to whether..or.

argenti bene facti, ~ Thermitani hominis facultates ferebant, satis CIC.*Ver.*2.83; *Att.*11.6.7; ~ cuiusque eorum..natura..ferebat CAES.*Civ.*3.61.3; hic, ~ ipse amabat litteras, omnibus doctrinis..filium erudiuit NEP.*Att.*1.2; ~ cuique libido est siccat inaequalis calices conuiua HOR.*S.*2.6.67; subleuantes..et trahentes alii alios, ~ postularet locus LIV.5.47.2; ~ tempus patiebatur, instructa acies 9.43.12; proinde aliquo magis incumbunt ingenia, ~ alicuius elementi maior uis abundauit SEN.*Dial.*4.19.1; his utor primis diebus collyriis non ⟨sine⟩ ceteris auxiliis, ~ res postulat LARG.22; ~ ad quemque uenere, aluntur TAC.*Ger.*31; aquila leni meatu, ~ agmen incederet, uelut dux uiae praeuolauit *Hist.*1.62; tumido mari, ~ fluctus attollitur, summa nauium tabulis augent 3.47; socii reges ~ bello conduceret parere iussi *Ann.*13.8; si quid ei conseruus debet, erit peculii, si modo ille habeat peculium uel ~ habebit ULP.*dig.*15.1.7.7; —(*w.* ita) milites..~ loci natura..patiebatur, ita instruxit LIV.9.41.16; ~ in Mauretania niues..satiauerint, ita Nilum increscere PLIN.*Nat.*5.51;—(*with alternative consequences*) ut eodem telo, ~ ratio poscit, uel comminus uel eminus pugnent TAC.*Ger.*6.1; ~ animum intendisset, prauus aut industrius, eadem ui *Hist.*1.48. **b** (*w.* ita) positione lucis, quam ~ rectam uel obliquam receperunt, ita colorantur (animalia) SEN.*Nat.*1.5.7; *Ep.*56.1;—(*w.* perinde) perinde coniecturam de moribus suis homines esse facturos, ~ hoc uel illud elegerint PLIN.*Pan.*20.6;—(*with alternative consequences*) aceto uel uino diluta, ~ ualentius aut lenius uitium est CELS.5.20.4; currunt exaduersus aquilonem austrumue, ~ marem aut feminam concepere PLIN.*Nat.*10.180; ~ splendidior obscuriorue (luna) laetari aut maerere TAC.*Ann.* 1.28; id senatus consultum uarie iactatum et, ~ potens uel inops reus inciderat, infirmum aut ualidum *Hist.*2.10;—(*w.* proinde) proinde aut sterilis annus aut fertilis est, ~ ille (*sc.* Nilus) magnus influxit aut parcior SEN.*Nat.*4a.2.2; hae particulae ~ sunt graues, acres..proinde id, quod ex illis conficitur, aut seuerum aut luxuriosum..erit QUINT.*Inst.* 9.4.69.

2 In so far as, inasmuch as, to the extent that.

donum..Ioui..coronam auream..tulere parui ponderis, ~ res haud opulentae erant LIV.3.57.7; distant et magnitudine, ~ multi cubitum effecere, quidam sunt non ampliores faba PLIN.*Nat.*13.49.

prōuulgō ~āre ~āuī ~ātum, *tr.* [PRO-+VVLGO] To make publicly known, broadcast.

duabus coniurationibus ~atis SUET.*Nero* 36.1; ~ari eas litteras APUL.*Apol.*84.

prox, *interj.* [onomat.] (Comic representation of a fart.)

dum enitor, ~! iam paene inquinaui pallium PL.*Ps.*1279; (*cf.*) ~, bona uox, uel ut quidam proba, significare uidetur, ut ait Labeo de iure pontificio lib. xi FEST.p.253M.

proxenēta ~ae, *m.* [Gk. προξενητής] A person who transacts business on one's behalf, agent, broker.

nolo ~ae nomen tuum iactent SEN.*Ep.*119.1; Vatiniorum ~a fractorum MART.10.3.4; si ~a interuenerit faciendi nominis ULP.*dig.*50.14.2; ~arum..qui emptionibus uenditionibus..utiles..se exhibent 50.14.3.

proxenēticum ~ī, *n.* [Gk., as prec.] The commission paid to a *proxeneta*.

~a iure licito petuntur ULP.*dig.*50.14.1; de ~o, quod et sordidum, solent praesides cognoscere 50.14.3.

proximē (proxumē), *superl. adv.* and *prep.* [PROXIMVS+-E] ORTHOG.: *proxs- CIL* 1.592. 1.43.

A (as adv.).

1 In or to the closest proximity, nearest. **b** by the nearest route.

ut intra saepta uillae habeat aquam, si non, quam ~ VAR. *R.*1.11.2; ea ~ accedi poterat CIC.*Caec.*21; quam poterant ~ litus tenentes LIV.44.12.6; QVO ~ POTERIT ADVEHERE *CIL* 10.4842.27; oritur (Euphrates) in..Caranitide, ut prodidere ex iis, qui ~ uiderunt.. PLIN.*Nat.*5.83; neque longule dissita neque ~ adsita possumus cernere APUL.*Fl.*2; —(*w. dat.*) quam ~ potest hostium castris castra communit CAES.*Civ.*1.72.5; quibus foraminibus ~..conlocati aerei delphini VITR.10.8.1;—(*w.* ab) ut caedem ~ a uallo fecerint *B.Hisp.*15.3; quam ~ alter ab altero debent habitare COL. 1.6.8; a Sura..~ est Philiscum PLIN.*Nat.*5.89;—(*w.* ad) ad quem fontem ~ est arbor VITR.8.3.15. **b** qua duci ~ potest..legiones ad collegam..ducit LIV.9.44.10; quae ~ itinera ad mare Hadriaticum atque Italiam ducerent 40. 21.7.

2 Most nearly in time: **a** (w. ref. to the past) most recently or lately, last. **b** (w. ref. to the future) on the next occasion, next, very soon.

a mihi cum uiris fortibus qui censores ~ fuerunt ambobus est amicitia CIC.*Clu.*117; cum ~ Romae fui *Att.*13.49.2; litterae tuae, quas ~ miseras *Fam.*1.7.3; illius temporis, quo ~ fuimus una 7.3.1; *Div.*1.55; duas legiones quas in Gallia citeriore ~ conscripserat CAES.*Gal.*1.24.3; sororis filiam Hannibalis, quae ~ Oezalci regi nupta fuerat LIV.29.29.12; ~ casam hoc titulo proscripsit PETR.38.10; sicut ~ Larcio.. accidit PLIN.*Nat.*31.24; emi ~ Corinthium signum PLIN.*Ep.* 3.6.1. **b** cum ~ res agentur, quoquo modo ad iudicandum ueni PLIN.*Ep.*4.29.1; quid..statuendum sit..~ tibi rescribam TRA.Plin.*Ep.*10.57(65).1.

3 (in writing, discussion, etc.): **a** Just previously, immediately before. **b** in the next place, next.

a breuis erit (narratio)..si non ab eo, quo in ~ desitum erit, deinceps incipietur CIC.*Inv.*1.28; quae paulo ante praecepta dedimus ambigui quaeque ~ sententiae *Part.*137; EX IEIS QVAE PROXSVME s(cripta) s(unt) *CIL* 1.592.1.43; eadem seruari debe⟨n⟩t, quae ~ scripta sunt CELS.6.18.8; galaxian..similem ~ dictis PLIN.*Nat.*37.162; ea accidunt, quae ~ diximus GAIUS *Inst.*2.36. **b** locus..ridiculi—nam id ~ quaeritur..deformitate quadam continetur CIC.*de Orat.* 2.236; ~ dicantur aeris metalla PLIN.*Nat.*34.1.

4 Nearest (in kinship), most closely.

quam ad probos propinquitate ~ te adiunxeris, tam optumumst PL.*Aul.*236.

5 Most nearly (in degree), next. **b** most closely to exactness, most precisely.

me..maxime, sed ~ illum quoque fefellissem CIC.*Rab. Post.*33; ~ ualent cetera laurus genera PLIN.*Nat.*23.158; 26.154; ~ fabulosus est crocodilus 28.107;—(*w.* atque) ~ atque ille aut etiam aeque laborare CIC.*Fam.*9.13.2;—(*w.* ab) raro..non magnis adiutoribus..usi sunt..ut duos Augustus M. Agrippa et ~ ab eo Statilio Tauro VELL.2.127.1; saluberrimum uer est, ~ deinde ab hoc hiemps CELS.2.1.1; constat Germaniam Galliamque et ~ ab illis Italiam abundare..fluminibus SEN.*Nat.*3.6.2;—(*w.* accedere) id in dicendo numerosum putatur, non quod totum constat e numeris, sed quod ad numeros ~ accedit CIC.*Orat.*198; *Ver.*2.7; *Mil.*59. **b** de hydraulis..quam breuissime ~que attingere potero.. non praetermittam VITR.10.8.1; altitudinem muri quantum ~ coniectura poterat permensus LIV.25.23.12; ut ~ utriusque differentiam signem QUINT.*Inst.*6.2.20.

B (as prep., w. acc.).

6 Nearest to (in position).

~ Italiam esse CIC.*Att.*3.14.2; ~..Ateguam *B.Hisp.*7.3; ad mare ~ Neapolim descendit LIV.23.15.1; ~ portam Collinam VITR.3.2.2; ~ ripam APUL.*Met.*5.25; (*transf.*) 'adfecta'..ea..dicebantur, quae non ad finem ipsum, sed ~ finem progressa..erant GEL.3.16.19.

7 Next to (in time), immediately after (or before).

~..abstinentiam sumendus est cibus exiguus CELS.3.2.5.

8 Nearest to (in degree, manner, etc.).

sunt..liberi..carissimi; esse etiam debent..~ hos cari, qui.. CAS.*Fam.*12.13.2; res ~ formam latrocinii uenerat LIV.2.48.5; pedites..ordinatos..~ morem Romanum 24.48.11; erat res minime certamini nauali similis, ~ speciem muros oppugnantium nauium 30.10.12; audaci et ~ periculum translatione QUINT.*Inst.*8.6.11; uitam ~ libertatem actam TAC.*Ann.*16.11.

proximitās ~ātis, *f.* [PROXIMVS+-TAS]

1 Nearness, proximity; (concr.) the adjacent area, vicinity.

quam miserum est..me..ream nimiae ~atis agi! *Nux* 56; paululum inmutantes ~ate et longinquitate (nubes) APUL. *Soc.*10;—per radices recipiens ex ~ate umorem VITR.2.9.7.

2 Near relationship, kinship; closeness of nature.

ipsa..damno est mihi ~as OV.*Met.*10.340; ut cum hic testamento, ille ~ate nitetur QUINT.*Inst.*3.6.95; ~atis nomine haec bona petit JAVOL.*dig.*36.1.48(46); *FJRA* 3.64.4;—diuini atque terreni (amoris) ~ate collectus (amor) APUL.*Pl.*2.14.

3 Closeness in quality, degree, etc., similarity.

lateat uitium ~ate boni OV.*Ars* 2.662.

proximō (proxumō) ~āre, *intr.*, *tr.* [PROXIMVS+-O³]

1 To come near, approach.

senex..per uiam ~at APUL.*Met.*8.19;—(*w. dat.*) uix me praesepio uidere ~antem 3.26; sacratis foribus ~at 6.3; —(*w. acc.*) ripam maris ~amus 11.16.

2 To approach (in time), be imminent.

luce ~ante APUL.*Met.*5.6; sibi statutam..mortem ~are 9.18.

3 (perh.) To approach, come close (in quality).

(*w. dat.*) e cunctis..Crustumia gratissima, proxima iis (*codd.* proximat is) Falerna potu PLIN.*Nat.*15.53.

proximum, *adv.* [neut. of next] (quasi-prep. w. acc.) Next to.

uilici ~ ianuam cellam esse oportet VAR.*R.*1.13.2; supra terram substructio..~ portam Capenam FRON.*Aq.*5.

proximus (-umus) ~a ~um, *superl. adj.* [**proque* (PROPE)+-SIMVS] FORMS: ~*i* (loc.) CATO *orat.*117; ~*ior* (compar.) SEN.*Ep.*108.16, GAIUS *dig.*41.1.7.3, etc. ORTHOG.: *proxs- CIL* 1.582, 585, etc.

1 Nearest or next in situation, adjacent. **b** (w. *iter*, etc.) shortest, nearest. **c** adjacent, next (in writing, etc.).

habitat..in..uilla ~a propter mare PL.*Rud.*34; hinc concedam in angiportum hoc ~um TER.*Ph.*891; in uestra antiquissima..~aque prouincia (*i.e. Sicily*) CIC.*Ver.*3.64; uenit Octauius..in ~am uillam Philippi *Att.*14.11.2; suas copias in ~um collem subducit CAES.*Gal.*1.22.3; quae ~a litora cursu contendunt petere VERG.*A.*1.157; paries cum ~us ardet HOR.*Ep.*1.18.84; ut..se in montes ~os reciperent LIV.4.39.6; refringunt..portam ~am 25.9.15; denti primum, deinde ~is gingiuis superponitur LARG.56; ~i maris insulas TAC.*Hist.*2.16; filia eius accurrit e ~o castello APUL.*Met.*9.31;—(*w. dat.*) hanc quae ~ast..uillam Veneris fano PL.*Rud.*331; TER.*Hau.*732; quae Syriae pars ~a est prouinciae meae CIC.*Att.*5.18.1; una (pars aggeris) erat ~a portui CAES.*Civ.*2.1.2; ~os nostro mari locos SAL. *Jug.*18.4; LIV.7.23.5; OV.*Tr.*3.4b.47; ~ae..Germanicis exercitibus..ciuitates TAC.*Hist.*1.8; in aede Isidis, antiquo quae ~a surgit ouili JUV.6.529; (*compar.*) si alteri parti ~ior sit (insula) GAIUS *dig.*41.1.7.3;—(*w. acc.*) in dextro latere, quod ~um hostis erat SAL.*Jug.*49.6; tecta..~a portam LIV.24.47.3; scorpione icto qui ~us eum forte steterat 29.7.6; ~a frigentis Arctos boreanque rigentem.. species MAN.1.314;—(*w.* ad) metopae, quae ~ae ad angulares triglyphos fiunt VITR.4.3.2;—(*w.* ab) ~am regionem ab ea (*sc.* urbe) CURT.10.5.18;—(*w. adv.*) is aedis emit has hinc ~as? PL.*Mos.*977. **b** EX HOCE LOCO IN VIA POPLICAM CAMPANAM QVA ~VM EST *CIL* 1.1847.6; eamus ad me, ibi ~umst ubi mutes TER.*Eu.*612; qua ~um iter in ulteriorem Galliam per Alpis erat CAES.*Gal.*1.10.3; auxilio..uiam, quae ~a, poscit VERG.*A.*12.388; ad urbem ~is itineribus pergit LIV.4.39.9; qua ~um fuit a ripa 5.46.9; ~a a nauigatione PLIN.*Nat.*2.243; TAC.*Ann.*13.39;—(*in fig. phr.*) Socrates hanc uiam ad gloriam ~am et quasi compendiariam dicebat esse, si quis.. CIC.*Off.*2.43; uia qua munita fidei ~a fert humanum in pectus LUCR.5.103. **c** ~us (uersus) inquinatus insuauissima littera CIC.*Orat.*163; non loquor de uno pede extremo: adiungo, quod minimum sit, ~um superiorem, saepe etiam tertium 216; L. Appuleium esse uideo ~um subscriptorem *Div.Caec.*47;—(*w.* ab) dactylus.. si est ~us a postremo *Orat.*217; in iis quae ~am ab ultima litteram e habebunt QUINT.*Inst.*1.7.16.

2 (neut. as sb.) The immediate neighbourhood or vicinity; *in ~o*, close at hand, at close quarters; *ex*, *de ~o*, from close at hand; *ex ~o* (also) close by. **b** (spec.) the adjoining house or property, next door.

(*sg.*) agrum in ~o hic mercatus es TER.*Hau.*54; qui (*sc.* uenti) non transmittunt sed in ~um ferunt SEN.*Nat.*5.17.5; operibus, quae aut Romae aut in ~o fiunt TRA.Plin.*Ep.* 18(29).3; (*w. part. gen.*) in ~o Campaniae TAC.*Ann.*4.74;—(*pl.*) ~is raptim uastatis LIV.9.38.2; OV.*Tr.*1.9.22; ~a Bastarnae Sauromataeque tenent 2.198; immani per ~a motu euolat SIL.12.456; (*w. dat.*) ~a Bedriacensi uiae tertiani..sumpsere TAC.*Hist.*3.27; (*w. part. gen.*) inrupit in ~a urbis LIV.2.33.7; in ~a Epiri..traiecit 32.9.7; per ~a litorum TAC.*Hist.*3.42;—in ~o pignora *Ger.*7.3; in ~o sedens..apparuit SUET.*Jul.*32; erat in ~o non ueniabulum.. sed stilus PLIN.*Ep.*1.6.1; si..in ~o te stantem inuitus percusserim PAUL.*dig.*47.10.4; (*w. dat.*) sedendi ius in ~o senatui PLIN.*Nat.*16.13;—aues..lassa morbo pecora..ex ~o speculantur SEN.*Ben.*4.20.3; conuenire ad id scorpiones ex ~o omnes PLIN.*Nat.*20.120;—de ~o clementer uelut manum sacerdotis osculabundus.. APUL.*Met.*11.6; 11.23;—ex ~o in Sabinis in monte Mutela FRON.*agrim.*p.8. **b** filius quod amet meus istanc meretricem e ~o PL.*As.*53; hic senex de ~o *Aul.*31; quae habitat hic in ~o *Cist.*100; per impluuium huc despexi in ~um *Mil.*287; aquam hinc de ~o rogabo *Rud.*404; non uisam uxorem Pamphili, quom in ~o hic sit aegra? TER.*Hec.*341; (*cf.*) determinant (*sc. eagles*) ergo spatia nec in ~o praedantur PLIN.*Nat.*10.14.

3 (of persons, etc.) Nearest in position, next, close. **b** living near by or adjacent (to). **c** ~*us lictor*, the lictor who immediately preceded a magistrate.

EAM SORTEM ~O IVD⟨ICI..IN MANVM⟩ TRANSDITO *CIL* 1.583.54; uidetis illum..qui tabulas tenet..qui ~us est CIC.*Ver.*2.108; ab eis qui ~i steterant CAES.*Gal.*5.35.3; ~us huic, longo sed ~us interuallo, insequitur Salius VERG.*A.* 5.320; percontatus ~um oppidanorum LIV.5.15.5; cohortes duas..quae ~ae forte erant 10.33.1; telum..quod ~us Hopleus praebuerat STAT.*Theb.*8.726; ~i cuiusque audaciam expectantes TAC.*Hist.*1.55; puluinaribus sese ~am intulit APUL.*Met.*6.1;—(*w. acc.*) ~i locos hostium SAL.*Hist.*4. 82; ~us Pompeium sedebam CIC.*Att.*1.14.3;—(*w. dat.*) uti quisque muro ~us erat SAL.*Jug.*94.5; ex legione quae ~a ei proelio..constiterat *B.Afr.*78.5; caedes ~orum portae LIV.24.40.12; quamquam cuperem semper tibi ~us esse OV.*Pont.*4.9.19; stabat tunc forte parenti ~a STAT.*Theb.* 11.70; praesepio me ~um deligant APUL.*Met.*8.26;—(*w.* ab) ab his ~i LIV.3.3.4; ~us a domina..sedeto OV. *Ars* 1.139. **b** uicinus ~us PL.*Mer.*475; gnatam hui(u)s uicini ~i TER. *Hec.*124; C. Albanius ~us est uicinus CIC.*Att.*13.31.4; iam ~us ardet Vcalegon VERG.*A.*2.311;—(*of peoples, etc.*) multi mortales conuenere..maxime ~i quique LIV.1.9.8; ~i Oceano Cimbri TAC.*Ger.*37.1; (*w. acc.*) Vbii qui ~i Rhenum incolunt CAES.*Gal.*1.54.1. **c** ~us lictor, de quo iam saepe dixi, Sextius CIC.*Ver.*5.142; consul animaduertere ~um lictorem iussit LIV.24.44.10; TAC.*Hist.*3.80.

4 Readiest or closest to hand; *ex ~o*, from the readiest source; *in ~o*, within easiest reach. **b** ~*um est* (w. *ut*+subj.) it is most likely (that).

ibi fas ubi ~a merces LUC.10.408; ~am quamque culpam ..ultum ibat TAC.*Hist.*1.67; cum obuium ~umque esset dicere GEL.3.14.12;—sumpti..ex ~o sermonis QUINT.*Inst.* 4.1.54;—quidquid nos meliores..factorum est..in ~o posuit (natura) SEN.*Ben.*7.1.6; in ~o mors est *Dial.*1.6.9; possunt ..id demum, quod in ~o est QUINT.*Inst.*1.3.4; quibus propositum..melius, sed cura in ~o est 7.1.44. **b** si qua inbecillitas oritur, ~um est, ut infantes..serpentia ulcera oris..exerceant CELS.2.1.18; si sanguis..abundat, ~um est, ut aliqua parte profluuium sanguinis fiat 2.7.2.

5 (of periods of time) Immediately preceding, last; (neut. as sb.) the recent or immediate past. **b** most recent in occurrence, etc., latest. **c** just mentioned.

nocte hac quae praeteriit ~a PL.*Mer.*227; illum..his mensibus sex septem prorsum non uidisse ~is TER.*Eu.*332; quid ~a, quid superiore nocte egeris CIC.*Catil.*1.1; de iis qui annis decem ~is magistratum gesserant *Att.*6.2.5; ~is Nonis cum in hortos D. Bruti..uenissemus *Amic.*7; cuius frater..~o anno eundem magistratum gesserit CAES.*Gal.* 7.32.4; biennio ~o LIV.42.23.2; ~is temporibus triumphati magis quam uicti sunt TAC.*Ger.*37.6; ante ~um sexennium APUL.*Fl.*18; VII ⟨K⟩al Ianuar quae ~ae fuerunt *BGU* 3.1691;—(*w.* prior, superior) nocte..ista ~a superiore GEL. 15.7.3; licentia, ~o priore anno coepta TAC.*Ann.*1.77;—(*w.* ante) ad me uenit ea nocte quae ~a ante Kal. fuit CIC.*Att.* 15.26.1; nocte ea, quae ~a fuit ante diem conloquio decretum SAL.*Jug.*113.3;—(*w. gen.*) temporis..quod ~um mortis eius fuit ULP.*dig.*34.1.14.2;—quod spatium temporis..si ad naturam saeculorum (referas)..perquam breue et in ~o est TAC.*Dial.*16.6; EX ~O..TAM FELICITER D⟨E⟩SIDERIVM PV⟨B⟩LICVM..SIT PROSECVTVS *CIL* 5.532.2.2. **b** BELLO POENICIO ~O *CIL* 1.585.75; ~is consularibus..comitiis CIC. *Ver.*23; cum duobus ~is praeiudiciis condemnatus esset *Clu.*80; quod in ~o reo de consili sententia constitutum est *Planc.*40; in lege Iulia, quae lex est de sacerdotiis ~a *ad Brut.*1.5.3; post acceptam ~a pugna cladem LIV.2. 51.4; OV.*Tr.*5.3.56; CELS.3.2.2; hoc uitio laborauere ~i.. herbarii nostri PLIN.*Nat.*27.67; TAC.*Hist.*1.83; (*neut. pl. as sb.*) excidere ~a, uetera inhaerere QUINT.*Inst.*11.2.6;—(*of magistrates*) CALP.*hist.*36; ~is censoribus hunc cum..L. Lucullo apud exercitum fuisse CIC.*Arch.*11; Seruilius atque Atilius, ~i consules, uide quemadmodum eum ludificati sint LIV.22.39.17;—(*of letters*) quod ~is litteris scripseras CIC. *Att.*3.13.1; 4.18.5; consilium tuum..multo magis probaui lectis tuis ~is litteris *Fam.*4.4.2. **c** isdem nominibus et eodem numero quo ~ae superiores CIC.*N.D.*3.54; est autem aliud leuius omnibus ~is CELS.4.25.1.

6 (of periods of time) Immediately following, next; *in ~um*, for the next day; *ex ~o*, soonest. **b** next to occur, following. **c** following very closely (on). **d** *~um est* (w. *ut*+subj.) the next thing is (to).

ei rei dies haec praestituta est, ~a Dionysia PL.*Ps*.59; in triduo ~o..degustato (uinum) CATO *Agr*.148.1; P. Lentulum ~o anno consulem futurum CIC.*Red.Pop*.15; causa haec integra in ~um annum transferetur CAEL.*Fam*.8.9.2; CAES.*Civ*.3.10.9; uti in diebus ~is decem Italia decederent SAL.*Jug*.28.2; qui..cum..Romam redisset, nocte ~a.. M. Fabium Buteonem..dictatorem..dixit LIV.23.22.11; felix ~us annus erit OV.*Pont*.4.4.18; subiecturum ei prouinciam fuisse, si biennio ~o uixisset TAC.*Ann*.14.29; LOCAVIT OPERAS SVAS..EX HAC DIE IN IDVS NOVEMBRES ~AS *CIL* 3.948.4; nec expectata luce ~a APUL.*Met*.8.16;—(*w. acc.*) eo die..qui ~us eam noctem inlucescit GEL.3.2.9;—(*w. dat.*) huic anno ~us CIC.*Brut*.306; nocte quae proelio ~a fuit LIV.6.32.10;—(*w. gen.*) ~o die eius noctis LARG.100; in diebus triginta ~is mortis testatoris ULP.*dig*.40.7.3.11;—(*w.* inde) ~a inde nocte LIV.2.25.1;—(*w. rel. cl.*) diebus VII ~is, quibus luna plena fuerit CATO *Agr*.37.4; EIS IN DIEBVS V PROXSVMEIS QVIBVS QVISQVE EORVM MAG(istratum) INPERIVMVE INIERIT IOVRANTO *CIL* 1.582.16;—(*w.* quam) sunt qui uetant tangi (*sc.* uineam) ~o anno quam tralata sit PLIN.*Nat*.17.176;—in ~um..pronuntiari iter iussit CURT. 4.10.1;—quem ex ~o locum fors obtulisset NEP.*Pel*.2.1. **b** ~a erat Hortensi sententia CIC.*Fam*.1.2.2; cum..tristissuma exta sine capite fuerunt..~a hostia litatur saepe pulcherrime *Div*.2.36; tot leges et ~ae quaeque duriores *Off*. 2.75; cuius absentis rationem haberi ~is comitiis populus iussisset CAES.*Civ*.1.9.2; LIV.5.13.2; prima Melanchaetes.. uulnera fecit, ~a Therodamas OV.*Met*.3.233; non sum statim exoratus et, si uixisset, non essem fractus ~is precibus eius SEN.*Con*.10.3.15; primum..miserationis fuit non expauescere, ~um et curam intendere PLIN.*Nat*.8.60; ~us Vitellio e praetoriis cohortibus metus erat TAC.*Hist*.2.67; JUV.4.94; mercatum ~um obire statui APUL.*Met*.7.23;—(*w. acc.*) ~i hos Magnetes L. Scipionis et L. Sullae constitutis nitebantur TAC.*Ann*.3.62;—(*w.* ab) haec sunt a primis ~a uota meis OV.*Tr*.5.8.38; ab Romulo ~us Cornelius Cossus eidem deo spolia consecrauit V.MAX.3.2.4; uolueris a prima (Philippica) quae ~a JUV.10.126;—(*of magistrates*) CIC. *Sest*.55; ut, si comitia censorum ~i consules haberent, petere possem *Att*.4.2.6; Callicratidan qui praefectus classis ~us post Lysandrum fuit *Off*.1.109;—(*of letters*) uelim me facias certiorem ~is litteris..*Att*.12.20.2; CAS.*Fam*.15.19.1;—(*in order of mention*) ~a animalia sunt ea quae..VAR.*L*.5.102. **c** (*w. dat.*) flamma fumo est ~a PL.*Cur*.53; pueri ~ique his CELS.2.1.17; infans et qui infanti ~us est GAIUS *Inst*.3.109; (*neut. pl. as sb.*) legentium plerisque haud dubito quin primae origines ~aque originibus minus praebitura uoluptatis sint LIV.pr.4;—(*w.* ab) Theophrastus, qui ~us a Magni Alexandri aetate scripsit PLIN.*Nat*.13.101. **d** ~um est..ut opus fuerit classe necne quaeramus CIC.*Flac*.27; ~um est ut doceam deorum prouidentia mundum administrari *N.D*.2.73; ~um est ab hoc, ut amici..et..generi mandata perferamus QUINT.*Decl*.259(p.56,l.3); (*cf.*) qui non potest dicere nihil fecisse, ~um habebit ut dicat, non id fecisse quod obiciatur *Inst*.7.3.1.

7 Nearest (of kin). **b** (masc. as sb.) a close relative, next of kin. **c** (of an heir) next in succession.

si intestato moritur, cui suus heres nec escit, adgnatus ~us familiam habeto *Lex XII*(*Font.iur*.p.23); lex est ut orbae, qui sint genere ~i, is nubant TER.*Ph*.125; talione ~us cognatus ulciscitur CATO *hist*.81; qui ~us esset propinquitate NEP.*Ag*.1.3; ~as necessitudines PETR.116.8; non omnia sanguis ~us..alligat STAT.*Silv*.2.1.85; si liberi non sunt, ~us gradus in possessione fratres TAC.*Ger*.20.5; (*cf.*) secundum patrem tu es pater ~us PL.*Capt*.239;—(*compar.*) qui gradu ~ior est GAIUS *Inst*.3.7; nec..poterit.. cognatum ulteriorem ~ioribus praeferre ULP.*dig*.17.2.52.9; —(*w. dat.*) hic meus amicus illi genere est ~us TER.*Ad*.651; Hegio est his cognatus ~us 947;—(*transf.*) poetis..quibus est ~a cognatio cum oratoribus CIC.*de Orat*.3.27. **b** an.. ~o iussast dari..? TER.*Ph*.416; tyranno occiso quinque eius ~os cognatione magistratus necato CIC.*Inv*.2.144; ~um, paene alterum filium *Ver*.2.48; quod iniuriosi sunt in ~os *Off*.1.44; se regem..a ~is scelerata coniuratione pulsum LIV.2.6.2; ut ferme acerrima ~orum odia sunt TAC.*Hist*. 4.70; ~o cuique transmittenda (bona) PLIN.*Pan*.37.2; ULP. *dig*.29.2.30.1; POMPEIA POMPVLLA ~IS V S L M *CIL* 12.3123; (*compar.*) si ~ior capite deminutus est ULP.*dig*.26.4.3.9. **c** sperante heredem suffici se ~um PHAED.3.10.12; suspectum semper..dominantibus qui ~us destinaretur TAC. *Hist*.1.21; ~us (heres)..is ante quem nemo sit intellegitur AFRIC.*dig*.28.6.34; (*w. dat.*) uacuae..~us aulae STAT.*Theb*. 11.302; Neronem ~um successioni TAC.*Ann*.4.59.

8 Closest (in terms of affection, association, or sim.), nearest. **b** (masc. as sb.) a friend, intimate. **c** (of concerns) closest. **d** closely attached (to a cause, etc.); (of affections, etc.) closely devoted.

intimus, ~us, familiarissimus quisque CIC.*Q.fr*.1.4.1; ~a.. fundamenta domus MAN.3.97; quod ~a nesciat uxor PERS. 3.43; STAT.*Theb*.11.262; (*w. part. gen.*) ~us amicorum TAC.*Ann*.6.26;—(*w. dat.*) ut optumis sis ~us PL.*Trin*.487; ~us sum egomet mihi TER.*An*.636; libertus..tibi..omnibus in rebus coniunctus ac ~us CIC.*Ver*.3.157; tibi amore nos ~i sumus *Att*.1.19.1; ii Catilinae ~i familiaresque erant SAL. *Cat*.14.3; quare cupiam magis illi ~us esse HOR.*S*.1.9.54; longo mihi ~us usu OV.*Pont*.3.6.53; ~us quisque Britannico TAC.*Ann*.13.15;—(*w. acc.*) qui te ~ust PL.*Poen*.1120; ~us quisque regem TAC.*Ann*.15.15;—(*neut. pl. as sb.*) conplectens animo ~a quaeque meo OV.*Tr*.1.3.70; quid agam, si ~a quaeque relinquunt? 5.2.39. **b** cum haec omnia.. tuis ~is plana fecero CIC.*Ver*.5.165; obseruantia qua me colit accedit ad ~os *Fam*.12.27; ~os eius donis corrupit SAL.*Jug*.97.2; monitus a ~is ut purgaret se LIV.1.50.8; nullum beneficium est, cuius non commodum et ~os tangat SEN.*Ben*.5.19.3; Maeuius Pudens, e ~is Tigellini TAC.*Hist*. 1.24; uti rex..a ~orum insidiis salutem tutaretur GEL.3.8.3. **c** qui rebus curem puplicis potius quam, id quod ~umst, meo tergo tutelam geram PL.*Trin*.1058. **d** quia religioni suae..~us fuit CIC.*Ver*.4.18;—nimis patiens uir es et oppido ~a humanitate APUL.*Apol*.35; QVOD ORDINEM POPVLVMQ ~O..FAVORE DILEXERIT *CIL* 9.2641.

9 (of a cause) Immediate, proximate. **b** (of an argument, etc.) apposite, relevant; *de ~o*, very closely, aptly.

causarum..aliae sunt perfectae et principales aliae adiuuantes et ~ae CIC.*Fat*.41; ~a..inueniri et uicina non potest causa SEN.*Nat*.3.26.8; quoniam sublata ~a causa stipulationis..pristina causa..superesset PAUL.*dig*.12.5.8. **b** tam aptam coniecturam, tam ~um argumentum APUL. *Apol*.9; respondeat mihi Aemilianus, quo ~o signo ad accusationem magiae sit inductus 29;—ibi et ille celeberrimus in comoediis uersus de ~o congruit 88.

10 Nearest (in appearance or character), most or very like. **b** very close (to a state).

nouum id genus imperii uisum est et ~um similitudini regiae CIC.*Rep*.2.56; ficta uoluptatis causa sint ~a ueris HOR.*Ars* 338; ~um uero est..Porsennam..castra opulenta ..Romanis dono dedisse LIV.2.14.3; cum detestabilis..res et ~a parricidio sit 45.19.14; forma..ut non cygnorum, sic albis ~a cygnis OV.*Met*.14.509; ~a maiorum nostrorum grauitati Spartana ciuitas V.MAX.2.6.1; cui morbo id ~um sit CELS.1.pr.37; ~a uirtutibus uitia comprehendunt fiuntque pro grandibus tumidi QUINT.*Inst*.10.2.16;—(*w. gen.*) ex empto actio..aut ~a empti PAUL.*dig*.18.5.6;—(*w.* ab) aures..quarum usum ~um a luminibus natura nobis dedit CELS.6.7.1. **b** qui..nihil poterat, is erat calumniae ~us [SAL.]*Cic*.2.3; qui ~i inuidiae sint LIV.3.51.4; negabat illa (*sc.* uulpes) se esse culpae ~am PHAED.1.10.5; iam ebrio ~us PETR.52.8; alteram (milacem) inmortalitati ~am PLIN.*Nat*.24.83; aetas mea prope iam edita et morti ~a FRO.*Ant*.2.p.228(235N); morti ~us iam humi prostratus.. iacet APUL.*Met*.1.12; (*w.* ab) ~us est a negante, qui dubitauit SEN.*Ben*.2.1.2.

11 Nearest (in degree, etc.). **b** next (in worth, rank, etc.), second-best; next in order. **c** (masc. as sb.) the second in command in a department of imperial administration.

(*w. dat.*) ~um quod sit bono quodque a malo longissume, id uolo PL.*Capt*.271; illi sceleri..hoc ~um esse CIC.*Sest*.58; ut Marcello..aut par aut certe ~us sim *Fam*.4.9.4; ~os illi tamen occupauit Pallas honores HOR.*Carm*.1.12.19; cum sit Ioue digna et ~a Ledae PROP.1.13.29; quae ~a auxilio est, ultionem petens LIV.31.24.1; est quaedam ~a innocentiae uerecundia, praebere se legibus SEN.*Con*.7.8.6; PLIN.*Nat*.35.138; relegas licet..Rura..aeterno ~a Vergilio MART.11.52.18; Capitolinis quinquennia ~a lustris STAT. *Silv*.3.5.92; Tiberium Neronem..in ~o sibi fastigio conlocauit TAC.*Hist*.1.15; (*compar.*) modum..abstinentiae ~iorem SEN.*Ep*.108.16;—(*w.* ab) a Caesare ~e Caesar OV. *Pont*.2.8.37; scelus, in quo se, quod ~um erat ab innocentia, timide gessisset SEN.*Cl*.1.15.7; PLIN.*Ep*.7.20.6;—(*w.* ad) quae..quasi ~a sunt ad uiris principiorum LUCR.2.135;— (*w. gen.*) M. Lepidus..uir nominis ac fortunae deorum ~us VELL.2.114.5(*s.v.l.*). **b** patrem primum, postea patronum ~um nomen habuere CATO *orat*.190; optimum..unum est et ~um quod ei simillimum CIC.*Opt.Gen*.4; paratissimi sunt Drusi (horti); cupit enim uendere..~os puto Lamiae *Att*. 12.22.3; non nasci homini longe optimum esse, ~um autem quam primum mori *Tusc*.1.114; quem..cum redigi posse in suam potestatem desperasset, ~um suae dignitatis esse ducebat..finis eius uastare HIRT.*Gal*.8.24.4; ~a post arcus Caesaris hasta fuit PROP.4.6.56; primi consules..sub iugum missi; tum ut quisque gradu ~us erat LIV.9.6.1; SEN.*Ben*. 2.1.3; LUC.3.106; quod candidum permaneat, probatur. ~a bonitas rufo PLIN.*Nat*.33.127; Paetus, cui satis ad gloriam erat si ~us haberetur TAC.*Ann*.15.6;—(*neut. pl. as sb.*) ~a Phoebi uersibus ille facit VERG.*Ecl*.7.22; sed esto neque melius quod inuenimus esse neque par, est certe ~is locus QUINT.*Inst*.10.5.6;—quorum..pars prima superiores, ~a pares, tertia humiliores premit 12.8.14. **c** ~VS A LIBELLIS *CIL* 6.180; D M BASSO AVG LIB PROX AB EPISTVLIS GRAECIS 6.8608; PROX A LIBR SACERDOTAL 6.8878; PROX(imus) COMM(entariorum) ANN(onae) 10.1729; T FLAVIO..PROXIM RATIONAL 10.6092; PROX AB EPISTVL LAT 14.2815.

prūdens[1] ~ntis, *a. compar.* ~ntior, *superl.* ~ntissimus. [contr. from PROVIDENS]

1 Well aware of what one does or of the consequences of one's action, acting deliberately, open-eyed. **b** (w. gen.) having foreknowledge (of), aware (of). **c** (w. acc. and inf.) well aware (that), knowing (that). **d** (of a state) brought about deliberately, intentional.

pro Romano populo prognariter armis certando ~ns animam de corpore mitto ENN.*Ann*.210; ut saepe..plus insciens quis fecit quam ~ns boni PL.*Capt*.45; si ~ns dixit VAR.*L*.6.30; qui scis an ~ns huc se deiecerit atque seruari nolit? HOR.*Ars* 462; illa deam longo ~ns sermone tenebat, dum fugerent nymphae OV.*Met*.3.364; Grais..auctoribus, uerine ignorantia an ~ntibus..uisum est tradere posteris.. piscem e terra penitus erui MELA 2.83; an ~ns caedem commiserit QUINT.*Inst*.7.4.43; is forte an ~ns ad eum diem ex Campania remeauerat TAC.*Ann*.15.60;—(*in pleon. phr., for emphasis*) ~ns sciens, uiuos uidensque pereo TER.*Eu*.72; ut nulla..cupiditate..~ns et sciens tamquam ad interitum ruerem uoluntarium CIC.*Marc*.14; ne te sciens ~nsque eo demittas CAEL.*Fam*.8.16.5; SUET.*Nero* 2.3; tu, miser, ~ns et sciens delinquis APUL.*Apol*.52;—(*as sb.*) hoc (*sc.* ἐλλειψις).. cum a ~ntibus fit, schema dici solet QUINT.*Inst*.8.3.50. **b** ~ns omnium quae senatus censuerat SAL.*Hist*.1.71; ~ns ferociae hostium 2.87.B; Celsus doli ~ns repressit suos TAC. *Hist*.2.25. **c** satis..~ns, otii uitia negotio discuti CURT. 7.1.4; (uitulus marinus) euomit fel suum..item coagulum.. ob ea se peti ~ns PLIN.*Nat*.8.111;—(*pleon.*) sciens ~nsque se praegnatem non esse ULP.*dig*.37.9.1.28; scientem ~ntemque nullius esse momenti acceptilationem 46.4.8. **d** nihil est sceleratius ~nti orbitate [QUINT.]10.12.

2 Exercising foresight, prudent, discreet. **b** (of actions, policy, etc.) characterized by prudence or good sense.

quis consideratior illo, quis tectior, quis ~ntior? CIC. *Deiot*.16; qui me haec praedicentem..malebant nimium timidum quam satis ~ntem existimari *Fam*.4.14.2; nequiquam deus abscidit ~ns Oceano dissociabili terras HOR. *Carm*.1.3.22; Athenienses, ~ntissima ciuitas LIV.28.41.17; concedente collega, moderato uiro et ~nti 30.40.8; Naso parum ~ns OV.*Pont*.2.10.15; VELL.2.49.3;—(*masc. as sb.*) regrediendum..ignaui specie ~ntium admonebant TAC.*Ag*. 25.3; nec aliud per illos dies populus credulitate, ~ntes diuersa fama tulere *Ann*.16.2. **b** etsi uerebar quorsum id casurum esset, tamen sperabam uos aliquid aliquando uidisse ~ntius CIC.*Att*.3.24.1; quas (*sc.* litteras) proxime acceperam, quam ~ntis..! *Fam*.2.13.1; oratio tua ~ns.. multum leuaret 9.11.1; quasi uero id Caesar..non ~ntissimo consilio fecisset *B.Alex*.24.6; ea (*sc.* prouincia)..~ntiore.. imperio continenda fuit SAL.*Hist*.2.43; quod ~nti uitam consilio monet (libellus) PHAED.1.pr.4.

3 Having good understanding, sagacious, clever. **b** (w. gen. or abl.) having a good practical understanding (of) or skill (in).

quos..~ntissimos interpretes foederum..esse arbitramur? CIC.*Balb*.45; ~ntes natura, callidi usu, doctrina eruditi *Scaur*.24; ita est homo non modo ~ns, uerum etiam, quod iuuet, curiosus *Fam*.3.1.1; elephanto beluarum nulla ~ntior *N.D*.1.97; cur e sapienti (anima) stulta queat fieri, nec ~ns sit puer illus LUCR.3.763; si diuitiae ~ntem reddere possent..te HOR.*Ep*.2.2.155; opus esse ad se mitti uiros ~ntes cum quibus..loqueretur LIV.27.29.3; habere te ~ntes ocularios LARG.38; uersus..Sophocli, ~ntissimi poetarum GEL.12.11.6; de uerbis..non obscuris ~nti asino APUL.*Met*.7.12; (*w. abl. of respect*) quis P. Octauio Balbo ingenio ~ntior..commemorari potest? CIC.*Clu*.107;—(*w.* ad) uirum ad labores belli impigrum..ad consilia ~ntem *Font*.43; quamuis ~ns ad cogitandum sis *Att*.12.37.2; neminem potuisti..ad ea cognoscenda..aptiorem ~ntioremue mittere *Fam*.3.5.1;—(*w.* in+*abl.*) ut omnes fere Stoici ~ntissimi in disserendo sint *Brut*.118; quia ~ns esse in iure ciuili putabatur *Amic*.6;—(*w. inf.*) in sepulcris.. ~ns anus nouendialis dissipare pulueres HOR.*Epod*.17.47; —(*superl. as sb., cf.* PRVDENS[2]) cum..apud ~ntissimos loquar, quibus haec inaudita non sint CIC.*Parad*.33; cum ..facti interpretatio..etiam ~ntissimos fallat NERAT.*dig*. 22.6.2. **b** ceterarum rerum pater familias et ~ns et attentus CIC.*Quinct*.11; et ~ns rei militaris et diligens erat imperator NEP.*Con*.1.2; est animus tibi rerum..~ns HOR. *Carm*.4.9.35; quae (*sc.* fuga) minus..trepida fuisset, ni Achaei locorum ~ntes institissent LIV.34.28.11; deficior ~ns artis ab arte mea OV.*Ep*.5.150; uniuersae naturae ~ntem uirum COL.2.2.15; ille ~ns moderandi, si propria ira non impelleretur TAC.*Ann*.3.69;—qui summa doctrinarum subtilitate essent ~ntes VITR.10.pr.2; augurio ~ns HYG. 14.11.

prūdens[2] ~ntis, *m.* [prec.] A person having special understanding (of a subject), an expert; (spec.) a legal expert, jurist.

qui uereretur reprehensionem doctorum atque ~ntium CIC.*Orat*.1; ut posset uel ut ~ntes errarent..perficere dicendo *Har*.41; dum imperare discimus, parere ~nti in animum inducamus LIV.22.29.9; neque solari ~ntem stultior ausim OV.*Pont*.4.11.11; primo ~ntis, dein uulgum, diutissime prouincias fefellit TAC.*Ann*.1.47;—quod (*sc.* ius) ..in sola ~ntium interpretatione consistit POMPON.*dig*. 1.2.2.12; GAIUS *Inst*.1.2; responsa ~ntium sunt sententiae ..eorum, quibus permissum est iura condere 1.7; ULP.*dig*. 21.1.31.25;—(*w. gen.*) scientiam..non quae cadit in iuris ~ntes 38.15.2.5; PAUL.*dig*.37.1.10.

prūdenter, *adv. compar.* ~ntius, *superl.* ~ntissimē. [PRVDENS[1]+-TER[2]]

1 With practical understanding, sagaciously.

dicere..bene nemo potest nisi qui ~ter intellegit CIC. *Brut*.23; non potuit accuratius agi nec ~tius quam est actum a te *Fam*.2.15.1; uidentur acutissime sententias suas ~tissimeque defendere *Div*.2.150; haec quam ~ter tibi scribam nescio BALB.*Att*.9.7b.3; totius..mundi naturam ~tissime..expromit V.MAX.3.3.ext.4; neque credendum est..quamuis ~ter et miserabiliter loquitur, quoniam is dolus insanientis est CELS.3.18.4; non pie solum, sed etiam ~ter reges suos inter deos colere CURT.8.5.11; quaesisti tu nimis quam ~ter, quod mihi emolumentum fuerit incantandi APUL.*Apol*.48; iuste ac ~ter curriculo uitae gubernato *Soc*.15.

2 Cautiously, discreetly.

fugientes..~tius quam auidius persecutus est CURT. 4.16.29; SEN.*Ep*.66.15; ~ter ambulare, composite sedere 66.36; haec quoque ~tius inter consentientes adstruentur PAPIN.*dig*.46.8.3.

prūdentia ~ae, *f.* [PRVDENS[1]+-IA]

1 Practical understanding or wisdom, sagacity. **b** (as a cosmic or divine force) intelligence, providence.

ni Palamedi perspicax ~a istius percepset..audaciam *Inc.trag*.58; CIC.*Inv*.2.160; semper oratorum eloquentiae moderatrix fuit auditorum ~a *Orat*.24; nec enim est ab homine numquam sobrio postulanda ~a *Phil*.2.81; adeon ego non perspexeram ~am litterarum tuarum? *Att*.6.9.3; ~am..(uirtutem) quandam intellegimus, quae est rerum expetendarum fugiendarumque scientia *Off*.1.153; CAES. *Gal*.2.4.7; quorum impetum Mithridates magna cum ~a.. sustinuit *B.Alex*.27.5; sic unius uiri ~a Graecia liberata est NEP.*Them*.5.3; si ratio et ~a curas, non locus..aufert HOR. *Ep*.1.11.25; in eo sibi praecipuam ~am adsumere LIV 1.54.1; 29.30.9; o facunde senex, aeui ~a nostri OV.*Met*. 12.178; qualiscumque inter barbaros potuit esse ~a CURT. 7.4.13; saepe acri potior ~a dextra V.FL.4.622; cuius ~a monstrat summos posse uiros..ueruecum in patria..nasci JUV.10.48; corpus annis hebere, animum ~a uigere APUL. *Soc*.17; (*w. ref. to etym.*) illam..ingenii aciem ad bona seligenda et reicienda contraria quae uirtus ex prouidendo est appellata ~a CIC.*Leg*.1.60; (*personified*) ~ae..quid respondebis docenti uirtutem sese esse contentam..? *Tusc*.3.37; —(*w. defining adj.*) id est caput ciuilis ~ae *Rep*.2.45; omnibus..artibus uolumus attributam esse eam, quae communis appellatur ~a *Fin*.4.76;—(*w.* in+*abl.*) omitte, quaeso, istam doctorum hominum in contemnenda morte ~am *Marc*.25; mihi ~am in consilio defuisse sciat, non illi erga patriam fidelitatem PLANC.*Fam.*10.17.2. **b** quam uim animum esse dicunt mundi..omniumque rerum quae sunt ei subiectae quasi ~am quandam CIC.*Ac.*1.29; *N.D.*2.58; nisi..tantum mundi regeret ~a censum MAN.2.69.

2 Proficiency (in a particular field), practical grasp.
sapiens existimari nemo potest in ea ~a quae neque extra Romam usquam neque Romae rebus prolatis quicquam ualet CIC.*Mur.*28; (*practised by a particular philosophical school*) Pythagoricae ~ae sacris initiati V.MAX.4.7.ext.1;—(*w. gen.*) ~a..rerum magnarum magis quam dicendi arte nititur CIC.*de Orat.*1.214; physicorum est ista ~a *Div.*2.11; rerum fato ~a maior VERG.*G.*1.416; quanta ~a rei bellicae in C. Sempronio esset LIV.4.41.2; est illis (*sc.* senioribus) operum ~a maior OV.*Ars* 2.675; confessus est, non artis ulla medicum se ~a..factum nobilem PHAED.1.14.11; ~am rei, facultatem inpendendi, uoluntatem agendi COL.1.1.1; rerum ~a uelox ante pilos uenit PERS.4.4; PROPTER SINGVLAREM ARTIS ~AM *CIL* 3.375;—(*spec.*) iuris ~a est diuinarum atque humanarum rerum notitia, iusti atque iniusti scientia ULP.*dig.*1.1.10.2.

3 Foreknowledge.
tanta memoria praeteritorum futurorumque ~a CIC. *Sen.*78; si qua est Heleno ~a uati VERG.*A.*3.433.

pruditās ~ātis, *f.*: (dub. wd. in VAR.*Men.* 140).

prugnum: (dub.; see quot.).
~ pronum PAUL.*Fest.*p.226M.

pruīna ~ae, *f.* [<**prūsuīna*; cf. Skt. *pruṣvā́*, Eng. *freeze*] Hoar-frost, rime.
fructus per ~am obriguerint PAC.*trag.*14; quo..pacto illi Appenninum atque illas ~as ac niuis perferent? CIC.*Catil.* 2.23; nix uenti grando gelidaeque ~ae et uis magna geli LUCR.6.529; ad medias sementem extende ~as VERG.*G.* 1.230; frigora..cana concreta ~a 2.376; nec prata canis albicant ~is HOR.*Carm.*1.4.4; matutina ~a PROP.2.9.41; gelicidiis et ~a congesta friantur et dissoluuntur VITR.2.7.2; ita non patietur in se recipere gelicidii ~am 7.1.6; e pratis uda ~a fugit OV.*Fast.*6.730; Arctois..~is LUC.8.363; PLIN. *Nat.*2.236; algentis laxauit sole ~as STAT.*Theb.*3.469; SIL. 4.744; nihil praeter niues ~asque et siluas habent (Sarmatae) FLOR.*Epit.*2.29(4.12.20); (*poet.*) tristes..habitasse ~as V.FL.2.177.

pruīnōsus ~a ~um, *a.* [prec.+-OSVS] Characterized or affected by hoar-frost, frosty.
is (locus)..non ~us VITR.1.4.1; longa ~a frigora nocte pati OV.*Am.*2.19.22; sol..~as radiis siccauerat herbas *Met.* 4.82; caeli status frigidus et ~us COL.4.23.2; LUC.6.489; (*poet.*) sola ~is horret facundia pannis PETR.83.10,l.5.

prūna ~ae, *f.* [cf. perh. PRVINA] Glowing charcoal, a live coal.
eo ~am lenem indito CATO *Agr.*113.1; LABER.*com.*27; fumus..cinis obductae celabat lumina ~ae *Mor.*9; subiciunt ueribus ~as et uiscera torrent VERG.*A.*5.103; ~ae..uatillum HOR.*S.*1.5.36; cana ~am uelante fauilla OV.*Met.*8.525; CELS.3.27.2.B; e palmis ~ae uiuaces PLIN.*Nat.*13.39; SIL. 5.179.

prūniceus ~a ~um, *a.* [perh. for **prunicius* (PRVNVS+-ICIVS²)] Made of plum-wood.
~um torrem OV.*Met.*12.272.

prūnulum ~ī, *n.* [next+-VLVM] A little plum.
(*in fig. phr.*) confusam eam..eloquentiam, catachannae ritu partim pineis nucibus Catonis partim Senecae mollibus et febriculosis ~is insitam FRO.*Aur.*2.p.102(155N).

prūnum ~ī, *n.* [loan-wd.; Gk. προῦμνον] A plum.
et ~is lapidosa rubescere corna VERG.*G.*2.34; spinos iam ~a ferentis 4.145; autumnalia ~a PROP.4.2.15; ~is.. Damasci (*i.e. damsons*) stipantur calathi COL.10.404; Syriaca ~a PETR.31.11; ~i folia decocta tonsillis..prosunt PLIN. *Nat.*23.132; ~orum globus STAT.*Silv.*4.9.28; cum canis uenerunt cottana ~is MART.7.53.7; JUV.3.83.

prūnus ~i, *f.* [as prec.] A plum-tree.
CATO *Agr.*133.2; VERAN.*iur.*5; PLIN.*Nat.*16.74; in ~o siluestri (*i.e. wild plum*) 17.75.

prūrīginōsus ~a ~um, *a.* [next+-OSVS] Affected with itching.
uel ~i uel scabiosi GAIUS *dig.*21.1.3.

prūrīgō ~inis, *f.* [next+-IGO²]

1 Itching, irritation.
cum quadam frontis ~ine CELS.2.8.18; ipsum ulcus neque tactum neque medicamentum sentit; ~ine tantum mouetur 5.28.3.A; si..~o atque tumor incesserit COL.11.3.38; scabiem et ~inem hominum quadripedumque PLIN.*Nat.* 23.20; MART.14.23.1.

2 Sexual excitement.
cymbala cum crotalis, ~inis arma *Priap.*27.3; MART. 11.73.3; ~o morae inpatiens JUV.6.327.

prūriō ~īre, *intr.* [cf. PRVINA; suff. -IO²]

1 To itch. **b** to tingle (in anticipation of a blow).
totum os ~ire facit LARG.193; si ~it frictus ocelli angulus JUV.6.578. **b** dentes ~iunt; certe aduenientem hic me hospitio pugneo accepturus est PL.*Am.*295; *Mil.*397; iam scapulae ~iunt, quia te istaec audiui loqui *Per.*36; *Poen.* 1315.

2 To have a sexual craving, be sexually excited. **b** to itch (for other activities).
si..quod ~iat incitare possunt (uersiculi) CATUL.16.9; qui cum matre atque sorore ~it 88.2; MART.5.78.27; sic uni tibi..castissima ~iat puella 9.90.8; JUV.11.163; (*transf.*) ergo sine effectu ~it utrique labor MART.11.81.4. **b** uitulus..inermi fronte ~it in pugnam MART.3.58.11.

prūrītīuus ~a ~um, *a.* [next+-IVVS] Marked by itching, itchy.
~is ulceribus PLIN.*Nat.*19.157.

prūrītus ~ūs, *m.* [PRVRIO+-TVS³] An itch, itching.
uis ~u mordax est PLIN.*Nat.*9.146; uesicae ~ibus 22.83; decocto..eorum (*sc. grape-stones*) fouere psoras et ~um utile est 23.13; ~us..summae cutis 29.121.

Prūsiacus ~a ~um, *a.* Of or belonging to Prusias, king of Bithynia.
~a..nauicula CINNA *poet.*11.4; SIL.13.888.

Prūsiadēs ~ae, *m.* A son or descendant of Prusias (in quot. = Prusias Cholus, see next).
quia Romanis..me ~es tradere uolebat VAR.*Men.*407.

Prūsiās (~a) ~ae, *m.* The name of some kings of Bithynia, esp. Prusias Cholus (died *c.* 182 B.C.) with whom Hannibal took refuge after his defeat.
CIC.*Div.*2.52; LIV.29.12.14; NEP.*Han.*10.1; V.MAX.3.7. ext.6.

prymnēsius ~a ~um, *a.* [Gk. πρυμνήσιος] Of or connected with the stern of a ship.
~us palus, ad quem funis nauticus religatur, quem alii tosillam dicunt PAUL.*Fest.*p.224M.

prytanēum ~ēī or **~īum** ~iī, *n.* [Gk. πρυτανεῖον] A public building in some Greek cities in which magistrates and committees assembled, town hall.
ut ei uictus cotidianus in ~eo publice praeberetur CIC. *de Orat.*1.232; ornatissimum ~ium *Ver.*4.119; Cyzici ⟨in⟩ ~eo LIV.41.20.7; PLIN.*Nat.*36.99.

prytanis ~is, *m.* [Gk. πρύτανις] A magistrate in certain Greek cities.
~in ipsi (*sc.* Rhodii) uocant LIV.42.45.4; non uis..nisi consul aut ~is aut ceryx aut sufes administrare rem publicam SEN.*Dial.*9.4.5.

psagdās, *m.* [Gk. ψάγδας] A kind of resin.
in Asia quae fit e picea, admodum candida, ~as uocatur PLIN.*Nat.*14.123.

psallō ~ere ~ī, *intr.* [Gk. ψάλλω] To play on the cithara (by plucking with the fingers).
Calliope princeps sapienti ~erat ore BAS.*poet.*1; SAL.*Cat.* 25.2; doctae ~ere Chiae HOR.*Carm.*4.13.7; ut qui cantaret et ~eret iucunde scienterque SUET.*Tit.*3.2; GEL.19.9.3; ratio ~endi APUL.*Soc.*21; (*impers. pass.*) iubet citharam loqui: ~itur *Met.*5.15.

psaltērium ~(i)ī, *n.* [Gk. ψαλτήριον] A form of harp.
cum cinaedulis et sambuca ~ioque eunt in udum histrionum SCIP.min.*orat.*20; CIC.*Har.*44; non arguta sonant tenui ~ia chorda *Ciris* 178; nec ~ia..uirginibus probis recusanda QUINT.*Inst.*1.10.31.

psaltēs ~ae, *m.* [Gk. ψάλτης] A player on a plucked instrument.
VAR.*Men.*136; ~is se et geometris multa dicit dedisse QUINT.*Inst.*1.10.18; STRATONE COMOEDO IBYCO ~E *CIL* 6. 10100.

psaltria ~ae, *f.* [Gk. ψάλτρια] (Fem. of prec.)
istaec iam penes uos ~ast? TER.*Ad.*388; qui in coetum mulierum pro ~a adducitur CIC.*Sest.*116; ~ae sambucistriaeque et conuiualia alia ludorum oblectamenta LIV. 39.6.8; JUV.6.337; *CIL* 6.10137.

Psamathē ~ēs, *f.*

1 (mythol.) **a** A daughter of the Argive King Crotopus. **b** a sea-nymph, wife of Aeacus and mother of Phocus.
a OV.*Ib.*571. **b** OV.*Met.*11.398.

2 A spring near Psamathus in Laconia.
V.FL.1.364; PLIN.*Nat.*4.17.

Psammētic(h)us ~ī, *m.* A king of Egypt, *c.* 650 B.C.
~i opus labyrinthus MELA 1.56; PLIN.*Nat.*36.84.

psārānus ~ī, *m.* [cf. perh. Gk. ψαρός] The name of a precious stone.
lapidem..quem pyrropoecilon appellauimus—aliqui ~um (*s.v.l.*) uocant PLIN.*Nat.*36.157.

Psecas ~ados, *f.* A Greek personal name, in contexts, typical of maidservants.
CAEL.*Fam.*8.15.2; OV.*Met.*3.172; JUV.6.489.

pseliūmenē ~ēs, *f.* [Gk. ψελιουμένη] (A woman) putting on an armlet (the name of a statue by Praxiteles).
PLIN.*Nat.*34.69.

psellus ~a ~um, *a.* [Gk. ψελλός] Faltering in speech.
in cuius numero longe migrare iubetur ~us ab euphono JUV.6.O9(*cj.*).

psēphisma ~atis, *m.* [Gk. ψήφισμα] A decree or resolution passed by a popular assembly in a Greek city.
ista praeclara quae recitantur ~ata CIC.*Flac.*15; 17; recitare ~a Smyrnaeorum 75; legatum ad te salutandum annis omnibus cum ~ate mitti PLIN.*Ep.Tra.*10.43(52).1; 10.43(52).2; TRA.Plin.*Ep.*10.44(53).

psēphistēs ~ae, *m.* [Gk. ψηφιστής] (sense in context unclear).
~is dicite labdeae VAR.*Men.*48(*s.v.l.*).

psetta ~ae, *f.* [Gk. ψῆττα] A flat-fish, perh. a sole or flounder.
PLIN.*Nat.*9.57.

pseudisodomus ~a ~um, *a.* [Gk. ψευδής+ἴσος+δέμω] (Of a wall) Built with unequal courses.
~um, cum inpares et inaequales ordines coriorum diriguntur VITR.2.8.6; PLIN.*Nat.*36.171.

pseudoanchūsa ~ae, *f.* [Gk.] A plant said to resemble *anchusa* (dyer's bugloss).
PLIN.*Nat.*22.50.

pseudobūnion ~iī, *n.* [Gk. ψευδοβούνιον] A plant sts. identified with Cretan pimpinella, *Pimpinella cretica.*
~ion napi folia habet, fruticans palmi altitudine, laudatissima in Creta PLIN.*Nat.*24.153.

Pseudocatō ~ōnis, *m.* [Gk. ψευδο-+CATO] An imitation Cato.
bonis utimur tribunis pl., Cornuto uero ~one CIC.*Att.* 1.14.6.

pseudocypīrus ~ī, *f.* [Gk. ψευδοκύπειρος] A plant resembling CYPIRVS.
PLIN.*Nat.*17.95; 34.133.

pseudodecimiānus ~a ~um, *a.* [Gk. ψευδο-+DECIMIANVS] A kind of pear.
auctores suos nobilitauere Decimiana et ex eo tractum quod ~um uocant PLIN.*Nat.*15.54.

pseudodictamnum ~ī, *n.* [Gk. ψευδοδίκταμνον] A plant, sts. identified with false dittany, *Ballota acetabulosa.*
PLIN.*Nat.*25.93; chondris siue ~um 26.49.

pseudodipteros ~on, *a.* [Gk. ψευδο-+δίπτερος] The designation of a style of temple which has a space in place of the inner row of columns of the *dipteros.*
~os autem sic conlocatur, ut in fronte et postico sint columnae octonae, in lateribus cum angularibus quinae denae VITR.3.2.6; qui..primus inuenit octastylon ~iue (*app. sc.* aedis) rationem 3.3.8; in ~is aedium dispositionibus 3.3.9.

Pseudolus (~ulus) ~ī, *m.* [hybrid from Gk. ψευδής] The title of a play by Plautus; also in the title of a Menippean satire of Varro.
quam Truculento Plautus (gaudebat), quam ~o! CIC. *Sen.*50; GEL.20.6.9;—Varro ~o Apolline Non.p.468M.

pseudomenos ~ī, *m.* [Gk. ψευδόμενος] The name of a logical puzzle invented by Eubulides, in which the question is posed: 'if a man falsely claims to be lying, is he lying or telling the truth?'
CIC.*Luc.*147; ~on et soritam et totam dialecticam aut illudis aut increpas *Hort.*fr.55; SEN.*Ep.*45.10; ceratinas et soritas et ~us FRO.*Aur.*2.p.66(146N).

pseudonardus ~i, *f.* [Gk. ψευδο-+νάρδος] The name of an unidentified plant used to adulterate nard.
PLIN.*Nat.*12.43.

pseudoperipterus ~a ~um, *a.* [Gk. ψευδο-+περίπτερος] 'Apparently peripteral' (in which the walls are placed within the intercolumniations of a colonnade).
reliqua autem proportionibus et symmetriis isdem conseruantes aliud genus figurae nominisque uidentur ~um procreauisse VITR.4.8.6.

Pseudophilippus ~ī, *m.* [Gk. ψευδο-+Φίλιππος] Andriscus, an Adramyttian who claimed to be the son of Perseus of Macedon and was defeated by the Romans in 148 B.C.
CIC.*Agr.*2.90; VELL.1.11.1; V.MAX.7.5.4; TAC.*Ann.*12.62.

pseudosmaragdus ~ī, *f.* [Gk. ψευδο-+σμάραγδος] 'False smaragdus' (applied to a green stone, poss. malachite).
PLIN.*Nat.*37.75.

pseudosphex ~ēcis, *m.* [Gk. ψευδο-+σφήξ] A kind of wasp.
pseudosp⟨h⟩ece⟨m⟩ uocant uespam, quae singularis uolitat PLIN.*Nat.*30.98.

pseudothyrum ~ī, *n.* [Gk. ψευδόθυρον] A concealed door.
ea (*i.e. money*) quem ad modum ad istum postea per ~um reuertantur CIC.*Ver.*2.50; non ianua receptis sed ~o intromissis uoluptatibus! *Red.Sen.*14.

pseudourbānus ~a ~um, *a.* [Gk. ψευδο-+VRBANVS] Imitating the urban style.
(*as sb.*) in urbe atria proxima ianuis solent esse, ruri ab ~is (*sc. houses*) statim peristylia VITR.6.5.3.

psī: the twenty-third letter of the Greek alphabet (ψ).
nostrarum ultima (*sc.* littera), qua tam carere potuimus, quam ~ non quaerimus QUINT.*Inst.*1.4.9.

psīla ~ae, *f.* [Gk. ψίλη] (app.) A rug with a pile on one side only.
~ae atque amphitapae, uillis ingentibus, molles LUCIL.13.

psīlocitharista ~ae, *m.* [Gk. ψιλοκιθαριστής] One who plays the lyre without singing in accompaniment.
chorocitharistae..et ~ae SUET.*Dom.*4.4; POTHVS PSILOCITHAR PALMARIS *CIL* 6.10140.

psīlōt(h)rum (~on) ~ī, *n.* [Gk. ψίλωθρον] A depilatory. **b** a plant = VITIS *alba.*
eadem (*sc.* lacrima uitium) cum oleo saepius pilis inlitis ~i effectum habet PLIN.*Nat.*23.3; 24.79; ~um palpebrarum faciebat in aceto enecans putrescentes (*sc.* ranas) 32.76; ~o faciem leuas MART.3.74.1; 6.93.9. **b** uitis alba est quam Graeci ampelon leucen, alii staphylen, alii melothron, alii ~on..appellant PLIN.*Nat.*23.21.

psimithium ~(i)ī, *n.* [Gk. ψιμίθιον] Acetate of lead.
aqua mulsa..contra uenenum ~ii salutaris PLIN.*Nat.* 22.112; 23.80; ~ium quoque, hoc est cerussam, plumbariae dant officinae 34.175.

psin: = Gk. ψίν (Syracusan form of σφίν).
tau Gallicum min et psin (sphin *most edd.*)..miscuit VERG. *Cat.*2.4.

psithius ~a ~um, *a.* [Gk. ψίθιος] The name of a kind of vine; (fem. pl. as sb.) its grapes.
et passo ~a utilior VERG.*G.*2.93; igni pinguia multo defruta uel ~a passos de uite racemos 4.269; COL.3.2.24; PLIN.*Nat.*12.130; ~um (*sc.* uinum) et melampsithium passi genera sunt suo sapore, non uini 14.80; ex uua quam Graeci ~am uocant, nos apianam 14.81;—passum ~is suis recoctum STAT.*Silv.*4.9.38.

psittacinus ~a ~um, *a.* [Gk. ψιττάκινος] Of a parrot, parrot-; (in quot. w. ref. to colour, app. green).
collyrium ~um a colore ita dictum facit ad epiphoras LARG.27.

psittacus ~ī, *m.* [Gk. ψίττακος] A parrot.
~us, Eois imitatrix ales ab Indis OV.*Am.*2.6.1; quis expediuit ~o suum chaere..? PERS.pr.8; PLIN.*Nat.*11.132; humanae sollers imitator ~e linguae STAT.*Silv.*2 4.2; MART. 10.3.7; APUL.*Fl.*12.

psitthachora ~ae, *f.* [unkn.] An Indian tree producing an amber-like substance.
arbores eas ~as uocari, qua appellatione significetur praedulcis suauitas PLIN.*Nat.*37.39.

psōlē ~ēs, *f.* [Gk. ψωλή] The penis with prepuce drawn back.
cj. in *Priap.*68.5.

psōlocopūmai: transliteration of Gk. ψωλοκοποῦμαι (app. 'to be affected with priapism').
cum poclo bibo eodem, amplector, labra labellis fictricis conpono, hoc est cum psolocopumai LUCIL.304.

Psōphidius ~a ~um, *a.* Of or belonging to Psophis.
V.MAX.7.1.2; PLIN.*Nat.*7.151.

Psōphis ~īdos, *f.* A town in Arcadia to the south of Mt. Erymanthus.
OV.*Met.*5.607; MELA 2.43; PLIN.*Nat.*4.20; STAT.*Theb.*4. 296.

psōra ~ae, *f.* [Gk. ψώρα] A morbid condition of the skin marked by itching.
PLIN.*Nat.*20.4; 22.72; 23.3; lepras idem et furunculos et lichenas et ~as emendat 31.101.

psōricum (~on) ~ī, *n.* [Gk. ψωρικόν] A medicament for the relief of itching.
CELS.6.6.31A; PLIN.*Nat.*34.119; LARG.32; C C FORTVNATI PSORIC AD CLAR(itudinem) *A.Epig.*46.9b.

Psȳchē ~ēs, *f.* [Gk. ψυχή] An allegorical personification of the 'psyche', esp. as occurring in the central episode of Apuleius' *Metamorphoses.*
APUL.*Met.*4.30.

psȳchomantīum ~iī, *n.* [Gk. ψυχομαντεῖον] A place where the dead are conjured up.
Terinaeum quendam Elysium..uenisse in ~ium quaerentem, quae fuisset tantae calamitatis causa CIC.*Tusc.*1.115; *Div.*1.132.

psȳchotrophon ~ī, *n.* [Gk. ψυχότροφον] A plant, perh. betony.
quae Vettonica dicitur in Gallia..Italia..a Graecis cestros aut ~on PLIN.*Nat.*25.84.

psȳchrolūtēs (~a) ~ae, *m.* [cf. Gk. ψυχρολουτέω] One who bathes in cold water.
mitto me in mare, quo modo ~am decet, gausapatus SEN.*Ep.*53.3; ille tantus ~es, qui Kalendis Ianuariis euripum salutabam 83.5.

psylleum: see PSYLLION.

Psyllī ~ōrum, *m. pl.* An African tribe, said to be skilled at snake-charming and immune from poison.
gens unica terras incolit a saeuo serpentum innoxia morsu, Marmaridae ~i LUC.9.893; CELS.5.27.3B; in Africa Psyllorum gens..a ~o rege dicta PLIN.*Nat.*7.14; SUET.*Aug.* 17.4.

psyllion (~ium) ~iī, *n.* Also **~eum** ~eī. [Gk. ψύλλιον] A plant, prob. *Plantago psyllium.*
~ion alii cynoides, alii crystallion..appellant PLIN.*Nat.* 25.140; ulcera (emendat) ~ium 25.174; 26.122. **β** glutinant uulnus..~eum, tragacantha, cardamomon CELS.5.2.

-pte, *particle.* Emphatic particle (perh. related to Gk. τί-πτε), in OLat. added to pers. prons. (sim. *eō-pte*), usu. w. possessive adjs. and generally in abl. (*meāpte, suōpte*).
me~ potius fieri seruom PL.*Men.*1058; suom~ amicum *Mil.*391; meo~ ingenio *Mos.*156; mea~ malitia *Truc.*471; mihi~ CATO *inc.*29(J); nostra~ culpa TER.*Ph.*766; sonitu suo~ tintinant aures CATUL.51.10; sua~ natura CIC.*Fat.*42; LIV.31.39.9; SEN.*Dial.*5.8.5; TAC.*Ann.*3.26; sui~ imprudens patris *Arg.Pl.Rud.*4.

Ptelea ~ae, *f.* An earlier name of Ephesus.
PLIN.*Nat.*5.115.

Pteleum (~on) ~ī, *n.* **~os** ~ī, *f.* The name of towns **a** in Thessaly opposite Euboea. **b** in Messenia.
a ad ~um LIV.35.43.4; 42.67.9; ~on MELA 2.44; Phylace ~osque et Dorion ira flebile Pieridum LUC.6.352. **b** ~on PLIN.*Nat.*4.15.

pteris ~idis, *f.* [Gk. πτερίς] The name of two kinds of fern, sts. identified with (i) male fern, (ii) (~*is nymphaea*) bracken.
~i⟨m⟩ uocant Graeci, alii blachnon, cuius..alterum genus thelypterim Graeci uocant, alii numphaeam ~im PLIN.*Nat.* 27.78.

pternix ~icos, *f.* [Gk. πτέρνιξ] The middle stalk of the cardoon.
unum..caulem rectum habet (cactos), quem uocant ~ica PLIN.*Nat.*21.97.

pterōma ~atos, *n.* [Gk. πτέρωμα] The peripteral colonnading of a temple.
~atos..ratio et columnarum circum aedem dispositio VITR.3.3.9; 4.4.1; 4.8.6.

pteron ~ī, *n.* [Gk. πτέρον] A peripteral colonnade; an outlying building or part of a building.
cingitur columnis XXXVI. ~on uocauere circumitum PLIN.*Nat.*36.30; 36.31;—aliae rursus extra murum labyrinthi aedificiorum moles; ~on appellant 36.88.

Pterophoros ~on, *a.* [Gk. πτεροφόρος] The name of a region near the Rhipaean mountains.
adsiduo niuis casu pinnarum similitudine ~os appellata regio PLIN.*Nat.*4.88.

pterygium ~iī, *n.* [Gk. πτερύγιον]

1 (med.) **a** A morbid extension of the conjunctiva of the eye, pterygium. **b** an extension of the cuticle over the nail, pterygium; also, a sim. growth elsewhere.
a unguis uero, quod ~ion Graeci uocant, est membranula neruosa oriens ab angulo CELS.7.7.4A; PLIN.*Nat.*32.72. **b** in isdem (*sc.* digitis) recedere ab ungue caruncula cum magno dolore consueuit: ~ion Graeci appellant CELS. 6.19.1; ad paronychia et ~ia unguium PLIN.*Nat.*24.182; ~ia digitorum fel tauri (leuat) 28.192;—item oculorum remediis et ad excrescentes ibi carnes totiusque corporis ~ia 31.99.

2 A kind of flaw in a precious stone.
uitia praeter iam dicta eadem fere, quae in smaragdis, et ~ia PLIN.*Nat.*37.79.

pterygōma ~atos, *n.* [Gk. πτερύγωμα] (app.) A projection at the mouth of the channel or 'barrel' of a *ballista.*
(extantia) plentigomatos (*codd.*, *cj.* ~atos) foraminis z̄ et sicilicus VITR.10.11.7.

pthois (~is), *f.* [Gk. φθόϊς] A cake (used as an offering).
POPANIS VIIII ~IBVS VII⟨II PREC⟩ATI SVNT *CIL* 6.32323. 140.

ptisana: see TISANA.

Ptolomaeēus (Ptolem-) ~a ~um, *a.* Of the (Egyptian) Ptolemies.
~i litora capta Phari PROP.2.1.30.

Ptolomaeum ~ī, *n.* **Ptolem-. a** The name of a gymnasium. **b** the tomb of the Ptolemies.
a α in eo gymnasio, quod ~um uocatur CIC.*Fin.*5.1. **b β** consultus.., num et ~um inspicere uellet, regem se uoluisse ait uidere, non mortuos SUET.*Aug.*18.1.

Ptolomaeus ~ī, *m.* **Ptolem-. a** The name of a companion of Alexander the Great, subsequently satrap and then king of Egypt, and of the succeeding dynasty down to the end of the Roman Republic. **b** a king of Mauretania (A.D. 23–40), the son of Juba II.
a α CIC.*Tusc.*5.97; ibi casu rex erat ~us ,puer aetate,.. cum sorore Cleopatra bellum gerens CAES.*Civ.*3.103.2; VITR. 7.pr.4; Alexandream ad ~um et Cleopatram reges..legati.. missi LIV.27.4.10; CURT.9.8.22. **β** ~orum manes LUC. 8.696; PLIN.*Nat.*12.76; Pellaea..~i sceptra SIL.11.381. **b β** TAC.*Ann.*4.24; 4.26.

Ptolomāis ~idos, *f.* **Ptolem-.**

1 A female of the Ptolemaic dynasty, in quot., Cleopatra, the daughter of Ptolemy Auletes.
LUC.10.69.

2 The name of several cities, esp.: **a** in Phoenicia, previously called Ace. **b** on the Egyptian shore of the Red Sea. **c** on the coast of Cyrenaica. **d** in Upper Egypt.
a colonia Claudi Caesaris ~is, quae quondam Acce PLIN. *Nat.*5.75. **b** MELA 3.80; PLIN.*Nat.*6.171. **c** MELA 1.40. **d** PLIN.*Nat.*5.61.

Ptolomēicus ~a ~um, *a.* Of or named after the Ptolemies; *pes* ~*us*, a measure of length = $1\frac{1}{24}$ of the Roman *pes.*
pes eorum, qui ~us appellatur, habet monetalem pedem et semunciam HYG.*agrim.*p.86.

ptyas ~ados, *f.* [Gk. πτυάς] A kind of snake that ejects poison at its victim.
aspidum, quas ~adas uocant PLIN.*Nat.*28.65; 31.65.

pūbens ~ntis, *a.* [pple. of **pubeo* (cf. PVBESCO)] (of plants) Full of sap, vigorous.
~ntes herbae VERG.*A.*4.514; ~ntes..rosae STAT.*Silv.*3.3. 129.

pūbertās ~ātis, *f.* [next+-TAS]

1 The age or condition of physical maturity, puberty; virility. **b** the physical signs of puberty.
si qua etiam genera morborum in infantem inciderunt ac neque ~ate..finita sunt CELS.2.1.20; PLIN.*Nat.*25.154; ~as annis an habitu corporis aestimetur QUINT.*Inst.*4.2.5; nondum ~atem ingressus TAC.*Ann.*6.46; ~atis ac primae adulescentiae tempus SUET.*Dom.*1.1; GAIUS *Inst.*1.168; (*opp. old age*) ~as canis suum decus reddebat V.MAX.2.1.10;—sera iuuenum uenus, eoque inexhausta ~as TAC.*Ger.*20.3. **b** dentes et ~atem CIC.*N.D.*2.86; radix (hyacinthi)..quae ..~atem coercet et non patitur erumpere PLIN.*Nat.*21.170.

2 (transf.) Maturity (of plants, fruit, etc.).
citra naturae quandam ~atem immatura..planta direpta COL.3.10.16; incipientis uuae ~ate PLIN.*Nat.*23.7.

pūbēs[1] ~eris, *a.* [cf. perh. PVER]

1 Physically mature, grown-up. **b** (as sb.) a grown-up person, adult.
neminem..qui illo die Romae fuerit..~esque tum fuerit CIC.*Rab.Perd.*31; populum..adultum iam et paene ~erem *Rep.*2.21; seruos..omnis ~eres CAES.*Civ.*3.9.3; *CIL* 1.594.3.27; puero prius quam ~es esset NEP.*Di.*4.4; hunc uixdum ~erem Hasdrubal..ad se accersierat LIV.21.3.2; quod Germanici stirpem iam ~erem aspiciebat TAC.*Ann.* 3.29; triumphalia ornamenta Silano..nondum ~eri dedit SUET.*Cl.*24.3; quinque equitum Romanorum ~erum GAIUS *Inst.*1.20;—(*w.* aetas) ad ~erem aetatem LIV.1.3.1; filii prope ~erem aetatem erant 1.35.1; qui ~erem aetatem nunc ingressus est ULP.*dig.*43.26.3.6. **b** initium belli, quo..omnes ~eres armati conuenire consuerunt CAES.*Gal.* 5.56.2; non minus tribus ~eribus praesentibus LIV.1.32.12; seruos liberos, ~eres impubes, homines iumentaque 9.14.11; mancipia praeter ~eres uirilis sexus 26.34.5; CURT.7.6.16; infans fuit; factus est ~es SEN.*Ep.*118.14; frugem..furtim noctu pauisse ac secuisse ~eri XII tabulis capital erat PLIN.*Nat.*18.12; TAC.*Ann.*13.39; SUET.*Jul.*42.1; ~es..qui in potestate est GAIUS *dig.*45.1.141.2; cuiuspiam ~erum APUL.*Fl.*15; PVER INGENIO VALIDVS ~ES PVDICVS IVVENIS ORATOR FVIT *CIL* 8.646.

2 (of plants, fruit, etc.) Full of sap or juice.
dictamnum..~eribus caulem foliis et flore comantem purpureo VERG.*A.*12.413; istas uuas multo commodius passas quam ~eres manducare AUR.*Fro.*1.p.176(67N).

pūbēs[2] ~is, *f.* [as prec.]

1 The adult population or other aggregation of able-bodied persons, manpower, company, etc.
dico omnibus, ~e praesenti in contione, omni poplo PL. *Ps.*126; omnes Danai atque Mycenenses, Attica ~es *Inc. trag.*33; omnem Italiae ~em CIC.*Mil.*61; lecti iuuenes, Argiuae robora ~is CATUL.64.4; ~es agrestis VERG.*G.*1.343; matresque uirosque, collectam exsilio ~em, miserabile uulgus *A.*2.798; puer Ascanius, sequitur quos cetera ~es 5.74; genus antiquum Terrae, Titania ~es 6.580; nec non et Troia ~es Ascanio auxilium castris effundit apertis 7.521; adde quod ~es tibi crescit omnis, seruitus crescit noua HOR. *Carm.*2.8.17; si non periret immiserabilis captiua ~es 3.5.18; ~es discumbet in herba TIB.2.5.95; LUC.2.473; insignem ob cladem Germanae ~is PERS.6.44; STAT.*Theb.*6.663; tantum Romanae ~is, tot egregios exercitus TAC.*Hist.*2.47; ut ..~em ingenuam stupris pollueret *Ann.*6.1;—(*applied to cattle*) ~i indomitae non gramina tantum..sed frumenta manu carpes sata VERG.*G.*3.174.

2 The age or condition of puberty.
incipiente..iam ~e CELS.2.1.19; ~em ineuntibus annis STAT.*Theb.*1.571; ~e sub ipsa *Silv.*4.8.60; quem non corrupit ~es effrena 5.2.68; NATVS INGENVVS CAPT(us) ~IS AETATE *CIL* 11.137.

3 The pubic region, the private parts; the pubic hair.
prima hominis facies et pulchro pectore uirgo ~e tenus VERG.*A.*3.427; ipsa Venus ~em..protegitur laeua semireducta manu OV.*Ars* 2.613; iuxta ~em in orbe⟨m⟩ tergus inciditur CELS.7.25.1B; PLIN.*Nat.*22.116; APUL.*Met.*9.12;—

si inguen incidendum est, idque iam ~e contegitur, ante radendum est Cels.7.19.1.

pūbescō ~ere, *intr.* [pubes+-esco]

1 To reach physical maturity, grow to manhood. **b** to grow hair on the body at puberty.
cum primum ~eret (Hercules) Cic.*Off.*1.118; nunc aequali tecum ~eret aeuo Verg.*A.*3.491; florem iuuenum ~entium Liv.8.8.6; puerum ac uixdum ~entem 24.25.2; iuuenis erat primo aetatis flore ~ens Curt.7.2.4; aequo ~unt sidere natae Stat.*Theb.*2.159; Sil.10.649; in his qui ~ere non possunt, quales sunt spadones Gaius *Inst.*1.196; Apul.*Pl.* 1.2;—(*of age*) male ~entibus annis Petr.119,l.20; uix ~entibus annis Stat.*Theb.*1.21; ubi flore nouo ~et firmior aetas Sil.3.84; uix ~ente iuuenta 16.677. **b** imperat aetas..impubem molli ~ere ueste et..mollem malis demittere barbam Lucr.5.673; non dulces fratris ~ere malas V.Fl.7.340; uillosissimum animalium lepus. ~it homo solus Plin.*Nat.*11.230; ~ente gena Sil.6.22.

2 (of fruit, plants, etc.) To come to maturity, ripen.
uites laetificae pampinis ~ere Enn.*scen.*152; cum is (*sc.* sol)..efficiat ut omnia floreant et in suo quaeque genere ~ant Cic.*N.D.*2.41; *Sen.*51; omnis largo ~it uinea fetu Verg.*G.*2.390; prata..~unt uariorum flore colorum Ov. *Tr.*3.12.7; ~entem (fructum)..et quasi adolescentem conuenit religare Col.4.28.1; ~ente uua Plin.*Nat.*17.188; per autumnum iam ~ente Lyaeo Stat.*Silv.*2.2.100.

pūblica ~ae, *f.* [fem. of publicus] A prostitute.
quae modo per uilis inspecta est ~a noctes Prop.4.7.39; an Sappho ~a fuerit Sen.*Ep.*88.37.

pūblicāna ~ae, *f.* [next] (Nonce-wd. combining senses of prec. and next.)
mulierculae ~ae noluit ex decumis nimium lucri dare, ne forte ab nocturno suo quaestu animum ad uectigalia redimenda transferret Cic.*Ver.*3.78.

pūblicānus ~a ~um, *a.* [publicus+-anus] A contractor for public works, supplies, etc. esp. **b** a contractor for the collection of taxes and dues, a tax-farmer, publican.
Liv.25.3.12; 39.44.8; metalli..Macedonici..locationes praediorumque rusticorum tolli placebat; nam neque sine ~o exerceri posse et, ubi ~us esset, ibi aut ius publicum uanum aut libertatem sociis nullam esse 45.18.4. **b** incusant ~os Pl.*Truc.*146; ~us..ut Asiae fiam, ut scripturarius Lucil.671; neque ~us neque negotiator Cic.*Ver.*2.7; flos.. equitum Romanorum..~orum ordine continetur *Planc.*23; ~orum tabellarii *Att.*5.16.1; a ~is suae prouinciae debitam bienni pecuniam exegerat Caes.*Civ.*3.31.2; feneratoribus et ~is Vitr.6.5.2; imperii nostri ~is penditur Plin.*Nat.*12.65; aliquamdiu tertiae sortis uiri ~i fuere 33.34; Tac.*Ann.* 13.50; Plin.*Pan.*39.5; Ulp.*dig.*39.4.1.1; c atisivs primvs pvbl(icanus) xx libertat(is) p(rouinciae) g(alliae) n(arbonensis) *CIL* 12.2396;—(*w. department expr. by gen.*) ~is uectigalium publicorum Gaius *Inst.*4.28.

pūblicātiō ~ōnis, *f.* [publico+-tio]

1 Appropriation by the state, confiscation.
cui cum omnis metus, ~o bonorum, exsilium, mors proponeretur Cic.*Planc.*97; *Fin.*4.22; ea lege damnati partis tertiae bonorum ~one puniuntur Ven.*dig.*48.2.12.4.

2 Disclosure, publication.
dabo adhuc inter secretum ~onemque temperamentum [Quint.]*Decl.*18.12.

pūblicē, *adv.* [publicus+-e] Forms and orthog.: *poplicē CIL* 1.582, etc.; *pobl-* 1.1526; *pupl-* Apul.*Met.*2.8.

1 As a concern of the state, in the name of the state, officially. **b** at the public expense.
is ~ legatus Naupactum fuit magnai rei publicai gratia Pl.*Mil.*102; nonne hoc ~ animum aduorti? *Trin.*1046; nam ibi custos ~ est nunc Ter.*Eu.*290; eodem die quo Saturninus..~ est interfectus Cic.*Brut.*224; in curia, in qua ~ erat de huius beneficiis scriptum et incisum *Ver.*2.112; cum..a me hospites atque amici ~ priuatimque defendantur 2.118; bona censuit ~ possidenda *Phil.*11.15; ex iis litteris, quas ad te et conlegam et senatum ~ misi *Fam.*15.13.3; certas..fruges certasque bacas sacerdotes ~ libanto *Leg.* 2.19; Caesar Aeduos frumentum quod essent ~ polliciti flagitare Caes.*Gal.*1.16.1; ut..gratiam atque amicitiam ~ priuatimque peterent 5.55.4; cum..uersuram facere ~ necesse esset Nep.*Att.*2.4; si de P. Scipione ~ queri uellent Liv.29.21.8; pecuniam pro captiuis Hannibali numerauerat, fraudatus ea ~ tacuit V.Max.3.8.2; potionem ~ mixtam Sen.*Dial.*1.3.12; damnati..~ uenierunt Fron.*Str.*4.1.20; ueterem sibi ac ~ coeptam nobiscum amicitiam Tac.*Ann.* 12.10; tunc ordinum diuersa studia, et quae uicerant ~ ualebant 12.60; uehiculis quae magistratibus..praebenda ~ conduxisset Gel.15.4.3; non tam impunem me, uerum etiam laudabilem ~ credebam fore Apul.*Met.*3.6. **b** Phylarchus, quem ab illis praedonibus Locrenses..~ redemerunt Cic.*Ver.*5.90; P. Valerio..data domus est..~ *Har.*16; frumentum ~ datum uendere Sal.*Jug.*44.5; quo factum est ut filiae eius ~ alerentur Nep.*Ar.*3.3; elatus ~, sepulcri monumento donatus est *Di.*10.3; nauis Quinctio ~ parata fuit Liv.3.26.11; ubi ~, quibus is honos datus est, uescuntur 41.20.7; ut Capitolium ~ restitueretur Tac.*Hist.* 4.9; hunc nos ~ pascimus Sen.*Con.*10.4.9; esse in insula Creta barbarum quendam naufragio adpulsum..~ mercedem accipientem Larg.171; Plin.*Ep.Tra.*10.110(111).1; spectandi in orchestra epulandique ~ ius Suet.*Aug.*35.2.

2 As a community, so as to affect the whole people, corporately.
haud cito mali quid ortum ex hoc sit ~ Ter.*Ad.*443; Rhodienses tamen Persen ~ numquam adiuuere Cato *orat.* 163; praemia bene meritis et uiritim et ~ tribuit *B.Alex.* 65.4; existumans ~ priuatimque aere alieno oppressos (Allobroges) Sal.*Cat.*40.1; habemus..~ egestatem, priuatim opulentiam 52.22; iussit omnes ~ et priuatim quod quisque habuisset aquae..per eam fenestram..effundere Vitr.10.16.7; Sen.*Nat.*6.3.3; ~..armis multati, priuatis et promiscis copiis iuuere militem Tac.*Hist.*1.66; Cyzicenis.. ~ libertatem ademit Suet.*Tib.*37.3; (*cf.*) hoc malum (*sc.* terrae motus) latissime patet ineuitabile, auidum, ~ noxium Sen.*Nat.*6.1.7.

3 By or for the public, in the public interest, in a public (opp. private) context.
statua Cotti ~ laetor nec priuatim minus Plin.*Ep.*2.7.6; quid ~ minus aut congruens aut decorum..? 2.12.4; quid..~ laetius quam clarissimos iuuenes nomen..ex studiis petere..? 6.11.3; quotiens quid spectaculi usquam ~ ederetur Suet. *Aug.*44.1; ~ munificentiam bis omnino exhibuit *Tib.*48.1; numquam aut officium hominum aut reuerentia ~ defuit *Cl.*5.1; ~ interest dotes mulieribus conseruari Pompon.*dig.* 24.3.1; iam..rumor ~ crebruerat Apul.*Met.*10.17; quod si eas (*sc.* balneas) ~ praebuit Papin.*dig.*32.91.4; ~..utile est sine metu..per itinera commeari Ulp.*dig.*9.3.1.1; ut ea ~ iretur commearetur 43.8.2.21.

4 In a public place.
qui pecuniam..obsignauit et ~ deposuit Papin.*dig.* 17.1.56.1; si haec in scriptis ~ uel in aedes proponas Ulp. *dig.*11.4.1.8.

5 In public, publicly.
ex omnibus, qui scientiam nancti sunt..~ professum neminem traditur Pompon.*dig.*1.2.2.35; sophista ille ἀπαίδευτος qui ~ nuper disserens..Gel.17.21.1; caput capillumque sedulo et ~ intueri et domi postea perfrui Apul.*Met.*2.8.

Pūbliciānus ~a ~um, *a.* Of or connected with a Publicius.
locus ~us Cic.*Att.*12.38a.2(4); item usucapio fingitur in ea actione, quae ~a uocatur Gaius *Inst.*4.36; ~um iudicium *dig.*6.2.13.1; quod et in ~a (*sc.* actione) obseruatur Ulp. *dig.*6.1.73.

pūblicitus (pupl-), *adv.* [publicus+-itus¹]

1 As a public or state concern, publicly. **b** at public expense.
quin in eapse aede Dianai conditumst; ibidem ~ seruant Pl.*Bac.*313; ea comportatur praeda, ut fiat auctio ~ *Per.*509; ad plebem pergitur; ~ defendundumst Caecil.*com.*185; Lucil.530; a similibus peccatis, quae prohiberi ~ interest Gel.7(6).14.4; nulla tibi priuatim, sed omni ~ gratia obstrictus Apul.*Fl.*9. **b** ecfregisti..cardines. an fores censebas nobis ~ praeberier? Pl.*Am.*1027; proletarius ~ scutisque feroque ornatur ferro Enn.*Ann.*183; non hoc ~ scelus hinc asportarier in solas terras! Ter.*Ph.*978; ~ qui mi atque e fisco praebeat aurum Lucil.429; ~ simulacrum suum cuique..pro meritis praemio tribui Apul.*Apol.*14.

2 In the public presence or knowledge, publicly.
~ indignatio percrebruit Apul.*Met.*1.10; ~ maleficae disciplinae perinfames sumus 3.16; tuo praeconio praemium inuestigationis ~ edicere 6.7; talis mulieris ~ matrimonium confarreaturus 10.29.

Pūblicius ~a ~um, *a.* The name of a Roman *gens*; *Cliuus ~us*, a road leading up to the Aventine Hill; (also as sb.).
ad aediles..~os Ov.*Fast.*5.288;—cliuos ~us Var.*L.*5.158; Liv.26.10.6;—utile nunc iter est, ~umque uocant Ov.*Fast.* 5.294; imo ~i cliuo Fron.*Aq.*5.

pūblicō ~āre ~āuī ~ātum, *tr.* [publicus+-o³] Orthog.: *pupl-* Apul.*Apol.*84.

1 To make public property, place at the disposal of the community. **b** to exhibit publicly. **c** to prostitute.
sunt..multi agri lege Cornelia ~ati Cic.*Agr.*3.12; siluas maritimas omnis ~auit quas ceperat *Rep.*2.33; de Auentino ~ando lata lex est Liv.3.31.1; oratio..de tabulis..~andis, quod fieri satius fuisset cuam in uillarum exilia pelli Plin. *Nat.*35.26; conpositiones..quasdam diuulgatas et, ut ita dicam, ~atas Larg.38; hos (*sc.* linearios limites) conditores coloniarum..~auerunt (*i.e. as a right of way*) Hyg.Gr. *agrim.*p.134; bibliothecas Graecas Latinasque quam maximas posset ~are Suet.*Jul.*44.3; ambulationes in usum populi iam tum ~arat *Aug.*100.4; aram qvm solo ~avit *CIL* 5.7804; Ulp.*dig.*43.8.2.21; (*cf.*) hilares conuiuae uino sermonibusque ~atis (*i.e. general conversation*) operam coeperant dare Petr.39.1. **b** flagitante uulgo ut omnia studia sua ~aret Tac.*Ann.*16.4; id..quolibet loco ~are, ut rhinocerotem apud Saepta Suet.*Aug.*43.4; *Nero* 21.2. **c** illam, quae corpus ~at uolgo suom Pl.*Bac.*863; ~atae.. pudicitiae nulla uenia Tac.*Ger.*19.2.

2 To appropriate to the state, confiscate. **b** to confiscate the possessions of.
his in exsilium actis bona ~ata sunt Var.*gram.*121; lex est..ut, si qua rostrata in portu nauis deprehensa sit, ~etur Cic.*Inv.*2.98; eius domus euersa et ~ata est *Dom.*102; Caes.*Gal.*5.56.3; diruto aedificio ~atoque solo Liv.8.19.4; quid aliud quam ~atam..suam pecuniam fore? 31.13.4; si fundus quem mihi locaueris ~atus sit Afric.*dig.*19.2.33; partem bonorum ~andam Tac.*Ann.*3.17; Ulp.*dig.*48.5.28 (27).11; 48.20.5. **b** cum..regem..~asses (*i.e. annexed his kingdom*) Cic.*Dom.*20; *Sest.*57; libertinos, qui se pro equitibus R. agerent, ~auit Suet.*Cl.*25.1.

3 To make public, make generally known. **b** to publish (a book).
~ato crimine Liv.34.61.16; praeceptorum fidem exemplo uirtutis suae ~auit V.Max.3.3.ext.2; obiurgatio..primum secreta deinde ~ata Sen.*Dial.*3.16.2; quae..luxuria non tantum peccat sed ~at *Ep.*51.4; qui uirtutem suam ~ari uult, non uirtuti laborat, sed gloriae 113.32; haec ideo omnia ~o, ut familia mea iam nunc me sic amet tamquam mortuum Petr.71.3; dii..~are poenam tyranni uoluerunt Quint.*Decl.*329(p.295,l.13); Apul.*Apol.*84; Ulp.*dig.*47.8. 2.24. **b** neque enim similis est condicio ~antium et nominatim tibi dicantium Plin.*Nat.*pr.6; epistula quam ..de editione Thebaidos meae ~aui Stat.*Silv.*4.pr.; ut epistulas..colligerem ~aremque Plin.*Ep.*1.1.1; ut..diurna acta confierent et ~arentur Suet.*Jul.*20.1.

Pūblicola ~ae, *m.* **Popl-.** A Roman cognomen esp. **b** P. Valerius Publicola, traditionally one of the first consuls.
Sil.2.8. β (l valer)ivs p f p n ~a *Act.Triumph.*8 (*CIL* 1.p.44). **b** Cic.*Rep.*2.53; Liv.2.8.1; P. Valerius, qui populi maiestatem uenerando ~ae nomen adsecutus est V.Max.4.1.1.

pūblicum ~ī, *n.* [next] Forms: see publicus¹.

1 Public property; *in ~um*, into public ownership or possession. **b** public land. **c** *in ~o*, in state custody.
sacrum profanum, ~um priuatum habent Pl.*Trin.*286; 1044; ne desit (aqua) in ~o (*i.e. in the public supply*) Vitr. 8.6.2;—praedia..in ~um dedisti Cato *orat.*118; frumenti quod inuentum est in ~um conferunt Caes.*Civ.*1.36.3; magna pars agri..recuperata in ~um erat Liv.42.19.1; tabernas.. in ~um emit 44.16.10. **b** in poplicod neve in preivatod *CIL* 1.581.15; non equidem ullam (*sc.* porticum) in ~o esse maiorem hac existumo Pl.*Mos.*909; cloacae..per ~um ductae Liv.5.55.5; clientem..parietem..demoliri iusserant, quod ~o inaedificatus esset 43.16.4; nullus usquam in ~o sipo, nulla hama Plin.*Ep.Tra.*10.33(42).2;—(*pl.*) uindice seruabat nullo sua ~a uolgus Ov.*Fast.*5.285; *Nux* 133;— (*w. gen.*) pvblic(um) fid(enatium) *CIL* 1.1502; quicquid.. sit extra Italiam quod ~um populi Romani factum sit Cic.*Agr.*2.38; in ~o municipii Ulp.*dig.*43.24.5.4. **c** C. Matrinium..in ~o biduum tenuit Cic.*Ver.*3.60; retentus in ~o est Liv.3.13.7; ne eum quidem intellegimus solutum, qui in ~o sine uinculis seruatur Gaius *dig.*50.16.48.

2 Public funds, the public purse.
rapere cupio ~um Pl.*As.*321; *St.*717; *CIL* 1.584.25; sumptus, qui debebatur de ~o Cic.*Inv.*2.87; HS lx, quod.. in ~o deposuerat Caes.*Civ.*1.23.4; eorum bona in ~um addicebat 2.18.5; Massilienses..pecuniam ex ~o tradunt 2.22.5; qvae pecvnia..in ~vm redacta erit *CIL* 1.594.1.4.19; quidquid captum ex hostibus est, uendidit..ac redegit in ~um Liv.2.42.2; hic primus uades ~o dedit 3.13.8; pecunias e ~o interceptas Tac.*Ann.*4.45; filiae ob paupertatem de ~o dotibus donatae Apul.*Apol.*18; ea (*sc.* summa sacramenti)..in ~um cedebat Gaius *Inst.*4.13;—(*w. gen.*) hs v m(ilia) n(ummum) in ~um eorum, quorum intra fines is ager erit, dare damnas esto *Leg.pub.*(*Font.iur.*p.96)15; bonis ..eorum in ~um Ardeatium redactis Liv.4.10.6.

3 The public interest; *in ~um*, for the public welfare or benefit; *in ~o*, as a matter of public concern. **b** (pl.) public affairs.
obicias oportet aliquid, quo ~um fuerit per me laesum Quint.*Decl.*326(p.284,l.6);—solus..felix in ~um fuit Sen. *Ep.*94.46; auxilium in ~um polliceri Quint.*Inst.*10.7.1; morem in ~um consulendi Plin.*Ep.*9.13.21; quam magnificus in ~um es! *Pan.*51.3;—si nemo erat idoneus supplicii exactor, in ~o animaduertebatur Liv.39.18.6. **b** per quos ~a administrantur Sen.*Ep.*73.1; ad ~a quoque.. accesserat 101.4.

4 The carrying out under contract of tax-collection or other public works, or the right to do so.
an tu te Veneris ~um..habere posse postulas quin otiosus fias? Pl.*Truc.*141; ~is male redemptis Cic.*Q.fr.*1.1.33; ~is sumendis *Parad.*46; ut militia uacarent dum in eo ~o essent Liv.23.49.2; cur ~a praesenti pecunia locamus? 34.6.17; postquam ~um Africae redemit Fro.*Aur.*1.p.232(86N); Asiatici ~i exiguam..particulam V.Max.6.9.7; ea (*sc.* uoluntate) ut ~a non solueret Quint.*Decl.*340(p.344,l.7); ~um quadragesimae in Asia egit Suet.*Ves.*1.2; si fidei heredis committatur, ut ipse ~um pro Titio praestet Ulp. *dig.*32.11.22; 39.4.1.1;—(*transf.*) illi..qui hoc salutationum ~um exerceat Sen.*Dial.*2.14.2.

5 The parts frequented by or accessible to the public; *in ~o*, in the open, in public; *in ~um*, into the open, into the streets, etc.
caruit senatu, caruit ~o Cic.*Mil.*18; *Har.*49; ut..nemo eorum forum aut ~um aspicere uellet Liv.9.7.11; ut.. matronas ~o arceant 22.55.6; quisque se proripit et penates suos deserit ac se ~o credit Sen.*Nat.*6.1.5; Tiberius atque Augusta ~o abstinuere Tac.*Ann.*3.3; Suet.*Cl.*36.1;—(*w.* per) quare me sequeris per ~um? Sen.*Con.*10.1.13; ingrediente per ~um principe Plin.*Pan.*24.3; Suet.*Aug.* 53.2;—(*w.* ex) si cenaculum ex ~o aditum habeat Ulp.*dig.* 43.17.3.7; si..ex ~o conspiciatur Paul.*dig.*2.4.19;—ut scriptum in ~o Ardeae in litteris extat Var.*R.*2.11.10; ne corrumpi tabulae facile possint, idcirco lex obsignatas in ~o poni uoluit Cic.*Flac.*21; noctu ambulabat in ~o Themistocles *Tusc.*4.44; Democritum..aiunt numquam sine risu in ~o fuisse Sen.*Dial.*4.10.5; cum in ~o nondum essent ullae marmoreae (columnae) Plin.*Nat.*17.6;—per hortum transibo, non prodibo in ~um Pl.*St.*614; haec (*sc.* signa) non in tuam domum neque in suburbana amicorum, sed Romam in ~um deportasses Cic.*Ver.*1.54; quotienscumque in ~um prodisset Nep.*Alc.*3.5; gladium in ~um trans maceriam horti abiecit Liv.23.9.13; uidebo te in ~um Petr.58.4; ciuitas omnis in ~um effusa Apul.*Met.*3.2; in ~um lauare Ulp.*dig.*47.10.13.7; statvam..sva inpensa refecit et in ~vm restitvit *CIL* 11.3801.10.

6 Public notice or cognizance.
tamquam in ~o uiuit Sen.*Ben.*7.1.7; haec ille in ~um Plin.*Nat.*2.94; haec qualiacumqu esunt..a te ~um accipiant Stat.*Silv.*2.pr.; si quis ea quae domi suae recte faceret, in ~um promit? Quint.*Inst.*1.1.22; in ~um promere Tac.*Ann.*6.24; orationi, quam nuper in ~um dedi (*i.e. published*) Plin.*Ep.*8.3.2; quid est palam? non utique in ~um, sed ut exaudiri possit Ulp.*dig.*28.1.21.

7 *in ~um*, As a body, corporately.
neminem sequentium laudare ausus est nisi in ~um et in commune, ueritus credo, ne multos offenderet, si paucos excerpsisset Tac.*Dial.*26.8; haec in ~um Ampsiuariis respondit, ipsi Boiocalo..daturum agros *Ann.*13.56.

pūblicus¹ ~a ~um, *a.* **popl-.** [populus;

publicus app. ad. **pubicus* (PVBES)] FORMS and ORTHOG.: *poblicai CIL* 1.397; *poublicon* 1.402, 403; *poplicod* 1.581.15; *pupl-* 1.583.11, PL.*Per*.65, *Rud*.572, APUL.*Met*.2.27. N.B.: see also RES PVBLICA.

1 Of or belonging to the people corporately, public, state-; (for *ius ~um*, see IVS[1]). **b** (used affectively to designate senatorial provinces).

FORTVNAI ~AI SACRA *CIL* 1.397; is priuatam seruitutem seruit illi an ~am? PL.*Capt*.334; AGER ~VS POPVLI ROMANEI *CIL* 1.585.4; pondera modiosque uasaque ~a *Leg.pub.* (*Font.iur*.p.46)3; pecunia ~a ex aerario erogata CIC.*Ver*. 3.165; nauem tibi operis ~is Mamertinorum esse factam 5.47; in Hyrcania plebs ~os alit canes *Tusc*.1.108; arma omnia priuata ac ~a CAES.*Civ*.2.18.2; censores uillam ~am in campo Martio probauerunt LIV.4.22.7; ~o frumento..in arcem conuecto 4.61.7; bona..eorum iussit ~a populi Romani esse 23.17.3; eos (*sc.* opifices) ~os fore populi Romani edixit 26.47.2; ~a..monimenta OV.*Pont*.1.1.5; seruus ~us natione Germanus VELL.2.19.3; qui aliquid ~o nomine facit SEN.*Con*.9.2.15; discessisse filiam ~a secum fata ducentem SEN.*Dial*.6.14.3; sermone ut nummo, cui ~a forma est QUINT.*Inst*.1.6.3; publicanis uectigalium ~orum populi Romani GAIUS *Inst*.4.28; qui ~a bona emerit 4.146; quem filium ~um omnis sibi ciuitas cooptauit APUL. *Met*.4.26; qui magistratibus municipalibus traditi sunt uel ~is ministeriis ULP.*dig*.11.4.1.6; peculia seruorum ciuitatium procul dubio ~a habentur 50.16.17. **b** Italia et ~ae prouinciae TAC.*Ann*.13.4.

2 Authorized, provided, maintained, etc., by the state, official. **b** (of religious observances, officials, etc.). **c** *~a acta*, the public record, the official gazette.

~isne..an maritumis negotiis? PL.*Trin*.331; legatus quo hinc cum ~o imperio fui *Truc*.92; fures priuatorum furtorum in neruo..aetatem agunt, fures ~i in auro atque in purpura CATO *orat*.221; tabulis priuatis ~isque auctoritatibus CIC.*Ver*.56; non ~o me praesidio, sed priuata diligentia defendi *Catil*.1.11; cum mandatis et cum ~o testimonio *Arch*.8; non incisa notis marmora ~is HOR.*Carm*.4.8.13; ~o auxilio nullo adiuti sunt LIV.1.30.7; ego sum ~us nuntius populi Romani 1.32.6; adductos..in ~um hospitium legatos 5.28.4; uiae..~a impensa factae 9.43.25; nuptias..tyrannus oppressit; hoc ~um diuortium fuit SEN.*Con*.2.5.3; malus denarius, quem barbarus et ignarus formae ~ae reiecit SEN.*Ben*.5.20.2; nulla iam ~a arma TAC. *Ann*.1.2; ~ae necessitudinis pignera priuatis cumulat officiis PLIN.*Ep.Tra*.10.26(11).1; estne Volumnio..uiaticum ~um decretum? FRO.*Amic*.2.p.178(193N); ex legibus iudiciorum ~orum MACER *dig*.48.1.1; ab omnibus officiis ciuilibus uel ~is remotae sunt ULP.*dig*.50.17.2. **b** SERVIAI C F SACERDOTIS LIBERI ~AI AQVINATIS *CIL* 1.1550; referendum ad sacerdotes ~os non putasti? CIC.*Dom*.132; quod ~a religione sanciri potuit, id abest *Balb*.35; *Har*.61; augur ~us *Fam*.6.6.7; ~a uota PROP.4.6.42; castra seruorum ~os uestros penates tenent LIV.3.17.3; omnes deos ~os priuatosque 5.52.3; o ~a numina OV.*Pont*.2.8.67; DEIS ~IS *CIL* 11.6492. **c** quos tum Claudius terminos posuerit, facile cognitu et ~is actis perscriptum TAC.*Ann*.12.24; est in ~is actis PLIN.*Ep*.5.13(14).8; 7.33.3.

3 Of or affecting everyone in the state, communal, public. **b** (w. *malum, bonum*).

luctu ~o CIC.*Phil*.9.5; miratur te non habuisse rationem huius ~ae difficultatis *Att*.7.18.4; cum..~as controuersias cognosset HIRT.*Gal*.8.46.6; inopiam eorum ~am leuauit NEP.*Att*.2.4; legum ritusque togaeque ~a uox saeuis aeternum obmutuit armis CORN.SEV.*poet*.13.15; iuuenum..prodis ~a cura HOR.*Carm*.2.8.8; nullum futurum fuisse Romae nisi ~um concilium LIV.2.28.3; causam ~ae pestis 8.18.4; dolor unius ~a causa fuit OV.*Ars* 1.688; animos ad ~a carmina flexi *Tr*.5.1.23; constituatur in conspectu ~o SEN.*Con*.1.5.2; saluti..~ae CURT.9.6.15; in ~a crudelitate mitem inueniri, in ~a perfidia fidelem! SEN.*Ben*.3.25; ~is..indulgentes uoluptatibus PLIN.*Nat*.36.4; reputante Tiberio ~um sibi odium TAC.*Ann*.6.30; in ~am perniciem 12.41; ~ae utilitatis causa ULP.*dig*.43.9.1.1; ~AS AVRES *CIL* 8.646; per pietatem ~am APUL.*Met*.2.27. **b** neque eos malo ~o diuites feci CATO *orat*.171; qui hoc malum ~um clandestinis consiliis conparauerunt SIS.*hist*.111; in malo ~o COEL.*hist*. 23; negotia..quibus ab malo ~o detineatur (pleps) SAL. *Rep*.1.7.2;—(*cf*.) quin..pessimo ~o id facturus fuerit LIV. 2.1.3; 4.4.5;—bene rem gerere bono ~o PL.*Capt*.499; ~o fiat bono *Trin*.220; etsi id bono ~o faceret LIV.28.41.2.

4 Available to, shared or enjoyed by, all members of the community, public.

nemo ire quemquam ~a prohibet uia PL.*Cur*.35; ⟨QVEIVE⟩ QVAESTIONE IOVDICIO⟨Q⟩VE ~O CONDEMNATV⟨S SIET⟩ *CIL* 1.583.11; locus ~us VAR.*L*.5.25; Socrates cum in uinculis ~is esset *Men*.99; balneas ~as CIC.*Cael*.62; ad hastam ~am numquam accessit NEP.*Att*.6.3; Vrbis ~um ludum HOR. *Carm*.4.2.42; ~a uicinae perstrepat aura uiae PROP.3.10.26; in carcere ~i custodia LIV.32.26.18; aquam ~am 39.44.4; templa..hac sunt..~a facta die OV.*Fast*.3.248; Cornelium..~is uinculis onerauit V.MAX.6.1.10; bibliothecis ~is LARG.97; uelut ~is praeceptoribus tradere QUINT.*Inst*.1.2.1; litus ~um JAVOL.*dig*.50.16.112; in flumine ~o GAIUS *Inst*. 4.159; ~a potitus libertate APUL.*Met*.4.20; ~um istum maritum..immo communem omnium adulterum 7.22; AD ORNATVM FORI ET AD FACIEM ~AM *CIL* 14.4721.

5 Common to all, universal. **b** (transf.) general, universal.

dialecticorum..uerba nulla sunt ~a, suis utuntur CIC. *Ac*.1.25; ~a materies priuati iuris erit HOR.*Ars* 131; scandenda est torui ~a cumba senis PROP.3.18.24; o lux inmensi ~a mundi, Phoebe pater OV.*Met*.2.35; ~a me requies curarum somnus habebat *Pont*.3.3.7; ~us pudicitiae hostis SEN.*Con*.1.5.1; quare..istas Epicuri uoces putes esse, non ~as SEN.*Ep*.8.8; hunc ~um errorem corrigere COL. 3.7.3; desiderio iam paene ~o QUINT.*Inst*.8.4.29; (*in litotes*) sermonem habes non ~i saporis PETR.3.1;—(*w. gen.*) princeps, qui ~um omnium hominum solacium est SEN. *Dial*.11.14.1; ~us finis generis humani *Ep*.70.2; ~a lex hominum PERS.5.98;—(*w. dat.*) nihil in uno iudicabis notabile aut foedum, quod genti suae ~um est SEN.*Dial*. 5.26.3. **b** cuius uitii causas quis alias quam ~as mundi inuenerit? PLIN.*Nat*.14.4; lignum maribus durum..feminae mollius, ~o discrimine in securibus 16.47; 16.88; ~um omnium (arborum) uitium 16.198.

pūblicus² ~i, *m*. [prec.] A public slave, often engaged in minor administrative and financial duties.

~OS CVM CINCTO LIMO IIII *CIL* 1.594.1.3.17; M LVCIO PVB XX LIB 2.4186; ⟨PIACVL⟩VM FACTVM..PER CALATOREM ET ~OS 6.2053; ABASCANTO ~O AVG(urum) 6.37177; in conductionibus ~orum ULP.*dig*.17.2.33.

Publiliānus ~a ~um, *a*. Belonging to or characteristic of a Publilius (in quots., the writer of mimes).

~am sententiam SEN.*Con*.7.3.8;—(*neut. as sb.*) Murredius..~um dedit (*i.e. a gnomic remark worthy of Publilius*) 7.2.14.

Publilius ~ia ~ium, *a*.

1 A Roman gentile name, esp.: **a** Publilius Syrus, writer of mimes in the first century B.C. **b** (fem.) Publilia, Cicero's ward and later second wife.

a Laberi et ~i poemata CIC.*Fam*.12.18.2; SEN.*Ep*.8.8; ~ium Antiochium, mimicae scaenae conditorem PLIN.*Nat*. 35.199; GEL.17.14.1. **b** CIC.*Att*.12.32.1; QUINT.*Inst*.6. 3.75.

2 Of or named after a Publilius.

lex ~ia GAIUS *Inst*.4.22.

Publipor ~oris, *m*. [next+-*por* (see PVER)] A Roman slave-name, 'Publius' boy'.

SAL.*Hist*.3.99; illud genus (*i.e. of name*), quod ducebatur a domino, unde 'Marcipores ~oresque' QUINT.*Inst*.1.4.26.

Publius ~(i)ī, *m*. A Roman *praenomen*, abbrev. P.

TE.., SCIPIO, RECIP⟨I⟩T TERRA, ~I, PROGNATVM ~IO, CORNELI *CIL* 1.10; quoniam..illi (*sc. the Optimates*) haberent suum ~ium (*i.e. P. Clodius*) CIC. *Fam*.1.9.19; HOR.*S*.2.5.32; PERS.5.74;—(*abbrev.*) P. Crassus CAES.*Gal*.3.20.1; P. Cornelius Aruina LIV.9.42.10.

Pūcinus ~a ~um, *a*. Of or coming from Pucinum, a town of Venetia.

~o uino PLIN.*Nat*.14.60.

pudefaciō ~acere ~ēcī ~actum, *tr*. [PVDEO+FACIO] To make ashamed.

tibias, cum ad os adhibuisset, inflassetque, ~actus oris deformitate abiecit GEL.15.17.1.

pudendus ~a ~um, *a*. [gdve. of PVDEO] That one ought to be ashamed of, shameful, disgraceful, scandalous. **b** *pars ~a*, the genitals; (also neut. pl. as sb.).

quid est quod ~um siet..ducere te uxorem? PL.*Epid*.168; ~am..hortabar fugam *Inc.trag*.63; ut iam ~um sit honestiora decreta esse legionum quam senatus CIC.*Phil*.5.4; non ..~is uulneribus pulsum aspicies VERG.*A*.11.55; uerba ~a TIB.2.1.74; ut..~as clades exercituum taceam LIV.25.6.10; huic uictor uicto nempe ~us eras! OV.*Ep*.9.70; me laudant, ille ~us amor! *Fast*.3.500; inscientiam ~am PLIN.*Nat*. 17.94; foeda ac ~a uitia TAC.*Dial*.32.3; quamuis domus Hortensii ~am ad inopiam delaberetur *Ann*.2.38; negotiationes..uel priuato ~as propalam exercuit *Ves*.16.1; (uorsus) a me factos quasi ~os protulerunt APUL.*Apol*.5; (*w. sup.*) ~um dictu, Mariccus quidam, e plebe Boiorum, inserere sese fortunae..ausus est TAC.*Hist*.2.61;—(*of persons in respect of their own behaviour*) Italia, per quam somno et luxu ~us incesserat 2.90; (Nero) circa cultum habitumque adeo ~us, ut comam..pone uerticem summiserit SUET.*Nero* 51.1;—(*neut. as sb.*) ubi quis ~a queritur, ut stuprum QUINT.*Inst*. 11.1.84; JUV.8.139; (*used parenth.*) tum uincla uiro manicaeque, ~um, addita SIL.17.140. **b** pars..sub iniecta ueste ~a latet OV.*Ars* 2.618;—(*neut. pl.*) lacerationes..medicorum ..~a curantium SEN.*Dial*.6.22.3.

pudens ~ntis, *a*. *compar*. ~ntior, *superl*. ~ntissimus. [pple. of PVDEO] Having a due sense of what one's position requires, behaving properly, decent, etc. **b** (esp., with emph. on what is avoided) showing a proper restraint, modest, bashful, or sim.

me adiit, ut ~ntem gnatum aequomst patrem PL.*As*. 82; militatum abiit..—..illud inceptum..animist ~ntis signum et non instrenui TER.*Hau*.120; estne quisquam qui tibi purior, ~ntior, humanior,..uideatur? CIC.*Q.Rosc*.18; cur ~ntissimas..feminas in tantum uirorum conuentum..prodire cogis? *Ver*.1.94; habet..quendam aculeum contumelia, quem pati ~ntes ac uiri boni difficillime possunt 3.95; sic paruit ut seuero imperatori miles ~ns *Tusc*.2.51; neque ~ntis suspicari oportet sibi parum credi neque improbos scire sese timeri CAES.*Civ*.2.31.4; (*as the name of a mule*) *CIL* 14.4754;—(*of actions, etc.*) iocatio est oratio, quae ex aliqua re risum ~ntem et liberalem potest conparare *Rhet.Her*.3.23; motus sine rusticitate ~ntes OV.*Ep*. 19.59. **b** graue est..homini ~nti petere aliquid magnum CIC.*Fam*.2.6.1; muta ~ns est (*i.e. in her lover's eyes*) LUCR. 4.1164; cur nescire, ~ns praue, quam discere malo? HOR. *Ars* 88; si doctus uideare rudi petulansue ~nti OV.*Ars* 1.767; —(*of actions, words, etc.*) translationem ~ntem dicunt esse oportere *Rhet.Her*.4.45; ~ntiores..litteras miserat..quam eas quas postea misit, quibus per se scribit confectum esse Parthicum bellum CIC.*Att*.5.21.2; ueniam peto ~ntem CATUL.15.2.

pudenter, *adv*. *compar*. ~ius, *superl*. ~issimē. [prec.+-TER²] With a proper sense of what is fitting; (usu.) with a proper sense of restraint, modestly, without assertion, etc.

scis nos..constituisse Montani nomine HS $\overline{XXV}$ dissoluere. ~issime hoc Cicero petierat ut fide sua CIC.*Att*.16.15.5;—malo ~er metientem AFRAN.*com*.80; adimere..omnem recusationem Crasso uolui, quem..sciebam uel ~ius uel inuitius..ad hoc genus sermonis accedere CIC.*de Orat*.2.364; 'quid uobis' inquit 'istic negoti in meost?' seruus respondit ~er.. *Tul*.20; ea me ~er uiuendo consecutum esse quae tu impudenter uaticinando sperare te saepe dixisti *Vat*.6; CATUL.15.13; Camenae..meas chartas reuisitote, sed ~er et raro VERG.*Cat*.5.14; distat sumasne ~er an rapias HOR. *Ep*.1.17.44; *Ars* 51; si sciant..homines nihil..posse celari, repressius ~iusque peccabitur GEL.12.11.5; APUL.*Met*.3.12.

pudeō ~ēre ~uī or (impers.) ~itum est, *tr*., *intr*. [perh. cogn. w. PAVIO and primary sense 'beat back' or sim.] FORMS: fut. pple. *~iturum* PLIN.*Nat*.36.108. Dep. form occ. in pf., in pres. stem *~eatur* PETR.47.4. For gdve. see PVDENDVS.

1 To fill with shame, make ashamed: **a** (impers., w. acc. of person affected and gen. expr. the cause of shame; also w. gen. expr. a person, etc., the prospect of whose disapproval makes one ashamed). **b** (w. neut. pron. or rarely sb. as subj.). **c** (w. inf. or acc. and inf. as subj.; also w. causal cl. or sup.). **d** (w. cause of shame not expr. or not part of const.).

a pol, si aliud nil sit, tui me, uxor, ~et PL.*As*.933; facti ~et, ne ineptus..uidear TER.*Hau*.576; ut me non solum pigeat stultitiae meae sed etiam ~eat CIC.*Dom*.29; Famam, Roma, tuae non ~et historiae PROP.3.22.20; ~ere se numeri sui nequiquam aucti LIV.3.31.2; quorum non ~eat, posse referre iocos OV.*Pont*.2.10.42; donec Fortunam criminis ~eat sui PHAED.2.9.19; COL.8.8.10; mens abiit, ~uitque fugae SIL.10.264; Apollinem tam humilis uictoriae ~itum est APUL.*Fl*.3;—(*w. gen. expr. person likely to disapprove*) neque mei neque te tui intus ~itumst factis quae facis PL. *Bac*.379; deum..me atque hominum ~et *Trin*.912; perii, ~et Philumenae TER.*Hec*.793; si te municipiorum non ~ebat, ne ueterani quidem exercitus? CIC.*Phil*.2.61; LIV. 22.14.4; (*w. double gen.*) uirgines uereor aequalis, patris mei meum factum (*gen. pl.*) ~et ENN.*scen*.59. **b** siquidem te quicquam quod faxis ~et PL.*Mil*.624; ~ebat..conmemoramentum stupri CAECIL.*com*.166; Hecuba, hoc dolet ~et piget *Inc.trag*.21; cum id ~et illud..dicunt, quod est inpudentius CIC.*Fat*.37; si consanguineos nos Romanorum esse, quod olim ~ebat, nunc gloriari licet LIV.8.4.3; (*w. causal cl. explaining neut. pron.*) idne ~et te, quia captiuam genere prognatam bono..es mercatus? PL.*Epid*.107;—(*pl.*) non te haec ~ent? TER.*Ad*.754; semper metuet quem saeua ~ebunt LUC.8.495. **c** ~et prodire me ad te in conspectum, pater PL.*Bac*.1007; deserere illum..in rebus aduorsis ~et *Trin*.344; non ~uisse uerberare hominem senem! TER.*Ad*.562; nonne esset ~itum..Trallianum omnino dici Maeandrium? CIC.*Flac*.52; quam seuere nos M. Curtius accusat ut ~eat uiuere *Att*.14.9.2; quem..Romanorum ~et uxorem ducere in conuiuium? NEP.pr.6; cum sene non ~uit talem dormire puellam PROP.2.18.17; ~et..armatos quaerere quemadmodum tuti sint SEN.*Suas*.2.1; concessa ~et ire uia ciuemque uideri LUC.2.446; quae referendo ~et docere PLIN.*Nat*.14.138; nonne uos ~itum est haec crimina..obiectare..? APUL.*Apol*.25;—(*w. causal cl.*) nos ~et, quia cum catenis sumus PL.*Capt*.203; *Ps*.279;—(*w. sup.*) Gallos et Germanos et (~et dictu) Britannorum plerosque TAC.*Ag*.32.1. **d** ego insipiens noua nunc facio: ~et quem priu' non ~itumst umquam PL.*Cas*.878; me piget parum ~ere te *Trin*.661; non simultatem meam reuereri saltem! non ~ere! o facinus audax..! TER.*Ph*.233; ut illi efferuntur laetitia, cum uicerunt! ut ~et uictos! CIC.*Fin*.5. 61; ignoscere hominum est, ubi ~et cui ignoscitur PUB.*Sent*. I.29; ~et aestimantem quam sit friuola animalium superbissimi origo PLIN.*Nat*.7.43; TAC.*Ger*.43.2; (*parenth.*) de.. Bouillis—~et—sed triumphauimus FLOR.*Epit*.1.5(1.11.6); (*poet.*) saturarum ego, ni ~et illas, auditor..ueniam JUV. 3.321;—(*gd.*) ad misericordiam inducitur, ad ~endum CIC. *Brut*.188.

2 (w. person as subj.) To feel shame, be ashamed.

ita nunc ~eo atque ita nunc paueo PL.*Cas*.877; dum ~eo (duplideo *codd.*), pereo AED.*poet*.1.4; qui assiduis conuiciis ~ere dedicerat SEN.*Dial*.2.17.3; perhorrescat necesse est et ~eat tacitus GEL.5.1.3.

pudibundus ~a ~um, *a*. [prec.+-BVNDVS]

1 Filled with shame, shamefaced; (transf., of a flower) blushing.

Tragoedia..intererit Satyris paulum ~a proterius HOR. *Ars* 233; ipsa nihil praeter lacrimas ~a profudi OV.*Ep*. 11.81; diu reticet ~aque celat amictu ora *Fast*.2.819; SEN. *Her.F*.1178; (pauo) cauda..amissa..~us ac maerens quaerit latebram PLIN.*Nat*.10.44; STAT.*Ach*.1.918;—(*poet.*) exoritur ~a dies (*i.e. ashamed of the evil deeds committed on it*) *Theb*.5.296;—rosa..~a *Culex* 399.

2 That causes one to blush, shaming, dishonouring.

~os exercere sales inter conuiuia *Laus Pis*.126; date fallaci ~a senectae (*i.e. of Pelias*) exitia indecoresque obitus V.FL.1.809; ~a..tegmina matris tympanaque et mollem..miser (*sc.* Pentheus) accipit hastam 7.303.

pudīcē, *adv*. *compar*. ~ius. [PVDICVS+-E] With a sense of propriety, decently, respectably. **b** (transf.) in a chaste or subdued style.

(*w. ref. to moral outlook*) puer bene ~eque educatust usque ad adulescentiam PL.*Capt*.992; *Cur*.518; haec ~e ultam parce ac duriter agebat TER.*An*.74; ut..conserues puerum mihi ~e CATUL.15.5; quid tibi nunc mores prosunt actumque ~e omne aeuom..? *Epic.Drusi* 41; (mulier) potuisset ~e respondere QUINT.*Inst*.5.11.29; ubi (liberi)..~ius continerentur quam sub oculis parentum..? PLIN.*Ep*. 4.13.4; uersus..tanto ~ius compositi quanto simplicius professi APUL.*Apol*.11;—(*w. ref. to manners*) alter ~e pranderit, alter labellis gesticulatus erit FRO.*Aur*.2.p.104(156N).

b unumquodque..genus (dicendi)..cum caste ~eque ornatur, fit illustrius GEL.6(7).14.11.

pudīcitia ~ae, *f.* [next+-*itia* (-IA)] Sexual purity, chastity, virtue. **b** (worshipped as a goddess).

numquam nimis potest ~am quisquam suae seruare filiae PL.*Epid.*405; ~ast..eos nos magnuficare qui nos socias sumpserunt sibi *St.*100; eam summa integritate ~aque existimari CIC.*Ver.*1.64; parcat iuuentus ~ae suae, ne spoliet alienam *Cael.*1.42; CATUL.61.217; mulieres ~am in propatulo habere SAL.*Cat.*13.3; casta ~am seruat domus VERG.*G.*2.524; PROP.1.2.24; ultor uiolatae ~ae LIV.2.7.4; 3.61.4; OV.*Ep.*5.104; VELL.2.48.3; improbum esse qui ab uxore ~am exigit, ipse alienarum corruptor uxorum SEN. *Ep.*94.26; inest ~a illis (*sc.* columbis) plurima et neutri nota adulteria PLIN.*Nat.*10.104; neque femina amissa ~a alia abnuerit TAC.*Ann.*4.3; rara est..concordia formae atque ~ae JUV.10.298; suam..~am..prostituit SUET.*Nero* 29.1. **b** templa ~ae quid opus statuisse puellis..? PROP.2.6.25; in sacello ~ae Patriciae, quae in foro bouario est LIV. 10.23.3; JUV.6.308; plebeiae ~ae sacellum Romae..colebatur PAUL.*Fest.*p.237M.

pudīcus ~a ~um, *a. compar.* ~ior, *superl.* ~issimus. [PVDEO+-ICVS] FORMS: abl. pl. ~*abus* GEL.*hist.*23.

1 Sexually pure, chaste. **b** (of actions, circumstances, etc.). **c** (fig., of style) chaste, subdued.

tam a me ~a est quasi soror mea sit PL.*Cur.*51; possumus eos, qui a stupro arcentur infamiae metu, ~os dicere CIC. *Leg.*1.51; CATUL.16.4; ~ae coniugis osculum HOR.*Carm.* 3.5.41; ~um..Hippolytum 4.7.25; uirginem ego hanc sum ducturus nuptamque ~am habiturus LIV.3.45.6; matrona ~ior OV.*Ib.*347; feminam sanctissimam et ~issimam APUL. *Apol.*78; (*iron.*) bellum et ~um uero prostibulum popli PL.*Aul.*285; (*cf.*) lasciuus uersu, mente ~us eras HADR. *poet.*2;—(*masc. or fem. as sb.*) CATUL.110.5; haec etiam clausas expugnant arma ~as PROP.3.13.9; lacrimae decuere ~am OV.*Fast.*2.757; (*poet.*) Ianum.., liber, spectare uideris, scilicet ut prostes..odisti clauis et grata sigilla ~o HOR.*Ep.*1.20.3. **b** ad ~os mores facta haec fabula est, neque in hac subigitationes sunt PL.*Capt.*1029; nullum.. ~um neque sobrium conuiuium CIC.*Ver.*3.160; famae iactura ~ae PROP.2.32.21; te..mihi taeda ~a dedit OV.*Ep.*6.134; eorum (*sc.* librorum) parum..~am lectionem arbitrabantur V.MAX.6.3.ext.1; ~os coniugis..toros SEN.*Ag.*110; haerebat iuueni deuinctus amore ~o..Dorceus STAT.*Theb.*9.808; sermo ~us JUV.6.193; umbra..Tlepolemi..quietem ~am interpellat uxoris APUL.*Met.*8.8. **c** grandis et, ut ita dicam, ~a oratio non est maculosa nec turgida, sed naturali pulchritudine exsurgit PETR.2.6.

2 (without ref. to sexual morality) Having a sense of decency, honourable.

si quidem sis ~us, hinc facessas PL.*Rud.*1062; is est honos homini ~o, meminisse officium suom *Trin.*697.

pudor ~ōris, *m.* [PVDEO+-OR]

1 A feeling of shame (arising from a particular action or circumstance). **b** ~*or est mihi* (+inf., acc. and inf.), I feel ashamed (to, that). **c** (w. gen. of person, etc.) a feeling of shame (towards), regard (for). **d** shame in its outward manifestation, i.e. blushing.

ubi pudendum est ibi eos deserit ~or PL.*Epid.*166[a]; Valerius tribunus, ceteris inter metum ~oremque ambiguis, ..progreditur ?QUAD.*hist.*12; se ~ore deterritum ad me non uenisse quod me sibi suscensere putaret CIC.*Att.*10.15.3; conferre manum ~or iraque monstrat VERG.*A* 9.44; ingenuus color mouetur ~ore petendo rem suspiciosam VITR.6.pr.5; se ipse interfecit, ~ore magis quam necessitate TAC.*Hist.*4.11; (adulter) cruciatur conscientia, ~ore torquetur CALP.*Decl.*49;—(*pred. dat.*) ne sit ancillae tibi amor ~ori HOR.*Carm.*2.4.1; neue reformida, ne sim tibi forte ~ori OV.*Tr.*3.1.3; TAC.*Ann.*4.57;—(*w. gen.*) quem (tenet) paupertatis ~or HOR.*Ep.*1.18.24; tantus..maeror patres misericordiaque sociorum peremptorum..et ~or non lati auxilii.. cepit LIV.21.16.2; ipsum..~or relinquendi equites..tenuit 39.49.2; ut ~or hominibus peccandi demeretur SEN.*Dial.* 7.26.6; QUINT.*Inst.*12.pr.1;—(*w. inf.*) trepida..a mente recedit uertere terga ~or SIL.4.329. **b** (*w. inf.*) ~or est eloqui *Inc.pall.*60; nec mihi uera loqui ~or est [TIB.]3.2.7; nescia uirtus stare loco, solusque ~or non uincere bello LUC.1.145; STAT.*Theb.*8.522;—(*w. acc. and inf.*) ~or est quaedam coepisse priorem OV.*Ars* 1.705. **c** me..ciuium porcet ~or ENN.*scen.*328; tot me inpediunt curae..: misericordia huius..patris ~or TER.*An.*262; ~ore hominum aspectum lucemque uitare CIC.*Sul.*74; homini in quo aliqui, si non famae ~or, at supplici timor est *Prov.*14; armato (*sc.* Hannibali) nullus diuum ~or; improba uirtus SIL.1.58; non comites tenuisse ualent, non ullus honorum militiaeue ~or 13.391; parte uicta decentius erit, quotiens contigerit, seruare iudicum ~orem QUINT.*Inst.*11.1.78. **d** erubuit. 'decet alba quidem ~or ora..' OV.*Am.*1.8.35; non adeo nostro fugit ab ore ~or *Tr.*2.30; cum dira uoluptas ense subit presso, galeae texere ~orem LUC.4.706; ad quas ille uoces lacrimis etiam ac multo ~ore suffunditur PLIN.*Pan.* 2.8; (*poet.*) rosa plena ~oris COL.10.102;—(*cf.*) uide num eius color ~oris signum usquam indicat TER.*An.*878; ~oris haec sedes (*i.e. the cheeks*), ibi maxime ostenditur rubor PLIN.*Nat.*11.157.

2 Consciousness of what is seemly, sense of propriety or restraint, decency, scrupulousness, etc. **b** regard for the decencies in sexual behaviour, dress, language, demeanour, etc., modesty; (spec.) chastity. **c** shyness, reserve, or sim.

si in te ~or adsit, non me appelles PL.*St.*322; ~ore et liberalitate liberos retinere TER.*Ad.*57; LUCIL.1048; ~orem ..ac religionem (declarauit) quod..ad hospites meos.. deuerti potius quam ad eos qui a me auxilium petiuissent CIC.*Ver.*1.16; estne..tui ~oris..primum rogare de die, deinde plus annua postulare? *Fam.*7.23.1; me ad Pompeium proficisci siue ~or meus coegit siue officium 11.27.4; inest moderator cupiditatis ~or *Fin.*2.113; ubi eorum famam atque ~orem adtriuerat, maiora alia imperabat SAL.*Cat.* 16.3; aut hoc, aut nihil est, pro me temptare modeste gratia quod saluo uestra ~ore queat OV.*Pont.*1.2.66; haerebat inter cupiditatem ~oremque CURT.10.6.18; ingenti faciet conuicia uoce: esse ~or uetuit fortia uerba mihi MART. 3.46.10; si ~or est, primum miserere tuorum STAT.*Theb.* 10.710; nemo proturbabatur..; tanta uiatoribus quies, tantus ~or fascibus PLIN.*Pan.*76.8; (*humorously*) multis iam diebus uenter mihi non respondit..spero tamen, iam ueterem ~orem sibi imponet PETR.47.3;—(*personified*) HOR.*Saec.*57; —(*poet.*) quis desiderio sit ~or aut modus tam cari capitis? *Carm.*1.24.1;—(*colloq.*) ite domum pasti, si quis ~or, ite iuuenci VERG.*Ecl.*7.44; tu.., qui spectas post nos, tua contrahe crura si ~or est OV.*Am.*3.2.24; ullus si ~or est, repone cenam MART.2.37.10; JUV.3.153. **b** nefarias eius libidines commemorare ~ore deterreor CIC.*Ver.*1.14; ~or tuus (*i.e. Clodia's*) defendet nihil a M. Caelio petulantius esse factum *Cael.*50; quae deinde meus celat, amice, ~or PROP.1.13.18; Appius.., postquam omnia ~ore saepta animaduerterat, ad crudelem superbamque uim animum conuertit LIV.3.44.4; naturae partes ueste quas celat ~or PHAED.4.15(16).5; excellens erat forma, et formam ~or honestabat CURT.6.2.6; quis Floralia uestit et stolatum permittit meretricibus ~orem? MART.1.35.9; 11.45.7; hic nullus uerbis ~or aut reuerentia mensae JUV.2.110;—(*spec.*) oculos et quae tibi membra ~orem abstulerunt, ferro rapiam OV.*Met.*6.616; uirginei custos grandaeua ~oris (*i.e. Medea's*) V.FL.5.356; illa astu tacito raptumque ~orem turgentemque uterum..occuluit STAT.*Ach.*1.671; (*pl.*) castos uiolare ~ores sacratamque..uittam temptare puellae *Lydia* 53; (*personified*) pater omnipotens abigat me fulmine ad umbras..ante, ~or, quam te uiolo aut tua iura resoluo VERG.*A.*4.27. **c** ~ore a dicendo et timiditate ingenua quadam refugisti CIC.*de Orat.*2.10; adulescentis modestissimi ~or *Planc.*27; non..soleo temere contra Stoicos..~ore impedior *Fin.*4.2; nec meus audet rem temptare ~or HOR. *Ep.*2.1.259; iunxisti..securitatem olim imperantis et incipientis ~orem PLIN.*Pan.*24.1; SUET.*Nero* 23.3.

3 One's honour or self-respect.

meus ~or, mea existimatio, mea dignitas in discrimen adducitur PLIN.*Ep.*2.9.1; neque..aderat alius, qui defunctae ~orem tueretur 5.1.6; in ultionem non tam imperii R. quam ~oris Metellus adsurgit FLOR.*Epit.*1.36(3.1.10); 2.8(3.20.12); ~or potius oneratur, quam ignominia uidetur irrogari PAPIN.*dig.*3.2.20; iniuria, quae fit liberis nostris, nostrum ~orem pertingit ULP.*dig.*47.10.1.5.

4 A source of shame, dishonour, humiliation. **b** (applied to a person, etc., that brings shame on others).

haud sine ~ore certe fractum priore anno in se imperium repetiturum LIV.6.38.11; nunc, quantus ~or esset, edocens ab Liguribus..Romanum exercitum obsideri 40.27.10; bellum per quadriennium ingenti etiam ~ore nostro tractum 45.39.8; eueniat nostris hostibus ille ~or! OV.*Am.*3.11.16; nostrum uulgat clamore ~orem *Ep.*11.79; is..~or mansisset adhuc, nisi..armis Caesaris Ausoniae protegerentur opes *Fast.*5.587; uenia est haec sola ~oris degenerisque metus LUC.3.148; si tardus..mea uota cano, tua culpa tuusque hic ~or STAT.*Silv.*4.8.42; profuisse disciplinae ipsum ~orem (*i.e. of defeat*) TAC.*Hist.*3.2;—(*w. defining gen.*) deterges sterilis soli ~orem STAT.*Silv.*4.3.87; Tiridates cum paucis in Syriam reuectus ~ore proditionis omnis exoluit TAC.*Ann.* 6.44. **b** destinat hunc Minos thalamo remouere ~orem (*i.e. the Minotaur*) multiplicique domo..includere OV.*Met.* 8.157; quid dicis,..omnium hominum deorumque ~or? PETR.132.9.

5 (exclam.) ~*or!* For shame!; also *pro* ~*or!*

o ~or! o magna Carthago, probrosis altior Italiae ruinis! HOR.*Carm.*3.5.38; heu ~or, exigua est fugiens uictoria Magnus LUC.2.708; quamuis tum, o ~or, manu seruili pugnaret (Fabius) FLOR.*Epit.*1.22(2.6.30);—habet institores aqua et annonam (pro ~or!) SEN.*Nat.*4b.13.8; qui, pro superum ~or, arma satelles regia gestabat LUC.8.597; STAT. *Theb.*10.874; FLOR.*Epit.*1.5(1.11.9).

pudōricolor ~ōris, *a.* [prec.+COLOR] Shame-coloured, i.e. blushing, rosy.

(Laeuius) rubentem Auroram ~orem appellauit GEL. 19.7.6.

puella ~ae, *f.* [fem. of PVELLVS] FORMS: dat. or abl. pl. ~*abus* in GEL.*hist.*22.

1 A female child, girl. **b** (w. gen. or poss. adj.) a daughter.

paruolam ~am proiectam ex angiportu sustuli PL.*Cist.* 124; meministin..mihi te maxumo opere edicere, si ~am parerem, nolle tolli? TER.*Hau.*627; ~ae salutem Atticulae dices CIC.*Att.*6.5.4; sub nutrice ~a..si luderet infans HOR. *Ep.*2.1.99; iam uiolam puerique legunt hilaresque ~ae OV. *Tr.*3.12.5; illa..si tam ~a est, ut dicat: 'mater, quid est uenenum?' SEN.*Con.*9.6.11; ~a..quae non plus quam septem annos habere uidebatur PETR.25.2; TAC.*Ann.*5.9; hoc discunt omnes ante alpha et beta ~ae JUV.14.209; PAUL.*dig.*30.122;—(*in addressing a daughter, cf. sense 1b*) iubemus te saluere, mater.—saluete, ~ae PL.*Rud.*264. **b** grato Danai ~as carmine mulces HOR.*Carm.*3.11.23; MART.11.1.11; Homerus pueros ~asque eius (*sc.* Niobae) bis senos dicit fuisse GEL.20.7.2.

2 A young woman (married or otherwise), girl, maiden. **b** (applied to nymphs, goddesses).

non pudet ~am amplexari baiiolum in media uia? PL. *Poen.*1301; ~ae pernici (*i.e. Atalanta*) CATUL.2[b].1; laborantes utero ~as HOR.*Carm.*3.22.2; tu, fallacis coniunx incaute ~ae TIB.1.6.15; dum..haec fiunt, uiduae cessate ~ae OV. *Fast.*2.557; Phasias..~a (*i.e. Medea*) *Pont.*3.3.80; Perseos effigies, seruatae grata ~ae (*i.e. Andromeda*) GERM.*Arat.* 249; uxor..formonsa, pudica, ~a MART.9.66.1; ~a (*sc.* Octauia) uicesimo aetatis anno..praesagio malorum iam uitae exempta TAC.*Ann.*14.64; carmina..a fatidica ~a pronuntiata SUET.*Gal.*9.2; miseremini et Amoris uxori, ~ae lepidae APUL.*Met.*6.10;—(*transf., applied to a bitch*) (catella) ignorat Venerem; nec inuenimus dignum tam tenera uirum ~a MART.1.109.16. **b** Dryadas..~as VERG.*Ecl.*5.59; Ionii..~a maris PROP.2.26.14; diuersae..nouem sortitae iura ~ae (*i.e. the Muses*) 3.3.33; lanificas..tres..~as (*i.e. the Fates*) MART.4.54.5; lucos Elysiae..~ae (*i.e. Persephone*) 10.24.10.

3 A young woman as an object of sexual interest. **b** (spec.) one's girl, sweetheart.

nisi cena prior potiorque ~a Sabinum detinet adsumam (*i.e. as guest*) HOR.*Ep.*1.5.27; (Amor) me docuit castas odisse ~as PROP.1.1.5; adulescens..quem tanquam ~am conduxit etiam qui uirum putauit PETR.81.4; festinat Polytimus ad ~as (*i.e. heterosexuality*) MART.12.75.1; lenone suas iam dimittente ~as JUV.6.127; dum serta unguenta ~as poscimus, obrepit..senectus 9.128. **b** passer, deliciae meae ~ae CATUL.2.1; 35.8; lapis est..suam quicumque ~am uerberat TIB.1.10.59; PROP.3.15.21; postibus et durae supplex blandire ~ae OV.*Ars* 2.527; ea nec Tonantis uxor nec ..Apollinis ~a erepto sibi uiueret Caleno MART.10.35.20.

4 A slave-girl.

nouiciae ~ae TER.*Eu.*582; HOR.*Carm.*4.11.10; grauibus pensis adfixa ~a TIB.1.3.87; desine..ornare capillos, tangat et insanum nulla ~a caput MART.2.66.6; JUV.6.354.

puellāris ~is ~e, *a.* [prec.+-ARIS] Of, befitting, or characteristic of a girl, girlish.

~es tardat harena pedes OV.*Ep.*10.20; dum Proserpina.. ~i studio calathos..inplet *Met.*5.393; uestem ~em SEN. *Con.*exc.5.6; equitare, uenari, ~ia pensa sunt, ferire hostem adultarum stipendium est MELA 3.35; aetate tam ~i QUINT. *Inst.*6.pr.5; suauitas ~is PLIN.*Ep.*5.16.2; pupillum..cuius ..ora ~es faciunt incerta capilli JUV.15.137; imaguncularn ~em SUET.*Nero* 56.

puellāriter, *adv.* [prec.+-TER[2]] In a girlish manner.

se praegnantem esse ~ nescit PLIN.*Ep.*8.10.1.

puellascō ~ere, *intr.* [PVELLA+-SCO] To become girlish or effeminate.

multi pueri ~unt VAR.*Men.*44.

puellitor ~ārī, *intr.* [PVELLA+-ITO] (of an old woman) To act like a girl.

LABER.*com.*139.

puellula ~ae, *f.* [PVELLA+-VLA] A (young) girl or maiden.

~am citharistriam TER.*Ph.*81; POMPON.*com.*67; riuales socii ~arum CATUL.57.9; brachiolum teres..~ae 61.175; SULP.*peri.Ter.Eu.*7.

puellus ~ī, *m.* [next+-LVS] A (young) boy. **b** (in erotic context) a catamite.

Poeni suos soliti dis sacrificare ~os ENN.*Ann.*221; formonsus homo ac te dignus ~us LUCIL.173; grauida.. mater peperit Ioui ~um VAR.*Men.*19; ~um impuberem 485; LUCR.4.1252; quod antiqui..pueros ~os dictitarent SUET. *Cal.*8.3; APUL.*Met.*7.21; ~i puellaeque uirenti florentes aetatula 10.29. **b** dum semihiulco sauio meum ~um sauior *Inc.*(*poet.*p.139).2.

puer ~erī, *m.*, (*f.*). [cf. Osc. *puklum*, Skt. *pōtaḥ*] ORTHOG.: *pouer- CIL* 4.3730. FORMS: nom. sg. ~*erus* PL.*Truc.*906(cj.); voc. sg. ~*ere* PL.*As.*382, *Cur.*75, etc., CAECIL.*com.* 100; gen. pl. ~*erum* PL.*Truc.*763.

1 A non-adult male, boy. **b** (quasi-adjl.) young, boy-. **c** *a* ~*ero* (~*eris*), from boyhood. **d** (voc. pl., colloq., used in addressing one's comrades).

illam geminos filios ~eros peperisse conspicor PL.*Am.* 1070; ~er..septuennis *Mer.*292; ~eros pusillos si laues eo lotio CATO *Agr.*157.10; in hoc genere ~eri apud magistros exercentur omnes CIC.*de Orat.*1.244; Cicero meus, modestissimus et suauissimus ~er *Att.*5.9.3; ego (*sc.* Attis) mulier, ego adolescens, ego ephebus, ego ~er CATUL.63.63; laudator temporis acti se ~ero HOR.*Ars* 174; ~erum adultum LIV. 27.19.8; 29.29.7; (Ptolemaeus) ~ero quam iuueni propior VELL.2.53.1; nemo tam ~er est, ut Cerberum timeat et tenebras SEN.*Ep.*24.18; ~er..crispus, mollis, formosus, nomine Giton PETR.97.2; a sermone Graeco ~erum incipere malo QUINT.*Inst.*1.1.12; eum ~erum, cum adoleuisset, uictorem in certaminibus fore GEL.15.20.2;—(*upper age-limit stated*) Seruium Tullium..~eros esse existimasse, qui minores essent annis septem decem 10.28.1;—(*applied to youthful gods*) ~eri (*i.e. Cupid*)..arcum sentire medullis PROP.1.9.21; nunc mihi.., ~er et Cytherea, fauete OV.*Ars* 2.15; Maenalius..~er (*i.e. Pan*) GRAT.19;—(*hyperb. applied to a very young man*) nos prouinciae praefecimus Coelium. '~erum' inquies CIC.*Att.*6.6.3; ~er..egregius (*i.e. Octavian, aged 20*) praesidium..summae rei p. comparauit *Fam.* 12.25.4;—(*cf.*) propterea..tu mercatu's (ancillam), nouos amator, uetus ~er (*i.e. an old man aping a boy*)? PL.*Mer.*976. **b** ~erum Ciceronem curabis et amabis CIC.*Att.*4.7.3; uelim ..Lentulum ~erum uisas 12.28.3; quam (*sc.* causam)..receperam contra ~eros Octauios, Cn. filios 13.49.1; quid (posset) Augusti paternus in ~eros animus Nerones HOR. *Carm.*4.4.28; laetatur honore rex ~er LUC.8.537. **c** a ~ero seruitutem seruiuisti PL.*Capt.*544; una a ~eris paruolis sumus educti TER.*Ad.*494; ita a ~ero uixeras ut omnia paterere CIC.*Phil.*2.86; NEP.*Cim.*2.1; ita se a ~eris insuetos LIV.24.48.6; 38.29.4. **d** heus, ~eri, quam maribus animis ..dormientes adgrediamur APUL.*Met.*3.5.

2 (esp. w. gen. or poss. adj.) A son.

alterum tuom esse dixit (Iuppiter) ~erum PL.*Am.*1124; VERG.*A.*4.94; aequa tellus pauperi recluditur regumque ~eris HOR.*Carm.*2.18.34; ter uxor capta uirum ~erosque ploret 3.3.68; Latonae ~erum (*i.e. Apollo*) 4.6.37; (Augustus) differat in ~eros ista tropaea suos PROP.4.6.82; ~er Veneris (*i.e. Cupid*) OV.*Ars* 1.165; ~ero..aptantem Daedalon alas MART.4.49.5; ~eris..meis aconita paraui JUV.6.639; GEL. 20.7.2.

3 A boy favourite; esp. a catamite.

Cybeles ~er (*i.e. Attis*) MART.9.11.6;—hoc fragrant ~eri basia mane mei 11.8.12; tondebit ~eros iam noua nupta tuos 11.78.4; Mantuanus poeta..~erum amici sui Pollionis bucolico ludicro laudans Apul.*Apol.*10.

4 (pl. without obvious ref. to sex) Children (incl. girls). **b** (as fem. sb.) a girl; (w. gen.) a daughter.

~eri atque mulieres extrudebantur fami causa Cato *orat.* 181; nisi ~eris et lacrimis usus esset, poenas eum daturum fuisse Cic.*deOrat.*1.228; Atticae..quod optimum in ~eris est, hilarula est *Att.*16.11.8; dum ~eris omnis pater et matercula pallet Hor.*Ep.*1.7.7; ~eros tarde dentientes Plin. *Nat.*30.22;—(*cf.*) '~eri' appellatione etiam puella significatur Paul.*dig.*50.16.163.1. **b** sancta ~er, Saturni filia, regina Andr.*poet.*14(15); (*used in appos.*) in Nelei carmine.. 'saucia ~er filia' Var.in *G.L.*1.84;—prima incedit Cereris Proserpina ~er Naev.*poet.*29(31); FORTVNAE IOVIS ~ERO PRIMIGENIAE *CIL* 14.2862.

5 A (young) male slave. **b** *~er regius*, a royal page.

optume aduenis, ~ere, cape chlamydem Pl.*Mer.*912; ~er cauponius *Poen.*1298; ~erum inde abiens conueni Chremi Ter.*An.*368; ~er, heus. nemon hoc prodit? cape, da hoc Dorcio *Ph.*152; centones ~eris VI Cato *Agr.*10.5; qui ex Gallia ~eros uenalis isti adducebat Cic.*Quinct.*24; ~eri tui mihi a te litteras reddiderunt *Att.*3.7.1; in ea (*sc.* familia) erant ~eri litteratissimi, anagnostae optimi Nep. *Att.*13.3; cena ministratur ~eris tribus Hor.*S.*1.6.116; dominus ~eri pulchri *Ep.*1.18.74; Prop.3.23.23; Sen.*Ep.* 95.23; (Trimalchio) ~erum iussit liberum esse Petr.54.5; ~eri capillati attulerunt unguentum 70.8; uiles ~eri salariorum Mart.1.41.8; 8.67.1; nescit tot milibus emptus pauperibus miscere ~er Juv.5.61; 11.146; Fro.*Aur.*1.p.246(89N); Gel.17.8.3. **b** ~eri regii apud Macedonas uocabantur principum liberi ad ministerium electi regis Liv.45.6.7; Curt.5.2.13.

puera ~ae, *f.* [cf. prec.] A girl.

~arum manibus confectum pulcerrime Andr.*trag.*40; mea ~a, quid uerbi ex tuo ore..fugit? *poet.*3; Titin.*com.*50; in priuatis domibus pueri liberi et ~ae ministrabant Var. in Non.p.156M; *CIL* 4.1956.b; quod antiqui..puellas ~as ..dictitarent Suet.*Cal.*8.3.

puerascō ~ere, *intr.* [PVER+-SCO] To approach boyhood.

ex ea nouem liberos tulit: quorum duo infantes adhuc rapti, unus iam ~ens Suet.*Cal.*7.

puerculus ~ī, *m.* [PVER+-CVLVS] A little son.

germana mea sororcula.—repudio te fraterculum.—tum tu igitur, mea matercula.—repudio te ~um (fraterculum *codd.*) Pl.*Cist.*452.

puerīlis ~is ~e, *a. compar.* ~ior. [PVER+-ILIS²] Forms: compar. Hor.*S.*2.3.250.

1 Of, belonging to, or characteristic of a boy or child.

homini facinora ~ia obicere Pl.*Mil.*618; MI AMOREM PRAESTAT ~EM SENEXS *CIL* 1.1216.6; doctrina ~is Cic.*Cael.* 46; Tages..~i specie dicitur uisus sed senili fuisse prudentia *Div.*2.50; ~is aetas Nep.*Att.*1.2; si iam ~e paratum agmen habet (Ascanius) Verg.*A.*5.548; tela manu iam tum tenera ~ia torsit 11.578; lupam..ad ~em uagitum cursum flexisse Liv.1.4.6; clamor..oppidanorum mixtus muliebri ~ique ploratu 2.33.8; blanditiis ~ibus Ov.*Met.*6.626; facies, quam dicere uere uirgineam in puero, ~em in uirgine possis 8.323; morbi ~es Cels.2.1.20; ~ium dentium lapsus Sen.*Ben.* 4.6.6; ~is una opera Col.11.2.44; sonum..~ium crepitaculorum Quint.*Inst.*9.4.66; ~i praetexta Tac.*Ann.*1.3; ~em imaginculam eius (*i.e. a bust of him as a boy*) Suet.*Aug.*7.1; —(*in contexts ref. to sodomy*) ~e officium Pl.*Cist.*657; supplicium..~e (*that inflicted on adulterers*) Mart.2.60.2; possedi..puellam..fessus mille modis illud ~e poposci 9.67.3; mihi..Fotis ~e obtulit corollarium Apul.*Met.*3.20.

2 (in pejorative sense) Typical of a boy, childish, puerile, immature.

quid uos..me sic ludificamini inepti uostra ~i sententia? Ter.*Ph.*949; inanem quandam habet elocutionem et paene ~em Cic.*deOrat.*1.20; sermo stultus et ~is *Fam.*3.10.5; ~e hoc quidem, si id putat clam fieri posse *Att.*16.8.1; stulte, quid haec frustra uotis ~ibus optas..? Ov.*Tr.*3.8.11; Sen. *Suas.*2.16; illa..frigida et ~is..adfectatio Quint.*Inst.*4. 1.77; 12.10.73; iuuenes..theorematis..nugalibus et ~ium isagogarum commentationibus deblaterantes Gel.1.2.6.

puerīlitās ~ātis, *f.* [prec.+-TAS]

1 (app.) The state of being a child.

uelim..~atis formulam audire Var.in Non.p.494M.

2 (in pejorative sense) Puerile quality, childishness.

omnes, quibus etiam post iuuentam canosque ~as est Sen.*Dial.*2.12.1; *Ep.*4.2.

puerīliter, *adv.* [PVERILIS+-TER²]

1 In the manner of a boy, boyishly.

(Hylas) decerpens (*sc.* lilia) tenero ~ ungui Prop.1.20.39; Hannibalem..~ blandientem patri Liv.21.1.4; ~ ludentes Phaed.3.8.5.

2 (in pejorative sense) In a puerile manner, childishly.

homo stultus es ~ Pl.*Per.*591; tota res est ficta ~ Cic. *Fin.*1.19; Sen.*Con.*9.6.12; uana ~ cupientem Tac.*Hist.* 4.86; miror tot milia uirorum tam ~ identidem cupere currentes equos..uidere Plin.*Ep.*9.6.2; ne tu quicquam ~ aut inconsulte suadeas Fro.*Aur.*1.p.62(41N).

puerīnus ~a ~um, *a.* [PVER+-INVS] Boyish, youthful.

HERCVLEM ~VM *CIL* 6.126.

pueritia ~ae, *f.* Also **puertia.** [PVER+-*itia* (-IA)] Forms: *puertia* Hor.*Carm.*1.36.8. The state or fact of being a boy, boyhood; childish nature, callowness.

mihi cum eo iam inde usque a ~a fuit semper familiaritas Ter.*Hau.*183; male merentur de nobis eri, qui nos tanto opere indulgent in ~a Afran.*com.*389; si optimis a ~a disciplinis atque artibus studuisses Cic.*Div.Caec.*39; ~ae adulescentia obrepit *Sen.*4; is (*sc.* Marius) natus et omnem ~am Arpini altus Sal.*Jug.*63.3; memor actae non alio rege ~ae Hor.*Carm.*1.36.8; specie singulari spado atque in ipso flore ~ae Curt.6.5.23; Quint.*Inst.*12.11.9; praeceptis ~am, dein iuuentam meam fouisti Tac.*Ann.*14.55; cum mihi etiam tunc depiles genae leui ~a splendicarent Apul.*Met.* 7.8; (*of animals*) (caper) inmatura ueneris cupidine primis ~ae temporibus exhaustus est Col.7.6.3;—(*quasi-concr.*) gentis Aemiliae ~a (*i.e. Aemilius Lepidus as a boy*)..spolia rapere ualuit V.Max.3.1.1;—si uoluit accusare, pietati tribuo..si sperauit aliquid, ~ae Cic.*Cael.*2; quam..~am tam inperitam posse reperiri, quae auium ploratus annuos credat..? Plin.*Nat.*37.41.

? **puerō** ~āre. [app. PVER+-O³] (perh.) To practise sodomy.

CIL 4.2310.

puerpera ~ae, *f.* [PVER+PARIO²+-VS] A woman who has been, or is in process of being, delivered of a child.

ubi utero exorti dolores, ut solent ~ae, inuocat deos inmortalis Pl.*Am.*1092; Ter.*Ad.*921; (Diana) Lucina dolentibus Iuno dicta ~is Catul.34.14; laudantur simili prole ~ae Hor.*Carm.*4.5.23; Ov.*Met.*6.337; ~as partum nutrientes Plin.*Nat.*24.166; 26.161; Juv.6.594; feminas ~as appellant recentes ex partu Paul.*dig.*50.16.163.1;—(*used attrib.*) ~a uxor Sen.*Ben.*4.35.2.

puerperium ~(i)ī, *n.* [PVER+PARIO²+-IVM] Childbirth, delivery. **b** the offspring (one or more) born at a single delivery.

~io ego nunc med esse aegram adsimulo Pl.*Truc.*464; ~io familiam faciunt maiorem Var.*R.*2.1.26; Catul.67.48; delicata es, cruciatus ~i times? Sen.*Con.*2.5.4; ut conceptus ad ~ium perduret infans Sen.*Nat.*3.27.2; tellus..uelut aeterno quodam ~io laeta Col.3.21.3; Stat.*Theb.*4.280; feminam nobilitate ~iis sanctimonia insignem Tac.*Ann.* 12.6; claustra ~ii (*i.e. the entrance to the womb*) Sept.*poet.*22; Suet.*Aug.*94.5. **b** editis geminis, raram esse aut puerperae aut ~io praeterquam alteri uitam Plin.*Nat.*7.37; 18.282; quid Aristoteles de numero ~ii memoriae mandauerit Gel.10.2; ~ia..ipsa morum dissimili seminio concepta Apul.*Pl.*2.26.

puerperus ~a ~um, *a.* [as PVERPERA] (of charms or spells) Promoting childbirth.

Lucina..uerba ~a dixit Ov.*Met.*10.511.

puertia: var. of PVERITIA.

puerulus ~ī, *m.* [PVER+-VLVS] A small boy. **b** (spec.) a young slave-boy.

odi ~os praecoqui sapientia *Inc. pall.*95; ~o me, utpote non amplius VIIII annos nato Nep.*Han.*2.3; Sen.*Con.*7.5.13; cum ~is Socrates ludere non erubescebat Sen.*Dial.*9.17.4; Suet.*Dom.*4.2; Sulp.*peri.Ter.An.*9; Apul.*Apol.*45. **b** ut inter suos omnium deliciarum..~os ex tot elegantissimis familiis lectos uelit hos uersari Cic.*S.Rosc.*120; quam curiose infelices ~i ebriorum sputa detergeant Sen.*Dial.*10.12.5.

puerus: see PVER.

pūga ~ae, *f.* [Gk. πυγή] The buttocks, rump; (also pl.).

fugiendum est (*sc.* adultero)..ne nummi pereant aut ~a Hor.*S.*1.2.133;—(*pl.*) antequam ~ae pilant Nov.*com.*19.

pugil ~ilis, *m.* [cf. *pugnus*, Gk. πύξ] Forms: nom. sg. *~ilis* Var.*Men.*89. A boxer, pugilist.

Ter.*Hec.*33; Lucil.1266; ~il Olympionices Cic.*Flac.*31; ~iles caestibus contusi ne ingemescunt quidem *Tusc.*2.40; media inter carmina poscunt aut ursum aut ~ilis Hor.*Ep.* 2.1.186; ludicrum fuit equi ~ilesque ex Etruria maxime acciti Liv.1.35.9; Tyndaridae fratres, hic eques, ille ~il Ov.*Fast.*5.700; os..~ilis (*i.e. battered like a boxer's*) As. Gal.*poet.*2; Curt.9.7.16; Suet.*Aug.*44.3; Apul.*Met.*9.12; —(*transf., applied to a well-built person*) siquaest habitior paullum, ~ilem esse aiunt, deducunt cibum Ter.*Eu.*315.

pugilātōrius ~a ~um, *a.* [PVGIL(L)O+-TORIVS] Used in boxing; *follis ~us*, a punchball.

te follem ~um faciam et pendentem incursabo pugnis Pl.*Rud.*721.

pugilātus ~ūs, *m.* **pugillātus.** [PVGIL(L)O+-TVS³] Boxing, pugilism.

ibi cursu, luctando, hasta, disco, ~u..sese exercebant Pl.*Bac.*428; *Capt.*793; Cic.*Leg.*2.38; in ~u uictorem Plin. *Nat.*8.82.

pugilicē, *adv.* [humorously from PVGIL+Gk. -ικός+-E] In the manner of a boxer.

quid erilis noster filius?—ualet ~ atque athletice Pl. *Epid.* 20.

pugillār: see PVGILLARES.

pugillārēs ~ium, *m.pl.* Also **~ia** ~ium, *n.pl.* [PVGILLARIS] Forms: neut. pl. form certain in Catul.42.5, Gel.17.9.17; also neut. sg. *pugillar* in Laber.*com.*71ᴵ. A set of writing-tablets (small enough to hold in the hand).

(*masc. pl. or ambiguous*) nec ~es nec codices in supellectili sunt Alf.*dig.*33.10.6.1; semper inminere libro aut ~ibus Sen.*Ep.*15.6; Plin.*Nat.*11.68; ~es membranei Mart.14.7; libellos et ~es studiosumque otium repetam Plin.*Ep.* 1.22.11; quin ergo ~es resumis et aliquid..scribis? 7.9.16; 9.36.6; Suet.*Aug.*39; Apul.*Met.*6.25;—(*neut. pl.*) (moecha) negat mihi nostra reddituram ~ia Catul.42.5; ~ia noua nondum etiam cera inlita Gel.17.9.17.

pugillāriārius ~(i)ī, *m.* [prec.+-ARIVS] A maker of, or dealer in, small writing-tablets.

CIL 6.9841.

pugillāris ~is ~e, *a.* [PVGILLVS+-ARIS] Small enough to hold in the hand.

~ibus codic⟨ibus⟩ *P.Mich.*439.13.

pugillātiō ~ōnis, *f.* [as PVGILLARES+-TIO] (perh.) The keeping of a record or register (in quot., of freelance cargoes).

PROCVRATORI ~ONIS ET AD NAVES VAGAS (*at Ostia*) *CIL* 14.2045.

pugillātus: see PVGILATVS.

pugillō ~āre ~āuī, *intr.* **~or** ~ārī ~ātus. [PVGIL (or PVGILLVS)+-O³] To fight with the fists, box.

(*act.*) si ~are..uelis, brachia uegetanda sunt quibus~atur Apul.*Soc.*21;—(*dep.*; *in quot., transf.*) hic (*sc. a horse*).. arduus capite..primoribus in me ~atur ungulis *Met.*7.16.

pugillus ~ī, *m.* [PVGNVS+-ILLVS] What can be held in the fist, a handful.

ubi iam coctum incipit esse, eo addito..cochleas sex et lentis ~um Cato *Agr.*158.1; Plin.*Nat.*20.242.

pūgiō ~ōnis, *m.* [PVNGO+-IO¹] A short weapon for stabbing, dagger, poniard, or sim.; *a ~one*, a post held by M. Aurelius Cleander, a freedman of Commodus who became Prefect of the Praetorian Guard.

Caesare interfecto..cruentum alte extollens Brutus ~onem Ant.in Cic.*Phil.*2.28; sinistra corripit auersum dextraque bis ferit ~one *B.Alex.*52.2; Sal.*Hist.*3.59; Vell. 2.43.2; ~o, quem curua signat breuis orbita uena Mart. 14.33.1; centurio..stricto ~one occurrens armatis Tac. *Hist.*1.43; Suet.*Jul.*82.2;—(*as symbolizing power of life and death*) consuli..exolutum a latere ~onem, uelut ius necis uitaeque ciuium, reddebat Tac.*Hist.*3.68; Suet.*Gal.*11.1; —(*fig., applied to a point made in a debate*) 'bonum omne laudabile, laudabile autem honestum, bonum igitur omne honestum.' o plumbeum ~onem! Cic.*Fin.*4.48;—M AVRELIVS CLEANDER A CVBICVL(O) ET A ~ONE IMP COMMODI *A. Epig.*61.280.

pūgiunculus ~ī, *m.* [prec.+-CVLVS] A small dagger.

quibus (*sc. staccato sentences*) ut ~is uti oportet Cic.*Orat.* 224;—(*transf., applied to a person*) illo..Hispaniensi ~o (*i.e. Cn. Piso*) neruos incidere ciuium Romanorum non potuerunt *Tog.Cand.*fr.27.

pugna ~ae, *f.* [PVGNO]

1 A fight between two or more persons, combat. **b** (between gladiators, boxers, or sim.). **c** (colloq.) *~am dare* or *edere*, to make trouble, cause mischief.

neque ego insanio neque ~as neque ego litis coepio Pl. *Men.*960; res ad ~am atque ad manus uocabatur Cic.*Ver.* 5.28; quid minus promptum ad ~am, cum paenula inretitus ..uxore paene constrictus esset? *Mil.*54; prima pocula ~a missa uolant Ov.*Met.*12.242; Juv.5.29; (*pl. in sg. sense*) specta de litore ~as amborum: uictoris eris V.Fl.8.344; —(*applied to single combat on the battlefield*) urgetur (*sc. Aeneas*) ~a congressus iniqua Verg.*A.*10.889; insignis et ipsius (*sc.* regis) ~a fuit cum pedes..coactus esset proelium inire Liv.27.32.6; congressus dum nemo tuos ~amque minorem dignatur bellis Stat.*Theb.*9.782;—(*of animals*) ceruus equum ~a melior communibus herbis pellebat Hor.*Ep.* 1.10.34; (canis) obiectus hispidi ~ae suis Phaed.5.10.4;—(*in erotic sense*) o quae proelia, quas utrimque ~as..lectulus ..uidit Mart.10.38.6;—(*transf.*) nubium difficulter cedentium ~a Sen.*Nat.*2.15; siquis peste diurna fata trahit, tunc sunt..Psyllorum..ingens et rapti ~a ueneni Luc.9.924. **b** in gladiatoriis ~is..timidos..odisse solemus Cic.*Mil.*92; ~am committere caestu Verg.*A.*5.69; saucius eiurat ~am gladiator Ov.*Pont.*1.5.37; Petr.71.6; inmanes illos et ad ~am (*i.e. boxing*) natos lacertos Tac.*Dial.*10.5; essedario Porio post prosperam ~am seruum suum manumittenti Suet.*Cal.*35.3; Gel.6(7).3.31;—(*cf., applied to a whole athletic contest*) spectasse..quinquennem..Elide ~am (*i.e. the Olympian Games*) Ov.*Met.*14.325. **c** ausculta ~am quam uoluit dare Pl.*Bac.*273; hunc tu in aedis cogitas recipere posthac?—quor non?—crede.., dabit hic ~am aliquam denuo Ter.*Eu.*899;—uide sis ne quid tu huic temere insistas credere. atque..profecto iam aliquid ~ae edidit Pl.*Capt.*585.

2 A fight between opposing forces, battle, **b** order of battle.

Ter.*Eu.*482; ~a acriter commissa, multis utrimque interitis Quad.*hist.*96; maiores..omnibus..naualibus ~is Carthaginiensis..uicerunt Cic.*Man.*55; diuturnitate ~ae hostes defessi proelio excedebant Caes.*Gal.*3.4.3; genus hoc est ex essedis ~ae 4.33.1; *Civ.*3.112.5; neque Iugurtham nisi ex insidiis aut suo loco ~am facere Sal.*Jug.*61.1; priusquam signum ~ae daretur Nep.*Han.*11.1; dicere ~as Caesaris Verg.*G.*3.46; Actia ~a Hor.*Ep.*1.18.61; nec hostes detractare uisi ~am Liv.9.39.2; neutro inclinata est ~a 24.15.3; aequis manibus hesterno die diremistis ~am 27.13.5; Hannibal..Cannensis ~ae successu elatus V.Max. 9.5.ext.3; donec milites probris hostium coacti ~am deposcerent Fron.*Str.*1.11.1; (Fabius) una ~a Etruscos.. Vmbros Gallosque subegit Amp.18.6; (*w. subj. gen.*) non pudet Laconas ne ~a quidem hostium, sed fabula uinci? Sen. *Suas.*2.3;—(*pl. in sg. sense*) effuso crudescunt sanguine ~ae Verg.*A.*7.788; Stat.*Theb.*11.268;—(*transf.*) discordes.. uenti proelia..tollunt..non nubila, non mare cedit; anceps ~a diu Verg.*A.*10.359. **b** faciem componere ~ae [Tib.] 3.7.100; Gemino Seruilio media ~a tuenda data Liv.22.

45.8; Liuius ab sinistro ~am instruit 27.48.4; discurrere in cornu, mutare ~am CURT.3.2.14.

3 (transf.) A conflict in words or actions (esp. applied to the activity of the law-courts); also, a struggle against a particular difficulty. **b** an intellectual struggle, debate, controversy. **c** a conflict in a person's emotions, inward struggle. **d** a conflict between two incompatible ideas.
Sarmenti scurrae ~am Messique Cicirri, Musa, uelim memores HOR.*S*.1.5.52; (*in the law-courts*) declamationes, quibus ad ~am forensem uelut praepilatis exerceri solebamus QUINT.*Inst*.5.12.17; haec praecipiunt qui ipsi non dicunt in foro, ut artes a securis..conpositae ipsa ~ae necessitate turbentur 5.13.59; Isocrates..nitidus et comptus et palaestrae quam ~ae magis accommodatus 10.1.79; ad ~am qui rhetorica descendit ab umbra JUV.7.173;—simplicior contra tabulas ~a QUINT.*Inst*.5.7.1; quam longa cum modestia tua ~a, quam tarde uicimus! PLIN.*Pan*.21.1. **b** horum quattuor capitum secundum et tertium omnes concedunt..omnis ~a de quarto est CIC.*Luc*.83; quanta ~a est doctissumorum hominum negantium esse haec a dis inmortalibus constituta! *Div*.2.105; semper erit ~a ingeniis, dubiumque manebit quod latet MAN.1.145; in hac parte nobis ~a est cum Epicureis SEN.*Ben*.4.2.1; COL.3.3.2; uulgo maxime haec ~a est, si coactam in uerticem aquarum quoque figuram credere cogatur PLIN.*Nat*.2.163; mihi..de uocabulo ~a non est TAC.*Dial*.25.2. **c** pigritia et haesitatio ~am et inconstantiam ostendit SEN.*Dial*.7.8.6; anhelitus ..non dolorem magis indicantes quam ~am aduersum dolorem GEL.12.5.2. **d** earum..rerum naturaliter inter se ~a est 'testatus' et 'intestatus' POMPON.*dig*.50.17.7.

pugnācitās ~ātis, *f*. [PVGNAX+-TAS] Habitual readiness to fight, pugnacity; (of speakers) contentiousness, polemical attitude.
(perdices)capiuntur..~ate.. contra aucupis inlicem exeunte in proelium duce totius gregis PLIN.*Nat*.10.101;—Hispo Romanius accusatoria usus ~ate SEN.*Con*.1.2.16; argumentorum ~as QUINT.*Inst*.4.3.2; dabunt Academici ~atem TAC.*Dial*.31.6.

pugnāciter, *adv. compar*. ~ius, *superl*. ~issimē. [PVGNAX+-TER²] With readiness to fight, aggressively; (w. vbs. of speaking or sim.) contentiously.
sidera circumiectum aera luce leni non ~iter..feriunt SEN.*Nat*.1.2.11;—sententiam..~issime defendere CIC.*Luc*. 9; in illa disputatione ~ius locutus es SEN.*Dial*.5.36.4; QUINT.*Inst*.9.4.130.

pugnāculum ~ī, *n*. [PVGNO+-CVLVM²] A place from which one fights, bulwark or fortification.
(*in fig. phr.*) meus illic homo est, deturbabo iam ego illum de ~is PL.*Mil*.334.

pugnātor ~ōris, *m*. [PVGNO+-TOR] A fighter, combatant.
VERG.*A*.11.680; fortissimus quisque ~or LIV.24.15.4; SIL.15.595; bonum ~orem FRON.*Str*.4.7.37; biremes ac triremes..magno ~orum numero conflixerunt SUET.*Jul*. 39.4;—(*applied to animals*) crimina..excutiet silua magnus ~or (*i.e. a hound*) adepta GRAT.170; (*attrib.*) ~oris gall testiculis PLIN.*Nat*.30.142.

pugnātōrius ~a ~um, *a*. [PVGNO+-TORIVS] Used for fighting.
battuebat ~is armis (*i.e. not foils*) SUET.*Cal*.54.1; gladium ~um *P.Mich*.467.19; (*in fig. phr.*) deerat illi oratorium robur et ille ~us mucro SEN.*Con*.2.pr.2.

pugnax ~ācis, *a. compar*. ~ācior, *superl*. ~ācissimus. [PVGNO+-AX]

1 Disposed or eager to fight, combative, pugnacious, aggressive. **b** (of weapons, etc.). **c** (transf., of things, esp. natural forces); (of wine, prob.) fiery or sim.
~ax et acer..imperator CIC.*Mur*.32; centuriones ~acis et lacertosos *Phil*.8.26; POL.*Fam*.10.31.5; quis circum pagos..~ax magna coronari contemnat Olympia..? HOR. *Ep*.1.1.49; ~acissimas..gentes CURT.3.9.3; utilis..ira est, quia ~aciores facit SEN.*Dial*.3.13.3; LUC.2.479; quantum arma..monstrant, ~aces animae STAT.*Theb*.4.594; TAC. *Hist*.4.60; (*masc. as sb.*) ~acem..sapiente minorem esse OV.*Met*.13.354;—(*w. abl. of weapon used*) ~aces..missili telo gentes LIV.22.37.8; SEN.*Med*.710; QUINT.*Inst*.9.3.8;—(*w. epexegetic inf.*) Arbacus..tenui ~ax instare ueruto SIL.3.363;—(*of animals*) ~acem arietem mitigari COL. 7.3.6; gallinaceos ~aciores fieri PLIN.*Nat*.22.65;—(*poet.*) (stella) Martia ~ax *Aetna* 244;—(*transf.*) Graecus facilis.. nimis ~ax contra imperatorem populi Romani esse noluit CIC.*Pis*.70; non est..~ax in uitiis neque hebes ad id quod melius sit intellegendum CAEL.*Fam*.8.13.1. **b** Medorum ~aces ire per hastas PROP.3.9.25; ~acibus armis OV.*Fast*. 2.547; uicta..~aci iura sub ense iacent *Tr*.5.7.48; illic ~aces commouit Hiberia caetras LUC.7.232; (*cf.*) quid ferri duritia ~acius? PLIN.*Nat*.36.127. **c** caecum..aera ~aci luctatus rumpere uisu PEDO *poet*.13; si (turbo) ~acior est ac diutius uolutatus, inflammatur SEN.*Nat*.5.13.3; ~ax ignis in partes duas discedit *Oed*.321;—(*w. dat. or* contra) cum..sit ignis aquae ~ax OV.*Met*.1.432; (oliuae) callosae, contra umorem ~aces PLIN.*Nat*.15.13;—(*of wine*) ~acibus mustis crapulae plus inditur, lenibus parcius 14.125.

2 (of style, writing, or sim.) Contentious, aggressive, polemical.
exordium dicendi uehemens et ~ax CIC.*de Orat*.2.317; huius oratio in philosophiam tralata ~acior..uideatur et illorum in iudicia pacatior *Brut*.121; repertori..~acis iambi (*i.e. Archilochus*) OV.*Ib*.519; Gargonius..uocis obtusae sed ~acissimae SEN.*Con*.1.7.18; PLIN.*Ep*.2.19.5; ~acem et quasi bellatorium stilum 7.9.7.

pugneus ~a ~um, *a*. [PVGNVS+-EVS] (humorously) Made or consisting of fists, 'fisty'.
hic me hospitio ~o accepturus est PL.*Am*.296; tibi messis in ore fiet mergis ~is *Rud*.763.

pugnitus, *adv*. [PVGNVS+-ITVS¹] With the fists.
qui sese malit ~ pessum dari CAECIL.*com*.49.

pugnō ~āre ~āuī ~ātum, *intr*. [next+-O³] FORMS: abl. of gd. *pucnandod CIL* 1.25.

1 To contend in battle or sim., fight. **b** (w. preps. indicating adversary; also w. dat.). **c** (w. instrumental abl.). **d** (w. internal or cogn. acc.).
ENN.*Ann*.345; proelio commoto atque utrisque summo studio ~antibus QUAD.*hist*.10b; si copiae in unum locum fuerint coactae..ut (Caesar) non ~et sed locis suis repugnet POMP.*Att*.8.12C.1; ancipiti proelio diu atque acriter ~atum est CAES.*Gal*.1.26.1; interfectus est..fortissime ~ans Crastinus *Civ*.3.99.2; aliquamdiu ibi Marte incerto, uaria uictoria ~atum est LIV.1.33.4; fessis ~ando hostibus 22.60.9; Antonius fugientis reginae quam ~antis militis sui comes esse maluit VELL.2.85.3; ex prora..et puppi ~abatur PLIN.*Nat*.7.209; principes pro uictoria ~ant, comites pro principe TAC.*Ger*.14.2; a Martio Macro haud procul Cremona prospere ~atum *Hist*.2.23; (*w.* inter sese) mortales inter sese ~ant proeliant ENN.*scen*.5; (*masc. pl. of pple. as sb.*) imbellis multitudo tantum..edidit clamorem ut auerteret etiam ~antium animos LIV.26.5.9; (*impers. abl. absol.*) aliquantisper ~ato nihil promouet Poenus QUAD.*hist*.60;—(*poet., of factors operating in a battle*) ~abat natura soli; paruoque superne bellantum nisu..truncato..fundebat corpore uitam SIL.15.234. **b** signis conlatis aequo fronte peditatu, equitibus atque alis cum hostium legionibus ~auimus CATO *hist*.99; ut in Gallum tam inmaniter adrogantem ~are sese permitterent? QUAD.*hist*.12; saepe antea a paucis strenuis aduorsum multitudinem bene ~atum SAL.*Jug*. 107.1; cum Tarquiniensibus..ad deditionem ~atum LIV. 7.19.1; Romanus..iam prima acie pulsa in secundam ~abat 30.34.13; cum paucis..~are soliti estis et nunc primum.. sustinebitis turbam CURT.9.2.22;—(*w. dat.*) damnato.. campo..rursus Teucris ~abitis SIL.7.484. **c** reiectis pilis comminus gladiis ~atum est CAES.*Gal*.1.52.4; *Civ*.1.26.1; Caesare..eruptione ~ari non placere clamitante *B.Afr*.82.3; pars eminus glande aut lapidibus ~are SAL.*Jug*.57.4; SIL. 14.544. **d** haec illist ~ata pugna usque a mani ad uesperum PL.*Am*.253; Haedui..pugnam nuper malam ~arunt CIC.*Att*.1.19.2; proelium male ~atum ab suis SAL. *Jug*.54.7; narras..~ata sacro bella sub Ilio HOR.*Carm*. 3.19.4; claram pugnam..ad Perusiam ~atam LIV.9.37.11; GEL.3.8.1.

2 (in non-military context) To engage in combat, fight; (also, of animals). **b** (of gladiators or sim.); (spec.) to contend as a pugilist, box. **c** to fight or strain against a physical force, obstacle, etc., struggle.
populu' conuolat, tumultuantur clamant, ~ant de loco TER.*Hec*.41; Lernaeas ~et ad hydras PROP.2.24.25; (*w. abl. of instrument*) natis in usum laetitiae scyphis ~are Thracum est HOR.*Carm*.1.27.2;—coruus..aduolat et super galeam tribuni insistit atque inde in aduersarii..oculos ~are incipit ?QUAD.*hist*.12; (caprae) inter se cornibus ~ant VAR. *R*.2.3.8; uidi ego pro niuea ~antes coniuge tauros OV. *Am*.2.12.25; ~asse aduersus latrones canem pro domino accepimus PL.*Nat*.8.142. **b** CVM..GLADIATORES IBEI ~ABVNT *CIL* 1.593.138; FELIX AD VRSOS ~ABET 4.1989; nec murmillonis in armis nec clipeo Gracchum ~antem aut falce supina JUV.8.201; qui operas suas ut cum bestiis ~aret locauit ULP.*dig*.38.17.1.6;—efficiet..illum..luctando ~andoque, quorum utroque certamine isdem diebus coronabatur (*sc.* Nicostratus), inuictum QUINT.*Inst*.2.8.14. **c** rapias..licebit oscula: ~abit, sed tibi rapta dabit TIB. 1.4.54; OV.*Met*.4.370; (puppis) in..patens aequor frustra ~ante magistro fertur *Fast*.3.589; quanto magis ~at, sequaces hoc magis nodos ligat SEN.*Phaed*.1087; (canis) ceruice tota ~at et gemitu uocat dominum morantem *Thy*. 502;—(*w. dat.*) fremit..insultans sonipes et pressis ~at habenis VERG.*A*.11.600; (*in fig. phr.*) ne ~et uulgus habenis STAT.*Theb*.8.289;—(*of a part of the body*) nunc (*sc. horses*) ~ante genu et pressis duplicantur habenis 6.417.

3 (of material or immaterial things, esp. natural forces) To be in conflict, contend, clash, etc. **b** (of conflicting emotions or thoughts).
concurrunt..nubes contra ~antibu' uentis LUCR.6.98; furens..aura ~at in angusto *Aetna* 301; ne uagi palmites inter se ~ent occursantes PLIN.*Nat*.17.185; Orpheus.. carmine tonsas ire docet, summo passim ne gurgite ~ent V.FL.1.472; qua ui portus..capessat..? maria obuia contra saeuaque ~at hiems 8.373;—(*w. dat.*) corpore in uno frigida ~abant calidis, umentia siccis OV.*Met*.1.19; reflui ~arunt fontibus amnes SIL.5.624. **b** in animo eius metum cum cupiditate ~are CIC.*Ver*.2.74; mea..~at sententia secum, quod petiit spernit HOR.*Ep*.1.1.97; ~at materque sororque, et diuersa trahunt unum duo nomina pectus OV.*Met*.8.463; pronior in Magnum populus, ~atque minaci cum terrore fides LUC.2.453; (*w. dat.*) nostris ~auit monitis furor SIL. 10.283.

4 (transf., of persons) To contend in word or action; (esp.). **b** (in a law-court, etc.). **c** (in an argument, discussion). **d** (w. difficulties, feelings, etc.).
ego tecum in eo non ~abo quo minus utrum uelis eligas CIC.*Div.Caec*.58; cum decerneretur frequenti senatu, contra ~ante Pisone..ut consules populum cohortarentur ad rogationem accipiendam *Att*.1.14.5; ne ~a cum tali coniuge, uirgo CATUL.62.59; (tribuni) nihil sentire idem, pro sententia ~are LIV.4.46.2; ~aui cum irata matre pro priuigno malo uitricus APUL.*Apol*.99; (*w. dat.*) caue ne tristi cupias ~are puellae neue superba loqui PROP.1.10.21;—(*foll. by final cl.*) omni contentione ~atum est uti lis haec capitis aestimaretur CIC.*Clu*.116; quod..nos petimus precibus..id ne impetremus ~abis..? *Lig*.13; ~atum inde in loca uacua ut patricii cooptarentur LIV.5.10.10; (*w. preceding internal acc.*) id molitur, id ~at ut haec omnia perturbet CIC.*Phil*. 8.8; illud ~a et enitere, ne quid nobis temporis prorogetur *Fam*.3.10.3;—(*w.* quominus) quo..minus uenias, inuida ~at hiemps OV.*Ep*.18.120. **b** si quis in lite aut in iudicio domesticis testimoniis ~et *Rhet.Her*.4.2; pro me ~abit L. Philippus, eloquentia..florentissimus ciuitatis CIC.*Quinct*. 72; *Ver*.4.79; prohoemiatur apte, narrat aperte, pugnat acriter PLIN.*Ep*.2.3.3;—(*w. instr. abl.*) aderat frequens, aduocabat, omni studio gratiaque ~abat CIC.*Clu*.54; iure prius ~andum an aequo QUINT.*Inst*.6.5.5; ubi..atrocitate, inuidia, miseratione ~andum est 9.3.102. **c** uidetur Epicurus uester de dis immortalibus non magnopere ~are CIC.*N.D*.3.3; quod ut ita sit—nihil enim ~o—, quid habet ista res..gloriosum? *Tusc*.1.49; nescio cur non possint, sed non ~o *Div*.2.48; neque ego contra naturam ~o: non enim deserendum id bonum..existimo QUINT.*Inst*.2.8.10;—(*w. indir. qu.*) quibuscum ego non ~o, utrum sit melius CIC.*de Orat*.1.233; *Fin*.5.80;—(*w. acc. and inf.*) ~are non destitit in omni hac quaestione..non esse rerum Stoicis cum Peripateticis controuersiam, sed nominum 3.41. **d** ~andum tamquam contra morbum sic contra senectutem CIC.*Sen*.35; L. Manlium (iubet)..non ~are cum iniquitate locorum.., sed obliquo monte ad se declinare LIV.38.20.8; hic me ~antem cum frigore cumque sagittis..quarta fatigat hiems OV.*Pont*. 1.2.25; cuius..est hominis, ~are cum moribus et damnare se? QUINT.*Decl*.283(p.149,l.7);—(*w. dat.*) placitone etiam ~abis amori? VERG.*A*.4.38; OV.*Ep*.16.189; absciderat plenum capulo latus; ille dolori ~at STAT.*Theb*.3.89;—(*w. abl. of means*) dum uisum mortale malum..~atum est arte medendi OV.*Met*.7.526; ut..quamdiu (aegri uires) superent, abstinentia ~et (medicus) CELS.3.4.8; transeundum est ad eam medicinae partem, quae magis medicamentis ~at 5.pr.1; 8.9.1.D.

5 (w. inf.) To strive (to) in the face of opposition (usu. w. physical effort), struggle (to).
~at in aduersas ire natator aquas OV.*Rem*.122; tu (*sc.* Protesilae) tantum uiuere ~a *Ep*.13.77; (Argus) ~at.. euincere somnos *Met*.1.685; 9.351; LUC.4.753; nil fixum cordi: ~ant exire pauentque STAT.*Theb*.6.394;—(*of things*) quamquam pondera..deorsum deducere ~ent (*sc.* flammas) LUCR.2.205.

6 (of statements, principles, etc.) To be incompatible or contradictory, clash. **b** (w. inf. as subj., prob.) to be repugnant.
(animus) ~antibus et contrariis studiis..utens nihil quieti uidere..potest CIC.*Fin*.1.58; ut cum eorum uita mirabiliter ~et oratio *Tusc*.2.12; ~ant..haec inter se, Fabium oriente Canicula natum esse, et Fabium in mari moriturum *Fat*.12; cum ~are uidetur cum honesto id quod uidetur esse utile *Off*.1.9; litteras..L. Corneli..et M. Marcelli..inter se ~antis LIV.35.8.4; extant libelli (Scauri), qui cum fama eius ~ant SEN.*Con*.10.pr.3; ~ant uota nostra cum uotis SEN.*Ep*.45.6; haec Cicero ~are inuicem ostendit QUINT.*Inst*.5.13.33; distinctio ~antium sententiarum PLIN.*Ep*.8.14.6; ~at unum cum tribus MAUR.1424; uidit.. utrumque esse ~ans neque posse ex duobus contrariis altero manente alterum constitui GEL.7(6).13.11;—(*neut. pl. of pple. as sb.*) ~antia te loqui non uides? CIC.*Tusc*.1.13; duae orationes ~antia continentes simul falsae sunt JULIAN. *dig*.34.5.13(14).3. **b** combibat..ductor (*i.e. Hannibal*).. luxus, nec..crinem..perfundere ~et amomo SIL.11.402.

pugnus ~ī, *m*. [cf. *pugil*, Gk. πύξ, πυγμή] FORMS: neut. collateral form *pugnum* in PL. *Capt*.796. The clenched hand, fist (esp. as used for striking). **b** (used for holding); (as a unit of capacity) a fistful, handful.
~o malam si tibi percussero PL.*As*.371; ei ~o praefregisti bracchium *Mil*.26; *Poen*.1289; ~os in uentrem ingere TER. *Ph*.988; cum compresserat digitos ~umque fecerat CIC. *Orat*.113; cum ~is et calcibus concisus esset *Ver*.3.56; quasi quid ~o bracchique superne coniectu trudatur LUCR. 6.434; unguibus ora soror foedans et pectora ~is VERG.*A*. 4.673; SEN.*Ben*.2.35.2; ~o ne percute dentes MART.14.69 (68).1; QUINT.*Inst*.6.3.90; JUV.13.127;—(*w. ref. to boxing*) (Hebrus) eques.., neque ~o neque segni pede uictus HOR. *Carm*.3.12.8; Pollux et Castor..hic uictor ~is, ille futurus equis PROP.3.14.18;—(*used as a measurement*) de tractis caseo melle spaeras ~um altas facito CATO *Agr*.82;—(*transf.*) caedua salici fertilitas densiorque tonsura ex breui ~o uerius quam ramo PLIN.*Nat*.16.175. **b** aceruos se dicunt tritici habere, eorum exemplum ~o non habent quod ostendant *Rhet.Her*.4.9;—(*as a unit of capacity or quantity*) ne'propter fiscum quidem, sed ~um aeris..senex..stomacho dirumpitur SEN.*Dial*.5.33.3; oxycomina, unde quidam etiam improbe ternos ~os sustulerunt PETR.66.7.

Puilia saxa, *n. pl*.: (see quot.).
Puilia saxa esse ad portum, qui sit secundum Tiberim, ait Fabius Pictor FEST.p.250M.

pulcer: see PVLCHER¹.

pulchellus ~a ~um, *a*. [next+-LVS] (depreciatory or condescending dim. of PVLCHER) Pretty. **b** (as a contemptuous nickname for P. Clodius Pulcher).
(Bacchae, *i.e. statues*) ~ae sunt CIC.*Fam*.7.23.2; seruum ..~um APUL.*Met*.8.26; 9.27;—(*iron.*) aderat..L. Aelius Lamia, deformis..qui cum interpellaret odiose, 'audiamuus inquit '~um puerum' Crassus CIC.*de Orat*.2.262. **b** si.. plus furor ~i progredi posset CIC.*Att*.2.1.4; 2.22.1; (*cf.* surgit ~us puer, obicit mihi me ad Baias fuisse 1.16.10.

pulcher¹ ~chra ~chrum, *a*. Also **pulcer** ~cra ~crum. *compar*. ~c(h)rior, *superl*. ~c(h)errimus. [dub.] FORMS: the unaspirated form, orig. used by Cicero in imitation of the ancients, later considered by him to be pedantic (*Orat*. 160).

1 Aesthetically pleasing, beautiful, handsome, lovely: **a** (w. ref. to physical beauty). **b** (of inanim. things, natural or man-made). **c** (transf., of speech or writing). **d** (fig., of qualities and other abstract things).

a (*of persons, etc.*) amant ted omnes mulieres neque iniuria, qui sis tam ~cher PL.*Mil*.59; ~chra mulier nuda erit quam purpurata ~chrior *Mos*.289; mortalis uisus ~chrior esse deo LUTAT.*poet*.2.4; o puerum ~chrum..! CIC.*Off*.1.144; forma ~cherrima Dido VERG.*A*.1.496; ~cher Apollo 3.119; ~chro uenantes agmine nymphas V.FL.3.522;—(*fem. as sb.*) qui lubet spectare turpis, ~chram spectandam dare? PL.*Poen*.338; fastus inest ~chris, sequiturque superbia formam OV.*Fast*.1.419;—(*of the features, parts of the body*) ~chros.. capillos PROP.3.15.13; praebenda est gladio ~chra haec et candida ceruix JUV.10.345; fuit..uultu ~chro magis quam uenusto SUET.*Nero* 51;—(*of other creatures*) ~cherruma.. auis ENN.*Ann*.91;—(*perh. in derogatory sense, of a fop*) Lesbius est ~cer CATUL.79.1; quos (*sc. writers*) neque ~cher Hermogenes umquam legit, neque simius iste nil praeter Caluum..doctus cantare HOR.*S*.1.10.17. **b** ~chras creterras NAEV.*poet*.7; fluuium..magnum, ~chrum CATO *hist*.97; tam ~chrum opus tamque artificiose factum ASEL. *hist*.13; urbem ~cherrimam atque ornatissimam, Corinthum CIC.*Ver*.1.55; *Catil*.2.19; fraxinus in siluis ~cherrima VERG.*Ecl*.7.65; ~cher Ganges *G*.2.137; uarios inhiant ~chra testudine postis 2.463; Mytilene ~chra HOR.*Ep*.1.11.17; ~chros..hortos OV.*Pont*.1.8.37; fanum nobilissimum maximum ~cerrimumque AMP.8.12; atria..~cherrima APUL.*Met*.2.4. **c** illa ~chra laudatio CIC.*Phil*.2.91; sic et Laberi mimos ut ~chra poemata mirer HOR.*S*.1.10.6; *Ars* 99; (uersus) ~chri..et iucundi TAC.*Dial*.9.3; eius (*sc.* Ciceronis) oratio satis ~cherrima, quae inscribitur pro Quinto Ligario POMPON.*dig*.1.2.2.46. **d** nihil est..uirtute formosius, nihil ~chrius, nihil amabilius CIC.*Fam*.9.14.4; alii multitudinis iudicio feruntur, quaeque maiori parti ~cherrima uidentur, ea maxime exoptant *Off*.1.118; diuina humanaque ~chris diuitiis parent HOR.*S*.2.3.95.

2 (of material or immaterial things) Excellent of its kind, fine, choice, splendid, etc. **b** (of achievements, institutions, etc.) splendid in respect of fame or distinction, glorious, illustrious, etc.

legiones..~chris armis praeditas PL.*Am*.218; ~chra.. dos pecuniast *Epid*.180; ~cherrimum facinus audiui.. patruos tuos est pater inuentus Phanio uxori tuae TER.*Ph*. 869; acetum acerrimum et ~cherrimum erit CATO *Agr*. 104.2; classe populi Romani ~cherrima amissa CIC.*Ver*. 5.67; lege agraria ~chra *Agr*.2.15; ~cher bos appellatur ad eximiam pinguitudinem perductus FEST.p.238M; panis longe ~cherrimus HOR.*S*.1.5.89; nil melius turdo, nil uulua ~chrius ampla *Ep*.1.15.41; tot ~cherrimarum legionum interitus V.MAX.1.6.11; scorpio sibi ipse ~cherrimum medicamentum est CELS.5.27.5.A; unguentum ~cherrimum PLIN.*Nat*.21.19; suburbani iugera ~chra soli MART.1.85.2; ~cherrimo..matrimonio TAC.*Ann*.2.75; haec est constituendorum limitum ratio ~cherrima HYG.GR.*agrim*.p.144; uino ~cherrimo APUL.*Met*.10.21; (*w. epexegetic inf.*) (amnis) potari..~cherrimus MELA 2.6. **b** diem ~chrum et celebrem et uenustatis plenum PL.*Poen*.255; ~chrum et luculentum hoc nobis hodie euenit proelium fr.62; auspicia ~chra et luculenta MACER *hist*.6; reclamatione uestra factum ~cherrimum Martialium comprobauistis CIC.*Phil*. 4.5; (sapientia) hoc ~cherrimum nomen apud antiquos adsequebatur *Tusc*.5.7; ~chros fascis LUCR.5.1234; ~cherrimam eam (*sc.* rempublicam) nos haberemus SAL.*Cat*. 52.20; nascetur ~chra Troianus origine Caesar VERG.*A*. 1.286; ~chris..per urbem funeribus ferri OV.*Met*.13.695; ~cherrima uictoria V.MAX.9.8.ext.2; inter ~cherrimos hunc..populus R...uidit triumphum FLOR.*Epit*.1.28(2.12. 12);—(*pred. w. inf. or acc. and inf.*) ~chrum uidebatur suos Romae regnare LIV.2.6.4; ~chrum est digito monstrari et dicier 'hic est' PERS.1.28;—(*of persons*) praetor..ne ~chrum se ac beatum putaret atque aliquid ipse sua sponte loqueretur CIC.*Mur*.26; (Octauius) etiam manu ~cher apparuit. nam..aquilam a moriente signifero traditam suis umeris in castra referebat FLOR.*Epit*.2.15(4.4.5); (*w. abl.*) lituo ~cher trabeaque Quirinus OV.*Fast*.6.375;—(*iron.*) huius nomine..dies festi agitantur, ~chra illa Verria CIC. *Ver*.2.154; ista tua ~chra Libertas..familiaris meos lares expulit..? *Dom*.108.

3 Morally beautiful, honourable, noble, etc. **b** (pred., w. inf. or acc. and inf.) it is noble or honourable (to).

optima cum ~chris animis Romana iuuentus ENN.*Ann*. 550; ~chram..petunt per uulnera mortem VERG.*G*.4.218; dic multa et ~chra minantem uiuere nec recte nec suauiter HOR.*Ep*.1.8.3; ~chros, regina, piosque pone metus! OV.*Met*. 11.389; uulnera..~chra loco 13.263; tibi, Phoebe,..~chrum nati commendo furorem STAT.*Theb*.7.788; ~chra suos uocat ad discrimina consul SIL.4.67; ~cherrimis uitae praeceptis dignum os dabit QUINT.*Inst*.12.1.4; aes alienum..contractum ex ~cherrimis causis PLIN.*Ep*.3.11.2; ~chro reddit sua dona labori JUV.16.57; (*iron.*) Vlixes eum (*sc. Agamemnon, who was refusing to sacrifice Iphigenia*) consiliis ad rem ~chram transtulit HYG.*Fab*.98.3; (*w. gen.*) ~cherrimus irae (*sc. a warrior*) SIL.11.363. **b** tropaeum ferre me a forti uiro ~crum est ACC.*trag*.149; quam sit re ~chrum, beneficio gratum, fama gloriosum tyrannum occidere CIC.*Phil*.2. 117; uincere est honestum..~crum ignoscere PUB.*Sent*.V.34; si sibi Antiochus ~chrum esse censet, quas urbes proauus belli iure habuerit..eas repetere in seruitutem LIV.34.58.10; pati uel quae tristissima ~chrum Romanumque putant LUC.9.391; PLIN.*Ep*.3.18.3.

Pulcher[2] ~chrī, *m.* **~chra** ~chrae, *f.* A cognomen in the Claudian *gens*, esp. of P. Clodius Pulcher, tribune 58 B.C.

possedit fauorem plebis Clodius ~cher V.MAX.3.5.3; SEN.*Con*.10.1.8;—(*of other persons of this name*) (Histros) epulantes..Appius ~cher inuadit FLOR.*Epit*.1.26(2.10.2); Claudius ~cher..non pascentibus in auspicando pullis.. proelium nauale iniit SUET.*Tib*.2.2; (*fem.*) Claudia ~chra TAC.*Ann*.4.52.

pulchrālia ~ium, *n. pl.* [PVLCHER[1]+-ALIS; cf. *bellaria*] (prob.) Delicacies, dainties.

~ibus atque cupidiis CATO *orat*.210.

pulchrē, *adv. compar.* ~rius, *superl.* ~errimē. [PVLCHER[1]+-E]

1 In a manner pleasing to the eyes, beautifully, attractively. **b** (w. ref. to literary or oratorical style) pleasingly, attractively.

tectum ~errime laqueatum CIC.*Ver*.1.133; simulacrum Mercuri ~errime factum 4.84; an noua contemptis surgant Palatia flammis ~rius STAT.*Silv*.1.1.35; pueri calamistrati ~re indusiati APUL.*Met*.2.19. **b** ~re et oratorie dicere CIC.*Orat*.227; 'at loquitur ~re.' num melius quam Plato? *Opt.Gen*.15; forma equorum..~errime..Vergilio uate absoluta est PLIN.*Nat*.8.162; ~re expressisse genus illud caelestis huius in dicendo uiri QUINT.*Inst*.10.2.18.

2 In fine style, splendidly, excellently, or sim. **b** (w. ref. to style of living) comfortably, pleasantly, or sim.; *mihi ~re est*, I am having a good time. **c** (in gloating or ironical use) nicely, finely.

neque ligna..praeberi uidi ~rius (*i.e. more generously*) PL.*Aul*.413; estne consimilis quasi quom signum pictum ~re aspexeris? *Epid*.624; ~re uendere (*i.e. at a high rate*) *Per*.587; (Neptunus) me ex suis locis ~re ornatum expediuit *Rud*.908; dixti ~re: numquam uidi meliu' consilium dari TER.*Eu*.376; feneratum istuc beneficium ~re tibi dices *Ph*. 493; ille planus improbissimus..~re adseuerat sese ab Oppianico destitutum CIC.*Clu*.72; re publica ~errime gesta *Phil*.14.24; cum..tristissuma exta sine capite fuerunt.. proxuma hostia litatur saepe ~errime *Div*.2.36; secundam ~errime..ferre fortunam SULP.RUF.*Fam*.4.5.6; utrumque horum ~re facere NEP.*Att*.13.3; mens..fortis ac uehemens, tunc ~errime patiens SEN.*Dial*.7.3.3; (canes) satis.. ~re funguntur officio, si..COL.7.12.7; pergit ad..turrim praealtam, indidem sese datura praecipitem; sic enim rebatur ad inferos..~errime se posse descendere APUL.*Met*. 6.17;—(*as an exclam. of approval*) nolito ad uersus tibi factos ducere (amicum) plenum laetitiae: clamabit enim '~re! bene! recte!' HOR.*Ars* 428;—(*as a reply*) male mulcabo ipsam.—~re TER.*Eu*.774; *Hau*.333. **b** decet..me uictitare ~re, te miseris modis PL.*Mos*.54; cui nil accidit aegri tempore in anteacto, cum ~re degeret aeuum LUCR. 5.172; cum recubet ~re, cum tam bene uiuat apud te MART.12.17.9; (*w.* esse) quin..opsonium curamus, ~re ut simus? PL.*Mer*.583;—deum..'mihi ~re est' et 'ego beatus sum' cogitantem CIC.*N.D*.1.114; CATUL.23.5; quis cenantibus una, Fundani, ~re fuerit tibi, nosse laboro HOR.*S*.2.8.19. **c** tempus est subducere hinc me; ~re hoc gliscit proelium PL.*As*.912; uin patri sublinere ~re me os tuo? *Mer*.485; si ad erum haec res prius praeuenit, peribis ~re *Mil*.404; ~re ludificor *Truc*.636; miles ille, qui propter eximiam impotentiam ~errime uapularat APUL.*Met*.10.1.

3 (esp.) Thoroughly, fully, perfectly, very well.

iam tenes praecepta in corde?—~re PL.*Poen*.578; dum accubabam, quam uidebar mi esse ~re sobrius! TER.*Eu*. 728; salsamenta..fac macerentur ~re *Ad*.381; farinam.. subigito..~re CATO *Agr*.74; ~re intellegis, non posse nos quoquam impelli CIC.*Fam*.11.3.3; ~re conuenit.. Mamurrae pathicoque Caesarique CATUL.57.1; Fuscus Aristius..mihi carus et illum qui ~re nosset HOR.*S*.1.9.62; cum ~re dominae nostrae placuere libelli OV.*Am*.3.8.5; hoc cur, Philete, scripserim, ~re uides PHAED.5.10.10; radix..mangonicis uenaliciis ~re nota PLIN.*Nat*.21.170.

pulchritās ~ātis, *f.* [PVLCHER+-TAS] Beauty.

di boni, quid illud est ~atis! CAECIL.*com*.55.

pulchritūdō ~inis, *f.* Also **pulcr-**. [PVLCHER[1]+-TVDO] The quality (in a man or woman) of being aesthetically pleasing, beauty, handsomeness, attractiveness; (sim. of animals). **b** (of inanim. things, natural or man-made); (pl., quasi-concr.) beautiful things (in quot., gems). **c** (transf., of speech or writing). **d** (of other non-material or abst. things).

hominem nimium lepidum et nimia ~ine PL.*Mil*.998; *Poen*.1193; uirgo pulchra, et quo mage diceres, nil aderat adiumenti ad ~inem: capillu' passu', nudu' pes TER.*Ph*. 105; cum..~inis duo genera sint, quorum in altero uenustas sit, in altero dignitas, uenustatem muliebrem ducere debemus, dignitatem uirilem CIC.*Off*.1.130; A. Cornelius Cossus, eximia ~ine corporis LIV.4.19.1; VELL.2.97.3; eximiam..~inem formae CURT.4.10.24; mater eius, aetatis suae feminas ~ine supergressa TAC.*Ann*.13.45; pleraeque.. nudam ~inem suam praebere se gestiunt APUL.*Met*.2.8; —pecus lanigerum eximia ~ine ACC.*praet*.20; LIV.1.7.5; equum..haut credibili ~ine GEL.3.9.8. **b** colorum ~ine ..floridiora sunt in picturis nouis pleraque quam in ueteribus CIC.*de Orat*.3.98; urbs..descriptione aedificiorum et ~ine in primis nobilis *Agr*.2.40; maris..~o *N.D*.2.100; spolia Samnitium et decoro ac ~ine paternis spoliis comparabantur LIV.10.46.4; templorum ~inem PLIN.*Pan*.51.3; ut ~ini uictae urbis parceretur FLOR.*Epit*.1.22(2.6.34); (Nero) laetus..flammae..~ine Halosin Ilii..decantauit SUET. *Nero* 38.2;—in quo colore (paederos) numerari debeat totiens iactati per alienas ~ines nominis PLIN.*Nat*.37.129. **c** offenditur..in eiusmodi oratione,..quod est in his lepos et festiuitas, non dignitas neque ~o *Rhet.Her*.4.32; oratio non est maculosa nec turgida, sed naturali ~ine exsurgit PETR.2.6; uagus auditor adsueuit iam exigere laetitiam et ~inem orationis TAC.*Dial*.20.3. **d** ut (honestum) sua.. ~ine esset specieque laudabile CIC.*Fin*.2.49; quis non admiretur splendorem ~inemque uirtutis? *Off*.2.37; quotiens ~inem rerum claritas orationis inluminat QUINT.*Inst*. 2.16.10; sublime..ingenium ~inem ac speciem magnae excelsaeque gloriae uehementius quam caute adpetebat TAC.*Ag*.4.5; satius (fuit) magnum (uocare)? cui plus inuidiae quam ~inis inest PLIN.*Pan*.88.5; bonum..illud..cuius ~inem rationabiles adpetunt mentes APUL.*Pl*.2.2.

pulcritūdō: see PVLCHR-.

pūlēium ~(i)ī, *n.* [dub.] An aromatic herb, pennyroyal, *Mentha pulegium*.

~ium aridum florescere brumali ipso die CIC.*Div*.2.33; CELS.2.32; pulli..~ii surculis fumigentur COL.8.5.16; 12.59.1; magna societas cum hac (*sc. mint*) ad recreandos defectos animo ~io PLIN.*Nat*.20.152; 25.104; corona ~i MART.12.32.19;—(*fig., of an antidote to something unpleasant*) ad cuius rutam ~io mihi tui sermonis utendum est CIC. *Fam*.16.23.2.

pūlex (~ix) ~icis, *m.* [cf. Gk. ψύλλα, Lith. *blusà*, Afghan *vraža*] A flea. **b** an insect that attacks plants.

ANDR.*com*.1; item genus est lenonium inter homines..ut muscae, culices,..~icesque PL.*Cur*.500; cum (gallinae) pepererunt, tollere substramen.., quod ~ices..nasci solent VAR.*R*.3.9.8; CELS.6.7.9.A; SEN.*Ep*.87.19; PLIN.*Nat*.30.85; scapulas mordente molesto ~ice MART.14.83.2. **b** sata ne..paruulus..~ex irrepens dente lacessat COL.10.321; ne ..~ix adhuc tenera folia..consumat 11.3.60; PLIN.*Nat*. 19.177.

pūlicōsus ~a ~um, *a.* [prec.+-OSVS] Infested with fleas.

~ae cani remedia sunt.. COL.7.13.2.

Pulixena: old form of POLYXENA.

pullārius ~ia ~ium, *a.* [PVLLVS[1]+-ARIVS]

1 Of or relating to (young) chickens. **b** (spec., app.) relating to the sacred chickens used in divination; (masc. as sb.) a keeper of the sacred chickens.

NEGOTIANTI ~IO *CIL* 6.9674. **b** DECVRIALI DECVRIAE ~IAE *CIL* 6.1897; P AELIO..PONTIF(ici) PRAETORI LAVRENTIVM..DECVRIAL(i) ~IO MAIORI 11.7555;—(*as sb.*) oblata religio Cornuto est ~iorum admonitu non satis diligenter eum auspiciis operam dedisse CIC.*Fam*.10.12.3; ~ius diem proelii committendi differebat *Div*.1.77; 2.72; auspicia secunda esse..~ius nuntiat LIV.9.14.4; 41.18.14; V.MAX. 7.2.5.

2 (masc. as sb.) A pederast.

adhuc salax erat (*sc. an old man*). non..illum puto in domo canem reliquisse. immo etiam ~ius (puellarius *cod.*) erat, omnis mineruae homo PETR.43.8.

3 (See quot.)

~iam Plautus dixit manum dextram PAUL.*Fest*.p.243M.

pullātiō ~ōnis, *f.* [PVLLO[1]+-TIO] The hatching (of chicks).

multi..ab aestiuo solstitio non putant bonam ~onem COL.8.5.9.

pullātus ~a ~um, *a.* [PVLLVS[2]+-ATVS[2]] Dressed in drab or dingy clothes (i.e. not treated by the fuller): **a** (of the common people). **b** (of mourners).

a terrae pedem incutere..mire ad ~um circulum facit QUINT.*Inst*.2.12.10; pugnam..illam decretoriam imperitis ac saepe ~ae turbae relinquunt 6.4.6; PLIN.*Ep*.7.17.9;—(*masc. as sb.*) ~orum turba SUET.*Aug*.40.5; 44.2. **b** si magna Asturici cecidit domus, horrida mater, ~i proceres JUV.3.213;—(*poet., of tragic writings, s.v.l.*) non..hoc studeo, ~is (*v.l.* bullatis) ut mihi nugis pagina turgescat PERS.5.19.

? **pulleiāceus**: dub. word in corrupt passage in SUET.*Aug*.87.2, app. used by Augustus for PVLLVS[1] or PVLLVS[2].

pullīgō ~inis, *f.* [PVLLVS[2]+-IGO[2]] Dingy or sombre colour.

Hispania (lanas) nigri uelleris praecipuas habet..Canusium fului, Tarentum et suae ~inis PLIN.*Nat*.8.191.

pullīnus ~a ~um, *a.* [PVLLVS[1]+-INVS] Belonging to young animals; (in quot. *dentes ~i* = the milk-teeth).

prius quam (asina) dentes quos ~os appellant iaciat PLIN.*Nat*.8.172.

pullitiēs (~ēī), *f.* [PVLLVS[1]+-*ities* (-IES)] A set of young birds or sim., brood.

cum iam confirmata est ~es (*i.e. doves*) COL.8.9.4; 8.14.11; cum primo uere in eo uase nata est ~es (*i.e. bees*), nouus rex eligitur 9.11.1.

pullitra ~ae, *f.* [PVLLVS[1]] A young chicken, pullet.

ea (oua) quae subicias, potius uetulis (gallinis) quam ~is VAR.*R*.3.9.9.

pullō[1] ~āre, *intr.* [PVLLVS[1]+-O[3]] To bud, sprout.

melior uernanti germine silua ~at CALP.*Ecl*.5.20.

? **pullō**[2] ~ōnis, *m.* [PVLLVS[1]+-O[1]] (app.) A pederast (= *pullarius*, sense 2).

LUCIL.967(*s.v.l.*).

pullulascō ~ere, *intr.* [next+-SCO] To begin to sprout.

ex nouello palmite uitis ~it COL.4.21.3.

pullulō ~āre ~āuī, *intr.* [next+-O[3]] (of a plant) To send forth new growth, sprout. **b** (of new growth) to emerge, spring forth.

cum ~are desit frumentum COL.2.11.8; omnem superficiem amputabant solo tenus..ut e duro ~aret 4.11.1; GEL.8.4;—(*cf., w. internal acc.*) terras Venerem aliam..~asse APUL.*Met*.4.28;—(*poet.*) (Allecto) tot ~at atra colubris VERG.*A*.7.329;—(*transf. or fig.*) qua re luxuria reprimeretur, quae iam tum incipiebat ~are NEP.*Ca*.2.3; uelut exhausta rediuiuus ~at arca nummus JUV.6.363. **b** ~at ab radice aliis densissima silua, ut cerasis ulmisque VERG.*G*.2.17;

gemmae..ex quibus pampini ~ant COL.3.18.4; multarum (*sc.* arborum) radicibus ~ante subole densa PLIN.*Nat.*17.65.

pullulus ~ī, *m.* [next+-VLVS]

1 A young nestling or chick.

(*as a term of endearment*) uidi ~os tuos (*i.e. Commodus and his twin*) FRO.*Aur.*2.p.118(101N);—(*also w. allusion to sense of* PVLLVS[1]a) caue ne solus exedas tam bellum..~um, sed nobis quoque..inpertias APUL.*Met.*8.26.

2 A young shoot or sprout.

nullis (*sc. trees*)..tales ~i proueniunt, nisi quarum radices..in summa tellure spatiantur PLIN.*Nat.*17.65.

pullus[1] ~ī, *m.* [prob.<**putslos*, cf. Skt. *putráḥ* 'son']

1 a The young of a horse or ass, a foal; also, the young of other animals. **b** the young of a bird, a nestling, chick. **c** (spec.) a young domestic fowl, a chicken, pullet; (pl.) the sacred chickens used in divination.

a ex his equis qui nati ~i VAR.*R.*2.1.19; e quo seminio (*i.e. of asses*)..procreaui ~os 2.6.1; equae ~us LUCR.3.764; pecoris generosi ~us..altius ingreditur VERG.*G.*3.75; COL. 6.29.1; asinini ~i fimum PLIN.*Nat.*28.200; ~um equinum QUINT.*Inst.*8.2.15; JUV.6.616;—(*of other animals*) facere iis (*sc. dormice*) cauos oportet laxiores, ubi ~os parere possint VAR.*R.*3.15.2; ranae ~is uituli pede pressis HOR.*S.*2.3.314; prouectis in primam aciem..elephantis unum ex his ~um adacti in caput teli..ictus auertit FLOR.*Epit.*1.13(1.18.12); (*of bees*) fistulas..,quae contineant regios ~os COL.9.11.5; PLIN.*Nat.*11.49. **b** columbae ~i PL.*As.*209; quom ibi alcedo ~os educit suos *Poen.*356; gallinaciis..~is bis deni dies opus sunt, pauoninis ter noueni VAR.*R.*3.9.10; in ~os animalis uertier oua cernimus LUCR.2.927; adsidens implumibus ~is auis HOR.*Epod.*1.19; PHAED.1.28.4; ~um hirundininum CELS.4.7.5; ex ossibus..et medullis eius (*sc.* phoenicis) nasci..~um PLIN.*Nat.*10.4; hiat tantum ceu ~us hirundinis JUV.10.231; cygni ~um APUL.*Pl.*1.1;—(*in fig. phr.*) Coracem istum ueterem patiamur nos quidem ~os suos excludere in nido CIC.*de Orat.*3.81;—(*transf.*) Licinium plagiarium cum suo ~o miluino tributa exigere *Q.fr.*1.2.6. **c** positum ante mea quia ~um in parte catini (amicus) sustulit esuriens HOR.*S.*1.3.92; 2.2.121; pro se quisque alius agnum immolat, alius ~um SEN.*Nat.*4b.6.2; PETR.46.2; APUL.*Met.*10.13;—cum cauea liberati ~i non pascerentur, mergi eos in aquam (P. Clodius) iussit CIC.*N.D.*2.7; LIV. 6.41.8; SUET.*Tib.*2.2.

2 (as a pet-name for a child or young man) **b** a favourite boy, catamite.

strabonem appellat paetum pater, et ~um, male paruus si cui filius est HOR.*S.*1.3.45; laetissimo obuiorum agmine incessit, super fausta nomina sidus et ~um..appellantium SUET.*Cal.*13; ~us noster Antoninus..lenius tussit AUR.*Fro.* 2.p.32(94N); (*attrib.*) sine tuos ocellos deosculer..meu' ~us passer, mea columba, mi lepus PL.*Cas.*138. **b** ~us Iouis dicebatur Q. Fabius..quod eius natis fulmine icta erat. antiqui autem puerum, quem quis amabat, ~um eius dicebant FEST.p.245M.

3 A piece of new growth in a plant, shoot, sprout.

ab arbore abs terra ~i qui nascentur CATO *Agr.*51; feliculae ~um 158.1; arboribus..bacae glandesque caducae..dabant ~orum examina subter LUCR.5.1364;—(*app. transf., of a morbid growth*) qui curant ea (*sc. swellings*), addunt haec uerba: 'reseda, morbos reseda; scisne..quis hic ~us egerit radices?..' PLIN.*Nat.*27.131.

pullus[2] ~a ~um, *a.* [cf. *palleo*, Gk. πολιός] Drab-coloured, dingy, sombre. **b** (of clothes or sim., esp. those worn by mourners; also, by artisans). **c** (of the friable soil characteristic of the volcanic districts of Italy).

(*of animals, their coats, etc.*) italicum (genus, *sc.* leporis)..superiore parte ~a, uentre albo VAR.*R.*3.12.5; ne maculis infuscet uellera ~is nascentum VERG.*G.*3.389; ~am..agnam HOR.*S.*1.8.27; concidit ad magicos hostia ~a deos TIB.1.2.62; VITR.8.3.14; lana ~a LIV.42.2.4;—(*of the hair*) seu pendent niuea ~i ceruice capilli OV.*Am.*2.4.41;—(*of plants*) ~a ficus HOR.*Epod.*16.46; ~a..myrto *Carm.*1.25.18; oleris ~i (*i.e.* olusatrum, *alexanders*) radix COL.10.123;—(*of other things*) bibimus Corsi ~a uenena cadi MART.9.2.6. **b** uestis ~a purpurea ANDR.*poet.*30(34); torus..~o uelamine tectus OV.*Met.*11.611; ~o..cucullo MART.10.76.8; (*neut. pl. as sb.*) ~a decent niueas: Briseida ~a decebant OV.*Ars* 3.189;—(*of mourning garments or sim.*) VAR.in Non.p.549M; ~o amictu cum filio Perseus ingressus est castra..qui socius calamitatis miserabiliorem eum faceret LIV.45.7.4; Lepidus..a fortuna desertus ~oque uelatus amiculo..genibus eius (*sc.* Caesaris) aduolutus est VELL. 2.80.4; TAC.*Hist.*3.67; FLOR.*Epit.*2.13(4.2.45); (*neut. as sb.*) obstrusa..carbasa ~o..dryades passosque habuere capillos OV.*Met.*11.48; (*poet.*) Clotho..neuit..infesta stamina ~a manu *Ib.*242; si mihi lanificae ducunt non ~a sorores stamina MART.6.58.7;—(*of the clothes worn by artisans*) praetor..in hac officina..cum tunica ~a sedere solebat CIC.*Ver.*4.54; sedes, ubi ~a sordida ueste inter femineas spectabat turba cathedras CALP.*Ecl.*7.26; (*cf.*) pulla..paupertas 7.81; (*in fig. phr.*) non possum togam praetextam sperare, cum exordium ~um uideam QUINT.*Inst.*5.10.71. **c** aratra in terram ualidam Romanica bona erunt, in terram ~am Campanica CATO *Agr* 135.2; serito in loco ubi terra tenerrima erit, quam ~am uocant 151.2; facilis humus et modice resoluta, quam diximus ~am uocitari COL.3.11.6; 4.33.1; PLIN.*Nat.*17.25.

pulmentāris ~is ~e, *a.* [PVLMENTVM+-ARIS] (app.) Having the nature of a *pulmentum* (i.e. meat-dish).

puls fabata..praeualens ~i cibo PLIN.*Nat.*18.118.

pulmentārium ~(i)ī, *n.* [next+-ARIVM] Anything (a vegetable, condiment, etc.) used to flavour a PVLMENTVM.

laserpitium pro ~io habet CATO *hist.*74; ~iumĭ amiliae. oleae caducae quam plurimum condito..ubi oleae comesae erunt, hallecem et acetum dato *Agr.*58; ~ia, ut intubus aut aliquae id genus herba LUCIL.1076; ~ia quaere sudando (*i.e. give yourself an appetite by work*) HOR.*S.*2.2.20; PHAED. 3.7.23); illae (*sc.* caricae), si panem habeo, pro ~io sunt, si non habeo, pro pane SEN.*Ep.*87.3; COL.11.3.57; PERS.3.102; ulpicum..celebratum inter ~ia ruris PLIN.*Nat.*19.112; Varro..(sale) ~ii uice usos ueteres auctor est, et salem cum pane esitasse eos prouerbio apparet 31.89; ueniet qui ~ia condit JUV.7.185; ULP.*dig.*33.7.12.5.

pulmentum ~ī, *n.* [prob. cogn. w. PVLPA] (app.) A small portion of meat or fish eaten as a starter to a meal; (later applied to larger savoury dishes).

primus ad cibum uocatur, primo ~um datur PL.*Mil.*349; hic rex cum aceto pransurust et sale sine bono ~o *Rud.* 937[a]; CATO *hist.*75; quod edebant cum pulte, ab eo ~um VAR.*L.*5.108; laudas..trilibrem mullum in singula quem minuas ~a necesse est HOR.*S.*2.2.34;—uobis..cuncta suaui sapore percocta ~a praesto sunt, panis numerosus, uinum APUL.*Met.*4.7; porcorum, pullorum, piscium et cuiusce modi ~orum largissimas reliquias 10.13; *Apol.*30.

pulmō ~ōnis, *m.* [cf. Gk. πλεύμων, OSl. *pljušta*]

1 (sg. or pl.) The lungs.

(*pl.*) renes dolent, ~ones distrahuntur, cruciatur iecur PL.*Cur.*237; CATO *Agr.*157.7; LUCIL.106; anhelans ex imis ~onibus prae cura spiritus ducebat *Rhet.Her.*4.45; cum..ea (*sc.* aspera arteria)..ad ~ones usque pertineat excipiatque (oriuntur) uitia ~onum CELS.2.7.28; COL.6.14.1; *CIL* 10.8249;—(*sg.*) ensem tumido in ~one recondit VERG.*A.* 10.387; OV.*Met.*6.252; CELS.5.26.2; nullo..umore rigatus aeris alternos angustat ~o meatus LUC.4.327; (ballaenae) spirant..et paucissima alia in mari, quae internorum uiscerum ~onem habent PLIN.*Nat.*9.16; 11.188; LARG.90; risu ~onem agitare JUV.10.33;—(*as the seat of pride*) dum ueteres auias tibi de ~one reuello PERS.5.92;—(*of sacrificial victims, in divination*) quid..habet haruspex cur ~o incisus etiam in bonis extis..proferat diem? CIC.*Div.*1.85; 2.29; spondet..testamentum ingens calidae ~one columbae tractato..haruspex JUV.6.549.

2 (in full *~o marinus*) A lung-like marine creature, app. a kind of jellyfish.

multis (*sc. marine creatures*) eadem natura quae frutici, ut..~onibus, stellis PLIN.*Nat.*9.154; ~ones marini in pelago plurium dierum hiemem portendunt 18.359; 32.102.

pulmōnārius ~a ~um, *a.* [prec.+-ARIVS] Suffering from a disease of the lungs.

ouem ~am similiter ut suem curari conuenit COL.7.5.14; 7.10.7.

pulmōneus ~a ~um, *a.* [PVLMO+-EVS] **a** Consisting of lung. **b** swollen or spongy like the lungs (as the name of a type of apple).

a ~um..uelim uomitum uomas (*i.e. vomit up your lungs*) PL.*Rud.*511. **b** stolide tument (mala) ~a PLIN.*Nat.* 15.52.

pulpa ~ae, *f.* [dub.]

1 The fleshy parts of the body. **b** the best part of meat (i.e. without the fat). **c** (contemptuously) the flesh opp. to the spirit, man's carnal nature.

(spiritus) non..inter neruos ~asue sed in uisceribus..commoratur SEN.*Nat.*6.24.2; ut ossa tantum uiduata ~is..cohaererent arbori APUL.*Met.*8.22. **b** lardi P IIII S et ~ae P IIII S CATO *Agr.*83; ~am dubio de petasone uoras MART. 3.77.6; suis parabat uiscum..et ~am frustatim consectam APUL.*Met.*2.7. **c** templis nostros immittere mores et bona dis ex hac scelerata ducere ~a PERS.2.63.

2 (transf.): **a** The fleshy part of a fruit. **b** (in timber) the part in between the lines of the grain.

a cariotarum..~as medias detracta exteriore cute LARG. 74. **b** in quarundam arborum carnibus ~ae uenaeque. discrimen earum facile; uenae latiores candidioresque. ~ae fissilibus insunt PLIN.*Nat.*16.184.

pulpāmentum ~ī, *n.* [cf. PVLMENTVM and PVLPA]

1 (app.) A small piece of meat, etc., used to start a meal, = PVLMENTVM.

uoltisne oliuas, ~um, capparim? PL.*Cur.*90; neque praeripio ~um neque praeuorto poculum *Mil.*653; ut ego accipiam te..uino, unguentis et inter pocula ~is *Ps.*947; aut..holus aut ~um FRO.*Aur.*1.p.164(18N); (*cf.*) mihi..cubile terra, ~um fames, lacte caseo carne uescor CIC.*Tusc.* 5.90;—(*prov.*) lepus tute es, ~um quaeris? TER.*Eu.*426.

2 (pl.) The fleshy parts (of an animal, etc.).

(thynni) plenis ~is sale adseruantur PLIN.*Nat.*9.48.

pulpitum ~ī, *n.* [dub.] A wooden platform for dramatic performances, recitations, etc. (poet. pl. common in sg. sense).

SCAENAM ~VM CETERAQVE, QVAE AD EOS LVDOS OPVS ERVNT *CIL* 1.593.77; aspice, Plautus..quam non adstricto percurrat ~a socco HOR.*Ep.*2.1.174; Aeschylus..modicis instrauit ~a tignis *Ars* 279; PROP.4.1.16; linea..quae disiungat proscaenii ~um et orchestrae regionem VITR.5.6.1; ex ~o omne tibiarum genus..consonuit SEN.*Ep.*84.10; PLIN.*Nat.*36.120; ludibria scaena et ~o digna PLIN.*Ep.* 4.25.4; principis (*i.e. Nero*)..gaudentis foedo peregrina ad ~a cantu prostitui JUV.8.225; 14.257; (Tiridatem) per deuexum ~um subeuntem admisit ad genua SUET.*Nero* 13.2;—(*used by lecturers*) non ego, nobilium scriptorum auditor.., grammaticas ambire tribus et ~a dignor HOR.*Ep.* 1.19.40; repeto quendam..mane disserere, post meridiem remoto ~o declamare solitum SUET.*Gram.*4(p.104Re).

pulpō ~āre, *intr.* [onomat.] (Vb. expr. the cry of the vulture.)

uulturum (est) ~are SUET.fr.161(p.251Re).

pulpōsus ~a ~um, *a.* [PVLPA+-OSVS] Fleshy.

ille (*i.e. a horse*) terga ~is torulis obesa conuertens APUL. *Met.*7.16.

puls ~ltis, *f.* [perh. cogn. w. PVLPA] FORMS: abl. sg. *~lti* SUET.*Cl.*44.3. A dish made by boiling crushed spelt or other grain in water, a kind of porridge.

~ltem Punicam sic coquito. libram alicae in aquam indito.. CATO *Agr.*85; POMPON.*com.*150; ~ls..datur pullis in auspiciis FEST.p.245M; CIC.*Div.*2.73; milium..~ltem..cum lacte non fastidiendam praebet COL.2.9.19; cum Germaniae populi serant eam (*sc.* auenam) neque alia ~lte uiuant PLIN.*Nat.*18.149; inbue plebeias Clusinis ~ltibus ollas MART.13.8.1; JUV.11.58;—(*as the primitive food of the Romans*) de uictu antiquissima ~ls VAR.*L.*5.105; V.MAX. 2.5.5; ~lte.., non pane, uixisse longo tempore Romanos manifestum..et hodie sacra prisca..~lte fitilla conficiuntur PLIN.*Nat.*18.83,84.

pulsābulum ~ī, *n.* [PVLSO+-BVLVM] An implement for striking the strings of a musical instrument, plectrum.

dextra psallentis gestu ~um citharae admouet APUL.*Fl.* 15.

pulsātiō ~ōnis, *f.* [PVLSO+-TIO] The action of striking repeatedly; (esp.) knocking, hammering (on a door). **b** (leg.) the assailing (of a person) with blows, assault.

saxis..incessebant hostem. ea..~o scutorum parumper..Romanos tenuit LIV.31.39.13;—ecquis hoc aperit ostium? ecquis exit?—quid istuc? quae istaec ~o? PL.*Bac.*584. **b** iniuriam esse nullam nisi quae ex ~one aut conuicio constet *Rhet.Her.*2.41; CIC.*Cael.*23; ULP.*dig.*47.10.5.1.

pulsātor ~ōris, *m.* [next+-TOR] One who strikes (a musical instrument).

citharae ~or Apollo V.FL.5.693.

pulsō ~āre ~āuī ~ātum, *tr.* [PELLO+-TO]

1 To strike with repeated blows, beat; (esp. the breast, etc., in mourning). **b** (with the feet, etc., in var. activities). **c** (in swimming, rowing, or sim.; also in flying). **d** (hyperb., of something high conceived of as beating upon the heavens).

agricola..rastris galeas ~abit inanis VERG.*G.*1.496; cum bene iactati ~arant arua ligones OV.*Am.*3.10.31; siluas..tenent delphines et altis incursant ramis agitataque robora ~ant *Met.*1.303; ~andus..leuiter inflatis uesicis..is locus est CELS.3.27.2.B; duae..acies ita cohaerebant, ut armis arma ~arent CURT.3.11.5; seritur apium semine paulum in pila ~ato PLIN.*Nat.*19.158; (hasta) erexit..quadrupedem, elatis ~antem calcibus auras SIL.17.135; nec galeam quassas nec terram cuspide ~as..? JUV.2.130; (*absol.*) sonus..murmuri similis..armorumue ~antium fragori PLIN.*Nat.* 2.193;—(*the breast, etc.*) fleat Alciden caerula Crete..: centum populi bracchia ~ent SEN.*Her.O.*1876; quid pectora ~as? quid, uaesane, gemis? LUC.4.182; MART.2.11.6; manus Charites a ~andis uberibus amouere APUL.*Met.*8.7; (*pass. w. acc. of part affected*) Pax..~ata lacertos abscondit galea uictum caput PETR.124,l.249. **b** (*in riding, galloping, or sim.*) pars terrai.., perusta solibus assiduis, multa ~ata pedum ui LUCR.5.252; gyrum ~at equis PROP.3.14. 11; campus adsiduis ~atus equis OV.*Met.*6.219; spargit..harenam taurus et infesto iam pede ~at humum *Tr.*4.9.30; prospice..alipedi ~antem corpora curru Euryalen V.FL. 5.611; (*poet.*) curru..Phoebe medium ~abat Olympum VERG.*A.*10.216;—(*in dancing*) Musae quae pedibus magnum ~atis Olympum ENN.*Ann.*1; nunc est bibendum, nunc pede libero ~anda tellus HOR.*Carm.*1.37.2; ludius..ter pede ~at humum OV.*Ars* 1.112;—(*in stamping*) irascentium eadem signa sunt:..conplosae saepius manus et ~ata humus pedibus SEN.*Dial.*3.1.4; pedibus ~ant tabulata frementes V.FL.8.305. **c** aequor Iasonio ~atum remige primum OV.*Pont.*3.1.1; siqua per alternos ~abitur unda lacertos *Ib.*587; ne mihi tum remis ~et uada caerula puppis GERM. *Arat.*154; nos Acheloi tecum solitae ~are uadum SEN.*Her.O.* 587;—quot tenerum pennis aera ~at auis OV.*Tr.*5.2.26. **d** ipse arduus, altaque ~at sidera VERG.*A.*3.619; Amycus..uasto qui uertice nubila ~et V.FL.4.149; septemgemino actantior aethera ~et Roma iugo STAT.*Silv.*4.1.6; caelum ~antes..scopulos SIL.12.72; *CIL* 8.212;—(*poet., perh.*) ingenti qui nomine ~at Olympum (*i.e. Virgil*) *Laus Pis.*231.

2 To knock on (a door or gate). **b** to knock on the door of (a building, etc.).

sub galli cantum consultor ubi ostia ~at HOR.*S.*1.1.10; incipe, quis totiens furtim tua limina ~et, quaerere OV.*Am.* 2.19.39; tectam stramine uidit..casam paruasque fores ~auit *Met.*5.448; non sunt isti amici, qui agmine magno ianuam ~ant SEN.*Ben.*6.33.4; APUL.*Met.*1.22; (*w. hostile intent*) Capenam portam armis Hannibale ~ante V.MAX. 3.7.10; (*in fig. phr.*) ei mihi, quo totiens nostri ~ata sepulcri ianua, sed nullo tempore aperta fuit? OV.*Tr.*3.2.23;—(*ellipt*). adi..ad fores..ut ~at propudium! PL.*Bac.*579; ~abant alii frustra dominamque uocabant PROP.2.14.21. **b** hanc..uillam..~are iussisti atque aquam rogare PL. *Rud.*332; (Brutus) atria..~at non ampla Catonis LUC.2. 238; (*cf.*) neque..scrutanda singula et uelut ostiatim ~anda QUINT.*Inst.*5.10.122;—(*poet.*) Mors aequo ~at pede pauperum tabernas regumque turres HOR.*Carm.*1.4.13; me..uocalis lucos..~antem..admisere deae STAT.*Silv.*5.3.210; (Hannibal) Romam comprendere bello gaudet et extremis ~at Capitolia terris SIL.1.270;—(*transf., w. ref. to time*) iustos cuius (*sc. an expectant mother*) ~antia mensis uota tument STAT.*Theb*.5.115; tu..quam sextus et octogensimus annus ~at JUV.6.193.

3 (of physical sensations, strong feelings) To hammer at, bang on (the heart, etc.); (also w. the person affected as subj.); (pass., of heart, pulse, etc.) to beat wildly, palpitate.

exsultantia..haurit corda pauor ~ans laudumque arrecta cupido VERG.*A*.5.138; illi sufficit pectora ~ans spiritus in uocem LUC.7.608; quatit ossa et artus horridus nostros tremor ~atque pectus [SEN.]*Oct*.736;—uoluitur ille uomens calidum de pectore flumen..et longis singultibus ilia ~at VERG.*A*.9.415; arrecti plantis (*sc. runners lining up for a race*) ..~antesque aestu laudum exultantia corda SIL.16.479; —~antur trepidi corde micante sinus OV.*Ars* 3.722; iam tumore pectus extolli, iam salubris uena ~ari..: et adsurgit cadauer APUL.*Met*.2.29; caput graue, ceruix torpens, tempora ~ata *Apol*.51.

4 To strike repeatedly or beat (a musical instrument) in order to produce sounds. **b** to strike (a pipe) in order to 'stop' the holes.

~abant tympana Thebae PROP.3.17.33; ~antes mendaci cymbala dextra..Corybantes GERM.*Arat*.36; CURT.8.14.10; ~are lyram [SEN.]*Oct*.815; ~at..chelyn post pocula Chiron V.FL.1.139; quater aera Rheae, quater enthea ~ant terga manu STAT.*Ach*.1.828; Oeagrios ~abat pectine neruos SIL.5.463; tot pariter pelues ac tintinnabula dicas ~ari JUV.6.442; alius citharam ~auit APUL.*Met*.5.3;—(*w. internal acc.*) Threicius..sacerdos..iam..eadem digitis, iam pectine ~at eburno VERG.*A*.6.647. **b** querelas, tibia quas fundit digitis ~ata canentum LUCR.5.1385.

5 To assail (a person, his body, etc.) with blows, beat, assault. **b** to attack in a court of law or sim., indict.

inpune occidi eum qui tribunum pl. ~auerit CIC.*Tul*.47; lictores..ad ~andos uerberandosque homines exercitatissimi *Ver*.5.142; densis ictibus heros creber utraque manu ~at uersatque Dareta VERG.*A*.5.460; propinqui regis Tati legatos Laurentium ~ant LIV.1.14.1; 38.42.7; nec procul a uero est quin (*sc.* Orestes) et ~arit amicum OV.*Tr*.5.6.27; ~atus ciuis iniuriarum aget QUINT.*Decl*.252(p.30,l.13); si rixa est ubi tu ~as, ego uapulo tantum JUV.3.289; (*cf.*) uerberare est cum dolore caedere, ~are sine dolore ULP.*dig*.47.10.5.1; (*poet.*) fugit ipse Latinus ~atos referens infecto foedere diuos VERG.*A*.12.286;—(*parts of the body*) (Eumolpus) os hominis palma..~at PETR.95.4; solea ~are natis JUV.6.612. **b** erit in potestate cuiusque ~ando eos subicere ipsos iurisdictioni, dum se uindicant ULP.*dig*.5.1.2.5; sic tenetur quasi ex contractu obligatur pro quo ~abitur 11.1.11.9.

6 To assail (a wall, town) with siege-engines, batter, bombard. **b** (transf., of waves, winds, etc.).

qui..imos ~abant ariete muros VERG.*A*.12.706; graue balistae moenia ~at onus OV.*Tr*.1.2.48; summum murum continenter ~antes summos lapidum ordines deiciebant VITR.10.13.1; exuta spe moenia Romae ~andi, colles Vmbros..petebat Hannibal SIL.6.643; 16.695;—(*in fig. phr.*) si illa pars (*i.e. the spirit*) tuta est, ~ari homo potest, capi non potest SEN.*Ep*.74.19. **b** Perseus, quem..Aquilonis flamina ~ant CIC.*Arat*.256(22); Atlantis..piniferum caput et uento ~atur et imbri VERG.*A*.4.249; haerentem scopulo, quem uaga ~at aqua OV.*Ep*.10.136; una..~atur terra duabus aquis *Fast*.6.496; grandine ~atur tellus GERM.fr.3.22; cum crebri fluctus..nauium..latera ~arent CURT.9.4.10; (Pompeius) ~atur harenis, carpitur in scopulis LUC.8.708; certant zephyri frustraque rigentem (nubem) ~at utrimque notus V.FL.3.93; septentrionalia eius (*sc.* Britanniae)..aperto mari ~antur TAC.*Ag*.10.2;—(*cf.*) ~atur undique nauis periculis SEN.*Con*.7.1.10.

7 (of a sound, sight, etc.) To beat upon or force itself upon (the senses, consciousness, etc.); (of a sound, also) to strike (a place), i.e. cause it to echo. **b** to importune (a person) with prayers, complaints, etc. **c** to assail (the heart) with an emotion.

fac imagines esse quibus ~entur animi CIC.*N.D*.1.107; dormientium animos..aduenticia uisione ~ari *Div*.2.120; dico animo nostro primum simulacra meandi accidere atque animum ~are LUCR.4.882; cum adhuc ~aret aures meas fluctus SEN.*Con*.exc.8.6; inimica et echo est resultanti sono, qui (apes) pauidas alterno ~et ictu PLIN.*Nat*.11.65; lituis aures circum ~antur acutis STAT.*Theb*.6.228; affixi clipei..magni monumenta triumphi, ~abant oculos SIL.6.436;—uocem..uolutant litora, ~ati colles clamore resultant VERG.*A*.5.150; fragor aethera ~at LUC.6.225; tuba luctificis ~at clangoribus urbem STAT.*Theb*.10.552. **b** ~ata..est eximii ciuis potentia hinc inuidiosa querella, hinc lamentatione miserabili V.MAX.6.2.6; uocibus ~ans Iouem impleuit omnem uoce feminea locum SEN.*Her.O*.1671; Antigonen maestis solitus ~are querelis STAT.*Theb*.8.249; iniustos rabidis ~are querellis caelicolas *Silv*.5.1.22; nonne horridus..inuidia superos iniustaque Tartara ~em? 5.5.78. **c** calamitas pectora maerore ~abat *Rhet.Her*.4.45; ille..patriam metu ~auit, hic uerecundia V.MAX.5.3.2b; (matres) ostentant paruos uagituque incita ~ant corda uirum SIL.12.591;—(*of the emotion*) multa in unum locum confluont quae meum pectu' ~ant simul PL.*Epid*.527; incertus..uiae..haurit iter: ~at metus undique STAT.*Theb*.1.369.

8 To give a push or thrust to, impel; (transf.) to impel to a course of action. **b** to send on one's way, send packing; (transf.) to dispel (a feeling).

neruo ~ante (effusae) sagittae VERG.*G*.4.313; os in murmura ~ant singultus animae LUC.8.682; repetunt..uolucres..larem bruma ~ante relictum STAT.*Theb*.8.617; —(*transf.*) quae te uecordia..~at, qui me uiuente lacessas Pirithoum..? OV.*Met*.12.228; subdidit stimulos timor, inuidia ~at pectus SEN.*Ag*.134; age iam magno (ducis indulgentia ~at..) surge animo STAT.*Silv*.5.2.125. **b** tempus abire tibi est, ne potum largius aequo rideat et ~et lasciua decentius aetas HOR.*Ep*.2.2.216;—(*transf.*) alimentorum..praebendorum necessitas oneribus menstruis ..uerecundiam quoque ~antibus adstringitur PAPIN.*dig*.34.1.8.

pulsus ~ūs, *m.* [PELLO+-TVS[3]]

1 The action of beating upon or striking or an instance of it, beat, stroke. **b** (in playing musical instruments). **c** (in rowing). **d** (in galloping, stamping, etc.). **e** (of sounds or mental stimuli) impact.

ancones extollentes fundos intra modiolos uehementi ~us crebritate VITR.10.8.5; tormentis et maxime arietum ~u muros quatit CURT.4.3.13; cecidisse nostri stipitis ~u obuium SEN.*Oed*.769; LUC.10.480; ut conserta acies corporibus et ~u armorum pellerent pellerentur TAC.*Ann*.6.35; —(*of natural forces, etc.*) flamina..adsiduo terris instantia ~u GERM.fr.4.80; Africus..prima quaeque congesta ~u inlisi maris subruit CURT.4.2.8; tutissimi sunt aedificiorum fornices (*i.e. in earthquakes*)..alterno ~u renitente PLIN.*Nat*.2.197; muli..nares languidas adsiduo ~u tussedinis hiulci APUL.*Met*.9.13; (*cf.*) stimulo..furoris (*i.e. oracular inspiration*) conpages humana labat, ~usque deorum concutiunt fragiles animas LUC.5.119;—(*transf.*) quem locum..cum legeret, non minoribus quati..animum suum motibus ~ibusque dicebat, quam si ipse coram depugnantes eos spectaret GEL.9.13.5. **b** qui (*sc.* locus) circumsonet..cymbalorum et tympanorum ~u LIV.39.10.7; laete lyrae ~u (*i.e. Mercury*) OV.*Fast*.5.667; illis..sacer aeris ~us et eoae memoratrix tibia pugnae V.FL.6.142; SIL.17.19; (*cf.*) iambi..frequentiorem quasi ~um habent QUINT.9.4.136. **c** cum.., retinet..ipsa nauis..cursum suum intermisso impetu ~uque remorum CIC.*de Orat*.1.153; CAES.*Gal*.3.13.5; nec palmularum ~us nec portisculi LABER.*com*.53; senis ductor Rhoeteius ibat ~ibus SIL.14.488. **d** sonitus auris meas pedum ~u increpat ENN.*scen*.341; qui..fulmen aere et cornipedum ~u simularet equorum VERG.*A*.6.591; uirgines sonum uocis ~u pedum modulantes LIV.27.37.14; pedum ~u uisast mihi terra moueri OV.*Ep*.15.59; harena ~u pedum spargitur (*i.e. by bulls*) SEN.*Dial*.3.1.6; ungularum ~ibus calens Hister MART.7.7.2. **e** externus et aduenticius ~us animos dormientium commouet CIC.*Div*.2.126; nulla..species cogitari potest nisi ~u imaginum 2.137; ubi concaua ~u saxa sonant uocisque offensa resultat imago VERG.*G*.4.49; insipiens, qualia sibi esse primo animi sui ~u uisa sunt saeua et aspera, talia esse uero putat GEL.19.1.19.

2 a The beat or throb (of the heart or sim.). **b** ~*us uenarum* (*arteriarum*), the pulse.

a pectora..creber anhelitus urguet, et defecta grauis longe trahit ilia ~us LUC.4.757; aspera ~u corda, gelant uenae STAT.*Theb*.4.727; adsiduo ~u micanti corde APUL.*Met*.11.13. **b** (medicus) modo uegetiore, modo languidiore ~u uenarum conperit cuius morbi aeger esset V.MAX.5.7.ext.1; ubi uenarum exigui inbecillique ~us sunt CELS.3.19.1; arteriarum ~us in cacumine maxime membrorum euidens, index fere morborum PLIN.*Nat*.11.219; (medicus) uim sentiendi ~us uenarum..non dabit QUINT.*Inst*.7.10.10; TAC.*Ann*.6.50; FRO.*Aur*.1.p.242(88N); APUL.*Fl*.19.

3 The action of setting in motion, impulse, thrust. **b** the rousing (of something) to action, stimulation.

Iouis ut ~u (draco) penetraret ab ara CIC.*poet*.22.12(*Div*.2.63); inanimum est..omne quod ~u agitatur externo; quod autem est animal, id motu cietur interiore et suo *Rep*.6.28; *N.D*.2.31; ignis..et aer omni ~u facillime pellitur naturaque cedens est 3.31; propulsae in aduersum aquae etiam desistente flatu retinent aliquantisper de pristino ~u impetum GEL.2.30.5; eum..senile illud facinus..inopinato ~u nutantem ac pendulum..praeceps inegit APUL.*Met*.4.12. **b** si quis pallorem et lacrimas procidentis..animi ..signum putat, fallitur nec intellegit corporis hos esse ~us SEN.*Dial*.4.3.2.

pultārius ~(i)ī, *m.* [PVLS+-ARIVS] A kind of cooking-pot.

caliculus..aut ~ius oris compressioris ei rei (*i.e. cupping*) commode aptatur CELS.2.11.2; uuae..in ~ios condi debebunt COL.12.44.7; cum mulsi ~ium obduxi, frigori laecasin dico PETR.42.2; calidam potionem in ~io poposcit PLIN.*Nat*.7.185.

pultātiō ~ōnis, *f.* [PVLTO+-TIO] The action of knocking on a door.

quid tibi ad hasce accessio aedis est prope aut ~o? PL.*Truc*.258.

pulticula ~ae, *f.* [PVLS+-CVLA] A kind of porridge = PVLS.

quaedam genera frumenti..uel ex isdem facta sorbitio aut ~a CELS.2.18.10; si minor uis (*i.e. ophthalmia*) urget, ~a (dari debet)..aut panis ex lacte 6.6.1.G; COL.8.11.14; PLIN.*Nat*.26.58.

Pultiphagōnidēs ~ae, *m.* (comically formed patronymic, cf. next) 'Son of Porridge-eater' (as a name for a Roman).

Plautus..~es PL.*Poen*.54.

pultiphagus ~a ~um, *a.* [humorously from PVLS+Gk. -φαγος] Eating porridge (the typical diet of the early Romans).

non..haec ~us opifex opera fecit barbarus PL.*Mos*.828.

pultō ~āre, *tr.* [PELLO+-TO: doublet of PVLSO] To knock at (a door, house).

(*a door*) nunc fores ~abo, adesse ut me sciat PL.*Men*.987; *Mos*.988; ostium ~abo atque intus euocabo aliquem foras *Ps*.604; ubi uentum ad aedis est, Dromo ~at fores TER.*Hau*.275; *Ad*.637;—(*a house*) quis..tumultu tanto nominat me atque ~at aedis? PL.*Bac*.1120; *Mos*.403;—(*ellipt.*) i, puere, ~a atque atriensem.., si est intus, euocato huc *As*.382; *Mil*.1254;—(*facet.*) pectus digitis ~at, cor..euocaturust foras 202.

puluerārius ~a ~um, *a.* [PVLVIS+-ARIVS] (The designation of certain town quarters or streets, app. having reference to trade in some form of dust or powder.)

VICO ~O (*at Rome*) *CIL* 6.975.A.1.31; (uia) ~A (*at Regium*) 11.1001.

puluerātiō ~ōnis, *f.* [PVLVERO+-TIO] The breaking up (of the soil round vines) into powder, pulverization.

(uinea) fit uberior ~onibus COL.4.28.1; ~onem faciunt..cum omnis gleba in uineis refringitur et soluitur in puluerem 11.2.60.

puluereus ~a ~um, *a.* [PVLVIS+-EVS]

1 Composed of dust. **b** (of activities) performed in the dust.

oculis..sequuntur ~am nubem et fulgentis aere cateruas VERG.*A*.8.593; Boreas..~am..trahens per summa cacumina pallam uerrit humum OV.*Met*.6.705; ~am..nubem motam barbaricis equitum cateruis SEN.*Ag*.600; unde ~o stant astra globo? STAT.*Theb*.7.124; SIL.2.174; ~i et iam cinerosi mortui APUL.*Met*.4.18. **b** lassitudinem uice lauacri ~is uolutatibus digerebam APUL.*Met*.4.5.

2 Covered with or abounding in dust, dusty.

~um..hippodromon MART.12.50.5; turma..~is exsultat equis V.FL.4.608; (Alcides) ~um..fera crinem detersit oliua STAT.*Theb*.6.7; 12.713; me (*i.e. a stream crossed by a road*) ~um grauemque caeno *Silv*.4.3.88;—(*cf.*) (gemma) candida, ~o aspectu PLIN.*Nat*.37.170.

3 Resembling dust in consistency, fine and powdery.

~ae..farinae OV.*Med*.61; ~um..solum *Met*.7.113; terra ..~a summa, inferior bibula PLIN.*Nat*.18.110.

puluerō ~āre ~āuī ~ātum, *tr.*, (*intr.*). [PVLVIS+-O[3]]

1 To break up (soil, etc.) into fine particles, pulverize.

priusquam uineae ~entur COL.11.2.60; fragiles nimium sol ~at herbas CALP.*Ecl*.5.88.

2 To cover with dust.

hoc (*sc. a parasite*)..phasanias..interemit nisi ~antes sese (*i.e. unless they take dust-baths*) PLIN.*Nat*.11.114; sunt qui puluere..uuas ali iudicent pubescentesque ~ent 17.49.

3 (intr.) To be dusty.

mundum esse hoc uestibulum uolo..non hoc ~et PL.fr inc.147(GEL.18.12.4).

puluerulentus ~a ~um, *a.* [PVLVIS+-VLENTVS]

1 Covered with or full of dust, dusty.

si sunt pilosae (apes) et horridae, ut ~ae VAR.*R*.3.16.20; aestuosa et ~a uia CIC.*Att*.5.14.1; LUCR.5.742; ~a..aestas VERG.*G*.1.66; ~a fuga Rutuli dant terga per agros *A*.12.463; PROP.3.14.7; (arbor) non a uicina ~a uia est *Nux* 90; magis diliges ex duobus aeque bonis uiris nitidum et unctum quam ~um et horrentem SEN.*Ep*.66.25; PLIN.*Nat*.13.23; ~a prius calcataque flumina (*i.e. that have dried up*) STAT.*Theb*.1.358; nec quisquis est ~us, ex itinere est QUINT.*Inst*.5.10.81;—(*poet., of things attained after great effort*) praemia militiae ~a sequi OV.*Am*.1.15.4.

2 (app.) Resembling specks of dust, gritty.

cum in summam subtilitatem deducta sint (*sc. ingredients*) perseuerantia terentium, tamen corpora quasi ~a necesse est maneant LARG.21.

puluillus ~ī, *m.* [PVLVINVS+-LVS]

1 A small cushion or pillow.

libelli Stoici inter sericos iacere ~os amant HOR.*Epod*.8.16; effultus ostro Sericisque ~is MART.3.82.7; equos ~is instratos FRO.*Ver*.2.p.148(128N); APUL.*Met*.10.20.

2 (agr.) A small raised bed of earth.

(uites) ita ablaqueandae sunt ut..ab inferiore (parte) ~ (*cj.*) altiores excitentur COL.*Arb*.10.4.

puluīnar ~āris, *n.* [PVLVINVS+-AR]

1 A cushioned couch, one of several on which images of gods were placed at a *lectisternium*; (also used singly in commemorations of particular gods or deified human beings). **b** (applied to a couch occupied by an actual deity or person enjoying quasi-divine honours).

ut conuiuia publica et priuata cenaeque ad ~aria facilius compararentur HEM.*hist*.13; nunc Saliaribus ornare ~ar deorum tempus erat dapibus HOR.*Carm*.1.37.3; lectisternium per triduum habitum..: sex ~aria in conspectu fuerunt, Ioui ac Iunoni unum, alterum Neptuno ac Mineruae ..LIV.22.10.9; obsecratione circa omnia ~aria facta 31.9.6; AUG.*Anc*.2.19; uoluerunt imaginem eius (*sc.* Africani)..Capitolinis ~aribus adplicare V.MAX.4.1.6;—cum..uirgo Vestalis..aediculam et ~ar sub Saxo dedicasset CIC.*Dom*.136; hominem..eum qui ~aribus Bonae deae stuprum intulerit *Har*.8; quae uictoria tantae fuit Atticis laetitiae, ut..arae Paci publice sint factae eique deae ~ar sit institutum NEP.*Timoth*.2.2; exortae adulationes censentium honorem diuae et ~ar aedemque et sacerdotem TAC.*Ann*.15.23; ante ~ar Iouis..adoptio peracta est PLIN.*Pan*.8.1; FEST.p.364M; SUET.*Jul*.76.1; APUL.*Met*.9.9. **b** (*applied to a bed of state*) ~ar..diuae geniale locatur sedibus in mediis CATUL.64.47; coniunx (*i.e. Livia*) sua ~aria seruat OV.*Pont*.2.2.69; potest..haec (*sc.* fortuna) aduersus priuatas domos ullam aequitatem nosse.., cuius implacabilis saeuitia totiens ipsa funestauit ~aria? SEN.*Dial*.11.16.4; foeda (Augusta, *i.e. Messalina*) lupanaris tulit ad ~ar odorem JUV.6.132; SUET.*Dom*.13.1;—(*applied to a seat of honour*) ipse circenses..spectabat, interdum ex ~ari *Aug*.45.1; in summo ~ari locatus (*sc. a robber-chief*) cena poculisque magnis inauguratur APUL.*Met*.7.9.

2 (transf.) A support on which a beached ship is laid.

ibo intro, ut subducam nauim rusum in ~aria PL.*Cas*.557.

? **puluīnāris** ~is ~e, *a.* [PVLVINVS+-ARIS] Of or belonging to a cushion; *pica ~is*, (applied to a gossip; the force of the ep. is not clear).

in ~ibus plagulis VAR.in Non.p.162M;—(Fortunata) est . . malae linguae, pica ~is PETR.37.7.

puluīnātus ~a ~um, *a.* [PVLVINVS+-ATVS²] Cushion-shaped; (of columns) having a cushion-shaped capital.

si (capitula) ~a erunt VITR.3.5.5; ~i. . calycis (*i.e. of a walnut*) PLIN.*Nat*.15.86; scrobes. . ~is a deuexitate labris 17.168;—in ~is columnis VITR.1.2.6.

puluīnensis ~is ~e, *a.* [next+-ENSIS] (as ep. of a deity, prob.) Provided with a cushioned couch at a *lectisternium*.

CISTOPHORO AEDIS BELLONAE ~IS *CIL* 6.2233.

puluīnus ~ī, *m.* [dub.]

1 A cushion or pillow.

ego sedero in subsellio.— mane, ~um — bene procuras. mihi sati' sic fultumst PL.*St*.94; CATO *Agr*.10.5; lectica. . in qua ~us erat perlucidus Melitensis rosa fartus CIC.*Ver*.5.27; CATUL.6.9; SAL.*Jug*.71.4; ~um facili conposuisse manu OV. *Ars* 1.160; epistulam. . ~o, cui incubabat, subicit CURT. 3.6.7; quid interest, quam lecti premas partem? honestiorem te aut turpiorem potest facere ~us? SEN.*Dial*.5.37.4; PETR.59.3; (anesum) insomnia leuat suspensum in ~o PLIN. *Nat*.20.186; 28.260; exeat. . et de ~o surgat equestri (*i.e. in the theatre*) JUV.3.154; ~um iussit inici (*sc.* Tiberio) atque etiam fauces manu sua oppressit SUET.*Cal*.12.2; *Dom.* 17.2.

2 (applied to various structures resembling cushions in shape or function): **a** A raised bed of earth, ridge, balk (in a field or garden). **b** a raised border to a floor. **c** the structure connecting the volutes in an Ionic capital. **d** the rounded side of a bath, against which the bather leaned. **e** a platform used in constructing a harbour. **f** the socket-piece in a catapult, = CHELONIVM.

a terra adruenda ~os fieri VAR.*R*.1.35.1; (spicae, *i.e. of garlic*) liratim seri debent, ut in ~is positae minus infestentur hiemis aquis COL.11.3.20; omnium. . generum ramos. . per ~os arearum disponere conuenit *Arb*.25.2; PLIN.*Nat*.19.60; PLIN.*Ep*.5.6.16. **b** parietum et soli iuncturae testaceis ~is fibulantur COL.1.6.13. **c** ~orum baltei ab abaco hanc habeant proiecturam VITR.3.5.7. **d** VITR.5.10.4. **e** sin. . propter fluctus. . destinae arcas non potuerint continere, tunc ab ipsa terra. . ~us quam formissime struatur VITR.5.12.3. **f** VITR.10.10.5.

puluis ~eris, *m.*, (*f*.). [cogn. w. POLLEN; cf. Skt. *palāvaḥ* 'chaff'] GENDER, FORMS: fem. in ENN.*Ann*.282 and 315, *scen*.382; PROP. 1.22.6, 2.13.35. Pl. in our period perh. only in HOR.*Epod*.17.48, PLIN.*Nat*.11.82.

1 Dust (lying on the ground, on surfaces, etc.). **b** (esp. as raised by rapid movement, violent activity, or sim.). **c** *~is Puteolanus*, a kind of volcanic ash, *pozzuolana*. **d** (applied, usu. slightingly, to other substances).

socci uideo uestigium in ~ere PL.*Cist*.698; prima autumnitate cum ~is est CATO *Agr*.155; ut ~erem manibus. . abluam PAC.*trag*.244; eo loco ~is, non glarea, iniecta est (*i.e. on a road*) CIC.*Q.fr*.3.1.4; LUCR.3.381; hiberno laetissima ~ere farra VERG.*G*.1.101; it scissa ueste Latinus. . canitiem immundo perfusam ~ere turpans *A*.12.611; absterso ~ere ac sudore uelatus processit LIV.3.26.10; ipsi. . in occaecatum ~ere offuso hostem pugnaturi 22.43.11; prospectum oculorum nubes ~eris. . abstulerat CURT.4.15.32; ~is in lanis et ueste tineas creat PLIN.*Nat*.11.117; qui minium. . poliunt, faciem. . uesicis inligant, ne in respirando perniciale ~erem trahant 33.122; neque omne iter ~erem mouet QUINT.*Inst*.5.10.81; disciplinae grammaticae inauditiunculas. . quasi ~erem ob oculos. . adspergebat GEL.5.21.4. **b** ut alii. . dicerent. . instare Varum iamque se ~erem uenientium cernere CAES.*Civ*.2.43.2; Domitiani exercitus ~is 3.36.8; ~is uelut ingentis agminis incessu motus LIV. 10.41.5; qui honestum hominem uenire magno ~ere ostendant SEN.*Ep*.123.7; hic (equus). . cuius clara fuga ante alios et primus in aequore ~is JUV.8.61. **c** Puteolanus ~is, si aquam tetigit, saxum est SEN.*Nat*.3.20.3; PLIN.*Nat*.16.202; non multum a ~ere Puteolano distat e Nilo harena tenuissima 35.167; (*cf.*) in quibus. . locis ~is non nascitur, his rationibus erit faciendum VITR.5.12.5. **d** (*sand*) ille ~eris Africi. . subducat numerum prius CATUL.61.199; tenui. . in ~ere sulcos ducimus et litus sterili uersamus aratro JUV.7.48; —(*clay for making pots, building*) non uili calices de ~ere natos MART.14.102.1; 14.114.1; opus. . texunt cocto ~ere sordidoque topho STAT.*Silv*.4.3.53;—(*mineral waste, slag*) stringere uenas feruentis massae crudo de ~ere PERS.2.67.

2 Dust associated with certain special activities: **a** (in the race-course or arena). **b** (in the battlefield). **c** (used for drawing geometric diagrams or sim.).

a sunt quos curriculo ~erem Olympicum collegisse iuuat HOR.*Carm*.1.1.3; cui spes. . dulcis sine ~ere palmae *Ep.* 1.1.51; acer equus quondam magnaeque in ~ere famae OV.*Met*.7.542; (equi) iam ~ere quarto (*i.e. lap*) campum ineunt STAT.*Theb*.6.469; (*cf.*) uidit in aequoreo feruentes ~ere currus. . Triton (*i.e. in a naumachia*) MART.*Sp*.28.5; (*in fig. phr.*) in. . suo noster ~ere currat equos! OV.*Fast*.2.360. **b** qualis Getico de ~ere Mauors intrat equis. . Hebrum V.FL.7.645; prosilit. . tubas audire calens et ~ere belli flauentem sordere comam STAT.*Theb*.4.261; Cannarum in ~ere uictis consulibus JUV.11.200;—(*transf. or in fig. phr.*) educenda. . dictio est ex hac domestica exercitatione et umbratili medium in agmen, in ~erem. . in aciem forensem CIC.*de Orat*.1.157; forensem ~erem QUINT.*Inst*.10.1.33. **c** haec non uidetis, quia numquam eruditum illum ~erem attigistis CIC.*N.D*.2.48; *Tusc*.5.64; Archimeden. . , intentum formis quas in ~ere descripserat, ab ignaro milite. . interfectum LIV.25.31.9; itane in geometriae ~ere haerebo? SEN.*Ep*.88.39; PERS.1.131.

3 Dust resulting from destruction, (applied esp. to the remains of a dead body or, meton., a departed spirit).

Ilion. . mulier peregrina uertit in ~erem HOR.*Carm*. 3.3.21;—in sepulcris pauperum prudens anus nouendialis dissipare ~eres *Epod*.17.48; nos ubi decidimus quo pater Aeneas. . ~is et umbra sumus *Carm*.4.7.16; ut meus oblito ~is amore uacet PROP.1.19.6; 2.13.35; Tiberinis uectus in undis litus ad Inachium ~is inanis eam OV.*Fast*.5.656.

4 Any substance ground up for some purpose, a powder.

ea cum foliis et amomi ~ere misce OV.*Tr*.3.3.69; adiecto . . contritae rosae ~ere CELS.4.27(20).1.D; ~erem stercoris per segetem spargere COL.2.15.2; sparserunt. . ex lapide speculari ~erem tritum PETR.68.1; censeo ne. . ille exotico ~ere dentis emaculet APUL.*Apol*.8.

puluisculus ~ī, *m.* [prec.+-CVLVS] Dust. **b** a powder.

conuorret iam hic me totum cum ~o (*i.e. down to the last speck, completely*) PL.*Rud*.845; *Truc*.19; in modum pugilum qui ~o perspersi dimicant APUL.*Met*.9.12;—(*for drawing geometric figures*) si. . non modo campo et glebis, uerum etiam abaco et ~o te dedisses *Apol*.16. **b** misi. . tibi munditias dentium. . candificum nobilem ~um APUL.*poet*.2.4(*Apol*.6).

pūmex ~icis, *m.*, (*f*.). [app. from SPVMA, from its appearance] GENDER: fem. in CATUL.1.2. FORMS: abl. sg. *~ici* in PL.*Per*.41. Pumice or any similar volcanic rock, or a fragment of it. **b** (esp. as used to polish books; also as a depilatory).

~ex non aeque est ardus atque hic est senex PL.*Aul*.297; columba cui domus. . latebroso in ~ice VERG.*A*.5.214; 12.587; ultimam (hiemem) quae nunc oppositis debilitat ~icibus mare Tyrrhenum HOR.*Carm*.1.11.5; leuis et sine pondere ~ex *Aetna* 483; quae spongia siue ~ex Pompeianus uocatur VITR.2.6.2; antra subit tofis laqueata et ~ice uiuo OV.*Fast*.2.315; rupes. . exesae et in leuitatem ~icis uersae SEN.*Nat*.2.26.5; PLIN.*Nat*.36.154; iam nauibus cinis incidebat,. . iam ~ices PLIN.*Ep*.6.16.11; (*in fig. phr.*) tu aquam a ~ici nunc postulas PL.*Per*.41. **b** lepidum nouum libellum arida modo ~ice expolitum CATUL.1.2; 22.8; liber. . Sosiorum ~ice mundus HOR.*Ep*.1.20.2; [TIB.]3.1.10; nec fragili geminae poliantur ~ice frontes OV.*Tr*.1.1.11; MART.8.72.2; (*transf., w. ref. to verbal polish*) exactus tenui ~ice uersus eat PROP.3.1.8;—nec tua mordaci ~ice crura teras OV.*Ars* 1.506; MAN.5.150; inimicus ~ice leuis (*i.e. an enemy who is is also an effeminate*) JUV.9.95.

pūmiceus ~a ~um, *a.* [prec.+-EVS] Made of pumice (or similar volcanic stone).

quae ~as uersat asella molas OV.*Fast*.6.318; ~is. . antris STAT.*Silv*.3.1.144; ~ae. . sedes (*i.e. of Proteus, on Capri*) SIL.7.419; (*facet.*) ~os oculos habeo: non queo lacrumam exorare ut exspuant unam modo PL.*Ps*.75; (*of hot springs*) quae ~is fontibus antra calent (*i.e. at Baiae*) MART.4.57.2.

pūmicō ~āre ~āuī ~ātum, *tr.* [PVMEX+-O³] To polish or rub smooth with pumice.

~ata fronte si quis (liber) est nondum MART.1.66.10; —(*the body or its parts, a sign of effeminacy*) rador subuellor desquamor ~or ornor LUCIL.264; ~ata pauperes manu monstras MART.5.41.6; hominis compti semper et ~ati PLIN.*Ep*.2.11.23;—(*transf.*) sua sibi urina 'dentes atque russam ~are gingiuam' APUL.*Apol*.6.

pūmicōsus ~a ~um, *a.* *compar.* ~ior. [PVMEX+-OSVS] Resembling pumice-stone.

natare. . eos (*sc.* lateres) posse ideo uidetur, quod terra est, de qua ducuntur, ~a VITR.2.3.4; (lapides) ~i et leues SEN. *Nat*.3.25.7; quartum (genus, *i.e. of* alcyoneum) ~ius, spongeae putri simile PLIN.*Nat*.32.86; 35.187; 36.141.

pūmileus ~a ~um, *a.* [as PVMILIVS] Dwarf, miniature.

~as (*v.l.* pumiles, *etc.*) aues (*i.e. bantams*) COL.8.2.14.

pūmiliō ~ōnis, *m.*, *f.* [PVMILVS+-IO¹] FORMS: *poumil-* *CIL* 1.569. A person of short stature, dwarf, midget.

nigra 'melichrus' est (*i.e. to her lover*). . paruula, ~o, 'chariton mia' LUCR.4.1162; non est magnus ~o, licet in monte constiterit SEN.*Ep*.76.31; id. . fructu tardum, praeterea retorridum. . ~onum incremento PLIN.*Nat*.17. 176; aper. . minimus qualisque necari a non armato ~one potest MART.1.43.10; 14.213.2; GEL.19.13.2;—(*applied to dwarf varieties of bird or animal*) est et ~onum genus non sterile in iis (*sc.* gallinis), quod non in alio genere alitum PLIN.*Nat*.10.156; ~onum genus in omnibus animalibus est, atque etiam inter uolucres 11.260.

pūmilius ~(i)ī, *m.* [var. of next] = prec.

MART.14.212.

pūmilus ~a ~um, *a.* [dub.] Of short stature, dwarf, pygmy.

mulae ~ae MART.14.197;—(*masc. as sb.*) ordo ~orum, quos natura breuis. . nodosum semel in globum ligauit STAT. *Silv*.1.6.57; SUET.*Aug*.83.

pumulus ~a ~um, *a.* [prob. identical with prec.] The name of a vine grown around Amiternum.

PLIN.*Nat*.14.37.

punctātōriola ~ae, *f.* [*punct-* (PVNGO)+ -TORIVS+-OLA] A fight in which only stabs are inflicted, skirmish or sim.

~as leuis pugnas appellat Cato FEST.p.242M.

punctim, *adv.* [PVNGO+-IM] With the point of a weapon (rather than the edge).

~ magis quam caesim. . petere hostem LIV.22.46.5; quid interest, caesim moriar an ~? SEN.fr.(*Haase* p.448).

punctiō ~ōnis, *f.* [PVNGO+-TIO] The action of pricking or stabbing; a stabbing pain.

(ossa) mota resonant, ~onisque sensum repraesentant CELS.8.10.1.B; bibitur (mandragoras). . ante sectiones ~onesque, ne sentiantur PLIN.*Nat*.25.150;—cum siti uigiliaque sentiuntur intus aliquae ~ones CELS.5.28.11.A; (baccar) laterum ~ones tollit PLIN.*Nat*.21.133; 34.151.

punctiuncula ~ae, *f.* [PVNCTIO+-CVLA] A slight prick.

pedes dolent, articuli ~as sentiunt SEN.*Ep*.53.6; (*in fig. phr.*) si (animus) ad uoluptatum dolorumque ~as concutitur *Dial*.7.15.4.

punctulum ~ī, *n.* [next+-VLVM] A slight prick or stab.

(Psyche miratur de breui ~o tantum incrementulum. . uteri APUL.*Met*.5.12; (Cupido) Psychen innoxio ~o sagittae suae suscitat 6.21.

punctum ~ī, *n.* [pple. of PVNGO]

1 A small hole made by pricking or piercing, a puncture. **b** a prick, sting.

bulla in horologiis ingrediens per ~a contra centri tympani uersationem VITR.9.8.10; non opus est uasto uulnere diuidere praecordia: scalpello aperitur ad. . libertatem uia et ~o securitas constat SEN.*Ep*.70.16; ~a. . lascia quae terebrantur acu MART.11.45.6;—(*in tattooing*) ut (delatores). . ferream frontem nequiquam conuulnerandam praebeant ~is (*i.e. as men convicted of* calumnia) PLIN.*Pan*. 35.3;—(*in a pipe, for drawing off water*) antiqui moduli exiles et uelut ~a, quibus olim aqua cum exigua esset diuidebatur FRON.*Aq*.25; (*w. ref. to illegal tapping*) has (*sc.* fistulas) conperi per eum qui adpellabatur a ~is passim conuulneratas omnibus in transitu negotiationibus praebuisse. . aquam 115. **b** Cato. . minutis interrogatiunculis quasi ~is, quod proposuit, efficit CIC.*Parad*.2; ille elephanta . . stimulis. . mouebit turpiter in tanto cedentem pondere ~is MAN.5.706; circa locum aliqua quasi ~a sentiuntur CELS.5.28.2.A; auctores sunt ter nouenis ~is (*i.e. from a hornet*) interfici hominem PLIN.*Nat*.11.73.

2 A vote (recorded by writing on a wax-coated tablet).

recordor quantum hae conquestiones in senatu habitae ~orum nobis. . detraxerint CIC.*Mur*.72; quot in ea tribu ~a tuleris *Planc*.54; *Tusc*.2.62; ut. . pauca ~a inter damnationem et absolutionem interessent ASC.*Sc*.19;—(*transf.*) discedo Alcaeus ~o illius HOR.*Ep*.2.2.99; omne tulit ~um qui miscuit utile dulci *Ars* 343.

3 A mark resembling a puncture, dot, spot, or sim.; (on dice) a spot. **b** a geometrical point (marked in a diagram or imaginary); (spec.) the centre of a circle. **c** a point marked on a scale.

alia (oua) ~is distincta, ut meleagridum PLIN.*Nat*.10.144; prasius, cuius alterum genus sanguineis ~is abhorret 37.113; calicem. . sine ~o dico FRO.*Aur*.2.p.6(224N);—hac mihi bis seno numeratur tessera ~o MART.14.17.1; quadringenis in ~um sestertiis aleam lusit SUET.*Nero* 30.3. **b** illa initia mathematicorum. . ~um esse quod magnitudinem nullam habeat, extremitatem. . in quo nulla omnino crassitudo sit CIC.*Luc*.116; circino diducto ad ~um, quod est gnomonis umbrae longitudinis signum VITR.1.6.6; lineae. . facient decusationes et in decusationibus finita ~a 10.6.1; uersuram facies ita ut per ~um decusis lapidis rigor currat NIPS.*grom*.p.287La; perpenso ferramento ab umbilico soli emittes perpendiculum ita ut in ~o lapidis cadat p.288La; —recta linea quae per ~um ad circumferentiam peruenit BALB.*grom*.p.102La; HYG.*Gr.agrim*.p.152; HYG.*Astr*.1.6. **c** tympani labrum aequis interuallis CCCLXV ~a habeat signata VITR.9.8.12; 10.3.4; certo conpescere ~o nescius examen (*steelyard*) PERS.5.100.

4 (as an infinitesimal portion of space) A speck, pin-prick, or sim. **b** (abl.) by an infinitesimal degree, by a hair's breadth. **c** an infinitesimal quantity (of some substance); (app.) some medical preparation applied in tiny amounts.

terra ita mihi parua uisa est ut me imperii nostri quo quasi ~um eius attingimus paeniteret CIC.*Rep*.6.16; *Tusc.* 1.40; res est tam plena laboris. . tantae molis (*i.e. the universe*) minimum deprendere ~um MAN.3.215; ~um est istud. . in quo regna disponitis, minima, etiam cum illis utrimque oceanus occurrit SEN.*Nat*.1.pr.11; 4b.11.4; detrahantur hae tot portiones terrae, immo uero, ut plures tradidere, mundi ~o PLIN.*Nat*.2.174; HYG.GR.*agrim*.p.148. **b** nec (mundus) motus ~o curuat cursusque fatigat MAN. 1.520. **c** sic auri pondera parui exuperant pretio numerosos aeris aceruos; sic adamas, ~um lapidis, pretiosior auro est MAN.4.926;—C ASVT(I) AMAND(I) STACT(UM) AD ASPRIT(udines). C ASVT(I) AMANDI ~(UM) AD EPIFOR(as) *CIL* 13.10021(7); 13.10021(116).

5 *~um temporis* (*horae*), An infinitesimal amount of time, a moment, instant; also *~um* alone.

temporis mihi ~um ad hanc rem est: erus adest TER.*Ph*. 184; eodem ~o temporis, a Q. Seio contendit ut sibi domum uenderet CIC.*Dom*.115; *Phil*.2.31; LUCR.1.1109; multorum mensum labor..ui tempestatis ~o temporis interiit CAES. *Civ*.2.14.4; tamquam sit proprium quicquam, ~o quod mobilis horae..permutet dominos HOR.*Ep*.2.2.172; ~o saepe temporis maximarum rerum momenta uerti LIV. 3.27.7; quod momentum, quod immo temporis ~um.. uacuum laude? PLIN.*Pan*.56.2;—(*without* temporis) ~um est quod uiuimus et adhuc ~o minus SEN.*Ep*.49.3; minus morigeros..in saxa et in pecua..~o reformat APUL.*Met*.2.5; ~o breuissimo dilapsae domus fortunam 9.39.

punctus ~ūs, *m.* [PVNGO+-TVS³] The action of pricking or stabbing, or an instance of it.
mustelae..oculis ~u erutis aiunt uisum reuerti PLIN.*Nat*. 29.131; emplastrum..facit ad omnia recentia uulnera, proprie autem ad neruorum et musculorum ~us LARG.208; Psyche..depromit..sagittam..~u pollicis extremam aciem periclitabunda APUL.*Met*.5.23; spinas..~u uenenato uiriosas 7.18.

pungō ~gere pupugī (pepugī) ~ctum, *tr.* [cf. Gk. πεύκη, πευκήεις, ἐχεπευκής; perh. cognate w. PVGIL, PVGNVS] FORMS: pf. stem *pepug-* in ATTA *com*.2, CIC.*S.Rosc*.60 (v.l. *pupug-*), CAES. *gram*.30; see GEL.6(7).9.10, sq.

1 To pierce the surface of, prick, puncture. **b** (of insects, etc). to sting. **c** to jab or poke sharply. **d** (transf., of something strongly flavoured) to affect with a tingling sensation.
stilo me pupugit in manum NAEV.*com*.51; qui per se ~gere neminem..potuissent, ii summi imperi nomine armati rem publicam contrucidarunt CIC.*Sest*.24; ~gere uti possint corpus penetrareque saxa LUCR.2.460; incidi.. cutis debet aut acu ~gi CELS.5.28.19.C; per terebram os ~gendum crebris foraminibus est 8.2.4; strumas ~gi.. ossiculo e cauda ita, ut non uolneret, prodest PLIN.*Nat*. 32.88; LARG.21; iste licet digitos testudine ~gat acuta MART.13.86.1; APUL.*Met*.5.23; (*hyperb.*) habere amicam nolo..subtilem..quae clune nudo radat et genu ~gat MART.11.100.3;—(*w. internal acc.*) uolnus in latere quod acu ~tum uideretur pro ictu gladiatoris probari CIC.*Mil*.65;—(*absol., of something sharp or prickly*) (mures) irenaceorum genere ~gentibus pilis PLIN.*Nat*.8.221; aculei (*i.e. of thistles*) arescente folio desinunt ~gere 21.96; genus tithymalli.. foliis myrti acutis et ~gentibus 26.66;—(*in fig. phrs.*) meum ille pectus ~git aculeus, quid illi negoti fuerit ante aedis meas PL.*Trin*.1000; hunc sibi ex animo scrupulum qui se dies noctesque stimulat ac ~git ut euellatis postulat CIC. *S.Rosc*.6; quem fortuna..~git, non uulnerat SEN.*Ep*.45.9; relinquere..aculeum in audientium animis is..potest, qui non ~git, sed infigit PLIN.*Ep*.1.20.18. **b** ei admouent, ut ~gat, colubram VAR.in*G.L*.2.524; iis (*sc. bees*) unctus qui accessit, ~gunt *R*.3.16.6; (apes) ideo..~gunt, quia ubicunque dulce est, ibi et acidum inuenies PETR.56.6; PLIN.*Nat*. 20.109; bestiolae uenenatae, quae manus ~gunt 22.163; —(*of nettles*) quos (*sc. goslings*) enecant urticae si teneros pupugerunt COL.8.14.7. **c** ~gere me manu coepit et dicere: 'quare non facimus?' PETR.87.9. **d** (*absol.*) (nitrum) adulteratum ~git calce et aspersum reddit odorem PLIN.*Nat*.31.114; infanti..dato fatuas..mariscas: nam mihi, quae nouit ~gere, Chia sapit MART.7.25.8.

2 To mark with points or small dots resembling pin-pricks.
~cta notis ilex (*i.e. a wooden rule*) MART.14.92.1;—(*perh.*) paruis ~ctus (pictus *v.l., ed.*) maculis..ophites LUC.9.714.

3 (*in*) *tempore* ~*cto*, In a minute space of time, in a moment (= *temporis puncto*: see PVNCTVM, sense 5).
omnia..quae ~cto tempore cernis diffugere, ut fumum nebulas.. LUCR.2.456; 2.1006; iamne uides..quam ~cto tempore imago..in terrarum accidat oras? 4.214; fulmen.. liquidum ~cto facit aes in tempore et aurum 6.230.

4 (fig.): **a** To break the equanimity of, trouble, vex, disturb. **b** to rouse to action, goad.
a statim homo se erexit, mirari uisus est. intellexi quid eum pepugisset CIC.*S.Rosc*.60; (epistula) ita me pupugit ut somnum mihi ademerit *Att*.2.16.1; 6.6.3; ut eos qui ita uixerint..perleuiter ~gat animi dolor *Tusc*.3.61; si paupertas momordit, si ignominia pupugit 3.82; odi ego quae numquam ~gunt suspiria somnos PROP.3.8.27; suspicio non exilis fratrum pupugit animos APUL.*Met*.10.14;—(*w. cl. as sb.*) solebat..me ~gere ne Sampsiceramí merita in patriam ..maiora uiderentur quam nostra CIC.*Att*.2.17.2; moleste ferebam antea te inuitum istic esse; ~git me rursus, quod scribis esse te istic libenter *Fam*.7.15.1; (*cf.*) unum..~git, ne negligentiores esse uideamur *Att*.13.45.3. **b** nec omne uerbum excitabit ac ~get SEN.*Ep*.100.11.

pūnicans ~ntis, *a.* Also **poenicans.** [PVNICEVS; term. prob. after *nigricans*] Inclining to bright red.
faciem..~ntem prae pudore obtexit APUL.*Met*.1.6; calliculos modice ~ntes (*i.e. of the oleander*) 4.2. β ~ntibus phaleris Aurora..caelum inequitabat APUL.*Met*.3.1.

Pūnicānus ~a ~um, *a.* Made in the Punic style.
~is coagmentis CATO *Agr*.18.9; fenestris ~is VAR.*R*.3.7. 43;—(*of an inferior kind of couch*) strauit pelliculis haedinis lectulos ~os et exposuit uasa Samia CIC.*Mur*.75; V.MAX.7.5.1; (*cf.*) non ut (lectos) operiret (*i.e. with silver*) aut Deliaca specie faceret, sed ~a PLIN.*Nat*.33.144.

Pūnicē, *adv.* Also **Poenicē.** In the Punic language.
saluta hunc..~ PL.*Poen*.1000; loquitur..~ APUL.*Apol*. 98. β qui de agri cultura scripserunt..~ VAR.*R*.1.2.13.

pūniceus¹ ~a ~um, *a.* Also **poeniceus,** and see PHOENICEVS¹. [ad. Gk. φοινίκεος] Of a brilliant red colour, scarlet, crimson, etc.
fiet tibi ~um corium (*i.e. through flogging*) PL.*Rud*.1000; arbuta ~o fieri matura colore LUCR.5.941; ~is inuecta rotis Aurora rubebit VERG.*A*.12.77; ~ae..rosae HOR.*Carm*.4. 10.4; certent praebere colores Africa ~um purpureumque Tyros TIB.2.3.58; ~is plena canistra rubis PROP.3.13. 28; ~us..cruor OV.*Met*.13.887; fila..~i..croci *Fast*.5.318; iuuenes..~is amiculis uelati CURT.3.3.10; misys usti, donec ~um fiat, p. ✕ II LARG.34; ~o..sub ortu V.FL.7.539; APUL. *Mun*.20. β purpura ~usque color clarissimus.. LUCR. 2.830; ~a..cera OV.*Am*.3.7.29; taurus..terribili petit.. cornu ~as uestes *Met*.12.104; equum..colore ~o GEL.3.9.3; (*in a pun*) cras, Phoenicium, ~o corio inuises pergulam (*i.e. after being flogged*) PL.*Ps*.229; (*the colour described*) '~us'..et 'rutilus' et 'spadix' ~i συνώνυμος..exuberantiam splendoremque significant ruboris, quales sunt fructus palmae arboris non admodum sole incocti GEL.2.26.9.

Pūniceus² ~a ~um, *a.* Also **Poenicius.** Carthaginian, Punic; ~*um pomum* = *Punicum malum*, a pomegranate.
quae..a duce ~o pertulit (*sc.* Regulus) OV.*Ib*.280. β BELLO ~O *CIL* 1.585.75;—~um..decerpserat (*sc.* Proserpina)..pomum OV.*Met*.5.536.

Pūnicus ~a ~um, *a.* Also **Poenicus.** FORMS: *Poen-* (the older form) in *CIL* 1.25; CATO *orat*. 175; PORC.*poet*.1.1; VAR.*L*.5.113; GEL.6(7).18. 3, 10.6.4; etc.

1 Of or associated with Carthage or its people, Carthaginian, Punic; (esp. of the wars fought against Carthage). **b** (of the craft and deceit traditionally associated with Carthaginians); so in iron. exprs. ~*a fides*, etc.
scriptum litteris ~is CIC.*Ver*.4.103; aliae ~ae urbes SAL. *Jug*.19.3; ~a regna uides, Tyrios et Agenoris urbem VERG. *A*.1.338; ~um..praesidium LIV.26.6.3; ~a..humus OV.*Ep*. 7.140; ~a lingua PLIN.*Nat*.4.120; nec ~o carcere infractus est (Regulus) FLOR.*Epit*.1.18(2.2.23);—bellum ~um posterior HEM.*hist*.31; aliquot saeculis post P. Scipio bello ~o tertio Carthaginem cepit CIC.*Ver*.4.73; NEP.*Ca*.3.3; PLIN. *Nat*.10.139; (*in the title of an epic*) quam gaudebat bello suo ~o Naeuius! CIC.*Sen*.50; (*cf.*) non in ~a nati tempora Cannarum fuimus Trebiaeque iuuentus LUC.2.45. **b** perfidia plus quam ~a LIV.21.4.9; in huius siluae medio ferme spatio cohors Romana arte ~a abditur 25.39.1; Claudius ~am fraudem adgnoscens 26.17.15; perplexum ~o astu responsum 35.14.12; nec abire uolentis sed fraudem insidiasque putant et ~a corda SIL.12.737;—Bocchum..~a fide.. simul Romanos et Numidam spe pacis attinuisse SAL.*Jug*. 108.3; quae ~a religione seruata fides ab Hannibale est atque in uincula omnes coniecti LIV.22.6.12.

2 (of varieties of object originating from Carthage or associated with it). **b** ~*um malum* (*pomum*), also ~*um* alone, A pomegranate (i.e. the fruit); (also a pomegranate-tree). **c** ~*a malus* (*arbor*), a pomegranate-tree; also, ~*a* alone.
is pellucet quasi lanterna ~a PL.*Aul*.566; pultem ~am CATO *Agr*.85.1; quod uocant plostellum ~um VAR.*R*.1.52.1; pauimenta ~a marmore Numidico constrata significat Cato FEST.p.242M; ulpicum, quod quidam alium ~um uocant COL.11.3.20; optima (cera) quae ~a uocatur PLIN. *Nat*.21.83; ~a..spongea MART.4.10.5. **b** XXX mala ~a acerba sumito CATO *Agr*.126; tribus..granis, ~a quae lento cortice poma tegunt OV.*Fast*.4.608; malorum ~orum grana LARG.186; PLIN.*Nat*.13.112; MART.7.20.10; (*cf.*) quot..~a sub lento cortice grana rubent OV.*Pont*.4.15.8;—his..adicienda sunt..cum ipsis corticibus suis ~a CELS.4.26.6; decoctae (lentis) sucus..adhibetur..cum putamine~i PLIN. *Nat*.22.143; 32.112;—cum ~um malum florebit COL.11.3. 17; (*neut. as sb.*) flos..qualem, quae lento celant sub cortice granum, ~a ferre solent OV.*Met*.10.737; est et siluestre ~um a similitudine appellatum PLIN.*Nat*. 23.114. **c** ficus, malus ~a et uitis..ad crescendum prona VAR.*R*.1.41.4; PLIN.*Nat*. 19.135;—ubi sanguineis se floribus induit arbos ~a COL.10. 243;—(*fem. as sb.*) e radicibus repullulant et laurus et mali et ~ae PLIN.*Nat*.16.241; 18.188.

3 (used as an equivalent of PVNICEVS¹) Bright red, scarlet, etc.
uictus hostis ~o lugubre mutauit sagum HOR.*Epod*.9.27; columbae tingunt Gorgoneo ~a rostra lacu PROP.3.3.32; OV.*Am*.2.6.22; V.MAX.2.6.2.

pūniō (poeniō) ~īre ~iuī or ~iī ~ītum, *tr.* Also **pūnior (poenior)** ~īrī ~ītus. [POENA+ -IO²] FORMS: exx. of *pun-* and *poen-* are designated by α and β respectively. Fut. pass. *poenibitu(r) CIL* 6.18758.

1 To punish: **a** (a person, etc.). **b** (an offence). **c** (absol.) to inflict punishment.
a α si in eo tempore..homunculum nomines, in quo ~ire non possis MET.NUM.*orat*.3; est..petendum ne oderitis ingenium..ne uirtutem ~iendam putetis CIC.*Balb*.19; (Iuppiter) periuras..solet ~ire puellas PROP.2.16.53; plebes..sciuit qui plebem sine tribunis reliquisset..capite ~iretur LIV. 3.55.14; OV.*Met*.9.779; ~ita Capua V.MAX.3.8.1; grauius ~ior nunc, cum me peccasse pudet, quam cum peccaui SEN. *Con*.7.8.2; adulteros..morte aut fuga ~iuit TAC.*Ann*.3.24; JUV.13.101; SUET.*Jul*.74.1; desertor capite ~iatur CALP. *Decl*.15; (*masc. of pf. pple. as sb.*) nemo ~itorum non in Gemonias abiectus SUET.*Tib*.61.4. β ille Terentianus 'ipse se ~iens', id est ἑαυτὸν τιμωρούμενος CIC.*Tusc*.3.65; quicumque suos fugitabant uisere ad aegros, uitai nimium cupidos..ibat paulo post turpi morte..incuria mactans LUCR.6.1241(1240);—(*dep.*) α qui ~itur aliquem aut uerbis castigat CIC.*Off*.1.88; APUL.*Met*.8.13. β relationem comprobabit..leuius demonstrando se ~itum, quam sit illius promeritum CIC.*Inv*.2.83; in QUINT.*Inst*.9.3.6; duram esse legem putas, quae iudicem..capite ~itur GEL.20.1.7. **b** α iudicia..~iendorum maleficiorum causa reperta sunt CIC.*Caec*.6; me reprehendis, quod idem defendam quod lege ~ierim *Mur*.67; superbia meritis contumeliis ~ita VITR. 1.1.6; tam minuti a pudore excessus ~iebantur V.MAX. 8.2.4; incendia ~iunt luxum PLIN.*Nat*.36.110; SIL.12.304; insidiae in rem publicam..~iantur TAC.*Ann*.6.8; taurea ~it..flexi crimen facinusque capilli JUV.6.492. β nec minus ad stoliditatem ~iendam APUL.*Fl*.3;—(*dep.*) α uindicationem (eam appellant)..per quam peccata ~imur CIC.*Inv*.2.66. β id peccatum, quod sponte sua reus ~itus sit CIC.*Inv*.2.80. **c** (*act. or ambiguous in form*) α prohibenda..maxime est ira ~iendo CIC.*Off*.1.89; ne aut exercitus peccando aut ipse ~iendo modum excederet LIV.28.25.8; QUINT.*Inst*.7.5.5.

2 To exact retribution for (a wrong suffered), avenge.
α quod nesciret, quid esset iracundia, feruorne mentis an cupiditas ~iendi doloris CIC.*de Orat*.1.220; de mea domo, quam senatus..a pontificibus liberandam, a magistratibus defendendam, a iudicibus ~iendam putarit *Har*.16. β Alexander..hanc bellandi causam inferebat, quod uellet Graeciae fana ~ire CIC.*Rep*.3.15;—(*dep.*) ut clarissimorum hominum crudelissimam ~iretur necem *Phil*.8.7.

pūnītiō ~ōnis, *f.* **poenītiō.** [prec.+-TIO] Punishment.
α ~one liberata fratris dextera V.MAX.8.1.absol.1; (τιμωρία) promisce dici solet pro omni ~one GEL.7(6).14.8. β altera (uis aequitatis) ad uicissitudinem referendae gratiae pertinet; quod in beneficio gratia, in iniuria ~o nominatur CIC.*Part*.130; ea..res faciebat inaequalem multae ~onem GEL.11.1.2.

pūnītor ~ōris, *m.* Also **poenītor.** [PVNIO+ -TOR] One who punishes (an offence or offender). **b** one who exacts retribution (for a wrong), an avenger.
nouus ~or misericordiae, apud quem iniquo animo scelus intueri scelus admittere fuit V.MAX.9.2.1; desertorum..~or acerrimus SUET.*Jul*.67.1. β stuprosae mentis acer ~or V.MAX.6.1.8. **b** fuit ultor iniuriae, ~or doloris sui CIC. *Mil*.35; Crassianae..stragis ~or V.MAX.3.4.5; 5.3.2d.

pūpa ~ae, *f.* [dub.]

1 A girl.
~am se dicit Gellia, cum sit anus MART.4.20.2; ~ARVM NOCTVRNARVM *CIL* 4.4353; 4.6842; 6.2254.

2 A doll.
magna pars in desiderium ~arum et sigillorum ueniebat VAR.*Men*.4; Veneri donatae a uirgine ~ae PERS.2.70.

pūpilla ~ae, *f.* [prec.+-ILLA] FORMS: dat. pl. ~*abus CIL* 8.9052.

1 A girl under the care of a guardian.
iste infanti ~ae fortunas patrias ademit. tutoresne defendent? CIC.*Ver*.1.153; quod pupillo aut ~ae debeas *Top*.46; non formosa ~a, sed mediocri facie mater liberorum mihi offeratur APUL.*Apol*.73; NERAT.*dig*.41.1.13.1;—(*abbrev.*) QVEM..AD COS PROFITEREI OPORTEBIT, SEI IS PVP(illus) SEIVE EA PV(pilla) ERIT.. *CIL* 1.593.4.

2 The pupil of the eye.
is (*sc.* aer)..quasi perterget ~as atque ita transit LUCR.4. 249; *CIL* 1.2520.23; ~a..dilatatur, aciesque eius hebetescit CELS.6.6.37.A; PLIN.*Nat*.11.148; eos.., qui uisu ita nocenti sunt, ~as in singulis oculis binas habere GEL.9.4.8;—(*transf.*) (asteria, *i.e. a gem*) inclusam lucem ~a quadam continet PLIN.*Nat*.37.131.

pūpillāris ~is ~e, *a.* [next+-ARIS] Of, belonging to, involving, or suitable to a minor under the care of a guardian.
pecuniae..~es primo, deinde uiduarum coeptae conferri LIV.24.18.13; ~is..tutela muliebris praelata SAB.in Gel. 5.13.5; in ~ibus annis PLIN.*Nat*.7.78; actiones ~es QUINT. *Inst*.12.6.1; nec ~es (puer) defert in balnea raucus testiculos JUV.11.156; legata..liberis eorum (*sc.* parentum)..si ~i aetate essent, die uirilis togae..restituere consueuerat SUET.*Aug*.66.4; in ~ibus..uenditionibus ULP.*dig*.21.1.1.5; ~es usurae 26.7.7.10; ~es tabulae pars sunt prioris testamenti PAUL.*dig*.28.6.38.3; substitutio ~is fit irrita PAPIN. *dig*.28.6.41.2.

pūpillus ~ī, *m.* [PVPVS+-ILLVS] A minor under the care of a guardian, a ward.
maiores sanctius habuere defendi ~os quam clientem non fallere CATO *orat*.190; nefarium est..~um fraudare qui in tutelam peruenit CIC.*Q.Rosc*.16; is mortuus est; reliquit ~um paruum filium *Ver*.1.130; *Att*.5.18.4; piger annus ~is quos dura premit custodia matrum HOR.*Ep*.1.1.22; uiduae et ~i pecunias suas in aerarium deferebant LIV.34.6.14; CURT.8.8.3; magni ~e Pericli (*i.e. Alcibiades*) PERS.4.3; JUV.6.629; SUET.*Cl*.23.2; '~us' est, qui, cum impubes est, desiit in patris potestate esse aut morte aut emancipatione POMPON.*dig*.50.16.239; (*abbrev.*) SEI IS PVP(illus) SEIVE EA PV(pilla) ERIT *CIL* 1.593.4;—(*as a sobriquet*) Ptolomaeus ~us dictus qui Pompeium tutorem a senatu accepit donec pubesceret AMP.35.6;—(*humorously*) quae..per facetias.. principem..~um uocaret, qui iussis alienis obnoxius.. libertatis..indigeret TAC.*Ann*.14.1.

Pūpinius ~a ~um, *a.* Also **Pōpinius.** PROS.: first syll. presumed long on anal. of *Pupius*.

1 *ager* ~*us*, A barren district between Rome and Tusculum; so ~*a* (fem. as sb.).
agro ~o PAUL.*Fest*.p.232M;—agros..Vaticanum et ~am cum suis..uberibus campis conferendos..non putabunt CIC.*Agr*.2.96; LIV.26.9.12; sterile..~ae solum V.MAX.4.4.4; COL.1.4.3.

2 The name of one of the rural tribes at Rome.
CIL 14.347; ~a tribus ab agro Pupinio PAUL.*Fest*.p.232M.

Pūpius ~a ~um, *a.*

1 A Roman gentile name; esp. P. Pupius, an unknown tragedian.
lacrimosa poemata ~i HOR.*Ep*.1.1.67.

2 Of or originating from a Pupius.

comitialibus diebus..interpretatur non impediri se lege ~a quo minus habeat senatum CIC.*Q.fr.*2.11.3.

puppis ~is, *f.* [dub.] FORMS: acc. sg. usu. *~im*, *~em* in OV.*Fast.*2.95, LUC.3.545, 8.133. Abl. sg. usu. *~i*, sts. *~e* in verse, e.g. in OV. *Met.*7.1, PERS.6.30, STAT.*Ach.*1.692, SIL.14. 437.

1 The stern of a boat, poop (freq. in exprs. of direction indicated by the position of the stern relative to the rest of the boat).
~is aceto madefactis centonibus integuntur SIS.*hist.*107; motum..remigationis nauem conuertentis ad ~im CIC.*Att.* 13.21.3; LUCR.4.389; prorae admodum erectae, atque item ~es ad magnitudinem fluctuum..accommodatae CAES.*Gal.* 3.13.2; perterriti..~es uerterunt seque ad sua castra nautica rettulerunt NEP.*Han.*11.6; surgens a ~i uentus VERG.*A.* 3.130; hostilium..nauium portu latent ~es sinistrorsum citae HOR.*Epod.*9.20; cum ad ~im praetoriae nauis accessisent LIV.30.36.5; nauem..saxis harenaque a ~i oneratam CURT.4.3.2; missile adorata contorquet..~e (*i.e. the gods carved on the stern*) SIL.14.437; aliud agmen turbare classem, inicere uincla, trahere ~is TAC.*Hist.*5.22; GEL.16.19.14; —(*in a constellation*) Argo conuersam prae se portans cum lumine ~im CIC.*Arat.*371(127); MAN.5.36;—(*prov.*) mihi 'prora et ~is' (*i.e. the long and the short of my plan*), ut Graecorum prouerbium est, fuit a me tui dimittendi ut rationes nostras explicares CIC.*Fam.*16.24.1;—(*in fig. phrs., w. ref. to the ship of State*) ne mi quidem ipsi tunc placebat diutius abesse ab rei p. custodia; sedebamus enim in ~i et clauum tenebamus 9.15.3; conscende nobiscum et quidem ad ~im. una nauis est iam bonorum omnium 12.25.5;—(*transf., to denote the hindquarters*) haecine ubi scibit senex, ~is pereunda est probe PL.*Epid.*74.

2 (meton.) A ship, boat (not a prose use acc. QUINT.*Inst.*8.6.20).
ausi sunt uada salsa cita decurrere ~i CATUL.64.6; ancora de prora iacitur; stant litore ~es VERG.*A.*3.277; saxa triumphalis fregere Capharea ~is PROP.3.7.39; ~is..Graium Troiana recepit OV.*Pont.*2.2.25; quos Creta profugos uexere per aequora ~es Cecropiae LUC.2.611; STAT.*Ach.*1.72; ~em hanc Tiberinus agebat SIL.14.516; (*in fig. phrs.*) mota dea est operique fauet: naualibus exit ~is! OV.*Fast.*4.730; deseris in tantis ~im si, Paule, procellis SIL.10.269.

pūpula ~ae, *f.* [PVPA+-VLA]

1 A little girl. **b** (dub.) a small doll.
A ~A (*i.e. from early girlhood*) ANNOS VEIGINTI OPTINVI DOMVM OMNEM *CIL* 1.1570.6; I NVNC VENTIS TVA GAVDIA ~A CREDE 4.5296; adhuc istud, mea ~a, ministrare debebis APUL.*Met.*6.16. **b** quibus ea uirgo uiua ~is (poculis *codd.*) delectabatur VITR.4.1.9.

2 The pupil of the eye.
acies..qua cernimus, quae ~a uocatur CIC.*N.D.*2.142; lacerato oculo circum si ~a mansit incolumis LUCR.3.408; CALV.*poet.*11; HOR.*Epod.*5.40; oculis..~a duplex fulminat OV.*Am.*1.8.15; FRO.*Aur.*2.p.16(229N); defrictis..~is, an uigilarem, scire quaerebam APUL.*Met.*3.22; dracones..in perpetuam lucem ~is excubantibus 6.14.

pūpulus ~ī, *m.* [next+-VLVS] A little boy.
deprendi modo ~um puellae trusantem CATUL.56.5; SEN. *Ep.*12.3.

pūpus ~ī, *m.* [dub.] A boy, child.
mammam lactis sugentem pascere ~um VAR.*Men.*546; *CIL* 8.10942;—(*as a term of endearment*) laetissimo obuiorum agmine incessit, super fausta nomina..pullum et ~um et alumnum appellantium SUET.*Cal.*13.

pūrē, *adv. compar.* ~ius, *superl.* ~issimē; see also PVRITER. [PVRVS+-E]

1 In a clean manner, so as to be clean, etc.
uascula intus ~e propera atque elue PL.*Aul.*270; quam mundissime ~issimeque fiat CATO *Agr.*66.1; ut (pulli) ~e (*i.e. in clean straw*) et molliter stent, uidendum VAR.*R.*2.1.19; quo ~ius et mollius incubent fetae COL.7.3.8;—(*cf. sense 2*) iuuenes, ~e lautis corporibus..uenerabundi templum iniere LIV.5.22.4; nauem..sacerdos taeda lucida et ouo et sulpure..quam ~issime purificatam..dedicauit APUL.*Met.* 11.16.

2 With ritual or ceremonial purity. **b** with purity of living, innocently, uprightly, or sim. **c** with sexual purity, chastely.
haec..omnia (*i.e. worship, etc.*) ~e atque caste tribuenda deorum numini..sunt CIC.*N.D.*1.3; sin..sese deuouere uolet..ni moritur, neque suum neque publicum diuinum ~e faciet LIV.8.10.13; ~e..et caste a matronis sacrificatum 27.37.10; ~e sacra peracta putat OV.*Fast.*5.444; radix caste ~eque collecta discutit strumas PLIN.*Nat.*22.27; (*transf.*) laudis amore tumes: sunt certa piacula quae te ter ~e lecto poterunt recreare libello HOR.*Ep.*1.1.37. **b** quiete et ~e atque eleganter actae aetatis placida..senectus CIC.*Sen.*13; anima remigrat ad deos..pro merito uitae ~ius castiusque transactae APUL.*Pl.*2.20. **c** tot noctes reddat spurcas quot ~e habuerit (*sc. a mistress*) PL.*As.*807.

3 With a clear surface, or unclouded appearance; so as to be clearly perceived.
Glycerae nitor splendentis..marmore ~ius HOR.*Carm.* 1.19.6;—plurima, quae inuideant ~e apparere tibi rem *S.* 1.2.100.

4 Neatly, trimly.
sermo in quo ~e disponuntur uerba, ne sit confusus VAR. *L.*6.63.

5 With clarity or straightforwardness of style, without superfluous ornamentation.
(*in speech or writing*) dixit..causam illam..nullo apparatu, ~e et dilucide CIC.*de Orat.*1.229; ut ~e et emendate loquentes..elegantiam persequamur *Opt.Gen.*4; apud Scipionem omnium aetatis suae ~issime locutum legimus 'roboraria' GEL.2.20.5; res perquam ~e et uenuste narrata a Pisone 7(6).9.1; 9.13.4;—(*in architecture*) camerae ~e politae VITR. 7.4.4.

6 In an unadulterated manner, genuinely, perfectly. **b** (leg.) unconditionally, absolutely.
quid ~e tranquillet, honos an dulce lucellum HOR.*Ep.* 1.18.102. **b** GAIUS *Inst.*1.186; uel sub condicione uel ~e relinquere fidei commissa 2.250; si mihi usus fructus fundi ~e, tibi sub condicione legatus sit ULP.*dig.*7.2.6.2.

purgābilis ~is ~e, *a.* [PVRGO+-BILIS] (of a fruit) Readily separable from its husk.
(castanea) ~is maxime et sponte prosiliens pura PLIN. *Nat.*15.93.

purgāmen ~inis, *n.* [PVRGO+-MEN]

1 That which is cleaned away, an impurity, sweeping (in quots., pl.).
transfert..fusas in cribra farinas et quatit, ac remanent summo ~ina dorso *Mor.*41; donec ab Iliaca placidus ~ina Vesta detulerit..in mare Thybris OV.*Fast.*6.227; 6.713.

2 That which cleans away, a means of purification.
(Peleus) sumit ab Haemonio ~ina caedis Acasto OV.*Met.* 11.409; Proetidas attonitas postquam per..herbas eripuit furiis, ~ina mentis in illas misit aquas 15.327; omnem.. mali ~ina causam credebant nostri tollere posse senes *Fast.*2.35.

purgāmentum ~ī, *n.* [PVRGO+-MENTVM]

1 A means of cleansing or purifying.
februm Sabini ~um (appellant) VAR.*L.*6.13; piamenta, quibus (sacerdos) utitur in expiando, alii ~a (uocant) FEST. p.213M; lanae..ferro resistunt, immo uero etiam ignibus nouissimo sui ~o PLIN.*Nat.*8.192.

2 (usu. pl.) That which is cleaned away, rubbish, filth, or sim. **b** (applied contemptuously to the most worthless persons of their class; also to the most worthless plants). **c** that which is discharged by the sea, etc., flotsam or sim.
cloacam..maximam, receptaculum omnium ~orum urbis LIV.1.56.2; SEN.*Con.*9.2.4; salsamentorum..~a, quae cetariorum officinis euerruntur COL.8.17.12; argentum inter reliqua ~a scopis coepit euerrere PETR.34.3; ~a cenae PLIN. *Nat.*36.184; uehiculo, quo ~a hortorum eripiuntur, Ostiensem uiam intrat TAC.*Ann.*11.32; (*sg.*) quod ~um nocte calcasti in triuio aut cadauer? PETR.134.1;—(*applied to vegetable parings, husks, or sim.*) panici et sesamae ~a PLIN. *Nat.*18.99; (*sg.*) temperatur ita surculus, ut calamo non absimilis sit..~um habeas ad fissuram COL.4.29.8;—(*applied to waste products from the body*) sacrum illud caput ~is oris (*i.e. spittle*) adspersit SEN.*Dial.*2.2.3; (*sg.*) (fel) est..nihil aliud quam ~um PLIN.*Nat.*11.192. **b** ut ~a seruorum Philotae reciperentur eo, unde commilitones expulissent CURT.6.11.2; ~a..urbis suae 10.2.7; male dicere Trimalchioni coepit et ~um dedecusque praedicare PETR.74.9;—humus sterilis.. creat ~a pro frugibus SEN.*Ep.*73.16. **c** aestimantur ~a.. freti (*i.e. pearls*) pretio, quod libido constituit CURT.8.9.19; quidam fontes certo tempore ~a eiectant SEN.*Nat.*3.26.5; fimo similia expuuntur in litus ~a PLIN.*Nat.*2.220;—(*sg.*) (sucinum)esse concreti maris ~um 37.35.

purgātiō ~ōnis, *f.* [PVRGO+-TIO]

1 The action of freeing from impurities or obstructions, cleaning, clearing. **b** (a means of) ceremonial purification.
solent (*sc. ex-convicts*)..ad ~ones cloacarum..dari TRA. Plin.*Ep.*10.32(41).2; (riuus) ut refectione, et ~one indiget ULP.*dig.*43.21.1.7. **b** quia (laurus) suffimentum sit caedis hostium et ~o PLIN.*Nat.*15.135.

2 (med.) The process of ridding (a part of the body) from morbid matter or sim.; *~o a partu*, extrusion of the placenta after birth. **b** (more fully *alui* or *uentris ~o*) emptying of the bowels, purging; (quasi-concr.) a means of purging. **c** (more fully *~o mulierum* or sim.) menstruation. **d** removal from the body (of anything morbid or unsightly).
sanguinis profluuio inbecilliores non sunt (*sc. sufferers from haemorrhoids*): habent enim ~onem hanc, non morbum CELS.6.18.9.A;—(heraclium) lateris dolores (*sc.* sanat)..reliquias ~onum a partu PLIN.*Nat.*20.180; 20.214. **b** CATO *Agr.*157.13; farrago dari solet. haec enim ~o..necessaria equino pecori VAR.*R.*2.7.13; inedia et ~onibus et ui ipsius morbi consumptus es CIC.*Fam.*16.10.1; neque uomitu stomachum neque ~one aluum sollicitet CELS.1.pr.70; ualetudinis genera, quibus ex lacte ~o conuenit 2.12.1.C;—(Aesculapius) qui primus ~onem alui..inuenit CIC.*N.D.* 3.57; (hyphear) purgat (pecora) primo, dein pinguefacit quae suffecere ~oni PLIN.*Nat.*16.246; oleum cicinum bibitur ad ~ones uentris 23.83; LARG.133;—(*quasi-concr.*) miscent ibi et ellebori albi unum et dimidium obolum, ~onem eam adhibentes..insaniae melancholicae PLIN.*Nat.*22.133. **c** si ~o nimia mulieri nocet CELS.4.27.1.D; SEN.*Nat.*3.16.2; (cichorium) mulierum..~onibus..prodest PLIN.*Nat.*20.74; 24.116; (cancri) menstruas ~ones expediunt 32.132. **d** expresso (suco) utuntur ad..~ones lentiginum PLIN. *Nat.*23.164.

3 The action of clearing of blame, defence, exoneration; (esp. in rhet.).
nescioquid peccati portat haec ~o TER.*Hau.*625; nam cuius scientiam de omnibus constat fuisse, eius ignoratio de aliquo ~o debet uideri CIC.*Sul.*39;—~o est cum consulto negat se reus fecisse. ea diuiditur in inprudentiam, fortunam, necessitatem *Rhet.Her.*1.24; 2.23; ~o est, cum factum conceditur, culpa remouetur CIC.*Inv.*1.15; 2.94; QUINT. *Inst.*9.2.2.

4 The clearing up (of mistakes).
quaerebantur..res huiuscemodi:..decreti cuiuspiam ex philosophia perperam inuulgati ~o aut captionis sophisticae solutio GEL.18.2.6.

purgātor ~ōris, *m.* [PVRGO+-TOR] One who purifies; also, one who clears away (infestations).
⟨SACRVM I⟩OVI ⟨PV⟩RGATORI *CIL* 10.6641;—Hercules lustrator orbis, ~or ferarum APUL.*Apol.*22.

purgātus ~a ~um, *a. compar.* ~ior, *superl.* ~issimus. [pple. of next]

1 Freed of impure matter, purged, refined.
somnia pituita..~issima PERS.2.57.

2 Cleared of blame, exculpated.
ita fiducia quam argumentis ~iores dimittuntur SAL.*Hist.* 2.111.

purgō ~āre ~āuī ~ātum, *tr.* Also **pūrigō.** [PVRVS+-IGO[1]] FORMS: *purigo*, etc., in PL. *Aul.*753, *Cist.*384, *Mer.*739, VAR.*R.*2.4.14.

1 To free from impurities, dirt, or sim., clean; to refine (metals). **b** (refl. or pass., of water or the atmosphere) to become unclouded. **c** to remove (impurities, dirt, etc.) by cleansing or purifying.
uillam ~ari CATO *Agr.*2.3; quotienscumque haras subulcus ~at VAR.*R.*2.4.15; conspexit..quendam..cultello proprios ~antem leniter unguis HOR.*Ep.*1.7.51; uolucris.. corpora proiecta quae sua ~at aqua OV.*Ib.*448; ouium ..lanas scabendo ~are PLIN.*Nat.*18.236; crocodillus.. ~andos sibi dentis innoxio hiatu praebet APUL.*Apol.*8; (*w.* ab) si (olea) inquinata erit, lauito, a..stercore ~ato CATO *Agr.* 65.1; mellarius..debet..ab spurcitiis ~are aluum VAR.*R.* 3.16.17; (*w. abl.*) mulcebat lympha ~atum sanguine uulnus SIL.5.368; (*transf.*) est mihi ~atam crebro qui personet aurem HOR.*Ep.*1.1.7; fateor huic..opus esse..remedio, quo ~etur acies SEN.*Ep.*94.18; (*cf. sense 5*) mystica lampas et insons Elisos multa ~auit lumina lympha STAT.*Theb.* 8.766;—sordida faex.., qualem ~ato cernes desidere ferro *Aetna* 478; PLIN.*Nat.*33.107. **b** scindit se nubes et in aethera ~at apertum VERG.*A.*1.587; fit..color primo turbati fluminis imbre ~aturque mora OV.*Met.*13.890; (aer) modo spissat se, modo expandit et ~at SEN.*Nat.*5.6; ~atus..nitet discussis nubibus aether SIL.12.638. **c** humanum ~et ut ignis onus (*i.e. the burden of mortality*) OV. *Fast.*4.554; Tiberino in gurgite mergis mane caput..et noctem flumine ~as PERS.2.16; ut sanies ~ata uado STAT. *Theb.*12.416; (Hercules) Augeae regis stercus bobile uno die ~auit HYG.*Fab.*30.7.

2 To clear (a space) of anything obstructing it (weeds, debris, etc.). **b** to rid (a place, etc.) of pests; also, transf., of undesirable persons. **c** to clear away (weeds, debris, etc.).
PISCINAM ~ANDAM..COERAVIT *CIL* 1.1714.3; inmissi cum falcibus multi ~arunt et aperuerunt locum CIC.*Tusc.*5.65; curuis ~atur uinea rastris CATUL.64.39; cum..equitatum.. intra suas munitiones recepisset, campo ~ato animaduertit mirifica corpora Gallorum *B.Afr.*40.5; QVO MINVS AEDILES.. VIAS PVBLICAS ~ANDAS CVRENT *CIL* 1.593.51; inferior pars sub aqua exaequanda et ~anda VITR.5.12.3; satius..esse ea (*sc. crops*) tempestiue runcari et ~ari COL.2.11.1; PLIN. *Nat.*18.241; cum..~ent..cana labra uolsellae MART.9. 27.5; porticus Nero..extructurum ~atasque areas dominis traditurum pollicitus est TAC.*Ann.*15.43; si quis agrum suum..indiligenter curabat ac neque arauerat neque ~auerat GEL.4.12.1; ~are (uiam)..proprie dicitur ad libramentum proprium redigere sublato eo quod super eam esset ULP.*dig.*43.11.1.1; (*in fig. phr.*) cultor..iuuenum, ~atas inseris aures fruge Cleanthea PERS.5.63. **b** quoniam manibus ~atum sanxerat orbem (*sc.* Hercules) PROP. 4.9.73; tibi molestis muribus ~o domum PHAED.1.22.3; Herculem olim poetae memorant monstra illa..subegisse orbemque terrae ~asse APUL.*Fl.*22;—(*transf.*) educ tecum ..tuos..quam plurimos; ~a urbem CIC.*Catil.*1.10; exercitum ~are missionibus turbulentorum hominum instituit LIV.7.39.1; age auersis thalamos ~ate maritis STAT.*Theb.* 5.137; amplissimos ordines..contaminatos ueteri neglegentia ~auit SUET.*Ves.*9.2; malis hominibus prouinciam ~are PAUL.*dig.*1.18.3. **c** herbas de areis ~are CATO *Agr.* 151.3; OV.*Pont.*1.8.59; ruderibus ~andis manus primus admouit SUET.*Ves.*8.5;—(*persons*) omni terra et mari Poenos ~auit FLOR.*Epit.*1.18(2.2.16).

3 **a** To remove the outer covering, husk, or shell of. **b** to remove the interior of; esp. to eviscerate (fish, etc.); to stone (fruit). **c** to take out or off (the stone or rind of a fruit).
a oua coquenda sunt et, ubi indurerunt, ~anda CELS. 6.18.7.A; nuces iuglandes ~atas COL.12.59.2; ostiarius..in lance argentea pisum ~abat PETR.28.8; milium, panicum ~ari nisi tosta non possunt PLIN.*Nat.*18.61; cucumeris semen ~atum LARG.189; alueo ligneo, quo frumenta confusa ~ari consuerant APUL.*Met.*9.23; (*sup.*) grana..facilia ~atu PLIN.*Nat.*27.95;—(*cf.*) ~atus ita testiculus..leuiter demittendus est (*i.e. in a case of hernia*) CELS.7.19.4. **b** ~ato.. capite, ut mos iis est, caluam auro caelauere LIV.23.24.12; —piscis ceteros ~a TER.*Ad.*376; (uiperae) ~atae..adipem PLIN.*Nat.*29.70;—lignum in pomo grande, sed corpus ipsum..messium instar incolis; ~atum enim tundunt 13. 64; uuae passae ~atae LARG.176. **c** uuae passae.. ~atis interioribus granis LARG.74; prodest..scilla..furno cocta ~atis exterioribus putaminibus 76.

4 (med.) To free (a part of the body) from morbid matter, etc. **b** (spec., by the use of an aperient). **c** (pass., of a woman) to have her menstrual discharge. **d** to remove or expel from the body by purging or sim.
(brassica) uulnera putida canceresque ~abit sanosque faciet CATO *Agr.*157.3; (sinapi) sensus atque sternutamentis caput ~at PLIN.*Nat.*20.237; orthopnoicis prodest (semen urticae)..et thoracem ~at 22.33; LARG.7; mentis ualitudinem et ipse senserat ac subinde de..~ando cerebro cogitauit SUET.*Cal.*50.2. **b** siquem ~are uoles, pridie ne cenet CATO *Agr.*157.12; (ocinum) citat aluom bubus et ideo iis datur, ut ~entur VAR.*R.*1.31.4; simulans sibi aluom ~ari

SAL.*Hist.*1.52; (Carneades) elleboro se..~abat ad expromendum ingenium suum V.MAX.8.7.ext.5; PLIN.*Nat.*19.43; (*cf.*) decimo quoque die numerum puniendorum ex custodia subscribens rationem se ~are dicebat SUET.*Cal.*29.2;—(*absol.*) quid scammoneae radix ad ~andum..possit CIC. *Div.*1.16; CELS.2.12.1.A; globuli mirifice ~antes, qui ut sumuntur, ita integri deiciuntur LARG.138. **c** SEN.*Ep.* 87.16; (compositio) menstrua mouet mulieribus, quae difficulter ~antur LARG.106; quae bis in mense ~atur, sana non est PAUL.*dig.*21.1.15. **d** morbum articularium nulla res tam ~at, quam brassica cruda CATO *Agr.*157.7; (nasturtium) quod capitis uitia ~at PLIN.*Nat.*20.127; (sucus) ~at cicatrices et nubeculas et quicquid obstet 27.109; ex partu residua mulieri ~at (*sc. a medicine*) LARG.126; (tragoedi) boando ~ant rauim APUL.*Fl.*17;—(*pass. in middle sense*) ~or bilem sub uerni temporis horam HOR.*Ars* 302.

5 To free from religious taint, purify ceremonially. **b** to remove (a religious taint) by rites of purification.

di patrii, ~amus agros, ~amus agrestes TIB.2.1.17; Capitolium ~atum atque lustratum LIV.3.18.10; luce Palis populos ~et ut ille cinis OV.*Fast.*4.640; tempus erat nunc sortiri: urna ~ata est SEN.*Con.*1.2.7; iubet..festo ~antes moenia lustro longa per extremos pomeria cingere fines pontifices LUC.1.593; nondum Scythica ~atus in ara..Orestes 7.777; (traditur) myrtea uerbena Romanos Sabinosque..depositis armis ~atos PLIN.*Nat.*15.119; si qui familiam funestam..non ~auerant GEL.4.6.8;—(*ellipt. or absol.*) Lethaea..sacra..parat.., circumque bidentum uisceribus laceris..et longo murmure ~at STAT.*Theb.*4.418. **b** quod apud eum fontem Melampus sacrificiis ~auisset rabiem Proeti filiarum VITR.8.3.21; ego lustror ab illis..~ante nefas nouiens mihi carmine dicto OV.*Met.*13.952.

6 (transf. or fig.) To free from troubles, anxieties, etc. **b** to get rid of (troubles, liabilities).

nisi ~atumst pectus, quae proelia nobis..tumst ingratis insinuandum? LUCR.5.43; si quis tam bene iam ~auit animum ut nihil obturbare eum amplius possit SEN.*Cl.*1.6.4; *Dial.*5.42.1;—(*w. abl.*) nec lux terribili ~auit imagine mentem SIL.10.371; uince domi et..Ausoniam ~a bello 16.629;—(*w.* ab) Samnis, nondum..ueteri ~atus ab ira 8.563. **b** fortis (erit) qui metus doloris..nulla ratione ~auerit? QUINT.*Inst.*12.2.3; usuras praestare cogitur eius..pecuniae, quae ~atis necessariis sumptibus superest ULP. *dig.*3.5.30(31).3.

7 **a** (refl.) To purge oneself of an offence, apologize; (also absol.). **b** to wipe out or atone for (an offence) by subsequent action.

a qui homo culpam admisit in se, nullust tam parui preti quin pudeat, quin ~et sese PL.*Aul.*791; TER.*Ad.*632; tibi me ~o nec possum fletibus ullis tantillum uestrae demere saeuitiae CATUL.99.5;—ignosce: orat confitetur ~at: quid uis amplius? TER.*Ph.*1035. **b** causisse oportuit ne diceres, uerum eadem si idem ~as mi, patiunda sunt PL.*Am.*945; siquid est peccatum a nobis profer: aut ea refellendo aut ~ando uobis corrigemus TER.*Hec.*254; si malum facinus quod a uetustissimis sociis..defecissent forti ac memorabili facinore ~are uellent LIV.23.7.6; ne alia malignius dicta crederes blanda oratione ~ari CURT.7.1.21; iam crimen habemus ~andum gladio LUC.8.518; SIL.11.199; Stichi promissor post moram offerendo ~at moram PAUL.*dig.*45.1.73.2.

8 To free (a person) from aspersions cast on him, absolve, exonerate (esp. refl.); also, to clear (one's name, character, or sim.). **b** (w. internal acc., etc.) to plead in one's defence. **c** to justify, excuse (one's actions, etc.). **d** to dispose of (an accusation or sim.) by explanation or defence. **e** (ellipt. or absol.) to defend oneself, make excuses.

seruos..neque arguo neque ~o CIC.*S.Rosc.*120; alii ~are plebem, culpam in patres uertere LIV.4.25.12; 8.32.10; CURT. 5.10.11; ex persona Caesaris sermo..se..aduersus ..obtrectatorum criminationes ~antis SUET.*Jul.*55.3; FRO. *Ver.*2.p.212(209N); tamquam si innocentes ~at GEL. 6(7). 3.52; (*w. abst. subj.*) integritas tua te ~auit CIC.*Clod.* fr.29;—(*w. abl. of charge*) Hernicis..~antibus se Volsci crimine belli LIV.6.17.7; TAC.*Ann.*3.17; uenditori sufficit..~ari dolo malo PAUL.*dig.*19.4.1;—(*w. gen. of charge*) quibus (*sc.* Teiis) ~antibus ciuitatem omnis facti..hostilis aduersus Romanos LIV.37.28.2; APUL.*Apol.*90;—(*w.* de) per litteras ~at Caesarem de interitu Marcelli CIC.*Att.*13.10.3; *Fam.* 12.25.3;—(*refl. foll. by acc. and inf., cf. sense 8b*) quod te posterius ~es hanc iniuriam mi nolle factam esse TER.*Ad.* 162;—(*w.* quod) monitus..ut ~aret se quod id temporis uenisset LIV.1.50.8; CURT.8.3.7;—omnia tutiora quam ut innocentiam suam ~arent uisa LIV.9.26.17; Donatum..uulneratum esse, mox testamento facto ~asse officium seruorum suorum CALL.*dig.*29.5.2; semper..heredis interest defuncti existimationem ~are ULP.*dig.*47.10.1.6. **b** haec ..quae aut a uobis obiecta aut ~ata a me sunt, talia esse scio ut aures, ut animi audientium sint LIV.42.42.7;—(*w. acc. and inf.*) Arpinis ~antibus ignaros omnium se uenum a principibus datos Poeno..esse 24.47.6; nihil noui factum ~are satis est 34.5.11; 41.19.5; 42.14.3. **c** blanditiae uirorum, factum ~antium cupiditate atque amore LIV. 1.9.16; OV.*Pont.*3.2.24; Besso..insidiarum consilium ~anti CURT.5.12.5; gratulor..quod mihi copia..optigit ~andae apud imperitos philosophiae et probandi mei APUL.*Apol.*1;—(*w. cl. as obj.*) ~are non possem, si pridie quicquam ex uetere uita..mutassem CURT.7.1.31; ut..~et miles, cur uicerit hostem SIL.7.510. **d** nullus est locus a me ~andi istius inuidiosi criminis praetermissus CIC.*Clu.*143; sine..noxam cuius arguimur nos ~are LIV.25.6.6; obtinuerunt ut ..Marcellus Romam rediret ad ~anda ea quae inimici obicerent 27.20.12; ea suspicio..haud sane ~ata est 28.43.3; 40.8.9; ante actae uitae crimina..prima ~anda sunt QUINT.*Inst.*7.1.12. **e** quid respondit de Sulla Cassius? se nescire certum. 'non ~at,' inquit CIC.*Sul.*38; omnium ignari primum ~ando terunt tempus LIV.1.22.6.

pūrificātiō ~ōnis, *f.* [next+-TIO] The making (of something) ritually clean, purification.

(laurus) ~onibus adhibetur PLIN.*Nat.*15.138; religiosa ~one lustratos accedere ad templa debere MART.8.pr.16.

pūrificō ~āre ~āuī ~ātum, *tr.* [PVRVS+-FICO]

1 To free from dirt, cleanse. **b** to free from encumbrances, clear.

quas (tunicas, *i.e. of the eyes*) subinde (natura) ~at lacrimationum saliuis PLIN.*Nat.*11.147; cera fit expressis fauis, sed ante ~atis aqua 21.83; 30.93;—(*cf. sense 2*) specimen deae..statui deprecari; confestimque..me..~andi studio marino lauacro trado APUL.*Met.*11.1. **b** uirgulta simul omnia..cum sentibus et rubis ~andi agri gratia conuellit GEL.19.12.9.

2 To make ceremonially pure.

gallinis et religio inest. inhorrescunt edito ouo excutiuntque sese et circumactae ~ant PLIN.*Nat.*10.116; domus..suffitae..~ataeue contra omnia mala medicamenta 30.82; illam expergefactam quasi a concubitu mariti ~asse se SUET.*Aug.*94.4.

pūrigō: old form of PVRGO.

pūrimē: (see quot.).

~ tetinero purissime tenuero PAUL.*Fest.*p.252M.

pūrimenstriō. [PVRVS+-MENSIS] (See quot.)

~ esse dicuntur, qui sacrorum causa toto mense in caerimoniis sunt, id est, puri sint certis rebus carendo FEST. p.253M.

pūriter, *adv.* [PVRVS+-TER²] N.B.: for compar. and superl. see PVRE.

1 In a clean manner, so as to be free of dirt or impurities.

ubi (tracta) arebunt, conponito ~ CATO *Agr.*76.2; 90; transfundito (*sc. a liquid*) in alterum dolium ~ et leniter 112.2; ~ fac ut rem tractes.—laui..manus POMPON.*com.*10; NOV.*com.*97; qui ~ lauit dentes CATUL.39.14.

2 With purity of life, righteously, etc.

me miserum aspicite et, si uitam ~ egi, eripite hanc pestem CATUL.76.19.

pūritia ~ae, *f.* [PVRVS+-*itia* (-IA)] Cleanness, purity.

appellatur a caelatura caelum, graece ab ornatu κόσμος, latine a ~a mundus VAR.*Men.*420; quae ~a est infrequens polluta *in* NON.p.156M.

pūrō ~āre, *tr.* [PVRVS+-O³, cf. *impuratus*] To make (ceremonially) clean, purify.

prophetae..caste qui ~ant sacra STRAB.*trag.*2.

purpura ~ae, *f.* [ad. Gk. πορφύρα]

1 A shellfish yielding a purple dye, perh. chiefly *Murex brandaris.*

ENN.*var.*44; ostrea nulla fuit, non ~a, nulla peloris LUCIL.132; MET.PIUS in Macr.3.13.12; CELS.2.24.3; concharum ad purpuras et conchylia..duo sunt genera: bucinum minor concha..; alterum ~a uocatur canaliculato procurrente rostro PLIN.*Nat.*9.130; 32.50; LARG.104.

2 The purple dye obtained from this shellfish, ranging in shade from blood-red to deep violet; (also applied to similar dyes from other sources).

erubuit ceu lacte et ~a mixta ENN.*Ann.*352; ii, qui conbibi ~am uolunt, sufficiunt prius lanam medicamentis quibusdam CIC.*Hort.*fr.23; MAT.*poet.*13; me iuuene uiolacea ~a uigebat..nec multo post rubra Tarentina NEP.in Plin. *Nat.*9.137; certantem..uuam ~ae HOR.*Epod.*2.20; ~a eodem conchylio non in unum modum exit; interest, quamdiu macerata sit SEN.*Nat.*1.3.12; uellera ~a, cocco, conchylio..infecta PLIN.*Nat.*8.197; 9.137; QUINT.*Inst.*11. 1.31;—uaccinium temperantes et lacte miscentes ~am faciunt elegantem VITR.7.14.2; (*cf.*) induitur..umeris cum lato ~a clauo OV.*Tr.*4.10.29.

3 Purple-dyed cloth (esp. as a sign of wealth or power). **b** (as the distinguishing dress of kings, emperors, and sim.). **c** (applied to the purple-hemmed toga worn by consuls and other curule magistrates; also put allusively for the office or dignity of consul). **d** a purple strip worn on the tunic as a mark of honour by senators (broad) or knights (narrow), cf. CLAVVS.

istas magnas factiones,.., imperia, eburata uehicla, pallas, ~am nil moror PL.*Aul.*168; meretricem pudorem gerere magi' decet quam ~am *Poen.*304; mulieres opertae auro ~aque CATO *hist.*113; AFRAN.*com.*179; tacite..ut non solum..adrogantiam eius sed etiam..illam usque ad talos demissam ~am recordemini CIC.*Clu.*111; uestitus aspere nostra hac ~a plebeia ac paene fusca *Sest.*19; puluinar..Indo quod dente politum tincta tegit roseo conchyli ~a fuco CATUL.64.49; otium..non gemmis neque ~a uenale neque auro HOR.*Carm.*2.16.7; linteis praetextis ~a tunicis LIV. 22.46.6; uictor Paulus, auro ~aque fulgens 45.40.6; illic et Tyrium quae ~a sensit aenum texitur OV.*Met.*6.61; desiderat saturatam multo conchylio ~am SEN.*Dial.*12. 11.2; custos..~a (*i.e.* the toga praetexta *of a boy*) PERS. 5.30; MART.10.30.15; ~a uendit causidicum JUV.7.135;—(*pl.*) Coae..~ae HOR.*Carm.*4.13.13; euanescunt haec..comparatione meliorum, ut lana tincta fuco citra ~as placet QUINT.*Inst.*12.10.75;—(*transf.*) serpentis squamae squalido auro et ~a pertextae ACC.*trag.*518. **b** quem ~a regalis non commouit, eum Sardorum mastruca mutauit? CIC.*Scaur.*45h; illum non populi fasces, non ~a regum flexit VERG.*G.*2.495; dempto capitis insigni ~aque atque alio regio habitu aequauerat ceteris se in speciem LIV. 27.31.4; PARMENO CAESARIS LIVIAE A PVRPVR *CIL* 6.4016;—(*meton.*) uigiles..trahit ~a noctes SEN.*Her.O.*647; magni ..tyranni atque omnis Latio quae seruit ~a ferro LUC. 7.228. **c** noui praeeunt fasces, noua ~a fulget OV.*Fast.* 1.81; non est quod tibi tranquillitatis tuae fastidium faciat ille sub illis fascibus ~a cultus SEN.*Ep.*94.60; cum tua bissenos numeraret ~a fasces *Laus Pis.*70; Megalensis ~a (*i.e. worn by the praetor at the Megalesia*) MART.10.41.5; SIL. 11.95;—laeta bis octonis accedit ~a fastis STAT.*Silv.*4.1.1; tot senatus funera..septima illa Marii ~a dedit FLOR.*Epit.* 2.9(3.21.17); (*meton.*) ~a te felix, te colat omnis honos MART.8.8.4. **d** ~a latiore tunicae usos inuenimus etiam praecones PLIN.*Nat.*33.29; inter pignora curiae contentus artae lumine ~ae crescis STAT.*Silv.*4.5.42; adferunt lumen clauus et ~ae loco insertae QUINT.*Inst.*8.5.28; quinque tabernae quadringenta parant. quid confert ~a maior optandum ..? JUV.1.106; claui aurei et ~ae pars sunt uestimentorum ULP.*dig.*34.2.19.5.

4 Purple colour occurring in nature. **b** (poet., applied to things naturally purple or reddish).

in foliis..uiolae sublucet ~a nigrae VERG.*G.*4.275; amygdalum..flore ~ae fulgens *Priap.*51.13; (granum) candidius nigrusue, cui ~a est opimo ad polentam PLIN. *Nat.*18.78; (frutex) rubens aut in ~am uergens 24.112; amethysti fulgens ~a 37.80. **b** qualia pallentis declinant lilia culmos..aut ubi uerna nouis exspirat ~a (*i.e. violets*) pratis STAT.*Silv.*3.3.130;—(*applied to hair, esp. Nisus' purple lock*) si nostros legisset Scylla libellos haesisset capiti ~a, Nise, tuo OV.*Rem.*68; *Met.*8.80; libata semel summos modo ~a cultros sparserat MART.9.76.5.

5 (app.) Porphyry.

sola nitet flauis Nomadum decisa metallis..~a, sola..quam Synnados antro ipse cruentauit maculis liuentibus Attis STAT.*Silv.*1.5.37.

purpurārius ~a ~um, *a.* [prec+-ARIVS] Of or relating to purple-dyeing or the selling of purple cloth; (*insulae*) ~*ae*, a name given to the group of islands that includes Madeira. **b** (masc. or fem. as sb.) one who dyes cloth purple (or trades in cloth so dyed).

genus eius (*sc.* Indici) est in ~is officinis innatans cortinis PLIN.*Nat.*35.46; filio tabernam ~am cum..purpuris..legauit PAPIN.*dig.*32.91.1; NEGO⟨T⟩ ARTIS ~AE *CIL* 3.5824;—(Fortunatas insulas) a ~is DCXXV p. (positas esse) PLIN. *Nat.*6.203. **b** (*masc.*) *CIL* 6.9845; 10.540; 11.1069a;—(*fem.*) 1.1413.9.

purpurascō ~ere, *intr.* [PVRPVRO+-SCO] To become purple or violet.

quid mare nonne caeruleum? at eius unda cum est pulsa remis, ~it CIC.*Ac.*2.fr.5.

purpurātus ~a ~um, *a.* [PVRPVRA+-ATVS²]

1 Dressed in purple.

pulchra mulier nuda erit quam ~a pulchrior PL.*Mos.*289; LIV.45.39.2; nemo ex istis quos ~os uides felix est SEN.*Ep.* 76.31.

2 (masc. as sb.) An official at a royal (esp. eastern) court.

mihi proposui regnantem Lentulum..~um esse huic Gabinium CIC.*Catil.*4.12; ista horribilia minitare ~is tuis *Tusc.*1.102; (Dinocrates) e patria..tulit ad primos ordines et ~os litteras VITR.2.pr.1; regi praetor Achaeorum et unus ex ~is latus cingebant LIV.32.39.8; 37.59.5; 42.51.2; ~is solita uanitate spem eius (*sc.* Darei) inflantibus CURT. 3.2.10; 3.13.13; 5.1.37; QUINT.*Inst.*8.5.24; (Mucius Scaeuola) frustrato circa ~um eius (*sc.* regis) ictu tenetur FLOR.*Epit.* 1.4(1.10.5).

purpurētica: see PVRPVRITICVS.

purpureus ~a ~um, *a.* [ad. Gk. πορφύρεος]

1 (of fabrics, etc., coloured with dye obtained from the shellfish *purpura*) Purple, crimson, or sim. (the exact shade depending on the technique used); (also, of the dye itself or the substance from which it is prepared). **b** (of persons, esp. kings and others of high rank) clothed in purple; (sim., of things).

uestis pulla ~a ampla ANDR.*poet.*30(34); ~o tersit..gausape mensas LUCIL.568; pallio ~o CIC.*Ver.*5.31; sedebat ..conlega tuus (*i.e. Julius Caesar*) amictus toga ~a, in sella aurea *Phil.*2.85; sagulo ~o *B.Afr.*57.5; ~o..suras uincire coturno VERG.*A.*1.337; tunicam ~am LIV.27.4.8; OV.*Fast.* 4.339; ~um diadema distinctum albo CURT.6.6.4; (uelo) ~o ad Actium..Cleopatra uenit PLIN.*Nat.*19.22; FRON.*Str.* 1.11.10; conuertisse hominum oculos fulgore ~ae abollae SUET.*Cal.*35.1; (*in fig. phr.*) inceptis grauibus..~us, late qui splendeat, unus et alter adsuitur pannus HOR.*Ars* 15; (*cf.*) ~i cristis iuuenes auroque corusci VERG.*A.*2.163;—~us..color conchyli iungitur una corpore cum lanae LUCR.6.1074; certent praebere colores Africa puniceum ~umque Tyros TIB.2.3.58; conchylia..scinduntur, e quibus plagis ~a sanies..comparatur VITR.7.13.3. **b** te..~i metuunt tyranni HOR.*Carm.*1.35.12; rex..~us OV.*Met.*7.103; cum..~us..albi..terga premebat equi (*sc.* Nisus) 8.33; in curru, Caesar, uictore ueheris ~us *Tr.*4.2.48; uis te ~um, Marce, sagatus, amem? MART.6.11.8; ~um..senatum STAT.*Silv.* 2.7.47; ~us..scurra Palati JUV.4.31; (*of the short-lived purple faction at the games*) si tibi ~o de grege currit equus MART.14.55.2; (*transf.*) auratis pendens laquearibus ensis ~as subter ceruices terruit PERS.3.41; ~is ut des noua nomina fastis (*i.e. the list of consuls*) MART.12.29.5;—(*of things*) nec me..despice: ~o sum..apta toro OV.*Ep.*5.88; ~um..libellum MART.5.6.19; 12.17.8.

2 (of things having by nature a colour similar to the dye *purpura*). **b** (of freshly spilt blood or things stained with it). **c** (as the name of special varieties of grape (or the vine producing it), pear, or plum).

~am..uuam LUCIL.1270; CORN.SEV.*poet.*8; ~is..ridentia litora conchis *Ciris* 103; flos ~us rosae HOR.*Carm.*

3.15.15; ~is..papaueribus PROP.1.20.38; ~o..musto 3.17.17; ~as amethystos OV.*Ars* 3.181; ~os collis florentis Hymetti 3.687; ~us..lapis (*i.e. porphyry*) LUC.10.116; (uiolae) ~ae PLIN.*Nat.*21.130; (sal) rubet Memphi, rufus est circa Oxum, Centuripis ~us 31.86;—(*of the hair of Nisus*) (Scylla) ~um..parat rursus tondere capillum *Ciris* 382; VERG.*G.*1.405; carmine ~a est Nisi coma TIB.1.4.63; STAT. *Silv.*3.4.84; (*of Nisus himself*) Scyllaea..rura ~o regnata seni *Theb.*1.334;—(*of blushes*) nec tibi..~us molli fiat in ore pudor OV.*Tr.*4.3.70; STAT.*Theb.*2.231;—(*of the colour*) ut..solet uua..ducere ~um nondum matura colorem OV.*Met.* 3.485; amethystinum (colorem, *i.e. of flowers*), qui a uiola (trahitur) et ipse in ~um PLIN.*Nat.*21.45; LARG.186. **b** ensem..multa morte recepit ~um VERG.*A.*9.349; mare Poeno ~um sanguine HOR.*Carm.*2.12.3; uictima ~o sanguine pulset humum OV.*Tr.*4.2.6; fluctus..Simois caede ~os agens SEN.*Ag.*214; ille..~am singultibus expulit hastam V.FL.3.107;—(*cf.*) ~us Lunae sanguine uultus erat OV.*Am.*1.8.12. **c** (uites) maxime praecoques et duracinae, tum denique ~ae COL.3.2.1; pira Dolabelliana, Crustumina ..~a 12.10.4; sunt minora, at laudatiora (pruna) cerina atque ~a PLIN.*Nat.*15.41; uuas..duracinas et ~as PAUL. *dig.*50.16.205.

3 (w. stress partly or wholly on sheen rather than actual colour) Of a warm (rosy or ruddy) hue, radiant, glowing: **a** (of dawn, light, things emitting or reflecting light, etc.). **b** (of a person, his features, etc., as an indication of youth, vitality, or sim.).

a ~os inter solis et candida lunae sidera *Ciris* 37; uer ~um VERG.*Ecl.*9.40; ~is..oloribus HOR.*Carm.*4.1.10; ~us pluuias cur bibit arcus aquas PROP.3.5.32; ~o tepidum qui mouet axe diem OV.*Ep.*4.160; ~ae Aurorae *Met.*3.184; ~a luce refulsit humus *Fast.*6.252; qua..~us dies utrumque..spectat Oceanum SEN.*Her.O.*1838; Phoebe ~o radiat uultu COL.10.289; frigidus orbes ~os iam somnus obit V.FL.3.179; lumine ~o tristis laxare tenebras STAT.*Silv.*5.1.256; PATRI DATE LVCOS IN QVIS ~VS PERPETVVSQVE DIES *CIL* 6.30113. **b** Acme..pueri ebrios ocellos illo ~o ore suauiata CATUL. 45.12; lumen..iuuentae ~um VERG.*A.*1.591; labitur exsanguis..~us quondam color ora reliquit 11.819; Augustus..~o bibit ore nectar HOR.*Carm.*3.3.12; carmina, ~us quae mihi dictat Amor OV.*Am.*2.1.38; non idem uigor, non ora tinguens nitida ~us rubor SEN.*Phaed.*376; ~um fundens Caesar ab ore iubar MART.8.65.4; Bacchus..~um tristi turbatus pectore uultum STAT.*Theb.*7.148; o ubi ~o suffusus sanguine candor..? *Silv.*2.1.41; genas..~as (*i.e. of Cupid*) APUL.*Met.*5.22.

4 (as a conventional ep. of the sea in a state of agitation, cf. Hom. ἅλα πορφυρέην; the Romans prob. always took the Homeric ep. to refer to colour, whatever the true sense of the Gk. word).

in mare ~um uiolentior effluit amnis VERG.*G.*4.373; ~is agitatam fluctibus Hellen PROP.2.26.5; aequoreas..decurrit ad undas. hic sale ~o uiuaque nitentia lympha membra nouat V.FL.3.422; (*cf.*) mare illud, quod nunc fauonio nascente ~um uidetur..modo caeruleum uidebatur mane rauum CIC.*Luc.*105.

5 (as the name of one of the giants) = PORPHYRION.

Runcus ac ~us, filii Terras NAEV.*poet.*19(20).3.

purpurissātus ~a ~um, *a.* [next+-ATVS²] Painted with *purpurissum*, rouged.

bucculas tam belle ~as habes PL.*Truc.*290; CIC.*Pis.*25; cum in puella uideret..~as genas et inlices oculos APUL. *Apol.*76.

purpurissum ~ī, *n.* [ad. Gk. πορφυρίζον (pple. of πορφυρίζω)] An earth dyed with Tyrian purple, used as a pigment or cosmetic.

cedo cerussam.—quid cerussa opust nam?—qui malas oblinam...tu igitur cedo ~um PL.*Mos.*261; NOV.*com.*83; floridi (colores) sunt—quos dominus pingenti praestat—minium..Indicum, ~um PLIN.*Nat.*35.30; pingentes sandyce sublita, mox ex ouo inducentes ~um, fulgorem minii faciunt 35.45;—(*in fig. phr.*) quid in orationibus meis nouicium..quid ~o litum aut tumidum aut pollutum? FRO.*Aur.*2.p.110(159N).

purpurīticus ~a ~um, *a.* **-ēticus.** [ad. Gk. πορφυριτικός] Made of porphyry; (fem. as sb.) a portico built of porphyry in the Forum Traianum.

(aediculam) ADAMPLIAVIT COLVMNIS PVRPVRITICIS *CIL* 6.222;—IN FORO TRAIANI IN PVRPVRETICA 15.7191.

purpurō ~āre, *tr.*, *intr.* [PVRPVRA+-O³]

1 (tr.) To make purple (in quot., the sea, cf. PVRPVREVS, sense 4); to make rosy or bright.

spiritus Eurorum..~at undas FUR.ANT.*poet.*5 (Gel.18.11.4);—Horae rosis et ceteris floribus ~abant omnia APUL. *Met.*6.24.

2 (intr.) To be purple; to glow with colour, be ruddy.

quae pallet humi, quae frondens ~at auro, ponatur uiola COL.10.101;—labias..ambroseo rore ~antes APUL.*Met.*10.22.

pūrulentē, *adv.* [next+-E] In a festering manner, purulently.

ossibus ~ limosis PLIN.*Nat.*23.7.

pūrulentus ~a ~um, *a.* [PVS+-VLENTVS] Containing or consisting of much pus, purulent.

(cancer) albus ~us est CATO *Agr.*157.3; ~a urina CELS. 2.8.1; haec et auribus et naribus ~is adcommodata sunt 6.10.2; ueteris et ~i uulneris SEN.*Ep.*57.5; ~as excreationes PLIN.*Nat.*20.139; 22.158; 27.114;—(*neut. pl. as sb.*) aliis (*i.e. medicaments*)..quibus ~a curantur CELS.5.26.33.D; ulcera sanant (raphani) ac ~a praecordiorum PLIN.*Nat.*20.26; qui ~a excreant LARG.77.

pūrus ~a ~um, *a.* *compar.* ~ior, *superl.* ~issimus. [cf. Skt. *pávatē* 'purifies', OHG. *fowen* 'sift']

1 Free from dirt, clean, unsoiled. **b** (of ulcers or sim.) free from morbid matter.

~as esse sibi uolt aedis: domi quidquid habet eicitur ἔξω PL.*Truc.*558; qui in torculario erunt uasa ~a habeant CATO *Agr.*67.1; focum ~um circumuersum cotidie..habeat 143.2; praesepia ac stabula ut sint ~a VAR.*R.*2.2.19; 3.6.5; culus tibi ~ior salillo est CATUL.23.19; uti..~um ferrum (*i.e. trowel*) e mortario liberetur VITR.7.3.6; ~is mella condit amphoris HOR.*Epod.*2.15; praecipitur, lauti ut ~ique eximant mella. (apes) faetorem..odere PLIN.*Nat.*11.44; (*w.* ab) forum.., quod..~um a caede seruatum est CIC.*Ver.* 4.116; (*w. abl. of agent*) pocula..tonso ~a ministro MART. 11.11.3;—(*of things used in religious rites, cf. sense 3*) iube uasa tibi ~a apparari ad rem diuinam cito PL.*Capt.*861; casta placent superis: ~a cum ueste uenite et manibus ~is sumite fontis aquam TIB.2.1.14. **b** si (uulua) parum ~a est..si uero uulua exulcerata est.. CELS.4.27.1.D; corpus ~o ulcere exercendum..est 5.28.7.B; LARG.24.

2 Free from contaminating ingredients, pure, refined, unadulterated, etc.; for ~*us putus* see PVTVS. **b** (of grain or fruits freed from their outer coverings). **c** (of qualities and other abstracts) free from any admixture, pure, complete, genuine; (also transf., of persons said to possess certain qualities). **d** (w. ref. to a person's tastes) refined, cultivated.

olei ~i P. VIIII CATO *Agr.*144.5; caelum..tenue ~umque et propterea salubre CIC.*Div.*1.130; cur tam uariae res possent esse requiro, ex uno si sunt igni ~oque creatae LUCR.1.646; qui rore ~o Castaliae lauit crinis solutos HOR. *Carm.*3.4.61; ~o..nardo TIB.2.2.7; harena..~issima VITR. 8.6.14; pectora..~is niuibus..candidiora OV.*Ep.*15.251; ~um aerem trahere CELS.3.7.2.A; (Cydnus) leni tractu e fontibus labens ~o (*i.e. free from mud*) solo excipitur CURT. 3.4.8; (hammoniacum) adulteratur harenis..; igitur quam minimis glaebis probatur et quam ~issimis PLIN.*Nat.* 12.107; (argentum uiuum) uitiis eiectis..~um relinquit aurum 33.99; Anio quamuis ~issimo defluens lacu..aufert aliquid quo turbetur FRON.*Aq.*90; (*cf.*) putator (*sc.* appellatur), quod arbores ~as facit VAR.*L.*6.63;—(*transf. ep., of a purifying agent*) te circum lustraui sulpure ~o TIB.1.5.11; ~a..laurea PROP.4.6.10;—(*poet.*) longa dies..concretam exemit (*i.e. from the disembodied soul*) labem, ~umque relinquit aetherium sensum VERG.*A.*6.746;—(*fig.*) (contionem) ~am..et integrioris iudicii a fauore et odio LIV. 45.37.8;—(*transf.*) subsellia certiora fiunt et ~os eques ordines recepit (*i.e. unmixed with plebeians*) MART.5.8.3. **b** fit ut..palea euannatur foras extra aream ac frumentum ..~um ueniat ad corbem BAR.*R.*1.52.2; (castanea) purgabilis maxime et sponte prosiliens ~a PLIN.*Nat.*15.93; seruntur triticum et siligo et hordeum ~a, qualiter moluntur 18.61. **c** ~ast sanis (*i.e. the heart-whole*) magis inde (*i.e. from sex*) uoluptas quam miseris LUCR.4.1075; ~a..amare fide OV.*Am.*1.3.6; uoto ~um bonum peti debet et tranquillum et extra molestiam positum SEN.*Ep.*67.5; lateri nullus comitem circumdare quaerit quem dat ~us amor, sed quem tulit impia merces *Laus Pis.*123; QUINT.*Inst.* 2.18.4;—~us putus hic sucophantast PL.*Ps.*1200; ~um te contendo uirum, contendo. fateris? an uocat ancillas tortoris pergula? JUV.6.O28. **d** auribus..~is scripta probasse mea PROP.2.13.12; ad Frontonem..pergebam sermonibusque eius ~issimis bonarumque doctrinarum plenis fruebar GEL.19.8.1.

3 Free from ceremonial defilement, taboo, or sim., ritually clean or acceptable.

in eo, qui in naue necatus, deinde in mari proiectus esset, decreuit P. Mucius familiam ~am CIC.*Leg.*2.57; P. Decium consulem ~um piumque deis immortalibus uisum aeque ac si T. Manlius collega eius deuoueretur LIV.10.7.4; loca..detestabilia esse, neque in iis quicquam postea poni..placere eorum, quae in loco ~o poni..fas esset 31.44.5; scortea non illi fas est inferre sacello, ne uiolent ~os exanimata focos OV.*Fast.*1.630; (ramus) caesus ab arbore ~a 2.25; exspectet ~os pinea taeda dies 2.558; hostias..~as PLIN.*Nat.*8.206; crepundia linteo texto inuoluere, quod ~issimum est rebus diuinis uelamentum APUL.*Apol.*56; ~a uestimenta sacerdotes ad sacrificium habebant, id est non obsita, non fulgurita, non funesta, non maculam habentia PAUL.*Fest.*p.248M; (*w.* ad) e quis (*sc.* porcis) qui iam ~i sunt ad sacrificium VAR.*R.*2.1.20; (far) non esse ~um ad rem diuinam nisi tostum PLIN.*Nat.*18.7; (*w. dat. of purpose*) suis fetus sacrificio die quinto ~us est 8.206;—(*w. ref. to sexual abstinence, cf. sense 5*) ~a sum, comperce amabo me attrectare PL.*Poen.*350.

4 Free from moral defilement or the stain of crime (esp. bloodshed), pure, blameless, innocent.

ea libertas est, qui pectus ~um et firmum gestitat ENN. *scen.*302; ~a mente atque integra Milonem, nullo scelere imbutum CIC.*Mil.*61; LUCR.5.18; placui tibi..non patre praeclaro sed uita et pectore ~o HOR.*S.*1.6.64; (res) ~o pioque duello quaerendas censeo LIV.1.32.12; Musarum ~us..sacerdos OV.*Am.*3.8.23; an..(uirgo) ~a..non sit homicidio coinquinata SEN.*Con.*1.2.14; Mutina et Leucas ~os fecere Philippos LUC.7.872; PLIN.*Pan.*3.5; PECVNIA.. ~A EST, NVLLA CRVORIS HVMANI ADSPERGINE CONTAMINATA *CIL* 2.6278.7; (*w. abl.*) animus..mala ferrugine ~us *Laus Pis.*107; (*w. gen.*) integer uitae scelerisque ~us HOR.*Carm.* 1.22.1;—(*of the hands*) magnus uterque timor latronibus; at bene si quis et uiuat ~is manibus contemnat utrumque *S.*1.4.68; PROP.2.32.28; LUC.7.263; pontificatum maximum ideo se professus accipere ut ~as seruaret manus SUET.*Tit.* 9.1; (*w.* ab) ~as a ciuili sanguine manus SEN.*Suas.*6.2;—(*of weapons*) o dites, inhibete dextras. laudis est ~um tenuisse ferrum SEN.*Her.O.*1561; (*w. gen.*) ~ae..nefandi sanguinis obliquis ceciderunt ictibus hastae STAT.*Theb.*11.450; (*w.* ab) gladio, quem..ab omni caede ~um seruauerat SEN.*Ep.*24.7.

5 Not polluted by sexual contact, pure, chaste.

hominem.., contaminatum, perditum..qui..ne animam quidem ~am conseruare potuisset CIC.*Ver.*3.134; ~ae ~a puellae suauia comminxit spurca saliua tua CATUL.78.7; ~o secubuisse toro TIB.1.3.26; fac simules ~os Isidis esse dies PROP.4.5.34; mentula quem pascit non, puto, ~us homo est MART.9.63.2; resiluit foedumque contactum quasi plane a casto ~oque corpore nouissima sanctitate reiecit PLIN. *Ep.*4.11.9; neminem hominem pudicum aut ulla corporis parte ~um esse SUET.*Nero* 29.1;—(*of actions, language*) basia ~a MART.6.50.6; ~is honestisque uerbis uenerandum illud concubii..secretum..dixisse GEL.9.10.4.

6 (of heavenly bodies, the sky, landscape, etc.) Free from mist, cloud, or sim., clear. **b** (of something translucent) limpid, unclouded; (of complexion) clear. **c** (transf., of the voice) clear, ringing.

erat in animo nihil..me Delo mouere nisi omnia ἄκρα Γυρέων ~a uidissem CIC.*Att.*5.12.1; caeli clarum ~umque colorem LUCR.2.1030; ~a..sub nocte VERG.*Ecl.*9.44; ~a nocturno renidet luna mari HOR.*Carm.*2.5.19; sole ~o 3.29.45; sidera erunt nullis obscura tenebris, ~us et Orion, ~us et Haedus erit PROP.2.26.56; sereno et ~o die SEN.*Cl.* 1.7.2; ~um liquidumque lumen *Nat.*7.17.3; si cacumina (*sc.* montium) ~a fient, disserenabit PLIN.*Nat.*18.356; ut (opium) ~a luceat flamma 20.203; cernitis ut ~o nox..caelo fulgeat..? CALP.*Ecl.*1.77; ~ior axis STAT.*Theb.*3.486; (*neut. sg. as sb.*) Diespiter..per ~um tonantis egit equos HOR. *Carm.*1.34.7;—(*cf.*) ea..tum..~iora et dilucidiora cernentur, cum, quo natura fert, liber animus peruenerit CIC.*Tusc.* 1.46. **b** si (ouum) contra lumen tenuit et ~um unius modi esse animaduertit VAR.*R.*3.9.12; ~ior electro..amnis VERG. *G.*3.522; cornua..~a..magis perlucida gemma OV.*Met.*2. 856; (aquae) habent..discrimina..coloris: ~ae sunt, turbidae, caeruleae, luridae SEN.*Nat.*3.2.2; condita sic ~o numerantur lilia uitro MART.4.22.5;—uagi crines ~is in frontibus errant PROP.2.22A.9. **c** uox..clara, ~a, secans aera QUINT.*Inst.*11.3.40.

7 (of ground, etc.) Free from obstructions (weeds, stones, etc.), open, clear, unimpeded. **b** (of a total) free from further deductions, clear, net.

aquam de agro depelli oportet. in monte fossas..~as habere oportet CATO *Agr.*155; alia terra est ualde lapidosa..alia prope ~a VAR.*R.*1.9.3; cum..admiraretur Lysander..humum subactam atque ~am CIC.*Sen.*59; aera per ~um grauiter simulacra feruntur LUCR.4.327; in campis planissimis ~issimisque *B.Afr.*19.4; VERG.*A.*12.771; ~ae sunt plateae, nihil ut meditantibus obstet HOR.*Ep.*2.2.71; si ab ea linea..poterit spatium ~i caeli amplum uideri, in eo loco lumen erit sine inpeditione VITR.6.6.6; LIV.24.14.6; aspera ..saxis loca..lentos deposcunt calamos, at ~um retia litus OV.*Hal.*87; (ut) praebeat..nantibus aquae ~am superficiem COL.8.15.3; ut (rosaria)..purgata ac ~a sint PLIN.*Nat.* 21.69; insurgebat silua, editis in altum ramis et ~a humo inter arborum truncos TAC.*Ann.*2.16;—(*w.* ab) ut..extrinsecus ~i aliquid ab humano cultu pateret soli LIV.1. 44.4; ~us ab arboribus..campus OV.*Met.*3.709;—(*w. abl.*) serpentum tellus ~a ac uiduata uenenis SIL.12.370;—(*neut. as sb.*) dum se laetus ad auras palmes agit laxis per ~um immissus habenis VERG.*G.*2.364. **b** quid his rebus detractis possit ad dominos ~i ac reliqui peruenire CIC.*Ver.* 3.200; reliqui numero ~o ⟨D..⟩ in is (centuriones) VI dec(uriones) IIII eq(uites) in is dupl(icarii) II..*CPL* 112.

8 Devoid of embellishment, addition, or elaboration, in its original or basic state, plain, blank, unadorned, etc. **b** (of food, drink, or sim.) taken by itself, 'neat'. **c** (of things in nature) devoid of hair, leaves, etc., plain, smooth.

argentum ille ceterum ~um adposuerat..duo pocula..cum emblemate CIC.*Ver.*4.49; ~a..parma VERG.*A.*11.711; antiqui non probauerunt..in fastigiis..denticulos fieri sed ~as coronas VITR.4.2.5; 4.3.6; longa probat facies capitis discrimina ~i (*i.e. hatless*) OV.*Ars* 3.137; uasa..alia recte picata, nonnulla tamen ~a COL.12.4.4; ~i diu fuere hi (*sc.* lemnisci); caelare eos primus instituit P. Claudius Pulcher PLIN.*Nat.*21.6; PLIN.*Ep.*3.1.9; JUV.9.141; nec chartae ~ae debentur libris legatis ULP.*dig.*32.52.4. **b** dato panem ~um ibidem madefaciat CATO *Agr.*157.9; rosam cum aceto miscere oportet..si acetum offendit, ~a rosa utendum est CELS.3.10.1; 4.9.3; uini potio danda est ac deinde paulatim eius modi cibi subtrahendi inmixtis hordeo et furfuribus, dum consuescat..~o hordeo ali COL.6.30.1; PLIN.*Nat.*20. 135; LARG.10. **c** cum prima ~as barba signaret genas SEN.*Phaed.*648; (lactuca), quae spisso, sed ~o uertice pallet COL.10.183; quae oua (pariunt) pinnas (habent)..aut cutem ~am, ut serpentes PLIN.*Nat.*11.228; scapus..~us leuisque 21.110.

9 (in certain special uses): **a** *toga* (*uestis*) ~*a*, The plain white toga worn by the Roman citizen after puberty (opp. *toga praetexta*). **b** *hasta* ~*a*, a spear without an iron point, awarded as a military decoration. **c** (of a site) not built on, vacant; not affected by any religious taboo.

a Quinto togam ~am Liberalibus cogitabam dare CIC. *Att.*6.1.12; accusatio Pompei usque a toga ~a 7.8.5; tempore quo primum uestis mihi tradita ~a est CATUL.68.15; PHAED.3.10.10; ~a (*i.e. as a civilian*) uenerabilis (*sc.* Magnus) aeque quam currus ornante toga LUC.7.17; PLIN. *Nat.*8.194. **b** VERG.*A.*6.760; tua sic domitis Parthae telluris alumnis ~a triumphantis hasta sequatur equos PROP.4.3.68; idem spolia cepit XXXIIII, donatus hastis ~is duodeuiginti PLIN.*Nat.*7.102; Posiden spadonem..Britannico triumpho inter militares uiros hasta ~a donauit SUET. *Cl.*28; *CIL* 6.1377. **c** in urbe loca ~a (*sc. are called*) areae VAR.*L.*5.38; locum ~um pignori creditori obligauit..et cum eum locum inaedificare uellet..SCAEV.*dig.*13.7.43;—~us..locus dicitur, qui neque sacer neque sanctus est neque religiosus, sed ab omnibus huiusmodi nominibus uacare uidetur ULP.*dig.*11.7.2.4; si uxori suae monumentum

~um maritus..donauerit, ualebit donatio..sed et si ipsa fuerit illo illata..dicetur locum religiosum fieri 24.1.5.10; AEDIFICIA SOLO ~O POSITA..NEQVE VLLO SEPVLCHRO SVPERPOSITA VEL CONIVNCTA *CIL* 10.3334.

10 (of speech, composition) Simple, plain, unelaborate.
in hac (*sc.* fabula) est ~a oratio TER.*Hau.*46; habet attenuata figura ~is et electis uerbis compositam orationem *Rhet.Her.*4.16; nihil est..in historia ~a et inlustri breuitate dulcius CIC.*Brut.*262; remouebitur omnis insignis ornatus.. sermo ~us erit et Latinus, dilucide planeque dicetur *Orat.*79; tu (*sc. Terence*)..~i sermonis amator CAES.*poet.*2.2; HOR.*S.* 1.4.54; ut quantum mihi te sinuoso in pectore fixi, uoce traham ~a PERS.5.28; figurae non illae poeticae..receptae (nam debet esse quam ~issimus sermo) QUINT.*Inst.*4.2.118; priuatum consilium..~us sermo et dissimilis curae magis decuerit 8.3.14; TAC.*Dial.*2.2; PLIN.*Ep.*7.9.8.

11 (leg.) Not subject to a condition or qualification, absolute.
is, qui agit, iudicium ~um postulat; ille, quicum agitur, exceptionem addi ait oportere CIC.*Inv.*2.60; uadimonia.. ~a, id est sine satisdatione GAIUS *Inst.*4.185; ~a condicio est, sed sub condicione resoluitur ULP.*dig.*18.2.2; ~um.. legatum Catoniana regula impediet, condicionale non 30.1. 41.2; ~a datio condicionalis effecta uidebitur 34.4.9.

pūs[1] pūris, *n.* [cf. Skt. *pū́yati* 'rots', Gk. πύος, πύον] Foul matter from a sore, pus.
ut..per lumbos fistulae puris eruperint NEP.*Att.*21.3; si..uomica est, et ex ea fertur pus purum et album CELS. 2.8.3; 5.26.20.A; PLIN.*Nat.*23.77; emplastrum, quod.. educit pus LARG.216; (*pl.*) pura excreantibus PLIN.*Nat.* 24.145; 28.65;—(*applied to foul language*) Regis Rupili pus atque uenenum..quo pacto sit Persius ultus HOR.*S.*1.7.1; —(*app. as a term of abuse*) Lucius..saeua i febris, senium, uomitum, pus LUCIL.494.

pus[2]: (in a mixed Latin and Oscan inscr., particle introducing wishes, = *ut*).
~ FLATV(s) SICV (= siccus) OLV (= illorum) SIT *CIL* 1.1614.7.

pūsa ~ae, *f.* facet. fem. of PVSVS.
ridiculum est cum te cascam (*punning on* Casca *and* cascus) tua dicit amica..sesquisenex puerum. dic rusum ~am: sic fiet 'mutua muli' PAP.*poet.*3.

pūsea: see POSIA.

pusillitās ~ātis, *f.* [next+-TAS] Tininess, insignificance.
huius (*sc.* libelli) ~as SCAUR.gram.in *G.L.*7.33.

pusillus ~a ~um, *a. compar.* ~ior. [prob. dim. of PVLLVS[1]]

1 Very small in size, tiny, wee.
mus ~us PL.*Truc.*868; alia ~a epistula CIC.*Att.*6.1.23; uillula sordida et ualde ~a 12.27.1; caput..~um CATUL. 54.1; sunt..res, quas et in ~o et in magno theatro necesse est eadem magnitudine fieri VITR.5.6.7; ex ~is (ouis) aues minutae nascuntur COL.8.5.10; andrachnen..~is latioribus foliis PLIN.*Nat.*25.162; semen in caliculis ~um 27.37; JUV. 14.29; maritum..quouis puero ~iorem APUL.*Met.*5.9;—(*of children*) ind' iam a ~o puero ridiculus fui PL.*St.*176; CATO *Agr.*157.10; PLIN.*Nat.*20.83; Hispaniam..~i illam iam Hannibalis eruditricem FLOR.*Epit.*1.22(2.6.38); (*fem. as sb.*) uerita est..~a (*i.e. Tullia*)..ne animum Publi offenderem CIC.*Att.*4.15.4.

2 Tiny in amount, degree, or extent. **b** (neut. as sb.) a tiny amount. **c** on a tiny scale, miniature.
di..me..~i finxerunt animi (*i.e. imagination*), raro et perpauca loquentis HOR.*S.*1.4.17; ~as mercedes SEN.*Con.* 9.3.14; MART.9.50.1; uox..~a QUINT.*Inst.*11.3.32; non ~a quaestio oritur AGEN.*agrim.*p.27. **b** (*w. part. gen.*) ~um loci, ad hanc rem tamen plus etiam quam satis CIC.*Att.* 12.23.3; cum ~um edissent dulcedinis PLANC.*orat.*2; detraxi tibi non ~um negotii SEN.*Ep.*15.9; salis ~um LARG.158;—(*abl. expr. measure of difference*) ut sucus.. contineatur ~o diutius 53; 66;—(*acc. as adv.*) (fabam) primum ~um, postea magis depses CATO *Agr.*90;—(*internal acc.*) ~um perturbatur (Claudius) SEN.*Apoc.*13.3; ~um a uero discedo QUINT.*Inst.*8.6.28; (h)EVS TV VIATOR VENI HOC ET QVEISCI PVSILV(m) *CIL* 1.4010. **c** habuimus in Cumano quasi ~am Romam CIC.*Att.*5.2.2; domum ~am rem publicam esse iudicauerunt SEN.*Ep.*47.14;—(*of persons*) Siculus ille..breuis, paene ~us Thucydides CIC. *Q.fr.*2.11.4; erronem ita definit Labeo ~um fugitiuum esse, et ex diuerso fugitiuum magnum erronem esse ULP.*dig.* 21.1.17.14.

3 Of very little importance, petty, trifling, insignificant.
omnes ~i et semitarii moechi CATUL.37.16; nos ~ae sumus et ~a culti ruris numina *Priap.*14.6; contempsi diuitias, non quia superuacuae, sed quia ~ae sunt SEN.*Ep.* 110.15; (causae) sunt..grandes ~ae QUINT.*Inst.*11.3.151; ingenio manus est et ceruix caesa, nec umquam sanguine causidici maduerunt rostra ~i JUV.10.121;—(*neut. pl. as sb.*) animum..~is occupatum SEN.*Ep.*115.2.

4 (of character) Petty, mean, ungenerous; (sim., of persons).
illud..~i animi et ipsa maleuolentia ieiuni.., quod Ariobarzanem..iste in litteris non regem..appellat CIC. *Fam.*2.17.7; parcissimum..hominem uocamus ~i animi et contracti SEN.*Ben.*2.34.4; ~o animo timuit ne uideretur locum spei suae aperire uelle *Cl.*1.15.5; *Dial.*12.9.3;—an potes et non uis?..i, tibi dispereas, Gaure: ~us homo es MART.5.82.4.

pūsiō ~ōnis, *m.* [PVSVS+-IO[1]] A boy.
qui (*sc.* frater)..tecum semper ~o cum maiore sorore cubitabat CIC.*Cael.*36; ~onem quendam Socrates interrogat quaedam geometrica *Tusc.*1.57; JUV.6.34; SEPT.*poet.*7.1; adulter bellissimus ille ~o APUL.*Met.*9.7.

pustula, etc.: see PVSVLA, etc.

pūsula (pussula) ~ae, *f.* **pustula.** [cf. Lith. *pū́sti* 'blow', Gk. φῦσα] N.B.: there is much confusion in MSS. between the forms.

1 An inflamed sore, blister, pustule, or sim. **b** (spec., as a disease of sheep: see quot.).
α nec quererer quod..laederet..teneras ~a rupta manus TIB.2.3.10; sinapi..inponitur, donec ulcera ~asque excitet CELS.4.13(6).2; (oriuntur) maiores ~ae liuidae aut pallidae ..aut aliter naturali colore mutato; subestque his umor 5.28.15.B; (lactucae) ambustis..prosunt recentibus, priusquam ~ae fiant PLIN.*Nat.*20.66; 23.160; 26.65; ne trito tibi pollice ~a surgat MART.14.167.1; DIARH⟨ODON⟩ AD ~(as) (*i.e. in the eye*) *CIL* 12.5691(2A); (*in fig. phr.*) magis ignosco ei, qui uulnus inimici quam qui ~am concupiscit SEN.*Dial.* C; 5.43.4. β cutis..subnigris ~is impletur CELS.5.26.31. eruptiones quaedam ~arum et ulcuscula SEN.*Ep.*72.5; LARG.26. **b** α sacer ignis, quam ~am uocant pastores COL.7.5.16.

2 (transf.) A small prominence on a surface, blister, bubble, or sim. **b** = *argentum pusulatum* (see PVSVLATVS).
α est sinceri (opii) experimentum et in aqua, quoniam ut nubecula innatat, fictum in ~as coit PLIN.*Nat.*20.203; ficticiis (gemmis) ~a e profundo apparet 37.199. β (calx) cum fuerit inducta habens latentes crudos calculos, ~as emittit VITR.7.2.1. **b** β niueum felix ~a uincit ebur MART.8.50(51).6.

pūsulātus ~a ~um, *a.* **pustulātus.** [prec.+ -ATVS[2]] (applied to a very pure form of silver; prob. so called from the blisters produced during the process of cupellation).
α cum argentum ~um fabro daretur, ut uasa fierent ALF. *dig.*19.2.31. β exegit..ingenti fastidio..argentum ~um, aurum ad obrussam SUET.*Nero* 44.2; (*w.* argentum *omitted*) Hispani..libra ~i MART.7.86.7.

pūsulōsus ~a ~um, *a.* **pustulōsus.** [PVS(T)V-LA+-OSVS] Covered with blisters or pustules. **b** (spec., of sheep) infected with the disease *pusula* (see PVSVLA, sense 1b).
β ulcus in locum ~um..transit CELS.5.26.31.D. **b** α ut..uiuam pecudem quae fuerit ~a..obruamus COL.7.5.17.

pūsus ~ī, *m.* [same root as PVER, PVBES] A boy.
uere ~us tu, tua amica senex PAP.*poet.*4.

putā: see PVTO.

putāmen ~inis, *n.* [PVTO+-MEN] The hard outer covering of anything, shell or sim.: **a** (of nuts and other fruit, beans, etc.). **b** (of eggs). **c** (of tortoises or other creatures).
a VAR.*R.*1.7.3; ut candentibus iuglandium ~inibus barbam sibi..adurerent CIC.*Tusc.*5.58; sine ~ine nucem Graecam..adobruito COL.*Arb.*22.3; grana (*i.e. beans*).. sordidissimis ~inibus uestita PETR.135.5; ~ine claudun-tur nuces, corio castaneae PLIN.*Nat.*15.112; sucus..adhibe-tur..cum ~ine punici 22.143; prodest..scilla,..purgatis exterioribus ~inibus LARG.76; (*in fig. phr.*) nuculeum amisi, reliqui pigneri ~ina PL.*Capt.*655. **b** (pulli) saepe propter crassitudinem ~ina rumpere non queunt COL.8. 5.14; ouorum ~inibus PLIN.*Nat.*7.26; 10.145; 29.46; (*cf.*) oua..ex farina pingui figurata pertundimus. ..persecutus ~en manu..ficedulam inueni PETR.33.8. **c** testudi-num ~ina PLIN.*Nat.*9.39; (polypus) ~ina (*sc.* conchyliorum) erosa carne egerit 9.86; cocleae II..utraque cum ~ine contrita 30.55.

putātiō ~ōnis, *f.* [PVTO+-TIO]

1 The pruning (of trees or bushes).
~o arborum tolerabilior VAR.*R.*1.6.5; CIC.*de Orat.*1.249; neque angusta ~one coercenda semina uidentur COL.4.10. 1; 11.1.8; *Arb.*5.6; non est festinandum ad ~onem (uitis) nouellae PLIN.*Nat.*17.207; TRA.Plin.*Ep.*10.8(24).5.

2 Assessment, opinion (of a person).
cum aliquis filium familias patrem familias putat, non potest uideri iniuriam pati facere..quia neque in personam eorum confertur iniuria nec transferri personae ~onem ex persona filiorum ad eos potest PAUL.*dig.*47.10.18.4.

putātor ~ōris, *m.* [PVTO+-TOR] One who trims the branches of trees or bushes, a pruner.
~or..arbores puras facit VAR.*L.*6.63; ~or haud dubitat terrae referens mandare cacumen VERG.*G.*2.28; uitis..~or Ov.*Met.*14.649; COL.11.2.32; MART.3.58.9; si..~or, ex arbore cum ramum deiceret, non praeclamauerit PAUL.*dig.* 48.8.7.

putātōrius ~a ~um, *a.* [PVTO+-TORIVS] (of implements) Used for pruning.
falces ~ae ULP.*dig.*33.7.8.

puteal ~ālis, *n.* [PVTEVS+-AL] FORMS: *putiale* (acc.) *CIL* 6.10237.

1 A structure surrounding the mouth of a well (including the lid to cover it).
~alia sigillata duo CIC.*Att.*1.10.3; quae..propter aedes habentur, ut puta ~alia (id est quo puteum operitur) ULP. *dig.*19.1.13.31. β LABRVM CVM FVLMENTIS MARMOR PVTIALE CRVSTAS SVPRA PARIETEM..POSVERVNT *CIL* 6. 10237; APOLLINI..SACRVM L APVSVLENVS..PVTEVM ~AL LAVRVS D(e) P(ecunia) S(ua) 11.804; *Inscr.Dessau* 9261.

2 (in full ~*al Scribonianum* or *Libonis*) A similar structure in the Comitium at Rome (according to a possible restoration of FEST. p.333M, marking a spot struck by lightning); (esp. as a resort of moneylenders).
cotem..illam et nouaculam (*i.e. that used by the augur Attius Navius to cut the whetstone*) defossam in comitio supraque inpositum ~al accepimus CIC.*Div.*1.33; ~AL SCRIBON(ianum) *BMCR* 1.p.419,No.3377; *BMCI* 3.p.135, No.686;—alter unguentis adfluens..~ali et faeneratorum gregibus inflatus CIC.*Sest.*18; ante secundam Roscius orabat sibi adesses ad ~al cras HOR.*S.*2.6.35; forum ~alque Libonis mandabo siccis *Ep.*1.19.8; qui ~al Ianumque timet celeresque Kalendas Ov.*Rem.*561; PERS.4.49.

puteālis ~is ~e, *a.* [PVTEVS+-ALIS] Of or derived from a well.
multi praecipites lymphis ~ibus alte inciderunt LUCR. 6.1174; Ov.*Ib.*387; si deerit fluens unda, ~is quaeratur COL.1.5.1; fonte ~i 11.3.8; (aquae) ~es ULP.*dig.*43.20.1.6.

puteānus ~a ~um, *a.* [PVTEVS+-ANVS] = prec.
ut..aquae dulcis ~ae..partem decimam adicias COL.12. 26.1; PLIN.*Nat.*14.82.

puteārius ~(i)ī, *m.* [PVTEVS+-ARIVS] One who digs wells.
depressis puteis sulpurata..occurrentia ~ios necant PLIN.*Nat.*31.49.

pūtēfaciō ~ere, *tr.* [PVTEO+FACIO] To cause to rot.
imber..tigna ~it (putrefacit *codd.*), perdit operam fabri PL.*Mos.*112.

pūteō ~ēre ~uī, *intr.* [cogn. w. PVS[1]; cf. Skt. *pū́tiḥ* 'stinking', Gk. πύθω] To rot or decompose, esp. in such a way as to stink. **b** (without idea of decay) to have a bad smell, stink.
haec tigna umiditate ~ent PL.*Mos.*146; coquite horum obsonia, quamquam ~et aper HOR.*S.*2.2.42; PERS.3.73; illotis piscibus aut etiam ~entibus LARG.186. **b** qua (muria) Byzantia ~uit orca HOR.*S.*2.4.66; non cessauere poetae..mero ~ere *Ep.*1.19.11; quod dixit M. Vestinus, cum ei nuntiatum esset..⟨necatum esse⟩, 'aliquando desinet ~ere' QUINT.*Inst.*6.3.64; nil damma sapit, ~ere uidentur unguenta atque rosae JUV.11.121.

Puteolānus ~a ~um, *a.* Of or coming from Puteoli; (masc. pl. as sb.) its inhabitants; (neut. sg. as sb.) an estate at or near Puteoli. **b** ~*us puluis*, volcanic ash from Puteoli, pozzolana.
ofellae ~ae CATO *Agr.*162.1; ~orum praediorum CIC.*Agr.* 2.78; in ~o..sinu Pandateria PLIN.*Nat.*3.82; (caeruleum) ~um 33.161; in ~o mari GEL.6(7).8.2; (*cf.*) caelum Neapolitanum..uarium..media nox tepida, Laurentina..meridies feruida, ~a (*i.e. as at Puteoli*) AUR.*Fro.*1.p.142(31N); —(*masc. as sb.*) coronati Neapolitani fuerunt, nimirum etiam ~i CIC.*Tusc.*1.86;—(*neut. as sb.*) Nonis Quintilibus ueni in ~um *Att.*16.1.1; *Fat.*2. **b** ~us puluis, si aquam attigit, saxum est SEN.*Nat.*3.20.3; PLIN.*Nat.*16.202; 35.167.

Puteolī ~ōrum, *m. pl.* A town on the coast near Naples, now Pozzuoli.
~i..incircum eum locum aquae frigidae et caldae multae VAR.*L.*5.25; VITR.7.11.1; SEN.*Ep.*77.1; PLIN.*Nat.*31.6; minorem Delum ~os esse dixerunt PAUL.*Fest.*p.122M.

puter: see PVTRIS.

pūtescō ~ere, *intr.* Also **pūtiscō.** [PVTEO+ -SCO] FORMS: *putisc-* CIC.*Fin.*5.58. To begin to rot or decay, go bad; (of water) to become fetid and stagnant.
si in terra..olea nimium diu erit, ~et, oleum fetidum fiet CATO *Agr.*3.4; ligneam supellectilem omnem si ungues, non ~et 98.2; ~ebant ibi cadaera proiecta VAR.*L.*5.25; *R.* 34.1; animum illi pecudi datum pro sale, ne ~eret CIC. *Fin.*5.38; LUCR.3.871; HOR.*S.*2.3.194;—mare mouetur uentis, ne ~at CIC.*lib.inc.*fr.22; paludes..stando ~unt VITR. 1.4.12.

puteus ~ī, *m.* Also **~um** ~ī, *n.* [dub.] GENDER, FORMS: neut. declension certain in VAR.in NON.p.217M; POMPON.*dig.*19.1.14.

1 A well (for water).
si situlam cepero..ni ego illi ~o, si occepso, animam omnem intertraxero PL.*Am.*673; *Mil.*551; cum uidisset haustam aquam de iugi ~o, terrae motus dixit instare CIC. *Div.*1.112; frigidior..in ~is aestate fit umor LUCR.6.840; is locus depressus erat ~ique ibi non nulli fieri poterant: aquatione enim longa..utebatur *B.Afr.*51.5; HOR.*Ep.*1. 15.15; sin..fontes non sunt..necesse est ~os fodere VITR. ~um 8.6.12, Ov.*Met.*7.568; CELS.2.18.12; PLIN.*Nat.*31.50; breuis nec reste mouendus JUV.3.226; FEST.p.157M;—(*as a place into which things fall or are thrown*) uirgines se in ~os abiecisse CIC.*Prov.*6; rupem et ~um uitare patentem HOR.*Ep.*2.2.135; si ueluti merulis intentus decidit auceps in ~um foueamue *Ars* 459; PHAED.4.9.3; neminem nihil boni facere (*i.e. to women*) oportet; aeque est enim ac si in ~um conicias PETR.42.7; ille in ~o mortuus est inuentus QUINT. *Inst.*7.2.48.

2 Any deep vertical excavation resembling a well; esp. **b** a shaft in a mine or sim.; also, an inspection-shaft (in a subterranean aqueduct). **c** a pit for confining prisoners; for storing grain.
alte..iubebis in solido ~um demitti, omnemque repones rursus humum VERG.*G.*2.231. **b** (creta argentaria) petitur ex alto, in centenos pedes actis..~is, ore angusto, intus, ut in metallis, spatiante uena PLIN.*Nat.*17.45; quod (*i.e. gold*) ~is foditur 33.68; 33.95; ~I OMNES DILIGENTER FVLTI..SVNTO *Lex Vip.*30(*Font.iur.*p.295);—(*in aqueducts*) VITR.8.6.3. **c** ex uincite, uerberate, in ~um condite PL.

*Aul.*347; *Poen.*1153;—quidam granaria habent sub terris speluncas, quas uocant..in Hispania citeriore ~os VAR.*R.* 1.57.2.

3 (dub.) A kind of fiery phenomenon in the sky.

sunt ~i (*cj.*), cum uelut corona cingente introrsus ingens caeli recessus est SEN.*Nat.*1.14.1.

puticulī ~ōrum, *m. pl.* Also (?) **~ae** ~ārum, *f. pl.* [prec.+-CVLVS] A paupers' graveyard (esp. one at Rome), where the corpses were buried in pits.

extra oppida..~i, quod ibi in puteis obruebantur homines, nisi potius, ut Aelius scribit, ~ae (*cj.* ~i) quod putescebant ibi cadauera proiecta, qui locus publicus ultra Exquilias VAR.*L.*5.25; PAUL.*Fest.*p.216M.

pūtidē, *adv. compar.* ~ius. [PVTIDVS+-E] With offensive affectation of language or pronunciation, pedantically.

nolo exprimi litteras ~ius, nolo obscurari neglegentius CIC.*de Orat.*3.41; *Brut.*284; quis..accurate loquitur, nisi qui uult ~e loqui? SEN.*Ep.*75.1.

pūtidiusculus ~a ~um, *a.* [compar. of PVTIDVS+-CVLVS] Behaving with exaggerated affectation.

hominem tibi ita trado, 'de manu,' ut aiunt, 'in manum' tuam istam et uictoria et fide praestantem. simus enim ~i, quamquam per te uix licet; uerum, ut uideo, licebit CIC.*Fam.* 7.5.3.

pūtidulus ~a ~um, *a.* [next+-VLVS] (of a person, prob.) Somewhat disgusting or offensive.

dicit se uetulam, cum sit Caerellia pupa: pupam se dicit Gellia, cum sit anus..altera ridicula est, altera ~a MART. 4.20.4.

pūtidus ~a ~um, *a. compar.* ~ior, *superl.* ~issimus. [PVTEO+-IDVS]

1 Rotting, decaying; (of a wound) festering. **b** (without idea of decay) foul, stinking.

fungus ~us PL.*Bac.*821; uinum priu' quam coctumst pendet ~um *Trin.*526; frondem ~am CATO *Agr.*37.2; nauis ~as atque sentinosas *hist.*65; fallaci aspectu paries pictus ~us AFRAN.*com.*14; VAR.*Men.*523; istius pecudis ac ~ae carnis consilio..niti CIC.*Pis.*19; (*hyperb., of someone very old*) longo ~am te saeculo HOR.*Epod.*8.1; (*fig.*) isti, quos ~a quies aliis laborantibus molliter habet SEN.*Ep.*96.5; —eadem (*sc.* brassica) uulnera ~a canceresque purgabit CATO *Agr.*157.3. **b** (locus) ~us odoribus saepe ex sulphure et alumine VAR.*L.*5.25; ~ae..paludis..uorago CATUL. 17.10; gingiuas..meas ~is scalpebat digitis APUL.*Met.*8.23.

2 (of persons, as a term of abuse indicating decrepitude, or simply implying general disgust) Rotten, etc. **b** (of the brain) worn-out, addled.

tun, homo ~e, amator istac fieri aetate audes? PL.*Bac.* 1163; moecha ~a CATUL.42.11; in te..dici pote, ~e Victi, id quod uerbosis dicitur et fatuis 98.1; hominem..~um, cuius..ceruices fractas libenter uidissent PETR.54.1. **b** Noctuine, ~um caput, datur tibi puella..non uides duas habere filias Atilium VERG.*Cat.*12.1; ~ius..cerebrum est.. Perelli dictantis quod tu numquam rescribere possis HOR.*S.* 2.3.75.

3 (of things, esp. words or actions) Objectionable, offensive, tiresome. **b** (spec.) tiresomely affected in language or pronunciation, pedantic.

quoniam haec satis spero uobis..molesta et ~a uideri, ad reliqua aliquanto odiosiora pergamus CIC.*de Orat.*3.51; *Att.* uereor ne ~um sit scribere ad te quam sim occupatus 1.14.1; HOR.*S.*2.7.21; ~issimam eius (*i.e. Trimalchio*) iactationem..effugere PETR.73.2;—(*w. pun on sense 1*) quartum recitas et quintum denique librum. ~us est, totiens si mihi ponis aprum MART.3.50.8; res est ~a 12.39.2. **b** in hoc (*sc.* Demosthene)..diligenter examinante uerborum omnium pondera reprehendit Aeschines quaedam..quonam igitur modo audiretur Mysus..cum etiam Demosthenes exagitetur ut ~us? CIC.*Orat.*27; sonus erat dulcis, litterae neque expressae neque oppressae, ne aut obscurum esset aut ~um *Off.*1.133.

putillus ~a ~um, *a.* [PVTVS²+-ILLVS] Very young, tiny.

dic..med aneticulam..passerculum ~um PL.*As.*694; VAR.*Men.*568.

putilūcī ~ōrum, *m. pl.*: comic perversion of PVTICVLI.

eum (locum, *i.e. puticuli*) Afranius ~os..appellat, quod inde suspiciunt per puteos lumen VAR.*L.*5.25.

putītius ~a ~um, *a.* [perh. PVTVS²+-ICIVS²] (See quot., and cf. POTICIVS.)

~um Plautus dixit pro stulto PAUL.*Fest.*p.216M.

putō ~āre ~āuī ~ātum, *tr.* [PVTVS¹+-O³] PROS.: *~a* (imp.) sts. scanned as a pyrrhic in senses 9 and 9b.

1 To make clean or tidy: **a** to prune, cut back (trees and bushes). **b** to scour (wool). **c** to purify, refine (gold).

a uineas arboresque mature face incipias ~are CATO *Agr.* 32.1; oliuetum..~are 44; VAR.*R.*1.27.3; 1.36; rusticus..persequitur uitem attondens fingitque ~ando VERG.*G.* 2.407; parcendum est uitibus, et ideo anguste ~andum COL.4.24.21; ubi praegelidum..caelum est, oleae ~antur 11.2.41; CALP.*Ecl.*2.44; PLIN.*Nat.*18.230. **b** da pensam lanam: qui non reddet temperi ~atam recte, facito ut multetur malo TITIN.*com.*23; ne lana inquinetur, quo minus uel infici recte possit uel lauari ac ~ari VAR.*R.*2.2.18. **c** aurum..~atum dici solet, id est expurgatum PAUL.*Fest.* p.216M.

2 *rationem* (*-es*) *~are*, To add up and balance, make up accounts.

etiam nunc decem minae apud te sunt; uel rationem ~a PL.*Mos.*299; *Trin.*417; nemo dabit—: frustra egomet mecum has rationes ~o TER.*Ad.*208; rationes ~are argentariam, frumentariam CATO *Agr.*2.5; 5.4; AFRAN.*com.*79; ratio ~ari dicitur in qua summa fit pura VAR.*L.*6.63; ut rationes cum publicanis ~arent CIC.*Att.*4.11.1; LEGATO DIVI HADRIANI AD RATIONES CIVITATIVM SYRIAE ~ANDAS *CIL* 8.7059; PAUL.*Fest.*p.216M;—(*w. ellipsis of* rationem) centum nummis minu' dicetur.—bene ~as PL.*Poen.*734; TER.*Eu.*813;—(*in fig. phr.*) altrouorsum quom eam mecum rationem ~o, si quid eiius esset, esset mecum postulatio PL.*Cas.*555.

3 To go over in the mind, ponder. **b** to go over in words, discuss.

dum haec ~o, praeterii inprudens uillam TER.*Eu.*632; constitit Anchisa satus et uestigia pressit multa ~ans VERG. *A.*6.331; multa..dura suo tristi cum corde ~abant 8.522; SIL.7.519. **b** quo id..pacto potest nam (mecum argumentis ~a) fieri..? PL.*Am.*592.

4 To estimate, assess. **b** (esp. w. gen. or abl. of value; usu. transf.).

(tegulae) duae pro una, conliciares quae erunt pro binis ~abuntur CATO *Agr.*14.4; si numerus militum potius quam legionum ~etur TAC.*Hist.*3.2;—(*transf.*) fors sit an nos reiciat.—rem ipsam ~asti TER.*Ph.*718; mitto maledicta omnia: rem ipsam ~emus *Ad.*796. **b** si denariis cccc Cupidinem illum ~asset CIC.*Ver.*4.13;—(*transf.*) honores si magni non ~emus *Planc.*11; noli, cum habeas id quod malueris, desiderare id quod minoris ~aris 50; ut auspicia, legem Aeliam, senatus auctoritatem..nihili ~aret *Sest.*114; non..ignoro quanti eius nomen ~etis *N.D.*3.78; haec tu commoda..noli spernere nec ~are parui CATUL.23.25; tanti..~at conubia nostra, ut pereat OV.*Met.*10.618; CELS. 3.1.6.

5 (w. pred. acc. or the equivalent) To consider (to be), regard (as), deem. **b** (w. *pro*, *in*+abl., *supra*).

humani nil a me alienum ~o TER.*Hau.*77; isti somnia ficta uera ~ant LUCIL.488; L. Cassius ille quem populus Romanus uerissimum..iudicem ~abat CIC.*S.Rosc.*84; ea.. certissima ~abo, quae ex te cognoro *Fam.*2.11.2; intrare intra praesidia periculosum ~abat CAES.*Gal.*7.8.1; quod senior loquitur, omnes consilium ~ant PUB.*Sent.*Q.54; quod decuit reges, cur mihi turpe ~em? OV.*Am.*2.8.14; facta ~a, quaecumque iubes! *Met.*4.477; manes tantum deos ~ant MELA 1.46; nec satis hoc Fortuna ~at LUC.10.525; M. Tullius inuentionem..prudentis hominis ~at, eloquentiam oratoris QUINT.*Inst.*8.pr.14; (*cf.*) ueneficii damnatam quid ~abant? inpudicam quoque necessario *Rhet.Her.*4.23; (*ellipt.*) cum..e uicino flumine lupum degustasset atque expuisset..peream, nisi piscem ~aui COL.8.16.3; APUL. *Met.*2.26;—(*pass., w. nom. pred.*) omnia haec, quae ~antur in communi uitae consuetudine mala ac molesta CIC. *de Orat.*1.221; demonstrandum est non esse popularis omnis eos qui ~entur *Sest.*119; nisi honos ignominia ~anda est *Balb.*7; procuratorem, qui..fidus Othoni ~abatur TAC. *Hist.*1.70; (*cf.*) neque plebi militia uolenti ~abatur, et Marius..studia uolgi amissurus SAL.*Jug.*84.3. **b** (*w.* pro) qui sibi me pro deridiculo ac delectamento ~at TER.*Hau.* 952; quos..contempsit semper ac pro nihilo ~auit CIC. *Div.Caec.*24; nisi forte damnationem pro praetura ~at *Phil.* 11.11; cetera quae quibusdam admirabilia uidentur, permulti sunt qui pro nihilo ~ent *Amic.*86; hoc pro certo ~amus MAT.TREB.*Att.*9.15.6;—(*w.* in) uicinitas, quod ego in propinqua parte amicitiae ~o TER.*Hau.*57; in fortuna quadam est illa mors non in poena ~anda CIC.*Pis.*44; maximum bonum in celeritate ~abat SAL.*Cat.*43.4; Numidae.. remorati, dum in elephantis auxilium ~ant *Jug.*53.3;—(*w.* supra) ratio recta constansque, quae supra hominem ~anda est CIC.*N.D.*2.34.

6 (w. acc. and inf.) To think, suppose, believe (that). **b** (pass., w. nom. and inf.). **c** (w. internal acc.). **d** (w. *ita, ut*, and sim. advs.).

quoi homini di sunt propitii, ei non esse iratos ~o PL. *Cur.*557; neque metuit quemquam neque legem ~at tenere se ullam TER.*Ad.*85; GRACCH.*orat.*41; silentio ~o me usurum, nisi quid aliud tibi uidetur CIC.*Att.*15.5.1; numquam ~aui fore ut supplex ad te uenirem 16.16c.10; ulla ~atis dona carere dolis Danaum? VERG.*A.*2.43; CAES.*Gal.*6.43.5; Thales..aquam ~auit omnium rerum esse principium VITR. 2.2.1; quanti montes uoluuntur aquarum! iam iam tacturos sidera summa ~es OV.*Tr.*1.2.20; ~ares Sullam uenisse in Italiam non belli uindicem, sed pacis auctorem VELL.2.25.1; quidam solos ueteres legendos ~ant QUINT.*Inst.*10.1.43; JUV.4.28; (*w. anticipatory neut. pron.*) hoc ~ant quidquid factumst ex te esse ortum TER.*Eu.*965;—(*w. inf. only*) de uino aut salsamento ~es loqui CIC.*Div.*2.117; aut uidet aut uidisse ~at per nubila lunam VERG.*A.*6.454; OV.*Met.*9.458; —(*ellipt., in zeugma*) non ~aui silendum, sed disposite..de singulis exponere rebus VITR.7.pr.18. **b** cum non possetur decerni, utrius ~aretur uictoria esse QUAD.*hist.*33; haec ego pridie scribebam quam comitia fore ~abantur CIC.*Att.* 4.15.8; fraternis cessisse ~atur moribus Amphion HOR.*Ep.* 1.18.43; PHAED.4.7.26; (porcillaca) oculos..hebetare ~atur PLIN.*Nat.*20.215; AMP.2.11. **c** id..~aram quod scribis CIC.*Att.*12.45.2(3); falsum ~are *Sen.*4;—(*combined w. acc. and inf. const.*) omnia..potius quam te fecisse ~abo *Ciris* 458; haud hoc genitor ~at aut (*sc.* me) dare poenas iam sceleris V.FL.8.443. **d** ego sic ~aui TER.*Hau.*607; si me in illo credidisti hominum numero qui ita ~ant *Ad.*594; de te loquitur, Naeui, quem ad modum tu ~as CIC.*Quinct.* 84; si hodie, ut ~abas, profectus est *Att.*12.19.3; emptum cenat holus, quamuis aliter ~at HOR.*Ep.*2.2.168; cum (Caluus) unum et uiginti, ut ~o, libros reliquerit TAC.*Dial.* 21.1; Pegasus..existimat ad eam partem admitti: Aristo contra ~at ULP.*dig.*28.5.19; (*impers. pass.*) Arcesilas Zenoni ut ~atur obtrectans..conatus est clarissimis rebus tenebras obducere CIC.*Luc.*16.

7 (ellipt. or absol.) To think, suppose. **b** *non* or *haud ~o*, I do not think so. **c** to suppose to exist.

honesta oratiost.—recte ~as TER.*An.*114; reliquiae multo meliores sunt quam ~aram CIC.*Att.*4.4a.1; emicat hic impune ~ans..Turnus VERG.*A.*12.728; illi peccant quos minime ~es PHAED.3.10.52; cum (cerui) procul..tremitum accepere leonis siue ~ant STAT.*Theb.*6.600; diligentius custodiendus erit ac, si ~abis, etiam uinculo coercendus MACER *dig.*1.18.14. **b** ego uobis, Geta, alienu' sum?—haud ~o TER.*Ph.*545; 'at nemo dubitat quin subsidio uenturus sit.' ego non ~o CIC.*Att.*8.7.1; 14.5.3; ULP.*dig.* 2.2.3.4. **c** id..est deos non ~are, quae ab iis significantur contemnere CIC.*Div.*1.104; quis est adeo..a sensu remotus hominis, ut fabricandi..artem ~et, rhetoricen autem.. existimet sine arte uenisse? QUINT.*Inst.*2.17.3.

8 (in paratactic use) To think, suppose; esp. *~o* (parenth. or introducing a sentence) unless I am mistaken, I think, no doubt, etc. (sts. iron.).

~asne, perduci poterit tam..pudica, quam nequiere proci recto depellere cursu? HOR.*S.*2.5.78;—cum senatus consultum modo factum sit, ~o, postquam tu es profectus CIC.*Att.*5.21.13; 12.49.2(1); cuius modi uelim, ~o, quaeris CAEL.*Fam.*8.3.3; delphinum..qui, ~o, Arioniam uexerat ante lyram PROP.2.26a.18; non..~o dubites, Vinici, quin.. VELL.1.13.5; si sit aliquis malus, ~o improbabitur SEN.*Ep.* 76.11; PETR.86.2; '..o puella, ride' Paelignus, ~o, dixerat poeta MART.2.41.2; ~o totum descripsi AUR.*Fro.*1.p.162 (17N);—(*iron.*) Balbus..scribit nihil malle Caesarem quam principe Pompeio..uiuere. tu, ~o, haec credis CIC.*Att.* 8.9.4; at non formosast..puella, at, ~o, non uotis saepe petita meis OV.*Am.*3.7.2; SEN.*Suas.*2.1; uae, inquit, ~o deus fio SUET.*Ves.*23.4.

9 *~a, ~ate* (foll. by acc. and inf., introducing a hypothesis for argument's sake) Suppose, imagine (that). **b** (parenth. and ellipt., introducing an example or illustration) as, say; sim. *ut ~a*.

~a fundum esse communem: is fructum percipiet, qu praesens est SEN.*Con.*7.4.4; 9.2.13; sed ~a esse tutam crudelitatem, quale eius regnum est? SEN.*Cl.*1.26.2; *Phaed.* 228; PETR.102.15; magna rogas—~a me uelle negare: licet? MART.11.58.2; JUV.5.7; ~a Thallum adesse: uis probare eum..concidisse? ultro confiteor APUL.*Apol.*45; —(*ellipt.*) dat nataliciam in hortis. cui? neminem nominabo: ~ate tum Phormioni alicui, tum Gnathoni.. CIC.*Phil.*2.15. **b** 'Quinte' ~a, aut 'Publi' (gaudent praenomine molles auriculae) HOR.*S.*2.5.32; ubi aures, in uiro ~a, perforatae sunt et offendunt CELS.7.8.3; Quirites, hoc ~a non iustum est..rectius illud PERS.4.9; primum sensum uestibulo quasi adsignant, secundum, ~a, atrio QUINT.*Inst.*11.2.20; cum quis pugno ~a aut fuste percussus..erit GAIUS *Inst.*3.220; —(ut ~a) dis me..magnis, ut Phoebo ~a.., curatum dare mentulam uerebar *Priap.*37.6; CELS.8.11.5; quaedam.. composita.., ut ~a funis frumentum nauis SEN.*Nat.*2.2.3; QUINT.*Inst.*7.1.14; fistula incrementum capit..ad diametri sui mensuram..: ut ~a quinaria, cum adiectus est ei ad diametrum quadrans, senariam facit FRON.*Aq.*28; HYG. *agrim.*p.85.

pūtor ~ōris, *m.* [PVTEO+-OR] Rottenness (esp. when accompanied by foul smells), putridity; muddiness or muckiness (of soil). **b** (without idea of decay) stinking quality, malodorousness.

(brassica) uulnera putida canceresque purgabit..omnem ~orem adimet CATO *Agr.*157.3;—~orem cum sibi nacta est intempestiuis ex imbribus umida tellus LUCR.2.872; 6.1101. **b** Puteoli..a ~ore..quod putidus odoribus saepe ex sulphure et alumine VAR.*L.*5.25; nisi..aluus..fimo..excusso quosdam..~ore nidoris foetidi..abegisset APUL.*Met.*4.3.

putrēdō ~inis, *f.* [PVTRIS+-EDO] Rottenness, putrefaction.

cantherii..ceruices cariosa uulnerum ~ine follicantes APUL.*Met.*9.13; eum..infandi morbi ~ine in serpentium scabiem solutum..humauit *Fl.*15.

putrefaciō ~acere ~ēcī ~actum, *tr.* [PVTREO +FACIO] PROS.: *putrĕ-* LUCR.2.898. To cause to rot or decay, putrefy. **b** (without notion of decay) to cause to crumble, disintegrate.

ex hoc (*sc. the body of an ox*) ~acto nasci..apes VAR.*R.* 2.5.5; haec, cum sunt quasi ~acta per imbris, uermiculos pariunt LUCR.2.898; nudatum tectum patere imbribus ~aciendum LIV.42.3.7; OV.*Met.*15.389; umorem terrae.. ~acere deposita semina COL.3.12.1; aranei..in oleo ~acti PLIN.*Nat.*29.88; aquam, quae septies ~acta purgata sit,.. amplius non putrescere 31.34; corpora ~acta TAC.*Ann.*6. 19; PLIN.*Ep.*7.27.11; uerberatum non prius occidit quam offensus ~acti cerebri odore SUET.*Cal.*27.4; linum..uetustate ~actum ULP.*dig.*37.11.1.11. **b** saxa infuso aceto ~aciunt LIV.21.37.2.

putreō ~ēre, *intr.* [PVTRIS+-EO] To be in a state of decay.

annis..et aetate hoc corpus ~et PAC.*trag.*340; ACC.*trag* 56.

putrescō ~ere, *intr.* [PVTRIS+-ESCO]

1 (of organic things) To decay (esp. with an offensive smell), rot, putrefy. **b** (of sores, parts of the body) to become purulent, fester. **c** (of water) to become stale and fetid.

his..lapides substernendi..ne ungulae ~ant VAR.*R.*2.5. 16; VITR.2.9.4; (uitis) quae ex sicco in aquosum agrum transfertur..~it COL.*Arb.*1.5; relicta sacrificia non ~unt PLIN.*Nat.*2.210; adeps..minus ~it addito melle 29.134; dentes non erodi nec ~ere, si.. 31.101; pullus abortiuo.. cum ~it in ouo MART.6.93.5; TAC.*Hist.*5.7;—(*of dead bodies*) si putas mea interesse, supra terram an infra ~am SEN.*Dial.* 9.14.3; infestari eas (*sc.* insulas) beluis, quae expellantur adsidue, ~entibus PLIN.*Nat.*6.205;—(*hyperb.*) unde ista quies, in qua ~is ac marces? SEN.*Ben.*4.6.4. **b** caro eius (*sc.* ulceris) corrupta est, idque uehementius ~endo intenditur CELS.5.26.31B; ulceribus ~entibus PLIN.*Nat.* 22.68; si sanguine gingiuae ~ant 25.165; neruorum doloribus fimum caprinum..utilissimum putant uel ~ente neruo 28.237; (*of a person*) maritus ex diutino morbo..ulceribus ~ebat PLIN.*Ep.*6.24.3;—(*neut. pl. as sb.*) (galeopsis) ~entia ..et gangraenas sanat PLIN.*Nat.*27.81; (*cf. w. gen.*) ~entia ulcerum 35.189. **c** pluuias..aquas celerrime ~ere conuenit minimeque durare in nauigatione PLIN.*Nat.*31.34.

2 (of inorganic things) To disintegrate with age, crumble, moulder. **b** (of soil) to become loose and friable.

non lapides..uinci cernis ab aeuo, non altas turris ruere et ~ere saxa..? LUCR.5.307; cui stragula uestis, blattarum ..epulae, ~at in arca HOR.*S.*2.3.119; in bybliothecis libri non ~ent VITR.6.4.1; (*cf.*) grandine durantur pluuiae, niue grando ~it GERM.fr.3.27. **b** etiam durissimum tofum ..tempestatibus et gelu nec minus aestiuis ~ere caloribus ac resolui COL.3.11.7; proscindi solum debet, ut hiemis frigoribus et gelicidiis ~at 11.3.56.

putridus ~a ~um, *a.* [PVTREO+-IDVS] Rotten, decaying.

nauem ~am CAECIL.*com.*6; dentes ~i CIC.*Pis.*1; iam pro ~o his est piscis occisus SEN.*Nat.*3.18.3; si quid in nucleo ~i fuerit PLIN.*Nat.*23.88;—(*of an old woman's breasts*) matres.. ~a..infirmis uariabunt pectora palmis CATUL.64.351.

putris (puter) ~tris ~tre, *a.* [cf. PVS¹, PVTEO] FORMS: nom. sg. masc. *puter* in VAR.*R.*1.8.4; elsewhere *putris*.

1 (of organic matter or substances) Decomposed, rotten, putrid, overripe. **b** (of sores or the liquid discharged from them) foul, purulent. **c** (of water) state and fetid. **d** (contemptuously of the body or its parts) rotten, diseased. **e** (transf., of a person or the eyes) melting with desire, languishing.

(palum) cum infimum terra soluit, ~ter euertitur VAR.*R.* 1.8.4; ~tris..nauis PROP.2.25.7; LIV.35.26.6; cum ~tria motis poma cadunt ramis OV.*Met.*7.585; ut (fontes) non tantum lutum sed folia..et quicquid ~tre iacuit expellant SEN.*Nat.*3.26.7; ~trem..sardinam COL.8.17.12; ~tri.. robore quercus STAT.*Theb.*9.533; repente ~tris..et uetus funis disrumpitur APUL.*Met.*1.16;—(*of a dead body or its parts*) feruent examina ~tri de boue OV.*Fast.*1.379; exposita rostris capita..stillante sanie per ~tres uultus graui [SEN.] *Oct.*513; quae ~tres artus medicamina seruant SIL.13.464; intra quadragensimum pugnae diem lacera corpora, trunci artus, ~tres uirorum equorumque formae TAC.*Hist.*2.70; senex mortuus ~tris adtollens manus APUL.*Met.*6.18; (*cf.*) uidi ego rugoso tussim concrescere collo..atque animam in tegetes ~trem exspirare paternas PROP.4.5.69; (*of mortified flesh*) ~trem..carnem continet neque ultra serpere patitur.. mel CELS.5.22.2;—(*in fig. phr.*) (ingenia) quae gignuntur statim uieta et mollia..non matura mox fiunt, sed ~tria GEL.13.2.5;—(*transf., of an old woman's breasts*) incitat me pectus et mammae ~tres, equina quales ubera HOR.*Epod.* 8.7. **b** ~tris sanies pessimique odoris CELS.4.22.5; corpora exanguia, tot perfossa uulneribus, tot cicatricibus ~tria CURT.9.3.10; ulcus..~tre PERS.3.114; si os scabrum aut ~tre..factum est LARG.201; uomicae ~tres JUV.13.95; (*in fig. phr.*) dum (Sulla)..iam ~tria membra (*i.e. of the State*) recidit, excessit medicina modum LUC.2.141. **c** nocet (*sc.* piscibus) ~tris unda COL.8.17.5. **d** ecce,..rursum titubas.., et ~tres isti tui pedes..ambulare nesciunt? APUL.*Met.*6.30; puerum corpore ~tri et morbido, caducum *Apol.*44. **e** omnes in Damalin ~tris deponent oculos HOR.*Carm.*1.36.17; (*cf. sense 1d*) hunc alea decoquit, ille in Venerem ~tris PERS.5.58.

2 (of buildings and other inorganic things) Disintegrating with age or sim., crumbling, mouldering. **b** (of substances, w. no particular idea of decay) crumbly, powdery; (esp. of soil, either in its natural state or loosened by ploughing).

fanum ~tre Vacunae HOR.*Ep.*1.10.49; ~tris et in uacuo texetur aranea lecto PROP.3.6.33; sepulchrum..iussit aperiri..sed praeter clipeum eius ~trem..nihil repperit CURT.10.1.31; non aetas haec carpsit edax monimentaque rerum ~tria destituit LUC.7.398; lassus..~tris iam Mulciber ibat in cineres STAT.*Theb.*6.234; ~tris..ripas 9.467; (libellum) rosum tineis situque ~trem *Silv.*4.9.10; (*poet.*) moenia mundi expugnata dabunt labem ~trisque ruinas LUCR.2.1145; (*in fig. phr.*) 'at morbi..incurrunt.' utique aliquo defungendum est domicilium ~tre sortitis SEN.*Dial.*4.28.4. **b** cana ~tri gelo montium saxa VAR. *Men.*467; ut mortalia constent, molli lenta, fragosa ~tri, caua corporo raro LUCR.2.860; ~tris magis ille (lapis) *Aetna* 528; qui carbone rudi ~trique creta scribit carmina MART.12.61.9; PRO..~TRI MATERIA COLONVS CVIVSQVE PVTEI (*i.e. mine-shaft*) NOVAM EDITIONEM SVBICITO *Lex Vip.* 30(*Font.iur.*p.295); PLIN.*Ep.Tra.*10.39(48).2;—(*of thawing ice*) ~tri..gelu liquentibus undis inuia limosa restagnant arua palude SIL.4.749; arua..~tria ANDR.*trag.*33; ~tribus in glebis terrarum LUCR.5.142; tum te quoque, medica, ~tres accipiunt sulci VERG.*G.*1.215; terra..cui ~tre solum (namque hoc imitamur arando) 2.204; quadripedante ~trem sonitu quatit ungula campum *A.*8.596; quae tellus sit..~tris ab aestu PROP.4.3.39; quibusdam (regionibus)..~tres harenae fecunditate uel robustissimum solum uincunt COL. 1.pr.24; (cuminum) in sublime tendens in ~tribus et calidis locis PLIN.*Nat.*19.161; tribas..~tri lutulenta de palaestra MART.7.67.6; (*neut. pl. as sb.*) fons.., qui ~tria terrae alligat LUC.9.526.

putus¹ ~a ~um, *a.* *superl.* (dub.) ~issimus. [perh. cogn. w. PVRVS]

1 (usu. in combination *purus* (*ac*) ~*us*) Pure, refined, unadulterated; (esp., transf.) genuine, thoroughgoing, out-and-out.

antiqui purum ~um appellarunt VAR.*L.*6.63; scriptum inuenitur ut Carthaginienses quotannis populo Romano darent certum pondus argenti puri ~i, quaesitumque est, quid esset purum ~um..respondi ego ~um esse ualde purum ALF.*gram.*1; imputatum nondum purgatum. ~um est enim purum PAUL.*Fest.*p.180M; p.216M;—Polymachaeroplagides purus ~us est ipsus PL.*Ps.*989; purus ~us hic sucophantast 1200; hecatombe pura ac ~a VAR.*Men.*98; solus rex, solus rhetor, solus formonsus, fortis..purus ~us 245; 432.

2 (dub.) Choice, exquisite.

meis ~issimis (*s.v.l.*) orationibus CIC.*Att.*2.9.1.

? **putus²** ~ī, *m.* [cf. *putillus*; app. cogn. w. PVER, PVSVS] A boy.

me perdidit iste ~us (*cj., codd.* Pothus, *etc.*). sin autem praecepta uetant me dicere, sane non dicam, sed me perdidit iste puer VERG.*Cat.*7.2.

puuiō: see PAVIO.

pux-: see PYX-.

pycnocomon ~ī, *n.* [Gk. πυκνόκομον] The name of a plant, perh. motherwort, *Leonurus* spp.

PLIN.*Nat.*26.57; 26.128.

pycnostȳlos ~os ~on, *a.* [Gk.] (archit.) Having columns placed 1½ diameters apart.

(aedes) ~os est, cuius intercolumnio unius et dimidiatae columnae crassitudo interponi potest VITR.3.3.2; 3.4.3.

pyctēs or **pycta** ~ae, *m.* [Gk. πύκτης] A boxer, pugilist (opp. *pugil*, prob. spec. = one who boxes in the Greek rather than the Roman style). **b** (applied to a fighting-cock).

uictori laudem cuidam ~ae ut (Simonides) scriberet PHAED.4.25(26).5; SEN.*Nat.*4a.pr.8; Euthymus ~a, semper Olympiae uictor PLIN.*Nat.*7.152; stigmata..in uetuli ~ae qualia fronte sedent MART.11.84.14;—PRIMO DVOMVIRATV ..PVGILES CATERVARIOS ET ~AS (dedit) *CIL* 10.1074. **b** rixiosarum auium lanistae, cuius..patrimonium, pignus aleae, uictor gallinaceus ~es abstulit COL.8.2.5.

Pydna ~ae, *f.* A town of Macedonia where Aemilius Paulus defeated Perseus, 168 B.C.

NEP.*Them.*8.5; LIV.44.6.3; VELL.1.9.4.

pyelus ~ī, *m.* [Gk. πύελος] A bath-tub.

ibo lautum in ~um, ibi fouebo senectutem meam PL.*St.* 568.

pȳgargus ~ī, *m.* [Gk. πύγαργος] A creature with a white rump: **a** a kind of antelope. **b** a kind of eagle or hawk.

a PLIN.*Nat.*8.214; aput quem..lepus atque aper et ~us.. et Gaetulus oryx hebeti lautissima ferro caeditur JUV.11.138. **b** secundi generis (*sc.* aquilae) ~us (conuersatur) in.. campis, albicante cauda PLIN.*Nat.*10.7.

Pygmaeī ~ōrum, *m. pl.* Also sg. ~**us** ~ī. [Gk. Πυγμαῖοι, from πυγμή] The Pygmies, a legendary race of dwarfs, usu. located in Ethiopia and supposed to be in perpetual war with the cranes; (sg.) one of this race.

~i, minutum genus, et quod..contra grues dimicando defecit MELA 3.81; Gerania, ubi ~orum gens fuisse proditur PLIN.*Nat.*4.44; 6.188; 7.26; GEL.9.4.10;—puella..~o breuior gruem timente *Priap.*46.3.

Pygmaeus¹ ~a ~um, *a.* Of or belonging to the Pygmies.

quae ~o sanguine gaudet auis (*i.e. the crane*) OV.*Fast.* 6.176; gens ~a PLIN.*Nat.*10.58; (Andromache) breuior.. uidetur uirgine ~a JUV.6.506.

Pygmaeus² ~ī, *m.*: see PYGMAEI.

Pygmaliōn ~ōnis or ~ōnos, *m.*

1 A king of Cyprus who fell in love with the statue of a woman he had carved; Venus then brought it to life.

miratur et haurit pectore ~on simulati corporis ignes OV. *Met.*10.253.

2 A king of Tyre, brother to Dido.

regna Tyri germanus habebat ~on VERG.*A.*1.347; OV. *Fast.*3.574; SIL.8.64.

Pygmaliōnēus ~a ~um, *a.* Of, belonging to, or descended from Pygmalion, king of Tyre.

~is..terris pollutum fugiens fraterno crimine regnum.. Dido SIL.1.21; ~am..gentem (*i.e. the Carthaginians*) 6.532.

Pyladēs ~is, *m.*

1 (mythol.) The son of king Strophius and devoted friend of Orestes.

CATO *hist.*71; ~es cum sis, dices te esse Orestem, ut moriare pro amico? CIC.*Fin.*2.79; HOR.*S.*2.3.139; OV.*Pont.* 3.2.85; ~en..haesit qui comes exuli parentis MART.7.45.8; HYG.*Fab.*119.2;—(*proverbially designating a faithful friend*) semper habe ~en aliquem, qui curet Orestem OV.*Rem.*589; quis tam ~es, molem aggeris ultra ut ueniat (*i.e. to appear in a military court on your behalf*)? JUV.16.26.

2 An actor of the time of Augustus.

CIL 10.1074; ~es in comoedia, Bathyllus in tragoedia multum a se aberrant SEN.*Con.*3.pr.10; SUET.*Aug.*45.4.

Pyladēus ~a ~um, *a.* (of friendship) Worthy of Pylades (sense 1).

etiam sine hac ~a amicitia multorum te beniuolentia.. tuebere CIC.*Fin.*2.84.

Pylae ~ārum, *f. pl.* [Gk. πύλη] 'Gates' (as the name of certain narrow mountain passes in Greece and Asia Minor); (spec. applied to the pass of Thermopylae).

iter in Ciliciam feci per Tauri ~as CIC.*Att.*5.20.2; Amanicas ~as CURT.3.8.13; angustias quas illi Susidas ~as uocant 5.3.17; Caspiae ~ae, Niphates, Armeniae ~ae MELA 1.81;—a ~is sinuque Maliaco per Lamiam eunti LIV.32.4.3; 36.15.12.

Pylaemenēs ~is, *m.* (mythol.) A Paphlagonian king, and ally of Priam.

NEP.*Dat.*2.2; LIV.1.1.2.

Pylaemenius ~a ~um, *a.* Of or descended from Pylaemenes.

gens Paphlagonia, quam ~am aliqui dixerunt PLIN.*Nat.* 6.5.

Pylaicus ~a ~um, *a.* Of or meeting at Thermopylae.

in..~o concilio LIV.31.32.3; Thermopylas, ubi frequens Graeciae..esse solet conuentus—~um appellant 33.35.8.

Pylius ~a ~um, *a.* Of or belonging to Pylos, esp. as the birthplace of Nestor; (poet.) of Nestor. **b** (masc. as sb.) an inhabitant of Pylos; (applied spec. to Nestor).

~um Nestora HOR.*Carm.*1.15.22; ~os..agros OV.*Met.* 2.684; ~am..hastam V.FL.6.202;—(*in periphrs. for Nestor*) ~um..senem VERG.*Cat.*9.16; rex ~us JUV.10.246; ~us orator APUL.*Soc.*17;—cum senior ~os aequauerit annos OV.*Met.*15.838; SEN.*Tro.*212; domino..promisit ~am.. senectam MART.8.2.7; ~as aeui transcendere metas STAT. *Silv.*5.3.255. **b** Messenii ~ique terras colunt MELA 2.52; STAT.*Theb.*8.365;—illius ad tactum ~us iuuenescere possit OV.*Am.*3.7.41; *Met.*8.365; MAN.1.764.

Pylos (~us) ~ī, *f.* The name of three places in the western Peloponnese, esp. one in Messenia, traditionally regarded as the birthplace of Nestor.

[TIB.]3.7.48; Nelea ~os OV.*Met.*6.418; Nestoream ~on SEN.*Her.F.*561; STAT.*Ach.*1.422; HYG.*Fab.*10.2.

pyra ~ae, *f.* [Gk. πυρά] A funeral pile, pyre; (used also of a similar pile for sacrifices to infernal deities).

in medio foro ~am construxerat ut, si forte bello foret superatus..igne subiecto..se ipse insuper interficeret *B.Afr.* 91.2; VERG.*A.*11.185; VITR.7.pr.9; in..~am tecum carissima corpora mittas OV.*Ib.*309; V.FL.3.333; FLOR.*Epit.* 2.32(4.12.45);—tu secreta ~am..erige, et arma uiri.. exuuiasque omnis..superimponas: abolere nefandi cuncta uiri monimenta iuuat VERG.*A.*4.494; STAT.*Theb.*4.465; *cf.*) ~a (paratur) sacrificiis, rogus defunctis SUET.fr.176(p. 288Re).

pyracantha ~ae, *f.* [Gk. πυράκανθα] A thorny shrub, app. *Pyracantha coccinea*.

PLIN.*Nat.*24.114.

Pyracmōn ~onis, *m.* Also **Pyragmōn.** The name of a Cyclops.

VERG.*A.*8.425; V.FL.1.583; STAT.*Theb.*2.599.

pyrallis ~idis, *f.* [Gk. πυραλλίς]

1 An insect said to live in fire.

medio igni maioris muscae magnitudinis uolat pinnatum quadrupes. appellatur ~is PLIN.*Nat.*11.119.

2 An unknown bird, perh. a kind of pigeon.

PLIN.*Nat.*10.204.

pȳramis ~idis or ~idos, *f.* [Gk. πυραμίς, prob. of foreign origin]

1 (in Egypt) One of the Pyramids.

exegi monumentum..regali..situ ~idum altius HOR. *Carm.*3.30.2; PROP.3.2.19; MELA 1.55; cum Ptolemaeorum manes..~ides claudant LUC.8.697; PLIN.*Nat.*5.61; ~is amplissima ex Arabicis lapicidinis constat 36.78; MART. *Sp.*1.1; tot aquarum..necessariis molibus ~idas uidelicet otiosas compares..! FRON.*Aq.*16; AMP.8.23.

2 (transf.): **a** (geom.) A solid figure having the form of those monuments, a pyramid. **b** any pyramid-shaped structure; also, a natural object of pyramidal form.

a conum..et cylindrum et ~idem pulchriorem quam sphaeram uideri CIC.*N.D.*2.47; metae triangulae, quas '~idas' appellant GEL.1.20.3; APUL.*Pl.*1.7. **b** flos (*i.e. the ornament surmounting a cupola*)..tantam habeat magnitudinem, quantam habuerit columnae capitulum, praeter ~idem (*i.e. the base on which it rests*) VITR.4.8.3; Agrigenti conplurium equorum tumuli ~ides habent PLIN.*Nat.*8.155; —impudentiae signum, libidinoso tenta ~is neruo *Priap.* 63.14.

Pȳramus ~ī, *m.* The lover of Thisbe, who killed himself, mistakenly supposing her dead.

~us et Thisbe..contiguas tenuere domos OV.*Met.*4.55; HYG.*Fab.*242.5.

pȳrēn (~ēnis), *f.* [Gk. πυρήν (masc.)] A gem resembling an olive-stone.

PLIN.*Nat.*37.188.

Pȳrēnaeus ~a ~um, *a.* PROS.: *Pȳr-* in LUC. 4.83.

1 *montes* ~*i* (*mons* ~*us*), *saltus* ~*us*, or *iugum* ~*um*, The Pyrenees. **b** (sim., ~*us* alone).

Aquitania a Garumna flumine ad ~os montis..pertinet

CAES.*Gal*.1.1.7; LIV.21.23.2; ~i..cacumina montis SIL. 3.415; FLOR.*Epit*.1.22(2.6.38);—saltu ~o CAES.*Civ*.3.19.2; SUET.*Jul*.25.1;—~i iugi promunturium MELA 3.15. **b** hos fert uentus ad primorem ~um CATO *orat*.32; SAL.*Hist*.2. 98.5; ~i..promuntorium LIV.26.19.11;~us medium inter Gallias et Hispanias iugum extollat SEN.*Nat*.1.pr.9; FLOR. *Verg*.p.185R; AMP.28.4.

2 Of the Pyrenees, Pyrenean.
~ae..niues LUC.4.83; ~a Venus (*i.e. a headland*) PLIN. *Nat*.3.22.

Pȳrēnē ~ēs, *f.* PROS.: *Pȳr-* in TIB.1.7.9, GRAT.514.

1 The Pyrenees. **b** (put vaguely for the whole of Spain).
Tarbella ~e testis et Oceani litora Santonici TIB.1.7.9; ferocis iuga ~es SEN.*Phaed*.69; LUC.1.689; niualem ~en SIL.1.487; 15.176. **b** ~es populi et bellator Hiberus SIL. 1.190; te..~es uidit conterrita tellus 15.451; 16.246.

2 (mythol.) The daughter of Bebryx, reputed to be buried in the Pyrenees.
PLIN.*Nat*.3.8; SIL.3.425.

Pyrēneus ~eī, *m.* (mythol.) A king of Thrace who tried to rape the Muses.
OV.*Met*.5.274.

pyrethrum ~ī, *n.* [Gk. πύρεθρον] A plant used in medicine and as an aphrodisiac, app. the camomile *Anacyclus pyrethrum*.
trita..in annoso flaua ~a mero (*i.e. as an aphrodisiac*) OV.*Ars* 2.418; aperiunt tamquam ora in corporibus..piper, ~um CELS.5.4; PLIN.*Nat*.28.151; ~i..radix commanducata multorum leuauit dolorem (*i.e. toothache*) LARG.55; 69.

Pyrgensis ~is ~e, *a.* Of or inhabiting Pyrgi.
~ia scorta LUCIL.1271; cum M. Antistio ~i CIC.*de Orat*. 2.287; LIV.25.3.8.

Pyrgī ~ōrum, *m. pl.* A town on the coast of Etruria.
~i ueteres intempestaeque Grauiscae VERG.*A*.10.184; LIV.36.3.6; MELA 2.72; litoreos..~os MART.12.5(2).1.

Pyrgotelēs ~is, *m.* Alexander the Great's exclusive gem-engraver.
hic imperator edixit ne quis ipsum alius quam Apelles pingeret, quam ~es scalperet PLIN.*Nat*.7.125; 37.8; APUL. *Fl*.7.

Pyriphlegethōn ~ontis, *m.* One of the rivers of the Underworld, = PHLEGETHON.
CIC.*N.D*.3.43.

pyrītēs ~ae, *m.* [Gk. πυρίτης] A name given to various kinds of stone producing sparks when struck and others resembling these, e.g. (prob.) flint, iron, and copper pyrites, etc.
CELS.5.11; 5.18.15; (diphryges) fieri..traditur ex lapide ~e cremato in caminis, donec excoquatur in rubricam PLIN.*Nat*.34.135; molarem quidam ~en uocant, quoniam plurimus sit ignis illi, sed est alius spongiosior..et alius etiamnum ~es similitudine aeris..quos uiuos appellamus,.. altero lapide percussi scintillam edunt 36.137.

pyrītis, *f.* [Gk. πυρῖτις] An unknown gem.
~is nigra quidem est, sed attritu digitos adurit PLIN.*Nat*. 37.189.

Pyroīs ~entis or ~entos, *m.* [Gk. πυρόεις 'fiery']

1 The fiery planet, i.e. Mars.
nec Sirius ardor sic micat, aut rutilus ~is COL.10.290; HYG.*Astr*.2.42; stella..~is, Mauortium sidus, circuli sui biennio conficit spatia APUL.*Mun*.29.

2 One of the horses of the sun.
OV.*Met*.2.153; V.FL.5.432.

pyrophoros ~ī, *m.* [Gk. πυροφόρος] (in mystery rites) One who bears the sacred flame.
L PAPIO..VENEREO..PYROPHOR ISTHMIONI *Inscr.Corinth* 8(3).212.

pyrōp(um?) ~ī, (*n.*?). [Gk. πυρωπός] GENDER, FORMS: *pyropum* (nom.) in Isid.*Orig*.16.20.6. An alloy of gold and bronze, used as an overlay. **b** (perh.) a red precious stone.
neque inducto fulgebat parma ~o PROP.4.10.21; OV.*Met*. 2.2; (aes) in uncias additis auri scripulis senis praetenui ~i brattea ignescit PLIN.*Nat*.34.94. **b** fit uti (pluma) claro sit rubra ~o LUCR.2.803; femineum rubro uultum suffusa ~o MAN.5.711.

pyrotocon ~ī, *n.* [Gk.] An insect supposed to be generated by fire, = PYRALLIS.
PLIN.*Nat*.11.119.

Pyrrha[1] ~ae, *f.* PROS.: nom. *Pyrrhā* in SEN. *Tro*.1039.

1 (mythol.) The wife of DEVCALION.
lapides ~ae iactos VERG.*Ecl*.6.41; graue ne rediret saeculum ~ae noua monstra questae HOR.*Carm*.1.2.6; OV.*Met*. 1.350; *Ib*.542; a ~a (*i.e. from the time of the Flood*) quam quam omnia syrmata uoluas JUV.15.30; HYG.*Fab*.142.

2 The name given to Achilles when disguised as a girl.
HYG.*Fab*.96.1.

Pyrrha[2] ~ae, *f.* The name of several Greek towns, notably one in Lesbos.
MELA 2.101; PLIN.*Nat*.5.139.

Pyrrhaeus[1] ~a ~um, *a.* Of Pyrrha, wife of Deucalion.
~a..saxa (*i.e. from which a new race of men was created*) STAT.*Theb*.8.305.

Pyrrhaeus[2] ~a ~um, *a.* Of Pyrrha in Lesbos.
ut in Lesbo accidit incenso nemore ~o PLIN.*Nat*.16.46.

Pyrrhēum ~ī, *n.* A building at Ambracia, prob. the royal palace built by Pyrrhus.
LIV.38.5.2.

Pyrrhias ~adis, *f. adj.* Of Pyrrha in Lesbos.
~ades Methymniadesue puellae [OV.]*Ep.Sapph*.15.

pyrrhicha: see PYRRICHA.

pyrrhocorax ~acis, *m.* [Gk.] A kind of crow with a reddish beak, prob. the alpine chough.
auis..peculiaris..Alpium ~ax, luteo rostro niger PLIN. *Nat*.10.133.

Pyrr(h)ō(n) ~ōnis, *m.* A philosopher of Elis, founder of the sceptic school.
CIC.*Luc*.130; *Fin*.4.43; *Off*.1.6; SEN.*Nat*.7.32.2; PLIN.*Nat*. 7.80; QUINT.*Inst*.12.2.24.

Pyrr(h)ōneus ~a ~um, *a.* Also **-īus.** Belonging to the school founded by Pyrrho (masc. as sb. = a member of this school).
fuerunt..alia genera philosophorum..Megaricorum, ~orum CIC.*de Orat*.3.62; circa eadem fere ~i uersantur et Megarici SEN.*Ep*.88.44. **β** quos ~os philosophos uocamus, hi Graeco cognomento σκεπτικοὶ appellantur GEL. 11.5.1.

pyrr(h)opoecilos ~os ~on, *a.* [Gk. πυρροποίκιλος] Having red spots (name of a kind of stone, perh. hornblendic granite).
(inuenitur) circa Syenen..Thebaidis (lapis) syenites, quem antea ~on uocabant PLIN.*Nat*.36.63; 36.157.

Pyrr(h)us ~ī, *m.* FORMS: archaic form *Burrus* cited in CIC.*Orat*.160, QUINT.*Inst*. 1.4.15 (hence restored in ENN.*Ann*.178; 275).

1 Another name for Neoptolemus, son of Achilles; he was said to have founded the kingdom of Epirus.
elapsus ~i de caede Polites, unus natorum Priami VERG. *A*.2.526; OV.*Ep*.8.3; VELL.1.1; SEN.*Tro*.311; HYG.*Fab*.97.

2 A king of Epirus who as ally of Tarentum made war on Rome, 280–274 B.C.
illuc est sapere: ut hosce instruxit, ipsus sibi cauit loco.—idem hoc iam ~us factitauit TER.*Eu*.783; CIC.*Off*.1.38; PROP.3.11.60; V.MAX.4.3.14; FLOR.*Epit*.1.13(1.18.6); GEL. 3.8.1.

? **Pyrria** ~ae, *f.* The name of a thieving maid in a comedy of Titinius.
ut uinosa (portat) glomus furtiuae ~a (*v.l.* Pirria) lanae HOR.*Ep*.1.13.14.

pyrric(h)a (pyrrh-) ~ae, *f.* Also **~ē ~ēs.** [Gk. πυρρίχη] A kind of war-dance or reel.
saltationem armatam Curetes docuere, ~en Pyrrhus PLIN.*Nat*.7.204; lasciuienti ~e conludere 8.5; ~am saltauerunt Asiae..principum liberi SUET.*Jul*.39.1; *Nero* 12.1; ille in ~a uersicolorum discursus, quom amicti cocco alii, alii luteo..,alii aliisque cohaerentes concursant FRO.*Aur*.1.p.98 (12N); MAUR.1366; APUL.*Met*.10.29.

pyrrichārius ~(i)ī, *m.* [prec.+-ARIVS] One who dances the *pyrricha* professionally.
quod instituuntur uenatores aut ~ii..gesticulandi uel aliter se mouendi gratia ULP.*dig*.48.19.8.11.

pyrrichius ~iī, *m.* [Gk. πυρρίχιος] A metrical foot consisting of two short syllables, a pyrrhic.
QUINT.*Inst*.9.4.80; 9.4.101; 9.4.140.

pyrron ~ī, *n.* [Gk. πυρρός 'flame-coloured'] The name of an eye-salve.
CELS.6.6.20.

pyrula ~ae, *f.* [app. PYRA+-VLA] (app.) A small pyre.
CIL 6.30424.

Pȳthagorās (~a) ~ae, *m.* FORMS: nom. *~a* cod. in FRO.*Ver*.2.p.48(114N).

1 A famous philosopher, born in Samos, who taught at Croton in the late sixth century B.C.
~as..censuit animum esse per naturam rerum omnem intentum CIC.*N.D*.1.27; *Tusc*.1.39; ~ae.., placuit cybicis rationibus praecepta in uoluminibus scribere VITR.5.pr. 3; SEN.*Dial*.5.9.2; ~as, cunctis animalibus abstinuit qui tamquam homine JUV.15.173; ~as mirificus clandestinis signis sancire omnia FRO.*Ver*.2.p.48 (114N);—(*as believing in reincarnation*) ~ae..arcana renati HOR.*Epod*.15.21; HYG. *Fab*.112.3.

2 The name of a sculptor (or sculptors).
VAR.*L*.5.32; PLIN.*Nat*.34.59.

3 A servant of Nero.
MART.11.6.10; TAC.*Ann*.15.37.

Pȳthagorēus ~a ~um, *a.* Also **-ius.** Of or connected with Pythagoras or his philosophy, Pythagorean. **b** (masc. as sb.) a follower of Pythagoras.
brassica ~a (*i.e. praised by Pythagoras*) CATO *Agr*.157.1; illa ~a uox CIC.*Leg*.1.34; ~am dogmam LABER.*com*.17; somnia ~a (*i.e. of Ennius, who dreamt he was a reincarnation of Homer*) HOR.*Ep*.2.1.52; PERS.6.11; secta..~a MAUR.250. **β** ~o modo PLIN.*Nat*.35.160. **b** ~i e numeris..proficisci uolunt omnia CIC.*Luc*.118; *Tusc*.1.39; philosophiae praeceptorem habuit Lysim Tarentinum, ~um NEP.*Ep*.2.2; VITR.2.2.1; QUINT.*Inst*.1.12.15; uilicus horti, unde epulum possis centum dare ~is JUV.3.229. **β** CIC.*Tusc*.5.63.

Pȳthagoricus ~a ~um, *a.* = prec.
philosophiae ~ae HEM.*hist*.37; ~um trigonum VITR.10. 6.4; ~i numeri CELS.3.4.15; ~a..schola SEN.*Nat*.7.32.2; —(*masc. as sb.*) ~is interdictum putatur ne faba uescerentur CIC.*Div*.1.62; ~us quidam SEN.*Ben*.7.21.1; PLIN. *Nat*. 22.20; GEL.1.9.11.

pȳthagorissō ~āre, *intr.* [Gk. πυθαγορίζω] To follow the teaching of Pythagoras.
Plato..~at in plurimis APUL.*Fl*.15.

Pȳthagorius: var. of PYTHAGOREVS.

pȳthaulēs ~ae, *m.* [Gk. πυθαύλης] (in ancient comedy) One who accompanies solo songs (not choruses: cf. *choraules*) on the reed-pipe (see Diomede in *G.L*.1.492). **b** (associated with the 'Pythian hymn' played at the Pythian Games: see PYTHIA[2], sense 2; the quot. is confused and perh. corrupt).
prius quam in orchestra ~es inflet tibias VAR.*Men*.561; SEN.*Ep*.76.4. **b** his..ludis ~es qui Pythia cantauerunt septem habuit palliatos HYG.*Fab*.273.7.

Pytheās ~ae, *m.* A Massilian explorer who circumnavigated Britain c. 300 B.C.
quod fieri in insula Thyle ~as Massiliensis scribit PLIN. *Nat*.2.187; 2.217.

Pȳthia[1] ~ae, *f.* The priestess of Apollo at Delphi, who uttered the responses of the oracle.
uis illa terrae quae mentem ~ae diuino adflatu concitabat CIC.*Div*.1.38; 2.118; NEP.*Milt*.1.3; VITR.3.pr.1.

Pȳthia[2] ~ōrum, *n. pl.*

1 The Pythian Games, held at Delphi in honour of Apollo every four years.
ludos ~a perdomitae serpentis nomine dictos OV.*Met*. 1.447; LUC.6.409; (Panaenus) certauit cum Timagora.., superatus ab eo ~is PLIN.*Nat*.35.58; GEL.12.5.1; ut ~a et Isthmia de lucta certauerit APUL.*Pl*.1.2.

2 (app.) A hymn celebrating Apollo's victory over the Python, played on the reed-pipe at the Pythian Games (prob. extended to include other instrumental solos in this style; cf. *pythaules*).
qui ~a cantat tibicen, didicit prius HOR.*Ars* 414; HYG. *Fab*.273.7.

Pȳthias ~adis, *f.* A typical name for a slave-girl in comedy.
TER.*Eu*.500; TURP.*com*.188; ut nihil intersit Dauusne loquatur et audax ~as emuncto lucrata Simone talentum HOR.*Ars* 238.

Pȳthicus ~a ~um, *a.* Pythian, Delphic.
sortes..oraculi ~i LIV.5.15.12; ~ae cortinae V.MAX.8.15. ext.3; SEN.*Dial*.6.11.2; sortis ~ae.. APUL.*Met*.5.17;—(*as cult-title of Apollo*) tuo ductu.., ~e Apollo,..pergo LIV. 5.21.2.

Pȳthius ~a ~um, *a.* Of Pytho (i.e. Delphi or its oracle), Delphic, Pythian. **b** (esp. as the cult-title of Apollo at Delphi); (masc. as sb.) Pythian Apollo.
~o..oraculo CIC.*Div*.1.3; incola ~us (*i.e. Apollo*) HOR. *Carm*.1.16.6; intonsi ~a regna dei PROP.3.13.52; non tripodas Deli, non ~a consulit antra LUC.6.425; ~a uates JUV.13.199; coronam..~am (*i.e. won at the Pythian Games*) SUET.*Nero* 25.1. **b** ~us Apollo NAEV.*poet*.30(32).2; CIC.*Fin*.5.44; quod Apollo ~us oraclum edidit *Off*.2.77; LIV.23.11.3;—Delphos (tuetur) ~us *Priap*.75.5; SEN.*Ep*. 82.24; STAT.*Theb*.4.289.

Pȳthō(n)[1], *f.* An old name for Delphi or the oracle there.
Delos ubi nunc, Phoebe, tua est, ubi Delphica ~o? TIB 2.3.27; barbarica cum lampade ~on arsit LUC.5.134.

Pȳthōn[2] ~ōnis or ~ōnos, *m.*

1 The serpent killed at Delphi by Apollo.
ὀμφαλόν, quem ~onos aiunt esse tumulos VAR.*L*.7.17; qualis (Phoebus) flexos soluit ~ona per orbis serpentem PROP.4.6.35; OV.*Met*.1.460; o quotiens iacet ~on in hydra! SEN.*Her.O*.94; LUC.6.408; HYG.*Fab*.140.1.

2 (erroneously put for TYPHON).
AMP.2.10.

pȳtisma ~atis, *n.* [Gk.] A mouthful (of wine) spat out after tasting.
qui Lacedaemonium ~ate lubricat orbem JUV.11.175; quod poculis et ~atis (*abl. pl.*) effunditur, simul cadit siccescitque VITR.7.4.5.

pȳtissō ~āre, *tr.* [Gk. πυτίζω] To spit out (wine tasted).
~ando..quid uini absumsit 'sic hoc' dicens; 'asperum, pater, hoc est..' TER.*Hau*.457.

pyxacanthos (~us) ~ī, *m., f.* [Gk. πυξάκανθος] *~os Chironius* or *Chironia*, A thorny oriental shrub resembling box, perh. the buckthorn *Rhamnus petiolaris*.
(*masc.*) PLIN.*Nat.*12.31;—(*fem.*) 24.125.

pyxidātus ~a ~um, *a.* [PYXIS+-ATVS²] Made in the form of a box.
fictilibus tubis.., commissuris ~is ita, ut superior intret PLIN.*Nat.*31.57.

pyxidicula ~ae, *f.* **pux-.** [PYXIS+-CVLA] A small box.
(collyrium) in ~a seruatur CELS.6.6.5.B.

pyxinum ~ī, *n.* [Gk. πύξινος] The name of a salve, prob. yellow like boxwood.
CELS.6.6.25.C; ~VM DELAC(rimatorium) *CIL* 13.10021 (90).

pyxis ~idis or ~idos, *f.* Also **puxis.** [Gk. πυξίς] ORTHOG.: *pix-* cod. in QUINT.*Inst.* 8.6.35. FORMS: acc. *~idam* in *P.Mich.*434.14 (*FJRA* 3.17.14).

1 A small box or casket (orig. of boxwood, later of other materials) used to contain medicines, etc.
(*for medicines*) nihil opus erat tam magna medicorum supellectile nec tot..~idibus SEN.*Ep.*95.18; (crocum) utilissimum in medicina, adseruatur cornea ~ide PLIN.*Nat.* 21.137; (medicamentum) reponitur ~ide aeris Cyprii LARG.37; medicamentum..seruandum..~ide buxea 74; steriles moriuntur, et illis turgida non prodest condita ~ide Lyde JUV.2.141; (*transf.*) Varro..'~is sit', inquit, 'focus. inde enim cinis lixiuus potus medetur' PLIN.*Nat.*36.203;—(*for poisons*) ueneni ~idem CIC.*Cael.*61; partos gladio uel ~ide nummos JUV.13.25;—(*for cosmetics or sim.*) non.. expositas mensa deprendat amator ~idas OV.*Ars* 3.210; SEN.*Suas.*2.21; (ancilla) supercilia..profert de ~ide PETR. 110.2;—(*for other purposes*) barbam..conditam..in auream ~idem..consecrauit SUET.*Nero* 12.4; APUL.*Met.*6.16.

2 A cap on the end of a pestle.
primori (pilo) est ~is ferrea PLIN.*Nat.*18.112.

Q

Q, q. The sixteenth letter of the Latin alphabet, in early orthography not clearly distinguished from c in use before vowels, but later restricted to use with semivocalic u. **b** (as an abbrev., esp. of the *praenomen* Quintus).
Q, cuius similis effectu specieque..coppa apud Graecos nunc tantum in numero manet QUINT.*Inst.*1.4.9; K perspicuum est littera quod uacare possit, et Q similis MAUR.205. **b** ahenum quod capiat Q. (= quadrantalia) XXX CATO *Agr.* 10.2; uolui HS. Q. (= quingentis millibus) CIC.*Att.*9.9.4; praetores tr. q. (=-que) pl. CAEL.*Fam.*8.8.5; C. VMMIDIO.. Q (= quaestori) DIVI AVG ET TI CAESARIS AVG *CIL*10.5182;—Q. Ennius fecit ENN.*inc.*53; HSIↃↃ Q. Roscius fraudauit Fannium CIC.*Q.Rosc.*22; unam (legionem)..C. Fabio legato dedit, alteram..Q. Ciceroni CAES.*Gal.*5.24.2; Q. Horatius Flaccus, Venusinus SUET.fr.40(p.44Re).

quā, *interr., rel.,* and *indefinite adv.* [abl. sg. fem. of QVI¹] N.B. for ~ *propter* see QVA-PROPTER.

A (interr.).

1 By what road? which way? **b** in which part or direction? **c** towards which result, which way?
(*w. dir. qu.*) ~ aut terra aut mari persequar eum qui ubi sit nescio? CIC.*Att.*7.22.2; illuc..quo res uocat, ~ ueniam? 8.16.1; nam ~ terras inuaderet? STAT.*Theb.*9.495;—(*w. indir. qu.*) neque quo eam neque ~ quaeram consultumst PL.*Rud.*225; ~ ueneris cum laureatis tuis lictoribus quis scit? CIC.*Pis.*53; quaero..iturine ad Pompeium et, si sunt, ~ quandoue ituri sint *Att.*9.1.2; naturae libeat perdiscere mores..~ uenit exoriens, qua deficit..luna PROP.3.5.27; neque prae imbri satis decernere possent ~ suis opem ferrent LIV.21.56.3; nec scit ~ sit iter OV.*Met.*2.170; causas cognoscite rerum: quid sumus..aut metae ~ mollis flexus et unde PERS.3.68; deus, ~ siluas pererrauerit, nocturno uisu demonstrat TAC.*Ann.*12.13; (*ellipt.*) sin discedit, quo aut ~, aut quid nobis agendum sit nescio CIC. *Att.*7.12.2; (*cf.*) quod in templum ipse nescio ~ per Gallorum cuniculum ascendit *Phil.*3.20. **b** (*w. indir. qu.*) incertus ~ terga daret, qua pectora bello LUC.4.468; (*in fig. phr.*) nec haec adhuc mihi uidemini intellegere, ~ nos pateamus et qua simus imbecilli CAEL.*Fam.*8.17.2. **c** (*w. indir. qu.*) clamor indicium primum fuit ~ res inclinatura esset LIV. 4.37.9; necdum discrimen fortuna fecerat ~ datura uires esset 10.28.1.

2 By what means? how?
(*w. dir. qu.*) si te mi ipsum puduit proloqui, ~ resciscerem? TER.*Ad.*691;—(*w. indir. qu.*) lenonem ita..intricatum dabo, ut ipsus sese ~ se expediat nesciat PL.*Per.*458; numquid tute prospexti tibi quid fieret, ~ fieret? TER.*Ad.* 690; ~ facere id possis nostram nunc accipe mentem VERG. *A.*1.676; scisti, ~ cogere posses OV.*Fast.*4.527; ponemus, ~ stigmata tollantur LARG.231.

B (rel.).

3 By which route, in which direction.
~ uolet iumento agito *Lex XII*(*Font.iur.*p.27); maceria.. quae in noctes singulas latere fit minor, ~ isto ad uos damni permensust uiam PL.*Truc.*304; prope siet aut mare aut amnis, ~ naues ambulant CATO *Agr.*1.3; Cominius, ~ ascenderat, descendit QUAD.*hist.*4; ~ potuit ad eum fundum profectus est CIC.*Caec.*22; omnis..~ iter feci maestos adflictosque uidi *Att.*9.19.1; semina uocis..foras..feruntur ~ quasi consuerunt et sunt munita uiai LUCR.3.498; muros obscuraque limina portae, ~ gressum extuleram, repeto VERG.*A.*2.753; ~ cuique proximum est in amnem ruunt LIV.21.5.12; saltum, ~ transeundum erat Romanis, insederunt 35.4.4; omnia, ~ tulerat se dea, messis erat OV. *Am.*3.10.38; amnis..cucurrit non ~ pronus erat LUC. 6.474; ut, ~ primum uiam direxisset, ea demum ire.. deberet CELS.*dig.*8.1.9; ob iter illud, ~ nobis erat commeandum APUL.*Met.*8.15; (*in fig. phr.*) in animos iudicum, ~ non obseruatur, inrepit (*sc.* figura) QUINT.*Inst.*9.1.19; (*transf.*) consilium erat ~ fortuna rem daret, ea inclinare uires LIV. 1.27.6;—(*ellipt.*) per diuersa ruens..~ siluae, ~ saxa, fugit LUC.2.468; ~ proximum et commeatibus non egenum.. Armenios petiuit TAC.*Ann.*15.12;—(*w. final subj.*) nihil est ~ hinc huc transire ea (*sc.* mulier) possit nisi recto ostio PL.*Mil.*329; operculum inponito, relinquito ~ interspiret (dolium) CATO *Agr.* 112.1; agros emit, ~ aquam duceret *orat.* 114; ~..digitum proferat, non habet CIC.*Caec.*71; unum (iter erat)..angustum et difficile..uix ~ singuli carri ducerentur CAES.*Gal.*1.6.1; alta iubet discedere late flumina, ~ iuuenis gressus inferret VERG.*G.*4.360; ferte per undas, ~ non ulla meum femina norit iter PROP.1.1.30; reliquerat interualla inter ordines, peditum, ~..equi permitti possent LIV.10.5.6.

4 In which part, where. **b** as far as, wherever. **c** (transf.) in which category, department, etc.
~ locus ferax non erit, id (*sc.* oliuetum) plus concidito aratoque CATO *Agr.*44; his ex manubiis arx Athenarum, ~ ad meridiem uergit, est ornata NEP.*Cim.*2.5; se..dedit aequor in altum, ~que dedit, spumantem undam sub uertice torsit VERG.*G.*4.529; hoc quodcumque uides, hospes, ~ maxima Roma est PROP.4.1.1; dispositis..circa..muros ~ res postulabat stationibus LIV.24.20.13; pars..loci, ~ sto, publica paene uia est *Nux* 60; excidendum (dentem)..~ cauatus est LARG.53; Velinum lacum, ~ in Narem effunditur, obstrui recusantes TAC.*Ann.*1.79; complentur..moenia ac tecta, ~que longissime prospectari poterat 3.1; insurgit speluncae, ~ margines montanae desinunt, turris ardua APUL.*Met.*4.6;—(*w. final or sim. subj.*) mediis..tibi templa dicabo collibus, Ionias ~ despectare procellas dulce sit STAT. *Theb.*2.729. **b** ~ fines imperi populi Romani sunt, ea.. fama iam de illo..peragrauit CIC.*Mil.*98; omnia, ~ uisus erat, constrata telis armis cadaueribus SAL.*Jug.*101.11; omnia sub pedibus, ~ Sol utrumque recurrens aspicit Oceanum, uerti..uidebunt VERG.*A.*7.100; ~ sol habitabilis illustrat oras HOR.*Carm.*4.14.5; Graccho..prouinciae.. Lucani et Gallia..prorogatae; item..M. Marcello Syracusae et ~ Hieronis regnum fuisset LIV.25.3.6; uicimus ~ lucet SEN.*Suas.*1.2. **c** respondet multa..ad partes, ~ poscis opem GRAT.494.

5 To the extent that, in so far as; (w. *eatenus, illatenus*) up to the point that. **b** in virtue of the fact that, inasmuch as.
~ uisa est Fortuna pati..tua moenia texi VERG.*A.*12.147; ~ progreditur lorum ab medio (*sc.* iugo), unam breuiorem, alteram efficit partem longiorem VITR.10.3.8; ~ potes, excusa OV.*Tr.*1.9.65; regem eius temporis, nisi ~ Lucilli armis erat infractus, potentissimum VELL.2.37.2; tristis adit lacrimis, simulatum compta dolorem ~ decuit LUC.10.84; illi has ego uoces, ~ datur..a litore tendo V.FL.7.270; adsumere in causam naturas eorum, ~ conpetent, aut mitigare, ~ repugnabunt, oportebit QUINT.*Inst.*4.1.17;—qui eatenus nobis declarantur, ~ ipsi uolunt CIC.*Tim.*40; mulieris litteras illatenus ~ dixi legendas praebebat APUL. *Apol.*82. **b** in nullo die, ~ par inparue esset,..uel maius uel minus periculum esse CELS.3.4.12; cursu omnes anteibit, ~ uelox est, non qua sapiens SEN.*Ep.*90.31; ~..exordium est..fuerit necesse est aliquid plenius QUINT.*Inst.*11.3.48; utraque praestabit, et ~ heres est et ~..possidet.. hereditatem CELS.*dig.*29.4.25; in duas partis solum lineas habet, ~ latum est et ~ longum GEL.1.20.2; (*ellipt.*) non ~ filius alicuius, sed ~ homo aestimatur PAUL.*dig.*35.2.63.

6 In the manner in which, as. **b** (repeated one or more times) as..so, as much..as (..and).
Mutinam obsessurum, dilectus ~ possit habiturum CIC. *Phil.*6.5; Myrrha patrem, sed non ~ filia debet, amauit OV. *Ars* 1.285; bacae eius (*sc.* curalii)..rubescunt ~ corna satiua specie atque magnitudine PLIN.*Nat.*32.22; creditum ..a mutuo differt ~ genus a specie PAUL.*dig.*12.1.2.3. **b** (*w. vb.*) ~ me, ~ uxorem, ~ tu seruom Sauream potes, circumduce PL.*As.*96;—(*without vb.*) eum oderunt ~ uiri ~ mulieres *Mil.*1392; *Trin.*1044; ita omnia conuestiuit hedera, ~ basim uillae, ~ intercolumnia ambulationis CIC.*Q.fr.*3.1.5; quam expedita tua consilia..~ itineris, ~ nauigationis, ~ congressus sermonisque cum Caesare! *Att.* 9.12.1; ~ cibi ~ quietis immemor LIV.9.3.4; iniciam stilum ~ nostrae urbis ~ exterarum gentium priscis..institutis V.MAX.2.intro.; tantum mihi copiarum ~ urbanarum ~ rusticarum..oblatum est PLIN.*Ep.*6.28.1; ~ pugnis ~ cubitis ~ morsibus..eius..latera conuerberat APUL.*Met.* 9.40; CIVITAS HELVET ~ PAGATIM ~ PVBLICE STATVAS DECREVIT *CIL* 13.5110.

C. (indefinite).

7 By any road or route.
ne ~ intrare ad munimenta hostis posset LIV.6.2.9; ad ferendam opem sociis temptandasque munitiones, si ~ posset 9.35.1; fores obdo, ne ~ discedere possit OV.*Fast.* 1.281.

8 In any part, anywhere.
ut..nihil..uacuum ~ lumine cesset MAN.1.460; si ~ intermoreretur ignis, effugere temptabant CURT.6.6.31.

9 By any chance, in any way.
si ~ per uoluptatem nequiter feceritis CATO *orat.*20; SEI ~ TABVLAS LIBROS LEITERASVE..PROFERRE..VOLET *CIL* 1.583.34; hoc regnum dea gentibus esse, si ~ fata sinant, iam tum tendit VERG.*A.*1.18; ne ~ scire dolos mediusue occurrere possit 1.682; neglegens ne ~ populus laboret HOR.*Carm.*3.8.25; metuit, ne ~ uersa recurrat hiems? OV. *Fast.*2.854; te leue si ~ tangit opus GRAT.199; controuersiae ..trahebantur..ex ueritate ac re, si ~ forte recens accidisset SUET.*Rhet.*25(p.122Re).

quaad, *interr.* and *rel. adv.* [app. QVA+AD (cf. *quatenus*, etc.), unless a mere var. of *quoad*] FORMS: *quad CIL* 3.2835; *quat CIL* 12.915.

1 (interr.) To what point in time? how long?
~ satis sit admitti, ipsae (*sc.* equae) significant, quod se defendunt VAR.*R.*2.7.8.

2 (rel.): **a** For as great a distance as, as far as. **b** (transf.) to the extent that, as much as. **c** throughout the time that, for as long as. **d** up to the time that, until.
a locus qui est ornithonis..forma qua est quadrata, patet..in longitudinem pedes LXXII; ~ capitulum rutundum est, pedes XXVII VAR.*R.*3.5.10. **b** haec, in turribus.. qui habent agrestes columbas, ~ possunt, imitandum VAR.*R.*3.7.8; VIXSI QVAD POTVI SEMPER BENE *CIL* 3.2835. **c** ut ipse ~ uiuam..te moneam VAR.*R.*1.1.2; dandum hordeum..usque ~ (pulli) erunt lactantes 2.7.12;—(*w. subj.*) QVAT VALEAS (H)ABEAS PASCAS MVLTOS TV HABEBES AMICOS *CIL* 12.915. **d** decocunt in ahenis..ad duas partes ~ redegerunt VAR.*R.*1.64; sub umbriferas rupes..subigunt (*sc.* greges), ~ refrigeratur 2.2.11;—(*w. subj. denoting an expected event*) herba..debet..~ perarescat, furcillis uersari 1.49.1; 2.4.21.

quācumque (-cunque), *rel. adv.* [fem. abl. sg. of QVICVMQVE]

1 By whatever route or way. **b** wherever in the course of one's progress. **c** in whatever part, at whatever point, wherever.
~ uelint..uagari ut liceat conceditur CIC.*Agr.*2.34; ~ illa leuem fugiens secat aethera pennis..insequitur Nisus VERG. *G.*1.406; ~ libido est, incedo solus HOR.*S.*1.6.111; omnia sunt temptata mihi, ~ fugari possit PROP.3.21.5; ut me uideritis, ~ incessero in aciem hostium, ferro uiam facientem LIV.7.33.10; extemplo primis tenebris..quod grauissimum exercitus erat Hasdrubal ~ posset euadere e saltu iussit 26.17.7; arma secuturum soceri, ~ fugasset LUC.6.316; itur ..~ dolor luctusque..exegere STAT.*Theb.*12.23;—(*tm.*) qua se cumque furens medio tulit agmine uirgo, hac Arruns subit VERG.*A.*11.762; qua fert cumque uoluntas praecipitant uires MAN.5.495. **b** ~ it, cuicumque..obstiterit primo LUCIL.51; expiandum illum locum esse..~ illa iter fecisset CIC.*Clu.*193; haec eadem, ~ exercitum duxit, fecit M. Antonius *Phil.*3.31; ~ iit, ergastula soluit D.BRUT.*Fam.*11. 13.2; eat ~, puellis iniciat curam HOR.*S.*1.6.31; cum..~ se intendisset, trepidantes Romanos uideret turmas LIV.4.19.2; ruinae..similem stragem eques ~ peruaserat dedit 4.33.8; ~ ingrederis..concaua..aera sonant OV.*Met.*4.28; ~ uagatur, ..nox ingens scelerum est LUC.7.567; ~ ingressi tremere.. cunctos STAT.*Theb.*7.230. **c** nam ~ uacat spatium.. corpus ea non est LUCR.1.507; Numidas..in insidiis..~ apte poterat disposuit LIV.23.1.6; quod conuexus mediusque (mundus) ~ cernatur PLIN.*Nat.*2.5; Macedonicum (mare appellant) ~ Macedoniam aut Thraciam attingit 4.51; huius (pictoris) erat Minerua spectantem spectans, ~ aspiceretur 35.120.

2 In whatever manner, however.
utendum..est excusatione aduersus eos, quos inuitus offendas, ~ possis CIC.*Off.*2.68; (*ellipt.*) nisi me ~ nouas incidere lites..monuisset..cornix VERG.*Ecl.*9.14.

quād: see QVAAD.

quādamtenus, *adv.* [fem. abl. sg. of QVIDAM +TENVS]
To a certain extent, in some measure.
alterum genus..nigrius et ~ rubens PLIN.*Nat.*24.124; quae fuerit origo..diximus ~ 37.2; ut noctes istae ~ his quoque historiae flosculis..aspergerentur GEL.17.21.1; (*tm.*) est quadam prodire tenus, si non datur ultra HOR.*Ep.*1.1.32.

Quādī ~ōrum, *m. pl.* A Suebic tribe which migrated to Moravia *c.* 8 B.C.

~is..usque ad nostram memoriam reges manserunt TAC. *Ger.*42.2; barbari..Danuuium ultra..locantur, dato rege..gentis ~orum *Ann.* 2.63.

quadra ~ae, *f.* [cf. TRIQVETRVS]

1 A quadrant section of a round cake, loaf, or sim., segment, slice.
dilatat (*sc.* opus) in orbem, et notat impressis aequo discrimine ~is *Mor.*49; penuria adegit edendi..uiolare..orbem fatalis crusti patulis nec parcere ~is VERG.*A.*7.115; diuiduo findetur munere ~a HOR.*Ep.*1.17.49; libetur tibi..secta plurima ~a de placenta MART.9.90.18; ut bona summa putes aliena uiuere ~a JUV.5.2;—(*w. defining gen.*) quis beneficium dixit ~am panis..? SEN.*Ben.*4.29.2; nec ~a derat casei Tolosatis MART.12.32.18.

2 The side of a square or face of an object of square section. **b** a square.
in ~is..tignorum posterioribus..figuntur chelonia VITR.10.2.2; deni in ~am pedes quadraginta per oram, intra centum erunt QUINT.*Inst.*1.10.43. **b** his..quartis ~arum angulis lapides..ponemus HYG.GR.*agrim.*p.170; qui locus gradibus in ~am formatus est FEST.p.262M; syllabis sedet secundis (*sc.* littera Σ)..uersus ut ~ae (*i.e. square block of writing*) resistat, nec propaget terminum MAUR.924.

3 (archit.) A raised flat band, fillet.
sin..podium faciendum erit, id constituatur, uti ~ae, spirae, trunci..ad ipsum stylobatam..conueniant VITR.3.4.4; cum suis ~is scotia 3.5.2; secundum extremi abaci ~am lineae demittendae 3.5.5.

quadrāgēnārius ~a ~um, *a.* [next+-ARIVS] **a** (of a vessel) Holding forty units (*urnae*); (of a water-pipe) having a circumference of forty digits, (also, app.) having a nominal cross-section of forty square digits. **b** (of a person) forty years old.
a in dolium ~um infundito CATO *Agr.*105.1;—si..~ae (fistulae erunt, pondus habeant in singulas) pondo CCCCLXXX VITR.8.6.4;—fistula ~a..capit quinarias XXXII S — FRON. *Aq.*50. **b** ~um pupillum cogitas sub tutela tua continere? SEN.*Ep.*25.1.

quadrāgēnī ~ae ~a, *pl. adj.* [as QVADRAGINTA+-ENI] Forty at a time, forty apiece, forty each; *fistula ~um quinum,* (app.) a pipe having cross-section of forty-five square digits. **b** (in a multiplication, w. advs.) forty.
grex centenarius facile ~a milia sestertia ut reddat VAR.*R.*3.6.6; ut ~a milia nummum sedecim iudicibus darentur CIC.*Clu.*87; eis (*sc.* tignis)..contraria duo..iuncta interuallo pedum ~um..statuebat CAES.*Gal.*4.17.5; ex iis..octoginta confecit centurias, ~as seniorum ac iuniorum LIV.1.43.1; hi ~as omnes duxere carinas *Ilias* 203; nonnullis centena, quibus minimum, ~a sestertia..dedit SUET.*Ves.*19.1; (*w. ellipsis of* sestertia) finge ~a annua esse reditus ULP.*dig.*23.4.4;—(*in compound numbers*) uini in culleos singulos ~ae et singulae urnae dabuntur CATO *Agr.*148.1; obsides..uiginti dato..ne minores octonum denum annorum neu maiores quinum ~um LIV.38.38.15; sunt et alii duo (obelisci)..~um octonum cubitorum PLIN.*Nat.*36.67; in quibusdam (centuriis) ducentena ~a (iugera inuenimus) SIC.FL.*agrim.*p.123;—fistula ~um quinum..capit quinarias XXXVI S — L϶ octo FRON.*Aq.*51. **b** centies uicies duceni ~i (*sc.* pedes) fiunt uiginti octo milia et octingenti COL.5.2.3; 5.2.8.

quadrāgēsimus ~a ~um, *a.* Also **-gens-.** [as QVADRAGINTA+-ESIMVS] Fortieth. **b** (fem. as sb.) a tax of 2½ per cent.
partem ~am addito defruti CATO *Agr.*23.2; cum ille se ex ~a (*sc.* decuria) respondisset PETR.47.12;—(*in compound numbers*) anno fere centesimo et ~o post mortem Numae CIC.*Rep.*2.29; uenerunt post diem ~um et sextum quam a uobis discesserant CIC.fil.*Fam.*16.21.1; est..assis semuncia pars uicesima quarta..sicilicus ~a octaua MAECIAN.*iur.*33. **β** ad ~um ab urbe lapidem..extinguitur TAC.*Hist.*4.11; Pudentillae haud multo amplius ~um annum aetatis ire APUL.*Apol.*89; (*in a compound number*) LVSTRVM POST ANNVM ALTERVM ET ~VM FECI AUG.*Anc.*2.3. **b** manet..abolitio ~ae quinquagesimaeque TAC.*Ann.*13.51; huius filius..publicum ~ae in Asia egit SUET.*Ves.*1.2; PROC QVADRAG GALLIAR *CIL* 8.822; (*w. part. gen.*) pro litibus (exigebatur)..~a summae, de qua litigaretur SUET.*Cal.*40. **β** QVADRAGENSVMA REMISSA S C *BMCI* 1.p.345(Galba).

quadrāgiens, *adv.* Also **~iēs.** [as next+-IENS] Forty times. **b** (ellipt.) forty times (a hundred thousand sesterces) = 4,000,000.
CIVIVM ROMANORVM CENSA SVNT CAPITA ~ CENTVM MILLIA ET SEXAGINTA TRIA MILLIA AUG.*Anc.*2.4; (*in a compound number*) sit proprium Catonis quater et ~ causam dixisse PLIN.*Nat.*7.100. **b** propter piscium multitudinem ~ sestertio uillam uenisse VAR.*R.*3.17.3; in mare superum et inferum sestertium ter et ~ erogabamus CIC.*Flac.*30; cum..sestertii ~ ratio in curia reposceretur V.MAX.3.7.1d; possidebat ipse ~ sestertium SEN.*Dial.*7.21.3; cladem Lugdunensem ~ sestertio solatus est princeps TAC.*Ann.*16.13;—(*w. ellipsis of* sestertium) potius ~ quam ducentiens ~ litem aestimatam LIV.38.55.9; (*as sb.*) totum Pudentillae ~..deuorarat APUL.*Apol.*77.

quadrāgintā, *indecl. adj.* [*quadra-* (cf. QVATTVOR)+-GINTA] Forty.
PL.*Trin.*1082; ~ cubita altus LUCIL.526; annos natus maior ~ CIC.*S.Rosc.*39; pedestris acies, ~ milia sequebantur CURT.3.9.4; (*as sb.*) ea ~ tu dimidio auges APUL.*Apol.*89;—(*in compound numbers*) quattuor ~ illi debentur minae PL.*Mos.*630; iis..regiis ~ annis et ducentis..praeteritis CIC.*Rep.*2.52; Ser. Tullius regnauit annos quattuor et ~ LIV.1.48.8; quattuor et ~ orationes super ea re habitae TAC.*Ann.*5.6.

quadrangulus: see QVADRIANGVLVS.

quadrans ~ntis, *m.* [pple. of QVADRO]

1 A coin of the value of one quarter of an *as.* **b** (as a token of minimal value) a 'farthing'. **c** (w. gen.) a coin having the value of a quarter (of).
~ntis ratiti LUCIL.1272; sextans ab eo quod sexta pars assis, ut ~ns quod quarta VAR.*L.*5.171; dum tu ~nte lauatum rex ibis HOR.*S.*1.3.137; in consulis domum plebes ~ntes..iactasse fertur LIV.3.18.11; ~ns antea teruncius uocatus a tribus unciis PLIN.*Nat.*33.45; inuitas centum ~ntibus et bene cenas MART.4.68.1; erant asses, dipundii, semisses, ~ntes GAIUS *Inst.*1.122; EX HS LI CCCXXXV TRIBVS LIBEL(lis) SING(ula) TERR(uncio) ET AERIS QVAD(rante) *CIL* 8.17408. **b** si forte minus locuples uno ~nte perisset HOR.*S.*2.3.93; dum ~ntes aggeras patrimonio PHAED.4.20(21).22; paratus fuit ~ntem de stercore mordicus tollere PETR.43.1; ~ntem Crispus..non dedit uxori MART.5.32.1; JUV.7.8. **c** ciuitates Graecorum fecisse..~ntes obolorum VITR.3.1.7.

2 (as a specific unit of measurement): **a** (as a weight) A quarter of a Roman pound. **b** (in liquid measure) a quarter of a *sextarius.* **c** (in superficial measure) a quarter of a *iugerum*; (in linear measure) a quarter-digit.
a ~ntem medicaminis in binas amphoras miscere solitus sum COL.12.20.7; filicis radix..cum panis ~nte consumpta LARG.136; mittebas libram, ~ntem, Garrice, mittis MART.11.105.1;—(iubent) ~ntem pondo bacarum foliorumue decoqui PLIN.*Nat.*23.156; bene facit serpulli pondo ~ns LARG.1. **b** ut in eas (*sc.* cochleas) LXXX ~ntes coici possint VAR.*R.*3.14.4; (debebit) modicum cibum sumere, uini ~ntem CELS.3.15.1; PLIN.*Nat.*9.174; ~ntem duplica de seniore cado MART.9.93.2. **c** terna (iugera data) in Falerno ~ntibus etiam pro longinquitate adiectis LIV.8.11.14; pars quarta (iugeri) pedes (efficit) septem milia et ducentos, hoc est ~ns COL.5.1.10;—(fistulam) quinariam dictam a diametro quinque ~ntum FRON.*Aq.*25.

3 A fourth part, quarter (of any other stated or implied quantity).
legis auctor, qua creditoribus ~ntem solui iusserat VELL.2.23.2; Saturninus..qui nos reliquit heredes, ~ntem rei publicae nostrae..dedit PLIN.*Ep.*5.7.1; ex ~nte fore heredem ULP.*dig.*28.5.9.3; Pygmaeos..non longiores esse quam pedes duo et ~ntem GEL.9.4.10;—(*w. part. gen.*) iugerum..in liram satum redigitur ~nte operae COL.2.4.8; ad CCCLXV (dies) adiciente anno intercalario diei noctisque ~ntes PLIN.*Nat.*18.207; si..Seio..~ns totorum bonorum relictus sit GAIUS *dig.*35.2.77;—(*used in appos.*) pro sua parte ~nti eos (*sc.* nummos) imputare debet 35.2.76; usuras ~ntes (*i.e. interest of a quarter of a hundredth part per month* = 3% *per annum*) SCAEV.*dig.*33.1.21.4.

quadrantal ~ālis, *n.* [as prec.+-AL]

1 A unit of liquid measure having the volume of a cubic Roman foot (= *amphora*).
quantillum sitit?— modica est, capit ~al PL.*Cur.*110; nolito inplere (dolium), ~alibus quinque minus sit quam plenum CATO *Agr.*112.1; ne quis uinum Graecum..octonis aeris singula ~alia uenderet PLIN.*Nat.*14.95; ~al, quod nunc plerique amphoram uocant MAECIAN.*iur.*79;—(*w. part. gen.*) duodequinquaginta sextari ~al siet uini *Leg.pub.*(*Font.iur.*p.46)3; uti ~al uini octoginta pondo siet GRACCHAN.*iur.*11; cum addant in circiter mille modium (*sc.* tritici) ~al amurcae VAR.*R.*1.57.2.

2 A cube, die.
quae κύβους illi, nos '~alia' dicimus GEL.1.20.3.

quadrantālis ~is ~e, *a.* [QVADRANS+-ALIS] Measuring a quarter of a Roman foot.
uni (*sc.* mensae) commissae ex orbibus dimidiatis duobus..crassitudine ~i PLIN.*Nat.*13.93.

quadrantārius ~a ~um, *a.* [QVADRANS+-ARIVS] Of or relating to a quarter. **b** of or costing a quarter of an *as* (in quots., referring to the entrance-fee to the baths).
in tabulis dodrantariis et ~is (*app. reducing debts to a quarter*)..Fontei officium desiderat CIC.*Font.*2. **b** ~a illa permutatione CIC.*Cael.*62; ~am Clytaemestram (*i.e. Clodia*)..in cubiculo nolam CAEL.*orat.*23; cur..exornaretur res ~a..? SEN.*Ep.*86.9.

quadrātārius ~a ~um, *a.* [QVADRATVM+-ARIVS] Of or relating to stonemasonry.
LVCRETIO DONATO LIBRARIO ~O PRAEF *CIL* 6.30865; ARAM OPERE ~O A FVNDAMENTIS..FECIT 8.20145; 13.5703.

quadrātiō ~ōnis, *f.* [QVADRO+-TIO] A square (as drawn).
agatur linea rotundationis, quae ~onis angulos tangat VITR.4.3.9.

quadrātum ~ī, *n.* [pple. of QVADRO]

1 Squared stone.
cum discesserunt a ~o, ponunt de..lapide duro ordinaria VITR.2.8.5.

2 A square block. **b** a square piece of land.
uti..nulli gradus in scutulis aut trigonis aut ~is sed fauis extent VITR.7.1.4; hemicyclium excauatum ex ~o 9.8.1; crassitudo ~i, quod est ad climacida 10.11.8. **b** PERTINENS AT SEPVLCHRVM..IN ~O P DENI *CIL* 6.34780.

3 A geometric square; a square object, something square. **b** a cube.
pusionem quendam Socrates interrogat quaedam geometrica de dimensione ~i CIC.*Tusc.*1.57; ea (*i.e. those parts of the sky*) triangula illi et ~a nominant *Div.*2.89; in ~o cernimus esse dissimilis formas LUCR.2.779; Graeci in ~o..fora constituunt VITR.5.1.1; MAN.2.297; in ~um redigis quamcumque acceperis formam SEN.*Ep.*88.13; quaterna cubita eius soli in ~um..quaternis denariis ueniundantur PLIN.*Nat.*18.189; amplius spatium complectetur quam si ~um paribus oris efficiat QUINT.*Inst.*1.10.41; qualia sunt triquetra et ~a, quae in area fiunt, sine altitudine GEL.1.20.2; (*w. gen. expr. dimension*) quod a subsecante linea mensura⟨e⟩ ~um excedet SIC.FL.*agrim.*p.120;—si ~um temptamus et id nos commouet in tenebris LUCR.4.234; mutat ~a rotundis HOR.*Ep.*1.1.100. **b** mihi (forma) uel cylindri uel ~i uel coni..uidetur esse formosior CIC.*N.D.*1.24; siquis sphaeram et ~um et cylindrum..per procliue simul iaciat APUL.*Mun.*28.

4 The position of a heavenly body relative to another when they are 90° apart, quadrature; (w. gen.) an aspect in quadrature (with).
Martis stella, ut propior (*sc.* soli), etiam ex ~o sentit radios PLIN.*Nat.*2.60; (motus terrae) fieri (siderum ui)..meantium cum sole aut congruentium et maxime circa ~a mundi 2.191;—in ~o solis diuidua est (luna) 2.80.

quadrātūra ~ae. *f.* [QVADRO+-VRA] (surv.) The division of land into squares.
ut ~ae diligenter cludi possint HYG.*agrim.*p.72; omnem mensurae huius ~am dimidio longiorem siue latiorem facere debebimus HYG.GR.*agrim.*p.169; in agri ~a NIPS.*grom.*p.285La.

quadrātus ~a ~um, *a.* [pple. of QVADRO]

1 Divided into four parts (in quots., dipodies), quadripartite. **b** (of an angle) containing 90°.
in extremum senarium totidem semipedibus adiectis fiet comicus ~us VAR.*gram.*39; uersum ~o numero factum GEL.4.7.4; hic trimetrus quando duplicem pedem a capite sumet, tunc ~us dicitur MAUR.2274. **b** in nigra..terra..(scrobes iubet esse) ~is angulis PLIN.*Nat.*17.80.

2 (of stone, etc.) Cut into a right-angled form, squared, dressed. **b** (of other things) squared, square-cut.
lapidem fuisse ~um circiter in media arca HEM.*hist.*37; altera..mensa erat lapidea ~a oblonga VAR.*L.*5.125; MVRVM OPPIDI TOTVM EX SAXO ~O AEDIFIC COER *CIL* 1.788.5; de lapidicinis..de quibus..~a saxa..comparantur VITR.2.7.1; semitam..saxo ~o a Capena porta ad Martis strauerunt LIV.10.23.12; 39.50.3; PLIN.*Nat.*6.147; ULP.*dig.*8.5.6.5; FORVM LAPIDE QVADRAT STRAVIT *CIL* 5.7427 **b** antesignani (parmis) ~is multisignibus tecti VAR.*Men.*21; ~o latere stipatae strues 248; Sardinia..par et ~a undique MELA 2.123; ~a littera scriptum 'caue canem' PETR.29.1.

3 Square in shape; also, in cross-section. **b** cubical. **c** *Roma ~a,* an area on the Palatine, app. of augural significance. **d** (of an army) having a guard in front, in the rear, and on both flanks; formed into a square.
LOC PATET AGREI SESCVNCIAM ~VS *CIL* 1.2137.6; quia ~i sunt sagi AFRAN.*com.*44; quid iudicant sensus? dulce amarum..~um rotundum CIC.*Fin.*2.36; si (curia) ~a erit..sin autem oblonga fuerit VITR.5.2.1; quae (*sc.* astra) quamquam..sidera ~a efficiunt, non lege ~i censentur MAN.2.685; incincta ~o pallio PETR.135.4; haec duo iugera iuncta in unum ~um agrum efficiunt FRON.*agrim.*p.14; κύβος..est figura ex omni latere ~a GEL.1.20.3; in ~um patorem cuneati APUL.*Met.*10.29;—~as..procul turris cum cernimus urbis LUCR.4.353; ad extremum musculi tectum..~as regulas IIII patentis digitos defigunt CAES.*Civ.*2.10.4; id (*sc.* hastile extremum), sicut in pilo, ~um stuppa circumligabant LIV.21.8.10. **b** si oblongus est (calculus), sic compellendus est ut pronus exeat..si ~us, ut duobus angulis sedeat CELS.7.26.2G. **c** qui sextus erat Romae regnare ~ae ENN.*Ann.*157; FEST.p.258M; AD ROMAM ~AM *CIL* 6.32327.12; *P.Oxy.*17.2088. **d** una depugnatio est fronte longo, ~o exercitu CATO *Mil.*10(J); hac ratione paene ~o agmine instructo HIRT.*Gal.*8.8.5; LIV.21.5.16; 44.9.6; CURT.5.1.19; ire ~o agmine exercitum, ubi hostis ab omni parte suspectus est, pugnae paratum SEN.*Ep.*59.7; (*hyperb.*) agmine ~o in aedem Concordiae uenit CIC.*Phil.*5.20; (*cf.*) ibi (uitis) quasi ~o firmanda est agmine COL.4.17.7;—~um acies consistat in agmen, rectus ut aequatis decurrat frontibus ordo [TIB.]3.7.101.

4 (of persons or animals) Squarely-built, thickset, stocky. **b** (of style) well-knit, compact.
hominem..esse grandibus superciliis, silonem, ~um VAR.*Men.*207; corpus..habilissimum ~um est, neque gracile neque obesum CELS.2.1.5; statura fuit ~a, compactis firmisque membris SUET.*Ves.*20; (*of statues*) ~a..esse ea (*sc.* signa)..et paene ad exemplum PLIN.*Nat.*34.56; symmetria, quam..custodiit..~as ueterum staturas permutando 34.65;—gracilis et collinus (situs) ~as (ouis tolerat) COL.7.2.3; uerres..qui ~i potius quam longi aut rotundi sint 7.9.1. **b** leuis et ~a, uirilis tamen compositio QUINT.*Inst.*2.5.9; id, quod ex illis (*sc.* particulis) conficitur, aut seuerum aut luxuriosum aut ~um aut solutum erit 9.4.69.

5 (of a linear dimension) Squared, square. **b** cubed, cubic.
iugerum (dicunt), quod ~os duos actus habeat VAR.*R.*1.10.2; eam (*sc.* gemmam) duobus digitis ~is circumsignato COL.*Arb.*26.8; iustum existimant in denos pedes ~os (soli) III modios (fimi) PLIN.*Nat.*17.258; emissaria..pedum ~orum ternum fere relinquuntur 33.75; non plures intus (pedes) ~os habebunt QUINT.*Inst.*1.10.44. **b** BALB.*grom.*p.95La; solidum est quod Graeci stereon appellant, nos ~os pedes appellamus; cuius longitudinem et latitudinem et crassitudinem metimur p.97La.

quadri-, *prefix.* [QVATTVOR] Consisting of, having, etc., four of the things named.

quadriangulus ~a ~um, *a.* Also **quadran-.** [QVADRI-+ANGVLVS] Having four corners, quadrangular.
granum ~a figura, spissum, letale animalibus PLIN.*Nat.*13.118; 25.63; aethiopis..habet..caulem ~um, scabrum 27.11. **β** hoc ~um dedit Diana rete nexile VAR.*Men.*385; suffibulum uestimentum..~um FEST.p.348M.

quadribācium ~(i)ī, *n.* [QVADRI-+BACA+-IVM] A piece of jewellery containing four beads or gems.
IN COLLO ~VM MARGARITIS N XXXVI ZMARAGDIS N XVIII *CIL* 2.3386.

quadridens ~ntis, *a.* [QVADRI-+DENS] Having four teeth or prongs.
rastros ~ntes II CATO *Agr.*10.3; 11.4.

quadrīduum (quat-) ~ī, *n.* [QVADRI-**diuom* (DIES)] PROS.: 2nd syll. app. long on anal. of *biduum.* A period of four days. **b** *~o,* or *in ~o,* in the four days from now, within four days; (w. rel. pron.) within four days of the time when. **c** *~o ante, post,* four days before, after. **d** *~o,* for a space of four days.
si gelicidia erunt..triduum atque ~um post oleum facito CATO *Agr.*65.2; sinito ~um fracescat 128; biduum Laudiceae fui, deinde Apameae ~um CIC.*Fam.*15.4.2; ~i..sermonem..ad te perscriptum..misimus *Tusc.*5.11; Cassium..~i iter Laudicea afuisse LENT.*Fam.*12.15.7; LVDOS..SCAENICOS IOVI IVNONI..~OM M(aiore) P(arte) DIEI..FACIVNTO *CIL* 1.594.2.1.9; LIV.10.45.1; per ~um insequens..pro uallo stetere 37.38.8; intra ~um duobus..filiis spoliatus V.MAX. 5.10.ext.1; ~um per uastas solitudines absumptum est CURT.4.7.15; PLIN.*Nat.*7.149; FRO.*Aur.*2.p.4(224N);—(*cf.*) signa..non ablata ex urbibus sociorum..~i (*i.e. a four days' festival*) causa CIC.*Ver.*4.6; primum est deuium, deinde ab Autronio et ceteris ~i (*i.e. four days' journey away*), deinde sine te *Att.*3.7.1. **b** quos (*sc.* nummos) continuo tibi reponam in hoc triduo aut ~o PL.*Per.*37; respondit triduo illum aut summum ~o esse periturum CIC.*Mil.*26; triduo..aut plerumque ~o tollit dolorem LARG.20; nec aliud sequenti ~o..dictum a Pisone in publico TAC.*Hist.*1.19; (*retrospectively*) cum..hoc triduo uel ~o tristis a Mutina fama manaret CIC.*Phil.*14.15;—ni in ~o abalienarit, quo aps te argentum acceperit PL.*As.*764; mors Sex. Rosci ~o quo is occisus est Chrysogono nuntiatur CIC.*S.Rosc.*105. **c** quam (*sc.* epistulam) ~o ante acceperam a Zetho CIC.*Fam.*9.15.1; triduo..aut ~o ante hanc rem pulcherrimam..ciuitas tota ad te se..effundebat *ad Brut.*1.3.2; ~o postquam adpulsa classis est LIV.28.6.1. **d** quae a nobis hoc ~o disputata sunt CIC.*Tusc.*4.82; ~o in eodem loco substitit CURT.4.10.15; hoc triduo et ~o fiet SEN.*Ep.*18.7; ipse diu exul, ~o Caesar TAC.*Hist.*1.48; MVNER GLADIATORI ~O..PERFVNC *CIL* 10.1785.

quadriennium ~iī, *n.* [QVADRI-+ANNVS+-IVM] A period of four years. **b** *~io,* within four years; *~io ante, post,* four years before, after; *ante ~ium,* four years ago. **c** *~io,* for a space of four years.
ne plus ~ium in sole (amphoras) siueris CATO *Agr.*113.2; an aetatem adferet? ~io minor est CIC.*de Orat.*2.364; *Caec.* 19; cum ~ium continuum bellatum esset LIV.45.9.2; ~io exacto PLIN.*Nat.*2.130; adice Tiberii tris (annos) et uiginti et prope ~ium Gai TAC.*Dial.*17.3; intra ~ium regiae amicitiae *Ann.*13.42; FLOR.*Epit.*1.13(1.18.23); res publica per ~ium continuum ludos non edidit SCAEV.*dig.*33.2.17; ~ii tempus, quod bonis uacantibus nuntiandis praescriptum est PAPIN.*dig.*44.3.10.1. **b** ~io patratum est (bellum) FLOR.*Epit.*1.31(2.15.1);—hanc multam..petiuit ~io ante Philippi..mortem CIC.*Opt.Gen.*22; opus in acceptum rettulit ~io post quam diem operi dixerat *Ver.*1.149; factus est..~io post consul *Fam.*9.21.2; Romae haud minus terroris..erat quam fuerat ~io ante LIV.27.44.1; ~io post..militaribus donis..donatus est SUET.*Aug.*8.1;—ante ~ium amissus est TAC.*Ag.*45.5. **c** qui ~io non militassent LIV. 24.18.7; ualuas in glutinis compage ~io fuisse PLIN.*Nat.* 16.215.

quadriēris ~is, *f.* [QVADRI-; on anal. of TRIERIS] A ship app. having four rowers to each 'room'.
EX CL PR MIS ~E FIDE *CIL* 6.1064.3.20; IIS QVI NAVIGA⟨VERVNT IN QVA⟩DRIERE 16.60.

quadrifāriam, *adv.* [QVADRI-+*-fariam* (see BIFARIAM)] In four ways, in a fourfold manner. **b** in four places. **c** in groups of four, in fours.
ea quae ad mortalis pertinent ~ dispertierim VAR.in Non. p.92M; tignum, quod erigitur et distenditur retinaculis ~ (*i.e. in four directions*) VITR.10.2.8; ~..urbe diuisa LIV. 1.43.13; 38.1.7; epulas trifariam semper, interdum ~ dispertiebat SUET.*Vit.*13.1; ueluti ~ natura magnis partibus disterminata APUL.*Soc.*8. **b** PATER ET FILIVS..AQVAM IN FANVM..PERDVXERVNT SALIENTES QVADRIFARIA SVO LOCO RESTITVERVNT *CIL* 9.4130. **c** columnis ~ per singulos angulos stantibus APUL.*Met.*2.4; continebunt hi personas sedecim fratre dupliciter et pronepote et pronepte singulis ~..acceptis PAUL.*dig.*38.10.10.16.

quadrifāriter, *adv.* [as prec.+-TER²] = prec.
proauus, qui ~ intellegitur PAUL.*dig.*38.10.10.14.

quadrifidus ~a ~um, *a.* [QVADRI-+FINDO+-VS] Split into four. **b** produced by splitting (something else) into four.
hic stirpes obruit aruo ~asque sudes VERG.*G.*2.25; ~am quercum cuneis..coactis scindebat *A.*7.509; qui fingeret alti ~a trabe tela Iouis V.FL.1.663. **b** taleae propius stirpem recisae ~as..ridicas subministrant COL.4.33.4.

quadrifīnium ~(i)ī, *n.* **~ia** ~iac, *f.* [QVADRI-+FINIS+-IVM (-IA)] A place where four boundaries meet.
controuersia est..inter plures (uicinos), trifinium faciat an ~ium FRON.*agrim.*p.4;—a trifinia aut ~ia aut ex quolibet alio finis loco AGEN.*agrim.*p.29.

quadrifluuium ~(i)ī, *n.* [QVADRI-+FLVO+-IVM] A quarter section of a tree-trunk cut in the direction of the grain.
ima (pars, *sc. of the fir*)..cum excisa ~iis disparatur..sappinea uocatur VITR.2.9.7.

quadriforis ~is ~e, *a.* [QVADRI-+FORIS¹] **a** (of a door) Having four folds or leaves. **b** having four entrances.
a (*w. ellipsis of fem. sb.*) si ~is futura est, altitudo adiciatur VITR.4.6.5. **b** (crabrones) nidos..faciunt ~es PLIN. *Nat.*11.74.

quadriformis ~is ~e, *a.* [QVADRI-+FORMA+-IS] Compounded of four figures, quadriform.
eundem (*sc.* Ianum) ~em quasi uniuersa climata maiestate conplexum BAS.*gram.*9.

quadrīga ~ae, *f.* [QVADRI-+*-iga* (see BIGAE)]

1 A chariot with its team of four horses running abreast: **a** (pl.). **b** (sg., or pl. of a number of chariots).
a ~as si nunc inscendas Iouis PL.*Am.*450; *Aul.*600; qui mihi..me iunctis ~is minitatu's prosternere *Men.*938; *Poen.* 369; roseis Aurora ~is iam medium..traiecerat axem VERG. *A.*6.535; tollit hinnitum apta ~is equa HOR.*Carm.*2.16.35; M. Liuium ~is urbem ineuntem LIV.28.9.10; STATVAE MEAE PEDESTRES ET EQVESTRES ET IN ~EIS ARGENTEAE STETERVNT AUG.*Anc.*4.52; (*fig.*) ut..quoniam in isto homine colendo tam indormiui diu..cursu corrigam tarditatem cum equis tum uero..~is poeticis CIC.*Q.fr.* 2.13.2; (*in fig. phr.*) iam ~ae meae decucurrerunt, ex quo podagricus factus sum PETR.64.3. **b** nec..in ~is eum secundum numerauerim CIC.*Brut.*173; falcatae regiae ~ae permixtos milites perturbant *B.Alex.*75.2; est quibus Eleae concurrit palma ~ae PROP.3.9.17; duabus admotis ~is, in currus earum distentum inligat Mettium LIV.1.28.10; sic armatas ~as..in prima acie..locauerat rex 37.41.8; consuli ad ~as mittendas escendenti 45.1.6; spatiis qualis permissa Lechaeis Thessalium ~a decus GRAT.228; Calamidis..~ae aurigam suum inposuit PLIN.*Nat.*34.71; cum ..eburneis ~is cotidie in abaco luderet SUET.*Nero* 22.1.

2 (pl. or sg.) A team of (four) chariot-horses. **b** (pl.) chariot-horses. **c** (pl. or sg.) a team of other animals.
uisus est in somnis curru ~arum uehi CIC.*Div.*2.144; quo tempore Glauci Potniades malis membra absumpsere ~ae VERG.*G.*3.268; tollit hinnitum apta ~is equa HOR.*Carm.* 2.16.35; curriculo ~arum insistere TAC.*Ann.*14.14;—(*w. defining gen.*) conspexere (Hieronem)..~is..alborum equorum..ex regia procedentem LIV.24.5.4; si..ex ~is equorum unum occiderit GAIUS *Inst.*3.212; (*fig.*) irarum effunde ~as ENN.*Ann.*513; igitur initiorum ~ae locus et corpus, tempus et actio VAR.*L.*5.12;—uapulat adsidue ueneti ~a flagello MART.6.46.1; quia ex quattuor rebus ut ~a equis constat (*sc.* collyrium) LARG.28; exprobrares..triumphantibus ~as albas et togam palmatam? APUL.*Apol.*22; ~ae usu fructu legato si unus ex equis decesserit.. ULP.*dig.*7.4.10.8. **b** pernicissimarum ~arum semina..custodiunt COL.3.9.5; opimo maxime ~arum quaestu PLIN.*Nat.*18.263. **c** ut.. unae ~ae (*sc.* asinorum) Romae constiterint quadringentis milibus VAR.*R.*2.1.14;—commisit..etiam camelorum ~as SUET.*Nero* 11.1.

quadrīgālis ~is ~e, *a.* [prec.+-ALIS] Of or belonging to a four-horse chariot.
PAUL.*Fest.*p.49M.

quadrīgārius¹ ~a ~um, *a.* [QVADRIGA+-ARIVS] Of or connected with chariot-racing.
commeauit..~o habitu curriculoque biiugi SUET.*Cal.* 19.2; FAMILIAE ~AE T AT CAPITONIS *CIL* 6.10046.

quadrīgārius² ~(i)ī, *m.* [prec.] The driver of a four-horse chariot, charioteer.
peritus belli alios (equos) eligit..aliter ~ius ac desultor VAR.*R.*2.7.15; istum..in introitu gladiatorem, in uictoria ~ium CIC.*Tog.Cand.*fr.14; uetiti ~iorum lusus SUET.*Nero* 16.2; SI⟨G⟩NVM ~IS ET DESVLTORIBVS MISIT *CIL* 6.2060.19.

Quadrīgārius³ ~(i)ī, *m.* A *cognomen,* esp. of Q. Claudius Quadrigarius, a Roman annalist of the early 1st century B.C.
aequalis Sisennae Rutilius Claudiusque ~ius VELL.2.9.6; Claudius ~ius in duodeuicensimo annalium tradit SEN.*Ben.* 3.23.2; GEL.15.1.5.

quadrīgātus ~a ~um, *a.* [QVADRIGA+-ATVS²] (of a coin) Stamped with the image of a four-horse chariot.
pacti ut arma atque equos traderent, in capita Romana trecenis nummis ~is, in socios ducenis LIV.22.52.2; 22.54.2; —(*masc. as sb.*) notae argenti fuere bigae atque quadrigae; inde bigati ~ique dicti PLIN.*Nat.*33.46.

quadrigeminus ~a ~um, *a.* [QVADRI-+GEMINVS] Fourfold.
cerastis corpore eminere cornicula saepe ~a PLIN.*Nat.* 8.85.

quadrigentī: see QVADRINGENTI.

quadrīgula ~ae, *f.* [QVADRIGA+-VLA] A small *quadriga* (in quots., figurine).
Philippus hasne in capulo ~as uitare monebatur? CIC. *Fat.*5; tribus digitis ~am tenuit PLIN.*Nat.*34.83.

quadrīgulārius ~a ~um, *a.* [prec.+-ARIVS] Producing representations of four-horsed chariots.
TI CLAVDI SOTERIS PICTORIS QVADRIGVLARI *CIL* 6.9793.

quadriiugus ~a ~um, *a.* Also **~is** ~is ~e. [QVADRI-+IVGVS(IVGIS)]

1 (of a chariot) Drawn by four horses yoked abreast. **b** (transf., of a race) involving four-horsed chariots.
uidi..Hectorem curru ~o raptarier ENN.*scen.*101; centum ~os agitabo ad flumina currus VERG.*G.*3.18; OV. *Met.*9.272; STAT.*Theb.*12.747. **β** cui omnes prouinciae ~es et seiuges currus..ponere gratulantur APUL.*Fl.*16. **b** ingens certaminis instar ~i STAT.*Theb.*6.370.

2 (of horses) Yoked four abreast. **b** (masc. pl. as sb.) a team of four chariot-horses.
OV.*Tr.*4.2.54; meant..~is et Phoebus equis et Delia bigis MAN.5.3; currus, quos ~i equi ducebant CURT.9.8.1. **β** quin ecce Niphaei ~is in equos..tendit VERG.*A.*10.571. **b** ruunt tritumque relinquunt ~i spatium OV.*Met.*2.168; primus amor niueis uictorem cernere uectum ~is STAT. *Theb.*12.533; ~os atro stimulat Bellona flagello SIL.4.439. **β** stat currus aeneus, alti ~es in uestibulis JUV.7.126.

quadrilaterus ~a ~um, *a.* [QVADRI-+LATVS²+-VS] (of a plane figure) Having four sides.
~a forma est quattuor laterum totidemque angulorum ex quattuor lineis comprehensa BALB.*grom.*p.106La.

quadrilībris ~is ~e, *a.* [QVADRI-+LIBRA+-IS] Containing four pounds weight.
~em aulam auro onustam habeo PL.*Aul.*809.

quadrīmātus ~ūs, *m.* [QVADRIMVS+-ATVS¹] The age of four years, the fourth year.
ab annicula aetate commode progenerant (uerres), dum ~um agant COL.7.9.2; (semen) nullum ultra ~um utile est PLIN.*Nat.*19.181.

quadrime(n)stris ~is ~e, *a.* [QVADRI-+*menstr-* (MENSIS)+-IS] Lasting four months; four months old.
consulatus quattuor gessit: primum bimenstrem..tertium ~em SUET.*Nero* 14. **β** sic nutricantur (agni), quaad facti sunt ~es VAR.*R.*2.2.17.

quadrīmulus ~a ~um, *a.* [next+-VLVS] Four years old (only).
tibi ~um..peculiarem paruolum..dedit PL.*Capt.*981; duae fuere filiae, altera quinquennis, altera ~a *Poen.*85.

quadrīmus ~a ~um, *a.* [QVADRI-+**himos* (HIEMS)] Four years old. **b** having been in existence four years.
(*of animals*) (uaccas) non minores oportet inire bimas.. eo melius, si ~ae VAR.*R.*2.5.13; COL.6.24.1; equas neque ~is minores neque decennibus maiores legunt PLIN.*Nat.*8.171; —(*of human beings*) puerum ~um quem mihi seruos surpuit PL.*Capt.*760; de ~o Catone CIC.*Fam.*16.22.1; si ~us puer testis est SEN.*Con.*7.5.11; ~us patrem amisit SUET.*Aug.*8.1; (*masc. as sb.*) natum esse infantem ~o parem LIV.27.37.5; —(*of plants*) in seminario licet trimam atque etiam ~am uitem..custodire COL.4.16.1; ferunt (palmae) statim in trimatu, in Cypro uero..~ae PLIN.*Nat.*13.38;—(*of inanim. things*) deprome ~um Sabina..merum diota HOR.*Carm.* 1.9.7; ~a nigri..corona pulei MART.12.32.19. **b** si.. promisit, ut annua bima trima ~a..dos a se redderetur ALF. *dig.*23.4.19.

quadringēnārius ~a ~um, *a.* [next+-ARIVS]

1 Consisting of four hundred men.
habet..cohortis ~as nostra armatura XXX CIC.*Att.*6.1. 14; ~ae octo cohortes..scribuntur LIV.7.7.4.

2 The designation of a class of *iudex* having a nominal fortune of 400,000 sesterces (and hence equestrian rank).
POSTV⟨MO..EX⟩ QVINQ DECVR IVDIC ⟨SELECT INTER⟩ ~OS ADLECTO A DIVO ANTO⟨NINO AV⟩G PIO *CIL* 10.7507.

quadringēnī ~ae ~a, *pl. adj.* [as QVADRINGENTI+-ENI] FORMS: *quadringentena* PLIN. *Nat.*8.170 (s.v.l.). Four hundred each.
ut in equitem ~i denarii, peditibus duceni diuiderentur LIV.45.34.5; HS ~OS CONGIARI VIRITIM PERNVMERAVI AUG. *Anc.*3.10; nec cuiquam minus singuli apparatus ~is milibus nummum constiterunt SUET.*Vit.*13.1;—(*in compound numbers*) eius..arbitrio ~a et sexagena talenta quotannis Delum sunt collata NEP.*Ar.*3.1; (*ellipt.*) quina milia et ~os singulae (legiones) habebant LIV.37.39.7.

quadringentēnī: see prec.

quadringentēsimus ~a ~um, *a.* Also **-tens-.** [next+-ESIMVS] Four hundredth.
~o anno quam urbs Romana condita erat LIV.7.18.1;—(*in compound numbers*) (Veneris stella) totam circinationem in caelo ~o et octogensimo et quinto die permensa VITR. 9.1.9; post annum..urbis conditae ~um fere et septuagesimum bellum cum rege Pyrro sumptum est GEL.17.21.37. **β** urbis iam prope ~um annum uicinae LIV.5.45.4.

quadringentī ~ae ~a, *pl. adj.* Also **quadrig-.** [QVADRI-; formation on anal. of SEPTINGENTI] Four hundred. **b** (neut. as sb.) four hundred thousand sesterces.
ad pedes a terra ~os ENN.*scen.*117; hacc ~orum annorum aetas..num ualde longa est? CIC.*Rep.*1.58; uicos ad ~os.. incendunt CAES.*Gal.*1.5.2; (*masc. as sb.*) tribunus et ~i ad moriendum proficiscuntur CATO *hist.*83;—(*in compound numbers*) quo quidem die cum ~i decem septem essetis CIC. *Red.Sen.*26; de numero annorum (*sc.* phoenicis) uaria traduntur..sunt qui adseuerent mille ~os sexaginta unum interici TAC.*Ann.*6.28. **β** ~os filios habet PL.*Bac.*974;

CIL 4.3340. **b** sed ~is sex septem milia desunt HOR.*Ep.* 1.1.58; qui ~a ad opus possunt parare VITR.10.pr.2; ~orum nullae sunt, Basse, lacernae MART.5.23.7; JUV.5.132.

quadringentiē(n)s, *adv.* [prec.+-IENS] Four hundred times; *~iens sestertium, nummum,* four hundred times one hundred thousand sesterces = 40,000,000.
dicimus C. Verrem..~iens sestertium ex Sicilia contra leges abstulisse CIC.*Ver.*56; quae summa ~iens HS colligebat PLIN.*Nat.*9.117;—(*in compound numbers*) HS bis miliens et ~iens ne magno opere contemneret CIC.*Rab.Post.*21; populo et plebi ~ies tricies quinquies..nummum..dedit TAC.*Ann.*1.8; (*ellipt.*) ~ies milies opus esse, ut res p. stare posset SUET.*Ves.*16.3.

quadrīnī ~ae ~a, *pl. adj.* Also sg. [QVADRI-; term. on anal. of BINI] Four at a time, four each, a group of four. **b** *~is diebus, annis,* etc., in four-day (-year) phases; (sg.) quartan.
torcularium si aedificare uoles ~is uasis, uti contra ora sient CATO *Agr.*18.1; nam plus quaesti facerem quam ~as si haberem moles POMPON.*com.*123; accedunt ad has species a copulis diuisionum ~is VAR.*L.*10.33; cum sol ~as temporum contigerit uices APUL.*Pl.*1.10. **b** pestifer calor remeat..diebus noctibusque trinis ~isue PLIN.*Nat.*7.169; ~i circuitus febrem numquam bruma..incipere 7.170; tempestates ipsas cardines suos habere ~is annis 18.217.

quadripartītō: see QVADRIPERTITO.

quadripedans, -pedus: see QVADRV-.

quadripertītiō ~ōnis, *f.* [as next+-TIO] A division into four parts.
VAR.*L.*5.11; si quid excedit ex hac ~one (*sc. of subject-matter*) 7.5.

quadripertītō, *adv.* Also **-part-.** [next+-O²] In a fourfold manner, in four parts, divisions, etc.
ut praesidia cohortium alarum legionum uno die Ciuilis ~ inuaserit TAC.*Hist.*5.20. **β** brachia (uitis)..sub stella (iugi) ~ locabimus COL.4.26.3.

quadripertītus (quadru-) ~a ~um, *a.* [QVADRI-+pple. of PARTIO] Divided or divisible into four, quadripartite, fourfold. **b** (of distribution, division) quadripartite.
ut Graeci habeant eam (*sc.* orationem) ~am VAR.*L.*9.31; quem ad modum..luna ~a? *R.*1.37.2; secunda (argumentatio) est ~a CIC.*Inv.*1.67; commutationes..temporum ~as ad maturitatem frugum..aptas *Tusc.*1.68; commune..his (*sc.* larici et abieti)..ut ~os uenarum cursus..habeant PLIN.*Nat.*16.195; cum (herbae) ~is uarietatibus anni faciem mutent 25.8; ~am uolunt esse rationem (*sc.* soloecismi) QUINT.*Inst.*1.5.38;—(*of concr. things*) in ~a (uinea, *i.e. a vine on a four-railed frame*) quam proximum oneri adminiculum esse debet PLIN.*Nat.*17.194; tum ~o exercitu hos..subruendo uallo inducit TAC.*Ann.*13.39. **b** ~a diuisione utemur *Rhet.Her.*3.8; haec eadem erit ~a distributio totius accusationis meae CIC.*Ver.*1.34; (est nucibus iuglandibus) nucleorum..~a distinctio, lignea intercursante membrana PLIN.*Nat.*15.88.

quadripēs, quadriplātor, quadriplex, quadriplicō, quadriplus: see QVADRV-.

quadriporticus ~ūs, *f.* [QVADRI-+PORTICVS] An arcade running round four sides of a square.
ATRIVM CVM ~VM *CIL* 14.1941.

quadrirēmis ~is, *f.* [QVADRI-+REMVS+-IS] A type of galley, prob. one with four rowers to every 'room'.
in hac ~i propter..gratiam Cleomenis minime multi remiges et milites deerant CIC.*Ver.*5.88; CAES.*Civ.*3.24.2; LIV. 25.30.7; binas ~es..inter se ita iunxerant ut prorae cohaererent CURT.4.3.14; PLIN.*Nat.*7.207; Claudius triremis ~isque et undeuiginti hominum milia armauit TAC.*Ann.*12.56.

quadriuiālis ~is ~e, *a.* [next+-ALIS] Of or belonging to the cross-roads.
LARIBVS COMPETALIBVS SIVE ~IBVS *CIL* 13.6731.

quadriuium ~iī, *n.* **quadru-.** [next] A meeting-place of four roads, cross-roads.
in ~iis et angiportis CATUL.58.4; libet medio ceras inplere capaces ~io JUV.1.64. **β** VIAM CVM CREPIDINIBVS A ~IO AD MVRVM STRAVERVNT *CIL* 5.2116.

quadriuius ~ia ~ium, *a.* **quadru-.** [QVADRI-+VIA+-VS] Of or belonging to the cross-roads. **b** (pl. as sb.) deities of the cross-roads.
<DE>IS DEA<BVS> BIVIS TRIVIS ~IS *CIL* 13.5621. **β** DEABVS QVADRVBIS *CIL* 13.7398; 13.11647. **b** SILVANAB ET QVADRIBIS AVG SACRVM *CIL* 3.4441. **β** ~IS ARAM CORNELIA DAPHNIS *A.Epig.*47.24.

quadrō ~āre ~āuī ~ātum, *tr., intr.* [next+-O³]

1 (tr.) To give a square or rectangular shape to, make square, square up. **b** (transf.) to put into shape, square up.
monimentum reliquit lapide quadrato ~atum VAR.in Plin. *Nat.*36.91; areae, quae ad normam sunt ~atae VITR.3.1.3; sexagenum pedum abies atque populus singulis operis ad unguem ~antur COL.11.2.13. **b** sic minime animaduertetur..~andae orationis industria CIC.*Orat.*197; ubi omnia ~ata currunt PETR.43.7.

2 To make four times as great, quadruple.
mille talenta rotundentur, totidem altera, porro et..quae pars ~et aceruum HOR.*Ep.*1.6.35.

3 (intr.) To form a rectangular shape or pattern.
omnis in unguem arboribus positis secto uia limite ~et VERG.*G.*2.278; iugeri..modus si semper ~aret COL.5.1.13.

4 (fig.) To square, accord, fit in (with).
eam coniunctionem (uerborum)..numerose cadere et ~are et perfici uolumus CIC.*de Orat.*3.175; quoniam tibi ita ~at, omnia fuisse in Themistocle paria et Coriolano *Brut.*43; quo modo ex deciens HS sescenta sint facta, quo modo DC eodem modo ~arint ut..HS sescenta facta sint *Ver.*1.92; non sane ~at *Att.*13.30.2(3); in mari et in terra multa possideo; nam cancer et hoc et illoc ~at PETR.39.8; scire quod quoque loco uerborum maxime ~et QUINT.*Inst.* 9.4.60;—(*w.* ad) uisum est hoc mihi ad multa ~are CIC.*Att.* 4.19.2(18.3);—(*w. dat.*) quotiens repromissioni modus non ~at FRON.*agrim.*p.6;—(*w.* in+*acc.*) nisi omnia quae cum turpitudine aliqua dicerentur in istam (*sc.* mulierem) ~are apte uiderentur CIC.*Cael.*69.

quadrum ~ī, *n.* [cf. QVATTVOR, TRIQVETRVS] A square; a square section. **b** (transf.) regular shape or form.
cum totius numeri, qui construit orbem, ter denae ~um partes per sidera reddant MAN.2.322;—perticae dolantur in ~um COL.8.3.7. **b** CIC.*Orat.*208; si..sententiam..ordine uerborum paululum commutato in ~um redigas 233.

quadrupedans ~ntis, *a.* **quadri-.** [pple. of *quadrupedo* (QVADRIPES+-O³)] Moving in the manner of a galloping horse (i.e. with a distinctive quadruple beat). **b** (trans., of sound). **c** (as sb.) a horse.
α piscatores..qui aduehuntur ~nti, crucianti cantherio PL.*Capt.*814; (*w. internal acc.*) sublime iter ~ntes flammam halitantes ENN.*scen.*184. **β** mundule nitidantur iugulos ~ntum sonipedum ACC.*trag.*603; ~ntis Echecli (*sc.* Centauri) fixit in aduerso cornum sine cuspide uultu OV.*Met.*12.450; Thessalorum inuentum est equo iuxta ~nte..tauros necare PLIN.*Nat.*8.182. **b α** ~nte sono perculsae..Romae SIL. 12.564. **β** ~nte putrem sonitu quatit ungula campum VERG.*A.*8.596. **c β** conixi incurrunt hastis..perfractaque ~ntum pectora pectoribus rumpunt VERG.*A.*11.614.

quadrupedus ~a ~um, *a.* **quadri-.** [as prec. +-VS] Of or involving galloping.
calcari ~o agitabo aduorsum cliuom PL.*As.*708; siue (equi) ~o <cursu> currant atque exerceantur seu tolutim FRO.*Aur.*1.p.122(22N); sententias eius tolutares uideo nusquam ~o concitas cursu tendere 2.p.102(156N).

quadrupēs ~edis, *a.* **quadri-.** [QVADRI-+PES]

1 Four-footed, four-legged.
α si quis seruum seruamue..~edemue pecudem iniuria occiderit *Leg.pub.*(*Font.iur.*p.45)2; omne animal ~es domi natum CELS.2.18.2; (*cf.*) cura adseruandum uinctum, atque audin? ~edem constringito (*i.e. hand to foot*) TER.*An.*865. **β** crocodilum habet Nilus, ~es malum PLIN.*Nat.*8.89; QUINT.*Inst.*5.10.61; iumenti ~edis incuruo gradu APUL. *Met.*4.1.

2 Going on four legs; (of human beings) moving on all fours. **b** (transf., of movement).
α ui magna ~es eques atque elephanti proiciunt sese ENN.*Ann.*232. **β** iacuit sine uiribus infans; mox ~es..tulit sua membra OV.*Met.*15.222; sunt et satyri..iam ~edes, iam recte currentes PLIN.*Nat.*7.24; ita ~es per angustias effossae cauernae receptus SUET.*Nero* 48.4. **b β** me ~edi cursu (*i.e. galloping*) proripio APUL.*Met.*6.27; equestri celeritate ~edi cursu solum replaudens 6.28.

3 (as sb.) A four-footed creature, quadruped: **a** (masc. or fem.). **b** (neut.).
a α hoc ministro omnium non bipedum solum sed etiam ~edum impurissimo CIC.*Dom.*48; absumptis..frugum alimentis carnisque omnis generis ~edum LIV.23.30.3; Sesambri, apud quos ~edes omnes sine auribus PLIN.*Nat.* 6.192; medicamentum, quo uenatores utuntur, facit ad..morsum..omnium ~edum LARG.213. **β** puerum instantem ~es..ad nitidi spiracula fontis ducit V.FL.3.552; inter ~edes mattea prima lepus MART.13.92.2; (*fem.*) ut nihil inter te atque inter ~edem aliquam putes interesse CIC. *Parad.*14; (*masc.*) saucius at ~es (*i.e. stag*) nota intra tecta refugit VERG.*A.*7.500. **b α** maioris muscae magnitudinis uolat pinnatum ~es PLIN.*Nat.*11.119.

4 (spec.) A domestic animal. **b** (esp. poet.) a horse.
α more ferarum ~edumque..ritu..putantur concipere uxores LUCR.4.1265; si ~es pauperiem fecisse dicetur, actio ex lege..descendit..in bestiis autem..haec actio locum non habet ULP.*dig.*9.1.1;—(*fem.*) ducite eo..mutas ~edis NAEV.*trag.*25; sub alta repit languida ~es statera STAT. *Silv.*4.3.35; ut ~edes, cum uiridi pabulo distentae sunt QUINT.*Inst.*2.10.6; alienam..~edem, quae pecudum numero sit GAIUS *Inst.*3.210;—(*masc.*) ~edes..hominis cum pectore pectora iunctos OV.*Tr.*4.7.15; ~es nequissime,..cui..persuadere possis atrocitatem istam culpa carere? APUL.*Met.*7.27. **β** de omnibus ~edibus prima est probatio, qui idonei sint boues VAR.*R.*1.20.1;—(*fem.*) eodem in omnes ~edes utito, si scabrae erunt CATO *Agr.*96.2; nulla neque amnem libauit ~es nec graminis attigit herbam VERG.*Ecl.*5.26; mixtas..iugabit semine ~edes MAN.5.351; —(*masc.*) efficimus..~edum uectiones, quorum celeritas..nobis ipsis adfert uim et celeritatem CIC.*N.D.*2.151; greges armentorum ceterorumque ~edum COL.1.2.5;—(*neut.*) maiora ~edia charactere signari debent 11.2.14. **b α** reprime parumper uim citatum ~edum ACC.*trag.*381; ~edem ferula dum malus urget eques OV.*Ars* 1.546; cum rapidum effusis ageret sublimis habenis ~edem SIL.1.162. **β** tollit se arrectum ~es et calcibus auras uerberat VERG.*A.*10.892; nec tibi ~edes animosos..in promptu regere est OV.*Met.* 2.84; pleni dominis armisque feruntur ~edes STAT.*Theb.* 4.814; QVEM DOMVI ~EDEM FRENO *CIL* 8.16566.

quadruplātor ~ōris, *m.* Also **quadri-.** [QVADRVPLO+-TOR] FORMS: *quadri-* SEN.*Ben.* 7.25.1.

1 The bringer of a criminal accusation (acc. FEST.p.258M, in cases involving a fourfold penalty; some reward was app. given).
ubi ~or quempiam iniexit manum PL.*Per.*70; ~or..est..inprobus et pestifer ciuis *Rhet.Her.*2.41; si a ~oribus..accusandi uoluntas ad uiros fortis..translata sit CIC.*Div. Caec.*24; accusatorum et ~orum quicquid erat, habebat in potestate *Ver.*2.135; PAUL.*Fest.*p.259M;—(*as a term of denigration*) populum Romanum ~oris et interceptoris litis alienae personam laturum LIV.3.72.4.

2 One who multiplies by four, a magnifier.
male istis inprobis..beneficiorum suorum ~oribus eueniat, qui tam bellam rem, admonitionem inter amicos, sustulerunt SEN.*Ben.*7.25.1; (*cf. sense 1*) ut cum ~ore agam, bis duplum quinquennium faciam APUL.*Apol.*89.

quadruplex ~icis, *a.* Also **quadri-.** [QVADRI-+-PLEX]

1 Multiplied by four, four times as much. **b** (pl.) four in a group, four together.
quam ego pecuniam ~icem aps te et lenone auferam PL.*Cur.*619; (*neut. sg. as sb.*) dedit..gubernatoribus, qui in nauibus fuerant, duplex, magistris nauium ~ex LIV. 45.42.3. **b** praeter ~icis stellas in fronte (*sc.* Delphini) locatas CIC.*Arat.*334(93). **β** ratio..uerba geminandi et interdum trigeminandi, nonnumquam ~icia..ponendi FRO.*Aur.*2.p.52(139N).

2 Consisting of four parts, having four aspects, fourfold. **b** *~ex iudicium,* a court consisting of four panels, which heard separately different aspects of a complicated case.
~icem esse formam, ad quam in declinando accommodari debeant uerba VAR.*L.*9.37; ~ici acie instructa *B.Afr.*41.2; onerariarum ~icem ordinem pro muro..opposuit LIV. 30.10.5; radice semipedali, triplici fere aut ~ici PLIN.*Nat.* 27.60; adhuc omnium probationum ~ex ratio est QUINT. *Inst.*5.8.7; FLOR.*Epit.*2.9(3.21.12). **β** sor<u>is ~ex differentia PLIN.*Nat.*15.85. **b** PLIN.*Ep.*1.18.3; femina..exheredata..~ici iudicio bona paterna repetebat 6.33.2; (*ellipt.*) subiit recordatio egisse me iuuenem aeque in ~ici 4.24.1.

quadruplicātō, *adv.* Also **quadri-.** [pple. of next+-O²] In a quadrupled manner, in quadruple the number (of days); at quadruple (the price).
haec (stella) et luna totidem diebus quot subiere descendunt..Saturni et Iouis duplicato degrediuntur, Martis etiam ~ PLIN.*Nat.*2.76. **β** emptis ~ uineis illis intra decimum..annum PLIN.*Nat.*14.51.

quadruplicō ~āre ~āuī ~ātum, *tr.* [QVADRVPLEX+O³] To increase fourfold, quadruple.
qui me in mercimoniis iuuit lucrisque ~auit rem meam PL.*St.*405; ad singulorum patruorum magnorum personas ~atus pronepos PAUL.*dig.*38.10.10.18.

quadruplō ~āre ~āuī ~ātum, *tr.* [next+-O³] FORMS: *-pul-* PL.*Per.*62.

1 To increase fourfold, quadruple.
ait quod interest ~ari solum ULP.*dig.*4.2.14.14; uerum pretium rei ~atur 47.8.2.13; numerus ~atus in se efficit triginta duo PAUL.*dig.*38.10.10.17.

2 (dep.) To act as a *quadruplator.*
neque ~ari me uolo..neque illi qui faciunt mihi placent PL.*Per.*62.

quadruplus ~a ~um, *a.* [QVADRI-; for term. cf. DVPLVS] FORMS: *quadrupul-* PL.*Truc.*762; *quadri-* SUET.*Tib.*34.2. Four times as great or as much. **b** (neut. sg. as sb.) a quantity four times as great or as much; *~i, in ~um,* for four times the amount, for a fourfold penalty.
consuerat ~am strenam..reddere SUET.*Tib.*34.2; iubet ~um restitui pretium APUL.*Met.*10.17. **b** QVANTI EA RES ERIT ~VM MVLTAE ESTO *CIL* 1.590.4; elephanto..(est) pulmo ~o maior bubulo PLIN.*Nat.*11.203; separatim ~um quisque an duplum debeat QUINT.*Inst.*7.4.44; si dictum fuerit uendendo, ut..triplum aut ~um promitteretur PAUL. *dig.*21.2.56;—te manum iniciam ~i, uenefica PL.*Truc.*762; furem dupli condemnari, feneratorem ~i CATO *Agr.*pr.1; ~i actio praetoris edicto constituta est GAIUS *Inst.*3.189;—iudicium..se in aratorem in ~um daturum CIC.*Ver.*3.34; in ~um litigat QUINT.*Decl.*341(p.348,l.9); qui mihi actione in ~um tenebatur, post annum uero in simplum JULIAN.*dig.* 17.1.31; (*w. gen. of amount multiplied*) in ~um eius pecuniae quam accepisse dicetur (iudicium dabo) *Ed.pr.*(*Font.iur.*p. 216)9.

quadrupul-: see QVADRVPL-.

quadrurbs ~bis, *f.* [QVADR(I)-+VRBS] (See quot.)
~bem Athenas Accius appellauit, quod..ex IIII urbibus in unam domicilia contulerunt FEST.p.258M.

quadruuium, -uius: See QVADRIVIVM, -VIVS.

quadtus: see QVATTVS.

quaeritō ~āre ~āuī ~ātum, *tr.* [next+-ITO]

1 To keep on looking for, search for, hunt for.
quam..filiam nunc ~atis alteram? PL.*Cist.*603; cogito quonam ego illum curram ~atum *Mer.*857; si me senserit

eum ~are, numquam dicet TER.*Ad*.363; defessus..essem te mihi, amice, ~ando CATUL.58b.10; qui scias, an etiam quem diu ~as illic..repperias? APUL.*Met*.6.5;—(*ellipt.*) pergam ut coepi tamen, ~abo PL.*Cist*.687; ~et, desideret, exspectet sine *Mil*.1244.

2 To try to obtain, seek, go after. **b** to ask (a person) for something.

quid uoltis uos? quid ~atis? quid me circumsistitis? PL.*Men*.998; hospitium te aiunt ~are. — ~o *Poen*.688; neque ille triste ~at sinapi neque caepe maestum ENN.*Sat*.12; uitam ..duriter agebat, lana ac tela uictum ~ans TER.*An*.75; cenam ~at POMPON.*com*.80; in pace bellum ~as, in bello pacem desideras *Rhet.Her*.4.21; magna uis Graecae iuuentutis..sedis ~ans in Asiam se effudit VELL.1.4.3; telum aliquod ~ans..fascem lignorum..offendit APUL.*Met*.3.27;—(*w. abst. subj.*) huiius sermo hau cinerem ~at PL.*Mil*.1000. **b** ne caussae quid sit quod te quisquam ~et PL.*Aul*.92.

3 (w. internal acc.) To ask (a question).

isticin uos habitatis?—quid tu id ~as? PL.*Rud*.110; haec quor ~et? TER.*Eu*.523; (*w. indir. qu.*) bonine an mali sint, id hau ~ant PL.*Men*.575.

quaerō ~rere ~s(i)ī or ~sīuī ~sītum, *tr.*, (*intr.*). [dub.] ORTHOG.: *quair- CIL* 1.11; *quer-* 4.1604.

1 To try to find, search for, hunt for, seek. **b** to look for (mentally), try to discover.

si acum..~reres, acum inuenisses..iam diu PL.*Men*.238; errare uidebar tardaque uestigare et ~rere te ENN.*Ann*.42; pellem anguinam..condito, ne ~ras cum opus siet CATO *Agr*.73; fratrem meum..oculis ~rebant, uoce poscebant CIC.*Sest*.76; emissi sunt qui illam radiculam ~rerent *Div*.2.135; cum portam ~rerent CAES.*Civ*.3.68.2; hostes..itineribus diuersis fugam ~runt HIRT.*Gal*.8.19.6; facilis ~rentibus herba VERG.*G*.4.272; iam pastor umbras..riuumque fessus ~rit HOR.*Carm*.3.29.22; nox ~rentes oppressit LIV.8.10.10; ad ~rendum collegae corpus 10.29.18; quicquid ~ritur optimum uidetur PETR.93.2.10; magno numine uectam ~siit Europen STAT.*Ach*.2.74; terra marique Romanis per tot annos ~situs sponte adsum TAC.*Ann*.12.18; nec..Charite maritum suum ~rere patiebatur bestias APUL.*Met*.8.4; (*prov.*) ~runt in scirpo..nodum ENN.*Sat*.70;—(*of natural forces*) quod inclusi..sunt aetheris aestus ~rentesque uiam circum uersantur LUCR.5.520; (Taurus mons) flexus..inmensum iter ~rit PLIN.*Nat*.5.97;—(*impers. pass.*) in locis, quibus erit ~rendum VITR.8.1.1. **b** consilium ~ro TER.*An*.702; quae sunt adhuc a me..disputata, non sunt ~sita ex occulto aliquo genere litterarum CIC.*Dom*.138; is est sapiens quem ~rimus, is est beatus *Tusc*.4.37; ratio perficiendi ~rebatur CAES.*Gal*.7.37.6; saepe aliquod ~ro uerbum nomenque locumque OV.*Tr*.3.14.43; nec nimis est ~renda fides MAN.2.87; alias ineptias uerba ~rentium SEN.*Ep*.23.1; (*w. indir. qu.*) ~renti mihi iam diu, quid ad te potissimum scriberem CIC.*Fam*.4.13.1.

2 To look for (with the implication of being unable to find), seek in vain; (pass.) not to be available to the searcher, be missing. **b** (mentally).

Aetnensis..ager..sic erat..horridus ut in uberrima Siciliae parte Siciliam ~reremus CIC.*Ver*.3.47; unus erit tantum amissum quem gurgite ~res VERG.*A*.5.814; ~rit Boeotia Dircen OV.*Met*.2.239; sed ~runt Helicen quibus ille superuenit ignis (*i.e. Canopus*) MAN.1.218; non..liceat..oculos morti clausuram ~rere dextram LUC.5.280; ciuitatis aures quibus adsueueram ~ro MART.12 pr.; amnis ~runt armenta natatus STAT.*Theb*.4.704; soleo..in iudiciis ~rere M. Regulum, nolo enim dicere desiderare PLIN.*Ep*.6.2.1; (*transf.*) ne uilla fundum ~rat CATO *Agr*.3.1; (*poet.*) uirtutem incolumem odimus, sublatam ex oculis ~rimus inuidi HOR.*Carm*.3.24.32;—~sitas ad sacra boues Iunonis VERG.*G*.3.532; ~ritur in scaena caua tibia OV.*Fast*.6.667; Centauro superest et ~ritur unum (*sc.* lumen) MAN.2.260; cum toto orbe terrarum diffusa securitas sit, Lugudunum..~ritur SEN.*Ep*.91.2; ut xv diebus utrumque sidus (*i.e. sun and moon*) ~reretur et nostro aeuo accidit PLIN.*Nat*.2.57; hic si ~ritur et desunt homines JUV.6.333. **b** memoria..ita fuit nulla, ut aliquotiens, tria cum proposuisset, aut quartum adderet aut tertium ~reret CIC.*Brut*.217; cauendum est..ne (orator) se ~rat priorem QUINT.*Inst*.12.11.2.

3 To ask to see (a person), ask for.

senex si ~ret me, modo isse dicito ad portum TER.*Hec*.76; num quis me ~siit? AFRAN.*com*.428; cum ad Nasicam uenisset Ennius et eum a ianua ~reret CIC.*de Orat*.2.276; coniuge quae uiso germanam ~rit OV.*Met*.6.564; PETR.139.3.

4 To try to obtain, strive for, seek. **b** (a person to serve in a particular capacity).

ita fio miser ~rendo argento mutuo PL.*Per*.5; reges per regnum statuasque sepulcraque ~runt ENN.*Ann*.411; si scriptum non exstaret, magnopere ~reremus CIC.*Inv*.2.134; aurum sumptum a Clodia, uenenum ~situm quod Clodiae daretur *Cael*.30; nec uarias ~runt (*animals*) uestis pro tempore caeli LUCR.5.231; Italiam ~ro patriam VERG.*A*.1.380; potes..longa faciem ~rere desidia PROP.1.15.6; meliorem (regem)..pugna ~runt (apes) SEN.*Cl*.1.19.2; (herbae) in tantum expetitae bubus, ut mersis capitibus totis eas ~rant PLIN.*Nat*.18.190; panem ~ramus aratro JUV.14.181; cur piscium quaedam genera ~sisti? APUL.*Apol*.27;—(*w. abst. obj.*) scio me uidisse hic..erilem amicam sibi malam rem ~rere PL.*Mil*.274; tu tibi laudem is ~situm TER.*Hau*.315; tantum..abest ut aliquam mihi bonam gratiam ~sisse uidear ut.. CIC.*Man*.71; ~rat sibi foedera Turnus VERG.*A*.11.129; Italiae imperium proprium ~ri Carthaginiensi populo LIV.24.6.8; Alexandrum..solacia non adhibere, sed ~rere CURT.4.10.23; mutata..sidera pondus ~siuere suum PETR.124,l.265; satis est aliquis communem odore (mandragorae) ~sisse PLIN.*Nat*.25.150; si perinde amorem inter popularis quam metum apud hostis ~siuisset TAC.*Ann*.11.10;—(*w. abst. subj.*) ea (*sc.* ratio)..et confirmationem et reprehensionem ~rit CIC.*de Orat*.2.331; inter..uirtutes tuas liuor locum ~rit [QUINT.]*Decl*.3.18. **b** quasi..locupletior mihi sit ~rendus auctor quam Socrates CIC.*Att*.8.2.4; melius uisum amicos quam seruos ~rere SAL.*Jug*.102.6; nobis dictator unicus in rebus adfectis ~situs LIV.22.14.9; ne index alium internuntium ~reret CURT.6.8.11; antiquis uxor de moribus illi ~ritur JUV.6.46; (*transf., of the means*) laxi crines et tot noua nomina uestis, quaeque uirum ~runt PETR.119,l.27;—(*w.* qui+*subj.*) ~re qui respondeat TER.*Eu*.810; ~ritur consul qui dicendo.. comprimat tribunicios furores CIC.*Mur*.24; ceteras (*sc.* uirgines) qui habeant mercede ~runtur MELA 2.21; ~re deis qui bella ferat STAT.*Theb*.8.76.

5 (of things) To require, demand, need.

ne..limites ex litibus iudicem ~rant VAR.*R*.1.15; alia (*sc.* sata) quae umidum locum ~runt 1.23.5; alter (collis) usui opportunus, quia..editus et praeceps pauca munimenta ~rebat SAL.*Jug*.98.3; uulnera..requiem ~rentia OV.*Ib*.13; nec eundem glabrae sues densaeque caeli statum ..~runt COL.1.pr.26; ~rit (castanea) solum facile PLIN.*Nat*.17.147;—(*of abst. or non-material things*) nego esse quicquam a testibus dictum quod..cuiusquam oratoris eloquentiam ~reret CIC.*Ver*.1.29; uirum res illa ~rebat *Phil*.2.35; tot dotes magnam ~runt pecuniam *Parad*.44; carmina secessum scribentis et otia ~runt OV.*Tr*.1.1.41; aduocatum ista (*i.e. precepts*) non ~runt: affectus ipsos tangunt SEN.*Ep*.94.28.

6 To try to bring about (an action, event), aim at, purpose. **b** (w. inf.) to intend, seek, try (to).

quid est quod sic gestis? quid sibi hic uestitus ~rit? (*i.e. what is its object?*) TER.*Eu*.558; simulasse te et aliquid ~sisse perspicuum est CRAS.*orat*.17; ut..impudentiae suae pudentem exitum ~sisse uideatur CIC.*Ver*.1.2; caedis initium ~rit *Fam*.12.2.1; multi..bella saepe ~siuerunt *Off*.1.74; seditiones domi ~sitae sunt, nec motae tamen LIV.4.21.3; qui tempus..~rendae sibi mortis habet LUC.4.479; ne..per ridiculum aliquid catastropha ~reretur PETR.54.3; aequatus inter duos beneficiorum numerus, et mixtis utriusque mandatis discordia ~sita TAC.*Hist*.4.48; (*w. abst. subj.*) illae..omnes dissensiones, quarum nulla exitium rei publicae ~siuit CIC.*Catil*.3.25;—(*w. neut. pron. and* ut, ne) id ~runt, id uolunt, haec ut infecta faciant PL.*Cas*.828; id modo Romanum ~rere apparebat ne abire hostem pateretur LIV.27.41.5; illud ~siuit, ut..minime praeparata accusatio uideretur 40.12.8;—(*w.* ut *alone*) ~sierunt..ut, quaecumque uox esset in scaena, clarior..ad spectatorum perueniret aures VITR.5.3.7; magis quorum in manu sit (res publica) quam ut incolumis sit ~ri LIV.2.57.3; (*coupled w.* peto, cf. QVAESO) ad..Apollinarem scripsit..~rere sese et petere, uti sibi rescriberet GEL.13.18(17).2. **b** ut nunc plerumque uidemus..~rere semper commutare locum LUCR.3.1058; inclusi poenam exspectant. ne ~re doceri quam poenam VERG.*A*.6.614; generosius perire ~rens HOR.*Carm*.1.37.22; stultae dum te iactare maritae ~ris OV.*Ep*.12.176; duci sociam coniungere ~rit V.FL.6.450; classibus aduehebantur qui mutare sedes ~rebant TAC.*Ger*.2.1; quid te.. praecipitio, misella, ~ris extinguere? APUL.*Met*.6.17; (*poet.*) ecce iam uictus lapis ~rit relabi? SEN.*Her.O*.1011.

7 To obtain as a result of one's efforts, conduct, etc., acquire, earn, pick up. **b** (absol.) to acquire wealth, possessions, etc. **c** (spec.) to beget (children).

si quid ~ritis, exbibitis et comestis PL.*Truc*.156; tu milli nummum potes uno ~rere centum LUCIL.327; eum, quod iam diu nihil ~sierat, tristem CIC.*Clu*.71; cui per tot uolnera ..nihil praeter tyrannum ~situm est SAL.*Hist*.1.55.22; scobem plumbi lima ~sitam sulpuri miscent PLIN.*Nat*.34.168; quod..ex furto uel ex alio maleficio ~situm est ULP.*dig*.17.2.53; penuria matrimonii morbum ~situm APUL.*Apol*.69;—(*w. abst. obj.*) sume superbiam ~sitam meritis HOR.*Carm*.3.30.15; si..is hostis esset ex quo uicto nihil gloriae ~reretur LIV.28.41.2; hominum ~situm odium mihi carmine OV.*Tr*.2.87; spes..desperatione ~sita VELL.2.5.3; neque Seiani uoluntas nisi scelere ~rebatur TAC.*Ann*.4.68; (*w. abst. subj.*) ea..ipsa adfinitas..gratiam Fabio ad uolgum ~sierat LIV.6.34.5. **b** lingua poscit, corpus ~rit PL.*As*.512; conserua ~re parce TER.*Ad*.813; denique sit finis ~rendi HOR.*S*.1.1.92; ~rit et inuentis miser abstinet *Ars* 170; qui patrimonium non pararunt, sub diem ~runt QUINT.*Inst*.8.pr.29. **c** liberorum ~rundorum caussa ei ..uxor datast PL.*Capt*.889; duos pluresue liberos iustis nuptiis ~sitos *S.C.*(*Font.iur*.p.195)51; si (spurius) habeat competitorem legitime ~situm ULP.*dig*.50.2.3.2; (*cf.*) fratre consanguineo uel sorore quamuis per adrogationem ~sitis PAUL.*dig*.38.17.7; (*facet.*) ~runt litterae hae sibi liberos: alia aliam scandit PL.*Ps*.23; (*pple. as sb.*) uulgo ~situs matrem sequitur CELS.*dig*.1.5.19.

8 To seek to know about, inquire about. **b** (absol.) to ask a question, make inquiries. **c** *quid ~ris?*, (introducing a short, clinching remark) what more can I say?, in brief; *si ~ris, ~ritis*, if you want to know more, to tell the whole truth; sim. *si ~rimus*; *noli ~rere*, ask no more, no need to say more.

suspicionem istanc ex illis ~re TER.*Hau*.994; eis de rebus, quas a te ~ri uides CIC.*de Orat*.1.207; quid ~ris rationem? *Ver*.3.197; nunc audi quod ~ris *Att*.2.9.4; eo..ex te ~sieram mysteriorum diem 15.25; formam dei ~ri non oportere *N.D*.1.31; alius ex alio causam tumultus ~rit CAES.*Gal*.6.37.6; accipe ~siti causam OV.*Met*.4.794; uos, studiosa.. pectora, quae uitae ~ritis acta meae *Tr*.4.10.92; causam ~siuit Pater PHAED.4.12.6; ubicumque uideris ~reris LUC.10.284; ut plerique..uiso..Agricola ~rerent famam, pauci interpretarentur TAC.*Ag*.40.4;—(*w. indir. qu.*) hau quisquam ~ret qui siem PL.*Am*.130; nisi ex ipsa ~ras unde hunc habuerit TER.*Hau*.658; ~siui de mea Tullia qui egisset CIC.*Fam*.7.23.4; ~rente per iocum Hieronymo quae fortuna eis pugnae ad Cannas fuisset LIV.24.6.5; quibus in locis sit Caesar ex captiuis ~runt CAES.*Gal*.6.35.7; ~ro de te arbitrerisne..consulem..ullo boni consulis functum officio LIV.4.40.6; quoniam qui sis nondum ~rentibus edo OV.*Ib*.59; ubi sit fuge ~rere, quod mihi quondam legarat Tadius PERS.6.65; ~siere, cur truci supercilio tantam uenustatem.. coerceret APUL.*Met*.5.31; (*ellipt.*) ~rebant, quid? respondebat se ad recuperatores dicturum CIC.*Ver*.3.68; (*also w. acc.*) res magis ~ritur quam clientum fides quoius modi clueat PL.*Men*.576; illam ~ro quae fuit *Per*.636; (remedium) hoc ego cum ~rerem ab hospite meo..quid esset LARG.172;—(*impers. pass.*) ~rebatur ubi esset Cleomenes CIC.*Ver*.5.107; ~rendum est, uiduae fieri malitis an orbae OV.*Fast*.3.211; iube ~ri..quid cuique supersit ex praeda CURT.9.3.11; SIL.1.7. **b** etiamne amplius?—nil; nam ~siui TER.*Eu*.144; cum omnes, ut mos est..concurrerent, ~rerent, uidere cuperent CIC.*Ver*.5.65; illa eos non adhibuit quos existimauit ~situros *Att*.12.18a.2; ~rentibus consulibus Locrenses se dixerunt esse LIV.29.16.7; quoniam, quasi nescias, ~ris CURT.8.7.1; nec te ~siueris extra PERS.1.7;—(*w.* ab, ex) ~re ex aliis ACC.*trag*.185; ~ro abs te, C. Aquili CIC.*Quinct*.54; ~re ex Diochare Caesaris liberto *Att*.11.6.7;—(*w.* de) non curo istunc, de illa ~ro — de illa ergo ego dico tibi PL.*Mer*.899; de Caelio tu ~res, ut scribis CIC.*Att*.12.5a; monuit..ne quando..de forma mariti ~rat APUL.*Met*.5.6;—(*impers. pass.*) cum esset ex eo ~situm, Archelaum.. nonne beatum putaret CIC.*Tusc*.5.34; ope qua reualescere possim, ~ritur a..deo OV.*Ep*.20.232; adiciebantur adulteria uenena ~situmque (*sc.* esse) per Chaldaeos in domum Caesaris TAC.*Ann*.3.22. **c** o gratas tuas mihi iucundasque litteras! quid ~ris? restitutus est mihi dies festus CIC.*Att*.12.4.1; multum..is mecum sermonem habuit..quid ~ris? nihil festiuius *Q.fr*.2.5.2; HOR.*Ep*.1.10.8; mulieris litteras.. praebebat, cetera..occultabat..quid ~ris? uerisimile omnibus uisum APUL.*Apol*.82;—paenula, si ~ris,..utilior mihi quam sapiens LUCIL.515; et si ~ritis, is..hoc genere maxime excellet CIC.*de Orat*.2.254; praeclarum illud est et, si ~ris, rectum quoque et uerum *Tusc*.3.73; plura quidem mandare tibi, si ~ris, habebam OV.*Tr*.1.1.123;—sunt.. iracundi et difficiles senes. si ~rimus, etiam auari CIC.*Sen*.65;—noli ~rere; ita pulcher hic dies uisus est, ut speciem.. uiderer uidere quasi reuiuiscentis rei publicae *Fam*.4.4.3.

9 To inquire into, examine, consider. **b** (intr. or absol.).

aetheris et terrae genitabile ~rere, tempus LUCIL.1; eo ipso anno qui mihi maxime ~rendus erat CIC.*Ver*.2.182; qui..haec caelestia uel studiosissime solet ~rere *Rep*.1.15; ingenti copia ~rendorum ac discendorum fatigaberis SEN.*Ep*.88.35; eam (*sc.* legem) argumentis esse ~rendam PLIN.*Nat*.18.210;—~rere..aput memet ipsum soleo res eiusmodi GEL.11.3.1;—(*w. indir. qu.*) dum id ~ro tibi qui filium restituerem TER.*Hau*.492; si..histrio quid deceat ~rit CIC.*Orat*.74; ob hanc rem quid tibi Mamertini clam pecuniae dederint..ex ipsorum litteris..~remus *Ver*.5.43; non ~siit quid bonum esset sed omnia bona coemit CAS.*Fam*.15.19.3; dum quid agat ~rit OV.*Tr*.3.9.21; ~siuit unde proficeret, et ad Pythagorae disciplinam se contulit APUL.*Pl*.1.3;—(*w.* secum) ~rere ipse secum et agitare cum suis coepit quibusnam rebus..maximam..pecuniam facere posset CIC.*Ver*.2.17; de 'ope' quid significares mecum ipse ~rebam *Att*.9.11a.1;—(*impers. pass.*) cum ~ritur ecquisnam perfecte sapiens esse possit *Part*.64; non quo modo Hispaniae amissae sint ~rendum..Carthaginiensibus esse LIV.28.18.9; dum ~reretur, quidnam faciendum..esset aegro LARG.pr.p.1,l.7. **b** uoce et forma et motu corporis..aptis ad hoc munus, de quo ~rimus CIC.*de Orat*.2.88; horum, si diligenter ~res, uix decimam partem reperies gloria dignam *Planc*.60; in altera philosophiae parte, quae est ~rendi ac disserendi *Fin*.1.22; ~renti mihi multum..nulla maior (res) occurrebat *Div*.2.1; et medici et philosophi..de tempore humani partus ~siuerunt GEL.3.16.1; (*w. abst. subj.*) pars deliberatiua (*sc.* orationis)..de tempore futuro consultans ~rit etiam de praeterito QUINT.*Inst*.3.8.6;—(*impers. pass.*) aut simpliciter ~ritur aut comparate CIC.*Top*.84; atqui hoc bello de elegantia ~ritur! *Phil*.13.38.

10 To hold a judicial inquiry into, investigate (by process of law). **b** (intr. or absol.) to hold a judicial inquiry, hear a criminal charge or civil claim in a court of law; (w. *de*) to try a case (of). **c** (w. *de*) to examine (a person) by questioning, interrogate.

nisi forte factus es praefectus nouos, qui res alienas procures, ~ras PL.*Mos*.942; quae nisi ~sita erunt, nisi uindicatum in noxios SAL.*Jug*.31.26; quod ad te attinet eamque rem quam de te sum ~siturus LIV.6.15.4; ad res capitalis ~rendas ex senatus consulto retentus 45.16.4; nam ~rebatur repetundarum ASC.*Tog*.80;—(*w. indir. qu.*) deiectus quem ad modum sit..id ~ritur CIC.*Caec*.49; qua re uictus sis non debere iudicem ~rere *Planc*.14; an ex senatus consulto causam probare possit, ~situm est GAIUS *Inst*.1.74; (*w.* quin) quin ascenderis murum non ~ritur QUINT.*Inst*.4.4.4. **b** PR(aetor), QVEI EX H L ~RET *CIL* 1.583.12; illo ipso acerrimo iudice ~rente CIC.*S.Rosc*.85; patres ipsum eum ~rere iusserunt LIV.42.21.8; is lege Cornelia, quae de sicariis lata est, ~rebat SEN.*Apoc*.14.1; praetor, qui legibus ~rit PLIN.*Ep*.5.9(21).3; (*transf.*) simul ac ferro ~ras, respondet (*sc.* lapis) et ictu scintillat dolor *Aetna* 404;—(*impers. pass.*) tormentis omnibus uehementissimis ~ritur CIC.*Clu*.176; ut extra ordinem ~reretur apud quaesitorem PLANC.*orat*.2; uti ~reretur in eos, quorum consilio..senati decreta neglexisset SAL.*Jug*.40.1; ~ritur propter usurarum incrementum PAPIN.*dig*.16.3.24; pro successione domini defuncti ~ritur 48.18.17.2;—(*w. indir. qu.*) in ceteris..iudiciis cum ~ritur aliquid factum necne sit CIC.*Caec*.71; in qua cognitione..utra pars Romanis, utra regi fauisset ~situm est LIV.45.31.1;—de ui ~ritis CIC.*Cael*.70; ubi praetor qui de ueneficiis ~reret..diem prodixisset TAC.*Ann*.2.79; (*impers. pass.*) eius maleficii, de quo inter sicarios ~ritur CIC.*Inv*.2.60; quamuis de ea re fuerit ~situm GAIUS *Inst*.1.4. **c** de hoc Stratone et de Ascla quodam seruo suo ~situram esse dixit CIC.*Clu*.176; ~siui ipse de iis qui..magistratum gesserant *Att*.6.2.5; (*impers. pass.*) cum..de seruo in dominum ne tormentis quidem ~ri liceat *Deiot*.3.

quaesītiō ~ōnis, *f.* [prec.+-TIO]

1 The act of searching (for); *in ~one esse*, to be the object of a search.

Psyche ~oni Cupidinis intenta APUL.*Met*.5.28;—tu caue in ~one mihi sis PL.*Cas*.530.

2 A judicial inquiry; *iudex ~onis*: see QVAESTIO (sense 3).

IVDEX ~ONIS RERVM CAPITAL *CIL* 1.814.5.

quaesītor ~ōris, *m.* [QVAERO+-TOR]

1 A member of an extraordinary commission to investigate a particular case, later, the president of a regular criminal court and perh. also generally for any judge in a criminal case.

~oris (officium) est unum quemque horum (*sc.* accusatoris, defensoris, testis) in officio suo continere *Rhet.Her.*4.47; hunc ~orem ac iudicem fugiebant..ei quibus periculum creabatur Cic.*S.Rosc.*85; num quis reus in tribunal sui ~oris escenderit eumque ui deturbarit..? *Vat.* 34; ut extra ordinem quaereretur apud ~orem Planc.*orat.*2; quom ex Mamilia rogatione tres ~ores rogarentur Sal.*Jug.*40.4; quotus quisque ex ~oribus est, qui non ex ipsa ea lege teneatur, qua quaerit? Sen.*Cl.*1.6.2; iudex desit esse: ~or est *Dial.*10.17.5; Asc.*Mil.*34; iudices..e ~oris tribunali..noxae de qua cognoscerent admonebat Suet.*Tib.*33;—(*w. gen. of charge*) dictatorem magistrumque equitum reos magis quam ~ores idoneos eius criminis esse Liv.9.26.12; ~or scelerum ueniet uindexque reorum Man.5.410;—(*cf.*) ~or Minos urnam mouet Verg.*A.*6.432; non unus alta sede ~or sedens iudicia..sortitur reis Sen.*Her.F.*731.

2 A seeker, inquirer; (w. gen.) a searcher (for).

hi..σκεπτικοί appellantur; id ferme significat quasi ~ores et consideratores Gel.11.5.2;—sapiens diuitiarum naturalium est ~or acerrimus Sen.*Ep.*119.5.

quaesītum ~ī, *n.* [neut. of next] A pecuniary gain, revenue, profit.

docebo eos quibus ~o opus est, quemadmodum..pecuniam faciant Sen.*Nat.*4a.pr.7.

quaesītus ~a ~um, *a. compar.* ~ior, *superl.* ~issimus. [pple. of QVAERO]

1 Deliberately contrived, premeditated, studied. **b** intentional, deliberate.

si quae..apte..dixerunt, ea non numero ~o, sed uerborum conlocatione ceciderunt Cic.*Orat.*219; uerba inerant ~a asperitate Tac.*Ann.*5.3; ~a..comitate quamuis manifestam defectionem tegebat 6.50; (*neut. as sb.*) uitabit etiam ~a nec ex tempore ficta Cic.*Orat.*89. **b** extincto Maximo, dubium an ~a morte Tac.*Ann.*1.5.

2 Carefully worked out, elaborate, recherché.

toga picta..erat accumbenti, epulae uero ~issimae Sal.*Hist.*2.70.4; nec mutari pabula refert, ~aeque nocent artes Verg.*G.*3.549; quas (leges)..Atheniensibus ~iores..Solo perscripsit Tac.*Ann.*3.26; ~issimis poenis adfecit quos..uulgus Christianos appellabat 15.44.

quaesō (~ere), *tr., intr.* [QVAERO] Forms: 1st pers. sg. most common; other forms found *~it* Lucr.5.1229, Sal.*Hist.*1.86; *~umus* Cic.*Leg.*1.6, Brut.Cas.*Fam.*11.3.4, Liv.28.39.16; *~itur* Sal.*Hist.*4.69.1; *~ere* Pl.*Bac.*179, Cic.*Arat.*252(18); *~entibus* Enn.*Ann.*145; *~endum* (gen. pl.) *scen.* 120, 129. Orthog.: *quaesso* Pl.*As.*41, *Men.*230, *Ps.*1322, *Vid.*39; *quaiso* condemned as archaic Quint.*Inst.* 8.3.25.

1 To try to obtain, seek. **b** (intr.) to carry out a search, look.

nautis..mari ~entibus uitam Enn.*Ann.*145; ducit me uxorem liberorum sibi ~endum gratia *scen.*129. **b** si ~ere perges, adpositum poteris supera cognoscere Piscem Cic.*Arat.*252(18).

2 To ask for, pray for, request; (w. noun cl.) to pray (that), request (that). **b** to ask (someone to do something or that something may happen).

prece ~it uentorum pauidus paces Lucr.5.1229; considerare debent..quod ~itur, satisne pium, tutum..sit Sal.*Hist.*4.69.1; (*absol.*) in eam partem accipioque et uolo.—immo ita ~o Ter.*Eu.*877;—(*w.* ut, ne+*subj.*) ~o hercle abire ut liceat Pl.*Rud.*834; ~o ut sciam quicquid audieris Cic.*Att.*10.10.4; id uti permittatis ~umus Liv.28.39.16; ~o..et obtestor, ne..pro me uota res publica inuita suscipiat Plin.*Pan.*67.8;—(*w. subj. alone*) ~o ignoscas Pl.*Men.*1073; ~o..quoniam non potest id fieri quod uis, id uelis quod possit Ter.*An.*305; ~o uideas ut satis honestum nobis sit Cic.*Att.*7.14.3; tecum dum modo sim, ~o segnis inersque uocer Tib.1.1.58;—(*w.* ab) quod aps te..~o ut mihi impertias Pl.*Vid.*39; abs te..peto ~oque, ut tuos mecum serues Cic.*Fam.*5.4.2;—(*w.* tecum) tecum ~o, ne quid obsit amicitia nobis, quae nihil profuit Fro.1.p.260 (168N); ~o tecum..degrediare paulisper curriculis istis Gel.20.1.21. **b** (*w.* ut, ne+*subj.*) deos ~o ut adimant et patrem et matrem meos Naev.*com.*95; mirumst me ut redeam te..~ere Pl.*Bac.*179; eandem (*sc.* Venerem)..oro et ~o ut eiius mihi sit copia quem amo *Mil.*1228; ~o obtestorque uos, pontifices, ut me..in sedibus meis conlocetis Cic.*Dom.*147; Curionem ~it, uti..aetati concederet Mamerci Sal.*Hist.*1.86; te..precor ~oque ne ante oculos patris facere..infanda uelis Liv.23.9.2; in caput ut nostrum dominae periuria ~o eueniant Ov.*Ep.*19.127;—(*w. subj. alone*) deos ~umus consilia tua rei p. salutaria sint Brut.Cas.*Fam.*11.3.4; legentes..~o meminerint Plin.*Nat.*3.42.

3 (1st pers., parenth., added for urgency or from politeness): **a** (w. imp.) I ask you, I implore you, please; (also w. jussive subj.). **b** (w. dir. qu.), please (tell me). **c** (in exclam.) take note, just look.

a bene uale, Alcumena..; atque imperce ~o Pl.*Am.*500; ~o hercle propera *Mil.*1305; noli, ~o, irascere Pompon.*com.*30; id, ~o, ex ipsorum testimonio cognoscite Cic.*Ver.*3.106; ~o considerate quam conuersa rerum natura sit Sal.*Hist.*1.77.13; at uos, o superi..~o, miserescite regis Verg.*A.*8.573; oro ~oque, eligite potiorem Curt.10.8.19; patriae ueniam da, ~o, senectae V.Fl.8.280; aperi ~o, bone puer, aperi testamentum Apul.*Apol.*100;—(*ellipt.*) age iam, sine ted exorarier.—nolo ores.—~o hercle Pl.*Mos.*1176; tu, ~o, si quid habebis noui, quid moliti erimus, ad te statim scribam Cic.*Att.*10.12.3;—(*pl.*) adgredere, ~umus, et sume ad hanc rem tempus *Leg.*1.6;—unum, ~o, diem deos silentum exores Stat.*Silv.*2.7.121; maneat, ~o duretque gentibus, si non amor nostri, at certe odium sui Tac.*Ger.*33.2. **b** ~o, quotiens dicendumst tibi? Pl.*Mos.*948; ~o, di inmortales, quin abis? *Poen.*608; ~o quid istuc consilist? Ter.*Hec.*588; ubi hice Moschis, ~o, habet, meretrix Neapolitis? Afran.*com.*136; ~o..Philodame, cur ad nos filiam tuam non intro uocari iubes? Cic.*Ver.*1.66; quid ~o interest inter unum et plures? *Rep.*1.61; age, ~o, tu nihil in magno doctus reprehendis Homero? Hor.*S.*1.10.51; ~o tam angustam, talis uir, ponis domum? Phaed.3.9.6; ~o, quid habent isti uersus re aut uerbo pudendum? Apul.*Apol.*6. **c** at..~o, ut ad id exemplum somnium quam simile somniauit! Pl.*Mil.*399; ut, ~o, amore perditast te misera! 1253.

quaesticulus ~ī, *m.* [QVAESTVS+-CVLVS] A small source of income, petty profit.

Lucil.318; ~is te faciebat attentiorem Cic.*Fam.*9.16.7; *Div.*2.34; copia laetati largioris ~i Apul.*Met.*8.29; ~o forensi 11.28.

quaestiō ~ōnis, *f.* [QVAERO+-TIO] Orthog.: *quest- CIL* 11.2108.

1 The act of searching; *in ~one esse,* to be the object of search.

caue sis tibi ne bubuli in te cottabi crebri crepent, si aberis ab eri ~one Pl.*Trin.*1012;—ne in ~one mihi sit, si quid eum uelim *Cist.*593; *Ps.*663; caue ne pendeas, si fuas in ~one Afran.*com.*280.

2 Examination (of witnesses, etc., often, as in the case of slaves, accompanied by torture), interrogation.

seruos pollicitust dare suos mihi omnis ~oni Pl.*Mos.*1088; accedunt..saepe ad coniecturam ~ones, testimonia, rumores Cic.*Inv.*2.46; dicta..~onis argumentis..ponderanda *Part.*118; Nicostratum..sine causa in ~onem postulauit *Clu.*181; de uxoribus in seruilem modum ~onem habent Caes.*Gal.*6.19.3; placuit comprehendi eos..~onemque ex iis haberi Liv.33.28.6; ille ~oni corpus offerre Curt.4.10.33; flagellis cecidit, torsit, non ~onis sed animi causa Sen.*Dial.*5.18.3; in patrem ex seruis quaesitum et ~o aduersa accusatori fuit Tac.*Ann.*4.29; finem cognitioni ~o imposuit Plin.*Ep.*7.6.9; ob..quibus (*sc.* seruis) ob noxam ~o tormentis habita sit Gaius *Inst.*1.13; Q GAVIVS..EVOC AVG A QVESTIONIBVS *CIL* 11.2108; (*w. obj. gen.*) explorata re ~one captiuorum Caes.*Gal.*6.32.2;—(*as opposed to* interrogatio) de seruis..interrogationes, sed et ~ones habendas..placuit Ulp.*dig.*27.3.1.3; cum..per uim et tormenta habita ~o est, tunc ~o intellegitur 47.10.15.41;—(*transf.*) quot admoeniui fabricas, quot fallacias in ~one! Pl.*Cist.*541; quae causa ~onis huius? Apul.*Met.*1.22.

3 A judicial investigation, inquiry.

uenisse in consilium publicae ~onis, cum eius consili iudex non esset Cic.*Caec.*29; aestiuum tempus instantis belli, non ~onis esse arbitratur Caes.*Gal.*6.4.3; de coniuratione Senonum et Carnutum ~onem habere instituit 6.44.1; ~ones decretae dictatoremque ~onibus exercendis dici placuit Liv.9.26.6; nostra..haec ~o atque animaduersio in ciuem nostrum est quid nostro aut suo fecerit arbitrio 21.18.7; ~o, qui ita non redissent, L. Mummio praetori decreta est 41.9.10; de ~one in se proposita 42.22.2; ~one publica adflictus exilio multatus est V.Max.2.8.3; cum..taliones furtorumque ~o cum lance et licio euanuerint Gel.16.10.8;—(*w.* de) promulgarisne..~onem de tot amplissimis et talibus uiris..? Cic.*Vat.*26; potius de praesente ~o haberetur, quam absens inuidiae crimine accusaretur Nep.*Alc.*4.1; ~onem in foro de iis qui clam in conloquiis hostium fuerant habuit Liv.23.17.1; ~one prius habita..de fuga Altini 24.45.14; de tanti uiri morte nulla habita est ~o Vell.2.4.6; ut senatus ~onem de pollutis sacris decreuerit Suet.*Jul.*6.2.

4 An *ad hoc* or (after 149 B.C.) standing commission (*~o perpetua*) appointed to try certain cases of serious public crimes. **b** *iudex ~onis,* a member of a *quaestio* under the praetor, or presiding over it in his name.

qui ~onum iudicia exercent quaesitores dicti Var.*L.*5.81; ~ones perpetuae hoc adulescente constitutae sunt quae antea nullae fuerunt; L. enim Piso tribunus plebis legem primus de pecuniis repetundis..tulit Cic.*Brut.*106; non modo nulla noua ~o, sed etiam uetera iudicia sublata *Sest.* 85; tribuno pl., M. Druso, nouam in equestrem ordinem ~onem ferenti *Rab.Post.*16; sum..sollicitus et eo magis quod Appi ~o est *Att.*3.17.1;—(*w. type of case specified*) in hac ~one de pecuniis repetundis *Ver.*2.15; in rerum capitalium ~onibus 2.68; non debes tu quemquam in coniurationis ~one defendere *Sul.*48; cum..acerrima de ciuitate ~o Licinia et Mucia lege uenisset *Balb.*48; cum praetor ~onem inter sicarios exercuisset *Fin.*2.54; ueneficii ~o..orta est V.Max.2.5.3; Sulla ~ones publicas constituit, ueluti de falso, de parricidio, de sicariis Pompon.*dig.*1.2.2.32. **b** C OCTAVIVS..PATER AVGVSTI..IVDEX ~ONVM *CIL* 6.1311.

5 A (scientific or sim.) investigation, speculation, research. **b** a dispute, argument. **c** *~onis, in ~one esse,* to be in question, be in doubt; *~onem habere,* to admit of question.

ipsa tractatio et ~o cotidie ex se gignit aliquid, quod..uestiges Cic.*de Orat.*3.88; ~o..est adpetitio cognitionis ~onisque finis inuentio *Luc.*26; ne inter initia quidem ab istis ~onibus deductam esse medicinam Cels.1.pr.33; nec desiit..ex morte sua ~onem habere Sen.*Dial.*9.14.8; sequitur..de tempore fruges serendi ~o Plin.*Nat.*18.201; de moribus ultima fiet ~o Juv.3.141; est..disceptatio ista multiiugae et sinuosae ~onis Gel.14.2.13. **b** quod fit in multis ~onibus, ut res uerbosior haec fuerit, illa uerior Cic.*Att.*8.3.6; illa tantae ~onis uictrice regina (*sc.* Cleopatra) Plin.*Nat.*9.121; inter ipsos..si ~o moueatur Ulp.*dig.*20.1.10; heres Seiae ~onem pro praedii proprietate facere instituit Paul.*dig.*21.2.73; (*w. defining gen.*) finium..inani commota ~one Apul.*Met.*9.35. **c** quaeris..ex me, quod mihi quoque est iamdiu in perpetua ~one Gel.20.6.2;—(*w. indir. qu.*) maximae ~onis et semper incertae est, polleantne aliquid..incantamenta carminum Plin.*Nat.*28.10; ~onis est, an Romae conueniri possint Ulp.*dig.*5.1.2.5; (*cf.*) usum esse..argumento M. Tullium..eiusdem ~onis, cuius esset ea ipsa res, de qua quaereretur Gel.17.5.3;—nec sine causa in ~one est, quis tantum bonum inuenerit Plin.*Nat.*10.52; quaesitum est ac nunc etiam in ~one est, quam ob causam..Auentinus (mons) solum..extra pomerium sit Gel.13.14.4;—(*w. acc. and inf.*) nomen 'filiarum' et in postumam cadere ~onis non est Ulp.*dig.*50.16.164;—extremus finis intra quinque aut sex pedes ~onem habet Hyg.*agrim.*p.90; quae (*sc.* exceptio) habeat altiorem ~onem Ulp.*dig.*10.4.3.13.

6 A subject of discussion or dispute, problem, question, issue. **b** a statement dealing with the point at issue, argument. **c** (dist. from *causa*) a general question.

summum grammaticum..omnes soluere posse ~ones Bib.*poet.*2.5; haec..~o a propriis personis et temporibus ad uniuersi generis rationem traducta Cic.*Orat.*46; absolui..Academicam omnem ~onem libris quattuor *Att.*13.19.3; cum..aliquam ~onem poeticam ei proponeret Nep.*Att.*20.2; nec ~onis positae causam intellegit Phaed.3.14.8; non de re sed de tempore est ~o Sen.*Nat.*6.32.6; sanqualem auem..augures..magnae ~oni habent Plin.*Nat.*10.20; magna..et ad totam prouinciam pertinens ~o Plin.*Ep.Tra.*10.65 (71).1; (*as title of a book*) prome tu librum e Graecis meis..naturalium ~onum Apul.*Apol.*36;—(*w. defining gen.*) hac ~one animorum explicata Cic.*Tusc.*1.23; difficiles..symmetriarum ~ones geometricis rationibus..inueniuntur Vitr.1.1.4; Sen.*Nat.*4a.1.1; Quint.*Inst.*12.2.16; ~onem status in tempus pubertatis differri Ulp.*dig.*37.10.3.2;—(*w. indir. qu.*) poetae ~onem attulerunt, quidnam esset illud quo ipsi differrent ab oratoribus Cic.*Orat.*66; *Fin.*2.34; nec minor ~o est..Chironem cum Achille qui fecerint Plin.*Nat.*36.202 (*w. defining gen.*) eum..facti ~onem inducere (palam est), quid forte senserit Ulp.*dig.*45.1.41; (*w.* quin) nulla ~o est, quin..cogi possit 36.1.17(16).2;—(*w. acc. and inf.*) qui locus attingit hanc ~onem, nihil fieri quod non necesse fuerit Cic.*Fat.*17; illam ~onem subiecit, ne nauigari quidem Oceanum posse Sen.*Suas.*1.8. **b** res eadem et post ~onem perorationis uice fungitur Quint.*Inst.*4.3.11. **c** ~onem..eam appellat, quae habeat in se controuersiam in dicendo positam sine certarum personarum interpositione Cic.*Inv.*1.8.

quaestiōnārius ~iī, *m.* [QVAESTIO+-ARIVS] A military title = *a quaestionibus* (QVAESTIO sense 2).

IVLIO FLAVINO..~IO AMICO CARISSIMO *CIL* 2.4156; ~IVS LEG XI 3.12401; 8.20251.

quaestiuncula ~ae, *f.* [QVAESTIO+-VNCVLA] A small problem, puzzle.

mihi uos..tamquam alicui Graeculo..~am..ponitis? Cic.*de Orat.*1.102; his propositis ~ae multae nascuntur *Leg.* 2.51; Sen.*Con.*9.6.15; ~as uafras nectit Sen.*Ep.*111.2; positis inuicem cuiusque generis ~is Quint.*Inst.*1.3.11; Suet.*Gram.*24(p.119Re); de ~is..in conuiuio agitatis Gel. 7(6).13.

quaestor ~ōris, *m.* [cf. QVAESITOR] Orthog.: *quaist- CIL* 1.12, 9.439; *quest- Inst.Dac.*1 (*CIL* 3.p.925).

1 According to tradition, a person appointed, in the time of the kings and the early Republic, to investigate criminal cases (cf. QVAESITOR).

Sp. Cassium de occupando regno molientem..~or accusauit Cic.*Rep.*2.60; a ~oribus..diem dictam perduellionis Liv.2.41.11; qui (*sc.* tribuni) comitia ~ores habere de reo..passuros negabant 3.24.7; ~ores constituebantur a populo, qui capitalibus rebus praeessent Pompon.*dig.*1.2.2.23;—(*including other senses*) ~ores..qui conquirerent publicas pecunias et maleficia, quae triumuiri capitales nunc conquirunt Var.*L.*5.81; ~ores regibus etiam tum imperantibus instituti sunt Tac.*Ann.*11.22.

2 A magistrate, one of a number (varying at different periods) at first appointed one each by the consuls, and then elected annually to perform mainly financial duties; attached to magistrates and pro-magistrates they also deputized for them in military and judicial functions. **b** (attached to a provincial governor). **c** a quaestor (one of two) appointed by the Emperor as his personal aide. **d** a financial officer employed by a local authority under Roman rule. **e** *pro ~ore,* (acting) for a quaestor: see also PROQVAESTOR.

L. CORNELI..SCIPIO QVAIST TR MIL *CIL* 1.12; ~OR..EA NOMINA ACCIPITO 1.582.21; ~ore aliquo esse opus.., publicitus qui mi atque e fisco praebeat aurum Lucil.428; consul cum P. Tuditano fuit bello Punico secundo ~orque his consulibus M. Cato Cic.*Brut.*60; is tribunus plebis, quem ego maximis beneficiis ~orem consul ornaram *Red.Pop.*12; *Planc.*52; quod..legio quarta..L. Egnatuleio duce ~ore optimo..populi..Romani libertatem defendat *Phil.*3.39; quod..nauium longarum habebat ~ori, legatis, praefectisque distribuit Caes.*Gal.*4.22.3; erant quinque senatorii ordinis, L. Domitius..Sex. Quintilius Varus ~or *Civ.* 1.23.2; qui ~or stipendium in Africam portauerat Sal.*Jug.* 104.3; ambo consulum ~ores (caesi) Liv.22.49.15; haec omnia..~ori appensa adnumerataque sunt 26.47.8; legatis et ~oribus, qui oras maris defendissent Plin.*Nat.*37.16; (*cf.*) hanc praedam omnem iam ad ~orem deferam Pl.*Bac.* 1075;—(*w. province or duties specified*) a se ~ore Ostiensi..ad principem..senatus..rem frumentariam tralatam Cic.*Sest.*39; aliter..qui in illa dictatura scriba fuerat, in hac fuit ~or urbanus *Off.*2.29; ~ores urbani stipendium..acceperunt Liv.42.6.11; ~or..rei frumentariae inopiam..Ostiae atque in urbe..moderatus est Vell.2.94.3; Cutius Lupus ~or, cui prouincia uetere ex more calles euenerant Tac.*Ann.*4.27; collegio ~orum..detracta..Ostiensi et Gallica prouincia curam aerari Saturni reddidit Suet.*Cl.*24.2; (*abbrev.*) Q VRB QVEI AERARIVM PROVINCIAM OPTINEBIT *CIL* 1.587.1. **b** T. Fadius, qui mihi ~or fuit, M. Curtius, cuius ego patri ~or fui Cic.*Red.Sen.*21; rationes mei ~oris nec uerum fuit me tibi mittere, nec tamen erant confectae *Fam.* 2.17.4; qui cum sorte ~or Macedoniam obtineret 13.29.3; nosti mortiferum ~oris..signum? Mart.7.37.1; quorum iurisdictionem in prouinciis populi Romani ~ores habent;

nam in prouincias Caesaris omnino ~ores non mittuntur GAIUS *Inst.*1.6;—(*abbrev.*) L CORNELIO MARCELLO Q PR PR *CIL* 10.7192; M IVLIVS ROMVLVS LEG PRO PR T ATILIVS SABINVS Q PRO PR 10.7852.23; L AEMILIO M F VOL HONORATO ..Q PRO PR PROVINC PONTI ET BITHYNIAE 12.3164. **c** oratio principis per ~orem eius audita est TAC.*Ann.*16.27; simul ~ores Caesaris fuimus PLIN.*Ep.*7.16.2; ~ORI CANDIDATO DIVI HADRIANI *CIL* 14.3599. **d** ~ori Sidicino.. datum est negotium, uti balneis exigerentur, qui lauabantur GRACCH.*orat.*45; in qua (*sc.* ciuitate) nummus commoueri nullus potest sine quinque praetoribus, tribus ~oribus, quattuor mensariis, qui apud illos a populo creantur CIC.*Flac.*44; praesens est ~or publicus, cui depensum est (tributum) APUL.*Apol.*101; ~ORI ARK PVBLICAE *CIL* 11.3009; (*abbrev.*) Q PECVNIARVM PVBLICAR Q ALIMENTOR 11.5395. **e** a Dolabella statim pro ~ore iussus est esse CIC.*Ver.*1.90; reliqui legati, Faustus pro ~ore *Att.*9.1.4; liberis suis L. Caesari, qui tum ei pro ~ore fuerat, commendatis *B.Afr.* 88.3; qui pro ~ore Manli erat LIV.41.10.8; Q VRBANO PRO Q PROVINC CRETAE *CIL* 11.3004.

3 A financial officer in other organizations. **b** (applied by Latin writers to financial officers of non-Roman communities).

MAGISTER COLLEGI IOVIS CERNENI ET..~ORES COLLEGI EIVSDEM *Inst.Dac.*1(*CIL* 3.p.925); SIGNIFER ET ~OR N(umeri) BRIT(tonum) *CIL* 3.1396; C VETTIVS..~OR VETERANORVM 3.4858. **b** emit hosce de praeda ambos de ~oribus PL.*Capt.*34; uis uentorum..in Rhodiorum portum nauem coegit. ~or nauem populi uocat CIC.*Inv.*2.98; dispensatores pecuniae, ~ores uectigalium..habebat (rex Persarum) APUL.*Mun.*26.

quaestōrīcius ~(i)ī, *m.* [QVAESTOR+-ICIVS¹] One who has held the office of quaestor (in a municipality), an ex-quaestor.

P IDDIBALIVS FELICIS FLAMINIS ~I FIL *CIL* 8.859; P MODIO ..PRIMO ~IO II VIRALICIO 8.12354; 8.12376.

quaestōrium ~iī, *n.* [neut. of next] The quaestor's headquarters in a town; the quaestor's quarters in a military camp.

Thessalonicam me in ~iumque perduxit CIC.*Planc.*99; —captum ~ium quaestorque..occisus LIV.10.32.9; ad ~ium forum quintanamque hostes peruenerunt 41.2.11.

quaestōrius ~a ~um, *a.* [QVAESTOR+-IVS]

1 Of or belonging to the office of quaestor; performed in the capacity of quaestor. **b** employed in a quaestor's office. **c** *porta ~a*, (app. the same as *porta decumana*) the gate nearest to the *quaestorium* in a military camp; *ager ~us*, conquered territory sold on behalf of the exchequer; *brattea ~a*, a kind of gold-leaf (the reason is unknown).

duas sibi hereditates uenisse arbitratus est, unam ~ae procurationis..alteram tutelae CIC.*Ver.*1.90; abiecta ~a persona comitisque sumpta *Planc.*100; officio ~o te adductum*Fam.*2.17.6; eum dolorem ~is comitiis simul ostendit (*sc.* plebs) LIV.4.54.2; cum..~am omnes aetatem grauissima iudicia susceperint QUINT.*Inst.*12.6.1; decreta Narcisso ~a insignia TAC.*Ann.*11.38; scriptum ~um comparauit SUET. fr.40(p.44Re); SCRIB TRIBVNICIAE (*sc.* decuriae) MAIORIS ITEM ~AE *CIL* 14.5340;—suum scelus illud pristinum.. ~um CIC.*Ver.*11. **b** CN EGNATIVS FVSCVS SCRIBA ~VS *CIL* 10.7852.3; quodam Perusino equite Romano, ~o scriba PLIN.*Nat.*26.3; SCRIBAE LIBRARII ~I TRIVM DECVRIARVM *CIL* 2.3596. **c** in portam ~am irruperant Galli LIV. 34.47.2; 40.27.7;—ut Sabinorum ager qui dicitur ~us SIC. FL.*agrim.*p.100; ~i..dicuntur agri, quos populus Romanus deuictis..hostibus possedit, mandauitque quaestoribus ut eos uenderent HYG.*agrim.*p.78;—crassissimae ex iis (*sc.* bratteis) Praenestinae uocantur..proxima brattea ~a appellatur PLIN.*Nat.*33.61.

2 Having quaestorian rank (i.e. having held the office of quaestor). **b** qualified for the rank of quaestor.

C. Sicinius..~us mortuus est CIC.*Brut.*263; cum..~is legatis quaestorem possis anteferre *Fam.*2.18.3; C. Decimius ~us, qui..praeerat commeatui *B.Afr.*34.2; legatos ad eum decernunt..duos ~os LIV.29.11.3; perculit is dies..Aelianum, iuuenem ~um TAC.*Ann.*14.41; prouinciam administrauit ~us SUET.*Otho* 3.2; fuit..~us nec ultra proficere uoluit POMPON.*dig.*1.2.2.45;—(*masc. as sb.*) qui aedilicii, qui tribunicii, qui ~i! CIC.*Phil.*13.30; C PORCIO..ALLECTO INTER ~OS *CIL* 14.3611. **b** doctos adulescentes, iam aetate ~os CIC.*Rep.*1.18.

quaestuārius ~a ~um, *a.* [QVAESTVS+-ARIVS] Acting for financial gain (in quots., of prostitutes); (fem. as sb.) a professional prostitute.

lenocinium facit qui ~a mancipia habuerit ULP.*dig.* 3.2.4.2; quae mulieres ~as prostituunt 23.2.43.7;—ex adultera in ~am uersa SEN.*Ben.*6.32.1.

quaestuōsē, *adv. compar.* ~ius, *superl.* ~issimē. [next+-E] Profitably, lucratively.

istud..fenus est circumspicere non ubi optime ponas, sed ubi ~issime habeas SEN.*Ben.*4.3.3; conpertum..non aliter ~ius censum haberi aut tutius PLIN.*Nat.*19.56.

quaestuōsus ~a ~um, *a. compar.* ~ior, *superl.* ~issimus. [QVAESTVS+-OSVS]

1 Producing income, profitable, lucrative, advantageous.

quamuis ~us siet (ager) CATO *Agr.*1.6; ~issima..falsorum commentariorum et chirographorum officina CIC.*Phil.*2.35; maritimum emporium..~um et frugiferum LIV.39.25.9; si..~ae domus gratia erepta (est) SEN.*Dial.*2.9.2; ~issima in satus ratione silua PLIN.*Nat.*16.141; (*w. abl.*) Stoidis (*sc.* insula), ~a margaritis 6.110;—(*of actions, events*) utrum seueritas acerbior an benignitas ~ior sit futura CIC.*Agr.* 1.10; ab inuito emere iniuriosum esse, ab non inuito ~um 1.14; ut hoc damnum ~um sit *Att.*14.9.1; nec quidquam uideretur turpe, quod esset ~um VELL.2.22.5; a nummo prima origo auaritiae..~aque segnitia PLIN.*Nat.*33.48.

2 Good at money-making, financially successful.

dum modo eam des quae sit ~a PL.*Mil.*785; uenio..ad sumptuosos, relinquo istum ~um CIC.*Parad.*49; Asclepiades ..orandi magister nec satis in arte ea ~us PLIN.*Nat.*26.12; unde primo ~i et opulenti (*sc.* Byzantii) TAC.*Ann.*12.63; (ueterani) nitidi et ~i, militia per oppida expleta 13.35; (*w. abl.*) gens..nauigiorum spoliis ~a CURT.4.7.19.

quaestūra ~ae, *f.* [as QVAESTOR+-VRA] The rank and office of a quaestor, quaestorship (the lowest office in the senatorial *cursus honorum*). **b** a particular tenure of the quaestorship.

ille uetus proditor consulis, translator ~ae CIC.*Ver.*5.152; ~am una petiit et sum ego factus prior *Mur.*18; ~a..et duabus aedilitatibus..perfunctus LIV.22.26.3; sic euenit, ut..sacerdotiorum candidato (*sc.* tibi) ~ae suffragator excideret SEN.*Ben.*7.28.2; illa pro ~a mea gratiam suam extendit *Dial.*12.19.2; inter ~am ac tribunatum plebis TAC. *Ag.*6.3; spectaculum gladiatorum..celebrandum pecunia eorum qui ~am adipiscerentur *Ann.*11.22; ex ~ae..honore legioni praepositus SUET.*Tit.*4.3; (*under a provincial governor*) more maiorum, qui..hanc ~ae coniunctionem liberorum necessitudini proximam uoluit esse CIC.*Fam.* 13.10.1. **b** fuit M. Pisoni quaestor in Hispania; uox de ~a missa nulla est CIC.*Flac.*6; exorta est illa rei publicae.. funesta ~a *Har.*43; cuius cum patre magna mihi fuit amicitia iam inde a ~a mea Siciliensi *Fam.*13.38; initio ~ae suae eam prouinciam ex omnibus prouinciis peculiarem sibi constituisse *B.Hisp.*42.1.

quaestus ~ūs, *m.* [contr. from *quaesitus*, QVAERO+-TVS³] FORMS: *~i* (gen. sg.) PL.*Aul.* 83, *Mos.*1107, *Per.*66, *Poen.*95, CAECIL.*com.* 130, TER.*Hec.*735, 836, TITIN.*com.*26, TURP. *com.*42, 84, POMPON.*com.*123, VAR.*Men.*436; *~uis* (gen. sg.) VAR.in Non.p.483M; *~uus* (gen. sg.) FEST.p.258M. ORTHOG.: *quaist-* *CIL* 10.3824; *quest-* 2.6278.13.

1 The acquisition or pursuit of income (by trade or sim.), gainful occupation. **b** *~um facere*, to pursue a gainful occupation.

occepit ~um hunc fili gratia inhonestum PL.*Capt.*98; hisce hami atque haec harundines sunt nobis ~u et cultu *Rud.*294; TER.*Hec.*735; pius ~us..consequitur minimeque inuidiosus CATO *Agr.*pr.4; cuius uox in praeconio ~u prostitit CIC.*Quinct.*95; illud..tempus quotannis ante me fuerat in hoc ~u *Att.*5.21.7; de artificiis et ~ibus, qui liberales habendi, qui sordidi sint *Off.*1.150; eo profusius.. ~ui atque sumptui deditus erat SAL.*Cat.*13.5; ~us omnis patribus indecorus uisus LIV.21.63.4; prostat et in ~u pro meretrice sedet OV.*Pont.*2.3.20; cui grassari et transeuntes percutere ~us est SEN.*Ben.*4.17.4; tus meti semel anno solebat..iam ~us alteram uindemiam adfert PLIN.*Nat.*12.58; fames in uulgus inopia ~us et penuria alimentorum TAC. *Hist.*1.86; negotiis..umbraticis et sellulariis ~ibus intentos GEL.3.1.10; audite et quo ~u me teneam APUL.*Met.*1.5;—(*w. defining gen.*) quicquid est uocis ac linguae, omne in istum turpissimum calumniae ~um contulisti CIC.*de Orat.*2.226; ut..alii emendi aut uendendi ~u et lucro ducerentur *Tusc.* 5.9; (sestertia) sescena..sibi ~u urbis fuisse..ostendebat PLIN.*Nat.*29.7. **b** earum mutarentur nomina facerentque indignum genere ~um corpore PL.*Poen.*1140; per te uel uti ~um faceret (*sc.* filia) uel uti ueniret palam TER.*Hau.*640; nos uidelicet inuitum te ~um facere putaremus? CIC.*Ver.* 5.54; LIV.26.33.8; palam ~um facere dicemus..eam, quae ..in taberna cauponaria..pudori suo non parcit ULP.*dig.* 23.2.43.

2 The production of profit. **b** *pecuniam in ~u relinquere*, to deposit money at interest; *in ~u esse*, to be profitable; *in ~u habere*, to derive profit from. **c** advantage (other than financial).

eum esse ~um..maxumum quam maxume seruire uostris commodis TER.*Hec.*50; uocem in ~um contulit CIC.*Quinct.* 11; ne maeror parentum..magistratibus nostris ~ui posset esse *Ver.*5.130; non ut ea potestate quam tu ad dignitatem permisisses ad ~um uteretur *Q.fr.*1.1.11; illos..castigauit, quod ~ui equites haberent CAES.*Civ.*3.60.1; ~us ex alieno errore facilis, quem uelut concessae artis usu exercebant LIV.25.1.8; aluaria et apes..res praecipui ~us conpendiique PLIN.*Nat.*21.70; neque..ante eam rem ~ui cuique esse oportet, priusquam periculo eius sit POMPON.*dig.*13.6.13.1; (*cf.*) autumnus..grauis, Libitinae ~us acerbae HOR.*S.*2.6.19. **b** qui pecuniam..propter auaritiam Romae in ~u reliquerit CIC.*Man.*37; *Pis.*86;—medicis grauis annus in ~u est SEN. *Ben.*6.38.3; ut primum lingua esse coepit in ~u QUINT.*Inst.* 1.pr.13;—hoc nouum est et inauditum, contumelias in ~u habere *Decl.*298(p.178,l.16); quia gratia oneri, ultio in ~u habetur TAC.*Hist.*4.3; de conspiratione delatorum, quam in ~u habebant PLIN.*Ep.*4.9.5; ut..ipsa iudicia in ~u haberentur FLOR.*Epit.*1.47(3.12.9). **c** de qua (*sc.* magnitudine) argumentum capere ~ui ducimus SIC.FL.*agrim.*p.108.

3 An accession of wealth or other possessions, income; *~us facere* or sim., to make gains. **b** (applied to non-material gains).

qui sui ~us causa fictas suscitant sententias ENN.*scen.* 394; ad suom quemque hominem ~um esse aequomst callidum PL.*As.*186; si unius anni ~um in rem suam conuerteret CIC.*Ver.*40; ut cum ~u populi pecunia permutaretur *Fam.*2.17.7; pro ~u sumptum facit HOR.*S.*1.2.19; multa professarum ~ibus apta Venus OV.*Fast.*4.866; circum in ~us ducere asinum solebant PHAED.4.1.4; tonsorem uix diurno ~u propulsantem famem CURT.9.2.6; ne fidem quidem integram manere ubi magnitudo ~uum spectetur TAC.*Ann.*11.6; NE..TONSTRINVM ~VS CAVSA FACIAT *CIL* 2.5181.38; VBI RVMORE DELATVM EST ~VS LANISTARVM RECISOS 2.6278.13; exercitor uocatur is, ad quem cotidianus nauis ~us peruenit GAIUS *Inst.*4.71; (*w. defining gen.*) hunc (*sc.* deum) ad ~us pecuniae mercaturasque habere uim maximam CAES.*Gal.*6.17.1;—plus ~i facerem quam, quadrinas si haberem molas POMPON.*com.*123; fecit..magnos ~us ex ea (*sc.* conpositione) LARG.97; (*w. sum specified*) qui HS IↃↃↃ CCCIↃↃↃ ~us facere noluit CIC.*Q.Rosc.*23. **b** maximum existimans ~um, memorem gratumque cognosci NEP.*Att.*9.5; uter eorum perisset..lucrum fieri putabat, immortalem uero ~um, si uterque cecidisset CIC.*Pis.*27; quorum stultitia ~us inpudentiae est PHAED.1.14.18; (*w. defining gen.*) ut (moderatio)..laudis ~u sit opulentissima V.MAX.4.1.

quāglātor ~ōris, *m.* [cf. COAGVLO] (app.) A collector (of subscriptions, etc.).

~OR ET PATRO⟨N⟩ COLLEG *CIL* 10.3910; ~OR ET CVRATOR DONV 14.25.

quālibet, *adv.* Also **~lubet.** [QVA+LIBET]

1 By any road that pleases, wherever one likes.

~lubet perambula aedis oppido tamquam tuas PL.*Mos.* 809; eat tutusque sacerque ~libet TIB.1.2.28; stricto ~libet ense ruit OV.*Fast.*2.752; si..flumina in riuos diducantur, ~libet transitum praebent QUINT.*Inst.*5.13.13.

2 No matter how, somehow or other.

~lubet esse notus optas? CATUL.40.6; difficile est, uerum hoc ~lubet efficias 76.14.

quālis ~is ~e, *a.* [**quo* (QVI¹)+-ALIS]

A (interr.).

1 Of what kind or quality? what sort of? **a** (in dir. qu.). **b** (in indir. qu.).

a dic mihi, ~i me arbitrare genere prognatum? PL.*Aul.* 212; ~is oratoris et quanti hominis in dicendo putas esse historiam scribere? CIC.*de Orat.*2.51; sin praetermittes, ~is erit tua ista accusatio? *Div. Caec.* 31; quae erat aut ~is quaestio? *Mil.*60; ~e tibi consilium Pompei uidetur? *Att.* 7.11.3; ~is enim caecis poterit color esse tenebris? LUCR. 2.798; illud, quod proprie ad milites pertinet..~e est? LIV.5.5.4; si poenam..remittimus uobis, ~em nos pacem uobiscum habituros speremus? 8.21.4; quae (*sc.* laetitia).. nunc quoque ~is est? 23.12.13; exigerem nostrae ~ia damna notae? OV.*Fast.*5.314; ~is uidetur opera tibi uocis meae? PHAED.1.11.13; ~e illud iter? quis dux uiae? TAC. *Hist.*4.62; (*w.* -ne) ~ine amico mea commendaui bona? PL.*Trin.*1095; (*w. noun cl.*) ~e est, ut perdamus eloquentiam Ciceronis, fidem sequamur Antonii? SEN.*Suas.*7.5. **b** mihi ~e ingenium haberes fuit indicio oratio TER.*Hau.* 384; quem scis ~i in te siet fidelitate ACC.*trag.*19; id..ad rem pertinere arbitror, ~is iniuria dicatur quae causa inimicitiarum proferatur CIC.*Div.Caec.*55; ~is futura sit Caesaris uituperatio contra laudationem meam perspexi *Att.*12.40.1; si quid sit hoc non uides, at ~e sit uides *Tusc.* 1.60; permagni referre..primordia..cum quibus et ~i positura contineantur LUCR.1.909; existumabitis, ~is illa pax aut deditio sit SAL.*Jug.*31.19; ~e praemium Miltiadi sit tributum docere NEP.*Milt.*6.1; puellis iniciat curam quaerendi singula, ~i sit facie, sura HOR.*S.*1.6.32; quia Romani ~is pars eius (*sc.* tumuli) quae uergeret ad hostium castra esset ignorabant LIV.27.26.7; nec defuere qui et alterum genus (*sc.* erigerontis) facerent nec ~e esset demonstrarent PLIN.*Nat.*25.169; interrogatur an suam quoque genitalem horam comperisset..~em diem haberet TAC.*Ann.*6.21;—(*ellipt.*) rogitans..nunc ~es Diomedis equi, nunc quantus Achilles VERG.*A.*1.752; mundus..unus esse intelligitur; sed ~is quantus, geometricis spectaminibus aperitur AGEN. *agrim.*p.22; (*w. ind.*) uidisti, soror, quanta in domo iacent et ~ia monilia APUL.*Met.*5.9;—(*neut. as pron.*) roges me quid aut ~e sit deus CIC.*N.D.*1.60;—(*w. inf.*) hominem..nondum suspicantem ~e esset copiose et ornate dicere *Brut.*294; conicere ut possis ex hoc, primordia rerum ~e sit..iactari semper LUCR.2.122; quid..alium in discrimen adducere ~e sit..admonere opus est? LIV.28.44.1;—(*w. neut. pron.*) non intellego hoc ~e sit, utrum accessionem decumae..an decessionem de summa fecerit CIC.*Rab.Post.*30; totum iudicabis ~e sit *Fam.*14.13; hoc totum ~e sit mox *N.D.*3.37.

2 (esp. of persons) What kind of (in terms of character, behaviour, etc.)? what (is he, etc.) like? **a** (in dir. qu.). **b** (in indir. qu.).

a ~es in eos esse debemus, qui iam profuerunt? CIC.*Off.* 1.48; ~is habendus est is, qui..adiuuat iniuriam? 3.74; (*cf.*) ista bellatrix iracundia, cum domum rediit, ~is est cum uxore? *Tusc.*4.54;—(*ellipt.*) ~em existimas, qui in adulterio deprehenditur? *de Orat.*2.275; ~em putas esse, qui de Circes toro sine uoluptate surrexit PETR.134.9. **b** meam uxorem..nescis ~is sit? PL.*As.*60; lupus est homo homini, non homo, quom ~is sit non nouit 495; metuo ~em tu me esse hominem existumes TER.*Eu.*758; quasi imago est exprimenda, ut ~is sit auarus aut qui sit superbus CIC.*Part.*65; quaerimus..~is in bello praedonum praedo ipse fuerit..? *Ver.*1.154; sit..omne iudicium, non quam locuples, sed ~is quisque sit *Off.*2.71; NEP.*Dat.*1.2; cernis custodia ~is uestibulo sedeat? VERG.*A.*6.574; plebs incerta ~es habitura consules esset LIV.2.28.1; qui eodem die..~is esset, apparere coeperat VELL.2.112.7; ~es amicos ..Alexander habeat, ostendam CURT.7.4.34; ~is quisque habeatur, alibi quam in ciuium iudicio esse TAC.*Ann.*15.20; percontari non desinit..quis..uel ~is ipsius sit maritus APUL.*Met.*5.8; (*w. abl. of respect*) ~is consiliis quantumque potesset in armis ENN.*Ann.*222;—(*w.* in+*acc.*) quid ego nunc commemorem..singulatim ~is ego in hunc fuerim? TER.*Ph.*1032; ut coniecturam faceretis ~em in his rebus in me L. Metellum fuisse putaretis CIC.*Ver.*2.164;—(*w.* erga) memoria teneo ~is T. Ligarius quaestor urbanus fuerit erga te *Lig.*35.

3 In what state or condition? how?; (in quots., in indir. qu.).

ego ~em acceperim rem publicam..intellego, plenam sollicitudinis, plenam timoris CIC.*Agr.*2.8; ~is res nostras Romae reliqueris..cura ut sciamus *Att.*5.9.2; domini ~es aspexerit aures, uoce refert parua OV.*Met.*11.184.

4 (exclam.) What a remarkable! how excellent a! **b** (in a depreciatory or ironic sense) what a!; (pred.) in what a state!

~em te patriae custodem di genuerunt! Enn.*Ann*.112; hic ~is imperator nunc priuatus est Pl.*Capt*.166; ~es et quot et quotiens legati ad eos exierunt! Cic.*Font*.16; munera quanta dedi uel ~ia carmina feci! Prop.2.8.11; quantum et ~e latus! quam iuuenale femur! Ov.*Am*.1.5.22; perdidit o ~em uincendo plura triumphum! Luc.3.79; ~is nox fuit illa Petr. 79.8; ~is eras, Latios quotiens ego carmine patres mulcerem! Stat.*Silv*.5.3.215; ~is artifex pereo! Suet.*Nero* 49.1; hem ~is..matrona..turpissimo se dedecore foedauit! Apul.*Met*.9.23; (*ellipt.*) pro ~is! Sil.14.505; (*w. advl. force*) de Myrtilo dilucide. o ~is tu semper istos! Cic.*Att*.16.11.5. **b** quas hominum reddunt facies ~isque colores! Lucr.6.812; ~is cena tamen Juv.5.24; o ~is facies et quali digna tabella 10.157; tales hostes aduersum hostem: tu ~is filius aduersum matrem Apul.*Apol*.86; ~es illi muli senes uel cantherii debiles *Met*.9.13;—ei mihi, ~is erat, quantum mutatus ab illo Hectore Verg.*A*.2.274; cernite, sim ~is, qui modo ~is eram! Ov.*Fast*.5.460; quem te ~emque uidebit attonitus..parens V.Fl.3.177; heu ~em lapsare in sanguine uidi (*sc.* Adrastum)! Stat.*Theb*.9.162; ille tamen ~is rediit Salamine relicta Juv.10.179.

B. (rel.).

5 Of which sort or quality, such as. **b** (w. correlative *talis*). **c** (introducing comparisons, examples, similes, etc.).

condignum donum, ~est qui donum dedit Pl.*Am*.537; unum (genus dictionis) sententiosum et argutum..~is in historia Timaeus..fuit Cic.*Brut*.325; in hoc..crudelissimo ..bello, ~e bellum nulla umquam barbaria cum sua gente gessit *Catil*.3.25; gratior illi uidetur..aenea statua futura.. quam inaurata..~is L. Sullae primum statuta est *Phil*. 9.13; nauigatio modo sit ~em opto *Att*.10.16.2; ex uehementi sole, ~is inter graues imbre nubes effulget Liv. 28.15.11; ~e tamen potui..carmen..dedi Ov.*Pont*.4.6.17; osculum ~e Praxiteles habere Dianam credidit Petr. 126.16; mittimus..munuscula.., ~ia si recipis, saepe propinquus eris Mart.9.54.12; laetissimum cachinnum extollit et ~em solent furenter irati Apul.*Met*.6.9;—(*w. ellipsis of vb.*) et quicumque sacer, ~is ubique, lapis Prop.1.4.24; caedes..fugientium, ~is ubi ira magis quam uirtute res geritur..facta est Liv.5.28.13; ~e magni metus et magnae irae silentium est Tac.*Hist*.1.40; nihil ~e ante dicamus: nihil enim ~e antea patimur Plin.*Pan*.2.2;—(*w. ellipsis of antecedent*) causam..quae mihi non iniusta uidetur (habet enim ~em uult) Cic.*Att*.12.31.1; nam gaudent pelago ~es scombrique bouesque Ov.*Hal*.94;—(*differing in number, gender from antecedent*) de certa definitaque causa, ~es sunt, quae in litibus..uersantur Cic.*de Orat*.2.65; ad aperta.. ueniamus, ~e est de illo interfecto a caupone Megario *Div*. 2.135; tempestatibus acti, ~ia multa mari nautae patiuntur in alto Verg.*A*.7.200; emicant et faces..~is..praeter ora populi meridiano transcucurrit Plin.*Nat*.2.96;—(*w. antecedent noun expr. inside rel. cl.*) Codrus..ille canit, ~i tu uoce canebas Valg.*poet*.2.1; pietas me poscit Etrusci ~ia nec Siculae moderantur carmina rupes nec fati iam certus olor Stat.*Silv*.3.3.174. **b** litteras tuas uehementer exspecto, et quidem talis ~is maxime opto Cic.*Fam*.10.22.2; in talis uenere meatus, ~ibus haec rerum geritur nunc summa nouando Lucr.5.194; ~is nostra uis uirtusque fuerit, talem deinde fortunam..Romani imperii fore Liv. 21.41.17; uidi ego te tali uultu (*i.e. expression*)..~em credibile est ore fuisse meo Ov.*Tr*.3.4.38; ~e..caput est, talis praestatur sapor Phaed.3.4.4; percepit tale nuntium, ~e non audiet aliud Apul.*Met*.8.6; (*w. ellipsis of vb.*) talis.. uenit lux mihi..~is sub collibus Albae Stat.*Silv*.4.2.65; —(*neut. as sb.*) nec meus seruos numquam tale fecit ~e tu mihi Pl.*Men*.1027; tale tuum carmen nobis, diuine poeta, quale sopor fessis in gramine, ~e per aestum..sitim restinguere Verg.*Ecl*.5.46;—(*differing in number from antecedent*) quid Tarquinius tale ~ia innumerabilia et facit et fecit Antonius? Cic.*Phil*.3.9. **c** ut..aduersarios existimemus..non eos, qui suo iudicio tueri rem publicam uelint, ~is fuit inter P. Africanum et Q. Metellum..dissensio Cic. *Off*.1.87; illum..flesse sibi..~is..philomela..amissos queritur fetus Verg.*G*.4.511; ibant obscuri..~e per incertam lunam sub luce maligna est iter in siluis *A*.6.270; accenso celebrante Parilia faeno, ~ia nunc curto lustra nouantur equo Prop.4.1.20; procumbit, Getico ~is procumbit in Haemo..quercus Stat.*Theb*.9.532; subitis lux candida cessit nubibus..~em..Saturnia nimbum attulit..dum.. Elissa marito donatur *Silv*.3.1.73; quis nunc feret oratorem de infirmitate ualetudinis suae praefantem? ~ia sunt fere principia Coruini Tac.*Dial*.20.1; immixtis interdum frigidis et arcessitis iocis; ~is est ut cum Palumbum postulantibus daturum se promisit, si captus esset Suet.*Cl*.21.5; (*advl. acc.*) uenit in ora pudor, ~e..caelum subrubet..~e rosae fulgent Ov.*Am*.2.5.35,36; (*ellipt.*) nam ~is..Molossus..agam ..quaecumque praecedet fera Hor.*Epod*.6.5.

6 (esp. of persons) Of which sort (in terms of character or behaviour).

conspicor..~is uolo uetulos duo Pl.*Epid*.186; est.. fortium ciuium, ~es uos..exstitistis, intercludere omnis seditionum uias Cic.*Rab.Perd*.3; cum senatus..haberet ducem, ~is si qui nunc esset, tibi idem..contigisset *Phil*. 2.17; unum..uirum..~is Ap. Claudius fuerit, momento temporis discussurum illos coetus fuisse Liv.2.28.4; ~ia plerumque sunt barbarorum ingenia, cum fortuna mutauerat fidem 22.22.6; (*w. ellipsis of antecedent*) ille potest.. ~em nolo dicere habere domi Prop.3.6.22;—(*differing in number from antecedent*) tota iam sapientium ciuium, ~em me..numerari uolo..sententia..mutata esse debet Cic. *Fam*.1.9.18; famae non nimium bonae puellam, ~es in media sedent Subura Mart.6.66.2;—(*w. correl.* talis) tali dari arma, ~is qui gessit fuit, iubet *Inc.trag*.50; ~is apud Graecos Pherecydes..fuit..talis noster Cato Cic.*de Orat*. 2.53; ~em in nos eum esse uoluit, talis ipse in ceteros exstitit *Phil*.13.17; tali amico orbatus ~is..nemo umquam erit *Amic*.10; si, ~is in ciues, ~is in socios, talis ad ultimum in liberos esset Liv.1.53.10; ~em liberi populi exercitum decuit esse, talis fuit 3.62.2; talem parentem praebuit, ~em exhibuerat uxorem Apul.*Met*.10.28; (*cf.*) ~em me illi praestiti tali uirtute..futurum me in te esse praestabo *B.Hisp*.19.4;—(*w.* pariter) pariter suades ~is es Pl.*Rud*. 875.

7 In which state, as. **b** (introducing comparisons) as (someone, etc.) when he; also *~is ubi, cum*.

me..tum denique..esse uisum rei publicae, ~is fuissem, restitutum Cic.*Fam*.1.9.20; ~em meruit (*sc.* Euander), Pallanta remitto Verg.*A*.10.492; non sum ~is eram bonae sub regno Cinarae Hor.*Carm*.4.1.3; Prop.4.6.35; equitum acies ~is quae esse instructissima potest..caede omnia replet Liv.8.39.1; exercitum omnem licentia corruptum, ~is Sucrone in Hispania fuerit 29.19.13; deae uirides.. ueste nihil tectae, ~es emergitis altis fontibus Stat.*Silv*. 1.5.17; nihil tam conspicuum..quam rex ipse..in..argenteo..carpento, ~is pugnauerat Flor.*Epit*.1.37(3.2.5); super has introcessit alia..designans Venerem ~is fuit Venus cum fuit uirgo Apul.*Met*.10.31; (*w. ellipsis of antecedent*) nec ~em meminere uident Luc.1.479;—(*w. correl.* talis) te..ornatum beneficiis Caesaris et talem ab eo relictum ~em ipse miraris Cic.*Phil*.13.24; donec talis erit mutato corpore ~em uideris incepto..somno Verg.*G*.4.413; uidua ..~is nuptiis uenit, talis diuortio digreditur Apul.*Apol*.92. **b** iubebo aequoris esse deas, ~es Nereia Doto et Galatea secant..pectore pontum Verg.*A*.9.102; prope ~is undas exercet Auster Hor.*Carm*.4.14.20; surgit..iuuenis..~is ab Eois Lucifer ortus aquis Ov.*Pont*.2.5.50; laetanda..uirgo parenti..~is..Helene..inter Amyclaeos reptabat candida fratres Stat.*Silv*.4.8.28; (*w. ellipsis of vb.*) sectatur patrios.. canis, ~is et Eurotae Pollux et Castor harenis Prop.3.14.17; —(*differing in number from antecedent*) nam ~is quantusque cauo Polyphemus in antro..claudit pecudes..centum alii.. habitant..infandi Cyclopes Verg.*A*.3.641; ecce uenit.. ~es audire solemus naiadas..mediis incedere siluis Ov.*Met*. 6.452; femineas nec tu nunc crede cateruas, sed ~is, sed quanta uiris insultat Enyo V.Fl.4.604;—(*w. correl.* talis) ~is in Eurotae ripis..exercet Diana choros..talis erat Dido Verg.*A*.1.498; ~is..serpens..nequiquam..fugiens dat corpore tortus..tali remigio nauis se tarda mouebat 5.273; —Pyrrhus exsultat telis..~is ubi..coluber..lubrica conuoluit..terga 2.471; 8.589; (*w.* sic) ~is ubi..tigris horruit in maculas..sic excitus ira ductor Stat.*Theb*.2.128; (*w. correl.* talis) ~is..cum..Mauors clipeo increpat..talis equos ..Turnus..quatit Verg.*A*.12.331.

8 (log.) Having certain qualities, determinate.

materiam..commutari putant et illa effici quae appellant ~ia Cic.*Ac*.1.28; prius aliquid esse debet, deinde ~e esse Sen.*Ep*.117.27.

quāliscumque (-cunque) ~iscumque ~ecumque, *rel. a.* [prec.+CVMQVE]

1 Of whatever sort or quality, whatever. **b** (of persons) of whatever character, whatever (he is, etc.) like. **c** *~iscumque, ~ecumque est,* and sim. (in depreciatory sense) such as it is, etc., for what it is worth.

illud quod est, ~ecumque est, probat Cic.*Brut*.193; ~icumque consilio usus est *Att*.9.6.4; quae accident, ~iacumque erunt, sapienter feres *Fam*.4.13.7; ~eicumque modo tu uictoriam composuereis, ita alia omnia futura Sal. *Rep*.1.1.10; ~escumque duces habuistis..omnia adhuc.. obtinuistis Liv.6.18.12; uicit..respectus Capuae..documento futurae ~emcunque euentum defectio ab Romanis habuisset 26.5.2; iam feceram haec, ~iacumque sunt, cum societatem mecum pepigistis 34.31.15; in ea..aetate cuius auctoritas tueretur quidquid illud et ~ecumque tribuisset Tac.*Ann*.14.55; facit indignatio uersum ~emcumque potest Juv.1.80; ~iacumque uoles Iudaei somnia uendunt 6.547. **b** persona..non ~iscumque est testimoni pondus habet Cic.*Top*.73; eum, quem necesse erat diligere ~iscumque esset Trebon.*Fam*.12.16.1; sed ~iscumque es resonent mihi 'Cynthia' siluae Prop.1.18.31; ~escumque inter se certauerint, necesse fuisse alteram partem uinci Liv.7.32.7; me, ~iscumque sum, eundem esse, qui fui 34.31.12; obtrectatoribus etiam, ~escumque..nanctus esset, lenis..et innoxius Suet.*Cal*.3.3; (*w. ellipsis of vb.*) uos ualeatis, amici, ~iscumque mihi Prop.3.21.16;—(*w. correl.* talis) licet uidere..~escumque summi ciuitatis uiri fuerint, talem ciuitatem fuisse Cic.*Leg*.3.31. **c** hunc statum qui nunc est, ~iscumque est, nulla alia re nisi concordia retinere possumus Cic.*Har*.61; cum tamen ille, ~iscumque est, qui est ab uno te improbitate uictus..contra suum Clodium.. pugnauit *Pis*.27; ingenium diutina seruitus certe, ~ecumque est, minus tamen quam erat passa est uideri Cas.*Fam*. 12.13.2; quibus (*sc.* amicis) haec, sint ~iacumque, arridere uelim Hor.*S*.1.10.88; non tempero mihi quin tantae rerum magnitudini hoc, ~ecumque est, inseram Vell.2.107.1; haec ~iacumque sunt..si tibi non displicuerint Stat.*Silv*. 2.pr.; (*tm.*) ~e tamen cumque est, ut tueare (opus), rogo Ov. *Pont*.3.4.6.

2 (w. ellipsis of vb. and assimilation to case of antecedent, so functioning as indefinite adj.) No matter of what sort, any kind of; some sort of, of some sort or other. **b** (in depreciatory sense) such as (he, etc.) is.

sin ~emcumque locum (sequimur), quae est domestica sede iucundior? Cic.*Fam*.4.8.2; ~icumque urbis statu, manente disciplina militari sisti potuisse Liv.2.44.10; quia ~icumque sub hora ter quinas mundi se tollunt sidera partes Man.3.488; ignauis..pluris ~emcumque uitam quam honestam mortem aestimantibus Curt.5.8.6; omnia haec ~iacumque placidioribus animis accipientur Quint.*Inst*. 4.2.74; Africa..contenta ~icumque principe post experimentum domini minoris Tac.*Hist*.1.11; liberis meis consulatis, ex quibus Cn. Piso ~icumque fortunae meae non est adiunctus *Ann*.3.16; quidam..curant inuehere ~escumque peregrinos lapides Sic.Fl.*agrim*.p.103; Apul.*Apol*.62; (*neut. as sb.*) illa (*sc.* licentia)..uitiosissima..inuicem ~iacumque laudandi Quint.*Inst*.2.2.10;—illud haud ambigitur, ~icumque insomnio ipsi fratrique perniciem adlatam Tac.*Ann*. 11.4; ~iacumque unguenta et flores multaeque in fronte coronae Juv.15.49. **b** Deiphobumque Helenumque..et in armis ~emcumque Parim Prop.3.1.30; ~escumque mihi semper mansere fideles (*sc.* tabellae) 3.23.9; ~escumque manus ad caelum..tollit Ov.*Met*.2.487; carmina..mea, quae mando ~iacumque legas *Tr*.1.7.12; sacra deae coluit ~iacumque suae 4.4.68; in meis libellis ~iscumque legaris ut per orbem Mart.5.60.5; neque erant illa (*sc.* dicta) ~iacumque mala sed minora Quint.*Inst*.12.11.4; (*masc. pl. as sb.*) ferret aequo animo ~iumcumque, suorum tamen uel stultitiam uel errorem Curt.5.9.12.

quālislibet ~islibet ~elibet, *a.* [QVALIS+LIBET] Of any sort that one likes to name.

innumerabiles..formae litterarum uel aureae uel ~eslibet Cic.*N.D*.2.93; ubi..acies hebes et infirma est, ~islibet aeris ictu deficiet Sen.*Nat*.1.3.7.

quālisnam ~isnam ~enam, *a.* [QVALIS+-*nam*, cf. QVISNAM] Whatever sort of? what sort of?

si est diuinatio, ~ibusnam a perceptis artis proficiscitur? Cic.*Fat*.11; (*in indir. qu.*) facile intellectu..fuit, ~isnam accusatio futura esset Apul.*Apol*.2.

quālisquālis ~isquālis ~equāle, *rel. a.* [QVALIS (rptd.)] Written as two words *CIL* 9.1164.

1 Of whatever sort, whatever kind of.

~iquali uoluntate intellegi possit patronus..desisse.. finiri legis huius beneficium Ulp.*dig*.24.2.11.2; nihil egit, ~isqualis fuit conditio 29.2.13;—(*in depreciatory sense*) ID ~E QVALEST CHARTIS MA⟨N⟩DATVM DIV *CIL* 9.1164.

2 (functioning as indefinite adj.) Any sort of.

in his modus esse debeat..in quo..ministerium ~equale accommodauerunt Ulp.*dig*.50.14.3; ex..~iquali obligatione a debitore interposita Tryph.*dig*.20.5.12.1.

quālitās ~ātis, *f.* [QVALIS+-TAS]

1 A distinguishing quality, characteristic.

~ates..appellaui quas ποιότητας Graeci uocant Cic.*Ac*. 1.25; ex corpusculis non colore non ~ate aliqua..praeditis *N.D*.2.94; quae ~ates inter se mixtae..plurimas efficiunt agrorum uarietates Col.2.2.2; tanta ~atium differentia est Plin.*Nat*.36.159; non quia affectus non sit quaedam ~as mentis Quint.*Inst*.9.1.23;—(*w. defining gen.*) uti in hominis corpore..est eurythmiae ~as Vitr.1.2.4; (smyrnii) odor murrae habet ~atem, unde et nomen Plin.*Nat*.27.133; (meconium) papaueris..uiridis..~atem repraesentat Larg. 180.

2 The essential quality (of anything), character, nature. **b** (as a rhet. category). **c** (gram.) a mood (of a verb).

dispositio..est..elegans..compositionibus effectus operis cum ~ate Vitr.1.2.2; hominum corpora..alia..grauissimas effundunt sonorum ~ates 6.1.8; quamdiu (alimenta) in sua ~ate perdurant et solida innatant stomacho Sen.*Ep*.84.6; non ignorabit dominus loci, plus posse ~atem caeli frigidam uel calidam Col.3.1.6; partum concharum esse margaritas pro ~ate roris accepti Plin.*Nat*.9.107; natura uocis spectatur quantitate et ~ate Quint.*Inst*.11.3.14; agrorum ~ates sunt tres Fron.*agrim*.p.1; non omni modo..triticum cum tritico conpensandum, sed ita si eiusdem naturae ~atisque sit Gaius *Inst*.4.66; si ipsae elementorum ~ates, uuida et frigida et his duae aduorsae, non congruant Apul.*Apol*.49; (*dist. from colour*) quarum (*sc.* terrarum) non nullae colore, non nullae ~ate fallunt Col.1.pr.24;—(*of abst. things*) in optimo illam (uitam) statu ponit ~as sua, non magnitudo Sen.*Ep*.85.22; (eae leges) constant..propria rerum, de quibus agitur, non communi ~ate Quint.*Inst*.2.4.40;—(*cf.*) si qui..uinum frumentumue sine (*i.e. without specifying*) ~ate dari sibi stipulatur Ulp.*dig*.45.1.75.1. **b** cum dicit reus 'etiam si feci, recte feci', ~atis utitur statu Quint.*Inst*. 3.6.10; in ~ate generali..perpetua dominatur oratio 6.4.4; alterum esse quantitatis uidetur, alterum ~atis 9.4.46. **c** in uerbis..quis est adeo imperitus ut ignoret genera et ~ates et personas et numeros? Quint.*Inst*.1.4.27; 1.5.41.

quāliter, *adv.* [QVALIS+-TER[2]]

1 (interr.) In what kind of manner? how? **b** (exclam.) in how excellent a manner! in what a way!

(*in dir. qu.*) ~ (unguentum) sentiretur iuuaretque ab ea parte corporis? Plin.*Nat*.13.22;—(*in indir. qu.*) te non alius belli tenet aptius artes, qua deceat..praeducere fossam, ~.. defigere ceruos [Tib.]3.7.84; eum mederi posse..qui prius illa ipsa ~ eueniant perceperit Cels.1.pr.22; refert..uilla ~ aedificetur Col.1.4.6; ad quae uitia et ~ datum prosit (medicamentum) Larg.98; ita uidendum erit, ~ pagi sacra faciant Sic.Fl.*agrim*.p.129; Apul.*Apol*.39; in arbitrium iudicis ueniet, ~ mortuus sit Ulp.*dig*.21.1.31.13. **b** ~ o uiuam, quam large quamque beate! Mart.1.103.3.

2 (rel.) In which manner. **b** (introducing a new sentence) in which way, so. **c** according as. **d** in which state.

lacrimae fluxere per ora, ~ abiecta de niue manat aqua Ov.*Am*.1.7.58; gaudens..uiam fecisse ruina, ~..fulmen.. emicuit rupitque diem Luc.1.151; coquitur ad crassitudinem mellis, ~ ex minore centaurio quaeritur sucus Plin.*Nat*. 27.47; sedent ad iussa ministri; ~ ad..solium Iouis omnia.. parata deo V.Fl.1.690; Stat.*Theb*.9.401;—(*w. correl.* taliter talis) V.Fl.6.390; ~ Assyrios renouant incendia nidos, taliter exuta est..Roma senectam Mart.5.7.1; ~ artifici uicturae pollice cerae accipiunt formas..talis erat diuae natum mutantis imago Stat.*Ach*.1.332;—(*w. ellipsis of vb.*) cernuntur..circa solis orbem..uersicolores circuli, ~ Augusto Caesare..urbem intrante Plin.*Nat*.2.98; coeptus est inueniri (sal) detractis harenis, ~ et per Africae sitientia 31.78;—(*w.* cum *cl.*) sicut cremantia (fulmina) a Martis (sidere), ~ cum..totum (oppidum) concrematum est fulmine 2.139;—(*qualifying a pple.*) cuius..haustu.. exstingueremur..sitientibus similes, ~ defunctos..non ferae attingerent 2.156; facilis mixtura cum fero, ~ natos antiqui hybridas uocabant ceu semiferos 8.213. **b** Pallas huic praesens, illum Tirynthius implet. ~ hiberni summis duo montibus amnes franguntur Stat.*Theb*.8.460; *Silv*. 5.2.150; (*w.* cum *cl.*) Aesoniden..mens rapit..multa nouantem. ~ ex alta cum Iuppiter arce coruscat V.Fl. 5.304. **c** (faui) oblongi aut rotundi, ~ poposcit aluus Plin.*Nat*.11.23. **d** fundus..~ se habens ita..ius non deperit Cels.*dig*.8.6.12.

quālitercumque, *adv.* Also **-cunq-.** [prec.+CVMQVE] In whatever manner, no matter how.